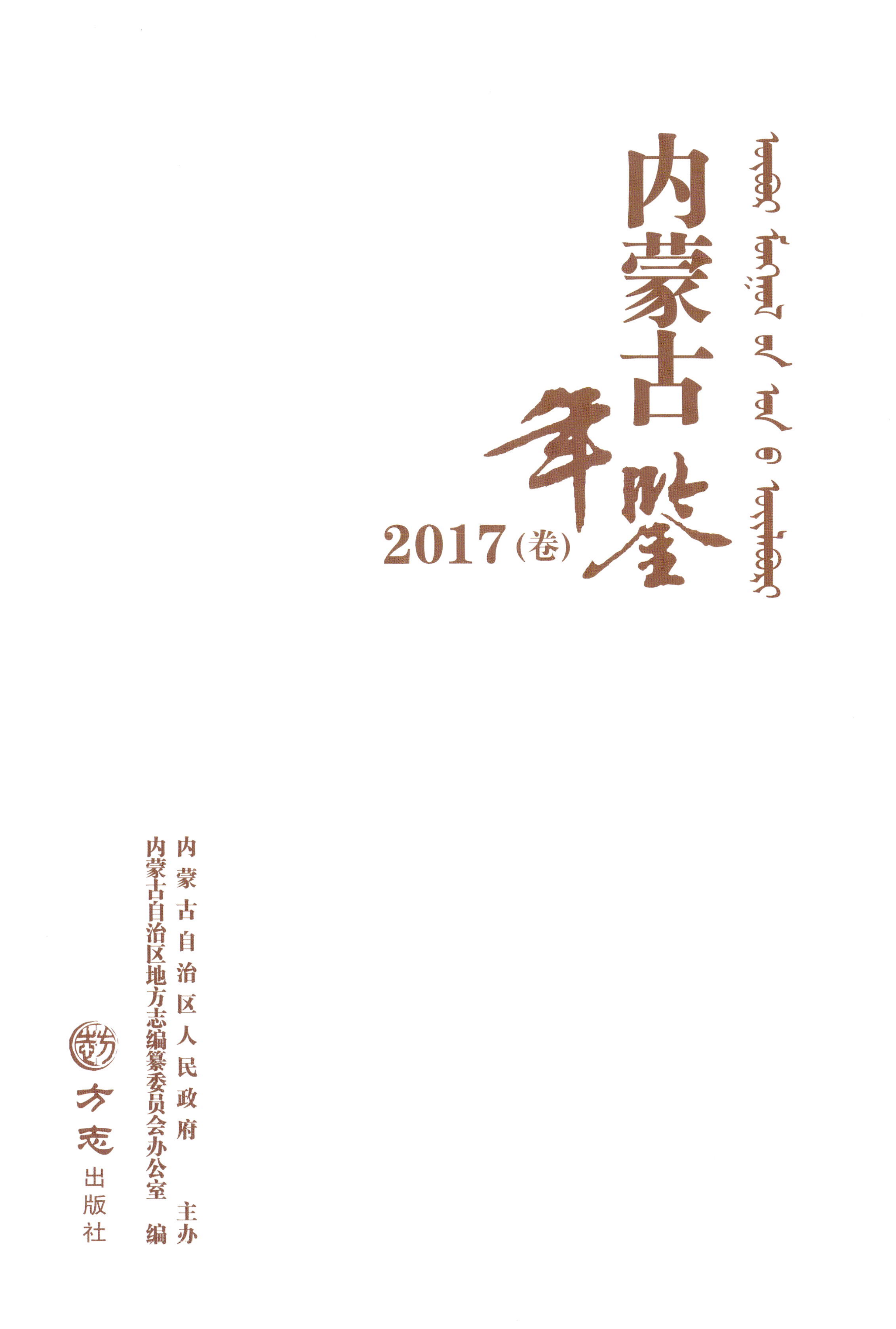

内蒙古年鉴

2017（卷）

内蒙古自治区人民政府　主办
内蒙古自治区地方志编纂委员会办公室　编

方志出版社

图书在版编目（CIP）数据

内蒙古年鉴.2017/内蒙古自治区地方志编纂委员会办公室编.—北京：方志出版社，2017.12

ISBN 978-7-5144-2883-4

Ⅰ.①内… Ⅱ.①内… Ⅲ.①内蒙古—2017—年鉴

Ⅳ.①Z522.6

中国版本图书馆CIP数据核字(2017)第321969号

内蒙古年鉴（2017）

编　　者　内蒙古自治区地方志编纂委员会办公室

责任编辑　冯松　黄彦

出 版 人　冀祥德

出 版 者　方志出版社

地址　北京市朝阳区潘家园东里9号（国家方志馆4层）

邮编　100021

网址　http://www.fzph.org

发　　行　方志出版社图书经销中心

电话　（010）67110500

经　　销　各地新华书店

印　　刷　内蒙古爱信达教育印务有限责任公司

开　　本　889mm×1194mm　1/16

印　　张　70.375

字　　数　1520千

版　　次　2017年12月第1版　2017年12月第1次印刷

印　　数　0001-1000册

书　　号　ISBN 978-7-5144-2883-4　定价 180.00元

自治区地方志编纂委员会组成人员名单

（2017年11月）

主　任：布小林　自治区主席

副主任：杭桂林　自治区人大常委会副主任

郑福田　自治区政协副主席

臧永凯　内蒙古军区副司令员

包振玉　自治区政府秘书长

高润喜　自治区政府副秘书长、办公厅主任

孙利剑　自治区政府办公厅副主任

胡满达　自治区地方志编纂委员会办公室主任

委　员：包满达　自治区发展和改革委员会主任

侯　元　自治区教育厅厅长

李秉荣　自治区科学技术厅厅长

王秉军　自治区经济和信息化委员会主任

奇锦玉　自治区民族事务委员会主任

王来明　自治区公安厅副厅长（正厅级）

王月胜　自治区监察厅厅长

邓月楼　自治区民政厅厅长

毕力夫　自治区司法厅厅长

张　磊　自治区财政厅厅长

那炜清　自治区人力资源和社会保障厅厅长

张利平　自治区国土资源厅厅长

魏国楠　自治区住房和城乡建设厅厅长

王军朴　自治区环境保护厅厅长

白　智　自治区交通运输厅厅长

郭　健　自治区农牧业厅厅长

牧　远　自治区林业厅厅长

孙炜东　自治区商务厅厅长

佟国清　自治区文化厅厅长

欧阳晓晖 自治区卫生和计划生育委员会主任
靳素平　自治区审计厅厅长
傅永春　自治区政府外事办公室主任
张金亮　自治区国有资产监督管理委员会主任
张国忠　自治区地方税务局局长
陈　洁　自治区工商行政管理局局长
霍　武　自治区质量技术监督局局长
姜伯彦　自治区新闻出版广电局局长
谭景峰　自治区体育局局长
王俊峰　自治区安全生产监督管理局局长
杨　玺　自治区食品药品监督管理局局长
胡敏谦　自治区统计局局长
郑宜平　自治区旅游发展委员会主任
郝泽军　自治区政府法制办公室主任
文　风　自治区政府研究室(参事室)副主任
姜　华　自治区金融工作办公室主任
刘忠诚　自治区扶贫开发办公室主任
张　琛　自治区档案局局长
许廷章　自治区国家保密局局长
刘文纪　自治区党委党史研究室主任
杭栓柱　自治区社会科学界联合会主席
冯玉臻　呼和浩特市市长
赵江涛　包头市市长
于立新　呼伦贝尔市市长
奇巴图　兴安盟盟长
郝茂荣　通辽市市长
孟宪东　赤峰市市长
霍照良　锡林郭勒盟盟长
费东斌　乌兰察布市市长
龚明珠　鄂尔多斯市市长
张晓兵　巴彦淖尔市市长
高世宏　乌海市市长
赵文亮　阿拉善盟盟长

《内蒙古年鉴》(2017卷)编务人员

主　　　编: 胡满达

常务副主编: 查干浪涛　孟秀芳

执行副主编: 冰　霜

副　主　编: 赵海渊　齐迎春　李　洋　赵　婧

责 任 编 辑: 齐迎春

编　　　辑: 赵在旺　李向兵　秦倩倩　董丽娜　张晓虹　孟国荣
芙　蓉　何晓伟　姚思泰　韩　泽　郝文强　徐媛英　玉　红

校　　　对: 冰　霜　赵海渊　齐迎春　李　洋　赵　婧

编　　　务: 姚　洁　陶　利　包勒格　李瀚鹏

封 面 设 计: 张燕红

版　　　式: 白采云

蒙古文目录: 乌云达来

英 文 目 录: 赵国春

索 引 制 作: 王延祥

编辑说明

一、《内蒙古年鉴》2017卷是内蒙古自治区人民政府主办、内蒙古自治区地方志编纂委员会办公室编纂、方志出版社出版、国内外公开发行的综合性年刊，是展示内蒙古自治区年度发展概况的权威性资料文献，为广大读者了解和研究内蒙古提供基本资料。

二、《内蒙古年鉴》2017卷以马克思列宁主义、毛泽东思想、邓小平理论、“三个代表”重要思想、科学发展观、习近平新时代中国特色社会主义思想为指导，全面、系统地记载2016年内蒙古自治区自然、政治、经济、文化、社会、生态等领域发展状况的基本情况。

三、《内蒙古年鉴》2017卷设置特载、大事记、正文、人物、荣誉、附录等30个类目，总计170余万字。记述时限为2016年1月1日至12月31日，特载及部分统计年度数据除外。

四、《内蒙古年鉴》2017卷的框架结构由类目、条目、子目组成。全书条目统一用黑体加【】表示，子目标题用楷体区别。

五、《内蒙古年鉴》2017卷坚持述而不论，客观真实地反映事物的本来面目。全书行文遵循国家和自治区关于地方综合年鉴编纂出版的统一规定。

六、《内蒙古年鉴》2017卷所用稿件由自治区各盟行政公署、市人民政府，自治区各委、办、厅、局，各大企业、事业单位提供。引用的统计数据均由全区各级统计部门提供。由于行业和地区统计口径等方面的原因，个别条目略有差异，凡此均以内蒙古自治区统计局发布的统计数据为准。

七、《内蒙古年鉴》2017卷设置蒙古文目录、汉文目录、英文目录。卷后设有索引。

八、《内蒙古年鉴》2017卷随书出版发行电子版光盘，并在内蒙古区情网(http://www.nmqq.gov.cn)全文发布。

目 录

特 载

大事记

中国共产党内蒙古自治区委员会

内蒙古自治区人民代表大会常务委员会

内蒙古自治区人民政府

中国人民政治协商会议内蒙古自治区委员会

群众团体

目 录

目 录

目录

ᠭᠠᠷᠴᠠᠭ 目录

目录

企业概览

工业园区

目录

荣誉

附录

ᠭᠠᠷᠴᠠᠭ

ᠣᠨᠴᠠ ᠨᠡᠢᠲᠡᠯᠡᠯ

ᠶᠡᠬᠡ ᠬᠡᠷᠡᠭ ᠤᠨ ᠲᠡᠮᠳᠡᠭᠯᠡᠯ

ᠥᠪᠥᠷ ᠮᠣᠩᠭᠣᠯ ᠤᠨ ᠥᠪᠡᠷᠲᠡᠭᠡᠨ ᠵᠠᠰᠠᠬᠤ ᠣᠷᠤᠨ ᠤ ᠠᠷᠠᠳ ᠤᠨ ᠲᠥᠯᠦᠭᠡᠯᠡᠭᠴᠢᠳ ᠦᠨ ᠶᠡᠬᠡ ᠬᠤᠷᠠᠯ ᠤᠨ ᠪᠠᠢᠩᠭᠤ ᠬᠤᠷᠠᠯ

ᠲᠥᠷᠥ ᠶᠢᠨ ᠪᠠ ᠵᠠᠰᠠᠭ ᠤᠨ ᠭᠠᠵᠠᠷ ᠤᠨ ᠪᠠᠢᠭᠤᠯᠤᠯᠭ᠎ᠠ ᠶᠢᠨ ᠬᠤᠷᠠᠯ ᠤᠨ

ᠥᠪᠥᠷ ᠮᠣᠩᠭᠣᠯ ᠤᠨ ᠥᠪᠡᠷᠲᠡᠭᠡᠨ ᠵᠠᠰᠠᠬᠤ ᠣᠷᠤᠨ ᠤ ᠬᠣᠷᠢᠶᠠ

ᠥᠪᠥᠷ ᠮᠣᠩᠭᠣᠯ ᠤᠨ ᠥᠪᠡᠷᠲᠡᠭᠡᠨ ᠵᠠᠰᠠᠬᠤ ᠣᠷᠤᠨ ᠤ

ᠠᠷᠠᠳ ᠤᠨ ᠵᠠᠰᠠᠭ ᠤᠨ ᠭᠠᠵᠠᠷ

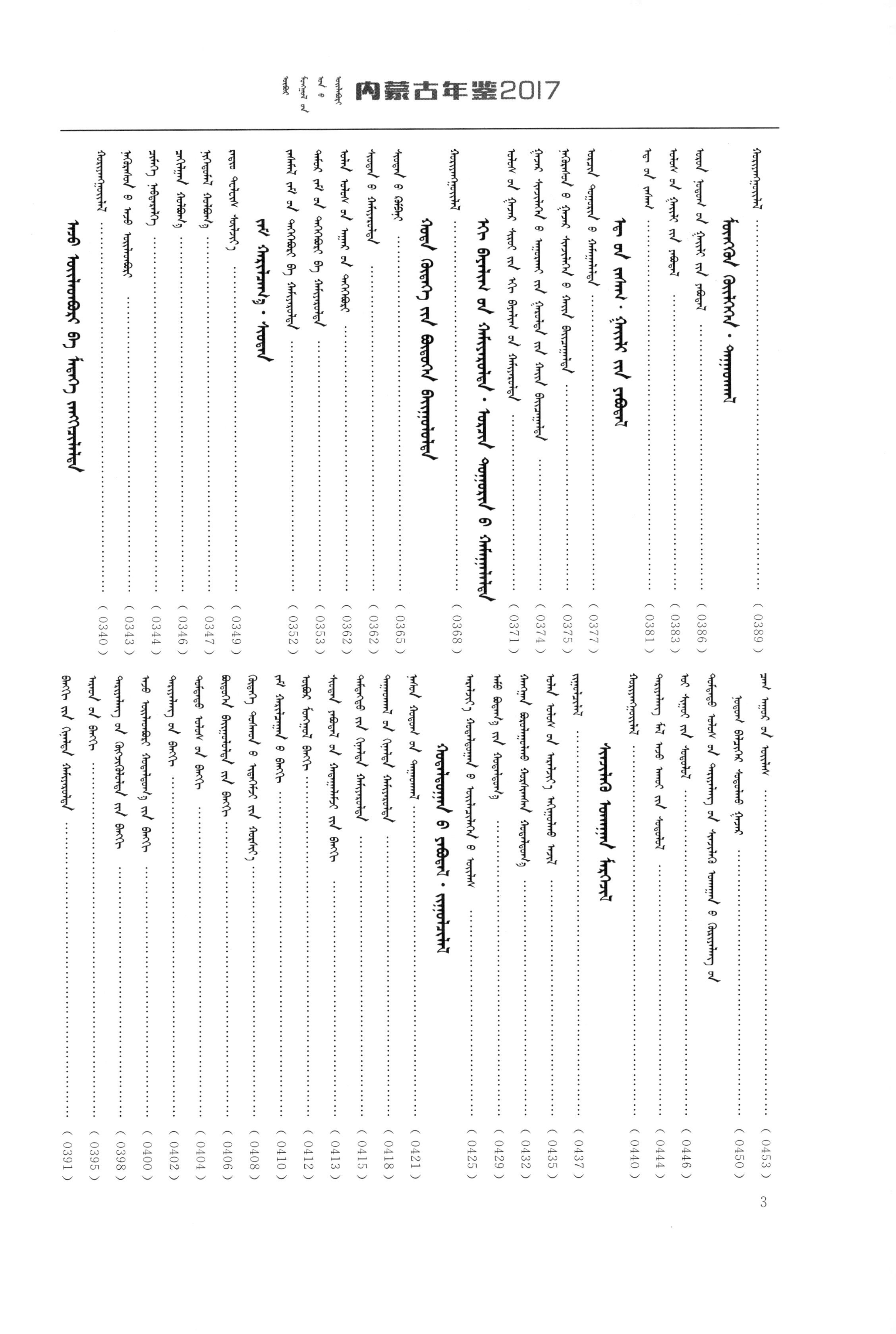

[illegible]

[illegible]

[illegible]

[illegible]

[illegible]

[illegible]

[illegible]

[illegible]

[illegible]

[illegible]

[illegible]

[illegible] 5 · 1 [illegible]

[illegible]

CONTENTS

Special Records

Major Events

Committee of Inner Mongolia Autonomous Region of the Chinese Communist Party

Standing Committee of the People's Congress, Inner Mongolia Autonomous Region

People's Government of Inner Mongolia Autonomous Region

Committee of the Chinese People's Political Consultative Conference of Inner Mongolia Autonomous Region

CONTENTS

Mass Organizations

Democratic Parties Association

Rule By Law

Military Affairs

Management for Economy and Supervision

CONTENTS

CONTENTS

CONTENTS

CONTENTS

CONTENTS

CONTENTS

Honor

Addendum

CONTENTS

特　　载

政府工作报告

——2016年1月23日在内蒙古自治区第十二届人民代表大会第四次会议上

自治区主席　巴特尔

一、"十二五"时期和2015年经济社会发展回顾

"十二五"时期是我区发展进程中具有里程碑意义的时期。五年来，特别是党的十八大以来，面对复杂严峻的经济形势和艰巨繁重的改革发展稳定任务，在党中央、国务院和自治区党委坚强领导下，自治区政府紧紧依靠全区各族干部群众，深入贯彻落实党的十八大和十八届三中、四中、五中全会精神，深入贯彻落实习近平总书记系列重要讲话和考察内蒙古重要讲话精神，深入贯彻落实自治区党委"8337"发展思路和各项决策部署，围绕落实"五位一体"总体布局和"四个全面"战略布局，围绕打造祖国北疆亮丽风景线，守望相助，团结奋斗，推动全区综合经济实力、产业发展层次、城乡发展面貌、区域协调发展水平、发展保障能力和人民生活水平上了一个大台阶，改革开放、社会事业、和谐内蒙古及政府自身建设得到全面加强，开创了我区经济社会发展的崭新局面。

——综合经济实力显著增强。地区生产总值由2010年的1.17万亿元增加到2015年的1.8万亿元，年均增长10%；人均生产总值由7070美元增加到1.15万美元，居全国前列。一般公共预算收入由1070亿元增加到1963.5亿元，年均增长12.9%；一般公共预算支出由2273.5亿元增加到4352亿元，年均增长13.9%。累计完成固定资产投资5.2万亿元，是"十一五"时期的2.6倍，年均增长18%。在下行压力持续加大的情况下创新调控举措，稳住了经济增长，实现了新常态下的新发展。

——转型升级步伐明显加快。"五大基地"建设取得重要进展，三次产业结构由9.4∶54.5∶36.1演进为9∶51∶40，初步形成了多元发展、多极支撑的产业格局。农牧业提质增效，粮食产量由431.6亿斤增加到565.4亿斤，牲畜存栏由1.08亿头只增加到1.36亿头只，牛奶、羊肉产量居全国首位，农畜产品加工转化率由51%提高到58%。工矿业转型升级，由"一煤独大"向产业多元转变，煤炭对工业增长贡献率由33.5%下降到11.3%，装备制造、高新技术、有色金属和农畜产品加工业贡献率由31.7%上升到49%。电力装机由6458万千瓦增加到1亿千瓦，风电装机由968万千瓦增加到2316万千瓦，均居全国首位。现代煤化工、稀土新材料、云计算等产业规模居全国前列。服务业比重明显提高，现代物流、文化旅游、金融保险、电子商务等蓬勃发展。非公

有制经济快速健康发展，占地区生产总值的比重由43%提高到64%。大力实施创新驱动发展战略，优势产业装备技术达到国内先进水平。

——发展保障能力不断提高。公路总里程从15.8万公里增加到17.5万公里，高速公路突破5000公里，一级公路突破6000公里，高速和一级公路总里程居全国前列，建成30条高速和一级出区通道，94个旗县市区通了高速或一级公路。铁路运营总里程由9500公里增加到1.35万公里，居全国首位。开工建设呼和浩特至张家口等3条高速铁路和锡林浩特至乌兰浩特铁路等一批重大项目，呼包集动车组开行，结束了我区没有动车组的历史。民航机场由12个增加到24个，居全国前列。开工建设锡盟至山东等4条特高压外送电通道，蒙西电网变电容量突破1亿千伏安。建成黄河防洪一期、海勃湾枢纽等重大水利工程。国土资源保障能力进一步增强，资源节约集约利用水平不断提高。

——城乡区域统筹迈出重大步伐。累计投资886亿元实施农村牧区“十个全覆盖”工程，全区84.4%的行政嘎查村实现全覆盖，农村牧区基本公共服务水平大幅提升，有力促进了城乡一体化、地区经济发展和农牧民增收，密切了党群干群关系，赢得了各族群众的赞誉。积极推进新型城镇化，常住人口城镇化率由55%提高到60.3%。“一核多中心、一带多轴线”的城镇体系初步形成，城市面貌、功能和宜居性持续改善。呼包鄂地区辐射带动作用增强，东部盟市发展步伐加快，老少边穷地区内生发展动力提升，县域经济发展水平明显提高。

——改革开放向纵深推进。全面深化各领域改革，推出一批有力度、有特色、有影响的改革举措，党的十八届三中全会以来形成改革成果572项，行政审批、财税金融、国资国企、农村牧区、生态文明等重要领域和关键环节改革取得明显成效。全面落实国家“一带一路”战略，创新与俄蒙合作机制，加快建设向北开放的重要桥头堡和充满活力的沿边开发开放经济带。累计完成进出口总额623.8亿美元，是“十一五”时期的1.64倍。深化与京津冀、东北地区和发达省市及港澳台的务实合作，全方位开放格局加快形成。

——生态环境持续改善。加快建设我国北方重要生态安全屏障，生态环境状况实现总体遏制、局部好转，美丽内蒙古建设取得明显成效。累计投入546亿元，实施五大生态工程和六大区域性绿化工程。争取国家出台草原生态补奖政策，将10.1亿亩可利用草原全部纳入保护范围，投入草原生态补奖资金300亿元，惠及146万户、534万农牧民。森林面积由3.6亿亩增加到3.8亿亩，草原植被盖度由37%提高到44%。环境保护工作力度明显加大，全面完成了国家下达的节能减排目标任务。

——民生水平显著提高。各级财政累计投入民生资金1.18万亿元，是“十一五”时期的2.6倍。城乡居民人均可支配收入由17 698元、5781元增加到30 594元和10 776元，年均增长11.1%和13.3%，高于经济增速，城乡居民收入差距由3.1：1缩小到2.8：1。社会保障制度实现城乡全覆盖，保障标准达到或超过全国平均水平。大力实施扶贫开发、百姓安居和创业就业工程，192万农牧民摆脱了贫困，为220万户城乡困难家庭改善了居住条件，累计新增城镇就业134万人。“三个一”民生实事惠及336.7万农牧户、4.15万名贫困家庭大学生和4800个零就业家庭。

——社会事业全面进步。教育投入年均增长10.9%，各级各类教育协调发展，办学条件显著改善，建立了从学前教育到高等教育的助学体系，在全国率先实现高中阶段免费教育，新增两所本科高等院校。医疗卫生体系建设迈出重要步伐，医药卫生体制改革扎实推进，看病难、看病贵的问题得到有效缓解，优生优育水平不断提高。民族文化强区建设成效显著，文化事业繁荣发展，文化产业增加值年均增长 18%，新闻出版、广播影视、哲学社会科学事业持续进步，草原文化影响力、传播力显著增强，我区鲁迅文学奖实现零的突破。全面贯彻落实党的民族政策，精心做好民族工作，持续加大对少数民族和民族聚居地区倾斜支持力度，各民族大团结的良好局面进一步巩固发展。竞技体育和群众性体育协调发展，体育产业发展加快，成功举办第十届全国少数民族传统体育运动会。地震气象、档案史志、参事文史、外事侨务和妇女儿童、老龄、残疾人工作都取得了新进展。

——和谐内蒙古建设扎实推进。全面推进依法治区，强化科学立法、严格执法、公正司法、全民守法。大力实施平安创建工程，社会矛盾化解机制不断健全，社会治理水平稳步提升。构建起立体化社会治安防控体系，严厉打击各类违法犯罪和敌对势力渗透颠覆破坏活动，人民群众安全感和满意度显著提升。安全生产形势总体平稳，食品药品安全、质量技术监督工作得到加强。认真做好人防和拥军优抚工作，大力支持国防和军队现代化建设，推动军民融合发展，祖国北疆安全稳定屏障进一步巩固。

——政府自身建设不断加强。认真落实全面从严治党要求，严守党的政治纪律和政治规矩，严格执行中央八项规定和自治区 28 项配套规定，深入开展党的群众路线教育实践活动和“三严三实”专题教育，正风肃纪、建章立制、狠抓落实，推动政风明显好转。严格落实党风廉政建设责任制，加大监察、审计力度，加强廉政风险防控机制建设。大力简政放权，自治区本级行政审批事项和行政权力分别压减 47%和 45%。严格落实“约法三章”，全面停止新建和审批政府性楼堂馆所项目，自治区本级“三公”经费支出较 2010 年下降 53.3%。全面推进依法行政、政务公开和科学民主决策，自觉接受人大依法监督和政协民主监督，认真听取各民主党派、工商联和无党派人士的意见，政府协商民主建设加快推进。

各位代表，刚刚过去的 2015 年，我们胜利完成了自治区十二届人大三次会议确定的各项任务。初步统计，地区生产总值增长 7.7%，一般公共预算收入增长 6.5%，固定资产投资增长 14.5%，全体居民人均可支配收入增长 8.5%，按常住地分，城镇居民人均可支配收入增长 7.9%，农村牧区居民人均可支配收入增长 8%。居民消费价格指数上涨 1.1%，单位生产总值能耗和二氧化碳排放量分别下降 4%和 5%。主要指标处于合理区间，经济运行稳中有进、稳中有好。一年来，我们主要做了以下工作：

（一）全力稳定经济增长。加强对经济运行的调控，研究制定稳增长促改革调结构惠民生、扶持小微企业、促进房地产市场平稳健康发展等一系列务实管用的政策措施。发挥投资对稳增长的关键作用。落实重点项目专项推进和省级干部包联重点项目责任制，实施重大项目三年推进计划。自治区重大项目开复工率达到 95%，完成投资 4995 亿元。争取国家核准及开展前期工作重大项目 22 个，总投资 2024 亿元。开工建设蒙西至天津、锡盟至江苏、上海庙至山东和锡盟至山东电力外送通道及配套电源项目。建成额济纳至哈密、锡林浩特至二连浩特铁路，开工建设赤峰、通辽至京沈客专连接线、呼和浩特地铁等重大项目，新增铁路运营里程 1320 公里。公路建设完成投资 760 亿元，新增通车里程 3000 公里，新增通沥青水泥路嘎查村 1537 个。建成乌兰察布、扎兰屯、霍林郭勒 3 个运输机场和乌拉特中旗、新巴尔虎右旗、阿荣旗 3 个通用机场。开工建设黄河二期防洪、绰勒下游灌区、尼尔基下游灌区工程。完成造林绿化 1100 万亩、重点区域绿化 210 万亩。全面完成主要污染物减排目标，加快治理乌海及周边地区大气污染，呼伦湖和乌梁素海治理取得明显成效。多措并举稳定企业生产。“营改增”减负面达到 99%，小微企业免税面达到 97%以上，累计为企业减税降费280亿元。电力综合扶持政策降低企业用电成本60亿元,带动新增工业用电97亿度、新增工业增加值335亿元、税收42亿元。"一企一策"措施帮助372户规模以上工业企业恢复生产。规模以上工业增加值增长8.6%,工业用电量增长4.9%,高于全国和周边省份。发挥财政资金的引导放大效应。以存促贷引导金融机构新增贷款568亿元,搭建了金融、水务融资平台,设立了总规模240亿元的铁路交通、产业发展、服务业和科技创新基金,向社会推出91个PPP项目、总投资1016亿元。盘活各级财政存量资金940.8亿元,成功发行地方政府债券1477亿元,有效缓解了地方偿债压力。

(二)大力调整优化产业结构。加快发展现代农牧业。新增粮食产量14.8亿斤、牲畜存栏670万头只,粮食总产、牲畜存栏均创历史新高。主要农作物优势区域集中度达到85%,绿色、无公害农产品及有机食品认证产地面积2350万亩,新增节水灌溉面积519万亩。各类家庭农牧场发展到4.3万户,农牧民专业合作社突破7万家。积极推进工业转型升级。完成企业技改投资1035亿元,增长41.2%。煤矿平均单矿规模188万吨,机械化率和安全生产水平保持全国领先。新增火电装机300万千瓦,形成142万吨煤制油、106万吨煤制烯烃、17.3亿立方米煤制天然气的生产能力,电解铝加工转化率达到70%。建设移动、电信、联通三大云计算数据中心,形成70万台服务器的装机能力,百度、腾讯、京东等知名企业入驻。大力发展现代服务业。服务业增加值增长8.1%,对税收的贡献达到54.3%,分别提高1.3和3.7个百分点。旅游业实现总收入2232亿元,接待游客8419万人次,分别增长23.7%和11%。电子商务、"互联网+"快速发展,信息服务收入增长33.5%,快递业收入增长18%。

(三)加大改革攻坚力度。进一步简政放权。公布了三级权力清单和自治区本级责任清单,取消18项企业投资项目核准前置条件,公布了行政事业性收费目录清单,取消、停征、降低150个收费项目。全面实施"三证合一、一照一码"改革,核发新版营业执照5.3万张,企业注册时间从平均26天缩短到3天。新登记市场主体37万户,增长34.5%。完善现代市场体系。启动蒙西电网输配电价改革,大工业电价每度降低2.65分,电力多边交易和大用户直供电量分别增长55%和157%。取消政府定价项目83个,缩减58.3%,实施居民阶梯水价、气价。完成不动产登记机构整合。推进财税金融改革。落实"营改增"试点和煤炭资源税费改革,完善对下转移支付,启动编制中期财政规划,在22个旗县开展了"省直管县"财政改革试点。金融机构新增信贷投放2000亿元以上,贷款余额突破1.7万亿元,增长14.7%。新增上市公司2家、"新三板"挂牌公司23家。全年直接融资1176亿元,增长54%。金融资产管理公司组建运营,"助农金融服务点"实现全覆盖。启动公务用车制度改革,预计缩减45%的公务用车,每年节省经费4亿元以上。深化国资国企改革。制定全面深化国企改革实施意见,加快推进企业负责人薪酬制度、履职待遇和业务支出、经营业绩考核等改革,森工、矿业集团综合改革全面启动,蒙能集团股权结构调整和管理体制改革后扭亏为盈。加快农村牧区改革。全区81%的规模以上龙头企业与农牧民建立了利益联结机制,农牧民人均从产业化中收入4829元。完成土地确权登记颁证试点和草原确权承包工作,耕地流转面积3187万亩,草牧场流转面积7200万亩,居草原牧区省份前列。构建开放型经济新体制。积极融入丝绸之路经济带和中蒙俄经济走廊建设,呼伦贝尔中俄蒙合作先导区建设规划、满洲里综合保税区获得国家批复,二连浩特—扎门乌德跨境经济合作区建设加快推进。在重点口岸开展大通关改革试点。成功举办首届中蒙博览会。加强生态文明制度建设。启动国有林场林区改革,全面停止商业性采伐。开展自然资源资产负债表编制和领导干部自然资源资产离任审计试点，水权、排污权、碳排放权交易制度改革扎实推进。深化社会事业领域改革。扩大城市公立医院改革试点，旗县公立医院改革实现全覆盖，参与改革的医院全部取消了药品加成。出台考试招生制度、民族教育条例等改革举措，促进各级各类教育均衡发展。文化体制改革深入推进。足球改革试点取得重要进展。制定出台户籍制度改革意见。

（四）着力保障和改善民生。各级财政民生支出2873亿元，增长17.8%，占总支出的66%。扎实推进农村牧区“十个全覆盖”工程。加强组织领导、资金投入和政策支持，采取巡回检查、典型示范、严格考核和干部下乡驻村等措施，有力推动了各项任务落实。全年完成工程投资418.6亿元，扩面工程完成投资263亿元，包括行政嘎查村和部分自然村在内的1.93万个嘎查村开展了工程建设。积极推动大众创业、万众创新。设立创业发展基金，发放创业担保贷款26.9亿元，创业带动就业15.9万人。高校毕业生初次就业率达到86.5%，12.7万名大学生实现就业或落实就业去向，257.4万农牧民实现转移就业，新增城镇就业26.9万人，城镇登记失业率控制在3.65%的较低水平。完善社会保障体系。企业退休人员养老金人均每月提高206元，城乡低保、五保集中供养标准年人均分别提高300元、225元和843元，大病保险实现城乡全覆盖。新开工城镇保障性住房28.5万套，其中棚户区改造24.2万套，居历年之最。全面完成了北梁棚改任务，铁南、阿尔山等棚改项目进展顺利。实施农村牧区危房改造21.8万户，竣工21.4万户。加大扶贫帮困力度。投入财政扶贫资金48亿元，发放金融扶贫贷款176亿元，贫困发生率下降到6%，国家标准下的贫困人口下降到80万人左右。完善“8+1”兜底体系，投入社会救助资金82.7亿元，保障了困难群众的基本生活。加快发展各项社会事业。切实改善学前教育、义务教育办学条件，学前教育毛入园率提高到87%，25个旗县通过国家义务教育均衡发展评估。实施职业教育能力提升工程，提高特殊教育学校公用经费标准。基本公共卫生服务经费补助标准提高到人均40元，自治区重点卫生项目进展顺利，内蒙古医院门诊大楼、内蒙古医科大学附属医院门诊大楼建成，内蒙古医科大学第二附属医院迁建项目、内蒙古中医医院住院及医技综合楼等5个项目主体工程竣工。首次获得南丁格尔奖。实施文化惠民工程，加强文艺创作组织工作。加大长城等文化遗产保护力度，文化产业园区和示范基地建设加快推进。

（五）提高政府自身建设及社会治理水平。加快建设法治政府，推进协商民主建设，提请自治区人大常委会审议地方性法规6件，制定、修改和废止政府规章10件，办理人大代表议案、建议和政协委员提案1038件，办结率100%。加快公共资金、国有资产、国有资源审计全覆盖，加大对失职渎职、“四风”等问题的查处力度，廉政建设明显加强。创新社会治理，劳动关系总体和谐稳定，信访批次和人数下降18.4%和27.9%，刑事和治安案件下降7.2%和7.7%。全面开展安全生产大检查和专项整治，事故起数和伤亡人数下降16.6%和9%。强化食品药品安全监管，守住了不发生区域性、系统性问题的底线，保障了群众“舌尖上的安全”。

各位代表，过去一年的努力，实现了“十二五”圆满收官，内蒙古的发展站在了一个新的历史起点上。回首“十二五”时期的发展，我们深深感到：这五年是我区经济建设、政治建设、文化建设、社会建设和生态文明建设全面推进的五年，是发展方式加快转变、发展基础更加坚实、发展更加全面协调可持续的五年，是改革攻坚力度最大、城乡面貌变化最显著、人民群众得到实惠最多的五年。特别是党的十八大以来，我们始终在思想上政治上行动上同以习近平同志为总书记的党中央保持高度一致，不断完善发展思路，积极创新发展举措，积累了许多宝贵经验。概括起来主要是:必须始终坚持正确的政治方向,全面贯彻落实党中央、国务院和自治区党委各项决策部署,紧紧依靠全区各族人民,守望相助、团结奋斗,从实际出发创造性、奋发有为地开展工作;必须始终坚持发展第一要务,主动适应、积极引领经济发展新常态,牢牢把握发展的主动权；必须始终坚持以提高发展质量和效益为中心,加大经济结构战略性调整力度,加快转变经济发展方式,推动城乡区域发展相平衡、经济社会发展相协调、人与自然和谐发展;必须始终坚持全面深化改革，用改革的办法解决发展中的矛盾和问题,拓展发展新空间,为发展注入新动力;必须始终坚持把增进人民福祉、促进人的全面发展作为出发点和落脚点，切实提高人民生活水平,大力推进基本公共服务均等化,使发展成果更多更好惠及广大群众；必须始终坚持全面落实党的民族政策和民族区域自治制度,精心做好民族工作,不断巩固发展各民族大团结的良好局面；必须始终坚持调动各方面的积极性,统筹处理好各种利益关系,全力维护社会和谐稳定，凝聚起打造祖国北疆亮丽风景线的合力。

“十二五”时期取得的成绩来之不易。这是党中央、国务院坚强领导、关怀支持的结果,是自治区党委科学决策、正确领导的结果,是全区各族干部群众共同努力、团结奋斗的结果。在此,我代表自治区人民政府,向全区各族人民,向为自治区改革开放和现代化建设作出贡献的同志们,向关心支持内蒙古发展的朋友们,表示衷心的感谢!

在看到成绩的同时,我们也清醒地认识到:内蒙古是欠发达边疆民族地区，综合经济实力还不够强,城乡、区域、经济社会发展不够协调,基础设施和基本公共服务比较滞后，城乡居民收入水平还不高；产业结构重型化特征较为明显,非资源型产业、战略性新兴产业、现代服务业发展不足;经济增长动力不够协调,有效需求和有效供给不足并存,科技支撑能力不强;生态环境还比较脆弱,正处在“进则全胜、不进则退”的历史关头;经济运行积累的潜在风险较多,部分行业产能过剩,一些企业经营困难,财政收支矛盾比较突出,有些地方政府债务负担较重;法治、创新、廉洁和服务型政府建设还需进一步加强,经济调控、公共服务、市场监管的方式方法还需进一步创新完善。我们一定要以高度负责的精神，通过扎实有效的工作和坚持不懈的努力,加快解决这些问题,努力在新的起点上夺取全面建成小康社会的新胜利!

二、“十三五”时期经济社会发展的主要任务和2016年重点工作

“十三五”时期,是我区全面建成小康社会的决胜时期、是全面深化改革的攻坚时期、是全面推进依法治区的关键时期。根据党的十八届五中全会精神,自治区党委确定了“十三五”时期我区经济社会发展的总体要求、主要预期目标和重点任务,已经全面体现在《内蒙古自治区国民经济和社会发展第十三个五年规划纲要(草案)》中,提交本次大会审议。今后五年,要坚持发展第一要务,不断壮大地区综合经济实力。努力保持经济中高速增长，地区生产总值增速高于全国平均水平,主要经济指标平衡协调。推动产业发展向中高端迈进,基本形成多元发展、多极支撑的现代产业体系。构建适应发展需要的现代基础设施网络。坚持创新发展,着力提高发展质量和效益。形成以创新为主要引领和支撑的经济体系和发展模式，推进重点领域和关键环节改革取得决定性成果。坚持协调发展,着力增强发展的整体性。健全城乡发展一体化体制机制,促进公共资源均衡配置,形成全要素、多领域、高效益的军民深度融合发展格局。坚持绿色发展，着力建设我国北方重要生态安全屏障。促进草原植被盖度和森林覆盖率持续提高,生态环境质量持续改善，主要生态系统步入良性循环，大幅减少主要污染物排放总量，基本形成主体功能区布局。坚持开放发展，着力提高开放型经济水平。全方位融入国家发展大局，基本形成开放型经济新体制，加快建设我国向北开放的重要桥头堡。坚持共享发展，着力增进人民福祉。实现城乡居民收入增速高于全国平均水平，收入总量达到全国平均水平。持续提高基本公共服务均等化水平和人民群众思想道德、科学文化和健康素质。坚决打赢脱贫攻坚战，实现各族人民共同迈入全面小康社会。推进和谐内蒙古建设，筑牢祖国北疆安全稳定屏障。巩固发展平等团结互助和谐的社会主义民族关系，全面推进依法治区，基本建成法治政府，加快构建全民共建共享的社会治理格局。

我们要主动适应、准确把握、积极引领经济发展新常态，深刻认识重要战略机遇期的内涵变化，按照“十个更加注重”的要求，有效应对风险挑战，奋发有为做好工作，确保实现这些目标任务，不断开创现代化内蒙古建设的新局面！

今年是实施“十三五”规划的开局之年，做好各项工作意义重大。综合分析，我们面临的挑战和机遇并存，但机遇大于挑战。我区拥有资源禀赋、区位条件、要素成本等多重比较优势，五大基地建设积蓄了巨大发展动能；我国经济长期向好的基本面没有改变，宏观环境稳定，国家持续加大对西部和民族地区的支持力度；供给侧结构性改革的实施，“一带一路”、京津冀协同发展战略的深入推进，国内消费结构升级和发达地区产业转移加快，为我区调整结构、补齐短板、扩大对内对外开放带来了宝贵机遇。我们要抓住机遇，扎实工作，确保“十三五”良好开局。

今年政府工作的总体要求是：全面贯彻党的十八大、十八届三中、四中、五中全会和中央经济工作会议精神，以邓小平理论、“三个代表”重要思想、科学发展观为指导，深入贯彻习近平总书记系列重要讲话和考察内蒙古重要讲话精神，认真落实自治区党委九届十四次全委会议和全区经济工作会议的工作部署，按照“五位一体”总体布局和“四个全面”战略布局，牢固树立和贯彻落实创新、协调、绿色、开放、共享的发展理念，适应经济发展新常态，坚持改革开放，坚持稳中求进工作总基调，坚持稳增长、调结构、惠民生、防风险，落实宏观政策要稳、产业政策要准、微观政策要活、改革政策要实、社会政策要托底的总体思路，保持经济运行在合理区间，战略上坚持持久战，战术上打好歼灭战，着力加强结构性改革，在适度扩大总需求的同时，去产能、去库存、去杠杆、降成本、补短板，提高供给体系质量和效率，提高投资有效性，加快培育新的发展动能，改造提升传统比较优势，增强持续增长动力，推动我区社会生产力水平整体改善，努力实现“十三五”时期经济社会发展的良好开局，以优异成绩迎接自治区成立70周年，把祖国北部边疆这道风景线打造得更加亮丽。主要预期目标是：地区生产总值增长7.5%，固定资产投资增长12%，社会消费品零售总额增长9%，一般公共预算收入增长6%以上，城乡居民人均可支配收入分别增长8%和9%，单位生产总值能耗下降2.8%，城镇新增就业26万人，居民消费价格涨幅控制在3%左右，结构性改革取得实质性进展。为此，要重点做好以下工作。

（一）加强结构性改革，促进经济持续健康发展

全面落实供给侧结构性改革五大任务。抓住用好新常态下动力转换、结构升级等机遇，研究出台供给侧结构性改革综合性政策。坚决有力化解过剩产能。正确处理巩固发展优势特色产业与化解过剩产能的关系，把控制新增产能和承接产业转移结合起来，下决心淘汰落后产能。研究制定总体实施方案和分类推进办法，通过技术改造升级一批、兼并重组整合一批、对外投资转移一批、严格标准淘汰一批、完善政策扶持一批，稳扎稳打、有力有序地做好工作，务求

取得实质性进展。对资不抵债、连年亏损、扭亏无望的“僵尸企业”,加快兼并重组或依法破产清算,退出市场。多措并举降低企业成本。深入开展降低实体经济企业成本行动,在简政放权、减税降费、金融扶持、流通体制和电价市场化改革等方面打政策“组合拳”,进一步降低企业的交易、人工、财务、物流成本和税费负担,增强企业竞争力、盈利能力和发展后劲。扎实有序消化房地产库存。加大棚改货币化安置力度,实施不低于22万户的城镇棚户区改造,货币化安置比例达到50%以上。加快户籍制度改革和居住证制度落地,完善财政转移支付同转移人口市民化、城镇建设用地同转移人口落户数量挂钩机制。研究住房公积金支持农牧民进城购房政策,开展土地、草场、林地承包经营权及宅基地抵押担保,鼓励金融机构向转移进城农牧民发放购房贷款。探索共有产权等措施,逐步消化大平方米住宅库存。推动建立租购并举的住房制度,引导房地产企业转型发展。取消过时的限制性政策,释放刚性和改善性住房需求。聚焦短板扩大有效供给。围绕农村牧区基本公共服务体系建设,以脱贫攻坚、“十个全覆盖”等工程为主要抓手,加快城乡基本公共服务均等化。围绕现代产业体系建设,加强政策引导和金融支持,促进资金资源向传统产业改造集中,向新兴产业发展集聚,加快产业转型升级。围绕基础设施建设,提高投资的有效性和精准性,加快构建适应发展、适度超前的基础设施保障体系。切实防范化解金融风险。加强对各种风险源的调查研判和监测预警,做好政府存量债务置换、民间借贷监管、风险案件处置等工作,坚决守住不发生系统性、区域性风险的底线。

以扩大有效投资为重点创新投融资方式。进一步激发社会投资潜能。加大简政放权力度,继续取消和下放一批审批事项,提高事中事后监管和服务水平。大幅放宽电力、交通、市政公用等领域市场准入,推广特许经营、投资补助等方式,带动社会资本参与建设。全面取消银行贷款承诺、可研报告审查意见等企业投资项目审批前置事项,企业能够自主决定的事项一律不得作为项目核准的前置条件。提高金融支持实体经济发展的质量和水平。加大金融创新力度,鼓励金融机构运用信托、资产证券化等方式,扩大有效信贷投放、支持股权债权融资,实现新增贷款2000亿元、直接融资1200亿元。加快推进民营银行组建,加强多层次资本市场建设。实施企业上市三年计划,推动80家企业在“新三板”挂牌,支持符合条件的企业通过发行票据和债券筹集资金。加快发展现代保险业,推动保险资金参与经济建设。放大财政资金的引导撬动效应。发挥现有融资平台和发展基金的作用,创新政府投资、与金融机构合作等方式,利用财政间歇资金开展以存促贷,加大政府性担保资金投入,引导商业银行扩大信贷投放。支持金融机构和盟市政府合作,通过共同设立城镇建设和“美丽乡村”基金等方式,解决建设资金不足的问题。完善政府和社会资本合作模式,进一步扩大PPP实施规模。

加快重大项目建设。认真落实三年推进计划,启动一批“十三五”重大工程项目,力争固定资产投资达到1.5万亿元以上。产业方面,加快煤炭深加工、精细化工、有色深加工等重点项目建设,开工建设与外送电通道配套的煤电项目,新开工火电2700万千瓦、风电和太阳能装机300万千瓦,完成工业投资7000亿元。交通方面,加快推进呼和浩特新机场、呼张客专、通辽和赤峰至京沈客专、京新高速临河至蒙甘界、经棚至锡林浩特高速、海拉尔至额尔古纳一级公路等重点项目建设,力争呼和浩特至银川、包头至西安、满洲里至海拉尔至齐齐哈尔、通辽至乌兰浩特至海拉尔、集宁至大同、锡林浩特至张家口、巴彦浩特至银川等高铁项目进入国家“十三五”规划盘子或中长期规划。全年铁路建设规模5400公里,公路建设规模2万公里,完成交通建设投资1250亿元以上。发挥好通用机场的独特优势,充分调动企业参与的积极性,各级地方政府都要加大通用机场建设力度,培育发展区域性航空市场。能源通道方面,加快推进已开工的特高压通道建设,力争新开工锡盟至张北、通辽至青州特高压和鄂尔多斯至沧州输气管道等项目,规划建设呼伦贝尔等外送电通道,完成投资300亿元以上。水利方面,开工建设"引绰济辽"工程,力争东台子水库可研报告获得批复,加快推进节水灌溉工程建设,完成水利投资200亿元以上。城市建设方面,加快呼和浩特地铁、包头地铁及新都市区地下综合管廊等重点项目建设,加大地下管网改造力度,完成投资800亿元。此外,社会事业、民生领域及生态建设等方面,要力争完成投资1750亿元以上。

(二)推进产业转型升级,促进产业城乡区域协调发展

加快建设"五大基地"。改造提升传统产业。鼓励煤炭、电力、化工、冶金、建材企业横向联合,支持煤炭转化企业与生产企业纵向重组,构建煤电用、选冶加一体化产业链,加快形成产业链竞争新优势。加大传统产业技术改造力度,促进现代煤化工向下游延伸、有色金属生产加工和装备制造向高端发展、农畜产品向终端拓展,提升传统产业竞争力。培育壮大战略性新兴产业。组织实施战略性新兴产业三年行动计划和特色产业链、"双创"示范基地等四大工程,加快构建国家级稀土、石墨、核燃料、复合材料基地。落实《中国制造2025》,大力推进协同制造、智能制造,做大装备制造业。拓展锂电池、永磁材料产业链,努力做大电动汽车产业。实施差别化、精准化产业扶持政策。坚持和完善电力综合扶持政策,扩大多边交易和大用户直供规模,深入推进输配电价改革,在有条件的地区开展配售电改革,研究制定蒙西电网峰谷电价和蒙东电网同网同价政策。对产能过剩、技术落后、环保不达标的企业,取消各类保护性措施,倒逼其转型升级或退出市场。

实施创新驱动发展战略。发挥科技创新在全面创新中的引领作用。围绕重点领域创新需求,加快实施关键技术攻关、实用成果转化、创新平台载体三大工程。深入实施人才强区战略和"草原英才"工程。强化企业创新主体地位,更多运用财政后补助等方式,鼓励企业加大技术投入。推动高校、科研院所与企业组建技术联盟,力争国家级工程研究中心、企业技术中心达到35家。深化科技体制改革,整合各类科技计划,加大知识产权保护、品牌建设和社会信用体系建设力度,完善科技成果转化、技术交易等相关政策。深入落实质量强区决定,加快实施标准化建设三年行动计划。推动大众创业、万众创新。巩固扩大"三证合一、一照一码"改革成果,实施电子营业执照和工商注册全程电子化。充分发挥"双创"集众智、汇众力的乘数效应,打造众创、众包、众扶、众筹支撑平台,形成线上线下协同创新格局。加快推进市场化改革。大力发展非公有制经济,依法保护各种所有制经济权益。激发企业家精神,依法保护企业家财产权和创新收益。以降低企业生产要素成本为重点,加快形成市场决定价格机制,推动水、电力、石油天然气、交通运输等领域价格改革,全面实行居民用水、用气阶梯价格制度,推进农业水价改革。以市场为导向,推进国资运营公司组建和国企混合所有制试点,支持社会资本参与国企产权制度改革。加快推进管办分离、经营性国有资产集中统一监管。

大力发展现代服务业。提升服务业发展质量和水平。推动服务业与一、二产业融合,生产性服务业向专业化和价值链高端延伸,生活性服务业向精细化和高品质提升,制造业由生产型向生产服务型转变。完善服务业发展支持政策,用足用好服务业发展基金,做大服务业股权投资基金,抓好呼和浩特市国家级服务业综合改革试点,打造一批服务业集聚区和龙头企业。

鼓励社会资本进入教育文化、健康养老、金融保险等服务业领域。培育新型消费热点。把握消费需求个性化、多样化特征，大力发展文化体育、娱乐休闲、家政服务等新型服务业，增加优质新型产品供给，推动消费结构升级。加快实施六大消费工程，大力发展电子商务，培育线上线下、跨区跨境等多种消费业态。积极争取“宽带乡村”试点，扩大互联网、电子商务在农村牧区的覆盖面，激活农村牧区消费潜力。加快发展现代服务业。建设一批大型物流园区、配送中心和内陆港，建立完善煤炭、钢铁、聚氯乙烯、稀土、农畜产品等大宗商品电子交易平台。实施“互联网+”和大数据发展计划，加快发展互联网经济。抓住旅游消费快速增长契机，实施“旅游+”计划，力争旅游业总收入增长20%以上。大力发展养老服务业，构建政府公共服务和社会化服务相结合、市场化运作的养老服务新模式。

促进城乡区域协调发展。尊重和顺应城市发展规律。加强和改进城市工作，处理好城市发展与经济发展、城市规模与承载能力、人口集聚和功能集聚等关系，加大对城市空间规模产业、规划建设管理、改革科技文化、生产生活生态和政府社会市民的统筹力度，着力解决“城市病”等问题，加快建设和谐宜居、富有活力、各具特色的现代化城市。调整优化城镇空间布局和功能定位。大力推进“多规合一”，完善“一核多中心、一带多轴线”城镇体系，提高土地节约集约利用水平。做好包头、扎兰屯等国家新型城镇化试点。推进城乡规划、基础设施、基本公共服务一体化发展，增强城镇对农村牧区的反哺和带动能力。加大统筹区域发展力度。依据主体功能区定位和各地比较优势，从发展规划、扶持政策、协调机制等方面入手，促进以呼包鄂为核心的西部地区协同发展、东部盟市合作发展、基础薄弱地区加快发展。

（三）加快推进农牧业现代化，扎实做好农村牧区工作

积极转变农牧业发展方式。优化农牧业结构。全面实行粮食安全盟市长责任制，在稳定粮食产量的基础上，加快转变玉米“一粮独大”的种植结构，积极推进“粮改饲”，引导农牧民种植整株青贮玉米和优质苜蓿，扩大绿色有机高端产品种植。坚持“稳羊增牛”发展方向，制定实施千万头肉牛发展规划，稳定奶牛养殖头数，提高单产、淘汰散养，力争规模化养殖水平达到85%以上。加强防灾减灾体系建设，做好动物疫病和人畜共患病防治工作。落实“藏粮于地、藏粮于技”战略。实施耕地质量保护与提升工程，加快西北节水增效项目建设，探索实行耕地轮作休耕制度。建设高标准农田400万亩，新增节水灌溉350万亩，设施蔬菜达到250万亩以上。加快推进农牧业产业化经营。促进农牧业与工业、服务业融合发展，加大对领军龙头企业的扶持力度，加快行业整合重组。实施农畜产品品牌建设和输出工程，完善质量追溯体系，加快建设电商销售平台。加强农牧业标准化体系建设，健全社会化服务体系，提升服务农牧业综合能力。

深化农村牧区改革。完善农企利益联结机制，提升紧密型利益联结率，提高农牧民在产业化经营中的话语权和收益分配率。总结试点经验，全面推进农村土地承包经营权确权登记颁证工作，开展5000万亩以上土地确权。推进土地草牧场经营权有序流转，积极培育家庭农牧场、专业大户、农牧民合作社等新型经营主体，发展多种形式的适度规模经营。加强农牧民职业技能培训，培养新型职业农牧民。以垦区集团化、农场企业化为主线，推进农垦改革。按照政事分开、社企分开方向，深化供销社改革。实施县域金融工程，大力发展村镇银行和县域融资担保机构。

扎实推进农村牧区“十个全覆盖”工程。加大资金投入力度，进一步增加各级财政资金和地方政府债券投入，积极争取国家资金支持，动员企业、社会投入和农牧民投工投劳。加大政策

支持力度,加强部门与盟市的协调配合,允许地方整合资金和项目。加大工程管护力度,探索各方安排管护资金或政府给予奖补等方式，发动群众参与工程管护。加大组织领导力度,进一步做好万名干部下乡驻村工作,加强督促指导,坚持典型示范,严格考核奖惩,确保全面完成所有行政嘎查村全覆盖任务。

打好脱贫攻坚战。坚持精准扶贫、精准脱贫，确保21万人稳定脱贫、10个左右自治区级贫困旗县脱贫摘帽。通过实施易地扶贫搬迁工程脱贫一批,年内完成5万人搬迁任务;通过产业扶持脱贫一批，帮助4万贫困户发展特色产业,使每户都有增收项目。加大金融扶贫力度，让有发展意愿和劳动能力的贫困户，每户都能得到3万元以上的扶贫贷款,全年新增扶贫贷款150亿元以上;通过教育、医疗扶助一批,对不在低保范围的贫困户子女接受职业教育给予资助，提高贫困人口大病保险报销比例;通过社会保障兜底一批,将4.1万贫困人口纳入低保范围。

(四)加大改革攻坚力度,进一步提高开放水平

推进改革举措落地生根。发挥好改革在稳增长、调结构、惠民生、防风险等方面的重要作用，继续推出一批具有重大牵引作用的改革举措,在简政放权、价格市场化、国资国企、财税金融、农村牧区、林区垦区、城市管理体制以及教育医疗、养老保险等领域进一步加大改革力度。按照试点能多不少、范围能大不小、时间能短不长的要求，加大先行先试力度，发挥试点的示范、突破和带动作用。加强对改革任务的研究部署、调度分析、责任落实和督促检查,建立起横向协调、纵向贯通、层层负责的工作机制,全程跟进、全程负责、一抓到底。

全面扩大对内对外开放。深入落实国家“一带一路”战略,积极推进中蒙俄经济走廊建设,创新与俄蒙合作机制。大力推进基础设施互联互通。在国家的统筹推动下,加快建设连接俄蒙的重点铁路、公路项目,积极推进海拉尔至满洲里高速公路、满都拉至白云鄂博、乌里雅斯太至珠恩嘎达布其等口岸公路项目，力争年内开放鄂尔多斯国际航空口岸。加强开放平台载体建设。加快满洲里和二连浩特开发开放试验区、呼伦贝尔中俄蒙合作先导区建设，争取二连浩特——扎门乌德跨境经济合作区获得批复,实现满洲里综合保税区封关运营。加快推行“三个一”联合监管模式,深化大通关改革。全方位加强交流往来。积极开展与俄蒙在教育、文化、医疗、体育、科技、旅游等方面的人文交流,加强与俄蒙地方政府及部门间的定期协商会晤。推动外贸向“优进优出”转变。优化对俄蒙贸易结构,支持先进技术设备、关键零部件进口,扩大国内短缺资源性商品进口，为企业在境外开展承包工程和劳务合作创造条件。支持产能过剩企业走出去,开展国际产能合作。大力发展新兴贸易方式,支持企业开展跨境电子商务。全面提升区域经济协作水平。借助清洁能源基地平台,推动与京津冀、环渤海、长江经济带的合作。加快建设呼包银榆等经济合作区,深化京蒙区域合作,加强与港澳台地区的交流合作。发挥我区土地、电力优势,通过园区共建等方式,加快承接高水平产业转移。

(五)推进绿色发展,筑牢生态安全屏障

加强生态保护和建设。加快京津风沙源治理、退耕还林还草等重点工程建设,大规模推进国土绿化行动，完成林业生态建设1000万亩、重点区域绿化200万亩、种草3000万亩。实施新一轮草原生态补奖政策,提高补奖标准,坚持和完善阶段性禁牧和草畜平衡制度,推动草原生态持续好转。加快发展沙产业、草产业和林下经济,带动农牧民增收致富。继续实施呼伦湖、乌梁素海综合整治工程,争取治理规划获得批复。

加大环境保护力度。全面加强污染治理,开展大气污染区域联防联控，实施燃煤电厂超低排放改造,加快淘汰不达标机组锅炉和小电石、

小硅铁等落后产能。加强乌海及周边地区环境综合整治,确保取得阶段性成效。大力整治工业园区环境问题,提高准入门槛,推动园区补欠账、上水平。全面完成环保违规项目清理整顿。加强城乡接合部、农业面源和重金属污染治理,推进农药、化肥、地膜减量使用。建设绿色矿山、和谐矿区。开展水体综合整治,强化重点流域水污染联防共治。大力推动低碳循环发展,推广绿色清洁生产,努力将节能环保产业打造成新的增长点。严格落实环境保护"党政同责、一岗双责、失职追责"责任制,加大执法力度,严肃查处环境违法问题。

加快生态文明制度建设。全面推进国有林场林区改革,确保按期完成改革任务。继续深化集体林权制度改革。科学编制自然资源资产负债表,开展领导干部自然资源资产离任审计试点。依据主体功能区规划,加快划定生态红线。实施排污许可和排污权有偿使用制度,提高排放成本,倒逼企业减排。建立环境保护督查机制,推进生态环境损害评估试点,实施生态环境损害责任终身追究制度。加快推进环保机构监测监察执法垂直管理。落实能源和水资源消耗、建设用地等总量和强度双控行动,实行最严格的水资源管理制度,加快推进盟市水权转让试点。积极培育生态文化,倡导勤俭节约、绿色低碳的生活方式和消费模式。

(六)加强精神文明建设,促进文化繁荣发展

深入推进社会主义核心价值观宣传教育。坚持用习近平总书记系列重要讲话精神、用中国梦和社会主义核心价值观凝聚共识、汇聚力量,巩固各族人民团结奋斗的共同思想基础。加强精神文明建设,推进文明城市、文明村镇、文明单位和文明家庭创建活动,弘扬中华传统美德,强化思想道德和社会诚信建设。做好舆论引导和网络宣传管理工作,规范传播秩序,弘扬主旋律、传播正能量。

加快建设民族文化强区。坚持社会主义先进文化前进方向,推进草原文化创新发展。加大文物和非物质文化遗产保护力度,加强文化人才队伍建设,繁荣发展文艺创作,打造一批富有民族特色、时代特征、地域特点,思想性、艺术性俱佳的精品力作。创新对外传播、文化交流方式,推动民族文化走出去。加大文化惠民工程力度,实施新闻出版广播影视固边工程,引导文化资源向基层倾斜。倡导全民阅读,繁荣发展哲学社会科学事业。促进传统媒体和新兴媒体融合发展,加快推进"三网融合"。加大文化市场监管和文化领域知识产权保护力度。

大力发展文化产业。坚持把社会效益放在首位、社会效益与经济效益相统一,深化文化体制改革,完善文化产业和市场体系。按照"抓大扶小"思路,支持骨干文化企业和中小微文化企业加快发展,推动文化产业结构升级。优化发展环境,理顺管理体制,扩大投资规模,用好文化产业发展基金,抓好重点项目和集聚区建设。促进文化与旅游、科技、创意的融合,培育新型文化业态,扩大和引导文化消费,提高文化产业对经济发展的贡献度。

(七)保障和改善民生,维护社会和谐稳定

做好就业创业和社会保障工作。积极应对化解过剩产能、处置"僵尸企业"可能带来的就业压力,实施更加积极的就业政策,确保完成就业目标。扎实推进就业创业工程,加大创业扶持力度,实施大学生就业促进和创业引领计划。组织引导劳务输出,促进农村牧区劳动力转移就业。做好困难群体就业工作。实施全民参保计划,进一步扩大社会保险覆盖面。有序推进养老保险制度改革,构建公平、可持续的养老保险制度。适当提高大病保险人均筹资水平和支付比例。落实好国家精简归并"五险一金"政策,减轻企业负担。加强社会救助体系建设,保障困难群众的基本生活。继续办好"三个一"民生实事。

努力提高城乡居民收入。进一步加大工作力度,逐步缩小城乡、地区和行业间的收入差

距。多渠道增加农牧民收入,提高农牧民在产权流转等方面的财产性收入,完善"一卡通"发放机制,确保惠农惠牧补贴政策不折不扣落实到位。强化企业收入分配调控,扩大工资集体协商范围,适度调整职工工资增长幅度。完善机关事业单位工资制度,落实旗县以下机关公务员职务与职级并行制度和乡镇工作补贴制度。

加快社会事业发展。实施第二期学前教育三年行动计划,扩大公办和普惠性民办幼儿园覆盖面。加快义务教育学校标准化建设,实施乡村教师支持计划,推进义务教育均衡发展。加快构建校企合作、产教融合的现代职业教育体系,更加注重学生创新创业精神和实践能力培养。统筹推进国内一流大学、一流学科建设,鼓励部分普通本科高校向应用型转变。以义务教育和职业教育为重点,加快发展民族教育。进一步提高民办教育、特殊教育办学水平。着力推进健康内蒙古建设,继续深化城市和旗县公立医院改革。推进分级诊疗试点、医师多点执业,优化医疗卫生资源配置。加强重大疾病防控,健全突发公共卫生事件应急机制,加快建设自治区本级重点医疗卫生项目和三级医疗卫生服务体系。推进蒙中医药事业加快发展。全面实施一对夫妇可生育两个孩子政策。积极开展全民健身运动,加快体育健身场地设施建设,深入推进足球改革发展试点工作。开展应对人口老龄化行动,保障妇女和未成年人权益,健全扶残助残服务体系。

维护社会和谐稳定。深入推进平安内蒙古建设,加强矛盾排查调处,创新治安防控体系,有效防范化解和管控各类风险。按照总体国家安全观要求,严厉打击危害国家安全行为和违法犯罪活动。支持国防和军队建设,加强国防动员和后备力量建设,加大人防和边防工作力度,提升军民融合发展水平。加大对各类安全生产事故和食品药品安全事件的查办追责力度。全面落实安全生产责任制,抓好重点领域隐患排查和专项整治,坚决防止重特大事故发生。加强食品药品安全内蒙古建设,落实最严格的、覆盖全过程的食品药品安全制度,保障人民群众生命健康安全。

(八)加强民主法治和政府自身建设,加快建设法治、创新、廉洁和服务型政府

严格遵守党的政治纪律和政治规矩,增强看齐意识,经常、主动向党中央看齐,向党的理论和路线方针政策看齐,在思想上政治上行动上坚定自觉同以习近平同志为总书记的党中央保持高度一致,全面贯彻落实党中央、国务院和自治区党委各项决策部署。坚持党的领导、人民当家作主、依法治区有机统一,坚决维护宪法法律权威,依法维护人民权益、维护社会公平正义。自觉接受人大及其常委会的法律监督、工作监督和政协的民主监督,积极组织实施政府协商计划,充分听取各民主党派、工商联、无党派人士和人民团体的意见建议。

坚定不移走中国特色解决民族问题的正确道路,全面贯彻落实党的民族政策和民族区域自治制度,深入开展民族团结进步创建活动,进一步深化各民族交往交流交融,切实增进"四个认同",巩固发展平等团结互助和谐的社会主义民族关系。完善差别化支持政策,在基础设施、扶贫开发、生态建设、基本公共服务等方面对少数民族聚居地区给予倾斜。深入推进兴边富民行动,着力改善边境地区农牧民生产生活条件。扎实做好城市民族工作。深入贯彻落实党的宗教工作基本方针,发挥好宗教团体、宗教界人士和信教群众在促进经济社会发展中的积极作用。

坚持依法行政,严格按照法定权限、法定程序和权力清单、责任清单履职尽责,把政府全部工作纳入法治轨道。加快转变政府职能,拓宽公共服务供给渠道。加大政务公开力度,推广电子政务和网上办事。加强新型智库建设,建立健全决策咨询制度,运用大数据等手段提升决策水

平。加强廉政建设，严格遵守《中国共产党廉洁自律准则》和《中国共产党纪律处分条例》，严格落实党风廉政建设责任制，严肃查处各类违纪违法案件。加强审计监督，推进审计制度改革。强化行政监察，提升行政效能。持之以恒加强作风建设，自觉践行“三严三实”要求，坚决整治行政不作为、乱作为和损害群众利益的行为。

明年我们将迎来自治区成立70周年大庆，这是全区各族人民政治生活中的一件大事。我们将坚持为民务实节俭原则，把迎庆工作与促进自治区经济社会发展紧密结合起来，扎实抓好项目建设、环境整治、舆论宣传、组织动员等各项工作，集中力量解决一批事关民生的重大问题和制约经济社会发展的难点问题，以优异成绩向自治区成立70周年献礼。

“十三五”帷幕已经拉开，我们正在向全面建成小康社会目标发起最后冲刺。让我们高举中国特色社会主义伟大旗帜，更加紧密地团结在以习近平同志为总书记的党中央周围，全面贯彻落实党中央、国务院和自治区党委的各项决策部署，守望相助、团结奋斗、扎实工作，奋力夺取全面建成小康社会决胜阶段的新胜利，努力把祖国北疆这道风景线打造得更加亮丽！

“两学一做”学习教育

2016年，按照党中央的统一部署，在自治区党委的领导下，在全区7.96万个党组织的组织下，156.4万名党员广泛深入开展“学党章党规、学系列讲话，做合格党员”学习教育，推动全面从严治党向基层延伸。

自治区党委坚持把“两学一做”学习教育作为重大政治任务，认真落实管党治党主体责任，先后召开9次常委会专题研究部署，精心谋划、精准发力、精细落实。自治区党委书记李纪恒率先垂范、亲力亲为，到任不久就主持召开全区“两学一做”学习教育推进会，深入学习贯彻习近平总书记关于“两学一做”学习教育的重要指示精神，提出“五个进一步”的明确要求。各位常委和其他自治区领导带头开展集中学习研讨、带头讲党课、带头参加支部组织生活、带头深入基层调研指导，为全区广大党员干部作出了表率、树立了标杆。

一年来，全区各级党组织和广大党员牢记习近平总书记“把祖国北部边疆这道风景线打造得更加亮丽”的要求和嘱托，以“坚持‘六个一’争当北疆先锋”为载体，坚持全覆盖、常态化、重创新、求实效，注重正面教育，突出学做结合，聚焦突出问题，融入日常经常，坚持领导带头，学习教育有序推进、持续升温、逐步深化、健康开展，取得了重要阶段性成效。特别是通过深入学习习近平总书记“七一”重要讲话和党的十八届六中全会精神，自治区胜利召开第十次党代会，全区各级党组织和广大党员不忘初心、继续前进，衷心拥护、坚决维护习近平总书记的核心地位，进一步增强“四个意识”特别是核心意识、看齐意识，全区学习教育掀起新热潮、进入新阶段、实现新进展。

坚持把基础在学贯穿全过程，因人而异、精准施策，真学实学深学常学，进一步打牢党员思想根基、增强思想自觉。坚持把学习党章党规和学习系列讲话有机结合起来，采取灵活多样方式，突出差异化、具体化、精准化，进一步引导党员进一步明确基本标准、树立行为规范，进一步加强理论武装、统一思想行动。

一是明确重点学。针对广大党员和县处级以上党员干部，进一步明确学习的重点、基本要求和方式方法，原原本本学、带着问题学、联系实际学、及时跟进学，力求学得进、记得住、用得上。自治区省级党员领导干部带头落实规定的学习内容，明确13本必读书（篇）目和13本参考书（篇）目，以中心组学习和专题研讨交流为主，分成“带头坚定理想信念、带头严守政治纪律和政治规矩、带头树立和落实新发展理念、带头攻坚克难敢于担当、带头落实全面从严治党”等5个专题，先学一步、深学一层、学深一些，读原著学原文悟原理，重点学习掌握习近平总书记关于治国理政的一系列新理念新思想新战略，着力在进一步树立“四个自信”，增强“四个意识”特别是核心意识、看齐意识，自觉地同以习近平同志为核心的党中央保持高度一致上下功夫。县处级以上党员领导干部在重点学好规定的10个必读书（篇）目，坚持个人自学和集中学习相结合，运用多种学习方式，进一步增强党员领导干部的带头贯彻落实党的政策的主动性坚定性，着力在做“四有”干部和好干部上下功夫。广大党员重点学好中央明确的5本必读书目，采取多种方式，有针对性地学习掌握与党员权利义务和纪律要求相关的规定，学习掌握系列讲话的精神实质和核心要义，着力在立足本职岗位作贡献、践行“四讲四有”合格党员上下功夫。及时跟进学习贯彻习近平总书记发表的每一篇重要讲话、每一个重要指示和党中央出台的每一个重要法规文件，以及自治区党委重大部署精神，确保第一时间传达贯彻到基层支部和广大党员当中。重点组织广大党员干部深入学习习近平总书记“七一”重要讲话、党的十八届六中全会精神和《关于新形势下党内政治生活的若干准则》《中国共产党党内监督条例》，迅速掀起学习贯彻新精神的热潮。组织广大党员干部认真学习自治区第十次党代会精神，进一步凝聚全区上下的思想共识和发展动力，紧密团结在以习近平同志为核心的党中央周围，把祖国北部边疆这道风景线打造得更加亮丽。

二是落实机制学。制定县处级以上党员领导干部、机关党员干部、基层一线党员3个层级“六个一”学习机制，把党支部生活会、党小组会、党课和民主生活会、组织生活会等要求进一步机制化制度化，把个人自学与集中学习、专题研讨、双休日讲座、基层大讲堂等学习方式有机结合起来，推进学习教育融入日常、严在经常。自治区党委常委带头落实“六个一”学习机制，即每半个月参加一次专题学习，每个月参加一次党支部活动，每个月深入基层指导一次学习教育，每两个月参加一次中心组学习研讨，“七一”前后带头讲一次党课，年底前参加一次专题民主生活会、组织生活会。学习教育期间，自治区党委常委参加中心组专题学习研讨10次，参加领导干部双休日讲座17期，深入基层指导学习教育98次，讲专题党课24场次。深入开展专题学习研讨，县处级以上党员干部每两个月开展一次集中学习研讨。党员领导干部以普通党员身份，参加支部组织生活会，与广大党员一起谈认识、谈体会、谈收获，交流思想共同提高。同时结合分管工作，为基层党支部、分管领域分管部门和基层联系点党员讲党课，人均达到2次以上。

三是创新方式学。充分发挥支部组织党员的主体作用，以支部为基本单位，坚持运用“三会一课”制度，把党员大会、党小组会作为组织党员集中学习的主要形式，普遍做到党支部每1—2个月开展1次集中学习，党小组每月开展1次集中学习。一些地方建立党员固定学习日、主题党日，把党员参加组织生活的要求固定下来。一些地方利用红色教育资源，加强对党员的党性党风党纪教育，增强学习教育的针对性。一些地方充分运用身边的先进典型深化学习教育，在与反面典型的对比中，进一步增强思想自觉，让党员思想上受触动、行动上有榜样。一些地方针对农牧民居住分散、文化程度偏低的实际，采取编印蒙古文学习资料，依托领导下乡宣讲、“流动党校”“驼背宣讲队”等平台送学上门，增强学习效果。对一些年老体弱党员，利用发放便携式收音机、“口袋书”“党员营养袋”，及时传达党的声音。通过组织找党员、党员找组织活动，把流动党员及时纳入学习教育范围，通过邮寄学习资料、开设网络课堂、加强与流入地党组织联建共建等方式开展学习教育，确保“一个都不能少”。对于离退休干部职工党员，依托老干部局、老年大学、关工委组建党支部、设立党小组，定期组织学习、开展各种文娱活动，寓教育于活动中，做到“离岗不离党、退休不褪色、卸任不卸责”。对于企业党员，大力推行“10分钟车间党课”“微型党课大家讲”“最佳党日活动”等，把学习教育融入企业生产经营。一些高校对暑期学习教育作出专门安排，要求做到“离校不离‘教’，放假不放‘学’”。一些中学中职师生开展“三年跑完长征路”红色体育锻炼，唱红歌弘传统，坚定信心跟党走，以此纪念红军长征胜利80周年，把有意义和有意思有机结合起来。注重运用新媒体传播手段，通过短信、微信、易信、北疆先锋手机客户端推送学习教育内容，搭建“互联网+”学习平台，扩大学习教育覆盖面。一些地方打造“智慧党建”，构建“党建+”工作体系，以此推动学习教育。一些地方开设“情景课堂”“微型课堂”“移动课堂”等“三个课堂”，深受党员普遍欢迎。一些地方还开展“两学一做”知识竞赛、网上答题考试，一些地方注重加强对学习效果的考核评价，一些地方利用冬季农闲时机，对农牧民党员普遍开展轮训，有力促进了学习教育成效。

坚持把关键在做贯穿全过程，以知促行、知行合一，奋发有为、建功立业，进一步激励党员争做“四讲四有”合格党员、争当“北疆先锋”各级党组织紧紧抓住“做”这个关键，强化实践意识，引导党员对照党章规定、“四讲四有”要求和先进典型，进一步细化合格党员标准，坚持从干好本职工作做起，在生产、工作、学习和社会生活中充分发挥先锋模范作用。

一是引导党员立足本职岗位作贡献。各级党组织根据不同领域不同行业实际，组织开展合格党员标准大学习大讨论，搭建党员发挥作用的实践载体，引导党员把“岗位当战场”、把“工作当战斗”，把日常工作、应该做的事做好做到位。一些地方开展“万颗党星我一颗、我为党徽增光辉”“党在我心中、我在群众中”“勇于担当、攻坚克难”等主题活动，教育引导党员干部坚定信念跟党走、勇于担当做在前。一些农村牧区党组织普遍设立党员示范户、党员中心户，悬挂标识牌，组织开展无职党员设岗定责、党员承诺践诺评诺、党员评星定星等，让党员更好地为群众办实事办好事。边境盟市、旗县深入开展“五边行动”，在开展“北疆基层党建长廊”建设中深化学习教育。许多社区组建党员志愿服务队，引导党员进社区进楼栋，无偿开展社会公益活动，方便居民群众生活。一些机关开展“立家规、正家风、严家教”活动。国有企业在基层支部和党员中开展党员示范岗、党员先锋岗，开展攻坚克难“技术大比武”，发挥党员示范引领作用，推动企业科技攻关、生产攻关。窗口单位和服务行业党员普遍开展“我的岗位我负责、我的工作请放心”“向我看齐”承诺践诺，树立了良好形象。高等院校围绕“双一流”建设，大力开展“立德树人”，组织教师党员开设示范课程、精品课程，在重点难点课题中勇于攻坚。医疗卫生系统党员开展“抓学习比思想、抓基础比能力、抓作风比形象、抓制度比服务”活动，提升服务水平和质量。通过各行各业党员的实际行动，全区涌现出了“全国模范检察官”潘志荣、“全国优秀组工干部”卢玉宝、“全区优秀共产党员”吉日嘎拉等一批先进典型，书写了“一名党员一面旗帜，一个党组织一个堡垒”的时代凯歌。

二是引导党员服务中心工作担当有作为。各级党组织认真贯彻落实习近平总书记考察内蒙古重要讲话精神，引导广大党员在打造“六道亮丽风景线”的生动实践中推动学习教育，争当推动经济发展先锋、争当维护民族团结先锋、争当促进文化繁荣先锋、争当维护边疆安宁先锋、争当保护生态文明先锋、争当引领各族人民幸福生活先锋。坚持把学习教育与落实从严治党“1+3”制度体系、与搞好市县乡党委集中换届、与推进农村牧区“十个全覆盖”工程和脱贫攻坚、与落实重点工作重大项目等有机结合起来，用学习教育推动各项工作落实，用各项工作的实际成效检验学习教育效果。围绕市县乡党委换届，广大党员干部自觉讲政治、讲规矩、讲纪律，树立风清气正，营造良好政治生态，保证了换届工作平稳有序进行。围绕推进农村牧区基础建设，大力推进“十个全覆盖”工程，全区 3.2 万名党员干部驻村指导。引导广大党员干部认真学习贯彻“五大发展理念”，全力做好稳增长、促改革、调结构、惠民生、防风险等各项工作。自治区党委制定出台关于深入推进供给侧结构性改革，着力做好降成本、补短板、去杠杆工作 3 个实施方案，自治区省级党员领导带头包联重大项目重点工作，带队深入各盟市进企业、下矿井、到车间检查安全生产，带头开展环境保护执法督察，加快推进各领域改革步伐，推动改革发展稳定各项事业持续健康发展。

三是引导党员投身脱贫攻坚打硬仗。学习教育中，全区各级党组织认真学习贯彻习近平总书记系列重要讲话特别是关于打赢脱贫攻坚战的指示精神，充分发挥基层党组织战斗堡垒和党员先锋模范作用，抓党建促扶贫，扎实推进脱贫攻坚任务的落实。自治区研究制定《关于抓党建促脱贫攻坚的指导意见》，召开全区抓党建促脱贫攻坚工作座谈会进行安排部署。同时配套制定《贫困旗县党政领导班子和领导干部经济社会发展实绩考核办法》《调整不适宜脱贫攻坚工作的领导干部实施细则（试行）》，列出10种问责情形，形成抓脱贫攻坚的倒逼机制。从2016年起，将抓党建促脱贫攻坚作为党组织书记抓基层党建述职评议考核的重要内容，真正使基层党建融入扶贫、服务扶贫、推动扶贫。深化五级示范抓引领，各级党员干部经常深入现场、深入脱贫一线，带头抓协调指导，带头抓政策落实，带头抓问题解决，推动1459个软弱涣散嘎查村党组织转化升级，使党员干部真正在脱贫攻坚主战场发挥应有作用。选派10565名优秀党员干部到嘎查村担任第一书记，组织3.2万名干部下乡驻村，分级对57个贫困旗县基层党员干部进行轮训培训，组织8.3万名农牧民党员结对帮扶贫困户，实施发展壮大集体经济“清零递增”行动，取得了良好进展。

坚持把整改问题贯穿全过程，紧盯问题、动真碰硬，边查边改、真查真改，以解决问题的实际成效凝聚队伍、取信于民。各级党组织充分运用党的十八大以来全面从严治党成功经验，树立问题意识、强化问题导向，边学边查边改、即知即行即改，组织、党员双管齐下，新、老问题统筹解决，进一步提升学习教育影响力。

一是着力解决党员队伍存在的突出问题。着眼强化党性观念和党员意识，聚焦“五个着力解决问题”的具体要求，设计5个学习讨论专题，每2个月开展一次专题研讨，组织广大党员认真查摆理想信念、党的意识、宗旨意识、精神状态、道德行为等5个方面存在的突出问题，全区累计查摆和整改各类问题14.3万个，进一步激发了党的“细胞”的活力，激发了开展学习教育的内生动力。着眼严肃党内政治生活，严格执行“三会一课”、组织生活会、民主评议党员等制度，一些地方制定《关于建立严肃党内政治生活长效机制的意见》，明确操作办法；有的党支部制定《党员干部日常行为规范》，为党员划定“红线”、标注“雷区”，党员组织生活回归正常了。一些地方组织开展“怎样做合格党员”大讨论活动，引导党员围绕“入党为什么”“为党做什么”“为党留什么”和“合格党员的标准是什么”“不合格党员的表现是什么”开展学习讨论，对照改进自身的思想问题和实际问题。一些地方针对少数党员不在组织、不像党员、不起作用等问题，向党员印发倡议书，教育引导党员做到“七个自觉”，即自觉学党章守党纪、自觉参加“三会一课”、自觉交纳党费、自觉参加志愿服务、自觉履行党员义务、自觉正家风严家教、自觉接受党员群众监督。把流动党员学习教育作为一个难点，积极探索加强流动党员教育管理和服务的新方法新机制，切实组织返乡探亲流动党员参加组织生活会、民主评议党员，做到“党员流动党性不流失”。组织开展元旦、春节看望慰问老干部、老党员、生活困难党员活动，送去党的温暖和关怀，送去“两学一做”新精神。

二是着力解决基层组织存在的突出问题。以“两学一做”学习教育为契机，深入打造北疆基层党建亮丽风景线，扎实推进基层党建重点任务落实，用力补齐基层党建“短板”，进一步强化基层党组织的主体作用。认真抓好党员组织关系、党费收缴使用管理、党代表和党员违纪违法未给予相应处理、基层党组织按期换届情况“四个专项排查”，把基础工作做细做实做到位，带动基层党建各个方面工作真正严起来、紧起来、硬起来。认真抓好非公企业和社会组织党组织“两个覆盖”，覆盖率分别比去年年底提高65个百分点和51个百分点，进一步扩大了党执政的组织基础。自治区成立教育系统党工委和卫生计生行业党工委，推进民办教育机构、医疗机构党建工作覆盖。在兴安盟开展税企联建党建工作试点，召开推进会，探索税企共建助推非公企业党建工作的新路子。认真解决机关党员教育“灯下黑”问题，制定出台自治区各级机关“两学一做”学习教育《指导意见》和《自治区直属机关工委主责首责清单》，编印《机关党建优秀案例》，开展机关党组织规范化建设，对机关党组织工作目标任务、标准程序等作出明确规定，解决了“怎么做、做什么、谁来做”等问题，各级机关党内政治生活更加严肃、更加规范，起到了应有的示范带动效应。

三是着力解决群众反映强烈的突出问题。坚持把党的群众路线教育实践活动、“三严三实”专题教育后续整改和巡视反馈的问题纳入“两学一做”学习教育，紧盯不放、持续整改，一抓到底、一并解决，兑现承诺、赢得群众。针对“四风”和不严不实问题，自治区党委督查室和自治区党委组织部定期开展督促检查，对照各地区各单位整改台账逐项查证核实，确保整改事项件件有着落。自治区党委制定出台作风不严不实领导干部谈话诫勉、不尽职尽责领导干部离岗培训、不适宜担任现职领导干部组织调整三个《办法》，有效解决了部分党员干部不作为、不会为、不善为的问题。坚决整治和查处侵害群众利益的不正之风和腐败问题。截至2016年年底，共向基层交办“拍苍蝇”线索115件，查结63件，立案23件，给予党政纪处分20人，其他处理7人，移送司法机关1人，收缴违纪资金61.02万元。大力开展查处扶贫领域和涉农涉牧领域违规违纪问题专项检查。截至，全区共查处基层党员干部在土地征收、“三资”管理、惠农补贴、扶贫救济等方面问题352件，给予党政纪处分480人，移送司法机关39人，有力地维护了广大群众的利益。一些地方还通过明察暗访、随机抽查、公开曝光等形式，集中解决部分党员干部精神不振、效率不高、服务不好等问题，推动学习教育向纵深方向发展。

坚持把组织领导贯穿全过程，领导带头、示范引领，强化责任、狠抓落实，确保学习教育健康扎实深入开展。各级党组织把抓好学习教育作为重大政治任务，扣紧压实责任，始终做到组织领导、分类指导、检查督导、宣传引导“四个到位”，发挥示范引领、把关定向、校正纠偏、激发动力“四个作用”，推动全区学习教育有章有法、有板有眼、有声有色地开展。

一是加强组织领导。在自治区党委的带动引领下，全区各级党组织牢牢树立责任意识，切实发挥党委（党组）的主体责任、组织部门的牵头实施责任、行业系统党（工）委的具体指导责任、调研指导组的督导把关责任，真正把责任扛在肩上、抓在手上。自治区党委召开全区国有企业党建工作会议，专题研究部署国有企业党建和“两学一做”学习教育工作。自治区党委组织部主动履职尽责，切实抓好组织、协调、督促和落实工作，通过召开专题会议听取12个盟市、103个旗县（市、区）委书记抓学习教育情况汇报，督促推动基层一线抓好落实。开展党务骨干培训，各级举办培训班3603期，培训党务骨干17.2万人次，保证了学习教育有人抓、有人管。旗县（市、区）党委充分发挥“一线指挥部”作用，党委书记发挥“一线总指挥”作用，健全责任体系，落实主体责任，抓好工作落实。各级党组织书记主动承担第一责任人责任，带头参与学习讨论、参加组织生活，带头查摆问题抓整改、立足岗位作贡献，带头深入基层，靠前指挥、强化指导，认真研究学习教育各阶段各环节中的实际问题，细化压实责任，推动学习教育深入开展，切实形成以上率下、整体联动的总体效应。将“两学一做”学习教育纳入各级领导班子年度实绩考核和基层党建述职评议考核的重要内容,进一步强化各级党组织抓学习教育的责任,进一步推动学习教育各项任务的落实。各级纪委机关、宣传部门、党校等有关部门密切配合,认真做好相关工作,形成工作合力,保证学习教育各项任务的落实。

二是强化分类指导,针对不同层级分类指导,在制定全区学习教育《实施方案》的基础上,制定广大党员、县处级以上党员领导干部开展学习的具体指导意见和五级示范抓引领、推进学习教育等3个配套文件,搞好顶层设计,做到“一把钥匙开一把锁”,增强学习教育的针对性实效性。针对不同领域分类指导,会同自治区各直属党(工)委、老干部局分别制定了机关、国企、高校、“两新”组织、教育系统、卫生计生行业、老干部等7个专项工作方案,把学习教育任务具体化;针对不同行业分类推进,先后召开东部、中部、西部和机关、高校、国企、“两新”组织等12个学习教育工作片会,分类研究问题、总结经验成果、抓好工作落实。建立完善党员领导干部联系点,明确党员领导干部要在学习教育中引领学好党章党规、引领学好系列讲话、引领做合格党员、引领解决突出问题、引领主动担当作为,努力把联系点打造成示范点,以此带动全区学习教育深入开展。全区各级党员领导干部深入联系点调研指导6460次。一些地方还针对党政机关、窗口服务单位、农村牧区、街道社区等领域的学习教育,制定《学习教育任务清单》,明确任务要求,实施精准指导。

三是抓好检查督导。自治区制定《“两学一做”学习教育督导工作方案》,提出10个方面38项督导重点,把工作重点放到基层、放到支部,确保学习教育不虚不空不偏。自治区派出15个调研指导组,坚持严字当头,坚持问题导向,坚持落细落小,每半个月电话督导1次,每月实地督导1次,每月反馈上报1次工作情况,严格督促各地区各单位按照目标和进度要求,持续推进学习教育。各调研指导组及时了解掌握面上进展情况,及时总结基层的好经验好做法,及时发现苗头性倾向性问题,为推动和保证全区学习教育深入健康开展做了大量卓有成效的工作,发挥了不可替代的重要作用。自治区党委组织部抽调31名熟悉基层党建的同志组成7个调研督查组,利用12天时间,深入12个盟市、32个旗县(市、区)、22个区直单位、229个基层单位,通过“查、看、听、访”“研、判、评、定”等方式,对全区学习教育和基层党建工作进行专题调研督查,形成专题报告上报中央组织部,进一步了解掌握了基层一线的实际情况。自治区“两学一做”学习教育协调小组多次组织专门人员,通过随机调研、明察暗访等方式对各地各单位学习教育进行抽查,推动学习教育扎实开展。认真抓好中央组织部督导组指出问题的整改落实,下发整改落实《通知》,指导各地各单位按照“紧盯思想认识是否到位、紧盯规定动作是否到位、紧盯解决问题是否到位、紧盯责任落实是否到位”要求,对于能够立即改的抓紧改,对不能一时改进的,研究方法、明确责任限时改,并明确专人抓好督促检查。组织开展学习教育回顾检视,对一些走偏跑调、一些“虚功夫”“花架子”等形式主义问题,及时予以纠正;对一些不符合规定的做法,要求及时改正或者推倒重来,有力地保证了学习教育的质量和效果。各地区各部门普遍向所属党组织派出调研指导组开展多轮督导,及时跟踪问效,推动工作落实。据统计,全区盟市和厅局机关共派出督导组294个,先后开展督导工作2415次。

四是注重宣传引导。在电视、广播、报纸开设专题专栏,在手机新媒体上开通APP客户端,及时传达中央有关精神和自治区党委的部署要求,进行有针对性的舆论引导,宣传报道来自基层一线的生动实践,充分激发做合格党员内在动力,大力营造良好舆论氛围。截至2016年年底,全区共上报学习教育专报28期,情况通报44期,在报刊、广播、电视等新闻媒体刊播学习教育稿件581件。5月13日,人民日报刊发《内蒙古确保“两学一做”落地见效:学起来做起来带起来》。中组部《“两学一做”学习教育情况通报》对乌兰察布市组织流动党员就近就便参加学习教育、兴安盟坚持学做改结合增强学习教育效果的做法进行刊发。组建10个宣讲团,深入到农村牧区、街道社区、企业、学校等基层单位宣讲“两学一做”和基层党建工作。2016年“七一”,自治区推选的2名全国优秀共产党员、2名优秀党务工作者和6个先进基层党组织受到党中央表彰。各地区各单位广泛开展“四优一先”评选推荐活动,自治区党委对50名优秀共产党员、50名优秀党务工作者、50名优秀嘎查村党组织书记、10名优秀苏木乡镇党委书记和100个先进基层党组织进行了隆重表彰。编发《北疆先锋——内蒙古自治区优秀共产党员先进事迹选编》,在全区大力开展向全国、全区优秀共产党员学习活动,引导广大党员自觉学先进赶先进当先进,树立党员先锋形象。

(自治区党委组织部)

大事记

1月

3日 内蒙古警方在福建等多省警方配合下，打掉一个跨省特大制毒犯罪团伙，抓获了以范某民为首的犯罪嫌疑人51人，捣毁制毒工厂3处，缴获麻黄素350公斤、其他制造冰毒的原料90余吨。

4日 2015年，全区地税系统累计组织各项税费收入1890.4亿元。其中，公共财政预算税收收入完成1091.4亿元，同比增长8.1%，对自治区公共财政预算收入的贡献率达到55.6%。

5日 2015年，内蒙古铁路全年建成新线1332公里，约占全国新建铁路里程的1/6。

8日 自治区党委召开常委扩大会议，传达学习习近平总书记在中央政治局“三严三实”专题民主生活会上的重要讲话精神，传达中央政治局“三严三实”专题民主生活会情况的通报，研究部署内蒙古贯彻落实工作。自治区党委书记王君主持会议并讲话，自治区党委、人大、政府、政协、法院、检察院领导和武警总队、边防总队领导出席会议。

同日 中蒙跨境经济合作区第二次磋商会议在呼和浩特举行。中国商务部外资司副司长曹宏瑛、蒙古国工业部国务秘书长德·尼玛呼分别带各自团队参加了会议。双方就《中蒙二连浩特——扎门乌德跨境经济合作区建设共同总体方案》中的边界坐标、管理机构等问题进行了协商并达成了共识。

同日 内蒙古民族跨境商品直购体验店及民族跨境商品电子商务平台同步登陆呼和浩特，这是内蒙古自治区最大的跨境商品直购体验店。

9日 利用3D打印技术制造的CAP1400自主化燃料原型组件下管座在中核北方核燃料元件有限公司完成。至此，国内首次实现3D打印技术在核燃料元件制造领域的应用。该技术实现批量生产后，将有利于节约人力，提高核燃料元件的质量，并有望实现部分进口元件的国产化。

10日 由内蒙古大学出版社组织翻译的习近平《摆脱贫困》蒙译本由民族出版社、内蒙古大学出版社共同出版。

同日 第三届中国游牧文化旅游节首届中蒙冰雪节在包头市达茂旗百灵那达慕文化产业园区冰雪主题园开幕，以“冰雪草原、美丽达茂”为主题的系列冰雪活动将一直持续到3月1日。

同日 全国首家连锁型农村在线批发商城——易供销平台在五原县八里桥农贸批发市场正式上线投入运营。易供销平台是自治区供销社与内蒙古新牧商电子商务有限公司合作打造的一家连锁型在线批发商城。

13日 自治区主席巴特尔主持召开自治区政府第63次常务会议，研究《政府工作报告(讨论稿)》《自治区2015年国民经济和社会发展计划执行情况与2016年国民经济和社会发展计划草案的报告》《自治区2015年财政预算执行情况和2016年财政预算草案的报告》《自治区“十三五”规划纲要(草案)》《内蒙古环保基金设立方案》和《内蒙古自治区水污染防治工作方案》等事项。自治区副主席符太增、刘新乐、王玉明、王波、马明、常军政、云光中，自治区政府秘书长邓月楼出席会议。

14日 自治区党委召开第142次常委会议，传达学习贯彻中央农村工作会议和全国宣传部长会议精神，研究讨论自治区“两会”相关事项。自治区党委书记王君主持会议并讲话，自治区党委常委出席会议，自治区人大、政府、政协领导和自治区法检两长列席会议。

15日 内蒙古自治区首家连锁型农村商品流通在线批发平台——“易供销” 正式运营，将逐步解决农村物资配送“最后一公里”问题。

16日 中共锡林郭勒盟委副书记、盟长代表盟委、行署向蒙古国苏赫巴托省捐赠价值15万元的抗灾救灾物资。

20—21日 全国人大常委会副委员长、全国妇联主席沈跃跃深入内蒙古自治区，就学习贯彻习近平总书记系列重要讲话精神和中央重要决策部署，做好妇联组织精准扶贫、妇女群众精准脱贫工作进行调研。全国妇联副主席、书记处书记焦扬一同调研。自治区党委常委、组织部部长李鹏新汇报了党的十八大以来全区扶贫开发工作情况并陪同调研，自治区人大常委会副主任赵忠陪同调研。

21日 在第十三届全国冬季运动会短道速滑成年女子组1500米决赛中，来自鄂尔多斯代表队的李靳宇打破世界纪录，获得银牌，这也是内蒙古运动员自本届冬运会开幕以来获得的首枚奖牌。

22日 中国人民政治协商会议内蒙古自治区第十一届委员会第四次会议在呼和浩特开幕。自治区政协主席任亚平，自治区政协副主席郭启俊、董恒宇、郑福田、牛广明、杨成旺、陈羽、常海、梁铁城在主席台前排就座。任亚平作自治区政协十一届委员会常务委员会工作报告。杨成旺主持开幕大会。自治区党政军领导王君、巴特尔、车华松、张力、乌兰、李鹏新、符太增、布小林、那顺孟和、王中和、张院忠、刘惠到会祝贺并在主席台就座。自治区政协十一届委员会共有委员525人，出席大会的委员472人，符合法定人数。

23日 内蒙古自治区十二届人大四次会议在内蒙古人民会堂开幕。大会主席团常务主席、执行主席王君主持大会。大会主席团常务主席、执行主席呼尔查、邢云、赵忠、杜梓、杭桂林、吴团英、李荣禧在主席台前排就座。巴特尔、任亚平、车华松和大会主席团成员在主席台就座。自治区第十二届人民代表大会现有代表531人，出席本次全体会议的代表503人，符合法定人数。

25日 自治区党委召开第143次常委会议，传达学习十八届中央纪委六次全会等中央重要会议精神，就自治区贯彻落实工作进行了安排部署。自治区党委书记王君主持会议并讲话，自治区党委常委出席会议，自治区人大、政府、政协有关领导同志和法检两长列席会议。

27日 由中国互联网新闻中心主办、中国新闻社事业发展中心支持协办的“2015城市中国创新峰会”在京举行，前期主办承办单位开展的“全国特色化品牌(产业)示范城市”活动入围名单揭晓，石拐区因“推进绿色发展、构建生态友好”脱颖而出，荣膺全国创建绿色化示范城市。内蒙古仅有包头市石拐区、额尔古纳市、陈巴尔虎旗3地获得殊荣。

28日 自治区政协十一届四次会议完成各项议程，在呼和浩特闭幕。自治区政协主席任亚平主持闭幕大会并讲话，自治区政协副主席董恒宇、郑福田、牛广明、杨成旺、陈羽、常海、梁铁城、王焕承、罗志虎及秘书长魏军在主席台前排就座。自治区党政军领导王君、巴特尔、杨俊兴、李佳、张力、乌兰、李鹏新、符太增、布小林、那顺孟和、王中和、张院忠、刘惠到会祝贺并在主席台就座。

同日 自治区十二届人大四次会议召开第四次全体会议，通过了总监票人、副总监票人、监票人名单。经无记名投票选举，廉素当选自治区十二届人大常委会副主任，孙惠民当选自治区十二届人大常委会秘书长，刘振洪、刘菊茹、杨飞云、张民、赵东、赵建平、部良、梅振、梁文清当选自治区十二届人大常委会委员。

28—30日 由中国驻蒙古国大使馆、蒙古国教育文化科学部、中国内蒙古自治区政府新闻办公室共同主办的“中蒙友好2016吉祥春节”系列活动在蒙古国举行。此次系列活动包括文艺晚会、中蒙媒体座谈交流会、中蒙翻译家研讨会、迎新春茶话会及走访拜会等。

29日 自治区十二届人大四次会议完成各项议程闭幕。大会主席团常务主席、执行主席王君主持闭幕大会并发表重要讲话。大会执行主席呼尔查、杜梓、杭桂林、吴团英、李荣禧、廉素、孙惠民在主席台前排就座。巴特尔、任亚平、杨俊兴等自治区领导与大会主席团成员在主席台就座。

同日 在第十三届全国冬季运动会女子4×6公里接力比赛中，呼伦贝尔市代表队的4名队员以1小时25分54秒8的成绩夺得冠军，为内蒙古夺得了此届冬运会开幕以来的首枚金牌。

30日 自治区副主席刘新乐从国家体育总局局长刘鹏手里接过冬运会会旗，下一届冬运会暨第14届冬季运动会将在2020年由内蒙古自治区承办。

同日 内蒙古首个信贷支持易地扶贫搬迁项目在国贫县——赤峰市阿鲁科尔沁旗启动。

同日 内蒙古能源发电投资集团公司最大的风电项目——达茂巴音200兆瓦风电项目并网发电。该项目位于包头市达茂旗境内，于2015年8月开工建设。项目共计安装单机容量为1500千瓦的风电机组134台，年发电量可达4.4亿千瓦时。

同日 全国旅游资源规划开发质量评定委员会发出通报，内蒙古自治区的阿尔山—柴河旅游区和满洲里中俄边境旅游区经全国旅游资源规划开发质量评定委员会专家评审，已经达到创建5A级旅游景区资源与景观质量的基本要求，被列入创建5A级旅游景区预备名单。

同日 内蒙古考古人员在和呼和浩特市和林格尔盛乐古城南城和北城处首次发现了58座汉代时期的瓮棺葬，扩大了古城瓮棺葬的分布范围。

同日 乌海海关正式挂牌。此后，乌海海关将承担起乌海市、阿拉善盟阿拉善左旗乌斯太镇、鄂尔多斯市鄂托克旗蒙西镇、棋盘井镇的海关业务。

同日 内蒙古考古人员在准格尔旗发现一处唐代家族墓群，经考证，是陈行斌为代表的颍川陈氏家族墓群。该墓群为研究颍川陈氏和河东薛氏的流布、唐代胜州榆林县的历史沿革和周边区域民族构成及葬俗葬制提供了重要依据。

同日 鄂尔多斯市乌兰集团生产的“乌兰情”系列清香型白酒获得1915—2015巴拿马太平洋万国博览会金奖，成为内蒙古参展酒类唯一获奖产品。博览会由巴拿马太平洋万国博览会组委会、世界华人企业家协会和美国国际文化交流基金会联合主办。

2月

5日 自治区各族各界迎春茶话会在呼和浩特举行。自治区党委书记王君发表新春致辞。自治区党委、人大、政府、政协和内蒙古军区领导，法院院长、检察院检察长，武警内蒙古总队和公安边防总队负责同志，部分省级离退休老同志，自治区各部、委、办、厅、局、各人民团体和中央驻区单位主要负责同志，各民主党派、少数民族、宗教界代表，劳动模范、道德模范、科技界、优秀教师代表，军烈属、战斗英雄、革命伤残军人代表，解放军、武警部队基层官兵代表，基层公安干警代表300人参会。

14日　自治区主席巴特尔主持召开自治区政府第65次常务会议，研究《内蒙古自治区人民政府关于做好房地产去库存工作，进一步促进房地产业稳步发展的意见》《内蒙古自治区党委、自治区人民政府关于深入推进城市执法体制改革，改进城市管理工作的试点方案》《内蒙古自治区领导干部自然资源资产离任审计试点实施方案》和《内蒙古自治区关于进一步推进全区农垦改革发展的实施方案》等事项，安排部署下一步重点工作。自治区副主席符太增、刘新乐、王玉明、王波、常军政、云光中，自治区政府秘书长邓月楼出席会议。

16日　自治区党委全面深化改革领导小组召开第十二次会议，总结2015年全区改革工作，部署2016年改革重点任务，研究审议重要改革文件。自治区党委书记、自治区全面深化改革领导小组组长王君主持会议并讲话。自治区领导巴特尔、任亚平、李佳、张力、乌兰、李鹏新、符太增、布小林、那顺孟和、王中和、张院忠、刘惠、呼尔查、刘新乐、王玉明、王波、马明、常军政、云光中、梁铁城、王焕承和自治区高级人民法院院长胡毅峰、自治区人民检察院检察长马永胜出席会议。

17日　自治区党委书记王君会见前往内蒙古自治区调研指导工作的海关总署党组书记、署长于广洲一行，就进一步加强双方合作、打造向北开放的桥头堡有关事宜深入交换了意见。自治区主席巴特尔，自治区副主席云光中，自治区政协副主席、自治区党委秘书长王焕承等参加会见。

同日　内蒙古自治区首条马铃薯主粮化馒头生产线在乌兰察布市兴和县建成投产，这标志着“薯都”乌兰察布市的马铃薯产业又迈上一个新台阶。

19日　全区“三严三实”专题教育展览在内蒙古展览馆开展。自治区党委书记王君观看展览并讲话。自治区领导巴特尔、李佳、张力、乌兰、李鹏新、符太增、布小林、杨俊兴、刘惠、王焕承，自治区有关部门负责同志，各盟市委组织部长一同参观展览。

22日　自治区党委召开第144次常委会议，研究落实供给侧结构性改革“五大重点任务”的具体举措，安排部署2016年全区巡视工作。自治区党委书记王君主持会议并讲话，自治区领导巴特尔、李佳、张力、乌兰、李鹏新、符太增、布小林、那顺孟和、王中和、张院忠、刘惠出席会议。

23日　在央视“中国经济生活大调查”颁奖盛典上，“2015年度最具幸福感的省会城市”排名前十位的城市名单揭晓，分别是：长沙、武汉、合肥、郑州、兰州、呼和浩特、乌鲁木齐、石家庄、南宁、南京。呼和浩特市位列“中国十大幸福城市”第六名。

24日　自治区主席巴特尔主持召开自治区政府第66次常务会议，传达学习中央关于加强安全生产工作的文件精神、安排部署自治区安全生产工作，研究《内蒙古自治区深化农村牧区改革综合性实施意见》《内蒙古自治区人民政府关于财税金融协同支持实体经济发展，增强企业流动性的十条意见》《呼包鄂协同发展规划纲要（2016—2020）》等事项，安排部署推进深化改革等重点工作。自治区副主席符太增、刘新乐、王玉明、王波、马明、常军政、云光中，自治区政府秘书长邓月楼出席会议。

24—25日　自治区党委农村牧区工作会议在呼和浩特召开。会议贯彻落实中央农村工作会议和自治区党委九届十四次全委（扩大）会议、全区经济工作会议精神，回顾总结“十二五”时期内蒙古“三农三牧”工作，研究部署“十三五”时期和2016年“三农三牧”工作。自治区党委书记王君、自治区主席巴特尔分别作出重要批示，自治区党委副书记李佳出席会议并讲话，自治区副主席王玉明主持会议并作总结讲话。

26日　在2016年泰国曼谷举办的亚洲女

子摔跤锦标赛上，内蒙古自治区女子自由式摔跤队运动员钱德根查干摘得女子75公斤级铜牌。

28日 自治区党委召开第145次常委会议，传达学习贯彻习近平总书记在党的新闻舆论工作座谈会上的重要讲话精神，审议讨论自治区党委全面依法治区领导小组2016年工作要点，研究部署市、旗县(市区)、苏木乡镇领导班子换届工作。自治区党委书记王君主持会议并讲话，自治区领导巴特尔、李佳、张力、乌兰、李鹏新、符太增、布小林、那顺孟和、王中和、张院忠、刘惠出席会议。

同月 国家旅游局下发《关于公布中国国际特色旅游目的地创建名单的通知》，兴安盟阿尔山入选中国国际养生度假旅游目的地创建名单，这是内蒙古自治区首个中国国际特色旅游目的地创建城市。

同月 内蒙古自治区的通辽市、赤峰市、锡林郭勒盟、乌兰察布市、巴彦淖尔市5个盟市入选2016年度国家电信普遍服务补偿试点城市，并获得国家补助资金27 555万元。

同月 国家旅游局推出了中国十大国际旅游品牌首批12个品牌，由内蒙古自治区旅游局牵头的茶叶之路旅游线路位列其中。

同月 国家旅游局公布了首批创建国家全域旅游示范区名单，包头市达茂旗、赤峰市宁城县、锡林郭勒盟二连浩特市、鄂尔多斯市康巴什新区、兴安盟阿尔山市5旗县市(区)入选。

同月 北重集团推动实施并总结编写的《大型离散型企业基于信息化与精益化深度融合的全价值链精细管理》获得2015年度"国家级企业管理现代化创新成果"二等奖及"2015年度国防科技工业企业管理创新成果"一等奖。

3月

3日 出席十二届全国人大四次会议的内蒙古自治区代表团在驻地举行全团会议。自治区党委书记王君主持会议。会议推选王君担任十二届全国人大四次会议内蒙古自治区代表团团长，推选巴特尔、乌兰、呼尔查、李荣禧、廉素担任副团长。会议审议了十二届全国人大四次会议主席团和秘书长名单草案及会议议程草案等事项。

同日 自治区六届政协副主席、党组成员，享受自治区主席级医疗待遇离休干部云曙芬，因病医治无效，在呼和浩特逝世，享年93岁。

5日 中共中央政治局常委、中央书记处书记刘云山来到内蒙古自治区代表团，同内蒙古自治区代表一起审议政府工作报告。王君、巴特尔、傅莹、李立国、乌兰、罗海棠、廉素、段志强、马瑞强、陶淑菊、何胜宝、朱瑞莲等代表围绕政府工作报告积极发言。

同日 出席十二届全国人大四次会议的内蒙古自治区代表团在人民大会堂内蒙古厅举行全团会议，审议政府工作报告。内蒙古自治区代表团团长、自治区党委书记王君主持会议并发言，巴特尔、傅莹、李立国等参加审议。

同日 内蒙古自治区首条新建高铁——呼张铁路客运专线全线复工，预计9月1日进入铺轨阶段。

10日 十二届全国人大四次会议内蒙古自治区代表团举行全团会议，审议全国人大常委会工作报告。内蒙古自治区代表团团长、自治区党委书记、自治区人大常委会主任王君主持会议并发言。全国人大常委会委员、全国人大民族委员会副主任委员云峰代表全国人大常委会听取审议意见。自治区领导呼尔查、胡毅峰、马永胜、张国兴、邢云、邓月楼、常军政、廉素、朝克、乌兰等代表先后发言。

15日 十二届全国人大四次会议内蒙古自治区代表团召开全团会议，表决各项决议草案，安排部署学习传达和贯彻落实全国两会精神相关工作。内蒙古自治区代表团团长、自治区党委书记王君主持会议并讲话，就学习传达和贯彻落实全国两会精神提出要求。自治区领导巴特尔、乌兰、呼尔查等代表出席会议。

18日 自治区党委召开常委会议，传达学习贯彻习近平总书记参加全国政协十二届四次会议民建、工商联界委员联组会时的重要讲话精神，研究部署内蒙古自治区干部教育培训工作。自治区党委书记王君主持会议并讲话。自治区领导巴特尔、李佳、张力、乌兰、李鹏新、符太增、布小林、那顺孟和、王中和、张院忠、刘惠出席会议，任亚平、杜梓、李荣禧、王焕承、马永胜等列席会议。

同日 由内蒙古能建集团送变电公司承建的内蒙古上海庙至山东临沂±800千伏特高压直流输电线路工程（内蒙古段）在鄂尔多斯市鄂托克前旗全面开工。该工程是国家落实大气污染防治行动12条线路之一，也是国家“西电东送”的重点工程。

20—23日 俄罗斯鄂木斯克市政企代表团访问中国满洲里市。其间与满洲里市委、市政府代表团举行工作会谈，举办中国满洲里—俄罗斯鄂木斯克市经贸项目推介会、企业对接会，并签署了16项协议。

22日 国际品牌标准工程能级认证评定专家组对乌兰察布市察右后旗北方马铃薯批发市场有限责任公司“后旗红”牌马铃薯的生产、经营销售及国际品牌建设等工作进行论证，并授予“后旗红”牌马铃薯5A级国际品牌认证。

23日 自治区党委召开全区市旗县苏木乡镇领导班子换届工作会议，学习贯彻习近平总书记关于换届工作的重要讲话、指示精神和中央关于换届工作的部署要求，研究部署自治区市、旗县、苏木乡镇领导班子换届工作。自治区党委书记王君作重要讲话。自治区领导巴特尔、李佳、张力、乌兰、李鹏新、那顺孟和、王中和、张院忠出席会议，各盟市、旗县（市、区）委书记、组织部长参加会议。

同日 中国内蒙古自治区呼和浩特市至蒙古国乌兰巴托市国际货运业务正式开通。

24日 由包头市人民政府、内蒙古自治区贸促会与蒙古国乌兰巴托市、东戈壁省共同举办的2016中国包头·蒙古国特色产品博览会在包头国际会展中心开幕。博览会为期3天，共有近百家蒙古国企业前来参展。

25日 通辽市与中铁集装箱运输有限责任公司联手打造的“通满欧”货运班列正式开通。通（通辽）满（满洲里）欧（欧洲）货运班列的开通，填补了内蒙古自治区没有中欧班列的空白。

26日 内蒙古自治区人民政府与中国保险监督管理委员会战略合作备忘录签约仪式在呼和浩特举行。中国保监会主席项俊波，内蒙古自治区党委常委、自治区副主席符太增，自治区副主席云光中出席签约仪式。

同日 博鳌亚洲论坛全域旅游与媒体融合峰会在全国首个全域旅游创建省海南省举行。内蒙古自治区的5个旗县市区进入国家第一批全域旅游示范区创建名单。

同日 内蒙古单体最大的光伏农业项目——青岛昌盛日电内蒙古分公司呼和浩特新城区20兆瓦光伏现代农业园区项目顺利并网发电。该项目总占地面积10 000亩，总投资约45亿元。

27日 由中核北方核燃料元件有限公司研发的国家科技重大专项高温气冷堆核电站示范工程燃料元件生产线在包头市青山区中核北方核燃料元件有限公司正式进入生产阶段，标志着我国在第四代核电技术的研发和应用上已走在世界前列。

28日 自治区十二届人大常委会第二十一次会议在呼和浩特开幕。会议将审议《内蒙古自治区人口与计划生育条例修正案（草案）》《内蒙古自治区基本草原保护条例修正案（草案）》等事项。自治区党委书记、人大常委会主任王君主持第一次全体会议。自治区人大常委会副主任呼尔查、杭桂林、吴团英、李荣禧、廉素，秘书长孙惠民和常委会委员出席会议。自治区党委常委、自治区副主席符太增，自治区高级人民法院院长胡毅峰，自治区人民检察院检察长马永胜列席会议。

同日 具有完全自主知识产权的农产品"电磁解链"技术成果在通辽市内蒙古蒙元饮膳生物科技有限公司实现成功转化，生产出壹生元固体饮料、逗都非抑菌液等十余种终端产品，填补了我国食药品提取领域的空白。

29—31日 "赤峰·中国北方农业科技成果博览会暨全国农高会新丝绸之路创新品牌展示交易会"在赤峰市国际会展中心举办，有来自北京、天津、河北等22个省市、地区和美国、荷兰、法国、比利时、韩国等10个国家及中国农业大学和中国农科院等34家知名院校和科研机构共1360家展商参展，展示交易的新技术、新品种、新成果5100种，参会人数15.6万人次。现场完成交易额3.2亿元,意向成交额6.8亿元。签约科技合作项目38项，签约金额3.2亿元。参加网上展的200多家，展示了500种新技术、新品种、新成果，农博会的举办为农牧业的发展提供了强有力的科技支撑。

30日 在完成各项议程后，自治区十二届人大常委会第二十一次会议在呼和浩特闭幕。自治区党委书记、人大常委会主任王君主持会议。会议决定任命布小林为内蒙古自治区副主席、代理内蒙古自治区主席，并接受巴特尔辞去内蒙古自治区主席职务的请求。自治区人大常委会副主任呼尔查、杭桂林、吴团英、李荣禧、廉素，秘书长孙惠民及常委会委员出席会议。自治区副主席云光中，自治区高级人民法院院长胡毅峰列席会议。

同日 自治区党委召开五人小组会议，听取2015年第四轮巡视工作情况汇报，研究部署整改落实工作。自治区党委书记王君主持会议并讲话，自治区代主席布小林，自治区党委副书记李佳，自治区党委常委、纪委书记张力，自治区党委常委、组织部部长李鹏新出席会议。自治区党委常委、政法委书记、巡视办主任刘惠列席会议。

同日 伊利集团发布2015年财务报告显示，伊利营业总收入实现603.6亿元，同期实现净利润46.54亿元，业绩增长稳居亚洲乳品行业首位。

31日 最高人民检察院和内蒙古自治区党委联合召开命名表彰大会，授予潘志荣"全国模范检察官""全区优秀共产党员"荣誉称号，号召全国检察机关和检察人员、全区广大党员干部向潘志荣学习。最高人民检察院党组书记、检察长曹建明为潘志荣颁发"全国模范检察官"荣誉证书、奖章并作重要讲话，内蒙古自治区党委书记、人大常委会主任王君为潘志荣颁发"优秀共产党员"荣誉证书并讲话。内蒙古自治区代主席布小林，最高人民检察院党组成员、政治部主任王少峰，内蒙古自治区领导李佳、李鹏新、刘惠、马明，自治区法院院长胡毅峰、检察院检察长马永胜，自治区直属机关负责人及政法单位代表出席会议。

同月 最高人民检察院党组书记、检察长曹建明到内蒙古自治区调研指导工作，与部分全国人大代表进行座谈，听取内蒙古自治区人民检察院工作汇报并作重要讲话。内蒙古自治区党委书记王君陪同调研并主持座谈会，最高人民检察院党组成员、政治部主任王少峰，自治区党委常委、政法委书记刘惠陪同，自治区检察院检察长马永胜汇报工作。

同月 "十二五"期间，自治区完成造林绿化473.1万公顷，共有5133万人次参加义务植树活动，累计植树3.4亿株。

同月 自治区财政社会保障管理系统初步完成整体框架。整个系统涵盖财政社保数据的综合运用、数据查询、统计分析、业务监督、业务决策和业务办理及社保基金一体化管理等内容与功能。该系统目前已采集8类24项1亿多条业务数据信息。

同月　由国家文物局主办的“2015年度全国十大考古新发现”初步评选结果揭晓,共有25项考古发现入围，内蒙古自治区锡林郭勒盟多伦县小王力沟辽代贵妃墓位列第十九位。

同月　由国家质检总局组织实施的第二届中国质量奖颁奖大会在北京举行，内蒙古蒙草公司获得中国质量奖提名奖，这是国内生态修复企业和自治区企业首次获得该奖项。中国质量奖是国家在质量领域的最高荣誉。

同月　自治区首笔扶贫再贷款投放到兴安盟科右前旗察尔森联合嘎查和民盛种植专业合作社，这标志着央行金融专项扶贫新政在内蒙古正式落地。

同月　总投资25亿元的中国钢研——鄂尔多斯人造蓝宝石长晶生产线项目在鄂尔多斯空港物流园区开工。项目全部投产后,可实现年销售收入30亿元和税收5亿元以上。

同月　在央视财经频道发布的《中国经济生活大调查2015—2016》国民大数据中,呼和浩特市以第六名的成绩入围“2015年度最具幸福感的省会城市”榜单,再次成为“幸福之城”。

同月　全区首个新能源汽车充电桩项目落户乌海,项目总投资8.18亿元。该项目由中海外新能源电力开发有限公司投资,计划新建10座公交车充电站、6座出租车充电站、3000个充电桩、6000个充电接口,配备1套智能管理系统。

同月　包头市实现空气质量监测网络全覆盖，成为自治区首个实现空气质量监测网络全覆盖盟市。

同月　国家质量监督检验检疫总局批复内蒙古自治区满洲里市为进口俄罗斯荞麦、燕麦、葵花籽、亚麻籽落地加工全国指定口岸。

同月　2016年“体彩大乐透杯”全国竞走大奖赛(黄山站)暨奥运会选拔赛在安徽省黄山市举行。内蒙古自治区运动员杨家玉以1小时28分12秒的成绩获得女子成年组20公里竞走第三名,成为内蒙古自治区首位获得2016年里约奥运会参赛资格的运动员。

同月　在全国党史系统先进集体和先进工作者表彰会上，内蒙古自治区包头市委党史办公室被授予全国党史系统先进集体荣誉称号。这是内蒙古自治区唯一受此表彰的先进集体。

同月　内蒙古自治区呼伦贝尔市因鸿雁栖息地环境良好,保护措施得力,被中国野生动物保护协会授予“中国鸿雁之乡”称号。

同月　国家新闻出版广电总局正式批复同意建设国家内蒙古民文出版基地。

同月　经国家发改委、工信部、财政部、人社部等10部门联合评审,内蒙古自治区呼伦贝尔市扎兰屯市被确定为结合新型城镇化开展支持农民工等人员返乡创业试点地区，成为全国90个率先开展试点工作的县(市、区)之一。试点地区将获得国家发改委等相关部门在政策、项目等方面的倾斜支持。

同月　在海南省召开的全球环境基金“加强中国湿地保护体系,保护生物多样性”规划型项目指导委员会第三次会议上，内蒙古自治区呼伦贝尔市根河源国家湿地公园等6个单位获授“全球环境基金中国湿地保护体系项目示范点”牌匾。

4月

5日　自治区代主席布小林主持召开第67次自治区政府常务会议,研究《关于煤炭行业化解过剩产能，实现脱困发展的初步方案》《关于批准下放自治区本级部分行政权力事宜》等事项,研究部署当前工作。自治区副主席符太增、王玉明、王波、马明、常军政、云光中,自治区政府秘书长邓月楼出席会议。自治区有关部门和单位的负责同志列席会议。

6日　中国首颗微重力科学实验卫星——

实践10号卫星顺利升空，卫星上搭载着荷斯坦奶牛、三河牛、乌珠穆沁羊、阿尔巴斯绒山羊、中国梅花鹿等内蒙古自治区5种优势家畜的体细胞，这是世界上首次在太空进行的家畜航天生物育种试验。

7日 自治区党委召开常委会议，传达学习习近平总书记关于“两学一做”学习教育重要指示精神和全国“两学一做”学习教育工作座谈会精神，传达学习十二届全国人大常委会副委员长、全国妇联主席沈跃跃和最高人民检察院检察长曹建明在自治区调研时的重要讲话精神，听取有关情况的汇报，研究部署自治区贯彻落实工作。自治区党委书记王君主持会议并讲话，自治区党委常委出席会议，自治区人大、政府、政协领导和法院院长、检察院检察长列席会议。

同日 自治区党委书记王君在呼和浩特会见中国残联党组书记、理事长鲁勇一行，就进一步做好残疾贫困人口精准脱贫工作、发展残疾人事业交换了意见。自治区党委常委、秘书长张院忠参加会见。

9日 自治区党委召开全区重点工作重点项目推进大会，自治区党委书记王君主持会议并作重要讲话。自治区代主席布小林安排部署创新发展有关工作，自治区党委副书记李佳安排部署协调发展有关工作，自治区党委常委、自治区副主席符太增安排部署绿色发展有关工作，自治区副主席云光中安排部署开放发展有关工作，自治区副主席安排部署共享发展有关工作，自治区副主席王波安排部署去产能、去库存、降成本、重点工程、企业运行等有关工作，自治区党委常委、组织部部长李鹏新安排部署干部能上能下有关工作。自治区党委常委和自治区人大、政府、政协有关领导同志，法检两长出席会议。

11日 中国内蒙古自治区人民政府与蒙古国外交部常设协商工作组第三次会议在中国内蒙古自治区呼和浩特召开。中方工作组组长、内蒙古自治区副主席云光中，蒙方工作组组长、蒙古国外交部国务秘书德·钢呼雅格出席会议并致辞。

同日 多伦县锡盟—山东1000千伏特高压交流输变电工程已经完成场平、土建和地面电气设备的安装，基本达到电气安装工程总进度的72%，5月31日可以实现工程验收。该工程是国家能源局规划的锡盟2条电力外送通道之一，7月投入运营。

12日 呼和浩特机场航站楼出入口启用实名制管理。这是全国首家启用实名制管理的机场。

15日 自治区党委书记王君主持召开常委会议，研究自治区党委《关于加强和改进新形势下党校工作的实施意见》。自治区领导布小林、李佳、张力、乌兰、李鹏新、符太增、那顺孟和、杨俊兴、张院忠、刘惠出席会议。

同日 自治区党委召开依法治区领导小组会议，研究讨论《内蒙古自治区贯彻落实党的十八届四中全会重要举措推进全面依法治区实施规划(2015—2020)》。自治区党委书记、自治区依法治区领导小组组长王君主持会议并作重要讲话，自治区领导布小林、李佳、张力、乌兰、李鹏新、符太增、那顺孟和、杨俊兴、张院忠、刘惠、呼尔查、马明、杨成旺、王焕承，自治区高级人民法院院长胡毅峰、自治区人民检察院检察长马永胜等出席。

同日 中国内蒙古自治区副主席、公安厅厅长马明在呼和浩特会见应邀到访的蒙古国鄂尔浑省警察局局长边·达瓦卓拉一行，双方就加强中蒙国际执法合作、共同打击跨国犯罪、维护“一带一路”“草原之路”安全畅通等内容进行了会谈。

17日 自治区代主席布小林主持召开第68次自治区政府常务会议，分析2016年一季度经济形势，研究部署下一步经济工作。

18日 由北奔重汽集团与伊朗KD工厂合

作打造的首台 CKD 全散装件 1927K BEIBEN TRUCK 在伊朗顺利下线。这标志着北奔重卡已在中国以外的第 5 个国家实现 KD 组装生产，此举将极大增强北奔重汽在伊朗及周边国家地区的市场竞争能力。

18—20 日 自治区党委书记王君先后到锡林郭勒盟、呼和浩特市，深入牧区牧户、园区企业，就自治区重点工作重点项目推进落实情况进行调研。自治区党委常委、呼和浩特市委书记那顺孟和，自治区党委常委、秘书长张院忠，自治区人大常委会副主任呼尔查，自治区政协副主席、自治区党委政研室主任王焕承等陪同调研。

20 日 全区加强食品药品安全监管工作会议在呼和浩特召开，就贯彻落实食品安全法等法律法规、加强全区食品药品安全监管工作进行安排部署。自治区代主席布小林出席会议并讲话。自治区副主席王玉明主持会议，各盟市盟市长、自治区食品药品安全委员会成员单位负责人等参加会议。

22 日 自治区党委召开常委会议，传达学习习近平总书记等中央领导同志关于食品安全的重要批示和指示精神，听取有关情况汇报，研究部署贯彻落实食品安全法相关工作。自治区党委书记王君主持会议并讲话。自治区领导布小林、李佳、张力、乌兰、符太增、那顺孟和、王中和、张院忠、刘惠出席会议，任亚平、呼尔查、廉素、刘新乐、王焕承等列席会议。

25 日 自治区党委书记王君在乌兰察布市察右前旗、集宁区和卓资县就脱贫攻坚和农村牧区“十个全覆盖”工程推进情况进行调研。自治区党委常委、秘书长张院忠，自治区人大常委会副主任呼尔查，自治区政协副主席王焕承等陪同调研。

同日 包头装备制造产业园区 2016 年重点项目集中开工仪式在该园区新规划区举行，20 个亿元以上重点项目集中开工。自治区党委常委、包头市委书记王中和出席开工仪式。

同日 苏尼特右旗额仁淖尔苏木图门嘎查新发现 1 处金元时期古城遗址，这是 2016 年野外考古调查工作当中的一项重要发现。该遗址距赛汉塔拉镇约 75 公里，平面呈 500 米 × 600 米长方形，占地面积约 500 亩。从采集的遗物中分析该城应是金元时期的古城遗址。

26 日 规划建设年产 20 万吨糊状 PVC 生产装置项目在阿拉善经济开发区开工建设。该项目由中盐吉兰泰盐化集团有限公司投资建设，总投资 20 亿元。

同日 首届中国蒙古国网络新媒体合作对话会在呼和浩特召开，来自中蒙两国的主办方代表及 26 家主流媒体代表就如何推动中蒙双方网络新媒体之间的互联互通、共建共享、繁荣发展进行了交流探讨。

同日 在辽宁省葫芦岛市举行的 2016 年全国中国式摔跤锦标赛上，内蒙古选手查干扎那获男子 100 公斤级冠军，苏和获 115 公斤级第三名，乌尼日陶格陶获 82 公斤级第三名。

27 日 自治区党委书记王君主持召开常委（扩大）会议，听取自治区派驻各盟市督导组工作汇报，研究部署农村牧区“十个全覆盖”、产业发展和结构调整、基层党组织建设等重点工作。自治区党委常委出席会议，自治区人大、政府、政协相关领导同志列席会议，自治区派驻各盟市督导组组长、副组长和有关部门负责同志参加会议。

29 日 自治区代主席布小林主持召开第 69 次自治区政府常务会议，研究《内蒙古自治区农村牧区承包土地（草牧场）经营权抵押贷款试点工作实施方案》《内蒙古自治区农牧民住房财产权抵押贷款试点工作实施方案》《内蒙古乌海及周边地区产业转型升级规划（2016—2020 年）》等事项，听取《关于财政保障食品安全经费情况的汇报》和《关于全面推开营改增改革试点有关工作情况的汇报》。

同月 在北京举行的庆祝“五一”国际劳动节暨全国五一劳动奖表彰大会上，内蒙古自治区30个先进集体、22名先进个人受到全国总工会表彰。

同月 “十二五”期间，自治区累计争取中央各类转移支付资金8472.4亿元，比“十一五”增加4806.5亿元，年均增长14.3%。

同月 呼伦贝尔市政府与内蒙古森工集团签署国有林区改革备忘录及4个剥离移交协议。这标志着内蒙古自治区大兴安岭国有林区改革社会职能剥离、企业划转工作正式开始实施。

同月 中煤蒙大工程塑料项目投料产出合格聚乙烯、聚丙烯产品。该项目位于鄂尔多斯市乌审旗苏里格经济开发区，建设规模为30万吨聚乙烯、30万吨聚丙烯，总投资104亿元。

同月 鄂尔多斯市公安局东胜分局联合东胜区委宣传部网信办成立“东胜官微联盟暨防范电信诈骗公益宣传微联盟”。这是自治区第一家以防范电信诈骗为主题的公益宣传微联盟。

同月 在住房和城乡建设部、工业和信息化部、民政部、中国残联、全国老龄办5部门评选出的2015年全国50个无障碍建设示范市县中，内蒙古自治区乌海市位列其中。

同月 2016年全国男子曲棍球甲级联赛在江苏省常州市武进区曲棍球基地举行。内蒙古自治区代表队获得全国男子曲棍球甲级联赛冠军。

同月 内蒙古大学化学化工学院教授陈树峰在霍英东教育基金会第十五届高等院校青年教师奖评选中获三等奖，成为自治区唯一获此类奖项教师。

同月 “十二五”期间，自治区共投入专项资金44.5亿元，完成易地扶贫搬迁、生态脆弱区移民11.5万户、39.7万人。

同月 自治区首家空中应急救援志愿服务队正式成立。服务队拥有20多架无人机、由20多名无人机爱好者自发组成，是由内蒙古一家航空科技有限公司牵头成立的民间公益组织。

同月 由中国兵器工业集团公司主办的“未来坦克设计创意大赛”在北京举行，来自全国各地的384件作品参加最终的评选，一机集团4名参赛选手凭借《多功能高通过性主战平台》的设计创意，获得大赛唯一的最高奖项——特等奖。

5月

1日 自治区编制委员会办公室为自治区经济和信息化委员会颁发区直机关首张统一社会信用代码证书，标志着自治区机关、自治区编制委员会办公室直接管理机构编制的群众团体统一社会信用代码赋码发证工作正式启动。

4日 中国第二支赴利比里亚维和警察防暴队（以内蒙古公安边防总队为主组建而成）和内蒙古自治区青年王士良获第二十届中国青年五四奖章。

5日 自治区党委书记王君赴巴彦淖尔市，就“两学一做”学习教育和自治区重点工作、重点项目推进情况进行调研。自治区党委常委、秘书长张院忠，自治区人大常委会副主任呼尔查，自治区政协副主席王焕承等陪同调研。

7—9日 中共中央政治局常委、全国人大常委会委员长张德江率食品安全法执法检查组，深入内蒙古自治区呼和浩特市与巴彦淖尔市的农村牧区、园区企业、商场超市、监管机构，就贯彻落实食品安全法情况开展执法检查。内蒙古自治区领导李佳、张力、李鹏新、那顺孟和、王中和、杨俊兴、张院忠、刘惠等分别陪同检查或参加汇报会。

8日 第十四届全国冬运会主场馆暨内蒙古冰上运动训练中心建设工程在呼伦贝尔市海拉尔区东山组团正式启动。这是内蒙古自治区首个冰上运动训练中心。

9日 全国绿化委员会下发《关于表彰全国绿化模范单位和颁发全国绿化奖章的决定》,内蒙古自治区乌兰察布市凉城县获“全国绿化模范县”称号。

12日 自治区党委书记王君在赤峰市就“两学一做”学习教育推进情况进行调研。自治区党委常委、秘书长张院忠陪同调研。

同日 2016年全国男子拳击锦标赛总决赛暨首届中国拳王争霸赛在山东淄博收官，内蒙古运动员胡日查毕力格夺得69公斤级冠军,并被国家体育总局拳跆中心拳击部授予中国拳王称号。

15日 零时起,全国铁路将进行近10年来最大范围的列车运行图调整。呼和浩特铁路局结合实际增开新车，管内开行的普速旅客列车由现在的56对增加到60对，其中直通旅客列车为48.5对,管内列车为11.5对,实现了内蒙古自治区与全国27个省区市的互联互通。

16日 内蒙古自治区人民政府与中国邮政储蓄银行股份有限公司签署战略合作协议。签署协议前，内蒙古自治区党委书记王君会见了中国邮政集团公司总经理、中国邮政储蓄银行董事长李国华一行。内蒙古自治区代主席布小林与李国华出席签约仪式，内蒙古自治区副主席云光中与中国邮政储蓄银行副行长徐学明分别代表双方签字。

同日 自治区代主席布小林主持召开自治区政府常务会议,研究《关于抓好当前重点工作的意见》《内蒙古自治区人民政府关于进一步加强食品安全保障工作的意见》和《关于推进简政放权放管结合优化服务改革工作的意见》。

同日 为期5天的第十二届中国(深圳)国际文化博览交易会闭幕。内蒙古自治区共有23家参展企业参加了文博会，达成意向性合作项目55个。

同日 2016年“5·18国际博物馆日”中国主会场活动在内蒙古博物院开幕。开幕式由国家文物局副局长关强主持。国家文物局党组书记、局长刘玉珠,内蒙古自治区代主席布小林出席开幕式并致辞，内蒙古自治区副主席刘新乐出席开幕式,国际博物馆协会总干事安妮·凯瑟琳·罗伯特发去视频贺词。

19日 国家卫计委、财政部、国务院医改办下发《关于确定第四批公立医院改革国家联系试点城市及有关工作的通知》,并附列100个试点城市名单。内蒙古自治区的通辽市、包头市、兴安盟、乌兰察布市、锡林郭勒盟被列为试点城市。

同日 呼和浩特市大召历史文化旅游区举行国家4A级旅游景区揭牌仪式。至此,自治区已有87个国家4A级旅游景区。

20日 内蒙古自治区《核技术利用单位辐射安全管理标准化建设基本规范》正式实施。这是全国首个核技术利用单位辐射安全管理标准化建设的地方标准，填补了内蒙古自治区乃至全国在该领域的空白。

21日 内蒙古自治区党委书记王君、自治区代主席布小林会见前去内蒙古自治区调研的住房和城乡建设部部长陈政高一行。

同日 内蒙古自治区副主席、公安厅厅长马明在呼和浩特市会见乌兹别克斯坦共和国塔什干市内务总局副局长塔什哈扎耶夫一行,双方就加强两国地区间警务合作、共同打击跨国违法犯罪等内容进行了会谈。

22日 2016年全区“光明行”社会公益活动在锡林郭勒盟苏尼特右旗人民医院启动。自治区代主席、内蒙古光彩事业促进会会长布小林,自治区副主席、自治区红十字会会长刘新乐出席活动启动仪式,并分别为“光明行”医疗工作队、“光明行”红十字志愿服务队授旗。

22—24日 国务委员、公安部党委书记、部长郭声琨在内蒙古自治区调研。内蒙古自治区党委书记王君,中央综治委副主任、中央政法委副秘书长、中央综治办主任陈训秋,公安部党委副书记、副部长黄明，公安部党委委员、反恐专员刘跃进，内蒙古自治区领导张院忠、刘惠、马明等陪同。

23日 全国公安机关社会治安防控体系建设推进会议在呼和浩特召开，国务委员、公安部部长郭声琨出席会议并作讲话。内蒙古自治区党委书记王君出席会议并致辞，中央综治委副主任、中央政法委副秘书长、中央综治办主任陈训秋，公安部党委委员、反恐专员刘跃进，内蒙古自治区党委常委、秘书长张院忠，内蒙古自治区党委常委、政法委书记刘惠，内蒙古自治区副主席、公安厅厅长马明出席会议。公安部党委副书记、副部长黄明主持会议。

25日 草原确权"三权分置"试点颁证在鄂尔多斯市启动，鄂尔多斯市鄂托克前旗成为全国首家试点旗县。

26日 中国内蒙古自治区副主席、公安厅厅长马明在呼和浩特会见受邀到访的蒙古国乌兰巴托市警察局代表团，双方就继续深化联合执法、不断扩大合作成果等内容进行深入交流。

同日 中国通往境外首条标轨铁路在策克口岸开工建设。奠基仪式在阿拉善盟额济纳旗策克铁路口岸过境点（中蒙边界573界碑附近）举行。策克口岸将成为中国第一大陆路口岸。

27日 内蒙古正能化工集团有限公司年产360万吨煤炭分级分质综合利用项目在鄂尔多斯圣圆煤化工基地投产。该项目是中国已建成的煤炭分质分级综合利用项目中单体最大的项目。

28日 中国内蒙古自治区党委书记王君、内蒙古自治区代主席布小林在呼和浩特会见欧洲投资银行行长维尔纳·霍伊尔一行，双方就进一步加强合作深入交换了意见。参加会见的还有中国财政部副部长史耀斌，内蒙古自治区党委常委、秘书长张院忠，内蒙古自治区副主席云光中，欧盟驻华大使史伟、欧洲投资银行副行长乔纳森·泰勒等。

同日 第九届世界女子拳击锦标赛暨奥运会资格赛在哈萨克斯坦阿斯塔纳市举办。内蒙古自治区运动员杨晓丽代表中国队出战81公斤级比赛，并获得冠军。

同日 在第十届中国（武汉）园博会闭幕式上，进行国家生态园林城市和国家园林城市授牌仪式，呼和浩特市等46座城市被授予"国家园林城市"牌匾。

29日 在"六一"国际儿童节即将来临之际，由中国内蒙古自治区妇联主办，中国内蒙古自治区文明办、教育厅、团委、关工委协办的魅力草原·携手未来中蒙两国儿童庆"六一"艺术交流活动在内蒙古自治区呼和浩特举行。中国内蒙古自治区党委副书记李佳、内蒙古自治区政协副主席陈羽出席交流活动。近百名蒙古国留学生和中国内蒙古自治区呼和浩特千余名儿童、家长参加了本次艺术交流活动。

30日 内蒙古自治区代主席布小林在新城宾馆会见买买提江·托乎尼牙孜先进事迹报告团一行。内蒙古自治区党委常委、政法委书记刘惠，内蒙古自治区副主席马明会见时在座。

同月 内蒙古自治区大学科技园管理有限责任公司成功晋级为国家级科技企业孵化器。至此，自治区国家级科技企业孵化器增至8家。

同月 在蒙古国乌兰巴托举办的"格根木扎－13"国际蒙古语戏剧节上，中国内蒙古自治区锡林郭勒盟苏尼特左旗乌兰牧骑的原创蒙古剧《驼乡新传》获得评委会最高荣誉奖、促进中蒙两国文化艺术交流与发展突出贡献奖、优秀剧目奖等多项荣誉。

同月 由财政部、工信部、科技部、商务部、国家工商行政管理总局5部门组织的国家第二批小微企业创业创新基地城市示范竞争性评审中，呼和浩特市从全国21个申报城市中脱颖而出，最终成功申报为国家第二批小微企业创业创新城市示范。

同月 农业部渔业健康养殖示范县验收组

深入内蒙古自治区巴彦淖尔市磴口县，就渔业健康养殖创建工作进行验收。磴口县以86.6的高分顺利通过验收，成为全国第7个、内蒙古自治区第1个渔业健康养殖示范县。

同月 由中国生产力促进中心协会组织开展的2015年度“中国好技术”评选结果公布，内蒙古自治区3项技术榜上有名。至此，自治区共有16项好技术获该荣誉。

同月 科技部正式公布2015年创新人才推进计划入选名单。内蒙古自治区有4名个人入选科技创新创业人才，1个团队入选重点领域创新团队。

同月 全区首家国地税联合办税服务大厅——呼和浩特市赛罕区国地税联合办税服务大厅正式运行。

同月 总投资1.1亿元的现代矿用装备生产基地在鄂尔多斯江苏工业园区开工建设。项目全部建成投产后将成为自治区最先进的齿轮测量和试验基地。

同月 在第十届中国（武汉）国际园林博览会闭幕大会上，住建部举行国家生态园林城市和国家园林城市授牌仪式，46座城市被授予“国家园林城市”牌匾，内蒙古自治区乌兰察布市名列其中。

同月 2016年全国田径大奖赛系列赛第四站的比赛在山西太原举行。内蒙古自治区选手刘相蓉获得女子铅球冠军。

同月 《内蒙古自治区元上都遗址保护条例》获自治区十二届人大常委会第二十二次会议表决通过，元上都遗址保护有了立法规范。《条例》首次以地方性法规的方式明确元上都遗址的具体位置与范围。

6月

1日 自治区党委召开常委（扩大）会议，传达学习国家总书记习近平、国务院总理李克强和副总理刘延东在全国科技创新大会、两院院士大会、中国科协第九次全国代表大会上的重要讲话精神，安排部署自治区贯彻落实工作。自治区党委书记王君主持会议并讲话，自治区党委常委出席会议，自治区人大、政府、政协省级领导同志，自治区高级人民法院院长、检察院检察长，各盟市委书记，自治区有关部门、企事业单位、高等院校主要负责同志列席会议。

5日 中电建协公布2016年度“中国电力优质工程奖”名单，由国家电投蒙东能源申报的霍林河循环经济示范工程2×35万千瓦超临界火电机组及30万千瓦风电项目榜上有名。该奖项是中国电力建设行业工程质量的最高荣誉。

同日 内蒙古自治区运动员额日和木巴图在全国柔道锦标赛上夺得男子81公斤级冠军。

6日 内蒙古自治区人民政府与中国航天第十二研究院在呼和浩特召开座谈会，双方就推动多领域务实合作进行广泛深入交流。内蒙古自治区代主席布小林、中国航天第十二研究院总顾问张文台、院长薛惠锋在座谈会上讲话。内蒙古自治区党委常委、自治区常务副主席符太增主持座谈会。

同日 内蒙古自治区党委书记王君、自治区代主席布小林会见吉林大学党委书记杨振斌一行，双方就深化合作相关事宜深入交换意见。杨振斌一行还在呼和浩特等盟市考察调研，并就校地合作具体事宜进行座谈交流。

同日 内蒙古自治区柔道选手布日格德在全国柔道锦标赛男子90公斤级比赛中摘得金牌。

7日 内蒙古自治区人民政府与吉林大学校地合作座谈会在呼和浩特举行。内蒙古自治区代主席布小林、吉林大学党委书记杨振斌出席会议并讲话，内蒙古自治区党委常委、自治区副主席符太增主持会议。

同日 在全国柔道锦标赛上，内蒙古队的苏日勒格、青达嘎、德格吉日呼、额日和木巴图、巴雅苏拉、布日格德、斯日吉嘎瓦、那日苏夺得男团冠军。

8日　策克口岸获批为对蒙古国进口肉类指定口岸，意味着策克口岸正在向多渠道、多领域、多元化综合型口岸迈进。

10—13日　由内蒙古自治区贸促会和台湾贸易中心主办的2016内蒙古（呼和浩特）台湾名品博览会在内蒙古国际会展中心举办，共有330家台湾企业参展。

11日　内蒙古大学蒙古国研究中心成立。研究中心成立后，将依靠内蒙古大学优秀的专业队伍和丰富的对外交流经验，进一步发挥内蒙古独特优势，对相关问题进行深入研究，更好地服务于国家和自治区对外开放事业，加深中蒙传统友谊。

同日　全国首届“天赐陶布秀尔杯”卫拉特原生态艺术大赛暨卫拉特原生态艺术学术研讨会在甘肃省兰州市举行。内蒙古自治区阿拉善盟15岁少年高勒以自己原创曲目《骏马》获得冠军。

14日　内蒙古自治区党委书记王君在呼和浩特会见武警部队司令员王宁一行。内蒙古自治区党委常委、政法委书记刘惠，内蒙古自治区副主席马明，武警内蒙古总队司令员马建海、政委肖方举参加会见。

17—21日　中共中央政治局委员、中央政法委书记孟建柱在内蒙古自治区考察。内蒙古自治区党委书记王君、中央政法委秘书长汪永清等陪同考察。

18日　第七届冰心散文奖颁奖典礼及相关活动在河北省承德市举行，内蒙古自治区阿拉善盟作家张继炼创作的《大漠神韵》获散文单篇作品奖。

19日　18时57分左右，在104省道下行线，呼武公路大青山收费站处发生1起17车连撞事故。截至20日上午8时许，已造成5人死亡、13人受伤，5人轻伤。

同日　兖矿集团与久泰能源在鄂尔多斯市签署股权收购协议，自治区最大的煤化工项目重组案重组成功。兖矿集团以18.4亿元收购久泰能源内蒙古公司煤制烯烃项目52%股权。该项目总投资82.4亿元，年生产60万吨烯烃。

同日　首届中国哈克文化国际研讨会暨哈克文化人文历史纪录片开机仪式在内蒙古自治区呼伦贝尔市海拉尔区举行。来自联合国中亚考古队、美国纽约大学、中国北京大学、中国故宫博物院、中国社会科学院考古所、内蒙古自治区呼伦贝尔市博物馆等单位的40余位国内外知名专家学者出席研讨会。

21日　自治区代主席布小林主持召开自治区政府常务会议，传达习近平总书记重要批示精神和自治区党委要求，安排部署维护社会稳定工作，研究《关于深入推进供给侧结构性改革着力做好降成本工作的实施方案》《关于深入推进供给侧结构性改革着力做好补短板工作的实施方案》《关于深入推进供给侧结构性改革着力做好去杠杆工作的实施方案》《内蒙古自治区环境保护督察工作方案》《内蒙古自治区生态环境监测网络建设工作方案》和《内蒙古自治区贯彻落实〈国家创新驱动发展战略纲要〉实施方案》。

22日　张呼客运专线乌兰察布—呼和浩特段正式进入轨道铺设阶段，张呼铁路客运专线是自治区首条新建高速铁路，途经呼和浩特市、乌兰察布市和河北省张家口市，线路全长286.8公里，设计时速250公里，设计工期4年，建成后将与在建的京张高铁接轨，形成内蒙古中西部地区进京快速客运通道。

同日　阿拉善盟7条铁路重点项目列入国家规划，7条铁路分别是：巴彦浩特—银川快速铁路、本井—巴彦浩特、乌海—吉兰泰电气化改造项目、查干德日斯—吉兰泰、乌力吉口岸—苏宏图、阿拉善右旗—红沙岗、额济纳—酒泉等铁路建设项目。

23日　内蒙古自治区第十二届人民代表大

会第五次会议在呼和浩特召开，会议补选布小林为自治区主席，补选布小林为十二届全国人大代表，布小林在当选自治区主席后发表讲话。大会由执行主席、主席团常务主席王君主持。

24日　内蒙古自治区党委书记王君、自治区主席布小林在呼和浩特会见中国国电集团公司党组书记、董事长乔保平一行，就深化双方互利合作深入交换了意见。

25日　第十三届中国·内蒙古草原文化节在呼和浩特开幕。自治区党政军领导王君、任亚平、李佳、李鹏新、符太增、张院忠、吴团英、高红光、肖方举出席开幕式并观看演出。自治区党委常委、宣传部部长乌兰在开幕式上致辞。

26日　中国(海拉尔)第十二届中俄蒙经贸展览会暨2016中国国际机械建材展览会开幕。展览会展出内容主要有俄罗斯、蒙古等国家的特色产品；中国民族地方特产、食品、电子及服装等轻工产品、大型机械建材、汽车展等。展览会由中国国际商会、内蒙古自治区商务厅、贸促会、内蒙古自治区呼伦贝尔市人民政府主办，呼伦贝尔市海拉尔区人民政府、呼伦贝尔市商务局承办，会期3天。

29日　自治区党委召开常委会议，传达学习习近平总书记在哲学社会科学座谈会上的重要讲话精神、孟建柱在自治区考察时的重要讲话和指示精神，研究部署意识形态领域等工作。自治区党委书记王君主持会议并讲话，自治区领导布小林、李佳、张力、乌兰、李鹏新、符太增、那顺孟和、刘惠出席会议。

同日　作为第十三届中国·内蒙古草原文化节的重要内容之一，首届内蒙古自治区文化产业博览会在内蒙古展览馆开幕。博览会为期5天，以“文化与创新发展”为主题，以博览和交易为中心，来自全区各盟市的334家企业和近2万件创意产品在博览会上精彩亮相。自治区政协主席任亚平，自治区党委常委、宣传部部长乌兰，自治区政协副主席杨成旺巡馆参观。

30日　自治区召开大会，庆祝中国共产党成立95周年。自治区党委书记王君发表讲话，自治区主席布小林主持大会。自治区党委常委，自治区人大、政府、政协领导，自治区法院院长和检察院检察长，内蒙古军区、武警内蒙古总队、内蒙古边防总队负责同志，以及部分省级离退休老同志出席会议。大会表彰奖励了为自治区改革发展事业作出突出贡献的全区优秀共产党员、优秀党务工作者、优秀嘎查村党组织书记、优秀苏木乡镇党委书记和先进基层党组织。

同日　内蒙古自治区党委书记王君在呼和浩特会见前往内蒙古访问考察的瑞士驻华大使戴尚贤一行，双方就加强应对气候变化等方面合作深入交换了意见。

同日　在全国男子曲棍球冠军杯赛中，内蒙古男子曲棍球队夺得第一。

同日　国务院批准设立鄂尔多斯市康巴什区。至此，内蒙古自治区县级行政区划建制由102个增至103个。

同日　第七次全国人民防空会议上，国家国防动员委员会对65个“全国人民防空先进城市”予以通报表彰，内蒙古自治区呼和浩特市和赤峰市被评为“全国人民防空先进城市”。

同日　锡林郭勒盟“额吉淖尔大青盐”获批“中国地理标志”商标，成为我国盐业生产企业中唯一一家获得此商标的企业。额吉淖尔大青盐”获得“中国地理标志”，弥补了中国盐业生产企业对此标志注册的空白。

7月

2日　自治区党委召开常委(扩大)会议，深入学习习近平总书记在庆祝中国共产党成立95周年大会上的重要讲话精神，研讨交流学习心得体会。自治区党委书记王君主持会议并讲话，自治区党委常委出席会议，自治区人大、政府、政协负责同志和自治区法检两长、武警内蒙古总队负责人列席会议，自治区领导布小林、任亚平、李佳、张力、乌兰、李鹏新、符太增、那顺孟和、张院忠、呼尔查、肖方举等作交流发言。

3日 万里茶道“满洲里—西伯利亚号”中俄跨境旅游专列开通。专列从满洲里出发，横跨西伯利亚，穿越俄罗斯3个城市，最终抵达俄罗斯伊尔库茨克。

4日 大兴安岭南麓片区区域发展与脱贫攻坚部际联系会议在兴安盟召开。农业部部长韩长赋出席会议并讲话，农业部副部长余欣荣、内蒙古自治区副主席王玉明、吉林省副省长隋忠诚、黑龙江省副省长吕维锋、国务院扶贫办副主任欧青平，以及国家发改委有关负责同志出席会议。

同日 通辽市北部煤电铝烟气污染物零排放示范工程在霍林郭勒市正式开工建设。该工程总投资约3.5亿元。

7日 由全国人大常委会副委员长向巴平措率领的全国人大常委会专题调研组到内蒙古自治区，就国务院制定实施民族区域自治法配套法规情况和城镇化进程中的民族工作开展专题调研。10日上午，专题调研组在呼和浩特市召开座谈会，听取内蒙古自治区人民政府工作汇报，就深入贯彻实施民族区域自治法提出明确要求。

8日 内蒙古自治区党委召开汇报会，向前往自治区开展督查调研的中央改革办督察组汇报自治区全面深化改革情况和基层综合文化服务中心建设情况。自治区党委书记王君主持会议并汇报全区全面深化改革情况，中央改革办专职副主任陈一新讲话，自治区党委常委、宣传部长乌兰汇报自治区推进基层综合性文化服务中心建设情况。

同日 在内蒙古自治区包头市召开的第三届中国·包头国际牛羊肉产业大会暨绿色农畜产品博览会、第五届中俄蒙国际美食文化节开幕式上，上海大世界基尼斯总部2名颁证官，向内蒙古小尾羊餐饮连锁股份有限公司董事长余佳荣颁发大世界基尼斯纪录证书，该公司的“成吉思汗大火锅”创造了大世界基尼斯纪录。

9日 全国首个畜产品交易所——内蒙古大宗畜产品交易所正式揭牌。同时，该交易所与区内外各养殖、生产、贸易、销售终端企业签署了100亿元的贸易合作协议。

10日 在第三届中国·包头国际牛羊肉产业大会暨绿色农畜产品博览会、第五届中俄蒙国际美食文化节上，内蒙古自治区包头市被中国烹饪协会授予“中国羊肉美食之都”称号。

11日 国家柔道青少年培训与项目发展示范单位揭牌仪式在内蒙古体育馆举行。内蒙古自治区田径柔道武术运动管理中心被国家体育总局举重摔跤柔道运动管理中心命名为国家柔道青少年培训与项目发展示范单位，这是全国柔道项目首个示范单位。

13日 内蒙古自治区主席布小林在呼和浩特会见了前往自治区访问的美国驻华大使马克斯·博卡斯和夫人一行。双方就加强环境保护、优化投资环境等问题交换了意见。中国内蒙古自治区党委常委、自治区副主席符太增参加会见。

同日 自治区首个肿瘤多学科综合诊治中心在内蒙古医科大学第一附属医院挂牌成立。

14日 中央第一环境保护督察组（以下简称督查组）进驻内蒙古自治区开展环境保护督察工作。同日，督察组督察内蒙古自治区工作动员会在呼和浩特召开，督察组组长陆浩、副组长翟青就做好督察工作分别作了讲话，自治区党委书记王君作动员讲话，自治区主席布小林主持会议。

同日 经国家质检总局批准，阿拉善盟额济纳旗策克口岸正式成为进口蒙古国肉类定点口岸。

15日 自治区主席布小林主持召开自治区政府常务会议，研究《内蒙古自治区贯彻落实新一轮振兴东北地区等老工业基地战略的实施意见》《内蒙古自治区鼓励和支持非公有制经济加快发展若干规定》和《内蒙古自治区“十三五”时期社会信用体系建设规划》等事项。

18 日　自治区党委书记王君主持召开常委会议，分析上半年经济形势，研究部署下半年经济工作，审议通过自治区党委《关于加强党委领导地方立法工作的意见》。自治区党委常委出席会议。

21 日　首届中俄蒙三国旅游部长会议之——“美丽中国·亮丽内蒙古——旅游推介会”开幕。国家旅游局局长李金早，俄罗斯联邦旅游署署长萨福诺夫，蒙古国环境、绿色发展与旅游部旅游政策协调局局长玛日嘎德应邀出席旅游推介会。自治区副主席云光中出席会议。

21—24 日　全国政协副主席王正伟率领全国政协调研组在内蒙古自治区就“加强草原生态系统保护与修复”开展专题调研。23 日下午，调研组在呼和浩特召开座谈会，听取内蒙古自治区政府及有关部门的情况汇报。全国政协副主席王正伟讲话，内蒙古自治区政协主席任亚平主持座谈会，内蒙古自治区副主席王玉明作工作汇报。

22 日　自治区党委召开常委会会议，传达学习习近平总书记在东西部扶贫协作座谈会上的重要讲话和关于做好当前防汛抗洪抢险救灾工作的重要讲话精神，传达学习全国司法体制改革推进会精神，研究自治区贯彻落实意见，审议通过《关于全区司法体制改革若干问题的意见》。自治区党委书记王君主持会议并讲话，自治区党委常委出席会议。

同日　为期 4 天的首届中俄蒙三国旅游部长会议在呼和浩特开幕。会议由中国国家旅游局主办，中国内蒙古自治区旅游局承办。中国国家旅游局局长李金早、俄罗斯联邦旅游署署长萨福诺夫·奥列格·彼得罗维奇，蒙古国驻华特命全权大使策·苏赫巴特尔讲话，中国内蒙古自治区政协主席任亚平致辞。中国内蒙古自治区党委书记王君分别会见了上述领导人。

同日　“友谊·和平·年轻使者”中俄蒙青少年内蒙古旅游夏令营开营仪式在中国内蒙古自治区呼和浩特举行。俄罗斯、蒙古国 200 名青少年在中国内蒙古进行为期 4 天的友好交流活动。中国国家旅游局局长李金早、俄罗斯联邦旅游署署长萨福诺夫·奥列格·彼得罗维奇、蒙古国驻华特命全权大使策·苏赫巴特尔、中国内蒙古自治区政协主席任亚平出席开营仪式。

26—28 日　中共中央政治局委员、中央统战部部长孙春兰在内蒙古自治区党委书记王君、自治区主席布小林分别陪同下，先后到内蒙古自治区呼和浩特市、兴安盟调研指导工作。

29 日　内蒙古自治区党委书记王君在呼和浩特会见中国石油化工集团公司董事长、党组书记王玉普一行，双方就进一步加强互利合作深入交换了意见。中石化总经理、党组副书记戴厚良等集团高管，内蒙古自治区领导符太增、王波参加会见。

同日　全国双拥模范城(县)命名暨双拥模范单位和个人表彰大会内蒙古分会场会议在呼和浩特召开。内蒙古军区副政委高红光出席分会场会议，并代表全国双拥模范工作领导小组为自治区被命名地区及受表彰的单位和个人颁奖。

31 日　“八一”建军节前夕，自治区党委书记王君赴东风航天城慰问某基地官兵，代表自治区党委、政府和全区各族人民对基地官兵及驻区部队、武警官兵致以节日的问候。自治区领导张院忠、刘惠、王焕承和有关部门负责同志参加。

同月　第十届“中国医师奖”表彰大会在北京举行，全国 80 名优秀医师受到表彰，内蒙古自治区通辽市库伦旗额勒顺镇苏日图嘎查乡村医生哈申通拉嘎获奖。他是迄今为止自治区唯一获此荣誉的乡村医生。

同月　在美国图书馆协会举行的国际图书馆人欢迎会上，内蒙古图书馆的“彩云服务”被授予“国际图书馆创新项目主席大奖”，成为2016年该协会评选出的5个获奖项目之一。“国际图书馆创新项目主席大奖”被誉为图书馆界的“奥斯卡奖”。

同月　由新加坡麦达斯控股有限公司投资50亿元的铝新材料项目正式签约落户通辽。

同月　通辽市开鲁县出口红辣椒产品质量安全示范区通过国家级考核验收。至此，内蒙古国家级质量安全示范区增至4家。

同月　内蒙古自治区呼和浩特市、鄂尔多斯市入选第一批国家级医养结合试点。

同月　据自治区气象局监测资料显示，进入汛期后，全区共监测到闪电100 427次，较历年同期偏多14%。其中，6月闪电出现93 178次，较历年同期偏多22%；冰雹出现57站次，较历年同期偏多91%，为2012年以来最多年；短时强降水天气共出现25站次，较历年同期偏多85%。

同月　乌海市红星美凯龙乌海狮城商场被国家知识产权局确定为第三批国家级知识产权保护规范化培育市场，培育期2年。至此，自治区国家级知识产权保护规范化培育市场增至6个。

同月　国土资源部表彰第三届国土资源节约集约模范县(市)，授予225个县(市、区)“国土资源节约集约模范县(市)”荣誉称号。自治区呼和浩特市赛罕区、包头市青山区、通辽市霍林郭勒市等9个县(市)名列其中。

同月　上半年，中国内蒙古自治区经甘其毛都口岸向蒙古外输电 力5.57亿千瓦时，同比增长21.88%，出口值3.46亿元，同比增长16.11%。

同月　荷兰合作银行发布2016年度“全球乳业20强”榜单，伊利排名跃升至第八。这不仅是中国乳制品企业有史以来的最好成绩，也是至今为止亚洲唯一进入全球乳业8强的乳企。

同月　赤峰至京沈高铁喀左站铁路开工建设，工程总工期4年，计划2020年6月建成通车。工程计划总投资169.32亿元，其中赤峰境内为107.30亿元。截至2016年末，赤峰市境内已完成投资25亿元，其中用于征地拆迁资金11.7亿元，工程建设投资13.3亿元。线路自京沈高铁喀左站引出，经辽宁省喀喇沁左翼蒙古族自治县、建平县和赤峰市宁城县、喀喇沁旗、元宝山区、红山区进入松山区(新城区)。

8月

1日　为纪念中国人民解放军建军89周年和红军长征胜利80周年，乌兰察布市举行集宁战役红色纪念园落成仪式暨《集宁战役》纪录片首播活动。自治区主席布小林宣布集宁战役红色纪念园落成，并为烈士纪念碑敬献花篮、整理绶带。中国人民解放军北京军区原司令员李来柱，自治区党委常委、内蒙古军区政委杨俊兴，内蒙古军区副政委高红光等出席落成仪式。开国将军姚喆长子、海军航空兵原参谋长姚普明，代表集宁战役将帅子女致辞。

同日　自治区首个互联网+居家养老示范基地在自治区军队离退休干部休养所揭牌。

同日　自治区国土资源厅与武警黄金第一总队第二支队举行地质灾害防治救援联动机制启动仪式，标志着自治区第一支军队与地方共建的地质灾害防治应急救援专业队伍正式成立。

同日　包头市土默特右旗与大同市汇林集团煤炭物联网电子交易平台合作项目签约，标志着内蒙古自治区首个煤炭物联网交易平台落户位于土默特右旗新型工业园区的内蒙古西部煤炭交易中心。

2日　自治区司法厅在呼和浩特市举行内蒙古澳兰蒙汉双语律师公益法律服务站成立仪

式，并召开蒙汉双语律师公益法律服务专题交流研讨会，全国首家蒙汉双语律师公益法律服务站正式挂牌。

3日　中国包头至蒙古国乌兰巴托的国际航线正式开通。

同日　大型民族舞剧《我的贝勒格人生》在内蒙古民族艺术剧院音乐厅上演。这是国内首部将蒙古族古老的贝勒格舞蹈元素进行挖掘、整理后打造的一部原创民族舞剧。

同日　在中国生态文化协会组织的“全国生态文化村”遴选命名活动中，内蒙古自治区的阿拉善盟额济纳旗巴彦陶来苏木乌苏荣贵嘎查、乌兰察布市凉城县岱海旅游区办事处三苏木村等5个嘎查村被授予“全国生态文化村”称号。

同日　19时30分，首届和林格尔国际青少年足球邀请赛开战。呼和浩特市委常委、和林县县委书记朱建国，副市长王恒俊出席开幕式。自治区分管副主席宣布足球邀请赛开赛。本次比赛为期5天，其间共有来自俄罗斯、比利时、捷克、克罗地亚、蒙古国5个国家的5支球队，以及北京国安、北京全运会代表队、天津权健、内蒙古全运会代表队和内蒙古盛乐蒙羊足球俱乐部5支球队参赛。

5日　内蒙古自治区党委书记王君在呼和浩特会见亚洲基础设施投资银行行长金立群一行。内蒙古自治区党委常委、秘书长张院忠，内蒙古自治区副主席常军政等参加会见。

8日　由中国民族医药学会、内蒙古蒙医药学会主办的全国首届蒙医药大会在锡林浩特市召开。内蒙古、辽宁、新疆、西藏、广西、广东、台湾等地的500余名专家学者参加会议。

同日　第八届中国包头·稀土产业（国际）论坛暨2016中国稀土功能材料与应用产品国际展览会在包头会展中心开幕，来自国内外稀土界上千名专家、学者、企业家相聚稀土之都，以“创新协调共享发展”为主题，共话稀土产业发展的美好前景。本届国际论坛由内蒙古自治区人民政府、中国工程院、中国稀土行业协会、中国稀土学会主办，包头市人民政府、中国工程院化工冶金与材料工程学部、包头稀土高新区管委会承办。自治区党委常委、呼和浩特市委书记王中和在会上致辞。

9日　内蒙古自治区党委书记王君在呼和浩特会见共青团中央书记处第一书记秦宜智一行。内蒙古自治区党委副书记李佳，内蒙古自治区党委常委、秘书长张院忠等参加会见。

同日　经中国生态文化协会专家评审，阿拉善盟额济纳旗巴彦桃来苏木乌苏荣贵嘎查成功入选“全国生态文化村”名录。

11日　自治区主席布小林主持召开自治区政府常务会议，研究《内蒙古自治区落实法治政府建设实施纲要（2015—2020年）〉实施方案》《内蒙古自治区“十三五”服务业发展规划》《内蒙古自治区推进国际产能和装备制造合作实施方案》等事项。

11—16日　以“同行草原·丝绸之路，共建合作发展走廊”为主题的中国—蒙古国博览会·2016·通辽国际商品交易会暨中国内蒙古三盟市与蒙古国三省区域合作会议在通辽市举行。通辽市委书记罗永纲，市委副书记、市长包振玉在通辽会见蒙古国肯特省省长那·钢宾巴，蒙副署长达·贝赫巴图，蒙古国东方省省长莫·巴达木苏荣，蒙古国苏赫巴托省省长扎·恩赫图日，蒙古国驻呼和浩特总领事馆一等秘书阿润图雅，毕其格图口岸海关关长巴·巴雅尔玛格奈一行，并围绕“同行草原·丝绸之路，共建合作发展走廊”主题，就进一步深化中蒙两国六方经贸合作和人文交流进行亲切交谈。博览会期间，通辽市、赤峰市、锡林郭勒盟与蒙古国苏赫巴托省、东方省、肯特省签署《中国·内蒙古三盟市与蒙古国三省区域合作第二次会议备忘录》。

12日　中国—蒙古国博览会·2016·通辽国际商品交易会暨中国内蒙古三盟市与蒙古国三

省区域合作会议在通辽市开幕。中国内蒙古自治区副主席云光中出席启动仪式并参加会议。蒙古国、俄罗斯、韩国等国家和中国内蒙古自治区、辽宁省、吉林省部分地区共200多家中外企业参展。

同日　由自治区贸促会、呼和浩特市人民政府、包头市人民政府、兴安盟行政公署、锡盟行政公署联合主办的“2016乌兰巴托·中国内蒙古商品展览会”在蒙古国乌兰巴托市米歇尔展馆开幕。中国驻蒙古大使馆、蒙古国农业部、蒙古国工商会等官方代表及自治区贸促会、锡盟、兴安盟代表先后致辞。副盟长乌力吉出席会议并致辞。

15日　中国鄂尔多斯至俄罗斯伊尔库茨克直飞航线正式开通。

16日　由通辽市政府、自治区食品药品监督管理局、自治区卫生和计划生育委员会、自治区科技厅、自治区民族事务委员会、内蒙古民族大学共同主办的2016年欧亚太平洋大学联盟蒙药学术高峰论坛在碧桂园大酒店举行。中国、蒙古国、日本、俄罗斯等国的8位专家,从蒙药资源调查与保护、蒙医基础理论研究、蒙药及天然药化学成分研究与开发、蒙药药理作用机制研究、蒙药新制剂及关键技术研究、民族植物药的研究、蒙医临床研究等几个方面展开学术交流。

18日　自治区主席布小林深入呼伦贝尔市,就抗旱减灾工作进行专题调研。

同日　感知中国·蒙古行——第四届乌兰巴托·内蒙古文化周在蒙古国首都乌兰巴托开幕。蒙古国教育文化科学体育部副部长云·奥特根巴雅尔出席开幕式并致辞,蒙古国记协主席嘎拉日德出席开幕式。中国驻蒙古国大使邢海明,中国共产党中央委员会宣传部副部长崔玉英,中国内蒙古自治区党委常委、宣传部部长乌兰出席开幕式并分别致辞。

8—18日　共青团中央书记处第一书记秦宜智在内蒙古自治区开展“走进青年、转变作风、改进工作”大宣传大调研活动。秦宜智一行先后到呼和浩特、包头、鄂尔多斯、巴彦淖尔、乌海、阿拉善等盟市,深入基层团干部和团员青年,宣讲共青团中央改革精神,推进共青团改革。内蒙古自治区领导李佳、乌兰、王中和分别陪同调研。

19日　内蒙古哈民考古遗址公园开园仪式在通辽市科左中旗舍伯吐镇哈民艾勒嘎查举行。文化部党组成员、故宫博物院院长、中国文物学会会长单霁翔出席开园仪式并讲话。

19—21日　2016中国新丝绸之路·锡林郭勒草原畜牧业创新品牌展示交易会在锡林浩特市举行。展交会由自治区人民政府、国家农业科技园区协同创新战略联盟共同主办,锡林郭勒盟行署、自治区科技厅共同承办。共设置展位200余个,主要展览展示草原畜牧业新科技、新成果、新产品,以及锡林郭勒优良的乌珠穆沁羊、苏尼特羊、察哈尔羊、西门塔尔改良牛、国内外各类马匹。

20日　由中国内蒙古自治区人民政府新闻办公室和蒙古国记者协会共同主办的第七届中蒙新闻论坛在蒙古国肯特省成吉思汗市举行。蒙古国总统额勒贝格道尔吉向论坛发去贺信。蒙古国国家大呼拉尔委员朝格特巴特尔,蒙古国肯特省省长钢宾巴,蒙古国记协主席嘎拉日德,中国共产党中央委员会宣传部副部长、国务院新闻办公室副主任崔玉英,中国内蒙古自治区党委常委、宣传部部长乌兰出席论坛开幕式并致辞。

同日　在2016年里约奥运会女子拳击69公斤~75公斤级半决赛中,中国内蒙古籍选手李倩获得铜牌。

21日　2016鄂尔多斯国际马拉松赛在鄂尔多斯市康巴什区举行,中国、德国、日本、俄罗斯等10多个国家的国内外1.5万多名马拉松选手参加了比赛。

同日　2016内蒙古鄂尔多斯国际驭马文化节纯血速度赛马在鄂尔多斯市伊金霍洛旗赛马场开赛。中国、俄罗斯、澳大利亚等国的12位骑师和35匹纯血赛马同场竞技。比赛奖金总额250万人民币，是国内最高奖金的赛事之一。

22日　针对内蒙古自治区入夏以来发生的严重旱灾，国家减灾委、民政部启动国家Ⅳ级救灾应急响应，派出工作组到灾区，查看灾情，协助和指导做好受灾群众生活救助工作。据统计，截至22日，旱灾已造成赤峰、兴安、通辽、锡林郭勒、呼伦贝尔等9个盟市55个县（区、旗）385.7万人受灾，132.9万人需生活救助，农作物受灾面积252.1万公顷，草场受灾面积3342.8万公顷，直接经济损失83亿元。

24日　国内最大跨度的墩顶转体桥——怀安站特大桥在河北省张家口市怀安县顺利合龙，标志着内蒙古自治区首条新建高铁张家口至呼和浩特客运专线5座大跨度墩顶转体桥全部按期建成。

25日　内蒙古自治区党委书记王君在呼和浩特会见国家林业局局长张建龙一行。内蒙古自治区领导张院忠、王玉明等参加会见。

同日　内蒙古自治区首届蒙商大会暨民间投资合作洽谈会在包头市召开。自治区主席布小林出席会议并讲话，自治区政协主席任亚平出席会议，自治区党委常委、自治区副主席符太增主持会议，全国工商联副主席谢经荣，自治区党委常委、包头市委书记王中和分别致辞。

26日　《内蒙古自治区志·宣传志》出版发行。志书11章53节65万字，全面、系统地记述了1919—2010年内蒙古自治区宣传思想文化工作的发展历程。

29日　国务院副总理汪洋到内蒙古自治区呼伦贝尔市调研草牧业发展情况。农业部部长韩长赋、中科院院长白春礼、国务院副秘书长江泽林、财政部副部长胡静林，内蒙古自治区副主席王玉明陪同调研。

同日　自治区党委召开全区领导干部大会，宣布中央关于内蒙古自治区党委主要领导调整的决定：李纪恒任内蒙古自治区党委委员、常委、书记，王君不再担任内蒙古自治区党委书记、常委、委员职务。中组部副部长邓声明出席会议，宣布中央决定。

30日　首届内蒙古粮食产销协作洽谈会在内蒙古国际会展中心举行。国家粮食局、20多个省区市粮食局负责同志和区内外粮食企业代表共1000多人参加了会议。国家粮食局副局长徐鸣出席会议并讲话，内蒙古自治区副主席王玉明致辞。

同日　国家发展和改革委员会正式印发《国家发展改革委关于内蒙古扎鲁特—山东青州±800千伏特高压直流工程项目核准的批复》，核准建设内蒙古通辽市扎鲁特—山东省青州特高压直流输电工程。工程动态投资221.03亿元。

同日　契丹辽文化暨第三届契丹学国际学术研讨会在内蒙古自治区赤峰市巴林左旗开幕。澳大利亚、韩国、日本等国及中国的30余所高校和科研所的80余名专家学者参加了研讨会。

同日　中共中央组织部办公厅印发《关于第二批国家“万人计划”领军人才入选名单的通知》，内蒙古自治区有6人入选科技创新创业领军人才。至此，内蒙古自治区共有13人入选国家“万人计划”领军人才。

同日　在全国模范司法所及先进集体和先进个人表彰电视电话会议上，包头市昆都仑区阿尔丁司法所获“全国模范司法所”称号。

同日　教育部公布首批创新创业典型经验全国50强高校评选结果，包头轻工职业技术学院榜上有名，成为内蒙古自治区唯一一所获得该荣誉的高校。

同日　国家工信部和国家发改委公布2016年度“宽带中国”示范城市名单，内蒙古自治区乌海市名列其中。

同日 自治区党委组织部、科技厅、科协、卫计委在内蒙古自治区中医药研究所举行揭牌仪式，宣告内蒙古黄芪药用植物资源保护与开发利用院士专家工作站成立。这是自治区成立的首个中药院士专家工作站。

同月 呼和浩特新机场项目获得国务院、中央军委批复。总投资242.39亿元的呼和浩特新机场位于和林格尔县巧尔什营乡，定位为国内重要的干线机场、区域性枢纽机场、一类航空口岸机场和首都机场的主备降机场。

9月

1日 自治区党委常委会召开扩大会议，研究部署当前工作。自治区党委书记李纪恒主持会议。自治区领导布小林、李佳、张力、乌兰、李鹏新、符太增、那顺孟和、王中和、张院忠、刘惠出席会议，任亚平、呼尔查、杜梓、杭桂林、吴团英、廉素、王玉明、马明、常军政、云光中、杨成旺、罗志虎和自治区法院院长和检察院检察长及有关部门负责同志列席会议。

同日 自治区主席布小林赴锡林郭勒盟西乌珠穆沁旗京能和华润五间房电厂建设施工现场、西乌珠穆沁旗民办牧区养老服务中心、西乌珠穆沁旗蒙医综合医院等地进行实地考察调研。

2日 自治区党委书记李纪恒、自治区主席布小林在呼和浩特会见到内蒙古自治区调研的国家发展和改革委员会副主任、国家统计局局长宁吉喆一行。自治区党委常委、自治区副主席符太增参加会见。

3—4日 自治区党委书记李纪恒在兴安盟调研。自治区主席布小林，自治区党委常委、秘书长张院忠，自治区政协副主席、党委政研室主任王焕承等陪同。

4日 国家高分辨遥感综合定标场在内蒙古北方重工业集团有限公司试验基地揭牌并投入使用。该定标场作为RadCalNet全球首批4个示范场之一，提供高频次全球自主定标服务，有力提升了我国在对地观测领域的国际影响力。

5日 自治区党委书记李纪恒在呼和浩特会见全国“扫黄打非”工作小组专职副组长李长江一行，双方就做好“扫黄打非”工作交换了意见。国家新闻出版广电总局副局长、全国“扫黄打非”工作小组副组长兼办公室主任吴尚之，自治区党委常委、宣传部部长、自治区“扫黄打非”工作领导小组组长乌兰，自治区党委常委、秘书长张院忠参加会见。

同日 2016·锡林郭勒中蒙俄国际区域产能合作论坛在锡林浩特开幕。中国贸促会处长王建军出席论坛并致辞。自治区贸促会会长刘廷山，辽宁省贸促会副会长郑义，辽宁省锦州市副市长马海峰，广西壮族自治区凭祥市副市长罗征荣，新疆维吾尔自治区伊犁州霍尔果斯市副市长冯向东等参加论坛。蒙古国副总理办公厅主任博·恩克阿木古楞，俄罗斯联邦图瓦共和国工商会农业工业委员会会长达嘎拉诺夫·亚历山大·叶戈罗维奇等嘉宾应邀出席论坛。中共锡盟委副书记、盟长出席论坛并致欢迎辞。

6日 自治区党委书记李纪恒赴自治区民主党派大楼，先后走访了民革、民盟、民建、民进、农工党、九三学社区委机关，看望各民主党派工作人员，并与各党派、工商联班子成员座谈交流。自治区政协主席任亚平，自治区党委常委、组织部部长李鹏新，自治区党委常委、秘书长张院忠，自治区政协副主席、党委政研室主任王焕承陪同走访。

同日 住建部、国家发改委等7部委共同发布最新一批全国重点镇名单，内蒙古自治区首府呼和浩特市共有10个镇榜上有名。分别是：新城区保合少镇、土默特左旗察素齐镇、土默特左旗毕克齐镇、托克托县双河镇、托克托县新营子镇、和林格尔县城关镇、和林格尔县盛乐镇、清水河县喇嘛湾镇、清水河县城关镇和武川县可可以力更镇。

7日　自治区党委书记李纪恒在呼和浩特会见司法部部长吴爱英一行，双方就进一步加强内蒙古司法行政建设进行了深入交流。司法部副部长刘志强、中共中央纪律检查委员会驻司法部纪检组组长蒲增繁、司法部副部长刘振宇，自治区党委常委、秘书长张院忠，自治区党委常委、政法委书记刘惠，自治区副主席常军政陪同会见。

同日　为贯彻落实习近平总书记在东西部扶贫协作座谈会上的讲话精神，内蒙古自治区主席布小林率团赴北京学习考察，并与北京市党政领导就进一步加强京蒙两地区域合作和对口帮扶工作进行交流座谈。中共中央政治局委员、北京市委书记郭金龙会见内蒙古考察团一行，北京市市长王安顺陪同考察并主持合作交流座谈会。北京市和内蒙古自治区领导张工、林克庆、隋振江、符太增、王玉明等参加会见。

8日　自治区党委书记李纪恒赴内蒙古师范大学、内蒙古大学看望教师代表，并与驻呼本科高校负责人和部分教师代表座谈交流。李纪恒向全区所有教师和广大教育工作者致以节日的祝贺和亲切的问候。自治区党委常委、组织部部长李鹏新，自治区党委常委、秘书长张院忠，自治区政协副主席、党委政研室主任王焕承参加调研。

同日　自治区党委书记李纪恒在呼和浩特会见国家安全监管总局局长杨焕宁一行，双方就加强内蒙古安全生产监管工作进行了深入交流。国家安全监管总局副局长、国家煤监局局长黄玉治，内蒙古自治区党委常委、秘书长张院忠，内蒙古自治区副主席王波参加会见。

同日　自治区人民政府与国家发改委就建立推进国际产能和装备制造合作委区协同机制，在北京签署框架协议。自治区主席布小林，国家发改委主任徐绍史代表双方签约。

9日　自治区党委召开常委会（扩大）会议，传达中央推进“一带一路”建设工作座谈会和全国党委秘书长会议精神，研究自治区贯彻落实意见。自治区党委书记李纪恒主持会议。自治区领导布小林、张力、李鹏新、那顺孟和、杨俊兴、张院忠、刘惠出席会议，任亚平、呼尔查、刘新乐、王玉明、王波、常军政、王焕承和区有关部门主要负责同志列席。

同日　内蒙古地质环境学会在呼和浩特成立。这是全国第一个省级地质环境学会，已有会员单位85个。

10日　蒙古文书法千人笔会在兴安盟科尔沁右翼中旗图什业图广场举行。经认证官认真审核，笔会成功挑战了“最大规模的书法课”吉尼斯世界纪录，并颁发了“最大规模的书法课”证书。同时，自治区文联也为科尔沁右翼中旗颁发“蒙古文书法之乡”牌匾。

11日　自治区党委书记李纪恒、自治区主席布小林在呼和浩特会见中国联通集团公司董事长王晓初，双方就推进信息化建设进行深入交流。自治区党委常委、秘书长张院忠参加会见。

同日　国家北方足球训练基地在呼和浩特市新城区开工建设。自治区党委常委、呼和浩特市委书记那顺孟和出席开工仪式。国家北方足球训练基地是自治区成立70周年大庆的重点公益性项目，是推进自治区足球运动改革与发展试点工作的重要内容。

12日　国家安全监管总局局长杨焕宁一行在自治区进行督导调研，并与自治区相关部门举行座谈，听取安全生产工作汇报。自治区副主席王波主持会议并讲话。

同日　在“莫力达瓦杯”2016年全国曲棍球锦标赛上，内蒙古男子曲棍球队赢得冠军。共有来自内蒙古、天津、甘肃、辽宁等9支队伍参赛。

14—15日　自治区主席布小林深入乌海市园区、企业，实地考察重点项目建设情况。自治区有关部门和乌海市负责人陪同调研。

16—18日　自治区党委书记李纪恒在呼伦贝尔市调研。调研期间，李纪恒听取呼伦贝尔市工作汇报。自治区党委常委、内蒙古军区政治委员杨俊兴，自治区党委常委、秘书长张院忠，自治区副主席王玉明，自治区政协副主席、党委政研室主任王焕承陪同调研。

18日　住房和城乡建设部部长陈政高带领国务院第三次大督查第十四督查组来内蒙古自治区开展督查工作。自治区党委书记李纪恒、自治区主席布小林在呼和浩特与督查组一行见面，双方就开展好督查工作交换了意见。农业部党组成员毕美家、国务院参事方宁等参加督查，自治区党委常委、自治区副主席符太增，自治区党委常委、秘书长张院忠，自治区副主席常军政参加见面会。

19日　自治区党委书记李纪恒在呼和浩特会见广东省政协副主席唐豪率领的广东省政协港区委员考察团一行。自治区党委常委、秘书长张院忠，自治区副主席云光中，自治区政协副主席杨成旺参加会见。

同日　自治区2016年秋季重大项目集中开工建设动员大会在呼和浩特召开。自治区党委书记李纪恒出席并讲话。自治区主席布小林主持会议，自治区党委、人大、政府、政协领导，自治区法检两长等出席会议。

同日　锡林郭勒盟14个重点项目集中开工，总投资额61.95亿元，年内计划投资12.9亿元，涵盖二连浩特市、锡林浩特市、苏尼特左旗及东乌珠穆沁旗等责任地区。建设内容涵盖口岸基础设施及进出口商品加工、肉食品精深加工、粉煤灰综合利用、机械制造、社会事业、市政基础设施等领域。

20日　自治区主席布小林在呼和浩特会见华润(集团)有限公司党委副书记、副董事长、总经理罗熹一行，双方就深化合作进行会谈交流。

同日　2016年内蒙古自治区全国科普日活动暨内蒙古科技馆开馆仪式在呼和浩特市举行。自治区党委副书记李佳、自治区人大常委会副主任吴团英、自治区政协副主席牛广明、中国科学院院士李惕碚出席活动。内蒙古科技馆是自治区人民政府投资兴建的公益性科普展览教育机构，总建筑面积4.83万平方米，展厅面积2.88万平方米。

同日　内蒙古自治区反电信网络诈骗中心正式挂牌运行。自治区副主席、公安厅厅长马明出席挂牌仪式。

20—24日　自治区党委书记李纪恒赴呼和浩特市、包头市、鄂尔多斯市调研，实地察看重点产业、重点企业、城市建设项目，深入农村、社区和棚改区现场，走访慰问各族干部群众，了解经济社会发展情况。自治区领导符太增、那顺孟和、王中和、张院忠、王焕承陪同调研。

21日　自治区党委书记李纪恒在包头会见前来内蒙古自治区出席全国乡镇妇联组织区域化建设改革创新推进会的全国妇联党组书记、副主席、书记处第一书记宋秀岩一行。全国妇联副主席、书记处书记张晓兰，自治区党委副书记李佳，自治区党委常委、包头市委书记王中和，自治区党委常委、秘书长张院忠参加会见。

21—22日　全国乡镇妇联组织区域化建设改革创新推进会在包头市土默特右旗召开。全国妇联党组书记、副主席、书记处第一书记宋秀岩出席会议并讲话。会议由全国妇联副主席张晓兰主持，自治区党委副书记李佳与自治区党委常委、包头市委书记王中和分别致辞。

21—24日　自治区主席布小林在鄂尔多斯市调研。布小林先后赴乌审旗、鄂托克前旗、鄂托克旗、杭锦旗、康巴什区和东胜区的园区、企业、牧户家中，实地调研重大项目建设和民生情况。自治区有关部门和鄂尔多斯市负责同志陪同调研。

22日　由阿拉善盟额济纳旗人民政府主办，额济纳旗文体局承办的2016中国·额济纳环胡杨林国际自行车邀请赛在额济纳旗开赛。此次邀请赛是中国首个跨越胡杨林、沙漠等地形的自行车赛事。来自蒙古国、哈萨克斯坦等4个国家和国内16个省市自治区的70多支车队参赛。

23日　国家林业局公布2016年试点国家湿地公园验收结果，包头市黄河国家湿地公园、巴彦淖尔市五原巴美湖国家湿地公园、根河源国家湿地公园通过验收，成为国家湿地公园。

24日　19时45分，呼伦贝尔市牙克石市境内G10公路1049公里处（距牙克石市区90公里），1辆海拉尔至赤峰的客车与货车相撞。截至25日11时，事故现场造成8人死亡，在救治过程中又有4人因伤势过重死亡。

25日　自治区党委召开常委会（扩大）会议，传达学习党委中心组学习经验交流座谈会精神，研究自治区贯彻落实意见，讨论《内蒙古自治区民族教育条例（草案）》。自治区党委书记李纪恒主持会议并讲话，自治区领导布小林、李佳、张力、李鹏新、符太增、那顺孟和、王中和、杨俊兴、张院忠、刘惠出席会议。任亚平、呼尔查、杜梓、杭桂林、吴团英、廉素、刘新乐、常军政、云光中、杨成旺、常海、王焕承、罗志虎、胡毅峰列席会议。

26—29日　自治区党委书记李纪恒赴阿拉善盟、乌海市调研，实地察看产业园区、重点企业和生态建设、环境保护、旅游开发等项目，深入农村牧区，走访慰问各族干部群众。自治区主席布小林，自治区党委常委、秘书长张院忠，自治区副主席常军政，自治区党委常委、党委政研室主任王焕承先后陪同调研。

28日　内蒙古自治区人民政府与吉林大学在长春签署战略合作框架协议。内蒙古自治区主席布小林出席签约仪式，自治区副主席马明致辞，自治区分管副主席与吉林大学校长李元元代表双方签署《内蒙古自治区人民政府吉林大学战略合作框架协议》，吉林大学党委书记杨振斌主持签约仪式。

同日　中国航空紧急救援内蒙古基地启动仪式在包头稀土高新区举行。中国航空紧急救援内蒙古基地启动后，将建立起全方位、立体化、常态化24小时社会救援服务体系。

29日　内蒙古自治区主席布小林在长春市会见吉林省委书记巴音朝鲁、省长蒋超良，双方就深化两地合作进行了交流。内蒙古自治区副主席、公安厅厅长马明，吉林省委常委、秘书长张安顺，吉林省副省长李晋修，吉林大学党委书记杨振斌参加会见。

同日　"中蒙俄智库国际论坛2016"在呼和浩特举行。开幕式前，自治区党委常委、自治区副主席符太增会见出席论坛的中蒙俄三方嘉宾代表。国务院发展研究中心副主任张来明在开幕式上致辞。自治区人大常委会副主任杜梓，自治区政协副主席郑福田，全国政协外事委员会委员、自治区中俄蒙合作研究院荣誉院长于洪君出席开幕式。

30日　自治区举行各族各界代表向人民英雄敬献花篮仪式。10时许，自治区党委书记李纪恒、自治区主席布小林等自治区党政军领导，到呼和浩特市青城公园烈士纪念碑北广场，与各族各界代表一道面对纪念碑庄严肃立。自治区党委常委、呼和浩特市委书记那顺孟和主持仪式。

同月　考古人员在通辽市开鲁县新发现1处距今千年的辽代琉璃砖贵族墓地。这是至2016年国内发现的第二座用琉璃砖砌成的墓葬。墓葬的发现为辽代龙化州具体位置确认提供了实物考古资料。

同月　2016年入夏以来，内蒙古东部的呼伦贝尔市、兴安盟、通辽市、赤峰市、锡林郭勒盟遭受严重高温与旱情，受灾农田1643万亩，受灾草场2.25亿亩，旱情发生范围之广、危害之重为近年来罕见。灾情发生后，自治区人民政府紧急召开主席办公会议专题研究抗旱救灾工作。

自治区财政厅按照办公会议议定的事项，分两次紧急下拨主席预备费3.2亿元支持东部地区抗旱救灾。

同月　在中国内蒙古自治区锡盟中蒙俄国际区域产能合作论坛上，中蒙俄三方与会代表围绕国际区域产能合作进行深度交流和探讨，并签署多项合作协议，正式启动中蒙俄国际区域产能合作联盟。

同月　中国乌海沙漠葡萄酒交易中心成立，来自黎巴嫩、土耳其、以色列等沙漠葡萄酒产区近20个国家的酒庄代表或代理商出席成立仪式。这是世界上首个沙漠葡萄酒电子交易平台。

同月　东盟内蒙古交易中心在广西壮族自治区南宁市正式挂牌。该中心由鄂尔多斯市企业集中采购股份有限公司发起，众多内蒙古本土生产经营名优特绿色产品的企业参与。运营中心360平方米体验展示厅已经开始运营；260家内蒙古企业与中心签订合作协议，其中国家和内蒙古自治区龙头企业20家，涉及牛羊肉等绿色名优特产品600多种。

同月　水利部公布第十六批国家水利风景区名单，内蒙古自治区乌海市的乌海湖入选。乌海湖是国家西部大开发重点工程——黄河海勃湾水利枢纽建成后形成的城中大湖，总面积118平方公里。

同月　总投资50亿元的修正药业集团系列项目正式入驻通辽。修正药业集团将于5年内在通辽市投资50亿元建设蒙药制药公司，合作组建民族医药研究院，发展100万亩中药材种植基地，投资建设中药材饮片加工和秸秆加工转化等产业项目。

同月　北京市、内蒙古自治区制定出台《北京市内蒙古自治区三级中医医院对口帮扶贫困旗县蒙医中医医院工作实施方案》，从医疗服务、人才培养等方面对下一步的帮扶工作进行规划。

同月　农业部在全国进行第六批全国一村一品示范村镇认定并下发相关通知，内蒙古自治区申报的9个一村一品示范村镇全部通过认定。

同月　经商务部批复，内蒙古自治区二冶集团成功获批对外援助成套项目总承包企业资格，成为内蒙古自治区首家、也是唯一一家获取该资格的企业。

同月　内蒙古龙昊古生物地质研究所与中科院古脊椎与古人类研究所联合科考队在内蒙古自治区巴彦淖尔市乌拉特后旗楚鲁庙地区发现罕见的大型禽龙类恐龙化石（距今约8000万年）。骨架长近9米，臀高约2.35米，宽度1米左右，站立高度约5米。保存如此完整的恐龙化石在世界上也属罕见。

同月　农业部向社会公布2016年中国美丽休闲乡村推介名单，内蒙古自治区的伊金霍洛旗龙活音扎巴村（特色民居村）、鄂伦春自治旗多布库尔猎民村（特色民俗村）、扎赉特旗红卫村（现代新村）和清水河县老牛湾村（历史古村）4个村落获得中国美丽休闲乡村称号。

10月

1日　中蒙文化合作暨“电视中国剧场”启动仪式在蒙古国乌兰巴托举行。中国内蒙古自治区党委常委、宣传部部长乌兰出席启动仪式。

1—7日　自治区共接待游客853.16万人次，同比增长21.49%；旅游收入60.25亿元，同比增长28.98%。其中，30家重点旅游景区共接待游客174.43万人次，实现旅游收入7.59亿元。

2—5日　“2016第十一届越野e族阿拉善英雄会”在苍天圣地阿拉善腾格里沙漠举行，20多万名越野e族的车友和来自全国34个省市地区及美国、加拿大等地的30余万辆赛车、90余万人次共同见证了11周年英雄会的盛况。盟委副书记、盟长冯玉臻，盟人大工委主任查斯太出席开幕式。

3日 “越野e族2016第十一届阿拉善英雄会”在阿拉善盟阿拉善左旗腾格里沙漠开幕。来自美国、蒙古、南非等20个国家的近3000名赛车手参赛。

4—6日 自治区党委书记李纪恒赴通辽市、赤峰市调研，实地察看重点产业和重点企业，深入了解农牧业生产、生态建设和基层党的建设等情况，走访慰问基层群众。自治区党委常委、秘书长张院忠，自治区副主席王波，自治区政协副主席、党委政研室主任王焕承先后陪同调研。

7—8日 自治区党委书记李纪恒在巴彦淖尔市调研。调研期间，李纪恒听取巴彦淖尔市工作汇报。自治区党委常委、秘书长张院忠，自治区副主席刘新乐，自治区政协副主席、党委政研室主任王焕承陪同调研。

8日 自治区主席布小林主持召开自治区人民政府常务会议，研究《内蒙古自治区关于全面推进政务公开工作的实施意见》《内蒙古自治区人民政府关于修改〈内蒙古自治区行政事业性收费管理规定〉的决定（草案）》和《内蒙古自治区人民政府关于修改〈内蒙古自治区经营性服务价格管理办法〉的决定（草案）》。

同日 3吉瓦硅片和600兆瓦光伏组件项目在包头装备制造产业园区开工奠基。项目计划投资40亿元，建设用地面积约367亩，总建筑面积约10万平方米，由阿特斯集团建设。

9—10日 自治区党委书记李纪恒在乌兰察布市调研。调研期间，李纪恒听取乌兰察布市工作汇报。自治区党委常委、秘书长张院忠，自治区副主席云光中，自治区政协副主席、党委政研室主任王焕承陪同调研。

10日 神雾包头新型电石法乙炔化工80万吨/年聚乙烯多联产项目在包头市九原工业园区开工奠基。自治区党委常委、包头市委书记王中和出席奠基仪式。项目总投资约170亿元，总占地面积约4700亩，由北京神雾环境能源科技集团全资子公司——包头神雾煤化科技有限公司投资建设。该项目是国内首套煤炭清洁高效利用示范项目。

11日 自治区党委召开常委会会议，分析研究当前经济形势和经济工作，部署自治区成立70周年庆祝活动筹备工作。自治区党委书记李纪恒主持会议。

12日 自治区党委书记李纪恒、自治区主席布小林在呼和浩特会见中国大唐集团公司董事长陈进行一行，双方就进一步加强能源领域合作进行了深入交流。自治区党委常委、自治区副主席符太增，自治区党委常委、秘书长张院忠，自治区副主席王波参加会见。

14日 自治区党委书记李纪恒在呼和浩特会见以水利部副部长田学斌为组长的国务院第三次全国农业普查督查组一行。自治区副主席王玉明参加会见。

同日 在全区民族团结进步创建活动经验交流现场会上，国家民族事务委员会向内蒙古自治区兴安盟颁发全国民族团结进步创建活动示范盟牌匾。兴安盟成为内蒙古自治区唯一一个全国民族团结进步示范盟。

15日 2016“众里寻你——寻找最美孝心少年”大型公益活动颁奖典礼在央视综合频道、少儿频道播出。由内蒙古自治区包头市昆都仑区选送的钢宝力德兄弟、张超获“2016全国特别关注孝心少年”荣誉称号。昆都仑区也成为全国唯一一个3次推选并产生“全国孝心少年”的地区。活动由教育部和中央电视台联合主办。

17日 内蒙古自治区党委书记李纪恒、自治区主席布小林在呼和浩特会见宁夏回族自治区主席咸辉，双方就深化两地合作进行了深入交流。自治区党委常委、自治区副主席符太增，自治区党委常委、秘书长张院忠，自治区副主席常军政，宁夏回族自治区副主席刘可为参加会见。

同日　自治区党委常委会召开会议，传达学习习近平总书记在全国国有企业党的建设工作会议上的重要讲话精神，研究加强自治区国有企业党建工作；传达学习习近平总书记关于加强和创新社会治理工作重要指示和全国社会治安综合治理创新工作会议精神，部署深化平安内蒙古建设工作。自治区党委书记李纪恒主持会议。

同日　内蒙古自治区人民政府与宁夏回族自治区人民政府代表团在呼和浩特座谈，就进一步深化两地合作，共同推进包头至银川高铁、巴彦浩特至银川快速铁路项目建设等事宜进行交流。内蒙古自治区主席布小林主持座谈会，宁夏回族自治区主席咸辉出席会议并讲话。内蒙古自治区党委常委、自治区副主席符太增，内蒙古自治区副主席常军政，宁夏回族自治区副主席刘可为出席会议。

18日　内蒙古自治区党委、政府分别与中国铁路总公司、国家交通运输部在北京召开工作座谈会。中国铁路总公司党委书记、总经理陆东福，交通运输部党组书记杨传堂分别主持工作座谈会并讲话，交通运输部党组副书记、部长李小鹏讲话。内蒙古自治区党委书记李纪恒出席两个座谈会并讲话。内蒙古自治区主席布小林，内蒙古自治区党委常委、自治区副主席符太增代表内蒙古自治区党委、政府分别汇报了内蒙古自治区铁路、公路建设发展情况和需要中国铁路总公司、交通运输部帮助解决的具体事项。内蒙古自治区党委常委、秘书长张院忠，自治区副主席王波出席座谈会，交通运输部党组成员兼总规划师、规划司司长赵冲久发言。

同日　呼伦贝尔市满洲里市中俄边境旅游区晋升为国家5A级景区。至此，自治区共有3家5A级景区。

同日　“TOP KING世界顶级泰拳2016全球总决赛”新闻发布会暨“搏击宝贝选拔赛启动仪式”在内蒙古自治区呼和浩特市启动，这是自“TOP KING”创办以来首次在除泰国以外的国家举办。

19日　内蒙古自治区党委、政府与环境保护部在北京召开工作座谈会。环保部党组书记、部长陈吉宁主持工作座谈会并讲话。自治区党委书记李纪恒出席座谈会并讲话。内蒙古自治区主席布小林代表自治区党委、政府汇报了内蒙古自治区的情况和需要环保部支持解决的具体事项。环保部党组成员、中纪委驻环保部纪检组长周英，自治区党委常委、自治区副主席符太增，自治区党委常委、秘书长张院忠，自治区副主席常军政出席座谈会。

同日　内蒙古自治区党委书记李纪恒、自治区主席布小林在北京会见以色列集团实际控制人伊丹·奥佛尔一行。内蒙古自治区党委常委、秘书长张院忠，奇瑞汽车股份有限公司董事长兼总经理尹同跃等参加会见。

20日　内蒙古自治区党委、政府与国家能源局和水利部在北京召开工作座谈会。国家发改委副主任兼能源局局长努尔·白克力、水利部部长陈雷分别主持会议并讲话。内蒙古自治区党委书记李纪恒出席会议并讲话。内蒙古自治区主席布小林代表自治区党委、政府汇报内蒙古自治区的情况和需要国家能源局和水利部帮助解决的具体事项。国家能源局副局长李凡荣、国家能源局监管总监李治，水利部副部长田学斌、刘宁，内蒙古自治区党委常委、秘书长张院忠，自治区副主席王玉明、王波分别出席座谈会。

21日　内蒙古自治区党委、政府先后与工业和信息化部、国家旅游局在北京召开工作座谈会。工信部部长苗圩、国家旅游局局长李金早分别主持会议并讲话。内蒙古自治区党委书记李纪恒出席会议并讲话。内蒙古自治区主席布小林就请求国家部委协调解决的事项作汇报。工信部副部长怀进鹏、辛国斌，总工程师张峰，国家旅游局副局长李世宏、魏洪涛，内蒙古自治区党委常委、自治区副主席符太增，自治区副主席王波参加相关座谈会。

同日　总投资1亿元的中蒙俄国际汽车露营公园项目在二连浩特市奠基。

同日　内蒙古自治区党委、政府分别与财政部、国家发改委在北京举行工作座谈会。财政部部长楼继伟、国家发改委主任徐绍史分别主持会议并讲话。内蒙古自治区党委书记李纪恒出席会议并讲话。内蒙古自治区主席布小林代表自治区党委、政府汇报了内蒙古自治区的情况和需要两部委支持解决的具体事项。财政部党组成员、副部长刘昆，国家发改委副主任张勇、胡祖才，国家能源局副局长李凡荣，内蒙古自治区党委常委、自治区副主席符太增分别出席座谈会。

22日　内蒙古自治区党委、政府分别与国家林业局和国家烟草专卖局在北京召开工作座谈会。国家林业局局长张建龙、国家烟草专卖局局长凌成兴分别主持会议并讲话。内蒙古自治区党委书记李纪恒出席会议并讲话。内蒙古自治区主席布小林代表自治区党委、政府汇报了内蒙古自治区的情况和需要国家林业局和烟草专卖局帮助解决的具体事项。国家林业局副局长张永利、李树铭及党组成员谭光明、总工程师封加平，国家烟草专卖局副局长赵洪顺、徐王莹、段铁力，内蒙古自治区党委常委、自治区副主席符太增，自治区副主席王玉明、王波分别出席座谈会。

同日　内蒙古自治区党委书记李纪恒、自治区主席布小林在北京拜会全国政协副主席陈元。自治区党委常委、自治区副主席符太增，自治区政协副主席梁铁城，保利集团董事长、党委书记徐念沙等参加拜会。

25日　内蒙古草原勘察规划院院士专家工作站揭牌仪式暨国家引智重点项目学术交流会在呼和浩特市举行。会上，中国社科院院士、中美蒙专家，以及内蒙古自治区农牧业厅、组织部、科技厅等单位的相关人员进行了座谈交流。

27日　锡林郭勒盟司法局开通“锡林郭勒12348”蒙古文官方微信平台，这是全国首家蒙古文12348官方微信平台。

28日　自治区主席布小林主持召开自治区人民政府常务会议，传达国务院振兴东北地区等老工业基地推进会议精神，研究《内蒙古自治区贯彻落实新一轮振兴东北地区等老工业基地的实施方案》《内蒙古自治区大数据综合试验区建设实施方案》和《内蒙古自治区促进大数据发展应用的若干政策》《内蒙古自治区人民政府贯彻落实土壤污染防治行动计划的实施意见》《内蒙古自治区“十三五”新型城镇化规划》等事项。

同日　中国内蒙古自治区主席布小林在呼和浩特会见苏里南共和国总统特使佩吉·鲍特瑟一行，双方就进一步加强交流合作交换意见。会见后，桦晖（投资）集团有限公司与香港成吉思汗集团有限公司签署苏里南黄金项目投资合作协议。布小林、佩吉·鲍特瑟见证合作协议签署。

29日　自治区党委召开常委会（扩大）会议暨理论中心组集体学习会，传达学习党的十八届六中全会精神，研究自治区贯彻落实意见。自治区党委书记李纪恒主持会议并讲话。自治区相关领导参加会议。

30日　自治区党委书记李纪恒在呼和浩特会见浪潮集团董事长兼CEO孙丕恕一行。双方就下一步合作进行了交流探讨。自治区党委常委、自治区副主席符太增，自治区党委常委、秘书长张院忠参加会见。

同月　2016年以来，内蒙古东部盟市出现严重旱情，特别是呼伦贝尔市和锡林郭勒盟，遭遇了百年不遇的旱灾。为支援抗旱救灾，全区金融机构拟陆续向东部5盟市投放信贷资金近60亿元支援抗旱救灾。

同月　呼和浩特市新能源汽车产业园二期

工程开工建设。该项目是呼和浩特市2016年确定的亿元以上重点工业项目,计划总投资80亿元,占地面积约2605亩,建成后可入驻规模以上工业企业20家以上，可实现全产业链集聚发展。

同月　由内蒙古自治区测绘地理信息局和武汉大学院士李建成团队合作完成的《内蒙古高精度空间定位和数字高程基准建立的技术及其应用》项目,在2016全国地理信息科技进步奖评选中获一等奖。

同月　伊利获评2015年度“中国·好口碑”称号,成为行业内唯一获奖的品牌。“中国·好口碑”品牌年会是中国统计信息服务中心大数据研究实验室联合专业机构推出的基于大数据技术及研究方法的中国品牌口碑研究工程。

同月　在国家确定的全国第二批国家级医养结合试点城市名单中，乌海市成为自治区唯一入选试点城市。

同月　自治区首届蒙商大会暨民间投资合作洽谈会取得丰硕的招商引资成果。据初步统计，此次蒙商大会共有552个项目签订正式合作协议或者达成意向协议,投资金额6557.73亿元。其中正式签约项目268个，计划投资1914.18亿元;意向协议项目284个,意向投资额4643.55亿元。

同月　国务院正式印发《关于同意新增部分县(市、区、旗)纳入国家重点生态功能区的批复》,原则同意国家发改委会同有关部门提出的新增纳入国家重点生态功能区的名单，内蒙古大兴安岭19个林业局全部纳入国家重点生态功能区。

同月　包头市城市水生态提升综合利用工程开工建设。工程投资约180余亿元,建成后,包头市城市防洪标准将提高到100年一遇,并形成主城区“一轴、一中心、两脉、三带、四廊道、多节点”的水生态格局。

同月　在第十二届全国中学物理青年教师教学大赛中，包头市北重三中的物理教师石永兴获得高中组一等奖和自制教具展示评比的一等奖，成为本届赛事全国唯一一位荣获2个一等奖的参赛教师。

同月　第十八届中国专利奖评审结果公示期结束,由内蒙古自治区科技厅(知识产权局)推荐的“一种风味稳定的长保质期酸奶及其制备方法”和“一种现浇生态护坡及其施工方法”两项发明专利获得中国专利优秀奖。

同月　公安影视战略合作签约仪式在公安部瑞安宾馆举行，全国首个公安专项影视基地落户内蒙古自治区鄂尔多斯市伊金霍洛旗。

11月

1日　中国共产党内蒙古自治区委员会召开常委会议，传达学习10月28日召开的中央政治局会议精神和国务院振兴东北地区等老工业基地推进会精神，研究部署内蒙古自治区贯彻落实工作。自治区党委书记李纪恒主持会议。

同日　内蒙古自治区第十二届人民代表大会常务委员会第二十七次会议通过内蒙古自治区人民代表大会常务委员会决定任免职名单：免去符太增内蒙古自治区副主席职务，任命张建民为自治区副主席。

3日　第十六届中国西部国际博览会暨第八届中国西部国际合作论坛在四川省成都市开幕。中国人民政治协商会议内蒙古自治区委员会副主席梁铁城率内蒙古自治区发展和改革委员会、商务厅、国有资产管理委员会等部门及12盟市约350余人参会。同时,内蒙古代表团还参加了中国西部投资说明会暨经济合作项目签约仪式,共签约11个项目,涉及冶金、新材料、旅游、农业、基础设施建设等领域,总投资428亿元。博览会由国家发展和改革委员会、商务部等16个国家部委和12个西部省(区、市)及新疆生产建设兵团共同主办。

同日　2016首届中国(内蒙古)进出口商品博览会暨进口食品饮品采购订货周活动在中国内蒙古自治区呼和浩特市内蒙古国际会展中心举行。来自法国、俄罗斯、巴基斯坦等20多个国家,以及香港、台湾、澳门地区的350余家企业参展。展会于11月9日结束。

5日　全区实施新一轮东北振兴战略推进工作会议在呼和浩特召开。会议深入学习贯彻习近平总书记全面振兴东北地区重大战略思想，学习贯彻国务院振兴东北地区等老工业基地推进会议精神，研究部署自治区落实新一轮东北振兴战略、推进东部盟市跨越发展工作。自治区党委书记李纪恒讲话。内蒙古自治区主席布小林传达国务院振兴东北地区等老工业基地推进会议精神并安排部署自治区贯彻落实工作。自治区党委副书记李佳、自治区副主席常军政主持会议,自治区党委常委、自治区副主席张建民作总结讲话。

同日　国务院深化医药卫生体制改革领导小组副组长、国家卫生和计划生育委员会主任李斌率国家卫计委相关部门负责同志，深入呼和浩特市调研医药卫生体制改革工作。自治区主席布小林、自治区副主席刘新乐陪同调研。

6日　全区卫生与健康大会在呼和浩特召开。会议深入学习贯彻全国卫生与健康大会精神特别是习近平总书记重要讲话精神，安排部署当前和今后一个时期自治区的卫生与健康工作。自治区党委书记李纪恒、国家卫计委主任李斌出席会议讲话。自治区主席布小林、自治区副主席常军政主持会议，自治区副主席刘新乐作总结讲话。

7日　2016内蒙古大数据产业推介大会在北京国家会议中心举行，正式启动内蒙古国家大数据综合试验区建设，面向全世界推介内蒙古大数据产业发展前景。自治区党委书记李纪恒、国家发改委主任徐绍史，工业和信息化部(以下简称工信部)副部长怀进鹏、中央网络安全和信息化领导小组(以下简称中央网信办)副主任庄荣文、科学技术部(以下简称科技部)副部长李萌分别致辞,自治区主席布小林主持。会议由国家发改委、工信部、中央网信办、商务部、科技部与内蒙古自治区人民政府（以下简称自治区人民政府)共同主办,中国电信、中国移动、中国联通、华为、中兴通讯、浪潮集团协办。在推介会上，自治区与有关部委及企业共签署6项协议、93个项目,总投资508亿元。

同日　自治区党委书记李纪恒在呼和浩特会见了前来自治区宣讲中共十八届六中全会精神的中央宣讲团成员、中央全面深化改革领导小组办公室常务副主任、国家发改委副主任穆虹一行。自治区党委常委、统战部部长王莉霞，自治区党委常委、秘书长张院忠参加会见。

同日　自治区道教第一次代表大会在呼和浩特召开。会议审议通过《内蒙古自治区道教协会章程》《内蒙古自治区道教宫观管理办法》等，选举产生了自治区道教协会领导班子，成立自治区道教协会。会后,自治区副主席刘新乐接见与会代表并讲话。

同日　《人民日报》和《2016中国中小城市发展报告·绿皮书》联合发布第十二届中国中小城市科学发展指数研究成果。当日,“2016全国综合实力百强县市”“2016全国综合实力百强区”“2016综合实力千强镇”等榜单出炉,呼和浩特市托克托县、新城区、赛罕区、回民区榜上有名。

8日　中央宣讲团在自治区举行中共十八届六中全会精神宣讲报告会。中央宣讲团成员、中央全面深化改革领导小组办公室常务副主任、国家发改委副主任、党组成员穆虹作宣讲报告，自治区党委书记李纪恒主持报告会。自治区党委常委、自治区人大、政府、政协的领导和自治区高级人民法院院长，部分省级离退休老干部出席报告会。报告会以电视电话会议形式举行。

同日　住建部对第四批中国传统村落名单进行公示，包头市土默特右旗的美岱召镇楼房沟村、毛岱村，九峰山管委会巴总尧村被列入第四批中国传统村落名录。

同日　中国(天津)自贸区东疆进口商品直营中心(锡林浩特店)在锡林郭勒盟空港物流园区东区挂牌试营业，标志着锡林郭勒盟与天津东疆保税港区管理委员会的跨区域联手合作正式启动。

10日　自治区党委召开常委会会议，传达学习习近平总书记关于巡视工作重要讲话精神和中央第十一轮巡视工作动员部署会议精神，传达学习党的十九大代表选举工作部署会议精神，研究自治区贯彻落实意见。自治区党委书记李纪恒主持会议。

同日　自治区主席布小林在赤峰会见深圳朝气集团董事长孙广仁一行，双方就发展通用航空等问题交换了意见。

同日　中国报业协会发布《2015—2016中国传媒融合发展年度报告》《中国报业新媒体影响力排行榜》，《内蒙古日报》位列中国报业新媒体影响力省级以上党报30强。

11日　自治区主席布小林在赤峰市会见中国铝业集团董事长葛红林一行，双方就进一步加强合作进行深入交流。

12日　自治区党委书记、内蒙古军区党委第一书记李纪恒赴内蒙古军区机关，走访看望部队官兵，与军区领导班子座谈，了解部队建设和发展情况，并参加军地联合实兵演习。自治区主席、自治区国防动员委员会主任布小林陪同走访，内蒙古军区司令员冷杰松汇报军区工作情况，内蒙古军区政委杨俊兴主持汇报会。自治区党委副书记李佳，自治区党委常委、秘书长张院忠参加汇报会。

13日　自治区主席布小林主持召开自治区推动呼包鄂(呼和浩特市、包头市、鄂尔多斯市)协同发展领导小组第一次全体会议。自治区党委常委、自治区副主席张建民对下一阶段重点工作作了具体部署，自治区副主席云光中出席会议。

14日　全区法院执行工作会议在呼和浩特召开。会议公布，截至10月31日，全区法院共受理执行案件184 371件，执结119 550件，同比上升121.04%，全区法院平均结案率为64.84%，同比增加近24个百分点。

14—15日　内蒙古代表团赴广东省开展投资经贸合作活动，自治区人民政府分别与广东省人民政府、中广核集团签署战略合作协议。14日下午，中共中央政治局委员、广东省委书记胡春华主持召开广东·内蒙古合作交流座谈会并讲话，自治区主席布小林在座谈会上就进一步加强两省区交流合作提出建议，广东省省长朱小丹介绍了广东省经济社会发展情况。自治区领导符太增，自治区副主席王波，广东省省委常委、常务副省长徐少华，广东省省委常委、秘书长邹铭，广东省副省长何忠友，中国广核集团有限公司总经理张善明出席座谈会。

15—17日　自治区主席布小林率自治区人民政府代表团在香港开展系列经贸合作和推介交流活动，向香港各界人士宣传介绍内蒙古的发展优势、优惠政策和发展思路，推动蒙港合作取得新的积极成果。推介会共签约44个项目，涉及金融、物流、旅游、城市基础设施、新能源、绿色材料制造等领域，签约金额94.49亿美元。

16日　自治区党委召开常委会会议，研究部署当前自治区信访维稳工作。自治区党委书记李纪恒主持会议。会议专题听取全区信访维稳工作情况汇报。

同日　自治区主席布小林在香港会见香港特别行政区行政长官梁振英，双方就加强内蒙古与香港的合作进行了深入交流。自治区领导符太增参加会见。

17日　自治区人民政府新闻办公室召开

新闻发布会,宣布自治区自 11 月 18 日起,实行个体工商户“两证整合”登记模式。个体工商户在登记时只需填写“一张表”,向“一个窗口”提交“一套材料”,即可办理营业执照和税务登记证。

18 日　中国共产党内蒙古自治区第九届纪律检查委员会第九次全体会议在呼和浩特举行。出席会议的中国共产党内蒙古自治区纪律检查委员会(以下简称自治区纪委)委员 39 人,列席 7 人。自治区纪委常委会主持会议,自治区党委常委、纪委书记刘奇凡出席会议并讲话。全会审议并通过自治区纪委向自治区第十次党代表大会的工作报告,同意提请党代表大会审查。

19 日　中国共产党内蒙古自治区第九届委员会第十九次全体会议在呼和浩特举行。出席会议的自治区党委委员 58 人,候补委员 11 人。自治区纪委常委、有关方面负责同志和部分自治区第九次党代会基层代表列席会议。会议由自治区党委常委会主持。自治区党委书记李纪恒讲话。会议听取和讨论李纪恒代表自治区党委常委会作的工作报告。会议审议通过了《内蒙古自治区党委关于深入学习贯彻党的十八届六中全会精神推进全面从严治党的决定》。会议讨论并通过了自治区九届党委向第十次党代会的报告,决定将报告提请自治区第十次党代会审议。李纪恒就《决定(讨论稿)》、《报告(讨论稿)》起草情况作了说明。

21 日　在浙江省杭州市召开的“全国健康城市健康村镇建设座谈会暨健康城市试点启动会”上,全国爱卫办公布中国首批健康城市建设试点名单,包头市被确定为 38 个试点城市之一,系自治区唯一入选城市。

22 日　中国共产党内蒙古自治区第十次代表大会在内蒙古人民会堂开幕。自治区党委书记李纪恒代表中国共产党内蒙古自治区第九届委员会向大会作题为《紧密团结在以习近平同志为核心的党中央周围,把祖国北部边疆这道风景线打造得更加亮丽》的报告。大会执行主席李纪恒、布小林、王君、任亚平、王占、李佳、张建民、那顺孟和、王中和、王莉霞、杨俊兴、曾一春、刘奇凡、张院忠、呼尔查、秦义、张恩惠、敖慧然、海堂在主席台前排就座。大会由自治区党委副书记、自治区主席布小林主持。大会应到代表 665 人,实到 659 人。

26 日　中国共产党内蒙古自治区第十次代表大会圆满完成各项议程,在呼和浩特闭幕。自治区党委书记李纪恒主持闭幕大会。自治区第十次党代会代表共 665 人,出席大会的代表共 659 名,符合规定人数。大会执行主席布小林、李佳、张建民、那顺孟和、王中和、王莉霞、杨俊兴、曾一春、刘奇凡、张院忠、陈羽、艾丽华、白玉刚、段志强、宋亮、包钢、赵晶、苏梅在主席台前排就座。

27 日　新当选的自治区第十届党委常委会召开第一次会议,深入学习贯彻党的十八届六中全会精神,深入学习习近平总书记关于学习毛泽东《党委会的工作方法》的重要批示,重温毛泽东《党委会的工作方法》,学习贯彻《中国共产党地方委员会工作条例》《中国共产党党组工作条例(试行)》,研究部署学习宣传贯彻自治区第十次党代会精神和加强党委常委会自身建设等工作。自治区党委书记李纪恒主持会议。会议还研究了其他事项。

同日　自治区主席布小林主持召开自治区人民政府常务会议,安排部署学习贯彻自治区第十次党代会精神,研究《关于深入推进城市执法体制改革 改进城市管理工作的实施意见》《关于健全生态保护补偿机制的实施意见》《关于进一步建立和完善地方金融风险防范和化解机制的指导意见》等事项。

29 日　呼和浩特机场开通自治区呼和浩特经中国江苏省扬州至泰国曼谷的定期航线。这是自治区首条至泰国的定期航线。该航线由春秋航空公司空客 A320 型客机运营。

同日 包银消费金融公司在包头市成立，这是内蒙古自治区首家消费金融公司。它的成立标志着消费金融贷款这一新型消费信贷业态在自治区实现零突破，对深化地区金融体制改革、健全地方金融体系、促进消费结构转型升级具有重要意义。

30日 自治区党委书记李纪恒在呼和浩特会见了北京控股集团党委书记、董事长王东一行。自治区党委常委、自治区副主席张建民，自治区党委常委、秘书长罗永纲，自治区副主席王波参加会见。

同月 内蒙古黄河干流盟市间水权转让2000万立方米/年水权试点公开交易签约仪式，在北京中国水权交易所举行。这是自治区首次运用市场机制配置水资源的重要实践。

同月 自治区人民政府办公厅印发《内蒙古自治区深化考试招生制度改革实施方案》，要求2018年普通高中一年级新生开始全面实行学业水平考试和综合素质评价，不再分文理科。

同月 财政部公布第三批政府和社会资本合作示范项目（PPP示范项目），全国共有516个项目最终确定为第三批PPP示范项目，计划总投资11 708亿元。自治区有27个项目列入国家PPP示范项目，入选项目数量居全国第五位；计划总投资451.5亿元，居全国第八位。

同月 中央精神文明建设指导委员会办公室在新疆克拉玛依举办全国道德模范与身边好人现场交流活动，并发布10月“中国好人榜”。自治区锡林郭勒盟的其木格入选“助人为乐好人”，通辽市的格日乐其木格入选“孝老爱亲好人”。

同月 通辽银行业消费者权益保护服务区正式投入运营，这是自治区首家银行业消费者权益保护服务区。该服务区以银行业金融消费者为服务对象，设有公众教育、用户体验、信访调解3个专区。

同月 自治区的包头市石拐区、土默特右旗，呼伦贝尔市满洲里市、额尔古纳市，兴安盟乌兰浩特市，赤峰市克什克腾旗，锡林郭勒盟多伦县，鄂尔多斯市和阿拉善盟入选第二批国家全域旅游示范区。

同月 据第五次全区荒漠化和沙化土地监测显示，自治区的荒漠化土地和沙化土地面积自2004年开始减少以来，已经连续10年保持双缩减。“十二五”期间，作为全国六大林业重点工程全覆盖唯一省区，自治区优先实施系列生态建设工程，荒漠化和沙化土地分别减少652万亩和515万亩，减少面积均居全国首位。

同月 兴安盟科右前旗科尔沁镇人民政府获得“全国绿化先进集体”荣誉称号，成为全区唯一获此荣誉的乡镇政府单位。

同月 由内蒙古一机集团大地工程机械有限公司研制生产的320马力推土机在陆军装备部物资招标采购中中标，用实物竞标第一名的好成绩首次打入军方市场。

同月 第十三届“全国见义勇为英雄模范”评选表彰活动揭晓，自治区的白祯和白光获得“全国见义勇为模范”荣誉称号。活动由中国共产党中央委员会宣传部、中央社会治安综合治理委员会、公安部、中华见义勇为基金会等8部门主办。

同月 《人民日报》和《2016中国中小城市发展报告——绿皮书》联合发布中国中小城市科学发展指数研究成果暨“2016中国中小城市创新创业（双创）百强区”“2016全国综合实力百强区（全国科学发展百强区）”榜单。内蒙古自治区的呼和浩特市新城区、回民区、赛罕区，鄂尔多斯市东胜区和包头市昆都仑区、东河区、青山区7个市区入选“2016中国中小城市创新创业（双创）百强区”榜单。

12月

1日 根据财政部、公安部、中国人民银行

《关于全面实施跨省异地缴纳交通违法罚款工作的通知》要求，从 2016 年 12 月 1 日起，自治区正式启动实施跨省异地缴纳交通违法罚款工作。

1—3 日　自治区党委书记李纪恒深入阿拉善盟调查研究。李纪恒先后到额济纳旗和阿拉善右旗，实地察看黑城旅游开发、策克口岸对外开放、居延海生态补水、军地融合发展双拥共建、巴丹吉林沙漠地质公园等情况，与基层党员干部和各族群众面对面交流，看望慰问边防哨所官兵和基层牧户，向他们宣讲中共十八届六中全会精神和自治区第十次党代会精神。自治区党委常委、秘书长罗永纲陪同调研。

3 日　11 时 30 分左右，赤峰宝马矿业有限公司井下发生瓦斯爆炸事故，32 人遇难。事故发生后，国家安全监管总局局长杨焕宁、国家煤矿安监局局长黄玉治率工作组紧急赶到现场，召开会议安排救援。自治区主席布小林赶赴赤峰宝马矿业事故现场，指挥抢险救援工作。自治区副主席王波一同赶赴事故现场。

4 日　自治区党委书记李纪恒提前结束在阿拉善盟阿拉善右旗的调研行程，紧急赶赴赤峰市，看望“12·3”特别重大煤矿瓦斯爆炸事故伤员及家属，慰问搜救人员、医护人员，并主持召开救援工作汇报会。事故发生后，中央领导立即做出批示，对事故救援、伤员救治和遇难矿工善后安置等工作提出明确具体要求。

5 日　自治区党委召开常委会会议，听取赤峰宝马矿业“12·3”特别重大瓦斯爆炸事故相关情况汇报，研究部署加强安全生产工作，研究讨论贯彻落实《中国共产党地方委员会工作条例》《中国共产党党组工作条例（试行）》工作，研究贯彻落实自治区第十次党代会精神等工作。

同日　自治区党委、政府召开全区安全生产大检查动员部署会议，深入贯彻落实党中央、国务院领导重要批示精神和全国安全生产电视电话会议精神，深刻分析赤峰宝马矿业“12·3”特别重大瓦斯爆炸事故暴露出的突出问题，对全区安全生产大检查工作进行再动员、再部署、再落实，推动全区安全生产形势稳定好转。自治区党委书记李纪恒主持会议并讲话。自治区主席布小林通报赤峰宝马矿业“12·3”特别重大瓦斯爆炸事故处置情况，安排部署安全生产工作。

同日　自治区党委书记李纪恒在呼和浩特会见中国航天科工集团公司董事长、党组书记高红卫一行。自治区党委常委、自治区常务副主席张建民，自治区党委常委、秘书长罗永纲参加会见。

6—7 日　在全国现场管理星级评价暨全国质量信得过班组经验交流大会上，巴彦淖尔市乌拉特后旗供电分局输配电管理所被授予“全国质量信得过班组”荣誉称号。

6—8 日　自治区党委书记李纪恒带领自治区安全生产大检查第一督查组，在鄂尔多斯市开展了安全生产大检查。督查组对鄂尔多斯市 4 个旗（区）的 29 个安全生产重点单位、重点场所进行了检查（抽查），检查出 9 大类 106 个问题隐患。自治区党委常委、秘书长罗永纲，自治区副主席常军政参加检查。

同日　自治区主席布小林率自治区安全生产大检查第二督查组到乌海市开展安全生产大检查。督查组一行先后深入乌海市海南区、乌达区和海勃湾区的煤矿、化工企业、危险化学品储存场所和罐区、燃气站、人员密集场所等地，实地检查安全生产设备设施，了解安全生产措施落实、事故发生处理预案、应急救援演练等情况。

8 日　包钢稀土钢板材冷轧生产线全面投产。自治区党委常委、包头市委书记张院忠出席投产仪式。冷轧生产线可生产高端汽车板、家电板，填补了自治区的空白。

9 日　自治区主席布小林主持召开自治区人民政府常务会议，研究《关于完善我区农村牧区土地草原所有权承包权经营权分置办法的实施意见》《内蒙古自治区落实〈中国制造2025〉行动纲要》和《关于建立完善守信联合激励和失信联合惩戒制度加快推进社会诚信建设的实施意见》等事项。

同日 由内蒙古自治区人民医院牵头组建的内蒙古呼吸专科医联体暨内蒙古基层呼吸疾病防治联盟在呼和浩特成立，全区共有164家医院加盟该医联体。这是自治区首个专科医联体。

9—12日 自治区党委书记李纪恒深入呼伦贝尔市陈巴尔虎旗、额尔古纳市、根河市、鄂伦春自治旗调研，与基层干部和各族群众面对面交流，看望慰问受灾牧户和林区一线职工，宣讲党的十八届六中全会和自治区第十次党代会精神。自治区党委常委、秘书长罗永纲陪同调研。

10日 赤峰市人民政府和深圳朝气集团举行赤峰航空装备制造产业基地项目签约仪式，签署《航空装备制造产业基地项目投资合作协议》，项目总投资60亿元。

同日 中国东部影视城项目投资方与通辽市奈曼旗人民政府签约仪式在中央电视台梅地亚中心举行。该项目由国商集团、中国远扬集团、北京东方吉祥哈达文化发展有限公司投资建设。项目规划占地面积30平方公里，一期总投资约2亿元，计划于2017年5月开工建设，预计当年12月建成并投入使用。

15日 2016中国特色魅力城市200强名单出炉，自治区7个城市榜上有名，分别是：呼和浩特、包头、乌海、赤峰、通辽、鄂尔多斯、呼伦贝尔市。

16日 世界首例超细型体细胞克隆羊在位于巴彦淖尔市杭锦后旗陕坝镇的内蒙古米真绒纺公司中科正标生物基地诞生。该羊羊绒细度低于13.8微米，远低于有“软黄金”美誉的二狼山白绒山羊所产羊绒15.8微米的平均细度。

17日 自治区主席布小林主持召开自治区人民政府常务会议，研究《2016年全区经济运行情况和2017年经济工作安排》《内蒙古自治区不动产登记实施办法》和《内蒙古自治区交通扶贫脱贫工作实施方案（2016-2020年）》等事项。

18日 自治区党委召开常委会会议，传达学习中央政治局12月9日会议精神和中央经济工作会议精神，分析总结2016年经济运行情况，研究2017年经济工作。自治区党委书记李纪恒主持会议。

19日 自治区人民政府与北京银行股份有限公司在呼和浩特签署战略合作协议。自治区党委书记李纪恒，自治区主席布小林，全国政协经济委员会副主任、北京银行董事长闫冰竹见证签约仪式。自治区党委常委、自治区副主席、呼和浩特市委书记云光中与北京银行行长张东宁分别代表双方在协议上签字。自治区党委常委、秘书长罗永纲参加签约仪式。

21日 内蒙古自治区公安厅境外非政府组织管理办公室挂牌成立。自治区副主席、公安厅厅长、境外非政府组织管理工作协调小组组长马明出席揭牌仪式。

同日 史诗电视连续剧《英雄出草原》摄制组成立暨系列电视纪录片《第一个民族自治区诞生记》、纪录电影《影像中的珍贵记忆》新闻发布会在中央新闻纪录电影制片厂（集团）举行。全国人大常委会原副委员长布赫发去贺信。自治区副主席王玉明出席发布会并讲话。发布会由自治区人民政府、中央新闻纪录电影制片厂（集团）、自治区党委宣传部联合主办，该系列影视作品以纪念乌兰夫诞辰110周年、庆祝内蒙古自治区成立70周年为主题。

22日 自治区党委书记李纪恒深入部分中央驻区和区直新闻单位走访调研，看望在新闻战线上辛勤工作的新闻工作者，并主持召开座谈会。自治区党委常委、宣传部部长白玉刚，自治区党委常委、秘书长罗永纲，自治区政协副主席、党委政研室主任王焕承等陪同调研并出席座谈会。

23日　中国·满洲里第十八届中俄蒙国际冰雪节暨第十三届中俄蒙美丽使者国际大赛开幕。内蒙古自治区党委常委、统战部部长王莉霞出席开幕式。冰雪节由内蒙古自治区人民政府、俄罗斯后贝加尔边疆区政府、蒙古国东方省政府主办,内蒙古自治区旅游局、内蒙古自治区满洲里市人民政府、俄罗斯赤塔市政府、蒙古国乔巴山市政府承办,内蒙古呼伦贝尔旅业集团协办。

24日　经过来自加利福尼亚州、华盛顿州、内华达州和中国评委对各国参展产品的综合评选，内蒙古自治区的太仆寺旗草原酿酒公司生产的草原王、草原系列白酒获"2016美国巴拿马太平洋万国博览会金奖",是中国参展酒类唯一获奖产品。

26日　自治区主席布小林主持召开自治区人民政府常务会议，研究进一步加强城市规划建设管理工作、进一步加强安全生产工作和安全生产信息化建设、构建绿色金融体系、内蒙古自治区交通基础设施重大工程建设三年行动计划实施方案等事项。

同日　新华社中国经济信息社和包头稀土产品交易所联合发布中国稀土价格系列指数。该指数是国内第一个以线上交易数据为支撑的稀土价格指数。

同日　蒙西—天津南1000千伏特高压交流输变电工程配套华能魏家卯煤电厂正式并网并开始168小时试运营，实现了自治区清洁能源大规模外送的战略。该工程是纳入国家大气污染防治行动计划重点输电通道中建成投运的第三条特高压交流工程，也是内蒙古地区第一条投入商业运行的特高压通道。

27日　自治区党委召开常委会会议,传达学习中央农村工作会议和全国扶贫开发工作会议等中央和全国重要会议精神，研究部署自治区相关工作。自治区党委书记李纪恒主持会议。

同日　中政企内蒙古PPP基金和内蒙古基础设施和公共服务投资引导(PPP)基金签约落地。自治区副主席王波、中国PPP基金公司董事长周成跃出席签约仪式。此次签约落地的中政企内蒙古基金规模为57亿元。

同日　自治区民用机场公安机构正式移交地方公安机关管理，自治区公安厅机场公安局揭牌，标志着自治区民用机场公安机构管理体制改革工作基本完成。自治区副主席、公安厅厅长马明出席揭牌仪式并讲话。

28日　中国进出口银行内蒙古自治区分行在呼和浩特挂牌成立,标志着自治区实现了国家政策性银行体系的全覆盖。自治区党委书记李纪恒、中国进出口银行董事长胡晓炼为中国进出口银行内蒙古分行成立揭牌。自治区主席布小林与胡晓炼分别代表自治区人民政府与中国进出口银行签署战略合作协议。自治区党委常委、自治区副主席、呼和浩特市委书记云光中,自治区党委常委、秘书长罗永纲参加上述活动。

29日　包银消费金融股份有限公司在包头市成立。这是自治区首家持牌的消费金融公司。自治区党委常委、包头市委书记张院忠,自治区党委常委、自治区副主席、呼和浩特市委书记云光中出席开业发布会。

30日　内蒙古日报社在呼和浩特市举行推介会,宣布《呼陆客》蒙古文客户端正式上线运行。该客户端是国内第一个自主研发的综合型蒙古文客户端。

同日　通辽市正式被命名为"中国蒙医药之都",命名(授牌)仪式在通辽市举行。自治区党委常委、通辽市委书记宋亮致辞,自治区人大常委会副主任、中国蒙古学学会会长、研究员吴团英讲话。

同月　乌海银行发行5亿元绿色金融债券的申请获得中国人民银行批准。由此,乌海银行成为中国西部地区首家获批发行绿色金融债券的金融机构。

同月　质量监督检验检疫总局发布2016年第九号公告,批准"武川土豆"为地理标志产品。

同月　第四届"中国法治政府奖"最终评审结果在北京揭晓。"内蒙古权责清单建设"项目和其他9个项目共同获得第四届"中国法治政府奖",这是自治区首次获得该项大奖。阿拉善盟阿拉善左旗人民政府的"法制秘书制度"和其他14个项目获得提名奖。

同月　国家发改委出台的《中欧班列建设发展规划(2016—2020年)》中确定,二连浩特口岸是中欧班列"中通道"的唯一出境口岸。

同月　2016中欧绿色和智慧城市奖揭晓,包头市石拐区凭借生态绿色转型发展、特色文旅打造和智慧城市建设的探索、成效、经验,从众多中国和欧洲参选城市中脱颖而出,获得"中欧绿色和智慧城市奖——技术创新奖",这是内蒙古地区唯一且第二次获得中欧绿色和智慧城市的地区。

同月　《2016年中国工业百强县(市)发展报告》发布,内蒙古自治区准格尔旗、伊金霍洛旗、乌审旗、鄂托克旗和达拉特旗等5个旗(县)上榜,其中准格尔旗排名第六。

同月　呼伦贝尔市阿荣旗经济社会重大项目签约仪式在呼伦贝尔市海拉尔区举行,阿荣旗人民政府与呼伦贝尔肉业集团等12家国内行业领军企业签约15个项目,项目总投资140.85亿元。

同月　包头市盛运环保电力有限公司循环经济产业园在包头金属深加工园区举行项目启动奠基仪式。项目计划总投资62.8亿元,分两期建设。

同月　赤峰市林西县举行项目集中签约仪式,分别与内蒙古东源投资集团有限公司、赤峰市多日泰供热科技有限公司等17家企业代表签署合作协议,总投资额超过22亿元。

同月　自治区申报的181家企业全部获得全国高新技术企业认定管理工作领导小组办公室认定,被认定为高新技术企业。至此,自治区资格有效高新技术企业总数达到352家,较2015年度净增115家,增长幅度49%,为历年之最。

同月　全国首家律师公益法律服务机构——阿拉善盟律师公益法律服务事务所在阿拉善盟阿拉善左旗揭牌成立。

(撰稿人:何晓伟)

中国共产党内蒙古自治区委员会

综　述

【重要会议】

2015年度盟市厅局党建工作述职评议会议　1月8日，自治区党委召开2015年度盟市委书记和部分厅局党委（党组）书记抓党建工作述职评议会议。自治区党委书记王君主持会议并讲话，中共中央组织部副部长齐玉到会指导并讲话。12位盟市委书记和5位厅局党委（党组）书记围绕履行抓党建工作第一责任，重点汇报了抓党建工作采取的措施、取得的成效、存在的问题和今后努力方向。张力、乌兰、李鹏新等自治区党委常委，就各盟市厅局党建工作的亮点特点、差距不足作了点评，提出改进方向和具体建议。自治区党委常委，自治区人大、政协党组有关负责同志，自治区高级人民法院院长、人民检察院检察长，部分党代表、人大代表、政协委员、基层党员干部和群众代表参加会议并进行书面评议。

自治区第九届党委常委会第142次会议　1月14日，自治区党委召开常委会会议，传达学习贯彻中央农村工作会议和全国宣传部长会议精神，研究讨论自治区"两会"相关事项。自治区党委书记王君主持会议并讲话。

自治区纪委九届七次全体会议　1月30日，中共内蒙古自治区第九届纪律检查委员会第七次全体会议在呼和浩特开幕。自治区党委书记王君出席会议并作重要讲话，强调要深入学习贯彻习近平总书记系列重要讲话和考察内蒙古重要讲话精神，学习贯彻十八届中央纪委六次全会精神，坚定自觉地向党中央看齐、向习近平总书记看齐，向党的理论和路线方针政策看齐，不断开创自治区党风廉政建设和反腐败斗争的新局面，为打造祖国北部边疆亮丽风景线提供坚强有力的保证。自治区党委常委，人大、政府、政协领导同志，自治区法检两长出席会议。张力主持会议。

自治区2016年各族各界迎春茶话会　2月5日，自治区2016年各族各界迎春茶话会在内蒙古新城宾馆隆重举行，自治区党委书记王君、自治区主席巴特尔、自治区政协主席任亚平等自治区领导出席并观看文艺演出。王君致新春祝词，自治区党委、人大、政府、政协和内蒙古军区领导同志，自治区高级人民法院、人民检察院、武警内蒙古总队、内蒙古边防总队领导，部分省级离退休老同志和各族各界代表300多人欢聚一堂、辞旧迎新，畅叙友情、共话发展。

自治区党委全面深化改革领导小组第十二次会议　2月16日，自治区党委全面深化改革领导小组召开第十二次会议，总结2015年全区改革工作，部署2016年改革重点任务，研究审议重要改革文件。王君主持会议并讲话，巴特尔、任亚平、李佳、张力、乌兰、李鹏新、符太增、布小林、那顺孟和、王中和、张院忠、刘惠、呼尔查、刘新乐、王玉明、王波、马明、常军政、云光中、梁铁城、王焕承、胡毅峰、马永胜等自治区领导出席会议，自治区有关部门主要负责同志列席会议。

自治区第九届党委常委会第144次会议

2月22日，自治区党委召开常委会会议，研究落实供给侧结构性改革“五大重点任务”的具体举措，安排部署2016年全区巡视工作。自治区党委书记王君主持会议并讲话。

自治区党委政法工作会议　2月26日，自治区党委政法工作会议在呼和浩特召开。会议回顾总结过去政法工作，部署2016年全区政法工作任务。自治区党委书记王君作出重要批示，自治区党委副书记李佳出席会议并讲话，自治区政法委书记刘惠主持会议。马明、李少军、胡毅峰、马永胜、刘清臣等自治区领导出席会议。

自治区第九届党委常委会第145次会议　2月28日，自治区党委召开常委会会议，传达学习贯彻习近平总书记在党的新闻舆论工作座谈会上的重要讲话精神，审议自治区党委全面依法治区领导小组2016年工作要点，研究部署市、旗县(市区)、苏木乡镇领导班子换届工作。自治区党委书记王君主持会议并讲话。

全区干部大会　3月17日，自治区召开全区干部大会，传达学习十二届全国人大四次会议、全国政协十二届四次会议精神，安排部署自治区贯彻落实工作。自治区党委书记王君主持会议并讲话，强调要认真学习、深入领会、全面贯彻全国两会精神，确保“十三五”发展开好局、起好步。自治区党委、人大、政府、政协领导同志，自治区高级人民法院院长、人民检察院检察长、武警内蒙古总队、内蒙古边防总队主要领导同志出席会议。在呼省级离退休老同志，在呼的十二届全国人大代表、全国政协十二届委员，在呼的自治区十二届人大常委会委员和十一届政协常委，自治区直属各部门、驻呼各大企事业单位主要负责同志，中央驻区各单位主要负责同志参加会议。

全区市旗县苏木乡镇领导班子换届工作会议　3月23日，自治区党委召开全区市旗县苏木乡镇领导班子换届工作会议，学习贯彻习近平总书记关于换届工作的重要讲话、指示精神和中央关于换届工作的部署要求，研究部署全区市、旗县、苏木乡镇领导班子换届工作。自治区党委书记王君作重要讲话，强调要扎实做好全区换届工作，切实绘出思路清措施实的好蓝图，选出忠诚干净担当的好干部，配出结构优功能强的好班子，换出心齐气顺劲足的好面貌。巴特尔、李佳、张力、乌兰、李鹏新、那顺孟和、王中和、张院忠等自治区领导出席会议，各盟市、旗县(市、区)委书记、组织部长参加会议。

全区党校工作会议　3月24日，自治区党委召开全区党校工作会议，学习贯彻全国党校工作会议精神和《中共中央关于加强和改进新形势下党校工作的意见》，安排部署自治区党校工作。自治区党委书记王君出席会议并作重要讲话，强调要深入学习贯彻习近平总书记在全国党校工作会议上的重要讲话精神，努力开创自治区党校事业发展新局面。巴特尔、张力、乌兰、符太增、那顺孟和、王中和、杨俊兴、刘惠等自治区领导出席会议，自治区党委副书记李佳主持会议并作总结讲话。

授予潘志荣荣誉称号命名表彰大会　3月31日，最高人民检察院和自治区党委联合召开命名表彰大会，授予潘志荣“全国模范检察官”“全区优秀共产党员”称号。最高人民检察院检察长曹建明为潘志荣颁发“全国模范检察官”荣誉证书、奖章并作讲话，自治区党委书记王君为潘志荣颁发“优秀共产党员”荣誉证书并讲话。布小林、王少峰、李佳、李鹏新、刘惠、马明、胡毅峰、马永胜等自治区领导，自治区直属机关负责人及政法单位代表出席会议。

全区盟市厅局主要领导干部学习贯彻党的十八届五中全会精神专题研讨班　4月6日，自治区党委举办全区盟市厅局主要领导干部学习贯彻党的十八届五中全会精神专题研讨班，深入学习贯彻党的十八大和十八届三中、四中、五中全会精神，学习贯彻习近平总书记系列重要讲话精神和考察内蒙古重要讲话精神，学习贯彻党中央提出的新理念新思想新战略，进一步提高认识、统一思想、凝聚力量，更好地推动“十三五”时期自治区经济社会发展，确保如期实现全面建成小康社会奋斗目标。自治区党委书记王君作重要讲话，自治区代主席布小林主持开班式。自治区党委、人大、政府、政协领导同志，自治区高级人民法院院长、人民检察院检察长出席。各盟市委书记、盟市长，各旗县（市、区）委书记、旗县（市、区）长；自治区各委办厅局、各人民团体和自治区直属企事业单位主要负责同志参加。

自治区第九届党委常委会第149次会议　4月7日下午，自治区党委召开常委会会议，传达学习习近平总书记关于“两学一做”学习教育重要指示精神和全国“两学一做”学习教育工作座谈会精神，传达学习全国人大常委会副委员长沈跃跃和最高人民检察院检察长曹建明在自治区调研时的重要讲话精神，听取有关情况汇报，研究部署自治区贯彻落实工作。自治区党委书记王君主持会议并讲话。

全区重点工作重点项目推进大会　4月9日，自治区党委召开全区重点工作重点项目推进大会，深入贯彻党的十八大和十八届三中、四中、五中全会精神，深入贯彻习近平总书记系列重要讲话精神和考察内蒙古自治区重要讲话精神，深入贯彻全国两会精神，安排部署落实五大发展理念、推进供给侧结构性改革、加强干部队伍建设等重点工作。自治区党委书记王君主持会议并讲话，自治区代主席布小林安排部署创新发展有关工作，自治区党委副书记李佳安排部署协调发展有关工作，符太增安排部署绿色发展有关工作，自治区副主席云光中安排部署开放发展有关工作，自治区分管副主席安排部署共享发展有关工作，自治区副主席王波安排部署去产能、去库存、降成本、重点工程、企业运行等有关工作，自治区党委组织部部长李鹏新安排部署干部能上能下有关工作。自治区党委常委和自治区人大、政府、政协有关领导同志，自治区高级人民法院院长、人民检察院检察长出席会议。各盟市、旗县（市区）设立分会场，全区1.3万名干部参加会议。

全区“两学一做”学习教育工作座谈会　4月13日，自治区党委召开全区“两学一做”学习教育工作座谈会，学习贯彻习近平总书记关于“两学一做”学习教育重要指示精神和中央“两学一做”学习教育工作座谈会精神，安排部署全区“两学一做”学习教育工作。自治区党委书记王君作重要讲话，自治区党委组织部部长李鹏新主持会议。会议以电视电话会议形式召开，自治区直属各部门、有关企事业单位党委（党组）主要负责同志及组织（人事）部门负责同志，各盟市、旗县（市、区）委组织部部长，驻呼有关企业、高校组织（人事）部门负责同志等在主会场参加会议，各盟市、旗县（市、区）在当地设分会场。呼和浩特市、呼伦贝尔市、阿拉善盟和自治区直属机关工委、高校工委、国资委党委（党组）主要负责同志作大会发言。

自治区第九届党委常委会第152次会议　4月18日上午，自治区党委召开常委会会议，研究分析一季度经济形势，部署当前经济工作，研究年度考核工作，研究安排自治区党委常委班子“两学一做”学习教育相关工作。自治区党委书记王君主持会议并讲话。

自治区第九届党委常委会第153次会议　4月22日上午，自治区党委召开常委会会议，传达学习习近平总书记等中央领导同志关于食品安全的重要批示和指示精神，听取有关情况汇报，研究部署贯彻落实食品安全法相关工作。自治区党委书记王君主持会议并讲话。

自治区第九届党委常委会第155次（扩大）会议　4月27日上午，自治区党委召开常委会（扩大）会议，听取自治区派驻各盟市督导组工作汇报，研究部署农村牧区建设、产业发展和结构调整、基层党组织建设等重点工作。自治区党委书记王君主持会议并讲话。

自治区第九届党委常委会第158次(扩大)会议 5月11日上午，自治区党委召开常委会(扩大)会议，传达学习中共中央政治局常委、全国人大常委会委员长张德江在自治区考察时的重要讲话精神，安排部署贯彻落实工作。自治区党委书记王君主持会议并讲话。

全国公安机关社会治安防控体系建设推进会 5月23日，全国公安机关社会治安防控体系建设推进会议在呼和浩特召开，国务委员、公安部部长郭声琨出席并作重要讲话。他强调，各级公安机关要深入贯彻党的十八大和十八届三中、四中、五中全会精神，深入学习贯彻习近平总书记系列重要讲话精神，按照中央政治局委员、中央政法委员会书记孟建柱指示要求，进一步强化问题导向，突出工作重点，锐意改革创新，深入推进立体化社会治安防控体系建设，全面提升动态化、信息化条件下社会治安治理能力。自治区党委书记王君出席会议并致辞，中央综治委副主任、中央政法委副秘书长、中央综治办主任陈训秋，公安部党委委员、反恐专员刘跃进，自治区领导张院忠、刘惠、马明出席会议，公安部党委副书记、副部长黄明主持会议。会议以视频会议形式召开，各省区市公安厅(局)和公安部机关有关局级单位负责同志在主会场参加会议，各地市级公安机关负责同志在分会场参加会议。内蒙古、北京、福建、山东、湖南、云南公安厅(局)作经验介绍，广西、陕西、宁夏公安厅(局)作大会发言。

自治区党委统一战线工作领导小组全体会议 5月26日，自治区党委召开统一战线工作领导小组全体会议，听取自治区贯彻落实中央关于统战工作决策部署情况汇报，研究审议《贯彻落实中央、自治区党委统战工作会议精神和〈条例〉重点工作规划(2016-2018年)》等重要文件，安排部署当前统战重点工作。自治区党委书记王君主持会议并讲话。李鹏新、符太增、张院忠、杨成旺、王焕承等自治区领导出席，自治区党委统一战线工作领导小组成员单位和相关部门主要负责同志参加会议。

自治区第九届党委常委会第159次会议 5月27日，自治区党委召开常委会会议，传达学习中央贯彻《关于深化人才发展体制机制改革的意见》座谈会精神、反腐败国际追逃追赃工作培训班精神和全国公安机关社会治安防控体系建设推进会议精神，研究自治区贯彻落实意见。自治区党委书记王君主持会议并讲话。

全区党委秘书长会议 5月29日，全区党委秘书长会议在呼和浩特召开。自治区党委书记王君对会议作出重要批示。自治区党委常委、秘书长张院忠出席会议并讲话。他要求，全区各级党委办公部门要围绕“两学一做”学习教育这项基本任务，努力提升办公系统的政治意识、大局意识、核心意识、看齐意识，着力打造铁一般信仰、铁一般信念、铁一般纪律、铁一般担当的“四铁队伍”，把党中央和自治区党委的要求落到实处。要充分运用“两学一做”学习教育成果，切实做好抓落实、抓法规、抓信息、抓协调、抓运转、抓保障等6项重点工作，推动办公部门各项工作再上新台阶。会议对党委系统督查信息和保密工作作了具体安排。

自治区第九届党委常委会第160次(扩大)会议 6月1日，自治区党委召开常委会(扩大)会议，传达学习中共中央总书记习近平、国务院总理李克强和副总理刘延东在全国科技创新大会、两院院士大会、中国科协第九次全国代表大会上的讲话精神，安排部署自治区贯彻落实工作。自治区党委书记王君主持会议并讲话。

自治区党委精神文明建设委员会全体会议 6月6日，自治区党委精神文明建设委员会召开全体会议，深入学习贯彻习近平总书记关于社会主义精神文明建设重要论述，贯彻落实中央文明委第四次全体会议精神，进一步研究部署自治区精神文明建设工作。自治区党委书记王君主持会议并作重要讲话。乌兰、张院忠、吴团英、刘新乐、杨成旺、王焕承、臧永凯等自治区领导出席会议，自治区文明委成员单位负责同志参加会议。

自治区党委召开党的建设工作领导小组会议　6月8日，自治区党委召开党的建设工作领导小组会议，传达学习习近平总书记重要批示精神和全国党建研究会第六次会员代表大会精神，讨论审议农村牧区基层党建有关文件，总结上半年党建工作，研究部署下半年党建工作任务。自治区党委书记王君主持会议并讲话。李佳、李鹏新、王焕承等自治区领导出席会议。

自治区第九届党委常委会第161次会议　6月16日上午，自治区党委召开常委会会议，传达学习习近平总书记在中央财经领导小组第十三次会议上的重要讲话精神、第七次全国人民防空工作会议精神，研究自治区贯彻落实意见，安排部署全区“七一”表彰等工作。自治区党委书记王君主持会议并讲话。

自治区第十二届人民代表大会第五次会议　6月23日，内蒙古自治区第十二届人民代表大会第五次会议在呼和浩特召开，会议补选布小林为自治区主席，补选布小林为十二届全国人大代表。

全区科技创新大会　6月28日，自治区隆重召开科技创新大会，深入学习贯彻全国科技创新大会、两院院士大会、中国科协第九次全国代表大会精神，安排部署当前和今后一个时期科技创新工作，动员全区上下深入实施创新驱动发展战略，扎实推进以科技创新为核心的全面创新，加快建设创新型内蒙古。自治区党委书记王君讲话，自治区主席布小林部署工作，自治区党委副书记李佳主持大会。自治区党委常委，自治区人大、政府、政协有关领导同志，自治区高级人民法院院长、人民检察院检察长出席会议。大会隆重表彰奖励为自治区科技创新发展作出重要贡献的先进集体和个人。

自治区第九届党委常委会第162次（扩大）会议　6月29日，自治区党委召开常委会会议，传达学习习近平总书记在哲学社会科学座谈会上的重要讲话精神、中共中央政法委书记孟建柱在自治区考察时的重要讲话和指示精神，研究部署意识形态领域等工作。自治区党委书记王君主持会议并讲话。

自治区庆祝中国共产党成立95周年大会　6月30日，自治区隆重召开大会，热烈庆祝中国共产党成立95周年，回顾党的光辉奋斗历程，讴歌党的丰功伟绩，展望建设现代化内蒙古的美好前景，激励全区广大党员和各族人民紧密团结在以习近平同志为总书记的党中央周围，努力打造祖国北疆亮丽风景线，为实现“两个一百年”奋斗目标、实现中华民族伟大复兴的中国梦而奋斗。自治区党委书记王君讲话，自治区主席布小林主持大会。自治区党委常委，自治区人大、政府、政协领导同志，内蒙古军区、自治区高级人民法院院长、人民检察院检察长、武警内蒙古总队、内蒙古边防总队负责同志，以及部分省级离退休老同志出席会议。大会表彰奖励了为自治区改革发展事业作出突出贡献的全区优秀共产党员、优秀党务工作者、优秀嘎查村党组织书记、优秀苏木乡镇党委书记和先进基层党组织。

自治区第九届党委常委会第163次（扩大）会议　7月2日，自治区党委召开常委会（扩大）会议，深入学习习近平总书记在庆祝中国共产党成立95周年大会上的重要讲话精神，研讨交流学习心得体会，强调要用习近平总书记重要讲话精神统一思想、凝聚力量，努力做好内蒙古各项工作，不断开创打造祖国北疆亮丽风景线的新局面。自治区党委书记王君主持会议并讲话。

中央第一环境保护督察组督察内蒙古自治区工作动员会　为贯彻落实党中央、国务院关于环境保护督察的重要决策部署，经党中央和国务院批准，中央第一环境督察组进驻内蒙古自治区开展环境保护督察工作。7月14日，中央第一环境保护督察组督察内蒙古自治区工作动员会在呼和浩特召开。中央第一环境保护督察组组长陆浩、副组长翟青就做好督察工作分别讲话，自治区党委书记王君作动员讲话，自治区主席布小林主持会议。中央环境保护督察组成员、国家环境保护督察办公室有关人员，自治区党政主要领导及班子其他成员出席会议，自治区人大和政协主要领导、党委和政府有关部门主要领导，各盟市党政主要领导以及呼和浩特市领导班子其他成员列席会议，其他盟市党委和政府领导班子成员以及有关部门主要负责人在当地通过视频会议的形式列席会议。

自治区第九届党委常委会第164次会议　7月18日，自治区党委召开常委会会议，深入分析上半年经济形势，研究部署下半年经济工作，审议通过自治区党委《关于加强党委领导地方立法工作的意见》。自治区党委书记王君主持会议并讲话。

自治区第九届党委常委会第165次会议　7月22日，自治区党委召开常委会会议，传达学习习近平总书记在东西部扶贫协作座谈会上的重要讲话和关于做好当前防汛抗洪抢险救灾工作的重要讲话精神，传达学习全国司法体制改革推进会精神，研究自治区贯彻落实意见，审议通过《关于全区司法体制改革若干问题的意见》。自治区党委书记王君主持会议并讲话。

加强换届风气监督工作会议　7月26日，自治区党委召开进一步加强换届风气监督工作会议，对换届风气进行再部署，强调要进一步明确责任、严格要求、加强教育、强化监督，以铁的纪律保证地方党委换届有序健康平稳进行。自治区党委书记王君主持会议并讲话，自治区领导李佳、张力、李鹏新、那顺孟和、王中和、张院忠、杜梓、杨成旺出席会议。与会同志集体观看湖南衡阳、四川南充违反换届纪律案件警示教育片《镜鉴》。

自治区第九届党委常委会第167次会议　8月2日，自治区党委召开常委会会议，传达学习全国双拥模范城（县）命名暨双拥模范单位和个人表彰大会精神、省区市“两学一做”学习教育座谈会精神、孙春兰在自治区考察时的重要讲话精神，研究自治区贯彻落实意见。自治区党委书记王君主持会议并讲话。

中国共产党内蒙古自治区第九届委员会第十六次全体会议　8月4日，中国共产党内蒙古自治区第九届委员会第十六次全体会议在呼和浩特举行。出席全会的自治区党委委员60人、候补委员10人。自治区纪委常委、有关方面负责同志和部分自治区第九次党代会基层代表列席会议。自治区党委书记王君讲话。全会审议通过《关于召开中国共产党内蒙古自治区第十次代表大会的决议》，安排部署第十次党代会筹备工作。

自治区第九届党委常委会第170次（扩大）会议　8月22日，自治区党委召开常委会（扩大）会议，传达学习全国卫生与健康大会精神，研究自治区贯彻落实意见。自治区党委书记王君主持会议并讲话。

全区领导干部大会　8月29日，自治区党委召开全区领导干部大会，宣布中央关于内蒙古自治区党委主要领导调整的决定：李纪恒任内蒙古自治区党委委员、常委、书记，王君不再担任内蒙古自治区党委书记、常委、委员职务。中共中央组织部副部长邓声明出席会议，宣布中央决定。王君主持会议并讲话。李纪恒、布小林分别讲话。自治区党委、人大、政府、政协领导同志，内蒙古军区、自治区高级人民法院、人民检察院、武警内蒙古总队和内蒙古边防总队负责同志，自治区副省级以上老同志，自治区九届党委委员、候补委员，各盟市党政主要领导，自治区各直属单位和驻呼各大企事业单位、高等院校主要领导，各民主党派、工商联主要领导参加会议。

自治区第九届党委常委会第173次（扩大）

会议　9月9日，自治区党委召开常委会（扩大）会议，传达学习中央推进“一带一路”建设工作座谈会和全国党委秘书长会议精神。自治区党委书记李纪恒主持会议并讲话。

严肃换届纪律集体谈话会　9月12日，自治区党委召开严肃换届纪律集体谈话会，强调要紧密团结在以习近平同志为总书记的党中央周围，以高度的政治责任感和从严从实的作风，严肃换届纪律，抓好换届风气，确保高标准高质量完成换届任务，确保选出忠诚干净担当的好干部、配出结构优功能强的好班子、换出心齐气顺劲足的好面貌，为打造祖国北部边疆亮丽风景线、谱写好中国梦的内蒙古篇章提供坚强组织保证。自治区党委书记李纪恒讲话，并代表自治区党委同各盟市委书记签订《内蒙古自治区市级党委换届工作责任状》。自治区主席布小林主持会议。自治区纪委书记张力、自治区党委组织部部长李鹏新分别就履行好纪委监督责任、做好换届组织工作作表态发言，自治区党委常委、呼和浩特市委书记那顺孟和，自治区党委常委、秘书长张院忠分别代表盟市委和区直机关作表态发言。自治区党委、人大、政府、政协党员领导同志，自治区高级人民法院院长、人民检察院检察长出席会议。各盟市委书记、纪委书记、组织部部长，自治区有关部门、单位主要负责同志、纪委书记（纪检组长）、机关党委书记或党务部门负责人，自治区党委换届指导督查组组长，自治区党委换届工作领导小组办公室人员参加会议。与会人员共同观看警示教育片《镜鉴》。

全区“两学一做”学习教育推进会　9月12日，自治区党委召开全区“两学一做”学习教育推进会，深入学习贯彻习近平总书记重要指示精神和中央有关部署要求，贯彻落实部分地区和部门“两学一做”学习教育工作座谈会精神，总结交流情况，安排部署下一步工作。自治区党委书记李纪恒讲话，强调要进一步提高思想认识，进一步做好规定动作，进一步强化问题导向，进一步抓好学与做的结合，进一步加强组织领导，推动全区学习教育扎实深入开展。自治区党委、人大、政府、政协党员领导同志，自治区高级人民法院院长、人民检察院检察长出席会议。各盟市委主要负责同志汇报“两学一做”学习教育情况，自治区直属机关工委、高校工委、国资委党委作书面发言。区直有关部门、企事业单位主要负责人和机关党委书记等参加了会议。

全区2016年秋季重大项目集中开工建设动员大会　9月19日，全区2016年秋季重大项目集中开工建设动员大会在呼和浩特召开。自治区党委书记李纪恒讲话，强调要深入学习贯彻习近平总书记系列重要讲话和考察内蒙古重要讲话精神，认真贯彻落实党中央、国务院关于稳增长、调结构、促改革、防风险、惠民生的各项决策部署，集中开工建设一批重大项目，充分发挥项目牵引作用和投资关键作用，着力保持经济社会平稳健康发展，努力实现“十三五”发展良好开局。自治区主席布小林主持会议，自治区党委、人大、政府、政协领导同志，自治区高级人民法院院长、人民检察院检察长等出席会议。

自治区第九届党委常委会第175次（扩大）会议　9月25日，自治区党委召开常委会（扩大）会议，传达学习党委中心组学习经验交流座谈会精神，研究自治区贯彻落实意见，讨论《内蒙古自治区民族教育条例（草案）》。自治区党委书记李纪恒主持会议并讲话。

自治区第九届党委常委会第177次会议　10月11日，自治区党委召开常委会会议，分析研究当前经济形势和经济工作，部署自治区成立70周年庆祝活动筹备工作。自治区党委书记李纪恒主持会议并讲话。

自治区第九届党委常委会第178次会议　10月17日，自治区党委召开常委会会议，传达学习习近平总书记在全国国有企业党的建设工作会议上的重要讲话精神，研究加强自治区国有企业党建工作；传达学习习近平总书记关于加强和创新社会治理工作重要指示和全国社会治安综合治理创新工作会议精神，部署深化平安内蒙古建设工作。自治区党委书记李纪恒主持会议并讲话。

全区党委秘书长会议　10月27日，全区党委秘书长会议在呼和浩特召开。自治区党委常委、秘书长张院忠主持会议，并传达全国党委秘书长会议精神、栗战书讲话精神和李纪恒重要批示、重要讲话要求。张院忠强调，全区各级办公系统要深入学习贯彻习近平总书记系列重要讲话、视察中办重要讲话和考察内蒙古重要讲话精神，全面贯彻全国党委秘书长会议精神和中央政治局委员、中央书记处、中央办公厅主任栗战书讲话精神，按照自治区党委书记李纪恒批示和讲话要求，牢固树立政治意识、大局意识、核心意识、看齐意识，坚定自觉地用中央精神统一思想和行动。要坚持问题导向，认真查找、着力解决工作中存在的突出问题，进一步加强和改进抓落实工作、调查研究、会议活动、信息报送、请示报告、公文运转、文件审核和警卫工作等，确保中央和自治区党委各项重大决策和部署落地生根，不断提升“三服务”工作科学化、规范化水平。要切实把牢“五个坚持”根本要求，打造“四铁队伍”，坚决做到绝对忠诚、绝对纯洁、绝对可靠，干好每一天、每一月、每一年，努力为全面建成小康社会、打造祖国北疆亮丽风景线作出新的更大贡献。自治区人大、政府、政协和纪委秘书长，自治区党委办公厅系统有关负责人，各盟市党委秘书长、办公厅(室)主任，满洲里、二连浩特市委秘书长和自治区有关部门、部分中直单位分管领导和办公室主任等参加了会议。

全区领导干部大会　10月29日，自治区党委召开全区领导干部大会，传达学习党的十八届六中全会精神，安排部署自治区贯彻落实工作。自治区党委书记李纪恒出席会议并讲话。他强调，要把思想和行动统一到党的十八届六中全会精神上来，更加紧密地团结在以习近平同志为核心的党中央周围，深入贯彻习近平总书记系列重要讲话精神和治国理政新理念新思想新战略，深入贯彻习近平总书记考察内蒙古重要讲话精神，守望相助、团结奋斗，努力开创全区改革开放和现代化建设新局面。李纪恒在会上传达了党的十八届六中全会精神。自治区主席布小林主持会议。自治区党委、人大、政府、政协领导同志，内蒙古军区、自治区高级人民法院、人民检察院、武警内蒙古总队和内蒙古边防总队负责同志，在呼省级离退休老同志，自治区纪委、自治区党委各巡视组、自治区直属各部门、驻呼各大企事业单位和中央驻区单位的负责同志参加会议。

自治区第九届党委常委会第180次(扩大)会议暨理论中心组集体学习会　10月29日，自治区党委召开常委会(扩大)会议暨理论中心组集体学习会，传达学习党的十八届六中全会精神，研究自治区贯彻落实意见。自治区党委书记李纪恒主持会议并讲话。

自治区第九届党委常委会第181次会议　11月1日，自治区党委召开常委会会议，传达学习10月28日召开的中央政治局会议精神和国务院振兴东北地区等老工业基地推进会精神，研究部署自治区贯彻落实工作。自治区党委书记李纪恒主持会议并讲话。

全区实施新一轮东北振兴战略推进工作会议　11月5日，全区实施新一轮东北振兴战略推进工作会议在呼和浩特召开。会议深入学习贯彻习近平总书记全面振兴东北地区重大战略思想，学习贯彻国务院振兴东北地区等老工业基地推进会议精神，研究部署自治区落实新一轮东北振兴战略、推进东部盟市跨越发展工作。自治区党委书记李纪恒作重要讲话。自治区主席布小林传达国务院振兴东北地区等老工业基地推进会议精神并安排部署自治区贯彻落实工作。自治区党委副书记李佳、自治区副主席常军政分别主持上、下午的全体会议，自治区党委常委张建民作总结讲话。自治区党委常委，自治区人大、政府、政协领导同志，自治区高级人民法院院长出席会议。

全区卫生与健康大会　11月6日，全区卫生与健康大会在呼和浩特召开，深入学习贯彻全国卫生与健康大会精神特别是习近平总书记重要讲话精神，安排部署当前和今后一个时期全区卫生与健康工作，动员全区上下共同推进健康内蒙古建设。自治区党委书记李纪恒、国家卫生计生委主任李斌出席会议并作重要讲话。自治区党委副书记、自治区主席布小林，自治区副主席常军政分别主持上、下午的全体会议，自治区副主席刘新乐作总结讲话。自治区党委、人大、政府、政协领导同志，自治区高级人民法院院长出席会议。各盟市委书记、盟市长，自治区各部门、各单位和中央驻呼有关单位的主要负责同志参加会议。

2016内蒙古大数据产业推介大会　11月7日，由国家发改委、工信部、中央网信办、商务部、科技部与内蒙古自治区人民政府共同主办，中国电信、中国移动、中国联通、华为、中兴通讯、浪潮集团协办的2016内蒙古大数据产业推介大会在北京国家会议中心举行，正式启动内蒙古国家大数据综合试验区建设，面向全世界推介内蒙古大数据产业发展前景，诚邀国内外相关企业和行业精英加盟，携手共创内蒙古大数据产业发展的美好未来。

自治区党委书记李纪恒、国家发改委主任徐绍史，工信部副部长怀进鹏、中央网信办副主任庄荣文、科技部副部长李萌分别致辞，自治区党委副书记、自治区主席布小林主持会议。国家财政部副部长史耀斌，人力资源部副部长游钧，国家税务总局总经济师任荣发，国家工商行政管理总局副局长王江平，国家新闻出版广电总局副局长孙寿山，国家体育总局党组成员、局长助理李颖川，国家统计局总统计师鲜祖德，新华社副社长刘正荣，人民日报社副总编辑谢国明，经济日报社副总编辑丁士，中国工程院院士倪光南、邬贺铨等出席会议。张建民、那顺孟和、王中和、张院忠、符太增等自治区领导出席会议，自治区副主席王波介绍了国家大数据综合试验区推进方案和自治区促进大数据发展应用政策措施。推介会上举行了项目签约仪式，自治区政府与国家工商总局、质检总局、航天科工集团、浪潮集团、货车帮科技有限公司、华为技术有限公司签署合作协议，各盟市与有关部门和企业签订合作协议。共签约项目93个，总投资额508亿元。

党的十八届六中全会精神宣讲报告会　11月8日，中央宣讲团在自治区举行党的十八届六中全会精神宣讲报告会。穆虹作宣讲报告，自治区党委书记李纪恒主持报告会。自治区党委常委，自治区人大、政府、政协的领导同志和自治区高级人民法院院长，部分省级离退休老干部出席报告会。报告会以电视电话会议形式举行。自治区直属各部门、驻呼各大企事业单位主要负责同志，中央驻区各单位主要负责同志，自治区纪委常委、各部室主要负责同志和各派驻（出）机构纪检组长，自治区党委各巡视组组长、副组长，驻呼高等院校主要负责同志及党的十八届六中全会精神自治区宣讲团成员等在主会场参加报告会。各盟市、旗县相关同志在分会场听取报告。

中央第一环境保护督察组督察内蒙古自治区情况反馈会　为贯彻落实党中央、国务院关于环境保护督察的重要决策部署，2016年7月14日至8月14日，中央第一环境保护督察组对内蒙古自治区开展环境保护督察，并形成督察意见。经国务院批准，督察组于11月12日向内蒙古自治区党委、政府进行了反馈。中央第一环境保护督察组组长陆浩出席会议并讲话。自治区党委书记李纪恒作表态发言，自治区党委副书记、自治区主席布小林主持会议，中央第一环境保护督察组副组长、环境保护部副部长翟青通报督察意见。情况反馈会以电视电话会议形式召开。中央环境保护督察组成员，自治区党委、人大、政府、政协的领导同志，自治区高级人民法院院长，自治区有关部门、单位主要负责同志等在主会场参加会议。各盟市设分会场。

中国共产党内蒙古自治区第十次代表大会 11月22日，中国共产党内蒙古自治区第十次代表大会在内蒙古人民会堂隆重开幕。自治区党委书记李纪恒代表中国共产党内蒙古自治区第九届委员会向大会作题为《紧密团结在以习近平同志为核心的党中央周围，把祖国北部边疆这道风景线打造得更加亮丽》的报告。大会执行主席李纪恒、布小林、王君、任亚平、王占、李佳、张建民、那顺孟和、王中和、王莉霞、杨俊兴、曾一春、刘奇凡、张院忠、呼尔查、秦义、张恩惠、敖慧然、海堂在主席台前排就座。在主席台就座的还有大会主席团成员、代表中的省军级干部、列席人员中的省军级离退休干部，以及邀请来宾中的各民主党派、工商联主要负责人。党中央高度重视内蒙古自治区党委换届工作，中央组织部督导组亲临大会指导。大会由布小林主持。大会应到代表665人，实到659人。李纪恒向大会所作的报告共分八个部分：一是过去五年工作的回顾；二是关键时期的形势与任务；三是加快推动经济转型升级；四是积极发展社会主义民主政治；五是大力弘扬社会主义先进文化；六是着力增进各族人民福祉；七是全面加强生态文明建设；八是深入推进全面从严治党。列席大会的还有自治区各有关方面党员负责同志。

11月26日，中国共产党内蒙古自治区第十次代表大会完成各项议程，在呼和浩特闭幕。李纪恒主持闭幕大会。在主席台前排就座的有大会执行主席布小林、李佳、张建民、那顺孟和、王中和、王莉霞、杨俊兴、曾一春、刘奇凡、张院忠、陈羽、艾丽华、白玉刚、段志强、宋亮、包钢、赵晶、苏梅。

中国共产党内蒙古自治区纪委十届一次全会 11月26日，中国共产党内蒙古自治区第十届纪律检查委员会在呼和浩特举行第一次全体会议。出席会议的自治区纪律检查委员会委员应到45人，实到45人。受自治区第十次党代表大会主席团的委托，自治区党委常委、纪律检查委员会书记刘奇凡主持会议。会议以无记名投票的方式，选举产生中共内蒙古自治区第十届纪律检查委员会常务委员会委员和书记、副书记，并报自治区党委十届一次全会通过。刘奇凡、王月胜、陈继清、喇军、代钦、朱俐萍、苑瑞先、包波、郑东波、赵光炯、奇飞云当选为中共内蒙古自治区第十届纪律检查委员会常务委员会委员，刘奇凡当选为自治区纪委书记，王月胜、陈继清、喇军、代钦为副书记。新当选的自治区党委常委、纪委书记刘奇凡在会上讲话。

中国共产党内蒙古自治区第十届委员会第一次全体会议 11月26日，中国共产党内蒙古自治区第十届委员会第一次全体会议在呼和浩特举行。出席会议的有自治区党委委员81人，候补委员15人。自治区纪律检查委员会委员列席会议。自治区党委书记李纪恒主持会议并讲话。全会选举产生中国共产党内蒙古自治区第十届委员会常务委员会委员、书记、副书记；批准中国共产党内蒙古自治区第十届纪律检查委员会第一次全体会议选举产生的书记、副书记和常务委员会委员人选。名单如下：

（一）中国共产党内蒙古自治区第十届委员会常务委员会委员：李纪恒、布小林（女，蒙古族）、李佳、张建民、王莉霞（女，蒙古族）、曾一春、刘奇凡、张院忠、云光中（蒙古族）、宋亮、白玉刚（蒙古族）、罗永纲。

（二）中国共产党内蒙古自治区第十届委员会书记、副书记

书　记：李纪恒

副书记：布小林（女，蒙古族）、李佳

（三）中国共产党内蒙古自治区第十届纪律

检查委员会书记、副书记、常务委员会委员

书　记:刘奇凡

副书记:王月胜、陈继清、喇军(蒙古族)、代钦(蒙古族)

常务委员会委员:刘奇凡、王月胜、陈继清、喇军(蒙古族)、代钦(蒙古族)、朱俐萍(女,满族)、苑瑞先(女)、包波(蒙古族)、郑东波、赵光炯、奇飞云(女,蒙古族)。

全区安全生产大检查动员部署会议　12月5日,自治区党委、政府召开全区安全生产大检查动员部署会议(视频会议),深入贯彻落实党中央、国务院领导批示精神和全国安全生产电视电话会议精神,深刻分析赤峰宝马矿业“12·3”特别重大瓦斯爆炸事故暴露出的突出问题,对全区安全生产大检查工作进行再动员、再部署、再落实,推动全区安全生产形势稳定好转。自治区党委书记李纪恒主持会议并讲话。自治区党委常委,自治区人大、政府、政协领导同志,自治区高级人民法院院长、人民检察院检察长;自治区各部门、单位,中央驻呼各单位主要负责同志;驻呼有关重点企业主要负责人在主会场参加会议。各盟市、旗县(市区)设立分会场。

自治区第十届党委常委会第4次会议　12月9日,自治区党委召开常委会会议,传达学习全国高校思想政治工作会议精神,研究中央环境保护督察反馈意见整改落实等工作。自治区党委书记李纪恒主持会议并讲话。

自治区第十届党委常委会第5次会议　12月18日,自治区党委召开常委会会议,传达学习中央政治局12月9日会议精神和中央经济工作会议精神,分析总结2016年经济运行情况,研究2017年经济工作。自治区党委书记李纪恒主持会议并讲话。

全区宗教工作会议　12月19日,全区宗教工作会议在呼和浩特召开。会议深入学习贯彻全国宗教工作会议和《中共中央国务院关于加强和改进新形势下宗教工作的意见》精神,分析形势,研究问题,部署工作。自治区党委书记李纪恒出席会议并讲话。他强调,要更加紧密地团结在以习近平同志为核心的党中央周围,深入学习贯彻习近平总书记系列重要讲话精神和治国理政新理念新思想新战略,全面贯彻落实党的宗教工作方针政策,开拓进取,扎实工作,不断开创自治区宗教工作的新局面,为打造祖国北疆亮丽风景线作出新的更大贡献。自治区主席布小林主持上午的全体会议。自治区党委常委、统战部部长王莉霞在下午的全体会议上作总结讲话,自治区副主席刘新乐主持下午的全体会议。自治区党委、人大、政府、政协的领导出席会议。

全区非公有制经济工作会议　12月20日,全区非公有制经济工作会议在呼和浩特召开。自治区党委书记李纪恒出席会议并讲话,他强调,要更加紧密地团结在以习近平同志为核心的党中央周围,进一步解放思想、总结经验、坚定信心,鼓足干劲、一往无前,全力推动自治区非公有制经济发展实现新跨越,为决胜全面小康、建设现代化内蒙古、打造祖国北疆亮丽风景线作出更大贡献。自治区主席布小林主持上午的全体会议并讲话。自治区党委常委、统战部部长王莉霞在下午的全体会议上作总结讲话,自治区副主席王波主持下午的全体会议。自治区党委、人大、政府、政协的领导同志出席会议。

自治区第十届党委常委会第6次会议　12月27日,自治区党委召开常委会会议,传达学习中央农村工作会议和全国扶贫开发工作会议等中央和全国重要会议精神,研究部署自治区相关工作。自治区党委书记李纪恒主持会议并讲话。

【重要活动】

沈跃跃在内蒙古考察　2016年1月20—21日,全国人大常委会副委员长、全国妇联主席沈跃跃到呼和浩特、乌兰察布市就贯彻习近平总书记系列重要讲话精神,落实中央重要决策部署,做好妇联精准扶贫、妇女精准脱贫进行实地调研,并开展全国妇联“送温暖三下乡”活动。调研期间,沈跃跃同自治区党委书记、人大常委会主任王君就妇女工作和发展交换意见。自治区党委常委、组织部部长李鹏新陪同调研。

曹建明在内蒙古考察 2016年3月30—31日,最高人民检察院党组书记、检察长曹建明在呼和浩特出席潘志荣同志命名表彰大会并调研,与部分全国人大代表进行座谈,听取自治区人民检察院工作汇报并讲话,强调各级检察机关要全面学习领会习近平总书记在两会期间的系列重要讲话精神,积极回应人民群众对检察工作的新要求新期待,凝心聚力,真抓实干,在服务保障“十三五”经济社会发展中,实现检察工作跨越式发展。自治区党委书记、人大常委会主任王君陪同调研并主持座谈会,自治区党委常委、政法委书记刘惠陪同,自治区人民检察院检察长马永胜汇报工作。

张德江在内蒙古考察 2016年5月7—9日,中共中央政治局常委、全国人大常委会委员长张德江率食品安全法执法检查组,在呼和浩特、巴彦淖尔市开展执法检查,并看望自治区人大常委会机关干部职工。检查期间,张德江听取自治区贯彻实施食品安全法工作情况汇报。他指出,要广泛宣传食品安全法,增强全社会食品安全意识和法治意识,推动法律正确有效实施,督促各有关方面全面加强和改进食品安全工作,确保人民群众吃得安全、吃得放心、吃得健康。自治区党委书记、人大常委会主任王君,自治区党委副书记、自治区代主席布小林陪同检查并汇报工作。

郭声琨在内蒙古考察 2016年5月22—24日,国务委员、公安部部长郭声琨在呼和浩特出席全国公安机关社会治安防控体系建设推进会议,并前往赤峰市调研,深入一线了解公安基础信息化、执法规范化建设和户籍制度改革推进落实情况,专门就公安机关开展“两学一做”学习教育召开座谈会,听取自治区、市、旗公安机关开展学习教育的情况、基层民警的体会感受和基层干部群众的意见建议。自治区党委书记、人大常委会主任王君,自治区党委常委、秘书长张院忠,自治区党委常委、政法委书记刘惠,自治区副主席、公安厅厅长马明分别参加上述活动。

孟建柱在内蒙古调研 2016年6月17—21日,中共中央政治局委员、中央政法委书记孟建柱先后赴呼和浩特市、阿拉善盟、兴安盟调研。他强调,深入学习贯彻习近平总书记系列重要讲话精神,紧紧依靠各族人民,坚持从实际出发,把中央精神与内蒙古实际结合起来,深化改革,大胆创新,不断提高执法司法水平,为祖国北疆经济发展社会和谐稳定作出新贡献。自治区党委书记、人大常委会主任王君陪同,自治区党委副书记、自治区代主席布小林,自治区党委副书记李佳,自治区党委常委、秘书长张院忠,自治区党委常委、政法委书记刘惠分别陪同。

张宝文在内蒙古调研 2016年6月20—24日,全国人大常委会副委员长张宝文率全国人大常委会水法执法检查组在自治区执法检查。检查期间听取自治区政府贯彻实施水法的情况汇报,深入包头市、呼和浩特市等地的节水灌溉工程、节水改造工程以及水管站等基层单位进行现场检查。自治区党委副书记、自治区主席布小林陪同。

蒋正华在内蒙古考察 2016年6月26—28日,全国人大常委会原副委员长蒋正华在呼和浩特出席全国老促会第十一次会长座谈会,自治区党委书记、人大常委会主任王君在新城宾馆会见蒋正华一行。

万鄂湘、齐续春在内蒙古考察 2016年7月2—4日,全国人大常委会副委员长、民革中央主席万湘鄂,全国政协副主席、民革中央常务副主席齐续春在包头市出席民革第十二届十五次中常会并考察。自治区党委书记、人大常委会

主任王君拜会万鄂湘、齐续春一行，自治区党委常委、组织部部长李鹏新，自治区党委常委、秘书长张院忠陪同。

布赫在内蒙古考察　2016年7月6—14日，全国人大常委会原副委员长布赫在呼和浩特市考察。自治区党委书记、人大常委会主任王君在新城宾馆拜会全国人大常委会原副委员长布赫一行，自治区党委常委、秘书长张院忠参加。

向巴平措在内蒙古调研　2016年7月7—13日，全国人大常委会副委员长向巴平措率全国人大常委会专题调研组，就国务院制定实施民族区域自治法配套法规情况和城镇化进程中的民族工作在自治区开展专题调研。7月10日上午，专题调研组在呼和浩特市召开座谈会，听取自治区人民政府工作汇报，就深入贯彻实施民族区域自治法提出明确要求。调研期间，专题调研组一行深入满洲里市、呼和浩特市、鄂尔多斯市、包头市及部分旗区进行实地考察。自治区人大常委会副主任吴团英主持座谈会，自治区副主席刘新乐作工作汇报。

王正伟在内蒙古调研　2016年7月20—24日，全国政协副主席王正伟率全国政协调研组，就“加强草原生态系统保护与修复”在自治区开展专题调研。调研组一行先后实地查看沙地综合治理工程项目、草原固定监测点、蒙草公司绿化项目等，并走进牧民家，认真了解草原生态保护补奖政策落实情况。7月23日下午，调研组在呼和浩特召开座谈会，听取自治区人民政府及有关部门的情况汇报。全国政协副主席王正伟讲话，自治区政协主席任亚平主持座谈会，自治区副主席王玉明作工作汇报，自治区政协副主席董恒宇、牛广明陪同调研并参加座谈会。

张梅颖在内蒙古考察　2016年7月21—25日，全国政协原副主席张梅颖在自治区兴安盟考察。

孙春兰在内蒙古考察　2016年7月26—28日，中共中央政治局委员、中央统战部部长孙春兰在呼和浩特、兴安盟考察内蒙古和信园蒙草抗旱绿化股份有限公司、蒙羊牧业股份有限公司、万佳食品公司、大学生创业园，深入蒙古族农牧民聚居区义勒力特嘎查了解农村牧区建设情况，到科右前旗科尔沁镇兴科社区进城农牧民家庭中看望。其间，召开两场座谈会，分别听取各级统战干部对加强基层统战工作和基层干部群众对民族团结工作的意见建议。自治区党委书记、人大常委会主任王君，自治区党委副书记、自治区主席布小林，自治区党委副书记李佳，自治区党委常委、组织部部长李鹏新，自治区党委常委、呼和浩特市委书记那顺孟和，自治区党委常委、秘书长张院忠分别陪同。

陈元在内蒙古考察　2016年8月1—8日，全国政协副主席陈元一行在兴安盟阿尔山市考察。6日，出席自治区人民政府与中国开发性金融促进会主办的设立“阿尔山论坛”研讨会。自治区党委副书记、自治区主席布小林，自治区党委常委、自治区副主席符太增陪同并出席研讨会。

常万全在内蒙古考察　2016年8月17—19日，中央军委委员、国务委员兼国防部长、国家边海防委员会主任常万全先后在满洲里市、呼伦贝尔市考察，自治区党委副书记、自治区主席布小林陪同。

汪洋在内蒙古考察　2016年8月28—29日，中共中央政治局委员、国务院副总理汪洋在自治区调研草牧业发展情况。他强调，加快草牧业发展，是农牧民增收致富的重要途径，是农业供给侧结构性改革的重要内容，是生态文明建设的重要举措。要认真贯彻落实党中央、国务院的决策部署，坚持生产生态有机结合、生态优先，加强草原生态保护建设，发展人工种草，转变草食畜牧业发展方式，以科技创新推进转型升级，实现草牧业持续健康发展。

马培华在内蒙古考察　10月10—11日，全国政协副主席、民建中央常务副主席马培华赴阿拉善盟,出席在阿拉善左旗举行的第一届“内蒙古生态修复与产业化发展”论坛。

(撰稿人:那日斯　闫立朝　哈克)

党委办公厅

【概况】 内设机构18个:秘书处、法规处、会议处、常委会办公室、督促检查室、综合一处、综合二处、综合三处、信息调研一处、信息调研二处、信息调研三处、人事处、翻译处、机要交通处、行政处、保卫处、离退休人员工作处共17个职能处室和机关党委。

委托管理机构4个:自治区接待办公室(自治区合作交流办公室,参照公务员法管理事业单位,正厅级)、内蒙古自治区党委保密委员会办公室(自治区国家保密局,副厅级)、内蒙古自治区党委机要局(自治区国家密码管理局,副厅级)、自治区专用通信局(双重管理事业单位,副厅级)。

所属事业单位9个:办公厅信息服务中心、党委机关车辆服务处、党委机关事务服务中心、办公厅文印中心(党委机关印刷厂)、党委机关幼儿园、保密技术检查测评中心、涉密载体销毁中心、涉密网络管理中心(参照公务员法管理单位)、电子文件管理中心(参照公务员法管理事业单位)。

【履行抓落实职能】 充分发挥督查督办的“利剑”作用,对中央和自治区党委重要会议作出的部署、重要文件提出的要求,及时研究制定贯彻落实的措施和方案,逐项做好任务分解,切实抓好督促检查,适时向中央和自治区党委汇报进展情况。对中央领导同志和自治区党委领导重要批示和交办事项,快转快办,跟踪盯办,做到及时报告、及时反馈,切实把每一条领导指示批示办快、办实、办好。全年牵头开展全区性实地督查、书面督查67次,督办中央和自治区党委领导同志批示指示135件,向中央和自治区党委、政府报送有关工作报告65份,办理网民给自治区党委书记留言747条,党委督查室连续8年获评“全国网民留言办理先进单位”,获网民留言办理工作“十周年贡献奖”。同时,全力协助自治区党委集中开展由省级领导带队实施的“安全生产大检查”行动、“信访积案化解百日攻坚”专项行动等,服务自治区党委主要领导同志深入鄂尔多斯市、乌兰察布市等地开展专项督察行动。受自治区党委、政府委派,就妥善处理赤峰“12·3”特大瓦斯爆炸事故,组织有关部门赴国家安监总局进行专题汇报,有力服务大局需要,促进工作落实。自治区党委书记李纪恒和自治区主席布小林对自治区党委办公厅抓督查、抓落实工作专门作出重要批示,给予充分肯定。

【秘书长联席会议制度建立实行】 协调自治区人大、政府、政协、纪委办公厅,建立党委、人大、政府、政协、纪委秘书长联席会议制度,努力实现“三有三早三提高”目的,即让沟通情况有渠道、协调问题有阵地、联络工作有平台;大事要事早谋划、关联工作早对接、变化变数早预知;进一步提高办事效率、提高工作质量、提高服务水平,有效协调解决了重要会议重要活动和工作统筹方面的一些重要问题。

【公文办理】 制定《关于加强自治区党委文件审核工作的意见》,强化部门起草责任,完善前置审核制度,规范文件报送程序,全年办理中央和中央部委来文382件、各地区各部门报件576件。严格落实精简文件相关要求,坚持少发文、慎发文、发管用的文,全年制发自治区党委重要文件188件。认真做好中央和自治区党委文件资料蒙文翻译工作,全年翻译发至县团级文件68件、63万字。

【会议活动安排统筹】 坚持从严审批、计划管理、规范运行,进一步精简会议、改进会风,全年完成各类重大会议74次,完成自治区主要领导赴京与国家部委和中央企业对接工作、赴12个盟市36个旗县调研等重要活动20余次。举全厅之力做好自治区第十次党代会筹备和组织工作，实现自治区党委提出的“无缝对接、滴水不漏、万无一失”目标要求。

【公务接待】 坚持严格管理、注重细节、体现特色、注重规范，改进新形势下的公务接待工作，全年接待副省部级以上领导同志及其他重要宾客268批次，安排重要会见、会谈、签约等活动161次，完成张德江、汪洋、孟建柱等党和国家领导人在自治区视察调研、检查指导工作的服务保障任务，完成中央和国家机关以及兄弟省区市有关领导同志，以及中央企业、港澳台重要宾客在自治区的调研考察、经贸洽谈及外事活动等重要接待任务，有效促进了交流合作。

【专项服务保障】 配合完成国家审计署对原自治区党委政府主要领导经济责任审计、环保部对自治区环保督察、“神十一” 回收车辆保障等各项重大任务，承担自治区成立70周年大庆活动领导小组办公室职责，协助自治区党委及时做好向中央汇报和国家部委对接协调有关工作，完成大庆方案制定、任务分解、机构组建、人员抽调等工作，协调各工作组扎实有序地推进筹备工作。

【信息服务工作】 认真做好上报中办信息、重大紧急信息、日常动态信息、调研信息、互联网舆情信息的收集整理和报送工作，全面准确反映自治区经济社会发展新思路新举措新成就，全年向中央办公厅报送综合信息343期，被采用80余篇，编发自治区本级各类信息刊物798期，自治区党委领导批示200多篇(次)。中央政治局常委、中央书记处书记刘云山在整理报送的《内蒙古认真贯彻落实习近平总书记考察时重要讲话精神，“五边行动”助推“北疆基层党建长廊”建设，全力筑牢祖国北疆安全稳定屏障》信息上作出批示，自治区党委书记李纪恒专门作出批示表扬。

【文稿起草】 坚持从全局高度谋划综合文稿工作，切实把中央精神、领导意图和区情实际有机结合，确保综合文稿精益求精。全年围绕自治区党委主要领导下基层调研考察、向中央汇报工作、拜访国家相关部委、参加重要会议活动等，完成综合文稿起草任务240多篇、120余万字；起草审核自治区党委和主要领导新闻报道稿210多篇、21余万字；完成自治区党委其他领导重要文稿350余篇、130余万字。

【党委常委会服务】 主动适应自治区党委工作新要求，精心协调安排自治区党委常委会会议、常委公务活动和考察调研活动，周密组织落实，全年承办常委会会议、书记专题会、党委中心组集体学习会、省级领导干部会等重要会议139次，承办自治区领导同志重大集体活动34次，服务党委主要领导深入基层调研和走访慰问30余次。

【机关事务管理改革】

财务资产管理严格规范 科学编报决算和年度预算，合理编制财务支出规划，公开部门预算信息及“三公”经费预决算信息，财政资金统筹管理力度进一步加大。健全完善采购、保管、使用和监督等制度机制，组织对厅内预算单位资产情况进行全面清查。坚持花钱办事精打细算，大力压缩经费支出，“三公”经费支出同比往年持续降低。

机关文印和车辆保障优质高效 以服务机关工作为核心，加强机关文件印制管理，提高印制质量和生产效率，较好地完成自治区重要会议材料的印制任务。严格落实公务用车制度改革各项要求，全面规范公务用车使用和运行管理，全年完成自治区党委各类重要会议、公务活动车辆服务保障任务4200余次。

安全保卫工作万无一失 牢固树立安全意识，常态开展安全检查，发现问题、堵塞漏洞，不断增强安全防控能力，与各有关地区和部门共同努力，完成自治区第十次党代会等自治区党

委重要会议活动和党委主要领导公务活动的安全保卫任务。严格执行动态管控、值班巡查、安全检查和消防安全等工作制度，坚持24小时政务值班值守，强化对人员和车辆的检查和登记管理，及时妥善处置各类事件，确保党委机关和领导住地秩序井然。

【机关自身建设】

全面加强思想政治建设 自治区党委办公厅（以下简称自治区党办）领导班子认真贯彻落实中央和自治区党委关于加强全面从严治党的部署要求，切实树立“抓好党建是最大政绩”的理念，统筹推进党的思想、组织、作风、党风廉政建设和制度建设。厅领导班子认真贯彻落实党的十八大和三中、四中、五中、六中全会精神，坚决在思想上、政治上、行动上同以习近平同志为核心的党中央保持高度一致，在大是大非问题面前，始终做到旗帜鲜明、态度坚决，做政治上的明白人。结合深入开展“两学一做”学习教育，坚持不懈地加强党性修养锻炼，严守党的政治纪律和政治规矩，坚决维护党的团结和集中统一，坚决维护党中央权威，有力确保党中央和自治区党委各项决策部署的贯彻落实。

认真贯彻执行民主集中制 自治区党办领导班子认真贯彻《地方委员会工作条例》《党组工作条例（试行）》，以自治区党委工作规则和常委会议事规则为标杆，严格按照“集体领导、民主集中、个别酝酿、会议决定”原则议事决策，切实把方向、抓落实、做决策、带队伍，较好地发挥了领导核心作用。自治区党办班子成员坚持集体领导与个人分工相结合，带头落实“四个服从”，带头遵守组织程序，带头执行组织决定，凡是人事任免、财务预决算、干部实绩考核等重大事项，均由厅务会集体研究、集体决定，做到严格按程序议事、按规矩办事，带动全厅上下进一步形成风清气正、干事创业、团结共事的良好政治生态。

严格教育管理干部队伍 切实加强干部教育培训工作，突出多样化和类别化培训，全年通过干部自主选学、主体班次培训、专题业务培训和继续教育培训等方式，先后培训干部职工105人次，依托复旦大学、浙江大学、江西干部学院等院校，培训干部230人次。认真贯彻执行《干部选拔任用工作条例》，严格执行任前档案审核、个人事项报告和按核定职数任用配备干部等要求，坚决防止“带病”提拔和超职数配备干部，全年通过调任、遴选、公开招聘等方式，为机关和事业单位充实一批工作人员，进一步增强了干部队伍活力。

全面加强基层组织建设 坚持把抓基层组织建设作为基础性、关键性工作来抓，制定《党委办公厅党支部规范化建设工作手册（试行）》，建立完善党员电子档案数据库和基层党组织电子数据库，认真落实“三会一课”、组织生活会等制度，支部规范化建设取得明显成效，5个党支部（总支）晋升一类党组织，“晋位升级”形成常态。全面推行《党委办公厅机关党建工作“联述联评联考”实施办法》，认真落实机关党建各项工作责任制，召开2016年度党委办公厅党建工作例会和支部书记抓党建工作述职评议会，进一步推动形成层层抓党建的良好局面。

扎实抓好党风廉政建设和反腐败工作 突出抓好“两个责任”落实，认真落实党风廉政建设和反腐败工作各项要求，机关纪委会同驻自治区党办纪检组对所有处室单位主要负责人进行廉政谈话并签订党风廉政建设责任书。进一步加强反腐倡廉经常性教育和日常监督，持续抓好中央八项规定精神和自治区28条配套规定贯彻落实，遇有重要节假日和重要时间节点，及时进行廉政提醒，全年办公厅机关、代管单位和所属事业单位均未发生违法违纪案件。配合自治区党委第一巡视组对自治区党办的巡视工作，按照巡视反馈意见认真抓好整改工作。

【“两学一做”学习教育】

精心组织，加强领导 按照“两学一做”学

习教育总体要求，提早进行谋划部署，先行组织完成各支部换届和支委会调整补充工作，对全厅基层党组织进行全面摸查，认真排查全体党员组织关系，进一步规范基层党组织和党员管理工作。认真贯彻落实中央和自治区“两学一做”学习教育工作座谈会精神，第一时间召开动员部署会，成立由自治区党委常委、秘书长任组长的学习教育领导小组，制定出台方案，列出时间表和任务书，明确自治区党办班子成员、机关党委、各支部抓学习教育的具体责任。自治区党办领导班子先后多次召开工作例会和推进会，专题部署推进工作。自治区党委书记李纪恒等自治区党委领导带头落实自治区党委“六个一”要求，主动以普通党员身份参加所在支部学习教育，坚持以上率下、率先垂范，为全区党员干部起到了带头示范作用。

抓实学习，深入研讨　切实把“基础在学”的要求具体化，紧扣学党章党规和学系列讲话这个中心任务，制定《学习教育安排表》，为每名党员干部编印《党员干部学习手册》和《廉政纪律手册》，对学习进度作详细安排，以中心组学习为龙头，开展形式多样的理论学习、专题研讨和警示教育。为提高学习教育针对性和实效性，将厅内处室单位党支部组合为9个学习集体，通过自治区党办领导领学、专家辅导讲座等形式，强化学习效果。自治区党办领导班子和各支部围绕树牢“四个意识”，“讲政治、懂规矩、守纪律”等专题，深入开展学习交流和集中研讨，班子成员和支部书记带头撰写党课报告、体会文章240余篇，分批在政务内网、“两学一做”专刊专栏和手机微信平台刊载，营造浓厚的学习教育氛围，自治区党办被自治区直属机关工委评为2016年度“十佳党委（党组）中心组学习典型”。

强化实践，知行合一　切实把牢做的关键，扭住做的重点，努力在“学中干、干中学”，以解决问题、推动工作实际成效来检验学习教育成果，确保各项任务落细落实。自治区党办领导班子多次对全厅学习教育情况开展专项督导，引导广大党员在服务改革发展、勇于攻坚克难、抓好工作落实、履行“三服务”职责上创先争优，着力打造“绝对忠诚、绝对纯洁、绝对可靠”的党办干部队伍。同时，深入贯彻落实全国党委秘书长会议精神，组织召开2次全区党委秘书长会议，着力推进“强化抓落实工作”“改进服务领导同志基层调研”“改进会议活动管理”“做好信息报送”“强化请示报告”“抓好公文运转和文件审核”等具体工作，实现“两手抓、两不误、两促进”。

（撰稿人：闫立朝　王立通）

接待工作

【概况】　内蒙古自治区接待办公室于1997年6月成立，隶属于党委办公厅，为副厅级事业单位（全额拨款，参照国家公务员制度管理范围），内设3个处。2009年7月，机构规格由副厅级升为正厅级，并加挂内蒙古自治区合作交流办公室牌子。自治区接待办公室下设5个处。

【接待人次】　2016年，自治区本级共接待副省部级以上领导干部及其他重要宾客268批次、3202人次（含随员）。其中，党和国家领导同志20批次、265人次；党群及法检方面来宾46批次、280人次；人大方面来宾14批次、95人次；政府方面来宾91批次、681人次；政协方面来宾30批次、354人次；军队武警方面来宾10批次、81人次；国内企业和金融机构来宾29批次、1221人次；外宾及中国港澳台来宾4批次、78人次；其他重要宾客24批次、147人次。

【等级任务接待】　2016年，等级任务共20批、265人次，圆满完成张德江、温家宝、贾庆林、孙春兰、汪洋、孟建柱、沈跃跃、向巴平措、万鄂湘、张宝文、布赫、蒋正华、曹建明、常万全、陈元、王正伟、齐续春、马培华、张梅颖等党和国家领导在内蒙古自治区考察、调研、参会等活动的服务保障。

【巡视、督导、督查、检查接待】 2016年，党中央、国务院、全国人大、全国政协派出工作团组在自治区开展巡视、督导、督查、检查的任务共86批次、819人次，工作内容涵盖宏观经济政策、全面深化改革、民主法治建设和全面从严治党重大决策部署落实情况，以及生态文明建设、食品药品安全、安全生产、扶贫攻坚、社会民生、党规党纪学习贯彻和换届纪律督导等重点领域工作推进情况。

【会议论坛接待】 2016年，省部级以上领导在自治区出席各类会议论坛活动的任务共35批次、239人次。

【企业接待】 2016年，国内外各大企业和金融机构到自治区考察洽谈签约的来宾共29批次、1221人次。

（撰稿人：闫立朝　哈克）

保 密 工 作

【概况】 内蒙古自治区党委保密委员会办公室和内蒙古自治区国家保密局实行一个机构两块牌子，为副厅级建制。内蒙古自治区党委保密委员会办公室是内蒙古自治区党委保密委员会的办事机构，内蒙古自治区国家保密局是自治区人民政府开展保密行政管理的职能部门，由自治区党委办公厅管理，同时接受中共中央保密委员会办公室、国家保密局的业务指导，主管全区保密工作。内设综合处、宣传法规处、科学技术处3个处室、所属自治区保密技术检查测评中心、自治区涉密载体销毁中心2个事业中心。

2016年是保密事业发展进程中具有特殊意义的一年。按照中央保密委员会要求，结合自治区保密工作实际，《内蒙古党委保密委员会2016年工作要点》明确5个方面、19项具体工作。全区保密战线围绕学习贯彻《中共中央关于加强和改进保密工作的意见》，精心谋划和推进“十三五”时期保密事业发展规划，扎实开展“两学一做”学习教育，坚持依法治密，突出重点管控，夯实工作基础，加强机构和队伍建设，实现全区保密工作“十三五”良好开局。

【重要工作部署】 贯彻落实习近平总书记关于保密工作重要讲话和《中共中央关于加强和改进保密工作的意见》(以下简称《意见》)有序推进。1月14日，习近平总书记在中央政治局常委会审议时发表重要讲话，系统提出坚持党管保密、加强依法治密、加大创新力度、做好综合防范等加强和改进保密工作的新理念新举措。1月28日，中央《意见》正式印发，明确提出6个方面19条指导意见。中央《意见》出台后，自治区党委书记、副书记和几位常委先后作出批示，要求认真学习，结合实际抓好落实。3月14日，自治区党委保密委员会召开全体会议，传达学习习近平总书记重要讲话精神和中央《意见》，研究自治区贯彻落实意见。3月31日，向盟市和自治区直属机关单位保密委员会印发了学习贯彻通知。5月21日，全区保密工作会议集中传达学习习近平总书记重要讲话精神，对贯彻落实中央《意见》进行全面部署。6月16日，自治区党委办公厅、政府办公厅印发《内蒙古自治区“十三五”时期保密事业发展规划》。全区各级保密行政管理部门积极开展中央《意见》等保密工作方面的学习培训170多次，配发《总体国家安全观视野下的保密工作》等保密学习宣传资料24 500余份。在充分调研和广泛征求意见的基础上，研究起草《内蒙古自治区党委关于加强和改进保密工作的实施意见》(以下简称《实施意见》)。12月26日，自治区党委保密委员会召开专题会议，研究讨论自治区《实施意见》。12月28日，自治区《实施意见》正式印发。

【保密管理】 以党政机关和涉密单位为重点，持续强化保密“三大管理”，提高管理规范化、制度化水平。

定密管理　贯彻实施《内蒙古自治区国家秘密定密管理办法》,指导全区各级机关单位加强定密管理，督促完成定密责任人建档立卡和定密授权备案工作,及时向国家保密局报备《内蒙古自治区定密授权机关名录》。

网络保密管理　强化涉密网络分级保护工作,注重涉密网络密级确定、规划建设、运行保障、信息管控等全过程管理,严把涉密网络测评和运行审批关,为9家单位颁发运行许可证书。开展涉密网络管理人员登记备案工作,编制《涉密网络使用管理手册》。加强涉密网络测评工作,完成电子政务内网、大组工网、纪检内网等涉密信息系统48个远程节点现场测评任务。截至2016年底,已完成142个在用涉密网络、700余个接入点现场测评工作。

涉密人员管理　按照《关于进一步加强涉密人员保密管理工作的意见》和《涉密人员保密管理指南》要求,集中开展涉密人员分类确定和保密审查工作。强化涉密人员保密教育培训,将保密法律法规学习教育纳入全区普法网站在线学习内容。强化保密行政执法人员、行政执法监督人员和行政执法复议人员核准工作，开展行政执法水平测试。

【保密工作责任制】

健全领导干部保密工作责任机制　自治区党委保密委员会主任与盟市委、自治区直属机关单位保密委员会主任签订保密责任书，自治区国家保密局局长与盟市保密行政管理部门主要负责人签订保密责任书，盟市和旗县两级也相应签订了保密责任书,层层压实责任。

健全保密工作联系督导机制　研究制定《2016年保密日常联系督导工作细目》，定期对账,确保联系经常、督促及时、指导有力、服务到位。各联系督导组全年现场联系督导机关、单位超过160家,充分发挥联系督导工作的“双向推动”效应。推进保密自查自评工作,相关做法得到国家保密局充分肯定。

健全党政领导班子保密工作考核机制　10月下旬，自治区国家保密局与自治区考核办联合印发《2016年度盟市厅局党政领导班子保密工作考核评价打分标准》,调整细化考评内容和标准，提出考评工作任务要求和具体办法。12月，组织派出6个考核组对各盟市和有关厅局党政领导班子保密工作进行了实地考核评价。

健全保密工作问责机制　对保密违法违规责任单位和相关责任人员及时进行约谈、通报和处理。按照自治区统一部署,各盟市和旗县认真落实“四项责任机制”,保密工作上下联动、齐抓共管的良性运转局面得到进一步巩固。

【保密宣传教育】　大力推动保密宣传教育进普法规划、进领导班子考评体系、进党员干部培训课程，努力构建以自治区保密教育实训平台为示范引领,以各级党校、行政学院和机关单位为主阵地，经常性保密教育和专门保密培训相互结合，传统手段和新兴媒体相互补充的立体保密宣传教育格局。

推进自治区保密教育实训平台建设　完成保密警示教育案例展厅、保密发展史展厅和保密技术演示展厅布展任务，充分利用实训平台和展厅开展保密宣传教育，全年接待各省市保密系统领导、自治区直属机关和基层保密工作者25批400余人次。

认真开展“七五”普法宣传教育　编制印发《内蒙古自治区“七五”保密法治宣传教育规划》并认真组织实施。指派干部为自治区直属机关和企事业单位宣讲保密常识、为公务员岗前培训授课40场次,辅导超过6600人次。认真开展《保密工作》等保密业务书籍资料征订工作,编发《内蒙古保密》杂志6期,编制《保密提醒20条》,印制发放保密常识宣传口袋图书和折页。

认真开展保密法宣传月活动　建设保密文化书屋，订购图书3000余册。开展2016年度“案与法”专栏征文活动,完成“情系北疆·保密抒怀”主题书画评展工作。10月下旬,举办“不忘初心、牢记保密责任”全区保密系统文艺会演，社会反响强烈，收到良好效果。

【保密行政执法】

加强涉密资质单位保密审查和管理　对6家武器装备科研生产单位进行保密资质现场审查或复查。加强涉密信息系统集成资质管理，完成自治区首次批准的26家涉密网络集成乙级资质单位信息汇总和备案工作。加强国家秘密载体印制资质单位保密管理，完成印制资质单位第一批26家年审和第二批16家审批报备工作。按照不低于5%的比例认真开展涉密资质单位“双随机”抽查。

开展涉密项目审批工作　完成15项涉密采购申请批复和部分涉密工程审批工作，制发2期《内蒙古安全保密产品准入名录》。

加强涉密载体销毁检查与管理　为机关单位配发文件销毁袋和文件销毁架，完成接销任务451次，销毁文件资料309吨，其中：涉密文件11.8万份、光盘616.1万张、硬盘2052块、办公自动化设备274台。深入全区12个盟市开展再生资源集散市场保密检查，对存在问题单位负责人进行约谈。

做好重要会议活动保密服务保障工作　做好自治区第十次党代会服务保障工作，印发宣传资料，摆放提醒标识，全方位开展保密检查，及时处置失泄密隐患。为自治区党委常委会议等提供保密技术服务保障7次，对自治区领导同志办公环境进行保密检查4次。全力保障青岛保密技术交流大会顺利召开，组织全区3家企业参展、232名人员观展。

【保密监督检查】　印发《内蒙古自治区保护国家秘密应急预案》，强化应急处置和预案管理。加大对重点骨干网络和重点涉密单位保密技术检查力度，结合门户网站专项检查重点对督导成员单位门户网站检查信息9500余条。充分利用监控平台加强日常检查，对互联网出口单位检查信息24 000余条，对发现的违规外联等问题及时进行处置。实地检查涉密网络及节点60个，非涉密网络20个，计算机1500余台。核查处置被控计算机14台，安装互联网前端检测器和远程检查客户端25家。联合公安、安全、军队等部门，对全区重要军事设施周边环境安全保密管理工作进行全面督查。对全区国家教育统一考试试卷保密室进行全面检查验收，完成150家教育招生考试试卷库及9家职业资格考试试卷保密室合格证书换发工作。

（撰稿人：蓝景伟　闫立朝）

组 织 工 作

【概况】　2016年，全区各级组织部门和广大组工干部，全面贯彻党的十八大和十八届三中、四中、五中、六中全会精神，深入学习习近平总书记系列重要讲话和考察内蒙古重要讲话精神，认真落实全国组织部长会议和自治区第十次党代会部署，围绕“四个全面”战略布局，牢固树立创新、协调、绿色、开放、共享的发展理念，紧扣落实全面从严治党要求这条主线，把握大局大势，突出工作重点，聚焦主业、精准施策，改革创新、狠抓落实，为自治区“十三五”时期开好局起好步提供了坚强组织保证。

【全面推进从严治党责任落实】

严格执行“三级联述联评联考”制度　采取交叉互检的方式对各地区、各部门单位基层党建工作进行调研督查，组织12个盟市和5个厅局党委（党组）书记向自治区党委述职。建立2015年度党建突出问题整改台账，各级共对党建工作抓得不力、效果不好的27个党组织、288名负责人进行问责。

加强和规范党内政治生活　认真贯彻落实中央《关于新形势下党内政治生活的若干准则》，自治区党委制定出台《关于深入学习贯彻党的十八届六中全会精神推进全面从严治党的决定》，修订全委会工作规则、常委会议事决策规则。制定出台《贯彻落实〈中国共产党党组工作条例〉的意见》，对盟市贯彻落实《地方委员会工作条例》和《党组工作条例》情况进行专题调研督导。开展党组清理规范工作，撤销变更党组534个，新设1842个。从严规范基层组织生活，2016年度，全区共7.51万个党支部召开专题组织生活会，152.2万名党员参加民主评议，24名省级党员领导干部、370名盟市党员领导干部、2914名旗县（市、区）党员领导干部以普通党员身份参加所在支部专题组织生活会并进行指导点评。

抓好党建制度改革工作　围绕加强规范党内政治生活、防止干部“带病提拔”、人才发展体制机制等重点领域，出台制度成果17项，完成试点任务5项，总结推广典型案例32个。制定《全区法官、检察官单独职务序列和法官助理、检察官助理、书记员职务序列改革试点工作方案》，研究提出《法官、检察官逐级遴选实施意见》。

【圆满完成各级党委换届任务】

全力做好自治区党委换届相关工作　坚持把自治区党委换届作为头等大事，加强组织领导，坚持从严把关，扎实做好党代表选举和“两委”委员人事安排工作。中央批准的党委委员、候补委员和纪委委员人选均全票当选。

精心组织市县乡党委换届工作　强化党委领导把关作用，自治区党委成立换届工作领导小组及工作机构，及时对换届工作进行安排部署和督促检查，带动各级党组织发挥领导核心作用。认真履行组织部门职能职责，扎实做好领导班子分析研判、换届工作业务培训和指导工作，完成市县乡党委换届任务。

切实选优配强领导班子　始终坚持德才兼备、以德为先，坚持五湖四海、任人唯贤，坚持事业为上、公道正派，坚持新时期好干部标准，严格落实“凡提四必”“三个不上会”等要求，真正把干部考实评准。通过此次换届，市、旗县（市、区）、苏木乡镇班子结构得到全面优化。

始终从严抓好换届纪律　落实“四必看”“四必训”“四必谈”要求，把握换届流程的关键环节，发放《镜鉴》光盘1505张、《严肃换届纪律文件选编》7188册，印发换届纪律公开信、明白卡26.5万份，组织党员干部观看《镜鉴》近6万人次，各级党委书记和纪检机关、组织部门主要负责同志开展换届纪律专题谈话3.7万人次，实现了换届纪律知晓率、换届培训、谈心谈话“三个100%全覆盖”。成立12个换届指导督查组，对盟市“一对一”督导，并覆盖到102个旗县（市、区）和所有苏木乡镇；各级派出870个指导督查组实行全程督导，及时解决苗头性倾向性问题，有力保证了换届风清气正。

【干部教育培训】

精心组织开展党的十八届五中、六中全会和自治区第十次党代会精神培训轮训　坚持把学习贯彻习近平总书记系列重要讲话精神和治国理政新理念新思想新战略作为重大政治任务，持续深入抓好学习培训。举办盟市厅局主要领导干部学习贯彻十八届五中全会精神专题研讨班，培训各级领导干部400多人；开展“新常态新理念”专题轮训，举办6期厅局级干部研讨班。围绕学习贯彻六中全会精神、自治区第十次党代会精神，在内蒙古党校举办2期厅局级干部轮训班。

加强党性党规党纪教育和专业化能力培训　突出抓好理想信念和党性教育，年内举办的30个主体班次中，理想信念和党性教育比重占到20%以上。坚持“请进来”与“走出去”相结合，举办领导干部双休日讲座14期，培训各级干部10万人次，各级“走出去”培训干部3.7万人次；完成网络学院二期建设，5000余名县处级干部新纳入在线学习。

多渠道锻炼提升干部实践本领　采取“上挂、下挂、外挂、互挂”等形式，自治区层面选派21名干部参加中央国家三部委挂职，借助京蒙合作平台选派130余名干部赴7个发达省市挂职；选派44名区直机关处级干部、53名金融干部到旗县挂职锻炼，选派10 565名优秀机关干部到嘎查村担任第一书记，选派25名基层干部跨地区交流学习脱贫攻坚经验。

【切实加强领导班子和干部队伍建设】

坚持精准科学选人用人　严格贯彻《干部任用条例》，把推动事业发展作为选人用人根本出发点，全方位、多角度、立体式考察人选，使选出来的干部组织放心、群众满意、干部服气。规范干部选拔任用工作，研究制定《干部选拔任用工作程序》，修订《干部职务名称表》，进一步完善干部选任重点环节。认真贯彻落实中央《关于防止干部"带病提拔"的意见》，制定出台自治区的《实施意见》。

着力加大干部管理监督力度　深入贯彻落实《推进干部能上能下若干规定》，出台谈话诫勉、离岗培训、组织调整3个办法，有力推动为官不为问题解决。坚持严格管理和关心爱护相结合，探索建立容错纠错机制，促进各级干部担当尽责、干事创业。持续抓好选人用人突出问题专项整治，进一步巩固扩大选人用人突出问题整治成果，加强动态监控，严防反弹。严格落实个人有关事项报告制度，加大抽查核实力度，将随机抽查比例提高到10%。充分发挥"12380"举报平台作用，加大提醒函询诫勉力度，推动咬耳朵、扯袖子成为常态。

不断完善考核评价工作　围绕"五位一体"总体布局和"四个全面"战略布局，进一步优化考核指标，完善考核办法。加强专项考核，制定《贫困旗县党政领导班子和领导干部经济社会发展实绩考核办法（试行）》《万名干部下乡驻村工作考核评价办法》，引导各级领导干部把主要精力聚焦到脱贫攻坚和基层重点工作落实上来。

【基层党组织建设】

全面落实基层党建7项重点任务　加大抓党建促脱贫攻坚力度，召开全区抓党建促脱贫攻坚工作现场会，制定实施《关于抓党建促脱贫攻坚的指导意见》等3个重要文件，结成党员帮扶贫困户对子8.3万对，向贫困行政村派驻5～10人工作队，有力推动重点工作任务落实。扎实开展"四个专项排查"，建立健全防止党员失联长效机制、党代表和党员违纪违法通报和及时处理机制、基层党组织按期换届督促提醒机制，推进党费收缴制度改革创新，推动基层组织建设严起来、实起来。切实抓好非公有制企业和社会组织"两个覆盖"，开展专项行动，制定《加强工业园区（开发区）党的建设工作的指导意见》，建立盟市、旗县党员领导干部联系非公企业和社会组织制度，"两个覆盖"分别比上年提高65和51个百分点。抓实领导机关党员干部学习教育，制定机关学习教育《指导意见》，召开全区机关学习教育经验交流会，从严从实开展督导，有效防止"灯下黑"。

突出抓好国有企业、高校党建工作　召开全区国有企业党的建设工作会议，制定《关于在深化国有企业改革中坚持党的领导加强党的建设的实施意见》，研究起草《自治区直属国有企业领导人员管理暂行规定》，印发《关于抓好学习贯彻全国国有企业党的建设工作会议精神有关工作的通知》，为全区国企党建工作提供了基本遵循。认真贯彻全国高校思想政治工作会议精神，全面落实中央《关于坚持和完善普通高等学校党委领导下的校长负责制的实施意见》，制定出台自治区的《实施意见》，进一步明确高校党委领导核心地位，健全完善议事规则和运行机制。

统筹推进农村牧区和街道社区党建工作　制定出台《关于进一步发挥农村牧区基层党组织领导核心作用的意见》，推动嘎查村党组织发挥好"四个领导核心"作用。持续开展软弱涣散党组织整顿，819个三类嘎查村级组织全部实现转化提升。开展"北疆基层党建长廊"专题调研，围绕加强“国门党建”赴云南省学习考察，研究起草关于加强“口岸党建”、深化“北疆基层党建长廊”建设指导意见；加强“智慧党建”工作，及时总结推广鄂尔多斯“智慧党建”经验做法。“五边行动”和“智慧党建”经验做法得到刘云山、赵乐际等中央领导肯定。加强“北疆和谐社区建设”，召开全区城市街道社区党建工作推进会；注重补齐工作短板，按5%比例倒排确定的102个相对后进社区党组织全部实现整顿提升；深入开展在职党员到社区报到工作，参与志愿服务党员干部28.1万人，累计开展服务44万人次。

切实加强基层基础保障　充实基层党建工作力量，771个苏木乡镇全部配备抓党建的副书记，配强纪委书记和组织委员，指导各地普遍建立苏木乡镇党建工作办公室。自治区、盟市、旗县三级财政将嘎查村干部报酬、离任干部补贴、村级组织运转和党组织活动经费足额列入预算，全年投入保障资金16.9亿元，同比增长16.73%，嘎查村年均办公经费最低保障标准提高到6万元，社区财政经费平均27.1万元。年内新建改扩建嘎查村活动阵地3274个、社区办公活动场所352个。

从严加强党员队伍教育管理　深入落实发展党员细则，做好总量调控工作，严把党员队伍入口，提升发展党员质量。狠抓基层党员干部分类培训，各级共培训10.3万人次。完成党建网站联盟建设，实现全覆盖。党建直通车视频培训系统基本建成。《北疆先锋》手机客户端订阅人数突破35万。深入开展示范群体创建，6个基层党组织、4名党员受到中央表彰，选树表彰自治区级先进典型260个。

【统筹推进各类人才队伍建设】

深入实施“草原英才”工程　突出“高精尖缺”导向，聚焦重大科技项目实施、重大工程建设、战略性新兴产业培育等，新评审支持“草原英才”100名，常规评选高层次人才创新创业团队72个、基地3个，专项推选高层次创新创业团队28个，滚动支持评选团队35个、基地5个。举办第四届“草原英才”高层次人才合作交流会暨呼包鄂人才创新创业周活动，700多家非公企业提供岗位4756个，达成合作意向和签约项目189个，引进高层次人才41人。实施“鸿雁行动”计划，集聚内蒙古籍高层次人才1548人。

多渠道多形式培育人才　借助中组部“西部之光”访问学者计划，完成17名青年专家访学任务，选派20名学员外出深造。优化高层次人才管理服务，新接收26名中组部“博士服务团”成员，选派16名“草原之光”硕士创业团成员到基层服务。

健全人才工作运行机制　深入落实中央《关于深化人才发展体制机制改革的意见》，研究制定自治区《实施意见》，向用人主体放权，为人才松绑。出台《人才工作目标责任制考评办法（试行）》，不断强化“一把手”抓“第一资源”责任。

（撰稿人：林浩）

宣传工作

【概况】　内蒙古自治区党委宣传部（以下简称自治区党委宣传部）内设15个职能处室（包括自治区文明办、外宣办所属处室）：办公室、机关党委（干部处）、研究室、舆情信息处、宣传处、理论处、新闻出版处、文艺处、文化体制改革和发展处、大学生思想政治工作处、精神文明建设综合处、精神文明建设创建处、未成年人思想道德建设处、对外宣传工作处、对外联络处。下设5个事业单位，自治区互联网信息办公室、自治区思想政治工作研究会、自治区新闻工作者协会、自治区党委宣传部机关事务服务中心、自治区互联网信息监督管理中心。核定行政编制67人、事业编制140人。现有在职人员172人，离退休人员39人。

自治区党委宣传部是自治区党委主管意

识形态方面的综合职能部门。主要职责是:负责制定全区宣传思想文化工作的政策、措施和具体工作任务,协调、指导自治区直属宣传文化系统各单位和全区各级党委宣传部的工作,指导全区的理论武装、舆论引导、思想道德和精神文明建设、精神文化产品生产、文化体制改革和文化产业发展、对外宣传和对外文化交流、互联网宣传管理等工作。

【理论武装工作】

牢固树立政治意识、大局意识、核心意识、看齐意识 紧密团结在以习近平同志为核心的党中央周围,深入学习贯彻习近平总书记系列重要讲话精神和治国理政新理念新思想新战略,学习贯彻习近平总书记关于宣传思想文化工作的一系列重要讲话精神,做到始终在思想上衷心拥护核心、政治上坚决维护核心、组织上自觉服从核心、行动上始终紧跟核心,始终以党的旗帜为旗帜、以党的方向为方向、以党的意志为意志,坚决贯彻落实党中央的决策部署,确保对党忠诚、个人干净、敢于担当。

抓好党委(党组)中心组学习 以县处级以上党员领导干部为重点,以各级党委(党组)中心组为龙头,进一步完善旗县级以上中心组学习制度,将中心组学习纳入党建工作责任制、意识形态工作责任制,自治区党委中心组完成12次集中学习研讨,定期通报盟市厅局中心组学习情况,在全国党委中心组学习经验交流座谈会上作典型发言。推进学习型党组织创建,先后推树46个工作典型。组织各级党组织征订《习近平总书记系列重要讲话读本(2016年版)》55万册,把学习系列讲话精神不断引向深入,更加扎实地武装头脑、指导实践、推动工作。

强化大众化的宣传普及 加强基层大讲堂规范化建设,编写通俗读物,深入开展大众化、互动式宣传宣讲,全区累计开展宣讲1.8万多场,受众达200多万人次。做好全媒体宣传,在《内蒙古日报》推出"学习论理"专版,在内蒙古电视台推出"开卷有理"节目,打造"理"字品牌,推出一批新媒体产品。第一季"马克思靠谱"受到中央领导同志关注,同名图书入选全国第七届优秀通俗理论读物,并在中宣部创新新闻传播工作交流会上作典型发言。推出"听音频·学党章党规"网上精品栏目,运用H5技术制作推广"巴雅尔与'两学一做'"等专题,构建了全方位、立体式、广覆盖的理论大众化新格局。

抓好重大理论和现实问题研究 深入学习贯彻习近平总书记在哲学社会科学工作座谈会上重要讲话精神,累计在《光明日报》《红旗文稿》等发表理论文章69篇。推进"四大平台"建设,启动自治区级示范性马克思主义学院遴选工作,《内蒙古日报(理论版)》被纳入中央报刊网络宣传阵地建设行列,完善内蒙古中国特色社会主义理论体系研究中心工作机制。完成中央委托重大实践经验总结课题,启动"意识形态工作研判评价体系及其应用"研究课题,获批国家年度项目89项。加强新型智库建设,组织全区高端智库试点遴选工作。举办青年理论骨干和哲学社会科学教学科研骨干研修班,培养壮大马克思主义理论人才和智库人才队伍。

【意识形态工作】

学习传达和贯彻落实《党委(党组)意识形态工作责任制实施办法》 把贯彻落实中央《党委(党组)意识形态工作责任制实施办法》和自治区《实施细则》作为重中之重,各地区各部门各单位把学习贯彻《实施办法》作为重要政治任务,分领域、分批次组织党员干部传达学习,增强各级党组织和党员领导干部抓意识形态工作的思想自觉、政治自觉、行动自觉。第一时间出台《党委(党组)意识形态工作责任制实施细则》,走在全国各省区市前列。

推动党委(党组)主体责任全面落地 自治区党委召开全区宣传思想工作会议,自治区党委常委会多次专题研究意识形态工作和宣传思想文化工作,把意识形态工作作为重要内容向

全委会报告，班子成员把意识形态工作作为民主生活会和述职报告的重要内容。召开意识形态工作责任制推进会，明确18个重点部门、宣传文化系统各单位和各盟市委的意识形态职责任务，12个盟市均组织召开了推进会，构建党委统一领导、党政齐抓共管、宣传部门组织协调、有关部门和地方分工负责的工作格局。

强化督查和纳入巡视巡察　自治区意识形态工作责任制《实施细则》明确提出要把意识形态责任制落实纳入督查和巡视巡察范围，并以自治区党委名义，组织对各盟市、各有关部门责任制落实情况进行全面督查，对问题易发多发领域、地域开展专项督查，层层传导压力，落实党管意识形态责任。

加强意识形态阵地管理　社科理论阵地方面，出台社科类社团准入管理细则，对各类社科研究机构和哲学社会科学报告会、研讨会、讲座、论坛进行常态化管理。新闻舆论阵地方面，建立媒体社长台长负总责、分管领导层层负责的政治家办报办台办刊办网责任制。文化阵地方面，加强对博物馆、展览馆、纪念馆、文化出版物、文化活动、文艺作品、文艺演出和各类演艺场所的管理，确保导向正确。开展"清源""固边""净网""秋风""护苗"五大专项行动，封堵、查缴违禁出版物3.6万件。高校阵地方面，出台《关于进一步加强和改进新形势下高校宣传思想工作的实施意见》，筑牢高校意识形态防线。网络阵地方面，建成网上舆情管控与应急指挥平台，将全区较活跃的1万家属地网站纳入数据库进行监管，深入开展网上"扫黄打非"等专项行动。

加强分析研判和应对处置　传达学习中央关于意识形态领域情况的通报，定期分析研判意识形态领域形势，下发《关于当前我区意识形态领域工作情况的通报》，对全区意识形态领域工作进展成效、存在问题和风险隐患等进行通报。各级党委常委会每年专题研究意识形态工作不少于2次。每年至少形成1份分析研判报告，每年至少对意识形态工作通报1次以上，每年报送2次工作情况专报。形成有效应对处置机制，建立健全第一时间高效排查隐患机制、第一时间发现机制、第一时间处置机制、第一时间坚决斗争机制。

加强意识形态领域辨析引导　自治区党委书记站在意识形态第一线，带头批评错误观点和错误倾向，旗帜鲜明地批驳错误思潮。积极开展思想舆论斗争，在内蒙古日报创办"理应如此"专栏，组织刊发《西方式民主怎么看》等理论引导文章，及时发出正面声音，帮助干部群众明辨是非、澄清模糊认识。

【舆论宣传引导】

主题宣传　围绕党中央治国理政新理念新思想新战略、五中、六中全会、"两学一做"、经济发展新常态和"亮丽风景线"、建党95周年和长征胜利80周年等重大主题进行宣传，组织"大数据""贯彻落实第十次党代会"等大型主题采访，声势大、阐释深、效果好。开展"走千村万户·讲精彩故事"媒体记者基层行等采访活动，全区各级各类媒体推出大量主题突出、导向有力的新闻报道，形成正面宣传强势。

宣传贯彻自治区第十次党代会和党委十届二次全会精神　按照全面、正确、准确、深入的要求，统筹开展十次党代会和十届二次全会精神的宣传贯彻，全面开展理论宣传、新闻宣传、社会宣传、文艺宣传、网络宣传、对外宣传，形成多样化、立体化、全覆盖宣传格局。在各级各类主要媒体开办专题、专栏，对报告提出的"一个总目标""两个屏障""三条底线""四个高于""五化协同""六大基地""七网七业七新"等重点任务进行精准宣传，有效凝聚起全区各族干部群众的强大精神力量。

热点引导　加强和改进新闻发布工作，制定印发《关于建立健全自治区信息发布和政策解读机制的实施意见》，召开各类新闻发布会60

场，推动信息发布和政策解读常态化。完善舆情会商工作机制，围绕涉区各类敏感问题，主动设置议题，及时发布权威信息，把握引导时机节奏，规范媒体监督管理，有效维护自治区改革发展稳定大局。

媒体建设管理　研究提出一系列加强新闻舆论引导工作的举措，召开媒体融合发展现场推进会，推进媒体融合深度开展，涌现出一批以内蒙古日报社为代表的具有较强影响力的融媒体传播平台。加强采编播岗位管理，落实“三审制”等，确保导向正确、刊播安全。做好与高等院校共建新闻学院工作。开设马克思主义新闻观大讲堂，持续开展“走转改”活动，组织开展内蒙古新闻奖、内蒙古十佳新闻工作者、宣传内蒙古奖等评选表彰，举办“好记者讲好故事”演讲比赛，增强对媒体人员的正向激励作用。

【培育和践行社会主义核心价值观】

核心价值观建设　召开“全区社会主义核心价值观建设工作经验交流会”，推进“中国梦·尽责圆梦”系列活动，召开“责任担当·服务圆梦”“爱岗敬业·实干圆梦”“敦品励学·成才圆梦”“勤俭持家·致富圆梦”4个主题实践活动推进会，在城镇社区、农村牧区、公共场所广泛张贴“图说我们的价值观”宣传画，开展“讲文明树新风”公益广告宣传。围绕纪念中国共产党成立95周年和红军长征胜利80周年，开展群众大合唱、书画展等系列主题活动。深化爱国主义教育，扎实开展法治意识、国家意识、社会责任意识教育，持续推动民族团结宣传教育，开展依法治区宣传教育。

公民道德建设　以“德润草原·文明之行”为统领，持续深化主题实践活动，大力推进公民道德、思想品德、个人美德、家庭美德建设。组织开展学雷锋志愿服务集中示范活动，广泛推广志愿云注册系统，在“全国志愿者服务信息系统”注册志愿者突破110万人、志愿团体8300多个、发布项目3300多个，成立内蒙古志愿者联合会。推进“黑名单”发布制度和诚信宣传，开展第五届“文明诚信个体工商户、文明诚信私营企业”评选活动。

“五大创建”活动　文明城市创建上，召开文明城市创建现场推进会，对地级全国提名资格城市进行模拟测评，评选表彰第四批全区文明城市，加强文明社区创建工作，开展创建全国文明城市专项主题宣传；文明村镇创建上，召开农村牧区精神文明建设现场会，制定《五年行动计划》，评选表彰第五批全区文明村镇；文明单位创建上，修订完善测评体系，启动第三届全区“百佳文明服务窗口单位”和“百佳文明服务标兵”评选活动；文明家庭创建上，开展“好家风好家训”万场巡讲活动，评选表彰“百佳十星级文明户和百佳文明农牧民”；文明校园创建上，召开专项推进会，制定出台《实施办法》和《验收标准》。

思想政治工作　召开全区非公企业思想政治工作现场观摩会，制定出台《加强和改进新形势下高校宣传思想工作的实施意见》，实施校园文化精品和德育创新实践项目工程，加强企业职工、大学生和未成年人等重点人群思想政治工作。在未成年人中深化“做一个有道德的人”实践活动，广泛开展“网上祭英烈”、“学习雷锋、做美德少年”网上签名寄语、“童心向党”歌咏、“德润草原·苏敦娜荷芽”等主题实践活动，推进乡村学校少年宫建设项目，建成乡村少年宫185所。

典型推树宣传工作　加强“北疆楷模”和“道德模范”“草原儿女赞·最美人物”“善行义举榜”三个层面典型选树与宣传，推出陈文学、潘志荣、乌海电业局输电管理处等一批重大典型，评选出50名第五届全区道德模范和50名提名奖。推进身边好人评选表彰和现场交流活动，全区道德模范与身边好人现场交流活动覆盖全区各盟市，开展自治区、盟市、旗县三级内蒙古好人榜发布工作，先后有413人入选“内蒙古好人榜”、23人入选“中国好人榜”。全区有4个社区被中宣部命名为“全国社区宣传思想文化工作示范点”,1个社区获“全国学雷锋示范点”称号,1人被授予“全国岗位学雷锋标兵”荣誉称号。加强“草原儿女赞”先进典型推树,开展美德少年、大学生“桃李之星”、全区高校“育人之星”评选表彰等活动,引领全社会形成崇德向善、见贤思齐的良好风尚。

【文化繁荣发展】

文艺创作　召开全区文艺工作座谈会,制定出台一系列政策性指导意见。开展“深入生活、扎根人民”“放歌草原·书写百姓”主题实践活动,启动第二批作家艺术家挂联活动。实施草原文学重点作品创作、优秀蒙古文译介、精品舞台剧创作等重点工程,推出一批重大主题文艺作品,散文《蒙古密码》、长篇小说《信仰树》获得“骏马奖”。举办第十三届中国·内蒙古草原文化节。加强优秀民族传统文化和民族文化传承保护工作,组织实施内蒙古民族文化研究建设工程、草原文化研究工程等,推进文化艺术长廊建设计划。改革全区规范性奖项评奖办法,提高文艺评奖的公信力和权威性。加强文艺评论工作,建立“中国文艺评论基地”、草原文学理论研究基地,实施“文艺拔尖人才培养计划”。

公共文化建设　实施“八大文化惠民工程”以及“彩云服务”“全民阅读”等一系列文化惠民活动,推动全区275家博物馆、纪念馆、爱国主义教育基地实现免费开放;组织开展丰富多彩的群众文化活动,发挥乌兰牧骑“草原轻骑兵”的作用,各级文艺院团每年下基层演出6000多场;推动基层综合文化服务中心建设,实施“贫困地区百县万村综合文化服务中心示范工程”,中央改革领导小组专门就自治区基层公共文化综合中心进行调研,充分肯定了自治区的经验做法。

全面深化改革发展　坚持“月通报、季调度”和台账销号制度,及时组织开展“回头看”,加强重点专项督查和全面督查工作力度,推动完成文化市场综合执法改革、国有文化企业双效考核、新闻出版业年审年检等重点改革任务。建立文化产业项目库,推动重点文化产业项目加快建设进度,自治区文化产业发展专项资金共安排3.9亿元,支持41个重点文化产业项目,设立自治区文化产业发展基金,举办自治区首届文化产业博览会,加大文化产业项目招商引资力度,推动文化产业快速发展。

【对外宣传】

对外传播内容建设　制定出台《关于讲好中国故事的工作方案》,建立“好故事”资源库,加强“五支故事员”队伍建设。主动设置外宣议题和话题,重点策划并讲好中国梦、一带一路等“八大类故事”,深入开展“寻梦中国·我在内蒙古”等系列报道活动。统筹国内和国外、区内与区外的宣传,首次组织中央媒体、北京市媒体及自治区媒体30多名记者开展“京蒙区域合作成就与展望”联合采访活动,与香港大公文汇传媒集团联合举办“范长江行动——香港传媒学子内蒙古行”活动。

国际传播能力建设　推动广播、电视、刊物、网络、书店、报纸“六位一体”外宣阵地本土化工作,内蒙古广电网络集团在乌兰巴托无线移动电视业务成功开通,建立境外落地媒体资源共享机制和内容阅评机制,成立中国影视剧喀尔喀蒙古语译制中心。推进口岸外宣阵地建设,推进“国家形象我塑造”主题实践活动。举办第七届中蒙新闻论坛和首届中蒙网络新媒体合作对话会,组织中蒙媒体联合采访活动。

对外文化交流工作　加大对外文化交流力度,加强文化外宣活动的策划,努力打造文化活动品牌。举办“乌兰巴托·内蒙古文化周”“斯里兰卡·内蒙古文化周”、中蒙友好2016吉祥春节等活动。开展“索伦嘎”中蒙青年系列交流活动,召开“留学生外宣工作座谈会”、蒙俄社会舆情研讨会,组织开展“感知内蒙古”留学生考察等外宣活动,加强入境人群的外宣工作。启动实施“国门形象建设工程”,进一步展示内蒙古开放文明进步形象。

【互联网宣传管理】

做大做强正面声音 开展“活力内蒙古”网上主题宣传活动,加大网上正面宣传力度,围绕一系列重大主题策划开展网上宣传,先后组织“亮丽风景线·美丽乡村行”“共享发展看内蒙古”等系列网宣活动。加强网上宣传阵地建设,举办全区首届新媒体大会,成立“内蒙古微圈”,开办“网信内蒙古”政务宣传服务平台,进一步增强“活力内蒙古”矩阵运营管理能力。

建好用好网军队伍 党委网络领导小组印发《关于进一步加强网评队伍建设的意见》,加快五支队伍建设,研发网评指挥平台,创办“内蒙古观察”微博微信评论引导阵地,围绕舆论热点主动设置议题,组织网评文章,有效引导网上舆论。推进网络社会工作,建立与统战、民政等部门沟通联络机制,网上统战能力进一步增强。组织开展“中国好网民”“德润草原·网络中国节”等系列网络文化活动。

落细落实主体责任 组建自治区互联网信息监管中心,建立完善分级负责、协调联动的重大网上舆情研判处置工作机制。建立内蒙古新媒体数据库和属地网站管理系统,出台《政务公众账号管理暂行规定》,加强前置审批、年检等基础管理工作,依法约谈、关停“内蒙古热门事件”等一批违法违规网站和微信公众号。统筹推进网络安全和信息化发展,开展关键信息基础设施网络安全检查和网络安全宣传教育,推进信息化与各行业各领域深度融合。内蒙古获批全国唯一基础设施统筹发展类大数据综合试验区。

【基层基础工作】

加强基层宣传文化阵地建设 推动各级落实好基层大讲堂、村规民约、乡风文明、创建评比等内容,落实好文化服务中心、小戏台小舞台、文化广场、文化户、理论政策宣传栏、善行义举“四德榜”等建设项目,开展“勤俭持家·致富圆梦”等四个主题实践活动,广泛开展“图说核心价值观”宣传,印发《宣传标语口号集锦(汉、蒙古文版)》,从硬件和软件上全面夯实基层工作基础。

健全抓落实的工作机制 以深化调研抓落实,开展以“查问题、找差距、补短板”为主题的基层调研指导活动,调研及政务信息工作获评中宣部先进单位;以强力督查抓落实,组织开展年初、年底两次综合督查,以自治区党委办公厅名义组织开展意识形态工作责任制《实施细则》落实情况督查,督查工作被自治区党委评为先进单位;以工作创新抓落实,连续5年开展宣传思想文化工作创新奖以及创新案例评选,编印《宣传思想文化工作创新案例100例》,发挥促进基层工作创新的良好效应。

加强基层队伍配备和培训 推进旗县区宣传部长兼任政府副职、分管相对应的工作,探索苏木乡镇、嘎查村的专兼职工作人员配备的新途径新办法。举办全区苏木乡镇宣传委员、高校宣传部部长等各类培训班,累计培训2000人以上,提高基层宣传思想文化工作水平,打造一支有守有为、敢于担当的宣传思想文化工作队伍。

【自身建设情况】

深化习近平总书记系列重要讲话精神的学习 把思想政治建设放在首位,在学习系列重要讲话精神上先学一步、学深一层,深入学习以习近平同志为核心的党中央治国理政新理念新思想新战略,学习党的十八届三中、四中、五中、六中全会精神,学习习近平总书记考察内蒙古重要讲话精神,学习习近平总书记关于宣传思想文化工作的一系列重要讲话精神,始终在学原文、读原著、悟原理上下功夫,自觉用讲话精神武装头脑、指导实践、推动工作。

维护以习近平同志为核心的党中央权威

组织宣传文化系统形势报告会和部班子中心组学习会，专题会学习习近平总书记在全会上的重要讲话、全会公报和《准则》《条例》，组织开展支部讨论、全体研讨，自觉强化政治意识、大局意识、核心意识、看齐意识，始终在思想上政治上行动上同以习近平同志为核心的党中央保持高度一致。严格遵守《准则》《条例》，严守党的政治纪律和政治规矩，严格落实请示报告制度，带头落实意识形态工作领导责任和政治责任，始终保持高度的政治敏锐性和政治鉴别力，加强对思想理论领域重大问题的辨析和引导，坚定自觉地站在意识形态第一线。

落实从严治党责任　落实自治区党委从严治党“1+3”制度体系，强化党建工作主体责任，部领导班子坚持把党建与宣传工作一起谋划、一起部署、一起考核，落实党建工作责任制，先后4次组织专题会议研究部署党建工作。以高度的政治自觉和思想自觉，诚恳接受自治区党委巡视组的巡视监督，做好17项立行立改任务的整改落实工作，近期又全面启动巡视反馈问题整改工作，确保责任到位、整改见效。加强对区直系统单位和4个直属文化企业集团党建工作的指导检查，筹备召开企业党建工作会议。

开展“两学一做”学习教育　按照自治区党委总体部署，及时召开动员部署会议，制定《意见》《计划》《推进表》。部领导率先讲党课，以普通党员身份参加“支部书记讲党课”活动。确定5个主题，精心组织中心组专题研讨19次、党支部学习研讨37次。在全系统举办5次形势与政策报告会，举办“两学一做”暨新常态新理念培训班。印制手抄《党章》硬笔书法字帖，汇编《“两学一做”学习教育热词》，广泛开展各项主题实践活动，推动学习教育不断深入。

严格遵守党内政治生活准则　贯彻民主集中制，制定并执行《领导班子议事规则》《重大事项决策咨询制度》等，一年来累计召开部长会、部务会35次，集体研究“三重一大”事项。制定《机关党委和党支部建设工作规范》，补选配齐支委成员，开展党员组织关系、党代表违法违纪情况排查。坚持领导干部双重组织生活会制度，开展批评和自我批评、民主评议党员、党性分析等工作。制定《机关党费收缴、使用和管理制度》，规范了党费收缴工作。开展“两优一先”评选表彰，一个党支部、一名同志被自治区直属机关工委表彰为“学习先进党支部”“学习型党组织示范基地”和“优秀党务工作者”。

【党风廉政建设】

党风廉政建设责任　召开机关党风廉政建设工作会议，层层签订党风廉政建设责任书，构建起部领导班子、机关党委、党支部三级责任体系。持之以恒纠正“四风”，每年就贯彻落实中央八项规定和自治区28项配套规定情况开展一次全面自查，重点开展领导干部违规兼职、个人报告重大事项、干部档案涂改造假、“吃空饷”、因私出国（境）证照管理等问题专项整治，推动教育管理严在经常、严在日常。

反腐倡廉长效机制建设　围绕执行“六大纪律”，实施《党风廉政建设五年规划》，编制《机关廉政风险点及防控措施》，完善部机关公务接待、车辆管理、办公用房、办公设备、财务管理、“三公”经费使用等方面的规章制度，加强和改进对文化资源、传媒资源、出版发行资源以及重大奖项评选等管理，强化对节日期间廉政纪律、婚丧喜庆大操大办等的监督检查，树立了风清气正、崇廉尚实的良好形象。

廉政宣传教育和廉政文化建设　坚持把廉政教育作为党员干部教育的重要内容，组织开展《领导干部从政道德启示录》《准则》《条例》等专题学习，及时通报学习中纪委、自治区纪委反腐肃纪典型案件，为打造一支“忠诚、干净、担当”队伍夯实了思想基础。履行廉政宣传教育职责，组织媒体开设专题专栏加强宣传，组织推出《巡城记》《母亲》等反腐倡廉剧目在全区巡演，营造“廉洁光荣、腐败可耻”的社会氛围。

【重要会议】

1月18日 全区宣传思想文化工作会议在呼和浩特市召开。自治区党委常委、宣传部部长乌兰出席会议并讲话。

1月19日 全区文明办主任会议在呼和浩特召开。自治区党委宣传部副部长、文明办主任郭宇出席会议并讲话。

1月19日 全区"扫黄打非"工作部署会在呼和浩特召开。自治区党委常委、宣传部部长、"扫黄打非"工作领导小组组长乌兰出席并讲话。

2月24日 全区党委(党组)意识形态工作责任制推进会在呼和浩特召开。自治区党委副书记李佳,自治区党委常委、宣传部部长乌兰出席会议并讲话。

2月24日 全区文化体制改革工作会议在呼和浩特召开,自治区党委常委、宣传部部长乌兰出席会议并讲话。

2月26日 召开自治区宣传文化系统"学习贯彻习近平总书记在党的新闻舆论工作座谈会上的重要讲话精神"座谈会,自治区党委常委、宣传部部长乌兰主持会议并将话。

同日 自治区文化市场管理工作领导小组召开视频会议。自治区党委常委、宣传部部长、自治区文化市场管理工作领导小组组长乌兰在主会场出席会议并讲话。

4月18日 召开机关"两学一做"学习教育动员部署会。自治区党委常委、宣传部部长乌兰出席并讲话。

4月28日 自治区党委书记王君主持召开党委常委会议，传达学习习近平总书记在中央网络安全和信息化领导小组第三次会议上的重要讲话精神。

5月24日 学习贯彻习近平总书记在哲学社会科学工作座谈会上重要讲话精神和中央专题会议精神专题座谈会在呼和浩特召开。自治区党委常委、宣传部部长乌兰主持会议并讲话。

6月6日 自治区党委精神文明建设委员会召开全体会议。自治区党委书记、文明委主任王君主持会议并讲话,乌兰、张院忠、吴团英、刘新乐、杨成旺、王焕承、臧永凯等出席会议,自治区文明委成员单位负责同志参加会议。

同日 自治区召开贯彻落实中央网络安全和信息化工作会议精神专题会议。自治区党委书记王君出席会议并讲话,自治区党委常委、宣传部部长乌兰传达中央有关会议精神。

6月24日 全区媒体融合发展现场推进会在呼和浩特召开。自治区党委常委、宣传部部长乌兰出席会议并讲话。

6月25日 第十三届中国·内蒙古草原文化节在呼和浩特乌兰恰特开幕。自治区党政军领导王君、任亚平、李佳、李鹏新、符太增、张院忠、吴团英、高红光、肖方举出席开幕式并与观众一起观看演出。自治区党委常委、宣传部部长乌兰致开幕辞。

6月26日 第十三届中国·内蒙古草原文化主题论坛在呼和浩特开幕。自治区党委常委、宣传部长、内蒙古"草原文化研究工程"领导小组组长乌兰出席论坛开幕式并讲话。自治区人大常委会副主任吴团英、自治区政协副主席陈羽出席开幕式。

7月15日 第五届中国沿边九省区新型智库战略联盟高层论坛暨内蒙古社会科学院分院工作会议在锡林浩特开幕。自治区党委常委、宣传部部长乌兰出席开幕式并讲话。

8月15日 全区深化文明城市创建工作现场推进会在巴彦淖尔市召开。自治区党委常委、自治区文明委副主任、宣传部长乌兰出席会议并讲话。

8月18日 感知中国·蒙古行——第四届乌兰巴托·内蒙古文化周在蒙古国首都乌兰巴托开幕。蒙古国教育文化科学体育部副部长云·奥特根巴雅尔出席开幕式并致辞，中国驻蒙古国大使邢海明,中央宣传部副部长崔玉英,自治区党委常委、宣传部部长乌兰出席开幕式并分别致辞。

8月20—21日 第七届中蒙新闻论坛在蒙古国肯特省成吉思市举行。蒙古国总统额勒贝格道尔吉向论坛发贺电。中宣部副部长、国务院新闻办公室副主任崔玉英,自治区党委常委、宣传部部长乌兰,蒙古国记者协会主席嘎啦日德,蒙古国肯特省省长钢宾巴出席论坛开幕式。

8月21—23日 全国农村精神文明建设经验交流会在哈尔滨召开。会上,自治区党委常委、宣传部部长乌兰代表自治区文明委作了题为《以“三个美起来”为目标,扎实推进农村牧区精神文明建设》的经验介绍。

9月1日 内蒙古自治区新闻工作者协会第六届理事会第一次会议在呼和浩特召开。会前,自治区党委书记李纪恒接见会议代表并讲话。自治区党委常委、宣传部部长乌兰出席开幕式并讲话。中国记协党组副书记、书记处书记高善罡出席指导会议并致辞。

9月8日 全区社会主义核心价值观建设工作经验交流会在赤峰市召开,自治区党委常委、宣传部部长乌兰出席会议并讲话。

9月27日 美丽的草原我的家——斯里兰卡·中国内蒙古文化周在斯里兰卡首都科隆坡开幕。斯里兰卡文化部副部长帕里塔·特瓦拉佩鲁玛,中国驻斯里兰卡大使易先良,自治区党委常委、宣传部部长乌兰出席开幕式并分别致辞。

10月14日 自治区党委宣传部、自治区文明办在锡林浩特召开全区文明校园创建工作推进会。自治区党委常委、宣传部部长乌兰出席会议并讲话。

11月11日 党的十八届六中全会精神专题理论研讨会在呼和浩特召开,自治区党委常委王莉霞出席会议并讲话。

12月15日 全区文艺工作座谈会在呼和浩特召开。自治区党委常委、宣传部部长白玉刚出席会议并讲话。

12月23日 人民网2016大学校长论坛在呼和浩特召开。论坛以“坚持立德树人 建设一流大学”为主题,进行研讨交流。人民日报社副总编辑谢明国,自治区党委常委、宣传部部长白玉刚,自治区政协副主席郑福田出席开幕式。

【荣誉】

第二十四届内蒙古新闻奖获奖作品目录

作品题目	参评项目	作者	责任编辑	刊发媒体
特别奖4件				
扶贫惠民全覆盖 昔日穷村变福村 内蒙古“十个全覆盖”工程建设巡礼	报纸通讯	汪 波	王一彪	人民日报
最美基层干部:吉日嘎拉	广播新闻专题	黎政祥 郑 颖 宝 音 董云静		中央人民广播电台 中国之声
“十个全覆盖” 幸福全覆盖	网络新闻专题	白建平 富丽娟 刘 泽 曾晓强 张雪冬 王 慧		人民网内蒙古频道
内蒙古:“十个全覆盖”工程让农村牧区“旧貌”换“新颜”	新闻摄影	连 振	侯 俊	新华网

续表1

作品题目	参评项目	作者	责任编辑	刊发媒体
一等奖33件				
我盟叫停26个大项目 节约保护113.3万亩草场	报纸消息（蒙古文）	巴雅尔图	哈斯夫	锡林郭勒日报蒙古文版
牧区电商“百戈丽”	报纸消息（蒙古文）	召日格图 布赫	斯琴巴雅尔	鄂尔多斯日报蒙古文版
内蒙古大兴安岭林区告别天然林商业性采伐	报纸消息	张俊在 杨利伟 刘玉荣	孙亚辉	内蒙古日报
一年只需3000元绿蔬采摘任你选“第一书记”邀你来种菜	报纸消息	冯燕平	魏美丽 李霞	呼和浩特日报
高日罕山下的生命回响——追记“4·22”扑火战斗中英勇牺牲的优秀基层干部吉日嘎拉	报纸通讯（蒙古文）	达·宝力道 塔娜 巴依斯古楞	吴海龙 伊拉图	内蒙古日报蒙古文版
迟到68年的追认	报纸通讯（蒙古文）	包六胜	孟晓明 春光	通辽日报蒙古文版
用生命释放正能量——追记兴和县委组织部副部长、企业党工委书记卢玉宝同志	报纸通讯	李秀珍	杜万里 孙瑞岗	乌兰察布日报
网上外卖：新型餐饮“外衣”下的黑色作坊	报纸通讯	赵新宇	陈日峰	内蒙古晨报
我们跨入动车时代了——1月8日内蒙古首趟动车组列车正式上线运营	报纸通讯	张琦	张智超	内蒙古铁道报
“四个全面”亮点频现，塞上风景五彩斑斓——内蒙古科学发展扮靓祖国北疆	报纸通讯	陈磊 刘军 任会斌	田朝晖	新华每日电讯报
内蒙古主流媒体民族文化传播的框架分析——以“中国·内蒙古草原文化节”报道为例	新闻论文	刘艳婧 高炜	齐昆	《内蒙古大学学报》(哲学社会科学版)
乌审旗农牧民利用电商促进农畜产品销售、农牧民增收	广播消息（蒙古语）	哈斯其木格 希如 阿日兵达来		鄂尔多斯广播电视台 蒙古语广播
从独奏到合奏，中国北方稀土实现“一统”	广播消息	张玉超 王瑞晶 李涛 时日俊		包头广播电视台《包头新闻》

续表 2

作品题目	参评项目	作者	责任编辑	刊发媒体
“化缘书记”李春雷	广播消息	包丽娜　贾　霏 陈　洁　秦　勇 王　燕		呼和浩特广播电视台 《呼和浩特新闻》
牧民烧毁自家羊皮事件的反思	广播新闻专题 （蒙古语）	格根塔娜 苏日嘎拉图 道仁图雅		内蒙古广播电视台 蒙古语广播
大玉米今年怎么了	广播新闻专题	张志军　张玉萍 关雪峰　卜天石		通辽广播电视台 农牧新天地
五年回迁成奢望,31 户居民合法权益谁来保障?	广播新闻评论	绿　原　文　菱 王　荣　刘　丹		内蒙古广播电视台 汉语新闻广播
与书籍为伴,开智慧之门	广播系列报道 （蒙古语）	阿永嘎　红　霞		赤峰广播电视台《赤峰新闻》
奥迪车主撞羊群逃逸，三十多只羊惨死 101 省道	电视消息 （蒙古语）	前达门　苏力德		内蒙古广播电视台 蒙古语卫视
覆盖带动产业 牧民心中乐开花	电视消息 （蒙古语）	孟　根　巍　山 彻力木格 苏日图		通辽广播电视台 蒙古语综合频道
我在草原有只羊	电视消息 （蒙古语）	娜仁满都拉 哈　那 贺希格都仁 齐戈骐		锡林郭勒广播电视台 影视娱乐频道
完全国产化 包头可生产第四代核电燃料元件了	电视消息	孙晓峰　李晓荣 闫帅武　周　宇		包头广播电视台 《包头新闻》
别让演练成了“演戏”	电视消息	李海峰　王俊琪 孙佳振　王高娃 石智鹏		乌海广播电视台 都市生活频道
吉日嘎拉:未曾“远离”	电视新闻专题	集体		内蒙古广播电视台 汉语卫视
2015 年 12 月 25 日《都市漫话》	电视节目编排	刘星晔　李忆峥 张红婵		通辽广播电视台 城市服务频道
2015 年度全区十佳法治人物	电视系列报道	《法治专线》集体		内蒙古广播电视台 新闻综合频道
追寻先烈足迹 走访亮丽风景线——2015 北京网络媒体红色故土行	网络新闻专题	赵文萃　李中锋 刘俊霞　马铃翔 王霞　牛　繁		内蒙古新闻网

续表 3

作品题目	参评项目	作者	责任编辑	刊发媒体
第十届全国少数民族传统体育运动会	网页设计	胡　浩　李　菁 刘　艳		正北方网
“中国蒙古族部落行”大型媒体融合报道	融合报道 (蒙古语)	哈斯木其尔 齐秋芳　文　德 斯琴巴图 那　青　塔　娜		“草原之声”对外广播 “爱播”微信公众号 内蒙古广播网 中国国际广播电台官网
吉日嘎拉事迹媒体融合报道	融合报道	集体		正北方网、内蒙古新闻网、大草原网、中国蒙古语新闻网、索伦嘎新闻网、内蒙古日报蒙汉文报等
“十个全覆盖”工程报道的创新实践	创意策划	集体		内蒙古日报
讲好“内蒙古故事”的生动实践	创意策划	党的教育版 集体		实践党的教育版
《小村故事》系列报道	创意策划	马瑞萍　张泽华 赵　峰　王丽霞		内蒙古广播电视台
二等奖 59 件				
乌日图高勒流向远方	报纸消息 (蒙古文)	杭　盖　李　萍 温都苏 乌吉斯古楞	雅　茹	巴彦淖尔日报蒙古文版
世界首台蒙古语语音指令机器人诞生	报纸通讯 (蒙古文)	朝勒孟	鲍苏日娜	内蒙古少年报
“我们毕业了!”踏上了坎坷的就业之路	报纸通讯 (蒙古文)	乌日嘎木拉		呼伦贝尔日报蒙古文版
巧借东风破难题	报纸通讯 (蒙古文)	包灵艳　宝　音	桂　珍	兴安日报蒙古文版
聂耳从敖汉旗获得《义勇军进行曲》素材	报纸通讯	集体	海　粼	内蒙古日报
张振华:大一新生创业当“新农民”	报纸通讯	杨岩泽	黄涵琦 荣　英	呼和浩特日报
潘志荣:牧民心中的检察官“安达”	报纸通讯	贾慧珍　张红梅	李淑岚 梁学东	包头日报
哈根庙嘎查农牧民用垃圾换燃气	报纸通讯	贾　雪	尹　达 杨　璐	通辽日报

续表 4

作品题目	参评项目	作者	责任编辑	刊发媒体
草原上的"契约村"	报纸通讯	陈 明	孙国权	赤峰日报
试卷变成了通关卡	报纸通讯	郭秀莲		乌海日报
法治护航北梁百姓安居梦——包头市北梁棚户区改造"零事故零上访"工作经验探访	报纸通讯	刘 娜 马桂兰	段兴宇 金 丽	内蒙古法制报
市场化的蒙古文化	报纸系列报道（蒙古文）	希吉日其其格 格日乐苏布道		赤峰日报蒙古文版
阿拉善骆驼产业发展系列报道	报纸系列报道（蒙古文）	毛图门 斯琴巴图 朝格敖日格勒 策苏敦 那木尔		阿拉善日报蒙古文版
"十个全覆盖"：变革中的跨越、分享中的喜悦、奋进中的抉择	报纸系列报道	魏 那 戴 宏 黄永锐 刘 洋		内蒙古日报
解民忧 顺民心 惠民生	报纸系列报道	青格勒 田旭东 高旭天		实践
触摸"互联网＋"下的新经济	报纸系列报道	张海芳 李艳诚 郭 健 赵 遐		包头日报
"十个全覆盖"绘就农村牧区新画卷系列评论	报纸评论	吉 莉 李振南 刘 江	崔 楠	内蒙古日报
为干部下乡驻村叫好！	报纸评论	王树伟 王 剑 郭利平	王紫丁 李木之	巴彦淖尔日报
轮椅上站立的人生	新闻摄影	包 莛 刘玉荣	哈丹宝力格	内蒙古日报
斯日古楞老师荣获启功教师奖	广播消息（蒙古语）	满 锁 布仁塔娜 关其格		兴安广播电视台 兴安广播
全区《首个草原承包经营权证》在镶黄旗发放	广播消息（蒙古语）	乌日罕		锡林郭勒广播电视台 蒙古语综合广播
国家一级保护动物黑山羊再现巴彦淖尔市境内	广播消息（蒙古语）	图 雅 陈志鸣 白 瑞 史 玲		巴彦淖尔广播电视台 《巴彦淖尔新闻》
呼伦贝尔第一家"粮食银行"正式运营	广播消息	焦 晶 苏 阳 张 虞		内蒙古广播电视台 全区新闻联播

续表 5

作品题目	参评项目	作者	责任编辑	刊发媒体
民族体育项目的发展需要传承与创新并举	广播新闻专题（蒙古语）	雪 梅 阿拉腾巴雅尔 其木德		内蒙古广播电视台 蒙古语广播
呼伦贝尔旅游新名片——蒙古之源·蒙兀室韦文化旅游景区开园了！	广播新闻专题（蒙古语）	代兄		呼伦贝尔广播电视台 蒙古语综合广播
赤峰：国歌歌词采集地	广播新闻专题	赵丽丽 高卫红 孙 涛		赤峰广播电视台 赤峰新闻
移动发射基站“空降”居民楼顶维权难	广播新闻专题	殷晓惠 池慧娟 史 玲 图 亚		巴彦淖尔广播电视台 综合广播
“暖男”老骆	广播新闻专题	张 娜 王嘉琪 薛晶莹 李 玫		乌海广播电视台 新闻综合
为了草原多幸福——追记锡林郭勒盟西乌旗农牧业局局长吉日嘎拉	广播系列报道	陈冰凌 魏青梅 董云静 陈媛媛 额尔德尼 宝 音 张大鹏		内蒙古广播电视台 新闻广播
《把心交给草原》	广播系列报道	付 丽 赵 敏 孟庆磊 王旭光 马立彦		包头广播电视台 综合广播
在希望的田野上播下“幸福的种子”——乌兰察布市 “十个全覆盖”见闻	广播系列报道	刘艳霞 乔 喆 李 娜 赵宏宇 孙晨莉 郭建永 金利中		乌兰察布广播电视台 汉语综合广播
黑戈壁上的希望路	国际传播	梁 军 赵 伟 董云静 董 健		内蒙古广播电视台 国际广播电台
软黄金黑枸杞的人工种植为农牧民拓宽了致富路	电视消息（蒙古语）	额尔德尼 孟根其其格 苏茹娜 阿斯纳		阿拉善广播电视台 新闻综合频道
牧民苏噶日转变观念增收致富	电视消息（蒙古语）	莫德格 海 日 田图布沁		二连浩特广播电视台 综合频道
一根钢轨的全球计划	电视消息	苗迎春 刘 燕 郑斯颖 包 音		内蒙古广播电视台 《新闻联播》
内蒙古颁发全国首批草原承包经营权证	电视消息	王 佳 哈 那 联 锁 阿茹罕		锡林郭勒广播电视台 新闻综合频道

续表 6

作品题目	参评项目	作者	责任编辑	刊发媒体
走基层:帐篷里的选举	电视消息	王　禹　武　超 达苏荣嘎 孙　敏		阿拉善广播电视台 阿拉善新闻
不出水的灌溉井	电视新闻评论 （蒙古语）	珠兰其其格 阿尔斯楞 呼斯乐图 乌仁图娅		内蒙古广播电视台 蒙古语卫视
一台不该发生的手术	电视新闻评论	雷　蒙　王邢刚 刘小飞　范有涛 宝乐尔		内蒙古广播电视台 经济生活频道
蒙古语《巴彦淖尔新闻》	电视节目编排 （蒙古语）	乌日恒　其其格 富　泉　乌日娜		巴彦淖尔广播电视台 新闻综合频道
有一种爱叫不离不弃	电视新闻专题	翁雪芹　王　芸 韩　雪　胥　涛 解振鹏		内蒙古广播电视台 新闻综合频道
禁伐第一季 再见伐木工	电视新闻专题	赵庆春　马东明 王艺达　李　莉 付海红		呼伦贝尔广播电视台 《绿色家园》
北二安居小区爆炸事故救援现场直播	电视现场直播	王　芸　韩　雪 李玉冰　党　晶 武建东		内蒙古广播电视台 新闻综合频道
通辽市创建全国最大的蒙医药基地	电视系列报道 （蒙古语）	苏日图 彻力木格 白木仁　阿金虎		通辽广播电视台 蒙古语综合频道
正能量的传递者	电视系列报道 （蒙古语）	新吉乐图 哈斯牧仁 唐　明　魏青龙		鄂尔多斯广播电视台 蒙古语新闻综合频道
走千村万户 讲精彩故事：五公里的搬迁路	电视系列报道	张泽华　吴永丽 史子龙　韩　雪		内蒙古广播电视台 汉语卫视频道
中国抗战胜利暨世界反法西斯战争胜利70周年系列报道——草原的记忆	电视系列报道	付　加　呼尔查 王洁滨　张　钧 邢　磊　赵天奇		呼伦贝尔广播电视台 呼伦贝尔新闻
牛羊肉大量进口,我们牧民怎么办?	网络新闻访谈 （蒙古文）	乌力吉宝音 阿格玛　白　春		中国蒙古语新闻网
《内蒙古网评》	网络新闻专栏	安华祎　李中锋		内蒙古新闻网

续表 7

作品题目	参评项目	作者	责任编辑	刊发媒体
中蒙博览会:全方位合作的"蜜月之旅"——中蒙媒体合作典范	国际传播(蒙古文)	金　山　娜仁呼	新其其格	索伦嘎
同行草原·丝绸之路——首届中国——蒙古国博览会	国际传播	孙延明　杨苏雯 王冠静　贾　杰 李　菁　石守轩		正北方网
《就说一分钟》	融合报道	集体		《你好·内蒙古》新闻客户端、内蒙古日报官方微博微信、手机报、正北方网、内蒙古新闻网、大草原网、中国蒙古语新闻网、内蒙古日报蒙汉文报
记者手记——《美丽乡愁》、《故乡的秋》、《一路走来，心里暖暖哒》	融合报道	赵春涛　刘　涛		内蒙古广播电视台 官方微博、微信平台
通辽至京沈高铁项目启动	融合报道	牧　人 阿古达木 阿力玛　姜宇宏		通辽日报 中国通辽网 中国通辽网微博、微信
全媒体行动·聚焦达茂	融合报道	集体		包头日报、包头晚报、包头新闻网、包头手机报、包头首发客户端、包头日报社微博、微信矩阵
陈子实烈士殉国纪念园建设活动	创意策划	韩显锋　白雪冰 杨建军　汤　雷 谭炳燕　宁　波		红山晚报
首届中国——蒙古国博览会开幕式现场直播	创意策划(蒙古语)	白斯古冷 哈斯少布 雪　梅 赞登高娃 宝鲁尔　朝格图		内蒙古广播电视台 蒙古语广播、草原之声广播
腾飞内蒙古——走进通辽市科左中旗直播	创意策划	樊晓峰　张　慧 单奕韬　董　艺 美丽斯　贾卓炎		内蒙古广播电视台
主播去哪了——走基层系列大型采访活动	创意策划	王松涛　杨秀萍 马海涛　张鸿亮 李　涛　付　丽		包头广播电视台

续表 8

作品题目	参评项目	作者	责任编辑	刊发媒体
三等奖 121 件				
开拓市场提高效益牧民阿拉腾乌拉卖驼奶及奶制品一年创收 50 多万元	报纸消息（蒙古文）	贺希格巴雅尔 阿鲁斯	百　先	内蒙古日报蒙古文版
蒙古娃娃《布特勒其》跨洋过海	报纸消息（蒙古文）	阿日古那 乌云格日勒	阿丽玛	鄂尔多斯日报蒙古文版
电子眼——牧民的忠诚护卫	报纸消息（蒙古文）	雅　茹　苏龙嘎	额日和木	巴彦淖尔日报蒙古文版
牧民乌力吉捧着“草原绿卡”很开心	报纸消息	王国英	孙亚辉	内蒙古日报
马来西亚大使:蒙医药 very good	报纸消息	段丽萍	任玉玲	北方新报
全城接力搜寻失联女孩 爱心传递彰显城市文明	报纸消息	杨　帆	梁学东 李艳诚	包头日报
科左后旗百团千场秀乡愁　感受原乡文化 共赏“非遗”展演	报纸消息	康桂君　孙丽华	韩燕清 王海燕	通辽日报
“火风光”三路并进供应首都绿色能源——乌兰察布大力发展绿色风电项目	报纸消息	乌云夫	乌日汗 石慧军	乌兰察布日报
赛汗乌素村有了村 LOGO	报纸消息	王　颖	鲁　吟 郑永锋	乌海日报
额济纳至哈密铁路开通运营出疆大道旌旗动 瀚海戈壁驰巨龙	报纸消息	捌拾宝	王　萍	阿拉善日报
北方稀土成为中国稀土行业“定标王”	报纸消息	秦　鸣	纪　东	包钢日报
内蒙古大兴安岭林区 将森林病虫害损失降至最低	报纸消息	张林静　王灵光	冬　梅	林海日报
额尔顿毕力格老人花 300 万建了蒙古族幼儿园	报纸通讯（蒙古文）	格日乐图雅 乌云塔娜	玉　莲	内蒙古生活周报
朝格查:保护草原生态保护草原文化是我们应有的责任	报纸通讯（蒙古文）	那顺其其格	巴根那	呼伦贝尔日报蒙古文版
探索扑克游戏学习法 20 年奋斗事迹	报纸通讯（蒙古文）	梅　花		兴安日报蒙古文版

续表 9

作品题目	参评项目	作者	责任编辑	刊发媒体
一名党员的 33 年坚守	报纸通讯（蒙古文）	潮洛蒙	晓　来	兴安日报蒙古文版
点沙成金变沙为宝	报纸通讯（蒙古文）	鲍庆胜　都　冷 包六胜	孟晓明	通辽日报蒙古文版
辟沙成途圆了世代梦	报纸通讯（蒙古文）	哈日呼	萨仁图雅	赤峰日报蒙古文版
互联网改变草原牧民生产经营方式	报纸通讯（蒙古文）	哈　达	布仁图	锡林郭勒日报蒙古文版 新牧民报
我区首座“智能”房屋落户苏尼特草原	报纸通讯（蒙古文）	依日桂	布仁图	锡林郭勒日报蒙古文版 新牧民报
冬季宰储蓄肉之随笔	报纸通讯（蒙古文）	照日格图 阿拉腾苏和	查　娜	乌兰察布日报蒙古文版
老梁和他的“股权量化”——通辽市科尔沁区大刘屯社区股权量化试点工作纪实	报刊通讯	刘秉承	田旭东	实践思想理论版
曾经大青山上漫山遍野的精灵如今遍寻难觅，一位 8 旬老人立志帮它重焕风姿——他要让山丹花重新开遍大青山	报纸通讯	张　翼	甄　超 刘　健	呼和浩特晚报
包头百里长街出行篇 步履之间优先路权慢中得	报纸通讯	洪　彬	杨　帆	包头日报
简政放权“包头模式”为何受全国关注？	报纸通讯	武建飞	袁晓园	包头晚报
呼伦贝尔云计算：芝麻开门	报纸通讯	杨传庆	侯　健	呼伦贝尔日报
一本《党费证》的故事	报纸通讯	满都胡　张春玲	侯佳丰	兴安日报
“十个全覆盖”让农牧民在雪灾面前更从容	报纸通讯	巴雅尔图 刘　博　程　泽	贺玉萍	锡林郭勒日报
张华华一家贫病交加中喜逢“贵人”孩子读大学政府资助 8 万元、自己患癌医院治疗免费感谢信发出后王君书记亲笔回信	报纸通讯	巴特尔	张晓薇 卢济安	乌兰察布晚报

续表 10

作品题目	参评项目	作者	责任编辑	刊发媒体
京蒙帮扶合作打造一支“带不走”的医疗队伍 破解群众贫困“症结”	报纸通讯	张雁龙　师冰清	卢济安 石慧军	乌兰察布日报
一场历时 53 小时 45 分的生死救援——准旗青春塔煤矿铁路专用线沙咀子隧道塌方事故救援纪实	报纸通讯	贺晚霞	郭紫欣	鄂尔多斯日报
昔日“麻友”散伙 今朝变身“文艺人”	报纸通讯	董巍巍	吕联义	乌海日报
帐篷里的选择——巴彦木仁苏木“两位”换届选举工作侧记	报纸通讯	王玉文	王　萍	阿拉善日报
写在第 20 个世界读书日——翻过一页叹息	报纸通讯	卉　平	张丽清	内蒙古商报
在烈火中永生——追忆在烈火中舍己救人的内蒙古基层好干部吉日嘎拉	报纸通讯	集体	曲志红 陈卫平	新华每日电讯报
内蒙古:“十个全覆盖”带来塞外巨变全力打造农牧民安居乐业的幸福家园	报纸通讯	陈　磊　吴　献 张丽娜	全伟家	新华每日电讯报
锡林郭勒盟开启“强势模式”保护草原,生态保护委员会可以叫停大项目:在这里,生态是最大的民生	报纸通讯	吴　勇	王一彪	人民日报
“边境旗县发展”系列专访	报纸系列报道(蒙古文)	巴图吉日格勒 乌云其其格 云　胜 郭·照那斯图 布日格德 格根塔娜 曹都格日勒		实践蒙古文版
卢玉宝典型宣传系列报道	报刊系列报道	王德胜(署名乐园) 王英楠　高旭天		实践
《科尔沁农民》	报纸新闻专栏(蒙古文)	何迎春　兴　安		通辽日报蒙古文版

续表 11

作品题目	参评项目	作者	责任编辑	刊发媒体
村里来了开豪车的女人	报纸副刊	周　静	任志鸿	通辽日报
内蒙古日报蒙古文版2015.09.04《胜利日阅兵》号外1—4版	报纸新闻版面（蒙古文）	李萨如拉 王艳艳		内蒙古日报蒙古文版
巴彦淖尔蒙古文版 2015.09.22 要闻版	报纸新闻版面（蒙古文）	巴格那　塔　娜		巴彦淖尔蒙古文版
内蒙古日报 2015.09.04《胜利日大阅兵》号外 1、4 版	报纸新闻版面	集体		内蒙古日报
十个全覆盖透视:《新牧民 新家园》	新闻摄影（蒙古文）	吉格木德 那仁其木格 达　来	图门达来	内蒙古日报蒙古文版
党报主题宣传：既要突出主题又要彰显个性	新闻论文	相恒义	冷　梅	《新闻论坛》
《那顺宝音和他的手工“蒙古香皂”》在全国公益慈善项目大赛上获得一等奖	广播消息（蒙古语）	苏雅拉巴图 乌仁图雅		内蒙古广播电视台蒙古语广播
蒙古国驻呼伦贝尔领事馆的成立将进一步推动中蒙之间合作交流	广播消息（蒙古语）	沈志刚　冯治强 巴音扎日嘎拉		呼伦贝尔广播电视台蒙古语广播
阿拉善骆驼有了《身份证》	广播消息（蒙古语）	乌仁塔娜		阿拉善广播电视台《阿拉善新闻》
“穿沙公路”：生命禁区中延伸出的希望	广播消息（蒙古语）	赛晗娜　珠　娜 松布尔达来		阿拉善广播电视台
全国草原确权第一证 8 月 28 号在镶黄旗颁发	广播消息	绿　原　冯丽伟 额尔德尼 赵春江		内蒙古广播电视台新闻广播
我国首家草业大宗电子交易市场在内蒙古正式运行	广播消息	魏青梅　王　琼		内蒙古广播电视台《全区新闻联播》
自治区首张“三证合一”营业执照在赤峰颁发	广播消息	师　岩　朱　红 孙　辉		赤峰广播电视台综合广播
羊年——“洋洋得意”发“羊”财	广播消息	宋红梅　李　婷 文晓红		锡林郭勒广播电视台全盟新闻联播
为爱导航——风雪中的爱心接力	广播消息	王旖旎　张　卓 王　帅　王　丹		乌兰察布广播电视台交通广播

续表 12

作品题目	参评项目	作者	责任编辑	刊发媒体
我市迎来首批"候鸟"旅游团体	广播消息	高菲菲　刘　波 白海燕		鄂尔多斯广播电视台 汉语新闻综合广播
欧亚新通道额哈铁路开通	广播消息	张海霞　王　欣 张艳萍		阿拉善广播电视台 阿拉善新闻
柳达的高兴事儿	广播消息	白　平　杨立君 黄楚婷　陈淑梅		满洲里市广播电视台 《民生新闻》
追溯科尔沁文化根源的一帮人	广播新闻专题（蒙古语）	关其格　明　堂		兴安广播电视台 农牧田地
进城老人的心声	广播新闻专题（蒙古语）	乌亚罕		赤峰广播电视台《银色马镫》
草原轻骑——察右后旗乌兰牧骑	广播新闻专题（蒙古语）	朝　克 查黑日玛 玉　花　雅日桂		乌兰察布广播电视台 蒙古语社教节目
为足球"痴狂"——内蒙古痴狂球迷协会会长磊子专访	广播新闻专题	王韶丹（黄丹）		内蒙古广播电视台 交通之声
周宁的驻村日记	广播新闻专题	单奕韬　郭　超 张　慧　王凤霞		内蒙古广播电视台 农村牧区广播
让包头，听见世界的声音	广播新闻专题	周建晖　贺丽娜 李纪强　石振亭		包头广播电视台 综合广播
蒙医药发展及变化	广播新闻评论（蒙古语）	梅　花　娜布其		通辽广播电视台 《科尔沁视角》
中国文明村镇之一苏尼特左旗赛罕高毕苏木	广播新闻访谈（蒙古语）	格日乐朝克图 巴达玛其其格 韩　斌 赛音毕力格 乌日汗　德力格		锡林郭勒广播电视台 蒙古语新闻综合广播
记者在贫困户王林家过大年	广播系列报道（蒙古语）	苏　都 布日古德 阿拉腾达来 苏日嘎拉图		内蒙古广播电视台 蒙古语广播
2015 全国两会民生新看点	广播系列报道（蒙古语）	包风兰　乌　云 哈斯少布		内蒙古广播电视台 蒙古语广播

续表 13

作品题目	参评项目	作者	责任编辑	刊发媒体
锡林郭勒草原上传颂的生命赞歌	广播系列报道（蒙古语）	乌日罕　宝日胡		锡林郭勒广播电视台蒙古语综合广播
总书记考察这一年	广播系列报道	陈冰凌　李　昊　和　岩　马丽萍　刘　璐　董云静　刘春柱		内蒙古广播电视台汉语新闻广播
首府“水荒”如何破题	广播系列报道	包丽娜　曹秀霞　张　航		呼和浩特广播电视台《呼和浩特新闻》
热血铸警魂——追忆奈曼旗人民政府副旗长、公安局党委书记、局长邵兵	广播系列报道	吕国华　杨立岩　白永梅　王文琦　楠　丁　张　俊		通辽广播电视台汉语综合广播
《一碗面温暖一座城》	广播系列报道	高菲菲　曹　洪　刘　波　白　燕　陈红霞　张伊炯		鄂尔多斯广播电视台汉语新闻综合广播
老史的故事	广播系列报道	郭　臣　刘金平　李　月　王雪莲　喇少云　王海洋　王　军		乌海广播电视台新闻综合频率
蒙古语流动法庭使牧民打官司没有了语言障碍	电视消息（蒙古语）	萨仁格日乐　温都苏		包头广播电视台新闻综合频道
蒙古国驻呼伦贝尔领事馆开馆	电视消息（蒙古语）	哈斯其鲁　萨仁其木格　温都尔		呼伦贝尔广播电视台呼伦贝尔新闻
牧民欢欢喜喜办年货	电视消息（蒙古语）	础伦巴根　吴满喜　包乌兰　邢　祥　赵永飞		兴安广播电视台兴安综合频道
92 岁老人为乡亲修路	电视消息（蒙古语）	吴帼英　赛音巴雅尔　红　艳　乌丽罕		赤峰广播电视台蒙古语频道
来西乌珠穆沁旗学习蒙古语的四川孩儿	电视消息（蒙古语）	乌云斯琴　巴达日胡　刚嘎牧仁		锡林郭勒广播电视台影视娱乐频道
边境牧区羊绒卖难	电视消息（蒙古语）	查　干　乌日恒　富　泉　高　晔		巴彦淖尔广播电视台巴彦淖尔新闻

续表 14

作品题目	参评项目	作者	责任编辑	刊发媒体
“穿沙公路”：生命禁区中延伸出的希望	电视消息（蒙古语）	赛晗娜 珠 娜 那木尔		阿拉善广播电视台蒙语新闻
离奇失踪的尸体	电视消息	辛爱兰 胥 涛 甘地克		内蒙古广播电视台新闻综合频道
“十个全覆盖”把向阳村变成了“幸福村”	电视消息	潘宏瑞 盛 坤 赵永飞 佟 贺		兴安广播电视台新闻综合频道
300 万别墅是危房 这样的知名企业咋知名？	电视消息	刘向欣 尤 优 刘星晔 周 旋 许翔南		通辽广播电视台城市服务频道
清水河：深山七户人家圆梦新居	电视消息	冯海龙 侯云慧 张靖华 郭媛媛 贾振伟		呼和浩特广播电视台新闻综合频道
野生北山羊 结队觅食频频现身	电视消息	陈志鸣 张玉超 李雅雯 白 瑞 刘 佳		巴彦淖尔广播电视台新闻联播
干部下乡驻村记：王钢的三样“宝贝”	电视消息	罗 卿 王 禹 张海霞 孙 敏		阿拉善广播电视台 阿拉善新闻
达赉湖公安民警解救放生野生狼群	电视消息	赵志坤 秦甜伟 周 岩		满洲里广播电视台新闻综合频道
二连浩特口岸畅通丝绸之路通道	电视消息	梁晓虹 韩 强 刘森淼		二连浩特广播电视台二连浩特新闻
勘测公司钻探队野外施工纪实	电视新闻专题	薛 峰 张 健 黄建滨 焦 洋 麻 艳		扎赉诺尔煤业公司新闻中心《矿山新闻》
“虎仙”现形记	电视新闻访谈	王邢刚 张虹邻 范有涛 满都古勒 宝乐尔 闫小红		内蒙古广播电视台经济生活频道
银行机构：实名办卡制度落实了吗？	电视新闻访谈	马海涛 李 楠 程静柳 赵国炜 杨 楠		包头广播电视台新闻综合频道
《问政准格尔旗》	电视新闻访谈	徐国荣 杨洁新 马巍娟 王广文 高振祥		鄂尔多斯广播电视台新闻综合频道

续表 15

作品题目	参评项目	作者	责任编辑	刊发媒体
蒙语卫视《新闻联播》	电视节目编排（蒙古语）	齐孟克 哈斯朝鲁 胡日查 苏日娜		内蒙古广播电视台蒙古语卫视
2015 年 7 月 31 日《都市全接触》	电视节目编排	集体		内蒙古广播电视台经济生活频道
《新闻天天看》	电视新闻专栏	集体		内蒙古广播电视台新闻综合频道
保护生态说起来容易 做起来难	电视系列报道（蒙古语）	诺明塔娜 乌云塔娜 贺喜格图		内蒙古广播电视台蒙古语卫视
创业故事	电视系列报道（蒙古语）	前达门 鲍 玉		内蒙古广播电视台蒙古语卫视
进城牧民创业之路	电视系列报道（蒙古语）	阿拉腾花 乌尼巴达 扎亚呼		包头广播电视台《陶日干哈拉》
纪念反法西斯战争胜利 70 周年系列报道	电视系列报道（蒙古语）	础伦呼 海 日 温都尔		呼伦贝尔广播电视台蒙古语综合频道
阿拉善骆驼突破 10 万峰	电视系列报道（蒙古语）	敖敦其木格 那 青 阿茹很 苏日古格		阿拉善广播电视台电视蒙语新闻
首府校车何去何从	电视系列报道	翁雪芹 王 芸 韩 雪 胥 涛 王卫国		内蒙古广播电视台新闻综合频道
“村里人”张清	电视系列报道	王艳平 张 巍 陈艳妹 斯 琴 张志刚		通辽广播电视台新闻综合频道
《德耀赤峰》	电视系列报道	李雨海 初晓杰 姜丹丹 王 虹 聂 爽 曹 哲 顾宏燕		赤峰广播电视台新闻综合频道
基层好干部卢玉宝	电视系列报道	高瑞林 张海滨 王少贤 张旭东 张文静 张 琛		乌兰察布广播电视台新闻综合频道

续表 16

作品题目	参评项目	作者	责任编辑	刊发媒体
中国——蒙古国博览会	网络新闻专题（蒙古文）	金　山　娜仁呼 白胡日查 莫日根毕力格		索伦嘎新闻网
《科尔沁文化名人》	网络新闻专栏	苏伦高娃 阿古达木		中国通辽网
新常态 新亮点 新跨越——呼和浩特 2015“两会”专题报道	网页设计	杨静远　纾　扬 窦美菊　李耀宇		呼和浩特新闻网
网评：看胜利日阅兵 我们该铭记什么	网络新闻评论	江　鸿		内蒙古新闻网
寻梦中国 我在内蒙古	国际传播	朝乐门　乌云塔娜 巴拉吉尼玛		内蒙古广播电视台 蒙古语卫视
中俄蒙第十二届国际“美丽使者”大赛	国际传播	刘丽萍		俄罗斯伊尔库茨克市新视野“AHCT”电视台
解读政府工作报告	融合报道	张　伟　高　宏 孙　鹤　杜柏业 郝芳芳　江金艳		内蒙古晨报 内蒙古晨网 内蒙古晨报微博 内蒙古晨报微信
《小发现，大变化》	融合报道	贺家芳　刘　玮		阿拉善 ARTV 微信公众号、阿拉善传媒手机 APP、新浪微博
巴彦浩特接头惊现娶亲驼队，枪爆眼球！	融合报道（蒙古文）	乌德布勒　斯　琴		阿拉善日报、富饶美丽的阿拉善微信平台、今日阿拉善微信平台、阿拉善蒙语网
呼伦贝尔新闻网足球系列报道	融合报道	娄万飞　曾庆旭 孙　璇　张　莹 洁　雅		呼伦贝尔日报 呼伦贝尔新闻网 呼伦贝尔日报官网微信
包头消防人 奋勇逆行护佑家园的最美身影	融合报道	李淑岚　李艳诚 郝晨莺　贾星慧 牧　人　李春燕		包头日报 包头日报官方微信 包头新闻网
“爱在身边”公益系列	创意策划	杨志伟		呼和浩特晚报
纪念抗日战争胜利暨世界反法西斯战争胜利 70 周年特别报道	创意策划	孙英侠　刘蔚君 李亚强　吴艾霞 刘　磊　袁晓园		包头晚报

续表 17

作品题目	参评项目	作者	责任编辑	刊发媒体
传递民族情 共圆中国梦——第十届民族运动会圣火采集传递新闻报道	创意策划	田　坪　杨洁新 牛淑娟　白蒙仁 张　阳		鄂尔多斯广播电视台
“走基层”系列骑行蹲点采访活动	创意策划	周立颖　江翰林 周　维　姚　悦		科尔沁区电视新闻中心
Agii 带你看民运会	创意策划	阿格玛　乌力吉宝音 伊舒妮		中国蒙古语新闻网及其微信公众平台

第十一届内蒙古十佳新闻工作者名单

（按姓氏笔画排序）

刘海妹　女　汉　族　赤峰广播电视台
刘莲芝　女　汉　族　包头广播电视台
杨志伟　男　汉　族　呼和浩特日报社
前达门　男　蒙古族　内蒙古广播电视台
段兴宇　男　汉　族　内蒙古法制报社
赵殿辉　男　汉　族　内蒙古广播电视台
郭　臣　男　汉　族　乌海广播电视台
郭·照那斯图　男　蒙古族　实践杂志社
高雪芹　女　汉　族　内蒙古日报社
斯琴塔娜　女　蒙古族　通辽日报社

（撰稿人：路义）

统一战线工作

【概况】 2016 年，习近平总书记在全国宗教工作会议和全国政协民建、工商联界委员联组会上发表重要讲话，为做好内蒙古自治区宗教工作和非公有制经济领域统战工作提供了根本遵循。中央统战部部长孙春兰、副部长张裔炯先后到内蒙古考察指导和实地调研检查工作。自治区党委成立统一战线工作领导小组，全区初步构建起了大统战工作格局，为开展统战工作提供了有力保证。自治区党委统战部着力推动中央、自治区党委关于统一战线一系列重大决策部署的贯彻落实，深化各领域调查研究，着力推动工作创新，提高统一战线各领域工作水平。

【党派工作】 2016 年，自治区党委统战部推进政党协商，协助自治区党委制定年度协商计划，自治区党委、政府召开或委托自治区党委统战部召开协商座谈会 6 次。重视协助民主党派换届工作，依据中央意见，协助出台各民主党派区委换届方案和市级组织换届意见，并召开会议对市级党派组织换届进行部署。严把政策关、程序关、纪律关，确保换届工作规范有序进行，各民主党派市级组织换届基本完成。着力推进区委换届初步工作，形成人事方案，赴中央统战部进行“三方协商”。为民主党派履职搞好服务，协调各盟市普遍提高了人员、经费保障，改善了民主党派办公条件。协助筹备召开民革中央十二届常委会十五次会议。协调推动呼伦贝尔、通辽、巴彦淖尔市民主党派基层组织升格工作取得积极进展。

【党外知识分子工作】 召开全区党外知识分子工作会议和高校统战工作会议。强化传统领域工作，推进自治区各直属企业明确专门机构和人员负责统战工作，起草《关于加强新形势下高校统一战线工作的实施意见》，推动内蒙古欧美同学会（留学人员联谊会）成立党组，支持呼和浩特市及 2 所高校成立留学人员联谊组织，支持包头市建立“留学报国基地”。推进新的社会阶层人士统战工作，开展专项调研，统计全区社会阶层人士底数，建立新阶层人士统战工作联席会议制度，推动呼市、包头成立新的社会阶层人士联谊会。抓好新媒体从业人员统战工作，建立代表人物库，号召弘扬主旋律、传播正能量。继续组织开展“同心·高级专家团”品牌公益活动及新阶层人士“春暖童心”救助贫困儿童活动。

【民族工作】 贯彻落实中央、自治区党委民族工作会议精神，持续广泛开展民族团结进步教育和创建活动。全区国家级民族团结进步创建活动示范单位达到10个、自治区级129个，分别比中央民族工作会议前增加5个和64个。兴安盟被国家民委命名为“全国民族团结进步创建活动示范盟”。配合中央统战部开展“民族地区脱贫工作”调研，协调推动差别化政策深入落实，加快少数民族聚居区和人口较少民族地区发展。结合迎接自治区成立70周年，邀请和组织有关社会力量总结提炼内蒙古自治区民族工作经验。

【宗教工作】 将自治区宗教局纳入自治区党委统战部管理，健全完善体制机制。采取分批试点方式加强三级宗教网络和两级责任制建设，强化基层宗教工作力量。召开6次宗教工作联席会议，着力解决宗教领域重点难点问题，维护了宗教领域和谐稳定。加强爱国宗教团体和宗教界代表人士队伍建设，成立内蒙古道教协会，帮助爱国宗教团体健全完善规章制度，增加了驻会人员生活补贴，举办宗教界代表人士培训班。加强宗教对外交流，指导并协助自治区佛教协会完成蒙古国佛教协会代表团来内蒙古自治区参访交流接待工作，组织内蒙古自治区佛教界代表团赴蒙古国进行回访。

【非公有制经济工作】 深入贯彻习近平总书记重要讲话精神，建立“亲”“清”政商关系，着力促进非公有制经济健康发展，协助自治区党委、政府制定鼓励和支持非公有制经济加快发展新的政策文件，协调有关部门和各盟市出台相应配套文件，牵头完善非公有制经济考核指标，促进了各项政策深入落实。参与自治区蒙商大会工作。引导非公有制经济人士履行社会责任，全区“光明行”社会公益活动已覆盖所有旗县（市、区）。2016年，实施复明手术5283例。规范非公经济人士相关安排，建立非公经济人士综合评价工作联席会议制度和重大事项申报制度。召开全区工商联换届工作会议，全面启动三级工商联换届，加强前期工作调研，协助自治区党委制发《关于全区工商联(总商会)2017年换届工作的意见》。启动实施对自治区工商联(总商会)企业家副主席(副会长)和常委的述职考评。

【港澳台海外统战工作】 加强港澳台海外代表人士队伍建设，对自治区政协港区委员进行增补，举办自治区政协港澳委员暨海联会理事区情研修班。不断扩大同港澳台海外的交流合作，承办并协办“海外侨胞故乡行·走进内蒙古”、内蒙古·香港重点合作项目推介会、自治区首届蒙商大会、第二届内蒙古台湾名品博览会等大型活动，全区新增台资企业8家。内蒙古自治区首家民营企业在台投入运营，接待港澳台海外来访团组，组织团体赴港澳台交流。召开内蒙古海联会四届五次常务理事会、侨商会第二届会员代表大会、台联六届四次理事会，协调指导自治区政协港澳委员、港澳内蒙古籍人士成立香港内蒙古工商联合总会和澳门内蒙古联谊会。加强涉台事务管理，注重维护台胞、归侨侨眷合法权益，加强困难台胞、归侨侨眷帮扶，相关工作得到中央台办、全国台联肯定。包头市侨商会被评为“全国优秀侨商社会组织”。

【党外代表人士队伍建设】 重视党外后备干部发现和储备，依据有关政策和工作需要，更新完善全区党外厅局级副职后备干部和中长期培养人选名单。对照统战工作《条例》，对各级人大、政府、政协换届党外干部进退留转进行测算，协助党委起草《全区盟市、旗县（市、区）政协换届有关意见》。强化党外干部教育培养，举办党外县处级干部培训班，选派3名干部参加中央三部委挂职锻炼。加大党外干部安排使用力度，会同有关部门启动党外政府参事选聘工作。加强党外干部管理，及时发现和纠正苗头性、倾向性问题。

【自身建设】 严格落实从严治党主体责任和自治区党委从严治党“1+3”制度体系，提升统战部自身建设水平。扎实开展“两学一做”学习教育，着力强化“四个意识”，严明政治纪律和政治规矩，严格执行“三重一大”事项集体决策机制，不断增强思想、组织、作风、制度建设和党风廉政建设实效，保证统战工作和统战干部队伍建设的正确方向。巩固“统战工作能力建设年”活动成果，强化业务学习、岗位锻炼和“传帮带”，提升统战干部综合素质和履职水平。持续推进统战理论政策和实践创新研究，全区共完成创新研究成果217篇，向中央统战部推荐上报15篇。加强信息、宣传工作，开通内蒙古统一战线微信公众平台，信息工作在全国排名位次提升至第十一名。自治区党委统战部连续第五年被中央统战部评为“统一战线宣传工作先进单位”。

【学习培训和建言献策工作】 把统一思想、凝聚共识放在首位，持续深入开展民主党派和无党派人士坚持和发展中国特色社会主义学习实践活动、非公有制经济人士理想信念教育实践、宗教界爱国主义教育等活动。强化统一战线各领域教育培训，全年举办主体班次和资助、联合各盟市及本科院校开展培训52期，培训统一战线各领域成员2600余人次，增强了统战成员“四个自信”，筑牢了共同的思想基础。

鼓励支持统一战线广大成员特别是民主党派、工商联充分发挥调研献策作用。协助自治区党委起草《协助各民主党派区委、工商联开展重点课题调研工作制度》，指导协助各民主党派区委和自治区工商联科学确定年度重点调研课题，并协助自治区党委筹备召开重点课题调研成果汇报会。落实党外人士建言献策“直通车”制度，全年刊发《党外人士反映》4期，编发党外人士建议66条。九三学社社员彭丽的建议被《零讯》采纳，并得到国务院副总理刘延东批示。民盟区委“关于成立内蒙古国际蒙医药大学”的协商意见，被自治区党委、政府采纳，得到积极落实。

【脱贫攻坚工作】 启动了全区统一战线凝心聚力“十三五”行动，统筹各领域资源力量，为自治区“十三五”规划实施凝聚智慧和力量。在和林格尔县建立“同心实践基地”，落实首批捐赠款物、捐建项目。全力参与脱贫攻坚，全年投入1700余万元帮助部机关扶贫联系点——兴安盟太平山嘎查改善基础设施，协调蒙羊公司在当地建设万只肉羊养殖基地；成立内蒙古光彩事业基金会，大力开展“村（嘎查）企合作”精准扶贫行动，全区有359家非公企业与村（嘎查）建立结对帮扶关系；举办“助力兴安发展民企进阿尔山”招商引资暨扶贫项目推荐会，达成合作项目协议资金33.5亿元。

（撰稿人：曹井波）

纪律检查

【概况】 中共内蒙古自治区纪律检查委员会（以下简称自治区纪委）、内蒙古自治区监察厅、内蒙古自治区预防腐败局内设办公厅、组织部、宣传部、政策法规研究室、党风政风监督室、信访室、巡视工作领导小组办公室、案件监督管理室、第一纪检监察室、第二纪检监察室、第三纪检监察室、第四纪检监察室、第五纪检监察室、第六纪检监察室、第七纪检监察室、案件审理室、纪检监察干部监督室等17个厅部室和机关党委。其中,办公厅下设3个处:秘书处、综合信息处、行政处。另设离退休人员工作处,归办公厅管理;政策法规研究室下设申诉复查复议处。委厅领导职数12人,其中书记1人,副书记4人(含监察厅厅长、预防腐败局局长1人),常委6人(其中副厅长3人、副局长2人,秘书长1人),党外副厅长1人。

自治区纪委监察厅下设正处级建制事业单位6个:时代风纪杂志社、内蒙古纪检监察干部培训中心、内蒙古纪委监察厅机关事务服务中心、信息中心、自治区党委巡视工作资料档案室和内蒙古大青山廉政教育管理局。

【纪律和作风建设】

严明党的纪律,坚决把纪律挺在前面 加强对党的十八届三中、四中、五中、六中全会精神和自治区第十次党代会精神贯彻落实情况的监督检查。抓住党员领导干部这个“关键少数”,严肃查处“七个有之”等突出问题,坚决维护党的团结统一。加强对换届纪律的监督检查,把严明纪律贯穿于换届工作各个环节,做到“五个必查”“五个清楚”,确保换届工作风清气正。2016年,共查处违反组织纪律、破坏换届选举等问题155件,给予党政纪处分117人。

认真落实中央八项规定精神和自治区28条配套规定,严厉整治“四风”突出问题 集中开展纪律作风专项治理,着力整治庸懒散、奢私贪、蛮横硬等问题。2016年,共查处违反中央八项规定精神有关问题149起,处理187人,给予党政纪处分147人。自治区纪委公开通报曝光7批43起典型案例,持续释放越往后执纪越严的强烈信号,公款吃喝、公车私用、党员干部借婚丧喜庆敛财等突出问题得到有效遏制。

坚持抓早抓小,把握运用监督执纪“四种形态” 严格按照拟立案、初核、谈话函询、暂存、了结“五类标准”处置问题线索。2016年,采取谈话函询了结、“面对面”初步核实了结,以及经纪律审查后仅给予提醒谈话等12项组织措施13 141人,占“四种形态”处理人员总数72.26%;给予党内警告、党内严重警告等2项党纪轻处分,行政警告、行政记过、行政记大过、行政降级等4项政纪轻处分,以及取消荣誉称号、撤销政协委员资格等15项组织措施3557人,占19.56%;给予撤销党内职务、留党察看、开除党籍等3项党纪重处分,行政撤职、行政开除等2项政纪重处分,降职、取消退休待遇等7项组织措施1000人,占5.50%;纪检监察机关立案审查后移送司法机关,司法机关判处刑罚后纪检监察机关作出开除党籍、开出公职处分487人,占2.68%。

【纪律检查工作】

持续保持遏制腐败高压态势 2016年,全区各级纪律检查机关共受理信访举报30 981件(次);处置问题线索18 497件(次);立案5246件,其中厅级干部26人,处级干部224人;结案4740件;给予党政纪处分4936人,其中厅级干部28人,处级干部223人;移送司法机关73人,为国家挽回经济损失2.47亿元。严肃查处张某某、步某某等一大批社会反响较大的违纪违法案件,将侯某某、陶某某等案件移送司法机关处理。

严肃查处群众反映强烈的不正之风和腐败问题 开展三轮拍“苍蝇”专项行动,严肃查处涉农涉牧、征地拆迁、环境保护、民生工程等方面违纪问题。2016年,自治区纪委采取集中交办的方式,向基层交办相关问题线索237件(其中第八轮拍“苍蝇”专项行动已经启动,向盟市纪委交办问题线索78件),已办结142件,立案61件,给予党纪政纪处分75人,移送司法机关2人,其他处理29人,收缴违纪金额93.27万元。

严格规范执纪审查各个环节,充分发挥纪律审查治本功能 坚持“一案三报告”。对典型问题案件,深入剖析发案原因,督促有关地区和部门完善制度、堵塞漏洞。完善审理程序,严把审核关,加强对执纪审理工作督导。推行模块化办案、案件主办人制度,纪律审查能力提高。推行“全媒体”谈话管理系统,利用科技手段强化证据固定,规范工作程序,提升纪律审查的质量和效率。对案件线索实行微机化集中管理、统筹安排调度、定期分析研判、全程跟踪监管。按照《依纪依法安全文明办案工作责任制规定》要求,严格执行初核、立案请示报批制度,促进办案工作安全文明规范运行。开展警示教育,警戒教育党员干部。在内蒙古博物院设立廉政教育展厅,集中展示全区查处的党员领导干部严重违纪违法典型案例及收缴的赃物,累计接待244个单位,1.5万余名干部职工参观。4月13日,自治区纪委举行自治区廉政教育展厅建成揭牌仪式。

【纪律检查体制改革】

以落实主体责任为抓手,统筹推进各项改革任务落实 深入落实党风廉政建设党委主体责任和纪委监督责任,督促各级党委(党组)定期向上级党委和纪委报告主体责任落实情况。督促自治区直属机关成立机关纪委,协助党组落实管党治党主体责任。采取述职点评、述责述廉、约谈提醒、一案双查、追责问责,严格执行党风廉政建设考核赋分新标准(赋分权重由5%提高到20%),实行“一票否决”,层层传导压力,督促各地区各部门党委(党组)履行主体责任。对各盟市落实党风廉政建设“两个责任”,特别是党委主体责任情况进行专项督查,加大对“两个责任”落实不力的追责力度。

落实“各级纪委书记、副书记的提名和考察以上级纪委会同组织部门为主”规定 结合自治区实际,制定并实施盟市、派驻机构、直属高校、国有企业纪委书记(纪检组长、纪工委书记)、副书记提名和考察办法。运用新的提名考察机制,会同组织部门选配部分盟市纪委书记、盟市纪委副书记、高等院校纪委书记、国企纪委书记和派驻纪检组组长;对部分旗县(市、区)纪委书记调整任免进行审核备案。健全完善纪委书记、副书记备用人选库,严格选用标准。实行旗县(市、区)纪委书记任免职由自治区纪委审核备案制度。认真落实“查办腐败案件以上级纪委领导为主”的规定,试点探索线索处置和案件查办在向同级党委报告的同时必须向上级纪委报告的机制制度,推动双重领导体制迈向具体化、程序化和制度化。

全面推进派驻全覆盖 出台加强派驻机构建设意见,通过调整划转等方式,设置自治区纪委派驻机构36个、派出机构1个,完成对90个自治区一级党和国家机关派驻纪检机构全覆盖。稳步推进盟市、旗县(市、区)派驻机构全覆盖,派驻监督工作不断加强。加强对派驻机构人员培训力度,举办12期派驻机构纪检监察干部业务培训班,实现了派驻机构培训全覆盖。

推动“三转”向基层延伸 针对基层纪律检查机关建设存在的薄弱环节,组织开展“纪检监察机关基层基础巩固提高年”活动,全区772个苏木乡镇和259个街道全部配备专职纪(工)委书记、专职纪检干部,基层纪律检查机关的组织建设、制度建设、工作条件、履职能力得到改善和加强。完善乡案县审、两级同审等工作机制,保证基层案件审理质量,有效提高基层纪律审查业务水平。

【巡视工作】 坚持把“发现问题、形成震慑”作为主要任务,突出巡视监督重点人、重点事、重点领域。采取“一带一”或“一带N”模式,坚持常规巡视与专项巡视相结合,实行纪律审查与巡视工作协同推进的“捆绑式”工作机制。落实《党委巡视组组长选拔任用工作暂行办法》《巡视人才库人员选配与管理办法》,将政治素质和业务能力过硬的干部纳入巡视组长库。2016年,共开展2轮巡视,巡视地方、部门、企事业单位99个,实现党委一届任期内巡视全覆盖的工作目标。通过巡视共发现被巡视党组织在遵守“六项纪律”和“四个着力”方面存在的问题1089个,涉及党员领导干部问题线索593件。狠抓巡视发现问题整改,加强对整改落实工作的跟踪问效,对巡视整改工作不力、不到位的地区(单位)党组织进行严肃问责。积极推进巡察与巡视有机衔接,选择部分盟市、旗县(市、区)试点探索经验。

2月25日，自治区党委召开2016年第一轮巡视工作动员部署会，安排部署2016年第一轮巡视工作。6月6—7日,自治区党委巡视工作领导小组召开会议,听取自治区党委巡视组2016年第一轮巡视情况的汇报。

【干部队伍建设】

开展"两学一做"学习教育 制定"两学一做"学习教育方案,成立由纪委主要领导任组长的学习教育领导小组。严格落实自治区党委"六个一"工作机制和纪委"四个一"工作制度,把学习宣传贯彻习近平总书记系列重要讲话精神作为重中之重,抓好"四个全面"战略布局、五大发展理念等新理念新思想新战略的学习,把中央纪委网站"学思践悟"系列文章列入必学内容。组织开展学习新常态新理念专题轮训、迎"七一"重温入党誓词、参观土默特右旗美丽乡村建设和"贺龙纪念馆"革命教育基地等活动。参加"两学一做"分享身边故事微剧场,选送的《腐败先算八笔账》廉政警示教育节目被评为优秀节目。召开纪委常委班子专题民主生活会,重点对照《关于新形势下党内政治生活的若干准则》《中国共产党党内监督条例》,联系工作实际,进行自我检查、党性分析,开展批评和自我批评,制定整改措施,严格抓好落实。

完善机关党建工作责任制 推进"1+3"制度体系落实。强化常委会、机关党委、党支部书记三级抓党建责任体系,巩固"一岗双责",保证党建工作与业务工作同部署、同落实。深入贯彻中央《党委(党组)意识形态工作责任制实施办法》和自治区党委《实施细则》,推动意识形态阵地建设。委厅机关精准帮扶工作成效明显,被自治区直属机关工委、自治区扶贫开发办评为2011—2015年定点帮扶工作示范单位。《以讲学论行建设支部大课堂》先进经验材料被区直机关工委评为机关党建单项工作特色奖二等奖。

发挥好支部战斗堡垒作用 对先进党支部、优秀共产党员和优秀党务工作者进行评选表彰。开展党员组织关系排查,制定实施《临时党支部管理办法(试行)》并设立临时党支部。新成立1个党支部,改选3个党支部。按程序发展2名党员，按标准完成党费收缴213 284元。开展义务植树、义务献血、"博爱一日捐"、交通志愿者服务等公益活动,培育和践行社会主义核心价值观,精神文明建设成效显著。

强化内部监督管理 自治区纪委共受理相关问题线索172件,初核48件,函询谈话30件,对1名干部因违反工作纪律在全区进行通报;各盟市共受理反映纪检监察干部问题线索323件，其中立案17件，给予党政纪处分15人,对9名不适应在纪检监察工作岗位的同志进行调离,对1名同志在纪检监察系统内工作进行调整。

(撰稿人:王多军)

机构编制工作

【概况】 内蒙古自治区机构编制委员会办公室(以下简称自治区编办)是自治区机构编制委员会的常设办事机构,既是自治区党委的工作机构,又是自治区政府的工作机构,列自治区党委机构序列,正厅级。2016年有行政编制41名。内设综合处、体制改革处、研究室(政策法规处)、机关机构编制处、事业机构编制处、盟市旗县机构编制处、机构编制监督检查处、事业单位登记管理处(自治区事业单位登记管理局)8个职能处室和机关党委(人事处)。另设有处级事业单位电子政务中心和科级事业单位登记服务中心，现有事业编制 32 名。

【党委政府中心工作保障】 主动把机构编制工作放到经济社会发展总体布局中去谋划和推进，聚焦中央和自治区重大战略部署，时刻保持与党委和政府中心工作同力同向、同频共振。自治区编办围绕第十次党代会确定的建设和林格尔新区、大数据产业发展、旅游业发展、能源开发利用等重点工作提供体制机制和机构编制保障。各级编办也围绕党委政府重点工作群策群力、多措并举，为全区重点工作和重大项目的实施提供了机构编制方面的保障。

【重点领域体制改革】 随着中央和自治区各项改革的不断深化，全区各级编办承担大量的、艰巨的改革任务，改革工作已经成为机构编制部门日常最繁重的工作。各级编办按照改革要求，主动作为，大胆创新，推动改革工作取得新的成效。

政府职能进一步转变 按照中央和内蒙古自治区关于简政放权、放管结合、优化服务的要求，自治区和大部分盟市编办根据权责清单和行政审批事项调整情况，对政府部门职能职责开展全面梳理、重新认定，并相应调整部门职能，政府部门职能配置更加科学、职责关系更加顺畅、功能进一步完善。

综合行政执法改革推进 各级编办坚持问题导向，着眼于解决多头执法、重复执法、执法扰民等问题，研究完善改革实施方案，大幅整合规范执法主体，减少执法层级，推动执法重心下移，实行跨领域、跨部门综合执法，提高执法效能，综合行政执法规范化水平不断提升。改革体现出三个特点：一是试点范围广，覆盖全区 12 个盟市和 2 个计划单列市；二是改革领域全，基本涵盖中央要求的全部领域；三是改革举措实，盟市层面实现“一个部门一支队伍或一个科室管执法”，旗县一般设置 6～8 支综合执法队伍，苏木乡镇层面实现“一支队伍管全部”。改革方案落实到位后，14 个试点地区行政执法机构由改革前的 342 支减少为 145 支，精简比例达到 57.6%。

司法体制改革推开 在深入调研、广泛征求意见的基础上，自治区出台法院检察院机构编制统一管理实施意见，建立自治区以下法检两院机构编制统一管理制度。各级编办积极协调有关部门，对法检两院机构编制情况进行反复梳理、核对汇总并按时上报，全区法检两院机构和人员编制上划工作按计划顺利完成，为司法体制改革整体推进打下扎实基础。

相对集中行政许可权改革试点工作启动 在征求盟市意见的基础上，经自治区政府同意，研究确定了在呼和浩特市、兴安盟、乌海市本级和满洲里市、翁牛特旗、阿拉善盟经济开发区等 6 个地区开展试点。截至年底，各试点地区已按要求拟制完成初步方案，自治区编办正在会同法制办进行审核完善。

纪检监察、食品药品安全、基本医疗保险等重点领域体制改革推进 继续深化纪检监察体制改革，实现自治区一级党政机关派驻纪检监察全覆盖，完成纪检派驻人员的编制划转。调整完善食品药品监管体制，强化盟市、旗县食品药品监管力量。完成城乡居民基本医疗保险机构整合和人员编制划转工作。稳步推进群团、重点国有林区、盐业和民航机场公安等体制改革。

【事业单位改革】 全区各级编办在分类基础上继续深化事业单位改革，制定完善改革配套政策，创新事业单位管理体制机制，激发事业单位活力，提升公益服务能力水平。

承担行政职能事业单位改革试点 按照中央有关文件精神，研究确定在赤峰市、阿拉善盟及所属的 4 个旗县开展试点。自治区组织指导试点工作，各试点地区按要求完成改革方案初稿的拟制工作。自治区编办在充分调研、反复沟通的基础上对试点方案进行认真审核，

汇总形成《内蒙古自治区承担行政职能事业单位改革试点方案》。截至年底,《试点方案》正在按程序向中央编办履行备案工作。

经营类事业单位改革准备工作　按照中央经营类事业单位改革的总体部署和自治区事业单位国有资产管理、转企改制等相关规定,对全区经营类事业单位的基本情况进行摸底统计,系统梳理改革的经验做法,部分盟市根据不同情况采取转企改制、撤销整合等方式推进事企分开,按照政策要求收回经营类事业单位空编,严格控制新进人员。

公益类事业单位改革　各级编办充分发挥事业单位分类改革领导小组办公室职责作用,积极督促相关部门做好财政、养老保险等配套政策的贯彻落实工作。进一步精简规范事业机构设置,全区通过“撤、并、转、调、减”等方式,整合重叠分散、规模过小、任务不饱和的事业机构 1501 个,收回事业编制 21 695 名,在总量内盘活机构编制存量方面取得明显成效。部分盟市探索在公立医院实行人员总量控制备案管理,对事业单位编制管理的关键性问题集中攻关,提出对策性意见和办法,为下一步开展试点工作奠定了基础。

事业单位登记管理服务　统筹推进统一社会信用代码工作,全面实施事业单位法人公示制度,顺利完成“三证合一”“一证一码”工作,颁证赋码工作取得明显成效。截至年底,全区各级登记机关完成 18 101 家事业单位新版法人证书换发工作,换证率 94%;完成 6243 家机关群团的发证赋码工作,换证率 85%。自治区编办建立完善综合服务大厅和网上办事大厅“两个大厅”建设,简化办事程序,提供一站式服务,提高了服务质量和效率。

【控编减编成果】　全区各级编办坚决贯彻落实中央“财政供养人员只减不增”的要求,坚持“严控总量、盘活存量、优化结构、增减平衡”的原则,确保机构编制总量稳定并有所减少。

全区控编减编任务超额完成　根据中央批复的方案,自治区三年减编任务目标为 5050 名。各级编办坚持严字当头、减字当头,牢固树立红线意识,采取超比例核减空编、零空编管理、撤并机构压缩编制、推行政府购买服务等措施,持之以恒地加大控编减编工作力度,截至年底实际核减编制 6569 名,提前超额完成减编任务。

监督检查力度强化　严格执行机构编制统一管理、空编增人报批和实名制管理等制度,切实规范人员编制管理,坚决杜绝超限额设置机构、超编进人等违规违纪现象的发生。自治区编办在各盟市自查的基础上,对 12 个盟市本级和 36 个旗县(市、区)开展了历年最严、范围最广、力度最大的专项督查,并将督查结果以“一对一”形式向盟市党委、政府主要领导进行反馈,对发现的问题进行限期整改。各级编办持续开展清理“吃空饷”专项行动,核减“吃空饷”编制 1267 名。建立机构编制核查长效机制,基本实现核查工作常态化。

部门间协调联动机制完善　进一步健全与相关部门协调配合工作机制,各级部门普遍将机构编制政策规定执行情况纳入巡视、审计工作范围。进一步加大了与组织、人社部门的协调配合力度,严格把好领导干部配备和人员调动的前置关口。

【创新编制管理】　全区各级机构编制部门积极探索盘活用好存量、提高机构编制使用效益的有效途径和办法,在统筹分配、优化结构、有保有压上下功夫,力争管住管好用活机构编制资源。11 月,自治区编办召开全区严控总量创新编制管理交流推进会,进一步推动创新编制管理,总结交流了各盟市在严控机构编制、调整结构和内部挖潜等方面好的经验做法,相互学习借鉴。

统筹调配多措并举　各级编办积极采取机构“撤一设一”、编制总量内调剂等措施对全区

57个处级单位进行撤并调整,既解决了关键领域的机构编制需求,又优化了机构编制资源配置。围绕自治区决策部署,进一步加强了扶贫开发、食品药品安全、检验检测、安全生产等领域工作力量,从机构设置和人员编制方面给予充分保障。

创新挖潜盘活存量 各地通过结构调整、跨区域调配、内部挖潜等方式盘活机构编制存量,满足关键领域编制需求。针对全区中小学编制结构性短缺的问题,研究出台新的中小学编制标准,在各级编办的理解和配合下,按照“班师比”重新核定各盟市中小学教职工编制总量,建立定期动态调整机制,保障了全区基础教育事业健康快速发展。出台公立医院机构编制标准,允许县域内统筹使用医疗卫生计生系统编制资源,打破编制使用壁垒。自治区本级和部分盟市研究出台设立事业单位人才专项编制的意见,有效解决高等院校、科研院所等公益类事业单位人才引进与编制紧缺的矛盾。

【自身建设】 全区机构编制部门履行“一岗双责”,坚持“两手抓,两手硬”,做到业务工作与党建工作相互融合相互促进。

党建主体责任进一步落实 牢固树立“四个意识”,对照《准则》《条例》要求,严肃党内政治生活,严明政治纪律和政治规矩,坚决贯彻党的基本路线和重大决策部署,全面从严治办,持之以恒改进作风。各级编办严格落实党风廉政建设的要求,建立党风廉政责任落实机制和考评预防机制。加强廉政风险防控,深入细致地查找廉政风险点,制定风险等级和相应防控措施,努力构建全面深入、不留死角的廉政风险防控体系。

“两学一做”学习教育扎实开展 全区各级编办按照中央和自治区党委的统一部署,把“两学一做”学习教育作为加强自身建设的重要抓手,创新载体,丰富形式,以学促做,进一步强化全系统党员干部的党性修养,推进思想政治建设常态化、制度化,有力推动管党治党工作向基层延伸。组织开展全区机构编制系统“尽责圆梦,做合格共产党员”演讲比赛和优秀党员井冈山党性教育培训班。

教育培训工作力度不断加大 自治区层面围绕党性教育和重点工作举办了8期培训班,培训720人次,对盟市、旗县编办主任及业务骨干轮训一遍,选派青年业务骨干到上级编办挂职调训20人次。各地克服工学矛盾,积极选派干部参训,提高了干部队伍综合素质能力。

调查研究和信息工作进一步加强 由自治区编办领导带队、部分盟市编办领导参加,先后赴12个省区市学习考察机构编制工作好的经验做法,推动相关工作开展。不断创新调研工作方式方法,自治区编办各处室单位与盟市编办结对开展联合调研,围绕年度重点工作确定12个重点研究课题并全部完成,研究水平和质量明显提升。同时在研究成果的转化运用上取得新成效,部分研究报告已转化形成政策文件。各地不断提升机构编制工作信息数量和质量,加大对机构编制特色和亮点工作的宣传推广力度,着力营造良好舆论氛围。2016年,自治区在中国机构编制网、自治区党委办公厅《内蒙古动态》等刊物的信息采用量都位居前列。自治区编办门户网站、《内蒙古机构编制工作》成为宣传自治区机构编制工作的重要平台。

机构编制电子政务建设水平不断提升 自治区被列为全国机构编制云平台应用试点省份。全面推进网上名称管理工作,实现中文域名注册和网站挂标的全覆盖,中文域名注册率100%。加强电子政务内网建设,自治区编办本级办公自动化系统全面运行,并向盟市延伸。不断完善机构编制实名制管理系统,改进机构编制统计工作。

巡视整改逐步落实到位 自治区党委巡视组对自治区编办进行专项巡视。自治区编办把巡视整改作为严肃的政治任务,加强组织领导，坚持问题导向，认真抓好整改落实，对照反馈意见制定立行立改方案，做到事事有回应、件件有落实。

（撰稿人：张鑫）

自治区直属机关党的工作

【概况】 自治区直属机关工委（以下简称自治区机关工委）是自治区党委的派出机构，领导自治区直属机关党的工作，指导自治区盟市机关党组织开展工作。工委机关现有行政编制 50 名，事业编制 15 名（参公事业编制 9 名；事业编制 6 名）。现有办公室、组织部、宣传部、联群办、纪工委、工会工委、团工委、机关党委 8 个机构；1 个参照公务员管理事业单位工委党校；1 个事业单位机关事务中心。联群办负责区直机关定点帮扶兴安盟工作和区域帮扶呼伦贝尔市鄂伦春自治旗、莫力达瓦达斡尔族自治旗和额尔古纳市俄罗斯族聚居区工作，区直机关统战工作。工委现有工作人员 61 名，其中处级干部 28 名。有离退休人员 39 名。党的关系隶属工委的单位有 92 个，基层党组织 3141 个，共有党员 42 387 名。

【“两学一做”学习教育】 自治区机关工委把组织开展“两学一做”学习教育作为全年工作的重中之重，取得较好成效。坚持把“走在前、作表率”作为区直机关开展学习教育的工作标准。分别印发区直机关和全区机关学习教育的指导意见，指导各部门单位认真组织学习，教育引导广大党员干部切实增强“四个意识”。通过创建党员示范岗、党员亮身份、开展主题党日活动等方式，引导广大党员立足岗位争先创优、争做北疆先锋。坚持分类指导。始终抓住处以上领导干部这个“关键少数”，推动工委、党组（党委）、机关党委、机关党支部落实主体责任；通过印发《关于进一步落实党员教育管理措施的通知》和召开工作推进会的方式，推动厅局所属单位开展好学习教育。坚持抓关键环节。印发《关于进一步落实党员教育管理措施的通知》，就进一步压实学习教育工作的具体责任，做了安排部署。印发进一步深化讲党课工作的通知进行部署，推动党组书记和党支部书记普遍讲党课，组织开展交叉讲党课活动。建立学习讨论机制，推动党组中心组和党支部两个层面开展学习研讨。提出党支部工作任务清单，推动党支部切实发挥学习教育“基本单位”作用。坚持整体推进。组织召开区直机关庆祝建党 95 周年暨“两学一做”学习教育表彰推进会和区直机关“两学一做”学习教育推进会，与党委组织部共同组织召开区直机关“两学一做”学习教育经验交流会和全区盟市机关党建暨“两学一做”学习教育工作座谈会；将学习贯彻习近平总书记“七一”重要讲话精神纳入学习教育，派出 4 个调研督导组进行推动。坚持典型引领。研究制定《关于在区直机关党建工作中用典型示范引导和推动工作的方案》，评选 12 篇讲党课最精彩的党组（党委）书记的讲稿，表彰 20 个学习先进党支部，编印党组（党委）书记讲党课材料汇编、学习心得体会汇编、研讨材料汇编等资料。坚持加强日常联系指导。成立 4 个工作片区，与区直机关党建调研指导组并轨运行，印发《自治区直属机关党建调研指导组工作方案》，定期开展调研督导，4 个片区全年累计组织各类活动 26 次。利用“互联网+党建”平台，配合建立区直机关、片区和盟市 6 个机关党建联络群；依托微信自主开发机关党建信息报送系统，编印机关党建信息要情，分别在区直机关和盟市工委范围交流，同时上报自治区党委有关领导同志。七是坚持问题导向。印发《落实基层党建重点工作任务书》，重点做好组织关系排查、党代表和党员违法违纪未给予相应处理情况排查、基层党组织按期换届情况专项检查、党的十八大以来党费工作专项检查等 4 个专项排查，印发《关于规范区直机关党支部书记任职程序的通知》和《关于规范区直机关党支部会议和活动记录有关事项的通知》,倡导形成党员交纳党费的时间窗口期，推动党员逐月、足额、主动交纳党费,推动党支部按期换届工作，使机关党的建设的规范化程度在学习教育中得到了进一步提升。

【思想建设】 落实思想建党要求，研究编制思想理论工作任务清单，并采取多项措施推动责任落实。印发通知细化安排,把党的十八届六中全会和自治区第十次党代会精神的学习宣传贯彻工作作为重点任务；举办培训示范班和宣传理论骨干及中心组秘书培训班，培训学习宣传骨干力量；印发通知对区直机关处级干部轮训工作作出部署;组织召开座谈会,交流工作、督促落实；派出4个督查组对区直机关学习宣传贯彻工作情况开展督促检查。开展习近平总书记治国理政新理念新思想新战略的轮训工作和“五大发展”理念的学习培训。年初印发通知、制定培训计划，实现区直机关处以上干部学习培训的全覆盖。在党务干部中组织开展习近平总书记管党治党思想专题学习，制定专题学习计划、统筹进行安排。组织学习党章和党内法规,组织开展“学习贯彻党章党规知识竞赛”活动,并对获奖结果进行通报表彰。举办学习贯彻《中国共产党党组工作条例(试行)》培训班。加强党组中心组学习,定期上报学习情况,半年进行通报,评选10个“党委(党组)中心组学习典型”,举办中心组秘书培训班,提升区直机关党组(党委)中心组学习规范化水平。落实意识形态工作责任制,办好《内蒙古机关党建网站》,全年编发各类信息稿件828篇，网站点击量达153 479次，网站点击率在全国机关党建网排名中位居前列,自治区机关工委申报的《以“互联网+党建”为平台,着力提升机关党建信息化水平》获得全国机关党建信息化优秀案例奖。

【组织建设】 自治区机关工委以全面实行联述联评联考为机制,编制组织建设任务清单,落实组织建设各项任务。发挥目标考核对全年工作的引领作用,印发《2016年度机关党建工作考核指标(框架)》,把学习教育和党支部规范化建设纳入考核内容,完善机关党建“联述联评联考”工作机制,较好地促进机关党建工作责任落实。认真学习贯彻党的建设制度改革精神，努力提高机关基层党组织管党治党能力水平。制定《工委关于贯彻落实〈自治区党委深化改革领导小组2016年工作要点〉任务清单》,开展党支部规范化建设调研;印发《2016年基层党组织建设重点工作任务清单》,推荐《机关党委工作范式》,持续推动《机关党委工作主要任务清单》的落实，进一步发挥机关党委作为一级基层党组织职能作用;推荐《党支部会议范式》,推动党支部工作经常化，党支部层面工作呈现出逐步加强和活跃的好势头。推进机关党的工作创新,组织开展“机关党建工作特色奖评选”,评出30个优秀案例,召开优秀案例推介会,编印案例汇编。做好自治区党代会代表推选工作,召开推选、酝酿党代表工作部署会议，按照自治区党委的部署,选举产生出席自治区第十次党代会的80名代表。着手开展党的十九大代表的推选工作。做好发展党员工作,发展党员520名。开展党务干部、党支部书记和入党积极分子培训工作。以工委党校为主阵地,改进培训工作。全年举办各类培训班12期，培训党员干部1286人。至2016年底，区直机关基层党组织，一类组织占42.11%，二类组织占55.05%，三类组织占2.72%,四类组织占0.12%。

【作风建设】 结合区直机关实际，以强化执纪监督问责工作为落脚点，着力落实党风廉政建设的主体责任和监督责任。持续深入落实《区直机关党委、机关纪委党风廉政建设工作任务清单》。年初下发纪检工作要点,推动机关党委和机关纪委持续落实“两个责任”,年底进行考核督查。统筹安排党风廉政建设宣传教育工作,组织参观自治区党风廉政教育展，召开严肃换届纪律警示教育会，编印《严肃换届纪律文件摘编》,组织开展区直机关廉政教育基地和廉政文化建设示范点创建活动。加强防治“四风”反弹督促检查,紧盯年节等重要节点,下发通知公开举报电话和邮箱，配合开展直属机关作风建设明察暗访;持续落实《区直机关规范党员领导干部操办婚丧喜庆事宜实施办法》。认真贯彻落实党的纪检体制改革精神，加强单位机关纪委建设。2016 年批复新设立机关纪委 2 个,对 11 个单位的机关纪委换届进行审批,考核、任命机关纪委书记、副书记 17 名,机关纪委设立工作基本完成;基本实现总支、支部纪检委员全覆盖;组织部分区直机关纪委书记、盟市直属机关纪工委书记赴中央国家机关进行学习调研，提升了履职能力。加强区直机关纪工委制度建设,逐步健全线索管理、案件审理、处分备案等相关制度,研究制定《自治区直属机关纪工委执纪审理工作办法(试行)》。着重加强案件审理工作,全年纪工委收到自治区纪委交办问题线索 5 件,现已全部办结;转办信访举报件 3 件,现已办结 2 件。审理移送案件 11 件,审结 8 件,给予党纪处分 8 人,其中给予开除党籍处分 4 人,党内严重警告处分 2 人,党内警告处分 2 人,执纪能力不断提升。

【精神文明建设】 自治区机关工委认真落实中央和自治区党委关于精神文明建设的决策部署,突出抓了文明机关创建、干部大讲堂和道德讲堂建设、党员志愿服务活动三项重点工作。开展文明单位创建工作。召开区直机关精神文明建设工作会议和文明委会议,印发《关于进一步推动区直机关精神文明建设重点工作的指导意见》。通过文明单位动态管理系统对文明单位创建工作实施日常监控，组织开展自治区级文明单位(标兵)验收工作,复查验收各级各类文明单位 53 家。发挥机关大讲堂(道德讲堂)作用。印发《关于进一步推进“三带三创”工作的通知》,指导推动区直机关单位建立各类党员干部规范讲堂 61 个,示范讲堂 12 个,表彰了 10 个机关示范讲堂先进典型。继续推动志愿者招募、注册、服务及规范工作。将区直机关志愿者纳入自治区“志愿者云平台”进行管理,加强区直机关志愿服务队伍建设。截至 2016 年底,区直机关发证志愿者达 2300 多名。组织开展文化志愿者下乡演出活动,参与了志愿青城服务活动,打造各具特色的志愿者服务品牌。组织区直机关志愿者服务组织负责人赴河北省直机关学习培训,着力提升志愿服务管理工作水平。

【群团工作】 自治区机关工委深入贯彻落实中央、自治区党委和全区机关党的群团工作会议精神,把群团工作纳入机关党建总体工作部署,发挥了党建对群建的领导指导引导作用。持续推进组织建设，进一步加强对群团工作的组织领导。要求厅局机关党委把群团工作纳入机关党委委员会会议议程，群团组织负责人要列席机关党委委员会会议,定期研究机关群团工作,支持指导群团组织依法依规独立自主开展工作,保障群团活动经费。印发 2016 年工会工委工作要点、《自治区直属机关基层工会星级组织创建实施意见》和《关于进一步推动落实区直机关工会组织星级创建的办法》,并对《实施意见》的贯彻落实情况进行专题调研，召开 “职工之家”现场观摩交流暨工会工作推进会,举办工会主席和女工培训班，对区直机关基层工会组织进行摸底统计。召开共青团工作会议,组织开展区直机关青联第二届委员会换届工作，做好团青组织成立、换届的指导工作,对团青工作部分片区成员单位进行调整，增强各单位群团组织间的凝聚力。坚持创新方式方法,组织开展适合机关特点的文化活动。成立健身体育活动联谊会和文艺活动联谊会,组织开展体育健身联赛、“公仆杯”足球比赛,举行《迎国庆、忆长征》职工文艺“嘉年华·2016 汇演”,举办第二届干部职工技能(公文写作)竞赛。举办机关青年“两学一做”分享身边故事微剧场暨纪念“五四”表彰大会。举办机关青年干部素质提升训练营暨北疆学术沙龙内蒙古青年“双创”学术研讨会，开展机关青年干部队伍及思想状况大调研活动，实现青年干部实践和思想的两手抓两促进。继续开展“青年志愿者交通协管服务年”“大学生实习计划”“植绿·护绿”青年联谊等活动，打造青年活动品牌。

【帮扶工作】 贯彻落实自治区脱贫攻坚部署，充分发挥帮扶工作助推自治区完成脱贫攻坚任务的作用。研究通过《工委贯彻落实自治区党委扶贫开发工作会议和贯彻落实〈中共中央、国务院关于打赢脱贫攻坚战的决定〉的工作清单》。组织帮扶单位深入兴安盟、呼伦贝尔等帮扶地区、帮扶单位调研，召开区域重点帮扶呼伦贝尔市“两旗一区”工作座谈会，加强帮扶工作经验交流，对下一步帮扶工作进行安排部署。加强帮扶工作队伍建设，协助做好帮扶嘎查村“两委”班子建设。联合内蒙古电视台农牧频道深入帮扶地采访，在《内蒙古扶贫杂志》发布信息，宣传报道帮扶工作先进事迹。年底组织3个考核组，对帮扶工作进行年度考核。2016年，各帮扶单位在“两旗一区”落实155个帮扶项目、投入资金14.2亿元。

（撰稿人：张世伟）

党史研究

【概况】 内蒙古自治区党委党史研究室的主要内设机构有：办公室，征研一处，征研二处，征研三处，宣传教育处，文献编辑处和乌兰夫研究会办公室。主要职责：研究中国共产党内蒙古地区历史，总结党的历史经验，为内蒙古自治区党的建设和自治区党委决策提供历史借鉴，充分发挥党史资政育人的作用，为自治区改革开放和社会主义现代化建设服务；研究内蒙古地区党史问题，编写地方党史，编辑出版内蒙古重要党史书刊；征集、整理、编纂内蒙古重要党史资料，搜集、综合、整理、交流区内外中共党史的情报资料。推动党史成果转化，向广大党员、干部、群众、青少年进行党史、革命史的宣传教育；组织重大节庆、纪念日的相关活动；组织审核、审看重大党史、革命题材的影视作品。承担中央党史研究室和自治区党委下达的党史工作任务。指导全区党史征研工作，组织协调全区党史资料征集和党史专题研究工作，组织党史工作经验交流，培训党史工作业务骨干。协调配合全国各省市区联合开展党史科研工作。指导内蒙古自治区中共党史学会的工作。

【党史编研】 完成《中国共产党内蒙古历史·第一卷》的送审、修改和终审工作，审批完成后进行出版印刷；重新启动《中国共产党内蒙古历史·第二卷》的编撰工作，同时开展《中国共产党历史·第三卷》编纂前所需要的“改革开放”口述史征编工作；上报中央党史研究室第三批《改革开放实录》课题研究确定的《新时期内蒙古农村牧区的党建工作》等5个专题。

完成《内蒙古口述历史(抗战时期)》一书的定稿工作。此书集结了抗战时期在内蒙古地区工作、战斗过的89名老战士、老干部的事迹，现已通过内蒙古人民出版社审定，准备出版印刷；《郑天翔革命战争年代书信集》《郑天翔日记》正在出版。同时全面展开对民主革命时期老干部和改革开放时期老领导口述史的征编工作，其中《郝秀山口述历史》《云曙碧口述历史》已近定稿。

在修订完成《内蒙古抗日战争时期人口伤亡与财产损失调查统计》(简称“抗损”)A卷本的基础上，组织、督促全区10个盟市党史部门修订本地区的“抗损”内容，约80万字的“抗损”B卷本包头卷已通过中央党史研究室审查并出版发行。呼和浩特市、赤峰市、巴彦淖尔市、兴安盟、锡林郭勒盟已完成定稿，报中央党研究室审核后出版。

完成《血证》(记载日寇侵略内蒙古的罪行)、《青年郑天翔》的出版工作。完成《绥南革命斗争史》《青山记忆——大青山抗日老战士回忆录》的定稿工作，准备公开出版；完成《内蒙古革命史图志》《内蒙古抗日战争图志》和《内蒙古解放战争图志》的蒙文翻译工作，总字数约 92 万字，稿件已审阅完毕，准备出版发行。完成《科学发展成就辉煌——从党的十七大到党的十八大（内蒙古篇）》《内蒙古党史工作 35 年（重要文件资料汇编）》《解放战争时期的哲里木盟》的审稿工作。完成《内蒙古自治区党委党的群众路线教育实践活动资料选编（一、二、三辑）》的定稿工作，准备印刷。

【学术研究】 会同内蒙古党史学会开展面向全区"纪念内蒙古自治区成立 70 周年征文活动"，收到论文 100 余篇，精选后结集出版并向报刊等媒体推荐发表；开展"纪念乌兰夫同志诞辰 110 周年征文活动"，收到论文 100 余篇，挑选出优秀文章集结为《乌兰夫研究论文集》，共约 45 万字，送审后出版。为扩大"纪念抗日战争胜利 70 周年学术研讨会"学术成果的影响，集结该研讨会优秀论文，形成上、下卷，近日将由中共党史出版社出版；在完成 2015 年党史课题结项的基础上，由内蒙古人民出版社公开出版《内蒙古自治区党史界课题成果汇编（一）》；开展对《中共在内蒙古民族宗教政策与实践》专项课题的检查、督促和阶段性成果审定工作；全年编辑发行《内蒙古党史》12 期，累计刊发文章 213 篇，共计 134 万字，刊发照片 85 幅。组织编辑"百灵庙暴动 80 周年"专刊。

【党史宣传教育】 以纪念中国共产党成立 95 周年、纪念红军长征胜利 80 周年、庆祝内蒙古自治区成立 70 周年和乌兰夫诞辰 110 周年为宣传工作节点，开展形式多样的党史宣传教育活动。

联合策划、拍摄电视系列节目　与自治区党委组织部联合策划、拍摄《红色记忆 365》，组织各盟市党史部门对改革开放时期的选题进行资料征集，完成前期大事记的征集、整理工作；配合自治区党委组织部拍摄反映自治区党建工作历程、经验的系列片；组织各盟市党史部门完成系列片的史料提供、现场指导和内容审核把关等工作。已完成社会主义建设部分文字的撰写及有关背景资料的查找工作。

举办研讨座谈会，协助审定、举办陈展及参与组织纪念会　按照中央和自治区党委《关于进一步加强新建改扩建纪念设施管理工作的意见的通知》精神，会同自治区党委宣传部、民政厅、文化厅组成检查调研组，分赴各盟市旗县了解场馆展陈内容，审定《内蒙古自治区第一批纪念设施登记名录》。协助自治区党委宣传部开展《纪念内蒙古自治区成立 70 周年成就展》展品征集工作；协助自治区文物局审定内蒙古博物院准备展陈的《草原丰碑——内蒙古革命史陈列大纲（初稿）》；协助乌兰察布市审定绥蒙纪念园相关布展大纲、内容等相关事宜。配合自治区党委统战部编撰《乌兰夫画传》，负责图片的布置和文字的修改工作；配合自治区政协文史委员会充实完善自治区政协展览馆展陈内容；配合内蒙古自治区法学会举办"乌兰夫民族法制思想研讨会"；配合自治区宣传部、网信办、广电新闻出版局，在重大节庆日做好网上党史国史内容的研判工作，杜绝歪曲党史国史内容在互联网上的传播。

在自治区党委安排下，会同兴安盟盟委，对"一馆三址"改造工程设计方案进行评审。完成《内蒙古民族解放纪念馆》展览大纲的审定和陈展内容第一、二、三、四单元图片文字的修改、审稿工作；完成《乌兰夫生平展》图片文字的修改、审稿工作。与呼和浩特市委宣传部等单位在呼和浩特民族美术馆联合举办《光辉的历程》图片展。

开辟党史宣传专栏、网页，借助其他媒体进行党史宣传教育　以纪念建党 95 周年、纪念长征胜利 80 周年、纪念乌兰夫诞辰 110 周年等为主题，在"内蒙古党史网"上设立专题栏目，及时更新文字、图片、视频等内容。向中央党史研究室"中国共产党历史网"报送党史工作信息68篇,上传党史工作信息120余篇。组织室内外力量,在《内蒙古日报》发表5篇纪念乌兰夫诞辰110周年的研究和纪念文章。在《内蒙古法制报·交通安全周刊》登载内蒙古党史故事和人物52期,每期4.3万份,扩大内蒙古党史影响。与内蒙古老区建设促进会、内蒙古日报、内蒙古新闻网联合开展"纪念红军长征胜利80周年、内蒙古革命老区暨党史知识答题竞赛活动",收到纸质和网上答题共3万多。组织开展"内蒙古中共党史教育基地(第二批)"评选和表彰活动。

【干部队伍建设】 注重培养年轻干部。在口述史征编中,选派年轻干部参加中央党史研究室、内蒙古党校和党委组织部等部门举办的理论学习和业务培训17人次。选派1名年轻处级干部到二连浩特市挂职锻炼。选派1名处级干部参与自治区农村建设督导组工作。选派2名干部下乡蹲点扶贫,经过调研和周密计划,自2015年以来,共拨付资金45.6万元用于建设了阿令朝综合养殖场,占地面积112亩,养殖棚舍1800平方米。截至年底,完成综合养殖场基础设施建设。资助贫困大学生22人次,捐助资金22 000元;慰问贫困户23户,捐助资金23 000元;慰问老党员7户,捐助资金7000元;为慢性病贫困户捐助药品5000余元;捐助衣物200余件;为村民自来水井配套变压器1台,投入资金56 000元。驻村干部解良被乌兰察布市委评为"优秀驻嘎查村干部"。

(撰稿人:张丽萍)

党　校

【概况】 中共内蒙古自治区委员会党校(以下简称内蒙古党校)、内蒙古自治区行政学院(以下简称内蒙古行政学院)是自治区党委、政府培训轮训全区县(处)级以上党政领导干部的重要阵地。内蒙古党校于1948年9月成立,是最早成立的少数民族地区省级党校。1995年合办内蒙古行政学院,与党校实行"一套机构,两块牌子"的办学体制。党校校长由内蒙古自治区党委副书记李佳兼任,行政学院院长由自治区党委常委、自治区副主席张建民兼任。常务副校长、常务副院长张平江主持党校、行政学院日常工作。全校(院)设23个处级机构:办公室(党校工作处)、组织人事处、机关党委、教务处、科研处、总务处、财务处、学员部、公务员培训部、函授部(研究生部、培训中心)、离退休人员管理处、哲学教研部、经济学教研部、政治学教研部、党史党建教研部、公共管理教研部、民族理论教研部、法学教研部、社会管理和文化教研部、信息管理部、编辑部、图书馆、后勤服务中心。设6个全区性研究所:马列主义毛泽东思想研究所、民族理论研究所、法学研究所、内蒙古社会发展研究所、内蒙古区情研究所、内蒙古公共行政与政策研究所。

7月21日,2016年全国行政学院系统决策咨询工作与新型智库建设经验交流在黑龙江省行政学院举行。国家行政学院常务副院长马建堂出席会议并讲话。内蒙古行政学院副院长孟根参加会议。

【办学情况】 全年共举办各类班次75个,培训轮训学员7200人次。其中,常规主体班29个,培训学员1245人次;专题轮训班11个,培训学员1355人次;委托培训班35个,培训学员4600人次。按照自治区党委要求,内蒙古党校举办盟市厅局主要领导干部学习贯彻党的十八届五中全会精神专题研讨班1期,培训164人;"新常态新理念"轮训班3期,培训561人;自治区领导干部学习贯彻党的十八届六中全会精神和自治区第十次党代会精神专题轮训班2期,培训410人。按照年度招生计划,内蒙古党校举办盟市厅局级干部专题研讨班5期,培训220人;中青年干部培训班2期,培训90人;青年处级干部党性教育进修班1期,培训 45 人；街道党工委书记和苏木乡镇党委书记进修班 2 期，培训 110 人；国资委系统研讨班 2 期，培训 100 人；高校院系党总支书记研讨班 1 期，培训 50 人；旗县市（区）党校常务副校长研讨班 2 期，培训 90 人；党校系统师资培训班 1 期，培训 50 人；人口较少民族干部培训班 1 期，培训 40 人；锡林郭勒盟党校系统专职教师培训班 1 期，培训 54 人。内蒙古行政学院举办自治区直属机关处级公务员培训班 3 期，培训 106 人；盟市处级公务员培训班 3 期，培训 134 人；新任处级公务员培训班 3 期，培训 122 人；自治区直属事业单位处级干部培训班 2 期，培训 49 人；盟市厅局级领导干部城市管理专题研讨班 1 期，培训 25 人；副旗县长五大发展理念与县域经济发展专题研讨班 1 期，培训 29 人；盟市人力资源社会保障局新任局长素质能力提升班 1 期，培训 26 人；国家行政学院送教下基层师资培训班 1 期，培训 60 人；行政学院新教学法师资培训班 1 期，培训 97 人。

【教学工作】 学习贯彻党的十八大、十八届三中、四中、五中、六中全会精神和习近平总书记系列重要讲话特别是考察内蒙古重要讲话精神，学习贯彻全国党校工作会议和自治区第十次党代会精神。坚持以中国特色社会主义理论体系教育为核心，突出党的理论教育和党性教育的主课地位，理论教育和党性教育课时量占总课时 79.2%，其中党性教育超过 30%。坚持把马克思主义中国化最新成果作为理论教育中心内容，把马克思主义经典著作导读课作为重要课程，把深入学习贯彻习近平总书记系列重要讲话精神作为重中之重。把党章党规党纪教育作为必修课，抓好党的十八大以来党内法规的学习培训。推广行动学习法、结构化研讨和情景模拟、现场教学、警示教育、桌面推演等多种教学方式，开设系列导读导学课程。全年共有 31 个新教学法专题课进入主体班教学，占总课时的 30.9%，学员对教学满意率为 97%。拓宽培训渠道，扩大交流范围，组织主体班学员到井冈山、遵义、鄂尔多斯城川民族学院等地接受党性教育和革命传统教育，开展异地培训，增强教学培训的针对性实效性。

【学科建设】 重点加强马克思主义哲学、政治经济学、科学社会主义和党史党建、民族理论等学科建设，加强经济管理、行政管理、社会管理、应急管理和行政法学、领导科学等学科建设，初步形成具有民族地方特色和时代特征的党校、行政学院学科体系。在总结完善近年来课程开发经验的基础上，在全校推开“一个中心，五个方面”的课程框架体系。

【科研工作】 全年组织教研人员申报各级各类课题 132 项，获准立项省部级以上课题 21 项。组织教研人员撰写理论文章，全年发表论文和调研报告 322 篇。其中，《坚定中国特色民主政治制度自信》发表在《人民日报》，《全党都要增强看齐意识》发表在《光明日报》。在自治区和全国党校系统科研成果评奖中，获得一等奖 1 项、二三等奖 13 项，获得全国党校系统课题项目中标奖。学术研讨方面，围绕学习贯彻党的十八届六中全会精神、习近平总书记在哲学社会科学工作座谈会的讲话和考察内蒙古讲话精神，组织召开座谈会和研讨会，开展学术研讨和交流活动。召开全区党校、行政学院系统第七届科研工作会议暨理论研讨会，围绕学习贯彻“五大发展理念”开展征文和学术研讨活动。办好咨询服务“直通车”，全年上报 23 期《决策参阅》，其中有 3 篇调研报告分别获得自治区党委、政府主要领导同志的批示。内蒙古党校、内蒙古行政学院入选“中国智库索引”（简称 CTTI）系统。内蒙古党校承建的《内蒙古自治区发展决策咨询数据库》《中共内蒙古党史数据库》2 个子库获数字资源建设优秀成果奖。8 月 11 日，全区党校、行政学院系统第七届科研工作会议暨学习贯彻五大发展理念理论研讨会在赤峰市召开。中央党校副教育长、科研部主任韩庆祥作了“历史方位与新发展理念”主题讲座。

【编撰成果】 内蒙古党校珍贵古籍《文献通考》入选国务院第五批国家珍贵古籍名录和第五批全国古籍重点保护单位。自治区主席布小林、常务副主席符太增对内蒙古党校报送的第11期《区情研究报告》中由法学教研室毛原撰写的《实现我区行政审批制度改革法治化的几点建议》报告作出重要批示。

【队伍建设】 通过公开招聘、公务员考录和遴选,录用9名教研教辅和行政管理人员。通过脱产培训、进修访学、挂职锻炼等形式,安排教研和管理骨干75人次参加在职培养和实践锻炼。

(撰稿人:吴克芳)

内蒙古自治区人民代表大会常务委员会

综　述

内蒙古自治区人民代表大会常务委员会（以下简称自治区人大常委会）坚持深入学习、认真落实中央和自治区党委的决策精神，通过召开党组学习会，举办组成人员培训班、学习报告会，组织人大代表、常委会组成人员和机关干部，深入学习领会党的十八届六中全会和习近平总书记系列重要讲话精神，深入学习领会自治区第十次党代会精神。常委会各位副主任带领由党委和人大有关部门组成的联合督查组，分赴全区对贯彻落实党委有关人大工作的系列文件情况进行督查调研。完成人大牵头承担的全面深化改革和全面依法治区任务，形成“双牵头”工作成果22项。发挥人大常委会党组的领导核心作用，修改完善《自治区人大常委会党组向自治区党委请示报告制度》《自治区人大常委会党组会议议事制度》。

【立法工作】 自治区人大常委会围绕自治区改革发展稳定大局，科学分析立法需求，合理确定立法项目，努力在增强本地特色和有效管用上下功夫。全年共制定、修改地方性法规8件，涉及基本草原保护、森林草原防火、呼伦湖国家级自然保护区、民族教育、元上都遗址保护、人口和计划生育等方面，废止1件，作出修改部分地方性法规的决定2件，对自治区各级人民代表大会选举实施细则等7部地方性法规和11件涉及“先照后证”的法规进行修改；审查批准设区的市和自治旗地方性法规单行条例17件，完成自治区安全生产条例等4件地方性法规案的初审工作。推进科学立法、民主立法，完善立法起草、论证、协调、审议机制，有效发挥基层立法联系点的作用，健全代表全程参与立法工作的机制，开展立法前评估，通过报纸、网络等多种途径，广泛听取、采纳并反馈社会各界的意见。

【监督工作】 自治区人大常委会主动聚焦中心工作，自觉服务全区大局，精心确定年度项目，综合运用多种方式进行监督，监督工作实效得到提升。全年听取和审议“一府两院”工作报告14项，对食品安全法、自治区食品生产加工小作坊和食品摊贩管理条例，城乡规划法和自治区城乡规划条例，公路法和自治区高速公路条例的贯彻实施情况开展3项执法检查。围绕自治区旅游局、经信委、教育厅、林业厅2015年工作情况，自治区人民政府（以下简称自治区政府）执行环境保护法情况和人口与计划生育法、自治区人口与计划生育条例中关于“政府给予独生子女意外伤残、死亡家庭扶助金”情况开展6项工作评议。对自治区政府执行动物防疫法和自治区动物防疫条例情况、审计查出问题整改情况、自治区高级人民法院关于司法体制改革试点工作进展情况开展3项专题询问。围绕草原生态建设与环境保护、精准扶贫工作、国有林区改革、大数据、创新驱动法制保障情况等进行10项集体视察、执法调研、专题调研和跟踪监督。首次在常委会会议上听取和审议政府落实人大审议意见情况报告。对各地报送备案的全部188件规范性文件进行审查，建立与自治区党委、政府备案审查部门的常态化衔接联动机制。改进专题询问和工作评议的组织方式，每次常委会会议至少开展1次询问或评议，增加随机提问、现场追问等环节，健全边审议边询问的常态化机制。

【讨论决定重大事项权和人事任免权】 自治区人大常委会修改讨论决定重大事项的规定，制定2016年讨论决定重大事项计划清单，在全国率先建立人大行使讨论决定重大事项权“制度+清单”的工作模式。全年听取和审议政府报送的重大事项报告6项，作出决定决议5项。坚持党管干部和依法行使选举任免权相结合，全年任免国家机关工作人员186人次;针对代表在安全生产、职务犯罪等方面出现的问题，及时作出接受代表辞职和许可采取强制措施的决定。依法组织召开自治区十二届人大五次会议，各位代表认真履职，顺利补选自治区主席和全国人大代表，为自治区改革发展稳定提供了重要的组织保证。

【代表工作】 自治区人大常委会围绕自治区党委重大决策部署，进一步丰富代表活动内容，组织实施“万名人大代表助力精准扶贫”活动，有重点地进行集体视察和专题调研，有针对性地提出代表建议。组织开展“代表建议办理推进年”活动，自治区人大常委会主任会议成员和各工作委员会选择19件重点处理建议进行督办，自治区各位副主席批办8件重点处理建议，自治区发展改革委员（以下简称自治区发改委）、交通运输厅(以下简称自治区交通厅)等政府组成部门负责同志领衔办理了建议。首次在常委会会议上听取和审议自治区发改委、财政厅办理代表建议情况报告，并首次进行工作评议和满意度测评。446件人大代表建议、5件议案已经全部办结，其中“关于解决呼和浩特外来务工人员子女入学所需教育经费”和“把蒙医中医门诊纳入医保报销范围”等一批建议得到落实。建成“内蒙古自治区人大代表网上履职平台”，涵盖全国人大和自治区人大代表履职档案管理系统、代表建议网上办理等内容，代表工作信息化水平进一步提高。通过召开座谈会、培训班，提高代表政治理论素养和履职水平。在全区启动人大代表履职档案登记工作，为推荐连任代表提供可靠依据。继续开展代表述职活动，促进代表自觉接受群众监督。

【自身建设】 抓好思想理论建设，及时召开党组中心组学习会、研讨会，学习贯彻中央和自治区党委的重大决策部署。开展“两学一做”学习教育，深化“四风”整治，推动落实中央八项规定精神常态化、长效化。做好帮扶贫困旗县工作，协调帮助贫困地区发展产业、脱贫致富。坚持改进会风，强化会议的服务保障，规范会议审议程序，组成人员审议发言通报制度，会议审议质量进一步提高。落实管党治党责任，加强党风廉政建设，营造人大机关勇于担当、干事创业的良好氛围。配合完成对人大机关的巡视和审计工作，坚持问题导向，积极建章立制，切实抓好整改落实。加强对全区各级人大工作的指导。首次安排3个人大盟工委在常委会会议上进行述职。制定《关于加强人大信息化建设的意见》，推动旗县市区加强人大门户网站和电子表决系统建设。制定《关于加强和改进全区人大信访工作的意见》，畅通人民群众诉求表达渠道。发挥内蒙古人大工作研究会的智库作用。加强工作联系和对外交往。配合全国人大常委会开展调研、视察、执法检查等活动。加大与兄弟省区市人大的联系，学习借鉴各地的有益经验。开展对外交流，完成新西兰议长率团对自治区访问的接待工作，促进自治区与新西兰的务实合作和友好往来。

【内蒙古自治区第十二届人民代表大会】

第四次会议 内蒙古自治区第十二届人民代表大会第四次会议于1月23—29日在呼和浩特召开。会议听取和审议自治区主席巴特尔所作的政府工作报告，自治区人民代表大会常务委员会副主任呼尔查所作的自治区人大常委会工作报告、自治区高级人民法院院长胡毅峰所作的自治区高级人民法院工作报告、自治区

人民检察院检察长马永胜所作的自治区人民检察院工作报告，审查自治区发展和改革委员会关于自治区 2015 年国民经济和社会发展计划执行情况与 2016 年国民经济和社会发展计划草案的报告、自治区财政厅关于 2015 年预算执行情况和 2016 年预算草案的报告，通过关于这 6 项报告的决议。审查并批准自治区国民经济和社会发展第十三个五年规划纲要草案。通过关于修改《内蒙古自治区人民代表大会及其常务委员会立法条例》的决定，关于设立内蒙古自治区第十二届人民代表大会教育科学文化卫生委员的决定及组成人员名单，会议期间举行宪法宣誓仪式。补选廉素为内蒙古自治区第十二届人民代表大会常务委员会副主任，补选孙惠民为内蒙古自治区第十二届人民代表大会常务委员会秘书长，补选张民、刘菊茹、杨飞云、刘振洪、梁文清、郜良、赵建平、赵东、梅振为内蒙古自治区第十二届人民代表大会常务委员会委员。

第五次会议　内蒙古自治区第十二届人民代表大会第五次会议于 6 月 23 日在呼和浩特召开，会议补选布小林为内蒙古自治区主席、第十二届全国人大代表。

【内蒙古自治区第十二届人民代表大会常务委员会】

第二十次会议　内蒙古自治区第十二届人民代表大会常务委员会第二十次会议于 1 月 15 日在呼和浩特举行。自治区党委书记、人大常委会主任王君主持会议，自治区人大常委会副主任呼尔查、邢云、赵忠、杜梓、杭桂林、吴团英及常委会委员共 54 人出席会议。自治区党委常委、自治区副主席符太增，自治区高级人民法院院长胡毅峰，自治区人民检察院检察长马永胜，自治区人大各专门委员会委员；自治区人大常委会副秘书长、工作机构负责人，呼和浩特市人大常委会负责人；自治区政府有关部门负责人列席会议。会议听取和审议自治区人大常委会副主任、代表资格审查委员会主任委员邢云关于《内蒙古自治区第十二届人民代表大会常务委员会代表资格审查委员会关于个别代表的代表资格的报告(草案)》，并表决通过了这个报告。听取自治区人大常委会副主任杜梓关于自治区十二届人大常委会委员出缺情况及提请任免人员情况说明。听取自治区党委常委、自治区副主席符太增关于提请任免人员情况的说明。听取呼和浩特市人大常委会主任云公和关于《呼和浩特市城市供水用水条例（草案）》的说明，审议并通过《内蒙古自治区人民代表大会常务委员会关于批准〈呼和浩特市城市供水用水条例〉的决议》。听取和审议自治区政府秘书长邓月楼关于行政审批制度改革及行政权力清单工作情况的报告。会议审议并原则通过《内蒙古自治区第十二届人民代表大会常务委员会工作报告（稿）》，审议并通过《内蒙古自治区人民代表大会常务委员会 2016 年工作要点》，审议并通过自治区第十二届人民代表大会第四次会议议程、日程、主席团和秘书长名单、主席团常务主席名单、执行主席分组名单、副秘书长名单、列席人员名单、关于代表提出议案截止时间的决定、表决议案办法、关于提请审议立法条例修正案（草案）的议案、关于设立教育科学文化卫生委员会的决定、专门委员会组成人员人选表决办法，自治区十二届人大三次会议主席团交付的第 1 号、第 8 号议案办理意见的报告等各项草案。会议还通过了接受辞职和人事任免事项。

第二十一次会议　内蒙古自治区第十二届人民代表大会常务委员会第二十一次会议于 3 月 28—30 日在呼和浩特举行。自治区党委书记、人大常委会主任王君主持会议，自治区人大常委会副主任呼尔查、杭桂林、吴团英、李荣禧、廉素及常委会委员共 60 人出席会议。自治区党委常委、自治区副主席符太增，自治区副主席云光中，自治区高级人民法院院长胡毅峰，自治区人民检察院检察长马永胜，自治区人大各专门委员会委员，部分自治区人大代表；自治区人大常委会副秘书长、工作机构负责人、盟工作委员会负责人，各设区的市人大常委会负责人，计划单列市和3个自治旗人大常委会负责人；自治区人民政府有关部门负责人列席会议。会议听取自治区卫生和计划生育委员会主任欧阳晓晖关于《内蒙古自治区人口与计划生育条例修正案(草案)》的说明，审议并通过《内蒙古自治区人民代表大会常务委员会关于修改〈内蒙古自治区人口与计划生育条例〉的决定》。听取自治区农牧业厅厅长郭健关于《内蒙古自治区基本草原保护条例修正案（草案）》的说明，审议并通过《内蒙古自治区人民代表大会常务委员会关于修改〈内蒙古自治区基本草原保护条例〉的决定》。会议听取自治区人大常委会内务司法工作委员会主任田继生关于废止《内蒙古自治区妇女儿童保护条例》的说明，审议并通过《内蒙古自治区人民代表大会常务委员会关于废止〈内蒙古自治区妇女儿童保护条例〉的决定》。会议听取呼和浩特市人大常委会主任云公和关于《呼和浩特市人民代表大会常务委员会关于修改部分地方性法规的决定》的说明，审议并批准《内蒙古自治区人民代表大会常务委员会关于批准〈呼和浩特市人民代表大会常务委员会关于修改部分地方性法规的决定〉的决议》。会议听取和审议自治区审计厅厅长王月胜关于自治区本级预算执行和其他财政收支2015年度审计查出问题整改情况的报告、自治区住房和城乡建设厅厅长秦义关于《内蒙古自治区城镇体系规划（2015—2030年）（报审稿）》的说明、自治区旅游局局长魏国楠关于2015年全区旅游工作情况的报告。3月29日，自治区党委书记，人大常委会主任王君主持召开联组会议，对自治区政府关于自治区本级预算执行和其他财政收支2015年度审计查出问题整改情况进行专题询问。3月30日，召开联组会议对自治区旅游局2015年工作情况进行工作评议。会议听取自治区人大常委会人事代表选举工作委员会主任钢特木尔关于《补充内蒙古自治区第十二届人民代表大会常务委员会代表资格审查委员会部分组成人员名单（草案）》的说明，审议并通过这个名单。听取自治区人大常委会人事代表选举工作委员会主任钢特木尔关于《内蒙古自治区人民代表大会常务委员会关于调整苏木乡镇人民代表大会换届选举时间的决定（草案）》的说明，审议并通过这个决定。会议通过《内蒙古自治区人民代表大会常务委员会关于接受巴特尔辞去内蒙古自治区主席职务的请求的决定》。会议决定任命布小林为内蒙古自治区副主席并代理内蒙古自治区主席。会议还通过其他人事任免事项。

第二十二次会议　内蒙古自治区第十二届人民代表大会常务委员会第二十二次会议于5月26—30日在呼和浩特举行。受自治区党委书记、人大常委会主任王君委托，自治区人大常委会副主任呼尔查主持会议，自治区人大常委会副主任杜梓、吴团英、李荣禧、廉素和秘书长孙惠民及常委会委员共52人出席会议。自治区副主席王玉明、常军政、云光中，自治区高级人民法院院长胡毅峰，自治区人大各专门委员会委员，部分自治区人大代表；自治区人大常委会副秘书长、工作机构负责人、盟工作委员会负责人，各设区的市人大常委会负责人，计划单列市和3个自治旗人大常委会负责人；自治区政府、自治区人民检察院有关部门负责人列席会议。会议听取自治区人大法制委员会副主任委员徐呼和关于《内蒙古自治区元上都遗址保护条例（草案）》审议结果的报告，审议并通过《内蒙古自治区元上都遗址保护条例》。会议听取自治区政府法制办公室副主任贾莉关于《内蒙古自治区人民政府关于修改部分地方性法规的建议（草案）》的说明，审议并通过《内蒙古自治区人民代表大会常务委员会关于修改部分地方性法规的决定》。会议听取呼伦贝尔市人大常委会主任赵立华关于《呼伦贝尔市人民代表大会及其常务委员会立法条例》的说明，审议并通过《内蒙古自治区人民代表大会常务委员会关于批准〈呼伦贝尔市人民代表大会及其常务委员会立法条例〉的决议》。会议听取通辽市人大常委会主任道尔吉关于《通辽市人民代表大会及其常务委员会立法条例》的说明，审议并通过《内蒙古自治区人民代表大会常务委员会关于批准〈通辽市人民代表大会及其常务委员会立法条例〉的决议》。会议听取赤峰市人大常委会主任钱荣旭关于《赤峰市人民代表大会及其常务委员会立法条例》的说明，审议并通过《内蒙古自治区人民代表大会常务委员会关于批准〈赤峰市人民代表大会及其常务委员会立法条例〉的决议》。会议听取乌兰察布市人大常委会主任张志强关于《乌兰察布市人民代表大会及其常务委员会立法条例》的说明，审议并通过《内蒙古自治区人民代表大会常务委员会关于批准〈乌兰察布市人民代表大会及其常务委员会立法条例〉的决议》。会议听取鄂尔多斯市人大常委会主任龚毅关于《鄂尔多斯市人民代表大会及其常务委员会立法条例》的说明，审议并通过《内蒙古自治区人民代表大会常务委员会关于批准〈鄂尔多斯市人民代表大会及其常务委员会立法条例〉的决议》。会议听取巴彦淖尔市人大常委会主任张明中关于《巴彦淖尔市人民代表大会及其常务委员会立法条例》的说明，审议并通过《内蒙古自治区人民代表大会常务委员会关于批准〈巴彦淖尔市人民代表大会及其常务委员会立法条例〉的决议》。会议听取乌海市人大常委会副主任陈建国关于《乌海市人民代表大会及其常务委员会立法条例》的说明，审议并通过《内蒙古自治区人民代表大会常务委员会关于批准〈乌海市人民代表大会及其常务委员会立法条例〉的决议》。会议听取鄂温克族自治旗人大常委会主任涂宏文关于《鄂温克族自治旗人民代表大会关于修改〈鄂温克族自治旗旅游条例〉的决定》的说明，审议并通过《内蒙古自治区人民代表大会常务委员会关于批准〈鄂温克族自治旗旅游条例〉的决议》。会议听取自治区人大法制委员会副主任委员张民关于《内蒙古自治区饮用水水源保护条例（草案）》审议结果的报告，并对该条例进行了二审。会议听取自治区通信管理局局长刘宝钧关于《内蒙古自治区电信设施建设和保护条例（草案）》的说明，并对该条例进行初审。会议听取自治区林业厅厅长呼群关于《内蒙古自治区森林草原防火条例（修订草案）》的说明并对该条例进行初审。会议审议并通过《内蒙古自治区人民代表大会常务委员会关于召开内蒙古自治区第十二届人民代表大会第五次会议的决定》。会议审议自治区财政厅厅长张华关于 2016 年自治区本级预算调整方案的报告，审议并通过《内蒙古自治区人民代表大会常务委员会关于批准 2016 年自治区本级预算调整方案的决议》。会议听取和审议自治区人大常委会副主任吴团英关于《中华人民共和国食品安全法》和《内蒙古自治区食品加工小作坊和食品摊贩管理条例》执法检查情况的报告，自治区人大常委会副主任李荣禧关于《中华人民共和国城乡规划法》和《内蒙古自治区城乡规划条例》执法检查情况的报告，自治区发改委主任包满达关于自治区主体功能区规划实施情况的报告。会议听取和审议自治区教育厅厅长侯元关于 2015 年全区教育工作情况的报告，自治区林业厅厅长呼群关于 2015 年全区林业工作情况的报告，自治区高级人民法院院长胡毅峰关于全区法院司法体制改革试点工作进展情况的报告。会议期间，分别召开联组会议对自治区教育厅 2015 年工作情况、自治区林业厅 2015 年工作情况进行了工作评议，对全区法院司法体制改革试点工作进展情况进行专题询问。会议审议并通过自治区十二届人大四次会议主席团交付的第 1 号、3 号议案办理意见的报告。会议通过人事任免事项。

第二十三次会议 内蒙古自治区第十二届人民代表大会常务委员会第二十三次会议于2016年6月17日在呼和浩特举行。受自治区党委书记、人大常委会主任王君委托,自治区人大常委会副主任呼尔查主持会议，自治区人大常委会副主任杜梓、杭桂林、吴团英、李荣禧,秘书长孙惠民及常委会委员共54人出席会议。自治区代主席布小林，自治区高级人民法院院长胡毅峰、自治区人民检察院检察长马永胜,自治区人大各专门委员会委员，自治区人大常委会副秘书长和工作机构负责人列席会议。会议听取和审议自治区人大常委会副主任、代表资格审查委员会主任委员杜梓关于《内蒙古自治区第十二届人民代表大会常务委员会代表资格审查委员会关于个别代表的代表资格的报告》,并表决通过这个报告。会议审议并通过《内蒙古自治区人民代表大会常务委员会关于调整内蒙古自治区第十二届人民代表大会第五次会议召开时间的决定》。会议审议并通过自治区第十二届人民代表大会第五次会议议程、日程、主席团和秘书长名单、主席团常务主席名单、执行主席名单、副秘书长名单、表决议案办法等各项草案。会议通过《内蒙古自治区第十二届人民代表大会常务委员会关于接受陶淑菊辞去第十二届全国人民代表大会代表职务的决议》和人事任免事项。

第二十四次会议 内蒙古自治区第十二届人民代表大会常务委员会第二十四次会议于7月26—29日在呼和浩特举行。受自治区党委书记、人大常委会主任王君委托,自治区人大常委会副主任呼尔查主持会议，自治区人大常委会副主任杜梓、杭桂林、吴团英、李荣禧、廉素,秘书长孙惠民及常委会委员共56人出席会议。自治区副主席王玉明、云光中,自治区高级人民法院院长胡毅峰、自治区人民检察院检察长马永胜,自治区人大各专门委员会委员,部分自治区人大代表;自治区人大常委会副秘书长、工作机构负责人、盟工作委员会负责人,各设区的市人大常委会负责人，计划单列市和3个自治旗人大常委会负责人；自治区政府有关部门负责人列席会议。会议听取自治区人大法制委员会副主任委员徐呼和关于《内蒙古自治区呼伦湖国家级自然保护区条例(草案)》审议结果的报告,审议并通过《内蒙古自治区呼伦湖国家级自然保护区条例》。会议听取和审议自治区发改委主任包满达关于2016年自治区国民经济和社会发展计划上半年执行情况的报告、自治区财政厅副厅长郑宜平关于2015年自治区本级财政决算草案和2016年上半年全区预算执行情况的报告、自治区审计厅厅长王月胜关于2015年度自治区本级预算执行和其他财政收支的审计工作报告，听取自治区人大财政经济委员会副主任委员张仑关于2015年自治区本级财政决算的审查报告,审议并通过《内蒙古自治区人民代表大会常务委员会关于批准2015年自治区本级财政决算的决议》。会议听取自治区人大常委会内务司法工作委员会主任田继生关于《内蒙古自治区人民代表大会常务委员会关于深入开展第七个五年法治宣传教育的决议（草案）》的说明,审议并通过《内蒙古自治区人民代表大会常务委员会关于深入开展第七个五年法治宣传教育的决议》。会议听取和审议自治区副主席王玉明关于贯彻落实《中华人民共和国动物防疫法》和《内蒙古自治区动物防疫条例》情况的报告，自治区发改委主任包满达关于贯彻实施“一带一路”和“中蒙俄经济走廊”战略,加快推进内蒙古向北开放情况的报告，自治区司法厅厅长周黎明关于“六五”普法决议执行情况的报告，自治区卫生计生委主任欧阳晓晖关于全区计划生育特殊家庭一次性扶助金落实情况的报告，自治区国土资源厅厅长张利平关于全区耕地保护情况的报告。会议分组评议自治区政府关于全区计划生育特殊家庭一次性扶助金落实情况，召开联组会议对自治区人民政府贯彻落实《中华人民共和国动物防疫法》和《内蒙古自治区动物防疫条例》情况进行了专题询问。会议审议并通过关于自治区第十二届人民代表大会第四次会议主席团交付的第2号、第4号议案办理意见的报告。会议通过了《内蒙古自治区人民代表大会常务委员会关于许可对自治区人大代表吴子申采取强制措施的决定》。会议通过了人事任免事项。

第二十五次会议　内蒙古自治区第十二届人民代表大会常务委员会第二十五次会议于9月13日在呼和浩特举行。自治区人大常委会副主任呼尔查、杜梓、杭桂林、吴团英、李荣禧、廉素，秘书长孙惠民和委员共50人出席会议，自治区人民检察院检察长马永胜列席会议。会议听取自治区人大常委会主任会议关于提请许可对自治区人大代表王学丰、何永林采取强制措施议案的说明，分组审议自治区人大常委会主任会议关于提请许可对自治区人大代表王学丰、何永林采取强制措施的议案和自治区人大常委会关于许可对自治区人大代表王学丰、何永林采取强制措施的决定(草案)。会议依照中华人民共和国全国人民代表大会和地方各级人民代表大会代表法的有关规定，表决通过《内蒙古自治区人民代表大会常务委员会关于许可对自治区人大代表王学丰、何永林采取强制措施的决定》。

第二十六次会议　内蒙古自治区第十二届人民代表大会常务委员会第二十六次会议于9月27—29日在呼和浩特举行。自治区人大常委会副主任呼尔查主持会议，自治区人大常委会副主任杜梓、杭桂林、吴团英、李荣禧、廉素，秘书长孙惠民及常委会委员共53人出席会议。自治区副主席云光中，自治区人大各专门委员会委员，部分自治区人大代表，自治区人大常委会副秘书长、工作机构负责人、盟工作委员会负责人，各设区的市人大常委会负责人，计划单列市和3个自治旗人大常委会负责人，自治区人民政府有关部门、自治区高级人民法院、自治区人民检察院有关负责人列席会议。会议听取自治区人民代表大会法制委员会副主任委员张民关于《内蒙古自治区民族教育条例(草案)》审议结果的报告，审议并通过《内蒙古自治区民族教育条例》；听取自治区人民代表大会法制委员会副主任委员徐呼和关于《内蒙古自治区森林草原防火条例(修订草案)》审议结果的报告，审议并通过《内蒙古自治区森林草原防火条例》；听取自治区人大常委会人事代表选举工作委员会主任钢特木尔关于《〈内蒙古自治区各级人民代表大会选举实施细则〉等7部地方性法规修正案(草案)》说明，通过《内蒙古自治区人民代表大会常务委员会关于修改〈内蒙古自治区各级人民代表大会选举实施细则〉等七部地方性法规的决定》。听取自治区文化厅副厅长乔玉光关于《内蒙古自治区非物质文化遗产保护条例（草案)》的说明，并对该条例进行初审。会议听取呼和浩特市人大常委会主任云公和关于《呼和浩特市人民代表大会常务委员会关于修改〈呼和浩特市城市供热管理条例〉的决定》的说明，审议并通过《内蒙古自治区人民代表大会常务委员会关于批准呼和浩特市人民代表大会常务委员会关于修改〈呼和浩特市城市供热管理条例〉的决定的决议》。听取包头市人大常委会主任苏誉关于《包头市人民代表大会常务委员会讨论决定重大事项的规定》说明，审议并通过《内蒙古自治区人民代表大会常务委员会关于批准〈包头市人民代表大会常务委员会讨论决定重大事项的规定〉的决议》。会议听取和审议自治区人大常委会副主任杜梓关于《中华人民共和国公路法》《内蒙古自治区公路条例》《内蒙古自治区道路运输条例》和《内蒙古自治区高速公路条例》执法检查情况的报告，自治区公安厅副厅长王来明关于《内蒙古自治区人大常委会关于〈中华人民共和国道路交通安全法〉和〈内蒙古自治区实施中华人民共和国道路交通安全法办法〉执法检查报告的审议意见》办理情况报告，自治区水利厅厅长戈锋关于贯彻落实最严格水资源管理制度情况的报告，自治区环保厅副厅长杜俊峰关于《贯彻实施〈中华人民共和国环境保护法〉情况的报告》。会议期间，召开分组会议对自治区政府贯彻实施《中华人民共和国环境保护法》情况进行工作评议。会议通过人事任免事项。

第二十七次会议　内蒙古自治区第十二届人民代表大会常务委员会第二十七次会议于2016年11月1日在呼和浩特举行。自治区人大常委会副主任呼尔查主持会议，自治区人大常委会副主任杜梓、杭桂林、吴团英、廉素，秘书长孙惠民及常委会委员共53人出席会议。自治区党委副书记、自治区主席布小林，自治区高级人民法院院长胡毅峰，自治区人大各专门委员会委员，自治区人大常委会副秘书长、工作机构负责人，自治区人民检察院有关负责人列席会议。会议分别听取自治区党委副书记、自治区主席布小林和自治区人大常委会副主任杜梓关于提请任免人员情况的说明。会议决定任命张建民为自治区副主席，任命施文学为自治区人大常委会副秘书长、办公厅主任，决定任命张磊为自治区住房和城乡建设厅厅长，并决定免去符太增的自治区副主席职务，决定免去潘守刚的自治区人大常委会副秘书长、办公厅主任职务，决定免去秦义的自治区住房和城乡建设厅厅长职务。会后举行宪法宣誓仪式，张建民、施文学、张磊集体向宪法庄严宣誓。

第二十八次会议　内蒙古自治区第十二届人民代表大会常务委员会第二十八次会议于11月28日至12月1日在呼和浩特举行。自治区人大常委会副主任呼尔查主持会议，自治区人大常委会副主任杜梓、杭桂林、吴团英、李荣禧、廉素，秘书长孙惠民及常委会委员共54人出席会议。自治区党委常委、自治区副主席云光中，自治区副主席常军政，自治区高级人民法院院长胡毅峰，自治区人大各专门委员会委员，部分自治区人大代表，自治区人大常委会副秘书长、工作机构负责人、盟工作委员会负责人，各设区的市人大常委会负责人，计划单列市和3个自治旗人大常委会负责人，自治区政府有关部门、自治区人民检察院有关负责人列席会议。会议听取自治区人民代表大会法制委员会副主任委员、法制工作委员会主任张民关于《内蒙古自治区人民代表大会常务委员会讨论决定重大事项的规定修正案（草案）》的说明，审议通过《内蒙古自治区人民代表大会常务委员会关于修改〈内蒙古自治区人民代表大会常务委员会讨论决定重大事项的规定〉的决定》；听取呼和浩特市人大常委会主任云公和关于《呼和浩特市燃气管理条例》的说明，审议通过《内蒙古自治区人民代表大会常务委员会关于批准〈呼和浩特市燃气管理条例〉的决议》；听取呼伦贝尔市人大常委会主任赵立华关于《呼伦贝尔市市容和环境卫生管理条例》的说明，审议通过《内蒙古自治区人民代表大会常务委员会关于批准〈呼伦贝尔市市容和环境卫生管理条例〉的决议》；听取通辽市人大常委会主任道尔吉关于《通辽市城市市容和环境卫生管理条例》的说明，审议通过《内蒙古自治区人民代表大会常务委员会关于批准〈通辽市城市市容和环境卫生管理条例〉的决议》；听取赤峰市人大常委会副主任贾永民关于《赤峰市红山文化遗址群保护条例》的说明，审议通过《内蒙古自治区人民代表大会常务委员会关于批准〈赤峰市红山文化遗址群保护条例〉的决议》；听取鄂尔多斯市人大常委会主任龚毅关于《鄂尔多斯市环境保护条例》的说明，审议通过《内蒙古自治区人民代表大会常务委员会关于批准〈鄂尔多斯市环境保护条例〉的决议》；听取乌海市人大常委会主任刘彪关于《乌海市海勃湾生态涵养区保护条例》说明，审议通过《内蒙古自治区人民代表大会常务委员会关于批准〈乌海市海勃湾生态涵养区保护条例〉的决议》。会议听取自治区安全生产监督管理局局长王俊峰关于《内蒙古自治区安全生产条例(修订草案)》的说明,并对该条例进行初审。会议审议通过《内蒙古自治区人民代表大会常务委员会关于召开内蒙古自治区第十二届人民代表大会第六次会议的决定》。听取自治区财政厅厅长张华关于2016年度自治区本级财政一般公共预算调整方案的报告，审议通过内蒙古自治区人民代表大会常务委员会关于批准2016年度自治区本级财政一般公共预算调整方案的决议。听取自治区经济和信息化委员会主任王秉军关于自治区经信委2016年以来工作情况报告，召开分组会议对自治区经信委2016年以来工作情况进行工作评议。会议听取审议自治区人大常委会人事代表选举工作委员会主任钢特木尔关于自治区十二届人大四次会议代表建议、批评和意见办理情况的报告,自治区政府秘书长邓月楼关于自治区十二届人大四次会议代表建议、批评和意见办理情况报告,自治区发改委副主任文民关于自治区十二届人大四次会议代表建议、批评和意见办理情况报告,自治区财政厅厅长张华关于自治区十二届人大四次会议代表建议、批评和意见办理情况的报告,自治区人民检察院副检察长李茂林关于深化司法体制工作进展情况的报告。会议期间,召开联组会议,对自治区发改委、财政厅关于自治区十二届人大四次会议代表建议、批评和意见办理情况进行工作评议和满意度测评。会议审议并通过自治区第十二届人民代表大会第四次会议主席团交付的第5号议案办理情况的报告。会议还通过了人事任免事项。

第二十九次会议　内蒙古自治区第十二届人民代表大会常务委员会第二十九次会议于12月9日在呼和浩特举行。自治区人大常委会副主任呼尔查主持会议，自治区人大常委会副主任杜梓、杭桂林、吴团英、李荣禧、廉素,秘书长孙惠民及常委会委员共43人出席会议。自治区人大各专门委员会委员，自治区人大常委会副秘书长、工作机构负责人列席会议。会议听取自治区人民代表大会人事代表选举工作委员会主任、代表资格审查委员会副主任委员钢特木尔关于个别代表的代表资格的报告，审议并通过此报告,依照代表法有关规定,邱则田的自治区十二届人大代表资格依法终止。

【重要活动】

1月12日,自治区人大常委会党组召开“三严三实”专题民主生活会,自治区人大常委会党组副书记、副主任呼尔查主持会议,常委会副主任邢云、赵忠、杜梓、杭桂林、吴团英,常委会党组成员、机关党组书记、副秘书长孙惠民出席会议。自治区党委组织部常务副部长董树君,自治区纪委常委、监察厅副厅长朱俐萍,自治区党委组织部干部三处处长乔宇驰参加会议，民族侨务外事委员会苏远方，财政经济工作委员会张仑，教科文卫委员会博彦，农牧业委员会李永刚,人事代表选举工作委员会钢特木尔,自治区纪委派驻纪检组组长白德全列席会议。

3月5—16日,自治区57名全国人大代表出席十二届全国人民代表大会第四次会议。会议期间,代表们认真履行职责,结合自治区实际积极建言献策，代表团以全团名义向大会提出关于支持呼伦湖流域生态与环境综合治理的建议、关于将内蒙古快速客运铁路列入国家铁路“十三五”规划的建议、关于进一步加快内蒙古电力外送通道建设的建议，代表们还就内蒙古发展规划、建设项目、综合经济,农林牧水利，科教文卫和社会公共事务等方面，提出建议165条。

3月18日，自治区人大常委会副主任呼尔查主持召开机关干部大会，传达贯彻全国两会精神,副主任杜梓、杭桂林、吴团英、李荣禧、廉素,秘书长孙惠民出席会议,机关全体干部、二级单位副科级以上人员及机关部分离退休老干部参加。

4月27日,自治区人大常委会机关召开“两学一做”学习教育部署大会。传达学习习近平总书记关于“两学一做”学习教育重要指示精神和全区“两学一做”学习教育工作座谈会精神,对开展“两学一做”学习教育进行动员部署。常委会副主任呼尔查讲话,廉素主持会议,秘书长孙惠民出席会议。

5月9日,全国人大常委会委员长张德江在内蒙古新城宾馆国宾北楼会议厅听取自治区贯彻食品安全法工作汇报会,并作重要讲话。自治区党委书记、人大常委会主任王君,副主任呼尔查、杜梓、杭桂林、吴团英、李荣禧、廉素,秘书长孙惠民,民族侨务外事工作委员会主任苏远方、财政经济工作委员会主任张仑、教科文卫工作委员会主任博彦、农牧业工作委员会主任李永刚参加汇报会。

5月10—14日,常委会组成人员培训班在中国人民大学举办,自治区人大常委会组成人员、各盟市人大常委会及满洲里市、二连浩特市人大常委会负责同志参加培训。自治区人大常委会副主任呼尔查出席培训班结业式,传达全国人大常委会委员长张德江考察内蒙古重要讲话精神,并对学习贯彻提出要求。自治区人大常委会副秘书长、办公厅主任潘守刚主持结业仪式。

5月11日,自治区人大常委会副主任呼尔查主持召开机关干部大会,传达贯彻张德江讲话精神和自治区党委常委(扩大)会议精神,安排部署贯彻落实工作。自治区人大常委会副主任杜梓、吴团英,秘书长孙惠民出席会议,机关全体干部和二级单位副科级以上人员参加会议。

5月31日,全区推进人大代表之家建设工作座谈会在呼和浩特市举行。自治区人大常委会副主任杜梓出席座谈会并讲话,人事代表选举工作委员会主任钢特木尔、副主任于万友,各盟市人大常委会分管副主任、代表工作部门负责人共50余人参加会议,并对回民区、土默特左旗及和林格尔县3个旗县区的人大代表之家建设情况进行了观摩。

6月14—15日,全区人大代表工作座谈会暨增强人大代表政治观念、法治观念、群众观念培训班在呼和浩特市举办。自治区人大常委会副主任杜梓出席会议并讲话。人事代表选举工作委员会主任钢特木尔、副主任于万友、副巡视员韩宝荣,委员会全体人员及各盟市和旗县(市区)人大常委会相关负责人、工作人员参加了培训。

6月21—24日,以全国人大常委会副委员长张宝文为组长的全国人大常委会《中华人民共和国水法》执法检查组在自治区呼和浩特市、包头市开展执法检查。常委会副主任杭桂林,农牧业工作委员会主任李永刚、副主任兴安陪同检查。

6月28日,自治区人大常委会机关举行纪念建党95周年暨“两先一优”表彰大会。自治区人大常委会副主任呼尔查以“深刻学习党章党规和习近平总书记系列重要讲话,带头做政治清醒坚定的党员领导干部”为主题作党课报告,副主任杜梓主持会议,秘书长孙惠民宣读表彰决定,办公厅及各委员会负责同志、机关全体党员参加会议。

7月5日,自治区人大常委会在包头市召开贯彻落实《内蒙古自治区党委关于推动人大工作与时俱进完善发展的意见》和自治区党委转发的《自治区人大常委会党组关于加强县乡人大工作和建设的实施意见》2个文件精神座谈会,自治区人大常委会副主任呼尔查出席会议并讲话,办公厅副主任兼研究室主任李岩碧参加会议;包头市人大常委会、各旗县区人大常委会及部分苏木乡镇、街道人大主要负责人作了交流发言。

7月6—13日,全国人大常委会副委员长向巴平措带领全国人大常委会专题调研组,就国务院制定实施民族区域自治法配套法规情况和城镇化进程中的民族工作赴呼伦贝尔、呼和浩特、鄂尔多斯、包头开展专题调研。常委会副主任吴团英，民族侨务外事工作委员会主任苏远方陪同调研。

7月19—20日，自治区人大常委会副主任呼尔查、杭桂林、吴团英、李荣禧、廉素赴乌兰察布市就精准脱贫和自治区“十个全覆盖”工程实施情况进行集体视察，内务司法工作委员会主任田继生，农牧业工作委员会主任李永刚，环境资源城乡建设工作委员会主任梅振，常委会委员李万忠、武晓瑞、江维，全国人大代表石磊及办公厅副主任兼研究室主任李岩碧参加视察。

8月9日，自治区人大常委会副主任呼尔查主持召开党组中心组“两学一做”学习教育第二次专题研讨会。围绕“学党章党规、学系列讲话，带头严守政治纪律和政治规矩”进行专题研讨交流。常委会副主任杜梓、杭桂林、吴团英、廉素和秘书长孙惠民出席会议，副主任李荣禧列席会议，机关各部门副厅级以上干部参加。

8月9日，自治区人大常委会秘书长、机关党组书记孙惠民以习近平总书记“七一”重要讲话精神为主题讲专题党课。常委会副秘书长、法制工作委员会主任张民主持会议，办公厅班子成员、机关各处室负责同志参加。

8月29日，全区人大系统学习贯彻内党发〔2016〕14号文件精神座谈会在呼和浩特召开。自治区人大常委会副主任呼尔查讲话，副主任杜梓主持会议，副主任杭桂林、吴团英和秘书长孙惠民，副秘书长、办公厅主任潘守刚，办公厅李岩碧、张烨、田雅丽、马忱、陈万民、田利民，民族侨务外事工作委员会苏远方，内务司法工作委员会田继生、萨仁、王耀湘，财政经济工作委员会张仑、石继安、高艳，教科文卫工作委员会博彦、徐雪峰，法制工作委员会尹国惠，环境资源城乡建设工作委员会梅振、王霈，人事代表选举工作委员会钢特木尔、于万友、韩宝荣，部分市及所属旗县区人大常委会负责同志和乡镇人大主席出席会议。呼和浩特市人大常委会等10个单位做交流发言。

8月30日，自治区党委书记李纪恒到自治区人大常委会机关走访。常委会副主任呼尔查、杜梓、杭桂林、吴团英、廉素，秘书长孙惠民，副秘书长、办公厅主任潘守刚，民族侨务外事工作委员会主任苏远方，内务司法工作委员会主任田继生，财政经济工作委员会主任张仑，教科文卫工作委员会主任博彦，环境资源城乡建设工作委员会主任梅振，人事代表选举工作委员会主任钢特木尔参加。

8月30日，自治区人大常委会召开重点办理建议督办工作座谈会，对2016年自治区人大常委会确定的19件重点办理建议进行督办。常委会副秘书长、办公厅主任潘守刚、人事代表选举工作委员会主任钢特木尔、常委会委员边占喜、张伯群、崔明龙，提出重点办理建议的自治区人大代表、重点办理建议的承办单位和督办单位负责同志参加座谈会。

9月21日，自治区人大监督工作座谈会在鄂尔多斯市召开。自治区人大常委会副主任呼尔查出席会议并讲话，副主任杜梓主持会议，副主任杭桂林、廉素，秘书长孙惠民出席会议。常委会各工作部门、12个盟市和部分旗县市区人大常委会负责同志参加会议。

10月8日，自治区人大常委会副主任呼尔查主持召开党组中心组“两学一做”第三次专题研讨会，围绕“学党章党规、学系列讲话，带头攻坚克难勇于担当”交流学习体会，传达自治区党委书记李纪恒在自治区党委中心组“两学一做”学习教育第三次集体研讨会的讲话精神。自治区人大常委会副主任杜梓、杭桂林、吴团英、廉素，秘书长孙惠民出席会议，副主任李荣禧，副秘书长张民、姜月忠，办公厅李岩碧、张烨、田雅丽、马忱、陈万民、田利民、宋玉川，民族侨务外事工作委员会苏远方，内务司法工作委员会田继生，财政经济工作委员会张仑，教科文卫工作委员会博彦、徐雪峰,农牧业工作委员会李永刚、兴安,环境资源城乡建设工作委员会梅振,人事代表选举工作委员会钢特木尔、于万友列席。

10月13—28日,自治区人大常委会副主任呼尔查、杜梓、杭桂林、吴团英、李荣禧、廉素分别赴12个盟市就自治区党委推动人大工作系列决策部署贯彻落实情况进行实地督查调研,常委会、办公厅、各工作委员会主要负责同志及自治区党委督查室、研究室相关同志参加。

10月19—21日,法制工作委员会在全国人大北京培训基地举办全区地方人大立法工作培训班。自治区人大常委会副主任廉素出席开班仪式并讲话。自治区人大常委会副秘书长、法制工作委员会主任张民,自治区人大常委会各盟工作委员会、各设区的市人大常委会和自治旗人大常委会相关负责同志及工作人员参加。

10月26日,自治区人大常委会副主任呼尔查在新城宾馆会见新西兰议长戴维·卡特一行,全国人大农业与农村委员会副主任委员、全国人大中国—新西兰友好小组副组长江帆,自治区人大常委会副主任吴团英、新西兰驻华大使麦康年,自治区人大常委会秘书长孙惠民,自治区有关部门和呼和浩特有关负责人参加。

11月2日,自治区人大常委会机关召开干部大会,深入学习贯彻党的十八届六中全会精神,传达学习全区领导干部大会精神,对进一步贯彻落实六中全会精神作出部署。常委会副主任呼尔查传达自治区党委书记李纪恒在全区领导干部大会上的讲话精神,就人大机关学习贯彻六中全会精神讲话,副主任杭桂林主持会议,秘书长孙惠民出席会议。机关全体干部及二级单位副科以上人员参加。

12月6—8日,按照自治区党委统一安排,自治区人大常委会副主任呼尔查、杜梓、杭桂林、吴团英、廉素分别在呼和浩特市、包头市、乌兰察布市、阿拉善盟、通辽市进行安全生产检查。

12月12日,内蒙古人大工作研究会年会暨理论研讨会在呼和浩特市和林格尔县召开,自治区人大常委会副主任、研究会理事长呼尔查主持会议并讲话,常委会秘书长、研究会副理事长孙惠民通报2016年度优秀课题评选结果,会议围绕加强人大工作研究、加快推进人大智库建设等进行研究讨论,研究会理事长会议成员和个人理事、单位理事,各盟市人大常委会主要负责同志和秘书长参加会议。

12月22日,自治区人大常委会副主任呼尔查主持召开推动党委决策部署督查调研汇报会,各督查调研组就自治区党委系列文件贯彻落实进行实地督查总体情况进行汇报,并对进一步推动人大工作创新发展的思路和措施进行研究探讨,常委会副主任杜梓、杭桂林、吴团英、李荣禧,秘书长孙惠民参加会议,机关副厅级以上干部列席会议。

(撰稿人:包林慧)

内蒙古自治区人民政府

综　述

【政府常务会议】

第 63 次常务会议　1 月 13 日上午由自治区党委副书记、自治区主席巴特尔主持召开，研究《政府工作报告(讨论稿)》《自治区 2015 年国民经济和社会发展计划执行情况与 2016 年国民经济和社会发展计划草案的报告（送审稿)》《自治区 2015 年财政预算执行情况和 2016 年财政预算草案的报告(送审稿)》《自治区“十三五”规划纲要草案(送审稿)》《内蒙古环保基金设立方案》《内蒙古自治区水污染防治工作方案》。会议原则同意以上报告及方案，责成相关单位按照会议议定的意见修改完善后，报自治区党委或以自治区人民政府（以下简称自治区政府)名义印发实施。自治区党委常委、自治区副主席符太增，自治区副主席刘新乐、王玉明、王波、马明、常军政、云光中，自治区政府秘书长邓月楼出席会议。

第 65 次常务会议　2 月 14 日上午，由自治区党委副书记、自治区主席巴特尔主持召开，研究《内蒙古自治区人民政府关于做好房地产去库存工作，进一步促进房地产业稳步发展的意见(送审稿)》《内蒙古自治区党委、自治区人民政府深入推进城市执法体制改革，改进城市管理工作的试点方案(送审稿)》《内蒙古自治区领导干部自然资源资产离任审计试点实施方案(送审稿)》《内蒙古自治区党委、自治区人民政府关于进一步推进农垦改革发展的实施方案(审议稿)》。会议原则同意以上意见(送审稿)及方案(送审稿)，责成相关单位按照会议议定的意见修改完善后，报自治区党委或以自治区政府名义印发实施。会议对下一步重点工作进行安排部署。自治区各副主席要结合《政府工作报告》目标任务分解落实方案的要求，认真梳理各自分管领域工作，形成重点工作清单，加快推进工作落实。自治区党委常委、自治区副主席符太增，自治区副主席刘新乐、王玉明、王波、常军政、云光中，自治区政府秘书长邓月楼出席会议。

第 66 次常务会议　2 月 24 日下午，由自治区党委副书记、自治区主席巴特尔主持召开，研究《呼包鄂协同发展规划纲要(2016—2020 年)(送审稿)》《内蒙古自治区深化农村牧区改革综合性实施意见(送审稿)》《内蒙古自治区人民政府关于财税金融协同支持实体经济发展增强企业流动性的十条意见(送审稿)》《内蒙古自治区人口与计划生育条例修正案(草案)》《内蒙古自治区基本草原保护条例修正案(草案)》《内蒙古自治区牛羊屠宰管理办法(草案)》，安排部署深化改革、落实中央东北振兴意见和审计发现问题整改工作。会议原则同意《呼包鄂协同发展规划纲要(2016—2020 年)》《内蒙古自治区深化农村牧区改革综合性实施意见(送审稿)》，责成有关部门按照会议讨论意见修改完善后，报自治区党委;《内蒙古自治区人民政府关于财税金融协同支持实体经济发展增强企业流动性的十条意见(送审稿)》，责成自治区金融办会同有关部门按照会议议定意见修改完善，报自治区副主席符太增审定后，以自治区政府名义印发实施;《内蒙古自治区人口与计划生育条例修正案(草案)》，责成自治区政府法制办会同有关部门按照会议议定意见修改完善，报国家卫生计生委备案、批复后，提交自治区人大常委会审议；《内蒙古自治区基本草原保护条例修正案(草案)》，责成自治区政府法制办会同有关部门按照会议议定意见修改完善后，提交自治区人大常委会审议；责成自治区政府法制办会同自治区农牧业厅等有关部门，按照会议议定意见修改完善《内蒙古自治区牛羊屠宰管理办法（草案)》，报自治区副主席王玉明审核把关后，以政府令形式公布实施。会议安排部署深化改革、落实中央东北振兴意见和审计发现问题整改工作。自治区党委常委、自治区副主席符太增，自治区副主席刘新乐、王玉明、王波、马明、常军政、云光中，自治区政府秘书长邓月楼出席会议。

第 67 次常务会议　4 月 5 日下午，由自治区党委副书记、自治区代主席布小林主持召开，研究《内蒙古自治区关于煤炭行业化解过剩产能实现脱困发展的初步方案》《关于批准下放自治区本级部分行政权力事宜》《关于全面做好我区居住证制度实施工作的意见》《内蒙古自治区基础设施和公用事业特许经营暂行办法》《内蒙古自治区交易场所管理办法(试行)》《内蒙古自治区电信设施建设和保护条例(草案)》，安排部署当前工作。会议原则同意《内蒙古自治区关于煤炭行业化解过剩产能实现脱困发展的初步方案》，责成自治区经信委会同有关部门按照会议议定意见修改完善后，报自治区党委。会议原则同意下放自治区本级 196 项行政权力，并由自治区政府法制办协助完成；《关于全面做好我区居住证制度实施工作的意见》，责成自治区公安厅会同有关部门按照会议议定意见修改完善后，以自治区政府办公厅名义印发实施；《内蒙古自治区基础设施和公用事业特许经营管理办法》，责成自治区发改委会同有关部门按照会议议定意见修改完善后，与有关部门联合下发执行；《内蒙古自治区交易场所管理办法(试行)》，责成自治区金融办会同自治区商务厅等有关部门按照会议议定意见修改完善，报自治区政府，经各有关副主席阅批并由自治区副主席云光中审核把关后，以自治区政府名义印发实施；《内蒙古自治区电信设施建设和保护条例(草案)》，责成自治区政府法制办会同有关部门，按照会议讨论意见修改完善后，提交自治区人大常委会审议。会议对自治区政府当前工作进行安排部署，要求各地区、各部门抓好自治区政府既定工作任务的落实，保持工作连续性。做好一季度经济运行的调度分析。自治区各副主席及综合经济部门要严格把关，确保各项统计数据准确一致，反映问题客观真实，对策建议切实可行。按照自治区党委统一部署，抓好自治区成立 70 周年大庆的各项筹备工作。自治区党委常委、自治区副主席符太增，自治区副主席王玉明、王波、马明、常军政、云光中，自治区政府秘书长邓月楼出席会议。

第 68 次常务会议　4 月 17 日上午，由自治区党委副书记、自治区代主席布小林主持召开，分析研究 2016 年第一季度经济形势，安排部署下一步经济工作。自治区党委常委、自治区副主席符太增，自治区副主席刘新乐、王玉明、王波、常军政，政府秘书长邓月楼出席会议。

第 69 次常务会议　4 月 29 日上午，由自治区党委副书记、自治区代主席布小林主持召开，研究《内蒙古自治区农村牧区承包土地（草牧场）经营权抵押贷款试点工作实施方案》《内蒙古自治区农牧民住房财产权抵押贷款试点工作实施方案》《内蒙古乌海及周边地区产业转型升级规划(2016—2020 年)》《内蒙古自治区森林草原防火条例(修订草案)》《内蒙古自治区人民政府关于修改部分地方性法规的建议(草案)》《内蒙古自治区人民政府关于修改部分政府规章的决定(草案)》，听取《关于财政保障食品安全经费情况的汇报》《关于全面推开营改增改革试点有关工作情况的汇报》。会议原则同意《内蒙古自治区农村牧区承包土地(草牧场)经营权抵押贷款试点工作实施方案》《内蒙古自治区农牧民住房财产权抵押贷款试点工作实施方案》,责成人民银行呼和浩特中心支行根据会议讨论意见修改完善后,以自治区政府名义印发实施,同时报国务院“两权”抵押贷款试点工作指导小组;《内蒙古乌海及周边地区产业转型升级规划(2016—2020 年)》,责成自治区发改委会同有关部门按照会议讨论意见修改完善后，以自治区政府名义印发实施;《关于财政保障食品安全经费情况的汇报》,责成自治区财政厅按照《预算法》的有关规定,抓紧履行相关审批程序,确保资金尽快到位;《关于全面推开营改增改革试点有关工作情况的汇报》,责成自治区财政厅会同地税、国税等有关部门认真组织实施;《内蒙古自治区人民政府关于修改部分政府规章的决定(草案)》,责成自治区政府法制办根据会议讨论意见修改完善后,按照法定程序公布施行。通过《内蒙古自治区森林草原防火条例（修订草案)》，责成自治区政府法制办会同林业、农牧业等部门，根据会议讨论意见修改完善后，按程序提交自治区人大常委会审议；通过《内蒙古自治区人民政府关于修改部分地方性法规的建议(草案)》,责成自治区政府法制办根据会议讨论意见修改完善后，按程序提交自治区人大常委会审议。自治区党委常委、自治区副主席符太增，自治区副主席刘新乐、王玉明、王波、云光中，自治区政府秘书长邓月楼出席会议。

第 70 次常务会议　5 月 16 日上午,由自治区党委副书记、自治区代主席布小林主持召开,研究贯彻落实全国人大常委会委员长张德江讲话和指示精神、加强食品安全监管工作，听取《关于抓好当前重点工作的汇报》《关于推进简政放权放管结合优化服务工作情况的汇报》。会议原则同意《关于抓好当前重点工作的意见》,责成自治区发改委根据会议讨论的意见修改完善,由自治区副主席符太增审定后,报自治区党委研究;自治区食药监管局的工作汇报,责成自治区食药监管局按照会议讨论意见修改完善《内蒙古自治区人民政府关于进一步加强食品安全保障工作的通知(代拟稿)》有关内容,由自治区副主席刘新乐审定后，以自治区政府名义印发实施;《关于推进简政放权放管结合优化服务工作情况的汇报》,责成自治区推进职能转变协调小组办公室按照会议讨论意见修改完善,由自治区副主席符太增审定后，报自治区党委全面深化改革领导小组办公室。自治区党委常委、自治区副主席符太增，自治区副主席刘新乐、马明、常军政、云光中,自治区政府秘书长邓月楼出席会议。

第 71 次常务会议　6 月 21 日上午,由自治区党委副书记、自治区代主席布小林主持召开,传达习近平总书记在中央国安办《互联网信息专报》上的重要批示精神和自治区党委要求,部署维护社会稳定工作;研究《关于深入推进供给侧结构性改革着力做好降成本工作的实施方案》《关于深入推进供给侧结构性改革着力做好补短板工作的实施方案》《关于深入推进供给侧结构性改革着力做好去杠杆工作的实施方案》《内蒙古自治区环境保护督察工作方案》《内蒙古自治区生态环境监测网络建设工作方案（试行)》《内蒙古自治区贯彻落实〈国家创新驱动发展战略纲要〉实施方案》。会议原则同意《关于深入推进供给侧结构性改革着力做好降成本工作的实施方案》,责成自治区发改委按照会议讨论意见修改完善后，报自治区党委;《关于深入推进供给侧结构性改革着力做好补短板工作的实施方案》,责成自治区发改委按照会议讨论意见修改完善后，报自治区党委;《关于深入推进供给侧结构性改革着力做好去杠杆工作的实施方案》,责成自治区金融办按照会议讨论意见修改完善后，报自治区党委;《内蒙古自治区环境保护督察工作方案》,责成自治区环保厅按照会议讨论意见修改完善后，报自治区党委；《内蒙古自治区生态环境监测网络建设工作方案（试行）》，责成自治区环保厅按照会议讨论的意见进一步修改完善后，报自治区党委；《内蒙古自治区贯彻落实〈国家创新驱动发展战略纲要〉实施方案》，责成自治区科技厅按照会议讨论意见修改完善，并经自治区副主席符太增审核把关后，报自治区党委。自治区党委常委、自治区副主席符太增，自治区副主席王波、常军政、云光中，自治区政府秘书长邓月楼出席会议。

第72次常务会议　7月15日下午，由自治区党委副书记、自治区主席布小林主持召开，研究《内蒙古自治区贯彻落实新一轮振兴东北地区等老工业基地战略的实施意见》《内蒙古自治区鼓励和支持非公有制经济加快发展若干意见》《内蒙古自治区"十三五"时期社会信用体系建设规划》《内蒙古自治区党委、自治区人民政府深化国税、地税征管体制改革实施方案》《内蒙古自治区党委、自治区人民政府关于实施全面两孩政策，改革完善计划生育服务管理的意见》《内蒙古自治区玉米生产者补贴制度实施方案》《内蒙古自治区公办普通高等学校学费标准调整方案》。会议原则同意《内蒙古自治区贯彻落实新一轮振兴东北地区等老工业基地战略的实施意见》，责成自治区发改委根据会议讨论意见修改完善后，报自治区党委；《内蒙古自治区鼓励和支持非公有制经济加快发展若干规定》，责成自治区发改委会同有关部门按照会议讨论意见修改完善后，以自治区政府名义印发执行；《内蒙古自治区"十三五"时期社会信用体系建设规划》，责成自治区发改委会同有关部门按照会议讨论意见修改完善后，以自治区政府名义印发实施；《内蒙古自治区党委、自治区人民政府深化国税、地税征管体制改革实施方案》，责成自治区国税局会同地税局根据会议讨论意见修改完善后，报自治区党委；《内蒙古自治区党委、自治区人民政府关于实施全面两孩政策，改革完善计划生育服务管理的意见》，责成自治区卫生计生委根据会议讨论意见修改完善后，报自治区党委；《内蒙古自治区玉米生产者补贴制度实施方案》，责成自治区财政厅会同有关部门，按照会议讨论意见修改完善后由自治区财政厅印发实施；《内蒙古自治区公办普通高等学校学费标准调整方案》，责成自治区发改委会同有关部门按照会议讨论意见修改完善后，由自治区发改委、财政厅、教育厅适时联合印发执行。自治区党委常委、自治区副主席符太增，自治区副主席常军政、云光中，自治区政府秘书长邓月楼出席会议。

第73次常务会议　7月17日下午，由自治区党委副书记、自治区主席布小林主持召开，研究分析上半年经济形势，安排部署下半年经济工作。一、加快推进供给侧结构性改革。二、继续抓好投资和项目建设。要加快在建项目进度，已列入计划、尚未开工的项目要争取尽快开工。自治区重大项目由分管副主席牵头推进，及时跟进国家最新政策，切实抓好新项目申报和争取工作。要积极鼓励和引导民间投资，认真研究解决民间投资增速回落的问题，在市场准入、资源配置和政府服务等方面为民间资本投资营造公平的环境，推动非公有制经济加快发展。三、着力保障和改善民生。突出抓好群众普遍受益、又能扩大有效需求的重大民生工程，确保"十个全覆盖"、棚户区改造等任务的全面完成。四、努力为经济社会发展营造良好的环境。会议同意自治区发改委等有关部门对自治区上半年经济形势的分析和工作建议的报告，责成自治区发改委根据会议讨论意见，对报告修改完善，报自治区党委。自治区党委常委、自治区副主席符太增，自治区副主席刘新乐、王玉明、常军政、云光中，自治区政府秘书长邓月楼出席会议。

第74次常务会议　8月11日下午，由自治区党委副书记、自治区主席布小林主持召开，研究《内蒙古自治区落实〈法治政府建设实施纲要(2015—2020年)〉实施方案》《内蒙古自治区"十三五"服务业发展规划》《内蒙古自治区关于推进国际产能和装备制造合作的实施方案》《内蒙古自治区限制开发区域限制类和禁止类产业指导目录(2016年本)》《内蒙古自治区关于进一步推进预算公开工作的实施方案》。会议原则同意《内蒙古自治区落实〈法治政府建设实施纲要(2015-2020年)〉实施方案》,责成自治区政府法制办按照会议讨论意见修改完善,由自治区副主席符太增把关后,报自治区党委;《内蒙古自治区"十三五"服务业发展规划》,责成自治区发改委根据会议讨论意见修改完善,由自治区副主席符太增把关后,以自治区政府名义印发实施;《内蒙古自治区关于推进国际产能和装备制造合作的实施方案》,责成自治区发改委按照会议讨论意见完善,由自治区副主席符太增把关后,以自治区政府名义印发实施;《内蒙古自治区限制开发区域限制类和禁止类产业指导目录(2016年本)》,责成自治区经信委会同有关部门,按照会议讨论意见修改完善,由自治区副主席符太增把关后,以自治区政府办公厅名义印发执行;《内蒙古自治区关于进一步推进预算公开工作的实施方案》,责成自治区财政厅按照会议讨论意见修改完善,由自治区副主席符太增、云光中把关后,报自治区党委。自治区党委常委、自治区副主席符太增,自治区副主席刘新乐、常军政、云光中,自治区政府秘书长邓月楼出席会议。

第75次常务会议　9月18日上午,由自治区党委副书记、自治区主席布小林主持召开,研究《内蒙古自治区安全生产条例(修订草案)》《内蒙古自治区非物质文化遗产保护条例(草案)》《内蒙古自治区脱贫攻坚督查巡查实施办法》。会议原则同意《内蒙古自治区安全生产条例(修订草案)》,责成自治区政府法制办会同有关部门按照会议讨论意见修改完善后,报自治区人大常委会审议;《内蒙古自治区非物质文化遗产保护条例(草案)》,责成自治区政府法制办会同有关部门按照会议讨论意见修改完善后,报自治区人大常委会审议;《内蒙古自治区脱贫攻坚督查巡查实施办法》,责成自治区扶贫办会同有关部门,按照会议讨论意见修改完善后,报自治区党委。自治区党委常委、自治区副主席符太增,自治区副主席刘新乐、常军政、云光中,自治区政府秘书长邓月楼出席会议。

第76次常务会议　10月8日上午,由自治区党委副书记、自治区主席布小林主持召开,研究《内蒙古自治区关于全面推进政务公开工作的实施意见》《内蒙古自治区人民政府关于修改〈内蒙古自治区行政事业性收费管理规定〉的决定(草案)》《内蒙古自治区人民政府关于修改〈内蒙古自治区经营性服务价格管理办法〉的决定(草案)》。会议原则同意《内蒙古自治区关于全面推进政务公开工作的实施意见》,责成自治区政府办公厅会同有关部门按照会议讨论意见修改完善后,报自治区党委审定;《内蒙古自治区人民政府关于修改〈内蒙古自治区行政事业性收费管理规定〉的决定(草案)》,责成自治区政府法制办会同有关部门,按照会议讨论意见修改完善后,以政府令形式公布施行;《内蒙古自治区人民政府关于修改〈内蒙古自治区经营性服务价格管理办法〉的决定(草案)》,责成自治区政府法制办会同有关部门,按照会议讨论意见修改完善后,以政府令形式公布施行。自治区党委常委、自治区副主席符太增,自治区副主席王玉明、王波、常军政、云光中,自治区政府秘书长邓月楼出席会议。

第77次常务会议　10月28日下午,由自治区党委副书记、自治区主席布小林主持召开,传达国务院振兴东北地区等老工业基地推进会议精神,研究《内蒙古自治区贯彻落实新一轮振兴东北地区等老工业基地的实施方案》《内蒙古国家大数据综合试验区建设实施方案》《内蒙古自治区促进大数据发展应用的若干政策》《内蒙古自治区关于做好新时期教育对外开放工作的实施方案》《内蒙古自治区人民政府关于贯彻落实土壤污染防治行动计划的实施意见》《内蒙古自治区"十三五"新型城镇化规划》《内蒙古自治区重点产业发展引导基金设立方案》。会议原则同意《内蒙古自治区贯彻落实新一轮振兴东北地区等老工业基地的实施方案》,责成自治区发改委会同有关部门,认真研究各项发展指标,按照会议讨论意见修改完善后,按程序报自治区党委;《内蒙古国家大数据综合试验区建设实施方案》《内蒙古自治区促进大数据发展应用的若干政策》,责成自治区发改委会同有关部门,按照会议讨论意见修改完善后,按程序报自治区党委;《内蒙古自治区关于做好新时期教育对外开放工作的实施方案》,责成自治区经济生态和社会事业领域改革专项小组办公室会同自治区教育厅,按照会议讨论意见修改完善后,按程序报自治区党委;《内蒙古自治区人民政府关于贯彻落实土壤污染防治行动计划的实施意见》,责成自治区环保厅会同有关部门,按照会议讨论意见修改完善后,以自治区政府名义印发实施;《内蒙古自治区"十三五"新型城镇化规划》,责成自治区发改委会同有关部门,按照会议讨论意见修改完善后,以自治区政府名义印发实施;《内蒙古自治区重点产业发展引导基金设立方案》,责成自治区财政厅会同自治区发改委、经信委等有关部门,按照会议讨论意见修改完善,报自治区政府有关领导审定后,以自治区政府名义印发执行。会议还研究部署了自治区政府全面深化改革有关工作。自治区党委常委、自治区副主席符太增,自治区副主席刘新乐、王玉明、王波、常军政,自治区政府秘书长邓月楼出席会议。

第78次常务会议　11月27日下午,由自治区党委副书记、自治区主席布小林主持召开,安排部署学习贯彻自治区第十次党代会精神,研究《关于深入推进城市执法体制改革改进城市管理工作的实施意见》《关于深化改革推进出租汽车行业健康发展的实施意见》《关于健全生态保护补偿机制的实施意见》《关于进一步建立和完善地方金融风险防范和化解机制的指导意见》《内蒙古自治区水权交易管理办法》《关于加快新能源汽车推广应用的实施意见》。会议原则同意《关于深入推进城市执法体制改革改进城市管理工作的实施意见》,责成自治区住建厅会同有关部门,根据会议讨论意见修改完善,报自治区副主席王波审核把关后,报自治区党委;《关于深化改革推进出租汽车行业健康发展的实施意见》,责成自治区交通运输厅会同有关部门,根据会议讨论意见修改完善,报自治区副主席张建民、王波审核把关后,以自治区政府办公厅名义印发实施;《关于健全生态保护补偿机制的实施意见》,责成自治区发改委会同有关部门,根据会议讨论意见修改完善,报自治区副主席张建民审核把关后,以自治区政府办公厅名义印发实施;《关于进一步建立和完善地方金融风险防范和化解机制的指导意见》,责成自治区金融办会同有关部门,根据会议讨论意见修改完善,报自治区副主席云光中审核把关后,以自治区政府办公厅名义印发实施;《内蒙古自治区水权交易管理办法》,责成自治区水利厅会同有关部门,根据会议讨论意见修改完善,报自治区副主席王玉明审核把关后,以自治区政府名义印发实施;《关于加快新能源汽车推广应用的实施意见》,责成自治区经信委会同有关部门,根据会议讨论意见修改完善,报自治区副主席王波审核把关后,以自治区政府办公厅名义印发实施。自治区党委常委、自治区副主席张建民、云光中,自治区副主席王玉明、常军政,自治区政府秘书长邓月楼出席会议。

第79次常务会议　12月4日下午,由自治区党委副书记、自治区主席布小林主持召开,研究《呼和浩特国家级新区建设总体方案》《贯彻落实中央环境保护督察反馈意见整改方案》《自治区重点领域重点工程项目建设实施方案》《内蒙古自治区盐业体制改革实施方案》《关于深化投融资体制改革的实施意见》。会议原则同意《呼和浩特国家级新区建设总体方案》，责成呼和浩特市政府会同自治区发改委等部门，按照会议讨论意见修改完善，由自治区常务副主席张建民把关后，提交自治区党委常委会研究；《贯彻落实中央环境保护督察反馈意见整改方案》，责成自治区环保厅按照会议讨论意见修改完善，由自治区副主席常军政把关后，提交自治区党委常委会研究；《自治区重点领域重点工程项目建设实施方案》，责成自治区发改委按照会议讨论意见修改完善，由自治区常务副主席张建民把关后，提交自治区党委常委会研究；《内蒙古自治区盐业体制改革实施方案》《关于深化投融资体制改革的实施意见》，责成自治区发改委根据会议讨论意见修改完善，由自治区常务副主席张建民把关后，报自治区党委。自治区党委常委、自治区常务副主席张建民，自治区党委常委、自治区副主席云光中，自治区副主席刘新乐、王玉明、常军政，自治区政府秘书长邓月楼出席会议。

第 80 次常务会议　12 月 9 日下午，由自治区党委副书记、自治区主席布小林主持召开，研究《关于完善我区农村牧区土地草原所有权承包权经营权分置办法的实施意见》《内蒙古自治区落实〈中国制造 2025〉行动纲要》《关于建立完善守信联合激励和失信联合惩戒制度，加快推进社会诚信建设的实施意见》《修改〈内蒙古自治区矿山地质环境治理办法的决定（草案）〉》，听取《自治区防震减灾工作汇报》《自治区承办第十四届全国冬运会筹备工作汇报》。会议原则同意《关于完善我区农村牧区土地草原所有权承包权经营权分置办法的实施意见》，责成自治区农牧业厅根据会议讨论意见修改完善，由自治区副主席王玉明把关后，报自治区党委；《内蒙古自治区落实〈中国制造 2025〉行动纲要》，责成自治区经信委根据会议讨论意见修改完善，由自治区副主席王波把关后，报自治区党委；《关于建立完善守信联合激励和失信联合惩戒制度，加快推进社会诚信建设的实施意见》，责成自治区发改委根据会议讨论意见修改完善，由自治区常务副主席张建民把关后，报自治区党委；原则同意自治区体育局的汇报，责成自治区体育局根据会议讨论意见修改完善后，报自治区党委；原则同意地震局的汇报，责成自治区财政厅会同地震局，研究提出增加防震减灾经费投入的具体意见，报自治区政府研究。会议原则通过《修改〈内蒙古自治区矿山地质环境治理办法的决定（草案）〉》，责成自治区政府法制办按照法定程序公布施行。自治区党委常委、自治区常务副主席张建民，自治区党委常委、自治区副主席云光中，自治区副主席刘新乐、王玉明、常军政，自治区政府秘书长邓月楼出席会议。

第 81 次常务会议　12 月 17 日下午，由自治区党委副书记、自治区主席布小林主持召开，听取《关于 2016 年全区经济运行情况和 2017 年经济工作安排的汇报》，研究《内蒙古自治区不动产登记实施办法》《内蒙古自治区交通扶贫脱贫工作实施方案（2016—2020 年）》。会议原则同意《关于 2016 年全区经济运行情况和 2017 年经济工作安排的汇报》，责成自治区发改委根据会议讨论意见修改完善，由自治区常务副主席张建民把关后，提交自治区党委常委会研究；《内蒙古自治区不动产登记实施办法》，责成自治区国土资源厅根据会议讨论意见修改完善，由自治区副主席王波把关后，以自治区政府名义印发实施；《内蒙古自治区交通扶贫脱贫工作实施方案（2016—2020 年）》，责成自治区发改委根据会议讨论意见修改完善，由自治区常务副主席张建民把关后，以自治区政府名义印发实施。自治区党委常委、自治区常务副主席张建民，自治区党委常委、自治区副主席、呼和浩特市委书记云光中，自治区副主席刘新乐、王玉明、常军政，自治区政府秘书长邓月楼出席会议。

第82次常务会议　12月26日上午，由自治区党委副书记、自治区主席布小林主持召开，研究《内蒙古自治区党委政府关于贯彻落实〈中共中央国务院关于进一步加强城市规划建设管理工作的若干意见〉的实施意见》《内蒙古自治区党委政府关于进一步加强安全生产工作的决定》《内蒙古自治区安全生产信息化指导意见》《内蒙古自治区交通基础设施重大工程建设三年行动计划实施方案》《内蒙古自治区关于构建绿色金融体系的实施意见》。会议原则同意《内蒙古自治区党委政府关于贯彻落实〈中共中央国务院关于进一步加强城市规划建设管理工作的若干意见〉的实施意见》，责成自治区住建厅根据会议讨论意见修改完善，由自治区副主席王波审核把关后，报自治区党委；《内蒙古自治区党委政府关于进一步加强安全生产工作的决定》《内蒙古自治区安全生产信息化指导意见》，责成自治区安监局根据会议讨论意见修改完善，由自治区常务副主席张建民、自治区副主席王波审核把关后，报自治区党委；《内蒙古自治区交通基础设施重大工程建设三年行动计划实施方案》，责成自治区发改委根据会议讨论意见修改完善，由自治区常务副主席张建民、自治区副主席王波审核把关后，以自治区政府名义印发实施；《内蒙古自治区关于构建绿色金融体系的实施意见》，责成自治区金融办根据会议讨论意见修改完善，由自治区副主席云光中审核把关后，报自治区党委。自治区党委常委、自治区常务副主席张建民，自治区副主席刘新乐、王玉明、王波、马明、常军政，自治区政府党组成员包振玉出席会议。

【主席办公会议】

第32次主席办公会议　5月25日上午，由自治区党委副书记、自治区代主席布小林主持召开，听取《关于2016年全区地方政府债务限额及新增政府债券安排意见的汇报》，研究《内蒙古自治区贫困退出机制实施办法》。会议原则同意关于2016年全区新增政府债券的安排意见，责成自治区财政厅按照会议讨论意见修改完善，并编制自治区本级预算调整方案，由自治区副主席符太增和云光中审定后，按时提交自治区人大常委会审查批准；《内蒙古自治区贫困退出机制实施办法》，责成自治区扶贫办按照会议讨论意见修改完善，由自治区副主席王玉明审定后，报自治区党委。自治区党委常委、自治区副主席符太增，自治区副主席刘新乐、王玉明、常军政、云光中，自治区政府秘书长邓月楼出席会议。

第33次主席办公会议　8月14日下午，由自治区党委副书记、自治区主席布小林主持召开，专题研究给予部分盟市抗旱救灾资金补助问题。会议议定，动用主席预备费，给予呼伦贝尔市、锡林郭勒盟、兴安盟等3个盟市共计2亿元的抗旱救灾补助资金。会议责成自治区财政厅抓紧办理资金拨付手续，确保抗旱救灾补助资金尽快到位，及早发挥效用。自治区党委常委、自治区副主席符太增，自治区副主席王玉明、云光中，自治区政府秘书长邓月楼出席会议。

第34次主席办公会议　9月18日上午，由自治区党委副书记、自治区主席布小林主持召开，研究《新一轮草原生态保护补助奖励政策资金分配意见》《内蒙古新城宾馆维修改造工作》《内蒙古人民会堂维修改造工作》《内蒙古经贸学校与旅游管理专修学院校区置换及经贸学校搬迁启用工作》。会议原则同意《新一轮草原生态保护补助奖励政策资金分配意见》，责成自治区农牧业厅和财政厅按照会议讨论意见，抓紧工作任务启动和政策落实，尽早将补奖资金发放到农牧民手中；同意对新城宾馆和人民会堂进行维修改造；同意将内蒙古经贸学校整体置换搬迁到内蒙古旅游专修学院。自治区党委常委、自治区副主席符太增，自治区副主席刘新乐、常军政、云光中，自治区政府秘书长邓月楼出席会议。

第 35 次主席办公会议　10 月 8 日上午，由自治区党委副书记、自治区主席布小林主持召开，研究《关于 2016 年均衡性等部分一般性转移支付分配意见》《关于大兴安岭重点国有林区“三供一业”运营亏损补贴意见》《关于加强我区消防装备建设资金投入意见》《关于追加自治区党委巡视办巡视业务费意见》《关于解决自治区高院全国蒙汉双语法官培训基地建设资金意见》《关于解决自治区检察院两房两厅项目室内装修和设备购置经费意见》《关于自治区交通厅公路建设项目还贷问题》《关于中国广播电视网络有限公司增资入股内蒙古广电网络集团事宜》《2016 年内蒙古大数据产业推介会邀请嘉宾分工方案》。会议同意自治区财政厅提出的给予大兴安岭重点国有林区“三供一业”运营亏损补贴、加强自治区消防装备建设资金投入、追加自治区党委巡视办巡视业务费、解决自治区高院全国蒙汉双语法官培训基地建设资金和自治区检察院两房两厅项目室内装修、设备购置经费意见。为缓解自治区公路建设资金压力，保障公路建设持续健康发展，有必要通过发行政府债券方式解决部分政府担保的公路建设债务，责成自治区财政厅会同有关部门按有关规定和程序抓紧组织实施。会议原则同意《关于中国广播电视网络有限公司增资入股内蒙古广电网络集团的意见》，由自治区党委宣传部会同有关部门、企业按照《公司法》等有关法律法规和政策要求，认真组织实施，规范操作；《2016 年内蒙古大数据产业推介会邀请嘉宾分工方案》，责成自治区副主席符太增牵头负责，其他各相关副主席和各有关部门、呼和浩特市政府密切配合、沟通协作，抓紧做好嘉宾邀请工作。自治区党委常委、自治区副主席符太增，自治区副主席王玉明、王波、常军政、云光中，自治区政府秘书长邓月楼出席会议。

第 36 次主席办公会议　10 月 31 日上午，由自治区党委副书记、自治区主席布小林主持召开，研究《关于在自治区 23 个国家级贫困旗县实施农村义务教育学生营养改善计划试点的意见》《2016 年资源枯竭城市转移支付分配意见》《关于追加和调整 2016 年自治区重大水利工程建设基金预算的意见》《关于安排自治区省级干部保障住房项目建设资金的意见》，听取《2016 年秋粮收购工作有关情况的汇报》。会议原则同意《关于在自治区 23 个国家级贫困旗县实施农村义务教育学生营养改善计划试点的意见》，责成自治区教育厅会同财政厅等有关部门，根据会议讨论意见抓紧组织实施。会议指出，资源枯竭城市转移支付资金主要用于支持资源枯竭城市经济转型和社会发展。各有关地区和部门要严格按照中央和自治区的有关规定切实管理、使用好这笔资金，确保发挥应有作用。责成自治区财政厅按照有关规定尽快下达资金。为落实国家重大水利工程年度投资计划执行进度要求，有必要通过追加和调整 2016 年自治区重大水利工程建设基金预算落实自治区本级配套资金，以保障自治区重大水利工程项目建设如期完成。各有关部门要强化资金使用的监督和管理，确保财政资金发挥应有效益，责成自治区财政厅按照有关规定尽快办理。会议议定：同意安排自治区省级干部保障住房项目建设资金 23 亿元，责成自治区财政厅按照有关规定抓紧办理；自治区省级老干部住宅楼项目后续问题，责成自治区机关事务管理局会同有关部门尽快研究提出解决方案，报自治区落实省级干部生活待遇工作领导小组。会议原则同意自治区粮食局关于 2016 年秋粮收购工作的汇报和建议，责成自治区副主席王玉明牵头组织自治区财政厅、粮食局等有关部门，按照会议讨论意见研究制定具体实施办法，抓紧组织实施。自治区党委常委、自治区副主席符太增，自治区副主席刘新乐、王玉明、常军政、云光中，自治区政府秘书长邓月楼出席会议。

第 37 次主席办公会议　11 月 27 日下午，由自治区党委副书记、自治区主席布小林主持召开，研究《关于追加钢铁煤炭行业化解过剩产能自治区配套奖补资金的意见》《关于内蒙古科技馆内容建设资金的安排意见》，听取《关于自治区护路联防工作经费保障情况的汇报》。会议议定：同意 2016—2020 年自治区安排钢铁煤炭行业化解过剩产能配套奖补资金 79 700 万元。从 2017 年起，将铁路护路联防经费纳入自治区本级财政预算予以保障；自治区财政厅提出的铁路护路经费使用范围，即主要用于铁路护路直接支出。自治区铁路护路办所有管理人员仍按原隶属渠道归口呼和浩特铁路局管理，待遇及薪酬由呼和浩特铁路局按照相关政策和实际情况予以核拨，责成自治区财政厅按程序办理；同意安排内蒙古科技馆内容建设资金 8815 万元，责成自治区科协申请进行跟踪投资评审，自治区财政厅按程序办理。自治区党委常委、自治区副主席张建民、云光中，自治区副主席王玉明、常军政，自治区政府秘书长邓月楼出席会议。

第 38 次主席办公会议　12 月 4 日下午，由自治区党委副书记、自治区主席布小林主持召开，听取《2016 年自治区主要经济指标预计完成情况和 2017 年经济发展预期目标的汇报》，研究《包钢加快发展工作方案》。会议原则同意以上所议内容，责成相关部门根据会议讨论意见修改完善，交由分管副主席把关后，提交自治区党委常委会研究。自治区党委常委、自治区常务副主席张建民，自治区党委常委、自治区副主席、呼和浩特市委书记云光中，自治区副主席刘新乐、王玉明、常军政，自治区政府秘书长邓月楼出席会议。

第 39 次主席办公会议　12 月 9 日下午，由自治区党委副书记、自治区主席布小林主持召开，研究《关于调整新增地方政府债券资金用于 2016 年度公路建设项目的意见》《关于收回中央重金属防治经费重新安排的意见》《关于对自治区工商局申请追加商事制度改革信息化建设经费的意见》《关于追加首届中蒙博览会会议期间各酒店接待费用的意见》。会议原则同意财政厅《关于调整新增地方政府债券资金用于 2016 年度公路建设项目的意见》。议定：自治区 2016 年调剂安排地方政府债券资金 163 亿元，用于干线路网改造、农村牧区路网改善等公路工程建设，责成自治区财政厅按照规定办理；原则同意自治区财政厅提出的关于收回 2014 年中央重金属污染防治专项资金重新安排使用、追加自治区商事制度改革信息化建设经费以及追加首届中蒙博览会会议期间各酒店接待费用等 3 项资金安排的意见，符合国家和自治区有关政策规定，责成自治区财政厅按规定办理。会议对自治区政府办公厅有关工作作出部署，责成自治区政府办公厅会同自治区财政厅，抓紧修改完善大额资金审批规定，进一步明确审批权限和审批程序。在新的审批规定出台前，严格按照现行制度执行，属于哪一级权限就由哪一级审批。要求自治区政府办公厅要认真落实文件运转审批制度，不符合条件的文件不能运转，不能报送自治区政府领导。要严把政府常务会、主席办公会议题材料审核关，加强会前协调，充分征求部门意见，把问题解决在会前，确保议题成熟，避免会上议而不决，提高会议质量与效率。自治区党委常委、自治区常务副主席张建民，自治区党委常委、自治区副主席、呼和浩特市委书记云光中，自治区副主席刘新乐、王玉明、常军政，自治区政府秘书长邓月楼出席会议。

第 40 次主席办公会议　12 月 17 日下午，由自治区党委副书记、自治区主席布小林主持召开，研究《关于与中国政企合作基金股份有限公司合作成立中政企内蒙古 PPP 基金的意见》。

会议议定，同意自治区与国家PPP基金公司合作成立总规模为57亿元的中政企内蒙古PPP基金,其中自治区财政认缴7亿元,国家PPP基金公司认缴50亿元。责成自治区财政厅按照有关规定和双方签订的框架协议办理。自治区党委常委、自治区常务副主席张建民,自治区党委常委、自治区副主席、呼和浩特市委书记云光中,自治区副主席刘新乐、王玉明、常军政,自治区政府秘书长邓月楼出席会议。

第41次主席办公会议　12月26日,由自治区党委副书记、自治区主席布小林主持召开，研究《关于进一步完善社会救助和保障标准与物价上涨挂沟联动机制工作》《设立内蒙古石墨(烯)新材料产业基金方案》《设立内蒙古基础设施和公共服务(PPP)投资引导基金方案》《组建内蒙古公路交通投资发展有限公司方案》。会议原则同意《关于进一步完善社会救助和保障标准与物价上涨挂沟联动机制工作》，责成自治区发改委根据会议讨论意见修改完善,以自治区政府办公厅名义印发执行;《设立内蒙古石墨(烯)新材料产业基金方案》,成立内蒙古石墨(烯)新材料产业基金,首期基金总规模10亿元,责成自治区发改委会同有关部门严格按照基金设立与管理有关法律法规组织实施;《设立内蒙古基础设施和公共服务(PPP)投资引导基金方案》,授权内蒙古信托财信投资集团有限公司作为主发起人,基金首期规模为200亿元,责成自治区财政厅按照基金设立管理有关规定组织实施;《组建内蒙古公路交通投资发展有限公司方案》,责成自治区交通运输厅按照会议讨论意见修改完善,由自治区副主席王波审核把关后,依据《中华人民共和国公司法》等法律法规启动公司组建工作。自治区党委常委、自治区常务副主席张建民,自治区副主席刘新乐、王玉明、王波、马明、常军政,自治区政府秘书长包振玉。

【其他重要会议】

全区体育工作暨体育产业工作会议　1月11日在呼和浩特召开。会议主要总结“十二五”期间和2015年全区体育工作和体育产业工作，贯彻落实《自治区政府关于加快发展体育产业促进体育消费的实施意见》，研究部署“十三五”期间和2016年工作任务,研讨《自治区体育事业十三五发展规划》《自治区体育产业十三五发展规划》和《自治区全民健身实施计划(2016—2020年)》。自治区副主席刘新乐出席会议并讲话。

全区卫生和计划生育暨蒙中医药工作会议　1月18日在呼和浩特召开。会议主要传达贯彻全国卫生和计划生育工作会议、全国计划生育电视电话会议和全国中医药工作会议精神,总结“十二五”时期及2015年卫生计生工作,部署“十三五”时期及2016年卫生计生改革发展任务。自治区副主席刘新乐出席会议并讲话。

全区人力资源和社会保障工作会议　1月19日召开。贯彻落实全国人力资源和社会保障工作会议及全区经济工作会议精神,总结“十二五”时期和2015年全区人力资源和社会保障工作,谋划“十三五”时期人社事业发展,安排部署2016年工作任务。

国务院打击治理电信网络新型违法犯罪工作部际联席会议　2月25日在召开第二次会议结束之后,自治区副主席、公安厅厅长马明立即召开全区打击治理电信网络新型违法犯罪工作厅际联席会议第二次会议，传达贯彻国务院会议精神，并对我区打击治理电信网络新型违法犯罪专项行动作进一步部署。公安厅党委委员、副厅长张效敏以及23个成员单位有关负责人等参加会议会议。

全区科技工作会议暨推进众创空间发展现场会议　3月1日在包头召开。贯彻落实全国科技工作会议精神及《国务院办公厅推进大众创新创业的指导意见》《自治区政府办公厅关于加快发展众创空间的实施意见》，回顾2015年度科技工作、总结我区开展众创空间建设经验与做法，部署2016年度科技工作，全面实施创新驱动发展战略，优化创业创新环境，加快众创空间建设发展。

全区金融工作电视电话会议　3月1日在呼和浩特召开。会议主要深入贯彻党的十八大、十八届三中、四中、五中全会和中央经济工作会议精神，认真落实自治区党委九届十四次全委会议和全区经济工作会议的安排部署，回顾"十二五"时期金融发展，分析当前经济金融形势，研究部署2016年自治区金融业改革发展任务和金融支持全区经济社会发展工作，表彰2015年度金融工作先进集体和优秀个人。自治区副主席云光中出席会议并讲话。

全区旅游工作电视电话会议　3月4日在呼和浩特召开。会议主要贯彻落实中央、自治区经济工作会议和全国旅游工作会议精神，分析当前旅游业发展形势，安排部署当前及今后一个时期旅游工作。自治区有关委、办、厅、局负责人，部分金融机构负责人，自治区旅游局处级以上干部在主会场参加会议。自治区副主席云光中出席会议并讲话。

全区向北开放暨口岸工作会议　3月8日在呼和浩特召开。会议贯彻落实党的十八届五中全会、中央经济工作会议，以及自治区九届十四次全委会议，自治区经济工作会议精神，深入分析我区向北开放和口岸发展形势，总结2015年工作，安排部署今年和今后一个时期工作。自治区副主席云光中出席会议并讲话。

全区教育工作会议　3月8日在呼和浩特召开。贯彻落实2016年全国教育工作会议精神，回顾总结"十二五"及2015年全区教育工作，安排部署2016年全区教育工作重点任务。

全区电视电话会议　3月23日，在及时收听收看全国禁毒工作电视电话会议后，自治区副主席、公安厅厅长马明立即在赤峰分会场召开，就坚决抓好内蒙古禁毒工作进行动员部署。会议由自治区政法委副书记、综治办主任陶建主持，公安厅党委委员、副厅长李志斌以及赤峰市禁毒委成员单位等参加会议。

中国内蒙古与蒙古国东方省、肯特省、苏赫巴托省边境地区森林草原防火联防会议　4月15—16日在呼伦贝尔举行。自治区与蒙古国有关部门、地区一直保持着长期的友好合作关系，双方林业和防火部门间高层互访不断、交流频繁，在火灾预防和扑救方面签署了相应的协定和协议。国家森林防火指挥部专职副总指挥杜永胜、内蒙古自治区副主席王玉明，国家森林防火指挥部办公室副主任、国家森林公安局局长王海忠先生，蒙古国紧急情况总局局长特·巴达日勒及东方省、肯特省、苏赫巴托省紧急情况局官员参加会议。

全区加强食品药品安全监管工作会议　4月20日在呼和浩特召开，就贯彻落实《食品安全法》等法律法规、加强全区食品药品安全保障等工作进行安排部署。自治区党委副书记、自治区代主席布小林出席会议并讲话。

全区标准化工作会议　5月30日召开，就进一步全面推进自治区标准化建设工作作出部署，自治区副主席常军政出席会议并讲话。

全国棚户区改造工作座谈会　6月6—8日在包头市召开。住房和城乡建部部长陈政高、国开行行长郑之杰出席并讲话，要求总结推广北梁棚改经验，全面实施政府购买棚改服务，提速完成今年棚改任务，努力做好项目资金平衡。自治区副主席王波参加会议并陪同住建部华副部长陆克、国开行行长郑之杰在包头调研。自治区副主席王波参加并出席全区棚改工作推进会。

自治区人民政府与吉林大学校地合作座谈会议　6月7日，在呼和浩特举行。自治区党委副书记、自治区代主席布小林，吉林大学党委书记杨振斌出席会议并讲话。

全区公安机关2016年"猎狐行动"动员部署会议　6月28日召开。会议主要任务是，深入学习习近平总书记、王岐山书记重要讲话精神和公安部2016年“猎狐行动”部署会精神，全面落实自治区党委书记王君批示要求，系统总结“猎狐2015”专项行动成果，并对2016年全区公安机关“猎狐行动”进行安排部署。自治区副主席、公安厅厅长马明出席会议并讲话。

大兴安岭南麓片区区域发展与脱贫攻坚部际联系会议　7月4日在内蒙古自治区兴安盟召开。会议交流了大兴安岭南麓片区脱贫攻坚经验做法，推进大兴安岭南麓片区加快区域发展与脱贫攻坚步伐。农业部部长韩长赋在会上强调，做好片区脱贫攻坚工作，解决区域性整体贫困问题，是党中央扶贫开发战略的重要内容。与会代表实地考察了兴安盟产业扶贫、精准脱贫的典型。内蒙古自治区副主席王玉明，吉林省副省长隋忠诚，黑龙江省副省长吕维锋，国务院扶贫办党组成员、副主任欧青平以及国家发改委有关负责同志出席会议并讲话。

全区推进企业上市暨金融支持精准扶贫、实体经济、重点工程工作会议　7月6日在呼伦贝尔召开。会议主要贯彻落实全区重点工作重点项目推进会精神，推进企业上市工作，推动金融支持精准扶贫、实体经济、重点工程。自治区副主席云光中出席会议并讲话。

全区食品安全工作现场会暨食品药品监管工作座谈会　7月25日在乌兰察布召开。会议贯彻落实党中央、国务院和自治区党委、政府关于食品药品安全各项决策部署，传达全国食品药品监督管理工作座谈会暨仿制药一致性评价工作会议精神，总结上半年食品药品监督管理工作，分析研究存在的问题，部署下半年重点工作，开展食品安全现场工作交流，推进食品药品安全内蒙古建设各项工作。自治区副主席刘新乐出席会议并讲话。

全区科技创新驱动现代农牧业发展现场会议　7月26日在呼伦贝尔召开，贯彻落实国家和自治区科技创新大会精神，学习交流农牧业科技成果推广转化方面的经验与做法，探讨科技创新驱动发展战略与现代农牧业发展有机结合的思路与措施，推动绿色农畜产品生产加工输出基地建设，研究部署当前和今后一个时期自治区农牧业科技创新目标与任务。

2016年全区军队转业干部暨退役士兵安置工作电视电话会议　8月9日召开。传达学习2016年全国军队转业干部安置工作会议精神，总结2015年全区军队转业干部安置工作，安排部署2016年安置工作任务。

自治区首届蒙商大会暨民间投资合作洽谈会议　8月25日，在包头召开。自治区党委副书记、自治区主席布小林出席大会并讲话。会议期间，自治区有关部门向参会的区内外企业介绍了内蒙古的投资政策、投资环境和重点投资项目，各盟市与企业进行对接，开展项目洽谈。自治区政协主席任亚平，自治区党委常委、包头市委书记王中和，自治区人大常委会副主任呼尔查，自治区副主席云光中，自治区高级人民法院院长胡毅峰，自治区人民检察院检察长马永胜，全国工商联副主席谢经荣出席。

全区质量强区工作推进会议　9月8日召开。研究分析全区质量工作面临的形势和问题，就大力推进实施质量强区战略作出安排部署。2016年国务院对各省区市政府质量工作考核中，内蒙古自治区考核结果从C类上升为B类，实现新突破。自治区副主席常军政出席会议并讲话。

全区城市养老服务现场推进会议　9月20日在包头召开。贯彻落实中共中央总书记习近平和国务院总理李克强关于老龄工作的重要指示，现场观摩包头市养老服务示范项目的建设和管理情况，听取包头市及部分盟市城市养老服务建设经验介绍，安排部署全区“十三五”期间推进城市养老服务工作任务。

全区打击治理电信网络新型违法犯罪工作电视电话会议　9月23日召开。会议主要任务是，贯彻落实国务院打击治理电信网络新型违法犯罪工作部际联席会议第三次会议暨深入推进专项行动电视电话会精神，安排部署全区打击治理电信网络新型违法犯罪工作。自治区副主席、公安厅厅长马明出席会议并讲话。

乌海及周边地区大气污染联防联控领导小组第二次会议暨全区生态环境保护工作座谈会议　10月10日在乌海召开。对进一步推进乌海及周边地区大气污染联防联控提出明确要求，并就全面落实国家环境保护督察问题整改工作，推进全区生态文明建设和环境保护作出全面部署。自治区党委副书记、自治区主席布小林主持会议并讲话，自治区副主席常军政出席会议。

2016年前三季度经济形势分析暨部署第四季度重点工作电视电话会议　10月14日召开。贯彻落实自治区党委常委会议精神，深入分析2016年前三季度经济形势，安排部署第四季度重点工作。自治区党委副书记、自治区主席布小林出席会议并讲话，自治区党委常委、常务副主席符太增主持会议，自治区副主席常军政、云光中出席。

西北警务协作区第六届联席会议第二次主席会议　10月19日在内蒙古鄂尔多斯召开。来自公安部、北京、内蒙古、陕西、甘肃、青海、宁夏、新疆、新疆生产建设兵团的公安机关代表齐聚一堂，全面回顾过去一年西北警务协作所取得的务实成果，深入交流西北地区警务合作成功经验，并就进一步增强警务协作实效、维护区域和谐稳定进行研究部署。作为本届轮值主席省份代表，内蒙古自治区副主席、公安厅厅长马明在会上作主旨发言，并与陕西省公安厅代表进行了会徽移交。

全区推进商事制度改革、加强事中事后监管工作电视电话会议　10月25日在呼和浩特召开。总结全区推进商事制度改革、加强事中事后监管工作情况，就加快国家企业信用信息公示系统（内蒙古）建设作出重点部署。11月，国家企业信用信息公示系统（内蒙古）建设完成并上线运行。自治区副主席常军政出席会议并讲话。

2016内蒙古大数据产业推介大会　11月7日在北京国家会议中心举行，正式启动内蒙古国家大数据综合试验区建设。自治区党委书记李纪恒、国家发改委主任徐绍史，工信部副部长怀进鹏、中央网信办副主任庄荣文、科技部副部长李萌分别致辞，自治区党委副书记、自治区主席布小林主持，自治区领导张建民、那顺孟和、王中和、张院忠、王波、符太增等出席。自治区政府与国家工商总局、质检总局、航天科工集团、浪潮集团、货车帮科技有限公司、华为技术有限公司签署合作协议，盟市签署的代表性项目中，呼和浩特市签署6个项目、包头市签署4个项目、鄂尔多斯市签署4个项目、通辽市签署2个项目、巴彦淖尔市签署2个项目，呼伦贝尔市、兴安盟、赤峰市、锡林郭勒盟、乌兰察布市、乌海市、阿拉善盟各签署1个项目。共签约项目93个，总投资额508亿元。

自治区推动呼包鄂协同发展领导小组第一次全体会议　11月13日，由自治区党委副书记、自治区主席布小林主持召开。会议听取有关工作情况汇报，研究部署下一阶段重点工作，强调要提高认识、解放思想、真抓实干，全力推进呼包鄂协同发展，充分发挥对全区发展的引领、示范和带动作用。

全区反恐怖工作视频会议　11月29日，全国反恐怖工作视频会议结束后，自治区副主席、反恐怖工作领导小组副组长、公安厅厅长马明立即主持召开，第一时间传达习近平总书记关于加强反恐怖工作的最新指示，贯彻落实公安部会议精神，对自治区反恐怖工作进行强调部署。自治区反恐怖工作领导小组副组长、武警内蒙古总队司令员马建海，内蒙古军区副参谋长许中林，自治区反恐怖工作领导小组各成员单位相关领导，自治区公安厅党委成员，厅直相关部门负责人，反恐部门全体同志在主会场参加会议。

全区城市民族工作现场会议　12月19日在鄂尔多斯召开。会议主要观摩鄂尔多斯市东胜区部分单位的城市民族工作情况；部分盟市进行城市民族工作经验交流；总结讲评近年来全区城市民族工作情况；部署下一步全区城市民族工作；听取会议代表对《内蒙古自治区人民政府关于加强城市民族工作的意见》（征求意见稿）意见建议。自治区副主席刘新乐出席会议并讲话。

【重要活动】

2月18—19日，2016年全区城建工作会召开，自治区副主席王波出席会议。

3月9日，自治区政府债券发行仪式举行，自治区副主席云光中出席并讲话。

3月11日，自治区党委常委、常务副主席符太增出席全区统计工作会议并讲话。

3月22日，试点地区城市公立医院综合改革推进会在鄂尔多斯市召开，自治区副主席刘新乐主持并讲话。

3月30日下午，自治区十二届人大常委会第二十一次会议举行第二次全体会议。会议经表决，接受巴特尔辞去自治区主席职务的请求，决定任命布小林为自治区副主席、自治区代主席。

4月8日，自治区党委常委、常务副主席符太增主持召开自治区生态文明建设委员会第一次全体会议，自治区副主席常军政、王波、王玉明出席并讲话。

4月11日，中国内蒙古自治区人民政府与蒙古国外交部常设协商工作组第三次会议举行，自治区副主席云光中出席并讲话。

4月13日，自治区党委常委、常务副主席符太增，自治区副主席王波到吉林省长春市与吉林省常务副省长高广滨、副省长姜有为会谈，签署内蒙古兴安盟煤化电热一体化示范项目合作协议，并就协同推进项目实施的有关事宜进行对接。

4月14日，自治区党委常委、常务副主席符太增，自治区副主席王波到辽宁省沈阳市与辽宁省常务副省长谭作钧，辽宁省政协副主席薛恒，沈铁局局长王占柱会谈，就协同推进通辽、赤峰至京沈高铁连接线项目进行对接。

5月5日，全区“两权”抵押贷款试点工作现场会在呼和浩特市和林格尔县召开，自治区副主席云光中出席并讲话。会议主要安排部署自治区“两权”抵押贷款试点工作，并举行“两权”抵押贷款示范项目签约仪式。

5月22日，2016年全区“光明行”社会公益活动在锡林郭勒盟苏尼特右旗人民医院启动。自治区党委副书记、自治区代主席、内蒙古光彩事业促进会会长布小林出席活动启动仪式，并为“光明行”医疗工作队授旗。随后到病房看望困难白内障手术患者，并慰问了医护人员。

5月31日，自治区党委副书记、自治区代主席布小林来到呼和浩特市青少年活动中心，与孩子们一起庆祝“六·一”国际节日，勉励全区少年儿童好好学习，长大把祖国和家乡建设得更加美丽。

6月22日，全国人大常委会副委员长张宝文率全国人大常委会水法执法检查组赴内蒙古检查。执法检查期间，自治区党委副书记、自治区主席布小林汇报了内蒙古自治区贯彻实施水法的情况。

6月23日，自治区十二届人大五次会议举行宪法宣誓仪式，新当选的自治区主席布小林向宪法宣誓。

7月3日至7月6日，应塔吉克斯坦共和国内务部邀请，自治区副主席、公安厅厅长马明率自治区公安厅代表团对塔吉克斯坦共和国进行工作访问。访问期间，代表团分别与塔吉克斯坦共和国内务部第一副部长阿拉姆索佐达少将和杜尚别市内务局局长昆都拉特佐达进行业务会谈，就内蒙古自治区公安机关与塔吉克斯坦共和国内务部门开展反恐、打击有组织犯罪等领域的国际警务合作达成多项共识；观摩塔吉克斯坦共和国内务部特警部队进行的反恐训练；会见中国驻塔吉克斯坦共和国大使馆岳斌大使，并慰问公安部派驻塔吉克斯坦共和国出入境审查官董英娣。

7月13日，自治区党委副书记、自治区主席布小林在呼和浩特会见了前来自治区访问的美国驻华大使马克斯·博卡斯和夫人一行。

7月27日，自治区副主席、公安厅厅长马明在呼和浩特会见应邀来访的俄罗斯联邦外贝加尔边疆区内务局局长捷耶夫·罗曼·维克托洛维奇一行。双方就继续加强警务执法合作，共同维护两国边境地区安全稳定进行会谈并签署了会谈纪要。

7月31日至8月4日，应俄罗斯联邦外贝加尔边疆区安全局局长卡久林·谢尔盖·伊万诺维奇少将的邀请，自治区副主席、公安厅厅长马明率团对俄罗斯联邦外贝加尔边疆区安全局进行工作访问。访问期间，代表团与俄罗斯联邦外贝加尔边疆区安全局局长卡久林少将进行业务会谈。双方就加强内蒙古自治区公安机关与外贝加尔边疆区安全局在国际警务合作、反恐、打击跨国犯罪等领域的警务合作达成多项共识。会谈结束后，双方共同签署《中华人民共和国内蒙古自治区公安厅与俄罗斯联邦外贝加尔边疆区安全局第十五次工作会谈纪要》。

8月12日，2016年全国青少年校园足球夏令营总营（初中）在内蒙古师范大学盛乐校区开营。自治区党委副书记、自治区主席布小林出席开营仪式并宣布夏令营开幕。

8月19日，中央军委委员、国务委员兼国防部长常万全在内蒙古自治区调研国防教育工作。自治区党委副书记、自治区主席布小林汇报了内蒙古自治区边防工作情况。

8月22日，在“2016中泰文化旅游友好行”车队活动发车仪式上，自治区副主席刘新乐出席并致辞。

9月8日，自治区政府与国家发改委就建立推进国际产能和装备制造合作委区协同机制，在北京签署框架协议。自治区主席布小林、国家发改委主任徐绍史代表双方签约。

9月12日，自治区副主席王波与中国资源交通集团有限公司董事局主席曹忠会谈，并出席香港五龙汽车集团公司与赤峰市“建设北方新能源汽车生产基地项目合作”签约仪式。

9月14—15日，自治区党委副书记、自治区主席布小林深入乌海市调研，走园区、进企业，实地考察重点项目建设情况，强调要加快推进项目建设，着力发挥投资对稳增长的关键作用，确保完成全年各项任务目标，努力实现“十三五”良好开局。

9月28日，自治区政府与吉林大学在长春签署战略合作框架协议。自治区党委副书记、自治区主席布小林出席签约仪式。29日，布小林会见了吉林省委书记巴音朝鲁、省长蒋超良，双方就深化两地合作进行交流。

9月29日，自治区党委常委、常务副主席符太增在“中蒙俄智库国际论坛2016年会”开幕式上致辞。

10月20日，自治区党委常委、常务副主席符太增参加中国东北地区和俄罗斯远东地区地方合作理事会第二次会议并发言。中华人民共和国国务院副总理汪洋、俄罗斯副总理特鲁特涅夫出席。

10月24—31日，应丹麦国家警察局副局长艾尼·格伦、英国国家打击犯罪总局中东亚洲处T·艾伦和英国伦敦警察厅国际关系负责人德莱克·格里菲思邀请，内蒙古自治区副主席、公安厅厅长马明率内蒙古自治区公安厅代表团一行6人，对丹麦、英国进行工作访问。此次出访，进一步拓展国际执法合作领域，学习、借鉴了丹麦和英国在大型安保、打击跨国犯罪等方面的先进经验和做法。公安厅出入境管理局、禁毒总队、国际警务合作局及呼伦贝尔市公安局主要负责同志陪同出访。

11月10日，自治区党委副书记、自治区主席布小林在赤峰市会见深圳朝气集团董事长孙广仁一行，双方就发展通用航空等有关问题交换意见。

11月14—15日，内蒙古自治区代表团赴广东省开展投资经贸合作活动，自治区政府分别与广东省政府、中广核集团签署战略合作协议。

11月15—16日，2016年内蒙古·香港重点合作项目推介会在香港举办，自治区党委副书记、自治区主席布小林，自治区副主席符太增出席。

11月16日，自治区党委副书记、自治区主席布小林在香港会见香港特别行政区行政长官梁振英。双方就加强内蒙古与香港的合作进行深入交流。

同日，自治区党委常委、常务副主席张建民出席全区推进简政放权放管结合优化服务电视电话会议并讲话。

12月23日，2016中国(呼伦贝尔)冰雪那达慕暨巴尔虎草原祭火文化节在呼伦贝尔市陈巴尔虎旗呼和诺尔旅游景区开幕。自治区党委副书记、自治区主席布小林出席开幕活动

12月28日，中国进出口银行内蒙古分行开业，中国进出口银行董事长胡晓炼、自治区党委书记李纪恒、自治区主席布小林、副主席云光中出席开业仪式。

12月29日，包商消费金融股份有限公司开业，是内蒙古自治区设立的第一家消费金融公司。

(撰稿人：杨锐)

政府办公厅

【概况】 2016年内蒙古自治区人民政府办公厅(以下简称自治区政府办公厅)设有秘书一处、秘书二处、秘书三处、秘书四处、秘书五处、秘书六处、秘书七处、秘书八处、秘书九处、文电处(办公室)、会议处、自治区政府应急管理办公室(总值班室)、自治区政府督查室、信息调研处、翻译处、电子政务处、政务公开处、人事处、机关党委和离退休人员工作处共20个职能处室，共有行政编制145名。所属行政单位2个：自治区无线电管理委员会办公室(正处级)，行政人员编制12名；自治区无线电管理委员会办公室驻盟市管理处(副处级)，行政人员编制42名。所属参照公务员法管理事业单位7个：自治区人民政府驻北京办事处(正厅级)，事业人员编制36名；自治区人民政府驻上海办事处(副厅级)，事业人员编制15名；自治区政府采购中心(副厅级)，事业人员编制32名；自治区地方志编纂委员会办公室(副厅级)，事业人员编制27名；驻京办上访人员劝返办公室(正处级)，事业人员编制10名；驻京办天津联络处(正处级)，事业人员编制10名；自治区无线电监测站(正处级)，事业人员编制22名。所属公益一类事业单位7个：自治区人民政府公报室，人员编制5名；自治区政府电子政务服务中心，人员编制9名；自治区政府应急指挥服务中心，人员编制6名；无委办大兴安岭监测站(副处级)，人员编制8名；无委办驻盟市监测站(正科级)，人员编制56名；驻京办外埠建筑施工管理中心(正处级)，人员编制5名；自治区人民政府驻深圳办事处，人员编制13名。所属公益二类事业单位1个：内蒙古干部(上海)培训中心(正处级)，人员编制7名。

【公文处理】

公文报送 认真贯彻落实《内蒙古自治区人民政府办公厅关于加强文件合法性审查的通知》(内政办发〔2016〕61号)要求，对各地区、各部门报送的请示、建议类文件，严格要求附合法性说明或合法性审查意见。对各部门提请以自治区人民政府或政府办公厅名义印发的文件，

除必须附部门内部合法性审查意见外，要求一并报送发文必要性说明、起草及征求意见情况等材料。2016年以来，各地区、各部门报送的文件格式更加规范、质量有新的提高。全年共登记收文8700余件，全部纳入规范运转。

公文办理运转　全面优化升级全区政府系统协同办公平台，推进非涉密公文的网络传输和网上办理。及时改进和完善平台功能，不断满足工作需要。坚持急事急办、特事特办；坚持紧急公文跟踪催办、重要公文重点催办、一般公文定期催办，加快了工作节奏，提高了工作效率。全年受理盟市、厅局请示报告类文件2300件；办理国务院、国务院办公厅、国家部委、各省（区、市），自治区党委、人大、政协文件2882件；办理厅内各类信函、通知及其他文件340余件。

文件审核把关　严格执行公文处理规定，在坚持行文规则、规范公文格式、体例的前提下，既注重研究文字，更注重研究工作，切实提高文件制发质量。着力推动国务院和国务院办公厅文件配套政策措施的制定出台。努力控制发文数量。认真执行国家和自治区关于精简文件的规定，扎实做好精简文件工作。从严控制下发各类检查考核、整治方案、表彰奖励等方面的文件，没有实质内容、可发可不发的文件一律不发。

机要交换和档案管理　建立与自治区党委办公厅机要交通处、呼市邮政局和邮政机要局的日常协调机制，完善机要交换工作规程制度，确保机要交换准确及时安全保密。全年交换各类文件近24万件，未发生漏送、错送或文件丢失事件。健全完善档案收集、整理、移交、保管和利用等制度，连续多年在自治区档案局组织的专项检查中受到通报表扬。全年接收文件5413件；整理形成永久文件475件、30年文件561件、10年文件222件。认真履行自治区政府办公厅保密办职能职责，落实保密工作责任制，组织召开保密委员会全体会议，强化保密监督检查，未发生失泄密事件。

工作创新和优化　创新推动形成各秘书处室、文电处共同督办的工作格局，开发国发国办发文件贯彻落实情况清单管理和跟踪督办信息系统，分轻重缓急程度，采取“红灯”“黄灯”“绿灯”预警方式，提示待办、催办、盯办等事项，及时更新相关数据，做到任务清、情况明、易操作、可追责，充分发挥服务对口战线处室作用，有效地推动了工作落实。

文稿和服务保障　2016年，起草审核党组工作总结，自治区政府办公厅工作总结，党组书记抓党建工作述职、履行党风廉政建设第一责任人报告，其他各类会议讲话、发言等文稿50余篇，综合文字量20多万字。在厅内会务服务和事务处理方面，紧密围绕提高效率和质量，分清轻重缓急，抓重点、抓关键，圆满完成各项工作任务。协调完成自治区人民政府和政府办公厅领导保健等日常服务工作。加强自治区人民政府和政府办公厅印鉴管理。

【督查督办】

建立全员督查工作机制　出台《关于强化政府办公厅督查工作机制的意见》（政厅〔2016〕5号），按照“责任清晰、分工明确、归口管理”的原则，建立集统分结合、协调有序、运行高效、务实管用于一体的督查责任体系，形成自治区政府秘书长、办公厅主任全面领导政府办公厅督查工作，自治区政府副秘书长、办公厅副主任分管领域督查工作，督查室牵头抓总，自治区政府办公厅各处室和单位分工负责，全员协同配合、联动督查、整体推进的抓落实工作新格局。

实行重点任务台账式管理　建立《政府工作报告》量化指标任务落实情况台账、政府重要会议落实情况台账、领导批示事项落实情况台账、自治区政府与国家部委签订责任书落实情况台账和国家部委下达量化指标任务落实情况台账等5本帐，明确督查任务、责任分工、目标措施、时限要求和落实情况，对列入账单任务落实情况实行月调度、月报告，动态跟踪推进情况，落实一项销账一项。

提升督查服务决策落实　以推动党中央和国务院、自治区党委、政府重大决策部署为主线，突出《政府工作报告》重点工作贯彻落实，深入基层、深入一线，了解掌握第一手材料，客观反映存在问题，为政府决策落实提供督查服务。组织开展决策和专项督查 81 项 92 次，上报督查落实情况报告 92 篇；对《政府工作报告》144 项重点工作进行月度跟踪督办 8 次，上报《政府工作报告》重点工作落实情况月报 8 期；督办领导批示 127 件，编制上报批示件落实进展情况台账 5 次；督办政府重要会议 19 个，报送政府会议落实情况督查报告 16 篇。上报督查工作情况报告 4 期、工作清单 12 个，编发《政务督查》38 期。

强化办理提高办复质量　2016 年，办理全国人大代表建议 3 件、全国政协提案 6 件；组织办理自治区人大代表建议 427 件、政协提案 742 件，分别占建议提案总数的 95.7%和 95.9%，办复率 100%。从办理结果看，建议提案所提问题已经解决或基本解决的(A 类)和建议提案被采纳、问题正在解决或已列入计划逐步解决的(B 类)共 1090 件，占承办总数 93.2%。《内蒙古自治区人民政府关于十二届人大四次会议代表建议、批评和意见办理情况的报告》，经自治区十二届人大常委会第二十七次会议审议通过。《内蒙古自治区人民政府关于政协十一届四次会议提案办理情况的通报》，经自治区政协十一届十七次常委会议审议通过。

【信息调研】

信息编发　2016 年，信息调研处共收到和处理全区各单位报送的信息 40 000 多条，已编辑各类信息 4400 多条，涉及文字 500 多万字。其中，采用各盟市信息 2100 多条、各部门信息 1980 条、旗县及其他单位信息 341 条。全年编发《每日要情》250 期；《信息参考》287 期，较 2015 年多 25 期；《专报信息》48 期，较 2015 年多 24 期；创刊《政务情况交流》，编发 21 期。发出约稿 300 多份，较 2015 年增长 15%。上报国办信息 910 多条，国办采用 84 条，累计得分 488 分，在全国 31 个省市区中排第十八位。各类刊物获得国务院及自治区领导批示 33 条，较 2015 年多 3 条。

组织和报送有价值信息　一是密切关注发展重点。突出投资和项目稳增长作用，围绕各地推进项目落地和开工等情况，编发大量信息。突出创新发展，持续关注各地发展新经济、培育新动能，推动产业转型升级的主要做法和成效。如反映自治区构建众创空间情况、跨境电商新政对自治区的影响等信息均被国务院办公厅采用。二是紧紧抓住改革难点。聚焦重点改革任务，反映自治区推进“放管服”改革、供给侧结构性改革、国企改革等进展情况和面临的困难问题。如编发《内蒙古化解煤炭过剩产能取得初步进展》《内蒙古玉米种植结构调整进展情况》等信息，如实反映自治区推进工作过程中面临的困难问题。三是客观反映民生痛点。针对 2016 年羊肉、玉米等农畜产品价格下跌影响农牧民收入情况，以及呼伦湖、乌梁素海、岱海生态环境整治和科尔沁沙地生态环境治理等问题编发一系列信息，反映基层实情和群众诉求，得到国务院领导和自治区领导的关注。四是高度重视舆论热点。本着社会热点就是信息采编重点的原则，客观反映问题，分析深层次原因，对倾向性、苗头性问题及早研判和预测，为自治区领导科学决策提供参考。五是跟踪领导关注点。如连续反映各地抗旱减灾工作推进情况，编发的《呼伦贝尔市认真落实李纪恒书记批示精神全力推进抗旱减灾工作》得到自治区党委书记李纪恒批示；针对今年自治区民间投资持续下滑的态势编发《1—4 月份全区民间投资情况》，得到自治区主席布小林的批示。再如，全面反映包头市北梁棚改民生工程进展情况，编发的《包头市持续推进北梁棚改民生工程有关工作真正实现群众搬得进住得稳可持续》得到国务院总理李克强的重要批示。此外,玉米价格“保险 + 期货”试点、自治区以国务院总理李克强访蒙取得重要成果为契机扎实推进对蒙经贸合作交流等信息，均切中了领导关注点而被国务院办公厅采用,有的还得到国务院或自治区领导批示。

努力提升政务信息质量　在信息的内容和形式上谋求创新。一是提高信息质量。在信息刊物中增加图表的使用频次，既一目了然又节约版面空间。二是扩大服务范围。2016 年加强与自治区党委、人大、政协办公厅信息部门的联系协作,实现信息互联互通。同时,把《每日要情》等 3 种刊物发送范围扩大至四大班子领导，实现信息刊物交流共享。三是新增《政务情况交流》周刊。从 2016 年 7 月 21 日开始，每周编发 1 期《政务情况交流》,重点反映部门、基层以及区外的各项工作,交流典型经验和做法。

加大调研类信息编发力度　一是通过调研获得一手资料。2016 年,我们通过直接或委托调研等方式,对全区生猪养殖情况、中欧班列运行情况、包头市重点稀土企业生产运行情况以及呼伦贝尔市抗旱减灾情况等进行深入了解,及时将情况反馈至有关领导手中。二是信息主渠道作用更加突出。加大《信息参考》和《专报信息》的编发力度,提高工作针对性和实效性,使信息报送单位更加重视信息主渠道的作用,主动报送有深度的信息汇报情况、推动工作。

通过完善制度提升工作水平　一是建立完善制度，优化工作流程。二是坚持信息会商制度,集思广益,充分讨论,把高质量的信息选出来，把有潜力的信息挖出来。三是完善约稿制度。重新设计“信息约稿单”,增加本级约稿频次。创新约稿形式,采取悬赏约稿(凡报送必得分)、征稿等方式搜集信息,并将约稿情况在信息报送系统中进行通报。四是加强信息队伍建设。加强对信息报送单位的业务指导,经常通过“点题”“出题”等方式,提高报送信息质量。五是建立并用好 3 本台账。即《国务院、国办重要文件贯彻落实情况信息反馈总台账》《信息调研处信息文稿台账》《重要会议台账》。紧跟国务院和自治区政府工作步伐，及时筛选工作要点并制定专人约稿、编发信息,做到任务明确、责任清晰、工作到人、考核到位。六是严格保密和安全制度。实行一岗双责、专人负责,明确保密安全岗位、保密安全责任人和责任范围。加强保密和安全教育，严格遵守有关法律法规和厅内规章制度,多次开展自查,对发现的保密和安全问题进行整改。七是建设处内“工作云”平台。2016 年,信息调研处适应信息化要求,进一步再造办公流程,提升工作效率。建设信息“工作云”平台,全处所有文稿编辑、归档等工作均在“工作云”平台进行,协同办公水平有了质的提升。在完成工作的同时,电子档案也随之建立完毕,节约了资源,提高了效率。

【翻译工作】

翻译业务　修改完善工作职能职责，细化工作程序、强化责任落实，严把文稿材料的初译、审核、复审等关键环节,确保译文准确无误、语法规范、名词术语统一的前提下,保证翻译任务的按时完成。2016 年,全年共翻译审核完成近 256 万字的工作任务。其中,公文等各种文种的翻译审核量达到 171 万多字,协助《政府公报》(蒙古文版）编辑部审核完成全年共 24 期的蒙古文翻译内容 85 万多字。

调查与活动　为进一步了解掌握自治区政府系统蒙古文翻译工作部门发展状况，专门组织开展一次统计问卷调查，基本摸清全区各级政府设置翻译机构及人员配备情况。参加自治区民委(语委)组织举办的规范统一新词术语、国际“格萨尔”研讨会等多项学术活动。

横向联络　为加强民族地区语言文化交流，促进内蒙古自治区与青海省之间的政府公文蒙古文翻译工作的协同发展，与其商讨对接政府公文蒙古文翻译合作与联络工作。9月20—23日，由自治区政府办公厅厅级分管领导带队赴青海省进行考察学习。通过此次考察，与对方在相关业务领域开展学习交流、加强人员培训、促进信息共享等诸多方面达成共识。

政府蒙古文网站建设　认真做好自治区政府蒙古文门户网站群建设及日常维护工作，依托自治区政府门户网站（汉文版），及时更新发布政府蒙古文网站动态内容的同时，适时翻译上传政务文件、政策解读和在线访谈等各类信息，搭建了与社会各界，尤其是基层群众近距离接触的平台，促使政务服务水平与翻译工作能力的双提升。2016年，自治区政府蒙古文门户网站共引用上传文本模块5277篇，图片1233个，翻译、审核并上传的蒙古文字内容达212万字。自治区政府蒙古文门户网站建设中相关辅助功能的研发工作“手机终端”和“电子地图”分别于7月和11月正式上线。12月，已完成“资源库”上线准备工作。

【电子政务】

电子文件处理　为进一步拓展公文一体化平台应用，2016年打通自治区政府办公厅内业务流程、完善功能设计，全年共计优化、调整、新建40余个模块。2016年，网上累计接收电子文件8278件；下发电子文件1027件；下发电子文件1027件；扫描上三级文件2309件；领导电子签批表单6316件；各盟市及部门联合行文98件;立体交换发起64件签接收420件次;交换上报3520件。二是针对国务院、国办文件开发部署文电、督查、信息、人事4本台账，实现对国务院、国办重要文件贯彻落实情况进行全程跟踪督办。三是设计开发移动办公平台。推进公文一体化平台边界进一步延伸，使公文签批不受时间空间限制，平台开发工作已完成。

政务服务实体大厅功能设计　2016年5月14日，自治区原常务副主席签批《内蒙古自治区“互联网＋政务服务”建设工作方案》，同意启动自治区“互联网＋政务服务”工程建设。此外，按照2016年第三次主席专题会议要求，会同呼和浩特市相关职能部门，完成自治区本级政务服务实体大厅功能设计，规划建筑面积8000平方米用于自治区本级政务服务实体大厅和电子政务技术用房。

信息化建设　6月份，“内蒙古自治区人民政府发布”微信平台由内蒙古自治区人民政府办公厅电子政务处负责维护，内蒙古自治区人民政府面向社会公众的网络服务平台更趋多样化。加强媒体宣传。通过开通“内蒙古电子政务”和“内蒙古大数据”两个微信公众号，适时发布自治区电子政务和政务大数据相关政策、行业动态、产业发展等信息，加大对自治区电子政务和大数据的宣传力度，拓宽政府与公众的沟通渠道。2016年，微信公众平台共计发布各类信息300余条。为加强网站建设，促进政府管理创新、提高政府信息公开服务水平，2016年先后印发《关于进一步加强专网网站群内容建设的通知》《内蒙古自治区人民政府办公厅关于切实抓好专网网站、自治区政府门户网站信息发布的通知》2个文件，并重新设计开发专网网站页面，优化栏目设置，增加政府办公厅领导活动、处室工作动态、专题报道（自治区第十次党代会、“两学一做”专栏、2016年全国两会专题报道）等栏目。全年专网网站共发布39 420条信息，包括新华特供信息、国研网数据共23 811条、各处室发布信息15 609条。

网站清查　2016年，内蒙古自治区依法行政工作领导小组正式将政府网站建设情况纳入内蒙古自治区法治政府建设指标体系。由自治区政府办公厅具体负责对各盟行政公署、市人民政府和自治区各委办厅局政府网站进行年度考评。8月10日，自治区政府办公厅印发《建立政府网站抽查监管机制的实施方案》，自治区政府办公厅全面启动对全区政府网站的日常监管，成为强化政府网站管理职能的一项重要内容。8月29日，自治区政府办公厅出台《关于推进基层政府网站整合关停工作的通知》(内政办字〔2016〕155号)，要求所有旗县区政府部门、乡镇、苏木、街道办事处政府网站全部关停。截至2016年底，关停基层网站2016家，政府网站总数由2015年的3004家减至988家。

业务培训　2016年1月11—15日，在国家行政学院举办自治区“互联网＋政务”培训班，自治区14个盟市(包括满洲里、二连浩特市)政府(行署)办公部门分管电子政务工作负责人、电子政务(信息中心)主任，35个区直部门、单位信息联络人员以及部分旗县分管领导近100人参加培训。

【政务公开】

加强政务公开制度和机制建设　认真贯彻落实中共中央办公厅、国务院办公厅《关于全面推进政务公开工作的意见》。研究起草自治区的《实施意见》，以自治区党委办公厅、政府办公厅文件印发，并同步在《内蒙古日报》和自治区政府门户网站、政务微信平台发布解读文章。起草《转发国办〈关于全面推进政务公开工作的意见〉实施细则的通知》，并提出3项具体贯彻意见。起草《内蒙古自治区行政机关政策性文件解读工作办法》。出台后将有效规范各级政府及部门的政策解读工作，做到政策性文件与政策解读同步组织、同步审签、同步部署。

推进重点领域政府信息公开　在年初下发的《2016年全区政务公开工作要点》中，按照部门职能进行任务分解，通过明晰责任，加强日常监控督查，确保“五公开”各项工作要求落到实处。

加强政策解读和舆情回应工作　各级政府通过完善新闻发布会制度、优化政府网站公共信息传播功能、建设新媒体等方式，普遍加强政策解读和舆情收集回应工作。

推进基层政务服务体系建设　截至2016年底，已形成自治区本级专业办事大厅、盟市旗县(市区)政务服务中心、苏木乡镇(街道社区)便民办事大厅、嘎查村便民代办点的五级政务服务体系。

完善工作协调机制　加强与自治区高院、政府法制办和呼和浩特市中院的信息交流和工作会商，不断提高依申请公开办理水平，有效预防和化解因信息公开引发的行政争议。

组织培训考核工作　7月份，在内蒙古党校举办全区政务公开工作培训班，邀请国务院办公厅、自治区高院、网信办、保密局的专家授课。11月份，会同政府督查室对全区政务公开工作进行督查。组织了盟市厅局2015年度政务公开工作考核，以考核的硬约束推进各项任务的落实。

提升政务公开信息化水平　加强对自治区政府门户网站政府信息公开发布平台的管理运维。为每个平台用户开设机构简介、领导介绍、政府信息公开制度、指南、年度报告、预决算公开、依申请公开等7个栏目。已上传自治区政府和政府办公厅文件1803个，39个区直部门已上传2008年以来主动公开政府信息16 596条。通过平台网民可以一站式查询到自治区政府及政府部门文件、预决算、政府信息公开制度、指南、年度报告、办公地址及公开电话等内容。优化自治区政府专网政务公开工作管理系统功能。实现了全区各级行政机关政府信息公开统计数据在线填报、汇总统计和电子公文在线传输，进一步提高了工作效率。

推进政务新媒体建设　为落实国务院办公厅和自治区关于开通政务即时通讯工具的要求，推动各级政府及部门开通政务微博微信，出台《自治区即时通信工具政务公众账号管理暂行规定》，全区已有政务类微博5万多个、政务微信3000多个。其中，内蒙古自治区人民政府发布微信平台今年已推送325期。

做好依申请答复工作　依法依规办理公民、法人和其他组织向自治区政府、政府办公厅提交的信息公开申请125件，较2015年增长8%,答复率100%。办理政府信息公开行政应诉2件,行政复议1件,均维持具体行政行为。

【人事管理】 2016年,自治区政府办公厅党组共选拔任用办公厅系统处级干部24名。其中：平级转任正处级干部6名、副处级干部1名，提任正处级领导干部4名,提任正处级非领导干部10名,提任副处级领导干部3名。公开考录公务员(参公人员)8名,公开遴选公务员3名，厅属4个事业单位公开招聘工作人员6名。调入干部8名,其中处级干部6名,处级以下干部2名。建立干部文书档案室,对办公厅系统干部文书档案和人事管理政策制度文件进行分类整理。

【离退休干部工作】

举行重要活动 为庆祝建党95周年,6月中旬以来,4个离退休干部党支部分别开展“忆党史、看发展、比变化”的大讨论活动。6月25日，离退休干部党总支组织全体离退休干部党员到位于土默特左旗塔布赛村的乌兰夫故居重温入党誓词。6月20日、27日分两批次组织全体离退休干部党员到和林格尔县观摩，让广大离退休干部亲身感受自治区近年来经济社会各项事业发展的新成果，亲眼领略呼和浩特经济社会发展和生态文明建设等惠民工程带来的新变化。

活动场所改造 在自治区政府办公厅党组、领导的关心协调下,自治区机关事务管理局2016年投资109.88万元对整个离退休活动中心进行维修改造,重新设计铺设地板和踢脚线,更换所有窗户,维修改造供暖系统,整修内外墙体等项目。本着休闲方便的理念,拆除离退休活动中心院内5栋老旧平房,重新硬化院内场坪,购置补充健身室、台球室(2个)、书画室、乒乓球室、理发室等内部设施设备。

老干部慰问 2016年，离退休人员工作处到医院和家中慰问离退休干部180余人次。其中:2016年春节及其他节日上门慰问68人次、到医院和家中看望100人次、为70和80及90周岁上门祝寿12人次。坚持上半年、下半年表格化走访每位离退休人员，共发放并收回走访表276份。

老干部体检 组织16位离退休省级领导进行2次体检,组织31位离退休厅级领导进行一次体检,给83名厅级以下离退休人员每人发放2016年度体检卡。全年为离退休干部就诊、住院、体检、报销医疗费和医药费等事宜协调自治区卫计委保健局、自治区医疗保险资金管理局、区内外医院等达120余次,为离退休人员结算医疗费、医药费、抚恤金、丧葬费等300余万元。离退休人员工作处有3位同志累计50多天次陪同4位离退休省级领导到北京等地医院就诊住院。

【政府公报】

加大督促指导力度 2016年是《内蒙古自治区人民政府公报》复刊20周年,为推动全区政府公报工作再上新台阶,2016年2月，自治区人民政府办公厅印发《关于进一步加强全区政府公报工作的通知》(内政办字〔2016〕26号)，加大对地方政府公报工作的督促指导力度，全区14个盟市（包括2个计划单列市)和21个政府公报试点旗县(市、区)全部创办了纸质政府公报。

加强信息化建设 贯彻落实“互联网+”行动计划,借助大数据产业优势,推进公报工作信息化建设进程。免费为全区14个盟市(含满洲里市、二连浩特市)和21家试点旗县(市、区)建设政府公报子网站，初步形成覆盖自治区、盟市、旗县(市、区)三级的全区政府公报网站群。开发“内蒙古公报”手机APP及微信公众号并投入运行。建成了功能完善、方便快捷的政府公报信息化服务平台，实现横向上与各省（区、市)、港澳台政府公报网站链接,纵向上与国务院公报网站、各盟市、旗县(市、区)政府公报网

站链接,并涵盖了"内蒙古公报"官方网站、手机APP、微信公众号。

自治区本级《政府公报》编发工作　2016年,自治区本级《政府公报》汉文版共编发24期、发行55.2万册,刊发政府工作报告1篇,地方法规与规章2部,自治区人民政府、政府办公厅规范性文件224件,自治区政府组成部门文件8件,公文摘登3条,政策解读5篇,统计资料8篇,工作研究5篇,政府大事记、文件目录、人事机构信息1221条;蒙文版共编发24期、发行6.1万册,刊发政府工作报告1篇,地方法规与规章2部,自治区人民政府、政府办公厅规范性文件81件。

【财务审计】 完成对政府办公厅所属14个独立核算单位2015年财务收支及预算执行情况的内部审计工作。完成政府办公厅系统2016年资产清查核实和损益认定工作,并将清查结果汇总数据按要求报送自治区财政厅。按照国家统计局关于2015年度机关运行成本调查统计工作的统一部署,完成对自治区政府所属48个部门、82家单位机关运行成本统计汇总工作。完成政府办公厅系统部门预决算编报和信息公开工作。

【荣誉】 自治区政府办公厅完成中国政府网"简政放权,我来@国务院"线下推广活动,组织全区834个政务服务窗口单位参加此项活动,组织工作受到中国政府网运行中心表扬。获2015年度区直部门决算编报先进单位称号。至此,已连续第十六年获得该称号。在国务院第三次大督查中,锡林郭勒盟、包头市、赤峰市、通辽市、乌海市及额尔古纳市、海勃湾区等5个盟市2个旗县6项工作受到国务院表扬,并在资金、项目、建设用地、"免督查"等方面给予奖励。自治区人民政府对受表扬地区给予资金、项目等方面追加奖励。5月,黄鹏同志被自治区党委宣传部评为内蒙古"责任担当·服务圆梦"先进个人;11月,被全国老龄委评为"第二届全国敬老爱老助老模范人物"。

(撰稿人:杨锐)

机关事务

【概况】 内蒙古自治区机关事务管理局前身为内蒙古自治区人民政府直属机关事务管理局。2016年6月3日,自治区党委2016年第3次书记专题会议决定成立自治区机关事务管理局,集中承担"四大班子"机关事务服务工作。7月,经自治区编制委员会批准,正式成立内蒙古自治区机关事务管理局,在自治区人民政府原直属机关事务管理局职能职责基础上,对自治区"四大班子"后勤保障服务机构进行整合,机构由副厅级调整为正厅级政府直属事业单位。

调整后的机关事务管理局机关编制为85人,共设18个处级机构和3个具有独立法人资格的科级机构。其中,内设处室为10个,分别为:办公室、财务审计处、资产管理处、统建管理处、接待处、保卫处、公共机构节能处、公务用车管理处、政策法规处、人事处;下设处级事业单位为8个,分别为:第一后勤服务中心、第二后勤服务中心、第三后勤服务中心、第四后勤服务中心、第一车辆服务中心、第二车辆服务中心、第三车辆服务中心、党政机关文印中心;具有独立法人资格的科级事业单位3个:党委机关幼儿园、政府机关幼儿园、机关门诊部。同时,代管内蒙古新城宾馆。

自治区机关事务管理局的主要职责:贯彻执行国家有关机关事务工作的方针政策;组织拟订自治区机关后勤体制改革政策、制度,确定机关后勤服务项目和定额标准并监督实施;承担推进、指导、监督全区公共机构节能工作;承担指导、监督盟市旗县机关事务管理相关工作;承担指导自治区"四大班子"及直属机关的机关事务工作,拟定机关事务工作的政策、规划和规章制度并组织实施;承担自治区"四大班子"及直属机关国有资产管理有关工作；承担自治区“四大班子”重点工程建设；承担自治区党委、政府办公厅的接待服务工作；承担自治区“四大班子”的车辆及党委、政府办公厅的文印服务工作；承担管理局机关及所属单位、新城宾馆的财务审计管理工作；承担自治区党政机关办公区、党委办公北区、政府办公北区、省级干部住宅区及相关住宅区的社会治安综合治理、安全保卫、消防、交通安全、环境综合整治、后勤服务保障和物业管理工作；承担机关事务协会日常工作；指导各盟市驻外办事机构开展工作。

【公务用车制度改革】 封停公车处置工作。在前期完成对拟处置公务用车进行封停、评估工作基础上，综合实际情况，对所有封停车辆通过报废、调剂和公开拍卖三种渠道进行处置。根据《自治区公务用车制度改革总体方案》确定的编制标准和要求，共核定自治区党政公务用车编制504辆，实物保障用车126辆，封停一般公务用车749辆。公车公开拍卖工作于4月启动，按期完成自治区本级行政单位公车改革工作，分7批次对433台封停涉改车辆进行拍卖，总挂牌金额1469.25万元，总成交额2155.66万元，平均溢价率56.11%，圆满完成7%的节支率。指导和组建综合执法用车平台、公务用车服务平台和接待保障平台。指导完成3个公务用车平台组建工作，调剂56辆用于组建自治区综合执法用车服务平台，调剂51辆用于组建自治区公务用车服务平台，调剂50辆用于组建自治区接待用车服务平台。完成自治区事业单位公务用车制度改革前期准备工作。完成对自治区本级446家参改事业单位公务用车摸底统计工作，涉及车辆共计2858台，并根据《内蒙古自治区事业单位公务用车制度改革指导意见》，结合自治区本级直属事业单位实际，初步拟定《自治区本级直属事业单位公务用车制度改革实施方案》。

【公共机构节能】 全面完成国家“十二五”节能目标。“十二五”期间，全区人均综合能耗、单位建筑能耗、人均用水分别下降22.32%、11.45%和17.88%，达到全国中上等水平，得到国家公共机构节能考核组肯定。深入开展示范单位创建。开展节约型公共机构示范单位创建工作，各盟市、区直各单位上报参评公共机构200余家。组织开展节水型示范单位评选表彰工作，18家单位被评为自治区节水型单位。开展能源审计和能耗在线监测工作。完成国家机关办公建筑和大型公共建筑能耗统计2276栋，对300家公共机构、516栋建筑进行能源审计。楼宇能耗在线监测200栋，设置计量监测点2500个，建设完成1个自治区级数据中心和12个盟市数据中心，建设了2个自治区级展示中心。

【办公用房清理】 办公用房清理整改工作。巩固前期整改成果，合理调配办公用房资源。2016年，对第一批10家试点单位脱钩行业协会商会使用行政办公用房清理整改情况进行梳理统计，并对自治区直属机关和直属事业单位培训中心、疗养机构进行摸底调查。同时，继续做好自治区办公用房清理整治和调剂使用工作。2016年，调剂分配自治区直属机关办公用房共计5400平方米。完成在职省级干部住房清理工作。在认真审慎确保住房信息完整准确的基础上，逐一梳理存在的住房清理问题，按照“全覆盖、明界限、有区别”的工作要求和先易后难、分类分步工作原则，形成《自治区省级干部住房清理整改方案》，同时配合各省级干部归口服务部门完成在职省级干部住房清理工作。房地产管理信息化平台建设工作。为实现资产管理业务的规范化、流程化、网络化，进行自治区本级党政机关房地产信息化管理平台建设工作，于2016年7月正式进入软件开发阶段，并着手进行分步研发和数据库组建工作。完成信息化平台的方案设计，并通过全面分析和论证，最终确定功能模块分区和权限管理范围等具体问题。

【基建与资产管理】 省级干部保障房建设项目开工建设。经过前期对规划方案的优化调整，于

2016年6月举行自治区省级干部保障房建设项目奠基仪式。截至年底，已完成整体工程进度40%,完成建安产值8000万元,计划2017年11月竣工验收并交付使用。开展办公区建筑安全大检查。年内多次组织区内外建筑、结构消防、暖通等方面的专家，分别对自治区党政办公区及自治区政府办公区所有建筑物安全进行全面检查,制定相关改进制度,为下一步办公区维修改造工作开展提供了依据。各项维修改造项目持续推进。全年组织实施36项维修任务,包括2015年未完工维修改造项目10项、2016年专项维修7项、应急维修项目6项、其他维修项目13项。2016年,共完成22个项目4469万元的招标任务；严把预决算审核，审核维修工程42项,核减1500余万元。

【安全保卫和综合治理】 为加强与信访、公安、武警等部门的联动配合,2016年3月成立保卫值班室,组织协调公安派出所、特警队、武警中队和信访局等有关部门，共同做好党政机关办公区和政府办公区安全保卫工作。为加强党政机关办公区的安全保卫工作，落实党政机关办公区安全保卫人员全覆盖巡查制度，专门为党政机关办公区增加15名保安员，加强了常委楼、主席楼和会议中心等重点部位的安全保卫和日常巡查工作,及时纠正各类交通违章行为。2016年，配合有关部门及时处置群体上访和突发事件456起、7000余人次,被自治区政法委评为2016年度综合治理工作先进单位并受到表彰奖励。

【自治区成立70周年庆祝活动后勤总务工作】 按照自治区成立70周年庆祝活动工作总体安排方案要求,进一步细化工作职责,拟定《自治区70周年庆祝活动后勤总务组工作方案》《中央代表团赠送内蒙古自治区70周年大庆纪念品工作方案》《后勤总务组工作流程图》等方案及图表。在参考新疆、西藏等地区庆祝活动纪念品设计方案的同时，结合自治区实际深入开展调研,广泛征求意见,并就纪念品设计发放等相关事宜与国家民委、国管局进行多次对接。做好经费和办公设备设施保障工作，及时上报财政预算。强化资金使用审计监管,确保筹委办和后勤总务组各项工作经费规范使用。做好办公用品及办公设施设备购置、办公设备等国有资产登记管理和办公场所的安排、租用等相关工作。

【接待服务和办事机构管理】 坚持务实节俭原则,规范接待服务管理,严格执行公务接待审批程序和公务接待范围规定，努力压缩公务接待数量，全年共接待区内外宾客249批次2608人。拟定《内蒙古自治区各盟市驻呼和浩特市办事机构管理办法》,加强驻省会城市办事处管理工作。

【后勤保障】

自治区党政办公区　坚持安全工作长抓不懈,排查各类安全隐患,严防安全事故的发生。截至年底，常委楼消防监控安全运行3481天，主席楼消防监控安全运行3481天,综合楼消防监控安全运行3484天,会议中心消防监控安全运行3349天,办公区5个变电站安全运行4242天。配合特种行业检查所对办公区电梯进行4次季度检修工作,完成日常检修工作30次。对常委楼、主席楼4部电梯进行安全大修,协助相关部门完成综合楼电梯更换工作。对各变电站进行5次安全大检查及停电春检工作，更换了92台应急电源柜和部分配电值班室内的陶瓷静电地板。

自治区政府办公区　全力保障政府办公区职工食堂建设及营业工作,并于2016年9月12日正式投入使用。截至12月底,共接待7万余人用餐;稳步实施政府办公区、住宅区物业管理社会化,提升整体服务保障水平。办公区中心服务的区域和政苑小区、丁香小区率先实行的物业服务社会化改革,取得良好成效。

【车辆服务】 在保证领导及机关用车任务的同时,开展综合执法用车平台组建及运行工作,做好执法平台用车的选车、接车、续保、检修、年检、过户等工作，制定服务保障流程和用车管理办法等配套措施，平台于2016年10月正式启动运行，为各执法单位提供车辆服务580趟次，总共行驶29 575公里；做好公务用车服务平台的筹建工作，各项准备工作已基本结束。截至年底，51台划拨车辆全部接收完毕，并与自治区财政厅积极沟通有关车辆划拨事宜，抓紧办理车辆过户手续。

【机关文印】 加强文印质量，规范管理水平。2016年共完成产值1600万元，用纸5589令，完成40多个委办厅局会议材料、各类文件汇编的工作任务。

【综合协调】 按时报送全国“十二五”时期机关运行统计工作，数据共计5大类34项科目，有效数据超过1.5万条。做好沟通协调工作，与国管局、各省（区、市）沟通协调120余次，为做好机关事务工作创造良好条件。2016年10月，内蒙古自治区机关事务管理局微信公众号正式上线，主要发布自治区机关事务管理局相关政策、动态及新闻，为加强机关事务工作宣传、增进机关事务工作交流提供了良好平台。截至年底，共发布各类新闻动态近50条次，关注人数超过600人。

【财务审计】 做好自治区政府办公厅系统维修改造和设备购置等政府采购工作，累计办理自治区办公厅本级及所属单位政府采购212批次，采购资金累计1.2亿元。圆满完成政府办公厅系统资产清查核实和损益认定工作，清查增加资产6000余万元，减少资产7000余万元，减少负债200余万元。对自治区政府所属48个部门、82单位报送的机关运行成本统计数据进行汇总填报。加强对所辖二级单位的财务监管，确保资金合理使用。

【法制建设】 拟定《内蒙古自治区机关事务管理实施办法》《内蒙古自治区本级党政机关办公用房使用管理实施办法》，修订出台《内蒙古自治区党政机关公务用车配备使用管理实施办法》。各处室、单位结合工作实际，修订完善一系列工作流程、制度和规定，依法办事能力和水平进一步提升。

（撰稿人：李晶）

无线电管理

【概况】 内蒙古自治区无线电管理委员会办公室（以下简称无委办）下设12个盟市管理处及自治区无线电监测站，大兴安岭林区无线电监测站，东、中、西三个监测应急机动大队。办公室本级设综合、财物、业务和监督检查部门（对外称处），为财政单独预算单位，并对下设机构实行垂直管理。无委办实有人数196人。行政核定编制54人（实有38人，空编16人）；参公核定编制22人（实有17人，空编5人）；事业核定编制64人（实有61人，空编3人）；聘用人员48人。

【公众移动通信频谱使用评估工作】 无委办按照工信部无线电管理局《关于公众移动通信频谱使用评估工作》的具体要求，启动21套固定监测站、14辆移动监测车和14套基站测试系统，对辖区内73个空间电台和25个公众移动通信频段进行测试。其中固定监测站累计工作1397小时，对呼和浩特市及各盟市政府所在地30MHz-3000MHz进行扫描；移动监测车累计工作288小时，对辖区6999公里路段30MHz-3000MHz频段进行测试。通过对时域和频域监测数据的分析，掌握自治区公众移动通信频率的使用情况、摸清区内公众移动通信的台站情况、违规用频情况和邻国基站信号越境情况。为今后边境电测、国际频率协调、进一步开展频谱评估和完善频率台（站）管理奠定了基础。

【重大活动保障】

丝绸之路国际汽车拉力赛相关保障工作 2016丝绸之路拉力赛是经国际汽车联合会注册

的国际体育赛事，7 月 8 日，拉力赛车队从俄罗斯红场出发，穿越俄罗斯、哈萨克斯坦，于 7 月 16 日进入中国新疆霍尔果斯口岸。7 月 21 日，车队进入内蒙古阿拉善盟阿拉善右旗，7 月 24 日车队从内蒙古乌兰察布市兴和县驶离，在内蒙古行驶里程为 1325 公里，特殊赛段里程 1053 公里。

此次保障累计投入监测(检测)人员 36 人，投入固定站 7 个，监测车 9 辆、便携设备 14 套，启用固定站对覆盖范围的重点使用频段进行监测，监测时间 1424 小时，存储频谱图 700 余幅，对 2 个非法电台实行取缔，对 4 个可能影响赛事的合法电台进行协调，保障赛事安全。并对 30 个单频频点、30 对双频频点、10 个 800M 集群频点等备用频率进行前期测试，保证备用频点可用性。

“神州”系列飞船四子王旗着陆场区电磁环境测试保障工作　4—11 月间，监测站分 3 次历时 12 天，参与保障“实践十号”返回式科学实验卫星、“神舟十一号”飞船四子王旗着陆场区电磁环境测试保障任务。全区共出动保障人员 23 名，监测用车 5 辆，通过采取电磁环境测试、干扰隐患台站限时关停、非法台站清查、重点频率保护性监测等一系列措施，确保了“神州”系列飞船回收无线电安全保障任务完成。

【台站日常管理】　2016 年，共办理各类设台频率批复文件 57 件(包括新设台站 26 件，续用审批 14 件，撤销台站及收回频率文件 7 件，其他批复 10 件)；完成微波通道保护协调工作 2 次，调频广播频率协调 1 次；办理无线电发射设备进关许可 2 件；回复国家发来的边境协调函 12 件。2016 年本级共进行台站年审 74 个单位。6 月和 12 月，组织全区业余无线电台操作技能考试，参加考试 837 人，通过考试 729 人，通过率 87.1%。全区新指配呼号 397 个，办理业余电台执照 451 个。

【无线网络和信息安全保障】　查处“伪基站”82 起。依法取缔藏匿于市区居民楼内或楼顶的 103 处非法“黑广播”。查处呼和浩特电视台调频广播互调信号干扰民航导航频率、呼和浩特市公安局电子围栏干扰公众移动通信等申诉的干扰 10 起，干扰查处响应率 100%，干扰源发现率 100%。配合教育、人事、司法、卫生、财政等部门组织的各类公开考试共 163 次，查获考试作弊 11 起，涉及作弊人员 5 名，缴获作案设备 13 套，实施技术阻断 31 起。

【边境地区无线电台站申报登记】　制定自治区边境地区无线电发台站申报计划，在一年内，完成一级保护地区(呼伦贝尔市满洲里市、额尔古纳市；锡林郭勒盟二连浩特市；阿拉善盟额济纳旗)的频率台站国际登记工作，在 2～3 年内，完成二级保护地区(呼伦贝尔市、锡林郭勒盟、阿拉善盟)的频率台站国际登记工作。根据计划，2016 年已向国际电联申报台站 826 个，完成一级保护地区的台站申报任务。此外，其他边境盟市也主动开展边境频率台站国际申报工作。

【电磁环境测试】　完成呼和浩特轨道交通 1、2 号线、民航鄂尔多斯杭锦旗卫星地球站、民航锡盟多伦卫星地球站、民航锡盟蓝旗雷达站、民航锡盟阿巴嘎旗卫星地球站、呼和浩特和林新建机场、民航白塔机场场监雷达、海拉尔气象局卫星地球站、海拉尔机场等电磁环境测试工作，完成电磁环境测试 49 次，出具报告 49 份。

(撰稿人：苏彬)

政 府 采 购

【概况】　内蒙古自治区政府采购中心（自治区采购中心）为自治区人民政府直属的准厅级参照公务员管理事业单位，核定编制 31 人，实际在编 30 人。内设综合处、采购业务一处、采购业务二处和服务采购处 4 个职能处室，中心业务由自治区采购领导小组领导，并接受自治区财政厅的监督管理，人事、编制、党务、后勤等由自治区政府办公厅管理。

【政府采购任务完成情况】 2016年，自治区采购中心共完成各类采购任务1231项，创历年接单及完成采购项目数之最。其中，按标前、标后分段组织实施358项，办理办公自动化等设备协议供货网上二次询价采购441项，批量协议供货网上二次询价432项。全年完成采购预算总额27.04亿元，实际签约金额24.61亿元，比采购预算节约资金2.43亿元，平均节资率8.98%。

在完成采购预算总额中，按标前、标后分段组织实25.49亿元，占采购总额94.30%；组织办公自动化等设备协议供货网上二次竞价采购1.34亿元，占采购总额4.96%；组织批量协议供货网上二次询价2080万元，占采购总额0.77%。按标前、标后分段组织实施的358个项目中，采用公开招标300项，完成采购预算18.80亿元，占分段采购总额73.75%。采用竞争性谈判45项，完成采购预算1.16亿元，占分段采购总额4.27%；采用询价采购35项，完成采购预算970.19万元，占分段采购总0.38%；采用单一来源采购101项，完成采购预算5.85亿元，占分段采购总额22.95%。按标前、标后分段组织实施的25.49亿元预算中，货物类采购17.55亿元，占分段项目总额68.86%；服务类采购6.91亿元，占分段采购总额27.14%；工程类采购1.02亿元，占分段采购总额4%。

组织实施办公自动化等设备协议供货网上二次竞价项目441项，完成采购预算1.34亿元，实际签约金额1.29亿元，节约资金528.14万元，平均节资率3.94%。组织批量采购项目432个，完成采购预算2080.70万元，中标金额1710.76万元，节约采购预算369.95万元，平均节资率17.78%。

【采购措施】

改进和优化电子交易管理系统 中心组织开发人员对采购信息公开与运行流程不顺畅问题进行详细梳理，在此基础上不断进行优化，对设备和程序进行了升级改造，理顺了业务流程，提高了操作的稳定性和运转效率。

优化开评标流程 2016年年初，开标室可容纳150多人，并有5评标室可同时评标。为此，自治区采购中心及时调整开标流程，将当日开标的项目安排在同一时间依次开标，开标后再安排去不同的评标室评标，此举不仅减少了供应商投标的等候时间，也简化了中心的开标流程，提高了工作效率。由于评标区具备了独立封闭条件，中心对出入评标区的评标专家和工作人员制定了相应的管理制度，对评标资料的管理进行细化，确保各个操作环节更加有序、规范运行。

推行精细化采购，确保成功率 自治区采购中心始终遵循最大限度地满足采购人合理需求原则，在确定产品技术参数、评审原则和打分细则等环节，要求工作人员必须尊重采购人意见；只有通过组织专家论证，方可进行调整或修改，对最终不能确定的参数，必须将采购文件全文上网，由投标供应商进行评判。如果质疑有效，则必须修改。针对评标过程中屡次出现因投标样品引发供应商质疑的问题，中心结合工作实际对提供样品和评审原则的规定做了调整。

【自治区本级公共资源交易平台整合】

成立平台整合领导小组 国务院63号文件下发后，自治区成立由自治区常务副主席挂帅，由自治区政府办公厅、发展改革委、经济和信息化委、财政厅等部门组成的自治区整合建立统一的公共资源交易平台工作协调领导小组，专项推动全区公共资源交易平台整合建立工作。领导小组多次召开会议专题研究，制定出台《自治区整合建立统一的公共资源交易平台工作方案》《内蒙古自治区公共资源交易平台整合建立实施方案》。进一步明确自治区政府办公厅作为该项工作的牵头单位，统筹协调整体推进机构整合。

组建自治区本级管理机构 自治区按照

"撤一建一"原则,利用自治区政府采购中心的副厅级机构限额，组建成立内蒙古自治区公共资源交易管理服务中心，并于 2016 年 4 月 25 日正式挂牌运营。该中心为自治区政府办公厅管理的副厅级单位。核定事业编制 20 名,内设办公室、信息技术处、管理协调处、交易管理处 4 个处室。自治区建设工程招标投标服务中心、国土资源储备交易不动产登记中心部分职能与原主管部门脱离行政隶属关系,实现管办分离,划归自治区公共资源交易管理服务中心统一管理,内蒙古产权交易中心(国有企业)公共资源交易业务交由管理服务中心管理。自治区采购中心调整为正处级参公事业单位，并依法保留独立法人地位,在财政部门的监管下,承担自治区本级政府采购集中采购机构的职能。

统一交易规则 在借鉴学习外省经验的基础上，明确公共资源交易活动相关各方的功能定位和职能职责，着手修订完善各类公共资源交易规则、技术标准和单项制度,抓紧制定自治区公共资源交易平台管理细则、服务流程和工作标准。对之前发布的公共资源交易规则进行全面清理，对违法设置审批事项及与国家法律法规相冲突的内容,坚决予以纠正。通过制度和规则的制定和统一，尽快在全区公共资源交易领域形成健全完善的政策体系和运行标准,确保全区公共资源交易活动依法规范运行。

加快电子平台建设 2016 年 4 月底，自治区制定了公共资源交易电子平台建设方案,5 月底完成了平台建设服务商招标,6 月初平台建设项目启动,7 月底基本完成了平台开发。平台按照最新国家技术规范，包括自治区公共资源交易门户网站、综合专家数据库、主体信息数据库、信用信息数据库的建设。内蒙古自治区公共资源交易网于 8 月 25 日正式上线运行,包括通知公告、工作动态、交易公开、主体资信、行政监督、办事指南等多个栏目,并且为各类市场主体网上办理业务提供了统一的通道，为行政监管部门行使监管业务预留了统一的入口，可实现与各盟市公共资源交易网站的全方位链接。目前,门户网站各栏目已具备发布信息条件,自治区本级工程建设、政府采购、产权交易、土地矿权交易公告已正式在门户网站进行发布。7 月 26 日，召开全区公共资源交易服务平台对接会议，安排部署了自治区公共资源交易服务平台与各盟市交易系统的分批对接工作。各盟市按照《公共资源交易电子服务系统数据规范》进行交易数据的调整工作，部署前置服务器并与自治区公共服务平台进行联调测试。

【机关建设】

认真开展两学一做活动 4 月中旬,自治区采购中心党总支召开"两学一做"学习动员会、传达习近平总书记关于开展"两学一做"重要讲话和自治区党委办公厅"两学一做"实施方案，认真学习了习近平总书记系列讲话精神，并就学习体会进行专题交流。在此基础上,组织全体党员和副处以上领导干部,相继召开了"严以修身""严以律己""严以用权"3 个专题研讨会。组织党员干部围绕本单位及个人"不严不实"方面的突出问题具体表现和危害,进行深入研讨,大家的思想认识普遍得以提高。

突出问题导向，改善内部管理 自治区采购中心把"两学一做"学习教育与深入学习贯彻党的十八届六中全会和自治区第十次党代会精神相结合,同时,还把"两学一做"学习教育与学习贯彻《政府采购法》及其实施条例等有关规定相结合，联系中心业务工作实际和人员思想状况,突出问题导向,不断改进和完善内部管理,持续增加关键环节的操作透明度，大力推进交易全程电子化。

(撰稿人:韩君)

信 访 工 作

【概况】 内蒙古自治区信访局（以下简称自治

区信访局）机关内设 9 个处室：办公室（人事处）、综合处、办信处、来访接待一处、来访接待二处、督查一处、督查二处、投诉受理处(建议征集办)、机关党委，行政编制 47 名。其中局长 1 名、副局长 3 名，副巡视员 1 名，督查专员 2 名，处级领导职数 22 名(11 正、11 副)。另设事业单位 3 个：联合接访办公室、机关事务服务中心、信访信息中心，人员编制 30 名。处级领导职数 6 名(3 正、3 副)。自治区信访局实有工作人员 71 名，其中行政编 45 人，事业编 26 人。在编人员中女性领导及职工 20 人，占 28.2%；少数民族 23 人(蒙古族 21 名，满族 2 名)占 32.4%；所有工作人员中，中共党员 60 名(预备党员 2 人)，占所有人员的 84.5%。大学及以上学历 68 人(大学及本科 50 人，研究生 18 人)，占总人数 95.8%；平均年龄 39 岁。45 岁以下 46 人。自治区党委分管信访工作领导：自治区党委副书记李佳，自治区党委常委、政法委书记、巡视办主任刘惠。自治区人民政府分管信访工作的领导：自治区副主席常军政，自治区信访局局长武国瑞兼任自治区人民政府副秘书长、自治区党委政法委副书记、自治区信访局党组书记。

【信访工作】

群众来信　自治区信访局贯彻落实全国和全区信访局长工作会议等会议精神，以深入推进信访工作制度改革为主线，坚持依法按政策办事，认真为自治区群众办理来信，协调解决一大批涉及群众切身利益的问题，切实维护了群众的合法权益，有效化解了社会矛盾，为营造全区经济社会发展良好环境作出贡献。全年共受理群众来信 8793 件。其中：国家信访局交、转办 1778 件；自治区本级受理 7015 件。自治区本级受理的群众来信总量同比增长 25.6%。其中初信 1811 件，占 25.8%；重复信 5204 件，占 74.2%；联名信 935 件，占 13.3%。交办信访事项 408 件，到期应办结 313 件，实际办结 311 件，到期办结率为 99.4%。其中：国家信访局交办 11 件，办结 11 件，到期回复率、办结率为 100%；自治区交办 397 件，到期应办结 302 件，实际办结 300 件，办结率为 99.3%。

网上信访　自治区信访局积极顺应网上信访发展趋势，通过狠抓处室内部建设和工作人员能力培养，在指导和督促基层单位及事权部门的业务工作上下功夫，进一步加大信访事项依法办理协调力度，推动责任落实，使办理质量和认知度明显提高，群众通过网上反映诉求的观念逐渐深入人心，网上信访的工作效果逐步显现。共受理信访事项 9535 件次，同比(2015 年 4583 件）上升 108.1%。有效邮件中共交办 448 件，到期应结 371 件，已结 370 件，到期办结率 99.7%。

接访工作　自治区信访局接访工作人员在接待群众来访同时，积极宣传贯彻《信访条例》和国家信访局《关于进一步规范信访事项受理办理程序引导来访人依法逐级走访的办法》等相关规定，从开展规范信访秩序、加强依法处置等方面入手，引导群众依法、理性、有序、文明走访，在基层属地妥善解决合理合法诉求，维护正常的信访秩序和信访人合法权益。全年共接待并分流群众 1042 批、2469 人次（含来访接访二处 1—3 月份接待数量)，同比分别下降 41.36% 和 51.01%；越级访 790 批、1857 人次，分别占赴区访量的 28.83%和 37.45%。

复查复核　围绕年度工作目标，把握信访事项复查复核工作，全年共接待有关复查复核群众来访 450 批次 1093 人次。其中直接劝返 123 批次，不予受理 104 批次，不再受理 111 批次，要求落实复查复核意见 9 批次，审核受理 102 批次。审核受理件中，受理 85 件，退回重新处理或撤销 17 件；出具并送达复查复核意见 72 件。全区各级部门及单位收到复查复核申请 3355 件，受理 2965 件，出具复查复核意见 1489 件，录入信息系统 878 件。

进京上访　2016 年，全区上访群众正常进京上访4121批次、7692人次，同比分别上升50.2%和37%。其中，集体访379批次、3458人次，同比分别上升45.8%和30.7%。群众进京上访中，越级上访2134批次、4395人次，同比分别上升21%和7.7%，分别占进京访总量51.8%和57.1%；重复上访3042批次、5459人次，分别占进京访总量73.8%和71%。非正常上访为1194人次，同比下降39.7%。

积案化解　全国信访系统开展信访积案化解电视电话会议以来，信访局确定专人负责该项具体工作，先后向自治区信方局党组提交工作方案1份，向盟市和有关厅局下发工作通知4份，带队或派员先后赴国家信访局汇报和对接工作3次，向国家信访局督查室报送全区信访积案化解情况统计表7次，赴盟市厅局企业督查指导工作3次，向国家信访局提交全区信访积案化解进展情况报告3份，向自治区联席会议召集人报送专报1份，向全区盟市、厅局企业下发信访积案化解情况通报3次。截至12月底，国家信访局交办的15件信访积案全部化解，化解率100%，自治区梳理排查1597件信访积案，标识370件，结案化解了367件，化解率99.2%，有两个方面工作内容得到国家信访局通报表扬。

“三跨三分离”工作　经过摸底统计，全区“三跨三分离”信访事项共320件，其中区外136件，区内184件；符合协调条件的234件，其中区外涉及15个省区市和2个区外大型国有企业共92件，区内142件。对于涉及人数多的河北省和山西省，处长带队，主动协调有关盟市、旗县赴上述两省进行工作对接；对于数量少，诉求合理化程度低的其余13个省市区及单位，采取基层先对接，找出分歧点，然后通过发函沟通方式进行协商解决。对于区内“三跨三分离”信访事项，采取基层对接，盟市协商形成会议纪要，不能形成统一意见的，由自治区联席办进行责任划分认定并交办责任地区及单位。特别是在全国和自治区“两会”期间，在负责会议期间后勤保障工作的同时，抽出时间，与相关盟市“两会”驻京负责人就进京赴区非正常“三跨三分离”信访事项进行及时有效的协调对接，商讨化解办法。截至年底，有效化解及办结91件。其中：办结区内58件，区外33件；导入司法程序18件，履行完信访三级程序的18件，其余107件均在协调办理或调查核实中。

信访信息　全区网上信访信息系统自正式上线运行，实现“三个全覆盖”，即把来信、来访、网上投诉和领导信箱等不同形式反映的信访事项，纳入到全区网上信访信息系统中来，实现所有信访形式的全覆盖；把受理办理、交办转送、复查复核、统计分析等信访业务各个环节，纳入全区网上信访信息系统统一管理，实现对整个工作过程全覆盖；把各个层级有权处理信访事项责任部门的信访工作，纳入全区网上信访信息系统统一运行，实现对工作范围全覆盖。继续对全区网上信访信息系统进行推广应用，针对不同用户群体对新增功能和变更功能模块进行培训，提高了信访系统与其他部门的业务能力和操作技能。使各级信访干部和相关部门工作人员掌握受理办理、交办转办、复查复核、督查督办、统计分析、考核评估等信访业务各个环节等一整套工作信息处理技术，学会运用信访信息数据进行科学分析判断，为改进信访工作方式，营造和谐发展环境中发挥好作用。

【工作成效】

“阳光信访”　推进全区网上信访信息系统建设，横向抓部门、纵向抓基层的深度应用，把来信、来访、网上投诉等不同形式反映的信访事项纳入信息系统，实现信访形式全覆盖；把受理办理、复查复核、统计分析等信访业务各环节纳入信息系统，实现工作流程全覆盖；把各级有权处理信访事项责任部门的信访工作纳入信息系统，实现工作范围全覆盖。截至2016年底，全区接入系统的单位6912个，基本实现“让数据多跑路、群众少跑腿”的工作目标。提出建设信访新媒体矩阵，打造内蒙古信访工作新名片，通过榜单排名等方式，推动全区三级信访部门全部开通微信公众号，形成独具特色的全区信访宣传新媒体矩阵，是全国第一家也是唯一一家省市县三级信访部门全部开通微信公众号的省区，这项经验做法被全国信访宣传舆论引导暨理论研究工作会议推广。1—4月，“内蒙古信访”微信公众号获全国信访系统新媒体排行榜第1名。全年内蒙古信访三级微信公众号推送信息60 226篇，阅读量5 085 756人次，点赞量577 010人次，大幅提升了信访工作的社会影响力。8月份，三级信访部门集中入驻“今日头条”，主动发声，集群发声，信访新媒体宣传的影响力进一步扩大。

“责任信访” 修订盟市、企业《信访工作目标管理考评办法》，明确和压实属地责任、领导责任、职能部门责任和信访部门责任，强化首办责任，形成一级抓一级、层层抓落实的责任体系，有效防止责任“断层”。“请上来”，精准对接传压力。采取点对点通报和不定期约谈的形式，及时把一些地方的负责同志“请上来”谈，紧盯突出问题，面对面点问题、面对面提要求，切实把责任和压力传导到属地和责任单位。

“法治信访” 全面深入推进诉访分离制度，通过在联合接访大厅开设涉法涉诉问题窗口，公检法司各部门进驻，及时将涉法涉诉信访问题引导到政法部门依法定程序处理和解决。截至年底，自治区本级已有36个委办厅局按照要求研究出台法定职责清单，并向社会公开。自治区信访局将这些清单汇编成册，提供给信访群众查阅、咨询，方便群众“对照清单、依法信访”。

【五项建设实现新跨越】

基层基础建设 全区各级信访部门积极争取党委、政府支持，以“有为”争“有位”，基层接访环境和条件进一步改善。盟市、旗县(市、区)、苏木乡镇(街道)、嘎查村(社区)四级群众工作网络体系进一步完善，信访工作的触角延伸到最基层，把大量矛盾纠纷和问题隐患预防在基层、解决在属地。

体制机制建设 探索信访事项受理办理机制，及时将越级访导入网上受理，帮助群众网上信访，取得较好效果。探索创新“互联网＋信访宣传”工作机制，坚持突出原创性、强化指导性、弘扬主旋律，不断提升各级信访部门的新媒体影响力，初步建立新闻发言人制度，全区信访工作舆论引导水平不断提升，信访工作的公信力和透明度进一步增强。

领导班子和干部队伍建设 推动各级不断充实信访工作力量，选好配强领导班子，优化队伍结构，推进信访干部的双向交流。通过强化思想建设、作风建设和能力建设，不断提高各级班子驾驭统领、开拓创新、自我修复能力。通过岗位练兵、业务培训等方式，着力增强信访干部队伍综合能力，全区上下组织形式多样的各类培训，自治区本级组织综合类培训4期、专题业务培训7期，12个盟市共举办各类培训299次，受训人数17 998人。

信访文化建设 以自治区信访局成立20周年为契机，抓好《内蒙古信访志》的编纂和信访工作专题片的制作工作，进一步拓展了信访文化建设成果。组织开展第二届全区信访系统书画摄影展，激励各级信访干部更好地履职尽责。

信息化建设 完善网上信访信息系统功能，研发督办提醒和查询统计等新模块，系统建设步入新阶段。依托自治区信访局微信公众号开通手机版的网上信访平台，从技术上拓宽信访事项的网上受理办理渠道，网上信访正逐步向成为群众信访主渠道的目标迈进。

【党风廉政建设】 落实从严治党主体责任，构建主要领导亲自抓、分管领导直接抓、机关党委和支部具体抓的党建工作格局，形成责任明确、领导有力、运转有序、保障到位的工作机制。各级信访部门党组(党支部)书记认真履行党建工作职责,坚持党建工作与中心工作同谋划、同部署、同推进,多次召开专题会议研究部署推进从严治党工作,加强对党内法规的学习,把纪律标准内化于心、外化于行。自治区信访局班子成员带头深入“五级示范抓引领”联系点,指导推进全面从严治党工作,推动基层信访部门较好地落实了从严治党主体责任。

【中央信访工作联合督察组赴自治区督察指导信访工作】 5月23日,中央信访工作联合督察组第五组赴自治区督察指导信访工作。在呼和浩特召开信访工作汇报会,向联合督察组汇报内蒙古信访工作制度改革措施落实有关情况。汇报会由自治区政府副秘书长、党委政法委副书记、信访局党组书记、局长武国瑞主持。中央信访工作联合督察组第五组组长、国土资源部副部长汪民传达了中央信访工作制度改革措施落实情况及联合督察动员培训会精神,就到内蒙古开展为期5天联合督察进行安排部署,明确主要目的和任务要求。自治区副主席刘新乐就内蒙古信访工作制度改革措施落实有关情况进行了汇报。中央信访工作联合督察组第五组全体成员,自治区信访局和自治区有关厅局负责同志参加了会议。

【阳光信访】 8月2日,内蒙古信访系统矩阵入驻“今日头条”启动仪式在呼和浩特举行。自治区政府副秘书长、党委政法委副书记、信访局党组书记、局长武国瑞出席启动仪式并致词,希望全区信访系统要积极打造信访新媒体宣传矩阵,不断提高全区信访宣传舆论引导水平,为打造“阳光信访”“责任信访”“法治信访”推动信访工作制度改革作出贡献。8月25日,由国家信访局、新华网联合推出的“县委书记谈信访”系列访谈进行第13期访谈,邀请自治区赤峰市翁牛特旗委书记南振虎,就翁牛特旗基层信访工作取得的主要成效和经验做法与网友作面对面的访谈交流。

(撰稿人:赛呼)

驻京办事处

【概况】 内蒙古自治区人民政府(以下简称自治区政府)驻北京办事处(以下简称“办事处”)是自治区政府设在首都北京的办事机构,成立于1949年3月,是全国各省、区、市最早在首都成立的办事机构。其主要职责任务是:承担自治区与中央各有关部门的政务联络、经济联络工作;承担自治区领导和有关同志在京公务接待工作;承担“草原英才”联谊会、“内蒙古窗口”网站、《北京信息》、《内蒙古驻京机构工作简报》工作;承担自治区各驻京机构管理工作;承担各盟市联络处党团及工会工作;承担全区进入北京地区建筑施工企业的协调、联络工作,并提供工程信息咨询和相关服务工作。

内设机构4个:办公室(驻京机构工会办公室)、政务联络和接待处、经济联络和信息处、财务和资产管理处。核定事业编制36人。核定厅级领导职数5名(2正,3副),处级领导职数10名(4正,6副)。下设机构4个:上访人员劝返办公室、天津联络处、外埠建筑施工管理中心、北京内蒙古大厦。

【政务联络和接待】 全年接待自治区副省级以上领导1345人次;接待厅局以下领导7486人次;迎送领导1534次;提供车辆服务3267次。承办和参与办理自治区在京各种政务活动98次,为中央有关部门领导赴自治区视察、检查、考核工作提供服务129次,为自治区有关领导到京参加会议和到中央汇报协调工作、沟通情况等活动提供服务120次。修改《公务接待办法》。全年接待经费共计66.8万元。代表自治区对部分在京省级老领导、抗战老干部、离退休人员进行慰问。

【经济联络和信息服务】 为自治区招商引资项目宣传和牵线搭桥;组织参加内蒙古自治区和

北京市的活动近 20 次;推动近 100 家企业参加北京对口支持地区特色产品展销，参与主办草原英才鸿雁行动 2 次；共同举办商会和高层次人才北京工作站年会;协调“火箭军奖(助)学金”资助内蒙古大学 40 万元、慈善爱基金捐赠巴彦淖尔市 4 所小学 18 800 册图书,总价值 54 万元；举办驻京经联信息座谈会和业务培训 3 次、部分省区市经联交流会 1 次。将办事处网站并入自治区政府网,重新设计制作了网页,上传驻京机构动态 226 篇、信息 227 条。上报党委政府《驻京信息》221 期 3456 条、《信息专报》24 期、编印《内部参阅》20 期、《内蒙古驻京机构工作简报》19 期，实现全区驻京机构信息共享 2656 条。驻京办分别被评为全区党委系统、政府系统信息工作先进单位，两名同志被评为先进个人。

【信访接劝返工作】 全年较好地完成自治区到北京重点地区及重点地区外围上访人员的接劝返工作任务,所有人员均被安全送返回当地,没有出现任何安全问题和因工作人员行为不规范引起的负面炒作。按照国家信访局安排部署,在重点敏感时段开展多次集中劝返工作,在“亚洲博鳌论坛”“天津达沃斯论坛”等大型活动期间,派出外地值班共 82 天,及时接劝返自治区赴外省上访人员。协助北京市公安机关对重点人员、重点群体欲进京上访的信息进行摸底核实,并督促当地做好隐患排查和人员稳定工作，协助妥善处理三起极端事件。配合做好自治区涉访人员问题统计分析和“八类人员”专项治理工作,梳理上报部分“三跨三分离”人员信息。分流场所的滞留率同比明显下降。上报《驻京信访信息》385 期、《驻京信访要情快报》106 期、《工作通知》16 期、《督查事项通知书》16 期、《督查通报》18 期、《信访工作动态》9 期、《会议报告》2 期，向中央联席办及公安机关反馈各类信息 55 期。2 次收到国家信访局书面表扬信,信中给予内蒙古驻京信访接劝返工作肯定和表扬。

【内蒙古大厦经营管理】 全年共接待自治区赴京公务人员 8284 人次,并与自治区现有 103 家单位建立和保持服务保障关系。2016 年“两会”期间大厦继续作为内蒙古自治区和青海省两个代表团的接待驻地，为两个代表团 281 人提供服务。2016 年,实现总收入 1 亿多元,完成预算 110.11%,经营利润 2676.89 万元。依规依法处理了大厦建成以来的遗留问题，依法纳税 385.86 万元,投资 275.05 万元更新楼道门禁、监控和酒店管理系统等设备设施，投入 100 万元为职工续租宿舍，投资 4.84 万元对职工浴室进行翻修改造,人均调薪增资 350.49 元,增幅 11.53%,改善了大厦职工的基本待遇。

【天津联络处工作】 全年 9 个盟市旗县招商引资部门赴天津进行参观考察、召开招商引资推荐会等合作交流活动。参加天津市信息协会 3 次专题信息实地调研考察活动。上报信息 4306 条。完成综合楼评审及验收准备工作。制定完善政务接待、人事、财务等各项管理制度。

【外埠建管中心工作】 联系北京建设部门、中铁等大型施工企业，为自治区总承包企业牵线搭桥,增加在京市场份额;与北京用工单位协调对接,使自治区的劳务输出有了新的进展;完成施工企业进京备案、在京企业人员和合同备案工作。

【党风廉政建设】 召开机关干部、下属单位和各盟市驻京领导参加的大会,采取书记主持、各副主任分段宣读的专题学习大会,传达学习《中国共产党党内监督条例》和《关于新形势下党内政治生活的若干准则》。对照中央八项规定和自治区 28 条具体规定,严格办公用房、公务用车的规定,全年未发生任何违纪、违规现象。主动请专业人员对驻京办机关和二级单位财务和固定资产进行审查规范,加强经费管控的力度。由财务处牵头对下属二级单位的财务工作进行规范,加强风险防范。对涉及干部提拔、职工利益、大项经费使用等敏感问题,坚持班子集体研究,群众广泛参与,结果公开公示制度。组织党委书记与分管领导、分管领导与所属处室和二级单位领导,签订党风廉政建设责任书。

(撰稿人:陈琳)

驻沪办事处

【蒙沪交流】 内蒙古自治区人民政府驻上海办事处(以下简称驻沪办事处)以服务“一带一路”建设,“加强蒙沪两地经济等多领域合作交流,实现两地优势互补”为宗旨,逐步积累较为广泛的投资商资源,及时掌握投资项目的最新进展情况,加强与内蒙古、长三角驻商会联络,为满足各盟市投融资洽谈或推介会的实际需求提供帮助具体做了以下工作:与上海财经大学多次联系协商,促成了上海财经大学把呼和浩特市第二中学、内蒙古师大附中作为优秀生生源基地;2016年3月11日,在上海浦东鄂尔多斯艾力酒店,召开驻沪办事处举办的“首届长三角蒙商会携同发展座谈会”。6月11日,由驻沪办事处承办的“大海对话草原”经济研讨会在上海召开,自治区党委组织部、工商联领导,自治区部分盟市市委组织部分管人才副部长和招商部门负责人,以及长三角各行业优秀企业家代表出席会议,并为驻沪办事处挂牌“草原英才”工程内蒙古自治区高层次人才联络站上海工作站。6月12日,自治区党委组织部与驻沪办联合举办以“回望草原、畅谈发展、反哺家乡、共叙乡情”为主题的座谈会,激发了在沪及长三角地区草原英才们反哺草原服务内蒙古的热情。与上海内蒙古商会共同创办了创新发展平台,组建六大子平台。人才平台:配合自治区组织部“草原英才”与“鸿雁行动”推动长三角的人才队伍建设;通过“上海内蒙古鸿雁奖智慧女性 & 励志先生”评选活动,汇聚各界优秀人才,展现驻沪草原儿女的风采。创业平台:启动“35创业扶持计划”,“35”即培育与扶持50人,用5年时间,创造最低5亿元的产值;通过本计划,培养和扶持创业企业,体现商业平台价值。众筹平台:由国内专业的众筹平台“同筹会”,战略合作,为企业与个人提供“资金众筹、产品众筹、资源众筹”服务,“筹资、筹智、筹人”众创发展。蒙优汇平台:打造内蒙古名优特产品总汇平台,为好产品提供销路平台,为消费者提供优质的产品与服务。专家平台:组建上海“医学健康专家委员会平台”,汇聚100多位上海及长三角优秀的各大医院专家教授,为从自治区到沪的盟市领导及广大的老百姓服务;同时,不定时反哺家乡,为家乡建设做出了重要贡献。书院平台:由复旦大学哲学学院、正商书院、上海内蒙古商会联合治学,知识与资本、文化与商业结合发展。2016年,六大平台已经先后全部启动,并初见成效,收到良好的社会反响。

促成复旦大学附属华山医院、上海静安区教育局赴苏尼特右旗交流合作,为进一步拓展蒙、沪两地的文化交流、促进两地教育与医疗战略合作、解决边远地区特别是少数民族地区看病难、看专家难问题进行了一系列积极尝试,如建立姊妹地区合作关系、姊妹医院合作关系等。在驻沪办事处积极促进下,爱为青年“2016筑梦大草原·公益支教助医夏令营”7月抵达内蒙古锡林郭勒盟的苏尼特右旗,开展一系列活动;促成上海新华医院与内蒙古自治区人民医院结为姊妹友好医院。2016年9月20日,以上海市新华医院院长孙锟一行12人的专家组,赴内蒙古乌兰察布市卓资山县人民医院开展帮扶、授课、义诊活动,9月21日,两家医院结为姊妹友好医院。内蒙古人民医院医护人员可免费赴上海新华医院进修、学习。新华医院专家将定期来内蒙古人民医院及各盟市进行合作、交流、义诊。

【信息报送】 驻沪办事处认真贯彻落实“抓信息,为领导机关科学决策提供精准的信息服务”和“信息工作要把握工作重点,要紧盯中央和自治区党委中心工作和重点任务,紧扣领导同志关注的重大问题，确保党委中心在哪里，信息工作就到哪里”的总要求，围绕自治区工作重点，以服务领导决策为宗旨，适应新的形势需要，努力提高信息服务精准水平，推动信息工作取得新成效。驻沪办采集编发的信息涉及长三角地区推动经济、社会发展的成功经验和措施、各省市保障和改善民生的经验做法，以及对中央政策贯彻落实情况等各个方面。全年共向党委、政府报送信息共计6000余条，采用百余条，多条信息被《每日要情》《信息参考》采用。充分发挥地处上海的区位优势，将上海以及长三角地区推动经济社会发展的成功经验和措施报送自治区。在日常的信息报送方面，加大建议类、措施类信息的报送力度。加强与各省市等兄弟单位的沟通协作，实现信息资源的共享。充分利用互联网信息宣传载体，克服机关宣传工作上存在的渠道单一，内容形式不活等弊端，对驻沪办工作进行广泛宣传，提高驻沪办的社会影响力。

【干部培训】 根据国家及自治区规范各类培训机构及活动的要求，培训中心积极拓展思路找准发展定位，从实际出发开展自治区干部在沪培训联系协调工作，完善自身建设，严格执行培训标准，节约培训费用开支，努力提高培训质量。全年举办培训班5期，培训学员261人次，培训管理以“严”字当头，严格要求、严格管理、严格考核，努力提高学员管理科学化规范化水平，提高干部教育培训的实效性。本着厉行节约、有效降低培训成本的发展思路，在继续与上海交通大学教育集团和上海科技干部管理学院保持密切合作的基础上，与上海复旦大学继续教育学院开展合作，开发培训新资源。

【接待服务】 2016年，接待处工作围绕自治区驻外机构工作立足上海，服务内蒙古这一指导思想，深入贯彻落实中央和自治区党委、政府以及办事处有关公务接待管理的规定要求，结合上海市政府合作交流办公室属地指导要求，充分发挥对外联系桥梁纽带和参谋助手作用，认真履行组织协调和服务保障职能完成接待任务。截至年底，共接待省部级以上领导干部及其他重要宾客87批次、519人次。安排自治区各级领导会见重要来宾、座谈、签约等公务活动160次：完成各级宾客接送站264批次1084余人次；为来宾提供车辆服务283车次，累计行驶近3万公里。认真执行自治区相关规定《自治区本级党政机关公务接待管理办法》《自治区本级党政机关公务接待费管理办法》等，遵守接待纪律。严格食宿标准、接待范围，按要求使用接待场所，按标准收取来宾住宿费等。发挥接待工作的桥梁纽带作用，积极履行对外联系合作交流职责，夯实交流平台，在接待工作中宣传内蒙古、推介内蒙古、提高内蒙古知名度。加强与上级业务指导部门自治区接待办和属地上海市委、市合作交流办之间的对接衔接；加强与自治区其他驻外机构、兄弟省区市驻沪办和自治区各盟市接待系统的沟通联系；与相关协作单位公安警卫、教育医疗、铁路民航等部门建立联系制度，定期走访座谈，确保接待任务不掉链子，不出岔子，强化“一盘棋”思想，形成上下联动、左右协同、运转高效、无缝衔接的工作格局和工作合力，保证接待工作高效有序运转。

【公务用车保障】 严格执行公务车辆维修保养规定，要求驾驶员定期定点对办内公务车辆进行维修、保养。定期对驾驶员进行安全培训，增强安全行车意识。

（撰稿人：齐迎春）

政府研究

【概况】 内蒙古自治区人民政府研究室（参事室）（以下简称“自治区政府研究室”）是自治区政府直属的调查研究和决策咨询机构，其职能职责是：紧紧围绕自治区党委、政府中心工作，组织开展自治区经济社会发展和改革开放重大问题调查研究、重要决策咨询论证和重要信息动态收集上报，组织或参与自治区党委、政府有关重要文件或会议材料的起草修改，服务自治区政府参事参政议政和建言献策，努力提高决策服务能力和科学咨询水平，为自治区现代化建设提供更高质量的智力支持。

2016年，自治区政府研究室全面贯彻落实自治区党委、政府一系列重大决策部署，以“内蒙古自治区人民政府重大决策研究课题”和“内蒙古自治区人民政府决策咨询研究课题”为重要抓手，开展各类研究工作，共完成《调研报告》《送阅件》《主席专报》《参事建议》等研究成果80篇，有58篇得到自治区领导批示112条，批示率72.5%，从数量和质量上均创下自治区政府研究室历史最好水平，服务决策的广度和深度明显拓展，大量意见建议转化为自治区党委、政府的决策。自治区政府研究室还承担自治区经济体制和生态文明体制改革专项小组办公室工作，全年共召开专项小组办公室会议12次，完成各类文稿60多篇，编制台账15个，编发《改革信息专报》34期。

【重大决策研究】 “内蒙古自治区人民政府重大决策研究课题”是自治区政府开展调查研究的一项重要任务。自治区政府研究室负责该课题的选题征集、组织协调、沟通联络、牵头调研、报告起草、成果报送和跟踪督查等工作。2016年，自治区政府研究室围绕自治区党委、政府重大决策部署的贯彻落实，在充分征求自治区政府各位领导意见的基础上，确定12项政府重大决策研究课题，内容涉及经济运行、供给侧结构性改革、新兴产业发展、科技创新、民生改善等多个领域，全部按照《2016年度重大决策研究课题调研工作方案》的时限和要求完成，上报的研究成果受到自治区领导高度重视。如《内蒙古工业结构调整的现实选择研究》《提升我区科技创新能力需要解决的突出问题》《当前我区去库存工作中的问题需关注解决》等，分别得到自治区党委书记李纪恒和自治区主席布小林的批示。同时，在重大决策课题调研过程中注重发现新情况、新问题，及时研究上报，形成多样化研究成果。在《充分发挥市场作用，促进环保产业发展研究》课题调研中撰写上报的《我区城镇污水处理产生的污泥易造成二次污染需引起重视》，得到自治区主席布小林、副主席常军政批示；在《有关省份落实“五大重点任务”的做法与经验调查》课题调研中，撰写上报《河北省钢铁行业创新升级新做法》，得到自治区副主席符太增和王波的批示。

【决策咨询研究】 “内蒙古自治区人民政府决策咨询研究课题”的设立，为社会各类智库及其他研究力量服务自治区政府决策搭建了平台，自治区政府研究室作为该项目的组织、管理和服务单位。自2013年以来，始终按照《内蒙古自治区人民政府决策咨询研究课题管理办法》组织开展课题研究。2016年在征求自治区领导和相关方面意见的基础上，确定11项自治区政府决策咨询研究课题，发布《招标公告》《课题指南》《研究大纲》，吸引区内外72个研究团队参与竞标，有序推动标书审查、评标、答辩、上报、公示、签约和开题报告答辩、中期评审、最终评审等项工作，为所有课题全部按时完成提供保障。由各业务处分工负责，对2015年度决策咨询课题成果进行摘编，并以《送阅件》形式上报自治区党委、政府，其中有5篇获得自治区领导批示8条；公开出版《自治区政府决策咨询课题成果选编（2015年）》一书，使研究成果在更大范围服务社会。组织了对当年决策咨询课题成果的评选，评出优秀成果8篇。

【参事参政咨询】 2016年，自治区政府研究室组织政府参事深入盟市旗县、边境口岸和高等院校开展7次集中调研，全年共完成《参事建议》11篇，其中6篇获得自治区领导批示12条，参事建议质量和水平不断提升。参事包广林撰写的《关于统筹推进我区对外开放平台和载体建设的建议》，参事巴特尔撰写的《我区文艺志愿者服务活动进展情况和相关建议》《关于加强高等学校教师队伍建设的几点建议》《关于落实本科高校办学自主权的建议》，均得到自治区党委书记李纪恒的批示。

2016 年，自治区政府研究室加大与国务院参事室及兄弟省区市参事室的交流与联系，共邀请和配合国务院参事室和兄弟省区市参事室来内蒙古调研 4 次。在邀请国务院参事调研过程中，主动向他们咨询关于内蒙古工作的意见建议，形成《国务院参事对内蒙古参与国家“一带一路”战略建设的意见和建议》。

【信息研究工作】 自治区政府研究室注重对经济社会发展中新现象、新问题的分析研究和成果报送。2016 年，共完成信息阅件 48 篇，获得自治区领导批示 61 条，一些政策建议得到转化和落实。围绕供给侧结构性改革集中开展分析研究，先后上报信息研究成果 9 篇，其中去产能 3 篇，降成本 2 篇，去库存 1 篇，补短板 3 篇。《我区工业企业成本构成分析与建议》得到自治区副主席王波批示，文中的建议被自治区降成本政策性文件采纳；《电价市场化改革推动我区供给侧结构性改革取得实效》得到自治区主席布小林等领导同志批示，要求自治区改革办和政府办公厅分别上报中央改革办和国办；《推动富勒烯材料产业化是我区创新发展的现实落点和潜力巨大的新经济增长点》，得到自治区党委书记李纪恒、自治区主席布小林等七位领导的批示，符太增、那顺孟和、王波三位领导分别召开专门会议听取汇报；呼和浩特市委、市政府对报告提出的建议高度重视，正在抓紧产业的培育和发展。针对 2016 年上半年全区经济运行中出现的民间投资下滑幅度较大问题，先后研究提出了《加快推动我区 PPP 项目落地的几点建议》和《扩大我区民间投资的几点建议》，其中关于建立 PPP 基金的建议被自治区政府采纳，去年底首期规模为 200 亿元的内蒙古 PPP 引导基金已投入运行。

【领导交办任务】 完成自治区领导临时交办的任务是政府研究室的基本职责，2016 年在有关部门的配合下，研究室共完成交办课题 12 项，为自治区制定政策发挥了重要作用。《进一步支持满洲里、二连浩特重大开放平台建设的建议》，得到自治区党委书记李纪恒批示；《加快培育发展我区新业态问题研究》，得到自治区主席布小林批示；《促进城镇企业职工基本养老保险可持续发展的建议》，得到自治区主席布小林、自治区副主席云光中的批示；《大力培育皮革产业发展的建议》，得到自治区党委副书记李佳批示。

【改革协调服务】 自治区政府研究室自 2014 年承担自治区经济生态改革专项小组办公室工作任务以来，贯彻落实中央和自治区党委、政府关于全面深化改革的决策部署，加大统筹协调和督促检查力度，推动专项小组完成各项改革任务。截至年底，专项小组办公室共组织协调召开自治区政府专题会议 72 次，研究审议重大改革方案 164 个；召开专项小组办公室会议 37 次，起草下发调度、督办通知等各类文件 136 份，完成各类文稿 140 多篇，编发《改革信息专报》80 多期，编制各类表格、台账 45 套；专项小组累计出台改革成果 473 条，完成总体改革规划任务的 73%。特别是供给侧结构性改革、放管服、电力体制、商事制度、国资国企、农村牧区、医药卫生、对外开放等重要领域和关键环节的改革取得成效，为自治区经济社会发展增添了新的活力和动力。

（撰稿人：李建军）

外事工作与港澳台事务

【概况】 2016 年，内蒙古自治区人民政府外事（侨务、港澳事务）办公室（以下简称自治区外事办）贯彻落实中央对外工作大政方针和自治区党委、政府关于对外工作的决策部署，服务国家

“一带一路”倡议的实施，推进“中蒙俄经济走廊”建设，建立和创新对外交流合作机制，推进务实合作的平台建设，巩固同周边国家的睦邻友好，服务互访交流，加强民间对外友好交往工作，加强侨务工作，开展涉港澳工作，开展各项边界管理工作，加强因公出访管理和服务，履行各项涉外管理工作职能。

【互访交流】 2016年，自治区领导15人21批次出访15个国家和地区。接待和参与接待美国、澳大利亚、蒙古国、瑞士、欧洲投资银行等国家、国际组织和中国港澳地区的代表团49批555人次。主要有以下活动：

4月9—12日，自治区党委副书记、自治区主席布小林赴香港访问，出席香港内蒙古工商联合总会成立大会。4月10—19日，自治区政协主席任亚平陪同全国政协主席俞正声赴加蓬、科特迪瓦和加纳访问。

5月12日，自治区党委常委、自治区副主席符太增会见蒙古国驻呼和浩特新任总领事蒙赫额尔德尼。5月14—17日，蒙古国扎门乌德市公民代表议会主席（议长）额尔登巴特一行4人访问自治区。5月17—19日，以色列驻华大使马腾一行3人访问自治区，18日下午，自治区党委常委、自治区副主席符太增会见大使一行。5月27—29日，欧洲投资银行行长霍伊尔一行11人访问自治区。28日下午，自治区党委书记、人大常委会主任王君，自治区党委副书记、自治区主席布小林会见霍伊尔一行。

6月14—15日，意大利对华友好协会路安娜·王秘书长访问自治区。6月26日至7月6日，自治区党委常委、包头市委书记王中和访问肯尼亚、南非、纳米比亚。

6月29日至7月1日，瑞士驻华大使戴尚贤一行7人访问自治区。30日下午，自治区党委书记、人大常委会主任王君会见了戴尚贤。

7月3—6日，自治区副主席、公安厅厅长马明赴塔吉克斯坦进行工作访问。7月4—8日，蒙古国扎门乌德口岸检验检疫代表团一行10人访问自治区。7月6—10日，自治区人大常委会副主任杭桂林赴蒙古国访问。7月6—7日，香港投资推广署何兆康助理署长一行5人访问自治区。7月8—10日，香港内蒙古工商联合总会陈建文会长一行6人访问自治区。7月13—15日，美国驻华大使博卡斯一行14人访问自治区，13日下午，自治区党委副书记、自治区主席布小林会见博卡斯大使，自治区党委常委、自治区副主席符太增参加会见。7月21—25日，蒙古国扎门乌德海关代表团一行10人访问自治区。7月22日，自治区党委书记、人大常委会主任王君会见来自治区出席中俄蒙旅游部长会议的俄罗斯联邦旅游署署长萨福诺夫·奥列格·彼得罗维奇和蒙古国驻华大使策·苏赫巴特尔。7月27—30日，韩国驻华使馆具泓锡总领事一行4人访问自治区。7月28日至8月1日，香港内蒙古工商联合总会陈建文会长一行21人访问自治区。

7月31日至8月4日，自治区副主席、公安厅厅长马明赴俄罗斯进行工作访问。

8月11—12日，香港特区政府驻北京办事处主任傅小慧一行3人访问自治区。8月17—19日，以党的第一副主席顾问（副部级）加利莫娃为团长的哈萨克斯坦“祖国之光”党（执政党）干部考察团一行10人访问自治区。18日下午，自治区党委常委、自治区副主席符太增会见考察团一行。8月18—22日，自治区党委常委、宣传部部长乌兰访问蒙古国。8月18日，以日本国会众议员石崎徹为团长的日本新潟内蒙古自治区亲善交流协会一行12人访问自治区。8月20—21日，美国国会助手团一行15人访问自治区满洲里市。8月22—26日，澳门工商专业社团负责人一行22人访问自治区。8月23—24日，孟加拉国驻华大使卡里姆一行3人访问自治区。8月30日至9月6日，自治区分管副主席赴英国、克罗地亚访问。

9月9—10日，香港工会联合会荣誉主席郑耀棠一行4人访问自治区。9月18—27日,自治区副主席王波赴美国、巴西、阿根廷访问。9月20—24日,自治区党委常委、纪委书记张力赴蒙古国访问。9月20—27日,蒙古国百名师生夏令营代表团一行111人访问自治区。9月21—26日,香港新界地区资深社团骨干访问团一行27人访问自治区。9月22—29日,自治区人民检察院检察长马永胜随最高人民检察院代表团赴丹麦、德国访问。9月23—30日,自治区党委常委、宣传部部长乌兰赴斯里兰卡、印度访问。9月26—29日,自治区副主席王玉明赴英国访问。9月29日,自治区党委常委、自治区副主席符太增会见在自治区参加第二届中俄蒙智库合作国际论坛的蒙古国、俄罗斯代表。

10月1—3日,自治区党委常委、宣传部部长乌兰赴蒙古国访问。10月12—15日,自治区政协副主席杨成旺赴韩国参加第四届“大图们倡议”地方合作委员会第四次会议。10月17日,美国苹果公司副总裁戈峻一行10人访问自治区。10月19—22日,自治区副主席云光中赴澳门参加第21届澳门国际贸易投资展览会。10月19—20日,澳大利亚驻华使馆公使衔参赞邓博文一行3人访问自治区。10月24—31日,自治区副主席、公安厅厅长马明赴英国、丹麦访问。10月24—28日,自治区副主席云光中赴巴基斯坦参加中亚区域经济合作第十五次部长会议。10月24—26日,新西兰议会议长戴维·卡特一行15人访问自治区。10月24—28日,蒙古国东戈壁省政府办公厅主任一行10人访问自治区。10月26—31日,蒙古国移民局代表团一行10人访自治区。10月27—29日,苏里南共和国总统特使佩吉·鲍德瑟一行8人访问自治区。28日,自治区党委副书记、自治区主席布小林会见代表团一行。

11月1—5日,蒙古国肯特省公检法代表团一行8人访问自治区。11月4日,美国内蒙古商会于忠霞会长访问自治区。11月4—9日,蒙古国色楞格省教师代表团一行25人访问自治区。11月8—12日,蒙古国扎门乌德铁路警察局代表团一行7人访问自治区。11月9—16日,俄罗斯媒体记者团一行10人访问自治区。11月10—15日,蒙古国东戈壁省副省长一行16人访问自治区。11月15—18日,自治区党委副书记、自治区主席布小林,自治区党委常委、自治区副主席符太增赴香港出席内蒙古·香港重点合作项目推介会。11月21—22日,美国休斯敦内蒙古同乡会副会长郭玉祥访问自治区。11月23—25日,泰国驻成都总领馆李惠兰领事一行2人访问自治区。11月24—28日,自治区副主席刘新乐赴德国访问。11月28—30日,韩国驻华使馆金南炫领事一行3人访问自治区。

12月22—27日,自治区分管副主席赴俄罗斯访问。

【因公临时出国(境)管理和证照管理】 2016年,共派出各类因公出国(境)团组710批3002人次。为286批1161人次申办36个国家的出国签证,获签率100%;为22家企业申办100张APEC商务旅行卡。颁发因公电子护照1634本、港澳通行证331本,调用证照1438本,出具出境证明625份,自治区因公护照和赴港澳通行证收缴率连续几年保持100%。

【俄蒙工作】 服务自治区参与“一带一路”建设和“中蒙俄经济走廊”建设,推进自治区与俄蒙毗邻地区务实合作。组织开展自治区传统中蒙医专家赴蒙古国乌兰巴托市、肯特省、苏赫巴托省和南戈壁省的义诊活动。组织29批600余名蒙古国社会青年到锡林郭勒职业学院开展20多个专业的职业技能培训。组织开展蒙古国中小学生内蒙古夏令营活动和自治区中学生赴蒙古国、俄罗斯的青少年交流活动。组织蒙古国地方中小学教师团到内蒙古访问交流。完成大型纪录片《草原丝路》的策划和拍摄工作。

【边界管理】 全面完成中俄国界第一次联合检查内蒙古段任务,签署相关联检工作文件。

【涉外活动与涉外管理】 协助有关部门和单位举办第二届中俄蒙智库合作国际论坛、内蒙古自治区大数据产业推介大会、中蒙俄三国旅游部长峰会、中国·内蒙古草原文化节、第七届中蒙新闻论坛、中国(海拉尔)中俄蒙经贸展览会、第十三届中国(满洲里)北方科技博览会、内蒙古三盟市与蒙古国三省区域合作会议等对外交流活动。做好各类涉外案(事)件处理、邀请外国人来华事项；代办领事认证1026份569人次，涉及42个国家和地区，其中民事认证979份，商业认证47份。

【民间对外友好工作】 2016年，新缔结友好城市关系3对（呼伦贝尔市海拉尔区与蒙古国乔巴山市、满洲里市与蒙古国鄂尔浑省额尔登特市、满洲里市与俄罗斯鄂木斯克州鄂木斯克市),全区友城数量41对。呼伦贝尔市海拉尔区被授予“国际友好城市交流合作奖”,自治区推荐的蒙古国乔巴山市和俄罗斯赤塔市分别被授予“对华友好城市交流合作奖”。

【侨务工作】 加大国内侨务工作力度，与内蒙古人民医院、内蒙古医科大学附属医院合作,赴归侨侨眷相对集中的地区开展“侨爱工程—送温暖”义诊活动。加大侨务扶贫工作力度,投入74万元组织相关盟市开展贫困归侨侨眷子女助学、扶贫脱困和创业扶持、职业技能培训等25个项目。

开展国外侨务工作，引导海外侨胞参与自治区经济社会发展和公益慈善事业，年内接收200万元捐款用于资助基层教育和医疗基础设施建设。邀请组织荷兰和美国50名华裔青少年来内蒙古自治区开展“寻根之旅”夏令营活动。

【港澳工作】 协调组织香港工商界、司法界、新闻媒体以及教师和青少年等十余批团组的来访接待工作。筹备、协调和服务香港内蒙古工商联合总会和澳门内蒙古联谊会的成立大会以及内蒙古·香港重点合作项目推介会。

（撰稿人：王莉）

地方志工作

【概况】 内蒙古自治区地方志编纂委员会办公室(以下简称自治区地方志办公室)成立于1982年9月9日，是内蒙古自治区地方志编纂委员会的办事机构，是隶属于内蒙古自治区政府办公厅的副厅级参照公务员管理事业单位。自治区地方志办公室在自治区党委和政府的领导下,统一组织、管理和指导全区地方志的编纂工作。自治区地方志办公室核定内设机构4个:综合处、自治区志业务处、盟市志业务处、地情资料处。目前,定编27人,在编24人,聘用4人,在编人员纳入参照公务员法管理范围。自治区地方志编纂委员会主任由自治区主席布小林兼任。副主任分别由自治区人大常委会副主任、政府副主席、政协副主席、政府秘书长、地方志办公室主任担任，委员均调整为相关部门主要领导和各盟市长。

内蒙古自治区12个盟市、2个计划单列市设有地方志工作机构。12个盟市中独立建制的地方志办公室有6个，党史和地方志合署办公的有3个,档案、党史、地方志合署办公的有3个,2个计划单列市属于档案、党史、地方志合署办公。全区102个旗县级地方志机构中，有50个旗县(市、区)是三家合一,22个旗县(市、区)是两家合一,16个旗县(市、区)是独立的地方志工作机构,其他旗县(市、区)地方志工作任务归属当地政府办公室,还没有专门的修志机构。在全区12个盟市级地方志工作机构中处级以上规格建制有10家,全部为参照公务员法管理事业单位；旗县级地方志机构中46%的单位实现参公管理。

2016年，自治区地方志办公室按照中国地方志指导小组的部署和要求，深入贯彻落实国务院《全国地方志事业发展规划纲要(2015—2020年)》和内蒙古自治区政府办公厅《内蒙古自治区地方志事业发展实施方案(2016—2020年)》,推进全区地方志工作转型升级,开展“两学一做”学习教育活动。结合自治区地方志事业发展的实际情况,完成《内蒙古自治区地方志发展报告(2016年)》,上报中国地方志指导小组办公室。该报告已作为自治区地方志办公室重要文献资料留存。

【志书编纂】 2016年,自治区地方志办公室组织评审志稿12部:《内蒙古自治区志·气象志》《内蒙古自治区志·交通志》《内蒙古自治区志·科学技术志》《内蒙古自治区警卫志》《内蒙古自治区志·广播电影电视志》《内蒙古自治区志·工会志》《锡林郭勒盟志》《乌拉盖管理区志(2000—2010)》《多伦县志》《陈巴尔虎旗志》《包头青山区志》《敖汉旗志》,审读字数共1600万字;验收志稿8部:《内蒙古自治区警卫志》《包头青山区志》《丰镇市志》《敖汉旗志》《阿拉善左旗志》《赤峰市元宝山区志》《商都县志》《锡林郭勒盟党史地方志志》;出版志书9部:《宣传志》《审计志》《草原志》《电力工业志》《人口志》《地震志》《包头青山区志》《阿拉善左旗志》《苏尼特左旗志》。2016年6月,自治区地方志办公室启动《内蒙古自治区简志》编纂工作。

2016年,《内蒙古自治区志·方言志》《内蒙古自治区志·社会科学志》获得内蒙古自治区第五届哲学社会科学优秀成果政府奖二等奖,《卓资县志(1991—2010)》《额济纳旗志(1991—2010)》获得三等奖。

【蒙古文志书编译】 蒙古文志书编译出版工作取得较大进展。《内蒙古自治区志·大事记》(首轮)蒙古文编译出版工作基本完成,《内蒙古自治区志·政府志》蒙古文编译工作全面启动。盟市、旗县蒙古文志书编译出版工作稳步推进,阿拉善盟、兴安盟、赤峰市部分旗县完成了蒙古文志书编译出版工作。截至2016年12月底,共翻译出版蒙古文志书13部。呼和浩特市、包头市、赤峰市、锡林郭勒盟、鄂尔多斯市、通辽市正在进行翻译工作,呼伦贝尔市、巴彦淖尔市、乌海市正在协调筹备中。

【年鉴 刊物】 截至年底,《内蒙古年鉴(2016卷)》完成编辑、校对、审核、排版工作,随后出版发行,全书约170万字。《内蒙古年鉴》在线编纂系统提升了编辑稿件的质量与速度。2016年,《内蒙古年鉴》《大兴安岭年鉴》《呼和浩特年鉴》《呼伦贝尔年鉴》《锡林郭勒年鉴》被中国地方志指导小组评为全国地方志优秀成果三等奖。2016年,《内蒙古方志》编辑出版发行6期,发行交流1万多册,共57万字。

【信息化建设】 自治区地方志办公室结合国家倡导的“互联网+”的运行模式,推进以“内蒙古区情网”为基础,地方志数据库、在线编纂软件系统、盟市网站建设为重点的“三网、两平台、双系统、一库一馆一集群”信息化建设。成立全区地方志信息化领导小组,研究制定《内蒙古自治区地方志信息化建设实施方案(2016—2020年)》(征求意见稿)。“内蒙古区情网”蒙古文网站、手机网站、“方志内蒙古”微信公众号于2016年11月25日正式开通上线使用。“蒙古文网站”设有一级栏目12个,其中包括两个专题栏目;“手机网站”共设8个一级栏目。截至年底,手机网站地方文献数据量为2635.44万字;“方志内蒙古”微信公众号共设8大类,70个专业小类。截至年底,已运行90多期。

蒙古文版多功能数据库开发完成并于2016年11月25日正式开通。多功能数据库包括方志数据库、区情数据库和多媒体数据库。2016年5月,数据库完成版本升级,内部设方志专业词库,共分为10大类和101个小类,收录专业词条200多万条。截至2016年12月,已完成数字化并入库的资料约3.144亿字。内蒙古蒙汉多功能(地方志)数据库平台为全国首个地方志数据库双语平台系统。“内蒙古区情网”所有栏目均按照相关要求进行内容更新,累计上传稿件738篇,约500万字,图片1300张,年点击量1670万次。

截至2016年12月，网站访问人次量比2015年增长22.6%。

【调研督查】 2016年，自治区地方志办公室主要领导率队先后对乌兰察布市、包头市、赤峰市、通辽市、锡林郭勒盟、呼伦贝尔市、兴安盟和部分旗县（市、区）调研督查《内蒙古自治区地方志事业发展实施方案（2016—2020年）》《关于进一步加强全区地方志系统有关工作的通知》精神的贯彻落实情况。通过召开调研督查会议，听取各盟市分管领导和志办主任工作汇报，对盟市及旗县（市、区）二轮志推进、年鉴编纂、蒙古文志书编译出版、方志馆筹建、信息化建设等进行调查了解，详细掌握基层地方志工作情况。全年共调研督查7个盟市、8个旗县（市区），召开7次调研督查会，引起了当地政府领导的高度重视。

针对自治区二轮专业分志进展缓慢情况，自治区地方志办公室对第二轮《内蒙古自治区志》各专业分志承编单位进行督促检查。截至2016年12月底，已对25个单位进行实地督查、30个单位进行书面督查。

【纪录片《方志内蒙古》拍摄工作】 经过前期多次研讨和调研，《方志内蒙古·鄂尔多斯篇》《方志内蒙古·乌兰察布篇》完成拍摄取景工作。其他盟市均已进入后期制作阶段。

【会议 培训】

举办全区《内蒙古年鉴》撰稿人培训会议 2016年3月，自治区地方志办公室在呼和浩特举办全区《内蒙古年鉴》撰稿人培训会议。全区各盟市、旗县和自治区各委办厅局、企事业单位等240家供稿单位及自治区地方志办公室全体人员共计263人参加培训。培训会邀请2名全国年鉴知名专家授课，旨在提高年鉴撰稿人业务水平，逐步规范年鉴供稿工作。

承办全国地方志工作机构新任负责人培训班 2016年8月，由中国地方志指导小组办公室主办，自治区地方志办公室承办的全国地方志工作机构新任负责人培训班在呼伦贝尔市举行。自治区地方志办公室领导就会议有关事宜进行前期协调安排，与呼伦贝尔市档案史志局通力合作，保证了会议顺利召开，受到中国地方志指导小组办公室的肯定。

召开全区地方志工作机构负责人会议（培训） 2016年11月，自治区地方志办公室在鄂尔多斯市召开全区地方志工作机构负责人会议（培训）暨全区地方志信息化领导小组第一次会议。中国地方志指导小组秘书长，中指办党组书记、主任冀祥德出席会议并作讲话兼授课，与自治区地方志办公室领导共同启动地方志蒙汉信息化平台启动仪式。全区地方志信息化领导小组第一次会议对《内蒙古自治区地方志信息化建设实施方案（2016—2020年）（征求意见稿）》进行了讨论。全区各盟市、旗县共152人参会。

2016年，自治区地方志办公室共参加中国地方志指导小组办公室举办的各类业务培训班6期32人次，参加各类会议20次38人次，业务理论水平稳步提高。

【学习 交流】 2016年，由自治区地方志办公室班子成员分别带队赴广西、新疆、湖南、河北等地开展考学习交流。学习兄弟省市区地方志工作经验，交流二轮修志和年鉴编纂的做法，了解方志馆建设和信息化建设情况等。2016年，广东省、浙江省、陕西省、新疆维吾尔自治区地方志工作机构负责人带队到内蒙古自治区进行学习交流。

【机关建设】 2016年，自治区地方志办公室共召开主任办公会议36次，研究决策各类重要事务68项，印发《会议纪要》9期，印发各类文件45个。有效落实固定资产管理、年度考核、考勤管理和请销假等16项规章制度。对志书评审验收出版审读审批等方面的制度进行规范和改革。按照自治区党委组织部要求，自治区地方志办公室各级干部积极参加自主选学培训。截至12月，累计有18人次选学420个学时课程。自主选学课程涉及政治理论、食品健康、公文写作、诗词鉴赏、性格培养等多方面知识。

【安全保密工作】 2016年，自治区地方志办公室按照《内蒙古自治区人民政府办公厅涉密人员保密管理工作方案》的要求，加强本单位涉密人员和涉密载体的保密管理，确保国家秘密安全。2016年5月，自治区地方志办公室制定《保密工作实施方案》，成立内蒙古自治区地方志办公室保密工作领导小组，开展2次保密自查行动，与全体干部签署保密承诺书，积极参加各类保密警示教育宣传等。2016年12月初，接受自治区政府办公厅安全工作领导小组办公室对地方志办公室安全工作的检查。

【荣誉】 2016年，地方志信息化建设中的“在线编纂系统”获得自治区科技厅的科学技术进步成果奖。

（撰稿人：李洋）

人民防空

【方案措施】 2016年，自治区人民防空办公室（以下简称自治区人民防空）认真贯彻第七次全国人民防空会议精神和《中共中央、国务院、中央军委关于深入推进人民防空改革发展若干问题的决定》（中发〔2014〕15号，以下简称《决定》）、《内蒙古自治区党委、自治区人民政府、内蒙古军区贯彻落实〈中共中央、国务院、中央军委关于深入推进人民防空改革发展若干问题的决定〉的实施意见》（内党发〔2015〕14号，以下简称《实施意见》），反复征求盟市、自治区区有关单位、部门意见，研究制定方案措施，拟定《贯彻落实中央〈决定〉和自治区〈实施意见〉的分工方案》（以下简称《分工方案》），编制完成《“十三五”人民防空建设发展规划》。《分工方案》提交全区人民防空会议讨论，呈报自治区党委办公厅。针对“人防建设与经济社会发展深度融合不够，发展模式滞后；信息化建设水平低，体系防护能力与遂行信息化条件下防空袭斗争使命任务要求不适应；防空地下室易地建设费清欠难；人防社会认知程度偏低”等一些制约和影响人防建设发展的瓶颈问题，坚持问题导向，有计划、分步骤在呼和浩特、包头、赤峰、鄂尔多斯组织城市地下空间规划建设、重要经济目标防护建设、防空地下室易地建设费清欠、人防宣传教育“五进”等改革试点工作。通过统筹谋划总体目标，量化方案措施，落实责任分工，试点探索引路，定期调度分析，着力推进人防改革创新，一些改革的成效已逐步显现。

【法治建设】 按照《内蒙古自治区全面推进依法治区2015—2020年规划》和《自治区党委推进依法治区领导小组2016年工作要点》要求，全区人防系统梳理权力清单，规范执法行为，提高公民人防法治意识，强化人防法治建设的基础性工作。根据中央和自治区依法行政、简政放权的要求，对行政权力认真梳理，清理下放行政审批事项，建立责任清单，向社会公布。坚持政务公开，开展人防行政许可、行政处罚“双公示”和企业信用信息“双告知”工作。充分利用人防网站、微信微博等新媒体，不断优化行政服务。通过“公众留言”“主任信箱”“监督投诉”等渠道，接受公众咨询和监督，实现与社会公众的良性互动。探索“互联网+”和“智慧人防”建设，推进“双随机一公开”和“网上审批”工作，规范人防行政审批。充分利用大众传媒、人防网站刊物、举办法制讲座等形式，开展“七五”普法教育活动，向社会宣传人防法律知识、防空防灾应急救助常识和技能。

【参加重要会议】 2016年5月13—14日，第七次全国人民防空会议在京举行。自治区代表受到中共中央总书记、国家主席、中央军委主席习近平，中共中央政治局常委、国务院总理李克强，中共中央政治局常委、中央书记处书记刘云山，中共中央政治局常委、国务院副总理张高丽等党和国家领导人亲切接见。

【实战化训练演练】 组织全区城市人民防空暨

重要经济目标防护实战化演习、国防动员潜力调查培训、全区指挥通信业务培训和新大纲集训。2016年5月至10月，呼伦贝尔市、兴安盟、通辽市、赤峰市、乌兰察布市、巴彦淖尔市、乌海市、阿拉善盟人防办分别与相邻省(市)人防办组织跨区域支援指挥演练活动。通过开展跨区域指挥通信支援演练，检验全区人防系统机动指挥系统装备性能、车辆机动性能，提升了人防指挥通信队伍、人防应急救援队伍的组织指挥能力和快速反应能力。5月中旬至11月底，为完成国家国动委、北部战区联合参谋部和自治区国动委赋予的国防动员潜力人民防空数据统计采集任务，利用半年时间，组织全区各盟市旗县市区人防办完成国防动员潜力人民防空数据统计采集任务。自治区国防动员潜力人民防空数据统计采集总体情况较好，基本达到上级要求，受到自治区国动委充分肯定。

【指挥通信建设】 完善人防组织指挥体制机制，实案化修订城市防空袭方案和各类保障计划，组织自治区本级和盟市指挥设施要素配套建设和技术升级改造，完成无线短波电台组网建设任务，人防警报鸣响率100%，覆盖率95%，基本实现全区防空防灾警报统控发放。

【专业队伍建设】 完成全区人防军事斗争准备检验评估工作和人防专业队伍整组训练任务。包头市人防办获得人社部、中央军委国动部先进单位表彰，自治区伊金霍洛旗人民防空办贾武其获得先进工作者表彰；自治区人防办、通辽市人防办、呼伦贝尔市人防办、锡林郭勒盟人防办获得国家人防办先进单位表彰，自治区人防办崔濬等获得先进个人表彰。

【工程建设】 坚持把人防工作融入加快全面建成小康社会的进程和推进供给侧结构性改革的大局之中，围绕中央和自治区“稳增长、促改革、调结构、惠民生、防风险”和“三去一降一补”的决策部署，在深入调研和科学预测的前提和基础上，合理确定《2016年度全区人防建设任务指标》《2016年度盟市人民防空考核目标》，采取目标考核和督查检查等措施办法，有效促进年度人防建设任务的圆满完成。全区人防建设呈现总体平稳、稳中求进、稳中提质的良好态势，战备、社会和经济效益稳步提升。

【筹集资金】 2016年，受房地产调控及信贷政策影响，房地产市场开发速度放缓，新开工项目普遍减少，特别是自治区人民政府关于做好房地产去库存工作，给收缴防空地下室易地建设费工作带来一定困难。为完成收缴任务指标，自治区人防办要求各盟市人防办加大执法力度，按照相关法律法规追缴以前年度欠缴的防空地下室易地建设费，做到应收尽收，应缴尽缴，不断优化人防依法行政的社会环境和内部环境，保证防空地下室易地建设费征收这一常态工作的规范和可持续运行。自治区人防办还将兴安盟和鄂尔多斯市人防办作为清欠防空地下室易地建设费的试点盟市，进行试点工作，效果显著。

【宣教基地建设】 指导赤峰市人防办建立自治区级人防宣教基地，结合“9·18”人防警报试鸣、纪念红军长征胜利80周年等活动，组织全区人防机关开展全方位、多角度、丰富多彩、形式多样的社会宣传活动，扩大和提升人防的社会认知度。

【宣传教育】 以人防宣传教育“五进”(进机关、进学校、进社区、进企业、进网络)为抓手，加强人防宣传教育工作。在内蒙古党校开办专题讲座，在全区各级党校(行政学院)普遍开设了国防人防知识讲座。

【党风廉政建设】 自治区人防办党组从强化党组主体责任、书记第一责任、班子成员分管责任、纪委监督责任四个层面入手，全面落实党风廉政建设责任制，将党风廉政建设责任细化分解到班子成员和各支部书记。党组书记负总责，带头做到重要工作亲自部署、重大问题亲自过问、重要环节亲自协调、重要案件亲自督办。班子成员落实“一岗双责”，在抓好分管业务工作的同时，负责抓好党风廉政建设工作，做到每项工作有责任领导，有具体责任人。坚持把党风廉政建设和反腐败工作纳入人防总体工作布局，与人防建设发展同谋划、同部署、同检查、同考核，定期分析研究情况，及时解决存在问题，通过目标考核、签订责任状、述职评议、考责问责等措施办法，有效促进党建、党风廉政建设各项责任落实。全年无违反党纪政纪案件，无上级交办、转办案件。5月至7月，自治区党委第十一巡视组进驻自治区人防办进行巡视，发现一些问题并进行情况反馈，提出整改意见和建议，自治区人防办党组高度重视，立即着手整改落实，效果明显。

【保密工作】 开展保密教育，健全完善保密工作制度，明确保密工作责任，加强保密技术防范等工作，落实“定密规范管理”“网络保密管理”“涉密人员管理”三大管理任务，进一步夯实保密工作基础。推动正版软件化工作，消除失泄密隐患，筑牢保密工作防线。全年未发现失泄密事件。自治区人防办在2016年度盟市厅局领导班子保密工作考核评价中，位列盟市和自治区直属委办厅局第3名。

【帮扶工作】 按照“456”工作法，对贫困户进行再次评估识别，明确帮扶责任和脱贫致富项目，制定年度帮扶工作计划和具体脱贫措施。自治区人防办每年投入60万元帮扶资金，帮助扎赉特旗宏发村“仁发农牧业专业合作社”扩大养牛基地建设。改造危房87户，新建文明墙2万延长米，街道硬化7公里，整修道路边沟3万延长米，植树3万株。帮助新建村卫生室，配齐医疗设备，完成村文化活动场所配套设施建设。协调自治区水利厅，落实50万元专项资金，为村民打深水井20眼。还协调自治区扶贫办新增扶贫专项资金50万元。

（撰稿人：杨利刚）

中国人民政治协商会议
内蒙古自治区委员会

综　述

坚持正确政治方向，努力增进思想共识 坚持思想上的同心同德。政协机关年初以政治学习开篇，结合“两学一做”学习教育，由党内而党外，由机关而委员，开展多种形式的思想引导和形势教育。及时向委员传达中共中央、全国政协和自治区重要会议精神，组织学习习近平总书记庆祝中国共产党成立95周年、纪念长征胜利80周年、纪念孙中山先生诞辰150周年等重要讲话精神，增强委员走中国特色社会主义道路的自觉和自信。

坚持目标上的同心同向。引导机关干部和委员学习领会自治区“十三五”规划，把握未来五年发展的目标要求和政策举措，把关注点凝结到决战决胜全面小康上来，把智慧和力量汇聚到推进供给侧结构性改革，实施“三去一降一补”，保持经济平稳健康增长上来，把协商建言的重点，集中到推进全方位对外开放，促进绿色发展，实施精准扶贫，发展教育文化医疗社会保障事业，增进群众福祉利益上来。

坚持事业上的同心同行。坚持政协事业关键在委员，关键看委员，关键靠委员，引领委员认清职责使命，做懂政协的“明白人”，会协商的“领言人”，善议政的“有心人”，重品行的“正派人”，在自治区党委正确领导下，立足新起点，适应新常态，争取新作为，不断开创政协工作的新局面，共同推进社会主义协商民主广泛多层制度化发展。

围绕中心议政建言，助推“十三五”实现良好开局。一年来，常委会围绕“十三五”规划实施这条主线，召开协商会10次，交办提案774件，报送社情民意信息236期，开展界别活动60项。

助推创新发展。立足提升工业层次，组织委员考察装备制造业和钢铁铝等产能过剩行业，就促进工业经济转型升级开展专题协商。助推服务业健康发展，围绕电子商务、智慧城市、房地产去库存、新媒体融合、文艺院团改制、高校科技创新等深入调研，就推动文化与旅游融合发展协商议政。

助推协调发展。争取将东部五盟市列入全国政协东北老工业基地转型升级调研协商范围。围绕全面小康和城乡、区域均衡发展，就精准脱贫、农村牧区基本公共服务、自治区非公有制经济发展等课题，深入调研，积极建言。

助推绿色发展。立足厚植绿色发展优势、破解绿色发展难题、坚守绿色发展底线，围绕绿色发展对策建议召开专题议政性常委会议，围绕林业生态保护建设开展专题协商座谈，围绕沙漠治理、草原生态系统修复调查研究。会同吉林省和黑龙江省政协，视察三省交界自然保护区，协同推动区域生态保护与建设。对加强岱海周边环境保护等提案进行重点督办。

助推开放发展。借鉴广东、福建等沿海发达地区开发开放经验，围绕深化内蒙古同港澳地区的交流合作进行对口协商。组织委员赴蒙古国考察对接，以蒙古族源文化、马文化交流合作为纽带，推动自治区融入“一带一路”大局。协助自治区人民政府创办“阿尔山论坛”，打造国际交流新名片。

助推共享发展。召开常委会就深化县级公立医院改革进行专题协商，为保障群众健康权益议政建言。围绕职业教育、大学生创业、养老产业发展、康复治疗旅游、减轻首府交通拥堵等群众关切的民生问题深入调研，咨政建言。选择同城同酬等提案开展办理协商，扩大民生议题的社会影响。主席会议成员继续联系自治区10个贫困旗县，协助精准脱贫。

深化实践和制度创新，推进政协协商民主建设 规范实施年度协商计划。广泛征集、精心选择党政关心、社会关注的协商议题，反复研究筛选后报自治区党委常委会议审定。组织相关界别委员、对口部门人员、业内专家学者开展深入调研，开展专题议政、专题协商或对口协商，形成对策建议，为实际工作提供参考，多份调研协商成果得到自治区党政领导关注与批示。

推进制度贯彻落实。配合全国政协，对中共中央出台的关于加强人民政协协商民主建设的实施意见落实情况，开展调研，提出建议。协同自治区党委，对自治区出台的配套文件进行督查。召开盟市政协工作经验交流会，共同提高协商履职水平。会同党校和社会主义学院，推动人民政协协商民主制度和理论进头脑、进教材、进课堂。

总结民主监督经验。把加强和改进民主监督、弥补履职短板提上重要工作日程。把民主监督作为人民政协协商民主的重要实现形式，贯穿到调研视察、协商议政和日常工作当中，在履职建言中体现民主监督。召开全区人民政协理论研讨会，专题研究政协民主监督，总结监督经验，探讨改进方向。

发挥团结合作优势，集聚富民强区智慧力量 凝聚政协系统力量。配合全国政协在自治区开展视察调研活动，向国家提出生态建设、扶贫脱贫方面的政策建议。协助全国政协完成住福建省全国政协委员到自治区考察调研任务。协助兄弟省区市政协到自治区调研考察40批次，组织委员走访新疆、湖北、广东等地政协，交流学习协商民主建设经验。动员全区3级政协组织，1.6万名委员，分层开展精准扶贫攻坚等专题调研，形成履职合力。

汇聚民族宗教界力量。关注少数民族经济、文化和卫生事业发展，就边远贫困牧区脱贫进行调研，围绕蒙医药和民族医药发展进行专题协商，增进民族团结。深入宗教协会和宗教场所视察调研，协助自治区党委举办全区佛教和伊斯兰教代表人士培训班，对加强宗教界人士培养的提案进行专门督办，促进宗教和谐。

汇聚非公有制经济人士力量。落实中共中央总书记习近平构建“亲”“清”政商关系要求，就优化非公经济政策环境进行专题调研，了解企业实际困难，重点督办在新常态下支持民营企业发展的提案，促进非公有制经济健康发展，引导非公有制人士健康成长。

努力凝聚区外海外的力量。赴港澳地区走访企业，召开港澳委员座谈会，支持港澳委员发挥双重积极作用。广泛接触华人华侨、港澳企业家和知名人士，宣传内蒙古，推介内蒙古。接待全国政协海外列席侨胞考察团、闽台商会参访团，引导内蒙古籍海外侨胞、港澳台商界和青年观访洽商，展示内蒙古的形象和魅力。

加强自身能力建设，努力提升履职成效 开创学习之风。在井冈山和延安开展本届委员整体轮训，激励委员履职尽责，不忘初心。推动委员和机关干部常态学习，设立政策理论、党风廉政、业务技能、文化修养的“大讲堂”。

打造建言精品。把好立案审核关口，倡导多出提案精品，党派、界别等集体提案“分量”显著提升。高规格召开提案交办会议，强化领案办案责任。多层次开展办理协商，提高提案办理的满意水平。精心组织大会发言，邀请专家发声，体现专业水准。提升反映社情民意工作的政治性、敏感性和时效性，细分领域，精准报送，近五分之一信息得到自治区党政领导批示回应。

强化服务保障。健全制度保障体系,修订完善多项规章。提升会务、文稿、联络、协调能力,发挥机关服务委员履职的保障作用,体现专委会基础性作用。

加强宣传引导。利用国家传媒平台,精心策划、有效强化对内蒙古自治区协商民主、政协工作和委员履职的宣传,增进社会了解,树立政协形象,鼓舞委员信心。提升《同心》杂志品位,改进自主宣传。积极推进人民政协理论研究,精心编纂文史资料,筹建政协文史展馆。

【自治区政协十一届四次会议】 1月22—28日在呼和浩特举行。开幕会议应出席委员525人,实到472人;闭幕会议应出席委员524人,实到437人。自治区政协主席任亚平主持闭幕大会,自治区政协副主席杨成旺主持开幕大会、自治区政协副主席郭启俊、董恒宇、郑福田、牛广明、杨成旺、陈羽、常海、梁铁城及秘书长魏军出席会议。自治区党政军领导王君、巴特尔、车华松、张力、乌兰、李鹏新、符太增、布小林、那顺孟和、王中和、张院忠、刘惠列席开幕和闭幕会议,并分别参加各小组讨论。

会议听取和审议任亚平所作的政协内蒙古自治区第十一届委员会常务委员会工作报告,听取和审议常海所作的政协内蒙古自治区第十一届委员会常务委员会关于十一届三次会议以来提案工作情况的报告。与会人员列席内蒙古自治区第十二届人民代表大会第四次会议,听取并讨论政府工作报告及其他有关报告。会议审议通过了政协内蒙古自治区第十一届委员会常务委员会工作报告的决议、提案审查情况的报告、第四次会议政治决议,表彰2015年度自治区政协优秀提案,听取27名委员大会发言。

【常务委员会会议】

第13次会议　1月19—20日在呼和浩特召开。会议应出席常委104人,实到76人。自治区政协主席任亚平出席会议并讲话。自治区政协副主席郭启俊、董恒宇、郑福田、牛广明、杨成旺、陈羽、常海、梁铁城及秘书长魏军出席会议。

会议审议通过政协十一届委员会常务委员会十三次会议议程,听取自治区人民政府关于自治区政协十一届三次会议以来提案办理情况的通报,听取自治区政协各专门委员会工作报告,审议通过召开自治区政协十一届四次会议的决定,审议自治区政协十一届四次会议的议程、日程和拟提交十一届四次会议的常务委员会工作报告和提案工作报告以及报告人名单,十一届四次会议秘书长和副秘书长名单、委员编组办法及讨论组召集人名单,听取人事事项说明并审议通过有关人事事项。

第14次会议　1月27日在呼和浩特召开。会议应出席常委104人,实到94人。自治区政协主席任亚平主持会议。自治区政协副主席郭启俊、董恒宇、郑福田、牛广明、杨成旺、陈羽、常海、梁铁城及秘书长魏军出席会议。自治区政协常委、内蒙古军区原副政委张英,全国政协常委、民革内蒙古区委主委刘斌,全国政协常委、自治区工商联主席田震在主席台就座。

会议审议政协内蒙古自治区第十一届委员会第四次会议政治决议(草案)、关于政协内蒙古自治区第十一届委员会常务委员会工作报告的决议(草案)、政协内蒙古自治区第十一届委员会提案委员会关于十一届四次会议提案审查情况的报告(草案),将提交自治区政协十一届四次会议闭幕大会审议。会议还审议政协内蒙古自治区第十一届委员会第四次会议选举办法(草案)、政协内蒙古自治区第十一届委员会第四次会议选举总监票人、副总监票人、监票人名单(草案)和有关人事事项(草案),将提交自治区政协十一届四次会议第四次全体会议审议。

第15次会议　6月6—7日在呼和浩特召开。会议应出席常委105人,实到72人。会议围绕"深化自治区旗县级公立医院综合改革"进行专题协商,提出对策建议。自治区政协主席任亚平、自治区副主席刘新乐出席会议并讲话。自治区政协副主席杨成旺、陈羽、董恒宇、郑福田、牛广明、常海、梁铁城、王焕承、罗志虎及秘书长魏军出席会议。自治区政协常委、内蒙古军区原副政委张英，全国政协常委、自治区政协常委刘斌出席会议。

会议期间，与会人员听取自治区政协专题调研组关于深化旗县级公立医院综合改革的调研报告；9位自治区政协常委、委员，有关专家和自治区有关厅局负责同志，部分旗县政府负责同志，围绕会议主题作大会发言，与会人员进行分组讨论；召开了自治区十一届政协53次主席会议，听取分组讨论情况的汇报；审议通过有关人事事项。

第16次会议　10月12日在呼和浩特召开。会议应出席常委104人，实到77人。会议围绕内蒙古绿色发展进行专题协商。自治区党委副书记、自治区主席布小林出席会议并讲话，自治区政协主席任亚平主持会议，自治区政协副主席董恒宇、郑福田、牛广明、常海、梁铁城、王焕承、罗志虎及秘书长魏军出席会议。自治区政协常委、内蒙古军区原副政委张英，全国政协常委刘斌出席会议。

会议审议通过自治区政协十一届十六次常委会议议程，听取董恒宇对“内蒙古绿色发展的对策与建议”协商议题的说明，听取政协人口资源环境委员会关于自治区绿色发展问题的调研报告《保护生态环境，推进绿色发展》。参会的中科院专家、政协常委和委员、有关委办厅局负责同志从不同专业、不同角度对绿色发展作出阐述，为自治区绿色发展建言。

第17次会议　12月28—29日在呼和浩特召开。会议应出席常委104人，实到81人。自治区政协主席任亚平主持会议并讲话。自治区党委常委、自治区常务副主席张建民，自治区政协副主席杨成旺、陈羽、董恒宇、郑福田、牛广明、常海、梁铁城、王焕承、罗志虎，自治区政协常委、内蒙古军区原副政委张英，全国政协常委刘斌出席会议。

会议审议通过自治区政协十一届十七次常委会议议程和召开自治区政协十一届五次会议的决定，听取自治区人民政府（以下简称自治区政府）关于自治区政协十一届四次会议以来提案办理情况通报，听取人事事项说明和自治区政协各专委会工作报告。

【专门委员会工作】

提案委员会　全年共提交提案813件。其中：大会提案796件，平时提案17件，经审查，立案774件。其中，集体提案216件。截至12月31日，办复760件，已经解决的占26.13%，基本解决、列入计划或拟采纳的占65.55%。4月，组织部分委员赴广东省政协学习提案工作经验。下发提案征集通知，认真编辑《2016年度提案及办理复函选编》，为委员撰写提案提供参考。抽调自治区党委政府督查室、主要职能部门相关处室的业务骨干开展提案的初审和复审工作，严把提案立案关。征求各民主党派、工商联、人民团体、各专委会意见，报主席会议审议，确定20件重点督办提案。协调自治区党委督查室、政府督查室，选择18件有关国计民生的重要提案作为党政督查工作的专项督办内容。推进高层办理协商、现场办理协商，创新提案办理协商办法。强化服务水平和能力：一是在包头市举办全区政协提案工作座谈会；二是做好省级领导重点扶贫的服务工作；三是做好无党派界、社会福利界和共青团界界别活动的服务工作；四是完成全年813件提案原件和1500多件办理复文录入、校对、整理、归档工作。完成优秀提案的遴选和自治区政协十一届四次会议以来《提案办理复函选编》的编辑工作。

经济委员会　围绕旅游与文化融合发展进行专题协商。组织委员深入兴安盟等9个盟市及旅游文化重点县市，对自治区旅游文化融合发展情况进行实地考察了解情况。7月29日，召开专题协商会议，自治区政协常委、委员，部分旅游文化企业负责人和旗县(区)负责同志,自治区党委、政府有关部门负责同志,围绕议题从不同角度提出建议。自治区副主席云光中出席会议并介绍有关情况。组织部分委员,赴浙江、江苏两省就文化旅游、电子商务发展情况进行考察调研,形成《关于赴浙江、江苏考察电子商务发展情况的调研报告》和《关于赴浙江、江苏考察文化旅游发展情况的调研报告》报送自治区党委政府,自治区党委书记李纪恒作出批示,“自治区政协经济委报送的三个报告,有重要的参考价值。请自治区政府分管领导及相关部门认真研究,择善而从”。

协助分管副主席就自治区东部五盟市“工业转型升级问题”开展专题调研。参与起草调研报告和参加全国政协专题协商会的发言材料。做好经济界一组、经济界二组、经济界三组、工商联界一组、工商联界二组界别活动服务工作。协助分管副主席5次赴开鲁县开展“精准扶贫”工作。协助分管副主席就《关于在经济新常态下支持民营企业发展的提案》(工商联0732号提案)和《关于加快能源产业转型升级,加强资源节约和管理,努力推动建设环境友好型和资源节约型社会的提案》(0745号提案)两项重点提案进行督办,要求工商联界、经济界委员结合重点提案进行相关调研,提出有效管用的意见和建议。

人口资源环境委员会　开展专题协商,建言绿色发展。以问题为导向,几级政协上下联动,与党政部门、有关党派、有关科研团队左右互动,就“内蒙古绿色发展的对策和建议”进行专题协商,形成《保护生态环境、推进绿色发展》的调研报告。中科院专家、自治区政协常委、有关部门负责同志提出不少具有前瞻性和可操作性的意见和建议。自治区党委副书记、自治区主席布小林出席协商会议并作讲话。配合全国政协“沙漠治理与精准扶贫”和“加强草原生态系统保护和修复”调研组在自治区开展专题调研。围绕企业科技创新进行调研。协助民盟、工会、社会福利和社会保障界开展界别活动。协助自治区政协副主席董恒宇督办“关于骆驼产业扶持政策的提案”和“加强对煤基清洁燃烧以及大力推广使用水煤浆技术项目的提案”。随同董恒宇赴克什克腾旗开展扶贫工作。

教科文卫体委员会　围绕“深化旗县级公立医院改革”进行调研协商。先后赴自治区8个盟市50多个旗县的100多所公立医院进行调研,以函询的方式对其他盟市旗县的相关情况进行全面了解。调研初稿形成后,反复与相关部门进行沟通交流,征求意见,修改反馈,形成具有政协特点的调研报告,调研协商成果受到自治区主要领导高度重视和重要批注。为教育界、科技界、医药卫生界、体育界界别活动提供服务保障,4个组均形成报告、信息、提案或建议。先后4次陪同自治区政协副主席杨成旺到苏尼特右旗调研指导包扶工作。完成自治区政协副主席杨成旺督办的“关于进一步规范中小学生教辅市场管理”的重点提案,经多次与教育厅、新闻出版广电局承办单位联系,召开提案办理相关单位协调会,按期完成提案答复。先后协调保障陕西、上海、云南等省(市)政协来自治区调研考察,分别就“黄河生态文化旅游保护情况”“体育产业发展情况”“中东铁路沿线文化遗产保护开放和利用情况”进行调研考察,加深纵向联系和学习交流。

民族和宗教委员会　就“加大对民族医药发展的政策支持”这一专题协商议题,制定工作方案。自治区政协副主席陈羽、罗志虎,分别带领自治区政协委员,自治区卫计委、药监局、蒙中医药管理局、国际蒙医院、中蒙医院等部门单位的领导、专家学者考察走访了10多个旗县40多个医疗机构、部门企业、教科院所、产植基地,围绕推动民族医药事业发展成果和经验,及发展中面临的主要问题和困难,对进一步促进民族医药事业发展所需要政策性支持措施和建议等内容，听取当地政府部门的情况介绍，与民族医药工作一线同志们座谈交流，形成《关于全区蒙医药事业发展情况的调研报告》。6月底，召开专题协商会议，自治区副主席刘新乐以及自治区卫计委、财政厅、民委、药监局、发改委、经信委、教育厅、科技厅等部门负责同志出席会议并进行深入的协商研讨。协同全国政协民宗委，就自治区自然保护区建设与管理情况开展调研，向政协十一届十六次常委会报送《关于我区自然保护区建设与管理情况的调研报告》。做好宗教界、少数民族界及使用蒙古语发言组界别活动的协调服务工作。协助罗志虎副主席做好《关于将蒙医诊疗项目及蒙药纳入全区居民、职工医保门诊统筹支付范围的提案》《关于加强我区宗教界人士培养的提案》督办工作。

文史资料委员会　组织自治区政协文化艺术界部分委员、自治区考古研究所有关专家学者，赴赤峰市巴林左旗、巴林右旗就“辽代上京城和祖陵遗址的保护管理及研究利用”进行专题协商。11月，召集由自治区党委宣传部，自治区政府办公厅，赤峰市人民政府等12个单位负责同志参加专题协商会，围绕议题和调研报告，进行了对口协商。会后，根据提出的意见和建议对调研报告进行充实，形成《关于辽代上京城和祖陵遗址的保护管理及研究利用情况专题协商报告》呈自治区党委、政府领导同志和有关部门阅研、参考。受全国政协文史和学习委员会委托，启动《蒙古族百年实录》征编工作。完成《回族百年实录》史料的征集、汇总、审定和报送工作。完成《朝鲜族百年实录》征编工作。编辑出版《内蒙古文史资料》第78、79、80辑。协调民进界、文化艺术界、新闻出版界委员开展界别履职活动。协助自治区政协副主席郑福田督办《关于加强“十个全覆盖”实施进程中文化遗产保护的提案》和《关于辽代上京、辽祖陵遗址群申报世界文化遗产工作及保护与利用的提案》。协助郑福田联系和推进乌拉特前旗的扶贫工作。

港澳台侨联络和外事委员会　围绕“深化内蒙古同港澳地区合作交流”与党政有关部门进行对口协商，起草《关于深化内蒙古同港澳地区合作交流专题协商报告》。自治区党委统战部，自治区人大民族侨务外事委员会，自治区发展和改革委员会、商务厅、旅游局、公安厅出入境管理局等有关领导参加会议。自治区政协副主席杨成旺主持会议并讲话。会后，根据提出的意见和建议对调研报告进行补充和修改，报送自治区党委、政府审议批办。协助杨成旺督办《关于加强自治区公共交通服务，减轻交通拥堵，增强首府人民幸福感》的提案。接待全国政协海外列席侨胞考察团，上海市、广东省、深圳市政协考察团，自治区政协港澳委员带领商协会参访团和其他考察团7批170余人次，召开了5次座谈会。协助罗志虎副主席联系赤峰喀喇沁旗扶贫工作。

社会和法制委员会　围绕“加大林业生态保护建设力度”开展专题协商调研工作，形成《关于全区林业生态保护建设情况的调研报告》。10月27日，自治区政协副主席罗志虎主持召开加大林业生态保护建设力度专题协商会议，邀请自治区政府等有关部门的相关负责同志及部分政协委员进行对口协商，为推动自治区加大林业生态保护建设力度积极建言献策。切实保障农牧界一组、二组和九三学社界分别就“推进自治区无规定动物疫病区建设”“大力发展粮改饲草牧业，促进农牧民增收情况”“九三学社社史教育及界别活动情况”“我区钢铁铝业产能过剩情况及应对措施”有序开展界别活动，分别形成调研报告。7月19日，陪同罗志虎与提案委员赴自治区农牧业厅督办重点提案，就自治区农畜产品生产监管的现状和《关于确保农畜产品质量安全，加强绿色农畜产品生产监管的提案》办理情况，同自治区农牧业厅、食药监局、质监局进行座谈交流。协助自治区政协副主席王焕承做好扶贫工作。

【在自治区东部五盟市开展“东北工业经济转型升级”协同调研】 2016年,全国政协将“东北三省工业经济转型升级问题”列为年度专题协商议题。为抢抓推动东北区域振兴的重大机遇,自治区政协成立由任亚平主席任组长,常海、梁铁城任副组长,自治区政协办公厅、相关委办厅局、东部盟市政协主席、副主席、盟市发改委主任协同参与的联合调研组,分别走访自治区东部五盟市,实地考察42家企业,召开8次大型座谈会,详细听取企业、干部、群众意见建议,向全国政协专题协商会提交了调研报告。7月19日,任亚平主席受邀作“添活力、降成本,建议在蒙东地区建立电力体制改革综合试验区”专题发言,助推东部地区的转型发展。

【住福建省全国政协委员在自治区视察】 按照全国政协的安排,7月4—9日,全国政协委员、福建省政协主席张昌平率部分住福建省全国政协委员,在内蒙古鄂尔多斯市、包头市、呼和浩特市和呼伦贝尔市,就生态旅游产业发展情况进行考察。自治区政协主席任亚平,自治区政协副主席杨成旺、梁铁城、罗志虎等分别陪同考察。考察团实地察看成吉思汗陵、鄂尔多斯博物馆、康巴什区、库布其沙漠、内蒙古一机集团、包头城市规划馆、伊利集团工业旅游项目、内蒙古博物院、草原文化旅游项目、呼伦贝尔民族博物馆、满洲里红色旅游基地等,全面了解内蒙古生态文化旅游产业发展状况。考察期间,自治区政协与考察团围绕考察主题召开座谈会。任亚平代表自治区向考察团介绍自治区区情以及内蒙古生态保护与建设、旅游产业发展等情况。张昌平在座谈会上介绍了福建省省情、经济社会发展情况、生态文明先行示范区建设成效。

【自治区党委书记李纪恒走访自治区政协机关】 8月30日,自治区党委书记李纪恒来内蒙古工作的第二天,在自治区党委副书记、自治区主席布小林等党政领导陪同下,走访自治区政协机关,看望干部职工,沟通交流思想,并对政协工作提出要求。要求自治区政协紧紧围绕全区改革发展稳定大局,主动对接党委、政府的中心工作,深入研究事关内蒙古战略全局和长远发展的重大课题,进一步发挥好政治协商、民主监督、参政议政的重要作用。要求自治区政协的同志们紧扣党委、政府的决策部署,聚焦全面建成小康社会目标,突出问题导向,强化短板意识,切实加强自身建设,进一步提高协商议政实效和民主监督水平。任亚平主席主持座谈会。

【全区盟市政协工作经验交流会召开】 10月13—14日在呼和浩特召开。会议贯彻落实中央和自治区党委关于政协工作的系列文件精神,总结交流全区各级政协工作情况和有益经验,研究探讨新时期加强和改进政协工作的新思路新办法。自治区政协主席任亚平出席会议并讲话。自治区政协副主席董恒宇、郑福田、常海、梁铁城、罗志虎出席会议。会议听取常海对自治区十一届政协主要工作情况的通报。部分盟市、旗县区政协主席作大会发言。与会人员围绕会议议题进行了分组讨论,并对加强和改进政协工作提出意见和建议。

【重要活动】

1月5日 自治区政协召开党组(扩大)会议和第43次主席会议。学习传达全区经济工作、城市工作会议精神,研究2016年度政协协商计划和拟提交自治区政协十一届十三次常委会议和四次会议的工作报告。

1月15日 任亚平主席主持召开自治区十一届政协第44次主席会议。会议宣布干部任命决定,听取有关人事事项说明;审议提交自治区政协十一届十三次常委会议文件;审议自治区政协提案办理协商办法,自治区政协社情民意信息工作条例(修订草案);研究表彰2015年度优秀提案、自治区政协十一届四次会议大会发言事宜等。

2月4日 自治区党委、政府、政协共同召开提案交办会,对自治区政协十一届四次会议期间提交并经审查立案的761件提案进行交办,统一部署提案办理工作。

同日　自治区政协举行慰问老干部迎春茶话会。任亚平主席,董恒宇、郑福田、牛广明、杨成旺、陈羽、常海、梁铁城、王焕承副主席,及云照光、张佐才、杨紫珍、夏日、许柏年、奇英成、刘芝兰、邬宝恒、郭子明、伏来旺、肖黎声、娜仁等老领导、老同志,自治区政协秘书长、办公厅领导及相关处室负责同志参加了茶话会。

2月15日　自治区政协召开党组(扩大)会议,交流学习中纪委十八届六次全会和自治区纪委九届七次全会精神体会,研究政协党组2016年工作要点。

3月14—16日　自治区政协副主席杨成旺在鄂尔多斯市调研旗县级公立医院综合改革工作。

3月21日　自治区十一届政协召开第49次主席会议,研究调整主席会议成员工作分工,听取了办公厅、专委会2016年工作安排和界别活动计划汇报,研究确定2016年度重点督办提案。

3月21日下午至23日　自治区政协副主席杨成旺在包头市就旗县级公立医院综合改革工作进行调研。

3月23日至4月1日　自治区政协副主席梁铁城率经济委部分委员在浙江省、江苏省就文化旅游产业和电子商务产业进行学习考察。

3月25日　自治区政协副主席牛广明率社法委部分委员在呼和浩特市开展“加强全区食品安全监管和执法检查”相关调研。

4月3—5日　自治区政协副主席郑福田率文史委部分委员在陕西省参加黄帝陵公祭活动。

4月6—12日　自治区政协副主席梁铁城率经济委、文史委部分委员在锡林郭勒盟、赤峰市和通辽市配合全国政协开展“东北三省工业转型升级问题”协同调研。

4月6—13日　自治区政协常海在兴安盟、呼伦贝尔市配合全国政协开展“东北三省工业转型升级问题”协同调研。

4月7—13日　自治区政协副主席常海率提案委部分委员在兴安盟、呼伦贝尔市配合全国政协开展“东北三省工业转型升级问题”协同调研。

4月8—10日　自治区政协副主席董恒宇率人资环委部分委员在河南参加“中国第十届国际贸易洽谈会”。

4月10—20日　自治区政协主席任亚平随全国政协出访团对加蓬、科特迪瓦和加纳三国进行正式友好访问。

4月11—14日　自治区政协副主席陈羽率民宗委部分委员在青海省对民族医药发展的政策支持情况进行考察。

4月11—13日　自治区政协副主席罗志虎率农牧委部分委员在兴安盟、呼伦贝尔市和内蒙古大兴安岭森工集团就“加大林业生态保护建设力度”进行专题调研。

4月13—15日　自治区政协副主席郑福田率文史委部分委员在全国政协文史委就《蒙古族百年实录》征编工作进行工作汇报。

4月13日　自治区政协副主席梁铁城率文史委负责同志在通辽市开鲁县扶贫点调研。

4月14—15日　自治区政协副主席罗志虎率港澳台侨外事委负责同志在赤峰市喀喇沁旗扶贫点调研。

4月15日　自治区政协副主席梁铁城主持召开自治区政协有关东部五盟市工业转型升级问题调研情况汇报会。

4月19日　自治区政协机关召开全区盟市政协工作经验交流会选题座谈会。会上,通报全区盟市政协工作经验交流会方案,参会人员共同研究全区盟市政协工作经验交流会材料。

4月25日　自治区十一届政协召开第50次主席会议,传达学习自治区党委常委会研究2016年一季度全区经济形势会议的主要精神,研究《关于加强全区食品安全监管和执法检查工作的调研报告》、自治区政协十一届十五次常委会议筹备方案及会议议程(草案)和日程(草案),讨论增补自治区十一届政协专委会副主任、专委会委员名单。

4月26—27日　自治区政协主席任亚平在锡林郭勒盟太仆寺旗调研指导扶贫开发工作。

同日　自治区政协副主席陈羽在赤峰市敖汉旗调研脱贫工作。

同日　自治区政协副主席董恒宇在赤峰市克什克腾旗扶贫点调研。

4月26—28日　自治区政协副主席罗志虎在鄂尔多斯市调研民族宗教和民族医药工作。

5月4日　自治区政协主席任亚平、副主席陈羽率文史委部分委员在呼和浩特市、包头市就关于加强人民政协协商民主建设的贯彻落实情况进行调研,并指导、推动两市政协“两学一做”学习教育活动。

5月4—5日　自治区政协副主席杨成旺率教科文卫体委负责同志在锡林郭勒盟苏尼特右旗扶贫联系点调研。

5月5—6日　自治区政协副主席梁铁城率文史委部分委员在全国政协就内蒙古东部五盟市工业转型升级问题调研情况进行对接。

5月5—7日　自治区政协副主席罗志虎率港澳台侨外事委部分委员在赤峰市喀喇沁旗就脱贫攻坚工作开展调研。自治区农牧业、林业、旅游、国开行等部门负责同志参加调研。

5月5—8日　自治区政协副主席郑福田率文史委部分委员、自治区政协民进界别委员在乌海市、巴彦淖尔市、包头市就“建立和完善气象灾害预防机制”进行调研。

5月6—7日　自治区政协副主席陈羽在兴安盟就关于加强人民政协协商民主建设的贯彻落实情况进行调研,并落实办公厅帮扶北光荣嘎查扶贫项目,秘书长魏军陪同。

5月9—10日　自治区政协副主席杨成旺在兴安盟调研旗县级公立医院综合改革工作。

5月9—11日　按照省级领导干部包联五级示范抓引领、推动重点工作重点项目、信访工作的要求,自治区政协主席任亚平对通辽市和科尔沁区相关工作进行调研,就“两学一做”学习教育工作进行指示,同时带领自治区政协中共界别一组委员对通辽市政协协商民主制度建设和实施情况进行调研。

同日　自治区政协副主席梁铁城随同任亚平主席在通辽调研包联等工作,10日在开鲁县扶贫点走访贫困户。

5月12—13日　自治区政协副主席牛广明率社法委负责同志在阿拉善左旗开展扶贫工作。

5月13日　自治区十一届政协召开第51次主席会议,传达学习全国人大常委会委员长张德江考察自治区区重要讲话精神,研究教科文卫体委员会《关于深化旗县级公立医院综合改革调研情况报告》,审议自治区政协委员视察考察工作条例。

5月14日　自治区政协召开专题研究自治区东部五盟市“工业转型升级问题”调研报告会议,自治区党委、政府领导及有关部门负责人同调研组成员专题研究调研报告。

5月5—8日　自治区政协副主席郑福田率文史委部分委员、自治区政协民进界别委员在乌海市、巴彦淖尔市、包头市就“建立和完善气象灾害预防机制”进行调研。

同日　自治区政协副主席郑福田率文史委部分委员、自治区政协民进界别委员在乌海市、巴彦淖尔市、包头市就“建立和完善气象灾害预防机制”进行调研。

同日　自治区政协副主席郑福田率文史委部分委员、自治区政协民进界别委员在乌海市、巴彦淖尔市、包头市就“建立和完善气象灾害预防机制”进行调研。

5月15—18日　自治区政协副主席董恒宇

陪同全国政协调研组在鄂尔多斯市、赤峰市、通辽市考察。

5月16—17日　自治区政协主席任亚平、秘书长魏军陪同全国政协调研组在鄂尔多斯市就“沙漠治理与精准扶贫”进行专题调研。

5月16—18日　自治区政协副主席罗志虎在西藏考察民族医药工作。

5月17—20日　自治区政协副主席梁铁城率开鲁县党政领导在赤峰市敖汉旗、翁牛特旗就精准扶贫、精准脱贫经验做法及工业经济发展和园区建设情况进行学习考察。

5月23日　自治区政协主席任亚平带领部分自治区政协委员到内蒙古气象局，就自治区气象灾害防御工作进行调研。

5月24日　自治区政协副主席梁铁城组织召开“关于在蒙东地区加快输配电价改革先行先试的建议”讨论会。

5月25日　自治区政协副主席牛广明陪同福建省政协副主席陈绍军一行前往蒙牛乳业集团总部考察。

5月26—27日　自治区政协主席任亚平主席带领扶贫联系锡盟太仆寺旗领导和自治区政协机关帮扶的兴安盟科右前旗归流河镇领导在赤峰市敖汉旗考察“精准扶贫”和“十个全覆盖”工程实施情况，秘书长魏军陪同。

同日　自治区政协副主席罗志虎率民宗委部分委员在通辽市就“加大对民族医药工作扶持”进行专题调研。

5月30日至6月5日　自治区政协副主席郑福田带领自治区政协民进界别部分委员在湖北、重庆就“落实政党协商制度，建设高素质参政党”进行考察。

6月1—3日　自治区政协副主席陈羽在巴彦淖尔市督办重点提案。

同日　自治区政协副主席梁铁城在兴安盟阿尔山市就“推进旅游和文化产业融合发展”专题协商议题进行调研。

6月6日　自治区政协召开第52次主席会议。

6月6—7日　自治区政协召开十一届十五次常委会议。

6月15日　自治区政协主席任亚平参加全国政协“东北三省工业转型升级问题”调研总结会。

6月16—17日　自治区政协副主席梁铁城率经济委部分委员在鄂尔多斯市达拉特旗就“推进文化和旅游融合发展”进行调研。

6月16日　自治区政协副主席罗志虎主持召开蒙医药工作征求意见座谈会。

6月17—22日　自治区政协副主席董恒宇率人资环委部分委员在阿拉善盟、巴彦淖尔市调研绿色发展。

6月20—22日　自治区政协副主席梁铁城率经济委部分委员在甘肃省兰州市参加第六届“敦煌行·丝绸之路国际旅游节”开幕式及相关活动。

6月20—24日　自治区政协副主席杨成旺率教科文卫体委部分委员在四川省调研，学习借鉴当地县级公立医院改革好的经验和做法。

6月21日　自治区政协召开十一届政协第54次主席会议，审议《关于我区蒙医药事业发展情况的调研报告》，研究接待住福建省全国政协委员考察团安排。

6月21—22日　自治区政协副主席郑福田在乌拉特前旗进行扶贫调研。

6月22日　自治区政协副主席罗志虎在自治区国际蒙医院调研蒙医药发展情况。

6月22—24日　自治区政协主席任亚平在北京参加全国政协常委会议。

6月24—27日　自治区政协副主席郑福田率文史委部分委员在赤峰市就“辽代上京城和祖陵遗址的保护及研究利用”进行专题调研。

6月27—29日　自治区政协副主席陈羽、董恒宇率人资环委部分委员在呼和浩特市就

“创新城市环境治理方式，加大治理力度”进行调研。

6月29日　自治区政协召开“加大民族医药发展政策支持”专题协商会，自治区政府及有关单位部门就全区蒙医药事业发展与自治区政协组成单位、委员进行协商。

7月2—4日　自治区政协副主席杨成旺在包头市参加民革中央十二届十五次中常会，并陪同全国政协副主席齐续春一行调研。

7月4日下午至9日　自治区政协主席任亚平陪同住福建省全国政协委员考察团就自治区“生态旅游产业建设”情况进行考察。

7月8—10日　自治区政协副主席董恒宇率人资环委部分委员在贵州省参加生态文明建设国际论坛。

7月13日　自治区政协主席任亚平主席在呼和浩特市督办“关于呼和浩特市房地产去库存”的重点提案。

同日　自治区政协副主席杨成旺陪同广西政协调研考察团调研。

7月18日　自治区政协主席任亚平接受人民政协报社视频访谈。

同日　自治区政协副主席梁铁城主持召开座谈会，与广西壮族自治区政协刘君副主席一行就“发展乡村旅游，促进旅游产业扶贫”进行座谈交流。

7月18—20日　自治区政协副主席董恒宇率人资环委部分委员在锡林郭勒盟调研。

7月19日　自治区政协主席任亚平参加全国政协“东北三省工业转型升级问题”专题协商会。

同日　自治区政协副主席罗志虎率农牧委部分委员在自治区农牧业厅就重点提案进行跟踪督办。

7月20—22日　自治区政协副主席陈羽陪同全国政协原副主席张梅颖在阿尔山市进行调研。

7月20—24日　自治区政协副主席董恒宇、牛广明陪同全国政协人资环委调研组在呼伦贝尔市海拉尔区、满洲里市、呼和浩特市调研。

7月21日　自治区政协召开第55次主席会议，讨论自治区政协经济委员会关于自治区区旅游和文化融合发展的调研报告，研究审议自治区政协加强和改进调研工作实施办法和自治区政协十一届十六次常委会议、全区政协工作经验交流会筹备工作。

7月22日　自治区政协副主席梁铁城参加与四川省政协副主席高烽一行就“黄河流域生态环境保护情况”调研考察座谈会。

7月23日　自治区政协主席任亚平、秘书长魏军参加全国政协人资环委调研组“内蒙古草原奖补制度和草原修复工作”座谈会。

7月24日　自治区政协主席任亚平、秘书长魏军陪同全国政协人资环委调研组调研。

7月26—27日　自治区政协主席任亚平、副主席罗志虎、秘书长魏军参加全国政协民宗委调研组调研座谈会，并陪同在呼伦贝尔市、满洲里市调研。

7月27日　根据全国政协少数民族史料征集协作规划，由自治区政协文史委牵头负责、相关省区市协作的《蒙古族百年实录》征编协作会议在赤峰市召开。会议讨论通过《蒙古族百年实录》征编方案和大纲，研究落实具体征编工作。全国政协文史和学习委员会副主任卞晋平、自治区政协副主席郑福田出席会议并讲话。

7月27—28日　自治区政协副主席常海率提案委员会部分委员在乌兰察布市督办“关于加强对岱海及周边环境保护”的重点提案。

7月29日　自治区政协召开“推进旅游和文化融合发展”专题协商会。会议听取自治区政协经济委主任周耀亭作调研汇报，与会人员围绕“推进旅游和文化融合发展”建言献策。

7月30日至8月5日　秘书长魏军陪同原全国政协委员、全国妇联原副主席沈淑济在呼伦贝尔市调研。

8月1—3日　自治区政协副主席陈羽参加住吉黑蒙三省部分全国政协委员视察三省区生态经济发展情况活动。

8月1—3日、5—8日　自治区政协副主席梁铁城陪同全国政协副主席陈元在阿尔山市围绕“打造阿尔山绿色发展示范区”进行调研；调研期间，5日参加内蒙古绿色领导小组工作会议；6日参加设立阿尔山论坛研讨会。

8月12—19日　自治区政协副主席梁铁城率经济委部分委员在西藏就推进民族地区旅游与文化融合发展进行学习考察。

8月14日　自治区政协副主席杨成旺接待以蔡曜阳委员为团长的香港、福建青年体育考察团。

8月23—28日　自治区政协副主席杨成旺陪同全国政协海外列席侨胞考察团在自治区考察。

8月25日　自治区政协副主席梁铁城率领自治区政协经济委委员在和林格尔县盛乐经济园区对云计算基地和蒙草抗旱基地进行考察。

8月30日　自治区党委书记李纪恒走访自治区政协机关，看望干部职工，沟通交流思想，提出工作要求。

9月3日　自治区政协副主席董恒宇率人资环委负责同志在赤峰市克什克腾旗扶贫点调研。

9月5日　自治区政协副主席董恒宇接待江西省政协考察团。

9月6日　自治区政协副主席梁铁城陪同自治区主席布小林到全国政协向陈元副主席就设立阿尔山论坛基金预案的事宜进行专题汇报。

9月7—9日　自治区政协副主席梁铁城在开鲁县扶贫点就脱贫攻坚、“十个全覆盖”和经济社会运行情况进行调研。

9月8日　自治区政协副主席罗志虎陪同四川省政协副主席罗布江村一行在呼伦贝尔市考察。

9月9—12日　自治区政协副主席杨成旺率教科文卫体委部分委员在广西参加第十三届中国—东盟博览会。

9月13日　自治区政协召开自治区十一届政协第56次主席会议，传达学习全国地方政协秘书长座谈会和自治区党委常委会贯彻落实全国党委秘书长会议主要精神，传达学习自治区党委书记李纪恒在自治区党委严肃换届纪律集体谈话会和全区“两学一做”学习教育推进会上的讲话精神，传达《内蒙古自治区纪委监察厅关于强化监督执纪问责营造中秋国庆良好节日氛围的通知》精神；研究自治区政协《关于我区绿色发展几个问题的对策和建议》《关于深化内蒙古与港澳地区合作交流的调研报告》两个专题协商报告；听取自治区政协十一届十六次常委会议和全区政协工作经验交流会筹备情况的汇报，听取关于落实《〈关于加强人民政协协商民主建设的实施意见〉的贯彻落实意见》的情况汇报和组织部负责同志关于自治区政协专委会人事任免情况的说明。

9月18日　自治区政协副主席梁铁城带领自治区政协经济界一组委员在呼和浩特市就“蒙医药、养老、康复治疗旅游示范基地建设”进行调研。

9月18—22日　自治区政协副主席罗志虎在兴安盟、通辽市就扶贫攻坚工作、“十个全覆盖”工程、新农村新牧区建设情况开展调研。

9月20—26日　自治区政协主席任亚平、副主席梁铁城率文史委部分委员在新疆学习考察，重点了解巴音郭楞、博尔塔拉蒙古族自治州和伊犁哈萨克自治州经济社会发展、生态文明建设、口岸建设、政协协商民主制度建设情况。

9月21—27日　自治区政协副主席郑福田组织自治区政协民进界别委员先后在阿拉善盟、巴彦淖尔市乌拉特前旗就“关于幼儿教育存在的主要问题及对策”和扶贫工作进行调研。

9月24日 自治区政协机关党委、工会及团委共同组织机关工会会员在武川县参观大青山抗日根据地旧址,同时开展2016年秋游活动。

9月26—30日 自治区政协主席任亚平接待全国政协原主席贾庆林一行。

9月27—29日 自治区政协副主席梁铁城在云南参加国家能源局综合司开展的“加快特高压输电和职能电网建设”全国人大重点建议追踪办理情况调研。

9月28日 自治区政协机关举办机关干部大讲堂第十三期,邀请自治区纪检委宣传部长郝朝暾讲授《贯彻中央纪委会议精神,学习〈准则〉〈处分条例〉〈问责条例〉,做守纪律讲规矩的党员干部》。

10月12—13日 自治区政协十一届十六次常委会议在呼和浩特召开,围绕自治区绿色发展进行专题协商。

10月13—14日 自治区政协工作经验交流会在呼和浩特召开。

10月17日 自治区政协副主席梁铁城到北京给陈元副主席汇报阿尔山论坛设立进展情况。

10月18日 自治区政协任亚平率部分住自治区全国政协委员就自治区媒体融合发展情况进行视察。

10月18—20日 自治区政协副主席梁铁城带领经济委主任周耀亭到伊春就旅游基础设施建设情况进行学习考察。

10月19日 自治区政协党组理论中心组召开“两学一做”学习教育第四次专题研讨会,围绕“学习党章党规、学习系列讲话,带头攻坚克难敢于担当”进行了专题研讨交流。

同日 自治区十一届政协召开58次主席会议,研究全区林业生态保护建设情况专题协商活动有关事宜。

10月20—25日 自治区政协主席任亚平率自治区政协中共界别组部分委员到湖北省就创新政协工作及绿色发展进行学习考察。

10月25—30日 自治区政协副主席牛广明率社法委部分委员赴四川省、贵州省就关于规范立法协商进行学习考察。

10月27日 上午,自治区政协副主席常海参加新闻广电局提案交办会;下午,在机关听取莫力达瓦达斡尔自治旗扶贫工作汇报。

10月28日 自治区政协副主席梁铁城率经济委、农牧委部分委员赴蒙草抗旱基地进行调研。

11月1日 自治区政协副主席罗志虎率民宗委部分委员在呼和浩特市调研宗教工作。

11月2日下午 自治区政协召开党组(扩大)会议,传达学习党的十八届六中全会精神和全国政协常委会议、自治区干部大会精神,传达自治区党委办公厅关于认真学习宣传党的十八届六中全会精神的通知精神,对学习贯彻党的十八届六中全会精神进行安排部署。

11月2日下午至4日 自治区政协副主席常海在包头市参加全区政协提案工作座谈会并参加视察活动。

11月5—9日 自治区政协副主席郑福田组织民进界别部分委员在赤峰市、通辽市就“幼儿教育存在的主要问题及对策”开展调研。

11月11日 自治区政协召开“深化内蒙古同港澳地区合作交流”对口协商会议,通报《关于深化内蒙古同港澳地区合作交流的调研报告》,自治区政协党组副书记、副主席杨成旺主持会议,自治区政协常委、委员,自治区有关部门负责同志就调研报告进行交流发言。

11月14—16日 自治区政协副主席梁铁城率经济委部分委员在阿尔山市就“旅游发展和规划”进行专题调研。

11月16日 自治区十一届政协召开第59次主席会议。

11月18日 自治区政协召开“辽代上京城和祖陵遗址的保护管理及研究利用”对口协商

会议，通报《辽代上京城和祖陵遗址的保护管理及研究利用》调研报告，自治区政协副主席郑福田主持会议，自治区政协常委、委员，自治区有关部门负责同志就调研报告进行交流发言。

11 月 21—26 日　自治区政协主席任亚平，副主席杨成旺、陈羽、常海、梁铁城、罗志虎和机关党组书记、秘书长魏军参加自治区第十次党代会。董恒宇、郑福田、牛广明参加开幕和闭幕大会。

11 月 23—24 日　自治区政协副主席郑福田率文史委负责同志在乌拉特前旗调研扶贫工作。

11 月 30 日　自治区政协围绕促进全区工业经济转型升级，组织有关部门进行专题协商。

11 月 30 日至 12 月 8 日　自治区政协副主席董恒宇组织民进界别委员在四川、广东调研健康养老产业发展情况。

12 月 6—8 日　自治区政协主席任亚平带队在乌兰察布市进行安全生产督查工作。

同日　自治区政协副主席牛广明在呼伦贝尔市进行安全生产督查工作。自治区政协副主席常海在兴安盟进行安全生产督查工作。自治区政协副主席梁铁城在乌海市进行安全生产督查工作。

12 月 6—9 日　自治区政协副主席陈羽在赤峰市进行安全生产督查工作。

12 月 12—16 日　自治区政协副主席陈羽组织部分住自治区全国政协委员在广东省就加快供给侧改革、促进服务业发展和推进全面对外开放、促进旅游文化融合发展及创新政协工作进行考察。

12 月 13—15 日　自治区政协副主席梁铁城率经济委部分委员在阿尔山市调研冬季旅游发展规划情况。

12 月 15 日　内蒙古人民政协理论研究会第二届理事会第三次理事会议暨 2016 年度理论研讨会在呼和浩特召开。

12 月 16 日　自治区十一届政协召开第 60 次主席会议，审议《自治区 2017 年度政协协商计划（草案）》，听取各专委会、办公厅关于 2016 年度工作总结和 2017 年工作安排的汇报，研究自治区政协所属酒店清理整顿方案。

12 月 21—22 日　自治区政协副主席陈羽在赤峰市敖汉旗调研扶贫开发工作。

同日　自治区政协副主席梁铁城在通辽市开鲁县扶贫点调研。

12 月 23 日　自治区十一届政协召开第 61 次主席会议。会议听取自治区党委组织部负责人作人事事项说明，研究人事事项，听取自治区十一届政协常委会工作报告（讨论稿）、自治区政协十一届四次会议以来提案工作情况的报告（讨论稿）、自治区政协十一届十七次常委会议和十一届五次会议筹备情况汇报，审议《自治区 2017 年度政协协商计划（草案）》及有关会议文件，研究确定自治区政协 2016 年度优秀提案，讨论《政府工作报告（征求意见稿）》。

12 月 26 日　自治区政协召开全区扶贫攻坚暨新农村新牧区建设情况座谈会，邀请党政有关部门就扶贫攻坚和新农村新牧区建设进行座谈协商。

【荣誉】

自治区政协办公厅被评为 2016 年度全区党委系统督查工作先进集体；自治区政协办公厅被评为 2016 年全区党委系统信息调研工作先进单位；自治区政协办公厅被评为自治区本级部门决算工作先进单位；魏军的《严守政治纪律政治规矩 做政治上的明白人》被自治区直属机关工委评为 2016 年度“百堂好课”；曲维东被评为 2016 年度全区党委系统督查工作先进个人；徐白被评为 2016 年度全区党委系统信息调研工作优秀组织者。

（撰稿人：李海鑫）

群众团体

总工会

【概况】 2016年,围绕促进产业转型升级,特别是以庆祝自治区成立70周年以及事关自治区经济发展的重点工程、重大项目为重点,以增强传统产业竞争力、推进新兴产业发展、提升服务业精细化水平为目标,开展“践行新理念、建功‘十三五’”主题竞赛活动。以保护职工劳动所得为目标,开展和谐劳动关系创建活动,推动构建企业、区域、行业多元协商机制。关注去产能、去库存、去杠杆、降成本、补短板带来部分地区和行业职工下岗失业、可能引发劳动关系矛盾激化等情况积极参与涉及职工利益法规政策的制定修改,高度关注供给侧结构性改革对职工的影响,有针对性的做好思想政治工作,做好职工权益维护工作。帮扶困难职工工作再升级。实行工会帮扶困难职工目标责任制,逐级分解任务,层层做实责任,严格考核,强化监督,确保建档立卡的困难职工如期解困脱困,努力让更多的困难职工群众与全区人民一道实现小康。主动适应信息化和新媒体广泛应用的新趋势,推进“工作网”“服务网”“联系网”三网建设,开展“互联网+工会”行动。把更多的资源向基层倾斜,把更多的精力投入到基层一线,推动落实编制“减上补下”,充实基层工会工作力量。完善社会化工会工作者队伍管理制度,提高服务职工水平。

【学习贯彻十八届六中全会精神】 把学习贯彻全会精神作为理论武装工作的重点任务,纳入“两学一做”学习教育,通过召开党组会、常委会、主席办公会、机关干部大会、研讨会等,开展形式多样的学习活动,引导广大工会干部原原本本学习,结合实际融会贯通地领会全会精神,主动发挥自治区总工会机关和领导干部学习宣传贯彻的示范带头作用。各级工会充分发挥组织自身优势,通过组织报告会、座谈会和集中开展宣讲活动等,充分利用网络学习平台和渠道,面向基层和职工开展形式多样的学习教育活动,加强对全会精神特别是习近平总书记重要讲话精神和《准则》《条例》的宣传阐释,宣传十八大以来党中央推进全面从严治党取得的辉煌成就,宣传党中央推进全面从严治党、加强和规范党内政治生活、加强党内监督的重大决策部署,推动全会精神进工厂、进车间、进班组,走近广大职工,入脑入心、落地生根,筑牢全面从严治党的群众基础。加强信息报送,及时反映工会组织和职工群众学习宣传贯彻的动态,营造良好的社会氛围。

【自治区庆祝“五一”国际劳动节暨创建和谐劳动关系表彰大会】 4月27日,在呼和浩特召开自治区庆祝“五一”国际劳动节暨创建和谐劳动关系表彰大会,表彰在自治区改革开放和现代化建设中作出突出贡献的自治区五一劳动奖的先进集体和先进个人、全区模范和谐劳动关系单位和全区创建和谐劳动关系先进工作者,以及一批职工优秀技术创新成果。自治区党委副书记李佳出席并讲话,自治区人大常委会副主任、总工会主席杭桂林主持会议,自治区政协副主席梁铁成出席会议。大会授予内蒙古金海伊利乳业有限责任公司等57个单位内蒙古自治区五一劳动奖状,授予内蒙古优然牧业有限责任公司饲养组组长许燕飞等159名职工内蒙古自治区五一劳动奖章，授予金宇生物技术股份有限公司兽用疫苗国家工程实验室等198个集体内蒙古自治区工人先锋号；授予内蒙古和信园蒙草抗旱绿化股份有限公司等35户用工单位全区模范和谐劳动关系单位，授予内蒙古东鸽电器集团有限责任公司工会主席赵艳红等50名同志全区创建和谐劳动关系先进工作者；授予内蒙古电力勘测设计院有限责任公司的槽式太阳能电站设计优化系统等60个项目自治区职工优秀技术创新成果奖。

【自治区总工会十届三次全委会议】 1月20—21日在内蒙古职工之家召开。自治区党委常委、组织部部长李鹏新出席会议并讲话。自治区人大常委会副主任、总工会主席杭桂林作题为《立足"四个全面"，践行"五大理念"，团结动员各族职工为实现"十三五"良好开局建功立业》的工作报告。自治区总工会党组书记、副主席崔明龙传达中央书记处关于工会工作重要指示精神和全国总工会十六届四次执委会议精神并作总结讲话。自治区总工会副主席张宽治、姜言文、皇甫军、王丽红，经审会主任苏日娜出席大会。会议全面总结2015年全区工会工作，部署2016年的主要任务，审议通过全委会工作报告及《内蒙古自治区总工会关于团结动员全区各族职工为实现"十三五"规划建功立业的决议》；审议苏日娜代表自治区总工会十届经审会作的2015年经费审查工作报告；递补、补选19名自治区总工会第十届委员会委员和5名经费审查委员会委员，选举自治区人力资源和社会保障厅副厅长王燕峰，自治区国有资产监督管理委员会副主任、党委委员及永乾，自治区妇联第十一届执委会副主任、党组成员包晓春，北重集团有限公司液压机械厂402车间数控车工郑贵有为自治区总工会副主席(兼)。会上，盟市工会书面汇报重点工作情况，部分基层工会交流工作经验。会前，杭桂林主持召开自治区总工会十届三次常委会议。会议期间，苏日娜主持召开自治区总工会十届四经费审查委员会议。

【"互联网＋工会"建设】 主动适应信息化新趋势，推进"工作网""服务网""联系网"三网建设，开展"互联网＋工会"行动。2016年3月，召开全区"互联网＋工会"工作模范交流研讨会，探索工会组织建设、创业就业服务、困难帮扶、法律援助、教育培训、政策咨询、在线信访等工作实现网上运行的途径和方式。各级工会依托新媒体和互联网技术，创建即时、便捷、交互、高效的职工维权服务工作平台，完善门户网站，通过创建微信公众号、移动客户端等方式，实现依托"互联网＋工会"更直接更便捷地联系服务职工。自治区总工会与自治区人民政府(以下简称自治区政府）召开第十次联席会议，协调解决"互联网＋工会" 工作模式建设中存在的问题。自治区总工会、各盟市工会和部分旗县(市区）总工会建立门户网站，116个旗县级以上地方工会全部开通微信公众号，建立全区工会微信矩阵和微信集群，初步形成网上网下深度融合、互联互通的工会工作新格局。

【环卫工人关爱行动】 按照自治区政府与自治区总工会第九次联席会议要求，把推进"环卫工人关爱行动"作为服务环卫工人的工作重点，围绕免费体检、爱心驿站建设、困难环卫工人子女助学、命名宣传最美环卫工人四项重点，努力把这项工作打造成自治区工会工作的新品牌。自治区总工会安排770万元环卫工人关爱行动专项资金，带动各地积极筹措资金，累计为全区2.3万名一线环卫工人提供免费健康体检，全区共建成环卫工人爱心驿站(点)2736家，解决了5万多名一线环卫工人作业期间饮水、就餐、休息等难题。各级工会把环卫工人作为重点帮扶对象，为356名困难环卫工人子女筹集提供助学资金182.5万元，各地开展宣传、表彰"最美环卫工人、优秀环卫工人"活动，营造关爱环卫工人的良好社会氛围。

【发挥工人阶级主力军作用】 组织召开庆祝“五一”国际劳动节暨创建和谐劳动关系表彰大会、“传承工匠精神、引领技术创新”职工技术能手座谈会、“品读经典、光亮人生”职工诗文诵读会、报告文学集《筑梦—以劳动者的名义》出版座谈会，劳模代表向全体劳动者发出《为实现“十三五”良好开局、打造祖国北疆亮丽风景线建功立业》的倡议，唱响“劳动光荣、工人伟大”主旋律。全区各界党员劳模代表共同纪念建党95周年，围绕“两学一做”座谈，倡导广大劳模和工会干部坚定理想信念、争当北疆先锋。自治区总工会制发劳动和技能竞赛五年规划，在特高压直流及配套工程等366个重点工程重点项目开展“六比一创”劳动竞赛，带动全区80%以上的建会企事业单位开展竞赛活动。以开展“百万职工技术大比武”活动为抓手，坚持以赛带练、练赛结合，上下联动、分级实施，实现岗位练兵与技能比赛融合共促，总结推广首席技师、金牌工人等典型经验。实施职工素质提升工程，覆盖63个工种的“中国梦·劳动美”全区职工职业技能比赛，参赛职工110万人次，1万多名职工通过技能比赛提升了技术等级。推进构建职工立足岗位全员创新、依托班组团队创新、创新工作室引领创新“三位一体”的职工创新体系。新建各级职工创新工作室302个，实现技术革新2.1万项，发明创造6700项，推广先进操作法697项。自治区总工会对60项全区职工技术创新成果进行奖励。

【构建和谐劳动关系工作】 落实自治区党委政府关于构建和谐劳动关系的实施意见和分工方案，健全政府与工会联席会议制度，加强劳动关系三方沟通协调合作，推进三方机制向工业园区、苏木乡镇(街道)和产业系统延伸。落实关于企业集体合同和企业工资集体协商有关政策，督促企业和职工依法签订和履行劳动合同。推动构建企业、区域、行业多元协商机制，签订工资专项集体合同3.2万份，覆盖企业4.5万家。落实《内蒙古自治区企事业单位职工代表大会操作规程》，健全以职代会为基本形式的民主管理制度，督促指导公司制企业按规定健全职工董事、职工监事制度，探索在小企业相对集中的地方推行区域性、行业性职代会为基本形式的厂务公开民主管理制度。7.13万家建会企事业单位建立了职代会制度，实行厂务公开的有7.08万家。健全工会劳动法律监督和职工法律援助制度，提升工会依法维权的能力和实效。创新劳动关系矛盾调处机制，在16个重点旗县(市区)推行劳动争议诉裁调对接模式。加强职工法律援助工作，充实区总法律援助工作力量。各级工会为职工提供法律援助336件、法律咨询服务2057人次。开展“安康杯”竞赛，参与安全生产事故和职业危害事件的调查处理，维护职工群众的生命健康权益。

【服务职工工作】 以落实服务职工办实事计划为抓手，探索提供项目化服务，解决职工群众生产生活中遇到的实际问题。创新服务方式，依托工会“四级”帮扶网络，加快建设以精准帮扶为重点的服务职工体系，大力推广工会会员普惠制。建立健全服务对象精准识别机制和建档立卡等基础工作，努力做到因贫施策，分类救助，确保帮扶政策、资金、项目真正惠及困难职工群众。安排500万元专项资金用于帮助改革过程中遇到暂时困难的职工群众。及时向自治区党委政府报送钢铁煤炭行业化解过剩产能中职工安置情况的调研报告并得到领导同志的高度重视。进一步拓展困难职工帮扶中心和站点的服务功能，开展网上帮扶工作，对8万户在档困难职工家庭信息进行重新审核认定，努力提高帮扶救助工作精准化水平。规范工会帮扶工作和业务流程，精心打造春送岗位、夏送清凉、金秋助学、冬送温暖等服务工作品牌。两节期间筹集资金8386.89万元，走访慰问困难职工、一线职工、劳模、农牧民工12.97万人(次)。注重发挥工会“大学校”作用，特别是依托工会教育培训阵地、职工技能实训基地和新媒体，加强校企结合、工学结合，强化技能培训，探索建立金蓝领职工技能示范点，逐步构建点面结合、立体化的职工教育培训网络。组织开展全区工会就业援助月系列活动，举办京津冀蒙跨区域促进就业等各类专场招聘会278场，指导帮助3.4万人实现就业，为1.7万名困难职工子女发放助学金4920万。依法维护女职工特殊权益，全年新建“爱心妈咪小屋”127家，为特殊生理阶段女职工提供人性化的温馨服务。

【工会组织基层基础建设】 深化基层工会建设落实年活动，在各类企事业特别是非公有制经济组织、社会组织中普遍建立工会组织，扩大对新领域、新阶层和小微企业的有效覆盖。以开发区（工业园区）、建筑项目、物流（快递）业、家庭服务和农牧业合作组织为重点，继续开展“农牧民工入会集中行动”，探索开辟网上申请入会等途径，完善工会会员会籍管理办法，逐步推行会员实名制管理。推进乡镇（街道）、开发区（工业园区）工会“双创优”工作。加强对基层工会发挥作用情况的研究，向自治区党委报送全区旗县（市区）工会工作状况的调查报告，自治区领导均作重要批示。组织召开旗县（市区）工会工作座谈会，交流推广旗县（市区）工会工作先进经验。制发农牧民工工作五年规划，以新领域、新阶层和小微企业为突破口，实施农牧民工入会攻坚行动，全区农牧民工会员181万人，比2015年增加29万人，企业建会率和职工入会率均动态保持在80%以上。推进会员普惠工作，出台会员评家、基层工会民主选举指导意见，开展“六有”工会建设和“双争、双创优”活动，召开全区街镇、园区工会“双创优”经验交流会，开展“争创模范职工之家、争做职工信赖娘家人”活动，增强基层工会活力。截至年底，全区25人以上基层工会基本实现“六有”标准，911个镇街（园区）工会达到三类以上标准，5.8万个基层工会开展了会员评家活动，56个旗县（市区）开展了会员普惠工作。

健全工会经费对下补助机制，采取以奖代补方式投入经费2000万元。支持旗县职工文化活动阵地建设，新增职工文化阵地19个。

【自身建设】 按照自治区党委的部署要求，成立改革领导小组，深入开展调查研究，制定自治区总工会改革方案。方案在自治区全面深化改革领导小组第十六次会议上审议通过。自治区党委办公厅以内党办〔2016〕54号文件正式印发。制发《改革任务分工方案》《改革配套制度文件清单》等有关文件，细化任务、明确责任，落实改革措施。加强工会系统党的建设，发挥各级工会党组织从严治党主体责任，努力建设忠诚、干净、担当的工会干部队伍。开展“两学一做”学习教育，树立清风正气、严守政治纪律政治规矩的良好政治生态。高度重视巡视整改工作，成立整改领导小组，制定整改方案，签订责任书，狠抓整改落实。注重干部教育培训，通过集中办班、送教上门、网络授课等多种方式，进一步提高工会干部的理论水平和业务素质。

（撰稿人：杨志鸿）

共　青　团

【概况】 中国共产党共青团内蒙古自治区委员会（以下简称内蒙古团委）内设机构有办公室、组织部、宣传部、统战联络部、城市青年工作部、农村牧区青年工作部、学校部、维护青少年合法权益部、少年部9个职能部室。所属事业单位7个，包括内蒙古团校（内蒙古师范大学青年政治学院）、内蒙古少先队活动辅导站、希望工程内蒙古自治区捐助中心、内蒙古民族青少年杂志社、内蒙古青年思想文化研究传播中心、自治区团委机关事务服务中心、内蒙古青少年社会工作指导中心。

【服务青年工作】 构建并实施“8+4”“4+1”“1+100”“五级示范抓引领”“驻校蹲班”“走转

改”大宣传大调研和机关开放日等直接联系青年的制度体系。推动机关50%的干部每年常态化下沉基层连续工作4个月,全区5000多名专职团干部均建立引领点。邀请1.43万名青年走进各级团委机关开展活动,直接联系、直接服务、直接引导青年正在成为工作常态。

提高团的各级委员会、常委会中基层代表比例,制定团代表履职工作意见和全委会、常委会工作规则。按照减上补下原则,精简自治区团委机关系统15%的事业编制充实到旗县团委。以筹备青学联换届为契机,青联委员、学联代表结构的广泛性和代表性得到切实增强。

推进“网上共青团”建设。建立“青年之声”网络平台150个,实现自治区、盟市、旗县(区)全覆盖。吸纳各领域专家2.36万名,开展线上服务咨询活动2000余场。集青年成长、就业、创业等20多项服务功能于一体的“青年之声·内蒙古”网络社交互动平台年访问量达到1.4亿人次。建成“青年爱里”基层服务阵地910个。

【青少年思想政治引领】 一是广泛开展“北疆青年‘学习’进行时”“四进四信”习近平总书记系列重要讲话精神学习教育活动,举办各类专题报告会、学习会、主题团日活动3.45万场次,覆盖团员青年600多万人次。二是组织广大团员青年深入学习自治区第十次党代会精神,自治区团委本级举办24场巡回报告会,全区各级团组织开展报告会、主题团日活动近万场。三是深化中国梦、爱国主义、革命传统、中华优秀传统文化、民族团结进步宣传教育活动,举办“党旗辉映青春红”“弘扬长征精神·决胜全面小康”等主题团队日活动1.4万场次。组织开展“建功风景线·共圆中国梦”团员青年走基层系列主题活动,编发《最美风景线—内蒙古发展进程中重要理论与实践问题·青年读本》。四是按照“5657”工作思路,开展核心价值观主题团队日、仪式教育等活动2万余场,182万人次直接参与。深入推进青少年核心价值观研究会工作,《全区青少年社会主义核心价值观认知认同现状分析及对策建议》等18项重点课题陆续结题,及时推出核心价值观理论研究和实务文集,推动理论研究与实践探索协同发展。五是广泛开展“建功十三五·青春亮北疆”“游子归来看家乡巨变”等网上主题宣传活动,创作发布213项网络文化产品,集中开展网络舆论斗争11次,引导团员青年担当清朗网络建设生力军。内蒙古共青团微信微博公众号活跃度位居全区和全团排行榜前列。

【组织青年工作】 以“青春建功十三五”为主题,组建1119支青年突击队。举办呼包银榆经济区第二届青年经济论坛、全国青联委员、中国青年企业家协会会员走进内蒙古经贸考察等活动。

“脱贫攻坚青春建功行动”。组织141期大学生返乡创业、农村牧区青年电商培训班,培训青年万余人次。实施贫困嘎查村“领头雁”致富带头人培养计划,投入扶持资金1753万元,培育农村牧区青年致富带头人1026人,惠及贫困人口1.09万人,带动帮助建档立卡贫困户2855人脱贫。募集款物2000余万元,开展了贫困青少年资助、校园建设、贫困地区教师培训等工作。启动并实施“万家结对万名贫困少年儿童”关爱行动,已有9756名贫困儿童得到结对帮扶。实施京蒙共青团脱贫攻坚青春建功行动,两地34个旗县区团委签署对口支援协议,并完成首批200余个项目对接工作。

助力生态文明建设。深化青少年生态环保教育实践,组织百余万名团员青年积极参与“增绿减霾”共同行动、保护母亲河行动,举办首届京津冀晋蒙青年环保公益创业大赛,推进各级团属青少年生态实践教育基地建设。

参与社会治理创新。推动实施“伙伴计划”,建立内蒙古青年社会组织服务中心、内蒙古青联青年社会组织界别履职工作站,创建10个青年社会组织孵化基地,直接联系青年社会组织

1346家,在142家建立团组织,合作开展活动千余次。大力开展青年志愿服务,联合10个厅局举办首届内蒙古青年志愿服务项目大赛,推动全部获奖项目实现社会购买。组织全区30万名大中学生开展“三下乡”和“五个一”暑期社会实践志愿服务活动。联合自治区发改委、人民银行启动内蒙古青年信用体系建设,联合25个厅局出台《内蒙古优秀青年志愿者守信联合激励措施的意见》,成为全国青年信用体系建设试点省区。关爱困难青少年群体成长。开展服务农村牧区留守儿童公益活动268场,帮扶困难青少年2.69万名,希望工程资助4887名贫困学生、为300多所学校改善办学条件。春节前夕,全区统一开展了团干部集中服务青年月和慰问贫困青少年送温暖活动。

青年对外交流和港澳台青少年交流工作。组织开展“追梦大草原”香港大学生内蒙古暑期实习计划、香港女童军“同心同根千人万里行”“香港传媒学子内蒙古行”等活动。举办首届上合组织国家青年代表团内蒙古考察交流活动、内蒙古外国留学生“感知内蒙古”系列活动,不断深化与国外特别是俄蒙青年组织多领域的交流与合作。

【创新服务青年成长发展】

助力青年就业　全区建成青年就业见习基地732个,提供7412个见习岗位服务就业青年1万人次,培训青年农牧民工9.4万人次。举办“千企进校园·助力就业梦”全区共青团服务高校毕业生就业行动大型招聘会22场,1844家企业提供就业岗位3.35万个。

引导青年创新　举办“创青春”全区大学生创业大赛、职业学校创新创效创业大赛,11.5万名大学生踊跃参赛。建设“青创先锋”人才库和人才培养基地,积极搭建青年众创空间、创新创效活动小组、创新工作室等平台,举办“振兴杯”内蒙古青年职业技能大赛,为广大青工创新创效搭建平台。

促进青年创业　深入推进“草原青创”四位一体创业服务体系,积极参与“内蒙古双创周”展示活动,承办全区共青团服务青年创新创业展,同步开设线上青年创新创业成果展厅,两天访问量280万人次。举办第三届内蒙古青年创新创业大赛,吸引1423个项目参赛。全区建成青年创业园68家,入孵创业团队2736个,培训创业青年2.4万人次。实施青年创业导师“双千”结对计划。组织首批53名金融系统干部在53个贫困旗县区团委挂职,建立农村牧区青年创业金融服务站134个,为4381名创业青年提供贷款2.7亿元。完善“内蒙古青年创新创业板”运行机制,吸引挂牌项目近300个。

维护青少年合法权益　深化“共青团与人大代表、政协委员面对面”活动,深入开展“青少年维权岗”创建活动,推进“青少年维权在线”建设。切实履行自治区预防青少年违法犯罪专项组职能,联合人大内务司法委赴天津等三省区及区内5个盟市开展预防未成年人犯罪条例立法调研,代表自治区政法委对呼包两地推进依法治区工作进行了督导。自治区团委《关于加大政策扶持,促进青年创业工作》的提案获得自治区优秀提案奖。

【自身建设】　一是强化党建主体责任,全年召开党建专题党组会议7次,制定《关于落实党风廉政建设党组主体责任和纪检监督责任的实施意见》。二是着力夯实团的基层基础。深入推进“北疆基层团组织强基固本”工程,扎实推进高校团组织“活力提升”工程。抓好团委书记抓团建述职制度。成立自治区金融团工委、非公经济团工委并召开工作会议。全区新建各级团组织1825个、区域化团组织共建委员会258个,在527个农村牧区专业合作组织中建团。扎实开展“百县千乡”分类示范创建和三级述评活动。三是切实改进团员发展和教育管理。完善团费收缴、“三会两制一课”等规章制度,全年发展团员7.6万名。深入开展“学系列讲话、学团章团史,做优秀团员”学习教育，开展“两红两优”评选表彰活动。四是从严从实教育管理团干部队伍。通过实施系列密切联系青年工作制度，推动团干部制度化走进基层、生活化融入青年。加大团干部教育培训力度。

【重要活动】

5月4日，自治区党委王君书记在呼和浩特亲切接见了全区青年创新创业创优标兵和共青团“两红两优”代表。

5月31日，自治区党委副书记李佳参加自治区团委、少工委举办的“红领巾相约中国梦——关注十三五，共创新生活”主题队日活动，与呼和浩特市新城区山水小学的孩子们一起庆祝“六一”儿童节。

8月8—18日，共青团中央书记处第一书记秦宜智在内蒙古自治区开展“走进青年、转变作风、改进工作”大宣传大调研活动，到呼和浩特、包头、鄂尔多斯、巴彦淖尔、乌海、阿拉善等盟市，深入基层团干部和团员青年，宣讲共青团中央改革精神，推进共青团改革。8月9日，自治区党委书记王君在呼和浩特会见了共青团中央书记处第一书记秦宜智一行。

11月28日，内蒙古自治区党委全面深化改革领导小组第十六次会议审核通过《共青团内蒙古自治区委员会改革方案》。12月24日，自治区党委办公厅印发《共青团内蒙古自治区委员会改革方案》，标志着全区共青团改革拉开了大幕。

【荣誉】

第十届中国青少年科技创新奖：内蒙古科技大学学生张玄昱、呼和浩特市二中史励辰同学；

小平科技创新团队：内蒙古大学化工设计协会、内蒙古医科大学蒙医药现代化研究团队；

“全国优秀共青团员”荣誉称号：王叶 、高娃、王宁、杜赫、赵文龙；

“全国优秀共青团干部”荣誉称号 ：哈斯其木格、云斯琴、卢利华；

“全国五四红旗团委”荣誉称号：内蒙古自治区阿鲁科尔沁旗新民乡团委、内蒙古伊利实业集团股份有限公司团委、中国航天科工集团第六研究院团委、内蒙古自治区通辽市通辽蒙古族中学团委；

“全国五四红旗团支部”荣誉称号：内蒙古自治区阿拉善左旗巴彦浩特镇风行者越野俱乐部团支部、内蒙古自治区陈巴尔虎旗巴彦哈达苏木巴彦哈达嘎查团支部、内蒙古电力(集团)有限责任公司乌海电业局变电管理处团支部、内蒙古自治区扎鲁特旗鲁北街道玉龙社区团支部、内蒙古自治区锡林郭勒盟乌拉盖管理区中学团总支部、内蒙古自治区包头机电工业职业学校机电系团总支；

第20届中国青年五四奖章：王士良与中国第二支赴利比里亚维和警察防暴队。

（撰稿人：王洋）

妇　联

【概况】 内蒙古自治区妇女联合会是在内蒙古自治区党委和中华全国妇女联合会领导下的人民团体，基本职能是代表和维护妇女权益，推动妇女发展，促进男女平等。

自治区妇联机关现有6个部室，分别为办公室、组织联络部（与机关党委合署办公）、宣传部、儿童部、权益部、发展部。内蒙古自治区妇女儿童工作委员会办公室设在自治区妇联，承担自治区人民政府妇女儿童工作委员的日常工作。另设离退休老干部处，承担自治区妇联机关离退休人员管理和服务工作。自治区妇联核定行政编制39个，2016年底在编人员共34人，其中女29人，男5人；蒙古族11人；研究生学历6人，硕士及以上学位11人，大专及以上文化程度34人。所属事业单位7个，分别为自治区妇联机关事务服务中心、内蒙古妇女干部学校、内蒙古妇女儿童中心、内蒙古妇女杂志社、内蒙古儿童基金会、自治区家政服务指导中心和自治区家庭教育服务指导中心。

2016年，学习贯彻习近平总书记系列重要讲话精神和治国理政新理念新思想新战略，特别是考察内蒙古重要讲话和对新时期妇女和妇联工作的重要指示精神，学习贯彻自治区党委决策部署，切实增强"四个意识"，贯彻新发展理念，保持和增强政治性先进性群众性，聚焦"妇女所急、党政所需、妇联所能"，围绕中心，服务大局，立足基层、服务妇女，深入实施草原巾帼七项行动，促进妇女发展，维护妇女儿童权益，为妇女儿童做好事实事，积极谋划和推进妇联改革，团结带领各族各界妇女为建设现代化内蒙古、打造祖国北疆亮丽风景线作贡献，妇联组织的活力有了新提升，妇女工作取得了新成效。

【妇女思想政治引领】 履行妇联组织的政治任务，引导妇女群众听党话、跟党走，开展"草原巾帼心向党"党史知识答题、"巾帼心向党·扬帆新征程"党史故事接力、"党的女儿话初心"等活动；实施草原巾帼励志行动，开展"尽责圆梦、我与中国梦"、"为优秀女性点赞"等活动；在农村牧区广泛开展"我家变化"恳谈会，组织引导27万妇女畅谈党的惠民政策；向全区农村牧区妇代会推荐20部女性爱国、励志电影电视剧，组织观看4210场次，参与群众27.3万人次；动员、组织全区各行各业妇女开展争创自治区三八红旗手(集体)建功"十三五"行动，评选表彰100名三八红旗手、10名标兵和50个三八红旗手集体；实施草原巾帼家庭文明创建行动，开展"德润草原·美在家庭"主题活动，开展"好家风、好家训"万场巡讲、"廉政文化进家庭"等活动1.1万场次，参与群众52.7万人次；在城乡广泛开展寻找"最美家庭"活动，讲最美家庭故事、谈文明家风家规，共举办最美家庭故事会2.1万次，揭晓最美家庭2千多个；培训家庭教育骨干230人，完成自治区家庭教育工作"十二五"规划各项任务，开展"内蒙古家庭教育现状调查"，编印出版《内蒙古自治区家庭教育指导读本》评选书香家庭、书香社区、阅读小达人等活动4617场次；开展"魅力草原·携手未来"中蒙两国儿童庆"六一"艺术交流，为促进家庭文明建设和未成年人健康成长营造良好氛围。

【草原巾帼脱贫行动】 实施草原巾帼脱贫行动，协调党委办公厅转发《关于开展草原巾帼脱贫行动的意见》，重点从7个方面开展行之有效的精准扶贫工作。年内，全区各级妇联组织共选派689名干部直接参与脱贫攻坚工作，投入资金1153万元；引导贫困妇女坚定脱贫志向，举办励志讲堂2432场次，基层妇女参与听讲22万人次；举办各类实用技能培训班797期，培训贫困妇女3.2万人；发放妇女创业担保贷款5.3亿元，获贷妇女1.2万人；7000余名贫困妇女发展手工制作实现脱贫致富，7200余名贫困妇女在电商等领域实现就业；全区各级妇联组织共创建巾帼脱贫基地155个，辐射带动近万名贫困妇女实现增收；救助"两癌"贫困妇女1689人；引导动员女企业家协会等社会力量为贫困妇女儿童献爱心；与北京市妇联达成了两地贫困妇女201—2020年帮扶救助"四项行动"意见，获得北京市妇联100万元捐赠资金及物资。

【草原巾帼创业创新行动】 实施草原巾帼创业创新行动，支持巾帼创业浩特等女大学生创业基地建设，在高校举办"鸿雁北归·巾帼圆梦"女大学生创业导师高校宣讲等活动，为女大学生创业就业提供服务。推进巾帼家政服务工程，制定出台《家政服务规范》，开展全区家政服务业发展情况调研，形成调研报告。全年举办家政服务培训班1126期，培训家政从业人员4.2万人次，安置就业2.6万人次。自治区妇联选拔组建的内蒙古草原艾里巾帼家政队参加全国巾帼家政服务职业大赛，在31个省区市参赛的电视总决赛中获团体第三名。鼓励引导农村牧区妇女(家庭)广泛开展"美丽庭院"行动，发展庭院经济，在巴彦淖尔市、乌海市召开全区创建美丽庭院现场会，宣传推广各地典型经验，创建“美丽庭院”“百村千户”示范村、示范户，共命名106个自治区示范村，1000个自治区示范户。

【草原巾帼维权行动】 实施草原巾帼维权行动，切实履行好服务妇女和维护妇女儿童合法权益职能。加强源头维权，提高法规政策性别平等评估工作能力，对5部法规政策提出了修改意见50余条。支持和推动四个市建立性别平等评估机制。开展土地确权登记颁证工作中妇女权益情况调研，为出台相关决策提供参考。充分发挥12338妇女维权热线和妇联五级信访网络作用，推进信访受理、普法咨询、法律援助、心理疏导、帮扶救助为一体的维权服务模式，为广大妇女儿童提供便捷、贴心服务。全年全区各级妇联共接待办理来信来访案件2500余件，结案率96%。依托“妇女之家”、婚姻登记处、妇女维权站等，调解婚姻家庭纠纷2000余件，其中示范调解室调解成功率60%以上，自治区妇联连续13年获得自治区综合治理工作先进单位。利用“三八”妇女维权周、“12·4”国家宪法日等重要节点和反家庭暴力法颁布契机，开展“建设法治内蒙古、草原巾帼在行动”普法宣传活动，利用内蒙古广播电视台“百姓热线”“法制直播间”等新闻媒体，广泛宣传“两纲”“两法”等与妇女儿童和婚姻家庭密切相关的法律法规，提高广大妇女法律意识和法治观念。全区各级妇联开展妇女法治宣传教育活动4000多场次，参与群众50多万人，自治区妇联权益部被中宣部、司法部评为全国“六五”普法先进单位。

【草原巾帼暖心行动】 持续推进草原巾帼暖心行动，2016年争取到各类公益项目资金9400余万元，受益妇女儿童约7.5万人。实施“母亲健康快车项目”、开展“送医送药送健康”活动，受益妇女55万人。出台《内蒙古自治区妇联贯彻落实〈国务院关于加强农村留守儿童关爱保护工作的意见〉的实施意见》等文件，构建留守流动儿童关爱服务体系，建成12个“留守儿童家园”。推动“两纲”实施，自治区经济社会发展“十三五”规划纲要中，对妇女儿童相关工作目标作出部署；协调19个部门将涉及“两纲”目标任务纳入部门“十三五”专项规划；以国务院“两纲”中期评估督导为契机，集中解决一批重难点问题，推动所有旗县（市区）全部落实妇儿工委办公室的编制单列、机构单设、人员专职和经费专拨的“两纲”目标任务，走在全国前列，开创了妇女儿童事业发展新局面。开展巾帼志愿服务工作，全区现有巾帼志愿者队伍7900多支，实名登记在册的巾帼志愿者12.5万多人，为基层群众送去维权、关爱等志愿服务，涌现出周末妈妈、守门人行动等志愿服务工作品牌。

【妇联干部和女干部培训】 开展妇联干部培训，与自治区党委组织部联合举办6期全区旗县、苏木（乡镇）妇联主席培训班，对旗县（市区）、苏木（乡镇）妇联主席861人进行普遍轮训，举办第十期全区女领导干部公共管理高级研修班以及第七期女大学生村干部和嘎查村女干部示范班。将全区妇联系统基层骨干培训班纳入自治区党委组织部党校培训主体班次。在上海交通大学举办贯彻落实自治区第十次党代会精神，推进妇联基层组织建设培训班。向各盟市和计划单列市妇联共拨付120万元，对3734名“妇女之家”负责人、妇代会主任（妇联主席）进行培训。加强女性人才工作，完成设计建设全区女性人才库前期工作，与呼和浩特市委联合举办首届内蒙古女性人才职业发展论坛。

【自治区妇联改革】 自治区妇联以切实保持和增强妇联组织和妇联工作的政治性、先进性、群众性为出发点，以解决机关化、行政化等脱离妇女群众的问题为落脚点，以进一步增强组织活力为着力点，重点从改革领导机构人员构成、机构设置和运行机制，改革自治区妇联机关干部选拔任用方式和管理制度，改革创新基层组织建设，打造“网上妇女之家”，创新动员妇女服务大局的载体和方式，提高服务妇女、维护妇女合法权益能力，切实加强党的领导等七个方面，制定提出25条改革具体措施。《自治区妇联改革方案》经自治区全面深化改革领导小组审议通过，并由自治区党委办公厅印发。

【基层妇联改革试点工作】 为适应党对新时期妇女工作的新要求，解决妇联干部和妇女工作者“倒金字塔”结构，在包头市土默特右旗开展乡镇妇联组织区域化建设改革试点工作，构建基层妇联组织“三联三化”工作机制，打破原有的行政壁垒和条块分割，实现区域化的组织覆盖。同时，推动实现乡镇妇联主席专职化，扩大兼职妇联干部队伍。承办全国现场推进会。为将试点成果在全区推广，自治区妇联召开全区苏木乡镇妇联组织区域化建设现场会。在呼和浩特市开展社区扩大妇联组织成员和嘎查（村）妇代会改建妇联试点工作，66个乡镇街道增加妇联执委1616人、常委442人、副主席144人，全市共增加基层组织成员7010人。在乌兰察布市集宁区开展社区妇联主席专职化试点工作，75个社区全部配备有1名专职主席、1名兼职副主席，并将试点工作扩大到11个旗县（市区）的202个社区。探索建立村企妇联、小微企业妇联等，制定出台《关于进一步加强高校妇女工作的意见》和《关于加强新形势下非公有制经济组织和社会组织妇女组织建设的意见》，推动基层妇联组织建设改革向高校和非公有制经济组织和社会组织延伸。抓住全区苏木（乡镇）党委换届契机，协调自治区党委组织部出台《关于苏木乡镇领导班子职数设置的通知》，对妇联主席进苏木乡镇领导班子做出明确规定，为基层妇联干部更好地服务大局、服务妇女提供有利条件。

【改进联系服务基层妇女群众方式】 出台并实施《关于深入开展五级示范抓引领、广泛联系服务基层妇女工作的意见》，动员组织各级妇联干部深入基层，开展“下基层、访妇情、办实事”活动，面对面了解妇女需求，为她们办实事、解难事。各级妇联干部联系服务基层妇女74.1万人次。开展“内蒙古万名城乡妇女大调查”，使妇联组织服务妇女工作更具针对性和实效性。自治区妇联积极推进联系和服务基层妇女方式改革得到自治区党委高度重视，自治区党委副书记李佳、组织部部长李鹏新分别作出重要批示，对此项工作给予充分肯定并提出指导意见。

【加强网上妇女群众工作】 加强网络和新媒体工作，自治区妇联系统新媒体矩阵初具规模，实现了自治区、盟市、旗县妇联组织微信公众号全覆盖，360多个新媒体平台上下联动，纵横联通，覆盖超过350万人。自治区妇联官方微信“北疆女声”上线一年来，保持在全国妇联系统微信排行榜和自治区政务微信排名前列，粉丝数42万人，总阅读量706万，获得全国最具影响力妇联系统新媒体奖。充分利用传统媒体及新媒体平台，广泛开展宣传活动，2016年，各级妇联在国家和自治区主流媒体发表稿件1220篇次，10项工作信息被全国妇联《妇工要情》采用，直报中央办公厅。

【沈跃跃赴内蒙古调研】 1月20—21日，全国人大常委会副委员长、全国妇联主席沈跃跃深入呼和浩特市和乌兰察布市卓资县、察哈尔右翼前旗、集宁区、兴和县，就学习贯彻习近平总书记系列重要讲话精神和中央重要决策部署，推进精准扶贫、妇女创业就业和基层妇联组织建设等工作情况深入调研，并开展“送温暖·三下乡”活动，看望慰问各族妇女群众，全国妇联副主席、书记处书记焦扬一同调研。自治区党委常委、组织部部长李鹏新汇报了党的十八大以来全区扶贫开发工作情况并陪同调研，自治区人大常委会副主任赵忠陪同调研。

【国务院妇儿工委对自治区实施两纲情况进行中期评估督导】 6月12—17日，以国家统计局副局长贾楠为组长的全国两纲中期评估督导组一行13人到内蒙古，通过听汇报、座谈交流、查阅资料、实地考察和入户访谈等方式对内蒙古自治区贯彻实施《中国妇女发展纲要（2011—

2020年)》《中国儿童发展纲要(2011—2020年)》工作进展情况进行全面评估督导。评估结果显示,截至2015年末,在《中国妇女发展纲要(2011—2020年)》58项可量化指标中,提前达标的有26项,占44.83%;预期可达标的有27项,占46.55%。在《中国儿童发展纲要(2011—2020年)》34项可量化指标中,提前达标的有25项,占73.53%;预期可达标的有7项,占20.59%。

【全国乡镇妇联组织区域化建设改革创新现场推进会在包头市召开】 9月21—22日,全国妇联在包头市土默特右旗召开乡镇妇联组织区域化建设改革创新现场推进会。全国妇联党组书记、副主席、书记处第一书记宋秀岩出席会议并讲话。来自31个省区市妇联的分管主席、副主席和组织部长听取了土默特右旗关于乡镇妇联组织区域化建设改革的情况介绍,深入萨拉齐镇、沟门镇、苏波盖乡、美岱召镇妇女之家、巾帼创业园、女性社会组织等进行现场观摩,并就如何从自身实际出发、因地制宜、大胆进行探索实践进行座谈交流。宋秀岩要求全国各省区市妇联推广土默特右旗经验,将乡镇妇联组织区域化建设内容纳入本省妇联改革方案。

(撰稿人:赵瑞荣 佟凯)

科 协

【概况】 内蒙古自治区科学技术协会(以下简称自治区科协)深入贯彻党的十八届五中、六中全会、习近平总书记系列讲话精神和自治区第十次党代会精神,学习领会全国“科技三会”和自治区科技创新大会精神,贯彻落实中央和自治区改革精神,坚持围绕中心,服务大局,促进科技与经济紧密结合,开创科协工作新局面。

【内蒙古科协系统深化改革】 根据中办发《中国科协系统深化改革方案》的总体要求,启动《内蒙古科协系统深化改革实施方案》(以下简称《方案》)起草工作,8月初形成《方案》征求意见稿之后,2次征求自治区党委组织部、编办、财政厅等18个相关部门意见。自治区党委副书记李佳和自治区分管副主席多次组织专题会议研究《方案》,对职能优化调整、旗县科协机构独立建制、人均科普经费等给予有力指导和积极协调。中国科协在地方科协深化改革工作交流研讨会上,对自治区《方案》情况给予肯定。自治区人民政府专题会议和自治区深改领导小组第16次会议分别审议通过《方案》,标志着自治区科协改革步入全面实施阶段。12月30日,《内蒙古科协系统深化改革实施方案》正式印发。

【学术交流】 支持22家学会成功举办第十一届内蒙古自治区自然科学学术年会分会。组织开展金秋学术月系列活动17项,对29个重点学术交流项目进行资助,编辑出版《第十一届自然科学学术年会优秀论文集》,收集优秀论文305篇。全年全区学会共举办学术交流会议200多场次,承办全国性学术交流会议16次。发挥地缘优势,组织“第四届中俄蒙国际骨科满洲里论坛”“中蒙俄少年儿童科幻美术作品展”和“中俄蒙国际论坛2016年会”征文活动,助力“一带一路”建设。深化两岸科技合作,举办第七届海峡两岸青年学子科技交流活动。联合中俄蒙智库合作联盟、内蒙古自治区发展研究中心共同举办“中俄蒙智库国际论坛”,承担“科技合作与交流”专题论坛。

【决策咨询】 组织开展2016年度科技工作者建议征集工作和调研课题申报工作,经专家委员会评审,在75条建议和300余份申报书中,择优选出11条建议和21个课题,报送自治区党委、政府及相关部门,并对每个调研课题资助经费4.5万元。

【承接政府职能转移】 落实《内蒙古科协所属学会有序承接政府转移职能试点工作实施方案》,承接自治区人力资源和社会保障厅(以下简称自治区人社厅)授权的“国家科技咨询师”

认证鉴定及培训工作，培养科技咨询师720名。联合自治区人社厅印发《2016年全区职称工作安排意见》，积极争取内蒙古科协所属学会试点探索开展自治区非公有制经济组织专业技术人员中级职称评定工作。自治区科协所属107家学会中，已有16个学会承接9个政府部门的31项职能，30家学会有承接意愿，并具备基本承能条件。

【创新驱动助力工程】 与有关部门共同举办内蒙古2016大众创业万众创新活动周，承担了其中的“创客工坊”项目。在第十八届中国科协年会科技工作者创新创业大赛中，内蒙古农机学会等单位的5个科技工作者创新团队分别取得2银，2铜，1优秀佳绩。全年成立33个院士专家工作站，累计建站102个，引进院士116人，专家学者600余人。引进高层次科技人才1000余人，培养本土科技人才2169人。大力开展“科技信息企业推广应用服务项目”，举办“专利应用工程师培训班”和“知识产权战略巡讲活动”，培训企业专利应用开发人才653名。

【科学普及】

基层科普行动 组织实施2016年基层科普行动计划，全区共90个单位和个人获中国科协、财政部奖补资金1320万元；28个单位和个人获自治区“基层科普行动计划”项目奖补资金190万元。组织申报2016年中国农技协转型升级项目，内蒙古农技协联合会和通辽市扎鲁特旗玛拉沁艾力养牛协会共获项目资金20万元。大力开展科普示范县（市、区）创建活动，呼和浩特市赛罕区等15个单位被中国科协命名为“2016—2020年度全国科普示范县（市、区）”，每个单位获公民科学素质建设能力提升项目资金4万元。

科普阵地建设 全区已建有科技场馆53座（自治区级科技场馆1座，盟市级10座，旗县级42座），科普网站55个，科普教育示范基地30家，科技教育示范学校61家。全区盟市级科技馆在建3座、规划建设1座，旗县级科普场所在建3座、规划建设1座。全区运行“中国流动科技馆”15套，配发更新科普大篷车55辆，巡展68站，覆盖12个盟市66个旗县（市、区），参观人数达140多万人次。内蒙古科技馆等6家单位实施科技馆免费开放项目，共获中央财政专项补助资金2825万元。招标配置45套“科普中国”乡村e站和社区e站并试点运行。

科普系列活动 全年建成旗县（市、区）科普网络书屋46个，组织举办科普网络书屋专题培训班2期，11个盟市48个旗县（市、区）参加。组织开展“科普文化进万家”活动，科普大篷车、科普V视等7个板块数10项重点活动走进社区、农村牧区和校园。开展以“尚德守法，共治共享食品安全”为主题的“2016全区食品安全宣传周科协主题日”活动。与内蒙古广播电台合作共建的“绿野之声”“天天科普”栏目。针对农牧区特点和需求，编辑出版《新编农牧民科普系列丛书》赠阅农牧民5000册80 000余本。

青少年教育工作 举办第三十一届内蒙古青少年科技创新大赛、青少年机器人竞赛并组织参加全国赛事。组织全区320名学生参加12所“985”高校的青少年高校科学营活动，全区183所学校近30万名学生参加青少年科学调查体验活动，推荐36项作品参加全国青少年科学影像节。开展青少年科技教育大讲堂、全国科技周青少年科普大联动赤峰行等活动，共邀请6位院士专家为青少年开展科普讲座10次、科技体验课及互动展示36次。启动“中学生英才计划”内蒙古试点项目，积极探索科技创新后备人才培养机制。实施中国科协与联合国儿基会“非正规教育项目”，提高农牧区青少年的素质和技能。全年开展9次“送培到基层”及各类科教活动的专项培训，700余人参加培训。

【服务科技工作者】 举办2016年内蒙古自治区科学道德和学风建设集中宣讲教育报告会2场，评选表彰全区优秀科技工作者40名，其中5

人获全国优秀科技工作者荣誉称号。推荐自治区科协常委李国靖的调研课题《欧美科技社团服务会员方式和机制研究》入选中国科协专项资助项目,获得10万元资金支持。发挥10个中国科协调查站点功能，收集整理上报稿件79篇，其中2篇由中国科协刊发,1篇获有关领导批示。向中国科协“九大”(内蒙古)代表和基层科技工作者赠阅《科协论坛》《身边科学》《内蒙古科协》《内蒙古科技报》等报刊。建立科协系统科技工作者微信群,广泛征集意见建议,了解科技工作者诉求,加强科技工作者日常交流。在内部刊物《内蒙古科协》开辟专栏宣传报道优秀科技工作者的先进事迹。9月,组织部分科技工作者代表赴江苏、上海等地调研学习科普信息化建设工作。组织医学专家50余人赴乌拉特后旗医院、蒙医院坐诊,指导培训医务工作者。

【自身建设】 通过召开常委会、全委会、干部职工大会、盟市科协工作座谈会等多种方式,迅速传达中央、自治区会议及文件精神,深入学习贯彻落实中央和自治区党委关于党的群团工作的各项部署要求。6月,组织召开党风廉政建设暨“两学一做”学习教育推进会,与各党支部书记签订责任书。7月,组织开展“责任担当、服务圆梦”主题教育活动。10月,完成科协系统机关党委“两委”及10个党支部换届工作。11月,举办全区盟市旗县(市、区)科协系统骨干培训班,邀请中国科协5位正局级领导做专题报告,180余人接受培训。修订完善《内蒙古科协党组会议议事决策制度》等10项制度。探索新时期网络和信息宣传工作的新方法、新思路,强化“两网两微”平台建设。改版升级自治区科协门户网站,健全信息发布机制,大幅提升信息更新频率。利用官方微信、微博,围绕时政热点、科协重大活动等开展宣传,增强互动性,宣传作用得到有效发挥。

【2016年内蒙古自治区“全国科普日”活动启动暨内蒙古科技馆开馆仪式】 9月20日,2016年内蒙古自治区全国科普日活动启动暨内蒙古科技馆开馆仪式在内蒙古科技馆举行。自治区党委副书记李佳、自治区人大常委会副主任吴团英、自治区政协副主席牛广明,高能天体物理学家、中国科学院院士李惕碚,国际博协执行局执行委员、中国自然博协名誉理事长、内蒙古科技馆建设专家顾问李象益等专家及相关厅局领导出席启动仪式。自治区科协主席孙俊青主持开幕式。自治区科协党组书记、副主席斯琴毕力格致开幕辞。全民科学素质工作领导小组成员单位,部分区直、呼和浩特市级学会,学校师生、科研院所、企业、新闻媒体、社会公众参加活动。在内蒙古科技馆场内外开展航天科普报告、交流座谈,科普嘉年华等主会场活动。由自治区科协、科技厅、教育厅联合主办,以“创新放飞梦想 科技引领未来”为主题的2016年内蒙古自治区全国科普日活动在全区范围内开展。

【中蒙俄智库国际论坛2016——科技交流与合作分论坛】 9月28日，中蒙俄智库国际论坛2016——科技交流与合作分论坛在呼和浩特举行。来自中国、俄罗斯、蒙古国智库的知名专家学者进行精彩演讲与深度讨论，为谋划和推动中俄蒙经济走廊建设建言献策。会上,中蒙俄三方的10位专家学者就生态与经济社会可持续发展、科技创新合作2个议题作主题发言。中蒙俄三方的五位专家就主题发言中的问题交流讨论。本次论坛以“中蒙俄经济走廊:对接与拓展”为主题，以主论坛主旨演讲和平行论坛专题交流方式开展,“科技交流与合作” 为第五平行论坛主题。这次论坛是落实今年6月中蒙俄三国政府共同签署《建设中蒙俄经济走廊规划纲要》的重大举措之一,得到三国有关部门大力支持。论坛成果将在推进三国交通基础设施互联互通、口岸建设、产能、投资、经贸、人文、生态环保等领域合作方面发挥智力支撑和引领作用。

【第十一届内蒙古自治区自然科学学术年会】 12月22日,第十一届内蒙古自治区自然科学学术年会在呼和浩特召开，各盟市科协科协、科研院所、科技工作者等300余人参加。本届年会由自治区党委组织部、科协、教育厅、科技厅、人力资源和社会保障厅共同举办，主题“创新发展 科技引领”，主要突出学术性和学科交叉，促进不同学科领域间的交流、新兴科技与新兴产业的深度融合。会上，宣读了第十一届内蒙古自治区自然科学学术年会优秀论文获奖名单，并为优秀论文获奖代表颁奖。年会特邀腾讯公司副总裁、技术管理委员会主任、中国计算机学会副理事长王巨宏作“互联网+时代大数据的发展与应用创新”主题报告。本届年会共向全区征集科技论文634篇，经第十一届内蒙古自治区自然科学学术年会论文评审专家委员会评审和年会组织委员会终审，最终评选出优秀论文305篇。其中：一等奖40篇，二等奖96篇，三等奖169篇。编辑出版《创新发展 科技引领——第十一届内蒙古自治区自然科学学术年会优秀论文集》。

（撰稿人：吴欣倩）

社　科　联

【概况】 内蒙古自治区社会科学界联合会（以下简称自治区社科联），是在自治区党委领导下的社会科学学术性人民团体，是自治区社会科学界学术团体的联合组织，是党和政府联系全区社会科学工作者的桥梁和纽带，是繁荣发展社会科学事业和先进文化的重要力量。社科联的主要职责是社科学术团体、民办社科研究机构业务主管单位，指导盟市、高校、企业的社科联工作；组织社会科学界开展学术研究，为各级党委、政府科学决策及社会各界现实需求提供咨询服务，着力打造“北疆智库”；组织和推动社会科学知识的普及工作，促进社会科学研究成果的社会化；受自治区党委、政府委托，组织全区哲学社会科学优秀成果政府奖的评选工作；促进社会科学学术团体之间、理论工作部门与实际工作部门之间、社会科学界与自然科学界之间的联系与协作，加强与兄弟省、自治区、直辖市社会科学界的联系，组织开展国内外学术交流与合作；促进社会科学学科建设和人才队伍建设，表彰先进集体和先进个人；收集、编辑、出版北疆系列社会科学类图书、刊物，管理内蒙古自治区社会科学馆；维护社会科学工作者的合法权益，反映社会科学界的意见和要求；承担自治区党委、政府交办的其他事项。内蒙古社科联现有所属区直社会科学类学会、协会、研究会、民办社科机构124家，会员10万余人。基本形成了覆盖马克思主义、哲学、政治学、文学、语言学、新闻学与传播学、艺术学、历史学、考古学、法学、社会学、民族学、经济学、统计学、管理学、图书馆、情报与文献学、教育学、蒙古学、民族理论、草原文化等学科的社科学术社团网络。内蒙古社科联联系着自治区高等院校、党校、社科院、党政部门研究机构和盟市旗县社科联等社科界各路大军，具有学科齐全、人才荟萃、联系面广的综合优势。内蒙古社科联机关参照公务员管理，内设办公室、社团管理与社科评奖部、社会科学普及部、社会科学信息与研究部和机关党委5个职能处室；下辖机关事务服务中心和学刊杂志社2个处级事业单位。内蒙古社科联主管、主办内蒙古社会科学网；主管、主办两种期刊，分别是社科类综合性学术月刊《前沿》和社科界工作指导性刊物《内蒙古社会科学动态》。

【深入学习宣传贯彻党的理论政策】 坚持把推动社科联系统学习宣传解读党的理论政策作为一项重要政治任务常抓不懈，学习贯彻中央和自治区党委领导的重要讲话精神，深入贯彻十八届六中全会以及自治区第十次党代会精神。制定《内蒙古社科联新常态新理念专题轮训工作方案》，邀请自治区专家集中授课，对全体干部职工开展轮训工作。制定出台自治区社科联《关于意识形态工作责任制实施细则》，组织召开社科联系统意识形态工作培训会，学习传达《党委（党组）意识形态工作责任制实施细则》，邀请自治区党委宣传部领导作专题讲座。制定出台自治区社科联《贯彻落实习近平总书记在哲学社会科学工作座谈会上重要讲话精神主要任务分工安排的实施意见》，作为省区市社科联，率先编写出版学习解读习近平总书记在哲学社会科学工作座谈会上重要讲话精神的专著——《肩负起繁荣发展哲学社会科学的时代重任》。组织举办内蒙古社科联系统学习贯彻十八届六中全会精神报告会和自治区党委第十次代表大会精神研讨会，邀请专家对十八届六中全会精神和自治区第十次党代会精神进行学习解读。撰写《打造祖国北疆亮丽风景线的行动纲领——内蒙古自治区第十次党代会精神解读》文章。组织开展“机关大讲堂”活动，150余人次参加学习。

自治区社科联主要负责同志，为全区举办的6期新常态新理念轮训班作专题报告；有4名同志入选自治区党委组织的“两学一做”学习教育宣讲团，承担宣讲任务；主要领导参加了自治区党的十八届六中全会精神宣讲团和第十次党代会精神宣讲团。全年，社科联领导为自治区党政机关、盟市旗县、高校、企业作各类专题报告近60场。

【社科研究和成果推广】 改进完善社会科学研究课题的运作机制，新增社会科学普及项目、外语专项研究课题和艺术专项研究课题。通过公开征集选题、集中申报、专家评审等环节，共立项94项。总共资助金额近300万元。组织研究力量编写迎接自治区成立70周年重点理论图书课题《内蒙古经济建设70年》。开展《内蒙古财政发展70年》《内蒙古经济结构变迁70年》重点课题的研究工作。《北疆智库》内刊累计编辑出版37期。组织完成《内蒙古发展问题研究集萃（2016卷）》《内蒙古自治区社会科学研究课题成果集萃（2016卷）》，成果集结为“内蒙古自治区北疆研究文库”系列丛书。组织开展《固本强基夯实我区农村牧区基层党组织建设》等2项研究成果获得全区组织工作调研成果二等奖，受到自治区党委组织部表彰。

【社科普及活动】 组织开展主题为“社会科学工作者要为全面建成小康社会献智尽责”的第十届社科普及周活动。活动周期间，全区共有上百家单位、300余位社会科学工作者和实际工作者投入到北疆讲坛、基层大讲堂、现场咨询和“五进”活动，为全区各族群众奉上760余项社科普及大餐，参与群众达20余万人次。2016年，组织举办“北疆讲坛”25场。出台“北疆讲坛”管理办法。进一步加强社科普及基地的建设。今年，与自治区党委宣传部共同命名内蒙古广播电视大学、实践杂志社等8家单位为自治区第5批社科普及基地。借助《前沿》介绍工作突出的社科普及基地14家。今年，内蒙古共有3家科普基地、3名社科普及专家和3名社科普及工作者、3部社科普及读物在全国第十七次社会科学普及工作经验交流会上受到表彰。

有力推动社科普及立法工作。2016年7月召开的内蒙古自治区十二届人大常委会第二十四次会议，将制定《内蒙古自治区社会科学普及条例》列入自治区人大常委会十三届立法规划，并对制定《内蒙古自治区社会科学普及条例》的目的、意义及立法工作的程序性、严肃性作了说明。

【社科类社团管理】 参与指导部分社团年会、研讨会和换届会近20次。建立社团退出机制，清理整顿了4家长期不开展活动的“僵尸社团”。稳步发展新社团，审批成立8家社团、接收6家社团。截至2016年底，社科类社团124家，其中社科联业务主管单位为80家。推进社团党组织建设，召开内蒙古区直社科类社团党建工作会，至2016年成立60多家社团党组织建设试点单位。推动高校社科联建设，自治区已有7所高校（内蒙古师范大学、内蒙古财经大学、内蒙古医科大学、河套学院、集宁师范学院、呼伦贝尔学院、满洲里学院)成立社科联。

召开社团建设咨询委员会会议，专题研究讨论社科联社团活动资助项目和修订评奖办法等问题，评审出2016年度社团活动资助项目，全年资助12家社团开展学术活动,共计金额20万。2016年,内蒙古共有3家社团、3名社团负责人在全国第十七次学会工作经验交流会上受到表彰。

【社科优秀成果评奖工作】 重新恢复停顿4年的哲学社会科学优秀成果奖评选工作，组织评选自治区第五届哲学社会科学优秀成果奖。成立由自治区党委宣传部长乌兰、自治区分管副主席担任主任委员的评选委员会。经所在单位初评、专家组复评、一等奖外评、评选委员会终评等环节,评选出一等奖11项,二等奖120项,三等奖235项。组织召开社科优秀成果奖颁奖大会，自治区四大班子相关领导出席会议并为获奖代表颁奖,自治区党委常委、宣传部部长白玉刚讲话。精选27项获奖成果作为第二届内蒙古自治区社会科学学术活动月的巡讲内容,在1个月时间内深入自治区高校、科研院所、社团等地,集中开展34场巡讲活动。

【社会科学载体建设】 组织举办主题为“集聚发展新动能”的“北疆论坛2016”,论坛邀请到区内外专家30余位,参会人员1300人,论坛微博当天点击量近50万，区内外20余家媒体进行了报道。组织举办8场“北疆学术沙龙”,其中“创新发展 引领未来——内蒙古青年双创学术研讨会”，吸引了区直机关青年学者近百人参会,10余位青年专家发表主旨演讲。内蒙古社会科学网推出“学习贯彻习近平总书记在哲学社会科学工作座谈会上的讲话精神”“北疆论坛2016”“社会科学学术活动月”等专题,网站日最高点击量达到千人以上。自治区社科联官方微博微信等新媒体公众平台，全年发布信息800余条,微信公众号累计浏览量4万余人次,微博浏览量突破50万人次。《内蒙古社会科学动态》全年出版12期。《前沿》杂志突出特色,广泛与区内外优秀社科理论专家学者沟通，注重提升文章的质量，减少刊发文章数量，全年出版12期,发表文章242篇,被《新华文摘》摘编2次,被人大报刊复印资料全文转载5篇。《前沿》杂志社组织举办全区社科期刊协作会议。2016年,自治我社科联在各级新闻媒体刊登理论文章和新闻报道稿件近20篇，接受内蒙古电视台、电台多次采访。

【自身建设】 自治区社科联领导班子紧密团结在以习近平同志为核心的党中央周围，自觉维护党中央的权威，始终以党的旗帜和方向为引领,集中力量组织开展“两学一做”专题学习教育活动。年初,在呼和浩特召开自治区社会科学界联合会六届二次全委(扩大)会议。自治区社科联各专兼职副主席以及盟市社科联、各直属社科类团体的会长、副会长、秘书长、委员约150多人参加会议。会上明确了全年工作重点任务、会议增补了自治区社科联第六届委员会委员2名。

全年召开13次党组中心组(扩大)理论学习会,深入学习《准则》和《条例》。组织召开高质量的专题民主生活会和组织生活会。配合自治区党委第七巡视组进行为期2个月的巡视工作和巡视反馈工作。切实履行党风廉政建设主体责任和监督责任,自觉承担“一岗双责”责任,深入推进自治区社科联党风廉政建设工作的落实。制定《内蒙古自治区社会科学界联合会深化改革实施意见(征求意见稿)》。根据加强群团工作的政治性、先进性、群众性要求,改革社科联委员的构成,大幅度增加一线委员、青年委员。配合完自治区党委“十个全覆盖”蹲点督查和驻村扶贫工作。

(撰稿人:毕力格)

工 商 联

【非公有制经济人士思想政治教育】 2016年4月6—8日，内蒙古自治区工商业联合会（以下简称自治区工商联）举办学习贯彻习近平总书记在政协民建工商联界委员联组会上的重要讲话精神研讨班。11月11日，召开非公有制经济人士学习贯彻党的十八届六中全会精神报告会。12月7日，召开非公有制经济人士学习宣传贯彻自治区第十次党代会精神报告会。3月29日，自治区工商联召开以"守法诚信、坚定信心"为重点深入开展非公有制经济人士理想信念教育实践活动电视电话会议。会议的主要内容是贯彻落实习近平总书记讲话精神，对深入开展非公有制经济人士理想信念教育实践活动进行动员部署。

【教育培训】 先后在中国青年政治学院举办自治区工商联青年企业家培训班，在浙江大学举办女企业家素质能力提升培训班，和全区非公有制经济代表人士培训班。培训期间，根据各班的情况，分别召开青年工作委员会、妇女工作委员会、代表人士培训班座谈会。

【宣传工作】 9月，举行"2016内蒙古民营企业100强"发布会，发布"2016内蒙古民营企业100强"名单和《2016内蒙古民营企业100强分析报告》，在社会上引起较大反响。内蒙古自治区8家企业入围2016年中国民营企业500强。

【调研参政】 自治区工商联提交《关于在经济新常态下支持民营企业发展的提案》《关于支持本土煤炭企业走出困境的提案》《关于鼓励支持民营企业投身绿色农牧业产业化建设的提案》。其中，《关于在经济新常态下支持民营企业发展的提案》被内蒙古自治区政协评为优秀提案。与内蒙古自治区金融办联合制定《关于内蒙古自治区金融业支持非公有制经济发展十条措施》。组织撰写的《内蒙古自治区私营企业和外资企业管理技术人员统战工作情况调研报告》一文荣获2016年度全区统战理论政策研究成果二等奖。

【法制建设】 自治区工商联充分发挥桥梁纽带作用，结合非公有制经济法律维权现状和保障非公有制经济发展的工作实际，主动对接自治区法检"两院"，推动出台《关于依法保护和促进非公有制经济健康发展的若干意见》和《关于充分发挥检察职能依法保障和促进非公有制经济健康发展的十二条措施》。

【精准扶贫】 自治区工商联与扶贫办和内蒙古光彩会联合组织开展"村(嘎查)企合作"精准扶贫开发行动。全区有373家非公有制企业与373个村（嘎查）结对帮扶，693个扶贫项目投入资金约14.53亿元，惠及1.74万多个建档立卡贫困户和6.5万多名贫困人口。组织企业以各种形式捐赠资金及物品累计折合7081万元。

【光彩事业】 协助内蒙古光彩会召开第二次光彩事业理事会；帮助企业家为云南通海县兴蒙中心小学捐资助学搭建捐助平台，捐助款项27万元。

【构建和谐劳动关系】 自治区工商联与自治区司法厅、综治办、人力资源和社会保障厅联合制定出台《关于推进劳动争议人民调解工作的意见》。组织全区3177家民营企业参加"2016年民营企业招聘周"活动，签订就业意向31 027人。

【会员发展】 截至年底，全区工商联共有会员105 694个。其中：企业会员47 806个，占会员总数的45.2%；个人会员56 197个，占会员总数的53.2%；团体会员1691个，占会员总数的1.6%。自治区工商联直属会员23 719个，其中企业会员17 320个，个人会员6239个，团体会员160个，团体会员中行业商（协）会97个，异地商会46个，二级商会2个，其他15个。19个省级内蒙古商会建立了联系，在10个省（市）、一个计划单列市设立了内蒙古总商会联络处；与3个国家的（英国、蒙古国、美国）有关社团组织建立了友好商会关系。

【组织建设】 2016年,内蒙古自治区共有26个旗县级工商联被确认为“全国‘五好’县级工商联”。11月,召开全区基层组织建设经验交流会,36个旗县工商联被确认为“全区‘五好’旗县级工商联”,34家工商联所属商会被确认为全区“五好”商会。8月底,为整合海内外蒙商资源,打造蒙商品牌,筹备成立“内蒙古自治区工商联蒙商协作委员会”,延伸工商联工作范围,扩大服务半径。近年来,自治区工商联先后在10个省(市)和1个计划单列市设立内蒙古总商会联络处,为促进内蒙古与各省市经济横向联系、信息共享、共谋发展搭建交流合作平台。成立自治区工商联青年工作委员会和妇女工作委员会,制定相关工作章程、办法等。

【自身建设】 4月,自治区工商联十一届八次常委会、十一届五次执委会在兴安盟阿尔山市召开。9月26日,自治区工商联十一届九次常委会、十一届六次执委会在伊金霍洛旗召开。大会选举安润生为内蒙古自治区工商联主席、内蒙古自治区总商会会长。

【蒙商大会举办】 2016年8月底,牵头组织承办内蒙古首届蒙商大会暨民间投资合作洽谈会。来自世界各地的蒙商、知名民营企业家代表等1200多人参加盛会。自治区主席布小林出席大会并作重要讲话,自治区相关部门主要负责人作产业优势、政策环境等情况介绍。洽谈会期间,12个盟市共召开座谈会、推介会28次,开展实地考察29次,考察人数1200人次,发放宣传册、项目册、影音资料近2万份。共有449个项目签订正式合作协议或者达成意向协议,投资额5942亿元。其中:正式签约项目242个,投资额2925亿元;意向协议项目207个,意向投资额3017亿元。这次大会是自治区近年来少有的规格高、规模大、有特色、重实效的大型民间商务洽谈活动和民间合作交流活动,社会关注度高、辐射面广,影响持久,取得一系列重要成果。

(撰稿人:郑洪军　郭建波)

残　联

【概况】 1988年7月30日,成立内蒙古自治区残疾人联合会(以下简称自治区残联),副厅级,核定事业编制13名,由自治区民政厅代管。下设办公室、群工部、康复部、宣教部、基金部。1989年4月8日,成立内蒙古残疾人福利基金会。1990年4月26日,成立内蒙古自治区聋儿听力语言康复中心。1992年1月10日,成立内蒙古自治区残疾人联合会党组。1995年8月1日,明确自治区残联是自治区政府领导的副厅级事业团体,下设办公室、群工部、就业服务部、宣教部、基金部、康复部,核定自治区残联机关事业编制40名,并将“内蒙古自治区聋儿听力语言康复中心”更名为“内蒙古自治区残疾儿童康复中心”,成立内蒙古自治区残疾人职业技术培训中心。1995年9月11日,机构规格由副厅级升为正厅级。1997年2月27日,成立内蒙古自治区残疾人劳动服务中心。1998年1月16日,将“群工部”更名为“组织联络部”,“宣教部”更名为“宣传文体部”,“就业服务部”更名为“教育就业部”,更名后职能不变。1998年4月3日,成立自治区残疾人联合机关事务服务中心。1998年4月20日,成立“内蒙古自治区残疾人康复服务中心”,同时挂“内蒙古自治区聋儿听力语言康复中心” 牌子,“内蒙古自治区残疾人劳动服务中心”增挂“内蒙古自治区残疾人用品用具供应服务站”“内蒙古自治盲人按摩服务中心”牌子。2001年12月11日,自治区残联机关机构改革,内设办公室、组织联络部、教育就业部、宣传文体部、康复部、基金部,核定自治区残联机关事业编制31名。2003年11月5日,“组织联络部”更名为“组联与维权部”。2006年12月31日,内蒙古自治区残疾人康复服务中心增挂内蒙古自治区辅助器具资源中心牌子。2009

年12月16日，自治区残联内设的组联与维权部分设为组联部、维权部。2012年12月24日，将“内蒙古自治区残疾人劳动服务中心”更名为“内蒙古自治区残疾人就业管理中心”，将“内蒙古自治区残疾人职业技术培训中心”更名为“内蒙古特殊职业技术学校”（挂内蒙古自治区残疾人职业技术培训中心牌子）。截至2014年，自治区残联机关定编34人。自治区残联内设机关党委、办公室、组联部、教就部、宣文部、康复部、基金部7个部室，下设自治区残疾人康复服务中心、自治区特殊职业技术学校、自治区残疾人就业管理中心、自治区残联机关事务服务中心4个事业单位。成立有内蒙古自治区残疾人福利基金会、内蒙古残疾人法律援助中心、残奥委员会及内蒙古肢残人、聋人、盲人、精神残疾人及亲友、智力残疾人及亲友5个专门协会。

自治区残联的宗旨是：弘扬人道主义思想，发展残疾人事业，促进残疾人平等、充分参与社会生活，共享社会物质文化成果。自治区残联具有代表、服务、管理三种职能：代表残疾人共同利益，维护残疾人合法权益；团结帮助残疾人，为残疾人服务；履行法律赋予的职责，承担政府委托的任务，管理和发展残疾人事业。同时，对盟市、旗县（市区）残联进行业务指导。

自治区残联最高权力机构是自治区残联全区代表大会，每5年举行一次，会议听取并审议内蒙古自治区残联上一届主席团执行理事会及各专门协会工作报告，并选举产生内蒙古自治区残联新一届主席团、执行理事会及各专门协会委员。代表大会及其主席团的常设机构为执行理事会，实行理事长负责制。从1988年成立至2013年，共召开6次代表大会，本届执行理事会由1名理事长、4名副理事长组成。

自治区残疾人工作委员会是自治区人民政府（以下简称自治区政府）的议事机构，由自治区党委和自治区政府有关部门组成。自治区残工委主任由分管残联工作的自治区副主席担任，副主任由自治区政府分管副秘书长和残联理事长担任，委员由区直相关部门负责同志担任。自治区政府残疾人工作委员会下设办公室，设在自治区残联。自治区残疾人工作委员会的职责是：在自治区政府领导下，综合协调有关残疾人事业方针、政策、法规、规划、计划的制定与实施工作，协调解决残疾人工作中的重大问题。

内蒙古自治区共有残疾人158.5万，占全区总人口6.39%，涉及470万家庭人口。自治区残联积极开展残疾人的康复、教育、就业、扶贫、维权、社会保障、宣传文体、残疾人组织建设等方面工作。

【残疾人小康工作】 《国务院关于加快推进残疾人小康进程的意见》下发后，自治区党委、政府认真贯彻落实，制定《内蒙古自治区人民政府关于加快推进残疾人小康进程的实施意见》。

推动小康实施意见配套措施的出台落实。自治区小康实施意见提出46项具体政策措施和制度安排，明确21个相关部门的重点任务分工及进度安排。自治区残联协调沟通推进落实，21个相关部门分别把《实施意见》确定的任务措施有效纳入工作大局。截至2016年底，出台的有残疾人“两项补贴”制度、部分康复项目纳入基本医疗保险报销范围、扶持残疾人就业创业、农牧区贫困残疾人危房改造、贫困残疾人家庭无障碍改造、残疾预防行动计划和残疾人辅助性就业实施意见等8项政策措施，自治区残工委会议审议通过并印发《内蒙古自治区人民政府贯彻落实国家残疾预防行动计划（2016—2020年）实施意见》和《内蒙古自治区关于发展残疾人辅助性就业的实施意见》。

注重残疾人工作的调查摸底，解决影响和制约残疾人事业发展的突出问题。依据全国残疾人专项调查，围绕残疾人工作中的有关政策措施和体制机制的落实，结合加快推进残疾人小康进程和残疾人基本服务状况和需求专项调查中反映的突出问题，自治区残联组成4个督导组实地考察残疾人基础服务设施、残疾人就业基地和集中就业企业，入户慰问困难重度残疾人家庭，与残工委成员单位进行座谈交流，了解各地在加快推进残疾人小康过程中的经验和做法及存在的问题，进行深入分析，拿出具体的工作措施。

指导、督促盟市残联加强与地方党政领导的汇报及与相关部门的沟通，推动各盟市制定出台贯彻落实自治区小康实施意见的具体方案。2016年，全区有5个盟市制定出台具体的落实方案，3个盟市待政府（行署）审批，4个盟市尚未出台。

【开展专项调查数据核实】 4月，中国残联党组书记、理事长鲁勇来自治区开展加快残疾人小康进程督导，自治区党委、政府主要领导会见了鲁勇理事长一行并交换意见。中国残联督导组结束督导后，自治区残联由班子成员组成4个督导组对12个盟（市）进行"一对一"跟踪督导，同时指导各盟（市）组建督导组对旗县也进行"一对一"督导。按照中残联和自治区的要求，与相关部门配合，对专项调查数据库中的数据进行核实。一是各级残联与教育部门配合，到2016年8月，调查核实未入学的适龄残疾儿童少年有3653名，全部登记造册，由当地教育部门因人施策，制定解决方案。二是组织各级残联对专项调查数据库中有家庭无障碍改造需求的贫困重度残疾人进行核实，积极协调财政部门，拟对调查出的3万名贫困重度残疾人家庭进行无障碍改造。三是与住建部门配合对专项调查数据库中有危房改造需求的27 338户农牧区残疾人家庭进行调查核实，到2016年8月，经过自治区实施3年的危房改造工程，农村牧区残疾人危房、无房数已下降到4594户，预计2017年上半年完成危房存量改造任务。截至2016年6月30日，全区完成实名制调查录入的持证残疾人总人数为747 549人，其中入户调查734 012人，入户调查率为98.19%。自治区、盟市、旗县（市区）高度重视，在12个盟市各选1个旗县、1个乡镇、1个嘎查（村）开展试点，各地认真组织工作动员部署和分级培训，完成专项调查数据的动态更新工作，并在人力、物力和资金上给予了支持。

【"十三五"残疾人重点工作】 将残疾人事业纳入全区经济社会发展总体布局，首次在《内蒙古自治区国民经济和社会发展第十三个五年规划纲要》中增设"提升残疾人服务保障水平"专节，其他有关章节也将残疾人事业发展统筹规划其中，为加快推进自治区残疾人小康进程提供了政策保障。将自治区残疾人事业"十三五"发展纲要列入自治区总体规划范围之后，编制领导小组先后召开8次会议进行专题研究，征求了盟市和自治区财政厅等23个相关部门意见，并进行专家评审论证。配套的自治区残疾人事业"十三五"社会保障工作、就业脱贫工作、康复工作、宣传文体工作、基础管理工作等5个专项规划编制完成。

【贫困残疾人脱贫解困行动】 各级党委政府落实国家和自治区打赢脱贫攻坚战的决策部署，将残疾人扶贫工作纳入自治区和地方脱贫攻坚总体规划，统筹实施。持续做好精准识别、建档立卡工作。自治区残联与各盟市残联签订《农村牧区残疾人贫困户精准识别建档立卡工作责任状》，建立"一日一调度、两日一汇总"制度，及时掌握贫困残疾人建档立卡数据录入情况。自治区各级残联和扶贫部门配合对专项调查数据中反映贫困而未纳入精准扶贫的17.7万残疾人进行逐一反复核实，截至2016年8月31日全区纳入建档立卡的农村牧区残疾人有7.2万人，目前已层层分解，逐级下达到各旗县，纳入当地脱贫攻坚整体规划；各级政府发挥主导作用，坚持普惠与特惠相结合，做好残疾人社会保障扩面、提标、兜底工作，逐步提高残疾人保障水平。将符合条件的残疾人纳入城乡低保、城镇集中供养和农村五保供养范围，成年重度残疾人可单独申请最低生活保障、申请相关医疗救助。据实名制统计，截至年底，参加城乡居民基本养老保险残疾人超过41.35万，参保率66.26%。参加城乡居民基本医疗保险残疾人超过62.07万，参保率94.01%。26.63万城乡贫困残疾人家庭享受最低生活保障。纳入低保的残疾人和重度残疾人参加城乡居民基本养老保险个人缴费部分，政府按照100元/人的标准予以补贴，阿拉善盟提高到300元。2016年为22.89万名困难残疾人发放了生活补贴，为25.34万名重度残疾人发放护理补贴。各地落实两项补贴制度，鄂尔多斯市、呼和浩特市、包头市每年补贴1200元以上，高于自治区补贴标准的盟市有7个。部分盟市、旗县为在企业就业的残疾人、个体创业残疾人，养殖合作社、扶贫基地、辅助性就业基地就业的残疾人和免费办理公交卡的残疾人缴纳意外伤害保险等商业保险，为残疾人缓解了后顾之忧；精准落实助残惠残举措。自治区安排财政扶贫资金302万元对自治区残疾人康复扶贫贷款进行贴息。对2万名农村牧区有就业意愿和有劳动能力的残疾人进行实用技术培训，对400名残疾人青壮年文盲开展扫盲行动。为1.2万户农村牧区贫困残疾人改善住房条件。为27 192名持证残疾人发放机动轮椅车燃油补贴。国家和自治区投入749.2万元为2140户贫困残疾人家庭进行无障碍改造。开展教育扶贫，对招收468名残疾儿童的学前教育机构给予补贴。自治区和盟市残联对2889名在校残疾学生开展救助。实施交通银行教育救助项目，自治区5名特教教师获得特教园丁奖，1名残疾大学生获得励志奖，200名在校残疾高中生获得资助。开展北京市残联对口帮扶，全年举办7次培训班，为各级残联和服务机构培训163名专业人员，50名残疾人接受专业培训，帮扶建设3个残疾人扶贫基地、4个残疾人温馨家园。发挥自治区残疾人福利基金会的作用，完成基金会换届，2016年募集款物1665.7万元，支出832.1万元，开展“内蒙古贫困脑瘫患儿康复救助行动”等19项公益项目，1.9万余名残疾人在生产、生活、教育、医疗等方面得到救助。

【残疾人就业】 坚持把实现就业作为残疾人增收的关键措施，完善就业扶持政策，拓宽就业增收渠道。自治区安排2500万元专项资金补贴集中安置残疾人就业企业167家，吸纳残疾人就业4223人，其中残疾人创业的企业61家，带动残疾人就业767人。安排400万元专项资金对全区安排残疾人就业先进示范企业进行奖励。与自治区人力资源和社会保障厅联合出台《内蒙古自治区残疾人职业技能提升计划实施方案（2016—2020年）》，对自治区残疾人职业技能培训提出目标要求。2016年，对1万名城镇有就业意愿和劳动能力的残疾人进行职业技能培训。引导和鼓励采取多种方式方法拓宽扶持就业创业途径，举办残疾人电子商务培训班，帮助扶持残疾人参与电子商务运营，通过“互联网+”实现残疾人多元就业；安排残疾人就业保障金购买公益岗位，为公益岗位残疾人缴纳社会保险、工作补贴；采取为企业进行无障碍改造、购置残疾人专用设备、工具，贯彻扶持安置残疾人企业税收优惠政策退还增值税等途径，鼓励企业多安置残疾人就业创业。推进温馨家园托养照料和辅助性就业，“十三五”期间，自治区每年投入1410万元用于补贴建设47个温馨家园，五年共投入7050万元，在全区235个街道建立残疾人温馨家园。2016年国家和自治区投入6088万元新建的14个旗县托养中心也正在有序推进。完成盟市、旗县级残疾人就业服务机构规范化建设评估验收，10个盟市、2个计划单列市验收合格，旗县（市区）合格率61%。全区残疾人就业和职业培训实名制统计管理实现全覆盖，2016年录入城乡就业年龄段残疾人462 231人，实名制录入新增就业6152人。《内蒙古自治区按比例安排残疾人就业审核系统》搭建完成，输入全区各类用人单位基本信息28万多条。

【提升康复服务能力】 康复是残疾人就学、就业、脱贫、平等参与社会、实现小康的前提,康复需求是残疾人最大的需求。自治区推出将部分医疗康复项目纳入基本医疗保障支付范围、进一步做好重度残疾人医疗服务及保障工作措施,提高残疾人的医疗康复保障水平。以残疾儿童、持证残疾人为重点开展精准康复服务,据实名制统计,2016年为19.56万残疾人提供康复服务,目标人群覆盖率35.11%。持续实施自治区0~6岁贫困残疾儿童抢救性康复工程,救助1020名贫困残疾儿童开展康复训练。实施"老牛阳光助行"假肢救助项目,完成假肢装配2385例。扩大政府购买康复服务范围,在7个盟市开展政府购买康复服务工作。与相关部门联合开展自治区"光明行"社会公益活动,完成5027例白内障复明手术,到自治区成立70周年完成1万例目标。将自治区3个市(区)列入全国残疾预防综合试验区创建试点范围,通过以点带面推进残疾预防工作。与自治区残疾人康复中心、赤峰学院等6家康复机构和职业院校联合开展残疾人康复人才培养试点工作,各级残联通过多种渠道培训康复业务人员1341人,培训社区康复协调员8188人次。与内蒙古国际蒙医医院合作建设的自治区残疾人康复医疗中心完成自治区发改委评审中心评审,完成可研报告批复。开工建设2个盟市级和4个旗县级残疾人康复中心。完成自治区残疾人辅助器具资源中心筹建。与包头市政府、北京大学联合开展的残疾人辅助器具智能康复技术产学研项目加快推进,已形成5000只碳纤维脚板、1000只七轴机械膝关节、200只智能动力小腿假肢生产能力,"中国辅助技术研究所智能辅具研究中心内蒙古自治区应用示范基地"揭牌。与中国残疾人辅具中心、奇瑞集团联合开展乘用车改装、电动轮椅等残疾人交通辅具类工具的科技研发、生产制造和推广应用项目,完成现场考察、合作协议草拟和样车改装等前期工作。

【丰富残疾人文化体育生活】 2016年5月,召开五年一届的内蒙古自治区自强模范暨助残先进集体和个人表彰大会,会后自治区组织到基层进行宣讲,各地联合主流媒体对自强代表、助残个人和集体进行集中宣传,营造扶残助残良好社会氛围。在里约残奥会上自治区残疾人运动员取得1银2铜成绩,在国内外大的赛事中获得11金5银4铜的成绩。利用"全国助残日"等时间节点,各级残联联合媒体开展关注孤残儿童、残疾人就业创业、无障碍运行等系列宣传活动,组织开展"牵着蜗牛去散步"、手工艺品义卖、体检、义诊等助残活动。各地开展残疾人文化活动周、残疾人文化进社区、全国残障少年儿童海报作品征集活动,为残疾人展现才艺搭建平台。建立呼和浩特市和呼伦贝尔市残疾人艺术人才培训基地。

【维护残疾人合法权益】 推进《内蒙古自治区无障碍环境建设管理办法》立法工作,组织全国无障碍环境建设专家对《内蒙古自治区无障碍环境建设管理办法(修改稿)》进行评审修改后上报自治区法制办。开通自治区12385残疾人服务热线,拓宽残疾人利益诉求反映渠道,接听残疾人服务热线电话1530人次。全区8个盟市开通"12385"服务热线。召开全区残疾人维权工作会议暨"12385"服务热线培训班,对68名服务热线相关人员进行专业培训。利用残疾人信访工作网络服务平台,接待并解决一批信访问题,处理信件368件、接待来访318人次,接听残疾人来电1020人次,结案率100%。

【提升残联组织服务水平】 在巩固连续两年开展的"基础管理建设年"和"基础管理提升年"成果基础上,2016年开展"基础管理回头看"工作。高度重视自治区党委巡视工作,落实整改措施,组织、人事、财务基础管理制度进一步完善,残疾人工作基础管理水平不断提高。实施自治区残疾人工作信息化建设工程,开通无障碍门户网站和OA综合办公系统。强化项目资金、财务管理，针对中央和自治区财政资金下达使用和管理考核发生调整变化的实际，加强管理，对项目资金的下达使用、任务目标和绩效考核进行督导跟踪盯办，确保服务残疾人的资金能够清洁高效运转。配合完成自治区财政厅资金专项检查工作，并对查出的问题进行彻底整改。继续进行项目资金跟踪审计，聘请第三方审计机构对9个会属单位、盟市的“十二五”专项资金进行专项审计。

提升志愿者助残服务，成立内蒙古助残志愿者协会，广泛开展志愿助残活动。自治区肢残人协会成立了自治区首家脊髓损伤者“中途之家”和“内蒙古脊髓损伤委员会”。协助自治区团委开展“内蒙古青年志愿者‘五帮入户’助残阳光行动”。

（撰稿人：塔林　许海东）

红十字会

【概况】 内蒙古自治区红十字会机关规格为正厅级，有党组书记、常务副会长1人，巡视员1人，副巡视员1人，秘书长1人。机关内设办公室、赈济救护部（同时挂中国造血干细胞捐献者资料库内蒙古分库牌子）、组织宣传与筹资部等3个部室，编制23名，现有专职干部20人。下辖一个备灾救灾培训中心，为公益一类事业单位，编制8人，现有干部职工7人。2016年，是贯彻落实《2016—2020年内蒙古自治区红十字事业发展规划》的第一年，全区各级红十字会共募集资金1.48亿元，较上年增长20%。在公共场所建成人道文化传播点133个，人道文化传播基地35个。打造志愿服务基地34个，完成101所红十字示范学校建设工作。实施102个博爱家园项目，设置红十字应急救护点113个，应急救护角142个。全区年内培训应急救护师资201人，培训红十字救护员4.26万人，普及性培训19.97万人（次）。全年共筛查眼疾患者13.4万人，为贫困白内障患者实施复明手术5544例。完成造血干细胞入库血样2600人份（累计36339人份），实现捐献14例（累计59例），其中实现二次捐献1例；实现人体器官捐献9例（累计24例）、遗体捐献20例（累计74例）、眼角膜捐献14例（累计58例）。配合卫计委完成全国无偿献血先进表彰推荐工作，自治区有14名造血干细胞捐献者获奉献奖、1名获特别奉献奖。

【2016—2020内蒙古红十字事业发展规划制定】 2016年3月，自治区红十字会三届五次理事会议审议通过《2016—2020内蒙古红十字事业发展规划》，确立围绕一个中心（自治区党委政府中心工作），发挥两个作用（党和政府联系服务困难群众的桥梁纽带作用和人道工作领域的助手作用），增强三性（政治性、先进性、群众性），提升四力（创新力、执行力、公信力、凝聚力），构建五大体系（人道文化传播体系、人道资源动员体系、救灾救护救助体系、生命关爱体系、开放共享体系）的发展思路，提出五年实施“5个500”重点项目（500个人道文化传播点、500所红十字示范学校、500个“博爱家园”项目、500个应急救护点、500个应急救护角）、“2个100”基地建设（100个人道文化传播基地、100个志愿服务基地）及筹资3.75亿元，造血干细胞捐献者入库1.2万人份，红十字救护员培训10万人、普及性培训50万人，红十字运动基本知识知晓率、普及率达到全区总人口的30%和10%等重点任务，以及着眼体制机制创新，保障“十三五”规划落实的“五化”（工作规范标准化、运行公开透明化、项目实施品牌化、筹资拓展多元化、队伍专业职业化）推进举措和“235”（20%的资金用于备灾资金储备、30%的资金用于巩固传统品牌项目、50%的资金用于“十三五”重点任务）资金管理使用制度。自治区人民政府办公厅以内政办发〔2017〕18号文件批转了规划，为各地深入贯彻落实规划提供和创造了更加有利的政策环境。

【人道救助工作】 “光明行”社会公益活动，全年共筛查眼疾患者13.4万人，成功实施白内障复明手术5544例，两年累计筛查眼疾患者26.4万人，完成手术8865例。自治区红十字会先后获得2016年第六届感动内蒙古人物集体特别奖、亚洲防盲基金会成立35周年暨第十八届中国复明扶贫流动眼科手术车研讨会亚洲地区唯一特殊贡献奖，“复明24号”流动眼科手术车2015—2016年白内障手术总量全国排名第一等殊荣。

组织开展以“博爱一日捐、温暖千万家”为主题的送温暖活动，各级红十字会投入款物3315万元，救助困难群众10万户、32.3万人。全年救助区直单位困难职工、贫困住院患者等困难群众131人，发放人道救助金19.37万元。在公共场所建成人道文化传播点133个、人道文化传播基地35个。

【重点项目实施】 2016年实施的102个“博爱家园”项目中，巴彦淖尔市、兴安盟、乌兰察布市等地65个项目区的便民桥、便民道、应急避险广场、节水灌溉工程等硬件建设已完成，91个项目区建立红十字会基层组织和志愿服务队，有11个项目社区借出生计金121万元，在助力精准扶贫中发挥作用。

“红十字天使计划”定点医院和“关爱生命基金”顺利启动。协调争取内蒙古人民医院获准成为“小天使基金”和“天使阳光基金”定点医院；自治区财政彩票公益金支持200万元、自筹资金100万元，建立内蒙古“关爱生命”基金，确保在“十三五”期间对0～14岁贫困白血病、先心病患儿医疗救助全覆盖；联合中国红十字基金会，年内共发放救助金288.95万元，救助贫困先心病患儿45人、白血病患儿65人。

红十字事业发展纳入自治区成立70周年成就展内容，展览大纲顺利通过审核。《内蒙古自治区红十字志》编纂工作进展顺利。启动红十字示范校创建工作，实施一批志愿服务项目。完成101所红十字示范学校建设工作；打造志愿服务基地34个，实施暑期志愿服务项目20个，向总会申报成功4个志愿服务、社会实践项目；自治区红十字会当选内蒙古志愿者联合会副会长单位，志愿服务工作委员会魏刚荣获全国学雷锋志愿服务“四个100”先进典型评选“最美志愿者”，杜威荣获第十一届“中国青年志愿者优秀个人”。

【救灾救护工作】 投入救灾款物200万元，对中东部五盟市旱灾和鄂尔多斯、巴彦淖尔、赤峰3盟市的洪涝灾害进行紧急救助。8月22日，国家减灾委、民政部为呼伦贝尔、兴安盟、通辽、赤峰和锡林郭勒5盟市遭受严重旱灾启动四级救灾响应，自治区红十字会下拨救灾款30万元、中国红十字会总会下拨30万元、中国红十字基金会分配价值100万元的赈灾家庭箱5000个，支持五盟市红十字会开展救灾工作。

应急救护工作覆盖面不断扩大。联合有关单位，推进“应急救护点”、“应急救护角”项目，共投入资金408万元，设置红十字应急救护点113个、应急救护角142个。全区年内培训应急救护师资201人，培训红十字救护员4.26万人，普及性培训19.97万人(次)。总会资助和自治区彩票公益金支持建设的自治区红十字会生命健康安全体验馆项目已进入施工阶段，呼和浩特二中生命健康安全体验馆(教室)建成并投入使用，应急救护培训示范基地建设取得新成效；注册成立“内蒙古红十字生命健康服务中心”；完成老牛基金会“老牛生命学堂”、“十三五”国家彩票公益金生命健康安全教育等项目；协助中国红十字总会事业发展中心举办乡村医生培训班，97名乡村医生取得合格证书。

【三献”工作】 全区完成造血干细胞入库血样2600人份(累计36 339人份)，实现捐献14例(累计59例)，其中实现二次捐献1例，是实现捐献最多的一年；实现人体器官捐献9例(累计24例)、遗体捐献20例(累计74例)、眼角膜捐

24 例)、遗体捐献 20 例(累计 74 例)、眼角膜捐献 14 例(累计 58 例)。配合卫计委完成全国无偿献血先进表彰推荐工作,自治区有 14 名造血干细胞捐献者获奉献奖、1 名获特别奉献奖;筹资 34.2 万元为所有成功捐献造血干细胞志愿者购买终身受益保险,对 55 个捐献者困难家庭实施人道救助;加强器官捐献协调员培训考核,27 人取得国家级资格认证。9 月 2 日中午,自治区第 50 例造血干细胞捐献者崔某在京实现成功捐献。10 月 14 日,自治区志愿者岳萍成功为 1 名 4 岁小患者捐献了淋巴细胞。岳萍是内蒙古迄今为止第一位既捐献造血干细胞又捐献淋巴细胞的志愿者。

【筹资工作】 筹资多元化取得初步成效,自治区财政厅拨付 600 万元彩票公益金支持自治区红十字会"三救"、"三献"核心业务和红十字生命健康安全体验馆建设;呼伦贝尔市通过"红十字老牛桥"项目整合地方政府、交通部门资金 1154 万元;赤峰市举办首届公益项目路演大赛,以推介公益项目形式募集资金 30 万元。全区各级红十字会共募集资金 1.48 亿元,较上年增长 20%,超额完成 7500 万元的年度筹资目标任务,其中"博爱一日捐"捐款 1.14 亿元,项目筹资、基金筹资等募捐 3400 多万元。

【业务交流】 与北京市红十字会签署《2016—2020 年京蒙协作推进对口帮扶工作战略框架协议》,组织乌兰察布等 5 盟市的 29 家医院与北京市红十字会紧急救援中心签署《专业航空医疗救援合作协议》,启动"京蒙空中绿色生命走廊"。先后随总会出访瑞士、马来西亚等国家和台港澳等地区红十字组织,赴江苏、广东、上海、云南、天津等省市开展业务交流。呼伦贝尔市、锡林郭勒盟、鄂尔多斯市等地与蒙古国部分省级红十字会开展国际交往,深化防灾减灾、人道救助领域的项目合作。

【"光明行"社会公益活动工作推进会召开】 3 月 28 日,全区"光明行"社会公益活动工作推进会在呼和浩特召开。自治区党委常委、统战部部长、内蒙古光彩事业促进会会长布小林出席会议并作讲话。自治区分管副主席主持会议。自治区和各盟市政府、统战部及红十字会领导等近百人参加会议。会议通报 2015 年活动工作情况,安排部署 2016 年工作,通报表彰在 2015 年全区"光明行"社会公益活动中做出突出贡献的呼和浩特市和林格尔县城关镇红十字会等 22 个先进集体,呼和浩特市武川县上秃亥乡东城卫生院医生田禾等 29 名先进个人。

【自身建设】 贯彻落实全面从严治党要求,牢固树立"四个意识"特别是核心意识、看齐意识,履行全面从严治党主体责任和"一岗双责",执行自治区从严治党 1+3 制度体系,按照组织程序健全配强党组班子和机关党委、支部、工会,形成"干事业一条心、抓工作一盘棋、谋发展一股劲"的良好氛围;召开全区红十字会系统首次党风廉政建设会议,提升社会公信力,对呼和浩特市等 4 盟市开展公信力建设专项调研,指导基层完善内部自律机制,确保"两公开、两透明",严落实旗县以上红十字会捐赠款物审计、公示制度。自治区党委第八巡视组对自治区红十字会开展了为期 2 个月的巡视工作。年内,先后 2 次作为全国五省区之一参加中国红十字总会公信力、党风廉政建设座谈会并作典型发言。调整理顺、拓宽提升干部队伍专业、梯次结构,争取为机关增加编制,聘用 5 名经过实践锻炼的志愿者为工作人员,干部队伍建设得到加强,为推动红十字事业持续健康发展提供了智力支持和人才支撑。

【"小小铅笔"爱心公益行活动】 7 月 5 日,2016 中国红十字会·华泰保险博爱基金"小小铅笔"爱心公益行——内蒙古站活动在赤峰市敖汉旗新惠镇新地学校隆重举行。中国红十字会副会长王汝鹏,自治区红十字会党组书记、常务副会长王芳,赤峰市委常委、副市长杨东起,华泰保险集团董事长兼 CEO 王梓木,中央电视台前著敬一丹一行向新地小学捐赠 20 套爱心电脑和电脑桌椅、5000 支彩笔、230 套爱心衣物和《中小学安全与保障教育》书籍。

【“京蒙空中生命走廊”启动】 7 月 19—20 日，北京市与内蒙古自治区红十字会在乌兰察布市举办以“京蒙携手促发展、人道惠民奔小康”为主题的京蒙红十字会协作推进对口帮扶工作座谈会和京蒙专业航空医疗合作协议签约仪式。中国红十字会副会长王海京，自治区政协副主席杨成旺等参加活动。两地就京蒙对口帮扶工作进行深入交流并达成共识，共同签署《京蒙协作推进对口帮扶工作战略框架协议》。北京市红十字会紧急救援中心与内蒙古呼和浩特、包头、乌兰察布、“京蒙空中生命走廊”正式启动。

【荣誉】 “光明行”社会公益活动获得先后荣获 2016 年第六届感动内蒙古人物集体特别奖，亚洲防盲基金会成立 35 周年暨第十八届中国复明扶贫流动眼科手术车研讨会亚洲地区唯一特殊贡献奖，“复明 24 号”流动眼科手术车 2015—2016 年白内障手术总量全国排名第一等荣誉。志愿服务工作委员会魏刚获全国学雷锋志愿服务“四个 100”先进典型评选“最美志愿者”，杜威荣获第十一届“中国青年志愿者优秀个人”。

（撰稿人：孙慧莲）

民 主 党 派

民 革

【概况】中国国民党革命委员会内蒙古自治区委员会(简称“民革内蒙古自治区委员会”)成立于1984年。在此之前，内蒙古地区民革组织建设经历了30年的发展历程。1954年10月，经民革中央批准，成立中国国民党革命委员会直属呼和浩特学习小组；“文化大革命”期间停止活动；1979年10月恢复活动后，成立民革中央直属呼和浩特支部；1981年6月，成立民革中央直属内蒙古自治区呼和浩特支部筹备小组；1983年7月13日，成立中国国民党革命委员会内蒙古自治区筹备委员会。1984年在呼和浩特举行中国国民党革命委员会内蒙古自治区第一次代表大会。其后，相继于1988年、1992年、1997年、2002年、2007年、2012年召开中国国民党革命委员会内蒙古自治区第二次、第三次、第四次、第五次、第六次、第七次代表大会。民革内蒙古自治区委员会机关设有办公室、组织部、宣传部、联络部、参政议政部5个职能部室，共有编制16人，在职人员13人。

民革内蒙古自治区委员会下设4个市级委员会，1个工作委员会和72个基层组织，其中包括18个总支、54个支部。全区12个盟市中有呼和浩特、包头、乌海、呼伦贝尔4个市委会，乌兰察布工作委员会，巴彦淖尔、赤峰、通辽3个总支部委员会，兴安盟支部委员会和鄂尔多斯市学习小组，民革内蒙古自治区委员会设有9个专委会和孙中山思想研究分会、团结书画社。

截至年底，全区共有党员1600名。其中：女党员605名，占党员总数38%；大专以上学历1331名，占党员总数83%；中高级职称共有989名，占党员总数62%。全区党员平均年龄为52.3岁。党员中厅级现职干部6名，处级现职干部51名。民革内蒙古自治区第七届委员会共有242人次担任各级人大、政协职务，其中全国人大代表2名，全国政协常委1名，自治区人大代表7名，自治区政协常委5名、委员11名。

【民革内蒙古自治区第七届委员会第六次全体会议召开】 1月27日，民革内蒙古自治区第七届委员会第六次全体会议在呼和浩特召开。会议采用无记名投票等额选举的方式增补王贵、李远志、刘建星、吴平为民革内蒙古自治区第七届委员会委员。民革内蒙古区委会主委刘斌主持会议并讲话。民革中央组织部副部长叶赞平出席会议并讲话。自治区党委统战部常务副部长王伟出席会议。

【民革内蒙古自治区第七届委员会第七次全体会议召开】 1月30日，民革内蒙古自治区第七届委员会第七次全体会议在呼和浩特召开。会议采用无记名投票等额选举的方式增补吴平、戴强为民革内蒙古自治区第七届委员会常务委员会委员、副主任委员。民革中央副主席何丕洁出席会议并讲话。自治区党委统战部常务副部长王伟出席并讲话。民革内蒙古区委会主委刘斌作常务委员会工作报告。民革中央组织部副部长叶赞平出席会议并宣读民革中央批复。民革内蒙古区委会原主委肖黎声出席会议。会议全面回顾和总结2015年工作；从5个方面对2016年工作做出安排部署。一是深入学习贯彻中共十八届五中全会精神，为谋划好“十三五”

时期内蒙古自治区的经济社会发展做出民革应有的贡献。二是参政议政是民革履职的重要内容，是各项工作的重中之重，因此，要围绕大局、完善体系、提高政党协商能力、不断提高履职实效。三是以坚持和发展中国特色社会主义学习实践活动为主线，以加强参政能力建设为核心，为民革内蒙古区委会各项工作的开展固本强基，切实加强自身建设。四是将社会服务与建言献策相结合，把法律服务工作引向深入，探索新形势下精准扶贫工作的思路、重点和措施，巩固扩大社会服务成果。五是以纪念孙中山先生诞辰150周年为契机，扎实推动民革工作水平使其得到整体提升。会议还对民革内蒙古区委会直属医科大学支部等5个全区组织工作先进支部，邬瑞萍等7名全区优秀基层组织工作者进行表彰。

【中国国民党革命委员会第十二届中央常务委员会第十五次会议召开】 7月3—4日，中国国民党革命委员会第十二届中央常务委员会第十五次会议在内蒙古包头市召开，全国人大常委会副委员长、民革中央主席万鄂湘出席会议并作重要讲话，全国政协副主席、民革中央常务副主席齐续春主持开幕会。中共内蒙古自治区委常委、组织部部长李鹏新出席开幕会并讲话。内蒙古自治区人大常委会副主任杭桂林、内蒙古自治区政协副主席杨成旺出席开幕会。民革内蒙古自治区委员会主委刘斌，中共包头市委副书记、市长杜学军出席开幕会并致辞。万鄂湘对民革各级组织换届工作、参政议政工作、开展脱贫攻坚民主监督工作、信息化建设工作提出明确要求。民革中央副主席修福金、刘凡、傅惠民、何丕洁、田惠光、郑建邦、邓力平、刘家强和民革中央常委出席会议。不是民革中央常委的民革省级组织主委、民革中央各工作部门负责人，机关服务中心、团结报社、团结出版社负责人列席会议。

【调研工作】 2月，民革内蒙古自治区委员会向全区各级组织印发《关于2016年认真开展调研工作的意见》，就调研的主要内容、组织方式、有关要求做出部署，并在传达全国两会精神大会上进行布置动员。

广泛征集，严格选题　根据自治区党委统战部《关于做好2016年度各民主党派区委调研工作的有关事宜的函》，研究自治区党委政研室、政府研究室、自治区发改委和自治区党委统战部提出的68项参考选题，并转发到民革全区各级组织，全区确定调研课题53项，经主委会议研究，其中的12项确定为民革内蒙古区委会重点调研课题。全区形成调研报告45篇。12月29日，民革内蒙古自治区委员会召开2016年调研报告专家评审会，会议对19篇调研报告进行评审。其中：区委会重点调研报告11篇；各基层组织推荐的调研报告8篇。利用调研成果向2017年政协会议提交大会发言9篇、集体提案23篇、个人提案19篇。

沟通对接、横向联合　结合课题领域，主动与党委、政府有关部门沟通对接、建立合作调研机制。关于自治区农村信用联社改革工作调研就借助了自治区金融办、银监局、信用联社的力量组成联合调研组，联合调研组就信用联社改革的突出问题召开自治区级的座谈会3次，在全区93家信用联社中走访了近30家，深度走访巴彦淖尔市6个旗县区的各级农商行和信用社，通辽市部分有代表性的旗县信用社，掌握一手调研材料，为形成高质量调研报告奠定坚实基础。10月，民革吉林省委会就"特色资源品牌建设"赴内蒙古调研，区委会组织协调自治区工商局、农牧厅、商务厅、经信委、质监局及品牌建设促进会、伊利集团、蒙牛集团、蒙草抗旱公司等部门召开座谈会。

参与配合民革中央的调研　民革内蒙古自治区委员会积极与有关部门沟通对接，按照要求向民革中央提交大力推进农牧业供给侧结构性改革，加强农畜产品质量安全监管、助推绿色畜产品生产和加工输出基地建设等建议。7月5—7日，民革中央关于“开展沙漠治理、开发沙区产业”专题调研组赴巴彦淖尔市磴口县、鄂尔多斯的库布其沙漠开展调研，民革内蒙古自治区委员会参与共同完成在自治区的调研活动。8月4日，民革中央脱贫攻坚民主监督工作小组第一次会议暨调研工作座谈会在贵阳召开，区委会驻会副主委吴平被确定为小组成员并出席会议。

【民革内蒙古自治区委员会爱国主义教育基地确立】 6月1日，民革内蒙古自治区委员会、民革呼和浩特市委员会赴绥远抗日战争烈士公墓（今呼和浩特市公主府公园）就“华北军五十九军抗日阵亡将士公墓”纪念碑修缮、恢复、保护等问题进行调研和座谈。形成5条建议，报呼和浩特市人民政府。经七届38次主委会议研究，将恩格贝抗日战争遗址作为民革内蒙古自治区委员会爱国主义教育基地。

【协商民主建设】 3月，民革内蒙古自治区委员会出席全区商务工作电视电话会议；先后在全区政协常委会上提交关于《同步推进重点环节改革提升我区旗县级公立医院服务水平》《我区可再生能源发展的对策和建议》的大会发言；内蒙古海美斯集团董事长李雪涛代表民革内蒙古区委会出席在呼和浩特召开的由自治区人民政府举办的推进创新发展座谈会，在会上就新型陶瓷透水砖的研究与开发项目作了发言；5月，在自治区各民主党派、无党派人士调研协商座谈会上，主委刘斌就2016年民革调研工作部署代表民革发言；6月，出席在内蒙古自治区信访局举办的自治区政协委员提案办理座谈会，提交《完善相关制度，依法解决涉诉信访难问题》的提案；10月，出席内蒙古自治区新闻出版广电总局举办的政协委员提案办理座谈会，提交《关于加强信息化建设，利用大数据引导农民调整种植结构》的提案。12月，出席自治区政府工作报告征求意见会，并提出建议；出席自治区党委召开的各民主党派、工商联重点课题调研成果汇报会，民革内蒙古自治区委员会就《县级公立医院综合改革与发展问题》《深化我区农信社系统改革，为补齐“三农”短板提供可持续血脉支持》向会议提交书面汇报，主委刘斌就《县级公立医院综合改革与发展问题》做会议交流。对《内蒙古自治区安全生产条例（修订案）》《内蒙古自治区物业管理条例征求意见稿》等提出有针对性的修订意见。在2016年自治区“两会”上采纳集体提案33件、个人提案25件，大会发言1篇、书面5篇。《关于利用先进技术进行城乡生活污物处理，改善城市微循环和农村现状的提案》获2016年度优秀提案。截至年底，区委会报民革中央、自治区政协、统战部社情民意信息26条。

【服务社会】 民革内蒙古自治区委员会根据精准扶贫工作的设想与措施，经主委会议研究确定把乌兰察布市察右旗红格尔图村作为民革内蒙古区委会精准扶贫联系村。决定成立企业家联谊会，为精准扶贫凝聚力量。6月14日，在和林格尔县举行的“内蒙古统一战线凝心聚力十三五行动启动暨内蒙古自治区、呼和浩特市统一战线同心实践基地揭牌仪式”上，民革内蒙古区委会拟捐赠2个旅游救助站；在华博创科公司的爱心事业项目的支持下，7月初，华博创科公司在民革乌兰察布工作委员会的帮助下，在红格尔图村选择5名少年去华博创科公司培训基地学习、生活。8月27日，民革内蒙古直属四支部组织医学专家及相关人员利用休息日到内蒙古自治区第一女子监狱，为一线狱警及认法服刑人员开展义诊与帮教活动。9月23日，民革内蒙古医科大学总支部到穆斯林老年公寓开展义诊活动。

【重要活动】 9月26日上午，民革内蒙古区委会在呼和浩特市公主府公园“华北军第五十九军抗日阵亡将士公墓纪念碑”前召开纪念绥远抗战80周年大会。

2016年是伟大的民族英雄、伟大的爱国主义者、中国民主革命的伟大先驱孙中山先生诞辰150周年。5月,举办纪念孙中山诞辰150周年诗歌、散文征文活动,收到25篇文章。11月25日，举办纪念孙中山先生诞辰150周年座谈会和书画展。

8月初,第五届中华擎天协会暑期青年华夏文化参访团先后到自治区的呼伦贝尔、呼和浩特等地进行参观、联谊活动。这些对台交流活动,为增进共识、凝聚两岸一家亲的情感起到积极作用。

【教育培训】 年初，民革内蒙古自治区委员会制定“关于坚持和完善学习制度,建设学习型参政党的意见”,就学习的总体要求、重点内容、学习方法等做出全面部署。制定区委会中心组学习制度、机关工作人员双周学习制度、各专门委员会学习制度、各基层支部学习制度等。全年,机关双周例会学习21次。3月24日,民革内蒙古自治区委员会召开传达学习全国“两会”精神大会，安排部署各级组织贯彻落实学习全国两会精神。会议要求各级组织及广大党员要统一认识,在思想上、政治上、行动上与中共中央保持一致,要结合自身实际,抓好调研工作,要进一步加强自身建设，不断提高民革党员的思想政治素质,继续推进参政议政能力建设。7月26日,区委会举办理论中心组学习会。会上,认真学习习近平总书记《在庆祝中国共产党成立95周年大会上的讲话》，民革十二届十五次中常会议精神，并特邀内蒙古自治区党校教授安静赜为与会人员讲授《内蒙古经济形势与发展思路》。

9月6日,自治区党委书记李纪恒到民主党派大楼走访看望，并与民主党派负责人座谈交流。9月7日上午,区委会机关召开全体机关干部会议，传达自治区党委书记李纪恒走访民主党派机关、召开座谈会的讲话精神。9月27日，区委会召开全委(扩大)会议,传达学习自治区党委李纪恒的重要讲话精神，部署贯彻落实意见。11月28日,区委会在北京举办学习贯彻中共十八届六中全会精神暨第五期坚持和发展中国特色社会主义学习实践活动宣传队伍培训班，对全区宣传干部及团结报记者站记者、特约通讯员、通讯员进行专业技能培训。12月9日，区委会组织召开民革各级班子成员和骨干力量参加的专题学习会议，对中共十八届六中全会和自治区第十次党代会精神进行学习和贯彻部署。

区委会派9名党员参加了自治区党委统战部第25期党派骨干成员培训班;派4名党员参加了民革中央第十三期青年干部培训班；派1名党员参加了自治区第九期青年干部理论研讨班;派15名党员参加了自治区社会主义学院举办的民主党派盟市级组织班子成员和骨干力量培训班。

【自身建设】

推进组织建设　根据《各民主党派区委关于做好换届工作座谈会纪要》精神,制定《民革内蒙古自治区委员会呼市地区直属基层组织换届工作方案》，上半年已经完成直属4个总支，14个支部的换届工作;7个市级组织,5个市级组织已经完成换届;2个市级组织正在筹备换届。新成立民革内蒙古自治区医科大学总支部，下设3个支部;今年发展党员103人,2016年全区共有党员1600人。

搞好兄弟省市民革组织间的联系沟通　6月，广西民革驻会副主委李拥军组成的调研组来内蒙古就民革党内监督工作赴乌兰察布、呼和浩特、鄂尔多斯等地进行调研,并就该主题在区委会机关召开座谈会，会上听取区委会在开展民主内部监督工作，尤其是制度建设方面的经验和做法。一年来，还先后接待了山西省民革、吉林省民革来自治区考察调研活动。

加强领导班子建设　区委会在年初制定民革内蒙古自治区委员会主任委员会议工作规

则。加大了按照规则和决策程序办事的工作力度。

健全各种规章制度 完善、补充会议议程单、发文审批单、差旅审批单，出勤定期抽查、请假报告制度，双周学习制度等。

做好宣传报道工作 自2014年11月，内蒙古民革网站开通以来，截至12月底，点击量累计突破270 874余次。在自建平台的基础上，还积极利用"民革e家"线上交流平台，提升影响力。

【荣誉】 10月，召开的民革全国机关工作先进集体先进个人表彰会上，民革内蒙古区委会办公室、组织部、包头市委会被评为先进集体，孙庆平、杜淑贞被评为先进个人受到表彰。在2016年民革全国"祖统"工作表彰会上，民革乌兰察布工作委员会荣获"祖统工作先进集体"，王月高、邬君明、郭向红3人荣获"祖统工作先进个人"，受到民革中央表彰。

(撰稿人:熊秋梅)

民　　建

【概况】 中国民主建国会内蒙古自治区委员会(以下简称民建内蒙古区委)是主要由经济界人士组成、具有政治联盟特点、致力于中国特色社会主义事业的政党。全年新发展会员98人。截至2016年底，全区会员总数2041人，会员平均年龄50.5岁，其中经济界1418人，占会员总数69.48%，具有中高级以上职称者895人，企业高级管理人员569人，任政府及司法机关县处级以上职务的33人，担任各级人大和政协职务357人次。有直属地方(基层)组织10个，其中市级委员会5个:呼和浩特市、包头市、赤峰市、乌海市、乌兰察布市。民建内蒙古区委机关设有办公室、组织部、宣传部、参政议政部、社会服务部等5个内设机构。机关核定编制12名，实有工作人员10名，其中副厅级2名，处级3名。

2016年，在民建中央和自治区党委的正确领导下，全区各级组织深入学习贯彻中共十八大、十八大以来历次全会和习近平总书记系列重要讲话精神，深入开展主题教育，进一步强化组织建设，认真履行参政党职能，着力推进社会服务，各项工作取得新成绩，为促进自治区经济社会健康发展做出贡献。

【思想建设】

深入开展主题教育活动 继续开展坚持和发展中国特色社会主义学习实践活动，全区各级组织和广大会员认真学习中共十八届五中、六中全会精神和习近平总书记在庆祝中国共产党成立95周年大会上的讲话、在全国政协十二届四次会议民建、工商联界委员联组会上的讲话、自治区党委书记李纪恒在走访自治区民主党派座谈会上的讲话精神。制订实施方案，向全区下发文件，启动"不忘合作初心，继续携手前进"专题教育，夯实多党合作的共同思想政治基础。召开学习中共十八届六中全会精神座谈会，认真学习中国共产党全面从严治党的经验，增强"四个意识"，更加自觉地在思想上、政治上、行动上与以习近平同志为核心的党中央保持高度一致。

提升新闻宣传效果 全年编辑、印发《内蒙古民建》会刊4期。网站点击量22万次，编辑网站信息235篇。向会中央报送稿件173篇，其中108篇信息被采用；报送自治区党委统战部简报196期；在省级以上主流媒体报道86条宣传民建人物和活动的信息通讯。民建内蒙古区委获得2016年民建中央网站评比三等奖，兼职编辑三等奖。《民建内蒙古区委庆祝成立25周年》被评为民建中央2015—2016新闻宣传优秀作品。工委会员撰写的《建立健全锻造工匠精神的制度体系》获民建中央宣传部主办的"从中华优秀传统文化基因中发掘和传承工匠精神研讨会"论文二等奖。

【组织建设】

召开全区组织建设工作会议　认真学习贯彻民建中央组织建设会议精神，全面总结全区组织建设工作，交流学习先进经验和做法，分析存在的问题和不足，夯实基层组织建设基础，提升了全区组织建设水平。

加强会员发展管理　牢牢把握“三个为主”的组织发展方针，坚持注重质量、注意数量、优化结构、保持特色的组织发展原则，发展与巩固相结合，制定全年组织发展计划，确保发展新会员工作稳步有序开展。全年新发展会员 98 人。基层组织总数由 84 个增加到 86 个。完善组织管理信息系统，促进系统各项功能的充分利用，实现会员信息的动态化、规范化管理，在民建中央开展的组织管理信息系统评比中获得一等奖。

高度重视各市级组织换届工作　2016 年是市级组织换届年。根据民建中央、自治区党委统战部有关文件精神，制定《民建内蒙古区委关于民建市级组织换届工作的意见》。组织召开全区市级组织换届工作会议，有序推进全区各市级组织和直属基层组织的换届工作。在各地换届过程中，民建内蒙古区委积极同民建中央、自治区和各地统战部、各地方（基层）组织协调沟通，解决实际问题。各地方（基层）组织认真落实换届纪律要求，严格执行换届程序。截至 2016 年，共有 8 个需换届的地方（基层）组织已有 7 个（呼和浩特市委、包头市委、赤峰市委、通辽市总支部、兴安盟总支部、呼伦贝尔市总支部、巴彦淖尔市总支部）顺利完成换届。

筹备区委换届工作　按照民建中央和自治区党委统战部有关要求，严格按照程序做好民建内蒙古区委领导班子候选人民主推荐工作。结合中央《关于民建省级组织换届工作的意见》《有关省级组织换届问题的参考说明》等文件，民建内蒙古区委下发《中国民主建国会内蒙古自治区第六届委员会委员候选人名额分配方案和产生办法》《中国民主建国会内蒙古自治区第六次代表大会代表名额分配方案和产生办法》等文件，有序推进区委换届工作顺利展开。

坚持做好培训工作　加大对基层组织主委的培训力度，举办 40 人参加的基层组织主委培训班，加强基层组织的能力和素质建设；同时，组织地方主委参加民建中央、自治区党委统战部和社会主义学院举办的基层组织主委培训班；组织会员参加自治区社会主义学院举办的骨干会员培训班、“社院讲堂”和医疗卫生骨干培训班等培训。全年总计培训 152 人次。

开展会章修改工作　根据中央《关于章程修改征求意见的通知》要求，向各地征求总纲和条文修改意见和建议。召开由专职会务工作者、骨干会员和专家学者参加的会章修改座谈会，广泛听取意见，认真收集整理上报。

认真开展会内监督　贯彻落实《中国民主建国会会内监督条例（试行）》《关于建立健全省级组织领导班子述职评议会制度的意见》，稳步推进会内监督工作。民建内蒙古区委召开领导班子届中述职评议会，民建中央监督委员会委员郭彩云出席会议，民建内蒙古区委主委代表领导班子对本届委员会任职以来的工作进行述职，班子成员分别进行个人述职，参会的全体人员对民建内蒙古区委领导班子及其成员进行民主测评。民建内蒙古区委监督委员会成员，利用参加民建东北三省一区联席会议的机会，到民建黑龙江省委会进行考察交流。2016 年，民建内蒙古区委监督委员会对乌海市委、巴彦淖尔总支部 2 个领导班子进行督查、述职和评议。在各地方组织换届过程中，民建内蒙古区委监督委员会深入基层，督促落实会中央《关于严肃换届纪律保证换届风清气正的通知》精神，切实加强了纪律监督，为换届提供了纪律保障。

加强机关建设　推进机关管理工作进一步制度化、规范化。坚持每周一的工作例会制度和学习制度，及时通报情况，加强部门联系。严格执行中共中央“八项规定”,落实公车制度改革。对财务、档案、行政等管理制度进行完善和修订,并认真抓好落实。机关支部完成换届工作。通过参加报告会、文艺会演、开展学习《“三严三实”专题教育总结报告》等活动,提高机关干部的思想认识。组织机关干部参加有关部门组织的相关业务培训,不断提高机关干部的业务能力和服务水平。

【参政议政】

认真参加高层协商 民建内蒙古区委领导参加自治区党委举办的民主党派工商联重点课题调研协商座谈会、成果汇报会、自治区党外代表人士征求意见座谈会,自治区党委统战部举办的传达习近平总书记重要讲话精神座谈会,自治区政府举办的《政府工作报告》征求意见座谈会及有关专家参加的协商会等9次,代表区委提出相关建议意见,受到自治党委政府和有关单位的重视。

做好政协提案、大会发言和人大建议工作 在自治区十一届政协四次会议上,民建内蒙古区委报送19份大会发言全部被采用,36份集体提案其中33份被立案,3份提案转信息使用。会员个人名义提出大会发言4份,个人提案49份。《加大包头市棚户区改造与消化存量商品房工作力度》《重视资本市场的作用实现经济增长的转型》两份大会口头发言受到高度关注。《关于内蒙古直属机关公务员工资应实现“同城同酬”的提案》被确定为重点提案,由自治区政协副主席亲自督办,召开现场督办会并得到面对面答复,引起各方面的高度重视。《关于大力发展农村牧区电子商务的提案》已被采纳,在已下发的《关于推进农村牧区电子商务加快发展的实施意见》(内政办发〔2016〕112号)中充分体现。《关于解决外来务工人员子女入学受教育的提案》已促进出台《关于加强农村牧区留守儿童关爱保护工作的实施意见》(内政发〔2016〕75号)。关于推进扶贫攻坚、全面激发大众创业 万众创新活力的提案也得到具体政策落实。《关于促进内蒙古创业投资业发展的提案》获自治区政协十一届三次会议优秀提案。在全国“两会”上提交1份《关于加快牧草产业发展的建议》和《关于加大中央基本建设投资对我区扶持力度的提案》《关于探索推广草原灾害政策性保险的提案》等7份提案。截至2016年12月共收到40份提案答复,其中3次面对面答复。全区各级组织认真围绕当地党委政府中心工作,积极建言献策,经统计,各地2016年提交市级人大政协提案建议和议案共212件,受到各级党委政府的重视,为推动当地经济社会健康发展做出贡献。

开展专题调查研究 年初根据会中央、自治区党委统战部和自治区政府调研课题征选方向和重点调研课题,结合民建联系经济界的特点,民建内蒙古区委确定49个调研课题征选方向和10个重点调研课题,并及时下发各级组织和专委会,提出承担课题要求,布置2016年调研课题工作。各级组织和各专委会都及时部署安排,确定调研课题,由主要领导牵头,制定调研计划和方案,组建专家队伍,深入实地调查研究。在全区范围内共征选参政议政成果130份,内容涉及面广,针对性强。2016年,10个重点调研课题已全部完成并上报。其中《关于助推金融精准帮扶贫困县的建议》《培育具有核心竞争力的创新型企业 促进创新发展》《关于降低实体经济成本的建议》《关于我区金融精准扶贫的建议》《化解内蒙古产能过剩的建议》同时也分别承接会中央相关重点调研课题,由民建内蒙古区委财金委员会、经济委员会、妇女委员会、科教文卫委员会承担完成。《关于推进内蒙古农牧业投融资方式创新的建议》《关于如何抑制民间投资下滑的对策建议》《应对化解过剩产能过程中下岗再就业问题及对策建议》《关于建立市场政府双激励机制促进非公有制经济健康快速发展的建议》《关于草原生态补助奖励政策实施的

建议》也分别承接自治区党委调研课题，由民建内蒙古区委财金委员会、经济委员会、企业委员会承担完成。自治区党委年度重点调研课题《发挥资本市场作用 精准帮扶贫困县的建议》抓住《中国证监会关于发挥资本市场作用服务国家脱贫攻坚战略的意见》新政策实施窗口期，率先提出利用资本市场作用助推自治区精准扶贫的建议，受到自治区党委高度重视并要求相关机构落实。同时，报送民建中央春季调研报告《大力推进大众创业万众创新，实现内蒙古经济的转型发展的建议》等 17 篇，报送民建中央秋季调研报告《培育具有核心竞争力的创新型企业，促进创新发展》等 22 篇。

完善社情民意信息骒稿机制　报送自治区政协社情民意信息 93 篇，其中《关于辽代丰州城文化旅游资源开发的建议》《关于衔接棚户区改造与消化存量商品房的建议》《当前民主党派民主监督工作亟待解决四个问题》被采用；报送自治区党委统战部信息 68 篇。其中：《关于我区马铃薯期货上市的建议》被《党外人士反映》采用；报送民建中央社情民意信息 15 篇。其中：《加大天然草原退牧还草工程建设力度，实现草原生态文明》《关于我区马铃薯期货上市的建议》被采用；在全国政协会议上有 5 份社情民意信息被中央统战部《零讯》采用，其中 2 份被中央有关领导批示。

推进专委会工作　继续完善专委会各项管理制度，定期召开专委会主任联席会议、专委会全体会议、专家座谈会，落实《民建内蒙古第五届委员会专门委员会通则》，对专委会工作提出具体要求，激励专委会委员为参政议政工作多做贡献。2016 年各专委会承担大量课题调研任务，共向民建内蒙古区委提交成果 62 篇。民建内蒙古区委提交的大会发言、集体提案、专题调研报告和高层协商发言材料中近 80% 是由各专委会完成的课题转化而来，参政议政成果质量不断提升，较好地发挥了专委会在参政议政工作中的主导作用。根据《中国民主建国会内蒙古自治区委员会参政议政成果产生与管理办法（修订）》有关规定，民建内蒙古区委对 2015 年度全区参政议政优秀成果予以表彰和奖励。

履行民主监督职能　在自治区党委、政府、政协、统战部召开协商会、座谈会、情况通报会前，民建内蒙古区委及时召集参政议政骨干会员研究讨论并形成相关意见建议；担任各级人大代表、政协委员和政府部门特约（邀）职务的会员，利用参加调研、检查、视察、交流等机会，认真了解党委政府工作，关注国家经济社会发展中的热点、难点问题，对法律法规、方针政策在执行过程中出现的情况和问题，提出改进意见、建议。

【社会服务】

推进金融精准扶贫　抓住证监会新政策实施窗口期，与会内金融专家为武川县协调引进国融证券，每年可以贡献至少 2000 万元税收，并签署马铃薯种业、城市基础建设等结对帮扶系列项目协议，起到“牵红线，搭平台”的作用。争取民建中央中华思源工程基金会项目 2016 年基金会继续为自治区国家级扶贫开发重点旗县医院捐赠救护车共 33 辆（几年来共捐 55 辆），并向全区各旗县捐赠价值 2000 万元的 100 套“移动互联网医疗服务平台”，帮助基层医疗机构改善医疗服务方式，提高医疗机构的综合服务能力，受到社会广泛好评。

参加民建中央社会服务工作会议　认真贯彻会议精神，推动全区社会服务工作深入开展。向大会提交区委换届以来的社会服务工作情况汇报。区委 8 名先进个人和 3 个先进集体获得表彰。

服务会员企业　为促进会员企业参与合作，改革创新，组织会员参加民建中央 2016 年“中国风险投资论坛”“中国非公有制经济发展论坛”“第三期民建中央企业家培训班”等大型会议和培训。与民建包头市委、中国经济时报社联合举办非公经济前沿圆桌会议，对国家进一步出台相关政策提出意见建议。

关爱扶贫工作　呼和浩特市委组织开展“烈士纪念日”的公祭活动和“传承历史文化，共享现代文明”等主题日活动；包头市委在2015年与民建天津河西区委缔结友好组织基础上，在2016年8月进行第一次经济合作项目交流对接；呼伦贝尔总支部组织会员为图里河白血病患者捐款活动，捐款1.75万元，乌兰察布市委为帮助高中残疾学生完成学业，组织会员共捐助11名学生2.2万元；兴安盟总支部组织会员为环卫工人发放50套羽绒服、70套环卫服和服装安全指示灯；直属工委会员向和林县和清水河县捐赠了价值30万元的食用油和面粉；通辽职业学院会员为推动贫困大学生就业和创业，进行多次创业讲座和辅导；巴彦淖尔市总支部继续做好对包扶村的扶贫工作，开展送法律、送温暖等主题活动；乌海市委每年重大节日前夕走访慰问老会员形成常态，让他们感受到会的关爱与温暖；赤峰市委会员发明家陈宝泽被国家人才规划编制委员会授予“十大国家级特殊贡献人物”称号；直属工委会员郗瑞雪、通辽总支部会员田春艳被内蒙古妇联授予“内蒙古自治区三八红旗手”称号。

（撰稿人：赵姣）

民　进

【概况】 民进内蒙古自治区委员会（以下简称民进内蒙古区委）为中国民主促进会（简称民进）的省级地方组织，是以从事教育文化出版工作的高中级知识分子为主、具有政治联盟性质、致力于建设有中国特色社会主义事业的政党。现有市级委员会4个，基层组织80个。下设教育、文化艺术、出版传媒、科技医卫环保、经济、社会和法制6个专门委员会及开明画院和企业家联谊会等专门机构。民进内蒙古区委机关设有办公室、组织部、宣传部、社会服务部、参政议政部，内设研究室。

2016年，民进内蒙古区委会认真学习贯彻中共十八大、十八届三中、四中、五中全会，民进十一大、十三届三中、四中全会精神，习近平总书记系列重要讲话和中央统战工作会议和《中国共产党统一战线工作条例（试行）》精神，坚持“有思有行、集智聚力、顺势而为、开拓创新”的工作方针，围绕自治区工作大局，统筹谋划，汇集力量，以坚持和发展中国特色社会主义学习实践活动为主线，以参政议政为年度工作主题，以“为执政党助力、为国家尽责、为人民服务”的高度责任感和使命感，围绕“四个全面”战略布局，深入调查研究，积极建言献策。一年来，全会各项工作取得斐然成绩。

【思想宣传】

紧密结合形势和工作大局推进政治学习　民进内蒙古区委会始终把深入学习贯彻中共十八大、十八届三中、四中、五中全会精神，习近平总书记系列重要讲话和中央统战工作会议精神，作为一项重要政治任务，通过主委会、主委办公会、班子谈心会、机关办公会等，将集体学习落到实处。领导班子成员积极发挥领学带动作用，先后发表多篇署名文章，通过讲话、授课、调研座谈等形式，深入地方和基层，指导推动全会政治理论学习。民进内蒙古区委各级组织以高度的政治自觉开展理论学习，引导广大会员辩证、理性地看待社会转型发展中出现的问题，围绕“四个全面”战略布局，凝聚共识和力量，坚定了对中国特色社会主义的道路自信、理论自信、制度自信、文化自信。

深入开展系列主题教育活动　民进内蒙古区委全面深入开展坚持和发展中国特色社会主义学习实践活动，推动民进内蒙古区委领导班子全部成员联系基层，建立学习实践活动联系点，覆盖全区所有盟市级组织。民进内蒙古区委领导班子成员多次赴联系点走访当地统战部、看望老会员、与基层会员座谈、举办主题讲座、参加支部活动,取得良好效果。民进内蒙古区委研究制定机关干部联系基层制度，每个部门负责人联系3个直属支部和1个专委会，密切了机关与基层组织的联系，增强了区直基层组织活力,推动了学习实践活动“接地气、增底气、树正气”。

搭建新媒体平台，推进新闻宣传工作再上新台阶　民进内蒙古区委主动适应新媒体时代对新闻宣传工作的挑战,加快新媒体建设步伐,建成内蒙古民进网站,开通微信公众号,成为全国民进率先开通公众号的省级组织之一，订阅率达到在职会员总数的40%并不断增长，累计点击率近10万次,部分文章被民进中央微信公众号和其他媒体转载。团结报团结网对全国民主党派微信公众号2016年9月份的传播数据进行统计,在《民主党派微信公众号影响力排行榜》上,内蒙古民进微信公众号排名第九。在《民进省级组织微信公众号影响力排行榜》上排行榜排名第一。民进内蒙古区委加强与新闻媒体的主动沟通，通过面对面的沟通交流，加强了解,密切关系,有力地推动外宣工作的开展。不完全统计,2016年,中央级媒体采用民进内蒙古区委宣传部稿件26篇。深化参政党理论研究，多篇理论研究成果获民进中央、内蒙古自治区政协表彰，2014年、2015年、2016年连续三年在内蒙古统战理论研究社会招标课题中获得立项并顺利结题理论研究获民进中央表彰。民进内蒙古区委会获2016年民进省级组织参政党理论研究工作先进单位称号。

【组织建设】

2016年是民进内蒙古区委换届筹备年,也是盟市级和区直组织换届年，民进内蒙古区委高度重视,由民进内蒙古区委副主委带队,走访包头、乌海、赤峰、巴彦淖尔等地统战部门,机关工作人员走访自治区各高校党委统战部门,得到统战部门的大力支持,确保换届工作的有序、高效、平稳进行。完成13个区直支部和5个盟市级组织的换届工作。领导班子全部实现满票或高票当选。换届后班子的整体功能和活力明显增强,夯实了各级组织的工作基础。民进内蒙古自治区监督委员会对换届全过程进行监督。

民进内蒙古区委领导班子在各地建立学习实践活动联系点,覆盖全区所有盟市级组织,领导班子成员多次带队深入联系点开展工作,有力地推动各地学习实践活动及各项工作的开展；民进内蒙古区委各部门负责人联系区直各基层组织和各专委会,基层组织活力明显增强。五年轮训工作完美收官。自2012年民进内蒙古区委换届以来,多层次、多形式、全方位开展干部轮训工作，有计划分批次对各级领导班子成员及其后备干部、人大代表政协委员、骨干会员进行轮训,2016年轮训计划全部完成,轮训工作有力地提高了干部队伍的整体素质，增强了各级干部的履职能力。3月7—11日,自治区党委统战部、各民主党派区委、内蒙古社会主义学院联合在上海市社会主义学院举办内蒙古自治区第二十五期民主党派骨干成员培训班。民进内蒙古区委会9名骨干会员参加了培训。8月12日，内蒙古民进骨干会员培训班在内蒙古社会主义学院正式开班。内蒙古社会主义学院副院长赵景华致欢迎词，民进内蒙古区委主委郑福田出席并讲话。

【参政议政】　民进内蒙古区委领导高度重视参政议政工作，主委郑福田多次参加全国政协双周协商会、自治区党委、政府主要领导主持的党外人士座谈会，围绕民族地区城镇化过程中的就业问题、黑土地保护、非物质文化遗产传承保护、推进政党协商、“十三五”规划的制定、“三严三实”活动的开展、推进扶贫开发工作等方面提出意见建议。

民进内蒙古区委召开参政议政工作座谈会、出版委员会与出版支部联合召开的出版界会员调研工作座谈会，通过深入学习“四个全面”战略布局和“8337”发展思路，广泛研讨新常态下参政议政骨干如何更好地履职尽责、双岗建功。通过结合会员自身工作实际及优势所在，精选“非物质文化遗产传承问题的调研”等10多项调研课题。民进中央确定了“一带一路背景下如何将旅游与文化发展相结合的调研”的调研课题，民进内蒙古区委作为调研地之一，借助于民进中央的调研工作形成区委调研报告并在调研中锻炼队伍。民进内蒙古区委重点调研课题“关于确立打造我区文化旅游地理标志，推动自治区文化旅游产业融合发展的调研”被确定为民进中央重点调研课题。12月21日，民进内蒙古区委主委郑福田就该调研成果向中共自治区委员会书记李纪恒、自治区主席布小林、自治区政协主席任亚平等作汇报。

4月底，收到中共自治区委员会统战部下发的调研选题之后，民进内蒙古区委组织由在呼骨干会员参加的参政议政工作座谈会，经过认真研讨，选取“关于搞好‘十个全覆盖’工程中农村垃圾处理问题的调研”“建立企业与农牧户利益联结机制调查”“探索创新农牧业融资方式研究”等4项课题为民进内蒙古区委重点调研课题。

民进内蒙古区委通过采取一系列的措施和办法，大力推进参政议政工作，向自治区两会报送集体提案36份，大会发言17份，向中共自治区委员会报送调研报告10份，向自治区政协和自治区党委统战部报送社情民意信息62份，其中“将呼和浩特市建成海绵城市”被内蒙古政协信息专报第5期采纳并报自治区副主席王波；“着力提高中小学教师教育科研能力”被内蒙古自治区政协信息专报第16期采纳并报自治区分管副主席；“增加公用女厕的面积和厕位”被内蒙古自治区政协社情民意信息专报第34期采纳；“加快建设内蒙古非物质文化遗产博览园”被内蒙古政协社情民意信息专报第38期采纳，自治区副主席刘新乐做批示；“关于促进我区职业教育发展的建议”被评为自治区政协优秀提案，“关于进一步规范中小学生教辅市场管理的建议”被评为自治区政协主席督办提案。民进内蒙古区委专职副主委武晓瑞所主持课题《参政党中青年成员思想政治状况的调查分析研究——以内蒙古自治区为例》得到自治区党委统战部的立项。

民进内蒙古区委主委郑福田和区直农大支部主任尹俊提供素材和撰写的社情民意信息“关于改革大专院校和科研院所科研人员评价体系的建议”被中央统战部《零讯》采纳。

【社会服务】 民进内蒙古区委响应自治区党委统战部发出的统一战线凝心聚力“十三五”的号召，为和林格尔同心实践基地捐赠价值30多万元书籍。8月，民进内蒙古区委牵头组织的“凝心聚力十三五·老区行”教育精准扶贫项目，“新型职业农民培养暨武川县农村动物防疫员素质提升工程”在呼和浩特市武川县正式开班，为武川县免费培养140名农村动物防疫员，对武川县精准扶贫工作产生积极推进作用。响应自治区党委、政府开展的自治区直属厅局对口帮扶贫困地区的号召，开展对乌兰察布市丰镇市元山子乡的对口帮扶工作（自治区6家民主党派中仅有2家参与扶贫工作），连续3年共送去慰问金3万余元，书籍1万余册，春联字画等作品100余副，与自治区扶贫办联系扶贫项目1个。每个春节前夕都组织开明书画院书法家们为乡亲写春联。同时结合民进界别特点，民进内蒙古区委各级组织和广大会员在农村牧区广泛开展教育、文化、法律、医疗下乡活动，为“精准扶贫”和“十个全覆盖”工作做出应有贡献。会员长期在敬老院、福利院、戒毒所这些需要社会关爱的地方进行帮扶，助推了和谐社会建设。

以内蒙古民进开明画院为载体开展工作。参与民族文化大区、和谐内蒙古的建设，组织书画家进学校、进社区、进机关，举办书法笔会、讲座、展览、送春联等活动，深受社会各界欢迎。内蒙古民进开明画院成为内蒙古民进的一张亮丽名片，弘扬了开明精神，宣传了党派工作。以内蒙古民进企业家联谊会为平台，凝聚新社会阶层。广大企业界会员积极投身公益事业，支教助学、培训农村干部、扶助孤残老人儿童、兴办创业者协会、助力生态保护协会，成为区委开展社会服务工作的重要力量。

【机关建设】 民进内蒙古区委委会认真贯彻落实《公务员法》，以“和谐、高效、规范、阳光”为目标，抓制度规范工作，抓干部人尽其才，抓学习提升能力，抓作风改善服务。形成一支政治坚定、能力过硬、作风优良、奋发有为的机关干部队伍。民进内蒙古区委进一步完善工作机构和工作制度，编印《民进内蒙古区委会各部室岗位职责手册》，强化机关工作的制度化、规范化、程序化。以搬进新办公大楼为契机，全面加强机关硬件、软件建设，办公条件得到极大改善。民进内蒙古区委机关节俭办公、爱岗敬业蔚然成风，服务大局、服务会员、服务基层的认识有了新的提高，办文、办会、办事的能力和整体执行力进一步提升。

【重要活动】

5月6—9日，自治区政协副主席、民进内蒙古区委主委郑福田率自治区政协民进界别小组在包头、乌海、巴彦淖尔调研期间，分别走访了当地市委统战部，与包头市委常委、统战部部长金满仓，乌海市委常委、统战部部长王凤，巴彦淖尔市委常委、统战部部长于海宇，就当地民进组织换届工作及组织建设方面交换意见。

5月11日，内蒙古自治区党委召开各民主党派、无党派人士调研协商座谈会，就2015年重大课题调研成果和2016年重点调研课题计划开展协商讨论。自治区党委常委、组织部部长李鹏新主持会议并讲话。民进内蒙古区委主委郑福田出席会议并就民进内蒙古区委2015年参政议政工作和2016年议政调研工作计划做发言，民进内蒙古区委会副主委张润锁出席会议。

5月30日至6月5日，为更好落实政党协商制度，建设高素质参政党，内蒙古自治区政协副主席、民进内蒙古区委主委郑福田率自治区政协民进界别委员一行7人赴湖北、重庆考察。

6月14日，内蒙古自治区统一战线凝心聚力“十三五”行动启动暨同心实践基地授牌仪式在和林格尔县举行。自治区党委常委、组织部部长李鹏新出席仪式并讲话。自治区党委常委、呼和浩特市委书记那顺孟和，自治区政协副主席、民进内蒙古区委主委郑福田与自治区其他民主党派区委主委一同出席活动。

8月31日，“凝心聚力十三五·老区行”教育精准扶贫项目，新型职业农民培养暨武川县农村动物防疫员素质提升工程在呼和浩特市武川县隆重开班。自治区政协副主席、民进内蒙古区委主委郑福田出席开班仪式。

9月6日，自治区党委书记李纪恒到自治区民主党派大楼，亲切看望各民主党派工作人员。郑福田主委代表民进内蒙古区委对李纪恒书记一行的到访表示热烈欢迎，民进内蒙古区委副主委张润锁、武晓瑞参加了座谈会。

9月9日，民进内蒙古区委在呼和浩特市和林格尔县民族中学举行同心助力民族教育发展行动，民进内蒙古区委捐赠图书30余万元。

11月9日，民进内蒙古区委主委郑福田、民进内蒙古区委副主委张珉赴民进通辽总支就学习实践活动开展情况进行调研，并参加民进通辽总支学习实践活动座谈会暨总支生活会。

12月13—16日，民进中央参政议政部副部长姜其和带队赴吉林省，就提升中蒙俄经济走廊吉林省段人文旅游服务能力开展调研。民进内蒙古区委会参政议政部部长杨永刚、文化艺术委员会主任徐英参加调研。

12月21日，自治区党委召开各民主党派、工商联2016年度重点课题调研成果汇报会，自治区党委书记李纪恒主持会议并讲话。自治区领导布小林、任亚平、李佳作互动发言，张建民、王莉霞、罗永纲、王焕承等出席会议。会上，自治区政协副主席、民进内蒙古区委主委郑福田就区委重点调研课题“关于确立打造我区文化旅游地理标志，推动自治区文化旅游产业融合发展的建议”作汇报。

【荣誉】

民进呼和浩特市委、民进包头市委被授予“民进全国参政议政工作先进集体”称号。张润生、王钰国、董立新、杨松被授予“民进全国参政议政工作先进个人”称号。民进内蒙古区委获参政党理论研究工作先进单位。民进内蒙古区委主委郑福田提出的《少数民族地区非物质文化遗产保护存在的问题及建议》被评为民进中央2016年度参政议政成果二等奖。

（撰稿人：刘利军）

农　工　党

【概况】 中国农工民主党内蒙古自治区委员会（以下简称农工党内蒙古区委）机关核定编制16名，其中厅级领导职数（主任委员或副主任委员）1名，处级领导职数（含秘书长1名）6名，处级非领导职数3名，工勤人员2名；机关设办公室、组织部、宣传部、参政议政部、社会服务部5个内设机构。2016年机关实有工作人员15名。其中：副主任委员1名，秘书长1名，副秘书长兼办公室主任1名，办公室调研员1名、副主任科员1名、科员1名，组织部部长1名、副主任科员1名，宣传部调研员1名、副主任科员1名、见习1名，参政议政部副部长1名、副主任科员1名，社会服务部调研员1名，高级技师1名；硕士研究生学历3名，大学本科双学历1名、大学本科学历7名、党校本科学历1名、大学专科学历2名、党校专科学历1名；蒙古族5名、朝鲜族1名；男性6名、女性9名。

农工党内蒙古区委在农工党中央、中共自治区委员会领导下以统筹推进“五位一体”总体布局、协调推进“四个全面”战略布局为统领，以全面建成小康社会为目标，以推进“健康内蒙古、美丽内蒙古”建设为主线，以实施“十三五”规划纲要为重点，发挥农工党特色优势，履行参政党职能，为内蒙古如期全面建成小康社会、打造祖国北疆亮丽风景线做出新贡献。

【重要会议】

中国农工民主党内蒙古自治区第六届委员会常务委员会第十五次（扩大）会议　1月9日下午在呼和浩特举行。农工党内蒙古区委主委牛广明主持会议。农工党内蒙古区委副主委云治厚、张伯群、王学东，常委张慧媛、耿豫蒙、鲁剑钧、蓝峰、窦长武出席会议。农工党内蒙古区委副秘书长兼办公室主任陈永胜、组织部部长郭瑞、宣传部调研员部昕煜、参政议政部副部长霍弘、社会服务部调研员代学刚列席会议。

中国农工民主党内蒙古自治区第六届监督委员会第三次全体会议　1月20日上午在呼和浩特召开。会议传达学习中国农工民主党第十五届中央监督委员会第四次全体会议精神；听取和审议王学东作的《中国农工民主党内蒙古自治区第六届监督委员会2015年工作报告（草案）》；通过《中国农工民主党内蒙古自治区第六届监督委员会2015年工作报告的决议（草案）》；列席中国农工民主党内蒙古自治区第六届委员会第六次全体会议。农工党内蒙古区委监督委员会副主任蔡捷主持会议。农工党内蒙古区委监督委员会委员9人出席会议。

中国农工民主党内蒙古自治区第六届委员会第六次全体会议　1月20日下午在呼和浩特举行。农工党内蒙古区委主委牛广明出席会议并作工作报告。农工党内蒙古区委委员21人出席会议。农工党内蒙古区委监督委员会委员6人列席会议。根据会议议程，会议经无记名投票，增选康文胜为中国农工民主党内蒙古自治区第六届委员会委员。会议通过《中国农工民主党内蒙古自治区第六届委员会第六次全体会议关于常务委员会2015年工作报告的决议》《中国农工民主党内蒙古自治区第六届委员会第六次全体会议关于监督委员会工作报告的决议》。

中国人民政治协商会议内蒙古自治区第十一届委员会第四次会议 1月22日在呼和浩特召开。会上,农工党内蒙古区委及委员提交大会发言11件、3名委员作大会发言,提交集体提案33件、委员个人提案34件。1件提案获内蒙古政协十一届三次会议以来优秀提案。农工党自治区政协委员出席会议。

中国农工民主党内蒙古自治区第六届委员会常务委员会第十六次会议 3月20日下午在呼和浩特召开。农工党内蒙古区委主委牛广明主持会议。农工党内蒙古区委副主委云治厚、张伯群、王学东、李一飞,常委张慧媛、耿豫蒙、鲁剑钧、蓝峰、窦长武出席会议。农工党内蒙古区委副秘书长兼办公室主任陈永胜、组织部部长郭瑞列席会议。

中国农工民主党全区传达全国"两会"精神暨专门工作委员会工作会议 3月20日下午在呼和浩特召开。自治区政协副主席、农工党内蒙古区委主委牛广明讲话。农工党内蒙古区委副主委李一飞、云治厚先后传达十二届全国人大四次会议精神和全国政协十二届四次会议精神。会议总结各专门工作委员会2015年工作,部署2016年任务。对2015年度农工党中央优秀调研报告和农工党内蒙古区委优秀调研报告课题组,2015年度自治区政协优秀提案,被农工党中央、自治区政协和全国政协采纳的提案、社情民意信息进行表彰。农工党内蒙古区委委员、专门工作委员会委员,在呼和浩特地区党员,自治区人大代表、政协委员100多人参加会议。

中国农工民主党内蒙古自治区第六届委员会常务委员会第十七次会议 6月18日下午在呼和浩特召开。农工党内蒙古区委主委牛广明主持会议。农工党内蒙古区委副主委张伯群、王学东,常委张慧媛、赵心力、耿豫蒙、鲁剑钧、蓝峰、窦长武出席会议。农工党内蒙古区委副秘书长兼办公室主任陈永胜、办公室调研员纵丽娜、组织部部长郭瑞、宣传部调研员郜昕煜、参政议政部副部长霍弘、社会服务部调研员代学刚以及相关人员列席会议。

中国农工民主党内蒙古自治区第六届委员会常务委员会第十八次扩大会议 8月26日上午在呼和浩特召开。农工党内蒙古区委主委牛广明主持会议。副主委云治厚、王学东、李一飞,常委张慧媛、耿豫蒙、鲁剑钧、蓝峰出席会议。农工党内蒙古区委副秘书长兼办公室主任陈永胜、办公室调研员纵丽娜、组织部部长郭瑞、宣传部调研员郜昕煜、参政议政部副部长霍弘列席会议。

中国农工民主党内蒙古自治区第六届委员会常务委员会第十九次扩大会议 10月19日下午在呼和浩特召开。农工党内蒙古区委主委牛广明主持会议。农工党内蒙古区委副主委云治厚、王学东、李一飞,常委张慧媛、赵心力、耿豫蒙、蓝峰出席会议。农工党内蒙古区委副秘书长兼办公室主任陈永胜、组织部部长郭瑞、办公室调研员纵丽娜、宣传部调研员郜昕煜、参政议政部副部长霍弘列席会议。

中国农工民主党内蒙古自治区第六届委员会第七次全体会议 10月20日上午在呼和浩特举行。农工党内蒙古区委主委牛广明主持会议并代表农工党自治区第六届委员会领导班子做述职报告。农工党内蒙古区委委员20人出席会议。农工党内蒙古区委监督委员会委员6人列席会议,农工党地方组织主委、农工党内蒙古区委机关工作人员8人列席会议。农工党内蒙古区委副主委云治厚、王学东、李一飞分别做个人述职报告。农工党内蒙古区委副主委张伯群做书面个人述职报告。全体与会人员对农工党内蒙古区委领导班子及其成员进行换届前述职民主测评和投票。农工党内蒙古区委委员进行农工党内蒙古区委领导班子换届人选推荐工作。会议表决通过《中国农工民主党内蒙古自治区委员会关于召开中国农工民主党内蒙古自治区第七次代表大会的决定》。

中国农工民主党内蒙古自治区第六届委员会常务委员会第二十次扩大会议　11月11日下午在呼和浩特召开。农工党内蒙古区委主委牛广明主持会议。农工党内蒙古区委副主委云治厚、王学东、李一飞,常委耿豫蒙、鲁剑钧、蓝峰、窦长武出席会议。农工党内蒙古区委副秘书长兼办公室主任陈永胜、办公室调研员纵丽娜、组织部部长郭瑞、宣传部调研员部昕煜、社会服务部调研员代学刚列席会议。

中国农工民主党内蒙古自治区第六届委员会常务委员会第二十一次扩大会议　12月10日下午在呼和浩特召开。农工党内蒙古区委主委牛广明主持会议。农工党内蒙古区委副主委云治厚、张伯群、王学东,常委张慧媛、耿豫蒙、鲁剑钧、蓝峰、窦长武出席会议。农工党内蒙古区委副秘书长兼办公室主任陈永胜、办公室调研员纵丽娜、组织部部长郭瑞、宣传部调研员部昕煜、社会服务部调研员代学刚列席会议。

中国农工民主党内蒙古自治区第六届委员会第八次全体会议　12月20日下午在呼和浩特举行。农工党内蒙古区委主委牛广明主持会议。农工党内蒙古区委委员20人出席会议。会议根据出席农工党内蒙古区委六届二十二次常委扩大会议的常委分别与自治区党委统战部到会领导谈话确定的农工党内蒙古区委第七届委员会主委候选人名单,进行农工党内蒙古区委第七届委员会主任委员候选人投票推荐。

中国农工民主党内蒙古自治区第六届委员会常务委员会第二十二次扩大会议　12月20日下午在呼和浩特召开。农工党内蒙古区委主委牛广明主持会议。农工党内蒙古区委副主委云治厚、张伯群、王学东、李一飞,常委张慧媛、赵心力、耿豫蒙、鲁剑钧、蓝峰、窦长武出席会议。农工党内蒙古区委副秘书长兼办公室主任陈永胜、组织部部长郭瑞列席会议。中共自治区党委统战部副巡视员、党派处处长马万田,干部处处长高翔,党派处调研员格日乐应邀到会。

【机关建设】

建设团结和谐机关　倡导讲团结、比进步、多贡献,塑造参政党机关形象。通过有益身心健康的文娱参观考察活动,陶冶情操。机关干部互相关心、取长补短、互助共进,营造了和谐的工作氛围。

建设学习创新机关　坚持机关干部学习例会、周例会制度,加大学习力度,搭建学习平台,开展培训活动,加强职业道德、工作纪律知识规范学习,争做合格公务员。

建设服务奉献机关　用社会主义核心价值观教育引导机关干部,用“三严三实”要求加强机关干部作风建设,做好办文办会办事工作,为委员会和领导成员开展工作做好服务、提供保障。落实机关干部联系直属基层组织制度,做好档案工作,模范执行财务制度,加强保密工作。机关发挥桥梁、纽带和窗口作用,保障各项工作顺利开展。

人事工作　根据岗位需要,遴选文字综合岗位公务员1名,经过岗位考察综合评价合格结果,按规定程序和手续办理调入手续。根据德才表现、工作实绩、工作需要和任职期限,晋升组织部、参政议政部副主任科员各1名。遴选公务员考察期满任办公室科员1名,机关考录公务员试用期满转正定级公务员任宣传部科员1名。根据自治区党委统战部要求,安排1名宣传部副主任科员赴自治区党委统战部干部处进行为期1年的调训。

年度考核工作　3月,机关开展2015年度机关工作人员考核工作。2015年度机关工作人员考核结果为,优秀等次1名、称职等次11名、合格等次1名。

农工史志工作　6月,完成《中国农工民主

党内蒙古自治区委员会2016年鉴、大事记》编写任务，为自治区地方志办公室提供农工党《内蒙古年鉴》(2016卷)素材。编辑《不忘合作初心 继续携手前进——中国农工民主党内蒙古自治区第六届委员会工作纪实》。制订《党史陈列室布展方案》，收集整理农工党全区史料，组织工程施工，力争在农工党内蒙古区委2017年换届前完成展室建设任务。

【制度建设】 结合工作实际和需要，适时制定规章制度，用制度规范工作。2016年1月9日，农工党内蒙古区委六届十五次常委(扩大)审议通过《参政党理论研究优秀论文征集和评选办法》《机关阅览室管理制度》。

【组织建设】 全面贯彻落实农工党中央“人才强党”战略，强根基固根本，以建设中国特色社会主义参政党为目标，切实加强组织建设，服务农工党全局工作。

领导班子建设　领导集体着力建设政治坚定、团结民主、工作高效、关系和谐、廉洁自律的核心领导层。认真学习贯彻中央统战工作会议、《中国共产党统一战线工作条例(试行)》精神，深刻总结农工党自身建设的经验、规律和成果，切实提高领导成员的“五种能力”。参加学习培训，强化思想建设、作风建设和能力建设。认真贯彻民主集中制，严格党内政治生活，定期召开会议，及时学习贯彻落实中共中央、中共内蒙古自治区委员会、农工党中央重要会议、讲话、文件精神，指导农工党全区工作；对农工党全区重要工作和重大事项及时研究决策部署，进行领导班子及其成员换届前述职、民主测评工作；推荐自治区级组织换届主委、副主委、常委候选人。全年召开全委会3次、常委会8次、主委会6次。

干部队伍建设　把握新形势下干部队伍的特点和成长规律，坚持德才兼备、以德为先的用人标准，建设政治坚定、素质优良、结构合理、代表性强、同中国共产党亲密合作的干部队伍。领导集体高度重视干部队伍建设，把培养干部队伍作为重点工程来抓，列入重要议事日程。把干部队伍建设工作与组织发展工作紧密结合，重点发展有社会影响的代表性人士加入农工党。有重点地选派骨干党员参加各级各类培训班，提高政治素质、思想理论水平、民主党派实际工作能力，增强走中国特色社会主义道路的政治共识。对经过培养、锻炼和考核符合条件的骨干党员，争取中共地方党委支持及其统战部门帮助，做好干部队伍推荐安排使用工作，在农工党员担任政治安排职务、行政实职职务推荐工作上，取得一定成果。

党员骨干学习培训　按照农工党中央、自治区党委统战部要求，有计划地选派农工党全区各级组织领导班子成员和骨干党员参加中共中央统战部、中央社会主义学院、农工党中央和自治区党委统战部和内蒙古社会主义学院举办的培训班、民主党派参政议政大讲堂培训学习。加强自主培训工作，在呼和浩特举办农工党全区盟市组织换届工作培训班；4月，在安徽省社会主义学院举办“农工党内蒙古区委第三期领导干部创新管理与素质提升培训班”，50多名党员参加培训。11月，在山东大学举办农工党内蒙古区委领导干部创新管理与素质提升暨组织换届工作培训班，46人参加培训。农工党全区各级组织结合自身实际，举办党员培训班，开展培训工作。开辟培训渠道，借助有关方面举办培训班，推荐党员参加各级各类培训班。据不完全统计，党员参加培训培训班60余个，受训党员400余人次。11月1—4日，农工党内蒙古区委领导干部创新管理与素质提升暨组织换届工作培训班在山东大学举办。农工党内蒙古区委副主委云治厚、王学东及农工党内蒙古区委委员、监委会委员、全区各级组织负责人、业务骨干、机关干部共46人参加培训。

换届工作和建立新组织工作　按照《中国农工民主党章程》和有关政策规定，抓好任期届满组织换届工作和组建新组织机构工作。在2015年成立直属基层组织换届工作领导小组基础上，成立全区盟市级组织换届工作领导小组。转发农工党中央《农工党市级组织换届工作程序指导》，推动换届工作程序化、规范化。举办全区盟市级组织换届工作培训班，增强换届工作能力。把换届工作与推进新老交替、搞好政治交接结合起来。按照工作规划，做好三方协商，成立中国农工民主党通辽市委员会，同时推进新老交替、政治交接，一批年轻有为的同志进入领导集体。结合党员发展情况，成立中国农工民主党内蒙古自治区人民医院委员会。先后完成中国农工民主党呼和浩特市委员会、中国农工民主党赤峰市委员会、中国农工民主党鄂尔多斯市委员会、中国农工民主党包头市委员会4个市级组织换届工作，其中中国农工民主党赤峰市委员会、中国农工民主党鄂尔多斯市委员会、中国农工民主党包头市委员会3个市级组织实现新老交替、政治交接；完成中国农工民主党锡林郭勒盟基层委员会、中国农工民主党呼伦贝尔市总支部委员会、中国农工民主党巴彦淖尔市总支部委员会、中国农工民主党兴安盟总支部委员会4个盟市基层组织和中国农工民主党内蒙古大学支部委员会、中国农工民主党内蒙古自治区直属机关支部委员会、中国农工民主党内蒙古自治区传媒总支部委员会、中国农工民主党内蒙古自治区文化艺术支部委员会、中国农工民主党内蒙古自治区科学技术总支部委员会5个直属基层组织的换届工作。其中：中国农工民主党兴安盟总支部委员会1个盟市基层组织和中国农工民主党内蒙古大学支部委员会1个直属基层组织实现新老交替、政治交接。按照《中国农工民主党章程》规定和农工党中央、中共自治区党委部署，及早筹划启动农工党自治区委换届工作。在6月18日召开的农工党内蒙古区委六届十七次常委会上，通过《关于召开中国农工民主党内蒙古自治区第七次代表大会的决定》《中国农工民主党内蒙古自治区委员会换届工作方案》《中国农工民主党内蒙古自治区第七次代表大会代表名额及产生办法》，决定2017年5月在呼和浩特召开中国农工民主党内蒙古自治区第七次代表大会进行换届，选举中国农工民主党内蒙古自治区第七届委员会。同时，决定成立中国农工民主党内蒙古自治区委员会换届工作领导小组。

地方和基层组织建设 加强工作指导，推动履行工作职责，支持各级组织领导班子开展工作，通过培训提高领导班子成员的政治素质和领导水平。推动所辖组织和党员配合基层单位中心任务开展活动，立足本职做贡献。支持鼓励党员围绕本单位中心工作和国家、地方大政方针，建言献策。组织党员开展学习，深入细致地进行思想政治工作。着力解决地方和基层组织建设中存在的问题，增强全区各级组织活力和凝聚力。8月9日，正值中国农工民主党成立86周年纪念日，农工党内蒙古区委组织36名地方、基层组织负责人和骨干党员，赴呼和浩特市武川县革命老区参观学习。

组织工作信息化建设 贯彻落实《中国农工民主党中央关于做好2014—2017年省级组织领导班子后备干部队伍建设工作的意见》，建立内容全面、信息准确的农工党内蒙古区委领导班子、市级委员会领导班子和全区厅级、处级干部名册，为领导班子和后备干部队伍建设工作提供详细准确数据支撑。

组织发展 结合自治区实际，科学合理布局，成立地市级组织、直属基层组织，形成组织机构网络。农工党内蒙古区委辖有34个组织。其中：市级委员会7个、基层委员会4个、总支部委员会8个、支部委员会12个、支部2个、小组1个。农工党是唯一在自治区12个盟市全部建立组织的民主党派。2016年发展新党员143名，发展率5.2%。截至2016年12月底，全区党员2876名。

【监督委员会工作】 农工党内蒙古区委监督委员会成立以来，加强学习，不断深化党内监督认识，结合学习贯彻中共十八届六中全会精神，努力增强“四个意识”，不断做好党内监督工作。明确责任定位，不断健全党内监督机制，贯彻落实党内监督制度，探索和研究党内监督理论和实践，把握工作重点，主动参与换届工作，加强换届纪律教育，监督换届工作的程序性、入选的民主推荐工作，确保换届风清气正、严明干净、平稳有序。参与农工党内蒙古区委领导班子及其成员述职和民主测评、推荐农工党内蒙古区委第七届委员会领导班子换届人选工作。加强对机关工作人员日常管理和年度考核的监督，改进机关工作作风。

【思想宣传】 以社会主义核心价值观为核心，将继承传统与努力创新相结合、工作实践与理论研究相结合、加强学习与主题教育相结合，全面加强宣传思想工作，打好参政党履职的思想根基。

开展中国特色社会主义学习实践活动 8月20日下午，“走进基层，贴近党员，培育和践行社会主义核心价值观”百场主题宣讲走进内蒙古包头。包头地区150余名农工党员参加宣讲活动。在农工党内蒙古区委门户网站、微信公众平台和《内蒙古农工》开辟专栏，及时发布农工党全区各级组织开展学习实践活动工作及活动情况，扩大影响力。

宣传农工党全区各项工作 围绕各级组织履职中心工作，通过媒体平台，分别以署名文章、专访、综述、专题网页、专题报道等形式，大力宣传农工党重要活动，增强社会影响力。一是服务各级组织换届工作。针对组织工作重点，对各级组织换届工作及时宣传报道，发挥思想引领作用，推动组织建设。二是宣传参政议政工作动态。宣传机关、专门工作委员会、各级组织、农工党员调查研究工作动态及成果。三是展现社会服务工作成果。

创新宣传模式 按照“大宣传、大教育”要求，广开宣传途径，探索创新宣传思想工作新途径、新办法、新形式，发挥引领带动作用，巩固多党合作的共同思想政治基础。

截至2016年底，门户网站点击量累计193 445人次。建立多个QQ、微信工作群，增强工作联系时效和信息传播速度。完善微信公众平台，发布图文信息100余条，图文页阅读共计14 616人、33 810次。运用H5场景制作等手段，进行信息图、文、声并茂报道，为宣传工作开辟新途径。

《前进论坛》征订发行工作 做好2017年度党刊《前进论坛》征订发行工作，全区党员2804名，征订2017年度党刊《前进论坛》1684册，征订率60%，完成2017年度征订任务。

【参政议政】

充分发挥民主党派作用，积极参与协商民主 11月4日，农工党内蒙古区委主委牛广明对中共自治区第十次党代会报告和中共内蒙古自治区委员会《关于深入学习贯彻党的十八届六中全会精神推进全面从严治党的决定》稿的意见和建议，在发言中提出多条修改意见。12月22日农工党内蒙古区委副主委王学东对政府工作报告提出意见建议，并对具体条文个别词句提出多条修改意见。

发挥政协参加单位作用，履行人大代表、政协委员职责 在1月召开的自治区政协十一届四次会议上，提交大会发言材料7篇、集体提案33件。来自农工党的自治区政协委员提交大会发言4篇、个人提案34件。会议期间，农工党内蒙古区委2015年提交自治区政协十一届三次会议的《关于将农村养老互助“幸福院”建设作为内蒙古“十三五”扶贫开发重点实施项目的提案》，获自治区政协十一届三次会议以来优秀提案奖。

政府法规、部门规章参政议政 发挥参政议政作用，认真做好政府法规、部门规章参政议政工作。全年就自治区政府法制办公室《内蒙古自治区安全生产条例(修改草案)》《内蒙古自治区石油和化工建设工程质量监督办法（征求意见稿)》提出修改意见。

探索创新工作机制，深入开展调查研究　围绕自治区中心工作、需要解决的重大问题,发挥农工党界别优势，组织实施年度调查研究任务。在各调研组努力下，完成全年调查研究课题,精选7篇调查研究报告,报送农工党中央参加评优。精选14篇调查研究报告提交中共自治区党委统战部。

反映社情民意信息工作　全年编辑报《农工党内蒙古社情民意信息》58期。其中:自治区政协采用19期、全国政协采用1期、自治区副主席刘新乐批示3期、中共自治区党委办公厅采用1期、自治区政府部门采用2期、自治区政府部门及其领导复函2期。全年分值160分,位居自治区政协社情民意信息报送单位前列。报送农工党中央研究室54期,其中农工党中央研究室《信息专报》采用3期,分值3分,采用期数位居农工党全国各省级组织第二十一名。

发挥专门工作委员会作用　农工党内蒙古区委各专门工作委员会作为农工党自治区委参政议政工作重要机构,结合各自特点特色,开展内容丰富的活动。配合农工党内蒙古区委开展调查研究,取得较好成果;提供提案建议、大会发言,为农工党内蒙古区委在全国和自治区“两会”建言献策,做好支撑保障;根据深入基层获得的信息,撰写社情民意,为党委、政府了解民情民意提供线索。

【民主监督】

参与“三严三实”专题教育活动　农工党内蒙古区委主委牛广明以自治区政协党外副主席身份参加1月11日自治区政协党组召开的2015年度“三严三实”专题民主生活会,听取中共自治区政协党组班子的对照检查、班子成员的个人对照检查和互相批评，针对政协工作中存在的问题提出批评建议。

参与“两学一做”学习教育　农工党内蒙古区委主委牛广明先后参加5月、7月、10月自治区政协理论中心组“两学一做”学习教育专题研讨会、第二次专题研讨会、第四次专题研讨会,自治区政协机关“两学一做”学习教育专题党课报告会。参加6月中共内蒙古自治区委员会以“学习贯彻党章,争做优秀党员”为主题的“两学一做”学习教育专题党课报告会,听取中共自治区党委书记王君专题党课报告，在学习交流中传递出民主党派对于增强党章意识、维护党章权威,加强党风廉政建设的声音。

参与全面从严治党专题研讨　农工党内蒙古区委主委牛广明参加11月中共自治区政协党组理论中心组围绕学习贯彻中共十八届六中全会精神，就带头落实全面从严治党责任进行的专题研讨。作交流发言,就牢固树立“四个意识”,按照《准则》《条例》要求,不断加强对党员的教育管理监督,提出意见建议。

参与重大安全生产事故处理　12月3日,赤峰宝马矿业发生特别重大瓦斯爆炸事故。根据自治区党委、政府决定,12月6—8日,农工党内蒙古区委主委牛广明作为党外省级政协副主席，与自治区副主席王玉明带领自治区安全生产第十二督查组，深入呼伦贝尔市实地检查安全生产及责任制度等落实情况，并听取呼伦贝尔市安全生产工作汇报。

参与统一战线工作调研检查　8月26日,中共中央统战部常务副部长张裔炯率中共中央统一战线工作领导小组第五调研检查组，到自治区调研检查统一战线工作，并召开党外人士座谈会。农工党内蒙古区委主委牛广明代表自治区各民主党派发言。

【社会服务】

开展内蒙古自治区2016（第九届)“中国环境与健康宣传周”活动　贯彻农工党中央指示精神,于6月15日在呼和浩特市赛罕区金河镇章盖营村举办由农工党内蒙古区委主办，农工党呼和浩特市委承办的 2016（第九届）“中国环境与健康宣传周”内蒙古自治区启动仪式暨健康咨询义诊活动。来自自治区、呼和浩特市、金桥镇的有关医院和卫生院等 10 余名医疗专家，为章盖营村的近 200 名村民进行健康咨询与义诊，发放价值近 2000 元常用药品。呼和浩特地区 60 余名党员参加启动仪式。

举办第二十八届中国“国际科学与和平周”活动　11 月 16 日，由农工党内蒙古区委主办、中共托克托县委统战部承办的主题为“科技强国，和平发展”的第二十八届中国“国际科学与和平周”内蒙古自治区启动仪式暨“健康科技行”走进托克托县咨询义诊活动在呼和浩特市托克托县黄河湿地管理委员会哈拉板申村举行。来自自治区、呼和浩特市有关医院的农工党医疗专家，在哈拉板申村民委员会为 200 余名村民免费进行健康咨询和义诊，免费为村民提供价值 5000 余元的药品，发放健康知识宣传册 500 余册。

“送医下基层，健康进万家”公益活动和“杏林春雨行动·贫困脑瘫患儿义诊筛查救助”活动　8 月 27 日上午，由中国初级卫生保健基金会健康教育公益专项基金、农工党内蒙古区委社会服务部、农工党内蒙古区委人口资源环境工作委员会等主办的“送医下基层·健康进万家”公益活动和“杏林春雨行动贫困脑瘫患儿义诊筛查救助”活动在通辽市启动。活动为通辽市 6 个国家级贫困县及 1 家定点医院捐赠“远程医疗会诊系统”软硬件项目，总价值 140 万元。8 月 27—28 日，为通辽市 9 个旗县（市区）500 多名脑瘫患儿进行义诊筛查，对符合条件的 40 名 12 周岁以上确需手术治疗的脑瘫患儿每人提供 5 万元医疗费用救助，带到北京进行免费治疗。8 月 30 日上午，对来自赤峰市北部 5 个旗县的 105 名小儿脑病患者接受医疗专家的精心免费筛查和义诊。

“健康扶贫科技行”大型义诊活动　为落实“一带一路”推动向北开放的战略思想，农工党内蒙古区委、农工党兴安盟总支部委员会、农工党阿尔山市学习小组于 9 月 24 日在阿尔山市伊尔施街道办事处举行中国农工民主党“健康扶贫科技行”大型义诊活动。11 名农工党医疗专家为阿尔山市伊尔施街道的 300 多名患者进行免费诊疗，为患者发放价值 3 万余元的药品。现场发放宣传单 1000 多张、环境保护手提袋 500 余个。

“健康扶贫、精准扶贫调研”答卷工作　农工党全区各盟市组织成立调研组，深入农村牧区开展调研，于 6 月上旬完成任务，9 个盟市组织提交《健康扶贫工作调查问卷》（一）（二）各 112 份。经汇总统计，形成调研报告报送农工党中央社会服务部，为农工党中央真实掌握全国“因病致贫、返贫”情况，提供了最真实、最基层的第一手资料。

【荣誉】

党员工作成果　农工党内蒙古区委主委牛广明、王学东、赵俊华、陈永胜、付智芳撰写的论文《1 月统一战线在协商民主中发挥重要作用问题研究》，获中共内蒙古自治区委员会统战部颁发的“2015 年度全区统战理论政策研究成果一等奖”证书。12 月 16 日，中国农工民主党中央委员会办公厅印发《2016 年理论研究优秀论文评审情况通报》。牛广明、王学东、赵俊华、陈永胜、付智芳获 2016 年理论研究优秀论文奖一等奖。

先进集体　1 月 28 日，中国农工党委授予农工党内蒙古区委 2014—2015 年全党反映社情民意信息工作先进集体荣誉称号，颁发奖金 2000 元。2 月，农工党中央表彰中国农工民主党 2013—2014 年社会服务工作先进集体和先进个人。2 个市级组织获先进市级委员称号，3 个基层组织获先进基层组织称号。10 月 20 日，农工党内蒙古区委参政议政部荣获 2015 年以来社情民意信息工作先进单位二等奖。

单位(组织)工作成果　1月,农工党内蒙古区委《关于将农村养老互助“幸福院”建设作为内蒙古“十三五”扶贫开发重点实施项目的提案》(总编号:0252)获内蒙古自治区政协十一届三次会议以来优秀提案表彰。12月16日,中国农工民主党中央委员会授农工党内蒙古区委2016年理论征文先进组织工作奖。

【党员发明专利】

2016年农工党内蒙古区委发明专利

序号	发明专利	公开号	发明人
1	可调式圆盘起垄器	公开号 CN105684572A	张荷亮
2	一种播种机用可换式薯勺	公开号 CN105612885A	张荷亮
3	一种用于马铃薯播种机的可调式起垄刮板器	公开号 CN105532091A	张荷亮
4	一种马铃薯挖掘机用集条压垄器	公开号 CN105453796A	张荷亮

2016年农工党内蒙古区委实用新型专利

序号	实用新型专利	公开号	发明人
1	一种田间作业播种机用圆盘可调式起垄器	公开号 CN205430929U	张荷亮
2	一种用于马铃薯播种机的新型取种器	公开号 CN205430987U	张荷亮
3	一种田间作业挖掘机用集条压垄器	公开号 CN205431035U	张荷亮

【重要活动】

6月25日，农工党内蒙古自治区科学技术总支部委员会联合农工党内蒙古区委、农工党内蒙古自治区人民医院总支部委员会、农工党内蒙古大学支部委员会、农工党内蒙古自治区文化艺术支部委员会、农工党内蒙古自治区法律支部委员会一行60余人赴呼和浩特市清水河县老牛湾开展“保护生态环境·关注美丽黄河”2016(第九届)“中国环境与健康宣传周”系列公益活动，为保护母亲河的生态环境献上爱心与力量。农工党乌兰察布市委、农工党内蒙古自治区卫生总支部委员会部分党员也参加活动。

7月21—24日，全国政协副主席王正伟率领全国政协调研组在自治区就“加强草原生态系统保护与修复”开展专题调研。自治区政协副主席牛广明陪同调研并参加座谈会。

8月9日,正值中国农工民主党成立86周年纪念日,农工党内蒙古区委副主委王学东与呼伦贝尔市政协副主席闫敏、鄂尔多斯市政协副主席赵慧等36名地方、基层组织负责人和骨干党员,赴呼和浩特市武川县革命老区参观学习。

(撰稿人：陈永胜)

九三学社

【重要事件】

7月25—28日,由九三学社中央、九三学社北京市委会、九三学社内蒙古自治区委员会(以下简称九三学社内蒙古区委)、九三学社锡林郭勒盟基层委员会和锡林郭勒盟党委统战部联合举办的九三学社先贤肖像展在锡林郭勒盟举行。

12月21日,自治区党委书记李纪恒主持召开各民主党派、工商联2016年重点调研汇报会,九三学社内蒙古区委副主委边占喜,秘书长刘德参加会议。边占喜就“煤炭行业去产能中职工安置问题”做重点汇报。

12月22日,自治区主席布小林主持召开各民主党派、工商联和党外代表人士座谈会,就《政府工作报告(征求意见稿)》征求意见,边占喜副主委代表社区委发表意见。

【重要会议】

2月29日，九三学社内蒙古自治区委员会七届十七次主委会议召开。主委刘新乐、边占喜、闫伟、徐建新、副主委霍洪军出席。主要讨论召开九三学社内蒙古自治区第七届委员会第六次全体(扩大)会议有关事宜。

3月17—18日，九三学社内蒙古自治区第七届委员会第六次全委(扩大)会议在呼和浩特市召开,会议学习贯彻中共十八届三中、四中、五中全会和习近平总书记的系列重要讲话精神;学习贯彻九三学社第13届中央委员会第四次会议精神;学习贯彻全国和自治区“两会”精神；学习贯彻中共内蒙古自治区第9届委员会第十四次全体会议精神；听取和审议九三学社内蒙古自治区委员会第七届委员会常务委员会2015年《工作报告》;表彰2015年度政协优秀提案、优秀信息和信息工作先进集体。

7月13日，九三学社内蒙古自治区委员会第十八次主委会议在社区委机关召开，学习贯彻习近平总书记在庆祝中国共产党成立95周年大会上的讲话;讨论2016年市级组织换届工作及九三学社内蒙古自治区第八次代表大会代表名额分配事宜。

9月18日，九三学社内蒙古区委七届委员会第十九次主委会议在社区委机关举行，主要内容：

1. 讨论领导班子及其成员述职和民主测评实施办法；

2.讨论新一届领导班子人选民主推荐办法；

3.讨论推荐新一届委员会委员事宜；

4. 推选社中央表彰组织工作先进集体和先进个人；

5.确定召开全委扩大会议时间、地点。

10月9—10日，九三学社内蒙古自治区委员会第七届七次全委(扩大)会议在呼和浩特市举行，会议对七届委员会领导班子及其成员进行述职和民主测评；民主推荐新一届领导班子成员。

11月3日，主委刘新乐出席自治区党委召开的关于《内蒙古自治区党委关于深入学习贯彻党的十八届六中全会精神推进全面从严治党的决定》和自治区党委第十次党代会关于《守望相助 团结奋斗 把祖国北部边疆这道风景线打造得更加亮丽》报告的党外人士座谈会。

12月6日，社区委组织在呼骨干社员和机关干部40余人学习贯彻中共十八届六中全会精神和中共内蒙古自治区第十次代表大会精神。

【参政议政及信息工作】

1月7日,内蒙古自治区主席巴特尔主持召开《政府工作报告(征求意见稿)》征求意见会议,社区委副主委边占喜、徐建新出席会议。副主委边占喜就《政府工作报告(征求意见稿)》代表社区委发表意见。

1月23日至1月28日,内蒙古自治区第十二届人民代表大会第四次会议在呼和浩特市召开。九三学社社员担任自治区人大代表的社员6位,刘新乐、边占喜、芦晓民、吕秋娥(女)、陈宏宇(女)、张建军,出席本次人代会,会议上共提交8件代表个人批评与建议。

1月22—27日，自治区政协第十一届委员会第四次会议在呼和浩特市召开。九三学社社员担任自治区政协委员的社员22位，田建军、包庆贺、刘静(女)、林琳、房建华(女)、贾洪榛、徐建新、梁瑞、李祎霞(女)、陈月梅(女)、许宏然、闫伟、丽娜(女)、张晓萍(女)、照日格图、张文军、陈晓峰、朱华(女)、霍洪军、王进、赵晔(女)、敖小孟出席本次全委会议,社区委提交大会发言材料16篇,1篇被选为大会发言,其余均作为书面发言。委员们报送大会发言材料5篇,1篇做大会发言,其余为书面发言。

5月11日，自治区党委常委李鹏新主持召开各民主党派调研协商座谈会,主委刘新乐、边占喜、闫伟、副主委霍洪军、部长刘德出席会议。刘新乐主委发言,回顾2015年社区委调研的情况,介绍2016年调研工作安排。

8月26日，自治区党委常委李鹏新主持召开党外人士座谈会，调研检查中央统战工作会议和《中国共产党统一战线工作条例》颁布后，落实情况。中央统战部常务副部长张裔炯参加会议,社区委副主委边占喜出席会议。

10月26日至11月3日，全区社情民意信息工作经验交流会在山东省青岛市召开，会上表彰2015年以来社情民意信息工作先进单位和先进个人：九三学社内蒙古区委荣获社情民意信息工作先进单位一等奖；陈月梅、刘静、贾洪榛荣获反映社情民意信息优秀政协委员；王英荣获反映社情民意信息先进工作者。

【组织发展及换届工作】 截至2016年底，共有社员2290人。

10月22日，九三学社赤峰市第六次社员代表大会召开，选举产生第六届委员会：贾洪榛、刘智慧、杨洪杰、党永康、孙德欣、任杰、李明杰、李学义、叶子民、张艳梅、王瑞玲、陈宏宇、乌仁娜；在九三学社赤峰市第六届委员会第一次全委会议上，通过民主选举，贾洪榛当选主任委员，刘智慧、党永康、杨洪杰、孙德欣当选副主任委员。

10月29日，九三学社呼伦贝尔市第三次代表大会在天骄宾馆召开。选举产生九三学社呼伦贝尔市第三届委员会。丽娜当选九三学社呼伦贝尔市第三届委员会主委，张建军、王喜江、李淑华、王晓慧当选市委副主委，张丽萍、孙丽华、寇明月、康英慧、张洪涛、王雪沣、姜洪利、梁存权当选第三届市委委员。

11月16日，九三学社呼和浩特市第六次代表大会在呼和浩特市新城宾馆召开。会议选举李志根为九三学社呼和浩特市第六届委员会主任委员，选举冬云、冯小红、张慧琴、王峰(专职)为副主任委员。任命王峰为秘书长(兼)。委员：乌兰、王峰、冬云、冯小红、李志根、李桂贤、张涛、张文军、张心亮、张慧琴、胡继平、段瑞冬、郭晓雷、姬丽萍、寇文揆。

12月18日，九三学社鄂尔多斯市第三次代表大会在康巴什区召开，会议选举房建华为第三届委员会主任委员，刘杰、张秉毅为副主任委员，委员：房建华、刘杰、张秉毅、杨物鹏、袁梓苑、范兰、新苏雅拉图、陈廷相、史雪松。任命袁梓苑为秘书长。

12月30日，九三学社包头市第七次代表大会召开。大会选举产生九三学社包头市第七届委员会。选举梁瑞同志为新一届委员会主委；选举任婉如、许一兵、刘凯为副主委；选举边红霞、刘冬梅、孙秀丽、杨芙蓉、张凤媛、赵忠凯、银中美、韩志伟、冀建明为市委会委员。任命张凤媛同志为市委会秘书长。

12月30日，九三学社包头市第七次代表大会召开。大会选举产生九三学社包头市第七届委员会。选举梁瑞同志为新一届委员会主委；选举任婉如、许一兵、刘凯为副主委；选举边红霞、刘冬梅、孙秀丽、杨芙蓉、张凤媛、赵忠凯、银中美、韩志伟、冀建明为市委会委员。任命张凤媛同志为市委会秘书长。

【培训学习】

4月10—15日，九三学社内蒙古自治区委员会2016年社员骨干培训班在贵州省黔西南州兴义市举办，全区各盟市组织及直属支社的80名社员参加培训。

5月30日至6月5日，九三学社中央骨干社员培训班在北京举办，梁瑞和朱华参加。

7月7—8日，九三学社内蒙古区委区域社员培训班在包头市举办，来自包头市、呼和浩特市和乌海市的80多名社员参加培训。

【社会服务活动】

“九地合作”及“亮康行动” 先后启动对土默特左旗人民医院、乌海市人民医院、锡林郭勒盟西乌珠穆沁旗医院的“九地合作”医疗合作项目，每年定期、不定期组织九三学社内蒙古医科大学委员会的专家医疗队，扶持合作医院的医疗教学科研工作，累计举办各种讲座、手术示范等培训27次，培训各类人员1100余人次，落实项目资金300余万元。通过“九地合作”，西乌珠穆沁旗医院成功晋级二甲医院。在这些合作医院的辐射带动下，当地整体医疗水平显著提升。争取社中央在内蒙古人民医院和赤峰朝聚眼科医院建立“亮康行动”推广基地，为贫困农牧民开展眼科手术治疗。近五年，在察右中旗、达茂旗、鄂伦春自治旗、锡林浩特市、赤峰市等地共为1600名患者成功实施了免费白内障复明手术。

贫困儿童住院重病救治项目 近五年，通过与北京成龙慈善基金会合作实施“贫困儿童住院重病救治项目”，已有170余名贫困儿童得到救助，累计落实救助资金450余万元。

“九三学社书屋”项目 2013—2016年，社区委发起“九三学社书屋”建设项目，在乌兰察布、阿拉善及乌海等地建成14个“九三学社书屋”，共计捐赠各类图书36 000余册，价值120余万元。

扶贫帮困活动，助推脱贫攻坚事业 近五年，社区委向自治区扶贫基金会争取医疗设备31套，价值900余万元，用于改善基层卫生医疗设备匮乏的现状。向社中央争取48万元新农村建设经费，用于鄂尔多斯市和锡林浩特市新农村建设。

【荣誉】

社员彭丽撰写的关于《建议央视公益广告宣传抑郁症》建议信息，被中央统战部政策研究室《零讯》采用，并获得国务院副总理刘延东批示。

社员高涛被评为年度全国先进工作者、方俊平被授予全国五一劳动奖章、李志刚获得国家科技进步二等奖。

（撰稿人：李媛）

法　　治

政法委与综治

【概况】 内蒙古自治区党委政法委员会（以下简称自治区政法委）机关、内蒙古自治区社会治安综合治理委员会办公室一个机构、两块牌子。内蒙古自治区维护稳定工作领导小组办公室设在自治区政法委。机关设13个职能处(室、部)：办公室、政治部、机关党委、执法督查室、信息调研处、宣传处，综治办综合处、一处、二处、三处、四处，维稳办信息综合处、维稳办协调督办处。自治区政法委机关下设内蒙古自治区社会管理创新研究中心，为自治区政法委(综治办)所属处级事业单位。代管内蒙古自治区法学会。内蒙古自治区党委防范和处理邪教问题领导小组办公室(简称自治区党委防范办)挂靠自治区政法委。2015年9月，经自治区党委决定，自治区社会管理综合治理委员会更名为自治区社会治安综合治理委员会。

自治区政法委机关(自治区综治办、自治区维稳办)行政编制61人。其中：书记1名，副书记4名，秘书长1名(副厅级)，综治办主任1名(正厅级)、副主任3名(其中正厅级1名，副厅级2名)，维稳办副主任1名，巡视员1名(正厅级)，副巡视员2名；处级领导职数27名(15正，含机关党委专职副书记1名，12副)。自治区党委政法委机关、自治区综治办、自治区维稳办有在编公务员59人。其中：少数民族19人，女性14人，研究生学历11人(其中，党校在职研究生5人)，本科46人，大专2人。

【社会治理能力】

全力维护社会治安秩序　针对“两抢一盗”、黑恶势力、毒品、电信诈骗等刑事犯罪，开展系列专项行动，进一步提升群众安全感。开展“零命案旗县(市区)”和“零刑事案件嘎查、村(社区)”创建活动，全区已有19个旗县(市区)实现“零命案”目标。开展社会治安重点地区挂牌整治，挂牌整治8个、限期整改18个重点部位(场所)、约谈10个旗县(市区)，对12个盟市的87处社会治安重点地区、部位(场所)进行暗访核查和“回头看”，对9个地区按期摘牌、2个地区延期整治。全区刑事案件从2012年的14.5万件，下降到2016年的8.3万件，下降42.7%；治安案件从2012年的24万件，下降到2016年的17万件，下降近30%。抓好安保维稳各项工作　全国“两会”、杭州G20峰会期间，充分发挥首都“护城河”作用。在自治区第十次党代会前后，开展维稳信访安保等专项调研督查5次，确保党代会取得圆满成功。

深入排查化解社会矛盾　健全完善矛盾纠纷多元化解机制，出台《自治区关于完善矛盾纠纷多元化解机制的实施意见》，推动行业性专业性调解、劳动争议调解、环境污染矛盾纠纷调解和多元化纠纷解决机制建设。全区已建立各类人民调解委员会16 630个，实现道路交通、医疗纠纷、物业纠纷等专业性、行业性调解组织在旗县中心镇全覆盖。2016年，全区各级调解组织共排查矛盾纠纷13.4万件，调处成功12.9万件，履行11.8万件，调处成功率95.83%。开展农村土地承包纠纷调解仲裁工作，全区有72个旗县(市区)成立了土地承包仲裁委员会，排查土地承包经营纠纷4861件，已调解3980件。开展欠薪问题专项检查治理，为3.17万名农牧民工追回拖欠工资42 108.73万元。依法整治进京非访问题，对进京非访问题突出的3个旗县进行挂牌整治，对7个旗县进行通报警告。2016年，全区进京非访1184人次，同比下降38%，完成全年控制性指标。

加强公共安全风险管控 深入开展“两清理一排查”专项行动，开展危爆物品、寄递物流、道路交通、校园及周边、消防安全、食品药品安全、油气田及输油气管道安全保护等专项行动。推动落实寄递物流实名登记、开箱验视、X光机安检3个100%制度，为自治区寄递物流企业配备X光机给予专项补贴470.4万元。对2015年挂牌整治的区域性火灾隐患、重大火灾隐患进行检查验收，对7个重大火灾隐患予以摘牌，对3个区域性火灾隐患予以撤销书面警示。2016年共发生道路交通事故3171起，同比下降1.4%。全区火灾事故同比下降15.2%，自1995年以来全区已连续22年未发生重特大群死群伤火灾事故。食品药品守住了不发生系统性、区域性安全事故的底线。

【政法综治基层基础】

加强社会治安防控体系建设 落实自治区党委办公厅、政府办公厅《关于加强社会治安防控体系建设的实施意见》和自治区综治委分工方案要求，加强跟踪指导和督促检查，推动治安防控“六张网”建设。与自治区公安厅、护路办、呼铁局四部门联合印发《关于进一步做好护路联防工作加强高铁及干线铁路治安防控体系建设的意见》，将铁路线安全防范工作纳入全区治安防控体系建设范围。

加快推进信息化建设进程 完成中央政法委在自治区开展的刑事诉讼涉案财物跨部门集中管理信息平台试点建设任务。依托政务外网搭建起自治区综治信息平台，加快推动综治信息平台互联互通。推动以政务外网为依托的综治视联网系统建设，全区三级视频网络已全部联通。建立全区公共安全视频监控建设联网应用协调工作制度，出台《内蒙古自治区公共安全视频监控建设联网应用“十三五”规划方案》，协调呼和浩特、乌海两市做好申报全国公共安全视频监控建设联网应用示范城市的相关工作，国家建设资金投入4500万元。

全面提升网格化服务管理水平 全区嘎查村（社区）网格覆盖率98.1%，比上年增长2.4%。9个盟市实现网格管理全覆盖。全区共有网格员164 300人。其中：专职58 258人，兼职106 042人。全区盟市、旗县（市区）党政机关所在地全部完成城区360秒出警圈任务。

加强基层综治中心规范化建设 加大对综治中心建设经费投入，为18个旗县（市、区）下拨经费256万元。全区旗县（市区）、苏木乡镇（街道）、嘎查村（社区）综治中心覆盖率分别达到100%、99.1%、98.1%，5个盟市实现三级综治中心全覆盖。

加强群防群治力量建设 大力推动草原“110”“红袖标巡防队”“蒙古包哨所”“都贵楞”等群防群治模式创新，进一步提升军警民治安联防联控能力。全区各类群防群治队员已达33万人，其中专职近5万人，兼职2.8万人，每万人拥有群防群治队员数量为1.35人。

加强政法综治宣传工作 开展全区第二十五个政法综治宣传月活动，广泛宣传全区政法综治工作的最新成果和工作成效。选树宣传潘志荣、孙凤鸣、蒋青春等先进典型。开展全国首届平安中国微电影微视频作品评选组织推荐活动，以及全国政法综治优秀新闻作品推荐和全区的评选表彰活动。举办第十四届“全区十大法治事件暨十佳法治人物”评选活动。贯彻落实政法舆论引导“三同步”工作机制，妥善处置涉法重大敏感案件舆情。推动全区政法“两微一端”新媒体阵地建设，开展网评员业务培训，进一步加强了网评员队伍建设。

【执法规范化建设】

涉法涉诉信访改革举措效果明显 2016年，全区各级党委政法委和政法部门受理涉法涉诉信访事项13 306件,同比减少23%;登记信访事项27 292件,同比减少15%。开展律师参与化解和代理涉法涉诉信访案件工作，自治区联合接访中心率先开展律师接访工作，全年共接待涉法涉诉信访当事人300余名,受理案件358件，出具法律意见书37份，导入法律程序39件,息诉罢访14件。争取中央转移支付国家司法救助资金3300万元。规范减刑假释工作,推动减刑假释规范化平台项目。

有效监督执法司法活动 开展全区涉法涉诉信访案件专项评查,评查案件413件。开展清理涉党政机关执行积案专项活动，全区排查已立案受理但未终结执行的涉党政机关案件102件,涉案未结金额35 386万元。组织开展集中清理判处实刑罪犯未执行刑罚专项活动。全年未发生在全国有负面影响的执法司法不公不严不廉等问题。

【政法队伍建设】

开展"两学一做"学习教育 制定"两学一做"学习方案并组织实施。印发《关于全区政法系统认真学习宣传贯彻自治区第十次党代会精神的通知》。通过学习教育,引导政法干警牢固树立"四个意识"特别是核心意识、看齐意识。

加强履职能力建设 组织参加中政委举办的"政法干部学习讲座(视频形式)",全区三级政法委设分会场115个，各级政法委机关干部在分会场参加学习总人数6132人。举办全区综治、维稳干部履职能力培训班各1期,160多名干部参训。自治区政法委机关干部按时参加"双休日讲座",参训率100%。

督促查办政法干警违法违纪案件 加强对群众信访举报政法干警违法违纪受理力度,认真核查督办相关部门移送、交办、转办的信访信件。2016年,全区政法系统共查处干警违纪违法案件287起、395人。

推进政法人才队伍建设 组织完成2016年基层政法干警定向招录工作，招录干警272名。会同自治区教育厅开展法律人才"双千计划",互聘法律人才11名。8个部门联合制定印发《内蒙古自治区政法队伍蒙汉双语人才培养中长期规划(2016—2020年)》。

【司法体制改革】

全面推进司法体制四项改革 以自治区"两办"名义出台《关于司法体制改革若干问题的指导意见》。自治区四项改革已走在全国前列，在长春召开的全国司法体制改革推进会上交流自治区经验。员额制改革方面,组织协调自治区法检两院制定出台员额内法官、检察官选任及员额比例分配工作方案。组织完成全区三级法院、检察院首批法官、检察官入额遴选工作,按照占中央政法专项编制36%的员额比例,遴选入额法官3933人、检察官2458人;工资收入保障方面，组织协调自治区人力资源和社会保障厅、财政厅制定法官、检察官和司法辅助人员工资制度改革、绩效考核奖金分配两个实施意见。完成入额前法官检察官职务套改工作,从2011年7月起按照职务序列补发相应的法官、检察官津贴。采取预增资的办法,从2016年10月起预发全区法院检察院三类人员的工资和绩效考核奖金;司法责任制改革方面,协调推动自治区法检两院出台完善司法责任制的实施意见,制定包括人员分类定岗、内设机构改革、审判团队及办案组织设置运行等15个配套措施。各地法检两院探索组建审判团队和办案组织，全区三级法院、检察院已按照新的办案机制运行;司法辅助人员配备方面,协调自治区法检两院制定出台法官助理、检察官助理招录遴选、书记员聘用管理等办法；自治区以下地方法院检察院人财物统一管理方面，组织协调自治区编办、财政厅出台机构编制和财物统一管理两个实施意见,从2017年起各盟市、旗县(市区)法检两院人财物全部上划自治区管理。

健全规范司法权力运行机制　制定全区法院审判监督管理权规范运行的指导意见，全面落实法检两院入额领导直接办案制度。法院系统在呼和浩特、鄂尔多斯、赤峰等地开展执行体制机制改革试点，为深入推进裁执分离探索积累经验。检察机关大力推进提起公益诉讼制度试点，全区收集公益诉讼案件线索241件，以提出检察建议的方式履行诉前程序197件，提起行政公益诉讼45件。首例行政公益诉讼案件在锡林郭勒盟当庭宣判，被评为2016年度全区"十大法治事件"。

完善人权司法保障制度　制定严格落实非法证据排除规则工作方案，起草指导意见，明确非法证据排除的范围、证明责任、审查程序和救济途径。出台刑事案件出庭作证人员作证制度指导意见，严格依法收集、固定、审查和运用证据。全年各级检察院向侦查机关（部门）提出证据补正或解释要求90件，排除非法证据65件，受理开展非法证据调查77件，提出纠正意见69件，公诉部门通知证人、鉴定人出庭31件。规范涉案财物管理，跨部门的地方涉案财物信息共享平台建设试点工作取得实质性进展。在包头、呼伦贝尔、赤峰、通辽等地有序开展行政诉讼案件相对集中管辖改革试点。建立联合惩戒失信被执行人工作机制，有关单位会签"构建诚信、惩戒失信"合作备忘录，全年累计公布失信被执行人61 876人次。

强化司法活动监督制约　出台加强全区检察院司法办案内部监督制约暂行规定，制定公安机关侦办重大、疑难刑事案件听取检察机关意见的实施办法，建立检察机关提前介入命案侦查引导取证工作机制，以及侦查监督、公诉部门介入职务犯罪侦查和引导取证工作机制。健全落实查办和预防职务犯罪工作机制，制定保护、奖励职务犯罪举报人的实施办法，全面落实纪检监察和刑事司法办案标准程序衔接机制。2016年，检察机关、纪检监察机关相互移交涉嫌违纪案件、职务犯罪案件线索126件192人，各级检察院公诉部门提前介入职务犯罪案件87件次。

全面深化司法行政改革　制定深化律师制度改革的实施意见，大力推行法律顾问和公职律师公司律师制度，全区1216家单位聘请律师担任法律顾问，盟市实现公职律师全覆盖。加强蒙汉双语公益律师人才队伍建设，建成蒙汉双语青年律师培训基地19个、公益律师服务站39个。推动国家工作人员学法用法工作制度化、规范化，出台《内蒙古自治区国家工作人员学法用法实施意见》。完善法律援助制度的实施意见，全区98个看守所实现法律援助工作全覆盖，12个盟市、43个旗县（市区）开展法律援助案件质量第三方"同行评估"。社区矫正工作和志愿者队伍建设不断加强，全年招录、培训社区矫正志愿者1400名。加强公共法律服务建设，全区建成村级法务室8600多个，在全国率先建成12348蒙汉双语公共法律服务平台。推动媒体承担公益普法社会责任落实，在10家媒体开设公益普法专栏专版。进一步加强刑满释放人员救助管理工作，及时出台实施意见，在赤峰市、乌海市、包头市等地区开展试点。

【依法治区】

协调推动地方立法工作　形成《自治区高速公路条例》《关于建立自治区人大常委会基层立法联系点的方案》《重大立法事项向自治区党委报告制度》等31个成果，涉及医疗保险、水土保持、文化遗址保护、民族教育、宪法宣誓、民族区域自治法普法、价格、小食品作坊等领域。

协调推进依法行政　形成《自治区行政权力监督管理办法》《自治区重大行政决策程序规定》《自治区法治政府建设实施纲要（2015—2020年）》等制度性成果，取消和下放223项自治区本级行政审批事项。

协调推动公正司法　推进审判委员会、检察委员会制度改革，完善主审法官、合议庭、主任检察官、主办侦查员办案责任，加快推进审判流程公开、裁判文书公开、执行信息公开三大平台建设。严格执行罪刑法定、疑罪从无、非法证据排除等法律原则，加强对限制人身自由司法措施和侦查手段的监督，健全冤假错案防范和纠正机制，规范涉案财物司法程序，建立失信被执行人信用监督、威慑和惩戒制度，保障当事人依法行使申诉权利，有效维护了司法公平公正。形成刑事诉讼中依法充分保障律师执业权利等涉及司法体制改革、司法职权配置、司法活动的监督、人权司法保障、人民群众参与司法、依法管理民族宗教事务、平安内蒙古建设等多领域的一系列规范性文件。

协调抓好全民守法　全力实施法治宣传教育“七五”规划，搭建“12348”等公共法律服务平台，实施“6个3”普法工程，开展法治乌兰牧骑、法律知识有奖问答等多种形式的法治宣传活动，形成《内蒙古自治区关于落实国家工作人员学法用法制度的实施办法》《关于实施“谁执法谁普法”责任制的方案》等15项成果。

（撰稿人：郭宝柱）

法治政府建设

【概况】 2016年，内蒙古自治区人民政府法制办公室（以下简称自治区法制办）认真贯彻落实中共十八届三中、四中、五中、六中全会精神，以习近平总书记系列重要讲话和考察内蒙古重要讲话精神为指导，围绕自治区中心工作，深入扎实开展“两学一做”专题学习教育，以“四个全面”战略布局和五大发展理念统揽政府法制建设全局，以推进依法行政为核心，以加强和创新政府法制工作为导向，全面推进，突出重点，促进了政府法制工作全面发展。

【政府立法工作】 坚持开门立法，制度建设质量稳步提升。通过自治区人民政府门户网站、自治区人民政府法制网等主流媒体向社会公开征集2016年政府规章立法项目。广泛征求各盟市、旗县（区）及自治区各部门的意见，及时修改、审查适应改革和经济社会发展需要的地方性法规（草案）和政府规章制定计划，充分发挥立法的导向性作用。完成自治区法制办转来的《加快推动生态红线保护立法》等9件人大议案、政协提案答复工作，完成法律法规征求意见93件。选择涉及重大公众利益、专业性较强的《内蒙古自治区电信设施建设和保护条例》，委托第三方起草，为保证法规质量奠定良好基础。选择关乎民生和自治区经济社会发展的《内蒙古自治区安全生产条例》和《内蒙古自治区非物质文化遗产保护条例》作为立法协商项目，邀请自治区政协社会和法制委员会有关政协委员、专家全程参与，为形成高质量地方立法协商成果奠定了基础。截至2016年底，共完成审查、修改《内蒙古自治区基本草原保护条例》《内蒙古自治区森林草原防火条例》等10项地方性法规，完成审查、修改《内蒙古自治区人民政府关于修改部分涉及“先照后证”政府规章的决定》《内蒙古自治区经营性服务价格管理办法（修订）》等6项政府规章。

【规范性文件审查监督】 2016年，制定实施《内蒙古自治区完善规范性文件合法性审查机制试点工作方案》。依托自治区人民政府（以下简称自治区政府）法制顾问库，建立规范性文件合法性审查专家协助审查制度，开展规范性文件专家协助审查工作。采取以会代训的形式举办全区完善规范性文件合法性审查机构培训班，培训人员181人。贯彻执行自治区政府办公厅《关于加强文件合法性审查的通知》（内政办发〔2016〕61号）要求，完成自治区政府文件合法性审查243件；办理党委征求意见8件，自治区部门和有关领导小组征求意见30多件。贯彻落实中共十八届四中全会中关于将所有规范性文件纳入备案监督范围的规定，通过规范性文件电子报备系统备案审查各盟市、自治区各部门规范性文件708件；通过核查盟市和部门2015年发文目录，审查补报备案规范性文件345件。为实现自治区和各盟市审查监督制度改革的同步实施，印发《关于在盟市实行规范性文件“三统一”制度的通知》（内政法发〔2015〕128号）。同时，按要求完成全区第二次四级政府及其部门的规范性文件清理工作。

【行政执法监督】 组织12个盟市和自治区本级执法部门完成全区17万行政执法人员资格清理和信息审核、上报工作，实现行政执法人员管理信息化，开展全区清理换发行政执法证件和执法人员培训考试工作。经过清理，全区执法人员数据库内执法人员为124 606人，清理出不符合持证资格的人员共计53 028人。自治区本级执法人员数量为4211人，清理出不符合持证资格的人员累计2766人。在全区范围内开展跨地区跨部门综合试点工作专项调研，赴兄弟省份学习先进经验后，结合自治区实际，下发《关于建立跨地区跨部门综合执法试点单位的通知》，确定呼伦贝尔市呼伦湖自然保护区管理局、乌兰察布市察哈尔右翼中旗旅游综合行政执法局、自治区林业厅大青山自然保护区管理局及包头市石拐区为跨地区跨部门综合执法试点单位，重点跨地区跨部门行使工商行政、价格监督和消费者权益、道路交通安全、环境保护、旅游、国土资源、住房和城乡建设等方面法律、法规、规章的部分行政处罚权。出台《内蒙古自治区加强和改进行政应诉工作的意见》，报请自治区政府研究审议；完成《内蒙古自治区行政机关行政应诉规定（草案）》，报请自治区政府研究审议。向各盟市及委办厅局下发《关于对落实行政执法责任制和重大行政处罚备案工作开展随机抽样专项督查的通知》，组织行政执法责任制和重大行政处罚备案工作随机抽样专项督查，重点抽查呼和浩特、赤峰、巴彦淖尔市在安全生产、环境保护等5个领域和自治区本级安监、环保、食药等7个单位在落实行政执法责任制和重大行政处罚备案方面的情况。按照自治区党委政府考核办的要求，完成对全区12个盟市、12个市直地税部门、12个旗县和41个委办厅局2015年度的依法行政考核工作。同时，为使考核更科学，考核的内容更真实有效，9月，自治区法制办组织人员赴山东等5省市对依法行政考核体系建设等工作进行调研，10月、11月又分别在鄂尔多斯市和呼和浩特市召开完善全区依法行政考核体系座谈会，就建设法治政府考核指标体系进行充分论证和研究。代自治区政府起草并下发《内蒙古自治区人民政府关于进一步加强行政执法队伍建设的意见》，完成《内蒙古自治区规范行政处罚自由裁量权实施办法（草案）》的起草工作。

【行政复议工作】 出台《内蒙古自治区加强和改进行政应诉工作的意见（草案）》，起草《内蒙古自治区行政机关行政应诉规定（草案）》，已报请自治区政府研究审议。依法办理行政复议案件108件、行政应诉案件29件。组织开发《内蒙古自治区行政复议行政执法人员资格管理软件》，通过“零报告”“季通报”等措施，初步实现全区行政复议行政应诉案件信息化建设上台阶的目标。开展2016年度全区行政复议人员资格培训考试工作。坚持重大案件向自治区政府报告。对2015年度全区行政复议案件办理情况向自治区政府做专题报告并将相关情况通报全区。指导鄂尔多斯仲裁委员会完成换届工作，并建立金融仲裁院。开展2016年度行政复议案卷评查工作，通过案件评查等方式加强督促指导和监督检查，并将检查结果纳入年终考核。

【依法行政指导工作】 自治区审改办先后印发《关于贯彻落实国发〔2016〕9号文件和国发〔2016〕10号文件的通知》《关于贯彻落实国务院第666号令的通知》和《关于依法及时比对和调整权责清单的通知》，各地区、各部门按照依法改革、简政放权、放管结合、优化服务的要求，完成权责清单的比对和调整工作，确保权责清单的合法性、权威性。为了更好地体现中央关于转变政府职能、适度下移行政执法重心的改革精神，自治区一次性下放196项行政权力(包括行政许可、行政处罚、行政征收等多个类别的权力)。按照《内蒙古自治区人民政府办公厅关于开展责任清单编制工作的通知》要求，全区12个盟市的权责清单均已完成并向社会公布。经过梳理，自治区本级572项依申请的行政权力事项已全部体现在自治区本级权责清单中。自治区各部门编制的本部门公共服务事项流程图和办事指南，已经全部在各自的门户网站上予以公布。按照要求，自治区本级具有行政权力的36个部门全部报送本部门实施的行政审批涉及的中介服务事项131项(其中，有17个厅局认为本部门没有行政审批中介服务事项，19个厅局共报送相关事项131项)。经过梳理、审查和确认，最终形成自治区本级行政审批中介服务事项清单。目前，此项清单是全国31个省、自治区、直辖市政府中的第一张行政审批中介服务事项清单。按照《国务院办公厅关于简化优化公共服务流程方便基层群众办事创业的通知》的有关要求，对实施行政许可时涉及的证明事项进行了梳理和规范，公布了全国第一张省级行政许可证明事项清单。全面实行“双随机、一公开”监管模式，在旗县级以上政府及其部门全部建立“一单两库一细则”工作机制。全区随机抽查事项占市场监管执法事项比例79.6%，占其他行政执法事项63.3%，超额完成国务院下达任务。

【政府法律事务工作】 通过门户网站发布《关于建立内蒙古自治区法律专家库的通知》，按照规定的条件及程序，已遴选出65人组成的法律专家库，上报自治区政府；起草《法律专家库管理办法》《法律顾问工作考核办法》《法律顾问工作费用支付办法》等3个配套制度。2016年，共完成53个文件和合同的审查工作，为自治区政府办公厅、国土厅、发改委、部分盟市、旗县政府提供法律咨询服务50余次。完成《内蒙古自治区民用机场管理办法》(内蒙古自治区人民政府令第200号)等6部规章蒙古文翻译和《内蒙古自治区重大行政决策程序规定》等6部规章英文翻译。

【法治培训】 开展全区行政执法证件换证培训工作。换证培训工作由各盟市自行组织，培训期间，自治区政府法制办组成6个督查组对各盟市培训情况进行督查。其中包头、乌兰察布市，以及鄂尔多斯市部分旗县委托培训中心承办，各委办厅局按照自治区政府法制办的培训方案要求，由培训中心负责组织，集中进行培训。截至年底，历时8个月的换证培训工作全面收尾，共对全区12万多行政执法人员进行了资格认证和培训。其中对自治区本级培训4500余人，帮助指导盟市、旗县市区培训37 000余人，发放培训资料5万余册。为进一步提高各级政府法制工作机构和城乡建设等领域工作人员的依法行政能力和业务水平，有效发挥行政复议在化解行政争议、推进依法行政、促进社会和谐稳定中的重要作用。3月，在昆明、扬州举办2期城市建设中依法行政疑难问题解析专题培训班，培训人数420人。为解决城市管理面临的突出矛盾和问题，6月在大连、7月在兰州举办2期城市执法体制改革与城市管理综合执法实务专题培训班，培训人数122人。按照《内蒙古自治区完善规范性文件合法性审查机制试点工作方案》安排，10月在井冈山举办全区完善规范性文件合法性审查机制培训班，培训200余人。组织深入推进城市执法体制改革，改进城市管理工作培训。为深入推进城市管理执法体制改革，改进城市管理工作，11月，在海口、长沙市举办两期深入推进城市执法体制改革，提高行政执法水平培训班，培训人数约400余人。围绕法律服务这一工作重点共计起草、审查合同等各类法律文书50余份，接待、调处各类纠纷40余件，解答法律咨询百余次，出具各类法律建议书和法律意见书10余份，处理重大非诉案件7件。

【信息宣传】 截至年底，收集、编辑、发布政府法制信息17 775条，政府门户网采用68条，国务院法制办采用54条。在省级以上报刊等新闻媒体刊登通信信息70篇(则)，内蒙古电视台新闻综合频道《法治专线》对自治区法制办领导专访5次。内蒙古人民广播电台《新闻联播》播出自治区对行政执法人员进行清理、换证节目。会同自治区农牧业厅，召开《内蒙古自治区牛羊屠宰管理办法》新闻发布会。9月29日，自治区党委办公厅《工作动态》《每日舆情》分别刊发《政府法制办22项具体措施助推自治区重大项目建设》工作动态。10月18日，自治区法制办召开《关于服务全区重大项目推进工作意见》新闻发布会，中央驻区媒体、自治区主流媒体进行专题报道。编印《政府与法制》6期，印发9780册，编印《高层阅读》5期，印发1200册。向内蒙古自治区社科联上报《行政权力与责任清单的制度研究》课题申请，向《民族法制文化与司法实践》研讨会提交“内蒙古少数民族文化权利法律保护研究”理论文章，参与自治区政府研究室《内蒙古自治区法律服务业的现状及发展对策研究》课题研究。

(撰稿人：张建军)

公　安

【概况】 2016年，全区公安机关深入推进公安改革和“四项建设”，开展一系列社会安全稳定打击整治专项行动，深化“两学一做”专题教育，主动服务“平安内蒙古、法治内蒙古、和谐内蒙古”建设，保障了自治区大局稳定和经济建设，祖国北疆安全稳定屏障进一步巩固，各族群众安全感和满意度进一步提升。

【打击各类违法犯罪】 坚持严打方针不动摇，组织开展打击“盗抢骗”犯罪等一系列专项打击行动，有效打击各类刑事犯罪。全年破获各类刑事案件41 112起、侵财案件25 893起，抓获犯罪嫌疑人25 606名。继续保持对严重暴力犯罪的严打高压态势，快侦快破一大批重大恶性案件，最大限度地消除了社会影响和危害。加大打击治理电信网络新型违法犯罪力度，破获电信网络诈骗犯罪案件5735起，抓获犯罪嫌疑人582名，捣毁窝点16个，打掉犯罪团伙27个，收缴赃款赃物折合人民币2755万元，紧急止付被骗资金2843万元。特别是鄂尔多斯公安机关成功破获达拉特旗7.06特大电信诈骗案，抓获犯罪嫌疑人107人，冻结赃款900余万元，有效维护了人民群众的财产安全。严厉打击经济犯罪，全年共破案2587起，抓获犯罪嫌疑人1859人，挽回经济损失2.63亿元。严厉打击毒品犯罪，全年破获毒品犯罪案件1380起，依法处理涉案人员1581名，打掉犯罪团伙40个，缴获各类毒品累计45.95公斤，收缴制毒原料折算毒品15.8公斤，缴获易制毒化学品6.67吨。整治治安突出问题，推进治安隐患排查整治工作，开展“断链”“扫黄打非”以及打击涉医违法犯罪等一系列突出治安问题专项整治行动，有效地防止重大事故或案事件的发生。全年共查处各类治安案件164 800起，查处违法人员120 832人；查处赌博类治安案件4443起，处理违法人员23 882人。在“扫黄打非”行动中，清查出版物销售单位538家、印刷复制企业785家，捣毁销售侵权盗版出版物窝点500个、印刷复制侵权盗版出版物窝点660个，收缴非法出版物17 792件；查处治安案件278起、侦办刑事案件37起，刑事处罚116人；处置网络有害信息28 969条，取缔关闭淫秽色情网站6个。持续开展“利剑”“利剑二号”“清水蓝天”等打击食品药品和环境违法犯罪专项行动，破获食品药品犯罪案件178起，侦破破坏环境资源保护刑事案件270起，抓获犯罪嫌疑人604名，打掉团伙48个，捣毁窝点77处，涉案金额1.2亿元。

【社会治安防控体系建设】 进一步增强社会治

安要素的基础管控能力。以承办全国社会治安防控体系建设推进会为契机，推进边、牧、农、林、城“五大区块”的社会治安防控体系建设，推动建立盟市、旗县（市区）、派出所、社区四级巡逻防控网络，形成“一网四级、一级多格、网网相扣、格格相联”的网格化巡逻防控格局。固化重点部位武装定点执勤、公安特警屯警街面动中备勤、人员密集场所高峰勤务、公安武警联勤武装巡逻“四项机制”，逐步形成警群联勤、草原110联动、联户联防、看楼护院、邻里守望等多种形式的群防群治工作格局。各盟市公安机关加大255个公路治安检查站建设及查控工作，检查车辆70余万辆，累计检查人员近145万名，查获吸贩毒人员119名、在逃人员37名、其他违法犯罪嫌疑人359名，查缴假冒、套用车牌39套、仿真枪20支、烟花爆竹7136只（头）、管制刀具499把。

【社会公共安全管理】 强化交通安全管理。将常态化执法与集中整治相结合，以公路客车、旅游包车、危化品运输车等五类车辆为重点，严管高速、景区、农村山区三类公路，严查超速、超员、疲劳驾驶、酒后驾驶等违法行为，遏制重特大事故发生，确保全区道路交通安全形势的稳定。全年接报一般程序处理的道路交通事故3171起，同比下降1.4%；造成972人死亡，同比下降0.41%；3297人受伤，同比上升5.5%；直接财产损失1392.58万元，同比下降12.65%。强化消防安全管理。全面推行消防安全“网格化”“户籍化”管理制度，连续开展6次“零点”、10次“震慑”系列行动和人员集中住宿场所、易燃易爆化工企业、城市综合体等6个专项整治行动，有效净化了社会消防安全环境。全年共发生火灾8060起，死亡34人，受伤15人，直接财产损失7986.61万元，4项指标同比全部下降，总体低于全国平均水平，连续22年未发生重特大火灾事故。始终保持对涉枪涉爆违法犯罪活动的严打高压态势，全年查破涉枪、涉爆案件311起，查处违法犯罪嫌疑人357人。从严管控危化物品，收缴各类枪支2330支，子弹24.79万发，炸药2.85万公斤，雷管17.3万枚，索类爆炸物品9.7万米，战争遗留炮弹1745枚，仿真枪8361支，管制刀具3.1万把。排查寄递物流企业4519家，检查快件12 446件，发现枪支9支、子弹30发，违禁物品14件。

【公安行政管理服务】 推进落实外国人服务管理“进社区、入院校”工作机制，加大对旅店从业人员外国人住宿登记业务培训。开展“三非”外国人整治专项行动，查处涉外案事件231起274人。严格规范出入境证件签发，制证发证服务效率提高，出入境管理服务水平提升。开展户口登记管理清理整顿工作，清理重复户口16 742个。推进居民身份证异地受理、挂失申报和丢失招领“三项制度”落实，基本完成220万群众到期身份证换证工作。推进居住证制度实施，争取自治区财政追加专项经费1000万元，确保全区居住证制证等工作顺利开展。自治区财政公安人口基础信息核查交换共享项目顺利完成并投入试运行。

【公安改革】 按照中央深改组明确的公安机关8项改革任务，自治区完成5项；公安部下达11项改革任务，自治区均出台实施意见或方案；自治区党委下达19项改革任务，已完成16项；自治区公安厅规划的95项公安改革任务，38项任务已出台相关意见方案并基本落实完毕。出台公安信访改革系列措施，将全区涉法涉诉信访事项全面纳入法治轨道。出台《流动人口居住证管理办法》，全面推行居民身份证异地受理、挂失申报、丢失招领“三项制度”，落实无户口人员登记户口等户籍制度改革配套措施。建成流动人口服务管理中心754个，将社会管理和公共服务延伸覆盖到社区。下放行政审批事项4项，清理行政许可事项7项，取消了公民、法人11类无谓证明。推行办证“一窗式”、网上缴费、微信预约等出入境信息化服务模式，全区公安出入境“一窗式”服务窗口109个,基本实现盟市、旗县全覆盖。在全区推广集治安、消防行政审批、交通管理、户籍管理、出入境管理为一体的公安服务中心,审批运行机制更加完善,审批程序更加规范。下发《关于加强邮件、快件寄递安全管理工作的实施意见》,完善快递行业安全监管机制,部署开展物流寄递安全检查活动,推动“三个100%”措施全面落实。在全国率先实行公安专业人才和法医等特殊专业民警单独招录制度,对公安院校毕业生和特殊专业人才实行分类招考,对特殊职位和边远地区考生放宽录用条件,畅通英烈子女入警渠道。深入贯彻国务院关于规范警辅人员管理意见精神,出台《内蒙古自治区公安机关警务辅助人员管理暂行办法》。制定《内蒙古自治区公安机关关于推进大部门、大警种改革实施方案》,确定一批试点;对厅机关科级机构进行整合,精简机构53个,推动厅机关向“大部门”“扁平化”形态转变。全面落实公安民警人身意外伤害保险制度,实现了军警同等抚恤优待。在全国首家与中国人民公安大学签订“校厅合作”框架协议,与江苏、河北、青海等省公安机关和中国刑警学院结成新一轮交流合作小组,开辟了素质强警的新途径。

【公安“四项建设”】

信息资源整合共享取得新进展 成立全区信息资源整合共享领导小组,制定出台《全区公安机关信息资源整合共享工作方案》,形成“党委负责、科信牵头、警种参与、齐抓共管、共享应用”的工作机制。在全国率先完成全区公安信息资源整合共享任务,完成与公安部平台的对接,与相邻八省实现信息资源协调联动。完成公安机关与社会信息资源整合共享任务,向全警提供查询、比对、碰撞服务1000余万次,通过移动警务终端核查人员共计123万次,核查车辆19万次,比中在逃、吸贩毒人员、违法犯罪人员共计17 691人。大力推进视频监控建设联网应用工作,公安厅、12个盟市公安局、90多个旗县(市区)公安局新建或改造完成符合新国标的视频图像信息联网平台,三级平台联网率达90%以上。

警务实战化水平得到新提升 依托自治区公安厅新指挥中心,建立社会治安形势每日分析研判机制,研判成果随时推送一线实战单位。完成三级公安机关网综平台建设,建成全区重点网站网络安全态势感知和监测预警平台、公共场所无线上网安全管控平台,构建网上网下一体运作的网络综合防控体系。完善社会应急联动平台,建立由指挥中心牵头的联勤指挥调度机制。出台《全区公安机关网格化巡控工作意见》,推进城区1、3、5分钟快速处警圈和让“110”再快1分钟工作机制建设。在牧区推广集“报警求助、服务群众、打击犯罪、应急管理、治安防控”为一体的综合防控服务网络,为边远地区安全稳定提供了保障。

执法规范化建设达到新水平 深入推进执法公开,向全区公安机关推广乌海市网上案管中心、行政处罚决定文书网上公开、对特定对象公开的经验做法。大力推行刑事案件“两统一”和受立案制度,加大执法办案场所规范化改造力度,全面推行“四个一律”执法办案机制。建成自治区公安厅本级网上督察中心,健全了“7+2”网上督察系统,完善执法监督机制。5月份,在通辽市召开全区公安机关执法权力运行机制改革暨执法规范化建设现场推进会,推动执法规范化建设深入开展。全区有10个单位入选全国执法示范单位,对深入推进执法规范化建设、提升公安机关执法公信力发挥了示范引领作用。

队伍正规化建设实现新突破 自治区公安厅与自治区编办等部门联合出台系列政策性文件,在公安机关机构管理、编制管理、专业人才招录、警务辅人员管理、从优待警等方面取得新突破。在全国率先完成2016年度公安专业人才招录工作,录取优秀毕业生371名。积极协调争取,为全区公安机关增加事业编制1000名,缓

解了基层警力不足问题；落实公安民警警衔津贴新标准，自治区公安厅本级、12个盟市公安局及所辖的102个旗县公安局全部兑现警衔津贴新标准。认真开展“两学一做”学习教育，召开全区公安机关党建工作暨“两学一做”学习教育推进会议，全面启动学习教育各项任务，提出公安机关“十个一”学习教育要求，推动“两学一做”学习教育深入开展。在全国、全区推出宝音德力格尔、邵兵等一批先进楷模，举办买买提江·托乎尼牙孜同志先进事迹报告会，充分发挥先进典型的示范引领作用。加强公安宣传工作，召开全区公安宣传工作会议、全区公安机关“人民公安为人民”主题演讲比赛以及内蒙古公安机关第二届最佳业务标兵揭晓仪式，取得良好宣传教育效果；在中央和自治区主流媒体共刊发稿件7662篇(件)，及时宣传全区公安工作亮点，树立队伍良好形象。

(撰稿人：邰菊花)

检　察

【概况】 2016年，全区检察机关以法治思维和法治方式开展工作，忠实履行法律监督职责，积极推动平安内蒙古、法治内蒙古建设，各项检察工作取得新的成效。坚持服务大局，围绕学习贯彻自治区第十次党代会精神，提出服务现代化内蒙古建设、为打造祖国北疆亮丽风景线提供强有力司法保障的具体意见，推动检察工作与经济社会发展结合更加紧密;坚决贯彻全面从严治党要求和反腐败总体部署，坚持老虎苍蝇一起打，惩治预防一起抓，促进反腐败斗争深入开展;始终将公平正义作为核心价值追求，敢于监督、善于监督，努力让人民群众在每一个司法案件中感受到公平正义；贯彻自治区党委和最高人民检察院改革部署，狠抓改革措施落实，不断破解检察工作发展难题;坚持“政治过硬、业务过硬、责任过硬、纪律过硬、作风过硬”的总要求，从严从实加强队伍教育、管理和监督。

【服务保障】 保障发展第一要务，致力营造良好的法治环境。出台服务保障重大项目建设的意见，强化政策导向。2016年，依法惩治金融诈骗、合同诈骗、内幕交易、非法集资等严重经济犯罪，起诉破坏市场经济秩序犯罪1678人。依法惩治安全生产领域犯罪，健全同步介入重大安全事故调查机制，起诉重大责任事故犯罪135人，查办事故所涉职务犯罪81人。制定12条措施，服务非公经济发展。依法批捕侵害非公企业权益的犯罪嫌疑人1347人、起诉3583人，同比分别上升18.2%、12.9%。立案查办国家机关工作人员“吃拿卡要”等职务犯罪235人。保障大众创业、万众创新，起诉侵犯知识产权、制售假冒伪劣商品等犯罪153人。

【维护稳定】 明确维稳第一责任，全力维护社会和谐稳定。认真履行批捕、起诉职责，依法批捕各类刑事犯罪嫌疑人12 988人，起诉29 812人，追捕追诉漏罪漏犯1895人。积极投入打击治理电信网络违法犯罪专项行动，批捕电信诈骗犯罪367人。推进网上网下相结合的“一站式”涉检信访平台建设，办理群众控告申诉举报8724件。运用远程视频系统接访，使当事人远在千里之外也能找到上级院的检察官。全面推广律师等第三方力量参与信访工作机制，邀请54名律师参与接访，化解一批疑难信访案件。参与社会治安防控体系建设，配合整治重点地区、重点领域的突出问题。加强对未成年人司法保护，积极参与防治校园欺凌事件。自治区检察院公诉一处被国务院妇女儿童工作委员会授予“全国实施妇女儿童发展纲要先进集体”荣誉称号。

【关注民生】 突出民生第一需求，着力保障群众合法权益。联合自治区扶贫办，组织开展集中整治和预防扶贫领域职务犯罪专项工作，查办扶贫、“十个全覆盖”工程领域职务犯罪83件184人。组建警示教育宣讲团，赴12个盟市重点脱贫旗县区宣讲，打好“精准扶贫，廉洁为民”的预防针。倾听群众呼声，依法查办涉及食品安全、医疗卫生、社会保障、征地拆迁、教育就业等领域职务犯罪301人。开展破坏环境资源、危害食品药品安全犯罪专项立案监督活动，监督公安机关立案侦查207件245人，监督行政执法机关移送案件77件。打击非法占用农用地、盗伐滥伐林木等犯罪，依法批捕301人、起诉1201人。打击生产、销售假药劣药和有毒有害食品等犯罪，依法批捕66人、起诉110人。强化对困难群众、弱势群体的司法保护，对70名因遭受犯罪侵害或者民事侵权、无法通过诉讼获得有效赔偿导致生活面临急迫困难的当事人提供司法救助。

【查办和预防职务犯罪】 加强办案工作适应刑法修正案（九）及相关司法解释的新要求，在立案数额、标准提高的情况下，保持“力度不减、节奏不变”的高压态势，办案数量继续在高位运行，办案工作健康发展。全年立案查办贪污贿赂、渎职侵权等职务犯罪案件952件1713人，同比分别上升7.0%、3.5%。其中：20万元以上的贪污贿赂大案282人，渎职侵权重特大案件281人，同比分别上升37.6%、10.2%；县处级以上干部93人，同比上升14.8%。抓大不放小，依法查办发生在群众身边、损害群众利益的“蝇贪”499人。针对群众反映强烈的不作为、乱作为问题，查办国家机关工作人员渎职侵权犯罪502人，同比上升5.2%。深化人民监督员制度改革，加强对办案的外部监督。2016年，查办职务犯罪案件质量效率进一步提高，起诉率98.2%，同比上升0.3%，有罪判决率100%。在全区三级检察院建成网上警示宣传教育平台，这在全国是首例。坚持网上网下配合，三级检察院组织1497家单位近11万人接受实地教育，仅自治区检察院警示教育基地就有171家单位1.3万余人接受教育，其中处级以上干部4262人。“内蒙古检察机关创新警示模式，构筑‘不想腐’思想防线”入选内蒙古十大法治事件。自治区检察院加强预防腐败工作研判，报送的《2015年全区检察机关惩治和预防职务犯罪年度报告》被自治区党委批转各盟市贯彻落实。该报告被评为“全国十佳年度报告”。

【诉讼监督】

健全冤假错案源头防范和发现纠正机制　贯彻两高三部《关于推进以审判为中心的刑事诉讼制度改革的意见》，严把审查逮捕关、审查起诉关。监督侦查机关立案410件、撤案411件，监督纠正滥用强制措施、违法取证等侦查活动违法情形1360件次；对不构成犯罪或证据不足的，决定不批捕216人、不起诉174人。强化刑事审判监督，对认为确有错误的刑事裁判提出抗诉229件。办理的4件案件入选“全国检察机关优秀刑事抗诉案件”。

切实维护诉讼参与人合法权益　对涉嫌犯罪但无社会危险性的，决定不批捕1932人、不起诉477人。加强羁押必要性审查，对不需要继续羁押的1116名犯罪嫌疑人建议释放或变更强制措施，同比上升44.0%。严肃查处刑讯逼供行为，严格落实权利义务告知制度，切实保护案件当事人的合法权益。实现律师网上预约查询、电子阅卷，建立律师控告申诉专用通道和申请事项跟踪督办机制，保障和促进律师依法执业。

强化刑事执行和民事行政诉讼法律监督　健全刑罚变更执行同步监督机制，监督纠正减刑、假释、暂予监外执行不当2910件。开展集中清理判处实刑罪犯未执行刑罚专项检察，清理纠正302人。高度重视政协委员提案办理，自治区检察院与公安厅联合对在押未成年犯罪嫌疑人、被告人混管混押问题开展专项检察，监督纠正混管混押350人。依法对生效民事、行政判决提出抗诉140件，法院改变原判决结果110件。强化执行监督，与高级法院联合开展执行案款集中清理活动，监督纠正执行违法情形859件次。

【检察改革】

全面推行检察官员额制改革　总结包头、赤峰两地试点经验，在全区三级检察院全面开展员额制检察官选任工作。以向基层和案件较多地区倾斜为原则，科学合理配置三级院首批检察官员额。经过报名、资格审查、考试、考核等12个环节，全区择优遴选出员额制检察官2458名。12月21日，全区三级检察院按照统一程序同步举行入额检察官宣誓仪式，签署岗位承诺书，颁发入额检察官任命书，迈出了将优秀检察官资源集中到办案一线、分类管理检察人员的关键性一步。

深化司法办案责任制改革　按照“谁办案谁负责、谁决定谁负责”的要求，制定完善司法责任制的实施意见和13个配套制度，初步建立突出检察官主体地位的办案责任制。建立独任检察官和检察官办案组两种办案组织，改变以往“三级审批”的行政化办案模式，增强办案的司法属性。制定检察长、副检察长直接办理案件的规定，入额的院领导亲自完成案卷审查、讯问询问、出庭公诉等工作，同时承担相应的司法责任。7月份至年底，包头、赤峰两级检察院检察长、副检察长已直接办理各类案件1478件。推进盟市、旗县院内设机构改革，优化资源配置。坚持监督管理与放权同步推进，依托网上办案系统加强案件办理的流程管控，改革案件承办确定机制，明确检察官司法办案质量评价标准，规范检察人员与当事人、律师、特殊关系人、中介组织接触交往行为，保证检察权依法正确行使。

参与做好检察人员职业保障和自治区以下人财物统管工作　会同自治区编制、财政等部门将盟市、旗县（市、区）检察院机构和人员编制、领导职数上划自治区机构编制部门统一管理，并从今年开始三级检察院统一纳入自治区一级财政预算管理。配合自治区人力资源和社会保障社厅开展检察人员工资待遇调研，并多次会同自治区相关部门召开专题会议，推进工资制度改革。研究制定全区检察机关绩效考核奖金分配实施意见，建立以办案数量、质量和效果为导向的奖优罚劣、奖勤罚懒的工作机制。

深入推进公益诉讼试点　以生态环境和资源保护领域为重点，通过诉前程序纠正相关行政机关不依法履职或怠于履职195件，收回国有土地出让金3902.27万元，督促行政机关罚款299万元，督促恢复草原植被31 568.87亩。向法院提起公益诉讼45件，4件已宣判。全区公益诉讼试点工作得到自治区党委书记李纪恒、自治区主席布小林、自治区党委副书记李佳的高度重视，要求政府及相关部门全力支持配合，同时得到最高人民检察院的肯定和表扬。

【队伍建设】

坚持政治、业务“两手抓”，全面提高队伍素质　扎实开展“两学一做”学习教育，进一步加强检察机关党的建设。大力培养、选树先进典型，继张章宝之后，又培养、推出了潘志荣为先进典型。潘志荣先后被授予“全区优秀共产党员”“全国模范检察官”“全国优秀共产党员”称号，当选CCTV2016年度法治人物。自治区党委与最高人民检察院联合召开命名表彰大会，中央政法委下发通知，号召学习宣传潘志荣先进事迹。以潘志荣为榜样，自治区检察院在全区检察机关部署开展“对标思齐，做潘志荣式的共产党员”学习教育活动。坚持“案要怎么办、兵就怎么练”的培训模式，开展岗位练兵实战活动8次、培训17期，培训业务人才2587名。自治区检察院与司法厅共同举办“首届全区公诉人与律师论辩大赛”，强化了练兵，提升了水平。

全面从严治检，严明检察纪律　深入学习贯彻党内政治生活若干准则、党内监督条例、廉洁自律准则、纪律处分条例和问责条例，修订自治区检察院党组工作规则，突出加强各级院党组建设。发挥巡视巡察利剑作用，自治区检察院对2015年巡视的5个分市院进行回访，对6个分市院、6个基层院开展巡视巡察，推动全面从严治检。持续开展常态化、全覆盖、拉网式的检务督察,加大纪律和制度执行的督察力度,以零容忍的态度严肃查处14名违纪检察人员,以铁的决心、铁的纪律打造铁的队伍。

抓基层工作,不断提升工作精细化水平 随机抽取乌兰察布市检察院和凉城县检察院,对2016年的工作开展抽样评估,持续推动解决司法不规范问题。开展检察工作精细化管理活动,深化和巩固规范司法行为专项整治成果。开展创新创优评选活动,呼伦贝尔市检察院“以智慧侦查模式,提升大数据时代的职务犯罪侦查水平”等10个项目被评为2016年度全区检察机关创新创优项目。高起点定位,高标准建设,强力推进全区检察信息化建设。自治区检察院独立研发的“检察数据宝系统”获全国检察机关轻应用开发活动一等奖,远程视频接访、高清视频会议系统、统一业务应用系统蒙文数字平台等进入全国先进行列。加强基层检察院建设,5个基层院被评为全国先进检察院。加强乡镇苏木派出检察室建设,打造老百姓“家门口的检察院”。

【接受监督】 自觉接受人大监督和政协民主监督,确保检察权依法正确行使。健全自治区检察院领导班子成员直接联系人大代表制度,走访代表500余名,邀请132人次视察检察工作,对代表、委员的意见建议逐一梳理研究、督办落实。主动接受社会各界监督,全区三级检察院同步开展以“加强侦查监督、维护司法公正”为主题的检察开放日活动。最高人民检察院组织部分全国人大代表视察内蒙古自治区查办职务犯罪工作。代表们在实地视察3个盟市的5个检察院后,给予高度评价。

(撰稿人:郭庆文)

法　院

【概况】 内蒙古自治区共有120个法院,包括内蒙古自治区高级人民法院(以下简称自治区高院)、12个盟市中级人民法院、1个铁路运输中级人民法院和106个基层法院,下辖人民法庭355个。全区法院现有政法专项编制11 013个,实有在编人数9544人。其中:入额法官3933人,占36%;蒙古族入额法官1328人,占入额法官33.77%。自治区高院现有政法专项编制354个,实有在编在岗人员326人,其中法官122人,占37.42%。2016年,全区法院围绕司法为民、公正司法这条主线,忠实履行宪法和法律赋予的职责,应对受理案件快速上升的态势,提升案件质效。2016年,共受理各类案件688 308件,其中新收案件576 806件,审(执)结603 636件,同比分别上升17.77%和33.80%,创历史新高。其中,高院受理5836件,审结5190件,同比分别上升13.12%和15.98%。

【依法保障自治区经济社会健康发展】 自治区高院立足重点工作和重点项目的顺利实施,全力推进司法服务体系建设。2016年,制定出台《为自治区第十次党代会确定的重点目标任务提供强有力司法保障和法律服务的指导意见》《关于为自治区八项重点工作提供有力司法保障的通知》。全年诉前化解涉“两重”案件1835件,依法审理2206件,依法保障重点工作、重点项目顺利推进。出台《关于为依法处置“僵尸企业”提供司法保障和法律服务的指导意见》,全区法院参与处理“僵尸企业”98件,受理破产案件86件。制定《关于加强环境资源审判工作为推进全区生态文明建设提供有力司法保障的意见》,审结污染环境案件4件、破坏资源等犯罪案件923件,涉环保民事案件67件。加大扶贫攻坚力度,自治区高院2016年底提前三年完成自治区包扶点脱贫任务,在全区脱贫攻坚推进会上作典型发言。维护市场经济秩序,印发《关于审理涉及内蒙古金融资产管理有限公司收购、处置金融企业不良资产案件相关问题的通知》《关于依法保障和促进非公有制经济健康发展意见》《关于为自治区创新驱动发展战略提供有力司法保障的意见》等文件，维护金融安全、促进经济健康发展。着力加强风险防范，三级法院召开与经济管理部门座谈会194次，听取意见建议，并根据司法统计数据反映出的风险点，及时向各级党政机关提出针对性意见建议2292件，有效发挥司法堵塞漏洞、完善管理的推动作用。

【依法惩治各类刑事犯罪】 坚持宽严相济刑事政策，坚持打击、保护和预防并重，依法严惩危害人民群众生命财产安全犯罪、贪污贿赂等职务犯罪，加强人权司法保障。2016年，一审审结各类刑事案件23 871件，判处31 333人。对通辽市社会反响较大的故意杀人案被告人徐某某、呼伦贝尔市"6·11"灭门惨案被告人赵某某等依法判处死刑，依法二审审结金某某等集资诈骗案，有效维护群众合法权益。依法审理重大职务犯罪案件，反腐高压态势得以强化。建立冤错案件防范机制，依法判决19名被告人无罪，坚决防止冤错案件发生。对未成年人罪犯，坚持教育、感化、挽救、帮教原则，判决未成年犯罪案件668件，同比减少25.28%。强化司法救助，为当事人减免缓交诉讼费1.3亿元，对2137名困难当事人提供司法救助3935.36万元，让人民群众切实体会到司法为民的温暖。加强审判监督和司法审查，再审改判刑事案件18件，审结国家赔偿案件117件，赔偿总金额598.3万元，确保司法救济及时到位。

【推进"执行年"工作】 自治区高院将2016年确定为"执行年"，举全区法院之力攻坚"执行难"问题。全区共受理执行案件210 898件，执结177 641件，同比上升100.46%，执结率84.23%，同比上升23.52个百分点；执结标的额601.6亿元，同比上升141.65%。依法判决拒执罪62人，司法拘留12 542人次，罚款863人，罚款金额919.15万元。累计在全国法院执行案件管理系统公布失信被执行人69 394人次，7441人次主动履行义务，列入失信率和列入后履行率均居全国前列。6月20日，自治区高院在全区范围统一组织开展为期10天的"草原风暴"集中执行行动，掀起攻坚高潮，"执行年"工作得到最高法院的肯定，最高法院批示在全国法院推广内蒙古自治区经验，并把内蒙古自治区作为中西部省区基本解决执行难的示范地区，法院铁腕抓执行入选2016年全区十大法治事件。

【切实保障民生权益】 坚持民生优先原则，对事关人民群众，特别是涉弱势群体的案件实行快立快审快执。2016年，全区各级法院一审审结消费、教育、医疗、住房、就业等案件56 271件，民间借贷纠纷88 693件，劳动争议、追索劳动报酬案件9197件，交通肇事、重大责任事故案件1890件，医患纠纷308件。积极探索家事审判改革，一审审结婚姻家庭继承案件44 404件，赡养扶养抚育案件2434件，有效地化解了家事矛盾。包头市达尔罕茂明安联合旗法院针对家庭暴力案件颁发全区首份人身安全保护令，入选2016年全区十大法治事件。强化司法便民措施，呼和浩特市中院与法律援助部门共同搭建的老年人法律维权服务平台，被全国老龄办、最高法院等六部门联合授予"全国老年法律维权工作先进集体"称号。强化巡回审判，自治区高院协调自治区财政投入2000万元，为全区84个基层法院配备巡回审判车，巡回审判案件89 234件，将大量矛盾纠纷化解在萌芽状态。加强行政审判，审结行政案件4927件，同比上升19.12%。苏尼特左旗法院依法审结全区首例行政公益诉讼案件，入选2016年全区十大法治事件。深入推进"领导干部大接访"和"千名法官下基层"活动，接访22 894人次，其中领导干部接访7225人次，化解矛盾纠纷5838件。全区法院对历年积存的上访老户"骨头"案进行集中攻坚，化解474件。通辽、赤峰等地法院推行律师参与化解和代理涉诉信访案件，全年参与化解案件3619件，参与接待当事人8463人次，取得良好社会效果。

【全面推进司法体制改革】 下发完善司法责任制的实施意见，明确审判人员权力清单和审判责任、监管责任和追责程序，强化“让审理者裁判，由裁判者负责”理念，除审判委员会讨论决定的重大疑难复杂案件外，院庭长对其未直接参加审理案件的裁判文书，原则上不再进行审核签发，有效落实司法责任制。全面推进人员分类管理改革。4月下旬，包头、赤峰市两级法院900名法官完成首批入额。9月，自治区高院和其他11个中院及所有基层法院3033名法官完成入额，全区实际入额3933人，员额法官上岗入选2016年全区十大法治事件。健全完善多元化纠纷解决机制，全区法院共化解纠纷13 814件。全面强化司法公开，全区法院实现生效裁判文书依法全部上网公开，累计上传裁判文书540 923篇，其中蒙文裁判文书1596篇。深入推进庭审直播，全区法院共直播案件3605件。

【加强审判管理】 坚持放权与监督并重，明确要求全区法院在推进司法改革过程中，对重大疑难复杂案件进一步强化审判管理、强化院庭长监督指导、强化案件质效提升，确保公正高效。全区法院一审服判息诉率92.87%，同比上升1.07个百分点；执行标的到位率同比上升16.66个百分点；法定审限内结案率99.72%，同比上升0.12个百分点；信访投诉率0.21%，同比下降0.14个百分点；法官年人均结案103件，同比增加25件，审判质效主要指标明显向好。强化院庭长直接办案，让优秀审判资源回归一线，各级法院院庭长共办案224 227件，占全区结案数45%，同比增长105.4%。针对少数案件久拖不决、刑事被告人超期羁押等问题，组织开展长期未结案件专项清理整治活动，共清理长期未结案件231件。依法严格规范减刑假释工作，全区法院共审理减刑假释案件12 815件，确保公开公正。

【强化班子和队伍建设】 扎实开展“两学一做”学习教育，把“两学一做”学习教育作为党建工作第一位任务，着力抓好三个层面“六个一”工作机制落实，做到学用结合、以学促用、知行合一，确保正确政治方向。自治区高院被自治区党委组织部推选为“两学一做”先进典型，主要做法被中央国家机关工委组织部评为“全国机关党组织‘两学一做’学习教育”优秀案例，《党建任务书》荣获自治区直属机关党建特色一等奖。大力加强领导班子建设，坚持以实绩考核为抓手，通过对全区13个中院、106个基层院的全面考核验收，激励干警爱岗敬业，履职尽责，全区法院干事创业、比学赶帮的良好氛围不断强化。着力提升队伍职业素养，全国蒙汉“双语”法官培训基地正式投入使用，共举办培训班30期，培训干警6158人，派员参加国家法官学院培训班69期598人次，切实提高队伍司法能力和做群众工作能力。参加全国法院首届司法警察技能大比武活动，获“基本技能接力”团体全国第一名、“手枪实弹射击”个人全国第一名等5项荣誉。自治区高院承担的最高法院重大调研和统计分析课题“关于处理征地拆迁纠纷中法院职能定位问题的调研”“民族自治地区法院人力资源配置问题研究”被评为优秀，实现建院以来的“历史性突破”。有2篇案例分别入选最高法院“弘扬社会主义核心价值观”和“依法审理矿业权民事纠纷”十大典型案例。发挥典型引路作用，自治区高院原副院长孙凤鸣被推选为全国重大先进典型，开鲁县法院蒋青春被最高法院和人力资源和社会保障部授予“全国模范法官”，被自治区党委授予“全区优秀共产党员”称号，中央电视台等98家媒体进行深度宣传报道。自治区高院行政庭庭长王旭军、乌兰察布市察右后旗法院交通事故审判庭庭长桂云凤入选2016年全区十大法治人物。全区法院共有36个集体和191名个人受到最高法院等国家机关和自治区的表彰奖励。

【强化廉洁司法】 深入推进党风廉政建设，持续开展“警示教育”活动，强化“两个责任”，制定

《违法及差错审判执行责任追究办法》《关于司法机关内部人员过问案件的记录和责任追究规定的实施细则》等文件，建立起与审判执行相适应的廉政建设制度体系。全面推进审务督察，对13个中院、82个基层法院、17个人民法庭开展审务督察350余次，对发现的苗头性、倾向性问题及时进行整改。共处理违纪违法人员22人。

【自觉接受监督】 自觉接受党委领导，坚持第一时间贯彻落实中央、最高法院党组和自治区党委的重大决策部署，第一时间向自治区党委和政法委报告法院的重大事项和重大敏感案件，争取党委的领导和支持。主动接受人大监督、政协民主监督，自治区高院就司法体制改革工作接受自治区人大常委会的专题询问，有力地推进全区法院系统的司法体制改革。办理自治区人大代表意见建议125件，关注案件28件。主动接受政协民主监督，办理自治区政协委员提案13件，关注案件11件。不断深化代表委员定向联络机制，走访代表委员5494人次，邀请视察法院工作2952人次，旁听庭审2909人次，通过邮寄、短信等方式通报法院工作4984次。自治区高院领导赴各盟市召开座谈会11场，认真听取115名代表委员的意见建议。依法接受检察机关诉讼监督，讨论重大敏感案件时，主动邀请检察长列席，接受诉讼监督。广泛接受社会监督，主动邀请12家国家和自治区级新闻媒体座谈，组织召开新闻发布会、新闻通报会683场，刊发司法宣传稿件5096篇，同比上升16.6%，积极传播司法正能量。

（撰稿人：计飞）

司法行政

【概况】 2016年，全区司法行政机关牢固树立“五大发展理念”，以推进“三法一创五深化”为重点，切实履行司法行政职能，充分发挥法治宣传、法律服务和法律保障优势作用，保障自治区经济社会发展和维护社会和谐稳定。

【法治宣传】 召开全区普法依法治理工作会议，总结“六五”普法工作，全面启动“七五”普法规划。联合自治区党委组织部、宣传部、人力资源和社会保障厅出台《内蒙古自治区关于落实国家工作人员学法用法制度的实施办法》，将学法用法和推进法治建设情况作为各级领导班子和领导干部年度考核的重要内容之一，在国家机关工作人员录用、履职、晋升中设置法律考试门槛。在全区组织开展网络在线学法和普法考试，其中报名参加学法48.3万人，参加首次网络普法考试33.6万人。协调自治区人大、党委宣传部制定出台《进一步开展宪法宣传日暨民族区域自治法普法教育工作的意见》，开展以“一会一赛两评两展”为主要内容的“宪法宣传月”活动。联合内蒙古电视台举办“十大法治事件暨十佳法治人物”评选活动，司法行政系统2个事件、4个人物入围。开展普法宣传活动，全区共举办各类法治讲座和报告会1478场次，有1251万余人次接受了法治教育；开展集中法治宣传活动2978场次，发放法治宣传资料328万份，开展法治文艺演出2453场次。实施“6个3”普法工程，全区共建法治文化广场92个，法治文化长廊383条，法治阅览站241个，普法大讲堂4068个，招募普法志愿者31 474人。以“法在身边·法治北疆”为主题推进法治宣传阵地建设，自治区司法厅在内蒙古电视台开办《法治专线》栏目，累计播出3200余期，“法治内蒙古”微信关注超23万人。推进多层次多领域依法治理工作，深化自治区民主法治创建活动，加快法治内蒙古建设进程。制定《民主法治示范嘎查村（社区）创建标准》，建立完善法治创建长效机制。与自治区民政厅联合开展民主法治示范嘎查村（社区）推荐评选活动，命名“民主法治示范嘎查村（社区）”102个。

【法律援助】 贯彻落实《自治区关于完善法律援助制度的实施意见》，完善法律援助制度。在全区115个法律援助接待场所全部建成便民服务窗口的基础上，已建临街一层便民服务窗口103个、工作站2455个、联络点10 939个，工作站和联络点覆盖率分别为100%和91%。针对自治区地广人稀、律师资源短缺的实际状况，开通法律援助远程视频咨询服务平台，实现自治区、盟市、旗县（市区）法律援助机构与1088个司法所的远程视频咨询全覆盖，满足偏远落后地区人民群众的法律咨询需求。建立以农牧民工、妇女、未成年人、老年人等群体为服务主体的公益性律师事务所28个，为困难群众无偿提供法律援助。与法院、检察院、公安机关建立刑事法律援助衔接机制，保障符合条件的犯罪嫌疑人、被告人能够及时获得法律援助。组织实施中央专项彩票公益金法律援助项目，办理农民工、老年人、未成年人、妇女、残疾人法律援助案件1992件，拓展了法律援助覆盖面。加强军人军属法律援助工作，全年办理军人军属法律援助案件66件。与自治区公安厅联合印发《内蒙古自治区看守所法律援助工作暂行管理办法》，加强和规范看守所法律援助工作。制定《法律援助服务质量标准（试行）》，组织专家对案卷开展同行评估，提高法律援助质量。2016年，全区法律援助机构提供法律咨询16.4万人次，比上年增长72.6%；办理法律援助案件32 632件，比上年增长2.9%；挽回经济损失3.51亿元，有效维护了困难群众的合法权益。

【监狱管理工作】 坚持将平安监所建设作为工作的硬指标、硬要求，严格落实风险管控责任，集中开展“清缴打击违禁品”“整顿监（所）规纪律、规范罪犯行为”“安全隐患排查整治”3个专项行动，继续保持监狱场所安全稳定。强化执法执行的科学化、精细化、规范化建设，启动全区监狱系统规范化达标监区创建工作。加强安全生产管理，健全完善各类应急预案，引进适宜罪犯改造的劳动生产项目，罪犯投劳率为85.4%。推进以情感人、以情育人、以情管人的“三情”建设，切实改进帮教机制，提升帮教实效。2016年，全区监狱开展各类帮教活动156次。

【强制隔离戒毒工作】 推行“三期六级”戒毒模式，构建有特色、有实效的戒毒工作机制，司法行政强制隔离戒毒场所持续保持安全稳定。开展“规范化建设推进年”活动，健全完善安全管理、教育戒治、医疗服务、场所建设等方面制度体系，完成戒毒工作制度、流程和职责汇编。

【社区矫正工作】 深化社区矫正工作，建立社区矫正“四个一”机制，即实行一套管理机制，对社区服刑人员实施分级管理、分类教育；推行“一日化”教育模式，保证社区服刑人员每月参加不少于1天的集中教育和公益劳动；落实“一体化”帮扶机制，协调有关部门帮助社区服刑人员解决低保、临时救助、社会保险、就业安置等困难和问题；完善“一盘棋”网上办案机制，细化和落实调查评估、接收登记、管理教育惩戒等各个环节的工作制度和工作流程。强化定位监管，首批3000套定位手机和防分离手环投入使用。创新教育矫正，引入心理矫正机制，并建立社区服务基地451个、就业基地99个、教育基地223个、教育服务中心69个。推进旗县社区矫正中心建设，69个旗县建成社区矫正中心并投入运行，提高社区矫正实体化、实战化能力。截至年底，全区累计接收社区服刑人员64 044人，累计解除矫正49 613人，现有社区服刑人员14 431人，重新犯罪率为0.2%。注重发展社区矫正和法律服务志愿者队伍，协调自治区人力资源和社会保障厅，继续将社区矫正社会工作者和法律服务志愿者纳入全区社区民生志愿服务计划，从全区高校毕业生统一招募1400名社区矫正社会工作者和1000名法律服务志愿者，专职从事社区矫正和法律服务工作。召开全区社区矫正首批志愿者工作总结表彰电视电话会议，表彰10个社区矫正志愿者工作先进集体和200名优秀志愿者。

【人民调解工作】 制定出台《内蒙古自治区星

级人民调解委员会建设标准》《评定细则》和《内蒙古自治区人民调解员管理办法》，推动人民调解工作规范化、社会化。全区共建立各类人民调解组织16 630个，其中行业性、专业性人民调解组织789个，选聘专兼职人民调解员76 805人，构筑起“横向到边、纵向到底”的人民调解组织网络。2016年，共排查化解各类社会矛盾纠纷134 222件（其中涉及土地草原确权纠纷9200多件），调解成功128 634件，调解成功率95.84%。加强行业性、专业性人民调解工作，会同自治区有关部门出台《关于推进行业性 专业性人民调解工作的实施意见》，2016年全区建立道路交通调委会137个、医疗纠纷调委会153个、物业纠纷调委会142个、劳动争议纠纷调委会87个、消费纠纷调委会37个。

【安置帮教工作】 制定刑满释放人员衔接管理办法，落实衔接管控措施，对重点帮教对象做到必接必送。协调民政等相关部门对237名符合条件的刑释人员实施社会救助，共帮教刑满释放人员13 584人，安置12 640人，安置率95.13%。

【基层基础建设】 制定《关于开展三级司法所创建活动的实施意见》，力争3年使全区司法所全部达到三级以上标准。突出司法所规范化、社会化、信息化建设工作，建成示范司法所200个。着眼于将司法行政职能向最需要法律服务的嘎查、村（社区）延伸，自治区司法厅党委提出，从2016年开始，利用两年多的时间，在全区1万多行政村全部建立集人民调解、社区矫正、安置帮教、基层法律服务为一体的村级法务室的工作目标。召开全区司法行政基层基础建设现场会议，出台《内蒙古司法厅关于推进嘎查村社区法务工作室建设的意见》和《内蒙古自治区嘎查村居法务工作室建设标准》，加快推进法务室建设工作。截至年底，全区已建立村级法务室8668个，占嘎查、村（社区）的71.4%。6月，中央政治局委员、中央政法委书记孟建柱在考察阿拉善盟额济纳旗基层综治工作时，充分肯定自治区建立村级法务室、推进司法行政基层工作的做法。

【律师公证工作】 制定《关于推行法律顾问制度和公职律师公司律师制度的实施意见》和《关于深化律师制度改革的实施意见》。全区已审核设立公职律师198名，实现盟市全覆盖；设立公司律师事务部14家，公司律师53人，涉及钢铁、乳业、煤炭等多个行业。全力推动法律顾问在四级政府全覆盖。截至年底，全区法律顾问工作基本实现自治区、盟市、旗县、乡镇（苏木、街道）四级政府全覆盖，律师担任各级政府法律顾问3102家。各盟市推进村居（嘎查）法律顾问工作，律师担任村居（嘎查）法律顾问7569家，村居（嘎查）法律顾问覆盖面为72%。指导各盟市建立律师政府法律顾问人才库，各盟市完成市级律师法律顾问人才库建设。推进律师参与信访案件处理工作，率先在全国实现律师参与化解和代理涉法涉诉信访案件在盟市公检法机关和盟市信访局的全覆盖，旗县覆盖79个，覆盖率77%。2016年，全区共有1600余名律师参与涉法信访接待2400余件，促进了矛盾纠纷依法有序解决。落实国家和自治区关于保障律师执业权利的规定，完善律师执业保障机制。在检法机关设立阅卷室、更衣室，基本解决了律师会见难、阅卷难和律师出庭免予安检等问题。10月14日，与自治区人民检察院举办全区首届公诉人与律师论辩大赛，推动律师与公诉人诉辩关系的良性构建。推进律师事务所党组织建设。截至年底，党员律师1349人，党支部163个，实现全区律师行业党的组织和党的工作两个全覆盖。12月2日，成立由24家律师事务所组成的“内蒙古自治区律师事务所公益联盟”，这是推行公益诉讼的良好尝试。批准建成全国首家蒙汉双语律师公益服务站、首家律师公益法律服务事务所，依托律师事务所推动建立盟市级双语人才培育基地23个，盟市级公益服务站（中心)38家。2016年,全区志愿律师共参与公益事业和社会活动3万余人次。全区律师办理法律事务8.5万件,公证机构办理公证事项39.3万件,提供律师公证公益服务13万件,基层法律服务工作者办理各类案件4.5万件。

【司法鉴定管理工作】 按照《最高人民法院、最高人民检察院、司法部关于将环境损害司法鉴定纳入统一登记管理范围的通知》和《司法部、环境保护部关于规范环境损害司法鉴定管理工作的通知》精神,将环境损害鉴定机构、鉴定人的准入工作纳入统一管理,环境损害司法鉴定有关工作正式启动。截至2016年,全区司法鉴定机构63家,司法鉴定人689名,全区司法鉴定机构完成检案22 720件。

【国家司法考试工作】 推进国家司法考试规范化、标准化、信息化建设,完成2016年度国家司法考试内蒙古考区组织实施工作任务。2016年,全区通过审核准予报名国家司法考试24 209名,其中汉文考生18 521名,蒙古文考生5688名,报名人数再创历史新高,位列全国前十位,增幅42%,居全国之首。2015年,全区达到国家司法考试合格分数线3126名,取得法律职业资格证书3105名,其中A类932名、B类11名、C类2162名。做好国家司法考试制度改为国家统一法律职业考试制度的相关工作。

【信息化建设】 建立司法行政地理信息系统,构建全区司法行政系统应急指挥、查询统计、辅助决策等为一体的电子地图支撑平台。利用物联网和ARC集群技术,申请国家无委会核准使用370兆司法行政专用无线通道,建成覆盖全区的超短波应急指挥平台。联合自治区公安厅建立跨部门信息共享系统,建成特殊人群服务管理大数据平台,对特殊人群信息进行整合和关联分析,实现身份比对、驾驶证、护照信息查询等功能,消除特殊人群管理盲区。建立司法所四级视频会议系统,实现法律服务、法律援助远程服务和人民调解疑难案件的远程调度、协同会商。建立信息化综合研判系统,实时获取律师、公证、法律援助、人民调解等重点业务数据,为决策提供依据,为群众提供精准化服务。建成律师一卡通服务管理大数据平台,实现会员在线年度检查考核、业务数据上报等一站式服务。信息化建设2016年两次在全国会议上介绍经验,并获评2016年自治区十大法治事件,被正义网评为年度“互联网+法治建设”十大典型案例。

【队伍建设】 召开全区司法行政队伍建设工作会议,印发《关于进一步加强全区司法行政队伍建设的意见》,推进新形势下队伍建设工作。推进全系统教育培训“百千万工程”,实施培训计划统一审核备案制度。打造全国司法行政系统蒙汉双语培训基地,与内蒙古大学联合举办为期两个月的首届蒙汉双语干警培训班,制定《全区司法行政系统蒙汉双语人才培养五年规划》。全区司法行政系统全年累计举办培训班678期,培训干警和法律服务工作者4万人次,其中司法厅及直属系统累计举办培训班188期,培训干警和法律服务工作者2.6万人次。持续开展“岗位大练兵能力建设”活动,举办练兵成果现场观摩会,激发广大干警立足岗位、增强本领的勇气和信心。开展“双十佳”创建评选活动,集中表彰100个先进集体和100名先进个人。与内蒙古电视台联合举办首届“双十佳”集体和个人颁奖仪式,并进行集中展播宣传,取得积极社会效果。组织召开全区司法行政系统以忠诚、干净、担当为主题队伍整顿建设专项行动动员会,全面部署开展专项行动。落实党委主体责任和纪委监督责任,制定《司法厅党委巡察工作规定》。加强对执法执行的监督制约,强化责任追究,以零容忍的态度严肃查处腐败案件。

【“两学一做”专题教育】 制定《直属司法行政系统学习教育实施方案》,印发《关于深化示范引领工作的通知》和两个指导意见,结合实际制定措施,做到上级带动下级、领导干部带动广大党员,实现工作指导的具体化、精准化。组织党员干警参与区直机关党章党规网上答题，通过政法干警及司法行政大讲堂进行视频集中学习，在门户网站开辟“两学一做”专栏，在LED电子屏和法治内蒙古微信平台、“内蒙古矫治微学习”微信公众号滚动播放党建工作信息。注重“两学一做”与工作实际有机结合，开展党员“亮身份、亮职责、亮承诺”活动和“文明服务示范窗口”“共产党员示范岗”“六个好”活动，在人民调解组织建设中开展“党员连心桥”“党员调解示范岗”活动，指导监管场所党组织与党员签订《党员“两学一做”学习教育承诺书》和《党员“八要八不要责任清单”》，在实干中比学习、比作风、比创新，充分发挥党支部的战斗堡垒作用和党员先锋模范作用。

【人民监督员工作】 在全国率先出台《人民监督员履职经费管理办法》，明确规定履职经费项目、补贴标准等。12月6—8日，在中南财经政法大学举办内蒙古自治区人民监督员业务培训班，提高人民监督员履职能力。截至2016年底，全区新任人民监督员适用新规则监督案件60件。应邀参加各级检察机关重要会议、出庭评议等活动214次700余人。

【承办全国司法行政信息化建设推进现场会】 2016年9月8—9日，承办全国司法行政信息化建设推进会，精心设计会议观摩点，充分展示自治区司法行政信息化建设的特点亮点。司法部部长吴爱英在会议上指出，内蒙古司法行政工作发展快、亮点多，信息化建设时间短、投资少、效果好，取得突破性发展，为全国司法行政工作提供了可复制、可推广的经验。自治区党委书记李纪恒作出“全区司法行政信息化建设要提档升级，后来居上，要在全国司法行政系统和全区各系统内都要后来居上，双居上”的重要指示。全国会议后，分别有广东省、山东省、青海省等25个省区市来自治区考察交流信息化建设工作。

（撰稿人：庄林义）

监狱管理

【概况】 内蒙古自治区监狱管理局是自治区人民政府设立的副厅级部门管理机构，负责全区监狱管理工作。所属30个机构。其中：正处级19个，副处级4个，正科级7个。成立有恒正实业集团公司（集团公司下辖22个全资子公司和1个国有煤矿）。2016年，自治区监狱管理局围绕构筑祖国北疆安全稳定屏障这一战略部署，坚持以“监狱工作进入前列”为目标，全面推进安全防范“七项”建设，实现“十三五”良好开局。

【内部管理】 开展清缴打击违禁品和整顿监规纪律、规范罪犯行为、安全隐患排查整治和安全隐患百日攻坚等“四个专项行动”，健全工作制度，落实工作责任，细化工作措施，加强绩效考核，推进监狱工作流程规范化、安全防范立体化、生产监督网点化、教育改造社会化、狱务公开网络化、全面管理精细化。2016年，全区监狱系统实现了无罪犯脱逃、无重大狱内案件、无重大安全生产事故、无重大疫情的“四无”目标，受到司法部通报表彰。

【刑罚执行】 完善办案评查机制，集中开展为期7个月的办理减刑、假释、暂予监外执行“零差错”专项活动。全面推进狱务公开工作，开通门户网站、政务微博、微信公众平台，设置狱务公开专栏、罪犯信息查询系统、罪犯亲属约警谈话室，聘请257名人大、政协及社会各界人士为执法监督员，开展罪犯亲属开放日活动221次，新闻媒体报道334次。

【罪犯合法权益保障】 开展规范化监区和规范化医院达标创建工作，统一监狱医疗机构设置，加大投入，保证罪犯基本医疗需求。建立第一病犯管理所血液透析室，累计透析2000余人次，有效解决罪犯到社会医院透析造成的经费和警力紧张问题，消除了罪犯外出就医带来的安全隐患。大力推进罪犯纳入城乡居民基本医疗保险体系,罪犯医疗保障水平明显提高。

【教育改造】 开展“学法懂法、守法服法”专题教育,扎实开展文化和职业技能教育,以内蒙古警官学校为依托,充分利用社会资源,开展职业技能培训 326 次,1611 人获得初级技能证书。全面推进“监区文化达标创建”活动,有 44 个监区验收达标,优化监管区文化环境。第二监狱入选“全国监狱文化建设十大监(所)案例”。注重传统教育手段与现代技术相融合,启动电化教育演播室建设,加强心理矫治,罪犯危险性评估和重新犯罪可能性评估均达到 100%,罪犯改好率 96%。组织亲情聚餐和远程视频会见,全年开展社会帮教活动 156 次,努力构建以监狱为主导、罪犯亲属和社会各界广泛参与的帮教体系。

【劳动改造】 逐级签订《安全生产责任状》,建立监狱局、监狱、监区、分监区四级安全生产责任体系,严格执行安全隐患排查制度,安全隐患得到有效整治。依法组织罪犯参加劳动改造,为罪犯提供劳动岗位 25 134 个,累计向罪犯发放劳动报酬 1422 万元。全面深化罪犯劳动改造效果评估工作,并将评估结果与劳动报酬、分级处遇、物质和行政奖励挂钩。

【设施经费保障】 筹集资金配备声光驱散器等应急处突装备、民警单警装备和警用巡逻车。推进呼和浩特高度戒备监狱改扩建项目、鄂尔多斯监狱迁建项目,启动巴彦淖尔监狱新建项目、呼和浩特新康监狱新建项目和赤峰监狱迁建项目。建设远程视频会见系统、智能亲情电话系统和罪犯个人资金与消费管理系统。升级全区监狱单位网络带宽,启动第二监狱、第一女子监狱数字化监狱试点工作,推动监控功能向指挥功能转变。

【民警队伍建设】 开展全区监狱人民警察队伍建设年活动,系列实施革命传统教育月等 10 个主题月活动。实施千名民警下基层工程,监狱局、监狱共有 789 名机关民警下监区锻炼。全面落实从优待警政策,为 913 名民警晋升科级非领导职务,为 2019 名企业在职职工提高工资待遇,为 2410 名企业退休职工发放退休生活补贴。着力加强“三型”机关建设,组织集中业务学习 405 次,举办业务培训 73 期,开展视频讲座 151 次,组织各类应急预案演练 105 次,全区监狱系统共有 207 个集体、815 名民警立功受奖,其中赤峰监狱民警付国刚获全国“五一劳动奖章”。认真落实党委主体责任和纪委监督责任,全区监狱系统配备 20 名专职纪委书记,深入推进党风廉政建设和反腐败斗争。

(撰稿人:杜国志)

军　　事

中国人民武装警察部队内蒙古自治区总队

【概况】 中国人民武装警察部队内蒙古自治区总队（以下简称武警内蒙古总队），1983年1月重新组建（正师级），1999年1月调整为副军级。武警内蒙古总队机关驻内蒙古自治区呼和浩特市如意开发区如意西街15号。

【党委班子建设】 坚持全面从严治党，注重理论学习。深入贯彻《党章》和“三条例两准则”，结合武警内蒙古总队班子调整加强自身建设，严格落实中心组学习、领导干部个人重大事项报告、述学述职述廉、过双重组织生活等制度，完善党委班子建设18条措施，推进党建工作由“宽松软”走向“严实硬”。深入开展民主集中制学习研讨活动，坚持重大问题集体研究决定，提出领导干部“要参与决策、要严格执行、要加强监督，不要引荐、不要授意、不要插手”，敏感问题上保持阳光操作，提升科学民主依法决策水平。围绕“三严三实”要求，对照军委和武警党委规定的“六个方面”重点内容，严密组织两级党委专题民主生活会，达到锤炼党性、增进团结、推动建设的目的。总部两名主要领导先后到武警内蒙古总队视察指导，对党委班子建设给予充分肯定。

【思想政治工作】 学习贯彻习近平主席关于治国理政系列讲话精神，特别是“七一”重要讲话和十八届六中全会精神。扎实开展“两学一做”教育，深入推进马克思主义学习教育活动。严格落实两级党委中心组机关理论学习制度，组织两期师团职干部理论轮训，深扎官兵忠诚核心、拥戴核心、维护核心的思想根脉。持续抓好古田全军政治工作会议精神深化落实，两级党委正副书记带头上党课，有力推动“六个统一”“四个更加注重”落地见效。严密组织改革强军主题教育，广泛开展纪念建党95周年、红军长征胜利80周年和“强军风采”系列活动，不断打牢官兵忠诚底基。着眼部队地处边疆民族地区实际，积极打好意识形态领域斗争主动仗，深入开展“四反”警示教育，扎实做好经常性思想工作，稳妥推进手机互联网进军营，确保部队纯洁巩固。

【中心任务】 始终牢记习近平主席“全力干好维稳这件大事”的政治嘱托，着眼能打胜仗狠抓中心工作，深化落实六类勤务规范，持续加强“五防一体化”建设，强力推进作战值班室引接社会面视频监控工作，常态开展隐患治理和勤务交叉检查，目标安全系数显著提升，武警内蒙古总队连续13年执勤无事故。采取试点引路全面规范编携配装和战备库室建设，顺利完成“一队一车”配备，部队战备水平进一步提高。以“八落实”和“六种组训模式”为抓手，严密组织新大纲试训、卫士—16演习、魔鬼周极限训练和野营拉练，高标准承办总部警犬技能竞赛，武警内蒙古总队的实战化训练经验在全武警部队推广。精心筹划“三场维稳战役”，圆满完成等级警卫、央视春晚呼伦贝尔分会场和自治区第十次党代会安保等任务700余起，特勤排援疆战果丰硕，环京环疆检查站勤务组织严密，有效发挥了维护自治区大局稳定的“压舱石”作用。

【基层建设】 深入贯彻习近平主席“四个坚持扭住”指示要求，认真落实武警部队基层建设暨士官队伍建设工作会议精神，召开武警内蒙古总队基层建设工作会议，引导各级运用“抓龙头、强筋骨、蓄底蕴”和“五个突出抓”的思路抓手，有力推进抓建基层“思想观念大转变、工作思路大清理、短板弱项大治理”，着力破解“三有三缺”等问题，不断厚实部队内涵底蕴。立足武警内蒙古总队“边散远”实际，坚持把远的拉近、把散的捏紧、把黑的拨亮抓建设，严密组织两级党委机关精准帮建、当兵蹲连，深入开展“三帮一带”活动，鄂尔多斯、赤峰、呼和浩特、巴彦淖尔、兴安盟5个单位被评为先进支队，15个连续5年以上未进先进的中队“脱贫摘帽”。武警内蒙古总队开展党支部班子岗位练兵活动做法被中组部列为全国基层党组织教育示范教材，鄂尔多斯支队被表彰为“武警部队基层建设标兵支队”，贺喜、李云霞分别被表彰为“全军优秀共产党员”和“武警部队十大标兵士官”。

【从严治军】 着眼推进治军方式“三个根本性转变”，扎实开展“学法规、守法规、用法规”和“条令学习月”活动，不断强化官兵学法懂法、守法用法的高度自觉。牢固树立“以建促安”思想，制定《“八个规范”实施细则》，严格落实安全形势分析、风险评估等制度，建立完善实地督察、录像讲评、问题通报机制，严密组织“百日安全竞赛”和“三库”集中清理整治，安全隐患得到有效纠治。认真制定《正规化建设五年规划》，修订完善兵力调动使用、士官队伍和私家车管理等16项规定措施，严格规范常委会、办公会、交班会等例会，总队机关每季度召开军人大会，推动部队建设走上规范化轨道。大力倡导“快准严细实”作风，机关表率意识明显增强。

【后勤保障】 按照“后勤变前勤”要求，健全三级应急保障力量体系，完善两级后勤指挥作业室功能建设。修订各类战备方案和保障计划，结合演习和野营拉练，开展复杂环境下“一组五队”实战化训练，在乌海、通辽支队集中组织后勤专业兵比武竞赛，提高了应急保障能力。举办9期财务、给养、卫生等专业集训，培训业务骨干700余人。协调自治区制定《军地联合应急保障机制工作方案》，建立覆盖全区的军地融合物资供应网络，106个旗(县)中队与驻地医院签订对口援建协议，深化了军民融合式发展。推进13个公寓房建设项目，下大力解决基层饮水、洗澡、就医、住房等难题，认真落实“1126”“6211”伙食保障模式，增强了官兵的幸福指数。

【抢险救灾】 4月19日17时30分，呼伦贝尔市新巴尔虎右旗阿日哈沙特口岸团结嘎查发生草原火灾。草原大火借风势步步紧逼村民的房屋、禽畜，严重威胁驻地群众的生命财产安全。18时50分，接到新巴尔虎右旗防火办通知后，呼伦贝尔市支队新巴尔虎右旗中队快速收拢兵力，携带风力灭火机、2号扑火工具等灭火器材火速向火场，连续奋战10余小时，累计行程190余公里，扑灭火线20余公里，扑灭火点数十处，于次日凌晨1时30分许将大火扑灭。

4月21日14时30分，呼伦贝尔市新巴尔虎右旗白音乌拉嘎查我国与蒙古国边界线发生过境火情，大火借风势越过我国与蒙古国边境线，如不及时控制，将威胁驻地牧民的生命财产安全。接到新巴尔虎右旗防火指挥部通知后，呼伦贝尔市支队出动部分兵力，连续奋战17小时，转战280余公里，扑灭火点80余处，控制火线近11公里。

7月30日21时，赤峰市阿鲁科尔沁旗急降暴雨，3个小时降水量达到117.3毫米，超过历史纪录，3个乡镇12个村庄受灾严重。31日零时20分，阿鲁科尔沁旗旗委、旗政府请求武警赤峰市支队派兵转移被困群众。支队接到通知后，立即成立基本指挥所，零时30分，支队动用部分名兵力，携带抗洪抢险物资器材紧急奔赴现场，连续对新民乡小七家村、天山镇老城区育肥场、食品公司后院3处群众被困地区实施救援转移，由于武警官兵快速到位，抢救及时，无人员伤亡，共解救被困群众38人，受到武警部队通报表彰。

【自治区党委书记王君会见武警部队司令员王宁、政委孙思敬】 6月14日下午，内蒙古自治区党委书记、人大常委会主任王君会见武警部队司令员王宁上将。王君书记代表自治区党委、政府，对武警部队多年来对内蒙古各项事业给予的关心支持表示感谢，对武警内蒙古总队全面建设取得的成绩给予充分肯定。他指出，十八大以来，内蒙古自治区各族干部群众深入学习贯彻习主席“四个全面”战略布局和“五大发展理念”，特别是视察内蒙古时提出的“守望相助，团结奋斗，把祖国北疆这道风景线打造得更加亮丽”等指示要求，积极推进各项建设，着力打造经济发展、民族团结、文化繁荣、边疆安宁、生态文明、各族人民生活幸福“六道亮丽风景线”，得到了党中央、习近平主席充分认可，取得的成绩离不开驻区武警部队的参与支持。近年来，在武警党委坚强领导下，武警内蒙古总队坚持以强军目标为统领，狠抓部队全面建设，战斗力水平不断提高，圆满完成第十届全国少数民族传统体育运动会和首届中蒙博览会安全保卫等重大任务，为自治区改革发展稳定做出了突出贡献。武警内蒙古总队党委班子是一个政治坚定、团结务实、谋事干事的好班子，部队是一支自治区党委政府信任放心、人民群众拥护爱戴的威武文明之师。自治区党委政府将一如既往全力支持武警内蒙古总队建设发展，在经费物资保障、转业干部安置、军属就业、官兵子女入学等方面给予大力支持和帮助，希望武警总部领导更多地关心关注内蒙古建设发展。司令员王宁代表武警党委和政委孙思敬，衷心感谢自治区党委政府对武警部队建设的关心支持。他表示，这次到内蒙古，除了检查调研部队建设情况外，另一个重要目的就是向自治区党委、政府、人大、政协“四大班子”学习，重点学习看齐意识、担当精神、创新理念和“三严三实”的作风，用以促进部队全面建设发展。他要求武警内蒙古总队坚决贯彻习主席关于“守望相助，团结奋斗，打造祖国北疆亮丽风景线”重要指示精神，发挥好维护祖国北疆安全稳定的“压舱石”作用，当好突击队、抢险队、救援队，让自治区党委领导和全区各族人民放心满意。

7月16日下午，武警部队政委孙思敬上将率工作组一行深入内蒙古总队检查调研，自治区党委书记、人大常委会主任王君会见了孙政委一行。会见时，孙政委指出，近年来驻内蒙古部队坚决贯彻习主席和军委的决策指示，按照武警党委的部署要求，聚焦强军目标抓思想、抓任务、抓能力、抓作风、抓班子，推动部队建设发展进步，着力维护内蒙古社会大局稳定，为北疆和谐安宁作出应有贡献。内蒙古是中国北疆的重要安全屏障，贯彻落实“守望相助”重要指示，首先要开阔“望”的眼界，自觉抬高总队职能定位的战略起点，坚决当好拱卫京畿乃至国家安全稳定的护卫军；内蒙古是国家重要的向北开放桥头堡、重要的能源基地、重要的生态屏障，贯彻“守望相助”重要指示，关键是要增强“守”的能力，切实提高遂行多样化任务的实际本领，坚决当好维护社会大局稳定的“压舱石”；内蒙古是中国民族团结的示范区和风景线，贯彻“守望相助”重要指示，很重要的是要强化“相助”的责任和自觉，真正发挥好“三队”作用，坚决当好维护民族团结的排头兵；内蒙古幅员辽阔、地区差异大、自然条件艰苦，贯彻“守望相助”重要指示，根本是推动创新发展、全面发展，不断厚实现代化建设的内涵底蕴；内蒙古自治区党委政府全面贯彻习近平主席“守望相助”重要指示，驻内蒙古部队一定要协调跟进，努力同步成为中国北部边疆的一条“亮丽风景线”。

【召开基层建设会议】 8月20—22日，武警内蒙古总队在包头市支队组织召开基层建设工作会议。马建海司令员、肖方举政委出席会议并作重要讲话，党委常委、部门副职领导、各支队级单位主官和两级机关部分干部参加会议。会议期间观看了武警部队和总队基层建设录像片，6个单位进行了研讨交流；观摩了包头市支队机关、基层正规化建设及科目演示；司令员马建海和政委肖方举分别作了题为“深入贯彻习主席强军兴军重大战略思想，努力推动总队基层建设在新的起点上跨越发展”和“抓龙头、强筋骨、蓄底蕴，在新起点上推动基层建设全面进步全面过硬”的重要讲话。8月22日晚，对全军优秀共产党员贺喜、第三届“十大标兵士官”李云霞、武警部队优秀基层主官刘攀超等7名先进典型进行集中表彰。武警内蒙古总队司令员马建海、政委肖方举，包头市副市长郝光东出席会议并为先进典型颁奖，党委常委、各支队级主官、两级机关部分干部参加了颁奖会。

【自治区党委书记李纪恒到总队视察】 8月31日下午，自治区党委书记李纪恒到任第三天，在自治区党委副书记、自治区主席布小林，自治区党委副书记李佳，自治区党委常委、秘书长张院忠，自治区党委常委、政法委书记刘惠，自治区副主席、公安厅厅长马明等领导的陪同下，接见了内蒙古总队党委常委，作出重要讲话。会后，自治区党委书记李纪恒一行来到总队机关慰问机关干部和直属队官兵。书记李纪恒指出，内蒙古地处祖国北部边疆，横跨三北、毗邻八省、外接俄蒙，边境线长达4200多公里，在国家安全稳定大局中具有十分重要的地位。近年来，总队官兵牢记习近平主席重大政治嘱托，全面贯彻党中央、中央军委的决策部署，紧紧围绕自治区发展大局，忠实履行职责使命，为促进地方经济发展、维护社会和谐稳定、巩固边疆安宁、保障人民群众生命财产安全做出了突出贡献。当前，内蒙古发展站在新的历史起点上，随着国际形势复杂多变，国家经济发展进入新常态，社会发生深刻变化，内蒙古发展也面临诸多矛盾叠加、风险隐患增多的严峻挑战，特别是人民内部矛盾凸显期、刑事犯罪高发期和对敌斗争复杂期的基本态势没有改变，境内因素与境外因素、传统安全因素与非传统安全因素、虚拟社会与现实社会、人民内部矛盾与敌我矛盾“四个相互交织”的特点更加突出，影响社会和谐稳定的不确定因素明显增多。武警内蒙古总队要贯彻落实党的十八大和十八届三中、四中、五中全会精神，深入学习贯彻习近平总书记系列重要讲话和考察内蒙古重要讲话精神，切实增强政治意识、大局意识、核心意识、看齐意识，坚定不移地用党中央治国理政新理念新思想新战略武装头脑、指导实践、推动工作。全体官兵要牢记习主席“听党指挥、能打胜仗、作风优良”强军目标，大力弘扬“北疆卫士”精神，狠抓部队政治建设、军事训练、执勤处突和抢险救援能力建设，为祖国守好“北大门”，为北疆扎牢“铁篱笆”，确保在党和人民需要的时候招之即来、来之能战、战之必胜。

（撰稿人：姜子家）

内蒙古公安边防总队

【维稳工作】 2016年，内蒙古自治区公安边防总队(以下简称内蒙古边防总队)在全区部署并开展 “固边”“震慑”“铁篱”“净土—2016”“反恐查缉会战”以及集中打击“盗抢骗”行动等9次专项整治行动，始终保持严打严防、严管严控的工作态势，维护边境口岸持续安全稳定。2016年，共查破治安、刑事案件2807起，处理违法犯罪嫌疑人2020人，抓获在控在逃人员379人，化解矛盾纠纷1924起，查排涉恐重点地区人员348人，查破走私案件6起、偷渡案件29起32人、毒品案件7起16人，缴获冰毒1.6公斤，收缴非法枪支24支、子弹5911发及一大批危爆物品。总队连续10年被自治区表彰为“综治工作优秀成员单位”。成功破获公安部督办的“7·21”跨省贩卖毒品案件，斩断了一条重庆至内蒙古的跨省贩毒通道，缴获毒品1.25公斤、枪支1支，摧毁制毒窝点1个，被公安部边防管理局评为“2016年度十大精品案件”。核实查获7名在控资料错误的蒙古国籍在逃人员，堵塞了安全漏洞，展示了过硬的综合查验能力。完成G20峰会、"神舟十一号"飞船返回舱着陆、十八届六中全会、自治区第十次党代会、央视春晚内蒙古分会场和"5·11""7·5"敏感时期等重要节点边防安保任务，受到自治区领导肯定。

【边境管理】

推进边境治安防控体系建设 以"四项建设"引领基础业务建设向更高层次发展，召开全区边防派出所建设推进会，研究制定《关于全面加强边防派出所建设若干问题的意见》等8个系统配套性文件，形成目标一致、整体推进、稳步提升的派出所建设发展新格局。主动跟进"十三五"建设规划，召开全区信息化建设现场会，举办首届警务装备展，提出信息全覆盖和移动警务平台等工作理念，投入4700多万元，在边境口岸地区重点地段安装2271个高清联网视频监控探头，完成3处重点部位智能防控和2处通疆要道电子卡口建设，在3条进出边境地区交通要道建设4套智能卡口系统、2个标准化查验区，全面加强指挥通信网络、远程视频监控、边境技防设施等基础信息化建设，初步构建了环疆智能化、信息化防控体系。

持续推进爱民固边战略 总结爱民固边战略10年来的成功经验，立足边疆民族地区经济社会发展形势，出台15项推进措施，推动爱民固边战略纳入自治区"十三五"和平安内蒙古建设规划，开展集中走访、边境法规宣传、双拥领导走边防等"五个一"活动，持续打造蒙古包哨所、"警的"巡防、北疆警地联动综治服务中心等警务品牌，推进扶贫攻坚、社会矛盾化解、模范系列创建、群防群治等工作，辖区常住人口全面走访，新增矛盾有所减少、重大纠纷矛盾全部稳控，模范嘎查村、苏木乡镇、旗市创建率分别达到84%、78%、60%，高于全国平均数近20个百分点。509名民警在嘎查村"两委"班子任职，覆盖率99%，425个嘎查村实现刑事案件零发案。85%的创建对象受到各级政法综治部门命名表彰，51个创建对象受到自治区综治部门命名表彰，爱民固边工作成效在全国位居前列。珠恩嘎达布其边防检查站、呼伦贝尔市公安边防支队陈巴尔旗公安边防大队，获自治区党委宣传部、统战部、民委共同颁发的全区民族团结进步创建活动示范单位。

【边防检查】 围绕国家"一带一路"建设、中蒙俄经济走廊建设和自治区"向北开放"等战略部署，制定《服务口岸发展建设201—2017年规划》，出台支持推进沿边重点地区开发开放20项措施，建成边检自助查验通道14条，有效提升了口岸通关效率。2016年，共检查出入境人员481.4万人次、交通运输工具150.3万辆(列、架)次，同比增长19.03%、28.34%，经验做法推广至全区口岸系统。主动服务全区"十三五"口岸扩能改造、国际航线开通加密等口岸长远建设项目，在边检执勤警力调配、加强勤务组织保障、完善口岸基础设施等方面超前谋划、及时跟进。高效完成包头、二连浩特等4个机场口岸临时开放、甘其毛都、策克等4个公路口岸扩大开放的申报审核、调研论证、验收报批工作，推动鄂尔多斯航空口岸顺利通过国家验收，有序推进乌力吉口岸边检各项筹备工作，先后6次参与自治区口岸工作调研，积极助力自治区立体化口岸开放新格局。召开全区边检工作会议，回顾总结10年来提升边检服务水平成效，理清思路谋划下步发展。实现满洲里、二连浩特、呼和浩特3个口岸14条旅客自助查验通道建设和验收任务，策克、包头等7个口岸14条旅客自助查验通道启动立项建设，二连浩特口岸在全区率先启用自助查验通道。全区7个边检站共建成智能验证台24个，指纹验讫章柜、高清面相采集、梅沙系统指纹验证登陆等边检智能验证设施建设步伐不断加快。完成"丝绸之路"国际汽车拉力赛、"和平使命"军演等50余个重大勤务通关保障任务，为自治区人民政府、经贸、文化、体育等300余个团组2300余人次提供集中查验、快捷验放等便利服务，救助中外籍病重旅客180余人，为26条国际货运班列提供便捷化通关服务。截至12月20日，全区边检站共检查来自132个国家和地区的出入境人员481.4万人次、交通运输工具150.3辆（列、架）次，同比分别增加19.03%和28.34%，旅客及社会满意率始终保持在99.5%以上。

【国际合作】 内蒙古边防总队先后与俄罗斯后贝加尔斯克边疆区边防局、蒙古国边防总局司令部举行会谈会晤，签署《工作会谈纪要》和《2017年度共同合作计划》，就深化边防工作联系机制、巩固共建活动成果、深入推进边防支队间工作联系、扩展边防检查站间的合作等事宜达成高度共识。特别是结合当前国际反恐维稳形势，双方在开展中国内蒙古公安边防总队、俄罗斯后贝加尔斯克边疆区边防局、蒙古国边防军司令部三方联合处突演练、加强跨境联合执法合作、加强情报信息务实交流等三个方面取得突破性合作成果，全面推动国际合作多角度、高规格、深层次迈进。与俄对应边防部门开展了“团结—2016”联合行动，信函交流18次，会谈会晤32次，互通违法违规情况51次，交流执勤经验6次，推动了合力管边控边。与蒙古国对应边防部队围绕“共创友好部队、共建平安边境”“服务共同发展、共建黄金通道”等主题，开展全线全面的共建活动，举办第三期蒙古国边防业务培训班，赠予包括防爆头盔、防刺背心等740套警务实战装备，是继2013年、2015年之后第三次向蒙方赠予警务装备，为进一步拓展国际警务合作空间、提升双方联合行动能力、服务双边经贸往来发挥了积极促进作用。内蒙古边防总队第二支赴利比里亚维和警察防暴队，获得共青团中央、全国青联颁发的中国青年奖章（集体）。

【政治工作】 实施“数字警营文化”建设，建立集新媒体宣传、制作、培训、协作为一体的新媒体宣传中心。打造“北疆纵横”掌上教育平台，探索适应时代主题和科技发展，把“微课堂”“微教育”作为传统教育形式的有益补充。在全区最为偏远艰苦的阿拉善盟算井子边防派出所，挂牌成立总队“艰苦奋斗教育基地”，组织4批60名入警大学生、机关干部、官兵家属前往接受教育，激发不忘初心、艰苦奋斗、扎根边疆的热情。启动“新闻、出版、广播、影视固边工程”建设，争取价值300余万元的“户户通”卫星直播电视设备2070套、数字书屋130套、数字电影放映机22台配发基层单位，全面丰富官兵文化生活。全区各级部队积极行动，全面发起对“三清”“两证”办理、挂牌问题督办、因私护照清理等重大疑难问题、历史遗留问题的集中攻坚。137名官兵持有的199本因私出入境证件全部收缴，226辆超标准车辆、112套超面积办公用房全部整改，“两证” 办理工作全部完成，4套军师职干部违规住房、43套不符合规定公寓房全部清退。开展“学条令用条令守条令”“大排查大清理大整改”“双清两整”“执法执勤安全”教育整顿、财务清查“回头看”等活动，各级排查发现整改各类问题33项1529个，及时消除一大批安全隐患。特别是坚持查处问题不护短、执纪问责不手软，责成3个单位在全区会议上作检讨、点名通报73个基层单位、调整53名干部36名驾驶员工作岗位、查处违反“四风”问题2起，23名官兵受到纪律处分，诫勉谈话、免去职务7人。8月31日，自治区党委书记李纪恒，自治区党委副书记、自治区主席布小林专程到边防总队机关看望慰问官兵。自治区党委书记李纪恒批示：过去的十年，全区边检官兵扎根边疆，严把国门，忠诚奉献，服务大局，为促进地方经济发展、维护社会和谐稳定作出了重要贡献。自治区党委副书记、政法委书记李佳批示：多年来，全区广大边检官兵扎根祖国北疆口岸，几十年如一日，忠诚履职，无私奉献，为维护祖国北疆安全稳定，服务自治区改革发展做出了重要贡献。

（撰稿人：哈斯塔娜）

经济管理与监督

发展改革

【概况】 内蒙古自治区发展和改革委员会是自治区综合研究拟定经济和社会发展政策，进行总量平衡，指导总体经济体制改革的经济调控部门。机关核定行政编制152名，设办公室、人事处、政策法规处、发展规划处、国民经济综合处、经济体制综合改革处、固定资产投资处等24个内设机构以及机关党委、离退休人员工作处。

【重大问题研究】 组织开展战略性、全局性、综合性问题研究，编制重点领域重点项目建设实施方案、研究提出“七网”设施体系建设规划、制定出台降成本和补短板工作方案。完成自治区“十三五”规划纲要编制任务，组织开展21项重点专项规划编制工作，新型城镇化、东部地区经济社会发展、融入环渤海地区发展、与俄蒙互联互通等7个规划公布实施。密切关注经济发展形势走势，按月监测指标完成情况，按季分析经济走势趋势，及时向自治区党委政府提出综合性和专题性政策建议，努力推动经济朝着预期方向发展。4月27日，自治区发展改革委审议通过《内蒙古自治区发展和改革委员会政府投资项目评审管理办法》。

【项目资金管理】 加强重大项目建设，呼张客专内蒙古段全线铺轨，经棚至锡林浩特高速公路建成，锡盟至山东特高压输电通道主体工程完工，中天合创360万吨煤制甲醇项目建成投产。全年新开工亿元以上项目总规模6021.6亿元，同比增长36.4%。推进项目前期工作，呼和浩特新机场、伊泰200万吨煤制油等一批重大项目获得国家批复，包头至银川等7条快速铁路、北控40亿立方米煤制气等15个煤制燃料项目列入国家“十三五”规划。自治区本级审批核准项目72个，总投资1311.3亿元。积极落实建设资金。争取中央预算内投资170.8亿元，超额完成全年130亿元的目标任务。落实专项建设基金202.3亿元，支持265个重点领域项目建设，增强了地方和企业的投资能力。统筹谋划内蒙古自治区成立70周年重点项目，推动实施21个重点工程包括231个子项目，计划投资4789.2亿元，已开工建设178个子项目，完成投资3807.1亿元，占总计划投资79.5%。

【推动创新发展】 加快培育新兴产业，启动建设国家大数据综合试验区，举办内蒙古大数据产业推介会。制定石墨(烯)新材料产业基地建设方案，组建中国北方石墨(烯)新材料产学研用创新联盟。围绕新能源、新材料、高端装备制造等战略性新兴产业，新增储备项目113个，计划总投资309亿元。深入实施双创战略，举办“双创”周系列活动，推动设立6只新兴产业创投基金，组织实施新兴产业“双创”三年行动计划，新增众创空间试点70家，一批创客走上创业创新之路。加强创新能力建设，新增17家国家和自治区级工程研究中心(实验室)，国家级企业重点实验室实现零的突破，支持建设4个创新平台项目，为提升创新能力打下坚实基础。

【产业转型升级】 推进产业协调发展，农业方面，落实高标准农田建设任务65万亩，支持建设家庭牧场和标准化养殖场362个；出台农村牧区一、二、三产业融合发展实施意见，4个旗县、40个乡镇、400个嘎查村纳入国家农村产业融合"百县千乡万村"试点范围,争取国家专项基金支持19.6亿元。工业方面,着力推动工业转型升级,编制煤电铝循环产业基地建设规划,加快准格尔、上海庙等现代煤化工基地建设,久泰60万吨烯烃、伊泰120万吨精细化工、华云50万吨电解铝、创源80万吨铝合金等重点项目进展顺利。服务业方面,启动实施新一轮服务业综合改革试点,重点推动78个服务业集聚区建设;实施服务业重大项目带动战略,突出抓好815个亿元以上重点项目建设,服务业增加值增长8.3%,2003年以来增速首次超过工业。推进区域协调发展,编制呼包鄂协同发展规划纲要,三地动车正式开通,医保实现异地结算。出台落实新一轮东北振兴战略政策文件,29个项目列入东北振兴重大项目计划,已开工项目8个,完成投资41.5亿元。积极推动和林格尔新区报批工作,区域发展新战略正从蓝图向现实转化。

【生态环境保护】 加大生态保护力度,举办生态文明建设宣传活动周,加大京津风沙源治理、退牧还草、呼伦湖流域综合治理等重点生态工程建设力度,落实京津风沙源治理任务490万亩、退牧还草449万亩,争取国家批复呼伦湖流域生态与环境综合治理实施方案。加强节能减排工作,初步分解自治区"十三五"能耗强度下降目标14%,低于全国平均1个百分点,处于第四档。加快推进能耗"双控"行动,加强重点地区和重点行业节能监管,单位生产总值能耗下降4.1%,超额完成年度目标。推进应对气候变化工作,启动京蒙跨区域碳排放权交易试点,296家企业纳入全国碳交易市场。加快推进呼伦贝尔低碳城市建设,组织实施赤峰红山等低碳园区、低碳社区试点建设。

【扩大对外开放】 参与"一带一路"建设,策克至西伯库伦跨境铁路、满洲里至红石公路、中俄原油管道复线等项目建设取得重大进展,满洲里综合保税区通过国家验收,二连浩特中蒙跨境经济合作区建设取得突破,"一带一路"建设成效初显。努力推进国际产能合作,建立委省、政企协同工作机制,推动国家发改委与自治区政府签署合作框架协议,组织企业与重点国别对接合作,5个境外重点项目完成投资30亿元以上。统筹推进招商投资工作,成功举办粤港招商等经贸合作活动,持续深化京蒙对口帮扶合作,不断加强与周边省区和东部发达省份合作。全年引进国内(区外)到位资金3744.8亿元,同比增长10.4%。

【保障改善民生】 全力推进脱贫攻坚,组织开展产业扶贫、光伏发电扶贫,出台实施易地扶贫搬迁方案,76个旗县1199个集中安置点全部开工,4.8万人顺利搬迁入住。无电人口用电问题全部解决。推动民生工程建设,支持棚户区改造配套基础设施项目建设,林区垦区改造规划任务全部落实。持续实施饮水安全工程,新增受益农牧民24万人。加快推进社会事业发展,加大资金投入力度,开展教育现代化、健康保障促进等4大方面12个专项建设,持续改善农村牧区、民族边远地区基础教育基本办学条件和基层就医、养老等公共服务条件,公共服务能力提升。

【加强价费管理】 深化价格机制改革,出台具体实施意见。推行收费目录清单制度,建立自治区本级行政审批中介服务收费目录清单和全区四级收费目录清单体系。修订《自治区价格听证目录》,价格听证项目总数14项。落实"降成本"政策,制定《自治区关于深入推进供给侧结构性改革着力做好降成本工作的实施方案》,预计年减轻企业负担约200亿元。降低铁路运价和杂费,预计年减轻煤炭企业铁路运费5.6亿元。降低企业物流成本,对出入区界收费站合法装载运输区内原材料和装备制造产品的6轴及以上的货运车辆,给予减收10%通行费的优惠。强化价格监督检查举报工作,全年查处价格违法案件8958件,受理价格政策咨询8231件、办结8865件,办结率98.95%以上。

【全面深化改革】 着力抓好牵头任务落地,自治区党委政府交办的33项牵头改革任务，已完成24项，其余9项待国家出台指导意见后研究提出具体实施方案。统筹协调推进重点改革，一批关键性、基础性改革取得阶段性成果，出台深化投融资体制改革实施意见，印发价格机制改革实施意见，公立医院医疗服务价格改革全面推开，党政机关公务用车和盐业体制改革全面完成，电力体制改革方案加快落实，行业协会脱钩改革稳步进行。

（撰稿人：李世刚）

经济信息

【概况】 内蒙古自治区发展研究中心（以下简称研究中心）是参照公务员法管理的事业单位，隶属于自治区发展和改革委员会的副厅级机构。目前，中心设8个处室，核定事业编制137名，其中副厅级领导职数2名，处级领导职数25名。

2016年，研究中心坚持为自治区党政决策部门服务，以建设自治区一流、国内外有影响力的高端智库为目标，加强党的建设和基础管理工作，着力提高政策研究咨询服务和政策解读能力，着力增强信息技术服务工作，探索新型智库建设新路径，多项工作呈现出新亮点，整体工作取得新进展。

【政策咨询研究和解读】 为中央办公厅提供了《关于落实习近平总书记视察内蒙古打造北方重要生态屏障的报告》《内蒙古在推进中蒙俄经济走廊建设过程中遇到的突出困难及应对思考》报告。完成自治区党委交办的《关于煤化工产业耗水、耗煤及效益情况的分析》《2016年内蒙古农村牧区工作思路与建议》《深入推进农牧业供给侧结构性改革，加快培育内蒙古农牧业发展新动能》《内蒙古自治区鼓励和支持非公有制经济发展若干规定》《十八大以来五大发展理念落实情况》等报告，参与起草《关于进一步深化全方位对外开放的决定》。参与完成自治区政府交办的《关于推动自治区去产能、去库存的建议》《努力激发民间投资潜力和创新活力》等报告和相关专家咨询意见。参与完成自治区党委组织部、宣传部交办的《内蒙古人才体制机制改革实施意见》《内蒙古自治区七十年发展的基本经验》《内蒙古“十个全覆盖”工程建设研究报告》《从政治上深化全面从严治党》等报告起草研究工作。配合自治区政府外事办，完成“美国驻华使馆调研座谈会”“瑞士驻华使馆调研座谈会”会议材料。参与起草完成自治区发改委交办的《内蒙古自治区“十三五”时期新型城镇化发展规划》《内蒙古自治区文化旅游融合发展规划》《内蒙古人口发展中长期规划》《内蒙古耕地草原河湖休养生息规划》等10项规划和《内蒙古经济发展状况评估》《我区产业衰退地区振兴发展的研究报告》等8项调查研究报告。参与开展自治区发改委相关业务前期咨询研究。以自治区面临的重大和重点问题为导向，由研究中心领导牵头，各研究部门共同参与，开展“内蒙古经济形势分析和对策研究”“内蒙古供给侧结构性改革及影响研究”“内蒙古科技创新体系与创新能力建设研究”“中蒙俄经济走廊建设专题研究”“内蒙古新型高端智库建设研究”等重点课题研究。围绕重点课题密切跟踪热点难点问题，2016年报送研究报告71篇，其中年度经济运行形势分析报告16篇，调查研究报告44篇，白头11篇，有9项报告获得自治区领导同志批示。紧紧围绕中央和自治区重大决策和政策举措开展政策宣讲解读。出版了第六套《内蒙古发展研究文库》收录了4部研究成果专著。在全区范围印发《解读内蒙古“十三五”规划纲要》和《解析十八大以来关键词》两个通俗读本。在《红旗文稿》《光明日报》《内蒙古日报》《实践》等报刊公开发表文章90余篇，在内蒙古日报头版连续发表了系列解读文章。同时受邀参加自治区党委宣讲团，宣讲“两学一做”、十八届六中全会、自治区第十次党代会精神20余场。研究中心专家在区内作理论政策宣讲总计 40 余场，接受新华社、人民网、凤凰网、内蒙古广播电视台等区内外媒体采访 76 人次。

【信息资源开发和信息技术服务水平】 全力打造以“一库、两坛、三刊、五网”为主要载体的信息资源开发和成果交流平台。建设包含 9 个逻辑数据库、84 100 个指标、1 亿条数据的自治区最大的宏观经济数据库；聚焦化解产能、振兴东北、全方位开放、多规合一、供给侧结构性改革，组织党政、科研、企业、媒体等机构专家，举办 6 期“内蒙古发展改革论坛”；举办“中俄蒙智库国际论坛 2016”年会，通过主论坛和五场分论坛为中蒙俄三方专家学者提供了同台交流对话的平台，被列入《国家智库》编辑部、上海大学智库产业研究中心联合中国青年网、公学网发布的 2016 年中国智库(TTCC)十大事件之一；提供领导参阅内刊《调查研究报告》60 期、《决策信息要参》40 期，其中 5 期《调查研究报告》和 2 期《决策信息要参》获得自治区领导批示。公开发行《北方经济》12 期，获得由中国新闻出版研究院和龙源数字传媒集团等联合发布的“2016 数字阅读影响力期刊 TOP100 排行(海外)”第 30 名，并被中国社科院、中国人文社会科学引文数据库收录为来源刊。建设维护内蒙古经济信息网、发展研究中心门户网和微平台，认真维护和共建中国智库网、中国智库索引网相关网页和栏目内容，通过网络平台向全社会实时发布和交流政策咨询成果。在中国智库网 52 家成员单位中，中心唯一荣获“2016 年度全国政策咨询信息交流工作年度最佳单位”称号。加强信息技术服务和保障工作，推进自治区发改委系统信息化建设。完成自治区发改委核心机房改扩建等工程，建立更加安全、便利与自治区政府、盟市旗县相关部门信息联通的网络环境和数据传输渠道。对自治区发改委加密专网系统平台进行调整，新增呼和浩特审批大厅发改委窗口接入，提升工作效率和网络安全保障能力。完成发改委综合业务信息系统建设工程、自治区投资项目在线审批监管平台等六大类项目所涉及的 108 件套数据库软件、应用中间件、操作系统、办公软件、安全软件，以及业务系统的入库整理工作，进一步改善全区发改系统信息化软环境。

【智库建设】 明确研究中心智库建设的发展目标，把建设自治区一流、国内外有影响力高端智库写进党员大会报告。。围绕中蒙俄研究、大数据与政策咨询研究深度融合 2 个特色领域申报了自治区新型特色智库试点，并提出了中心《新型特色高端智库建设方案》，对智库建设进行整体规划。中心先后入选中国智库网络影响力前 200 名，列 147 位，成为南京大学中国智库研究与评价中心和光明日报智库研究与发布中心“中国智库索引 CCTI”489 家来源智库。2016 年，正式组建成立实行一类事业单位管理的“中俄蒙合作研究院”。按照小核心大网络，开放式研究的思路，聘请国家级知名专家学者担任特约研究员，开辟绿色通道积极引进高端专业人才。充实研究力量，专门开展对俄罗斯、蒙古国等国别问题研究，并与俄罗斯、蒙古国和国内外有关智库联合开展课题研究。成功举办高水平的中蒙俄智库国际论坛。2016 年 9 月 28—29 日，研究中心在呼和浩特举办了“中蒙俄智库国际论坛 2016”，论坛以“中蒙俄经济走廊：对接与拓展”为主题。来自中蒙俄三方智库、政府及企业界代表 200 余人参加此次论坛，为共商共建中蒙俄经济走廊建设建言献策。自治区和国务院发展研究中心领导、中蒙俄三方外交部官员出席了论坛开幕式并致辞。据不完全统计，论坛召开前后，国家和自治区主要媒体直接进行宣传报道的有 18 家，共发布文章、视频等 44 篇(个)。其中，新华社、人民网、中新社、央广网、光明日报（光明网）等的报道被 100 余家媒体转载，《内蒙古新闻联播》关于论坛的报道被多家视频网站转载，形成了舆论热点。

借力国家“一带一路”倡议和“中蒙俄经济

走廊”建设，积极开展智库国际合作交流。扎实推动“中蒙俄智库合作联盟”建设。2016 年中蒙俄三方联盟理事机构分别达到 47 家、7 家和 17 家，为中蒙俄经济走廊建设中智库先行奠定了良好基础。积极参与国家“一带一路”智库对话合作交流，开拓国际视野，提高智库建设水平。分别应邀参加了由中联部等单位主办的“一带一路”国际智库合作联盟研讨会、由国务院发展研究中心等单位主办的“丝路国际论坛”2016 年会。

（撰稿人：苏志国）

国有资产监督管理

【概况】 2016 年，内蒙古自治区国有资产监督管理委员会（以下简称自治区国资委）贯彻落实自治区党委、政府决策部署，坚持稳中求进工作总基调，牢固树立新发展理念，以提高质量和效益为中心，以推进供给侧结构性改革为主线，国企国资改革发展各项工作扎实推进，取得了较好成效，实现了“十三五”良好开局。截至 2016 年底，全区国有企业资产总额 1.89 万亿元，2016 年实现营业收入 1736.9 亿元，同比增长 7.4%。其中，国资委 14 户监管企业资产总额 3463.3 亿元，2016 年实现营业收入 1106.5 亿元，同比增长 1%。

【全力以赴稳增长，推动改革举措落实】 着力提质增效，制定实施自治区直属企业提质增效工作方案，采取多种措施稳增长、增效益，遏制国有企业利润下滑态势，确保国有经济的整体平稳运行。健全完善现代企业制度，推进公司制股份制改革，80%以上区直企业完成改革任务；积极推进公司董事会建设，60%以上的区属企业已在集团公司层面建立董事会。稳妥推进混合所有制改革，大力推进国有企业改制上市。加快推进供给侧结构性改革，加快处置低效无效资产，有序推进剥离企业办社会职能。加大先行先试力度，已开展盟市国有资产监管体制建设、规范董事会建设、推进混合所有制改革、剥离企业办社会职能、深化企业内部三项制度改革、改组设立国有资本运营公司、员工持股、改组设立国有资本投资公司等 8 项改革试点，较好地发挥了示范、突破、带动作用。

【以管资本为主深化放管服改革，提高监管效能】 推进国资监管职能转变，大力压减审批审核事项，权力清单由 2015 年的 50 项压减至 18 项，相应明确 18 项监管责任事项。加强监管企业分类考核，根据企业实际科学制定考核指标，组织企业负责人年度及任期经营业绩考核，建立考核分配联动机制。改进财务监督方式，规范企业融资工作，深入推进内部审计全覆盖，开展总会计师年度述职评议。建立监督协调会商机制，整合监督工作力量，形成监督合力。完善外派监事会监督机制，加强当期和事中监督，强化监督成果运用。健全纪检监察、巡视监督机制，大力推进纪检监察工作人员全覆盖。稳步推进经营性国有资产集中统一监管，研究制定《自治区直属部门单位企业脱钩改革和经营性国有资产集中统一监管工作推进方案》，首批 26 家部门办企业将纳入国资委集中统一监管，涉及部门办企业 90%的资产。

【优化国有资本布局结构，拓展国有经济发展新空间】 坚持以市场为导向、以企业为主体，始终把优化布局结构作为国企国资改革的重点来抓，不断增强国有经济整体功能和效率。研究制定《自治区本级国有经济“十三五”布局和结构调整规划方案》，促进国有资本合理流动，推动国有资本向重要行业和关键领域、基础设施建设领域集中，向前瞻性战略性产业集中，努力放大国有资本功能，切实发挥国有企业的引领带动作用。紧紧围绕自治区的“六大基地”“七网七业”建设，立足自治区产业基础和发展优势，积极筹备组建旅游、大数据等一批国有企业集团，着力拓展国有经济发展新空间。

【加强监督，防止国有资产流失】 2016 年 1 月 12 日，自治区党委全面深化改革领导小组召开第十一次会议，审议并原则通过《内蒙古自治区贯彻落实〈国务院办公厅关于加强和改进企业国有资产监督防止国有资产流失的意见〉的实施意见》。意见以促进国有资产保值增值为目标，着眼于加强对国有企业权力集中、资金密集、资源富集、资产聚集等重点部门、重点岗位和重点决策环节的监督，改进监督方式，创新监督方法，整合国有企业内部监督、出资人监督、社会监督和审计、纪检监察、巡视监督等力量，推动形成全面覆盖、分工明确、协同配合、制约有力、严肃问责的国有资产监督体系，促进自治区国有经济持续健康发展。

【改组设立国有资本运营公司】 2016 年 1 月 23 日，自治区人民政府印发《关于改组设立内蒙古国有资本运营有限公司有关事宜的批复》，内蒙古国有资本运营有限公司成立。2 月 19 日，自治区国资委就改组设立内蒙古国有资本运营公司有关事宜召开专题会议，启动改组设立国有资本运营公司工作。2 月 29 日，原内蒙古国有资产运营有限公司完成了工商变更登记，正式更名为内蒙古国有资本运营有限公司。

【召开全区国资监管和国企负责人会议】 2016 年 2 月 2—3 日，全区国有资产监管和国有企业负责人会议在呼和浩特召开。会议全面贯彻落实党的十八大和十八届三中、四中、五中全会，中央和自治区经济工作会议，自治区党委九届十四次全会精神，认真贯彻落实 2016 年中央企业、地方国资委负责人会议精神，总结 2015 年和“十二五”工作，分析研判形势，研究提出“十三五”工作思路，部署 2016 年工作。

【推进化解落后过剩产能和处置“僵尸企业”工作】 2016 年 2 月 25 日，自治区国资委组织召开出资监管企业化解落后过剩产能和处置“僵尸企业”工作部署会议。会议学习研究国务院关于化解落后和过剩产能和处置“僵尸企业”的相关政策，传达 2 月 19 日自治区人民政府“研究调度一季度经济工作”专题会议精神，对做好一季度经济运行、开展处置“僵尸企业”摸底调查、依法合规开展相关产权处置工作作安排部署。

【实施自治区国有企业功能界定与分类改革】 2016 年 3 月 22 日，自治区国有资产监督管理委员会、自治区财政厅、自治区发展和改革委员会联合印发《关于自治区国有企业功能界定与分类的实施意见》，深入贯彻落实《中共中央、国务院关于深化国有企业改革的指导意见》和国务院国资委、财政部、国家发改委《关于国有企业功能界定与分类的指导意见》精神，按照自治区党委、政府《关于深化国有企业改革的实施意见》要求，从重要意义、基本原则、基本类别与功能目标、分类施策、组织实施等五个方面对自治区国有企业的功能界定与分类进行了阐述和说明。启动出资监管企业负责人 2015 年度和 2013—2015 第四任期综合考核工作。经综合考核评定，出资监管企业中有 6 户企业获评年度 A 级企业，6 户企业获评业绩优秀企业奖、科技创新企业奖、管理进步企业奖、节能减排优秀企业奖等任期特别奖。

【全面实施内蒙古森工集团改革企业划转工作】 2016 年 7 月 8 日，森工集团与呼伦贝尔市人民政府、兴安盟行政公署在海拉尔举行国有林区改革企业划转协议签字仪式，标志着内蒙古森工集团推进国有林区管理体制改革向前跨越一大步。

【组建英大蒙电保险经纪公司】 2016 年 9 月 8 日，英大长安保险经纪有限公司与内蒙古电力公司就共同组建英大蒙电保险经纪公司举行合作协议签约仪式，国家电网公司党组成员、副总经理陈月明，自治区国资委党委书记、主任张金亮，内蒙古电力公司党委书记、董事长王玉成共同出席合作签约仪式。

【推动包钢提质增效转型发展】 2016 年 9 月 22 日，自治区党委书记李纪恒赴包头钢铁（集团）有限责任公司（以下简称包钢）考察调研，强调“包钢不能倒，包钢要搞好”，要求“坚决支持包钢脱困发展、做优做特、做强做大”，进一步激发包钢自身发展动力，鼓舞包钢上下一条心，汇聚正能量，共同担负起发展好包钢的重担。为贯彻落实自治区党委书记李纪恒视察包钢时的指示精神，11月2—5日，自治区国资委党委书记、主任张金亮率国资委调研组一行17人赴包钢，区分包钢本部及钢铁、稀土、矿业、非钢等产业板块，开展为期4天的全面系统调研，研究制定《关于推动包钢提质增效转型发展的工作方案》。8月27日，2016年中国企业500强榜单揭晓，包钢集团、内蒙古电力公司进入中国企业500强。

【内蒙古国资运营公司正式成为全国地方国有资本投资运营公司创新联盟成员单位】 2016年11月25日，由上海国有资本运营研究院和重庆渝富资本运营研究院共同发起，由山东国惠投资有限公司承办，地方国有资本投资运营公司圆桌会议在山东济南举行，来自14个省（直辖市）共23家国有资本投资运营公司参加此次会议。会议明确内蒙古国资运营公司正式成为全国地方国有资本投资运营公司创新联盟成员单位。

【塔吉克斯坦杜尚别2号火电厂二期（2×150兆瓦）工程点火竣工】 2016年12月8日，由内蒙古能源建设投资集团有限公司电力设计院设计的塔吉克斯坦杜尚别2号火电厂二期（2×150兆瓦）工程点火竣工，正式投产使用，标志着能建集团全面实施“走出去”战略，主动参与国家“一带一路”建设取得阶段性成效。

（撰稿人：赵发）

审　计

【概况】 2016年，全区共审计3013个单位，审计查出主要问题金额959.9亿元。其中，违规金额237亿元、损失浪费金额0.3亿元、管理不规范金额722.6亿元。通过审计，为国家增收节支64亿元、挽回或避免损失6亿元、核减投资额27.9亿元。提交审计报告和审计信息6234篇，被批示、采用1676篇。向被审计单位或有关单位提出审计建议4350条，被采纳3029条。向司法、纪检监察机关和有关部门移送处理事项555件，移送处理人员88人。被国家审计署评为地方优秀审计项目1个、表彰审计项目1个；被自治区审计厅评为优秀审计项目7个、表彰审计项目4个；盟市优秀审计项目10个，盟市表彰项目5个。

【财政审计】 以规范财政管理，促进深化财税体制改革，推动财政提质增效为目标，加强对财政管理和预算执行情况审计，关注财政支出绩效和财政政策实施效果，关注财政资金沉淀和长期闲置问题，审查财政收支真实性、合法性、效益性，促进整合专项、盘活存量、用好增量、优化支出结构。7月26日，在内蒙古自治区十二届人民代表大会常务委员会第二十四次会议上，作了《关于2015年度自治区本级预算执行和其他财政收支的审计工作报告》。按照自治区人民政府办公厅（以下简称自治区政府办公厅）要求和自治区人民政府（以下简称自治区政府）有关领导指示，起草《自治区政府贯彻落实自治区人大常委会2015年度预算执行审计工作报告审议意见的报告（代拟稿）》。2016年，全区财政预算执行审计697个单位，提交审计报告和专项审计调查报告746篇。

【经济责任审计】 全区经济责任审计以客观评价被审计领导干部任职期间经济责任履行情况，促进领导干部守法、守纪、守规、尽责为目标，持续关注中央和自治区重大决策部署、债务管理、环境治理、生态效益、节能减排等情况，关注机构设置、编制使用情况、取消和下放行政审批权限等情况。2016年，全区对367名科级以上干部进行任中审计，对583名科级以上干部进行离任审计。提交审计报告和审计结果报告1104篇。

【全区 2016 年国家重大政策措施落实情况跟踪审计】 为了更好地完成政策跟踪审计任务，自治区审计厅专门出台《2016 年内蒙古自治区关于国家重大政策措施落实情况跟踪审计工作的实施意见》。该实施意见明确了审计目标、把握原则、组织方式、审计重点和工作要求。确保政策跟踪审计顺利完成提供保障。2016 年分季度安排若干次专题进行跟踪审计。先后向自治区政府和国家审计署报送 4 篇政策跟踪审计结果报告。自治区政府领导均作了批示。通过审计，促进建成完工项目 2 个，加快实施进度项目 2 个；收回结转结余资金 1.42 亿元，加快财政资金下达 1.78 亿元，落实配套资金 3300 万元，其他方式整改金额 9600 万元；停止或取消收费 54 项，促进重大政策落实 40 项；出台防范金融、财政、环境、公共安全等风险措施 3 项；废止不合理规定 4 项；建立健全制度 124 项。本年审计共发现问题 953 个，发现问题涉及资金 8.66 亿元，其中：重大项目推进方面问题 4 个，涉及重大项目 4 个，涉及计划投资额 1.84 亿元；财政资金管理使用方面问题 329 个，涉及金额 8.39 亿元；简政放权、政策落实等方面问题 177 个；政策落实方面问题 70 个；防风险方面问题 4 个；其他方面 369 个。

【全区扶贫专项资金审计和“十个全覆盖”工程跟踪审计】 扶贫专项资金审计抽审了全区 12 个盟市的 28 个旗县，对扶贫资金的审计主要涉及扶贫政策及任务落实情况、扶贫资金的分配、管理、使用及效益等情况，2 个旗县共审计主管部门和用款单位 43 个，建设项目 74 个，延伸调查农牧户 233 户。涉及生态移民、“三到村三到户”、易地搬迁、兴边富民、整村推进、连片开发、以工代赈、革命老区建设、扶贫贷款贴息等项目。通过审计，主要查出了资金闲置或拨付不及时，挤占挪用扶贫资金，违规领取扶贫补助，扶贫资金使用不规范，多计工程款，私存私放扶贫资金等问题，移送案件线索 35 起。

“十个全覆盖”工程跟踪审计共涉及两个旗县的 24 个主管部门，16 个乡镇，调查走访 340 多农牧户，包括农村危房改造、安全饮水工程、村街巷硬化、“村村通”广播电视通讯、校舍建设及安全改造工程、村标准化卫生室、村文化活动室、便民连锁超市、农村常住人口养老医疗低保等社会保障（农村常住人口养老保险金、高龄津贴）、村容村貌整治共 10 个项目。通过审计，主要查出地方配套资金未到位，项目资金滞留和拨付不及时，未按规定或扩大范围使用项目资金，违规领取社保基金，未实行招投标，危房改造补助发放及管理不规范，项目实施缓慢等问题，拟移送案件线索 113 起。

【全区水利专项资金审计和自治区水务投资公司所属 8 家控股公司财务收支审计整改落实情况】 2016 年 3—4 月，对全区水利专项资金审计和自治区水务投资公司所属 8 家控股公司财务收支审计整改落实情况进行跟踪，出具正式审计报告 13 份、审计专题报告及综合报告 2 份，下达审计决定 13 份、审计移送处理书 25 份，先后两次积极督促落实违规问题以及移送情况整改处理结果。各盟市政府、主管部门及纪检部门已将整改情况分两次报送自治区审计厅，两次汇总结果形成整改报告，上报自治区党委和政府主要领导。从整改处理情况看，审计成效明显，整改落实有问题资金 55.17 亿元，处理责任单位 59 个、处理责任人 22 人，建章立制 16 项。

【全区 2015 年保障性安居工程审计】 2015 年 10 月至 2016 年 4 月，国家审计署统一部署全国 2015 年保障性安居工程跟踪审计工作，对全区 12 个盟市本级、102 个旗县 2015 年保障性安居工程的投资、建设、分配、运营等情况进行专项审计，延伸调查 771 个村 4602 户农村危房改造家庭，对 467 个安居工程项目建设管理情况进行检查。本次审计查出保障性安居工程分配和后续管理以及资金筹集、管理、使用不规范等违纪违规问题。向司法、纪检监察机关移送违法违纪案件线索32起，突破了“零案件”的状况，向政府及其有关主管部门移送审计事项14件。全区审计结果经汇总后，审计综合报告上报自治区政府，自治区政府高度重视跟踪审计中发现的问题，要求自治区住房城乡建设厅、财政厅等有关部门及各盟市、旗县对报告中提出的问题认真分析研究，防止今后发生类似问题。

【医疗保险基金审计】 2016年8—10月，国家审计署统一部署2015—2016年上半年全国医疗保险基金审计工作，对自治区本级、12个盟市本级、66个旗县（市、区）实施2015—2016年上半年医疗保险基金进行审计，从制度整合、保障水平、基金筹集、管理使用、医药价格等八个方面共查出门诊统筹尚未建立、重复参保、应保未保，以及资金筹集、管理、使用不规范等违纪违规问题，向司法机关、主管部门移送违法违纪案件线索（事项）13起（件）。全区医疗保险基金审计综合报告上报国家审计署及自治区政府。自治区党委副书记、自治区主席布小林，自治区党委常委、自治区常务副主席符太增，自治区副主席刘新乐分别作了批示。

【推进领导干部自然资源资产离任审计】 2016年4月，自治区党委办公厅、政府办公厅出台的《开展领导干部自然资源资产离任审计试点实施方案》新增加责任追究和对全区自然资源资产全面普查和详查的内容。依照《内蒙古自治区党政领导干部生态环境损害责任追究实施细则（试行）》等相关规定，对审计发现的因人为因素造成的严重损毁自然资源资产和重大生态环境污染损害责任事故，需要追究领导干部责任的，审计机关要按有关规定和干部管理权限移送组织部门、纪检监察机关、司法机关等，依法依规依纪追究相关人员责任。5月，自治区党委政府为进一步加强对这项工作的组织领导，专门成立了以政府主席为组长、党委组织部部长和政府常务副主席为副组长的自治区领导干部自然资源资产离任审计领导小组，成员单位包括自治区发改委、财政厅、审计厅、农牧业厅、林业厅、环保厅、水利厅、统计局等单位的主要负责人，办公室设在审计厅。

2016年，自治区审计厅对阿尔山市森林、水、矿产和伊金霍洛旗草原及矿产资源进行审计。出现了自然资源资产管理中相关制度不健全，已有的制度执行不到位；规划不完整，部分责任目标未完成；自然资源资产统计数据不真实、不完整；自然资源开发、利用和保护中，存在违规批复改变土地用途，违规占用林地、耕地、草原等资源资产，部分矿山企业污染矿区周围草地以及草原毒害尚未治理等问题；在自然资源资产建设项目中，存在对项目评估不足或未进行评估，项目审批和验收把关不严，改变工程项目内容、地点以及违规招投标，项目推进缓慢等问题；专项资金管理和使用中，存在专项资金闲置、挤占挪用、滞留或未及时拨付，地方政府配套资金不到位，个别部门单位违规套取财政补助资金，少计征土地出让收入、草原植被恢复费、水资源费以及排污费等问题。

为逐步形成一套符合自治区区实际的较为系统、规范和科学的审计评价指标体系和技术规范，8月由自治区审计厅牵头，与国土厅、环保厅、内蒙古农业大学等单位的专家团队进行了座谈讨论，聘请有关专家学者从专业技术和实践角度，协助建立一套便于审计人员操作的指标评价体系和技术规范。

【审计查出问题整改督查工作】 3月28日，自治区人大常委会听取并审议自治区审计厅《关于自治区本级预算执行和其他财政收支2015年度审计查出问题整改情况的报告》。3月29日，自治区党委主持召开自治区人大常委会联组会议，对自治区本级预算执行和其他财政收支2015年度审计查出问题整改情况进行专题询问，自治区财政厅、发改委等8个部门负责人答复了询问，这是自治区首次对审计查出问题整改情况进行专题询问，也是自治区人大常委会继去年首次听取自治区审计厅作审计查出问题整改报告后，加大审计整改力度的又一创新举措。通过整改，调整有关账务7.7亿元，上缴财政111.5亿元，核减工程投资1.21亿元，归还被挤占挪用资金118.2亿元，促进下拨资金157.8亿元；移送司法机关和纪检监察部门违法违纪问题线索124件，截至2016年，司法机关已立案和追究刑事责任20人，纪检监察部门给予党纪政纪处分79人。根据审计决定和审计建议，相关盟市、厅局修订和出台相关制度31项，整改率达到94.6%。

【完善审计制度，促进制度创新】 立足长远，谋划规划。按照国家审计署《“十三五”国家审计工作发展规划》和内蒙古自治区《国民经济和社会发展第十三个五年规划纲要》精神，起草《内蒙古自治区审计工作2016—2020年发展规划》，为自治区“十三五”时期审计工作勾画了行动指南和工作蓝图；立足形势，完善制度。按照国家和审计署（2015—2020年）法治政府建设相关要求，紧密结合自治区的实际，对未来5年审计机关全面履行职能，完善依法行政制度体系建设，推进行政决策科学化、民主化、法治化，起草《内蒙古自治区审计厅关于贯彻〈法治政府建设实施纲要（2015—2020年）〉实施方案》。完成《内蒙古自治区审计厅常用审计法规汇编》。积极参与国家审计署关于审计法修订调研工作，对审计法修改提出切合实际、操作性较强的意见与建议，得到审计署法规司的充分肯定；立足改革，编制方案。草拟《开展领导干部自然资源资产离任审计试点实施方案》，得到自治区党委、政府的高度重视。以内蒙古自治区党委办公厅、自治区政府办公厅名义印发《开展领导干部自然资源资产离任审计试点实施方案》。编写《领导干部自然资源资产离任审计试点（草原资源审计）操作指引》，上报国家审计署后，国家审计署将其作为草原资源资产审计的指导性文件印发全国审计机关试行。与自治区国土资源厅及其测绘地理信息局签订《地理信息数据资料及技术共享合作框架协议》。双方共享合作关系的建立，为内蒙古自治区逐步建立起常态化的自然资源资产离任审计监督制度提供了强大的技术与方法支撑；立足管理，健全办法。制定出台《内蒙古自治区审计厅机关事业单位干部职工退休管理办法（试行）》和《内蒙古自治区审计厅机关事业单位聘用人员（含返聘）管理办法（试行）》。

【强化党建和干部队伍建设，推进各项任务落实】 2016年，全区三级审计机关坚持把全面从严治党要求落到实处，严格遵守政治纪律和政治规矩，强化“四个意识”，自觉在思想上政治上行动上同以习近平同志为核心的党中央保持高度一致。不断加强党的思想、组织、作风和反腐倡廉建设，提高党建工作水平。积极开展“两学一做”学习教育，全区审计系统各级党组织通过组织党员重温入党誓词和入党申请书、中心组学习会、支部书记讲党课、抄写党章、撰写学习心得体会、集中讨论、谈心谈话等方式，系统学习党章、习近平总书记系列讲话精神、党的历史、革命先辈的先进典型和《中国共产党廉洁自律准则》《中国共产党纪律处分条例》等。自治区审计厅党组中心组共组织3次专题研讨会，分析研判形势，查找问题，部署工作任务，对意识形态工作抓早、抓小、抓细，防患于未然；进一步强化党风廉政建设工作。结合工作实际，印发《党风廉政建设和反腐败工作要点》《内蒙古自治区审计厅落实党风廉政建设责任分解表》，并建立工作台账，落实好主体责任和监督责任。层层传导压力，逐级签订党风廉政建设责任状，建立起一级抓一级、层层抓落实的责任体系，把“一岗双责”落到实处；自觉接受监督。7月初至9月中旬，自治区党委派出第八巡视组进驻自治区审计厅进行专项巡视。为此，厅党组高度重视，积极配合，事前成立自治区审计厅巡视联络工作领导小组来协调和保障巡视工作的开展。狠抓素质提高，加强审计队伍建设。积极开展人财物统一管理改革和审计职业化建设准备工作，向自治区党委、政府提交建议成立审计制度改革领导小组的请示报告，并对各盟市、旗县审计机关机构、编制、人员、职数等情况进行摸底调查和汇总分析。优化审计干部队伍，充实了审计力量。自治区审计厅将2015年南京审计大学招录的应届毕业生充实到审计一线，对厅机关和内审管理中心遴选的11名工作人员进行分配，借调7名基层审计人员到处室锻炼。加大干部教育培训和实践锻炼力度。制定《审计厅2016年度干部培训项目计划》，安排审计法律法规与审计业务培训、领导能力与审计案例培训、综合业务与党务工作培训、计算机软件应用与计算机中级培训等5类26期培训班，拟培训2350人次。加快信息化建设，提升审计能力水平。积极推进"金审"三期工程，完成"金审"三期工程可行性研究报告修改工作，编制"金审"三期工程的初步设计和投资概算。完成全区三级财政数据的采集、整理和还原工作，并按时上报国家审计署。

（撰稿人：赵鸿昌）

食品药品监督管理

【概况】 2016年，内蒙古自治区食品药品监督管理局（以下简称自治区食药监管局）贯彻落实"四个最严""党政同责""四有两责"要求，按照国家食品药品监督管理总局和内蒙古自治区党委、政府工作部署，加强食品安全战略、"食品药品安全内蒙古"建设，着力解决人民群众普遍关心的食品药品安全突出问题，保持全区食品药品安全总体平稳、稳中有进的良好态势，食用农畜产品、食品、基本药物抽检合格率分别达到98.3%、97.6%和99.7%，坚守住不发生系统性、区域性食品药品安全事件的底线。

内蒙古自治区12个盟市全部独立设置食品药品监督管理局；103个旗县（市、区）中有38个独立设置食品药品监督管理局，64个以"三合一"模式设置市场监督管理局，1个以"二合一"模式设置食药工商局；1010个苏木乡镇（街道）中，单独或按区域设置886个派出机构。自治区食药监管系统从事"四品一械"监管人员8235人。同时，自治区、盟市、旗县、苏木乡镇（街道办事处）四级食品（药品）安全委员会全部由行政一把手任组长，在嘎查村（社区）聘用食药安全信息员、联络员、协管员1.39万人，初步形成横向到边、纵向到底的全区四级食品药品安全监管网络。截至2016年底，内蒙古自治区共有"四品一械"生产经营企业31.74万家。其中：食品生产企业2908家，食品添加剂生产企业38家，保健食品生产企业29家，食品流通企业205 520家，餐饮服务单位89 824家；药品生产企业100家，化妆品生产企业6家，药品经营企业12 071家；医疗器械生产企业38家，医疗器械经营企业6852家。

【重要工作落实】 2016年，内蒙古自治区党委印发《关于进一步加强食品安全工作的意见》，内蒙古自治区人民政府（以下简称自治区政府）印发《关于进一步加强食品安全保障工作的通知》，自治区政府办公厅印发《关于全面贯彻落实"四有两责"切实做好食品药品监管工作的意见》《关于印发自治区食品药品安全工作评议考核办法的通知》，食品药品安全工作已纳入内蒙古自治区党委、政府重要议事日程，完善食品药品安全考核机制，食品药品安全考核权重占比自治区本级、盟市级分别达到2%和5%，对全面贯彻落实中央精神，做好内蒙古自治区食品药品安全工作提出新的要求。

【《食品安全法》执行情况】 2016年5月7—9日，中共中央政治局常委、全国人大常委会委员长张德江率食品安全法执法检查组在内蒙古自治区巴彦淖尔市、呼和浩特市，就贯彻落实食品安全法情况开展执法检查。检查期间，张德江委员长对内蒙古自治区各级党委政府高度重视食品安全工作，较早出台《食品生产加工小作坊和食品摊贩管理条例》，认真实施《食品药品安全内蒙古建设方案》，在食品安全状况、体制改革、能力建设、监管执法等方面取得的工作成效给予肯定。

【药品医疗器械审评审批制度改革】 自治区政府出台《关于改革药品医疗器械审评审批制度的实施意见》，明确内蒙古自治区药品医疗器械审评审批制度改革的目标任务和保障措施，自治区食药监管局按照要求组织开展药物临床试验数据核查工作。继续深化"放管服"改革，进一步简政放权，优化行政审批程序，全面推行食品流通许可证和餐饮服务许可证"两证合一"改革。2016年，换发新版食品生产许可证（"SC"证）1357张，核发新的食品经营许可证116 496张。

【食品药品安全内蒙古建设】 自治区食品药品安全委员会办公室将食品药品安全内蒙古建设内容分解细化为100项具体指标，印发年度考评细则，制定验收标准，采取层层签订食品药品安全责任书、与内蒙古自治区考核办指标挂钩、召开现场会、开展群众满意度调查及两次开展重点工作督查等多种措施落实责任，推动工作开展，实现整体推进、分步达标目标。全区地方各级党委、政府重视程度不断提高，将食品药品安全内蒙古建设与组织开展食品安全城市示范创建活动结合起来，因地制宜开展工作。呼和浩特市、乌兰察布市已经被列入国家第三批食品安全示范城市创建试点。

【监管经费投入】 2016年，内蒙古自治区本级食品药品监管经费投入4.08亿元，在2015年经费预算增加1倍的基础上，2016年上半年又追加1.5亿元。各盟市普遍加大食品药品监管经费投入，2016年共投入5亿元，并逐步建立稳定增长的经费保障机制。投入最多的盟市赤峰市达到7340万元、投入最多的旗县（市、区）科尔沁区达到2273万元。2016年，自治区食药监管经费达到常住人口的人均19.9元，已有11个盟市人均监管经费达到常住人口15元/万人的标准。其中，最高的盟市阿拉善盟达到人均36.1元，最高的旗县（市、区）陈巴尔虎旗达到43.8元。

【法规制度建设】 围绕贯彻落实"一法一条例"，制定《内蒙古自治区食品生产加工小作坊登记及监督管理办法（试行）》《内蒙古自治区食品摊贩和小餐饮备案管理办法》等配套制度及规范性文件160件，并向社会公开。在国家宪法日举行宪法宣誓仪式，联合内蒙古自治区司法厅、内蒙古自治区广播电视台举办全区首届食品药品法律法规知识竞赛。《内蒙古自治区实施〈食品安全法〉办法》已列为自治区人大重点立法调研项目，启动立法调研和起草工作。

【检验检测能力建设】 完成内蒙古自治区食品检验检测中心建设并通过实验室资质认定，可全项检验153个产品标准，参数达1632个。开展盟市食品实验室改造和县级食品安全检验检测资源整合试点工作，利用国家投资3.44亿元，盟市按4∶1进行配套投入9350万元，实施实验室改造项目23个。2016年，内蒙古自治区10个盟市食品实验室完成改造投入使用，7个县级检验检测资源整合项目验收竣工。内蒙古自治区财政拨付专项经费9000万元，为12个盟市所属115个旗县（市、区）和开发区配备食品安全快速检测设备4513台套，实现103个旗县（市、区）食品快检设备配置全覆盖。

【基层基础设施建设】 加强基层食品药品监管机构业务用房、基本装备，取证工具和快检设备标准化建设，实施每个旗县（市、区）建设1个食品加工园区、1个农贸市场，盟市所在地建设1个餐厨垃圾处理厂基础工程，从源头上保证食品安全，夯实基层基础。2016年，310个基层监管所完成标准化建设，7个盟市所在地建成或在建1处以上餐厨垃圾处理场，54个旗县（市、区）建成1个以上食品加工园区，新建（改扩建）综合型农贸批发市场136个。

【信息化建设】 强化“智慧监管”，完成监管平台所有功能模块的软件开发，电子公文交换系统、应急指挥系统、行政审批系统、不良反应监测系统已经上线运行，信用评价系统、行政执法系统开始试运行，在电子平台上共发放新版许可证书11万张，汇集企业基础数据20余万条。实现婴幼儿配方乳粉和原料乳粉生产经营全链条电子追溯，开展乳及乳制品、牛羊肉及制品、马铃薯、白酒等生产经营企业质量追溯体系建设试点工作，锡林郭勒盟肉羊追溯体系建设取得积极进展。内蒙古自治区食品药品监督管理局门户网站在2016年内蒙古自治区政府网站绩效评估中被评为优秀网站。

【应急管理及演练】 完成内蒙古自治区食品药品监督管理局应急管理和指挥中心建设。2016年11月8日，由国家食品药品监督管理总局、自治区政府联合主办，自治区食药监管局、鄂尔多斯市人民政府承办的2016年国家食品安全示范性演练暨内蒙古自治区重大食品安全突发事件(Ⅱ级)应急演练在鄂尔多斯市举行。演练包括食物中毒事件发生后信息报告、舆情监测与预警、响应启动与升级、响应终止、事件调查及善后处理等应急处置全过程，涉及食品生产、流通、餐饮各环节，贯穿乡镇、旗区、盟市、自治区四级政府、监管部门和基层食品安全信息员在食品安全突发事件应对工作中的规范程序及协同配合。

【专项整治和综合治理】 以风险监测结果、群众反映集中的突出问题及产品为依据，按照国家食品药品监督管理总局部署，针对农村牧区食品市场、校园及周边、旅游景区、高速公路沿线等重点区域和婴幼儿配方乳粉、乳肉、粮油、白酒、中药材、中药饮片等重点产品，自治区食药监管局组织开展以贯彻落实《中华人民共和国食品安全法》和《内蒙古自治区食品生产加工小作坊和食品摊贩管理条例》为主要内容的“大排查、大整改”执法检查活动；开展餐饮服务单位量化分级等级提升和大培训、大整顿、大督查“三大”攻坚行动，发现并整改问题2051个；开展药品流通领域“挂靠走票”等10项违法经营行为和医疗器械生产经营集中整治；针对“两超一非”、农兽药残留超标、水产品药物滥用、兽用抗菌药滥用和饲料非法添加等突出问题，自治区食药监管部门联合农牧业、公安、工商行政等部门组织开展食品安全“清源”“净流”“扫雷”“利剑2号”等专项整治行动。采取严防、严查、严控等措施，妥善应对山东济南非法经营疫苗系列案件突发事件。

【日常监督管理】 落实企业分级分类监管制度，全面推行监管区域网格化、监管内容表格化、监管过程痕迹化、监管手段智能化的“四化”监管和“四不两直”的检查方式，重点监管“三重一大三小”，即消费量大的重点食品和基本药物、安全隐患多的重点区域、反映突出的重点问题、大型食品生产经营企业和小作坊、小摊贩、小餐饮。重点检查企业是否严格按照国家相关标准和规范组织生产经营活动，是否落实企业主体责任。实施“双随机”抽查检查，确定了包括食品、药品、保健食品、医疗器械在内的13项“双随机”市场执法检查事项并开展了抽查工作，市场执法检查事项实施“双随机”比率92.4%。

【风险隐患排查预警】 建立食品药品生产经营环节风险隐患突出问题和监管措施清单，对风险隐患突出问题实施重点监控管理。组织开展风险隐患排查治理，推动落实生产经营主体责任。组织开展食品药品安全风险会商分析研判，强化食品药品安全抽检抽验信息沟通与利用。组织实施“四品一械”监督抽检计划，在基本药物抽检全覆盖和突出高风险品种的基础上，2016年，内蒙古自治区完成3批次/千人的食品抽检任务，共完成食品抽检83 662批次。其中：国家抽检任务4709批次；自治区抽检任务8044批次；盟市、旗县(市、区)抽检任务42 482批次；食用农产品抽检28 427批次，对发现的479批次不合格产品依法进行了核查处置。完成基本药物抽验2248批次，合格率为99.7%；医疗器械抽验257批次，合格率为98.8%；化妆品抽验520批次，合格率为95.8%。监测上报药品不良反应报告34073份，医疗器械不良事件报告7054份。

【食品药品稽查打假】 强化“行管结合”和“行刑衔接”，不断提高食品药品稽查执法效能和办案能力。2016年，内蒙古自治区本级查处各类案件59起，罚没款4500万元。各盟市、旗县（市、区）食品药品监管部门查处各类违法违规案件6281件。其中：食品案件4212件，药品案件1457件，罚款4870.46万元，没收金额196.32万元，移送司法机关33件，责令停产停业111家，吊销许可证12件，取缔无证经营196户。呼和浩特市全年查办案件1840件，约占全区案件近30%，并每月公布十大典型案件；乌海市查办案件数量比上年增长164%。

【社会共治】 自治区政府与地方各级政府、食品药品安全委员会成员单位签订食品药品安全责任书，强化盟市、旗县（市、区）政府履行属地管理责任。食品药品安全委员会各成员单位积极履职尽责，督促企业认真落实主体责任。人大代表、政协委员在食品安全追溯体系建设、农畜产品监管等方面积极建言献策。与新闻媒体建立合作机制，及时报道食品药品安全监管信息和动态，曝光食品药品违法行为典型案例，主动引导社会舆论。完善食品药品行业自律和诚信体系建设，建立失信联合惩戒机制。组织推进食品安全责任保险试点，全区已有3656家企业参保，保额38.1亿元。

【培训教育】 制定《内蒙古自治区食品药品监督管理系统法治宣传教育七五规划（2016—2020年）》，成立“七五”普法领导小组，细化责任清单，组织开展普法、科普及专业知识等方面教育培训。举办内蒙古自治区首届食品药品法律法规知识竞赛，组织开展网络在线学法和普法。通过集中培训、网上答题、举办专题宣传月等多种形式，共举办培训班28期，培训监管人员7268人次，村级协管员9037名，培训监管人员7902人次，企业从业人员38.2万人次。

【新闻宣传】 组织开展“食品安全宣传周”“安全用药宣传月”及食品药品投诉举报主题宣传日等活动，成功举办第3届食品安全论坛，全区集中宣传3939场次，发放宣传资料236万份。在基层设置1070个食品安全科普宣传站点，扩大宣传覆盖面。

【蒙药标准化建设】 推进蒙药产业发展，加强中俄蒙交流合作，自治区食药监管局联合通辽市人民政府、内蒙古自治区卫生和计划生育委员会、内蒙古自治区科技厅、内蒙古自治区民委、内蒙古民族大学在通辽市共同主办以“聚势蒙医药，融入‘一带一路’新发展”为主题，以继承和保护传统蒙医药文化，贯彻落实国家“一带一路”倡议，提高蒙医药自主创新能力，推动蒙医药产业创新发展，打造蒙医药文化品牌为宗旨的内蒙古第2届蒙医药产业博览会暨欧亚太平洋大学联盟蒙药学术高峰论坛。实施蒙药产业“十三五”规划，制、修订《内蒙古蒙药制剂规范》等标准和规范285项，正在制订209项。

【思想政治建设】 落实意识形态工作责任制，制定《内蒙古自治区食品药品监督管理局党组意识形态工作责任制实施意见》，加强对党员干部的思想政治教育，及时掌握党员干部的思想意识动态，做好党员干部的思想政治工作，增强“四个意识”。深入开展“责任担当 服务圆梦”主题实践活动，围绕“两学一做”学习教育，建立健全学习讨论、督导检查、交流反馈机制，广泛运用干部大讲堂、领导领学、讲党课、研讨交流等各种形式，深入开展理想信念和宗旨意识教育。2016年，共组织中心组学习21天，中心组成员形成调研报告33份，举办“干部大讲堂”“道德讲堂”10期，邀请专家辅导6次。9个局领导、24个正处级干部共建立群众联系点33个。

【帮扶工作】 在对兴安盟科尔沁右翼前旗吐列

毛杜镇新艾里嘎查的帮扶工作中，确立“坚持精准扶贫，实施产业扶贫，实现产业脱贫”的总体思路。投入540万元，建设9公里的乡村公路；投入162万元，整理1119亩土地；投入53万元，购买5台套大型农机具，加强基础设施建设。按照《内蒙古自治区“十三五”产业扶贫规划》要求，实施产业扶贫，采取公司+合作社+农户的模式，投入47.2万元，发展肉羊养殖产业；采取村委会与村民协议分养的方式，投入奖补资金50万元，发展肉牛养殖产业；采取“合作社+贫困户”的方式，投入60万元，建设肉蛋鸡养殖场；采取种植青贮玉米的方式，每亩补助30元，进行饲草料基地建设，种植青贮玉米3000亩。此外，为帮扶点筹集社会捐款50万元，协调争取银行贷款206万元。在内蒙古自治区直属机关工委2016年对兴安盟科尔沁右翼中旗30个自治区扶贫单位的考核中，自治区食药监管理局获先进集体和先进个人荣誉。

（撰稿人：徐天平）

工商行政管理

【概况】 内蒙古自治区工商行政管理局（以下简称自治区工商局）内设机构15个，另设机关党委、离退休人员工作处。自治区工商局下设信息中心等6个直属事业单位。直属各单位在编人员188人。

【法治建设】 贯彻落实“七五”普法要求，深入开展法治宣传教育。切实规范执法行为，及时修订《行政处罚自由裁量权适用规则和执行标准》，完善和细化裁量基准。持续推进执法监督，加强案件听证审核和规范性文件合法性审查，提高依法行政水平。

【反垄断与反不正当竞争执法及“打传规直”】

反垄断和反不正当竞争执法　2016年，自治区工商局办案领域拓展到水电气暖、公共交通等12个行业，案件类型涉及限制竞争、强制交易、变相滥收费等多种违法违规行为，查办方式由以处罚为主转向处罚和约谈相结合。全年办结垄断案件3件，立案查处不正当竞争案件179件，促进市场公平竞争。打击传销和规范直销扎实有效，连续8年在全国社会治安综合治理考核中获得满分。

“打传规直”　严厉打击传销违法犯罪活动，构建立体式宣传教育格局，完善打击传销预防体系。全区各级工商和市场监管部门制定切实可行工作方案，主动向当地党委政府主要领导进行汇报，协调解决问题和困难。各盟市工商和市场监管部门成立“打传”领导小组，为打击传销工作提供组织保障。在当地党委、政府的统一领导下，全区各盟市工商和市场监管部门组织执法人员和基层工商所人员及社区骨干，对城乡接合部、城中村、出租屋、宾馆、招待所、写字楼等外来人口集中区域和场所进行清理排查，并把注册公司传销、销售返利传销，以及打着养老、慈善等幌子非法集资诈骗传销行为作为打击和整治重点。各地采取有针对性地打击传销整治措施。包头市工商局以创建无传销城市为切入点，组织开展“五个一”“五进”活动，制订《包头市打击传销举报奖励办法》，由财政划拨专项资金对举报属实的给予奖励。

推进“创建无传销城市”工作　5月25日至6月15日，自治区工商局、公安厅、文明办、综治办联合对各盟市创建无传销城市工作落实情况、创建目标任务完成情况进行考核验收。全区各级工商和市场监管部门按照自治区工商局关于创建无传销城市的各项要求、考评办法及评分标准，深入推进了创建工作开展。

【消费者权益保护】

加强消费维权机制建设　针对促进供给侧结构性改革、发挥消费拉动经济增长基础性作用和广大群众消费升级的需要，加大消费维权力度，不断改善消费环境。深入落实《网络购买商品七日无理由退货实施办法》等法律法规，推行消费环节经营者首问责任和赔偿先付制度，督促企业落实消费维权主体责任。积极推进跨境消费维权，国家工商总局专门在内蒙古自治区召开全国性会议交流经验。

优化流通领域商品质量监管　开展质量维权专项整治，查办案件 761 件。抽检重要商品 1557 批次，经国家工商总局授权抽检天猫、京东、1 号店等国内大型网络交易平台商品 157 批次，抽检区内网络交易平台商品 55 批次，及时公示结果并依法查处。作为全国 4 个试点省区市之一，自治区工商局积极推行商品质量监督抽样检验程序新标准。试点推进流通领域商品质量信息化监管，提高了重要商品质量责任追溯能力。

强化消费矛盾纠纷调处　保障消费维权诉求渠道畅通，“12315”“五进”有了新拓展。2016 年，共接到咨询、建议、投诉、举报 15.03 万件，其中受理投诉举报 3.38 万件，争议金额 2.9 亿元，为消费者挽回经济损失 4684.9 万元，有力维护了消费者合法权益。

发挥消协组织公益职能　广泛开展消费维权宣传教育，精心组织“3·15”系列活动，举办 32 场“月月 3·15”活动，得到全国人大常委会委员长张德江表扬和国家工商总局肯定。开展比较试验 160 批次，及时发布消费警示。妥善化解消费矛盾纠纷，提升了消费维权效果。

【市场规范管理】

网络市场监管　面对网络市场异军突起，电商经营行为普遍不规范的复杂形势，自治区工商局积极应对，用两年时间建起覆盖全区的网监队伍，进一步强化能力建设，实现“以网管网”新型监管方式的全覆盖。全区有 1.48 万户涉网企业、1.82 万户平台网店纳入管理，网店专项检查与违法网店认定在全国排名第 7 位。积极推进线上线下一体化监管，实现由打基础向重执法的转变，立案查处案件 63 件。建成全区首家具有司法鉴定资质的电子数据取证实验室，破解了网络市场监管电子数据取证合法性这一瓶颈性问题。

合同行政监管　整治重点行业合同格式条款和霸王条款，检查经营户 1170 户，立案查处案件 174 件，扭转了合同行政监管弱化趋势。

红盾护农　充分发挥职能作用，把确保非法农资不上市、假劣农资不下田、农民群众不受损作为农资监管的基本目标，切实强化农资市场监管工作。全年流通领域农资质量抽检，抽检农资 1120 批次，立案查处案件 511 件，保障了农牧民合法权益，服务“三农”发展成效明显。

无照经营整治　检查经营户 25.23 万户，查办各类程序案件 1.23 万件，防范相关市场监管风险。配合有关部门加强了旅游、成品油、二手车、互联网金融等重点领域监管和整治。组建市场协会，提高行业自治、主体自律和诚信经营水平。

成品油市场监管　组织开展 2016 年成品油质量抽检工作，重点加强交通干线、城乡接合部、消费者投诉举报多的加油站（点）的抽检。对全区 14 个盟市共抽检成品油商品 670 批次，合格 577 批次，批次合格率为 86.12%。其中：车用汽油 371 批次，合格 344 批次；车用柴油 293 批次，合格 227 批次；普通柴油 6 批次，全部合格。并加大案件督办力度，对所有不合格的油品都依法依规进行处理。规范了抽检程序，严明抽检纪律，完善抽检责任制度，建立工商部门人员和抽检人员要互相监督机制，确保抽检程序规范有序，公平、公正。

旅游市场监管　积极配合政府相关部门，加大对旅游市场整治力度。春节和元宵节期间，配合自治区旅游局、交通局等部门开展以“文明出行，安全旅游”为主题的旅游市场综合整治工作。配合自治区旅游局、公安厅，重点对旅游行业经营规范，旅游合同签订，旅游车辆安全使用、不合理低价竞争，以及“拉客宰客”“非法一日游”等扰乱旅游市场秩序情况进行检查。

配合自治区商务厅、旅游局开展旅游纪念品市场专项整治，重点打击和查处制售假冒伪劣旅游纪念品、强迫购物等行为。据统计，全区共有各类旅游业企事业单位2914个，全区旅游业直接从业人员为23.6万人，间接从业人员117.86万人。

【市场主体注册登记】

“五证合一”“两证整合”改革全面落实　在广泛试点基础上，报请自治区政府出台《“五证合一、一照一码”登记制度改革实施方案》。目前，已发放“五证合一”营业执照10.25万张。联合6个部门印发《个体工商户营业执照和税务登记证“两证整合”实施方案》。2016年，已发放“两证整合”营业执照5.93万张。两项改革均比国家要求提前完成，扩大了改革成果惠及面。

“先照后证”改革逐步完善　报请自治区政府公布159项工商登记后置审批事项，提请自治区人大、政府将15项自治区本级设定的工商登记前置审批事项调为后置，方便市场主体快速准入。联合49个部门印发《关于进一步加强事中事后监管做好“双告知”工作的通知》，加强了部门间监管衔接。

简易注销试点改革初见成效　试点市场主体简易注销改革，积极探索解决无债权债务企业、未开业企业和个体工商户“退出难”问题，已按简易程序注销市场主体2007户，有利于快速盘活市场资源。

全程电子化改革稳步实施　出台推进工商登记全程电子化的意见，有序推进全程电子化进程。开放市场主体名称库，实现网上名称查重。上线运行网上登记注册业务系统，可以通过网络进行名称、设立、变更、注销预核准，已办理业务7842次，为办事者节省大量时间和成本。

住所（经营场所）登记改革持续深化　报请自治区政府修订印发《市场主体住所（经营场所）登记规定》，探索实施“一址多照”“一照多址”，进一步释放场地资源，为创业者节约了更多的创业成本。这些新举措，持续释放了商事制度改革效应，激发了市场活力和创业创新动力。被国务院组织的第三方评估认为这是群众获得感最高的改革举措。

市场主体情况　2016年，全区市场主体继续增长，当年新登记36.77万户，平均每天新登记1007户。截至年底，市场主体达到174.66万户，注册资本（金）3.75万亿元。第三产业新增市场主体占新增总量89.09%，为新常态下创新发展和经济转型升级注入新动能。

【市场主体监督管理】

健全完善信用监管机制　适应商事制度改革后对市场监管新要求，努力构建以信用监管为核心的新型监管格局。报请自治区政府印发《关于深化商事制度改革加强事中事后监管的实施意见》，理清有关部门的事中事后监管责任。印发《政府部门涉企信息统一归集公示工作方案》，对有关部门涉企信息归集的内容、方式、时限等予以明确。信用监管机制的完善，大大提升了政府部门运用大数据实施监管的能力和协同监管的水平。

升级拓展信用监管平台　国家企业信用信息公示系统（内蒙古）及部门协同监管平台已建设完成且通过初验，启动仪式的顺利举行，标志着该系统正式上线运行，对降低市场交易风险和社会交易成本、提高经济运行效率、建立信用监管机制必将发挥重要作用。目前，收录市场主体信息8490万条，访问量1.52亿次，日均访问量20万次，成为全区访问和查询量最高的涉企系统，为信用监管奠定了坚实基础。

加强信息归集公示　完成市场主体年报公示，实现了不低于上年的目标。企业即时信息公示进一步扩大，全区企业累计公示即时信息12.83万条。2016年，全系统公示174.66万户市场主体登记信息和1.4万件行政处罚信息。推动全区近1300个各级政府其他部门公示行政许可信息24.16万条、行政处罚信息3.31万条、司法冻结信息 519 条。

开展信用监管工作　加强经营异常名录管理，有 10.38 万户市场主体被列入经营异常名录或标注为经营异常状态。以“双随机”方式对企业公示信息进行抽查，共抽查企业 3358 户。探索清理“僵尸企业”新路径，依法吊销 2.52 万户企业营业执照，促进了“三去一降一补”任务的落实。

推进联合惩戒进程　协同其他政府部门和司法机关实施违法失信联合惩戒，根据法院提供的名单依法限制 7744 名“老赖”担任法定代表人、董事、监事等职务，产生良好的社会效益和监管效果。这些务实举措，对市场主体违法失信行为形成有力震慑，诚信意识进一步提高。

【广告监督管理】

传统媒体广告监管　开展对主流媒体和“五类”重点广告的专项整治。把直接关系人民群众健康安全的药品、医疗、保健食品、化妆品、美容服务等“五类”严重虚假违法广告作为整治重点，加大对电视、报纸、广播、印刷品广告的监管力度。专项整治行动中，共监测广告 405 796 条，责令停播广告 47 673 条，立案查处违法广告案件 87 件，罚没款 395.7 万元。加强盟市广告的监管，推动全区广告市场秩序好转。加强对传统媒体和网络媒体广告监测监管，全年监测广告 117 万条次，查处违法广告案件 307 件。

互联网广告监管　完成互联网广告监测系统软、硬件一期工程的安装调试，开始了对互联网广告开展试运行监测工作，全年共监测互联网广告 3194 条次，涉及违法广告 4 条次，对监测发现和群众举报的违法广告实施监管。

【商标管理】

大力实施商标品牌战略　开展实施商标品牌战略促进县域经济发展等 3 项调研，印发《关于实施商标品牌战略促进县域经济发展的意见》，向部分盟市、旗县政府发出 4 份地理标志商标注册建议函。全区有效注册商标达 8.3 万件，年增 1.9 万件，是涨幅最大的一年；推荐认定中国驰名商标 11 件，并争取到 1100 万元资金进行奖励，总量 74 件；注册地理标志商标 19 件，总量 51 件，是历年来注册量最多的一年，在全国由 24 位提升到 16 位；认定内蒙古著名商标 126 件，总量 650 件；盟市知名商标总量 1294 件。在国家工商总局与世界知识产权组织开展的中国商标金奖评选活动中，伊利股份有限公司获得“商标创新奖”。

强化商标专用权保护　开展打击侵犯知识产权和制售假冒伪劣商品专项行动，严厉查处商标侵权、农村牧区和城乡接合部市场假冒伪劣商品，全年查办案件 364 件，保护了商标权人和消费者合法权益。

【信息化建设】　统筹建设各类信息化业务系统，升级改造全区工商综合业务系统，全区“三证合一，一照一码”登记系统于 2016 年 9 月 24 日提前上线。企业信息公示系统其他政府公示子系统已经上线运行，抽查功能进一步完善，实现了按照登记机关、企业类型、经营范围、行业代码、注册资本和抽取比例等条件的随机平均抽取和不平均抽取功能，同时实现逐级下发、检查表打印、抽查结果录入、统计和公示功能。完善了列入异常名录功能。实现市场主体年报统计排名功能，外网企业年报信息内网查看功能，未年报企业补报年报后的移出申请自动打印功能实现抽查、异常名录、行政处罚信息内容自动公示到各级信用信息系统网站。增加年报更正声明功能。网上名称预核准系统已经部署完毕，保障各项改革和监管执法工作的高效运行，形成统一规范的信息化格局。

【服务经济社会发展】

扶持小微企业发展　小微企业名录得到完善，集中公示扶持政策等信息 90 余条，助力小微企业发展。帮助呼和浩特市成为全国“小微企业创业创新基地城市示范”，三年获得中央扶持资金 9 亿元。办理动产抵押和股权出质登记金额2016亿元，通过商标质押登记贷款2400万元,缓解了企业“融资难”问题。

支持就业创业 开展商事制度改革宣传进校园活动,积极搭建个私企业服务平台,开展银企对接、教育培训、用工就业等服务。全区个私领域从业人员达525.26万人，当年新增77.28万人,撑起就业“半边天”,促进社会和谐稳定。

关注个私党建和非公团 组建自治区个私党建办和非公团工委，扎实推进党的组织和工作“两个覆盖”，全区个私党组织发展到3520个、党员3.12万名,非公团组织1.2万个、覆盖团员青年10.2万人。开展“三亮”、知识竞赛等多项活动,党团组织影响力持续扩大。

拓展服务发展领域 协调国家工商总局与自治区政府签订《开展大数据领域战略合作框架协议》,助推内蒙古国家大数据综合试验区建设。认真落实打赢扶贫攻坚战的要求,定点帮扶工作深入推进。

积极参与扶贫攻坚 研究出台《自治区工商局扶贫开发“规划到户责任到人”定点帮扶规划方案》,制定《贫困户个人资料手册》和《“规划到户责任到人”工作制度》,对贫困户加强技术培训、指导和管理。完善基础建设。动员所有在册贫困户参加新型农村合作医疗。建设“造血”项目。开展“金秋助学”活动。重视嘎查文化生活。新建了村民小舞台。着力协助抓好党建工作,在扶贫开发工作中做好基层党建工作。2016年,每名局领导个人拿出3000元,对贫苦户进行慰问。

【机关建设】

党的建设和党风廉政建设 全面落实党建工作责任制，强化基层党组织建设，扎实开展“两学一做”学习教育,切实提升党员干部的“四个意识”,党建工作日趋完善。认真落实从严治党要求,压实党风廉政建设主体责任,狠抓党风廉政建设和反腐败工作。主动开展内部巡察,认真接受自治区党委巡视。

干部队伍建设 切实开展干部教育培训，自治区工商局安排经费近300万元，培训干部1580人次，并组织系统内干部参加其他培训6112人次。推行综合执法,自治区工商局专门成立综合稽查执法局，在全系统组建千人联动监管执法队伍,为市场监管综合执法储备了人才。

基层建设 以稽查考评为主要手段，加强对基层的业务指导。针对体制调整后基层普遍压减经费的实际，自治区工商局当年筹资1300多万元对基层予以补贴。全年投入近2600万元,顺利完成各类信息化支撑系统建设。

(撰稿人:王敏)

质量技术监督

【概况】 内蒙古质量技术监督系统按照“突出质量主题、筑牢安全防线、转变工作方式、提升服务水平”的工作总基调,着力做好“服务发展、加强监管、改革与法治”三篇大文章,推进质量技术监督事业发展。

【宏观质量管理】 2016年，内蒙古自治区人民政府(以下简称自治区政府)编制“十三五”时期质量发展、计量发展、标准化体系建设、品牌发展4个专项规划,出台《内蒙古自治区2016年质量强区工作要点》《自治区政府贯彻落实质量发展纲要2016年工作方案》《内蒙古自治区装备制造业标准和质量提升规划》《内蒙古自治区消费品标准和质量提升实施意见》,大力实施质量强区战略。以自治区政府制定的《自治区2015年度盟市质量工作考核方案》《考核评分细则》《实地核查评分细则》作为考核依据,对盟市政府进行质量工作考核。国务院对自治区政府进行质量工作考核，国务院考核组对自治区质量工作给予肯定。评选内蒙古名牌产品207个，获得国家地理标志和原生态产地保护产品28个。5家单位获得自治区主席质量奖,蒙草抗旱公司获得第二届中国质量奖提名奖,伊利、蓝哈达获得2016年度“质量之光”魅力品牌,包头市创建“标准国际化创新型示范城市”获得质检创新奖。开展企业质量信用等级评定,通告质量守信企业152家,组织144家企业发布质量信用报告。

【质量监督】 内蒙古自治区质量技术监督局(以下简称自治区质监局)印发《2016年消费品质量提升专项行动实施方案》,开展消费品生产企业摸底调查,建立19类重点消费品、1408家生产企业质量监管档案。开展学生校服、羊绒制品、木制家具、食品相关产品等8类产品质量提升活动。加强产品质量分类监管,推进电商产品质量监管,实施羊绒制品质量提升和“三品三同”工程,落实“双随机、一公开”监管模式。国家监督抽查、总局联动抽查、自治区监督抽查4971批次产品。国家监督抽查自治区144批次产品,抽样合格率为95.8%,同比提高4.1个百分点。重视风险监测和产品问题检出率,内蒙古质监局分三批对食品包装材料、发动机冷却液、煤炭等19种产品49个风险因素进行监测,监测样品1424批次,其中459批次检出问题,问题检出率32.2%。工业产品生产许可177件,全区获证总数953家;食品相关产品生产许可30件,全区获证企业总数146家;机动车安检机构资质许可74件,全区获证机构总数216家。

【特种设备安全监察】 截至年底,全区在用特种设备212 681台(不含压力管道、气瓶数量),同比增长13.25%。全区特种设备设计、制造、安装、改造、修理单位1685家(其中,设计单位26家;制造单位117家;零部件材料制造单位2家;安装改造修理单位694家;车用气瓶安装单位271家;气瓶充装单位575家),同比增长1.38%。全区检验锅炉14 823台、压力容器16 435台、电梯61 394台、起重机械10 414台、场(厂)内机动车辆4924台、游乐设施381台。气瓶检验229 114只、压力管道3520.37公里、安全阀校验49 381只,培训特种设备作业人员28 658人。2016年,自治区政府发布《内蒙古自治区特种设备事故应急预案》,自治区质监局制定《特种设备事故应急预案》。持续开展特种设备安全“三大战役”,开展移动式压力容器信息化系统和特种设备应急指挥处置体系建设,积极推进“互联网+特种设备监管”模式。对2159台问题电梯进行整改,推动全区1.1万台电梯投保安全责任保险。开展油气管道检验检测和质量安全隐患治理工作,检验长输管道3646.25公里,检验覆盖率83.05%。配合国家环保督查组完成对自治区燃煤锅炉的执法检查,淘汰落后锅炉274台,推广高效锅炉27台,锅炉节能改造26台。全区累计出动特种设备监察执法人员31 281人次,检查使用单位17 911家次,检查设备22 442台,排查发现特种设备安全隐患4116项,监督石化工程76项。特种设备产品制造和安装监督检验率均达到100%,特种设备事故死亡率为零。

【执法打假】开展“质检利剑”农资打假“进千村、入千户、抽千样”行动,加大对农资、建材、危化品、成品油、10类重点消费品等产品的执法打假力度。规范建设“12365”系统和电子商务打假搜索引擎平台,针对自治区民族特色的羊绒制品、旅游工艺品主动作为开展电子商务执法打假,央视新闻频道《每周质量报告》专题报道自治区开展“网售羊绒制品隐忧”监督抽查活动,得到国家质检总局的肯定。首次在有机产品认证企业开展专项执法检查。自治区质监局“12365”举报投诉处置指挥中心接听各类投诉举报和咨询电话6106件,其中咨询5386件,办结率为100%;投诉举报720件,办结703件,办结率为97.64%。全年出动打假执法人员51 032人次,检查企业16 091家次;查办案件841起,其中立案查处703起,取缔黑窝点5个,向司法机关移送案件8起,涉案货值共计5088万元,罚没款927万元,为消费者和企业挽回经济损失713万元。

【民生计量】 自治区质监局对全区144.5万台(件)强检计量器具进行检定,受检率95.7%,合格率97.4%。开展牛肉干、奶食品等民族特色旅游产品定量包装净含量监督抽查。开展全区计量比对和能力验证活动,比对结果满意率97.2%。对全区911个物流网点的1541台计量器具开展专项抽查。完成26家重点排放企业的温室气体排放量现场核查工作,对列入"万家企业节能低碳行动"名单的企业开展能源计量审查"回头看"。组织开展"计量诚信单位"推选活动,52家单位被评为2016年度"内蒙古自治区计量诚信示范单位"。内蒙古计量院与国家计量科学研究院开展天然气大流量计量检定项目建设合作。

【标准化战略】 自治区推进标准化工作"三年行动计划"年度任务完成。梳理各类标准13 552项,制修订标准139项,初步建成自治区新型工业、现代农牧业、服务业、社会管理和公共服务4大标准体系和280个子体系框架。全区新增地方标准735项,增速排名全国第二。建设各类标准化试点示范项目262个,组建自治区标委会44个,建成涵盖各领域的标准化人才专家库,国家标准馆内蒙古分馆标准信息资源数量增至60万件。发挥"标准化+"效应,在畜牧业、现代工业、服务业和生态旅游业等领域,推进实施32个标准化项目。自治区政府对盟市标准化工作进行年度考核。1月16日,自治区副主席常军政应邀参加全国标准化大会,作为唯一省级政府领导作典型发言。1月18日,自治区政府与国家标准化管理委员会签署《标准化战略合作备忘录》,自治区质监局与中国标准化研究院签署《战略合作协议》,与国家计量科学研究院签署《战略合作协议》,国家质检总局将在标准化、计量技术等方面给予支持,助推内蒙古经济社会发展。3月4日,自治区质监局与蒙古国标准计量局签署《区域标准化合作协议》。在农牧业标准化示范区建设项目、中蒙跨境旅游标准化项目、蒙古族服饰国际标准项目、标准信息服务平台建设、标准化信息清单等项目开展合作。5月30日,自治区政府召开全区推进标准化工作电视电话会议。总结实施自治区政府推进标准化工作三年行动计划阶段性工作,研究部署下一阶段工作,通报各盟市推进标准化三年行动计划第一年度考核结果。

【认证认可】 截至年底,全区强制性产品认证有效证书1339张,获证企业239家。自愿性认证(不含食品农产品认证)有效证书数量为5684张,企业3155家。2016年,检验检测机构资质认定审查批准481家,全区持有有效检验检测资质认定证书机构共计948家。自治区质监局建立认证活动现场检查情况通报制度,对全区120家获得认证的企业和124家检验检测机构进行专项监督检查,对存在严重问题的19家检验机构,做出停业整改、约谈和罚款的处理。配合国家认监委完成机动车安检、环检机构资质认定专项监督检查工作。组织427家检验检测机构开展能力验证活动。对全区936家检验检测机构基本信息进行统计分析,编制《内蒙古自治区检验检测服务业统计分析报告》。兴安盟科尔沁右翼前旗、赤峰市敖汉旗和国营那吉屯农场被国家认监委批准成为国家有机产品认证示范创建区。推动检验检测联盟建设,国家稀土产品质量监督检验中心、内蒙古建材院、内蒙古北方重工业集团共同组建全区检验检测联盟工作启动。

【科技兴检】 2016年,自治区质监局制定《内蒙古质监科技创新发展三年行动计划》《关于提升质监系统技术机构能力的意见》《技术机构能力建设项目管理办法(试行)》《技术机构能力建设项目绩效管理办法(试行)》,组织召开2016年全区质监科技创新大会。发挥科技组织作用,召开科学技术专家委员会会议,成立质监系统科技研究与应用重点专项课题组。组成学科带头人评审组对上届学科带头人进行考核,对新一届学科带头人资格进行评审。自治区质监系统获质检总局科技计划项目立项5项、能力提升专项3项，获得自治区科技重大专项立项1项。国家质检总局批复同意筹建“国家羊绒制品质量检验中心（内蒙古）”，国家煤炭产品质检中心（内蒙古）通过授权。自治区质监局批筹“内蒙古电站锅炉质检中心”等6个自治区级质检中心。自治区质监系统信息化综合管理系统平台一期建设基本完成。

【质监改革】 自治区质监局精简、取消、下放行政权力98项。按照“受理、审核、审批”三分离原则，推行“互联网+政务服务”，实现全部行政许可事项网上办理，全年受理行政许可业务1356件，办结发证982件。制发《内蒙古自治区质量技术监督事权划分意见》，建立起决策、执行、监督层级清晰、相互促进、上下联动的质监工作运行机制。加强法治质监建设，完成20件规范性、政策性文件合法性审查，修订《内蒙古质监局行政处罚自由裁量规则》。推进政务公开和政务服务工作，制发《内蒙古质监局关于加强服务窗口建设提升服务效能的意见》。推进重点改革任务，出台《强制性地方标准整合精简工作实施方案》，完成现行129项强制性地方标准的清理评估和上报工作，对1049项推荐性地方标准进行集中复审；开展团体标准培育工作，推行企业产品和服务标准自我声明公开和监督制度。毛绒纤维检验体制改革试点工作纳入“自治区经济和生态文明体制改革”专项任务。

【质监文化】 自治区质监局组织开展志愿者“服务群众、服务社区”学雷锋活动、纪念中国共产党成立95周年和红军长征胜利80周年群众合唱活动、“颂扬五四精神、分享身边故事”为主题的“标准化杯”微剧场演出活动、“升国旗、唱国歌、迎国庆”活动，开展全系统妇女同志争创自治区三八红旗手（集体）建功“十三五”行动，开展“内蒙古好人”、第五届全区道德模范和区直机关“身边好人”推荐评选工作，促进文明和谐机关创建，培育和践行社会主义核心价值观。组织成立乒乓球、羽毛球、篮球、台球、棋类、户外运动、摄影、自行车、游泳9个职工活动兴趣小组，开展比赛活动。筹措100万元经费用于帮扶项目，抽调年轻精干人员组成两个驻村帮扶队，分期到村，落实精准扶贫对象和项目。2016年，自治区质监局被评为“自治区年度社会治安综合治理先进单位”“自治区2016年依法行政工作实绩突出部门”，内蒙古自治区标准化院团支部被自治区直属机关工委评为先进团组织，内蒙古自治区纤维检验局被中国纤维检验局评为2016年度全国纤维质量监督工作先进单位，内蒙古自治区特种设备检验院(以下简称自治区特检院)团支部被评为自治区“五四”红旗团支部，自治区特检院李昱涵、内蒙古自治区石油化工监督检验研究院（以下简称自治区石化院）冯凯被评为“内蒙古好人”，自治区石化院李强获2015年度“内蒙古杰出人才奖”。

（撰稿人：韩旭）

安全生产监督管理

【概况】 2016年，全区安全生产工作以“落实责任、依法治安、强基固本”为核心，贯彻落实遏制重特大事故和健全双重预防性工作机制的工作要求，通过安全专项整治、政府购买服务开展定期评估、安全质量标准化建设、科学规范执法、从严查处违法行为等举措，促进全区安全生产形势总体平稳。2016年，全区各类生产安全事故起数和死亡人数继续保持“双下降”，累计发生生产安全事故1144起、死亡928人，同比分别下降8.84%和7.39%。发生一次死亡3~9人较大事故22起，同比下降8.33%。发生1起重大事故、1起特别重大事故，同比各增加1起。

【开展安全生产大检查】 按照国家和自治区的要求和部署，组织和协调全区三次安全生产大检查。坚持大检查期间每周调度汇总1次各盟市安全生产大检查情况，及时上报自治区党委、政府，保障安全生产大检查信息的互通互鉴。自治区党委常委会议和全区安全生产大检查动员部署会议，吸取赤峰市宝马矿业"12·3"特别重大瓦斯爆炸事故教训，决定从2016年12上旬至2017年3月底，在全区组织开展全覆盖安全生产大检查。自治区党委书记、自治区主席亲自挂帅，成立由12名自治区党委常委、24名省级领导、30个相关部门的84名干部及30多位专家参加的12个督查组。12月6—8日，各督查组全部深入到12个盟市，开展全面细致、严格认真地督导检查，共督导检查旗县(市、区)51个、企事业单位196家。各地区及时以党委常委会、政府常务会等形式安排部署，明确任务，落实责任。12个盟市共有280余位盟市级领导带队开展检查督查。大检查开展以来，全区共检查各类企业和单位16.4万家次、排查隐患和问题13.1万项，已完成整改11.3万项，下发整改指令3.5万份，限期整改2.2万家，停产停业整顿1594家，关闭取缔520家，行政处罚633万元。

【落实安全生产责任】 按照自治区《生产经营单位安全生产主体责任暂行规定》《有关部门安全生产工作职责规定》《安全生产"党政同责、一岗双责"暂行办法》的要求，推动企业主体、部门监管、党政领导三大责任贯彻落实，基本形成较为完善的安全生产责任体系。实施示范性执法，推动企业主体责任落实，内蒙古自治区人民政府(以下简称自治区政府)印发《生产经营单位安全生产不良行为"黑名单"管理暂行办法》，纳入自治区政府信息体系建设平台，加强联合惩戒；推动各部门履职尽责，齐抓共管，按照"三个必须"要求，制定部门安全生产工作考核办法和考核细则，考核结果作为部门及领导干部评先评优、晋级提升重要参考依据；推动落实各级党委、政府领导责任，制定印发盟市安全生产工作考核办法、考核细则和巡查工作实施方案，加大考核权重，实行"一票否决"；成立自治区安委办巡查机构，制定《安全生产巡查工作实施方案》，以示范性执法和巡查考核为推手，全力推动企业主体、部门监管、党政领导三大责任落实。

【依法治安】 推进法制建设，结合自治区安全生产实际，完成对《自治区安全生产条例》的修订工作，形成草案并经自治区政府常务会议审议通过，自治区人大已进行第一次审议。推行标准化监管执法机制，规范执法程序和文书使用。以随机抽查示范执法为切入点，组织盟市、旗县周边地区安监执法人员、同类企业负责人及安全管理人员现场观摩参与，对随机选取的企业进行"解剖式"检查。2016年共对11户危险化学品、9户非煤矿山、6户冶金工贸行业企业进行示范性执法，着力推动安全监管执法方式的转变，不仅在规范性执法上给盟市和旗县区安监局做出样板，而且有力地促动了"检查一户、带动一片、提升一批"的引领示范效应。法制化队伍建设方面，提升现场行政执法能力，编制《安全生产执法程序指南》，全年组织开展8期1600余名监管执法人员业务培训。依法依规开展执法工作，引领盟市、旗县规范执法的全面开展。

【标准化建设】 结合煤矿安全质量标准化工作经验，在深入考察调研的基础上，制定《金属非金属矿山安全质量标准化工作实施方案》《金属非金属地下矿山安全质量标准化标准及评分办法(试行)》《金属非金属露天矿山安全质量标准化标准及评分办法(试行)》等5个实施标准，在赤峰市开展为期一年的金属非金属矿山安全质量标准化试点工作。截至2016年年底，全区共有1938户非煤矿山企业达到标准化标准，占应达标企业总数的93.94%。实行强化动态管理，保持安全质量标准的持续性、稳定性，逐步实施滚动升级。

【购买社会化服务】 以鄂尔多斯市准格尔旗危化企业、赤峰市敖汉旗非煤矿山为试点，制定《聘用第三方机构参与化工安全监管试点工作方案》《购买社会化服务强化非煤矿山安全监管试点工作方案》，通过政府购买服务的方式，委托第三方机构参与执法活动，查找企业存在的安全漏洞，并对企业安全状况进行评估，为监管执法提供技术支撑，弥补监管技术力量薄弱的短板，实现政府聘请的专家为政府监管服务的定位。

【应急救援】 针对危化行业应急救援工作由消防队伍承担的实际情况，进一步提升消防队伍的危化应急救援能力，推动专业应急救援队伍建设。推进煤矿、非煤矿山应急救援队伍的有效融合，提升持续稳定保障能力。

【安全生产信息化】 推进全区三级安监部门视频会议系统建设，基本实现互联互通。建设以信息化平台为承载的应急救援指挥、事故预警预测、隐患排查治理等多功能综合性安全监管信息系统。

【防范和遏制重特大事故】 印发《自治区防范和遏制重特大事故工作方案》，成立工作领导小组，明确全区各有关部门防范和遏制重特大事故职责。成立防范重特大事故调度室，制定非煤矿山、危险化学品和烟花爆竹、冶金工贸等行业领域遏制重特大事故的工作方案，制定构建安全风险分级管控和隐患排查治理双重性预防机制的实施意见。

【安全生产宣传教育】 开展"安全生产月"活动，联合自治区、盟市两级30个行业主管部门和企事业单位，开展安全生产宣传咨询日活动，协调自治区、呼和浩特市广播电台、电视台、日报社及北方新报、呼和浩特晚报、新浪内蒙古等新闻媒体专题进行宣传报道，宣传安全发展理念，普及解答安全生产知识，引导全民增强安全意识、提升安全素质。举办专题培训班，对安监系统执法人员进行安全监管业务培训。邀请国家安全监管总局、自治区监察厅、自治区检察院有关专家，对全区安监系统和盟市监察部门300余名涉及事故调查工作的人员，进行事故调查处理业务培训。加大实操技能培训和考核的权重，全面实现安全培训教考分离。

【重点行业领域专项整治】 针对矿山、危化品、道路交通、建筑施工、消防、粉尘涉爆、涉氨制冷、冶金有色等重点行业领域，采空区、有限空间、人员密集场所等重点部位，开复工、开停车、节日假期、汛期等重要节点，开展专项治理。在职业卫生领域开展粉尘、高毒物品等职业病危害专项治理，推进安全生产与职业卫生一体化执法，在19户企业开展一体化示范执法。出台中介机构管理办法，安排部署中介机构专项检查，在对企业执法检查中把中介机构服务内容列为检查重点。直接监管行业保持连续9年未发生重大以上生产安全事故。按国务院安委会要求，按时完成全区油气输送管道安全隐患整治攻坚任务。

【安全生产管理体制改革】 贯彻落实中央和自治区改革决策部署，着力推进安全生产领域改革创新。局党组多次研究部署和推进落实改革工作，明确责任领导、责任处室和完成时限，解决存在的困难和问题。深刻吸取赤峰宝马矿业"12·3"特别重大瓦斯爆炸事故教训，认真贯彻落实《中共中央国务院关于推进安全生产领域改革发展的意见》，组织起草《自治区党委政府关于进一步加强安全生产工作的决定》《自治区安全生产信息化建设指导意见》，并报自治区党委、政府印发;进一步完善安全生产考核指标体系，出台盟市安全生产工作考核办法和考核评分细则;促进成果巩固，确保改革成果落地生根、开花结果。在日常安全生产督导检查中，把各地区贯彻落实情况作为检查和考核内容，要求盟市结合实际情况制定配套办法，使改革成果真正形成常态长效的制度，不断巩固完善。

（撰稿人：李猛）

统　计

【概况】内蒙古自治区统计局（以下简称自治区

统计局)共设行政编制75名,实有人数70人,设有办公室、机关党委、人事处、政策法规处、财务处、统计设计管理处、国民经济综合统计处、国民经济核算处、固定资产投资统计处、工业统计处、能源与环境统计处、贸易外经统计处、社会科技与文化产业统计处、人口和就业统计处、农村牧区经济统计处、离退休人员工作处16个处室。所属事业编制202名,现有人员159人。所属事业单位有内蒙古农产量调查队、内蒙古城乡人民生活调查队、统计普查中心、农牧业综合调查中心、机关事务服务中心、教育中心、数据管理中心、信息景气中心、科研所、宣传中心。主要职能是贯彻国家统计工作方针、政策和法律、法规,拟订自治区统计改革、统计建设规划及统计调查计划,组织领导和监督检查各盟市、各部门的统计和国民经济核算工作,监督检查统计法律、法规的实施。建立健全国民经济核算体系和统计指标体系,贯彻全国统一的基本统计制度,制订自治区统计制度,拟订自治区统计标准,审定部门统计标准;组织管理全区统计调查项目,审批各地区,各部门的统计调查计划、调查方案。按照国家普查方案,研究提出重大区情区力普查计划,经批准后组织实施;统一组织各盟市、各部门的社会经济调查,汇总、整理全区基本统计资料;对国民经济、科技进步和社会发展等情况进行统计分析、统计预测和统计监督,向自治区党委、政府及有关部门提供统计信息和咨询建议。统一管理,公布全区性的基本统计资料,定期向社会公众发布全区国民经济和社会发展情况的统计信息。建立健全和管理自治区统计信息自动化系统和统计数据库体系;制订各地区、各部门统计数据库网络的基本标准和运行规则。协助国家统计局管理设在自治区的各级调查队;协助盟市管理盟市统计部门的主要负责干部;组织管理全区统计专业资格考试和职务评聘工作。承办自治区人民政府和国家统计局交办的其他事项。2016年,自治区统计局加快建立符合内蒙古区情的现代统计体系,加大统计改革攻坚力度,抓好全区第三次农牧业普查和专项调查,抓好统计数据质量,着力加强统计干部队伍建设,提升统计服务水平,加强统计自身建设,扎实推进党的建设和党风廉政建设。

【统计数据质量】 贯彻落实中央、自治区领导同志关于统计工作和防范惩治统计造假、弄虚作假,遏制“数字上的腐败”等重要讲话和批示精神,在提升数据真实性、提高统计公信力等方面做了大量工作。落实《国家统计质量保证框架》,强化统计质量管理,完善主要统计指标数据质量控制办法,开展事中和事后数据质量检查、抽查,形成主要领导亲自抓、分管领导直接抓、相关专业具体抓的数据质量管控机制。在“四上”企业上报期间,特别加大对建设领域数据、工业数据、贸易数据、劳动力数据等专业指标的审核,避免源发性错误产生,有效保证源头数据质量。3月,自治区统计局开展“数据造假、以数谋私”专项治理工作。3月3日,《内蒙古日报》全文刊发内蒙古自治区2015年国民经济和社会发展统计公报。6月21日,自治区统计局印发《关于进一步加强统计工作提高数据质量的通知》。

【重点领域统计改革】 建立GDP核算月度监测机制,自治区和盟市数据之间的差距得到有效控制。完成2016年全区及分盟市自然资源资产实物量账户编制工作,并得到国家统计局、中科院和国家有关部委自然资源资产负债编制领域资深知名专家的高度评价,一致认为自治区统计局在探索编制自然资源资产负债表工作上迈出很大一步,不仅走在全国前列,而且在方案设计、体系规划等方面是全国首家自然资源资产实物量账户编制体系最完整的省份,对全国编制工作具有很强的指导意义和借鉴作用。率先在全国建立省级绿色发展统计指标体系,率先在全国将应对气候变化统计、温室气体排放清单编制工作开展到盟市、旗县一级，并创新性地开展能源生产、消耗分片区审核监控方法。正式实施企业非金融资产投资情况调查。5000万元及以上项目联网直报工作顺利开展，项目结转、项目入库工作顺利进行，投资衔接可比性不断改善。“三新”统计调查稳步推进。开展全区工业新产品统计监测，组织电子商务、亿元商品交易市场、城市商业综合体调查，进行农村消费品市场问卷调查及电话访问。首次开展全区“四众”企业专项调查。开展“三新”新服务统计工作，与“三新”重点企业建立共同联动机制，确定“新服务”统计对象，协调有关部门获取10余类新服务统计行业小类信息。在呼和浩特、赤峰、乌兰察布市等6个旗县（区）组织实施基本公共服务情况调查。完成非公有制企业（单位）人才资源状况抽样调查。开展服务业生产指数测算和“十二五”时期自治区、盟市新型城镇化进程综合指数编算工作，得到国家统计局的重视和好评。推进登记制度改革，建立月度更新、乡镇维护、PDA信息现场采集的名录库维护更新工作模式，依托“五证合一、一照一码”信息平台，初步实现以工商、税务信息为主，以行业监管、主管部门信息为辅的名录库信息共享机制。

【普查和常规统计调查】 组织实施第三次全区农牧业普查。组建普查机构，落实普查人员、经费。完成综合试点、业务培训、宣传动员、清查摸底等工作，建立情况通报制度，入户调查工作顺利启动。人口抽样调查工作积极稳妥，完成1%人口抽样调查后续工作及数据整理、评估和资料开发，为全面了解第六次全国人口普查以来自治区人口总量和结构等方面的变化情况，制定和调整人口发展政策提供数据支撑。民调事业迈上新台阶。经过两年的努力，全区12个盟市社情民意调查平台全部建成，自治区成为全国首家地市级民调工作全覆盖的省份，全区民调工作步入规范化轨道，软硬件设施进一步夯实。

【统计分析监测和服务】 全区各级统计部门坚持“三个面向”，推进统计向“数库”、“智库”并重转变。建立完善经济转型升级监测体系，结合自治区第十次党代会精神，制定《内蒙古经济转型升级监测方案》实施常态化监测。在抓好“十二五”时期经济社会发展、“一带一路”倡议、服务业、县域经济、新常态经济发展等重点课题研究的基础上，完成一批重点行业分析、经济走势预判、政策效应分析等“短、平、快”的统计分析报告，得到各级党政领导的批示和关注。其中，仅2016年四季度，自治区党委书记李纪恒批示区局统计分析报告7篇次。坚持面向社会公众，拓宽服务手段。通过建立季度经济形势分析会和新闻发布会制度，及时分析解读当前经济运行中的热点、难点问题，并依托统计微信、政务微博、统计信息网等媒体平台，以及编印统计资料等方式，及时快捷高效地对外发布统计信息。坚持面向统计对象，贴近需求服务。通过与企业、部门统计人员建立沟通联系渠道，加大对企业、市场、商户、农户等统计对象的回访力度，了解统计对象对统计工作的意见建议，有效增进统计情感，提升统计对象的配合度。

【统计法制建设】 制定《关于加强统计工作进一步提高统计数据质量的意见》《内蒙古统计系统实施随机抽查工作方案》等文件，推动全系统将批示精神真正落到实处。强化统计执法检查，始终保持对统计违法行为的高压态势。建成自治区统计执法骨干人才库，开展全区“数据造假、以数谋私”专项治理活动。利用“12·4”国家宪法日、“12·8”统计法宣传日、三农普等各种契机，构建全方位、立体式、多层次的统计普法宣传格局，为全区统计工作开展营造良好的环境。

【统计保障能力】 在全面完成统计基层基础标准化建设任务基础上，将统计基层基础建设触角继续向乡镇（统计站）一级延伸。在统计信息化建设和部门统计等方面，完善统计综合应用平台畜牧业普查等4个制度新增表样的定制及审核关系编写，配合国家局和区直有关部门搭建“五证合一、一照一码”社会信用信息平台。此外，部门联动机制进一步增强。加强与自治区发改、商务、旅游、工商、税务、质检、人民银行和海关等部门的业务联系，利用现代信息技术开发数据资料，有力推进部门间统计信息共享。

【全面从严治党】 全面落实从严治党各项要求，能够做到知责明责、履责尽责，认真执行《准则》，深入贯彻《条例》，严守党的政治纪律和政治规矩。坚持“走在前、作表率”，深入开展“两学一做”学习教育，不断深化“四风”整治，推动落实中央八项规定和自治区28项配套规定精神常态化、长效化。坚定不移推进党风廉政建设，严格履行“一岗双责”，全力支持纪检组依法履行监督职责，坚决把纪律和规矩挺在前面，为统计改革发展注入强有力的思想政治保障。

【统计队伍建设】 以“统计队伍建设年”为主线，全面加强干部队伍、人才体系特别是高层次创新型人才队伍建设。相继出台《内蒙古自治区“十三五”时期加强统计干部队伍建设发展规划》《统计教育培训规划》等一批指导性文件，确立未来五年全区统计队伍建设“时间表、路线图、施工单”。有计划、多层次组织统计业务培训、各类主题讲座上百期，基本实现统计人员培训全覆盖。全区统计部门各级党组织严格执行干部任用条例，一手抓长效机制建设，一手抓选人用人育人，采取竞争上岗、挂职锻炼、岗位轮换等方式，有效激发干部职工爱岗敬业、干事创业的热情，形成“引得来、留得住、用得上、有发展”人才管理新格局。

【科研成果】 9月2日，自治区统计局正式出版《数说“十二五”》，全面系统反映“十二五”时期内蒙古经济社会所取得的辉煌成就。9月14日，自治区统计局一篇研究报告《实施东北振兴战略十年蒙东地区又好又快发展》获得自治区第五届哲学社会科学优秀成果政府奖三等奖。内蒙古自治区及分盟市森林、草原、湿地资产实物量账户变动表（2014年）编印成册，内蒙古探索编制自然资源资产负债表取得阶段性成果。

（撰稿人：白莹）

2016 年内蒙古主要经济指标运行情况

表 1

主要指标	绝对量	增长(%)
地区生产总值(亿元)	18 632.6	7.2
人均地区生产总值(元)	74 069	6.9
第一产业增加值(亿元)	1628.7	3.0
第二产业增加值(亿元)	9078.9	6.9
第三产业增加值(亿元)	7925.0	8.3
粮食产量(亿斤)	556.0	-1.7
牧业年度牲畜存栏头数(亿头、只)	1.36	0.1
全部工业增加值(亿元)	7758.2	7.0
500 万元以上项目固定资产投资总额(亿元)	15 283.4	12.0
社会消费品零售总额(亿元)	6700.8	9.7
一般公共预算收入(亿元)	2016.5	2.6
城镇常住居民人均可支配收入(元)	32 975	7.8
农村牧区常住居民人均可支收入(元)	11 609	7.7
全体居民人均可支配收入(元)	24 127	8.1
注:生产总值增长率按可比价格计算		

2016 年内蒙古分盟市主要经济指标运行情况（一）

表 2

地　区	地区生产总值（GDP）				规模以上工业增加值		500 万元以上项目固定资产投资总额			
	总量（亿元）	位次	增长（%）	位次	增长（%）	位次	总量（亿元）	位次	增长（%）	位次
全区	18632.57		7.2		7.2		15283.45		12.0	
呼和浩特市	3173.59	3	7.7	3	9.1	3	1849.17	3	14.2	7
包头市	3867.63	2	7.6	4	8.9	4	2955.82	2	14.4	6
呼伦贝尔市	1620.86	6	7.0	9	5.5	11	982.33	6	6.1	10
兴安盟	522.46	11	8.0	1	9.9	1	510.84	10	20.1	2
通辽市	1949.38	4	7.4	5	9.3	2	1475.51	4	14.5	5
赤峰市	1933.28	5	7.3	6	7.0	9	1469.28	5	15.5	4
锡林郭勒盟	1045.51	7	7.2	8	7.1	7	718.41	8	17.0	3
乌兰察布市	938.87	8	6.8	11	6.5	10	661.38	9	5.4	11
鄂尔多斯市	4417.93	1	7.3	6	8.9	4	3050.08	1	12.0	8
巴彦淖尔市	915.38	9	7.0	9	7.1	7	734.69	7	10.6	9
乌海市	572.23	10	6.8	11	4.5	12	165.12	12	5.2	12
阿拉善盟	342.32	12	7.8	2	8.9	4	425.08	11	22.1	1

2016 年内蒙古分盟市主要经济指标运行情况(二)

表 3

地区	社会消费品零售总额				一般公共预算收入				一般公共预算支出			
	总量(亿元)	位次	增长(%)	位次	总量(亿元)	位次	增长(%)	位次	总量(亿元)	位次	增长(%)	位次
全区	6700.76		9.7		2016.47		2.6		4526.29		6.4	
呼和浩特市	1481.46	1	9.5	9	269.70	3	9.0	3	420.86	3	16.7	2
包头市	1400.22	2	9.7	7	271.21	2	7.5	4	415.19	4	5.6	7
呼伦贝尔市	600.27	5	10.0	2	106.03	6	2.6	10	414.69	5	10.7	3
兴安盟	230.57	10	10.0	2	30.15	12	13.1	1	216.91	10	−4.7	11
通辽市	515.34	6	9.8	6	128.34	4	6.5	7	358.08	6	2.4	9
赤峰市	700.25	4	9.9	4	111.78	5	6.9	6	439.49	2	5.9	6
锡林郭勒盟	244.70	9	9.6	8	105.05	7	12.0	2	243.86	8	8.8	4
乌兰察布市	317.11	7	9.2	12	56.68	10	2.8	9	303.13	7	−4.7	11
鄂尔多斯市	726.81	3	10.1	1	451.02	1	1.1	12	563.44	1	−1.7	10
巴彦淖尔市	257.68	8	9.9	4	69.95	9	6.4	8	235.88	9	2.8	8
乌海市	151.93	11	9.3	11	81.56	8	1.3	11	133.32	11	25.4	1
阿拉善盟	74.44	12	9.4	10	35.02	11	7.0	5	91.54	12	8.3	5

表 4

2016 年内蒙古分盟市主要经济指标运行情况(三)

地区	全体居民人均可支配收入				城镇常住居民人均可支配收入				农村牧区常住居民人均可支配收入			
	总量(元)	位次	增长(%)	位次	总量(元)	位次	增长(%)	位次	总量(元)	位次	增长(%)	位次
全区	24 127		8.1		32 975		7.8		11 609		7.7	
呼和浩特市	30 527	5	8.0	8	40 220	3	7.7	7	14 517	5	7.6	7
包头市	35 759	1	7.8	10	40 955	1	7.5	10	14 692	4	7.5	9
呼伦贝尔市	24 280	7	8.1	6	28 885	7	7.6	9	12 540	8	7.8	4
兴安盟	15 468	12	8.7	2	24 279	12	8.4	2	8533	12	8.1	1
通辽市	18 415	9	8.4	3	27 444	8	8.2	3	11 585	9	7.7	6
赤峰市	17 737	10	8.8	1	27 336	9	8.5	1	9517	10	8.0	2
锡林郭勒盟	25 554	6	8.4	3	32 903	6	8.2	3	13 188	7	7.9	3
乌兰察布市	17 373	11	8.3	5	26 565	10	8.0	5	9085	11	7.8	4
鄂尔多斯市	32 860	3	7.7	11	40 221	2	7.4	12	15 480	2	7.3	12
巴彦淖尔市	21 010	8	8.1	6	26 259	11	8.0	5	14 476	6	7.4	11
乌海市	35 566	2	7.7	11	36 515	4	7.5	10	15 475	3	7.5	9
阿拉善盟	30569	4	7.9	9	34 737	5	7.7	7	16 746	1	7.6	7

统计调查

【概况】 国家统计局内蒙古调查总队（以下简称内蒙古调查总队）是国家统计局的派出机构，为正厅级事业单位，内设18个处(室)。既是政府统计调查机构，也是统计执法机构，依法独立行使统计调查、统计监督的职权，独立向国家统计局上报调查结果，并对调查资料的真实性负责。同时，承担地方政府委托的各项统计调查任务。主要职能职责有：组织实施城乡住户、国民经济主要行业生产价格、投资价格、居民消费价格、农牧业产量、农牧业中间消耗、服务业、规模以下工业、规模以下固定资产投资和资质以外建筑业企业等国家抽样调查制度，以及国家统计局布置的有关企业景气、企业集团、现代企业制度跟踪监测、农村牧区贫困监测、城乡社会经济基本情况等专项调查制度；组织实施国家统计快速反应制度，组织开展经济社会重大问题专项调查，及时报告本地区的突发性经济事件和重大社会经济问题等方面信息；参与组织实施国家有关普查项目；根据国家统计局的授权，管理和公布有关统计调查数据；依法查处调查队系统及其调查对象的统计调查违法案件;受国家统计局委托管理国家统计局自治区以下各级调查队；组织指导地方调查队的业务工作；接受地方政府、有关部门的委托，开展统计调查，提供统计调查咨询服务。国家统计局对各级调查队实行垂直管理，国家统计局授权国家统计局内蒙古调查总队管理各盟市、旗县市调查队。2016年，内蒙古调查总队围绕建立现代统计体系发展战略，全面推进“从严治党”“从严治统”“从严治队”和“从严治数”，精心谋划，狠抓落实，攻坚克难，砥砺前行，完成各项工作任务。特别是在数据质量、咨询服务、班子建设、现代信息化建设、系统管理和党风廉政建设等方面取得了新成效，实现了新跨越。2016年7月，国家统计局内蒙古调查总队获得《中国信息报》宣传工作先进单位称号。

【抓思路谋划，推动内蒙古统计调查事业持续健康发展】 分析当前统计调查事业发展面临的新形势和新挑战，深入研究中央和国家统计局对统计调查工作作出的新部署和提出的新要求，切实把握内蒙古统计调查事业发展实际，统筹谋划，主动作为，适时提出“落实五项要求、抓好六项建设，奋力开创内蒙古统计调查事业发展新局面”的总体思路。五项要求的主要内容是：突出一个中心，即突出数据质量这个中心；摆正两个关系，即摆正为国家服务与为地方服务的关系，摆正国家调查队和地方统计调查机构的关系；发挥三大优势，即充分发挥调查队所特有的体制优势、队伍优势和方法优势；遵循四条规律，即统计调查工作要遵循经济规律、自然规律、社会规律和统计规律；打造五种环境，即打造团结协作、求真务实、宽松和谐、有序稳定、争先创优的良好工作环境。六项建设的主要内容是：抓好党的建设这个统领；抓好班子建设这个关键；抓好业务建设这个中心；抓好能力建设这个基础；抓好作风建设这个保障；抓好自身建设这个前提。根据新思路和新要求，党组研究确定了年内十项重点工作，并进行了周密部署，狠抓了贯彻落实和督促检查，推进了各项任务的顺利完成，实现了全区统计调查事业的健康发展。

【抓质量引领，及时准确完成各项统计调查任务】 围绕数据质量这个中心，学习贯彻习近平总书记对统计调查工作的重要指示批示精神，全面落实防止统计造假、弄虚作假新要求。加强对数据质量管控的组织领导，成立由内蒙古调查总队主要领导任组长的内蒙古调查总队数据质量管理工作领导小组，全面加强对数据质量的管控和监督检查。建立完善数据质量管理制度，制定各专业《数据生产与管理规范化规程》《数据质量审核评估办法》《调查样本检查与访户制度》《调查业务考核办法》等多项制度，形成覆盖全程的业务制度管理体系，筑牢调查业务工作制度化、规范化基础。强化数据质量审核评估，切实尊重经济规律、社会规律、自然规律和统计规律，坚持数据审核评估制度，强化源头审核、过程审核、相关性审核、趋势性审核、时序性审核和置信度评估，努力打造精品调查数据。加大数据质量检查力度，瞄准业务工作中的薄弱环节和数据质量风险点，增频拓面，有针对性地组织开展统计执法、业务基础和数据质量"三位一体"检查工作，并严格执行数据质量通报制度，强化整改落实，进一步提升依法依规统计调查能力。通过采取上述措施，内蒙古调查总队完成"居民收支、农畜产量、各类价格、小微企业监测和专项调查"五大体系调查任务，为国家和地方提供真实、准确、及时、完整的统计调查数据。与此同时，按照国家统计局和内蒙古农普领导机构的统一部署和要求，成立三农普查遥感测量工作办公室，制定《三农普遥感测量工作实施方案》，配齐硬件设备，开展业务培训，完成三农普遥感测量野外实地调查、数据核查、数据处理、服务招标等工作，其他各项后续工作也正在按计划稳步有序推进。

【信息咨询服务】 围绕"提质增效"这个总目标总要求，大力实施"精品"战略，推进信息咨询服务工作的高质量开展。工作要求到位，提出要切实增强调研信息的敏感性、鲜活性、针对性和思想性；要按照"快、新、准、深"四字方针，来组织实施整个信息咨询服务工作；要注意通过发挥调查队的体制、队伍和方法优势，来有效提升决策咨询服务工作的深度、广度和力度。组织领导到位，内蒙古调查总队成立信息咨询服务工作领导小组，构建以总队为中心、以市县级队为辐射的工作格局，形成上下联动、内外协作、横向联合、纵向贯通、全员抓信息的新模式。督促考核到位，重新修订相关考核办法，加大信息考核权重。坚持执行信息通报制度，不断提升决策咨询服务工作的大局观、责任感和事业心。培训指导到位，丰富培训内容，拓宽培训范围，提升培训效果。全年共举办4期信息咨询服务培训班，参加培训的人员200余人次。通过采取上述措施，2016年内蒙古调查系统信息咨询服务工作实现新的跨越。仅总队机关就提供分析信息700余篇，获得各级各类采用554篇次，其中得到国家领导批示11篇，省部级以上领导批示24篇。内蒙古调查总队信息咨询服务工作，在最近自治区党委政府通报中，居党委系统第三名，居政府系统第二名，实现了服务水平、服务质量、服务效能、服务理念的全方位提升。

【抓激励约束，全方位展示政务信息的"窗口"效应】 内蒙古调查总队党组高度重视政务信息工作，明确提出"内蒙古总队政务信息工作要力争进入全国前五"的激励约束目标。发挥思想传导、方向引领、沟通上下、联络四方的特殊"窗口"效应，推动政务信息工作继续保持良好发展势头。2016年，国家统计局内网、《国家统计局工作交流》、《中国信息报》、总队内网、内蒙古调查微讯共采用政务信息4100余篇。其中，国家统计局内网采用270余篇，《中国信息报》采用100多篇，《国家统计局工作交流》采用2篇，内蒙古调查总队内网采用3700余篇。内蒙古调查总队连续3年在全国调查总队网络信息考核评比中获优秀等次。同时，总队还获得2016年度《中国国情国力》宣传先进单位称号，系统内3名同志获宣传先进个人，1名同志被《中国信息报》评为优秀通讯员。

【调查工作现代信息化建设】 促进计算机技术、通信技术、空间技术等现代信息技术与统计调查工作深度融合，对于提高统计调查工作效率、提高统计调查数据质量、提高统计调查现代科技含量都具有重要意义，是建设现代统计体系的题中应有之义。为此，内蒙古总队积极推进调查工作现代信息化建设。主动推进住户调查电子记账试点工作。在学习借鉴其他先进省市成功经验的基础上，本着“条件成熟一户，推广覆盖一户”的原则，依照先旗县试点、再盟市推广、最后全区逐步覆盖的总体思路，积极稳妥、扎实有序地进行电子记账推广工作。截至年底，阿拉善和巴彦淖尔的10个旗县电子记账比例为97%和80.9%，其余10个盟市的21个试点旗县区正在推行试点户的双轨记账。推行在农作物面积调查中使用遥感测量。按照国家统计局的统一部署，积极筹备资金，配齐包括PDA、计算机、图形工作站等调查硬件设备，组织开展无人机驾驶员培训，遥感测量实地调查培训，在三农普农作物播种面积调查中成功应用遥感测量开展调查工作。消费价格调查成功开通“外勤助手”。通过向上海、江苏等省份学习先进工作经验，为20个调查市县的170部采价手机开通“外勤助手”功能。全程监控采价员现场采价各环节，解决了内蒙古因点多面广造成基层在采价过程出现的“三定原则”执行不到位问题，保障消费价格调查源头数据质量。建立内蒙古房价调查信息管理系统。为使房价调查更具规范化、信息化和智能化，主动与地方房管局、规划局、物业办等相关部门沟通，扩展项目信息，并对项目信息进行审核验证，目前已按时保质完成呼、包两市房价信息管理系统数据的采集计算和加载校验工作。

【统计调查管理】 加强与完善调查队系统管理，激发系统活力，保证数据质量，提升工作水平，通过抓系统管理建设务实高效廉洁有为的统计调查队伍。内蒙古调查总队组织召开系统管理座谈会，专题研究优化系统管理的总体思路、基本原则、组织模式和工作要求。出台《国家统计局内蒙古调查总队关于进一步发挥市级调查队承上启下职能作用的意见》，确定内蒙古调查队系统采取垂直管理加分层分级管理的模式，从人事、财务、业务、党建和廉政五个方面，进一步明确市级调查队在系统管理中的职责和权限，规定责任追究的具体办法。2016年，内蒙古调查总队从实际需要出发抓制度管理，对已有的一些制度，结合形势发展的需要进行补充修改完善，建立《数据质量管理办法》《信息咨询服务管理办法》等许多新的制度，提升统计调查的规范化水平。成立内蒙古调查总队工作纪律检查小组，强化纪律管理，强调遵规守纪的各项要求，制定具体的执纪问责措施，有效推动机关工作作风的转变。

【依法治统工作】 落实依法统计调查各项要求，推进法治统计调查建设，防范统计造假、弄虚作假，切实维护统计调查工作的严肃性、权威性和统计调查数据的真实性、准确性。制定《国家统计局内蒙古调查队系统2016年统计法规制度工作要点》，明确和细化法规年度目标任务，强化目标任务的督查落实。加强法规制度建设，出台《内蒙古调查队系统统计执法检查工作暂行规定》《内蒙古调查队系统统计执法检查随机抽查实施办法》，形成比较完备的防范数据造假的制度体系。充实执法人员力量，进一步扩充与更新执法骨干人才库，审核、换领了部分“统计调查证”和“统计执法检查证”。强化执法能力提升。举办调查队系统主要负责人法治培训班，提高广大统计调查人员对数据造假、弄虚作假危害性的认识，强化防范统计数据造假的政治责任和主体责任。加大执法检查力度，2016年内蒙古调查系统共检查835家单位，发现统计违法行为41起，立案29起，结案29起，有力遏止统计违法违规行为。

【抓督促检查，推进“两个责任”全面落实】 对照新形势下提出的新要求，将党风廉政建设工作与统计调查工作进行一同部署、落实、检查和考核。以突出选好用好干部、切实加强源头治腐、带头廉洁从政和积极支持执纪执法工作为出发点和落脚点，修订《内蒙古调查队系统落实党风廉政建设主体责任和监督责任实施办法》，形成“横向到边、纵向到底、责任明确、全面覆盖”的党风廉政建设责任体系。建立完善内蒙古调查总队班子成员分管市县级调查队制度,促进市县级调查队"两个责任"的全面落实。34个县级队全部建立队委会,形成集体领导、民主决策的良好格局。制定《国家统计局内蒙古调查总队党风廉政建设责任制监督检查暂行办法》,充分利用述职述廉、信访处理、函询约谈、巡视"回头看"等多种措施,对党纪执行情况、中央八项规定落实情况、领导干部履行职责情况、巡视整改落实情况等进行监督检查,并对发现的苗头性、倾向性问题,及时督促整改落实。内蒙古调查总队派出2个巡察组分别对呼和浩特、包头、兴安、通辽4个市级调查队的党组领导班子建设、落实党风廉政建设主体责任和监督责任、开展"两学一做"学习教育等情况进行了巡察,进一步推动基层调查队党风廉政建设和反腐败工作的纵深开展。

(撰稿人:张晓旺)

出入境检验检疫

【综述】 2016年,内蒙古出入境检验检疫局(以下简称内蒙古局)共检验检疫出入境货物26.64万批,同比增长16.5%,货值81.7亿美元,同比增长1.2%。检出不合格商品19 457批,同比增长41.8%,货值6亿美元,同比增长62.9%。卫生检疫出入境人员488.3万人次,发现病例2462例。截获检疫性有害生物24种、3639次,同比分别增长71.43%和37.68%。检疫交通工具:飞机2562架次,同比减少10.26%;火车50.03万节,同比增加8.86%;汽车153.39万辆次,同比增加31.11%;集装箱5.96万箱,同比减少29.01%;货物25.12万批,同比增加16.43%;行李219.01万件,同比增加37.29%;邮包12.83万件,同比增加12745.25%;尸体/棺柩18具,同比减少52.63%。

【开展质量提升活动】

质量共治 推动政府、企业和社会力量共同参与质量治理,与地方政府、质监局共同签署质量工作合作协议,承担了自治区重要产品追溯体系建设4项任务,进出口商品质量保障体系、疫病疫情联防联控体系、口岸检验检疫综合能力建设等列入政府质量考核,进出口食品安全首次纳入政府考核指标体系,内蒙古局首次成为地方政府质量安全考核成员单位。

打造"以点带面"的质量安全示范新格局 助推番茄制品、杂粮杂豆等质量安全示范区建设,建成自治区首家盟市级出口食品农产品质量安全示范区,国家级示范区从3个增加到7个,示范企业从14家增加到60多家,辐射面积由3000多平方公里增加到7.88万平方公里,实现经济效益和社会效益双提升。立足区域化产业转型,指导43家出口食品备案企业完成"三同"平台注册,同时拟建、在建28家内蒙古草原"三同"特色产品销售实体店,位居全国前列。

【强化贸易措施应对】 积极帮扶区内企业在"中蒙俄经济走廊"沿线国家注册。内蒙古科尔沁牛业股份有限公司牛肉出口到以色列、马来西亚,并获得5个国家和地区官方注册;包头东宝生物技术公司的食用明胶顺利出口欧盟,在骨胶行业排行居前;内蒙古塞飞亚有限公司在出口韩国、日本的基础上向马来西亚、哈色克斯坦官方注册出口禽肉产品。2016年内蒙古获国外注册备案企业共计84家,较上年增加了121%。大力扶持民族特色食品企业突破欧盟、日本等有机、生态原产地贸易壁垒,产品合格率从95%提高至100%。首次实现冷冻菠菜对日本出口,推荐评定5个生态原产地保护产品。通过完善"一厂一品一案"监管模式,帮扶企业积极应对破解国外技术壁垒,助推通辽等中欧货运班列装运出口饲料。2016年,出口饲料及饲料添加剂47.83万吨,同比增长46.27%,位列全国前列。

【筑牢国门安全屏障】

构建国门安全防控体系 加强口岸核心能

力建设，筑牢国境口岸公共卫生防护网，创新构建以“境外防线”“边境防线”“口岸联动防线”“群防群控防线”四道防线为主要内容的国门生物安全防控体系，与林业、公安等部门签署协议，形成防控合力。完善以风险管理为主要手段的进出口食品安全治理体系，着力打造事中事后监管的消费品安全和国门环境安全防控体系。

夯实国门安全基础　加强口岸核心能力建设动态管理，在出入境人员集中口岸推进核与辐射监测网络监管系统和传染病电子监管系统建设，打造口岸公共卫生风险监测预警决策系统，卫生检疫传染病发现率大幅提高。2016年，内蒙古口岸出入境人员发现有传染病症状者1123人次，发现率2.34/万，较上年提高54.86%；出入境人员确诊传染病254人次，确诊率为22.62%，较上年提高44.55%。推进动植检口岸规范化建设，完成全国进境口岸非洲猪瘟应急处置演练。

打造安全口岸　自治区政府首次就邮检事项进行专题研究，顺利入驻呼和浩特邮检中心开检，全年共发现邮检违规检疫物品215件，首次截获44只活体钟角蛙。首次从进口俄罗斯种马中检出1例马梨形虫病；首次从进口蒙古国种马检出9例马病毒性动脉炎，2例马鼻腔肺炎；从进口澳大利亚种羊检出65例5种疫病阳性，阳性动物的检出率同比提高了158倍，疫病种类检出率同比增加60%。深入开展“绿蕾行动”，完善“人—机—犬”查验模式，全国首次发现重大植物疫情。强化中蒙边境鼠疫疫情监测，检出2例鼠疫血清学阳性病例，受到总局通报表扬。加强对进出口资源性商品、工业品、消费品、危险化学品及包装检验监管，进口工业品不合格检出率为22.02%，检出短重矿产品1152批；目录外商品监督抽查不合格率为29.58%。

【对接国家发展战略】　开展检验检疫制度创新研究，政策研究实现了历史性突破，《中蒙俄经济走廊之检验检疫发展战略研究》获得总局政研课题一等奖，部分成果纳入自治区“十三五”规划。围绕满洲里、二连国家重点开发开放试验区建设，主动申请开展政研课题《重点开发开放试验区检验检疫制度创新研究》，切实增强促进发展的针对性和前瞻性。加快推进检验检疫一体化建设，与广东、江苏等近10个直属局签署合作备忘录。总局授权内蒙古局牵头推进中欧班列沿线检验检疫一体化建设，主动参与东北四省区、沿黄河丝绸之路“9+2”一体化建设，全面构建“一纵一横一片”的区域一体化格局。全年进出境班列达1011列，同比增长53%，班列线路达31条，其中内蒙古地区始发线路达7条，致力将内蒙古打造成中欧班列集散地和便捷通道。

【扶持特色产业发展】　制定服务自治区向北开放支持外贸发展的5个方面19条具体措施和促进沿边重点地区开发开放的12项措施，支持自治区对外贸易做大做强。推动落实中蒙元首关于战略伙伴关系框架协议，蒙古国熟制牛羊肉实现首次进口，进口动物产品批次和货值同比分别增长67%和108%。促进农畜产品“优进优出”，实现供港出口活牛4082头，位列全国第二。围绕内蒙古农牧业大区实际，提出打造全国种畜基地的构想，检疫进口种羊3485只、种马赛马853匹、种猪815头、种禽7万只、奶牛冷冻精液等遗传物质80多万支，创历史新高。支持农业“走出去”企业返运粮食，配合总局完成俄蒙输华油菜籽等8种农产品检疫准入，实现俄输华燕麦、亚麻籽等5种农产品临时试验性进口；2016年年底蒙古国天然饲草正式获得检疫准入，全年实现进口蒙古国天然饲草7.89万吨，有效解决了牧区饲草短缺的困难。

【推进“大口岸”建设】　加快推进满洲里、二连浩特口岸对外开放平台建设，支持满洲里综合保税区、中俄和中蒙边民互贸区如期运营，实现深度开放。粮食、整车进口指定口岸配套设施建设不断完善，逐步实现了常态化、规模化进口。

二连浩特公路口岸通过进口肉类指定口岸验收,策克、满都拉2个口岸获批进口肉类指定口岸建设,珠恩嘎达布其、额布都格等2个口岸饲草进口检疫处理设施通过验收,全区各类进口指定口岸达到9个,形成了各具特色、错位发展的良好态势。支持自治区新开放口岸建设,主动参与乌力吉口岸前期规划和建设,启动筹备工作。完善口岸设施建设,鄂尔多斯机场通过自治区级验收,积极推荐申报包头、锡林浩特机场临时开放,二连浩特、阿尔山机场保持临时开放。支持新业态发展,助推跨境电商、会展业等发展,保障了中蒙博览会、中蒙俄经贸合作洽谈会等圆满举办。

【深化业务改革】

简政放权　以“扁平化管理”为导向,简化优化服务流程,实施口岸卫生许可“三证合一”,下放口岸卫生许可审批权、进口非食用动物产品行政审批受理权、“小批量”进口汽车行政审批受理和初审权。还争取总局下放了蒙古国进口食品企业的官方注册。建成“一站式”办事大厅,无纸化报检率达到80%以上,全区系统23个窗口全部通过标准化建设验收。

模式改革　以“流程再造”为牵引,深化“三互”“单一窗口”改革。全面推行关检“场地共用、设备共享、查验协同、依法处置”和“一机一台双屏”旅客查验新模式,通关时间缩短40%以上。在全国范围内率先开展“检铁”协作,与呼铁局、哈铁局等铁路部门签署“三互”合作协议,开辟了信息共享、工作互助的新路径。探索建立“区域管理分线、产品管理分类、风险管理分级”的差别化管理模式,完善前伸后延的进出口闭环监管模式,推动二线与一线监管模式相衔接。在进口木材、汽车和出口食品中开展采信第三方检测结果试点工作。风险预警能力和预警机制建设不断完善,风险信息采集、研判、处置等能力不断加强,报送进口不合格风险信息5290条。围绕口岸过货通关、物流贸易和落地加工三大功能,对进口大宗资源性商品探索实施验证放行、预检放行、检验放行、信用放行等多种快速验放模式。

“智检内蒙古”建设　全面保障e-CIQ主干系统顺利上线运行,启动“智检内蒙古”建设,获得自治区5000万元专项资金支持。提出“智检内蒙古”信息化建设的总体框架(“一二三九”信息化工程:重点打造一个中心,即内蒙古检验检疫大数据中心;优化二个体系,即基础运维保障体系和应用支撑体系;建设三大平台,即电子业务服务平台、电子政务管理平台、信息安全监管平台;完善九大核心业务系统)。自主开发出入境车辆智能监管平台,全国范围内首次实现对斯拉夫文车牌号码的自动识别,实现诚信车辆不停车通检,被列为全区口岸可复制推广经验。完善木材检尺和中欧班列等业务管理系统,实现数据自动归集、运算、传送。

【提升综合管理能力】　研究制定《内蒙古检验检疫事业发展“十三五”规划》。推进规范化管理,进一步规范业务管理和机关内部管理,研究制定50余项内部管理制度。落实“一卡通及考勤管理系统”项目,完成局机关、保健中心和机关服务中心考勤管理系统的硬件设备安装、软硬件联调及试运行测试验证、正式上线运行工作,并将该系统与办公自动化系统请销假、出差审批等功能对接。科学统筹分支机构布局,呼和浩特局获得中编办批准。调整优化内设机构,撤销机电检验处、化矿检验处、轻纺检验处,设立检验监管处、质量安全处、信息化处,规范分支机构科室设置。根据总局统一部署,撤销了包头局国际集装箱转运站办事处。加快法治质检体系建设步伐,正式发布权力清单和责任清单,重新制定7个执法类制度,完成规范性文件清理工作,有效推进“双随机、一公开”工作,梳理出14项随机抽查事项。

【科研制标管理】　组织全系统开展2013—2015年度科技兴检奖申报、整理工作,并完成了37

个申报项目、66篇(部)论文(论著)以及11个先进集体、20名先进个人的初评工作;依据细化的权重指标、技术指标、综合制标等相关因素以及新拟定的评奖程序对通过初评的申评项目进行了两轮复评审,共评审出“科技兴检”获奖项目26项、优秀论文61篇、先进集体4个、优秀科研工作者10名。组织申报4项内蒙古自治区地方标准制修订项目,获得批准2项,同时组织申报了11项SN行业标准制修订计划项目，获得批准3项；参与制定内蒙古技术质量监督局标准化工作“十三五”规划,以及新疆局、广东局“一带一路”重点进出口商品检验检疫行业标准建设工作；作为组长单位完成自治区标准化三年行动计划第二年度对呼和浩特市、乌兰察布市的工作考核。

【实验室资源整合】 筹建稀土矿产品、人畜共患病、肉类及其制品国家级检测重点实验室以及葡萄酒检测区域性中心实验室，逐步形成以国家重点实验室为龙头、区域中心实验室为骨干、常规实验室为支撑,优势互补、整体发展的新格局和新网络。以乌海市为试点,探索“检政”合作,与地方政府共建、整合检验检测资源,搭建了自治区西部区域检验检测公共服务平台。

【所属事业单位业务拓展】内蒙古局技术中心2016年首次向CNAS申请了62个检测参数的扩项评审并顺利通过，特别是蜂蜜占的比例最大,共扩增49个检测参数,现蜂产品检测参数为208个。扩项评审后,技术中心的检测能力范围达到20大类，54个产品,2299个检测参数,为行政执法提供了强有力的技术支撑。

内蒙古国际旅行卫生保健中心顺利通过ISO9000质量体系监督审核，实验室顺利通过ISO/IEC17025的复评审；参加卫生部临检中心室间质评活动，完成60多个项目全部盲样检测，参加中国疾病预防控制中心6项传染病能力验证活动,检测结果均为优秀。全年中心实验室、门诊部共引进、安装10余台新进大型仪器,目前已完成安装调试,增开肿瘤标记物类、激素类、心脑血管、中医类等项目。引入康康在线平台实现体检平台化预约，牵头完成中心微信公众号改版运行,并实现微信查报告功能。

【文明创建活动】 完成总局全系统征集精神文明建设典型经验和创新案例工作，内蒙古局创新案例成功入选。完成2015—2016年度质检系统全国青年文明号候选集体的推报工作，向总局推报额济纳局为全国青年文明号（特别推荐集体)。积极发挥群团组织的作用,开展文明风尚传播、母亲节、父亲节感恩活动、与社区组织羽毛球赛、义务献血、博爱一日捐、“为青春添一抹新绿”为主题的植物微景观DIY等活动。制作文明单位创建PPT及宣传纪录片,以全区第一名的好成绩进入“文明单位标兵”行列。全区系统已有全国文明单位2个，自治区文明单位4个。

【干部队伍建设】 研究制定《关于从严管理干部工作的意见》,明确选人用人导向。启动干部双向挂职,交流调整48名处级干部,其中8名处级领导干部转任非领导职务,“三超两乱”整治提前完成。按照《内蒙古检验检疫局公务员年度考核暂行办法》,完成2015年年度考核工作,确定“优秀”等次154人,其中20人记三等功,134人获嘉奖。协助总局完成8名厅局级干部年度考核工作，完成我局1名厅局级干部的试用期满考核、二连浩特局局长、通辽局局长、乌兰察布局局长离任选人用人专项检查和局机关、分支局20名主要负责人的任职备案工作。完成局机关8名处以下干部职务晋升工作和所属办事处5名科级干部提拔任用工作。开展了分支机构科室调整后科级干部的备案工作，对系统提任、交流的35名科级干部进行了任职审核及备案。2016年共招录34名公务员,100%充实到口岸、基层一线。做好2017年招录公务员编制计划报批和25个计划录用职位的报名审核工作。积极创新干部教育培训模式,开展13期检验检疫大讲堂，推动26名处级干部和业务骨干走上讲台；与内蒙古行政学院联合开办了科级以上干部培训班；选派干部赴广东、江苏参加培训班，一年来各类培训和送出去培训达到1万人次以上，干部培训和人才培养取得显著成效。

（撰稿人：任乐）

烟草专卖

【概况】 2016年，内蒙古自治区烟草专卖局（公司）（以下简称自治区烟草专卖局＜公司＞）按照“改革为动力、创新为活力、精益为潜力、管理为效力”的工作指导思想和“创新思维、科学统筹、培育品牌、稳定销量、提升结构、增加效益”的工作要求，突出经济发展主线，推进“五讲五树”全面工作、基层组织建设、创新管理潜力、经济运行调控、规范监督管理、党风廉政建设6项工作，促进全区行业发展战略全面落实。全区烟草商业系统实现税利64.45亿元，同比增长1.46%，其中利润20.85亿元，同比下降21.35%。3项费用率为6.18%，同比增长2.41%。办公费、会议费、接待费分别同比下降18.89%、38.53%、177.29%。截至2016年底，总资产127.85亿元，资产负债率为26.98%。

【专卖管理】 在协作机制建立方面，充分发挥与公安、邮政、交通、铁路等部门联合打击物流运输领域涉烟违法活动的机制作用；与自治区公安厅交管局联合下发《关于加强对违法运输烟草专卖品行为监管工作的通知》；与自治区公安厅、呼和浩特海关、满洲里海关建立联合打击走私烟草专卖品违法犯罪活动工作制度。2016年，全区共查获违法涉烟案件5925起，同比增加44.83%。其中：假冒卷烟案件950起，同比增加35.52%；5万元以上假烟案件23起，同比增加53.33%。共查获假烟525.21万支，同比增加8.2%。罚没款共131.37万元，同比下降15.11%。共刑事拘留犯罪嫌疑55人，同比增加12.24%，逮捕39人，同比下降2.5%；判刑18人，同比下降30.77%。继续强化打假破网工作力度，全区共破获制售假烟网络案件15起。其中：达到国标有13起，达到区标有2起。各单位积极会同海关等部门，及时查处走私贩私卷烟违法行为。全区共查获走私外烟131.98万支，下降1.5%；查获出口回流烟76.63万支，增长5296.48%。联合自治区公安厅、工商局开展“两节”“利剑三号”“飓风八号”和无证户清理整顿共4次市场清理整顿专项行动，保持全年不间断地对卷烟市场的监管态势。全年查扣假私烟733.82万支。扎实开展“双随机一公开”“两公示”“双告知”工作，认真开展专卖行政处罚案卷检查工作，进一步推动依法行政工作。

【卷烟经营】 2016年，全区烟草商业系统销售卷烟525.45亿支（105.09万箱），同比下降5.07%。实现卷烟销售收入263.09亿元，同比下降4.24%。完善修订卷烟品牌规格引入退出管理办法，规范品牌管理工作。按照全区卷烟营销市场化取向改革方案，全力抓好呼和浩特市公司试点工作和省级卷烟营销平台的建设工作。组织开展“消费者在哪里，我们就到哪里”卷烟营销活动。开展“我是一线营销人员”工作体验活动、“走基层、访终端、进农村”市场调研活动、“营销创新，我们在践行”活动、营销业务流程优化活动和“向不规范营销行为说不”自查自纠活动。制订印发《2016年现代卷烟零售终端建设实施方案》，2016年全区已建成现代终端26 534户，占总户数25%。

【烟叶产销】 2016年，按照“稳定规模、优化结构、降本增效、完善体系”的总体要求，围绕“控总量、抓规范、促增收”三个工作重点，落实“要坚守烟叶收购红线不动摇，在过程管理上下功夫，稳定民族地区、稳定产业扶贫、稳定烟叶干部队伍、稳定农户收入、稳定烟叶价格和补贴政策，坚决实现“三年调控”目标，严格落实国家烟叶种植收购计划，实现烟叶种植面积和收购总量的双控目标，保持烟叶生产的平稳发展”的具体工作要求，全区烟叶工作克服低温寡照和冰雹大风等各种不利气候因素影响，烟叶生产继续保持稳定发展局面。2016 年，国家下达烟叶种植收购计划 0.505 万吨（10.1 万担）、指导面积 2.06 万亩，实际生产 0.5045 万吨（10.09 万担）、种植面积 2.02 万亩，从落实计划和种植环节有效控制了生产规模。签约烟农 1012 户，烟农户均种植面积 20 亩，保持适度规模种植水平和稳定的生产态势。严格按合同组织收购，全区收购烟叶 0.4723 万吨（9.4461 万担），完成国家计划 93.53%，较好地完成收购工作任务。烟叶收购均价 18.91 元 / 公斤，中上等烟比例 82.56%、等级合格率 82%、烟农实现户均销售收入 8.83 万元，保持较好种烟收益。2016 年，实现烟叶税利 0.67 亿元，同比下降 47.84%。其中，利润 0.40 亿元，同比下降 50.67%。

【管理创新】 2016 年，全区烟草行业牢牢把握“精益管理降本增效是内功”的基本定位，继续深入推进全区行业“3456”精益管理体系，围绕向管理要效益这一核心，以“全员营销、改善服务、提升结构、调整布局、错位销售”为主线，把精益管理和具体管理实践相结合，行业精益管理工作取得明显成效。全面完成 400 万元降本增效目标任务，实现利息收入 3.46 亿元。制定印发《经济精益运行管理工作指导意见（试行）》，确立“五全”工作模式（全盘性“三级目标”指标任务分解，全员性“三层责任”分级传导落实，全方位“四位一体”互动精益营销，全过程“四级监控”指标跟踪问效，全维度“三段改进”持续完善提升）。对标工作稳步提升。2016 年全区对标指标 26 项。其中：全行业对标指标 23 项（包括烟叶指标 8 项），全区指标 3 项。全行业 15 项指标中，全区有 3 项指标高于行业平均（总资产贡献率、单项卷烟经营费用、客户满意度）；1 项指标达到全行业先进。

【党建工作】 全区烟草行业确立党建工作“12345”工作目标，即制作一本流程清晰、简明实用的基层服务手册，强化党建考核和基层党组织换届两个重点，建立服务群众、党员教育管理和规章制度“三本台账”，实现群众意愿在一线了解、困难问题在一线解决、工作作风在一线转变、党群关系在一线融洽，做到问题查找、解决措施、整改落实、执行监督、健全制度“五个到位”。健全党建工作“三个体系”。即上级党组织服务下级党组织工作体系、党组织服务党员工作体系、党组织和党员共同服务群众工作体系。建立“五个一”党建工作机制，即成立 1 个自治区烟草专卖局（公司）党建工作领导小组，明确全区烟草系统的党建工作由 1 名党组成员具体分管，制定 1 个《全区烟草行业落实全面从严治党主体责任的意见》，提出 1 个自治区烟草专卖局（公司）党组每季度召开一次党建专题工作会议并形成长效机制的要求，突出一个全面落实从严治党主体责任，确保不能有 1 个党员掉队的责任，发挥党建工作的政治保障作用。持续落实党组书记抓党建责任制、党建定期会议制、党建工作考核制，做到党建同业务工作同时研究、同时部署、同时实施、同时检查，党建工作的力度不断加大。2016 年，自治区烟草专卖局（公司）党组共召开 23 次专题会议部署党建工作，建立完善党建制度 15 个。在全区烟草系统重点开展党建缺失、党员管理不规范、党员违纪违法未给予相应处理等专项整治。对 14 个盟市局（公司）党组班子进行党建全面工作考核，全面完成全区 164 个基层党组织换届和 2008 年 4 月至 2016 年 4 月党费补缴工作。突出全面从严治党主体责任的履行，突出全面监督主体责任的履行，突出巡视整改主体责任的履行。修订《党组工作规则》，制定《关于落实全面从严治党主体责任的意见》《2016 年落实全面从严治党主体责任工作要点》《关于进一步加强和改进党组中心组学习的意见》及《全区行业基层组织建设实施意见》等，推动全面从严治党向基层延伸。出台

《自治区烟草专卖局(公司)党组纪检组约谈工作办法》《处级干部廉政监督台账管理办法》《全区行业责任追究典型案件通报制度》《纪检监察信访举报线索处置暂行办法》《区局(公司)机关工作人员个人重要事项备案承诺制度》等,并进行落实监督责任集体谈话。在全区烟草行业深入开展"两学一做"学习教育。学习教育明确党员领导干部和普通党员学习教育 2 个侧重点,通过打好学前思想基础、组织基础和学习基础"三个基础",建立定期会议、联系点、信息传递、督导检查"四项机制",落实层层部署抓启动、区分层次抓学习、以上率下抓引领、专项治理抓规范、创新争优抓典型"五项措施"将学习教育有序推进。"全区烟草行业共开展"党组书记、党组成员、党支部书记"专题党课辅导 280 次,党组中心组专题学习 60 次,组织专题研讨 265 次,党组成员赴联系点指导"两学一做"70 次,党员撰写学习体会 5412 篇,开展党员组织关系排查、党费使用管理情况排查、党代表和党员违纪违法未给予相应处理情况排查、基层党组织按期换届情况专项排查。

【社会帮扶】 自治区烟草专卖局(公司)定点帮扶乌兰浩特市高根营子嘎查资金 72 万元。用于购置水稻收割机、水稻插秧机、耙地机和慰问贫(特)困户。

(撰稿人:关晓勇)

呼和浩特海关工作

【概况】 呼和浩特海关成立于 1991 年 7 月 6 日,是中央国家机关驻地方正厅级单位。内设 13 个部门:2 个事业单位、1 个社会团体,下辖 3 个正处级派驻机构、7 个处级隶属海关。2016 年,呼和浩特海关深入贯彻落实全国海关关长会议精神,按照"四好"总体要求,推进"五型"海关建设,全面深化改革,加强从严管理,推进业务建设、队伍建设和廉政建设,各方面工作取得了新的发展和进步。

【业务改革】 推进"三互"大通关改革,"一站式作业"覆盖关区旅检、邮递、快件监管现场。二连浩特口岸货运通道、卡口、场所启动试点。继续深化关检合作"三个一",实现所有报关单 100%通过"一次申报"系统申报。区域通关一体化改革持续推进,一体化模式申报报关单 10.25 万票。"双随机"改革力度加大,随机布控查验占比 96.76%。主动参与地方国际贸易"单一窗口"论证和设计工作,做好全区电子口岸平台海关内部技术基础搭建工作。探索中蒙海关"三互"合作,统一载货清单实现关区所有对蒙古国常年开放口岸全覆盖,数据电子化传输工作稳步推进。中蒙边境地海关统计数据互换工作在二连浩特口岸试点启动。中蒙海关"查验结果"互认工作进入研究论证阶段。区域通关一体化改革持续推进,一体化模式申报报关单 10.25 万票。通关作业无纸化水平不断提升,许可证联网监管得到有效落实,无纸化报关单随附单证电子文本转换传输工作进展顺利,全程无纸化报关单比例达到 92%以上。

【简政放权】 按照总署落实中央供给侧结构性改革的有关部署,制定《呼和浩特海关推进简政放权放管结合优化服务改革任务分解表》,明确深化简政放权、创新海关监管等四大类 18 项具体工作并加强督办。

减彻底 落实海关总署部署取消"暂时进出口货物核准"等相关审批事项,修订配套制度,完善操作细则,确保执行到位。

简到位 动态管理内部核批事项目录,制发《呼和浩特海关行政执法领域内部核批事项目录表》,取消内部核批 2 项、压缩 24 项,修订关区相关配套制度。

简高效 推进"一个窗口"建设,启用并持续推广网上受理平台,关区 12 个业务现场设立行政审批"一个窗口"。

【队伍建设】 二连海关整合"一平台四中心"成

效明显。包头海关轮岗轮值模式有序开展。额济纳海关与二连海关同岗位人员短期对调交流实现常态化。东乌珠穆沁海关科级领导干部多岗位轮岗锻炼形成机制。乌拉特海关关警融合“共管、共建、共防”深化。鄂尔多斯海关“一人多岗、一岗多能、专兼结合、多岗多责”的特色做法初步显效。集宁海关综合保障一体化改革试点推进顺利。审单职能调整和“监审分离”落实到位。人才交流多渠道开展，隶属海关互派干部20人次。“依清单定责、用台账问效、按任务书履职”的管理机制基本形成。二连海关通关综合服务中心获全国工人先锋号。额济纳海关党总支获全国海关先进基层党组织，党总支书记成占友作为全国海关“两优一先”代表，在人民大会堂参加庆祝中国共产党成立95周年大会。2名同志获全国海关优秀共产党员。关区1个集体、5名个人荣获自治区直属机关表彰，14人次在自治区直属机关征文和练兵比武活动中获奖。14个集体、34名个人获关区“两优一先”荣誉。全年授予集体三等功2个、集体嘉奖5个；授予个人三等功28人次、嘉奖159人次。

【实际监管】 推进查验作业改革，加大非侵入式查验力度，在二连海关推广大型集装箱设备集中审图作业。降低海关查验率，年内出口平均查验率由3%降至2%以下，复查复验率从5%调至3.5%。全面落实“双随机”改革，优化布控查验工作，随机布控率提升至96.73%。加强监管场所规范管理，推进危化品和固体废弃物仓储业务监管场所专项检查和整改。智能卡口试点准备工作全面启动。2016年监管业务指标均创历史新高，监管进出口货物4164.15万吨，进出境运输工具166.11万辆（节、架）次，进出境人员321.95万人次，邮、快递物品182.93万件，同比分别增加24.4%、31.7%、20.2%、130.1%。

【综合治税】 税收征管方式改革全力推进，取样送检、保证金管理等重点业务明显优化。报关单批量复审涵盖2万条商品项。全面核查企业欠税、商业银行滞压税款等，初步形成关区税收预警工作机制。强化日常涉税管理，制定3期二级价格风险参数。“以查促税”实现补征税款1714.28万元；首次引入中介机构对关区加工贸易企业进行核查，核查企业6家，占关区加贸企业42.8%，涉税36万元。积极引导企业开展“主动披露”，共受理3起，涉税1705.3万元。2016年，税收净入库52.03亿元，超额完成预算目标。其中：关税4.24亿元，同比增长26.39%；进口环节税47.79亿元，同比减少4.18%。

【打击走私】 “国门利剑2016”行动成效显著，破获刑事案件19起、案值2.84亿元、涉税1.52亿元，同比增长11.76%、121倍和205倍。调查行政案件427起、案值3831.7万元，同比下降28.83%、35.37%。成功侦破“7·30”走私和非法经营香烟大案。破获走私毒品案件4起，缴获冰毒47.36克、安纳咖3.06克。破获网络走私武器弹药案件，缴获气步枪3支、子弹900余发、弩等管制器具5套。破获走私珍贵动物制品和疫区冷冻品案10起，查获疫区冻品近21吨。推动自治区打私办调整至自治区人民政府办公厅，分管副主席主持召开自治区打击走私综合治理领导小组会议，部署全区打击走私综合治理工作和“国门利剑2016”联合专项行动。牵头召开第二届关检法联席会议，研究海关刑事执法中遇到法律和实践问题，反走私综合治理再上新台阶。强警改革步伐不断加快，主动参与“缉私战区”模式改革，全面实行“一警双权，一案到底”办案模式，“两简”案件100%由海关现场办理。落实缉私警察队伍建设、“智慧缉私”部署，建成物证保管室、电子数据云检测实验室。升级综合分析研判中心，实现与总署缉私指挥中心的互联互通。缉私“三室”建设实现所有缉私执法现场全覆盖。

【后续管理】 统计监测预警作用明显，撰写贸易信息及综合性分析32篇，中央领导批示3篇。积极防控虚假贸易，核查4批次、57家企业数据，得到自治区2位副主席批办肯定。梳理销毁2000—2012年超期报关单证档案1.01万册、报关单17.1万份。稽查绩效考核指标全部满分，边关稽查特色经验得到总署认可推广。常规稽查"双随机"制度落实到位，专项行动打击精准，移交缉私部门案件线索13起，涉案货物总值2723.5万元，涉案税款547.6万元。开展"一对一"认证辅导70余次，5家高级认证企业全部配备海关协调员，企业信用管理体系基本建立。风险防控从传统贸易领域向非贸领域扩展，集中研判和联合研判取得实效，参数加工和风险布控的科学性和实战力明显提升。全年加载的747条布控指令捕中报关单4842票，查获率4.7%。安全准入、税收征管等风险参数捕中报关单17 685票，有效率20.09%。通过综合业务管理平台制发联系单1531份，同比增长48%，应用7.5万人次，同比增长23.4%。

【支持扩大开放】 推动乌力吉公路口岸获批常年开放，鄂尔多斯航空口岸通过国家验收实现常年开放。阿拉善海关批准设立。乌海海关筹备工作进展顺利。推动二连浩特赛乌素机场、包头二里半机场开通临时国际客运包机。鄂尔多斯综合保税区申建工作加快推进。推动呼和浩特出口加工区完成整改，提高信息化水平和土地利用效率，加快优化整合。巴彦淖尔保税物流中心(B型)完成初审并上报总署，积极支持包头申请保税物流中心(B型)。

【服务重点项目】 针对自治区外贸回稳向好、促进加工贸易转型升级等系列落实意见研提建议50余条。支持二连浩特国家重点开发开放试验区发展，出台12项支持措施，协助推进跨境经济合作区建设，推动边民互市贸易区投入运行。推动经亚欧大陆桥二连浩特支线出境的中欧班列常态化开行，全年监管中欧班列166列、货物8.65万吨，同比分别增长115.58%、181.54%。支持自治区始发开通中亚货运班列，监管包头至阿斯塔纳5列、集宁至阿拉木图1列。

【助力企业增效】 清理进出口环节收费，全面停止依托政务平台、与履职相关的各种形式收费。针对"十二五"税收优惠政策陆续到期、"十三五"后续政策尚未出台的过渡期，及时为种畜种源、新型显示器件生产等企业出具担保证明，保证企业正常生产运行。全年审批减免税货物总值6.12亿美元，审批减免关税1969.97万元、增值税3656.66万元。加强政策宣讲服务，全年举办各类企业培训班、政策宣讲会30余次，送政策上门150多次。"12360"海关统一服务热线实现关企零距离，2016年答复业务咨询9308个，当场答复率99.66%。

【培育外贸新增长点】 支持自治区发展跨境电子商务，协助呼和浩特市申建跨境贸易电子商务服务试点城市。规范国际快件发展，上线运行新快件系统，2016年监管进出境快件127.5万件，同比增长4.2倍。支持在呼包鄂工业中心、河套粮食生产基地拓展和优化陆港业务，全年监管巴彦淖尔市陆港出口农产品1万吨、1.3亿元。支持综合性国际经贸交易会、合作论坛等活动，通过设立专门报关窗口、驻地实施监管、开通进境绿色通道、简化报关手续等措施，推动中蒙文化、旅游、商贸、物流等贸易健康发展。

(撰稿人：梁洁)

满洲里海关工作

【概况】 2016年，满洲里海关着眼大局，开拓创新，推进供给侧结构改革、着力优化监管和服务、着力加强党的建设、着力防范"三大风险"，圆满完成各项任务，全关整体工作取得新的跨越式发展。全年，进出口贸易额318.7亿元，同比增长5.8%，优于全国整体水平；全关税收入库34.96亿元，同比增长26.9%，提前50天完成预定税收任务；监管进出口货物1500.8万吨，同比增长9.2%；监管进出境人员177.4万人次，同比增长24.4%；查获各类违规走私案件130起，同比增加 17.2%。海关总署有关领导莅临视察指导时，对满洲里海关改革发展、队伍建设和党建工作给予充分肯定。

【业务改革】 满洲里海关围绕“一带一路”建设、中俄蒙经济走廊建设、沿边开发开放等重大国家战略，对接自治区双向开放、向北开放桥头堡建设、“两个屏障”建设和“五大基地”建设的各项部署要求，以供给侧结构改革为主线和发力点，助推实现开放型经济新体系建设。2016年，贯彻落实总署统一部署改革任务，推进关区自定改革项目，着力在企业成本、通关时间上做“减法”，在创新模式、防控风险上做“加法”，在提高效率、优化环境上做“乘法”，使改革红利得到充分释放。推动满洲里航空口岸先行先试，实现海关、国检、空港“一机三屏”；实施满洲里公路口岸旅检领域车辆“一站式检查”和旅客“并联式通关”；协调口岸部门和联检单位，实施公路口岸客车、货车自动核放项目和“单一窗口”建设试点；在关区货物查验环节全面推进“双随机”改革，将“查验谁”“谁来查”等关键自由裁量权交给计算机系统随机分派，随机布控查验比例达到 94.11%；推动互市贸易监管改革，探索建立“证照化管理、批量化备货、超市化交易、信息化监管”的互市贸易新模式，自 2016 年 6 月 20 日改革正式实施至年底，互贸区交易商品总量 1.04 万吨，同比增长 25 倍；交易额 9272 万元，同比增长 16 倍。

【税收征管】 2016 年，满洲里海关综合治税机制进一步健全，科学安排各业务现场、隶属机构税收任务和税收进度，整体掌控能力进一步增强。完善海关、国库、银行之间的联系配合机制，确保税款及时入库；细化各部门职责和任务，形成齐抓共管、协调统一的管理合力，实现税收“量、质、效”并举目标。全关主动优化通关环境、提高服务质量、吸引优质税源，以满洲里铁路口岸为主的传统税源口岸税收稳步增长，满洲里公路口岸、额布都格口岸以及赤峰、通辽等地增速迅猛，成为关区新的税收增长点。2016 年，全年税收入库 34.96 亿元，同比增长 26.9%，提前 50 天完成预定税收任务。

【综合监管】 2016 年，满洲里海关实际监管能力进一步增强。以监控指挥中心实战应用为核心，构建完善集舱单管理、运输工具监管、监管场所管理、一线实货监管为一体的大监控体系。以科技提速、智能升级为关键，全面加强一线监管设施设备实战应用，启动铁路信息平台、公路客车管理系统等信息化系统的升级换代工作。以严密监管、规制自由裁量权为导向，部分旅检领域建立执法过程“一线全程记录、二线全面复核”的工作机制。以打击虚假贸易为重点，全面加强实际贸易监控和数据分析，确定高风险企业 43 家、实施通关锁定 57 家、暂缓统计出口贸易值 22.9 亿元，关区虚假贸易风险得到有效管控。2016 年 3 月 17 日，满洲里海关与黄埔海关签署《黄埔海关满洲里海关出口转关监管联系配合办法》。7 月 20 日，满洲里海关会同自治区发展和改革委员会、财政厅、国土资源厅、住房和城乡建设厅、商务厅、国家税务局、工商行政管理局、出入境检验检疫局和外汇管理局组成联合预验收小组，对满洲里综合保税区 1.44 平方公里范围内基础设施、隔离围网、专用通道、监管设施和相关配套设施开展预验收检查工作。2016 年，满洲里航空口岸启动满洲里海关、出入境检验检疫局、西郊机场“三互”合作模式，海关、检验检疫和机场依托“一机三屏”实现新型“三互”通关监管作业模式。

【查缉走私】 2016 年，满洲里海关牢固树立打私意识，主动增强联系配合，针对关区走私特点精准发力，“国门利剑”行动战果丰硕。成功侦破首起毒品走私犯罪案；查获关区历史上最大的车体夹藏黄金走私案和麝香走私案，其中麝香走私案被海关总署缉私局列为二级挂牌督办案件；成功侦办“6·12”加工贸易企业走私木材系列案件，有效震慑了加工贸易领域的不法行为、净化了加工贸易市场秩序；首次通过情报经营在监管区外查获枪支弹药走私案和雪豹皮走私案，专业缉私能力大幅提升。全年查获刑事案件14起，同比增长133%，案值5057.83万元，同比增长121倍，涉税595.56万元，同比增长53倍；查获行政案件116起，同比增长10.37%，案值2114.23万元，同比增长119.55%，涉税40.52万元，同比增长3倍；缉私罚没入库2.93亿元，居全国海关前列。

【服务“一带一路”建设】 7月11—15日，满洲里海关有关领导在俄罗斯叶卡捷琳堡参加中俄边境海关三关两局第三次联席会议。会议期间在丝绸之路经济带与欧亚经济联盟对接条件下的海关合作研讨会上作了发言。

继续以促进互联互通为核心，推动经满洲里口岸的“中欧班列”增速、提质、扩容。2016年，经满洲里口岸的进出境班列路线达到30条，共发运1036列（计7.3万标箱），同比增长162%，对内覆盖15个省、市、自治区，对外联结欧洲6个国家。

【支持地方经济发展】

搭建开放升级新平台 指导和支持满洲里综合保税区建设，2016年9月份正式通过验收，12月份正式封关运营，为内蒙古东部地区扩大开放、外贸升级搭建了高端平台。8月9日，满洲里铁路口岸首次出口中俄海关“绿色通道”通关便捷合作项目框架下商品，此次出口商品为“玻璃灯具及其配件”，该关第一时间为协议企业提供快速通关服务，缩短通关时间，提高通关效率。

破解龙头产业发展“老瓶颈” 从加工贸易禁止目录中剔除“谷氨酸钠”，破除玉米深加工产业发展障碍。动态调控木材价格，实现将木材价格参数每立方米下调10美元~22美元，2016年为企业节省资金近3000万元。在成功推动饲草减税的基础上，优化通关模式，推动进口天然牧草1.6万吨，有效提高牧业生产防灾减灾能力。

（撰稿人：鲁焕新 郑广林）

农牧林水

组织领导

【概况】 内蒙古自治区党委农村牧区工作办公室(以下简称自治区农牧办)是自治区党委为加强对全区农村牧区工作的领导,加强自治区"三农三牧"工作的政策研究和有关部门的协调工作,2011年经自治区机构编制委员会议研究,并报经中央编委批准,设立的自治区党委工作机构,规格为正厅级。内设6个处级处室:综合处、经济发展处、城乡统筹处、社会发展处、县域经济发展处、机关党委。

主要职责是:农村牧区经济社会发展重大问题调查研究,对"三农三牧"重大决策部署落实情况督促检查,开展新农村新牧区示范工程建设,协调推进全区县域经济发展工作,完成国家和自治区固定观察点的各项工作,完成自治区党委农村牧区工作领导小组、县域经济领导小组、"十个全覆盖"领导小组(改善人居环境工作领导小组)、万名干部下乡驻村"推进'四个全面'加强重点工作落实"工作领导小组办公室的日常工作,完成自治区党委农村牧区工作会议、县域经济工作组织协调和自治区党委、中央对口工作部门交办的各项任务。

所属事业单位1个:内蒙古自治区农村牧区固定观察点工作中心,正处级全额拨款事业单位。

主要职责是:开展多种形式的调查研究和动态监测,收集、整理和报送样本嘎查村户社会经济发展数据、"三农三牧"综合信息和主要农产品销售价格信息采集监测以及农牧户种植业生产意向调查;承担农村牧区发展、农牧业生产和农牧户生产生活中难点、热点、重点问题的调查研究,对调查数据进行统计分析和开发利用;承担观察点业务指导、人员培训和有关管理工作。

【自治区党委农村牧区工作会议】 2月24—25日,自治区党委农村牧区工作会议在呼和浩特召开。会议贯彻落实中央农村工作会议和自治区党委九届十四次全委(扩大)会议、全区经济工作会议精神,回顾总结"十二五"时期内蒙古"三农三牧"工作,研究部署"十三五"时期和2016年"三农三牧"工作。自治区党委书记王君、自治区主席巴特尔分别作出批示,自治区党委副书记李佳出席会议并讲话,自治区副主席王玉明主持会议并作总结讲话,自治区人大常委会副主任廉素、自治区政协副主席陈羽出席会议。会议讨论了《自治区党委、政府关于落实发展新理念加快农牧业现代化实现全面小康目标的实施意见(讨论稿)》。自治区相关部门、单位负责同志,各盟市党委、政府和农口部门负责同志,国家扶贫重点旗县和自治区扩权强县试点旗县委书记,内蒙古森工集团、呼伦贝尔农垦集团负责同志,自治区万名干部下乡驻村"推进四个全面、加强重点工作"派驻盟市调研督导组负责同志参加会议。

【重要文稿起草】 牵头起草《内蒙古自治区党委、自治区人民政府关于落实发展新理念加快农牧业现代化实现全面小康目标的若干意见》(内党发〔2016〕1号)和政策措施分工方案(内党办发〔2016〕19号)等重要文件。与自治区党委办公厅合作，起草自治区党委、政府领导同志在中央农村工作会议、全区党委农村牧区工作会议、自治区重点工作重点项目推进大会、全区“十个全覆盖”工作座谈会、自治区万名干部下乡驻村工作总结大会上的讲话；撰写《关于自治区“三农三牧”工作基本情况及下一个五年重点工作建议的汇报》《推动内蒙古“三农三牧”工作持续健康发展涉及的几个问题报告》《自治区第九次党代会以来新农村新牧区建设成效及未来五年新农村新牧区建设思路》等专题报告，自治区党委书记李纪恒在《关于自治区“三农三牧”工作基本情况及下一个五年重点工作建议的汇报》上作了重要批示。向中央农村工作领导小组办公室(以下简称中农办)上报《关于贯彻落实中央农村工作会议精神情况的报告》《内蒙古特色产业发展情况和产业扶贫情况报告》《关于农牧业供给侧结构性改革情况的专题报告》《内蒙古自治区落实2016年中央1号文件情况的报告》等材料。

【重大问题调研】 围绕自治区党委、政府“三农三牧”重点工作，突出问题导向，深入开展调查研究，在新农村新牧区建设、农牧业机械化、农村牧区信息化、嘎查村集体经济、县域经济发展及“扩权强县”试点等方面，形成一批高质量的调研报告。根据中央政治局常委、全国人大常委会委员长张德江的指示，以及自治区党委主要领导的批示精神，自治区农牧办牵头组织自治区政府研究室，自治区发展改革委员会、自治区商务厅、自治区农牧业厅、自治区农牧业科学院、内蒙古农业大学等单位的专家学者，组成3个专项调研组，深入5个盟市、15个旗县区，召开各级领导、肉羊养殖户、肉羊加工企业及餐饮企业、大型超市不同层次的座谈会，全面了解活羊收购价格、羊肉市场终端价格变动情况，形成《关于内蒙古肉羊价格变动情况的调研报告》，完成中央及自治区领导交办的任务。

【重点工作督查落实】 对内党发〔2016〕1号文件落实情况进行督查，形成《关于自治区1号文件落实情况的报告》。配合国家审计署驻太原特派员办事处，在全区开展自治区“十个全覆盖”工程的审计工作，完成太原办事处部署的各项报告材料。狠抓新农村新牧区建设、县域经济发展等重点工作推进情况的督查，形成《“十个全覆盖”工作2015年度工作报告》《万名干部下乡驻村2015年度推进情况的报告》《2015年县域经济发展情况的报告》。按照自治区党委部署要求，制定自治区2016年度县域经济、“十个全覆盖”考核指标评价体系及考评办法，完成2015年县域经济发展、“十个全覆盖”评价考核工作，上报自治区党委组织部。参与自治区省级领导带队开展重点工作重点项目推进落实情况督查工作，及时上报《关于贯彻落实习近平总书记考察内蒙古重要讲话精神有关情况的报告》。全年完成自治区人大议案和政协提案答复件33件。

【万名干部下乡驻村工作】 完成“万名干部下乡驻村督导”“三项重点工作”。发挥领导小组办公室的组织、指导、协调、督促作用，推动督导组和各盟市、旗县按照责任分工着力抓好新农村新牧区建设、农村牧区产业发展及产业结构调整和基层党组织建设3项重点工作，收到明显成效。“十个全覆盖”工程建设基本结束，农村牧区基础设施建设和公共服务水平提升；农村牧区产业结构调整加快推进，优势特色产业发展格局初步形成；农村牧区基层党组织建设水平提高，党在农村牧区的执政根基进一步巩固。12月14日，自治区党委、政府组织召开全区万名干部下乡驻村工作总结大会。

【新农村新牧区建设】 “十个全覆盖”基本完成，截至2016年底，据自治区统计部门数据，全区“十个全覆盖”累计完成投资1451.7亿元。全区48 193个嘎查村中，共有4万余个实现全覆盖，占全部嘎查村总数80%以上。累计实施危房改造134.61万户，解决403.01万人的安全饮水问题，实施街巷硬化里程近12万公里，解决15

万户以上无电及低标准用电升级问题，完成广播电视户户通近100万户，新建、恢复学校（幼儿园）近1000个，建成嘎查村标准化卫生室、文化活动室和便民连锁超市分别为8306个、12 190个和10 845个，农村牧区常住人口养老保险待遇享受人数226.16万，享受高龄津贴的低保老人10.82万。先后组织召开全区新农村新牧区建设工作暨盟市旗县农工部长业务培训会、全区推进新农村新牧区建设工作座谈会。完成2016年新农村新牧区示范点的申报、审核和确定工作，起草2016年全区新农村新牧区示范点绩效目标和绩效报告。对2012年以来全区确定的1198个新农村新牧区示范点进行全面审查，将示范嘎查村建设规划文本和申报材料全部纳入数据库管理。汇编《内蒙古"十个全覆盖"工作资料》《内蒙古农村牧区社会事业发展概况》。

【县域经济发展】 做好自治区县域经济领导小组办公室工作，全力推进县域经济发展。进一步推进"扩权强县"试点工作，对9个方面61项管理权限下放情况进行"回头看"，为试点旗县更好更快发展创造条件。组织召开全区加快县域经济发展座谈会，17个不同发展类型旗县和7个相关厅局做交流发言，为下一步谋划县域经济发展奠定基础。编印《自治区县域经济工作资料汇编》《102个旗县（市、区）领导论"十三五"县域经济发展》《自治区县域经济专题调研分析报告专辑》等资料汇编。

【农村牧区改革】 起草《内蒙古自治区深化农村牧区改革综合性实施意见》，把农村牧区改革作为一个整体来统筹谋划实施。建立农村牧区基础设施后续管护机制，制定《关于加强农村牧区"十个全覆盖"工程后续管护工作的指导意见》，从加强组织领导、加大资金投入、加强分类管理、加强考核评价4个方面提出了明确要求，自治区党委办公厅、自治区人民政府办公厅以厅发〔2016〕23号文件正式印发执行。继续推进"扩权强县"试点工作。对旗县普遍要求下放的权限进行梳理和研究，并借鉴相关省区推进"扩权强县"试点工作经验，探索研究第二批扩大旗县级经济社会管理权限事项目录。牵头组织发改、统计、财政等领导小组成员单位，先后赴试点旗县开展工作调研，及时把握试点工作进展情况。加强对"扩权强县"试点旗县相关工作的考核，推动试点政策的落实。

【固定观察点工作】 完成10个中央观察点和28个自治区观察点的数据录入和上报任务，以及对所承担的5项专项调查任务。召开全区东西片区调查员培训会，加强对固定观察点人员的培训。加大调查数据开发利用的力度，汇编《2016年农村牧区固定观察点调查分析报告集》。

（撰稿人：李静会）

农　牧　业

【概况】 内蒙古自治区农牧业厅（以下简称自治区农牧业厅）共设行政编制140名，设有办公室、人事处、政策法规处、市场与经济信息处、发展规划处（自治区农牧业资源区划领导小组办公室）、财务处、经济合作处、科技教育处、种植业管理处、畜牧处（奶业管理办公室）、草原处（草原防火办公室）、饲料处、防疫监督处、医政药政处、农牧业机械化管理局、农牧场管理局、渔业局（内蒙古自治区渔政局）、乡镇企业局、农牧业产业化处、农产品质量安全监管局、机关党委、离退休人员工作处、畜禽屠宰管理处等23个职能处室局。厅属正厅级事业单位1个（自治区农牧业科学院）、正处级事业单位31个。2016年，全区农牧业经济稳中有进，粮食生产实现"十三连丰"、畜牧业发展实现"十二连稳"，农牧民可支配收入11 609元，增长7.7%。

【粮食生产】 全年农作物总播种面积794.7万公顷，比上年增长5.0%。其中，粮食作物播种面积578.5万公顷，增长1.0%。粮食总产量2780.2万吨，同比下降1.6%，粮食产量继续位居全国第

10位。

【畜牧业发展】 全区牧业年度牲畜存栏头数13 597.92万头(只),与上年基本持平。牧业年度良种及改良种牲畜总头数12 398万头(只),良种及改良种牲畜比重91.2%,比上年提高0.9个百分点。全年肉类总产量258.9万吨,比上年增长5.4%。其中:猪肉产量72.1万吨,增长1.8%;牛肉产量55.6万吨,增长5.1%;羊肉产量99.0万吨,增长6.9%。牛奶产量734.1万吨,同比下降8.6%;禽蛋产量58.0万吨,同比增长2.8%。内蒙古畜牧业综合生产能力位居全国五大牧区之首,牛奶、羊肉、山羊绒、细羊毛产量均居全国第1位。

【草原生态保护和建设】 启动新一轮草原生态补奖政策,划定基本草原8.84亿亩,人工种草3484万亩,在13个旗县推进草牧业试点工作。草原生态整体恶化的趋势得到有效遏制,局部草原明显恢复,草原植被平均盖度44%,基本恢复到20世纪80年代最好水平。

【农牧业产业化】 全区销售收入500万元以上农畜产品加工企业实现销售收入4398.5亿元、增加值突破1300亿元,均增长8%左右。农牧业产业化产品加工率60.9%,同比增加2个百分点。现有国家级农牧业产业化重点龙头企业38家、自治区级重点龙头企业583家,上市公司10家,区域性股权交易市场挂牌企业25家,新三板挂牌企业20家。农畜产品中国驰名商标从66件增加到70件。全区农牧业产业化带动农牧户数214万户,农牧民人均从产业化经营中得到纯收入5264元,同比增长7.6%,占全区农牧民可支配收入45.3%,带动就业人数44.4万人。

【农牧业科技】 南繁基地建设取得较大进展,目前已有13家科研育种单位进驻基地开展加代扩繁工作;扶持新建地方品种为主的肉羊种羊场82个,全区种羊场已超过360个,具备年提供种公羊20万只的生产能力;启动"百万头肉牛"种子工程建设,引进1.6万头肉用种母牛,自治区已是全国最大的牛羊种业基地;建立健全县、乡、村级农牧业科技试验示范基地网络,建设试验示范基地351个,展示新品种70余个,展示新技术70余项。推进综合性技术服务,实施控肥增效、控药减害、控水降耗、控膜提效"四大行动",全区化肥用量增幅较常年降低7.5个百分点,化学农药使用增量控制在2%以内;全区农作物综合机械化水平达82.5%,同比提高1.1个百分点。主要作物玉米、马铃薯的机收水平达到71.3%和76.6%,同比提高11.8个和1.2个百分点。

【动物防疫】 全区共免疫动物61 573.45万头只次,其中春季集中免疫动物29 093.21万头只次、秋季集中免疫动物32 480.24万头只次。严格实施定期不免制度,做到应免尽免,存栏动物始终处于免疫有效保护状态。对62 400个规模养殖场次、541.69万个散养户次的19 425.62万头(只、羽)次动物开展口蹄疫等28种动物疫病流行病学调查,对发现的疫病均进行及时规范处置。全区共出具动物检疫A证3.61万张、B证13.5万张、动物产品A证7.57万张、B证47.8万张。检疫出区动物3609.6万头只、区内流通动物8398.4万头只,出区动物产品40.54万吨、区内流通动物产品14.63万吨。无害化处理病害动物6.18万头只、动物产品113.7吨。跨省调入种用乳用动物审批14批次,调入奶牛6000头、奶山羊31只。全区马传贫防治达到消灭标准。

【畜禽屠宰监管】 建立完善屠宰监管法规新体系,在全国率先出台《内蒙古自治区牛羊屠宰管理办法》,并制订和出台《内蒙古自治区牛羊屠宰巡监抽检操作规范》等5个配套的细化管理制度。着力构建屠宰行业新秩序,继续做好畜禽屠宰企业资格清理,并开展定点屠宰证换证工作。全区在册定点屠宰企业655家(新建企业49家),取缔老旧企业127家,关停全部无证企业,整改企业438家。全区开展专项整治、"扫雷行动"执法2843次,出动执法人员7560人次,清理关闭不合格屠宰厂（场、点）62个，查处违法案件16件。联合整治行动共开展联合执法444次，取缔私屠滥宰窝点227个，排查企业1540个（次），曝光违法业主1个。接到12316举报27起，核实查处23起。

【农畜产品质量安全】 农畜产品质量安全监管体系逐步健全。2016年，全区共批复建设108个检验检测机构，17个检验检测机构通过“双认证”。全区“三品一标”认证总数1832个，其中地理标志登记保护产品89件。全区主要农畜产品抽检合格率持续保持在98%以上，较“十二五”期间提高1个百分点。与600多家企业的法人签订农畜产品安全生产承诺书。组织建设全区监管追溯信息平台，连续多年保持重大农畜产品质量安全事件“零发生”。

【兽医药政工作】 2016年，为全区16 351名防疫员每人定制发放防水、防菌、防毒的春夏季和秋冬季高质量防护服各一套。制定印发《内蒙古自治区动物诊疗活动专项整治行动实施方案》，在全区范围内开展动物诊疗机构专项整治行动，开展专项执法检查共920次，参加执法人员5459人次，依法立案查处4件，清理关闭不合格动物诊疗机构27家。积极全面推进兽药二维码信息追溯系统建设，自治区全部兽药生产企业的全部产品已实现二维码可追溯管理。规范“兽药经营管理信息系统”的使用，建立以购进凭证和购销记录为主的兽药质量追溯体系。加强兽药质量监督抽检，全区共监督抽检兽药产品1161批次，其中合格1137批次，合格率97.9%；完成1070批次兽药和违禁药物残留检测，全部符合国家标准。

【农村牧区政策落实】 中央及自治区惠农惠牧资金115.48亿元落实到位。其中：中央资金103.5亿元，自治区资金11.98亿元。如草原生态补奖资金45.75亿元，比上年增加5亿元，任务落实到户率100%，500多万农牧民受益，补贴资金向贫困地区倾斜，牧区禁牧户补贴发放最低标准在贫困线以上（3010元），基本实现牧区脱贫；落实农机购置补贴13.61亿元，9.1万户农牧民受益。各项惠农惠牧资金及时足额下拨，极大调动了农牧民的生产积极性。

【农牧业经营方式与体制创新】 全区在工商部门登记注册的合作社7.77万家，较上年增长5.7%。全区有注册商标的合作社近1500家，有1033家合作社通过无公害、绿色、有机等产品质量认证，101家建立农产品质量追溯系统，获得各级示范社称号的合作社2000余家。全区家庭农牧场4.3万家（生态家庭牧场3.5万家）。全区各类畜禽规模养殖场近10万个，参与家庭牧场经营户5万户，占牧户总数11%。畜禽整体规模化率68.2%，高于全国平均水平14个百分点。

【农牧业机械化】 2016年，全区农机总动力3331万千瓦。全区农作物机耕、机播、机收水平分别达到92.6%、86.6%和65%，综合机械化水平82.5%，同比提高1.1个百分点。全区实施保护性耕作面积2013.7万亩；完成机械深松整地1416.3万亩。全区农机专业合作社2087个，较上年增加218个。农机固定资产20万元以上农机大户总数超过2.3万户。以农机专业合作社和农机大户为主力的农田作业社会化服务比重39.1%，同比提高6.4个百分点。

【渔业经济】 2016年，全区水产品产量15.8万吨，同比增长3.1%。渔业经济总产值29亿元，同比增长4.6%。实施池塘生态养殖面积7万亩，中小水面生态集约化养殖17万亩，稻田养殖6.28万亩。新建池塘1790亩，改造老旧池塘5130亩。全区新创建农业部渔业健康养殖示范县1个、健康养殖示范场14个。

【农垦经济】 2016年，全区农垦系统完成生产总值119.7亿元，同比下降7.14%。农牧场人均纯收入13 628元，同比增长7.7%。全系统农作物播种面积1079万亩，粮食播种面积793万亩，粮食产量17.9亿公斤。牧业年度全系统大小畜存栏423万头只，肉类总产量9.6万吨，鲜奶产量26.8万吨,禽蛋产量5429吨。自治区下达2016年危房改造计划任务25 312户,开工率97.4%。

【农牧业信息化建设】 基本建立起以内蒙古农牧业信息网、“12316”三农服务热线、“农信通”手机短信平台、农牧业生产指挥调度系统、微信公众号等新媒体为主体的农牧业信息化服务体系,为农牧民提供准确、及时和有效的信息服务。2016年,“12316”三农服务热线专家突破1000人,农村牧区信息员突破6000人。自治区级农牧业生产指挥调度系统实现农业部、自治区和盟市的三级视频会议联播。内蒙古农牧业信息网累计发布信息16万多条,总访问量突破4300万人次;“12316”三农服务热线累计接听2万多通农牧民电话,内蒙古人民广播电台“12316”直播节目累计播出1100多期次,共计邀请到1000多位农牧业技术专家做客节目,咨询专家解答问题6500多个,已经成为全区农牧业系统为农牧民提供服务的直接窗口;有1200多位专家登陆“农信通三农服务手机短信平台”,创建专家订制号,实现信息服务与农牧民的直接对接。

【休闲农牧业】 全区休闲农牧业经营主体2800多家,其中农家乐、牧家乐占总数近80%,休闲观光农园(庄)600多家,从业人员6万人,其中农牧民占近90%。年接待游客2300万人次,营业收入突破55亿元,带动近10万户农牧民增收。现有国家级休闲农业和乡村旅游示范县8个,示范点17个;自治区级示范旗县18个,示范点82个。

【饲料工业】 全区饲料总产量278.6万吨,总产值75.41亿元,年产量超过5万吨企业13家。2016年,全区各类饲料样品和牛羊尿液监测共完成1万批次以上,合格率分别达到96.8%和100%。对获证饲料生产企业做到监督抽检全覆盖。继续组织对禁止使用“瘦肉精”类物质进行全面排查,监测场所4145个,“瘦肉精”专项监测抽查养殖场(户)1363家,筛查动物尿液6815批次,专项监测抽检“瘦肉精”等违禁添加物零检出。

【农牧业经营体制机制改革】 继续推进土地确权登记颁证和草原确权承包工作,已完成确权登记面积2600万亩;10个草原确权承包试点已完成确权面积2.67亿亩,镶黄旗实现用草原承包经营权证抵押贷款,鄂托克前旗在全国率先启动草原所有权、承包权、经营权,三权分置工作。今年在40个旗县全面推开(巴彦淖尔市、阿拉善盟2个盟市整盟市推进)的土地确权登记颁证工作正在进行外业测绘;草原确权承包外业工作已经完成40%。出台《关于进一步推进农垦改革发展的实施意见》,并制定工作方案,各地正在制定实施方案,加快落实。全区土地经营权流转面积3590万亩(占家庭承包经营耕地总面积的36.3%),增长12.6%;草牧场流转面积7500万亩,同比增长4.2%。

(撰稿人:李志峰)

林　业

【概况】 2016年,内蒙古自治区各级林业部门以筑牢北方重要生态安全屏障为目标,深化改革,创新发展,各项林业工作扎实有效推进。共争取落实中央基本建设和财政资金133亿元,自治区本级投资23.8亿元。完成营造林生产任务100.85万公顷,其中新造林57.91万公顷,退化林修复12.86万公顷,森林抚育30.08万公顷。完成重点区域绿化15.53万公顷。全区义务植树6213余万株。

【林业生态建设】

林业重点工程 坚持以生态建设为主的林业发展战略,全力组织实施天然林保护、京津风沙源治理、“三北”防护林建设等重点生态工程,启动新一轮严重沙化土地退耕还林工程,启动森林可持续经营试点、沙区灌木林平茬复壮试点、"三北"退化防护林修复试点工作。

重点区域绿化　结合新农村新牧区建设，突出村屯绿化和县乡公路绿化，继续推进重点区域绿化工作，完成重点区域绿化15.53万公顷，占年度计划任务的116.5%。其中县乡公路绿化2.67多万公顷，村屯绿化14 331个、7.71万公顷，初步形成连点(村屯)成线，连线成网的旗县、乡镇、村屯绿化网状格局。

【森林资源管理】　完成全区林地变更调查工作，林地"一张图"全面更新。开展克什克腾旗林地保护利用规划修编试点。全年共审核审批工程使用林地项目665项，面积1.11万公顷，收缴森林植被恢复费9.4亿元。其中，国家和自治区重点项目、基础设施、公共事业和民生建设项目占80%，突出保民生、保重点。研究制定光伏电站建设项目可以使用黄河天保工程区宜林地政策。调整森林植被恢复费征收标准。分解下达全区"十三五"期间年森林采伐限额，提出采伐非林地上的林木和经依法批准占用征收林地上的林木，不纳入采伐限额管理的实施意见。完成20个旗县区森林资源二类调查。编制自治区地方落叶松、油松、人工杨树3个树种20个林业树表。

【森林资源保护】

森林草原防火　2016年，共发生森林火灾78起，受害森林面积1478.2公顷，森林火灾受害率0.059‰。发生草原火灾25起，受害草原面积3.5万公顷，草原火灾受害率0.401‰。森林草原火灾当日扑灭率100%。成功堵截境外火22次。2016年4月15日，内蒙古自治区与蒙古国东方省、肯特省、苏赫巴托省边境地区森林草原防火联防会议在呼伦贝尔市召开。

林业有害生物防治　2016年，共发生林业有害生物面积77.93万公顷，防治各种林业有害生物面积41.87万公顷，成灾率控制在1.66‰。

打击涉林违法犯罪行为　2016年，共受理各类森林和野生动植物案件23 591起，侦破、查处22 747起，综合查处率96.4%，共计挽回直接经济损失5002.9万元，保护了森林及野生动植物资源安全，维护了林区稳定。2016年5月，经自治区人民政府同意，自治区林业厅在全区范围内组织开展为期7个月的清理整治非法侵占国有林地专项行动。按照国家林业局统一部署，2016年9月1日至11月30日，在全区范围内组织开展严厉打击非法占用林地等涉林违法犯罪专项行动。专项行动期间，成功侦破正蓝旗"10·19"猎杀候鸟案等多起大案要案，自治区林业厅受到国家林业局通报表扬，获得优秀组织单位称号。

野生动植物、湿地保护管理及自然保护区建设　开展自治区全国第二次野生动植物调查。完成岱海、乌梁素海、乌拉盖、达里诺尔等4处国家重要湿地的确认和14处拟建国家湿地公园的申报工作。落实中央环境保护督察组反馈意见，下发《关于开展加大整治整改林业管理的自然保护区违法违规行为专项行动的通知》和《关于进一步做好全区林业系统督察问题整改落实工作的紧急通知》，派出督办组对各盟市整改情况进行督查督办，并开展林业系统国家级和自治区级自然保护区内工矿类企业开发建设活动清理整顿工作。加强野生动物疫病监测工作，全年未发生陆生野生动物疫情。

【林业改革】

国有林区改革　全面停止森工集团、岭南八局和大兴安岭山脉范围内102个国有林场天然林商业性采伐，年停伐木材产量151.2万立方米。森工集团与呼伦贝尔市、兴安盟分别签署计生、社保、公积金管理和"三供一业"及市政环卫等移交协议，剥离了森工集团承担的全部社会管理职能。森工集团对下属78家企业进行分类划转。与木材生产相关的13 046名职工转岗安置到森林管护、抚育、防火等岗位，剩余3464名职工处理库存木材销售等善后工作，森工集团职能由木材生产为主向生态保护建设转变。混岗集体工身份界定及参加基本养老保险工作全面完成。林区10 276公里公路已纳入自治区国、省、县、乡、村五级交通建设规划。林区在岗职工平均工资突破4万元,林区社会保持和谐稳定。

国有林场改革　召开全区国有林场改革工作电视电话会议和国有林场改革推进会，对全区国有林场改革工作进行动员部署。会议通过学习《内蒙古自治区国有林场改革方案》和研究国有林场改革中存在的突出问题，推进国有林场改革进程。举办全区国有林场改革培训班。成立12个林业改革发展督查调研工作组,对国有林场改革工作进行全面督查调研。2016年,有8个盟市编制完成改革意见,52个旗县(市、区)上报改革实施方案。

集体林权制度改革　全区新增集体林权流转面积460公顷，新增抵押林地面积5733公顷,新增贷款2.39亿元。开展全区林业专业合作社建设情况摸底调查和动态监测工作，重新认定自治区示范社53个,推荐上报国家农民合作社示范社4个，全区农牧民林业专业合作社累计559个。继续推进集体林业综合改革试验示范点工作。

森林、湿地资源资产负债表编制工作　配合国家林业局开展呼伦贝尔市森林资源资产负债表编制试点工作。编制完成赤峰市翁牛特旗3个试点林场2015年森林资源资产负债表。对免渡河林业局河南林场二类调查数据进行审核，完成其林木、林地及生态系统服务功能的价值量评估工作。按照自治区政府的要求,配合统计局完成2015年自然资源资产负债表中林木资源存量、林木资源质量表的编制。

森林保险工作　出台森林保险新方案,调整保险费率和保险金额、公益林保险理赔资金支付方式、保费财政补贴比例。全年发生森林保险已决赔付额2.73亿元，未决赔付额0.16亿元,合计额度2.89亿元。

【林业产业】　大力发展经济林，完成经济林建设面积3.56万公顷。自治区财政安排1150万元林业发展资金,扶持林业产业项目27个,安排经济林基地建设资金1000万元,用于经济林示范基地建设，示范面积近266.67公顷。开展种植、养殖、采集加工、景观利用等林下经济面积98.33万公顷,参与农户达19.61万户。落实国家木本药材种植补贴试点项目3167公顷,共有14家单位被国家林业局认定“服务精准扶贫国家林下经济及绿色产业示范基地”,5家企业被国家林业局认定为国家林业重点龙头企业。克什克腾旗国家森林旅游示范县获批。

【落实惠民政策】　2016年，国有国家级公益林补偿标准由2015年的每年每亩6元提高到8元，中央财政下达自治区国家级公益林森林生态效益补偿性资金19.48亿元，补偿面积1033.33万公顷，新增补偿资金10 722万元,全部用于管护人员工资。落实自治区财政森林生态效益补偿资金1500万元，补偿面积33.33万公顷。落实林业贴息贷款1.3亿元,贴息405万元,完成造林8000公顷,扶持农户和林业职工81人。中央财政下达自治区退耕政策性补助资金16.6亿元,78.5%的资金用于对国贫县和区贫县退耕户补助,为精准扶贫做出重要贡献。将自治区国贫县建档立卡贫困人口5000人转为生态护林员,落实中央财政管护补助资金5000万元。争取国家国有贫困林场扶贫资金2792万元,对30个国有林场项目进行扶持。

【支撑保障能力建设】

林业法制建设　7月29日，自治区第十二届人大常委会第二十四次会议审议通过《呼伦湖国家级自然保护区条例》，于2016年10月1日起正式实施，这部条例是呼伦贝尔市自然保护区历史上首部“一区一法”。9月29日,自治区第十二届人大常委会第二十六次会议通过修订的《内蒙古自治区森林草原防火条例》,自2016年12月1日起施行。

科技支撑　推广生态修复、林业产业等技

术10余项，建立科技推广示范点近20个，组织培训10余万人次。立项林业地方标准49项，《抗旱造林技术规程》等11项地方标准发布实施。开展全区打击假冒伪劣林木种苗和侵犯林业植物新品种权专项行动，开展林木良种基地检查考核工作。完成国家标准化林业站建设25个，自治区林业站能力提升建设项目14个，420个乡镇林业站开展"一站式"全程代理服务。落实林业生态工程科技推广计划，推广应用适用技术21项。实施自治区财政推广项目12项，完成国家标准化推广站建设项目7个。完善办公自动化系统，建成自治区林业厅与各盟市级林业局视频会议和公文传输系统。

【推进生态文化建设】 2016年7月1—7日，自治区人民政府开展生态文明建设宣传活动周活动，为提高广大人民群众对生态文明的认识，广泛动员全社会参与生态文明建设。7月3日，由自治区林业厅主办、呼和浩特市林业局协办的主题为"爱林护林造林，共享绿色生活"生态文明建设宣传活动在呼和浩特市青城公园举行。微电影《责任》获国家生态文明主题电影展示活动十佳影片。歌曲《绿色传奇》获全国林业歌曲征集大赛二等奖。8月25—26日，国家林业局在呼和浩特召开全国加快推进国土绿化现场会。会议总结了国土绿化的成功经验，对今后一个时期的国土绿化工作提出新要求。国家林业局领导出席会议并讲话。国家外交部、国家林业局就承办《联合国防治荒漠化公约》第13次缔约方大会到鄂尔多斯市调研。9月5—6日，全区造林绿化现场会在通辽市召开。会议深入贯彻落实习近平总书记关于林业生态建设讲话和全国加快推进国土绿化现场会议精神，交流全区造林绿化工作经验，研究部署当前及今后一个时期造林绿化任务。

（撰稿人：王守礼）

水　利

【概况】 全区各级水利部门贯彻落实中央、自治区治水兴水管水决策部署，实现"十三五"水利改革发展良好开局，为自治区经济社会持续健康发展提供有力的水利支撑和保障。全年落实水利投资计划94.5亿元。其中：中央投资58.1亿元，地方投资36.4亿元。全社会水利投入201亿元，较2015年增长11.7%。投资计划执行全面提速，水利投资计划完成率97.7%。12项节水供水重大水利工程累计开工7项，在建工程进度全面加快，"引绰济辽"等工程前期工作取得关键性进展。防汛抗旱取得全面胜利，因灾损失程度进一步降低。民生水利工作持续发力，启动实施农村牧区饮水安全巩固提升工程，年度巩固提升工程受益45.5万农牧民。新增节水灌溉面积23.93万公顷，其中高效节水灌溉面积20万公顷。全面落实最严格水资源管理制度，"三条红线"刚性约束进一步强化。加强河湖管理全面加强，加大水生态治理保护力度加大。着力强化地下水水量与水位双控制，建成近1300眼地下水自动化监控井。新增水土流失综合治理面积50.67万公顷。深化水利改革成果丰硕，盟市间水权转让试点完成投资8亿元，2000万立方米闲置水指标成功在中国水权交易所交易。依法科学管水不断加强，水利公共服务能力进一步提升。不断深化水利精神文明建设和水文化建设，三盛公水利枢纽被命名为第二批内蒙古中共党史教育基地。内蒙古黄河水利文化博物馆通过水利部国家水情教育基地评估复审。

【水政】

水行政审批制度改革及水行政执法规范化　《自治区水文实施办法》经内蒙古自治区人民政府（以下简称自治区政府）规章立法协调会通过。取消与水文、水资源调查评价资质对应的1项行政处罚。自治区水利厅行政处罚类权力变为204项，总的行政权力变为253项。向自治区审改办报送《内蒙古自治区水利厅关于落实国务院清理规范投资项目报建审批事项实施方案的函》，其主要内容包括：将“因重大工程建设确需迁移国家基本水文测站的批准”合并到“洪水影响评价审批”中；将“农村牧区饮用水供水工程审查”整合到国务院保留事项的“水利基建项目初步设计文件审批”中；仍单独保留“建设项目水资源论证报告书审批”事项。完成自治区本级水行政执法机构执法证件清理和规范工作，自治区本级水行政执法机构包括：厅机关、自治区水文总局、自治区水政监察总队和自治区水利工程建设质量与安全监督中心站。经汇总，自治区本级共有水行政执法人员64人。其中：监督人员9人(新申办5人，换发证4人)；执法人员55人(新申办43人，换发证12人)。注销证件15个(执法证14个，监督证1个)。组织自治区水利厅网上联合审批平台操作培训工作和全区水行政执法统计业务骨干培训班。

水行政执法监督及水事纠纷　2016年4月，钢铁煤炭行业化解过剩产能和脱困发展工作部际联席会议有关成员单位在全国范围内组织开展违法违规建设煤矿专项稽查，发现内蒙古自治区有11处初步认定的违法违规建设项目仍在继续建设和生产。自治区水利厅责成鄂尔多斯市水务局、鄂尔多斯市水保局、锡林郭勒盟水利局依照水法律法规对辖区内的上述煤矿建设项目逐一开展针对性的水行政执法检查，并将专项执法检查和责任调查结果上报水利部。2016年7月20日，自治区水利厅配合黄河上中游管理局对陕蒙省际界河乌兰木伦河进行水行政联合执法检查。针对陕蒙省际界河乌兰木伦河涉河违规建设项目整改工作，陕西个别建设项目在河道内筑堤采煤进一步侵占河道等问题，向鄂尔多斯市水务局下发《内蒙古自治区水利厅关于加快推进陕蒙界河乌兰木伦河涉河违规建设项目整改工作的通知》，要求鄂尔多斯市推进涉河违规项目的整改工作，确保河道行洪安全。2016年，自治区水利厅部署开展松辽流域省际水事矛盾纠纷集中排查化解活动。经排查，在松辽流域省际界河没有发生水事纠纷。

安全生产与稽查　开展全区重大水利工程安全生产巡查，印发《内蒙古自治区水利稽查工作实施方案》，对盟市水利建设开展年度稽查，提出整改意见。

【水资源管理】

制度建设　起草《内蒙古自治区水资源管理条例(草案)》。修改完善《自治区水权交易管理办法》，完成《西辽河流域水量分配方案》《自治区“十三五”水资源消耗总量和强度双控实施方案》《自治区加强水资源用途管制的实施方案》的编制工作。

最严格水资源管理考核　完成各盟市2015年度实行最严格水资源管理制度考核工作，配合国务院考核工作组完成自治区“十二五”期末及2015年度考核任务，内蒙古自治区“三条红线”各项指标均符合国家考核要求，考核等级为良好。落实水资源消耗总量和强度双控行动，印发“十三五”双控行动实施方案，全面强化水资源论证和取水许可管理，用水总量得到有效控制。将水资源管理“三条红线”4项指标纳入自治区党委、政府对各盟市党政领导班子年度“三位一体”目标责任考核评价体系，并将考核结果报送自治区党委组织部门，作为对盟市主要负责人和领导班子综合考核评价的重要依据之一。

水权制度改革　内蒙古自治区盟市间水权转让试点一期工作2016年年底完成建设投资11亿元，占总投资2/3左右。盟市间水权转让二期可研及自治区黄河干流水权盟市间转让保障规划已经黄委审查。按照《内蒙古自治区闲置取用水指标处置实施办法》，对未履行合同企业的水指标进行收回，并通过中国水权交易所挂牌交易。

取水许可管理　对内蒙古三维煤化科技有

限公司20万t/a甲醇项目7个项目进行取水许可申请书的批复。

水量调度管理　2016年，自治区黄河流域全年耗水49.13亿立方米，较分配内蒙古自治区全年耗水量47.51亿立方米多1.62亿立方米。其中：干流耗水47.35亿立方米，支流1.78亿立方米，满足不超过年度耗水计划指标5%的要求，完成年度水量调度任务。在黑河水调工作方面，本水调年度累计向东居延海补水8926万立方米，最大水域面积42.5平方公里，蓄积水量8300万立方米，实现了东居延海连续14年不干涸，下游生态环境得到恢复和改善。

节约用水工作　与自治区团委学校部、呼和浩特市水资源管理局共同开展大学生爱水惜水有奖征文活动。与自治区人力资源和社会保障厅、经信委、直属机关事务管理局联合开展2016年度节水型企业、机关、学校、幼儿园、服务单位评选表彰工作，评比表彰25家节水型单位，并安排500万元水资源费以“以奖代补”的方式对受表彰单位进行奖励。在内蒙古大学、内蒙古农业大学和内蒙古工业大学开展合同节水管理试点建设工作。自治区本级全年征收水资源费2.43亿元。

水生态文明建设　按照全区水功能区和入河排污口100%监测覆盖率要求，继续做好最严格水资源管理制度限制纳污红线基础监测工作及国家重要江河湖泊水功能区本底值监测工作。实现呼伦湖、乌梁素海水生态常态化监测评价。配合水利部完成新国家重要饮用水水源地名录的意见征求及报送工作，完善饮用水水源地核准和安全评估制度，对12个国家级和6个自治区级饮用水源地开展达标评估工作。结合2015年考核，完成对12个自治区级重要饮用水水源地安全保障达标建设工作的评分工作。乌海市和呼伦贝尔市全国水生态文明试点城市建设取得阶段性成果，在额尔古纳市等5个旗县区开展自治区级水生态文明试点建设工作。

水资源管理信息化建设　国家水资源监控一期项目基本建成，并通过水利部项目办的技术评估；国家水资源监控二期项目2016—2018年技术方案通过水利部项目办的技术复核。开展自治区水资源信息系统与各盟市水资源管理系统集成的调研及方案编制工作，完成自治区与包头市、锡林郭勒盟的系统集成。

【水资源保护】　落实《自治区地下水保护行动计划》，开展关闭自备水源井、治理区域违规取用地下水行为，减少区域地下水取水量，加快超采区治理步伐。开展地下水、水功能区和入河排污口专项检查工作，推进呼和浩特市工业园区黄河水或再生水供水工程建设和水源置换工作、通辽市科尔沁区超采区治理和封井工作、阿拉善盟对腰坝等超采区治理以及鄂尔多斯市重点项目地下水源置换等工作。印发实施《自治区地下水监测工程总体规划(2013—2020年)》，批复全区地下水监测工程(2016年)初步设计。截至2016年底，已批复四期地下水监测工程，工程建设及相关验收移交等工作正有序进行。

【水利规划】　12项节水供水重大水利工程全面推进，其中“引绰济辽”工程可研报告水利部审查意见已报送国家发展改革委，可研批复需要的19项支撑性文件中已完成18项。东台子水库工程可研报告水利部审查意见已报送国家发展改革委，可研批复需要的支撑性文件除环评报告外已全部完成，Z866项目已开工建设，扎敦水利枢纽成功实施截流。

【基本建设】

重点水利工程建设　黄河内蒙古段二期防洪工程批复总投资44.95万元，2016年下达投资计划16亿元，完成投资17亿元，完成投资计划106%；嫩江干流内蒙古段治理工程批复总投资4.73亿元，2016年下达投资计划2亿元，完成投资1.8亿元，完成投资计划90%；辽河干流治理工程批复总投资6.2亿元，累计下达投资计划3.63亿元，完成投资4.05亿元，完成投资计划111%。

防洪治理工程　重要支流项目规划总投资61.7亿元,已批复总投资53.35亿元,累计下达投资22.96亿元,完成投资21.5亿元;中小河流2013—2015规划治理项目120项,已全部批复,累计下达投资13.52亿元,完成投资15.71亿元。

病险水库除险加固工程　扎敦水利枢纽工程批复总投资9.5亿元。截至2016年底,已完成投资5.1亿元;毛都水库总库容批复总投资为4.4亿元,已完成0.9亿元;新增大中型病险水库13座。截至2016年底,5座已竣工验收,在建7座批复总投资5.92亿元,累计下达投资4.19亿元,完成投资4.54亿元。

【防凌防汛抗旱】

黄河防凌工作　黄河于2016年11月21日开始流凌,23日10时,三湖河口水文断面以下4公里处出现首封。

防汛抢险工作　2016年汛期,出现13次全区型和区域型降水天气过程。6—7月上旬,6次全区型和区域型降水天气过程,具有降水强度大、局地性强,伴有雷暴、冰雹、大风等强对流天气特点。全区有呼和浩特市、包头市、赤峰市、呼伦贝尔市、锡林郭勒盟、乌兰察布市、鄂尔多斯市、巴彦淖尔市、兴安盟、阿拉善等11个盟市、70个旗县(市区)、337个乡镇苏木,72.6万人受灾,因灾死亡11人,紧急转移人口1.91万人,倒塌房屋0.1795万间。农作物受灾面积24.9万公顷,成灾面积16.4万公顷,绝收面积45千公顷,因灾减产粮食55万吨,死亡大牲畜0.2907万头,水产养殖损失1.3万公顷、0.002万吨;铁路中断4条次,公路中断110条次,供电中断62条次,通信中断1条次,损坏水库33座,损坏淤地坝21座,损坏堤防1073处、长度166公里,损坏护岸736处,损坏水闸60座,损坏灌溉设施126处,受淹城镇1个,受淹面积2平方公里,占城区面积比例2%,淹没历时6小时,洪水围困人口0.2万人,受淹过程中紧急转移人口0.05万人,主要街道最大水深2.20米,交通中断6.0小时,房屋受淹0.0744万户,共造成直接经济损失17.33亿元,其中:农林牧渔业直接经济损失11.34亿元、工业交通运输业直接经济损失0.36亿元、水利设施直接经济损失3.47亿元、城区直接经济损失0.13亿元。2016年度,全区各地投入抢险人数18 732人次。其中:部队官兵959人次、地方人员8485人次、防汛机动抢险队员9288人次。投入编织袋26.30万条,沙石料23.15万立方米,钢材21.10吨,救生衣4156件,抗灾用油938吨,抗灾用电5.76万千瓦,其他抢险救灾物资消耗307万元。动用抢险设备3290台(班)次。防洪减灾效益:减淹耕地面积5.30千公顷,避免粮食减收226万吨,减少受灾人口1.91万人,解救洪水围困群众0.4645万人,减灾经济效益0.25亿元。

抗旱减灾工作　2016年,全区全年农作物受旱面积255.87万公顷,其中严重干旱65.47万公顷,干枯38.2万公顷。可利用草场受旱面积0.28亿公顷,因旱造成35万人、232万头牲畜临时饮水困难。牧草减产685万吨。农牧业旱灾直接经济损失约118亿元。全区各级水利部门应急调水1亿多立方米,组织抗旱服务队深入旱区开展应急抗旱服务,维修改造机电井3000多眼,新打机电井500多眼,为农牧民拉送水160万吨,解决了30万人、180万头(只)牲畜饮水困难,灌溉耕地207万公顷。针对因旱饮水困难情况逐村制定应急供水方案,开展应急水源建设、设置临时供水点,保障群众基本生活用水。

抗旱规划　抗旱应急水源工程有50项已经发挥抗旱减灾效益,保障了7.28万人、40万只牲畜应急供水,抗旱浇灌耕地4万公顷。全区投入抗旱人数180多万人,开动机电井26万眼,泵站171座。抗旱浇灌面积200万公顷,临时解决了35万人、232多万头牲畜的饮水困难问题各级抗旱服务队维修改造机电井4000多眼，新打机电井500多眼。中央财政下达自治区特大防汛抗旱补助资金8600万元、民政救灾资金6000万元，自治区政府紧急下达特大抗旱补助经费3.2亿元，赤峰市、呼伦贝尔市、锡林郭勒盟、兴安盟共计筹措抗旱减灾资金2.23亿元，为防汛抗旱减灾救灾提供了资金保障。

修订预案　自治区防汛指挥部编制和修订《内蒙古自治区防汛抗旱应急预案》《黄河防凌预案》《黄河蓄滞洪区调度方案》等一系列预案，批复《西辽河流域洪水调度方案》。《黄河三盛公水利枢纽防御洪水方案》（2016—2020年）和《红山水库防御洪水方案》（2016—2020年）已由自治区人民政府批复。各盟市完成《防汛抗旱应急预案》《城市防洪预案》《水库安全度汛预案》《山洪防御方案》等专项预案的编制和修订工作。

山洪灾害防治项目　2016年，全区开展12个盟市、74个旗县山洪灾害防治非工程措施建设，投入资金7.5263亿元。其中：中央补助5.8923亿元，自治区配套1.634亿元，建成盟市视频平台14个，旗县视频平台74个，雨量站、水位站、墒情占、视频站2716个，实现12个盟市、2个计划单列市、74个山洪灾害防治项目旗县区与自治区防汛视频会商系统互联互通。

【农田水利】

农村水利　2016年，10处大型灌区续建配套与节水改造项目下达投资107 666万元。其中：中央投资86 133万元；自治区配套11 909万元；盟市配套9624万元。已完成投资100 231万元，总投资完成率93.1%。其中，完成中央投资83 296万元，中央投资完成率96.7%，形象工程完成率为96.2%，超额完成年底前完成投资90%的要求。投资9.19亿元的新建尼尔基水利枢纽下游内蒙古灌区建设进入攻坚阶段，2016年完成投资25万元~700万元，占2016年投资计划26 107万元的98.5%，累计完成总投资76 300万元，完成投资占下达投资88.7%；投资8.49亿元的新建绰勒水利枢纽下游内蒙古灌区，2016年完成投资28 900万元，比2016年投资计划多完成13 900万元，累计完成总投资50 900万元，完成投资占下达投资92.5%。推进盟市间水权转让项目建设，内蒙古黄河干流水权盟市间转让河套灌区沈乌灌域项目已批复投资175 188万元，实施后可实现年节水2.4亿立方米，可转让水量1.2亿立方米，现已完成近10亿元并发挥了效益。

制定《内蒙古自治区新增“四个千万亩”节水灌溉工程2016年实施方案》，并由政府批准印发各地实施，统筹水利、财政、发改、国土、农发等部门项目资金34.2亿元，完成新增节水灌溉面积23.93万公顷，其中，高效节水灌溉面积20.13万公顷，比国家下达内蒙古自治区高效节水灌溉任务多完成0.13万公顷，全区灌溉水利用系数提高到0.512。2016年“西北节水增效”项目涉及7个盟市45个项目旗县，共下达投资97 765万元。其中：中央投资85 422万元，地方配套12 343万元，发展高效节水灌溉面积6.4万公顷。2016年度，自治区小型农田水利项目投资14 200万元，涉及呼伦贝尔市等市4个盟市共计14个项目旗县节水灌溉工程建设。

按照《内蒙古自治区深化小型水利工程管理体制改革实施方案》，2个国家级和14个自治区级小型水利工程管理体制改革试点旗县改革试点工作基本完成，涉及小型水利工程共86 975处，全部明晰工程产权，颁发产权证书1万余册，落实财政补助资金3800万元，专业化、社会化、村集体、用水合作组织、新型经营主体等多元化的管护模式逐步建立；全区小型水利工程管理体制改革全面实施，从中央财政统筹土地出让收益中提取2.98亿元专门用于农牧水利设施的维修养护。

创新水利工程管理体制改革，39.78万处工程明晰了工程产权，34.66万处工程颁发产权证书，38.16万处工程明确了管护主体、管护责任。

其中，小型水库、堤防、淤地坝等涉及公共安全小型水利工程的建立安全管理责任制，明确安全管理主体及责任，建立农牧民用水合作组织1700个。

牧区水利　2016年，自治区小型农田水利牧区重点县9个旗县下达自治区补助资金11 400万元，建设高效节水牧草地0.745万公顷。

【水土保持】

水土保持工程与监督执法　2016年，自治区下达水土流失防治任务43.33万公顷，水利部下达治理任务61.6万公顷，全年实际完成治理任务61.98万公顷。自治区人民政府发布《关于划分水土流失重点预防区和重点治理区的通告》，出台《内蒙古自治区水土保持补偿费征收使用管理办法》，落实了水土保持补偿费征收分级缴度和使用管理相关规定。各盟市水土保持管理办法等地方性配套法规正在制定中。自治区水利厅完成对《内蒙古自治区水土保持规划(2015—2030)》的审查，并上报自治区人民政府审批；编制完成《东北黑土区侵蚀沟治理专项规划(2016—2030年)》和《国家农业综合开发东北黑土区侵蚀沟综合治理和黄土高原塬面保护实施规划(2017—2020年)》中内蒙古相关内容；下放部分项目的审批权，公布水土保持行政权力清单，制定水土保持行政许可办理服务指南和流程图。

2016年，中央预算内水土保持项目坡耕地水土流失综合治理工程和京津风沙源二期工程；中央财政项目国家水土保持重点建设工程、新增财政资金国家水土保持重点工程、中型以上病险淤地坝除险加固工程和国家农业综合开发水土保持，共2类6项，涉及自治区11个盟市80多个旗县。其投资计划为：京津风沙源二期工程共下达总投资38 970万元。其中：中央投资26 982万元，地方配套11 988万元。建设水源工程2 ~ 594处，节水灌溉1 ~ 600处，小流域综合治理450平方公里。国家水土保持重点工程总投资40 616万元，其中，中央投资29 388万元，地方配套10 928万元，投劳折资300万元，计划完成治理面积593.6平方公里。其中，坡耕地水土流失综合治理项目涉及9个旗县，工程总投资11 250万元，治理面积50平方公里。国家水土保持重点建设工程项目涉及13个旗县，工程总投资17 194万元，治理面积350.11平方公里。新增财政资金国家水土保持重点工程(扶贫小流域)工程，涉及10个旗县，总投资4676万元，地方配套596万元，治理面积93.5平方公里，包括清洁小流域5条。淤地坝除险加固工程，涉及3个旗县，总投资2万元 ~ 997万元。国家农业综合开发水土保持项目涉及9个旗县，工程总投资4500万元，治理面积100平方公里。截至2016年12月20日，各类工程共完成治理面积536.8平方公里，治理任务完成率为90%，完成总投资29 225万元，中央投资完成25 291万元，中央投资完成率为86%。其中，坡耕地水土流失综合治理工程完成治理面积44.46平方公里，完成率89%，完成中央投资8290万元，完成率92%；国家水土保持重点建设工程完成治理面积321.4平方公里，完成率92%，完成中央投资11 198万元，完成率93%；新增财政资金国家水土保持重点工程完成治理面积84.7平方公里，完成率91%，完成中央投资11 198万元，完成率89%；国家农业综合开发水土保持项目完成治理面积86.26平方公里，完成率86%，完成中央投资2429万元，完成率81%。

继续落实水土保持"三同时"制度。2016年全区共审批开发建设项目水土保持方案1 ~ 189项。其中，自治区审批252项，新建生产建设项目水土保持方案编报率100%，审批率100%。截至2016年11月底，全区已经有286个生产建设项目申请了水土保持设施竣工验收。水土保持返还治理工程有序推进，2016年正在实施的返还治理项目24个，投入治理经费3万元 ~ 376万元，完成治理面积717公顷。

水土保持培训与宣传 组织培训国家水土保持项目旗县数据入库和管理培训 160 多人；组织召开全区水土保持监督执法培训班，培训水土保持执法人员 200 多名。自治区各地开展电视、电台、报纸等媒体宣传，专家讲座，水土保持"进校园""进党校""进工厂"等各类水土保持宣传活动，投入宣传经费 234 万元。

【城乡供水】 自治区政府批复《内蒙古自治区农村牧区饮水安全巩固提升工程"十三五"规划》。2016 年，农村牧区饮水安全巩固提升工程下达计划投资 45 153 万元。其中：中央预算内投资 10 000 万元，自治区补助 5000 万元，盟市及其他配套资金 30 153 万元。覆盖内蒙古自治区 11 个盟市 74 个旗县，解决 45.5 万农牧民和 1067 名农村牧区学校师生的饮水不安全问题，新建和改造饮水安全工程 1 ~ 785 处。结合自治区扶贫工程建设，解决建档立卡贫困村 1169 个、2.7 万户、6.4 万人，全区供水集中率 76%，自来水普及率 72%，供水水质达标率为 61%。组织全区 101 个项目旗县编制旗县级供水应急预案，在出现突发事件时，确保供水安全。加强饮水安全工程运行管理，继续推进"三项机制"建设，93 个旗县成立工程专管机构，54 个旗县通过地方财政建立维修养护基金，全区农村牧区饮水安全水质检测实行了全覆盖。

农村饮水安全工程建设运营实行优惠电价、税收和建设用地等优惠政策，94 个旗县区农村牧区供水工程执行居民用电或农业排灌用电价格，电价降低 25% ~ 45%，降低农村牧区饮水安全工程建设和运行管理成本，减轻农牧民负担。

【农村水电】 2016 年，《内蒙古自治区农村水电增效扩容改造"十三五"实施方案（2016—2019）》通过财政部水利部批复，投资 15 408.75 万元的 18 座农村水电增效扩容改造项目完成并通过财政部、水利部绩效评价考核，增加水电装机容量 3060 千瓦，增加年发电量 4254.2 万千瓦·小时。

【工程管理】 水利部 2015—2016 年度水利建设质量，内蒙古自治区排名第十九位，较 2015 年提升 9 位，位于全国水利建设质量考核 B 级前列。自治区水利厅组织编写《内蒙古自治区水利工程运行管理规范化工作要点》，分别对水库、水闸、堤防等水利工程运行管理提出明确管理要求。组织开展海日苏水利枢纽安全鉴定工作。配合水利部对三盛公、海日苏等 3 座水利枢纽开展水闸运行管理督查工作，促进水闸工程规范化管理。

内蒙古自治区黄河工程管理局通过水利部国家级水利工程管理单位考核验收，在中国西部一些省区和东北各省区尚属首个工程。通过开展水利工程管理考核推进三盛公水利枢纽工程管理规范化、法治化、现代化建设，提高了工程管理水平，确保了水利工程运行安全和充分发挥效益。红山水库、三盛公水利枢纽工程完成划界确权工作，设置管理范围界桩、取得土地使用证。

全面公开水利建设项目信息和市场信用信息，印发《关于进一步加强全区水利建设市场信用体系建设有关事项的通知》，加强自治区水利建设项目审批信息和建设管理信息公开，信用信息采集覆盖八大类市场主体，完善市场主体信用信息档案，并已在自治区水利建设招标投标中应用。

自治区所有水库均建立和落实以地方行政首长负责制为核心的水库大坝安全管理责任制。组织对昆都仑、霍林河等水库开展大坝安全鉴定工作，掌握水库安全状况。制定水库蓄水统计制度，及时掌握水库蓄水状况，为科学调度、水资源配置、防汛抗旱指挥提供依据。为确保水利工程安全运行，2016 年，中央财政补助内蒙古自治区县级国有公益性水利工程维修养护资金 6 万元 ~ 567 万元，2016 年度维修养护项目已完成投资 6 万元 ~ 330 万元，完成土方 895 792 立方米，石方140 732立方米，混凝土22 986立方米，维修闸门50扇，更新机电设备67台套。据各地报送统计，有67座水库消除了工程安全隐患，27座水库恢复防洪标准，35座水库完善管理实施，46座水库改善工程面貌。另外，2座水闸、11段堤防，6个控导工程，3个泵站工程消除工程安全隐患，改善工程面貌，恢复工程功能。

【科技与教育】 2016年，自治区水利厅共下达水利科技项目资金530万元。出台《自治区水利科技创新实施意见》，部署“十三五”水利科技创新工作。内蒙古自治区重大科技攻关项目《引黄灌区多水源滴灌高效节水关键技术研究与示范》经过3年时间的研究、试验和示范推广，取得显著成果，完成河套灌区三种水源滴灌发展区域分布图，发表论文52篇，制定地方标准或规程6套，专利9件，研发产品5件，编写培训手册4册，项目进展简报7期。为推进科技成果的转化应用，贯彻落实国家创新驱动发展战略，组织项目组于9月2—3日召开引黄灌区多水源高效节水关键技术培训会，会议邀请中国工程院康绍忠院士做专题讲座，参加培训的200多名基层科研人员和农民代表参观了示范区。水利科技成果获农牧业丰收奖一等奖3项、二等奖1项、三等奖1项。8项水利地方标准获自治区立项。其中，5项通过了内蒙古自治区技术质量监督局的审查。

（撰稿人：李建国）

扶贫开发

【概况】 2009年，自治区扶贫开发领导小组办公室更名为内蒙古自治区扶贫开发办公室（以下简称自治区扶贫办），列入政府直属机构。内设综合处、规划财务处、移民扶贫开发处、社会扶贫处和革命老区建设处5个机构。机关党委负责机关和直属单位的党群工作。所属4个事业单位为自治区扶贫办电子政务中心、革命老区建设与扶贫项目管理站、贫困地区信息监测中心、扶贫发展中心。2015年11月，自治区纪律检查委员会（以下简称自治区纪委）派驻机构全覆盖调整时撤销了派驻扶贫办纪检监察室（2005年设立），该项工作由自治区纪检委驻民政厅纪检组综合监管。办公地点设在呼和浩特市乌兰察布东街82号。2016年，自治区党委、政府贯彻中央扶贫开发工作会议要求，全面落实精准扶贫精准脱贫基本方略，强化政策举措，完善体制机制，全区减少贫困人口24万人，比计划多3万人，31个国贫旗县农牧民人均可支配收入达到9005元以上，比全区农牧民平均水平增幅高2.1个百分点。贫困地区基础设施建设、公共服务明显改善，义务教育、基本医疗和住房安全保障水平显著提高。

【健全扶贫政策体系】 围绕贫困退出、督查巡查、考核评估、贫困旗县财政涉农涉牧资金整合等，推动以自治区党委、政府名义连续出台9个扶贫政策性文件，自治区行业部门出台21个精准扶贫配套政策，涵盖贫困地区基础设施、公共服务、产业就业、生态建设、社会保障等重点领域，构建起较为完备的政策体系。

【创新扶贫体制机制】

精准识别贫困机制　把建档立卡作为精准扶贫的基础性工作来抓，动员10万多人进村入户摸底排查，开展建档立卡“回头看”，完成90个旗县区、9852个嘎查村，35.7万户、80.2万贫困人口的建档立卡信息更新工作，剔除不符合标准21.4万人，新识别补录17.2万人。在所有建档立卡贫困人口的嘎查村全面推行“453”挂图作战法。做到“四个清”：底数清、责任清、办法清、工作要求清；挂出“五张图”：全村贫困现状图、致贫原因分析图、五个一批分类扶持措施图、贫困村和贫困户脱贫任务图；记好“三本账”：脱贫计划、帮扶措施和工作台账。

健全干部帮扶机制　为全区为2834个贫困村每个村选派1支驻村工作队，共选派驻村工作队3463个，驻村干部1.1万名。开展抓党建促脱贫工作，选派村级第一书记8195名。安排15.2万名党员干部联系帮扶35.7万贫困户，每个党员干部包联3～5户贫困户，实现帮扶工作全覆盖。加大对驻村干部、第一书记的培训力度，举办各类培训班74期。

建立考核评估机制　制定《盟市党委、政府扶贫开发工作成效考核办法》和《内蒙古自治区贫困旗县经济社会发展实绩考核办法》，主要考核减贫成效，精准识别、精准帮扶、资金使用和项目管理。自治区扶贫开发领导小组牵头组成9个考核组，完成盟市党委、政府扶贫开发工作成效考核、57个贫困旗县经济社会发展实绩考核复审。开展贫困退出第三方评估工作。

建立贫困退出机制　制定《内蒙古自治区建立贫困退出机制的实施意见》，贫困旗县摘帽采取旗县自查、盟市复查、自治区核验的评估认定"三步骤"，贫困户脱贫验收由驻村工作队、帮扶责任人、贫困户"三方认定"。设定脱贫摘帽滚动计划，实行"摘帽不摘政策，脱贫不脱帮扶"的正向激励机制，确保2019年基本完成任务，2020年全面完成脱贫攻坚任务。

建立督查巡查机制　制定《脱贫攻坚督查巡查办法》，开展联合督查、专项督查、随机抽查、明察暗访300多次，实现12个盟市、57个贫困旗县督查检查全覆盖，整改突出问题84项。组织开展扶贫领域形式主义大排查，针对突出问题拿出一整套改进和解决的硬办法。在国务院第三次大督查中，国务院督查组给予充分肯定。

改进扶贫资金监管机制　执行扶贫资金项目公告公示制度，所有扶贫项目和资金使用情况均通过网站、报纸、公告栏、立碑挂牌等形式公开。全面推行村级义务监督员制度，为2834个贫困村每个村聘请10名村级义务监督员，跟踪监督资金使用和项目建设全过程。将扶贫项目审批权和资金使用权全部下放到旗县，从源头上构筑资金使用"防护网"。

创新精准扶贫模式　推广菜单式扶贫模式，根据贫困户产业发展需求，列出支持项目，明确补贴标准，直接补贴到户。探索资产收益扶贫，依托农牧业龙头企业、专业合作社，把分散的扶贫资金、土地资源、生产设施等整合到优势特色产业平台上，采取入股分红、寄养托管、承包租赁、订单种植等模式，让贫困人口流转土地赚租金、资产入股分股金、就近打工挣薪金。同时注重发挥村支部书记作为党建责任人作用，采取"党支部＋合作社＋贫困户"的模式，抓党建促脱贫。

【扶贫投入】　全区各级财政专项投入77.6亿元，其中中央财政投入20.2亿元，增长32.8%；自治区本级财政安排38.4亿元，增长104.7%；盟市旗县两级财政投入18.9亿元，增长67.7%。在52个贫困旗县启动统筹整合使用财政涉农涉牧资金试点工作，整合资金44.5亿元。发放小额扶贫贷款150亿元以上，加上行业和社会扶贫投入，全年扶贫开发资金超过400亿元。

【"三到村三到户"扶贫】　在2834个贫困嘎查村开展规划、项目、干部"三到村三到户"工作。为每个贫困村安排1个帮扶单位，选派1支驻村工作队，为每个贫困户落实1名帮扶责任人。为2834个贫困村每个村投入50万元的财政扶贫引导资金，采取自建直补、先建后补、杠杆式扶贫、菜单式扶贫等模式，实施到村到户产业发展项目4067个，12.5万户、29万贫困人口得到扶持。针对"住房安全保障"难题，明确"三到村三到户"项目资金可优先用于建档立卡贫困户危土房改造项目，每户上限2万元。

【易地扶贫搬迁工程】　启动新一轮易地扶贫搬迁工程，制定《内蒙古自治区"十三五"易地扶贫搬迁工作方案》，组建自治区投融资主体，投入33亿元，78个旗县1119个项目安置点开工建设，完成5万贫困人口的搬迁任务。坚持哪有产业往哪移，哪能就业往哪移，探索出"六个结合"

(易地扶贫搬迁与农村牧区基础建设工程、与城镇房地产“去库存”、与城镇商品房“配建制”、与盘活农牧区“闲置房”,与产业园区建设、与养老互助幸福院相结合)搬迁模式和“七种安置方式”(村内就近安置、新建移民新村安置、依托小城镇安置、依托产业园区安置、依托乡村旅游区安置、入住养老幸福院、投亲靠友货币化安置)。为搬迁贫困人口落实“四不变、两同等、一减免”(搬迁农牧民原承包耕地、草地、林地经营权、受益权不变,子女进城上学“两免一补”政策不变,进城后享受农村牧区合作医疗政策不变,随子女进城的老人原低保政策不变;子女进城入托上学和就业享受与城镇居民子女同等待遇;自愿转为非农户口的,除缴纳户口变更工本费外,减免各种行政性收费)政策,妥善解决了搬迁贫困户住房、看病、子女上学等问题。

【金融扶贫工程】 年内新增金融扶贫富民工程贷款106亿元,19万户贫困农牧民直接获得3万元~5万元的扶贫小额贷款支持,贷款使用1年以上的贫困户人均增收1500元。参与扶贫的金融机构由1家扩大到9家,实施项目旗县由57个贫困旗县扩大到81个农牧业旗县。同时,与人民银行合作发放扶贫再贷款,与国开行、农发行合作发放政策性扶贫贷款,与中国扶贫基金会合作发放中和农信小额扶贫贷款,至年底累计发放小额扶贫贷款385亿元。

【产业扶贫】 制定《内蒙古自治区产业精准扶贫规划(2016—2020年)》,支持乳、肉、绒、薯菜、饲草、粮油、瓜果、药材、旅游、民族用品十大扶贫产业发展。推广菜单式、“党支部+合作社+贫困户”“龙头企业+基地+贫困户”等模式,使贫困户深度参与产业发展并实现持续增收。探索资产收益扶贫,让贫困户流转土地得租金、资产入股分股金、就近打工挣薪金。在31个国贫县全面推进光伏扶贫,182个贫困嘎查村推进旅游扶贫,20个旗县开展电商扶贫综合示范县建设。产业扶贫覆盖50多万贫困人口。

【革命老区扶贫】 制定《内蒙古自治区加大脱贫攻坚力度支持革命老区建设的实施意见》,投入4000万元中央彩票公益金支持革命老区旗县基础设施建设、产业发展等项目,推行“一旗一县脱贫计划”,加强水、电、路、信、生态保护等基础设施和公共服务建设。对革命老区和少数民族聚居区实行强基础、扶产业、重保障等差别化政策,教育政策倾斜,实现23个少数民族聚居贫困旗县学前教育、义务教育、高中阶段教育寄宿生生活费补助标准,义务教育阶段双语授课少数民族学生寄宿生生活费补助“双提高”。高职院校单独招生计划、自治区公务员考录向少数民族聚居区倾斜,事业单位招聘计划15%的职位用于蒙古语大学生。医疗政策倾斜,建立边远地区义诊巡诊制度,增加流动诊疗车,为少数民族聚居区和边远地区的农牧户全面配发小药箱。低保政策倾斜,对鄂伦春旗的鄂伦春族、莫力达瓦达斡尔族自治旗的达斡尔族农村牧区低保对象全额发放低保金。

【社会扶贫】 26个中央、国家机关单位继续定点帮扶31个贫困旗县,选派挂职干部29人、第一书记18名,帮助引进各类项目19个,总投资3.6亿元。签署《关于进一步加强京蒙对口帮扶和全面合作的框架协议》,启动“携手奔小康”行动,北京16个区县实施帮扶合作项目49个,投入帮扶资金近2亿元。自治区170个厅局单位定点帮扶兴安盟和乌兰察布市,投入帮扶资金6210万元。实施“村企合作”精准扶贫行动,662家企业帮扶593个贫困嘎查村,带动1.7万户5万贫困人口。设立贫困地区产业发展基金,引导企业到贫困地区投资兴业。组织开展全国“扶贫日”内蒙古活动。

【扶贫宣传工作】 全年在国家级各类媒体共刊发稿件2751条,其中人民日报29篇,省级媒体7352条。中央电视台《聚焦三农》栏目实地采访3次,播发新闻6条、专题2次。与人民网合作开辟“精准扶贫内蒙古”专栏集中宣传报道。与内蒙古日报合作推出“脱贫攻坚·圆梦小康”专题系列栏目26期。与内蒙古广播电视台合作推出扶贫政策解答栏目4次，专题报道10次，直播节目4次。召开省级扶贫新闻发布会2次。在内蒙古扶贫开发微信平台推送扶贫信息7230条。开展扶贫领域预防职务犯罪宣讲基层行活动，宣讲覆盖12个盟市，参与人数5000多人。

【扶贫机构队伍】 对机关内设机构和职能进行优化调整，理顺内部工作关系，实现与国务院扶贫办有效对接。针对扶贫系统机构不健全、不规范和队伍建设缺编少人、力量薄弱的实际，积极协调有关部门新增10个事业编。5个盟市、24个旗县扶贫办增加了内设机构和编制，苏木乡镇增设了扶贫专干。57个贫困旗县扶贫办从2017年全部单设。

（撰稿人：高凤义）

工业和信息化

综述

【概况】 2016年，全区经信系统贯彻国家和自治区关于稳增长调结构促改革的一系列决策部署，多措并举，强化服务，全区工业经济和信息化各项工作稳步推进，工业经济运行保持总体平稳，呈现出稳中向优、效益质量活力同步提升的态势。

2016年，全区工业增加值完成7758亿元，同比增长7.0%，总量居全国第13位，占GDP 41.6%。其中：规模以上工业增加值同比增长7.2%，增速居周边省市第2位、全国第15位；工业投资完成6425.6亿元，占全社会投资42.0%，同比下降0.4%；工业税收完成892亿元，占财政一般公共预算收入50.1%；工业利润940.5亿元，同比下降23.8%；规模以上工业增加值能耗同比下降5.9%，对单位GDP能耗下降贡献率81%；形成能源（占工业总量的43.4%）、冶金建材（占21.9%）、化工（占8.5%）、农畜产品加工（占16.7%）、机械装备制造（占5.7%）和高新技术（占2.1%）六大优势特色产业体系。全区各类市场主体174.7万户，中小企业32.7万户，规模以上工业企业4344户，中小型企业4204个，大型企业140个。全区工业园区113个，完成工业总产值16970.7亿元，占全区工业比重69%；实现税收696.4亿元，占全部工商税收比重70%。全区电信业务总量564.5亿元，同比增长49.7%；互联网用户普及率98.9%，同比增加10.2个百分点。单位工业增加值能耗和用水量较去年分别下降5.9%、4.5%。

【能源工业】 内蒙古自治区是国家确定的清洁能源输出基地。已探明煤炭储量8419亿吨、石油储量6.2亿吨、天然气储量1.8万亿立方米，构建了以煤炭（占工业比重21.9%）、电力（占11.2%）、石油天然气（占10.3%）为主的能源工业。煤矿620处，央企占48%、民企占52%，没有地方煤炭国有企业，产能11.4亿吨，产量8.4亿吨，居全国第1位，30万吨以下煤矿全部淘汰，单井平均规模205万吨，是全国（35万吨）5.6倍，机械化率95%，资源回采率65%，百万吨死亡率为0.0668，是全国平均水平的42.8%。发电企业649户，装机容量11 030万千瓦，居全国第1位，其中3户地方国有企业（装机516万千瓦），其余为央企、省外国企、民企。火电7601万千瓦，30万千瓦以上机组占75.6%、60万千瓦以上占37.7%；风电2556万千瓦、居全国第1位，建成7个百万千瓦的风电基地；光伏636万千瓦、居全国第2位，光伏与设施农业结合、光伏扶贫、光伏与治理矿区沉陷结合、光伏与外送通道结合成为主要模式；发电量3948亿千瓦时，其中外送电量1357亿千瓦时，占发电量34.4%，发电量和外送量均居全国第1位。天然气产量299亿立方米，居全国第2位；天然原油产量174万吨，居全国第12位。

【冶金建材工业】 内蒙古自治区是国家确定的重要有色金属加工基地。有色、黑色金属储量丰富，铜储量739万吨、铅1369万吨、锌2700万吨、煤系氧化铝蕴藏量约30亿吨，铁矿储量51亿吨。以黑色金属（占工业比重8.5%）、有色金属（占7.7%）、非金属（占5.7%）为主，形成探、采、选、冶、加一体化发展模式的冶金建材工业。钢铁企业 26 户,产能 3216 万吨(其中只有包钢 1 户地方国有企业、产能 1750 万吨)、产量 1813 万吨;有色金属企业 36 户(其中地方国有企业 3 户),产能 682.7 万吨(其中电解铝 458.7 万吨、铜 65 万吨、铅 40 万吨、锌 65 万吨)、产量 334 万吨(其中电解铝 248.5 万吨、铜 17.2 万吨、锌 58.8 万吨、铅 7.7 万吨);铁合金企业 212 户,产能 904 万吨、产量 698.7 万吨、均居全国第 1 位;水泥企业 152 户,产能 10 200 万吨、产量 6297 万吨;玻璃产能 1500 万重量箱、产量 1001 万重量箱。

【农畜产品加工业】 内蒙古自治区是国家确定的农畜产品生产加工输出基地。随着产业化进程快速推进,形成以乳、肉、绒、粮油、马铃薯加工为主的绿色农畜产品加工业,企业 1144 户,品种、产值、效益持续快速增长。2016 年销售收入 3891 亿元、利润 286 亿元,产品品种 1350 多个,拥有中国驰名商标 79 件、内蒙古著名商标 788 件。形成年加工乳制品 936 万吨、肉类 295 万吨、玉米 1510 万吨、马铃薯 360 万吨、羊绒制品 2700 万件的能力。乳制品产量 337 万吨、肉类 177 万吨、羊绒制品 1900 万件、玉米发酵量 1020 万吨,其中羊肉、乳制品、羊绒制品、玉米发酵产量均居全国第 1 位。形成伊利、蒙牛 2 个产值超 600 亿元的大企业。

【化学工业】 内蒙古自治区是国家新型煤化工试验示范生产基地。形成以传统化工、新型煤化工和石油化工为主的化学工业,企业达 372 户。2012 年以来陆续投产煤制油、气、烯烃、乙二醇、尿素等全国首套现代煤化工装置项目。已形成 5366 万吨焦炭、1521 万吨电石、445 万吨 PVC 、857 万吨甲醇、929 万吨尿素、142 万吨煤制油、166 万吨煤制烯烃、17.3 亿立方米煤制天然气的加工能力。焦炭产量 2817 万吨、电石 940 万吨、PVC375 万吨、甲醇 741 万吨、尿素 584 万吨、煤制油 96.5 万吨、煤制烯烃 112 万吨、煤制天然气 11.4 亿立方米,煤制油、煤制天然气、甲醇、电石产能产量均居全国第 1 位,煤制乙二醇、PVC 居全国第 2 位,焦炭居全国第 5 位。

【装备制造业】 内蒙古自治区是国家确定的西部现代装备业制造基地。主要有载重汽车、乘用车、煤机、电力设备、军工等行业,已形成 35 万辆汽车、45 万套汽车发动机、1 万辆铁路货车、6500 台套风机生产能力,生产汽车 10.1 万辆(其中载货汽车 0.76 万辆)、风机 1385 台套。包头装备制造园区产值超过千亿元。

【高新技术产业】 重点培育形成新材料、先进设备制造、生物制药、新能源、电子信息、节能环保、煤炭清洁高效利用、云计算等八大战略新兴产业,总产值 2742 亿元。稀土、晶硅、石墨、生物制药、云计算均居全国前列,22 个新兴产业园区集聚 600 多家规模以上企业。稀土化合物产能 11 万吨、产量 5.1 万吨,均居全国第 1 位;多晶硅产能 2.7 万吨、产量 1.8 万吨,均居全国第 4 位;单晶硅产能 2 万吨、产量 1.5 万吨,均居全国第 2 位;云计算数据中心形成 70 万台服务器能力,投入使用 40 万台。

【综合施策降低企业用电成本,提升优势特色产业竞争力】 综合施策降低企业用电成本,提升优势特色产业竞争力。通过加大电力多边交易、大用户直供、重点大用户长协等一系列电力综合改革措施,对部分新兴产业实行无限价竞价上网,使用电价格降到 0.26 元 / 千瓦时。全区大工业用电平均每度电价降低 7.86 分,达到 0.32 元 / 千瓦时,保持了全国最低水平。全年共降低企业用电成本 80.8 亿元。全区工业用电量同比增长 1.8%,居周边省市第 2 位。优势特色产业竞争能力和国内市场占有率大幅提升,电石由 33.5%提高到 37.6%、铁合金由 16.4%提高到 19.7%。

【重点项目建设】 落实全区秋季重大项目开工动员会部署,加大重点项目跟踪服务、调度督查力度。68 个已获国家路条的重大项目已核准 45

个，其中2016年新核准4个。中天合创360万吨煤制甲醇等一批重大项目建成投产，伊泰200万吨煤间接液化示范等一批重大项目获得国家批复。新开复工亿元以上工业项目1007个，开复工率100.8%；竣工亿元以上工业项目302个，新增产能甲醇360万吨、精细化学品120万吨、聚乙烯醇10万吨、电力639万千瓦，全部达产后，预计每年可新增产值1098亿元。围绕传统产业转型升级、战略性新兴产业发展，新储备项目584个，总投资6683亿元，争取各类国家专项资金38.7亿元。利用产业基金、富余产能、电价、产业链等综合优势，实施精准招商，成功引进沃特玛创新联盟新能源汽车全产业链项目入驻呼和浩特市，23户配套项目同时开工；总投资508亿元的93个云计算、大数据项目签署协议，多晶硅、铝后加工、蓝宝石、稀土加工等60多个项目签约入驻，将形成500多亿元产值。

【推动企业联合重组和技术创新】 推动51户上下游企业完成兼并重组23起，涉及资产1480亿元，控制新增产能7000万吨，可就地消化现有煤炭产能9286万吨。构建起煤—电—加一体化产业链，其中电力、化工产业中煤电、煤化一体化比重达到90%以上，铝产业中煤电铝一体化比重达到70%以上。会同自治区发改委研究制定“降成本”意见，开展2016年全区企业减负和中小企业政策落实专项督查，严格执行涉企行政事业性收费和政府性基金目录清单，全年为企业降本减负630多亿元。开展工业强基专项行动和企业技术创新体系建设，累计认定国家级技术创新示范企业16个、自治区级企业技术中心141个，培育国家和自治区级企业重点实验室96家、构建22家产业技术创新联盟。淘汰落后产能，自治区传统优势产业生产工艺、技术装备在国际国内同行业中均处于领先地位。大力推进工业节能和清洁生产、行业能效对标达标行动、重点耗能企业监管等工作，钢铁、水泥、化工、有色金属冶炼等重点行业企业清洁生产审核通过率67%。搭建军民融合平台，优化政策环境，促进军民融合信息交流共享和军民用技术高效转移，军民深度融合取得新进展。

【全面落实支持中小企业发展“八条措施和开展“双优”创建活动】 深入开展中小微企业“双优”创建活动；以简政放权、税费减免、金融支持、公共服务等政策为重点，开展促进中小企业发展政策落实情况专项督查；推进中小企业公共服务平台建设，自治区平台网络带动全区服务机构累计为近35万户中小微企业提供各类服务；在全国省级层面率先开展中小微企业创业创新电子服务券工作，对符合条件的全区247家企业、295个项目补贴资金1283.1万元；全面推进“助保贷”融资服务，覆盖全区50%的旗县（市、区），盟市统筹比例达到60%以上，累计为1252户企业发放“助保贷”贷款53亿元，缓解了中小企业融资难题。

【信息化建设】 编制完成贯彻《中国制造2025》行动纲要。启动内蒙古国家大数据综合试验区建设，积极筹备和参与2016年内蒙古大数据产业推介大会，全区云计算数据中心承载能力达到70余万台，实际运行突破40万台。开展“两化融合”贯标工作，“两化融合”对标企业累计完成2283户，占规模以上工业企业的53%；积极推进电子政务外网建设，自治区、盟市、旗县三级政务部门接入率达100%、85%、80%。自治区政务灾备中心累计接入21个厅局152个信息系统。

【深化改革】 深化供给侧结构性改革，全面完成煤炭钢铁行业去产能任务。认真履行去产能领导小组办公室职能，出台自治区煤炭、钢铁行业化解过剩产能工作方案，与盟市签订去产能目标责任书，联合有关部门积极出台配套政策，及时组织开展专项督查。全区关闭煤矿10处、产能330万吨，关闭违规煤矿23处，产能1.6亿吨，实现生产煤矿按276天减量化生产；退出钢铁产能291.25万吨，圆满完成国家去产能年度工作任务。大力推进电力市场化改革。自治区电力多边交易市场是国家批准的第一个改革试点。2016年,蒙西地区参与电力多边交易的火力发电企业41户,风力发电企业121户,总装机4292万千瓦,共计490户用电企业进入电力多边交易市场,累计完成电力多边交易电量833.48亿千瓦时,同比增长48.63%,降低用电企业成本61.7亿元。蒙东地区参与电力交易的发电企业25户,总装机1524万千瓦,参与交易的用电企业46户,成交电量78.11亿千瓦时,超额完成30%,降低用户用电成本约9.67亿元。棋盘井、霍林河微电网改革试点取得积极进展。售电侧改革有序推进,放开售电业务,培育了售电市场主体。继续深化行政审批制度改革。根据国家和自治区关于深化投资体制改革要求,重新修订《内资企业工业和信息化固定资产投资项目核准与备案工作规程》,对项目核准备案工作流程、要求、权限等进一步规范与细化。自治区本级核准备案项目由203项压减为27项。优化行政审批流程,清理规范中介服务,简化内资企业工业和信息化固定资产投资项目核准、备案的前置要件,放宽了对项目申请报告编制单位的资质要求。非涉密投资项目的审批全部纳入自治区投资项目在线审批监管平台,实行网上审批。推进法治机关建设。建立机关法律顾问制度。加强重大行政决策合法性审查。梳理确认行政执法主体资格和执法依据,编制权力事项和责任事项清单、行政许可证明事项清单等8个行政权责清单,行政权责事项由258项减少至163项。优化公共服务事项流程,对依申请的43项行政权力事项逐项编制完善权力运行流程图和服务指南。完善行政执法程序,健全执法人员管理制度,建立重大执法决定法制审查制度。推行"双随机一公开"监管,形成随机抽查事项清单,共涉及行政处罚和行政监督检查事项105项。加大规范性文件备案审查和上报请示、建议、意见、规划的合法性审查力度,报备规范性文件5件,规范性文件报备率、报备规范率、及时率100%。

(撰稿人::郭淑军)

煤炭工业

【概况】 2016年,内蒙古自治区生产原煤83 800万吨,同比减少7420万吨、下降8.13%。全区煤炭行业实现利润总额470亿元,同比增长43%。全区煤矿发生死亡事故22起,死亡56人,同比事故增加9起、死亡人数增加43人。煤炭百万吨死亡率0.0668,比全国低0.0892。

【化解过剩产能】 2016年,全区共退出煤矿22处、产能1960万吨,其中地方煤矿10处、产能330万吨,央企8处、产能1510万吨;采矿证到期闭坑4处、产能120万吨/年,完成煤矿退出关闭任务并通过国家检查组的抽查验收。全年共安排奖补资金2.4679亿元,其中国家安排奖补资金1.1479亿元,自治区配套奖补资金1.32亿元。执行276个工作日减量化生产制度。按减量化生产要求,对365处煤矿生产能力进行公告。健全完善弹性工作日备案机制,全面停止扩能技改和产能核增审批工作,严格控制新增产能。全区煤炭产量比峰值产量2012年10.62亿吨减少2.24亿吨、下降21%,煤炭价格恢复性上涨。

【兼并重组】 全区煤炭上下游企业联合重组23起,重组资产1480亿元。盘活煤矿投资和转化项目投资240亿元,新增产值200亿元。优化配煤炭资源78亿吨、控制新增产能7000万吨,就地消化现有煤炭产能9286万吨。10月起,开始有序释放合法煤矿产能每月925万吨。

【安全监管】 全区范围开展安全生产大检查。针对四季度事故明显反弹以及赤峰宝马集团"12·3"瓦斯爆炸事故暴露出的问题,采取"逐矿检查、一矿一组、一矿一策"的办法,所有煤矿实现专人盯守。锡林郭勒盟、阿拉善盟、兴安盟、包头市、巴彦淖尔市、呼和浩特市煤矿实现“零死亡”。

【安全培训】 共培训“三项岗位人员”60 176人,其中管理人员12 045人,班组长2368人,特种作业人员45 763人。

【安全质量标准化】 加强煤矿安全质量标准化动态达标工作,全区达标煤矿297处。其中:一级117处、二级128处、三级52处,所有生产煤矿全部通过了标准化达标考评。

【瓦斯防治利用】 加强煤矿瓦斯防治和综合利用。推进煤与瓦斯突出和高瓦斯矿井瓦斯综合治理，完成瓦斯抽采17 001万立方米、利用3301万立方米，完成自治区的瓦斯抽采利用指标。

【矿区环境治理】 完成红柳大泉煤田火区治理项目回填复垦验收工程。推进煤矸石井下充填开采示范点建设，将鄂托克旗裕兴煤矿作为试点,采用煤矸石充填开采新工艺,消耗自产矸石20万吨,消耗周边煤矿矸石50万吨。推动煤矿采空区灾害综合治理工作。批复了7个重点产煤盟市采空区灾害综合治理总体规划，治理项目已开工12个。加强乌海市及周边地区大气污染综合整治工作。乌海市完成矸石自燃点灭火治理项目241个,完成率90%以上;完成煤层自燃治理项目7个,完成率38.9%;完成排土场自燃治理项目130个,完成率67%。鄂尔多斯市完成煤田和矸石自燃治理33万平方米,完成率91%,明火点得到有效控制;完成排土场修复项目16处,完成率97%,新增绿化面积约36万平方米;完成采区道路修整17.83公里,完成率94%。

【一吨“暖心煤”】 完成“暖心煤”发放工作。12个盟市全部完成农牧户冬季取暖供煤补贴发放任务,共发放322.7万户,资金19.4亿元。

(撰稿人:庞勇)

通　信

【概况】 内蒙古自治区通信管理局（以下简称自治区通信管理局）成立于2000年11月15日，是在原内蒙古自治区邮电管理局实现政企分开的基础上组建成立的正局级建制单位。目前实行工业和信息化部、地方双重领导,以工业和信息化部为主的管理体制，电信管理工作由工业和信息化部直接领导。

自治区通信管理局主要职责是贯彻执行通信行业管理政策法规，统筹规划内蒙古自治区公用通信网、互联网、专用通信网并实行行业管理，监测分析内蒙古自治区通信业运行态势并发布引导信息，协调解决行业运行发展中的有关问题，承担推动实施内蒙古自治区“三网融合”的有关工作；协调内蒙古自治区公用通信网、互联网、专用通信网的建设,负责内蒙古自治区重要通信设施建设管理，监督管理内蒙古自治区通信建设市场，指导内蒙古自治区通信业加强安全生产管理工作；依法监督管理内蒙古自治区电信与信息服务市场，会同有关部门监督管理电信服务资费和质量,保障普遍服务,推动行业自律，根据授权负责内蒙古自治区通信网码号、互联网域名和地址等资源的管理,监管内蒙古自治区公用通信网、互联网、专用通信网互联互通和公平接入；组织协调内蒙古自治区应急通信及其他重要通信保障工作，承担内蒙古自治区国防通信信息动员和战备通信相关工作,管理内蒙古自治区党政专用通信工作;协调管理内蒙古自治区公用通信网、互联网、专用通信网网络信息安全平台，监管内蒙古自治区网络运行安全，拟订内蒙古自治区电信网络安全防护政策并组织实施，负责内蒙古自治区网络安全应急管理和处置，配合开展网络环境和信息治理有关工作,配合处理网络有害信息。

2016年，内蒙古通信行业基础电信业务总量增速加快，主营电信业务收入止跌回升，电话用户总数持续第三年负增长；互联网业务发展较快，非话业务收入快速增长。全年电信业务总量完成 561.86 亿元，同比增长 48.96%；主营电信业务收入完成 223.33 亿元，同比增长 5.27%。其中：非话收入完成 151.43 亿元，同比增长 11.02%，占比达到 67.81%；固定资产投资完成 83.67 亿元，同比下降 20.26%。全区电话用户全年减少 15.53 万户，总数降至 2730.34 万户，普及率 109 部 / 百人。其中：移动电话用户新增 36.90 万户，总数 2462.24 万户，普及率 98.06 部 / 百人；固定电话用户减少 52.43 万户，总数降至 268.10 万户，普及率 10.68 部 / 百人。移动互联网用户快速增长，达到 2045.16 万户，同比增长 9.66%，（固定）互联网宽带接入用户达到 417.18 万户，同比增长 21.57%；全区互联网用户总普及率达到 98.06 户 / 百人。

【宽带网络建设】 积极推进"宽带中国"示范城市（城市群）创建活动，乌海、包头、通辽三市成功入选本年度示范城市。两批电信普遍服务试点地区赤峰、通辽、锡林郭勒、巴彦淖尔、乌兰察布、兴安盟、呼和浩特、呼伦贝尔、鄂尔多斯 9 个盟市，经过公开招投标确定实施企业，共涉及 3725 个未通宽带行政村（嘎查）（简称未通村）通宽带和 2242 个接入能力低于 12Mbps 的行政村（嘎查）（简称升级村）的宽带升级改造。全年安排财政补助资金解决电信普遍服务试点盟市行政村宽带网络建设总计 6807 个，其中未通村 4268 个，升级村 2539 个。出台《加快高速宽带网络建设、推动落实网络提速降费 2016 专项行动实施方案》，根据各企业测算，2016 年，全区固定宽带平均带宽提升约 4 倍，费用下降 40%。正式印发《内蒙古自治区信息通信业"十三五"发展规划》。启动城市通信基础设施专项规划编制工作，并被纳入地方经济社会发展规划，12 个盟市市区部分的专项规划成果已送审。举办光纤到户两项国家标准专题培训 12 班次，参训人员共计 1000 余人，对 12 个盟市 28 个住宅项目进行监督检查。《内蒙古电信设施建设和保护条例（草案）》于自治区第十二届解人大常委会第二十二次会议进行第一次审查。

【行风建设工作】 2016 年，针对信息通信市场秩序、计费收费行为、骚扰诈骗电话、用户信息保护等社会关注热点问题加大监管力度。召开区内移动转售试点企业座谈会，建立移动转售试点企业联系制度，对区内设有实体网点的 9 家移动转售企业进行检查。深化增值业务许可年检及审批工作，截至 12 月底，共审批增值电信业务许可 86 家，全区持证企业达到 372 家，2016 年申请注销 7 家，对两家申请 IDC 业务许可的企业进行实地勘验，完成 298 家增值电信业务企业年检，其中 226 家合格，72 家不合格。简化行政审批，取消增值电信业务许可审批发文环节，实现码号申请网上办理。全年共受理用户申诉、咨询及建议共计 2244 件，较上年下降 17.26%，经调查核实确系企业责任的申诉 9 件，占申诉总量的 0.82%，较上年下降 18.18%，全部结案。

【网络安全工作】 深化省级基础电信企业网络与信息安全责任考核工作，将网站备案、技术手段配合、重大专项的开展情况纳入 2016 年度属地化管理，引导基础电信企业积极防范网络与信息安全风险。推进电话用户真实身份信息登记工作，加强对移动转售企业和网络营销渠道检查，委托第三方机构对 12 个盟市所在地及其各 1 个旗县 2400 余家网点进行暗访。截至年末，三家基础电信运营企业实名率均达 100%。自治区已备案主体达 25 192 个，其中单位主体 20 951 个、个人主体 4698 个；已备案网站 30 292 个；累计注销主体 23 827 个，累计注销网站 274 67 个；区内 18 家接入企业（包括三家基础电信企业）共接入网站 2402 个，网站备案率 100%。推进打击通讯信息诈骗手段建设。开展全区互联网网站分类和有害网站过滤及企业互联网网站安全专项整治行动，加强公共互联网网络安全监测、预警和应急处置，发现存在疑似有害信息网站754个，监测处置区内重点互联网网络安全事件1110起，发送网络安全事件处置函68件、网络安全月度通报12期。配合相关单位开展整治网上有害出版物、制作传播淫秽色情信息、金融类违法违规网站及信息专项整治工作。举办首届内蒙古通信行业网络安全知识竞赛，参加2016年中国网络安全技术对抗赛并取得优异成绩。

【通信安全保障】 调整充实行业安全生产委员会，赴部分盟市开展安全生产大检查大调研。修订《内蒙古自治区通信保障应急预案》，完善自治区通信行业防汛、防雷、防震应急预案管理。完成动中通指挥车、静中通指挥车和指挥平台的联调，实现与全区电信行业应急通信视频会议系统对接。部署防火、抗洪防汛、重要节假日及重大活动的通信保障工作，组织开展2016年防汛应急通信保障联合演练，完成中央电视台春节晚会呼伦贝尔分会场、全国和自治区“两会”及全国普通高等学校招生统一考试、丝绸之路国际汽车拉力赛、神舟十一号回收等通信保障任务。做好G20会议期间网络安全保障，开展天融信设备安全漏洞的应急处置，修复设备漏洞65个。通过自治区国动委检查和自治区交战办应急通信工作考核及应急通信队伍点验，战备应急通信工作受到通报表扬。党政专用通信保障能力稳步提升。

（撰稿人：王颖）

电　信

【概况】 中国电信内蒙古分公司（以下简称电信内蒙古公司）成立于2002年11月8日，是中国电信集团公司为适应国家电信体制改革，在内蒙古自治区设立的全资国有通信运营企业。2008年电信行业重组后，承接原中国联通CD—MA网络及业务的运营，内蒙古分公司成为全区首家全业务运营企业，也是自治区唯一一家同时具备有线、宽带、移动和卫星综合接入手段，同时提供语音、短信、多媒体和互联网等多种服务内容的综合智能信息服务运营商。目前公司拥有员工6800余人，下辖12个盟市分公司和93个旗县营销单元，城区营销中心实现划小承包市场化经营。

2016年，电信内蒙古公司中国电信内蒙古分公司超额完成了全年收入预算任务，收入同比增幅高于自治区行业增幅5.48pp，新兴业务占比接近40%，业务结构持续优化。

【宽带网络建设】 中国电信积极承担自治区家庭信息化的社会责任，自2011年启动“宽带中国 光网城市”的建设后，连续6年在网络建设、运营管理、服务支撑等各方面加大投入，“光纤到户”在全区旗县及以上地区实现。落实国家鼓励民间资本进入电信业的政策精神和集团公司推进全面深化改革的要求，电信内蒙古公司在宽带接入网领域积极引入民间资本，加快提升FTTH覆盖比例，不断提高驻地网领域开放合作水平。拓展融合产品体系，根据用户需求，在现有产品体系基础上，增加单电视、电视+手机等产品。实施百兆销售大提速，新发展单宽带100M起步，新发展融合宽带200M起步。布局家庭智能连接生态，嵌入智能组网、家庭云、想家、智能监控等智能产品，完善家庭智能连接生态建设。配套实施了“装宽带、打10000，先装机、后付费，装机超时赔付”等便民服务措施，使全区近百万个家庭畅享高品质信息化生活。

【移动网络建设】 随着智能终端的普及和通信技术的升级，移动互联网进入快速发展时代，电信内蒙古公司不断加大对网络、技术和业务的投入，迈出了在内蒙古打造“光网城市”的坚定步伐。自呼和浩特于2014年9月5日正式向百姓提供全方位4G服务以来，截至2016年底，4G网络建成LTE FDD（1.8G）室外宏基站7000余个,覆盖12个盟市城区、旗县县城、一二类乡镇以上区域;LTE网络在密集市区和一般镇区覆盖率都达到96%以上。公司对移动网络建设的投入增强了信息惠民的力度,让广大用户一道畅享美好信息文明新生活。

【产业创新与结构调整】 作为智慧网络的运营商,中国电信依托强大的宽带和移动互联网等资源优势和应用研发机构,以各类信息化创新应用为抓手,促进产业信息化水平的提升。"绿色军营""天翼对讲" "综合办公" "外勤助手" "农技宝" "明厨亮灶" "物流E通"等多个行业应用产品为各行各业提供实用快捷的信息化服务。持续优化业务结构,紧跟新兴业务发展思路,推动新兴业务发展。利用已形成的互联网思维,关注客户感知,建立产品维度的分析机制,运营差异化产品,拉动规模发展。将集团集约的三朵云(政务云、医疗云和教育云)穿透到省、市、旗县三级。集约发展物联网业务,把握产业互联网、"互联网+" 机遇,持续深耕加大发展ICT业务,深耕重点行业应用。发挥云网协同优势,加大云产品的推广。

【云计算项目进展】 中国电信云计算信息园落户和林格尔,项目规划总投资概算173亿元,设计容量42栋机楼,超过10万机架、200万台服务器的承载能力,建成后将成为亚太最大的互联网数据汇聚地;可提供IDC机架、互联网带宽、CN2/VPN和传输电路、云主机、云存储、云桌面以及其他云业务。2016年已建成6栋数据中心、1栋综合楼、1座动力中心、1处后勤保障中心,总建筑面积16.5万平方米,具备1.4万个机架、约30万台标准服务器的云计算资源能力及办公、餐饮、住宿等服务保障能力。园区可提供国际最高标准Tier4级机房,PUE值已低于1.30,达到业内及世界领先水平。百度、阿里、腾讯、网易、搜狗、万维、乐视、万国数据、金山等世界知名互联网企业及教育部、内蒙古自治区和呼和浩特市人民政府、上海证券、内蒙古银行等50多家单位已入驻园区。园区投产以来,已为当地贡献超亿元,提供了上百个就业岗位。2016年,内蒙古自治区获批建设国家大数据综合试验区,中国电信内蒙古分公司将把云计算产业作为企业转型发展的创新点,努力把把信息园打造成为自治区发展云计算产业的窗口和名片。

【履行国企社会责任】 电信内蒙古公司在诚信经营的基础上,通过节能减排、关爱员工、积极参与社会公益事业等多种方式履行企业社会责任。贯彻落实国家节能减排相关政策和集团全面深化改革要求,把握"变革创新、开放合作、提质增效"三个关键,坚持节能减排与企业发展相结合、坚持技术创新与管理创新相结合、坚持企业自身节能与助力社会节能相结合三个原则,有效开展节能减排工作。各盟市分公司响应当地政府号召,为在当地举办的各类大型活动、突发事件提供高质通信保障。两级公司积极投入社会公益和扶贫帮困工作,开展"飞young青春,翼起梦想"助学计划和"天翼助力优秀学子圆大学梦"公益行动。百名员工参加 "无偿献血"活动和其它形式的捐赠活动。电信内蒙古公司通过举行乒乓球比赛、环保健身活动及党团员的演讲比赛等各种形式的文体活动,引导广大干部职工增进爱岗敬业之情,在促进企业和谐建设中彰显凝聚力。

(撰稿人:姜鹏伟)

联　通

【概况】 中国联通内蒙古分公司(以下简称联通内蒙古公司)是原中国联通内蒙古分公司和原中国网通内蒙古分公司根据国家深化电信体制改革要求,于2008年10月15日合并而来,全称为中国联合网络通信有限公司内蒙古自治区分公司,隶属于中国联合网络通信有限公司。

联通内蒙古公司下设呼和浩特、包头等12

个盟市分公司和81个旗县分公司，拥有350多亿元固定资产，现有国有在岗员工1.7万人（含劳务派遣）。在全国范围内经营固定网本地电话业务（含本地无线环路业务）、公众电报和用户电报业务、国内通信设施服务业务、固定网国内长途电话业务、固定网国际长途电话业务、IP电话业务（限Phone-Phone的电话业务）、900/1800MHZGSM第二代数字蜂窝移动通信业务、WCDMA第三代数字蜂窝移动通信业务、LTE/第四代数字蜂窝移动通信业务（TD-LTE）、卫星国际专线业务、因特网数据传送业务、国际数据通信业务、26GHZ无线接入业务；在北京、上海、天津、河北（不含石家庄）、山西、内蒙古、辽宁、吉林、哈尔滨、江苏（不含南京）、浙江、安徽、福建、江西、山东（不含济南、青岛）、郑州、湖北（不含武汉）、湖南、广东、广西、海南、四川、贵州、云南、拉萨、陕西、甘肃、青海、宁夏、新疆等范围内经营3.5GHZ无线接入业务。在全国范围内经营国内甚小口径终端地球站（VSAT）通信业务、固定网国内数据传送业务、无线数据传送业务、用户驻地网业务、网络托管业务、在线数据处理与交易处理业务、国内英特网虚拟专用网业务、因特网数据中心业务、语音信箱业务、传真存储转发业务、X.400电子邮件业务、因特网接入服务业务和信息服务业务（含固定网电话信息服务业务、互联网信息服务业务和移动网信息服务业务）。经营与通信及信息业务相关的系统集成、设备生产销售、设计施工业务；技术开发、技术服务、技术咨询、技术培训；寻呼机、手机及其配件的销售、维修；电信卡的制作、销售；客户服务；房屋租赁；编辑、出发、出版、发行电话号码簿。（涉及许可证或国家专项规定的，须凭许可证经营或按专项规定办理相关手续）设计、制作、发布、代理国内外各类广告。LTE/第四代数字蜂窝移动通信业务（TD-LTE）。

联通内蒙古公司用户综合满意度连续多年在全区通信行业行风评议中排在前列。加快自身建设的同时，联通内蒙古公司担负着自治区党政军重要通信和普遍服务责任，在神舟系列飞船载人航天飞行、全区重大政治、经济活动和突发事件的通信保障工作中做出表率。联通内蒙古公司紧抓国家大力发展信息化的契机，推进向宽带通信和综合信息服务提供商转型，在加大技术创新力度、优化投资结构、强化网络支撑的基础上不断推出新业务，在电子政务、中小企业信息化、农村牧区信息化、社区信息化等方面都得到长足发展。

【年度经营情况】

市场基础销售能力进一步提高　移动业务实现止负转增，固网业务收入28.9亿元，同比增长4.0%。创新型业务取得新突破，收入2.8亿元，同比增长28%。电子商务全国率先实现本地平台支撑4G业务。信息导航推进"114+便民服务体系"建设，实现预约北京号源、挪车服务等项目的上线。渠道方面强化社会渠道掌控与自营厅提效。连锁化规模达1046家，三星级门店2144家。农村市场推进营销体系建设。新建乡镇自营厅400家、核心门店836家、三星级门店248家。

网络能力不断增强　计划建设方面新开工项目完成投资19.9亿元，开通4G基站8068个，达到1.5万个，人口覆盖率77.4%，同比提升8.4%；4G室分在网1615个，在建491个。完成光改二期工作，FTTH端口550万个。IP城域网出口带宽3680G，出省带宽3460G。落实100%现场会审，处罚63家服务商共210万元。推行取费改革，设计费和基站施工费分别下降1025万元、1639万元。运行维护方面打造路由导航式资源管理系统，完成全区物理资源数据导入，乌海等4个盟市系统上线运行。城域传送网在乌兰察布完成项目施工，其余盟市完成项目立项。推进资源整治和挖潜利旧工作，完成重点机房、接入网机房、主干光交、ODF架、人井的阶段性整治；通过腾退、再利用和赔补等措施降低成本

9118万元。IPTV组播开通率由10%提升至43.6%;4G驻留比由69%提升到88%;4G升级投诉率由4.9件/百万用户下降到1.6件，宽带升级投诉率由7.8件/百万用户下降到6.7件。以四维度考核、八平台建设为抓手,促进队伍转型,技能考试覆盖率达到99.4%。

改革管理工作深入推进　“四包”机制进一步优化和完善。初步建立盈利责任体系与“倒三角”服务支撑体系。推进“一单元一表”,明确利润主体,实现财业数据全息展现。成立三级支撑中心,以一线需求驱动公司运营管理体系运转,快速解决前端一线问题。安全与风险防控工作进一步加强。建设安全标准化体系,开展重点领域“安全文明”双达标活动,全年未发生较大以上安全事故。强化网络与信息安全责任考核,开展打击通讯信息诈骗和垃圾短信治理、互联网网站安全专项整治。严格合同审核和诉讼管理,完善授权制度及内控管理。基础管理工作进一步夯实。

【服务工作】　2016年，联通内蒙古公司推行集团公司重点服务问题挂牌督办制度，大服务运营整体呈良好提升态势。开展NPS测评,改善用户感知。强投申诉管控,提高一次性解决能力。投诉问题解决率93.8%，工单升级执行率99.7%、投诉限时办结率97.8%;申诉率36.2件/百万用户,低于全国平均水平。2016年5月27日，联通内蒙古公司与鄂尔多斯市人民政府举行“政务云暨云基地战略合作签约仪式”,旨在围绕促进云计算、大数据创新发展,推动宽带网络建设和互联网深入应用等领域加强合作交流,实现资源整合、优势互补、互利共赢、共同发展。2016年9月5日,联通内蒙古公司与呼伦贝尔市人民政府“深化信息化领域战略合作”签约仪式在呼伦贝尔市举行。

【内蒙古大数据产业推介会】　2016年11月7日,由国家发改委、工信部、中央网信办、科技部、商务部、内蒙古自治区政府主办,中国电信、中国移动、中国联通、华为、中兴通讯、浪潮集团协办的内蒙古大数据产业推介会在北京举行。内蒙古自治区党委书记李纪恒，自治区党委副书记、自治区主席布小林,国家有关部委领导,各运营商领导及来自华为、中兴通讯、阿里巴巴、腾讯、浪潮、曙光、苏宁等企业的代表,金融机构负责人、行业组织负责人、科研院所、专家学者,自治区有关部门、各盟市领导出席会议。

【履行国企社会责任】　联通内蒙古公司机动通信局发挥应急资源功效,快速响应,高效运行,完成2016年全国两会进京保障任、G20杭州峰会通信保障、第五届中国—亚欧博览会通信保障等10余次工作任务。2016年,联通内蒙古公司继续对兴安盟实施延伸帮扶。2016年4月26日(第26个全国助残日),联通内蒙古公司与自治区残联在呼和浩特举行“内蒙古12385残疾人服务热线”开通仪式。

(撰稿人:赵殿杰)

广播电视网络

【概况】　内蒙古广播电视网络集团有限公司(以下简称广电网络集团公司)内设12个部门,下设13个一级分公司、86个二级分公司及4个子公司(内蒙古广播电视传媒有限公司、内蒙古广播电视无线传播有限公司、内蒙古广电网络资讯传播有限公司、内蒙古广电网络科技有限公司),员工3969人。公司现拥有资产42亿元,2016年实现经营收入17.45亿元。

广电网络集团公司主要经营业务有全区有线数字电视传输,高清电视节目传输,付费节目销售，视频点播、宽带上网以及电路出租等业务。公司有线数字电视平台共传输222套广播电视节目,其中基本电视节目89套(含12套新闻荟萃),付费节目70套,高清节目52套,广播11套。传输无线地面数字标清电视节目53套。广电网络集团公司积极参与全区公共文化服务与信息化建设,实施光纤到户建设工程,大力发展农村有线、无线数字电视,实现村村通、户户通广播电视和宽带网络。

广电网络集团公司拥有丰富的光缆干线资源,已建成自治区、盟(市)、旗(县)三级贯通的光缆干线,里程13 200公里,是目前全国最长的省级有线电视网络光缆干线。

【业务发展】 广电网络集团公司先后实施了光纤到户建设项目,已成31万用户的光纤到户建设。全区广电网络公共文化服务建设项目,已与赤峰市人民政府、牙克石市人民政府签订公共文化服务与信息化建设合作协议,2017年开始正式实施。《内蒙古足球频道》的建设项目,为营造自治区良好足球氛围,凝聚足球改革共识,扩大足球人口发挥了作用,也为广电网络集团公司的多元化发展探索一条新路。蒙古国无线数字电视业务项目,已发展用户5000多户(含车载用户)。通过宣传和各种营销活动以及良好的服务,无线数字电视业务知名度逐步提高,在蒙古国用户中树立了良好口碑。与中国广播电视网络公司合作项目,通过增资扩股方式筹集资金,做好内蒙古广电网络的优化和改造,利用国网公司的相关资质开展增值业务,为广电网络集团公司带来先进的技术、产品、管理经验等,从而在短时间内扩大公司规模,大幅提升集团公司的核心竞争力,为今后实行股份制改造和公司上市打下良好的基础。

【营销和服务体系建设】 2016年,数字电视付费节目“四元包”订购率80.1%。推出10元和15元不同价格的高清套餐包,在丰富高清节目源的基础上,降低门槛,大力推动高清节目的普及。根据广电网络集团公司发展战略,对多媒体互动业务,宽带业务进行梳理,为占领用户各类屏幕,推出高清/宽带组合新产品—多媒体业务体验套餐(660元/年)、998元20M光纤宽带策略。分公司还可以根据实际情况单独出售宽带业务。为了减缓用户流失,一方面,各级分公司将用户分布“网格化”,深进社区、进入家庭,利用各种节假日,通过现场、电视、报纸、微信等渠道,赠送礼品、赞助广场舞比赛等用户喜闻乐见的方式宣传业务,吸引用户。集团客户成功中标内蒙古军区、全区食药监局等组网业务,与华夏银行、民生银行的合作有所进展,呼伦贝尔、锡林郭勒、巴彦淖尔分公司也形成各自独特的集客市场。通过不断的调整产品型号和价格,与家电卖场合作,一体机销售数量也呈持续增长态势。

将传统服务与新型服务有机结合,实现服务方式立体化。除规范和细化营业厅、呼叫中心等一线的服务管理,广电网络集团公司以及部分分公司开通微信公众号,用户可以通过微信进行故障报修及进度查询,同时还可以获取业务资讯等。通过回访、服务热线反馈、微信客服渠道收集整理分析用户意见建议,从业务、产品、服务需求三方面梳理,不断改进服务中存在的问题。2016年,受理全区用户投诉851起,比上年减少9.01%,投诉处理满意率100%,二次投诉为零。掌上营业厅(公众版)手机APP于2016年5月上线,已注册用户近7万,在线月交易金额超百万元。同时,延伸广电网络服务链,委托第三方代理,通过在小区物业、超市、小卖店等人流相对集中的场所设立便民服务点,丰富了用户缴费渠道,便于用户办理各项业务。

丰富产品内容,满足用户多样化需求。引进12套高清电视节目,高清节目套数累计52套。互动电视(IPVOD)平台新增《电视院线》《海外剧场》《跟播剧场》《高清美剧专区》等栏目。开办“新闻荟萃”栏目,通过点播、轮播和直播的方式进行全区盟市、旗县新闻转播工作,实现盟市、旗县,地区之间的信息交流,加大自治区新闻舆论的传播力和影响力,便于全区各族人民及时了解各盟市、旗县发展动态。

完善网络基础建设,为用户提供良好的使用体验。先后完成全区波分光缆干线网100G波分扩容工程，开通部分10G波道，完成6个盟市烽火波分数据网千兆改万兆，满足全区数据骨干网、集团客户、与区外其他省网互联互通的带宽需求。对现有数字电视总前端进行升级改造，提升高清节目传输质量。

【安全生产】 广电网络集团公司将安全传输与网络畅通贯穿到安全生产工作中。建立健全安全传输和运行维护体系，修订《安全播出应急预案》和《2016年维护管理办法》，提高农网维护费计算标准。加大监管力度，及时监控各分公司干线、本地网运行维护数据，依据《2016年工程建设、运行维护及合同管理办法》进行扣罚、奖励。2016年，数字电视总前端全年累计（播出）传输总时长187万小时，光缆干线保障传输各类长途传输电路3000余条，完成国家和自治区下达的元旦、春节、两会、五一、十八届六中全会、国庆等重要播出期的安全传输保障任务。

【经营管理】 以审计和巡视整改为契机，提炼、创新符合企业实际的经营管理理念，完善内部运行机制。2015—2016年，自治区审计厅和自治区党委巡视组先后进行专项审计和巡视并反馈审计决定和整改意见。广电网络集团公司成立整改工作领导小组，制定整改方案，明确整改责任，落实整改措施，推动整改工作及时到位。先后修订完善《市场营销费管理办法》《工程建设、维护管理办法》《数字电视机顶盒及相关设备采购管理办法》《招投标管理办法》《合同签订管理实施办法》等多项制度，对全公司的管理人员和财务人员开展了财务知识和技能培训，改善经营管理中因专业知识缺乏造成管理漏洞的现象。通过了企业ISO 9001质量管理体系、ISO 14001环境管理体系、ISO 18001职业健康安全管理体系的认证，顺利获得认证证书。

培养学习型干部员工，切实提高干部员工队伍素质。2016年，广电网络集团公司多次通过视频会议系统，及时将管理理念、发展目标等重要会议精神传达到各一、二级分公司员工，使一线员工与广电网络集团公司在思想和行动上保持一致。组织管理人员赴先进省网进行考察学习。还先后举办各类培训3次，使员工进一步提高工作技能。广电网络集团公司以及各级分公司还开展了演讲比赛、专业技能竞赛、“服务之星”评比等活动。

（撰稿人：马妍）

交 通 · 邮 政

公路运输与管理

【概况】 2016年，全区交通运输系统围绕中心，服务大局，以五大发展理念统领交通运输工作全局，克服困难和挑战，完成了自治区党委、政府下达的主要目标任务，交通运输发展稳中有进、稳中向好，实现"十三五"良好开局。

【公路交通基础设施建设】 2016年，全区公路建设完成投资916亿元，完成年度目标任务的107.8%，同比增长20%。开工建设公路里程3.2万公里，其中高速公路1758公里、一级公路2331公里、二级公路1698公里。经棚至锡林浩特、霍林郭勒至阿力得尔等高速、一级公路全面建成，临河至哈密高速公路内蒙古段931公里主体工程提前半年完成。建成高速公路6000公里、一级公路6600公里，全区公路通车总里程突破19万公里。

【供给侧结构性改革和重点领域改革】 印发《交通运输厅2016年全面深化改革工作要点》，研究制定内蒙古自治区交通运输厅（以下简称自治区交通厅）厅直单位全面深化改革年度考核共性目标。筹融资改革取得重要突破。经内蒙古自治区人民政府（以下简称自治区政府）批准，成立国有大型特许经营企业内蒙古公路交通投资发展有限公司。设立总规模500亿元的公路交通基础设施产业基金。继续深化与央企的战略合作，引进社会资本投入公路建设，公路建设筹融资渠道进一步拓宽，筹融资改革工作受到交通运输部肯定。探索综合交通运输融合互动发展，推动自治区政府成立综合交通运输协调领导小组。围绕"三去一降一补"重点任务，深化简政放权、放管结合、优化服务改革，向自治区审改办上报124项拟下放行政权力和12项纳入权责清单行政权力建议。建立"双随机一公开"制度和"一单两库一细则"，事中事后监管有效加强。继续加大减税降费力度，认真落实自治区取消政府还贷二级公路收费政策，及"绿色通道"和重大节假日免费通行等政策措施。出租汽车、机动车驾培等领域改革积极推进，报请自治区政府出台《深化改革推进出租汽车行业健康发展的实施意见》，全区驾培机构计时培训系统安装率99%。

【农村牧区交通运输公共服务】 扎实推进交通扶贫脱贫攻坚，持续加大交通民生工程投入保障和民生物质基础改善，全年用于公路交通扶贫投资占全区公路建设总投资的3/4。新增通沥青水泥路嘎查村2234个，嘎查村通畅率96%，比2015年提高19个百分点。新增通客车嘎查村70个，农村牧区通车率99%。实施公路安全生命防护工程1553公里、危桥改造153座。

【交通运输服务保障能力稳步提升】 2016年，全区完成公路货运量13.1亿吨、货物周转量2423.6亿吨公里，分别同比增长9.3%和8.2%，高于全区综合运输1.6和3.8个百分点，带动增效势头强劲。综合运输枢纽建设与各种运输方式加速融合，甩挂运输等先进组织方式加快发展。运力结构持续优化，新开通省际线路20条、省际增班线路3条、甩挂运输线路20条，新增427辆省际盟市际包车运力。运输服务的智能化、便捷化水平持续提升，电子不停车收费系统（ETC）客户服务网点盟市级全覆盖，全区二级以上客运站基本实现联网售票，呼包鄂交通一卡通实现互联互通，重点营运车辆上线率90%。深入开展呼和浩特“公交都市”示范工程建设。全区公路路况综合优良率稳中有升。高速公路星级服务区创建工作初见成效，道班便民服务体系建设受到交通运输部好评。国际道路运输深度融入“一带一路”，基本形成“东油、西煤、中商贸”的对俄对蒙开放发展新格局。国防交通专业保障能力持续提高。

【法治政府部门建设】 健全全区交通运输法规体系。根据自治区依法治区规划和2016年工作要点，制（修）订一批行业改革发展急需的规范性文件：《内蒙古自治区公路工程建设项目招标投标管理实施办法（试行）》《内蒙古自治区高速公路服务区运营管理办法》、安全生产管理应急办法等，组织开展《内蒙古自治区公路建设工程质量监督条例》立法调研，接受自治区人大“一法三条例”执法检查，贯彻落实工作受到肯定。依法行政能力不断提高。严格实施规范性文件和重大决策合法性审查制度，规范性文件报备率、报备及时率、规范率均100%。“七五”普法工作扎实开展，领导干部法治思维和依法行政能力不断提高。法律顾问制度、法制机构基本健全，全系统法制工作力量显著加强。交通运输行政执法综合管理信息化系统和行政执法全过程记录试点建设深入开展，行政执法“三基三化”试点通过验收，在系统内全面推广。深入推进决策、执行、管理、服务、结果公开和重点领域信息公开，推广电子政务和网上办事，19项行政许可、9项行政确认实现网上和服务终端办理。

【工程质量和安全监管】 持续加强工程标准化建设和从业单位质量管理体系运行监督检查，出台《内蒙古自治区高速一级公路建设质量监督办法》《内蒙古自治区公路工程质量跨盟市监督抽查办法》，把质量责任落实到设计、施工、监理、建设的每个环节，着力打造品质工程。认真贯彻落实中央、自治区领导关于安全生产工作的重要批示指示精神，深刻汲取“9·24”交通事故教训，聚焦重点和薄弱环节，在工程建设、道路水路运输领域深入开展安全生产大检查，对全区高速公路安全隐患进行为期2个月的集中专项整治。以问题为导向，制定印发《安全生产与应急工作“党政同责、一岗双责”暂行办法》《防范和遏制重特大事故工作方案》，堵塞漏洞，完善机制，压实责任，坚决防范和遏制重特大事故的发生。

【科技创新驱动战略深入实施】 大力支持和鼓励交通运输各领域科技创新和绿色发展。建成院士专家工作站2个、国家级高新技术企业2个、自治区重点实验室4个、自治区工程技术研究中心2个。获得自治区科技进步二等奖2项、三等奖3项、自治区科技重大专项1项。“内蒙古地区沙漠公路勘测设计规范”等4部地方标准规范通过国家质检总局批准发布，还有6部地方标准列入自治区地方标准编制计划。交通运输要素数字化水平不断提高，启动数据资源综合管理分析、公路水路建设与运输市场信用信息、行政执法等一批信息系统建设，大数据、云计算、物联网、移动互联网等新一代信息技术在行业建设、养护、运输和管理领域广泛应用。

（撰稿人：刘敏）

铁路运输与管理

【概况】 呼和浩特铁路局（以下简称呼铁局）地处内蒙古自治区中西部，管内大部分线路北傍阴山，南沿黄河，由西向东穿越自治区3盟（阿拉善、锡林郭勒、兴安盟）、8市（乌海、鄂尔多斯、巴彦淖尔、包头、呼和浩特、乌兰察布、赤峰、通辽），向北经二连浩特、策克口岸与蒙古国连接，是连接中国西北、华北物资运输的主要通道，也是连接蒙古国、俄罗斯的重要国际通道。

管内所处内蒙古高原，海拔1000米以上，属温带大陆性气候，四季分明，冬季寒冷，夏季温暖，温差较大，雨量稀少(雨多集中于夏季)。是春秋两季北部寒潮进入中国首当其冲的地方，风、沙、洪、雪、冻害是影响铁路运输的主要自然灾害。西部线路处在浑善达沙地、库布齐沙漠和腾格里沙漠一带，风大沙多，气候干燥。集二线穿越锡林郭勒大草原，近年来草原植被遭破坏，草原沙化造成沙尘、沙尘暴经常发生，对铁路运输生产影响较大。

呼铁局管界东起京包线(北京—包头东)的古店站与孤山站间(K380+500)，与太原局毗邻，西至包兰线(包头东—兰州)的乌海西站与惠农站间(K423+000)，与兰州局相连，南起包西线(包头—西安)的新街站与中鸡站间(K176+923)，与西安局相连，北到集二线的二连站至蒙古国扎门乌德站间(K335+630)，与蒙古国接轨。

呼铁局管内共有9条干线、17条支线(含一条环线)、12条联络线。

干线 京包线(北京—包头东)，全长813.819公里，管内长426.895公里(双线)。包兰线(包头东—兰州)，全长989.8公里，管内长422.868公里(双线)。包西线(包头—西安)，全长845公里，管内长173.650公里(双线)。唐呼线(唐山—台阁牧)，全长859.028公里，管内长266.029公里(双线)。集包线(台阁牧—包头西)，全长153.542公里(双线)。临哈线(临河—哈密)，全长1327.340公里，管内长1115.100公里(单线)。集二线(集宁—二连浩特)，全长335.699公里(其中集宁—赉红，双线35.796公里；赉红—二连，单线294.528公里；二连—国界，单线宽轨5.375公里)。呼包线(呼和浩特—台阁牧)，全长18.344公里。呼鄂线(台阁牧—鄂尔多斯)，已开通线路全长103.269公里；

支线 包白线(包头西—白云鄂博)，全长147.074公里(其中包头西—包头北，双线7.199公里；包头北—包头北，单线3.878公里；包头北—昆都仑召，双线3.487公里；昆都仑召—昆都仑召，单线1.141公里；昆都仑召—白云鄂博，单线131.369公里)。包石线(二道沙河—石拐)，全长31.664公里(单线，目前封闭)。包环线(包头东—昆都仑召)，全长28.964公里(单线)。乌吉线(乌海西—吉兰泰)，全长130.088公里(单线)。海拉线(乌海—拉僧庙)，全长44.530公里(单线)。郭查线(郭尔奔敖包—乌日根塔拉)，全长2.645公里(单线)。包神线(包头—神木)，管内线路长度1.165公里(双线)。呼王联络(呼和浩特西—王气)全长20.069公里(其中呼和浩特西—倘不浪，双线3.996公里；倘不浪—王气，单线16.073公里)。呼准线(呼和浩特南—周家湾)，管内全长105.862公里(双线)。包满线(白云鄂博南－巴音花)全长85.627公里(单线)。黄公线(黄白茨—公乌素)全长31.245公里(单线)。天策线(天鹅湖西—策克)全长67.490公里(单线)。西金线(西小召—金泉南)全长56.875公里(单线)。新上线(新街—上海庙)，已开通线路全长264.416公里(单线)。响四线(响沙湾—吴四圪堵)，已开通线路全长22.195公里(单线)。吴高线(吴四圪堵—高头窑)，全长23.248公里(单线)。锡二线(锡林浩特—西里)，管内全长2.743公里(单线)。

联络线 集葫联络线(集宁—葫芦)，全长5.962公里(双线)。南北联络线(集宁南—集宁)，全长4.984公里(双线)。石环联络线(二道沙河—二道沙河)，全长1.087公里(单线)。白环联络线(昆都仑—昆都仑)，全长0.766公里(单线)。兰白联络线(打拉亥—包头北)，全长5.142公里(单线)。中蒙联络线(二连—中蒙边境)，全长5.599公里(单线)。万包联络线(包头站—万水泉南站)，全长3.897公里(单线)。包西疏解线(包头西—包头南)，全长4.884公里(双线)。呼甲联络线(呼和浩特南—甲兰营)，全长3.602公里(单线)。瓜房子联络线(台阁牧—瓜房子)，全长 3.237 公里(单线)。西甘联络(金泉南—金泉南),全长 1.840 公里(单线)。呼前联络(呼和浩特南—前朱堡),全长 11.670 公里(双线)。

运营线路,总延展长 3704.613 公里,其中正线延展长 2348.009 公里(准轨 2342.634 公里,宽轨 5.375 公里)。无缝线路总长度 2210.661 公里,其中:正线无缝线路总长度 2138.952 公里,占正线延展长 91.1%;站线无缝线路总长度 71.709 公里,占站线延展长 6.6%。60kg/m 钢轨正线铺设总长度 2175.680 公里,占正线总延展长度的 92.9%。道岔总计 4014 组,其中正线道岔 1194 组(准轨 1183 组,宽轨 11 组)。

合资线路,总延展长 4228.703 公里,其中正线延展长 3530.866 公里。无缝线路总长度 2494.265 公里。其中:正线无缝线路总长度 2476.462 公里,占正线延展长 70.1%;站线无缝线路总长度 17.803 公里,占站线延展长 2.6%。60kg/m 钢轨正线铺设总长度 2597.132 公里,占正线总延展长度的 73.6%。道岔总计 1832 组,其中正线道岔 849 组。

桥隧涵及附属设备共计 2498 桥隧百换算米,桥梁 2592 座 291 878 米,隧道 46 座 84 676 米,涵渠 6264 座 147 801 米。其中国铁桥梁 1264 座 46 354 米,隧道 10 座 8537 米,涵渠 1355 座 30 432 米,计 465.28 桥隧百换算米;合资桥梁 1328 座 245 524 米,隧道 36 座 76 139 米,涵渠 4909 座 117 369 米,计 2032.68 桥隧百换算米。

直管车务站段 9 个,分别是乌海车务段、包头车务段、集宁车务段、包头西站、包头站、呼和站、集宁站、二连站以及临策运输管理部。委管内蒙古铁路运营管理集团公司管理运营新陶线、响四线共 8 站和额济纳维管段管理运营额哈线 12 站。共计管辖车站 182 个。其中:一等站 10 个,二等站 11 个,三等站 55 个,四等站 56 个,五等站 48 个,线路所 2 个。配属 CRH5A 型动车组 6 个标准组;配属机车 566 台,其中内燃机车 208 台、电力机车 358 台;配属客车 2109 辆。固定资产净值 13 086 083 万元,其中原值 15 437 895 万元,累计折旧 2 351 812 万元。

2016 年末,呼铁局所属单位共 66 个,其中:运输单位 30 个(直属站 5 个、车务段 3 个、客运段 1 个、机务段 2 个、供电段 2 个、工务段 4 个、电务段 2 个、车辆段 3 个、通信段 1 个、工务机械段 1 个、临策运输管理部 1 个、临策基础管理部 1 个、货运中心 4 个),非运输企业 15 个(内蒙古铁鑫煤化集团有限公司、深圳市蒙鑫实业有限责任公司、呼铁局房地产开发公司、内蒙古呼铁建工集团有限公司、内蒙古铁路运营管理集团有限公司、内蒙古呼铁旅游广告(集团)有限公司、乌海市铁鑫煤化有限责任公司、内蒙古呼铁物资工业(集团)有限公司、内蒙古呼铁环保节能科技有限责任公司、呼和浩特铁路地产置业公司、内蒙古蒙铁石油有限公司、呼铁对外经济技术合作集团有限责任公司、内蒙古华远现代物流有限责任公司、内蒙古华远焦化运营有限公司、沁原工程建设监理有限责任公司),运输辅助单位 1 个(恒诺房建生活段),局直属单位 19 个[扬州疗养院(培训中心)、科研所、信息技术所、机关服务所、计量所、呼和浩特职工培训基地、包头职工培训基地、疾病预防控制所、物流时代编辑部、港口工作办公室、焊轨段、包头住房建设指挥部、呼和住房建设指挥部、短平快建设项目管理办公室(临时机构)、林业总场、铁路巡防支队、调度楼建设指挥部、呼和枢纽改造建设指挥部、蒙铁工程项目管理公司]。呼铁局机关设有行政职能管理机构 33 个,定员编制 1109 名;派出机构 2 个,定员编制 26 名;附属机构 39 个,定员编制 1010 名;学协会机构 2 个(铁道学会、企业管理协会),定员编制 4 名。

2016 年,呼铁局撤销路风监察办公室,将路风监察职责调整为局客货运输服务质量管理职责,业务由客运处和货运营销中心承担。

2016 年末,全局操作技能人员 55 726 人,占职工总数的81.7%;少数民族4920人,占职工总数的7.2%;女职工9232人,占职工总数的13.5%。

【安全生产】 坚持安全第一,突出动车、客车和旅客安全,推进安全风险管理,健全安全规章制度,落实安全生产责任制,安全管理基础得到加强。落实"一书三表",强化干部履职落责和职工标准化作业,严控施工管理、设备检修、现场作业等安全关键,完善应急预案和指挥系统,安全防范能力有效增强。深入开展安全大检查,狠抓消防、劳动、防洪等安全专项整治,安全隐患和突出问题得到及时解决。加强反恐防暴、护路巡防和安全保护区治理,确保重点时期铁路治安稳定。全年责任施工、路外伤亡事故同比分别下降25%和41%。截至2016年底,全局实现安全生产1925天,顺利实现第5个安全年。

【客货运输】 坚持客货双增,管内动车延伸鄂尔多斯,增开包头至厦门、呼和浩特至锡林浩特等12对客车,提高集二线、包白线客车速度,开行"鹿城号"包头环城快速列车。深入开展客运服务质量年活动,完善客运服务设施,改善站车卫生环境,客运工作得到有效提升。建立适应市场的价格和运输组织机制,敏锐把握市场需求变化,深入开展"决战后五月,打好增运补欠、增收节支攻坚战"活动,加大万吨运输组织力度,开行35吨敞顶箱煤炭跨局循环班列,拓展管内电煤运输市场,煤炭运量大幅增长。实施白货物流总包和"总对总"营销,加强零散货物运输,开展高铁快递业务,白货运量稳步增长。大力发展口岸运输,二连、策克、甘其毛都口岸运量同创历史新高,二连口岸首次突破900万吨。优化机车交路和技检作业,贯通唐呼线运输组织,运输效率不断提高。加强重点物资、专特运和军运组织,圆满完成"神舟十一号"返回舱运输等任务。2016年,全局货物发送量1.6亿吨,同比增加998.5万吨,增长6.7%;旅客发送量3320万人,同比增加262万人,增长8.6%;运输总收入215.5亿元,同比增加11.5亿元,增长5.7%。

【多元经营】 坚持拓市场、促转型、强管理,做大做强主营业务,积极发展利好项目,多元经营创收创效能力不断增强。大力发展现代物流,发挥呼和沙良、包西九原等物流园集聚引流效应,38家企业入驻,开办"无水港"业务,建成沙良公路港,畅通多式联运。积极服务"一带一路"建设,开行包头至阿斯塔纳、乌兰察布至阿拉木图等中亚中欧班列。全力发展旅游产业,推出"亮丽内蒙古""祖国正北方—正南方" 等系列铁路旅游品牌,产业品质快速提升。积极抢抓商机,大力拓展工程建设、油品贸易、设备维修等市场。加强债权债务和僵尸企业清理,完善经营管理机制,集约经营水平明显提高。2016年,全局非运输业利润2.52亿元,同比增加6731万元,增长36.4%。其中,运输其他业务实现利润1.45亿元,同比增加884万元,增长6.5%。集体企业努力创收创效,职工队伍保持稳定。

【铁路建设】 贯彻落实总公司、自治区会谈精神,以加快高铁建设和提升铁路等级为重点,全面开展"百日攻坚"活动。在建项目快速推进,包头至银川客专纳入国家和内蒙古建设规划。集二扩能、集通线电气化工程前期工作有序开展。呼张客专取得突破性进展,30座隧道全部贯通、集呼段站前站后工程基本完成。新建调度楼、呼和枢纽改造完成阶段任务。呼准鄂铁路呼准段、大马何铁路马何段、集通扩能兴查段等9个项目按期建成。加快推进更改和运输配套项目,建成包西九原物流园和沙良二期工程,完成包环线、沙良站、张集线牵引供电、二连和呼西货场等改造工程。鄂尔多斯、临河物流园前期工作快速推进。全局燃煤锅炉改造和部分站段生产设施改造按期完成。2016年,全局完成建设投资171.2亿元,建成新线248.2公里。完成大修、更改投资17.5亿元。

【企业管理】 贯彻落实中央八项规定精神,纠正"四风"问题,修订完善会议管理、公务接待、物资采购等制度办法，加强警示监督和案件查处，狠刹大操大办、公车私用、“小金库”等不正之风。加强调查研究，健全决策机制，呼铁局全年召开党政联席会议32次，集体研究决策“三重一大”事项152项。强化预算管理统领约束作用，落实各项节支降耗措施，加强生产过程成本控制。优化劳动用工结构，推进实施弹性定额，提高劳动生产率，大力压缩用工成本。用足总公司资金政策，盘活沉淀资金，实现收益1.49亿元。积极推进电力多边交易，优化供电计费方式，全年节支1.65亿元。实施经营业绩、经济责任和工程项目审计全覆盖，严格经济合同和项目概预算审查，加强运输进款管理，规范物资招标采购，经营管理质量明显提高。加强合资铁路公司管理，强化经营过程分析，维护股东权益。2016年，呼铁局完成运输总支出299.2亿元，较预算目标节支7.8亿元，较总公司考核成本目标压缩11.2亿元。拓展与职工的沟通渠道，及时稳妥化解矛盾，信访稳定工作得到加强。

【科技创新和信息化建设】 围绕保安全、提效率等重点课题，广泛运用现代信息技术，开展科技攻关和成果转化，取得较好成效。积极参与总公司科研和信息化建设任务，完成95306网站和客服语音平台多项功能开发，轨道车加装除雪装置、机车受电弓雪害防冻解冻装置、高铁仿真模拟演练培训系统等项目研发取得重大进展。完成机车风压报警系统、客车车厢音视频记录仪、钢轨纵向位移检测装置等项目研发，并推广应用。建成“路港通数据共享平台”“施工维修登消记”等信息系统，路局“大数据平台”“应急救援管理平台”等项目快速推进，企业信息化水平明显提升。

【队伍建设】 健全完善领导人员、管理人员、专业技术人员选拔任用和交流等制度，推进履职监督评价和岗位管理常态化。突出抓好中青年管理人员、高层次专业技术人员、高铁和高技能人才培养，人才队伍结构持续优化。累计培养高铁管理、专业技术和岗位作业人员4670人，基本满足高铁运营人员需求，全局技师和高级技师总数达到3202人。建成车辆电工高云峰、探伤工柴永强、线路工谢伟三个局级“大师工作室”，包西机务段“赵辉劳模创新工作室”，被命名为“自治区职工创新室”。举办行车主要工种应知应会、实作技能等培训，开展岗位练兵和技术比武，积极参加总公司、自治区铁路职业技能竞赛，149名职工获得“优秀选手”等称号。

【职工生产生活】 积极为职工办实事办好事。投入1560万元，完成50 602名职工健康体检。落实带薪年休假制度，安排9003名职工健康休养。通过积极协调，增加医疗保险“两定”机构18家，总数190家。投入2636万元，开展“三不让”帮扶救助，扩大范围，提高标准，助医助困助学19 443人次。积极开展“送清凉”“送温暖”等活动，慰问劳模和一线职工12.8万人次，发放慰问品、慰问金1884.3万元。投入8693万元，加强“三线”建设，修缮补强地区生产生活房屋和文体场馆，为166个沿线站区接入互联网WIFI。开行临河至马鬃山站通勤客车，有效解决临哈线职工通勤问题。积极协调地方政府，实施9个铁路老旧小区改造工程。落实住房建设方案，建成商品房1816户，交付保障型住房624户。办理职工住房房屋所有权证32 209户，发放15 842户。努力增加职工收入，全局职工人均增加工资3749元。积极开展形式多样的文体活动，职工业余文化生活不断丰富。

【中国铁道学会科学技术奖】 2015年度中国铁道学会科学技术奖中，呼铁局自主研发的“工务生产调度管理系统”荣获中国铁道学会科学技术奖（铁道科技奖）一等奖；与铁道科学研究院共同研发的“铁路货车超偏载检测装置60公里/小时以上速度段检测适应性研究”获中国铁道学会科学技术奖（铁道科技奖）二等奖；林业总场副场长卢丽君获中国铁道学会科学技术奖（铁道环保奖）。

【第二届全区“最具社会责任感企业”称号】 2015年，呼铁局围绕自治区经济社会发展和生产经营实际，坚持经济效益和社会效益并重的理念，努力培育和践行社会主义核心价值观，以“服务地方经济产业转型升级，提高人民群众出行品质”为着眼点，全力做好安全、运输、生产、经营、建设等各项工作。呼铁局全面改善主要客运车站服务设施和候车环境，开新车、建新线，最大限度方便旅客出行，年发送旅客量首次突破3000万人次；逐步深化货运组织改革，凭借着得天独厚的交通优势和独特的经营模式，沙良铁路现代综合物流园区已然成为草原“丝绸之路”和中蒙俄经济走廊的“桥头堡”；额哈铁路等新线开通运营，稳步推进呼张客运专线等建设项目，全年建成新线1332公里，为全局自身持续健康发展创造条件，也为自治区经济增长、市场繁荣和人民群众生活水平提升作出重要贡献。2016年，被内蒙古自治区党委宣传部、总工会、工商联、国资委联合授予“第二届全区最具社会责任感企业”荣誉称号。

【全路技术能手称号】 依据《中国铁路总公司关于授予高明伟等266名同志全路技术能手称号的通知》精神，呼和浩特铁路局又有20名职工被总公司授予全路技术能手称号，由总公司颁发证书、奖牌。

【首趟中亚班列启程】 7月27日9时28分，呼铁局和内蒙古首列直通中亚的国际集装箱班列（包头—阿斯塔纳）正式开行。中亚班列经包（头）兰（州）、临（河）哈（密）、兰（州）新（疆）铁路，由中哈口岸阿拉山口出境，途经哈萨克斯坦阿拉木图，终到阿斯塔纳，运行总里程4332公里。运输路径在呼铁局的精心优化下，班列经由临哈铁路（额哈段）入疆，运行距离较绕路兰州缩短了800多公里，运行时间较海运的三四十天压缩到8天，大大降低了物流成本。班列主要出口货源以内蒙古呼包鄂地区企业产品为主，以集结区外生产企业商品为辅，并将在返程时根据哈萨克斯坦当地市场情况，运输矿产资源等货物，实现重去重回，钟摆运输。该班列今年计划开行15~20列，每列编组41个40英尺集装箱。

为落实国家“一带一路”倡议，在自治区和中国铁路总公司的关心和支持下，呼铁局大力推进“公、铁、海联运”物流基地建设，初步形成以包头九原、呼和沙良、临河等大型铁路物流基地为框架的43个物流基地群。九原物流园定位立足内蒙古、面向全国、辐射蒙俄亚欧，占地1840亩，建设总投资13亿元，融合包含铁路港、公路港、无水港和仓储港，同时还将规划建设B型保税物流中心，物流园的建设为开行好中亚、中欧班列奠定了基础。同时，呼铁局与包头市人民政府、内蒙古交通投资有限公司、中铁集装箱运输有限责任公司深度合作，为中亚班列的开行提供了最优质的服务。

【天津港入驻沙良物流园】 7月5日上午，天津港入驻呼铁局沙良物流园签约揭牌仪式在园区举行。多年来，呼铁局始终把路港双方合作作为全局重点工程不断推进，取得良好业绩，2015年与天津港间的海铁联运量达到19.7万标准箱。天津港成功落户沙良物流园区，既是彼此诚信合作的结晶，也开辟了路港经济合作新途径。不仅构建了自治区路港运输的新通道，形成了无水港与内陆现代化物流园区联动发展的大产业格局，也促进了内蒙古与京津冀环渤海地区经济圈深度合作。

签约后的沙良物流园具有港口服务功能，入园企业可在此“一站式”完成订舱、签发提单、换单、堆存、提箱还箱等通关流程，极大地减少了因转关而产生的经济成本，缩短结关时间。同时，沙良物流园的无水港通关模式采用两程舱单的信息联动，实现了舱单申报到货物申报全程无纸化，为入园企业提供更多便利。

【“呼铁光伏”成功并网发电】 6月30日20时50分，由呼铁局合作开发的全国铁路首个光伏示范项目——“呼铁光伏”在沙良物流园成功并网发电。

“呼铁光伏”是呼铁局与中国华信能源有限公司合作，利用铁路建筑屋顶及附属场地建设的分布式光伏发电项目。沙良物流园区是呼铁局建立的第一个光伏园区，年发电量约300万千瓦时，预计年创收270万元。下一步，“呼铁光伏”还将在呼和站、呼和东站、包头站开展光伏项目建设，不断扩大光伏发电在全局的广泛应用，总装机容量将达到300兆瓦，年发电能力4.5亿千瓦时，年发电利润为1.224亿元。

【新陶线开行万吨煤炭大列】 新（街）陶（利庙）线首列万吨煤炭大列自7月26日16时09分开出，挂有105节C80车。新陶线万吨煤炭大列的开行，煤炭运力较过去提高2.6倍，装车作业时间只需150分钟，节省1.7小时，以每辆敞车装载80吨煤炭计算，一列万吨大列可多运煤炭5200吨，大大提高新陶线煤炭整体外运能力，为全局带来较为稳定的货运增量和收入。

乌兰陶勒盖站位于鄂尔多斯市乌审旗境内的苏里格经济开发区，紧邻陕西省榆林市，是呼铁局重要的装车基地之一，周边有大型煤矿10余家，年产煤炭1亿吨以上。一直以来，乌兰陶勒盖站煤炭列车是按照3200吨的小列组织开行，张唐线开通以后，原来的运输组织方式已经无法满足不断增长的市场需求，开行万吨煤炭大列势在必行。为此，路局决定新陶线乌兰陶勒盖站至新街站间正式开行万吨货物列车。由局相关业务处室牵头组织各运输站段对新陶线乌兰陶勒盖站至新街站间万吨货物列车进行了牵引试验。万吨煤炭列车编组按照C70型车辆108辆或C80型车辆105辆，固定编组，不得空重混编，由一台HXD2型机车牵引。装车方式由车站固定调车机负责牵引车辆在环形装车线进行整列装车。

【中蒙俄铁路代表会议暨国境铁路联合委员会会议举行】 7月26—30日，2016年度中蒙俄铁路代表会议暨国境铁路联合委员会会议在蒙古国乌兰巴托召开。由呼铁局党委书记柴随周任团长的中国铁路代表团一行16人出席会议。以蒙铁乌兰巴托铁路局局长普日布巴特尔任团长的蒙古国铁路代表团，俄罗斯东西伯利亚铁路局局长瓦·费·弗罗拉夫任团长的俄罗斯铁路代表团，45名代表出席了会议。7月29日，三方代表团共同签署《中蒙俄铁路代表会议议定书》《中蒙国境铁路联合委员会会议议定书》《蒙俄国境铁路联合委员会会议议定书》。

会议期间，中蒙俄三方铁路代表本着“相互尊重、密切合作、互惠共赢”的原则，共同审查2016年中蒙俄国际联运计划完成情况，围绕铁路国际联运发展主题，就国境运输组织、国际旅客联运、货物过境运输、车辆技术交接等问题进行了友好磋商和深入探讨，形成有效共识，达成一致意见。同时，三方铁路代表就落实“一带一路”倡议和“中蒙俄经济走廊”“草原之路”战略和内蒙古自治区向北开放要求、“一堡一带”建设（打造中国向北开放的重要桥头堡和充满活力的沿边经济带），共同推进口岸铁路建设，加强国际联运运输组织，积极发挥中蒙俄三国经济相互依存的优势，深化铁路合作，积极做大口岸进出口贸易，紧紧抓住新机遇，发展新兴运输业务等，进行了深入探讨。

【全路供电系统职业技能竞赛】 9月18—21日，全路供电系统职业技能竞赛轨道车司机决赛在包头供电段举行，全路18个铁路局（公司）供电系统的72名参赛选手同场竞技。呼铁局选手全部进入前十名，包头供电段郭春良以96.7分摘得个人综合成绩桂冠，包头供电段浩特、马新宇，呼和供电段庞志勇分别获得个人综合成绩第2名、第5名和第7名。团体成绩中，呼和局、乌鲁木齐局、武汉局分别荣获团体一、二、三等奖。同时，呼铁局被授予“优秀组织奖”。

【全国质量管理小组活动优秀企业称号】 在全国第38次质量管理小组代表会议上，呼铁局首次被命名为全国质量管理小组活动优秀企业，并受到表彰。呼铁局已连续7年获得内蒙古自治区质量管理小组活动优秀企业称号。包头电务段包头西驼峰QC小组荣获全国优秀质量管理小组称号。恒诺房建生活段包头物业车间QC小组等14个QC小组，被评为全国铁道行业优秀质量管理小组。

在质量管理攻关上，呼铁局组织发动全员围绕新设备、新工艺、新技术投入使用后存在的技术难点和作业流程等问题进行攻关，创新性研发了工务“拔铆机”、电务“驼峰轨道故障诊断仪”和车辆“降低120阀返修率”等生产一线200多项疑难问题的解决办法，为全局经营管理、运输安全奠定了坚实的基础。

【全国“安康杯”竞赛优胜单位】 呼铁局积极探索符合安全生产规律、职工精神需求和价值取向的“安康杯”竞赛新途径、新方法，以深入推进安全管理规范化、现场作业标准化、风险管控常态化为重点，从完善机制、规范管理入手，坚持组织领导到位、教育培训到位、考核激励到位、资金投入到位，确保竞赛活动落到实处。

为做好这项工作，呼铁局工会组织深入宣传和贯彻落实劳动法、工会法、安全生产法和职业病防治法等相关法律法规，通过设立咨询台、展出宣传板、悬挂横幅、编写简报、绘制事故案例漫画、印发安全生产手册等形式，不断增强职工职业安全卫生法治意识，营造全员参与竞赛活动的良好氛围。广泛开展“十个一”安全文化活动，将关注安全与关爱健康结合起来，引领职工积极参加安全生产民主管理、民主监督等实践活动，运用“三书一表”“一法三卡”等监督手段，加大工会劳动保护监督检查力度，深入排查事故隐患，规范职工安全作业行为。坚持把安全生产、劳动安全卫生纳入平等协商、签订集体合同和职工代表大会制度，实现劳动安全由经验管理向科学化、法制化管理转变，由重结果考核向重源头控制转变。全局建立基层工会劳动保护监督检查委员会524个，配备工会小组劳动保护检查员3276名，形成纵横贯通、专兼结合、责任明确、运作有序的工会劳动保护监督检查组织网络。建立以考核评比、表彰奖励为主要手段的“安康杯”竞赛激励机制，采取日常随机抽查、定期对标评价、年终综合验收的方法，逐级检查评比，严格考核验收，促进安全管理水平和职工自我防护能力的提升，有效发挥各级工会劳动保护组织的群防、群控、群治作用。2016年，中华全国总工会、国家安全生产监督管理总局联合发出通知，授予呼铁局2015年度全国“安康杯”竞赛优胜单位称号，这已是连续15年获此殊荣。

【全国绿化模范】 呼铁局林业总场被全国绿化委员会评为全国绿化模范单位。呼铁局临策基础设备管理部薛社贤被全国绿化委员会、人力资源和社会保障部、国家林业局评为全国绿化劳动模范。

【包头环城快速旅客列车开通运营】 11月29日，包头环城快速旅客列车正式开通运营，开通运营仪式在包环线昆独仑召车站举行。包头环城快速旅客列车正式开通运营后，运行速度由试运行的60公里/小时提高到100公里/小时，仍实行全程12.5元的低票价，每天4趟公交化运输，极大方便了市民出行，实现由旅客运输向旅游功能的转变，提升包头城市的品位和知名度。包头环线快速旅客列车环绕包头市东河、九原、昆都仑、青山等主要城区和大型企业园区，还把南海黄河湿地公园、石门自然风景区、北方兵器城、藏传佛教圣地昆都仑召庙等旅游资源“链”在了一起，不仅为包头市铁路沿线民众更好出行开辟了新的途径，也为推进包头市旅游业的发展，打造了一条新的观光旅游风景线。

【中欧班列(乌兰察布至阿拉木图)首发】 11月20日10时15分，乌兰察布—阿拉木图首趟中欧国际集装箱班列正式开行。这是继集二线中蒙国际铁路通道后,呼铁局和乌兰察布市政府、中铁集装箱运输有限公司、内蒙古交通投资有限责任公司联合为乌兰察布市量身打造的一条直连亚欧市场的铁路货运新通道。

首趟中欧班列自七苏木站发车后沿京包、包兰、临哈、兰新铁路,由阿拉山口出境,横贯中国华北、西北大部分地区,全程运行8天4532公里,最终抵达哈萨克斯坦最大城市阿拉木图,并将货物由此分拨到中欧、西亚、欧洲腹地各大城市。班列主要货源来自内蒙古当地企业以及长三角、京津冀和山东等地区的生产设备、快消品、建筑石材等数十种产品,每列编组41节车厢。班列的顺利开行,可以将当地优质的农畜产品和中高端工业产品远销国际市场,为吸引以亚欧为核心市场的外向型产业在乌兰察布聚集创造良好的条件。还将逐步催生一批大型综合物流企业和物流基地,形成公铁、海铁国际多式联运、无缝衔接的物流体系,为乌兰察布市融入国家"一带一路",打造国际物流节点城市提供重要载体。

【曹妃甸内陆港落户九原物流园】 11月9日上午,唐山市曹妃甸港包头内陆港落户呼铁局九原物流园揭牌仪式在园区举行。至此,渤海之畔唐山市曹妃甸港至草原钢城包头间路港联运大通道正式开通运营。

呼铁局积极策应国家"一带一路"倡议,服务区域经济发展,依托铁路网络优势,大力推进多种联运物流基地建设,初步形成以呼和浩特沙良、包头九原、巴彦淖尔临河等大型铁路物流为框架的43个物流基地群。九原物流园占地1840亩,建设投资13亿元,融合铁路港、公路港、内陆港、仓储港等多种运输体系,是呼包鄂经济圈的交通物流枢纽。曹妃甸港包头内陆港的落户,实现了港口与中国西北大型铁路物流园的互联互通,可使物流园附近区域发往沿海的货源在此完成铁路货运及海运订舱、签单、存放等"一站式"服务,并使包头钢铁集团公司的钢铁、化工、稀土等六大优势产业物资,实现多种交通运输方式有序衔接,不仅缩短了运输受理、承运时间,还降低了客户"转关"产生的相关费用。为继续开行中亚、中欧班列夯实了基础。

曹妃甸港是中国重要的能源运输港口。相继与澳大利亚、巴西等国家、地区及中国南方港口建立了稳定的航线,每年有大量的铁矿石、煤炭、钢材等货物实现到港中转。包头内陆港进驻九原物流园,实现"港口内移、就地办单"的目标,内陆港区将依托1050公里的蒙冀铁路主干线,形成内蒙古草原直通曹妃甸港口的水铁联运大通道。随着包头内陆港运营逐步进入正轨,必将对深化两地区域合作、改善物流环境、降低物流成本、助力自治区融入世界海洋经济和促进曹妃甸港进疆、达欧战略布局的形成,发挥重要的推动作用。

【全路"文明车站""红旗列车"】 2016年底,中国铁路总公司2015年度进京进沪进穗直通旅客快车和较大车站客运工作竞赛评比揭晓。呼铁局呼和浩特站、呼和浩特东站被授予"文明车站"称号;K90/89次(呼和浩特—北京西)、K264/3次(包头—北京)、K574/3次(东胜西—北京西)、Z283/4 Z281/2次(包头—杭州)、Z316/5次(呼和浩特—北京西)、K618/7次(呼和浩特—北京西)、Z318/7次(包头—北京)、Z267/70 Z268/9次(呼和浩特东—上海)共计8对列车被授予"红旗列车"称号。

【连续32年无重特大火灾事故】 呼铁局始终坚持"预防为主、防消结合"工作方针,狠抓消防工作责任制落实,有效提升"四个能力"建设。深入推进消防安全风险管控,构筑全员消防防控网络,并与65个局属单位签订责任状,突出单位负责的主体责任;强化消防队伍建设,优化考核激励机制,消防基础建设得到补强;组织大型消防专项检查14次,整改安全隐患和突出问题10 948件,办理消防行政处罚案件322起,消防隐患得到彻底整治;加强消防知识宣传教育,增强应急处置能力，提高全员消防安全管控能力；发挥职能，关口前移，多方配合，严把消防工程审验关，隐患源头得到有效控制。经过共同努力，实现连续32年无重特大火灾事故的目标。

（撰稿人：张建森）

国航运输

【概况】 中国国际航空内蒙古有限公司（以下简称“国航内蒙古公司”）在册员工606人，设有14个部门，其中7个管理支持部门：办公室、规划财务部、人力资源部、航空安全技术部、运行质量标准部、党群工作部（纪检监察办公室、审计部）、保卫部；7个生产业务部门：运行控制中心、飞行部、客舱服务部、地面服务部、机务工程部、综合保障部、市场部。2016年，国航内蒙古公司在自有3架飞机基础上，以湿租方式引进3架B737-800飞机，机队规模达到6架。逐步调整运力投放模式，以呼和浩特、北京为主要基地，兼顾区内主要市场，积极开拓自主经营航线。截至2016年12月31日，开通航线15条，全年共运送旅客115.52万人次，货邮运输量9317.94吨，飞机日利用率9.64小时，执管飞机可用率96.99%，载运率77.71%。

【安全运行】 2016年，国航内蒙古公司全面推进转型期安全体系建设，改进管理方法、手段和力度，确保安全主体责任、领导责任、岗位责任清晰，手册体系健全，保证公司区域安全形势平稳和安全品质的提升。注重加强过程管理，年度24项安全管理项目得到系统化推进落实。践行党政同责要求，完善党委管安全、议安全基本制度。加强与地方政府安委会联系，建立信息报告机制。推进“平安民航”建设，完善打击机上盗窃工作程序，安保管理体系日趋完善。关注跟进国航EFB（电子飞行资料包）、运行控制风险管控系统、燃油节控系统建设工作，编制每日运行情况评价程序，公司航班实现DM签派放行，新技术推广引用取得实效。执管和湿租飞机共计安全飞行18 092小时，执行航班9424班，正常率68.6%。乘务人员安全飞行87 426小时。未发生一般差错及以上级别的不安全事件，各生产部门安全考核指标均达到T2值。

【服务保障】 2016年，国航内蒙古公司贯彻落实民航局“真情服务”底线要求，开展“民航服务质量提升”专项行动。配合完成专题调研，获得局方积极评价。开展CSM服务管理体系建设工作，完成内部和第三方体系审核、转版培训，修订旅客遗失物品管理规定，建立人体捐献器官运输操作办法，落实机上全程使用便携式氧气浓缩器服务标准。抓特色、抓细节，完成安全演示录像改版与装载工作，“温馨港湾”“魅力内蒙古”、机上主题活动等服务产品推行效果良好，客舱清洁、餐食质量得到提升。总体满意度得分除7月外均达到T2值，国航对公司的服务质量检查得分每月均达T2值，未发生公司原因导致的重大服务事件，顺利完成春运、两会、G20峰会、旺季、国庆等重要节点运输保障任务。

（撰稿人：沈杰 ）

邮政管理

【概况】 2016年，全区邮政管理部门贯彻落实国务院《关于促进快递业发展的若干意见》，邮政事业平稳健康发展。全区市县乡村四级快递物流体系建设初见成效，快递业务量、业务收入增幅均超过全国平均水平，全行业服务地方经济社会发展的能力和水平不断提升。全区邮政企业和快递服务企业业务累计收入（不包含邮政储蓄银行直接营业收入37.12亿元，同比增长26.96%，业务总量27.25亿元，同比增长17.29%。其中：快递服务企业业务量累计完成8470.64万件，同比增长56.57%；快递业务累计收入18.50亿元，同比增长50.35%。截至2016年12月，全区邮政和快递服务网点4139处，快递法人企业230家，全区从业人员30 232人，当年新增快递从业人员4620人。全区持有初中高级快递职业证书的人员比例，已超过快递从业人员总数的1/3，行业人才不断增加。

【优化邮政发展环境】 2016年4月协调内蒙古自治区人民政府出台《关于促进快递业发展的实施意见》(以下简称《实施意见》)，从财政扶持、税收优惠、用地政策、末端建设等八个方面对快递予以政策支持。将《实施意见》提出的重点任务分别纳入自治区《关于深入推进供给侧结构性改革着力做好补短板工作的实施方案》《关于推进农村牧区电子商务加快发展的实施意见》《物流业降本增效专项行动方案(2016—2018年)》中，为加快解决自治区邮政业发展的重点、难点问题提供政策支持。2016年，各盟市局以《实施意见》为契机，共争取到“十三五”期间扶持资金1.3亿元，用于企业入园、设置智能快件箱、组建安全监管中心、旗县和乡镇快递服务站等盟市重点项目建设。新设立6家县级邮政监管机构，全区县级监管机构事业编制56人。内蒙古自治区邮政管理局(以下简称自治区邮政局)与内蒙古自治区发展和改革委员会联合发布自治区邮政业发展“十三五”规划，规划主要内容已纳入自治区规划纲要、自治区交通运输、电子商务等专项规划。截至2016年12月底，巴彦淖尔市和包头市局已与市发展和改革委员会联合发布当地邮政业“十三五”规划，呼和浩特、呼伦贝尔、鄂尔多斯、阿拉善、锡林郭勒5盟市邮政业“十三五”规划将于近期由盟行署市政府发布或与盟市发改委联合发布。经自治区质量技术监督局同意，自治区邮政业标准化委员会筹建工作正在积极推进中。

【提高服务能力】

行业基础设施明显改善 针对内蒙古快递网络覆盖率低，尤其是从旗县到乡镇运输干线不足、乡镇到嘎查村服务网络缺失的瓶颈问题，邮政业“十三五”规划将“盟市有园区、旗县有分拨、乡镇有网点，村村通快递”确定为重要任务，通过全区邮政业上下一年的不懈努力，快递四级网络建设初见成效。2016年新建5个盟市级快递物流园、17个旗县快递集散中心、1288处乡镇快递网点。乡镇快递服务覆盖率76.2%，较年初提高了近12个百分点。实现“电商+快递物流”融合发展，构建“网货快递下乡”“农牧产品进城”的双向快捷渠道。农村牧区邮政普遍服务有效保障。截至2016年12月，全区1482处邮政普遍服务网点、5597个村邮站持续保障农牧民基本用邮需求。全区12个盟市均已实现邮政普遍服务局所苏木乡镇全覆盖。开展“十三五”建制村直接通邮实地调查，邮政管理部门与邮政企业共同明确标准、摸清底数、建立台账、制订方案，为下一步工作打好基础。“快递下乡”深入推进。截至2016年底，全区772处乡镇当中，已设立快递网点的乡镇数目达588处，全区12个盟市中，有8个盟市快递服务乡镇覆盖率已超过80%。各盟市局全力推动旗县以下快递服务网络规划布局，通过对接农村电子商务体系、“邮快合作”等方式，引导企业组建快递物流集散中心、快递综合服务站，开辟快递下乡的新途径。校园快递投递进一步规范。全区52所普通高校通过设立快递网点、智能快件箱、快递综合服务站等形式，已全部妥善解决“快递进校园”问题。全区共安装智能快件箱642组，格口数4.5万，校园规范收投率100%。快递网点标准化程度不断提高。全区1867家城区快递营业网点当中，标准化网点数974家，网点标准率52.17%，已完成年初全区营业场所达标率达到35%以上的既定目标。快递绿色出行初见成效。在呼和浩特等主要城市推进快递共同配送车辆标准化建设，“双11”期间，多家快递企业与新能源车租赁公司签订3T物流车订单266台，签订微面订单308台。

服务地方能力不断加强 2016年，全区已形成48个企业重点服务制造业项目，覆盖医药

保健、装备制造、肉类加工、服装制造等领域，累计快件业务量达956.2万件，累计直接业务收入1.39亿元，服务制造业累计产值7.84亿元。2016年“双11”（11月11—20日）期间，全区出口快件同比增长了82.1%，拉动了自治区的互联网零售市场。2016年，全区快递作业场地扩大6万余平方米，新增自动化分拣设备42套(台)。全区新增16条航空运输线路，全货机一架，目前区内快递航空已通达东北、华北、华南等20余省市。新增运输投递车辆811辆、新开通快递邮路194条，快递服务生产制造业能力不断提升。

示范工程建设逐步推进　积极支持呼和浩特市、乌兰察布市申报中国快递示范城市。巴彦淖尔市申通、中通快递公司被确定为2016年自治区级服务业标准化试点项目。锡林郭勒盟凭借羊肉寄递项目，被认定为首批全国7个快递服务现代农业示范基地之一。通过试点带动效应，进一步发挥邮政业的基础性、先导性、服务性作用。

跨境寄递服务能力稳步提高　完善与内蒙古出入境检验检疫局的邮检工作机制，全区5家从事国际业务的快递企业都已进驻呼和浩特白塔机场国际快件监管中心。配合自治区政府协调国家邮政局恢复满洲里国际邮件交换站，向海关出具评估报告，2016年5月，交换站获批恢复，为促进中俄跨境贸易发挥了积极作用。

服务地方中心工作　内蒙古自治区成立70周年纪念邮票被列入2017年纪特邮票发行计划。确定了“守望相助”“亮丽北疆”和“民族和谐”三大主题，展现全区经济建设民生改善民族团结的新成就。

【加强安全监管和应急保障能力】

实施安全风险分级管控　根据经营业务种类、经营规模和统计系统数据，将全区快递企业分为三类安全风险级别，重点加强对兼营物流和快递业务的非品牌企业、业务量长期畸低企业、许可有效期满未延续或有效期内停止经营企业的监管。2016年，全区发放经营许可证35个，注销快递业务经营许可企业10家，撤销分支机构42家。审批设立新增分支机构927家，核准企业许可变更事项609项。

发挥寄递渠道综合治理领导小组作用，加强部门协调联动　全区各盟市局深入旗县区与综治、公安部门沟通协调，建立“信息沟通、联合执法、综合治理考核”机制，落实寄递渠道安全监管的属地责任。乌兰察布市邮政管理局协调地方综治、公安等部门，在全区率先成立邮政业安全监管中心，实现寄递渠道安全监管信息化。自治区邮政局与综治、公安、国安四部门联合发文、联合培训，共同推行邮快件实名收寄信息系统。与综治、公安等6部门联合验收“两清理一排查”工作。全年开展16次多部门联合检查，会同相关部门举办15次市场监管培训，有力保障了G20峰会、双11寄递渠道安全。

落实收寄验视、实名收寄、过机安检三项制度　自治区、盟市两级政府共补贴快递企业910万元用于X光机购置，省际处理中心实现出港邮快件“过机安检”全覆盖。截至2016年底，全区各级邮政管理部门累计检查邮政快递企业及网点6700余次，下达整改通知书458份，约谈告诫企业17次，行政处罚66起。加强消费者申诉处理工作，全区快递消费者申诉处理满意率为98.1%。为消费者挽回经济损失32.6万元。

加强快递信用体系建设　全区快递行业信用体系建设工作已被纳入自治区社会信用体系建设“十三五”发展专项规划当中，并成为国家邮政局选定的7个快递信用体系试点之一。在自治区社会信用管理中心支持下，8月启动了快递行业信用管理信息系统建设。截至12月，全区已有2050家企业纳入系统管理，8594人通过初审录入系统。国家邮政局关于快递业信用体系建设试点工作中期评估的通报中对我局此项工作开展给予了充分肯定。

强化人才队伍和支撑体系建设　开展快递

业务员职业技能鉴定工作，2016 年，全区共有 1203 名考生参加邮政行业职业技能鉴定考试，从业人员素质不断提升。全区持有初中高级快递职业证书的人员比例已超过快递从业人员总数的 1/3，行业人才结构不断优化。各盟市局相继开展“最美快递员”评选、寻找“我最满意快递品牌”和“十佳快递员”、争创“青年文明号”“工人先锋号”活动，提升了行业形象。

（撰稿人：仲崇营）

邮政公司

【概况】 中国邮政集团公司内蒙古自治区分公司（简称内蒙古邮政公司）是中国邮政集团公司所属的国有大型通信企业，下辖 12 个盟市分公司，5 个专业局，5 个直属单位，2016 年底累计用工总量 15 186 人。2016 年，全区邮政强化能力建设，履行普遍服务义务，加快改革转型步伐，为全区各级党政部门、企事业单位和人民群众提供了全方位、多角度的综合性邮政服务。全年累计完成投资 2.15 亿元，其中基本建设投资 5726 万元，技术改造投资 1.13 亿元。截至 2016 年年底，全区共有邮政网点 1599 处，其中设置在农村牧区的有 1037 处，占比 65%，覆盖所有旗县及乡镇（苏木）层面；全区共有投递段道 2712 条，其中城市 897 条，旗县 679 条，乡镇农村 1136 条，累计投递里程 16.8 万公里。2016 年邮件进出口业务量累计完成 2423 万件，同比增长 12.55%。经营上聚焦开源增收，圆满完成了既定经营目标，累计实现业务收入 18.76 亿元，同比增长 10.75%，增幅列全国邮政第 22 位；管理上着力节流降本，切实改善主要财务状况，全年总支出增幅低于收入增幅 1.06 个百分点，收入利润率和成本费用收入率分别比上年提升 2.46 和 2.36 个百分点，劳动生产率提高 1.03 万元，人均利润增加 0.08 万元，人事费用率降低 6.1%。

【经营转型】 2016 年是内蒙古邮政公司“转型固化推进年”，全区各级邮政企业贯彻“巩固、深化、协调、持续、和谐、提升”的发展方针，在全员范围内积极探索覆盖全业务、贯穿各环节的整体转型，全面提升队伍素质、客户体验、营销技巧及整体产能等。其中，代理金融业务开展“百强网点效能提升”活动，全年举办各类理财沙龙活动 9738 场，面向广大用户开展金融防诈骗宣传 1500 多场，新增市场占有率 11.35%，业务收入同比增长 11.15%。包裹快递业务突出重点市场和重点项目开发，经营收入突破 1 亿元，同比增长 20.67%。函件、报刊发行、集邮等邮政传统业务立足邮政特色文化，在宣传内蒙古民族文化、地域文化、旅游文化、打造“书香内蒙古”等方面发挥独作用的同时，自身也实现了业务转型的有效突破，收入增长 8.2%。

【精准助农扶贫】 内蒙古邮政公司响应国家和自治区人民政府关于“精准扶贫”号召，利用遍布城乡的物流网络，开展精准助农扶贫。重点以布放邮政“邮掌柜”应用系统为抓手，打通“工业品下乡”和“农产品返城”双向通道，2016 年累计进销存交易 147 万笔，近 6000 万元。以“邮乐网”和“草原邮生态”两个线上平台为依托，加快推进农产品返城。“草原邮生态”微信商城定位为绿色有机原生态农牧产品线上销售平台，累计上线商品 39 种，主推原产地特色初级农产品 11 种左右，首款产品上架阿拉善农民滞销“沙地洋葱”。在 86 个旗县推进金融助农惠农服务，有效满足了农村牧区末端需求，成为全区唯一一家可实现旗县乡村牧区金融服务全覆盖的机构。

【便民平台助推公共服务均等化】 以履行社会责任、推进基本公共服务均等化为目标，加快构建覆盖城乡、惠及全民的邮政服务民生网络体系，发挥自身在通政、通商、通民等方面的特殊作用，适应经济社会发展对邮政服务的新要求，为广大城乡居民提供包括金融服务、信息服务、文化服务和寄递服务等服务为主体的邮政综合性便民惠民服务。截至2016年底,全区累计注册邮政便民服务站8235处。其中:城市便民服务站2159处,乡镇及以下便民服务站6076处。行政村覆盖率72.8%,点均服务人口2953人,全区代收费规模累计近50亿元,实现“进一家门,办多件事”,可实现代收代缴农电、通讯等各类公共服务费、助农取款、报刊订阅、邮件代揽代投以及代售火车票等10多类便民惠民基础服务,有效地满足了农村牧区末端服务需求。

【普遍服务】 内蒙古邮政公司履行普遍服务使命,承担邮政普遍服务义务和特殊服务任务,提供包括信件、印刷品、包裹、汇票,机要通信、党报党刊发行,义务兵平常信函、盲人读物和革命烈士遗物的免费寄递等服务。为解决因内蒙古农村牧区地域广袤、农牧民居住分散带来的邮政普遍服务半存在空白乡镇的问题,采取补建网点、便民服务站代办和开办流动服务等措施,在全区乡镇(苏木)层面实现开办普遍服务业务100%全覆盖。按照国家邮政局建制村直接通邮工作要求,密切配合自治区、盟市两级邮政管理部门,完成建制村直接通邮数量情况的摸底调研、重点指标核查和基础建档等工作,对实际运行投入成本等方面进行测算,制定符合内蒙古实际情况的“十三五”建制村通邮计划。内蒙古邮政公司落实党报党刊发行工作,重点党报党刊征订面基本覆盖县乡层面和部分乡村嘎查。全力做好特殊服务工作,2016年高质量地完成62.87万件进、出、转口机要邮件传递任务,并克服自治区边境线长、边防哨所普遍偏远且极为分散的困难,寄递义务兵免费信函4.2万件。

【网运改革】 硬件改造升级换代,完成4个盟市分公司邮件生产场地的流水化改造,为46个旗县分公司配备装卸皮带机,投入重资改造升级呼和浩特邮区中心局邮件处理中心,邮件处理能力达到单日12万件,是改造前生产能力的3倍,最高峰处理邮件达20万件以上。全面推广PDA封车解车工作,提高邮件运输时效的稳定性。新组开13条区内干线邮路,区内运输网得到优化,有效加快和稳定邮件区内传递时限。强化内部处理环节与运输环节的紧密衔接,确保邮件区内传递时限的达标。规范市趟运输交接流程,调整一级干线汽车邮路运行计划,强化内部处理环节与运输环节的紧密衔接。在全区邮政旗县层面全面实施分拣、转运、投递“三合一”改革,使邮件卸车、分拣、下段、装发等同步作业,内部处理时间缩短1小时,县级层面邮件处理效率提高50%。经过各环节改造和优化升级,全区整体邮件处理效率提高120%。2016年“双11”期间,面对邮件处理量同期增长51%,较日常增长254%的严峻态势,邮件处理及时,生产组织安全有序,完成旺季生产任务。

【投递改革】 加大能力投入,全年投资1584万元,增配投递车辆1261台、揽投一体手持终端1367台。优化作业组织,对7个盟市实施快包专网投递,试点建设网格揽投一体化58处,建设自提点112处。优化作业流程,实施全员PDA一次扫描下段,实现压缩内部处理时长30%。全年邮件进口投递2954万件,同比增长167%;当日妥投率90.28%,较年初提高8.8个百分点,超过全国平均水平5.3个百分点;信息实时反馈率96.49%,较年初提高40个百分点,超过全国平均水平1.5个百分点。

【干部人才队伍建设】 将干部人才工作摆到重要位置,形成党组统一领导,人力资源部门牵头抓总,有关部门各司其职、密切配合的干部人才工作新格局。出台《企业领导人员管理规定》《企业领导人员任免工作程序》等办法,推进全区邮政企业干部跨部门跨区域任职,确保干部队伍结构合理、精干高效、充满活力。围绕企业经营管理需要,坚持重德才、重实绩、重基层的导向,严格把握“五好干部”标准,合理调整盟市及直属单位领导班子,增强班子整体能力。处级干部的年龄、专业、知识结构优化,平均年龄下降1.3

岁,本科以上学历占比上升 1.46 个百分点。加大急需人才引进力度,引进财务、金融、计算机、电子商务等专业高校毕业生 200 人;加大培训力度,全区共举办各类培训班 596 期,培训 9.9 万人次;分 2 批次对 108 名处级干部进行集中培训,分 2 期培训党员支局长 112 名,分 5 期培训理财经理 460 人。

【和谐企业建设】 强化收入增长机制。在对所辖各单位收入分配差距量化评价的基础上,实行领导人员、管理人员收入增长差异化调控,确保新增效益工资向生产一线人员倾斜,一线操作序列员工收入当年提高 13.7%。开展扶贫助困送温暖活动,为员工分忧解难。全年共筹集送温暖资金 223 万元,慰问 1044 名员工,筹集金秋助学资金 39.85 万元,资助 238 名困难员工子女圆了大学梦;实施《重病互助保障实施办法》,为 31 名患病员工发放补贴 61.5 万元。建家工作继续向基层支局班组倾斜,投资 406 万元,完成 16 个旗县、71 个农牧区和部分城市支局所小家 7828 平方米的建设项目,有效解决轮岗、交流人员的吃住问题。打造积极向上企业文化,激发员工奉献精神。让员工当主角,讲述基层故事,举办"转型在路上"为主题的演讲比赛和沙龙主讲人大赛,"转型创新、党建先行"知识竞赛、"转型促发展,讴歌颂党情"主题文艺会演等活动,有力地激发一线员工投身企业发展的主人翁意识。

(撰稿人:苏永胜)

城乡建设

综　述

内蒙古自治区住房和城乡建设厅（以下简称自治区住建厅）内设16个处室：办公室、人事处、法规与稽查处、计划财务处、建筑节能与科技处、建筑业管理处、工程建设管理处、城市规划处、勘察设计处、城市建设处、村镇建设处、住宅与房地产业处、住房保障处、住房公积金监管处、机关党委、离退休人员工作处。

【城乡规划】　全区城乡规划体系日益完善，出台《内蒙古自治区城镇体系规划（2015—2030年）（草案）》公告，完成自治区人大常委会审议等工作。规划中首次提出“一核多中心、一带多轴线”城镇战略布局。全区90%的设市城市的总体规划获批，城市控规平均覆盖率80%以上。开展“多规合一”试点工作，确定包头、通辽、乌兰察布、乌海、阿尔山和多伦为试点地区。出台自治区《城市设计编制管理指导意见》《城市设计技术导则》。召开全区城市设计现场会，推进城市设计工作。开展城市“双修”试点工作。在全区范围内开展城市规划执行情况专项稽查工作，增加规划督察员的力量和工作范围。开展历史文化街区认定和历史建筑确定工作，扎兰屯市中东铁路工业遗产历史文化街区等6个街区成功创建为自治区级历史文化街区。印发自治区《2016—2020年乡村规划工作方案》，开展县域村庄建设规划和村庄规划试点，编制完成全区90%的行政村村庄规划。431个镇完成镇域规划，占494个建制镇87.25%。10 042个行政村完成村庄规划，占11 252个行政村89%。

【城镇化建设】　2016年，城镇化进程加快。城镇基础设施完成投资800亿元，同比增长14%以上，城市基础设施建设取得新成效。截至2016年底，全区城市建成区面积1225.21平方公里，全区常住总人口2511.04万人，其中城镇人口为1514.16万人，常住人口城镇化率为60.30%。

【城市建设】　提高城市建设水平，筑牢城市发展基础。编制完成《自治区住房和城乡建设事业“十三五”规划》和城镇基础设施建设各项专项规划。呼和浩特市地铁1、2号线工程已开工49.27公里，包头市轨道交通一期建设规划获得国务院批复，控制中心已开工，赤峰市轨道交通项目完成线网规划评审，正在开展前期工作。推动出台《内蒙古自治区人民政府办公厅关于加强推进全区地下综合管廊建设的实施意见》，开工综合管廊71.06公里，年度开工率101.5%。对巴彦淖尔市五原县等14个旗县（市）生活垃圾填埋场进行等级评定，加强对呼和浩特市、鄂尔多斯市餐厨垃圾处理项目的运行监管。稳步推进水污染防治工作，开展污水处理厂规范化运营和标准化管理考核，加强对呼和浩特和包头等地黑臭水体整治。推动出台《内蒙古自治区人民政府办公厅关于推进海绵城市建设的实施意见》，推动海绵城市建设。持续推进国家级园林城市和园林县城创建活动，扎实开展“生态宜居县城”建设。积极支持呼伦贝尔汗马自然保护区申遗。

【村镇建设】　不断提高村镇建设水平。全区农村牧区危房改造开工32.5万户，开工率162.5%，竣工31.1万户，完成总投资约180亿元。首度开展农村垃圾和污水处理工作。选取152个垃圾试点村和72个污水试点村进行试点，研究适合自治区实际情况的垃圾污水治理模式和机制，填补了农村牧区污水和垃圾处理的空白。特色小镇建设取得进展，宁城县八里罕镇等3个镇被列入国家第一批特色小镇名单。清水河县古城坡村等20村列入第四批中国传统村落名录。牙克石市博克图镇等6个镇、2个村列入自治区历史文化名镇名村名录。包头市土右旗萨拉齐镇等32个镇、29个村列入第三批自治区级美丽宜居村镇示范。呼和浩特市清水河县老牛湾等20个镇、14个村列入自治区级特色景观旅游名镇名村示范名单。

【房地产业与住房保障】

推动房地产去库存工作　针对全区房地产市场下行、库存压力加大的严峻形势，自治区住建厅推动出台并落实《内蒙古自治区人民政府关于做好房地产去库存工作进一步促进房地产业稳步发展的意见》。先后举办房地产发展论坛、房展会、物业管理技能大赛等相关配合活动，在全国率先出台居住、办公、商业、医院四类物业服务标准。各盟市因地制宜推出“房票”“互联网+房地产”“房源超市”等措施，通过综合施策，去库存工作取得显著成效，得到了国家住建部的高度重视和大力支持，鄂尔多斯市被确定为全国三、四线城市房地产去库存试点城市。据住建系统网上监测数据显示，2016年全区商品房累计可售面积同比下降13.9%。其中，商品住宅累计可售面积同比下降21.3%。全区商品房屋总成交面积同比增长24.7%。其中，商品住宅成交面积同比增长26.6%。全区房地产市场呈现出新增上市量下降、库存量下降、销售量增加的“两降一增”良好趋势，为确保自治区经济平稳发展做出了积极贡献。

推进棚户区改造工作　出台《内蒙古自治区政府购买棚户区改造服务管理办法》和《内蒙古自治区政府办公厅关于做好棚户区改造货币化安置工作的指导意见(试行)》，推动政府购买棚改服务和货币化安置工作，实现棚户区改造与房地产去库存的有效衔接和良性互动。积极争取中央棚改专项补助资金、专项建设基金以及国开行和农发行的政策性贷款支持。棚户区改造全年开工23.5万套，开工率106.2%，超目标任务1.4万套，完成投资623.4亿元，棚改货币化安置比例达到75.2%，高于全国平均水平。

确保全区住房公积金各项指标良好运行　2016年，归集住房公积金309.88亿元，同比增长7.41%；提取240.46亿元，同比增长20.17%；个人住房贷款270.28亿元，同比增长17.84%，个贷率71.72%，同比增加10.1个百分点，住房公积金个人住房贷款占全部个人住房贷款的比率达到44.11%。在改善个人住房条件和房地产去库存中发挥了积极作用。

【建筑业及建筑市场监管体系建设】

建筑业稳步发展　激发市场主体活力，全面贯彻国家和自治区“松绑减负”的一系列方针政策。全区建筑业完成总产值5487.6亿元，实现增加值1322.5亿元，同比增长4.7%。区内企业完成产值1220.8亿元，同比增长8.7%。建筑业企业通过调整结构、优化管理，市场竞争能力进一步提升，一级以上高资质企业占比进一步扩大。内蒙古电力建设有限公司、赤峰宏基建筑集团分别晋升电力工程、建筑工程施工总承包特级资质和行业设计甲级资质企业，全区特级企业4家。施工企业创新意识不断增强，全年87项施工工法被评为自治区级工法，34项工程被评为自治区新技术示范工程，3项工程荣获国家最高质量奖—鲁班奖，BIM技术学习应用正在深入进行。通过严格落实安全生产责任制，加大隐患排查和专项治理，大力推行建筑施工安全标准化工作，全年未发生重特大事故，建筑安全生产形势呈平稳态势。

建筑市场秩序逐步规范　工程质量治理两年行动成效显著。组织开展全区建筑市场、工程

质量监督执法检查，严厉打击未批先建、转包、挂靠等违法行为；改进和加强建设工程招标投标进场交易项目评标的监督、管理和服务工作，对评标专家实行记分管理制度，组建异地评标专家库，规范招标投标活动；贯彻落实建设工程五方主体项目负责人质量终身责任制，全区新办理质量监督手续的4519个工程中已签署授权书、承诺书，新竣工的2606个工程中已设立永久标牌并全部建立质量信用档案；施工现场远程视频监控累计实施监控项目总数892个，建筑面积4459.7万平方米；勘察设计和标准化工作不断加强，编制《智慧小区设计标准》，修编《既有居住建筑节能改造技术规程》《公共建筑节能改造技术规范》等地方标准；市场决定工程造价机制日益完善，编制《2015届内蒙古自治区建设工程计价依据》，制定印发《关于建筑业营业税改征增值税调整内蒙古自治区现行计价依据实施方案》；开展工程建设领域投标保证金清理规范工作，已清理1.87亿元，返还1.49亿元。

【建筑节能】 引导自治区绿色建筑发展，制定《绿色建筑推进方案》，建立绿色建筑报表制度，整合规划、设计、施工、验收等各个环节力量，推动绿色建筑发展。继续推进既有居住建筑节能改造和建筑节能能效测评，共下达848万平方米节能改造任务。立足自治区实际，采取示范引领、典型带动等方式，推进装配式建筑，确定包头市为装配式钢结构建筑产业化基地，确定呼伦贝尔市为装配式现代木结构建筑产业化示范盟市，逐步推动建筑业转型升级。

（撰稿人：刘际涛　继红）

资源管理·环境保护

国土资源管理

【概况】 内蒙古自治区国土资源厅（以下简称自治区国土厅）是主管全区土地资源、矿产资源等自然资源调查评价、规划管理、保护与合理开发利用的自治区人民政府组成部门。内设处室17个：办公室、人事处、政策法规处、审计处、财务处、规划与科技处、耕地保护处、不动产登记局（地籍管理处）、土地利用管理处、地质勘查处、矿产开发管理处、矿产资源储量处、地质环境处、测绘管理处、执法监察局、机关党委、离退休人员工作处。自治区纪委派驻厅纪检组1个。厅机关行政编制97人。厅属事业单位14个，分别为自治区地质矿产勘查开发局、自治区有色地质勘查局、自治区煤田地质局、自治区测绘地理信息局、自治区地质调查院、自治区国土资源信息院、自治区土地调查规划院、自治区不动产登记与国土资源储备交易中心、自治区土地整治中心、自治区国土资源执法监察总队、自治区地质环境监测院、自治区国土资源厅机关事务服务中心、自治区测绘产品质量监督检验站、自治区地质勘查基金管理中心；厅监管企业2个，分别为内蒙古矿业（集团）有限责任公司（参照正厅级管理）、内蒙古自治区土地资源储备投资有限公司（参照正处级管理）。

【供给侧结构性改革】 制定《内蒙古自治区国土资源厅关于落实去产能去库存降成本补短板工作的实施意见》，明确12条措施，推进5项任务。执行国家产业政策，严把用地关，对未经批准或未列入行业规划计划的煤炭、钢铁、电解铝等产能过剩项目，不予受理建设用地预审、不予安排年度新增建设用地计划指标。全年工矿用地供应4876.71公顷，同比下降8.58%。从2016年1月1日开始，3年内原则上停止审批新建煤矿项目，从严控制新出让煤炭矿业权，暂停煤炭探矿权转采矿权，公告注销了7宗煤炭采矿权。优化房地产供地结构，全区住宅用地供应1272.3公顷，同比下降19.2%。

【土地利用计划】 坚持开源与节流并重，争取增量和挖潜存量并举，切实保障自治区重点行业、重点产业、基础设施以及民生项目用地。2016年，全区共批准使用国家新增建设用地计划指标26 226.36公顷，同比增长44.17%，在全国排第三位。其中，基础设施建设用地占全部新增建设用地六成以上。

【建设用地供应】 全年共批准农用地转用和土地征收面积22 832.14公顷，同比增长5.63%。建设用地供应总规模17 748公顷，同比下降15.31%。其中，盘活利用存量土地10 057.69公顷，占建设用地供应总量的56.7%，有效保障重点行业、重点产业用地。

【耕地保护】 落实最严格的耕地保护制度，调整优化盟市、旗县耕地保有量和基本农田保护任务，明确耕地保护责任，强化全区各级政府耕地保护“第一责任人”职责。严格落实耕地占补平衡政策。完成城市周边基本农田划定工作，新划入基本农田21万公顷，全区城市周边基本农田保护率由46%提高到73%，并做到上图、入库、立牌，实行特殊保护。全域基本农田划定方案通过国家论证审核，落实划定任务9300多万亩。加强高标准农田建设,全年投入资金40亿元,完成高标准农田建设任务400万亩。2016年7月27日,自治区人大常委会专门听取耕地保护情况汇报,对内蒙古自治区耕地保护工作给予充分肯定。全区耕地总面积1.37亿亩,人均耕地面积5.48亩,是全国人均耕地面积的3.7倍。

【地质勘查】 全年共投入地质勘查资金50亿元。其中,油气勘查投入25亿元,非油气勘查投入25亿元。适应新常态下市场需求,调整地质勘查重点、结构、时序,突出加强对自治区具有比较优势的石油、天然气、页岩气、煤层气、铀、石墨等清洁能源矿产和战略新兴矿产以及地热、矿泉水等民生资源的勘查。新增矿产地52处,先后发现乌拉特中旗高勒图晶质石墨矿、林西县边家大院铅锌矿、阿拉善左旗查汗木胡鲁石墨矿、土默特左旗毕克齐地区地热资源等一批矿产资源,银额盆地油气和胜利煤田煤层气勘查取得重大突破。全年新增煤炭资源储量2.21亿吨,铁矿石资源储量0.16亿吨,铜金属资源储量2.47万吨,铅金属资源储量31.35万吨,锌金属资源储量20.58万吨,金属资源储量18.48万吨,银金属资源储量1194.81万吨,石墨(晶质)矿物量2432万吨。

【矿产资源管理】 截至2016年底,全区在期有效采矿权4035个。其中:煤炭537个,黑色金属359个,有色金属235个,贵金属149个,水气矿产29个,非金属及其他矿产2725个。设计开采产能:煤炭8.0852亿吨/年,铁矿11 939.53万吨/年,有色金属矿(矿石)7566.34万吨/年。全区在期有效探矿权3548个,勘查总面积9.72万平方公里。其中:煤炭234个,黑色金属444个,有色金属1713个,贵金属784个,水气矿产15个,非金属及其他矿产358个。全年共办理矿业权抵押114项,累计抵押融资金额303.19亿元。

【地质环境保护治理】 严格落实"谁开发、谁治理"和"在保护中开发、在开发中保护",切实加强监督检查。全年投入矿山地质环境治理资金15亿元,完成治理面积134.29平方公里,初步形成"开发—治理—恢复"良性互动、循环发展格局。配合开展乌海及周边地区大气污染防控联防和呼伦湖综合治理。阿尔山申报世界地质公园工作进展顺利。推进绿色矿山与和谐矿区建设,全区有35家矿山被国土资源部认定为绿色矿山。

【资源节约集约利用】 组织落实《关于全面推进土地资源节约集约利用的指导意见》相关工作,加大闲置土地处置力度,出台《关于进一步做好闲置土地处置工作的意见》,明确闲置土地处置19条政策措施,全区共处置闲置土地4960.49公顷,处置率由2015年末的25.76%提高到90.48%,受到国土资源部的充分肯定。开展开发区(园区)边界清理划定、建设用地节约集约利用评价。加强工矿废弃地、废弃居民点复垦利用和城乡建设用地增减挂钩,最大限度提高土地利用效率。开展国土资源节约集约模范县(市)创建活动,巴彦淖尔市、赛罕区等10市县被国土资源部评为节约集约用地模范市县。加强矿产资源节约与综合利用,加大矿产资源开采回采率、选矿回收率、综合利用率指标考核和监督力度,全区矿产资源开发利用"三率"水平不断提高。

【不动产统一登记】 截至2016年11月底,全区12个盟市、103个旗县(市、区)全部实现"发新停旧",提前1个月完成国家下达的目标任务。内蒙古自治区人民政府(以下简称自治区政府)出台《内蒙古自治区不动产登记实施办法》,完善工作机制,推进信息平台建设,基本搭建不动产统一登记基础框架。12月28日,自治区党委宣传部、自治区政府新闻办组织召开新闻发布会,通报全区不动产统一登记工作进展情况,并就媒体和社会关注的重点问题进行现场解答。

【重点领域改革】 推进"放管服"改革,全面梳理法定行政许可审批事项,累计整合减少行政许可事项77项,整合减少率为74%。积极指导和林格尔县土地征收制度改革试点工作，在缩小征地范围、完善土地征收程序、保障被征地农民合法权益、分享土地增值收益等方面探索出成功做法，被国土资源部誉为“非典型地区探索出典型经验”。

【国土资源执法监察】 出台《内蒙古自治区国土资源厅关于压实责任强化监管的暂行规定》明确8项措施，压实监管责任，增强监管能力。印发《内蒙古自治区矿产资源开发专项整治行动工作方案》，从4—7月，在全区范围内开展矿产资源开发专项整治，重点对未取得勘查、开采许可证而擅自进行勘查开采、超层越界开采等五种行为进行集中整治，共查处矿产资源违法案件233起。对煤炭、钢铁行业违法违规问题、国家环保督查发现问题、卫生执法检查重点图斑以及高尔夫球场等情况进行清理核查，配合全域例行督察加强重点问题整改。对生片执法检查问题严重的9个旗县政府主要负责人进行警示约谈。2016年，全区共立案查处涉地违法案件253起，涉及土地面积476.21公顷，收缴罚没款1651.46万元，拆除构建物0.41万平方米，没收构建物84.56万平方米，收回土地17.5公顷，给予党政纪处分25人。立案查处涉矿违法案件280起，收缴罚没款957.02万元，对4起典型违法案件进行挂牌督办。

【地质灾害防治】 与武警黄金第二支队建立地质灾害防治应急救援机制。全年共发生地质灾害5起。其中：小型3起，中型2起，均为自然因素引发，造成直接经济损失2127万元，与上年同期相比，灾害发生起数上升25%。

【测绘地理信息】 围绕自治区经济社会发展大局，发挥测绘地理信息在对外开放、精准扶贫、城镇化建设、社会管理等方面的基础保障作用，完成7个口岸、9个旗县的基础地理信息数据获取，全区1：10000比例尺基础地理信息数据覆盖率55%。推进数字城市、智慧城市建设，加强与自治区农牧业、气象、环保等部门的合作，深化和拓展服务领域，强化地理信息成果共享应用。

【国土资源收益】 2016年，全区国土资源实现收益224.49亿元，比上年减少9.61亿元，同比下降4.1%。国土资源收益占全区一般公共财政预算收入的10.6%，占全区非税收入的31.3%。其中，土地出让金176.89亿元，增加24.33亿元，同比增长15.9%；新增建设用地土地有偿使用费12.68亿元，减少0.83亿元，同比下降6.1%；矿业权收费30.2亿元，减少30.03亿元，同比下降49.9%；矿产资源补偿费4.46亿元，减少2.86亿元，同比下降39%。

【依法行政】 全面推进法治国土建设。出台《内蒙古自治区国土资源厅党组关于全面推进法治国土建设的实施意见》，为全面推进依法行政提供了重要保证。健全厅内部重大事项合法性审查制度，加强规范性文件审查，完成行政复议案87件，办理行政诉讼案件9件，对38件信访积案进行有效化解，维护国土资源法律法规的严肃性和权威性。编制《行政权责清单》等6张清单，及时向社会公开，规范审批流程。印发“双随机一公开”实施细则，建立“双随机一公开”监管机制，强化事中事后监管。

【政务公开】 推进政务公开工作，全年通过国土厅门户网站发布各类政务信息27 359条，受理各类业务咨询投诉817件，受理政府信息公开申请103件，均按照《政府信息公开条例》有关规定给予答复。对2016年度部门预算及“三公”经费预算情况进行及时公开。自治区国土资源厅门户网站在全区政府网站绩效评估中被评为优秀等级。全年编发《内部情况通报》41期，《工作动态》47期，全面反映区国土资源工作开展情况。召开2次新闻发布会，向社会公众发布违法典型案件挂牌督办、不动产登记发证情况。持续推进“地质资料图文数字化”和“馆藏土地档案数字化”工作，全年共接待各类借阅人员1798人次，提供各类借阅资料1.8万档、171.08万件次。

（撰稿人：吴占全）

地质矿产勘查

【概况】 内蒙古自治区有色地质勘查局为自治区国土资源厅所属准厅级事业单位。2006年4月正式组建内蒙古有色地质矿业(集团)有限责任公司(以下简称局〈集团〉公司),与事业局并行。现已成为自治区一支重要的集地质勘查和矿业开发为一体的综合性地质找矿队伍，拥有固体矿产勘查、勘查工程施工、区域地质调查、水文地质工程地质环境地质调查、地球物理勘查、地球化学勘查、岩矿鉴定、岩矿测试、环境保护等较高等级勘查资质，能够承担国家和自治区各类大型公益性和商业性的地质找矿、矿业开发、环境保护和地质灾害治理以及建筑施工任务。

【经济运行情况】 2016年,局(集团)公司围绕“渡难关,保生存,谋发展,求稳定”的工作目标,突出内部企业改革和地质找矿主业，积极推进转型升级,拓展业务范围和服务领域,在地质勘查、工程施工、土地整治、环境污染治理、投融资创新、境外合作勘查、干部选拔任用和党风廉政建设等方面取得一定成效，完成上级下达的工作任务和指标。2016年全局总收入实现4.09亿元。其中:事业费1.33亿元,经营收入实现2.76亿元;年度实现利润总额为1368万元,净资产保值增值率98.32%。实现安全生产无事故。在事业费拨款严重不足的情况下,局(集团)公司和各单位筹措资金3000万元弥补事业费缺口,保持了职工队伍的稳定。

【地质勘查工作】 加强技术培训和重点项目的综合研究。两次组织召开大型地质找矿研讨会议，邀请国土资源部找矿突破技术专家组组长叶天竺、刘士毅及张德会教授等知名专家到会指导,研讨确定有关项目勘查突破的方向。推进自有矿权项目的综合研究和投资勘查工作。抓好项目质量管理,加强基金项目立项工作。2016年实施地质项目56项，其中：新开项目16项(中央基金项目1项、自治区基金项目3项、蒙古国项目3项、兴安盟项目3项、自有矿权项目1项、社会地质项目5项)、产值4260多万元,自治区基金项目继续实施的40项。

扎拉格阿木铜矿项目 首采区勘探报告编制工作完成,具备评审备案条件。获得资源量铜31万吨、平均品位0.66%,银1045吨、平均品位22.18g/t,伴生硫130万吨,伴生镓942吨。

蒙古国乌波尔塔拉金多金属矿项目 槽探揭露发现数条铅、锌矿体,样品化验品位高于工业品位,最高品位金为1.29g/t、铅为14.03%、锌为13.67%。深部验证见多层铅、锌、铜矿化体。

内蒙古达尔罕茂明安联合旗查干文都日石墨矿详查项目 该矿为大型晶质石墨矿，备案石墨储量815.24万吨。

阿尔山市火龙沟项目 完成钻探4个孔，发现铅、锌、银矿化,有深入研究的价值。

科尔沁右翼前旗大石寨多金属矿普查项目 发现富铅锌矿体延长约1200米,估算铅锌资源量10万吨以上、平均品位14%。

承担勘查的自治区基金项目 内蒙古东乌珠穆沁旗准里德纳银铅多金属矿普查项目,发现铅锌银多金属矿(化)体26条,对14条主要银铅锌矿体资源量进行估算:Pb金属量5036.29吨,Zn金属量12 664.95吨,Ag金属量26.89吨,伴生Cu金属量741.18吨;内蒙古东乌珠穆沁旗霍布仁布敦铅锌多金属矿普查项目，钻探深部验证3个孔,圈定Ag和Pb矿(化)体10层；内蒙古额济纳旗阿拉格乌拉铜多金属矿预查项目,地表槽探及钻探深部验证,圈定铅锌矿化体2条、单体长约85米,钼矿(化)体5条、单体长约450米；内蒙古卓资县蒙古营子金多金属矿普查项目,圈定Au矿化体23条;内蒙古额济纳旗麻黄沟铜多金属矿普查项目，经探槽揭露和钻探验证,圈定Cu、Au矿(化)体11条,长度50米～350米、厚度2米～8.8米,Cu品位

0.26%～2.62%,伴生 Au0.31～2.23g/t。

【境外地勘工作】 对蒙古国第一批 3 个探矿权项目开展勘查，完成 2015 年项目勘察设计任务。其中：乌波尔塔拉金多金属矿找矿成果较好,地表工作完成,槽探揭露发现数条铅、锌矿体,样品化验金、铅、锌品位远高于工业品位;完成钻探 1300 米,深部验证见多层铅、锌、铜矿化体，具有较好的找矿前景，该项目已申报 2017 年自治区国外矿产资源风险勘查(续作)项目。此外,组织技术人员对蒙古国的 19 个探矿权区进行地质资料收集和野外实地踏勘，论证筛选成矿条件和找矿前景好的 3 个项目，申请自治区财政国外矿产资源风险勘查专项资金 1199.16 万元。为加快 3 个项目实施进度,自筹资金完成化探扫面及部分磁法测量、1:1 万地质填图等工作。

【转型升级有关工作】

以扎赉特旗项目为重点，推进土地整治业务发展 局(集团)公司党组高度重视、科学布局,重点实施建设扎赉特旗土地整治项目。项目面积 24.3 万亩、总造价 1.99 亿元。局组织成立项目管理办公室,集中筹措资金,统一管理、统一质量标准,以大会战形式组织推进项目建设,由局属单位 9 个施工队共同实施。加强标准化建设,精心组织全力推进,确保项目施工质量一流,截至 2016 年年底,打井完成 2000 眼(应完成打井总量 2171 眼)占 92%;埋设地下管线完成 28%;井房工程施工完成 50%以上;电力工程施工完成 28%。估算可完成产值 8000 余万元,有 3 个片区已全部竣工，整体项目计划在今年上半年全部完成。2016 年下半年通过公开招投标,土地整理公司中标太仆寺旗 2 万多亩、产值 2800 万元的土地整治项目。

推进企业转型升级，拓展相关产业和服务领域 主动推进企业转型升级。从 2014 年开始,推动局(集团)公司以投资经营管理为主体的经营方式的建立，筹资近亿元投资锡林浩特市扎拉格阿木铜矿和科右前旗大石寨多金属矿项目,探获的铜、铅锌资源潜在收益达 10 亿元。2016 年以投融资和产业项目运作为重点，成立集团公司企业转型升级领导小组，下设投融资运作办公室和产业项目运作办公室具体开展工作。解决矿业集团统一授信占用额度造成的流动资金贷款困难，下半年落地贷款 1.7 亿元,确保了生产经营资金周转的需要。开拓环境污染治理等服务新领域，利用环境污染治理工程设计及施工甲级总承包资质，承建包头山晟能源公司大气脱硝和浓盐水零排放处理两个项目，完成产值 4600 万元。大气脱硝项目交工运行良好;浓盐水零排放处理项目试运行情况良好,该技术目前在自治区处于领先地位。加强市场运作,扩大工程勘查总量,启动工程勘查施工甲级资质的申办工作,加大市场开发运作力度,积极培养市场运作人才,努力扩大市场占有面,扩大民生地质产业规模。寻求铜冶炼项目投资合作,先后和中金公司乌山铜矿、西藏珠峰工业股份有限公司、中国有色矿业集团、河南盛润集团公司等多家企业洽谈合作。

转型升级总体工作思路 坚持贯彻五大发展理念,转变思想观念,全面进入市场各领域,积极参与竞争；突出地勘主业，以科技创新思路,加强研究攻关,实现新的找矿突破;充分利用自身各种资源和资产，积极拓展和延伸相关产业,积极推进产业转型升级,快速扩大市场占有面;强化管理,降本增效,提高经营管理水平。

(撰稿人:王锦龙)

煤炭地质勘查

【概况】 内蒙古自治区煤田地质局（以下简称自治区煤地局)、内蒙古煤炭地质勘查(集团)有限责任公司(以下简称集团公司)是从事煤田地质勘探与其他矿产资源勘查的事业单位。主要任务是综合运用各种手段，在全国范围内进行煤炭地质和其他矿产资源勘查工作，探明资源储量和矿山开采条件，重点为自治区煤炭等矿产资源工业规划和建设提供地质资料。自治区煤地局属地管理以前由中国煤炭地质总局与自治区煤炭工业局共同管理，是以煤炭地质总局管理为主的全额拨款事业单位。1998年8月，国家煤炭行业管理体制改革，自治区煤地局随煤炭企业划归地方，先后由自治区煤炭工业局、经贸委、工业办、经委管理。2001年，内蒙古煤田地质局的机构编制确定为副厅级事业单位，下设8个勘探队、1个科研院所、1个生活服务中心共10个事业编制单位。主要从事产业及格局：煤炭资源勘查、非煤矿产资源勘查、地震勘探、石油、天然气、煤层气、页岩气等非常规资源勘查、矿产资源开发、测绘工程施工、煤质化验与岩矿测试、环境评价、工程监理、水文地质、工程地质勘查、桩基工程、公路工程、市政工程施工、房地产开发、酒店及餐饮服务等。2005年4月，自治区煤地局划归内蒙古自治区国土资源厅（以下简称自治区国土厅）管理。2006年5月8日，成立由自治区国土厅履行出资人职责的国有独资公司"内蒙古煤炭地质勘查（集团）有限责任公司"（简称煤勘集团），实行"事企分开，资产、财务分开，分轨运行"的运行体制。

2016年，集团公司实现经营性收入5.72亿元（不包含房地产收入5.5亿元）。其中：地勘专项基金1.94亿元，社会地质收入3.05亿元，多种经营收入0.73亿元。节余与收益0.18亿元。国有资产保值增值率96.85%。全年无重大机械、人身伤亡、道路交通、工程质量等事故。

【地质勘查主业转型升级】

勘查主业转型 推进鄂托克旗海陆过渡相页岩气科研试验示范项目申报工作，通过自治区国土厅向国土资源部上报《关于商请协调鄂尔多斯盆地鄂托克旗页岩气合作勘查开发事宜的函》。推进煤层气探矿权申报工作，绿能公司编写的鄂尔多斯盆地北缘、贺斯格乌拉南部等4个煤层气实施方案及可行性论证报告，经自治区国土厅组织专家可行性论证获得通过。推进牧原镇煤层气勘查开发工作。申报基金项目，申报的2017年7个煤层气项目，经基金中心组织专家评审6个获批，总经费2527.68万元。推动自治区非常规天然气勘探开发体制改革的试点工作。

地质技术升级 非常规天然气领域科技创新平台建成并顺利运行。成功申报国家"十三五"科技重大专项课题并有序开展。通过《二连盆地煤层气（游离气）资源调查选区及评价》《阿拉善及周边地区煤层气勘探前景分析与目标优选》《内蒙古自治区东胜煤田煤层气资源评价》《内蒙古自治区煤层气资源调查评价》等研究项目，建立适宜自治区中低煤阶煤层气资源评价技术体系，成功申请《内蒙古含煤区中低煤阶煤层气规模开发区块优选评价》等"十三五"国家科技重大专项。积极推进煤炭钻孔资料的二次开发利用。

【矿业开发】 "国金矿山"开发建设进展顺利。合作公司积极申办大营铀矿探矿权。加强协调红庆河煤矿开发建设，选煤厂栈桥、浓缩车间、工业广场生活区铺装绿化等工程已基本完成，矿井水深度处理蒸发车间及配套水池、排矸场、排矸道路等基本完工。南翼首采工作面于2016年11月2日开始试生产，截至2016年底，累计完成投资52亿元，生产原煤185万吨，共销售129万吨，销售金额1.53亿元。加大优质矿权风险勘查投资力度。社会地质与多元化产业成果丰硕。

【企业管理】 加强安全生产管理和资质合同管理。完成集团公司营业执照、组织机构代码证、国税地税税务登记证"三证合一"相关事宜。严格各类合同的登记和备案，对工程建设施工合同以及部分勘查合同实行集中统一管理。严格资质的管理使用、审批程序，确保资质的合理规范使用。强化财务管理，不断加强质量监督管理的力度。加强地质技术人员业务培训。派专业技术人员先后参加国土资源部组织的“赴美国油气资源管理培训”、中国煤炭学会组织的“2016年煤层气学术研讨会”、国家煤矿安监局组织的“2016第十六届煤层气暨页岩气研讨会”等，聘请中石化专家讲解《油气勘探开发流程及要求》《页岩气开发技术》等专业知识。

（撰稿人：程润富）

环境保护

【概况】 2016年，全区环境保护工作在自治区党委、政府领导下，全面接受中央环保督察的严格检验，圆满完成年度各项目标任务，环境质量指标达到国家考核要求，实现“十三五”良好开局。

【中央环保督察相关工作】 2016年7月14日至8月14日，中央第一环境保护督察组对全区开展环境保护督察。自治区协调工作领导小组全面做好综合协调、信息报送、信访接待等协调保障，全力配合谈话走访、调阅资料、受理举报、现场抽查、意见反馈等工作，完成自治区督查、盟市督查和梳理分析归档3个阶段工作任务。坚持立行立改、边督边改、严查严处，对督查组交办的群众举报问题实行挂牌督办、挂账督导、限时办结、定期公开，实际举报的1637个问题全部办结。全区依法依规约谈238人，问责280人，公安机关立案侦查52件、行政拘留33人、刑事拘留24人。关停取缔违法企业362家，立案处罚206件、罚款1605万元。督查意见反馈后，自治区立即成立由自治区党委书记李纪恒任组长、自治区主席布小林任第一副组长的整改落实工作领导小组，全面负责整改工作的协调落实和统筹推进。针对督察反馈的五大类49个问题，组织制定《整改方案》和《问题整改措施清单》，将整改任务细化分解到各盟市和自治区有关部门，逐项明确整改目标、整改措施、责任单位和完成时限。全区各地各部门把整改作为重大政治任务，切实加大组织领导和工作落实力度，49项整改事项已全部制定专项整改方案，移交的17个问题线索追责工作全面展开。

【大气污染防治】 有效落实重点防治任务。全年共完成55台总装机2486万千瓦火电机组超低排放改造，淘汰燃煤小锅炉1390台，完成重点行业烟粉尘治理项目57个，对925座加油站、11座储油库实施油气回收改造，淘汰黄标车和老旧车12.09万辆，分别完成年度任务的156%、159%、105.6%、105.1%、110%和120.9%。重点区域治理成效明显。制定《乌海市及周边地区环境综合整治工作专项考核实施细则（试行）》《大气污染联防联控工作领导小组工作制度》。建立按月调度、季度督查、半年分析、年度考核的工作推进机制。全年共完成1160个整治项目，在矸石自燃、矿区渣土、原煤散烧、道路扬尘、超标排放治理等方面取得积极进展。乌海市空气质量达标天数比例为75.1%，同比提高11.2个百分点；PM2.5、PM10、二氧化硫浓度分别下降16.4%、15.9%、11.1%，空气质量改善明显。重污染天气应对能力全面提升。完成自治区重污染天气预报预警系统建设，会商中心、超级站、重污染天气预报预警平台投入运行，实时向社会发布各盟市空气质量预报信息。针对部分盟市重污染天气，及时启动应急响应措施，提高重污染天气应对的有效性。全年12个盟市PM2.5、PM10和二氧化硫年均浓度同比分别下降14.6%、12.5%和17.9%，二氧化氮年均浓度与上年持平；全区空气质量平均达标天数比例同比提高5.1个百分点，10个未达标盟市PM2.5浓度同比下降15.6%。

【水污染防治】 全面落实“水十条”重点任务。开展污水处理厂提标改造和“十大行业”专项整治，完成水污染治理项目216个，取缔“十小”企业35家。推进重点流域水污染防治。配合环保部开展“十三五”重点流域水污染防治规划编制工作，筛选确定自治区优先控制单元和重点工程项目。通过采取控源截污、垃圾清理、清淤疏浚等综合措施，总排干入黄口等3个劣V类断面水质实现改善。持续加大重点湖泊综合治理力度。启动实施呼伦湖环境综合治理一期工程，乌梁素海外源治理、内源修复和生态补水等治理项目加快推进，《岱海流域水污染防治实施方案》已编制完成，多伦县、克什克腾旗滦河流域国土江河综合整治试点项目启动建设。不断强化饮用水水源环境保护。《自治区饮用水水源保护条例》通过自治区人大常委会第二次审议。完成188处集中式饮用水水源保护区划定工作，组织开展地下水基础环境调查评估，全区42个地级以上城市集中式饮用水水源地水质优良比例为89.2%。全年52个地表水国控断面水质优良比例为61.5%，劣V类比例为7.7%。

【土壤污染防治】 贯彻落实《土壤污染防治行动计划》，成立自治区土壤污染防治工作领导小组，制定印发实施意见，明确工作目标、重点任务、保障措施和职责分工。完成国控土壤风险点位布设工作，在饮用水源地、污染行业企业周边等8类场地布设监测点位696个。组织开展土壤污染重点行业企业空间位置遥感核实工作培训，为土壤污染状况详查做好前期准备。对全区关停搬迁工业企业原址场地进行了环境调查和风险评估。

【辐射污染防治】 对37个国控点、438个区控点定期开展辐射环境监测，全区辐射环境质量保持良好。组织对263家涉源单位和995家射线装置应用单位进行监督检查，整改环境违法问题和风险隐患500多个，核技术利用管理水平有效提升。修订发布自治区《核事故应急预案》《辐射事故应急预案》《应急预案管理程序》，辐射应急保障能力全面提高。

【主要污染物总量减排】 争取环保部差别化政策，合理确定自治区"十三五"及2016年减排任务，及时分解下达到盟市和重点企业。严格落实总量减排和环境质量双考核制度，对重点减排工程进行现场督查督办。全年二氧化硫、氮氧化物、化学需氧量、氨氮排放总量同比分别下降4.14%、5.22%、1.89%、2.86%，重点工程减排量分别为3.85万吨、5.8万吨、2.14万吨、0.2万吨，四项减排指标超额完成年度任务。

【生态文明体制改革】 出台《环境保护督察工作实施方案（试行）》，形成中央和自治区两级督察体制。印发《生态环境监测网络建设工作方案（试行）》，为实现环境质量、重点排污单位及生态状况监测全覆盖奠定了基础。编制完成《生态保护红线划定初步方案（送审稿）》，组织制定《关于加快发展全区环保产业的指导意见》，配合有关部门制定《党政领导干部生态环境损害责任追究实施细则（试行）》。生态环境损害鉴定评估被列为环保部改革试点。

【环境管理制度建设】 全面落实《党委、政府及有关部门环境保护工作职责》，各盟市均出台具体规定，环保部给予高度评价并转发各省区市参考借鉴。制度的建立进一步厘清了环保职责分工，为中央督察整改任务分解和责任追究等提供了重要遵循。加快构建固定污染源环境管理核心制度，起草完成《控制污染物排放许可制实施方案（试行）》，在火电、造纸行业启动排污许可申报、发证工作。

【环境治理市场化改革】 制定印发《关于推行第三方治理和服务实施方案（试行）》，探索推行环境污染第三方治理模式。围绕构建环保基金、环境技术服务、排污权交易、环保产业4个平台，加快环投公司组建和环保基金设立工作。建立5000亿元环保投资项目库，为推动基金与项目有效衔接，实现精准投资、靶式治理奠定了基础。

【环评源头预防】 启动自治区"十三五"国民经济和社会发展纲要战略环评编制工作，鄂尔多斯市率先开展了绿色发展战略环境影响评价。全年共审查工业园区规划环评10项、流域规划环评1项，从决策源头提出优化空间布局、控制环境污染的意见。通过强化环评刚性约束、加强源头管控，有力推动了经济结构调整和产业转型升级。

【违规项目清理整顿】 按照国办发〔2014〕56号和内政办字〔2014〕310号文件要求，全力推进环保违规项目清理整顿工作。截至2016年底，全区2664个未批先建项目完成整改2644个，完成率为99.2%；386个久拖不验项目完成整改368个，完成率为95.3%。通过整顿，淘汰一批落后产能，盘活一批存量项目，释放一批优势产能。

【服务重大项目建设】 把推进重大项目建设作为环保部门服务经济发展的“第一抓手”，从环评审批、总量保障、盘活存量等方面加大协调跟进力度。建立重大项目审批台账和进度流程表，按月调度环评审批情况，及时协调解决项目前期和建设过程中的环保问题。协调环保部批复北控、伊泰、中电投3个煤化工示范项目，推进引绰济辽工程等项目审批进程。自治区本级调度的240个重点项目已有189个通过环评审批。

【环境监测监控】 加快推进环境空气质量监测网络建设，44个国控城市站全部实现社会化运维移交，完成91个区控监测子站的选址工作。对污染源自动监控系统进行升级完善，新建污染源视频监控系统和盟市、旗县在线监控系统，全区共564家企业纳入污染源自动监控范围，安装自动监控设施1773套。2016年，全区监督性监测结果公布率、自行监测结果公布率、自动监控数据传输有效率分别为100%、96.9%、94.1%。

【环境监管执法】 受自治区人民政府委托，向自治区人大常委会报告《中华人民共和国环境保护法》贯彻实施情况，接受专题问询和工作评议，贯彻落实工作得到代表、委员的高度评价。深入推行网格化环境监管和台账管理，全面落实“双随机”制度，持续加大环境监管执法力度，重拳打击各类环境违法行为。全年共查处环境违法案件3065件，罚款2.67亿元，是2015年的2.2倍和3.3倍。查处适用环保法及配套办法案件和移送涉嫌环境污染犯罪案件557件，同比增长50.9%。其中：按日连续计罚76件，排名全国第3位；查封扣押76件，限产停产141件，行政拘留143件，移送涉嫌犯罪案件7件。全面开展环境执法大练兵活动，出动执法人员36 323人次，查处环境违法案件1107件，罚款7925万元。加大排污费征收和清缴力度，全区共入库排污费9.76亿元，同比增长6.8%；清缴138家企业排污费1.18亿元，完成率为96.5%。

【环境风险管控】 严密防控重金属、有毒有害化学品环境风险。组织编制重金属及有毒有害物质污染防控“十三五”规划，开展电石法生产PVC企业高汞触媒淘汰现场核查和化学品生产使用情况调查，全区重点企业和地表水重金属污染物全部达标。严格危险废物环境管理。完善危险废物经营许可和跨省转移审批制度，开展打击涉危险废物违法犯罪行为专项行动，责令整改企业48家，移送案件2起。强化环境应急管理。出台《自治区突发环境事件应急预案（试行）》，全面开展环境隐患和社会风险排查，全区环境安全形势保持稳定。

【自然保护区开发建设活动】 印发《关于加快推进自然保护区内开发建设活动清理整顿工作的通知》，督导各盟市制定整改方案，建立项目台账，强化日常调度，加快推进保护区内开发建设活动清理整顿工作。自治区级以上自然保护区内663处工矿类开发建设活动，已关闭取缔309处，停产287处。

【生态文明示范创建工作】 鄂温克旗、扎兰屯市被命名为国家生态旗（市），新城区和额尔古纳市生态市（区）创建通过验收；4个乡镇、87个行政村被命名自治区级生态乡镇和生态村。编制生态文明建设示范区管理规程和指标体系，为新旧体系衔接过渡和指导生态文明示范创建奠定基础。兴安盟积极推进乌兰浩特等3个旗市创建国家生态文明建设示范市(县),乌兰察布市启动国家环保模范城市创建工作。

【农村牧区环境保护】 结合美丽乡村建设,以农村牧区饮用水水源地保护、畜禽养殖污染治理、生活污水和垃圾处理为重点,深入开展农村牧区环境综合整治,全年共完成270个建制村的整治任务。加强重点生态功能区县域生态环境质量监测、评价与考核工作,对呼伦贝尔市、兴安盟、巴彦淖尔市等重点生态功能区县域进行现场核查,41个县域共拨付中央转移支付资金30.68亿元。

【资金保障水平】 全年共争取中央环保资金13亿元,同比增长80.4%。安排水污染防治专项资金3.87亿元,重点支持呼伦湖、乌梁素海、岱海等湖泊环境综合治理及监测体系建设。申报"十三五"环保投资项目储备库项目692个,开展水污染防治领域PPP项目推介工作。组织对2013—2015年度1492个项目、29.4亿元环保专项资金进行专项审计,提高了资金使用效益。

【科技支撑能力】 围绕环保重点任务开展环境科技基础研究,完成自治区生态环境10年变化调查研究、黄河流域生态环境保护状况调查评估等19个科研课题。编制完成自治区生态环境保护"十三五"规划及相关专项规划。开展焦化行业污染防治技术、煤化工产能现状及分布等课题研究,形成了一批科研成果。

【环境信息化建设】 生态环境大数据建设被环保部列为试点,率先建成生态环境大数据中心,在重点区域、流域和行业开展大数据分析应用。建立自治区环保云,内蒙古自治区环境保护厅本级非涉密业务系统基本实现云化管理,业务数据实现云存储。环保综合办公平台建成并投入试运行,在包头市和伊金霍洛旗开展网格化环境监管示范平台建设试点。推进环境信息公开和公众参与,主动公开各类环境信息3500条,编发舆情简报150期,4955件群众举报案件全部办结。

【环保宣传教育】 加大法律法规宣传力度,赴乌海、满洲里等盟市开展3次集中宣传。围绕自治区环保20年和"六五"世界环境日等主题,举办首届青年环保公益创业大赛、全区大学生"改善环境质量推动绿色发展"主题演讲大赛,开展生态文明建设宣传活动周和环保宣教"十进"等活动。在各类媒体发表稿件3620篇,全方位反映自治区生态文明建设和环境保护取得的新成就。

(撰稿人:赵勇)

财政·税务

财　政

【概况】 2016年，内蒙古自治区实现地区生产总值18 632.6亿元，比2015年增长7.2%。其中：第一产业增加值1628.7亿元，增长3.0%；第二产业增加值9078.9亿元，增长6.9%；第三产业增加值7925.1亿元，增长8.3%。全年全社会固定资产投资15 469.5亿元，比2015年增长11.9%。2016年进出口总额772.8亿元，比2015年下降2.1%。其中：出口295.3亿元；进口477.5亿元。全年社会消费品零售总额6107.7亿元，居民消费价格指数同比上涨1.2%。

全年自治区一般公共预算收入2016.5亿元，完成年度预算100.7%，比2015年增加52.0亿元，增长2.6%，剔除"营改增"等减税降费政策性因素影响，同口径增长7.0%。其中：税收收入1335.9亿元，增长1.1%；非税收入680.6亿元，增长5.7%。全区一般公共预算支出4526.3亿元，比2015年增加273.3亿元，增长6.4%。全年自治区政府性基金收入263.4亿元，比2015年增加13.3亿元，增长5%；政府性基金支出385.1亿元，比2015年减少50.3亿元，下降12%。全年自治区社会保险基金预算收入986.3亿元，比2015年增长9%；社会保险基金预算支出935亿元，比2015年增长12%。全年自治区国有资本经营预算收入7.4亿元，比2015年增长21%；国有资本经营预算支出3.2亿元，比2015年增长23%。

【财政供给能力强化】 全区财政政策，指导各级财政加强财源建设，促进经济发展、财政增收。围绕年度收入预期目标，发挥牵头作用，推进综合治税，加强与国地税以及非税收入执收部门的配合，强化收入分析调度，开展非税收入专项检查，严格依法依规征税管费，集中清理欠税欠费。2016年全区一般公共预算收入2016.5亿元，首次突破两千亿元大关，剔除营改增等不可比因素后，同比增长7.0%，超额完成年度预期目标，完成年度考核任务。在促进增收的同时，调整优化支出结构，压减一般性支出，从严控制"三公"经费，全区"三公"经费下降11.9%。紧盯支出进度不放松，提请内蒙古自治区人民政府（以下简称自治区政府）下发《进一步加快一般公共预算支出进度的紧急通知》《进一步清理财政暂付款的通知》，定期通报考评，切实提高预算执行效率。建立盘活存量资金长效机制，全年各级财政统筹使用存量资金27.8亿元。争取中央各类补助2372.8亿元，同比增长11.1%，占全区当年财政支出比重52.4%。全区一般公共预算支出4526.3亿元，支出进度92%，均超额完成年初预算目标，有效保障自治区各项重点支出。

【财政职能发挥】 围绕减税降费、增加财政投资、吸引民间投资，加大积极财政政策实施力度，有效发挥财政投融资对稳增长拉动作用。

落实减税降费政策　全面推开营改增试点，惠及纳税人近26.9万户，累计减负200亿元，实现行业税负只减不增的改革目标；全面实施资源税改革，59个矿产资源品目资源税全部实施从价计征改革；落实支持非公经济、中小微企业、科技创新等税收优惠政策；取消、停征和归并一批政府性基金，扩大相关政府性基金和

18项行政事业性收费免征范围等，切实为企业减负，为经济蓄能。

推广应用政府与社会资本合作　累计向社会推介181个优质PPP项目，已落地实施66个，吸引社会投资802亿元。中国PPP基金公司出资50亿元，与内蒙古自治区共同发起设立中政企内蒙古PPP省级基金，并率先签署合作及项目投资协议，使双方合作由单个项目的投融资提升为基金层面的深度合作。设立首期规模200亿元的自治区基础设施和公共服务投资引导(PPP)基金。筹集资金55亿元，支持新设重点产业、大数据产业和环保产业等基金，激发民间投资活力，促进自治区重点项目落地。

扩大政府投资规模　自主发行并及时分配下达新增债券资金286.5亿元，切实保障自治区70周年重点公益性民生工程建设。先后下达公路、铁路、民航、水利等建设资金214.7亿元，支持呼张客专、通辽赤峰至京沈客专连接线、黄河内蒙古段二期防洪等重点基础设施建设；通过以奖代补、财政贴息等多元化投入方式，支持市政基础设施建设；积极争取中央财政补助资金，支持偏远行政村通宽带和升级改造，促进信息通信网建设。

努力争取国内外融资支持　新增国际融资46.4亿元，支持二连浩特区域合作等重点项目建设。安排奖补资金，支持企业上市融资，促进实体经济发展。

【供给侧结构性改革】　坚持需求侧和供给侧两端齐上手、共发力，在适度扩大总需求的同时，抓好“三去一降一补”重点任务。落实专项奖补资金5.6亿元，支持去产能过程中的人员安置和债务处理等。落实房地产去库存税费优惠政策，及早下达棚户区改造补助资金85.4亿元，新增发放国开行棚改贷款516亿元，支持货币化安置比例75%，全区商品房待售面积较2015年底下降12%。分8批自主发行置换债券2215.78亿元，缓释刚性兑付压力，减轻政府利息负担约60亿元。全面落实减税降费政策，下达生产用电临时扶持资金，阶段性降低社保费率、清理涉企保证金，支持降低企业各类成本280亿元。支持高标准农田建设，深入推进大豆目标价格改革试点，落实玉米生产者补贴等农业支持保护补贴政策，提升农业补贴的精准性。成立自治区农业信贷担保公司，构建全区农业信贷担保体系，促进农牧业现代化发展。争取中央财政资金扶持20个电子商务进农村示范县发展。支持呼和浩特市成功申报小微企业创业创新基地示范城市，促进非公经济发展。支持重点口岸建设和对外贸易发展，促进全方位对外开放。支持旅游基础设施建设和品牌营销，促进全域旅游发展。加大对重点实验室和重大科技项目的投入。改革科研资金管理制度，松绑减负促创新。

【社会事业】　全区各级财政民生支出2979亿元，占一般公共预算支出65.8%，同比增长33.5%。

重点民生工程　全区各级财政加大脱贫资金投入力度，共安排扶贫部门资金56.4亿元，较2015年增长22.8%。支持易地扶贫搬迁，实施贫困旗县涉农涉牧资金统筹整合试点，支持42个贫困旗县开展涉农涉牧资金统筹，落实“五个一批”脱贫攻坚工程，促进21万人稳定脱贫、12个区贫困县摘帽；农村牧区危房改造超额完成全年任务；启动实施游牧民安居工程，支持创业内蒙古行动，实现创业带动就业15万人，新增就业26.7万人；新建成重点水利骨干项目162个，解决36.6万人安全饮水问题。

社会保障标准　继续提高退休人员养老金，人均月增加171元。整合城乡居民基本医疗保险制度，财政补助标准提高40元；基本公共卫生服务项目补助标准人均每年提高5元；农村牧区五保集中和分散供养人均标准分别提高534元和94元；百岁老人高龄津贴补助标准每人每月提高300元。

生态文明建设　推动实施新一轮草原生态

保护补助奖励政策，提高奖补标准，惠及534万农牧民；推进林业重点工程建设，落实呼伦湖治理资金，支持大气、水、土壤污染防治三大战役，开展农村环境综合整治。

社会事业发展　支持食品药品安全监管能力建设，推动公立医院综合改革扩围拓面。统一城乡义务教育学校经费保障机制，改善76个贫困地区义务教育薄弱学校办学条件，提高自治区直属高等院校生均公用经费标准，安排专项资金，支持全民健身，促进文化强区建设。

【依法理财】　坚持以法治引领改革、以改革促进法治，确保各项改革任务的落地见效。

财税体制改革　全面推进预决算公开，预决算支出细化到项级科目，并按项目按地区公开专项转移支付。提请自治区政府印发本级项目支出及自治区对下转移支付管理办法，强化项目支出管理。防控地方政府债务风险，提请自治区政府下发限额管理办法和债务风险化解规划。完善自治区以下财政体制，健全自治区对直管试点旗县转移支付制度，研究制定自治区与盟市增值税收入划分过渡方案。开展重点项目支出和部门整体支出绩效评价试点。自治区本级国库集中支付电子化改革顺利上线。指导全区12个盟市及97个旗县试编政府综合财务报告。统筹财政住房资金管理，防止重复补助，提升资金精准度。

其他重点领域改革　推广政府购买服务，建立涵盖目录编制、流程规范、合同范本、监督检查和绩效评价在内的全流程制度体系，奖励64个试点示范项目。在全国率先实现自治区以下法检两院财务统管，先行先试开展涉案财物集中处置，推进自治区和盟市公车改革。落实机关事业单位在职人员基本工资改革、员额内法官检察官工资制度改革及公务交通补贴等政策。全面推行"双随机一公开"监管模式，加强对会计师事务所执业质量检查。

厅机关财务集中核算　切实加强内部管理，组建财务中心。建立1个基本制度+7个专项内部控制办法+30个处室、单位操作规程的内部控制机制。深入实施"干部素质提升工程"，邀请多名国内知名专家学者主讲"财政大讲堂"，全年培训干部3880人，安排23名同志挂职锻炼。坚持以事择人、依岗选人、人岗相适，选拔任用35名处级干部，调整轮岗49名干部，积极营造崇尚实干的良好氛围。

全区各级财政在会计管理、监督检查、科研宣传、投资评审、信息化建设、老干部服务、后勤服务等各方面工作都取得一定成效。

（撰稿人：闫海城）

国家税务

【概况】　内蒙古自治区国家税务局（以下简称自治区国税局）主要负责全区范围内增值税、消费税、企业所得税、车辆购置税等中央税和中央地方共享税的征收管理。自治区国税局机关现有17个内设机构、1个直属机构、5个事业单位。系统下辖12个盟市、2个计划单列市国税局（正处级），125个旗县（市、区、含开发区）国税局，实有干部职工12 731人（含学员），其中公务员10 197人，占80.10%；事业人员54人，占0.42%；学员1895人，占14.88%；工人585人，占4.60%，平均年龄42.2岁。截至年底，自治区国税局所辖纳税人111.29万户，同比增长44.59%。其中一般纳税人7.74万户，同比增长28.79%；个体工商户80.62万户，同比增长46.13%。

2016年，自治区国税局加强纳税评估、汇算清缴、反避税和税务稽查等措施，组织入库各项税收982亿元。纵深推进税收改革，严格落实各项税收优惠政策，持续优化纳税服务，加强国税地税合作，开展"两学一做"学习教育，强化全面从严治党，服务自治区经济社会发展大局。

【地方政府支持税收工作】　自治区党委、政府领导作出批示53件次，指导国税工作。自治区党委书记李纪恒批示："2016年，自治区国税局认真贯彻落实党中央、国务院和自治区党委、政府各项决策部署，积极履职尽责，全面落实结构性减税政策，着力优化纳税服务，圆满完成组织收入目标，在服务全区经济社会发展大局、保障改善民生上迈出了新步伐、取得了新成效。谨向全区国税系统的干部职工表示衷心感谢和诚挚问候。"

【税收收入】 2016年全区国税系统累计完成各项税收收入1062.58亿元（含海关代征增值税、消费税，剔除出口退税），同比增收119.98亿元，增幅12.73%。此外，办理出口退税20.6亿元，同比减退3.5亿元，下降14.4%。非税收入16 411万元，其中，水利建设专项收入9124万元，文化事业建设费4393万元，废弃电器电子产品处理基金1490万元，罚没收入1404万元。

【税收收入特点与分析】 月度收入规模呈现前低后高、税收增速加速上涨态势。第二产业、第三产业产业构成由2015年的67.00：33.00调整为63.61：36.39，第三产业比重提高3.39个百分点。增值税、消费税和车辆购置税分别增长19.92%、10.80%、0.43%，企业所得税同比下降5.34%。区域分化突出，呼和浩特市和鄂尔多斯市完成收入511.05亿元，超过其余盟市收入总和。行业比重小幅调整，金融业、房地产业占全部税收比重提升2.65、2.08个百分点；煤炭（采矿和运销）、电力和烟草（制造和批零）分别下降3.86、2.53和0.80个百分点。

影响税收收入主要原因：煤炭价格大幅回升，但煤炭税收逐步释放需要过程，与价格未实现同步大幅上涨；降电价普惠用电企业，电力行业收入同比减收10.30亿元，下降10.16%；卷烟售价提升、批发环节消费税政策调整以及成品油销量增加，带动消费税增收10.80%；受"对购置1.6升及以下排量乘用车减按5%的税率征收车辆购置税"等政策调整导致车辆购置税减收9.10亿元；堵漏增收成效明显，通过加强风险管理评估补税25.40亿元，稽查查补税款18.10亿元。

【营业税改征增值税】 2016年5月1日，全面推开营业税改征增值税（以下简称"营改增"）试点，完成"开好票""报好税""分析好""改进好"环节工作。截至年底，全区共有营改增试点纳税人33.94万户，其中"3+7"行业（交通运输业、邮政业、电信业3个大类行业和研发技术、信息技术、文化创意、物流辅助、有形资产租赁、鉴证咨询、广播影视7个现代服务业）试点纳税人10.16万户；"四大行业"（建筑业、房地产业、金融业、生活服务业）试点纳税人23.78万户。2016年5—12月，实现改征增值税收入123.99亿元，累计减税75.7亿元。

【税收法治】 深化税务行政审批制度改革，探索事中事后管理体系建设，坚持放管结合，加强后续管理。推进依法行政，制定《依法行政领导小组议事规则》《领导干部学法用法制度》。完成税收规范性文件合法性审核、评估、报备20件。全面推行公职律师制度，试点总法律顾问制度。评选法治税务示范基地8个。完成涉税政策反馈回应180件次。处置行政复议案件1起、行政应诉案件1起。

【税收政策落实】 落实西部大开发、高新技术产业、促进小微企业发展、提高征收起征点等各项税收优惠政策和调控措施，累计减免税款199.5亿元。优化简并流程，加快出口退税进度，办理出口退（免）税20.6亿元。落实小微企业优惠政策，受惠面98%，其中减免增值税23.78亿元，减免企业所得税36.48亿元。

【税种管理】 取消对普通美容、修饰类化妆品征收消费税。增设"超豪华小汽车"消费税子税目。2016年5月1日起，销售餐饮服务的增值税一般纳税人纳入农产品增值税进项税额核定扣除试点范围。纳税信用等级A级、B级、C级增值税一般纳税人及5月1日新纳入营改增试点的增值税一般纳税人共3.99万户取消增值税发票认证。加强税种专题调研和专项检查,加强税收政策落实后续管理,提高税法遵从度。

【纳税服务】 以"改革合作"为主题,与自治区地税局联合推进便民办税春风行动,开展"问需求、优服务、促改革"专项活动,完成示范办税服务厅创建,评出星级示范办税服务厅42个。保障"营改增"顺利实施,增加应急办税场所47个、服务窗口300个、服务窗口预备人员310人。推行7大类211项涉税事项全区通办,实现国税、地税业务一厅办理。推行代开增值税专用发票网上预申请。联合多部门开展"征信互认、信用互动",推动纳税信用体系建设。建成并启用办税服务厅业务实训平台。推广二维码一次性告知业务,开发税法宣传集中发布系统,推进个性化宣传咨询。2016年,"12366"纳税服务热线来电总量52.72万通,同比增长38.64%,服务满意率99.43%,纳税人满意度测评位列全国第十二位。

【税收征管】 截至2016年底,自治区国税局管辖纳税人111.29万户,同比增长44.59%。其中一般纳税人7.74万户,同比增长28.79%;个体工商户80.62万户,同比增长46.13%。2016年11月18日,正式实施个体工商户"两证整合"登记制度改革。上线运行税务总局决策支持风险管理系统,累计入库税款25.35亿元(不含欠税风险)。制定《内蒙古自治区国家税务局税收风险管理工作规范(试行)》《内蒙古自治区国家税务局税收风险管理工作应对指引(试行)》。试点推行纳税人分类分级管理工作。优化简并普通发票售票流程,规范冠名发票管理。

【大企业税收服务与管理】 深入推进大企业税收服务与管理改革,建立56大项指标模型和包含192项变动指标的风险特征库。编制银行业、房地产业、煤炭业、通信业、乳制品业风险管理指南。研发大企业管理信息系统。2016年,大企业税收风险管理入库税款6.19亿元,调减增值税留抵税额844万元。

【国际税收管理】 出台国际税收管理工作制度、规范16项。强化非居民税收管理,实现非居民税收收入2.95亿元,同比增长33%。调查反避税案件15起,首次发起全国重大反避税调查案件1起,结案案件4起,入库税额601万元。受理全国首例"走出去"企业双边预约定价申请。开展非居民纳税人享受税收协定待遇检查工作。建立"走出去"纳税人清册和档案,完成《中国居民赴蒙古国投资税收指南》(第二版)编写工作。

【税务稽查】 与内蒙古自治区公安厅、地税局联合成立"税警联络机制办公室",全面推广"定向稽查"模式,稳步开展"双随机一公开"。大力组织实施国地税联合稽查,检查纳税人930户,查获违法发票2.1万份,查补税款18.1亿元。

【电子税务管理】 金税三期工程平稳、有序、顺畅运行。2016年4月,试点运行"内蒙古自治区国地税联合网上办税服务厅"。2016年8月,税收大数据共享管理平台上线。

【政务管理】 组织各类会议66次,同比减少1.5%。办理收文7621份,同比增长36.97%。发文2583份,同比增长48%。完善信访应急预案,健全信访联席机制,构建"大预防"格局。组织办理人大代表建议1件,政协委员提案答复6件。修订完善自治区国税局机关公务用车改革方案,有序推进公车改革。

【绩效管理】 落实税务总局绩效管理4.0版,绩效管理排名全国第十九位,其中11项分档考评指标评为"一档"。加强组织领导,召开分析讲评会议5次,召开绩效考评委员会议3次。精简考评指标24个,同比减少31%;加大机考指标占比,占全部指标33%。加强过程管理,实现绩效管理督查"全覆盖"。修订完善绩效管理结果运用办法,严格运用考评结果。

【财务管理】 2016年,全区国税系统财政拨款收入17.79亿元,财政拨款支出17.65亿元,其中基本支出14.52亿元，项目支出3.12亿元。“三公”经费、会议费等同比减少6.75%。基本建设类项目支出同比减少37.46%。新增开工项目15个，竣工17个，新增维修和修缮改造综合业务办公用房项目13个。

【政府采购】 完成采购预算1.67亿元，实际采购金额1.57亿元，节约资金980.72万元，节约率5.88%。其中，批量集中采购实际完成采购金额1206.48万元，协议供货实际完成采购1431万元。

【人事管理】 提任、调整处级领导干部(含非领导职务)9名。整合处级非领导职务干部14名。全区国税系统招录公务员882人。

【教育培训】 举办各类培训班33期，培训3027人次；开展税务总局“智力援西”培训项目2期，培训150人次。结合税务总局素质提升“115”工程和“岗位大练兵、业务大比武”活动，完成“1155”创先争优活动表彰工作。完成全国税务系统第四批领军人才推荐工作。加强培训基地建设，承办培训63期、5150人次，培训规模5.5万人天。信息技术专业类获得税务总局比武竞赛国税系统第六名。

【内部控制与督察审计】 完成内部控制基础性评价工作。依托金税三期工程，实现主要税收业务的内控全覆盖。2016年，税收执法督察发现问题1009个，责任追究1707人次。完成审计项目21个，同比增长75%。完成经济责任审计50人，查出问题173个，涉及金额197.18万元。

【国税、地税征管体制改革】 贯彻落实《深化国税、地税征管体制改革方案》和内蒙古自治区党委、政府联合印发的改革实施方案，确定10项重点改革项目和3项创新改革项目，推进具体改革任务62项。

【巡视工作】 开展深化巡视整改和全面自查自纠工作，整改问题51个，责任追究69人。完成6个盟市局、4个旗县局的日常和专项巡视，查找问题133个，提出意见建议45条，完善制度40项。印发《关于全面推进从严治党开展巡察工作的意见》，完成28个旗县局的巡察工作，追究问责19人次。编写《巡视工作操作指引》。

【税收科研】 实施税收科研精品战略，完成“稀土+”、税收数据协作、天然气产业发展等3项重点课题。2016年3月，启动《内蒙古自治区志·国税志》(2004—2015年)编纂工作。

【税务文化】 开展传统节日文化活动、家风家训主题道德讲堂等活动，践行“蒙古马”精神，促进“文化国税”建设。全区国税系统创建全国文明单位15个、全国青年文明号13个、全国巾帼文明岗11个，全区文明单位标兵68个、全区文明单位52个，5名同志荣获第5届全区道德模范奖项，4个单位和4名同志分别被税务总局评为先进集体、先进工作者。

(撰稿人：张真谛)

地方税务

【概况】 2016年，内蒙古自治区地税局(以简称自治区地税局)坚持依法征税，面对经济下行压力和“营改增”等减税因素，全区各级地税机关各项税费收入完成1893.6亿元，同比增长0.2%，为平衡财政收支、促进经济社会事业发展提供有力的财力保障。落实税收优惠政策，发挥税收政策在促进发展、调结构、惠民生方面的重要作用，支持和促进地方经济发展。持续优化纳税服务，加强国税地税合作，落实9类25项便民办税措施，减少17个审批事项。推进税收征管改革，创新税收信息化建设，实施专业化管理和信息管税。加强税种管理、大企业税收管理和税务稽查工作，推进依法行政，提高税收征管质量和效率。

【税收收入】 全区地税系统累计组织各项税费收入1893.6亿元，同比增长0.2%。其中，税收收入完成1147.9亿元，同比减收75.8亿元，下降6.2%。其中，地方级税收收入完成980.3亿元，同比减收 111 亿元，下降 10.2%（剔除“营改增”因素，增长 8%）。社会保险费收入 664.1 亿元，增长 12.3%。其他收入完成 81.6 亿元。

【税收政策】 梳理“三去一降一补”有关税费政策，提出 80 条重点工作举措，助推供给侧结构性改革的五大任务取得实效。积极落实政策，通过联系服务企业、走访调查、召开税企座谈会等形式，了解企业生产经营状况，提供政策咨询服务，确保税费优惠政策落到实处。全年累计减免税费 135 亿元。其中，支持改善民生减免 69.7 亿元；支持小微企业、金融市场和区域发展减免 43.3 亿元；支持基础设施建设、文化教育等其他事业发展减免 22 亿元。着力在银税互动上下功夫。举办百场“诚信纳税进万家、银税互动促发展”主题宣讲活动，优化银税互动服务平台，积极与银行业金融机构签署合作协议，截至年底累计发放贷款 7.5 亿元，带动就业 3887 人，增强了守信企业发展活力。

【税收改革】

国地税征管体制改革 与自治区国税局共同起草自治区《深化国税、地税征管体制改革实施方案》，经自治区党委、政府和国家税务总局研究同意，以自治区党委、政府办公厅名义印发。研究制定贯彻落实该《方案》的工作安排和工作措施，将改革任务逐项细化、分解落实到具体部门和责任人，确定 25 个方面 68 条具体举措，并加强跟踪督导，推进落实。在国地税联合办税、信息共享、纳税信用管理等方面取得明显成效。

资源税改革 全区 59 个矿产资源品目全部实施从价计征改革，资源税总体负担下降 2.6%，达到“清费立税”目的。受煤炭等资源价格上涨和加强税收征管因素影响，资源税全年完成 118.2 亿元，同比增长 12.2%。资源税改革工作受到国家税务总局肯定。

国、地税合作打通办税“堵点” 扩大与国税部门委托代征范围，国地税征收窗口均可办理确定范围内的征收事项，上年度双方征管互助 1269 人次，累计征收税款 311.91 亿元，其中通过“一人一机双系统”和“一人双机双系统”征收税款 206.78 亿元。推行国地税联合办税，以互设窗口、共建办税服务厅和共驻政务服务中心等方式合作共建办税服务厅 206 个，其中“一窗式”办税服务厅 48 个，极大地便利了纳税人。自治区人民政府召开全区国地税合作工作现场交流推进会，深化国地税合作。国地税合作工作受到国家税务总局的高度评价。

“放管服”改革 通过巩固“三证合一、一照一码”，实施“五证合一、一照一码”和“两证整合”登记制度改革，新增市场主体 10.1 万户。按要求取消 17 项行政审批事项和印花税票代售许可事项。建立税务稽查“双随机一公开”工作机制，对 148 户房地产企业开展随机抽查，及时公布抽查情况和结果。主动公开部门权责清单、公共服务事项清单和随机抽查事项清单，接受社会监督。

【营业税改征增值税】 推进营改增工作。组织开展营业税专项清收工作，累计清理营业税欠税 16 亿元。制定营改增专项绩效考评及结果运用办法，与自治区财政厅、国税局联合下发《全面推开营改增工作任务分解表》，确保改革工作的顺利实施，向国税部门移交营业税纳税人征管信息 30.7 万户。做好委托代征代开工作，累计代开增值税发票 16.5 万张，代征增值税 11.5 亿元。

【税收征管】

征管改革试点 全区各盟市局按照区局批复的方案，重塑征管职能、整合征管资源、改进征管手段，初步实现职能职责更加明晰、运行机制更加顺畅、专业化人才队伍更加完备的改革目标，税收征管改革取得阶段性成果。

“互联网＋税务”模式 做好“金税三期”上线后的后续工作。研究制定《2017—2019 年信息化建设三年整体规划》。试点运行国地税联合网上办税服务厅,已注册用户13万户,办理业务15万笔。自然人网上办税服务厅取得阶段性进展,2594名纳税人通过网厅申报缴纳个人所得税820.8万元。移动办税实现突破,研发移动办税(费)系统。实现自治区按比例安排残疾人就业审核系统与金税三期系统无缝对接,开发完成税收大数据分析发布平台,整合信息数据资源,实现数据集成共享。继续完善电子档案系统,扩大试点范围。拓展财税库银实扣批扣、POS机刷卡、网络平台和移动终端等多元化办税缴费方式,累计征缴税费1127.7亿元,占税费总收入的59.6%,比上年提高8个百分点。

所得税征管　两处或两处以上取得工资薪金所得个人所得税自行纳税申报工作取得突破,正式推开2个多月,就征收税款及滞纳金3089万元。加强对高收入群体税收监管,年所得12万元以上纳税人申报个税26.6亿元。抓好2015年度企业所得税汇算清缴工作,补缴税款15.7亿元,同比增长23.3%。

税收风险管理　理顺自治区、盟市两级风险管理组织机构和职责,建立自治区级风险识别专业团队,通过完善风险管理系统平台,打通总局到基层的风险管理通道,研发了房地产等风险识别模型,全年推送各类风险事项29批次,确认税费43.6亿元,入库29.1亿元。

评估检查　通过日常稽查检查、重点税源检查、税收专项检查等方式查补收入133.4亿元,入库70.5亿元。完成2000万元以上自治区级重点税源企业信息采集、业务培训和纳税评估工作,查补税费28.6亿元,入库11.2亿元。积极推进综合治税建设。印发《关于进一步加强全区综合治税工作的意见》,开展有关数据采集、交换、分析、比对工作,收到了实效。升级改造网络版委托邮政代征系统,代征范围覆盖所有盟市,累计代征地方税费2.3亿元。成立公安部门派驻税务系统联络机制办公室,出台运行暂行办法,税警合作进一步深化。

【纳税服务】　开展便民办税春风行动。实施纳税服务规范,全面落实首问责任制等便民服务机制,推出9类25项便利化服务措施,缩短办税时间。推进"12366"纳税服务升级,建设"六能"纳税服务平台。推行办税事项"二维码"一次性告知、涉税事项"同城通办"服务,基本实现税务登记等6大类涉税业务全区通办。纳税信用体系建设。评出2015年度A级信用纳税人1506户,与相关部门实施征信互认联合激励,在发票领购、办税服务、行政审批等方面优先办理,同时对3041户经营异常名录企业实施了惩戒。推进信用信息"双公示",涉及行政许可1448条、行政处罚18 629条。扎实开展税收宣传培训。联合国税局启动第25个税收宣传月活动,发放宣传资料33万份,推送政策信息14万条,举办纳税人培训班394期,参与纳税人7.9万人次。

(撰稿人:姜国君　陈永霞)

金融·保险

综 述

【概况】 内蒙古自治区金融工作办公室（以下简称自治区金融办）共设行政编制21人，实有人数18人，设有综合处、银行保险处、地方金融监管处（小额贷款公司监管处）、资本市场处4个处室和机关党委，下设地方金融机构监管中心、机关事务中心2个事业单位。

截至2016年末，全区金融业增加值为992亿元，占第三产业比重12.5%，占GDP比重5%。全区金融机构人民币各项存款余额21 165.62亿元，各项贷款余额19 361.01亿元。

2016年，中国进出口银行内蒙古分行获中国银监会批复筹建并正式开业。自治区首家消费金融公司包银消费金融股份有限公司正式开业，该公司将在促进自治区消费增长、满足新新居民消费需求、推动消费转型升级等方面发挥重要作用。

【融资工作】 自治区金融办提请自治区政府办公厅印发《2016年金融支持全区经济社会发展融资工作方案》，引导金融机构充分发挥金融功能，提高金融供给质量和效率。2016年，自治区实现新增各类融资总额5171.4亿元。其中：新增贷款2220.34亿元，完成年初计划111%；新增直接融资1280亿元，完成年初计划107%；新增信托、资产、基金、保险、小额贷款等其他方式融资1671.06亿元，比2015年增加1039亿元。

【信贷投放】 组织全区各银行业金融机构，加大对自治区固定资产投资项目的支持力度。2016年，分别在乌兰察布和呼伦贝尔召开银政企对接会，金融机构与各盟市共同达成6331亿元战略合作协议，金融机构与重点项目单位共同达成1460亿元的签约项目融资意向全区金融机构人民币各项贷款余额19 361.01亿元，同比增长12.95%，高于自治区经济增长速度和全国信贷平均增速。

【融资规模】组织落实《内蒙古自治区企业上市三年行动计划》，对各盟市拟上市挂牌企业建立台账，一企一策，对全区2014年和2015年符合条件的上市挂牌企业发放费用补贴共计2900万元。2016年，自治区企业通过资本市场直接融资1280亿元，同比增长8.89%。2016年，自治区有5家企业进入上市辅导，上市辅导期企业合计13家。新增新三板挂牌公司35家，新三板挂牌企业合计61家。新增区域性股权市场挂牌企业716家，累计1453家。

【保险业服务】 保险业成为覆盖城乡、功能多样、服务万家的风险防护网，全区各级保险公司分支机构2730家，全年实现保费收入486.87亿元，同比增长23.11%，全年累计赔付支出137.78亿元，同比增长10.63%，提供各类风险保障13.9万亿元。全区小额贷款保证保险累计实现保费收入6203.4万元，承担风险保障11.4亿元，累计支持5643名投保人获得融资11.1亿元，赔付支出2208万元。

【支持自治区重大项目】 全区金融机构重点支持自治区重大项目498个。在项目建设过程中，注重发挥信贷政策和产业政策的协调配合，加快信贷结构调整步伐。2016年，自治区中长期贷款大幅增长，信贷投放持续向重大项目倾斜。2016年，全区金融机构中长期贷款余额11 462.56亿元，同比增长19.43%，高于各项贷款增速6.48个百分点，为全区重大项目的开工建设提供有力的资金支持。水利、环境和公共设施管理业，交通运输、仓储和邮政业，租赁和商务服务业，电力、热力、燃气及水生产和供应业，制造业，建筑业六大行业贷款新增额占全部新增贷款的比重为78.97%，比2015年提高了27.63个百分点。

【小微企业融资】 自治区金融办制定实施《关于内蒙古自治区金融业支持非公有制经济发展十条措施的通知》，引导金融机构加大对小微企业的信贷投放。为促进全区小微企业融资担保业务较快增长，稳定融资担保费率，对符合条件的20家融资担保机构提供小微企业融资担保费补贴510.6万元。全区融资担保机构在保责任余额274.1亿元，累计为5.5万户中小企业融资担保1936.2亿元。2016年，自治区小微企业贷款余额5490.74亿元，同比增长22.77%，高于各项贷款平均增速9.56个百分点，申贷获得率96.82%，比去年同期高4.6个百分点。小微企业贷款户数44.11万户，较去年同期增加5.11万户。全区金融机构贷款加权平均利率6.77%，比年初降低0.1个百分点。

【精准扶贫】 制定出台《内蒙古自治区金融助推脱贫攻坚行动计划》《关于大力推进易地扶贫搬迁工程的指导意见》，指导金融机构全力推进"精准扶贫、精准脱贫"和易地搬迁贫困人口安置综合金融服务工作。实现金融扶贫贷款与扶贫信息精准对接，全区金融精准扶贫贷款余额1027.1亿元，同比增长48.1%。国家开发银行累计向全区棚改项目授信1551亿元，累计发放1135亿元。与农业发展银行达成合作意向的有58个项目298.4亿元，已投放棚改贷款13亿元。

【不良信贷资产化解】 建立系统性化解不良贷款、防范金融风险的长效机制，印发《关于进一步建立和完善地方金融风险防范和化解机制的指导意见》和《关于化解不良贷款防范金融风险的意见》。推动监管部门和各金融机构按照"清收一批、转让一批、续做一批、重组一批、核销一批、抵债一批"制定分类处置计划，加大存量不良贷款清收处置力度。全区已累计清收和化解不良贷款502多亿元，与上年初相比，全区金融机构不良贷款额、不良贷款率分别下降7.39亿元和0.54个百分点，实现双降。

【防范和处置非法集资】 贯彻落实属地管理职责和行业主（监）管"一线把关原则"，推动全区非法集资监测预警平台建设，制订《内蒙古自治区非法集资监测预警工作制度》《内蒙古自治区非法集资案件举报奖励暂行办法》，建立健全非法集资监测预警机制。加大非法集资宣传教育力度，向社会公众发放蒙汉文宣传单、宣传册资料百余种，共计73万份，摆放宣传板6280块，悬挂标语横幅8850条，发送公益短信73万余条，微信20万余条，开设教育专栏2035块，金融机构开展内部宣讲5430次，参与部门4982个，累加参加人7.2万余人。

【金融改革】 制定出台财税金融协同支持实体经济发展增强企业流动性、普惠金融发展规划、引导规范民间融资发展、建立和完善地方金融风险防范和化解机制、化解不良贷款防范金融风险、培育发展绿色基金工作方案等11项改革方案。制定《内蒙古自治区"两权"抵押贷款试点工作实施方案和重点任务时间进度表》，推动"两权"抵押贷款试点工作。全区"两权"抵押贷款余额40.9亿元，其中试点地区贷款余额18.1亿元，开办业务旗县（市区）拓展至37个。并规范发展互联网金融，组织全区12个盟市、满洲里市、二连浩特市共1596人参与摸底排查工作，共排查出303家线上从事互联网金融业务的企业，交注册地现场检查。摸底排查出1291家线下从事投资理财业务的企业交注册地盟市重点关注。与自治区银监局、工商局、公安厅组成3个现场检查组分别赴呼和浩特、包头、赤峰三地对10家清理整顿重点对象进行现场检查。坚持整治与发展两不误，支持自治区PPP等基金办理企业名称预核准，自治区政府性引导基金在全国率先设立，总规模达191亿元。

【2016中蒙金融合作与发展论坛会召开】 9月3日，2016中蒙金融合作与发展论坛在二连浩特市召开。自治区副主席云光中出席论坛，自治区金融办主任姜华主持。深化中蒙两国货币与金融领域合作，促进两国经济与贸易领域对话与合作，并通过《中蒙金融合作与发展倡议书》。

（撰稿人：高雅杰）

银行监管

【概况】 中国银行业监督管理委员会内蒙古监管局（以下简称内蒙古银监局），为中国银行业监督管理委员会在内蒙古自治区的派驻机构。2003年7月筹建，同年10月16日正式挂牌。依照《中华人民共和国银行业监督管理法》对内蒙古自治区内银行业金融机构、其他金融机构及其业务活动实施监督管理。内蒙古银监局内设办公室（党委办公室）、政策法规处、综合处、统计信息处、国有银行监管处、股份制银行和外资金融机构监管处、城市商业银行监管处、政策性银行和邮政储蓄银行监管处、非银行金融机构监管处、农村中小金融机构监管一处、农村中小金融机构监管二处、信息科技处、消费者权益保护处、财务会计处、人事处（党委组织部）、监察室（纪委办、巡视办）、宣传部、工会、后勤服务中心等19个部门，下辖包头、呼伦贝尔、兴安、通辽、赤峰、锡林郭勒、乌兰察布、鄂尔多斯、巴彦淖尔、乌海、阿拉善等11个分局和80个监管办事处，在职职工868人。

内蒙古银监局认真落实银监会和自治区党委、政府工作部署，明确从严治党主体责任，积极贯彻创新、协调、绿色、开放、共享的发展理念，引导辖内银行业金融机构认识适应经济发展新常态，持续加大对实体经济金融支持力度，推进供给侧结构性改革；有效防范银行业突出风险，严守不发生系统性、区域性风险底线；推进银行业改革创新，提升银行业整体竞争实力；改进监管方式和手段，维护监管权威，取得较好工作成效。2016年末，全区银行业资产总额突破3万亿元，较年初增长15.44%，位列全国第11名。其中，各项贷款余额1.99万亿元，较年初增加2317亿元，增长13.21%，高于全国增速0.16个百分点，位列全国第13名；存款突破2万亿元，较年初增长15.30%，高于全国增速2.61个百分点，位列全国第8名；辖内银行实现利润202.35亿元，比上年增长127.13%；不良贷款率3.81%，较年初下降0.54个百分点。

【重点领域金融服务】 内蒙古银监局引导辖内银行业金融机构持续跟进自治区重点领域和重大项目建设，支持内蒙古“大数据”产业等重点项目和包钢集团等重点企业，累计向公路、铁路、棚改、水利等重大投资项目发放贷款1157亿元；发起或参与各类基金45支，基金总额1323亿元。其中，银行业金融机构出资959亿元，占比72.5%。

【落实“三去一降一补”任务】 内蒙古银监局支持地区经济结构调整，引导辖内银行业严格落实“三去一降一补”任务和“有保有压”政策，通过实行差别化授信，推动过剩产能化解，缓解房地产去库存压力。年末，全区钢铁、煤炭行业贷款增速低于全部贷款增速9.4个百分点，住房按揭贷款同比增长13.94%，保障性安居工程贷款同比增长98.71%。

【普惠金融发展】内蒙古银监局推动完善小微企业金融服务机制建设，扩大“银税互动”工作覆盖面，开展“双基联动”试点；加强“三农三牧”金融服务，推进“两权”抵押贷款试点工作，拓宽农牧民融资渠道；支持区域经济社会发展，鼓励银行业金融机构通过设立专业支行、事业部等方式，加强对区域小微和涉农支柱行业、特色产业的金融服务，优化再造业务流程，全面构建服务城乡、惠及农村牧区的金融体系。2016年末，全辖总体完成“三个不低于”目标，涉农贷款同比增长14.1%，全区贫困乡镇苏木标准化银行业机构服务网点覆盖率97.62%，贫困行政村基础金融服务覆盖率98.76%。

【精准扶贫工作力度】 内蒙古银监局组织召开扶贫工作经验交流会，制定出台《银行业金融扶贫工作的指导意见》，督促银行业金融机构通过优化网点布局、改善支付环境、创新服务模式提升扶贫工作质效。2016年末，全区发放扶贫小额贷款73.75亿元，发放扶贫开发项目贷款102.66亿元。农行内蒙古分行还与自治区扶贫办合作，开展金融扶贫工程，两年多累计投放金融扶贫富民贷款146亿元，支持农牧民25.22万户，扶持农牧业产业化龙头企业144户，得到自治区党委政府高度认可。

【化解信用风险】 内蒙古银监局从“控增量”和“压存量”两个方面做好信用风险防范化解。在控增量方面，推动建立债权人委员会并完善配套工作机制，提出“企业主动、银行主体、政府支持、市场主导、责任共担”工作原则，定期召开联席会议，按照“一企一策”的方针，支持优质企业、稳住困难企业、退出“僵尸企业”。2016年末，辖区内银行业金融机构共组建债权人委员会591个，涉及授信额度4168.98亿元。压存量方面，提出“后银团贷款管理模式”和重点风险企业处置化解措施，推动机构通过现金清收、贷款核销、贷款重组等方式化解不良，发挥金融资产管理公司批量处置不良资产作用，取得较好的处置化解成效。2016年末，辖区内银行业金融机构不良贷款余额757.65亿元，不良贷款率较年初下降0.54个百分点，有效遏制信用风险快速增长的势头。鼓励法人机构通过充实资本增强风险抵御能力，推动农商行发行二级资本债、城商行利润转增股本及增资扩股进程。

【流动性风险管控】 内蒙古银监局引导辖区内银行业金融机构加强资产负债管理，合理匹配资产负债期限结构，降低期限错配程度，推动建立和完善处置预案，定期开展压力测试和应急演练。加强流动性应急管理，推动辖内3家城商行纳入央行常备借贷便利(SLF)可申请范围，年内累计申请常备借贷便利4次、金额12.2亿元。定期监测法人机构流动性风险情况，积极构建法人机构间的流动性互助协作机制，辖区内4家城商行签订流动性互助协议，全区农合机构筹集10亿元流动性互助资金，96%的村镇银行与发起行签订流动性救助协议。

【严防交叉金融风险】 内蒙古银监局加强对辖区内银行业金融机构理财、表外以及部分新兴业务风险的监测和分析，在全区全面推行理财产品和代销产品专区销售和同步录音录像工作，规范银行业金融机构销售行为。组织开展全辖P2P网络借贷风险专项整治，成立专项整治工作领导小组，制订印发实施方案，完成110家网贷机构的摸底排查和立户建档工作，对10家重点机构开展清理整顿，按要求完成摸底建档和甄别整顿阶段的工作任务。定期组织辖内银行业金融机构排查员工参与民间融资和非法集资活动情况，加强与公安部门联合打击电信诈骗力度，努力筑牢社会金融风险与银行业风险“防火墙”。

【法人机构内控合规建设】 内蒙古银监局将2016年确定为“内控合规建设专项工作巩固年”，以农合机构为重点，开展内控规划落实、考核及内部控制缺陷和漏洞梳理全面排查，逐层、逐人、逐岗签订合规责任承诺书，增强全员合规意识。对农合机构高管提名和任职资格核准情况进行全面梳理，规范离任审计报告、高管考试、代为履职等任职资格管理，理顺高管任职过程中各级管理部门及机构间的相互关系，解决长期以来存在的不规范问题。

【银行信息科技风险防范】 内蒙古银监局组织开展辖内银行业金融机构信息科技风险快速巡

查和重要信息系统数据治理专项检查，全面部署落实信息科技基础设施自查，妥善处置业务系统中断事件，控制次生风险发生。

【农村中小金融机构改制】 内蒙古银监局研究制定农村中小金融机构2016—2018年三年改制规划并推动落实，全区共有16家农信社进入改制农商行程序。其中，1家批复开业，3家批复筹建，12家农信社正在改制过程中。包商惠农贷款公司成功改制为村镇银行，成为全国首例。

【优化公司治理结构】 内蒙古银监局指导推动和林格尔渣打村镇银行等两家村镇银行主发起行股权转让工作，推进金谷银行、托克托农商行对通辽金谷村镇银行、东河金谷村镇银行、九原立农村镇银行等机构相关股权的承接。督促鄂尔多斯银行选配高管人员，促进华宸信托公司完成董事长代为履职人选。

【银行业金融服务体系】 内蒙古银监局推动包商银行发起设立包银消费金融公司，完成拟设金融租赁公司前期尽调工作。推动进出口银行内蒙古分行开业。推动民营银行组建，完成对内蒙古农牧银行发起人资质的审核。

【银行业务创新】 内蒙古银监局支持符合条件的法人机构开办信贷资产证券化业务并发行14.19亿元公募信贷资产证券化产品，支持包商银行取得理财直接融资工具和银行理财管理计划试点资质，推动邮储银行内蒙古分行设立"三农"事业部；同意新时代信托特定目的信托受托机构资格，推动内蒙古银行申请证券投资基金销售业务，推动乌海银行发行5亿元绿色金融债券。

【银行业"走出去"】 内蒙古银监局围绕《内蒙古银监局关于银行业支持内蒙古向北开放的指导意见》，督促指导辖内银行业金融机构紧紧抓住"一带一路"建设和"向北开放"重要战略机遇期，发挥联通俄蒙区位优势，为"走出去"企业提供金融服务。支持地方法人银行"走出去"，俄罗斯联邦储蓄银行已对包商银行同业授信10亿美元，包商银行还与内蒙古银行等作为银团成员，为俄罗斯联邦储蓄银行拆借10亿元人民币，成功办理中俄同业间首笔银团拆借业务；支持包商银行在蒙古国设立办事处，该行对3家蒙古国的银行同业授信1.35亿美元。鼓励辖内银行业金融机构为企业参与跨国经贸合作提供相应的金融服务，境外外币贷款业务已延伸至亚洲和美洲等地区。

【开展现场检查】 内蒙古银监局组织开展"两个加强、两个遏制"回头看、操作风险和信贷资产转让"双随机"、辖区钢铁煤炭行业信贷业务、民营企业融资难融资贵问题、永业集团信贷风险等21项现场检查，派出检查工作组485个、检查机构890个、检查业务涉及金额1942亿元，发现问题3862个、涉及金额461亿元，发出现场检查意见书366份，有效规范银行业经营行为。

【监管引领】 内蒙古银监局制定《内蒙古银行业"十三五"发展规划》，加强经济金融政策研究，在银行业供给侧改革、产业转型升级融资服务等领域开展调查，多篇调研报告受到银监会和自治区人民政府肯定。

【非现场监督】 内蒙古银监局制定《内蒙古银监局非现场监管操作规程》，完善工作机制。围绕突出风险逐地区、逐机构、逐业务、逐客户开展全面风险排查，初步排查认定15项高风险业务、57家高风险机构、1050户高风险客户，制作高风险业务、高风险机构、高风险客户一览表。按季召开经营情况及风险状况分析会，研判风险趋势，跟进风险预警和提示；运用推广监管台账系统，开展数据质量检查及后评估，积极推进有效监管核心原则(FSAP)评估，实施差异化监管。全年组织开展约见会谈、年度审慎会谈、三方会谈61次，下发监管提示、风险提示67个，提出监管意见505条。

【监管信息化建设】 内蒙古银监局全面推行EAST系统在辖内的深入应用，启动"综合监管服务平台”项目建设以及多个系统编码工作，信息科技对监管的基础性支持作用得到进一步加强。

【行政许可审批】 内蒙古银监局制定完善行政许可各类工作制度，严格执行行政许可法律法规和规范性文件，依照法定程序开展市场准入审批，秉公执法，切实维护监管权威。简政放权，取消行政审核委员会会议，行政许可事项分别由局长办公会、局长、分管局长分层级审核决定，简化审核流程，提高审批效率。建立市场准入与现场、非现场条线联动工作机制，对发现重大问题的机构限制市场准入事项。全年办理各类行政许可事项200件，其中机构设立、变更和终止审批87件，业务审核8件，董事和高管任职资格审批105件。

【监管处罚问责】 内蒙古银监局组织召开内蒙古银行业案件防控和安全保卫会议，开展“九十条禁止性规定”执行情况后评价工作，研发了内蒙古银行业案件防控操作系统，制定《内蒙古银行业金融机构违法违规行为责任追究办法》，推动银行业金融机构和各级监管部门加强案件内部问责和监管问责。全年全局系统共作出行政处罚事项42件，罚款合计1572.55万元，没收违法所得831.85万元，其中取消高管人员任职资格5人，禁止从业1人。

【金融消费者权益保护】 内蒙古银监局单独设立消费者权益保护处，成立银行业消费者权益保护工作委员会，完成消费者权益保护区建设，制定《内蒙古银行业消费者权益保护工作联席会议制度》《内蒙古银监局银行业消费者权益保护工作委员会制度》等工作制度，修改完善消费者投诉处理流程，建立银行业金融机构消费者保护工作统计分析制度，按照机构类别编制全区银行业金融机构消保制度汇编，明确消费者保护工作职责，畅通投诉渠道，为有序开展金融消费者保护工作打下基础。重视银行业金融机构自有理财产品和代销产品销售专区管理和同步录音录像工作，完成全区银行业金融机构全面推行专区管理和“双录”工作目标，规范辖内银行业金融机构销售行为。督促辖内银行业金融机构健全消费者权益保护工作机制，建立专门消费者保护部门和法人机构消费者权益保护委员会，完善内部消费者权益保护工作考核评价办法和投诉处理机制，纠正管理制度、运营机制、操作流程及协议文本等方面存在的问题，严格落实理财产品专区销售和“双录”，加强产品信息披露，跟踪分析客户建议、集中投诉问题等信息，认真查找风险隐患，加强自身管理，切实维护消费者合法权益。加强金融知识宣传普及，组织开展全区“金融知识进万家”宣传服务月活动，特别是送金融知识进大学、进社区、进农村“三进”活动，对提高广大群众金融素养具有积极意义。国家银监会“金融知识进万家”第二督导组对内蒙古地区“金融知识进万家”宣传活动给予肯定。

【优化监管资源配置】 内蒙古银监局加大干部选拔、交流、轮岗力度，与广东银监局开展互派干部挂职交流工作，加强干部因私出国（境）管理监督工作。以“一件好事、一个人物、一份光彩”专栏为载体，开展评先评优活动，树立先进典型，弘扬正能量。持续强化党风廉政建设，开展“遵守严”专题教育活动，落实中央八项规定自查和抽查以及党员领导干部违规兼职、取酬排查两项重要内容的对照检查，修改出台财务管理、车辆管理等办法，在元旦、春节、清明、五一、端午等节日发送廉政温馨短信1300余条，起到廉政提醒提示作用。

【履行社会责任】 内蒙古银监局积极开展“送金融知识下乡”“送监管政策进基层行”等活动，推进第一批53名银行业优秀青年干部赴旗县团委挂职工作。向扶贫点捐款25 350元，捐赠衣服200件；“博爱一日捐”捐款12 519元；向福利院捐助了价值1000元的生活物资；向社区捐款3000元；向12名贫困学生捐助价值1000元的图书、书包、文具,价值500元的衣物、自行车体育用品等;向翁牛特旗毛山东村捐物1500件,捐助小学生学习用品500个,社会影响力逐步扩大。

【荣誉】 2016年2月26日,内蒙古银监局荣获内蒙古自治区人民政府颁发的2015年度金融支持地方经济社会发展突出贡献奖。

(撰稿人:周文喆)

人民银行

【概况】 中国人民银行呼和浩特中心支行(以下简称人行呼市支行)是中国人民银行的派出机构,于1999年1月1日成立。中国人民银行呼和浩特中心支行内设办公室、法律事务处(金融消费权益保护处)、货币信贷管理处、跨境人民币业务办公室、金融稳定处、调查统计处、会计财务处、支付结算处、反洗钱处、科技处、货币金银处、国库处、内审处、人事处、金融研究处、征信管理处、外汇综合处、经常项目管理处、资本项目管理处、事后监督中心、保卫处、离退休干部处、后勤服务中心等职能处室。直属单位包括营业部、清算中心、钞票处理中心、干部培训中心。党群工作机构有党委办公室(与行政办公室合署办公)、组织部(与人事处合署办公)、纪检监察办公室、工会办公室、宣传群工部。

人行呼市支行基本职责是:贯彻执行国家有关法律、法规、方针、政策及总行各项金融政策规定;负责在自治区内贯彻执行中央银行存款准备金、再贷款、再贴现、利率等有关货币信贷政策,监督管理金融市场;防范化解自治区系统性金融风险,维护地区金融稳定;分析、研究地区宏观经济金融形势,为制定和实施货币政策提供政策建议和依据;负责管理内蒙古自治区的金融统计工作及信贷征信业务,推动社会信用体系的建立;管理内蒙古自治区货币发行、现金管理和反假人民币业务;管理自治区支付结算业务,负责自治区反洗钱工作的组织协调;管理自治区国库业务、科技和安全保卫工作;管理内蒙古自治区外汇、外债和国际收支业务。

【货币政策】

开展宏观审慎评估 制定《内蒙古自治区地方法人金融机构宏观审慎评估实施细则》,对全区符合评估条件的161家地方法人机构按季开展宏观审慎评估,根据评估结果有针对性地开展窗口指导。强化对金融机构信贷投放的监测分析,保持广义信贷合理增长。截至年末,全区社会融资规模为2529.7亿元,同比增加660.9亿元。全区金融机构人民币各项贷款余额19 361亿元,同比增长13%。

灵活运用货币政策工具 综合运用再贷款等多种政策工具,强化对小微企业、三农三牧等薄弱环节的金融资源配置。积极推广使用常备借贷便利工具,有效满足地方法人金融机构短期流动性需求。截至2016年末,全区累计发放信贷政策支持再贷款152.8亿元,办理再贴现83.9亿元,办理常备借贷便利95.4亿元。全区小微企业贷款余额和涉农贷款余额分别为4078.7亿元和7484.2亿元,同比分别增长30.7%和14.3%。

助推供给侧结构性改革 联合有关部门制定金融支持供给侧结构性改革实施方案,指导金融机构做好化解过剩产能金融服务和监测。落实差别化住房信贷政策,2016年全区保障性住房开发贷款增加622.5亿元,同比增加403.9亿元。通过人民银行抵押补充贷款政策支持,开发性和政策性金融机构全年累计发放棚户区改造贷款793亿元。

拓宽企业融资渠道 组织全区开展企业融资需求调查与银企对接活动,走访对接企业3075家,达成融资意向806.8亿元。召开全区非金融企业债务融资工具推介会,宣传债务融资工具各项创新产品,引导和支持非公企业通过直接融资方式筹措资金。2016年,非金融企业通过银行间债券市场融资273亿元，推动发行西部地区首单5亿元绿色金融债券。

跨境人民币业务实现新突破　以自组团形式赴蒙古国开展金融合作考察，与蒙央行建立常态化信息交流互换机制。圆满完成国际货币基金组织与中国2016年年度磋商会谈（内蒙古站）工作，提升区域经济影响力。加强跨境人民币业务监督管理，促进人民币资金跨境双向平衡流动。首单中蒙央行双边本币互换协议项下1亿蒙图资金动用顺利落地，蒙图跨境现钞调运实现零突破。2016年，全区对蒙跨境人民币结算91.5亿元，占全国对蒙结算总量75.8%；对俄跨境人民币结算13.5亿元，同比增长54.4%。

【金融改革】

持续推进利率市场化改革　落实利率市场化改革政策，强化市场利率自律机制建设，2016年全区新增26家地方法人金融机构成为全国自律机制成员。充分发挥利率定价自律机制作用，金融机构新增贷款加权平均利率6.5%，较2015年下降1个百分点，经济主体融资成本不断降低。

"两权"抵押贷款试点工作取得实效　制定《自治区"两权"抵押贷款试点工作实施方案和重点任务时间进度表》，推动政府出台奖补政策。截至2016年末，全区试点地区"两权"抵押贷款余额23.1亿元，其中农村承包土地经营权抵押贷款和农民住房财产权抵押贷款分别为20.7亿元和2.4亿元。指导金融机构全力推进"精准扶贫、精准脱贫"和易地搬迁贫困人口安置综合金融服务工作。推广使用金融精准扶贫信息系统，有效利用扶贫再贷款政策。截至年末，全区金融扶贫贷款余额1027.9亿元，比年初增加333.4亿元。

全口径跨境融资宏观审慎管理政策效果初显　制定《全口径跨境融资宏观审慎管理政策服务指南》，确保改革政策顺利实施。截至2016年末，全区商业银行本外币外债余额72.6亿元，外债期限更加合理。全区共有8家企业集团开办外汇资金集中运营业务，集中外债额度190.2亿美元；6家企业集团开办跨境双向人民币资金集中业务，资金池净流入上限236.3亿元，企业融资渠道进一步拓宽。

【金融稳定】

强化金融风险监测预警　加强金融风险监测和评估，开展重点领域风险排查和商业银行不良资产真实性现场评估，高度关注高风险农村合作金融机构及重点行业风险状况。参与地方金融风险化解工作，协调重点大型企业债务风险化解，帮助有关企业解决资金短缺和财务困难问题。

协调推进各专项整治行动　牵头开展互联网金融风险专项整治，加强非银行支付机构管理，继续开展打击利用离岸公司和地下钱庄转移赃款专项行动。贯彻落实打击治理电信网络新型违法犯罪工作，开展联合整治非法买卖银行卡信息专项行动。配合相关部门开展案件调查协查，有力打击经济金融犯罪，切实维护地区安全稳定。

依法加强金融管理　开展金融机构综合执法检查和综合评价，规范开业管理和重大事项报告。2016年对全区14家金融机构的45个分支机构开展综合执法检查，对558家金融机构开展综合评价，审核批准91家金融机构加入金融管理与服务系统。

提升反洗钱监管水平　建立反洗钱执法检查督导及主查人工作制度，在全国率先开展边境口岸地区资金监测情况调研。全年累计对243家机构开展反洗钱执法检查，配合相关部门开展案件调查协查，在打击经济犯罪、查处腐败案件、维护地区安全稳定中发挥重要作用。

【外汇管理与服务】

改进外汇管理方式　深化外汇主体监管，取消下放外汇管理行政许可项目，转变管理方式,优化业务流程,为企业、金融机构和个人提供高效服务。成立内蒙古外汇市场自律机制,充分发挥自律与监管的合力,积极引导市场预期,有效防范跨境资金异常流动风险。

优化边境口岸外汇管理 围绕国家"一带一路"建设和"向北开放"战略,做好满洲里、二连浩特对外开发开放试验区和综合保税区建设外汇管理和服务,促进满洲里互市贸易区深度开放。截至年末,自治区与俄蒙商业银行建立账户行关系58个,开立金融同业账户159个。

开展专项检查 组织开展流出项下外汇业务专项检查,严厉查处个人分拆购付汇违规行为。2016年,全区外汇检查查办案件31起,查办案件数量和收缴罚款均有较大幅度提高。

【金融服务】

健全金融消费者权益保护工作机制 做好金融消费者投诉咨询工作,组织全区开展金融消费权益保护专项检查,落实典型案例通报制度。2016年,全区共受理消费者投诉、咨询545件,办结率100%。组织开展保护金融消费者个人信息安全权宣传,活动覆盖全区90%农牧区金融消费者。建成"金融知识普及示范点"210个,有效推动普惠金融发展。

改进调查统计方式 开展"两权"抵押贷款和金融精准扶贫贷款专项统计,加大调查研究和监测分析力度。围绕供给侧结构性改革、普惠金融、地方金融风险、能源企业发展等问题开展深入研究,形成一批较高质量的研究成果。

持续改善支付环境 加强支付系统运行维护,有效促进支付清算业务规范发展。组织引导农村金融机构布放"云POS"终端,拓展"助农金融服务点"服务功能,有效提升助农金融服务点使用频率和服务功能。2016年,全区建成助农取款服务点2.8万余个,金融服务行政嘎查村覆盖率98%,全区助农取款笔数和金额同比分别增长30.6%和70.6%。

夯实科技信息基础 加强数据中心基础设施建设,做好重要业务系统推广运维工作,切实保障系统安全稳定运行。开展移动金融和金融IC卡受理环境安全和标准符合性专项抽查。积极开展金融业信息化管理与指导,在公交、零售等行业推广应用云闪付与金融IC卡。

规范货币发行管理 加强现金运行态势分析,合理调配发行基金。继续推进现金全额清分和冠字号码查询工作,加大人民币流通市场管理力度。充分发挥反假货币工作联席会议机制作用,加大假币犯罪打击力度。普通纪念币发行实现公开、公平、公正。

夯实国库基础 推进国库会计标准化建设,准确开展国库会计业务核算。扩大财税库银横向联网系统应用范围,拓展电子缴税业务范围,稳步推动财政支出电子化管理。2016年,全区财税库银横向联网系统办理国库业务434万笔,签约率92%,电子缴税业务占比为82%。

规范征信市场运行秩序 组织全区开展合规使用金融信用信息基础数据库检查,切实防范信息泄露和滥用风险。加大企业征信机构监管力度,规范征信市场运行秩序。开展高校征信教育基地建设,加快推进社会信用体系建设进程。加强"内蒙古农村和小微企业信用信息系统"建设,推进守信联合激励、失信联合惩戒制度实施。

【荣誉】 2016年,人行呼市支行受到内蒙古自治区人民政府表彰,获"2016年度维护地区金融生态环境奖"。人行呼市支行副行长肖长江被评为"2016年度金融工作优秀个人"。

【国际货币基金组织与中国2016年年底磋商会谈召开】 国际货币基金组织与中国2016年年度磋商会谈(内蒙古站)在呼和浩特中心支行举行。呼和浩特中心支行、国家外汇管理局内蒙古分局向基金组织代表团介绍了内蒙古自治区概况以及经济金融运行情况,并对基金组织代表提出的问题进行了会谈交流。

【肖龙沧率团拜访蒙古国中央银行】 8月8日,

呼和浩特中心支行党委书记、行长肖龙沧率团出访蒙古银行(蒙古国中央银行),先后就人民币纳入蒙古国外汇储备、人民币在蒙古国外汇市场交易等事项与蒙古国央行进行广泛深入地交流,并与蒙古央行就建立常态化、机制性信息交流互换安排达成共识。

(撰稿人:岳川)

农业发展银行

【概况】中国农业发展银行内蒙古自治区分行(以下简称农发行内蒙古分行)成立于1995年2月13日,现下辖二级分行12个(包括区分行营业部),旗县级支行72个(包括满洲里市支行)。截至2016年末,全辖员工1921人。全年累放贷款595.9亿元,全行贷款余额1780.2亿元,比年初增加262.8亿元。存款余额445.03亿元。实现账面利润15.7亿元。

【信贷支农】

服务粮食安全 累放跨年度临储玉米收购贷款237亿元,支持临储玉米收购入库124亿公斤;累放储备(轮换)贷款28.4亿元,支持储备(轮入)粮食11.05亿公斤;积极适应东北玉米收储改革和价补分离新政策,投放市场化收购贷款34.69亿元,支持收储粮油9.635亿公斤。年末,全区财政认缴玉米收购贷款信用保证基金1.96亿元,企业认缴信用保证基金1.1亿元,投放基金项下市场化收购贷款7.9亿元。玉米收购贷款信用保证基金的建立,探索了建立融资增信、共担风险的新机制,解决了粮食购销企业可抵押资产有限、融资能力不足的问题,保障了粮食收储体制市场化改革的顺利推进,维护了收购秩序和农民种粮利益,促进了粮食安全省长责任制的落实。

服务脱贫攻坚 全区三级行均建立金融扶贫工作领导小组,农发行内蒙古分行成立扶贫业务处,在28个国定贫困旗县农发行设立扶贫金融事业部,在3个无农发行机构的国定贫困旗县派驻扶贫业务组。制定政策性金融扶贫工作五年行动方案。建立扶贫工作室,立体化展示扶贫工作进展及成效。研发"扶贫开发管理系统",对精准扶贫信息实行集中管理。配合自治区扶贫办、财政厅制定《支持易地扶贫搬迁政策意见》《关于加快推进全区易地扶贫搬迁工作的指导意见》《易地扶贫搬迁项目资金管理暂行办法(试行)》等制度。参与自治区"十三五"扶贫规划编制工作。树立"大扶贫"理念,全年累放各类扶贫贷款291.5亿元,其中投放易地扶贫搬迁项目贷款71.45亿元,投放易地扶贫搬迁专项贷款9.79亿元,投放粮油等产业扶贫贷款178.5亿元,投放基础设施扶贫贷款31.8亿元。截至年末,在57个贫困旗县贷款余额918亿元,比年初增加189亿元、增幅26%。强化"投贷结合",向贫困地区投放重点建设基金40亿元,带动投资316亿元。

服务农牧业现代化 围绕构建现代农牧业生产体系、产业体系和经营体系,累放农牧产业化贷款24.2亿元、农业科技贷款1.4亿元、农业生产资料贷款2.4亿元,其他涉农贷款1.1亿元,投放首笔农地流转贷款1.16亿元和救灾应急贷款1亿元。

服务城乡发展一体化 累放贷款162.9亿元,其中农村人居环境改善77.5亿元、棚改48.36亿元、路网12.02亿元、水利5.85亿元、土地整治9.8亿元、新型城镇化9.4亿元,农业农村基础设施建设贷款业务已涉及棚改、水利、农村路网、改善农村人居环境、县域公共基础设施建设和农村土地整治等11个领域。

服务国家和区域发展战略 农发行重点建设基金是国家多渠道解决重点建设项目资本金不足的新举措,打破了农发行的信贷服务范围,是政策性银行发挥逆周期调节作用的重要体现。2015年8月以来,累计对接6批301个项目101.6亿元,拉动投资1486.39亿元。2016年,新审批签约农发重点建设基金项目 112 个，投放基金 67.67 亿元，主要集中于脱贫攻坚、棚户区改造、农业农村基础设施建设、重大水利工程。坚持减费让利。2016 年，全行贷款平均利率 4.56%，比全区银行业平均利率低 1.95 个百分点，比全国农发行平均利率低 0.03 个百分点。

【经营管理】 加强绩效引导。完善经营绩效考评办法，创新开展“十强支行”和“绩效进步行”考评工作，绩效奖励向业务贡献大的支行倾斜，传导压力、激发活力。2016 年十强支行考核人数仅占全区 9%，贷款、存款和利润分别占 40.92%、25.53%和 52%，十强支行的贡献进一步提升。12 个盟市分行和 1 个直属支行全部盈利。开展存款“百日竞赛”和“明星杯”劳动竞赛，通过组织存款提升经营效益。加强资金计划管理，信贷计划结构性满足业务发展需要。置换地方政府平台贷款 52 亿元。加强法律与内控合规管理。严格转授权管理、信贷担保法律审查和业务合同审查。加强合规抽查、反洗钱、案件防控、内控评价、法律服务和宣传教育工作。加强财务会计管理，综合业务、支付等系统平稳运行；坐班主任全部短期异地交流；对 23 个分支行进行会计检查辅导；对 61 个基建、置换和改造项目进行全面检查。加强审计监督，对 4 个盟市分行及所辖支行进行序时审计；对新增不良贷款进行审计；跟踪审计 12 个扶贫项目贷款；对 38 名干部进行经济责任审计。全年实现“无经济案件、无刑事案件、无重大责任事故、无严重违规违纪行为”。按照总行部署，对内设机构进行了调整，增设扶贫业务处，将原客户一处、客户二处、客户三处调整为粮棉油处、基础设施处和创新处，承接原来的粮棉油信贷业务、农业农村基础设施建设信贷业务和农林牧副渔产业化龙头企业贷款业务，将原信贷管理处分为信用审批处和信贷管理处，将原机关党委和工会团委工作处整合为党群工作处，将原机关服务中心变更为行政服务处，承接了安全保卫工作职能。

【风险防控】 坚持信贷服务与风险防控并重，多措并举打好风险化解“组合拳”。开展“贷后管理年”活动，摸清信贷资产风险、信贷操作合规、信贷管理能力“三个底数”，发现各类问题 183 个，已整改 169 个。开展“风险管控年”活动，化解风险贷款。实施不良贷款清降“百日攻坚战”，现金清收不良贷款 1.01 亿元。严格评级授信，适度压缩授信规模，果断退出风险客户。全面核查粮油、省级羊毛储存、国家储备糖和储备肉贷款库存。推进“互联网＋封闭运行”管理工作，安装粮棉油远程监控系统的贷款企业 330 户，覆盖率 93.8%。全面推行信贷全流程标准化管理工作，完善细化资金支付、审查审议、作业监督、征信、风险监测预警处置和资产质量分类管理。

【荣誉】 农发行内蒙古分行被自治区人民政府评为“2016 年支持重大项目重点工作贡献奖。内蒙古分行营业部原党委书记、总经理张眉获评“全国优秀党务工作者”并参加庆祝建党 90 周年大会。农发行内蒙古分行行长张俊强获评自治区党委组织部“草原英才奖”。被内蒙古金融网、内蒙古金融家与企业家协会、零点市场调查公司网授予“2016 年影响内蒙古经济 50 位商界领袖”称号。内蒙古分行党群工作处处长赵曦鹏获“全国金融企业文化先进工作者”称号。

【重要活动】

1 月 20 日，农发行内蒙古分行与赤峰市人民政府签订战略合作协议。

7 月 4—5 日和 10 月 10—14 日，农发行监事会主席于学军到巴彦淖尔市、阿拉善盟、乌海市就支持农业农村基础设施建设、农牧业产业化等调研，与巴彦淖尔市委书记何永林，阿拉善盟委书记包钢，盟长冯玉臻，乌海市委书记宋亮等党政领导商谈。

11 月 24—25 日，中国农业发展银行副董事长、行长祝树民，副行长鲍建安到呼和浩特出席东北四省区秋粮收购信贷工作座谈会；与自治区副主席王玉明商谈银政合作事宜，并到内蒙古分行调研指导工作。

12月，农发行内蒙古分行与自治区工商联、扶贫办、光彩事业促进会联合签订《政策性金融支持“村(嘎查)企合作”精准扶贫行动战略合作协议》。

(撰稿人：金占跃　智毅)

工商银行

【概况】 2016年，工商银行内蒙古分行(以下简称工行内蒙古分行）实现营业收入57.99亿元，同比减少16.01亿元，下降21.64%；实现拨备前利润27.19亿元，同比减少10.44亿元，下降27.75%；净利润亏损33.7亿元，同比减少48.90亿元；实现中间业务收入10.75亿元，同比减少0.74亿元，下降6.44%。截至年末，人民币各项存款余额1999亿元，较年初减少89.89亿元，下降4.3%；人民币各项贷款余额1677亿元，较年初减少60.13亿元，下降3.46%；剔除打包处置不良贷款76.14亿元因素，实际新增16.01亿元。

【支持地方经济】

支持自治区重点项目　重点支持基础产业及基础设施、现代服务业、先进制造业以及现代农牧业等领域资金需求。全年累计投放大中型公司贷款417.56亿元，同比多投12.53亿元；分别投向电力行业113.81亿元、公路行业20.91亿元、铁路行业10.75亿元、煤炭行业41.31亿元。推动银团项目投放工作，共向“青山至三道明水”、中天合创“煤炭深加工”、华电“土右电厂”项目发放贷款81.93亿元。加大网络融资业务拓展力度，全年累计投放网络融资29.58亿元，较年初下降9.07亿元。其中，大中型公司客户较年初净增2.21亿元。拓展“工银e缴费”合作范围，合作项目56个，交易笔数256 882笔，同比增长15%，交易金额4076万元，同比增长28.66%。强化与政府的战略合作，与鄂尔多斯市人民政府签署全面战略合作协议。2016年，大中型客户公司贷款余额1200.78亿元，较年初减少29亿元，实际新增22.1亿元。

支持小微企业发展　改革小微企业金融服务模式，建立小微金融业务集约化经营和专业化管理机构。丰富完善小微企业信贷产品，重点推广批量化融资、小微票据、“网贷通”“银证通”、在线质押贷款、财智账户卡透支和小微商户逸贷卡业务。推动批量化融资业务发展，全年实现供应链融资贷款投放100户、9.94亿元，余额5.08亿元，较年初增加1.17亿元。其中，蒙牛集团电子供应链投放23户、6.73亿元，包钢集团与包钢钢联供应链投放58户、2.36亿元。电子供应链余额2.1亿元，占工商银行全行电子供应链融资余额的12.67%，在系统中排名第3位。

支持个人贷款发展　优先支持民生工程及改善性住房的融资需求，降低首次购房贷款首付比例至20%，利率最低执行基准利率的0.9倍；针对农牧民以及收入来源不稳定的客户群体，灵活核定还款来源，最大程度满足低收入群体和购买经济适用房人群的贷款需求。累计投放个人住房贷款10.95亿元、支持了5410户居民的购房需求。推出全线上个人金融资产自助质押贷款，创新个人网络循环贷款业务，依托大数据发展个人信用消费贷款业务，累计投放个人消费贷款7.58亿元，支持8689户居民的消费需求。加快发展信用卡分期付款业务，丰富消费融资渠道，信用卡发卡量156.37万张，增长14.34%；信用卡消费交易额614.38亿元，同比增加71.56亿元，增长14.99%。

【渠道服务】

加快网点转型升级　2016年共整合撤并6家、迁址优化11家网点。投入运营理财便利店26家，新增投产智能化网点11家，总量107家，智能化网点覆盖率29%。网点总量372家，居四大行同业第2位。加强自助渠道精细化管理，投入运营自动柜员机2382台，单机日均交易量

217 笔。交易离柜率 80%以上的活跃客户占比 61.2%,较年初提高 8.8 个百分点。

提升互联网金融发展 2016 年末，融 e 行移动端客户 317 万户，净增 58.4 万户，增长 22.55%;净增工银 e 支付客户 38.83 万户;净增融 e 联注册客户 145.15 户；净增企业网银证书客户 3797 户;实现电子银行交易额 3.6 万亿元;B2C 电商平台非金融商品交易额 5535 万元;融 e 购 B2B 签约商户 16 户,较年初增加 8 户,B2B 电商平台非金融商品交易额 18.7 亿元。

加强网点服务管理 整治网点环境问题 20 720 项,网点净化率 99.25%;全辖无超时等候网点;超时等候客户数同比减少 26.5 万人,同下降 21.88%;网均抱怨 1.48 件,同比下降 1.05 件,客户服务体验逐渐改善。

【信贷管理】

逾期贷款及不良贷款清收处置 完善集中处置、分层管理机制,在分行本部及重点二级分行成立风险资产处置中心,加强专业团队力量,完善督导、通报、考核和问责等管理制度。财务资源配置上突出高受偿率优先、手段创新优先、重点行优先、当期处置优先,充分发挥“杠杆”效应和引导疏浚作用。对不良贷款和逾期贷款大户提级管理，逐户研究制定责任明确、措施具体、进度清晰的清转处置方案,集中资源抓好重点地区、重点大户的攻坚突破。2016 年,累计清收处置不良贷款 83.33 亿元，不良贷款余额 83.11 亿元,比年初增加 10.26 亿元,不良贷款率 5.16%,比年初上升 0.8 个百分点。其中:现金清收不良贷款 33.87 亿元,以物抵债 0.49 亿元,重组转化 14.71 亿元,呆账核销 44.26 亿元;批量转让不良资产包 9 个,涉及不良贷款 217 户,债权总额 77.9 亿元。组织开展个人客户不良贷款证券化项目推荐资产尽职调查及集体审议工作,共涉及个人不良贷款客户 623 户、689 笔，债权总额 4.08 亿元。

潜在风险防控及存量贷款移位管理 实施潜在风险贷款分类管理新模式,对可化解类,按照现行潜在风险贷款标准进行管理。对准不良类,在做实责任认定的前提下,实施逐笔认定、单独建池、分段管理、单独考核、有序劣变并配套差异化政策，全年退出潜在风险贷款转化 46.64 亿元。严控产能过剩行业新增融资投向,通过加强对存量融资到期与新增融资投放的组合管理,对产能严重过剩行业谨慎类、退出类客户逐户采取控制措施,逐步压缩融资总量,不断优化信贷结构,实现有保有投,动态调整,完成各项贷款存量移位 266.06 亿元。

信贷体制机制改革 构建“法人分层、小微专营、零售下沉”的信贷经营模式;在二级分行设立信贷业务审查审核中心，将个人住房贷款业务下沉管理，落实小微专营管理和差别化授权,发挥小微金融业务中心示范和引领作用;加强信贷专业机构建设，将分行风险资产处置中心按照“类事业部制”模式进行管理,在重点二级分行增设风险资产处置中心,8 家二级分行恢复设置信贷与投资管理部；建立不良贷款责任评议集约化机制，集中信贷前中后台专业力量组建专家柔性团队；建立不良资产清收考核机制,制定下发风险资产管理处置考核办法,提高二级分行经营绩效考评中风险资产处置指标权重,实行绩效“上不封顶”;深入落实从严治贷管理要求，严格把握不良贷款责任评议与认定范围和处理界限，严格落实责任评议与认定的范围,抓重点环节、惩关键违规,区分主要与次要责任,解决和避免问责面“过宽”的问题,对“十四”种重大违规行为以及 2013 年以来新发放且劣变的贷款,从严从重处罚。

【内部管控】 以“爱岗敬业·实干圆梦”为主题,通过征文、专题座谈会、演讲比赛等形式,利用网讯、展板、微信、融 e 联等载体,将“中国梦”和社会主义核心价值观的学习宣传教育融入各级各类学习培训、日常经营管理工作和干部员工学习生活中。以强化一岗双责为重点,强化各级机构和部门落实案防工作主体责任，健全监督检查体系，加强监督制约与核查整改，提升合规风险管理能力，推进违规积分管理、加大专项治理力度、深入开展员工异常行为排查，构建完善的内控案防长效机制，开展内控合规“基础强化年”主题活动，有效防范大额案件风险和违规事件。组织开展“两加强两遏制”专项检查、“回头看”自查和问题整改工作，扎实推进安全保卫、党风廉政、信息安全和信访维稳等工作，切实纠正和防范违法违规行为，实现无经济案件和重大风险事件。2016 年成功防范克隆银行卡、ATM 安装克隆设备等欺诈事件 56 件。

【荣誉】 2016 年，获“内蒙古卓越金融奖 2016 最受欢迎金融机构”“内蒙古卓越金融奖 2016 最值得信赖金融机构”“内蒙古卓越金融奖 2016 最佳互联网平台”，被内蒙古自治区人民政府评为“2016 年度金融支持企业脱困转型贡献奖”。

（撰稿人：韩少寰）

农 业 银 行

【概况】 中国农业银行内蒙古分行（以下简称农行内蒙古分行）围绕自治区经济社会发展大局，坚持内夯基础、规范发展，外树形象、践行责任，不断加快业务经营转型步伐，持续提升服务自治区实体经济和“三农三牧”能力，在各项业务保持平稳发展的同时，有力支持了自治区经济建设和社会发展。2016 年末，全行本外币各项存款余额 2211.59 亿元，比年初增加 244.88 亿元，余额市场份额 25.21%，增量市场份额 33.17%，余额和增量市场份额均居四大行第 2 位。其中，个人存款余额 1309.74 亿元，较年初增加 121.79 亿元，增量市场份额 31.2%，居四大行第 1 位。各项贷款余额 1450.51 亿元，较年初增加 40.3 亿元。其中，对公贷款余额 1096.76 亿元，较年初增加 5.55 亿元；个人贷款余额 353.75 亿元，较年初增加 34.19 亿元，同比多增 5.56 亿元。实现中间业务收入 15.27 亿元，同比增收 3.48 亿元，居四大行第 2 位。

【金融扶贫富民工程】 加大“金融扶贫富民工程”推进力度，在精准扶贫上下足功夫。按照目标精准、产业精准、政策精准、产品精准等“八个精准”，重点加大对建档立卡贫困户信贷支持力度，巩固和发挥“政府增信”模式的优势和效益。截至年末，累计投放“金融扶贫富民工程”贷款 264.16 亿元。其中，累放“金穗富农贷”240 亿元，覆盖 668 个乡镇、5766 个行政村，支持 52.59 万户农牧民；累放建档立卡贫困户贷款 47.93 亿元，支持 11.45 万贫困户实现脱贫致富。累放“金穗强农贷”25 亿元，支持 189 户产业化扶贫龙头企业。工程实施受到党中央、国务院以及自治区党委、政府的关注和肯定。中央电视台等 7 家中央媒体进行现场集中采访，《人民日报》在 9 月 18 日头版头条进行了报道。

【产业基金业务】 2015 年 9 月，农行内蒙古分行与包头市政府合作，率先设立全国首支农村基础设施建设专项基金—“美丽乡村” 产业基金。支持当地“十个全覆盖”工程建设，探索出可复制、可借鉴的银政合作新路径，被农总行评为服务“三农”好模式。截至年末，共获批设立金融扶贫、新型城镇化、农牧业产业化、稀土、基础设施建设、棚户区改造等各类产业基金 21 支，总规模 635 亿元，实现对各盟市的全覆盖。其中，已设立并投资基金 16 支，基金总规模 398 亿元，农行内蒙古分行已投资 246 亿元。通过产业基金的带动作用，有力支持了全区基础设施、农牧业产业化、新型城镇化建设，推动了城乡一体化发展。

【三农三牧业务】 开展服务“三农三牧”工作，在全区 31 家国定贫困县贷款余额 158.96 亿元，较年初增加 26.35 亿元。与自治区林业厅签署共同推进林业产业建设发展合作协议，安排投放不低于 80 亿元的意向性授信额度，全面对接全区 82 家林业产业化龙头企业金融需求。与全国农业信贷担保联盟成员单位——内蒙古财信农业信贷担保有限公司签署共同支持三农三牧发展全面合作协议,加大在“三农三牧”、科技创新型小微企业等领域的支持力度。为蒙牛集团上线“数据网贷”业务,实现上下游产业链全覆盖。截至年末，已为上下游 383 家客户授信 3.6 亿元,累计办理“数据网贷”业务 2451 笔,金额 3.06 亿元，被 IBM 中国研究院纳入重点研究案例。与全区 407 家自治区级以上农牧业产业化龙头企业建立合作关系，对国家级和自治区级龙头企业覆盖面分别达 92%和 67%，连续 3 年荣获自治区 “农牧业产业化经营实绩突出金融单位”荣誉称号。

【对公业务】 结合国家实施“一带一路”、京津冀协同发展和西部大开发、东北振兴、沿边开放等重大战略，立足自治区资源优势和经济发展特点,全面支持制造业、交通运输及电力、热力、燃气等关系国计民生的重点项目和重点行业。累计承销并投资自治区政府债 410 亿元。其中,公开债市场份额 29%,居四大行首位。营销审批政府购买服务项目 38 个,发放贷款 23.77 亿元。通过债务融资、租赁、理财融资、表外业务等方式,累计为企业融资 415 亿元。成功取得自治区“财政一卡通”代理资格和国税系统合作准入资格,支持自治区重大基础设施建设,支持呼市机场建设,成功取得包头地铁牵头行资格。与内蒙古大学签署助力创建双一流大学合作协议,成为该校最大的存、贷款银行、独家代发工资银行和银校卡发卡银行。创新政府一类债务置换产品，首笔申报农总行获批，提款额度超过 4 亿元,居全国农行系统第 1 位。

【零售业务】 在储蓄存款上，认真落实 “全行抓、全员抓、天天抓”的理念,创新存款营销模式,强化联动营销和考核管理,实现个人存款稳步增长,全行个人核心存款日均余额为 1233.19 亿元,日均增量 101.24 亿元。在个贷业务上,推动“农民安家贷”和“网捷贷”业务发展,共支持 2470 户农牧民进城购房,“网捷贷”余额 2636.85 万元,居全国农行系统第 1 位。与自治区住房和城乡建设厅联合举办 “安居好时贷—农行内蒙古分行助力去库存 惠民生”大型主题签约活动,与自治区住房和城乡建设厅及各盟市 106 家优质房地产企业签署了合作协议。在提升金融服务水平上,大力推进网点二次转型,共完成转型网点 441 个,占全辖网点的 77.6%。充实营销人员 1506 人，优化了人员结构、业务流程和服务环境,提升了服务效率和网点效能。全行有 1 家网点获评 2016 年度全国 “千佳” 服务示范网点,9 家网点获评 2016 年度全国文明规范服务星级网点,客户服务满意度居全国农行系统第十六位。

【小微企业业务】 加强产品创新,立足口岸,围绕“一带一路”,不断探索支持边境贸易和满足客户需求的产品。创新开办小微企业“通关贷”业务，为边贸小微企业提供循环授信定向用信的资金支持。推出“助保贷”等“政府增信”类产品,开展“政府增信 + 补充担保”小微企业“助保贷”业务。将小微企业“三个不低于”(小微企业贷增速不低于全行贷款平均增速；小微企业贷款获得率不低于上年同期；小微企业贷款户数不低于上年同期）完成情况纳入综合绩效考核方案,按季度实施专项考核。着力管控风险,开展小微企业金融业务不良贷款专项风险督导工作,深入排查其形成的风险原因,逐户制定不良贷款风险化解方案和压降计划。2016 年,全行小微企业贷款余额 151.84 亿元,较年初增加 10.35 亿元;小微企业信贷客户数 5869 户,小微企业贷款覆盖率 93.77%,连续两年全面完成“三个不低于”任务目标。

【国际业务】 认真贯彻落实国家、自治区“一带一路”和沿边开放政策,助推自治区经济转型发展,大力支持中俄蒙经济走廊建设。以“金骏马”国际业务品牌工作室为依托,推动跨境电商、跨境资金池、卢布和蒙图、本币互换以及中信保合作等 6 项重点产品发展。为总行核心客户内蒙古蒙牛乳业(集团)股份有限公司办理全区首笔择期交易产品。全年共办理卢布汇款业务183亿卢布,领先系统和同业。推动跨境人民币业务发展，成功办理全国首笔蒙图跨境资金清算和结售汇业务，成为全国首家对蒙古国进行蒙图资金清算的银行。设计并实施《蒙古账户行“一揽子产品”服务方案》,荣获总行对公板块服务国家战略创新成果三等奖。2016年,全行实现对公国际业务收入4123.32万元，国际结算量37.64亿美元,人民币跨境结算业务量157.02亿元,结售汇业务量12.56亿美元。

【内控风险管理】 结合自治区经济金融发展形势，全力抓好风险管控工作。通过综合运用评级、分类、拨备、限额、经济资本计量、风险分析报告及风险管理考核等工具，完善风险治理机制，落实风险管理责任，提高风险管理的有效性。出台《全区农行2016年“向风险宣战”的实施意见》，成立风险管控与拨备管理领导小组，通过“一户一策”化解风险贷款76.71亿元,通过三批不良资产批量转让压降不良贷款36.91亿元。财政部委托资产125亿元基本实现清零,现金清收率居全国农行系统首位。持续抓好“三化三铁”“三化三无”“三化三达标”和“四无支行”创建,深入推进“依法合规经营提升年”活动,顺利完成“营改增”落地工作,推广上线印章管理系统和印控仪，组织开展案例警示教育和巡回宣讲活动。认真贯彻落实中央、自治区和农总行信访工作各项部署,坚持齐抓共管,强化源头治理,全面加强外部诈骗、盗窃等风险防控和安全生产工作，为自治区经济社会发展创造和谐稳定的环境。

【荣誉】 2016年，农行内蒙古分行先后被自治区人民政府授予“2016年度金融支持重大项目重点工作贡献奖”、被中华全国总工会授予“五一劳动奖状”等荣誉称号。

(撰稿人:杨浩)

中国银行

【概况】 2016年，中国银行股份有限公司内蒙古自治区分行(以下简称中行内蒙古分行)践行总行“担当社会责任,做最好的银行”发展战略,调整资产、负债结构,全力以赴打赢业务发展攻坚战、资产质量保卫战、内控案防围剿战,整体实现稳健发展。截至2016年末,全行资产、负债总额分别为1902亿元和1889亿元。实现拨备前利润40.07亿元,净利润1.63亿元。

【信贷结构调整】 落实国家供给侧结构性改革及自治区“六大基地”“七网”“七业”等领域发展战略,紧跟经济转型升级步伐,加快授信结构调整。中天合创煤炭深加工、特高压电网配套电源点等重大项目贷款成功落地。跟进政府购买服务、产业基金等新型融资业务,赤峰至京沈高铁等政府购买类项目获得总行准入资格，满洲里晟源热力管网PPP项目顺利落地。截至2016年末,全行公司贷款实现新增74.2亿元,增长7%,新增额四行排名第2位。中小企业继续深耕农牧产业,加快布局教育、医疗、养老、科技等行业,民生行业逐步打开新局面,成为唯一逐月完成“三个不低于”的国有银行。组织优质区内企业,参与陕西咸阳“北四县”扶贫撮合,取得良好效果,受到总行通报表彰。在全辖住房贷款专营中心19家,突出专业能力建设,做强住房金融服务。年末个人贷款余额达424亿元,四行排名第2位,并在2016年成为区内首家个人贷款突破400亿元的商业银行。

【服务能力增值】 银行卡业务创新“支付+消费金融”模式,以专营中心建设为契机,全面搭建民生、汽车、居家和特色四大分期产品体系,非利息收入同比增加3388万元,成为全行增收的“压舱石”和“推进器”。创新设立首批冠名理财工作室,组建投资顾问队伍,财富管理能力和服务水平持续提升。发挥出国金融优势,大力推介海外开户见证等优势业务以及专属优惠服务、增值服务，拓展代收付业务产品，ETC 项目在全区 10 个盟市落地。坚持投行 + 商行、融资 + 融智发展策略，为集通铁路叙做非标理财，为包钢集团叙做可交换债。为内蒙古产权交易中心、呼伦贝尔农垦集团、中电财东北分公司等企业开办现金管理平台业务。中标内蒙古电力集团、兰太实业企业年金托管人资格。岱海发电等存量客户年金业务全部完成续约，养老金业务持续领跑市场。把握利率波动机遇，叙做首单 LPR 利率掉期业务、蒙图对公代客交易业务，新的收入增长点加速形成。

【跨境金融】 牵头成立内蒙古外汇市场自律机制，与区内 19 家同业共同签署外汇业务展业公约和跨境人民币业务自律公约，规范地区货币金融市场秩序。在国内率先完成蒙图现钞跨境调运，打破仅依靠香港转调局面，降低资金使用成本。叙做国内首笔央行协议项下蒙图资金动用业务，推动人民币国际化进程，受到人民银行高度肯定。与亚洲开发银行联动，叙做赛科星集团 A/B LOAN 项目。与海外机构联动，组织 27 家区内优质中小企业参加中澳、中新跨境撮合活动，收到良好成效。为呼和浩特中燃燃气公司办理"融资性保函 + 海外直贷"业务，叙做内蒙古地区首笔全口径跨境融资新政项下融资业务。为圣牧高科、伊利集团财务公司等企业投产跨境现金管理平台，为伊利集团办理 60 亿元跨境汇款业务，为富源牧业办理 1.05 亿美元内保外贷业务，支持国内乳企完成单笔最大的海外并购。年末中行国际贸易结算、跨境人民币市场份额分别为 43.58%和 56.25%，领跑市场同业。

【网络金融和智慧银行建设】 重视大数据技术，加强理念宣导。立足大数据分析利用，探索小微企业互联网融资模式，推出中银沃金融等产品。依托中银 E 社区，发行市民卡，在乌兰察布市探索推进智慧城市建设。推进移动金融战略布局，创新研发"中银 E 贷"网络消费贷款产品，通过手机和互联网可实现一键申贷、提款和还款。推出特色在线出国金融跨境手机 APP，打造高端出国金融品牌。全行网络金融客户超过 30 万人，其中，易商理财客户、在线出国金融客户分别增长 29%和 94%。

智能银行加快布局。以精简、高端、高效为目标，持续推进网点差异化、智能化经营模式，建成智能化网点 60 家。精准布局离行式自助银行 16 家，离行式自助服务点 7 家，扩大自助服务覆盖面。自助设备单台日均交易量位居系统内首位，自助渠道收益同比增长 12.86%，增长率位居系统内第 4 位。组织开展 E 系列业务竞赛、百强网点 PK 赛等专项竞赛，企业网银、个人电子银行、手机银行交易客户数和手机银行交易量同比分别增长 13.56%、9.39%、41.72%和 64.31%，手机银行交易量增幅居系统内首位。

【化解授信风险】 落实"三去一降一补"政策，对发展前景良好、暂时遇到困难的优质企业不抽资、不压贷。作为最大的债权银行，牵头为 35 家企业召开债权人会议，制定化解方案，通过调整还款计划、压缩倒贷、承接重组等手段，累计化解潜在不良授信 155.15 亿元，彰显国有银行责任担当。对太西煤集团、鄂绒集团、伊泰集团、包钢集团等潜在不良大户，逐户制定风险管控方案。通过催收逾期本息，化解金威建设等客户合计 21.94 亿元潜在不良；通过调整还款计划、压缩倒贷等方式，化解神华亿利等客户潜在不良 42.91 亿元。

创设"一函一表"工作制度，加强押品管理和客户风险识别，及时发现并处理潜在风险隐患。建立大户联席会议制度，完善大户管控中心职能。强化大户不良管控中心职能，抽调有经验业务人员充实到清收化解队伍。实施不良化解包干负责制，深挖不良项目潜在风险。为排除经营发展的障碍，坚持专业清收与全员清收相结合，大中小微齐头并进，向不良资产全面宣战。制定以现金清收为主、批量转让和呆账核销为辅的化解原则，综合运用常规催收、诉讼清收、批量转让、呆账核销等手段化解表内不良24.21亿元、表外不良0.5亿元。

【内控案防工作】 开展“学案例、讲操守、防风险”主题教育活动，组织员工参加“晨会案防一分钟”、参观警示教育基地等活动，提升全员案件防控意识。面向基层、基础，建立内控案防管理评价考核机制，落实内控案防联席会议制度和“月度沟通、季度点评”制度，持续完善内控三道防线体系。健全反洗钱规章制度，深入开展反洗钱专项治理，协助公安机关破获洗钱案件，受到监管部门肯定。落实基层管控六项规定动作，持续推动基层网点内控50条落地生根。做实业务检查和风险排查机制，组织防范非法集资、内控案防专项治理和双遏制“回头看”检查，对代客对账、业务经理交叉代职、现金重空尾箱交接等重点环节实施检查124次，整改问题2785个，整改率为99%。成功堵截电信欺诈9起，涉及金额35万元。坚持从严治行不放松，对于排查发现的参与民间借贷、出借账户过渡客户资金等禁止性行为，发现一起、处理一起。2016年，累计处理违规违纪人员446人次，以惩促防，在全行形成内控案防高压态势。

（撰稿人：刘宝禄 岳士发）

建设银行

【概况】 2016年，面对复杂严峻的经济金融环境，建设银行内蒙古自治区分行（以下简称内蒙古建行）认真贯彻落实总分行工作会议精神和监管部门的要求，深入践行“发展是第一要务，管控风险是发展中的第一要务，合规经营是管控风险中的第一要务”的理念，经营管理创出佳绩。

【业务发展】

负债业务 全口径存款时点余额2736亿元，领先地区四行排名第二的行529亿元，当年新增401亿元，地区四行占比57%。一般性存款日均余额2482亿元，领先地区四行排名第二的行424亿元，当年新增338亿元，地区行占比57%。其中，对公存款余额1325亿元，地区四行占比36%，排名第一。对公存款日均新增231亿元，地区四行占比96%。个人存款余额1364亿元，地区四行排名第一。个人存款日均新增107.4亿元，地区四行占比30%，排名第一。

资产业务 各项贷款余额2294亿元，是自治区第一家贷款余额突破2000亿元的商业银行，领先地区四行排名第二的行590亿元，当年新增361亿元，地区四行占比81%。其中，对公贷款余额1780亿元，地区四行占比33%，排名第一；当年新增304亿元，地区四行占比85%。个人类贷款余额514亿元，地区四行占比31%，当年新增57亿元，地区四行占比67%，均排名第一。

中间业务 全年实现中间业务净收入14.67亿元，地区四行占比32%，排名第一。

经营效益 全年实现税前利润32.35亿元，地区四行占比146%，排名第一，同比增加45.4亿元。

资产质量 不良贷款实现“双降”，资产质量地区四行最优。不良贷款余额较年初减少26亿元；不良贷款率较年初下降1.73个百分点。

客户账户 单位人民币结算账户总量、新增、增幅保持四行第一。账户总量突破10万户，新增四行占比64%，较上年提升18.6个百分点。对公有效客户（折算前）新增3652户，对公加权有效客户（折算后）新增14 387户。个人有效客户（折算前）新增28.8万人。私人银行客户增速13.3%。手机银行客户总量、新增，个人网银客户新增四行排名第一。

其他业务 新型结算产品和现金管理业务完成计划任务。大力推进政府购买服务贷款业务，全年累计投放337亿元。“棚改融”批复授信155亿元。投资银行业务，成功获批6支基金、金额183亿元,16个理财项目、金额50亿元。教育、医疗行业贷款余额、新增均四行排名第一。全面完成银监会四部委口径小微企业“三个不低于”监管指标。对公外汇存款时点、日均新增均地区四行排名第一，贸易融资累计投放地区四行占比45%,均排名第一。工程造价咨询业务收入超额完成全年计划。信用卡中间业务收入同比增长22.5%;账户活动率等指标系统排名靠前,发卡等多项关键指标实现同业“五连冠”。个人金融重点产品收入增幅均列系统前10位,同业可比产品收入连续两年地区同业排名第一。移动金融柜面替代率、个人电子银行产品覆盖度提升值,系统排名靠前。委托性住房金融业务市场占比70%。私人银行客户专属理财产品销售系统排名靠前。

【主要工作举措】

强化信贷主体责任　调整区分行领导班子分工，一把手主抓资产保全工作,1名副行长和2名行长助理协助管理。实行领导挂钩督导机制,对重点机构进行有效帮扶。摸查潜在风险客户底数,建立“一户一策”化解处置责任制。

建立健全不良资产防范化解工作机制　全年累计整户处置不良贷款111户，贷款本金74亿元。加强队伍建设,二级分行均成立了不良资产处置团队。

存量不良资产处置　完善“重心下沉、三级经营”的工作机制,抓好总分行重大不良项目处置。抓依法收贷和现金回收,全年实现现金回收不良贷款28亿元。用好用足不良贷款重组新政,加大催收力度。天润化肥项目通过单户债权转让方式处置,本金无损。提升批量转让处置效率，全年通过批量转让累计处置贷款本金29.8亿元,涉及项目77户。加快核销进度,全年累计核销不良贷款7.7亿元。参加总行证券化试点工作,全年通过不良资产证券化处置不良资产4.5亿元。全面启动不良处置外部风险代理工作。采取“后银团”贷款管理模式,处置重大风险项目。

【客户账户基础】

拓展个人客户方面。通过开展重点指标专项攻坚活动，累计提升有效客户14万（折算前),激活零资产客户45.5万人;组建以“专业侧重+团队联动”为模式的综合营销团队;完善营业网点“双客户经理”维护客户机制,开展精准营销,做大私人银行客户规模。

拓展对公客户方面。开展“大干50天,授信上台阶”等竞赛活动,加强项目储备。利用“资金体内循环承接系统”功能,加强精准营销。组建各层级由行领导为组长的营销团队，拓展政府类客户。

拓展账户方面。开展账户全员营销等系列活动。紧跟商事制度改革,调整营销策略。抓住“圈”“链”“会”的集群特点,加强账户批量营销,在存量客户中挖掘新商机。

【存款业务】　发展个人存款方面。搭建服务场景,全年完成生态圈项目22个。围绕理财业务“两个百亿”目标,强化重点产品销售,理财产品销售增幅21%。推进“个人客户一体化”经营和代发工资业务发展,累计代发额626亿元。发展对公存款方面。公司条线开展“抓存款 拓客户 全面提升资金体内循环水平”主题竞赛活动,加大精准营销力度。以信贷资源为撬动,对依赖较强的客户做到受托支付资金全流程体内循环,对信贷需求相对较弱客户争取第一手受托支付资金体内承接。针对资金体内循环承接工作明确专职联系人,建立跨二级分行联动营销机制。对公资金体内循环率系统排名第五，对公资金体内承接率系统排名第三。关注机关事业单位养老保险制度改革,各类社保存款增幅20%。

【风险内控管理】

加强全面风险管理　强化信用风险管理;严格落实“风险管理职责进党委”;加强经济资本应用管理;加强三大业务风险管控;加强押品管理；率先实现系统内省分行全辖以二级分行为单位的个贷业务放款集中审核。调整客户、产品选择策略，信贷结构优化成效明显，基本建设贷款、中长期贷款、央企、地方国企等客户贷款占比实现两位数增长。

内控合规建设　合规官试点工作稳步推进，建立横向到边、纵向到底的组织体系。推进基层机构合规转型，选取两家二级分行为试点分行。加强信贷检查，区分行设立一级部建制信贷检查中心，12个二级分行成立一级部建制信贷检查中心，3个分支行设置信贷检查岗位；开展全区信贷大检查。不断提高授信审批质量和效率。强化法律工作在风险防范与化解中的作用。持续加强案件防控。进一步加强声誉风险，全年未发生媒体负面舆情。持续深化“平安建行”创建，实现无重大恶性案件、无重大安全责任事故、无重大群体性事件目标。

【转型工作】 制定区分行转型发展规划实施方案和条线、板块实施方案，确定九大板块转型重点。开展转型宣讲、培训，强化理念传导，加强考核激励引导。推进渠道转型、网点“三个平台”建设、网点分级分类管理。加大改革创新力度，全年创新产品18项，移植10项。推出政府购买服务贷款、“棚改融”、金融顾问服务等特色业务。加强小微企业产品创新，推出“保链融”“质链融”“企链融”“惠农融—雏鹰贷”“惠农融—华蒙贷”以及“政保融、政担融”“小押融”“押监融”等标准化产品。加快个贷产品创新和流程优化，推出“房易贷”“组合贷”“消费易贷”等产品。加强产品创新移植，完成私人银行“天使成长”和“保险定制”，资金结算业务“结算产品组合服务套餐项目”等。

（撰稿人：其木格）

农村信用社

【概况】 全区共有省级联社1家，农商银行23家，农合行3家，统一法人社67家；机构网点2340个，比上年增加13个；有正式员工30 333人。截至2016年末，内蒙古自治区农村信用社联合社（以下简称自治区联社）主要业务指标再创历史新高，实现“两个率先”和“六个高于”。全区农村信用社资产总额在全区银行业中率先突破5000亿元大关，达到5584亿元，比上年末增加1026亿元，增长22.5%，高于全区银行业增速7.1个百分点，高于全国农村合作金融机构增速6.3个百分点。各项存款在全区银行业中率先突破4000亿元大关，达到4037亿元，比上年末增加703亿元，增长21.1%，高于全区银行业增速5.8个百分点，高于全国农村合作金融机构增速7.1个百分点；各项贷款2536亿元，比上年末增加211亿元，增长9.1%，其中涉农贷款1650亿元，占全部贷款的65.1%，比上年末提高1.8个百分点，高于全国农村合作金融机构平均占比3.3个百分点。全年实现收入282亿元，比上年增加2.6亿元，增长0.9%；利润总额52亿元，比上年末增加7亿元，增长15.9%。不良贷款余额214亿元，比上年末下降40亿元，不良率8.4%，比上年末下降2.5个百分点，降幅高于全区银行业平均水平1.94个百分点，自2013年以来首次实现双降。拨备覆盖率80.2%，比上年末提高14.1个百分点；拨贷比6.8%，超监管标准4.3个百分点。

【服务实体经济】 围绕自治区农牧业转方式、调结构、强基础工作部署，不断加大信贷投放力度，保障“三农三牧”、小微企业和民生领域金融服务需求，促进脱贫攻坚和重点项目建设，开展抗旱减灾金融服务，推动“两权”抵押贷款试点工作，为自治区经济平稳健康发展、实现“十三五”良好开局作出贡献。全年累计投放各项贷款2833亿元，其中：涉农贷款1528亿元、小微企业贷款1634亿元、创业就业等民生领域贷款346亿元，精准扶贫贷款31亿元，自治区重点项目建设贷款25亿元，抗旱减灾贷款138亿元，“两权”抵押贷款21亿元；新增涉农贷款178亿元，比上年多增50亿元，涉农贷款增速12.1%，高于各项贷款平均增速3个百分点,较好实现“两个不低于”目标;小微企业贷款余额1476亿元,比上年增加80亿元。

【风险管控】 抓好不良贷款压降和内控合规建设两项重点工作,守住不发生区域性系统性风险底线。坚持“三个结合”“四个严禁”“六个强化”,创造性地开展地方政府优质资产置换不良资产试点工作。通过联合成立债权人委员会控制风险贷款。全区农村信用社不良贷款下降额居全区银行业首位,占全区下降总额46%。扎实开展内控合规建设“巩固年”各项工作,落实“五个加强”,深入推进“六项机制”建设,梳理、制定和完善各项制度271项,建立流动性风险互助金,重点机构、重点领域风险得到有效管控。组织开展全系统“合规之星”评选和合规宣讲,全员合规理念有效提升。加大案防工作力度,加强案防重点机构工作督导,开展“两加强、两遏制”回头看重点检查,无新案件发生,但自我排查发现陈案1起,案件数量、金额较上年大幅下降。强化审计职能,完善审计体系,出台联社审计章程,注重发挥区域审计中心作用,首次开展领导人员任中经济责任审计工作,全年实施审计项目15个,发现各类问题和风险隐患22类,问题整改率80%以上。加大案件和违规行为问责力度,坚决纠正以罚代处、处罚偏轻问题。切实加强安全保卫工作,充分发挥安委会职能作用,坚持集中检查与突击抽查相结合,加大安全检查力度,及时排查整改风险隐患。大力推进安防设施标准化建设,开展“安全生产月”和“平安卫士”评选活动,人防、物防、技防水平有效提升。

【普惠金融】 围绕落实国家及自治区普惠金融发展规划,按照“互联网+金融”发展思路,加大电子银行业务创新力度。推进银行卡业务发展,卡内吸附资金1197亿元,占全系统存款总量的三分之一。推进IC卡小额快速支付服务,推动同卡号“换芯”项目和“惠农一卡通”平台新增芯片卡卡种工作,研发代发工会联名卡等7类特色卡,全区76家机构代理发行社保卡283万张,最大限度满足不同地区特色化服务需求。“惠农一卡通”业务代理发放财政补贴资金314亿元,占全区财政补贴资金发放总额80.3%。网上银行、手机银行等业务系统不断升级完善,实现手机充值查询、公共缴费和交易流水查询等便民服务功能,非柜面银行用户779万户,比上年增加241万户,增长44.8%。建成助农金融服务点10 859个,覆盖全区99%的金融服务需求嘎查(村);ATM机、POS机、特约商户总量为3879台、49 967台和47 173户,分别比上年增加433台、5935台和5440户。柜面业务替代率72.7%,比上年提高13.5个百分点,高于预期目标2.7个百分点。全区农村信用社银行卡、自助服务机具、助农金融服务点总量均居全区银行业首位,金融服务的覆盖率、可得性和满意度不断提高。

【信息化建设】 实施IT建设五年规划,提升信息科技支撑能力。加快推进信息化项目进程,建设完成桌面安全审计系统等25个全行业项目和代收取暖费、ETC蒙通卡发行等7个特色业务系统,上线运行系统111个。加强信息科技治理,加快运维综合管理平台建设,形成可持续优化的运维管理体系,有效保障信息系统安全稳定运行。切实防控信息科技风险,与呼和浩特市人民政府签订同城灾备、数据中心项目合作协议,推进“两地三中心”建设,参与银监会信息科技风险动态监测指标试点工作,与北京农信银资金清算中心联合开展异地灾备中心模拟切换演练,自治区联社《云平台构建与资源节能调度系统的研究》课题通过银监会成果验收,努力推动科技与业务有机融合。

【联社职能作用】 推进差别化管理,制定并试行“五位一体”综合考评办法,建立更加科学合理的考评机制。稳步推进产权改革,1家机构改制农商银行,3家机构获准筹建,审核12家机构改制申请。截至2016年末,全区共有农商银行

23家，农合行3家，股份制联社3家，统一法人社64家。加强对外协调，与自治区高级人民法院联合开展“百项重点案件督办”工作，建立协查联执和联合惩戒机制，依法清收不良贷款，有力打击逃废债行为，有效优化农村信用社信用环境。加强与中信银行战略合作，深化与自治区交通厅、兴业银行、人保财险等机构全面合作，不断拓宽业务领域。处置“内蒙古发展基金”等3个信托项目违约风险。以调剂资金和存放同业等方式，向37家旗县机构累计提供1228亿元资金支持，有效解决临时流动性不足和支农支牧资金困难。坚持内宣与外宣相结合，加强与传统媒体和新兴媒体的合作，提升农村信用社品牌效应。建立健全舆情监测和处置机制，坚持正确舆论导向，凝聚起全系统干事创业、推动发展的正能量。

【自治区联社代表会议召开】 9月10日，中国共产党内蒙古自治区农村信用社联合社代表会议在呼和浩特农金大厦召开，全区农村信用社各级党组织领导干部、专业技术人员、先进模范人物，以及妇女和少数民族代表共183人参加会议。会议选举产生出席自治区国资委党代表会议代表。

【荣誉】 1月，《金融电子化》杂志社、金融信息化研究所授予自治区联社“基于无线网络在多数据中心应用的研究与实践”项目“金融科技创新突出贡献奖”。2月，自治区人民政府授予自治区联社“2015年度金融支持地方经济社会发展突出贡献奖”。7月，全区农村信用社创新安全管理模式经验在“全国中小银行安全管理与技术防范应用成果奖”评选中获“安全管理创新奖”。8月，自治区推进农牧业产业化领导小组授予自治区联社“支持农牧业产业化经营实绩突出金融单位”。

(撰稿人:乔俊文)

交通银行

【概况】 交通银行股份有限公司内蒙古自治区分行(以下简称交通银行内蒙古分行)贯彻落实国家宏观调控政策及总行“深化改革、转型发展”的战略要求，不断提升服务实体经济的能力与水平。截至2016年末，全辖本外币总资产393.58亿元，比上年增加57.34亿元、增长17.05%；本外币存款日均余额305亿元，比上年增加22.16亿元、增长7.83%；贷款余额384.75亿元，比上年增加53.95亿元、增长16.31%；全口径融资余额551.11亿元，比上年增加100.02亿元、增长22.17%；实现经营利润7.11亿元。机构网点总数29个，服务网络覆盖呼包鄂及锡林郭勒、乌海和赤峰地区。

【信贷支持】 在供给侧结构性改革中，交通银行内蒙古分行推动落实“三去一降一补”。去产能方面，对产能过剩行业中有效益、有竞争力的优质企业继续给予信贷支持；对长期亏损、失去清偿力的“僵尸企业”，或环保安全不达标且整改无望的企业，有序推动企业重组整合或退出市场。去库存方面，继续保持对住房按揭贷款的支持，从首付比例、贷款利率、二套房政策等方面给予优惠。对全辖开发商项目准入“一事一议”，提高审批效率。免除“一手房，二手房”公证手续，优化流程，减轻负担。去杠杆方面，全年承销地方政府债券131亿元，帮助企业“去杠杆”。降成本方面，承担社会责任，严格执行“七不准”“四公开”，主动通过减免等办法降低企业成本，全年免费项目70项，减免收费2087万元。补短板方面，积极支持教育、医疗等民生领域信贷需求，共计投放67亿元。全力满足道路运输、乡村公路、城镇化等金融需求，共计投放110亿元。

交通银行主动融入区域发展大局，围绕自治区“五大基地”目标定位，把能源基地建设、现代产业体系作为支持重点，通过信贷与类信贷等多渠道融资，支持实体经济发展。对自治区及盟市重大工程、重点项目新增融资237亿元，同比增长1.15倍。依托交银集团全牌照优势，通过“存款+贷款+发债”传统业务撬动“基金+投贷联动+综合化融资工具”全融资业务，全年投放类信贷业务97亿元。加大对重点企业支持力度，在当前煤炭去产能背景下，交通银行仍维持对重点企业授信，助力企业共渡难关。2016年向第二产业投放贷款173亿元，增长29%。2016年在重点项目推进方面取得明显成效，全年共投放实质性贷款115亿元、贴现31亿元。

发挥交通银行平台优势，通过系统内联合贷款等方式，吸引更多的区外资金，增强支持经济建设及自治区企业的力度。着力扩大托管业务规模，大力发展信用证、保理等贸易融资业务，提高表外业务规模和占比。股票质押业务实现突破，投放金额11.6亿元；公募基金托管业务实现突破，其中浦银基金余额50亿元；基金业务实现突破，呼和浩特市城乡10亿元结构化证券获批。

【创新转型】 创新金融产品和服务模式，多渠道满足客户融资需求。积极应对经济发展新常态，顺应利率市场化、社会融资直接化、大资管全融资和互联网金融快速发展大趋势，继续坚持以投行业务拉动商业银行业务，拓展资产池、信托、融资租赁、短期融资券、中期票据、公司债及企业债、中小企业私募债、IPO等债务融资工具。发挥交通银行集团平台优势，通过系统内联合贷款等方式，吸引更多区外资金，增强支持经济建设及自治区企业力度。依托“互联网+”助力自治区经济转型升级。贯彻落实自治区《关于加快推进“互联网+”工作的指导意见》，参与自治区本级高校非税业务收缴代理电子化改造，完成与自治区财政非税收入收缴系统对接，通过高校非税收入网上收缴系统联调联测。四是顺应“加快发展普惠金融”的要求，推进机构渠道建设，成立主打“自助设备+专属客户经理服务”相结合运营模式普惠型特色网点。已在全辖内建设6家普惠网点正式对外营业。

【风险管理】 深化全面风险管理体系建设，组建资产保全中心准事业部，启动授信管理“一部三中心”改革，实行“1+3+N”风险管理模式，风险管理责任制得到全面落实。抓好重点领域风险管控，全年共减退和压降指令性名单贷款39.75亿元、压降率74.77%，加固贷款5.45亿元，资产覆盖率44.99%、比上年提升7.95个百分点。加大信用风险处置化解力度，全年共化解风险资产40.44亿元，其中现金实质性清收2.47亿元、重组26.56亿元、批转16.54亿元，资产加固8.13亿元，年末不良率、逾期率低于辖内五大行平均水平。打牢案防基础，认真落实“两个加强、两个遏制”回头看和“五大领域”专项整治，组织开展“民间借贷、非法集资、销售飞单”三大突出案件风险排查和案件防控“长剑行动”，创造性地开展信贷、票据、营运、印章、互联网金融等排查，全年未发现重大风险和案件。严格落实问责制度，倒逼各项规章制度得到有效落实。

【消保服务】 推进服务渠道建设，立足于改善客户体验提升服务水平。牢固树立“一个交行、一个客户”理念，把持续改善客户体验作为衡量服务水平的重要标准，提高客户满意度和客户价值贡献度。继续完善标准化、规范化、特色化的服务机制，围绕“高效、无缝、闭环”的服务链管理要求，并结合“531”工程上线后的系统运行，做好渠道、流程、产品等各环节的优化整合工作。重视消费者权益保护，加大有责投诉的惩处力度，建立健全消费者投诉管理机制，落实服务工作“一把手”负责制。加大执行首办负责、限时办结、及时反馈等消保工作制度的力度，继续执行经营机构负责人轮流到大堂做值班经理的制度，提升服务消保水平。运用现代科技，创新引进“娇娇”交通银行大堂服务智能机器人，以科技智能手段为广大客户提供优质的服务，提升交行内蒙古分行智能化服务水平，网点服务质量得到社会赞誉，分行3

家营业网点入选“千佳”示范单位。

【荣誉】 交通银行被自治区人民政府授予“2016年度维护地区金融生态环境奖”。

(撰稿人:尹灵枝)

内蒙古银行

【概况】 内蒙古银行前身为呼和浩特市商业银行,成立于1999年11月19日。2009年9月8日,经中国银行业监督管理委员会批准,呼和浩特市商业银行正式更名为内蒙古银行。2016年,机构总数119个,包括总行机关、10家分行(含营业部)、106家支行和1家小企业金融服务中心。其中,区外在哈尔滨设1家分行,区内设9家分行(含营业部)。员工总数3085人,其中大专及以上学历人员2995人,占比97.08%,有中高级职称的454人,占比14.72%。

截至年末,内蒙古银行资产总额1159.15亿元,较年初增长111.24亿元,增幅10.62%;各项存款余额765.76亿元,较年初增加100.96亿元,增幅15.19%;各项贷款余额475.58亿元,较年初增加47.48亿元,增幅11.09%;全年累计实现拨备前利润10.5亿元,同比增加0.82亿元,增长8.5%;利润总额6.6亿元,同比增加1.12亿元,增长20.53%;税后净利润4.46亿元,同比增加0.41亿元,增长10.02%;实现各项税金4.81亿元,增幅13.18%,为地方财政税收做出了贡献。全行资本充足率10.79%,拨备覆盖率164.17 %,不良贷款率2.59%。

【业务创新】 为应对经济下行期创收压力,在综合考量盈利性及流动性的前提下,加大投资力度,截至年末长期投资余额344.05亿元,较年初增加60.5亿元,增幅21.34%,实现投资收益12.61亿元,同比增加2.18亿元,增幅20.96%,为全行盈利作出了重要贡献。按照“大资金、大头寸”的经营理念,拓展大额存单存款、同业存单等新业务,实现“低成本、多渠道”融资,负债渠道渐趋多元。累计发行理财产品1062期,理财产品余额177.98亿元,较年初增长62.15%,理财资产余额158.7亿元,较年初增长40.18%,实现理财业务收入1.3亿元,同比增长99.63%。围绕“向北开放”的政策导向,发展对俄对蒙金融业务,国际业务结算量3.2亿美元,较年初增长31%,其中对蒙业务占全行国际业务的31.82%,较年初增长68.34%;对俄业务占全行国际业务的9.66%,较年初增长56.37%,实现国际业务收入979万元人民币,同比增长144%。成功落地全国首笔“跨境柜面取现”业务以及全行首笔境外同业授信和同业代付业务,并正式成为外币拆借系统会员,首次实现外汇业务线上拆借。借记卡客户规模进一步增长,累计发行借记卡167.89万张,新增发卡26.94万张,新增客户数19.64万户;累计拓展特约商户8220户,新增3964户,全年累计实现银行卡及收单业务收入4098.7万元,同比增长31%。电子渠道客户快速增长,总客户数28.8万户,较年初增加10.5万户,电子渠道业务替代率78%,较年初提高10%,同时成立互联网银行部筹备组,迈出直销银行建设的关键一步。

【信贷结构】 在信贷投放上继续坚持立足区内,同时为确保利润,适当选择区外优质企业投放,并在品种上增加企业债、公司债、短融、中融、保理业务等。加大政府类投资项目支持力度,全年投放在棚改、地方国有企业授信资金累计45亿元。推进去房地产抵押化,加大存货、有效应收账款、上市公司股票和金融股权质押担保方式占比,既保证了企业真实需求,也实现了对企业经营风险的全程控制。严格按照国家和自治区政策导向,未对产能过剩行业增加新的授信,新的授信主要集中增加在交通仓储、制造业、采矿业、电力燃气水、农林牧副渔、教育业、水利环境公共设施管理业等。落实国家和监管部门有关要求,加大对涉农产业和小微企业的扶持力度。2016年末,涉农贷款余额139.29亿元,较年初增加 15.24 亿元,增幅 12.29%,涉农贷款占各项贷款的比例为 29.29%, 较年初增加 0.31 个百分点。小微企业贷款余额 251.33 亿元,较年初增加 26.46 亿元,增幅 11.77%,高于全行各项贷款平均增幅 0.68 个百分点, 小微企业贷款户数 5826 户,同比增加 201 户,小微企业申贷获得率 99.52%,同比提高 0.1 个百分点,全面完成“三个不低于”的监管要求。

【村镇银行】 2016 年末, 内蒙古银行主发起设立的 31 家村镇银行资产总额 347.18 亿元,较年初增加 46.5 亿元,增幅 15.46%。其中:22 家资产总额达到 5 亿元以上; 各项存款余额 274.34 亿元,较年初增加 48.25 亿元,增幅 21.34%;各项贷款余额 201.97 亿元,较年初增加 20.37 亿元,增幅 11.22%;实现净利润 2.31 亿元。

【公司管理】 董事会、监事会、高管层各司其职,不断提升公司治理水平。完善全面风险管理体系,制定实施风险偏好政策,明确各项业务的风险控制底线。修订市场风险、信息科技风险管理制度,出台《关联交易实施细则》。推进战略规划落地,开展战略执行评估、资本充足评估、对外股权投资评估,加强战略引领和资本约束。加强内外部审计,突出经营绩效、风险管理、经济责任 3 项重点,全面发挥审计监督职能。加大高管履职评价力度, 严格执行自治区高管薪酬管理政策。强化细化股权管理、信息披露等工作,公司治理基础工作更加扎实。

【荣誉】 基于内蒙古银行“金伙伴·携手生金”业务在满足地方小微企业多样化金融服务需求、推进银企共赢方面所做出的贡献,被中国银行业协会评为“服务小微五十佳金融产品”,“携手捷算贷” 被内蒙古银行业协会评为服务小微企业创新金融产品。鉴于内蒙古银行支持自治区农牧业发展做出的突出贡献,2016 年被自治区人民政府授予“支持农牧业产业化实效突出金融单位”称号。包头分行营业部继 2014 年之后再次获得中国银行业协会文明规范服务“千佳”示范单位称号。

(撰稿人:王伟)

邮政储蓄银行

【概况】 2008 年 1 月 17 日,中国邮政储蓄银行内蒙古分行(以下简称内蒙古邮储银行)成立。2016 年末,全行总资产规模为 831 亿元,各项贷款余额 406 亿元,各项存款 796 亿元。内蒙古分行机关现设 17 个部室, 下辖 12 个盟市二级分行、1 个区直属单位、20 个旗县一级支行,800 个营业网点,其中自营网点 154 个,代理网点 646 个。全行共有员工 3926 人。

内蒙古邮储银行作为自治区大型零售商业银行,充分发挥“自营 + 代理”的网络优势和资金优势,自觉承担“普之城乡,惠之于民”社会责任,始终坚持服务“三农三牧”、服务中小企业、服务社区定位, 努力打造具有草原金融服务特色的大型零售商业银行,取得良好业绩。截至年末,全行实现业务收入 20.61 亿元,完成总行下达年计划 101.87%; 利润总额实现 7.5 亿元,同比增幅 43.92%。净利润实现 6.99 亿元,同比增幅 45.5%。收入利润率 3 6.42%,高于全国水平 4.43 个百分点。成本收入比 51.46%,经济资本回报率 18.88%,高于全国平均水平 3.17 个百分点, 拨备覆盖率 188.55%, 全年不良贷款余额 4.96 亿元,不良率 1.22%,低于同业平均水平,风险可控。内蒙古邮储银行充分发挥网络和资金优势,推进普惠金融服务,全力支持地方经济发展,对自治区重点企业、重点项目提供 153.77 亿元资金支持,坚持“普惠金融”服务理念,发放涉农贷款 67 亿元,占全部贷款比重 33%,发放扶贫担保贷款 7 亿元, 支持了地方经济发展和建设。

【合作项目】 内蒙古区分行层面形成合作平台 15 个;零售贷款业务与各级政府机构、担保机构和龙头企业形成合作项目 99 个,授信额度 35.6

亿元，平台业务规模超过20亿元，业务占比56%。小企业信贷依托各地政府平台等开发合作助保贷、小额担保贷、医院贷等产品，累计放款2.47亿元。借助内蒙古邮储银行现金结算管理的先进功能，实现全网对自治区本级预算单位零突破，成为全区116个旗县区法院和检察院的非税代理银行。以ETC项目为抓手，推动与各级交通部门全面合作，累计发行ETC卡19万张。成功对接国家电网、京能、华润等大型企业，总行批复直接授信额度207亿元，增幅30%。

【成本管控】 积极盘活、整合、挖潜人力资源，人均效益稳步上升，全行劳产率53万元，同比增长6%，人均创利19万元，同比增长50%；完成资金汇划业务处理和个人业务集中授权系统第五批上线工作，初步实现前台全面综合受理，后台集中专业处理；提高备付金管理工作，年均现金备付率和年均超额备付率分别下降0.14%和0.15%，节约成本178万元，首次达到总行的分组考核指标。完善一系列管理制度，采购管理工作合规性和时效性不断增强，采购节资率18%。

【合规运营】 推动全面风险管理体系建设。建立横到底、纵到边的评价机制，强化限额预警管理，组织新业务风险评估35次；开展能力提升专项活动，推进区域风险政策、评级工具应用、信用风险预警、队伍建设、风险报告5个重点项目，创新开展“走支行、探风险”专题活动，发现信贷业务风险点63项，总结风险案例49个，并推动自查自纠；全力做好风险预警分析和贷款管理，有效遏制不良贷款增长趋势，开展不良贷款清收工作，清收资金1.4亿元，核销不良贷款1.61亿元，超额完成计划目标。落实“内控达标年”活动要求。对标上市银行、监管标准和内控指标，查找问题1539条，整改率91%，邮银联合推动“两加强 两遏制”回头看工作，发现问题1464条，整改率90%，问责1234人；首次开展不良贷款管理人员责任认定工作，问责6家分行47名管理人员。在继续推进“点对点 人盯人”的网格化管理基础上，充分运用合规管理系统，关注前台操作风险、高科技违法犯罪等重点风险节点和新型风险环节，理顺岗位间监督制约机制，拓宽投诉举报渠道，保持案防高压态势，全年未发生重大风险案件。发挥审计职能，坚持问题导向，加大审计监督纵深，完成审计项目11个，发现问题1123条，提出审计建议144条，内审监督成效明显。全行安全运行，完成对代理营业机构安全监督检查工作，有2个网点标准化安全管理通过总行验收。

【强化支行战略】 推动特色支行发展，赤峰市、兴安盟等分行的现代农牧业示范区支行根据当地经济生态，开办土地经营权抵押贷款、新型农业主体贷款、肉牛产业贷款等业务；完善《支行损益核算管理手册》《支行长管理日志》，传导损益核算理念，引导支行关注成本和效益；围绕支行发展难题设置培训课程，创新形式内容，对全部支行长进行第二轮强化培训；编印刊发《支行经营管理优秀经验介绍》，交流支行先进经验，推动支行复制推广，强化跟踪问效。截至年末，内蒙古邮储银行网点均创利561万元，同比提升97万元。巴彦淖尔市新华街支行、赤峰市元宝山区支行分别被评为中国银行业文明规范服务五星级、三星级网点。

【精神文明创建】 完成党委党建部的组建工作，配备坚强有力的干部队伍，深入开展“强基固本”建设工程，全区确定的43家基层党组织全部实现达标；开展“两学一做”工作，两级党委安排中心组学习107次，组织开展 “支部聚实力、党员做示范”活动，选树党员示范岗418个，树立以“草原深处党旗红”的包头市达尔罕茂明安联合旗支行为代表的先进集体和以共产党员先锋模范张素英为代表的双先模范。各级党组织分别开展诸如党员过“政治生日”、重温入党誓词、手抄党章、党建知识竞赛等活动；团青工作蓬勃发展，引导青年员工建功立业，内蒙古邮储银行先后获全国第4届金融青年“金点子方案优秀奖”“金融青年岗位能手”“金融青年服务明星”以及内蒙古金融团工委“青年五四奖章集体”和“优秀共青团员”等荣誉称号。基层党建工作的带动了精神文明建设工作稳步推进,全区26家单位被评为市级和县级文明单位。

内蒙古邮储银行秉承有邮储特征、草原特色的企业核心价值观和企业基础文化理念,办成2016年工作会议承诺的“六件实事”,通过多种方式,充分征集民意,并将这些建议反馈在工作实践之中。内蒙古邮储银行12个盟市分行和有条件的支行,为员工提供可口安全的“工作午餐”。在64%以上城区网点建起员工阅览室,并确保各类报刊书籍充实;及时调整养老保险政策,并将“重大疾病”和“意外伤害”保险普及到全行。组织参加各级体育赛事和文化活动,均取得不菲成绩;培训和岗位练兵活动的全民性和专业性更强,参与人数创下历史新高。

(撰稿人:康建军)

证券监管

【概况】内蒙古证监局是中国证券监督管理委员会驻内蒙古自治区的派出机构,是参照公务员管理的事业单位。内设机构:公司监管处、机构监管处、稽查处、综合业务监管处、办公室、党务(纪检)工作办公室。人员编制。核定人员编制39人,核定处级职数18人。2016年末,实有人员38人,其中处级干部12人。

2016年,内蒙古证监局以“严党建、练内功、强监管、防风险、促发展”为主线,切实加强党的建设、从严治局,依法、全面、从严监管,有效防范市场风险,切实保护投资者合法权益,维护辖区市场平稳运行,积极发挥资本市场功能,推动辖区多层次资本市场建设,各项工作取得较好成效。

【监管执法】 以信息披露为中心,强化上市公司等公众公司监管。建立上市公司、新三板挂牌公司信息披露监管日报制度,实施差异化监管,重点关注8家存在“三去一降一补”压力的上市公司,对8家上市公司、7家审计机构、5家新三板挂牌公司、4家债券发行人实施现场检查,对5家上市公司、2家新三板挂牌公司出具行政监管措施,对1家上市公司的违法线索立案调查。持续做好诚信数据录入、利用工作,全年录入诚信记录25条,查询诚信档案478次,在行政许可、日常监管、采取行政措施过程中充分运用诚信记录。

以法人监管为重点,加强证券期货经营机构监管。推动证券公司完善内控机制,加大对证券公司子公司、互联网金融、投资者保护和资产证券化业务的检查力度。健全境外上市证券公司境内外监管协调机制。指导证券公司提高IT治理水平,对2家证券公司信息系统开展专项检查,督促做好信息系统应急演练和漏洞防范工作。加强行政许可事项审核,全年受理行政许可11件,办结13件(含上年结转数)。以问题和风险为导向实施分类监管,制定分级监管办法。建立证券经营机构年度综合考评机制。指导证券期货业协会做好纠纷调解、投资者教育、金融知识培训和服务地方企业工作。

加强稽查执法,打击证券期货违法违规行为。积极承办案件,全年主办案件6起,协查案件3起,案件调查2起。推行案件总结报告制度,形成案件分析报告4篇。探索后端执法对前端制度建设、日常监管的反馈机制。建立案件新闻素材采集与报送的工作机制。强化外部协作,与自治区通信主管部门建立常态化信息查询机制,与中国人民银行内蒙古分行(以下简称内蒙古银行)建立涉嫌违法违规和异常交易账户信息查询机制,与公安部门建立涉非案件线索移送机制,协调自治区政府部门健全打非工作机制。

【风险处置】

对风险行业和问题公司加强监管　重点关注辖区受经济下行压力、需求乏力和产能过剩等因素影响较大的上市公司，将有限的监管资源向去库存、去产能、调结构的重点行业和公司倾斜。了解掌控上市公司风险，加强对股权质押公司信息披露的监管，建立ST公司退市风险清单，制定应急处置机制，及时通报地方政府。

加强债券违约风险监管　跟踪监测债券发行人运营情况，全面研判其违约风险。召开公司债发行人座谈会，督促债券发行人制定可行的还款计划和风险防范措施。加强与交易所、自治区发改委、金融办和地方政府的沟通协调，稳妥处理“蒙恒达”等中小企业私募债违约风险和鄂尔多斯“大成西”资产证券化项目违约风险。对辖区8个资产证券化重点项目开展检查，督导做好风险防范工作。

严格私募基金监管　开展互联网金融专项整治工作，成立内蒙古自治区股权众筹风险专项整治工作小组，联合自治区有关部门下发《内蒙古自治区股权众筹风险专项整治工作实施方案》。对辖区34家私募机构进行摸底排查，对12家风险较大的私募机构开展现场检查，对10家私募机构开展“两个加强、两个遏制”回头看工作。开展辖区私募股权投资基金市场调研工作，督促私募机构加强内部管理，实现规范运营。

各类交易场所监管　联合自治区有关部门，对辖区交易场所进行摸底排查，及时向自治区人民政府通报交易场所存在的风险问题。分析交易场所违法违规原因，并向国家部际联席会议办公室提出工作建议。

【服务市场】

做好资本市场运行情况分析　全面公开辖区资本市场统计信息。及时向各级政府部门发送《资本市场信息专刊》。定期分析辖区市场主体年度报告和运营情况，向各级政府提出改善资本市场服务实体经济发展的意见和建议。协助中国证券业协会举办“绿色金融—阿拉善生态对话”年会。加强对市场主体的调研，汇总整理企业在运行中存在的困难和问题，及时反馈地方政府和部门，推动政策修订。

推动多层次资本市场建设　推动自治区人民政府与交易所、股转公司签订《战略合作框架协议》。支持辖区企业通过上市、挂牌、发债融资，年内新增IPO辅导企业5家，新增新三板挂牌企业34家。推动落实《内蒙古自治区私募股权投资基金培育方案》，鼓励政府引导资金、国有企业、民营资本作为发起人设立私募基金，引进专业私募基金管理团队和人才。推动出台辖区各类交易场所规范发展的指导意见和管理办法，规范各类交易场所的审批设立、监督管理和风险处置等工作。加强对区域股权市场监管工作的协调、指导和监督，支持内蒙古股权交易中心设立科创板。

推动辖区期货市场服务实体经济　推动自治区与大商所等交易所的沟通协作，推进自治区优势产业如马铃薯、奶粉、牛羊肉、羊绒、草产品等期货品种上市调研工作。鼓励生产、仓储、物流企业申请设立煤炭、化工、有色金属、玉米等大宗商品期货交割库。

落实证监会扶贫政策　会同地方政府组织召开资本市场脱贫攻坚会议。引导市场主体积极履行社会责任，在贫困地区投资建厂、开展金融服务。支持国融证券公司迁址武川县，与武川县开展“一司一县”结对帮扶。开展辖区农牧业上市公司产业支持脱贫攻坚调研，提出资本市场支持扶贫的政策建议。

开展资本市场培训教育工作　加强资本市场政策法规宣传，普及证券金融知识。开展上市公司董秘培训、企业上市培训、新三板挂牌公司“监管第一课”、西部盟市企业资本市场业务培训、公司债券业务培训、地方政府金融工作人员专职培训等，提升利用资本市场发展经济的共识。

【投资者保护】

落实市场主体责任和加强投保工作 组织市场主体并指导行业协会开展形式多样的投资者宣传教育活动。组织上市公司开展“投资者网上集体接待日”活动。联合全景网络举办内蒙古新三板挂牌公司网上推介会。完善上市公司股东大会审议事项网上投票制度及中小投资者单独计票机制。鼓励和推动辖区证券公司建立投资者教育基地。开展“12386”热线办理工作。

查处非法证券活动和加大防非宣传教育力度 严厉打击非法证券活动，全年查处涉非案件7起。协助相关部门对多起涉嫌非法证券期货活动进行性质认定。向全区近千万手机用户发送防非宣传警示短信。完善打非工作机制，健全辖区证券期货市场联络员制度。

开展辖区投资者结构专题调研 对辖区证券投资者的年龄结构、教育程度、性别结构、区域分布、持股市值和账户交易等进行研究和分析，提出开展辖区投资者保护工作的思路和措施。探索建立证券期货纠纷多元化解机制试点工作。召开内蒙古地区证券账户管理专题座谈会。

【协作交流】 邀请深圳证券交易所总经理王建军来内蒙古考察调研，促成自治区副主席云光中赴深圳证券交易所就支持自治区企业上市工作洽谈签约。推动沪深交易所、自治区金融办签订《公司债券业务合作备忘录》，形成处置风险合力机制。探索与交易所、全国股转公司的监管协作和联合检查模式。与自治区金融办联合上报《关于向国家申请支持我区企业发行上市倾斜性政策的建议》。协同自治区金融办开展全区金融重点工作和金融政策落实情况专项督察工作。做好新闻媒体协调工作，占领舆论宣传主阵地。与新华社、《人民日报》《内蒙古日报》等媒体建立日常的沟通联络机制，与《中证报》《上证报》等资本市场四大专业媒体保持互动。创办《内蒙古资本市场信息专刊》，宣传证监会及资本市场改革发展情况。建立“内蒙古资本市场”微信、QQ群，及时转发证监会新闻发布及辖区资本市场相关内容，增强新闻宣传的覆盖面及协同性。

【上市公司】 辖区有境内上市公司26家，其中：主板21家，创业板3家，中小板2家。总股本797亿股，同比增长13.4%；流通股本559.4亿股，同比增长19.8%。总市值5094.2亿元，同比下降6.4%，流通市值4208.95亿元，同比增长55.9%。上市公司地区分布：包头市8家，呼和浩特市5家，鄂尔多斯市4家，赤峰市3家，乌海市2家，通辽市、乌兰察布市、锡林郭勒盟、阿拉善盟各1家。截至2016年底，辖区有境外上市公司4家，总股本128.8亿股，总市值843.4亿元。

【新三板挂牌企业】 辖区在新三板（全国中小企业股份转让系统）挂牌企业60家，同比增长131%。新三板挂牌企业总股本50.8亿股。新三板挂牌企业地区分布：呼和浩特市22家，包头市13家，赤峰市8家，呼伦贝尔市5家，巴彦淖尔市4家，鄂尔多斯市3家，通辽市、锡林郭勒盟各2家，兴安盟1家。

【备案企业】 辖区有上市辅导备案企业13家。辅导备案企业地区分布：包头市6家，呼和浩特市、鄂尔多斯市各2家，赤峰市、巴彦淖尔市、兴安盟各1家。

【区域股权市场】 辖区有区域股权市场1家，累计挂牌企业1453家，累计实现融资73.4亿元。

【市场融资】 全区企业通过资本市场直接融资779亿元，同比下降33.76%。其中：股权融资281.59亿元，同比下降16.1%；债券融资497.4亿元，同比下降40.8%。

【证券机构】 辖区有证券公司2家，证券分分支机构98家，同比增长7.7%。2家证券公司注册资本39.8亿元，总资产467.2亿元，同比增长9.8%；净资产130.3亿元，同比增长16.73%；净资本101.5亿元，同比增长30.7%。证券分支机构地区分布:呼和浩特市 36 家,包头市 20 家,赤峰市 10 家,鄂尔多斯市 7 家,呼伦贝尔市 6 家,乌海市、通辽市、巴彦淖尔市各 4 家,锡林郭勒盟各 3 家,乌兰察布市 2 家,兴安盟、阿拉善盟各 1 家。

截至 2016 年底,辖区证券投资者累计开户 149.5 万户,同比增长 14.1%;客户交易结算资金余额 68.4 亿元,同比下降 40.8%;证券托管市值 1188.97 亿元,同比下降 11.45%;证券从业人员 1790 人。

2016 年,辖区证券交易量 15 964.8 亿元,同比下降 30.47%; 证券营业部利润总额 3.87 亿元,同比下降 75.1%。

【期货机构】 辖区有期货营业部 11 家, 期货交割库 6 家。期货投资者累计开户 8991 户,同比增长 10.9%;客户保证金余额 3.79 亿元,同比增长 54.38%;期货从业人员 71 人。期货营业网点地区分布:包头市 4 家,呼和浩特市、鄂尔多斯市、赤峰市各 2 家,通辽市 1 家。2016 年,辖区期货交易量 839.86 万手,同比下降 32.2%;交易额 3953.66 亿元,同比下降 86.7%。期货机构亏损总额 343.48 万元,同比减盈增亏 613.98 万元。

【私募基金】 辖区在中国证券投资基金业协会备案的私募股权投资基金 30 支;基金管理公司 34 家,私募基金管理规模 120.16 亿元,同比增长 362.89%;私募基金从业人员 630 人。私募基金管理公司地区分布:呼和浩特市 16 家,包头市 7 家,鄂尔多斯市 4 家,赤峰市 3 家,呼伦贝尔市、通辽市各 2 家。

【自律组织】 内蒙古证券期货业协会是非营利性社会团体法人、自律性组织。主要职能:实施行业自律管理,维护会员合法权益,收集整理行业信息,协调解决市场主体争议,负责行业从业人员学习培训、投资者教育工作、行业对外宣传和对外合作交流。协会会员 109 家。内蒙古上市公司协会是非营利性社会团体法人、自律性组织。职能:行业自律管理,行业信息收集、发布,行业内学习交流和对外合作交流。协会会员 28 家。其中,上市公司 26 家,中介机构 2 家。

(撰稿人:张乐平)

保 险 监 管

【概况】 2001 年 1 月 10 日,经中国保险监督管理委员会(以下简称中国保监会)批准,中国保监会呼和浩特特派员办事处正式成立。2004 年 2 月 6 日, 更名为中国保险监督管理委员会内蒙古监管局(以下简称内蒙古保监局)。经中国保监会授权,内蒙古保监局履行如下职责:贯彻执行国家有关法律、法规和方针、政策,研究制订辖区内保险业发展战略规划; 依据中国保监会授权,依法对辖区内保险机构、保险中介机构违法违规行为进行查处,维护保险市场秩序,依法保护被保险人利益; 制订辖区内保险市场监管的相关实施细则、具体办法和工作措施;监测、分析辖区内保险市场运行情况,预警、防范和化解辖区内保险风险; 负责辖区内保险公司分支机构、保险中介机构及其分支机构的市场准入、退出等有关事项的审批和管理工作;负责审查核准相关高级管理人员的任职资格; 归口管理辖区内保险行业协会、保险学会等行业社团组织。

【行业发展】 截至年末, 辖区共有保险省级分公司 41 家,其他各级分支机构 2730 家,搭建起覆盖全区的保险机构网络体系。地方法人保险机构申请设立工作稳步推进。全年实现原保险保费收入 487 亿元,同比增速 23%。其中:财产险公司保费收入 171 亿元,同比增长 9%;人身险公司保费收入 315 亿元,同比增长 32%。赔付支出 137 亿元,同比增长 10%。全区保险公司资产总计 965 亿元,较年初增长 24%。行业增速较大幅度高于全区 GDP 增速, 在全区各行业发展增速中排名靠前。

【结构调整】 车险业务实现保费收入 111.17 亿

元,同比增长12.5%,高于上年同期4.3个百分点,高于全国平均增速2.3个百分点。农业保险平稳推进,实现保费收入32.06亿元,居全国第2位,同比增长2.27%。其他非车非农险种低速运行,实现保费收入28.16亿元,同比增长6.16%。人身险规模保费增速32.12%、标准保费增速42.54%、非保险合同新增交费增速59.15%,均不同程度高于“十二五”时期平均水平。

【保险业供给侧改革】 与自治区相关部门共同推动,配合开展年度农险经营绩效考核评价工作,制定下发《内蒙古自治区2016年农险保费补贴实施方案》,取消37个产粮大县(旗、区)种植业保险地方配套保费补贴,为贫困地区释放财政补贴资金1.28亿元。指导各农险经办公司修订完善农业保险条款,全面提高玉米、林木、奶牛等10类农畜产品保额,下调费率,将内涝、地震等灾害纳入保险责任,大幅拓宽保障范围。发掘市场新需求,将肉羊、蒙古马、骆驼等10多种特色农畜产品纳入保障范围,不断丰富农业保险产品结构。2016年夏季,自治区出现持续高温干旱天气,农作物受灾面积3780万亩,保险业支付种植业保险赔款22亿元,农业保险的综合保障功能日益显现。

【商业车险条款费率市场化改革】 加强监督,建立商业车险非现场监测制度,定期统计分析各公司商业车险承保、增速、折扣及市场反应等情况,对监测指标变动异常、市场反映问题突出的公司及时进行窗口指导。加强引导,及时总结商业车险改革后市场运行情况,商业车险费率改革后,保费与风险更加匹配,消费者普遍获益,出现投保率、保额上升、车均保费下降“两升一降”的良好局面。

【城乡居民大病保险全覆盖】 以“百姓点菜、政府下单、保险做菜”为民生保障服务路径。通过“百姓点菜”对接广大保险消费者的迫切需求,推进大病保险全覆盖和新农合经办工作。通过“政府下单”转变公共服务提供方式,对保险服务严格执行招投标程序,配合做好政府委托经办或直接购买的民生保障保险项目。通过“保险做菜”发挥风险管理专业优势,针对贫困人群设计差异化保险方案,降低保险费率,通过开辟绿色理赔通道等途径提升保险服务。强化监管,开展大病保险自查督导与调研,跟踪各盟市大病保险项目招投标进展情况,完善监管制度,启动大病保险客户服务满意度调查,优化大病保险风险保费测算模型,促进大病保险业务规范发展。

【服务国家“一带一路”建设】 以出口信用保险为抓手,引导行业为推进“一带一路”建设提供保险服务。自治区出口信用保险业务稳步推进,保费规模(上半年)900万元,为自治区940家中小微出口企业提供保险服务,承担风险4.7亿美元,连续5年实现小微出口企业出口信用保险全覆盖,为扩大出口保驾护航。

【服务“险资入蒙”】 协调促成自治区领导走访保险公司总部,协调部分保险总公司到内蒙古自治区考察洽谈。保险资金在内蒙古投资余额突破500亿元,涵盖9个盟市的交通、城市基础设施及能源建设项目。

【服务地方实体经济发展】 发挥小额贷款保证保险、责任险等险种对实体经济的推动作用,助推实体经济发展。保险业积极与相关部门协同实施小额贷款保证保险试点、金融扶贫富民工程、“央贷扶”支农支小再贷款工程等惠农贷款项目,为推动金融资源有效配置,创新金融服务模式开辟新路径。食品安全责任保险、医疗责任保险、诉讼保全责任险等险种取得新突破。

【保险精准扶贫】 与自治区人民政府扶贫部门搭建合作机制,联合印发《关于内蒙古保险业助推脱贫攻坚工作的实施意见》,选定一批贫困旗县作为“保险业助推脱贫攻坚示范旗县”,制定意外伤害保险、特色农畜产品保险、贷款保证保险等6大类22个特惠产品,并引入专项扶贫资金3000万元，对建档立卡贫困人口给予保费补贴，合力推进精准扶贫工作。推出针对低保人员、困难学生等特困人群保险产品。健全完善农业保险与农村信贷互动机制，发展多种形式的“农业保险＋信贷”和“小额人身保险＋信贷”模式，为农牧民提供金融支持，借助保险机制改善贫困地区产业扶贫信贷环境。11月24日，中国保监会、内蒙古保监局赴乌兰察布市察右中旗小海子村，协助驻村第一书记开展“保险行业定点扶贫村”项目启动工作，为村民带来1.2亿元的风险保障，助力保险业精准扶贫。

【消费者权益保护】 完善疑难案件内部会商机制，对消费投诉渠道反映的市场问题与风险隐患，加强内部交流，及时反映并妥善处置市场风险。强化监管约谈机制，强化公司保护消费者权益意识。规范保险纠纷案件调解机制运行，指导各级保险合同调解委员会加强制度建设，规范调解程序，扩大调解影响力，推动调解委员会充分发挥作用。发挥行政调解作用，公平公正地协商解决矛盾纠纷，最大限度保护保险消费者合法权益。推进保险纠纷诉调对接覆盖面，指导多个保险行业协会与法院建立诉调对接工作联席会议制度，做好案件转交调解工作。加强与地方法院、发改委、工商局沟通联系，推进保险行业信用体系建设，形成高效运转的工作机制和格局。

全面发挥“12378”热线作用，结合地区特点，聘用蒙古语话务员，热线自开通以来，共接听受理消费者来电12 000多个，接通率保持在95%以上。通过“12378”热线投诉数量已占总投诉量90%以上，消费者满意度保持在98%以上，在保监会系统2016年前三季度综合考核中，12378热线内蒙古分中心名列全国三甲。

【维护市场秩序】

车险市场秩序整治 按保监会工作部署，针对内蒙古地区商业车险市场相关经营指标异常的保险公司予以业务“叫停”。针对市场违规赠送乱象，及时采取监管措施，出台《关于规范财产保险公司车险销售活动中赠送行为的通知》，严格市场管控。根据非现场监测结果，对重点公司、重点地区启动车险现场专项检查，对扰乱市场的违规经营予以监管处罚，促进市场秩序健康运行。

对银邮机构代理销售人身保险产品录音录像 联合内蒙古银监局下发《关于进一步规范内蒙古地区商业银行代理人身保险业务有关事项的通知》，对银邮代理保险业务机构网点实施保单录音录像“双录”制度，对呼和浩特、赤峰、乌兰察布等多地银行邮政代理机构网点的制度执行情况开展实地督查，从源头有效防范“销售误导、代签名、代抄录”等违法违规行为。

风险防范 一是通过全面实行“两个加强、两个遏制”回头看专项检查、农业保险专项检查、现场检查以及非现场监管等多种监管手段，对公司内控业务流程、重点岗位、重点环节进行全方位、交叉式、全流程监管，排查各类风险点，切实防范风险。二是开展互联网金融风险专项整治工作。按照中国保监会和自治区互联网金融风险专项整治工作领导小组的要求，与自治区金融办等16个部门联合印发《内蒙古保监局互联网保险风险专项整治工作实施方案》，加大对互联网保险风险专项整治工作的力度，发挥合力，同查共处。三是加强司法案件监管，防范大案要案风险。开展大案要案现场调查，摸清发案根源，督促相关公司做好后续处置，堵塞风险漏洞。

市场整治 按照上下联动、点面结合的原则，重点开展农业保险、车险手续费恶性竞争、银邮代理渠道、司法案件等专项检查工作，发现苗头问题及时处置，做到早预防、早介入、早解决。对市场违规行为从严查处，做到抓紧抓实、“一抓到底”，强化监管震慑力。

“三反”工作 加强警保执法联动，全方位推进反保险欺诈工作。加强与全区各级公安经侦部门的沟通协作，组织指导辖区保险业开展“安宁2016”反保险欺诈专项行动。周密部署，广泛宣传，防范打击非法集资。组织辖区保险业以“慧眼·守信·明责”为主题，开展保险业防范打击非法集资专项宣传月活动，营造打击非法集资的良好舆论氛围。落实保监会工作要求，扎实开展非法集资风险排查，督促保险机构排查风险做到有部署、有记录、有档案，保证风险排查取得实效。加强监管合作，开展保险业反洗钱工作。与人民银行呼和浩特中心支行共同开展保险业反洗钱宣传，组织保险机构开展形式多样的反洗钱宣传活动。加强数据监测，强化保险公司的主体责任，对发现的风险隐患及时进行风险提示、窗口指导、风险质询，有效控制风险的积累和蔓延。

【荣誉】

内蒙古保监局与自治区财政厅等部门修订的内蒙古道路交通事故社会救助基金制度获评“内蒙古自治区2016年度十大法治事件”。内蒙古保监局 获得自治区人民政府授予的“2016年度维护地区金融生态环境奖”。

（撰稿人：安凤颖）

人寿保险

【概况】 中国人寿保险股份有限公司内蒙古分公司（以下简称中国人寿内蒙古公司）作为内蒙古自治区成立最早、规模最大的国有商业寿险公司，共有13个盟市级分公司，104个旗县级支公司，319个营销服务部和272个农村网点，现有在职员工2795人，保险营销员37 450人。2016年中国人寿内蒙古公司实现保费收入近90亿元，领跑全区寿险市场。在自治区党委、政府和金融办的正确领导下，中国人寿内蒙古公司始终围绕经济社会发展中心开展保险保障服务，自2003年股改上市以来，累计为全区1100多万人次提供寿险保障服务，2016年各级机构新增就业岗位超过1.2万个，服务领域从商业性业务向政保合作业务延伸，发挥经济“助推器”和社会“稳定器”作用。

【业务发展】 中国人寿内蒙古公司坚持把改革发展与地方经济发展的中心工作结合起来，积极适应经济发展的新常态，加快发展，主动作为，业务发展迈上新台阶。保费规模迈上新台阶。截至2016年底，中国人寿内蒙古公司总保费收入81.82亿元，同比增长18.54%，市场份额为26.44%，占据全区寿险市场第一的位置。核心业务发展创新高。截至2016年底，公司实现首年期交保费收入17.75亿元，同比增长50.05%，完成年度预算的113. 7%；10年期及以上首年期交保费收入9.33亿元，同比增长44.71%，完成年度预算的103.27%，业务发展呈现出“达成好、增幅高、速度快”的特点。发展后劲更加充足。截至2016年底，实现续期保费收入54.19亿元，同比增长14.71%，在总保费中占比66.23%；首年期交保费在新单保费中占比64.24%，较2015年提高8.52%，业务发展续期拉动作用明显，内涵价值和可持续能力得到增强。

【惠民保险】 中国人寿内蒙古公司积极贯彻落实自治区党委、政府关于金融脱贫攻坚的工作要求，本着“保险扶贫，国寿先行”的精神，在助推脱贫扶贫方面做了大量工作并取得积极成效：扶贫配套性业务实现多点开花。针对国贫建档立卡贫困户等特困群体，中国人寿内蒙古公司专门开发以“减贫保”为核心的补充医疗保险扶贫产品，成立专门服务小组并提供便利措施。如在民政局的大力支持下，为包头市6.8万名特困人员提供89亿元的风险保障；为乌兰察布市10个旗县的6.1万户13.7万建档立卡贫困人群以及兴安和满洲里市的1.3万名特困人员提供补充医疗保险服务；与通辽市8个旗县扶贫办合作，为建档立卡贫困人员提供重大疾病和意外保险服务，保障覆盖面8.2万人。政策性业务实现高度覆盖。针对老、小、病、残等特殊群体，中国人寿内蒙古公司开发以大病保险业务为核心的新业务板块。大病保险业务已累计在全区8个盟市中标11个项目，覆盖全区406万人口，累计赔付4.8万人次，累计支付理赔款1.7亿元；通过与自治区老龄委联合开展的“安康关爱”行动，老年人保险服务项目已覆盖全区20万老龄人口；针对农村牧区低收入、低保障群体推出小额保险和小额贷款保险，目前覆盖面30万人。农村网点建设持续深入。中国人寿内蒙古公司进一步强化农村服务网点建设，制定出台《绿洲工程专项方案》，以县支公司为龙头，以农村网点为依托，以“驻村服务员”和“保险先进村”建设为延伸，以专项经费支持为保障，实现保险网点在重乡重镇的全覆盖。中国人寿内蒙古公司在全区55个贫困旗县均设立分支机构，延伸营销服务部154个。

【金融服务】 中国人寿内蒙古公司坚持“以客户为中心”为理念，以“服务专业化、渠道多元化、手段科技化、体验人性化”为目标，不断优化完善业务处理、客户服务和以“互联网+”为核心的运营体系建设，构建新一代的金融服务模式，加快提升服务经济社会和广大消费者的能力。大力推进智能化服务项目。中国人寿内蒙古公司深入推进运营服务智能化进程，不断深化“一站式”综合柜员制管理，加大智能化理赔系统运用力度，深入推广“e宝账”电子化服务。2016年通过智能理赔系统共处理案件1.8万件，理赔时效3日内结案率99.86%，平均结案时效1.12天；“e宝账”注册用户34.93万人，年内新增20.44万人；“柜面通”系统的上线应用，为客户提供不受地域和时间限制的便捷服务，进一步提升客户体验和满意度。积极开展专业化服务活动。组织开展特色客户服务活动52场、国寿大讲堂22场、VIP客户专题讲座17场。在呼和浩特、包头、鄂尔多斯、赤峰、巴彦淖尔和锡林郭勒等六地举办9场“要跑700”健步活动，累计参与客户2400余人；举办第六届“国寿小画家”少儿绘画活动，全区参与人数62 853人。全面加强信息化技术支持。中国人寿内蒙古公司全面加强“互联网+服务”和“服务+互联网”体系建设，注重运用信息技术手段拓宽服务渠道，丰富服务内涵，并积极建设电话销售、网络销售、柜面直销和微信营销等新兴渠道，通过先进技术手段的运用和多元化渠道的拓展，强化线上线下协同，提高服务的离柜率和便捷性，为客户创造更多的优质体验和更大的服务价值。

【防范经营风险】 中国人寿内蒙古公司坚持在依法合规上作出表率，着眼于维护金融安全稳定，始终绷紧风险防范这根弦，强化内部管控，自觉接受外部监督，提高风险识别、风险预警和风险处置的能力和水平，切实维护行业健康发展。实施合规经营项目制管理。中国人寿内蒙古公司明确“守住底线、建好防线、抓牢一线”的风险防范工作思路，专门成立依法合规经营项目组，组织开展包括依法合规经营在内等7个重点项目制工作，建立健全按月分析汇报、按月追踪落实的常态化机制，切实完善重点风险管控的工作协作机制，形成自上而下、齐抓共管的工作局面。深入开展专项重点工作。按照中国保监会“两个加强、两个遏制”专项检查工作要求，公司各级机构开展全覆盖、无死角的风险大排查，通过对排查问题的逐一整改，强化风险管控能力。各级公司积极参加“行风热线”和行风民主评议活动，围绕行业热点问题，大力整治销售误导，不断提升理赔服务，带头维护和树立行业形象，切实维护金融秩序和地区稳定。抓好风险防范关键环节。中国人寿内蒙古公司坚持“分级负责、属地管理、分类管控、突出重点”原则，围绕风险管控关键风险点和薄弱环节，扎实开展满期给付和非正常退保、反洗钱、非法集资诈骗以及客户投诉处理等重点风险的排查管控工作。特别是根据自治区党委、政府办公厅和金融办《关于开展全区安全大检查的通知》要求，第一时间成立由主要负责人任组长的安全大检查工作组织机构，制定工作方案，确立责任部门和责任人员，明确安全大检查的重点领域、方法步骤和关键环节，省、市、县三级机构逐级签订《安全管理责任状》，组织开展全覆盖、地毯式的集中清理清查和问题整改工作。

【搭建助力平台】 9月19日，自治区党委、政府召开“2016年秋季重大项目集中开工建设动员大会”，自治区党委书记李纪恒作了讲话，强调项目投资建设对地区经济发展的“第一拉动力”作用。为抓好贯彻落实工作，中国人寿内蒙古公司积极行动，加大与总公司的沟通汇报力度，争取上级公司在内蒙古地区的投资项目。已经采取的措施和取得的成效包括以下三个方面：已投资全区基础设施类项目30亿元。中国人寿保险（集团）公司旗下的中国人寿资产管理公司已通过投资基础设施债权计划等基础设施类项目，参与和支持内蒙古自治区地方经济建设，已经投资的项目包括：伊敏煤电、华能呼伦贝尔能源、大唐托电、中厂核风电等，累计已投资金额30.1亿元。其中，投资伊敏煤电债权项目6亿元，大唐托电债权项目5.1亿元，中厂核风电债权项目4亿元，华能呼伦贝尔能源债权项目3.5亿元，上海信托·内蒙古高速贷款集合资金信托计划投资11.5亿元。支持全区地方商业银行时点资源近20亿元。近3年来，中国人寿内蒙古公司积极向上级公司争取政策，已累计为全区6个盟市的14家商业银行累计注入一年定期企业储蓄存款4.2亿元和时点存款近16亿元，有效助推地方金融平台建设。已管理全区重点企业资产规模近75亿元。中国人寿养老年金内蒙古中心为全区的电力、钢铁、邮政、铁路、化工和烟草等90多家企业提供企业年金受托、账户和投资管理服务，累计管理资产规模75亿元，在完善全区养老保障体系中发挥了重量级、专业化的作用。

【全区金融工作座谈会召开】 6月12日，自治区人民政府组织召开全区金融工作座谈会，自治区代主席布小林听取金融监管部门和15家金融机构服务经济社会发展情况汇报。自治区代主席、分管副主席，各盟市分管副盟市长及人民银行呼和浩特中心支行，内蒙古自治区银监、证监和保监局，国家开发银行、恒泰证券等15家金融机构参加会议。中国人寿内蒙古公司和国寿内蒙古分公司作为保险机构代表参会。中国人寿内蒙古公司总经理李有俊参加会议，并作为保险机构唯一发言单位就公司政保业务、县域惠农业务、养老年金业务和支持地区经济社会发展等情况进行汇报。

【重大事故处理】

“9·24”呼伦贝尔牙克石重大交通事故 9月26日，中国人寿内蒙古公司召开“9·24”呼伦贝尔牙克石重大交通事故应急处置工作会议，成立应急处置工作领导小组和工作小组，启动事故处置应急预案，制定理赔服务措施。事故发生后，中国人寿内蒙古公司总经理李有俊第一时间作出指示，副总经理王玉林提出理赔服务要求，自治区市县三级公司积极主动开展伤亡人员承保排查工作。9月25日，呼伦贝尔分公司总经理佟玉柱一行赶往事故现场，配合政府做好救灾工作。中国人寿内蒙古公司办公室、业务管理中心和客户服务管理中心第一时间启动应急预案，制定工作措施，并向总公司和自治区保监局等部门及时报送事故处置进展情况。

赤峰市元宝山区宝马矿业爆炸事故 12月3日，赤峰市元宝山区宝马矿业爆炸事故发生后，中国人寿内蒙古公司和赤峰分公司总经理室高度重视，第一时间成立应急小组，启动理赔应急处理机制。元宝山公司经理及赤峰分公司客户服务中心人员第一时间赶赴现场，主动排查客户出险情况，并开通6项服务举措：主动快速服务；简化理赔手续；取消定点医院限制；提供上门理赔服务；严格保密客户信息；开通24小时服务热线。12月4日，公司派人前往元宝山医院对矿难受伤矿工进行安抚和慰问；12月26

日，公司工作人员前往赤峰元宝山长胜村对3名遇难者的家属进行现场理赔，共计支付保险金20.5万元,各项善后工作已基本结束。

【荣誉】

2016年中国人寿内蒙古公司先后获得“金融优质服务奖”“定点帮扶工作先进单位”等荣誉，并获得自治区人民政府颁发的普惠金融贡献奖。

(撰稿人:崔杰　李小龙)

商务·旅游

商贸服务业

【概况】 内蒙古自治区商务厅（以下简称自治区商务厅）是自治区人民政府的组成部门，内设19个处室，行政编制87人（含纪检）。其中：厅长1名，副厅长5名（含口岸办主任1名），纪检组长1名，副巡视员2名，处级领导职数42名（19正、23副），处级非领导职数22名（调研员12名，副调研员10名），主任科员10名，副主任科员4名。

【社会消费品零售总额】 2016年，全区消费市场运行取得明显进展，实现社会消费品零售总额6700.8亿元，同比增长9.7%。其中：城镇消费品零售额6056.1亿元，同比增长9.5%；乡村消费品零售额644.6亿元，同比增长12.0%。按照消费形态分，餐饮业收入1027.3亿元，同比增长10.6%；商品零售额5673.4亿元，同比增长9.5%。从自治区商务厅各类监测系统显示，市场运行总体平稳。1—12月份，自治区生活必需品市场供应充足，价格总体稳定。受节日效应影响，12月份零售市场所监测的68种商品中，52种商品价格上涨，16种商品价格下跌。其中：粮油价格涨跌各异，大米零售价格环比上涨0.78%，面粉零售价格环比上涨1.14%，食用油零售价格环比下降0.33%；肉类价格重拾涨势，零售价格环比上涨0.99%；禽蛋价格双降，鸡蛋零售价格环比下降1.85%，白条鸡零售价格环比上涨0.39%；受雾霾、降雪等天气因素影响，果蔬价格涨幅明显。蔬菜零售价格环比上涨6.48%，水果零售价格环比上涨4.91%。重要生产资料市场正常运行。年初供暖季结束后，电煤需求平淡，市场走货缓慢，煤炭价格持续下行，6月份逐步企稳，价格持续上涨。12月，煤炭市场继续保持涨势，但涨幅略有回落；钢材市场3月份开始逐渐走出低迷行情，4月份以后钢材价格持续上涨，6月份以来出现弱势下滑后趋于稳定，年底价格持续上涨；化肥需求不振，走货不畅，化肥市场弱势运行；水泥市场受季节因素影响较大，价格正常波动。成品油市场销售小幅回升，累计销售量815.35万吨，同比增长0.77%。其中：汽油销量349.86万吨，同比增长7.71%；柴油销量465.49万吨，同比下降3.89%。

【市场秩序】 发挥全区打击侵权假冒领导小组办公室的作用，着力推进互联网领域侵权假冒行为治理、中国制造海外形象维护“清风行动”、打击农村牧区和城乡接合部市场假冒伪劣行为等专项行动，召开打击侵权假冒“两法衔接”培训班，对各行政执法部门信息公开工作情况进行全面督查和通报，发布打击侵权假冒信息300余条。推动跨区域跨部门协作，牵头会同自治区13个部门建立《内蒙古自治区打击侵犯知识产权和制售假冒伪劣商品领域行政执法与刑事司法衔接工作机制》，会同相关省市印发《京津冀晋蒙五省（区、市）打击侵权假冒区域协作共同指引》，全力维护市场秩序、优化营商环境。推进商务领域诚信体系建设，开展“诚信兴商”宣传活动，建成并启用“自治区商务领域企业信用信息平台”。做好零售商供应商公平交易管理、零售商促销行为管理、单用途商业预付卡管理和商务领域食品安全工作。建立"双随机、一公开"抽查事项清单和机关执法检查人员名录库、市场主体名录库，制定市场监管执法事项实施细则。全面完成肉菜、中药材追溯体系建设验收工作，开展药品物流基本情况调研，形成《内蒙古自治区人民政府办公厅关于促进药品物流发展的意见》并提交自治区人民政府办公厅印发。联合自治区旅游局、工商局、质监局开展旅游纪念品市场专项整治工作。

【市场体系建设】 推进农村电子商务加快发展，组织20个旗县申报国家级电子商务进农村综合示范县并获得4亿元专项资金补贴，开展专项培训和绩效评价，制定印发电子商务扶贫工作方案。推进全区市场体系建设项目，对6家项目实施企业进行实地考核和验收。向商务部推荐285个内蒙古流通设施重点建设项目，上报165个项目进入全国农产品流通骨干网建设项目储备库。创新农产品流通模式，帮助企业拓宽销售渠，15家企业和2个城市成为开展农产品冷链流通标准化示范试点单位，105家企业纳入"全国农产品流通体系建设管理信息平台—农商互联地理信息平台"，3家企业开展全国公益性农产品示范市场工作。编制完成自治区农畜产品市场体系"十三五"发展规划。对已实施的农产品现代流通综合试点、大宗农产品产区错峰冷藏设施建设、"农超对接"试点、跨区域农产品流通基础设施建设等项目加强评估和督查。开展产销对接活动，与中国石化内蒙古石油分公司联合召开内蒙古特色商品推介展销会，自治区37家企业近千种商品参展，达成签约意向金额近1.2亿元。帮助解决锡林郭勒盟、呼伦贝尔市由于旱灾引发羊肉市场滞销问题，开展北京社区蔬菜直销店考察活动，对部分盟市马铃薯仓储设施建设资金项目深入调研并针对存在的突出问题提出工作建议。进一步规范二手车、报废汽车、商品现货交易市场行业管理，继续开展"便民连锁超市全覆盖"工程，提前一年完成自治区下达的建设任务。

【流通业发展】 深化流通供给侧结构性改革，牵头制定推进国内贸易流通现代化、建设法治化营商环境、深入实施"互联网＋流通"行动计划、线上线下互动加快商贸流通创新发展转型升级、加快融资租赁业发展等一系列实施意见。在呼和浩特市、包头市开展城市共同配送试点，组织全区绿色流通生态文明展、全区电子商务公共服务体系建设培训班，参加第十三届中华老字号博览会、第九届中国绿色食品博览会。推进呼和浩特市中小商贸流通企业公共服务平台建设试点，呼和浩特市成功入围国家第二批"小微企业创业创新基地城市示范"，并获得中央财政9亿元奖励支持。继续在呼和浩特市、包头市开展城市共同配送试点。推进"电子商务示范基地提升行动""特色农畜产品网销工程"，支持引导包头国家电子商务示范基地、通辽国家级电子商务园区打造电商体系，五原县河套电子商务产业园区在2016年中国县域电商上海峰会上作为经验向全国展现，成为自治区第一个走出去让外地分享经验的园区。开展2016—2017年度自治区电子商务示范基地和示范企业创建工作。实施农畜产品网销工程，助力呼伦贝尔市、锡林郭勒盟两旱灾地区羊肉销售，授权金桥电子商务示范基地开展"汇聚内蒙"聚划算预热活动，促使内蒙古商家在淘宝零食的排名提高了10%，"双十一" 通辽科尔沁牛业生鲜类销售排名全国第一。建设电子商务支撑体系，搭建了可视化电子商务全程质量追溯平台，提升追溯体系综合服务功能。发展社区电子商务，以呼和浩特市、包头市为重点推动O2O电子商务规模化发展。认真贯彻落实安全生产责任制，统一组织、部署内贸领域安全生产隐患排查、整治工作，确保行业平稳运行，安全生产。

【市场运行和消费促进】 全面提升市场监测水平，生活必需品监测样本县级行政区覆盖率100%。完善市场调控体系，有效保障市场供应，修订《内蒙古自治区生活必需品市场供应应急预案》,指导各盟市商务部门开展应急预案修订工作,全区设立应急商品集散地 73 个,应急投放网点 183 个。完成 8450 吨国家肉类储备、40 万吨国家储备糖、7 万担边销茶、6200 吨自治区储备肉的储备任务。加强成品油市场监管,共年检批发、仓储企业 70 家,零售企业 3753 家,核准建设加油站 27 座,油库 1 座。推进油气回收治理工作。累计改造储油库 48 座,加油站 3398 座。配合相关部门开展了环境保护督查、油品质量升级、地下水及大气污染防治等工作。

【对外贸易】 据海关统计,2016 年度,全区实现进出口总值 117.01 亿美元,同比下降 8.1%。其中:进口 72.3 亿美元,同比增长 2.1%;出口 44.71 亿美元,同比下降 20.9%。出口额、出口额在全国排名各前移一位。特别是进口扭转了 2015 年下降态势,逆势增长 2.1%,增幅高于全国平均水平 7.6 个百分点。按照人民币口径,进出口总值完成 772.78 亿元,同比下降 2.1%,高于全国平均降幅 1.2 个百分点。全区加工贸易实现进出口总值 4.89 亿美元,同比增长 100.4%。

【外资利用】 2016 年,全区新批准设立外商投资企业 50 家,同比减少 2 家;实际利用外资 39.67 亿美元,同比增长 17.8%,比 2015 年度止跌回升 33.2 个百分点。从投资行业看,主要集中在采矿业、化工业、制造业、农林牧渔业。其中,制造业、采矿业利用外资同比下降,农林牧渔业增长较快,服务业等领域增长明显;从资金分布情况看,主要集中在鄂尔多斯市、呼和浩特市、包头市、锡林郭勒盟、赤峰市,有 6 个盟市利用外资呈现增长,其中,锡林郭勒盟、呼和浩特市、阿拉善盟、赤峰市、鄂尔多斯市呈 2 位数以上增长。

【对外投资】 2016 年,全区新备案境外投资企业 114 家(其中:俄罗斯 47 家、蒙古国 26 家),同比减少 1 家;中方协议投资总额 22.94 亿美元,同比增长 32.3%,协议投资上千万美元的项目达到 29 个,比 2015 年增加 5 个。投资领域主要涉及森林采伐、木材加工、农业种植、畜牧业养殖、采矿业、金融业、住宿餐饮业等。新签对外承包工程合同额 300 万美元,同比下降 57.3%;完成对外承包工程营业额 1704 万美元,同比增长 1.6 倍;外派各类劳务人员 1252 人,同比增长 82.8%。

【口岸经济】 全区口岸进出境货运量 7887.44 万吨,同比增长 19.8%,比 2015 年止跌回升 26.9 个百分点。其中:进境货运量 5552.87 万吨,同比增长 35.4%;出境货运量 941.43 万吨,同比下降 2.9%;转口货运量 1393.14 万吨,同比下降 7.8%。对俄罗斯口岸进出境货运量 3084.05 万吨,同比增长 1.3%,其中:进境货运量 1364.99 万吨,同比增长 8.6%;出境货运量 325.92 万吨,同比增长 17.9%。对蒙古国口岸进出境货运量 4803.39 万吨,同比增长 35.7%。其中:进境货运量 4187.88 万吨,同比增长 47.2%;出境货运量 615.51 万吨,同比下降 11.2%。全区口岸进出境客运量 532.2 万人次,同比增长 24.2%;进出境交通工具 164.27 万列辆架次,同比增长 29.6%。

【自治区首个综合保税区通过国家验收】 9 月 13 日,满洲里综合保税区顺利通过由海关总署牵头,国家发改委、财政部、国土资源部、住房和城乡建设部、商务部、国家税务总局、国家工商总局、国家质检总局、国家外汇管理局等 10 部委组成的联合验收组验收,并获得验收合格证书。这标志着自治区首个综合保税区正式封关。

【重要会议】

自治区商务工作电视电话会议 3 月 3 日在呼和浩特市召开,自治区有关领导、各盟市商务工作分管领导和主管部门负责人、自治区商务厅全体干部及直属事业单位负责人参加会议。会议总结“十二五”期间及 2015 年全区商务工作情况,对“十三五”时期工作进行展望,对 2016 年工作进行全面部署,5 个盟市进行典型经验发言。

自治区向北开放暨口岸工作会议 3 月 8

日在呼和浩特市召开，自治区有关领导，各盟市、计划单列市分管副盟市长，各盟市口岸办负责人，沿边旗(市)政府主要负责人，口岸所在地旗(市)口岸办负责人，相关厅局单位、口岸联检部门负责人，综合保税区、保税物流园区、陆港负责人等参加会议，自治区人大外事委、自治区政协外事委、自治区工商联、呼和浩特铁路局、哈尔滨铁路局负责人列席会议。会议贯彻落实中共十八届五中全会、中央经济工作会议以及自治区九届十四次全委会议、自治区经济工作会议精神，深入分析自治区向北开放和口岸发展形势，安排部署2016年全区向北开放重点工作，5家单位经验交流发言。

全区电子商务进农村牧区工作现场会　8月27—28日在乌兰察布市召开，自治区人民政府(以下简称自治区政府)有关领导、相关厅局，14个盟市农村电商分管领导、商务局主要负责人，电商企业、电商商协会等248人参加会议。会议传达全国加快内外贸流通创新推动供给侧结构性改革电视电话会议精神，分析农村电商进展情况，并对下一步工作提出要求，部分示范旗县和盟市的代表进行了典型发言。期间，召集34个示范旗县进行座谈，现场观摩乌兰察布市凉城县农村电商发展情况，组织专题业务培训。

2016·中国二连浩特中蒙俄经贸合作洽谈会跨境经济合作区中蒙俄圆桌会议　9月3日在二连浩特市召开，商务部国际贸易研究院副院长李光辉、内蒙古自治区商务厅厅长孙炜东、蒙古国副总理办公室主任巴·恩和阿木古楞等中蒙俄三方代表及中蒙俄陆桥沿线地区政府、商会、企业共4000余人参加会议。厅长孙炜东发表题为“共建跨境经济合作区实现互利共赢”的主旨演讲。中蒙俄三方签署《2016·中国二连浩特中蒙俄经贸合作洽谈会跨境经济合作区中蒙俄圆桌会议纪要》；二连浩特市与蒙方签署《二连浩特市人民政府和扎门乌德自由区管委会关于共同推进中蒙二连浩特—扎门乌德跨境经济合作区建设工作备忘录》。

【内蒙古—香港重点合作项目推介会】　11月15—17日，自治区主席布小林率政府代表团在香港开展系列经贸合作和推介交流活动。期间，举办2016内蒙古—香港重点合作项目推介会，自治区人民政府、相关部门，香港特区政府及有关单位主办和协办，自治区副主席符太增主持开幕式，自治区主席布小林和香港投资推广署助理署长何兆康先后在开幕式上致辞，自治区发改委、商务厅、经信委、农牧业厅、旅游局等5个部门负责人向香港工商界介绍内蒙古的投资环境和招商引资重点。此次推介会历时两天，推介重点合作项目45个，涉及基础设施、旅游、绿色农畜产品生产加工、化工、冶金、战略性新兴产业和服务业等7个领域。签约74个重点项目，金额总数223.1亿美元，其中意向协议30个，金额总数为128.6亿美元，签约合同项目44个，实际利用外资金额为94.49亿美元，涉及金融、物流、旅游、城市基础设施、新能源、绿色材料制造、绿色农产品加工、电子商务、进出口贸易、制造业、基础设施建设、产业园区及化工行业等行业和领域。

【中国—东盟博览会】　6月16—18日，为期3天的中国—东盟博览会越南展在越南首都河内举行，内蒙古自治区13家公司参加展会，共签订意向订单合计90多万美元。9月11日，第十三届中国—东盟博览会暨中国—东盟商务与投资峰会在广西南宁国际会展中心隆重开幕。内蒙古自治区代表团共组织13家企业参展，重点展示自治区特色产业产品，积极开展投资合作洽谈活动，并首次在南宁国际会展中心“魅力之城”展区设立“内蒙古魅力展示区”，重点展示内蒙古自治区包头市、巴彦淖尔市和通辽市本地优势产业和特色商品并进行招商引资推介。

【第三届中国—俄罗斯博览会】　7月10—14日，内蒙古自治区代表团赴俄罗斯联邦叶卡捷琳堡市参加第三届中国—俄罗斯博览会及相关商务活动。其间,内蒙古自治区参展展位35个,位列国内各参展省区的第二位。5个盟市29家企业参展,对接制造业和高新科技、技术企业80余家,包商银行等中俄金融联盟16家中方城市商业银行与俄罗斯开发与对外经济银行签署银团贷款协议。

【进出口商品交易会】

第一百一十九届中国进出口商品交易会 4月15日至5月5日在广州举行，内蒙古交易团总体展览格局和展位安排保持稳定，展览总面积为2358平方米,展位总数255个,组织参展企业162家。其中:品牌展位16个,参展企业3家;一般性展位239个,参展企业159家。本届广交会内蒙古交易团共成交6379.78万美元,较2015年春交会增长14.59%。

第一百二十届中国进出口商品交易会 10月15日至11月4日在广州举行,展位总数262个，组织参展企业168家。其中：品牌展位16个,参展企业3家;一般性展位246个,参展企业165家。本届广交会内蒙古交易团共成交7501.84万美元,较2015年秋交会增长17.59%。

【2016中国食品餐饮博览会】 9月9—12日在湖南省长沙国际会展中心举行，自治区组织28家食品餐饮企业参展、21家餐饮企业采购,据初步统计,自治区企业现场成交额103万元,协议合作项目34项,意向金额1558万元。其中,自治区锡林郭勒盟东乌珠穆沁旗蒙源肉业有限公司与长沙市臻永食品贸易商行现场达成牛羊肉食品供销合作协议,协议金额1000万元。自治区商务厅获组委会颁发的"最佳组织奖",自治区企业蒙牛集团获"2016食餐会消费者最喜爱的十大品牌"。

【第六届中国薯都·乌兰察布马铃薯展洽会】 10月18—20日在乌兰察布市举行,自治区、乌兰察布市及各旗县的政府和企业代表、京津以及广东等地区农副产品生产加工企业参加了展洽会，共有采购商及供应商300余家企业参会、150多家企业产品参展。其间，举办薯业论坛、"薯业+互联网"论坛、采购商及供应商洽谈会、京津冀晋蒙农副产品展销会、市重点马铃薯加工企业参观等系列活动。共签订协议52份,协议金额7.78亿元,数量41.75万吨。其中:签订冷凉蔬菜协议3份,协议销售1.15万吨,协议金额1.265亿元；其余为马铃薯鲜薯及制成品,数量40.6万吨,协议金额6.52亿元。

(撰稿人:刘敏 李艳茹)

粮食商业

【概况】 2016年,内蒙古自治区粮食局(以下简称自治区粮食局）面对改革发展稳定的繁重任务,全面贯彻落实国家粮食安全战略,按照全国粮食流通工作会议的安排部署，围绕自治区党委、政府对粮食流通工作要求,坚持稳中求进工作总基调,主动适应经济发展新常态,全面落实新发展理念，积极应对玉米市场化收购带来的挑战，较好地完成全年的主要工作任务，实现"十三五"良好开局。

粮食生产稳定,结构趋优;粮食调控有力有效,市场平稳有序;放心粮油工程稳步推进,城乡放心粮油网点设建逐步成型；应急保障能力加强,质量监管更加严密;粮食仓储设施建设更加科学智能,危仓老库维修改造更加精准,农户科学储粮仓更加优化；粮食产业化和粮食流通现代化工作加强；安全生产和储粮安全继续保持良好态势;玉米收储制度改革得到全面落实,市场化玉米收购顺利完成；全面落实粮食安全省长责任制,行业管理工作明显加强;认真执行中央八项规定和自治区28项具体规定,各项工作呈现新进展,有了新突破,取得新成效,党风行风得到根本性好转，为自治区经济社会发展做出积极贡献。

【粮食生产】 2016年，全年农作物播种面积794.7万公顷,比上年增长5.0%。其中:粮食作物578.5万公顷，比上年增长1.0%。粮食总产量2780.3万吨，比上年下降1.7%；油料产量225.5万吨，比上年增长16.5%。玉米产量2143.3万吨，同比下降4.8%；小麦169.9万吨，同比增长7.4%；大豆100.5万吨，同比增加13.2%；稻谷63.2万吨，同比增加18.8%。呈现"一减四增"良好态势，粮油供给侧结构性改革初见成效。

【粮食流通】 2016年，全区收购粮食2512万吨。其中，商品粮收购1278万吨；临储粮收购1225万吨。其中：玉米2357万吨（商品粮1132万吨，临储粮1225万吨），同比减少23%；小麦85万吨，同比增长49.2%；大豆14万吨，同比增长46%；稻谷21万吨，同比增长52.5%；油料215万吨，同比增长567%。口粮品种收购量大幅度增加。

全年全区商品粮销售740万吨。其中：玉米518万吨，同比增长9.6%；小麦139万吨，同比增长53.5%；大豆21万吨，同比增长64.6%；稻谷39万吨，同比增长148%；油料24万吨，同比减少3.2%。主要粮食品种销售量大幅度增加，呈现购销两旺的良好态势。

2016年末，全区商品粮库存304万吨。其中：玉米230万吨，同比增长61.9%；小麦46万吨，同比增长76.9%；大豆6万吨，同比增长84.9%；稻谷14万吨，同比增长8.9%；油料3万吨，同比减少29.3%。主要粮食品种库存量明显增加，去库存任务仍然十分艰巨。

【落实玉米临时收储政策】 自治区粮食局与中储粮内蒙古分公司、农发行内蒙古分行联合布设收储库点，严格执行国家收储政策，临储玉米收购218.6亿公斤，同比增长69.9%，促进农民增收153亿元。自治区一次性投入财政资金4050万元，购置135台专用色选机，解决超标玉米色选问题，完成2015年临储和2016年市场化玉米收购任务。

【玉米收储制度改革】 本着"有人收粮、有钱收粮、有仓纳粮、有车运粮"的要求，开展政策宣传、舆论引导、产销协作、银企合作、协调运力等各项工作，玉米收购各环节保障有力，有效衔接，效果明显。3月份，发布玉米收储制度改革信息，通过自治区人民政府网、内蒙古粮网等平台加大宣传力度；10月份，自治区粮食局联合自治区财政厅、农牧业厅和中储粮内蒙古分公司、农发行内蒙古分行等部门召开新闻通气会，宣传解读收购政策，引导农民积极有序售粮；争取国家有关部门和中央企业先后安排自治区政策性收购计划70亿公斤；出台玉米深加工企业补贴政策；举办首届内蒙古粮食产销协作洽谈会，与广西、浙江等5省区签订粮食产销战略合作协议，搭建企业间合作平台，引导多元主体入市，做到了有人收粮。在农业发展银行发放收购贷款的基础上，多次与建设银行、邮储银行等商业金融机构对接，引导各类商业银行发放贷款21亿元；自治区财政拨付1亿元建立收购信贷保证基金，通过盟市政府注资和企业认缴的方式扩大基金规模，总规模3.11亿元，通过基金放贷8.3亿元，做到各类市场主体有钱收粮。加强调研和情况分析，准确把握收购形势，加大腾仓并库力度，做到有仓纳粮。

抽调专人设立铁路运输协调办公室，加强与沈铁、哈铁和呼铁局的沟通协调。其中，呼伦贝尔、通辽等地还设立专门机构或派专人常驻铁路局。12月份，全区铁路日派车皮数量由11月份174车增加到260车，日均发送玉米1.7万吨，两月共发运玉米13 631车，做到有车运粮。

落实各地政府收购主体责任，建立部门间联席会议制度和信息上报反馈机制，在呼伦贝尔市、兴安盟等地先行先试的基础上，稳妥推行"粮食银行"试点，加大粮食产后服务力度，保证收购市场平稳有序。

【放心粮油保障和监管】 明确放心粮油工作机制和任务目标，制定建设规划和推进措施，召开全区放心粮油工作会议，开展放心粮油示范企业认定和年审，推进放心粮油工程与"万村千乡市场工程”、城市便民市场建设的融合发展。赴宁夏回族自治区考察学习应急供应体系建设先进经验，完成全区粮食应急供应体系建设各项基础工作。积极开展粮食质量安全监管工作，完成940份新收获粮食重金属、真菌毒素含量和农药残留等项目的检测，完成216份“放心粮油”及批发市场等经营主体成品粮油质量抽检。坚持改革创新，完成全区军粮供应保障任务。包头市依托粮油购销和加工企业，配套财政扶持政策和监管措施，采取分期分批试点的形式逐步推进粮食应急体系建设，积极筹备应急供应和质量安全演练。赤峰市成立放心粮油工程建设管理办公室，结合放心粮油工程构建粮食应急供应保障网络。巴彦淖尔市制定放心粮油工程建设总体规划，做到有引导资金、有示范企业，推动粮食应急供应、放心粮油工程与主食产业、军粮供应融合发展。乌海市探索推进成品粮应急储备、加工、供应整体协同发展。

【安全储粮和生产】 坚持“安全第一，预防为主，综合治理”的方针，坚持标准不降、劲头不松、力度不减，突出“严、准、实、快”，开展常态化、大范围的安全储粮、安全生产大检查，全区各级粮食部门狠抓责任落实，强化库存监管，实现安全储粮安全生产零重大事故，保持安全稳定总体形势。其中，包头市将2016年确定为“储粮安全年”，锡林郭勒盟制定下发储备粮巡查规程，确保辖区粮食储存安全。

落实各级地方粮食储备，完善地方储备管理制度，提出自治区级储备粮轮换办法修订意见，寻求自治区级储备粮油新的管理模式。阿拉善盟主动探索建立旗级地方粮食储备；兴安盟结合当地粮食产业实际，研究储备粮油存储和轮换方式，为解决成品粮油储备轮换亏损提供了借鉴。

【“粮安工程”建设】 建立督察、约谈、通报机制和项目申报审批挂钩奖惩制度，设立项目建设进度台账，推进开工项目建设，粮食流通基础设施建设水平显著提高。危仓老库维修改造完成89%；盟市所在地成品粮应急低温储备设施建设完成投资1.23亿元，占总投资额77%；2016年粮食仓储设施项目完成投资2.13亿元，完成工程进度64%，物流项目完成59%；推进部分未完成的农户储粮专项建设；投资2620万元实施7个粮食质量安全检验监测能力建设项目；争取中央财政资金2094万元，自治区配套2500万元专项资金启动42个危仓老库（军粮专项）维修改造项目；粮食价格监测预警子系统和储备粮管理监测预警系统顺利通过竣工验收，正式投入使用。

【粮食产业经济】 编制完成自治区粮食流通“十三五”规划，以自治区人民政府办公厅名义转发《关于进一步促进粮食流通产业发展的意见》，明确粮食产业发展总体思路和具体举措。推进国有粮食企业改革，会同财政、农发行核实粮食政策性财务挂账76.9亿元；在区直国有粮食企业开展改革试点，构建自治区级粮食宏观调控载体。以“科技列车赤峰行”为标志，正式启动粮食产后服务工程。加大与“粮达网”“有粮网”等粮食线上交易企业的沟通联系，促进“互联网＋粮食”业态发展。赤峰市依托区位优势和粮食产品优势，加快杂粮产业发展，推进地方企业与大型企业合作，创建“八千粟”“乡野田”等知名杂粮品牌，松山区与中粮贸易等3个企业合作项目落地启动。

【粮食安全省长责任制和粮食行政管理】 建立粮食安全自治区主席责任制，政府领导、多方参与的组织领导机构，畅通工作联络和信息沟通渠道，提高工作效率。建立既符合自治区实际又利于操作的考核制度和指标体系，坚持落实国家目标任务要求与立足地方实际相结合，确保考核工作和业务工作共同推进。突出目标和问题导向，组织自治区本级全面开展自查，加强对盟市督导检查，深入抓好整改落实，取得明显成效，得到国家相关部门的充分肯定。为进一步落实责任制要求，自治区财政鼎力支持，2016 年追加放心粮油和新收获粮食质量抽检专项经费 94 万元，2017 年又增加自治区本级责任制考核、应急演练等经费 400 万元。包头市为切实落实粮食安全盟市长责任制，明确昆区、青山、东河 3 个辖区粮食行政管理部门，解决 10 多年来三区因机构改革而导致粮食流通行政职能缺位问题。阿拉善盟在自查总结阶段的工作组织有力，报告上报及时、规范。

改进粮食市场监管方式，推进粮食行业“双随机一公开”监管，为推动全区粮食流通各项工作提供有力保障。完成粮食库存检查和统计制度执行情况专项检查，加强政策性粮食销售出库管理。以秋粮收购为重点强化监督检查工作，配合海关开展打击粮食走私活动。继续推进全国粮食流通监督检查示范单位创建活动和示范单位复核工作。开展军供粮食质量大检查，确保军粮质量稳定可靠。

（撰稿人：王金云）

供销合作商业

【概况】 内蒙古自治区供销合作社联合社（以下简称自治区供销社）系统共有三级联合社机构 107 个。其中：自治区级联合社 1 个，盟市级联合社 12 个，计划单列市联合社 1 个，旗县级联合社 93 个。现有各类法人企业 574 个。基层供销合作经济组织 14 981 个。其中：基层供销合作社 566 个，农牧民专业合作社 9781 个，村级综合服务社 4634 个。自治区供销社设立理事会、监事会，内设 8 个职能处室（综合办公室、人事教育处、财务审计处、经济发展处、合作指导处、党务工作处、流通网络建设处、社有资产监督管理处）；下设 8 个直属企业：内蒙古农牧业生产资料集团、内蒙古牧王畜产品股份有限公司、内蒙古绿泰源农产品开发股份有限公司、内蒙古润创冷链物流有限责任公司、内蒙古铉力和再生资源开发有限公司、内蒙古汇特投资有限公司、内蒙古供销电子商务股份有限公司、内蒙古合信资产经营管理公司，1 个直属事业单位（内蒙古经贸学校）。

全区供销合作社系统推进供销合作社综合改革，不断提升为农牧服务能力和水平，整体经济运行保持稳中有进态势。全系统实现商品购销总额 670.86 亿元，同比增长 7.45%。其中：购进总额 320.31 亿元，同比增长 12.31%；销售总额 350.55 亿元，同比增长 3.36%。实现利润 5.55 亿元，同比增长 0.55%。期末所有者权益 67.1 亿元，同比增长 4.05%。

【综合改革】 自治区供销社加强部署督导，建立改革任务分解台账、季度督查制度和年终考评制度，先后组织召开综合改革推进会、改革工作调度会和企业经营情况分析会，了解情况、查找问题、部署任务。各盟市、旗县社按照改革要求，细化改革举措，争取政策支持。截至年底，呼伦贝尔市等 8 个盟市、奈曼旗等 16 个旗（县、区）出台贯彻内党发〔2016〕6 号和内政办发〔2016〕46 号文件实施意见。5 个试点盟市、22 个试点旗县社主动作为，大胆探索，在为农牧服务和体制机制创新方面取得进展。赤峰市敖汉旗长胜镇基层社面向农民和新型农业经营主体提供农资供应、统防统治、耕种、收割、销售等产供销各环节服务，不断提升农业社会化服务水平。锡林郭勒盟正蓝旗社联合牧民合作社和草业公司共同开展草牧场托管服务，探索牧业社会化服务模式。包头市社牵头成立农村牧区产权交易中心，开展集体产权、土地草牧场经营权等流转服务，为农村牧区资产资本化、资源市场化、农牧民增收多元化提供服务平台和制度保障。扎赉特旗、准格尔旗等旗县社推进社有企业、基层社与农牧民专业合作社交叉持股、融合发展，探索社农利益联结方式。奈曼旗社牵头组建农牧民专业合作社联合社，搭建合作社的公共服务平台。

【农牧服务】 全系统开展土地托管服务的旗县社超过 20 个，实施土地流转服务面积 70.28 万亩、土地托管服务面积 86.36 万亩、统防统治面积 24.06 万亩、配方施肥面积 19.92 万亩、农机服务面积 32.73 万亩。全系统有全国供销总社级农牧业产业化重点龙头企业 34 家，领办专业合作社 151 个，带动基地 100.68 万亩，带动农牧户 12.03 万户。2016 年，实现农畜产品收购额 19.18 亿元，实现销售收入或市场交易额 45.04 亿元。赤峰、包头所属 5 个旗县供销社在领办的农牧民合作社开展内部资金互助服务，全年贷款金额 6.42 亿元。阿拉善左旗温镇基层社与方大村镇银行合作创建社区银行，为农牧民提供优惠、便捷的服务。

【基层合作经济组织建设】 基层社总数 566 个，新增 59 个，苏木乡镇覆盖面 79%。培育销售额在 500 万元以上、经营持续盈利、对农牧民带动力强的总社级、自治区级基层供销社标杆社 124 个，占到全部基层社的近 1/5。基层社全年实现营业总收入 102.32 亿元、利润总额 1.42 亿元，同比分别增长 18.80%、13.65%，增速明显高于系统平均水平。全系统领办、创办的专业合作社新增 587 个，总数 9781 个；入社农牧户 22.96 万户，占全区农牧户总数 12.52%；累计创建国家、总社级和自治区级专业合作社“示范社”224 个，起到抓典型、树榜样、带全局作用。全系统积极融入农村牧区社区综合服务体系建设，2016 年嘎查村级综合服务社新增 384 个，累计 4634 个。其中，创建五星级“星级社”累计 39 个，全区嘎查村覆盖面 42%。

【流通服务体系建设】 全系统现有连锁经营企业 137 个、县域配送中心 224 个、经营服务网络终端 12 036 个，农资经营网络基本覆盖粮食主产区和重要物流节点；有 2/3 的旗县供销社拥有农畜产品批发交易市场，1/3 的旗县供销社建有标准化日用消费品配送中心。2016 年，全系统组织销售农牧业生产资料 69.58 亿元，同比增长 2.1%，化肥供应继续发挥主导作用。实现农畜产品购进总额 169.11 亿元，同比增长 47.3%。实现日用消费品零售总额 195.41 亿元，同比增长 14.8%，比全区社会消费品零售总额增幅高出 5.1 个百分点。实现再生资源回收额 5.56 亿元，同比增长 19.6%。农资、农畜产品、日用消费品、再生资源四大网络继续向县域拓展。旗县及旗县以下供销合作社实现销售收入 278.73 亿元，同比增长 10.57%，实现利润 4.36 亿元，同比增长 4.05%。争取总社电商公司 2000 万元资本投入，改组成立内蒙古供销电子商务公司，向上与全国总社“供销 e 家”对接，向下推进县域电商中心和基层电商服务站建设，加快建成内蒙古“供销 e 家”全区性电商平台，促进实体经济与电商经济融合发展。截至年底，全系统拥有电子商务企业 29 个，自建或依托第三方建设电商平台 39 个。2016 年，实现电子商务销售额 2.2 亿元，同比增长 4.37 倍。

【社有企业改革】 盟市、旗县社有企业实现销售收入 218.09 亿元，同比增长 3.3%。以包头、赤峰市供销社为代表，以项目建设为载体的社有企业层级联系不断加强。包头市供销社组建成立包头市供销（集团）公司，与全国总社中国农产品批发市场股份公司签订框架协议，推进中国供销包头农副产品物流园区项目建设。赤峰市社自筹和引进社会资本 1 亿多元，联合旗县供销社完成赤峰供销腾达区域物流配送中心、克什克腾旗赛汗农贸市场、赤峰金秋农产品公司 5 万吨杂粮加工项目、红山区中心城区日用消费品配送中心等重点项目。自治区供销区社新一届党组班子对直属企业进行全面的清产核资和项目清理，摸清家底，找出症结，有序推进整改工作。建立联合社机关和社有企业“三重一大”事项决策程序和审批备案制度，重大事项由党组集体研究决定。建立联合社监管权力清单，对直属企业做到科学管理、不该管的坚决放权，破解“一放就乱、一管就死”的顽症。建立企业财务总监和监事会主席由区社委派、提名制度，加强对企业运营的全程监督。修订《社有企业负责人考核办法》《社有资产收益收取管理办法》，建立起经营业绩与企业负责人薪酬及任免挂钩的考核制度和同股同酬利益分配机制，改变以往自然人股东分红率高于社有资产收益率状况。深化企业内部三项制度改革，在5个直属企业公开竞聘董事长、总经理，打破干部能上不能下的禁锢；在企业内部推行层层竞聘上岗和新进人员市场化公开招聘，解决员工能进不能出和队伍优化问题；推行全员绩效考核制度，以岗位和贡献定薪，打破分配上平均主义和"大锅饭"，公司治理得到全面优化。2016年12月30日，召开自治区供销社直属系统干部职工大会，举行直属出资企业2017年经营目标责任书签字仪式，全面落实直属企业负责人经营目标责任、权利和义务。

【联合社管理工作】 截至2016年底，自治区供销社和10个盟市供销社、15个旗县供销社成立社有资产管理委员会，部分联合社组建社有资产经营公司，履行出资人职责，加强对直属公司的监管。自治区供销社加大对基层组织的扶持力度，2016年从自治区"新网工程"专项资金中安排1000万元用于基层合作经济组织建设，50%以上的总社农开项目资金用于扶持社有企业带动基层社发展合作项目，直接扶持基层社的比例达到20%以上。自治区供销社和8个盟市、14个旗县供销社建立上级对下级社的综合业绩考核制度，6个盟市、14个旗县供销社建立下级社对上级社的工作评议机制。呼和浩特、乌兰察布市社细化"以股代投"政策，财政补助资金由联合社作为股本投入到社有企业和基层组织，在加强对项目资金监管的同时，构建上下级供销合作社资本联结机制。

【改革试点工作】 1月12日，自治区党委全面深化改革领导小组召开第十一次会议，审议并原则通过《关于深化供销合作社综合改革的实施意见》。5月3日，自治区人民政府办公厅印发《内蒙古自治区供销合作社综合改革试点实施方案》(内政办发〔2016〕46号)，对全区供销合作社综合改革试点工作做出全面部署。确定赤峰市等5个盟市供销合作社、呼伦贝尔市阿荣旗等22个旗县供销合作社和区社直属出资企业为综合改革试点单位。

【人事任免】 6月4日，自治区供销社召开干部大会。自治区党委组织部副部长闫同义出席会议并代表自治区党委宣布，杨春山任区社党组书记，并提名为自治区供销社理事会主任人选；马麟不再担任区社党组书记职务，提名免去区社理事会主任职务。会议由马麟主持，闫同义讲话，杨春山、王政和先后表态发言。自治区供销社领导班子成员出席会议，机关各处室和直属各单位负责人参加会议。

【直属出资企业2017年度经营目标责任书签字仪式举行】 12月30日，自治区供销社召开直属系统干部职工大会，举行自治区供销社直属出资企业2017年经营目标责任书签字仪式。会议宣读自治区供销社有关直属出资企业《2017年经营目标责任书》，自治区供销区社党组书记、理事会主任杨春山分别与内蒙古农资公司、牧王公司、绿泰源公司、润创公司董事长签订《2017年经营目标责任书》并讲话，自治区供销社监事会主任王政和主持会议，自治区供销社领导班子全体成员出席会议，机关全体干部职工、直属出资企业领导班子成员及全体员工、内蒙古经贸学校领导班子等近200人参加会议。

【荣誉】 1月19日，中华全国供销合作总社印发《关于表彰2015年全国供销合作社系统综合业绩考核优胜单位的决定》(供销合字〔2016〕3号)，授予自治区供销社(以下简称"区社")"全国供销合作社系统2015年度综合业绩考核省级优胜单位一等奖"。

(撰稿人：慈晓云)

国际贸易促进工作

【概况】 中国国际贸易促进委员会内蒙古自治区委员会(简称自治区贸促会)成立于1981年,2002年经自治区党委、政府批准机构单设,正厅级建制,由自治区人民政府领导,是中国国际贸易促进委员会(中国国际商会)的分支机构,参照公务员管理,现有编制26人(其中工勤编 5人),实有人数26人。内设1委1处4部,即机关党委、秘书处、对外联络部、展览部、会务信息部、法律部。同时挂中国国际商会内蒙古商会的牌子,是中国国际商会的常务理事单位。自治区贸促会是对外经济贸易、投资促进机构,服务于自治区对外开放,开展促进对外经贸、投资促进合作工作。2011年7月,自治区贸促会正式更名为:中国国际贸易促进委员会内蒙古自治区委员会,英文名称:China Council for the Promotion of International Trade Inner Mongolia Autonomous Region Committee。委员会由自治区经贸界代表性人士、机构、商协会组织、企业组成。

【贸易促进】

贸易投资促进工作 围绕自治区产业发展布局,拓宽领域,提质增效,助推特色优势产业“走出去”,积极参与自治区《创新同俄罗斯、蒙古国合作机制实施方案》的制定,承担自治区在“向北开放”和推进“一带一路”战略中的任务,稳妥推进自治区“中蒙俄经济走廊”建设,搭建贸易投资促进平台。为配合国务院总理李克强出访蒙古国参加第十一届亚欧首脑会议,组织蒙牛乳业(集团)公司、内蒙古大牧场牧业集团等5家企业参加了7月13—14日在蒙古国举办的第十五届亚欧工商峰会。推选内蒙古亿利资源集团、内蒙古伊利集团参加国家总会承办的二十国集团工商峰会(B20)。协调筹备2017年阿斯塔纳世博会前期工作。按照中国贸促会总体方案,内蒙古自治区将重点参与阿斯塔纳世博会,定于2017年8月22—24日在阿斯塔纳开展“内蒙古活动周”。组织在俄罗斯赤塔举办的第十二届中俄蒙工商论坛。在二连浩特市组织举办“中俄蒙工商高峰论坛”。随内蒙古代表团在巴基斯坦首都伊斯兰堡出席“中亚区域经济合作第十五次部长级会议”。申请中国国际商会主办“第二届中国国际机械建材展览会”,推进锡林郭勒盟国际产能合作项目落地,协助中蒙“3+3”区域合作会议暨通辽民交会、鄂尔多斯·中蒙韩及台湾地区商品展览会招商组展,邀请蒙古国、韩国等国家和台湾地区有关工商会及企业组织参展。

建设多双边工商合作机制 开展驻中国协会组织和企业的联系工作。积极与中国驻蒙古国大使馆、中华总商会、内蒙古总商会等机构和中资企业保持紧密联系。代表处已成为蒙古国内蒙古总商会联系自治区相关部门的桥梁纽带。全年收集发布俄蒙经贸信息230多条。在蒙古国工商会召开“中蒙商事联合调解机制对接会”、举办“2016年内蒙古商品展览暨投资贸易洽谈会”、组织参加“第十五届亚欧工商峰会”。为鄂尔多斯市举办“中蒙韩及台湾地区商品展览会”、通辽市举办“内蒙古自治区三盟市与蒙古国东部三省3+3区域合作第二次对接会暨中蒙商品展览会”,以及与蒙古国工商会开展信息交流合作和官方网站的对接、搜集蒙古国相关经贸信息、议会选举、政府组阁情况等提供了相关联络和服务工作。自治区贸促会驻布里亚特共和国代表处揭牌。在俄罗斯赤塔举办“第十二届中俄蒙工商论坛”,组织召开“中俄蒙国际区域产能合作座谈会”“中俄蒙三国工商界企业代表经贸洽谈会”和与布里亚特共和国华人华侨华商协会代表举行座谈。邀请俄罗斯政府和工商、企业界人士参加中国二连浩特中蒙俄经贸合作洽谈会。与俄蒙工商会签署信息合作协议书。做好中蒙商务理事会联络办公室的日常工作,吸收企业会员209家,为全国贸促系统和自治区各级政府提供有效的服务。

打造品牌展会论坛　组织完成重大展会6个(境外展3个),支持重点展会10个。组织率团出访人员200多人、参展参会企业1900余家，展出面积10.2万平方米，观展人次约160万,销售及签订合同额约39亿元。举办“2016第二届内蒙古台湾名品博览会”。观展人次超过11万,促成商机4.2亿元人民币。举办“2016乌兰巴托·中国内蒙古商品展览会”。61家企业参展参会,实现签约项目12个,签约1.7亿元。举办“中俄蒙企业合作推介会”“中国兴安盟投资贸易洽谈会”和“中蒙国际信息服务推介会”。举办“2016俄罗斯布里亚特·中俄蒙商品展览会”。组织中俄蒙60家企业80个展位参展参会，自治区6家公司与俄方公司合作意向协议3180万元。组织召开中俄蒙经贸洽谈会和中俄蒙三方产能合作座谈会等有关活动。举办“第二届呼和浩特年货博览会”。展出面积2万平方米,观众72万人次,总成交额4.5亿元。举办“中国(海拉尔)第十二届中俄蒙经贸展览会暨2016中国国际机械建材展览会”。室内外展区面积共计2.47万平方米，观展人次超9万人次，现场交易额1.18亿元，达成合作意向金额26.6亿元。举办“2016内蒙古兴安盟·中蒙国际绿色有机产品博览会”。参展20万人次,实现销售额447万元。组织“中蒙投资贸易洽谈对接会”,投洽会上有145家企业参加对接，现场实现签约项目6个，意向性签约2个,实现签约金额5300万元。举办2016·中国二连浩特中蒙俄经贸合作洽谈会。展出面积2.16万平方米，来自国内外参展企业400余家2000人参会。参加“第21届澳门国际贸易投资展览会”。内蒙古自治区副主席云光中率政府代表团参加了开幕式、巡馆活动及世界华商高峰会等多项同期举办的经贸活动，拜会了中央政府驻澳门特区政府联络办公室，举办“内蒙古自治区·澳门特别行政区经贸合作推介会”。此次展览会共签订各种框架性合作意向、协议与备忘录项目12项，参展企业总成交额1.69亿美元,其中合同成交额1.655亿美元。

【会务信息】　修订《内蒙古自治区贸促会关于加强全区贸促系统信息工作的意见》。为中俄蒙三国企业搭建网上交流平台，发布信息200多条,充实中蒙俄英 4 语种贸促官网,举办第二届内蒙古国际商会会员企业3D网上展览,增加党建工作专栏和2017年哈萨克斯坦阿斯塔纳世博会内蒙古活动周专栏。出版《贸促参考》4期,增加国家和自治区有关贸易、投资方面的政策、法规,开辟蒙古、俄罗斯的经济发展动态、贸易投资环境以及与经贸交往状况栏目。开通官网网站手机版，建立自治区贸促会盟市工作群和内蒙古国际商会会员群微信公众号。

【商事法律】　全区贸促系统发挥出证认证职能,加强业务宣传,推广电子原产地证、优惠原产地证业务，减免办证费用，降低企业运营成本。拓宽办证范围,促进贸易便利化。在为自驾车辆办理ATA单证册的基础上，积极向旅游、文化、体育及广电等相关部门推介ATA单证册业务,为自治区对外事业的发展作出贡献。与内蒙古自治区出入境检验检疫局签署《关于加强合作、促进经济贸易发展合作备忘录》,加强两部门间在原产地证签证工作的协调配合，备忘录在双方交换信息、资源共享、业务研究、企业诚信建设、经贸摩擦应对等方面达成合作共识。

参与总会建立多双边商事法律合作机制工作,在中蒙联合调解机制对接会上签署《中蒙联合调解合作协议》。参加亚洲调解协会第四届国际调解研讨会，会议通过接纳蒙古国成为亚洲调解协会的成员国。中蒙联合调解机制的建立在维护中蒙企业合法权益、化解纠纷中发挥重要作用。有效为企业提供涉外商事法律服务。为自治区有关企业提供了涉俄罗斯2起贸易纠纷处理和经贸风险咨询服务，组织1家企业参加应对越南及台湾地区反倾销应对协调会，发布与自治区企业和行业相关的经贸摩擦预警信息

60 多条。2016 年,全区签发一般原产地证 5225 份，优惠原产地证 265 份，签证金额 7.13 亿美元,签证国别涉及 101 个国家和地区;办理国际商事证明书 729 份,代办领事认证 509 份,签发 ATA 单证册 362 份，一般原产地证书办证数量同比增长 21%,ATA 单证册办证数量同比增长 18.6%，优惠原产地证办证数量同比增长 5 倍。从数据分析来看，自贸区框架下的优惠原产地证业务发展迅速。

【国际商会】 国际商会工作实现较大拓展。借助区位优势,以“一带一路”建设为契机,发挥内蒙古国际商会广泛的海外资源，加大自治区企业对外投资重点国家的联系沟通，为企业提供国际化、专业化的全方位服务。加大会员发展和服务力度,创新服务手段,拓展业务内容,放大功能作用,扩大影响。召开内蒙古国际商会三届五次理事会，并向会员企业颁发中国国际商会会员证书。建立会员企业数据库,新增会员企业 118 家。为挖掘内蒙古国际商会品牌效益,提升内蒙古国际商会服务企业意识，国际商会开拓进取,以组展办展形式服务企业。与相关盟市贸促会共同组织举办第四届呼和浩特珠宝玉石博览会、首届内蒙古国际婚庆博览会、中国(包头)首届国际渔具暨户外用品博览会、中国(呼和浩特)渔业、渔具暨户外用品展览会、第四届中国(呼和浩特)国际文化产业博览会、第四届中国(呼和浩特)国际茶产业博览会、中国(包头)第三届国际装备制造业博览会和中国(包头)首届互联网 + 金融展览会、中国(内蒙古)进出口商品博览会等展博会。

(撰稿人: 郭振清)

旅　游　业

【概况】 2016 年，内蒙古自治区接待旅游者 9805.32 万人次，同比增长 15.19%；旅游收入 2714.7 亿元,同比增长 20.3%。其中,接待国内游客 9627.41 万人次,同比增长 15.27%,国内旅游收入 2635.56 亿元,同比增长 20.14%;接待入境游客 177.91 万人次,增长 10.65%,入境旅游创汇 11.39 亿美元,增长 18.4%。旅游收入对 GDP 的综合贡献率 12.6%,对第三产业的综合贡献率 32.25%，对社会消费品零售总额的综合贡献率 38.51%。旅游直接并带动间接就业 165.78 万人。

【旅游产业规模】 截至年底，全区注册旅行社 976 家,比上年增加 10 家,其中组团社 85 家、边境社 48 家、赴台社 7 家。星级饭店 335 家。其中:5 星级 10 家,4 星级 39 家。A 级旅游景区 337 家,其中 5A 级 3 家,4A 级 97 家。国家级生态旅游示范区 3 家。全区休闲农牧业旅游与乡村示范点 597 家。其中:国家级 17 家,自治区级 82 家；休闲农牧业与乡村旅游示范县 26 个,其中国家级 8 个,自治区级 18 个。乡村旅游接待户 4317 家,其中星级家庭接待户 462 家。旅游企业集团公司 20 家，旅游商品企业 414 家,旅游运输企业 35 家。持证导游 12 600 名。

【旅游基地建设】 全年新开工旅游项目 59 个,在建项目累计 233 个,完成旅游投资 387 亿元,同比增长 16.56%。共有 60 多个景区开展品牌创建工作。其中,满洲里中俄边境旅游区成功创建成为 5A 级旅游景区；阿尔山—柴河旅游区、五当召旅游区、阿斯哈图石林旅游区和额济纳胡杨林旅游区通过国家 5A 级景区资源评价;康巴什乌兰沐伦国家旅游度假区审批程序已经启动；敖汉温泉城等 10 家旅游区晋升为国家 4A 级旅游景区。阿拉善、鄂尔多斯、满洲里、二连浩特、额尔古纳、多伦县等 14 个地区分两批进入国家全域旅游创建单位。土默特右旗西湾村创建成为全国乡村旅游创客基地。五原县、宁城县创建成为全国休闲农业与乡村旅游示范县。伊利实业集团公司被评为国家工业旅游创新单位。鄂尔多斯东胜区和赤峰国际旅行社有限公司成功创建为全国旅游标准化示范单位。

【厕所革命】 扩大厕所革命实施范围到交通沿

线、城镇和农村牧区等场所，争取国家厕所专项资金1300万元，投入自治区旅游专项资金1100万元和1亿元地方债支持厕所建设，带动各盟市累计投入厕所建设资金3.69亿元，建成厕所1147座（不含各盟市集中定制的1000座移动水冲式厕所），同比增长48%，建成数量在全国排名第八位。

【旅游扶贫与乡村旅游】 开展乡村旅游扶贫（富民）工程，实施美丽乡村扶贫、乡村旅游“千千万万”“创客基地”和旅游规划扶贫公益行动。指导阿荣旗、宁城县、和林县、五原县完成“百县千乡万村”试点方案。截至年底，全区有576个村（嘎查）开展农村牧区旅游，其中57个国贫、区贫旗县有294个村（嘎查），带动农牧民直接从业15万人，间接从业60多万人。全年接待乡村旅游游客超过3000万人次，同比增长20%，实现乡村旅游收入609亿元，同比增长21.8%。近3.5万贫困人口通过旅游脱贫，占2016年全区脱贫人口24万人的14.5%。

【体制机制创新】 6月12日，自治区机构编制委员会办公室批复自治区旅游产业研究开发中心加挂内蒙古自治区旅游数据中心牌子，承担旅游数据的收集整理和分析预测工作，组织开展旅游经济核算、旅游信息化系统建设和旅游统计等工作。推进伊金霍洛旗、磴口县、克什克腾旗、阿拉善左旗和达尔罕茂名安联合旗成立旅游警察。

【宣传营销】 突出全域旅游、四季旅游，在中央电视台1套和新闻频道《新闻30分》《朝闻天下》和《今日说法》3个时段播出“祖国正北方，亮丽内蒙古”30秒旅游形象广告，累计7.4亿观众收看过内蒙古旅游形象广告，平均每人收看8.3次。继续与中青旅集团开展营销战略合作，实现旅游营销的精准化和专业化。组织开展针对京津冀、长三角、珠三角等客源地的线上线下精准营销，形成立体式、广覆盖、高强度的旅游宣传营销态势。参加国家旅游局组织的国际旅展（含港澳台）6次，主题旅游线路推广活动5次，国际旅游交流活动3次；自主组团参加国际会议和推广活动6次；组织入境宣传2次。对外宣传推广活动覆盖了俄罗斯、蒙古国、韩国、日本，以及香港、台湾地区等内蒙古主要入境客源市场，有效拓展了澳洲、欧洲、东南亚等远程客源市场。

【冬季旅游营销和开发】 加强冬季广告宣传，从11月份开始，连续3个月在中央电视台1套和13套《今日说法》和《朝闻天下》时段，播出15秒冬季专题广告。组织开展第二届内蒙古冬季旅游万里大巡游活动。产品体系日益完善，冬季营业景区181个、休闲农牧业点和乡村牧区家庭接待户103个，累计接待游客909万人次，同比增长83.4%；营业收入15.13亿元，同比增长55.1%。

【旅游行业管理】 出台《内蒙古自治区人民政府办公厅关于加强旅游市场综合监管的意见》（内政办发〔2016〕104号），加强旅游市场治理整顿力度，与商务、工商、质监、交通、文化等多部门建立联合执法机制，对旅游纪念品市场、旅游食品安全、旅游市场文化经营活动等领域进行专项督查，有效打击各类涉旅违法违规行为，规范旅游企业经营行为，保障自治区旅游市场平稳运行。全系统开展各类专项执法检查1700多次，全年受理旅游投诉297件，办结295起，结案率99.33%。全年未发生重大旅游安全事故。

【文明旅游】 与自治区文明办建立文明旅游部门联席会议制度，建立文明旅游齐抓共管、综合治理的工作格局。印发《2016年文明旅游工作方案》，提出文明旅游行动目标、工作任务和措施；组织开展“为中国加分，为内蒙古喝彩”文明旅游公益活动，已完成启动仪式和全年的主题活动宣传工作，推荐文明旅游公益大使。开展文明旅游进社区主题活动，深入宣传“文明旅游，理性消费”理念。

【智慧旅游】 开展《内蒙古自治区“十三五”旅游信息化发展纲要（2016—2020）》和《内蒙古智

慧旅游三年行动方案》编制工作。建成全区旅游目的地综合平台、区直机关办公自动化建设(OA系统)并投入使用。完成旅游政务网、旅游资讯网改版升级,上线运营。强化旅游线上营销和互动,与百度、搜狐、人民网、新华网、正北方网等门户和旅游网站深度合作。政务网和资讯网总访问量30多万人次;微信共发布资讯1848条,总阅读量超过500万人次,微信综合排名位居全国各省旅游局(委)前10名,清博指数(中国新媒体大数据权威平台)排名多次进入全国前三位;微博共发布资讯1500余条,总阅读量超过900万人次。

【融合发展】 与自治区卫生和计划生育委员会印发《关于促进蒙医药中医药健康旅游发展的实施意见》;与自治区交通厅印发《自治区旅游公路"十三五"规划》;与呼和浩特铁路局开展联合推介会,启动"祖国正北方—祖国正南方"草原专列旅游。

【旅游合作】 融入京津冀一体化发展战略,与京津冀地区建立合作机制,成立"草原—首都—长城—滨海生态文明旅游联盟,推进旅游一体化发展。与澳门特区政府旅游局、香港旅游业议会分别签署《关于加强旅游交流合作的备忘录(协议)》,在加强市场互动、业内交流、监管协作等方面展开深入合作。继续完善中俄蒙三国五地旅游联席会议制度,参加第三次联席会议;将中俄蒙旅游合作上升到国家层面,推动国家旅游局在自治区召开首届中俄蒙三国旅游部长会议。牵头成立"万里茶道"国际旅游联盟,开展系列宣传活动。"万里茶道"成为国家推广的十大国际旅游品牌之一,列入国家推广计划。

【两区建设】 呼伦贝尔、满洲里、二连浩特、额尔古纳、阿尔山、达茂、甘其毛都、策克8个边境旅游实验区方案,已由自治区人民政府上报国家旅游局。满洲里、阿尔山跨境旅游合作区方案已经上报自治区人民政府。

【旅游商品开发】 推广"内蒙古博乐歌"旅游商品品牌,重点在呼伦贝尔市建设旅游商品研发基地5个;在呼和浩特市、呼伦贝尔市、锡林郭勒盟、乌兰察布市和包头市建设大型旅游购物综合体。

【旅游节庆活动】 主办4项自治区级旅游节庆活动。5月,在赤峰市举办"5·19中国旅游日"内蒙古分会场活动;7月,在呼和浩特市敕勒川风景区举办第二十七届内蒙古草原旅游那达慕暨第十三届蒙古族服装服饰艺术节;在二连浩特市举办"茶叶之路"文化旅游节;12月,在满洲里举办中国满洲里中俄蒙国际冰雪节暨中俄蒙选美大赛。

(撰稿人:苏志刚)

科　技

综　述

【概况】 内蒙古自治区科学技术厅（以下简称自治区科技厅）挂内蒙古自治区知识产权局牌子，核定行政编制63名，实有54人。内设处室14个，分别为：办公室、人事处、机关党委、政策法规处（创新体系建设办公室）、科研条件与财务处、发展计划处、基础研究处、高新技术发展及产业化处、农村科技处、社会发展科技处、科技合作处、知识产权管理处、专利处、离退休人员工作处。

自治区科技厅所属事业单位14个，其中：参公管理2个，全额拨款12个，差额拨款1个，自收自支1个。核定编制173名，实有129名。14个事业单位是：内蒙古自治区科学技术奖励服务中心（参公）、内蒙古自治区技术市场管理办公室（参公）、内蒙古自治区保护知识产权举报投诉服务中心、内蒙古自治区转制科研院所离退休人员管理办公室、内蒙古自治区科学技术信息研究院、内蒙古自治区生物技术研究院、内蒙古自治区科学技术研究院（挂内蒙古自治区科学技术开发中心牌子）、内蒙古自治区科技基础条件平台管理中心、内蒙古自治区科学技术厅机关事务服务中心、内蒙古自治区火炬高技术产业开发中心（挂内蒙古自治区分析测试中心牌子）、内蒙古自治区对外科技交流中心、内蒙古自治区生产力促进中心（差额拨款）、国家知识产权局专利局呼和浩特代办处、内蒙古自治区科技培训中心（自收自支）。

内蒙古科技工作按照“五位一体”总体布局和“四个全面”战略布局，强化创新驱动，夯实科技支撑，深化体制机制改革，扩大对外开放合作，大力营造创新创业氛围。紧紧围绕推进供给侧结构性改革，突出科技惠民，突破一批关键共性技术，转化一批先进技术成果，新增一批创新平台载体。全年部署科技重大专项51项，总投资近7亿元。其中：自治区本级财政投入2.75亿元；争取国家各类科技项目273项，获得资金1.89亿元。全区登记各类科技成果558项；专利申请量突破1万件大关，达到10 672件，同比增长20.23%；专利授权量5846件，同比增长5.87%。高新技术产业工业总产值占规模以上工业总产值比重14.26%，同比增长9.94%。

【科技工作】

关键共性技术攻关工程　重点在新材料、新一代信息技术、高端装备制造、现代农牧业、人口健康、民族医药、生态修复等领域开展关键核心技术攻关，取得一批创新成果，对经济社会发展发挥支撑引领作用。北方联合电力有限责任公司等单位完成的“大型汽轮发电机组次同步谐振/振荡的控制与保护技术、装备及应用”项目获国家科技进步二等奖；纳米抗擦墨技术填补了国内空白；烯碳电热膜、HY超高强抽油杆、极光弧焊制造、高能束焊接管等一系列技术突破，为装备制造业转型升级提供强有力的支撑。在稀土着色剂、稀土永磁工业节能电机、石墨烯新材料、DDS烟道气除尘脱硫脱硝、煤制烯烃、沙漠资源综合利用、高铝煤炭资源循环利用、蒙医特色诊疗及蒙药制剂等方面形成一批核心技术和高科技含量的新材料、新产品，提升产业竞争力。飞艇研制、通用飞机、海洋核动力平台燃料、高品质稀土钢等一系列引领未来产业发展的关键技术开始布局启动。

实用高新技术成果转化工程　制定自治区促进科技成果转移转化行动方案，完善科技成果转化中介服务体系，加强对技术开发、咨询服务、技术培训、承包等活动的指导和支持。依托自治区科技创新综合信息服务平台，实现线上线下相结合的科技成果实时交易，提供“一站式”服务系统，促进成果与需求的有效对接。一批先进高新技术成果成功转化：久科环保公司开发的高盐废水零排放工艺为煤化工产业污染提供新的技术解决方案；北斗放牧技术在蒙古国应用。2015 年，自治区科技进步获奖成果 3 年累计创造产值 77.8 亿元，新增利税 37.8 亿元，创收外汇 673.5 万美元，节约资金 226.8 亿元。2016 年，自治区全年成交各类技术 2711 项，实现合同金额 144.19 亿元。

科技精准扶贫　在乌兰察布市、兴安盟、赤峰市实施扶贫开发示范工程，探索形成光伏农业集成示范引领、“三区”联动、特色产业科技带动、养殖托管整体扶贫、土地高效置换和流转等精准扶贫模式。建立基层农牧业科技创新体系，在巴彦淖尔等 5 个盟市开通 12396 移动信息服务平台，用户量突破 9 万。充分发挥科技特派员在精准扶贫中的作用，有 5000 名左右自然人科技特派员、1100 个法人科技特派员活跃在农牧业生产第一线，引进推广新技术 2000 余项、新品种 5000 多个，带动 600 多万农牧民实现增收。在兴安盟海龙屯嘎查持续开展定点帮扶行动，增强区域产业竞争优势。

全方位科技合作　国际科技合作方面：以“一带一路”引领，强化与蒙古国、俄罗斯等多个国家的科技合作与交流；推动建设中蒙技术转移中心平台，启动运行中蒙生物高分子应用联合实验室；培育建设伊利集团国家级国际合作基地，国际合作基地总数 8 家，这些基地与美国、俄罗斯、英国、澳大利亚等 50 多个国家与地区的大学、科研机构、企业开展形式多样的合作。国内科技合作方面：拓展区域合作，京蒙联合共建的首都科技条件平台京蒙合作站发展阿拉善盟、巴彦淖尔市 6 个示范工作站 31 家加盟单位；对外开放重点实验室和工程技术中心 9 个，每年挖掘分析检测、联合研发、技术转移等各类创新需求 100 余项；推进新一轮东北振兴战略实施，强化东部五盟市与东北三省及其他省区的科技合作。不断深化与中科院、工程院等大院名校的交流合作，全年新增 33 家院士专家工作站，柔性引进 35 名院士，联合开展攻关项目 60 余项，大幅度提升建站单位研发水平和创新能力。举办 2016 年度中国(满洲里)北方国际科技博览会、中国(赤峰)北方农业科技成果博览会、中国新丝绸之路·锡林郭勒草原畜牧业创新品牌展示交易会等多个品牌展会以及与北京等地的专项科技合作与技术转移对接会。三大展会展示科技成果 6000 余项，意向成交金额达 48 亿元。

大众创业万众创新　加快众创空间建设。组建内蒙古众创空间联盟，建成众创空间信息服务共享平台；截至 2016 年底，认定两批众创空间试点 70 家、试点培育 23 家，35 家众创空间被科技部列为国家级众创空间；引导和鼓励多家骨干和龙头企业建设专业化众创空间，对运行效果突出的众创空间给予专项资金支持；在农村牧区建设 26 家“星创天地”自治区试点单位和 21 家自治区培育单位，21 家“星创天地”试点单位纳入国家级科技企业孵化器管理服务体系。营造创新创业氛围：举办自治区双创活动周，首次举办中国创新创业大赛内蒙古赛区比赛，部分获奖项目已得到金融资本支持；科技部等 10 部委和自治区人民政府在赤峰市共同举办“振兴草原服务三农科技列车赤峰行”活动，科技列车首次驶进内蒙古，130 名国家和自治区专家组成 12 个专家服务队，深入赤峰市 11 个旗县区12个市直部门，举办各类培训、讲座、对接会等210场，引进或合作开发技术50项，达成合作意向协议57项；在科普精英闪耀全国大赛中，自治区2名选手获国家二等奖，1名选手获国家三等奖，1部作品获全国优秀科普作品殊荣。

全面深化改革　抓住国家召开科技创新大会的有利时机和“十三五”开局的重要节点，强化科技改革发展的顶层设计和全局谋划。建立科技决策咨询工作制度，设立科技咨询专家委员会；制定科技计划评估和动态调整制度，明确评估工作由自治区科技主管部门遴选和委托有资质的第三方评估机构独立开展；建成并完善科技项目形成机制，对2016年征集储备的2000余项科技项目进行“实用性、先进性”分析，1077个项目通过实用性评估，借助国家数据库平台组织先进性分析，303个项目得到优先推荐，以此为基础形成2017年科技计划项目申报指南；研究制定《关于进一步完善自治区财政科技项目资金管理等政策的实施意见》，印发《关于自治区科技重大专项资金经费管理改革有关事项的通知》，改革科技重大专项项目经费管理，简化经费预算审批管理，下放经费预算调整权限，强化经费支出监督检查，增加后补助资助方式；修改完善科技重大专项项目预算申报系统，开发建设科技计划项目经费(合同)管理系统。全面推进大型科研仪器及科研基础设施开放共享。确定10家单位开展大型科研仪器共享试点，向社会开放共享大型科研仪器549台套。

【科技计划项目】　全年科技重大专项共计安排资金4.75亿元，其中：自治区协同创新基金2亿元，科技重大专项项目2.75亿元；应用技术研究与开发资金项目经费2.56亿元，其中重点项目34项，支持经费4950万元。申报推荐国家重点研发计划2016年重点专项43项，10个项目进入视频答辩程序，3个项目获准立项，支持经费8100万元；会同自治区财政厅制定“内蒙古申报中央引导地方科技发展专项资金三年滚动规划”“内蒙古自治区2016年中央引导地方科技发展专项资金实施方案”，针对自治区科研基础条件和能力建设、专业性技术创新平台、科技创新服务机构和科技创新项目示范的布局重点和发展需求，争取国家专项资金支持2200万元。

【基础科学研究】　全年获批国家自然科学基金项目266项，其中面上项目14项、青年基金项目35项、地区基金项目212项、优秀青年基金项目2项、重点项目2项、重点国际(地区)合作项目1项，总经费1.08亿元；获批项目质量大幅提升，2项优秀青年基金项目、1项重点国际(地区)合作研究项目均为自治区首次。全年自治区自然科学基金项目共安排510项，投入经费2890万元；其中重大项目6项，经费300万元；杰出青年培育基金项目8项，经费240万元；博士基金项目68项，经费204万元；联合基金实施范围扩展到3家单位，吸引合作单位投入120万元支持基础研究。自然科学基金项目结题验收369项，结题通过率升至98.1%，基金支持成效呈上升态势。基础研究人才作用凸显，自然科学基金中人才类项目共支持76项，安排经费444万元；全区6人入选国家万人计划，1个创新团队和4名个人入选科技部“创新人才推进计划”，科技领域18名个人、16个团队、3个基地入选“草原英才”工程；“三区”人才支持计划选派科技人员896人，培训科技人员114人，争取中央财政向自治区拨付选派工作经费1792万元。

【科技成果奖励】

国家科学技术奖励项目　2016年，由内蒙古自治区科学技术厅推荐，由北方联合电力有限责任公司作为第一承担单位完成的“大型汽轮发电机组次同步谐振/震荡的控制与保护技术、装备及应用”项目成果获得2016年度国家科技进步二等奖。该项目自主研发的次同步谐振/振荡控制与保护成套装备，突破国外的技术壁垒成功进入国际市场，对于推动国产技术品牌的形成和企业升级具有重要意义。2016年度国家科学技术奖励名单中，内蒙古农业大学、内蒙古大学、内蒙古金宇保灵生物药品有限公司、内蒙古新威远生物化工有限公司、齐鲁制药(内蒙古）有限公司和神华神东煤炭集团有限责任公司6家高校与企业作为项目承担单位也受到表彰。

自治区科学技术奖励项目　经自治区人民政府批准，2015年度授予路战远研究员、荣威恒研究员自治区科学技术特别贡献奖；授予“内蒙古草原退化与恢复演替机理及治理对策的研究”等13项成果自然科学奖(一等奖3项、二等奖7项、三等奖3项）；授予“超超临界用P92无缝钢管关键技术研究与应用”等85项成果自治区科学技术进步奖(一等奖9项、二等奖27项、三等奖49项）；授予王迎春等9名中青年科技工作者自治区中青年科学技术创新奖。

【重点实验室】

国家重点实验室建设　“特种车辆及其传动系统智能制造国家重点实验室”“白云鄂博稀土资源研究与综合利用国家重点实验室”建设与运行实施方案通过论证上报科技部，2家国家企业重点实验室正式进入首个建设期；“省部共建草原家畜生殖调控与繁育国家重点实验室”取得阶段性进展，被列入2016年度省部共建国家重点实验室建设计划；全年投入2433万元支持国家级重点实验室建设计划。

自治区重点实验室建设　开展自治区重点实验室近3年建设和运行情况考核评估，被评估的15家实验室中，5家被评为优秀实验室；评估期内，参评实验室共争取到国家、自治区各类科研课题362项，获得经费18.74亿元，获得各类科技成果奖励152项，发表学术论文870余篇，出版学术专著44部，获授权专利192项，制定标准23个；实验室凝聚和培养了大批高水平科技人才，年龄在50岁以下的实验室主任占50%以上。

【工程技术研究中心】　经盟市、厅局推荐，征集96家工程技术研究中心申报材料，75家参加评审答辩，认定31家自治区工程技术研究中心，总数159家。开展自治区工程技术研究中心考核评估，促进工程技术研究中心高效、规范运行。2014年认定的21家工程技术研究中心经评估，3家被评为“优秀”等次，14家被评为“良好”等次，1家因运行不良被撤销，形成优胜劣汰机制。结合考评结果，对22家工程技术研究中心给予列项支持。

【新型研发机构】　对历年启动建设的新型研发机构发展和运行进行调研督查，对存在的问题进行梳理并提出解决方案。2016年启动建设7家自治区新型研发机构，总数45家，覆盖全区12个盟市，攻关方向涉及现代煤化工、清洁能源、稀土及新材料、有色金属生产加工、绿色农畜产品生产加工、蒙医、生态综合治理等领域。2016年，自治区新型研发机构新承担自治区科技计划项目8项，自治区本级财政投入资金8800万元。

【高新技术产业开发区、科技园区与特色科技产业化基地建设】　对呼和浩特金山国家高新区和包头稀土高新区建设开展督导，积极协调科技部，争取鄂尔多斯高新技术产业园区尽快升级为国家级高新区；乌海高新区和阿拉善乌兰布和沙产业高新区获自治区政府批复，成为自治区级高新区。和林格尔国家农业科技园区通过科技部验收；组织国家农业科技园区开展创新能力监测与评价系统数据采集；对2015年科技部认定的4家国家农业科技园区5个核心区公共平台建设给予倾斜支持，安排自治区科技经费235万元，争取国家经费300万元。培育鄂尔多斯汽车及关键零部件产业基地成为国家级火炬特色产业基地，内蒙古大学科技园管理有限公司3家孵化器成为国家级科技企业孵化器；新认定自治区高新技术特色产业化基地2

家，科技企业孵化器7家，企业研发中心64家。支持内蒙古生物技术研究院联合北京现代农业科技创新服务联盟，启动京蒙科技合作现代农业技术转移平台的运行。

【国家高新技术企业认定】 全年组织开展2批国家高新技术企业认定工作，共有203家企业申请认定，经专家评审、科技部审核批复，181家企业成为国家高新技术企业，使自治区高新技术企业达到352家。分别承办和举办全国和自治区高新技术企业认定管理工作培训会议，召开自治区高新技术企业认定管理工作领导小组成员工作会议，解决高新技术企业培育中存在的突出问题，理顺高新技术企业培育机制。

【优化科技政策环境】 宏观政策方面，起草《内蒙古自治区贯彻落实“国家创新驱动发展战略纲要”实施方案》，印发《内蒙古自治区关于加快知识产权强区建设的实施意见》《内蒙古自治区促进科技成果转化八项措施》，起草《关于实行以增加知识价值为导向分配政策的实施细则》；在指导具体创新活动方面，出台《深入推行科技特派员制度实施方案》《关于自治区科技重大专项资金项目经费管理改革有关事项的通知》《内蒙古自治区科技专项资金后补助管理办法》。召开全区科技创新大会，提出建成创新型内蒙古和科技创新强区的奋斗目标，明确未来30年科技创新发展的总体要求、重点任务和保障措施。

【推进知识产权战略实施】 调整建立自治区人民政府知识产权战略实施工作厅际联席会议制度。修订《自治区发明专利费用资助办法》，调整资助阶段和额度，增加PCT国际专利的资助。深入开展企业知识产权托管工程试点工作，新增入托企业80家，累计入托企业500多家，推动托管企业专利授权量显著提高。2016年自治区专利申请量首次突破1万件大关，达10 672件，同比增长20.33%；专利授权量5846件，同比增长5.87%。国家认定的首批30个国家级知识产权保护规范化市场中，自治区有3家专业市场获此殊荣。在国家知识产权开展的2016年度知识产权保护社会满意度和专利保护社会满意度调查中得分居全国首位。获批国家知识产权强县1个，国家示范优势企业14个，培育自治区知识产权试点中小学10个，锡林郭勒盟蒙古族中学获批自治区首个国家级知识产权试点中小学。

（撰稿人：刘东维 刘宏波）

农牧业科研

【概况】 内蒙古自治区农牧业科学院（以下简称“自治区农科院”）是自治区仅有专门从事农牧业科学研究的正厅级事业单位，是自治区农牧业科研创新的重要平台。自治区农科院的前身是宣统二年(1910)时任绥远将军瑞良奏请清廷批准成立的归绥农林试验场，至今已有107年历史。现设有8个行政处室，有涵盖种植业、养殖业、草原生态保护和农畜产品质量安全监测等领域专业研究机构15个，国家和自治区级研究平台33个。全院现有职工556人(在编349人)，专业技术人员456人(在编296人)，其中拥有高级职称专业技术人员216人(正高级117人，副高级99人)。在学历结构上，有博士93人，硕士120人。

【农牧业科技创新】 围绕节本增效、优质安全、绿色发展现代农牧业的要求，顺应农牧业供给侧结构性改革，坚持自治区产业需求和发展导向，结合自治区农牧院实际，在认真梳理“十三五”时期学科建设布局的基础上，确定与国家重大需求吻合、与自治区产业需求适应的30个重点学科、50个重点研究方向和198项重点研究课题。对接国家、自治区有关部门，争取首批国家“十三五”重点研发计划重点专项15项；在农业部“十三五”实施的50个国家现代农业产业技术体系中，自治区农科院争取到糖料、肉羊体系首席科学家2位，岗位科学家17位，试验站站长 8 位，处于全国省区级农牧业研究机构前列；根据农业部基础性长期性研究要求，组织推荐内蒙古地区"国家农业科学试验站"15 个。

2016 年，共承担各类科研项目 220 项，比 2015 年增加 14 项。其中，新上项目 69 项，获得项目总资金 6666.2 万元，比 2015 年增加 1675.7 万元。出台"内蒙古农牧业创新基金项目申报指南"，设立青年创新基金 250 万元，立项 78 个。鉴定玉米一穴双株高产栽培技术、设施蔬菜根结线虫防控技术、牧草抗逆基因遗传转化、优质肉牛标准化规模养殖技术等成果 4 项；获得内蒙古自治区农牧业丰收奖一等奖 2 项、二等奖 2 项、三等奖 4 项；审定地方标准、行业标准 38 项，其中 14 项发布实施；获得棉花播种机、农药污染因子的防控等机械、检测方法专利 12 项；检测农产品质量 8500 批次，20 788 项次，出具评估与综合分析报告 18 个；在国内外各类刊物上发表学术论文 140 余篇（其中，SCI 10 篇），出版专著 14 部。

为农业部提交 6 个遥感监测报告，绘制呼伦贝尔市、兴安盟 2016 年耕地空间分布图和 4 种作物空间分布图。各类杂志期刊编辑出版按期完成。《畜牧与饲料科学》入选 RCCSE 中国核心学术期刊，入围第四届中国出版政府奖内蒙古初评入选名单，是自治区唯一入选的自然科学类学术期刊，并且入选《中国学术期刊影响因子年报》统计源期刊。

【科研成果转化和推广】

2016 年，共获批各级各类示范推广项目 33 项，资金 1769.5 万元，比 2015 年增加 569.5 万元，增长 47%。杭锦后旗、四子王旗 2 个"院地共建"科技示范旗县工作正式启动，完成五年规划和 2016 年实施方案的编制，开展的 12 个示范项目进展顺利；与奈曼旗人民政府签署科技合作协议。以自治区农科院具有自主知识产权的成果为核心，通过实施的各级各类示范推广项目，在 11 个盟市 70 个旗县近 200 个点次，示范推广粮油糖、蔬菜、牧草等新品种 30 个，增产增效技术 90 项，累计培训技术人员、农牧民 9000 余人次，发放技术资料、光碟等 9.2 万余份，有效地为当地农牧业生产发展和农牧民增收提供科技支撑。组织专家与科技人员参加国家、自治区各级各类科技成果博览会 5 次。

【科研创新能力建设】 2016 年，自治区农科院继续抓构成科研创新能力三个要素的建设和优化，人才队伍建设、基础设施改善、科研项目争取都有新的提升。

人才队伍建设　新增副高级以上职称人员 22 人、享受"国务院政府津贴"2 人、"内蒙古杰出人才"1 人、自治区"511 人才工程"2 人。新获批自治区"草原英才"2 人、团队 3 个，"草原英才"人数达到 36 人，团队达到 23 个。选派组织部挂职干部 1 人，自治区"草原之光"硕士创业活动挂职锻炼 3 人。15 人参加自治区"三区"科技服务工作，2 人参加自治区人力资源和社会保障厅基层服务周活动。自治区农科院继续教育基地被列为自治区级继续教育示范基地，全年累计培训专业技术人员 460 人次。组织全院开展在线学法 319 人，已有 118 人完成学习，参加在线考试。全院科研人员的年龄和专业结构得到优化。

科研基础设施建设　托克托科研基地完成 1800 亩试验田节水灌溉工程的设计和土壤改良的工作；四子王科研基地办理了场部占地 11 亩的土地证和房产证，完成基础建设工程及设备工程；武川旱作农业试验站完成种质资源库、温室建设任务，补充购置试验仪器、农机具等硬件设备；巴音哈太基地原种圃与饲草田建设与更新工作进展顺利。"农业部作物基因与种质创制内蒙古科学观测实验站"和"农业部内蒙古耕地保育科学观察试验站"启动实施；"食用菌内蒙古自治区工程研究中心""内蒙古自治区绿色冷凉蔬菜工程技术研究中心"完成年度建设任务；"科研信息管理平台建设项目"进入验收和试运行阶段。

【交流合作】 与蒙古国、俄罗斯、加拿大3个国家合作开展4项国际科技合作项目,中俄、中蒙合作项目完成中期检查评估工作。推进"中国—匈牙利农业科技合作促进中心"工作,组织工作会议、现场观摩会、合作交流会各1次。围绕一带一路建设,组织和申报科技部、农业部"中俄"及"中蒙"等国际合作项目6项,签订合作协议3项。依托启动国际科技合作基地项目,资助3批6名科技人员到日本、澳大利亚和法国学习与培训;选派2名青年科技人员赴美国和加拿大进修学习6个月;通过合作项目、学术会议等,有55人次出访美国、英国、澳大利亚、法国等9个国家;通过引智项目等邀请美国、加拿大等8个国家21位专家来自治区农科院进行学术交流。

与中国科学院在呼伦贝尔启动为期3年的"生态草牧业试验区"合作项目;加盟东北农业科技创新联盟,东北地区四省五院申报的农业部"东北地区玉米秸秆综合利用"项目得到批复与资助。与11个盟市级的农牧业科研院(所)、24家区内大学和农牧业部门、9家区内大中型企业以及国内15家大学和科研院所开展科研项目合作研究。

【单位内部管理】 一是为进一步理顺院里内部管理体制,形成更富有效率,更加民主、科学的决策和管理机制,2016年制定下发《内蒙古自治区农牧业科学院信息管理办法》《内蒙古自治区农牧业科学院法律顾问制度》等10项制度与办法,为科研工作提供基本制度规范。二是临时工管理工作步入正轨,与劳务派遣公司签订劳务派遣合同。三是开展固定资产与暂付款清查工作,上报自治区财政厅需核销固定资产总额1177.5万元;院处理长期支出未报及回收暂付款436万元,占总欠款的45.87%,上报自治区财政厅核销债务总额367.6万元,并对失去使用权的土地、房屋进行剥离,对失去使用价值的仪器设备进行报废,公务机票在政府采购平台购买工作得到全面推进。四是认真落实自治区国家保密局部署的各项保密工作,完成涉密人员分类确定和保密审查工作,做好保密宣传工作,全年共向自治区保密局递交自查报告、工作总结等4份。五是后勤服务水平和保障能力有了提高,团购房建设任务已基本完成,综合楼9楼职工活动中心投入使用,农产品检测试验车间和化学试剂处理车间建设工程顺利完成,办公区和生活区的供暖、供水、供电、环保、绿化、安全保卫、职工食堂、综合办公楼部分基础设施改造等工作有序、有效开展。六是离退休人员服务工作得到加强,对离退休人员安排体检,节日期间进行慰问,及时报销医疗费。组织参加区直机关离退休干部大型演唱会"红色的记忆"取得优异成绩。七是完成试验综合楼门牌、楼层导视牌、院宣传通知栏的制作,院志编撰工作进展顺利。

(撰稿人:张喜彦)

林业科研

【概况】内蒙古林业科学研究院(以下简称内蒙古林科院)是全国最早创建的省级林业科研机构之一。内设18个部门。其中,专业研究机构8个:荒漠化防治研究所、林业研究所、森林资源与生态环境研究所、森林经营与保护研究所、生态功能与森林碳汇研究所、景观环境研究所、实验室、林木与花卉引种繁育中心;科技支撑部门3个:荒漠化防治国际培训中心、林木种苗示范基地、《内蒙古林业》杂志社;管理处室6个:工会、党委办公室、办公室、财务处、人事培训处和科研与信息管理处;后勤保障部门1个:物业服务中心。此外,还有国家林业局重点实验室——沙地生物资源保护与培育实验室,自治区级重点实验室——沙地(沙漠)生态系统与生态工程实验室。全院在编人员97人,其中专业技术人员68人(正高级职称22人、副高级职称25人、中级职称 13 人、初级职称 8 人)，技术工人 21 人(高级技师 2 人、技师 5 人、高级工 10 人、中级工 3 人、初级工 1 人),管理人员 8 人。

2016 年,新立项目 30 项,通过结题验收项目 12 项、科研成果获奖 4 项、获得授权专利 4 项、出版专著 1 部、发表科技论文 33 篇、鉴定成果 1 项、起草制定地方标准 3 项。重点抓好以下三方面科研工作:一是狠抓课题立项;二是强化对在研项目的管理；三是注重科研项目的结题验收和提炼总结工作。

【科技工作与改革创新】

为促进科技工作顺利开展，内蒙古林科院高度重视科研管理工作,把“管理”作为重点来抓。主要做三方面工作:一是抓项目运行管理。严格实行院、所(中心、室)和项目负责人“三级”管理制度。在院级管理层面,严把“三关”,即年初实施方案的审定关、中期检查关和年底评议关;在所级层面上,实行所长(主任)负责制,包括对资金使用管理和项目运行的管理，课题要归口到项目主持人所在的部门统一管理，由各所长(主任)合理分配与调度科技人员和所有资源,确保项目有效运行,并对本所项目运行全程监督；在项目负责人层面上，对项目的技术路线、实施效果和资金使用负责,确保项目实施取得预期成果。二是抓资金安全运行管理。严格执行国家和自治区有关规定，严格执行院里的各项制度,严格项目资金审批程序,确保各类科研项目资金按规依规安全运行。

内蒙古林科院高度重视科研项目的执行。为切实加强项目的有效执行,按照 2016 年中期制定计划,结合中期检查,由院主要领导亲自带队,组织项目评估专家组,深入到现场对各个项目组承担项目实施的效果进行督查，现场解决项目实施进程中遇到的实际困难。通过这样的做法，对内蒙古林科院承担的科研项目的顺利实施,起到积极推动作用。

【科技项目与经费】

2016 年,内蒙古林科院承担科研项目共 57 项,其中延续项目 27 项,新立项目 30 项。承担项目按项目类别统计：科技攻关 14 项、“十二五”科技支撑 4 项、“十三五”国家重点研发 4 项、应用基础 12 项、科技推广 7 项、生态站建设 4 项、生态监测 5 项、标准 7 项。

新立项目经费总额 1376.3 万元。按来源渠道统计:国家自然科学基金项目 1 项,经费 45.7 万元;科技部 6 项,经费总额 594.1 万元;国家林业局 2 项,经费总额 200 万元;国家外国专家局 1 项,经费 20 万元;自治区科技厅 3 项,经费总额 270 万元；自治区发改委项目 1 项，经费 75 万元;自治区人力资源和社会保障厅 1 项,经费 5 万元;自治区林业厅 8 项,经费总额 45 万元;内蒙古自然科学基金 3 项,经费总额 9 万元;自治区质量技术监督局 1 项,经费 32.5 万元;合作项目 1 项,经费 35 万元;内蒙古自治区“草原英才”项目 1 项,经费 5 万元,内蒙古野生动植物保护中心项目 1 项,经费 40 万元。

【科技成果与转化】 2016 年，内蒙古林科院共有 12 个项目通过结题验收工作。其中:1 项国家林业局“948”项目;1 项国家林业局森林认证项目;1 项国家林业局转基因项目;2 项中央财政林业科技推广项目;1 项自治区科技创新引导奖励资金项目;1 项自治区科技厅科技计划项目;3 项自治区自然基金项目。内蒙古林科院共取得 5 项科研成果获奖,其中,获自治区农牧业丰收奖一、二等奖各 1 项、获梁希科技三等奖 1 项、获得内蒙古自治区职工优秀技术创新成果三等奖 1 项。

内蒙古林科院科技人员坚持深入生产第一线,开展一系列创新性科学研究,取得一批科技成果。研究成果通过推广应用、成果转化项目的实施，在林业生态工程建设中起到科技支撑与示范作用。其中,内蒙古林科院承担的 948 项目“珍贵观赏树种欧洲银柳、西伯利亚野苹果品种及培育技术引进”,引进珍贵观赏树种西伯利亚野苹果、欧洲银柳；建成西伯利亚野苹果种质园、欧洲银柳采穗圃，并进行推广；培育了西伯利亚野苹果实生苗和欧洲银柳扦插苗，且总结形成两树种育苗和栽培技术，发表论文4篇，于6月17日通过国家林业局科技司组织的验收，该项目建设的种质园和采穗圃将作为引进品种的资源保存库。2个树种的成功引种将填补北方城市绿化树种无小果类果树的空白，增加生态环境建设和城市绿化的生物多样性和树种多样性，将产生巨大的生态和经济效益。948项目“耐干旱优良地被植物品种及繁育技术引进”，引进“蓝叶”和“金顶”爬地柏2个品种，并优化其扦插繁育技术；在呼和浩特市土默特左旗兵州亥基地建立采穗圃10亩，发表论文3篇，于6月17日，由国家林业局科技司组织专家进行验收并顺利通过。通过该项目的实施，对品种进行扩繁，在生态建设和城市绿化中推广应用，为生态环境建设和城镇绿化服务。苗农掌握2个新品种育苗技术后，可通过培育苗木获得经济收入，具有良好的推广前景。

【科技平台建设】 内蒙古林科院围绕科技创新工作，继续大力推进科研基础设施建设，强化科技支撑。

生态定位站建设　内蒙古林科院是承担国家生态定位站建设较多的单位之一，为尽快发挥生态定位站的功能作用，围绕提升科技创新能力工作，继续加强生态定位站能力建设，为科研工作提供有力的保障。在硬件建设上，重点推进西鄂尔多斯森林生态系统定位研究站综合站房建设工作：一是2016年全面完成生态站主站综合科研实验楼主体建设和内外装修任务。二是在充分咨询专家的基础上，完成科研样地和气象站建设的选址工作。三是完成生态站科学仪器招标工作。大青山森林生态系统研究站建设方面：一是完成森林小气候梯度及水汽碳通量观测塔、气象传感器的建设与调试工作，并开展土壤水分、径流、气象等要素的监测。二是完成径流场的附属装置配套安装和乔木林凋落物收集器布置安装等工作。三是完善气象观测场地附属设施和各类植被固定观测样地挂牌工作等工作。达拉特荒漠生态系统国家定位观测研究站，在定位站观测研究区域全面开展土壤、植被生态因子等指标的定位观测，并获得大量数据。多伦浑善达克沙地生态系统国家定位观测研究站，完成春季沙尘暴监测、人员培训；完成打地下水位观测井、设备维护以及年度气象、土壤水分数据采集等工作。包头黄河湿地定位观测研究站，全面开展年度监测任务，对生态站7个固定监测点进行了水质监测和土壤监测，并起草编制《包头黄河湿地资源本底调查技术方案》。生态定位站建设的顺利实施，提升内蒙古林科院的科研水平和科技支撑能力。

重点实验室能力建设　实验室、温室正式投入运营。重点建成总面积为180平方米的无菌实验操作室，并购置部分仪器设备投入使用。在工作上，完善制度管理，制定《重点实验室管理条例》及其他相关规章制度，规范工作运行程序。承担的自治区防沙治沙协会文冠果组培项目、自治区林业厅下达的紫果云杉、蓝靛果忍冬、重瓣榆叶梅等等优良树林组培项目都按计划进行；完成1502个化验样品的化验。

树木园种质资源保存库　加强林木新品种的引种，上半年引种2000多株，丰富树种资源。加强对种质资源保护管理，特别加强林木有害生物防治和森林火灾应急处理能力工作，林木有害生物防治率由15%提高到50%。珍稀、濒危树种得到有效保护，重点加强红豆杉、美国黄松、美国白松等树种保护工作。完善树种资源电子建档工作，开展树木标示牌挂牌工作。开展森林生态科普教育宣传工作。

建立黑果枸杞工程技术中心　2016年，重点完成可研报告编制，10月中旬通过自治区科技厅组织的专家论证。同时，院里也配备硬件设施。2017年争取列入自治区科技厅第二批计划。

【科技交流与合作】

加强学术交流，提升队伍素质　为提升内蒙古林科院科技人员的学术水平，提高整体科研实力、竞争力，培养创新型人才队伍，按照年初制定的工作安排，2016年由内蒙古林科院学术委员会牵头，组织学科带头人和有关专家，针对当前林业科技发展方向、自治区林业科技需求以及内蒙古林科院优势学科及重点研究领域进展情况，开展学术讲座9次，组青年科研人员开展学术研讨13次。邀请中科院专家来学术讲座3次。

蒙鄂生态领域战略合作新进展　推进承担的蒙鄂两省区生态领域合作沙生植物园建设项目，主要完成工作：做好专类园区的引种栽培，主要围绕海棠园、花楸园、梓树园等20个专类园展开，共栽植乔木14 955株，灌木6870丛，绿篱85 943株，累计收集树种188种。其中2016年共栽植乔木5783株，灌木3915穴，小灌木4977株，绿篱、地被39 868株，收集树种125种。加强林业科技成果示范建设，打造内蒙古西部地区经济林示范园。经济林示范区共栽植乔木3685株，新增果树品种23个，引进新疆、辽宁等地优质品种资源。探索林下经济、循环经济新模式。重点开展荷叶离褶伞菌棒培育和菌草引种2个自选项目，进行小范围的试验栽培。加强经济林舍施建设。新建大棚3座，面积3000平方米。引种樱桃、桃等不宜在当地气候环境生长的果树品种。

亚太森林组织战略合作顺利进行　亚太森林组织是总部设在北京的一个国际林业组织，通过这个平台，中国与亚太地区国家开展双边或多边林业合作与交流。为了拓展发展空间，2016年内蒙古林科院与亚太森林组织建立长期合作关系，双方签署合作协议。双方约定，内蒙古林科院充分利用人才、技术、科研成果和地缘优势，为中亚地区国家开展林业技术培训。内蒙古林科院专门成立培训机构，配备专职工作人员。9月成功举办一期荒漠化综合治理和产业发展国际培训班，为来自中亚地区哈萨克斯坦、塔吉克斯坦、乌兹别克斯坦3个国家的6名林业技术人员开展相关技术培训。

【知识产权成果】　2016年，内蒙古林科院获得授权实用新型专利4项。其中“一种无轴承旋转式集沙仪”，专利号:ZL2015 2 1060402.7;“一种排土场边坡生态防护结构”，专利号:ZL2015 2 1060403.1;“一种草本植被覆盖度激光测量仪”，专利号:ZL2016 2 0433702.3;“一种林业用土壤采集器”，专利号:ZL2016 2 0694870.8。

【重点学科建设】

水土保持与荒漠化防治学科　以防沙治沙综合治理技术研究和应用基础研究为主。累计承担相关课题100多项，获得国家科技进步二等奖1项，省部级一等奖3项、二等奖4项、三等奖3项。主编和参与编著的研究专著15部。承担各级各类科研项目13项。

生态学学科　以森林生态学、林业生态工程、森林生态站建设、森林资源与生态效益监测与评价为主要研究方向。获自治区科技进步一等奖1项、二等奖1项、三等奖1项、自治区农牧业丰收一等奖4项、自治区第六届青年科技进步奖1项。承担各级各类科研项目12项。

森林培育学科　面向自治区林业生产，进行造林理论与技术、苗木培育理论与技术、经济林栽培与利用等学科方面的研究。承担的项目中，获自治区科技进步三等奖3项。承担各级各类科研项目4项。

森林经理学方向　以森林区划、调查、评价，森林生长与收获、经营决策与控制调整等理论、方法及技术为主要研究方向。承担各级各类科研项目9项。

城市林业与园林方向　科研成果—规划设计—服务生产—科学研究为一体。内蒙古绿通环境绿化科技有限责任公司是内蒙古林科院全额注册公司，完成城市林业、园林绿化规划和设计、施工项目达100多项，取得显著的生态、社会、经济效益，是西部林业生态建设和城市园林绿化建设的新力量。

森林保护方向　从事森林病、虫、鼠害的研究和防治以及有益生物的开发利用的基础理论和应用研究。先后承担各级相关研究项目50多项。研究成果获得省部级二等奖3项，三等奖2项，自治区林业厅一等奖1项，三等奖2项，鉴定成果5项。承担各级各类科研项目1项。

林木遗传育种方向　研究森林和树木遗传变异的现象与规律，探索林木遗传改良理论与技术。主要研究包括育种理论和技术方向、外来树种和乡土树种的引种驯化方向和良种繁育方向的研究。已完成相关研究课题87项。承担各级各类科研项目9项。

【其他科技事项与活动】

发表科技论文　由内蒙古林科院科技人员主编出版专著1部，发表科技论文33篇，其中核心期刊15篇。

科技宣传工作　承办自治区人民政府首届生态文明建设宣传活动周林业布展工作，向广大市民宣传林业在生态文明建设中的重要作用，使广大群众认识到加强生态建设和保护的重要性和必要性，增强群众的生态文明意识，受到外界好评。响应自治区政府的要求，承办“大众创业、万众创新”宣传活动周工作，直观展示内蒙古林科院科研创新成果。完成《内蒙古林业科技》《内蒙古林业》2个杂志承办工作。

科技支撑工作　完成2015年度全区退耕还林生态效益监测工作。完成《内蒙古自治区2015年度退耕还林工程生态效益监测报告》，并发布在国家林业局《2015年度退耕还林工程生态效益监测国家报告》；完成“内蒙古鄂尔多斯退耕还林工程生态效益专项监测站建议书”“内蒙古自治区退耕还林工程生态效益监测站（点）及监测团队建设方案”和“2016年度内蒙古退耕还林工程生态效益监测实施方案”；完成对西鄂尔多斯国家级自然保护区国家级公益林监测工作。编制“西鄂尔多斯国家级自然保护区2016年度公益林监测实施方案”，按照实施方案的监测目标和监测内容，设置监测样地8块，开展监测区气象特征、土壤特征、植被特征，以及公益林建设的社会效益和经济效益等内容的调查和调研工作，形成西鄂尔多斯国家级自然保护区2016年度国家级公益林监测技术报告；完成全区野生动植物保护、自然保护区建设管理及湿地监测效益评估工作。2016年春季，从全院抽调18个人，分为6个组，对全区11个盟市78个野生动植物保护、自然保护区建设管理及湿地监测工作进行调查。通过开展该项工作，详细了解全区野生动植物保护、全区自然保护区和湿地保护工程项目现状，并根据调查结果对全区野生动植物保护和工程项目开展效益情况进行综合评价。该项目从2016年5月初开始准备实施方案，进行前期准备，落实调查任务，2016年7月初至10月底开展外业调查，11月底计划完成调查总结报告；完成“内蒙古鄂尔多斯文冠果良种基地建设项目”中文冠果种质资源收集与保存工作。已经完成山西、陕西、山东、内蒙古4省区，18个旗县的不同种源、家系种子的采集工作，共收集到家系种子239份，其中古树3份、天然种6份、人工栽培种230份。收集完成后对不同种源、家系种子进行测试，并建立技术档案；全面启动杭锦后旗封禁保护效益监测工作。

（撰稿人：王玉芝）

中国农业科学院草原研究所

【概况】　中国农业科学院草原研究所（以下简称草原所）内设机构13个。其中职能部门4个：办公室、人事处（党办）、科技管理处、条财处；专业研究室6个：草地生产与管理研究室、牧草资源与育种研究室、草地生态与监测研究室、草地工程机械研究室、草地综合发展研究室、草地生态研究室；中心3个：草业科技信息中心、牧草及草产品质量检测与分析测试中心、后勤服务中心；公司1个：内蒙古中农草业发展有限公司。承建有农业部牧草资源与利用重点实验室、农业部草地生态与修复治理重点实验室、农业部草地与农业生态遥感重点实验室、中俄草地生态与可持续利用联合实验室、国家牧草种质中期库、国家多年生牧草资源圃、农业部草产品质量监督检验测试中心、农业部遥感应用中心呼和浩特分中心等科技创新平台，以及农业部沙尔沁牧草资源重点野外科学观测试验站、农业部玉树高寒草原资源与生态重点科学观测试验站、农业部鄂尔多斯沙地草原生态环境重点野外观测试验站、农业部草原畜牧业装备技术科学观测试验站、中国农业科学院苏尼特温带荒漠草原资源与生态环境野外科学观测试验站、中国农业科学院太仆寺旗草地资源监测与评价野外科学观测站、旱生牧草驯化及原种繁育基地等。现有在职职工162人，其中高级专业技术职务人员59人。

【科学研究】 整合资源，凝练重大科学技术问题，在重大重点项目的组织、申报等方面开展大量工作，取得显著成效。2016年共组织申报各类项目87项，其中包括国家自然基金项目40项，内蒙古自然基金17项，科技部中蒙国际合作专项项目1项，其他项目29项；已获批立项项目22项，经费576万元，加上科技创新工程经费，年度科研经费1611万元。其中包括主持科技部中蒙国际合作专项项目1项，国家自然科学基金3项，内蒙古自然科学基金项目6项，内蒙古科技计划类项目1项，参加国家重点研发计划专项项目1项。

培育和凝练重大成果，加强成果转化能力。2016年共组织申报省部级奖励6项，以第一完成单位获得奖励3项，包括全国农牧渔业丰收二等奖1项，中国植物保护学会科技进步二等奖1项，中国草学会草业科学技术二等奖1项；发表论文143篇，其中以第一单位发表SCI/EI论文18篇；出版著作（含专著、编著和译著）32部；获得专利47项。其中：发明专利6项、计算机软件著作权4项，鉴定（评价）成果2个，审定登记新品种3个，鉴定农机新产品2套，制定行业标准1项。

【人才培养和团队建设】 引育并举新措施，优化人才队伍结构大力实施高层次人才引进、优秀人才培养和博士后推进计划。1人入选院级青年英才，2人入选所级青年英才。公开招聘博士后2人，博士3人，硕士1人，充实到科研、管理岗位；科技人才总量保持稳步增长，全所科技人才120人，占在职职工的71.9%。平均年龄42岁，45岁及以下占61%，具有博士、硕士学位的科技人才91人，占科技人员总数75.8%。全所具有高级职称科技人才54人，其中拥有博士学位比例达48.1%。博士后招收规模和质量逐年提升，博士后进站2人，出站1人。接收“西部之光”访问学者2人。拓宽渠道，重视和加强科技人员的学习培训。组织处级干部参加农业部轮训3人次，组织党务干部培训16人次，参加各类科技培训120余人次。推荐6名优秀在职人员攻读博、硕士学位。

宣传吸引优秀生源，注重培养，提高研究生学术水平。2016年共招收研究生8人，其中硕士研究生4人，博士研究生4人。毕业博士4人，硕士4人。

【合作交流】 在国际合作方面，拓展国际合作伙伴，新拓展国际合作伙伴9个，包括俄罗斯全俄瓦维洛夫植物遗传资源研究所、瑞典国家企业和创新部、澳大利亚昆士兰大学、澳大利亚新英格兰大学、比利时根特大学、德国海德堡大学、奥地利谷物研究中心、塞尔维亚诺维萨德大学、丹麦奥胡斯大学等。在国际交流方面，先后派出专家11人次赴蒙古、澳大利亚、美国、俄罗斯、瑞典5个国家进行学术交流与访问。先后请进澳大利亚、日本、蒙古等国外专家50人次，组织各类培训班、国际研讨会2次，各类学术报告25场，培养3名蒙古国博士留学生。

【科技兴农】

科技成果转化应用　新品种转化方面，正在与有关企业确定“中草8号杂花苜蓿”新品种成果转化事宜。结合已有的9GX-2.5型六圆盘割草机、BL-600型指盘式搂草机、9LZ-5型指盘式搂草机、RT-13型指盘式搂草机、9JK-1.7型捡拾打捆机等设备在内蒙古呼和浩特、包头等地开展牧草刈割、搂集、捡拾打捆机械化作业试验示范18 000亩；新技术转化推广方面，对北方草地主要害虫及毒害草绿色防控关键技术进行推广。推广新技术5项，累计推广面积240万亩，有效控制草地害虫及毒害草等重大生物灾害的发生危害，减少化学农药用量15%～20%，新建科技示范基地1个，推广新成果新增社会经济效益36 864万元，经济、生态和社会效益显著。在哈素海国家湿地公园进行牧草免耕播种试验示范，播种苜蓿、冰草、黑麦草、披碱草等10多种牧草，试验示范1000亩。

科技推广服务工作　结合科技推广工作，组织科技人员开展科技服务、技术培训、科技咨询等工作。依据国外标准品种抗寒指标对现有国产品种进行抗寒性评价，确定其对应的抗寒指数，确定抗寒指数分布。确定不同品种苜蓿根系性状对秋眠级的响应等，通过抗寒性评价，可以有效地提升苜蓿种植中品种选择的水平，保证生产安全、高效；继续研发和完善SDM-1750型甩刀式秸秆刈割机各项工艺，在小型圆捆机的三维建模基础上试制样机，并进行性能测试；委托内蒙古包头市鹿灵机械有限责任公司9GX-2.5型圆盘式割草机的小批量生产，进行实验研究；完成小型圆捆机的三维建模及工艺的研发，河北沧州进行样机的试制。以上机型有望进入农牧民生产活动中，提高农牧民生产效率；登记“中草10号紫花苜蓿”“金岭青贮玉米”等牧草和饲料作物新品种3个；在呼和浩特沙尔沁、巴彦淖尔市、锡林郭勒盟正蓝旗等地，进一步整理良种繁育基地及施肥改良，重点进行培肥地力、机械配套、杂草防控等种子繁育技术研究，提升研究所自主培育的新品种良种繁育及产业化生产应用速度，为地方和企业实施苜蓿良种生产，提供物质和技术支撑；在内蒙古锡林浩特典型草原、草甸草原和荒漠草原的23个定点试验牧户进行草畜平衡、草地恢复和草场生产经营等相关草地知识普及。发放草牧业科普丛书600余册。推进科技示范旗建设工作。在苏尼特左旗和苏尼特右旗，建设2个智慧牧场，在原有溯源体系的基础上，通过信息技术和自动控制手段实现养殖过程的智能化，实现棚舍环境信息的检测和自动调节、养殖设施的远程控制、养殖户局域网络覆盖及生活条件的智能化升级等功能，改善了牧民的生产生活条件。

【基地建设】　新增部级重点实验室2个，即农业部草地生态与修复治理重点实验室和农业部草地与农业生态遥感重点实验室。草原所已形较为完整的草原科学科技平台体系。草原所科技平台主要包括科技创新平台、科技支撑平台、科技服务平台和国际合作平台四大类。其中科技服务平台1个，包括“农业部草业产品质量安全监督检验中心”。国际合作平台2个，包括中国农业科学院欧亚温带草原研究中心、草原生态与可持续利用中俄联合实验室。科技创新平台6个：农业部牧草资源与利用重点实验室、农业部草地生态与修复治理重点实验室、农业部草地与农业生态遥感重点实验室、国家牧草改良中心、国家种质牧草中期库和国家牧草种质资源圃。科技支撑平台8个：农牧交错区试验示范基地、鄂尔多斯沙地草场改良试验站、青藏高原高寒草原试验示范基地、锡林浩特草原生态保护和可持续利用研究与示范基地、太仆寺旗典型草原试验示范基地、苏尼特温带荒漠草原试验示范基地、廊坊农区试验示范基地以及农业部草原机械装备试验站。

【条件建设】 草原所科技平台基础设施和装备条件得到显著改善，科技支撑服务能力持续增强。2016年草原所共申报条件建设项目8项，其中农业基本建设项目4项，修缮购置专项资金项目4项。在建项目中，国家种质资源呼和浩特多年生牧草圃改扩建项目已完成建设内容，共采购科研仪器设备及农机具45台（套）；“温带荒漠草原监测站建设项目”通过部委托农科院组织的专家组验收；“农业部牧草资源与利用重点实验室建设项目”共采购科研仪器设备12台（套）；完成2014年修缮购置专项资金项目“中国农科院草原所基地农机具购置”项目报验。

草原所各平台共承担国家“973”计划项目、国家科技支撑计划项目、基本科研业务费项目、国家科技成果转化项目、农作物保种项目等各类项目70项，先后开展草原野外生态环境监测、牧草种质资源评价与新品种选育、草地放牧管理、草地鼠虫害防控、草地监测等方面的研究工作，为草原所的科技创新工作提供支撑。

（撰稿人：戴雅婷）

气 象 事 业

【概况】 内蒙古自治区气象局（以下简称自治区气象局）内设办公室、应急与减灾处（内蒙古自治区人工影响天气指挥部办公室）、观测与网络处、科技与预报处、计划财务处、人事处、政策法规处、党组纪检组（审计室）、机关党委办公室（精神文明建设办公室）、离退休干部办公室等10个处室。拥有自治区气象环境影响评价中心、内蒙古自治区生态与农业气象中心(内蒙古自治区气象卫星遥感中心)、内蒙古自治区气象服务中心（内蒙古自治区专业气象台、内蒙古自治区气象影视宣传中心）、内蒙古自治区大气探测技术保障中心、内蒙古自治区雷电预警防护中心（内蒙古自治区防雷中心）、内蒙古自治区气象干部培训学院、内蒙古自治区气象科学研究所（内蒙古自治区人工影响天气中心）、内蒙古自治区气象信息中心（内蒙古自治区气象档案馆、内蒙古自治区农牧业经济信息中心）、内蒙古自治区气象局机关服务中心、内蒙古自治区气象局财务核算中心（内蒙古自治区气象国有资产管理中心）10个直属事业单位。截至2016年底，全区气象在职职工3089人。学历结构：博士22人，硕士391人，本科2094人，大专534人。职称结构：高级职称470人（正研级20人、副研级450人），中级职称1412人，初级职称970人。

全区现有119个气象台站，包括21个国家基准气候站、29个国家基本气象站、69个国家一般气象站。其中：119个台站承担地面以及生态与农业气象业务观测，29个台站承担国家农业气象观测，39个台站承担雷电监测，12个台站承担高空观测，8个台站承担新一代天气雷达观测，8个台站承担数字化天气雷达观测，8个台站承担太阳辐射观测，8个台站承担酸雨观测，8个台站承担沙尘暴观测，4个台站承担牧业气象试验、4个台站承担大气成分监测、3个台站承担环境气象观测、1个台站承担农业气象试验、1个台站承担蔬菜气象试验。全区已建成1875个区域自动站（含自动雨量站）、71座测风塔、106个自动土壤水分观测站。

【气象服务】

防灾减灾服务　防灾减灾组织、考核、预案和风险管理等体系不断完善，经费保障等长效机制得到巩固。各级政府召开会议专题部署气象灾害防御工作，部分盟（市）依托气象部门建设防灾减灾指挥平台，融入式发展模式成效显著。围绕区域性严重干旱和局地洪涝等灾害，强化监测预报预警和灾害评估服务，各部门联动高效，应急响应迅速，最大程度减轻气象灾害对人民生产生活造成的损失。气象防灾减灾作为政府公共服务重要内容已成为各级党委、政府共识。

农牧服务　以支农支牧惠农惠牧服务和保

障精准扶贫为重点，推进农牧业气象精细化智慧型服务和气象灾害防御能力建设两项工程。完成区本级4种主要作物适宜种植区划和农牧业气象灾害风险区划。农牧业气象灾害定量化评估已成为保险理赔重要依据。农牧业气象服务产品供给能力不断提升，"直通式"服务覆盖90%以上新型农牧业经营主体。蒙汉双语气象服务覆盖面不断扩大，服务均等化水平持续提高，气象服务惠及民生作用越来越明显。

生态服务　突出重点区域，发挥气象在生态文明建设中作用。深入落实自治区加快推进生态文明建设实施意见，生态气象监测站网纳入自治区生态环境监测网，借助社会资源提升生态与农牧业观测自动化程度。参与自治区大气污染防治，与环保部门联合发布环境气象预报。持续开展森林、草原、湿地等重要生态系统动态监测评估服务，自主研发的森林草原防扑火平台在历次火灾扑救中指挥作用凸显，得到国家林业局和自治区党委、政府高度认可。

人工影响天气服务　与自治区发展和改革委员会联合印发人工影响天气"十三五"发展规划，强化人影科技支撑能力建设。自治区和4个(盟)市政府出台加强人影管理文件，明确气象、公安、安监和苏木(乡、镇)政府主体责任。完善内控制度24项。人影作业、指挥和队伍等规范化管理不断推进。人影三年行动计划中期评估获得专家组好评。开展增雨防雹作业1100余次，总增雨量15.9亿吨，直接经济效益约22亿元，防雹保护面积3.1万平方公里，减少损失约3.2亿元。

气候资源开发利用服务　围绕保障气候安全，增强应对气候变化能力。参与自治区应对气候变化政策研究，持续推进气候变化对内蒙古生态自然保护区建设、水资源、粮食安全等影响评估。构建气候变化数据集。完善气候变化业务系统中评估方法和指标。特色农畜产品气候品质等级认证实现突破。编写《火电厂气候可行性论证技术导则》。气候可行性论证纳入发改委在线审批平台。

专项服务　围绕清洁能源大区发展战略，服务广度和深度不断拓展。开展风能和太阳能资源精细化评估，引进国外先进技术，加大风功率和高影响天气预报技术研发力度，优化风能和太阳能数值预报系统，服务产品的时空分辨率和准确率明显提升。服务风电场249家，太阳能电厂164家。

【气象业务现代化建设】

公共气象服务现代化　自治区投入1788万元，推进突发事件预警信息发布系统建设。编制气象灾害、主要作物、畜牧业等23个气象服务规范。交通气象服务业务系统在全区交管部门推广，强化交通路网信息和气象信息融合共享。神舟十一号返回等重大活动保障服务赢得社会各界广泛赞誉。

预报业务现代化　晴雨(雪)预报准确率为89.76%。最高和最低温度预报订正为正技巧，分别居全国第6和第14位。月气温和降水预测质量为76.5和74.7，强对流天气预警提前量为35分钟，较2015年提前12分钟。建立时间分辨率3小时、空间分辨率5公里、逐3小时滚动更新的精细化格点预报业务。内蒙古区域中尺度数值预报系统RMAPS业务化运行，以集合预报和多模式集成预报为主的数值预报解释应用业务稳步推进。完善气候监测标准化，开展雨季和冷空气过程监测业务。完善首席和骨干预报员分级评价制度，带动预报员转型发展。

综合观测业务现代化　高空和自动站资料可用性继续保持高于全国平均水平。举办全区旗(县)级综合业务技能比赛，全国技能竞赛取得团体第3名和技术保障第1名历史最好成绩。实现1679个行业自动气象站数据实时共享应用，行业数据共享平台业务化运行。完成MOPS系统与县综平台整合，提高旗(县)级综合业务集约化程度。依托气象部门组建的高分辨率对地观测系统内蒙古数据与应用中心获批，卫星遥感多领域应用得到国防科工局高度评价。

气象信息现代化　以CIMISS业务运行和气象业务内网建设为核心的信息化支撑作用凸显，全区行业气象站等特色数据实现接入，20余个业务应用系统完成对接。气象大数据中心建设有序推进，构建“气象专有云”与“自治区电子政务云”融合发展模式，扩充基础设施资源池，完成宽带网升级改造和高清视频系统建设。信息化水平评估位列全国第7。

人才与科技支撑　引进大气科学类毕业生比例为50.7%。探索与内蒙古大学共建大气科学专业新途径，签署共建协议，学科申请已获自治区教育厅批准并报教育部备案。与高校联合开展气象专业知识培训，岗前培训累计150余人次，旗（县）局（站）远程培训覆盖率85.6%。围绕气象业务现代化重点任务和关键技术，科研立项227项，取得成果92项，发表论文273篇，SCI/EI等收录2篇，科技贡献率73%。“内蒙古适应气候变化战略评估”获国务院发展研究中心二等奖。

【气候影响评价】　内蒙古自治区主要气候特征是平均气温大部地区接近常年，年降水量大部地区接近常年或偏多。春季出现6次沙尘过程，少于常年，且首次出现时间偏晚；夏季中东部大部地区发生干旱，农牧业损失严重，暴雨、洪涝、冰雹、雷电灾害频繁；5月及8月末出现低温冻害和霜冻，农业遭受一定损失，11月、12月出现雪灾，交通运输和设施农业受到一定程度影响。全区35站次出现极端低温事件，其中3站次日最低气温超过历史极值；50站次出现极端高温事件，其中17站次日最高气温达到或超过历史极值，11站次连续高温日数达到或超过历史极值；21站次出现极端降水（降雨）事件，其中2站次日降水量突破历史极值；17站次出现极端降雪事件。分析2016年气候条件和气象灾害影响，综合评价2016年度气候为正常年景。2016年度全区发生干旱、暴雨洪涝、冰雹、大风、霜冻等气象灾害，给农业生产带来不利影响。冬季全区大部地区出现降温、降雪天气，降雪对增加土壤墒情、春播生产极为有利；但低温导致温棚里作物生长缓慢或出现停滞状态，部分温棚作物受冻，影响后期生长。3月大部农区均出现有效降水，为春小麦播种提供良好条件。西部农区气温略偏高，降水偏多，河套灌区潮塌现象加重，对麦播有一定影响；4月大部农区热量条件充足，利于农业生产顺利开展，但是无大范围降水过程出现，降水持续偏少，农区温高雨少，土壤失墒加剧，对小麦出苗和玉米、马铃薯等作物适期播种不利；5月上旬中西部大部地区降水偏少，土壤墒情较差，不利于农作物播种与出苗，中下旬气温波动回升，大部农区出现有效降水，利于农区土壤增墒保墒和已播作物顺利出苗，加快马铃薯和玉米播种进度。夏季前期大部农区均出现较明显降水过程，水分条件较充沛，土壤墒情适宜，对农作物生长起到积极作用，但是东部地区，特别是赤峰市旱情严重，农业遭受损失；盛夏主要农区均出现有效降水过程，水分充沛，土壤墒情适宜，对农作物正常生长有利，但东部地区旱情仍在持续，部分地区旱灾严重，作物发育迟缓，旱情加剧，呼伦贝尔市新巴尔虎右旗持续干旱并发生蝗灾；墒情偏差地区主要分布在呼伦贝尔市东部、兴安盟南部及乌兰察布市中南部，对旱地作物产量提高不利，其余地区光、温、水条件匹配基本正常，利于作物后期产量形成和牧草生长发育；季末呼伦贝尔市北部出现初霜冻和低温冷害，部分地区农作物受灾。秋季前期气温正常或偏高，有利于粮食收割和晾晒，霜冻天气对牧业生产影响不大；后期冷空气活动势力较强，但对农业无明显影响。总体来看，2016年自治区农业气象条件属正常年份，但对牧业生产影响较大。冬季全区大部牧区出现降温、降雪天气，降雪对增加土壤墒情极为有利，但降温、降雪天气不利于牲畜正常出牧，特别是寒潮天气过程导致母畜流产，甚至仔畜或体弱牲畜死亡等现象，对畜牧业影响较大。春季大部牧区气温偏高，降水量偏少，对牧区牧草返青和生长不利；另外，大风寒潮等天气过程对牲畜正常出牧、采食、防寒保暖及接羔保育、牲畜膘情、饲养管理等带来不利影响。夏季前期大部牧区降水偏多，利于改善土壤墒情，对牧草生长非常有利，但是东部牧区，特别是赤峰市旱情严重，牧业遭受损失；盛夏东部牧区旱情仍在持续，部分地区旱灾严重，牧草出现黄枯死亡现象，通辽市奈曼旗和赤峰市阿鲁科尔沁旗旱情加剧，呼伦贝尔市新巴尔虎右旗牧草受旱灾面积2286千公顷，牧草产量同比下降55%，受旱牲畜145.36万头（只），直接经济损失2.63亿元。秋季前期大部牧区气温正常或偏高，有利于天然草场打草和越冬草料调运和贮存，中东部牧区降水偏多，不利于牧草收割和晾晒，霜冻天气对牧业生产影响不大。总体来看，2016年牧业气象条件有利有弊。

【对外交流】 4月13—18日，蒙古国家气象与环境监测局局长朝克图奥其尔一行到自治区气象局参观考察交流。双方就人工影响天气、为农牧气象服务、气象合作交流学习等问题进行交流。

（撰稿人：魏兴杰）

防震减灾

【概况】 内蒙古自治区地震局（以下简称自治区地震局）是中国地震局和内蒙古自治区人民政府双重领导的具有行政职能的事业单位。主要职能为：实行中国地震局与自治区人民政府双重领导，以中国地震局为主的管理体制，根据授权承担本行政区域内防震减灾工作政府行政管理职能，依法履行防震减灾主管机构的各项职责。

自治区地震局设有9个处室、4个直属二级单位、25个专业地震台站（其中无人值守2个）。9个处室包括：办公室（法规处）、发展与财务处、人事教育处、科技监测处、震害防御处（地方地震工作处）、应急救援处、纪检监察审计处、机关党委（工会）、离退休干部处。4个直属二级单位包括：行政执法监察总队、地震监测预报研究中心、机关服务中心、地震工程研究勘察院。25个专业地震台站分布在自治区各盟市。

【地震活动】 2016年，内蒙古自治区发生ML≥1.0级地震615次，其中，ML1.0～1.9级地震378次，ML2.0～2.9级地震200次，ML3.0～3.9级地震33次，ML4.0～4.9级地震4次，无ML5.0级地震。最大地震是2016年7月30日01时50分四子王旗（北纬41°57′，东经112°13′）发生的ML 4.3级地震。次大地震是2016年6月14日阿拉善左旗（北纬39°47′，东经106°22′）发生的ML 4.1级地震。以上地震次数统计均为可定位地震。

本年度内蒙古自治区地震活动特征主要表现为：

ML≥3.0级地震活动频度、强度 发生ML≥3.0级地震37次，2015年发生ML≥3.0级地震19次，中等地震活动频度升高。但是，2015年阿拉善左旗地区发生Ms5.8级中强地震，2016年地震强度明显低于2015年，2016年未发生中强地震，其最大地震是2016年7月30日01时50分四子王旗ML4.3级地震。

地震活动强度西部和中部地区强、东部地区弱 发生的4次ML≥4.0级地震区域分布显示，西部地区分布3次，中部地区分布1次，而东部地区没有。最大地震位于中部地区四子王旗，震级为ML4.3级，次大地震位于西部阿拉善左旗，震级为ML 4.1级。以上地震区域分布表明：中部地区地震强度相对西部和东部地区最弱。

中小地震丛集、有序活动区 中小地震活

动图像显示出3个丛集活动区：乌海至蒙宁交界地区,地震活动活跃、呈现密集分布特征;呼和浩特至蒙晋交界地区，地震活动呈东西向条带分布状态;呼伦贝尔市扎兰屯地区,地震活动呈北北东向条带分布状态。

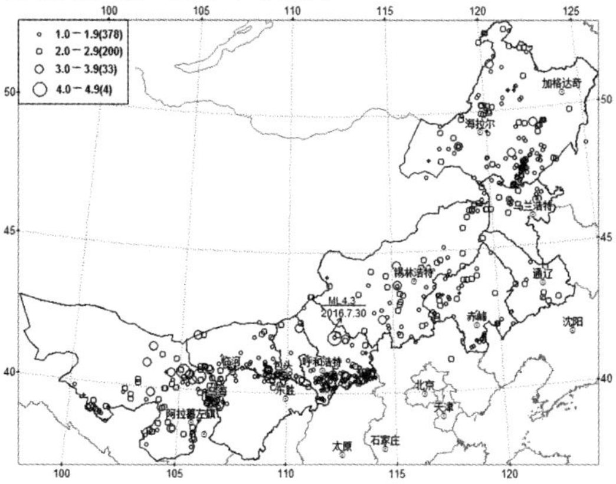

内蒙古自治区2016年度ML≥1.0级地震分布图

【监测预报工作】

震情　内蒙古自治区发生ML≥1.0级地震615次。其中:ML1.0～1.9级地震378次,ML2.0～2.9级地震200次,ML3.0～3.9级地震33次,ML4.0～4.9级地震4次，无ML5.0级地震。最大地震是2016年7月30日1时50分四子王旗(北纬41°57′,东经112°13′)发生的ML 4.3级地震。次大地震是2016年6月14日阿拉善左旗(北纬39°47′,东经106°22′)发生的ML 4.1级地震。以上地震次数统计均为可定位地震。

2016年，发生ML≥3.0级地震37次,2015年发生ML≥3.0级地震19次,中等地震活动频度升高。但是,2015年阿拉善左旗地区发生Ms5.8级中强地震,2016年地震强度明显低于去年,2016年未发生中强地震，其最大地震是2016年7月30日01时50分四子王旗ML4.3级地震。

5月17—19日，自治区地震局组织召开2016年年中地震趋势会商会。会议组织《前兆台网观测现状评价》《内蒙古会商改革机制说明》《日常会商和零报告编发规范及评比标准》《内蒙古地震异常特征库和典型干扰库情况介绍》等专题讲座。针对3月24日阿拉善左旗3.9级地震、5月22日辽宁朝阳4.6级地震、6月23日河北张家口尚义4.0级地震、7月25日临河3.2级地震、7月30日四子王旗3.8级地震、8月26日阿拉善左旗3.6级地震、10月1日临河3.3级地震共召开7次紧急会商会。

组织召开辽南——辽蒙交界协作区震情会商会、晋冀蒙交界视频会商会、晋冀蒙交界地区会商会、辽蒙交界震情会商会。参加晋冀蒙协作区震情监视跟踪工作会暨晋冀蒙交界地区强震短临跟踪研究合作专项推进会、辽蒙交界危险区会商联席会、晋冀蒙三省联合会商会，以及中国地震台网中心组织召开的华北地区视频会商会。

台网运行管理　恢复乌加河台断记仪器;对西山咀地震台、察素旗地震台、凉城地震台、乌兰花地震台进行防雷改造；恢复晋冀蒙重点监视区测氡观测;恢复科尔沁左翼后旗水位、开鲁和清水河水氡观测；将丰镇水温水位观测井纳入综合技术系统改造。购置磁力仪、高斯计、场强仪、示波器、井下电视、便携式痕量氢等异常核实设备;购买流动测震仪器;更新部分断记仪器。建立监测中心、海拉尔台、赤峰台、锡林浩特台、乌加河台共5个前兆仪器维修中心。5月,监测中心前兆台网、部分中心地震台业务骨干赴武汉科学仪器研究院进行前兆台网运行维护培训。6月,内蒙古地震应急流动台网主要成员,前往乌兰察布市地震局进行应急流动观测设备及技术系统的运维培训。建立数据跟踪质量通报制度,2016年6月28日至7月1日，在满洲里市承办全国地震前兆台网数据跟踪分析技术培训会。解决乌加河地电干扰事件、锡林浩特台地磁干扰事件、二连浩特地震台测震干扰事件及乌加河测震干扰事件4起环境干扰事件。

台网建设　完成全区台站资源整合工作，将全区23个小而散的台站整合为5个中心台和3个综合台。完成满洲里、锡林浩特地震台建设项目招投标工作；编制完成巴彦淖尔区域中心建设可研报告;完成包头台和包头市局、集宁台和乌兰察布市局的局台合一工作；帮助乌海市局完成乌海台搬迁选址的实地勘选等工作。完成优化改造阿古拉台站项目，11月通过中国地震局验收；编制满洲里地震台优化改造项目实施方案。完成国家烈度速报与预警项目13个基准站、101个基本站、265个一般站全部勘选任务。8月28日，配合中国地震局土地预审检查组完成项目检查工作。完成乌加河地震台房屋维修、乌加河钻孔应变观测、清水河台打井工程、包头台院墙维修的灾损恢复重建项目。

监测预报基础和应用研究工作　自治区地震局组织实施课题33项，其中延续性课题3项、自治区重大科技专项1项，新承担课题29项。自治区地震局科技人员共发表课题资助论文37篇,其中:国际会议收录1篇,中文核心8篇,科技核心15篇,一般性刊物13篇。4月,完成《内蒙古自治区地震局科研项目(课题)管理办法》的修订工作。12月,完成《内蒙古自治区地震局科技重大专项管理规定》制定工作。内蒙古第11届自然学术年会评选,2人获论文一等奖、3人获论文二等奖、2人获论文三等奖。2016《内蒙古地震》杂志出版,收录论文18篇。内蒙古自治区地震局学会获得“2016年度中国地震学会系统优秀学会”荣誉称号。

【震害预防工作】

抗震设防要求管理　推进地震安全性评价审批制度改革，按照中国地震局需开展地震安全性评价确定抗震设防要求的建设工程目录，开展强制性评估。贯彻落实国务院规范投资项目报送审批事项实施方案，撤销内蒙古自治区地震安全性评定专业委员会。8月,在呼伦贝尔市组织召开第五代《中国地震动参数区划图》贯彻实施新闻发布会,并组织地震、住建、建筑设计等相关单位专业人员进行宣贯培训。12月,向中国地震局申请进行包头市活动断层探测与地震危险性评价项目成果验收，与包头市人民政府、中国地震局震防司于12月9日组织召开包头市活动断层探测与地震危险性评价项目总验收会。对《内蒙古自治区地震安全性评价收费标准》开展成本核算和评估,对收费执行情况进行调查,并报发改委重新核定后正式发布。完成自治区地震局在线审批事项梳理、填报,配合自治区发改委信息中心完成投资项目在线审批监管平台建设，并指导盟市地震局同步开展平台对接工作。

防震减灾社会宣传教育工作　在5月12日全国“防灾减灾日”和科技活动周、“平安中国”等系列宣传活动期间,以科普基地参观、学校讲座、广场社区展览等多种形式在全区范围内开展行之有效的防震减灾科普宣传活动。自治区地震局以及各盟市、旗县地震部门共出动科技人员1000余人次，展出展板200余块,举办各类讲座近百场、专家咨询1万余人次,发放各类宣传材料数万份，自治区地震局官方微博播发百余条地震科普信息，内蒙古数字地震科普馆日平均点击量超过1000次。全区多家媒体播出报道活动有关内容对接完成“平安中国”防灾宣导千城大行动，组织全区各级地震部门工作人员收看科教片《小南海之谜(上、下)》。完成在呼和浩特市、呼伦贝尔市、赤峰市的三场落地活动，活动共播放防震减灾宣传影片18场,有近6000人观看了影片,并结合“平安中国”活动开展防震减灾科普宣传活动，现场发放宣传资料近万份。9月19—22日,由自治区地震局、锡林郭勒盟地震局、“平安中国” 防灾宣导活动组委会承办,“平安中国” 防灾宣导边疆行走进内蒙古西乌珠穆沁旗活动在锡林郭勒盟西乌旗蒙古族中学举行。策划的科普视频《地震来了怎么办》获得中共中央组织部全国党员教育电视片观摩交流活动微视频三等奖，自治区地震局官方微博获得2016年度内蒙古自治区最具影响

力政务微博称号。与《内蒙古日报》合作，先后刊载了纪念和林格尔地震40周年、自治区地震局学习贯彻中央精神相关报道3篇。推广防震减灾手机app客户端—防震宝典，实现防震减灾工作零距离服务社会。

【盟市防震减灾工作】 部署和林格尔地震台科普及宏观综合观测项目与包头市地震台基础设施优化改造项目两项基层防震减灾基础能力建设任务；报送锡林郭勒盟地震应急处置仿真演练系统列入2017市县防震减灾基础能力建设需求项目计划。在呼伦贝尔市组织召开全区地震安全示范社区创建培训暨评定会议，12个社区获得自治区级地震安全示范社区称号，6个社区获得国家级地震安全示范社区称号。完成2015年度15所自治区级防震减灾科普示范学校文件印发与牌匾发放。组织各盟市申报2016年度自治区级防震减灾科普示范学校，并准备在2017年开展国家级防震减灾科普示范学校申报工作。完成全区市县防震减灾基础资料调查统计，收集市县防震减灾工作亮点，编写并向中国地震局市县防震减灾工作指导委员会报送市县防震减灾工作材料。组织盟市地震局参加全国市县防震减灾法制培训班和防灾减灾学院市县防震减灾管理干部培训班。加强基层“三网一员”的管理和业务培训指导力度，对全区盟市“三网一员”现状和管理模式进行初步调研。完成全区市县防震减灾工作年度考核，包头市地震局、鄂尔多斯市地震局2个市级单位，呼和浩特玉泉区等5个县级单位及7名个人分别获得全国市县防震减灾工作考核市级先进单位、县级先进单位和先进个人。

【应急救援工作】

地震应急救援准备 制定《内蒙古自治区2016年度地震重点危险区专项抗震救灾应对工作方案》和《内蒙古自治区地震系统2016年度地震重点地区应急准备工作方案》。起草《内蒙古自治区地震应急预案管理办法》；编制《内蒙古自治区重特大地震灾害应急处置简要流程》；修订《内蒙古自治区地震局地震应急预案》和《地震应急工作流程》；制定《内蒙古自治区地震局2016年度地震现场工作方案》和《内蒙古自治区地震局春节期间地震应急工作方案》等。地处重点地区的呼和浩特市、乌兰察布市、通辽市均制定本市的专项抗震救灾应对工作方案，完成应急准备工作检查，将应急准备工作检查情况上报自治区防震减灾工作领导小组办公室。组织开展并完成2016年度晋冀蒙地震重点危险区灾害预评估与应急处置要点工作报告的方案策划、实地调研和编写工作；完成2016年度晋冀蒙交界重点危险区(内蒙古)地震灾害预评估和应急处置要点报告。

应急救援队伍建设 组织东北四省(区)地震应急联动演练暨地震应急流动测震台网演练；参加全国地震应急指挥系统应急响应与服务保障演练。选拔10名应急骨干每周触发一次地震，利用现场灾害调查软件进行灾害调查模拟报送演练；积极协调并参与中国地震局地球物理研究所在赤峰市举办的无人机实操培训。举办自治区首期地震应急救援“第一响应人”师资培训班，对全区地震系统业务骨干、武警内蒙古总队及其所属应急救援队、12个盟市支队应急救援队员共48人进行专业培训。在国家地震紧急救援训练基地组织全区应急管理干部培训班，为来自自治区防震减灾工作领导小组各成员单位联络员及部分盟市应急办、地震局、地震台的负责人共40余人进行培训。承办在内蒙古鄂尔多斯市举办的全国地震应急指挥技术培训班暨地震应急指挥技术研讨会。鄂尔多斯市地震局新设立应急管理科。包头市、赤峰市、乌海市、兴安盟等盟市积极开展各种规模和类型的应急演练，赤峰市还在演练中首次进行无人机数据采集监视监测实验。乌海市地震局组织消防支队、方舟志愿者应急救援队和有关单位应急救援管理干部共44人，在国家地震救援训练

基地进行地震应急救援相关工作的培训。

【内蒙古自治区2016年防震减灾工作电视电话会议】 2月22日，内蒙古自治区召开2016年度全区防震减灾工作电视电话会议，深入学习贯彻党的十八大、十八届三中、四中、五中全会和习近平总书记系列重要讲话精神，全面落实国务院防震减灾工作联席会议精神及自治区相关决策部署，总结2015年防震减灾工作，部署2016年工作任务。内蒙古地震局局长戴泊生做了题为《锐意进取，开拓创新，努力开创全区防震减灾事业发展新局面》的工作报告。自治区、各盟市、旗县三级防震减灾工作领导小组成员、有关大、中型企业负责人共计1000余人分别在100余个分会场参加了会议。

【其他工作】 完成地震社会服务工程项目档案、技术验收后续工作，整理档案材料，完成中国地震局巡视组检查和财务稽查。完成中国防震减灾百科全书内蒙古管理卷的后续修改、定稿，并报送至编委会。

（撰稿人：曾国平　尚立坚）

社会科学

【概况】 内蒙古自治区社会科学院（以下简称自治区社科院）成立于1979年2月。全院现有历史（成吉思汗）研究所、蒙古语言文字研究所、文学研究所、经济研究所、牧区发展研究所、哲学与宗教研究所、社会学研究所、政治学与法学研究所、民族研究所、草原文化研究所、俄罗斯与蒙古国研究所、公共管理研究所、城市发展研究所、蒙古语言信息技术研发中心等14个所（中心）及图书馆和杂志社；设有院办公室、科研组织处、人事处、机关党委（纪委）等4个职能部门；并设有中国特色社会主义理论体系研究中心、蒙古学研究中心、“三少民族”研究中心、内蒙古舆情研究中心等4个研究中心；在盟市设有不占编的呼和浩特分院、包头分院等13个分院。中国草原文化研究中心、中国社会科学院国情调研内蒙古基地、中国蒙古学学会和内蒙古草原文化研究基地设在内蒙古社科院。出版有《内蒙古社会科学》（蒙古、汉文版）、《中国蒙古学》《蒙古学研究年鉴》4种杂志，《领导参阅》内刊和《院内工作动态》。

内蒙古社会科学院现有在职职工220人，其中各类专业技术人员162人。其中：具有硕士研究生以上学历的140人（其中博士29人）；专业技术人员中有中级专业技术资格的64人、副高级专业技术资格的45人、正高级专业技术资格的44人；处级以上管理人员46人；享受国务院特殊津贴专家12人，自治区有突出贡献的中青年专家8人，“新世纪321人才工程”一、二层次人员43人，“草原英才”6人、团队1个；“青年创新拔尖人才”一层次1名，离、退休人员151人。

【科研项目与科研成果】 2016年，自治区社科院组织实施的国家和自治区级重大科研项目以及其他各级各类在研课题327余项，年度新立项课题82项。共结项课题58项。其中：国家社科基金项目5项，“北部边疆历史与现状研究”项目子课题8项，“内蒙古民族文化建设研究工程”项目子课题25项，自治区社科规划项目1项，“内蒙古中长期经济社会发展研究工程”项目子项目19项。全院共出版著作40多部，完成论文、研究报告400多篇，其他文献综述等60多篇。其中有280余篇论文和调研报告在自治区级及以上报刊上发表，国家社科基金一般项目《蒙古族藏文文论体系研究》结项鉴定等级为优秀；《内蒙古自治区志·社会科学志》《草原生物多样性保护及生态补偿机制研究》等23项科研成果获得自治区第五届哲学社会科学优秀成果政府奖；《中蒙“民心相通”中存在问题及对策建议》等一些研究报告，受到自治区领导高度重视和批示，产生了良好社会效应。专家学者对国家、自治区最新政策、经济发展转型等重大社会现实问题的研究成果在《光明日报》《内蒙古日报》《实践》等报刊上公开发表。以报送《领导参阅》，出版《内蒙古自治区经济社会发展报告2016》（蓝皮书）等方式为自治区党委政府提供科学决策咨询。自治区社科院服务决策能力和社会影响力得到增强。

【重大研究工程】 自治区社科院继续坚持“以学科建设引领项目实施，以项目实施推动学科建设”的科研管理和学科建设理念，着力推进重大科研项目的组织实施，一大批研究项目取得新进展。

内蒙古民族文化建设研究工程 共立项子项目33项，完成第一批115项课题中期检查工作，“工程”第二批58个项目中，在研33项，结项25项，有10项待结。其中，档案文献整理扫描出版项目，完成《杭锦旗札萨克衙门档案》（1—40卷）和《阿拉善和硕特旗蒙古文历史档案》（1—20卷）清代部分全部档案的整理、扫描、编目等工作，交付出版蒙古学文献、阿拉善档案、鄂尔多斯档案共80种，见书25种；“内蒙古民族文化数据库数据加工标准和支撑平台”建成试运行，标志着内蒙古民族文化数据库建设取得重要阶段性成果。

内蒙古中长期经济社会发展研究工程 共立项子项目25项。其中，年度课题19项，重点课题6项。进一步强化项目管理，严格课题结项评审工作。年度课题中，有2项被评为优秀，2项被评为良好，11项被评为合格，4项成果延期结项，体现了从严把关要求。

草原文化研究工程 三期工程共立项子项目3项。《草原文化研究丛书》（第二辑）出版包括《草原生态文化研究》等10本专著，在第26届全国图书交易博览会中展出，进一步阐述了草原文化在中华文化发展史上的重要地位，是草原文化研究体系化、系统化、专业化的新成果、新体现。

“蒙古语语料库”建设工程 二期工程文献语料库完成了2000万词语料的扫描、编号、录入工作及蒙古语解释词典、蒙古文学精品荟萃、风俗、法律等2330万词条的校对工作；“蒙古语语料资源管理与编辑系统”通过测试、验收工作。完成自治区成立70周年献礼项目《蒙古语自然口语语料汇编》100万多词的编辑和校对工作并交付出版；经过国内外文献学者的审定，确定4000多种入选“蒙古语语料库”蒙古文献目录。

书籍编撰出版 《〈元史〉汇注》于4月29日通过专家评审，受到评审专家高度评价，该项成果经过进一步修改后，计划于2017年5月至2018年4月底前陆续交付人民出版社出版。《蒙古语大词典》完成编纂方案完善、文献收集、历史解释词典条目收集等工作。《汉蒙词典》第四版修订工作完成词典编撰工作四分之三工作量，并提交部分稿件。《内蒙古经济社会发展报告2016》（蓝皮书）以服务自治区经济社会发展为宗旨，向2017年自治区两会代表赠阅，引起社会积极反响。

【学术交流活动】 自治区社科院实施“开门办院”发展思路取得新进展。4月，自治区社科院与蒙古国乌兰巴托大学签订合作协议，在蒙古学（历史、语言、文学）、草原文化、中蒙关系、“中蒙俄经济走廊”建设等重点学科领域积极开展学术交流合作，投入182万元科研经费启动实施首批合作课题5项。全院共有专家学者100多人次参与国内外学术交流，蒙古国等10余个国家和中国社科院及其他省区市社科院来访自治区社科院专家学者达500余人次，多领域的专家学者学术交流氛围更加浓厚。8月，自治区社科院院马永真等5位学者出席在蒙古国召开的第十一届国际蒙古学学者会议并作演讲，受到国际学术界好评，提升了内蒙古自治区及自治区社科院蒙古学在国际上的学术影响力。加快分院建设步伐，新批复成立兴安盟分院，盟市分院数量13家，同时以委托课题和合作研究的方式加强对分院科研工作的指导。7月,在锡林郭勒分院召开首届自治区社科院分院工作会议,制定出台《内蒙古社会科学院分院工作办法(试行)》,进一步加强对分院的管理和业务指导,分院的作用越来越受到盟市党委政府的重视,新型智库的作用日益凸显,有的已建成盟市最大最具影响力智库平台。7月,成功承办主题为“推进智库建设,服务开放发展”的第五届中国沿边九省区新型智库战略联盟高层论坛,来自中国社会科学院、11个省区市社科院和自治区社科院及其12个分院的代表参加了会议。与会专家学者深入交流了沿边开放发展和新型智库建设的经验与思路,明确了推进智库联盟平台建设的方向。12月,中国蒙古学学会和自治区社科院在辽宁省阜新蒙古族自治县联合举行中国蒙古学学会2016年年会,来自中国社会科学院和国内部分高校、科研院所的80余名中国蒙古学学会的专家学者参加了会议和学术研讨。

【第十三届中国·内蒙古草原文化主题论坛】第十三届中国·内蒙古草原文化节草原文化主题论坛于2016年6月25—26日在呼和浩特市举行。自治区党委常委、宣传部部长、内蒙古“草原文化研究工程”领导小组组长乌兰出席论坛开幕式并讲话。自治区人大常委会副主任吴团英、自治区政协副主席陈羽出席开幕式。论坛由中国·内蒙古草原文化节组委会主办,自治区社科院、内蒙古社会科学联合会、内蒙古舞蹈家协会、内蒙古蒙医药学会、内蒙古草原文化学会承办。本届论坛主题为“坚持创新发展,弘扬草原文化”,同时设有“传承创新,弘扬蒙医药文化”和“蒙古舞创新与发展”两个分论坛。包斯钦的《草原文化:概念的提出与演变》等37篇论文分获一、二、三等奖和优秀奖。

【科研队伍建设】 严格执行专业技术资格评审制度,做好科研人员专业技术资格评审和职务聘任工作,2016年,共有15人通过高级专业技术资格评审。其中,正高级专业技术资格3人,副高级专业技术资格12人。2016年新入选国务院特殊津贴专家1名,“草原英才”1名、团队1个;“青年创新拔尖人才”一层次1名;国家民委民族问题研究优秀中青年专家1名。

【创新科研成果转化与推广机制】 制定出台《内蒙古社会科学院年度优秀科研成果后期资助办法(试行)》,依据成果发表的刊物级别和自治区社科院学术委员会评审,分类进行后期资助或奖励。全年共有17部著作、280余篇在省级以上报刊上发表的论文或调研报告和7项“中长期工程”“北疆项目”优秀及良好成果获得后期资助或奖励,有效调动了成果转化的积极性。2017年1月19日,自治区社科院组织召开科研成果新闻发布会,集中向社会公布自治区社科院2016年度重大科研成果学术观点,和由自治区社科院组织实施的“草原文化工程”、《〈元史〉汇注》、“内蒙古民族文化建设研究工程”等重大科研工程项目取得的重大成果及项目进展情况,共有35家中央及自治区媒体报道此次新闻发布会,受到社会的广泛关注,起到良好的科研成果宣传和推广作用。

【科辅工作】 集中完成图书馆的维修改造工程,改善自治区社科院图书馆设备老旧、服务手段落后的状况。杂志社网站及网上投稿系统运行良好,数字化建设稳步推进。《内蒙古社会科学》(汉文版)再次入选CSSCI来源期刊,知网影响因子显著提升,并在国家社科基金资助期刊2016年度考核中获得“合格”等次,获得资助经费70万元,是《内蒙古社会科学》(汉文版)获得国家社科基金资助以来资助额度最高的一次。

(撰稿人:何永哲)

农业机械化科学

【概况】 中国农业机械化科学研究院呼和浩特分院(以下简称分院)是具有自营进出口经营权的中央直属科技型企业。是国家草原畜牧业装备工程技术研究中心、太阳能干燥技术装备国家地方联合工程实验室、农业部草原畜牧业装备技术重点试验室、内蒙古自治区畜牧业装备工程技术研究中心、内蒙古自治区新能源工程技术研究中心、内蒙古自治区节水装备工程技术研究中心、内蒙古自治区畜牧业装备技术企业重点实验室、内蒙古自治区太阳能干燥工程试验室的依托单位。也是全国畜牧机械行业技术归口单位，是全国风力机械标准化技术委员会、全国农业机械标准化技术委员会畜牧机械分技术委员、中国农业机械学会畜牧机械分会、机械工业畜牧机械产品质量监督检测中心和机械工业风力机械产品质量监督检测中心等公益性机构的挂靠单位。分院在内蒙古呼伦贝尔市设有试验站，占地面积 37.5 公顷，并拥有 1400 公顷试验草场和 42 公顷湖面；在内蒙古呼伦贝尔市设立的内蒙古华德牧草机械有限责任公司是分院控股的产业化生产基地。在内蒙古锡林郭勒盟赛汉塔拉镇设有占地面积 33.3 公顷的风力机械、太阳能光伏发电综合试验场；在内蒙古呼和浩特市和林格尔县设有占地面积 143.8 公顷的农牧业机械试验场，土默特左旗沙尔营区域中心尔林岱村拥有面积为 13.3 公顷的生产试验基地。在北京设立销售中心，构成集科技创新、产品开发、试验监测、生产、销售为一体的完整体系。

分院现有从业人员 652 人，其中：各类专业技术人员 187 人，专业技术人员中高中级专业技术人员 99 人，其中研究员 21 人，获国家特殊津贴专家 3 人。截至 2016 年，分院共完成科研技术开发项目 1036 项，拥有专利 145 项；绝大部分在生产中得到推广应用，其中获国家级、省部级等科技成果奖 120 项，为国民经济建设和畜牧业机械化做出贡献。进入“十三五”以来，分院共承担国家和地方重点科技项目（课题）107 项。

2016 年，分院实现总收入 1.82 亿元，利润总额 –3212.41 万元，同比增长 –406%；经济增加（EVA）–2267.02 万元，同比增长 –248%。年末，总资产 4.068 亿元。分院已连续 14 年通过 ISO 9001 质量管理体系和 ISO 14001 环境管理体系认证。

【科研成果】 分院共管理各类在研项目 50 项，其中国家部委项目 26 项（国家重点研发计划项目课题 4 项，国家科技支撑计划项目 7 项、公益性行业科技专项资金 1 项），内蒙古自治区科技计划项目 22 项，呼和浩特市科技计划项目 5 项，其余项目 11 项。

2016 年度，分院参与国家“十二五”科技支撑计划课题“大型风电机组传动链测试技术研究”“大型风电机组传动链测试技术研究”和“风电机组智能控制技术研究及示范”研究。承担内蒙古自治区质量技术监督局的“内蒙古自治区光伏标准体系研究与制定”和“内蒙古自治区风电检测标准体系研究”项目。修订完成《风力发电机组 验收规范》《小型风力发电机组》《小型风力发电机组 第一部分：技术条件》等 5 项国家标准。完成 2016 年度机械工业行业标准审查 4 项。为本行业各单位提供国内外标准信息、标准出版物、技术咨询、标准咨询，做了大量行业信息交流。

新授权专利 19 项。其中：发明专利 1 项；新申请专利 24 项，其中发明专利 6 项。发表各类学术论文 27 篇。为适应市场需求，分院在牧草收割、搂集、牧草打捆和节水灌溉等方面共提升改进和开发新产品 13 项。

【创新能力建设】 科技创新是分院实现科技与产业持续、稳定、健康发展的关键。通过对科技资源的不断整合和加强，逐步发展形成以“市场为导向、研产销相结合”的创新机制和人才培养体系。促进科技管理水平全面提升。分院作为国家高新技术企业，围绕畜牧业装备及新能源装备的行业技术需求和自身产业发展，突出重点专业方向，集中资源推进科技创新条件建设，突出共性关键技术环节，以饲草秸秆收获、草原建设与保护、规模化养殖、新能源发电和农牧区节水灌溉为突破口和主攻方向，承担一批国家和自治区科技创新项目，从跟踪仿制、引进消化为主，向自主研发转变；从注重单项技术的研究开发，向系统成套关键技术集成创新转变，巩固分院在畜牧业装备和新能源装备行业技术领先地位。

【人才培养】 分院秉承“文化引领、知识共享、绩效管理、平台育人”的人才战略。分院在草原畜牧业装备、农作物秸秆收获装备领域、饲养装备、节水灌溉、新能源分布式装备拥有的5个国内优秀创新团队分院“牧草全程机械化收获关键装备产业创新人才团队”入选内蒙古自治区“草原英才”产业创新人才团队，并被授予“十二五”机械工业优秀创新团队；争取到自治区人民政府和科技系统的人才培养专项资金，加强人才培养工作，研究员王振华入选“国家高层次人才特殊支持计划”(即“万人计划”)；高级工程师贺刚被内蒙古自治区党委组织部、人社厅、科协授予“内蒙古自治区青年科技奖”；高级工程师杜建强获得中国农业机械学会“‘第五届’青年科技奖”；王强、李凌锐获得“十二五”机械工业先进工作者称号。

【产业化工作】 全面提升产业化基地规模化、集约化、系列化生产能力是分院发展的重中之重。分院控股公司内蒙古华德牧草机械有限责任公司是分院的产业化基地，2016年技术改造投资896万元，购进先进检测设备，进行装配线改造和涂装线改造工作，解决制约产量瓶颈问题，生产效率和产品质量同时得到显著提高。公司全年完成产量2231混合台，实现产值11 350.79万元，是中国农业机械工业协会企业信用评价AAA级企业，呼伦贝尔经济开发区质量管理先进单位，获得呼伦贝尔市市长质量奖。

分院在可再生能源领域参与投标项目10余次，“内蒙古自治区古日格斯台自然保护区管理处配电设备(风光互补)”“锡林郭勒盟阿巴嘎旗别力古台镇太阳能路灯物资采购项目”等最后中标。销售风光互补发电系统920台(套)，合计600万元。

【营销体系】 分院销售中心面临激烈的市场竞争，实时把握市场变化，采取积极应对措施，及时调整销售策略，加强与各地经销商联系，通过组织展会、演示会等多种形式，巩固并扩大市场推广影响力，不断开拓新区域市场，实现区域“零”突破。以优质产品质量、一流的服务水平，铸就“华德”国内知名品牌。

【管理提升】 确立未来5年分院将以“市场导向、创新驱动、产品领先、精益管理增长型发展战略”。推进“资产质量优化提升专项”工作，重点解决企业债权管理中隐患和存货增长过快问题，加强资产清收及处置工作，提高流动资产周转率，降低不良资产率，有效促进实现“瘦身健体、提质增效”管理目标。

【安全生产】 根据分院下属各公司、部门不同的工作性质、安全工作特点，坚持“统一领导，落实责任，分类管理、分类指导，全员参与”原则，结合实际，实施监督管理实行分类管理、落实责任，不断加强安全基础建设。全员签订《安全生产责任书》和《安全生产双向承诺书》，安全生产责任得到逐级分解落实。通过有效管理，分院安全生产形势平稳，2016年安全生产达标，经上级主管单位考核评定等级为优。

【信息化建设】 为进一步加强研发和生产的设计与制造协同能力，2016年再次提高专线连接速率，完善信息化创新平台。在分院统筹安排下，内蒙古华德牧草机械有限公司实施车间无图纸运行，在下料、机加工、焊接、装配、检验等环节使用触摸式电子屏显进行图纸查阅，下料环节直接采用网线连接设计计算机，实现无纸化运行，提升工作效率，降低知识产权流失风险。分院和二级单位，实现异地协同设计，有效促进科研与生产融合，提升工作效率，标志着分院已全面实现协同办公。

【重大科技活动】 分院组织科技人员对内蒙古自治区12个盟市农牧业机械生产、销售、使用、农机合作社的运行、资产和经营状况进行调研，详细了解自治区农牧业机械现状。分院组织参加中蒙国际博览会暨中蒙科学技术交流展，与会期间分院全资子公司—内蒙古华德新技术有限公司和蒙古国国立大学双方在新能源综合利用方面签订了合作意向书。7月，在农业部科教司和农机化司的支持下，以分院为联盟牵头单位，会同11家科研院所、企业和大学为联盟合作单位，成立饲草料生产科技创新联盟。

【企业文化建设】 分院以“德”文化为核心，弘扬“以人为本”与“厚德载物”和谐相融发展的核心价值。让员工对自己修品德，对家庭敬孝德，对事业有功德，对社会讲恩德具有鲜明的时代特征，树立分院“进德修业，创新致远”的企业理念。“德”已成为分院企业文化之“魂”，“德”已成为分院全院职工倡导之为人、做事的根本。

分院连续多年保持自治区区级“精神文明先进单位”、呼和浩特市赛罕区“社会治安综合治理先进集体”和“安全文明小区”。分院在注重企业自身发展的同时，承担社会责任，参加内蒙古自治区实施的“五个一”千村帮联行动，连续11年开展博爱一日捐活动，为当地助推扶贫攻坚工程尽社会责任和奉献爱心。每年“八一”建军节到呼和浩特市赛罕区消防一中队进行慰问，扎实推进军民共建活动，做好双拥共建工作。

【荣誉】 分院获内蒙古自治区科技奖励、机械工业联合会科技奖励和呼和浩特市科技进步奖项目共计3项。其中：《小型垂直轴风力发电机组》（标准号 GB/T 29494-2013）获中国机械工业科技奖二等奖；“秸秆切割揉碎压捆一体技术与装备研究”获中国机械工业科技奖三等奖；“种子工程技术开发及应用”获呼和浩特市科技进步奖二等奖。9YFQ-1.9 正牵引方草捆捡拾压捆机获中国国际农业机械展览会“2016中国农机行业年度金奖”；9YFQ-2.2 秸秆揉碎方捆机获“2016中国农机行业年度产品创新奖”；在农机360网评选活动中，分院获第七届“精耕杯”农机机械行业“评选用户最心仪的饲料收获机械十佳品牌”奖。

（撰稿人：青城）

教 育

综 述

【概况】 截至2016年底,全区共有幼儿园3672所,在园幼儿60.1万人;小学1730所,在校学生133.8万人;初中693所,在校学生61.2万人;普通高中289所, 在校学生44.9万人; 高等学校55所(含2所独立学院),在校学生43.7万人。

【招生考试】 继续推进考试招生制度改革,全面加强考试管理和规范招生录取管理, 加强考试巡视检查,从严查处违规行为。《自治区考试招生制度改革实施方案》经教育部审核同意备案, 自治区人民政府正式印发并向社会公布,《普通高中学业水平考试实施各自方案》《普通高中学生综合素质评价实施办法》等相关配套文件已经教育部审核备案。2016年,共组织全国和自治区17类29次教育统一考试,共计118.8万人次报名参加考试,累计录取考生23.9万人。2016年, 全区普通高校招生报名人数201 165人,较上年增加1977人,区内外普通高校在全区共录取新生189 362人。

【经费投入】 2016年, 全区教育经费总收入763.95亿元,同比增长7.73%;全区教育经费总支出756.27亿元, 比上年的702.94亿元增长7.59%。全区公共财政教育支出543.28亿元,比上年的518.60亿元增长4.76%。

【学生资助】 初步建立从学前教育到研究生教育全覆盖的学生资助体系。全区共落实各级各类资助资金50.05亿元,惠及学生445.39人次。研究生教育:共落实资助资金1.95亿元,惠及学生22 651人次。普通本专科教育:共落实资助资金20.29亿元,惠及学生39.95万人次。中等职业教育: 共落实资助资金7.22亿元, 惠及学生42.87万人次。普通高中教育:共落实资助资金14.46亿元,惠及学生64万人次。义务教育:共落实资金5.48亿元,惠及学生296.3万人次。学前教育:共落实资金1.03亿元,惠及幼儿15.22万人次。

【教师队伍建设】 实施乡村教师支持计划。拓宽乡村教师补充渠道,在实施国家“特岗计划”的基础上,启动自治区“特岗计划”,完成765名两级特岗教师招聘工作。推进校长教师交流轮岗及支教, 交流校长教师8807人,23名城镇退休教师到乡村学校支教。加强教师培训工作,通过“国培计划”培训中小学幼儿园教师71 433人次,自治区本级培训中小学幼儿园教师4148人次。启动高校新教师培训工作,培训新教师100人次。完成首批乡村学校从教30年教师和20年教师摸底统计汇总工作, 并颁发部分荣誉证书。制定出台中小学教师职称改革方案及正高级职称评审办法。制定《内蒙古自治区免费定向培养师资计划试点工作实施方案》。制定出台自治区20年乡村教师荣誉制度。制定出台自治区中小学特级教师评审办法。

【高校人才队伍建设】 开展2016—2017年度“草原英才”工程产业创新创业人才团队、高层次人才创新创业基地、“草原英才” 申报工作,2016年教育系统入选“草原英才”创新创业团队12个,“草原英才”培养个人27名,引进人才14

名，基础教育专项人才 12 名，二轮滚动团队 6 个。国家和自治区人才项目申报方面，1 人入选 2015 年“长江学者奖励计划”特聘教授，向自治区党委组织部推荐 29 名教师列入 2016 年“西部之光”访问学者计划，向教育部推荐 2016 年“青年拔尖人才支持计划”候选人 4 人。

【依法治教】 制定《内蒙古自治区教育厅简政放权放管结合转变职能工作方案》《内蒙古自治区高等学校章程建设方案》《内蒙古自治区教育系统“七五”普法规划（2016—2020）》《内蒙古自治区教育厅规范性文件制定和备案办法》。运用“双随机”抽查手段，规范事中事后监管，建立“一单、两库、一细则”，对 2016 年随机抽查重点事项清单和抽查结果进行公开。下放 4 项行政审批事项，保留行政许可审批事项 5 项，将原有的须开具证明的 37 项事项精简为 32 项。清理自治区级文件 37 件、本级规范性文件 138 件。开展法制宣传教育，组织“法治宣传月”“宪法宣传月”“法律进机关”等活动，为全区各中小学校全部聘任法治副校长，组织对 1000 多名法治副校长进行培训。

【安全稳定】 深入贯彻落实国家和自治区关于安全生产和维护稳定的部署要求，严格落实学校安全管理工作责任制，以隐患排查整治为重点，以平安校园创建为抓手，以制度建设为保障，全方位加强学校安全管理工作。制订《内蒙古自治区教育系统防范和遏制重特大事故工作实施方案》，对盟市高校开展消防安全管理交叉督导，指导各地各校进行整改。制订《关于进一步加强民办学校安全管理的通知》，对民办学校安全管理工作进行督查，开展民办学校应急工作培训。制订并以自治区人民政府名义印发《自治区校车安全管理联席会议制度》，印发《自治区校车安全管理厅际联席会议成员单位职责》《进一步加强校车等交通安全管理的通知》，组织开展校车安全隐患排查整治。印发《关于全面加强学校食品和饮用水安全管理的通知》《关于开展学校饮用水专项整治的通知》，开展学校食品、饮用水安全联合督查。加强学校食堂“提质升级”和视频监控建设，全区中小学（幼儿园）食堂质量等级 B 级以上的 2294 个，占总数 70%以上，建成视频监控点 9181 个，929 个实现与食药部门联网。全面推进全区学校视频监控系统联网应用，完成自治区在线视讯管理平台搭建，12 个盟市 85 所中小学实现链接，172 个旗县、学校完成平台建设，各级各类学校安装监控 21 万个，665 所学校实现与教育、公安部门链接。制订《内蒙古自治区平安校园创建指导意见（试行）》及指标体系，正式启动全区平安校园创建活动，全区已有 1656 所学校进入各级平安校园行列。

【教育信息化建设】 以“三通两平台”为重点的教育信息化基础环境建设取得进展，信息化应用与教育教学深度融合有新突破。中小学校校园网接入率 99%，多媒体教学设备配备率 95%，上线运行各级各类教育资源平台 71 个，启动自治区教育公共服务云平台建设。中小学“同频互动课堂”在 92 个旗县（市区）建设与应用，促进优质教育资源共享。

【交流合作】 扩大教育对外开放，全年接受来华留学生 3666 人，新增接受来华留学生学校 7 所，录取内蒙古自治区人民政府奖学金蒙古国留学生 100 人，录用蒙古国边防总局专业技术人员 15 人。推进“一带一路”和“中蒙俄经济走廊”教育交流合作，制定《内蒙古自治区关于做好新时期教育对外开放工作的实施方案》，参加“中蒙俄经贸洽谈会——中蒙俄教育论坛”，签署 5 项友好合作协议书。规范中外合作办学，加强外籍教师管理，提升自费中介留学机构服务水平，规范因公临时出国（境）管理，扩大公派出国规模，加大国际化人才培养力度。

【校园足球】 校园足球特色学校建设步伐加快，校园足球“四级两段三营”赛训体系日趋完善。全区建成国家级校园足球特色学校 743 所，自治区级校园足球特色学校 907 所，覆盖全区

50%以上的中小学校。全年举办校园足球各项赛事 9818 场次。

【教育扶贫】 组织召开全区教育扶贫暨乡村教师队伍建设工作现场会,印发《内蒙古精准扶贫教育支持计划实施方案》,明确 8 个方面 30 条主要举措,构建从学前到大学,直至就业的"一条龙"帮困包扶机制。积极整合教育领域人财物资源,统筹职业教育、基础教育各类工程项目,推动贫困地区基础教育办学条件改善。指导各地做好教育扶贫攻坚工作,指导盟市、高校开展教育扶贫建档立卡工作,提高扶贫工作的精准度和有效性。继续实施本科一批 5%的扶贫地方专项招生计划、区内高职院校 60%的单独招生计划用于招收贫困旗县(市区)学生等政策措施,扩大贫困旗县(市区)学生上重点大学比例。2016 年,全区 2.5 万教育贫困人口实现脱贫。

【成立中共内蒙古自治区教育系统工作委员会】 8 月 24 日,中共内蒙古自治区教育系统工作委员会成立大会召开,自治区党委常委、组织部部长李鹏新,自治区党委教育系统工委书记、高校工委书记、教育厅厅长、党组书记侯元出席大会。工委成立后,迅速组织开展调研并制定《中共内蒙古自治区教育系统工作委员会工作规则》《中共内蒙古自治区教育系统工委近期工作要点》等。

民族教育

【民族教育立法】 《内蒙古自治区民族教育条例》经自治区第 12 届人民代表大会常务委员会第 26 次会议审议通过,2016 年 11 月 1 日起正式实施,标志着内蒙古自治区民族教育进入法治化发展新阶段。

【优先重点】 自治区人民政府印发《内蒙古自治区人民政府关于加快发展民族教育的意见》,制订《关于推进蒙汉双语教学高考学生公平接受优质高等教育的工作方案》。实施"民族学校和民族语言授课学校标准化建设工程",确定项目学校 40 所,总投资 5 亿多元。正式启动实施蒙汉双语授课义务教育阶段学校理科教学质量提升计划。组织进行"2017 年少数民族高层次骨干人才计划"网上报名审核工作,审核通过硕士研究生报名 1767 人,博士研究生报名 648 人。

【教师培训】 制订《2016 年全区民族中小学校"双语"教育各学科专任教师及校长(园长)培训方案》,全年培训人员 9700 人次,投入经费近 2300 万元。

【教材】 完成蒙古语授课中小学各学科教材侧通审修订工作,全年召开 26 次教材审查工作会议,组织专家教授 747 人次,审查中小学(幼儿园)蒙古文教材、相关教辅图书 1120 种。编审 34 种、出版 45 种大中专院校蒙古文教材。

基础教育

【学前教育】 学前教育二期三年行动计划任务基本完成,教育资源不断扩大,办学条件得到明显改善,学前三年入园率稳定在 90%以上。学前教育二期三年行行动计划实施以来,总投入 57.42 亿元,新增幼儿园 932 所,其中公办园 515 所,民办园 417 所,新增幼儿学位 91 986 个,普惠性幼儿园占比 65%,"政府主导、社会参与、公办民办并举"的办园体制基本形成,"入园难、入园贵、入园远"的问题得到有效缓解。

【义务教育】 义务教育均衡发展步伐加快,投入 8.5 亿元继续改善农村牧区薄弱学校办学条件,惠及 76 个项目旗县 2040 所学校;投入 3570 万元建设农村牧区学校教师周转房,500 多名教师受益;8807 名校长教师参加轮岗交流;招聘农村牧区"特岗教师"365 名。2016 年,自治区有 34 个旗县(市区)通过国家督导验收,累计通过国家县域内义务教育基本均衡验收的旗县 61 个,在全国处于中等水平。制定《内蒙古自治区人民政府关于统筹推进县域内城乡义务教育一体化改革发展的实施意见》,印发《关于进一步巩固义务教育普及成果做好控辍保学工作的通知》《关于进一步规范中小学办学行办若干规定的通知》《关于严格执行中小学校历和作息时间有关规定的通知》。

【普通高中】 普通高中优质特色多样化发展稳步推进,优质普通高中教育资源不断扩大,自治区示范性普通高级中学 73 所。普通高中招生制度改革稳步推进,研究制订《内蒙古自治区普通高中学业水平考试实施办法》《内蒙古自治区普通高中学生综合素质评价实施办法》,印发《关于进一步规范普通高中招生工作的通知》。

【特殊教育】 实施特殊教育 3 年提升计划,特殊教育学校布局、学段衔接、普职融通、医教结合体系初步形成,特殊教育资源教室实现县域全覆盖,学生康复训练覆盖面逐步扩大,特殊教育帮助残疾学生更好地融入社会的教育服务能力进一步增强。2016 年,特殊教育学校增加到 46 所,在校生增加到 9423 人,特殊教育生均公用经费提高到 6000 元。

【实施消除大班额计划】 编制《内蒙古自治区消除大班额专项规划(2016—2020)》,明确工作任务和时间表、路线图。全区各地采取新建、改扩建校园校舍、合理分流学生等措施,有效缓解大班额问题。2016 年,全区 56 人以上大班额比上年减少 3754 个,大班额比例为 3.66%,比上年减少 7.42 个百分点;66 人以上超大班额比上年减少 928 个,超大班额比例为 0.29%,比上年减少 1.89 个百分点。

职 业 教 育

【中等职业教育】 扩大中职业学校毕业生对口升学招生计划,指导自治区首批 32 所现代学徒制试点职业院校加强试点建设。推荐 47 所中职业学校作为产教整合发展工程备选项目。加强职教联盟建设,组织自治区的中等职业学校与北京、上海等发达地区优质职业院校建立职教联盟,在协作招生、人才培养、教师培训和毕业生就业创业等方面进行深度合作。稳定中等职业教育办学规模,按照教育部高中阶段教育招生工作有关政策,引导建立统一招生平台 ,统筹管理普通高中、中等职业学校招生工作,2016 年全区中等职业学校招生 7.2 万人。2016 年,国家和自治区累计投入中等职业教育基础能力和质量提升工程资金 3.79 亿元。

【高等职业教育】 在全区 15 所高职院校启动学分制改革试点。全区 28 所高职院校开展高职院校单独招生考试试点工作,完成单独考试招生 12 273 人,中等职业学校毕业生中有 9479 人通过对口升学考试升入高职院校。组织实施教育部《高等职业教育创新发展行支计划(2016—2018)》,印发《内蒙古自治区高等职业院校内部质量保证体系诊断与改进实施方案》,继续探索和完善高职院校试办本科职业教育。

高 等 教 育

【创新创业教育】 召开全区深化高等学校创新创业教育改革工作推进会,印发《内蒙古自治区关于深化高等学校创新创业教育改革实施方案》。启动自治区级大学生创新创业训练计划项目,举办第二届内蒙古自治区“互联网 +”大学生创新创业大赛,支持新建本科院校建设自治区级实验教学示范中心,举办全国创新创业活动周内蒙古自治区分场高校创新创业教育改革成果展。

【地方本科院校转型发展】 会同自治区发展改革委员会、财政厅完成部分本科院校转型发展试点遴选工作,经自治区人民政府同意,确定赤峰学院等 5 所高校为整体转型试点学校,内蒙古医科大学等 4 所高校为部分专业(集群)转型试点高校。

【本科教学评估】 完成对内蒙古大学,内蒙古科技大学、内蒙古民族大学、内蒙古财经大学 4 所学校的本科教学审核评估，完成对呼和浩特民族学院的本科教学合格评估。

【“双一流”建设】 自治区人民政府办公厅印发《内蒙古自治区统筹推进国内和世界一流大学一流学科建设总体方案》。根据总体方案，指导内蒙古大学研究制定校级“双一流”建设项目实施方案。结合自治区“双一流”建设，继续资助和重点支持全区 26 个优势特色学科建设，高校重点学科水平持续得到提升。

【研究生教育】 继续实施《内蒙古自治区 2008—2015 新增博士学位授予单位立项建设规划》，加强博士单位立项建设工作，积极争取内蒙古医科大学中医学（蒙医学）博士学位授权。深入贯彻落实《教育部关于改进和加强研究生课程建设的意见》，安排 160 万元专项资金，在继续组织实施 2016 年教育部试点项目工作的同时，在全区各培养单位全面推进研究生课程建设。遴选和资助 200 项研究生科研创新项目，遴选 12 个自治区研究生联合培养基地，评选表彰 104 篇全区优秀博士、硕士论文。批准河套学院为新增学士学位授予单位，审核批准 13 所本科院校的 41 个本科专业为新增学士学位授权专业。

【毕业生就业指导】 强化高校毕业生就业指导服务，深入实施创新创业教育，不断创新创业课程体系和师资队伍建设，全区高校共开设创业指导必修课 37 门，选修课 28 门；现有专兼职创业导师 749 人。强化就业质量报告反馈机制，推动高校以社会需求为导向改革人才培养模式，发布《2015 年度内蒙古自治区高校本科、高职高专毕业生就业质量年度报告》，有效增强高校依据社会需求动态调整专业设置、服务经济社会发展的自觉性。截至 2016 年 9 月 1 日，全区高校毕业生初次就业率 86.19%，其中，蒙古语授课毕业生初次就业率 87.06%，同比提升 3.92 个百分点，实现高校毕业生初次就业率同比基本稳定的工作目标。

内蒙古自治区高等学校设置情况

全区共有高校 54 所，办学实体 57 个（在教育部备案名单中，内蒙古科技大学、内蒙古科大包头医学院、内蒙古科大包头师范学院为一所学校即内蒙古科技大学；内蒙古丰州职业学院青城分院、内蒙古丰州职业学院中山分院为一所学校即内蒙古丰州职业学院；以上 5 所学校实际运作中独立运行），其中，普通高等学校 53 所（办学实体 56 个）、成人高等学校 1 所。

普通高等学校中，有公办学校 43 所（45 个办学实体），民办学校 10 所（11 个办学实体）；本科学校 17 所（19 个办学实体），高职高专学校 36 所（37 个办学实体）；自治区直属学校即自治区本级财政拨款学校有 17 所（本科 10 所、高职高专 7 所），自治区与盟市共建共管、以盟市管理为主的本科学校 5 所和 2 个办学实体，盟市直属高职高专学校有 21 所。

成人高校 1 所（内蒙古广播电视大学），为自治区直属学校。

2016 年度全区高校设置情况统计表

序号	学校名称	办学性质	办学层次	隶属关系
1	内蒙古大学	公办	本科	自治区直属
2	内蒙古师范大学	公办	本科	自治区直属
3	内蒙古农业大学	公办	本科	自治区直属

续表 1

序号	学校名称	办学性质	办学层次	隶属关系
4	内蒙古工业大学	公办	本科	自治区直属
5	内蒙古医科大学	公办	本科	自治区直属
6	内蒙古财经大学	公办	本科	自治区直属
7	内蒙古科技大学	公办	本科	自治区直属
8	内蒙古科技大学包头医学院	公办	本科	自治区与包头市共建共管、以包头市管理为主
9	内蒙古科技大学包头师范学院	公办	本科	自治区与包头市共建共管、以包头市管理为主
10	内蒙古民族大学	公办	本科	自治区直属
11	赤峰学院	公办	本科	自治区与赤峰市共建共管、以赤峰市管理为主
12	呼伦贝尔学院	公办	本科	自治区与呼伦贝尔市共建共管、以呼伦贝尔市管理为主
13	呼和浩特民族学院	公办	本科	自治区直属
14	集宁师范学院	公办	本科	自治区与乌兰察布市共建共管、以乌兰察布市管理为主
15	河套学院	公办	本科	自治区与巴彦淖尔市共建共管、以巴彦淖尔市管理为主
16	内蒙古艺术学院	公办	本科	自治区直属
17	鄂尔多斯应用技术学院	公办	本科	自治区与鄂尔多斯市共建共管、以鄂尔多斯市管理为主
18	内蒙古广播电视大学	公办	成人高校	自治区直属
19	内蒙古大学创业学院	民办	本科(独立学院)	
20	内蒙古师范大学鸿德学院	民办	本科(独立学院)	
21	内蒙古建筑职业技术学院	公办	专科	自治区直属
22	内蒙古化工职业学院	公办	专科	自治区直属
23	内蒙古机电职业技术学院	公办	专科	自治区直属
24	内蒙古电子信息职业技术学院	公办	专科	自治区直属
25	内蒙古商贸职业学院	公办	专科	自治区直属
26	内蒙古警察职业学院	公办	专科	自治区直属

续表 2

序号	学校名称	办学性质	办学层次	隶属关系
27	内蒙古体育职业学院	公办	专科	自治区直属
28	呼和浩特职业学院	公办	专科	呼和浩特市直属
29	包头职业技术学院	公办	专科	包头市直属
30	包头轻工职业技术学院	公办	专科	包头市直属
31	包头钢铁职业技术学院	公办	专科	包头市直属
32	包头铁道职业技术学院	公办	专科	包头市直属
33	呼伦贝尔职业技术学院	公办	专科	呼伦贝尔市直属
34	兴安职业技术学院	公办	专科	兴安盟市直属
35	通辽职业学院	公办	专科	通辽市直属
36	科尔沁艺术职业学院	公办	专科	通辽市直属
37	内蒙古交通职业技术学院	公办	专科	赤峰市直属
38	赤峰工业职业技术学院	公办	专科	赤峰市直属
39	锡林郭勒职业学院	公办	专科	锡林郭勒盟直属
40	乌兰察布职业学院	公办	专科	乌兰察布市直属
41	乌兰察布医学高等专科学校	公办	专科	乌兰察布市直属
42	鄂尔多斯职业学院	公办	专科	鄂尔多斯市直属
43	内蒙古民族幼儿师范高等专科学校	公办	专科	鄂尔多斯市直属
44	乌海职业技术学院	公办	专科	乌海市直属
45	阿拉善职业技术学院	公办	专科	阿拉善盟直属
46	满洲里俄语职业学院	公办	专科	呼伦贝尔市直属
47	鄂尔多斯生态环境职业学院	公办	专科	鄂尔多斯市直属
48	扎兰屯职业学院	公办	专科	呼伦贝尔市直属
49	内蒙古丰州职业学院青城分院	民办	专科	
50	内蒙古丰州职业学院中山分院	民办	专科	
51	内蒙古经贸外语职业学院	民办	专科	

续表 3

序号	学校名称	办学性质	办学层次	隶属关系
52	内蒙古北方职业技术学院	民办	专科	
53	内蒙古科技职业学院	民办	专科	
54	赤峰职业技术学院	民办	专科	
55	内蒙古工业职业学院	民办	专科	
56	内蒙古能源职业学院	民办	专科	
57	内蒙古美术职业学院	民办	专科	

备注:自治区直属高校即自治区财政拨款学校

(撰稿人:窦怡然)

文 化

综 述

【概况】 内蒙古自治区文化厅(以下简称自治区文化厅)是主管全区文化事业和产业的自治区人民政府组成部门。内设12个职能处室,在职人员44人,离退休人员60人。管理区直文化事业单位11个,在职人员1223人,离退休人员785人。

2016年,自治区文化厅以建设民族文化强区为目标,坚持改革创新,突出问题导向,狠抓工作落实,艺术创作演出、公共文化服务、文物遗产保护、文化产业、文化市场、对外文化交流、文化体制改革等各项工作均取得成效,实现“十三五”时期内蒙古自治区文化工作的良好开局。积极推动文艺精品创作,《草原上的乌兰牧骑》《马可·波罗传奇》分获第五届全国少数民族文艺会演金奖、银奖。文化遗产保护不断加强,《元上都遗址保护条例》颁布实施,《内蒙古长城保护总体规划大纲》编制完成,重点文化遗产申遗工作加快推进。组织实施非遗传承人群研培计划,开展濒危项目抢救性保护。小王力沟辽代贵妃墓考古荣获“全国十大考古新发现”。公共文化服务标准化均等化建设持续推进,包头市成功创建国家公共文化服务示范区,“数字文化走进蒙古包”持续推进,“彩云服务”荣获“美国图书馆主席国际创新奖”。积极推进“文化市场北疆稳定工程”和“放管服”工作。成功举办首届文化产业博览会。对外和对港澳台文化交流不断加强。文化体制改革取得积极进展。

【文化体制改革】 扎实推进公共文化服务体系改革、政府向社会力量购买公共文化产品和服务改革、公益性文化事业单位内部机制改革和文化市场综合执法改革工作。

公共文化服务体系改革 相继制定《关于加快构建现代公共文化服务体系的实施意见》《关于推进基层综合性文化服务中心建设的实施意见》等政策文件。认真落实《关于政府向社会力量购买公共文化服务的实施意见》。

公益性文化事业单位改革 制定出台《关于深化公益性文化事业单位内部机制改革的意见》,初步建立充满活力的人事管理制度和灵活多样的收入分配激励机制。

文化市场综合执法改革 制定出台《关于进一步深化文化市场综合执法改革的实施意见》,提出通过整合文化市场执法权,推动现代文化市场体系建设。

积极开展改革试点工作 总结并推广公共文化服务标准化建设、基层综合性文化服务中心建设和公共文化单位法人治理改革试点经验。组织开展公共图书馆、文化馆总分馆制改革试点工作。

【公共文化服务】 全面落实《关于加快构建现代公共文化服务体系的意见》,以满足群众基本文化需求、维护群众基本文化权益为宗旨,积极推动公共文化服务标准化、均等化建设。

公共文化服务体系建设 推进嘎查村文化室建设,基本实现全区嘎查村文化室全覆盖。全面推进公共文化服务标准化建设,建成一批基层综合性文化服务中心。包头市创建国家公共文化服务示范区,乌海市书法“五进”和乌兰浩特市“拉场戏”创建国家公共文化示范项目,通过验收。

开展群众文化活动 持续推进“数字文化走进蒙古包”工程。组织开展“移动数字图书馆”基层试点工作。组织开展“阳光工程”“春雨工程”等文化志愿服务活动。组织开展全区首届中老年合唱比赛等系列群众文化活动。“彩云服务”荣获“美国图书馆主席国际创新奖”。

【文艺创作】 深入贯彻《关于繁荣发展社会主义文艺的意见》精神,依托内蒙古民族特色文化资源,积极创作生产优秀作品,推动惠民演出全覆盖。

艺术精品创作 围绕“中国梦”、迎庆70周年等重大主题,推出音乐剧《相思树》《爱在胡杨》、二人台剧《圆梦》等一批新创剧目,完善舞剧《我的贝勒格人生》、晋剧《巡城记》、漫瀚剧《风祥楼》、话剧《尹湛纳希》等精品剧目。

惠民演出工程 推出“百团千场下基层”“草原音乐周末”等一批惠民演出品牌活动,组织优秀剧目及小戏小品深入农村、牧区、厂矿、企业、高校进行演出。全年组织下基层惠民演出7000多场。

地方戏剧保护 深入贯彻落实《关于支持戏曲传承和地方戏保护发展的意见》,组织对全区地方戏曲剧种进行普查,共普查及著录剧种16种,其中消亡剧种2种(北路梆子和满族戏);举办首届地方戏剧目展演活动。

重大艺术赛事 选送舞剧《我的贝勒格人生》、话剧《热土》、舞蹈《舞动的琴弦》参加第十一届中国艺术节展演活动。选送民族情景歌舞《草原上的乌兰牧骑》和民族舞剧《马可·波罗传奇》参加第五届全国少数民族文艺会演,分别荣获剧目金奖、银奖。举办“亮丽内蒙古”2016年全区声乐比赛。

【文化产业发展】 推动文化与旅游、金融、科技深度融合,支持特色文化产业建设,促进文化“软实力”向“生产力”转化,文化产业工作不断持续推向深入。

文化会展 举办内蒙古首届文化产业博览会,开展文化创意产品展示、文化创新发展专题研讨会、百家文化企业进景区、文化创意创新产品大赛和文化旅游项目签约等活动。

文化创意 制定出台《关于推动文化文物单位文化创意产品开发的实施意见》。内蒙古博物院、内蒙古图书馆成功申报国家级文化创意产品开发试点单位。

文化金融 制定加强文化金融工作的指导意见,积极搭建文化产业与金融业对接平台,与包头商业银行、邮储银行签署“十三五”期间文化金融合作协议。

文化消费 以鄂尔多斯市为试点,推进文化消费试点工作,增强文化消费对地方经济增长的贡献率,努力探求行之有效、可持续和可复制推广的促进文化消费模式。

【文化市场管理】 以“文化市场北疆稳定工程”为统领,提升文化市场管理执法能力、推动文化市场经营场所转型升级,确保文化市场安全稳定有序。

文化政策法规工作 组织对全区文化市场政策法规落实情况和行政审批规范化建设情况进行调研督查。组织开展文化市场法制教育宣传日、知识产权保护宣传周、安全生产法制宣传等系列法制宣传教育活动。

文化市场执法检查 制定出台《内蒙古自治区文化市场综合执法“双随机一公开”实施细则》。出动执法人员46万人次,对文化市场开展执法检查和安全生产检查。有3宗案件获评文化部“2016年全国文化市场重大案件”。

文化市场转型升级 落实文化市场经营“黑名单”制度,对上网服务场所和娱乐场所实行分级管理。推动上网服务场所转型升级,全区上网服务场所环境、经营业态和服务质量明显改观。启动娱乐场所转型升级工作。

【文化遗产保护】

深入贯彻中央和自治区领导对文物工作所

作批示指示精神,全面贯彻国务院《关于进一步加强文物工作的指导意见》,扎实做好文物保护、管理和利用工作。

文物保护工作　《元上都遗址保护条例》颁布实施。推动辽上京与辽祖陵遗址、万里茶道等重点文化遗产申遗工作。组织对呼和浩特大召、将军衙署、长城遗址等重点文物保护单位开展维修保护。组织编制《内蒙古长城保护总体规划大纲》。完成"国际博物馆日"中国主会场活动。锡林郭勒盟多伦县小王力沟辽代贵妃墓考古获"2015年度全国十大考古新发现"。

文物利用工作　全面完成全国第一次可移动文物普查工作,完成馆藏可移动文物数据采集上报1 125 464件(套)。对享受免费开放经费补贴的155家博物馆进行绩效考评。组建内蒙古博物馆馆际联盟,初步建立博物馆文物藏品资源共享机制。推进智慧博物馆建设。推广内蒙古博物院青少年教育试点工作经验。

文物行政执法　开展全区长城执法专项督察工作。启动全区文物法人违法案件专项整治活动。组织对全区重点博物馆及古建筑国保单位进行了消防安全检查。开展打击文物犯罪专项行动,受理文物案件24起,收缴各类涉案文物893件(套)。积极发挥"草原神鹰"、马背文物保护队、驼峰(长城)文物保护队等群众组织作用,加强对农村牧区重点文物单位安全巡查。

非遗保护传承　确定并公布第五批自治区级非遗代表性传承人。组织实施一系列非遗濒危项目抢救和展览展示活动。组织举办"蒙古族传统刺绣艺术展""蒙古族拉弦乐器音乐会"等非遗宣传展示活动。实施中国非遗传承人群研培计划,举办蒙古族刺绣、蒙古族服饰艺术等5个国家级代表性项目传承人群普及培训班。《内蒙古蒙古族长调风格及其典型曲目》(汉文版)出版发行。

【对外和对港澳台文化交流】

组织选派文化艺术团组分赴美国、英国、俄罗斯、蒙古国等19个国家及港澳台地区开展文化交流活动,扩大内蒙古民族文化在国际上的影响力。

在乌兰巴托举办"感知中国·蒙古行"内蒙古文化周。在斯里兰卡举办"美丽草原我的家"内蒙古文化周活动,出色地完成中国驻斯里兰卡大使馆国庆招待会演出任务。组团赴波兰、匈牙利7个城市开展"欢乐春节"巡回演出活动。内蒙古民族艺术剧院蒙古族青年合唱团赴亚欧7个国家12个城市巡回演出。内蒙古民族艺术剧院与蒙古国音乐院签订互访交流的合作协议。内蒙古图书馆深化与俄罗斯和蒙古国图书馆间业务合作。在德国举办公共文化服务数字化建设与管理培训班。

(撰稿人:王佐政)

文学艺术

【概况】　内蒙古自治区文学艺术界联合会(以下简称自治区文联),是由自治区文学艺术家协会和各盟市文联、各产业文联组成的人民团体,内设4个处室,下属15个自治区文艺家协会、1个理论研究室、1个美术馆和《草原》《花的原野》2个杂志社。核定行政编制20人,事业编制132人。在职人员123人,离退休人员105人。

【重大文艺活动】　组织舞悦星光——舞蹈拔尖人才专场演出、草原文化主题论坛分论坛"蒙古舞创新与发展"、草原诗画——蒙古语诗歌朗诵会、微电影广播剧展映展播、亮丽北疆——内蒙古漫画艺术展闪亮第十三届中国·内蒙古草原文化节。举办内蒙古第十九届鄂伦春、达斡尔、鄂温克民族文学创作笔会、内蒙古自治区第二十二届摄影艺术展、第六届内蒙古自治区书法篆刻作品展、第二届鄂尔多斯微电影节、庆祝内蒙古自治区成立70周年歌曲创作征集活动、2016内蒙古戏剧曲艺节、内蒙古原创舞蹈展演、报告文学集《筑梦——以劳动者的名义》出版座谈会等主题鲜明、内容丰富的文艺活动。继续推进内蒙古民间文化遗产抢救工程。

【草原文艺“三项工程”】 实施草原文艺精品创作工程,重点做好文学、戏剧、电影、电视、曲艺、民间文艺 6 个文艺门类扶持工作，加大对扶持作品的发布及推介力度;2016 年“草原文学重点作品创作扶持工程”和“优秀蒙古文文学作品翻译出版工程”各出版 7 部图书。草原文艺理论与评论建设工程进展顺利,《当代草原艺术年谱》全部出版,《金钥匙》《草原·文艺论坛》等评论阵地作用充分发挥;编辑出版优秀文艺评论著作,举办首届“新丝路·新思路:民族文艺论坛”、蒙古文文艺评论研讨会、内蒙古网络文艺现状与前景研讨会等活动，协助举办第三期内蒙古文艺评论研修班。组织实施草原文艺人才培养工程，承办“天地情·草原梦”——草原画派八省(区)美术高级人才培训班,组织《马背杂技》艺术形式探索研讨会、2016 全区蒙古语曲艺培训班、内蒙古优秀青年书法骨干研修班、内蒙古戏剧创作研讨会、内蒙古微电影创新研讨培训班等培训研修活动。

【“深入生活、扎根人民”活动】 广泛动员、精心组织各艺术门类文艺工作者，投身“深入生活、扎根人民”主题实践活动和文艺志愿服务。启动实施“文艺扶贫奔小康”志愿服务行动,赴巴彦淖尔市、赤峰市喀喇沁旗等地开展系列活动,助力文艺精准扶贫。成立内蒙古文艺志愿者协会,制订《内蒙古文艺志愿者管理办法》等文件,规范文艺志愿者队伍招募注册管理。在元旦春节等重要时间节点，深入贫困旗县组织开展送欢乐下基层慰问演出和文艺志愿服务培训活动。特别是针对基层文艺长期缺乏专业人员指导的实际需求,组织开展以文学、音乐、舞蹈、曲艺、书法、美术、摄影为主的基层文艺培训活动,受益人数近 6000 人,受到基层的欢迎和好评。

【文艺评奖改革】 协助自治区党委宣传部完成《关于全区性文艺评奖制度改革的实施意见》的起草和修改完善工作，推动自治区全区性文艺评奖制度的改革。根据《意见》精神,参照《中国文联全国性文艺评奖管理办法》,制定《内蒙古文学“索龙嘎”奖、内蒙古艺术“萨日纳”奖评奖改革方案》,对“索龙嘎”、“萨日纳”两项评奖的奖项设置和评奖数量进行调整。组织开展第十一届自治区艺术“萨日纳”奖评奖工作,从音乐、舞蹈、戏剧、曲艺、电影、广播电视艺术、民间文艺、杂技、美术、书法、摄影、艺术理论评论 12 个艺术门类的 660 部申报作品中共评出获奖作品 69 部(含表演奖)。本年度自治区 2 部作品和 1 名译者获第十一届全国少数民族文学创作“骏马奖”,2 部作品和多位艺术家分获“乌兰夫基金”民族文化艺术奖优秀作品奖和美术、书法、摄影突出贡献者奖。

【文艺交流活动】 电影家协会携《诺日吉玛》等 15 部优秀民族题材影片参加了第 19 届上海国际电影节。组织召开“内蒙古·蒙古国作家交流座谈会”,围绕繁荣两国文学创作等内容进行深入交流。举办感知中国·蒙古行第四届乌兰巴托·内蒙古文化周——美丽中国摄影展、中国内蒙古蒙古文书法展以及斯里兰卡内蒙古文化周活动暨“美丽的草原我的家”摄影图片展。戏剧家协会组织优秀剧目参加俄罗斯布里亚特共和国国际戏剧节并赢得荣誉。作家协会与广东省作家协会深度合作,在《作品》杂志上推出内蒙古作家专号，组织作家参加蒙粤作家“海上丝路·侨乡文化”采风活动。

【草原画派八省(区)美术高级人才培训】 6 月 15 日，国家艺术基金 2015 年度艺术人才培养资助项目“天地情·草原梦”——草原画派八省(区)美术高级人才培训班在呼和浩特市正式开班。自治区文联领导出席开班仪式并致辞。此次培训班历时两个月，是内蒙古自治区迄今为止首次举办的跨省区大规模美术高级人才培训班,具有培训时间长、名家导师多、学员水准高、涵盖地域广等显著特点,邀请刘大为、杨飞云、朝戈、李军、贾方舟、周荣生、燕杰等“草原画派”的领军人物和标志性人物为本次培训班授课。本次受训学员是由内蒙古、黑龙江、吉林、辽宁、河北、甘肃、青海、新疆八省(区)送选的100多位画家中遴选出的40位草原画派青年才俊。培训班评选出的学员优秀作品还在内蒙古美术馆举办的“天地情·草原梦——草原画派八省(区)美术作品展”与授课名师的作品同台展出。

【优秀微电影广播剧展播活动】 6月27日,由自治区党委宣传部、自治区文联主办,内蒙古电影家协会承办的“我们的中国梦·精彩草原故事”微电影广播剧作品征集活动启动仪式及颁奖典礼在内蒙古电视台800平方米演播大厅隆重举行。自治区党委宣传部、内蒙古广播电视台、自治区文联相关领导出席活动并为获奖者宾颁奖。本次活动共征集蒙汉语微电影广播剧作品161部,其中微电影作品108部(25分钟以内),电影短片26部(25分钟~60分钟),广播剧作品27部,经过初评和终评,最终评选出微电影作品奖10部、微电影单项奖4个、优秀电影短片奖3部、优秀广播剧作品奖8部。

【全区基层文联工作推进会】 10月15—16日,内蒙古自治区基层文联工作推进会在赤峰市喀喇沁旗召开。中国文联文艺志愿服务中心副主任、中国文艺志愿者协会副秘书长孙德华,自治区文联党组书记、副主席张宇,自治区文联党组副书记、主席官布扎布,赤峰市人大常委会副主任李雪波,自治区文联党组成员、副主席包银山,喀喇沁旗旗委常委、宣传部部长王晓军等领导出席会议,来自全区的近160位盟市、旗县区文联负责人和文艺志愿服务者代表参加会议。会上,自治区文联对12个全区基层文联工作先进集体、10个全区文艺志愿服务先进集体和50位优秀文艺志愿者进行了表彰。3个盟市文联和6个旗县区文联进行了典型发言。会议期间,自治区文联特别组织区近40位知名文艺家在喀喇沁旗开展了6场文学、音乐、舞蹈、美术、书法、摄影志愿服务培训活动和1场“文艺扶贫奔小康、送欢乐下基层”惠民演出,受到当地基层文艺工作者和人民群众的欢迎。

【自治区50位代表参加中国文联十代会、中国作协九代会】 11月30日至12月3日,中国文学艺术界联合会第十次全国代表大会、中国作家协会第九次全国代表大会在北京召开。中共中央总书记、国家主席、中央军委主席习近平出席大会开幕式并发表重要讲话。中共中央政治局常委李克强、张德江、俞正声、刘云山、王岐山、张高丽出席大会开幕式。会议期间,与会代表分别听取并审议通过中国文联、中国作协工作报告,修改了章程,选举产生新一届中国文联、中国作协全国委员会和主席团,铁凝当选中国文联主席,第三次当选中国作协主席。内蒙古自治区代表团共有50人组成,其中中国文联第十次全国代表大会代表25人,中国作家协会第九次全国代表大会代表25人。内蒙古自治区代表张宇、官布扎布志当选中国文联第十届全国委员会委员,阿尔泰当选中国作协第九届委员会主席团委员,官布扎布、乌热尔图、肖亦农、满全当选中国作协第九届委员会委员。

【全区文艺工作座谈会】 12月15日,全区文艺工作座谈会在呼和浩特召开。自治区党委常委、宣传部部长白玉刚出席会议并作讲话,提出推动文艺创作实现由“高原”向“高峰”的跨越,把走进全国前列作为文艺工作的奋斗目标。自治区文联党组书记、副主席张宇传达了中国文联十大、中国作协九大会议精神特别是习近平总书记的重要讲话,自治区党委宣传部副部长、自治区文化厅党组书记、厅长佟国清等7位同志在会上发言。会议就贯彻中国文联十大、中国作协九大会议精神作出具体安排,将制定出台4个指导性、政策性文件,包括繁荣发展社会主义文艺实施意见、文艺精品创作五年规划纲要、加强改进文艺评论工作意见、文艺“拔尖人才”培养工程方案,还将制定“深入生活、扎根人民”主题实践活动方案，把全国文代会、作代会精神落细、落实。区直宣传文化单位负责人，各盟市委党委宣传部长、文联及文广局负责人参加了会议，有关地区、部门和文艺家代表进行了座谈交流。

【自治区文艺家协会换届工作】 11月初至12月底，内蒙古民间文艺家协会第九次代表大会、内蒙古自治区戏剧家协会第七次代表大会、内蒙古文学翻译家协会第四次代表大会、内蒙古音乐家协会第八次代表大会、内蒙古曲艺家协会第七次代表大会、内蒙古美术家协会第九次代表大会、内蒙古摄影家协会第八次代表大会、内蒙古电影家协会第九次代表大会、内蒙古作家协会第八次代表大会分别在呼和浩特召开，中国民协、剧协、曲协、影协、作协等各全国文艺家协会领导和自治区党委宣传部领导分别出席大会并讲话。来自全区各民族的文艺家代表欢聚一堂，回顾总结各文艺家协会五年来的工作，研究确定当前和今后一个时期各文艺家协会的工作任务，审议通过协会工作报告，审议修改协会章程，选举产生了新一届领导机构。布和朝鲁、武利平、乌兰图雅、阿拉泰、乌力吉图、董从民、乌拉汗、伊·呼和乌拉、满全分别当选新一届内蒙古民协、剧协、译协、音协、曲协、美协、摄协、影协、作协主席。

【学习习近平总书记重要讲话精神】 12月8日，内蒙古自治区文艺界传达贯彻第十次全国文代会、第九次全国作代会精神大会在呼和浩特召开。自治区文联党组书记、副主席张宇主持会议并讲话，自治区文联党组副书记、主席官布扎布，党组成员、副主席尚贵荣、包银山，党组成员、秘书长喜山等领导出席会议。自治区文联全体干部职工及内蒙古自治区各文艺家协会在呼主席团成员130余人参加会议。传达贯彻会议在内蒙古自治区文艺界引起强烈反响，自治区各文艺家协会和各级文联组织积极响应，包头市文联、呼伦贝尔市文联等盟市、旗县单位相继召开了传达学习贯彻第十次全国文代会、第九次全国作代会精神会议。

【传达贯彻中国文联十大会议精神】 12月27日，内蒙古自治区党委召开常委会会议，传达学习习近平总书记在中国文联十大、中国作协九大开幕式上的重要讲话精神，听取全国文代会、作代会会议精神汇报，研究贯彻落实意见。自治区党委书记李纪恒主持会议并就学习贯彻习近平总书记重要讲话精神提出明确要求：要深刻把握对文艺事业、文艺工作极端重要性的认识，坚持以人民为中心的工作导向，自觉用习近平总书记在中国文联十大、中国作协九大开幕式上的重要讲话精神指导文艺工作；要深刻把握习近平总书记对文艺工作者提出的“四点”希望，引导文艺工作者坚定文化自信，勇于创新创造，努力创作出优秀的文艺精品；要深刻把握习近平总书记对文联、作协工作的新要求，切实发挥好桥梁纽带作用，积极推进文联、作协改革，把文艺战线的力量充分发动起来；各级党委、政府要切实加强和改进党对文艺工作的领导，指导文联、作协发展事业，在政策上、保障上给予支持、加大力度，加强文联班子建设，多为文艺工作者服务。

（撰稿人：李云鹏）

附件

第十一届内蒙古自治区艺术“萨日纳”奖获奖名单

一、音乐奖（设两个子奖项）

1.创作奖（8首）

《阿里河小夜曲》 高山词 郭漠霖曲

《多想听你唱首歌》 苏日塔拉图词 安然曲

《马兰花，吉祥的哈达》 曾涵词 塔拉曲

《安达情》 阿古拉泰词 博·那日苏曲

《想念》（蒙语） 那顺词 巴亚尔曲

《丹德尔的七只黑山羊》(蒙语)

额·宝勒德词 宝鲁尔曲

《吉祥内蒙古》(器乐) 额·那日苏

《千里草原》(器乐) 叶尔达

2.表演奖(空缺)

二、舞蹈奖(设三个子奖项)

1.作品奖(2部)

《舞动的琴弦》 内蒙古民族艺术剧院歌舞团

《情系绿草地》 内蒙古民族艺术剧院创编室

2.编导奖(2个)

《敖包情缘》 丁宇川 郭阳

《巴艺思勒》 娜娜 贾国柱 杨福如

3.表演奖(2个)

《心之舞》 斯仁道力玛

《背勒个·沁》 杜古尔·欧登高娃

三、戏剧奖(设五个子奖项)

1.剧目奖(2部)

二人台《北梁》 内蒙古民族艺术剧院二人台剧团

蒙古剧《忠勇察哈尔》

乌兰察布市察右后旗乌兰牧骑

2.编剧奖(1个)

晋剧《巡城记》 单学文

3.导演奖(1个)

二人台《北梁》 武利平

4.表演奖(1部)

话剧《热土》 张维娜

5.音乐舞美奖(1个)

蒙古剧《忠勇察哈尔》(音乐) 格·恩和巴雅尔

四、曲艺奖(设四个子奖项)

1.节目奖(1部)

群口好来宝《大地之印》

内蒙古民族艺术剧院乌力格尔蒙古剧团

2.表演奖(1个)

相声《神游九重天》 那仁套格套

3.编剧奖(1个)

曲艺小品《和谐饭馆》 赵瑞新

4.新人奖(1个)

相声《包头话》 杨钰海

五、电影奖(设七个子奖项)

1.故事片奖(2部)

《诺日吉玛》 内蒙古阿尔含只文化有限责任公司

《漫瀚调》 内蒙古电影集团

2.译制片奖(1部)

《狼图腾》 内蒙古民族语电影译制中心

3.微电影奖(1部)

《铃魂》 阿拉善盟群众艺术馆

4.编剧奖(1个)

《漫瀚调》 张秉毅

5.导演奖(1个)

《漫瀚调》 赵国桦

6.表演奖(1个)

《诺日吉玛》 巴德玛

7.动漫电影奖(空缺)

六、广播电视艺术奖(设七个子奖项)

1.优秀电视剧奖(1部)

《鄂尔多斯风暴》

鄂尔多斯山水天德影视文化传播公司

2.广播剧奖(2部)

《永远的歌声》 内蒙古广播电视台

《乌赫尔图辉腾》(蒙语) 呼伦贝尔市广播电视台

3.译制片奖(1部)

《熊出没》(蒙语) 内蒙古广播电视台

4.文艺晚会奖(1台)

《2014年内蒙古广播电视台蒙语春节晚会——蔚蓝的故乡》(蒙语) 内蒙古广播电视台

5.文艺专题片奖(1部)

《中国有个敖鲁古雅》 内蒙古广播电视台

6.文艺栏目奖(1部)

《草原音画》栏目 内蒙古广播电视台

7.动画片奖(空缺)

七、民间文艺奖(设四个子奖项)

1.民间文学艺术理论著作奖(2部)

《中国北方草原游牧民族工艺美术史》 徐英

《蒙古族传统游戏—嘎拉哈》 达瓦

2.民间文学作品奖(1部)

《蒙古族民间故事—巴拉根仓》 图日根白乙拉

3.民间艺术表演奖(1个)

《鄂尔多斯祝赞词精品集》 敖云达来 单乌兰其其格

4.民间工艺美术作品奖(1部)

《巨型鄂尔多斯马海》 德力格尔玛

八、杂技奖(设两个子奖项)

1.节目奖(1部)

魔术《昭君出塞》 内蒙古民族艺术剧院杂技团

2.表演奖(1个)

《蹦球》 高福亮

九、美术奖(设一个子奖项)

1.创作奖(8部)

《蒙古高原》(版画) 德力格仁贵

《远方的云》(水彩画) 长海

《布里亚特之晨》(油画) 王耀中

《夏至》(中国画) 苏如娅

《此岸的冰河》(油画) 乌吉斯古楞

《冬归》(水彩画) 苏雅拉其其格

《盛装》(油画) 易晶

《母亲河》(中国画) 刘江

十、书法奖(设一个子奖项)

1.创作奖(6部)

《古书论选抄》(行书) 叶满宇

《古人书论》(行书) 白旭丰

《陆游鹊桥仙词一首》(隶书) 冯印强

《成吉思汗箴言》(蒙文书法) 呼毕斯哈拉图

《四海朱迹》(蒙文篆刻) 四海

《满都拉印痕》(篆刻) 付满都拉

十一、摄影奖(设一个子奖项)

1.创作奖(6部)

《乌珠穆沁人》 阿拉塔

《草原上的人们》 宝音

《打马印》 包曙光

《额尔古纳河》 诺敏·何

《渔猎达里诺尔》 胡国志

《生的力量》 沈超英

十二、艺术理论评论奖(设两个子奖项)

1.著作奖(2部)

绘画艺术中的原生态文化意象》(蒙文) 图布其其格

《蒙古族传统装饰纹样审美特征研究》 高俊虹

2.文章奖(2部)

《蒙古族“安代”的究竟》 王景志

《蒙古语“元音和谐律”对长调歌唱审美观念的影响——以蒙古族长调“歌王”哈扎布的演唱为例》 侯燕

文物工作

【概况】 内蒙古自治区文物局(以下简称自治区文物局)在国家文物局的指导和自治区党委、政府的领导下,围绕中心、服务大局,认真学习、贯彻习近平总书记、李克强总理和刘延东副总理关于文物保护工作的重要批示和重要讲话精神,贯彻自治区党委、政府领导对文物工作的重要指示,结合贯彻国家“一带一路”倡议和自治区“向北开放”战略,开展万里茶道内蒙古段申遗工作。按照全国和自治区文物工作会议的部署,加强文物执法、文物安全工作,推进文物保护项目建设、申报、督查工作;加强可移动文物普查、博物馆展览和免费开放,各项工作取得一定成绩。

【法规建设】 2016年5月30日,自治区十二届人大常委会第二十二次会议表决通过《内蒙古自治区元上都遗址保护条例》(以下简称《条例》)。《条例》共六章三十七条,包括总则、保护、管理、利用、法律责任、附则等六章。《条例》的颁布,为元上都世界文化文化遗产全面保护与科学发展提供法制保障。9月,内蒙古自治区人民政府(以下简称自治区政府)向全区各盟行政公署、市人民政府,各旗县人民政府,自治区各委、办、厅、局,各大企业、事业单位印发《关于进一步加强文物工作的实施意见》。经自治区人大审议批准通过《赤峰市红山遗址群保护条例》，于2017年1月1日起施行。12月12日，自治区政府办公厅向各盟行政公署、市人民政府，自治区各委、办、厅、局，各大企业、事业单位转发《自治区文化厅等部门关于推动文化文物单位文化文物创意产品开发实施意见的通知》。《通知》强调，要深入发掘自治区文化文物单位馆藏文化资源，发展文化文物创意产业，为经济社会发展提供文化软实力。在全区以点带面，逐步推进博物馆文化文物创意产品开发工作。

【执法督察与安全保卫】

执法督察　全区各级公安部门共破获文物案件8起，收缴涉案文物113件套(其中，一级文物8件套，二级文物1件套，三级文物5件套，一般文物99件套)。对国保单位金界壕遗址兴安盟扎赉特旗杨树沟林场段遭破坏案、锡林郭勒盟太仆寺旗段遭破坏案、呼和浩特市席力图召未批违法建设案件，自治区文物局分别进行实地调查督办，同时向自治区公安厅、呼和浩特市人民政府、兴安盟扎赉特旗等部门发去督办函(或报案材料)。

经自治区文物局、内蒙古博物院、内蒙古考古研究所依法鉴定，锡林郭勒盟、多伦县公安司法部门依法审理，“锡林郭勒盟多伦县小王力沟辽代贵妃墓”被盗案件盗墓团伙多名主犯分别被判处10—13年有期徒刑。

按照国家文物局要求和自治区文化厅、文物局《全区长城执法专项督察工作方案》的总体部署，在盟市自查的基础上，于2016年9月5—15日，组成3个督察组，由自治区文物局领导分别带队，对全区12个盟市、40余个主要旗县(区)的长城地段进行实地督察，特别是对内蒙古与周边省区交界处的长城重点督察。

2016年9月28—29日，国家文物局长城执法专项督察组对内蒙古自治区长城保护工作情况进行督察。督察组听取自治区文物局关于《内蒙古自治区长城保护与执法工作情况汇报》，检查自治区文物局长城“四有”档案资料，查阅自治区文物局在长城保护、监管与执法、宣传教育、经费保障等方面的登统计资料，座谈了解长城保护工作有关情况，实地督察呼和浩特市、包头市长城保护工作。国家文物局督察组肯定了内蒙古长城保护的成绩并提出建议。9月30日，自治区文物局召开局务会，就贯彻国家文物局督查意见进行研究部署，计划在呼和浩特市、呼伦贝尔市、赤峰市、巴彦淖尔市、阿拉善盟建立内蒙古长城工作站。力争用3年时间，对离村庄较近的长城设立保护网围栏。举办全区长城“四有”培训班，与周边省、区建立长城联合保护机构，定期开展联合保护巡查。报请自治区政府对全区长城国保、区保单位的保护范围进行划定公布。

安全保卫　2016年元旦、春节、国庆节，内蒙古自治区文物局联合公安、消防部门，对各盟市重点文物保护单位进行重点安全大检查。3月上旬，会同内蒙古自治区公安消防总队，联合对中东部地区的呼和浩特市、包头市、鄂尔多斯市、赤峰市、通辽市、锡林郭勒盟的国保古建筑单位，及重点博物馆进行消防安全检查工作。自治区文物局深入宣传马背文物保护队发动群众保护文物。2016年，锡林郭勒盟马背文物保护队增加到208人。阿拉善盟驼峰(长城)文物保护队，共进行文物安全巡查80余次，共巡查140余处文物保护单位，未发生文物安全案件。在马背文物保护队影响下，通辽市文化局成立微波站文物保护队。乌兰察布市察哈尔右翼中旗在文物保护中，不断加强人防的同时，提升技防能力，“点”上用网围栏封闭，人畜不能进，“线”上用勒石刻碑做标记，任何人不能动，“面”上用3G无线互联网监控器紧盯，谁也不能碰。对人上不去的重点地段，采用无人机进行巡查。为鼓励先进，自治区文化厅、文物局，会同自治区财政厅对公安、司法部门、基层文物保护部门予以资助。

【不可移动文物的保护和管理】 自治区文物局会同自治区财政厅向财政部、国家文物局申报《内蒙古自治区 2016 年度全区文物保护经费申请》50 项。包括:文物大遗址、古建筑保护,文物安防、消防,长城保护、少数民族文物保护等项报告和项目经费申请。会同自治区发展改革委员会上报《内蒙古文化与自然遗产抢救性设施建设项目(13 项)》。经财政部和国家文物局审核确定,内蒙古重点项目 44 项获批准。国家发改委原则同意内蒙古文化与自然遗产抢救性设施建设项目 13 项,计划在"十三五"期间安排。

大遗址保护 2016 年 5 月，自治区文物局完成《内蒙古长城保护总体规划大纲》编制招投标工作。完成《内蒙古自治区长城保护规划大纲》编制工作,报国家文物局审批。全区各级文化、文物局也积极开展长城保护规划编制工作并抓好贯彻落实。6 月 11—12 日,"内蒙古长城保护工作现场会"在包头市召开。

世界文化遗产 结合国家实施"一带一路"战略,重点开展辽上京与祖陵遗址、红山文化遗址、阴山岩刻遗址、万里茶道内蒙古段申遗工作。按照申遗工作计划，稳步推进红山文化遗址、辽代上京城和祖陵遗址申报世界文化遗产工作进程。成立自治区文化厅、文物局申遗领导小组和申遗办公室。确定万里茶道内蒙古段申遗重点盟市、旗县(市区)。呼和浩特市、包头市、乌兰察布市、二连浩特市、锡林郭勒盟,调查了与"万里茶路"沿线有关的文物、古道路、碑刻,取得新成果。9 月,世界文化遗产中国委员会专家来内蒙古考察,予以高度评价,建议积极会同俄罗斯、蒙古国联合申遗。

全国重点文物保护单位 自治区文物局重点开展对呼和浩特大召、将军衙署、清真大寺、和林格尔土城子遗址、包头固阳秦长城、战国长城遗址、土默特右旗关帝庙、呼伦贝尔嘎仙洞遗址、"中东铁路旧址"、赤峰市二道井子遗址、辽上京遗址兴安盟科右中旗王府、通辽奈曼王府、锡林郭勒盟贝子庙、元上都遗址、乌兰察布元代集宁路遗址、巴彦淖尔鸡鹿塞汉代遗址、阿拉善盟居延遗址等重点文物保护单位维修保护工程。2016 年,自治区财政落实全区文物保护经费 1500 万元,安排全区长城保护经费 1000 万元。

【考古发掘】 2016 年,内蒙古"锡林郭勒盟多伦县小王力沟辽代贵妃墓"与著名的江西南昌西汉海昏侯墓共同荣获"2015 年度全国十大考古新发现"奖。年内,自治区文物局向国家文物局申报考古发掘项目 14 项,目前已批复并发证照的有 10 项。分别为:元上都西关遗址考古发掘、辽上京宫城南门遗址发掘(中科院);哈民遗址发掘;乌兰木伦遗址发掘(中科院古脊椎所);凉城岱海大庙坡遗址；清水河王桂窑岔河口遗址发掘;阿鲁科尔沁旗三龙洞旧石器遗址发掘;杭锦旗霍洛柴登古城遗址发掘；和林格尔盛乐古城遗址发掘、化德县裕民遗址的发掘。

【重要考古项目】

小王力沟辽代墓葬群考古项目 2016 年 7—10 月,完成对锡林郭勒盟多伦县小王力沟辽代墓葬群重点钻探工作。共清理墓葬 4 座,其中 2 座分布于贵妃墓两翼,出土玉制围棋子 300 余枚，錾牡丹花银鎏金马具饰件和定窑白釉葫芦瓶等遗物。

中蒙联合考古项目 2016 年 8—10 月,自治区文化厅、文物局领导自治区文物考古研究所继续做好与蒙古国的联合考古调查、发掘、研究合作项目以及中加联合考古调查项目。重点在蒙古国东部地区进行考古调查，对后杭爱省乌贵诺尔苏木和日门塔拉遗址进行了第三次考古发掘,发掘面积 733 平方米。同时对温都尔乌兰乌拉土包遗址进行发掘，发掘面积 596 平方米。双方在匈奴、鲜卑、柔然、突厥、回鹘、蒙古、契丹考古方面，以及岩画考古与申报世界遗产方面开展合作。

【博物馆】 截至 2016 年底,全区各级各类注册的博物馆总数 223 家，其中：国有博物馆 164

家,非国有博物馆59家。国家一级博物馆1座,二级博物馆9座,三级博物馆16座,主要分布在呼和浩特市、赤峰市、通辽市、兴安盟、呼伦贝尔市、鄂尔多斯市等地区。全区共有70座旗县博物馆,15座乡镇苏木博物馆。

为推进博物馆系统改革工作,盘活全区博物馆馆藏文物,经过积极筹备,自治区文物局于4月批准成立内蒙古博物馆馆际联盟。5月18日,在内蒙古博物院举行由第一批入盟的29家博物馆、纪念馆参加的联盟签约仪式。联盟的成立,将从陈列展览、青少年教育、策展人才、数字信息、文创产品等5个方面实现资源共享,从而建立符合自治区实际的博物馆文物藏品资源共享机制,不断加强展览项目交流,扩大藏品展示范围,提高馆藏文物利用率,盘活全区馆藏文物。

继续贯彻落实《博物馆条例》(以下简称条例),加强博物馆管理工作。组织全区各级文物主管部门和博物馆认真学习贯彻落实《条例》,以《条例》为准线,不断规范各级博物馆管理运行。依据《条例》完成对全区各级各类博物馆的年检工作,对155家(经常性补贴113家,2015年增补42家)享受免费开放经费补贴的博物馆、纪念馆进行绩效考评。根据自治区党委常委会要求,与自治区党委宣传部、党史研究室联合印发《关于对全区博物馆、纪念馆、展览馆等展馆进行全面检查的工作方案》,与自治区民政厅联合印发《关于对全区非国有博物馆进行全面检查的工作方案》,采取盟市自查与自治区抽查相结合的方式,对全区各级各类博物馆、纪念馆、展览馆的办馆行为和展览内容进行全面检查,对于展览中存在的问题,下达整改通知书。

【可移动文物保护】

馆藏文物 全区现有馆藏文物112余万件(套),一级文物1979件(套),二级文物4703件(套),三级文物8971件(套)。内蒙古博物院收藏珍贵文物3492件,为了更好地保护这些文物,加强对馆藏文物保存环境实施有效监测和控制,内蒙古博物院于2014年委托上海博物馆编制内蒙古博物院珍贵文物预防性保护方案,并获得批准,2016年8月初开始正式进入施工阶段。截至2016年底,完成35间库房、16个展厅的无线基站与无线传感器的安装工作。内蒙古博物院已建立一整套环境监测系统,实现对全部文物库房、展厅和重点展柜等文物保存环境质量的及时感知。

可移动文物保护科研基地建设 内蒙古博物院与中国丝绸博物馆达成合作意向,在内蒙古博物院建立纺织品保护修复工作站。中国丝绸博物馆保护人员对内蒙古博物院对纺织品保护修复工作室、纺织品保存库房以及院藏纺织品保存现状进行实地调研。呼伦贝尔市蒙古族源科学研究中心建设项目于2015年6月开工,该项目预计于2017年7月竣工并交付使用。

可移动文物保护技术、方法及应用 2016年,内蒙古博物院保护中心,修复完成伏龙寺壁画25幅,壁画在进行室内修复之前,充分进行保护方法探讨,壁画保护修复较好地遵循了可逆性和少干预等文物保护原则,使用保护修复材料同壁画本体良好兼容,较好维持了壁画原貌。通过画面清理加固,各类壁画病害在保护修复之后已经恢复原貌或者趋于稳定。支撑体喷砂和装饰框安装保证了壁画更美观,易于搬运、存放和展出。通过现场揭取和室内的一系列保护修复工作,伏龙寺壁画得到合理修复和妥善保存。对出现严重病害的院藏23件上金泥菩萨造像进行了保护修复。

【文博教育与培训】 自治区文物局2016年开展全区文物保护人才的培养工作。5月,在鄂尔多斯市恩格贝举办由直属文博单位、各盟市文化、文物局参加的全区文物管理人员培训班,种植"文化文物林"。9月,在阿拉善盟举办"全区文物行政执法安全管理人员培训班"。10月,举办两期由直属文博单位、各盟市文博单位及相关旗县区文博单位负责人参加的"全区可移动文物普查管理人员培训班”、文物展览保护人员培训班。

【文博宣传】 由国家文物局、自治区政府主办，自治区文化厅、文物局，呼和浩特市人民政府协办的2016年“5·18国际博物馆日”中国主会场活动在内蒙古博物院举行。国家文物局局长刘玉珠、内蒙古自治区主席布小林出席开幕式并致辞。活动中，举办第一次全国可移动文物普查成果展、“梦幻契丹”数字文物展，开展丰富多彩的青少年教育和非物质文化遗产展示活动。国家和自治区各媒体均予以报道，有效宣传了内蒙古自治区文博事业的发展成就。在土默特右旗敕勒川博物馆举办自治区主会场活动，各盟市、旗县也因地制宜、突出特色地举办不同风格的“5·18国际博物馆日”宣传活动。

6月13日，在包头市组织开展全区中国文化遗产日主会场活动；9月6日，在兴安盟组织开展全区草原文化遗产日主会场活动。

【可移动文物普查】 2016年底，全区各级收藏单位全面完成数据采集和上传工作，上传文物1 072 914件(套)，共1 542 992件，完成任务率100.84%。上传文物总件套数位居全国第五名。在普查工作中，自治区文物局普查项目部召开全区普查办主任会议和举办两期普查数据审核与普查总结报告编制培训班，派出专家组全区各盟市的可移动文物普查工作进行督查，对3200多件套拟定级的珍贵文物进行初步筛查，完成对430家收藏单位的数据终审工作，编制了内蒙古自治区第一次全国可移动文物普查验收报告和工作报告。加强对可移动文物普查工作的宣传力度，在“5·18国际博物馆日”期间举办自治区第一次全国可移动文物成果展，编印《内蒙古自治区第一次全国可移动文物普查成果集萃》，全年编写简报24期，与报刊合作发表文章2篇，大力宣传自治区可移动文物普查工作取得的成绩。

【全区文物工作会议召开】 2016年5月24日，自治区政府在呼和浩特召开全区文物工作会议。会上，自治区副主席刘新乐发表讲话，向全区各级人民政府各有关部门，安排部署文物保护工作任务。自治区党委宣传部副部长、文化厅党组书记、厅长佟国清传达国家总书记习近平和国务院总理李克强关于文物工作的重要指示批示，传达国务院总理刘延东在全国文物工作会议上的讲话精神和《国务院关于进一步加强文物工作的指导意见》，传达自治区党委政府主要领导对全区文物工作作的重要指示。自治区文化厅、文物局巡视员安泳锝向全区文化、文物部门安排部署文物保护工作任务。会议表彰2013—2015年度文物工作先进集体、先进工作者，公布自治区第一批考古遗址公园。此次会议约100人出席会议。

（撰稿人：马晓丽）

新闻出版广播影视

【概况】 2016年，内蒙古自治区有广播电视播出机构91个，其中：自治区级1个，盟市级12个，旗县级78个(包括阿拉善盟东风电视台)；共播出广播节目128套，其中：内蒙古广播电视台9套，地市级42套，旗县级77套；播出电视节目120套，其中：内蒙古广播电视台8套，地市级34套，旗县级78套（包括阿拉善盟东风电视台）。全自治区广播电视综合覆盖率均达到99%。总播出节目505套，其中：中波节目219套，短波节目11套，调频节目168套，电视节目81套，数字电视节目9套，卫星电视节目2套，卫星广播节目15套。全年新增地面电视频率763个、调频广播频率64个。全区有发射台站67个，总发射机781台，其中：中波节目417台，短波节目11台，调频节目232台，电视节目109台，数字电视节目10台，卫星广播电视节目2台。全区有微波实有站303座，线路总长度25

698.10公里，其中，数字微波传送线路长度11 890.05公里。全区有线广播电视用户3 391 500户，其中：数字用户3 013 582户，付费数字电视用户57 498户。用户比上年增加了81 900户，有线电视入户率40.63%，比上一年度降低0.98%，其中农村有线电视用户375 750户。2016年，全区广播综合覆盖人口2487.85万人，综合覆盖率99.09%，比上年提高了0.04%。电视综合覆盖人口2490.26万人，综合覆盖率99.19%，比上年提高0.09%。

2016年，内蒙古自治区有印刷企业1354家，其中出版物印刷企业144家，包装装潢印刷企业178家，专营数字印刷9家，其他印刷品印刷1023家，从业人员数22 920，销售收入749 115.78万元。全区共有发行单位2206家，其中出版物零售单位2120家，出版物批发单位86家。全区建有农家（草原）书屋11 275家，其中汉文书屋9123家、蒙古文书屋2152家，农家（草原）书屋工程建设累计使用国家相应拨付专项资金1.804亿元，自治区配套专项资金4510万元。

2016年，全区有城镇影院171家；银幕共728快，电影放映场次104.3万场，观影人数1527万人次，票房收入4.99亿。“一村一月一场电影”工程全年放映14万场，805个行政村实现固定点放映。全年共受理完成报审备案电影19部次，备案电影11部，受理并初审电影3部，受理完成报审备案电视剧10部次，备案电视剧6部189集，受理国产电视动画片完成片2部78集。

【宣传管理】

主动引领舆论导向　围绕贯彻落实习近平总书记系列重要讲话精神等重大主题和专项工作，组织开展专题宣传172项，推出新农村建设网络展播专题片43部，审核批复广播电视节目播出31项、涉外宣传6项。

严把审批报备关口　2016年全年审核各类出版物选题3918种，报审备案影视剧29部，新批准设立行业企业47家，完成全区92家广播电视播出机构年检工作和99家广播电视节目制作经营机构业绩审核工作，核发新闻记者证6788个，核发《广播电视频率使用许可证（甲类）》325个、《广播电视节目传送业务经营许可证（无线）》331个、《无线广播电视发射设备订购证明（甲类）》304个。

加快“走出去”步伐　纳荷芽中蒙出版交流工程、丝绸之路影视桥工程、蒙汉文互译人才培养基地和基里尔蒙古文人才培养基地建设工程富有成效，10余个精品项目被确定为国家对外交流重点项目，为讲好中国故事、内蒙古故事贡献了积极力量。

【安全管理】

推进台站标准化建设　争取国家投资6510万元，用于39个发射台站的基础设施建设。制定系列制度规范，4次巡回观摩，高质量完成了首批30个台站的标准化建设任务，全面提升了台站硬件建设、软件管理、安全播出水平。

加强广播电视传输覆盖技术改造　启动中波同步网改造工程和数字化微波电路应用工程，集中调整局属主备440部中波发射机及其天调网络设备的工作频率。

严格督导检查　开展全行业系统安全生产大检查，确定7大类68个检查项目，检查行业单位112个，发现督促整改问题325个。完成重要保障期、敏感期、节假日的安全播出工作，局属发射台总播出时长122.9万小时，“三满”总体合格率99.96%；卫星地球站总播出时长14.9万小时，总体合格率100%。

【公共服务】

广播影视服务　2016年累计投入资金近20亿元，建成广播电视户户通207万户，建成应急广播村村响终端12 368个、播控管理平台91个，改扩建广播电视无线发射台站140个，建成和在建广播电视节目覆盖站点620个。“一村一月一场电影”工程全年放映14万场，805个行政村实现固定点放映。全区广播、电视综合覆盖率分别为99.21%和99.18%。

新闻出版服务　建设进商圈、进校园、进社区、进机关实体书店86家，支持党报党刊更新民文出版设备9套，开展全民阅读活动1950余项。举办第26届全国图书交易博览会，出版物交易1.6亿余册、交易额40亿码洋，观展读者83.5万人次，拉动相关产业实现GDP 56亿元，创下筹备时间最短、观展读者最多、交易数额最大等多个"书博会"之最。

边境地区新闻出版广播影视服务　围绕固边、净边、强边、富边，深入推进实施新闻出版广播影视固边工程，累计完成投资3.2亿元，初步建起覆盖边境地区农村牧区、边防哨卡和出入境口岸，包含图书、报刊、广播、电影、电视等丰富内容的新闻出版广播影视公共服务体系，筑牢祖国北部边疆"精神长城"。

【行业监管】

提升监管水平　推进新闻出版广播影视监管平台二期工程建设，互联网监管综合平台正式上线运行。成立审读审看中心，开展"行业监管行动季"活动，全局组织调研督查88次，对区直行业单位开展监管考评。

维护文化安全　严格落实意识形态工作责任制，深入开展"清源""固边""净网""秋风""护苗"五大"扫黄打非"专项行动，全区共查缴各类非法出版物16.9万件，集中销毁各类侵权盗版和非法出版物52.5万件，查办案件485起，行政处罚511起，7起敏感出版物事件得到迅速稳妥处置。自治区"扫黄打非"工作在全国综合排名由2011年的第26位上升至2015年的第7位、2016年的第6位。

开展专项整治　专项检查出版物内容、编校、印制质量8批次500余种，发现不合格产品近90种；开展境外卫星电视专项治理活动1000余次，查处非法设施786台套；开展违规广告信息专项治理，查处违规广告80余条、互联网电视有害信息100余条、违规网站10余家；开展"剑网2016"打击侵权盗版专项行动，办理版权案件57起，3项工作被国家版权局通报表扬。

【创作生产】

引导扶持　探索制定《鼓励民间资本进入新闻出版广播影视行业的指导意见》，着力为新闻出版广播影视产业发展注入新生力量。出台《内蒙古自治区电影事业发展专项资金征收使用管理实施办法》《自治区级国家电影事业发展专项资金预算管理办法》，加大精品创作项目扶持力度，支持优秀国产影片拍摄，支持优秀剧本孵化，提高资金使用效益。

评比推优　自治区两种出版物获第六届中华优秀出版物奖，两种期刊获"中国最美期刊"称号，电影《母亲的飞机场》入围蒙特利尔国际A类电影节。先后向中国广播影视大奖推荐优秀作品10件，向总局推荐广播影视优秀作品34件，评选内蒙古广播影视奖优秀作品220件、优秀电影剧本18部、优秀国产电影完成片和艺术创新影片10部。

打造精品力作　内蒙古新闻出版广电局主编的图书《蒙古民族通史》《内蒙古自治区史话》，组织拍摄的大型系列纪录片《永远的乌兰牧骑》《梦中的额吉》等自治区成立70周年献礼项目进展顺利；《蒙古族历史文化精品文库》《内蒙古历史文化丛书》两大出版工程取得阶段性成果。全国唯一以弘扬"蒙古马精神"为宗旨的期刊《蒙古马研究》正式出刊。

【产业基础】

全面深化改革　制定完成《内蒙古自治区"十三五"时期新闻出版广播影视发展规划》，全面完成新闻单位分支机构清理整顿重新登记工作，印发实施报纸期刊、图书出版、音像电子、印刷发行单位年度核验办法，完善了新闻出版业年检年审制度。深化"放管服"改革和商事制度改革，确定随机抽查事项167项，公布权力清单、责任清单、行政许可证明清单、行政审批中介事项清单8张。

发挥项目引领作用　2016年，内蒙古新闻出版广电局共争取国家投资项目96个，到位资金4.2亿元。自治区3个项目入选国家新闻出版改革发展项目库，7个项目列入国家文化产业发展专项资金支持名单，29个项目入选总局《"十三五"国家重点图书、音像、电子出版物出版规划》，10余个项目获得国家和自治区专项资金支持。

大力推进媒体融合发展　新闻出版数字资源库建设初具规模，跨介质出版系统初步形成，国家数字复合出版系统工程应用试点项目积极推进，数字产品生产技术水平显著提升，多文种全媒体动态网站发布平台、蒙古文资源数字化加工及应用系统研发完成。2016年，全区新闻出版广播影视产业增加值达260亿元。

（撰稿人：文国庆）

报　业

【概况】　内蒙古日报社内设47个职能处室。现有在职人员1170人，离退休人员513人。社党委按照自治区党委宣传部的总体部署和要求，带领全社干部职工不忘初心、砥砺奋进，完成各项工作任务，为建设现代化内蒙古、把祖国北部边疆这道风景线打造得更加亮丽营造了良好新闻舆论氛围。

【新闻舆论工作】

重点报道主题突出　各媒体认真贯彻落实全区宣传思想文化工作会议精神，始终把学习贯彻中共十八大、十八届三中、四中、五中、六中全会精神，习近平总书记系列重要讲话精神和治国理政新理念新思想新战略，自治区第十次党代会精神作为最重要的报道主题和新闻舆论工作任务，按照自治区党委书记李纪恒"整体策划、板块推出、上下联动、内外感动"要求，以专栏、专题、专版等形式，以传统媒体和新媒体为载体，注重"策、采、编、发"各个环节协作，对全区和全国两会、中国共产党建党95周年、"两学一做"学习教育、经济工作六大任务、全面深化改革、社会主义核心价值观、保障和改善民生、脱贫攻坚等重大主题进行深度报道。2016年，全区和全国两会期间，《内蒙古日报》蒙古文版共刊发文字报道450余篇，新闻图片300余幅。《内蒙古日报》汉文版精心策划推出的《"五大任务"之内蒙古年终盘点篇》系列报道，获得中宣部《新闻阅评》好评。

传统媒体改版。《内蒙古日报》蒙汉文版从媒体融合发展的定位和需求出发，以版块式结构替代碎片化结构，全新推出《思想周刊》《北国风光》等5个周刊；加大地方新闻分量，对经济、科教文、社会3个分类新闻版进行版式和结构调整，对要闻版和专副刊进行全新定位，为打通传统媒体和新媒体的融合发展路径创造条件。全国新闻核心期刊《中国记者》刊发《<内蒙古日报>改版的融媒体模式》一文中，将《内蒙古日报》改版融媒体模式向全国新闻界做了推介。

主流新闻网站运营有序　内蒙古新闻网不断提高"门户"意识，紧跟媒体融合发展步伐，改革创新，对首页以及各频道页面进行全新改版，推出20个自主运营频道，使党的声音成为网络空间的最强音。中央网信办《网络传播》杂志发布的"中国新闻网站2016年下半年被转载指数"中，内蒙古新闻网进入50强，位列全国第48位。正北方网坚持亲民风格，"百姓知政""爱拍生活"等栏目受到广大网民欢迎；中国蒙古语新闻网发挥蒙古文优势，设置议题，引导社会舆论，为国内外使用蒙古语的网民提供一个知国情区情、抒民众意愿的平台。

国际传播能力日益增强　索伦嘎新闻中心作为内蒙古日报社外宣主体，不断强化对外传播职能，加快实施在蒙古国的"本土化"战略，运用传统蒙古文、斯拉夫蒙古文、俄文3种语言文字，发挥杂志、报纸、网络、移动客户端等融媒体优势，向以蒙古国为主的国际社会展示中国和内蒙古自治区经济社会发展、改革开放新气象，讲好中国故事和内蒙古故事。

转作风改文风 在社党委领导下，全社采编人员俯下身、沉下心，察实情、动真情，坚持百姓情怀、人民本色，深入开展“走转改”活动，把走基层的好作风作为平常、经常、日常行为，贯穿到主题宣传、成就宣传、典型宣传中，推出一批“沾泥土、带露珠、冒热气”的新闻作品。内蒙古日报社党委、编委会成员以身作则，带队伍深入基层，采写300余篇有思想、有温度、有品质的新闻稿件；各采编部门负责人走基层、转作风、改文风，采写了一大批的优秀新闻作品。其中，“重点工作重点工程”“点赞百名村支书”“蒙古文化之旅”等栏目，取得较好社会效果。

【媒体融合工作】 2016年是内蒙古日报社媒体融合发展关键一年。作为自治区媒体融合发展试点单位，内蒙古日报社主办了“6·24”全区媒体融合发展现场会，推动传统媒体和新媒体从相“加”迈向相“融”，主流媒体传播阵地得到拓展，融合体系初具规模，融新闻生产能力提高，融合传播技术相继引进，融合发展成为引领新闻传播创新的重要手段。

融合发展布局进一步完善 一是确立移动优先的发展战略。内蒙古日报社按照“先网后报”思路，着力办好“一张报纸”，即传统媒体；办好“一块屏幕”即手机媒体，取得阶段性成果。二是建立媒体融合传播格局。建立5条业务线和6个融媒体编辑部，明确“策、采、编、发”流程，形成“1+10”媒体融合格局，为媒体深度融合奠定基础。三是成立媒体融合部和考核评价部等部门，探索建立与媒体融合发展工作需求相适应的激励机制。四是以“中央厨房”等重大项目建设为引领，强化互联网思维，推动内容、渠道、平台、经营、管理等方面深度融合，努力加快从“你中有我、我中有你”向“你就是我、我就是你”的目标迈进。

媒体融合报道形式多样 依托初步建成的融媒体“中央厨房”，按照“先网后报”的流程再造思路，针对战役性宣传报道，内蒙古日报社全媒体交响合奏，多角度阐释主题，在全国和自治区两会、“全国书博会”“天宫二号”升空等重大战役性报道中，网、端、VR、航拍、H5等多渠道融传播，推出一批“镇版”和“刷屏”之作，扩大主题报道影响力。自治区两会期间，内蒙古客户端点击量129.6万次，内蒙古日报官方微博两会话题阅读量369.9万次。

内外结合实现联动发展 一是与人民日报社人民网签署战略合作协议，双方在专家指导、资源互换、数据信息资源共享、人才联合培养和人才交流方面开展深度合作。二是与内蒙古师范大学合作，成立媒体融合实验室，为媒体融合发展提供强有力的技术和智力支撑。三是建立全区党报联盟，融合全区各盟市党报新闻资源，为做好媒体融合工作汇聚新的发展力量。

【综合管理工作】 适应发展需要，完成全员竞聘、分级聘用和干部人事档案整理工作。一是按照事企分开、严格编制、人员统筹的原则和竞聘程序，组织完成237名全社科级干部竞聘和797名一般员工的双向选择。二是依照事业单位岗位设置管理相关规定，本着公开、公正、公平原则，对107名专业技术人员进行专业技术分级并且兑现相应待遇。三是完成491本干部档案专项审核，对存在的问题进行纠正，干部人事档案达到材料齐全、信息完整、准确可靠、管理规范标准。四是重点引导现有采编人员向全媒记者、全媒编辑转型。

【落实巡视整改意见工作】 面对持续的经济下行压力和国内媒体经营收入下滑形势，狠抓财务管理和经营管理。2016年，全社实现总收入30 554.48万元，完成年度预算的94%，总成本31 959.61万元，完成年度预算的95%，节支1613万元，实际亏损1405.13万元。（亏损的原因，一是3项减资增资因素：财政资金压缩5%即758万元；落实改革性增资350万元；增加奖励性支出220万元。二是经营收入没有实现预算任务目标,欠收1973万元。剔除3项增减资因素共1328万元,亏损数额应为77.13万元。)一是结合审计整改和巡视整改意见,建立健全财务管理制度,夯实财务基础性工作;严格执行财政报销制度,规范驻盟市记者站报账管理;提高会计档案管理水平,依据财务审批流程,统一报销单格式;全面启用财政零余额账户,保证财政资金的安全使用。二是发行广告公司、北方数字印刷有限责任公司、北方酒店公司完成或者超额完成年初下达的利润指标,其中《内蒙古日报》汉文版广告见报额4401万元,创历史新高。三是新牧歌传媒有限责任公司经营收入309.22万元,连续3年实现盈利。大草原网传媒有限责任公司实现收入540万元,较2015年同期减亏439.8万元。四是发行广告公司严格落实巡视反馈意见,不向采编部门下达创收任务,不以新闻报道换取广告,不以新闻形式变相刊发广告,实现采编和经营“两分开、两加强”。五是增加员工收入。及时按规定兑现离退休、在职职工、遗属等人员的工资福利保险待遇。调整事业单位工作人员基本工资标准,年人均增加工资7956元;提高离休人员离休费年人均7920元;提高退休人员退休费年人均1800元;人均发放2016年和2017年物业费补贴共计6000元。

(撰稿人:于淼)

档　案

【概况】 内蒙古自治区档案局(馆)(以下简称自治区档案局〈馆〉)是自治区党委和政府管理全区档案事业的职能部门,又是其及所属部门、群众团体、相关企事业单位的档案保管基地。其主要职责任务是:统筹规划和宏观管理全区档案工作;贯彻执行档案工作的法律、法规和方针、政策,制定全区档案工作的地方性法规及档案事业发展规划,并组织实施;组织、指导、检查、监督、协调各盟市和自治区党政群机关、高等院校、大中型企业、县处级以上科技事业单位及非国有经济组织的档案业务工作。承担全区档案教育的行政管理,组织实施档案专业教育和培训工作;承担自治区党政机关、群众团体、相关企事业单位档案资料(包括蒙古族等少数民族文字档案)的收集、整理、保管和开发利用工作。总编制132人,其中参照公务员管理事业编制108人,全额拨款事业编制24人。内设11个处室和2个二级单位,即办公室、人事教育处(机关党委)、法规处、档案馆室业务监督指导处、经济科技档案业务监督指导处、收集整理部、蒙文档案部、科技部、信息技术处、保管利用部、编目编研部和机关事务服务中心、档案教育与研究中心。

2016年,自治区档案局(馆)领导班子贯彻中央和自治区党委、政府重大决策部署及对档案工作的指示,深入贯彻落实中共中央办公厅、国务院办公厅《关于加强和改进新形势下档案工作的意见》(以下简称《实施意见》)和自治区党委办公厅和政府办公厅《关于加强和改进新形势下全区档案工作的实施意见》,认真开展党的工作及党风廉政建设工作,大力推进“两学一做”学习教育和从严治党,积极实施《内蒙古自治区档案事业发展“十三五”规划》,召开全区档案工作会议,全力配合巡视、审计、档案行政执法检查、资产清查、纪委联合调查等工作,讲政治,抓业务,促整改,全面履行职责,完成工作任务。

【档案法制工作】 2016年4月,制定印发档案事业发展“十三五”规划,明确自治区“十三五”时期档案事业发展的指导思想、主要目标、主要任务和保障措施。8月,配合国家档案局对全区2011年以来《档案法》贯彻实施情况进行行政执法检查,针对反馈意见,提出整改目标和措施。12月,自治区党委办公厅、政府办公厅印发《内蒙古自治区落实国家档案局档案行政执法检查反馈意见整改方案》。建立“双随机一公开”工作机制,提出内蒙古档案局档案行政执法检查“一单两库一细则”;进行档案行政执法证核查和清退,开展相关培训和考试;确定并优化《内蒙古档案局权责清单》涉及的公共服务事项及流程。制定印发《内蒙古自治区档案法治宣传教育第七个五年规划》。

【档案信息化工作】 召开全区档案信息化工作推进会议,总结“十二五”经验,提出“十三五”工作目标。对机关单位、企业开展电子档案管理调研指导,推进数字档案馆(室)建设。自治区档案馆完成档案数字化扫描310万幅,累计扫描总量1576万幅,多媒体档案数字化等取得进展。包头市建立“档案信息资源中心管理系统”,市直机关单位使用率超过50%。乌海市完成50%馆藏档案的数字化。锡林郭勒盟档案局增设信息技术科,并从财政争取档案数字化经费74万元。兴安盟为档案信息化建设投入资金120万元。内蒙古电力(集团)有限责任公司会计核算系统被国家档案局和国家发改委确定为电子文件归档和电子档案管理工作首批试点单位。

【档案馆、机关档案工作】 共下达12个旗县级综合档案馆建设项目,下拨中央补助资金4613万元。截至2016年末,国家在全区累计下达62个旗县级综合档案馆建设项目,投入资金3.4645亿元,其中已竣工27个,正在施工27个,8个正在进行开工前的准备工作。落实自治区党委办公厅、政府办公厅《关于调整扩大自治区档案馆档案接收范围的通知》精神,对列入进馆范围的187个单位进行摸底调查,开展实地监督指导。以《内蒙古自治区机关档案工作测评办法》为抓手,采取全面开展、重点加强相结合的方式进行档案业务检查指导,12家区直机关单位档案工作测评达到自治区一级。12个盟市的142个机关单位档案工作测评达到自治区一级。

【企业档案工作】 加强企业档案工作监督指导,对自治区国资委监管的12家企业贯彻落实《意见》和《实施意见》情况进行专项检查,与自治区国资委联合印发专项检查通报;完成国资委监管5家企业文件材料归档范围和档案保管期限规定的审批工作;筹建项目档案验收专家库,采集14位专家信息,开展建设项目档案工作监督、指导,组织、参与28个建设项目档案专项验收。

【农村牧区档案工作】 配合自治区中心工作,对农村牧区“十个全覆盖”工程档案管理工作进行指导;与自治区扶贫办联合印发《关于做好自治区精准扶贫档案工作的通知》,对精准扶贫档案管理工作提出规范要求;与自治区林业厅联合印发《关于在自治区国有林区林场改革中加强档案工作的通知》,强化对自治区国有林区林场改革过程中档案工作的监督指导;与自治区农牧业厅联合召开全区农村牧区土地确权登记颁证档案管理现场会,现场观摩指导,有效促进试点旗县工作的开展;对巴林左旗、土默特右旗土地确权登记颁证和草原确权承包及基本草原划定档案管理进行验收;鄂尔多斯市通过土地确权档案调解土地草牧场确权纠纷1753起。

【档案利用服务】 自治区档案馆全年共接待社会各界利用者482个单位、1040人次,提供档案资料43 352卷(件)册;接待日本国大使馆派员来馆查阅档案。各盟市档案馆全年共为利用者提供档案资料12万余卷(件)册。自治区档案馆完成《内蒙古自治区档案资料汇编》,印刷馆藏本,完成《抗战时期的内蒙古——档案史料选编》的编纂工作和2007—2016年《内蒙古自治区大事记》初稿;与将军衙署博物院签署合作利用档案举办展览的协议;与自治区党委组织部共同举办内蒙古自治区“三严三实”专题教育展览,编印画册。巴彦淖尔市为额济纳旗与甘肃省金塔县划界问题提供较完整的档案资料。包头市制作档案文献纪实片《包头档案》,举办《红星照耀中国——外国记者眼中的中国共产党人》档案展。通辽市完成《档房谈史小录》和《通辽史论选辑》编辑工作。乌兰察布市举办“草原丝绸之路”精品展和“五城联创”成果展。五原县农耕文化博物馆向社会开放。

【档案基础业务】 档案资源建设加强。学习贯彻《内蒙古自治区重大活动档案管理办法》,规范重大活动档案管理。自治区档案馆接收自治区环保厅、统计局等8个单位档案3346卷、748件,接收自治区旅游局、红十字会等4个单位电子档案15 709件;档案鉴定划控完成7个全宗47 599件;翻译日文档案503万字。各盟市档案馆全年共征集、接收档案25万余卷(件)。国家重点档案保护与开发开局良好。截至年底,完成采集并上报国家重点档案基础数据284 504卷(件),报送国家储备项目19个,《清代内蒙古西部垦务档案汇编》等6个项目获专项资金810万元。

【档案安全工作】 贯彻落实国家档案局《关于进一步加强档案安全工作的意见》。各级档案馆重视风险治理,完善档案库房各项规章制度并落到实处,及时发现排除安全隐患,更新改造库房安全设施设备,确保档案实体绝对安全。继续开展异地备份工作,自治区档案馆完成缩微胶片450轴、光盘444张档案异地备份,呼和浩特市档案馆与哈尔滨市档案馆建立重要电子档案异地备份关系。落实保密安全规定,按照规范优化数字化加工流程和环境,开展网络安全检查,确保档案信息安全。

【档案宣传工作】 开展"国际档案日"宣传活动,配合"国家宪法日"举办法律知识讲座、有奖竞赛等活动;组织档案专业人员走进内蒙古人民广播电台《法治直播间》开展档案知识解答;组建2016年度《中国档案报》特约记者和特约撰稿人队伍,全年共发表文章、消息61篇。自治区档案学会完成法人更换、年检等工作,组织参加全国、华北区、自治区等档案研讨会、年会。

(撰稿人:杨静)

文史研究

【概况】 根据自治区党委、政府及中央文史研究馆部署,2016年自治区文史研究馆工作的总体要求是:全面贯彻落实中共十八大和十八届三中、四中、五中全会精神和自治区党委九届十四次全体扩大会议精神及自治区"十三五"发展《纲要》,以邓小平理论、"三个代表"重要思想和科学发展观为指导,深入学习贯彻习近平总书记系列重要讲话精神和考察内蒙古重要讲话精神,全面落实自治区党委、政府及中央文史研究馆的工作部署,坚持稳重求进的总基调,以提高文史研究发展的质量和效益为中心,主动适应经济社会发展新常态,组织动员馆员、研究员和全馆同志履职尽责,全面加强和谐有为文史研究馆建设,努力为自治区经济社会发展做出新贡献。

【参政咨询】 加强馆员、研究员知情通报制度化建设,支持和组织馆员、研究员围绕自治区经济社会发展的问题,深入基层调查研究,反映社情民意,开展民主协商,发挥监督作用。科学制定调研课题,创新调研方式,年内完成《馆员建议》12期,促进《馆员建议》《调研报告》质量和数量的提升,争取更多更好的参政咨询成果进入政府决策参考程序。

【文史工作】 盘点"十二五"期间拟定的编撰出版文史书目计划,保质保量完成出版任务,并做好成果转化、跟踪调研。办好馆刊《内蒙古文史》,扩大《内蒙古文史》盟市专刊范围。深入盟市广泛调研协商,筹备编撰《内蒙古地域文化通览》盟市卷。鼓励和支持馆员个人编史修志、著书立说,抓好《内蒙古自治区文史研究馆文史丛书出版计划》的落实。

【艺术创作】 坚持艺术为社会主义服务,为人民服务的"双为"方向,大力繁荣艺术创作。开展文史研究馆"送文化下乡系列活动",积极搭建馆员、研究馆书画创作展览平台。举办《第四届诗书画印内蒙古》;做好《内蒙古自治区文史研究馆馆员风采录》二期工程;研究确立向自治区成立70周年献礼项目,为提升内蒙古文化影响力做出新贡献。

【文化交流活动】 发挥馆员、研究员文化统战资源优势,积极开展以文会友、以友辅仁、以仁同志的社会公益活动,统战联谊活动和对外文化交流活动,为自治区实施文化“走出去,请进来”战略做出新贡献。以全国文史书画研究北方基地为平台,聚集文史资源,优化工作环境,坚持开展纵向与盟市、旗县,横向与中央、省区市文史研究员及区直有关单位交流与合作,提高自治区文史研究馆创新发展水平。

7月23—25日,新疆维吾尔自治区政府参事室副主任吾提库尔一行6人来呼,就加强民族团结、宗教事务管理“去极端化”工作、双语教育、翻译队伍建设、少数民族干部培养使用及少数民族优秀传统文化保护传承等方面情况进行文化调研交流。

【送文化下乡系列活动】 5月23日,在内蒙古库伦旗安代博物馆,内蒙古文史研究馆、中共通辽市委统战部共同主办“走进安代之乡——内蒙古文史研究馆送文化下乡系列活动启动仪式暨书画摄影展开幕式”。自治区政协原副主席伏来旺,自治区统战部常务副部长王伟,中共通辽市委常委、统战部部长张志强等领导及文史馆领导和部分馆员、研究员出席启动仪式。启动仪式上,伏来旺将亲自书写的“丹青墨影歌盛事,安代之乡会群贤”“聚大千于方寸,凝瞬间为永恒”两幅书法作品赠与库伦旗安代博物馆。此次活动为期6天,同时举办艺术作品展览暨《水墨丹青蒙古舞王王玉泉国画安代之乡邀请展》《流光溢彩石玉平舞蹈摄影作品安代之乡邀请展》《白音夫蒙文书法作品安代之乡邀请展》、文化讲座《艺术修养与人生境界》、书画笔会、调研风采、实地参观库伦旗“十个全覆盖工程”建设、召开座谈会等一系列活动。

(撰稿人:于仁学)

卫生·体育

卫生 计生

【概况】 内蒙古自治区卫生和计划生育委员会(以下简称自治区卫计委)是2013年12月,在撤销原自治区卫生厅、自治区人口和计划生育委员会后重新组建而成。共承担18项职能,委机关共设处室25个(含机关党委和离退休人员工作处),行政编制102个,实有93人。直属单位25个。2016年,自治区卫生计生系统坚定不移地贯彻落实中共十八大和中共十八届二中、三中、四中、五中、六中全会精神,贯彻落实全国卫生与健康大会精神,贯彻落实习近平总书记治国理政新理念新思想新战略,贯彻落实内蒙古自治区第十次党代会精神,紧紧围绕"五位一体"总体布局和"四个全面"战略布局,将卫生计生工作融入深化改革和自治区经济社会发展大局,突出重点、主攻难点、推进试点、打造亮点,上下一心,攻坚克难,卫生计生事业改革发展有序推进,全区孕产妇死亡率由2015年的18.27/10万下降到15.6/10万,婴儿死亡率由2015年的5.34‰下降到5.02‰,人民群众健康水平进一步提高。

【深化医药卫生体制改革】

公立医院综合改革成效　在全区80个旗县的165家旗县级公立医院全面推开综合改革的基础上,选择11个旗县开展公立医院综合改革示范旗县创建工作。城市公立医院综合改革试点增加至8个盟市。全区公立医院药占比38.1%,比2015年下降2.19个百分点;次均门诊费用230.7元,比2015年增长2.81%;次均住院费用8959.9元,比2015年增长4.57%。

旗县级公立医院综合改革　全区80个旗县全部成立由党政一把手负责的公立医院管理委员会,制定管委会章程。165家旗县级公立医院全部取消药品加成,调整医疗服务价格,明确取消药品加成后的补偿办法,积极落实政府对公立医院符合区域卫生规划的基本建设及大型设备购置、重点学科发展、人才培养、符合国家规定离退休人员费用、政策性亏损、承担公共卫生任务和紧急救治、支边支农等公共服务的六项投入政策,落实自治区公立医院机构编制标准指导意见,推行聘用制和岗位管理制,建立完善人才引进"绿色通道"。

城市公立医院综合改革　印发《内蒙古自治区公立医院改革新增试点城市医疗服务价格改革推进工作方案》,及时启动城市公立医院综合改革试点工作。截至2016年12月10日,全区8个城市公立医院改革试点城市全部取消药品加成,规范调整医疗服务价格9221项,实行不同级别医疗机构的梯度定价,实现与医保报销系统对接。印发《内蒙古自治区关于控制医疗费用不合理增长实施意见》,将医疗费用年度增幅控制在8%左右。印发《进一步推进临床路径管理工作方案》《关于切实做好临床路径管理工作的通知》,全区92.28%三级医院和85.16%二级医院开展临床路径管理,同比分别增加11.01个百分点和6.23个百分点,三级、二级医院中按临床路径信息化管理的出院人数占出院总人数的比分别为22.90%和9.77%。出台《关于加强公立医院绩效评价的实施意见》,建立以公益性职责履行、费用控制、运行效率和社会满意度为核心的考核评价体系，开展对公立医院和院长的绩效考核。

分级诊疗制度建设　印发《推进分级诊疗试点工作分工方案》，全区分级诊疗试点范围扩大到9个盟市。出台《内蒙古自治区推进家庭医生签约服务的实施意见》，成立专项工作推进组，全区家庭医生签约服务率25.4%，重点人群签约服务率49.1%。全区有80个旗县开展基层首诊负责制试点，76个旗县建立高血压、糖尿病分级诊疗和结核病管理防治模式。在2个盟市开展医联体建设试点，紧密型医联体达到13个。自治区本级建设医联体和专科联盟3个。13家三级医院、49家二级及以下医院、66家基层医疗卫生机构建立医疗协作关系。远程医疗服务体系覆盖全区104所医院，实现与北京、上海、广州市等大城市的专线连接，全区500余名医师开展多点执业。

城乡居民医保制度　2016年城乡居民基本医疗保险覆盖率95%以上，城镇居民医保和新农合人均政府补助标准为420元，城镇职工、新农合、城镇居民政策范围内报销比例分别为86.25%、68.37%和71.02%，实际报销比例分别为75.57%、53.78%和56.93%。自治区对20个6万人口以下的牧区旗县，实行人均增加20元的新农合补助政策。印发《内蒙古自治区整合城乡居民基本医疗保险制度工作方案》及《关于建立统一的城乡居民基本医疗保险制度的实施意见》，自治区本级完成城乡居民医保的统一管理，全区各盟市全部制定整合工作方案，从2017年1月1日起正式启动实施统一城乡居民医保制度。全区大病保险人均筹资标准达到30元以上，大病保险补助60 380人，补助资金34 309.7万元，赔付比例14.04%，大病患者实际报销比例同比提高14个百分点。疾病应急救助制度不断完善，全区12个盟市共支付救助资金365.1万元，救助430人次。建成自治区级一体化异地就医直接结算管理平台，建立基本医疗保险医疗服务监控系统。出台医保支付方式改革指导意见，在全区推行100个病种的病种付费改革，全区73.21%三级公立医院、54.04%二级公立医院开展按病种付费的支付方式改革。

药品供应保障机制　2016年10月20日，启动新一轮药品招标采购工作，招标类药品可比价格较上一轮价格下降23.7%，将国家谈判的3个药品纳入自治区医保报销范围，鼓励城市公立医院改革地区开展自行采购，探索公立医院药品采购“两票制”。将骨科等7类高值医用耗材挂网实施阳光采购，第一批高值医用耗材限价比医疗机构历史平均采购价下降20%左右。2个盟市与三明市签订药品联采协议，建立陕川蒙宁医用耗材联采机制。建立完善短缺药品监测机制，确定自治区16个医疗机构为短缺药品监测点，开展短缺药品哨点监测工作。建立药品和医用耗材不良记录管理制度和企业考核退出机制。强化县乡村一体化配送，保障基层和偏远地区药品供应。

基本药物制度和基层运行新机制　政府办基层医疗卫生机构继续实施国家基本药物制度，鼓励二、三级公立医疗机构优先配备使用基本药物。完善基层医疗卫生机构绩效工资制度，核定任务、核定收支，绩效考核结果与收入挂钩，充分调动基层医疗机构和医务人员积极性。开展“农牧民满意的嘎查村卫生室”示范达标活动，108个卫生院获得全国“群众满意的乡镇卫生院”称号，建成社区“名医工作室”132家，覆盖30%的社区。

基本公共卫生服务均等化　2016年，人均基本公共卫生服务经费补助标准提高至45元，新增经费主要用于提高服务质量效率和均等化水平及开展国家基本公共卫生服务签约服务。全区城乡居民规范化电子健康档案建档率83.71%，0～6岁儿童免疫规划疫苗预防接种率96.6%，传染病报告及时率、准确率100%，孕产妇产后访视率95.3%，孕产妇健康管理率93.77%，新生儿访视率94.94%，0～6岁儿童健康管理率86.46%，65岁以上老年人健康管理率72.16%，高血压患者健康管理率46.58%、规范管理率67.03%，糖尿病患者健康管理率35.81%、规范管理率70%，严重精神疾病患者在册管理率83.41%，报告发现的结核病患者管理率92.62%。

人口健康信息化建设　自治区综合卫生信息平台与国家卫生计生委信息平台实现互联互通，9个盟市基层医疗卫生机构管理信息系统与自治区实现互联互通。全员人口信息管理系统在12个盟市全部实现在线运行。

【计划生育工作】

全面两孩政策　自治区党委、政府印发《关于实施全面两孩政策改革完善计划生育服务管理的意见》，自治区党委办公厅、政府办公厅印发《关于坚持和完善计划生育目标管理责任制的实施意见》，自治区人口和计划生育工作领导小组成员单位由33个增加到38个，全区党政主导、部门共管、群众参与的综合治理工作格局不断完善。2016年1月1日起，内蒙古自治区与国家同步启动实施全面两孩政策，经国家卫生计生委备案，自治区人大常委会于2016年3月30日审议通过《内蒙古自治区人口与计划生育条例修正案》。出台《做好全面两孩政策实施后计划生育奖励扶助政策调整衔接的通知》和全面实施两孩政策风险防控预案，建立起出生人口监测和预测机制。自治区人民政府印发《关于进一步加强综合治理出生人口性别比偏高工作的意见》，建立打击防控工作机制，2016年全区出生人口男女性别比为106∶98。

生育登记服务制度　取消二孩生育审批，简化规范再生育办理，推行一站式服务和承诺制，实行首接责任制、一次性告知制、限时办结制。全面推行计划生育网上办事，开展互联网和微信生育登记服务试点工作，覆盖全区三分之二(8个)盟市。与国家人口和计划生育信息实现互联互通，推送出生人口和生育登记信息。启动新一轮全国计划生育优质服务先进单位创建活动，在全区评选21个全国计划生育优质服务先进单位。

妇幼健康服务　出台《危重孕产妇和新生儿急救转诊网络管理规范》，开展全区新生儿复苏项目培训，在呼伦贝尔市阿荣旗和鄂尔多斯市达拉特旗开展国家统一的母子健康手册试点工作。印发《关于加强儿童医疗卫生服务改革与发展的实施方案》，推进再生育服务。2016年完成计划生育免费技术服务141 282例，计划生育免费孕前优生健康检查覆盖率96.83%。全区新生儿疾病筛查率、产前筛查率分别从2015年的45%和26%提高到2016年的65%和49%。出生医学证明管理信息系统建设实现自治区与国家信息库的互联互通。启动2016年妇幼健康优质服务示范工程创建活动和“手拉手”对口支援活动。整合10个盟市、92个旗县、567个乡级妇幼保健和计划生育技术服务机构，全区在建改扩建妇幼保健计划生育服务机构盟市级4所、旗县级47所。

流动人口基本公共卫生计生服务均等化　自治区卫计委等5部门联合下发《关于做好全区流动人口基本公共卫生计生服务的实施意见》，2016年全区流动人口健康档案建档率61.75%、接受健康教育的比例达94.07%、流动孕产妇产后健康检查率99.8%、流动儿童预防接种率98.36%，流动人口计划生育目标人群免费服务实现全覆盖。启动中蒙边境地区流动人口性病／艾滋病预防项目。

计划生育家庭发展　开展家庭发展试点工作，家庭健康指导中心和服务中心2316个，其中盟市级10个、旗县级106个、社区2200个。印发《内蒙古自治区医疗卫生与养老服务相结合实施意见》，建设12个计划生育家庭养老照护示范基地、3个养老照护远程健康管理示范基地。逐级开展创建"北疆幸福家庭"活动，选出12个示范旗县、103个示范城镇、103个示范乡苏木、2300个示范嘎查村社区、12 368个示范户，建设200个"新家庭计划"示范社区。启动"新家庭书屋"建设工程，打造幸福家庭和新家庭主题广场、公园、长廊，新家庭文化林1万多个。全区共有奖励扶助对象80 932人，特别扶助对象14 106人，少生快富3406人，共发放1 7484万元。特别扶助金标准实现城乡统一、年龄统一，伤残家庭每人每月440元，死亡家庭每人每月545元。《内蒙古自治区人口与计划生育条例》规定的计划生育特殊家庭一次性扶助金全面落实，为8447户（13 764人）特殊家庭发放资金31 258.23万元。实施30个以生育关怀和计划生育基层群众自治为重点的项目，共投入资金810万元，2.7万人受益。

【医疗卫生服务】

卫生计生服务体系建设　印发《内蒙古自治区卫生资源配置标准(2016—2020年)》《内蒙古自治区"十三五"卫生与健康发展规划》，编制完成《"健康内蒙古2030"实施方案》，编制《"十三五"健康医疗大数据应用发展规划》。2016年，国家下达中央预算内投资15.02亿元，建设医疗机构、公共卫生等项目140个。自治区本级8个重点卫生项目5个开始内装修，1个主体工程封顶。标准化卫生室"全覆盖"工程856个嘎查村卫生室建设任务全部完成。"小药箱"工程入选第9届全球健康促进大会案例，在会议上作典型发言。

学科建设和人才队伍建设　对23个领先学科、42个重点学科、15个重点实验室工作加强动态管理，遴选34项科研成果和适宜技术向基层推广。投入专项资金869万元，重点支持12个学科实验室建设。启动实施新一轮领先重点学科实验室评审工作。住院医师规范化培训工作规范落实，2016年新增学员1290人，在培人数3322人。启动"3+2"助理全科医生规范化培训工作，招录订单定向免费医学生110人，全科医生转岗培训350人，旗县医院儿科医师转岗培训和骨干医师培训202人。印发《面向嘎查村卫生室3年制中职免费医学生教育培养计划(2016—2020)》。开展"草原英才"高层次人才培养，全区卫生计生系统获得自治区"杰出人才"奖3人，入选"草原英才"创新团队23个、个人15人。获得国家、自治区自然科学基金支持项目分别为63项和215项，登记科技成果182项。

医疗质量管理　落实医疗核心制度，医务人员"三基三严"训练呈现常态化。自治区级医疗质量控制中心增加到50个。启动医疗技术临床应用备案管理，对177家医院的申请技术进行公示和备案。加强医院感染管理、血液安全管理和辅助用药管理。开展三级医院评审和二甲医院复审，启动三级专科医院评审，新增三甲医院6家，三乙医院1家。三级医院全面开展预约诊疗服务，63所医院开展分时段预约，平均预约诊疗率22.3%。开展优质护理服务，三级医院实现全覆盖，二级医院覆盖率90%。临床路径管理覆盖95%的三级医院和85%的二级医院，部分三级医院管理病种300个以上。开展"平安医院示范单位"创建活动，健全医疗纠纷调解机制，医疗纠纷人民调解覆盖92个旗县。

【公共卫生工作】

重大疾病防控　2016年，全区报告法定传染病89 601例，较2015年下降1.96%。全区无甲类传染病疫情报告；乙类传染病报告67 132例，较2015年下降6.63%，死亡82例，较2015年下降13.68%；丙类传染病报告22 469例，较2015年上升15.26%，死亡1例，与2015年持平。报告发病居前五位的病种是乙肝、手足口、肺结核、梅毒、丙肝，报告死亡数居前三位的病种是艾滋病、肺结核和乙肝，全区无重大传染病疫情暴发流行。鼠疫疫情报告及时率和疫区处理率100%，连续12年未发生人间鼠疫。开展艾滋病综合管理示范区工作，全区报告检测HIV

抗体筛查 2 289 886 人份，筛查率较去年同期增长 20%。发现报告艾滋病感染者和病人 886 人，其中感染者 700 例，病人 186 例，分布在全区 12 个盟市的 96 个旗县区。对 2077 例艾滋病病人实施规范的关怀救治，完成全年目标任务的 188.6%。全区 13 个美沙酮维持治疗门诊累计共治疗吸毒人员 5900 人，在治 2150 人，维持治疗年保持率 77.4%，较 2015 年提高 7.1 个百分点。包头市青山区门诊被国家卫生计生委、公安部、国家仪器药品监督管理局授予规范化门诊称号。开展结核病分级诊疗试点，全面推进结核病综合防治服务模式，全区发现、管理、规范治疗 9143 例活动性肺结核病人，比 2015 年同期减少 132 例。其中：初治涂阳患者 1522 例、复治涂阳患者 2223 例、涂阴患者 6096 例；筛查密切接触者 4416 例，患者总体到位率 86.9%，涂阳治愈率 92.9%。全区共报告布鲁氏菌病病人 6567 例，比 2015 年（7777 例）减少 1210 例，降低 15.56%。疫情涉及 12 个盟市的 100 个旗县市区。开展预防接种规范管理专项活动，有效处置“济南非法经营疫苗案件”，加强二类疫苗采购和使用管理，全区基础免疫接种 3 079 266 人剂次、接种率 98.71%，加强免疫接种 1 498 932 剂次、接种率 98.71%。将脊灰灭活疫苗和二价减毒活疫苗纳入国家免疫规划，全区白喉已连续 23 年没有报告病例，乙脑连续 6 年没有报告病例，继续保持无脊髓灰质炎状态。建设慢性病综合防控示范区，在全区 12 个盟市、79 个旗县（市区）启动全民健康生活方式行动。全区所有旗县（市区）保持消除碘缺乏病状态，氟、砷等地方病、包虫病发病得到有效控制。印发《内蒙古自治区实施全国精神卫生工作规划（2015—2020 年）方案》，严重精神障碍在册患者管理率 81.99%，在呼伦贝尔市开展国家精神卫生综合管理试点。

爱国卫生运动 出台《内蒙古自治区人民政府关于进一步加强新时期爱国卫生工作的实施意见》，印发《内蒙古自治区健康城市健康村镇试点工作方案》，启动 28 个健康城市健康旗县、1100 个健康村镇、61 个健康促进旗县区建设试点。包头市被列为 2016 年国家首批 38 个健康城市试点之一。新建成 13 个国家卫生县城（乡镇），5 个自治区卫生旗县、97 个卫生苏木乡镇和 1090 个卫生嘎查村和单位，国家卫生城市比例达到 30%，自治区卫生城市比例达到 90%。落实全国和自治区城乡环境卫生整洁行动，旗县以上生活垃圾无害化处理率 87.24%、污水处理率 86.1%，80%的嘎查村能够对生活垃圾进行处理，对 4 万多个嘎查村村容村貌、环境卫生进行整治。全区累计投资 4.5 亿元，解决 45.5 万农牧民的饮水安全巩固提升问题，其中建档立卡贫困人口 6.4 万人，农村牧区集中供水率 81%，全区农牧区卫生厕所普及率 71.39%。

卫生应急 修订《自治区重污染天气卫生应急分预案》和《自治区国民经济动员卫生专项预案》，建立内蒙古口岸传染病疫情联合防控工作机制。印发《内蒙古自治区卫生应急规范旗县（区）实施方案》和《内蒙古自治区卫生应急规范旗县（区）建设标准》，建成自治区级卫生应急规范旗县 33 个。印发《2016—2020 年内蒙古自治区卫生应急工作培训规划》《内蒙古自治区卫生应急基本物资装备储备目录》《内蒙古自治区突发事件卫生应急专家咨询委员会管理办法》和《内蒙古自治区卫生应急队伍管理办法（试行）》，完善自治区级卫生应急专家队伍的平战结合和协同作战机制。举办突发急性传染病防控和突发事件紧急医学救援应急综合演练，组建 2 支突发事件紧急医学救援队、1 支突发中毒事件应急处置队和 1 支核与辐射应急处置队。处置兴安盟科右前旗额尔格图小学水中毒等突发公共卫生事件 13 起，呼武公路“6.19”交通事故、“12.03”赤峰市元宝山区煤矿爆炸事故等突发事件紧急医学救援 6 起。

卫生计生综合监督和食品安全 自治区卫计委等 4 部门出台《关于加强卫生计生综合监

督行政执法工作实施意见》,着力推动卫生计生综合监督体制改革。建立首席卫生监督员和食品安全专家库。1件行政处罚案例获得国家卫生计生委案例评查优秀等级。启动卫生计生综合监督双随机抽查和全程执法记录试点,推开“双随机”抽查工作机制,建立实施涉水产品生产企业信息清单以及即时公示制度,加强事中事后监管。组织全区开展职业病防治法、人口与计划生育法等法律法规落实情况的监督检查,2016年未发生重大违法案件。完成由全国人大常务委员会委员长张德江带队的全国人大对自治区贯彻落实食品安全法执法检查迎检任务。开展食品安全标准跟踪评价工作。修订、制定奶豆腐、奶皮子、楚拉、毕希拉格、酸酪蛋、炒米、蒙古族传统乳制品生产卫生规范等7个食品安全地方标准,启动酸马乳、驼乳、分割牛羊肉加工卫生规范、民族特色奶食加工卫生规范等食品安全地方标准,对黄油、豆芽、肉制熟食等传统地方食品的食品安全地方标准开展研究。中央、自治区投入专项经费,为自治区、盟市两级疾控机构配备食品检测设备,食品风险监测能力全面提升,监测覆盖率100%。

卫生计生法治建设　印发全面推进卫生计生法治建设工作制度,系统推进卫生计生法治建设。指导呼和浩特市、包头市、乌海市、鄂尔多斯市开展爱国卫生地方立法。完成委员会行政审批事项清理,承接并保留本级15项行政许可。推行权责清单向社会公示制度,160项行政权力行使主体落实到责任岗位,并实施动态调整管理制度。制发自治区本级规范性文件16件,规范性文件以及行政决策文件合法性审查49件。开展卫生计生系统行政执法案卷评查,6个案例选送国家卫生计生委。主动公开各类政府信息667项,公开各类政务信息17 863条次,受理信息公开申请24件次,全年没有因信息公开引起的行政复议和行政诉讼。

健康扶贫　出台《内蒙古自治区健康扶贫工程实施意见》《内蒙古自治区健康扶贫工作考核办法》,实施贫困人口报销“两升两降”(基本医保起付线降低50%,报销比例提高5个百分点,大病保险起付线降低50%,分段报销比例各提高5个百分点)政策,开展集中分类救治工作,集中救治9种大病患者2868人次。贫困人口门诊和住院费用实际补偿比例50%和75%左右,重大疾病费用报销比例80%以上。实施城乡对口帮扶,切实提高贫困地区医疗卫生服务水平。北京市41所和自治区45所三级综合医院对口帮扶31个国贫旗县、26个区贫旗县医院,区内173家二级医院对口帮扶贫困地区269所苏木乡镇卫生院,提升了贫困旗县各级医疗机构的服务水平。

【蒙医药中医药事业】

蒙中医药资源　全区蒙医中医医院有164所,居全国第9位。其中:公立蒙医中医医院122所(自治区级3所、盟市级16所、旗县级103所)。蒙医中医编制床位数21 092张,开放床位数20 013张;每千人口床位数0.84张,居全国第5位。蒙医中医执业(助理)医师、蒙中药师(士)16 886人,居全国第11位;每万人口蒙医中医执业(助理医师)5.15人,居全国第2位。年门诊量976.9万人次、年出院人数41.3万人。

蒙中医药政策体系　印发《蒙医药中医药发展战略规划纲要(2016—2030年)》《蒙医药中医药健康服务发展规划(2016—2020年)》《蒙医药中医药“十三五”发展规划》。出台《关于加快公立蒙医中医医院改革发展的意见》,实行差别化政策,全区所有旗县和试点城市公立蒙医中医医院综合改革全面推开,蒙医医疗服务项目和价格全部调整到位。推进全区蒙医中医医联体工作,成立内蒙古自治区眼科会诊中心,组建以内蒙古自治区国际蒙医医院、内蒙古自治区中医医院和内蒙古民族大学附属医院为龙头的蒙医中医医院联合体眼科会诊体系。在29个旗县开展蒙医药中医药县乡村一体化试点。

蒙中医药服务能力　2016年,18所旗县级蒙医中医医院列入中央投资计划、20所列入自治区投资计划。55个旗县(市)蒙中医院建设项目中,4所投入使用,23所完成主体工程,15所开工建设。为38个贫困旗县蒙医中医医院配备医疗设备。开展等级医院评审和大型医院巡查,全区三级蒙医中医医院增加到21所、二级甲等医院增加到47所。基层医疗卫生机构建成"蒙医馆""中医馆"273个。启动自治区重点专科建设132个。完成4部、启动6部蒙医药标准制修订工作,出台9个蒙医优势病种诊疗指南,展开140个病种单纯使用蒙医药治疗试点。第二批230位名老蒙医药中医药专家学术经验继承工作启动实施。

蒙中医药科研创新和对外交流　入选国家自然科学基金项目13项、国家部委科技项目6项、自治区自然科学基金53项、行业科研项目60余项。蒙药材中药材普查试点工作全面铺开。组织召开首届全国蒙医药学术大会。全区蒙医中医医院接待蒙古国、俄罗斯患者1.5万余人,自治区国际蒙医医院分3批选派36名蒙医专家赴蒙古国开展义诊。

(撰稿人:陈钢)

体　育

【概况】　内蒙古自治区体育局(以下简称自治区体育局)内设9个职能处室,下辖17个直属单位。现有核定编制1498名,职工788名,运动员710名。现有职工639名,运动员354名,其中,厅级领导6名。2016年,围绕自治区体育工作"33533"发展思路,形成群众体育、竞技体育、体育产业和体育文化"四轮驱动"的体育工作发展新格局。

【群众体育】　争取和自筹资金建设旗县(市、区)全民健身活动中心3个、苏木乡镇小型全民健身活动中心44个,为社区安装笼式足球场24个,为嘎查村安装健身路径1463套。全区86%的旗县(市、区)建有全民健身活动中心、87%的苏木乡镇建有小型全民健身活动中心、87%的行政村建有全民健身活动站点。全民健身活动丰富多彩。积极倡导"每天锻炼一小时、健康生活一辈子"的理念,依托草原、冰雪、沙漠、民俗等资源优势,打造"欢乐草原"全民健身大会、内蒙古(国际)马术节、草原休闲体育大会、"百县万人"系列赛、科学健身草原行、全民健身游园会、全民健身大讲堂、青少年冰雪冬令营等品牌赛事,开展各类全民健身活动近2000次。全民健身组织不断壮大。以各类体育俱乐部、体育社团为主体的新型社会体育组织不断增加,健全盟市全民健身工作委员会和体育总会,全区现有各级社会体育法人组织1367个;现有全民健身活动组织站点8437个,占人口总数比例万分之3.4。新增社会体育指导员4160人,广泛开展体质测试活动,宣讲科学健身知识25场。全民健身保障机制逐步完善。自治区全民健身工作已纳入地方性法规保障、对盟市党政领导班子实绩考核、国民经济和社会发展"十三五"规划纲要、财政预算和政府年度工作报告。颁布自治区《全民健身实施计划(2016—2020年)》《公共体育场馆设施向社会开放实施办法》等保障性文件,实施"互联网+全民健身"计划,为形成"政府主导、部门协同、全社会共同参与"的全民健身事业"大群体"格局提供保障。

【竞技体育】　自治区竞技体育突出集约效应,坚持改革创新持续推进,重点在发现、培养、选拔和使用高水平运动员、教练员、裁判员和管理人员上下功夫,竞技体育综合实力进一步提升。成功申办第十四届全国冬运会,这是自治区首次承办全国综合性运动会。自治区党委、政府高度重视"十四冬"的筹办工作。结合自治区冬季项目发展实际,优秀运动队增设冰壶和雪上技巧项目队。各赛区场馆建设维修改造工作陆续启动,冰雪冬令营等群众性冰雪活动广泛开展。

竞技体育成绩亮点纷呈。2016年，自治区运动员在国内外各类比赛中共获得金牌118枚、银牌111枚、铜牌134枚。里约奥运会上，李倩为祖国获得1枚铜牌，创造了自治区运动员境外参加奥运会的最好成绩。耿文强在钢架雪车洲际杯男子组比赛中获1枚铜牌，为中国队在洲际杯比赛中赢得首枚奖牌。第13届全国冬运会，自治区运动员取得3金、1银、3铜，破1项全国纪录、超1项世界纪录的好成绩。竞技体育训练条件不断改善。投资11亿元的内蒙古冰上运动训练中心、一期投资5.8亿元的国家北方足球训练基地开工，填补了自治区体育建筑史上冰上和足球项目的空白。这两项工程，将为自治区成立70周年献上精彩贺礼。内蒙古马术馆、内蒙古赛马场、武川训练基地管理中心综合训练馆的开工建设和维修改造，标志着自治区优秀运动队训练条件正快步改善。青少年后备人才梯队逐渐形成。逐步完善以夯实基础、培养人才、持续发展为理念的青少年体育后备人才建设，将国家级、自治区级后备人才基地建设与优秀运动队有效衔接。初步建立“体育、教育、社会”三位一体的青少年后备人才培养模式，青少年体育俱乐部蓬勃发展。命名国家和自治区级校外活动中心、青少年体育俱乐部、户外体育活动营地、传统项目学校20所。7月11日，首个“国家柔道青少年培训与项目发展示范基地”在内蒙古体育馆揭牌。国际柔道联合会主席委泽出席揭牌仪式。

【体育产业】 编制《内蒙古自治区“十三五”体育产业发展规划》，开展全区体育产业统计和督查工作，促进体育与教育、旅游、文化、健康等领域的协同发展，体育产业在促进消费、增强发展潜力和带动经济发展中的作用逐步显现。

体育彩票发行量创新高 共销售45.09亿元，超过2015年全年销量6.81亿元，增幅17.79%。1月7日，全国体育彩票工作会在北京召开，国家总局体彩中心共颁发6项大奖，自治区体育彩票管理中心在销售指标、高频游戏市场培育、即开型彩票销售、网点规范管理等4项工作评估中受到国家体育总局体彩中心表彰。

体育竞赛表演业初具规模 内蒙古（国际）马术节、足球系列联赛等赛事带动了自治区马术和足球产业的发展。首批命名10家自治区体育产业基地，组织8家企业申报国家体育产业基地（示范单位），4家企业申报国家体育产业基地（示范项目），为培育发展规模大、效益高、有特色的体育产业提供平台。体育服务业快速发展。伴随着体育产业快速发展的步伐，体育策划业、场馆运营业、赛事服务业等不断涌现。筹建自治区体育场馆联盟。公共体育场馆免费或低收费开放，刺激体育消费，带动体育场馆服务业的发展。

【体育文化】 广泛开展体育对外交流活动。全年开展各类对外体育交流活动800多人次。成功主办第2届中俄蒙国际老年人运动会，进一步加强与蒙古国、俄罗斯、德国、法国、英国、西班牙等国家和地区的体育交流合作。3次组团赴足球强国考察学习，并同德国足协、德国勒沃库森足球俱乐部、英国利物浦俱乐部等签署谅解备忘录、达成合作意向。进一步加强体育文化建设。召开自治区体育工作“33533”发展思路专题研讨会，深化思想认识。完善内蒙古体育博物馆，组建内蒙古体育艺术团，大力宣传展示自治区体育工作精神风貌、传播内蒙古体育文化。

【足球改革发展】 从自治区到盟市、旗县均成立了领导小组，累计投入足球专项经费43.16亿元。筹资5亿元，设立内蒙古电力足球产业投资基金。通过新建、改建或维修，全区足球场地增加到1756块，较试点之初增长69.3%。重点支持743所全国青少年校园足球特色学校和3个全国青少年校园足球试点县区，开设足球课，组建U系列队伍，创建43个青少年俱乐部。逐步建立从小学、初中、高中到大学的“直通车”升学机制，通过招收高水平运动员及“3+2”“5+2”等培养模式，解决踢好球和上好学的矛盾。建立校园、社区、职工、准职业足球联赛体系，2016年举办比赛5万余场次，参赛运动员55万人次，较试点之初增长15.61倍。累计培训教练员、裁判员、足球教师及管理人员等5900余人次，全区有足球教练员773人（较试点之初增长5.90倍）、裁判员1968人(较试点之初增长1.77倍)。聘请11名外籍教练来自治区执教。在内蒙古师范大学设立足球学院。与足球发达国家建立合作机制，3次组团赴足球强国考察学习，推动了交流合作。全方位讲述内蒙古足球故事，经国家新闻出版广电总局批准，设立全国首个宣传足球改革的专业频道——内蒙古足球频道，直播赛事92场。1月16日，2016年自治区“一带一路”国际青少年足球冬令营在赤峰市开营。9月11日，国家北方足球训练基地开工动员会在呼和浩特市举行。

【自治区首家标准化电子竞技场馆落成】 8月18日，自治区首家标准化电子竞技场馆——锡林郭勒职业学院电子竞技馆落成，国内首个电子竞技专业在锡林郭勒职业学院正式开设并开始招生。

【重要赛事及获奖情况】

1月20—30日，第十三届全国冬季运动会在新疆举办。在短道速滑1500米成年组比赛中，鄂尔多斯市运动员李靳宇获得第二名，并超世界纪录；包头队获得青年女子冰壶决赛第三名；呼伦贝尔市选手褚源蒙、吴爱婷、刘蕊、汪月获得冬季两项女子4×6公里接力比赛第一名，乌兰察布队获得该项目第三名；乌兰察布市选手张新亮、闫为天、商开臣、宝林获得冬季两项男子4×7.5公里接力赛第二名。

1月29—31日，短道速滑世界青年锦标赛在保加利亚索菲亚市举行，自治区运动员李靳宇在女子3000米接力比赛中与队友曲春雨、臧一泽、于淼慧以4分15秒124的成绩获得第一名。

2月11日，自治区内蒙古男子拳击队运动员胡日查毕力格在中国拳王争霸赛中获得74公斤级第一名。

2月15日，人民体育、人民网舆情监测室联合发布“2015最具影响力自行车赛事排行榜”，在公布的前100项赛事中，由内蒙古自治区举办的比赛多达9项，数量位居各省市第一名。

2月17—21日，自治区女子自由式摔跤队运动员钱德根查干获得2016年亚洲女子摔跤锦标赛75公斤级第三名。

3月1—8日，2016年全国男子曲棍球甲级联赛在江苏省武进区曲棍球基地举行，内蒙古队获得第一名。

3月5—6日，2016年全国竞走大奖赛（黄山站）暨奥运会选拔赛在安徽省黄山市举行，自治区运动员杨家玉以1小时28分12秒的成绩获得女子成年组20公里竞走第三名。

3月18—26日，2016年全国现代五项冠军赛暨全国现代五项青年锦标赛在湖北武汉举行。自治区运动员张晔、付洋、郭静获得女子团体第二名。

3月31日，自治区运动员李倩在2016年里约奥运会拳击项目亚洲和大洋洲地区资格赛女子69公斤~75公斤级决赛中获得第一名，并获得里约奥运会入场券。

3月29日至4月1日，2016年全国男子自由式摔跤锦标赛在包头市举办。内蒙古队获得团体总分第一名、体育道德风尚奖。孟和吉干获得70公斤级冠军，套克敦巴雅尔获得57公斤级第三名，维勒苏获得61公斤级第三名，杭爱获得97公斤级第三名，乌云毕力格、阿拉坦苏合并列获得125公斤级第三名。

4月3日，2016中国女子足球甲级联赛举行，内蒙古足球历史上第一支女子职业足球队——内蒙古女足参加比赛。这是内蒙古女足首次亮相联赛。

4月5—7日，2016年全国女子自由式摔跤锦标赛在广州市番禺区举办,自治区运动员乌云高娃、钱德根查干并列获得75公斤级第三名。

4月12—15日,2016年全国古典式摔跤锦标赛在山西太原举行。吉仁太获得98公斤级第二名,斯恩格嘎日布获得130公斤级第三名,乌云格获得71公斤级第三名。

4月16—19日,2016年全国男子举重锦标赛暨里约奥运会选拔赛在浙江江山市举行。自治区运动员崔鹏举获得105公斤以上级挺举第三名。

4月17—22日,2016年全国女子拳击锦标赛在唐山迁安举行。自治区运动员杨晓丽获得81公斤级第一名,马建霞获得60公斤级第一名,王冬梅获得69公斤级第一名,赵丹丹获得51公斤级第三名。李倩凭借已获得2016年里约奥运会入场券,不参赛计本次比赛75公斤级并列第一名。

4月19—23日,2016年全国青年7人制橄榄球锦标赛第二站比赛在四川都江堰举行,内蒙古队获得第三名。

4月21—23日,全国田径大奖赛系列赛第二站比赛在江苏省淮安市举行。自治区运动员刘洪亮在男子5000米项目的比赛中获得第三名,官颖获得女子3000米障碍第三名,刘相蓉获得女子铅球第三名,李春晖获得男子10 000米第三名。

4月23—24日,2016年国际田联竞走挑战赛暨全国竞走大奖赛第三站比赛在江苏太仓举行。自治区运动员张尧、张洪亮分别获得国家少年队男子16~17岁组10公里第一名、第二名,许皓获得男子少年10公里第一名,白力嘎获得男子青年10公里第二名。

4月25—28日,全国青年柔道锦标赛举行。自治区运动员呼格如很获得男子100公斤级冠军,苏雅拉获得男子60公斤级亚军,呼日乐获得男子60公斤级季军,赵子月获得女子57公斤级季军。内蒙古女子柔道队获得团体季军。

5月1—9日,亚洲青少年拳击锦标赛在哈萨克斯坦举行,我区运动员张继磊在75公斤级比赛中获得第三名。

5月4—11日,全国射击冠军赛分别在郑州和南昌举行。自治区运动员葛建茹获得女子10米气手枪第一名;燕臻获得男子10米气手枪决赛第二名、手枪慢射第三名。

5月6—7日,全国中长跑春季项群赛在河南洛阳举行,自治区运动员李芷萱获得女子5000米第一名。

5月7—12日,全国男子拳击锦标赛暨中国拳王争霸赛决赛在山东省淄博市举办,胡日查毕力格获得69公斤级冠军,荣获"中国拳王"称号。

5月8—13日,全国青年举重锦标赛在海口举办。自治区运动员崔鹏举在105公斤级比赛中获得抓举第一名、挺举第一名、总成绩第一名。王贝在105公斤级比赛中获得抓举第二名、总成绩第三名。

5月11—18日,内蒙古自治区"主席杯"校园足球四级联赛高职高专组比赛在呼和浩特市举行,来自全区高职高专院校的32支代表队615名运动员参赛。

5月12—14日,全国田径大奖赛第三站在河南郑州举行,自治区运动员李芷萱获得女子5000米第一名,丁卫业获得男子铅球第三名,刘洪亮获得男子5000米第一名、10 000米第三名,李春晖获得男子10 000米第二名。

5月15日,天津国际马拉松赛暨全国马拉松锦标赛(第3站)在天津市武清区举行,包毕力格获得男子全程第三名。

5月16—21日,2016年内蒙古足球协会室内五人制足球(甲级)联赛总决赛在呼和浩特市举行。呼和浩特华鹰足球俱乐部、满洲里雪狼足球俱乐部、锡林郭勒锡林青少年足球俱乐部位列三甲。

5月16—28日,第九届世界女子拳击锦标赛暨奥运会资格赛在哈萨克斯坦举行，自治区运动员杨晓丽在81公斤级比赛中获得第一名。

5月20—22日，全国田径大奖赛系列赛第4站比赛在山西太原举行，自治区运动员刘相蓉获得女子铅球第一名，丁卫业获得男子铅球第二名。

6月3日，自治区运动员张尧在第17届亚洲青年田径锦标赛男子10 000米竞走比赛中获得第一名。

6月7—14日，内蒙古男子曲棍球队在全国男子曲棍球冠军杯赛中获得第一名。

6月18—20日，2016年全国田径冠军赛暨大奖赛总决赛在重庆市举行，自治区运动员李芷萱在女子5000米、女子1500米项目中获得第一名、第二名；张莹莹在女子10 000米项目中获得第二名；丁卫业在男子铅球项目中获得第三名。

7月8—11日，2016年全国跆拳道青年锦标赛在鄂尔多斯举行。自治区运动员吴思语获得女子52公斤级第二名，李清获得男子51公斤级第三名，赵硕泽获得男子73公斤级第三名。

7月10—日至11日，国际柔道联合会主席委泽先生在呼和浩特市考察。自治区体育局副局长李志友陪同。

7月11日，首个"国家柔道青少年培训与项目发展示范基地"在内蒙古体育馆揭牌。国际柔道联合会主席委泽出席揭牌仪式。

7月13—17日，2016年全国现代五项冠军赛在呼和浩特举行。自治区运动员张晔、郭静、付洋获得女子接力第一名，项新宇、张福强、樊大千获得男子接力第二名，以上6人获得混合接力第一名。

7月21—24日，2016年莫斯科—北京"丝绸之路"国际汽车拉力赛途径自治区阿拉善盟、鄂尔多斯市、乌海市、呼和浩特等地，顺利完赛。

8月3—5日，首届2016年全国跆拳道U15一17年龄组青年锦标赛在淄博举行。自治区运动员王渝获得68公斤级第二名，李清获得51公斤级第三名，杨斌资获得45公斤级第三名，马腾飞获得63公斤级第三名。

8月3—7日，第二届和林格尔全国青少年足球邀请赛暨首届和林格尔国际青少年足球邀请赛举行。

8月6日，第二届中俄国际竞技垂钓邀请赛在满洲里市举行，来自国内和俄罗斯的66支代表队264名选手参赛。

8月6—8日，自治区第五届"男儿三艺"大赛暨第二届摔跤大会在东乌珠穆沁旗举行。

8月12—14日，自治区第二届草原休闲体育大会在科尔沁右翼中旗举行，来自全国9个省市的113支代表队1000余人参加大会。

8月20日，自治区运动员李倩在里约奥运会获得女子拳击中量级（69~75公斤级）第三名，创造了内蒙古运动员境外参加奥运会比赛的最好成绩。

8月23—25日，2016年首届亚洲沙滩足球锦标赛在鄂尔多斯市举行，来自亚足联沙足国家队排行榜上前八位国家的球队参赛，包括中国队、伊朗、日本、阿曼、黎巴嫩、巴林、泰国和越南。伊朗队获得第一名。中国队位列第六。

9月2日至4日，第六届北京国际马术大师赛在北京举行。刘同晏在大奖赛（145~150cm）中获得国内第三名，达日玛在职业骑手配对赛（145–150cm）中与两名区外队友合力获得第三名。

9月3—8日，2016年全国射箭奥林匹克项目锦标赛在呼和浩特市举行。自治区运动员哈布拉、塔拉在混合团体淘汰赛中获得第二名。

9月8日至10日，2016年全国竞走锦标赛在呼和浩特市举行。代表解放军队参赛的自治区运动员杨家玉获得女子成年20公里第一名；运动员徐发光获得男子50公里第二名。

9月12—14日，第二届中俄蒙国际老年人运动会在满洲里市举行，来自中国内蒙古、蒙古国与俄罗斯布里亚特共和国的 128 名运动员参加赛。

9 月 6—14 日，2016 年自治区“公仆杯”足球赛在呼和浩特市举行，来自自治区党委办公厅、安全厅、组织部、体育局等 23 支区直机关足球代表队的 500 余名运动员参赛。自治区体育局足球队获得自治区直属机关冠军。

9 月 15 日，在波兰举办的世界大学生射击锦标赛中，自治区运动员陈东琦与队友易思玲、陈芳组成的中国代表队获得女子步枪三种姿势决赛团体第一名。陈东琦在 3×20 项目决赛中获得个人第一名。

9 月 23 日，内蒙古(国际)马产业高峰论坛在呼和浩特市召开。中国马术协会、内蒙古马术协会、北京大学体育产业研究中心和澳大利亚、新西兰、爱尔兰、蒙古等国家和中国香港地区的代表出席论坛。

9 月 23—25 日，2016 年全国跆拳道冠军赛在新疆举行。自治区运动员杨瑞获得 87 公斤级第一名，李海玲获得 73 公斤级第三名，刘莹获得 +73 公斤级第三名。

9 月 23—25 日，2016 年中国马术巡回赛第三站在北京举行。自治区选手达日玛在 145～150cm 级别大奖赛决赛中获得国际第二名（国内第一名）。在 145～150cm 级别大奖赛第一轮比赛中，刘同晏获得国际、国内第三名。在 130～140cm 级别冠军赛第一轮比赛中，王韫婧获得国际、国内第三名。

9 月 24 日，2016 年衡水湖国际马拉松赛暨全国马拉松锦标赛系列赛(第四站)在河北衡水举行。自治区运动员关思杨获得男子组第二名，张莹莹获得女子组第二名。

9 月 24—26 日，第三届内蒙古(国际)马术节在内蒙古赛马场举行。来自国内外的 27 支队伍、近 100 名运动员、300 多匹马参赛。

9 月 25 日，2016 中国越野拉力赛在包头市举行发车仪式。本次比赛有来自世界各地 31 个车队参赛，赛员总人数过百。比赛从包头发车之后，途径达拉特旗、乌拉特后旗、阿拉善右旗、张掖、灵武并在阿拉善左旗结束比赛。

9 月 25 日，2016 年乌海国际半程马拉松赛开赛，来自 13 个国家以及国内 19 个省、区、市的 20000 余名运动员参赛。

10 月 4—7 日，2016 年国际马联场地障碍世界杯中国联赛总决赛在北京举行。在 130～140cm 级别俱乐部团体赛中，自治区运动员刘同晏、张睿、王韫婧、蒙全威荣获团体第一名。孟和巴图在 110～120cm 积分赛中获得第一名，在 110～120cm 自由路线比赛中获得第三名。

10 月 9 日，短道速滑青少年国际挑战赛结束，自治区运动员李靳宇在女子 500 米决赛中获得第一名，这是李靳宇的首个国际赛事个人冠军。在女子 3000 米接力比赛中，李靳宇与 3 名国家队队友配合默契，获得第一名，3 项比赛全能总排名位列第三。

10 月 20—23 日，2016 年全国男子举重冠军赛在东莞举行。自治区运动员宁佳睦在 105 公斤级青年组的比赛中获得挺举第二名、总分第三名。

10 月 25—27 日，2016 年全国男子自由式摔跤冠军赛在山东淄博举行。自治区运动员青格勒巴雅获得 97 公斤级第一名，乌仁毕力格获得 125 公斤级第一名。套克敦巴雅尔获得 57 公斤级第三名，维勒苏获得 61 公斤级第三名，孟和吉干获得 74 公斤级第三名，哈斯巴格那获得 65 公斤级第三名，查干扎那获得 97 公斤级第三名。内蒙古队获得团体总分第一名。

11 月 4—6 日，2016 年全国马术场地障碍锦标赛暨全国马术场地障碍青少年锦标赛在上海举行。自治区运动员刘同晏、张睿、袁茂栋、蒙全威获得团体第一名。刘同晏获得个人第一名，张睿获得第二名，煜娇获得青少年锦标赛个人第一名。

11 月 8—11 日，2016 年全国女子拳击冠军赛暨拳王争霸赛在河北迁安举行。自治区运动员李倩获得75公斤级第一名并获封“中国拳王”,王冬梅获得69公斤级第一名,杨晓丽获得81公斤级第一名，马建霞获得60公斤级第二名,张瑞芳获得64公斤级第二名,赵丹丹获得51公斤级第三名。哈达巴特尔获得“优秀教练员”奖。内蒙古队获得体育道德风尚奖。

11月8—13日，第十三届全运会柔道项目积分赛暨2016年全国柔道冠军赛在广州市举行。自治区运动员德格吉日呼获得个人赛男子73公斤级第一名,额日和木巴图获得男子81公斤级第一名，青达嘎获得男子66公斤级第二名，巴彦德力黑获得男子73公斤级第二名,乌仁巴根获得男子81公斤级第三名,斯日吉嘎瓦获得男子100公斤级第三名，代表解放军队参赛的赛音吉日嘎拉获得男子73公斤级第三名。内蒙古男子柔道队获得团体第一名。

11月12日,2016年合肥国际马拉松赛暨全国马拉松锦标赛(第5站)举行,自治区运动员关思杨获得国内男子组第一名，李春晖获得第二名。

11月17日,钢架雪车洲际杯(ICC)男子组比赛在德国举行。自治区运动员耿文强排名第六获得一枚铜牌，这是中国运动员在这个项目上获得的首枚奖牌。

11月18—20日,2016年世界柔道大奖赛(中国站)在青岛市举行,自治区运动员赛音吉日嘎拉获得73公斤级第二名。

12月22日,2016—2017年全国青少年“未来之星”冬季阳光体育大会内蒙古分会场暨百万青少年上冰雪冬令营系列活动在呼伦贝尔市海拉尔区启动。

(撰稿人:黄璇超)

社会管理·人民生活

民政事务

【概况】 内蒙古自治区民政厅（以下简称自治区民政厅）现有厅级领导干部8人。其中：党组成员6人，巡视员1人，自治区老龄工作委员会专职副主任1人（副厅级）。厅机关设15个处室局，行政编制81个。有13个直属事业单位，事业编制310个。

根据《内蒙古自治区人民政府办公厅关于印发自治区民政厅主要职责内设机构和人员编制规定的通知》精神，民政厅的主要职责共有12项：1.贯彻执行党和国家有关民政工作的方针政策和法律法规，拟订全区民政事业发展规划和有关政策，起草有关地方性法规、规章草案，并组织实施和监督检查；2.承担依法对全区社会团体、民办非企业单位、基金会进行登记管理和监察责任；3.贯彻执行国家优抚政策，负责各类优抚对象的优待、抚恤、补助和国家机关工作人员伤亡抚恤工作。负责烈士褒扬工作。承担自治区拥军优属、拥政爱民领导小组的有关工作；4.拟订全区退役士兵（含士官）、军队复员干部、移交地方政府安置的军队离退休干部和无军籍退休、退职职工的安置政策及计划；指导全区接收安置工作和全区退役士兵的培训与就业工作；5.拟订全区救灾工作规划和政策，组织协调救灾减灾工作；组织自然灾害救助应急体系建设；负责组织核查和统计上报灾情；管理、分配中央和自治区下达的救灾款物并监督使用；组织指导全区性救灾捐赠工作；承担自治区减灾委员会的有关工作；6.负责全区城乡社会救助体系建设，牵头拟订社会救助规划、政策和标准；负责城乡居民最低生活保障、医疗救助、临时救助和生活无着人员的救助工作；7.拟订全区行政区划规划、行政区域界线和地名管理办法；承担全区行政区划调整的审核、审批和申报工作；负责盟市、旗县（市区）行政区域界线的勘定、管理和界线纠纷的协调处理；负责全区地名管理；8.拟订全区城乡基层群众自治建设和社区建设政策，提出加强和改进城乡基层政权建设的建议；指导社区服务体系建设，推进基层民主政治建设；9.拟订社会福利事业发展规划、政策和标准，拟订社会福利机构管理办法和福利彩票发行管理办法；组织拟订促进慈善事业发展的政策，组织指导社会捐助工作；指导老年人、孤儿和残疾人等特殊群体权益保障工作；10.拟订婚姻管理、殡葬管理和儿童收养的政策，负责推进婚俗和殡葬改革，指导婚姻、殡葬、收养、救助服务机构管理工作；11.会同有关部门共同推进社会工作人才队伍建设和相关志愿者队伍建设；12.承办自治区人民政府交办的其他事项。

【社会救助体系建设】 全区月均保障城镇低保对象53.73万人，保障标准月人均542元，比2015年提高45元，居全国第9位；补助水平月人均396元，居全国第7位，人均4197元，比2015年提高306元，居全国第7位；补助水平月人均210元，居全国第8位。保障农村牧区特困人员8.55万人。其中：集中供养1.1万人，分散供养7.45万人。集中和分散供养标准为年人均8598元和5124元，比2015年分别提高534元和94元，分别位居全国第7位和第11位。保障城市特困人员1.24万人。其中：集中供养0.34万人,分散供养0.9万人。集中和分散供养指导标准为月人均784元和560元。有效应对以旱灾为重点的各类自然灾害，下拨中央救灾资金3.62亿元(其中:抗旱应急救助资金6000万元,冬春救助资金3.02亿元)、自治区配套资金7757万元(其中:抗旱救灾资金3000万元,冬春救助资金4757万元),72万旱灾受灾群众和264.9万因灾冬春需救助群众的基本生活得到有效保障。医疗救助184.99万人次。其中:资助参保参合154.02万人次，住院救助25.79万人次,门诊救助5.18万人次。人均住院救助2393元、门诊救助580元、资助参合参保80元。临时救助27.01万户次,户均救助1003元。率先在全国实现"救急难"工作全覆盖,全年累计发放救助资金28 477万元。保障孤儿5500人。其中:集中供养1266人,分散供养4234人,集中和分散供养标准为每人每月1232元和1008元。保障"文化大革命""三民"(无工作的城镇居民、农民、牧民)2.09万人,保障标准为当地城镇全额低保的基础上加220元。投入资金4.6亿元,为全区26.9万80岁以上低收入老人和11.42万80岁以上低保老人发放高龄津贴。投入专项救助资金2866万元,救助流浪乞讨人员10.9万人次。投入资金1.07亿元,为19.2万困难残疾人和22.1万重度残疾人发放"两项补贴"。

推进社会救助与扶贫开发有效衔接，召开自治区社会救助工作会议暨农村牧区低保与扶贫开发政策衔接工作推进会,印发《内蒙古自治区社会救助与扶贫开发政策衔接实施方案》,出台《内蒙古自治区民政厅关于全面落实脱贫攻坚民政工作任务的实施意见》,年内将符合农村牧区低保条件的建档立卡贫困人口有序纳入农村牧区低保范围。

【养老服务体系建设】 全面贯彻国家和自治区关于加快发展养老服务业的部署要求，年内投入资金2.97亿元用于支持养老服务机构建设。截至2016年年底,全区养老机构数2979所,养老床位数达24.2万张，较2015年增加2万张,每千名老年人拥有养老床位数59张。医养结合型养老服务设施建设全面推进，全区护理及医养结合床位数6.9万张，较2015年增加0.6万张,占全区养老机构床位总数29%。居家养老服务覆盖面不断拓展，全区城市居家和社区养老服务覆盖率达到73%,较2015年增加2.8%;全区农村牧区居家和社区养老服务覆盖率达到40%,较2015年增加2%。城市、农村、牧区、社会化和医养结合养老服务试点实践深入推进,自治区政府召开全区城市养老现场推进会,推广包头市养老服务工作经验做法，通过示范引领推进全区养老服务工作持续健康发展。

【慈善事业】 组织开展《中华人民共和国慈善法》学习宣传工作,印发《内蒙古自治区民政厅学习宣传贯彻落实〈中华人民共和国慈善法〉实施方案》,举办全区民政系统《中华人民共和国慈善法》培训班,各盟市和旗县市区普遍组织首个"中华慈善日"专题宣传活动。依托自治区慈善总会积极开展慈善捐赠、慈善救助等工作,直接募集社会各界捐赠款物总值2.3亿元,全区贫困家庭儿童重大疾病慈善救助"老牛专项基金"项目对57名低保家庭重大疾病患儿实施救助,联合中华慈善总会免费为7641人次重特大疾病患者提供援助药品,"微笑列车"项目为97名贫困唇腭裂患者实施了免费手术，中国移动爱"心"行动——"贫困先心病儿童救助计划"项目安排141名贫困家庭先天性心脏病患儿接受了免费手术治疗,收到了良好的社会效果。

【社会组织管理】 贯彻中共中央办公厅、国务院办公厅《关于改革社会组织管理制度促进社会组织健康有序发展的意见》,推动出台自治区《实施意见》。全面落实党中央、国务院关于简政放权和深化"放管服"改革部署,综合运用直接登记、下放审批层级、取消审批备案等措施支持社会组织快速发展，全区社会组织数量达到14

619个,比2015年净增1524个,其中直接登记社会组织775个。第一批行业协会商会与行政机关脱钩试点工作和社会组织统一社会信用代码制度改革全面完成,社会组织年检率达80%,1123个自治区本级社会组织建立了党组织,实现党组织和党的工作“两个覆盖”。推进政府购买社会组织服务工作,安排2000万元在全区范围购买居家养老、社区文体活动、社会组织孵化基地运营等9个方面服务,220家社会组织承接了购买项目。在呼和浩特市、锡林郭勒盟等16个旗县(市、区)建立社会组织培育孵化基地,培育孵化社会组织近500家。

【社会治理】 基层民主建设深入推进,全区2171个社区居民委员会换届选举工作全面完成,其中直选产生436个,直选率20%。在全区开展嘎查村规民约制订和选编工作,11 069个嘎查村制订了村规民约。贯彻中办、国办《关于加强城乡社区协商的意见》,在包头市、赤峰市等地开展社区协商试点,推动出台自治区《关于加强城乡社区协商的实施意见》。基础设施建设日趋完善,投入资金3900万元,采取以奖代补的方式对社区建设进行补助,全区2171个城市社区综合服务设施达标率88.6%,全区城乡社区综合服务设施覆盖率96%。已建成城中村、城郊村、传统农村等5种符合自治区特点的农村牧区社区1522个,综合服务设施覆盖率100%。全国中西部地区农村社区建设经验交流会总结推广巴彦淖尔市五原县农村社区建设经验。二连浩特市和包头市青山区的全国第二批治理和服务创新实验区结项验收,取得成果受到民政部专家组肯定。社会工作专业人才核心团队建设与“草原英才”工程社会工作优秀人才“百人计划”“京蒙”社会工作人才培养项目协调推进,年内培养社会工作核心团队265人,组织100名盟市核心团队成员开展全区社会工作专业培训。

【社会事务管理服务】婚姻登记标准化建设迈上新台阶,启用网上预约软件系统,全年共为2860对婚姻登记当事人提供了网上预约服务,全面完成1990年以来有身份证号的历史档案录入工作。殡葬服务管理水平得到进一步提升,落实惠民殡葬政策,全年惠民殡葬受益人数1.5万人,免补金额2250万元。认真贯彻民政部等9部委《关于推行节地生态安葬的指导意见》,全区火化区面积较2015年增加1.57万平方米,火化率50.3%。积极推动农村牧区留守儿童关爱保护工作,全面完成全区摸底排查工作,建立厅际联席会议制度,自治区政府召开农村牧区留守儿童关爱保护工作现场推进会。开展县级行政区划调整,国务院批准自治区设立鄂尔多斯市康巴什区,第二次地名普查工作有序推进,冀蒙线、蒙甘线第三轮省界联检工作全面完成。

【双拥优抚安置工作】 注重加强协调联络,为部队科研试验和演习训练提供全方位的保障,完成各项重大任务,组织“八一”期间走访慰问活动。全年下拨优抚事业经费5.45亿元,各类优抚对象补助标准提高幅度15%~20%,特别是农村牧区“三属”定期抚恤补助标准在去年的基础上提高40%;在乡老复员军人定期定量补助标准在现行补助标准基础上每人每年提高2400元。协调开展纪念红军长征胜利80周年走访慰问和烈士纪念日活动,全区参加烈士公祭活动的人数达到5.2万人。做好退役士兵接收安置工作,2016年596名符合安置条件的退役士兵得到有效安置,投入资金1665万元对全区3805名退役士兵开展教育培训,参训退役士兵“双证”获取率92%。

(撰稿人:袁东)

人力资源和社会保障

【概况】 2016年,全区各级人力资源和社会保障部门(全区各级人社部门)落实中央、自治区的决策部署,坚持民生为本、人才优先工作主线，应对复杂的经济形势，改革创新，积极进取，圆满完成年度各项任务，实现“十三五”的良好开局。

【就业创业工作】 全区各级人社部门发挥职能作用，努力克服经济下行带来的不利影响，落实和完善更加积极的就业创业政策，全区实现城镇新增就业26.84万人，超额完成国家和自治区下达的目标任务，城镇登记失业率为3.65%，低于4.0%的控制目标。

重点群体就业 实施大学生创业引领计划和就业促进计划，全区有13.99万名高校毕业生实现就业或落实就业去向。开展自治区内东西部劳务对接、京蒙等周边劳务合作，实现农牧民转移就业256.95万人，其中稳定转移6个月以上210.92万人。强化就业援助，实现城镇失业人员再就业5.8万人、就业困难人员就业6.03万人，帮助415户“零就业”家庭中的421人实现就业。实施就业创业扶贫行动，帮助10.9万名建档立卡贫困劳动者实现就业。制定钢铁、煤炭行业去产能职工分流安置实施意见和方案，15户企业中的5354名职工都得到妥善安置。

职业技能培训 认定23个自治区就业技能培训品牌、12个知名品牌，有效带动了就业。加强实训基地建设，落实“以奖代补”资金5250万元，奖励32个建设项目。全区城乡技能培训28.44万人，订单、定岗、定向式培训人数达到培训总数70%以上。积极培育打造家庭服务骨干企业和家庭服务品牌，评选出自治区家庭服务“十强”企业5户、“百户”企业58户。

推进大众创业万众创新 实施“创业内蒙古”行动，打造11个自治区级创业园和孵化基地，自治区大学生创业园、包头“稀土谷”创业园被评为全国创业孵化示范基地，建成全国首家众创、众包、众扶、众筹创业市场。发放创业担保贷款23.44亿元，创业培训5.43万人，成功创业4.53万人，带动就业15.7万人。

落实援企稳岗政策 落实援企稳岗政策，对943户困难企业给予援助，拨付补贴资金5.51亿元，惠及职工33.9万人。

公共就业服务 组织各级公共就业服务机构，举办各类现场招聘会791场，提供就业岗位57.98万个。自治区人力资源决策分析系统上线运行，全区失业动态监测企业达到4000家，监测企业户数位居全国第一。实施“创业内蒙古”行动、“大学生集聚计划”和打造“四众”创业市场、开发人力资源决策分析系统等4项工作，被中国就业促进会评为“2016年度地方就业创新事件”。

【社会保障工作】

社会保险覆盖面扩大 社会保险覆盖面进一步扩大，实施全民参保登记计划，全区城镇职工基本养老保险参保人数655万人、城乡居民基本养老保险参保人数736.1万人、城镇基本医疗保险参保人数1019.3万人、失业保险参保人数241.1万人、工伤保险参保人数303.1万人、生育保险参保人数305.2万人，均超额完成年度扩面任务。

社会保障制度改革顺利推进 完成城乡居民医疗保险制度的整合，实现城乡居民医保政策“六统一”，得到人力资源和社会保障部的肯定，在全国推广自治区经验。积极推进机关事业单位养老保险制度改革，妥善处理过去积累的矛盾和问题，登记参保81万人。从5月1日起阶段性降低失业保险费率，从2%降到1.5%，其中用人单位从1.5%降至1%。

社会保险待遇水平提高 同步调整企业和机关事业单位退休人员养老金，提高城乡居民养老保险养老金标准，城乡居民医保财政补助标准由380元提高到420元，城镇职工、城乡居民医保政策内住院费用报销比例达到86.7%和74.7%，大病保险平均报销比例达到60%，减轻了参保群众医疗负担。完善重特大疾病保障机制，将肾透析、器官移植、癌症放化疗等重特大疾病纳入保障范围，医保可支付的靶向药物扩大到13种。

经办服务得到加强　积极推进异地就医直接结算，全区15个统筹区已全部开通门诊划卡、药店购药。全区累计建成“人社综合服务中心”2505个、“社会保障卡综合服务点”11 203个，累计发放社会保障卡1673.34万张。推进工伤认定层级按属地原则，由盟市级人社部门下放至旗县级人社部门。

【人才工作】

健全完善人才政策体系　出台加强基层专业技术人才队伍建设实施办法，会同有关部门制定出台自治区《基层卫生专业技术人员职称评审工作实施意见》《深化中小学教师职称制度改革的指导意见》以及3个配套办法，扎实推进职称制度分类改革。制定《2016—2017年内蒙古自治区引进人才目录》，搭建面向全国引进高层次人才的对接平台。

高层次人才队伍建设　以高层次人才为重点，着力加强专业技术人才队伍建设，实施人才选拔培养各项专项工程，落实高层次人才研修等人才培养项目，近22万人参加各类培训。举办林业矿业、医疗卫生、畜牧兽医等7项专家服务基层活动，阿拉善盟林业治沙研究所被评为国家级专家服务基地。表彰“内蒙古杰出人才”，自治区50名高层次专业技术人员被国务院授予“政府特殊津贴专家”。

高技能人才队伍建设　深入实施高技能人才振兴计划，创新技能人才培养模式，推进技工院校改革，组织开展企业新型学徒制试点工作，新建自治区级高技能人才培训基地10个、自治区级技能大师工作室10个，新增高技能人才4.58万人，2名高技能人才被评为全国技术能手。

外国智力引进工作　组织实施国外智力引进项目49项101人次，完成13个出国（境）培训项目。

加强人才公共服务　对35个留学回国人员科技活动项目给予资助，开发内蒙古人才信息系统，并在包头市、内蒙古大学试运行。人事考试、技能鉴定安全顺利进行，组织各类人事考试54.1万人次、职业技能鉴定21.3万人次。

【人事制度改革】

公务员管理工作　组织开展2016年全区“四级联考”，3次区直机关公开遴选公务员考试，2次公安、司法系统专场考试，2次政法干警定向招录培养考试，共招录4200余人。落实公务员法定“四类培训”和东西对口培训，拓宽公务员培训渠道，全区培训公务员21.6万人次。扩大公务员平时考核试点范围。

事业单位人事制度改革　配合有关部门推进文化、医疗卫生等行业体制改革，跟进人事制度配套改革。组织开展2016年度区直事业单位公开招聘工作，公开招聘事业单位工作人员4516名。完善事业单位专业技术二级岗位聘用、中小学岗位设置管理等政策，积极化解评聘矛盾。出台公务用车改革司勤人员安置政策，3.7万名司勤人员得到妥善安置。建成区直和盟市本级事业单位人事管理数据库，实现实名制动态运行。

军转干部安置　全面推行军转干部赋分选岗安置办法，确保安置工作公开、透明，计划分配军转干部得到妥善安置。自主择业军转干部管理服务工作得到加强，部分困难企业军转干部总体保持稳定。全年全区共安置军转干部950人，其中计划分配325人，自主择业625人。

【工资收入分配制度改革】

机关事业单位工资收入　落实机关事业单位工资正常增长机制，调整机关事业单位工作人员基本工资标准，提高艰苦边远地区津贴、人民警察警衔津贴。完善工资收入向基层和艰苦岗位倾斜政策，调整环境保护监测等行业的津贴补贴标准。配合推进司法体制改革，法官、检察官工资制度改革试点工作顺利推进。

企业工资收入宏观调控　企业工资收入宏

观调控得到加强，出台自治区国有企业负责人薪酬制度改革的配套文件，积极推进企业工资集体协商，公布自治区2016年企业工资指导线和部分行业工资指导线，引导企业职工工资合理增长。

【劳动关系工作】

劳动关系协调机制建设　将和谐劳动关系单位评价结果纳入社会诚信评价体系，全年认定和谐劳动关系单位以及模范劳动关系单位总计1557户，公布劳动保障失信企业21户。累计掌握工商注册登记单位基本信息28万户，备案职工129.13万人，全面启动劳动者个人用工备案查询服务，初步实现对劳动用工及劳动合同制度实施情况的动态管理。组织开展模范和谐劳动关系单位及创建和谐劳动关系先进工作者表彰工作，35户用工单位与50名个人受到表彰。

劳动人事争议调处工作　与自治区总工会等四部门联合印发《关于推进劳动争议人民调解工作的意见》，扩大基层调解组织覆盖范围，基层调解组织覆盖率达到80%。仲裁院建院率进一步提高，盟市级完成100%，旗县级完成94%，同比提高7%，已超过人力资源和社会保障部要求的建设目标。全年全区各级调解仲裁机构共处理21 256件案件，其中仲裁机构立案受理12 020件，结案率95.4%，涉案金额4.5亿元，调解组织受理争议9236件，调解成功率60.07%，涉及劳动者25 233人。

劳动保障监察工作　出台《关于全面治理拖欠农牧民工工资问题的实施意见》(内政办发〔2016〕120号)，开展农牧民工工资支付、清理整顿人力资源市场秩序、规范用工秩序等3项专项执法检查。全年全区劳动保障监察机构主动检查用人单位3.6万余户，补签劳动合同11.43万人；追发劳动者工资等待遇7.04亿元，涉及劳动者5.4万人；督促缴纳社会保险费2107.07万元，涉及7100余名劳动者；处理投诉举报案件3026件，参与处理突发事件112起。

(撰稿人：高国青)

居 民 生 活

【城乡居民收入稳定增长】　2016年是内蒙古实施“十三五”规划的开局之年，经济环境复杂多变，去产能调结构压力较大，农畜产品价格下降和东部区大面积旱灾同时出现，自治区党委政府努力推动供给侧改革，持续推动民生改善，取得积极成效，城乡居民收入实现稳定增长。调查结果显示：2016年全区全体常住居民人均可支配收入为24 127元，较上年同期增长8.1%，绝对额和增速在全国分别排第10和26位。与相邻辽宁、黑龙江、吉林、河北、山西、陕西、宁夏和甘肃等8省区比较，人均可支配收入排名第二，列辽宁之后；增速排名第四，列甘肃、河北和陕西之后。扣除价格因素，实际同比增长6.8%，比全国高0.5个百分点。

【城镇居民收入情况】　2016年，内蒙古自治区城镇常住居民人均可支配收入为32 975元，较上年同期人均增加2381元，增长7.8%，较上年同期增速回落0.1个百分点，与全国水平持平，绝对额和增速在全国分别排第9和24位。

“双创”促进个体私营经济快速发展，经营性收入大幅提高　全区城镇常住居民人均经营净收入为5466元，增长13.9%，增幅较上年同期提高8.1个百分点，拉动可支配收入增长2.2百分点；占可支配收入的比重从上年的15.7%增加到16.6%。个体私营经济快速发展是经营收入增长的主要原因。2016年，全区城镇常住居民人均第三产业经营净收入为4387元，增长14.5%，高于经营净收入0.6个百分点，占经营净收入比重超过80%。2016年以来，个体私营经济发展迅速。中央全面开展“营改增”，积极推行五证合一等一系列减税降费措施，个体工商户切实减轻了经营负担，增强了生存和盈利能力。自治区旅游业优势得到发展，有效带动餐饮、住宿等个体经营发展。沙漠游、草原游、城市周边的农家乐都较为典型。自治区发改委数据显示，前三季度，旅游总收入增长24.3%。“互联网+”等新模式新业态为“大众创业，万众创新”带来了新动力，使更多普通人群，特别是年轻群体加入其中。截至2016年11月底，全区实有各类市场主体173.52万户，注册资本（金）36 306.48亿元，与上年同期相比分别增长5.2%和24.31%。

“一好、两利”稳定工资增长　2016年，占城镇常住居民人均可支配收入60%以上的工资性收入达到20 355元，同比增长7.2%，拉动可支配收入增长4.5个百分点，确保可支配收入实现整体稳定增长。工资性收入增长源于一个良好和两个红利：就业形势良好，2016年全区城镇新增就业26.84万人，与上年全年的26.86万人基本持平；全区城镇登记失业率为3.65%，也与上年同期持平。特别是对用工需求较大的公共服务、快递、保险等现代服务业发展快速。自治区发改委数据显示，前三季度，财政公共服务支出增长13.3%；1—8月份，快递业务量同比增长41.4%，快递业务收入同比增长39.1%，保险业原保险保费收入增长24.9%。机关事业单位车改和工资改革政策红利。随着各地车改和工资改革的落实到位，机关事业单位职工收入上涨5%左右。供给侧改革红利初步显现。对全区影响较大的煤炭钢铁等价格开始回升，企业效益好转，保证了在岗人员薪资正常增长和转岗人员补偿金的及时兑付。2016年，内蒙古工业生产者出厂价格同比呈现上涨走势。调查显示:2016年12月，全区煤炭开采和洗选业产品出厂价格指数同比上涨20.7个百分点，黑色金属冶炼压延加工业出厂价格指数同比上涨38.6个百分点。

社会保障能力提升，带动转移性收入增长　2016年全区城镇常住居民人均转移净收入为5421元，增长9.9%，拉动可支配收入1.6个百分点，对可支配收入的贡献率超过20%，占可支配收入比重16.4%，较上年同期提高0.3个百分点。转移性收入对城镇居民增收的拉动作用正在增强。转移性收入增长主要来自养老金部分，2016年社会养老金标准上调171元/月，惠及全区247.4万退休人员，对转移净收入增长的贡献率为74.5%，拉动可支配收入增长1.2个百分点。医疗改革不断深化，百姓看病报销金额增加，客观上增加了转移收入。新型农村养老保险金、商业养老保险金、失业保险金收入呈现两位数上涨，体现了当前城镇居民转移性收入的特点和趋势：进城生活的农村老年人生活更有保障；更多有条件的城镇居民选择商业保险提升退休生活质量；更多人得到失业保险帮助。不断完善的社会保险有效地帮助不同社会群体提高了生活保障水平。

【农村牧区居民收入情况】　2016年，内蒙古农牧区常住居民人均可支配收入为11 609元，较上年同期增加833元，增长7.7%。

惠民生暖民心，农牧民转移净收入增长30.1%　2016年，内蒙古自治区采取多项扶持农牧民生产和生活的政策：全面推开农业“三项补贴”改革，目标直指强农惠农；开展强农惠农资金专项整治行动；全区各地区、各贫困旗县纷纷出台各项精准扶贫政策，以促进贫困居民收入增长。政策目标由过去的普惠性向功能性、激励性转变，引导全区农牧业向绿色生态、新型产业的方向发展。同时，四季度玉米生产者补贴的发放极大地带动了农牧民收入增长。调查显示，由于收储制度调整后，玉米价格出现明显下跌，生产者补贴的发放弥补了种粮农民近80%损失，稳定了主要产区的种粮信心，对种植业结构调整起到明显促进作用。自治区财政厅数据显示，全区各盟市已实际发放玉米生产者补贴61.96亿元，按照全区农牧区人口测算，人均转移净收入增加近500元。在一系列惠民生、暖民心的政策引导下，全区农村牧区常住居民人均转移净收入达2492元，比上年增加576元，增速高达30.1%，拉动可支配收入增长5.3个百分点，对可支配收入的贡献率高达69.1%，为全年农牧民人均可支配收入增长奠定基础、起到决定性的作用。

保就业拓渠道，农牧民工资性收入增长8.9% 2016年，全区农村牧区常住居民人均工资性收入2449元，比上年同期增加199元，增长8.9%，拉动人均可支配收入增长1.8个百分点，对可支配收入的贡献率为24.0%，对收入持续增长起到了关键作用。通过集中开展就业服务活动，努力拓宽就业渠道，让有转移就业意愿的农村牧区劳动者得到政策咨询、岗位信息和职业介绍；有技能提升愿望的得到免费技能培训；有创业愿望的得到创业培训、创业服务和政策扶持。切实保障农牧民利益，加大治理农牧民工资拖欠问题力度，使被拖欠状况得到持续改善，保证了工资性收入快速增长。根据农民工监测调查数据显示：全区本地农牧民务工人数77万人，比上年增加5万人，增长7.4%，月均收入上涨11.4%。

强引导促转型，农牧民财产净收入增长6.4% 全区农村牧区常住居民人均财产净收入为452元，增加27元，同比增长6.4%，拉动人均可支配收入增长0.3个百分点，对可支配收入的贡献率为3.2%。农牧民财产净收入体量小，占可支配收入的比重不足4%，增长潜力巨大。内蒙古自治区各级党委政府积极采取措施，撬动金融和社会资本支持现代农业建设，加快发展自治区农村金融业，缓解农村农业发展资金不足的短板，盘活农村牧区闲置资源。2016年农牧民红利收入同比增长53.5%，转让承包土地经营权租金收入同比增长16.2%，出租房屋收入同比增长18.9%，对带动农牧民财产净收入增长起到积极作用。

迎挑战稳生产，农牧民经营净收入保持稳定 全区农牧区常住居民人均经营净收入达6216元，比上年同期增加31元，增长0.5%，拉动可支配收入增长0.3个百分点，对可支配收入的贡献率为3.7%。占农牧民收入比重50%以上的经营净收入增长最慢，在内蒙古农牧业供给侧结构调整的攻坚阶段，保证了与上年持平的收入水平。综合整体形势，在传统种植产品价格下跌严重的情况下，保证了农牧民家庭经营收入与去年同期持平。农牧业供给侧改革，农产品结构调整已经初见成效，其中既有积极引导的因素，也有受市场价格影响，农民自发调整的因素；农牧业生产稳定、农牧业经济环境持续改善，农牧民经营净收入与上年同期基本持平的数据具有很高的含金量。

【城乡居民生活消费支出稳步增长】 2016年全区城镇居民人均消费支出22 744元，较上年增加868元，增长4.0%，消费结构得到进一步优化。居民在满足了食品、衣着、居住、生活用品等基本生活消费后，改善类消费即教育和医疗消费比重有所提高。城镇居民发展型消费占生活消费支出的比重为36%，生活质量进一步改善。

基础生活消费保持平稳增长 城镇居民基本生活消费中食品烟酒类支出达到6446元，增长3.8%；衣着消费为2543元，增长2.8%；居住类消费为4006元，增长8.0%；生活用品消费为1565元，增长9.4%。四类基本生活消费支出稳定增长，消费水准日益提升，特别是在外饮食类消费表现最为抢眼，增长11.4%，占食品支出的比重达到20.2%，全区城镇居民对服务类消费需求日益提高，生活质量不断改善。

改善类消费“二升二降”态势 城镇居民改善类消费中，教育文化娱乐支出达到2599元，增长3.8%；医疗保健支出为1840元，增长16.8%；其他用品及服务为700元，下降5.4%；交通通信支出为3045元，下降5.8%。改善类消费是城镇居民的消费热点。其中文化娱乐、医疗器具、其他服务（美容、住宿等）等消费受到热捧，分别增长3.1%、13.4%和15.1%。而往年的消费热点如家用汽车及车辆保险等消费受交通状况、观念转变等因素影响出现趋冷倾向。

【农村牧区居民生活消费支出情况】 2016年全区农牧民消费支出达到11 463元，同比增长7.8%。高于城镇居民3.8个百分点，八大类消费呈普遍增长态势。

基本生活消费全面增长，生活质量进一步提高 2016年，全区农牧民人均食品、衣着、居住、生活用品等消费支出分别达到3363、814、1996和507元。同比分别增长7.7%、6.4%、9.8%和6.7%。食品类消费中干鲜瓜果、糖果糕点、鸡蛋牛奶、烟草酒类等消费最受欢迎，增速均在10%以上，恩格尔系数与上年持平。衣着、居住及生活用品也越来越注重其质量及品种，家用器具、个人用品、住房改造等日常消费增长迅速，农牧民基本生活条件得到改善，生活质量进一步提高。

改善类消费需求快速增长，居民生活更注重品质 全区农牧民人均交通通信、教育文娱、医疗保健及其他用品及服务支出分别达到1790、1553、1188和252元。分别增长8.7%、6.5%、6.3%和7.2%。随着生活理念的转变，农牧民信息化程度提升，通信设备更新换代速度加快，农村道路设施的改善也促进了交通消费的稳步提升，电子产品、交通工具成为消费新宠。近年来，较高的学识水平和个人素养是从业的必备条件，农牧民在子女培养、自身职业培训等方面的需求不断加大，教育支出明显增长。医疗保健类消费受医药产品价格下调影响，增幅在八大类中最低，农牧民在医疗保健方面得到更多实惠。

【居民消费价格】 2016年，内蒙古居民消费价格累计上涨1.2%(CPI累计涨幅1.2%)，比上年同期1.1%的涨幅高出0.1个百分点，总体属于平稳运行态势。其中，城市和农村分别累计上涨1.2%和1.1%，与上年同期基本持平；工业品价格累计上涨0.4%，比上年同期下降0.3个百分点；非食品价格计上涨0.8%，比上年同期下降0.2个百分点；服务价格累计上涨1.1%，比上年同期下降0.4个百分点。各类价格均保持小幅上涨态势。

全区CPI各月同比、环比涨幅双双经历“高、低、高”的运行轨迹 从2016年CPI走势看，全年同比涨幅基本呈现出“N”字形走势。运行从年初开始逐月回升，到4月份达到年内高点峰值。随之回调并保持在中位起伏。到7、8月受季节性影响抵达全年涨幅低点。9月、10月随着宏观经济整体企稳，全年最后两个月涨幅直线坚挺，再次拉高。而环比涨幅则经历了不规则的“U”字形变化，且呈现基本对称的“U”形变化。

八大类消费品价格同期呈现“六升一平一降”格局 全区2016年CPI构成中，食品烟酒、衣着、生活用品及服务、教育文化和娱乐、医疗保健、其他用品和服务六大类居民消费品价格呈现不同程度的上涨，累计涨幅分别为2.2%、1.4%、0.1%、0.7%、4.4%、1.8%；而居住类价格累计涨幅与上年持平；交通和通信类价格则有所下降，累计降幅为1.1%。食品类价格上涨仍然是物价上涨的主要拉动因素；医疗成为第二大影响因素。

食品烟酒大类累计上涨2.2% 其中仅食品价格水平就累计上涨2.6%，拉动居民消费价格总水平上涨约0.54个百分点（由于食品占整个消费品的比重较大)，食品价格拉动上涨因素几乎占据了整个CPI全年上浮的“半壁江山”。从食品烟酒消费结构看，粮食类价格普遍上涨，其中大米、面粉、粮食制品等均出现上涨，而且涨幅都超过1.0%以上。薯类价格涨势较强，累计涨幅最高达16.5%，影响程度大幅提升。鲜菜价格累计上涨10.7%，拉动居民消费价格总水平上涨约0.26个百分点。畜肉类价格累计上涨4.4%，其中猪肉价格水平累计大幅上涨15.4%，牛羊肉价格均呈下降趋势，而且羊肉价格下降幅度为6.6%。另外，水产品、调味品、食糖价格、在外用餐价格均呈现上涨的态势;鸡蛋价格、干鲜瓜果价格年内都呈现降势。烟酒价格累计上涨1.7%,主要受到年内政府调整烟草价格行为影响;酒类价格水平累计小幅上涨0.3%。从食品价格的上浮看,各类居民主要消费的食品都出现不同程度的上涨,由此拉动了物价水平的整体上扬。

衣着价格水平累计上涨1.4% 拉动居民消费价格总水平上涨约0.13个百分点。主要是受到服装价格、服装材料价格、衣着加工服务价格上涨的整体拉动,特别是人工成本增加和水电价上涨均导致相关服务项目价格上涨。

居住价格与上年持平 其中租赁房房租价格水平下降;水电燃料、物业管理费价格均呈现上涨态势。

生活用品及服务价格累计小幅上涨0.1% 其中由于人工成本不断上涨,家政服务中月嫂、钟点工、个人护理用品价格等服务价格及家庭维修服务价格均上涨。

交通和通信价格累计下降1.1% 其中交通、汽柴油、通信、邮递服务价格水平均呈下降趋势。

教育文化和娱乐类价格水平累计上涨0.7% 其中教育类价格水平累计上涨1.1%,主要是由教育服务类价格水平上涨所致。

医疗保健价格水平累计上涨4.4% 医疗保健价格成为拉动居民消费价格总水平上涨的另一个较大因素。由于中药、西药、滋补保健品、医疗卫生器具、综合医疗类、诊断类、治疗类项目价格受政策性调整影响,总体医疗市场价格水平表现出上浮的态势。

其他用品和服务价格水平累计上涨1.8% 其中其他用品类、其他服务类价格水平均有上涨表现,诸如金银首饰、母婴用品、养老服务、金融保险、中介服务、旅馆住宿等价格年内均有不同程度的上涨。

【全区CPI累计涨幅明显低于全国平均水平】

全区CPI累计涨幅为1.2%,比全国平均水平(2.0%)低0.8个百分点,位居全国31个省、市、区第30位。比涨幅最高的上海(3.2%)低2.0个百分点,比涨幅最低的山西省(1.1%)高0.1个百分点,比毗邻的河北省低0.3个百分点,比吉林省低0.4个百分点,比宁夏低0.3个百分点,比陕西省低0.1个百分点。从运行态势上看,全区CPI与相邻省区走势基本一致,但涨幅处于低位"区间"。从八大类消费价格变化与全国平对比分析,2016年差距较大的类别产生在食品烟酒类和居住类价格变动上。全区食品烟酒的涨幅低于全国水平1.6个百分点,主要显现在畜肉类上,全区猪肉价格涨幅为15.4%,比全国平均涨幅低1.3个百分点;牛肉价格涨幅比全国低2.0个百分点;羊肉价格涨幅比全国低0.8个百分点。全区居民主要消费肉类以羊肉占比大,但近年来市场羊肉价格持续出现下跌,价格下跌最低时只有正常年份价格的80%左右。牛肉价格也在低位上徘徊,牛羊肉价格基本处于下行。猪肉价格虽然出现猪周期,价格出现了短期上扬,但增幅有限而且时段不是很长。畜肉类价格从生产到流通,2016年都无法反转自治区肉类价格下行的走势,这一现象较大程度地拉低了全区食品价格的上涨幅度,成为低于全国平均水平重要因素。全区居住类价格涨幅低于全国平均水平1.6个百分点。主要原因:新建房市场需求局限,人才外出大于进入,刚性需求不强;二手房交易只活跃于学区范围,历年价格趋同,低位协议成交现象比较普遍。2016年房租下降,只是水价和煤价的调整带动了居住类价格小幅加升。这一降一升才保持了全区居住类价格与上年持平,明显低于全国一线城市"窜天猴"式的房价高涨,以及由此所拉动的全国居住类价格的高涨。

(撰稿人:张晓旺)

民族事务

【概况】 内蒙古自治区民族事务委员会（以下简称自治区民委）是自治区政府组成部门，委领导班子成员配备为1正4副，1名副巡视员。机关设有12个处室、4个委属事业单位，现有工作人员114名，其中机关49名，委属事业单位55名。根据2016年自治区编办《关于调整自治区宗教事务局管理体制有关事宜的批复》（内机编发〔2016〕32号）决定，自治区宗教局划归自治区党委统战部后，全区宗教事务管理工作已归统战部管理。

【参演全国少数民族文艺汇演】 2016年，全国少数民族文艺会演于8月16日至9月14日在北京举行，党和国家领导人习近平、李克强、俞正声、刘延东等出席开幕式，并在演出前接见了少数民族代表、演员代表等。自治区代表团以自治区副主席刘新乐为团长，自治区政府办公厅、民委、文化厅、呼和浩特市政府和参演的内蒙古民族艺术剧院直属乌兰牧骑、呼和浩特民族演艺集团两个院团的领导、演职人员400多人组成，有8名成员参加了接见活动。自治区选送两台剧目《草原上的乌兰牧骑》《马可·波罗传奇》，其中《马可·波罗传奇》于9月10日、11日，在北京天桥剧场进行了两场演出；《草原上的乌兰牧骑》于9月12日、13日，在北京保利剧院进行了两场演出。2台剧目4场演出，每场都一票难求、座无虚席，向首都观众展示了自治区草原历史文化的深刻内涵和独特魅力。最终，情景歌舞《草原上的乌兰牧骑》和大型民族舞剧《马可·波罗传奇》分别获得音舞类剧目金奖和银奖，取得所有参演省区的最高成绩。

【兴安盟创建全国民族团结进步示范盟】 2013年8月，国家民委决定在全国创建13个全国民族团结进步示范州（地、市、盟）试点，时间为3年，兴安盟成功入选。经过三年的努力，兴安盟以“六个坚持”筑牢创建工作“六大基础”，创建活动深入到社会各个层面，创建模式从被动的“要我创”“自上而下”“单一型”“阶段性”“下指标”转变为主动的“我要创”“自下而上”“综合型”“日常化”“全覆盖”。2016年，受国家民委委托，内蒙古自治区成立兴安盟全国民族团结进步创建活动示范盟试点工作考核验收组，在国家民委考核验收工作督导组的指导下，依据国家民委“全国民族团结进步创建活动示范州（地、市、盟）测评指标”要求，于5月23—26日，对兴安盟全国民族团结进步创建活动示范盟试点工作进行考核验收，并上报验收报告。12月，兴安盟的民族团结进步创建活动试点，通过国家民委考核验收，国家民委召开会议，正式命名兴安盟为“全国民族团结进步创建活动示范盟”。兴安盟成功创建全国民族团结进步示范盟，形成了民族团结进步创建可推广复制的好经验和好做法，激发了其他盟市创建全国民族团结进步示范盟的热情和积极性，推动形成了全区民族团结进步创建工作的新高潮。

【全区民族团结进步创建活动经验交流现场会召开】 10月13—14日，全区民族团结进步创建活动经验交流现场会在兴安盟乌兰浩特市召开。国家民委副部级专职委员管培俊、自治区人大常委会副主任吴团英、自治区政府副主席刘新乐出席会议。自治区相关部门负责同志、各盟市及满洲里市、二连浩特市分管副盟市长、民委主任等共计130人参加会议。管培俊委员和刘新乐副主席分别作讲话。兴安盟盟委行署、包头钢铁（集团）有限责任公司、乌兰察布市察哈尔右翼中旗人民法院、呼和浩特市玉泉区清泉街社区和锡林郭勒盟边防支队作交流发言，并对国家和自治区级民族团结进步创建活动示范单位授牌。对进一步做好全区创建工作进行部署，推广兴安盟和部分“六进”示范单位经验做法。

【贯彻落实中央和自治区党委民族工作会议精神】 把学习宣传贯彻落实中央和自治区党委

民族工作会议精神作为推动民族工作创新发展的指导，主动创新思路，制定切实可行的措施。年初，召开全区民委主任会议，深入贯彻落实中央和自治区党委民族工作会议精神以及全国民委主任会议精神，全面总结2015年全区民族宗教蒙古语文工作，安排部署2016年工作任务。协助全国政协十二届四次会议重点办理提案深入开展联合调研工作。会同有关部门对贯彻落实党的民族政策、中央和自治区党委民族工作会议精神情况进行督查指导，同时做好民族关系监测评估和涉及民族因素突发事件应对处置工作。会同有关部门组成联合督查组，采取自查、暗访和实地检查等方式，对全区22家金融机构贯彻落实有关民族政策情况进行监督检查，提出严格落实党的民族政策的意见和建议。加强对涉及民族问题舆情信息的收集、研判和处置工作，努力维护自治区民族团结和社会稳定局面。

【民族法制建设】 修订完善《内蒙古自治区民族事务委员会关于全面推进依法行政建设法治民族工作部门的实施办法》，持续推进依法治理民族事务能力建设。制定出台《内蒙古自治区公民民族成分登记管理实施办法》，并在自治区政府门户网站“政策解读专栏”、《内蒙古日报》刊发《〈内蒙古自治区公民民族成分登记管理实施办法〉解读》文章。贯彻落实自治区蒙古语文工作条例，推动《内蒙古自治区蒙古语言文字工作条例》实施细则、《内蒙古自治区社会市面蒙汉文字并用管理办法》的制定出台，推动《内蒙古自治区城市民族工作条例》《内蒙古自治区清真食品管理办法》的立法调研和立法论证工作，完成《内蒙古自治区清真食品管理办法（草拟稿）》。

【民族团结进步创建】 为全面加强全区民族团结进步创建工作，提请自治区党委、政府两办转发《自治区民委关于2016年开展全区民族团结进步活动月工作的意见》，用蒙汉两种语言文字在全区主要新闻媒体刊载播报民族团结进步创建活动先进经验和典型事迹，加强民族团结进步宣传教育。与自治区党委宣传部、党委统战部联合命名第三批“全区民族团结进步创建活动示范单位”64个，并有5个单位被国家民委第三批“全国民族团结进步创建活动示范单位”。制定实施《全区民族团结进步教育基地评审命名办法》，经过严格评审并公示，命名第一批“全区民族团结进步教育基地”9个，包括呼和浩特市昭君博物院、乌兰夫故居，包头市百灵庙抗日武装暴动纪念碑，兴安盟中国牧区民主改革试验地纪念馆、乌兰夫办公旧址，乌兰察布市察哈尔文化博物馆，鄂尔多斯市延安民族学院城川纪念馆，阿拉善盟阿拉善博物馆，满洲里市国门景区。10月13日，在兴安盟乌兰浩特市召开全区民族团结进步创建活动经验交流现场会，对进一步做好全区创建工作进行了部署，推广了兴安盟和部分“六进”示范单位经验做法。

【城市民族工作】 对全区27个城市民族工作试点单位进行验收总结，对“十二五”期间全区城市民族工作情况进行认真总结，科学部署“十三五”期间各项工作。在鄂尔多斯市东胜区召开全区城市民族工作现场会，对近年来自治区城市民族工作取得的经验和成效进行总结，提出“共生共荣，共建共享”的城市民族工作理念。对全区清真食品管理工作进行调研，掌握基本情况，提出对策建议。加快推进社会组织参与清真食品监督工作，稳步建立清真食品监督员队伍，促进和保障全区清真食品领域安全。

【少数民族发展资金管理使用】 2016年，中央财政总计预算安排自治区少数民族发展资金41 185万元，比上年增加4225万元，增幅11.43%。自治区本级财政预算安排少数民族发展资金7800万元，与上年持平。为进一步加强对少数民族发展资金的管理，确保资金安全，修订完善《少数民族发展资金管理使用办法》，制定《少数民族发展资金绩效考评办法》。在使用上，积极助力自治区脱贫攻坚工程，全部投向全区57个少数民族聚居贫困旗县，为自治区民族地区加快发展、切实补齐发展短板，建成小康社会发挥强有力的推动作用。

【兴边富民行动】 开展"兴边富民行动"，全区边境旗市由19个增加到20个（新增呼伦贝尔扎赉诺尔市），扩大扶持范围，增加投入额度。全年投入兴边富民行动资金20 930万元，促进全区边境旗市扎实实施好重大工程和重点项目，加强基础设施建设、培育特色优势产业、改善农牧民生产生活条件，补齐边境地区发展短板，为打造祖国北疆亮丽风景线做出贡献。

【扶持人口较少民族发展】 推进扶持人口较少民族发展工作，经过沟通协调，全区人口较少民族聚居村由192个增加到231个，扩大了扶持范围。全年投入扶持人口较少民族发展专项资金9240万元，实施项目219个，促进人口较少民族聚居地区加强基础设施建设、提升公共服务水平，培育特色优势产业。结合自治区发展旅游产业的战略举措，依托自然地理、民族风情等发展民俗游、乡村游等旅游产业。推动人口较少民族脱贫致富，与全区各族人民同步全面建成小康社会，按照习近平总书记部署要求，做到"全面建成小康社会，一个民族都不能少"。

【民贸民品工作】 按照国家民委关于"十三五"时期民族贸易和民族特需商品生产有关指导意见，会同自治区财政厅、中国人民银行呼和浩特中心支行完成"十三五"时期内蒙古自治区首批民族贸易旗县内民族贸易企业认定工作，全区首批确定619家民族贸易企业，修订印发《内蒙古自治区民族贸易旗县内民族贸易企业认定办法》，贯彻落实认定办法，用足用好国家民贸民品有关优惠政策，满足少数民族群众生产生活特殊需求。

【少数民族特色村镇保护与发展】 把少数民族特色村镇纳入自治区特色小镇建设规划当中，加大对少数民族特色村镇和少数民族传统手工艺品保护与发展支持力度，研究确定全区16个少数民族特色村镇和15个民族手工艺品制作重点扶持对象，分别投入专项补助资金1280万元和300万元，不断加强少数民族特色村镇和少数民族传统手工艺品保护与发展。与民族职业中学合作，举办首届以80名农牧民群众为培训对象的全区少数民族手工艺品培训班，促进了少数民族传统手工艺品、服饰、奶食品等手工艺的传承发展和保护。

【少数民族社会事业发展】 促进少数民族文化、教育、体育、卫生等社会事业发展，完成参加第五届全国少数民族文艺会演的各项工作，自治区参演的两部剧目分获金奖和银奖，取得了全国参赛省区最好成绩。协助做好第十一届全国少数民族文学创作"骏马奖"评奖和第六届全国少数民族曲艺展演工作。推动涉及自治区少数民族题材电影工程的实施，做好涉及民族题材影视作品的审读工作。做好第九届全区少数民族传统体育运动会的筹备工作。配合有关部门贯彻落实国家和自治区关于民族教育、民族科技、民族医药等方面政策，推动自治区民族教育科技医药卫生事业的发展。加强与卫生主管部门的协作，推动《关于切实加强民族医药事业发展的指导意见》的贯彻落实，开展民族医药工作的调研和挖掘整理工作，推动蒙药标准化建设。

【蒙古语文事业发展】 贯彻落实《内蒙古自治区蒙古语言文字工作条例》，制定《内蒙古自治区蒙古语言文字工作"十三五"规划》。对全区社会市面蒙汉两种文字并用专项治理整顿进行检查验收。召开全区蒙古语文工作经验交流现场会。完成在锡林郭勒盟苏尼特左旗开展的全国双语和谐乡村试点工作，通过国家民委的考核验收，被正式命名为全国双语和谐乡村示范点。举办14期蒙古语标准音培训测试班，共培训测试1600多人次。举办全区第六期蒙古语标准音水平测试员培训班，培训测试员60人。成立"内蒙古自治区蒙古语标准音西部培训测试基地”及“内蒙古自治区团校蒙古语标准音培训测试站”。立项资助《蒙古族大学生蒙汉双语教育与民族文化传承研究》《蒙古语与锡伯语语音比较研究》等42个课题。组织进行了自治区蒙古语名词术语委员会、标准音工作委员会、蒙古文正字法委员会换届及其章程的制定工作。实施自治区蒙古语言文字信息化专项扶持项目和蒙古语言文字数字资源建设与共享工程项目建设。推进《中国少数民族古籍总目提要·蒙古族卷》的编辑审订工作,编纂出版档案文献40卷。抢救保护《格斯尔》课题,编纂出版大型“蒙古《格斯尔》丛书”22部,召开第八届《格斯尔》国际学术研讨会。加强《蒙古语文》杂志的出版发行工作。开展八省区蒙古语文协作工作,在民族教育、蒙古文教材、蒙古语文授课招生等方面进行广泛交流合作。

【荣誉】 自治区民委政策法规处副处长杨芳被中共中央宣部、司法部、全国普法办公室评为“全国法治宣传教育先进个人”。

(撰稿人:唐晓明)

宗教事务

【概况】 自治区宗教事务局是自治区人民政府负责宗教事务方面的职能部门,管理体制正在调整中。内蒙古自治区宗教事务局的职能有:(一)贯彻执行党中央、国务院和自治区党委、政府关于宗教工作方针政策和国家法律法规;研究拟定部门规范性文件;负责监督检查宗教法律法规执行情况;组织开展宗教理论、政策和宗教工作重大问题的调查研究并提出建议;负责开展宗教政策和法律、法规的宣传教育。(二)依法履行宗教事务管理职责,依法保护公民宗教信仰自由和正常的宗教活动,维护宗教界合法权益,促进宗教关系和谐;会同有关部门防范利用宗教进行的非法、违法活动,抵御境外利用宗教进行的渗透活动。(三)指导宗教团体依法依章开展活动,支持宗教团体加强自身建设,协助宗教团体办好宗教院校,推动宗教团体在宗教界开展爱国主义、社会主义、拥护祖国统一和加强民族团结的自我教育,承担并办理宗教团体、宗教院校需由政府解决或协调的相关事务。(四)会同有关部门,负责依法审批宗教活动场所设立;依法管理和监督检查宗教活动;依法管理宗教教职人员,负责宗教教职人员的报批或备案工作。(五)负责组织宗教“三支队伍”及有关人员的培训工作。(六)联系宗教界人士,推动宗教界进行爱国主义、社会主义及拥护祖国统一和民族团结的自我教育,发挥宗教界人士和信教群众在促进经济社会发展中的积极作用。(七)负责处理宗教工作领域有关涉外事宜,指导宗教界开展对外和对港、澳、台地区的友好交往活动,参与涉及民族宗教对外的宣传工作,负责穆斯林朝觐的管理工作。(八)承办自治区党委、政府交办的其他事项。

2016年下半年,自治区党委、政府决定调整自治区宗教事务局管理体制。截至年底,正在调整之中。

【宗教工作】

贯彻中共十八大和十八届三中、四中、五中、六中全会精神,贯彻习近平总书记系列重要讲话精神,学习、宣传和贯彻落实全国宗教工作会议精神,坚持党的宗教工作基本方针,在宗教界深入开展爱国主义教育、“宗教政策法规学习月”活动和“和谐寺观教堂”创建活动,提高宗教界依法依规从事公益慈善扶贫济困活动的能力和水平,巩固党同宗教界的爱国主义统一战线,注重引导宗教与社会主义相适应;加强宗教工作“三支队伍”培训工作,提高宗教工作法治化水平;建立健全宗教工作“三级网络”“两级责任制”,坚持“保护合法、制止非法、遏制极端、抵御渗透、打击犯罪”的基本原则,注重解决宗教领域突出问题,依法管理宗教事务;坚持独立自主自办原则和宗教中国化方向，支持爱国宗教团体加强自身建设和人才培养，努力提高联系服务宗教教职人员和信教群众的能力和水平；坚持宗教工作属地管理原则，加强监督检查，推动自治区党委、政府关于宗教工作的各项决策部署落实到实处，不断开创全区宗教工作的新局面，为打造祖国北疆亮丽风景线作出贡献。

（撰稿人：图雅图）

盟市旗县（市区）

呼和浩特市

【概况】2016年，面对复杂的国内外经济形势，中共呼和浩特市委、区市政府全面贯彻落实中央和自治区党委、政府决策部署，主动适应经济发展新常态，践行发展新理念，深度推进供给侧结构性改革，实施“四个服务、两个保障”，统筹推进稳增长、促改革、调结构、惠民生、防风险各项工作，较好地完成全年目标任务。

2016年年末，全市常住人口308.9万人。其中，城镇人口210.7万人，乡村人口98.2万人，城镇化率68.2%。地区生产总值3173.6亿元，同比增长7.7%；规模以上工业增加值同比增长9.1%；固定资产投资1849.2亿元，同比增长14.2%；一般公共预算收入269.7亿元，同比增长9%；社会消费品零售总额1481.5亿元，同比增长9.5%。地区生产总值、规模以上工业增加值、一般公共预算收入增速均居全区第3位，保持中高速增长。全市各项民生支出293.9亿元，占财政总支出70%；城镇常住居民人均可支配收入40 220元，同比增长7.7%；农村常住居民人均可支配收入14 517元，同比增长7.6%。固定资产投资同比增长14.2%，高于自治区平均水平2.2个百分点。投资效益较好。固定资产投资和地区生产总值比值为0.58：1，处于全区最高水平。投资结构较优。带动产业转型升级的服务业、制造业增长较快，服务业投资1434.5亿元，同比增长17.9%；制造业投资201.5亿元，同比增长45.6%。民间投资回暖。因地制宜落实国家、自治区促进民间投资的政策措施，推动民间投资增长由负转正，全年投资709亿元，增长1.4%，较上年提高3.2个百分点。

【农牧业】 全市农作物播种面积45.96万公顷，同比下降0.4%。其中粮食作物播种面积31.21万公顷，粮食产量130.8万吨，同比增长0.4%。建成500亩以上设施蔬菜基地100个，蔬菜产量53万吨，本地蔬菜供应率67.8%。全市建成规模化奶牛牧场242个，规模化养殖水平达97%，苜蓿草种植面积25万亩，平均亩产干草800公斤。农牧业产业化龙头企业324家，全年销售收入1560亿元，规模和效益居全区首位。

【工业】 优势特色产业支撑有力，绿色食品加工、电力能源、石油化工、生物医药、光伏、电子信息六大产业完成产值占规模以上工业的比重83.4%。工业新型化、智能化因素增多，培育发展以乳业为主导的绿色食品产业，以光伏材料为龙头的新材料产业，以草、树为特色的生态环保产业，以新能源汽车为代表的先进装备制造业，推动工业战略性新兴产业增加值增长10.9%，高于全部规模以上工业1.8个百分点。清水河联合新能源等12个光伏项目并网发电，新增光伏发电装机26.1万千瓦；晶环蓝宝石二期、中环光伏三期投产，单晶硅新增产量5312.9吨；托电五期1台机组试车发电，沃特玛新能源汽车产业创新联盟一期7个项目全面开工。

【服务业】 全年服务业增加值2175亿元，同比增长7.7%，对经济增长贡献率67%，现代服务业培育发展取得重要进展。

大数据云计算产业加快集聚 全市云计算服务器能力70万台，签约和入驻知名IT企业

70 多家，入驻数据应用企业 33 家，中国联通、中国电信和中国移动三大数据中心累计投资 86 亿元。

金融业高速增长 新增各类金融机构 8 家，金融机构存贷款余额同比增长 15.2%和 16.1%，增加值增长 15.9%，对经济增长的贡献率 21.7%。

文化旅游健康发展 全年接待游客、旅游收入分别同比增长 13.1%和 21.4%，文化产业增加值占地区生产总值比重超过 3%。

新消费模式加速成长 培育中国薯网、华蒙通、大宗畜产品等 20 多个大型电子商务交易平台，全年电子商务交易额、网络零售额分别同比增长 49%和 28.7%。

现代物流体系不断完善 完成城发恼包快递电商产业园一期、4 个旗县快递集散中心和 60 个末端配送网点建设，“天津无水港” 落户沙良园区“四港一口岸”功能区建设完成，全市具有一定规模物流园区 9 家，配送中心 50 家，各种规模物流企业 510 家，与美、澳等 10 多个国家开通国际快件业务，完成业务量是上年的 4.4 倍。举办各类展会 98 场，成交及意向协议总额超过 135 亿元。

【城乡建设】 城市建设投资 691 亿元，同比增长 69.8%。城乡规划体系不断健全完善，编制完成各类规划 8 项，启动和林格尔新区建设。城市综合立体交通体系形成。全面建成 65 公里城市快速路，机场迁建项目获得国务院、中央军事委员会批复，地铁 1、2 号线一期工程全面开工，完成 4.7 公里地下综合管廊建设，打通 45 条断头路。优先发展公共交通，以租代购增加新能源公交车 427 台，完成 BRT 快速公交站点建设，新开通公交线路 7 条，延伸调整线路 19 条，将公共交通机动化出行分担率提高到 48%。城市功能完善。加快推进少数民族群众文化体育运动中心、国家（北方）足球训练基地和儿童探索博物馆等一批功能性场馆建设。城市文化、民族特色彰显。加快如意总部区块、将军衙署区块、昭君博物院区块改造建设，完成大南大北街等特色景观街改造。老城区通过拆改建旧貌换新颜。推进拆改建、交通管理三年行动计划，重点对快速路两侧、机场路及河道水系两侧脏乱区域进行征拆和绿化。完成 284 个老旧小区改造、75 个片区老旧小区供排水管网及二次加压设施改造。城市管理水平提升。集中开展城市环境卫生综合整治提升行动，落实网格化、精细化管理责任，对 13 条主次街道实施街景整治，打造 31 条示范小街巷、301 个示范社区，实现中心城区 209 平方公里标准化管理全覆盖。呼和浩特市地铁 1、2 号线一期工程及前期准备工作有序推进，首批部分站点已经开工。11 月 30 日，呼和浩特市不动产登记机构揭牌暨市本级不动产权证书首发仪式举行。

【“十个全覆盖工程”建设】 加大美丽乡村与脱贫攻坚工程建设，全年共改造农村危房 70 365 户，建设标准化卫生室 310 个、文化室 420 个，完成 322 个村的农村电网改造，新建改造水源 590 个、管网 4499 公里，解决 24 万人的安全饮水问题，完成街巷硬化 5622 公里，具备条件的行政村全部通上沥青水泥路。完成呼塔二期等公路建设，新增村村通公路里程 434 公里。全力推进精准脱贫攻坚工程，新建易地搬迁和生态移民房屋 6127 套，发放金融扶贫贷款 1.6 亿元。

【科技】 按照“科技 + 基金 + 大数据 + 文化”的发展模式，培育发展以乳业为主导的绿色食品产业，以光伏材料为龙头的新材料产业，以草、树为特色的生态环保产业，以新能源汽车为代表的先进装备制造产业和以云计算为基础的大数据应用产业。建成乳业、蒙草种业科技、矿业科技等 7 家研究院，规划建设晶体研究院，加快推进中环光伏四期、沃特玛新能源汽车产业创新联盟、环聚新能源等一批项目，引入航天云网、百度、华为等大数据应用项目，新能源、新材料等战略性新兴产业实现产值 440.9 亿元。设立

8亿元创新奖励扶持资金和10亿元创新投资引导基金，带动社会投入73亿元促进创新创业，全年新增11家新三板挂牌企业，成功申报国家小微企业创业创新示范基地城市，内蒙古大学生创业园被确定为全国创业孵化示范基地；新增高新技术企业43家、自治区新型研发机构1家、第二批众创空间试点8家，全市高新技术企业、新型研发机构、众创空间试点分别为131家、7家和16家。全年专利申请量3203件、专利授权量1673件，同比分别增长22.5%和12%，每万人拥有发明专利数5.4件，均居全区首位，齐鲁制药等3家企业荣获2016年度国家科技奖，天一环境等5家企业入选2016年度国家知识产权示范企业和优势企业。

1月1日，举办"机器人科技嘉年华"主题展暨cosplay表演秀，内蒙古科技馆新馆作为自治区最大的科普平台，力争"国内领先、西部一流"，将成为自治区青少年的科技创新教育基地。6月12日，内蒙古自治区第十届社会科学普及活动周暨呼和浩特地区社科普及周启动仪式在内蒙古博物院拉开帷幕。

【教育】 教育均衡发展水平继续提高，新建、续建23所公办中小学、幼儿园，组建联盟学校31例，4个县区通过全国义务教育发展基本均衡县评估认定，面向社会公开招聘教师629名、农村特岗教师20名，校园网络覆盖率和多媒体教学设备覆盖率分别为55%和87%。截至年末，全市共有普通高校24所、成人高校1所、中等职业教育学校59所、普通中学108所、小学208所、幼儿园348所，各类学校在校生62万人。

【文化】 文体事业全面发展，完成54个乡镇(街道)综合文化站和703个综合性文化服务中心达标建设，丰富基层文化生活；举办第六届中国·呼和浩特少数民族文化旅游艺术活动、第十七届昭君文化节，推出《昭君》《巡城记》等一批优秀剧目，民族文化的影响力和感召力提升。截至年末，全市共拥有艺术表演团体6个，文化馆11个，公共图书馆10个，博物馆5个，广播电视台7座，广播综合人口覆盖率99.1%，全市有线电视用户40.2万户，电视综合人口覆盖率99.1%。

1月30日，内蒙古图书馆24小时自助借还图书，自助办证系统启用。24小时自助图书馆藏书7000册。内蒙古图书馆在其楼前广场设置全国首家24小时汽车还书口，读者可直接开车驶入还书口处，完成所借图书的归还手续。

9月10日，由内蒙古自治区代表团选送的第五届全国少数民族文艺会演参演剧目——大型民族舞剧《马可·波罗传奇》在北京天桥剧场演出。9月15日，在成都召开的中国博物馆协会名人故居专业委员会常务委员会议上，呼和浩特市的乌兰夫纪念馆正式成为名人故居专业委员会成员单位。12月21日，由自治区法学会主办的《纪念乌兰夫同志诞辰110周年全区书画名家作品集》首发式暨全区书画名家作品展在内蒙古美术馆开幕。

【卫生】 加强健康呼和浩特建设，推进实施11个卫生重点项目，市蒙中医院、妇幼保健院和新建的6个社区卫生服务中心投入使用，深入实施乡村医生巡诊制度，惠及偏远地区群众2.8万人。年末，全市共有卫生机构2017个。其中，医院105个。医院拥有病床17 596张。全市拥有卫生技术人员24 563人。其中，执业医师、助理医师9461人。

按照《内蒙古自治区发展改革委、卫生计生委、人力资源和社会保障厅关于印发〈内蒙古自治区医疗服务项目价格(试行)2012版〉的通知》要求，经市深化医药卫生体制改革领导小组联席会议研究，决定自2016年4月30日零时起呼和浩特市各级公立医院启动实施《内蒙古自治区医疗服务项目价格(试行)2012版》。

【体育】 广泛开展群众体育健身活动，市属体育场馆实现无假日开放，新建群众体育健身路径96条，全市人均体育场地面积2.16平方米，是全国平均水平的1.5倍，市区基本实现“15分钟健身圈”。截至年末，全市有体育场26个，体育馆7个，游泳池27个。9月24日，第三届内蒙古（国际）马术节在内蒙古赛马场开幕。

7月16日，“7·16全民游泳健身周”系列活动（呼和浩特站）暨内蒙古首届全民健身游泳达标赛在呼和浩特市全民健身活动中心游泳馆举行。此次比赛由国家体育总局群众体育司、国家体育总局游泳运动管理中心、中国游泳协会、中国救生协会指导，市体育局、市体育总会等主办。

【环境保护】 践行“绿水青山就是金山银山”的发展理念，加强治水、治气、治山工程。实施辛辛板、章盖营等4座污水处理厂提标改造工程；继续推进“引黄入呼”二期、再生水回用、污水处理、雨污水分流为主的分质分类供水工程，城市污水处理率由91.8%提高到95%以上，再生水回用率由20%提高到35%以上，地表水国控考核断面水质达标率75%。全面启动城市水系生态建设工程，总投资43亿元的大黑河综合治理工程实现注水，扎达盖河下游段、乌素图水库、八拜湖等“五河四库两湖”改造加快推进，“三环两带”生态绿化效果明显。集中治理大气污染，加强机动车排放管理，共淘汰“黄标车”6806辆、老旧车7550辆，实施京能盛乐电厂热源入呼工程，淘汰改造燃煤锅炉222台，PM2.5年平均浓度同比下降4.7%，空气质量优良天数同比增加7天，达到283天。实施“三环两带”生态绿化工程，建成丝绸之路公园和9个山体公园，将大青山国家级自然保护区核心区、缓冲区和水源保护区全部划入生态红线范围，取缔砂石厂、搅拌站178家。完成绿化面积43.2万亩，建成区绿化覆盖率38.3%。

【重点领域改革】 完成重点推进经济生态领域19大类211项改革任务。开展武川县矿产资源资产责任审计，完成清水河县自然资源负债表森林、湿地、草原实物量登记工作。深化商事制度改革，率先在全区启动“五证合一、一照一码”改革，全年新增各类市场主体5.1万户。深化国企改革。稳步推进农村综合改革，和林县农村土地征收制度改革试点在“非典型地区”试出“典型经验”，在赛罕区开展农村宅基地、土地承包经营权抵押贷款业务，全面完成武川县农村集体土地承包经营权确权登记颁证试点工作。推进户籍制度改革，实施居住证制度。全面推开不动产登记。有效推进文化体制改革。推进城市管理体制改革，有效整合城市管理和执法职能。按要求完成行政单位和参照公务员管理事业单位公务用车改革。创新投融资体制改革，全市PPP项目投资总额1134亿元，保障全市重点项目建设。深化财税体制改革，全面实行“营改增”。不断深化医疗卫生体制改革，公立医院药品、耗材、大型检查收入占总收入比重明显下降，仅取消药品加成一项让利患者近3亿元。扩大对外开放，组团参加香港、广东等地举办经贸合作活动，在北京成功举办大数据产业推介会，全年共引进项目330项，到位资金706.6亿元。发展跨境电子商务，开通首条国际快件俄蒙出口通道，进出口快件数量是2015年的4.4倍，增速在全国31个开通国际快件业务城市中排名第1位。

【供给侧改革】 去产能方面，完成70万吨落后水泥生产线拆除，关闭产能落后小散企业26户，引导阜丰生物、齐鲁制药等企业实施产品升级技术改造，推动生物医药产业整体转型升级。去库存方面，建立房地产购销平台和房屋租赁平台，将棚改货币化安置率提高到90%以上，放宽住房公积金使用条件，培育房屋租赁市场，发展创客地产，租赁改造33万平方米商业办公用房建设创业园、产业园。全年商品房成交面积559.9万平方米，同比增长37.5%。其中，住宅成交477.2万平方米，增长38.68%。降成本方面，从用电、用地、税费、物流等11个方面统筹降低企业成本，全市规模以上工业企业每百元主营业务收入成本78.68元，较上年降低3.06元，较全区、全国平均水平低 2.24 元和 2.96 元。去杠杆方面,全年争取自治区置换债券资金 286.6 亿元,平均拉长债务偿还时限 6.25 年,减少债务利息 6.91 亿元。新增 11 家新三板挂牌企业,全市上市企业 23 家,直接融资规模 260 亿元。补短板方面,实施一批打基础、利长远重大项目,薄弱环节得到加强, 基础设施投资和民生支出较快增长,全年基础设施投资增长 25.1%,民生支出占一般公共预算支出 70%。投入 130 亿元,完成 1400 个村的农村基础设施和公共服务建设。全年亿元以上项目开复工 322 个, 累计投资 843.9 亿元。

【平安首府建设】 始终把安全稳定放在重要位置,全力推进平安首府建设。加强和创新社会治理,打造 30 个创新服务示范社区,完成第九届社区居委会换届选举工作。推行信访首办责任制、领导包案、阳光信访等制度,解决回迁安置、拖欠农民工工资等突出问题, 信访批次和人次分别下降 10.8%和 11.7%。加快实施"平安 365 工程",基本完成平安首府视频监控联网应用项目建设,全市刑事案件发案下降 11.1%,全年有 239 天无"两抢"案件发生。强化生产安全监管,全面开展安全生产大检查和重点领域、重点企业专项整治, 全年安全生产事故起数下降 28.4%。强化食品药品监管,完善食品药品监管网络体系。支持国防和军队现代化建设,注重军民融合式发展,国防动员、民兵应急力量建设得到加强。

【社会保障】 筹集就业专项资金 2.9 亿元,发放创业担保贷款 1.6 亿元,帮助 2.1 万名高校毕业生和 5479 名就业困难人员实现就业,转移农村劳动力就业 27.4 万人。全面启动机关事业单位养老保险改革, 为 18.5 万名企业退休人员调整养老金,人均月增资 167.3 元。实施大病补充保险制度,统一城乡居民医保个人缴费标准,全年城乡低保保障 12.1 万人,医疗救助 4.5 万人次,教育救助 1852 人次,临时救助 1.8 万人次,参保参合救助 12.7 万人,发放救助金 4 亿多元。截至 2016 年年末,全市参保人数 62.6 万人,享受待遇人数 19.8 万人; 城镇职工养老保险参保人数 69.0 万人;城镇基本医疗、失业、工伤和生育保险参保人数分别为 117.1 万人、47.5 万人、39.9 万人和 36.9 万人。推进扶贫开发, 全市 25 362 名贫困人口全部完成建档立卡, 全年实现 16 909 名贫困人口精准脱贫。稳步实施安居工程。建成各类保障性住房 18 781 套, 综合改造老旧小区 284 个。持续提高社会保障水平,农村低保标准提高 100 元 / 年·人,达到 3744 元 / 年·人; 农村五保集中供养标准提高 700 元 / 年·人,达到 8200 元 / 年·人, 超过全区平均水平。截至 2016 年年末, 全市共保障城乡低保对象 70 849 户,受益人数 121 363 人,其中城市低保障对象 12 697 户、22 056 人, 全年累计发放低保资金 9512.4 万元; 农村低保对象 58 152 户、99 307 人,发放农村低保资金 18 709.1 万元。

【荣誉】 2 月 2 日,在国务院常务会议听取大督查第三批督查问责和督查表扬工作汇报中,呼和浩特作为内蒙古自治区唯一的地级市列入被表扬名单。此次受到国务院表扬的有 20 个市(州)、20 个县(市、区),同时,全国范围内 1148 名干部因庸政懒政怠政和不作为被严肃问责。2 月 23 日,在央视"中国经济生活大调查"颁奖盛典上,"2015 年度最具幸福感的省会城市" 排名前十位的城市名单揭晓,分别是:长沙、武汉、合肥、郑州、兰州、呼和浩特、乌鲁木齐、石家庄、南宁、南京。呼和浩特市荣列"中国十大幸福城市"第六名。2 月 28 日,由《人民日报》推出的全国美丽乡村评选活动公布投票评选结果, 呼和浩特市清水河县老牛湾村位居投票榜第三名。5 月 28 日,在第 10 届中国(武汉)园博会闭幕式上,进行国家生态园林城市和国家园林城市授牌仪式,呼和浩特市等 46 座城市被授予"国家园林城市"牌匾。12 月 15 日,2016 中国特色魅力城市 200 强名单正式出炉, 包括呼和浩特在内的自治区 7 个城市榜上有名，分别是：呼和浩特、包头、乌海、赤峰、通辽、鄂尔多斯、呼伦贝尔。

【2016 全国高职院校技能大赛内蒙古赛区开幕式举办】 4 月 8 日，“华为杯 2016 全国高职院校技能大赛内蒙古赛区 ‘计算机网络应用’赛项”开幕式在呼和浩特职业学院举办。大赛将选拔并确定参加 2016 年全国职业院校技能大赛“计算机网络应用”的参赛院校。此次大赛由内蒙古自治区教育厅和内蒙古自治区高职高专电子信息类专业建设指导委员会主办，呼和浩特职业学院承办。以内蒙古电子信息职业技术学院、呼和浩特职业学院和呼伦贝尔职业技术学院为代表的 16 支高职类学校的队伍参加了本次大赛。

【《食品安全法》情况开展执法检查】 5 月 7—9 日，中共中央政治局常委、全国人大常委会委员长张德江率食品安全法执法检查组，深入自治区巴彦淖尔市、呼和浩特市农村牧区、园区企业、商场超市、监管机构，就贯彻落实《中华人民共和国食品安全法》情况开展执法检查。他强调，要认真贯彻党的十八届五中全会精神和“十三五”规划纲要部署，落实习近平总书记对食品安全工作提出的“四个最严”要求，贯彻好实施好食品安全法，加快构建严密高效、社会共治的食品安全治理体系。自治区党委书记、人大常委会主任王君，自治区党委副书记、代主席布小林陪同检查并汇报工作。全国人大教科文卫委员会主任委员柳斌杰、全国人大民族委员会副主任委员王万宾、全国人大教科文卫委员会委员刘德培、全国人大常委会副秘书长沈春耀、全国人大教科文卫委员会委员马旭，全国人大代表汪耳琪、额日登格日勒参加执法检查。自治区领导李佳、张力、李鹏新、那顺孟和、王中和、杨俊兴、张院忠、刘惠、呼尔查、杜梓、杭桂林、吴团英、李荣禧、廉素、刘新乐、王玉明、王焕承，自治区高级人民法院院长胡毅峰、自治区人民检察院检察长马永胜等分别陪同检查或参加汇报会。

【呼和浩特铁路局增开新车】 5 月 15 日，零时起，全国铁路将进行近 10 年来最大范围的列车运行图调整。呼和浩特铁路局结合实际增开新车，管内开行的普速旅客列车由现在的 56 对增加到 60 对，其中直通旅客列车为 48.5 对，管内列车为 11.5 对，实现了内蒙古自治区与全国 27 个省区市的互联互通。

【第六届中国·呼和浩特少数民族文化旅游艺术活动、第十七届中国·呼和浩特昭君文化节开幕】 7 月 8 日，第六届中国·呼和浩特少数民族文化旅游艺术活动、第十七届中国·呼和浩特昭君文化节开幕。由中国歌剧舞剧院、呼和浩特民族演艺集团联袂倾力打造的大型舞剧《昭君》成为开幕式专场文艺演出。国家有关部委负责人，各省区市等兄弟友好城市负责人，全国部分蒙古族自治县领导，市四大班子领导等参加开幕式。

【首届和林格尔国际青少年足球邀请赛开赛】 8 月 3 日，首届和林格尔国际青少年足球邀请赛开赛。自治区分管副主席，市委常委、和林格尔县委书记朱建国，副市长王恒俊出席开幕式。比赛为期 5 天，共有来自俄罗斯、比利时、捷克、克罗地亚、蒙古国 5 个国家的球队以及北京国安、北京全运会代表队、天津权健、内蒙古全运会代表队和内蒙古盛乐蒙羊足球俱乐部共 10 支球队参赛。

【呼和浩特新机场项目再获批复】 8 月 15 日，呼和浩特白塔机场搬迁工作在自治区、呼和浩特市两级党委、政府的推动下，在自治区发改委、内蒙古民航机场集团公司等单位的大力支持下，继 2014 年 10 月获得中国民用航空局的批复后，呼和浩特新机场项目再获国务院、中央军委批复。

【呼和浩特市 10 镇入选全国重点镇】 9 月 6 日，住建部、国家发改委等 7 部委共同发布最新一批全国重点镇名单，呼和浩特市共有 10 个镇榜上有名。分别是：新城区保合少镇、土默特左旗察素齐镇、土默特左旗毕克齐镇、托克托县双河镇、托克托县新营子镇、和林格尔县城关镇、和林格尔县盛乐镇、清水河县喇嘛湾镇、清水河县城关镇和武川县可可以力更镇。

【呼和浩特7家众创空间上榜第三批国家级名单】 9月13日,科技部火炬中心公布第三批国家级众创空间名单,自治区有35家入选,其中,呼和浩特市有7家上榜,分别是创客星空众创空间、内蒙古工业大学东邦科尼众创空间、呼和浩特金山高新区众创基地、聚咖啡众创空间、金桥电子商务众创空间、创业奶茶屋和内蒙古清研电子商务众创基地。

【首届内蒙古长城研讨会举行】 10月28日,为庆祝《长城保护条例》颁布10周年,由内蒙古长城研究会、内蒙古社科院联合举办的首届内蒙古长城研讨会在呼和浩特市举行。此次研讨会共有46名来自山西、陕西、内蒙古等地的专家学者参加,共提交长城研究论文及论文提要33篇,论文涉及长城的建筑、历史、文化、宗教等领域。"长城数字化"与"长城保护与宣传"成为此次研讨的热点之一。

【新一轮东北振兴战略推进工作会议召开】 11月5日,全区实施新一轮东北振兴战略推进工作会议在呼和浩特召开。会议深入学习贯彻习近平总书记全面振兴东北地区重大战略思想,学习贯彻国务院振兴东北地区等老工业基地推进会议精神,研究部署自治区落实新一轮东北振兴战略、推进东部盟市跨越发展工作。自治区党委书记李纪恒作讲话。自治区党委副书记、自治区主席布小林传达国务院振兴东北地区等老工业基地推进会议精神并安排部署自治区贯彻落实工作。自治区党委副书记李佳、自治区副主席常军政分别主持上、下午全体会议,自治区党委常委、自治区副主席张建民作总结讲话。自治区党委常委,自治区人大、政府、政协领导,自治区高级人民法院院长出席会议。自治区党委常委、市委书记那顺孟和,市委副书记、市长李杰翔在主会场出席会议;市人大常委会党组书记云建东等呼市各大班子领导,市中级人民法院、市人民检察院负责人,呼和浩特经济技术开发区及市各部门负责人在呼市分会场参加会议。

【内蒙古呼和浩特国家级新区设立规划】 11月17日,中共呼和浩特市第十二届委员会第7次常委会会议召开,会议研究关于设立内蒙古呼和浩特国家级新区有关事宜。内蒙古呼和浩特国家级新区的战略定位是:全方位对外开放的重要窗口、创新体制机制的重要平台、辐射带动区域发展的重要增长极、产城融合发展的重要示范区、绿色循环低碳发展的生态智慧区。其初步规划的园区布局为"一核两翼七组团"发展格局。一核是由和林格尔经济技术开发区、沙尔沁工业园区、临空经济区和新机场组成的中部产业核心区。两翼是由金桥开发区和东部白塔片区组成的城市新区和托县工业园区、清水河工业园区组成的托清工业集中区。七组团分别是盛乐组团、白塔组团、金桥组团、沙尔沁组团、托清组团、空港组团、绿色高效农业组团。

【《英雄出草原》系列电视纪录片新闻发布会举行】 12月21日,中央新闻纪录电影制片厂(集团)史诗电视连续剧《英雄出草原》摄制组成立暨系列电视纪录片《第一个民族自治区诞生记》、纪录电影《影像中的珍贵记忆》新闻发布会在呼和浩特举行。全国人大常委会原副委员长布赫发来贺信。自治区副主席王玉明出席发布会并讲话。发布会由内蒙古自治区人民政府、中央新闻纪录电影制片厂(集团)、内蒙古自治区党委宣传部联合主办。该系列影视作品以纪念乌兰夫诞辰110周年、庆祝内蒙古自治区成立70周年为主题,来自全国各地的影视艺术家、专家学者200余人参加发布会。

(撰稿人:谢勇 思文 孙志杰)

新 城 区

【概况】 新城区位于内蒙古自治区首府呼和浩特市东北部，北面和东面以大青山为分水岭与武川县和乌兰察布市的卓资县隔山相望，南与赛罕区接壤，西与回民区毗邻。地理坐标在北纬40°48′~41°7′处，东经111°35′~112°5′。新城区总面积700平方公里，总人口64万人，有满、蒙古、回、汉等34个民族，是满族聚居区。新城区是呼和浩特市政治、文化、教育、科技、新闻、交通、通信及信息中心和对外开放的窗口。

2016年，地区生产总值777.8亿元，同比增长8.2%；一般公共预算收入45.4亿元，同比增长5.6%；固定资产投资265.8亿元，同比增长14.1%；规模以上工业增加值14.4亿元，同比增长5.2%；社会消费品零售总额439亿元，同比增长9.4%；城镇和农村常住居民人均可支配收入45 445元和17 526元，同比分别增长7.7%和7.4%。三次产业结构演进为0.2：10.1：89.7。

【工业】 编制完成新城区东河新区产业发展规划。推进鸿盛园区产业转型，威尔浪、利诚实业等一批传统企业实现技术升级。参加内蒙古大数据(北京)推介会，签约项目10个、签约资金45亿元。中国联通西北(呼和浩特)基地建设机架9000架，形成18万台服务器装机规模，百度、阿里巴巴等10余家知名企业运营良好。蒙天然、金坤医药等一批生物医药项目投入运营。华讯软件、信元科技等一批软件研发企业逐步扩大市场规模。大数据、电子信息等高端产业的繁荣发展，为区域经济转型升级注入新活力。

【服务业】 云计算、现代物流、金融保险等生产性服务业提速发展。新泰天逸等大数据项目加快推进。满世尚都等金融总部建成运营。新增太伟方恒商务区、恼包物流园区2家自治区级服务业集聚区，数量、种类位居自治区之首。大青山前坡旅游服务功能日益完善。规划六路、滨河西路和呼和塔拉大街恼包西段建成通车，大青山前坡生态旅游公交专线开通运营。水磨沟和哈拉沁沟河道景观治理工程完工，大青山游客集散中心建设接近尾声，沟域旅游基础设施进一步完善。草原风情民俗体验区、精品缀花草原使呼和塔拉草原生态景观显著提升。国家北方足球训练基地(一期)开工建设，内蒙古少数民族群众文化体育运动中心主体完工。新城牧歌获批国家AAA级景区。全年接待游客558万人次、收入20.5亿元，旅游业正在成为经济发展的新动力。滨海友谊、金茂中心商圈初步成型。服务业增加值697.3亿元，在自治区103个旗县区排名第一。

【城区建设】 使用国开行贷款45亿元，征拆房屋9368户、275.4万平方米，超额完成全年任务。将军衙署区块等征拆任务全面完成，三合村、呼准鄂铁路等征拆工作加快推进，北二环区块棚户区、地铁一二号线等重大项目征拆工作进展顺利。一家村等15个回迁房项目全部开复工，交付使用面积21.4万平方米，2284户居民喜迁新居。综合改造老旧小区247个、310万平方米，拆除凉房及临时建筑2万余间、12.8万平方米。新建自来水二次加压泵站26个。改造团校巷等小街巷3条，维修迎春巷等街巷道路55条，打通哈拉沁北路等断头路18条，群众出行更加便捷。完成快速路两侧绿化，新建北山公园，完成成吉思汗大街和东河环城水系绿化景观，实施展东路等75条道路、爱民街节点等21处重点区域绿化，栽植苗木260万株(丛)，新增绿地200万平方米。以创建全国文明城市、国家卫生城市为目标，集中开展城市环境卫生综合整治提升行动。落实网格化、精细化管理责任，打造市容严管街23条、样板小区65个，全面铺开呼伦北路等10条示范街建设，拆除天府小区等私搭乱建2100处、2.1万平方米。新建垃圾转运站20座，设立环卫工人休息室56处。城区主次干道保洁率和机扫率100%。开展铁腕治理交通秩序专项行动,“数字城管”三级指挥平台平稳运行,受理事项5.2万件,处置率95%。

【美丽乡村建设】 累计投资32.6亿元，高标准推进31个村庄改造建设,改造危房1838户,硬化街巷253公里，建成标准化卫生室23个、文化室34个、便民连锁超市26个,解决了1.9万户、4.8万人的安全饮水问题。推进城乡公共服务一体化。铺设地下排污管网20万延长米,建设垃圾转运站19座、公共厕所24座,建设污水处理站2座。农村环境卫生实现专业化、常态化管理。被征地农民养老保险实现全覆盖,到龄农民人均每月可享受养老金850元。推动农村产业发展,庄子和水泉村光伏小镇初步成型,水磨等村庄特色农家乐初具规模。大青山前坡村庄面貌极大改观，承办自治区农村牧区精神文明现场观摩会和全市美丽乡村人居环境综合治理现场观摩会。

【生态建设】 大青山前坡累计落实绿化用地10万亩,栽植苗木1300万株(丛),全区森林覆盖率提高到43%。哈拉沁生态公园、雅玛图森林公园等重大项目完工并向社会开放。草博园、七彩花田、沙恩葡萄园等生态产业项目扎实推进。森林防火和有害生物防治工作切实加强。始终保持打击“两违一污”高压态势,强化卫片执法,累计清理整顿污染企业268家、拆除违章建筑20万平方米。全面推进大气污染治理，完成减排1262吨。完成中央环保督查198件整改事项。制定《新城区生态红线划定方案》。首府水源地和生态建设成果得到有效保护。

【教育】 通过国家义务教育发展基本均衡督导评估。东河学校、讨思浩幼儿园等8所中小学校、幼儿园加快建设。投资9700万元,全面完善辖区学校教学设施设备。公开招聘教师97名，引进免费师范生24名,培训教师1.3万人次。开展校园及周边环境综合治理，规范整治“小饭桌”382家、无证幼儿园85家。成立校园纠纷调解委员会,聘任法治副校长94名。推进教育信息化建设，北垣小学等8所学校实现网络在线智能化监管。自治区国家大学科技园被认定为国家级科技企业孵化器和自治区级电子商务示范基地。

【科技】 科技工作扎实开展。投入科技经费1850万元,支持各类科技项目74项。选聘农业科技特派员55名。30项科技创新成果在全市首届科技博览会上展示。创建电子商务、文化创意等12个主题产业园。打造“三创”物理空间17万平方米。引进内蒙古知识产权交易中心等企业总部8家、猪八戒网等创新企业218家。“三创”基地自主知识产权项目达24个、个人专利8个,实现科技成果转化13项。信元科技等3家企业在新三板上市。依托“三创”基地,支撑呼和浩特市获批国家小微企业创业创新基地城市示范。自治区大学生创业园被确定为全国创业孵化示范基地。

【文化】 原创大型满族歌舞剧《青城满韵》获得全市“五个一”工程奖。建成非遗传承基地5处、长城遗址保护站4处。讨思浩天仓节、青城刻瓷进入市级“非遗”保护名录。开展“扫黄打非”工作,文化市场经营秩序进一步规范。

【体育】 呼和浩特市游泳馆、跳水馆和体育学校主体完工，建成基层综合文化服务中心30处、社区(村)影院20处、笼式足球场3处。举办全国登山联赛、“青山圣水·活力新城”文化旅游节等文体活动。

【医疗卫生】 自治区妇幼保健医院、精神卫生中心和蒙中医院外科大楼建设顺利推进。迎新路社区卫生服务中心等3家医疗卫生机构与自治区三甲医院建立“医疗联合体”。东风路社区卫生服务中心被确定为自治区“医养结合”服务试点。疾病防控体系不断健全,医疗市场秩序更加规范。坚持计划生育基本国策,落实“全面二孩”政策。人和社区被确定为国家级“新家庭计划·家庭发展能力建设”(试点)社区。

【平安新城建设】 把安全稳定放在首要地位,

树立红线意识,着力保安全、防风险、促稳定。建立重点区域24小时巡查机制,安全生产隐患排查实现常态化。重点对辖区24万户燃气液化气用户进行隐患排查,对建筑施工、商贸流通等重点行业领域实施专项排查整治，发现隐患2514项、整改率达到85%,全年未发生重特大安全事故。落实领导接访包案制度,进京非访同比下降54%,一批久拖未决的信访积案得到解决。建成食品加工园区1个、标准化食药监管所7个、食品快检室1个,强化食品药品安全监管。档案、统计、民族、宗教、残疾人、红十字、国防建设、防震减灾、妇女儿童等各项工作都取得了新成绩。

【社会保障】 城镇新增就业7735人，再就业1313人,农村劳动力转移就业1.7万人,城镇登记失业率控制在3%以内。城乡居民基本医疗保险参保17.7万人，城乡养老保险参保9800人，新农合参保4.5万人。城乡低保标准逐年提高,发放低保金1921万元，做到应保尽保。成立区慈善总会,社会救助体系不断完善。全年发放教育、医疗、煤补等各类救助和补贴资金6880万元。在全市完成脱贫攻坚任务,766名建档立卡贫困人口全部脱贫，人均年收入8000元以上。加强劳动监察执法,追讨欠薪6300万元,劳动者合法权益得到维护。建设社区办公活动场所7处,新增社区居委会5个。不断加大民生投入力度,全年投入民生资金35.5亿元,占财政支出82.4%。

【自身建设】 开展“两学一做”学习教育,改进工作作风、提升行政效能。坚持依法行政,接受人大法律监督和政协民主监督,325件人大代表建议和政协委员提案全部办结。落实“三重一大”集体决策制度,规范重大行政决策程序,健全政府法律顾问制度,做到科学、民主、依法决策。推进城管综合执法体制改革,71项行政处罚权下沉到镇和街道办事处。新城区被评为全国“六五”普法工作先进旗县区。区市民服务中心受理事项9.7万件,办结率99.8%。全面实行“营改增”,1000平方米联合办税大厅投入使用。落实公务用车制度改革。“三公”经费压缩11.4%。保持执纪问责高压态势,强化明察暗访,曝光通报“庸懒散”等纪律作风问题18批次63人,清理不规范资金2504万元，进一步营造风清气正、干净干事良好氛围。

（撰稿人:杨志峰）

回 民 区

【概况】 回民区地处呼和浩特市城区西北部,总面积200平方公里,其中城区面积30平方公里,辖海拉尔西街、新华西街、通道街、环河街、钢铁路、光明路、中山西路7个街道办事处和攸攸板镇 1 个镇,共有43个社区居委会、19个行政村（其中14个行政村完成撤村建居挂牌工作)。2016年,回民区常住人口43.78万,其中城镇人口39.28万，乡村人口4.5万，城镇化率89.7%。回民区共有汉、回、蒙古、满等32个民族,其中回族人口2万余人,约占全市回族总人口的70%,是回族聚居区。回民区户籍人口出生率为7.9‰，死亡率为6.3‰，自然增长率为1.6‰。

回民区有中小学、幼儿园50所。有内蒙古人民广播电台、内蒙古电视台、新华广场、呼市体育场、呼市展览馆、呼市图书馆等文化活动中心。有内蒙古医学院附属第一、第二医院、内蒙古第二医院、呼市第三医院及呼市中蒙医院等医疗机构。有清真大寺、天主教堂等各类宗教场所16个。回民区是首府重要的商贸、文化、体育和医疗卫生中心，也是呼和浩特市宗教场所聚集区。

2016年,回民区地区生产总值424.6亿元,同比增长7.1%；社会消费品零售总额455.9亿元,同比增长9.5%;公共财政预算收入16.2亿元,同比增长7%(按同口径计算);固定资产投资147.3亿元,同比增长13.2%;服务业增加值

380.5 亿元,同比增长 7.3%;城镇常住居民人均可支配收入 40 119 元,同比增长 7.6%;农村常住居民人均可支配收入 18 266 元,同比增长 7.1%;万元地区生产总值能耗降低 2.6%。三次产业比例为 0.11∶10.27∶89.62。

【城镇建设】 贯通阿拉善北路等 6 条道路,开工建设阿吉拉沁北路等 9 条道路,完成维修改造吧街等 55 条小街巷。成吉思汗西街跨乌素图河桥主体建成。总投资 2 亿元的工农兵路公铁立交桥启动实施。总投资 50 亿元的轨道交通 1、2 号线回民区段建设工程全面开工。新增、延伸公交线路 8 条,增加公交车辆 136 台。北出城口立交桥、呼武公路两侧、二环快速路两侧绿化工程全部完工,永恒之门南北广场、高伦特公园主体建成,民族广场、法制广场、光明游园完成改造,建成区绿地面积达到 1.3 万亩,人均公园绿地面积增加到 10.84 平方米。投资 1800 万元,为阿吉拉沁北路等 5 条市政道路铺设供排水管网 6.8 公里。投入资金 41 亿元,征收土地 4000 亩,征收房屋 152 万平方米。完成二环快速路两侧绿化工程 522 户征收任务和华建四处大院、8 个地铁站口、7 条断头路征拆工作。累计建设 14 个村回迁房 1.1 万套,交付使用 6800 套,推进光明路统建楼、铁路小区等 4 个政府主导实施的货币化安置项目。申请置换债 10 亿元,为 16 家房地产企业缓解资金难题。通过回迁安置、项目抵押、举办房展会等方式消化存量房 234 套,总面积达 2.4 万平方米。

【城市管理】 全面开展城市环境综合整治提升行动,总投资 1.9 亿元的新华西街、海西路、通道南街街景整治工程完成总工程量 90%,总投资 7200 万元的战备路等 7 条样板街改造工程全部完工,拆违拆临 7.7 万平方米,清理违规户外广告 4.4 万平方米,整改烧烤摊点 473 家,通过数字化管理平台处置市容环卫案件 4 万余件。城市管理基层执法力量进一步增强,一线执法人员增加到 307 人,配备执法电瓶车 150 辆。完善环卫基础设施,投入 300 万元,新建改造 11 座垃圾转运站,新增环卫作业车辆 10 台。铁腕实施疏堵保畅工作,交通秩序改观。国家土地北京局例行督察整改工作基本完成,41 宗问题图斑完成拆除。

【商贸服务业】 “两圈”(即中山西路商圈、海拉尔西路商圈)转型升级取得新突破。“中山西路商圈”营业收入稳步增长。茂业集团控股维多利集团,实现强强联合。总投资 16 亿元的海亮广场二期基本完工,总投资 2000 万元的维多利摩尔地下商业街投入运营,商业面积新增 10 万平方米。民族商场跨境电商直购店上线运行,实现营业收入 820 万元。总投资 3 亿元的儿童探索博物馆项目主体封顶。振华集团城市商业综合体项目重新启动。“海拉尔西路商圈”经营规模不断壮大。总投资 5 亿元、总建筑面积 13.5 万平方米的金海国际五金机电城二期投入使用,建成自治区级中小企业创业创新基地,吸引百度营销中心、奇虎 360、内蒙古对外贸易集团等 10 余家知名企业入驻,协议年纳税额 3000 万元。庆鼎、庆瑞等二手车交易市场转型成功,经营规模达 20 万平方米,交易额突破 50 亿元。总投资 1.6 亿元的恒茂汽车商务交易中心启动实施。总投资 8.2 亿元的中泰物流园、中全物流园开工建设。总投资 50 亿元,占地面积 1164 亩的健康医疗产业园正式启动,与内蒙古医科大学附属医院达成合作协议。

“四区”集聚发展取得新成效。“大青山生态旅游产业集聚区”基础设施更加完善。大青山文化旅游产业区规划编制完成。总投资 65 亿元的“三河一库”综合治理工程全面启动,乌里沙河和扎达盖河上游顺利开工,乌素图河征拆工作完成总任务的 50%。总投资 1 亿元的乌素图召修缮和乌素图森林公园改造工程基本完工。总投资 2500 万元的北极光滑雪场二期工程启动实施。“成吉思汗西街文化创意产业集聚区”发展势头良好。万达广场商业综合体主体完工,蒙亮文化演艺广场基建成。国内电影公司熙颐影业、港澳传媒影业签约入驻。总投资1.5亿元、总占地面积147亩的蒙亮民族用品研发展示中心投入使用，全年接待游客80万人次，旅游收入突破1亿元。“新华西街总部经济集聚区”后发优势明显。总投资6.4亿元的轨道交通控制中心项目落地实施，征拆工作基本完成。总投资3.4亿元、建筑面积7.4万平方米的新华广场地下综合改造工程加快实施。推进新华西街两侧土地整理工作，呼钢小区、机床厂宿舍等4个地块征拆进展顺利。内蒙古医科大学综合办公楼主体建成，浩鑫商业广场项目完成内装修，富兴大厦投入运营。内蒙古金土鼎盛投资等8家大型基金管理公司相继入驻，管理资金110亿元。工商银行内蒙古分行、华夏银行呼和浩特分行调整发展思路，总部继续留驻区内。“金海电子商务产业集聚区”初具规模。金海电子商务基地成功通过自治区级服务业集聚区考核检查。新增5000平方米电商办公面积，引进内蒙古滇红股份有限公司、山西迪奥普科技有限公司2家企业总部，内蒙古驰鹿电子商务等10家电商企业入驻。签约中国人寿北方呼叫中心、百度大数据应用产业园项目。创业孵化基地基本建成，绿色羊绒产业园项目完成可研编制。

【招商引资】 吸收内外资金实际到位46.2亿元。引进熙颐蒙高乐影视传媒有限公司、内蒙古港澳影视传媒有限责任公司、内蒙古荣瑞影视传媒有限责任公司、内蒙古灵意文化科技有限公司4家文化传媒企业，内蒙古湖畔里程股权投资合伙企业、内蒙古湖畔彤泽股权投资合伙企业2家投资公司入驻。

【科技 教育】 完成5项新技术、新产品推广，5家企业被认定为高新技术企业。总投资1.7亿元的呼市七中、一间房小学、倘不浪小学教学北楼主体建成，总投资3900万元的厂汉板等3所幼儿园竣工，建成教育信息化网络中心，全年新招录教师94名，其中国家免费师范毕业生36名。

【文化体育】 举办“青山绿水、美丽西城”文化旅游节等活动，启动实施清真大寺修缮工程，建成新钢公园、新华公园等17个笼式足球场，获得“全国健身球操之乡”称号。

【卫生】 年末，回民区共有医疗机构270个、床位4772张、卫生技术人员6511人。卫生技术人员中，有执业医师2200人。基层医疗卫生服务能力不断加强。“医联体”工作深入开展，中山西路等3个社区卫生服务中心开设“名医工作室”。食品药品“两创一建”(创建国家食品安全城市、创建国家农产品质量安全监管示范县、建设食品药品安全呼和浩特)工作有序推进，新建8个基层食药监管所。计划生育“二孩”基本国策全面落实，被评为全国计划生育优质服务先进单位。

【社区建设】 完成东棚子等4个行政村试点社区建设，新建改造通北等6个社区，贝尔路社区建成自治区首个家庭互助式养老中心。投入资金2.55亿元，拆除凉房1万间，改造60个老旧小区，完成11个片区供排水管网及二次供水设施改造工程，惠及居民4.3万余人。投入资金860万元，建成7个街道物业服务中心、43个社区物业服务站。投入137万元，完成元山子危桥改造。基层民主建设进一步加强，第九届社区居民委员会换届工作完成。

【劳动就业】 城镇新增就业6229人，登记失业率控制在3.8%以内。发放创业担保贷款1185万元，创业带动就业3640人。被评为2016年全国中小城市创新创业百强区。

【社会保障】 城乡低保标准分别提高到每人每月565元和每人每年3744元，五保对象分散和集中供养标准分别提高到每人每年4800元和8200元，城镇“三无”人员供养标准提高到每人每月1200元。全年累计发放各类民政资金6075万元。城镇居民基本医疗保险参保任务顺利完成，机关事业单位养老保险制度改革和人事、工资制度改革稳步推进。

【人民生活】 扶贫攻坚第一民生工程有成效，农民人均可支配收入低于4000元的贫困人口全部脱贫。建成保障性住房1602套，摇号分配公租房2779套，交付使用廉租房240套，发放公租房长期租赁补贴1000万元。

【民主法治】 “七五”普法工作全面启动，基层司法所建设成效显著，得到司法部充分肯定。

【维稳工作】 加大矛盾纠纷排查化解力度，解决土地征收、房屋拆迁、企业改制等方面的问题，487件信访案件得到妥善调处。引导信访群众通过司法途径解决诉求，内蒙古大商城信访问题得到有效疏导。落实安全生产“党政同责、一岗双责”责任制及责任追究办法，开展安全生产百日攻坚战，安全生产形势平稳向好。突发公共事件应急预案进一步完善，应急管理能力不断加强，“6·19”交通事故等突发公共事件得到妥善处理。

【自身建设】 接受人大及其常委会法律监督、工作监督和政协民主监督，办理人大代表建议和政协委员提案327件，办复率100%。听取民主党派、工商联和社会各界人士的意见和建议。坚持依法行政，严格执行依法决策和政府法律顾问制度，调整完善政府权力清单、责任清单，全面推行行政执法“双随机、一公开”制度。行政机关公务用车改革全面完成，处置公务用车147辆，建立跨部门综合执法执勤用车平台，公务交通支出总节支率7%，“三公经费”持续削减。开展“两学一做”学习教育和“勇于担当、攻坚克难”主题活动，干部作风切实转变，政府服务水平不断提升，服务型政府建设成效明显。

（撰稿人：赵鹏 董敏瑞）

玉 泉 区

【概况】 呼和浩特市玉泉区位于北纬40°41′，东经111°10′，东与呼和浩特市赛罕区毗邻，西、南与呼和浩特市土默特左旗接壤，北与呼和浩特市回民区相邻，是呼和浩特市的一个市辖区，县级建制。1954年6月1日，呼和浩特市人民政府正式把本区命名为“玉泉区”，1966年8月更名为“向阳区”，1979年，复称玉泉区。玉泉区辖1镇、8个街道办事处，即小黑河镇、昭君路街道办事处、长和廊街道办事处、小召前街街道办事处、兴隆巷街道办事处、大南街街道办事处、石东路街道办事处、西菜园街道办事处、鄂尔多斯路街道办事处，50个行政村，49个社区居委会。

玉泉区辖区面积258平方公里。总人口383 365人，常住人口267 892人。其中：城镇人口162 352人；农业人口217 097人；汉族人口339 353人，占总人口的88.5%；蒙古族33 905人，占总人口的8.8%；其他少数民族10 107人，占总人口的2.6%。

2016年，地区生产总值327.96亿元。一般公共预算收入18.7亿元。有佛教、道教、基督教、伊斯兰教4种宗教，玉泉区共有教职人员107人，信教群众约3.8万人，正式活动场所13处，分布于小黑河镇、昭君路街道办事处、大南街道办事处、兴隆巷街道办事处、长和廊街道办事处、小召前街街道办事处。

【农业】 玉泉区耕地面积73 000亩，农作物以玉米、小麦、马铃薯为主。大力发展蔬菜、瓜果种植产业，果蔬种植面积9200亩，全年蔬菜产量2.1万吨，同比增长10%。农作物播种面积6.9万亩，粮食总产量2.2万吨。各项惠农政策得到有效落实，农业支持保护补贴面积4.9万亩，补贴资金530万元，玉米生产补贴面积6.8万亩，补贴资金1174.9万元。“四个千万亩”节水灌溉工程（即1000万亩大中型灌区节水改造任务，1000万亩井灌区结束改造任务，1000万亩旱改水灌区节水建设任务，1000万亩牧区节水灌溉饲草地配套建设任务）如期投入使用，新增节水灌溉面积1.7万亩。畜禽防疫工作不断加强，全年共检疫畜禽 8.9 万头，促进畜牧业的健康发展。补齐农村发展短板，农村基础设施和公共服务水平全面加强。累计投入资金约 8.3 亿元，完成民案、连家营等 28 个村的人居环境综合整治工作，惠及群众 5.4 万人。按照“五个一批”（即发展生产脱贫一批、易地扶贫搬迁脱贫一批、生态补偿脱贫一批、发展教育脱贫一批、社会保障兜底一批）的精准扶贫精准脱贫工作思路，全面完成 779 人的脱贫任务。

【工业】 玉泉区规模以上工业增加值累计较上年同期增长 8.7%（可比价）。雪绒花、大丰源等规模以上企业 26 家，规模以上工业总产值 97.8 亿元。开工千万元以上工业项目 19 项，完成工业固定资产投资 5.4 亿元。佰特利线缆等重点项目快速推进，呼阀科技、草原红太阳成长为园区重点企业，地铁管片厂、金源康等一批项目投产达效。

【城镇建设】 加快推进城区改造建设步伐。投资约 32 亿元（2015 年为 13.5 亿元），重点实施东二道河、范家营等棚户区及“四河”改造项目征拆工作，累计征收房屋 5126 户、建筑面积约 83.4 万平方米、土地约 4307 亩。城市基础设施不断完善。城市环境改观，区域经济发展空间拓宽。60 天时间完成二环快速路 12.3 公里绿化征拆，投入资金 7.5 亿元，涉及居民 770 户、土地 840 亩、建筑面积 12.8 万平方米。投资 2 亿元，完成地铁 1、2 号线以及畜科院东路、金穗路等 9 条道路桥梁的征拆工作，其中 6 条成通车；改造养鱼池西一巷、建华南街等 10 条小街巷，城市交通“微循环”显著改善。河道综合整治成效显著，乌素图河、小黑河综合整治工程有序推进。

【服务业】 商贸物流业蓬勃发展。5 个支撑性项目基本建成，累计投资 56 亿元。金宇·新天地商业体全面建成，红星美凯龙和亚辰海派广场正式开业，居然之家、闻都·世界城运营良好，产业集聚功能和商业带动能力提升。历史文化街区底蕴彰显。大召文化产业群落内涵日益丰富，历史文化名城金字招牌更加亮丽。实施塞上老街亮化工程，汇集多地特色美食的月明楼美食广场全面运营。大盛魁南区招商工作进展顺利，茶社、相声、餐馆、酒吧、书画院等业态更加丰富，以“一街、两块、多片区”的文化产业集聚效应明显。深挖传统饮食文化，将五塔寺后街、小召前街打造成为“呼和浩特烧卖第一街”，举办呼和浩特市首届“烧卖文化艺术节”，为文化旅游产业注入新活力。“黄金旅游带”建设快速推进。启动“国家全域旅游示范区”创建工作，投入 6.7 亿元，重点推进昭君文化旅游区、大召历史文化旅游区等 6 个旅游项目建设，蒙古风情园自治区级服务业标准化试点项目正式启动。投资 3.1 亿元完成大南大北街——昭君路 12.1 公里的街景整治亮化工程，提升“黄金旅游带”景观效果。投资 7 亿元的昭君文化旅游区改扩建工程完成主体建设，正在进行内部装修。大召历史文化旅游区获批国家 AAAA 级旅游景区称号。全年各景区（点）共接待游客 590 万人次，旅游收入约 4.7 亿元，同比增长 43.7%。

【旅游业】 玉泉区内古迹众多、召庙林立，既有明代建筑，也有清代建筑，有融合北方少数民族特色，特别是蒙古族历史与宗教文化创意的大召、席力图召、五塔寺和昭君墓等国家重点文物保护单位，有展示明清时期建筑风格的“塞上老街”和彰显历史繁荣景象的仿明清一条街，以民族文化、宗教文化为背景，集观光、休闲、娱乐为一体的蒙古风情园，还有以提供娱乐、休闲、小憩、嬉水、旅游为一体的呼和浩特市规模最大的水利旅游项目草原湿地公园。蒙古风情园和南湖湿地公园，与大召、五塔寺等名胜古迹共同构成呼和浩特市民族历史文化与现代都市文明交相辉映的“黄金旅游带”。

【民生工作】 新建社区服务用房 4 处、老年人日间照料中心 4 处，开工改造老旧小区 70 个。与内蒙古医院、市医院合作建成 8 所“名医工作室”，初步形成分级诊疗就医模式。全年投入 4.9

亿元,新建、续建、扩建中小学、幼儿园项目14个,建筑总面积约27万平方米。内蒙古师范大学附属第二中学建设情况良好。玉泉区城镇新增就业6176人,农村劳动力转移就业10 028人,城镇登记失业率为3.7%。开展创业担保贷款工作,全年发放贷款920万元。华美、恒盛创业园和大盛魁文创园累计扶持创业577户,带动就业2350人。加快发展足球运动,新建笼式足球场3处,举办2016年玉泉区"区长杯"足球联赛。落实广电惠民政策,安装8975套"户户通"设备,在农村放映电影648场。加大劳动保障监察工作执法力度,追讨农民工工资3300多万元。

(撰稿人:石雅琼)

赛 罕 区

【概况】 赛罕区位于呼和浩特市城区东南部,大青山南麓,土默特平原东北部。地理坐标:北纬40°36′~40°57′,东经111°40′~112°10′。东部和东南部与乌兰察布市卓资县、凉城县毗邻,西部南部与玉泉区、和林格尔县接壤,北部与新城区为邻。

1980年,郊区人民政府成立。2000年6月14日,更名为赛罕区人民政府。原郊区的7个乡分别划归新城区、回民区、玉泉区管理,同时将大学西路街道办事处、人民路街道办事处划归赛罕区管理,赛罕区由一个纯农业区转变为城乡结合的新型城区。辖1个自治区级开发区,3个镇、8个街道办事处。下设101个行政村、87个社区居委会。

赛罕区总人口430 773人,其中:乡村人口139 125人,男性215 630人,占总人口数的50.06%;女性215 143人,占总人口数的49.94%。赛罕区内有蒙古族66 025人,占全区总人口的15.33%;有回族、满族、藏族等39个少数民族13 346人,占总人口数3.10%。全区非农业人口306 378人。区域总面积1025平方公里,人口密度420人/平方公里(不含流动人口)。

2016年,赛罕区地区生产总值657亿元,同比增长8.1%;固定资产投资397.6亿元,同比增长13.2%;公共财政预算收入47.77亿元,同比增长6%;社会消费品零售总额204.85亿元,同比增长9.4%;城镇常住居民人均可支配收入44 056元,同比增长7%;农村常住居民人均可支配收入16 531元,同比增长7.3%。

【农业】 都市现代农业优化提升。坚持集约化、品牌化、特色化方向,注重示范引领,以设施蔬菜种植和休闲观光农业为主的都市现代农业发展步伐明显加快,农业综合效益提升。完善设施蔬菜基地建设,引进企业、合作社、种植大户参与种植,投产率93%以上,蔬菜上市量35.5万吨。发展特色种植,紫苏、冰菜、白玉苦瓜等50多个特色果蔬品种得到推广,打造8个特色蔬菜基地。发展订单生产和蔬菜直销,建立"互联网+"蔬菜产销信息综合平台,在8个小区建立销售直供关系,在13个小区设置便民直营店。发展休闲观光农业,新建5处农耕文化园,加快推进万鑫农业园、聚义山庄等项目建设,全区农业观光园和农家乐发展到35家,形成蔬菜瓜果种植、观光采摘、休闲度假互动发展的产业格局。

【工业】 新能源新材料产业集聚发展。全力推动光伏产业向全产业链发展,提高产业集聚度,以光伏产业为主的工业经济实现突破性进展,新型工业发展格局进一步完善。总投资44.34亿元的中环单晶硅三期、华夏聚光吉瓦制造中心一期、中环单晶切片扩能等6个项目投产达效。盛航35兆瓦光伏发电、银晟30兆瓦光伏农业大棚观光一体化2个项目具备并网发电条件。投资67.2亿元的中环单晶硅四期、投资6.18亿元的晶环蓝宝石扩产等11个项目加快建设。中环单晶硅四期项目投资22.17亿元。重点项目开工率100%,投产率86%,战略性新兴产业增加值占比 14.5%。强化主导产业招商，注重招大引强，总投资超过 65 亿元的中电投蒙西能源热电联产、冠禹稀贵金属冶炼、鑫金新能源光伏电站、中晶科技研究院智能制造及新材料、金刚石线锯及切片机等 8 个项目落户赛罕区。赛罕区规模以上工业总产值预计完成 439 亿元，工业固定资产投资预计完成 74 亿元，新增规模以上工业企业 3 家。

【服务业】 现代服务业加快发展。全力推动生产性服务业集聚、生活性服务业提质，以物流、电子商务、旅游为主的现代服务业态引领发展新趋势，服务首府和自治区的能力进一步提升。总投资 4.26 亿元的沙良物流园二期项目完成投资 3.5 亿元，海信、西门子等企业入驻园区。内蒙古新华文化产品物流园、城发金河物流园（东区）等项目加快推进。金桥电子商务产业园入驻企业 300 家，从业人员 4000 人，带动就业人数超过 2 万人，成为自治区电子商务示范基地。八拜湖公园和石人湾水利风景区项目前期工作正式启动。乡村游、自驾游、近郊游加速兴起，全年接待游客 520 万人次，旅游收入 90 亿元。

【城市建设】 围绕自治区、呼和浩特市重点项目、重大工程，推进征拆工作进程，完善城市功能和农村基础设施，提升城乡宜居宜业水平。征拆工作完成大黑河综合整治、草原丝绸之路主题文化公园、快速路两侧绿化、机场路综合整治、帅家营村棚户区改造、19 条断头路及新续建道路、国道 110 线赛罕区段等重点工程、重点项目征拆工作。炼油厂安全卫生防护距离、保全庄整村改造征拆工作进展顺利。累计完成征地 11 389 亩，完成拆迁 251 万平方米。完成 199 个、123 万平方米的老旧小区综合整治，惠及城市居民 5.6 万人。建成安置房 8 处，交付 11 442 套，完成交付总量 75%以上。启动呼伦南路等 21 条主次干道、小街巷街景整治工作。完成城区 82 条道路绿化新植、补植工作，提升城区的功能和品位。补足农村发展短板，累计投资 58.43 亿元，完成全区 95 个行政村和 31 个自然村基础设施建设及公共服务工程，完善农村环境卫生管理长效机制，完成村间道路及村内绿化 7761.75 亩。农村基础设施全面加强，生态绿化根本改善，基本公共服务水平提升，城乡一体化取得进展。

【保障和改善民生】 推进基本公共服务均等化。投入财政资金 6.6 亿元，保障各项惠民政策落地生根。教育事业全面发展，新续建城乡教育项目 26 个，教学环境不断优化。扎实推进教育教学改革，实施校长轮岗和教师交流。公开招聘中小学、幼儿园教师 223 名。提高农村教师待遇，为 30 所学校 1289 名教师发放生活补贴 516.9 万元，稳定农村教师队伍，城乡教育更加均衡。医疗卫生事业加快发展，公立医院改革全面完成，区、镇（街道）、村（社区）三级医疗基础设施同步加强。实施精准扶贫工作，全区 1459 名贫困人口，全部实现脱贫。精神文明建设深入推进，文化事业日益繁荣，持续开展社会主义核心价值观主题践行活动，创城工作走在全市前列，城市文明程度极大提升。

【法治建设】 依法行政水平提高，司法体制改革深化，执法规范建设成效明显，民主法治意识增强，法治理念深入人心。推进社会治理创新，启动投资 3.68 亿元立体化“平安赛罕”工程，建设农村视频监控点位 3867 个，村与区、镇（街道）、公安应用平台互联互通，实现农区视频监控全覆盖，平安社区视频监控和城市道路视频监控建设有序推进，社会治安防控体系完善，为打造平安首府发挥作用。完善社会矛盾源头预防和化解机制，畅通和规范群众诉求表达、利益协调、权益保障渠道，广大群众的安全感、满意度提升。

（撰稿人：刘佳媛）

土默特左旗

【概况】 土默特左旗(以下简称土左旗)地处内蒙古高原,北部为山地,属阴山山脉中段之大青山中部,最高点为金峦殿峰,海拔2270米;南部为平原,属土默川平原北端,海拔1000米左右。全年四季分明,属准温带大陆性季风气候。年平均气温6.3℃,无霜期130天左右,年均降水量400毫米,日照2876.5小时。其地理位置在北纬40°26′~40°56′,东经110°47′~111°48′之间。北与武川县接界,南临托克托县、和林格尔县,东与呼和浩特市相连,西与包头市土默特右旗相邻。东西宽87公里,南北长55公里,辖区总面积2700平方公里,共有9个乡镇、321个行政村。

2016年,全旗地区生产总值243.32亿元,同比增长6.8%;规模以上工业增加值同比增长7%;固定资产投资93.35亿元,同比增长15.4%;一般公共财政预算收入19.07亿元,同比增长42.4%;社会消费品零售总额40.6亿元,同比增长8.7%;城乡常住居民人均可支配收入分别为31 138元、14 154元,同比增长8.7%、7.6%。

【农牧业】 全年完成农作物播种面积158.2万亩,新增高效节水灌溉面积5.39万亩,建成玉米高产高效科技示范基地2000亩。续建设施蔬菜大棚1700栋,蔬菜总产量17.1万吨,对设施农业和苜蓿种植"僵尸"企业进行清理,累计清退设施农业用地9584亩,阿勒坦农牧业公司累计整合接纳苜蓿种植用地11万亩。水产养殖面积4.7万亩,总产量4200吨。新建千头规模肉牛养殖场1处、"智慧牧场"2处,完成牧场园区粪污处理设施配套工程30处,全旗奶牛存栏量12.5万头,鲜奶销售量45.5万吨,占全市售奶量的48%,成功申报全国奶牛养殖大县种养结合整县推进试点项目。增强农业抗风险能力,种植业投保面积136.13万亩,奶牛入保8.61万头。现代农业物联网智能数字化管理系统建设项目一期工程全面完工。

【工业】 全年累计引进项目26个,资金111.24亿元。金山高新区新能源汽车产业园一期7个项目工程进展顺利,基础设施投资7.28亿元,二期18个项目正在开展前期审批立项工作。嘉盛新能源西郊垃圾发电、上禾生物科技燕麦产品等项目加快推进。金山热电厂等企业实施技改项目7个,申报自治区级龙头企业5家。金山高新区纳入自治区级科技企业孵化器的管理服务体系,引进31个创新型科技项目。承办2016年第五届中国创新创业大赛内蒙古赛区赛事、2016《创客中国》那达慕"高新助力、众创同行"投融资峰会和新能源汽车展会。

【服务业】 全年旅游接待人数230万人次,旅游收入突破4亿元。敕勒川文化旅游区新建道路8.37公里,供热供电工程全面完成,万亩草原生态恢复工程改良草地7243亩、恢复草原4530亩,嬉水乐园、马战演艺场、草原部落等景观景点建成运营,哈素海美丽乡村建设项目启动实施,承办自治区第二十七届草原旅游那达慕大会暨第十三届中国·蒙古族服装服饰艺术节。乌兰夫故居、白石生态旅游区、喇嘛洞、白塔寺等旅游景点配套设施进一步完善,伊利工业旅游区被评为首批国家工业旅游创新单位、阳光半岛生态园被评为国家AAA级景区。电子商务、快递物流业方面,引进电子商务企业25家,线上线下交易额近1亿元。金融服务方面,全旗存贷款余额分别为94亿元、50亿元,同比分别增长25%、11%。

【城乡建设】

城镇建设 《察素齐镇人民防空工程》等一批专项规划编制完成。察素齐镇和平路、草原西街、世纪路续建工程全面完工,朱尔沟河道整治工程基本完成,察素齐镇防洪工程开工建设,农贸市场(食品加工园)项目启动实施。完成既有居住建筑节能改造5.48万平方米,清华园三期、兴发小区棚户区改造工程扎实推进，410 套廉租房分配入住。征收四校周边因灾受损房屋 85 处。察素齐镇镇区绿化亮化工程完成街景整治 10 处、小街巷亮化 12 条。城乡路网公路建设项目 39 个，新增公路 181 公里。城镇环卫基础设施、公用卫生配套设施更加完善，开展城市“十乱”整治工作。自治区文明城市、国家级卫生县城创建通过 2016 年度测评，承办自治区第七届农村牧区精神文明建设现场观摩会。农村基础设施建设累计投入 20.1 亿元，完成 193 个村的“美丽乡村”建设工程。察素齐镇王齐村等 10 个村通过自治区级生态文明村创建验收。塔布赛民族文化特色精品村建设工程启动实施，把什村少数民族特色村寨建设工程和什兵地村民族文化改造提升工程按期完成。

乡村建设　10 月 18—19 日，全旗美丽乡村建设现场观摩会召开。土左旗美丽乡村建设从 2014 年开始，2016 年结束。3 年间，全旗共投资 43.4 亿元实施 372 个村（包括自然村）的美丽乡村建设工程和人居环境综合治理建设工程。其中，危土房改造 27 429 户；新改建水源 75 处，改造自来水管网 54.7 万米，新建改造水窖 6 个，安全饮水工程解决 14 万余人的饮水问题；硬化村内道路 1811.33 公里；完成 134 个村的农网改造工程；户户通、村村响、地面数字覆盖站点全部完成；校舍建设与安全改造工程已全部完工；新建村卫生室 302 个；文化室 309 个；便民连锁超市 317 个；建设商品配送中心 1 座；各类农村社会保险实现全覆盖；外立面改造 1056 万平方米；清运村内垃圾 237 万立方米；植各类绿化苗木约 74 万株；新建文体广场 72 个；垃圾池 497 个；公厕 289 个；新建垃圾转运站 56 个，已完成 47 座；健身器材 181 套、太阳能路灯 12 351 盏、候车厅 58 个等。

【生态文明建设】　全年绿化造林 9964 亩，大青山前坡生态综合治理工程启动实施。万家沟水库除险加固、西沟河下游防洪治理、苏盖营小流域和京津风沙源治理（二期）工程完成年度任务。开展大气污染和环境安全综合整治工作，彻底取缔大青山自然保护区内的非法采矿企业 88 家、停产整顿 6 家。完成金山开发区 19 家企业燃煤锅炉拆除改造工程。

【民生和社会事业】　全年民生支出 18 亿元，占地方公共财政支出的 48.55%。推进精准扶贫工作，干部与贫困人口“一寻一”帮扶，全旗贫困人口做到精准识别和建档立卡，实现 2753 人稳定脱贫。全年为城乡低收入家庭累计发放各类社会补贴 1.34 亿元。全旗城镇新增就业 2569 人，农村劳动力转移就业 63 453 人，城镇登记失业率控制在 3.8%以内。大学生创业园和就业实训基地投入使用。城乡办学条件得到改善，旗民族中学体育馆、第二中学宿舍楼、金山学校初中部以及台阁牧霍寨幼儿园，旗第一幼儿园、金山学校初中部主体工程建设完工。高考二本以上上线人数 744 人，同比增长 9.7%。公开招聘教师 273 名，充实师资力量。《土默特左旗志》编纂工作全面展开，举办首届春节联欢晚会，土默特博物馆、土默特红色革命纪念馆奥林匹克公园、旗文化中心项目工程进展顺利。三两、沙尔营等 8 所乡镇卫生院建成使用，旗妇幼保健院、中蒙医院已进入内部装修工程阶段。

【政府建设和社会管理】　行政审批制度进行改革，取消本级行政审批事项 80 项。推进公务用车制度改革，取消公务用车 122 台。推进商事制度改革，全旗新增各类企业 905 户，同比增长 55.6%，注册资本总额增加 52.3 亿元。推进公立医院改革，推行药品零差价政策，年让利患者 570 万元。投融资体制得到完善，推广和应用 PPP 模式，引进中国一冶集团等社会资本参与全旗经济社会发展。发挥城发公司等融资平台投融资功能，累计融资 8.5 亿元。组建运行不动产登记中心。开展“两学一做”学习教育，持续推进思想政治作风建设。全年承办人大代表建议 30 件、政协提案 67 件。推行并联审批制度，旗政务服务大厅全年共受理各类事项11.9万件，办结率98.2%。推行政务信息公开制度，全年公开信息2000余条。严控行政运行成本，三公经费降低14.97%。依法开展“七五”普法工作，打造自治区一流的社会矫政中心。农民工工资累计清欠1695万元。推进城镇智能化管理，“智慧土左旗”一期工程开工建设。

【青山烈士陵园成为“国家级抗战纪念设施”】 土左旗青山烈士陵园位于土左旗把什村西北大青山山麓，始建于1966年，陵园内共安葬44位先烈的遗骨。为纪念中国人民抗日战争暨世界反法西斯战争胜利70周年，经党中央、国务院批准，于2015年8月13日由国务院公布，土左旗青山烈士陵园成为第二批100处国家级抗战纪念设施、遗址名录之一。2016年4月29日，在青山烈士陵园举行“国家级抗战纪念设施”揭碑仪式。

【中国二人台教育基地建设】 5月20日，中国二人台教育基地暨非物质文化遗产项目二人台传习基地授牌仪式在土左旗呼和浩特旺旺职业艺术学校举行。

呼和浩特旺旺职业艺术学校成立于2003年，建校以来通过打造民族特色校园文化，以富有民族色彩的民族民间文艺综合汇报演出等为活动平台，先后在内蒙古和全国举行的相关大赛中创下佳绩，培养和造就了源源不断的二人台艺术人才。将土默特左旗命名为中国二人台教育基地，同时将呼和浩特旺旺职业艺术学校命名为呼和浩特市第三批非物质文化遗址项目二人台传习基地。

【服装服饰艺术节】 7月23日上午，主题为“亮丽内蒙古·相约敕勒川”伊利情——第27届内蒙古草原旅游那达慕大会暨第13届中国·蒙古族服装服饰艺术节在土左旗旗敕勒川草原文化旅游区（哈素海）开幕。中国国家旅游局局长李金早、副局长杜江，俄罗斯后贝加尔边疆区政府副主席恰坂·谢尔盖·尼古拉耶维奇，蒙古国驻华特命全权大使策·苏赫巴特尔，自治区副主席云光中出席。此次草原旅游那达慕暨蒙古族服装服饰艺术节为期一周，从7月23日开始至29日结束。其间，有赛马搏克射箭、草原文化美食节、草原啤酒节、温泉沐浴节等九项精彩专场活动。

【新能源汽车产业园建设】 9月19日，呼和浩特市新能源汽车产业园二期工程开工仪式在金山高新技术产业开发区举办。呼和浩特市新能源汽车产业园位于土左旗金山高新技术产业开发区，是由旗政府与沃特玛创新联盟、中国一冶集团共同建设，旨在打造全区新能源汽车产业的示范园区。该项目规划总投资200亿元，先期占地面积1041亩，建筑面积102.7万平方米。项目建设方式为PPP模式，中国一冶作为社会资本投资方式与旗政府共同出资进行基础设施及园区配套设施的建设，企业采取租赁厂房、自带设备及流动资金的方式入驻产业园区。

二期工程计划总投资80亿元，其中基础设施建设计划投资20亿元，企业设备投资60亿元，占地面积1564亩，建筑面积为60万平方米。新入驻20家企业，其中整车企业3家，电动飞机企业1家，新能源汽车销售运营管理平台公司4家，有关新能源汽车配套企业12家，全部投产后预计可实现产值350亿元。

【荣誉】 2016年，土左旗人力资源和社会保障局被人力资源和社会保障部评为“全国人力资源和社会保障系统2014—2016年度优质服务窗口”；旗团委获得共青团中央举办的全国志愿服务项目大赛铜奖；金山新区众创空间被科学技术部评为“国家级科技众创空间”；旗总工会被全国总工会办公厅授予“全国职工教育培训示范基地”；毕克齐镇党委被中共内蒙古自治区委员会授予“先进基层党组织”称号；位于金山技术开发区的内蒙古仁达特种电缆有限公司、内蒙古鲁阳节能材料有限公司、内蒙古机电设计研究院有限公司被全国高新技术企业认定管理工作领导小组办公室评定为“国家高新技术企业”级别；内蒙古维科生物科技有限公司被中共内蒙古自治区委员会组织部授予“内蒙古自治区产业创业人才团队”称号；内蒙古鲁阳节能材料有限公司被自治区科学技术厅定为“自治区级企业研发中心”。

（撰稿人：张贵英）

托克托县

【概况】 托克托县隶属内蒙古自治区首府呼和浩特市，位于自治区中部、阴山南麓、黄河上中游分界处北岸的土默川平原上，处在呼和浩特、包头、鄂尔多斯“金三角”腹地。明嘉靖年间阿拉坦汗的义子“妥妥”驻牧东胜卫城，托克托之名由此得来。1950年年初，托克托县人民政府成立。全县总面积1416.8平方公里，黄河流经县域37.5公里。辖5个镇，1个自治区级工业园区，1个黄河湿地管理委员会，15个社区，120个村委会，居住着蒙、汉、回、满等32个民族，总人口20.3万人。

2016年，全县地区生产总值249.55亿元，同比增长7.6%；规模以上工业增加值同比增长9.5%；固定资产投资110.2亿元，同比增长28.1%；一般公共预算收入13.76亿元，同比增长5%；社会消费品零售总额31.73亿元，同比增长8.6%；城镇常住居民人均可支配收入32 855元，同比增长8.3%；农村常住居民人均可支配收入13 751元，同比增长7.7%。在2016年全国中小城市科学发展评价中，托克托县位列全国最具投资潜力中小城市百强县43位和全国中小城市综合实力百强县55位。相继被确定为国家级循环经济示范县、国家电子商务进农村综合示范县和全国农民工返乡创业示范县。

【农业】 全县总播种面积88.25万亩，其中机耕面积79.5万亩、特色农作物种植面积2.7万亩，粮食年产量25.4万吨。云中、嘉丰等5个蔬菜基地累计建成温棚1993栋，占地6590亩，投产率100%。现代农业示范区规划顺利获批，正隆主食品工厂、绿康源亚麻籽油项目基本建成，内蒙古农科院13家研究所全部搬迁入园。农业产业化进程快速推进，完成土地流转面积32.3万亩，新增市级以上农牧业龙头企业11家、农民专业合作组织10家，成功申报自治区级家庭农牧场4家。支农惠农政策有效落实，发放助农POS机取款手续费补贴43万元，累计兑现各类财政性补贴2.55亿元、理赔种植业保险1527.6万元、奶牛养殖保险1172.4万元。农村公共服务基础设施不断改善，投资28.4亿元，新建改造农村危房1.9万户、安全饮水管网1142千米，硬化街巷979公里，新建改建文化室77个、标准化村卫生室41个、便民超市65家，广播电视通信、农网改造、校舍建设及安全改造、养老医疗保险等均实现全覆盖。扶贫开发工作有序推进，累计投入1330万元，实施各类扶贫项目22个，全年共有2002名贫困人口实现稳定脱贫。

【畜牧业】 牧业年度牲畜存栏总量41.05万头（只、口），其中奶牛存栏5万头、羊存栏26.3万只、生猪存栏1.8万口、其他牲畜存栏0.35万头。家畜防疫245.4万头（只）次，疫病免疫密度100%。

【林业】 完成水土保持治理面积0.5万亩，修复生态保护面积2万亩。实施呼杀公路和林格尔县到托克托县连接线绿化工程，绿化面积1400亩，栽植苗木8万余株。完成重点区域绿化2980亩，义务植树37万株。开展生态示范园建设，引进苗木品种105种，完成示范育苗285亩、林果采摘15亩。

【水利】 累计投入水利建设资金1.5亿元，完成各类水利工程400余座（处），新打配套机电井102眼，开挖渠道36公里，衬砌渠道143.5公里，新增改善节水灌溉面积3万亩，建成高标准农田1万亩。

【工业】 立足和林格尔新区建设，配合开展托清工业集中区总体规划修编工作，完成复兴路、佳园路等基础设施项目前期准备工作。邦贝力农业机械制造、开盛新产品开发和常盛升级换代项目开工建设。中电正隆光伏发电、综合利用煤矸石生产分子筛、益世源废旧轮胎综合利用、中建亚太保温板、光太1万吨铝型材、东亚铝业现代汽车铝轮毂等项目前期工作有序推进。托电五期9号、10号机组投产发电，总装机容量672万千瓦，成为世界最大的火力发电厂；衡隆、兴泰新增光伏发电装机4万千瓦，全县光伏发电总装机容量22.5万千瓦；东亚铝业60万只精装铝轮毂、福建日盛4A沸石项目顺利投产运行。久泰集团煤化工、神雾集团煤化工、沃特玛锂电池前端材料等一批项目正在洽谈。

【城镇建设】 完成热力、燃气专项规划、黄河湿地文化旅游核心区控规，以及镇级、村庄规划编制工作。棚户区、老旧小区改造成效显著，全年共征拆房屋1201户、38.56万平方米，老旧小区节能改造5.2万平方米。维修腾飞大道路面4.6万平方米，新建展览路、平安路北段，完善东胜大街、健康路等5条市政道路后续配套工程，硬化改造城区巷道38条。引进北控环境集团，在全区全面启动城镇环卫市场化改革，环卫管理规范化、精细化、专业化水平提升。启动建设数字城管工程，增强城镇综合管理能力。

【交通】 呼鄂高速托县段完成实地踏勘，一级汽车客运站、察托东线改造项目开工建设，广宁大道改扩建工程、格图营大桥、萨凉线新营子至迭力素旧路恢复工程全面完工。呼准鄂铁路托县段及托克托东站竣工，站前综合服务区前期工作稳步推进。全县9横8纵3环25出口的公路、铁路交通网络基本形成。

【旅游业】 启动"国家全域旅游示范区"创建工作，举办第六届黄河文化旅游节。全年累计接待游客60.3万人次，旅游收入8300万元，其中"农家乐"旅游收入3479万元。黄河旅游小镇、胡服骑射主题公园、黄河湿地公园等项目前期工作基本完成。神泉景区二期投入运营，广宁寺景区、黄河梦幻水世界、瑞沃葡萄酒庄园基本建成。

【服务业】 金融业服务县域经济的能力提升，多渠道融资14.7亿元，为中小微企业发放贷款3000万元。电子商务加速推进，美丽乡村电商服务平台、嘉丰易农庄商务平台投入运营，正隆谷物"互联网+粮食大宗交易"信息化平台已上报自治区政府待批，电子商务年营业总额1.2亿元。现代物流业快速发展，恒诺、正奇、汇丰、第五粮库平稳运行，嘉和煤炭物流园步入正轨，全年煤炭吞吐量2500万吨。传统服务业日趋繁荣，全县批发、零售、住宿、餐饮销售额150亿元。全县最大的商业综合体万兴广场逐步启用，以莹昱商贸城、凯旋门大酒店、兰庭花都美食街等为代表的商贸、餐饮服务业竞相发展。

【科技】 全年组织科技培训6万余人次，引进新品种、新技术56个(项)。引进聘用区内外科技特派员55人、高层次创新人才3人，新增国家级高新技术企业1家，市级以上研发中心4家，获得自治区、市级科技进步奖5项。建成完善科技示范园区19个，争取自治区应用研发、创新引导奖励科技项目5项，培育推荐国家级高新技术企业3家，推荐申报自治区科技储备项目25个、市级研发中心2个。

【教育】 投资1.3亿元，黑城幼儿园投入运营，新营子、郝家窑等4所幼儿园主体工程基本完工。投资1.2亿元，开工建设光明学校。投资8170万元，实施义务教育学校标准化建设、教育装备现代化和校园文化提升三大工程，通过国家义务教育发展基本均衡县评估认定。探索实行各中学自主招聘教师机制，开展名师培养工程。全县高考本科一批和中考500分上线人数均位列全市农业旗县之首。内蒙古师范大学附属第三中学挂牌成立。托一中基本达到自治区示范性普通高中验收标准，5名毕业生公派到俄罗斯留学深造。

【文化】 全年送戏下乡惠民演出280场，放映数字电影1300场，送书下乡6000余册。编辑出版《托克托文化丛书》《古驿伍什家》等4套图书。创作《刘统勋私访河口镇》《海生不浪传奇》2个剧目。小品《回家过年》、微电影《阳光下的幸福》等7件作品获全市“五个一工程奖”。历史舞台剧《君子津》在北京展演。吹歌《走西口》入围“第十三届民间文艺吹歌山花奖展演大赛”终评名单。编制《云中郡故城遗址保护规划》，完成全国第一次可移动文物普查工作。《托克托吹歌》《托克托红辣椒制作工艺》被列为市级非遗保护项目。

【卫生】 投资3.1亿元的县医院迁建项目奠基开工，投资1800万元的中蒙医院改扩建工程完工。公立医院综合改革深入推进，继续实行药品零差率销售，全年累计让利患者30.65万元。开展45项基本公共卫生服务项目和6项重大公共卫生服务项目，10个基层医疗卫生机构、115个一体化管理的村卫生室全部实施基本药物制度。新型农村合作医疗参合人数13.8万人，参合率98.2%。积极稳妥实施“全面两孩”政策，扎实开展孕前优生健康检查项目。全面落实计划生育家庭奖励扶助制度，为11户失独家庭发放一次性扶助金66.74万元。

【体育】 全民健身中心投入使用，文体活动中心基本完工。成功举办了“2016年元宵节体育系列比赛”和“五一”劳动节全县职工拔河比赛、2016年“县长杯”足球比赛、托克托县健身舞大赛等单项体育活动。注册登记各类体育协会、体育俱乐部7个，建成县城健身指导站16个、农村健身站点17个，拥有各级社会体育指导员600人。

【社会保障】 累计发放低保金、高龄津贴等救助金9200万元，发放“五免一补”“两免一补”、低保和贫困家庭大学生补助金2960万元，发放煤补1734万元，发放困难群众慰问金577万元。投资3000万元，开工建设中心敬老院、老年公寓和民政救灾储备中心。大众创业、万众创新政策全面落实，发放创业贷款1585万元，城镇新增就业2507人，城镇登记失业率控制在3.8%以内。

（撰稿人：刘向东）

和林格尔县

【概况】 和林格尔县位于内蒙古自治区中南部，属首府呼和浩特市管辖。和林格尔，蒙古语，意为“二十家子”或“二十间房子”，源于清康熙三十一年（1692年），政府在今县城地设置驿站，当时驻地蒙古族称其为“和林格尔”。后形成城镇，遂以“和林格尔”命名。民国元年（1912年），由厅改县。1995年11月，由乌兰察布盟划归呼和浩特市。县人民政府驻地城关镇。

县域介于北纬39°58′~40°41′，东经111°26′~112°8′之间，总面积3448平方公里，辖4镇4乡1个自治区级经济开发区，148个行政村、652个自然村、10个城镇社区居委会、2个农村社区居委会。2016年年末，全县户籍人口20.22万人，较上年末增加0.68%。其中：非农业人口2.97万人；少数民族人口1.42万人，增加2.6%;其中蒙古族1.20万人；人口出生率10.0‰，死亡率2.3‰，自然增长率7.7‰；人口迁入率6.8‰，人口迁出率7.8‰，机械增长率-1.0‰。总耕地面积7万公顷。全县地形地貌多样，山、丘、川兼备，属内蒙古高原向黄土高原的过渡地带，素有“五丘三山二分川”之说。2016年，全县地区生产总值157.54亿元，较上年增长7.0%；全年财政一般公共预算收入12.1亿元，较上年增长6.9%；其中：税收收入10.00亿元，较上年增长8.6%；非税收入2.08亿元，较上年减少0.5%。全年公共财政预算支出23.10亿元，较上年增长13.3%。其中：一般公共服务支出1.70亿元，减少14.6%；教育支出累计3.16亿元，较上年增长24.35%；社会保险和就业支出累计3.98亿元，较上年增长42.23%；节能环保支出累计0.60亿元，减少24.67%。三次产业结构之比为12.8：46.0：41.2。全县城乡固定资产投资134.61亿元，增长15.5%。分产业看，第一产业投资25.05亿元，减少11.1%；第二产业投资30.09亿元，减少35.2%，其中工业投资30.09亿元，减少35.2%；第三产业投资79.47亿元，增长89.8%。

【农业】 全年农作物播种面积7.006万公顷，其中粮食播种面积5.716万公顷，较上年增加11.1%。设施蔬菜种植127.4公顷，蔬菜总产量5.6万吨。新种植优质苜蓿草1333公顷，总面积4667公顷。建成高标准农田2600公顷。巩固完善小农户科技园500个。规模化蔬菜基地复种面积127.4公顷，新建蔬菜标准园2处，获得绿色食品认证1处、内蒙古自治区休闲农牧业与乡村牧区旅游示范点称号1处。实施3.9万亩高标准农业综合开发、千亿斤粮食增产工程。国家农业科技园区顺利通过科技部验收。全年粮食产量18.92万吨，较上年增加8.7%。在粮食作物中，玉米播种面积3.112万公顷，较上年减少14.0%，产量13.05万吨，减少18.33%；马铃薯播种面积1.145万公顷，产量2.57万吨，规模种植大户180多户；油料播种面积0.332万公顷，产量0.39万吨。全县第一产业增加值完成20.20亿元，同比增长2.9%。

【畜牧业】 全年鲜奶总产量54.79万吨。牲畜总头数73.39万头只。新建改造奶牛牧场7处，奶牛存栏11.3万头，规模化饲养率95%以上。建成规模化奶牛牧场43处，奶牛入区率95%以上。累计建成肉羊标准化规模养殖场120处，新购进基础母羊2.5万只、优质种公羊214只，肉羊出栏62.23万只，全县年存栏100只以上肉羊规模化养殖大户635户。正大集团小甲赖15万头生猪养殖场建成投产，同昌营、榆树沟两个18万头养殖场前期工作基本结束。

全县年末牲畜存栏48.4万头(只)，较上年减少12.9%。其中，大牲畜存栏10.4万头，减少23.8%。在大牲畜中，奶牛存栏头数8.5万头，较上年减少27.3%；羊存栏35.4万只，较上年减少6.9%；生猪存栏2.6万头，较上年减少33.9%。全年肉类总产量2.62万吨，较上年增长18.0%；鲜奶产量60.80万吨；禽蛋产量0.36万吨。

【林业】 年末，实有森林面积12.17万公顷；当年造林面积0.12万公顷，人工造林0.12万公顷。全年义务植树50万株，被自治区推荐为全国防沙治沙先进集体。完成102省道等通道绿化87公里，绿化村庄70多个，森林覆盖率35%。接受全国林业大会与会人员现场观摩。启动京津风沙源治理工程。完善东山、北山、卧牛山和经济开发区东南部等环城生态景观工程，顺利通过自治区专家组初步审查。

【水利】 全年新打机电井149眼，新建改造水源105个，新增节水灌溉面积400公顷、水保治理面积5333公顷，解决了2.56万人的安全饮水问题。前夭子水库除险加固工程主体基本完工，盛乐水库投入运行。小型水利工程管理体制改革全面完成，发放“产权证”574本。

【工业】 全年实施亿元以上工业重点项目11个，新增规上企业3家，全县规模以上工业企业46家。工业重点项目开(复)工率为107%。正大食品、佑本疫苗、健益壹生、盛健产业园相继落户。蒙肽道地医药、富友联合圣牧乳制品、大唐药业、圣牧高科乳制品基地、久鼎食品亚麻籽深加工、艺虹包装5000万平方米瓦楞纸生产线、世纪福康口服液生产线、宇航人沙棘生物发酵工程、蒙肽生物动植物生物医药项目、碳谷科技开工建设，富勒烯生产线、蒙华环保节能建材项目、科达铝业、华琳食品、纷美三期建成投产。京能盛乐热电项目投产发电，和林电厂累计完成投资29.45亿元。中粮厨房、瓷器制造等一批在谈项目正在深度对接，全县工业经济发展基础进一步夯实。新增2家上市企业，显鸿新材料、昶辉生物在“新三板”挂牌，全县挂牌上市企业总数18家，子昂牧业已启动上市程序。显鸿新材料、祥宇通信被认定为国家级高新技术企业。蒙牛乳业销售额实现两位数增长，成为国内首家获得出口内销产品“同线同标同质”认证乳品企业。蒙羊被评为国家农业产业化重点龙头企业。签约储备了正大食品、金河生物、纷美包装新材料、航天云网等13个亿元以上工业服务业重点项目。中国电信6栋机房楼、中国移动3栋机房楼全部投入运营，累计安装机架2.16万个，签约入驻各类企事业单位72家。大数据创客中心建成并投入运营，已入驻小微企业70多家。赛科星家畜性控技术研究院、云计算科技城等项目建成投产，颐高国际电子商务产业园、草原豆思、华蒙通物流、内蒙古出版集团保密印刷基地等项目开工建设，签约航天科工集团。云计算大数据产业累计吸引投资890多亿元。成功协办内蒙古大数据产业推介大会。

全县增加值72.47亿元，较上年增长7.7%；实现规模以上工业总产值202.38亿元，增长2.1%；规模以上工业增加值可比价增长7.2%。轻工业产值189.25亿元，较上年增长0.3%；重工业产值13.13亿元，较上年增长37.5%；轻工业产值占规上产值的93.5%。主要产品产量，乳制品97.93万吨，同比增长31.7%。其中：液体乳96.50万吨，增长31.8%；冷冻饮品1.06万吨，增长40.7%；软饮料66.78万吨，增长9.5%；纸制品12.40万吨，减少2.3%。

【城乡建设】《和林格尔县城市总体规划(2016—2030)》完成初步成果，绿地系统规划编制完成。县政务服务中心建成并投入运行。创建自治区园林县城。完成头道沟生态综合治理、新民街绿化、宝贝河文体公园公建部分。实施和清路、和托路、广通路、红旗街、和盛路提升改造工程，滨河南路、团部路和东一街中路建成通车。文体旅游服务中心完成主体施工。启动城关镇污水处理厂技改提标工程，垃圾处理场渗滤液处理系统建成投用。南山北侧东片区、新华西街片区等棚户区改造工程累计完成房屋征拆368户，约5.2万平方米。改造地下综合管网45公里，硬化居民巷道26条、停车场14处，改建公厕20座，完成既有建筑节能改造4.84万平方米。开展城镇市容环境综合整治专项行动。

经济开发区建设，修编完善盛乐蒙牛小镇总体规划。投资1.2亿元高标准实施盛乐小镇建设。重点实施“一轴一带五区七路十四节点”的生态绿化、硬化铺装、建筑物外立面改造、牌匾规范、钢结构屋顶装饰、道路指示系统安装、公共设施建设等七大工程。重点对师大东路—盛乐大街—209国道—盛乐北街环线进行全面改造提升。服务业集聚区“五横六纵”道路框架基本成型，云谷大道、经二路东辅道与次干道交叉路口建成通车。丰华自来水厂、佳明环保污水处理厂一期工程建成投用。数据小镇规划编制初步完成，电力园区规划正在编制。对接融入和林格尔新区。

乡村建设，投资19.6亿元，完成314个美丽乡村建设及环境整治任务，硬化街巷1181.2公里，惠及农户35 641户、99 882人。投资19.6亿元，完成314个村的基础设施及公共服务建设，惠及35 641户、99 882人。承办全市农村基础设施及公共服务建设现场观摩暨表彰大会。巧什营完成撤乡设镇。

和林格尔县在全国土地征收制度改革试点中创造出“非典型地区”的“典型经验”，获得国土资源部肯定。

【交通】建成通村公路80公里，维修公路174公里。全县公路里程1045公里，其中一级公路49公里，二级公路132公里。其中，黑色路面810公里。

【电信】全年邮电业务总量14 155万元，较上年减少0.4%。其中：邮政业务总量1113万元，增长0.3%；联通业务总量4261万元，减少3.2%；移动业务总量8266万元，增长8.8%；本地网固定电话用户1.3万户，年末移动电话12.30万户。

【商业】 按照“十个全覆盖”规划，建成便民连锁超市52个。引进自治区首家阿里巴巴农村淘宝服务项目，县级服务中心和32个村级淘宝服务站开业运营。恢复建设2个基层供销社，升级1个基层供销社，启动实施“为农服务中心”建设项目。全年实现社会消费品零售总额28.53亿元，较上年增长9.0%。分区域看，城镇和乡村零售额分别为25.4亿元和3.13亿元，分别增长9.0%和9.0%。分行业看，批零业实现零售额24.38亿元，增长9.0%；住宿和餐饮业实现零售额4.15亿元，增长8.9%。

【旅游业】 编制完成全县旅游发展总体规划，被确定为全区全域旅游示范县。奥威蒙元马文化生态旅游区项目进展顺利。完善旅游景区基础设施建设，实施丁甲山登山步道、50公里健身自行车道等工程。举办内蒙古“蒙牛情”第七届盛乐芍药旅游节和首届菊花节。全年接待游客171.2万人次。

【服务业】 建成县级电子商务公共服务中心1个、村级电子商务服务站76个，全年交易额突破34亿元。大红城现代物流园区一期工程正式投入运营，全年发运煤炭100万吨。呼和浩特新机场建设项目获得国务院、中央军委批复。全年完成增加值64.87亿元，较上年增长7.7%。

【金融】 发放农村土地承包经营权抵押贷款6942万元，农民住房抵押贷款3245万元。年末全县金融机构各项存款余额108.47亿元，较上年增长14.88%。城乡居民储蓄存款余额42.64亿元，增长14.94%。金融机构贷款余额50.30亿元，较上年减少46.93%。

【保险】 全县保险系统保费收入5262万元，减少10.8%。其中:财险保费收入3963万元，减少12.1%;人险保费收入1299万元，减少6.4%。

【科技】 建成创新创业园2个，入驻小微企业119家；新增自治区级研究机构4家、市级2家，总数28家。内蒙古正缘智慧农业示范园区、蒙草生态获批自治区“星创天地”试点，被纳入国家级科技企业孵化器管理和服务体系。国家农业科技园区顺利通过科技部验收；新申请专利272项、授权专利135项。

【教育】 完成16所中小学提档升级，第二幼儿园、民族幼儿园完成主体建设。年末，全县共有普通中学6所，小学16所，幼儿园20所。学龄儿童入学率100%；小学专任教师606人，增加10.2%；小学在校学生数8643人，增长3.7%；普通中学专任教师640人，减少6.4%；普通中学在校生7882人，较上年减少4.3%。

【电力】 京能盛乐热电纳入内蒙古电力(集团)和自治区经信委搭建的电力多边交易平台。京能盛乐热电通过多边交易平台与中国电信云计算内蒙古信息园签订电力多边合作协议。经济开发区110千伏送电工程正式送电，农村老旧低压电网改造100%，启动实施110千伏云计算专用电力隧道、10千伏生活用电电力隧道设计工作。完成89个村电力村村通和农网改造工程。

【卫生】 蒙医中医医院投入使用，新建、改扩建标准化卫生室45所。年末，全县共有各类卫生机构190个，其中医院2个，卫生院14个。医院拥有病床200张，卫生院拥有病床204张。全县共有专业卫生技术人员404人，其中医院133人，卫生院80人。

【文化】 建成全民健身活动中心、文化旅游服务中心、宝贝河文体公园等一批文化设施及13个综合文化站、146个农家书屋、25家文化大院、78个村级文化活动室。启动和林格尔县文化惠民下乡演出活动。文化馆、公共图书馆正式对外开放。土城子遗址公园入选自治区十大考古遗址公园名单，并纳入国家大遗址保护“十三五”专项规划。编撰出版《中国民间剪纸集成·和林格尔卷》。

【体育】 全民健身中心项目有序推进，开工建设盛乐奥林匹克足球公园，筹建盛乐足球学校。举办“未来杯”2016第二届和林格尔全国青少年足球邀请赛暨和林格尔国际青少年足球邀请赛,承办全区武术套路比赛。年末全县共拥有文化馆1个,体育馆1个,博物馆1个,广播电台1座,电视台1座。7月11日,由国家民族事务委员会、中国曲协、中国文联、呼和浩特市政府主办,市文化新闻出版广播电视局承办的第六届全国少数民族曲艺展演曲艺名家"送欢笑"下基层慰问演出走进和林格尔县,姜昆、戴志诚等名家倾力助演。

【社会保障】 全年城镇新增就业2620人,农村劳动力转移就业43 672人,城镇登记失业率控制在3.8%以内。农村劳动力转移就业43 672人。新型农村合作医疗与城镇职工医疗保险整合为城乡居民医疗保险。在自治区率先启动社保卡批量划缴养老费试点工作。累计发放社会保障卡12万张,建成社会保障卡应用服务点63个。建成互助幸福院468户,改造城乡危旧房屋13 946户。全年保障城乡低保对象11 777人,医疗救助12 127人次,临时救助4600余人次。全年精准脱贫1182户2292人,减贫率115%。年末全县参加农村合作医疗人数147 530人。全年城镇居民享受最低生活保障人数662人;农村居民享受最低生活保障人数11 115人。

【人民生活】 全县单位在岗职工23 569人。其中:国有单位在岗职工6223人,城镇集体单位在岗职工455人,其他各种经济类型在岗职工16 891人。城镇常住居民人均可支配收入31 490元,较上年增长8.2%。农村常住居民人均可支配收入11 045元,较上年增长7.5%。在收入增长的同时,居民的消费水平不断提高,消费层次进一步提升。城镇居民人均消费性支出17 955元,同比增长7.5%,农民人均生活消费性支出11 190元,同比增长8.8%。

【张德江考察蒙牛基地】 5月8日,中共中央政治局常委、全国人大常委会委员长张德江,在内蒙古自治区党委书记、人大常委会主任王君,自治区党委副书记、自治区代主席布小林,自治区党委常委、呼和浩特市委书记那顺孟和等领导陪同下,考察蒙牛和林总部基地和富源牧业牧场,检查《中华人民共和国食品安全法》落实实施情况。

(撰稿人:张来义)

武 川 县

【概况】 武川县位于内蒙古自治区中部,地处阴山山脉中段农牧业区的交错地带。县城可可以力更镇距呼和浩特市区28公里,是首府呼和浩特通往希拉穆仁草原、格根塔拉草原和二连浩特、满都拉口岸的必经之地,也是首府向北开放的重要节点和交通要冲。县域总面积4885平方公里,海拔1500米~2300米,年平均气温3.0℃,无霜期110天左右,年平均降水量约350毫米。全县辖6乡3镇,93个行政村,总人口17.3万人。全境东西长110公里,南北宽66公里,总体呈南、西、东三面高而北部低的特征。地貌分为山地、丘陵和河谷平原,境内大青山山脉的北坡为最高点,地势自南向北渐趋平缓,以山地向低山丘陵、波状丘陵过渡为主。县域山地面积2296.7平方公里,占总面积47%,全县丘陵面积2588.9平方公里,占总面积53%。武川是唯一原名原址保留至今的"北魏六镇"。抗日战争时期,武川是大青山抗日游击根据地的中心地带,现今的得胜沟抗日游击根据地司令部遗址被中共中央宣传部命名为全国爱国主义教育示范基地和全国100个红色旅游经典景区之一。

全县地区生产总值85.6亿元,同比增长7.2%。其中:规模以上工业增加值增长10.1%,固定资产投资58亿元,同比增长11.6%;公共财政预算收入2.15亿元,同比增长10.4%。城乡居民人均可支配收入23 166和6931元,同比增长分别为8.6%和9.6%;社会消费品零售总额12.6亿元,同比增长8.8%。

已发现的矿产资源种类有28种之多。其

中,石灰石、黄金、铁、风化煤、花岗岩等资源储量巨大,为县域经济加速崛起构筑支撑。得天独厚的地理位置与气候环境,形成具有武川特色的农畜产业体系,造就了武川土豆、武川莜面、武川荞麦、武川肉羊等多个知名品牌。“武川土豆”“武川莜面”获得国家地理标志产品认证。武川县还是药材典籍记载中黄芪主要产地,清末民初已获“正北芪之乡”美称。有近200种野生药材遍布全县各地,药用价值较高的有党参、麻黄等30多种。

【农牧业】 现代农牧业快速推进。新建成食用菌厚墙体温室3000栋和5条菌棒生产线,菌棒年生产能力4000万棒,全年生产食用菌1350吨,年产值1100万元。优然奶牛牧场项目基础设施建设全部完成,购进新西兰奶牛2776头,日产鲜奶45吨。新建50个标准化养殖场、20个家庭牧场,肉羊养殖规模116万只,年出栏62万只。集中连片种植优质牧草12.8万亩,全县总面积52万亩。种植马铃薯原种生产基地2万亩,一级种薯生产基地23万亩,总面积55万亩,产量6亿公斤。

全面落实各项惠农政策,投入609万元补贴各类农业机械478台(套),受益农户405户。全县农业机械化率86.5%。全县规模流转土地72万亩,占耕地总面积36%。

【工业】 把握国家环保、安全生产约束收紧和去产能政策,关停整顿40家小散矿山采选企业、小砖窑和铁合金企业。全县实施工业重点项目7项,总投资41.85亿元。环聚新能源一期10万千瓦项目并网发电,二期并网发电1万千瓦。蒙能新能源5万千瓦风电项目建成并网发电。山东国风5万千瓦风电项目完成核准。全县清洁能源装机总量188万千瓦。燕谷坊、燕荞圆、西贝、兴农泰华4家农畜产品加工企业落户金三角园区。

【第三产业】 大青山抗日游击根据地红色旅游基础设施建设、遗址修复投资2100万元,郝区政府遗址修缮工程竣工。牌楼馆景区投入运营。2016年全县接待游客48万人次,同比增长10.3%;旅游收入8927万元,同比增长13.8%。全县金融机构存款余额65亿元,同比增长27.2%;贷款余额43.4亿元,同比增长14.2%。

【城乡建设】 统筹推进新农村建设和易地移民搬迁工程,对乡政府及行政村所在地、重要通道沿线、产业和人口集聚的318个村庄,进行基础设施和公共服务设施全面改造,惠及群众21 797户60 150人。改造危旧房17 768户。新建水源220个、新建(改造)管网75.6万米。硬化街巷547公里。电网升级改造86个村。安装广播电视户户通200套、广播村村响207个。建设标准化卫生室25所。建设文化室72个。建设便民超市78家。整村签订移民安置协议319个村13 982户37 032人,拆除185个村、搬迁人口8903户24 246人。集中流转土地45万亩,建设互助幸福院58处,解决6137名老年人的养老安置问题。

城镇宜居品质不断改善。东河河道治理8.3公里,完成1.86公里滨河西路建设工程,打通5条断头路,形成可镇东部互联互通环城路网。完成城镇地下雨污分流工程7公里、市政道路及管网工程3.65公里。实施县府园等10个老旧小区5.2万平方米建筑节能改造。安置可镇东西梁危旧房住户140户。新增水源井3处,日增供水6000立方米。以广场、公园、道路两侧为重点,完成城区绿化3000平方米。

实现京津风沙源治理二期工程厂汗以力更、土城子小流域综合治理30平方公里。完成国家水土保持重点工程得胜沟项目区50平方公里。新建和改善高效节水灌溉面积3.5万亩。实施国家坡耕地水土流失综合治理振兴元、黄合少项目区1.1万亩。完成大青山后坡生态建设等国家重点生态项目6万亩。退耕还林工程造林3万亩。G209武川段绿化600亩,东河两岸生态绿化240亩,S104、S311沿线主要节点村以及村委会所在地121个村全部进行绿化。国家级生态示范县创建工作顺利推进，完成1个自治区级生态乡和11个自治区级生态村的创建。

【扶贫开发】 精准脱贫稳步推进。组织建档立卡贫困人口精准识别回头看，以县级建档立卡为补充，创新解决贫困线边缘人口帮扶问题措施与办法，确保贫困户精准识别与帮扶措施全覆盖。全年实现脱贫2199户4255人。

【教育】 投入6253万元改善8所学校基础设施，义务教育均衡达标工作通过自治区、国家评估认定。职教中心实训楼、第一中学体育馆及看台、第二小学校舍维修改造工程投入使用。

【文化】 举办以食用菌产业发展为主题第四届“莜面文化节”。大型爬山调抗战历史剧《青山儿女》获呼和浩特市第十届“五个一工程”奖和自治区文化厅、文联“优秀剧目奖”“展演一等奖”。非遗项目“爬山调”“莜面制作技艺”“武川刻纸”已申报区市两级。《青山劲松》《隋唐盛世与武川英雄》《绝牲》等优秀文史作品正式出版发行。举办“纪念长征胜利80周年大型交响乐演奏会”和“武川县首届民间春节联欢晚会”。

【社会保障】 落实各项惠民优抚政策，开展城乡低保规范整顿工作，调整931人、新增1007人，实现动态管理、应保尽保。开展“送政策、送温暖”活动，发放各类救助救灾慰问金1.06亿元，救助慰问各类困难群众10万余人次。发放困难家庭大学生救助金367万元、贫困大学生助学贷款1167万元、“暖心煤”工程补贴2630万元。全年民生支出占财政总支出68%。新增城镇就业1574人，城镇就业培训422人，城镇登记失业率1.71%。农村劳动力转移就业45 114人，农村劳动力转移培训1851人，创业培训240人。

【社会管理】 投资1500万元升级改造应急指挥中心。发挥党政联合接访作用，全年受理信访突出问题195件2123人次，化解信访矛盾案件151起。

【自身建设】 加强政府自身建设，树立亲民务实新形象。开展“两学一做”专题学习教育活动，解决党员干部在思想、组织、作风、纪律等方面存在的突出问题。全年办理三级人大代表议案、建议49件，政协提案165件。加大政务公开力度，向社会公开责任清单3157项，做到“法无授权不可为、法定职责必须为”。及时回应群众来信来访，县长热线受理群众来电1200余件，县长信箱答复群众反映问题65件。

（撰稿人：郭建东）

清水河县

【概况】 清水河县位于内蒙古自治区首府呼和浩特市最南端，隶属呼和浩特市管辖，东南以明长城为界，与山西省平鲁区、偏关县接壤；西濒黄河，与鄂尔多斯市准格尔旗隔河相望；北临古力半几河与和林格尔县毗邻；西北与托克托县相傍，整体位置处于“蒙、陕、晋”开发区腹地和“呼、包、鄂”金三角开发区内。全县总面积2859平方公里，耕地面积6.67万公顷，辖4镇4乡1个经济技术开发区，6个社区，103个行政村，798个自然村，居住有汉、蒙古、满、回等12个民族，户籍人口14.7万，常住人口8.8万，属自治区级贫困县。境内以山地最多，滩川地甚少，平均海拔高度1373.6米，年平均气温7.1摄氏度、降雨量410毫米、无霜期146天左右，属典型的黄土高原丘陵沟壑区。全县地区生产总值完成71.88亿元，同比增长6.8%；规模以上工业增加值同比增长6.5%；固定资产投资42.62亿元，同比增长12.1%；社会消费品零售总额8.45亿元，同比增长9.2%；城镇常住居民人均可支配收入23 675元，同比增长6.7%；农村常住居民人均纯收入7178元，同比增长9.4%。公共财政预算收入21 160万元，完成年初预算任务20 850万元的101.5%，较上年增收2010万元，增长10.5%。

【农牧林水】 种植温室大棚433公顷，示范推广旱作节水小杂粮733公顷，引进万寿菊等新品种示范种植120公顷,新建全程机械化示范种植园147公顷,新建经济林1000公顷,保护地经济林33.3公顷。全县粮油总产量实现16.2万吨,与上年相比翻了一番。年末,牲畜出栏63万头(只)。牧业年度,全县牲畜存栏64万头(只)。京津风沙源治理和天然林资源保护等国家重点生态建设人工造林3867公顷、封山育林5667公顷、退耕还林667公顷。实施109国道、209国道以及沿黄公路等重要节点和区域绿化,栽植樟子松等乔木1.3万株,铺设绿篱和地被1.6万平方米。建成集中供水厂1座,新建改造水源71处,小流域综合治理2800公顷、坡耕地水土流失综合治理667公顷、地质环境综合治理30.4公顷,除险加固淤地坝3座。

【工业】 晟大能源一期10兆瓦光伏发电、联合新能源50兆瓦光伏发电项目建成投产,蒙羊羊乳业日产100吨乳制品加工项目和蒙鑫冶金20万吨生铁铸件项目具备试产条件。全年签约及储备工业项目17个,协议投资总额57.2亿元。年内新增规模以上企业3家,总数19家。全县工业固定资产投资13亿元,同比增长47.1%。规模以上工业企业完成总产值23.5亿元。

【第三产业】 黄河大峡谷旅游区成功创建成为国家AAAA级景区,老牛湾通用机场完成选址评审和预可研编制,贾浪沟旅游度假村完成投资2000万元,清水河县被商务部确定为国家级电子商务进农村综合示范县,老牛坡、杨家窑等16个村被国家旅游局确定为全国乡村旅游扶贫重点村,老牛坡红色教育基地被自治区推选为全区党员干部培训教育示范基地和爱国主义教育基地,“清水河米醋”和“清水河海红果”成功注册成为国家地理标志商标。全年实现旅游收入2.2亿元、货运收入10亿元。全县金融机构存贷款余额分别为53.8亿元和21.8亿元,同比分别增长37.3%和6.4%。第三产业增加值占地区生产总值比重49.6%。

【基础设施建设】 完成巩固退耕还林项目口粮田420公顷、喷灌田133公顷、滴灌田66.7公顷。实施国家小型农田水利建设重点县项目,新增和改造节水灌溉面积1200公顷。实施农业综合开发项目,建成高标准农田333公顷。冯家塔至老牛湾公路前期工作全部完成,神喇公路土沟子至喇嘛湾段建成通车,4条通村公路完工投入使用。全县新建移动通信站点102个,新增光纤到户覆盖8600户,新增行政村通宽带43个。红崖沟110千伏输变电工程竣工投入使用。

【民生工作】 教育、科技、文体、社会保障、就业服务、医疗卫生、城乡社区、住房保障等八项重点民生事业支出累计完成82 957万元,占全县一般公共预算总支出60.4%,较上年增加19 389万元,增长30.5%。强化安全生产监管检查,开展全县安全生产大检查大排查大整治百日专项行动,全年未发生重特大安全事故。累计开展食品药品检查1142家次,建成标准化基层示范食药监管所2个,群众饮食用药安全得到有效保障。加强社会矛盾排查化解和预警工作,全年受理群众来信来访批次和人次同比下降13.3%和5.2%,非正常访同比下降72%。通过实施司法与公安“两所联动、两所联调”工作机制,共排查化解各类矛盾纠纷204件。社会治安综合治理持续加强,全县刑事案件发案同比下降10%,“平安清水河”创建取得新实效。

【教育 卫生】 职业中学、城关一小、明德幼儿园改扩建项目和民族幼儿园迁建项目全部完工,贾家湾幼儿园新建项目主体完工,新招聘中小学、幼儿园教师80名,阳光幼儿园被评为自治区级示范幼儿园,中考成绩在全市旗县连年第一,普通高考本科上线率连续5年位居呼和浩特市旗县第二名,办学水平逐年提高。中蒙医院建设项目基本完工,新招录卫生技术人员14名,引进三级医院专家定期坐诊355人次,发放新农合补偿金3088万元,受益农民105 748人次,群众看病难看病贵问题得到缓解。清水河县首次创建为国家级计划生育优质服务先进单位。

【文化体育】 伏龙寺古戏台修复工程完工，岔河口环壕聚落遗址发掘工作全面展开，县体育场建成投入使用，组织开展长城旅游文化节、全市羽毛球邀请赛等活动，文体事业蓬勃发展。《清水河县志（2001—2015）》完成初稿，并报送呼和浩特市史志办审核。

【社会保障】 各类就业培训 2405 人次，发放创业贷款 875 万元。城镇新增就业 1628 人，农村劳动力转移就业 31 674 人，城镇登记失业率控制在 3.8%以内。实行“五险合一”制度，启动机关事业单位养老保险统筹工作，县综合养老服务中心主体完工，县残疾人综合服务中心建成启用，安置退役士兵 27 名，为 537 名农民工追缴工资 740.2 万元，社会保障水平不断提高。

（撰稿人：赵发）

包 头 市

【概况】 包头市位于内蒙古自治区西部，地处渤海经济区与黄河上游资源富集区交汇处，北部与蒙古国接壤，南临黄河，东西接沃野千里的土默川平原和河套平原，阴山山脉横贯中部。包头的地理坐标是北纬41°20′~42°40′，东经109°50′~111°25′，面积为27 768平方公里。辖9个旗县区，1个稀土高新技术产业开发区。2016年年末全市常住总人口285.8万人，比上年末增加2.9万人。其中：城镇人口237.1万人，乡村人口48.7万人。常住人口城镇化率83.0%，较上年末提高0.3个百分点。

2016年，包头市实现生产总值3867.6亿元，比上年增长7.6%。其中：第一产业增加值95.0亿元，增长3.6%；第二产业增加值1822.2亿元，增长8.1%；第三产业增加值1950.4亿元，增长7.5%。三次产业增加值占全市生产总值的比重分别为2.5%、47.1%和50.4%，第三产业比重较上年提高1.5个百分点。全市人均生产总值136 021元，比上年增长6.5%，按年平均汇率折算为20 478美元。

2016年，包头市一般公共预算收入271.2亿元，比上年增长7.5%。其中：税收收入173.1亿元，下降0.1%；非税收入98.1亿元，增长24.3%。全年一般公共预算支出415.2亿元，比上年增长5.6%。其中，民生支出341.4亿元，增长3.4%，占到一般公共预算支出82.2%。民生支出中，教育支出53.4亿元，增长6.7%；医疗卫生与计划生育支出23.7亿元，增长16.2%；交通运输支出13.2亿元，增长44.2%；住房保障支出18.5亿元，增长32.2%。

【农牧业】 2016年，包头市农作物播种面积33.1万公顷，比上年增加1.0万公顷，增长3.1%。其中，粮食作物播种面积21.2万公顷，下降5.0%。全年粮食总产量106.4万吨，比上年增长0.7%。其中：小麦产量10.1万吨，增长58.3%；玉米产量80.8万吨，下降9.1%；马铃薯产量10.1万吨，增长9.0%。全年油料产量10.7万吨，增长78.4%；蔬菜产量100.2万吨，下降0.2%。

年末，全市牛存栏19.9万头，下降22.1%；羊存栏205.4万只，下降3.2%；猪存栏23.8万头，下降5.3%。年末牛出栏25.0万头，增长2.9%；羊出栏433.2万只，增长3.4%；猪出栏56.1万头，增长1.0%。全年肉类总产量16.9万吨，比上年增长4.0%。其中：猪肉产量4.7万吨，增长0.8%；牛肉产量4.2万吨，增长5.1%；羊肉产量7.2万吨，增长3.7%；禽肉产量6389吨，下降0.1%。禽蛋产量2.7万吨，下降1.5%；牛奶产量90.3万吨，下降8.2%；水产品产量9102吨，增长2.3%。

全市拥有各类农民专业合作社1765家，拥有市级以上农牧业产业化重点龙头企业166家，其中国家级5家、自治区级33家、市级128家。全市农畜产品行业拥有中国驰名商标11个。

【工业 建筑业】 全年全部工业增加值1586.8亿元，比上年增长8.3%，其中规模以上工业增加值增长8.9%。在规模以上工业中，轻工业增加值增长9.5%，重工业增长8.8%；钢铁、铝业、装备制造、稀土、电力五大产业增加值比上年增长8.6%，拉动规模以上工业增长4.7个百分点；高技术产业增加值增长8.0%；工业战略性新兴产业增加值增长11.5%，高于规模以上工业增速2.6个百分点；非公有制经济增加值增长14.2%，拉动全市规模以上工业增长10.8个百分点。

全年规模以上工业企业主营业务收入3248.9亿元，比上年增长12.5%；实现利润108.5亿元，增长2.6倍，其中盈利企业利润总额增长9.6%，亏损企业亏损额下降51.8%。年末工业企业产成品库存139.5亿元，比上年末下降13.8%。

全年建筑业增加值236.0亿元，比上年增长7.1%。在本市注册的具有资质等级的建筑企业共114户；完成总产值201.5亿元，比上年增长9.0%。

【固定资产投资】 全年500万元以上项目完成固定资产投资2955.8亿元，比上年增长14.4%。其中：民间投资1743.3亿元，增长2.3%，占全市投资的比重为59.0%；高技术产业完成投资53.3亿元，增长26.8%；基础设施建设投资853.4亿元，增长35.4%，占全市投资的比重为28.9%，对全市投资增长的贡献率为59.8%，拉动全市投资增长8.6个百分点。

分产业来看，第一产业投资81.9亿元，较上年增长33.4%；第二产业投资1293.4亿元，增长4.8%；第三产业投资1580.5亿元，增长22.7%。分行业来看，采矿业投资114.4亿元，下降17.5%；制造业投资955.3亿元，增长12.8%；电力、热力、燃气及水的生产和供应业投资190.4亿元，增长2.6%；交通运输、仓储和邮政业投资163.2亿元，增长107.2%；水利、环境和公共设施管理业投资533.1亿元，增长42.8%。

全年房地产开发投资184.6亿元，比上年下降6.5%。其中，住宅投资123.5亿元，下降11.6%；办公楼开发投资3.7亿元，下降39.7%；商业营业用房投资40.3亿元，增长24.4%。

【城市建设】 全年共实施城建重点项目224项，新增道路面积69.3万平方米，新建、改造供热设施及城市供热干网19.0公里，集中供热普及率96.8%；加快天然气管网建设，城市燃气普及率达96.7%；生活污水处理率为90.4%。积极组织实施绿化工程，建成区绿化覆盖率44.06%。截至2016年年底，全市公路里程9005公里，公路网密度为32.4公里/百平方公里。

【资源 环境保护】 全年总用水量10.57亿立方米，其中生活用水1.02亿立方米（包括建筑业、第三产业及所有居民生活用水），工业用水2.56亿立方米，农业用水6.66亿立方米（包括农牧林业灌溉、池塘、畜禽饮用），生态环境用水0.33亿立方米（包括城镇环境、河湖补水）。全年国土绿化营造林面积38 029公顷，其中人工造林19 561公顷。林业重点工程完成造林面积24 135公顷，占全部造林面积的63.5%。年末全市拥有自治区级自然保护区3个。全年平均气温为8.0℃，年平均风速3.0米/秒，年降水总量340.2毫米，年日照时数2912.2小时。初步核算，全年万元生产总值能耗较上年下降4.92%，超额完成自治区下达的“十三五”进度目标。

【国内贸易 对外经济】 全年社会消费品零售总额1400.2亿元，比上年增长9.7%。按经营地统计，城镇消费品零售额1364.7亿元，增长9.6%；乡村消费品零售额35.6亿元，增长12.0%。

全年限额以上批发零售及住宿餐饮企业实现消费品零售额403.1亿元，比上年增长6.0%。其中：餐饮收入26.8亿元，增长12.0%；商品零售376.4亿元，增长5.6%。在限额以上企业商品零售额中，粮油、食品类商品零售额增长6.8%，服装、鞋帽、针纺织品类增长11.3%，化妆品类增长26.1%，日用品类增长12.4%，家具类增长13.6%，金银珠宝类增长19.3%，汽车类增长14.3%，石油及制品类增长2.5%。

全年外贸进出口总额17.2亿美元，比上年增长10.9%。其中：出口总额12.3亿美元，增长38.7%；进口总额4.9亿美元，下降26.1%。全年利用外资额10.1亿美元，比上年增长22.6%。

【交通】 全年公路货运量29 803.3万吨，增长9.3%；公路客运量656.8万人，增长13.0%。民航客运吞吐量 186.8 万人次，按可比口径计算，比上年增长 4.6%；民航货邮总量 9409.5 吨，按可比口径计算与上年持平。

年末，全市民用汽车保有量 57.4 万辆(包括三轮汽车和低速货车)，比上年末增长 9.5%。其中：个人汽车保有量 51.3 万辆，增长 10.6%。民用载客汽车保有量为 50.3 万辆，增长 10.7%，其中，个人载客汽车 47.6 万辆，增长 11.5%。

7 月 27 日上午 9 时 28 分，内蒙古自治区首列直通中亚的国际集装箱班列从包头市正式开行。此班列开辟了中国京津冀地区和中西部物资出口至中亚的快捷通道，使得包头在“丝绸之路”经济带上由通道变为核心枢纽，在推动包头市外向型经济发展、建设自治区向北、向西开放战略支点、提升对外开放水平方面具有重要意义。

【邮电】 全年邮电业务总量 51.6 亿元，比上年增长 34.6%。其中：邮政业务总量 1.4 亿元，增长 25.1%；电信业务总量 50.2 亿元，增长 34.9%。年末，固定电话用户 29.4 万户，同比下降 19.8%；移动电话用户 346.2 万户，同比增长 11.7%。

【旅游业】 全年实施重点旅游建设项目 24 个，完成投资 32.0 亿元；实现旅游总收入 403.4 亿元，比上年增长 24.1%。国内旅游人数 1209.3 万人次，增长 16.7%；国内旅游收入 398.4 亿元，增长 23.6%。

【金融】 年末，全市金融机构人民币各项存款余额 3236.0 亿元，比上年末增长 19.4%。其中：住户存款 1371.3 亿元，增长 4.8%；非金融企业存款 915.0 亿元，增长 7.1%。金融机构人民币各项贷款余额 2403.1 亿元，增长 9.6%。其中：住户贷款 776.7 亿元，增长 19.3%；非金融企业及机关团体贷款 1624.4 亿元，增长 6.0%。12 月 29 日，包银消费金融公司在包头市成立，这是内蒙古自治区首家消费金融公司。它的成立标志着消费金融贷款这一新型消费信贷业态在自治区实现零突破，对深化地区金融体制改革、健全地方金融体系、促进消费结构转型升级具有重要意义。

【保险】 截至年底，全市共有保险公司 37 家。其中：人身险公司 16 家，财产险公司 21 家。全年保险业务收入 65.1 亿元，比上年增长 28.7%。其中：财产险收入 19.1 亿元，增长 6.5%；人寿险收入 46.0 亿元，增长 40.9%。保险赔款及给付支出 14.1 亿元，比上年下降 2.5%。其中：财产险赔款及给付 8.4 亿元，下降 2.0%；人寿险赔款及给付 5.6 亿元，下降 3.1%。

【教育】 全市有普通高等学校(包括高职院校)5 所，全年招收学生 2.4 万人，在校学生 8.2 万人，毕业生 2.8 万人。普通中专和职业高中(含成人中专)共 20 所，在校学生 2.7 万人。普通高中 37 所，在校学生 4.6 万人。普通初中 57 所，在校学生 6.2 万人。普通小学 136 所，在校学生 13.9 万人。全市有幼儿园 312 所，在园幼儿 5.8 万人。全市有民族中小学校 13 所，少数民族在校学生 2.1 万人。小学专任教师学历合格率为 100%，普通初中专任教师学历合格率为 99.9%，普通高中专任教师学历合格率为 97.3%。小学适龄儿童入学率为 100%。

【科技】 全年申请专利 2617 件，比上年增长 11.8%；专利授权量 1465 件；签订各类技术合同 67 份，技术合同成交金额 1.8 亿元，其中技术交易额 1.6 亿元。年末全市拥有国家重点实验室 2 家，国家级企业技术(工程)中心 6 家，国家地方联合工程研究中心 3 家。国家高新技术企业 115 家，其中年内新增 25 家；市级以上创新型(试点)企业 124 家，其中国家级创新型(试点)企业 2 家。年末全市拥有国家级孵化器 3 家；累计建成自治区级重点实验室 26 家，其中年内新晋升 9 家；累计建成自治区级工程技术中心 36 家，其中年内新增 6 家。累计建成 10 家众创空间，其中 8 家列入国家众创空间试点。此外，还获批国家第二批促进科技和金融结合试点城市。1 月 9 日，利用 3D 打印技术制造的 CAP1400 自主化燃料原型组件下管座在中核北方核燃料元件有限公司完成。这是国内首次实现3D打印技术在核燃料元件制造领域的应用。此技术实现批量生产后，将有利于节约人力，提高核燃料元件质量，并有望实现部分进口元件国产化。3月27日，中核北方核燃料元件有限公司建设的高温气冷堆核电站示范工程燃料元件生产线进入正式生产阶段。这标志着中国在第四代核电技术的研发和应用上已走在世界前列。这条生产线是国家重大科技专项——高温气冷堆山东石岛湾示范核电站的配套工程，年产能力为30万个球形燃料元件。它以清华大学球形燃料元件制造技术作为依托，是中国完全拥有自主知识产权、全球第一条具有第四代核技术特征的工业化规模燃料元件生产线。6月14日，科技部、中国人民银行、中国银监会、中国证监会、中国保监会联合下发《关于确定第二批促进科技和金融结合试点的通知》，包头等9个城市被确定为国家第二批促进科技和金融结合试点城市。对包头市率先建成西部地区科技金融中心具有重大意义。

【文化】 2016年年末，全市共有专业艺术表演团体5个，群艺馆、文化馆11个，公共图书馆10个，博物馆3个，美术馆1个。广播综合人口覆盖率99.5%，电视综合人口覆盖率99.5%。由国家新闻出版广电总局、内蒙古自治区政府联合主办，内蒙古自治区新闻出版广电局、包头市政府、中国出版协会、中国书刊发行业协会共同承办的第二十六届全国图书交易博览会于7月28日在包头国际会展中心隆重开幕。本届书博会共有来自全国各省（区、市）、解放军、港澳台、民营单位等41家代表团、860家出版发行单位参加，参会代表近7000余人；展出各类图书41.68万册，其中新书19.91万种。主会场共分3个展区，总展位数2127个，书博会前后，共举办各类活动1650场。5月16日，文化部在北京中央文化管理干部学院召开全国第二批创建国家公共文化服务体系示范区验收评审会，包头市作为西部组13个创建城市之一参加了评审，并顺利通过全国第二批创建国家公共文化服务体系示范区验收评审。4月23日，作为“第二届中国原创话剧”邀请剧目，由内蒙古话剧院编排的大型话剧《北梁人家》在北京国家话剧院剧场出演。此剧自2014年11月10日首演以来，先后获得内蒙古自治区“五个一工程奖”，内蒙古自治区草原文化节优秀剧目展演奖，第六届戏剧奥林匹克全国话剧院团分会场剧目展演奖。

【卫生】 全市共有卫生机构1742个，其中医院69个，基层医疗卫生机构1604个，专业公共卫生机构50个，其他卫生机构19个。年末卫生机构实有床位17334张，拥有卫生技术人员22668人。

【体育】 2016年，包头市在全国第十三届冬运会上获得女子冰壶第三名，在全国曲棍球U18锦标赛上获得冠军，参加全区20项青少年锦标赛，获得金牌82枚、银牌78枚、铜牌84枚。

【人民生活】 全年全体居民人均可支配收入35 759元，比上年增长7.8%。其中，城镇常住居民人均可支配收入40 955元，增长7.5%；农村牧区常住居民人均可支配收入14 692元，增长7.5%。全体居民人均生活消费支出25 485元，增长5.7%。其中，城镇常住居民人均生活消费支出28 632元，增长5.0%；农村牧区常住居民人均生活消费支出11 014元，增长9.1%。城镇居民家庭恩格尔系数为28.3%，农村牧区居民家庭恩格尔系数31.8%。

【社会保障】 年末，全市养老保险参保人数为137.9万人，比上年末增长2.5%。其中：城镇职工养老保险参保人数为94.4万人，增长3.8%；城乡居民养老保险参保人数43.5万人，下降0.1%。在城镇职工养老保险参保人数中，企业职工参保53.0万人，机关事业单位职工参保7.9万人，纳入统筹的离退休人员33.5万人。参加失业保险人数42.5万人，与上年持平。参加城镇职工基本医疗保险的人数为81.3万人，增长1.3%;参加城乡居民医疗保险的人数为119.6万人,增长0.7%。参加工伤保险人数为47.9万人,增长0.7%。参加生育保险的人数为48.5万人,增长0.6%。

截至2016年年底,全市累计建成直饮水站103座、分站37座、自助式饮水屋和现制现售水机近500台，全市直饮水工程覆盖受益人口197.3万人。

(撰稿人:赵俊梅)

昆都仑区

【概况】 昆都仑区(以下简称昆区)于1956年建区,因境域跨昆都仑河两岸而得名。位于包头市区西部,土默川和河套平原之间,北纬40°34′,东经109°50′。北依阴山,南临黄河,东与包头市青山区接壤,南、西、北与包头市九原区为邻,地处呼包银经济带和呼包鄂金三角腹地，属沿黄沿线核心区。昆都仑区境域总面积约301平方公里。辖2个镇、13个街道办事处、24个行政村、108个社区。总人口约76.79万,其中少数民族43 657人,约占总人口6%,少数民族中蒙古族24 600人,约占总人口3.4%。

2016年，昆都仑区各项主要经济指标总量继续位居包头市各旗县区首位、自治区前列。地区生产总值实现1135.8亿元，占全市比重为29.37%,比上年提高0.56个百分点,增长7.8%,增速分别高于自治区、包头市0.6、0.2个百分点。固定资产投资完成523.7亿元,占全市的比重为17.72%，比上年低0.2个百分点，增长14.5%,增速分别高于自治区、包头市2.5、0.1个百分点。社会消费品零售总额完成464.7亿元,占全市的比重为33.19%，比上年提高0.3个百分点,增长9.8%,增速均高于自治区、包头市0.1个百分点。一般公共预算收入完成46.6亿元,占全市的比重为17.2%,比上年低0.42个百分点,增长4.9%,高于自治区2.3个百分点、低于包头市2.6个百分点。城镇常住居民人均可支配收入增长7.3%，比上年提高0.2个百分点，达到43 922元,高于自治区10 947元、包头市2967元。组织实施亿元以上重点项目143个，完成投资502.2亿元,占年内计划完成投资额109%。在全国中小城市综合实力百强区中的排名攀升至第26位,跻身全国中小城市创新创业百强区、新型城镇化质量百强区。11月23日,《人民日报》和《2016中国中小城市发展报告·绿皮书》联合发布中国中小城市科学发展指数研究成果暨“2016中国中小城市创新创业(双创)百强区”榜单,昆都仑区排名31。

【改革】 全年完成88项改革任务。改革成效开始显现。

经济改革 围绕“三去一降一补”,全年淘汰落后钢铁产能133万吨。新建商品房销售面积超过90万平方米、在全市占比将近1/3。通过“营改增”为企业减免税费5000余万元。为大安、吉宇等11户企业成功申报电力多边交易手续。帮助企业争取到位各类资金12.7亿元。围绕构建城市“三化”(网格化、精细化、信息化)管理新模式，探索城市执法体制和市场监督管理体制改革,设立二级网格16个、三级网格48个,实现网中有格、格中有人、人在格上、事在格中。围绕畅通农副产品进城渠道，结合供销合作社综合改革,在自治区率先推开“智慧物流”业务,农副产品同城配送累计超过7万次、交易额3000万元。围绕压缩行政成本,开展公务用车制度改革，核准保留285辆、依法处置抵顶170辆。坚持“走出去、引进来”,全年累计引进自治区外(国内)资金128亿元、同比增长1.8%,实际利用外资1.8亿美元、同比增长12.7%,入围全国最具投资潜力中小城市百强区前20强。3月15日，包头市苏商进出口贸易有限公司通过航天信息开票系统开具昆都仑区首张增值税电子普通发票，标志着增值税电子发票在昆都仑区正式启用。

法治改革　6月29日，昆都仑区推行多元化调节机制，开展“多调”对接，建立公调、民调、诉调等多调对接工作模式，分类建立重大复杂矛盾纠纷工作台账，定期召开矛盾纠纷化解工作会，实现矛盾就地化解。公、检、法、信访、司法等部门建立联动机制，以社会工作联席会议制度为依托，完善社会矛盾预警、协商沟通、救济救助机制，有效防止矛盾的发生或激化；完善行业调解组织，在医疗、交通、劳动、教育等专业协调组织的基础上，协调同类别行业调解组织之间，建立协作机制，实现信息资源共享、专业调解人才资源共享，同时引入社会组织参与调解，实现城区街道社会组织培育、扶持工作全覆盖，每万人拥有社会组织22.2个，重点推进人民调解组织建设，涌现出“家长里短”工作室和郭孝红工作室等一批百姓办事“零距离”服务岗，成功调解矛盾纠纷3920件。3月，公安部第六督察组组长陈新一行督导检查包头市公安局昆都仑区分局全面深化公安改革工作。昆都仑区政务中心公安服务窗口，区公安分局制定的惠民举措、简化行政审批等以及“一长四必”（区公安分局局长对刑事案件现场勘察工作负总责，现场勘察工作要做到“必勘、必采、必录、必比”）工作受到肯定。

8月，昆都仑区人民检察院驻昆都仑区看守所检察室正式启用，这是内蒙古自治区检察机关中首个集驻所检察、监外执行检察、警示教育基地功能于一体综合性检察室。

【工业】　2016年，50个亿元以上工业重点项目完成投资237亿元。围绕稀土及新材料产业基地、新型冶金产业基地、循环经济产业基地建设，推动工业经济持续健康发展。稀土钢板材冷轧生产线全部投产，550万吨稀土钢板材项目全线贯通。安徽盛运环保循环经济产业园开工建设。同时，一批中小型项目，如振华特种压力容器制造、西骏氯化铵废水处理、镍氢动力电池等项目（企业）落地。全区规模以上工业增加值完成228.4亿元，增长8.8%，占包头市规模以上工业增加值的比重为18.3%。

昆都仑区与内蒙古华业特钢股份有限公司、内蒙古国兴超纯特种钢有限公司和中基华材新材料有限公司正式签约，签约金额总计58亿元。内蒙古华业特钢股份有限公司、内蒙古国兴超纯特种钢有限公司拟在昆都仑区投资26亿元，通过对原华业特钢60万吨不锈钢项目搬迁改造，采用国际先进电炉、AOD、VOD三步法冶炼不锈钢技术，建设年产不锈钢热轧钢带30万吨、不锈钢中厚连铸板坯30万吨生产线项目；中基华材新材料有限公司拟在昆都仑区投资32亿元，建设新材料生产工艺线项目，包括20辊轧机不锈钢加工车间和不锈钢着色机组。

【城乡建设】　围绕建设城乡一体化示范区，以昆北街道办事处和昆河镇2个片区为突破口，完成市政府下达的8242户棚改工作任务。开工建设安置房1491套。打通昆河东路、文化路西延等全长3.2公里的4条城区断头路。全年投入3亿元，实施完成17个行政村的“十个全覆盖”工程建设任务，统筹开展农村环境卫生综合整治大会战等5项惠民工程，村容村貌和农牧民生活环境得到彻底改善，惠及百姓6.6万人。实施了昆河下游4.5公里水生态提升综合利用工程，9.6万平方米的昆河“隐园”工程完工。市民休闲活动场所优化，完成昆河公园等8个公园广场及黄河大街绿化美化，新增绿地150亩。全年投入1亿元，对阿尔丁北大街、友谊大街等6条、17.7公里的城市道路进行景观示范改造。大气污染综合治理成效明显，年削减燃煤19.6万吨，减排二氧化硫2508.8吨、氮氧化物576.2吨，单位GDP能耗下降5%，PM2.5年均值浓度控制在49微克/立方米以内，环境空气达标天数262天，达标率为72%。昆都仑区加强新型城镇化建设。在农牧区，改造危房351户，道路硬化100公里以上。全面实施安全饮水工程，在新光七村和哈业脑包村新建2个直饮水站，孟家河湾村铺设直饮水管网4.5公里。实施农牧区污水处理工程，完成主、次污水管线建设约63公里。建成垃圾压缩转运站16座，高标准公共厕所98个。从根本上改变了农村牧区居住环境差、基础设施落后的面貌，全区20余万农牧区人口受益。11月，昆都仑区2016年实施的七大重点民生工程之一老旧小区综合改造工程总投资约2.4亿元，主要对丽日社区、国税小区、团14#街坊军官小区、青12#街坊法院大院、青12#街坊区委楼等33处老旧小区进行既有居住建筑节能、地下管网更新改造及环境综合治理，改造建筑面积109.3万平方米。改造后的小区全部实现准物业化管理，实现"改造一个、接管一个、管好一个"。

【服务业】 围绕建设现代服务业示范区，加快推进沿钢铁大街金融商务区建设，阿尔丁商圈进一步提档升级，苏宁广场、茂业天地开业运营。民生银行正式揭牌，正全投资基金管理公司、英大泰和财产保险公司等非银行金融机构落户昆区。国家电子商务示范基地聚集效应显著增强，电子商务大厦累计入驻各类电商企业45家、交易额15亿元。实施"互联网＋钢贸"取得新成果，钢银、钢联等6个钢材电子交易平台上线，平台挂牌销售企业1200余家，交易量突破80万吨、交易额超过25亿元。钢铁物流园区钢贸年交易量突破500万吨、交易额超过130亿元。运钢、奇客等6家电商企业在深圳前海股权交易中心成功挂牌。全年第三产业占GDP的比重超过60%，占全市第三产业的比重超过1/3。

【社会事业】 昆都仑区注重社会组织培育发展，加快建设服务型政府。昆都仑区发展各类社会组织1712家，每万人拥有社会组织22.5个，受益人群超过15万人，达到发达地区水平。投入8201万元用于支持科技创新，获得市级科技进步奖21项，全社会研究与试验发展(R&D)经费支出占GDP比重1.62%。投入教育经费8.7亿元，全力促进义务教育优质均衡发展、普通高中教育特色发展、学前教育协调快速发展、民族教育优先重点发展等工作的落实，中、高考成绩继续保持全市领先。办学条件不断改善，新建卜尔汉图幼儿园、铁三幼分园，改扩建昆南幼儿园、新城中学，包钢一中等6所足球示范校场馆建成。素质教育成效显著，昆区成为全国唯一一个连续3年产生全国孝心少年的旗县区。成功创建国家第二批公共文化服务体系示范区，街镇、社区(村)文化站(室)建设实现全覆盖。开展以"魅力昆都仑"为品牌的各类文体活动500余场。"健康城市"建设工作扎实推进，新建高标准笼式足球场5处，篮球场、羽毛球场6处，"10分钟全民健身活动圈"建成。昆区被评为全国计划生育优质服务先进区，入选全国残疾预防综合试验区试点。2016年，昆区获"国家级充分就业社区"称号。昆区总工会职工服务中心获2016年内蒙古自治区"工人先锋号"称号。昆区被中共包头市委员会宣传部和包头市社会科学界联合会共同授予"2015年度社科普及先进单位"称号。被内蒙古自治区工商联授予"内蒙古自治区五好县级工商联"称号。

【社会治理】 社区自治水平和公共服务能力进一步强化。在自治区率先推行"两中心一平台"工作模式和"一委三会"城乡社区协商机制。政府购买公共服务范围扩大，投入200万元用于购买居家养老等20项社会公共服务，年内新增各类社会组织105家，累计达到1715家。通过"互联网＋养老"的模式，建成钢32#(自治区首家)等2处"智慧型养老社区"。加大安全生产常态化检查和食品药品监管力度，对重点领域、重点行业开展"百日安全生产大检查"和"回头看"行动，整改安全隐患和问题144项，完成全区842家校外托管机构摸底检查和部分整改工作。全年未发生重特大安全事故，安全生产事故起数下降58.9%。信访事项办结率为100%。运行"1+10"法律援助新机制，在自治区率先建成三级公共法律服务网络。普法、依法治理工作喜获佳绩，入选全国法治宣传教育先进区。8月25日，昆都仑区法院多渠道、多形式参与社会治理，以法官论坛、道德讲堂、学雷锋志愿等活动载体，以法律服务站、巡回法庭、派出法庭等为依托，立足“千名法官下基层”“双联系”等活动平台，开展了以案说法、普法讲座等宣讲活动，在群众中普及法律知识、传播法治思想。2016年，被中共包头市委员会宣传部和包头市社会科学界联合会共同授予“2015年度社科普及先进单位”荣誉称号。

【民生改善】 惠民富民政策有效落实，财政用于民生方面的支出持续增加，达到42.4亿元，占一般公共预算支出86.7%。全年累计新增就业10 346人，农牧民转移就业4060人。“包头市大学生集聚计划”有效落实，通过创新创业、产业吸纳、服务促进等多项举措，累计集聚市内外大学生7440名。培育“大众创业、万众创新”沃土，包头市青年创业园、内科大大学生众创空间被科技部评为第三批“国家级众创空间”，电子商务创业园升级为自治区级示范性创业园。社会保障成效显著，全年为企业退休人员、“五七工”人员和享受遗属补贴人员发放养老金3亿元。卜尔汉图镇1400余名失地农民社保问题得到一次性解决。年内新增城镇参保居民2万人，基本医疗保险参保人员累计超过17万人，参保率100%；新农合参合率99.1%。为2810户低收入农牧户按期、足额供应冬季取暖用煤。完成33个老旧小区113万平方米既有居住建筑节能改造，并全部实现准物业化管理。

昆都仑区在内蒙古自治区率先运行“群众‘点菜’、政府+社会‘买单’”工作机制，构建多元化公共服务供给体系。探索出政府立项、政府采购、合同管理、民间运作、评估兑现新型政府购买公共服务路径。2016年，争取到国家级政府购买公共服务项目2项，分别为包头汇美社会工作服务中心“盲障及弱视儿童青少年社会服务示范项目”、包头婚姻家庭协会“暖馨计划—单亲家庭未成年子女关爱发展示范项目”，获得中央财政支持50万元；争取到内蒙古自治区级政府购买公共服务项目69项，获得专项资金390万元，占内蒙古自治区投向包头市专项资金582万元的67%。累计参与公共服务领域社会组织近2000家，撬动社会资本3亿元。

昆都仑区与全国居家养老产业联盟合作，通过“互联网+养老”的方式，初步选出青7社区、少先友谊2社区、钢32社区3个社区作为试点，运用“一个平台”（即国内首家智慧居家养老服务平台—i吾之家），整合各类服务网点资源，采集实时化、数字化、智能化数据进行处理分析，形成集信息化、智能化于一体的智慧养老管理运营系统，实现健康监测、紧急救助、营养餐、吾家讲堂、上门服务、特惠商城、在线文娱、智能手环、亲情关注“九项功能”，全力打造“公益化为前提、社会化为基础、市场化为导向”的社区智慧养老新模式。昆都仑区在团结17号街坊率先建成内蒙古自治区首家社区“嵌入型”养老院—康乐养老院。昆都仑区为辖区80岁以上低收入老人免费发放1.8万个电子保姆设备，加强对老人的实时定位和紧急救助，提高老年人的出行安全和居家安全。2月，昆都仑区获“国家级充分就业社区”称号。

【教育】 昆都仑区创新教育教学管理模式，实行大学区制改革。在初中校提出“学区制”发展办学模式，以包二十九中、包三十五中、包钢三中、包钢九中为龙头，构建4大学区，形成“学区工作制度化、学区师资优质化、学区信息一体化、学区教研整体化、学区发展特色化”的大学区管理模式，实现教育理念、教育资源、教育方法、教育成果共享的“常态共研”模式。3月22日，昆都仑区教育局与马拉多纳国际足球俱乐部（北京）有限公司举行校园足球战略发展联盟签约仪式。5月27日，2016年昆都仑区教办幼儿园招生电脑派位工作在蒙古族幼儿园举行，现场对网上预报名资格审核合格人员超过计划招生数的昆北幼儿园和蒙古族幼儿园进行电脑派位，这标志着昆都仑区幼儿园招生工作进入电脑派位时代,实现阳光招生。

【文化】 昆区街镇,社区(村)文化站(室)覆盖率100%,成功创建国家第二批公共文化服务体系示范区。2016年1月15日,由中共昆都仑区委员会宣传部出品的微电影《在一起》及4则道德人物公益广告首映仪式在包钢实验军校举行。微电影《在一起》以2013年全国最美孝心少年、包头市孝老爱亲模范、包头市美德少年赵文龙为原型拍摄,传播道德模范事迹。7月,昆都仑区钢32号街坊始建于1956年，坐落于钢铁大街西北段，为苏联援建项目，是包头市留存“苏联楼”中最具代表性居民建筑群,被内蒙古自治区住房和城乡建设厅、文物局确定为内蒙古自治区级历史文化街区,并向社会公布。

【环境保护】 2016年，昆区削减燃煤19.6万吨，减排二氧化硫2508.8吨，氮氧化物576.2吨，单位GDP能耗下降5%,PM2.5年均值浓度控制在49微克/立方米以内，环境空气达标天数为262天,达标率为72%。昆都仑区与拥有17项发明技术专利和252项实用新型专利技术的安徽盛运环保(集团)股份有限公司进行战略合作,安徽盛运环保(集团)股份有限公司拟投融资约50亿元,将参股或控股收购昆都仑区污水处理厂，并在循环经济产业基地内建设环保材料厂、环保设备厂,昆都仑区将以政府购买环卫运营服务模式为签约的生活垃圾焚烧发电项目提供保障。

【体育】 昆都仑区从强基础,重发展入手,推进校园足球改革。加强足球师资队伍建设,成立校园足球办公室,57所中小学均组建自己的校级足球队。昆都仑区教育局与马拉多纳国际足球俱乐部(北京)有限公司举行校园足球战略发展联盟签约仪式,重点培养60名足球专业骨干教师;加强校园足球制度建设,建立高中、初中、小学三级足球竞赛体系,制定并出台《昆都仑区青少年校园足球联赛方案》,定期举办校园足球文化节、文化周及学校与家庭、社区足球交流等活动,促进建立足球社团或足球兴趣小组;加强基础设施建设,2016年投资1650万元新建3个场馆,改造3个场馆,引导鼓励足球特色学校与足球职业俱乐部对接，共建足球后备人才培训基地。昆都仑区教育局与马拉多纳国际足球俱乐部(北京)有限公司举行校园足球战略发展联盟签约仪式。3月1日,包钢第二十四小学体育教师胡成军被评选为内蒙古自治区首位有资格执裁中国足球超级联赛的裁判员。7月9日,昆都仑区青年路第二小学举办建校60周年暨国际马拉多纳足球基地揭牌仪式。马拉多纳国际品牌管理有限公司负责人和青二小校长共同为青二小马拉多纳足球基地揭牌。至此,青二小成为内蒙古自治区首家国际马拉多纳足球基地签约学校。马拉多纳公司派遣阿根廷足球教练对昆都仑区属中小学体育教师进行为期一周培训。

【昆都仑区首家基层供销合作社联合社成立】 昆都仑区供销社与包头市天辰种养殖农民专业合作社共同投资的“包头市兴农基层供销社有限公司”挂牌成立,成为昆都仑区首家基层供销合作社联合社。发展成员社5家，带动社员户500余户,主要经营业务涉及种植、养殖、采摘、观光等项目。基层合作社的成立将进一步拓宽农民专业合作社发展渠道，促动农民专业合作社“抱团”闯市场。

【昆都仑区首届社区及社会组织红色公益项目创投大赛】 中共昆都仑区委员会组织部举办迎区庆·为民生·红色公益在行动—昆都仑区首届社区及社会组织红色公益项目创投大赛。大赛分项目征集、项目初审、项目公开评赛、项目实施、项目评估5个阶段,涉及基层党建领域、社会组织党建服务、社区家庭建设、社区为老服务、社区助残服务、社区未成年人服务等方面的红色社区公益服务项目。白云路街道第三社区党委申报的《党群心连心·共享文化长廊项目》，第二社区党委申报的《党员便民利民在行动——白云社区基层党员志愿服务项目》分别荣获大赛一等奖与鼓励奖。

【康乐养老院建设】 7月，昆都仑区在团结17号街坊率先建成内蒙古自治区首家社区“嵌入型”养老院—康乐养老院。该院建筑面积2500平方米、床位150张，采取托养结合，以养代托，社区照料“静”“近”互补的养老新模式，打造社区养老、文化养老、智慧养老、生态养老、度假养老“五大养老主题”，为社区及周边老年人提供生活照料、健康管理、智能服务、娱乐引导、绿色就医、专业看护“六大贴心服务”，推行“一周七彩公益服务”[周一由政府党政机关工作人员提供红色“为老服务”，周二由社会力量(企业、院校)组织橙色“敬老服务”，周三由公益志愿者提供黄色“助老服务”，周四由医疗救治和义务诊疗团队开展绿色“通道服务”，周五是由专业社工提供青色“精神慰藉、法律咨询服务”，周六由社区办事处、居委会组织开展蓝色“社区帮老服务”，周日倡导家人开展紫色“亲情探望服务”]养老院已入住老人57名，日间照料日均接待老人25名，活动中心日均接待老人50名，就餐服务日均接待老人80名。

【孵化园党支部建设】 随着政府职能转变，昆都仑区各类社会组织迅猛发展。2014年8月，昆都仑区在包头市率先成立社会组织孵化园。12月，成立孵化园联合党支部，实现社会组织和党组织的“同步孵化”。培育孵化社会组织，实行“进驻—孵化—评估—出壳”工作模式，确保孵化园培育、扶持、孵化社会组织形成良性循环，建立区—街—居三级联动机制。截至2016年7月底，昆都仑区有各类社会组织总数1700家，每万人平均拥有社会组织22.2个，达到发达地区水平；与此同时，各社会组织党组织建设呈“井喷式”发展，党组织数量142家，覆盖913家社会组织，覆盖率68.9%。创新党员志愿服务，构建“在职党员＋社区党员＋专业社工”志愿服务模式，在全区72个社区成立志愿服务队108支，针对教育培训、居家养老、纠纷化解、情感疏导等9个类别开展专项服务，直接服务群众超过15万人次。昆都仑区获“全国社会组织建设创新示范区”“全国志愿服务记录制度试点地区”“全国首批社会工作服务标准建设示范地区”等多项国家级荣誉。

【全国“2016寻找最美孝心少年”活动启动仪式举行】 4月20日，由中央电视台、教育部主办的“2016寻找最美孝心少年”活动启动仪式在中央电视台演播厅举行。此次活动设主会场一个，全国选设北京、天津、成都、包头市4个地区为分会场，包头市分会场选址在包钢第二实验小学，活动现场采用主、分会场联动模式，拉开2016寻找全国最美孝心少年活动序幕。

(撰稿人：高丹)

青　山　区

【概况】 包头市青山区因坐落于阴山山脉大青山脚下而得名，北靠大青山，南临黄河，地势平坦开阔，北高南低。2008年，包头市区划调整后，青山区行政区域面积由56平方公里扩大到280平方公里，东从原九原区与固阳县界线与包固公路分界点起，沿包固公路向南至后营子村南界止；南从包固公路与后营子村南界交会点起，向西沿后营子村南界、三道沙河村北界，三道沙河(青山区与九原区原界)向南至建设路，沿建设路向西经友谊大街至民族东路；西从友谊大街沿民族东路向北，经甲尔坝、新城、前口子、边墙壕村东界至原九原区与固阳县界线止；北以原九原区与固阳县界线为界。2016年，全区总人口51.71万人，少数民族33个、29 811人。辖8个街道办事处和2个镇，53个社区居委会和21个村民委员会。

2016年，实现地区生产总值(GDP)918.69

亿元,同比增长8.2%。其中:第一产业实现增加值3.12亿元,同比增长3.3%;第二产业实现增加值371.69亿元,同比增长8.9%;第三产业实现增加值543.88亿元,同比增长7.8%。人均生产总值实现178 283元。固定资产投资完成490.63亿元,同比增长14.5%。一般公共预算收入实现57.11亿元,同比增长7.3%;城镇居民人均可支配收入43 922元,同比增长7.3%。

【农业】 全区有耕地面积4.6万亩（其中水地0.9万亩、旱地3.7万亩）。农作物播种总面积0.26万亩,总产量0.32万吨(其中玉米播种面积0.2万亩，产量0.2万吨；马铃薯播种面积0.01万亩,产量0.02万吨;蔬菜播种面积0.05万亩,产量0.1万吨)。建成温室1290栋,占地面积2500亩。农业机械总动力2097千瓦(其中柴油发动机动力2005千瓦、电动机动力92千瓦)。拖拉机保有量113台(其中大中型32台、小型81台)。

【畜牧业】 全区建成鸡养殖小区2个；肉羊集中育肥区2个;奶牛养殖小区1个。屠宰企业4家;动物诊疗机构13家;兽药经营企业1家。羊存栏5.48万只，猪存栏7312头，牛存栏1365头,鸡存栏63.29万羽。产出羊肉150万公斤,鸡肉450万公斤，鸡蛋720万公斤，牛奶108万吨,猪肉73万公斤。免疫猪1.6万头,鸡101.86万羽,牛3043头,羊10.33万只,免疫覆盖率达到100%。

【林业】 全年投资2.16亿元完成8600亩(含经济林3000亩)5大区域重点绿化工程,其中大青山南坡绿化7000亩(含经济林3000亩);厂矿园区绿化500亩;东达沟村、西边墙村等11个村绿化100亩;环城铁路两侧绿化500亩;中核北方核燃料元件有限公司以东世纪路西侧及新建园区道路两侧绿化500亩。

【水利】 2016年,青山区投资1945万元实施大青山南坡绿化供水工程，铺设输水管线7.63公里，建成加压泵站1座、1000立方米蓄水池1个。投资2500万元在大青山沿线二老虎沟村、王老大村铺设应急水源管网12.5公里。投资580万元在东边墙村、当铺村等8个村新建蓄水池10个。投资434万元为王老大村等6个村新增滴灌节水灌溉面积4200亩。投资270万元对色气湾村、东达沟村等7个村实施安全饮水工程,新打机电井6眼,铺设输水管网8.25公里,彻底解决1.2万人二次安全饮水不达标问题。

【工业】 青山区102户规模以上工业企业实现总产值773.3亿元,同比增长3.9%。其中:5户中央企业实现总产值221亿元，同比下降8.1%;2户内蒙古企业实现总产值112.72亿元，同比增长4.94%;95户区属企业实现总产值439.58亿元,同比增长10.9%。全区规模以上工业增加值增速实现9.9%。

【城区建设】 2016年,青山区累计投资5亿元,完成21个行政村、2个自然村和1个流动人口聚集村的“十个全覆盖”工程。完成驻区大企业既有建筑节能改造136.6万平方米，硬化路面15.4万平方米,改造管网53.4公里。完成3座包环铁路立交桥建设工作,新建、改造道路16条,修护便道11.5万平方米。完成6条道路的绿化、6个公园广场的提档升级和劳动路、富强路等5条景观示范街创建工程。完成110国道、北绕城、兵工道等12个项目、40多万平方米的征拆任务。完成公忽洞、二裕二西门外等7个项目、3492套、26.1万平方米的棚户区改造任务。

【环境保护】 全年投资2.16亿元完成大青山南坡、村屯、城镇周边等重点区域绿化8600亩,被评为全国绿化模范单位。投资5500万元完成小油河综合治理工程。投资1.1亿元实施四道沙河综合治理三期改造工程，完成银匠沟综合治理和二道坝沟(G6高速至北郊截洪沟段)应急度汛工程。划定1432公顷永久基本农田保护红线,扎实推进国土资源节约集约利用,被国土资源部授予第三届国土资源节约集约模范县(市)称号。出台《青山区重金属污染责任保险实施机制》,对涉重企业进行责任保险。全区空气质量达标天数 277 天,较上年增加 12 天。

【交通】 城区道路长度 315.11 公里、道路面积 635.75 万平方米,人均拥有道路面积 17.19 平方米,排水管道长度 392.8 公里,路灯 11787 基。农村公路长度 95.96 公里。其中:县道 1 条,长度 15.48 公里;乡道 22 条,长度 64.74 公里;村道 12 条,长度 8.39 公里;国有林场道路 1 条,长度 7.35 公里。2016 年,投资约 8207 万元,完成 2 镇 11 个村道路硬化 23.85 万平方米,便道铺装 17.56 万平方米,侧石安装 6.11 万米。

【商业】 2016 年,青山区第三产业增加值完成 543.88 亿元,同比增长 7.8%;社会消费品零售总额完成 384.02 亿元,同比增长 9.7%;引进国内(区外)资金 138.25 亿元,同比增长 9%;利用国外资金 18 200 万美元,同比增长 11.7%;进出口总额完成 45 975 万美元,同比增长 34.8%(其中自营进出口完成 21 355 万美元,同比增长 1 倍以上)。组织 15 家企业争取到当年各类政策性发展支持资金 1281.8 万元;组织 5 家企业参加“第三届中国·包头国际牛羊肉产业大会”和“第五届中俄蒙国际美食文化节”;组织 9 家企业参加“2016 乌兰巴托·中国包头投资洽谈展销会”;推荐 14 家本土企业到前海股权交易中心挂牌。全区电商企业 984 家,组建青山区首家电子商务协会,成功申报自治区电子商务示范基地。

【旅游业】 全区有旅游景区 2 个,其中 AAAA 级旅游景区北方兵器城,2016 年全年接待游客 41.4 万人次,实现旅游收入 253.038 万元;AAA 级旅游景区包头轻工职业技术学院。国际国内旅行社 34 家(其中国际旅行社 7 家,国内旅行社 27 家)。全区限额以上住宿餐饮企业 43 户。其中:五星级酒店 1 家,四星级酒店 2 家,三星级酒店 2 家,二星级酒店 1 家,乡村接待点 1家。

【服务业】 服务业固定资产投资完成 253.59 亿元,同比增长 12.3%。沃尔玛、万达、九星数码商务区零售额实现 75.1 亿元,同比增长 10.1%。北京华联购物中心、奥特莱斯品牌折扣城等一批大型商贸服务业项目开业运营。物流企业 150 家(其中运输型、仓储型、综合型物流企业 134 家,快递企业 16 家),从业人员 7000 人以上。传化物流快递产业园交付使用,入驻物流企业 11 家。会展产业运营更趋成熟,成功承办第 26 届全国图书交易博览会、自治区首届蒙商大会等大型活动 56 场,成交额实现 75.4 亿元,同比增长 20.9%;包头大剧院承办各类演出 141 场,接待观众 15 万人次,同比增长 28.3%;缤购国际直营中心正式运营,西北地区首家中央芭蕾舞团艺术培训基地成功入驻。

【金融 保险】 金融机构各项存款余额(不包括外币)1738.51 亿元,同比增长 3%;城乡居民储蓄存款余额 797.7 亿元,同比增长 6.2%。各项贷款余额(不包括外币)1427.37 亿元,同比增长 6.1%。保险机构业务收入 30.7 亿元,同比增长 16.9%。其中:财产保险业务收入 8.59 亿元,同比增长 3.4%;人寿保险业务收入 22.11 亿元,同比增长 23.2%。保险机构保险业务支出 12.51 亿元,同比下降 9.1%。其中:财产保险业务支出 4.21 亿元,同比下降 16%;人寿保险支出 8.3 亿元,同比下降 5.3%。包头银监分局和内蒙古唯一的包银消费金融公司等金融机构相继入驻,全区金融保险机构达 49 家,税收占到全区税收的 21.6%。

【科技】 2016 年,青山区科技经费支出 12 010.8 万元。其中:应用技术研究与开发资金支出 12 006 万元,科普经费支出 4.8 万元。申报各类科技计划项目 20 项,已立项科技计划项目 20 项,共获得资金支持 4840 万元;2 项科技成果获自治区科学技术奖,21 项科技成果获包头市科技进步奖。认定国家高新技术企业 26 家,国家级知识产权优势企业 2 家,包头市创新型试点企业 14 家。

【教育】 青山区有区属办学单位 62 个,其中小学20所、初中8所、普高6所（含私立高中1所）、完全中学1所、九年一贯制学校2所、公办幼儿园23所、少年宫、特教学校各1所。教职工总数4190人，学生总数56 093人（其中小学在校生26 630人，初中在校生11 704人，高中在校生10 828人，特教学校在校生56人，公办园幼儿6875人）。青山区共有注册民办幼儿园44所，教职工总数1332名，在园幼儿总数6927人。先后获得全国青少年五好小公民“老师您好，我的好老师”主题教育活动先进集体、全国教育系统关心下一代工作先进集体、全国基层少先队辅导员培训班优秀组织奖、自治区家庭教育先进集体、自治区机关档案工作一级单位、包头市家庭教育先进单位、包头市中小学生“鸢飞鱼跃、筑梦蓝天”第九届风筝放飞大赛优秀组织单位、包头市普法依法治理先进单位、包头市第四届中小学班主任技能大赛优秀组织奖、包头市“三八”红旗集体等荣誉。

【文化】 青山区有文化活动站10个、影剧院4个、文化宫2个、文化市场经营场所247个。累计投入3000万元，建成覆盖青山区的三级公共文化服务网络。东达沟民俗馆、东达沟艺术区民间美术馆投入使用，相继举办美术作品展、民俗老物件展等多项文化展示活动。

【卫生】 青山区有卫生机构387个。医院18个（其中公立医院8个，包括三级医院6个、二级医院2个；私立医院10个，包括三级专科医院1个、二级专科医院5个、一级专科医院4个），卫生院1个，妇幼保健院2个，监督所2个，疾控中心2个，社区卫生服务机构50个，医务室和门诊27个，卫生所3个，门诊部24个，村卫生室70个，个体诊所188个，实有床位3986张，卫生技术人员5987人，其中执业（助理）医师2199人（含执业医师2116人），技师297人，注册护士2707人，药剂人员361人，其他卫生技术人员423人。先后获得全国计划生育协会县级先进单位、2016年自治区级妇幼健康优质服务示范县（旗、区）等称号。

【体育】 2016年，青山区体育事业投入38万元，安排体育活动经费38万元。有各类体育场（馆）374个。其中：篮球房馆4个，乒乓球房馆、武术房馆、体操房馆、网球房馆各1个，健身房馆6个，棋牌房馆14个，羽毛球房馆5个、综合房馆16个，台球房馆14个，田径场3个，小运动场33个，学校足球场36个，室内网球场馆2个，室外网球场56片，篮球场96片，排球场32片，室外门球场6片，体育馆2个，游泳馆7个，排球房馆2个，室外门球场4片，室外5人制足球场8个，羽毛球场22片，体育场2个。另有户外健身路径197套。体育活动场地总占地面积68.7万平方米，人均占有体育活动场地1.26平方米，体育场地完好率和开放率100%。全国第十三届武术之乡比赛获得3银、5铜的好成绩。举行全民健身系列活动，承办“2016中国汽车越野拉力赛”发车仪式。

【社会保障】 2016年，青山区基本养老保险参保30 437人，其中：企业（含灵活就业）21 548人，失地农民3101人，机关事业5788人。纳入统筹的离退休人员12 627人。其中：企业5347人；失地农民1061人；机关事业3549人；“五七工”2670人。征缴养老保险费22 275万元。其中，机关事业征缴10 357万元）。支出养老保险45 235万元。其中，机关支出23 375万元。企业滚动结余1.1亿元，可支付6个月，城乡居民养老保险参保10 200人，有3765人按月领取养老金。参加城镇居民医疗保险13万人，为2840人次报销医药费1332万元。为8502名企业退休人员人均增资154.47元/月，为2681名“五七工”退休人员人均增资152.71元/月，为766名被征地农民退休人员人均增资134.48元/月，退休人员基本养老金按时足额发放，社会化发放率100%。

【人民生活】 2016年，青山区财政民生支出32.3亿元，占一般公共预算支出80%。城镇常住居民人均可支配收入实现 43 922 元，同比增长 7.3%。城镇新增就业 10 317 人，农民转移就业 4013 人，城镇登记失业率控制在 3.87%以内。为 609 户、949 人发放城镇低保金 824 万元；为 129 户廉租家庭发放租金补贴 21 万元；为失独、伤残等计生特殊家庭发放各类扶助金 1968.7 万元。青山区有农贸市场 11 个，建成圈点生活生鲜市场。新建社区日间照料中心 6 个，引入社会组织参与 26 所社区日间照料中心运营，医养结合服务模式处于自治区领先水平。新增社区办公活动用房 11 处近 9000 平方米，全区平均面积 1072 平方米，在社区管理服务站全面推行“一口式”服务。青山区社会组织达到 715 个，弘仁社会工作服务中心被命名为“全国社会工作示范单位”。在包头市率先推行社区自管物业，形成了“54321”物业工作模式。

（撰稿人：郝甜）

东　河　区

【概况】 包头市东河区位于大青山南麓、黄河北岸，有近 300 年的发展历史。历史上曾有“水旱码头”“塞外通衢”的盛名。辖区总面积达 470 平方公里，辖两个镇、12 个街道办事处，人口 54.83 万，聚居蒙古、汉、回、藏、满、达斡尔等 33 个民族，有佛教、道教、伊斯兰教、天主教、基督教、5 个宗教界别。区内有国家 AAAA 级旅游景区南海湿地公园、莲花山风景区，佛道合一的妙法禅寺，藏传佛教福徵寺，转龙藏天然奇景，王若飞革命旧址泰安客栈和市委旧址等自然人文景观，老城特色鲜明、文化底蕴厚重；有包头市最大的蔬菜保护地，国家级铝业生态示范园区，是包头市重要的工业基地、商贸物流基地、农产品供应基地。

2016 年，东河区地区生产总值完成 535 亿元，同比增长 7.6%；固定资产投资完成 397.7 亿元，同比增长 9.6%；一般公共预算收入完成 16.4 亿元，同比增长 7.5%；城乡居民人均可支配收入分别达到 37 302 元和 18 990 元，同比均增长 7.1%，实施亿元以上重大项目 94 个，总投资 616.2 亿元，当年完成投资 229.49 亿元，完成投资率 109.03%，位列包头市第二；与各类金融机构达成融资意向 71.5 亿元，到位资金 47.28 亿元，地方金融实现新突破。招商引资项目 29 个，正在商洽项目 15 个，总投资 366.15 亿元，经济发展后劲持续增强。三次产业结构由 1.4∶33∶65.6 调整为 1.26∶31.84∶66.9，经济结构进一步优化。

【农业】 农业产业化步伐加快。出台促进现代农业发展 9 条扶持政策，组建农盈投资公司，为农业农村发展搭建起政策和资金平台。投资 1.51 亿元，实施祥利丰等 7 个农产品产地初加工项目建设，顺利通过国家级设施蔬菜种植加工配送标准化示范区验收。引进中国供销集团合作建设农副产品冷链物流园，华鹿、南星现代农业荣获自治区休闲农牧业与乡村旅游示范点称号，17 家农业龙头企业完成销售收入 15.62 亿元，带动 1.25 万户农民增收致富。新增利丰、昊泽合作社等 6 个农产品质量安全追溯点，农畜产品质量安全体系更加完善。加快农村专项改革。推广订单合同、流转聘用等农企利益联结模式，加大土地流转规模化经营，流转土地 3600 亩。设立村集体产业发展专项奖补资金，16 个村申报村集体经济产业发展项目，5 个村已开工建设。推动农村信用体系建设，争取金融授信 1815 万元。全面完成 18 个村的“十个全覆盖”建设任务。完成 9 个村安全饮水工程，实施西部节水增效工程 1 万亩，农村受益人口 2.6 万人。精准扶贫取得阶段性成果。分类识别贫困人口 1059 户、1948 人，全部建档立卡。选派 68 个单位、883 名领导干部开展结对帮扶，实施区、镇、村、户四级挂图作战，投入资金 375 万元，通过精准帮扶，实现 581 户、1044 人稳定脱贫。

【林业】 开展林业生态文明改革。编制完成阿善国有林场改革方案，开展林地确权等改革前期工作。推进土地、矿产、森林等自然资源审计工程，完善自然资源资产管理制度。

【工业】 产业结构不断优化，支柱产业形成规模。华云一期50万吨高端合金铝、二期60万吨技改一部项目全面开工建设，盛泰540万只铝轮毂、宏丰达6000辆铝合金挂车等项目进展顺利，凯普松、丰川电子等化成箔企业恢复生产，铝及铝深加工产业形成集聚发展效应。华云自备电厂二期项目快速推进，铝业园区成为全国首批增量配电业务改革试点。城市矿产基地建设稳步发展，平远物资与包钢集团废钢交易量50万吨，交易总额突破5亿元，西部天然气总部、环嘉再生资源、清洁塑业等项目签约落地，循环经济成为新的增长极。鹿王羊绒、骑士乳业等轻工企业完成工业总产值12亿元。重点领域改革有序推进，三去一降一补取得实效。推进包铝等企业与东华热电进行电力交易，交易量突破7000万千瓦时。城市棚户区改造消化库存房源8341套。争取自治区发行债券41.8亿元，债务结构明显改善，有效降低了资金使用成本。争取电价、铝水补贴政策，协调中铝集团铝水价格每吨下浮300元，包铝等企业获得电价优惠2.5亿元，协助华云新材料、吉泰铝业等5户企业获得产业基金14.2亿元。

【商业、服务业】 现代服务业提档升级。大红门、环西等传统商贸企业稳步经营，完成销售收入17.7亿元；蒙鑫缘等55家企业、500家商户入驻老包头批发网，电商平台及第三方支付平台实现交易额23.8亿元；维多利商业广场、蓝泽大金城等城市综合体项目有序推进，累计完成投资18.5亿元。主动融入中蒙俄经济走廊建设，组织11家企业参加中蒙俄商贸洽谈会和国际美食节等活动。

【城镇建设】 城乡协调发展步伐加快，坚持规划先行。组建城乡规划园林绿化等6个专家技术委员会，对南海湿地及周边地区总体规划、环城路立体商业街城市设计等7个方案评审；编制完善4个专项规划，北梁腾空区空间布局进一步优化。城乡建设全面推进。投资92.43亿元，实施包一中新校区等19个重大项目，14条道路开工建设，青山路、井坪路、内环路全线通车，综合管廊建设完成5.8公里；改造主城区道路6条，配套供水二次管网91公里，改造供热管网109万平方米，直饮水覆盖20万居民，基础设施服务能力进一步提高。实施棚户区改造8518户，完成老旧小区综合改造205万平方米，群众居住条件进一步改善。投资5亿元，实施危房改造1600户，硬化街巷面积77.6万平方米。城市管理水平稳步提高。投资5520万元，实施17条景观示范街和2条严管街创建工程，建成便民市场5个，占道经营、马路市场问题得到有效解决。"智慧北梁"数字化平台投入使用，成为全市社会管理典范。分类实施环卫市场化作业，市容市貌得到有效改善。全区438个住宅小区推行专业化、准物业化或者居民自治管理，物业管理体制更加完善。

【旅游业】 莲花山成功获批国家AAAA级旅游景区，南海湿地景区荣获自治区级水利风景区和环境教育基地称号，北梁古民居保护性开发等文化旅游项目顺利推进，国家农业公园形成初步规划设计方案，成功承办2016包头爱飞客·飞行那达慕盛会，文化旅游产业呈现多元化发展态势，被新华社评为"最美中国·大众休闲·健康养生·旅游胜地"。

【文化】 新改扩建文化站12个、社区(村)文化室79个，整合提升"草原书屋"41个，足球特色学校23所，成立全市首个曲艺家协会，图书馆、文化馆免费开放，举办"雷蒙读书会"等各类文化活动310余场，群众精神文化生活更加丰富。以北梁棚改为题材的电视剧《安居》在央视一套黄金时段热播，向全国人民展示了敢于迎难而上、敢于攻坚克难的"北梁精神"。

【教育】 与中色科技苏州研究院合作组建包头

铝工业研究院，为铝产业发展提供科技支持。推行名校资源共享模式，公园路、实验、环城路3所小学和铁一幼均开办分校分园，推动优质教育资源向全区覆盖。北梁新区中小学幼儿园全部启用，搬迁居民子女享受到更优质的教育资源。新改扩建校舍4.93万平方米，启动教育信息化工程，公开招聘、直聘优秀教育人才190名，教育发展基础更加坚实。

【卫生】 2016年，东河区实施卫生创业引领工程，认定创业孵化基地7个。依托优质医疗资源，推进医联体建设，构建布局合理、层级优化、功能完善、协调联动的分级诊疗体系。区中西医结合医院被评为二级甲等医院，区属三家公立医院全部实行药物零差率销售。

【环境保护】 建立网格化环境保护管理体制，环境监管整治力度进一步加大，生态环境持续改善。投资13.94亿元，建设转龙藏等4个公园、3个街心广场，完成南海湿地景区基础设施一、二期工程建设，实施河湖连通工程，推进东河、西河、西井湾及壕赖沟综合整治，完成重点区域绿化7299亩，城区生态环境更加美好，二级以上良好天数247天，同比增加27天。

【改革】 行政审批事项由22项精简为19项，办理时限压缩120个工作日，办理要件精简76个，切实方便了企业和群众办事。商事登记“先照后证”“五证合一、一照一码”“两证整合”改革制度全面推行，新增市场主体7525户，同比增加11.13%，市场活力进一步增强。促进非公经济发展。出台工业11条、“五个一批”等各类扶持政策，一批实体经济企业获得政策和资金扶持。云谷电力在新三板上市，吉泰铝业等68户企业在新四板挂牌，冶金矿山机械、骆驼酒业等11户企业获得首批包头市“百年老店”荣誉称号。实施重点企业、重点项目“一对一”跟踪服务，协调解决红卫日化办理土地使用权证等问题，助推企业稳定生产经营。

【社会保障】 切实加强民生保障，持续扩大城乡就业。投资2亿元，开工建设北梁失业人员创业实训基地，为1000多户北梁创业者上门发放营业执照。加强就业服务“一微两网”信息传播，就业培训管理平台上线运行，精准实施扶持创业、技能培训和就业援助，东河区新增就业1.03万人，农牧民转移就业1.4万人，就业形势总体稳定。社会保障体系更加完善。完成城镇居民医疗保险与新农合两大保险并轨，医药报销实现“一降一增三扩两提高”，政策内报销比例平均提高10%。企业和机关事业单位离退休人员工资实现并轨调整，基础养老金平均每人提标230元。财政支出4480万元，将行政事业单位职工冬季住宅取暖补贴及住房公积金提高至市本级标准。资助特困群众购买商业补充医疗保险，受益群众1.7万人。开通“12349”便民为老服务平台，引进“幸福9号”智慧养老项目，新建日间照料中心10个，东河区养老机构达到17家，初步形成多层次养老服务体系。

（撰稿人：张文全）

石 拐 区

【概况】 石拐系蒙古语“喜桂图”之音译，意为“有森林的地方”。石拐区位于包头市东北部、内蒙古高原西部阴山山脉大青山腹地，东与土默特右旗隔山而居；南部与东河区相望，西南与九原区相接，西以包白公路为界与青山区毗邻，北部与固阳县相连。属大陆性干燥气候类型。石拐区政府驻地喜桂图新区，现辖6个街道、1镇、1苏木，共5个社区（居委会）、12个村委会、5个嘎查，面积761平方公里，户籍总人口52 114人。其中：汉族占比94.3%，少数民族占比5.7%；男女性别比为103.67（以女性为100）。

石拐区三产比重1∶83∶16，地区生产总值103.61亿元，同比增长7.5%；一般公共预算收入3.96亿元，同比增长8.2%；固定资产投资74.4亿元，同比增长14.4%；社会消费品零售总额6.3

亿元，同比增长9.4%；城乡居民收入35 722元和13 429元，同比增长7.6%和7.7%。

【农业】 调整种植比例，种植错季马铃薯等经济作物及饲草总计3.96万亩，占全区耕地面积62.9%。落实各项惠农补贴169.5156万元。完成人工山樱桃经济林种植近万亩。花舞人间农业生态园投资500余万元，完成葡萄种植50亩。与兴飞医药和友平生物科技公司合作，在猫土塔村完成40余亩旱作中草药育苗试种，成功后即可大面积推广。农牧区土地确权工作已完成外业调查及四界确认。

【畜牧业】 产业化水平稳步提升。食品加工物流园区已有入园企业10户，正在建设6户。其中：古顺园一期肉食加工生产线已投入运营；二期面食生产线已完成设备安装及生产调试，即将投入生产；宝峰冷链物流基地正在建设。完成26个肉牛、肉羊合作社的建设，建成各类棚圈50余栋。牛羊存栏32 813头只；生猪存栏1003头只。开发休闲度假、瓜果采摘等16个旅游休闲农业合作社项目。利用灭蝗资金购入灭蝗珍珠鸡3000只，探索、推广发展科学灭蝗与生态养殖相结合的新途径。开发养马、肉驴饲养等特种养殖及肉鸭、大雁等低饲养成本养殖项目。牧区草原确权颁证工作已完成外业调查及四界确认工作。华西·希望德康包头石拐区30万头生猪养殖生态循环产业化项目前期手续办理完毕，项目建成后，石拐区将形成年出栏30万头生猪规模的产业链。

【林业】 2016年，石拐区完成天然林保护、京津风沙源治理等国家重点工程10万亩。完成大青山南坡等重点区域绿化0.54万亩。完成“十个全覆盖”绿化工程533亩。完成青年林、记者林等义务植树基地15.5万株苗木的抚育。完成区属单位种植乔灌木2.15玩株(丛)，绿篱9500延长米，地被、草坪4000平方米绿化。投资20多万元，采购森林草原防火物资。石拐区林业局与内蒙古通航航空有限公司联合组建包头地区首家“无人机防火护林大队”。围封禁牧实行网格化管理，实现舍饲圈养。完成80平方米的森防实验室及标本室的规范化建设。开展多项打击违法犯罪专项行动，查处涉林行政案件9起；与多部门联合执法，集中清理整顿保护区内企业43家。救助野生动物两只。10月21日，由内蒙古通航航空有限公司与石拐区林业局联合打造的包头地区首家“无人机护林大队”在石拐区成立。

【水利】 2016年，石拐区完成2010年后新建的小型水库、节水灌溉等371件水利工程的管理体制改革。完成山洪灾害调查评价项目，测量重点防治区53个自然村、详查20多个自然村并录入山洪灾害调查评价现场采集终端系统，加装无线预警广播站及简易水位站防护栏、机柜19处。加大防汛抗旱力度，清理河道70公里，清理弃土、弃渣60多万立方米，建设防洪坝2.1万米。完成厂汉沟小流域治理、安全饮水、西部节水增效等批复工程项目。五当召水库项目完成立项、设计批复，获得自治区水利建设支持基金500万元。五当沟水库完成中型水库调整可研编制并通过自治区专家评审。

【工业】 67家规模以上工业企业实现总产值184.4亿元，同比增长9%；园区34户企业纳入自治区电力多边交易平台，实现降本增效；为企业争取各类扶持资金1.5亿元。4户企业通过兼并重组、嫁接新业态盘活闲置资产；水泥建材集中加工园形成66万吨水泥粉磨和30万吨商砼生产能力；采煤沉陷区光伏领跑者计划全面启动；诚昊启元股份“新三板”挂牌，48户企业在内蒙古股权交易中心包头办事处挂牌；4个ppp项目被列入自治区财政厅重点推进项目库；亚新隆顺特钢二期、国卉60万吨型煤项目建成投产，8万吨高碳铬铁、5万吨钨钒铁合金、3万吨钛铁项目改造完工。园区用能监控平台已通过自治区专家组验收并投入使用。促进园区转型升级的新材料、循环经济等节点项目及建设100万吨特种功能材料生产基地项目获市政府产业基金支持。

【城镇建设】 2016年，石拐区实施城建项目15个。完成城区地下管廊、区间道路、绿化亮化等工程建设。完成三电厂至新区供热管网工程。改造老工业区供水、供热等基础设施。安置棚户区居民584户，拆除老旧房屋面积2.9万平方米。构建全域地理信息库和共享平台，再次获得“中欧绿色和智慧城市奖——技术创新奖”，成为内蒙古地区唯一且2次获得“中欧绿色和智慧城市奖”的地区。投资13亿元，完成52个自然村“十个全覆盖”工程，建成新曙光、鸡毛窑子等一批样板示范村，互助幸福大院成为可复制的亮点创新工程。

【环境保护】 2016年，石拐区关闭、取缔了影响地区生态可持续发展的焦化冶炼、采砂采石等小企业65家。21户企业完成环保设施改造，北镁科技、亚新隆顺、经纬能化等企业通过环保备案和验收。实施污水处理厂扩建及中水回用工程，铺设管网12公里。建立在线监控平台、高空视频监控系统和大气质量自动监测站，空气质量优良天数292天。2016中欧绿色和智慧城市奖揭晓，石拐区凭借生态绿色转型发展、特色文旅打造和智慧城市建设的探索、成效、经验，再次获得“中欧绿色和智慧城市奖——技术创新奖”，成为内蒙古地区唯一且两次获得“中欧绿色和智慧城市奖”的地区。

【交通 电信】 2016年，乌兰此老至城湾旅游公路全线贯通；石五旅游公路（东线）开建；养护厂汉大坝至三岔口公路22.5公里；完成11个自然村、14.8公里街巷硬化；启动农牧区道路亮化工程；完成神包家园二级客运站规划；公路养护等4个项目争取资金2.5151亿元。整合各运营商基础网络资源，建成覆盖新区、旧区、五当召景区的主干光纤网络，现拥有无线基站85个。其中：共有基站6个，4G基站开通49个，4G网络客户12 556户，销售4G终端2686台，更换4G卡11 722张（移动）。小区宽带建设3个，用户774个（移动），全区宽带覆盖率80%。完成通信和信息化收入819.1万元，物联网收入56.38万元（移动），专线收入35.94万元（移动）。邮政业务总量完成241万元。

【商业】 2016年，石拐区新开工亿元以上招商项目12个。引进资金14.53亿元，利用外资9000万美元，外贸完成5000万美元，5个亿元以上商贸流通领域项目完成投资11.25亿元。古顺园等3家企业完成股改，建立现代企业制度。非公企业神龙硅业、伊畅电子商务及鑫蒙源公司在深圳前海股权交易中心挂牌。内蒙古股权交易中心包头办事处、内蒙古鑫银担保有限责任公司等金融机构先后落户石拐区。组织古顺园、诚昊物流、鑫蒙源等企业多次参加外贸洽谈会。国际养老养生社区项目获批包头市首家以市场化方式发展养老产业示范项目。规范“十个全覆盖便民超市”建设和管理，实现对超市的动态管理。

【旅游业】 2016年，石拐区列入第二批国家全域旅游示范区创建名单。五当召旅游区进入创建AAAAA级旅游景区预备名单。在喜桂图新区举办“2016中国·五当召文化旅游发展论坛”。五当召景区投资20.4亿元，打造以“召庙核心保护区”为中心的文化旅游集群；大青山影视基地开始承接影视剧取景拍摄服务；喇嘛河生态修复工程新增绿化面积95.2万平方米、水系面积3.47万平方米；与万景旅游、龙之旅公司就五当召国家级森林公园风景区旅游综合项目签订合作开发框架协议；与大瑞旅游公司达成初步意向，拟恢复石拐老街和古城塔，实施热带雨林休闲度假村、马鞍山景区和矿井旅游区开发。依托第六届五当召旅游文化节，开展喜桂图风筝节、祭敖包、全国自行车邀请赛等活动，打造全域旅游区新形象。

【服务业】 2016年，石拐区城市共同配送物流园区和五当召景区被列为自治区级服务业集聚区；蒙源物流、东风汽贸等16个项目相继建成，形成供应链物流等五大板块。

【金融 保险】 在石拐区设立支行的3家金融机构主要业务中，存款余额138 413.06万元，其中个人存款84 174.75万元，对公及财政存款54 238.31万元；贷款余额35 394万元，其中小微企业贷款4545万元；各类中间业务完成9757.3万元。中国人保财险石拐支公司保费收入完成656.97万元，赔款257万元，实现利润31.97万元。完成石拐区政府采购车辆保险等对公新业务及续保业务。与东风茂祥汽车销售公司签订兼业代理合作协议。

【科技】 2016年，石拐区开展产学研中介服务，绘宇测绘公司成为包头市创新型试点企业，围绕电子商务和信息化建设，争取科技资金30万元。林业局与中科院植物研究所合作，开展半干旱区域资源枯竭型地区环境修复植物资源筛选及快繁技术研究与示范项目。引进乔木、灌木和草本植物，筛选出耐寒、耐旱、耐瘠薄、耐粗放管理的物种110余种，完善了针对寒旱自然环境的高效栽培技术规程。经筛选，引进具有环境修复、景观美化等功能的外来和本土物种50余种、110多个品种，用于地区绿化及景观栽种。完成爬榆树苗圃230亩育苗地的改造。

包头大数据产业园落户石拐区。内蒙古大数据产业北京推介大会签约项目2个、签约额24亿元。网络与知识安全院士工作站在石拐区挂牌；绘宇测绘公司被评为自治区级高新技术企业，获颁国家测绘甲级资质。

【教育】 2016年，石拐区获评"全国义务教育发展基本均衡县"。实现"一校一品牌""一生一特长"办学目标。其中，蒙古族小学被命名为全国校园足球特色学校。"三化三高工程"通过包头市教育督导委员会验收。小学适龄儿童入学率、毕业生升学率均达100%，初中毕业生升学率97%，高考本科上线率为33.1%，中考12人被一批次重点高中录取。有近100人次获市级及以上奖励。完成蒙古族小学"同频互动课堂"建设。投资30余万元，为包十五中一线教师配备41台电脑，新建了录播教室。喜桂图青少年足球场（馆），已完成方案设计和选址工作，即将开工。开展"仪式教育""书香满校园""阳光足球阳光校园"等主题系列活动，组织"重走长征路"、参观乌兰夫纪念馆、迎国庆"师生文艺会演"等活动。

【文化】 石拐区完成21个街道（乡镇）文化站，17个社区（村）文化室建设。举办送图书、送文化下乡活动20余场次。为各文化站（室）和文化大院配备50多万元器材。培养100多名基层文化骨干和若干基层文艺队伍。完成第一次全国可移动文物普查工作。完成长城保护工程基础信息采集系统网上填报及长城保护人员名单上报。联合自治区考古所、自治区长城资源调查项目组实地勘察石门沟、官牛犋、瓷窑沟等地，在石门和官牛犋各新发现1座障城，在官牛犋村北新发现3座烽火台。实地勘测了圆圪堵山汉代长城遗址。12月10日，"2016中国·五当召文化旅游发展论坛"在喜桂图新区举行。此次论坛围绕"文化旅游新机遇、转型升级新引擎，五当召争创国家5A级景区"为主题，旨在为石拐区乃至包头市文化旅游发展指点迷津，点亮前程。8月8日 庆祝自治区成立70周年献礼作品、35集电视剧《北方大地》开始在石拐区取景拍摄。

【卫生】 2016年，石拐区完成"十个全覆盖"工程8个标准化卫生室建设，完善13个标准化村卫生室。为乡镇医院和社区服务中心配备价值100万元的设备及信息系统。为7个村卫生室配备了健康一体机。对全区3家集中供水单位进行常态化督查，下达监督文书10份并提出整改意见。与包医一附院组建医疗联合体，建立分级诊疗制度，初步实现双向转诊。在五当召景区完成蒙中医馆标准化建设并已开馆。建立家庭医生签约制。建立电子健康档案，规范化建档人数27 273人。完成布病高危人群300份血样检测，检出5名，报告病例8名，并全部建档。8家单位、嘎查、村在创建自治区级卫生先进单位活动中通过市爱卫办检查验收。

【体育】 石拐区建成五当召镇和吉忽伦图苏木小型健身中心，安装13套匹配器材，为具备条件的18个自然村安装健身器材。完成销售体育彩票近80万元。举行石拐区“走向健康，祈福喜桂图”全民健步走活动。举办“相聚喜桂图 放飞新希望”石拐区第二届“喜桂图”风筝节暨内蒙古风筝邀请赛，来自自治区内的48只代表队194名选手参赛。举办包头市第二届“鹿城球王”羽毛球争霸赛。组建喜桂图足球俱乐部并参加包头市业余足球乙级联赛。举办内蒙古第九届五当召杯全国自行车邀请赛暨包头市第五届自行车文化节，吸引近300名国内外选手参赛。CCTV-5、新华社、《内蒙古日报》等数十家媒体对赛事进行了广泛报道。

【社会保障】 截至2016年，城镇职工、城乡居民养老保险参保分别为13 347人和11 678人，城镇职工、城乡居民医疗保险参保40 945人(含外来人口)，工伤保险参保3486人，生育保险参保6348人。被征地农牧民入企业职工养老保险统筹，养老金平均水平为1025.36元。接访民工投诉272批次2600余人，为1321余名农牧民工追回欠薪996万元。受理劳动争议仲裁案件9件，结案7件，正在办理2件，涉及金额247.11万元。城镇新增就业501人，城镇登记失业率3.7%，失业人员再就业72人。培训创业人员500人，城镇就业技能培训503人。农牧区富余劳动力转移就业4041人。开发公益性岗位42个。

【人民生活】 实现稳定脱贫720人，减贫率63.72%。城乡在册低保对象1439人，执行580元/月·人保障标准。资助在册低保对象参保参合、为低保对象购买商业保险，共投入参保金193.38万元。发放各类救助、补助金170.7万元，为大病低保对象发放医疗救助金55.3万元，发放农牧区65周岁以上老人养老补差金79万元、低收入老人高龄津贴72.06万元。拥军优属，为驻区部队送去7.8万元的慰问金和慰问品，为退役军人及优抚对象发放补助金、自谋职业金、抚恤金、慰问金等总计298.4万元。办理婚姻登记783对。柳树壕公益性公墓投入使用。健康养老养护中心项目纳入自治区政府和PPP模式推介项目库。完成救灾物资储备库建设。建立智慧管理平台，其中，居家养老服务云平台已上线，社区O2O管理服务平台与社会救助管理平台即将上线。

（撰稿人：杜建平、李忠、宋世国）

九 原 区

【概况】 包头市九原区位于内蒙古自治区中部地区，北依阴山南麓，南临黄河北岸，东接包头市老城区东河区，西连巴彦淖尔市乌拉特前旗，主要管辖区在包头市主城区的西南部，地处“呼包银”经济带核心区，是新规划的包头市委、市政府及市属机关所在地，是包头市传统的蔬菜副食品生产基地、新型工业发展基地和新的中心城区。1953年10月设立包头市人民政府郊区临时工作委员会，1957年正式建立包头市郊区，2000年1月更名为九原区，成为市四区之一。后经3次行政区划调整，区域面积由2244平方公里缩减为734平方公里。全区辖1个苏木、3个镇、4个街道办事处、2个工业园区、50个行政村、22个社区。总面积734平方公里，总人口22.08万人，占全市总人口的比重为7.8%。总人口中，女性为10.71万人，占全区总人口48.51%；城镇人口15.53万人，城镇化率为70.34%。由汉、蒙古、回、满族等19个民族构成，其中蒙古族主要聚居在西部阿嘎如泰苏木。九原区历史悠久，早在战国时期，赵武灵王就在九原境内设置九原邑，秦始皇统一中国后又设九原郡。匈奴、蒙古等民族都曾在这片土地上生活，留有阿善遗址、赵长城、汉代古城、元代村落等众多历史遗址。昭君出塞、文姬归汉等历史故事都与九原有关。

2016年，九原区以国务院出台《关于进一步促进内蒙古经济社会又好又快发展的若干意见》为契机，以转变发展方式为主线，紧紧围绕“科学发展、富民强区”的奋斗目标，按照“稳增长、调结构、抓城建、治环境、强管理、惠民生”的总体要求，深入实施统筹城乡发展战略，大力推进九原新型工业园区、现代新都市中心区、生态农业示范区、秦汉文化产业园区建设，协调推进社会事业发展，着力提高民生保障水平，切实加强社会服务和管理创新，实现了经济社会持续健康发展。地区生产总值完成351亿元，同比增长8.1%，增速位列全市第二；财政收入完成20.3亿元，同比增长8.3%，增速位列全市第二；社会消费品零售总额完成69亿元，同比增长9.7%，增速位列全市第三，是近年来最大增幅。第二产业增加值完成189亿元，同比增长9.1%，增速位列全市第一；固定资产投资完成225亿元，同比增长14.7%，增速位列全市第一；其他指标均超过全年预期，成为经济运行一大亮点。

【农业】 2016年，九原区加快发展现代农牧业，新增流转土地面积5000亩，引进培育产业化项目12个，新建智能温室4.8万平方米，建成4个市级农业科普示范基地，打造以梅林禾为代表的农村电商平台。实施土地整理项目4个，新增高标准农田5500亩、节水灌溉面积1.2万亩。全区农作物播种面积完成24.2万亩。其中：粮食作物15.4万亩(小麦2.1万亩，玉米13.3万亩)，经济作物8.8万亩(蔬菜7.2万亩)。实现粮食总产量9.94万吨(小麦0.63万吨、玉米9.31万吨)，蔬菜商品量37.1万吨。九原区在哈林格尔镇打不气村、哈业胡同镇打不素村开展新品种新技术试验示范工作，采用水肥一体化、无土栽培等新技术对引进的番茄、草莓、香草、枸杞新品种进行培育。其中，香草品种试种成功，并萃取了植物精油，填补了包头市香草种植及植物精油萃取技术的空白。自治区西部地区最大的双孢菇工厂化种植基地在九原区阿嘎如泰苏木乌兰计五村建成，占地328亩，由内蒙古草原天宝生物科技有限公司投资建设，投资1.2亿元建设食用菌生产园区项目，主要建设24个标准化菇房、生产车间及相关基础设施和6000平方米智能化产品体验及展示区。2016年，九原区被农业部授予全国农村集体“三资”管理示范县、全国农牧渔业丰收二等奖。

【林业】 九原区投资12.8亿元，续建九原大道北段带状公园，完成世纪北路、经八路等7条道路绿化工程，实施赛汗塔拉公园改扩建和万水泉台地公园建设，加快二道沙河、四道沙河河道景观建设；新增绿地面积330万平方米，全面提升城市宜居水平。继续深入实施国家天然林保护二期、京津风沙源治理及“六大重点区域”绿化工程，重点推进滨河路、包巴线等交通干线绿化造林工作；完成人工造林3900亩、封山育林5000亩、村屯绿化83个。完成村屯绿化1500亩、厂矿园区绿化500亩、城镇周边绿化完成200亩、黄河北岸绿化200亩、通道绿化1500亩；湿地公园昭君岛片区建设项目恢复植被570亩、退耕还湿3000亩；滨河大道以南计划完成生态补水19.8万方，栽植芦苇170亩，建设围栏10公里；打不素村、新胜村等地种植枸杞经济林200亩；投入4.7亿元，推进天然林保护二期、“六大重点区域”、经济林基地等绿化工程；投入3.1亿元，实施九原大道北段带状公园和二道沙河、四道沙河景观绿化工程。实施150公里通道、96个村庄、4000余户庭院绿化，完成绿化面积1.5万亩。推进公路铁路沿线苗木补植，完成巴音高勒公园、廉政广场提档升级。新增城市绿地面积33.6万平方米，人均绿地面积增加1.6平方米。

【水利】 2016年，九原区投入2950万元实施三项农田水利建设重点工程。其中，三湖河灌区东大渠节水配套工程，投入1500万元，建设渠道衬砌14公里，进水闸35座，节制闸2座。京津风沙源治理工程，投入250万元，治理节水面积2000亩，主要更新配套机泵7台套，建设井房7座，管道渗水井7座，地埋干支管道12公里，滴灌软带20公里。投入2500万元，实施城乡管道直饮水工程和农村牧区安全饮水工程，完成黄金小区、万达花园等小区的管道直饮水工程，南圪堵等2个村的供水管道改造工程和永丰村等7个村的安全饮水管网改造工程，解决3.6万余人安全饮水问题。完成投资1059.5万元的九原区（西部）节水增效项目，涉及2个镇3个自然村，实施1.1万亩的节水灌溉工程，建设内容为更新配套机泵57台（套），井房57座，管道排水井57座，地埋干支管道84公里，滴灌软带7482公里。

【工业】 九原区扶持工业企业稳定生产经营，推进供给侧结构性改革，为13户企业争取产业扶持、电价补贴等专项资金10.6亿元，帮助7户企业争取“助保贷”资金8000万元，推动5户规模以上停产企业复产、9户亏损企业扭亏，帮助4户中小企业在“新四板”成功挂牌上市，新增上限企业7家，获批3家国家高新技术企业，打造4个自治区级企业研发中心、2家创新型试点企业。九原区38家规模以上工业企业实现产值204.05亿元，同比增长14.3%。其中，黑色金属冶炼企业生产增长势态较好，明拓实现产值40.41亿元，同比增长12.0%，君诚实现产值7.70亿元，同比增长29.8%。以东方希望碳素为代表的非金属的矿物制品业处于上升态势，同比增长242.0%。以华美、鑫达黄金为代表的有色金属冶炼和压延加工业同比增长11.7%。化学原料和化学制品业制造处于下降态势，神华完成产值46.35亿元，同比降低9.30%。由于电力市场需求下降，热力电力燃气及水生产供应业同比降低7.9%。九原区总投资约170亿元神雾新型电石法乙炔化工80万吨/年聚乙烯多联产示范项目正式签署入园协议书。

【城镇建设】 九原区推进旧城区改造，投资3.7亿元，打通韩庆坝路、纬五路等7条城市断头路，实施农机路雨污分流改造，创建哈林格尔街、步行街等5条景观示范街，改造太原路、转龙街等8条背街小巷，投入资金8000万元，实施富康、新春等7个老旧小区综合改造。实施棚户区改造工程，集中力量、划片征拆，重点实施永茂隆社区、井坪新村、二道沙河南村等区域拆迁改造，全年完成5600户、70万平方米。深入实施“十个全覆盖”工程。投资15.2亿元，完成7个行政村、90个自然村（生产队）建设任务，改造危旧土房5594户，修建通村公路26公里，硬化街巷581公里。投资2800万元对建新街、太原路、农机路3条道路进行雨污分流工程。总投资6亿元的赛汗塔拉城中草原西门区及综合改造项目开工建设。完成九原区包环铁路二道沙河平交道口立交改造工程。

【环境保护】 九原区开展集中整治行动，关停违法小作坊107家。完成韩庆坝铬渣、原铜厂砷泥治理，实施华电废水资源化利用等工程，清理取缔黄河昭君坟水源地违法经营企业及违章建筑，开展主城区及周边重点区域燃煤散烧治理，顺利通过中央环保专项督察。加强土地卫片执法检查整改，拆除各类违法建设324处、8.6万平方米，整改率90%以上。

【商业】 2016年，九原区投资107.6亿元实施9项服务业重点项目，年内完成投资49.1亿元。其中：商贸流通类项目3项，总投资49亿元，当年完成投资21亿元，均为续建项目；房地产类项目6项，总投资58.6亿元，当年完成投资28.1亿元，其中4项为新建项目、2项为续建项目。共接待客商来访14批次，洽谈项目7项。其中，总投资13亿元的陕西商会大厦项目、总投资11.6亿元的包头建筑业商会大厦项目、总投资4.2亿元的包头市新能源汽车分时租赁一体化运营项目及入驻横竖街企业12户等4个项目达成投资意向，意向总投资额28.8亿元。签约湖南大厦综合体项目1项，协议总投资额18亿元。总投资27亿元的包商银行商务大厦主体工程竣工。项目位于建设路与建华路交叉口西南角，西邻展览馆、南邻科技馆，占地面积49.77亩，建筑面积26万平方米。主要建设综合办公楼、金融产业链办公楼、五星级酒店。2016年8月25—26日，内蒙古首届蒙商大会暨民间投资合作洽谈会在包头举行，九原区积极与有意向投资的企业洽谈，推荐总投资约210亿元的多个招商项目，发放投资指南1000余册，初步达成合作意向项目13个。

【旅游】 九原区大力发展全域旅游、四季旅游、乡村旅游，挖掘整合具有九原特色的历史文化资源，促进文化和旅游业融合互动，制定全区文化旅游总体规划，推动沿黄旅游项目融入全市旅游发展规划，推进冬奥中心、温泉小镇等休闲度假项目，推动黄河风情渔业美食村等特色旅游项目发展壮大，加快建设鹿文化产业园、都市农业示范园等观光采摘项目，推动反映九原历史风貌、人文典故题材电影《布衣郡守》开机拍摄，开展星级旅游景点创建活动，加快推进梅力更休闲观光农业园建设，着力打造“九原九景”旅游品牌，加强宣传推介、策划精品线路，围绕促进休闲消费增投资，加快推进小白河欢乐天地、黄河湿地露营地、中东砂之船等一批重点旅游文化项目建设进度。黄河谣民俗园、天佑生态农业园、信步闲庭农业合作社、枣园度假村、老兵渔村、万泉渔业养殖农民合作社、田禾养殖农民合作社被自治区旅游局评定为星级乡村旅游接待户；包头市旅游局评定、批准九原区信步闲庭、郭平鱼馆、老袁飞鱼馆、刘玉祥鱼馆、绿景庄园、建伟度假村、万兴泓泽生态农牧业专业合作社为自治区三星级乡村旅游接待户。2016年年底，全区乡村旅游接待户已29家。全年共接待游客72万人次，实现旅游综合收入5.04亿元。

【教育】 2016年，优先发展教育事业。新建续建8所公办幼儿园，完成4所中小学综合改造，面向知名师范院校选聘教师20余名，与东北师范大学合作建立教师教育创新实验区，高标准通过国家县域教育基本均衡发展验收。

【文化】 2016年，九原区着力发展文化事业。改扩建8个苏木镇文化广播服务中心，新建61个文体小广场、17个文化活动室，区文化馆复评为国家一级馆，建成全国首家县级骨器展厅，成功创建国家公共文化服务体系示范区。建成黄河谣民俗文化博物馆。梅力更景区成功申报国家AAAA级景区，新建7个星级旅游接待点。区群文中心下乡演出场次达105场，观众人数6万多人次。在九原区49个行政村和部分自然村共播放电影561场，观影人数18 680人；在巴音高勒广场和文化广场两个公益电影放映点共放映公益电影209场，观影人数21 750人。开展送图书下乡活动，顺利举办“阅读生活、快乐人生”捐书赠书活动，累计捐赠图书600多册。九原区被文化部、财政部授予“国家公共文化服务体系示范区”称号。九原区文化馆被文化部评为国家一级文化馆。

【体育】 2016年，九原区投资500万元新(改)建4座国家级足球特色学校室内足球场馆。分别在包三十三中学、包四十九中学、沙河一小、沙河二小。其中，在包四十九中学、沙河二小新建室内足球馆2座，建筑规模2600平方米；包三十三中学、沙河一小改建室内足球馆2座，建筑规模2100平方米。九原区苏木乡镇公共体育服务设施实现旗县全民健身中心、苏木乡镇小型健身中心、嘎查村活动站点全覆盖。全区建有全民健身活动中心，81%的苏木乡镇建有小型健身中心，60%的嘎查村建有全民健身活动点，一大批健身广场、户外营地、健身步道等设施投入使用，人均体育场地面积达到1.66平方米。包头三十三中在“包头中燃杯”全国重点高中男子篮球精英赛中获得冠军，在“体彩杯”内蒙古自治区青少年锦标赛夺得高中组第一名。

【卫生】 2016年，九原区稳步提升医疗卫生水平。深化公立医院医药体制改革，区医院晋升二级甲等综合医院，新建4所标准化村卫生室，建成全市首个预防接种数字化门诊，分级诊疗就医新格局初步形成。建立居民健康档案（纸质）167 761份，建立电子档案162 179份。对出生医学证明进行软件化管理，全年累计发放出生医学证明951份。儿童入托体检率100%；高危产妇住院分娩率100%。全面落实两孩政策，促进人口均衡发展。包头市九原区医院与石拐区妇幼保健计划生育服务中心签订孕产妇、新生儿急救绿色转诊通道协议，并举行“石拐区危重孕产妇急救中心”授牌仪式。

【新区建设】 2016年，围绕新都市区各项基础设施和公共服务建设，集中全区精干力量，统筹各类项目资金，开展大规模的征地拆迁工作。新区全年共拆迁4个片区，征收企业75户、居民2488户，腾出用地面积728亩，为新区各项工程建设奠定坚实基础。建成地下综合管廊11.5公里，新建续建道路19条，完成绿化面积19.1万平方米。包九中分校投入使用。

【园区建设】 2016年，九原区加大园区基础设施建设力度，不断优化投资环境，切实增强承载能力，为招商引资和项目引进创造良好的发展空间和入驻条件。九原工业园区累计投入资金6.4亿元，新收储土地3000亩，完成旧南绕城公路（园区段）综合改造工程，实施经七路、纬四路等道路景观提升工程，铺设污水管线4.3公里，建成220千伏变电站。园区营业收入突破500亿元，同比增长40.9%，增速位列全市工业园区第一位，被评为自治区现代煤化工高新技术特色产业化基地。九原物流园区累计投入资金4.8亿元，铁路货运专线建成通车，年货物吞吐量32.6万吨。全国排名第二的天津无水港、排名第四的曹妃甸内陆港入驻建设。多式联运中心主体已完工，新建物流仓储库房10万平方米，26家有进出口业务企业及物流企业入驻。九原绿色食品产业园区累计投入资金4.7亿元，建成“两横两纵”4.8公里道路，供电、供水、供气、污水处理等配套建设有序推进，基本实现了“七通一平”。年底，已引进企业7家、开工建设5家。

【招商引资】 2016年，牢固树立抓项目就是抓发展的工作理念，狠抓招商引资和项目服务，参加“兰洽会”“蒙商大会”“大数据产业推介会”等招商活动，成功引进绿地集团、中国铁建，积极对接中海地产、中东集团，全国前50强房地产企业引进5家、在谈4家。神华二期、神雾化工等项目基本具备开工条件，万达广场、包商大厦等主体完工，恒大、富力等项目销售良好，房地产业逆势上扬，量价齐涨。全年竣工项目48个，为历年之最。财政资金重点支持实体经济，保证了政府投资项目资金需要。全年争取到位上级各类资金6.7亿元、基金4.4亿元。全年共实施亿元以上重点项目97个，开复工率100%，完成投资311亿元，完成投资率109%，位居全市第二。

【对外开放】 2016年，B型保税中心当年申报、当年获批，成为目前全国仅有的46个、全自治区仅有的2个B型保税中心之一，促进了全市乃至自治区物流业的国际化和现代化。7月27日，自治区首列中亚班列（九原物流园至哈萨克斯坦首都阿斯塔纳的国际集装箱班列）开行。成为全国第26个城市、自治区首列开行中亚的货运班列，打通了中西部地区向西开放的重要贸易通道。首列中亚班列将从包头蒙西公铁国际物流港（九原区）始发，途经包兰线、临哈线、兰新线，通过中哈口岸新疆阿拉山口出境，再经哈萨克斯坦阿拉木图市，抵达哈萨克斯坦首都阿斯塔纳市，全程运输距离4332公里，历时8天，较海运减少约800公里。

【重点领域改革】 2016年，九原区承接落实上级改革任务，积极探索具有地区特点的改革创新。政府系统158项改革任务基本完成，制定出台各类制度性成果81项。深化完善农村牧区“三个一体化”改革，构建环境卫生、综合执法、设施维护长效管理机制。深化财税领域改革，应对“营改增”税收政策变化,建立“综合治税”“以地控税、以税节地”信息征管平台。统筹做好存量债务置换，申请落实债务置换资金 15 亿元。抓住市级党政机关所在地的优势，整合市区两级行政服务资源，实现区市民大厅与市行政审批大厅合署办公，区级食品药品检测中心挂牌入驻市级中心。深化行政审批制度改革，完成“五证合一、一照一码”,激发了民间投资和市场活力,市场主体 1.7 万户,同比增长 10.3%。深化农村领域改革，出台鼓励龙头企业与农牧民建立利益联结机制奖励办法,带动 1000 户农牧民户均增收 7000 元。改革创新农村集体“三资”委托代理服务,获评第三批全国农村集体“三资”管理示范区

【抢险救灾】 2016 年 8 月 17 日、22 日,包头市普降大雨，九原区 7 个乡镇均出现不同程度的洪涝灾害。险情发生后,九原区防汛抗旱指挥部相关领导及水务、防汛和各镇、苏木、街道办事处主要负责人立刻赶赴现场，全力组织开展应急抢险救灾工作。共出动抢险人员 1877 人,挖掘机 81 辆,装载机 135 辆,其他车辆 702 辆,完成土石方 43 000 多立方米,沙子 620 立方米,沙袋 2600 袋，完成渠背加固 2000 米，清淤 2000 米,紧急转移疏散群众 115 人。

【政府自身建设】 2016 年，九原区政府积极办理人大代表建议 40 件,政协委员提案 42 件,办复率 100%。坚持依法行政,严格按照法定权限和程序履行职责,在 29 个政府部门推行权责清单制度,明确权责事项 3554 项。完善政府法律顾问制度,全面介入政府行政决策和政策制定。全面梳理公共服务事项，简化优化公共服务流程。启动实施“双随机一公开”工作,推动 19 个行政执法部门建立“一单两库一细则”。贯彻落实中央“八项规定”精神以及自治区、包头市相关配套规定,“三公” 经费支出同比下降 14.8%,完成一般公务用车制度改革。加大审计监督力度,全年审计节约资金 1.1 亿元。精心组织政府系统“两学一做”学习教育活动,干部群众作风不断改进。

【社会保障】 2016 年，九原区以改善民生为宗旨,着力提升社会保障服务能力。不断加强社会保障工作，发放各类惠农惠牧补贴 1.4 亿元,为 3874 户低收入农牧民发放“暖心煤”补贴,免费为 165 名白内障患者实施复明手术。新建 4 个老年人日间照料中心，完成城乡居民基本医疗保险整合并轨,企业退休人员养老金实现 12 连增,“五大保险”参保人数突破 24 万人。发放各类社会救助资金 2000 余万元，救助困难群众 4100 人。加强创业平台建设，打造 2 个市级、4 个区级创业园,帮助 1100 人成功创业;促进城乡居民充分就业,城镇新增就业 3759 人,农牧民转移就业 1.27 万人。

【人民生活】 2016 年，九原区安排民生支出 16.66 亿元,占公共预算支出 79%。 切实抓好扶贫攻坚,研究制定“1+4”制度体系,建立电子扶贫系统,出台 21 项帮扶措施。全年累计投入资金 50 多亿元。农村基本消灭了危旧房,城市居住环境得到大幅度改善，贫困人口减少 1370 人,城乡居民收入持续增加。城镇居民人均可支配收入 42 385 元,同比增长 7.6%;农牧民人均可支配收入 17 876 元,同比增长 7.5%。城乡收入差距低于全市平均水平 0.4 个百分点。

(撰稿人：王立杰)

白云鄂博矿区

【概况】 白云鄂博,蒙语意为“富饶的神山”,是包头市唯一的工矿区,被誉为世界“稀土之乡”,也是“草原英雄小姐妹”的事迹发生地。区域内的白云鄂博铁矿是一座大型的铁、稀土、铌等多种金属共生矿床,包括东矿、主矿、西矿、东介格勒和东部接触带五个矿体,是包钢(集团)公司的主要原料基地。区域面积 328.647 平方公里,辖 2 个街道办事处,4 个社区。截至 2016 年年

末，全区常住人口2.77万人。其中：男性1.46万人，女性1.31万人。出生率为8.03‰，自然增长率为6.14‰。

2016年，白云鄂博矿区生产总值完成41.13亿元，同比增长7.7%；一般公共预算收入完成35 077万元，同比增长8%；固定资产投资完成41.1亿元，同比增长14.4%；城镇常住居民人均可支配收入完成43 902元，同比增长7.3%；社会消费品零售总额完成7.9亿元，同比增长9.5%。

【农业】 2016年，白云鄂博矿区策划实施生态观光科技创业农业园、光伏发电畜牧养殖、有机蔬菜大棚种植等现代农牧业项目，总投资达4亿元，弥补了第一产业发展短板。

【工业】 2016年，白云鄂博矿区规模以上工业产值完成42.02亿元；规模以上工业增加值增长10.8%；工业固定资产投资完成28.88亿元，同比增长4.5%，占全部固定资产投资额70.3%。投资36.5亿元的包钢氧化矿选矿搬迁及白云鄂博矿资源综合利用项目基本建成，稀土、选铁部分已正式投产，与之配套的服务项目相继投产；投资10亿元的粤电蒙华风电供热、投资4亿元的神华国能风力发电等项目快速推进，全区已建成光伏发电规模9万千瓦、并网7万千瓦，风力发电已建成运行20万千瓦，在建19万千瓦。白云鄂博矿资源综合利用联合研究院、白云鄂博共伴生矿固体废弃物综合利用国家地方联合工程研究中心、白云鄂博矿多金属资源综合利用省部共建国家重点实验室项目开工建设。包头市委副书记、市长杜学军，环保部固体废弃物管理中心主任姚卫华，自治区科技厅副厅长吴苏海，市政府秘书长郭甫欣参加开工仪式。

2016年，白云鄂博矿区共有9个亿元以上工业重点项目，其中：续建项目6个，新建项目3个。计划总投资45.8亿元，截至2016年年底，累计完成投资17.08亿元。

【城镇建设】 全年实施16类51个城市建设项目，累计投入资金近6亿元。大力实施城市基础设施建设，对沿街楼体进行彩化亮化，规范了店招牌匾，打造城市新形象。投资2.2亿元实施天然气入户工程，已有1600余户居民实现入户通气。投资4000余万元实施供热管网改造，对32台10吨以下燃煤小锅炉进行供热环保节能改造，减少燃煤近万吨，减少污染物排放400余吨，是全市唯一实现居民集中供暖全覆盖地区。加强城市管理，组建城市管理综合执法中心，整合城管、环卫、绿化等职能，实行网格化管理。开展了市容市貌“百日攻坚”集中整治行动，拆除私搭乱建违章建筑3800平方米，整治疏导流动摊点300余个，清理积存垃圾3万余吨，城区面貌得到明显改善。全力实施棚户区搬迁改造工程，投入资金5亿元，完成市政府下达的699户搬迁改造任务，超额完成198户。自加压力将全区剩余的1707户全部纳入2017年棚改任务并提前启动。实施16号街坊、3号街坊、11工地原址改造和棚户区安置小区提档升级建设工程，翻新改造居民小区小凉房2400余户、近6万平方米，建成60套公租房，完成全区23万平方米的老旧小区既有建筑节能改造，努力让老百姓拥有舒心的住房。

【环境保护】 投资1.1亿元实施城区绿化工程，完成65万平方米的公园、道路两侧及重点小区庭院绿化，种植五彩小菊27万株，城区绿地总面积260万平方米，绿地率26%，人均公园绿地面积38.7平方米。强化生态建设和环境保护，实施大气和水污染综合治理，集中开展突出环境问题和环境安全隐患排查整治。投资2500万元对污水处理厂进行提标升级改造。

【交通 电信】 白云鄂博矿区筹建内蒙古大宗矿产品交易中心，全力推进中蒙跨境铁水联运物流项目，着力打通“蒙古口岸—包头—绥中港”铁水联运物流大通道。投资6000余万元完成通阳道、百灵道、康复路等10余条主次干道雨污水管网改造及道路改扩建工程。投资6000余万元完成百灵道、通阳道等城市景观街升级改造。投资400万元增开2对包白快速列车，月平均客流量达8315人次，是上年同期的2.1倍，极大地方便了居民出行。

改造升级政府门户网站，新建OA智能办公、政务内网、信息报送和征信平台系统，白云鄂博矿区信息化和对外宣传水平跃上新台阶，办事效率明显提高。在全市率先实现公共区域WiFi免费全覆盖。白云鄂博矿区与辽宁港铁国际物流实业有限公司、内蒙古卓越金能源有限公司在港铁集团总部举行《港口、口岸铁水联运通道战略合作框架协议》签订仪式。

【商业】 2016年，白云鄂博矿区与内蒙古科技大学共同推进“双创基地”建设，与高新区合作发展“飞地经济”，与达尔罕茂明安联合旗合作发展物流和“口岸”经济，促进了地区发展合作共赢。加大招商引资力度，策划、包装70余个招商项目，参加自治区首届蒙商大会和各类招商洽谈会，共与8家国内知名企业签订项目合作协议，协议资金90.6亿元。

【旅游业】 白云鄂博矿区完成奇石街升级改造。全面实施白云鄂博矿文化创意产业园、“草原英雄小姐妹”红色旅游基地、湿地公园升级改造等文化旅游产业重点项目。成功举办包头·白云鄂博第十一届奇石文化旅游节、“情动白云鄂博”冰雪节和全国红领巾小记者冬令营活动，开展全国少年儿童心有榜样·草原英雄小姐妹“七个一”系列活动，共吸引游客7万余人次，完成交易额5000余万元，带动服务业增加值完成10.1亿元，同比增长7%。

【金融 保险】 白云鄂博矿区共有金融机构5家，分别为中国工商银行白云鄂博支行、白云鄂博矿区邮政储蓄所、内蒙古农村合作信用社达尔罕茂明安联合旗农村信用合作社白云矿区分社、中国人寿保险公司白云鄂博支公司、中国财产保险公司白云鄂博支公司。2016年，成立农牧林水、市政环卫园林、矿产资源综合利用、旅游文化等国有公司，为白云矿区有效融资搭建平台。加大与各大银行、金融机构的对接力度，通过策划包装PPP项目等多种渠道和方式，实现融资5.3亿元，同比增长5.4倍。

【科技】 2016年，白云鄂博矿区加强与各相关部门、大企业、科研机构、高校的对接沟通，在打造工业园区、商贸物流、文化旅游等多个领域取得突破性进展。智慧白云项目在自治区大数据产业推荐会上进行签约，率先在全自治区建成智慧城市大数据体验展示中心。

【教育】 2016年，白云鄂博矿区投资1500余万元实施中小学、幼儿园标准化配套设施建设。继续加大教师培训力度，累计组织教师赴加拿大、北京等地学习培训23批202人次，选聘名校长作为白云矿区教育顾问，与市区名校开展合作办学，进行教学研讨等交流活动，不断提升教育教学质量，2016年高考本科上线率71%。

【文化】 完成国家公共文化服务体系示范区创建工作。成立中国数字图书馆白云鄂博分馆，启动“书香白云鄂博、畅想数字阅读”活动，实现数字图书馆进社区、进学校、进机关，成为全国首家享用国家数字图书资源的旗县区。投资900余万元建成区综合档案馆。开展创建自治区文明旗县城工作，居民文明素质和社会文明程度显著提升。精心打造智慧社区，社区功能更加完善，服务群众的能力和水平显著提升。

【卫生】 针对群众“就医难”问题，全力推动区矿医院整合，不断优化医疗资源配置；与市各大医院签订医联体协议，聘请市级专家定期巡诊，提升医疗服务能力和水平。开展爱国卫生运动，顺利通过自治区卫生旗县城3年复检验收。投入150余万元帮扶计生特殊家庭，实现计生惠民全覆盖。

【体育】 深入贯彻落实《全民健身计划》，制定《白云鄂博矿区全民健身计划（2016—2020年）》，全力构建全民健身服务体系。举办全区中小学生、职工乒乓球比赛，羽毛球、棋类、健步行、自行车邀请赛等体育赛事20余场。社会体育指导队伍不断壮大，新增二级社会体育指导员5人，一级2人。体育设施建设逐步完善，白云矿区现有大型全民健身中心2处，社区文体活动室4处，面积300多平方米；体育广场4处。现有体育设施面积100 915平方米。人均体育面积3.76平方米。

【社会保障】 2016年，白云鄂博矿区登记失业人员108人，城镇登记失业率控制在2.46%。为18名创业人员发放小额贷款129万元。为80周岁及以上老人、劳模、残疾人发放家庭服务券337份；招募大学生公益性岗位14名。将低保标准提高15元，达到580元，发放低保金280万元。为符合相关政策人员发放救助款、生活补助金79万元。发放家庭优待金、退役士兵自主就业金75.8万元。为企退人员和城居人员发放相关待遇4535万元。建设大学生"双创"基地，全年新增就业202人，发放创业小额担保贷款255万元。通过技能培训、创业贷款帮扶、政府兜底精神智障人员免费入院治疗等方式开展精准扶贫，238人实现稳定脱贫。加大低保保障力度，累计发放低保金162万元。为229名残疾人参加意外伤害保险，为141名未享受优惠政策的残疾人参加基本养老和医疗保险，实现持证残疾人政策性参保全覆盖。

【人民生活】 推进"放管服"改革，将区本级行政审批事项精简至19项，行政性事业收费精简至15项，涉及白云矿区户籍居民的12项收费全部免收，白云矿区成为自治区唯一向老百姓无行政性收费的地区，也是全市保留行政审批事项和行政性事业收费项目最少的旗县区。启用新市民大厅，深化"代办制"和"一站式"特色服务，营造了良好的政务服务环境。深化商事制度改革，实施"五证合一"登记制度改革。总投资30亿元的"十大惠民兴区"工程全部启动，带动作用显现。2016年，城镇常住居民人均可支配收入完成43 902元，同比增长7.3%。公共财政用于民生和社会事业支出45 625万元，占公共财政预算支出比重73.8%。

（撰稿人：苏日娜）

土默特右旗

【概况】 土默特右旗（以下简称土右旗），位于内蒙古自治区包头市东部，地处呼和浩特市、包头市、鄂尔多斯市"金三角"腹地，旗政府所在地萨拉齐镇。全旗总面积2368平方公里，辖5个镇、3个乡、3个管委会，201个行政村，户籍总人口364 869人，由汉、蒙古、满、回、朝鲜、达斡尔、鄂温克等17个民族组成，是一个以蒙古族为主体、汉族居多数的少数民族聚居区。其中，汉族349645人，占全旗总人口95.83%；蒙古族11368人，占全旗总人口3.12%；回族2614人，占全旗总人口0.71%；其他少数民族共1242人，占全旗总人口0.34%。旗境内拥有"一山一川一河"宝贵自然资源，北部大青山绵延旗境60公里，煤炭探明储量22亿吨；南部黄河流经旗境108公里，年取水4.3亿立方米；中部平原面积2000平方公里。

2016年，全旗地区生产总值完成353.9亿元，同比增长7.7%，总量和增速均排全市第五位。其中：一、二、三产业增加值分别为38亿元、203亿元和112.9亿元，三次产业结构比例为10.7：57.4：31.9。固定资产投资完成288.2亿元，同比增长14.6%，增速排全市第三位。公共财政预算收入完成22.26亿元，同比增长7.7%，总量和增速分别排全市第四和第五位。

【农业】 推进种养殖结构调整，总规模5000亩的绿色农博园项目启动建设，建成10个千亩特色种植示范基地，药材、水稻等特色作物种植面积12万亩，绿色玉米订单种植面积21万亩，成为全市首个"全国绿色食品原料标准化基地"。粮食总产量稳定在75万吨以上，蝉联"全国粮食生产大县"称号。

【畜牧业】 2016年，土右旗实施"稳羊增牛"发展战略，完成15个千只肉羊养殖小区、8个标准化奶牛牧场改扩建工程，源升、绿蒙2个规模化奶牛牧场加紧建设。引进建设骑士乳业、万只肉驴、千头肉牛养殖基地等一批龙头企业，肉羊出栏稳定在350万只以上，农畜产品就地加工转化率达到68%。

【林业】 完成京津风沙源治理、天然林保护等国家重点林业生态工程12.7万亩，大青山南坡绿化等重点区域绿化造林1.77万亩，森林覆盖率30.5%，获评"自治区生态宜居县城示范旗县"。

【水利】 实施总投资9.8亿元的11项重大水利工程，东西线供水主管网、水质净化处理等6项工程全面竣工，萨拉齐第二水厂项目主体完工，安全用水水质、水量问题得到有效解决。

【工业】 实施总投资572亿元的89个市级监管亿元以上重点项目，项目开复工率、投资完成率均位居全市前列。实施总投资36亿元的13项园区基础设施建设工程，引进常州亿晶光电、鲜活中药材市场等一批亿元以上项目，华电土右电厂、博益润生等重点项目竣工投产，国能煤制乙二醇、航天机电二期等项目进展顺利，电力、天然气液化、光伏等产业持续壮大，蓝宝石、生物质能源等新材料、新能源产业快速发展，规模以上工业增加值完成152.9亿元，同比增长9.8%，增速位列全市第三。

【城镇建设】实施总投资29.2亿元的62项城建项目，大南街、大北街道路改造全线竣工，敕勒川文化主题公园建成开放，改造棚户区2926户、旧小区25.7万平方米，萨拉齐镇获评"全国第四批美丽宜居小镇"，西湾民俗街获评"国家乡村旅游示范基地"，巴总尧等3个村获评"中国传统村落"。全面完成"十个全覆盖"工程收官任务，总投资30亿元、416个村、5300余项建设工程率先在全市完成，全旗7.9万户、25.6万群众受益，做到了旗不漏乡、乡不漏村、村不漏户。农村基础设施更趋完善、产业支撑更加有力，城乡区域一体化、公共服务均等化水平不断提升。

【环境保护】 加强生态文明建设，大青山矿区环境综合治理工程取得阶段性成果，新增占用林地审批全部叫停，恶劣天气预警、大气污染监测、水质安全检测等信息发布实现规范化、常态化。节能减排工作成效显著，工业增加值能耗下降16.19%。

【商业】 社会消费品零售总额完成47.5亿元，同比增长9.6%。传统商贸与电商产业融合发展，电商园区入园企业50户，电商网上交易额突破1亿元。

【旅游业】 实施总投资11.5亿元的64个文化旅游项目。九峰山核心景区、大雁滩二期、西湾民俗一条街等景区景点建成开放，美岱召景区综合改造、枣沟旅游专线等工程基本完工，大雁滩等5个景区获评国家AAAA级景区，沿山生态观光旅游产业带基本打造成型，全年接待游客180万人次，获评"自治区休闲农牧业与乡村牧区旅游示范旗"，西湾村荣获"中国乡村旅游创客示范基地"。

【服务业】 大城西煤炭产业园区恢复生产，鑫辰二期600万吨、大城西300万吨2个洁净煤生产加工项目投入运营，明华、嘉华煤炭集装箱发运规模加快扩大。挂牌成立"中国(太原)煤炭交易中心西北分中心"，自治区首个"煤炭物联网"电子交易平台启动运营，煤炭上线交易量1200万吨，煤炭产销量连续5年突破8000万吨。

【金融 保险】 土右旗争取上级政策性资金、产业基金22.3亿元。拓宽中小企业直接融资渠道，推动新型实业、鲜羊城等25户企业在"新四板"成功挂牌。被选定为国家首批土地承包经营权抵押贷款试点旗县，发放抵押贷款1.26亿元。

【科技】 加强产学研合作和研发中心、技术中心等科技创新平台建设，加大科研经费投入，推进煤化工工研院、物联网研究院等科研机构建设，强化创新支撑。全年新增光伏新材料产能6400吨、电力产能1370兆瓦，高新技术产业占比达到20%。国家级智库中国社科院所属的财经战略研究院在北京隆重发布《中国县域经济发展报告(2016)》，在此报告中，土右旗在“全国县域经济综合竞争力400强”和“全国县域经济投资潜力400强”中分别排名第三百零九位和第三百零七位。2016年4月，土右旗政府与中国移动包头分公司举行“互联网+”战略合作协议签约仪式。2016年9月19日，由中国亚洲经济发展协会主办的全国汉麻产业技术研讨会在土右旗召开。

【教育】 实施了总投资1亿元的幼儿园、教师周转宿舍等23项教育基础设施工程，新招聘教师120名，高分通过国家义务教育均衡发展评估验收。

【文化】 成功承办首届内蒙古地方戏曲节、第四届二人台艺术节等4大类236场文化活动。完成170处三级文化场馆提档升级工程，大型二人台精品剧《敕勒情缘》获评自治区最佳剧目奖，土右旗被文化部评为“第二批国家公共文化服务体系示范区”。4月15日 土右旗第二届杏花旅游文化节在沟门镇大雁滩景区开幕。5月21日，“5·18国际博物馆日”内蒙古主会场开幕仪式在土右旗敕勒川博物馆文化广场举行。6月18日，骆驼酒业集团九峰山生态酿酒文化产业园荣膺国家AAAA级旅游景区揭牌暨金骆驼原酒封坛大典仪式在九峰山生态酿酒文化产业园桃园酒庄广场隆重举行。8月16日晚，首届内蒙古地方戏剧目展演暨第四届二人台艺术节在土右旗隆重开幕。8月17日，“多娇内蒙古，话说二人台”首届内蒙古二人台牌子曲艺术高层研讨会在敕勒川酒店包头厅举行。

【卫生】 实施总投资1.58亿元的104项医疗卫生基础设施建设工程，标准化卫生室实现行政村全覆盖，中蒙医院迁建项目主体封顶，旗医院综合病房楼投入使用，成功创建为“二甲”医院。

【社会保障】 土右旗累计投入1.9亿元，完成农村危房改造4247户，新建农村互助幸福院5处、日间照料中心3个。投入6700余万元，对城乡低保、五保、特困群体等对象实行救助兜底保障。建成创业孵化基地9个，创业带动就业1.9万人，城镇新增就业2184人，转移农村富余劳动力93 131人次，获批全国结合新型城镇化开展支持农民工等人员返乡创业试点旗县。

【人民生活】 2016年，土右旗城乡常住居民人均可支配收入分别为31 888元和14 829元，同比增长7.7%、7.5%，增速分别排全市第二和第三位。全年民生领域支出23.5亿元，占财政支出70.6%。扎实推进精准扶贫攻坚工程，10 461名市级贫困人口稳定脱贫。看守所建成使用，“毒品问题重点整治地区”成功摘帽，信访案件同比下降20%，旗法院被评为“全国模范法院”。深入开展安全生产大检查“百日攻坚”，持续保持安全生产高压态势。

(撰稿人：丁坚)

达尔罕茂明安联合旗

【概况】 达尔罕茂明安联合旗（简称达茂联合旗），位于阴山北麓，是内蒙古自治区20个边境旗(市区)和33个牧业旗之一。东邻乌兰察布市四子王旗，西接巴彦淖尔市乌拉特中旗，南连呼和浩特市武川县、包头市固阳县，北与蒙古国接壤，国境线长88.6公里。全旗辖7个镇、2个乡、3个苏木。达茂联合旗总面积18 177平方公里，总人口近12万人，有蒙古、回、满、朝鲜、达斡尔、鄂伦春、藏、苗、土家族等22个民族，少数民族人口1.83万人(蒙古族1.78万人)，是一个以蒙古族为主体、汉族占多数、多民族聚居的边境少数民族地区。

2016年，达茂联合旗公共财政预算收入完成16.59亿元,同比增长7.53%,财政支出完成28.49亿元,同比增长4.16%。其中:社会保障、教育、文化卫生等民生支出22.24亿元、占总支出78.1%。全年实现社会消费品零售总额23.18亿元,同比增长9.6%;完成商品销售8300万元,农副产品3600万元,实现利润83万元,上缴税金52万元。

【工业】 新上达茂新稀土脱硝催化剂项目,完成宝鑫特钢重组改造和化解过剩产能工作,推动亿立萤石、明安肉业、广富食品、宏达、牧牛财、天富、白记粮油等7户企业在新四板挂牌。实施清洁能源项目23个,新增并网100万千瓦,总规模324万千瓦。全年工业用电量2.8亿千瓦时,同比增长16%,铁精粉产量523万吨,同比增长19.3%,主要工业产品外运量增长30%。全年完成总节能量为3085吨标准煤。全旗工业增加值完成112.81亿元,同比增长8.8%;规模以上工业增加值完成96.5亿元,同比增长8.9%;工业固定投资完成122.75亿元,同比增长19.4%。

【农牧业】 达茂联合旗农业以马铃薯为主导产业,种植种薯5万亩,新增高效节水灌溉面积6.87万亩,粮食产量稳定在1.08亿公斤。新建100吨马铃薯储窖88座,惠及6个合作社和50个农户,新增马铃薯储存能力9280吨。畜牧业推广订单养殖,与中牧小尾羊公司合作,建成希勒德格肉羊良种繁育基地,肉羊良种自给率达82.5%;蓝色牧野、天宇牧歌、“蒙灵”等企业(合作社)与2000户农牧户签订35万只羊的订单养殖;引进生产优质种公羊600只,生产鲜胚2000枚,开展肉羊人工授精5万只。新建黄花滩现代农牧业产业园区,完成综合服务楼、多功能展厅、农畜产品检测中心、库房和冷库基础设施建设。2016年,全旗新注册通过农畜产品商标20件,总数86件,“达茂草原羊”被认定为中国驰名商标,“达茂羊肉”成为国家地理标志保护产品,“达茂小红皮小麦”成为国家地理标志证明商标。截至2016年年底,全旗共有市级以上农牧业龙头企业17家。其中:国家级龙头企业1家,年内新增自治区级龙头企业2家、总数3家,新增市级龙头企业3家、总数13家。引导20家企业申报绿色有机农畜产品认证,被自治区农牧业厅评为自治区农畜产品质量安全旗。

【林业】 实施国家公益林补偿、京津风沙源治理、退耕还林等生态工程140万亩,新增林业治理面积12.5万亩;实施城镇重点区域、重要节点绿化工程,新增绿化面积35万平方米,被确定为中国科学院草原生态补偿绩效评估试验试点地区。全年完成绿化造林7258亩,栽植各类苗木98万株(丛)。“十个全覆盖”12个集镇提档升级绿化工程造林3280亩、44.6万株(丛),村屯绿化2238亩、33.1万株(丛),通道绿化15.8公里,绿化620亩、7.2万株(丛),厂矿园区绿化420亩、4.8万株(丛),庭院绿化完成320亩、3.9万株(丛),全民义务植树完成绿化面积380亩、4.4万株(丛)。京津风沙源治理项目12万亩,其中,封山育林9万亩,人工造林3万亩,全部完成播种并进行围栏管护。

【水利】 实施小型农田水利牧区重点县项目、巩固退耕还林基本口粮田项目、西部节水增效项目3个重点工程,完成改善节水灌溉面积7万亩、“十个全覆盖”安全饮水工程154处,建成水源井154眼,铺设管道200公里,解决16 383人安全饮水问题。实施西沟、夹皮沟小流域治理项目,完成水源35处、节水35处,治理水土流失面积15平方公里,艾不盖应急水源工程863钢坝完工。完成西河北滩、上下苏吉2处抗旱应急水源工程,实现应急供水5000亩。全旗设立19个项目区,完成加装地下液位传感器19处,对255眼灌溉机电井加装水量自动采集传输系统,加装4G移动网络卡。设立自治区级试点灌区样点2个,包头市级试点灌区样点2个,旗级试点灌区样点2个。

【电信】 达茂联合旗新建基站28个,累计建成通信基站565个，安装视频探头519个，移动通信覆盖率89%，基本实现农村牧区通信、网络覆盖。全旗87个机关单位全面启用OA电子政务系统，实现政府机关无纸化办公，12个苏木乡镇全部具备视频会议的条件。

【商贸服务业】 达茂联合旗打造石宝镇、乌克忽洞镇、小文公乡、巴音花镇、达尔汗苏木等5个苏木乡镇农畜产品物流基地。新建朵兰戈尔社区民族文化特色风情一条街，入驻商户98家。百福新天地商业广场、牧人酒店、丹山酒店、当代一品等商业网点投入运营。2016年，新建运营诗画草原电商平台1家，总数5家；新发展内蒙古满都拉港务贸易公司物流企业1家，总数5家。达茂宾馆、百灵照相馆、商业大楼被评为包头市"老字号"企业。成立达茂旗农村牧区产权交易市场有限公司，恢复希拉穆仁镇、满都拉镇两个基层供销社，完成69个便民超市的建设任务。

【口岸建设】 达茂联合旗实施满都拉口岸物流园区等基础设施目29个，开工建设公路物流园区二期、铁路物流园区、海关保税仓库等项目；进口肉类指定口岸、互市贸易区获得批复，保税仓储区启动建设，口岸免税店建成运营；塔温陶勒盖煤矿至杭吉口岸公路被列入中蒙合作建设项目；改造联检大楼，新建联检部门功能性用房、出入境人员服务中心，启用报关报检综合服务大厅和"五进五出"货运通道，重组普盛满都拉海关监管场所，旅检出入境通道实现"三互"大通关，全年进出口货物80.1万吨，超过前三年总和，同比增长229%，外贸进出总额完成1.0754亿美元，同比增长96%。

【城镇建设】 达茂联合旗城区市政道路面积92.9万平方米，人均道路面积26.5平方米；新增供热面积18万平方米，解决南出口沿线198户居民集中供热问题，集中供热总面积208万平方米，集中供热普及率90%以上。全年建成商品房715套、新建安置房1776套，楼房化率95%以上。累计引进物业服务企业7家，实行物业管理小区24个、总面积108万平方米，物业管理覆盖率88%。全年签订棚户区改造协议1952户，完成往年任务的两倍，拆除棚户区房屋1562套，其中货币化安置率89%。百灵庙镇建成区2016年新增绿地面积7.82万平方米，建成区绿地总面积170.74公顷，绿地率32.2%，同比增长2个百分点，人均公共绿地面积为12.91平方米，创建自治区级安全生产标准化工地1处。

【环境保护】 达茂联合旗实施阶段性禁牧，巩固提高草原生态建设成果，全旗牧草平均高度27.2厘米、植被平均盖度27.7%，分别较禁牧前提高15.3厘米、5.6个百分点。全年累计削减二氧化硫279吨、氮氧化物192.3吨、氨氮34.2吨、化学需氧量50吨。完成聚峰稀土废水处理回收利用、鼎泰热力脱硫脱硝设施基础建设，关停取缔不符合环保要求、无法办理环保手续的小型企业40余家。全旗空气质量良好天数342天。

【交通】 2016年，达茂联合旗公路总里程2835.4公里（黑色路面新增204公里，达到1665公里），国道388.5公里，省道157公里，县道636.8公里，乡道739.7公里，专用公路27.2公里，村道886.2公里。行政村、嘎查通沥青（水泥）路率100%。基本形成了以国道210线、省道211线和省道104线为主动脉，以百灵庙镇为中心，连接呼包二市，直通中蒙边境，干支公路相互连接，辐射12个苏木乡镇、延伸77个嘎查村互联互通的公路网络。全年新增通村水泥（沥青）路202公里、达到886.2公里，新增街巷硬化28处72.3公里、达到81处207.3公里，全旗所有行政嘎查村通了沥青（水泥）路。建成冀东水泥厂园区路、石宝工业园区公路、希望铝业厂区公路、合教—鹿达矿业矿运公路、巴润园区矿运公路、那达慕文化（体育）产业园区汽车赛道、百灵庙镇外环路（河东大桥—白云路段）等7条44.7公里长的园区专用公路和环城道路。开工建设通用机场和包满铁路三期工程。

【旅游】 2016年，达茂联合旗实施重点旅游项目5个，总投资8.3亿元，完成投资4.4亿元，建成旅游驿站7处、旅游厕所80座，设计旅游标志标牌251块。完成旅游接待点蒙古包立面改造300顶，“蒙古人圣地”“神鹰宏浩”旅游标准化示范点通过国家中期评估验收。加快A级景区创建工作，百灵那达慕文化(体育)产业园接受自治区AAAA级景区考评，哈萨尔祭奠堂景区、红格尔敖包景区被评为AAA级景区，毕力格泰民族食品加工厂被评为AA级景区，全旗A级景区8家。申报评定三星级以上乡村旅游示范户5个，星级乡村旅游示范户31家，被列为自治区边境旅游试验区。组建以旅游警察、旅游巡回法庭和旅游工商分局为主的“1+3”旅游综合执法机构，建成自治区首个旅游大数据中心。2016年。全旗接待游客203万人次，实现营业收入10.2亿元，分别增长43%和42.5%。全年旅游业直接从业人员4000多人，间接从业人员2.1万人。

【金融　保险】 达茂联合旗投入800万元实施“助保贷”工程，整合成立城投、交投、水投、港务投、文旅投、生态投6个投融资平台。引进包头农商行入驻，推动包商惠农贷款公司转建为村镇银行。金融机构全年投放贷款25.3亿元，同比增长6%。参加城镇职工养老保险15 927人，城镇职工医疗保险17 489人，城镇居民医疗保险12 379人，生育保险6646人，工伤保险10 325人，城乡居民养老保险77 942人(其中农牧民养老保险70 637人)。原新型农村牧区医疗保险共有参合农牧民72 743人。城镇职工养老保险、工伤保险、居民医保、城乡居民养老保险分别征缴9778万元、365万元、115万元、431.5万元，共计征缴基金10 690万元。新型农村牧区医疗保险筹资标准为每人每年565元，2016年筹资总额为4109.97万元。城镇职工养老保险为7751人发放1.3亿元，城镇居民医疗保险为473人支付医疗保险报销费用221万元；城乡居民养老保险为14 900人发放养老金1710万元；工伤保险累计为68人支付工伤待遇296.3万元；新型农村牧区医疗保险共为9.48万人次补偿医药费4050.11万元。

【科技】 达茂联合旗组织实施全民科学素质培训工程，共培训农牧民0.8万人次，发放科技资料1.5万册(份)，完成任务160%。完成中国流动科技馆包头市巡展达茂站活动，成功申报价值500万元的科技馆项目。发展马铃薯高效种植技术，投入科技专项资金30万元，实施脱毒微型薯“一分地”推广项目，生产脱毒微型薯500万粒，推广“一分地”工程500亩。规模以上企业研发经费投入1.49亿元、占GDP比重0.7%。

【教育】 满都拉国际联谊小学投入使用，大苏吉幼儿园开工建设，百灵庙二小东西校区全面打通，15个“同频互动”教室全面建成；学前三年毛入园率90%，蒙古族幼儿园晋升为自治区级示范幼儿园。中小学全部达到自治区义务教育办学标准，蒙古族学校蒙授中考成绩连续三年名列全市第一；高考本科上线率42.7%，较上年提高14个百分点。承办包头市教科研工作现场会暨“十二五”教科研工作总结表彰会。全旗现有中小学、幼儿园20所（公办15所、民办5所）。其中，完全中学1所(寄宿学校)、九年一贯制学校2所(寄宿学校)、标准化小学6所(寄宿学校4所)、公办幼儿园6所、民办幼儿园5所。在校中小学生、幼儿共计6876名，现有教职工1048名。

【文化】 达茂联合旗建成嘎查村文化室6个、文化广场14个、转播台站10座，创作《草原检察官》《影观达茂》等文艺精品，送戏送电影下乡1208场，承办第四届中国游牧文化旅游节、自治区新闻出版广播影视固边工程现场会、百灵庙抗日武装暴动80周年纪念活动，顺利通过包头市创建国家公共文化服务体系示范区验收工作。完成可移动文物普查工作，完成全国重点文物保护单位安答堡子古城、百灵庙抗日武装暴动纪念碑修缮保护等建设项目，被内蒙古自治区文化厅、自治区公安局等 4 个部门评为全区文物工作先进集体。达茂联合旗被内蒙古自治区文化厅、自治区公安局等 4 个部门评为“全区文物工作先进集体”。

【体育】 达茂联合旗举办全旗乒乓球比赛以及健身操表演，组队参加自治区西部第二十届西部邻近盟市旗县搏克协作赛，获得团体第二、个人第三的成绩。组织达尔罕部落足球俱乐部组队参加包头市业余足球联赛。组织举办达茂旗第二十七届那达慕大会、男子 512 人制搏克赛、2016 Gobirally 中蒙国际汽车越野拉力赛等体育活动。百灵那达慕文化（体育）产业园成功申报为自治区级训练基地。

【卫生】 完成蒙医院新院址、6 个卫生院、7 个卫生室业务用房建设及妇幼保健、疾控中心、卫生监督综合业务大楼基础建设，自筹资金改建都荣敖包卫生院、查干哈达卫生院，改造建设满都拉镇中心卫生院及查干哈达鼠防培训基地。蒙医院建成 2 个国家级和自治区级重点学科，继续实施取消药品加成零差率销售工作，累计让利群众 230 万元。开展爱国卫生运动和健康促进旗工作，达茂创建国家卫生县城顺利通过复审。全旗城乡居民健康电子档案建档率分别为 90%和 75%，流动人口健康档案建档率 86.8%，落实全面两孩政策和计划生育各项奖励扶助政策，2129 人享受到计划生育奖励扶助 190 万元。

【社会保障】 达茂联合旗城镇低保对象共有 280 户、456 人，发放城镇低保金 364.63 万元；农牧区低保对象共有 515 户、1029 人，发放农牧区低保金 1183.62 万元，五保户集中和分散供养标准分别达到每人每年 8000 元和 5000 元，为 660 名五保对象发放供养金 405.6 万元。为城乡低保人员、城镇“三无”人员、孤儿、五保户、大病救助对象等发放社会救助金 703.63 万元，共救助 12 648 人次。现役军人家属优待金每户 1.8 万元，为 94 名现役军人家属发放优待金 169.2 万元，为 34 名自主就业退役士兵发放地方补助金 195.39 万元，为 26 名重点优抚对象报销医疗费 5.7 万元，为 261 名各类优抚对象发放生活补助金 307 万元。健全旗乡村三级脱贫攻坚帮扶组织机构，建立“54321”包户帮扶工作体系，484 名领导干部对 2514 名国贫人口实行精准包扶。落实各级各类扶贫资金 1.16 亿元，1228 名国贫人口、2389 名市贫人口稳定脱贫。

【人民生活】 达茂联合旗城镇新增就业 1523 人，农牧民转移就业 2.1 万人，免费培训城乡劳动力 1800 人，开展月嫂、电子商务培训，发放创业担保贷款 2500 万元，补贴利息 116 万元，帮助 300 名劳动者成功创业。为 329 名就业困难人员补贴社会保险补贴 131 万元，通过政策扶持帮助 125 名就业困难人员稳定就业，安置三支一扶、民生志愿者高校毕业生 37 名，公益性岗位安置高校毕业生 47 名，为各类志愿者发放工资补贴 284 万元、社保补贴 124 万元。为 230 名 80 岁以上老年人发放家庭服务券，为 5 家家庭服务企业补贴 28 万元入户服务费用，为 105 名失业人员发放失业救济金 165 万元，为 6 家困难企业争取到援企稳岗专项社保补贴资金 586 万元。2016 年，城镇和农村牧区常住居民人均可支配收入分别达到 34 370 元、12 691 元，均增长 7.7%。

【荣誉】

潘志荣分别被自治区党委宣传部授予“北疆楷模”称号；被国家最高人民检察院、人力资源和社会保障部授予“全国模范检察官”称号；被中央授予“全国优秀共产党员”称号；被感动内蒙古人物评选活动组委会评为“第六届感动内蒙古人物”；被中央电视台评为“CCTV2016 年度法治人物”。

达茂联合旗第七次被评为自治区双拥模范旗。黄花滩村入选国家美丽宜居村庄。明安镇入选国家美丽宜居小镇和自治区特色景观旅游名镇。达茂联合旗被评为全国计划生育优质服务先进旗。

(撰稿人:王宏伟 吕丽娜 樊瑞祥)

固 阳 县

【概况】 固阳县位于包头市区正北53公里,东与呼和浩特武川县交界,南与九原区、土默特右旗毗邻,西与巴彦淖尔市乌拉特中旗、乌拉特前旗接壤,北与达茂旗相连,县域总面积5025平方公里,辖6个镇、72个村委、10个社区,总人口21.3万人,其中,农业人口17.7万人,占总人口83.1%。全县总耕地面积284万亩。其中,15度以上坡耕地和沙化耕地138.5万亩,占总耕地近50%,常年播种面积180万亩。

固阳县地处阴山北麓,南望黄河,北接大漠。县境内秦汉长城横亘东西,包括北魏六镇之首的怀朔镇在内,历代边城林立,古戍繁多。因扼守石门古道北端,自古便为漠南军事重镇,是中古时期中原农耕民族与北方游牧民族必争之地;同时,也是中原农耕民族与北方游牧民族交流融合之地。境内春坤山高山草甸草原旖旎多姿,大仙山、马鞍山突兀雄奇,自然风光尽显塞北风情。晚清近代以来,固阳县由历史上的游牧民族驻地演变为一个移民城镇,居民多出自晋、陕、蒙、冀四省区,浓郁的西口文化保留了完整的中原民俗民情。纵观全县,历史文化底蕴深厚,自然景观风格迥异,民俗风情绚烂纯朴,文化特征鲜明,精神内涵丰富。

固阳县1994年被国务院确定为国家级贫困县,2011年底调整为自治区扶贫开发重点县,2013年确定为38个省级领导干部联系的贫困旗县之一。按照包头市2011年农牧区贫困标准人均纯收入4300元测算,全县有贫困人口1.9万户5.13万人,且多为老弱病残,贫困人口占农村常住人口12.2万人的42%,占全市贫困人口1/3。

2016年,固阳县完成地区生产总值119.9亿元,同比增长7.2%;限额以上固定资产投资135.2亿元,同比增长14.3%;社会消费品零售总额21.3亿元,同比增长9.5%;一般公共预算收入3.3亿元;同比增长9.5%;城镇居民人均可支配收入27 232元,同比增长7.5%;农民人均可支配收入11 560元,同比增长7.8%。

【农牧业】 2016年,固阳县农作物良种使用率90%,农业旱作覆膜面积12.1万亩。改良肉羊16万只,改良率44%。新增著名商标4个、知名商标4个、地理标志商标4个,涉农商标累计36个,获得“三品一标”认证的农畜产品累计22种。拥有自治区级龙头企业2家,市级龙头企业14家,农牧业专业合作组织865家。全县新增流转土地12.2万亩,累计101.2万亩。新增节水灌溉面积4.8万亩,累计21.3万亩。获批为自治区旱地土地整治项目试点县。农业嘉年华项目开工建设。农畜产品电子交易平台“汇通优粮”上线运营。累计在北京、杭州、包头等地开办品牌产品直营店28家。由内蒙古田丰农牧业有限责任公司投资3000万元建设的“马铃薯无矾粉条、粉皮、粉丝深加工项目”二期工程“敕勒金薯”马铃薯干粉深加工生产线正式投产。实现了无矾干粉、湿粉全天候生产,填补了国内市场的空白。

【工业】 工业提档升级。新能源并网发电55万千瓦,是“十二五”期间总和的3倍。特变电工固阳产业园一期年产2000台变压器项目已建成,即将投产;清源科技2GW光伏支架项目完成主体建设。西蒙皮业一期工程顺利投产,解决了进城农民200人就业。2×35万千瓦热电联产项目地下基础出正负零米,50万吨轻金属材料加工项目产能指标有效落实,具备开工条件。中铝40万吨铜冶炼、石墨烯科技产业园项目推进。投资3600万元完善园区内部基础设施。天然气管道供应工程竣工通气,铁路专用线开工建设,污水资源化利用工程主体完成，建成区基本实现“五通一平”。固阳县人民政府与上海杨浦科技创业中心有限公司签订产业园区战略合作协议。此园区占地约500亩，由石墨烯原辅材料加工区、应用产品区、设备制造区和物流区构成，10月中旬开工建设。

【商业贸易】 2016年，内蒙古首届粮食产销洽谈会在首府呼和浩特市国际会展中心举行，共有来自全国24个省区市的粮食行政管理部门有关负责人和涉粮企业代表1200余人参加会议。本次粮洽会，固阳县与呼和浩特、乌海、广西、巴彦淖尔等地签署了5个杂粮贸易合作意向。包头市裕丰源油脂有限责任公司与秦皇岛市鼎鹏聚蚨科技有限公司现场签约“冷榨亚麻籽油”项目。

【服务业】 三次产业比重调整为11∶68∶21，第三产业占比提高两个百分点。投资1亿元完善春坤山、马鞍山等重点景区基础设施，在主干道两侧补贴种植油菜花、向日葵等13.4万亩，完成梅令花海建设，开工建设8个旅游驿站。举办第三届民俗文化旅游节暨第十三届秦长城文化旅游节、首届油菜花节、金葵节、包头市首届冰雪文化旅游节暨梅令花海冰雪艺术游园会。旅游文化积淀日趋深厚，品牌影响力日益提升，全年旅游接待人数72万人次，旅游综合收入实现3.6亿元，均是2015年的3倍。建设银行在固阳县设立支行，全县政策性银行和商业银行达到7家。全年金融机构各项存款余额61.8亿元，同比增加18.7亿元，增长43.2%；贷款余额39.7亿元，同比增加13.5亿元，增长51.6%。保证了农业发展和基础设施建设等重点领域的融资需求。田丰马铃薯仓储园成为区域性马铃薯物流中心。获批成为自治区电子商务进农村示范县。

【生态环境】 2016年，固阳县晋升为国家级生态功能区，怀朔镇兴圣公村获评自治区级生态村。实施新一轮退耕还林等国家重点林业工程18.9万亩，完成重点区域绿化7217亩。完成大气污染综合治理重点工程6项，拆除燃煤锅炉17处，空气质量自动监测站建成投用，城镇空气质量稳居全市前列。强化环境执法监管，进行环境综合整治，私挖滥采、损毁耕地等破坏环境的行为得到有效遏制，村企矛盾有效缓解。9月28日，中国政府网发布《国务院关于同意新增部分县(市、区、旗)纳入国家重点生态功能区的批复》，原则同意国家发展改革委会同有关部门提出的新增纳入国家重点生态功能区的县(市、区、旗)名单，内蒙古共有8个县被新增纳入名单，固阳县位列其中。

【城乡建设】 城镇宜居水平提高。城市控制性详细规划修编完成初稿。实施重点城建项目9项，完成投资3.8亿元。惠和路全线贯通，木兰广场、木兰健身园和木兰文化园基本建成。完成棚户区拆迁2800户58万平方米。城市布局更加合理，功能更加完善。按时完成“十个全覆盖”建设任务。累计投资37.6亿元，对508个村进行全面改造，实施危房改造2.4万户，路水电、文化医疗等民生基础设施全面完善，通过自治区验收，村容村貌焕然一新。

9月3日，固阳县人民政府与上海杨浦科技创业中心有限公司签订产业园区战略合作协议。该园区占地约500亩，由石墨烯原辅材料加工区、应用产品区、设备制造区和物流区构成，预计10月中旬开工建设。9月，全国重点镇名单出炉，北京市门头沟区潭柘寺镇、天津市西青区中北镇、河北省石家庄市井陉矿区贾庄镇等3675个镇被列为全国重点镇。其中，内蒙古自治区包头市有：东河区河东镇、沙尔沁镇，石拐区五当召镇，九原区麻池镇、哈业胡同镇、哈林格尔镇，土默特右旗萨拉齐镇，固阳县金山镇，达尔罕茂明安联合旗百灵庙镇、满都拉镇。

【交通】 固阳县投资15 763万元的包头市旅游公路固阳县(城湾)至石拐区(乌兰此老)段公路主体工程于10月上旬完成，并具备通车条件。公路的建成将希拉穆仁草原与五当召景区连接了起来，为打造包头市精品旅游线路作出贡献。该工程全长约17.612公里，起点始于省道224线（沙明公路）乌兰此老与五当召连接线平交路口北约300米处，沿乌兰此老、爬榆树嘎查、小路壕、三岔口嘎查、东三岔口、脑包背、小井、白洞渠村，终点止于城湾与省道311线T形平交连接处，全线共设置大桥3座，中桥1座，小桥6座，涵洞40道。项目投资额为15 763万元，全线为二级公路标准设计。

【社会事业】 固阳县投资3500万元完善学校基础设施和设备配置，中高考再创佳绩，公办幼儿园通过市级示范园验收，考录100名教师全部上岗。完成文化艺术中心内部装修，少年宫投入使用。获评为中国"文艺扶贫奔小康"志愿服务行动工作示范县。举办全国"博乒网"乒乓球大赛。深入推进公立医院改革，县人民医院公开招聘院长，实行全员聘任、竞争上岗。投资1500万元为县人民医院购置医疗设备，加快中蒙医院建设进度，村卫生室覆盖所有行政村。创建为自治区级应急规范县。

【文化】 4月14日，中央电视台第四频道《远方的家——长城内处》拍摄组一行到固阳，进行为期一周的长城主题拍摄活动。拍摄组将用镜头记录下固阳县境内的长城遗址，并对长城脚下的民俗风情、自然景观进行深入挖掘。6月10日，《远方的家——长城内外·探访固阳秦长城》在央视4套中文国际频道播出。《长城内外》系列节目以长城的历史为经，以现存的长城遗址为纬，不仅揭示了自古以来鲜为人知的长城史料，还讲述了当今人们热爱长城、保护长城的动人故事。7月18日，固阳县第三届民俗文化体验旅游节暨第十三届秦长城文化旅游节在希望广场开幕。8月6日，固阳县首届油菜花节暨"多彩固阳"摄影大赛启动仪式在梅令花海举行。

【卫生】 11月7日，固阳县卫计局与11家市级三级医院对口支援暨健康扶贫工作对接会在固阳县召开。本次对口支援时间为2016—2020年，由包头市11家三级医院对口支援固阳县2家县级医院和11家乡镇卫生院，签订帮扶协议。

【体育】 9月10—11日，内蒙古"舒华杯"第八届百县万人乒乓球联赛包头市分站赛在包头市职业技术学院打响。固阳县派出甲乙两组代表队8名运动员参加比赛，并分别取得第6名佳绩，是10个旗县区唯一一个甲乙两个代表队同时打入八强的旗县。

【民生保障】 新增城镇就业1006人，农牧民转移就业7.6万人次。企业退休职工待遇、城乡居民基本养老保险待遇进一步提高。城镇居民医疗保险和新农合整合并轨，农村医疗保险封顶报销额度提高到23万元，慢性病报销范围由16种扩大到24种。继续按政策发放"一吨煤"补贴，城乡低保发放6672.9万元。

【综合治理】 强化社会治安综合治理，加大和完善立体防控体系建设，对重点部位实行24小时全程巡控。加大矛盾纠纷排查力度，及时解决群众合理诉求。突出抓好安全生产，持续加强食品药品和特种设备安全监管，深入开展百日安全生产大检查行动，实现安全生产事故和死亡人数"双下降"。

【扶贫】 固阳县积极推进脱贫攻坚。全面落实"六个精准""五个一批"和"三到村三到户"要求，深入对接落实《市委、市政府关于坚决打赢固阳县脱贫攻坚战的若干意见》，163家企事业单位集中帮扶，市县两级170名干部脱岗驻村，全县2003名干部职工结对贫困户。投资3.5亿元实施扶贫产业项目，覆盖国贫人口5290人，1875名国贫人口实施易地搬迁，3729人享受退耕还林、公益林等生态补偿；246人享受教育医疗救助；3253人实现低保五保兜底保障。发放金融扶贫贷款4.2亿元。其中，农户贷款3.8亿元，1700户贫困户受益；发放龙头企业和合作社贷款0.4亿元，直接带动217户贫困户受益。全年国家级贫困人口退出4474人。探索形成伴养鸡、代种代养、资产收益等产业脱贫模式，创新实施商业保险助推脱贫，获批为自治区保险助推脱贫试点县。10月，国家旅游局、国家发改委、国务院扶贫办等12个部门联合发布《乡村旅游扶贫工程行动方案》。固阳县金山镇协和义村、下湿壕镇下湿壕村、下湿壕镇后脑包村跻身全国乡村旅游扶贫重点村。

【经济改革】 固阳县推进供给侧结构性改革。铁精粉产能削减近60%，落实铁精粉企业补贴资金5438万元，为12户企业争取到电力多边交易政策。全面落实“营改增”，为企业减负5000万元。积极消化库存商品房543套4.9万平方米。加快行政体制改革。编制公布县本级权责清单3526项，行政审批和公共服务事项运行更加透明公开。深化商事制度改革。全面实施“五证合一、一照一码”和个体工商户“证照整合”，新注册登记各类市场主体1103户。

助力发展卓有成效。2016年累计争取上级转移支付10.9亿元，县本级各项工程融资规模达到21.1亿元，置换政府债券14.6亿元。加大招商引资工作力度，全年引进区外资金23.6亿元。获得资源枯竭型城市、国家重点生态功能区、革命老区、独立工矿区等政策支持，获批自治区统筹整合涉农资金试点县。耕地保有量和基本农田保有量分别核减110万亩和102万亩，为经济社会发展留足了空间。10月，国家发改委印发《关于组织有关地方编制独立工矿区转型发展行动计划的通知》，明确将固阳县列入全国独立工矿区政策支持范围，参照执行资源枯竭型城市转移支付政策。

【政府自身建设】 固阳县深入开展“两学一做”学习教育，严格遵守党纪政纪，不断改进工作作风。主动接受人大、政协监督，认真办理市县两级人大代表建议和政协提案107件。有序推进公务用车制度改革，规范公务用车管理。着力加强行政监察和审计监督，狠抓督查整改。人武、民族、宗教、妇女、儿童、残联、红会、统计、档案、志史事业取得新进展。

【固阳县规划委员会2016年第1次会议召开】 4月28日，固阳县规划委员会召开2016年第1次会议。会议对下列10个项目进行审议：华亿天然气漠南大街油电混合站规划设计方案；港华燃气建设路加气站设计方案；土右—金山工业园区天然气管道工程园区调压站方案；省道311线杨树坝至明登段公路收费站养护工区方案；固阳县新世纪小学体育馆规划设计方案；固阳县中蒙医院设计方案；环卫中心垃圾转运站设计方案；广众国际中心局部调整方案；西蒙皮业固阳分公司厂区设计方案；新疆特变电项目。会议原则上通过上述项目。

【自然灾害】 6月4日下午13:30分左右，固阳县兴顺西镇大面积普降大雨，强降雨持续到14:20分左右，转为小雨，强降雨过后，发生严重洪涝灾害，共涉及全镇10个村委128个自然村，其中7个村委31个自然村受灾严重。固阳县其他地区也不同程度受到强降雨影响，引发灾情。

【荣誉】 10月，中国文明网公布2016年9月份“中国好人榜”候选人及其事迹。包头市孙安峰（孝老爱亲第97号）3位“包头好人”参评携手入围。孙安峰是固阳县首个道德模范，9月被评为“内蒙古好人”；《人民日报》和《2016中国中小城市发展报告·绿皮书》联合发布的第十二届中国中小城市科学发展指数研究成果显示，固阳县金山镇荣登“2016综合实力千强镇”榜单。

（撰稿人：王瑞琴）

呼 伦 贝 尔 市

【概况】 内蒙古自治区呼伦贝尔市是“世界上土地管辖面积最大的地区级城市”。得名于境内呼伦湖(亦称达赉湖)和贝尔湖。地处北纬47°05′~53°20′,东经115°13′~126°04′。东西长630公里，南北宽700公里，总面积25.3万平方公里,相当于山东省与江苏省两省之和。东邻黑龙江省,西、北与蒙古国、俄罗斯接壤,是中俄蒙三国的交界地带,与俄罗斯、蒙古国有1723公里的边境线,有8个国家级一、二类通商口岸,其中满洲里口岸是中国最大的陆路口岸。

2001年10月10日，国务院批准撤销呼伦贝尔盟设立地级呼伦贝尔市；撤销海拉尔市设立海拉尔区。

呼伦贝尔市辖14个旗市区。其中:2个区(海拉尔区、扎赉诺尔区);5个市(满洲里市、扎兰屯市、牙克石市、根河市、额尔古纳市);7个旗(......)。2016年,全市出生人口1.96万人,人口出生率为7.75‰。死亡人口1.51万人,人口死亡率为5.98‰。人口自然增长率为1.77‰。城镇人口180.77万人,比重为71.52%。年末全市常住人口252.76万人。

呼伦贝尔市土地面积25.3万平方公里。天然草场总面积1.49亿亩；矿产资源探明或初步探明的67种(亚矿种81种)。全市水能资源理论蕴藏量246万千瓦。地表水可利用量109.24亿立方米。地下水可利用量12.43亿立方米。

气候分布特点以大兴安岭为分界线。气候类型分为:岭东区为季风气候区,岭西区为大陆气候区。从年降水量类型看:岭东区为半湿润性气候,年降水量在500~800毫米;岭西区为半干旱性气候,年降水量为300~500毫米。年气候总特征为:冬季寒冷干燥,夏季炎热多雨。年温度差、日期温差大。

草原由东向西呈规律性分布，地跨森林草原、草甸草原和干旱草原3个地带。除东部地区约占本区面积的10.5%为森林草原过渡地带外,其余多为天然草场。多年生草本植物是组成呼伦贝尔草原植物群落的基本生态性特征，草原植物资源约1000余种,隶属100个科450属。

在蒙古高原与松辽平原之间，自东北向西南,逶迤纵贯千余里,构成呼伦贝尔市林业资源的主体。呼伦贝尔市有林地面积1.90亿亩(含松加地区),占全市土地总面积50%,占自治区林地总面积83.7%。呼伦贝尔市森林覆盖率49%。森林活立木总蓄积量9.5亿立方米,全市森林活立木蓄积量占自治区93.6%,占中国9.5%。林区的主要树种有兴安落叶松、樟子松、白桦、黑桦、山杨、蒙古柞等。

市水资源总量为316.19亿立方米。其中,地表水资源量298.19亿立方米，占中国地表水资源量的1%还多，占全区地表水资源量73%以上;地下水资源总量18亿立方米。全市人均占有水资源量为1.1万立方米以上,高于世界人均占有量,是中国人均占有量的近5倍。

共有野生植物1400多种,有经济价值的野生植物500种以上。野生动物品种和数量繁多。据不完全统计，全市野生动物种类占中国种类总数12.3%,占自治区70%以上,居第一位。

2016年,全市地区生产总值实现1620.86亿元,按可比价计算增长7.0%,人均地区生产总值64 140元,可比价增长7.0%。其中:第一产业增加值248.43亿元,增长3.5%;第二产业增加值724.02亿元,增长5.7%;第三产业加值648.40亿元,增长9.9%。三次产业结构比例由上年的 16.5：44.6：38.9 调整为 15.3：44.7：40.0。

全市地方财政总收入 170.10 亿元，完成年度预算的 95.76%，同比增加 5.09 亿元，增长 3.1%。在地方财政总收入中，一般公共预算收入 106.03 亿元，完成年度预算的 96.34%，同比增加 2.69 亿元，增长 2.6%。全市一般公共预算支出 414.69 亿元，完成年度调整预算的 103.39%，同比增加 40.15 亿元，增长 10.7%。

【农牧林业】 全市粮食作物播种面积 2083.37 万亩，比上年增长 2.0%。全年粮食总产量 120.74 亿斤，比上年减产 1.75 亿公斤，下降 2.8%。在粮食作物中，小麦产量 10.73 亿公斤，下降 3.5%；玉米产量 34.05 亿公斤，下降 8.0%；大豆产量 9.45 亿公斤，增长 9.5%；马铃薯产量（折粮）2.53 亿公斤，11.9%。粮食平均亩产 289.77 公斤，下降 4.7%。

全市牧业年度牲畜存栏 2176.26 万头（只），比上年增长 1.9%。其中：大牲畜和羊存栏 1977.99 万头（只），比上年增长 1.9%；生猪存栏 198.28 万口，比上年增长 1.2%。全年牲畜出栏 953.44 万头（只），比上年增长 18.7%。牲畜出栏率 43.8%，比上年增长 6.3 个百分点，其中生猪出栏 125.73 万口，比上年增加 1.59 万口，增长 1.3%；牛出栏 67.1 万头，比上年增长 6.55 万头，增长 10.8%；羊出栏 754.41 万只，比上年增长 141.63 万只，增长 23.1%。良种及改良种牲畜 1847.57 万头（只），比上年增加 159.83 万头（只），增长 9.5%。全市猪牛羊禽肉产量 28.45 万吨，增长 12.2%，禽蛋产量 4.22 万吨，增长 1.0%，牛奶产量 118.06 万吨，下降 7.1%（见下表）。

主要农畜产品产量和牲畜存栏情况表

指标	单位	2016 年	同比增长(%)
粮食	万吨	603.7	−2.8
# 小麦	万吨	107.29	−3.5
玉米	万吨	340.5	−8.0
稻谷	万吨	13.5	6.5
大豆	万吨	94.5	9.5
薯类	万吨	25.3	11.9
猪牛羊禽肉产量	万吨	28.45	12.2
# 猪肉产量	万吨	3.96	3.4
牛肉产量	万吨	10.42	6.3
羊肉产量	万吨	13.26	20.9
禽蛋产量	万吨	4.22	1.0
牛奶产量	万吨	118.06	−7.1
年中牲畜头数	万头只口	2176.26	1.9
大牲畜	万头	230.56	2.2
牛	万头	201.68	0.1
# 奶牛	万头	60.59	−14.5
绵羊	万只	1557.60	3.6
山羊	万只	189.80	−10.5
生猪	万口	198.28	1.2

造林合格面积完成 2.1 万公顷，其中人工造林合格面积为 1.47 万公顷、无林地和疏林地新封面积为 0.63 万公顷。中、幼龄林抚育面积完成 11.78 万公顷。机电井 28.59 万眼（包括人饮井），有效灌溉面积 27.88 万公顷，新增有效灌溉面积 2.44 万公顷。节水灌溉面积 28.57 万公顷，新增节水灌溉面积 2.68 万公顷。治理水土流失面积 132.43 万公顷，新增治理水土流失面积 5.23 万公顷。

年末，农牧业机械总动力 455 万千瓦，比上年增长 5.8%，机耕地面积 1514 万亩，化肥施用量（折纯）27.05 万吨，同比减少 0.7%，农村牧区居民用电量 3.46 亿千瓦时，同比下降 11.2%。

【工业】 全部工业增加值616.70亿元，同比增长8.3%，其中规模以上工业增加值增长5.5%。在规模以上工业行业中，农副食品加工业增长16.9%；有色金属矿采选业增长16.8%；

非金属矿物制品业增长6.6%；饮料制造业增长3.8%；化学原料及化学制品制造业增长1.7%；医药制造业下降26.6%；煤炭开采和洗选业增加值下降16.2%；石油和天然气开采业下降7.5%；电力、热力的生产和供应业下降2.7%；木材加工业下降0.1%；食品制造业下降2.3%。企业产销衔接水平良好，产品销售率97.2%。万元GDP能源消耗为0.7509吨标准煤，同比下降4.42%，完成节能降耗目标任务。主要产品产量有增有降(见下表)。

主要工业产品产量情况表

指标	单位	2016年	同比增长(%)
原煤	万吨	8026.56	-5.6
天然原油	万吨	40.05	-9.0
发电量	千瓦时	308.48	-5.7
#火力发电	千瓦时	299.08	-6.5
水力发电	千瓦时	0.17	-38.0
风力发电	千瓦时	8.99	27.9
水泥	万吨	584.18	-4.2
人造板	万立方米	36.54	-0.1
鲜、冷藏肉	万吨	16.59	10.7
软饮料	万吨	83.05	6.6
饮料酒	万升	34695	-4.2
#啤酒	万升	17062	-18.3
白酒	万升	17521	15.1
乳制品	万吨	8.57	-26.1
食用植物油	万吨	21.72	-6.7
服装	万件	529	15.8

【建筑业】 建筑业增加值110.90亿元，同比增长2.3%。全市73户具有资质等级的建筑企业完成产值122.89亿元，同比下降8.0%。房屋建筑施工面积592.95万平方米，同比下降17.9%。竣工房屋面积435.48万平方米，同比下降26.2%，房屋建筑竣工率为73.4%，减少8.2个百分点。

【固定资产投资】全社会固定资产投资1028.72亿元，同比增长2.7%。500万元以上固定资产投资982.33亿元（不含铁路、森工及农村个体投资），同比增长6.1%。其中：房地产企业开发完成投资87.76亿元，增长31.1%。商品房销售面积426.61万平方米，同比下降11.2%，商品房销售金额155.1亿元，下降22.9%。

在500万元以上固定投资中，按经济类型划分，国有经济单位投资569.92亿元，同比增长19.3%。按投资产业划分，第一产业投资49.67亿元，下降13.6%；第二产业投资336.6亿元，下降8.2%，其中，工业投资334.85亿元，占投资的34.1%，下降5.3%。工业投资中，采矿业投资41.07亿元，下降8.7%。制造业投资完成225.35亿元，下降8.2%。电力、热力生产和供应业投资68.43亿元，增长8.6%；第三产业投资完成596.06亿元，增长18.8%，其中：交通运输仓储业投资164.71亿元，增长38.9%；教育投资完成13.46亿元，增长20.0%；水利、环境和公共设施管理业完成202.03亿元，增长18.8%。

【环境保护】 实施重点减排工程44项，二氧化硫、氮氧化物、化学需氧量、氨氮4项减排指标完成年度任务。推动钢铁、煤炭行业化解过剩产能；淘汰燃煤小锅炉58台，完成棚户区改造1.4万户，每年削减原煤散烧2.8万吨。淘汰黄标车11 615辆，老旧车2730辆；机动车环保检验参检率为71.6%。严格危险废物、医疗废物和辐射安全环境管理，监督危险废物跨省转移980.44吨、跨市转移7488.9吨、市内转移2.67万吨；集中处置医疗废物780吨；收贮废弃放射源16枚。推进生态文明示范创建工作。扎兰屯市、鄂温克旗获得“国家生态市”“国家生态旗”称号；额尔古纳市通过“国家生态市”考核验收；全市建成84个自治区级生态乡镇，其中71个被命名为国家级生态乡镇。

全年空气质量监测天数360天，优良天数比例占97.2%，与2015年相比提高2.5个百分点，PM2.5、PM10、二氧化硫浓度分别下降18.9%、16.4%、33.3%。全市27个重点地表水监测断面，水质优良比例74.1%，与上年相比提高22个百分点；劣V类水质断面3个，与上年持平。

【国内贸易】 全市社会消费品零售总额完成600.27亿元(不含其他项)，同比增长10.0%。分地区看，城镇市场消费544.80亿元，增长9.7%，乡村市场消费55.47亿元，增长12.3%。按消费形态分，餐饮收入78.49亿元，同比增长18.0%，商品零售521.78亿元，增长8.9%。

批发零售企业商品销售额1169.40亿元，同比增长11.2%。其中：批发业583.09亿元，增长10.0%；零售业586.31亿元，增长12.5%。住宿餐饮企业营业额141.81亿元，增长16.1%，其中，住宿业24.80亿元，增长16.1%；餐饮业117.01亿元，增长16.1%。

【对外经济】 全市进出口总额完成26.52亿美元，同比下降11.3%。其中：出口7.43亿美元，下降39.4%；进口19.08亿美元，增长8.2%。贸易逆差11.65亿美元。

实际使用外商直接投资额0.51亿美元，同比下降77.4%。全年共备案国外工程承包、劳务合作合同8个，合同总金额837.38万美元。营业额534.57万美元，同比下降43.7%，外派劳务272人次，同比下降50.6%。

【旅游业】 全年共接待旅游者1553.62万人次，同比增长9.6%。其中：入境旅游者67.29万人次，增长21.0%，国内旅游者1486.33万人次，增长9.2%。国际旅游创汇4.51亿美元，增长28.8%。旅游业总收入527.73亿元，增长17.7%。

【交通　邮电】 全年铁路、公路完成货运量17 790.9万吨。其中：铁路7712.8万吨，比上年增长6.7%；公路10 078.1万吨，比上年增长9.3%。民航行货邮吞吐量2.42万吨，比上年下降2.0%。铁路、公路完成货物周转量465.45亿吨公里。其中，铁路完成货物周转量268.34亿吨公里，同比增长0.4%；公路完成货物周转量197.11亿吨公里，同比增长8.1%；

铁路、公路完成客运量2296.41万人。其中，铁路828.21万人，同比增长2.7%；公路1468.2万人，下降1.9%。民航旅客吞吐量233.45万人，增长3.5%。铁路、公路完成旅客周转量49.21亿人公里。其中，铁路完成旅客周转量30.87亿人公里，同比增长2.6%；公路完成旅客周转量18.34亿人公里，增长7.9%。

全市公路总里程27 246公里。按照技术等级划分：高速公路452公里、一级公路612公里、二级公路2146公里、三级公路4697公里、四级公路18647公里，等外公路692公里。

全市邮电主营业务收入完成23.16亿元，同比增长2.3%。全市电话用户34.93万户，同比增长9.7%。其中：住宅电话25.87万户，下降8.5%；移动电话用户287.17万户，增长10.7%；互联网用户46.91万户，增长11.9%。

【金融　证券　保险】 截至12月末，全市金融机构各项存款余额为1473.64亿元，增长16.1%。其中：住户存款余额839.38亿元，同比增长7.9%；非金融企业存款287.58亿元，同比增长35.6%；广义政府存款343.76亿元，同比增长25.1%。金融机构人民币各项贷款余额1074.99亿元，同比增长16.8%。其中，住户贷款281.17亿元，同比增长11.1%；非金融企业及机关团体贷款793.82亿元，同比增长18.9%。

2016年，呼伦贝尔市证券交易营业部7家，全市证券业累计交易量385.3亿元，同比下降58.1%；新增开户数7434户，同比下降61.2%；总客户数109 268户，同比增长7.2%；保证金余额 2.66 亿元,同比下降 35.1%;托管市值 18.58 亿元,同比下降 19.4%。

截至年末,全市保险主体 29 家,其中:财产保险公司 16 家,寿险公司 13 家。保险业保费收入 54.77 亿元,同比增长 17.8%。其中:财产险保费收入 16.51 亿元,增长 6.1%;寿险保费收入 38.26 亿元,增长 23.7%。全年保险赔付额为 12.89 亿元,同比增长 5.9%。其中:财产险赔付 7.66 亿元,下降 8.22%;寿险赔付 5.23 亿元,增长 36.5%。全年政策性农业保险保费收入 7.38 亿元,同比增长 0.8%。

【科技　教育】 全年鉴定科技成果 21 项。签订各类技术合同 33 项,合同成交金额 19 321 万元,同比增长 21.0%。

全市有普通高等学校 4 所,2016 年全市招收普通本、专科学生 5745 人,同比增长 7.3%。高等学校普通本、专科在校学生数 19 144 人,增长 10.4%。成人本科、专科在校生 3704 人,同比下降 40.7%。普通高中 27 所,招收学生 11 528 人,同比下降 7.7%,在校学生数 36 778 人,同比下降 7.4%。其中,少数民族 10 013 人,下降 5.3%。初中 132 所,与上年持平,招收学生 17 974 人,比上年增长 9.8%,在校学生数 53 084 人,下降 0.3%。其中,少数民族 13 390 人,比上年增长 0.3%。小学校 138 所,比上年减少 12 所,招收学生 17 932 人,比上年增长 4.7%,在校学生 106 284 人,下降 0.3%。学龄儿童入学率 100%,小学毕业升学率为 99.13%。

【文化　卫生　体育】 年末全市拥有艺术表演团体 13 个,公共图书馆 15 个,群艺馆、文化馆 15 个,博物馆 48 个,国家综合档案馆 15 个;全市拥有广播电台 13 座,调频电视发射台 119 座,广播覆盖率 98.9%;电视台 1 座,电视覆盖率 99.1%。

全市有卫生机构 1995 个,比上年增加 42 个,医疗卫生单位实有病床 14267 张,比上年增加 179 张。

全市体育健儿在全国重点城市射箭锦标赛中获得银牌 2 枚,重点体校射箭锦标赛中获得铜牌 2 枚。组织近千人参加自治区 31 项青少年比赛中共获得金牌 140 枚,银牌 92 枚,铜牌 95 枚,256 人次获得前八名。

【人民生活　就业】 2016 年,全体居民人均可支配收入完成 24 280 元,同比增长 8.1%。人均消费性支出 17 136 元,同比增长 3.0%。城镇常住居民人均可支配收入完成 28 885 元,同比增长 7.6 %。人均消费性支出 19 066 元,同比增长 2.7%。恩格尔系数 30.9%。人均拥有住房面积 27.45 平方米;农村牧区居民人均可支配收入完成 12 540 元,同比增长 7.8%。农牧民人均生活消费性支出 12 476 元,同比增长 6.2%。恩格尔系数 27.8 %。人均拥有住房面积 26.89 平方米。城镇居民每百户拥有彩色电视 102 台,电冰箱 85 台,洗衣机 92 台,生活用汽车 15 辆,固定电话 55 部,手机 220 部;农牧民家庭每百户拥有彩色电视机 101 台,电冰箱 89 台,洗衣机 80 台,生活用汽车 20 辆,固定电话 29 部,手机 231 部(见下表)。

城乡居民每百户家庭耐用品拥有量情况表

指标	单位	城市居民	农牧民
彩色电视	台	102	101
电冰箱	台	85	89
洗衣机	台	92	80
固定电话	部	55	29
手机	部	220	231
生活用汽车	辆	15	20

【社会保障】 年末全市参加城镇职工养老保险 68.83 万人(其中:在职职工 38.32 万人,离退休职工 30.51 万人),参加城乡居民养老保险 55.67 万人。参加职工基本医疗保险 68.61 万人(其中:在职职工 38.38 万人,退休职工 19.15 万人),参加城镇居民基本医疗保险 67.07 万人,参加农村

合作医疗农牧民 74.10 万人。参加失业保险 26.5 万人，发放失业保险金及其他待遇 0.36 亿元。年末城镇新增就业人数 33 942 人，失业人员再就业 7857 人，登记失业率为 3.8%。

（撰稿人：王邓海）

海 拉 尔 区

【概况】　海拉尔区（以下简称海区）地处内蒙古自治区东北部，呼伦贝尔市中部偏西南，大兴安岭西麓的低山丘陵与呼伦贝尔高平原东部边缘的接合地带，地理坐标为北纬 49°5′44″~49°27′15″，东经 119°30′48″~120°35′36″。北部和西部与陈巴尔虎旗毗邻，南部与鄂温克自治旗接壤，东部与牙克石市相连。距俄罗斯边界最近距离 110 公里，距蒙古国边界最近距离 160 公里，东西长约 80 公里，南北宽约 40 公里。是中共呼伦贝尔市委员会、呼伦贝尔市人民政府所在地，是呼伦贝尔市政治、经济、文化、交通和信息、旅游中心。总面积 1440 平方公里，城区面积 28 平方公里，辖 2 镇 6 个街道办事处。人口由汉、蒙古、达斡尔、俄罗斯族等 24 个民族组成。人口总户数 105 555 户，总人口 282 726 人。其中：城镇人口 272 767 人，乡村人口 9959 人。全年出生人口 2758 人，出生率为 9.79‰，死亡人口 1615 人，死亡率为 5.74‰，人口自然增长率为 4.05‰。

2016 年，海区实现生产总值 3 036 194 万元，按可比价计算增长 7.2%。其中：第一产业增加值完成 77 016 万元，增长 2.7%；第二产业增加值完成 1 409 135 万元，增长 6.9%。其中：工业增加值完成 1 240 515 万元，增长 7.5%；建筑业增加值完成 168 621 万元，增长 2.6%；第三产业增加值完成 1 550 042 万元，增长 7.7%；三次产业结构比为 2.5∶46.4∶51.1。人均生产总值 107 837 元，按可比价计算增长 6.9%。

居民消费价格总指数为 100.5%，比上年同期上涨 0.5 个百分点。其中食品烟酒、衣着、生活用品及服务、教育文化和娱乐、医疗保健、其他用品和服务分别上涨 1.5%、1.1%、0.2%、0.8%、0.1%、0.6%；居住、交通和通信下降 0.1%、0.8%。

【农牧业】　海区农林牧渔业完成总产值 136 655.6 万元，按可比价计算，比上年增长 2.5%。农作物总播种面积 25 893 公顷，比上年下降 12.1%。其中：粮食作物播种面积 14 654 公顷，增长 0.03%；蔬菜种植面积 1465 公顷，增长 3.0%。全年粮食总产量 45 909 吨，比上年减少 24 518 吨，下降 34.8%。在粮食作物中，小麦产量 11 913 吨，增加 1275 吨，增长 12.0%；玉米产量 16 268 吨，增加 13 665 吨，增长 6 倍；谷物产量 30 280 吨，增加 12 886 吨，增长 74.1%；马铃薯产量 76 845 吨，增加 24 910 吨，增长 48.0%。

牧业年度牲畜总头数 150 106 头（只、口），比上年减少 8.3%。其中：大牲畜 36 700 头，下降 42.9%；小牲畜 101 933 只，增长 21.9%；生猪 11 473 口，下降 27.0%；全年肉类总产量 7 088 吨，增长 15.9%，其中：猪肉产量 1275 吨，下降 22.9%；牛肉产量 4730 吨，增长 36.2%；羊肉产量 830 吨，增长 10.2%。牛奶产量 166 720 吨，下降 12.0%。

【林业】　新增造林 8000 亩，完成沙区综合治理 1 200 亩。造林面积 1.2 万亩，义务植树 40 万株，森林覆盖率 10.14%。

【水利】　实施农村饮水安全工程项目 8 处，其中 5 个项目为集中供水管道扩建工程，3 项为单户水处理工程。工程批复总投资 1136 万元。

饮水安全工程共铺设输配水管道总长 30 公里，为海区哈克镇扎泥河自然村、哈克村、扎罗木得村等不能进行管网建设的散户安装单户净水设备 1072 套。共解决饮水不安全人口 4461 人。

“菜篮子工程”总投资 1003.49 万元。完成护岸 110 米，沉砂池 1 处，进水池 1 座，引水渠 44.5 米，泵站 2 座（水泵安装基本完成），土方

12.57万立方米，砌石0.153万立方米，砼0.0306万立方米，主管道完成4.7公里。购买设备：水泵6个，1个压力罐，2个变频式启动装置。泵站已通电，对现有大棚实现供水，工程已完成投资600万元。

额尔古纳河流域海拉尔河治理工程海拉尔区（伊敏河段、十六号村段）治理工程，2016年主体工程已完工，完成土方量13.787万立方米，石方3.4万立方米，混凝土1.61万立方米。正在进行业内整理及工程验收工作。

【工业】 工业增加值完成1 240 515万元，比上年增长7.5%，其中规模以上工业增加值增长8.0%。规模以上工业企业实现总产值1 981 093万元，增长5.2%。其中，重工业产值为1881 123.7万元，增长8.7%；轻工业产值99 969.3万元，下降33.9%。工业对经济增长的推动作用继续增强，年末工业对社会经济增长的贡献率为19.1%。

全年，规模以上工业企业实现产品销售收入1 924 502.3万元，同比增长6.2%；实现税金总额为24 506.4万元，同比下降1.4%；应交增值税65 270.9万元，同比增长39.0%；全年实现利润18 042.7万元，同比下降87.8%。年末规模以上工业产品销售率99.9%，同比上涨1.7个百分点。

规模以上工业企业主要能源消费量分别为：原煤消费量390.60万吨，同比增长14.3%；汽油消费571.16吨，同比增长30.5%；柴油消费量1549.23吨，同比增长0.34%；电力消费量84 095.94万千瓦时，同比增长34.6%。

【固定资产投资】 全社会固定资产投资完成2 080 303万元，比上年下降9.8%。其中：房地产开发投资完成458 008万元，增长114.1%，工业固定资产投资完成950 705万元，下降11.5%。2016年，海区本级固定资产投资完成1 006 008万元，比上年增长16.6%。其中：房地产开发投资完成322 768万元，增长60.5%；工业固定资产投资完成144 935万元，下降10.9%。

在全社会固定资产投资中，第一产业投资16 953万元，增长10倍；第二产业投资950 705万元，下降18.1%；第三产业投资1 112 645万元，下降2.6%。

全年房地产开发投资完成458 008万元，比上年增长114.1%。全年房屋施工面积6 430 258平方米，同比增长131.3%。其中：住宅施工面积4 003 494平方米，占全部施工面积的62.3%。商品房销售面积1 386 878平方米，下降23.9%。

【城镇建设】 重点实施棚户区改造、基础设施完善、景观提升、市容市貌整治和东山组团建设等5项工程。2016年完成棚户区改造124.1万平方米，拆迁1.4万户。黑羊站水厂扩建项目投入使用，供水水质达到国家106项卫生标准。污水处理厂污泥焚烧项目开工建设，提标改造工程进展顺利。完成了老城区8条、12.3公里道路提升改造，实施老旧小区既有建筑节能和供热三级管网改造，新增供热面积72万平方米。改造新建公厕28座，百姓如厕难、旅游城市公厕少的问题得到缓解。人居环境综合整治“百日攻坚”行动成效明显，乱堆乱放、私搭乱建等问题得到有效治理，城区重点地段停车实现规范管理，交通秩序明显改善。通过自治区卫生城复检。重点实施六二六小河沿河景观建设，完成公园、道路的景观提升改造。东山组团建设投资3.5亿元，实施了次干道路、变电站、输配电线路等基础设施工程。全国十四届冬运会主场馆项目大道馆、短道馆主体完成封顶，红星美凯龙城市商贸综合体建材城主体完工。

【环境保护】 截至2016年，海区已拆除辖区内自烧锅炉116座。编制《海拉尔区重污染天气应急分预案》，向自治区、呼伦贝尔市申请大气治理资金1730万元，用于工业企业除尘、脱硫、脱硝等大气环境治理项目。环评审批制度审批建设项目306个，已验收301个。三同时执行率100%，环评执行率100%。完成海区境内地表水3条河流的水环境质量的监测、污染源废水、废气、噪声源等监督监测。对海拉尔污水处理厂、华润雪花（海拉尔）啤酒公司、热电厂、东海拉尔电厂等污染治理设施的监督监测等工作，完成国家沙尘天气自动监测设备和数据传输系统运行和维护，确保沙尘自动监测数据实时有效上传国家环境监测总站和自治区环境监测中心站。

【交通　电信】 完成公路货运量 411.61 万吨，比上年增长 3.8%，公路客运量 2 228.54 万人次，同比增长 15.1%；公路货运周转量 8 653.25 万吨公里，同比增长 12.4%，公路客运周转量 476 615.40 万人公里，同比增长 2.0 %。共发送客机 7987 架次，民航旅客发送量 94.6 万人次，同比增长 2.7%；民航旅客吞吐量 188.0 万人次，同比增长 2.4%。民航货邮发送量 9685 吨，增长 6.4%，货邮吞吐量 19 445 吨，同比下降 0.5%。全区机动车拥有量 89 039 辆。其中：大型车 8989 辆，小型车 61 083 辆。

完成邮电业务收入 48 230 万元，比上年下降 3.0%。邮政业务总量完成 3 878 万元，增长 157.7%。固定电话用户 82 880 户，下降 12.9%，固话主线普及率 29.31 线 / 百人；移动电话用户 651 596 户，增长 3.0%，移动电话普及率 230.47 部 / 百人；全区互联网用户 85 628 户，增长 5.1%。

【贸易　口岸】 社会消费品零售总额完成 1 491 973.7 万元（不含其他项），比上年增长 9.5%。分行业看：批发零售业完成 1 133 900 万元，增长 8.6%；住宿餐饮业完成 358 073.7 万元，增长 12.3% 。

外贸进出口总额完成 162.32 万美元，比上年下降 28.3%，其中：进口额 102.99 万美元，下降 50.4%；出口额 59.33 万美元，增长 3 倍，其中实际出口 46.32 万美元，增长 2 倍，货源出口 13.01 万美元。

【旅游业】 旅游收入完成 82.8 亿元，比上年增长 20.0%，旅游接待人数 704 万人次（含一日游游客），同比增长 16.0%。

【金融】 地方财政总收入完成 300 743 万元，比上年增长 6.9%。其中，一般公共预算收入完成 170 277 万元，增长 13.0%。地方财政总支出完成 355 514 万元，增长 22.2%。地方财政总收入占 GDP 的比重为 9.9%。

金融机构各项存款余额 5 103 549 万元，比上年增长 24.4%。其中：住户存款 2 103 017 万元，非金融企业存款 1 230 033 万元，广义政府存款 1 754 202 万元，非银行业金融机构存款 15 848 万元；金融机构各项贷款余额 3 463 347 万元，增长 10.4%。其中，住户贷款 488 619 万元，非金融业企业及机关团体贷款 2 974 693 万元。

【保险】 保费业务总收入 205 434.82 万元，比上年增长 13.9%。其中：财产保险收入 47 913.9 万元，人寿保险收入 157 520.92 万元，分别占保费收入的 23.3% 和 76.7%；保险赔付支出 40 882.64 万元，增长 61.7%。其中：财产保险赔付 20 826.37 万元，人寿保险赔付 20 056.27 万元。

【科技】 申报实施自治区科技计划项目 1 项（高寒地区设施蔬菜新品种引育及示范），自治区科技创新基金项目 1 项（2X14 兆瓦锅炉超低排技术示范工程），市级科技计划项目 5 项（拉锁式墙体部品的产业化开发、圆草捆装卸运输车的研制、高寒地区设施蔬菜种植新技术示范推广、内蒙古东部地区“12396”移动信息服务平台建设、呼伦贝尔智慧校园建设与示范应用）。组织申报自治区科技储备项目 2 项，发明专利费用资助项目 11 项，市种子工程项目 2 项，争取项目资金 148 万元。

【教育】 有职业高中学校 1 所，全年招生 675 人，在校生 1997 人，毕业生 615 人。普通中学 18 所，全年招生 5529 人，在校生 17 424 人，毕业生 6629 人。小学 15 所，招生 2143 人，在校生 13 042 人。特殊教育学校 1 所，在校生 220 人。幼儿园 6 所，在园幼儿 2769 人。

【文化】 有文化馆1个,公共图书馆1个,电影院4个,博物馆3个。广播、电视综合覆盖率100%。

【卫生】 年末,共有卫生机构158个,卫生技术人员4419人,其中执业医师1357人,注册护士2026人。病床床位3421张。全年累计建立居民电子健康档案270 760人,电子建档率96.2%;高血压健康管理率为64.7%,规范管理率为61.2%,血压控制率40.4%;糖尿病健康管理率为44.2%,规范管理率为62.2%,血糖控制率45.5%;全年孕产妇系统管理率96.72%;3岁以下儿童系统管理率96.24%。全年无甲类传染病发生,适龄儿童免疫规划疫苗接种率保持在95%以上。新型农村合作医疗制度逐渐完善,2016年海区共有参合农民18 531人,参合率为99.6%,乡镇村覆盖率为100%。

【体育】 承办内蒙古自治区2016年科学健身草原行呼伦贝尔站活动、举办海区第九届社区趣味运动会、海区"全民健身运动会"、全民健身日健身项目展示系列活动等共30余项赛事及活动,组织各俱乐部开展活动,举办赛事,增进交流。有区级单项协会18家、体育俱乐部46家,街镇文体站8个,社区(村)文体活动站点50余个。以体育场馆及沿河景观公园为核心的10分钟健身圈工程日渐完善。争取国家扶持项目,为海区东山办事处争取体育场地建设资金30万元,为海区哈克镇农民健身工程争取资金50万元。上报中央集中彩票公益金支持公共体育服务设施项目库项目8项。内蒙古体育冬季场馆的建设工作有序进行,大道速滑馆主要完成形象进度,开工累计产值共完成5524万元,短道速滑馆和设备用房累计产值共完成4150万元。海拉尔游泳馆工程已完成地下车库、游泳池设置及预埋、一层部分建筑,投入资金约3000万元。

【社会保障】 2016年,海区参加企业职工养老保险人数为76 111人,参加机关事业单位养老保险人数为9965人,参加城乡居民养老保险人数为18 227人;失业保险参保人数为15 840人;参加城镇基本医疗保险人数为168 670人,其中城镇职工基本医疗保险人数66 113人,城镇居民参保人数102 557人;参加工伤保险人数21 873人;参加生育保险人数41 800人。共为31 085名离退休人员及204名遗属,发放养老金及遗属生活补助83 687万元,当期无拖欠养老金现象发生。共为29 168名退休人员调整了养老保险待遇,人均增加养老金162元。收缴当期养老保险金32 363万元,支付77 914万元;收缴失业保险金955.9万元,为1 041人支付待遇1090.7万元;收缴城镇职工基本医疗保险金21 604万元,为20 228人支付待遇4127万元;收缴城镇居民基本医疗保险金4637万元,为7473人支付待遇4020万元;收缴工伤保险基金558万元,为101人支付待遇403万元;收缴生育保险金437万元,为724人支付待遇469万元。

全年,发放城市低保金1772万元,保障户次19 905户次,保障人数32 110人次;发放农村低保金84万元,保障户次1809户次,保障人数2497人次;全年拨付农村五保供养对象资金10万元。

【人民生活】 2016年,城镇从业人员187 739人,比上年增加2993人。其中:第一产业从业人员8625人,减少1269人;第二产业从业人员19 125人,减少2620人;第三产业从业人员159 989人,增加6882人。据工商部门统计,城镇个体私营从业人员101 680人,比上年增加4250人。据劳动部门统计,2016年城镇新增就业人数6790人,城镇失业人员再就业1582人,城镇登记失业率为3.9%。

城镇常住居民人均可支配收入32 943元,比上年增长7.0%;城镇常住居民人均消费支出25 653元,同比增长7.3%;农村常住居民人均可支配收入23 830元,同比增长7.1%;农村常住居民人均生活消费支出 15 656 元，同比增长 7.8%。城乡居民生活水平逐年提高，消费结构日趋优化。城镇常住居民恩格尔系数为 28.3%，下降 1.1 个百分点；农村常住居民恩格尔系数为 27.8 %，下降 0.5 个百分点。

（撰稿人：乌丽雅苏）

满洲里市

【概况】 满洲里市位于内蒙古自治区呼伦贝尔市西部，地理坐标北纬 49°19′~49°41′，东经 117°12′~117°53′。东临新巴尔虎左旗，南、西与新巴尔虎右旗相邻，北与俄罗斯联邦后贝加尔边疆区接壤。

满洲里市是呼伦贝尔市的一个准地级市，为内蒙古自治区计划单列市。是祖国著名的边境口岸城市，国家重点开发开放试验区。2016 年，满洲里市代呼伦贝尔市管辖 1 个县级行政区——扎赉诺尔区；2 个国家级开发区—中俄互市贸易区、边境经济合作区；1 个省级开发区——东湖区创汇农业区。1 个国家级综合保税区；1 个自治区级国际物流产业园区——满洲里市国际物流产业园区。2 个自治区级工业园区——满洲里进口资源加工园区、扎赉诺尔工业园区。1 个筹建区——敖尔金区。总面积为 734.61 平方公里。

2016 年末，满洲里市户籍人口总户数为 75 405 户。其中，扎赉诺尔区 40 283 户。户籍人口为 172 137 人，其中扎赉诺尔区 87 649 人。从城乡结构看，全部为城镇户籍人口。从性别看，男性为 85 404 人，女性为 86 733 人，性别比（以女性为 100）为 99：100。从人口自然变动情况看，全年共出生 1287 人，死亡 814 人。出生人口中，男性为 638 人，女性为 649 人，男女性别比为 98：100。人口出生率和死亡率分别为 7.4‰ 和 4.7‰。

全市地区生产总值 241.6 亿元，按可比价格计算增长 7.6%。其中：第一产业增加值完成 3.6 亿元，增长 2.6%；第二产业增加值完成 59.4 亿元，增长 6.8%；第三产业增加值完成 178.6 亿元，增长 8.0%。三次产业结构比例为 2：26：72（总体为 100）。全市人均地区生产总值 9 万元，增长 6.3%。万元 GDP 能耗下降 2.6%。

地方财政总收入 23.3 亿元，同比增长 4.3%；地方财政支出 43.7 亿元，同比增长 8.9%。国税收入 6.5 亿元，同比增长 1.1%；地税收入 13.9 亿元，与上年同期持平。公共财政预算收入 16 亿元，同比增长 7.1%。其中：增值税完成 1.6 亿元，增长 49.3%；营业税完成 1.4 亿元，下降 43.7%。

居民消费价格总体趋于平稳，总指数 100.7%。其中，八大消费品价格指数呈现“五升一平两降”的发展态势，食品类、烟酒及用品类、家庭设备用品及维修服务类、交通和通讯类和居住的涨幅分别为 2.2、1.5、0.1、0.3 和 1.6 个百分点；衣着类较上年同期持平；医疗保健个人用品类和娱乐教育文化用品及服务类分别下降 1.8 和 0.1 个百分点。

【农业】 2016 年，全市农作物播种面积 18 435 亩，比上年减少 7.4%。其中：蔬菜面积 6540 亩，减少 30.5%，产量 19 163 吨，减少 30.5%；马铃薯面积 5865 亩，增加 58.5%，产量 2051 吨，增加 58.5%；瓜类 810 亩，减少 33.9%，产量 1675 吨、减少 27.3%。其他农作物 5220 亩（青饲料 1305 亩，增加 10.1%；葵瓜籽 3 915 亩，减少 10.9%）。全市设施农业面积累计 1871 亩，其中智能温室 25 亩，日光温室 414 亩，大棚 1 432 亩。菜果出口 24.6 万吨，下降 15.6%；创汇 1.73 亿美元，增长 25.9%。引进番茄、黄瓜、茄子、甜椒、甜瓜、哈密瓜等新品种 30 余种，落实渔业养殖面积 9500亩，本地鲜鱼产量 380 吨，其中名优特产量 160 吨。

【畜牧业】 家畜总头数 9.2 万头（只），比上年增长 2%。其中：大牲畜和羊为 3.5 万头，下降

11.5%;生猪存栏 5.75 万口,增长 12.7%;家禽饲养量 12 万羽,与上年持平。全市特种经济动物年饲养量 4.1 万只(狐 3.9 万只、貉 0.2 万只),较上年同期下降 2%。

【林业】 全市新增绿化面积约 1.2 万亩,完成投资约 3.3 亿元。栽植各类树木共计 855 万株,其中乔木 47 万株,灌木 9.3 万丛(148 万株),绿篱 28.3 万平方米(654 万株),地被 14 万平方米,草坪 51 万平方米。重点建设机场路、西郊路、西外环、鹰山植物园、行政服务中心周边道路、行政服务中心防洪景观明渠等地。三北防护林工程完成 1200 亩,剩余 3800 亩完成整地。全市义务植树 29.4 万余株。完善党政军纪念林、党员纪念林、志愿者纪念林,栽植杨树 5000 余株。

【工业】 全市工业增加值 51.7 亿元, 同比增长 7.2%。其中:规模以上工业增加值增长 8%。主要规模工业生产情况: 煤炭产量完成 1072 万吨,下降 7.1%,实现产值 11.1 亿元。木材企业精深加工比例 55%,企业用电量 7274 万千瓦时,增长 27.5%, 木材落地交付量 837 万立方米, 增长 26.1%。实现产值 79 亿元。热电行业。实现产值 10.1 亿元,增长 3.7%。

全市规模以上工业企业主要产品产量情况表

产品名称	单 位	2016 年	比 2015 年 ±(%)
原煤	万吨	1072	-7.2
发电量	亿千瓦时	26.8	5.5
鲜冷藏肉	吨	1362	69.8
熟肉制品	吨		-2.4
活性炭	吨	241	持平
水泥	吨	12 775	-15.9
商品混凝土	万立方米	50	18.6
砖	万块	14.7	-8.3
罐头	吨	22 622	-4.1
水泥混凝土电杆	根	397	25.3
工业锅炉	蒸发量吨	11 087	4.1

【城市建设】 2016 年,全市房地产开发项目 34 项(同比减少 33%),建筑面积 71.6 万平方米(同比减少 43%)。 新建项目 10 项,18.7 万平方米,总投资 3.7 亿元 (市区 9 项,18.1 万平方米, 3.6 亿元; 扎赉诺尔区 1 项,0.5 万平方米,0.1 亿元);续建项目 24 个,建筑面积 53 万平方米,总投资 9.44 亿元。全市批准预售面积 29 万平方米,3648 套。商品房销售系统显示,已签署买卖合同的商品房 4309 套,面积 39.4 万平方米。

维修道板 1.74 万平方米,修复歪倒、损坏及缺失的边石 1946 米,维修各路口倒伏损坏车围挡 384 个; 其他附属设施的维修工程量为水泥混凝土地面硬化 101 平方米, 水泥抹灰 223 平方米;为烈士公园焊接围挡长 40 米;及时抢修管辖区域内塌陷道路、道板共 83 处,填埋维修塌陷道路用土石方 80 立方米,沥青道路路面修补 1368 平方米。种植乔木 3000 余株, 灌木 60 余万株;监督管理各项绿化景观工程完成 98%,栽植乔木共计 2 万余株,灌木 90 余万株、地被植物 300 余万株。

【环境保护】 以打击违法排污、督促工业企业达标排放为重点,实施专项执法监察,实现对重点监控企业现场抽查全覆盖。采取“双随机”抽查方式(随机抽取检查对象、随机选派执法监察人员),完善排污企业档案管理,完成全市排污企业“一企一档”基础信息登记管理,完善环境问题台账管理制度, 执行环境监管网格化管理机制,制定《满洲里市环境保护监管网格化管理实施方案》,建立监管网格 42 个,通过定人、定位、定责，全面落实环境执法责任制。全年共处罚违法排污企业12家，移送公安机关1家，移交法院强制执行2家，累计罚款350万元。

【邮电　通信】　全市邮电通信业务总收入实现3亿元，同比增长6.8%。固定电话用户2.8万户。手机用户35万户。

【交通　运输】　配合上级部门开展绥满高速公路海满段项目和满西一级公路项目推进及建设工作，推进实施满洲里至新伯鲁克（中俄蒙“0”号界碑）公路项目和跨滨洲铁路立交桥项目，争取上级投入和计划投入资金约16亿元。开展地方公路养护，年内累计投入资金142万元，完成通湖路、外环路、机场路、边境路地方公路养护，南外环公铁立交桥及政府新区出口路等相关养护工程及地方公路保洁工作。加强路政宣传、管理，保障地方公路网完整通畅。地方公路优良路率为79.5%，较2015年提升9.5个百分点。

开展道路运输、旅游运输、危险品运输、城市客运专项治理整顿行动，共治理纠正违规违章320件次，打击非法营运车辆（主要是非法营运网约私家车）119台次。查处飞机场、火车站不使用计价器拼车违法行为23件次。调整1路公交车路线；新增运力并调整8路、9路公交车运行时刻，延长1路和5路公交车运行时间；组织6辆公交车、30辆出租汽车开展高考免费爱心送考活动，接送考生2000余人次；完成全市1073台出租车集中审验和计价器检测及整改活动，检查整改合格率100%；开展以“优选公交，绿色出行”为主题的专项宣传活动，发放传单2 000余份，解答群众咨询200余次。开展城市客运从业人员文明服务培训10期，培训从业人员300余人次；开展道路运输驾驶员培训9期，培训从业人员912人次。

【口岸疏运】　2016年，口岸货运量累计完成3051万吨，同比增长1.3%。其中：进口1 337万吨，增长8.6%；出口322万吨，增长18.6%；转口1393万吨，下降7.8%。推行“三互”（口岸监管部门的信息互换、监管互认、执法互助）通关改革，在全国首创“一机三屏”（将工作中的工作信息、辅助工具和内容输出显示在三台显示器上，以方便并行开展工作，达到快速了解各项资讯和决策处置的目的）监管模式，在沿边口岸率先启用国际贸易“单一窗口”。俄罗斯油菜籽进口实现常态化，荞麦、燕麦、葵花籽和亚麻籽试验性进口成功获批，进口粮食4.9万吨，同比增长103%。进口汽车整车520辆，同比增长148%。新增“满俄欧”“赤满欧”和“通满欧”等区内始发跨境班列，班列线路28条，居沿边地区首位；全年开行846列、货值116亿元，分别增长40.1%和19.6%。公路口岸扩能升级改造基本完成，满洲里至阿拉坦额莫勒一级公路建成通车，增开至赤塔国际道路客运线路，实施8座以下小客车赴俄便利通关举措；滨洲铁路电气化改造主体完工；航空口岸进出港旅客46万人次，同比增长10%，获评国际四星级机场；国际邮件互换局兼交换站获批恢复。

【外贸】　2016年，口岸外贸进出口总值269.6亿元，同比增长5.3%。其中：进口180.1亿元，增长2.1%；出口89.5亿元，增长12.2%。上缴关税及代征税29.4亿元，同比增长21.7%。市外贸进出口总值156.7亿元，同比下降9.2%。其中：进口120.8亿元，增长14.8%；出口35.9亿元，下降46.7%。

【旅游】　2016年边境旅游人数70.3万人，同比增长30.9%。其中：中方出境9.4万人，下降10.7%；俄方入境60.9万人，增长41.1%（全年出入境旅游人数141.6万人次，增长31.7%）。国内旅游人数541万人次，同比下降2.4%。旅游总收入116亿元，同比增长18.2%（含一日游）；旅游创汇2.8亿美元，同比增长16.4%。获批国家全域旅游示范创建城市，中俄边境旅游区被评为国家AAAAA旅游景区，智慧旅游信息平台上线，美誉度和影响力大幅提升。

【金融　保险】　2016年，全市金融机构存款余额205亿元，同比下降5.8%；贷款余额127亿元，同比增长2.9%；居民储蓄存款余额122亿元,同比增长1.3%。全年保险行业实现保费收入6.2亿元。其中:财险收入1.3亿元,增长13.6%；人险4.9亿元,增长21.4%。

【科技】 举办第十三届中国(满洲里)北方国际科技博览会,参加北博会的国内外科研院所、大学、高新技术企业、经贸企业850家,国内外科技部门、科研院所和科技企业共达成72项合作意向,签署各类合作协议29项,合作领域包括电子商务、"互联网+"、重型机械、木材深加工、电子信息、农产品加工等方面,总金额38.4亿人民币。

【教育】 2016年,全市幼儿园46所,其中扎赉诺尔区28所。小学17所，其中扎赉诺尔区7所。普通中学14所,其中:初级中学10所、高中4所,九年一贯制学校4所。全市教育专任教师共计2093人,其中:初中及以上专任教师596人。初中毕业学生参考率100%。幼儿园在园6403人。

2016年全市在校学生情况一览表

	单位	小学		初级中学		高级中学	
			增减%		增减%		增减%
在校学生数	人	8608	0.7	6438	持平	3501	-10.5
当年毕业生人数	人	1665	-2.0	1616	-8.3	1068	-24.9

申请中央及自治区学前教育扶持项目经费499万元,用于改善办园条件,申请专项资金53万元,为全市低保、残疾、贫困儿童减免保教费。已有5所民办幼儿园通过普惠性幼儿园认定。2016年,公办高中本科上线率75.7%,高于全区24.2个百分点。其中，第一中学本科上线率93.2%(不含体艺类)。中俄联合办学渠道拓增至5所,向俄罗斯联办学校输送留学生60多人。

【文化】 举办声乐、舞蹈、器乐、美术、书法、摄影培训班,加大对市民的免费开放力度,辅导工作辐射到军营、社区;选派优秀节目参加自治区"十个全覆盖,幸福你我他"暨内蒙古自治区群众艺术馆成立60周年会演,获得好评;在中小学教唱自治区级非物质文化遗产"达斡尔族民歌";为艺术团、戍边官兵、图书馆及各社区书屋赠送图书,共享资料。完成"非遗"项目代表性传承人申报工作；完成第一次全国可移动文物普查数据网上登录工作。

【卫生】 2016年，满洲里被确立为公立医院综合改革试点地区,全市家庭医生累计签约6.5万人,建立居民电子健康档案18.6万份,电子建档率82.4%,65岁以上老年人健康管理率73%,高血压患者规范管理率62%，糖尿病患者规范管理率63%，重性精神疾病患者规范管理率75.6%,结核病患者治愈率100%,严重精神障碍检出率为4.76‰，农牧民布病防治知识知晓率91.22%。适龄儿童免疫规划疫苗接种率为95.8%，疫苗补种率95.8%,0-6岁儿童建卡建证符合率98%。孕产妇无死亡,孕产妇系统管理率95.6%,高危产妇管理率100%,3岁以下儿童系统管理率93.5%。婴儿死亡率为3.96‰,5岁以儿童死亡率为4‰。婚检率84.2%,剖宫产率为61.8%。完成免费"两癌"筛查1000例,筛查新生儿遗传代谢性疾病758人。加大打击非法行医及"两非"执法力度。配合公安、食药、工商等部门对山东问题疫苗线索进行逐一核查，落实疫苗使用环节监管。对医疗机构依法执业及医疗废物管理情况进行重点监督检查。开展食源性疾病监测和生活饮用水卫生监督监测工作,完成枯水期和常规水质监测任务,共采集水样142份。

【体育】 注册市单项体育协会11个,共举办各级各类比赛21项;打造"500米健身圈"规划,为社区安装和维护健身器材;定期开展20—69周岁人群的监测工作。竞技体育水平提高明显。承办"内蒙古自治区青少年体育工作会议""体彩杯内蒙古自治区乒乓球锦标赛""呼伦贝尔市青少年冰球锦标赛”“呼伦贝尔市青少年乒乓球锦标赛”等赛事活动。参加国际国内青少年赛事16项，共获得金牌69枚、银牌34枚、铜牌17枚，第四至第八名50项次。

【人民生活】 城镇居民人均可支配收入3.2万元，同比增长7.8%。年末，全市居民储蓄存款余额127亿元（不含外币），同比增长2.9%；居民人均储蓄存款7.3万元，同比增长7.2%。居民年人均消费性支出2.2万元，同比增长7.4%。其中，食品支出5947元，占消费支出比重为27.2%（恩格尔系数）。

【就业】 全市城镇新增就业4228人，完成年度任务的84.6%；失业人员实现再就业901人，完成任务的150.2%；就业困难人员实现就业977人，完成任务的108.6%。城镇登记失业率3.5%。举办创业培训班32期，培训学员466人，成功创业329人，带动就业1 160人；举办各类就业技能培训班51期，培训学员1638人。发放小额担保贷款206笔，金额2021万元。举办“2016年新春招聘会”“民营企业招聘周”“春风行动”3场招聘会，提供就业岗位近4000个。开展灵活就业的就业困难人员申报社会保险补贴认定审核工作，提高社保补贴标准，为6457人发放社保补贴2229.8万元。建立“零就业家庭”动态管理机制，开展跟踪服务，保持“零就业家庭”动态为零。对全市40家企业19 080人进行失业重点监控。发挥失业保险基金促进就业的功能，开展援企稳岗，在全市范围内认定6家困难企业，预计发放岗位补贴980.7万元。加大小微企业扶持力度，提请市政府出台《关于进一步扶持我市小型微型企业促进就业的七条措施》。成立“小微企业家协会”，激发小微企业创业创新活力。

【社会保障】 全市养老保险参保人数6.08万人、基金征缴18 790万元；医疗（职工和居民）保险参保人数16.6万人、基金征缴24 330万元（居民医保3660万元）；工伤保险参保人数3.6万人、基金征缴753万元；生育保险参保人数5.5万人、基金征缴926万元；失业保险参保人数3.9万人、基金征缴3069万元。全市共有348家机关事业单位、7779名在编职工进行参保登记，完成率99%。第二代社会保障卡发放90 052张。全面推进基层“12333”综合柜员制服务平台建设，在全市街道社区设置自助服务一体机及标准化信息采集设备，建立综合柜员制业务经办系统，实现“平台在社区，经办在家门，服务在基层”。

2016年，低保标准570元。运用救助申请家庭经济状况核对机制，救助对象3783户、6201人，累计发放低保资金2837万元。推行“一站式”医疗救助结算工作，实现城市困难群体“随来随治、随走随结”的目标。共救助731人次，累计支出医疗救助资金398万元，资助救助对象参保商业保险2954人。开展资助救助对象参保城镇医保工作，资助救助对象5194人。开展老年人伤害保险工作，采取补贴的形式为本地户籍60周岁以上的老年人购买一份意外伤害保险，已有6064人参保。为困难残疾人和重度残疾人每人每年分别给予600元和500元的补贴，共为1070人发放两项补贴资金共计49.1万元。

（撰稿人：李颖）

扎赉诺尔区

【概况】 扎赉诺尔区位于呼伦贝尔大草原西部，地理坐标为北纬49°19′12″~49°46′05″，东经117°12′46″~117°53′30″。东与满洲里市东湖区及新巴尔虎左旗接壤，南靠呼伦湖，西南与新巴尔虎右旗接壤，北与市东湖区相连，西北距市区24公里，南北最宽距离49.83公里，总面积279.5平方公里。

全年地区生产总值完成65.34亿元，同比增长6.5%；财政总收入完成4.89亿元，同比下降27.81%；一般公共预算收入完成3.08亿元，同比下降22.22%；公共财政预算支出4.82亿元，同比下降33.1%；规模以上工业增加值增速5.5%；固定资产投资完成46.4亿元，增长14%；城镇居民人均可支配收入29 391元，增长7%。

【农业】 全年总播面积117公顷，菜蔬瓜果总产量3550吨，与上年同期基本持平。

【畜牧业】 牧业年度大小牲畜存栏18 062头（匹、只），其中牛328头，羊16 976只；牧业年度生猪存栏25 320口；禽存栏46 000羽；牧业年度狐存栏37 200只；水貂存栏800只（受市场影响）。

【林业】 完成绿化面积128万平方米，植树965 926株。其中乔木101 306株、灌木5968丛（62 524株）、绿篱12 297平方米（802 096株）、花卉3825平方米、草坪174 286平方米、育苗60 000株。

【水利】 做好已建10个饮水安全工程运行维护工作，确保项目正常通水。年内处理冻水事故4起，处理漏点4个，维修管道94米。做好棚户区移民小区饮水安全工程和城镇边缘区域分散式饮水安全工程内业资料的整理工作，保障了项目验收顺利。

【工业】 全年原煤产销1065万吨。电力企业运行良好，全年发电量21亿千瓦时，同比增长2.6%。华能一期1万千瓦、深能二期1万千瓦光伏发电项目实现并网发电。华能、深能两个2×66万千瓦机组新建工程纳入《呼伦贝尔地区电力工业“十三五”发展规划》。扎赉诺尔中心110千伏输变电工程竣工。联众法开活性炭试车生产，元力活性炭完成升级改造，木质活性炭产销两旺。工业园区企业综合服务平台标准化厂房一期工程竣工，具备入驻条件。

【城市建设】 2016年，城区道路总长度165.3公里，人均拥有道路长度1.92米；道路铺装面积99.1万平方米，人均拥有道路面积11.5平方米；城市桥梁7座，总长度1.53公里。城区自来水厂2座，铺设干线水管93.4公里，设计生产能力5.5万吨/日，年工业用水110万吨、生活用水660万吨，居民自来水普及率99%，年人均生活用水42吨；排水管道40.7公里。城区拥有35千伏及以上变电站（所）18座，主变压器33台，总容量847.8兆伏安，高压输电线路29条，总长度240公里，用电负荷264 000千瓦，年售电量累计完成20.45亿千瓦时，综合电压合格率97%，供电可靠率96%。城区供热管道总长度183公里，供热面积490万平方米，供热用户29 547户。其中：工业用户196户，居民用户29 351户。城区天然气（煤气）管线33公里，供（加）气站6个，天然气（煤气）用户2856户，居民用户2423户，燃气普及率新区为6%，月天然气（煤气）平均用量0.025万立方米。

【环境保护】 2016年，空气质量一级天数163天，二级天数202天，三级天数0天，达到二级和好于二级的天数占全年天数100%。共突击检查单位72家，累计出动检查300多人次，责令30家企业停产整顿，下达整改通知书30份，处罚未批先建企业1家。调解处理环境纠纷案件20件，处理率100%。城区公园4个，公园面积122公顷，园林绿地面积195.34公顷，其中公共绿地50.84公顷，绿化覆盖率6.36%，人均绿地6.16平方米。

【交通 电信】 城区开通公交汽车线路7条，运营总里程83.5公里，公交运营车辆183辆。其中：汽车183辆，万人拥有量为21台，年客运量1787万人次；出租车305辆，万人拥有量35台。扎赉诺尔区灵泉镇出口路改造项目，已全部完工正式通车。

全年邮电通信业务总量实现6300万元。移动电话用户9.6万户，互联网接入1.7万户。

【旅游业】 全年旅游人数约480万人次，旅游综合收入3.6亿元。召开大型车展3次，旅游特色商品展销会1次，俄罗斯食品展1次，参加全国其他地区特色展销会3次，带动了地方消费，扩大了市场需求。春园金龙温泉度假景区筹划建设温泉酒店，酒店招商工作正在进行当中；猛犸景区整体提档升级，新建游客服务中心工程完成前期立项工作，景区围封工作有序开展；月牙湖旅游度假山庄项目于7月投入使用，提高旅游接待能力；扎赉诺尔通用机场项目第一架直升机以及机组人员完成前期入驻工作，待机场建设完成后即可进入运营；灵泉度假山庄项目完成实地勘测并签订框架协议；小河口景区六星级洲际酒店目前该项目签订框架协议，后续工作有序开展；国家矿山公园工业游项目签订框架协议，项目建设有序推进；呼伦贝尔龙凤集团房车营地项目已签订框架合作协议。

【服务业】 扎区社会消费品零售总额完成47.57亿元，同比增长9.5%；完成进出口贸易总额3099万元，其中主要出口企业实现出口额约为280万元。对农贸市场、恒泰农贸市场、人民市场、批发市场进行升级改造。完成5家便民连锁超市改造工作，并全部通过验收，投入运营。加快冷链物流建设，佰盛仓储冷链物流项目已正式启动建设，天吉仓储冷链项目开工建设。引进汽车销售和租赁行业、快递业、养老家政服务业等新兴行业30余家，特别是针对老龄化较为严重的现实，加大养老、托老服务业建设，除公办养老院2处外，建设私立养老院、托老所10处，并向上争取扶持资金50万元，用于完善养老业建设。

【金融 保险】 2016年末，扎区金融机构存款余额50.8亿元，同比增长10.1%；住户存款余额39.6亿元，同比增长8%；贷款余额15.6亿元，同比增长5%；人均储蓄4.6万元。

全年保险行业实现保费收入281.5万元，同比增长31.2%。财产险收入196.5万元，同比增长1%；人寿险收入85万元，同比增长325%。

【科技】 有各类科技人才786人，其中专业技术人才522人，经营管理人才349人，技能人才25人。

【教育】 扎区有幼儿园（所）32所，在园幼儿2617人，专任教师186人；小学7所，在校生2669人，专任教师478人，小学适龄儿童入学率100%；初中5所，在校生3993人，专任教师522人，初中适龄人口入学率100%，小升初升学率100%，九年义务教育覆盖率100%；普通高中1所，在校生1270人，专任教师125人；党校2所，专任教师6人。

【文化】 扎区有文化艺术团体12个，会员423人。其中：团体会员149人，个人会员274个，创作完成的文化艺术作品有96件；各类艺术表演团体5个，演职人员223人，剧院（场）2座，座位1094个，每万人拥有0.11个，年演出30场次，观众1万人次；电影放映单位2个，电影院2座，座位1336个，年放映5000场次；文体馆2个，建筑面积6000平方米；公共图书馆（室）1个，建筑面积2000平方米，藏书70 000册；档案馆2个，建筑面积5770平方米；博物馆5个，建筑面积16 000平方米；文化行业从业人员1680人，其中事业单位从业人员54人，主要文化艺术团体有金马鞍合唱团、国际标准舞艺术团、夕阳红戏曲艺术团等。

【卫生】 扎区有各级各类医疗卫生机构48个。其中：二级甲等医院1所，二级乙等医院1所，中蒙医院1所，门诊部3所，疾病控制中心1个，卫生监督所1个，妇幼保健所1个。社区卫生服务机构20家，个体诊所19家，病床336张。其中：公立医疗机构床位336张，每千人拥有医疗床位4.0张。专业卫生人员768人，其中执业医师215人，执业助理医师38人，注册护士330人，平均每千人拥有卫生技术人员9.15人，平均每千人拥有执业（助理）医师3.01人，平均每千人拥有注册护士3.93人。累计报告法定传染病332例，全年无甲类传染病发生。

【体育】 扎区有体育场地26处（室内8处，室外18处），体育社团13个，各级社会体育指导员258人。定期举办的体育活动有职工中小学田径运动会、青少年乒乓球比赛、残疾人体育活动日等项目。100%的城市社区安装了健身器材，经常参加体育活动的人员占常住人口33%。

【人民生活】 全年民生支出1.9亿元，占全年公共预算支出的40%。加快推进保障性安居工程，建设扶贫安置绿色节能房102户。推进大众创业、万众创新，新增就业2200人。实施精准扶贫，120户市级贫困家庭稳定脱贫。公共服务水平显著提升。12349便民为老服务平台率先在呼伦贝尔市开通，新建为老服务场所8处。新区标准化中学投入使用，西铁小学塑胶运动场，榕欣小学、明德小学风雨教室竣工验收，薄改工程如期完成改造任务，通过国家义务教育均衡县评估验收。中蒙医院、人民医院传染病房、疾控中心项目进展顺利。全民健身中心主体完成。获“中国扎赉诺尔文化之乡”“中国猛犸文化研究基地”国家级荣誉称号。《扎赉诺尔区卷》被列入内蒙古民间文化遗产抢救保护工程，《扎赉诺尔记忆》成为呼伦贝尔市档案史志系统历史资料文集首创。按照全面依法治区要求，开展“七五”普法宣传教育，推动全社会树立法治意识，健全公共法律服务体系，居民法律意识和法治观念进一步增强。榕欣社区获评全国和谐社区建设示范社区，1户家庭当选首届全国文明家庭，1人获全国敬老孝星。

（撰稿人：林鹏）

牙克石市

【概况】 牙克石市位于呼伦贝尔市中部、大兴安岭中脊中段西坡，地理坐标为北纬47°39′~50°21′，东经120°28′~122°29′。南北长352公里，东西宽147公里，总面积27 590平方公里。其中：林地面积18 544平方公里，水域面积720平方公里，草场面积8 568 642公顷，耕地面积80 234公顷。辖9个镇、2个便民服务中心、7个街道办事处。

全市总人口335 827人，总户数140 920户。其中：城镇人口305 435人，乡村人口30 392人，人口城镇化率90.95%；市区人口132 608人（不含东兴办事处人口），乡镇人口203 219人。在总人口中，少数民族38 894人。其中：蒙古族17 756人、回族5631人、达斡尔族3641人、鄂温克族417人、鄂伦春族88人、其他少数民族11 361人。在总人口中，男性168 403人，女性167 424人，性别比为100.58(以女性为100)。

全年迁入人口3048人，比上年增长24.71%；迁出人口5406人，增长5.54%。出生人口1484人，增长12.25%；出生率4.4‰，上升0.2个千分点。死亡人口2723人，下降13.4%；死亡率为8.1‰，下降1.2个千分点。人口自然增长率为-3.7‰。

2016年，地区生产总值实现230.1亿元，按可比价计算，增长5.0%。其中：第一产业增加值35.8亿元，增长3.0%；第二产业增加值112.3亿元，增长3.6%；第三产业增加值82.0亿元，增长8.1%。三次产业比重分别为15.6∶48.8∶35.6。

全年城镇新增就业5936人，其中下岗失业人员实现再就业1598人；城镇就业与再就业职业技能培训和创业培训人数1724人。年末城镇登记失业率3.8%。

地方财政总收入完成11.15亿元，比上年增长9.8%。其中，公共财政预算收入6.74亿元，增长12.5%。国税收入2.12亿元，同比增长66.65%；地税收入6.72亿元，同比下降2.35%；非税收入同比2.3亿元，增长15.32%。公共财政预算支出合计35.9亿元，增长27.9%。

【农牧业】 全年农作物总播面积237.2万亩。粮食产量5.62亿公斤，较上年略有下降。全市实现农林牧渔业现价总产值58.7亿元，比上年增长2.8%。

畜牧业生产稳中有增。年末牲畜总头数39.7万头（只），同比增长27.7%。其中：奶牛5.2万头，增长10.6%；生猪存栏3.3万口，增长22.2%。肉类产量2.5万吨，增长4.2%；牛奶产量

22.2 万吨，下降 10.1%。

农牧业机械总动力 35.9 万千瓦，同比增长 3.6%；农用拖拉机 5342 台；农村用电量 1310 万千瓦时(不含农垦系统)。

【工业　建筑业】 工业经济下降幅度较大。地方规模以上工业实现现价总产值 207.6 亿元，比上年下降 17.2%，规模以上工业增加值增速 5.3%；产品销售率 99.2%，增长 0.3 个百分点。全部工业增加值实现 97.4 亿元，增长 5.1%。

固定资产投资继续下降。地方系统完成固定资产投资 82.4 亿元，比上年下降 26.5%。在总投资中，项目投资 76.1 亿元，下降 25.7%；房地产开发投资 6.3 亿元，下降 34.4%。

【邮电】 年末拥有固定电话用户 3.0 万户，移动电话用户 27.8 万户，宽带用户 52 150 线。邮政业务收入 2249 万元。

【旅游】 全年共接待旅游者 186.6 万人次，比上年增长 2.6%；旅游业总收入 27.5 亿元，增长1.4%。

【贸易　招商引资】 商品销售增长明显，消费品市场繁荣活跃。社会消费品零售总额实现 65.0 亿元，比上年增长 10.0%。对外贸易进出口总额为 89.3 万美元，比上年增长 30.8%。

招商引资重视质量效益。全年共实施招商引资项目 83 个，实际引进资金 93.3 亿元，同比增长 16.8%。

【环境保护】 全年共完成义务植树 80 万株，四旁植树 15 万株。全年共审批建设项目 97 个，环评执行率 100%。全年总用电量 41 606 万千瓦时，下降 18%；燃煤总量 144.17 万吨标准煤，下降 18.65%。单位 GDP 能耗 1.21 吨标准煤，下降 4.0%。

【金融　保险】 年末各项存款余额 187.36 亿元，比上年增长 8.0%。其中：居民储蓄存款余额 122.31 亿元，增长 6.8%。金融机构各项贷款余额 81.15 亿元，同比增长 9.9%。

全年寿险保费收入 12 343 万元，办理理赔案件 1373 件，理赔金额 1134 万元；财产险保费收入 12 289 万元，办理理赔案件 1127 件，理赔金额 6977 万元。

【科技】 全年共争取呼伦贝尔市级项目 4 个，资金 163 万元；市本级项目经费 21 万元。申报自治区级项目 4 个，申请资金 600 万元。签订技术贸易合同 3 项，成交额完成 91 万元。“科技惠农工程”稳步推进，全年各种科技培训活动共培训 1031 人次。

【文化】 全市现有文艺表演团体 2 个，文化馆(站)19 个，图书馆 1 个，电影放映单位 2 个，广播电台 1 座，电视台 1 座，有线电视台 7 座。全市电视综合覆盖人口 34.58 万人，广播综合覆盖人口 34.34 万人。有线广播电视用户 20 700 户，其中数字电视用户 20 700 户。

【教育】 现有普通初中 16 所(其中含 1 所民办初中，九年一贯制学校 7 所)，在校学生 4564 人，专任教师 802 人；普通高中 5 所(其中含 1 所民办高中，1 所呼伦贝尔市直属高中)，在校学生 6762 人，专任教师 580 人；职业高中 1 所，在校学生 1282 人，专任教师 56 人；小学 12 所、教学点 4 个，在校学生 7832 人，专任教师 1012 人。

【卫生】 有卫生机构 223 个。其中：医院 9 个，卫生院 16 个，社区卫生服务中心(站)24 个，妇幼保健所 1 个，专科疾病防治所(站)2 个，疾病预防控制中心 1 个，医学在职培训机构 1 个，公共卫生监督所 1 个。卫生机构实有床位 2814 张，卫生专业技术人员 3464 人。

【个体私营经济】 全市共有私营企业 1681 户，比上年增长 14.5%；登记从业人员 9535 人，增长 8.4%；注册资金 76.2 亿元，增长 8.6%。个体有证工商户 17 020 户，下降 21.4%；登记从业人员 33 613 人，增长 3.3%；注册资金 8.2 亿元，下降 3.9%。

【社会保障】 年末全市养老、失业、工伤、生育保险参保人数分别为 126 046 人(含退休人员)、

51 500 人、52 031 人和 69 187 人。城镇基本医疗保险参保人数 256 200 人，其中城镇居民基本医疗保险参保人数 133 654 人。共发放失业、养老、工伤、生育、医疗等保险费 20.4 亿元(含养老保险转移支出 213 万元)。

年末城镇“低保”对象为 21 842 人，累计发放低保资金 1.2 亿元；农村居民最低生活保障对象 485 人，累计发放低保资金 159.4 万元。

【人民生活】 人民生活水平进一步提高。城镇常住居民人均可支配收入 28 153 元，同比增长 7.7%。

2011—2016 年居民收入示意图

(撰稿人：石长亮)

扎兰屯市

【概况】 扎兰屯市位于呼伦贝尔市南端，北倚大兴安岭，面眺松嫩平原，地理坐标为北纬 47°5′40″~48°36′34″，东经 120°28′51″~123°17′30″。东以音河为界与阿荣旗相依，东南及南以金长城为界与黑龙江省甘南、龙江两县及兴安盟扎赉特旗为邻，西及西北以哈玛尔山和漠克河为界与阿尔山市、鄂温克族自治旗为邻，北以阿木牛河为界与牙克石市相邻。市境东西顶端直线距离 210 公里，南北顶端直线距离 160 公里，全市总面积 16 926.3 平方公里。是呼伦贝尔市副中心城市。

全市土地面积 25 164 242 亩；人口密度每平方公里 25.73 人；人均占地 58.30 亩。耕地面积 3 397 853.4 亩，占总土地面积 13.50%；园地面积 18 226.5 亩，占总土地面积 0.07%；林地面积 16 556 534.7 亩，占总土地面积 65.79%；牧草地面积 3 194 026.5 亩，占总土地面积 12.69%；其他农用地面积 117 093.3 亩，占总土地面积 0.47%；居民点及独立工矿用地面积 320 300.1 亩，占总土地面积 1.27%；交通运输用地面积 25 352.1 亩，占总土地面积 0.10%；水利设施用地面积 9513.0 亩，占总土地面积 0.04%；未利用土地面积 1318 502.9 亩，占总土地面积 5.24%；其他土地面积 206 839.5 亩，占总土地面积 0.82%。

年末，扎兰屯市总人口 412 011 人。其中：城镇人口 178 014 人，乡村人口 233 997 人。总人口中少数民族人口 61 556 人。有民族 20 个，主要有蒙古、汉、达斡尔、鄂温克、鄂伦春、满、回、朝鲜族等。

全年地区生产总值完成 1 879 193 万元，按可比价格计算，比上年增长 7.5%。其中：第一产业增加值完成 402 692 万元，比上年增长 4.3%；第二产业增加值完成 966 263 万元，比上年增长 6.9%；第三产业增加值完成 510 238 万元，比上年增长 11.7%。三次产业结构调整为 21.4：51.4：27.2。人均地区生产总值 45 661 元，比上年增长 8.7%。全市地方财政总收入 116 960 万元，比上年增长 11.2%，其中一般公共预算收入 51 990 万元，比上年增长 6.7%。全市一般公共预算支出 333 999 万元，比上年增长 0.1%。劳动就业不断扩大。全市城镇新增就业 5412 人，城镇登记失业率为 3.74%。农村劳动力转移就业 30 876 人，实现劳务经济收入 6.5 亿元，人均劳务收入 2.1 万元。

【农业】 农作物播种面积 219 160 公顷，比上年增加 5076 公顷，增长 2.4%。其中，粮食作物播种面积 200 193 公顷，比上年增加 4301 公顷，增长 2.2%。全年粮食产量 10.52 亿公斤，比上年下降 4.4%。在粮食作物中，玉米产量 9.045 亿公斤，比上年下降 6.7%；大豆产量 0.9 亿公斤，比上年增长 61.9%；马铃薯(折粮)产量 0.12 亿公斤，比上年下降48.2%。栽培黑木耳1350万袋，带动菌农户均增收1.2万元。农牧业产业化重点龙头企业32家，实现销售收入179.8亿元。“三品一标”认证总数80个，黑麦面粉获中国绿色食品博览会金奖，“秀水乡”大米获中国国际农产品交易会金奖。承办呼伦贝尔市特色产业现场会、内蒙古第九届绿色食品交易会暨第二届农村电子商务峰会。

【畜牧业】 牧业年度牲畜总头数470万头（只），比上年下降0.3%。其中：大牲畜存栏35.3万头，比上年增长1.8%；羊存栏374.7万只，比上年下降0.4%；猪存栏60.1万口，与上年持平。全年肉产量6.35万吨，比上年增长15.3%。奶牛存栏3.3万头，比上年下降37.9%，全年牛奶产量15.5万吨，比上年下降26.6%。新改扩建规模化养殖场60个，规模化养殖率提高到46.5%，畜牧业占一产比重40%。

【林业】 完成重点区域绿化2.3万亩，造林补贴试点5000亩，退耕还林荒山荒地造林项目2000亩，全民义务植树6800亩，防护林工程4.3万亩，封山育林2.4万亩。“十个全覆盖”村屯绿化工程建设中，栽植绿化树木及花木415.3万株，开展生态苗圃基础设施建设，建立黑木耳菌种培育基地、优势树种繁育基地、引种基地、榛苗培育基地、花卉基地，培育各类绿化苗木1500万株。实施公益林参保542.59万亩，同比增长9.8%；林业有害生物防治24万亩，受害率控制在2.08‰，同比下降53.8%。批复人工林更新采伐158公顷；办理征占用林地项目8个，33.8公顷；办理木材运输证282份，准运木材8964立方米，凭证运输率100%；开展打击毁林毁草专项行动，依法严厉查处违法新增耕地等行为，办理案件403起，打击违法犯罪人员286人。完成造林绿化7.98万亩，实施国有天然商品林停伐补贴保护210万亩，秀水、济沁河、根多河等湿地得到保护，秀水国家湿地公园获国家林业局批复，争取到湿地公园建设中央财政补助资金300万元。连续18年未发生重大森林草原火灾。

【水利】 完成新增高效节水灌溉面积10.56万亩，完成任务指标132%；新增旱改水面积4万亩，完成任务指标100%；新增水土保持综合治理面积8.2万亩，完成任务指标102.5%；生态修复面积8万亩，完成任务指标106%；解决农村饮水安全人口4.4万人，完成任务指标244%。实施重点项目15个，其中呼伦贝尔市“三个一批”项目5个，被列入本市重点工程项目10个，总投资13.2亿元，年内完成投资1.9亿元。实施计划外项目4个，完成投资4038万元。扬旗山水利枢纽工程完工并发挥抗旱防涝作用。

【工业】 全年实现工业增加值795 731万元，比上年增长7.4%，占地区生产总值的比重为42.3%，仍是经济发展主导产业。年末全市规模以上工业企业63家，实现现价产值2676 125万元，比上年增长11.2%，其中轻工业实现现价产值2 147 874万元，重工业实现现价产值528 251万元，分别比上年增长12.8%和5.2%。规模以上工业企业产品销售率为99.1%，比上年提高1个百分点。规模以上工业企业实现利润总额98 448万元，比上年增长92.9%。依托“五大基地”中绿色农畜林产品生产加工基地的建设，全市农畜林加工产业不断发展壮大，年末共有农畜林产品生产加工企业45家，占全部规模企业71.4%，实现现价产值2 168 262万元，比上年增长12.8%，农畜林产品生产加工产值占全部规模以上工业产值的81.0%。全年全市单位GDP能耗降低率为4.45%。组织实施呼伦贝尔东北阜丰生物科技公司苏氨酸扩建、国森矿业铅锌银矿采选等一批重大项目，完成工业固定资产投资50.16亿元，有力拉动全市经济发展。欣正公司生物质天然气能源综合利用、新海西公司生物质热电联产、呼伦贝尔东北阜丰生物科技公司130万吨氨基酸尾液联合秸秆资源化利用3个项目签约，玉米加工初步实现全产业链发展。推进岭东工业开发区整合扩区，完善道路、排水等基础设施，营业收入220亿元。

【城镇建设】 全年实现建筑业增加值170 532万元，比上年增长4.2%。全市具有资质等级的建筑业企业9家，完成产值393 698万元，比上年增长46.9%。投资7.28亿元，实施第二热源扩建、污水处理厂二期等6个市政重点项目，完成市区老旧排水设施改造，有效解决城市内涝、路网不畅、供热不足等问题。城市总体规划动态评估全面完成，中东铁路风情和中东铁路工业遗产两条历史文化街区被批复为自治区级历史文化街区，国家历史文化名城创建正式启动。吊桥公园景观改造一期、布特哈公园等工程完工，新增绿化面积75.8万平方米，扎兰屯市成为国家园林城市、自治区生态宜居城市。全国文明城市创建2年测评总成绩位居自治区前列，通过自治区卫生城复检并获重新命名。秀水华庭、雅鲁御苑、中朗国际等小区交付使用，新增房地产开发面积65.4万平方米。统筹推进小城镇和美丽乡村建设，投资16.6亿元扩面完成655个村屯“十个全覆盖”工程，蘑菇气镇野马河村被评为全国美丽宜居村庄。年内，扎兰屯市农村危房改造任务7877户，其中新建(D级)3655户，修缮(C级)4222户，全部完成。拆旧建新(D级)678户；房屋改造(房盖改造、房屋立面改造、粉刷)14 450户；拆除偏房4410户；只拆不建(危空房)4440户。

【环境保护】 完成减排项目6个，即扎兰屯热电厂脱硫工程、扎兰屯热电厂脱硝工程、呼伦贝尔东北阜丰生物科技有限公司脱硝工程、扎兰屯市龙北水泥有限公司脱硝工程、扎兰屯市排水公司污水处理厂二期扩建工程、呼伦贝尔市赛优牧业有限公司农业减排项目；实现污染物减排化学需氧量2449.5吨、氨氮6.65吨、二氧化硫704.72吨、氮氧化物2289.99吨。推进集中供热工程建设，新增供热面积66万平方米，烟尘污染物排放量减少2900余吨、削减排放量30%。空气优良天数保持在350天以上。狠抓重大环境隐患治理，落实中央环保督察整改任务，推进呼伦贝尔东北阜丰生物科技公司烟气治理等重点工程。扎兰屯市被命名为国家生态市。

【固定资产投资】 全年固定资产投资完成1 302 584万元，比上年增长11.9%。其中：城镇项目完成投资1 275 379万元，比上年增长12.1%；房地产开发完成投资27 205万元，比上年增长3.8%。按三次产业分：第一产业完成投资80 592万元，比上年增长301.9%；第二产业完成投资501 556万元，比上年增长20.2%，全部来源于工业投资；第三产业完成投资720 436万元，比上年下降0.9%。

【非公经济】 扎兰屯市个体私营等非公有制经济组织总户数为21 692户，同比增长2.47%。其中：个体工商户20 304户，私营企业1388户，同比分别增长2.01%和9.72%。个体私营经济从业人数41 692人，同比增长16.1%，占地区从业人员总数51.53%。全市非公有制经济地区生产总值完成62.53亿元，同比增长8.4%，占地区生产总值比重58%；非公有制经济工业增加值完成50.76亿元，同比增长7.5%，占全市工业增加值比重96%；非公有制经济社会消费品零售总额完成45.91亿元，同比增长9.5%，占全市社会消费品零售总额99%；非公有制经济固定资产投资完成48.35亿元，占全社会固定资产投资比重为37.6%，增速为24.3%，净增量9.46亿元，非公企业开工项目58个。全市非公经济税收完成65 982万元，同比增加2 464万元，增长3.88%，对地方财政的贡献率为77.38%。全市各类金融机构为非公经济贷款实现84 185万元，支持中小企业85家。全市规模以上非公有制工业企业61家，农牧业产业化重点龙头企业32家；有效商标注册450件，其中驰名商标2件，著名商标17件，知名商标18件；有地理标志农产品认证6个，“三品”认证数量65个；获得各项授权专利132项。

【交通】 扎兰屯成吉思汗机场通航，“三位一体”

交通网络形成，区域中心优势更加凸显。扎兰屯至乌兰浩特高速公路、省道204线柴河至塔尔气公路完工，扎兰屯至阿荣旗高速公路全线开工，滨洲铁路电气化改造主体完工。全年启动"4路14线322村组硬化及109处水毁桥涵抢修"等工程建设449项，完成路基1164.3公里，路面1119.6公里，累计完成投资9.07亿元。

【电信】 移动在网用户18万户，宽带线数1100户。联通移动在网用户84 598户；宽带在网用户30 876户。电信移动在网用户22 000户，宽带在网用户15 000户。

【商贸】 社会消费品零售总额完成671 828万元，比上年增长10.1%。其中：批发零售业零售额完成565 889万元，比上年增长9.4%，占社会消费品零售总额的84.2%；住宿餐饮业零售额完成105 939万元，比上年增长13.8%，占社会消费品零售总额15.8%。服务业优化提升，设立首支文化产业发展专项基金。岭东商贸园区入驻企业15家，蒙东系列市场实现交易额13.8亿元。外贸出口总额实现1.85亿美元，占呼伦贝尔市95%以上。建成岭东电子商务公共服务中心，引进智慧乡村物流中心、北京布瑞克公司、杭州杰夫电商集团等平台，新增网店（微店）140家，电子商务交易额达到3.6亿元。

【旅游业】 2016年，接待游客310.8万人次，比上年增长11%。实现旅游收入30.5亿元，比上年增长13%。扎兰屯生态旅游度假区规划通过自治区评审，柴河景区纳入自治区2017年发展计划。金龙山、柴河等景区建设不断完善，采摘园、垂钓园等乡村旅游点达到120家。

【金融 保险】 2016年，金融机构各项存款余额1 170 137万元，比上年增长11.3%，其中住户存款余额842 291万元，比上年增长10.5%。全市金融机构各项贷款余额2 026 248万元，比上年增长27.9%。

保险个险渠道全年完成保费收入1167万元，完成任务的108.05%；其中10年期保费796.92万元，3年期301.16万元，5年期54.87万元。团险渠道完成390.96万元，完成任务指标的67.2%；短期险完成241.61万元，完成任务的63.6%；个险完成144.61万元，完成任务指标的73%；银保完成4万元，完成任务指标的127.5%；"福寿嘉年"完成450万元，完成任务指标的100%。银保渠道全年趸交完成405万元，完成全年任务指标的112%。期交任务总量104万元，完成106.63万元，完成任务指标的102%。10年期完成14万元，完成任务指标的75%。标保完成15.31万元，完成任务指标的85%。渠道意外险完成5万元，完成任务指标的125%。受理理赔案件2 000余起，理赔金额968.6万元。

【科技】 争取到上级科技计划项目15项，资金总额134万元。组织实施的科技计划项目15项，其中自治区级项目6项，呼伦贝尔市级项目9项，投入项目资金475万元。在呼伦贝尔市科技进步奖评选中，扎兰屯市获得科技进步一等奖2项，三等奖3项。全年新增授权专利7件。新注册"小二黑""兴安岭标典"等3件农产品商标投入使用。呼伦贝尔东北阜丰生物科技公司被国家知识产权局授予"国家级知识产权优势企业"称号。组织举办第四届科技大集、知识产权宣传周、科技活动周3场大型群众性集中宣传活动。监测到近震63次，无重大灾情。

【教育】 有小学14所，比上年减少2所，教学点38个，小学在校生18 230人，比上年增长1.5%，小学专任教师1234人，比上年下降22.5%。初中19所（含九年一贯制12所），初中在校生7854人，比上年增长2.2%，初中专任教师784人，比上年下降32.7%。普通高中2所，在校学生4149人，比上年下降7.4%，专任教师274人，比上年下降1.4%。职业高中1所，在校学生645人，比上年增长19.2%，专任教师85人，比上年下降5.6%。特殊教育学校1所，在校学生102人，比上年增长22.9%，专任教师18人，比上年增长100%。幼儿园61所，比上年减少4所,在园儿童7757人,比上年增长5.0%,教职工人622人,比上年增长0.8%。小学学龄儿童入学率100%。达斡尔等6所乡镇学校基本完成标准化建设,洼堤等2所乡镇幼儿园投入使用,83所中小学校全部实现互联网接入。

【文化】 公共文化服务设施进一步提升，图书馆新建工程正式批准纳入自治区“十三五”规划。全年接待读者87 425人次,图书流动站阅览21 516人次,阅览书刊3100册次,开展文化共享工程活动24场,参加9202人次。建有基层图书室170家,其中草原书屋141家、农家书屋11家、社区智慧图书室24家,并与图书馆进行联网。春节期间举办“迎新春老年、春少儿文艺会演”“秧歌展演”和广播电视春节特别节目。文化馆组织群众文化活动和下基层开展宣传活动90余场,提供培训50余天,下基层辅导60余次,举办“社区广场舞培训”“扎兰好声音歌手大赛”等。完成自治区第五批“非遗”项目代表性传承人申报。扎兰屯市有自治区级“非遗”项目代表性传承人2名;呼伦贝尔市级“非遗”项目4项、代表性传承人7名（包括扎兰屯市级传承人);市级“非遗”项目115项。建立非遗传承基地3个,即市文化馆非遗中心、卧牛河镇文化站剪纸传承室、鄂温克萨马街乡野猪舞传承基地。乌兰牧骑开展惠民演出129场,走进9个村屯,创作作品10余个。

【卫生】 有医疗卫生机构280个,比上年减少6个。其中:医院8个,乡镇卫生院21个,社区卫生服务中心（站)11个。医疗卫生单位病床数2088张,比上年减少26张,其中医院1584张,乡镇卫生院421张,社区卫生服务中心(站)75张。卫生技术人员2063人,比上年减少312人,其中执业(助理)医师643人,注册护士918人。建成浩饶山、团结、太平川等乡镇卫生院业务用房,河西社区卫生服务中心等项目主体完工,全面启动市级公立医院托管乡镇卫生院工作,成吉思汗等4个乡镇卫生院获国家级群众满意卫生院称号，扎兰屯市成为自治区级慢性病综合防控示范区。

【体育】 全民健身馆一期基本完工,全国“十四冬”基础设施建设启动前期工作。全民健身工作形成四季体育活动与节庆活动相结合的群众体育活动模式,内容包括“迎新春”“迎国庆”系列体育活动,以乒乓球、象棋、速度滑冰、冰球、羽毛球、围棋、网球、柔力球、健身气功,体育舞蹈、大众滑雪等10余项赛事。组织协办“2016年全国青少年‘未来之星’冬季阳光体育大会”;首次举办“2015—2016年度全国自由式滑雪空中技巧冠军赛”“十四届冬运会选拔赛”,获得男子团体第五名入选国青队,2名小队员随国家队到芬兰集训。组队代表内蒙古参加全国第十三届冬运会分别获得男女团体第八名，获得体育道德风尚奖。

【社会保障】 参加城镇职工基本养老保险72 820人,其中离退休人员37 574人。全市参加城乡居民养老保险15.6万人。全市参加基本医疗保险13.1万人,其中城镇职工基本医疗保险48 833人，城镇居民基本医疗保险82 167人。全市参加农村合作医疗225 411人。

【民生保障】 民生支出24.6亿元，占公共财政预算总支出73.7%。整合投入资金3.6亿元,探索出“三到村三到户”五种产业扶贫模式和电子商务7种扶贫模式,全年减贫4337人,“三到”产业扶贫成为自治区先进典型。张大妈黑木耳电商扶贫实例在央视《新闻联播》节目播出,示范带动作用明显。建成青年创业孵化园等3个创业园区,扶持创业646人,被确定为国家农民工等人员返乡创业试点。新增城镇就业5431人,农村转移就业30 876人，城镇登记失业率控制在3.74%。改造棚户区1000套、农村危房7877户。发放各类社保资金9.58亿元,城乡低保年均标准分别提高240元和200元。

【人民生活】 全体居民人均可支配收入20 929元,比上年增长8.6%。其中:城镇常住居民人均可支配收入 29 255 元，比上年增长 8.0%；农村常住居民人均可支配收入 14 210 元，比上年增长 7.9%。城镇居民人均消费性支出 17 224 元，比上年增长 3.0%；农村居民人均消费性支出 14 007 元，比上年下降 2.5%。

（撰稿人：宋剑）

根　河　市

【概况】　根河市位于大兴安岭北段西坡，呼伦贝尔市北部。东临鄂伦春自治旗，西与额尔古纳市接壤，南连牙克石市，北接黑龙江省漠河县、呼中区。全市总面积 20 013 平方公里。下辖金河镇、阿龙山镇、满归镇、得耳布尔镇、敖鲁古雅鄂温克族乡、好里堡街道办事处、河东街道办事处、河西街道办事处、森工街道办事处 4 镇 1 乡和 4 个街道办事处。

年末总人口 140 056 人，总户数 59 032 户。全市少数民族人口 17 517 人。其中：蒙古族 8895 人，回族 2827 人，满族 3687 人，达斡尔族 969 人，朝鲜族 353 人，鄂温克族 434 人。全年生产总值完成 429977 万元。人均生产总值 30486 元。地方财政总收入完成 22 673 万元。全市全体居民人均可支配收入 20 712 元，人均消费性支出 14 973.12 元；在岗职工年平均工资 53 873.3 元；地方在岗职工年平均工资 66 259 元。

【农业】　全年农作物总播种面积为 3114 公顷，比上年减少 104 公顷，同比下降 3.2%。其中：粮食作物播种面积 1747 公顷，产量 4600 吨；经济作物播种面积 1367 公顷，产量 3083 吨。在经济作物中，油料播种面积 1060 公顷，产量 1779 吨；蔬菜及食用菌播种面积 122 公顷，产量 1304 吨。在稳定播种面积的前提下，调整农牧业产业结构，发展订单农牧业。根河绿野卜留克加工企业与根河市 2016 年订购 700 亩卜留克收购任务。做好惠农政策的实施，良种补贴，农机补贴和农牧业保险以及惠农贷款等，宣传、实施、补贴到位。完成卜留克、有机黑木耳的地理标志注册。年内食用菌种植 100 万袋。发挥环球□望生物科技有限公司根河分公司（森林宝贝种植合作社）带头作用，研制开发高附加值“黑木耳粉”“空气罐头”，扩大以黑木耳为主的食用菌产业的知名度。

【畜牧业】　全市牧业年度牲畜总头数为 21 951 头（只），比上年减少 2307 头（只），同比下降 9.5%。年末，牛存栏 1674 头，同比增长 9.9%；羊存栏 6348 只，同比下降 10.0%；猪存栏 10 824 头，同比增长 3.8%，活家禽存栏 61 165 只，同比增长 4.0%。生牛奶产量 700 吨，比上年减少 777 吨，同比下降 52.6%；肉类总产量 2657 吨，比上年减少 391 吨，同比下降 12.8%；禽蛋产量 691 吨，比上年减少 129 吨，同比下降 15.7%。北极狐产业以好里堡、金河为基地，走“公司 + 基地 + 养殖户”的模式，发挥基地示范带动作用，扩大养殖规模，优化种群品质，完善技术培训、饲料加工等服务体系，延长产业链，拓宽销售网络，形成养殖、加工、销售一体化的产业格局。2016 年，北极狐总数 10 万只。在 2014 年国家重新修订的《国家级畜禽遗传资源保护名录》，因敖鲁古雅驯鹿在保护名录中，需做好驯鹿遗传资源保护工作。申报国家级敖鲁古雅驯鹿遗传资源保护区，已完成前期工作。

【林业】　完成姑子庙林木种苗繁育基地建设项目，种植优质苗木 4 万余株。完成苗圃功能区规划，更新苗木 50%。春季园林绿化工程顺利实施，完成重点区域绿化工作任务 2389 亩，争取到重点区域绿化奖补资金 100 万元，为全市绿化提供优质云杉、樟松树苗 12 000 株。完成人居环境综合整治绿化任务 4500 株。争取国有林区改革和国有林场政策支持，推进国有林场改革，《根河市国有林场改革实施方案》经根河市国有林产改革领导小组审议通过，已上报呼伦贝尔市，呼伦贝尔市统一报自治区待批复。

【水利】　非工程措施山洪灾害补充完善项目和

山洪灾害调查评价项目共计156万元,6月份申请通过自治区专家组的检查验收。7月，潮查河防洪工程通过自治区专家组检查验收。2015年上级下达的安全饮水工程水质检验中心建设项目,总投资137万元。截至2016年6月,实验室改造装修全部完工,设备采购全部到位。2015年上级下达的阿龙山镇防洪应急度汛工程项目,共计30万元。2015年在两次流标的情况下,按照法律程序,4月份安排施工队伍进行开工建设,8月份全部完工。年内申报"根河市安全饮水工程项目",计划总投资1290万元。主要解决金河、牛耳河3699户11 097人的安全饮水问题。此项目正在积极争取中。2013年申报的"根河、激流河干流防洪治理工程",总投资1.6亿元,2016年6月通过自治区水利厅审批，正在等待资金计划下达，预计2017年4月开工建设。

【工业】 全市工业增加值完成95 199万元,同比增长5.2%。其中,规模以上工业增加值同比增长5.4%。全市8家规模以上工业总产值完成141 646.7万元,同比增长4.3%。按轻、重工业分,轻工业产值完成16 575.2万元,同比增长1.3%，重工业产值完成125 071.5万元,同比增长4.7%。轻、重工业比为13.2∶86.8(总体为100)。从经济类型看，国有企业产值完成11 912.3万元,同比增长7.7%;股份制企业产值完成129 734.4万元,同比增长4.0%。全市规模以上工业企业营业收入127 801.5万元,同比下降7.8%,其中:主营业务收入120 544.8万元,同比下降7.5%;实现利润总额25 445.7万元,同比下降16.6%;税金总额12 311.6万元,同比下降11.5%;工业企业产品销售率为94.4%,平均用工人数2049人,同比下降3.2%。

【城镇建设】 全市建筑业增加值完成15 425万元,同比增长3.8%。全市具有建筑资质等级的建筑施工企业有10个,施工企业房屋建筑施工面积23.32万平方米,同比下降57.4%;全年实现利润总额5074.5万元,同比下降8.7%;全年实现营业税金及附加3367.3万元，同比下降26.3%。市区保障性住房建设工程3165户,总投资3.53亿元,总建筑面积16.3万平方米,共34栋。申请6057户棚改任务指标,加上呼伦贝尔市从莫尔道嘎调至根河的440户任务总计6497户任务指标,总投资约为6.82亿元,根河市采用纯货币化安置方式完成年度6497户棚改任务,项目资金到位5.52亿元,发放7700万元安置资金。保障性安居工程配套基础设施建设，投资3405万元,新建道路共13条,总长6889米,渗水井260座,污水管网总长4495米,检查井84座,供水管网总长2500米,供水检查井10座;供热管网总长3480米。5个项目基本完工,进入竣工验收程序。

【环境保护】 开展全区域、多频次的空气负氧离子监测。通过环境监测结果显示,夏季根河市空气的负氧离子浓度每立方厘米四万八千多,为打造养生根河提供科学数据支撑。完成中央环保专项督察检查,经中央环保督察反馈,根河市是呼伦贝尔13个旗市区唯一一个没有上级督办、媒体高度关注的突出环境信访问题的旗市,并获得上级的好评。根河空气自动监测站项目8月份通过呼伦贝尔市环保局正式验收。开展废弃危化品和放射源收贮工作，将废弃危化品和放射源安全处理和收贮。

【交通】 全市交通运输、仓储及邮政业增加值完成26 062万元,同比增长1.4%。省道204满归至根河公路升级改造项目，完成项目工程可行性研究报告的编著。S301线至姑子庙林场公路(通农林牧场公路)里程6.0公里,7月30日完成混凝土路面施工。危桥改造项目:2016年计划开工建设3座(金北中桥、振兴中桥、牛耳河大桥),6月份因激流河大桥6号墩出现沉降,满归林业局对该桥进行加固，开工新建激流河大桥。大桥(牛耳河大桥、激流河大桥)完成桩基31根(设计36根),梁板预制17片(设计36片),2017年完工;金北中桥建成通车,振兴中桥完成桥上部、下部及梁板预制，2017年5月通车。全市街巷硬化里程下达计划200公里，完成第一批工程量151.761公里，涉及金河、阿龙山、满归、得尔布尔、敖乡、好里堡办事处，项目结束，完成投资9505万元，到位8554万元，支付90%，验收结束后申请剩余10%工程款951万元；第二批建设里程95公里涉及市区3个办事处，招标结束，部分中标单位签订施工合同，施工单位陆续进场，做冬储材料工作。

【邮政电信】 全市邮政、电信等邮电通信全年业务收入实现6878万元。年末电话交换机容量1.74万门；年末固定电话用户0.95万户。其中：住宅0.53万户；年末移动电话用户9.5万户；年末互联网用户1.94万户。政企客户存量保有得到巩固，超额完成收入计划。移动用户规模扩大，市场份额稳中提升。提高通信网络的运行维护质量，严格执行24小时装移机指标，完成各项维护任务和网络运行质量考核指标，设备运行基本稳定，“两网”提升工程成效显著。强化安全责任教育和安全生产管理，全年没有发生重大的安全责任事故。

【商业】 全市社会消费品零售总额完成216958.1万元，比上年增长10.6%。其中：批发零售贸易业零售额183 552万元，比上年增长10.1%，占社会消费品零售总额比重为84.6%；住宿餐饮业33 406.1万元，比上年增长13.0%，占社会消费品零售总额比重为15.4%。全市共引进项目10个，引进国内(市外)资金60 100万元，比上年增长16.5%。全市私营企业324户，比上年增长19.6%；从业人员6238人，比上年下降1.6%；注册资金71 636.1万元，比上年增长23.1%。

【旅游业】 全市共接待旅游人数83.5万人次，比上年增长11.6%；实现旅游收入13.78亿元，比上年增长10.0%；全市星级饭店3个，全市名胜风景区和保护区有4个。推进“根河市大兴安岭林区记忆体验园”项目，投资规模2.08亿元。完成可研编制、环评和能评工作。根河源国家湿地公园铺设旅游公路34.4公里，柏油铺设14公里。新建雾海栈道1314米，景区内新建帐篷酒店，其中客房23间。柳园山庄申报自治区5星级乡村旅游接待户并通过初评。根河木屋度假村成功晋升国家AA级景区。在海拉尔举办2016年根河专场推介会。5月，组织根河市A级景区完成根河地区的“智慧旅游”服务平台初步对接工作。策划、组织并实施冷极节活动、制作冬季旅游手册，衔接服务志愿者工作。在海拉尔召开冬季旅游推介会，在呼和浩特冬季旅游的推介会上进行推介。接待媒体采风团11批次。举办“四季根河”摄影大赛，12月24日闭幕。

【服务业】 全市有内资企业168户。其中：国有企业45户，集体企业9户，其他企业3户，有限责任公司111户，企业法人57户，注册资金128 139.69万元，比2015年同期增长3.61%。私营企业310户，注册资本70 647.09万元，投资者1030人，雇工5120人，其中合伙企业11户、独资企业32户、有限责任公司267户、分公司44户，比2015年同期增长17.61%。个体工商户5487户，从业人员20 967人，资金15 032.94万元，比2015年同期增长4.9%。农民专业合作社101户，成员667人，注册资金8 987.00万元，比2015年同期增长9.7%。

【金融 保险】 年末全市金融机构各项存款余额868 760万元，比上年增长8.3%。其中：非金融企业存款199 438万元，比上年末增长6.6%；住户储蓄存款546 439万元，比上年末增长5.1%。年末金融机构各项贷款余额243 308万元，比上年末增长14.1%。其中：住户贷款77 468万元，比上年末增长15.3%；非金融企业及机关团体贷款165 839万元，比上年末增长13.5%。全市全部财险和寿险总保费累计25 663.7万元，比上年增长17.2%。其中，财产险保费累计10 504.2万元，比上年下降3.1%；人寿险保费累计15 159.5万元，比上年增长37.2%。

【科技】 申报4个自治区科技储备项目，提升科技服务能力。推荐的"高寒地区野生麻叶千里光种植技术试验推广与开发"项目获得根河市创业创新大赛一等奖及第三届"创青春"内蒙古青年创新创业大赛现代农牧业和农村牧区电子商务组三等奖。成立根河市"12396"科技信息服务平台建设领导小组，建立根河市利民食用菌产销专业合作社、根河市阳光食用菌产销专业合作社和环球瞭望生物有限责任公司3家科技服务站。聘请10名科技服务专家和27名信息员，将科技服务与科技特派员工作相结合，助力科技信息服务移动平台的启动和应用。组织参加全区科技现场会，并组织5家企业、30多类产品参展。争取呼伦贝尔市科技计划项目资金13万元。

【教育】 有基础教育学校23所。其中：幼儿园8所，义务教育14所（其中：小学7所，初中7所），高中1所。年末有中等职业学校1所。有幼儿园8所，幼儿园毕业生数204人，招生数231人，在园幼儿数906人；小学学龄儿童净入学率100%；拥有教职工数242人，其中：专任教师147人。有小学校7所，小学毕业生476人，小学招生348人，小学在校生2272人；初中升学率100%；拥有教职工数1614人。其中，专职教师656人。有初中学校7所，毕业生数725人，招生数458人，在校生数1464人；有教职工数796人。其中，专任教师323人。全市拥有高中学校1所，毕业生数573人，招生数347人，在校生数1262人，教职工数215人。其中，专任教师152人。年末全市有中等职业学校1所，毕业生6人，招生8人，在校生26人，拥有教职工数52人。其中，专任教师30人。全市教育系统共拥有教职工2919人。其中，专任教师1308人。

【文化】 全市拥有艺术表演团体1个，组织各类文艺演出102场。图书馆1个，文化馆1个，文化站6个。年末电影放映单位1个，全年电影放映累计247场。全市拥有广播电台1座，有线电视台1座，电视转播台和差转台6座，有线电视用户2.2万户，电视人口覆盖率97.55%；广播人口覆盖率98.91%，有线电视入户率70.0%。举办3场"共筑中国梦"2016根河市春节联欢晚会，深受广大观众的喜爱。6月末至8月26日，举办根河市第六届群众文化艺术节开幕式暨让爱飞翔放飞梦想——捐资助学专场文艺会演，共举办广场文艺演出21场。继续实施数字电影放映工程，全年共放映240场。12月21日，举办第四届中国冷极节书画摄影展。举办非物质文化遗产传习所和讷克勒斯艺术坊揭牌仪式；举办第十一个"文化遗产日"宣传活动，观看传承人传统技艺演示，开展非物质文化遗产进校园、进社区等系列活动；申报第五批呼伦贝尔市级非物质文化遗产代表性项目代表性传承人。

【卫生】 全市医疗卫生机构共有51个（含个体诊所）。其中：医院4个（综合医院3个，中医院1个），基层医疗卫生机构11个（社区卫生服务中心5个，卫生院6个），疾病防治控制中心1个，妇幼保健机构1个，卫生监督所（中心）1个，采供血机构1个，个体诊所32个。年末，全市卫生机构实有床位555张，在岗职工1238人。其中：卫生技术人员1020人，执业（助理）医师447人，其中：执业医师352人。

【体育】 全市共有体育场馆2个（不含校内），全年共举办各类体育比赛12次。完善全民健身基础设施，争取到健身路径9套；"15分钟健身圈"四个全民健身活动场馆开工建设；全年共组织根河地区职工羽毛球赛等大型全民健身赛事6次。根河市太极拳（剑）协会发展太极推广辅导中心2个，建设太极推广辅导站（点）4个，并开展林城太极系列推广活动，逐步形成根河市全民健身的品牌。竞技体育取得佳绩。根河市运动员在各类国际马拉松赛男子半程马拉松项目中获得1金、3银。在自治区青少年越野滑雪锦标赛、速度滑冰锦标赛和短道速滑锦标赛中获得单项冠军11个、亚军15个、季军11个。在呼伦贝尔市青少年速度滑冰锦标赛、越野滑雪锦标赛、呼伦贝尔市中俄蒙青少年乒乓球锦标赛及呼伦贝尔市青少年田径精英对抗赛中获得团体亚军2个、季军2个，单项冠军19个、亚军12个、季军20个。

【社会保障】 全市参加基本养老保险总人数57 263人。全年共收征缴养老保险金21 777万元，发放企业离退休人员基本养老金60 996万元。基本医疗参保单位235个，参加基本医疗保险参保缴费人数105 265人。全年征收医疗保险基金收入17 244万元；全年由职工基本医疗保险支出10 269万元。年末工伤保险参保缴费人数30 894人，征收工伤保险基金940万元，工伤保险基金支出2471万元；年末生育保险参保缴费人数22 009人，生育保险基金收入356万元，生育保险基金支出119万元；全年居民医保基金收入2926万元，居民医疗费支出3116万元。大病基金收入632万元，大病支出310万元。全市最低生活保障对象7847户（其中：林业1052户，地方6795户）；全市享受低保总人数15 296人。全年共发放低保金9429万元。已建立各种社区服务中心及服务设施25处。

【人民生活】 全体居民人均可支配收入20 712元，比上年增长8.1%，人均消费性支出14 973.12元，同比增长5.2%；根河市城镇常住居民人均可支配收入23 100元，比上年增长7.5%，人均消费性支出15 056.26元，同比增长4.8%；根河市农村牧区常住居民人均可支配收入11 691元，比上年增长7.5%，人均消费性支出14 653.91元，同比增长6.5%。根河市在岗职工年平均工资53 873.3元，比上年增长10.0%；地方在岗职工（含劳务派遣）年平均工资66 259元，比上年增长13.2%。

（撰稿人：车宏宇）

额尔古纳市

【概况】 额尔古纳市位于内蒙古自治区大兴安岭西北麓，呼伦贝尔草原东北端，额尔古纳河右岸。地理坐标北纬50°01′~53°26′，东经119°07′~121°49′，是内蒙古自治区纬度最高的地区。南北长约600公里，东西宽约50公里，西部和北部与俄罗斯以额尔古纳河为界，边境线长671.4公里。东北部与黑龙江省漠河县毗连，东部与根河市为邻，东南及南部与牙克石市、陈巴尔虎旗接壤。全市总面积28 444.64平方公里。市政府所在地拉布大林。

全市户籍总户数33 562户，总人口80 991人。其中：汉族59 807人，蒙古族7880人，回族6625人，俄罗斯族2591人，其他少数民族4088人。在总人口中，男性人口40 942人，女性人口40 049人，分别占总人口的50.55%和49.45%。在总人口中，城镇人口58 881人，乡村人口22 110人，分别占总人口的72.7 %和27.3 %。全市共有21个民族。

2016年，全市地区生产总值完成47.8亿元，同比增长7.2%。其中，第一产业增加值完成14.5亿元，同比增长3.4%；第二产业增加值完成13.4亿元，同比增长6.7%。其中：全部工业增加值完成10.6亿元，同比增长7.5%。第三产业增加值完成19.9亿元，同比增长10.8%。三次产业结构由上年的33.4：28.2：38.4调整为30.4:28:41.6，人均国内生产总值58 922元，增速8.6%。

全市地方财政总收入完成44 684万元，同比增长1.6%。其中，一般公共预算收入完成26 030万元，增长6.7%。财政总支出完成173 367万元，增长14.4%，一般公共预算支出168 537万元，增长15.1%。

【农牧业】 全市农林牧渔业总产值完成236 993万元，同比增长3.2%（可比速度）。全年粮食作物总播面积74 482公顷，同比增长9%。其中：小麦播种面积60 078公顷，大麦播种面积9231公顷。全年粮食产量431 878吨，其中小麦产量348 887吨，大麦产量43 473吨。

强化农牧业基础地位，投资近3亿元实施

草原生态补奖、退牧还草、新增千亿斤粮食等21项惠农项目。建设小型农田水利节水灌溉工程3处,新增、改善灌溉面积近4万亩。投入抗旱资金1023万元,引水保墒面积16万亩,有效降低农牧业损失。持续推动奶业转型,全年用于奶业发展资金1.2亿元,新建、扩建奶牛规模化养殖场55个,集中养殖率80%,机械化挤奶率90%。投资1880万元建设18个肉牛养殖场。探索种养结合新模式,被列为全国首批9家种养结合整体推进试点县之一。加强农产品质量监测,被认定为自治区农畜产品质量安全县。

2016年,牧业年度全市牲畜存栏头数683883头(只),比上年增长18.1%。其中:牛存栏79 908头,比上年下降20%;羊582 526只,比上年增长27%;猪11 746头,与上年持平。全市猪牛羊禽肉产量9794吨,比上年增长31.5%。其中:猪肉产量1081吨,牛肉产量5090吨,羊肉产量3015吨。总体来看,农牧业经济正逐步走向绿色、健康、规模化发展轨道。

【工业 建筑业】 全市累计完成规模以上工业总产值32.1亿元,同比增长7.3%。其中:轻工业完成22.9亿元,同比增长6.3%;重工业完成9.2亿元,同比增长10%。规模以上工业增加值增速8.1%。销售产值33.6亿元,同比增长10.7%,实现产品销售率104.7%。生产乳制品13 586吨,同比下降30.3%;发电量11 769万千瓦时,同比增长37.6%;原煤产量103.2万吨,同比下降1.7%。

工业项目进展顺利,莫茅酒业年产7万吨矿泉水项目主体完工,下护林铅锌矿尾矿库改造完成。工业园区集聚作用逐渐显现,丽丽娅面包生产展示中心二期、蒙达药业1000吨中药饮片、桦汁源饮品、液化天然气加油加气站项目主体建成。着力推进供给侧结构性改革,促进产业融合发展,启动年加工100万吨甜菜制糖项目。

2016年,全部投资中建筑安装工程投资完成326 172万元,比上年增长13.8%,实现建筑业增加值28 065万元,比上年增长3.6%。

【节能降耗】 额尔古纳市在工业经济稳步增长的形势下,高度重视节能工作,大力推进节能降耗,提高能源利用效率,全市11家规模以上工业企业完成工业总产值32.1亿元,规模以上工业综合能源消费总量为4.1万吨标准煤。全市万元GDP能耗降低率为4%。

【城市建设】 城市功能日臻完善。《额尔古纳市城市总体规划(2014—2030年)》完成评估。加强市政建设,修建市区主次干道1.5公里,铺设沥青路面5.5公里、雨水管网2.3公里,改造供热管网7.7公里。哈撒尔农贸市场投入使用。对2万平方米既有居住建筑进行节能改造。完成400户城市棚户区和527户莫尔道嘎"城中村"棚户区改造任务。启动饮用水水源地污染防治及保护工程,新建安全饮水工程9处。乡镇建设和管理水平提升,平稳承接莫森公司"两供一业"及市政环卫职能划转,莫尔道嘎镇被列入住建部首批特色小镇名录。

【基础设施建设】 拉布大林—哈达图、室韦—拉布大林一级公路实现单幅通车,奇乾—恩和哈达三级公路、黑山头—室韦边防公路基本完工。黑山头大桥、小河子大桥等6座危桥改建工程完工。海拉尔—拉布大林220千伏输变电工程线路竣工。室韦防洪工程(临江段)和市区旧防洪坝改造维护工程均完成70%工程量。

【生态建设】 创建国家生态市工作顺利通过环保部验收,纳入全国第二批生态文明建设试点,生态环境质量在全区35个生态县域中考核排名第一。编制完成全市自然资源资产负债表。国家湿地公园完成监控塔、气象监测站、巡护栈道等基础建设。完成森林抚育、公益林管护、天保二期、"三北"防护林工程共计500余万亩。治理水土流失2.5万亩,三河小流域治理项目开工建设。实施恩和向阳队、上库力三队土地整治项目。完成1362亩重点区域绿化任务,栽植树木25.5万株。开展畜禽禁养区划定工作,打击毁林毁草违法行为，强化环境执法监察，坚决守好生态红线。

【固定资产投资】 2016年，全市固定资产投资完成326 172万元，同比增长13.8%。其中：第二产业投资完成100 634万元，同比下降1%；第三产业投资完成225 538万元，同比增长24.2%。今年的投资仍主要集中在二产、三产。集中突破一批重点项目，带动经济快速增长。房地产开发投资额为5928万元。

【贸易】 社会消费品零售总额完成16.14亿元，同比增长10.3%。从销售地域看，城镇社会消费品零售总额完成13.37亿元，增长10.2%；乡村社会消费品零售总额完成2.77亿元，增长10.5%，城镇消费放缓，乡村消费开始提速。外贸进出口总额完成13 020万美元，同比增长17.4%。其中：进口额完成11 817万美元，增长18%；出口额完成1203万美元，增长11.9%。全年进出口货物32.5万吨，同比增长7%。申报亚投行互联互通项目5个，拟争取资金104.9亿元。推进开放平台建设，边境经济合作区总规环评、控制性详规编制完成。黑山头口岸完成出入境通道隔离改造，进口粮食检验检疫初筛实验室、边民互市贸易区交易大厅和查验大厅改造完工。深化对俄交流合作，与俄方就援建奥洛契口岸事宜达成共识，为下一步实现室韦口岸客货双通创造有利条件。组织演出团体参加俄罗斯国际青少年艺术节、中俄蒙国际服装服饰艺术节。相继举办俄罗斯当代油画展、中俄国际男子篮球友谊赛、第五届中俄界河大舞台互动演出等文体活动。

【招商引资】 全年招商引资完成110 284万元，全年实施招商引资项目18个。其中：引进资金超亿元的项目2个，引进资金5000万元以上亿元以下的项目5个。按行业划分，采掘业7个40 150万元，房地产1个6700万元，旅游业4个38 550万元，热力生产和供应业2个6928万元，租赁和商业服务业1个9000万元。

【邮电 通讯业】 全市邮电和通信业务收入完成8583万元，同比增长2.7%。全市固定电话用户1.2万户，移动电话用户9.5万户，互联网用户1.6万户。

【旅游业】 全年接待游客483.6万人次，实现旅游总收入46.9亿元，分别增长5.7%和6%。旅游业“十三五”规划编制完成，国家旅游度假区规划通过自治区评审，被列入国家第二批全域旅游示范区创建名录。景区建设推进有力，白桦林童话森林旅游景区一期、哈乌尔河景区改扩建、冰泉小镇一期续建、湿地博物馆工程均建成并投入使用。成功举办首届民族风情冰雪节和国际汽车冰雪挑战赛，填补了本市冬季旅游空白，为打造四季旅游迈出坚实一步。承办中俄蒙万里茶道“一江水·两岸情”探访体验自驾游活动。与乐途网、呼旅网等在线运营商合作开发智慧旅游，构建现代智慧旅游服务区，促进线上线下共同营销。加强宣传推介，通过央视国际频道《城市1对1》栏目向世界展示了额尔古纳自然风貌和民俗风情，提高了城市知名度和影响力。

【金融 保险】 全市金融机构存款余额448 869万元，同比增长4.5%。其中：住户存款余额295 019万元，同比增长6.4%。金融机构贷款余额238 653万元，同比增长9.9%。

全市共有9家保险公司，全年合计保费收入完成11 025.5万元，各项理赔款合计5245万元。

【文化】 全市共有文化馆1个，文化站6个，图书馆1个，文化演出团1个，广播电台3座，广播覆盖率98.6%；电视台3座，电视综合覆盖率99.7%。有线电视用户2万户。俄罗斯族“列巴制作技艺”和“格瓦斯制作技艺”被列入自治区第五批非物质文化遗产名录。室内足球馆落成使用。新建6个乡镇地面数字电视基站，广播电视直播卫星“户户通”工程通过自治区验收。此外，信访维稳、安全生产、市场监管、民族宗教、“平安额尔古纳”建设等工作全面推进，社会大局和谐稳定。

【教育】 全市共有普通中学5所，教职工482人，在校学生2906人。全市共有职业中学1所，教职工25人。全市共有小学10所，教职工538人，在校学生3037人。学龄儿童入学率100%。幼儿园9所，教职工196人，在园幼儿1340人。持续改善办学条件，市一中、市一小迁入新校区，对市区及乡镇16所学校、幼儿园进行维修改造，新建标准化特教教室，填补了特殊教育空白。加强教育信息化建设，建设同频互动课堂和录播教室25个。高分通过国家创建义务教育基本均衡县验收。

【卫生】 全市有医疗卫生机构97个，编制床位数452张，实有床位数440张，各类卫生技术人员626人。推进公立医院改革，市人民医院晋升为二级甲等综合医院。血液透析中心新址投入使用，市妇幼保健所完成维修改造，室韦蒙医馆主体工程完工。购入核磁共振、DR、彩超等价值4700余万元医疗设备，提高了全市整体医疗服务水平。

【人民生活】 2016年，全体居民人均可支配收入24 031元，比上年增长8.4%，城镇常住居民人均可支配收入完成24 825元，同比增长8.1%；城镇居民人均消费支出17 474元，同比增长7.9%。其中，食品烟酒、衣着和居住支出占主要份额，分别是4820元、2956元和3172元。农村牧区常住居民人均可支配收入21 926元，同比增长7.4%；农民人均生活消费支出13 689元，同比增长6.6%。

【社会保障】 年末，全市参加基本养老保险职工45 730人，其中：企业单位参保23 605人，机关、事业单位参保3925人，离退休人员18 200人。城乡居民基本养老保险5458人。在医疗保险中，城镇职工保险31 330人，城乡居民基本医疗保险35 754人。工伤保险19 316人，生育保险21 007人。城镇居民享受最低生活保障的人数为4243人，共2705户。参加失业保险职工13 501人，城镇登记失业人员1561人，城镇登记失业率3.83 %。

推进创业就业工程，5家创业园投入使用，室韦少数民族创业孵化基地被评为自治区级示范性基地。发放创业担保贷款1295万元，城镇登记失业率控制在4%以内。民生服务中心主体建成，10个乡镇人社综合服务中心、48个社保卡综合服务点投入使用，实现全市村屯队“互联互通惠民便民平台”全覆盖。推进城乡居民医保整合运行，各类社会保险参保人数持续增长。最低生活保障标准提高到470元，百岁老人津贴标准提升至600元。全年争取各类扶贫资金1018万元，通过“养殖专业合作社＋贫困户”模式，使全市建档立卡贫困人口全部实现脱贫。

年末社会福利院床位数100张，收养人数53人。

（撰稿人：王国柱 宋金香）

新巴尔虎左旗

【概况】 新巴尔虎左旗（以下简称新左旗）位于呼伦贝尔市西南部，地理坐标为北纬47°10′~49°47′，东经117°33′~120°12′。东与陈巴尔虎旗、鄂温克自治旗为邻，南与兴安盟阿尔山市接壤，西与新巴尔虎右旗相依，西北连接满洲里市，北与俄罗斯以额尔古纳河为界，西南和蒙古国交界，边境线总长311.24公里。下辖阿木古郎镇、嵯岗镇、乌布尔宝力格苏木、新宝力格苏木、吉布胡郎图苏木、甘珠尔苏木、罕达盖苏木2个镇5个苏木。全旗总面积2.16万平方公里。

全旗总人口42 093人，同比增长0.1%。出生人口399人，人口出生率为10.93‰；死亡人口312人，人口死亡率为7.74‰。年末全旗总人口中，城镇人口18 275人，比重为43.4%。少数民族人口33 550人，占全部人口79.7%。其中：蒙古族人口32 453人。

2016年，全旗地区生产总值完成371 775

万元,同比增长 6.0%(按可比价计算)。其中:第一产业增加值完成 64 338 万元，同比增长 3.9%;第二产业增加值完成 182 113 万元,同比增长 4.6%。其中：工业增加值完成 114 018 万元,同比增长 5.1%;建筑业增加值完成 68 094 万元,同比增长 3.8%;第三产业增加值完成 125 324 万元,同比增长 9.4%。三次产业结构由上年的 19.0 : 50.0 : 31.0 调整为 17.3 : 49.0 : 33.7。

地方财政总收入为 17 934 万元，同比下降 30.1%。地方公共财政预算收入完成 9564 万元,同比下降 51.9%。地方公共财政预算支出完成 119 378 万元,同比增长 17.3%。

【农业】 全旗农作物总播种面积 27 995.9 公顷,同比增长 0.4%。其中:粮食作物播种面积为 21 263.9 公顷,同比增长 4.7%。全年粮食总产量(上报数)为 79 621.8 吨,比上年增加 5162.3 吨,同比增长 6.9%。在粮食作物中，小麦产量 79 540.8 吨,同比增长 6.9%,玉米产量 6 吨,马铃薯产量 75 吨;经济作物播种面积为 6731.8 公顷,同比增长 0.8%,油料产量 11 001.4 吨,同比增长 0.9%；蔬菜产量 1180 吨，瓜果产量 54.4 吨。

【畜牧业】 全旗牧业年度牲畜存栏 1 630 521 头(只),同比增长 4.3%。其中:大畜 257 058 头,同比增长 14.2%；小畜 1 372 328 只，同比增长 2.6%;生猪 1 135 口,同比下降 22.2%。年末牲畜总头数 851 589 头(只),同比下降 23.2%。其中:大畜 170 021 头,同比下降 10.4%;小畜 680 907 只，同比下降 25.8%；生猪 661 口，同比下降 48.1%。年末牲畜出栏率 69.2%。日历年度良种及改良牲畜 731 481 头(只),良种化程度 86.5%。至年末，全旗拥有农牧业机械总动力 19.5 万千瓦。新建标准化规模养殖小区 4 个，棚圈 664 座、饲草储备库 20 座,种植杂花苜蓿 1.7 万亩,进口饲草 1.5 万吨,储备 2 万吨应急饲草,全力应对历史罕见旱灾造成的影响。

【林业】 2016 年，新左旗林业部门获“全国生态建设突出贡献先进集体”。完成重点区域、村屯植树绿化 6600 亩,义务植树 6 万株。

【水利】 实施 15 处集中供水改造工程，发放 696 套单户水处理设备,水库、堤坝等工程进展顺利。

【工业】 实现工业投入 12.09 亿元,大庆石油新增钻井 22 口，原油产量 6.2 万吨，产值 1.2 亿元。风力发电 6094 万千瓦时,产值 2665 万元。蒙力、五凌光伏发电项目并网发电,发电量 1653 万千瓦时,产值 1570 万元,成功引进宇涵光伏发电项目，全旗光伏发电获得建设指标 80 兆瓦,位居全市首位。石油、风光电、供电企业产值占规模以上工业总产值的 68%。中蒙经济技术合作区“一区三园”前期各项要件基本完成,具备了项目落地的条件。

全旗规模以上工业企业 8 户。全部工业增加值完成 114 018 万元,同比增长 5.1%。规模以上工业增加值增速为 5.2%。规模以上工业总产值完成 37 867.4 万元,同比下降 5.6%。其中:重工业现价产值完成 24 382.5 万元，同比下降 12.7%；轻工业现价产值完成 13 484.9 万元,同比增长 10.4%。按登记注册类型划分,股份制企业产值完成 35 202.1 万元,同比下降%;外商及港澳台商投资企业产值完成 2 665.3 万元,同比下降 22.6%。规模以上工业产品销售率为 93.6%,同比下降 6.4 个百分点。

【城镇建设】 投入 4.5 亿元,完成阿木古郎镇供热管网、市政绿化等改扩建工程,污水处理厂投入试运行；实施美丽乡村工程，新建住房 1588 座、硬化街巷 209.5 公里,改造院墙 40 万米;建设阿木古郎镇至口岸公路，镇区内路段实现通车。

【环境保护】 投入 2.5 亿元,落实新一轮草原生态补奖和草畜平衡制度,实施禁牧 868 万亩,草畜平衡 1352 万亩。推进生态主体功能区建设,治理沙地 35 万亩,治理面积全市最大。统筹实施生态建设保护管护措施，多部门联合打击毁林毁草、滥挖野生药材等违法行为。大气污染和水污染防治计划有序实施。编制上报旗国家重点生态功能区产业准入负面清单。全面落实整改中央环保督查反馈问题，全力实施呼伦湖综合整治工作。严格执行"三同时"制度，主要污染物排放量控制在指标以内，环评执行率100%。

【交通　电信】 投入5.5亿元，新增农村公路66.9公里，阿木古郎镇至乌布尔宝力格苏木、诺干诺尔至乌布尔宝力格苏木至阿拉坦哈达公路开工建设，东西旗一级公路实现试通车。

全年邮电主营业务收入完成528.5万元，同比增长5.1%；全旗电话用户3497户。其中：住宅电话为2653户，同比下降45.9%；移动电话用户52 122户，同比下降3.4%；宽带用户7176户，同比增长0.9%。

【商业】 完成招商引资13.6亿元，同比增长4.6%。启动口岸整体发展规划工作，着力完善功能定位、扩展合作空间、摆布产业布局。新建饲草熏蒸库2座，熏蒸饲草1.5万吨，进口原油55万吨，进出口额15.3亿元，口岸过货量68.6万吨。进出口贸易值15.3亿元，增长18%。启动中蒙互市贸易区申报工作，开通中蒙双边贸易电子平台，连续举办2次中蒙口岸贸易展销会，参加第七届中俄蒙三国毗邻地区展销会。

【旅游业】 投入9100万元，完善诺干湖、伊和乌拉、巴尔虎蒙古部落等景区基础设施，诺门罕战役遗址陈列馆被列入"全国红色旅游景点景区"名录。推进智慧旅游，4家A级景区入住呼旅网。举办中国·呼伦贝尔中俄蒙万里茶道游钓大赛，组织开展"银色巴尔虎"冬季旅游系列活动。推进满洲里国旅、蒙古国阿拉泰集团合作开发的跨境旅游项目前期工作。全面开展旅游市场整顿，旅游市场秩序逐步规范。全年旅游人数62.3万人次，收入5.6亿元，分别增长11%和54%。

【服务业】 全旗社会消费品零售总额70 035.9万元，同比增长10.4%。其中：批发业完成11677.0万元，同比增长8.0%；零售业完成33 389.9万元，同比增长12.1%；住宿业完成7087.3万元，同比增长6.9%；餐饮业完成17881.7万元，同比增长10.1%。

【金融　保险】 年末，全旗金融机构各项存款余额126 892万元，同比增长30.1%。其中：广义政府存款50 125万元，总比增长52.5%；住户存款59 953万元，同比增长13.6%。金融机构各项贷款余额83 311万元，同比增长0.9%。其中：短期贷款50 427万元，同比增长18.6%；中长期贷款27 608万元，同比增长2.1%。银行现金回笼累计12 546.9万元，同比增长8.8%，银行现金投放累计22 881.1万元，同比下降13.9%，收支相抵累计净投放现金10 334.2万元，同比增长31.2%。

至年末，全旗保险业务总收入2647.9万元，同比增长20.4%。其中：财产保险收入2019万元，同比增长32.9%；人寿险收入628.9万元，同比下降7.5%。全年保险赔付额620.7万元，同比下降1.2%。其中：财产险赔款为584万元，同比增长1.4%；人寿险赔款额为36.7万元，同比增长1.9%。

【科技】 实施呼伦贝尔羊高效养殖技术推广、牧区"12396"科技信息服务移动平台建设、日光采暖标准化暖棚技术推广重大科技成果转化项目3项。推进阿镇农牧业生态产业园区、草原畜牧业提质增效示范工程基地2个科技示范园区建设。实施种子工程。制定《种子工程项目管理办法》，实施安格斯肉牛养殖示范种子工程项目，落实市级专项资金100万元。

【教育】 全旗教职工人数为770人。其中：专任教师541人。普通中学2所，招收学生258人，在校生780人，毕业生197人。九年一贯制学校2所，招生数67人，在校生315人，毕业生86人。小学2所，招生数316人，在校生数1817人，毕业生275人。幼儿园7所，学前教育在园幼儿1168人。

【文化】 全旗有艺术表演团体1个，公共图书馆1个，文化馆1个，全旗拥有广播电视台1座，调频转播发射台8座，广播综合覆盖人口3.96万人；电视综合覆盖人口3.98万人。2016年,以“第十届巴尔虎文化艺术节”系列活动为抓手,丰富牧区百姓文化生活,切实加大舆论宣传引导力度,推动全旗文化广电事业发展。

乌兰牧骑结合“百团千场”、中国共产党成立95周年等重要节点举办专场演出和下乡慰问演出共计63场次。巴尔虎少儿合唱团通过考试招收12名新生,少儿“巴尔虎英雄史诗”班正式开班。

全面完成“数字文化走进蒙古包”工程安装任务，共建成8个一级站、23个移动数字加油站,并开通使用。组织策划举办服饰行业年会暨文化交流会，展览展销服饰及手工艺作品800余件。

重视外宣工作，在上级台播出条数超过往年同期,截至年末,在中央人民广播电台、内蒙古电台共播出33条节目,播出专题片《秀丽的哈骝马》和《牧民的新探索》2部,与呼伦贝尔市电台《草原之声》栏目电话连线直播节目16期。

【卫生】 全旗共有医疗卫生机构21个,卫生技术人员319人,医疗卫生单位病床151张。2016年度全旗参合牧民16 890人，参合率为100.3%。整合基层医疗卫生机构资源,将原有12所卫生院合并为9所,4所中心卫生院合并为3所,增设卫生室2所。实现2所公立医院全面取消药品加成。以2个苏木的嘎查为试点，推进“互联网+小药箱”信息化提升工程,利用微信血压计和血糖仪实现慢性病患者自我监测数据及时上传到区域卫生平台功能，创造出牧区新的慢性病管理模式。

【体育】 6月，与蒙古国东方省共同举办2016年中蒙“同一个家园——为世界和平而奔跑”火炬传递仪式。同月,承办2016中国第二届“巴尔虎”杯自由式摔跤国际邀请赛。新巴尔虎左旗被内蒙古自治区摔跤协会命名为“内蒙古自治区自由式摔跤之乡”。

【社会保障】 民生支出7.8亿元，占财政支出70%以上。加大就业帮扶力度,发放创业担保贷款997万元,全年新增就业735人。加强社会保障和困难群众救助，发放低保金2283万元、各类专项救助金1.9亿元，为3407户低收入牧户发放燃煤补贴。全力推进扶贫攻坚工程,建立易地扶贫搬迁投资平台，投入专项资金2548万元,对全旗建档立卡户因户施策、因人施策,实现脱贫114户、300人。投入2300万元，完成710户棚户区、牧民进程定居续建工程。监理实施编制外聘用人员工资待遇逐年增长工作机制。

至年末，全旗社会福利院床位数75张,年末在院人数46人。年末在职参保人数为4212人,有3473名离退休人员参加了离退休费社会统筹。

【人民生活】 2016年，全体居民人均可支配收入为20 571元,同比增长8.0%。城镇常住居民人均可支配收入22 876元，同比增长7.0%;农村牧区常住居民人均可支配收入18 110元,同比增长7.6%。城乡居民人均可支配收入年均增长10.3%和13.7%。

（撰稿人:斯琴 史兰春）

新巴尔虎右旗

【概况】 新巴尔虎右旗(以下简称新右旗)位于内蒙古自治区呼伦贝尔市西部，地理坐标为北纬47°36′~49°50′,东经115°31′~117°43′。东以乌尔逊河为界与新巴尔虎左旗隔河相望；东北部与口岸城市满洲里毗邻;北、西、南三面与蒙古国和俄罗斯接壤,国境线长515.4公里。其中,48公里为中俄边境线,467.4公里为中蒙边界线。全旗东西宽168.34公里,南北长245公里,总面积25 194平方公里。全旗辖3镇4苏木,即:阿拉塔额莫勒镇、呼伦镇、阿日哈沙特镇;贝尔苏木、克尔伦苏木、达赉苏木、宝格德乌拉苏木。

2016年,全旗总户数15290户,总人口35138人。其中:城镇人口16689人。在总人口中:蒙古族29364人,汉族4973人,分别占总人口的83.57%和14.15%;人口男女比例为50.0∶50.0。按计生口径统计,全旗人口出生率11.26‰,比上年下降0.86个千分点,人口死亡率3.34‰,比上年下降1.26个千分点,人口自然增长率7.92‰,比上年增长2.08个千分点。

全旗完成全社会固定资产投资总额360663万元,增长13.2%。其中:国有单位投资233171万元,下降17.3%。按建设性质分:基本建设投资335786万元,增长34.8%。固定资产投资中,建设项目投资359767万元,增长13.4%;房地产开发投资1746万元,增长36.4%。本年新增固定资产149888万元,下降50.5%。按项目隶属关系分,地方项目投资318653万元,增长31.6%。第一产业投资完成20934万元,增长578.6%;第二产业投资完成177408万元,增长74.4%,其中工业项目投资完成177408万元,增长74.4%;第三产业投资完成162321万元,下降24.1%,其中:房地产业开发投资1746万元,水利环境和公共设施投资13503万元,公共设施管理投资4253万元,文化、体育和娱乐业投资2666万元。

全旗施工项目101个,比上年增加45个,其中:新开工项目69个,比上年增加44个;本年投产项目88个,比上年增加53个。本年施工房屋面积106869平方米,增长73.5%;本年竣工房屋面积24972平方米,增长142.9%。

2016年,实现地区生产总值807686万元,按可比价计算增长7.3%(以下均为可比价增速)。其中:第一产业完成增加值41010万元,增长3.4%;第二产业完成增加值622275万元,增长7.0%。其中:工业增加值607886万元,增长7.0%,建筑业增加值14390万元,增长3.8%;第三产业完成增加值144400万元,增长10.5%。三次产业结构比例为5.1∶77.0∶17.9。人均生产总值为230356元(折合34680美元),增长8.1%。

【农牧业】 全年实现农林牧渔业总产值(现价)71975.7万元,按可比价格计算增长3.2%,实现农林牧渔业增加值41010万元,增长3.4%。年末牲畜存栏1275334头(只),同比下降17.3%。在年末大小牲畜实有头数中,能繁殖的母畜为1115248头(只),比上年增加200188头(只),下降15.2%,母畜比重为87.5%,比上年增长2.2个百分点。

2016年新右旗主要畜产品产量完成情况表

指标	单位	2015年	2016年	2016年比2015年增减(%)
肉类总产量	吨	30576	23303	-23.8
其中:牛、羊肉	吨	30224	22435	-25.8
猪肉	吨	41	15	-63.4
牛奶产量	吨	6100	2610	-57.2
绒毛产量	吨	1412	1501	6.3
皮张产量	张	692078	730701	5.6

2016年全旗主要蔬菜及特种作物产量完成情况表

指标	单位	2015年	2016年	2016年比2015年增减(%)
蔬菜总产量	吨	26794	27277.1	1.8
叶菜类	吨	510	488	-4.3
瓜菜类	吨	2686	2881	7.3
块根、块茎类	吨	575	575	持平
茄果菜类	吨	721	735.5	2.0
葱蒜类	吨	858	879.6	2.5
薯类	吨	6100	5200	-14.8
瓜类	吨	13800	14770	7.0
鲜切花	支	——	——	——

【林业】 全年完成造林绿化 28 814 亩。其中:沙区综合治理 2.2 万亩，重点区域绿化工程 1314 亩,完成村屯绿化工程 50.5 万株,义务植树 500 亩。

【水利】 建设集中供水工程 3 处，发放水处理设备 231 套;共征收水资源费 620 万元。

【工业】 2016 年全部工业增加值完成 607 886 万元,增长 7.0%。其中规模以上工业增加值增长 7.3%。规模以上工业产值完成 1 054 637.0 万元，增长 5.9%。实现利润 8.7 亿元,下降 0.2%。

2016 年新右旗主要工业产品产量完成情况表

产品名称	单位	2016 年	2016 年比 2015 年 增减(%)
原油	吨	338 248	-10.9
锌精矿粉	吨	128 808.9	60.2
铅精矿粉	吨	120 666.1	56.5
铜精矿粉	吨	169 386.9	17.3
鲜冷藏冻肉	吨	4151	68.9
发电量	万千瓦时	12 101	-1.3

【城镇建设】 2016 年,投资 1.2 亿元,实施棚户区改造工程,发放廉租住房补贴资金 49.6 万元，惠及 404 户、853 人。完善市政基础设施，投资 6000 万元,完成道路改造、人行道板维修、老旧楼体涂装等市政公用基础设施工程 19 项。完成老旧小区管网改造 25 个、主体维修小区 3 栋。投资 440 万元,完成楼体亮化 25 栋。投资 2550 万元,栽植各类乔木 2.2 万株、灌木 6.8 万株,新增绿化面积 16.5 万平方米。

【环境保护】 2016 年，审批环境影响登记表项目 73 项、报告表项目 29 项,验收餐饮业环保设施 62 家,环评执行率 100%;国家县域经济转移支付资金 1481 万元,实施水污染防治、农村环境综合整治项目,总投资 1294.14 万元;全旗空气质量保持在二级以上,“两湖、两河”周边无工业污染源。

【交通运输】 全旗实现客运量 15.40 万人次,同比下降 10.8%；客运周转量 2 012 万人公里,同比下降 21.9%。

【邮电业】 全旗实现邮电通信业务总收入 6007 万元，同比增长 5.5%。全旗电话交换机总容量 8354 门，增长 0.2%。年末固定电话用户 3893 户，下降 28.9%；市内电话用户 3697 户，下降 26.9%;农话用户 202 户,下降 49.8%。年末移动电话用户 49 107 户,增长 3.6%;全旗电话普及率 151 部 / 百人(包括固定电话和移动电话),与上年持平。互联网用户 7 449 户，同比增长 18.7%。

【服务业】 全旗实现社会消费品零售总额 66 259 万元,同比增长 10.1%。按销售地分,县的零售额 43 730.9 万元,增长 10.1%;县以下零售额 22 528.1 万元,增长 10.1%。按行业分,批发零售贸易业占据首位，实现零售额 53 007.2 万元,增长 10.1%,占消费品零售总额的 80%;住宿、餐饮业实现零售额 12 589.2 万元，增长 10.1%,占消费品零售总额的 19.0%;其他行业实现零售额 662.6 万元,增长 10.1%。

【贸易口岸】 2016 年，全旗进出口货物量 96 034.3 吨。其中:进口货物 30 914.5 吨;出口货物 65 119.8 吨。进出口贸易成交额 6244.6 万美元。其中:进口贸易成交额 3621.3 万美元;出口贸易成交额 2623.3 万美元。进出境客运量 100 713 人次，其中入境客运量 50 413 人次;出境客运量 50 300 人次。

全旗招商引资项目 49 个,实际引进国内市外资金 21.5 亿元,同比增长 16.4%,其中引进国内区外资金 5.4 亿元,下降 0.9%。

【旅游业】 全旗接待国内旅游者人数下降 1.8%;旅游总收入增长 2.9%。其中,全年接待国际旅游者 50 413 人,增长 38.4%,国际旅游创汇 1220.7 万美元,增长 43.8%。

【金融 保险业】 2016 年，全旗实现财政总收入(新口径)168 934 万元,比上年增加 31 504 万元,增长22.9%。在地方收入中一般公共财政预算收入完成55 215万元,比上年增加3795万元,增长7.4%。分部门看,国税部门实现税收收入11 651万元,增长34.9%,地税部门实现税收收入36 830万元,增长8.3%。一般公共财政预算支出完成118 563万元,增长3.3%。

2016年年末,全旗银行各项存款余额165 064万元,同比增长56.0%。其中:住户存款80 526万元,同比增长7.9%;广义政府存款53 054万元,同比增长174.3%;非金融企业存款29 449万元,同比增长236.7%。银行各项贷款余额142 460万元,同比增长93.9%。其中:住户贷款77 931万元,同比增长24.9%;非金融企业及机关团体贷款64 529万元,同比增长483.3%。

全旗保险业保费收入2416.7万元,同比增长35.2%。其中:财险收入1 445.9万元,增长54.6%;寿险收入970.7万元,增长13.9%。保险业赔付额560.8万元,同比增长4.7%。其中:财险赔付454.0万元,增长34.0%;寿险赔付额106.8万元,下降45.8%。其中:住院赔款44万元,下降29.0%;健康赔款6.2万元,下降23.5%;伤残赔款56.6万元,下降55.4%。

【教育】 全旗共有普通中学2所,职业中学1所,小学2所,幼儿园7所,专任教师406人,下降2.2%。普通初中在校生数655人,下降3.0%;职业中学在校生数36人,下降32.1%;小学在校生数1 785人,增长2.0%。普通初中毕业生数212人,下降0.9;职业中学毕业生数24人,增长166.7%;小学毕业生数210人,下降6.3%。学龄儿童入学率100%;初中入学率100%;义务教育普及率100%。

【文化】 全旗电视人口覆盖率99.22%,与上年持平;广播人口覆盖率99.72%,与上年持平。全年文艺演出124次,比上年减少36场,下降22.5%。

【卫生】 全旗共有卫生机构26个(包括个体私营诊所);卫生单位拥有病床168张;卫生技术人员365人,同比增长3.7%。在卫生专业技术人员中,拥有中高级卫生技术专业人员92人,增长17.9%;初级卫生技术人员236人,增长3.5%。

【社会保障】 全年参加城镇职工基本养老保险3938人,同比增长7.4%;参加城乡居民养老保险14 019人,同比增长1.3%。参加职工基本医疗保险7837人;参加城镇居民基本医疗保险9643人;牧区新型合作医疗参合人数16 056人,比上年增加630人,增长4.1%,参合率99%。全年城镇失业人员就业人数829人。其中帮扶"4050"等就业困难人员再就业106人。社会福利院共收养36人,同比下降10.0%。其中:老人36人,拥有床位68张。

【人民生活】 2016年,全体居民人均可支配收入22 526元,同比增长8.0%。全旗城镇常住居民人均可支配收入26 511元,增长7.4%。城镇常住居民人均消费支出为19 611.4元,增长8.9%。其中:食品消费支出4663.7元,增长1.2%;衣着消费支出2151.9元,下降6.0%;居住消费支出3102.1元,下降13.0%;家庭设备用品及服务支出1361.6元,下降5.9%;医疗保健支出3526.4元,增长177.8%;交通和通信支出2 505.6元,下降4.7%;教育文化娱乐服务支出2017.6元,增长11.5%,其他商品和服务支出282.6元,下降26.7%。

全旗农村牧区常住居民人均可支配收入18 194元,增长7.3%。人均生活消费支出20 390.7元,增长9.1%。其中:食品消费支出3138.1元,下降14.1%;衣着消费支出1551.4元,下降14.1%;居住消费支出5728.元,增长117.8%;家庭设备及用品消费支出1164.4元,下降23.2%;医疗保健用品支出1643.4元,下降9.7%;交通通信消费支出5132.8元,下降3.0%;文化教育、娱乐消费支出1878.2元,增长26.8%;其他商品和服务消费支出154.0元,下降18.6%。

(撰稿人:金志辉)

陈巴尔虎旗

【概况】 陈巴尔虎旗(以下简称陈旗)位于内蒙古自治区呼伦贝尔市西北部。属呼伦贝尔大草原腹地,地处北纬48°48′~50°12′,东经118°22′~121°02′之间,东部和东北部分别与牙克石市、额尔古纳市接壤,东南与海拉尔区毗邻,南接鄂温克自治旗,西与新巴尔虎左旗交接,西北与俄罗斯隔额尔古纳河相望,中俄边境线总长193.9公里(全系水界)。全旗东西宽约180.7公里,南北长约135.2公里,总面积1.86万平方公里。其中:草原面积1.58万平方公里,占总面积85%,水面积161平方公里,现有耕地面积150万亩,森林面积965亩。国道301线、滨洲铁路横贯旗境,旗政府驻地巴彦库仁镇距呼伦贝尔市政府驻地海拉尔区34公里。

全年地区生产总值完成94.2亿元,同比增长7.2%;固定资产投资完成29.3亿元,增长12.9%;一般公共预算收入实现4.55亿元,下降22.8%;社会消费品零售总额完成6.2亿元,增长10.0%;城镇、居民人均可支配收入分别为27 542元,增长7.6%。农村牧区人均可支配收入184 440元,增长7.3%。

【农牧林业】 新增1000头以上奶牛养殖场3个,5000只以上肉牛养殖场6个,300头以上肉牛养殖场2个、500头以上种牛扩繁场1个。专业合作社175家,储草库19座,流转草原面积150万亩。挂牌成立2家行业商会,新建储草库24座、棚圈200座。全年奶产量15万吨、肉产量1.9万吨、粮油产量15.3万吨。

矿区绿化1477亩,栽植苗木1.5万余株。

【水利】 全年新增机井150眼、集中供水3处,发放有动力水处理设备729套,解决了3331人的安全饮水问题。修筑堤防1.5公里。

【工业】 全年11户规模以上工业企业智能改造升级,规模以上工业增加值8.1%,完成110千伏巴彦库仁变电站农网改造升级。煤炭就地转化率18.2%。

【城镇建设】 全年改造31栋老旧楼体排污和供水管道。全年硬化苏木镇街巷149.2公里。

【环境保护】 全年投资1.48亿元,完成草原生态综合治理2300余万亩;开展打击乱挖野生药材等破坏生态行为专项行动30次;投资5000万元,绿化矿区3505亩。全年完成村屯绿化194亩、草地围栏120万亩、沙地治理18.7万亩、水土流失治理8.9万亩、休牧50万亩、禁牧506.9万亩、划区轮牧70万亩、人工造林8.3万亩、草场补播30万亩、纯增节水灌溉1.69万亩。

【交通】 陈旗鄂温克苏木阿尔山嘎查、哈吉嘎查、C025至金帐汗旅游部落公路项目,鄂温克苏木至那吉林场、呼和诺尔镇至海拉尔、X317至额尔敦乌拉嘎查、C004至呼和道布嘎查支线公路建成通车。

【旅游业】 全年接待游客159.7万人次,旅游总收入6.4亿元,呼伦贝尔草原国家公园旅游区基础建设开工。

【金融 保险】 陈旗小微企业发放担保贷款3758万元,全旗社会保险基金收入37 079万元其中基本养老保险收入22 670万元;基本医疗保险收入12 088万元;失业保险收入1225万元;工伤保险收入611万元;生育保险收入485万元。

【科技】 全年科技支出156万元,比上年减少4万元,下降2.5%。

【教育】 2016年,全旗小学6所、初级中学3所、职业高中1所。10所学校全部达到自治区标准化学校标准。幼儿园孩子1500人、小学生2300名、初中生1100名、小学适龄人口入学率100%。小学教师490人、中学教师275人、职业高中教师58人。塑胶跑道2个、体育活动场馆3座,校园警务室全覆盖。

【文化】 全旗有文化馆1个。新建嘎查文化活动室29处、通信信号塔3处、广播电视通信设备1000套。图书馆1个、藏书3万册、读者8000余人。乌兰牧骑1个、演员50名、演出100余次,观众12万余人(次)。文化站5所、博物馆1所,民族博物馆接待游客1500人(次)。完成中央电视台春节晚会呼伦贝尔分会场直播任务。

【卫生】 全旗卫生机构45所。其中:旗级医院2所、企业医院4所、卫生院7个、疾病防疫控制中心1个、妇幼保健所1个、计划生育指导站1所、卫生监督所1个、个体诊所20个、社区卫生服务站8个。全旗卫生技术人员420人,医疗床位220张。个体诊所医护人员50人、观察床位100个。

【环境保护】 全年完成草围栏40万亩,人工饲草地2.1万亩,补播草地5万亩,沙区综合治理25.8万亩,新增节水灌溉面积1.8万亩,水土流失治理9万亩。关停3项污染物减排工程,治理2个废弃采坑矿山环境治理项目。

【体育】 有体育馆1所,全年参加市级体育赛事(会)30次,举办第三届中国冰雪那达慕。2016年,"春晚"分会场在陈巴尔虎旗呼和诺尔成功录制。新建旗民族中学足球馆及民族中学、第二小学塑胶跑道。

【社会保障】 2016年,为1184名孤残及"三无人员"发放救助金540万元,为2900户低收入发放取暖补贴174万元,为838名老人发放高龄津贴106.7万元,为全旗60周岁以上人员缴纳意外伤害保险,为42户独生子女死亡家庭发放补助金212万元。

【人民生活】 2016年,新增城镇就业821人,失业人员再就业110人,农牧民转移就业104人,全旗企业退休人员基本养老金月人均提高150.6元,城乡居民基本养老金提高到190元,新农合补助标准提高人均440元,城乡低保提高8.7%。贫困人口减少345人。新建保障性住房132套(户),棚户区改造1778套(户)。

(撰稿人:亚 平)

阿 荣 旗

【概况】 阿荣旗位于内蒙古自治区东北部,隶属呼伦贝尔市,襟连松嫩平原,背倚大兴安岭。全旗辖12个乡镇,分别为那吉镇、亚东镇、霍尔奇镇、六合镇、向阳峪镇、复兴镇、三岔河镇、兴安镇、新发朝鲜族乡、查巴奇鄂温克族乡、得力其尔鄂温克族乡、音河达斡尔鄂温克民族乡。2个农场,分别为那吉屯农牧有限责任公司、格尼河农牧有限责任公司。7个地方林场,分别为三号店林场、阿力格亚林场、库伦沟林场、大时尼奇林场、音河林场、查巴奇林场、得力其尔林场。辖区总面积12 063平方公里。其中:草原面积234.7万亩,其中可利用210万亩。林地面积847.5万亩,森林覆盖率52.3%。

全旗总人口320 766人。其中:农业人口232 433人,占总人口的72.46%;非农业人口88 333人,占总人口27.54%。

全旗人口共由27个民族构成。其中:汉族282 932人,蒙古族9846人,回族227人,满族19 894人,朝鲜族1865人,达斡尔族2454人,鄂温克族2 917人,鄂伦春族211人,壮族33人,藏族15人,锡伯族239人,其他民族133人。全年出生人口3409人,出生率为10.62‰;死亡人口1959人,死亡率为6.11‰;人口自然增长率为4.52‰。

辖区面积12 063平方公里,其中:草原面积234.7万亩,其中可利用草场210万亩。林地面积847.5万亩,森林覆盖率52.3%。水资源总量18.97亿立方米,水能理论蕴藏量14.8万千瓦,淡水总面积1.47万公顷;矿产资源以石灰石为主,探明储量4.6亿吨、远景储量50亿吨。

全旗固定资产投资累计完成122.18亿元,同比增长13.24%。其中:城镇固定资产投资108.14亿元,同比增长13.28%;工业固定资产投资24.38亿元,同比增长20.26%;房地产开发投资完成 14.04 亿元,同比增长 12.90 %。全旗建筑业总产值完成 21.25 亿元,同比增长 15.29%。

全旗地区生产总值完成 164.15 亿元，按可比价计算(下同)同比增长 7.1%。其中:第一产业增加值完成 45.62 亿元,同比增长 4.0%;第二产业增加值完成 74.25 亿元,同比增长 6.4%;第三产业增加值完成 44.28 亿元，同比增长 12.2%。三次产业比重由上年的 30.23∶45.36∶24.41 调整为 27.79∶45.23∶26.98。人均国内生产总值为 51 268 元,同比增长 8.9%。全旗财政总收入完成 9.76 亿元,同比增长 7.4%,占地区生产总值的比重为 5.95%。单位国内生产总值能耗同比下降 4.36%。

【农业】 全旗粮食总产量 151.4 万吨,同比下降 3.87%。全年实现种植业总产值 44.11 亿元,同比下降 8.64%。

在粮食产量中,玉米产量 124.98 万吨,同比下降 8.9%;小麦 0.58 万吨,同比下降 22.97% ;水稻产量 3.73 万吨,同比增长 29.51%;薯类产量 30.33 万吨,同比增长 50.3%;大豆产量 13.01 万吨,同比增长 7.17%;油料产量(快报数)2.1 万吨,同比增长 0.48%。

全旗农作物总播种面积 29.53 万公顷。其中:玉米 18.24 万公顷,同比下降 6.63%;小麦 0.11 万公顷，同比下降 10.4%；水稻 0.52 万公顷,同比增长 16.48%;薯类 1.19 万公顷,同比增长 60.22%；大豆 6.67 万公顷，同比增长 10.82%;油料播种面积(快报数)0.86 万公顷,与上年基本持平。

年末农业机械总动力 87 万千瓦,同比增长 3.57%。现有大中型拖拉机 34 356 台,同比增长 3.19%；小型及拖拉机 2881 台，同比下降 14.18%。化肥施用量 2.0 万吨(折纯量),与上年基本持平。城乡居民生活用电量 11 634 万千瓦时,同比增长 11.44%。

【畜牧业】 全年实现牧业总产值 26.97 亿元,同比增长 2.63%。牧业年度牲畜总头数 480.31 万头(只),比上年增长 4.5%。其中:大畜 45.29 万头,增长 5.42%;小畜 388.45 万只,增长 4.3%;生猪 46.57 万口，增长 5.31%。全年牲畜出栏 254.02 万头只,同比增长 30.59%。其中:大畜出栏 10.74 万头，同比增长 12.82%；小畜出栏 233.69 万只，同比增长 32.78%；生猪出栏 9.59 万口,同比增长 6.56%;家禽出栏 210 万只,同比增长 10.85%。肉类产量 57 849 吨，同比增长 16.42%;禽蛋产量 12 320 吨,同比增长 4.12%;牛奶产量 9.15 万吨，同比下降 15%。全年放蚕 4016 把，蚕茧产量 600 万公斤，蚕茧产值 1.55 亿元。

【林业】 全旗公益林管护、天然林保护面积 909.48 万亩,森林覆盖率 51.04%。全年实现林业总产值 3.37 亿元,同比增长 1.2%;完成植树造林面积 2561 公顷，新建三北防护林 5 万亩,完成重点区域绿化 1.4 万亩、义务植树 75.4 万株、四旁植树 15.9 万株。

【水利】 农田水利建设不断完善，综合治理水土流失面积 8 万亩。全旗共有中小型水库 17 座。有效灌溉面积 137.18 万亩,其中新增有效灌溉面积 9 万亩,当年生态保护面积 9 万亩。气象事业稳步发展,预报水平逐年提高。24 小时一般降水预报正确率为 88%;24 小时高低温天气预报正确率分别为 83.6%和 78.7%。

【工业】 全旗规模以上工业产值完成 140.64 亿元,同比增长 17.07%;实现销售产值 138.72 亿元,同比增长 18.6%;产品销售率 98.63%,同比增长 1.15%。全旗工业企业实现增加值 54.48 亿元,同比增长 7.4%。其中:规模以上工业增加值增速完成 8.2%。

【城乡建设】 城乡基础设施建设全面加强,阿伦河滨水景观、新区饮用水源地保护、河西新区绿化、新区水厂、和谐大街拓宽改造等工程推进,城市功能日趋完善。人居环境长效管护机制初步构建,通过国家卫生县城复审,新发乡被评为国家卫生乡镇。城市管理拓展到新区。购买整体清雪车、清扫车、抛雪车等设备,为及时清雪,降低环卫工人劳动强度提供有力保障。美丽乡村建设突飞猛进。松塔沟村入选全国第四批美丽宜居村庄。实施“一事一议”财政奖补项目31个,惠及3.77万人。出台《阿荣旗农村环境卫生综合整治长效机制》,推动公共服务向农村延伸。

全年固定资产投资项目225个。其中:城镇固定资产投资新开工项目207个,结转项目18个,房地产开发项目20个;本年固定资产投产项目129个;投产率57%;房地产开发房屋施工面积137.44万平方米。其中:住宅面积66.32万平方米。房屋销售面积76.07万平方米,同比增长10.9%。

【环境保护】 全年共审核环评报告书项目2个、报告表项目46个,编制审批登记表46份,完成项目验收20个;加强环保基础能力建设。建设那吉镇新区饮用水源地保护工程,总投资2463万元。其中:争取国家专项资金963万元,地方配套资金1500万元;狠抓主要污染物减排工作。阿荣旗那吉镇污水处理厂提标改造工程建设完工并完成验收,污水排放执行一级A标准,项目投入运行后可实现COD减排量22.5吨,氨氮减排量15.8吨。淳江油脂两台10吨、兴旺热力服务有限公司南区3台40吨燃煤锅炉和双娃乳业公司2台20吨燃煤锅炉完成脱硫除尘升级改造,投入运行后预计削减二氧化硫34.9吨;开展大气、烟尘、水质、噪声等项目监测。完成对阿伦河新发断面、污水处理厂、蒙西、光明热力等重点企业水质、烟尘、噪声监测,共计63厂次,检测水样数量17批次、噪声监测项目31个、大气监测项目15个,出具各类监测报告46份。

【交通】 全年货运周转量完成85 487万吨公里,同比增长32.56%;客运周转量完成5116万人公里,同比增长27.32%。

【电信】 全旗电话用户242 118户,同比下降5.16%。其中:固定电话用户11 456户,同比下降14.56%;移动电话用户236 840户,同比增长3.55%。全旗互联网用户160 950户,同比增长9.21%。

【商业】 全年实现社会消费品零售总额35.95亿元,同比增长10.5%。按销售地区看:城镇零售额为22.72亿元,同比增长10.1%,乡村零售额13.23亿元,同比增长11.0%。

岭东农产品物流园、城南农贸市场等物流项目建成运营。远通汽车物流园扩建、玉锦粮食仓储基地等项目推进。建成乡级电子商务公共服务中心2个、村级电子商务服务站47个。引进并签约了万利加300万吨重质碳酸钙超细微粉项目、呼伦贝尔肉业集团两园建设三年行动计划系列项目、洛娃有机食品产业园及基地建设系列项目、艾尔康居30万吨粮食仓储物流及35万吨饲料加工等重点项目16个。

【旅游业】 全年共接待旅游者140万人次,同比增长12.10%;旅游总收入11.2亿元,同比增长20.2%。冬季旅游实现破题,远通旅游度假区开设冰雪旅游项目。牧人寨生态休闲景区、向阳峪松塔沟生态休闲园等一批项目陆续投建运营。仙人洞旅游度假山庄被评为国家AAA级旅游景区、全国休闲农业与乡村旅游示范点。举办牧人寨森林温泉节、首届冬捕节和第三届乡村旅游文化节。

【金融】 2016年末,全旗金融机构人民币各项存款余额为61.46亿元,同比增长16.31%,比年初增加8.23亿元,同比多增0.15亿元。各项存款波动较大,总体呈上升趋势。全旗金融机构住户存款余额为46.94亿元,同比增长15.45%;比年初增加6.28亿元,同比多增0.2亿元。非金融企业存款余额为6.28亿元,同比减少5.98%,比年初增加2.47亿元,同比多增2.41亿元;广义政府存款余额为8.24亿元,同比增长51.47%,比年初增加2.79亿元,同比多增0.25亿元。

2016年末,全旗金融机构人民币各项贷款余额为 48.32 亿元,同比增长 8.76%;比年初增加 0.07 亿元,同比少增 0.82 亿元。全旗金融机构住户贷款余额为 31.68 亿元,同比增长 18.34%,比年初增加 4.92 亿元,同比多增 0.6 亿元;非金融企业及机关团体贷款余额为 16.64 亿元,同比下降 0.66%;比年初减少 0.11 亿元,同比减少 1.5 亿元;全旗金融机构人民币短期贷款余额为 27.47 亿元,同比下降 0.47%;比年初减少 2.18 亿元,同比多减 1.9 亿元;中长期贷款余额为 20.85 亿元,同比增长 10.73%;比年初增加 1.43 亿元,同比少增 1.3 亿元。

【保险】 全年保险业实现保费收入 21 727 万元,同比增长 16.14%。其中:中国人民财产保险实现保费收入 3157 万元,同比下降 5.0%;中国人民人寿保险实现保费收入 1593 万元,同比增长 17.74%;中国人寿保险实现保费收入 6874 万元,同比增长 17.77%。全年保险赔付额 10 879 万元,同比增长 57.05%。其中:中国人民财产保险赔付额 1417 万元,同比下降 2.88%;中国人民人寿保险赔付额 474 万元,同比增长 177.19%;中国人寿保险赔付额 225 万元,同比下降 56.98%。

【科技】 2016 年,全旗科研机构 15 个,共有专业技术人员 4933 人。其中:高级职称 403 人,中级职称 2605 人,初级职称 1925 人。全年全旗共举办各种农民培训班 206 期,培训人员 1.8 万人次。引进新品种 100 多种,全旗农业先进适用技术推广 131 项,科技成果 67 项。

【教育】 九年义务教育普及率 93.83%。全旗有小学校 16 所。其中:镇区 13 所,乡村 3 所;全旗有普通中学 17 所,其中:初级中学 8 所,九年一贯制学校 9 所;高级中学 1 所;中等职业学校 2 所;有特殊教育学校 1 所。全旗初级中学招生 2820 人,在校生 7373 人,毕业生 2081 人;高级中学招生 1012 人,在校生 3059 人,毕业生 1165 人;中等职业学校招生 781 人,在校生 1762 人,毕业 499 人;小学招生 2890 人,在校生 17 593 人,毕业生 2866 人;特殊教育学校在校学生 186 人,招生 4 人,共有 16 个班。

全旗有幼儿园 55 个。其中,教育部门 3 个,民办 52 个。在园人数 7338 人;入园人数 2313 人;离园人数 3011 人。有幼儿教职工 663 人。其中:中学高级教师 12 人;小学高级教师 43 人;小学一级教师 2 人;未定职级 356 人。

全旗小学教职工 1142 人。其中:中学高级教师 332 人,小学高级教师 729,小学一级教师 147 人,小学二级教师 14 人,未评定职称 91 人。初中中学教职工 1578 人,其中:中学高级教师 224 人,中学一级教师 415 人,中学二级教师 81 人,未评定职称 31 人。普通高中教职工 237 人。其中:高级教师 72 人,一级教师 100 人,二级教师 58 人。中等职业学校教职工 123 人。其中:副高级教师 34 人,中级教师 52 人,初级教师 15 人。特殊教育教职工 45 人。其中:中学高级教师 10 人,小学高级教师 22 人,小学一级教师 9 人。

全旗共考入各类大专院校和高等职业大学 1504 人。

【文化】 全旗 11 个乡镇建有文化广电中心,广播综合覆盖率 100%,有广播电视台 1 座,电视转播台 6 座,电视人口综合覆盖率 99.62%。有线电视台 1 座,可收看数字传输电视节目68 套,数字电视用户 31 384 户。全旗村村通直播 45 100 户。

【卫生】 全旗有各类医疗卫生机构 306 个。其中:医院 7 所,包括综合医院 5 所,中医医院 1 所;基层医疗卫生机构 283 个,包括社区卫生服务中心(站)10 个、卫生院 18 个、村卫生室 189 个、门诊部 3 个,诊所、卫生所、医务室 63 个;专业公共卫生机构 16 个,包括疾病预防控制中心 1 个,采供血机构 1 个,卫生监督所(中心)1 个,妇幼保健站 1 个,计划生育服务机构 12 个。各类医疗卫生单位实有病床位 1003 张。其中:医院 757 张,基层医疗卫生机构 166 张,专业公共卫生机构 80 张。全旗有专业卫生技术人员 1338

人。其中:执业医师 328 人,执业助理医师 497 人,注册护士 495 人,药剂人员 63 人,技师 53 人,其他卫生技术人员 230 人。

【体育】 全旗举办乒乓球比赛、“第二届旗长杯”足球锦标赛、羽毛球比赛、冬季钓鱼锦标赛、象棋围棋比赛等,推进城镇居民与农民的健身活动。承办全市青少年羽毛球锦标赛、全市青少年田径运动会、全市老年人太极拳(剑)比赛、足球比赛等赛事 5 场,组队参与全市职工篮球比赛、全市青少年羽毛球比赛,全市青少年乒乓球比赛、全市青少年田径锦标赛,全市足球锦标赛及代表呼伦贝尔市参加自治区足球比赛取得喜人的成绩,在全旗掀起全民健身的热潮。

竞技体育取得新突破。参加全市青少年羽毛球锦标赛取得团体第一名,高中组参加全市“市长杯”足球锦标赛获第一名,青少年足球在全市比赛中取得良好成绩,代表呼伦贝尔市参加自治区足球比赛,2016 年呼伦贝尔市青少年跆拳道锦标赛,选派玉成学校跆拳道 9 名运动员参加比赛,9 名运动员共取得 1 金、2 银、2 铜的成绩。7 月,业余体校乒乓球运动员参加 2016 年“红双喜奥星杯”全国少儿乒乓球赛,获得男子单打、男子双打、男子团体第五名,女子团体第六名成绩。王翰获得东北三省少儿乒乓球赛双打冠军,参加自治区乒乓球比赛获得 2 块铜牌,获得“基地杯”少儿乒乓球比赛单打冠军。8 月,女子曲棍球参加全市青少年曲棍球锦标赛获女子乙组第二名,参加自治区青少年曲棍球锦标赛获女子乙组第二名。全市青少年田径运动会取得第四名。阿荣旗职业中专获全市职专运动会第一名。

【社会保障】 推进扶贫攻坚工程,“三到村三到户”项目覆盖全部建档立卡贫困户。全旗 13 032 名贫困人口实现稳定脱贫,贫困发生率下降到 1.2%。加快构建“六位一体”社会保障体系。城乡居民养老、基本医疗等保险参保人数 27.4 万人。发放城乡低保、五保供养、优待抚恤等救助资金 1.78 亿元,受助困难群众 38.8 万人次。投放创新创业贷款、引导资金 1300 万元,引导创业者入驻基地 641 户,带动就业 2524 人。全旗城镇登记失业率 3.89%,城镇新增就业 1362 人,农村劳动力转移就业 25 121 人。

【人民生活】 2016 年,全体居民人均可支配收入 18 972 元,同比增长 8.7%。其中:城镇常住居民人均可支配收入 26 984 元,同比增长 8.2%;农村牧区常住居民人均可支配收入 15 165 元,同比增长 7.9%。

全旗在岗职工 26 727 人,同比增长 2.96%。其中:企业在岗职工 16 694 人,同比增长 2.60%;事业单位在岗职工 6850 人,同比增长 0.53%;机关单位在岗职工 3183 人,同比增长 12.87%。

全旗在岗职工工资总额 131 502.7 万元,同比增长 10.28%。其中:企业在岗职工工资总额 61 148.8 万元,同比下降 5.14%;事业单位在岗职工工资总额 53 232.5 万元,同比增长 34.6%;机关单位在岗职工工资总额 17 121.4 万元,同比增长 17.97%。

全旗在岗职工平均工资 50 313 元,同比增长 6.37%。其中:企业在岗职工平均工资 37 531 元,同比下降 8.74%;事业单位在岗职工平均工资 78 910 元,同比增长 31.74%;机关单位在岗职工平均工资 55 266 元,同比增长 5.29%。

(撰稿人:何松杰)

鄂伦春自治旗

【概况】 鄂伦春自治旗是内蒙古自治区 3 个少数民族自治旗之一。位于内蒙古自治区呼伦贝尔市东北部,嫩江西岸,地理坐标位于北纬 48°50′~51°25′,东经 121°55′~126°10′之间。东与黑龙江省嫩江县隔江相望,西与根河市、牙克石市为邻,南与莫力达瓦达斡尔族自治旗、阿荣旗接壤,北与黑龙江省呼玛县以伊勒呼里山为界。南北最长 261 公里，东西最宽 280 公里，边境线总长 1294 公里。总面积 59 880 平方公里，占呼伦贝尔市总面积 21.6%，是该市面积最大的旗市。年末全旗户籍人口为 254 566 人。其中：男性 129 355 人，女性 125 211 人，汉族人口 222 989 人，鄂伦春族人口 2 782 人；出生人口 1 749 人，其中：男 905 人，女 844 人；死亡人口 1785 人。

2016 年，全旗财政总收入累计完成 44 570 万元，同比增长 4.29%，其中地方财政总收入累计完成 37 566 万元，同比增长 9.67%。在地方财政总收入中，公共财政预算收入完成 19 028 万元，同比增长 7.05%。财政总支出为 287 971 万元，同比增长 4.82%。一般公共预算支出为 279 317 万元，同比增长 5.7%；一般公共服务支出为 23 358 万元，同比增长 11.55%。

全旗实现现价地区生产总值 696 130 万元，按可比价格计算，比上年增长 7.3%。其中：第一产业实现增加值完成 226 197 万元，可比增长 4%；第二产业增加值完成 86 184 万元，可比增长 6.2%。其中，工业增加值完成 68 658 万元，可比增长 7.1%，建筑业增加值完成 17 526 万元，可比增长 2.7%；第三产业增加值完成 383 749 万元，可比增长 10%。三次产业结构由上年的 35.8∶12.6∶51.6 调整为 32∶12∶56，人均地区生产总值由上年的 25 813 元增加到 27 305 元，增长 8.9%。

【农牧业】 全旗农林牧渔业增加值实现 226 196.8 万元，同比增长 4%。其中：农业增加值 156 589 万元、林业增加值 23 663.4 万元、牧业增加值 42 128.6 万元、渔业增加值 1662.9 万元、服务业增加值 2152.3 万元。全旗粮食作物播种面积为 293 867.4 公顷，比上年下降 0.5%。其中：大豆播种面积为 263 043 公顷，比上年增长 28.2%；小麦播种面积为 13 964.6 公顷，比上年下降 15.7%；玉米播种面积为 12 052.25 公顷，比上年下降 82%。全旗粮食总产量 572 000 吨，与上年基本持平。其中：小麦 12 363 吨，下降 71.4%；玉米 240 508 吨，下降 1 %；大豆 306 729 吨，增长 15.2%；薯类(折粮)16205 吨，增长 84.5%。

全旗牧业年度牲畜总头数 643 263 头(只)，比上年下降 27.4%，其中大牲畜 23 342 头(只)，下降 55.8 %；小牲畜 534865 头只，下降 26.8 %，猪存栏 85 056 口，下降 17%。

【工业】 实现全部工业增加值 6.87 亿元，同比增长 7.1%。2016 年，全旗共有规模以上工业企业 8 家，实现现价工业总产值 105 550.3 万元，同比增长 18.14%，规模以上工业增加值累计增速为 8.2%，位居全市第一位。

【建筑业】 建筑业增加值完成 1.75 亿元，同比增长 2.7%。全旗 7 家具有资质等级的建筑企业完成产值 32 577 万元，同比增长 5.5%。房屋建筑施工面积 155 583 平方米，增长 8.8%，竣工房屋面积 155 583 平方米，增长 11.55%。

【固定资产投资】 2016 年，限额以上固定资产投资完成 27.7 亿元，同比增长 13%。其中：工业项目投资完成 6.2 亿元，同比下降 31.4%。房地产开发投资完成 1.9 亿元，同比下降 21.7%。商品房销售面积为 15.3 万平方米，与上年持平。按产业分，第一产业投资完成 0.4 亿元，同比增长 73.9%；第二产业投资完成 6.2 亿元，同比下降 31.5%；第三产业投资完成 21.1 亿元，同比增长 38.2%。按控股情况分，国有控股投资完成 20 亿元，占总投资的 72.2%；非公投资完成 7.7 亿元，占总投资的 27.8%。

【邮电　通信】 全年邮电业务总量 14 778 万元，同比增长 2.2%；全年固定电话用户 9245 户，同比下降 45.8%，手机用户 24.1 万户，同比增长 13.6 %。年末互联网用户 3.88 万户，增长 15.7%。

【商业】 全旗社会消费品零售总额完成 27.9 亿元，同比增长 10.2%。其中，城镇消费品零售总额 23 亿元，增长 10%；乡村消费品零售总额 4.9 亿元，增长 11%，从行业发展看，批发零售业零售额 22.6 亿元，增长 9%，住宿餐饮业零售额 5.3

亿元,增长16%。

【金融】 截至12月末,全旗金融机构各项存款余额1002 275万元,同比增长25.68%。其中,住户存款655 293万元,同比增长13.05%。金融机构各项贷款余额681 444万元,比上年增长38.35%。

【保险】 全年保费收入总额2.06亿元,同比增长1.5%。其中:财险1.28亿元,同比增长7.2%;寿险0.79亿元,同比下降6.4%。赔付额10 499.9万元,同比增长29.1%。其中:财险赔付额9 615.9万元,同比增长61.5%,寿险884万元,同比下降59.5%。

2016年,旗城镇职工基本养老保险建账人数59 364人,同比增长6.7%。年末,参保职工35 665人,增长25.2%;缴费人员21 057人,增长9 %;离休、退休、退职人员37 025人,增长13.4%。缴费基数总额中单位27 721万元,增长3.8%;个人84 472万元,增长13.8 %。全年发放离退休养老金76 372万元,增长12.7%。

【科技】 2016年,申报自治区级科技项目2项、市级科技项目4项,其中《移动信息科技网络服务平台建设》获得市级科技专项资金的支持。全年共成功实施科技成果转化3项,全年共举办科技农牧技术培训班35期,培训农猎民6000余人次,发放各种培训材料1.2万份,接受科技咨询500余次。成立12 396移动科技信息服务工作站,选聘了10名专家,39名信息员。

【教育】 全旗共有中小学31所。其中:小学19所,初中8所,高中4所。在校学生16 237人,同比下降3.9%。其中:高中2620人,下降15.1%;初中4499人,下降2.5%;小学9118人,下降0.9%。全年小学招生1474人,增长14.7 %。初中招生1496人,增长0.2 %;高中招生730人,下降17.5%。毕业生数4217人,下降6.3 %。其中:高中毕业生1157人,下降7.4%;初中毕业生1557人,下降13.1%;小学毕业生1503人,增长2.9 %。教职工人数3463人,同比下降2.1%。其中,专任教师1897人,下降6.3%。全旗有幼儿园19所,与上年相比,减少1所。在园人数3543人,同比下降1%;教职工425人,增长21.8%。

全旗共有中等职业学校2所,在校学生322人,招生316人,毕业生数16人。教职工92人,其中专任教师56人。

【文化】 全旗共有公共图书馆1座,文化艺术类机构1个,文化馆1个,文体广电服务中心10个,博物馆1个,档案馆1个,广播电台1座,广播电视站5个,体育馆1个,村级文化活动室82个。

2016年,全旗加大文艺作品创作力度,创作歌曲《两学一做歌》《梦里草原》,舞蹈《舞动兴安》《英雄莫日根》《口弦琴》《篝火》等文艺作品26部;制作完成《为鄂伦春举杯》《鄂伦春人永远的家园》《母亲的手》3首歌曲的双语(鄂伦春语、汉语)音乐光盘。对外文化交流活动成果显著。旗乌兰牧骑被文化部选派赴泰国参加“欢乐春节”文化交流演出活动,古里乡、大杨树镇文艺节目入选2016年“呼伦贝尔春晚”;民族歌舞诗《山岭上的人—鄂伦春》赴呼和浩特乌兰恰特剧院汇报演出。莫日根民间艺术团多次到北京、武汉等地进行民族歌舞展演活动。举办2016年“中国好声音”全国城市海选鄂伦春自治旗选拔赛并承办内蒙古赛区呼伦贝尔分赛区的总决赛;选派人员参加首届自治区文化产业博览会和自治区非物质文化遗产年货展示会。

【卫生】 年末,全旗拥有各种卫生机构177个(含社区、诊所、卫生室),同比下降5.9 %,病床773张,同比下降7.5%,专业卫生技术人员1 372人,同比下降3.6 %。

【体育】 民族传统体育竞技项目取得长足的发展,射击队参加内蒙古青少年射击锦标赛,获得乙组女子步枪团体第一名和丙组女子手枪个人第一名。射弩队参加在安徽举办的第十八届“赵氏弓弩杯”射弩比赛获得个体项目的3个第一名,4个第二名,获1个团体第一名。

【旅游业】 全年共接待游客 60.4 万人次，同比增长 17.4%；旅游总收入 4.8 亿元，同比增长 19.4%。

【人民生活】 2016 年，全体居民人均可支配收入为 18 000 元，同比增长 8.7%。城镇常住居民人均可支配收入 22 075 元，同比增长 8.1%；城镇常住居民人均消费性支出为 10 519.7 元，同比下降 15.6%。农村常住居民人均可支配收入 8069 元，同比增长 7.9%，农村常住居民人均生活消费支出 9244.1 元，同比增长 11.8%。全体居民人均拥有房屋面积 22.3 平方米，城镇常住居民人均拥有房屋建筑面积 22.8 平方米，农村常住居民人均拥有房屋建筑面积 21.4 平方米。全旗年末在岗劳务人数 17 206 人，同比下降 3.6%，在岗劳务年平均工资为 56 007 元，同比增长 14.2%。

2016 年末，城镇新增就业人数为 2549 人，城镇失业人员再就业 542 人，登记失业率为 3.87%。

（撰稿人：窦淑花）

鄂温克族自治旗

【概况】 鄂温克族自治旗（以下简称鄂温克旗）是内蒙古自治区 3 个少数民族自治旗之一，地处内蒙古自治区东北部，呼伦贝尔草原东南端，大兴安岭西侧。东与牙克石市接壤，西与新巴尔虎左旗毗邻，北与呼伦贝尔市海拉尔区和陈巴尔虎旗相连，南与扎兰屯市和兴安盟阿尔山市交界。旗域呈下垂的枫叶状。地理坐标为北纬 47°32′50″~49°15′37″，东经 118°48′02″~121°09′25″之间。土地总面积 19 111 平方公里，全旗辖 4 个镇，5 个苏木，1 个民族乡。即：巴彦托海镇、大雁镇、伊敏河镇、红花尔基镇、辉苏木、伊敏苏木、锡尼河东苏木、锡尼河西苏木、巴彦嵯岗苏木、巴彦塔拉达斡尔民族乡。旗委、旗人民政府所在地巴彦托海镇。

鄂温克旗是以鄂温克族为区域自治民族，汉族居多数的多民族聚居的县级自治地方。旗内有鄂温克、汉、蒙古、达斡尔、满、回、朝鲜、鄂伦春、锡伯、藏、俄罗斯等 25 个民族。全旗总户数 54 770 户，总人口为 139 403 人。其中：男性 71 230 人，占总人口的 51.10%；女性 68 173 人，占总人口的 48.90%，性别比为 104.5；汉族 80426 人，占总人口的 57.7%；少数民族 58 977 人，占总人口的 42.3%；在少数民族中，鄂温克族 11578 人，占总人口 8.3%；蒙古族 28 132 人，占总人口 20.0%；达斡尔族 13 900 人，占总人口 10.0%。城镇人口 117 135 人，占总人口 84.0%，乡村人口 22 268 人，占总人口 16.0%。

2016 年，全旗地区生产总值完成 1 156 879 万元，按可比价格计算，增长 7.0%。其中：第一产业增加值完成 75 699 万元，同比增长 3.2%。第二产业增加值完成 776 083 万元，同比增长 6.6%；第二产业中工业增加值完成 692 414 万元，同比增长 6.9%，建筑业增加值完成 83 669 万元，同比增长 3.7%；第三产业增加值完成 305 097 万元，同比增长 9.5%。人均 GDP82 878 元，同比增长 8.4%。鄂温克旗生产总值占呼伦贝尔市的 7.1%，总量位居全市第 6 位，增速位居全市第 6 位。

【农业】 全旗农作物播种面积为 23 413 公顷，同比增长 0.3%。其中：粮食作物 13 432 公顷，油料 7638 公顷，蔬菜 112 公顷，瓜果类 28 公顷，其他农作物 2200 公顷。全旗粮食总产量 31 699 吨，同比增长 28.4%。其中：谷物 27 657 吨，增长 33.6%；油菜籽 9538 吨，下降 5.4%；薯类 3263 吨，增长 0.2%，全旗人均粮食产量 227 公斤，增长 4.6%。

2016 年，全旗拥有农牧业机械总动力 201516 千瓦，同比增长 0.4%。拥有拖拉机 7941 台，增长 0.3%。其中：大中型拖拉机 6174 台，小型拖拉机 1767 台，农用运输车 132 台，牧草收割机 8605 台。农牧业机械总值为 25 107 万元，同比增长

0.2%。农牧业机械净值为21 782万元,同比增长0.2%。全年化肥施用量(折纯)3859吨,同比增长0.2%。牧区用电量949万千瓦时,下降1.7%。

【畜牧业】 截至6月末,全旗牲畜头数1040118头(只),同比增长3.1%。其中:大小牲畜1 027 075头(只),增长3.1%;大小牲畜能繁殖母畜697 475头(只),增长0.7%。其中:牛152 507头,增长6.9%;马45 090匹,增长2.1%;骆驼837峰,增长1.1%;小畜828 259只,增长2.5%。大小牲畜能繁殖母畜占牲畜头数的67.1%,比上年下降2.4个百分点。

【林业】 全旗森林覆盖率33%,其中旗属森林覆盖率为15.24%。旗属林业用地668.7万亩,活立木总蓄积1287.6万立方米。全旗纳入补偿的公益林总面积223.1万亩,完成伊敏河东岸沙化台地樟子松大苗造林面积0.3万亩,重点区域绿化任务实际完成1.03万亩,鄂温克旗林业局完成2015年退耕还林工程荒山荒地造林任务5000亩。

10月,鄂温克旗2015年森林抚育工作通过内蒙古自治区林业厅验收。

【水利】 新建35眼供水基本井,安装344套水处理设备,对5处集中供水工程进行维修。项目总投资473万元,解决1058人饮水问题。光明水库、布都花水库、翠月湖水库除险加固工程,项目总投资1600余万元,年内已完成全部工程量。额尔古纳河流域海拉尔河治理工程总投资7200余万元,完成全部工程量,进入质量验收阶段。锡尼河东苏木东苇子坑嘎查苇子坑河治理工程总投资800余万元,2016年1月完工。全年共投入40万元抗旱资金,建成抗旱井31眼,解决1500人及1.2万头只牲畜的饮水问题。新增节水灌溉面积0.5万亩,新增水保治理面积11.5万亩,生态修复面积1.95万亩。完成巴彦托海段8.2公里堤防划界确权。

【工业】 工业经济稳步运行,全旗15户规模以上工业企业累计实现工业总产值79.89亿元,同比下降22.2%;原煤产量累计完成3033.16万吨,同比下降6.2%;发电量累计完成181.50亿千瓦小时,同比下降10.5%;乳制品中液体乳生产完成5399.48吨,同比下降74.2%;固体及半固体乳制品生产完成1733.78吨,同比下降43.6%;规模以上工业企业产销率98.3%,下降1.8个百分点。工业位居全市第四位,增速位居全市第六位。全旗规模以上工业增加值增速为7.2%,高于全市增速1.7个百分点,增速位居全市第5位。

【城镇建设】 实施重点市政基础设施、美化绿化等项目37项,完成投资约6.32亿元;结转项目6项,结转项目完成投资约8500万元,截至年底,累计完成投资约7.17亿元。完成新增公共租赁住房50套、城市棚户区改造1900套、农村牧区危房改造236户的开工任务,开工率为124%。

【环境保护】 3月30日,鄂温克旗被命名为"国家级生态旗"。呼伦贝尔安泰热力有限责任公司鄂温克热力分公司锅炉脱硫、脱硝改造工程,大雁矿业雁南煤矿污废水处理设施改扩建工程3项减排项目工程,已按要求完成建设。有9家企业完成拆炉并网改造。全旗建设项目共审批99项,竣工验收80项,审批项目环评执行率和"三同时"执行率均为100%。

出具水、气、声环境监测报告196份。建立监管网格,对9家违法企业下达行政处罚,罚款278.8万元。加强"12369"环保举报热线案件受理工作。2016年,首次将扬尘污染纳入排污费征缴项目。按时限和法定程序,完成排污费征缴入库1693.2万元。

【交通】 街巷硬化工程完成135.39公里。根据实际情况部分嘎查采用路基宽6.5米,路面宽4米标准建设,部分嘎查采用路基宽6.5米,路面宽3.5米标准建设,路面结构为18厘米水泥混凝土面层。通村路114.32公里,总投资12 266.88万元。其中:2015年续建通村路共计4

条，总里程 62.82 公里，总投资 6 704.03 万元。项目分别是巴彦托海镇团结嘎查至马蹄坑嘎查公路 9.2 公里、锡尼河西苏木西博嘎查至辉苏木合营公路 22.7 公里、锡尼河东苏木办事处至汗乌拉嘎查公路 18.826 公里、萨茹拉托雅至 Y004 公路 12.1 公里。2016 年，新建项目 3 条，总里程 51.5 公里，总投资 5562.85 万元。分别是 S 202 线至特莫胡珠至西博公路，22.9 公里全部完工；S 201 线至朝格嘎查公路，6.3 公里全面完工；锡尼河东苏木办事处至哈日陶海嘎查公路，总里程 22.73 公里。

呼伦贝尔新区客运站项目于 4 月开始复工建设，6 月主体工程已全部竣工。2016 年 11 月 28 日，开通海拉尔区、呼伦贝尔新区、巴彦托海镇 101、102、103 线公交车，线路基本覆盖大街小巷，城区一体化建设迈入新阶段。

全年共审验货车 2 100 辆、客运班车 319 辆、出租车 788 辆、客运公司 1 家。完成客运量 43.03 万人次，货运量 1 571.53 万吨。

【通信】 移动通信鄂温克旗分公司维护区域内共有 2、3、4G 基站数量 144 个，传输光缆总长 2376 公里，通信客户 38 295 户，较上年增长 695 户。中国联通鄂温克旗分公司经营业绩净出账收入 1700 多万元。中国电信鄂温克旗分公司主营业务收入累计完成 550 万元，完成全年收入预算 100%。全年移动通信业务累计完成 390 万元，固网收入完成 160 万元。全年 CDMA 移动在网用户 5604 户，净增 1350 户；宽带已覆盖 6800 户，在网用户 2100 户，净增 630 户。鄂温克旗镇内基站全部升级为 4G。

【旅游业】 全年旅游接待 60 万人次，实现旅游综合收入 6 亿元。有旅行社 6 家，牧户家庭旅游户 100 户。辉苏木嘎鲁图嘎查被列入全国乡村旅游扶贫嘎查。完成巴彦呼硕牧户游部落改造项目。该项目总投资 147.63 万元。启动《鄂温克旗全域旅游发展总体规划》编制工作（已立项），加快落实鄂温克旗民族文化产业创业园创建国家 AAA 级景区工作（已立项），集中力量打造 2 个旅游带（即辉河民俗文化旅游带和百公里旅游景观带）。打造鄂温克旗“景区 + 家庭旅游”样板发展区。《内蒙古呼伦贝尔红花尔基旅游区一期建设项目修建性详细规划》在北京通过评审。

“2016 鄂温克瑟宾节暨中国·内蒙古第三届国际马术节”活动围绕“马文化”主题，打造鄂温克旗文化旅游品牌新亮点，带动以“马”为核心的旅游业得到快速发展。组织参加 2016 中俄蒙国际服装服饰艺术节暨呼伦贝尔少数民族服装服饰大赛和第十三届蒙古族服装服饰艺术节暨蒙古族服装服饰大赛，弘扬鄂温克旗多民族服饰文化，提升地方旅游社会价值。

颐和温泉酒店被评定为国家 4 星级饭店；恩阁乐达斡尔民俗园被评定为自治区 5 星级乡村旅游接待户，成为自治区最高星级接待户之一，这也是鄂温克旗第二家自治区 5 星级乡村旅游接待户。

【服务业】 全年实现社会消费品零售总额 175 078 万元，同比增长 10.0%。按销售单位所在地分：城镇实现零售额 135 313 万元，增长 9.0%；乡村实现零售额 39 765 万元，增长 13.2%。按消费形态分：商品零售实现 158 891 万元，增长 10.4%；餐饮收入实现零售额 16 187 万元，增长 5.4%。全旗社会消费品零售总额位居全市第 9 位，增速位居全市第 7 位，总量占全市的 2.9%，与上年持平。

【金融】 金融机构各项存款余额 659 043 万元，同比下降 4.2%，各项贷款余额 751 611 万元，同比增长 38.6%。城乡居民储蓄存款 460 664 万元，同比增长 2.0%。全旗人均储蓄存款 33 001 元，同比增长 3.3%。

【保险】 2016 年，全旗保险总收入 5867 万元，同比下降 8.3%。其中：财产保险收入 2980 万元，同比下降 1.2%；人寿保险收入 2887 万元，同比下降 14.7%。全年保险赔付 1262 万元，同比下降 13.4%。其中：财产保险赔付 1018 万元，同比下降23.9%，人寿保险赔付244万元，同比增长103.3%。

【科技】 组织参加全国科技活动周，围绕“创新引领 共享发展”主题，开展科普宣传活动，旗科协共发放宣传册500余本，展板5块，并为群众讲解书中内容。组织开展全国科普日活动，发放科普宣传资料1500余份。开展“科技三下乡”活动，共发放科普宣传册4100份，赠送科普书籍2232册，悬挂宣传标语10余条。

由旗科协带队赴北京参加第十一届全国青少年未来工程师博览与竞赛，来自全国20多个赛区的2000多名师生参与了此次总决赛，鄂温克旗第一实验小学、鄂温克旗第二实验小学和大雁教育管理中心进入总决赛。由中国科协、教育部、国家发改委等五部门组织的“走近创客，体验创新”——2016年青少年科学调查体验活动在大雁镇第一小学、鄂温克旗第一实验小学、鄂温克旗第二实验小学和伊敏河镇第一学校开展。组织申报全区第三十二届青少年科技创新大赛，旗科协组织全旗21所中小学进行申报，上报科学幻想画139幅，科技创意作品54个，经过选拔，最终上报市科协科学幻想画25幅，科技创意作品2个。

【教育】 全旗有普通中学11所，职业中学1所，小学10所；全年在校生8344人，其中：小学4769人，普通初中2137人，普通高中1196人，职业高中242人；全年毕业生人数为2152人，其中：小学789人，普通初中829人，普通高中490人，职业中学44人；全年招生1926人，其中：小学722人，普通初中709人，普通高中344人，职业中学151人；教职工人数1825人，其中：小学675人，中学1075人，职业中学75人。在教职工人数中：专任教师1582人。其中：小学585人，中学935人，职业中学62人；拥有幼儿园（包括民办）23所，在园幼儿2879人，教职工467人。其中：园长23人，专任教师321人，保健医9人，保育员44人，其他70人。

【文化】 接待游客51 399人次。协办《剑桥大学与鄂温克大地—穿越世纪的回忆》影像展。图书馆新增电子书借阅机及少儿学习一体机等电子设备，实现24小时电子书自助借阅；设立盲人阅览室，新增盲人读物454本。乌兰牧骑开展“百团千场”下基层惠民演出活动105场。公益数字流动电影下乡，共放映电影592场，其中蒙古语片183场，观众89 276人。

公布鄂温克族自治旗第四批非物质文化遗产名录12项和非物质文化遗产项目代表性传承人53人；巴彦乌拉古城遗址保护项目总投资304万元。其中，国家投资228万元，地方配套资金76万元，绝对保护区网围栏工程已完成，完成全部工程量80%；巴彦汗日本毒气实验场保护项目总投资450万元，国家投资360万元，地方配套资金90万元，项目实施方案已审批，正在进行定点坐标。

【卫生】 全旗拥有卫生机构118个（含个体），拥有病床761张，从业人数1332人，其中：卫生技术人员1047人，全旗每133人拥有1名卫生技术人员。

【体育】 鄂温克旗体育场地面积61.62万平方米，人均场地面积4.25平方米。旗内共建有健身站点59个，匹配健身路径68套。全旗单项体育协会有10个，协会、体育俱乐部固定会员人数857人，现有社会体育指导员165人。

2016年，“抢枢”和“布龙”哈日靶被列入自治区第九届民运会比赛项目。承担呼伦贝尔市参加2017年自治区九届少数民族传统体育运动会的搏克运动员的集训任务。

那仁获2016年ACAC第五站“司客赛斯”杯标准靶反曲弓30米第二名；斯仁扎布获黑龙江绥芬河ACAC邀请赛标准靶第一名；斯仁道力玛获鄂尔多斯全国邀请赛团体赛第三名；登布日乐获呼和浩特射箭协会“弓手杯”牛角弓萨仁靶第三名；朝勒孟获山东烟台ACAC传统弓赛第二名；巴图达来获内蒙古邀请赛45米射箭

第三名；哈述获辽宁省全国中国自由式摔跤锦标赛第五名；伊德尔获陈巴尔虎中国十七届冰雪旅游节暨巴尔虎祭火节博克赛第二名。鄂温克雄鹰足球俱乐部获内蒙古自治区女子足球锦标赛第五名。

【社会保障】 2016年，全旗财政民生支出19亿元，占公共财政支出的88.34%。开展脱贫攻坚工程，投入资金3920万元，全年减少贫困户64户、104人。推进创业就业工程，实施民族文化产业创业园项目，入驻小企业78家；全年实现城镇新增就业1640人，城镇登记失业率控制在3.82%以内。社会养老保险、城镇医疗保险参保人数分别为5.49万人和11.26万人。新型农村牧区合作医疗筹资水平进一步提高，参合率为98%。社会救助标准稳定提升。全年发放城乡低保金5427万元，发放五保和“三无”人员供养金346万元，落实抗灾补贴资金和贷款1.67亿元，社会救灾救助工作稳步推进。

【人民生活】 2016年，城镇常住居民人均可支配收入26 964元，同比增长7.0%，总量位居全市第七位，增速位居全市第十位；人均消费性支出14 804元，同比下降2.9%，城镇居民恩格尔系数为30.8%。牧区常住居民人均可支配收入18 969元，同比增长7.5%，总量位居全市第三位，增速位居全市第四位；人均生活费支出11 647元，同比下降2.3%，牧民恩格尔系数30.3%。

（撰稿人：何英）

莫力达瓦达斡尔族自治旗

【概况】 莫力达瓦达斡尔族自治旗（以下简称莫旗）是全国仅有的3个少数民族自治旗之一，位于内蒙古自治区呼伦贝尔市东部，大兴安岭东麓，嫩江右岸，大兴安岭山脉与松嫩平原的交汇地带，地理坐标北纬48°05′10″~49°50′50″，东经123°32′55″~125°16′14″。莫旗下辖尼尔基镇、宝山镇、腾克镇、红彦镇、塔温敖宝镇、西瓦尔图镇、阿尔拉镇、哈达阳镇、汉古尔河镇、奎勒河镇10个镇，巴彦鄂温克民族乡、杜拉尔鄂温克民族乡、库如奇乡3个乡，尼尔基办事处、登特科办事处、额尔和办事处、卧罗河办事处、坤密尔堤办事处5个办事处，莫旗人民政府驻尼尔基镇。土地总面积10 356平方公里，耕地面积4975平方公里；牧草地总面积1772平方公里。其中：天然牧草地面积1267平方公里；林地面积2253平方公里。其中：有林地面积1954平方公里；水域及水利设施用地721平方公里。水资源多年平均径流量147亿立方米，地下水资源量0.73亿立方米，地表水资源量14亿立方米，流域面积50平方公里以上大小河流65条，流域面积100平方公里以上河流36条，流域面积1 000平方公里以上河流7条。

户籍总人口319 345人。其中：城镇人口87 450人。出生人口2964人，出生率9.3‰，死亡人口1691人，死亡率5.3‰，人口自然增长率4.0‰，达斡尔族人口33 296人，比上年增加364人，鄂温克族人口6836人，比上年增加83人，鄂伦春族人口335人，比上年减少5人。

2016年，莫旗地区生产总值完成1 064 971万元，可比价计算，比上年增长6.2 %。其中：第一产业完成现价增加值447 220万元，比上年增长3.6%；第二产业完成现价增加值257 822万元，比上年增长5.8%。其中：全部工业完成现价增加值174 806万元，比上年增长6.5%，建筑业完成现价增加值83 016万元，比上年增长4.3%；第三产业完成现价增加值359 929万元，比上年增长10.2%。三次产业对GDP的贡献分别为1.6、1.4、3.2个百分点，贡献率分别为26%，23%，51%。其中：全部工业对GDP的贡献为1.1个百分点，贡献率18%。人均地区生产总值完成33 362元，比上年增长7.6%。

全年地方财政总收入完成56 629万元，比上年增长4.1%，其中：公共财政预算收入完成

26 629 万元，比上年下降 12.2%，公共财政预算支出完成 293 800 万元，比上年增长 6.7%。

【农业】 粮食作物播种面积 675 万亩，比上年同期增加 6.2 万亩。其中：水稻播种面积 16.2 万亩，增加 3.3 万亩；玉米播种面积 239.9 万亩，减少 43.8 万亩；大豆播种面积 338.4 万亩，增加 6.1 万亩。粮食产量再创新高，总产量 1 641 300 吨，比上年减少 32 249 吨，比上年减少 1.9%。其中：水稻产量 78 145 吨，玉米产量 951 411 吨，大豆产量 408 651 吨，分别比上年增长 12.6%、-14.3%、-1.3%。

【畜牧业】 牧业年度牲畜存栏 3 379 570 头（只），比上年同期增加 93 057 头（只），增长 2.8%。其中：大小畜 2 814 443 头（只），增加 66 442 头（只），生猪 565 127 头，增加 26 615 头（只）。全旗良种及改良种牲畜 2 091 236 头（只），比上年减少 212 986 头（只），能繁殖母畜 1484 197 头（只），减少 170 631 头（只）。

【林业】 完成义务植树 50 万株，三北防护林建设、荒山荒地造林、区域绿化等工程共造林 4.66 万亩，中幼林抚育 5 万亩。加大生态保护力度，增设尼尔基、腾克、巴彦 3 个森林公安派出所。推进退耕还林还草工程，开展打击违法毁林毁草开荒百日攻坚专项行动，清查确认 2010 年以后新增毁林毁草地块 28.58 万亩，强制恢复生态 8.07 万亩。

【水利】 加强重点水利工程建设，实施嫩江干流防洪治理、抗旱应急水源、尼尔基镇城区段以堤代路等工程项目。

【工业】 全部工业完成现价增加值 174 806 万元，可比价计算，比上年增长 6.5%。规模以上工业企业共 13 家，其中：轻工业 9 家，重工业 4 家。2016 年规模以上工业企业完成总产值 241 788 万元，比上年增长 4.9%。其中：轻工业完成现价产值 145 740 万元，比上年增长 9.1%；重工业完成现价产值 96 048 万元，比上年下降 0.9%。其中：国有企业完成现价产值 36 304 万元，比上年增长 5.3%；股份制企业完成现价产值 182 288 万元，比上年增长 6.8%；其他经济类型企业完成现价产值 23 196 万元，比上年下降 8.6%。

规模以上工业销售产值完成 239 383 万元，比上年增长 1.8%。规模以上工业产销率完成 99%，比上年下降 3 个百分点。主要工业产品产量出现不同程度增长，大米产量 33 728 吨，比上年增长 2.4%，饲料产量 71 686 吨，比上年增长 26.1%，鲜、冷藏肉产量 2 748 吨，比上年增长 3.7%，饮料酒产量 107 766 千升，比上年下降 11%，石材产量 3 717 272 平方米，比上年增长 1.8%。

【城镇建设】 完成《莫旗总体规划》实施评估工作，编制《尼尔基镇中心城区地下管廊建设规划》。加大基础设施建设投入力度，投资 1.45 亿元实施既有居住建筑节能改造工程、道路改造工程、供热管网改造工程等城镇基础设施建设项目。投资 6.5 亿元完成房地产开发 32 万平方米，投资 9750 万元实施棚户区改造 280 套。完成主城区绿化面积约 46 万平方米，创建“自治区级园林县城”。构建立体化交通网络，阿莫铁路项目完成投资 1.2 亿元，通用机场建设项目完成投资 0.53 亿元，完成通村公路 275 公里，改造危桥 7 座。加强城市环境综合整治，开展打击“乱摆乱卖”、非法营运等专项行动。“国家卫生县城”创建工作通过三年的考核验收，城镇环境卫生综合治理水平全面提升。

【环境保护】 2016 年，万元 GDP 能源消耗为 1.2654 吨标准煤，同比下降 4.1%，完成节能降耗目标任务。

审批建设项目环评 111 项，尼尔基镇为国家级生态乡镇，其他 6 个乡镇为自治区级生态乡镇。

【交通】 公路总里程 2621 公里，按行政等级划分：国道 225.9 公里，省道 107.8 公里，县道 292 公里，乡道 658.1 公里，村道 1 337.3 公里。按技术等级划分：一级公路59.4公里，二级公路193.1公里，三级公路468.1公里，四级公路1878.2公里，等外公路22.3公里。

【电信】 固定电话用户1.9万户，其中：住宅0.8万户。移动电话用户24.4万户，互联网用户3.1万户。

【商业】 社会消费品零售总额完成346 752万元，比上年增长9.7%。从销售地域划分：县及县以上完成零售额231 969万元，比上年增长9.5%，县以下完成零售额114 783万元，比上年增长9.9%。从行业完成情况分：批发零售贸易业完成零售额205 234万元，比上年增长11.7%；住宿餐饮业完成零售额78 318万元，比上年增长9.7%；其他企业完成零售额63 200万元，比上年增长3.6%。

【旅游业】 2016年，共接待旅游者87.12万人次，全年实现旅游总收入7.5亿元，具有接待能力的旅游景点、景区8家。

【金融】 2016年，金融机构各项存款完成582 468万元，比上年增长24.2%。其中：住户存款完成336 883万元，比上年增长10.1%。金融机构各项贷款完成524 481万元，比上年增长25.2%，短期贷款完成324 953万元，比上年增长5.2%。其中：短期住户消费贷款完成645万元，比上年下降41.4%；中长期贷款完成199 528万元，比上年增长81.4%，中长期住户消费贷款完成38 577万元，比上年增长4.5%。

【科技】 推广省级科技项目1项，投资56万元。推广市级科技项目2项，投资13万元。

【教育】 有普通高中1所，在校学生3026人，职业高中1所，在校学生631人，初级中学8所，在校学生5581人，小学13所，在校学生11 123人，九年一贯制学校13所，在校学生5679人，幼儿园19所，学前教育在校生6920人。

【文化】 有艺术表演团体1个，公共图书馆1个，文化馆1个，博物馆1个，广播电台1座，广播人口覆盖率98%，电视台1座，电视人口覆盖率99%。

开展图书借阅工作，全年接待人数7.1万人次。利用文化信息资源共享工程平台播放影片50余部。承办“书香·莫力达瓦”活动，为小学生捐赠文学类、科普知识图书共5000册。开展广场舞、民族民间舞、声乐、器乐、剪纸、文学创作以及非物质文化遗产等免费开放培训550余场。成立“达斡尔族地方文献中心”，使“达斡尔文献”得以保留和传递，现地方文献已收集615种，3000余册。全年公益电影放映1520场，观众人数98 700人次。

莫旗在现有国家级非物质文化遗产4项、自治区级18项的基础上，又申报达斡尔烟草栽培技术和达斡尔斡包节两项非物质文化遗产，目前莫旗市级非物质文化遗产共有20项。申报区级非物质文化遗产传承人7名，申报市级非物质文化遗产传承人6名，发展旗级非物质文化遗产传承人40名，市级审批通过3名。

【卫生】 有卫生机构353个，医疗卫生单位实有床位920张，卫生技术人员1257人。

【体育】 莫旗曲棍球队在莫旗举办的全国男子曲棍球锦标赛上获得冠军；在全国男子曲棍球“冠军杯”联赛上获得冠军；在北京举办的全国男子青年曲棍球锦标赛上获得冠军，莫旗职业高中男女队分别获得内蒙古自治区U18学校组冠军。

【社会保障】 年末实有登记失业人数1686人，失业人员实现再就业214人，城镇登记失业率控制在3.81%以内，新增就业1366人。

各种社会福利收养性单位11家，收养类单位床位1306张，收养人数918人。年末全旗参加城镇职工养老保险25 887人。其中：在岗职工14 686人，离退休职工11 201人，参加城乡居民养老保险146 917人。全旗参加职工基本医疗保险24 500人。其中：在岗职工参保17 261人，退休职工7239人。参加城镇居民基本医疗保险37 960人，参加农村合作医疗保险165 914人，全旗失业保险参保9001人,共发放失业保险金99万元。城镇居民最低生活保障标准由上年的每人每月470元提高到每人每月490元,全年共发放城镇低保资金7341万元,农村居民最低生活保障标准由上年的每人每年3300元提高到每人每年3500元,全年共发放农村低保资金7825万元。2016年,莫旗扶贫资金3.25亿元,扶贫项目包括金融扶贫富民工程、三到村三到户、中和农信小额信贷。农业支持保护补贴36 363.7万元,农业支持保护面积512.9万亩,享受补贴农户57 552户。

【人民生活】 2016年,全体居民人均可支配收入12 487元,比上年增长8.3%;城镇常住居民人均可支配收入20 287元,比上年增长7.3%;农村常住居民人均可支配收入8678元,比上年增长8%。全部非私营单位在岗职工总人数20 484人,比上年减少128人。其中:国有单位在岗职工总人数19 191人,比上年减少61人。全部非私营单位在岗职工工资总额105 353万元,比上年增长8.1%。其中:国有单位在岗职工工资总额预计96 313万元,比上年增长7.6%。莫旗全部非私营单位在岗职工平均工资51 440元,比上年增长8.9%。

(撰稿人:杜卫东)

兴 安 盟

【概况】 兴安盟位于内蒙古自治区东部，因位于大兴安岭中段而得名。“兴安”为满语，意为“丘陵”。地理坐标为北纬 44°14′~47°39′，东经 119°28′~123°38′之间。西北、北与呼伦贝尔市新巴尔虎左旗、鄂温克族自治旗、扎兰屯市接壤，东北、东与黑龙江省龙江县、泰来县毗邻，东南与吉林省白城市的洮北区、镇赉县、洮南市、通榆县相连，南、西南和西与通辽市的科尔沁左翼中旗、霍林郭勒市、扎鲁特旗，锡林郭勒盟的东乌珠穆沁旗和蒙古国交界。国境线全长 125.851 公里，其中陆界长 71.611 公里，水界长 54.24 公里，总面积 59 806 平方公里。辖乌兰浩特市、阿尔山市、扎赉特旗、突泉县、科尔沁右翼中旗、科尔沁右翼前旗，行政公署驻地乌兰浩特市。境内居住着蒙古、汉、满、朝鲜、回、达斡尔等 22 个民族。年末，全盟户籍人口 165.04 万人。其中：非农业人口 59.13 万人；蒙古族人口 71.71 万人，其他少数民族人口 8.75 万人。全年出生人口 1.54 万人，出生率 9.37‰；死亡人口 0.84 万人，死亡率 5.11‰；人口自然增长率 4.26‰。据 2016 年人口变动抽样调查资料测算，年末，全盟常住人口 160.14 万人，出生率 10.16‰，死亡率 6.11‰，人口自然增长率 4.05‰。城镇化率 47.38%，比上年提高 1.14 个百分点。

兴安盟水资源、森林资源、旅游资源丰富。土地资源。全盟划分 5 个土地资源区。西北部中山寒冷湿润林区、中西部冷凉半湿润牧区、中东部低山、温凉半湿润林牧农区、中部丘陵温和半干旱农区、东南部沙地温暖半干旱牧林农区。

全盟土地详查总面积 83 286 440.8 亩，折合 5 552 429.4 公顷，农用地 73 894 482.9 亩。其中：耕地 11 952 869.4 亩，林地 23 991 577.7 亩，草地 37 009 779.1 亩，园地 62 660.5 亩，其他 877 596.2 亩。建设用地 1 877 614.7 亩，未利用地 7 514 343.2 亩。

全盟水资源总量为 55.59 亿立方米。其中，地表水资源量 39.67 亿立方米，地下水资源 15.96 亿立方米，地下水可开采量为 10.33 亿立方米。人均占有水量 3000 立方米。野生动物资源丰富，经济价值较高的有獐、熊、驼鹿、雉鸡、榛鸡、狐狸、猞猁、狍子等动物。

全盟有草甸草原草场、草甸草场、干草原草场、低地草甸草场、沼泽草场 5 个草场类型、14 个草场亚类，以草甸草场为主。

全盟探明矿种有 5 类、54 个矿种、326 处。其中具有工业价值的大型矿床 5 处、中型矿床 15 处、小型矿床 15处，矿点 103 处，矿化点 188 处。

旅游资源。兴安盟山川秀丽，旅游资源特色鲜明。有 6 大类、34 种基本类型、100 余处景观，尤以自然风光、民俗风情和特定历史背景下形成的独特人文景观为特色。

全年实现地区生产总值 522.46 亿元，按可比价格计算，比上年增长 8.0%。其中：第一产业增加值 125.61 亿元，增长 4.0%；第二产业增加值 207.46 亿元，增长 9.6%；第三产业增加值 189.39 亿元，增长 9.2%。在地区生产总值中，一、二、三次产业比例由上年的 24.9∶39.6∶35.5 调整为 24.0∶39.7∶36.3。第一、二、三产业对地区生产总值增长的贡献率分别为 12.4%、47.3%和 40.3%。全盟人均地区生产总值 32 648 元，增长 8.0%。

年末，全盟从业人员 88.94 万人，比上年末增加 0.16 万人，增长 0.2%，其中：城镇单位从业人员13.45万人,减少0.04万人;全部在岗职工(不含阿尔山森工集团和铁路职工)12.16万人,减少0.20万人;城镇个体、私营企业从业人员14.77万人,增加0.84万人。

登记失业人员本年就业13 873人,其中,城镇失业人员再就业3570人。年末城镇登记失业率4.0%。

全年实现公共财政预算收入30.15亿元,比上年增长13.1%。其中,入地方库税收收入20.49亿元,增长7.1%。全年公共财政预算支出216.96亿元,比上年下降4.7%,其中,一般公共服务支出15.13亿元,下降3.3%。财政民生支出173.04亿元,比上年下降3.0%。其中:教育支出31.34亿元,增长1.1%;社会保障和就业支出37.12亿元,下降6.7%;住房保障支出20.81亿元,增长30.2%。

【农业】 全年粮食作物种植面积77.722万公顷。粮食总产量再创历史新高为450.49万吨,比上年增加15.34万吨,增长3.5%。其中:玉米产量363.00万吨,减产16.55万吨,下降4.4%;大豆产量7.50万吨,增产2.67万吨,增长55.4%;薯类产量8.50万吨,减产0.05万吨,下降0.6%。年末,全盟农牧业机械总动力454.16万千瓦,比上年增长5.7%。全盟有大中型拖拉机10.09万台,小型拖拉机5.85万台,农用运输车2.35万台,农用排灌动力机械6.38万台,农用水泵8.35万台,节水灌溉类机械0.68万套。农田有效灌溉面积36.484万公顷。其中,新增节水灌溉面积2.022万公顷。农用化肥施用量(折纯)29.23万吨,比上年下降2.1%;农用塑料薄膜使用量4631吨,增长5.3%;农村用电量33156万千瓦时,下降2.8%。

【畜牧业】 全盟牧业年度牲畜存栏1317.47万头(只、口),比上年下降1.9%。年末牲畜存栏660.77万头(只、口),比上年下降5.1%。全年牲畜出栏719.08万头(只、口),比上年增长21.7%。牲畜出栏率103.3%。全年肉类总产量22.02万吨,比上年增长10.9%;牛奶产量42.25万吨,下降7.8%;禽蛋产量2.24万吨,增长3.7%。全年水产品产量9720吨,比上年增长3.5%。

【林业】 全年完成造林面积9.497万公顷。其中:人工造林3.583万公顷;年末实有封山(沙)育林面积17.690万公顷,四旁(零星)植树410.00万株,新增育苗面积0.244万公顷,当年苗木产量4.19亿株。

【工业】 全年完成全部工业增加值165.26亿元,按可比价格计算,比上年增长9.5%,拉动地区生产总值增长3.0个百分点。其中,规模以上工业企业完成增加值146.64亿元,增长9.9%。在规模以上工业企业中,国有企业增加值1.84亿元,下降3.7%;集体企业增加值2.45亿元,增长23.1%;股份制企业增加值132.37亿元,增长9.6%;外商及港澳台投资企业增加值5.50亿元,增长9.5%;其他经济类型企业增加值4.49亿元,增长19.6%。在规模以上工业企业中,轻工业增加值78.67亿元,增长6.0%;重工业增加值67.97亿元,增长14.7%。从主要工业产品产量看,全盟原煤产量110.73万吨,比上年增长3.1%;卷烟产量26.90万大箱,下降3.9%;液体乳产量9.99万吨,增长0.7%;钢材产量65.23万吨,增长8.2%;发电量47.60亿千瓦时,增长18.5%。全年规模以上工业实现主营业务收入408.91亿元,比上年增长10.7%;实现利税总额57.96亿元,增长5.6%;产品销售率为96.2%。

【建筑业】 全年建筑业实现增加值42.22亿元,按可比价格计算,比上年增长10.0%。全盟具有建筑业资质等级的建筑施工企业36个。全年房屋建筑施工面积289.52万平方米,比上年下降33.9%;房屋建筑竣工面积189.36万平方米,增长80.2%。

【固定资产投资】 全年500万元以上固定资产投资510.84亿元,比上年增长20.1%。在全盟固定资产投资中,第一产业投资40.69亿元,比上年增长2.5%；第二产业投资130.51亿元，下降14.1%；第三产业投资339.64亿元，增长45.3%。全年房地产开发投资41.50亿元，比上年增长63.5%。全年房地产企业房屋施工面积530.05万平方米，比上年增长2.6%；房屋销售面积195.32万平方米，增长24.3%；房屋销售额62.52亿元，增长13.8%。

【国内贸易】 全年社会消费品零售总额230.57亿元，比上年增长10.0%。分城乡看，城镇消费品零售额183.82亿元，增长9.9%；乡村消费品零售额46.75亿元，增长10.1%。分消费形态看，餐饮收入22.26亿元，增长11.4%；商品零售208.31亿元，增长9.8%。

【对外经济】 全年外贸进出口总额0.71亿元，比上年下降88.9%。其中：进口总额0.24亿元，下降87.8%；出口总额0.47亿元，下降89.3%。全年共引进国外资金400万美元。

【环境保护】 全盟共确定自然保护区10个。其中：国家级3个，自治区级6个，县级1个。自然保护区面积58.188万公顷。其中：国家级自然保护区面积29.748万公顷。全盟有国家级优美乡镇6个，生态村1个。年末全盟环境保护系统有职工279人，各级环境监测站7个，环境监测人员106人。初步核算，全盟万元GDP能耗比上年增长0.74%，规模以上工业万元增加值能耗增长5.64%。

【交通】 全年交通运输、仓储及邮政业实现增加值10.83亿元，按可比价格计算，比上年增长2.5%。全年完成公路货运量3610万吨，比上年增长9.4%；完成公路货物周转量726 263万吨公里，增长8.3%。全年完成公路客运量417万人，比上年下降14.7%；完成公路旅客周转量84 764万人公里，下降6.4%。年末，全盟公路通车里程13 116公里，比上年末增长14.4%。其中，等级公路里程12 941公里。年末全盟汽车保有量22.04万辆，比上年末增长16.5%。其中：个人汽车保有量20.38万辆，增长18.2%，在个人汽车保有量中载客车保有量17.91万辆，增长22.1%。

【邮电】 全年邮电业务收入13.72亿元，比上年增长14.3%。其中：邮政业务收入1.68亿元；电信业务收入12.04亿元。年末本地电话用户8.80万户，比上年末下降20.5%。其中：城市电话用户7.01万户，乡村电话用户1.79万户。年末全盟有无线电话用户0.53万户，移动电话用户171.07万户。年末全盟互联网宽带接入用户21.73万户。

【旅游业】 全年接待国内游客698.71万人次，比上年增长30.1%；接待境外游客1539人次，同比增长8.2%。全年实现国内旅游收入69.92亿元，比上年增长26.2%；入境旅游收入92.08万美元，同比增长7.8%。

【金融】 全年完成金融业增加值24.02亿元，按可比价格计算，比上年增长21.2%。年末全盟金融机构各项人民币存款余额575.78亿元，比上年末增长22.6%。其中：单位存款251.95亿元，增长32.5%；城乡居民储蓄存款余额286.27亿元，增长13.2%。年末全盟金融机构各项人民币贷款余额645.14亿元，比上年末增长27.0%。其中：中长期贷款204.38亿元，增长30.6%；短期贷款431.23亿元，增长22.7%。

【保险】 年末，全盟有开展保险业务的保险公司26户。全年保险业实现保费收入21.97亿元，比上年增长18.0%。其中：财产险保费收入9.47亿元，增长5.9%；人寿险保费收入12.50亿元，增长29.1%。全年保险业各类赔款与给付支出6.27亿元，比上年下降2.3%。其中：财产险赔付支出4.04亿元，赔付率42.7%；人寿险赔付支出2.23亿元，赔付率17.8%。

【证券】 年末，全盟有证券经营机构1家；证券公司开户数23 677户，比上年末增长4.7%；全年证券交易额67.62亿元，同比下降50.8%。

【科技】 全年科技经费支出1637万元。年内对农民进行科技培训4.5万人次，培训乡村技术骨干 0.2 万人次，送科技下乡 300 人次，受益群众 4.1 万人次。全年共取得盟级科技成果 22 项，申请专利号 169 项，获专利权 82 项。全年共签订各类技术合同 11 项，技术合同成交额 15 790 万元。年内推广盟级实用技术 135 项，区级重点技术 10 项。

【教育】 本年全盟普通高考专科及以上总录取人数 10 033 人(含职业对口升学)。全盟共有高等教育学校 2 所；全年招生 4257 人；年末在校学生 11 531 人。其中：少数民族在校学生 1913 人；全年毕业学生 3414 人。中等职业教育学校 15 所；全年招生 5608 人；年末在校学生 11 504 人。其中：少数民族在校学生 5149 人；全年毕业学生 4760 人。普通高中 17 所，全年招生 8533 人，年末在校学生 25 921 人。其中：少数民族在校学生 16 189 人，少数民族在校学生中有蒙古族 15 090 人；全年毕业学生 9185 人。普通初中 60 所，全年招生 13 456 人；年末在校学生 37 678 人。其中：少数民族在校学生 22 333 人，少数民族在校学生中有蒙古族 20 988 人；全年毕业学生 12 119 人，全盟初中毕业生升学率 98.7%。小学 120 所，全年招生 14 248 人，年末在校学生 86 640 人。其中：少数民族在校学生 52 619 人，少数民族在校学生中有蒙古族 50 885 人；全年毕业学生 13 429 人。小学适龄人口入学率 100.0%，小学毕业生升学率 100.0%。特殊教育学校 4 所，年末在校学生 454 人。全盟幼儿园在园幼儿 35 906 人。

【文化】 年末，盟旗两级共有图书馆 7 个，藏书量 43.02 万册。博物馆 3 个，群艺馆(文化馆)7 个，文物管理站(所)7 个。全盟共有专业艺术团体 6 个。其中：乌兰牧骑 4 个；文化信息资源共享工程县级支中心 6 个；乡镇苏木综合文化站 69 个；村嘎查草原书屋 875 家。全盟有国家级重点文物保护单位 6 处，自治区级 16 处，旗县级 68 处。国家级非物质文化遗产名录 5 项，自治区级 47 项，旗县级 295 项。国家级非物质文化遗产项目代表性传承人 2 人，自治区级 48 人，旗县级 658 人。有自治区级文化生态保护区 1 个。全盟文化行政事业单位工作人员 977 人，其中专业技术人员 491 人，具有副高级以上专业技术职务 84 人、中级专业技术职务 157 人。全年专业艺术团体送文化送戏下乡 454 场次。年末全盟有旗县级以上广播电视台 5 座，广播综合人口覆盖率 98.00%，电视综合人口覆盖率 98.34%，数字电视用户 15.94 万户。全年盟级报刊发行量 2.63 万份。其中，蒙文版 0.63 万份。

【卫生】 年末，全盟共有卫生机构 1699 个。其中：医院、卫生院(含疗养院)121 个；各类医疗单位实有床位 7609 张；有卫生技术人员 9674 人。其中：执业医师、执业助理医师 3644 人，注册护士 3397 人。全盟有妇幼卫生保健机构 6 个，卫生技术人员 199 人。全盟有专科疾病防治院和疾病预防控制中心 11 个，卫生技术人员 294 人。全盟有卫生院(含疗养院)93 个，床位 1666 张，卫生技术人员 1636 人。全盟共有社区卫生服务中心(站)51 个，床位 45 张，卫生技术人员 473 人。

【体育】 全年全盟运动员参加省级以上比赛共获得奖牌 51 枚。其中：金牌 26 枚，银牌 13 枚，铜牌 12 枚。全盟共举办县级及以上运动会 9 次，参赛运动员 2860 余人次，观众 38 万余人次。

【社会保障】 年末，全盟基本养老保险参保人数 32.50 万人，比上年末增长 14.7%。其中：参保职工 17.80 万人，离退休人员 11.33 万人。基本医疗保险参保人数 60.00 万人，比上年末增长 0.3%，其中：退休人员 6.62 万人。失业保险参保人数 9.00 万人。生育保险参保人数 12.71 万人。工伤保险参保人数 13.20 万人。全盟农村新型合作医疗参合人数 96.91 万人，比上年末下降 0.4%；参合率 99.0%；农村新型合作医疗基金支出 52 500.29 万元，补偿总人次 62.91 万人次(不含家庭账户)。

【人民生活】 全年全盟居民人均可支配收入15 468元,比上年增长8.7%;全盟居民人均消费支出10 991元,同比增长8.6%。全年城镇常住居民人均可支配收入24 279元,比上年增长8.4%;城镇常住居民人均消费支出15 408元,增长6.4%;城镇居民家庭恩格尔系数为31.83%;城镇居民人均住房建筑面积28.90平方米。全年农村牧区常住居民人均可支配收入8533元,比上年增长8.1%;农村牧区常住居民人均消费支出7378元,增长10.9%;农村牧区居民家庭恩格尔系数为32.76%;农村居民人均住房居住面积28.59平方米。

（撰稿人:窦向华）

乌兰浩特市

【概况】 乌兰浩特市位于内蒙古自治区东北部,兴安盟东南部,东与扎赉特旗、吉林省镇赉县毗邻,南与吉林省白城市洮北区、洮南市接壤,西南与吉林省洮南市相连,西、北与科尔沁右翼前旗相邻。地处大兴安岭山脉的中段与松辽平原过渡地带,属低山丘陵地貌。地理坐标为北纬45°41′53″~46°17′48″,东经121°50′30″~122°47′39″。南北长67公里,东西宽73公里,总面积2353.5平方公里。作为内蒙古自治政府的诞生地,这里有五一会址、乌兰夫办公旧址、内蒙古党委办公旧址等多个红色遗址;这里还有世界上唯一一座祭奠成吉思汗的庙宇——成吉思汗庙,素有"天骄朝拜圣地、民族自治摇篮"的美誉。已获得"全国科技先进市、全国双拥模范城六连冠、全国民族团结进步创建活动示范市、全国民族团结进步模范集体、中国人居环境范例奖"等多项国家、自治区级荣誉。

乌兰浩特市下辖4个建制镇,分别为乌兰哈达镇、葛根庙镇、义勒力特镇和太本站镇。1个现代农业园区,即斯力很现代农业园区。11个街道办事处,分别为兴安办事处、和平办事处、胜利办事处、都林办事处、爱国办事处、铁西办事处、五一办事处、城郊办事处、天骄办事处、新城办事处、山水办事处。有58个嘎查村,49个社区居民委员会(不包括呼和马场、公主陵牧场)。

按计生年度计算,全年出生人口3071人,人口出生率9.74‰,人口死亡率4.80‰,人口自然增长率4.94‰。年末,全市户籍总人口321 581人,全市从业人员161 416人。其中:城镇从业人员113 384人。在城镇就业人员中,私营和个体从业人员为64 193人。城镇新增就业人数3765人,年末城镇登记失业率控制在4.0%以下。

按自然资源分布,地域经济技术条件及土地利用方向,全市大体分3个自然类型区,即:东北部丘陵牧、林、农区;中部丘陵农、牧、副区;西南部丘陵农、林、牧区。境内矿产资源主要有萤石、石灰石、建筑用沙石、砂质黏土;建筑用岩石分布广泛,储量可观。

2016年,全市地区生产总值为1 683 433万元,按可比口径计算,比上年增长7.9%。其中:第一产业增加值97 846万元,比上年增长3.9%;第二产业增加值772 442万元,比上年增长6.8%;第三产业增加值813 145万元,比上年增长9.5%。第一产业增加值占地区生产总值的比重为5.8%,比上年下降0.2个百分点;第二产业增加值占地区生产总值的比重为45.9%,比上年下降1.2个百分点;第三产业增加值占地区生产总值的比重为48.3%,比上年上升1.4个百分点。

全年实现财政收入323 813万元,比上年增长0.45%。其中:地方财政收入78 550万元,比上年增长1.49%。财政支出350 907万元,比上年下降13.3%。

【农业】 2016年,全市粮食作物播种面积689 490亩,粮食作物总产量264 862吨,比上年增长3.6%。农牧业生产条件改善。年末,农牧业机械总动力308 233千瓦,各种拖拉机9779台。

有效灌溉面积3.1万千公顷。其中：耕地有效灌溉面积30.72千公顷，林地有效灌溉面积0.028万公顷。节水灌溉面积2.169万公顷。农用化肥施用量(折纯)16 002吨，比上年下降1.8%；农村用电量4093万千瓦小时，比上年下降7.5%。

【畜牧业】 2016年，全市家畜存栏总头数为233 386头(只)，比上年减少58 840头(只)，下降20.1%。其中：大牲畜和羊存栏209 927(只)，比上年下降22.9%，其中大牲畜存栏37 540头，比上年下降15.5%。羊存栏172 387只，比上年下降24.3%。全年肉类产量12 667吨，全年牛奶产量126 757吨。

【林业】 全年完成义务植树7000亩，“四旁”植树60万株亩，三北防护林建设工程5000亩，经济林9000亩，重点区域植树造林工程1.1万亩。

【工业】 全年完成工业增加值640 710万元，比上年增长6.3%。其中：规模以上工业完成工业增加值506 919万元，比上年增长6.0%；工业总体产销衔接趋好，产品销售率92.2%，比上年增加0.2个百分点。

【建筑业】 全年建筑业完成增加值131 816万元，比上年增长9.5%。房屋建筑施工面积138.8万平方米，比上年下降46.3%；房屋建筑竣工面积58.0万平方米，比上年增长3.6%。

【交通 电信】 全社会公路货运量1496.21万吨，公路货运周转量315 793.76万吨/公里，公路客运量141.99万人次，公路旅客周转量29 515.21万人/公里。航空运输。航空货运周转量2067.8吨/公里，航空旅客周转量573 856人/公里。

全年邮电业务收入44 350.3万元。其中：邮政快递总收入9769.7万元；电信业务收入34 580.6万元。全市本地电话用户43 346户；移动电话553 235户；固定电话用户41 400户；年末互联网宽带接入用户72 402户。

【固定资产投资】 固定资产投资总体上保持了较高增速。全社会固定资产投资完成1 169 961万元，比上年增长24.1%。其中：城镇投资完成936 724万元，比上年增长15.2%；房地产开发投资完成233 637万元，比上年增长80.2%。

在城镇投资中，第一产业投资完成5658万元，比上年下降67.4%；第二产业投资完成231 260万元，与上年持平；第三产业投资完成933 043万元，比上年增长34.3%。

在房地产开发投资中，各方面投资各有增减。其中：商品房住宅投资完成111 065万元，比上年下降3.1%；办公楼投资完成71万元，比上年增长91.9%；商业营业用房投资完成96 177万元，比上年增长713.9%。

【贸易】 全年消费品零售总额为1 206 125万元，比上年增长10.0%。分行业看：批发和零售业消费品零售额为1 078 737万元，比上年增长9.6%；住宿和餐饮业消费品零售额为127 388万元，比上年增长13.3%。在社会消费品零售总额中，限额以上消费品零售额为366 725万元，比上年增长4.1%。

【旅游业】 全年接待游客177.1万人次，比上年增长20%。实现旅游收入16.78亿元，增长21%。

【金融】 年末，各项存款余额3 149 503万元，比上年增长13.2%。其中：住户存款余额1437129万元，比上年增长12.8%；各项贷款余额4 348 628万元，比上年增长32.6%。

【保险】 截至年末，全市已有开展保险业务的保险公司26户，比上年增加1户，全年保险业实现保费收入116 458.3万元。其中：财产险保费收入42 251.3万元；人身险保费收入74 207万元。全年保险业各类赔款与给付支出43 914.3万元。其中：财产险赔款及给付支出26 071万元；人身险赔款及给付支出17 843.3万元。

【科技】 全市科学技术经费支出626万元，年内举办各类实用技术培训班14期，培训农牧民5000人次，培训实用技术8项。

【教育】 全市普通中学在校生21 068人，中等职业在校生5733人，小学在校生19 805人。全市共有幼儿园及附设班66所，在园幼儿7980人。学龄儿童入学率100.0%，小学升学率100.0%。

【文化】 年末，全市共有歌舞团1个，拥有群众艺术馆1个，文化馆1个，文化站13个，文物站2个，历史文化旧址8个；全市公共图书馆2个，藏书17万册，借阅人次4.7万人次。全市有调频转播发射台1座，调频发射机5部，广播综合人口覆盖率99.34%；电视转播发射台2座，电视发射机7部，电视综合人口覆盖率99.93%。

【卫生】 全市拥有卫生机构283个。其中：基层医疗卫生机构254个；各类医院14个；专业公共卫生机构13个。卫生机构床位数2885张，卫生技术人员4836人。

【体育】 全市举办综合运动会2次，举办单项比赛4次，举办全民健身活动1次，参加活动人数10 000人次。义务教育在校学生参加体质健康标准测试的有29 807人，及格率为87.47%。

【社会保障】 2016年，全市基本养老保险参保人数70 640人，比上年末增长60.7%。其中：参保职工为43 962人；离退休人员为26 678人。基本医疗保险参保人数181 854人。其中：参保职工为45 957人，其中离退休人员参保人数为10 913人；居民医疗保险参保人数为135 897人。失业保险参保人数16 271人。生育保险参保人数为21 408人，比上年末增长1.7%。工伤保险参保人数为38 478人。参加新型农村合作医疗75 816人，参合率103.7%（按常住人口计算），新型农村合作医疗基金支出4064.15万元，受益32 946人次。年末，全市享受城镇最低生活保障的居民为13 043人，享受农村最低生活保障的农民为4394人。年末全市民办养老机构10家，拥有床位855张，入住老人总数518人。

【人民生活】 全市在岗职工年均工资66 064元，比上年增长8.9%；城镇常住居民人均可支配收入26 659元，比上年增长8.3%；农村常住居民人均可支配收入12 469元，比上年增长8.1%。

（撰稿人：王同宇）

阿尔山市

【概况】 阿尔山市位于兴安盟北部，地理位置北纬46°39′36″~47°39′15″，东经119°28′23″~121°24′02″，总面积7408 .7平方公里。辖区内设有天池、白狼、五岔沟、明水河4个镇和温泉、新城、林海、伊尔施4个街道办事处，总人口4.8万，由蒙古、汉、满、回、朝鲜、达斡尔、锡伯、苗、壮、鄂温克族等10个民族构成。据公安户籍统计，全年出生人口228人，出生率为4.96‰；死亡人口387人，死亡率为8.42‰，人口自然增长率-3.46‰。年末，全市户籍总人口45 951人，比上年减少552人。其中，蒙古族人口8118人，下降0.9%，占总人口17.7%；其他少数民族1998人，增长0.1%，占总人口4.3%。城镇化率为85.25%。

阿尔山市耕地面积18 958公顷，林地面积536 992公顷，天然草场155 169公顷，建设用地面积3575公顷。主要金属矿藏有钼、铁、锌等，非金属矿藏有泥炭、石灰石、大理岩、矿泉等。水资源总蓄积量地表水为7.92亿立方米，地下水为1.18亿立方米，人均1.63万立方米。野生动物有6门14纲57目177科256属419种，野生植物有5门12纲64目104科309属531种，常见菌类有2门3纲8目26科34属50种。

旅游资源得天独厚。境内阳光明媚、空气清新、植被完好，没有工业排污源，具备当今世界旅游潮流的“阳光、空气、绿色”三大基本要素。阿尔山境内的温泉、火山、森林、冰雪、口岸等几大旅游看点一年四季吸引着国内外游客到此观光、旅游、探险、休闲、度假。主要旅游资源有天池、杜鹃湖、哈拉哈河、三潭峡、石塘林、熔岩丘、喷气锥、麒麟峰、玫瑰峰、白狼峰等自然风光,又有阿尔山火车站、五岔沟日军飞机场、南兴安隧道碉堡、温泉博物馆、观音庙等人文景观。

全年实现地区生产总值 174 843 万元,按可比价格计算,比上年增长 7.8%。其中:第一产业增加值 27 359 万元,增长 3.7%;第二产业增加值 41 765 万元,增长 5.3%;第三产业增加值 105 719 万元,增长 9.6%。第一产业对经济增长的贡献率 1.5%,第二产业对经济增长的贡献率 25.3%,第三产业对经济增长的贡献率 73.2%。全市三次产业比例为 15.6∶23.9∶60.5。按户籍人口计算,全年人均地区生产总值 37 823 元,比上年增长 6.7%。

年末,全市单位就业人员 8024 人,比上年末增加 286 人,增长 3.7%。全年城镇新增就业人数 500 人,比上年减少 27 人,城镇失业人员再就业 50 人。年末城镇登记失业率控制在 2.4%以内。全年发放创业贷款 1500 万元,帮助 247 人自主创业,拉动 891 人就业。

全年完成一般公共预算收入 11 201 万元,比上年增长 10.4%。一般公共预算支出 112 464 万元,比上年下降 19.2%。全市财政用于民生方面支出 76 603 万元,占一般公共预算支出的 68.1%。

【农业】 全年粮食作物播种面积 13 754 公顷,比上年增加 563 公顷,增长 4.3%。在粮食作物中:小麦播种面积 9170 公顷,增加 143 公顷,增长 1.6%;大麦播种面积 447 公顷,减少 649 公顷,下降 59.2%;马铃薯播种面积 1637 公顷,增加 586 公顷,增长 55.8%。全年粮食总产量 63999 吨,比上年增加 434 吨,增长 0.7%。其中:小麦总产量 47 381 吨,增加 4838 吨,增长 11.4%;大麦总产量 1817 吨,减少 1280 吨,下降 41.3%;马铃薯总产量 17 129 吨,减少 601 吨,下降 3.4%。油料作物产量 10191 吨,蔬菜及食用菌产量 4400 吨。

农牧业机械总动力 56 441 千瓦,大中小型拖拉机 1930 台。其中:大中型拖拉机 1530 台,小型拖拉机 400 台。联合收割机 89 台,各种农机具 3186 台(套),化肥施用量(折纯)2418 吨,农用柴油 1204 吨,农药使用量 43 吨。

【畜牧业】 全市牧业年度牲畜总头数 191 288 头(只),比上年增长 1.6%。年末,牲畜存栏总头数 181 202 头(只),比上年增长 14.7%。其中:大牲畜存栏 8274 头(只),增长 6.3%。羊存栏 169973 头(只),增长 15.2%。能繁殖母畜在畜群中的比重为 68.5%,良种及改良种牲畜占畜群的比例为 84.8%。年末牲畜出栏 85 593 头(只),出栏率 54.2%。全年肉类总产量 1971 吨,牛奶产量 923 吨,羊毛产量 605 吨,禽蛋产量 72 吨。

【林业】 全年完成营造林 6800 公顷。其中,封山育林 2133 公顷,完成“三北”造林 1333 公顷,完成森林抚育 3333 公顷,义务植树造林 66.7 公顷。水土保持治理面积 3333 公顷。森林面积 642 333.4 公顷,森林覆盖率 81.2%。

【工业】 全年全部工业增加值 7000 万元,比上年下降 3.3%。其中,规模以上工业企业完成增加值 1864 万元,下降 28.5%。规模以上工业企业实现产品销售率 100.1%,比上年上升 16.8 个百分点;实现主营业务收入 6198 万元,下降 20.3%。蓝海矿泉水产量 24 257 吨。

【建筑业】 全年建筑业增加值 34 765 万元,比上年增长 8.1%。全市具有建筑业资质等级的建筑施工企业 1 个。全年房屋建筑施工面积 4.3 万平方米,比上年下降 85.8%;竣工房屋面积 4.0 万平方米,增长 14.3%;房屋建筑竣工率 93.0%。

【环境保护】 有国家森林公园 2 个:阿尔山国家森林公园、好森沟国家森林公园;国家地质公园 1 个:阿尔山国家火山地质公园;国家湿地公园 3 个:白狼洮儿河国家湿地公园、奥伦布坎国家湿地公园、哈拉哈河国家湿地公园。有自治区级自然保护区 1 个:杜拉尔自然保护区;县级自然保护区 2 个。自然保护区面积 65 625 公顷。

【固定资产投资】 全年 500 万元以上固定资

产投资437 000万元，比上年增长23.0%。其中，城镇固定资产投资完成436 240万元，增长36.1%；房地产开发投资完成760万元，下降98.5%。

从三次产业投资看，第一产业投资2700万元；第二产业投资51 247万元；第三产业投资383 053万元。

【房地产开发】 全年新开工项目104个，完成投资315 820万元，占全部投资72.3%；续建项目50个，完成投资额121 180万元，占全部投资27.7%；全年房地产开发投资完成760万元。全年房地产企业房屋施工面积5.5万平方米；房屋竣工面积1.4万平方米。

【交通 电信】 全年交通运输、仓储及邮政业增加值15 100万元，比上年增长2.9%。全年机场累计运营6条航线，飞机起降1726架次，比上年增长5.6%；旅客吞吐量10.5万人次，比上年增长11.7%。新增海拉尔—阿尔山—长春往返旅客列车。邮电通信各部门全年邮电业务收入5464万元，比上年增长3.6%。年末，本地固定电话用户3481户，比上年下降3.5%；移动电话用户47 312户，下降14.1%；互联网用户9127户，增长13.3%。

【口岸】 中蒙阿尔山—松贝尔口岸全年开关时间延长至8个月，累计出入境人员1150人次、车辆355辆次，分别下降39.3%、35.5%。

【贸易 招商】 全年社会消费品零售总额74 433万元，比上年增长9.7%。分行业看，批发零售贸易业零售额52 499万元，增长13.9%；住宿和餐饮业零售额21 934万元，增长0.9%。

全年引进招商项目16个。其中，亿元以上项目11个(含6个续建项目)。协议资金24.6亿元，到位资金14.1亿元。全市向上争取并已到位的各类项目资金9.5亿元。在全国资源枯竭型城市转型绩效考评中排名第二，争取国家财力转移支付资金突破1亿元。

【旅游业】 全年游客接待量为300.15万人次，比上年增长19.0%；全年实现旅游收入38.52亿元，比上年增长16.7%。市旅游星级宾馆6家，旅游接待能力20 080张标准床位；直接间接从事旅游业人数近40 000人。其中：直接从业人员14 000余人；现有旅行社32家，旅游纪念品商店51家。累计投资2亿元，推进阿尔山国家森林公园、奥伦布坎、白狼峰、口岸等景区提质升级。全面完成地质公园标志系统、博物馆及陈列馆建设。完成洮源度假新村建设。推进厕所建设，建成22处环保厕所。获得自治区休闲农牧业与乡村牧区旅游示范旗(县)称号。入选国家全域旅游示范区首批创建名单。全面启动中国国际特色旅游目的地创建工作。世界地质公园创建工作通过联合国教科文组织专家组验收，阿尔山国家森林公园创建AAAAA级旅游景区工作通过国家验收。

【金融 保险】 全年完成金融业增加值15 000万元，比上年增长20.8%。年末，全市金融机构各项人民币存款余额590 052万元，比上年增长81.3%。其中：住户存款余额169 612万元，增长13.0%；非金融企业存款余额294 000万元。年末全市金融机构各项人民币贷款余额306 548万元，比上年增长104.3%。其中：住户贷款余额90 333万元；非金融企业及机关团体贷款余额216 215万元。

截至年末，全市有开展保险业务的保险公司5户。全年保险业实现保费收入5084.2万元，比上年增长41.2%。其中：财产险保费收入1273.8万元，增长6.1%；人身险保费收入3778.2万元，增长83.8%。全年保险业赔款与给付支出1393.5万元，比上年增长73.3%。其中：财产险赔款支出1056.68万元，增长99.4%，赔付率83.0%；人身险赔款及给付支出336.85万元，同比增长130.7%，赔付率8.9%。

【科技】 全年科技经费支出62.8万元，年内推广盟级实用技术5项。

【教育】 全市共有中小学6所，在校学生1739

人，专任教师328人。其中，普通中学2所，全年招生172人，在校学生553人，教职工195人。其中：专任教师184人；小学4所，全年招生163人，在校学生1186人，教职工154人。其中，专任教师144人。小学适龄儿童入学率100%。全市公立及已登记注册的民办幼儿园共有9所。在园幼儿475人；教职工83人，其中专任教师60人。

【文化】 年末，全市共有艺术表演团体（乌兰牧骑）1个，从业人员8人，全年演出60场。有文物管理站1个；文化站8个。有广播电台2座，广播综合人口覆盖率98.5%；拥有电视台4座，电视综合人口覆盖率98.5%，有线广播电视用户8500户。全年市级报刊发行量24 000份。

【卫生】 年末，全市共有卫生机构（含个体）34个。其中，医院、卫生院（含社区、疗养院）9个。年末各医疗单位实有病床158张。年末全市有卫生技术人员306人。其中：执业医师89人、执业助理医师25人，注册护士112人。全市有妇幼卫生保健机构1个，卫生技术人员7人。年末全市有疾病预防控制中心1个，卫生技术人员14人。全市共有乡镇卫生院4个，床位44张，卫生技术人员45人。

【体育】 全市共承办3场大型体育赛事。全国自由式滑雪空中技巧锦标赛暨第十三届全国冬运会预选赛，共有来自黑龙江省、长春市冬季运动管理中心、吉林体院长白山万达、新疆乌鲁木齐、沈阳体院等多支代表队近40余名运动员参赛。首届阿尔山矿泉杯ARSF100国际山地越野赛，有来自全国各地的600余名越野跑者、户外运动爱好者参赛。承办内蒙古自治区（阿尔山）第三届青少年男子（七人制）雪地足球赛。

【社会保障】 年末，参加基本养老保险的职工10 699人。其中，参加基本养老保险的离退休人员6398人。全市城镇基本医疗保险参保人数47 018人。其中，参加基本医疗保险的退休人员5055人，与上年持平。全市失业保险参保人数6200人。工伤保险参保人数5800人。生育保险参保人数8927人。城镇居民最低生活保障人数3647户、5561人，比上年减少696户、1315人，共发放最低生活保障金3315万元，比上年减少421万元，下降11.3%。

【人民生活】 全年全市全体居民人均可支配收入21 149元，比上年增长8.3%；全体居民人均消费性支出15 036元，比上年增长8.2%。全年城镇常住居民人均可支配收入23 989元，比上年增长8.2%。全年农村牧区常住居民人均可支配收入8538元，比上年增长8.0%。

（撰稿人：刘贺）

科尔沁右翼前旗

【概况】 科尔沁右翼前旗（以下简称科右前旗）位于内蒙古自治区东北部，大兴安岭南麓，兴安盟中西部。地理坐标为北纬45°41′51″~47° 01′36″，东经119°49′39″~122°49′16″。南北长133.3公里，东西宽227公里，总面积16 985.3平方公里。旗境东与内蒙古自治区兴安盟扎赉特旗相连；南与吉林省洮南市、兴安盟乌兰浩特市、突泉县、科尔沁右翼中旗相接；西与锡林郭勒盟东乌珠穆沁旗、蒙古国毗邻；北与兴安盟阿尔山市、扎赉特旗接壤。中蒙边界线长32.496公里。全旗辖乌兰毛都、阿力得尔、桃合木3个苏木，满族屯满族乡和巴拉格歹2个乡，科尔沁、额尔格图、察尔森、归流河、大石寨、德伯斯、索伦、居力很、俄体9个镇，以及绿水种畜场。旗政府驻地科尔沁镇。全旗境内户籍总人口332 815人，其中：蒙古族156 699人，汉族15 8812人，其他少数民族17 304人。全旗常住人口296 600人，城镇比重23.43%。科尔沁右翼前旗是一个以蒙古族为主体，汉族为多数的多民族聚居的少数民族边境旗。

全旗地区生产总值完成100.47亿元，同比增长8.2%；财政总收入完成3.2亿元，同比增长 10.1%；城乡常住居民人均可支配收入分别为 22 696 元和 8523 元，同比分别增长 8.5%和 8.2%。

【农牧业】 新增甜菜、马铃薯、杂粮杂豆等高效、特色、经济作物种植面积 26 万亩，实现减玉米 38.6 万亩，转化秸秆 52 万吨。持续巩固农业基础，新增节水灌溉 6.3 万亩，高标准农田 16 万亩，抗旱浇灌 342 万亩。种植甜菜 8.5 万亩，打造绿色有机农产品基地 11.2 万亩，被确定为“自治区级农畜产品质量安全监管示范旗”。旗现代农牧业园区基础设施不断完善，实现 4 家企业签约入驻。争取农机购置补贴资金 3960 万元，新增大中型农机具 966 台，农牧业机械化水平达到 82%。积极发展庭院经济，培育示范嘎查村 50 个、示范户 5000 个。扶持荷马糖业、蒙羊牧业等 70 余个新型经营主体逐步发展壮大，新发展专业合作社 199 家。实现土地流转 70.5 万亩，全面完成草原确权工作。第三次全国农业普查工作顺利推进。

荷马糖业“两带五保一帮”产业扶贫模式：带动农业专业合作社发展，银行将投放给贫困户的贷款投资到合作社，享受固定收益分红。带动甜菜种植大户发展，贫困户可以土地入股种植合作社或参与种植，取得种植收益。保投入，通过荷马糖业担保贷款，解决贫困户投入问题。保种植，通过现代种植业综合解决方案，确保甜菜种植成功。保运营，通过社会化农机作业服务综合解决方案，并入股进行监管，确保农机合作社正常运营。保收购，春季下订单，秋季保底价回收甜菜。保收益，从甜菜款中代扣农机作业费，确保农机专业合作社收益；帮扶贫困户控制风险，实现稳定增收脱贫。

家畜总头数 447 万头（只、口），实现减羊 24 万只。11 月 27 日，科尔沁右翼前旗与华西希望·四川德康农牧科技有限公司举行 100 万头生猪养殖产业一体化项目签约仪式。

【林业】 推进“林苗一体化”造林模式，完成造林 19 万亩，其中重点区域绿化 7 万亩，森林覆盖率 32.27%。

【水利】 勿布林水库建设项目通过自治区发改委核准，稳步推进归流河景观带治理、察尔森水库出险加固工程，推进洮儿河、中小河流治理工程，完成水保治理面积 26.5 万亩。

【工业】 全年实施工业重点项目 21 个，完成投资 33.54 亿元，同比增长 12.4%。新增规模以上工业企业 7 家，总数 46 家。埃玛矿业上缴税金连续 3 年超亿元、荷马糖业年加工甜菜突破 30 万吨、宏达压铸上缴税金创历史新高，成为稳增长的重要支撑。

【环保】 完成全年节能减排约束性指标任务，实施重点区域绿化 7 万亩，森林覆盖率 32.27%。青山自然保护区基础设施完善，乌兰河自然保护区晋升国家级工作有序推进。

【城镇建设】 旗工业园区基础设施不断完善，开工建设环城西路北段工程，启动盟绿色食品加工园区、高新技术园区规划设计工作。园区集聚发展能力逐步增强，入驻企业累计 71 家。其中，工业企业 53 家，实现产值 26 亿元。加大项目盯跑力度，向上争取资金 14.2 亿元。棚户区改造项目顺利实施，争取上级专项资金、国债基金、国开行贷款等 2.5 亿元。府前街西续、梅园路和归化路开工建设。第二水厂、二热源、同德街大桥扩宽改造、水景公园综合广场和泰宁街中心公园等一批基础设施项目开工建设，“一核两轴、四区六园”（旗党政综合办公大楼为核心；归流河、柳树川河为两轴；行政办公居住区、工业园区、物流园区、城南生态新城为四区；哈萨尔主题公园、札萨克图公园、水景公园、泰宁街中心公园、北山植物园、科尔沁公园为六园）的城市主框架初步形成。完成小区外墙保温、楼体热网改造、供热质量全面提升。垃圾密闭清运、物业服务管理、路面机械除雪实现全覆盖。

【交通】 路网建设体系逐步完善，白阿铁路扩能改造工程快速推进，乌兰浩特至新林北高速、霍林郭勒至阿力得尔一级路交工验收。乌兰浩特至阿尔山一级公路二期工程全面启动。实施街巷硬化546公里,建设通村公路443公里,总里程2200公里,嘎查村通畅率100%。

【旅游业】 全年接待游客88.1万人次，实现旅游收入5.32亿元，同比分别增长23%和25%。举全旗之力发展全域旅游(即在一定区域内,以旅游业为优势产业，通过对区域内经济社会资源尤其是旅游资源、相关产业、生态环境、公共服务、体制机制、政策法规、文明素质等进行全方位、系统化的优化提升,实现区域资源有机整合、产业融合发展、社会共建共享,以旅游业带动和促进经济社会协调发展的一种新的区域协调发展理念和模式),启动察尔森、乌兰毛都和巴拉格歹3个旅游名镇建设。《科右前旗旅游业发展总体规划(2015—2020年)》修编获自治区旅游局批复。举办“乌兰毛都草原之夜旅游节”“察尔森冰雪渔猎文化旅游节”等九站式节庆活动(平安村五一采摘、端午索伦河谷漂流、德伯斯黑羊山登山、又回兴安情景游、察尔森露营大会、垂钓比赛、科尔沁镇中秋葡萄节、归流河祈福、环察尔森湖自行车马拉松赛)。

【金融】 积极拓宽筹资、融资渠道,成立旗国有资产运营公司和农投公司，与多家金融机构达成贷款协议,有力支持全旗经济社会发展。

【教育】 完成教师住宅园区二期工程,28所嘎查村幼儿园建设。加快义务教育均衡发展,优化“两支队伍”建设,不断提高教师待遇。

【科技】 加大科技培训力度,加快新品种、新技术、新机械推广应用步伐。根据消费升级趋势,扩大绿色、有机、无公害农畜产品生产,狠抓农畜产品种子工程、标准化生产和品牌创建,争创“国家级农畜产品质量安全监管示范旗”。完善农畜产品市场流通体系,发展电子商务、订单直销、冷链物流等新型业态,打造线上线下相结合的农畜产品公共营销平台。

【卫生】 深化公立医院综合改革，有序推进旗医院整体搬迁和蒙中医院合建工作。全年新建卫生院2所,改扩建卫生室59个,成功晋升“国家卫生县城”。配齐配强基层食药监所工作人员,食品药品安全社会共治的格局正在形成。按照全覆盖、零容忍、严执法、重实效要求,深入开展安全生产大检查、大整治,有效遏制重特大安全生产事故发生。

【贸易】 商贸流通业迅速发展，规模以上贸易企业12家,引进东北亚义乌国际商贸城,助推全旗商贸综合服务提档升级。5月27—29日,中蒙国际绿色有机产品博览会和“草原丝绸之路”蒙古国制造商品展销会在乌兰浩特市政府广场先后举办,共设置展位130多个,近百家蒙古国企业前来参展。科尔沁右翼前旗14家名特优企业参展。

【社会保障】 旗中心敬老院、巴拉格歹区域敬老院主体工程全部完工，救灾物资储备库投入使用。出台《科右前旗被征地农民参加社会养老保险实施办法》。为188名唐氏综合征等大病农牧民发放救助金94万元,城乡低保、三无、五保补助标准提高12%。

【人民生活】 全年民生支出24.85亿元,占一般公共预算支出的80.7%。城镇新增就业2200人,城镇登记失业率控制在3.9%以内，发放小额担保贷款2200万元。为10.3万户农牧民发放燃煤补贴6017万元,新建幸福院1708户。

【扶贫】 坚持精准识别、精准施策、精准发力,脱贫攻坚工作取得阶段性成效。识别贫困户13 480户29 392人，安排284个单位、5316名干部进行结对帮扶，全力做好困难群众生产生活保障工作。争取到自治区厅局帮扶资金8988万元,发放金融富民贷款2.2亿元,实现5145名贫困群众稳定脱贫。承办大兴安岭南麓片区区域发展与扶贫攻坚部际联席会议，顺利通过全国精准扶贫第三方评估验收、国务院扶贫大督查。探索蒙羊牧业整村推进、荷马糖业“两带五保一帮”产业扶贫模式,构建稳定的脱贫致富体系。受邀参加“2016中国扶贫日县域发展与脱贫攻坚论坛”，代表全国贫困旗县做主旨发言。

【社会事业】 实行老年人免收挂号费、免费乘公交车等优惠政策。实施“兴边富民”行动，被评为“全国民族团结进步创建活动示范旗”。成立旗联合接访中心，一批疑难复杂案件得到解决。加强平安前旗建设，依法打击各类违法犯罪活动，有力维护公共安全，社会保持和谐稳定。

【综合治理】 依法治旗不断强化，完成权力清单公布。加强政府集中采购管理，压缩一般性支出“三公经费”持续下降。办理盟政协委员提案32件，旗人大代表建议86件，旗政协委员提案106件，办复率均为100%。认真落实“一岗双责”，严格执行“三重一大”集体决策制度。坚持人大、政协列席政府常务会议机制。

【自治区营改增企业增值税专用发票启用仪式举行】 5月1日，在兴安盟碧桂园凤凰酒店有限公司大厅内，企业开票员杨晓峰登录增值税税控开票系统，轻轻按下鼠标，开发票号为00341839的自治区第一张营改增企业增值税专用发票启用。盟国税局负责人及旗国税局零点开票小组成员在现场共同见证这一时刻。

【内蒙古道路交通事故快处快赔服务中心兴安盟科右前旗服务站成立】 6月13日，内蒙古道路交通事故快处快赔服务中心兴安盟科右前旗服务站在工业园区正式成立并投入运行。自治区保监局，旗政府、公安局相关领导，盟保险行业协会、旗工业园区管委会以及中国平安财险等14家保险公司负责人参加启动仪式。

（撰稿人：谢斯琴）

科尔沁右翼中旗

【概况】 科尔沁右翼中旗（以下简称科右中旗）地处北纬44°14′~46°41′，东经119°34′~122°18′之间。位于兴安盟南部，北与科尔沁右翼前旗、突泉县接壤，东与吉林省通榆县、洮南市相连，西、西北与通辽市扎鲁特旗、霍林郭勒市以及锡林郭勒盟的东乌珠穆沁旗毗邻，南与通辽市科尔沁左翼中旗相接。全旗辖6个镇，6个苏木，26个居委会，173个嘎查，465个艾里。全旗总人口为255 494人，同比增长0.6%，其中城镇人口73013人。在总人口中，少数民族人口为224905人，其中蒙古族人口为221 159人，蒙古族人口占总人口比重86.6%。

土地总面积为15 613平方公里（156.13万公顷）。其中：草牧场面积1700万亩，占全旗土地总面积的72.58%；耕地面积为200万亩，占全旗土地总面积8.54%；林地面积407.50万亩，占全旗土地总面积的17.4%。旗境内有78个大小泡子、67眼山泉、21条大小河流，水域面积15.3万亩，占全旗土地总面积的0.65%。矿藏资源较为丰富，矿种有金、银、铜、铁、铅、锌等30多种。野生种子植物和蕨类植物有67科，279属，566种。野生动物有6个纲，25目，58科，234种。旅游资源较为丰富，有科尔沁湿地珍禽国家级自然保护区、自治区级蒙格罕山自然保护区和代钦塔拉五角枫自然保护区、巴彦茫哈沙岛湖、翰嘎利湖、图什业图王府遗址、遐福寺遗址、固伦永安长公主陵遗址、哲里木盟十旗会盟地、金界壕遗址、吐列毛杜古城遗址、图什业图赛马场等。

全旗地区生产总值完成65.96亿元，按可比价格计算，比上年增长8.0%。其中：第一产业增加值18.27亿元，比上年增长4.2%；第二产业增加值25.03亿元，比上年增长10.5%；第三产业增加值22.66亿元，比上年增长9.0%。人均地区生产总值（按平均户籍人口计算）25 897元，比上年增加1273元，可比增长9.2%。第一产业增加值占地区生产总值比重为27.7%，比上年下降1个百分点；第二产业增加值比重为37.9%，与上年保持一致；第三产业增加值比重为34.4%，比上年提高1个百分点。年末，全旗从业人员138 998人，比上年增加5728人，其中城镇就业人员39 729人,比上年增加1317人。在从业人员中,城乡个体工商户14086户、从业人员20215人;私营企业776户,从业人员3856人,其中城镇个体、私营企业从业人员20 035人。年末城镇登记失业率为3.7%。城镇新增就业1965人,其中城镇失业人员再就业人数为473人。全年公共财政预算收入23 218万元,同比增长12.9%。全年公共财政预算支出284 257万元,同比增长2.2%。其中:一般公共服务支出18 560万元,同比下降11.0%;社会保障和就业支出49 334万元,同比增长4.4%;医疗卫生支出12 809万元,同比增长12.0%;教育支出51 144万元,同比增长1.3%。

【农业】 全旗粮食作物播种面积210.4万亩,比上年增加29.5万亩。全年粮食总产量755 000吨(7.55亿公斤),同比增长8.6%。其中,玉米产量601 467吨,比上年减产13 383吨,占粮食总产量79.7%;水稻产量18 281吨,比上年增产3648吨;小麦产量72 819吨,比上年增产51 174吨;高粱产量28 256吨,比上年增加4123吨;大豆产量4697吨,比上年增加1913吨;绿豆产量6210吨,比上年增加538吨。

【畜牧业】 2016年牧业年度,全旗家畜存栏头数373.4万头(只、口),比上年增加2.2万头(只、口),增长0.6%。其中,大、小牲畜头数为361.7万头(只),比上年增加3.2万头(只),增长0.9%;生猪存栏11.7万口,比上年减少1万口。在大、小畜中,大牲畜存栏25万头(匹),与上年持平;小畜存栏336.6万只,比上年增加3.1万只,增长0.9%。全年肉类总产量38 238吨,同比增长16.4%;牛奶产量19 386吨,比上年增长8.0%,禽蛋产量6633吨,比上年增长9.0%。全年水产品产量2087吨,同比增加41吨,增长2.0%。年末,全旗农牧业机械总动力71.13万千瓦,比上年增长7.8%。全旗大中型拖拉机19 173台,同比增加1056台,小型拖拉机11 519台,农用排灌动力机械6.3万千瓦。全年农用化肥施用量(折纯)46 321吨,比上年下降0.6%;农用塑料薄膜使用量87吨;农村用电量6566万千瓦时,比上年增加40万千瓦时,增长0.6%。

【林业】 全年完成造林面积19.4万亩。其中,"三北"人工造林2.5万亩、造林补贴5万亩、果树经济林0.9万亩、封山育林2万亩、飞播造林5万亩、新一轮退耕还林4万亩。年末,森林覆盖率达到17.4%。

【水利】 新打各类农用机电井632眼,有效灌溉面积99.6万亩。

【工业】 全部工业增加值18.58亿元,可比增长10.6%,其中规模以上工业增加值176 662万元,可比增长12.4%。规模以上工业产品销售率为96.6%,同比下降0.1个百分点;规模以上工业主营业务收入538 738万元,比上年增长17.6%;规模以上工业实现利税14 840万元,比上年下降7.1%。全旗乡镇企业总产值16.07亿元,实现增加值3.37亿元。全年完成工业产品产量:鲜冷藏肉675.51吨,服装45.10万件,商品混凝土818 452立方米,矿山专用设备24 453吨,水泥363 766.01吨,熟肉制品620.49吨,精制食用植物油9010.67吨,饮料酒197.3万升,铁矿原石29 125吨,水泥混凝土电杆120 301根,铜金属6553吨,铅金属8603吨,锌金属23 802吨。

【固定资产投资】 2016年,500万元以上项目完成固定资产投资806 504万元,比上年增长14.1%。全年施工项目85个,其中新建项目82个。当年竣工交付使用项目73个,工程项目竣工率为85.9%。房屋施工面积92.5万平方米,其中住宅施工面积75.3万平方米;房屋竣工面积79.2万平方米,其中住宅竣工面积75.3万平方米。在固定资产投资项目中,第一产业投资54 160万元,比上年下降47.3%;第二产业投资90 308万元,比上年下降73.2%;第三产业投资662 036万元,比上年增长147.3%。

【环境保护】 全面推进"禁牧、禁垦、禁伐"工作,启动实施新一轮草原生态补奖机制。完成造林绿化19.4万亩。科尔沁国家级自然保护区被命名为“自治区级环境教育基地”。中央环保督察组交办的23件环境信访事项全部办结。完成29家排污企业“一企一档”工作。强化农村牧区环境综合治理,为20个嘎查增添垃圾清运设施设备。

【交通 邮电】 实现铁路货运261 300吨，客运29万人次。实现交通运输、仓储及邮政业增加值1.99亿元，可比增长3.2%。公路货运量333万吨，比上年下降9.5%，货物周转量达到59 550万吨公里；公路客运量51万人次，同比下降32.0%，公路旅客周转量11 287万人公里，比上年下降1.1%。全旗公路通车里程2182.02公里,其中农村公路里程2025.93公里。完成邮电业务总量24 257万元,比上年增长13.0%。其中，邮政业务总量1108万元，比上年增长8.8%;电信业务总量23 149万元,比上年增长13.3%。年末本地固定电话用户11 119户。其中,市话用户8802户,农村牧区电话用户2317户。移动电话用户达26.35万部,互联网用户达到3.26万户。

【国内贸易】 实现社会消费品零售总额199 861万元,比上年增长9.7%。其中,城镇完成176 095万元,乡村完成23 766万元,分别比上年增长9.8%、8.9%。分行业来看,批发业零售额590万元,比上年增长1.1%;零售业零售额186 054万元，同比增长9.8%；住宿业零售额972万元，比上年增长28.3%；餐饮业零售额12245万元,同比增长6.6%。

【对外经济】 全旗招商引资16.05亿元,其中,引进国内区外资金2.52亿元,引进区内盟外资金13.53亿元。对外贸易进出口总额262万美元,其中进口额220万美元,出口额42万美元。

【旅游业】 共接待旅游人数71.78万人次,比上年增长15.4%,实现旅游总收入4.08亿元,同比增长12.1%。

【金融】 年末，全旗金融机构各项存款余额449 436万元,比上年增长30.9%,其中居民储蓄存款余额223 874万元,比上年增长8.6%。金融机构各项贷款余额283 289万元,比上年增长18.4%。其中,短期贷款187 234万元,比上年增长31.5%;中长期贷款96 055万元,比上年下降0.8%。财险、人险保费收入7642万元,比上年增长17.0%。其中,财产险保费收入3092万元;人身险保费收入4550万元。全年赔款支出3135万元,比上年增长55.2%。其中:财产险赔付支出1145万元;人寿险赔付支出1990万元。

【科技】 全旗推广旗级以上农业实用技术4项。年内对农牧民进行科技培训1.5万人次,其中培训嘎查级技术骨干50人次。全旗专业技术人员6790人,其中农业技术人员190人。

【教育】 全旗共有中、小学校51所(包括小学教学点9个)。全旗有专任教师有2302人,在校学生25 599人。其中,中学在校学生11 190人,小学在校学生14 409人，学龄儿童入学率100%。聋哑学校1所,在校学生37人;幼儿园45所,校内学前班1780个,在园幼儿5796人;职业中学1所,在校学生351人,专任教师人数46人,城乡就业人员技术培训8期248人。本年普通高考专科及以上上线人数1573人。

【文化】 全旗共有电影放映队13个,专职放映技术人员13人，全旗有线电视用户15 300户,广播电视覆盖率为100%,报刊发行量81万份。有各类文化馆(站)15个,图书馆1个,图书总藏量29.5万册（包括电子书20万种），博物馆1处。专业艺术团体1个,全年演出114场,其中在农牧区演出92场。

【卫生】 全旗共有卫生机构32个,其中农村牧区23个。医疗单位拥有病床1360张。卫生技术人员1563人，其中执业医师、执业助理医师1008人。全旗有乡村卫生室171个，乡村医生274人。

【体育】 举办旗级以上运动会6次，参加运动员 1600 余人次，承办全国速度赛马大奖赛、内蒙古草原休闲体育大会。科右中旗运动员在全国速度赛马大奖赛中，获得金牌 3 个、银牌 2 个,铜牌 3 个。

【社会保障】 2016 年，全旗参加基本养老保险人数为 24 139 人,比上年增加 1746 人。其中,参保职工 12 877 人,比上年增加 1231 人;离退休人员 11 262 人,比上年增加 515 人。全年养老保险基金收入 14 845 万元，比上年增加 3364 万元;发放养老保险金 24 177 万元,比上年增加 2905 万元。参加城镇基本医疗保险的人数 73 343 人,比上年增加 245 人,其中,参加城镇职工基本医疗保险人数 22 808 人，比上年增加 107 人;参加城镇居民基本医疗保险人数 50 535 人，比上年增加 138 人。参加失业保险的人数 7280 人,全年领取失业保险人数 1901 人。参加工伤保险人数 12 479 人,比上年增加 186 人,参加生育保险人数 14 635 人,比上年增加 115 人。参加新型农村合作医疗人数 160 090 人,比上年减少 561 人,参合率为 98%,新型合作医疗基金支出总额为 8710 万元,比上年增加 1158 万元,增长 15.3%，全年受益人口为 14.92 万人次,其中,住院 2.28 万人次、门诊 12.64 万人次。全旗共有敬老院 4 所,福利院 1 所,床位 410 张,在院人数 220 人。全年享受最低生活保障救济的城乡居民 24 221 人。其中,城镇最低生活保障人数 7087 人,农村牧区最低生活保障人数 17 134 人。全年共发放低保金 7964 万元,比上年减少 685 万元,下降 7.9%。其中,城镇 3419 万元、农村牧区 4545 万元。

【人民生活】 2016 年，全旗全体居民人均可支配收入 13 191 元,比上年增长 8.4%,全体居民人均消费性支出 9615 元,比上年增长 8.4%。城镇常住居民人均可支配收入 21 700 元，比上年增加 1682 元,增长 8.4%,年人均消费支出 13 996 元,同比增长 6.4%;农村牧区常住居民人均可支配收入 7904 元，比上年增加 579 元,增长 7.9%,年人均消费支出 6849 元,同比增长 11.0%。城镇居民人均住房建筑面积达 25.67 平方米，农村居民人均住房建筑面积 25.22 平方米。

(撰稿人:色音巴雅尔 庆格勒图)

扎赉特旗

【概况】 扎赉特旗位于内蒙古自治区兴安盟东北部,东与黑龙江省龙江县接壤,南与黑龙江省泰来县、吉林省镇赉县交界,西与科尔沁右翼前旗相连,北与呼伦贝尔市扎兰屯市毗邻。地处大兴安岭南麓,嫩江右岸,属大兴安岭向松嫩平原过渡地带。地理坐标为北纬 46°04′~47°21′,东经 120°17′~123°38′。东西宽 210 公里,南北长 143 公里，总面积 11 155 平方公里。旗下辖音德尔镇、巴彦高勒镇、新林镇、胡尔勒镇、图牧吉镇、巴达尔胡镇、阿尔本格勒镇、好力保镇,巴彦乌兰苏木、宝力根花苏木、阿拉达尔吐苏木,努文木仁乡、巴彦扎拉嘎乡、国营呼和吉勒图牧场。苏木乡镇场下辖 196 个嘎查村 10 个社区 20 个居民委员会。驻旗单位有自治区监狱管理局东部分局、图牧吉戒毒所、八一牧场、五七农场。旗人民政府驻地音德尔镇距兴安盟驻地乌兰浩特市 108 公里。全旗以蒙古族为主体，汉族为多数,回族、满族、朝鲜族、达斡尔族、鄂伦春族、藏族、鄂温克族、壮族、苗族、彝族、锡伯族等 17 个民族构成。2016 年,据公安户籍人口统计,全年出生人口 3587 人,出生率为 9.18‰;死亡人口 1762 人，死亡率为 4.51‰；人口自然增长率为 4.67‰。年末,全旗户籍人口 390 877 人。其中:城镇人口 95 279 人,比上年增长 1.69%,少数民族人口 176 988 人,在少数民族人口中蒙古族人口 167 494 人。男性人口 201 132 人,女性人口 189 745 人,性别比(以女性为 100,男性对女性的比例)为 106。在总人口中,60 岁及以上老年人口 50 616 人，占全旗人口的比重为 12.95%,

比上年提高0.74个百分点。年末，全旗常住人口389 400人，其中城镇人口139 800人。2016年，城镇化率为35.90%。出生人口3720人，出生率9.56‰；死亡人口1970人，死亡率5.06‰；人口自然增长率4.50‰。

扎赉特旗土地资源丰富，土壤有机质含量高，适宜农作物生产。全旗农用地973 816.23公顷，建设用地38 049.7公顷，未利用地154 040.9公顷。598万亩草原，载畜量100万头（只），有着牧业资源开发得天独厚的优势。天然次生林主要分布在西北低山区，主要树种为柞树、桦树、松树、杨树等。人工林集中分布在音德尔镇西山林场和青山林场及各地，主要树种有杨树、落叶松和樟子松。灌木林绝大部分分布在低山区和丘陵区、主要树种有榛子、胡枝子、红毛柳、青皮柳、苕条、山杏等。野生动物有马鹿、野猪、狍子、猞猁、水獭、狐狸、草兔、灰鼠、丹顶鹤、白天鹅、飞龙、沙鸡等。境内有大小河流74条，年径流量5.79亿立方米。地下水总储量2.79亿立方米。绰尔河盛产鲤鱼、鲫鱼、鲇鱼、草根等38种鱼类，芦苇面积6.6万亩，年产芦苇近万吨。全旗养殖水面20万亩。矿藏有铁矿石、大理石、石灰石、水刷石、石榴石、花岗岩、煤、石油、金等10余种矿产。

2016年，全旗地区生产总值完成93.48亿元，按可比价计算，比上年增长8.2%。其中：第一产业增加值36.5亿元，增长5.6%；第二产业增加值28.48亿元，增长11.9%；第三产业增加值28.5亿元，增长9.1%。第一、二、三产业对经济增长的贡献率分别为3.9%、32.5%、63.6%，分别拉动全旗经济增长速度0.32、2.67和5.21个百分点。全旗产业结构不断完善，生产总值中一、二、三次产业比例由上年的40.4：30.4：29.2调整为39：30.5：30.5。按常住人口计算，全年人均生产总值24 018元。全年完成地方财政总收入57 021万元，比上年增长38%。全年财政总支出545 855万元，增长43.87%。

全年完成全部工业增加值23.96亿元，按可比价格计算，比上年增长12.1%。全年社会消费品零售总额314 694.5万元，比上年增长9.96%。全年共引进资金34.8亿元。

【农业】 全年农作物种植面积249 285公顷（粮食作物加经济作物），比上年减少5.7公顷。其中，粮食作物种植面积242 240公顷，比上年减少14 753公顷。全年粮食总产量12.6亿公斤，比上年增加0.65亿公斤，实现了“十二”连增；全年油料产量9284吨，增长6.7%；蔬菜及食用菌产量23 981吨，同比增长17.5%。年末，机耕地面积385万亩；机电井数量79 923眼，增长1%；年内新增农田有效灌溉面积0.236万公顷，新增节水灌溉面积0.533万公顷；全年综合治理水土流失面积13.65万公顷。

年末，全旗农牧业机械总动力1 578 059千瓦。全旗有大中型拖拉机34 601台，小型拖拉机12 497台，农用运输车5929台，农用排灌动力机械31 432台，农用水泵34 228台，节水灌溉类机械3526套。全年农村牧区用电量6352万千瓦时，增长3 %；化肥施用量（折纯）115 721万吨，比上年增长15.5 %；农用塑料薄膜使用量2645吨，增长71.4 %。

【畜牧业】 2016年，牧业年度，全旗牲畜存栏头数327.2万头（只），比上年增长5.9 %；牲畜总增151.4万头（只），牲畜总增率49%。牧业年度良种及改良种牲畜总头数304.4万头（只），比重为93%。全年肉类总产量74 948吨，比上年增长4.2 %；牛奶产量98 652吨，比上年减少15.3 %；山羊粗毛产量217吨，比上年增长5.3 %；禽蛋产量3352吨，比上年增长23.6 %；水产品产量4069吨，比上年增长3.2 %。

【林业】 全年完成造林面积12.9万亩，实有封山育林面积2万亩，四旁（零星）植树110万株，育苗面积3135亩，当年苗木产量3540万株。全年完成中幼林抚育（作业）面积7万亩。年末，全旗森林面积263 239.1公顷，森林覆盖率28.27%。

【工业】 全年完成全部工业增加值23.96亿元，按可比价格计算，比上年增长12.1%。其中：规模以上工业企业完成增加值232 106万元，比上年增长12.9%，在规模以上工业中，轻工业增加值112 502万元，增长12.9%；重工业增加值119 604万元，增长13.0%。全年规模以上工业完成总产值814 021.6万元，比上年增长14.3%；实现主营业务收入731 815.9万元，比上年增长10.2%，实现利税总额191 396.2万元，比上年增长17.7%，其中实现利润140 025.3万元，下降17.2%；产品销售率为99.2%，比上年提高0.4个百分点。

【城乡建设建筑业】 全年建筑业增加值4.62亿元，按可比价格计算，比上年增长9.8%。全旗具有建筑业资质等级的建筑施工企业2个；全年房屋建筑施工面积41.42万平方米，比上年增长39.8%；房屋竣工面积41.42万平方米，同比增长39.8%，房屋建筑竣工率100%。

【固定资产投资】 全年500万元以上固定资产投资总额727 018万元，比上年增长23.0%。在全旗固定资产投资中，第一产业投资159 487万元，增长62.4 %；第二产业投资138 098万元，下降36.8 %，其中工业投资133 798万元，下降35.9%；第三产业投资429 427万元，增长105.8%。在全旗固定资产投资中，其中国有投资378 428万元，增长73.2%。其中：城镇投资627 753万元，增长14.13%；房地产投资99 259万元，增长144.4%。全年新开工项目121个，完成投资525 507万元，占全部投资72.3%；续建项目39个，完成投资额201 505万元，占全部投资27.7%。全年住宅施工面积366 197平方米，比上年下降27.5%；商品房竣工面积213 076平方米，同比增长14.5%，商品房销售面积210 065平方米，同比增长12.8%。

【环境保护】 全旗共确定自然保护区1个。图牧吉国家级自然保护区，保护区面积76 210公顷。年末，全旗环境保护系统有职工48人，环境监测站1个，环境监测人员13人。全年二氧化硫（SO_2）排放量1425.47吨，比上年增减少12.3%。2016年，全旗万元生产总值能耗超额完成年度下降目标。

【交通 邮电 电力】 全年交通运输仓储及邮政业实现增加值1.49亿元，按可比价计算，比上年增长2.5%。全年完成公路货运量624.14万吨，比上年增长19%；完成货运周转量153 273.45万吨公里，增长65.2%。全年完成公路客运量77.03万人，比上年下降34.9%；完成公路旅客周转量15 379.18万人公里，下降29.8%。年末，全旗公路通车里程2478公里，比上年增长6.8%。其中，等级公路里程2478公里。全年邮电业务总收入28 261.2万元，比上年增长28.3%。其中：电信收入26 257.6万元；邮政业务收入1698.1万元；快递收入305.5万元。年末，本地电话用户8844户，比上年下降22.1%；有移动电话用户350 895户，比上年增长1.4%。年末全旗互联网宽带接入用户37 130户，比上年增长53.7%。其中：城市宽带接入用户16 428户，农村宽带接入用户20 547户。2016年，全年购电量完成4.29亿千瓦时，同比增长7.52%。售电量完成3.85亿千瓦时，同比增长7.54%。

【贸易】 全年社会消费品零售总额314 694.5万元，比上年增长9.96%，其中限额以上消费品零售额16 764.5万元，增长10.6%。按消费地域看，城镇消费品零售额179 690.6万元，增长9.67%；乡村消费品零售额135 003.9万元，增长10.33%。按消费形态看，商品零售额289 842.4万元，增长9.58%；餐饮贸易额24 852.1万元，增长14.49%。全年共引进资金34.8亿元。

【旅游】 全年实现旅游总收入7.3亿元，同比增长19.2%；接待旅游人数90.1万人次，同比增长19.3%

【金融 保险】 2016年，全年完成金融业增加值3.97亿元，按可比价计算，比上年增长20.4%。年末全旗金融机构各项人民币存款余额

664 297 万元，比上年末增长 19.2%。其中：住户存款余额 419 319 万元，增长 10.4%；年末全旗金融机构各项人民币贷款余额 718 128 万元，比上年末增长 9.2%。其中：住户贷款余额 345 730 万元，比上年末增长 19.6%；非金融企业及团体贷款余额 372 397 万元，比上年末增长 10.4%。

全年保险业实现保费收入 34 439.48 万元，比上年增长 10.8%。其中：财产险实现保费收入 19 505.09 万元，增长 4.3%；寿险实现保费收入 14 934.39 万元，比上年增长 20.6%。全年保险业赔款和给付支出 4492 万元，比上年下降 59.5%。其中：财产险赔款 3108.2 万元，赔付率 15.9%；寿险赔付 1384 万元，赔付率 9.27%。

【科技】 全年科技经费支出 388 万元，年内对农牧民进行科技培训 3.7 万人次，培训乡村技术骨干 1200 人次，送科技下乡 328 人次，受益群众 1.2 万人次。

【教育】 本年全旗普通高考专科及以上上线人数 1712 人，其中：本科上线人数 671 人。全旗共有中等职业教育学校 2 所，当年招收学生 1651 人，比上年增长 72.16%；年末在校生 2414 人，比上年增长 51.63 %。其中：蒙古族在校生(蒙古语授课)185 人，增长 25%；当年毕业学生 697 人，下降 45.29%。普通高中 2 所，当年招收学生 1234 人，比上年增长 0.3%；年末在校学生 3747 人，比上年下降 3.65%。其中：少数民族在校生 1785 人；当年毕业学生 1348 人，比上年增长 18.04%。年末有普通初中 7 所，全年招收学生 2887 人，比上年增长 22.53%；年末在校学生 7710 人，比上年增长 3.2%。其中，少数民族在校生 3640 人；当年毕业学生 2541 人，增长 11.99%。全旗初中阶段毛入学率 100%。年末有小学 29 所，当年招收学生 3792 人，比上年增长 7.45%；年末在校学生 21 825 人，比上年增长 6.94%；当年毕业学生 2954 人，比上年增长 14.23%。全年小学适龄儿童入学率 100%。年末有幼儿园 195 所，幼儿园在园幼儿 9909 人，比上年增长 3.1%。

【文化】 全旗拥有乌兰牧骑专业表演团体 1 个，从业人员 52 人，全年专业艺术团体送文化下乡演出 100 场次以上；拥有文化馆 1 座，从业人员 17 人；文化站 14 个，从业人员 20 人；村嘎查草原书屋 196 家；公共图书馆 1 座，从业人员 12 人，藏书量达 5 万册以上，各种报刊 16 种；文物管理所 1 个，收藏文物 700 余种。全旗拥有广播电台 1 座，广播综合人口覆盖率 100 %；拥有电视台 1 座，电视综合人口覆盖率 100%。“村村通”工程实施 30 000 套、“户户通”工程实施 71 005 套；数字电视用户 18 000 户。

【卫生】 年末，全旗共有卫生机构 32 个。其中，旗直医院 4 个，乡镇苏木场卫生院 21 个，疾病预防控制机构 1 个，新型农村牧区合作管理办公室 1 个，卫生监督所 1 个，健康教育所 1 个，社区卫生服务中心 2 个。年末全旗医疗卫生机构拥有病床 1930 张。其中：旗直医院机构拥有病床 756 张，乡镇卫生院拥有病床 436 张。年末全旗拥有卫生技术人员 1964 人。其中：旗直医院拥有 925 人，乡镇卫生院拥有 486 人；执业医师、助理医师 659 人，注册护士 517 人。拥有农村牧区村级卫生室 339 个，拥有乡村医生和卫生员 384 人

【体育】 年内，全旗体育健儿在重大竞赛中获奖牌 10 枚。其中：区级金牌 1 枚、银牌 1 枚、铜牌 1 枚；盟级银牌 4 枚、银牌 2 枚、铜牌 1 枚。

【社会保障】 年末全旗参加基本养老保险人数 22 616 人，比上年增加 1170 人。其中：参保职工为 12 060 人，比上年增加 330 人，离退休人员为 10 556 人，比上年增加 840 人；参加农村社会养老保险人数 129 717 人，比上年增加 549 人。失业保险参保人数 11 174 人，比上年减少 1188 人；领取失业保险金人数为 4932 人，比上年增加 2781 人。生育保险参保人数为 18 967 人，比上年增加 151 人。工伤保险参保人数为 15 860 人，比上年增加 237 人。全年城镇医疗保险参保

78 395 人，比上年增加 270 人；全年有 23 044 个在职职工和 8071 个退休人员参加了基本医疗保险；全年有 274 462 人参加农村合作医疗，比上年减少 3814 人，参合率 98%，农村合作医疗基金累计支出 15 657.02 万元，累计受益 226 240 人次。全年共有 41 932 人得到国家最低生活保障救济，比上年减少 2269 人。其中：享受农村最低生活保障的居民为 35 879 人，共发放农村低保资金 9113.3 万元；享受城镇最低生活保障的居民为 6053 人，发放城镇低保资金共 2954.28 万元。年末全旗各乡共有敬老院 4 个，敬老院床位 690 张，集中供养 226 人。城镇社区服务中心 11 个。

【人民生活】 年末，全体居民人均可支配收入 12 885 元，增长 8.8%，全体居民人均消费性支出 9317 元，增长 8.7%。城镇常住居民人均可支配收入 22 741 元，增长 8.7%。城镇常住居民人均消费性支出 14 518 元，增长 6.6%。城镇居民家庭恩格尔系数为 31.1%，比上年下降 0.1 个百分点，城镇居民人均住房建筑面积 26.53 平方米。全年农村常住居民人均可支配收入 8447 元，同比增长 8.2%。农村常住居民人均消费性支出 7336 元，同比增长 11.1%。农村牧区居民家庭恩格尔系数为 43.1%，比上年下降 0.5 个百分点，农村居民人均住房居住面积 25.25 平方米。

【创业就业工程】 年末全旗在岗职工人数 24 770 人，比上年末减少 645 人，下降 2.53 %。其中：国有单位 17 715 人，比上年末减少 1152 人，下降 6.1%；集体单位 85 人，比上年末减少 111 人，下降 56.6%；其他单位 6970 人，比上年末增加 618 人，增长 9.7%。全旗职工年平均工资 57 095 元，比上年末增加 2678 元，增长 4.9%。其中，国有单位职工年平均工资 60 091 元，比上年末增加 3381 元，增长 5.9%。落实就业援助政策，开发公益性岗位 859 个，高校毕业生实现就业 558 人，城镇新增就业 2296 人，城镇失业人员再就业 521 人。年末，城镇登记失业率为 3.20%，比上年提高 0.07 个百分点。

（撰稿人：田花）

突　泉　县

【概况】 突泉县位于内蒙古自治区东北部，兴安盟中南部；大兴安岭南麓，科尔沁草原深处。地处北纬 45°11′25″~46°5′12″，东经 120°43′45″~122°10′20″之间。北部、东北部同科尔沁右翼前旗接壤，南部、西南部与科尔沁右翼中旗毗邻，东部和吉林省洮南市相连。地域形状呈西北至东南走向的长方形，东西相距 113.9 公里，南北相距 99.6 公里。全县总面积 4889.5 平方公里，耕地面积 266 万亩、林地面积 300.3 万亩、草牧场面积 213.3 万亩。

突泉县地势西北高东南低。北部为浅山区、中部为丘陵起伏地带、南部为水草丰美的大草原，大兴安岭从西北穿过，最高峰老头山海拔 1392.1 米，中部海拔在 597 米 ~ 667 米之间，南部海拔在 185.5 米 ~ 420 米之间。

全境气候为温带大陆性季风气候，春季多风、少雨；夏季温热，雨热同季，降雨集中，有效降雨多；秋季凉爽短暂；冬季寒冷漫长，风大雪少。年日照为 2942.0 小时。气温年均摄氏 6.1 度。

全县辖 6 个镇（突泉镇、六户镇、东杜尔基镇、水泉镇、宝石镇、永安镇）、3 个乡（太平乡、九龙乡、学田乡），全县有 188 个村民委员会、19 个居民委员会、464 个自然屯。盟属国有杜尔基农场驻突泉县。

全县总人口 303 694 人。其中：汉族 210 250 人，蒙古族 63 101 人，满族 29 463 人，回族、朝鲜族、达斡尔族、鄂温克族、鄂伦春族、藏族、锡伯族、苗族、维吾尔族、土家族、彝族等其他少数民族人口 880 人。

全县境内主要河流 6 条：蛟流河、他克吐河、大额木特河、小额木特河、巨力河、旱河。蛟流河是全县最大的河流，发源于老头山，境内流程 114 公里，河两岸土质肥沃，是主要产粮区。中小型水库 8 座，大小泡泽 1 处，有山泉 22 处。

野生动物有獐、狐狸、山兔、野鸡、鹌鹑、蝮蛇、雀鹰、沙半鸡、铁鸟、狍子、狼等。野生植物有柞树、杨树、桦树、榛柴、山杏、胡枝子、柴胡、赤药、地榆、车前子等，药材种类繁多，堪称“药材之乡”。

突泉县是大兴安岭南麓地下矿产资源富集地区。全县探明的主要矿种有：铜、铅、银、锌、铁、煤、高岭土、蛇纹岩、沸石、滑石、电气石等 20 余种。

2016 年，全县地区生产总值 76.35 亿元，同比增长 8.1 %；固定资产投资 81.27 亿元，增长 23%；社会消费品零售总额 22.62 亿元，增长 9.9%；公共财政预算收入 1.65 亿元，增长 21%；城乡常住居民人均可支配收入 22 135 元和 8 193 元，分别增长 8.6%和 8.4%。

【农业】 全县播种面积 266 万亩，粮食产量 10 亿公斤。其中，新增荷马糖业纸筒育秧甜菜基地约 2000 亩。春耕生产共调进良种 500 万公斤，化肥 8 万吨，农用柴油 6500 吨，各类农资 100%到位，满足了春耕生产需求。承担农业科技推广项目，在东杜尔基镇裕民村建设高产示范田 200 亩，辐射带动展示田面积 5000 亩，项目区作物室内考种、数据整理、分析上报等工作完成。新建日光温室 168 栋，冷棚 899 栋。4 月 26 日，在自治区专业化统防统治示范点太平乡白庙子农机合作社召开全盟三级联创专业化统防统治与绿色防控现场会。通过选聘 100 名技术指导员，辐射带动 1000 户科技示范户，推广一批主导品种和主推技术，提升农民科学种田水平。

【畜牧业】 2016 年牧业年度，牲畜存栏 112.9 万头只，其中，肉羊存栏 105 万只，肉牛存栏 1.2 万头，奶牛存栏 1.2 万头，生猪存栏 3.8 万口。新建牲畜棚圈 1600 栋，共 12.8 万平方米，已完工标准化肉羊养殖场 6 个、标准化肉牛养殖场 2 个。截至年底，全县有 30 头以上的肉牛养殖场 74 个，50 口以上的生猪养殖场 36 个，500 只以上的肉羊养殖场 235 个。新建高标准自动化白羽肉鸡养殖场 2 个，新增白羽肉鸡养殖能力 200 万只，肉鸡养殖能力达到 6200 万只。建设芦花鸡舍 500 个。全年共购进各类疫苗 1883.2 万毫升，共完成家畜免疫 753.85 万头只口次，家禽免疫 598.00 万羽次。重大动物疫病应免密度 100%。

【林业】 完成 11.2 万亩造林绿化任务，国家三北防护林、退化林与改造工程 5.5 万亩，21.35 万亩退耕地造林的自查验收，兑现给退耕户当年国家补助资金近 1716 万元。完成重点区域绿化 3.77 万亩。发展果树经济林面积 6.63 万亩，1.65 万亩进入结果期，年均鲜果产量 1.6 万吨。建立高标准果树经济林示范基地 3 万亩，建立林果专业合作组织 8 家，建立沙果及葡萄等技术推广示范基地 10 处，推广林果新品种 16 个，建立果品生产示范基地 5 处，科技示范镇 2 个、示范村 8 个。完成北河林场 780 平方米物资储备库和营房建设，新建老头山林场防火瞭望塔 1 座，新增防火运兵车 3 台，防火喷水车 1 台。2016 年，发生林业有害生物面积 4.57 万亩，防治后害虫死亡率 85%以上，通过防治全县没有成灾面积。全年检疫县域内乔木苗木 495 万株，灌木 59.5 万株，通过产地检疫做除害处理的苗木 3600 株。复检方面，全年外调苗木复检 439.25 万株，春季用苗复检率 90%。

【水利】 完成农村饮水安全工程 22 处，解决 10 877 人饮水不安全问题，建成具备检测 42 项水质指标能力的水质检测中心 1 处。完成水土保持治理工程巨合、福寿小流域治理任务，治理面积 33 平方公里；完成向阳及兴安小流域续建治理工程，完成治理面积 14.06 平方公里。对全县 9 个乡镇安全饮水工程进行维修，砌筑防污井 465 个，实现饮水安全。完成县内 191 个村屯、6.5 万人的饮水安全提质增效工程规划设计。随机抽查水保监督、渔政监督、水政监察执法情况12项。开展水土保持监督检查10次，检查项目5个。共新打机电井871眼，维修机电井3183眼，购置发电机组475台，购置输水管带124.7万米，抗旱面积358.5万亩次。

【工业】 2016年，规模以上工业企业实现工业总产值71.41亿元，实现增加值25.35亿元，同比增长12%，完成任务目标100%。工业重点项目开工13项。其中：新开工项目8项，续建5项，完成投资14.75亿元，完成投资目标100%。共清理盘活项目企业8家，其他清理盘活工作稳妥推进。建设中小企业创业园，下设电子商务创业区、食品加工区、食品检测和职工宿舍区。电子商务创业区，入驻企业8家。食品工业区，入驻企业4家，食品检测检验区和职工宿舍区，完成食品检测检验室装修及职工宿舍部分装修，食品检测、检验药品投入使用。

【城镇建设】 全年共核发建设用地规划许可证56件，面积292.3万平方米，建设工程规划许可证56件，面积34.2万平方米。完成育文街地下综合管廊985米,工业路管廊1100米。完成12.8万平方米绿化任务。棚户区改造工程共计完成征拆2169户，测量3200户。发放廉租住房补贴184万元，惠及1165户、2184人，同比上年新增264户。实现安全供水170万吨，检测合格率100%。新增供热面积30万平方米，供热总面积260万平方米，供热主管网13.14公里。污水再生水建设工程，10座单体建筑，主体工程全部完工，污水回用管道路已确定。全年污水产生量231.86万吨、处理量224.96万吨，处理率97%，达到国家一级B排放标准。

【环境保护】 2016年，共核发排污许可证221个，办理环评审批32个，所有项目提前办结率100%。完成削减化学需氧量23.86吨，完成削减氨氮2.34吨，实现控制二氧化硫、氮氧化物新增量。鑫光热力公司脱硫脱硝除尘改造工程于2016年7月开工建设，11月末完工，12月末完成调试工作。按照法律法规开展环境保护大检查，共检查企业150家次，现场检查中发现涉及“按日计罚”“移送移交”违法案件各1起，打击了环境违法行为。

【交通　电信】 完成261个村(屯)街巷硬化工程，总里程444.8公里，与上年相比增加建设里程108.8公里。全县重点农村公路实施公路生命安全防护工程，在突宝路、小六线、永宝线、老头山景区路、等县、乡、村公路的临水临崖、陡坡急弯、高填方路段安装波形梁护栏1.5万延长米。完善、更换公路标志标牌48处。县级公路养护共完成坑槽修补3.5万余平方米，路面灌缝50万延长米。修复水毁桥涵3座，修补水毁路基3500米、过水路面等其他公路设施20余处。项目交工验收合格率100%，农村公路竣工验收优良率80%以上。

加大4G资费推广，严把入口关，要求新入网、拆机复装和新售终端4G资费办理率百分百；细分市场，区分集团、4G终端、目标存量、大众市场等维度，分层分级营销；按照“一乡镇一4G体验店”标准进行渠道改造，加强4G体验区建设和文化墙提升渠道流量宣传氛围，4G资费客户12万户。

【国内贸易】 2016年，全社会固定资产投资完成81.27亿元，同比增长23%；社会消费品零售总额完成22.62亿元，同比增长9.9%；

【旅游业】 截至2016年9月末，全县共接待国内游客223 775人次，同比增长25.5%，实现旅游收入19 308.6万元，同比增长14%。完成《突泉旅游总体规划》《老头山景区总体规划》。老头山正在进行核心景区和山门打造，并组织专家对老头山450米玻璃栈道进行规划设计。完成《杜西沟度假区总体规划》，建成10 000平方米停车场，120平方米的水冲厕基本完成，3000平方米的游客接待中心也破土动工。2015—2016年，突泉县各景区加大旅游投资力度，宝力格生态农庄投资200万元用于景区环境的打造；老头山景区累计投资1.9亿元，2016年完成望火楼的主体施工、登山木栈道推进300米、山门主体已完成、在山顶安装环保厕所 2 个；滑雪场投资500万元，延伸雪道1000米；春州博物馆完成投资70万元进行外部装修；杜西沟景区建设完成投资1500万元。

【金融】 2016年，突泉县投放货币22亿元，回笼13亿元，净投放9亿元。金融机构各项存款余额539 688万元，较年初增加120 815万元，各项贷款余额411 526万元，较年初增加64 046万元。辖区内共布放ATM机48台。其中：突泉县镇内布放35台，乡镇布放13台，（邮局9台、联社4台）。POS机布放947台。其中：转账电话229台，商户POS机530台，助农金融服务点POS机188台。

【科技】 突泉县着力推动2014、2015年建设的38家秸秆转化厂启动生产，协调设备生产企业为小型秸秆转化厂提供后期维修和服务，保证设备正常运转。全面实施企业知识产权托管工程，帮助企业挖掘专利技术及时办理专利申请，把专利保护纳入科技创新全过程。共举办科技培训班69期，科技大集13期，高端讲坛2期，发放资料9万余份，培训人数8.1万余人。

【教育】 2016年，突泉县普通高中免学费和教科书到位882万元，受益学生3650人，普通高中国家助学金到位219万元，受益学生1095人。中等职业学校学生“两免”上级到位资金35.2万元，受益学生383人。为1750名贫困学生办理生源地信用助学贷款手续，发放1736人，贷款金额近1300万元。其中本专科1713人，研究生23人。落实城乡低保家庭子女升入普通高校新生资助项目，2016年，共有271名学生享受低保（含孤儿）资助，其中：大学本科115人，专科156人，资助金额共928万元。落实家庭经济困难大学新生入学资助项目，受助学生106名，资助金共7万元已全部发放。义教及普高资助子系统正式上线运行，完成2016年春季学期义教及普高学生资助信息填报、审核、报送工作。

【文化活动】 突泉县相继举办“我们的好日子”春节联欢晚会、“杜西沟风光”摄影作品展、突泉年画作品展、第四届“礼花满天”焰火晚会、四场“迎新春”专场演出、正月十五全县大秧歌会演、“4·23全民阅读”活动、“庆五一”最美职工十佳职工颁奖典礼、庆六一“光明杯”儿童绘画比赛、“6·26” 街头禁毒宣传文艺演出、“百姓大舞台”消夏之夜系列活动，组织乌兰牧骑深入全盟6个旗县市开展“千团百场”下乡专场演出、开展“廉政漫画”进校园进社区等一系列文化活动。1月，突泉县王俊才的摄影作品《农民工》、胡秀娥的摄影作品《奋勇争先》在内蒙古艺术摄影学会会员优秀作品展中展出。在3月出版的《兴安盟蒙古风情美术作品集》中，突泉有9人的美术作品入选。5月，文化馆选送92件漫画作品参加内蒙古漫画艺术作品展。7月，为庆祝中国共产党建党95周年创作反腐倡廉主题漫画88幅，在全县巡回展出。

【文物普查】 做好可移动文物普查，对文物进行拍摄、测量、鉴定定级、建档、申报等工作，制定金界壕长城保护方案。5月，成立辽金历史文化研究会，进行下乡遗址踏查。

【非遗传承工作】 参加兴安盟文化遗产日活动，“突泉剪纸”“突泉民间传说”和“突泉东北二人转”3个自治区非遗项目正式授牌，突泉“二人转”代表性传承人孙丽君获得证书和奖牌。整理突泉剪纸技艺传承人赵日霞、草编技艺传承人王翠华的非遗传承人材料，向内蒙古自治区文化厅申报自治区级非物质文化遗产保护项目传承人。

【卫生】 突泉县向自治区卫生和计划生育委员会申请开展“三证合一”试点工作并制定实施方案、设计服务流程、举办“三证合一”研讨班。11月初，正式启动“五证合一”网上办理系统。突泉县在新华社区、县妇幼保健计划生育服务中心建立2个科学育儿示范指导基地，探索建立科学育儿统筹协调工作机制，开展知识和技能培训,开展知识和技能培训300次,为生育家庭提供生育知识和育儿知识指导服务200人次。9月末，突泉县通过自治区卫生县城复审自治区卫生城市复审。10月,突泉县通过自治区“新国优”创建考评组的初评;12月,国家卫生计生委正式命名突泉县为2014—2016年全国计划生育优质服务先进单位。

【体育】 突泉县举办“迎新春”乒乓球联谊赛、全县第二十五届“红五月银球杯”乒乓球赛、“蒙银银行”万步走、第十届中小学生田径运动会、内蒙古自治区“体彩杯”青少年竞走锦标赛、第二十一届“康乐杯男子篮球赛”、第十五届“健康杯”排球赛等赛事。深入推进足球改革工作,制定足球发展行动计划,举办“县长杯”全县足球赛等足球赛事,参加2016年“体彩杯”兴安盟第三届足球联赛,取得男子足球队U13组冠军、女子足球队U13组亚军、女子足球队U16组亚军的好成绩。参加“盟长杯”足球赛,分别获得初女第二名、初男第四名、小男第三名、小女第四名。参加兴安盟跆拳道锦标赛,突泉县的王喆、刘天雪、钟源、桐欣博、周围等分别取得各级别比赛第一名,参加全盟公路越野赛,突泉县运动员姜宽获得第四名。7月,承办2016年内蒙古自治区青少年竞走锦标赛，突泉县运动员王欣获得少年乙组3公里、5公里竞走2枚金牌；王娇获得少年女子组5公里金牌、10公里银牌。王娇参加2016年第六届田径耐力高原对抗赛获得5公里、10公里2枚金牌。

【社会保障】 2016年,突泉县城镇基本医疗保险总参保人数66 987人。工伤保险总参保人数11 823人。生育保险总参保人数12 784人。城镇职工基本医疗保险基金征缴6854万元，城镇居民医疗保险基金收缴1508万元。工伤保险基金收缴294万元。生育保险基金收缴290万元。征缴失业保险费691.17万元，支出失业保险金1526.21万元。城镇职工养老保险中企业参保人数13 089人,缴费人数12 437人,企业退休13 173人。截至年末,共收缴养老保险费11 522万元,发放离退休养老金29 244万元,发放遗属生活费507万元,发放率100%。年末,退休人数13 173人,全部实行社会化管理,纳入社区管理12 909人,社区管理服务率98%。城乡居民养老保险参统146 176人，享受待遇总数35 109人。其中:享受农保待遇33 359人、享受城居待遇1750人。累计发放城乡居民养老金18 858.82万元,发放率100%,累计收缴新农保养老保险费6726.77万元,综合参保率96.81%,基金滚存结余11 056.69万元。完成参保扩面2122人,续保征缴完成9.2万人,完成政府代缴9473人,收缴城乡居民养老保险费860.55万元。

【人民生活】 2016年,突泉县公共财政预算收入完成1.65亿元,同比增长21%;城乡常住居民人均可支配收入完成22135元和8193元，分别增长8.6%和8.4%,主要经济指标增速位居全盟前列。

(撰稿人:冯殿玉 宁振江)

通　辽　市

【概况】 通辽市位于内蒙古自治区东部，地处北纬42°15′~45°41′，东经119°15′~123°43′之间。东连吉林省，起于科尔沁左翼中旗东部和科尔沁左翼后旗东部；南临辽宁省，起于科尔沁左翼中旗南部、库伦旗南部和奈曼旗南部；西接赤峰市，起于奈曼旗西部、开鲁县西部和扎鲁特旗西部；北与兴安盟和锡林郭勒盟毗邻，起于霍林郭勒市北部。总面积约6万平方公里。通辽市下辖8个旗县市区和1个经济技术开发区。年末，全市户籍人口318.90万人，比上年减少0.47万人。其中城镇人口94.52万人，乡村人口224.39万人。其中，蒙古族人口155.63万人，占全国蒙古族人口25%，是全国蒙古族人口最聚集的地方。0～17岁人口54.56万人，18～34岁人口82.14万人，35～59岁人口131.67万人，60岁及以上人口50.54万人。男性人口161.34万人，女性人口157.56万人，男女性别比为1.02∶1。全市常住人口312.48万人，出生人口3.10万人，死亡人口1.96万人，城镇人口148.55万人，城镇人口比重47.54%。

通辽是蒙古民族的发祥地之一，涌现出了孝庄文皇后、僧格林沁、嘎达梅林等众多历史名人，被誉为“中国安代艺术之乡”“中国民族曲艺之乡”“中国版画艺术之乡”“中国马王之乡”“中国蒙餐之都”“国家园林城市”“全国自驾游试点城市”。2016年获“中国蒙医药之都”“全国无偿献血先进市”和“全国基层蒙中医药工作先进市”称号。正在创建全国文明城市和卫生城市。

通辽地处环渤海经济圈、中国东北经济区和东北亚三角经济区，与东北经济区中的哈尔滨、长春、沈阳一起被国务院规划为区域性物流节点城市，把通辽市摆在与东北三省省会城市同等重要的战略位置，区位优势明显。周边800公里范围内有15个百万人口以上城市，优越的区位使通辽生产要素集聚能力强、资源配置半径小、市场空间大。通辽市是内蒙古自治区东部和东北地区西部最大的交通枢纽城市，通辽火车站是全国36个铁路枢纽编组大站之一，境内现有11条铁路纵横交错，其中京通、通让、大郑、通霍、集通5条铁路在通辽站交会，现已开通“通满欧”国际货运班列，通辽至京沈高速铁路将于2018年通车。有3条高速6条国道和7条省道贯穿，与北京、沈阳、长春均有高速公路连接。通辽民航机场可以起降波音737等大中型客机，现开通14条航线，通航城市达13个，正在申报国际航空口岸，霍林河民航机场即将通航运营。通辽市粮食产量和肉类产量在内蒙古自治区均列第一位，是国家重点农畜产品生产基地。风能资源可利用规模为3000万千瓦～5000万千瓦；已探明煤炭、石油、硅砂等矿产52种。通辽形成新型煤电铝、现代煤化工、玉米生物科技、清洁能源、绿色农畜产品加工、先进装备制造、新型玻璃建材、新型特种钢、现代蒙药和新材料等10大工业支柱产业，商贸物流、金融、文化旅游等现代新兴服务业蓬勃兴起，是全国流通领域现代物流示范城市之一。通辽清洁能源资源发展迅猛，已形成风电装机401万千瓦、光伏装机53万千瓦，扎鲁特至青州±800千伏特高压直流输电工程全面开工建设，实现“煤从空中走、风从天传输、光从线上传”。

【综合经济稳中有升】 初步核算，全年地区生产总值(GDP)1949.38亿元，按可比价格计算，比上年增长7.4%。其中:第一产业增加值262.64亿元，增长3.6%；第二产业增加值977.68亿元，增长8.4%；第三产业增加值709.06亿元，增长

7.7%。三次产业结构由2015年的14.4：50.5：35.1调整为13.4：50.2：36.4，与上年相比，第三产业所占比重提高1.3个百分点，第一产业所占比重降低1.0个百分点，第二产业所占比重降低0.3个百分点。按常住人口计算人均地区生产总值62 424元，按2016年平均汇率计算为9398美元，同比增长7.4%。限额以上固定资产投资1475.5亿元，同比增长14.5%；社会消费品零售总额515.3亿元，同比增长9.8%；一般公共预算收入128.3亿元，同比增长6.5%；城镇常住居民人均可支配收入27 444元、同比增长8.2%，农村牧区常住居民人均可支配收入11 585元、同比增长7.7%。先行指标稳中向好，工业用电量增速全年保持20%以上，在东北经济区处于领先地位；铁路货物发送量平稳回升，达到4740万吨；新增社会融资总量405亿元，增加77亿元，保障了经济平稳运行。主城区居民消费价格总水平(CPI)同比上涨1.6%。其中，商品零售价格上涨2.0%。

【财政收支】 全市公共财政预算收入累计128.34亿元，比上年增长6.5%。其中：税收收入75.69亿元，增长2.3%。在税收收入中，增值税11.84亿元，增长78.5%；营业税8.18亿元，下降40.5%；企业所得税3.75亿元，增长12.6%；个人所得税1.71亿元，增长0.5%。全市公共财政预算支出358.08亿元，增长2.4%。

【“三去一降一补”】 2016年，通辽市供给侧结构性改革压减煤炭产能近1000万吨。出台中心城区阶段性购房补贴政策，设立“房产超市”，全市减少商品房库存230万平方米。金融机构不良贷款余额和不良贷款率实现“双降”，置换政府存量债务149.2亿元。实施补短板9大类、43项重点工程。全面落实“营改增”等减税降费政策，为企业减负10亿元以上。出台企业降本增效30条意见，助力企业解难脱困。争取大用户直购电量47.3亿千瓦时，减少企业电费支出7.2亿元。通过“助保贷”为117户中小企业发放贷款10亿元。全年累计降低企业生产成本20.2亿元，规模以上企业利润总额增长15%以上。通辽市企业减负增效工作获得国务院第三次大督查通报表扬。

【产业结构稳中调优】 产业结构进一步优化，三次产业比调整到13.4：50.2：36.4。

农牧业结构稳中调优　压减籽粒玉米311万亩，粮改饲267万亩，农产品“三品一标”认证面积251万亩，粮食总产69.6亿公斤；突出发展肉牛产业，新增优质肉牛24万头、总量326万头，“科尔沁牛”获得农产品地理标志认证。

新型工业化进程提速　实施500万元以上工业重点项目303个，完成工业固定资产投资688亿元，规模以上工业增加值增长9.3%。依靠科技创新，铝新材料、玉米生物技术、绿色农畜产品加工等优势主导产业向全产业链、中高端方向发展。成立内蒙古蒙东铝及铝加工产业技术创新战略联盟，铝新材料产业新增产品100种、优势产能近百万吨；玉米生物技术产业新增精深加工产品50个，玉米综合转化能力达到505万吨；绿色农畜产品加工企业发展到160家，农畜产品综合加工转化率61%。战略性新兴产业向规模化迈进，伯恩露笑蓝宝石晶体产量接近翻番，风电、光伏等新能源装机占总装机40%。蒙医药产业规模化、市场化进程加快，蒙中药材基地7万亩，蒙成药产量占全国50%以上。

现代服务业快速发展　科尔沁500公里风景大道自驾游服务系统建设初具规模，自驾游占旅游总人数60%，“东北看草原，自驾游通辽”品牌知名度正在提高；与国开行等金融机构签署总规模2830亿元的金融合作框架协议，争取国家专项建设基金32亿元；开通“通满欧”跨境货运班列和大连港集装箱班列，举办中蒙博览会通辽国际商品交易会暨中蒙“3+3”区域合作会议，物流公共服务平台建设取得新进展；万达广场、长春欧亚商业综合体投入运营；电子商务交易额成倍增长，通辽电子商务产业园获国家“2016 十佳电子商务园区”殊荣。

【固定资产投资】 全年固定资产投资 1566.70 亿元，比上年增长 15.0%。其中，城乡 500 万元以上固定资产投资总额 1475.51 亿元，同比增长 14.5%。分产业看：第一产业投资 139.34 亿元，同比增长 19.5%；第二产业投资 690.95 亿元，同比增长 10.1%。其中：工业投资 688.01 亿元，同比增长 11.3%；第三产业投资 645.22 亿元，同比增长 18.6%。三次产业投资比重为 9.4：46.8：43.8。分行业看：制造业投资 492.78 亿元，增长 1.9%；电力、热力、燃气及水的生产和供应业投资 181.35 亿元，增长 43.9%；批发和零售业投资 37.30 亿元，下降 22.0%；交通运输、仓储和邮政业投资 133.18 亿元，下降 17.8%；水利、环境和公共设施管理业投资 289.56 亿元，增长 65.4%。

【基础设施建设】 通辽至京沈高铁新民北站铁路、扎鲁特至青州 ±800 千伏特高压直流输电工程和通辽至鲁北、大沁他拉至白家湾子高速公路项目全面开工，霍林河至阿力得尔一级公路、舍伯吐至大兴二级公路建成通车，通霍、通大等铁路电气化改造工程顺利实施，霍林河民航机场试飞成功。启动北部 1000 平方公里区域战略环评，煤电铝烟气污染物趋零排放示范工程开工建设，区域燃煤锅炉治理任务超额完成，中央环保督察交办和反馈问题整改见到成效。完成科尔沁沙地“双千万亩”综合治理 363 万亩、重点区域绿化 26.5 万亩，荣获“全国绿化模范城市”称号。

【公共服务能力建设亮出清单】 通辽市行政许可事项由 61 项压减到 41 项，审批时限缩减 64%，公布中介服务、公共服务事项、政府权责“三张清单”。推广“煤电铝”一体化循环经济发展模式，电力洼地效应进一步显现，霍林河循环经济示范工程获“国家优质工程奖”。组建水务、交通等 4 家投融资平台，通过设立“美丽乡村”产业基金等方式多渠道融资 200 多亿元。商事制度改革和大众创业、万众创新政策深入实施，市场主体新增 2.9 万户、总量突破 20 万户，被国家确定为东北地区民营经济发展改革示范城市。农村牧区综合改革取得新进展。对外贸易平稳增长，进出口总额超过 4 亿美元。与保定市缔结友好城市，与吉林大学等高校开展合作。人才强市工程深入推进，引进急需高层次人才 138 名。实施精准招商，新签约千万元以上项目 177 个，实现到位资金 685 亿元。

【民生支出】 通辽市各级财政民生支出 280 亿元，占一般公共预算支出 78%。全力推进脱贫攻坚，4 万贫困人口稳定脱贫，科尔沁区、开发区、霍林郭勒市率先解决区域性整体贫困。城镇新增就业 1.8 万人，农牧民转移就业 47 万人，城镇登记失业率控制在 3.7%。城乡低保、特困救助供养人员保障标准和补助水平稳步提升，建成农村牧区互助养老幸福院 80 所，新增养老床位 8529 张。农村牧区“十个全覆盖”工程基本完成。城镇基础设施和公共服务进一步完善，辽河公园获“中国人居环境范例奖”。百姓安居、供水改造和水质提升、贫困人口免费体检、城市公共交通等 10 项民生工程取得成效。

【社会事业】 开展民族团结进步创建活动，各民族大团结良好局面进一步巩固。公共文化服务标准化、均等化建设走在自治区前列，市图书馆新馆主体完工，乌力格尔艺术馆和版画艺术中心基本建成，哈民考古遗址公园向公众开放。成立全区首家科技银行，通辽市被科技部认定为国家农业科技园区。组建市教育教学研究院，完成农村牧区 338 所学校教师周转宿舍和 21 所蒙古族小学“大通铺”改造工程，霍林郭勒市、库伦旗通过国家义务教育基本均衡县评估认定，自治区全面提升基础教育办学水平现场推进会在通辽召开。足球改革发展初见成效，承办自治区高水平联赛，获得蒙超、蒙甲联赛冠军。城市公立医院综合改革全面推开，市医院晋升三级甲等综合医院，旗县综合医院全部晋升二级甲等医院，第二轮京通医疗卫生合作全面启动，举办内蒙古第二届国际蒙医药博览会，获“中国蒙医药之都”“全国无偿献血先进市”和“全国基层蒙中医药工作先进市”称号。统一权威的食品药品监管体系基本建立，监管能力进一步提高。城乡居民基本医疗保险整合工作全面完成，实现城乡医疗保险一网化运行管理。

【农业】 全市耕地面积138.07万公顷。粮食作物播种面积96.50万公顷，比上年增加1.33万公顷，增长1.4%。其中，谷物播种面积90.91万公顷，比上年减少0.29万公顷，下降0.3%。全年粮食产量695.81万吨，比上年增长0.8%。其中：稻谷24.00万吨，比上年增长56.9%；小麦3.20万吨，比上年增长99.3%；玉米633.49万吨，比上年下降2.8%；谷子5.61万吨，比上年增长75.9%；高粱15.46万吨，比上年增长36.1%；荞麦4.92万吨，比上年增长99.7%。豆类6.18万吨，比上年增长1.3倍。薯类12.30万吨，比上年增长50.7%。

【畜牧业】 牧业年度牲畜实有头数2202.65万头（只），比上年增加91.09万头（只），增长4.3%。其中：牛326.64万头，比上年增加24.20万头，增长8.0%；羊1277.36万只，比上年增加42.48万只，增长3.4%；猪553.54万口，比上年增加22.28万口，增长4.2%。年末生猪存栏253.00万口，牛存栏164.61万头，羊存栏656.34万只；年末生猪出栏330.77万口，牛出栏73.16万头，羊出栏490.75万只。年末实有家禽965.73万只，比上年增加73.87万只，同比增长8.3%。全年猪肉产量26.39万吨，牛肉产量11.18万吨，羊肉产量8.04万吨，禽肉产量6.06万吨，禽蛋产量6.18万吨，生牛奶产量39.87万吨。

【林业】 2016年，全市共完成林业生态建设任务172.93万亩。其中：人工造林72.93万亩，封山(沙)育林77万亩，封禁及飞播23万亩。超额完成自治区下达的150万亩任务。完成经济林建设6.6万亩；完成村屯绿化3215个，义务植树1000万株，公路绿化3300公里。

【工业】 全年工业增加值889.95亿元，比上年增长8.6%。其中：规模以上工业企业增加值增长9.3%。从登记注册类型企业实现增加值情况看：国有企业增长9.1%，集体企业增长5.2%，股份制企业增长9.4%，外商及港澳台商投资企业增长0.1%，其他经济类型企业增长11.7%。从轻重工业实现增加值情况看：轻工业同比增长10.5%，重工业同比增长9.1%。轻工业高于重工业1.4个百分点。从主要产品产量情况看：原铝94.47万吨，下降6.1%；铝材173.83万吨，增长65.5%；饲料133.39万吨，增长12.0%；鲜冷藏肉73.95万吨，下降3.3%；液体乳7.87万吨，增长8.6%；白酒299 95.5万升，增长10.5%；啤酒234 65.8万升，下降3.7%。从十大支柱产业情况看：十大支柱产业企业数467户，占规模以上工业企业数76.6%；总产值2295.40亿元，增长8.5%，占规上工业的比重为84.3%。分产业看，煤电铝产业累计增长15.9%，玉米产业累计增长15.9%，绿色农畜食品加工业累计增长6.4%，煤化工产业累计下降3.3%，新型建材产业累计增长2.4%，现代蒙药产业累计增长8.7%，新型能源产业累计增长17.0%，装备制造产业累计下降1.5%，新材料产业累计下降83.2%，新型特种钢产业累计下降4.2%。

全市610户规模工业企业完成主营业务收入2634.81亿元，同比增长7.9%。全年规模以上工业企业实现利税总额254.16亿元，同比增长18.9%；实现利润总额166.13亿元，同比增长16.4%。资产总计总量2047.41亿元，增速10.9%。负债总计总量847.19亿元，同比增长0.1%。所有者权益总量1200.21亿元，增速为19.3%。

【建筑业】 全年建筑业增加值100.40亿元，比上年增长6.2%。全市有工作量的资质等级建筑施工企业60个，实现建筑业总产值51.81亿元，比上年下降3.9%。签订的合同额为78.68亿元，同比下降11.8%。全市房地产开发企业完成投资48.85亿元，同比增长54.7%。其中：商品住宅投资36.83亿元，同比增长71.9%；办公楼投资0.52亿元，同比下降12.5%；商业营业用房投资7.47亿元，同比增长25.4；其他用房投资4.02亿元，同比增长12.0%。全年房屋施工面积681.13万平方米，比上年增长0.3%。其中：住宅施工面积476.52万平方米，比上年增长1.4%；房屋竣工面积173.16万平方米，比上年增长6.3%。其中：住宅竣工面积111.79万平方米，比上年下降13.8%；商品房销售面积186.12万平方米，比上年增长28.7%，其中住宅销售面积150.98万平方米，比上年增长23.1%。

【交通】 全年交通运输业增加值100.52亿元，比上年增长2.1%。全市公路里程21 004公里。其中，高速公路430公里。全年公路货运量9291.6万吨，同比增长9.3%；公路货运周转量179.13亿吨公里，同比增长8.2%；全年公路客运量1627.6万人，同比增长2.8%；公路旅客周转量22.27亿人公里，同比增长7.9%。2016年，铁路货物发送量4740.5万吨，同比下降3.0%；铁路旅客发送量660.4万人，同比增长2.2%。全年民航客运量71.05万人，同比下降18.3%；客运周转量9.68亿人公里，同比下降16.6%；全年民航货运量0.15万吨，同比下降56.7%；货物运输周转量127.9万吨公里，同比下降74.1%。

【邮电】 全年全市邮政行业业务收入（不包括邮政储蓄银行直接营业收入）累计2.64亿元，同比增长30.1%；业务总量累计1.81亿元，同比增长33.1%。全市快递服务企业业务量累计570.48万件，同比增长67.5%；业务收入累计1.18亿元，同比增长61.4%；邮政函件业务累计22.61万件，同比下降29.1%；包裹业务累计2.01万件，同比下降52.8%；报纸业务累计3540.89万份，同比下降5.8%；杂志业务累计73.44万份，同比增长2.9%；汇兑业务累计12.61万笔，同比下降41.2%。城镇固定电话拥有量20.57部/百户；农村7.77部/百户。城镇移动电话拥有量258.53部/百户；农村241.89部/百户。每百户城镇和农村居民家用计算机数分别为84.44台和48.89台。

【旅游】 全年通辽市旅游总收入135.15亿元，同比增长22.9%。接待国内外旅游者540.80万人次，同比增长20.2%。其中：接待入境旅游者2.6万人次。国际旅游外汇收入1916万美元，国内旅游收入130.10亿元。全市有A级景区23家，AAA级景区11家，AAAA级景区4家；有星级饭店27家。

【国内贸易】 全年实现社会消费品零售总额515.34亿元，同比增长9.8%。按城乡划分看：城镇实现消费品零售额358.36亿元，增长9.4%；乡村实现消费品零售额156.98亿元，增长10.7%。乡村消费品零售额增长高出城镇1.3个百分点。按行业划分看：全市批发和零售业实现消费品零售额430.82亿元，增长9.6%。其中：零售业实现消费品零售额369.77亿元，增长10.0%，占全社会消费品零售总额71.8%；住宿餐饮业实现消费品零售额84.52亿元，增长10.9%。其中：餐饮业实现消费品零售额79.92亿元，增长10.9%，占全社会消费品零售总额15.5%。

2016年末，全市限额以上企业及个体经营户484户，比2015年末增加132户。全市限额以上企业及个体经营户消费品零售额154.17亿元，同比增长6.8%。其中：限额以上零售业实现消费品零售额135.57亿元，增长7.2%；限额以上餐饮业实现消费品零售额4.58亿元，增长9.4%。从限额以上零售类值看：2016年，汽车类实现零售额44.64亿元，增长8.0%，占限额以上企业零售额28.9%；石油及制品类实现零售额57.93亿元，增长7.4%，占限额以上企业零售额37.5%；煤炭及制品类实现零售额9.48亿元，增长6.9%，占限额以上企业零售额6.2%；生活类商品零售中，日用品类实现零售额2.65亿元，增长 8.6%。其中:饮料类实现零售额 1.09 亿元,增长 5.9%;烟酒类实现零售额 1.74 亿元,增长 7.5%;化妆品类实现零售额 0.78 亿元,增长 6.2%;金银珠宝类实现零售额 2.27 亿元,增长 15.3%。

【对外经济】 全年全市外贸进出口总额 41 300 万美元,同比下降 5.2%。其中:出口 29 500 万美元,同比下降 14.2%;进口 11 800 万美元,同比增长 29.9%。全市民营企业累计进出口 36 945 万美元,同比下降 8.1%,占全市进出口总额 89.5%。其中:出口 29 279 万美元,同比下降 13.7%;进口 7666 万美元,同比增长 22.7%。国有企业累计进出口 100 万美元,同比下降 66.6%,占全市进出口总额 0.24%,其中均为出口累计,无进口。外商投资企业累计进出口 4234 万美元,同比增长 40.6%,占全市进出口总额 10.3%。其中:出口 121 万美元,同比下降 23.9%;进口 4134 万美元,同比增长 44.9%。

【金融】 年末,全市金融机构本外币各项存款余额 988.00 亿元,同比增长 21.1%;全市金融机构人民币各项存款余额 985.87 亿元,同比增长 21.1%。本外币各项贷款余额 992.26 亿元,同比增长 7.0%;全市金融机构人民币各项贷款余额 991.71 亿元,同比增长 7.4%。

【保险】 全市共有保险机构 30 家。其中:财险公司 16 家,寿险公司 14 家。2016 年,全市保险机构保费收入 39.15 亿元,同比增加 4.76 亿元,增长 13.9%。赔款和给付总额 13.83 亿元,同比增加 4.69 亿元,增长 51.3%。其中:财险保费收入 18.17 亿元,同比增加 1.72 元,增长 10.5%;赔款和给付 8.07 亿元,同比增加 0.1 亿元,增长 1.3%。寿险保费收入 20.97 亿元,同比增加 3.04 亿元,增长 17.0%;寿险赔款和给付 5.76 亿元,同比增加 4.59 亿元,增长 392.3%。

【文化】 年末全市有艺术研究所 2 个,文化馆 95 个(其中分馆 86 个),博物馆 11 个,城市电影院 16 个,图书馆 114 个(其中分馆 105 个),图书馆藏书 118.73 万册。专业艺术表演团体 9 个,艺术团体共演出 1076 场次,观众 94.8 万人次。全市有县广播电视台 7 个,乡广播电视站 74 个,通电视的村 2127 个,调频台 42 座,无线广播电台 1 座,广播节目 3 套,广播节目综合人口覆盖率 99.27%,电视节目综合人口覆盖率 99.21%,有线电视入户率为 61.0%。

【科技】 2016 年,印发《通辽市科技创新三年行动计划》《通辽市引进高层次科技人才实施办法》《通辽市科技创新基金管理办法》《通辽市科技成果转化引导基金管理办法》和《通辽市科技项目招标投标管理暂行办法》的征求意见稿。2016 年,新增院士专家工作站 1 家,高新技术企业 7 家(其中 2 家为重新认定),产业技术创新战略联盟 1 家,工程技术研究中心 2 家,自治区级企业研究开发中心 5 家,可持续发展实验区 1 家。截至 2016 年年底,创新载体总计 133 家。9 月 25—26 日,召开科技创新大会。中国工程院戴景瑞院士、中国科学院闫楚良院士等专家,自治区科技厅党组书记白宝玉,自治区科协主席孙俊青等上级领导莅临会议。通辽市委书记罗永刚和通辽市四大机关领导出席会议。区内外科研院所专家学者、各旗县市区党委书记及分管科技工作领导、各旗县市区科技局长,市直、中区直单位、驻市高等院校、市直学校、市直医疗机构、市属各科研院所、重点企业及科技创新平台载体主要负责人和获奖科技人员代表 400 余人参加了大会。2016 年,成立全区首家科技银行,通辽市被科技部认定为国家农业科技园区。

【教育】 全市共有普通高等院校 3 所,全年共招生 8881 人,共有在校生 31 922 人。其中,全日制研究生 761 人。共有教职工 2657 人。其中,专任教师 1623 人。全市幼儿园 620 所,在园幼儿 8.29 万人,全年招生 3.41 万人,从事幼儿教育的专任教师 0.46 万人。全市有小学 298 所,在校生 18.31 万人,招生 2.90 万人,毕业生 3.04 万人,专任教师 1.49 万人;初中 107 所,在校生 8.76

万人，招生 2.99 万人，毕业生 3.05 万人，专任教师 0.75 万人；普通高中 29 所，在校生 6.79 万人，招生 2.32 万人，毕业生 2.16 万人，专任教师 0.44 万人；各类中等职业教育学校 24 所，在校生 1.17 万人，招生 0.37 万人，毕业生 0.36 万人，专任教师 0.10 万人；全市共有特殊教育学校 9 所，共有在校生 593 人，招生 148 人，毕业生 29 人，从事特殊教育的专任教师 157 人。

【卫生】 年末，全市共有卫生机构 3400 个。其中：医院 35 个，基层医疗卫生机构 3299 个，专业公共卫生机构 56 个。医疗卫生机构共有床位 13 293 张。其中：医院有床位 9306 张，基层医疗卫生机构 3595 张，专业公共卫生机构 392 张。全市卫生在岗职工合计 21 457 人，卫生技术人员 14 991 人。其中：执业（助理）医师 5967 人，注册护士 5271 人，药师（士）824 人，技师（士）899 人。

【体育】 全市共有国家一级体育运动员 10 人，国家二级体育运动员 70 人；国家一级裁判 10 人，国家二级裁判 20 人。获国家级比赛金牌 3 枚，银牌 4 枚，铜牌 8 枚；获自治区级比赛金牌 24 枚，银牌 46 枚，铜牌 58 枚。共有全民健身站点 2265 个，健身气功站点 180 个，全市 125 万体育人口共开展全民健身活动 2000 次。共有社会体育指导员 8010 人。其中：国家级 50 人。

【能源】 全年全市规模以上工业企业共 610 户，能源消费量 1388.59 万吨标准煤，同比增长 9.5%。分行业看，七大高耗能行业能耗合计占规模以上能耗比重为 86.6%，对全市规模以上工业企业能耗增长拉动 8.8 个百分点。全年全社会用电量 351.73 亿千瓦时，同比增长 10.2%。其中：规模以上工业用电量 314.66 亿千瓦时，同比增长 8.0%，占工业用电量比重为 98.6%，占全社会用电量比重为 89.5%。全市规模以上工业企业中，共有 45 户发电企业，累计发电量 441.48 亿千瓦时，同比增长 14.3%。全市共有 10 户原煤生产企业，全年原煤产量 4595.52 万吨，同比下降 8.5%；销售量 4596.41 万吨，同比下降 8.4%。

【环境】 全市共有自然保护区 43 个。其中：国家级自然保护区 2 个，自治区级自然保护区 4 个。全市自然保护区面积 4900.77 平方公里。年内设立的建设项目环境影响评价制度执行率 100%。全年空气质量达到二级和好于二级的天数为 305 天，占全年总天数 83.3%。

【人民生活】 2016 年抽样调查数据显示，全市全体居民人均可支配收入 18 415 元，同比增长 8.4%。从常住地看，城镇常住居民人均可支配收入 27 444 元，同比增长 8.2%；农村牧区常住人口人均可支配收入 11 585 元，同比增长 7.7%。全体居民人均消费性支出 13 457 元，增长 5.3%。分城乡来看：城镇常住居民人均消费性支出 17 879 元，增长 3.3%；农村牧区常住居民人均消费性支出 10 056 元，增长 10.7%。城镇和农牧民家庭食品消费支出占消费总支出的比重分别为 24.4%和 30.6%。年末，城镇常住居民人均拥有住房面积 29.50 平方米，比上年增长 1.4%；农村牧区常住居民人均拥有住房面积 27.69 平方米，比上年增长 3.2%。

【社会保障】 年末，参加城镇职工养老保险（不含离退休）人数 24.0 万人，同比增长 0.4%；参加城乡居民养老保险人数 101.8 万人；参加失业保险的人数 18.2 万人，同比下降 0.5%；参加医疗保险的人数 104.5 万人，同比增长 0.5%；参加工伤保险的人数 23.7 万人，同比增长 2.2%；参加生育保险的人数 28.8 万人，同比增长 1.2%。年末城镇最低生活保障救济户 3.17 万户，城镇居民最低生活保障人数为 6.04 万人，占城镇人口 4.2%，城镇居民最低生活保障支出 3.44 亿元；农村定期救济户 6.00 万户，农村牧区居民定期救济人数 11.19 万人；五保户 1.04 万户，五保户人数 1.06 万人，农村五保户支出 531.8 万元。全市收养性福利事业单位 64 个，农村收养性老年福利机构 56 个，社会福利院 2 个，光荣院 3 个，优抚安置单位 2 个，复退军人精神病院 1 所。年末，收养性福利事业单位有职工333人。其中：医护人员189人；床位5852张。年末在院人数1572人。其中：老人1304人，少年儿童41人。

2016年，全市城镇新增就业1.83万人，失业人员实现再就业0.67万人，就业困难人员实现就业人数0.63万人，农牧民转移就业48.95万人；城镇登记失业率为3.7%，低于调控目标0.2个百分点。

【中国—蒙古国博览会】 2016年8月11—16日，中国—蒙古国博览会·2016·通辽国际商品交易会暨中国内蒙古三盟市与蒙古国三省区域合作会议在通辽市举行。会议围绕“同行草原·丝绸之路，共建合作发展走廊”主题，就进一步深化中蒙两国六方经贸合作和人文交流进行亲切交谈。博览会期间，通辽市、赤峰市、锡林郭勒盟与蒙古国苏赫巴托省、东方省、肯特省签署《中国·内蒙古三盟市与蒙古国三省区域合作第二次会议备忘录》。同时，中蒙经贸与人文合作推介洽谈会召开。蒙古国苏赫巴托省、东方省、肯特省及内蒙古民族大学、通辽市开放办、赤峰市、锡林郭勒盟东乌珠穆沁旗政府、辽宁锦州港等地区、部门和企业、单位主要负责人分别进行投资环境或重点项目推介。与会人员围绕中蒙俄经济走廊建设和“一带一路”建设，就加快推动中蒙经济合作区建设，加快交通运输、国际物流大通道建设，以及中蒙教育、文化、卫生、旅游等人文领域的合作进行深入研究探讨。

【蒙医药博览会】 2016年8月16日，聚势蒙医药、融入“一带一路”新发展为主题的内蒙古(通辽)第二届蒙医药产业博览会暨欧亚太平洋大学联盟蒙药学术高峰论坛在通辽市召开。由通辽市政府、自治区食品药品监督管理局、自治区卫生和计划生育委员会、自治区科技厅、自治区民族事务委员会、内蒙古民族大学共同主办的2016年欧亚太平洋大学联盟蒙药学术高峰论坛在碧桂园大酒店举行。中国、蒙古国、日本、俄罗斯等国的8位专家，从蒙药资源调查与保护、蒙医基础理论研究、蒙药及天然药化学成分研究与开发、蒙药药理作用机制研究、蒙药新制剂及关键技术研究、民族植物药的研究、蒙医临床研究等几个方面展开学术交流。博览会期间，内蒙古蒙医药科技创新项目合作签约仪式暨创新成果新闻发布会举行。自治区科技厅副厅长云涛，自治区食品药品监督管理局副局长格日勒图，河北省保定市人大常委会主任宋文，通辽市人大常委会主任道尔吉，副市长贺海东出席签约仪式。同时召开内蒙古(通辽)第二届蒙医药产业发展研讨会，来自内蒙古医科大学、内蒙古自治区食品药品检验所、北京同仁堂通辽医药科技有限责任公司等8家科研院所、相关部门及企业的主要负责人，围绕“聚势蒙医药，融入‘一带一路’新发展”主题作报告。

(撰稿人：吴斯日古楞)

科 尔 沁 区

【概况】 科尔沁区位于内蒙古自治区东部，是通辽市政治、经济、文化和交通中心。地理坐标为北纬43°22′~43°58′，东经121°42′~123°02′，南同科尔沁左翼后旗接壤，西与开鲁县为邻，北和东与科尔沁左翼中旗毗连，总面积3160平方公里。辖11个街道，9个镇，1个苏木，5个国有农牧场，94个社区、334个村嘎查、25个分场，居住着蒙古、汉、回、满等民族共76.2万人。

科尔沁区已探明有石油、原子铀、硅砂、砖瓦用黏土、矿泉水、建筑用砂等6类矿产，其中石油探明储量100万吨，铀保有资源储量5473.5吨，硅砂保有资源储量7408.5万吨，砖瓦用黏土保有资源储量1437.51万立方米，建筑用砂保有资源储575万立方米。矿泉水属含锶硅酸矿泉水，适宜饮用。地下有煤炭、地热异常区。水资源总量3.61亿立方米。地表水主要有西辽河、清河、洪河3条河流，均属西辽河水系。天然泡沼46个，集水面积2.4万平方公里，蓄水能力

0.03 亿立方米。

2016 年，科尔沁区地区生产总值 549.13 亿元，按可比价格计算比上年增长 7.7%。其中：第一产业实现增加值 52.58 亿元，增长 3.9%；第二产业增加值 266.03 亿元，增长 8.2%；第三产业增加值 230.52 亿元，增长 7.9%。三次产业结构调整为 10∶48∶42。公共财政预算收入完成 25.9 亿元，比上年增长 3.4%。全社会固定资产投资 470.26 亿元，比上年增长 14.6%。社会消费品零售总额 200.56 亿元，比上年增长 9.8%。进出口总额实现 34 185 万美元。其中，实现外贸出口 27 033 万美元，外贸进口 7152 万美元。城镇常住居民人均可支配收入 29 799 元，增长 8.0%。农村牧区常住居民人均可支配收入 15 481 元，增长 7.4%。

【农业】 科尔沁区全年完成总播种面积 15.33 万公顷，其中：粮食播种面积 11.5 万公顷，粮食总产量 107.3 万吨，比上年增加 2.2 万吨。节水高产粮食功能区 13 万公顷，土地流转规模 4.33 万公顷。推进“粮改饲”，压减籽粒玉米 1.53 万公顷，增加粮饲兼玉米 6000 公顷，稳定设施农业面积 3333.33 公顷。机耕、机播面积 11.33 万公顷，农机总动力 104.2 万千瓦，农机化综合水平 93%。产业化建设平稳发展，市级以上农牧业龙头企业达到 40 家，新增自治区级专业示范合作社 4 家，推动 680 家专业合作社规范化建设，带动农牧民收入持续较快增长。

【畜牧业】 2016 年末，科尔沁区牲畜实有头数 155.6 万头（只），比上年末减少 3.9 万头只。其中：大牲畜 31.6 万头，羊 55.5 万只，猪 68.5 万口。全年猪肉产量 7.1 万吨，牛肉产量 2.9 万吨，羊肉产量 0.6 万吨，禽肉产量 1.9 万吨，禽蛋产量 1.6 万吨，奶产量 13.3 万吨。连续 10 年获得国家“生猪调出大县”称号。年内，余粮畜业肉牛存栏 2.1 万头，全区百头以上育肥牛养殖场达到 57 个。金锣牧业生猪养殖基地存栏 16 万口，建立生猪供销一体化经营机制试点 6 个。

【林业】 2016 年，科尔沁区完成人工造林面积 1433.3 公顷，其中完成经济林面积 200 公顷。完成农田防护林 70 公里，义务植树 200 万株，四旁植树 148.4 万株。完成村屯绿化 373 个，面积 833.3 公顷，绿化长度 224 万延长米，栽植垂柳等苗木 195 万余株。完成 303 线、304 线、111 线、大保一级路等通道绿化 86 公里，面积 66.7 公顷，栽植银中杨等苗木 33 万余株。完成村与村之间重点通乡路连接线 210 公里，面积 133.3 公顷，栽植青皮柳等苗木 27 万余株。

【水利】 2016 年，科尔沁区完成 135 个村的饮水安全工程。投资 180.6 万元新建水质检测中心，已具备国家饮用水 42 项常规指标检测能力，填补科尔沁区农村水质卫生监测和监管的空白。征缴水资源费共计 640.6 万元，完成任务 160%。完成全区 164 户用水户的取水许可证换发工作，并通过自治区取水许可信息平台的认证。在钱家店镇项家村等 5 个镇、14 个村新建 2666.67 公顷高效节水灌溉工程。配合市水务局完成“大江、大河”治理工作，主要对堤防实行全面整治，总投资 1.1 亿元，整治 10 个险工段，长度 19.06 公里。完成莫力庙外环堤坝收尾工程，总投资 180 万元。完成清河主河道清淤及堤防加固、红河套海桥改建、小塔子水库维修养护等工程。

【招商引资】 2016 年，科尔沁区引进新签项目 36 项，实现签约额 650.5 亿元。其中：计划投资亿元以下项目 4 项，计划投资亿元以上项目 32 个。亿元以上项目中包括 1 亿元 ~ 5 亿元项目 15 个（不含 5 亿元），5 亿 ~ 10 亿元项目 5 个（不含 10 亿元），10 亿元及以上项目 12 个。新开工建设的亿元以上项目 23 项，比上年增长 27.7%。上报项目到位资金 100 亿元，完成全年任务的 100%。

【工业】 2016 年，科尔沁区规模以上工业增加值实现 222.57 亿元，同比增长 8.7%。其中规模以上工业企业增加值增长 9.1%。工业固定资产投资完成105亿元，新增规模以上工业企业7户。全区115户规模工业企业完成主营业务收入657.9亿元,同比增长10.2%,全年规模以上工业企业实现利润总额34.4亿元，同比增长3.9%。梅花生物生产工艺及环保等配套设施达到同行业国际先进水平，高附加值产品全球市场份额强势增长。金锣食品、蒙古王实业上缴税金均突破亿元大关。投资30亿元的伯恩露笑1000台150公斤级美国GT长晶炉项目进入安装调试阶段,投资30亿元的忠大铝业铝产品深加工项目研发中心已完工,投资35.4亿元的奇峰大功率UPS及电动汽车充电桩项目进展顺利。实施“一企一策”盘活救企措施,11户停产半停产企业实现复产。福阳再生资源、新鑫物流两户中小企业挂牌上市，全区上市工业企业达到12户。

【商贸物流】 建国农产品批发市场投入运营，年交易量120万吨,丰富群众“菜篮子”。绿色食品加工园区启动运营,入驻商户87家。各镇苏木食品药品监管所标准化建设基本完成，小作坊、小商超、小餐饮、农贸市场升级提质改造全面完成,发放食品摊贩快餐车200余辆。

【城乡建设】 2016年，科尔沁区实施房屋征收项目43个，完成签约10 291户，安置房开工8467套,主体封顶3703套。申报国开行棚户区改造贷款融资项目18个,建国片区、京沈客专等15个重点征收项目进入建设阶段。城东片区污水处理厂、棚户区改造等重点项目进展顺利,团结路贸易区、批发城改造工程进入收尾阶段。完成既有建筑节能改造工程170万平方米、土楼接热工程52栋,新改建公厕42座。对73个老旧住宅小区、31栋单体楼的基础设施进行综合改造,总面积191万平方米,涉及三网管线10万延长米,受益群众3万户。“双城同创”工作取得阶段性成果,清运垃圾53万吨,拆除私搭乱建2万余处,清理小广告110万余处,硬化街巷210余万平方米,永清街道翰博一品社区获“国家级文明窗口”称号,顺利通过全国文明城市年度测评，在国家卫生城市暗访测评中夺得全国第二名，市容市貌及群众文明程度实现整体性提升。累计投入资金48亿元,全区378个嘎查村场实现“十个全覆盖”。贯彻落实水资源管理制度,对漏斗区、超采区、排污口实行常态化水位、水质监测,最严格水资源管理工作位列全市第一名。

【交通运输】 年内，全区农村道路建设总里程1589.2公里。其中,“十个全覆盖”街巷硬化工程1411.2公里，涉及13个乡镇、2个街道、378个行政村及国有农牧场。通村水泥路178公里,共25条线路。开展打击非法从事客运营运车辆专项行动,累计出动运政稽查人员30 600人次,稽查车辆7260台次，查处非法营运车辆246台，查处各类违规违章行为2230例。路政执法工作累计派出巡查车辆1298台次，巡查人员4190人次,累计巡查里程140 979.5公里,同比增长260%,共清理控制空违章建筑33起,粮库8家。

【旅游】 科尔沁区现有景区（点)28家，其中AAA级景区2家，自治区级休闲农牧业与乡村旅游示范点2家,星级接待户4家;星级饭店6家,旅行社21家,其中出入境旅行社3家;大型旅游商品销售单位10家。年内，接待旅游者244.57万人次,同比增长16.4%,实现旅游总收入58.66亿元,同比增长17.3%。

【金融】 年末，金融机构各项存款余额538亿元,比上年增长15.94%,其中:城乡居民储蓄存款余额322亿元,比上年增长15.32%。金融机构各项贷款余额584亿元,同比增长9.2%。驻市金融机构在科尔沁区增设机构3家，理财公司等新型金融业态增加5家。全年融资70.03亿元。

【教育】 科尔沁区各级各类学校123所。其中:小学67所,九年一贯制学校6所,初中19所,高中2所,完全中学3所。职业中专1所,教师进修学校1所,公办幼儿园30所,体校和军体校各1所。全面改善办学条件,铁路第一小学、第二幼儿园和施介小学综合楼主体封顶。融资8200万元,完成“三通两平台”信息化建设。争取国家红十字会文化扶贫基金1300万元,为全区中小学校配备图书46万册。优化师资队伍,公开引进、招录教师617人。

【文化】 开展科尔沁区首届民间艺术团文艺会演、四胡海选大赛等大型文艺活动50余场。全面加强乌力格尔说唱艺术传承与保护，建成镇村乌力格尔文化馆15处。

【卫生】 科尔沁区现有医疗机构900所。其中：公立医院4所,包括三级医院1所,二级医院3所,其他均为一级医院,门诊部20所,诊所90所,民营医院11所,中蒙医诊所39所,社区服务站95所。社区卫生服务中心11所、卫生院18所、村卫生室612所。公立医院改革稳步推进,第一人民医院跻身“三级乙等”医院行列,新建改造镇苏木卫生院5所、社区卫生服务中心1所、标准化村卫生室106所。建立“新家庭计划”项目试点社区(村)33个,科尔沁区青春健康俱乐部被评为“全国青春健康示范基地”。

【人口与计划生育】 年末全区总人口76.2万人,比上年末减少1.4万人。全年出生人口6575人，出生率8.5‰，死亡人口6431人，死亡率8.4‰,人口自然增长率0.1‰。年内全区一孩生育登记2414例、二孩生育登记1599例,再生育审批137例。严格落实各项惠民政策。全年奖励扶助累计4451人,特别扶助累计869人,少生快富累计4464人。投入资金为711名计生干部、499名特殊家庭成员购买意外伤害保险。建立健全特殊家庭联系人制度，发放特殊家庭慰问金20余万元。兑现计划生育特殊家庭一次性补助金，为全区535户特殊家庭发放扶助金共计2485.7万元。年内农村孕产妇住院分娩补助1539人、61.56万元；免费增补叶酸服用3308人,服用率90.15%;完成宫颈癌筛查9000例,宫颈癌疑似病例20例,确诊3例;免费孕前优生健康检查、乙肝病毒母婴阻断服务惠及群众2734人。新生儿疾病筛查2577人，筛查率为51.6%。新生儿听力筛查2997人，筛查率为60%。在区第一人民医院建立危重孕产妇救治中心和新生儿救治中心。

【人民生活】 年内,全体居民可支配收入24 803元,增长8%。其中城镇常住居民可支配收入29 799元,增长8%。农村牧区常住居民可支配收入15 481元,增长7.4%。全体居民人均消费性支出17 406元,增长5.1%。城镇常住居民生活消费支出20 104元,增长1.9%。农村牧区常住居民消费支出12 248元,增长14.2%。

【社会保障】 城镇新增就业5580人,农牧民转移就业8万人次，城镇登记失业率控制在3.6%。城乡低保标准进一步提高,实施临时救助3808人次,新建农村牧区互助养老幸福院4个。高效办结中央环境保护督查组转办案件24件,取缔燃煤小锅炉168台,环境质量进一步改善。城乡居民医疗保险整合工作顺利完成,在全市率先实现“一网化”运行,城乡居民参保50余万人。

(撰稿人:周红杰)

霍林郭勒市

【概况】 霍林郭勒市地处内蒙古自治区通辽市西北部，国道304线终端。总面积585平方公里。东西长38公里,南北宽28公里,周长113公里。西部、西北部和北部与锡林郭勒盟东乌珠穆沁旗接壤,西南部、东南部毗邻通辽市扎鲁特旗，东部、东北部与兴安盟科尔沁右翼中旗连接,处于“两盟一市五旗”交界处。霍林郭勒市距通辽市336公里，北距蒙古国直线距离120公里。境内已查明矿产5种,包括非金属矿产资源4种,能源矿产1种。其中煤炭资源地质储量约68.58亿吨,辖沙尔呼热露天区、西南详查区(霍市部分）和北部普查区（霍市部分)3个自然矿区，井田总面积约238平方公里，可采储量约

37.127亿吨。辖5个街道办事处、22个社区。人口总数123 883人。其中,汉族73 589人,少数民族50 294人;常住人口70 624人,流入人口53 259人,流出人口678人。

2016年，霍林郭勒市完成地区生产总值296.16亿元,同比增长8.1%,增速位列通辽市第一位;一般公共预算收入35.08亿元,同比增长6.5%,总量位列通辽市第一位;全社会固定资产投资218.9亿元,同比增长18.6%,增速位列通辽市第一位；城乡居民人均可支配收入38 213元,同比增长8%,保持通辽市首位;社会消费品零售总额39.35亿元,同比增长9.7%。2016年,霍林郭勒市在产业转型升级、城市功能完善、社会民生保障等方面持续发力，受到国务院大督查第二次第三批督查表扬，获国家国土资源节约集约模范县(市)称号,成功列入国家产城融合示范区创建地区，霍林河循环经济示范工程获“国家优质工程奖”。成功创建自治区文明城、园林城,卫生城通过复检,综合实力跃居全国中小城市科学发展百强第七十五位，最具投资潜力中小城市百强第四十二位。

【“三去一降一补”取得实质性进展】 退出煤炭产能30万吨,压减产量410万吨。消化房地产库存4666套,完成年度任务230%,库存量下降54%。不良贷款余额和比率实现“双降”。出台《稳定工业经济增长政策措施》,10项举措打出政策“组合拳”，为企业和项目兑现优惠政策1.71亿元。争取大用户直购电20亿千瓦时,为企业节省成本3亿元,企业盈利能力切实增强。全面落实“营改增”政策,为企业减税3610万元。实施补短板重点项目225个，保障经济发展的基础更加稳固。

【实施重点工业项目46个】 完成工业固定资产投资200亿元,同比增长20%。吉煤井工矿审批工作取得积极进展,锦联、创源、鸿骏、联晟等电冶联营和铝后精深加工重点项目进展顺利,山联重工、铭浩石膏等一批装备制造、资源循环利用项目相继开工建设。全年生产煤炭2765万吨、下降8.5%,发电205亿千瓦时、增长28.5%,工业用电量188.5亿千瓦时、增长18.7%,生产原铝122万吨、增长29%,铝后加工产品30万吨。新增规模以上工业企业8户,达到79户。8家停产半停产企业全部盘活。规模以上工业增加值增长10%。

【农牧业】 2016年，霍林郭勒市市粮油作物总产量1800万公斤,蔬菜总产量980万公斤。坚持肉牛、肉羊良种化、标准化、规模化发展,牲畜存栏总数23万头(只),出栏15.75万头(只)。划定基本草原48.22万亩,顺利通过自治区验收 。大力培育新型经营主体，注册各类农民专业合作社29家，增加6家，培育通辽市级示范社2个,自治区级示范社1个,国家级示范社1个。

【服务业】 中铁铁龙供应链云平台、双利冷链运输投入运营,霍林河集装箱站台发运6815标箱，公铁货运量8150万吨，进出口贸易总额9134万美元。编制《额仑草原旅游区总体规划》,额仑草原旅游路开工建设,可汗山广场、自驾游驿站、“北门户”等旅游基础设施投入使用,成功举办第五届科尔沁草原旅游婚礼节，全年接待游客111万人次,旅游业收入9.1亿元。通过“中小微企业池”“民营经济发展基金” 为企业协调贷款14亿元,新增限额以上企业10户,民营市场主体13 372户、增长12%,锦联、源源、星火公司跻身内蒙古民营企业百强,京东、美团、蜂鸟配送、滴滴出行等适应大众消费新趋势的互联网购销平台进驻霍林郭勒市。金融机构存贷款余额分别达到88.7亿元和118亿元，分别增长37%和1.3%。

【改革创新扎实推进】 全面实施“五证合一”“一照一码”“两证合并”登记制度改革,推进网上审批和并联审批，审批时限缩短62%。落实《“霍林河创业再出发”行动指导意见》,7项重点工作扎实推进。工信部《有色金属工业发展规划(2016—2020年)》将霍林郭勒市列为局域电网试点地区。成立不动产登记管理局和联合办税大厅，组建文化旅游、交通、水务等投融资平台。建立“蒙东铝及铝加工产业技术创新战略联盟”。举办2016年中国铝加工产业技术创新交流大会（中国铝加工年会）。国家科技支撑计划项目顺利验收。锦联公司、嘉华公司分别被评为自治区级工程技术中心和研发中心。“短流程高产能电解铝生产板带箔”技术获自治区科技重大专项。“全电解质取代冰晶石”科研成果为企业降低成本1.2亿元。自治区级高新技术产业开发区申报工作正在加快推进。参与2016年中蒙博览会。奇瑞汽车零配件、麦达斯高端铝材等26个项目顺利签约，并有6个项目实现当年投产。2016年，引进市外资金193.2亿元，同比增长26%。

【城市建设】 完成铝新材料产业园区、绿地景观系统等10余项规划。霍林河机场成功试飞，通霍铁路电气化运行，霍阿一级路全线贯通。投入16亿元，实施基本建设项目140个。新建改造市政街路14条、老旧小区8个、综合管网95公里、换热站11座。新增热电联产供热面积100万平方米、环卫保洁100万平方米、绿化100万平方米，建成区绿化覆盖率达到40%、绿地率36%。人民医院、新区幼儿园加快建设，综合文化中心交付使用。高质量完成“十个全覆盖”工程。出台《环境卫生综合整治长效管理实施方案》。

【生态治理】 完成矿山复垦1170亩、工矿废弃地复垦2000亩、造林绿化2000亩、村屯绿化230亩、军马场育林15 000亩。27个“未批先建”“久拖不验”项目全部完成整改。投资5.89亿元，实施煤电铝烟气污染物趋零排放示范工程。投资2.84亿元，实施锦联、鸿骏、金源口火电机组环保减排工程。所有污水处理厂、火电机组实现在线监控全覆盖，城镇污水处理率接近100%。拆除燃煤锅炉243台，完成通辽市下达任务的216%。

【民生和社会事业投入加大】 投入20亿元用于民生和社会事业，占可用财力53%。2016年，《政府工作报告》承诺的8类25项民生实事全部办结。发放救助金5349万元，农村牧区精准扶贫户全部脱贫，城镇扶贫计划顺利实施。发放创业贷款2754万元，新增就业2113人，城镇登记失业率控制在3.4%以内。出台最低生活保障对象综合认定办法，低保对象管理更加规范。企业退休人员养老金每月提高136元。422户棚户区居民搬上新楼，692套公租房交付使用。义务教育均衡发展高水平通过国家验收。关工委系统60个基层组织实现100%达标。与内蒙古民族大学签订校地合作协议，该校附属医院在霍林郭勒市设立分院。成功创建国家计划生育优质服务先进市。社会文艺团体星级管理办法被作为典型案例推荐到中宣部。举办首届民族团结职工运动会。友谊社区被评为“全国科普示范社区”。引进高端、紧缺人才65人。建成14个公共自行车服务站，开展公交运营体制改革，更加便民的公共交通服务网络正在加快形成。“食品药品安全内蒙古建设”中期评估通过验收。建立反电信诈骗中心，新增3个警务站，构建1分钟出警圈，刑事案件下降21%。修编应急预案87个。化解信访积案10件，信访人次下降27%。专家会诊安全生产，整改问题358件，未发生重特大安全生产事故。

【服务型政府建设】 2016年，办理人大代表意见建议和政协委员提案103件，办复率100%。编制《政府部门权责清单》，确立权责事项3252项。全面启动“七五”普法。实行政府系统24小时在线办公。开通“霍林郭勒发布”公众号和“市民热线”，发布工作动态1600余条，办理民生诉求143件。对重大项目、重点工程、重点任务“挂图作战”。严格执行预决算制度，审计政府投资项目71个，审减率11%。争取上级专项资金6亿元、转债资金22.5亿元。取消一般公务用车125台，“三公经费”实现“三连降”。深入开展“两学一做”学习教育，全力打造学习型政府、专业性部门，锻造实践性业务。严格履行党风廉政建设主体责任，查处违纪违法案件28件。

【霍林河机场试飞成功】 2016年12月13日上午10时，来自中国国际航空内蒙古有限公司的波音737—800型飞机在霍林河机场进行试飞。在2个小时的试飞过程中，对机场地空通信、导航、监视及气象设备、跑道道面、滑行路线、机场运行标准等进行了全面检验，于12时49分平稳降落，试飞成功。

（撰稿人：张奇）

科尔沁左翼中旗

【概况】 科尔沁左翼中旗（简称科左中旗），又称达尔罕旗，隶属内蒙古自治区通辽市，地处内蒙古、吉林、辽宁三省交会处，科尔沁草原腹地。全旗总土地面积9811平方公里，辖17个苏木乡镇、4个农牧林场、1个街道办事处、555个嘎查村（分场）。科左中旗是以农为主、农牧结合的经济类型区。全旗有耕地541万亩、草牧场591万亩、林地327万亩。总人口53.7万人，其中蒙古族人口39.5万人，是全国县级区域蒙古族人口绝对数最多的旗县。2011年被列为国家扶贫开发工作重点旗、自治区革命老区。

科左中旗自然资源丰富，草原上生长的野生植物有63科、216属、382种，有中药麻黄草面积40万亩，甘草面积100万亩。野生动物有21目、59科、121属、205种，其中两栖动物7种、爬行动物9种、鸟类动物157种、哺乳动物32种。主要矿产资源有长焰煤储量5300万吨，年开采量90万吨；玄武岩2000万立方米，年开采量20多万立方米；玻璃砂储量为4280万吨；铸型砂储量48万吨；砖瓦黏土储量900万立方米；水资源充足，主要河流有西辽河、新开河、乌力吉木仁河，三河径流量7.234亿立方米。共有中型水库5座，总库容为2.04亿立方米。全旗平均地下水资源量为7.6亿立方米，可开采量为6.6亿立方米。

2016年，科左中旗完成地区生产总值168.2亿元；一般公共预算突破4亿元；完成500万元以上固定资产投资95亿元；社会消费品零售总额48.2亿元。

【农牧业】 2016年，全旗新增高效节水灌溉面积24万亩，总面积275万亩，有效灌溉面积314万亩。粮食总产量29亿公斤，其中玉米26亿公斤。预计玉米高品量22亿公斤。全旗各类粮食收储企业（个体户）收购临储玉米200万吨。入库新粮30万吨；全旗家畜总存栏数330万头（只、口），出栏家畜178.3万头（只、口）。其中，牛存栏59万头，出栏21万头，禽类饲养量601.6万羽，肉禽出栏369万羽；肉类总产量10.98万吨。

【林业】 2016年，林业生态建设任务共计完成28.7万亩。其中：人工造林15.7万亩，封沙育林10万亩，飞播造林3万亩。在人工造林中，重点区域绿化6.03万亩。其中绿化村屯499个嘎查村，4.4万亩；通道绿化完成752.1公里，0.63万亩；城镇周边绿化完成1万亩。全旗新建经济林9000亩。乌斯吐自然保护区内的植物园面积扩建40亩，达到100亩，栽植乔灌乡土树种19种（达到28种）2.2万株。新建乡王树种繁育基地1处，面积13亩，引进和繁育乡土树种5.3万株，播种五角枫、小吐鼠李、紫穗槐、锦鸡儿种子500余斤。

【水务】 2016年，全旗共完成节水灌溉建设任务26.37万亩。全旗2016年用水总量为5.16亿立方米。全旗2016万元工业增加值用水量21.25吨/万元，同比下降6%。全旗农田灌溉有效利用系数达到0.61。2016年，实施3大类6个工程项目，完成投资1.96亿元。其中饮水安全工程总投资1.655亿元，解决了近20.08万农牧民群众的饮水安全问题；投资2600万元，建设2.67万亩牧区水利重点项目。投资434万元建设水库移民基础设施项目；投资518.2万元，对全系统5个水库管理所进行“十个全覆盖”建设。

【工业】 2016年，科左中旗规模以上工业增加值预计完成58.7亿元，同比增长9%。新增规模以上企业4户，分别为鑫海德商砼、海宏基商砼、龙山星海建材、昂立光伏发电。累计实施工业重点项目36个，其中：新建项目16个，500万元以上工业重点项目，预计完成固定资产投资50.2亿元。工业园区新增基础设施投资0.3亿元，3个工业园区预计销售收205亿千瓦时。园区晋升为自治区级承接产业转移示范工业园区。2016年，清洁能源产业发电20.2亿千瓦时，实现增加值5.64亿元。其中：风电发电17.45亿度，实现增加值4.65亿元。光伏发电2.75亿千瓦时，新增增加值1.07亿元。以牧谷养道、太阳花、绿新源、天健肉业等为重点的农畜产品加工业实现增加值24.75亿元，同比增长8.9%；以科迈化工、惠群肥业、和源生态和昌盛肥业等为重点的新型化工产业预计实现增加值16.8亿元，同比增长9.6%。

【城镇建设】 2016年，科左中旗完成投资5.3亿元，实施保康镇达尔罕公园、玉带河公园、科尔沁公园、园丁路、图布信路等10处大型公园、10处街角公园和10条道路绿化建设，栽植乔木6.3万棵，灌木90万余株，地被30多万平方米，新增绿地面积195万平方米，使人均公园绿地面积19.8平方米，城镇绿地率26.2%，对7条道路的人行道进行改造建设，改造总面积24.8万平方米，对4条道路进行罩面建设，改造道路总长5780米，总面积5.1万平方米；保康镇公园绿地服务半径覆盖率60%以上。完成棚户区改造1073户，回购存量商品房741套，异地回迁安置448户，安置总面积7.2万平方米。发放困难家庭房屋租赁补贴82万元，惠及住房困难群众580户。农村牧区危房改造18 120户，乡村危土房改造全面完成。通过回购市场存量商品房屋，消化房地产库存10.19万平方米，全旗房地产新建开工面积17.5万平方米，结转复工面积37.7万平方米。

【环境保护】 2016年，科左中旗主要污染物减排任务主要是污染物排放量净减2%，即化学需氧量减排300吨、氨氮减排30吨、二氧化硫减排70吨和氮氧化物减排70吨。预计到今年年底，水污染物减排方面，完成化学需氧量减排350吨以上，氨氮减排42吨以上，分别完成全年减排任务的150%和140%；大气污染物减排方面，完成二氧化硫减排100吨和氮氧化物减排100吨。均完成全年减排任务的143%。2016年，处理36起有效的环境投诉案件，针对无效的环境投诉案件也给予了满意的解答，得到群众好评。旗本级环评文件完成28件，完成建筑类项目验收16项，企业类验收项目5个。

【交通】 全旗拥有公路总里程3377.8公里，油路里程为752.8公里，水泥路里程为2 192.5公里。公路密度达到每百平方公里32.69公里。516个行政村中有480个行政村通沥青（水泥）路，26个行政村通砂石路。通畅率95%，剩余通畅工程为164.5公里，涉及26个嘎查村，11月底完成施工图设计批复及申报工作，确保2017年如期立项。形成“干支结合，四通八达”的公路网，境内出口路况得到明显改善。地方道路总养护里程301.63公里，县级路优良路率50.3%。全旗拥有货运车辆6250辆，客运班车135辆，出租车450辆，公交车90辆。客运线路达66条，营运道路里程为12 500公里，村村通客运班车。累计完成客运量114.2万人次，客运周转量9836万人公里，分别是上年同期的105%和112%；货运量952万吨，货运周转量155 329万吨公里，分别是上年同期的121%和132%。已建成功能齐全的等级客运站10个。

【贸易】 科左中旗社会消费品零售总额49.1亿元，同比增长12%。外贸出口完成527万美元，同比增长0.3%。进口额为5万美元。全旗商贸流通企业（个体户）14 816家。其中，企业682家，个体工商户 14 134 家。全行业就业人数 85 069 人。2016 年,全社会物流总额 156 亿元,同比增长 17%,物流业增加值 11 亿元,物流总量 2677 万吨,同比增长 12%。

【电子商务】 全旗电子商务交易额 4 亿元。通过第三方平台实现电子商务交易 5930 万元。农畜产品上行交易额 3.3 亿元。

【重点项目建设】 保康现代物流园区建设,累计完成投资 5.55 亿元,入驻汽车贸易园的企业共 22 家。创建国家级电子商务进农村综合示范县。经商务部批准,科左中旗成为国家电子商务进行农村综合示范县。示范项目正在实施。市、旗、镇、村四级物流体系基本形成。全旗电商企业 41 个,乡村电商服务网点 496 户。

【旅游】 2016 年,科左中旗接待旅游人次 95 万人次、旅游收入 3.1 亿元。同比增长分别为 10% 和 23%。完成孝庄园、珠日河自驾游营地建设,哈民遗址公园正式对外开放,浩日彦艾勒嘎查被评为国家级美丽宜居村庄。

【服务业】 科左中旗市场经济主体总数发展到 23 347 户,增长 8.6%。从业人员 57 332 人,同比增长 10.39%。其中:个体工商户总户数 19 213 户,同比增长 7.51%,从业人数 25 610,同比增长 6.27%;私营企业总户数 1545 户;农民专业合作社总户数 2616 户,同比增长 7.97%,从业人员 16 376,同比增长 8.81%。同比增长 29.07%,从业人数 15 346 人,同比增长 20.13%;2016 年注册新商标 73 枚,商标总数 293 枚。其中,通辽市知名商标 6 枚:宝龙山龙仁制糖有限公司的“龙山牌”白糖、科左中旗澳丰酒业“赛外红粱”白酒、科左中旗龙腾复合肥有限公司“华龙”牌复合肥、牧谷养道科技股份有限公司“牧谷养道”、通辽市惠群生物肥业有限责任公司“惠群牌复合肥”、内蒙古五谷馨香粮油有限公司“葵香世家”食用油;内蒙古著名商标 3 枚:科左中旗昌盛肥业有限责任公司注册的“草原丰”牌混合肥、科左中旗龙腾复合肥有限公司注册的“华龙牌”复合肥、牧谷养道科技有限公司注册的“牧谷养道”谷类制品。全年旅游接待人数 95 万人次,增长 10%,旅游收 3.1 元,增长 23%。金融机构各项存款余额 57.95 亿元,上升 32.47%;各项贷款余额 40.21 亿元,增长 0.98%。全年累计出口创汇 527 万美元。第三产业增加值完成 62.76 亿元,三次产业比例:24.6∶38.1∶37.3。第三产业占 GDP37.3%。

【金融】 截至 2016 年 12 月 31 日,科左中旗金融机构各项存款余额 579 546 万元,比年初增加 142 063 万元,上升 32.47%;各项贷款余额 402 069 万元,比年初增加 3906 万元,增长 0.98%。

【科技】 2016 年,科左中旗共承担国家、自治区各类科技计划项目 5 项,获得通辽市科学技术进步奖 3 项,取得国家授权专利 4 件,鉴定登记科技成果 3 项,引进农牧业新品种 57 个,推广新技术 21 项。累计建设科左中旗服务站所 105 所,专业协会 52 个,专业技术合作社 2752 个,拥有各类专业技术人员 6409 人。

【教育】 全旗各级各类学校 101 所,其中初级中学 8 所、九年一贯制学校 2 所、小学 42 所(民办小学 5 所),教学点 43 所,普通高中 3 所,职业中专 1 所、特殊教育学校 1 所、教师进修学校 1 所。现有幼儿园 114 所,其中民办幼儿园 49 所。全旗现有教职工 5142 人(专任教师 4114 人)。其中,学前教育 675 人、小学 2607 人、初级中学 992 人、一贯制学校 248 人、普通高中 463 人、中等职业教育 137 人,特教 20 人。全旗现有在校生 51 568 人。其中:小学 24 848 人、初中 10 088 人、普通高中 5899 人、职专 16 人,学前幼儿 10 620 人、特殊教育 97 人。汉授中考成绩生均总分同比上年提升 1.58 分;蒙授中考成绩生均总分同比上年提升 20.35 分,在全市蒙授排名位居第二。2016 年,全旗教育共规划建设“均衡发展”“十个全覆盖”“学前二期”“体育场馆”“教师周转宿舍”“薄改及自筹”“维修及附属工程”等七类建设项目，建设项目学校 95 所，总建设面积 11.55 万平方米，资金总投入 3.3 亿元。工程已完成 35 所学校，其余学校已开工建设和进入招投标阶段。校园绿化面积在 20%以上学校 38 所，种植各种树木达 3 万余株。

【体育】 开展第二届、第三届“校长杯”“旗长杯”校园足球联赛，完成笼式足球场建设，开工建设 13 个国家级校园足球特色学校风雨足球场。成功举办全旗第七届中学生运动会。在通辽市举办的全市第三届篮排球联赛中，科左中旗代表队荣获男子篮球第一名、男子排球第三名的好成绩。完成“8·18 哲理木赛马节”各项赛事工作任务。

【新闻宣传】 嘎查村文化室建设工程，已完成全旗 109 个嘎查村文化活动室音乐设备配备工作。应急广播“村村响”工程已完成。在《左中新闻》栏目中，开辟专栏，全年共播出专题新闻 200 余篇，1200 余条，其中时政 650 余条，典型报道 500 余条在蒙语《左中新闻》播出。共完成制作《翰墨书香育桃李》《绿色工业之梦》《哈民遗址 ppp 项目推介》《神圣达尔罕》《500 公里旅游景观大道建设》等系列专题片 35 部。蒙汉语外宣工作取得新突破。汉语新闻全年在通辽广播电视台播出新闻 240 条，在内蒙古广播电视台播出新闻 31 条，蒙语新闻全年在通辽广播电视台播出新闻 180 多条，在内蒙古广播电视台播出新闻 118 多条。在内蒙台播发汉语稿件 28 条，蒙语 96 条。蒙编部在参加 2016 年度全国八省区蒙古语电视优秀节目评析会上，选送的作品《农村牧区电子商务平台开启便民生》《好儿媳莎日娜》《关注留守儿童》3 部作品，分别获得新闻类一等奖和三等奖。完成中央广播电视节目无线数字地面基站保康、宝龙山、珠日河基站建设，完成通辽市本级宝龙山、珠日河地面数字基站建设。

【公共文化服务体系建设】 全旗 30 个苏木乡镇综合文化站，12 个社区文体活动中心，512 个嘎查村草原书屋，160 个文体广场，1 个农村牧区小舞台，建成 488 个嘎查村文化活动室。旗乌兰牧旗、文化馆每年完成送文艺下乡 100 场以上，送电影 6000 场以上，送图书 10 000 册以上；230 个民间艺术团体每年演出 5000 场以上，秧歌、广场舞表演群众常年活跃在村镇、社区。

【文化产业发展】 全旗 10 余家文化企业投产并开始运营。文化旅游产业方面有珠日河草原旅游区，孝庄园、荷花湖等；民族特色产业有大玉儿炒米加工有限公司，丰盈炒米专业合作社、蒙古香制作厂、凡艺雕塑以及蒙古族服饰、乐器和马具制造作坊等小微企业。其中，蒙古香制作、凡艺雕塑等 2 家企业分别参加内蒙古首届文化产业博览会及沈阳绿博会。

【卫生】 全旗医疗卫生计生机构共 39 个。其中：旗直机构 10 个（其中：旗人民医院为二级甲等综合医院、旗中医医院为二级甲等中医专科医院、旗蒙医医院为二级甲等民族医院）、中心卫生院 9 个、社区卫生服务中心 1 个、一般卫生院 19 个；全旗现有 555 个嘎查村卫生室，935 名乡村医生；实有病床数 974 张，达到每千人口 1.8 张；全旗医疗卫生计生系统现有 1600 人；其中：专业技术人员 945 人，具有高级职称 82 人，中级职称 230 人，初级职称 557 人。全旗 22 个苏木乡镇场街道计生服务站，541 个嘎查村计生服务室。全旗共 555 个嘎查村（包括自然村、水库、林场），按要求应建标准化卫生室 520 所，已全部达标并投入使用。

【计划生育】 全旗人口总量为 518 349 人，全年出生 3407 人、出生率为 7.61‰，自然增长 1092 人、自然增长率为 2.44‰，符合政策生育 3341 人、符合政策生育率为 98.06%，已婚育龄妇女综合节育率 90.22%，出生婴儿性别比为 104.99。从 2016 年 1 月 1 日开始，全面实施两孩政策，落实和完善出生人口统计监测和预警工作机制，全年共调查目标人群 87 455 户，有生育意愿的家庭 17 416 户，占 19.91%。

【农村合作医疗保险】 2016年，新农合补助资金提高到每人每年420元，个人筹资标准提高到每人每年120元，全旗新农合以村为单位覆盖率100%。年内参合总人数为380 994人，参合率98.12%。共报门诊一般诊疗费194 832人次、130.38万元。截至2016年9月末，审核支付住院参合人员29 715人次、支付10 058.20万元；日常门诊核销379 719人次、支付1715.34万元；其他补偿9142人次，支付1848.16万元。本年度住院补偿比例52.91%。2016年，对2015年度住院费用进行二次补偿，共补偿27 402人、4834.03万元，二次补偿之后2015年度住院平均报销比例从48.61%提高到二次补偿后的66.10%。

【社会保障】 城镇低保4976户9693人，月人均补助标准为450元；农村低保17 706户32 959人，年人均补助标准为2700元。五保集中供养对象287人，供养标准为每人每年8000元，分散供养对象1869人，供养标准为每人每年4500元。城镇职工养老保险方面，科左中旗应参保26万人，2016年全旗参保人数17万人，参保率65%。完成年度任务14.9万人的115%。社保基金征缴额1494.5万元；养老金发放人数5.16万人，发放金额合计5988万元，发放率100%；从今年一月份每人每月调整增加基础养老金5元。2016年，科左中旗城乡居民养老保险工作实现了制度化、规范化、标准化管理，建账率100%。旗级财政五年累计结余340.62的万元。城镇医疗保险和生育保险方面，城镇医疗保险累计参保人数是87 165人，完成目标任务87163人的100%；生育保险累计参保人数是21700人，完成目标任务21 699人的100%。征缴城镇职工基本医疗保险基金8756万元，支出6322万元，累计结余2555万元；征缴生育保险基金428万元，支出75万元，累计结余1444万元，大额保险收入240万元，支出98万元，累计结余382万元。

【就业】 城镇新增就业1709人，完成全年1700人任务的100.53%；失业人员再就业556人，完成全年400人任务的139%；就业困难人员就业553人，完成全年550人任务的100.55%；城镇登记失业率3.83%；“零就业家庭”动态为零；失业保险参保人数20 500人，完成全年20 500人任务的100%；失业保险金征缴300万元，完成全年650万元任务的46.15%（年底前完成650万元征缴任务）；创业培训506人，完成全年500人任务的100.2%，成功创业419人，完成全年400人任务的104.75%，创业带动就业人数1376人，完成全年1300人任务的105.85%；城镇就业技能培训完成1200人，完成全年1200人任务的100%，培训后实现就业1027人，完成全年1020任务的100.69%；农牧民转移技能培训2406人，完成全年2 400人任务的100.25%；家庭服务业从业人员技能培训300人，完成全年300任务的100%；农牧民转移就业90 105人，完成全年90 000人任务的100.12%，其中转移6个月以上73 415人，完成全年72 000人任务的101.97%；小额担保贷款发放2065万元，完成全年2700万元任务的76.48%；“分散型”创业孵化网点认定60个，完成全年60个任务的100%。

【人民生活】 2016年，科左中旗城镇居民人均可支配收入和农牧民人均纯收入分别为22 765和9704元，分别增长8.3%和7.9%，人民生活水平有了显著提高。

【哈民史前考古遗址公园正式对外开放】 2016年8月19日，科左中旗哈民遗址公园正式对外开放。该公园建立在距今5500—5000年的大型史前聚落遗址上。哈民遗址是中国考古学家首次在北纬43°以北地区发现的史前聚落，于2010年开始发掘。遗址内发现了十几座保存较为完整的房屋木质构架，再现了新石器时代半地穴式房屋的构筑框架情况，这在中国乃至世界范围内的史前聚落遗址中尚属首次发现。哈民遗址总面积17万平方米，发掘面积8200平方米，清理出房址 81 座、灰坑 61 座、墓葬 14 座、环壕 2 条，人骨遗骸 186 具，出土陶器、石器、玉器、骨角蚌器等珍贵文物 2000 多件。为加强对遗址的保护和利用，科左中旗从 2013 年起，着手进行保护、规划和建设集遗址，在遗址核心区规划建设“五区、一广场”。投入 1.6 亿元建设完成遗址保护展示馆、遗址博物馆、研究管理中心、两馆前广场、遗址大门、大通道至遗址区 18 公里二级旅游公路。

（撰稿人：苏全成）

科尔沁左翼后旗

【概况】 科尔沁左翼后旗（简称科左后旗）始建于清顺治七年（1650 年），位于内蒙古自治区通辽市东南部，东部与吉林省双辽市毗邻，南部与辽宁省昌图县、康平县、彰武县接壤，西与库伦旗相连，北与奈曼旗、开鲁县、科尔沁区、科左中旗为邻。地理坐标北纬为 42°40′~43°42′，东经 121°30′~123°43′之间。全旗总人口 40.55 万人，辖 15 个苏木镇、4 个国营农牧场、1 个街道办事处。聚居蒙古、汉、回、满、朝鲜等 19 个民族。科左后旗是清代将领僧格林沁的故乡，是国家重点扶持的扶贫开发旗（县），是国家级商品粮基地和粮食生产先进县，是自治区认定的革命老区。素有“黄牛之乡”“马王之乡”“民歌之乡”“绿色水稻之乡”“旅游之乡”“蒙古文书法艺术之乡”的美誉。

2016 年，科左后旗地区生产总值完成 170.49 亿元，比上年增长 7.7%。其中：第一产业增加值完成 33.63 亿元，比上年增长 3.5%；第二产业增加值完成 68.29 亿元，比上年增长 8.7%；第三产业增加值完成 68.57 亿元，比上年增长 8.9%。三次产业比为 20 : 40 : 40。

【农牧业】 全旗粮食作物播种面积 284.83 万亩，比上年增加 0.94 万亩；玉米播种面积 242.45 万亩，同比减少 7.55 万亩；水稻播种面积 26.4 万亩，同比增加 6.57 万亩。全年粮食产量 10.345 亿公斤，与上年同期相比减少 0.055 亿公斤。其中：玉米产量 8.625 亿公斤；水稻产量 1.59 亿公斤。科左后旗大米地理标志认证工作即将完成。累计认证全旗无公害农产品 3 个、绿色食品 4 个、有机食品认证 2 个、绿色原料标准化基地 1 个，有效使用标志的企业有 2 家。绿色水稻通过农业部中国绿色食品发展中心“A 级绿色食品原料（水稻）标准化生产基地”认证。2016 年，牧业年度牲畜头数 304.29 万头（只、口），同比增加 14.75 万头（只、口）。肉牛存栏 77.11 万头、交易 50 万头、屠宰加工 8 万头。羊存栏 150.15 万只、猪 73.7 万口、马驴骡存栏 3.3 万匹。

【林业】 2016 年，科左后旗加大科尔沁沙地“双千万亩”综合治理工程实施力度，实施林业治理 45 万亩，其中人工造林 21 万亩，封山育林 24 万亩。2016 年，在东部百万亩农业示范区防护林补栽苗木 10 万株。全旗森林覆盖率 21.68%。

【渔业】 渔业以大水面人工放养、以及池塘精养半精养为主。截至 2016 年年底，全旗有淡水水面 12 万亩，可养水面 8 万亩。池塘养殖面积 2600 亩，拥有各类捕鱼船 40 艘，水产品总产量 75 万公斤，实现渔业总产值 750 余万元。

【工业】 2016 年，科左后旗全部工业实现增加值 63.00 亿元，同比增长 8.9%。全旗有工业企业 150 余家，规模以上工业企业达到 67 家。其中，上市企业 2 家。规模以上工业增加值同比增长 9.5%，新增规模以上工业企业 2 户。盘活停产半停产企业 5 家。规模以上工业中支柱产业支撑作用明显，绿色农畜产品加工产业、医药产业、新能源产业、矽砂及装备制造业 4 大支柱产业增加值占规模工业增加值比重达到 60%。

【固定资产投资】 全旗限额以上固定资产投资完成 103.18 亿元，同比增长 17.61%。其中：第一产业投资完成 19.37 亿元，同比增长 27.2%；第二产业投资完成 41.55 亿元，同比下降 0.02%；第三产业投资完成 42.26 亿元，同比增长

36.56%。完成工业固定资产投资完成 50.42 亿元,实施 500 万元以上工业项目 29 个。其中,续建项目 12 个,新建项目 17 个。

【消费】 2016 年,科左后旗社会消费品零售总额实现 39.07 亿元,同比增长 10.0%。其中:城镇零售额实现 22.77 亿元,占全部零售额 58.28%,同比增长 10.1%;乡村零售额实现 16.30 亿元,占全部零售额 41.72%,同比增长 9.95%。

【城乡建设】 2016 年,科左后旗投资 89 183.06 万元(其中财政投资 37 743.66 万元,企业投资 51 439.4 万元),实施城市建设重点工程 54 项,已全部完工并交付使用。以实施 4 个示范镇建设为重点,着力推进小城镇建设,完成金宝屯镇一街一路改造和吉尔嘎朗镇主街路道路和管网改造以及全旗 23 处建制镇绿化工程,启动 304 线两侧努古斯台镇、巴嘎塔拉苏木立面改造规划设计工作。完成棚户区改造 368 户,征拆面积 20 004.35 平方米,均为货币化安置。博王府复建项目共涉及房屋征收 57 户。已签约 47 户,剩余 10 户正在协商。2016 年,新增商品房 1782 套、20.32 万平方米。

【环境保护】 截至 2016 年年底,实现化学需氧量(COD)削减 304.9 吨,氨氮削减 11.2 吨。拆除、取缔 16 台燃煤小锅炉,全旗非电燃煤消耗总量同比下降,实现二氧化硫(SO_2)削减 190.8 吨,氮氧化物(NOx)削减 66.8 吨。全面开展加油站、储油库挥发性有机物(VOCs)污染整治工作,城镇及农村环境空气质量均达到国家二级标准以上,地下水指标均达到国家地下水环境质量 3 类标准。

【招商引资】 2016 年,科左后旗新签约项目 21 个,签约额 52.92 亿元,投资亿元以上项目 16 个,其中:1 亿元~5 亿元项目 12 个、5 亿元~10 亿元项目 1 个、10 亿元以上项目 3 个,正在跟踪洽谈项目 65 个。

【旅游】 科左后旗共承接国内外游客达 130 万人次,同比增长 8.3%;旅游综合收入实现约 11 亿元,同比增长 7.9%。

【商贸物流】 商贸物流业愈加活跃,华丽商都、甘旗卡商业广场主体竣工,全旗货运总量 1190 万吨、社会物流总额 573 亿元,全年出口创汇 305 万美元。2016 年年末,全旗货运总量为 1191.6 万吨,物流业从业总人数 18 070 人。

【私营经济】 2016 年,科左后旗新登记各类市场主体 3554 户,平均每天新设立 10 户,同比增长 21.1%;新增注册资本金 22.18 亿元,同比增长 17.7%。其中:新登记企业 388 户,注册资本(金)16.53 亿元;新登记个体工商户 3033 户,注册资本金 2.68 亿元;新登记农民专业合作社 133 户,注册资本金 2.96 亿元。2016 年年底,全旗市场主体 20 151 户,注册资本(金)超过 147.04 亿元,分别同比增长 15.3%、17.8%。

【交通运输】 科左后旗属于东北经济规划区和环渤海经济区,交通便利。铁路方面:科左后旗有大虎山—郑家屯、四平—齐齐哈尔、甘旗卡—库伦三条铁路线,有三等火车站 2 个(甘旗卡火车站和金宝屯火车站),全部为货运和客运一体的站所。其中,每天途经甘旗卡火车站的客运 19 列、货运 155 列,途经金宝屯火车站的客运 20 列、货运 60 列。新规划建设的通辽连接京沈客专快速铁路途经科左后旗,并设有甘旗卡站,项目于 2016 年开工建设,计划 2018 年通车。公路方面:科左后旗境内有 G25(分东、西两段)和 G45 两条高速、G203 和 G304 两条国道,S207、S208、S305 3 条省道贯穿全旗境内。2016 年,全旗建设通村路和街巷硬化总里程 3729 公里。完成县道 468 线甘旗卡至朝鲁吐段升级改造工程。

【邮电】 2016 年,科左后旗邮电业务总量 2.50 亿元。年末全旗移动电话用户 34.4 万户。本地固定电话用户 4.5 万户。其中:城镇电话用户 1.7 万户,农村电话用户 2.8 万户。

【电力】 截至 2016 年 11 月末,售电量累计完成 5.14 亿千瓦时,同比增长 24%。截至 2016 年

11月27日，实现连续安全生产4910天。

【财税】 2016年，科左后旗公共财政预算收入完成48 709万元（含市级），较上年同期45 017万元增加3692万元，增长8.2%。旗级公共财政预算收入完成42 452万元。其中：国税部门完成7219万元，地税部门完成22 715万元，财政部门完成12 518万元。一般公共预算收入319 146万元，较上年同期351 786万元减少32 640万元，同比下降9.28%。一般公共预算支出307 989万元，较上年同期331 436万元减23 447万元，同比下降7.07%。政府性基金收入35 152万元，政府性基金支出35 015万元。社会保险基金收入20 180万元（含上年结余5020万元），收入来源主要是个人缴纳保险费及上级财政补贴。其中：城乡居民基本养老保险基金收入426万元，城镇职工基本医疗保险基金收入17 852万元，生育保险基金收入819万元，居民基本医疗保险基金收入1083万元。社会保险基金支出6387万元。其中：城乡居民基本养老保险基金支出155万元，城镇职工医疗保险基金支出5125万元，生育保险基金支出27万元，居民基本医疗保险基金支出1080万元。社会保险基金滚存结余13 793万元。

【金融】 科左后旗有人民银行、工商银行、农业银行、农业发展银行、科左后旗信用联合社、邮政储蓄银行和包商银行等7家金融机构。旗信用联社转制农商行工作进展顺利。2016年年末，全部金融机构各项存款余额532 500万元，同比增长15.48%。其中，住户储蓄存款余额329 037万元，同比增长16.16%。全部金融机构各项贷款余额795134万元，同比增长17.42%。

【保险】 科左后旗财险公司有人保、大地、平安、国寿、太平洋、中华联、安华、安邦8家；寿险公司有中国人寿、阳光人寿、人民人寿、新华人寿、泰康人寿5家。2016全年保险业保费收入24 190.63万元。其中：财产险保费收入17 791.74万元，人寿保险保费收入6398.89万元。全年保险业累计赔付支出9350.66万元，其中：财产险赔付支出7838.6万元，寿险赔款及给付1512.06万元。

【劳动就业】 2016年，科左后旗“大众创业、万众创新”工作扎实推进，全旗城镇新增就业人员1721人，城镇登记失业率为3.70%。完成农牧民实用技术培训11万人次，农村牧区劳动力转移就业人数46 392人。创业培训529人，失业保险参保16 000人。创业担保贷款发放1500万元。蓝天下创业孵化园区提格为市级示范性创业孵化园区。在全旗建设60个分散型创业孵化网店。甘旗卡街道社区家政服务中心“96111”便民服务站新增为家庭服务品牌企业。就业困难人员再就业553人，失业人员再就业400人，零就业家庭动态为零。为136人发放失业保险金50万元。

【教育】 2016年，科左后旗有各级各类学校159所（个）。其中：教师进修学校1所；职业技术学校1所；普通高级中学2所（其中独立设置少数民族高中1所）；初中教育机构13个（含普通初级中学11所，九年一贯制初中部2个，其中独立设置少数民族初中7所）；小学教育机构58所（小学33所，教学点25所）；幼儿园82所（教育部门办幼儿园41所，民办幼儿园41所）；特殊教育学校1所；体育运动学校1所。全旗共有寄宿制学校49所。全旗各级各类学校共有在校生46 891名。全旗共有教职工5085名，专任教师3 895名。全旗各级各类学校校舍建筑总面积为625 439.62平方米。甘旗卡第一高级中学普通高考本科上线率77.9%，居全市第一方阵，荣获“市级民族示范高级中学”称号。

【科技】 截至2016年年末，科左后旗拥有科技型民营企业7家，高新技术企业2家。2016年，科左后旗获通辽市科学技术奖励3项。其中，科学技术合作奖1项，适用技术推广应用奖2项。科尔沁肉牛科技园区被认定为第七批内蒙古农业科技园区。

【文化】 2016年,科左后旗完成82个行政村和分场文化活动室建设任务，并为每个文化活动室配备5000元的文化设施设备。全旗苏木镇场24个综合文化站和嘎查村分场292个文化活动室相继建成并投入使用,建成文化广场359个。完善文化活动室服务功能，为文化活动室购买图书、增添设备。全年共投入文化活动室建设资金93万元。截至年底,全旗有文化馆1个,建筑面积1500平方米;公共图书馆1个,建筑面积1200平方米,藏书10.6万册,阅览厅能同时容纳390人阅览;档案馆1个,建筑面积2500平方米;博物馆1个,建筑面积2000平方米。年内,旗图书馆、文化馆、僧格林沁博物馆免费对外开放，开展全民读书月活动和送图书下乡活动，图书馆、博物馆均接待读者和游客3万人次。科左后旗有蒙古族马具制作技艺、好来宝、蒙医正骨疗法等3项国家级非遗保护项目,3个国家级代表性传承人,5个自治区级代表性传承人,8个市级保护项目,9个市级代表性传承人。年内,申报科尔沁潮尔史诗、蒙古族摇篮、蒙古文书法为自治区级非物质文化遗产。在大青沟建设了蒙古族马具制作技艺展示馆,并对外免费开放。收集整理全旗农牧民创作的好来宝作品150余首,正在编辑《科左后旗农牧民好来宝集》。

【卫生计生】 2016年末，科左后旗有各级各类医疗卫生和计划生育服务机构679个。全旗医疗机构编制床位1112张,每千人拥有病床3.37张；全旗公立医疗卫生机构拥有固定资产18 924万元,房屋总面积7.7万平方米;旗镇两级医疗机构有大型医疗设备200余台(件)。全面提升公立医院综合服务能力,旗人民医院1.3万平方米的内、儿科病房楼已竣工投入使用、蒙医整骨医院新建成标准化蒙药制剂室。蒙中医药服务网络初步形成,全旗29所基层医疗单位中27所能提供蒙医药服务，占医疗单位92.86%,3所社区卫生服务中心中都能提供蒙医药服务；蒙医整骨医院被国家中医药管理局评定为全国三级甲等民族医医院，传统蒙医整骨疗法是国家“十二五”期间重点专科建设项目、国家中医药管理局重点专科，已被列入国家非物质文化遗产名录;全旗有5所蒙药制剂室,能生产3个剂型、76个品种的蒙药,年生产能力在4100千克以上。其中,蒙医整骨医院自主研发的“旭日图·乌日乐”“义德沁·淖力布”获得国家专利。全旗医疗机构卫生技术人员1070人,其中医院440人,卫生院385人。千人口拥有卫生技术人员2.47人；旗直医疗机构有国家级非物质文化遗产代表性传承人1名、自治区级传承人2名、市级传承人3名、国医大师后备人选1名,有硕士研究生导师2名，自治区首批老蒙医中医专家学术经验继承人4名,自治区名医1名。

【新农合保障制度】 2016年，全旗参合人数280 099人,参合率97.72%,人均筹资540元,其中:农牧民个人缴费120元,各级财政补助420元,住院补偿封顶线为30万元。2016年,累计筹资15 131万元,其中:农牧民缴费3361万余元,各级财政补助11 764万余元。年内共支出基金12 680万余元，其中：住院补偿36 461人次、10 070万元，特殊病种补偿1120人次、127万元,门诊补偿47 652人次、1091万元,购买大病保险基金支出为1166.5万元，实际补偿比例为48.55%。截至年底,新农合基金结余7657万元。

【体育】 2016年，全旗经常参加体育锻炼人数占总人口32%。全旗体育场地面积80万平方米以上。建成2处笼式足球场,6项全民健身活动被评为自治区级特色品牌活动。全旗室内外体育场地416个,健身路径44处,健身器材数量416件,另有多处小型广场、小区硬化绿化地。已登记注册的全民健身站点380个，登记注册的体育社团16个,社会体育指导员1004个,每千人公益社会体育指导员比例2.4‰,全旗单项体育组织遍及城乡,带动了全旗健身操、舞、拳、剑、球类、棋类等活动的开展。

【广播电视】 2016年，全旗52个行政村的草原书屋和远程教育服务点实现资源共享共用。承办2016年通辽市民间艺术团体文艺会演开幕式首场演出。至2016年年末，有线电视用户镇内25 477户，全部为数字电视用户。2016年，广播电台共播出新闻561期3748条，其中播出《科左后旗新闻》258期1878条。发展蒙语电视频道工作，全年共播出蒙语《科左后旗新闻》261期1405条。

【社会保障】 2016年年末，全旗在岗职工参加基本养老保险人数为21 721人，比上年增加104人，企业职工养老保险全年共征缴2.87亿元。为14 522名企业退休职工发放养老金3.4亿元。2016年5月份开始，企业退休职工养老金实现了在金保工程系统内在线发放。城乡居民参保14.2万人。为39 300名城乡老年居民发放养老金4987万元。全旗共有12 539人领取了城乡最低生活保障金，其中：城镇3570人，农村牧区8969人。

【养老、家政服务】 "互联网+"、家政服务、健康养老等新兴服务业发展态势良好。截至2016年末，科左后旗共有养老服务机构15所。其中：重点民办养老院4所；苏木乡镇级敬老院5所；社区老年人日常照料中心6所。建设农村牧区互助养老幸福院14个。全旗家政服务公司已发展到15个。

【人口】 2016年年末，全旗总人口40.55万人。其中：男性人口20.72万人，女性人口19.83万人，男女比例为104.5∶100。在总人口中18岁以下人口7.08万人，18～34岁人口10.43万人，35～59岁人口16.47万人，60岁及以上人口6.56万人，分别占总人口17.46%、25.73%、40.62%和16.18%。全旗人口由19个民族构成。其中：蒙古族30.39万人，汉族9.43万人，满族0.62万人，回族0.06万人，朝鲜族0.03万人，分别占总人口74.96%、23.26%、1.54%、0.14%和0.06%。

【人民生活】 2016年，全旗全体居民可支配收入14 582元，同比增长8.6%，全体居民消费性支出10 893元，同比增长8.0%；城镇常住居民可支配收入23 059元，同比增长8.4%，城镇常住居民生活消费支出13 846元，同比增长5.9%；农村牧区常住居民可支配收入10 242元，同比增长7.8%，农村牧区常住居民生活消费支出9339元，同比增长8.7%。

【"十个全覆盖"工程】 科左后旗"十个全覆盖"工程共投入资金50.1亿元，完成858个自然村（分场）建设任务。其中：2014年和2015年累计投资19.2亿元，完成249个自然村（分场）建设任务；2016年，投资30.9亿元，完成609个自然村（分场）建设任务，并对已完成的249个自然村（分场）进行巩固提高。

【脱贫攻坚】 2016年，对全旗贫困人口进行再次识别，实行大数据管理。整合涉农资金5.2亿元、投放扶贫贷款3.5亿元，有效解决了发展生产的资金问题。为建档立卡贫困户进行了免费健康体检。全年实现1120户、4234人稳定脱贫。科左后旗代表全市接受自治区脱贫攻坚年度考评，代表全区接受国务院巡视督查和省际间互检，自治区金融扶贫现场观摩会在科左后旗召开，《人民日报》以"赶着黄牛奔小康"为题报道了科左后旗产业扶贫经验做法。全面落实基本养老、公共医疗、最低生活保障等政策。投入1.15亿元，补齐城乡居民养老金市级统筹地方缴纳资金和城镇职工、城乡居民医疗保险市级统筹地方缴纳资金。落实各项惠农惠牧补贴政策。实施安全饮水工程327处。小食品加工园区基本建成。成功创建全区民族团结进步示范旗。

【气象灾害】

暴雨大风灾害 2016年5月3日，科左后旗受低涡和黄淮气旋北上的共同影响，出现低压大风天气，同时伴有强降水。本次天气造成全旗大范围的风灾，平均风力8级以上。瞬间极大风速巴嘎塔拉32.5米/秒，阿古拉32米/秒，风力11级以上,并伴有大雨。导致科左后旗16个苏木镇(场)受灾,给当地群众生产生活带来重大损失。灾害共造成1028户、3453人受灾,1人死亡,转移安置人口421人。房屋严重损坏39户117间;房屋一般损坏356户986间(彩钢房),棚舍损坏546座,死亡大牲畜17头、死亡羊只136只,灾害造成直接经济损失634.26万元。

强对流天气灾害 2016年6月30日,科左后旗突降暴雨,局部地区伴有短时雷雨大风、冰雹等强对流天气。甘旗卡镇日降水量85.4毫米,自30日13时50分开始出现短时强降水,1小时降水量65.1毫米,并伴有雷雨大风及冰雹。恶劣天气导致科左后旗甘旗卡镇、阿古拉镇共计8个嘎查村以及甘旗卡街道办的5个社区不同程度受灾。降雨给当地群众生产生活带来一定的经济损失。截至2016年7月1日上午8时许,灾害共导致科左后旗955户、2 943人、736.7公顷农田受灾。其中:成灾面积408公顷,房屋一般损坏2户5间,转移安置18户39人。灾害造成直接经济损失334.6万元。另有1人遭雷击受伤。

(撰稿人:包彦民 姜涛)

库 伦 旗

【概况】 库伦旗位于内蒙古自治区通辽市西南部,南与辽宁省阜新蒙古族自治县、彰武二县接壤,西、北、东与奈曼旗、科尔沁左翼后旗相连。2016年年底,全旗辖9个苏木乡镇、场,1个街道办事处,187个嘎查村、8个社区。总面积4716平方公里。总人口179 094人。其中:蒙古族109 030人、汉族64 193人、其他民族人5871人。

2016年,库伦旗地区生产总值完成72.07亿元,同比增长7.6%;公共财政预算收入完成3.67亿元,同比增长10.3%;500万元以上固定资产投资完成70.8亿元,同比增长13%;社会消费品零售总额完成16.28亿元,同比增长9.7%;城乡常住居民人均可支配收入分别达到22 011元和9170元,分别增长8.5%和8.3%。公共财政预算收入、固定资产投资和城乡居民收入增速均位居全市前三位。结构调整成效明显,三次产业比调整到24.4∶38.2∶37.4。

【农业】 2016年,库伦旗将粮食玉米种植面积压减至80万亩,青贮玉米种植面提高至40万亩、荞麦种植面积稳定在30万亩,蔬菜、食用菌等经济作物种植面积由上年的10万亩提高到11万亩。粮食产量5.48亿公斤。其中,荞麦产业示范引领方面,建设集中连片荞麦标准化示范基地5000亩,提高荞麦质量,辐射带动全旗荞麦种植30万亩;建设2处占地120亩的荞麦良种繁育基地,复壮提纯荞麦种子1万公斤,为荞麦品种改良和提纯奠定了基础;杂粮杂豆示范引领方面,与上市公司“十方集团”合作,在平安良种场、元宝山良种场建设有机杂粮杂豆示范基地680亩的同时,在扣河子镇建设谷子标准化示范基地280亩、辐射带动周边地区集中连片种植谷子3000亩;高效经济作物探索种植及示范引领方面,建设中草药试验示范基地120亩,对33种中药材进行对比试验种植,筛选出6个适应库伦旗自然环境,适合逐步推广的中药材品种。以庭院经济发展模式,引导农户庭院种植中药材3000亩,中草药种植面积达到1万亩。以绿洲脱水蔬菜项目为依托,新建蔬菜标准化生产示范基地5000亩,带动周边农牧民种植蔬菜1万亩。依托农业综合开发项目,建设沙地衬膜水稻6000亩。

【畜牧业】 2016年,全旗大小畜存栏达到158万头(只、口)。其中:牛存栏达到33万头、羊存栏77万只、猪40.7万口、驴6.1万头。实施母牛养殖示范村和示范户工程,新增基础母牛养殖示范村11个、示范户1100户,建设标准化肉牛规模养殖场2处;以“小规模、大群体”为模式,发展饲养3~5头肉驴养殖户4500户、新建标准化养驴小区5处；以“调品种、扩规模”为手段，引进辽宁凤城绒山羊、杜泊绵羊等优质品种，新建肉羊标准化规模养殖场2处、种羊场1处；强化畜牧业基础设施建设，新建棚舍4万平方米、窖池5万立方米；扎实推进动物防疫及饲草储备工作，春秋季动物防疫实现应免尽免，全旗储备饲草料达到21亿公斤。

【工业】 2016年，库伦旗坚持优化存量与做大增量并重、绿色发展和创新发展并举，重点打造绿色有机农畜产品深加工、绿色非资源、医药生物科技和绿色新能源四大产业，全旗规模以上工业企业26家，规模以上工业企业增加值同比增长9.4%。投资4.87亿元，实施和完善库伦工业园区配套基础设施建设，启动实施投资3500万元、日处理规模1万吨的库伦沈阳工业园区污水处理厂和投资2700万元、日处理规模1万吨的三家子工业园区污水处理厂。实施工业项目20个，总投资54.7亿元，其中：续建项目5个、总投资39.5亿元，新建项目15个、总投资15.2亿元。

【招商引资】 2016年，库伦旗招商引资工作按照对外开放招商引资行动计划总体要求，全面扩大对外开放，全力推进与各地经济合作，加大招商引资力度，全面提升招商引资质量和水平，强化项目跟踪服务，加快推进招商引资重点项目开工建设。2016年，市里下达给库伦旗的招商引资任务指标为引进国内市外资金30亿元，实际完成到位资金31亿元，超额完成任务3%。全旗共签约招商引资项目21个，签约额为51.08亿元，其中亿元以上项目14个。新开工的17个项目中，10亿元以上1个，亿元以上（10亿元以下）项目13个。派驻专业招产商干部35人。

【文化】 2016年，库伦旗的安代舞被纳入国家级非遗项目整体性保护试点，成功承办“谁是舞王——中国广场舞民间争霸赛内蒙古通辽市海选赛”启动仪式、“自治区文史研究馆送文化下乡”系列活动。1月9日，内蒙古牧兰合唱团在库伦旗茫汗苏木成立。7月15日，通辽市文化新闻出版广电局公布的《第五批通辽市级非物质文化遗产代表性项目名录名单》中，库伦旗的6个非遗项目库伦蒙古族民间祝赞词、库伦地名传说、库伦旗蒙古族长篇历史叙事民歌《那木斯来》、寺庙彩绘、蒙古族传统祭火习俗、蒙医灸疗法入选。10月26日，举办纪念红军长征胜利85周年全旗安代舞比赛。完成7处旗本级电视无线数字补点基站建设和2处中央数字信号覆盖工程，基本实现通辽电视台、库伦电视台节目信号全覆盖。12月15日，自治区蒙古语文工作检查组到库伦旗检查蒙古语言文字工作，并召开库伦旗蒙古语文工作现场会。

【体育】 2016年5月15日，由通辽市体育局主办，通辽市体育中学承办的“2016通辽市“体彩杯”国际跤锦标赛中，库伦旗代表队金牌总数名列全市第一名。8月18日，库伦旗举办中国·内蒙古第三届国际马术节、第二十届“8·18”哲里木赛马节暨“农信杯”库伦首届沙漠那达慕大会。11月28日上午，由国家体育总局社会体育指导中心、中央电视台体育频道、中国社会体育指导协会主办，通辽市委宣传部、通辽市体育局、库伦旗委、旗人民政府承办的《谁是舞王》——中国广场舞民间争霸赛内蒙古通辽市海选启动仪式在库伦旗隆重举行。

【旅游】 2016年，库伦旗启动《库伦旗旅游发展总体规划》《库伦旗全域旅游发展规划》《库伦旗乡村旅游规划》编制工作，库伦旗成为全区首家通过全域旅游规划评审的旗县。总投资10亿元、占地31.6公顷的三大寺文化旅游产业园项目一期工程前期工作基本完成；总投资10.5亿元的银沙湾景区项目，新增体验式项目8个，接待能力进一步提升；总投资3亿元的锡勒图生态度假村项目已全面投入运营。通辽市科尔沁500公里自驾游服务系统日臻完善，总投资4000万元的银沙湾自驾车营地项目在全市率先竣工并投入运营，并被中国汽车摩托车运动联合会汽车自驾运动营地评定委员会授予“全国自驾车运动营地”称号。承办全区旅游品牌线路建设现场会;启动实施占地20亩的蒙辽旅游门户项目和道老都嘎查、哈图嘎查旅游小镇项目。融入“2016通辽文化旅游季活动”,参加沈阳东北旅游交流会,“五一”期间举办库伦旗银沙湾自驾车营地开营仪式、第三届“2016穿越科尔沁·库伦银沙湾越野嘉年华”系列赛事活动,CCTV5、人民网、新华网等19家新闻媒体参与报道,吸引游客15.3万人次,旅游社会综合收入1.33亿元,赛事规模、档次为历年之最,极大地提高了沙漠旅游品牌赛事知名度;按照全市统一安排,成功承办“中国·内蒙古第三届国际马术节”、第二十届“8·18”哲里木赛马节暨“农信杯”库伦首届沙漠那达慕大会。全年接待海内外游客突破60万人次,实现旅游收入4.5亿元,同比分别比增长20%和21.6%。2016年12月,库伦旗成为自治区首个通过全域旅游创建规划评审旗县,标志着该旗在推进全域旅游创建方面取得实质性进展。

【生态和基础设施】 坚持“南治沟、北治沙”不动摇,实施科尔沁沙地“双千万亩”综合治理工程,完成生态治理12.9万亩,建设封禁保护区50万亩。重点实施“百公里绿色长廊”“百村百公里村屯绿化”工程,完成公路两侧绿化114公里,栽植苗木110万株。完成村屯绿化166个村,村屯绿化栽植苗木82.3万株。强化水土流失治理,完成水土流失治理21平方公里。总投资6亿元、占地面积6291.12亩、总库容3430万立方米的嘎海山水库工程项目可研、移民大纲已分别通过自治区水利厅及自治区人民政府审查。完成幸福路、西环路、文化街、东皂户沁、后府街及兴源北路等6条市政道路改造工程。实施南环路、镇区东南出口及北出口绿化等11项绿化工程,新增城镇绿化面积33万平方米。完成库伦镇水源地保护工程和给水除铁除锰工程,改造供水管网7.1公里。全面实施城镇锅炉房、锅炉脱硫脱硝设施建设工程。新建供热管网10公里、污水管网5.6公里。完成镇区北出口综合改造工程。实施镇区人行街道、破损路面等镇区综合改造工程,新建新型水冲式公厕1座。完成以库伦镇养畜牧路、西环路、扣河子镇和养畜牧社区为重点的“一街一路一镇一社区”改造工程。启动实施总投资1.2亿元、占地面积5万平方米、涉及217户的中医院西侧传统民居改造工程。完成危房改造2131户,超额完成市里下达的1100户指标任务,在通辽市率先消灭农村牧区危土房。通用机场项目选址已通过华北民航总局初审。大沁他拉至白家湾子段高速公路项目征地拆迁工作已完成。投资1.64亿元,完成342.1公里的通村水泥路工程,全旗187个行政嘎查村通畅率100%。投资5.72亿元,完成嘎查村街巷硬化1692公里,实现187个行政村、101个较大自然村、11个国有农牧林场、2个生产性居委会街巷硬化全覆盖。

【社会保障】 2016年,库伦旗用于民生社会事业支出达到12.67亿元。投资1.3亿元,完善了义务教育阶段学校软硬件设施,顺利通过国家义务教育均衡达标验收。库伦旗医院晋升二级甲等综合医院评审工作通过自治区验收,旗蒙医医院新建的蒙药制剂室已获得自治区医疗制剂许可证并正式投入生产,其康复治疗中心也已建成并投入使用。库伦旗获得全国计划生育优质服务先进单位和自治区级妇幼健康优质服务示范县称号。城镇和农村牧区低保医疗养老等各项社会保障实现应保尽保,城镇登记失业率控制在3.9%以内。启动14处农村牧区互助养老幸福院建设,已完成11所。10月20日,库伦旗举办不动产登记中心揭牌暨不动产权证书首发仪式,标志着该旗不动产统一登记工作进入实际操作阶段,结束了不动产分散登记的历史。

【民心工程】 2016年,全旗低收入农牧户共44 474户,按照每户补贴600元的标准,已将2668.44万元冬季取暖用煤补贴资金全部及时、足额发放到户。全旗通村水泥路建设工程为342公里,现已全部完工,新增通畅行政村43个。截至年底，全旗187个行政嘎查村已全部畅通沥青水泥路,通畅率100%。自治区下达库伦旗棚户区改造任务136户，通辽市下达库伦旗棚户区改造任务495户。其中:城市棚户区404户，基本建成任务288套,垦区棚户区91户。库伦旗采取政府购买安置房源的方式，启动实施了投资1.2亿元、占地面积5万平方米、涉及217户的中医院西侧传统民居改造工程。截至年底，完成征收196户,完成房源采购302套。涉及91户的垦区棚户区改造项目（2016、2017两年任务)已完成房屋改造50户。2016年,伦库旗危房改造任务1100户,结合“十个全覆盖”工程,实际完成农村牧区危房改造2131户，总投资1.2亿元,同时拆除土棚舍、土厢房3222座,彻底解决了农牧民群众的安居问题。推进4所幼儿园建设工程,其中续建工程2个,投资67.3万元的水泉乡石灰窑子幼儿园二期工程主体已完工，正在装修中；投资55.8万元的库伦镇马家洼子幼儿园工程已竣工。新建工程2个,投资69.6万元的三道洼中心校袁家窝堡幼儿园和投资71.6万元的三家子学校下扣河子幼儿园主体已完工，预计2017年上半年全部竣工并投入使用。实施农网改造升级，在完成额勒顺镇和茫汗苏木部分地区31个低压配电台区改造的基础上，投资370.807万元,改造低压台区5个。充分考虑老年人活动中心(全民健身中心)的功能及周边环境,将老年活动中心项目(全民健身中心)选址在旗气象局院内，与拟建设的公园一并规划设计,该项目建议书已通过旗发改部门审批，正在推进项目可研、规划设计等前期工作。投资1.3亿元启动实施义务教育阶段校舍建设、附属工程建设及设备设施采购等工作。库伦旗义务教育均衡发展工作已通过国家级验收。养老保险方面。全旗企业职工和城镇个体劳动者参保人数7200人,保费征缴3375万元;享受待遇人员6047人，年度内累计支出养老金10 583万元,发放率100%;城乡居民社会养老保险参保人数71 730人,享受待遇人数18 453人,发放养老金1863万元，发放率100%。失业保险方面。核定参保单位145户,参保人数为8000人,保费征缴130万元。医疗保险方面。城镇基本医疗保险参保人数38 758人，已核定参保单位247个,保费征缴3843万元,支付3951万元。生育保险方面。职工生育保险参保人数11 324人,保费征缴225万元。生育保险统筹基金（医药费)支付30万元。工伤保险方面。工伤保险参保单位259户,参保人数为9432人,保费征缴214万元,支出159万元。2016年5月27日,国家精准扶贫成效第三方评估组到库伦旗走访检查。

（撰稿人:额日德木图）

奈曼旗

【概况】 奈曼旗位于内蒙古自治区通辽市西南部，科尔沁沙地南缘，地处北纬42°14′40″~43°32′20″,东经120°19′40″~121°35′40″之间。南与辽宁省阜新市、北票市毗邻,东与库伦旗接壤,西与赤峰市敖汉旗、翁牛特旗相邻,北与开鲁县隔河相望。全境东西宽68公里,南北长140公里,总面积8137.6平方公里。全旗辖14个苏木乡镇、1个国有农场、1个街道办事处、1个经济开发区。共有355个嘎查村、9个社区居委会。建制镇8个,分别为:大沁他拉、八仙筒、青龙山、新镇、治安、东明、沙日浩来、义隆永;苏木4个,分别为:黄花塔拉、白音他拉、明仁、固日班花;乡2个,分别为:土城子、苇莲苏;国有农场、街道办事处,经济开发区各1个:即六号国有农场、大沁他拉街道办事处、八仙筒经济开发区。2016年,全旗户籍总人口447 502人。其中,蒙古族176 116人,汉族263 413人,其他少数民族7973人。城镇人口125486人,乡村人口322016人。

2016年，奈曼旗地区生产总值157.85亿元，比上年增长7.5%。其中：第一产业增加值29.5亿元，同比增长3.3%；第二产业增加值70.07亿元，同比增长7.9%；第三产业增加值58.27亿元，同比增长9.4%。人均生产总值39 413元，比上年增长2.3%。全旗三次产业比重演进为18.7：4.4：36.9。财政收入4.9亿元，同比增长7%。财政支出34.26亿元，同比增长23.7%。

【农牧业】 全旗农作物播种面积400万亩。其中：粮食作物播种面积324.4万亩；其他农作物播种面积75.6万亩。粮食总产量9.35亿公斤。其中：玉米16.9亿公斤；小麦0.019亿公斤；稻谷0.185亿公斤；大豆0.05055亿公斤。农林牧渔业总产值500 140万元，同比增长6.2%。其中：农业产值240 067万元；林业产值22 506万元；牧业产值235 267万元；渔业产值200万元；农林牧渔服务业产值2100万元。

【水利】 全旗有大型水库2座；中型水库3座；小型水库29座。除险加固小型水库12座，新增节水灌溉面积40万亩。

【林业】 人工造林17.8万亩，封山沙育林20万亩，绿化村屯675个，绿化公路848公里，森林覆盖率提高0.4个百分点。

【工业】 全旗全部工业企业增加值61.71亿元，同比增长8.2%。现有规模以上工业企业39户，规模以上工业增加值增速9.1%；产销率99%。

【金融】 中小企业贷款8.7亿元，为企业减税降费7600万元，全年累计减少企业生产成本1.4亿元。旗内银行业金融机构存贷款余额分别达到75.5亿元和50.4亿元，同比增长26%和17.6%。

【工业产品】 年产镍铁6.6万吨、水泥75.9万吨、原油8.1万吨、发电6.5亿千瓦时，工业用电量突破5亿千瓦时，用户直供电3亿千瓦时。

【城市建设】 完成大沁他拉镇城市总体规划修编。实施辽河大街绿化、亮化景观工程，新增绿化面积21万平方米。改造清河路人行道，建设城区道路7条。主城区中水回用工程投入运行。新增房地产开发面积16万平方米。初步统计，投资39.4亿元，完成所有行政村和较大自然村“十个全覆盖”工程建设任务，街巷硬化4140公里、危房改造19 862户。

【工业园区建设】 启动小食品加工园区建设，推进化工园区企业搬迁，工业园区国有铁路专用线建成通车，工业东区污水处理厂主体完工，清理盘活闲置土地350亩。年内新增规模以上企业4家，规上工业增加值40亿元，增长10%。

【节能减排】 2016年，奈曼旗全社会用电量8.97亿千瓦时，其中：工业用电量5.01亿千瓦时，同比增长3.8%。农村用电量1.93亿千瓦时，同比下降65.5%。拆除整改10蒸吨以下燃煤锅炉70台，改造100蒸吨燃煤锅炉2台。

【电力建设】 2016年，全旗有变电所17座，66千伏线路25条563.164公里，10千伏线路102条4510公里。配电变压器7164台，容量为62.9733万千伏安。奈曼开发区220千伏变电站、通辽南部环网输变电工程建成投入运行。明仁66千伏变电站建成运行，新增供电能力4万千伏安。

【固定资产投资】 2016年，奈曼旗固定资产投资113.5亿元，同比增长15.7%。其中：工业投资55.21亿元，同比增长1.2%。

【招商、融资】 2016年，奈曼旗签约招商引资项目38个，到位资金50亿元。牧原集团、金世集团等行业龙头企业落户奈曼。争取上三级专项资金20.93亿元，同比增长56%。依托鼎信投资集团、鑫赢担保、乃蛮城投等国有融资平台，成功融资20.26亿元。实施五大领域重点项目93个，其中工业项目25个，工业固定资产投资55.21亿元。

【交通运输】 2016年，奈曼旗公路客运量为118.7万人次，旅客周转量13 675万人公里。公路、铁路货运量1239万吨；公路货物周转量为

216 643万吨公里，同比增长77.6%。全旗共有客运站11个。其中：二级站1个；三级站1个；四级站9个。载客汽车127辆，客位4020位。载客汽车中：大型17辆；中型80辆；小型30辆。载货汽车4030辆，吨位18 076吨。载货汽车中：大型435辆；中型152辆；小型3057辆。全旗油路总里程3991公里，水泥路1738公里。公路总里程3991公里。其中：高速122.5公里；国道155公里；省道54.2公里；县道607.5公里；乡道694.5公里；村道2305.6公里。京通铁路（奈曼段）电气化改造工程23处。启动大白高速（奈曼段）、大镇城区东外环路建设，东清线改造工程建成通车。新建通村水泥路344公里，行政村公路通畅率91%。实施奈曼火车站新建工程，候车大厅投入使用。

【邮电】 全年移动电话用户41.2万户，同比增长2.4%。年末固定电话用户2.88万户，同比下降5.6%。互联网宽带接入用户3.58万户，同比增长12.5%。新建通信基站146个，光纤网络、移动4G通信网络实现行政村全覆盖。

【旅游】 2016年，奈曼旗接待游客93.8万人次，同比增长30.2%。旅游收入4.4亿元，同比增长30.8%。宝古图、青龙山自驾车露营地开业运营，宝古图沙漠旅游区被评为AAA级景区，孟家段水库被列为国家湿地公园。承办第二届中国北方自驾游发展高峰论坛、自治区第五届自驾车旅游沙漠那达慕，举办宝古图沙漠民族文化旅游节等系列活动，接待游客93.8万人次。

【国内贸易】 全旗各类市场44个。全年社会消费品零售总额40.9亿元，同比增长10.1%。按行业分：批发零售业31.5亿元，同比增长14.8%；住宿餐饮业9.4亿元，同比增长15%。

【大数据建设】 蒙东大数据及服务外包产业园、蒙东科技城开工建设。新增本土电商企业9家、达到19家，嘎查村电子商务服务站299个、达到586个。奈曼旗被确定为国家级电子商务进农村综合示范旗。全旗新增限额以上商贸流通企业4家、重点服务业企业5家，总数41家。

【金融】 2016年，奈曼旗全部金融机构各项存款余额为75.99亿元，同比增长26.9%。其中：城乡居民储蓄存款余额为49.6亿元，同比增长5.5%。全部金融机构各项贷款余额为47.01亿元，同比增长9.8%。

【保险业】 2016年，奈曼旗保险费收入37 685万元，同比增长17.94%。各类赔付支出13 308万元，同比增长151.28%。

【科学技术】 推进科技创新，争取并实施了自治区科技重大专项，深入开展院地校地合作，甘薯脱毒育秧取得成功。新增节水灌溉面积30万亩，建成山区水源工程23处，完成水土保持综合治理20万亩，整修水平梯田3.6万亩。

【文化】 2016年，奈曼旗有艺术表演团体1个，文化馆1个，公共图书馆1个，图书总藏量9.6万册；博物馆1个，广播电视台1座，中波转播台1座。实施安全饮水工程76处，新建标准化卫生室122家、便民连锁超市100个、文化活动室161个、文化广场203个、应急广播村村响工程386个。奈曼王府环境整治及修复主体工程基本完工。启动乌力格尔保护传承工程，举办第九届诺恩吉雅文化节，丰富了群众文化生活。自治区文明城市通过复查验收，创建市级以上文明单位13家，评选道德模范28人，格日乐其木格入选“中国好人榜”。

【卫生】 2016年，奈曼旗新建嘎查村卫生室162个。年末全旗共有卫生机构821个。其中：医院2个；卫生院20个；社区卫生服务中心2个，社区卫生服务站6个；综合门诊部2个；结核病防治所1个；疾病预防控制中心1个；妇幼保健所1个；卫生监督所1个。全旗医疗机构实有床位615张，卫生技术人员1546人。成功创建国家卫生县城。旗蒙医医院迁入新址，新建基层卫生院2所，招录专业技术人员59人。为建档立卡贫困人口进行了免费体检。旗人民医院入选全国首批500家“全面提升综合能力建设县级医院”，八仙筒、治安、平安地卫生院获评全国“群众满意的乡镇卫生院”。

【教育】 2016年，全旗在校学生49 910人，同比下降1.8%。其中：普通高中在校学生9095人，同比下降5.3%；中等职业学校在校学生3324人，同比下降5.0%；初中在校学生11 842人，同比下降1.6%；小学在校学生25 649人，同比下降0.3%。旗蒙古族中学迁址新建工程主体完工，新建改造农村中小学校187所，建设中心村幼儿园13个，彻底解决蒙语授课学校“大通铺”问题。公开招录引进教师306人，其中研究生学历74人，基础教育和职业教育走在全市前列。

【体育】 旗内有体育场馆1个，内设网球、乒乓球、羽毛球场地。年初，成立奈曼旗体育总会，举办首届乃蛮体育节。为145个嘎查村配备体育健身器材。建成苏鲁特网球中心，承办国际女子网球巡回赛、全国首届农牧民网球赛等重大赛事。

【人民生活】 全旗城镇常住居民人均可支配收入22 929元，同比增长8.7%。农村常住居民人均可支配收入9429元，同比增长8.1%。建成创业示范基地3个、创业孵化网点60个，发放创业担保贷款1400万元，新增城镇就业1706人，农牧民转移就业7.8万人次。

【社会保障】 落实城乡“低保”“五保”提标政策，发放各类救助补助资金1.5亿元，受益群众5.3万人。成立旗慈善总会，募捐款物折合资金3160万元。完成城乡居民基本医疗保险制度整合，累计为患病群众核销医药费用2.17亿元。“一卡通”发放惠农惠牧补贴资金8.1亿元，广大群众得到更多实惠。制定2016—2017年扶贫开发行动计划和17个专项行动计划，安排2632名干部下基层扶贫攻坚。精准识别贫困户12277户、32 880人，精准落实75个“三到村三到户”项目，发放金融扶贫富民工程贷款1.7亿元，投入社会扶贫资金6700万元，实现2026户、5915人稳定脱贫。

【养老事业】 家政服务平台、“12349”居家养老服务中心、诺恩吉雅健康养老中心等都已投入运营。

（撰稿人：孙福昌）

扎鲁特旗

【概况】 扎鲁特旗地处通辽市西北部，地理坐标北纬43°50′13″~45°35′32″，东经119°13′48″~121°56′5″。旗政府所在地鲁北镇距通辽市政府所在地160公里，距沈阳市410公里、距长春市440公里、距锦州港490公里、距大连港750公里，均有高等级公路连接。通霍铁路南北纵穿境内71公里，锡林浩特—乌兰浩特铁路通过境内北端；全旗“三横五纵”主骨架公路已经形成，其中304国道、306省道在旗境内呈“十字”交叉，是内蒙古东部地区和东北工业基地对接的纽带。土地总面积17 471平方公里。年末全旗总人口306 270人，由蒙古、汉、回、满、朝鲜等13个民族组成，其中蒙古族人口为155 852人，占全旗总人口的50.89%。总户数为138 668户，户均人口为2.21人/户，非农业人口77 421人。2016年，出生人口3365人，出生率为10.99‰；死亡人口1724人，死亡率为5.63‰；自然增长率为5.36‰。全旗现有苏木镇15个，嘎查（村）委会206个，分场29个。其中农区村委会63个。全旗自来水受益嘎查（村）120个，通汽车嘎查（村）221个，通电话嘎查（村）248个，通宽带村164个，通有线电视村187个，垃圾集中处理的嘎查村217个。

扎鲁特旗属中温带大陆性季风气候，年均气温6.6℃，年日照时数2882.7小时，无霜期平均139天，年均降雨量382.5毫米。全旗耕地面积223万亩，可利用草牧场1700万亩。有林面积843.9万亩，森林覆盖率33%。其中天然次生林724.4万亩，立木蓄积量272.1万立方米。林地中成片的山杏灌木林376.2万亩，居全国旗县之首，年产山杏核280多万公斤。境内有9条较大河流，25条支流，年均水资源总量7.14亿立方米。野生动物150余种。中草药材200多种。全旗共有大小矿点120余处。其中煤炭探明储量120亿吨。

2016年，扎鲁特旗地区生产总值2 063 555万元，同比增长7.4%，增速低于全市平均水平0.3个百分点，经济总量全市排名第四位。其中：第一产业增加值340 114万元，同比增长4%，增速高于全市平均水平0.1个百分点，经济总量全市排名第四位；第二产业增加值1 079 920万元，同比增长8.5%，增速高于全市平均水平0.3个百分点，经济总量全市排名第三位；第三产业增加值643 521万元，同比增长7.6%，增速低于全市平均水平0.3个百分点，经济总量全市排名第六位。三次产业结构比为16.5∶52.3∶31.2，与上年相比，第一产业比重下降1.1个百分点，第二产业比重下降0.1个百分点，第三产业比重提高1.2个百分点。按常住人口计算人均生产总值76 048元，同比增长15.6%。全年全旗公共财政预算收入164 623万元，同比增长9.3%。公共财政预算支出450 869万元，同比增长11.3%。一般公共服务支出28 996万元，同比增长9.3%。人均公共财政预算收入5375元，比上年增加443元，同比增长9%。

【农林牧渔业】 2016年，扎鲁特旗粮食作物播种面积170.04万亩，比上年增加0.51万亩，其中绿豆播种面积11.61万亩。全年粮食产量52.24万吨。全年经济作物播种面积62.17万亩，比上年增加11.87万亩，其中油料作物播种面积19万亩，比上年增加8.47万亩。经济作物产量166.74万吨，其中油料产量2.57万吨。全旗牧业年度牲畜总头数5 522 090头（只）。其中，牛存栏703 984头，羊存栏4 279 968只，生猪存栏476 524口。全年农林牧渔业总产值1 461 954.67万元，比上年增加481 811.95万元，同比增长49.2%。其中，农业产值908 105.91万元，林业产值20 994.56万元，牧业产值414 549.49万元，渔业产值681.71万元，农林牧渔服务业产值117 623万元。全年农牧业机械总动力725 986千瓦。拖拉机拥有量为32 180台，比上年增加380台。其中，小型拖拉机9770台，比上年减少1730台；大中型拖拉机22 410台，比上年增加2110台。全年化肥施用量（按折纯量计算）66 512吨。农用塑料薄膜使用量156吨，其中地膜使用量152.4吨。地膜覆盖面积1920公顷。农用柴油使用量13 022吨。农药使用量1100吨。全旗现有农业科技示范园区550处，占地共计6000亩。

【林业】 2016年，全旗人工造林作面积6.96万亩。其中，三北防护林工程人工造林1.5万亩（乔木造林0.5万亩、灌木造林1万亩）；造林补贴试点项目灌木造林2万亩。全旗封山（沙）育林任务13万亩，实际完成13万亩（其中三北防护林封山育林3万亩），完成任务100%。全旗沙化土地封禁保护区二期工程建设15万亩，完成任务100%。完成国家新一轮退耕还林工程3万亩，完成任务100%。完成村屯绿化308个，完成任务（135个）228%；完成通道绿化400公里，完成任务（240公里）167%；完成厂矿园区绿化5000亩，完成任务100%；完成城镇周边绿化3000亩，完成任务100%；完成采伐迹地更新2.2万亩、义务植树120万株、四旁植树30万株、育苗4 000亩，均完成任务、100%。罕山林场、好老林场、伊和林场、鲁东生态林场、巴彦查干林场、海日罕林场全面停止了商业性采伐。森林覆盖率33.23%，国土绿化达标率144.48%。

【水利】 2016年，全旗所有井累计45 485眼。其中，规模以上7 653眼，规模以下37 832眼。有效灌溉面积64.77万亩。完成饮水安全工程建设44处、解决1.9万人的饮水困难问题。完成“十个全覆盖”工程44个村屯饮水安全工程新建、维修改造，受益人口1.9万人，村屯防洪工程治理长度83.793公里。毛都水库建设工程批复总投资4.4亿元,拟建总库容8810万立方米,年供水量536万立方米。截至2016年年底,完成大坝砂砾石填筑13.4万立方米;地下连续防渗墙完成1100米;完成帽梁浇筑210米;泄洪隧洞完成250米。完成投资1.2亿元。小型水利工程管理体制改革工作9月初经自治区验收,被评为优秀试点地区,并获得1250万元奖励资金,作为旗小型水利工程管理管护经费。

【工业】 2016年,扎鲁特旗全部工业增加值991 735万元,同比增长8.7%。规模以上工业增加值增长9.3%。在规模以上工业中,分经济类型看,国有控股企业增长9.0%;股份制企业增长11.7%。分轻重工业看,轻工业同比增长10.5%,重工业同比增长12.3%。建筑业增加值88 185万元,同比增长5.8%。全年规模以上工业企业实现利润147 199万元,同比增长17%。全年全旗用电户数132 732户,用电量42 766.4万千瓦时,比上年增加5583.2万千瓦时,同比增长15%。全行业用电30 932.6万千瓦时,其中,第一产业用电4934.6万千瓦时;第二产业用电17 719.4万千瓦时,其中工业用电16 612.4万千瓦时;第三产业用电8278.5万千瓦时。城乡居民生活用电合计11 833.9万千瓦时,其中,城镇居民用电5338.2万千瓦时,乡村居民用电6495.7万千瓦时。

【固定资产投资】 2016年,扎鲁特旗城镇固定资产投资1469 778万元,同比增长16.01%。其中:第一产业投资136 918万元,同比增长0.3%;第二产业投资696 744万元,同比增长0.72%;第三产业投资636 116万元,同比增长50%。三次产业结构比为9.3∶47.4∶43.3。房地产开发业投资11 599万元,同比下降27.5%。

【金融保险】 2016年年末全旗共驻有银行7家,保险公司13家,小额贷款公司2家。银行业金融机构网点37个。年末金融机构存款余额644 947万元,同比增长30%。金融机构贷款余额500 047万元,同比增长10.5%。居民储蓄存款余额398 135万元,同比增长11.4%。全旗人均存款21 058元,同比增长29.6%;人均贷款16 327元,同比增长10.2%,城乡居民人均储蓄存款12 999元,同比增长11%。全年保险公司保险保费收入24 726.91万元,同比增长21.8%。

【交通】 全旗公路里程2674.969公里。其中:国道199.946公里,省道96.95公里,县道352.331公里,乡道622.697公里,专用公路40.42,村道1362.625公里。全年公路货运量1035.1万吨,比上年减少90.9万吨,公路货物周转量167 630.9万吨公里,比上年增加3026.9万吨公里;全年公路客运量118万人,比上年减少18.2万人,公路旅客周转量16 070.3万人公里 ,比上年增加1647.5万人公里。

【邮电】 2016年,全旗邮电业总收入22 016.44万元。其中,邮政业务收入1523.44万元,同比增长7.9%;电信业务收入1400万元,同比增长16.7%;移动业务收入1.5亿元,同比增长25%;网通业务收入4093万元,同比增长8.1%。年末全旗有手机用户共287 424户,宽带用户共31 352户。

【商贸】 2016年,扎鲁特旗社会消费品零售总额335 023.5万元,同比增长9.7%。按经营地统计,城镇消费品零售总额209 440.9万元,同比增长9.93%;乡村消费品零售总额125 582.6万元,同比增长9.38%。按消费类型统计,商品零售额268 092.5万元,同比增长9.08%;餐饮收入额66 931万元,同比增长12.37%。

【旅游】 2016年,全旗实现旅游综合收入10.2亿元,同比增长2%。全旗A级景区有3家,其中山地草原旅游区为国家AAA级景区。星级饭店3家。全年旅游总收入10.21亿元,同比增长2%。接待国内外旅游者88万人次,同比增长3.5%。其中,接待入境旅游者1962人次。

【环保】 全旗现有自然保护区17处,总面积266 883公顷。其中,国家级1处,面积91 333公顷;自治区级1处,面积52 823公顷;市级8处,面积85 544公顷；旗级7处，面积37 183公顷。旗级自然保护小区11处，总面积38 587公顷。自然保护区和保护小区面积占全旗总土地面积17.9%。市级生态示范区6处。

【文化】 扎鲁特旗是中国民族曲艺之乡、中国民间艺术之乡。有艺术表演团体6个，文化馆1个，公共图书馆1个，博物馆2个，广播电视台1个。广播和电视综合人口覆盖率为100%，有线电视用户23 000户，广电宽带网络用户44 200户。开展"弘扬价值观·唱响大舞台"系列文化活动。在元旦、春节、端午、"七一""十一"等节日期间，举办文艺演出、牧民春晚、秧歌汇扭、猜灯谜等形式多样的大型文艺活动20余场次，丰富群众的精神文化生活。选派19个文艺辅导队53名辅导员，深入到全旗232个嘎查村分场进行文艺辅导，辅导、培训、创作、编排、演出文艺节目，充分展现了农村牧区的崭新面貌，有效提升了全旗文艺水平，发掘培养了嘎查村文艺骨干。已完成文艺演出112场，文艺演出节目879个，参加演职人员2159人，现场观众人数37 207人次。

【"三馆"免费开放】 图书馆接待读者7.2万人次，乌力格尔演播厅每天下午免费开放，累计演出200多小时，接待观众4000人次；扎鲁特旗通史馆于5月18日正式开馆对外免费开放，接待观众3.8万人次。赴呼和浩特市进行"民族文化月"展演活动，乌兰牧骑新创作编排节目19个，民俗情景剧《扎鲁特婚礼》《祭火》《祝寿》等节目搬上展演舞台，展演共分民族版画、民族服饰、民族刺绣、综合演出及乌力格尔专场演出等5项内容，丰富和拓展了节目内容和舞台表演形式。8月份，代表自治区到秦皇岛参加"蒙晋冀陕甘宁六省（区）少数民族题材戏剧及音乐舞蹈三展联动"活动，提升扎鲁特文化的影响力和知名度。全旗文学艺术工作者在市级以上报刊发表作品350余篇，为全旗广大干部群众提供丰富的精神食粮。创编室和文联自办刊物《特金罕》《扎鲁特文学》《扎鲁特文艺》（蒙文）等文学期刊如期出版发行，发表作品更加贴近实际、贴近生活、贴近群众。

【教育】 全旗基础教育学校共有100个。其中，幼儿园58个，包括少数民族幼儿园15个；小学学校有29所，其中独立设置少数民族学校11所，教学点42个；普通中学、职业初中学校有12所，其中独立设置少数民族学校4所，初级中学8所，九年一贯制学校2所，高级中学2所；特殊教育学校1所。全旗小学招生3035人，在校生16 928人，毕业生2698人；初中招生2589人，在校生8019人，毕业生2919人；普通高中招生1849人，在校生5890人，毕业生1936人；特殊教育学校招生24人，在校生126人，毕业生20人。中等职业学校招生400人，在校生828人，毕业生227人。有专任教师3646人。其中，幼儿园专任教师479人，小学专任教师1976人，初中专任教师781人，高中专任教师405人，特殊教育专任教师5人。中等职业学校专任教师144人。全旗校舍建筑面积655 710.4平方米。其中，幼儿园校舍建筑面积61 125.2平方米，小学学校校舍面积173 036平方米，中学学校校舍面积206374.1平方米，初中学校校舍建筑面积123065平方米，普通高中学校校舍建筑面积83 309.1平方米，特殊教育学校校舍建筑面积3516平方米，中等职业学校校舍建筑面积5285平方米。

【卫生】 2016年，全旗共有医疗卫生机构429个。其中：医院5个；基层医疗卫生机构416个。其中：社区卫生服务中心1个，社区卫生服务站2个，乡镇卫生院26个，村卫生室360个，诊所、卫生所、医务室、护理站27个；专业公共卫生机构5个；其他卫生机构3个。年末有卫生技术人员1177人，其中执业（助理）医师439人，注册护士350人，药师（士）60人，技师（士）72人，其他256人。医疗卫生机构床位1031张。全年总诊疗1 156 834人次，出院人数28 475人。

【就业】 全旗单位从业人员23 926人，单位从业人员劳动报酬146 100万元,同比增长1.7%。单位职工平均工资61 434元,比上年增加1020元,同比增长1.69%。

【社会保障】 2016年年末,全旗参加城镇职工基本养老保险34 016人,参加城乡居民基本养老保险104 027人。参加城镇职工基本医疗保险27 603人,其中参加职工基本医疗保险21 752人。参加生育保险19 757人,其中女性8403人。参加失业保险人数17 000人,参加工伤保险8552人。年末全旗共有8434人享受城镇居民最低生活保障,18 191人享受农村居民最低生活保障。年末全旗城镇登记失业人员1320人,登记失业人员上期结转1335人。城镇新增就业1702人,失业人员实现再就业400人,就业困难人员实现就业550人。年末城镇登记失业率3.91%。

【人民生活】 2016年,扎鲁特旗全体居民人均可支配收入16 553元,同比增长8.8%;城镇常住居民人均可支配收入24 585元,同比增长8.2%;农村牧区常住居民人均可支配收入12 642元,同比增长7.5%。全旗全体居民人均消费性支出13 445元,同比增长5.6%;城镇常住居民人均消费性支出17 461元,同比增长0.2%;农村牧区常住居民人均消费性支出10906元,同比增长10.1%。城镇恩格尔系数(即居民家庭食品消费支出占家庭消费总支出的比重)为30.79%,农村恩格尔系数为31.2%。

(撰稿人:陈明 牡丹)

开鲁县

【概况】 开鲁县始建于清光绪三十四年(1908年),总区域面积4488平方公里,辖12个镇(场)、1个街道办事处,245个行政村(分场)、8个社区居委会,人口40万,有汉、蒙古、回、满等14个民族。2011年被自治区政府认定为革命老区,是著名音乐家、革命烈士、《大刀进行曲》作者麦新战斗过的地方。境内有西拉木伦河、西辽河、新开河、教来河、乌力吉木仁河等五条河流。京通、集通铁路横贯全县东西,国道303、111线和通赤高速公路通贯全境。现有耕地182万亩,林地263万亩,可利用草场222万亩,是国家高效特色农业示范县、全国农田水利建设先进县、全国粮食生产先进县,入选第二批国家现代农业示范区,自治区农田草牧场水利基本建设先进县,是中国北方县域最大的红干椒生产集散地,享有“中国红干椒之都”的美誉。

2016年,开鲁县地区生产总值238.8亿元,同比增长10%。其中:一、二、三产业增加值分别实现55.6亿元、102.7亿元、80.5亿元,同比增长5%、11%和13%。公共财政预算收入4.75亿元,同比增长10.8%。社会消费品零售总额实现42亿元,同比增长10%。城乡居民人均可支配收入分别为25 183元、13 272元,同比分别增长9%、10%。

【工业经济】 2016年,全部工业增加值94.5亿元,增长11%。规模以上工业增加值90亿元,增长11%。全年实施亿元以上重点工业项目22个,工业固定资产投资57亿元。新增规模企业4户,新签约项目25个,到位资金74亿元。全年争取项目和资金18亿元。开药集团一期投资10亿元2000吨强力霉素项目车间主体完工;黄河龙生物总投资2亿元300吨刺槐豆胶和200吨硬葡聚糖项目投产。全县新增玉米化工产品25个,总数100个。河南伊赛一期投资10.5亿元年产10万吨饲料项目车间、宿舍楼封顶,20万头肉牛屠宰加工车间完成基础建设;河南牧原一期年出栏30万口生猪规模化养殖、双兴牧业60万只肉羊、草原牛王3万头肉牛加工等项目实现投产。深能义和15万千瓦风电场和国华太平沼1万千瓦、华电新能源1万千瓦、盛达公司3万千瓦光电项目并网,全县风电并网达到125万千瓦。开鲁至科尔沁500千伏风电专用输出通道投入使用。扎鲁特至青州特高压直流输电工程境内24公里46座塔基浇筑完成。注重园区基础设施建设和服务水平提高，日处理垃圾150吨的承天垃圾资源化处理厂试运行；5万吨污水处理及3万吨中水回用一期工程完成反应池浇筑、污水管道及中水管道铺筑；小食品园区启动运行；盘活停产半停产企业6户。

【农牧业】 全县实施高标准基本农田整治工程，建设高产高效节水农田17.6万亩，巩固20万亩膜下滴灌项目区。村级科技信息服务平台发展到150个，农牧业科技信息服务覆盖率60%以上。发放农机补贴资金6345万元，购进各类农机具2967台(套)，农业机械化综合水平88%以上。全县农作物总播种面积261.5万亩，粮食产量15.25亿公斤，全年压减玉米50万亩，建设饲草料基地50万亩，特色种植面积调整到85万亩。开鲁县被确定为国家级玉米绿色高产高效示范县和红辣椒出口产品质量安全示范区，通过第八批国家级红干椒农业标准示范区项目验收。退耕还林3万亩，新增林果基地3万亩。以肉牛、奶牛、肉羊、生猪为主导的养殖业逐步向规模化、标准化发展，新建、改扩建规模养殖场40处、养牛养羊专业村34处，牧业年度家畜存栏379.7万头（只）。农村牧区改革不断深化。国有农牧林场、水库、灌区改革完成清产核资、事业编制核定工作。农村土地承包经营权确权登记颁证工作全面启动。流转土地50.8万亩，发展家庭农场112家。组建和规范各类农牧民专业合作社195个，在全市旗县率先实现基层供销社、农牧民专业合作社和村级综合服务社全覆盖。适应玉米收储政策改革新变化，发放玉米生产者补贴资金2.9亿元，及时启动“粮食银行”业务，有效缓解农牧民卖粮储粮难题。

【城乡建设】 围绕打造宜居宜业城镇，统筹推进城乡建设，人居环境大幅改善，城镇品位进一步提升。老城区改造稳步实施。45公里自来水管网、73个老旧小区楼内外管网改造基本完成，城区饮用水质大大提高。对11个10.2万平方米老旧小区进行节能改造。实施3个片区638户棚户区改造项目。启动城市棚户区改造总体规划，制定改造实施方案、土地和房屋征收补偿安置方案。加强小区物业管理。房地产去库存1049套10.5万平方米。完善新城区功能定位，优化空间布局，开鲁三中、宏盛小学、文化健体中心、中医院综合楼及残疾人康复中心主体封顶；法院业务用房、开鲁职中、第二幼儿园、中央公园投入使用，城区配套服务功能进一步健全。城乡基础设施日臻完善，新增城市绿化50万平方米，建成区绿地率由32%提高到35%。省道304线境内115公里道路工程竣工通车。省道208线境内63.5公里道路工程前期工作准备就绪。实施麦新镇整体改造和东风镇基础设施建设，13处镇级垃圾填埋场和垃圾转运站投入使用。加强农网改造工程，新建66千伏输电线路99公里，改造10千伏线路134公里，新增配电变压器136台。“十个全覆盖”工程胜利完成。全年完成投资35.1亿元，改造维修危土房9575户，硬化街巷2816公里，新建饮水安全工程28处、标准化卫生室89所、便民连锁超市56个、村村响261个，校舍建设与安全改造7所，为87个文化室配备设备器材，新建维修村部125个、文化广场106个，改造院墙6029公里，硬化路肩713万平方米，全县410个嘎查村、分场同步实现“水电路讯房、文教医保商”全覆盖，农村牧区面貌发生历史性巨变。修订村规民约，落实主体责任，形成环境卫生管护长效机制。开鲁县作为自治区唯一旗县在全国“四好农村路”建设现场会上做典型经验交流，经验和做法得到交通部主要领导认可。东风镇和三星村被确定为区级美丽宜居小镇、宜居村庄。

【现代服务业】 综合物流园区建材城5.2万平方米商用楼完工。铁路煤炭市场建成，满足6000吨煤炭同时封闭装卸。东来铁路粮食物流基地20万吨仓储库房投入使用，成为全市最大的粮食物流基地。雨田牲畜交易市场具备年交易羊

200万只、牛75万头的规模。电子商务蓬勃发展。成功申报国家级电子商务进农村综合示范县，电商公共服务中心投入使用。野农优品、开鲁邻里、开源易购等10余家电商服务企业入驻运营，全县村级服务站发展到221家。“瑰蜜”牌葡萄和晶山食品、人和斋、佳佳乐等公司红干椒系列产品实现网上销售。旅游产业稳步推进。整合资金1500万元，完善了旅游接待设施。承办“8·18”赛马节开鲁地区赛事。规划设计科尔沁500公里风景大道自驾游系统西门户项目。5个扶贫村被列入国家旅游局乡村旅游扶贫工程行动方案。

【金融】 争取各类金融贷款9.27亿元、政府购买服务项目贷款14.35亿元，保证民生领域支出。金融机构存贷款余额分别为74.88亿元和63.15亿元。昶辉生物科技在新三板挂牌。

【非公经济健康发展】 支持非公经济发展，全程电子化网络登记系统开通，营业执照实现远程办理。全县各类市场主体总量达到2.3万户，注册资本133.2亿元。各类金融机构发放非公经济贷款55.1亿元，有效缓解企业发展资金压力。

【精准扶贫】 把脱贫攻坚作为头号民生工程，对建档立卡贫困人口精准识别、按类划分，创新实施7大类43项扶贫措施，选派干部1437名、企业150家精准包联贫困户。发放金融扶贫贷款2.62亿元，推出托管代养、资金收益金融扶贫模式。实施贫困人口大病特殊救助和教育补贴政策；高标准完成易地扶贫搬迁工程；率先在旗县级建立扶贫大数据平台，脱贫攻坚实现现代化、精准化监督管理；实施贫困人口动态管理，5492户14 328人实现稳定脱贫。开通6部民生热线，畅通了联系群众渠道。

【教育资源整合】 整合教育教学资源，将北兴中学、新华中学并入开鲁三中，依托镇郊中心校组建实验学校。校园基础设施建设，新建中小学教师周转宿舍、教学楼和实验楼11所，启动校园文化建设，完成5所学校信息化改造、12处学校风雨足球馆前期工作；第三幼儿园主体完工。

【就业】 全年城镇新增就业1718人，农牧民工转移就业8.1万人次，城镇登记失业率控制在3.9%以内。招录教育、卫生专业人员256人，引进高层次人才140人，新增公益性岗位92个。加强创业园区、孵化基地建设，带动就业300人。

【社会保障】 整合城乡基本医疗保险资源，全面启动机关事业单位养老保险制度改革。城乡低保月保障标准分别提高到570元和375元，“五保”分散供养、集中供养标准年人均提高到4500元和8000元。开鲁县中心敬老院和10所新建互助养老幸福院投入使用，入住593人。有效改善城市公共交通，公交车运行反响良好。儿童福利院完成主体工程。468套保障性住房完成入住。投资6136万元，扶持民族嘎查村发展。公共卫生服务体系日益健全。

【医疗卫生】 县内3所公立医院全面实施新的医疗服务收费标准，稳步实施双向转诊、分级诊疗；县医院通过自治区二级甲等综合医院验收。建成3所卫生院业务综合楼。

【文化事业】 组织开展纪念红军长征胜利80周年、纪念麦新、“德润草原·文明之行”“身边好人”评选、“万众爱国情”清明祭扫等系列活动。

【生态治理】 开鲁县结合科尔沁沙地“双千万亩”综合治理、“三北五期”等重点工程，全年林业生态建设6万亩。绿化村屯357个、街路4857条，农村牧区生产生活环境显著提升。完成国道303线、省道304线西段、开八线、开库线等103条通道绿化，新增农田防护林2.6万亩。加大对排污企业的监管力度，完成主城区燃煤小锅炉整治，清理整顿室外烧烤摊点，城市环境质量全面改观。

【食品药品安全监管】 成立10个镇级食品药品监管所，打通食品药品监管“最后一公里”。

【社会治安防控体系建设】 建设50个村级网格化服务管理信息化系统；深入开展打击“两抢

一盗”“黄赌毒”等专项行动，社会治安环境持续稳定。

【科学民主决策】 健全重大行政决策的法定程序，完善公众参与、专家论证、风险评估、合法性审查、集体讨论决策机制，充分体现人民意志。积极回应人大代表、政协委员对社会热点问题的关切，办结人大代表议案建议 100 件、政协委员提案 68 件。

（撰稿人：万秀红）

赤 峰 市

【概况】 赤峰市位于内蒙古自治区东部，地处内蒙古高原向松辽平原过渡地带，地理坐标：北纬41°17′10″~ 45°24′15″，东经116°21′07″~ 120°58′52″。东西宽375公里，南北长457.5公里，总面积90 021平方公里。

赤峰市辖12个旗县区，21个街道办事处，132个苏木、乡镇。12个旗县区即阿鲁科尔沁旗、巴林左旗、巴林右旗、林西县、克什克腾旗、翁牛特旗、喀喇沁旗、宁城县、敖汉旗、红山区、松山区、元宝山区。全市除汉族外，居住着蒙古族、回族、满族、朝鲜族、达斡尔族、壮族、黎族、苗族等43个少数民族。年末，全市常住人口430.52万人，比上年增加0.57万人。其中，城镇人口207.90万人，占总人口比重48.29%。全年出生人口4.24万人，出生率9.85‰；死亡人口2.73万人，死亡率6.37‰；人口自然增长率3.48‰。

2016年，赤峰市中心城区空气质量达到二级以上标准天数310天。全年平均气温6.5℃，全年降水量430毫米，作物生长季(4—9月)平均日照数1622小时。年末，全市水资源总量38.98亿立方米，其中，地表水资源量25.91亿立方米，地下水资源量21.86亿立方米(再生水量8.79亿立方米)。全市土地总面积869.16万公顷。其中：耕地140.58万公顷，占16.17%；园地2.65万公顷，占0.30%；林地263.19万公顷，占30.28%；草地389.05万公顷，占44.76%。全市森林面积300.74万公顷，森林覆盖率35.5%，活立木总蓄积量6517万立方米。全市已发现矿产资源83种、矿产地1600多处，主要矿产有铜、铅、锌、锡、钨、钼等有色金属，金、银等贵金属以及锰、铁等黑金属，储量丰富，价值可观。境内石灰石、萤石、硅石、电气石、叶蜡石等非金属矿产资源也非常丰富。其中，巴林石为四大国石之一。

全市地区生产总值1933.28亿元，按可比价格计算，比上年增长7.3%。其中：第一产业增加值292.41亿元，增长3.7%；第二产业增加值908.57亿元，增长7.1%；第三产业增加值732.30亿元，增长8.9%。按常住人口计算，人均生产总值44 936元，增长7.3%，按年均汇率计算折合为6765美元。从产业结构看，三次产业比例由上年的14.9∶47.4∶37.7调整为15.1∶47.0∶37.9，对经济增长的贡献率分别为7.7%、48.0%和44.3%，分别拉动经济增长0.6、3.4和3.3个百分点。

全年公共财政预算收入111.78亿元，比上年增加7.20亿元，增长6.9%；12个旗县区的公共财政预算收入均超过3亿元。其中，红山区超过20亿元，松山区、元宝山区超过10亿元。全年公共财政预算支出439.49亿元，增加24.46亿元，同比增长5.9%。其中：一般公共服务支出32.40亿元，增长13.6%；公共安全支出19.06亿元，增长8.1%；教育支出83.02亿元，增长5.0%；社会保障和就业支出81.91亿元，增长17.6%；医疗卫生支出38.23亿元，增长8.1%。全市财政用于民生方面支出达345.81亿元，同比增长7.8%，占公共财政预算支出的78.8%；扶贫支出10.82亿元，同比增长64.4%。

居民消费价格总水平(CPI)101.1%，比上年上涨1.1%。分八大类消费类别看，呈现“五升三降”。食品烟酒价格上涨3.6%，衣着上涨0.8%，生活用品及服务上涨0.3%，教育文化和娱乐上涨0.2%，医疗保健上涨0.4%，居住下降0.4%，交通和通信下降0.2%，其他用品和服务下降 0.1%。

全市城镇新增登记失业人数 2.5 万人，新增就业人数 3.2 万人，登记失业率 3.99%。全市农村牧区劳动力转移就业人口 70.6 万人。

【农业】 全市粮食作物播种面积 93.38 万公顷，比上年增长 1.3%。粮食总产量 503.24 万吨，比上年下降 2.5%。其中：玉米产量 381 万吨，下降 8.8%；谷子产量 46.3 万吨，增长 21.6%；小麦产量 12.66 万吨，增长 6.6%；大豆产量 1.64 万吨，增长 115.4%；马铃薯产量 80 万吨，增长 26.6%。经济作物中，油料产量 17.4 万吨，增长 19.9%；甜菜产量 113.7 万吨，增长 34.6%；蔬菜产量 484.45 万吨，增长 8.7%；瓜果类产量 25.60 万吨，下降 6.5%。

【畜牧业】 牧业年度（6 月末）全市牲畜存栏 2231.96 万头（只），比上年减少 53.12 万头（只），下降 2.3%。牲畜良种及改良种率 90.4%，比上年提高 2.1 个百分点；牲畜出栏率 60.3%，比上年提高 4.4 个百分点。其中：猪出栏 394.74 万口，牛出栏 126.75 万头，羊出栏 817.73 万只；能繁殖基础母畜存栏 1111.22 万头只，比上年减少 1.8 万头只。全年肉类总产量 49.11 万吨，增长 5.9%。其中：猪肉产量 13.25 万吨，增长 1.9%；牛肉产量 10.21 万吨，增长 3.6%；羊肉产量 10.22 万吨，增长 12.4%；禽肉产量 12.78 万吨，增长 6.0%。奶类产量 42.45 万吨，增长 8.2%；蛋类产量 41.33 万吨，增长 20.9%。

【林业】 全市森林面积 300.74 万公顷，森林覆盖率 35.5%，活立木总蓄积量 6517 万立方米。全市森林公园总面积 23.32 万公顷，有森林公园 14 处。其中：国家级森林公园 6 处，自治区级森林公园 7 处，市级森林公园 1 处。全年完成造林面积 6.26 万公顷。其中，人工造林 3.36 万公顷，封山育林 2.23 万公顷，飞播造林 0.67 万公顷。

【水利】 全市实施农村牧区饮水安全巩固提升工程 143 处，其中新建 131 处，改造 12 处，总投资 6623 万元，解决了 52 083 人安全饮水问题，受益人口中包含国家建档立卡贫困人口 5643 人，工程全部建成通水试运行。

【工业】 全部工业增加值 761.36 亿元，比上年增长 7.0%。其中，规模以上工业（年主营业务收入 2000 万元及以上的法人工业企业）增加值增长 7.0%。在规模以上工业企业中，国有企业增加值增长 1.2%，集体企业增加值下降 1.2%，股份制企业增加值增长 7.9%，外商及港澳台投资企业增加值增长 4.1%，其他企业增加值下降 27.6%。在规模以上工业企业中，轻工业增加值增长 3.7%，重工业增加值增长 7.7%。在规模以上工业企业中，冶金、能源、食品、医药、建材、纺织、化工和机械等 8 个重点行业增加值增长 7.0%，对规模以上工业的贡献率达 94.9%，拉动规模以上工业增长 6.6 个百分点。

从主要工业产品产量看，全市原煤产量 1768.59 万吨，比上年下降 26.5%；发电量 236.6 亿千瓦时，增长 4.4%。其中：风力发电 67.8 亿千瓦时，增长 19.0%；铁矿石原矿量 2480.3 万吨，下降 6.4%；十种有色金属 43.48 万吨，增长 5.6%；钢材 328.52 万吨，增长 2.8%。其中：线材 86.53 万吨，下降 39.6%；水泥 678.6 万吨，增长 26.0%。

规模以上工业企业实现主营业务收入 1983.50 亿元，比上年增长 3.5%；实现利润 69.15 亿元，比上年增长 15.0%；产品销售率 98.0%，比上年提高 0.3 个百分点。

【城镇建设】 全市开工市政公用项目 164 项，完成投资 67 亿元。全市人均道路面积 23.41 平方米；生活垃圾无害化处理率 100%。年末，建成区绿化覆盖率 36.61%，绿地率 33.56%，人均公园绿地面积 14.36 平方米；供水普及率 97.86%，供热普及率 85%，污水处理率为 93.11%。全市计划改造各类棚户区 7042 户、61.68 万平方米，各类棚户区合计开工 7042 户，开工率 100%。全市房地产开发投资 119.2 亿元，同比增长 11.7%，开工面积 298.6 万平方米，同比增长

24.2%。全年建筑业增加值147.21亿元，比上年增长8.7%。全市具有建筑业资质等级的建筑施工企业147个；施工企业房屋建筑面积1042.3万平方米，与上年持平；竣工房屋面积423.4万平方米，下降43.1%；房屋建筑竣工率40.6%。

【环境保护】 投资106亿元，实施大气污染治理项目1410个。重点防治任务有效落实，中心城区和旗县区城关镇淘汰燃煤小锅炉988台；累计淘汰黄标车1.16万辆，完成471座加油站、8座储油库、65台油罐车油气回收治理，488家餐饮企业安装了油烟净化装置，中心城市和旗县区城关镇安装率达到96%。全年市中心城区空气质量达到二级以上标准天数310天。全市城市集中式生活饮用水水源地各水源井水质各项指标均达到《地下水质量标准》要求，集中式饮用水源水质达标率100%。

【交通 电信】 年末，全市公路里程2.68万公里，同比增长8.1%，等级公路率99.4%。全年公路货运量1.35亿吨，同比增长9.3%；货运周转量276.91亿吨公里，同比增长8.2%。公路客运量2790.6万人，同比下降12.4%；客运周转量30.04亿人公里，同比增长0.6%。玉龙机场旅客吞吐量达到100万人次。

邮电业务总量55.0亿元，比上年增长54.3%。其中：电信业务总量52.74亿元，增长55.8%；邮政业务总量2.28亿元，增长26.5%。全市固定电话用户29.8万户，同比下降14.4%。其中，住宅电话17.81万户，下降20.4%。移动电话用户397.75万户，增长7.6%。计算机互联网用户5.05万户，同比增长11.7%。

【商业】 对外贸易企业进出口总额8.56亿美元，比上年增长11.3%。其中：进口6.45亿美元，增长9.8%；出口2.11亿美元，增长16.1%。在进出口总额中，"三资"企业完成0.49亿美元，比上年增长11.4%。全年实际利用外商投资1.12亿美元，比上年增长31.0%。

【旅游业】 接待游客1453万人次，比上年增长15.7%。旅游创收228亿元，增长19.6%。与南开大学建立旅游创新发展战略合作关系，阿斯哈图石林景区通过国家AAAAA级景区资源评价，敖汉旗温泉城和巴林左旗召庙晋升国家AAAA级旅游景区，宁城县和克什克腾旗进入国家全域旅游示范区创建行列。

【服务业】 社会消费品零售总额700.25亿元，比上年增长9.9%。分城乡看，城镇消费品零售总额575.98亿元，增长10.1%；乡村消费品零售总额124.27亿元，增长9.1%。全年商品销售（营业）额1604.26亿元，同比增长13.4%。分行业看，批发业销售额797.79亿元，增长12.6%；零售业销售额688.67亿元，增长14.0%；住宿业营业额23.40亿元，增长14.8%；餐饮业营业额94.40亿元，增长15.7%。全市物流园区销售收入突破500亿元，红山物流园区获国家示范物流园区称号。

【金融】 全市金融机构人民币各项存款余额1842.57亿元，比年初增加347.80亿元，同比增长23.3%。其中，城乡居民储蓄存款余额1023.63亿元，比年初增加55.75亿元，同比增长5.8%。年末，全市金融机构人民币各项贷款余额1381.50亿元，比年初增加218.36亿元，同比增长18.8%。其中：中长期贷款余额782.20亿元，比年初增加179.6亿元，增长29.8%；短期贷款余额579.95亿元，比年初增加31.3亿元，增长5.7%；个人消费贷款余额259.89亿元，比年初增加59.8亿元，增长29.9%。

【保险】 保险业保费收入63.04亿元，同比增长27.1%；赔款和给付支出19.10亿元，同比增长25.8%。其中：财产险保费收入23.18亿元，增长19.3%；赔款支出11.88亿元，增长26.9%；人身险保费收入39.86亿元，增长32.2%；赔款与给付支出7.22亿元，增长24.1%。

【教育 科技】 全市43所中等职业学校全年招收学生11 761人，在校学生34 649人，毕业生

11 923 人。年末,全市初中和小学在校学生分别为 11.83 万人和 25.34 万人,入学率分别为 105.19%和 100%。初升高升学率 96.98%,高中阶段在校生 12.09 万人。全年普通中小学新增校舍 29.27 万平方米(小学、初中、高中当年新增数)。中小学计算机拥有量为 6.72 万台,图书 914.52 万册。2016 年鉴定科技成果 23 项。年内签订技术合同 105 项,合同成交额 9574.25 万元。

【文化 体育】 全市拥有艺术表演团体 10 个,公共图书馆 14 个,群艺馆、文化馆 13 个,博物馆 15 个;广播电视台 10 座,电视发射台、转播台和差转台 68 座。其中,功率一千瓦以上 43 座。广播综合覆盖率 98.97%,电视综合覆盖率 99.14%。2016 年,体育健儿在国内重大赛事中共获奖牌 40 枚。其中,金牌 8 枚。全年发展二级运动员 81 人。

【卫生】 全市拥有医疗卫生机构(不包括村卫生室)1419 个。其中,医院 84 个、卫生院 242 个、采血机构 1 个、妇幼保健机构 13 个、专科疾病防治机构 11 个。年末,全市医疗卫生单位实有病床位 25 331 张,专业卫生技术人员 28 444 人。

【社会保障】 全市参加城镇职工基本养老保险 40.08 万人,比上年增长 8.6%。参加城乡居民基本养老保险 160.70 万人,同比下降 0.1%。参加基本医疗保险 110.97 万人,同比增长 1.8%。新型农村合作医疗参合率 97%。城镇居民最低生活保障 6.11 万人,最低生活保障月人均补助水平由上年的 367 元增加到 395 元。农村牧区居民最低生活保障人数为 28.32 万人,最低生活保障年人均补助水平由上年的 1836 元增加到 2155 元。

【人民生活】 全体居民人均可支配收入 17 737 元,比上年增长 8.8%。分城乡看,城镇常住居民人均可支配收入 27 336 元,增长 8.5%;农村牧区常住居民人均可支配收入 9517 元,增长 8.0%。全年全体居民人均消费性支出 12 179 元,同比增长 6.3%。分城乡看,城镇常住居民人均消费性支出 15 517 元,增长 6.3%;农村牧区常住居民人均消费性支出 9476 元,增长6.2%。年末,城镇居民现住房屋人均建筑面积 30.96 平方米,比上年增加 0.11 平方米。农牧民人均居住面积 28.71 平方米,比上年增加 1.40 平方米。城乡居民每百户耐用品拥有量大多呈现不同程度增长。

【农博会】 3 月 29—31 日,“赤峰·中国北方农业科技成果博览会暨全国农高会新丝绸之路创新品牌展示交易会”在赤峰市国际会展中心举办,有来自北京、天津、河北等 22 个省市、地区和美国、荷兰、法国、比利时、韩国等 10 个国家及中国农业大学和中国农科院等 34 家知名院校和科研机构共 1360 家商家参展,展示交易的新技术、新品种、新成果 5100 种,参会人数 15.6 万人次。现场完成交易额 3.2 亿元,意向成交额 6.8 亿元。签约科技合作项目 38 项,签约金额 3.2 亿元。参加网上展览的 200 多商家,展示了 500 种新技术、新品种、新成果,农博会的举办为农牧业的发展提供了科技支撑。

【高速铁路开工建设】 7 月,赤峰至京沈高铁喀左站铁路开工建设,工程总工期 4 年,计划 2020 年 6 月建成通车。工程计划总投资 169.32 亿元,其中赤峰境内为 107.30 亿元。截至 2016 年年末,赤峰市境内已完成投资 25 亿元,其中用于征地拆迁资金 11.7 亿元,工程建设投资 13.3 亿元。线路自京沈高铁喀左站引出,经辽宁省喀喇沁左翼蒙古族自治县、建平县和赤峰市宁城县、喀喇沁旗、元宝山区、红山区进入松山区(新城区)。线路正线全长 156.381 公里,其中辽宁省境内 55.650 公里,赤峰市境内 100.731 公里,桥隧比 42.69%,设计时速为 250 公里/小时,接入的京沈高铁设计时速为 350 公里/小时,机车类型为 CRH 系列动车组。

【推广运用 PPP 项目模式】 全市推进 PPP 项目

71个,计划总投资830.1亿元。已开工建设项目30个,完成投资183亿元。全市有8个重大项目列入国家示范项目,项目分别是丹东至锡林浩特国家高速公路克什克腾至承德连接线、三座店水利枢纽中心城区引供水工程、中心城区垃圾焚烧发电项目、中心城区再生水利用配套管网工程、中心城区防洪及环城水系治理工程、红山区市政路桥建设、松山区松北新城综合场馆、喀喇沁旗国道306线十家满族乡(莫家店)至牛家营子段公路工程。赤峰市推广运用PPP项目工作走在自治区前列。

【公布政府权力和责任清单】 根据《内蒙古自治区人民政府办公厅关于开展责任清单编制工作的通知》(内政办发〔2015〕82号)要求,按照“依法确责、权责匹配、一一对应”的原则,赤峰市对市本级5519项行政权力的实施程序依法进行分解,共设定责任环节44 938个,责任事项114 495项,依法确定追责情形和追责依据9025条。将权力清单和责任清单进行整合,经2016年市政府第10次常务会议审议通过,正式上网公布。

【荣誉】 赤峰市是中国优秀旅游城市。2016年,获国家双拥模范城八连冠和全国人防先进城市四连冠,获得全国法治宣传教育先进市和全国创新社会治理优秀城市荣誉称号。

(撰稿人:李向阳)

红　山　区

【概况】 红山区位于赤峰市中南部,地理坐标北纬42°02′~42°21′,东经118 °50′~119 °11′之间。东部、东南部与赤峰市元宝山区接壤,西南与本市喀喇沁旗毗邻,北西部与赤峰市松山区环绕。东西最长28公里,南北最宽34公里,总面积506平方公里。红山区人民政府所在地桥北街道办事处距赤峰市人民政府所在地直线距离7公里。

红山区总面积506平方公里,辖2个镇、11个街道办事处、27个行政村、52个社区。人口抽样调查数据显示,年末红山区常住人口46.15万人,比上年增加0.1万人,其中城镇常住人口为44.68万人,占总人口比重为96.81%。全年出生人口0.42万人,出生率为9.10‰;死亡人口0.22万人,死亡率为4.77‰;自然增长率为4.33‰。全区户籍人口35.42万人,比上年下降0.8%。其中,城镇人口27.6万人,下降1.1%。总户数14.72万户,同比下降0.8%。

红山区土地总面积48 721.13公顷。其中:耕地15 563.16公顷,占31.94%;园地261.5公顷,占0.54%;林地17 730.25公顷,占36.39%;草地5391.56公顷,占11.07%;城镇及工矿用地7536.07公顷,占15.47%;交通运输用地1016.18公顷,占2.1%;水域及水利设施用地587.11公顷,占1.21%;其他土地635.3公顷,占1.3%。全区境内有英金河及其一级支流阴河、锡泊河、召苏河,总流域面积524平方公里,水资源总量0.5311亿立方米。其中:地下水资源量0.4933亿立方米,可开采量0.3865立方米;地表水资源量0.1735亿立方米,可利用量0.1145亿立方米。出境水量1.4675亿立方米,区内多年平均径流深3.1毫米,年径流量0.1735亿立方米,全区入境水量0.3951亿立方米。

2016年,红山区生产总值326.96亿元,按可比价格计算,比上年增长8.3%。其中:第一产业增加值7.31亿元,同比增长3.1%;第二产业增加值138.94亿元,同比增长7.8%;第三产业增加值180.72亿元,同比增长9.0%。按常住人口计算,人均地区生产总值70 925元,同比增长8.3%。

三次产业比例由上年的2.3∶43.3∶54.4调整为2.2∶42.5∶55.3,第一、二产业比重分别下降0.1和0.8个百分点,第三产业提高0.9个百分点;从增长速度看,第三产业增长9.0%,分别高于一、二产业5.9和1.2个百分点,居三次产业之首。从贡献情况看，三次产业对经济增长的贡献率分别为0.9%、40.7%和58.5%，第二产业较上年下降10.2个百分点，第三产业提高10.1个百分点；从拉动经济增长情况看，三次产业分别拉动经济增长0.1、3.4和4.9个百分点，第二、三产业分别高于第一产业3.3和4.8个百分点。

城镇新增就业9100人，培训农村劳动力2495人，就业技能培训3886人，创业培训535人，创业带动就业1605人。开发公益性岗位701个，安置灵活就业人员3144人。发放小额担保贷款1583万元。实现城镇失业人员再就业1083人，就业困难人员再就业3845人。城镇登记失业率为3.07%。

全年公共财政预算收入23.13亿元，比上年增加1.51亿元，增长7.0%。其中：税收收入16.73亿元，增长5.4%；非税收收入6.4亿元，增长11.4%。全年公共财政预算支出26.87亿元，比上年减少4.96亿元，同比下降15.6%。其中：一般公共服务支出2.41亿元，下降5.6%；公共安全支出1.72亿元，下降35.7%；教育支出7.15亿元，增长18.2%；科学技术支出0.41亿元，增长65.7%；社会保障和就业支出4.17亿元，增长8.2%；医疗卫生与计划生育支出1.66亿元，下降6.2%；城乡社区支出2.31亿元，下降63.7%；农林水支出1.46亿元，下降17.8%；交通运输支出0.23亿元，下降75.1%；住房保障支出3.68亿元，增长109.3%。

【农业】

农业生产　红山区粮食作物播种面积11 504公顷，比上年下降0.4%。经济作物2048公顷，比上年增长36.5%。全区粮食产量5.26万吨，同比下降1.5%。其中：谷物5.22万吨，下降1.5%；豆类363吨，同比下降11.9%。经济作物产量小幅增长。其中：油料产量421吨，同比增长121.6%；蔬菜14.04万吨，同比增长12.9%；瓜果类835吨，同比下降23.3%。

特色农业　红山区新增特色果蔬种植面积219亩，花卉特色水果种植面积1208亩。设施农业新增2000亩，其中日光温室1200亩，塑料大棚800亩。设施农业总计1.91万亩。新增优质杂粮2000亩，总面积1万亩。

农机作业服务　全年完成机播15万亩；完成机耕15万亩；完成机械深施化肥5万亩；完成机械精少量播种8万亩；完成免耕播种5万亩；机械深松4万亩；秸秆根茬还田完成2万亩；机收5万亩，耕、播、收综合机械化水平66.3%，比上年增加1.5个百分点。红山区农机总动力9.8万千瓦，比上年增长2%。

农牧业产业化企业　红山区规模以上龙头企业95家，新增市级产业化龙头企业3家，自治区级产业化龙头企业2家，红山区市级产业化龙头企业16家，自治区级龙头企业19家。农牧业产业化龙头企业队伍不断扩大，提档升级成效显著。

【畜牧业】　畜牧业生产小幅回落。牧业年度（6月末）牲畜存栏6.38万头只，比上年下降5.1%。其中：大牲畜0.79万头只，下降20.1%；羊3.62万头只，下降7.2%；生猪1.97万口，增长7.5%。全年肉类总产量2523吨，同比增长0.4%。其中：猪肉产量1405吨，同比增长1.9%；牛肉产量223吨，下降12.5%；羊肉产量225吨，同比增长12.5%；禽肉产量588吨，同比增长5.9%。牛奶产量5335吨，同比下降22.3%；禽蛋产量4600吨，同比下降0.3%。

2016年度主要农畜产品产量和牲畜存栏数表

产品名称	计量单位	2016年	比上年增长%
粮食	吨	52 570	-1.5
其中：小麦	吨	465	-10.9
玉米	吨	45 375	-7.4
谷子	吨	5886	71.9
高粱	吨	388	1008.6
豆类	吨	363	-11.9

续表

产品名称	计量单位	2016 年	比上年增长%
其中:大豆	吨	361	32.2
油料	吨	421	121.6
蔬菜产量	吨	140423	12.9
瓜果类	吨	835	-23.3
肉类总产量	吨	2523	0.4
猪肉	吨	1405	1.9
牛肉	吨	223	-12.5
羊肉	吨	225	12.5
禽肉	吨	588	5.9
禽蛋	吨	4600	-0.3
牛奶	吨	5335	-22.3
大牲畜存栏			
年中数	头	7887	-20.1
羊存栏			
年中数	只	36 230	-7.2
猪存栏			
年中数	口	19 684	7.5

【林业】 全年重点区域造林绿化面积 676.9 公顷,完成新造经济林 126.9 公顷,山杏改造嫁接大扁杏、李子 140 公顷。森林覆盖率 29.62% 。全区森林病虫害发生监测面积 266.7 公顷，防治率、控制率等均达到要求。

【工业和建筑业】

工业整体运行平稳　全年全部工业增加值 120.19 亿元,比上年增长 7.9%。其中:规模以上工业(年主营业务收入 2000 万元以上的法人工业企业)增加值同比增长 8.2%;全年 67 家规模以上工业总产值 418.02 亿元，比上年增长 7.7%。按企业规模分，大中型工业同比增长 8.1%；按企业经济类型分，国有企业同比下降 5.2%,其他类型企业同比下降 16.3%;按轻重工业分，轻工业同比增长 1.9%，重工业同比增长 8.5%。从主要增长因素看,重点行业成为带动工业经济增长的主要力量。其中冶炼行业实现产值 311.83 亿元,与上年持平,占规模以上工业总产值的 74.6%。

工业产品产销衔接良好　从工业产品产量看,全区硫酸产量 86.85 万吨,同比下降 1.2%;十种有色金属 21.86 万吨,同比增长 1.2%;钢材 328.52 万吨,同比增长 2.8%。其中,线材 86.53 万吨,下降 39.6%。其他主要工业产品产量均有不同程度增长和下降。全年规模以上工业企业产品销售率为 99.2%,比上年下降 0.3 个百分点。

2016 年主要工业产品产量及其增长速度表

产品名称	计量单位	产量	比上年增长%
企业用电量	万千瓦时	252 067	-6.4
啤酒	千升	133 287	7.0
毛机织物(呢绒)	万米	188	-41.2
服装	万件	33	6.6
硫酸(折 100%)	吨	868 528	-1.2
化学农药原药(折有效成分 100%)	吨	75	-27.4
化学药品原药	吨	31 461	-25.7

工业企业效益明显改善　全年规模以上工业企业主营业务收入 411.2 亿元，同比增长 7.9%；主营业务成本 383.92 亿元，同比增长 4.8%;利润 15.42 亿元,增长 5.4 倍;亏损企业 5 家,亏损额 0.99 亿元,同比下降 82.7%。

建筑业经济增速回落　全年建筑业增加值 18.74 亿元，比上年增长 7.5%，占 GDP 总量 5.7%。全区资质以上建筑业企业 26 家,实现利润 2.14 亿元,同比下降 33.2%;税金 0.99 亿元,同比下降 13.7%。

【固定资产投资】

固定资产投资平稳增长　全年 500 万元以

上项目固定资产投资175.67亿元，比上年增长15.0%。按经济类型分，国有经济单位投资50.35亿元，同比增长40.0%；有限责任公司投资25.45亿元，同比下降71.6%。

投资结构继续改善 从产业投资结构看，三次产业分别投资0.3亿元、43.78亿元和131.58亿元，分别占固定资产投资的0.17%、24.92%和74.91%。第一产业所占比重同比下降0.17个百分点，第二产业同比下降10.4个百分点，第三产业同比上升10.51个百分点。从行业投资看，工业投资43.78亿元，同比下降18.7%，占固定资产投资的24.92%，所占比重同比下降10.38个百分点。第三产业投资增长较快，其中批发和零售业，房地产、租赁和商务服务业，公共管理、社会保障和社会组织这几大行业尤为明显，分别比上年增长92.2%、86.9%、209.2%和116.5%。

房地产投资快速增长 全年房地产开发投资48.14亿元，比上年增长86.9%。从商品房建设用途看，住宅投资40.81亿元，同比增长138.7%；商业营业用房投资0.32亿元，同比下降57.3%。全年房屋施工面积199.92万平方米。其中：住宅140.81万平方米；商业营业用房29.59万平方米。

【城乡建设】 铁南大街基本完工，火花路大桥和城南立交桥加快建设，治理小巷10条，维修破损路面28万平方米。推进美丽乡村建设，全年共完成土房改造2471户，完成土墙改造14.24万延长米。村屯绿化，完成70个精品村绿化、道谷南山重要节点绿化、西水地连接线绿化等项目，共栽植树木8.5万余株，护坡绿化4000余平方米。创建国家园林城市，拟定绿化建设方案，完成17个标段设计招标、施工图设计等工作。推进高速公路和国省干线等重点区域绿化，总绿化面积888.7亩，共栽植树木10.5万株、绿篱3660平方米。完成18项城区绿化工程，合计栽植树木、绿篱11.5万余株，草花1784平方米，共新建绿地面积8万平方米，改建绿地面积1万平方米。红山区城市建成区绿地率41.54%，绿化覆盖率44.55%，人均公园绿地面积22.76平方米。铁南棚户区改造回迁房项目一期实现入住，二至六期主体全部完工，其他片区棚改工作进展顺利。居住建筑节能改造继续跟进，先后对11个小区进行改造，共56栋住宅楼31.03万平方米，已基本完工。对东城片区原华源毛业区域58栋楼房约14.8万平方米非节能建筑小区热网进行更新改造，排水、供热、自来水管网全部完工，完成总工程量60%以上。保障性安居工程建设有序推进，4幢保障房已基本完工，共472套住房，3万平方米。

【环境保护】 全年扎实开展主要污染物减排、大气和水环境污染防治、强化环境监管等工作。对9家单位集中供热、48台燃煤锅炉脱硫改造、44台燃煤锅炉的除尘改造、2家工业堆场改造；完成10蒸吨以下燃煤锅炉淘汰、城区周边4618户平房区燃煤炉灶改造。城区空气质量优良天数达310天。化学需氧量排放同比下降2%，二氧化硫和氮氧化物排放量同比下降3%。完成第一水厂水源地保护区集中整治。实现环境保护监管网格化。严厉打击各类环境违法行为，依法查封5起、责令停产整治2起、申请法院强制执行1起、行政处罚17件。清理整顿“未批先建”环保违规项目8家。4家企业通过“三同时”审批验收，向2家企业颁发临时排污许可证。医废中心处理医疗废物2010吨。完成监测站化验室三级标准改造工程，全年取得环境监测数据1479个。

【安全生产】 全年发生生产安全事故65起，死亡6人，比上年分别上升20%和200%，亿元GDP生产安全事故死亡率0.0189，同比上升182%。

【交通运输业】 年末，红山区公路里程524.05公里。其中：国道34.411公里，省道15.163公里，县道152.048公里，乡道155.173公里，村道

167.255 公里。全年公路货运量 623 万吨，同比增加 1.8%；货运周转量 83 697 万吨公里，同比增加 3%。公路客运量 88.7 万人次，同比减少 37.5%；客运周转量 3992.8 万人公里，同比减少 37.5%。

【旅游业】 2016 年是红山区旅游业全域发展、旅游 +、旅游业供给侧改革的破题起势之年，旅游业发展势头较好。辖区共有星级宾馆 7 家，注册旅行社和网点 36 家，共有旅游景区 5 处。其中：AAA 级景区 1 处，AA 级景区 3 处，有全国工业旅游示范点 1 处。辖区乡村旅游接待设施 90 余处，注册农家乐近 50 家，采摘园 5 处。其中：自治区四星级乡村旅游示范点 1 处；自治区 3 星级乡村旅游接待户 1 处；市级休闲农牧业与乡村牧区旅游示范点 4 处，在建、筹建乡村旅游项目 19 个，已部分运营 5 个。全年旅游接待人数 243.3 万人次，旅游收入 53.2 亿元，分别比上年增长 16%和 19.8%。

【国内贸易】 全年社会消费品零售总额 140.29 亿元，比上年增长 10.2%。分行业看，批发零售业 120.55 亿元，同比增长 8.5%；住宿餐饮业 19.75 亿元，同比增长 21.7%。全年商品销售（营业）额 373.11 亿元，比上年增长 13.5%。分行业看，批发业销售额 205.00 亿元，同比增长 12.9%；零售业销售额 141.98 亿元，同比增长 14.0%；住宿业营业额 6.34 亿元，同比增长 15.0%；餐饮业营业额 19.80 亿元，同比增长 15.8%。年末，红山区亿元以上商品交易市场 4 家，实现成交额 37.6 亿元，与 2015 年持平。

【科技】 全年争取自治区科技项目 4 项，总计获得上级科技项目资金 483 万元。多维尔生物、拓佳光电等 6 家企业认定为国家高新技术企业；赛林泰医药认定为自治区仿制工程技术研究中心；众人合创孵化器、万达创业孵化基地认定为自治区级科技企业孵化器；蒙东云计算、众人合创成为国家级众创空间；格林特制药、通泰机械认定为自治区级企业研究开发中心。全年申请专利 134 项。其中：发明专利 43 项，实用新型专利 66 项，外观设计专利 25 项；专利授权 85 项。完成国家可持续发展实验区建设情况暨创新能力监测数据 8 个年度，54 项的数据采集和上报工作。

【教育】 全区共有各级各类学校 148 所。其中，小学 38 所，初中 10 所，普通高中 7 所，职业高中 7 所，学前教育 85 所，特殊教育 1 所。各级各类在校学生 63 773 人。其中：小学 26 036 人，初中 11 247 人，普通高中 8426 人，职业高中 3392 人，学前教育在校（园）生 14 576 人，特殊教育 121 人。各类学校共有专任教师 4832 人。全区小学适龄儿童入学率 100%，初中入学率 100%，初中升高中入学率 95%。本科上线人数 2074 人。

【文化】 打造特色文体活动队伍 15 支，文化馆 1 个，公共图书馆 2 个，图书分馆 55 个，乡镇文化站 4 个，草原书屋 28 个，村级文体活动室 24 个，美术馆 1 个。始终坚持文化为民的工作导向，活跃文化氛围，丰富群众文化生活，全年组织开展红山区首届农民文化节、第 8 届“欢乐红山文化进社区”、第 9 届“红山秧歌会”、赤峰第 18 届“东方快车杯”少儿书画大赛、第 30 届“新春巧对楹联有奖猜谜”活动、《赤峰市第一次全国可移动文物普查成果展》等各级各类文化活动 100 余场。

【卫生】 全区拥有医疗卫生机构 419 个。其中，医院 23 个，卫生院 3 个，采供血机构 1 个，妇幼保健机构 2 个，专科疾病防治机构 3 个。年末全区医疗卫生单位实有病床 7698 张，专业卫生技术人员 9442 人，其中医生 3413 人。

【体育】 全区发展体育场地设施建设和利用，全面实施全民健身工程。城区共修建健身广场 52 处，路径 87 处，镇（街）小型健身活动中心 2 处，17 个行政村实施农民健身工程，社会体育指导员 1430 名，体育健身队伍 93 个，体育协会 22 个，开展丰富多彩的群众体育活动。同时群体和竞体赛事也取得优异成绩，参加全国太极拳

(箭)比赛,获2金1银3铜的好成绩,参加全国中学生武术锦标赛，获得6金2铜2金的好成绩，组队参加自治区体育进社区广场舞健身大赛获第1名。体育彩票发行工作平稳顺利,累计销售1.2亿元。

【社会保障】 红山区公办社会福利收养性单位2个,实有床位277张。享受城镇居民最低生活保障5495人，标准由2015年的每月520元提高到555元；享受农村居民最低生活保障5451人，标准由2015年的每年3850元提高到4000元。全年发放低保金5040万元。红山区城镇居民基本医疗保险参保率99%。新型农村合作医疗参合人数82 481人,参合率99.57%。

【人民生活】 全体居民人均可支配收入29 757元,比上年增长8.6%。其中:城镇常住居民人均可支配收入30 520元,同比增长8.9%;农村常住居民人均可支配收入16 147元，同比增长7.7%。城镇常住居民人均消费支出19 217元,同比增长6.3%；农村常住居民人均消费支出13 200元,同比增长6.5%。

(撰稿人:王香玉)

元宝山区

【概况】 清乾隆三十三年(1768年),元宝山区境内山中建有煤窑。当时流通的货币面额较大的是“元宝”,煤能换取元宝,煤窑主视煤如元宝,故将此山称之为“元宝山”。元宝山区因此山而得名。

赤峰市元宝山区位于内蒙古自治区东部，赤峰中心城区东南，地理坐标北纬41°55′28″~42°25′22″,东经119°01′15″~119°30′09″。东隔老哈河与辽宁省建平县及赤峰市敖汉旗相望,南部与赤峰市喀喇沁旗毗邻,西部、北部与赤峰市红山区、松山区相连。总面积952.14平方公里。辖5个镇、1个乡、6个街道办事处,66个村民委员会、45个社区。截至年末,全区总(常住)人口33.46万人,其中城镇人口25.13万人。男女性别比102.5：100。人口出生率为9.26‰，死亡率5.68‰，自然增长率3.59‰。人口密度351人/平方公里,有少数民族14个,人口57 261人。

元宝山区属燕山山脉延伸部位，低山丘陵较多,地势西南高,东北低。全境呈低山丘陵与河谷平川相间的地貌景观。土壤构成以褐土和黄绵土为主。耕地面积38 400公顷，林地面积38 853公顷。境内有老哈河、英金河、楼子店河、南马架子河4条过境河流，总流域面积40 777平方公里,最大河流老哈河流经元宝山区78.21公里。元宝区水资源总量9531.5亿立方米。其中:地下水资源量9304.57亿立方米;地表水资源量2973亿立方米。矿产资源有煤、金、铜、铁、玄武岩、硅石、石灰岩、砖瓦用黏土、河沙、煤矸石10种,煤、金、铜、铁等矿床、矿点14处。其中,煤矿床5处,探明储量21亿吨,可采储量10.3亿吨。境内有国家AA级景区2处,国家级文物保护单位1处。

年平均气温7.8℃。最冷月1月,平均气温−13.3℃;最热月7月,平均气温23.8℃。年降水量558.4毫米,大气相对湿度年平均49%。一年中,3—5月相对湿度小（3月最小32%）,7—9月相对湿度大（9月最大68%）。年平均气压939.0hpa,年蒸发量为暖季(5—10月)大型蒸发751.9毫米,冷季(其他月)小型蒸发562.4毫米。年日照时数3000.1小时,无霜期157天。年内出现扬沙6次。年内平庄镇马蹄营子村、大三家村遭受雹灾相对较重。

2016年,元宝山区地区生产总值250.74亿元,按可比价格计算,比上年增长3.9%。其中:第一产业增加值18.62亿元,比上年增长3.6%;第二产业增加值111.6亿元,比上年下降2.7%;第三产业增加值120.52亿元,比上年增长11.0%。三次产业结构比为7.4：44.5：48.1。全社会500万元以上项目固定资产投资196.52亿元，比上年增长13.9%。公共财政预算收入12.8亿元,比上年增长6.5%。公共财政预算支出22.56亿元，比上年增长5.1%。

【农业】 绿色农畜产品加工园区累计投资8.08亿元，建成区面积2.9平方公里。新增设施农业2.7万亩，玉米种植面积压减2.1万亩，经济作物种植面积增加2.8万亩，土地流转率、合作组织覆盖率和优质农畜产品就地加工转化率分别提高29.9、30、28个百分点。启动规划大三家万亩花卉园区。年底，农林牧渔业实现总产值31.8亿元，比上年增长3.6%。农业增加值18.62亿元，比上年增长3.6%。全年农作物播种面积57.2万亩，比上年下降1.3%。其中粮食作物播种面积21 038公顷。粮食总产量16.1万吨，比上年下降1.2%。6月末牲畜存栏25.2万头(只)，12月末牲畜存栏10.6万头(只)；全年肉类总产量3.7万吨，禽蛋总产量0.8万吨，奶类总产量12万吨。全年造林29 224亩，森林覆盖率33.8%。全区农机总动力16.01万千瓦，比上年增长8.1%。

【工业】 开工建设瑞阳化工二期、普因医药等3000万元以上重点工业项目12个，完成投资45.7亿元，全部为非煤产业投资。马林有色金属产业园区启动建设，2×35万千瓦自备电厂、创业大道等园区基础设施破土动工。云铜40万吨精铜项目奠基。开发试验区入驻企业38家，实现产值58.1亿元，对经济的贡献率29.5%。全区工业增加值96.35亿元，比上年下降4.0%。有规模以上工业企业51家，主营业务收入1 975 580万元，比上年下降2.2%。亏损166 560亿元，比上年增亏129.9%。

【城乡建设 环境保护】 元宝山区基础建设投资0.5亿元，比上年增长127.2%。房地产开发投资10.74亿元，比上年增长128.6%。全年商品销售面积40.73万平方米，比上年增长17.4%。商品房屋销售额14.72亿元，比上年增长9%。投资2亿元，完善市政公用基础设施，维护街道17.6万平方米，扩建供热管网22.7公里，完成古山森林公园一期工程。通过三年不懈努力，累计投资17.9亿元，基本完成218个村"十个全覆盖"工程。投资1.1亿元，启动城乡环境综合，集中整治大气环境、水环境、公路沿线环境、乡村环境和城区、城乡接合部环境。平元一级路主体完工。赤峰至京沈高铁喀左站铁路开工建设。投资2.4亿元，完成村庄、城镇周边、厂矿园区、高等级公路等重点区域绿化2.5万亩，获"全国绿化模范单位"称号。中心城区建成区面积30平方公里，城区人口25.47万人，城镇化率75.1%。一级公路22.234公里，村级公路46.3公里(三级公路30公里，四级公路16.3公里)。完成环境保护和污染治理项目16个，投资额27 862万元。

【交通】 2016年，公路通车总里程828.6公里，公路客运量334万人、客运周转量17 034万人公里；公路货运量509万吨、货运周转量10 689万吨公里。

【邮电】 完成邮电业务总量2.4亿元，比上年增长5.8%。其中：邮政业务总量1803万元，比上年增长19.7%；通信业务总量2.2亿元(含移动、联通和电信)，比上年增长4.8%。年末，本地固定电话用户4.5万户，移动电话用户44.03万户，互联网用户(包含手机上网用户)33.1万户。

【商业】 现代商贸服务业快速发展，国美电器落户元宝山区。建成电子商务创业园2座，入驻东东卖线下体验馆等电商企业27家。实现社会消费品零售总额88.5亿元，比上年增长9.7%。分行业看，批发、零售贸易业79.49亿元，比上年增长9.4%；住宿餐饮业8.66亿元，比上年增长12.8%。城乡商品交易市场20处，成交额26.58亿元，比上年下降5.7%。

【旅游业】 主要旅游景点5处。全年游客接待量17万人次，比上年13.3%，实现旅游收入3.6亿元，比上年增长3.3%。

【金融 保险】 2016年，元宝山区在内蒙古股权交易中心挂牌企业21家，首家村镇银行投入运营。全区金融机构各项存款余额182.92亿元，比年初增长18.1%。其中住户储蓄存款余额

133.21 亿元，比年初增长 9.9%。年末，金融机构各项贷款余额 149.2 亿元，比年初增长 10.9 亿元。各项保险业实现保费收入 3.24 亿元，比上年增长 18.8%。其中，财险保费收入 1.33 亿元，比上年增长 2.4%。各类赔款支出金额 0.82 亿元，比上年增长 17.8%。

【教科文卫体】 2016 年，有各类学校 33 所。其中：普通高中 4 所，在校学生 7624 人；职业高中 3 所，在校学生 662 人；初中 7 所，在校学生 9090 人；小学 17 所，在校学生 17 237 人；幼儿园 74 所，在园幼儿 8605 人；特殊教育 1 所，在校学生 108 人。小学适龄儿童入学率 100%，初中入学率 100%，高中阶段入学率 97.6%。各类学校有专职教师 3095 人。2016 年高考本科录取人数 1958 人。考入清华北大 11 人，连续 17 年考出自治区或赤峰市文理科状元。有各类科技人员 5907 人。有各类艺术团体 14 个，文化俱乐部（室）12 个，乡镇街 文化中心 12 个，公共图书馆 1 个，文化馆 1 个。有医疗卫生机构 264 个。其中，医院 15 个，卫生院 10 个，社区卫生服务中心（站）11 个，妇幼保健所 1 个，专科疾病防治机构 1 个，疾病预防控制中心 1 个。各类卫生机构拥有床位 2362 张。卫生技术人员 2419 人，其中执业（助理）医师 815 人。新型农村合作医疗参合人数 146 926 人，参合率 99.55%。体育协会 29 个。投资 1010 万元，完成区卫生监督所和山前、元宝山、风水沟 3 所卫生院建设。建成区综合档案馆。

【社会生活】 2016 年，投入 16.5 亿元保障和改善民生，占公共财政预算支出 73%，较上年增加 9353 万元。实施脱贫攻坚工程，2905 人实现脱贫。被自治区列入扶持村集体经济发展试点地区。落实保障性住房 276 套。全体常住居民人均可支配收入 25 812 元，比上年增长 7.7%；全体常住居民人均消费性支出 17 008 元，比上年增长 7.1%；城镇常住居民人均可支配收入 29 822 元，比上年增长 8.1%；城镇常住居民人均生活消费性支出 18 710 元，比上年增长 7.2%；城镇居民人均住房建筑面积 36 平方米；农村常住居民人均可支配收入 15 961 元，比上年增长 7.7%；农村常住居民人均生活消费性支出 12 842 元，比上年 6.9%，农村常住居民人均住房面积 34.1 平方米。在岗职工平均工资 34 039 元，比上年增长 3.9%。城乡居民恩格尔系数分别为 30.1%和 29.8%。年末，新增城镇就业 4403 人，城镇登记失业率 3.8%。元宝山参加基本养老保险人数 142 537 人。最低生活保障 30 826 人，比上年减少 10.8%。其中：城镇 17 406 人，比上年减少 8%；农村 13 420 人，比上年减少 14.2%。福利性收养单位（含敬老院）5 个，床位 788 张，收养 180 人。社会福利企业 6 个，安置残疾人员 1095 人。

（撰稿人：赵晓杰）

松　山　区

【概况】 赤峰市松山区位于赤峰市南部，居七老图、努鲁儿虎山地、赤峰黄土丘陵台地的复合截接部位，西辽河水系上游。地理坐标为北纬 42°01′~42°43′，东经 117°47′~119°39′。辽开泰二年（1013 年）置松山县，县治所在今松山区城子乡城子村，其后历经金、元、明三朝而不断。清乾隆四十三年（1778 年）改设赤峰县，1983 年改为赤峰市郊区，1993 年因辽松山县而改名松山区。

松山区总面积 5618 平方公里，辖 9 镇 5 乡、7 个街道办事处，244 个行政村、48 个城市社区居委会、3 个城镇社区居委会、1 个农村社区居委会。2016 年年末，松山区户籍人口 586 568 人，其中非农业人口 188 002 人，男女性别比为 108：100。按户籍人口测算，松山区人口出生率为 14.1‰，死亡率 4.9‰，自然增长率 9.2‰。人口密度 104 人 / 平方公里。有少数民族 26 个，人口 168 460 人。年末，常住人口 600 100 人，比上年末增加 300 人。其中，城镇人口 300 800 人。

年平均气温7.7℃。年极端最高气温37.1℃,极端最低气温-27.1℃。最冷月1月,平均气温-13.3℃;最热月7月,平均气温23.8℃。年降水量558.9毫米,年蒸发量1212.6毫米。年相对湿度49.0%,年平均风速2.9米/秒,8级以上大风天气19天。年日照时数3000.1小时,无霜期157天。2016年,全区遭受了干旱、风雹及洪涝等自然灾害,受灾面积96.8万亩,成灾面积66.1万亩、绝收面积16.5万亩,受灾人口17.2万人。因洪涝灾害倒塌房屋22户81间,损坏房屋164户620间。直接经济损失2.1亿元,其中农业经济损失1.9亿元。

2016年,完成固定资产投资219.5亿元,增长17.1%。其中:5000万元以下投资165.8亿元,5000万元以上投资24.9亿元,房地产投资28.8亿元。工业固定资产投资50.2亿元,同比增长8.2%。公共财政预算收入完成13亿元,同比增长33.3%,公共财政预算支出完成35亿元,同比下降2.2%。地区生产总值270.1亿元,按可比价格计算,增长8.3%。其中,第一产业增加值43.8亿元,同比增长3.8%;第二产业增加值130.8亿元,同比增长8.3%;第三产业增加值95.5亿元,同比增长10.1%。三次产业结构比例为16.2∶48.4∶35.4。500万元以上固定资产投资219.5亿元,同比增长17.1%。公共财政预算收入13亿元,同比增长33.3%,公共财政预算支出35亿元,下降2.2%。

【农牧林业】 农林牧渔业增加值43.79亿元,比上年增加3.8%。全区粮食作物播种面积166.7万亩。其中,谷物播种面积142万亩,豆类播种面积16.6万亩,薯类播种面积8.1万亩。全区粮食总产量773 000吨,同比下降2.2%,其中,谷物产量729 104吨;豆类产量12 113吨;薯类(折粮)产量31 783吨。

6月末,牲畜总头数202万头(只),同比增长1.9%。全年牲畜总头数87.2万头(只),同比增长2.0%。全年肉类总产量10.25万吨,禽蛋总产量9.73万吨,奶类总产量2.02万吨。

全年营造林4393,其中人工造林1133公顷。全区农机总动力93.45万千瓦,比上年增长6.9%。

【工业】 全年工业增加值110.4亿元,同比增长8.2%。其中,规模以上工业增加值增速8.3%。产品销售率为102.6%。规模以上工业企业60家,实现主营业务收入156.34亿元,比上年增长7.7%。规模以上工业企业产品销售收入157亿元,比上年增长7.7%,利润总额5亿元,同比下降10.4%;税金总额1.85亿元,同比增长71.2%;应缴增值税1.6亿元,同比增长82.9%;利税总额3.45亿元,同比增长75%。

主要工业产品产量有增有减。钼精矿折合量1.57万吨,同比增长32%;成品糖产量2.9万吨,同比下降2.3%;商品混凝土产量21.7万立方米,同比增长11.6%;发电量20.68亿千瓦时,同比增长1.96%。

【城乡建设】 建筑业增加值20.5亿元,同比增长8.5%。房地产开发投资42.8亿元,比上年减少14.1%。中心城区建成面积66.26平方公里,城区人口32.68万人,城镇化率50.61%。改造村级油路工程33个、417.1公里。

【环境保护】 完成环境保护和污染治理项目13个,完成投资额1613万元,比上年增长42.5%。

【交通】 公路通车里程1809.7公里。全年公路客运量465万人,比上年增长1.84%,客运周转量68 500万人公里,比上年增长3%。公路货运量390万吨,比上年增长4%,货运周转量19 800万吨公里,比上年增长3%。

【邮电】 全年邮电业务总量3.1亿元,同比增长4.6%。其中,电信业务总量2.73亿元,比上年增长2.2%,邮政业务总量3860万元,比上年增加23.9%。年末固定电话数43 500户,增加3500户。国际互联网用户44 500户,减少600户。手机用户413 000户,减少4000户。

【国内贸易】 社会消费品零售总额119.8亿元,

增长10.1%。其中：规模以上贸易业57亿元，同比增长9.7%；规模以下贸易业62.8亿元，同比增长10%。分行业看，批发零售业零售额106.3亿元，同比增长13.4%；住宿和餐饮业零售额13.5亿元，同比增长15%。城乡商品交易市场44处，比上年增加0处，成交额30.2亿元，比上年减少2.02%。

【旅游】 主要旅游景点2处。AA级旅游景区2处。全年共接待游客（含过境游）40.2万人次，比上年增长20%，旅游收入5.56亿元，比上年增长20.1%。

【金融】 年末全部金融机构各项存款余额210.4亿元，增长14.8%。其中：城乡居民储蓄存款余额135亿元，同比增长2.8%；全部金融机构各项贷款余额162亿元，同比增长19.1%。

【保险】 全年保险公司保费收入2.1亿元，下降3.2%。其中：人寿险保费收入0.9亿元，同比增长18.4%；财产险保费收入1.2亿元，同比下降14.9%。保险业务支出0.84亿元，同比增长12.4%。截至年底，参加基本养老保险人数为36 427人，比上年增加11 783人；工伤保险人数为28 203人，生育保险人数24 203人。参保的离退休人员27 229人，比上年增加4944人。参加医疗保险人数为120 100人，比上年减少5256人。

【教育】 有普通高中4所，招生3940人，在校学生11 958人，毕业生4081人。职业高中1所，在校学生3460人。初中学校14所，招生5702人，在校学生16 166人，毕业生5535人，初中入学率100%。普通小学46所，招生6813人，在校学生38 029人，毕业生6315人，小学学龄儿童入学率100%。幼儿园19所，在园（班）幼儿数3605人。成人教育学校259所，毕业人数5200人。2016年，高考本科录取人数为3006人。

【文化】 拥有文化艺术馆站共22个，博物馆1个，图书馆1个。组织开展“庆祝建党95周年纪念红军长征胜利80周年”百日消夏系列文体活动。全年共组织开展文化体育活动216场次。

【卫生】 年末，共有卫生机构49个，其中医院8个，卫生院29个，妇幼保健机构1个，专科防治所站1个，健康教育所1个，中等医院教育机构1个，社区卫生服务中心7个，地方病防治办公室1个。全区共有床位数1697张，职工人数2235人，其中卫生技术人员1928人。新型农村合作医疗参合人数39.5万人，参合率98%。

【体育】 共有体育协会6个，全年承办赤峰市春节群众体育活动乒乓球赛、网球赛2次，举办赤峰地区业余足球联赛、松山区“平安杯”乒乓球邀请赛、松山区第七届职工乒乓球赛、松山区第四届“英豪杯”中小学生中国象棋赛等群体活动13次。组织参加赤峰市级比赛9次，在赤峰市青少年乒乓球赛中获得团体第三名、获赤峰市男子甲A网球团体赛团体冠军、获得赤峰市职工篮球赛男、女团体冠军。9月30日，松山区人孟繁龙在温州举行的WBA世界拳王争霸赛中获得金腰带。

【人民生活】 城镇常住居民人均可支配收入28 873元，同比增长8.7%；农村牧区常住居民人均可支配收入12 428元，同比增长8.1%。城镇居民人均住房使用面积24.04平方米；农村居民人均住房使用面积28.89平方米。城乡居民恩格尔系数为33.1%和30.3%。城镇新增就业4783人，城镇失业率2.47%。

【社会保障】 松山区最低生活保障救助人数为34 143人，比上年减少3.5%。其中：城镇3573人，比上年增加0%；农村30 570人，比上年减少3.9%。社会福利性收养单位14个，床位757张，收养359人。社会福利企业2个，安置残疾人33人。

（撰稿人：宫泽显）

阿鲁科尔沁旗

【概况】 阿鲁科尔沁旗（以下简称阿旗）地处内蒙古自治区中部，大兴安岭山脉南端东麓，隶属内蒙古自治区赤峰市。东与通辽市扎鲁特旗接壤,南与通辽市开鲁县、赤峰市翁牛特旗隔河相望,西与赤峰市巴林右旗、巴林左旗相连,北与锡林郭勒盟西乌珠穆沁旗毗邻。全旗南北狭长最长达232公里,东西最宽约114公里,行政辖区总面积13 240平方公里。

年平均气温7.1℃。最冷月1月,平均气温-15.5℃;最热月7月,平均气温25.5℃。年降水量408.3毫米。年日照时数3181.3小时,无霜期156天。全年共出现干旱灾害1次,冰雹灾害1次,洪涝灾害3次。

全旗(县、区)总面积14 555平方公里。辖16个乡(镇、苏木、办事处),245个行政村(嘎查、居委会)。截至2016年年末,全旗(县、区)总人口29.66万人,其中非农业人口6.3万人。男女性别比102.8∶100。人口出生率7.31‰;死亡率4.33‰;人口自然增长率2.98‰。人口密度20.4人/平方公里。有少数民族14个,人口129 935人。

2016年,全旗(县、区)地区生产总值117.4亿元,按可比价格计算,比上年增长(下降)7.3%。第一产业增加值19.3亿元,比上年增长3.7%;第二产业增加值51.7亿元,比上年增长7.7%;第三产业增加值46.6亿元,比上年增长7.9%。三次产业比重为16.4∶44.1∶39.5。全社会完成500万元以上项目固定资产投资63.2亿元,比上年增长15.5%。财政总收入3.715亿元,其中公共财政预算收入3.72亿元,比上年增长6.6 %。公共财政预算支出30.6亿元,比上年增长5.5%。

【农业】 农业增加值19.65亿元,比上年增长3.7%。全年农作物总播种面积20.73万公顷,比上年增长0.87%。其中粮食作物播种面积11.6万公顷。粮食总产量50.35万吨,比上年下降1.9%,全旗农机总动力70万千瓦,比上年增长9.4 %。

【畜牧业】 6月末,牲畜存栏数294.6万头只,12月末牲畜存栏数143.7万头只;肉类总产量2.25万吨,禽蛋总产量0.33万吨,奶类总产量7.79万吨,澳亚奶牛养殖七场、太极肉驴养殖场、金色草原有机农业等项目建设完成。

【林 业】 森林覆盖率34.4%,通过“十个全覆盖”工程,重点区域绿化4.78万亩、栽植苗木436万株。

【水利】 境内有黑木伦河、欧木伦河、乌力吉木伦河、西拉木伦河和新开河等河流,总流域面积13 972平方公里,全旗多年平均水资源总量为3.73亿立方米。其中:地下水资源量2.53亿立方米,可开采量1.61亿立方米;地表水资源量2.01亿立方米,可利用量0.8亿立方米。7.6万人饮水安全问题有效解决。

【工业】 工业增加值42.88亿元,比上年增长7.7 %。规模以上工业企业33家,主营业务收入926 254万元,比上年增长0.1 %。规模以上工业产品销售收入90.4亿元,比上年增长3.3 %;实现利润-1196.8万元,同比增长35.4 %;利税8221万元,比上年增长(下降)19.4 %。敖包吐铅锌矿1000吨选厂建设完成,太极9万头肉驴屠宰加工生产线建成试产,大唐罕山首期续建10万千瓦风电、天泽3万千瓦光伏并网发电,元易生物燃气二期、松彬新型建材等项目进展顺利。

【城镇建设】 基本建设投资29.47亿元,比上年增长25.3 %;房地产开发投资5.62亿元,比上年增长22.2 %。全年商品房屋销售面积39.97万平方米,比上年增长18.6%;商品房屋销售额140 000万元,比上年增长18.2 %。中心城区建成区面积15.5平方公里,城区人口9.27万人,城镇化率41.98 %。改造村级油路865公里。改造棚户区850户、老旧小区1510户。东北出口、滨河路、天元体育公园建设完成,乌力吉沐沦街、东暖热力易址新建全面启动。

【环境保护】 完成环境保护和污染治理项目9个,投资额5150.36万元,比上年增长69.5 %。城区52台10蒸吨以下燃煤锅炉彻底取缔,空气质量和人居环境有效改善。完成生态治理13.6万亩，京津风沙源治理面积3.2万亩。

【交通】 公路通车里程3512公里，公路客运量236.25万人、客运周转量10 648.11万人公里，分别比上年增长2.1 %和2.1%；公路货运量160.34万吨、货运周转量2.86万吨公里，分别增长3%和3.7%。城市公交3号线开通运营。通用机场、集通铁路复线建设加快推进，国道303线、省道210线开工建设，新建通村油（水泥）路865公里，通乡油（水泥）路和通村公路率均达100%。

【电信】 业务总量19 962.82万元，比上年增长14.8%。

【商业】 社会消费品零售总额33.623.7万元，比上年增长9.8%。分行业看，批发、零售贸易业279 492.8万元，比上年增长9.4%；住宿餐饮业51 130.9万元，比上年增长12.2%。城乡商品交易市场28处，比上年增加1处，成交额18.02万元，比上年增长8.5%。

【旅游业】 主要旅游景点有8处。全年接待国内外游客650 000人次，比上年增长8.3%；实现旅游总收入7.1万元，比上年增长22.4%。编制完成《全旗旅游发展规划》，规划启动255公里旅游区公路建设项目。总投资5亿元的蒙古汗廷文化园建设项目加快推进。阿鲁科尔沁草原被列入国家重点生态旅游目的地，建设旅游厕所24个。

【邮政】 邮政业务总量1008万元，比上年增长3.8%。年末固定电话用户2.15万户，移动电话用户28.87万户，互联网用户3.4万户。

【金融】 金融机构各项存款余额61.68亿元，比年初增加11.58亿元。其中居民储蓄存款余额38.63亿元，比年初增加6.6亿元。年末金融机构各项贷款余额54.91亿元，比年初增加7.42亿元。

【保险】 全旗各保险业保费收入24 754.82亿元，比上年增长24.6 %。其中，财险保费收入11 732.88亿元，比上年增长7.04 %；人险保费收入13 021.94元，比上年增长46.23 %。各类赔款给付金额9378.94亿元，比上年增长19.67 %。

【科技 教育】 拥有各类科技人员7318人。有各类学校55所，在校学生34 754人。其中：普通高中2所，在校学生5116人；职业高中1所，在校学生1133人；初中5所，在校学生7405人；小学32所，在校学生15 156人；幼儿园14所，在园幼儿5893人；民族特殊教育学校1所，在校学生51人。小学适龄儿童入学率100%，初中入学率103.55%，高中入学率82.14 %。各类学校有专职教师4070人。2016年，高考本科录取人数为1608人。阿旗作为义务教育均衡发展县通过国家评估认定。学生考入清华大学和北京大学共7人。第二小学扩建及实验小学、实验幼儿园、旗直二幼新建工程主体完成。

【文化】 拥有各种艺术表演团体299个，艺术表演场所256个，公共图书馆1个，文化馆1个。文化部、国家事务委员会、宁夏回族自治区博览会系列中国西部民歌（花儿）歌会赛，阿鲁科尔沁旗哈斯其木格荣获金奖，哈斯巴根、赛音毕力格荣获银奖。

【卫生】 拥有卫生机构510个。其中，医院、卫生院27个，社区卫生服务中心1个，妇幼保健机构1个，专科疾病防治机构1个，疾控中心1个。各类卫生机构拥有床位1491张，卫生技术人员1522人，其中执业医师753人，旗医院晋级二级甲等综合医院。

【体育】 体育协会11个。阿旗代表队分别在西乌珠穆沁旗国际搏克团体赛获团体第3名；全国八省区射箭比赛个人赛获第1名（德钦）；内蒙古青少年锦标赛男子乙组获第3名（玄佳旭）。

【社会保障】 新型农村牧区合作医疗参合人数218 504人，农牧民参合率95%。年末城镇新增就业1972人，城镇失业率3.89。参加基本养老保险的人数15 922人，比上年下降0.03 %。全旗（县、区）最低生活保障救助人数为24 651人，比上年下降 4.56 %。其中:城镇 3009 人,比上年下降 17.2 %;农村 21 642 人,比上年下降 2.5 %。社会福利性收养单位(含敬老院)9 个,床位 563 张,收养 2 人,投入各类资金 3.05 亿元,实现 2766 人稳定脱贫。9.2 万户低收入家庭“暖心煤”按期发放。“救急难”基金会成立。36 个老年幸福互助院建设完成。

【人民生活】 全体居民人均可支配收入 13 359 元,比上年增长 10.8 %,全体居民人均消费支出 11 972 元,比上年增长 9.9%,全体居民人均住房建筑面积 25 平方米。其中,城镇居民人均可支配收入 22 604 元,比上年增长 9.0%,城镇居民人均消费性支出为 12 073 元,比上年增长 11.65%,城镇居民人均住房使用面积 31 平方米;农村牧区居民人均可支配收入 7968 元,比上年增长 7.8%,农村牧区居民人均消费性支出为 11 920 元,比上年增长 9.1%,农村牧区居民人均住房使用面积 20 平方米。在岗职工平均工资 57 532 元,同比增长 6.61%。城乡居民恩格尔系数分别为 32.8 %和 38.5 %。

(撰稿人:李盈泉)

巴 林 左 旗

【概况】 巴林左旗位于赤峰市北部,总面积 6644 平方公里,辖 11 个苏木乡镇、2 个街道管理办公室,179 个嘎查村(社区)。截至 2016 年年末,全旗总人口 35.8 万人,其中非农业人口 7.32 万人。男女性别比 108 : 100。人口出生率 7.19‰;死亡率 6.04‰;人口自然增长率 1.15‰。人口密度 52 人 / 平方公里。有少数民族 13 个,少数民族人口 15 万人。是一个农牧林矿结合的经济区,也是全区 31 个国家级贫困旗之一。旗政府所在地林东镇,城南即辽代都城——辽上京遗址。

巴林左旗历史文化底蕴深厚。这里是富河文化、契丹·辽文化的发祥地,也是国家确认的文物大旗(县),已发现历史上各个时期的各类文化遗存 818 处。其中:国家级文物保护单位 6 处,自治区级文物保护单位 4 处。距今 1000 多年前,契丹民族在此建立“草原第一都”,作为辽代的政治、经济、军事、文化中心长达 200 余年。

巴林左旗有色金属资源富集。境内已发现各类矿产地 138 处,矿点和矿化点 130 多个,查明的矿种有 30 多种,已探明有色金属矿石储量 2.8 亿吨,远景潜在经济价值 6000 亿元以上。全旗有色金属日采选能力 2.03 万吨,年冶炼能力 20 万吨,境内中色白音诺尔矿业、山金红岭有色矿业等企业规模较大。巴林左旗工业园区是蒙东地区 13 个重点工业园区之一。

巴林左旗农牧业资源独具特色。全旗笤帚苗种植 31.2 万亩,十三敖包镇是东北地区最大的笤帚苗集散加工基地。全旗马鹿存栏 6000 头,鹿产品深加工和马鹿饲养繁殖技术在国内处于领先地位。肉驴存栏 15 万头只,已与山东东阿公司合作建设了 10 万头 / 年屠宰加工项目和标准化养殖示范场一期工程。

2016 年,巴林左旗地区生产总值 130.49 亿元,按可比价格计算,比上年增长 5.4%。第一产业增加值 22.96 亿元,增长 3.6%;第二产业增加值 52.43 亿元,增长 4.1%;第三产业增加值 43.47 亿元,增长 8.2%。三次产业比重为 17.6 : 49.1 : 33.3。全社会完成 500 万元以上固定资产投资 105.22 亿元,比上年增长 15.5%。财政总收入 9.11 亿元,其中公共财政预算收入 5.56 亿元,按可比口径下降 18.5%(含当年财政部门一次性收入)。公共财政预算支出 27.47 亿元,比上年下降 5.0%。

年平均气温 7.1 ℃。最冷月份 1 月,平均气温 −19.9 ℃;最热月份 7 月,平均气温 19.1℃。年降水量 342.8 毫米,年蒸发量 1287.8 毫米。年日照时数 3003.4 小时,无霜期 119 天。2016 年,城镇居民人均消费性支出为 15 231 元,增长 15.6%,城镇居民人均住房使用面积 28.46 平方米。农村牧区居民人均可支配收入 8484 元，比上年增长 8.2%；农村牧区居民从均消费性支出为 9518 元，同比增长 10.1%，农村牧区居民人均住房使用面积 25.82 平方米。

【农业】 农林牧渔业总产值 23.27 亿元，比上年增长 3.66%。全年农作物总播种面积 11.15 万公顷，比上年增长 0.5%。其中粮食作物播种面积 6700 公顷。粮食总产量 22.2 亿公斤，比上年下降 2.4%。全旗农机总动力 52.71 万千瓦，比上年增加 4.76%。

【畜牧业】 6 月末，牲畜存栏数 263.6 万头（只），12 月末牲畜存栏数 198.4 万头（只）；肉类总产量 3.3 万吨，禽蛋产量 3098 吨。奶类总产量 4160 吨。

【林业】 完成生态建设营造林面积 2.58 万公顷，森林覆盖率 34.5%。辽上京国家湿地公园顺利通过国家评审。

【水利】 6 月 1 日至 9 月 29 日，全旗出现重旱。6 月 10 至 7 月 30 日，巴林左旗碧流台镇、乌兰达坝苏木、林东镇、隆昌镇、三山乡、富河镇、哈拉哈达镇先后遭受冰雹洪涝灾害。2016 年 11 月 7 日，自治区发改委批复了巴林左旗琥珀沟水利枢纽工程可研报告，批复总投资 73 788 万元，建设内容为中等Ⅲ型工程，包括拦河坝、溢洪道、泄洪排沙洞、放水洞等主要建筑工程，水库正常蓄水位 693 米，对应原始库容曲线水库总库容为 2859 立方米。

【工业】 工业增加值 52.43 亿元，比上年增长 4.1%。规模以上工业企业 49 家，主营业务收入 119.51 亿元，增长 1.1%；规模以上工业产品销售收入 140.4 亿元，比上年增长 0.54%，利润 10.62 亿元，下降 14.3%。

【城乡建设】 完成基本建设投资 105.24 亿元，比上年增长 5.1%。房地产开发投资 3.7 亿元，比上年增长 22.7%。全年商品房销售面积 40.5 万平方米，比上年增长 60%。中心城区建成面积 18 平方公里，城区人口 12 万人，城镇化率 47.94 %。改造村级油路 154.86 公里。

【环境保护】 完成环境保护和污染治理项目 3 个，完成投资额 1000 万元。

【交通 电信】 公路通车里程 1897.1 公里，公路客运量 233.61 万人、客运周转量 13 149.6 万人公里，与上年持平；公路货运量 114.16 万吨、货运周转量 7292.77 万吨公里，分别增长 0.5% 和 0.65%。邮电业务总量 2000 万元，比上年增长 26.1%。其中：电信业务总量 44 万元，比上年增长 4.45%；邮政业务总量 0.2 万元，比上年增长 26.1%。年末固定电话用户 20 650 户，移动电话用户中 3G 用户 17 536 户，4 G 用户 127 911 户，互联网用户 43 943 户。

【商业 服务业】 2016 年，社会消费品零售总额 42.41 亿元，比上年增长 9.7%。分行业看，批发、零售贸易业销售额 80.68 亿元，比上年增长 7.11%；住宿餐饮业营业额 2.41 亿元，比上年增长 8.59%。城乡商品交易市场 28 处，比上年增长 2 处，成交额 9 万元，比上年增长 5.1%。成功申报国家电子商务进农村牧区综合示范县。

【旅游业】 主要旅游景点有 20 处。全年接待国内外旅游者 73 万人次，比上年增长 10.0%。实现旅游总收入 12.9 亿元，增长 6%。

【金融 保险】 2016 年末，金融机构各项存款余额 82.62 亿元。其中，居民储蓄存款余额 57.38 亿元。年末，金融机构各项贷款余额 53.09 亿元。全旗各保险业实现保费收入 0.24 亿元，比年初增长 2.8 亿元。其中财险保费收入 0.0196 元，比上年增长 2.8%。各类赔款给付金额 0.15 亿元，比上年增长 2.7%。

【科技 教育】 有各类专业技术学（协）会 14 个。成功申报国家专利 29 项。有各类学校 40 所，在校学生 39 342 人。其中，普通高中 1 所，在校学生 8465 人；职业高中 1 所，在校学生 2026 人；初中 27 所，在校学生 9189 人；小学 27 所，在校学生 19 662 人；幼儿园 4 所，在园幼儿 1480 人。小学适龄儿童入学率 100%，初中入学率100%,高中入学率100%。各类学校有专职教师4594人。2016年,高考本科录取人数为1328人。

【文化】 拥有各种艺术表演团体1个,艺术表演场所14个,表演艺术场所20个,公共图书馆1个,文化馆1个。8月2日,契丹辽文化暨第三届契丹学国际学术研讨会在巴林左旗召开。来自澳大利亚、日本、韩国、以及国内30多所高校的66名专家学者参会。同年,巴林左旗辽上京皇城西山坡佛寺遗址考古发掘项目被评为2012年度全国十大考古新发现。

【卫生】 有卫生机构305个,其中医院、卫生院24个,社区卫生服务中心2个,妇幼保健机构1个,专科疾病防治机构1个,疾控中心1个。各类卫生机构拥有床位1426张。卫生技术人员1354人,其中执业医师643人。新型农村牧区合作医疗参合25.5万人,农牧民参合率为95.2%。

【体育】 巴林左旗有体育协会2个。11月8日,巴林左旗柔道选手德格吉日呼在2016"王老吉"杯全国柔道冠军赛中获得金牌。

【社会保障】 年末,城镇新增就业1723人,城镇失业率3.71%。参加基本养老保险16.32万人,比上年增长2%。最低生活保障救助人数为29 036人,比上年下降5.97%。其中城镇4417人,农村24 619人,比上年分别下降17.8%和3.6%。社会福利性收养性单位20个(含敬老院),床位1811张,收养819人。

【人民生活】 全体居民可支配收入13 605元,比上年增长8.8%,全体居民人均消费性支出为24 749元;城镇居民人均可支配收入24 192元,按可比口径计算,比上年增长8.3%。

(撰稿人:张廷坤)

巴林右旗

【概况】 "巴林"起源于尼伦蒙古族一个氏族部落的名称。系蒙古语,为"捉拿""俘获"之意。清顺治五年(1648年)巴林部始析置左右翼二旗,巴林右翼旗札萨克驻地在托盔山(今巴林右旗巴彦套白山)。1957年,巴林右翼旗改称巴林右旗,此名沿用至今。

全旗总面积10 256平方公里。全旗辖4个苏木、5个镇、2个街道办事处,161个嘎查村、11个社区居委会。截至年末,全旗总人口184 577万人。其中,非农业人口60 876万人。男女性别比103∶100。人口出生率10.2‰;死亡率5.5‰;人口自然增长率4.7‰。人口密度为18人/平方公里。居住有蒙古、汉、回、满族等22个民族,其中蒙古族人口9万人,占全旗人口总数的48.7%。

年平均气温6.5℃。最冷月1月,平均气温-15.2℃;最热月7月,平均气温24.5℃。年降水量368.5毫米。年日照实数3028.1小时,无霜期158天。干旱1次、洪涝4次。

全旗地区生产总值83.1亿元,按可比价格计算,比上年增长8%。第一产业增加值11.83亿元,比上年增长3.6%;第二产业增加值45.12亿元,比上年增长8.9%;第三产业增加值26.14亿元,比上年增长7.9%。三次产业比重为14.2∶54.3∶31.5。全社会500万元以上固定资产投资69.8亿元,比上年增长15.7%。公共财政预算收入4.42亿元,比上年增长6.5%。全年公共财政预算支出24.26亿元,比上年增长9.9%。

【农业】 农牧林渔业总产值12.0亿元,比上年增长3.6%。农业增加值1.59亿元,比上年增长15.73%。全年农作物总播种面积9.0275万公顷,比上年增长1.20%。其中粮食作物播种面积5.05万公顷。粮食总产值量16.6万吨,比上年下降5.4%。6月末牲畜存栏数2 931 856头只,12月末牲畜存栏数1 077 428头只;肉类总产量35 304万吨。禽蛋总产量0.3099万吨,奶类总产量2.69万吨;全年完成造林任务23.07万亩,森林覆盖率26.0%。全旗农机总动力40.80万千瓦,比上年增长6.50%。

【工业】 全旗工业增加值36.8亿元,全市排位第10位;增速9.2%,全市排位第2位。规模以上工业总产值136.7亿元,同比增长8.3%;规模以上工业企业20家,主营业务收入134.3亿元,比上年增长9.2%;产销率98.2%,同比下降0.3%。

【城乡建设 环境保护】 完成基本建设投资69.2亿元,比上年增长19.0%;房地产开发投资0.6亿元,比上年下降73.0%。全年商品房屋销售面积3.1万平方米,比上年增长47.2%;商品房屋销售额11 926万元,比上年增长114.6%。中心城区建成区面积14.8平方公里,城区人口9.16万人,城镇化率50.14%。完成通村油路建设529.5公里。完成环境保护和污染治理项目13个,投资额25 590万元,比上年增长12.5%。

【交通】 公路通车里程2266公里,公路客运量107万人,比上年下降12.4%。客运周转量16 676万人公里,比上年增长0.60%。

【邮电】 邮电业务总量12 655万元,比上年下降3.1%。其中:电信业务总量1000万元,比上年下降44.04%;邮政业务总量645万元,比上年增长26.0%。年末固定电话用户9046万户,移动电话用户17.7万户,互联网用户1.1万户。

【贸易】 全旗社会消费品零售总额24.5亿元,比上年增长9.7%。分行业看,批发、零售贸易业165 782.2万元,比上年增长12.9%。住宿餐饮业79 679.6万元,比上年增长3.4%。

【旅游业】 主要旅游景点有18处。全年接待国内外游客40.9万人次,比上年增长16.5%;实现旅游总收入3.43亿元,比上年增长34.0%。

【金融 保险】 全旗金融机构各项存款余额58.65亿元,比上年增长18.7%,其中城乡居民储蓄存款余额34.54亿元,比上年增长16.7%。金融机构各项贷款余额53.71亿元,比上年增长22.0%。全旗各保险业保费收入1.71亿元,比上年增长25.5%。其中:财险保费收入0.72亿元,比上年增长9.1%;人险保费收入0.99亿元,比上年增长39.4%。各类赔款给付金额0.45亿元,比上年增长45.0%。

【教育 科技】 全旗有普通中小学29所,在校生总人数18 331人。其中:高中2所,在校学生3853人;初中3所,在校学生4860人;小学24所,在校学生9618人。普通中小学教职工2462人。全旗小学适龄儿童入学率100%,初中入学率100%,高中入学率95.42%。2016年,高考本科录取人数1083人。拥有科技人员5674人。

【文化 体育】 拥有艺术表演团体7个,公共图书馆1个,文化馆1个,国有博物馆2个,非国有博物馆2个。全旗体育协会9个,有体育场地168处。

【卫生】 全旗有医疗卫生机构(包括村卫生室)192个,其中医院4个,卫生院15个,妇幼保健机构1个,专科疾病防治机构1个,社区卫生服务机构1个,疾控中心1个。各类医疗卫生机构实有病床位750张,专业卫生技术人员1144人,其中执业(助理)医师427人。

【保险】 全旗城乡居民参加医疗保险人数132 166人。

【社会生活】 全体居民人均可支配收入16 523元,比上年增长9.3%。全体居民人均消费支出10 049.27元,比上年增长6.9%。城镇常住居民人均可支配收入22 603元,比上年增长9.0%,城镇常住居民人均消费性支出为13 134.57元,比上年增长7.8%;农村牧区居民人均可支配收入8714元,比上年增长8.0%,农村牧区常住居民人均消费性支出为6963.98元,比上年增长6.0%。在岗职工平均工资74 860元,比上年增长3.0 %。城镇新增就业1533人,城镇登记失业率控制在3.87%。全旗参加基本养老保险的人数16 357人,比上年增长3.1%。全旗参加城乡居民养老保险70 916人,比上年增长2.3%。全旗最低生活保障救助人数为18 921人。其中:城镇居民最低生活保障4888人;农村牧区居民最低生活保障14 033人。全旗有社会福利院1家,床位数240张,收养72人,社会福利企业1个,安置残疾人员26人。

(撰稿人:吉木斯)

克什克腾旗

【概况】 克什克腾旗(以下简称克旗)位于内蒙古东部、赤峰市西北部,地处内蒙古高原与大兴安岭南端山地和燕山余脉七老图山的交会地带,属中温带大陆性季风气候区,独特的地理地貌,造就了丰富的自然资源。"克什克腾"系蒙古语,汉译为"亲兵""卫队",清顺治九年(1652年)建置。全旗南北长207公里,东西宽170公里,总面积20 673平方公里。辖16个苏木乡镇(街道管理办公室),141个行政村(嘎查、居委会)。截至2016年年底,全旗总人口25万人,其中非农业人口5.9万人。是一个以蒙古族为主体,汉族居多数,蒙古、汉、回、满等10个民族聚居的地区。男女性别比为103.87∶100。水资源总量8.63亿立方米,水能蕴藏量14万千瓦,是西辽河、滦河、锡林河的发源地;拥有长江以北最大的铁锡多金属共生矿——黄岗铁矿和国内已探明的第二大银多金属矿——拜仁达坝银矿;风能资源储量5000万千瓦,可开发储量在1500万千瓦以上,规划装机容量700万千瓦以上;克什克腾世界地质公园是自治区首个世界地质公园;境内拥有2个国家级自然保护区、5个自治区级自然保护区、1个旗级自然保护区。

全旗地区生产总值157.91亿元,同比增长7.7%。第一产业增加值18.75亿元,同比增长3.6%;第二产业增加值106.66亿元,同比增长9.5%;第三产业增加值37.5亿元,同比增长4.4%。三次产业比重为11.9∶64.4∶23.7。规模以上固定资产投资123.76亿元,同比增长50.9%。公共财政预算收入8.05亿元,同比增长6.5%。

【农业】 全旗耕地总面积135万亩,粮豆总产量6亿斤,马铃薯和胡萝卜种植面积分别达到25万亩和10万亩;农机总动力50.69万千瓦,增长1.84万千瓦。

【畜牧业】 全旗天然草牧场2557.18万亩。6月末,家畜存栏数239.25万头只;12月末,牲畜存栏数166.8万头只。

【林业】 全旗林业用地面积为1358.8万亩,森林面积1051万亩,森林覆盖率35.42%,是全国森林资源可持续经营管理试点旗。列入补偿的国家级公益林面积687.3万亩。保护湿地220万亩。

【水利】 全旗各项可利用灌溉工程共有6944处。其中:灌区26处(万亩以上灌区7处)、机电井6917眼(规模以上1546眼,规模以下5371眼)、灌溉泵站1处。农田有效灌溉面积25.97万亩,占耕地总量22.90%,节水灌溉面积29.78万亩。建设农村牧区人畜饮水、改水安全工程833处。全旗共修建防洪工程18.3公里,水电站10座,装机容量2.57万千瓦,多年平均发电量6760.45万千瓦时。

【工业】 克旗基本形成以冶金矿产、新型化工、清洁能源、绿色食品加工等四大产业为主的工业发展格局。全旗规模以上冶金矿山采选类企业18家,矿石日处理能力3.26万吨,铅年冶炼能力10万吨;大唐国际克什克腾煤制天然气项目2016年生产天然气7.678亿立方米;焦油加氢、粗酚精制、酚醛树脂等下游产品加工项目试生产;风电开发规模217.7万千瓦;现有小型肉类加工企业18家,年加工肉牛1万头、肉羊15万只。2016年,全旗工业增加值90.21亿元,同比增长8.3%,其中规模以上工业增加值增速9.5%;工业企业实现税金9.01亿元,占全旗财政收入79.38%。

【城镇建设】 全旗规划区总面积110平方公里,建成区面积30.33平方公里,城镇总人口11.1万人;城镇人均居住面积37.09平方米;全旗城镇化率44.5%;形成"一心四轴"的城镇体系空间格局。

【环境保护】 全旗13个苏木乡镇全部获得国家级生态乡镇命名,82.9%的行政村获得市级以上生态村命名。全年削减二氧化硫 542.63 吨、氮氧化物 215.53 吨、化学需氧量 926.06 吨、氨氮 189.1 吨。

【交通】 全旗公路通车总里程 3579.3 公里。公路密度 17%，13 个苏木乡镇、3 个街道全部开通油路，嘎查村通公路率和通电率 100%；完成公路货物运输量 128 万吨以上、周转量 1.79 亿吨公里以上，客运量 49.4 万人次以上、周转量 5623 万人公里以上。

【电信】 全旗固定电话 0.43 万户，移动电话 18.7 万户，宽带用户 1.01 万户。

【商业】 社会消费品零售总额 32.95 亿元，比上年增长 9.9%。其中：批发、零售贸易业 24.24 亿元，增长 10.5%；住宿和餐饮业 8.71 亿元，增长 8.3%。

【服务业】 在旅游业的带动下，餐饮、住宿、商贸流通等服务业发展迅速，全旗第三产业增加值 37.5 亿元，同比增长 4.4%。

全旗现已建成 A 级景区 4 个，其中 AAAA 景区 2 个、AAA 景区 2 个，旅行社 12 家。全年接待国内外游客 470 万人次，同比增长 9.3%；实现旅游综合收入 40 亿元，同比增长 14.2%。

【金融 保险】 全旗现有工、农、中、建、农发行、包商银行、邮储银行、农银村镇银行及农村信用合作联社等 9 家县域金融机构，金融营业网点 40 余家，保险分支机构 20 余家，从业人员近千人，农村金融网点实现了苏木乡镇级“全覆盖”。截至 2016 年 12 月末，全旗金融机构各项存款余额 67.86 亿元，比年初增加 14.1 亿元，同比增长 26.23%；各项贷款余额 67.71 亿元，比年初增加 10 亿元，同比增长 17.32%。存贷 99.78%。

【科技】 全旗拥有各类科技人员 6055 人。拥有各项专利数 113 个。

【教育】 全旗拥有公办各级各类学校 42 所。其中：普通高中 1 所、中等职业学校 1 所（与旗教师进修学校合署办公）、完全中学 1 所、独立初中 3 所、九年一贯制学校 7 所、完全小学 15 所、嘎查村级校点 14 个。有在校生 21 621 名。其中：普通高中生 3644 名、职高生 759 名、初中生 4980 名、小学生 9464 名、特教生 85 名。拥有各类幼儿园 48 所，在园幼儿 4346 名。其中：公办幼儿园 21 所，在园幼儿 2689 人；民办幼儿园 27 所，在园幼儿 1599 人。教职工 2815 人，其中专任教师 2002 人。

【文化】 全旗拥有艺术表演团体 1 个、艺术表演场所 2 个、公共图书馆 1 个、文化馆 1 个、公共博物馆 1 个。

【卫生】 全旗拥有医疗机构 296 个，其中二级医院 2 所、一级民营医院 1 所、疾控中心 1 所、妇幼保健机构 1 所、基层卫生院 21 所、社区卫生服务中心 2 所、疗养院 1 所。嘎查村卫生室 180 所，其中村级卫生站 27 所、厂矿卫生所 2 所。各类卫生机构拥有床位 1100 张，各类卫生技术人员 1086 人。新型农村牧区合作医疗参合人数 173 416 人，农牧民参合率 95.05%。

【体育】 全旗登记注册的体育单项协会 21 个，拥有各级各类教练员 120 余人、裁判员 80 余人、社会体育指导员 373 名。其中：国家级 4 人，一级指导员 37 名、二级指导员 65 名、三级指导员 267 名，每万人拥有社会体育指导员 14 名。全旗共建有田径运动场 2 个、网球馆 1 座、门球馆 1 座、小运动场 11 个、篮球场 115 个、排球场 19 个、网球场 19 片、门球场 16 片、台球室 20 个、健身苑点 16 个、乒乓球室 45 个、漂流 5 处、其他活动室（场）近 40 个。

【人民生活】 城镇常住居民人均可支配收入 24649 元，同比增长 8.1%；人均消费性支出 13 780 元，同比增长 25.8%。农民牧区常住居民人均可支配收入 9400 元，同比增长 8.0%；人均消费性支出 9677 元，同比降低 1.6%。

【社会保障】 全旗最低生活保障救助人数为 25 075 人。其中：城镇 3799 人；农村牧区 21 287 人。社会福利性收养单位（含敬老院）12 个，床位

470张,收养314人。社会福利企业1个,安置残疾人员26人。

(撰稿人:潘永刚)

翁 牛 特 旗

【概况】 “翁牛特”蒙古语,史书也记作“翁里郭特”,汉译为“诸王之部众”。明崇祯七年(1634年),今旗境定为翁牛特部牧地。崇祯九年(1636年)始建旗,称翁牛特左翼旗。民国36年(1947年)5月,改旗名为翁敖联合旗。1949年3月20日,东北行政委员会颁布命令,取消翁敖联合旗名称,改称翁牛特旗。

全旗土地总面积11 882平方公里,东西最大距离256公里,南北最大距离86公里。辖8个镇,4个苏木,2个乡,2个街道办事处,6个国营农牧场,226个行政嘎查村,8个居委会。年末户籍人口481 427人。全年出生人口5035人,出生率10.5‰;死亡人口1691人,死亡率3.5‰;人口自然增长率7‰。(计生年度人口出生率6.81‰,死亡率3.37‰,人口自然增长率3.45‰。

2016年,翁牛特旗第一产业增加值占地区生产总值比重28.0%,第二产业增加值占地区生产总值比重44.0%,第三产业增加值占地区生产总值比重28.0%。全旗地方财政总收入74 719万元。比上年增长25.4%。其中,公共财政预算收入46 981万元,比上年增长11.8%,上划中央收入23 026万元,比上年增长62.0%,上划自治区收入4712万元,比上年增长42.0%。公共财政预算支出348 329万元,比上年增长7.3%。居民消费价格比上年上涨1.1%。其中食品类价格比上年上涨3.6%。商品零售价格比上年上涨0.7%。

【农业】 全年粮食作物播种面积165.2万亩,粮食总产量700 000吨。2016年,地区生产总值1 539 689万元,按可比价格计算,比上年增长6.7%。分产业看:第一产业增加值431 094万元,增长3.7%;第二产业增加值676 688万元,增长7.2%;第三产业增加值431 907万元,增长7.3%。全旗人均生产总值36 859元,比上年增长6.2%。年末,全旗农牧业机械总动力86.9万千瓦,比上年增长7.7%。全年全旗共发放农机购置补贴资金3865万元,受益农户2545户。

【畜牧业】 牧业年度(6月末)家畜存栏总头数258.70万头(只)。其中,牛存栏30.1万头,羊存栏186.51万只,生猪存栏32.4万口。

【林业】 完成林业生态建设33.12万亩。其中:京津风沙源治理19.5万亩、重点区域绿化2.31万亩、造林补贴2万亩、防沙治沙示范区建设0.5万亩、高效丰产经济林建设1.69万亩、退耕还林0.06万亩、社会营造林5.06万亩、森林抚育2万亩。重点打造响浩线穿沙公路两侧防沙治沙精品工程19.5万亩、村庄绿化1.9万亩、防沙治沙示范区建设0.5万亩等精品工程,带动翁牛特旗防沙治沙水平整体提高。全旗森林覆盖率29.5%。

【水利】 全年水利建设投资9750万元,完成膜下滴灌建设任务9.6万亩,落实巩固面积50万亩。完成防洪维修加固工程41处,完成渠道整治15公路,干支渠护砌22.5千米,渠系建筑物37座。完成造林整地693公顷,水平梯田86公顷,封育320公顷。建成饮水安全工程68处,巩固提升工程98处,受益人口5.97万人。

【工业】 全旗500万元以上项目固定资产投资1 156 147万元,比上年增长14.1%。房地产开发投资额34 371万元,比上年增长50.1%。全部工业增加值565 607万元,比上年增长7.2%(可比价计算)。规模以上工业增加值增速7.2%。招商引资方面,全年共引进国内、区外到位资金58.7亿元,比上年增长10.3%。

【城镇建设】 全社会建筑业增加值111 082万元,比上年增长7.0%。资质等级三级以上的10家建筑企业(按注册地统计)实现建筑业总产值38 674万元,实现营业利润1420万元,实现税金1370万元,房屋建筑施工面积220 072平方米。

实施小巷综合治理工程，对农电小区胡同、石油公司胡同、二小北胡同、燃气公司胡同和啤酒厂胡同5条城区小巷进行综合治理。实施人行道硬化工程，硬化水岸春城、天和人家及玉龙路人行道1.06万平方米。完成纬五街、纬六街，以及乌七线建设工程。实施敖包山绿化工程，开挖、回填土方量110万立方米，绿化29万平方米，栽植各类树木14万株，滴灌面积41万平方米。开展农村牧区危房改造工程，实施危房改造40 205户，土房改造33 057户，共涉及18个苏木乡镇229个嘎查村。2016年年底，全旗城镇化率41.07%。

【环境保护】 2016年全旗7个减排项目总投资1.53亿元，完成投资1.07亿元，开工率100%，完成率83%。兴阳供热锅炉烟气脱硫除尘、脱硝工程已建成投入使用；安琪酵母（赤峰）有限公司脱硫除尘工程已建成投入使用；赤峰凌志食品有限公司脱硫除尘、脱硝工程已建成，在线监测系统未安装。中粮一期畜禽粪便治理工程已建成；中粮二期畜禽粪便治理工程已建成；赤峰凌志食品有限公司污水处理工程已建成；乌丹污水处理厂再生水利用工程已开工建设。

【交通 邮电】 全旗道路交通条件进一步改善。截至2016年年底，全旗公路通车总里程3621公里，黑色路面里程2414公里，全旗229个行政嘎查村有200个通了油路，通畅率87.3%。国省干线公路优良路率75%，县级公路优良路率60.07%。全年客运量278.31万人次，客运周转量19 527.33万人公里，比上年分别增长2.61%和0.83%。全年货运量215.16万吨，货运周转量26 475.04万吨公里，比上年分别增长0.33%和3.25%。全年交通运输及邮政业增加值45 788万元，比上年增长3.3%。

邮电业务总量1.9亿元。其中：邮政业务总量1386万元，电信业务总量1.7亿元。电信业务总量中，移动业务总量1.5亿元。年末固定电话用户总数1.1万户，移动电话用户总数30.7万户，宽带业务用户数4.0万户。

【商业】 全旗城乡商业经营网点9755个；商贸流通从业人员3.5万人；城乡商业网点的总面积48.5万平方米；“十个全覆盖”便民连锁超市247家；加油站59家；再生资源回收利用龙头企业1家，回收网点55个；物流配送、快递网点27家；酒类流通备案登记网点1223家，备案对外贸易自营进、出口企业32家。2016年，全旗社会消费品零售总额35.5亿元，同比增长9.7%，预计年末完成44.8亿元，同比增长6.9%。全旗外贸出口创汇267.72万美元，同比增长29.85%；全旗外贸进口额15 649.16万美元，同比增长0.78%。

【服务业】 社会消费品零售总额443 459万元，比上年增长9.8%。按经营地统计，城镇消费品零售额263 942万元，同比下降6.8%。乡村消费品零售额179 517万元，同比增长48.6%。按消费形态分，餐饮收入151 842万元，商品零售收入291 617万元。2016年，翁牛特旗旅游国内接待量为110万人次，同比增长17.7%，旅游收入13亿元，同比增长18.1%。玉龙沙湖景区全年接待量为28万人，同比增长12%。旅游收入4500万元，同比增长63%。

【金融 保险】 2016年年末，金融机构各项存款余额951 032万元，比年初增加109 466万元，增长12.5%。其中：住户存款余额635 527万元，比年初增加100 221万元，增长17.1%；非金融企业存款201 436万元，比年初增加109 712万元，增长119.6%。广义政府存款114 031万元，比年初下降50 435万元。金融机构各项贷款余额为705 478万元，比年初增加151 786万元，增长24.7%。其中，住户贷款余额511 526万元，比年初增加63 503万元，增长17.2 %。非金融企业及机关团体贷款余额193 952万元，比年初增加88 283万元，增长83.5%。

截至12月末，旗内保险业实现保费收入33 590万元，比上年同期增加2886万元，增长9.4%。其中：财险保费收入18 485万元，比上年同期增加

678万元，增长3.8%；人险保费收入15 105万元,比上年同期增加2208万元,增长17.1%。各类赔款给付金额14 089万元,比上年增长2389万元,增长20.4%。

【科技】 推荐申报内蒙古沐禾金土地节水工程设备有限公司的"自动化、信息化灌溉施肥技术集成应用研究与产业化"获自治区科技重大专项立项,获自治区财政资金支持300万元。2个项目通过国家和自治区验收：国家科技型中小企业技术创新基金项目——内蒙古蒙都羊业食品有限公司承担的"反刍动物高效富酶蛋白饲料研究开发与中试",通过国家委托自治区组织的专家验收；自治区应用技术研究与开发资金(科技扶贫)项目——内蒙古凌志马铃薯科技股份有限公司承担的"脱毒马铃薯加工品种高产高效栽培技术示范与推广",通过自治区科技厅验收。全年组织实施各类科技活动4次。

【教育】 全旗现有教职工5370人,中小学(园)在校生45 843人。全旗高考本科录取人数1239人,本科录取率37.6%。

【文化】 全旗文化馆(站)28个,公共图书馆1个,草原书屋241个。现有电视发射机17座,广播电视综合覆盖率98%。

【卫生】 全旗共有医疗卫生机构414个。其中：综合医院2个,基层医疗卫生机构30个,专业公共卫生机构4个,其他卫生机构1个,诊所(个体诊所、医务室、卫生室)378个。卫生技术人员1406人。其中：执业医师和执业助理医师835人,注册护士407人。医疗卫生机构床位数1230张,其中旗级医疗卫生机构815张,基层医疗卫生机构415张。

【体育】 2016年11月,在洛阳举办的全国传统弓射箭比赛中，翁牛特旗射箭代表队分别荣获个人、团体第3名;9月,在中国赤峰第2届体彩杯沙滩足球比赛中，翁牛特旗自由飞翔队荣获第3名。参加全市3次体育比赛中,翁牛特旗代表队分别均荣获第2名。全年组织全旗性体育活动15次,参加活动人数1580名。

【社会保障】 全旗参加基本养老保险的人数19 196人,参加基本医疗保险的人数29 754人,参加养老保险的离退休人数26 032人，参加工伤保险的人数16 003人。全旗共有35.8万农牧民参加新型农村牧区合作医疗，新农合现有人口参合率98.5%。

全年享受城镇最低生活保障人数2156人,享受农村牧区最低生活保障家庭23 668户,农村最低生活保障人数27 462人。全旗各类养老机构19个,其中,敬老院14个,光荣院1个,私立养老院4个。床位数共计1169张,在院人数349人。

【人民生活】 全体居民人均可支配收入13 878元。其中:城镇常住居民人均可支配收入23 987元。比上年增长8.2%,农村牧区常住居民人均可支配收入8680元,比上年增长7.8%,城镇常住居民人均消费支出14 306元，农村牧区常住居民人均消费支出8170元。

全年城镇新增就业2100人,开发公益性岗位安置就业困难人员300人,劳动力转移就业总人数6.5万人，城镇登记失业率控制在4.0%以内。

(撰稿人:缴树奇)

敖 汉 旗

【概况】 敖汉旗位于内蒙古自治区赤峰市东南部,地处燕山山脉东段努鲁尔虎山北麓、科尔沁沙地南缘。介于北纬41°42′~43°02′,东经119°30′~120°53′。东与内蒙古自治区通辽市奈曼旗毗邻,南与辽宁省朝阳市接壤,西与内蒙古自治区赤峰市松山区、元宝山区相连,北与内蒙古自治区赤峰市翁牛特旗隔老哈河相望。敖汉旗人民政府驻新惠镇，距离赤峰市人民政府所在地110公里。

敖汉旗自然资源比较丰富。主要河流有叫

来河、孟克河、老哈河、老虎山河、牤牛河。流域面积8297平方公里。全旗多年平均地表水资源为2.89亿立方米，多年平均地下水资源为3.14亿立方米。土地资源82.35万公顷。其中，有耕地25.8万公顷，园地135.7公顷，林地35.9万公顷，草地13.5万公顷。野生经济植物有90余科710余种。野生动物兽类主要有狐、狍、蒙古兔、沙鼠、刺猬等；鸟类主要有雉鸡、鹌鹑、大鸨、石鸡、绿头鸭等。有林面积570.7万亩。旗境内主要旅游景区有11处，分为古文化类、自然风光类、生态建设类和民族风情类。境内发现地下蕴藏的矿产资源主要有金、铁、铜、银、钨、钼、煤、萤石、油页岩、硅石、地下热水、砖瓦用黏土等30余种。

明嘉靖年间，元太祖成吉思汗十九世孙岱青杜棱率众至旗境内驻牧，称敖汉部。"敖汉"系蒙古语，汉语意为"大王"。崇祯九年（1636年）始建敖汉旗，至今沿用此名。

2016年，敖汉旗辖16个乡镇苏木、2个街道管理办公室；辖222个村（嘎查）、22个居委会。7月20日，内蒙古自治区人民政府作出《关于调整敖汉旗部分乡镇行政区划的批复》，撤销林家地乡，设置黄羊洼镇。黄羊洼镇辖14个村，面积575.37平方公里，人口27 718人。全旗国土总面积8294.14平方公里。全旗户籍人口612 479人。其中：汉族566 706人，少数民族45 773人。男女性别比例106.04∶100。

全旗地区生产总值176.85亿元，按可比价计算（下同），比上年增长7.4%。其中：第一产业增加值43.15亿元，比上年增长3.7%；第二产业增加值74.79亿元，比上年增长8.2%；第三产业增加值58.9亿元，比上年增长8.7%。第一、二、三产业增加值占生产总值的比重调整为24.4∶42.3∶33.3。全旗人均生产总值33 360元，比上年增长7.4%。全旗500万元以上项目固定资产投资累计完成123.7亿元，比上年增长14.1%。财政一般预算收入5.96亿元，比上年增长6.8%。

【农业】 全旗农林牧渔业总产值72.82亿元，比上年增长7.3%。农业增加值43.2亿元，比上年增长3.7%。粮食总产量76.05万吨，比上年下降2.89%。农业机械总动力87.62万千瓦，比上年增长6.1%。实施"两压缩、两增加"战略，压缩玉米45万亩、高粱1万亩，增加谷子等杂粮杂豆5万亩、经饲作物41万亩，提高经济作物种植面积。9月15日，天宫二号发射，敖汉杂粮随天宫二号空间实验室进入太空育种。进入太空育种的敖汉杂粮包括五种作物8个品种，即谷子品种4个，荞麦、高粱、糜子、文冠果品种各1个，计192克。9月20—21日，由中国社会科学院考古研究所、中国农业大学、中国农学会农业文化遗产分会、中国作物协会粟类专业委员会、内蒙古小米（谷子）产业技术创新战略联盟、敖汉旗人民政府联合主办的第三届世界小米起源与发展国际会议在敖汉旗召开。来自中国、俄罗斯、韩国、以色列等国内外高校和研究机构的专家学者，北京、天津、河北、山东等国内知名小米加工与销售企业的负责人，共300多人参加会议。

【畜牧业】 畜牧业大小畜存栏115.18万头只，比上年下降3.2%。其中：大牲畜存栏31.03万头，羊存栏84.15万只。生猪存栏27.77万头。肉类总产量7.33万吨。禽蛋总产量9.27万吨，奶类总产量1万吨。

【林业】 依托文冠果建设工程、樟子松建设工程、重点区域绿化工程、沟道治理工程和绿化苗木基地和林业产业结构调整，完成营造林12.6万亩，投资5.4亿元。

【水利】 新建安全饮水巩固工程16处，解决6960人的饮水安全问题。完成坡耕地水土流失治理面积1.3万亩、京津风沙源水土流失治理面积1.8万亩。农田有效灌溉面积56 145公顷。

【工业】 工业增加值64.1亿元，比上年增长8.4%。实施3000万元以上重点工业项目13个，完成投资37.5亿元。全旗有规模以上工业企业

59家，累计完成现价产值82.3亿元，比上年增长2.21%。工业产品产销率97.6%。

【城镇建设】 基本建设投资23.66亿元，比上年增长42.1%；房地产开发投资9.2亿元，比上年下降0.04%。新惠中心城区建成区面积15平方公里，城区人口11.13万人。新惠城区控规覆盖率96%。全旗城镇化率39.1%，同比提高1.7个百分点。

【环境保护】 环境保护和污染治理项目4个，完成投资额610万元，比上年增长4.6%。

【交通 电信】 公路通车里程2733公里，公路客运量178.8万人、客运周转量8595万人公里，分别比上年增长2.88%和3.11%；公路货运量167.5万吨、货运周转量8696万吨公里，同比分别增长2.33%和1.11%。

邮电业务总量25 493.14万元，比上年增长24.3%。其中：电信业务总量22 515万元，比上年增长8.2%；邮政业务总量2978.14万元，比上年增长3.4%。全社会电话用户56.6万户。其中，移动电话43.3万部。计算机互联网用户6.13万户，同比增长6.98%。

【商业】 全旗社会消费品零售总额46.8亿元，比上年增长9.8%。按销售渠道分，城镇零售额为420 195.2万元，同比增长9.6%；乡村零售额为47 965.6万元，同比增长11.5%。

【服务业】 全旗商品销售额92.87亿元，比上年增长13.1%。分行业看，批发业销售额42.86亿元，比上年增长12.2%；零售业销售额43.79亿元，比上年增长13.8%；住宿业销售额1.07亿元，比上年增长15%；餐饮业销售额5.15亿元，比上年增长15.1%。敖汉旗主要旅游景点有11处。全年接待国内外游客71万人次，比上年增长16.4%；实现旅游总收入9亿元，比上年增长15.4%。敖汉温泉城被批准为国家AAAA级旅游景区。

【金融 保险】 金融机构各项存款余额115亿元，比年初增加16.4亿元。其中，居民储蓄存款余额89.6亿元，比年初增加10.9亿元。年末金融机构各项贷款余额56.4亿元，比年初增加7.3亿元。

全旗各保险业保费收入2.31亿元，比上年增长25.7%。其中，财险保费收入0.95亿元，比上年增长5.7%；人险保费收入1.36元，比上年增长44.8%。各类赔款给付金额0.82亿元，比上年下降22.4%。

【科技】 引进新品种135个、新技术53项，对农牧民进行科学技术培训11.8万人次。举办2016赤峰·中国北方农业科技成果博览会暨全国农高会新丝绸之路创新品牌展示交易会敖汉分会，全国各地150家企业前来参展，现场交易额达200多万元。全旗有各类科技人员9018人。

【教育】 全旗有各类学校66所，在校学生54 153人。其中：普通高中3所，在校学生6782人；职业高中1所，在校学生703人；初中20所，在校学生14 670人；小学42所，在校学生31 998人。幼儿园133所，在园幼儿14 556人。小学适龄儿童入学率100%，初中入学率100%，高中入学率66%。各类学校有专职教师4350人。高考本科录取人数为2208人。7月，敖汉旗秋季高考实现新的突破。全旗参考人数4354人，本科上线人数2208人。全旗600分以上人数为73人，有2人被清华大学录取，有5人被北京大学录取，创造历史纪录。12月23日，全旗统一配置的校车试运营。投资2400多万元，购置74台校车，覆盖全旗35所农村寄宿制小学11 003名学生上学、放学乘车线路。

【文化】全旗有群众文化艺术馆1个，公共图书馆1个，博物馆4个，档案馆1个。举办首届敖汉旗春节联欢晚会。建设村级文化广场741个、文化活动室222个，发展文化大院30家。四家子镇、下洼镇河西村分别被列为第一批自治区级历史文化名镇、历史文化名村，丰收乡宋杖子村入选第四批中国传统村落名录。发展有线数字电视用户 1 万户，安装广播电视户户通 2.4 万户、广播村村响 240 个。广播和电视综合人口覆盖率为 96%。有线电视用户 7.6 万户。

【卫生】拥有卫生机构 43 个。其中：医院、卫生院 38 个，社区卫生服务中心 2 个，妇幼保健机构 1 个，专科疾病防治机构 1 个，疾控中心 1 个。各类卫生机构拥有床位 2724 张，卫生技术人员 1824 人，其中执业医师 821 人。新型农村牧区合作医疗参合人数 492 721 人，农牧民参合率 91.93%，受益人次 266 357 人，补偿金额 2.63 亿元。

【体育】 主办第 2 届青少年足球赛、第 7 届“雪花啤酒杯”万人登山活动、邀请三省四市羽毛球爱好者参加的羽毛球邀请赛、敖汉旗群众体育大会等体育赛事，协办赤峰市青少年篮球锦标赛、赤峰市第 3 届青少年阳光体育大会等体育赛事。

【社会保障】 城乡基本医疗保险参保人数 546 486 人。其中：城镇职工基本医疗保险参保人数 24 523 人，城镇居民基本医疗保险参保人数 29 242 人，农村居民参保人数492 721 人；工伤保险参保人数 27 563 人；生育保险参保人数 19339 人。城乡居民养老保险参保人数 242009 人。全年社保基金收入 10.5 亿元（含财政补助 5.4 亿元），社保基金支出 9.99 亿元（含上解支出 4.24 亿元），社保基金累计结余 3.23 亿元，社会化发放率 100%。

【人民生活】 农村居民人均可支配收入 9394 元，比上年增加 702 元，同比增长 8.1%；城镇居民人均可支配收入 24 195 元，比上年增加 1867 元，同比增长 8.4%。城镇居民人均消费性支出 16 116 元。其中：食品人均支出 5141 元，交通与通信支出 1828 元，教育文化娱乐支出 1713 元，居住支出 2569 元。城市居民人均自有现住房面积 23.72 平方米。年末在岗职工 20 894 人，在岗职工工资总额 125 357.1 万元，在岗职工年平均工资 59 952 元。

【精准扶贫】 旗、乡、村干部与 20 539 户贫困户结成帮扶对子，形成旗有龙头企业、乡有种养基地、村有发展产业、户有增收项目的扶贫工作格局。共投入扶贫资金 11.98 亿元，实施综合性扶贫项目 13 个。全旗 6559 户、1.19 万贫困人口稳定脱贫。敖汉旗代表自治区迎接国务院扶贫办组织的省际间脱贫成效考核验收。

【“十个全覆盖”工程】 经过 3 年工作完成任务。3 年累计投资 56.5 亿元，完成 1474 个村庄建设任务，覆盖人口 50.1 万人，人口受众率 93.1%。实施街巷硬化 5420 公里，村庄绿化植树 192 万株，改造危旧土房 1.8 万户、改造土墙 812 万平方米，设立地名标志牌和门户牌 19 万块。“十个全覆盖”工程投资额度之大、工作强度之大、农村变化之大，在敖汉旗发展史上前所未有。

【中国·敖汉第三届温泉文化旅游节暨第五届国际蒙中医论坛】 7 月 14 日，在敖汉温泉城开幕。在开幕式上，举行大型文艺演出，来自蒙古、比利时以及中国中医科学院医史文献研究所、内蒙古医科大学等国内外专家、学者和当地群众 4000 余人参加开幕式。

（撰稿人：穆海东）

喀 喇 沁 旗

【概况】 喀喇沁原为蒙古族部落名称，汉语为“守卫者”之意。喀喇沁旗地处内蒙古东部赤峰市西南部，是蒙辽冀三省区交会处，东北经济区与华北经济区结合部；东连辽宁省建平县和赤峰市元宝山区，南邻宁城县，西接河北省围场县、隆化县，北交赤峰市松山区、新城区、红山区；总面积 3050 平方公里，辖 9 个乡镇、2 个街道，161 个行政村，10 个居民委员会。总人口 34.94 万人，男女性别比 108.69∶100。人口出生率为 8.64 ‰，死亡率 3.86 ‰，自然增长率 4.78 ‰。其中：蒙古族 15.54 万人，满族 2.84 万人、回族0.04万人,其他少数民族0.03万人。

2016年,地区生产总值75.67亿元,按可比价格计算,同比增长6.9%。第一产业增加值13.63亿元,同比增长3.7%;第二产业增加值30.89亿元,同比增长7.3%;第三产业增加值31.14亿元,同比增长8.1%。三次产业比重18.0:40.8:41.2;财政总收入6.43亿元,其中公共财政预算收入4.77亿元,比上年增长0.2%;公共财政预算支出26.15亿元,比上年增长8.0%。城镇居民人均可支配收入24 196元,同比增长8.3%,城镇居民人均消费性支出13 662元,同比增长3.6%;农村牧区居民人均可支配收入9380元,同比增长7.9%;农村牧区居民人均消费性支出7589元,同比增长15.9%;全体居民人均消费性支出9565元,同比增长1.6%。

全年平均气温7.4℃,年降水量438.2毫米,年日照时数2673.9小时,无霜期158天。水资源可利用总量2.078亿立方米,其中地表水可利用量1.452亿立方米,地下水可开采量1.059亿立方米。已发现金属、非金属、固体燃料矿产资源20多种,已开发利用的矿种10余个,纳入自治区矿产资源储量简表的矿种10多种;列入维护管理的野生动物有13目40科182种,其中鸟类8目30科150种,兽类5目10科32种,野生植物有95科371目803种。

【农业】 2016年,农林牧渔业总产值23.36亿元,比上年增加6.7%。农业增加值13.83亿元,比上年增长4.5%。全年农作物播种面积5.26万公顷,比上年增长8.4%。其中粮食作物播种面积4.12万公顷。粮食总产量31.1万吨,比上年下降1.7%。

【畜牧业】 6月末,牲畜存栏105.53万头(只),比上年增长4.78%。12月末,牲畜存栏38.84万头(只),比上年下降14.1%。肉类总产量3.8万吨,禽蛋总产量1.59万吨,奶类总产量1.2万吨。截至年底,全旗养殖大户3.2万户,规模养殖场、养殖小区306个;规模化养殖比重提高到51%;标准化养殖示范场72个,其中农业部授牌1个,自治区授牌1个,畜禽标准化养殖率占规模养殖化养殖的32%。通过国家无公害认证的畜产品、产地各6个,“三品”认证的畜产品占总产量37%。畜产品加工龙头企业3家,畜禽产品市场10个,养殖专业合作组织265个。

【林业】 完成京津风沙源治理1万亩,实施重点区域绿化2.96万亩,新建经济林1.1万亩。

【水利】 完成节水增粮项目0.72万亩,巩固膜下滴灌成果15.3万亩,坡耕地综合治理面积1.1亩,农村饮水安全项目75处,受益人口1.49万人,牲畜0.85万头(只)。完成河道治理1.23公里,新建提防2.57公里。2016年年底,全旗共有中型灌区5条;小型水库2座;塘坝11座,规模以上地下水取水井2895眼;节水灌溉面积23.66万亩。其中:高效节水灌溉面积20万亩;5级以上堤防38.25公里。

【工业】 全旗工业增加值20.43亿元,比上年增长7.1%。规模以上工业企业14家,主营业务收入735 274.5万元,比上年增长2.8%。规上工业实现产品销售收入66.92亿元,比上年减少6.46%;实现利润22 169.6万元,比上年增长208.1%;实现税金14 397.8万元,比上年增长14.0%。

【城乡建设】 完成基本建设投资6.45亿元。其中:建筑工程投资3.67亿元,市政基础设施投资0.65亿元,公用基础设施投资2.13亿元。改造农村危房4055户,硬化街巷1145.142公里,城镇化率42.5%。房地产开发投资1.02亿元,同比下降54.48%。商品房屋销售面积2.32万平方米,同比下降65.82%;实现商品房屋销售额0.99亿元,同比下降54.35%。

【环境保护】 全旗二氧化硫减排1914吨,氮氧化物减排1439吨,COD减排0吨,氨氮减排0吨。取缔1家小茶炉、2家生产燃煤小锅炉。空气自动站正常投入使用,全年出具手工监测数据40个,对SO_2、PM10、NO_2、气象五参数进行监测,全年提供1062个日均值监测数据。全旗环境质量状况良好，锦山镇区环境空气质量符合国家《环境空气质量标准》(GB3095-2012）二类区二级标准。环境空气自动监测站监测仪器正常运行346天。其中:201天空气质量为一级,优;145天空气质量为二级，良；不达标天气总数为8天;锦山镇区地下水所测各项指标符合国家《地下水环境质量标准》(GB/T14848-93）Ⅲ类水体标准。

【交通　电信】　公路通车里程1372.49公里。全年公路客运量1465万人、客运周转量20 751万人公里,分别比上年增长1.03 %和1.00%。公路货运量284万吨、货运周转量19 458万吨公里,分别比上年增长7.17%和1.00%。邮电业务总量17 725万元,比上年增长1.79%,其中电信业务总量14 935万元,比上年增长1.05%;邮政业务总量2790万元,比上年增长5.92%。年末,固定电话用户1.88万户,移动电话用户28.36万户,互联网络用户3.76万户。

【服务业】　全旗社会消费品零售总额317 235.1万元,比上年增长10.0%。分行业看,批发零售贸易业281 031.7万元,比上年增长9.31%;住宿餐饮业36 203.4万元,比上年增长15.67%。城乡商品交易市场59处,成交额19亿元,比上年增长5%。

全旗有旅游景区10处,全年累计接待游客84.5万人次,比上年增长13%;旅游收入10.25亿元,比上年增长14 %。国内旅行社3家,乡村旅游户68户；各类旅游餐饮住宿单位592家,国家级导游员55人，旅游直接从业人员2650人、间接从业人员1.9万余人。举办第2届美林谷国际避暑露营大会、第4届美林谷冰雪节等节会活动。

【金融　保险】　2016年年末，全旗金融机构各项存款余额92.39亿元，比年初增加14.69亿元,其中居民储蓄存款余额68.17亿元,比年初增加8.73亿元。年末，金融机构各项贷款余额49.39亿元,比年初增加9.12亿元。全旗各保险业保费收入1.23亿元,比上年减少4.3%。其中：财险保费收入0.52亿元，比上年下降13.5%；人险保费收入0.64亿元,比上年增长8.02 %。各保险业各类赔款支出0.66亿元,比上年增长21.9 %。

【教育】　2016年,全旗有各类学校80所,在校学生44 105人。其中:普通高中2所,在校学生6126人;职业高中1所,在校学生2183人;初中7所,在校学生8317人;小学32所,在校学生18421人;公办幼儿园32所,在园幼儿8968人。小学适龄儿童入学率100 %，初中入学率99.14%，高中入学率82.36%。各类学校有专职教师3445人。2016年高考本科录取人数1503人。

【文化　体育】　喀喇沁旗拥有各种艺术表演团体15个,艺术表演场所1个,公共图书馆1个,文化馆1个,体育协会21个。喀喇沁全国可移动文物普查工作完成100%,共登录藏品总数1885件(套)。图书馆共征集图书7561册,整理7561册。2016年，体育彩票累计销售28 435 741元。

【卫生】　2016年年底,全旗卫生机构343个。其中：医院、卫生院20所，社区卫生服务中心2个,妇幼保健所1个,专科疾病防治机构1个,疾病预防控制中心1个。村卫生室163个,营利性医疗机构128个；各类卫生机构拥有床位数1044张,卫生技术人员1248人;共有执业(助理)医师596人,注册护士365人,高级职称医护人员56人,中级职称医护人员206人。

【社会保障】　参加基本养老保险的人数217 353人,比上年减少12.42 %。全旗最低生活保障救助人数为30 080人,比上年增长1.63 %。其中,城镇1663人,比上年减少29.59 %;农村28 417人,比上年增长4.33 %。社会福利性收养单位(含敬老院)11个,床位1260张,收养451人。

【人民生活】　全体居民人均可支配收入15 346

元，比上年增长10.1%，全体居民人均消费支出9565元，比上年增长1.6%。城镇居民人均可支配收入24 196元，比上年增长8.3%，城镇居民人均消费性支出13 662元，比上年增长3.6%，城镇居民人均住房建筑面积32.88平方米；农村牧区居民人均可支配收入9380元，比上年增长7.9%，农村牧区居民人均消费性支出7589元，比上年增长15.9%，农村牧区居民人均住房建筑面积26.5平方米。城乡居民恩格尔系数分别为34.1%和35.2%。年末城镇新增就业人数5324人，城镇失业率4.0%。

（撰稿人：崔磊）

宁 城 县

【概况】 宁城县位于河北、辽宁、内蒙古三省（区）交界处，内蒙古自治区赤峰市南部，北纬41°17′~41°53′，东经118°26′~119°25′之间。东与辽宁省建平县、凌源市交界，南与河北省平泉县毗邻，西与河北省承德县、隆化县接壤，北与赤峰市喀喇沁旗相连。东西长94公里，南北宽64公里，总面积4305.47平方公里。辖18个镇乡、街道，302个行政村、22个社区。至2016年年底，全县总人口61.58万人。性别比为110.0。有少数民族13个，人口87 862人。

全年平均温度8.0℃。最冷月1月，平均温度-8.1℃；最热月7月，平均温度22.6℃。年降水量365.2毫米，年日照时数2628.1小时。无霜期169天。发生旱灾、冰雹等自然灾害3起。

全年地区生产总值167.8亿元，按可比价格计算，比上年增长8.2%。其中：第一产业增加值33.5亿元，比上年增长2.9%；第二产业增加值70.9亿元，比上年增长9.6%；第三产业增加值63.4亿元，比上年增长9.6%。按常住人口计算，人均地区生产总值31 555元，比上年增长8.4%。三次产业比重为19.9∶42.3∶37.8。500万元以上项目完成固定资产投资93.5亿元，比上年增长14.6%。公共财政预算收入6.7亿元，比上年增长8%。财政支出34.8亿元，同比增长19.2%。

【农业】 2016年，农林牧渔业总产值63.1亿元，比上年增长13.9%。增加值37.3亿元，增长3.8%。全年农作物播种总面积11.38万公顷，比上年增长5.6%。其中粮食作物播种面积8.8万公顷。粮食总产量75.05万吨，比上年下降0.4%。

【畜牧业】 6月末，牲畜存栏数171.02万头只，增长1.6%；12月末牲畜存栏数49.46万头只，肉类总产量8.85万吨，禽蛋总产量3.4万吨，奶类总产量2.2万吨。

【林业】 全年完成营造林4246公顷，森林覆盖率47%。

【水利】 全年水产品总量1265吨，比上年下降10.2%。有效灌溉面积49 626公顷，机电排灌面积30 740公顷，机电井6438眼。共建有饮水安全工程588处，解决38.69万人的饮水安全问题。

【工业】 全县工业增加值63.8亿元，比上年增长8.5%。有规模以上工业企业62家，主营业务收入170.7亿元，比上年增长1.97%。规模以上工业产品销售产值182.1亿元，比上年增长2.2%；实现利润0.9亿元，增长200%；实现利税1.9亿元，比上年增长35.7%。

【城镇建设】 2016年，完成新建102.9亿元；房地产开发商开发投资6.3亿元，比上年下降37%。中心城区建成区面积24平方公里，城区人口16万人，城镇化率46.02%。改造村级油路322.56公里。

【环境保护】 完成污染治理项目12个，投资额874万元，比上年增长32%。关停取缔环保违规项目14个，改造棚户区居民燃煤炉灶230户。

【交通 电信】 2016年，公路通车总里程2092公里，公路旅客运输量718万人、客运周转量15 405万人公里，分别比上年增长3.3%、

16.5%；公路货物运输量 646 万吨、货运周转量 32 440 万吨公里，分别比上年增长 8.4%、11.4%。邮政和通信业务总量 3.5 亿元，比上年增长 9.4%。其中：通讯业务总量 3.2 亿元，比上年增长 10.3%；邮政业务总量 0.3 亿元，比上年下降 25%。年末，固定电话用户 5.8 万户，移动电话用户 42.5 万户，互联网用户 5.2 万户。

【商业】 全年社会消费品零售总额 63.6 亿元，比上年增长 9.9%。其中：批发、零售贸易业 57.4 亿元，比上年增长 9.7%；住宿和餐饮业 6.2 亿元，比上年增长 12.7 %。城乡商品交易市场 69 处，比上年增加 7 处。

【旅游业】 主要旅游景区景点有 21 处。接待国内外游客 165 万人次，比上年增长 22%；实现旅游总收入 20.3 亿元，比上年增长 19%。

【服务业】 宁城国际酒店开业，奥迪别克综合展厅建成，铁营子市场整体搬迁、八里罕黄牛交易市场升级改造完成，小城子果蔬集散中心投入使用，恢复重建基层供销社 4 个，建成乐村淘、海尔日日顺电商体验店 270 家和 2000 平方米以上超市 2 家。

【金融 保险】 2016 年年末，金融机构各项存款余额 163.8 亿元，比上年末增长 17.8 %。其中，居民储蓄存款余额 124.6 亿元，比上年末增长 6.6%。贷款余额 89.1 亿元，比上年末增长 6.6%。保险事业全年保费收入 14 427 万元，比上年增长 15.5%。其中：财产险收入 5467 万元，比上年增长 13.7%；人险保费收入 8951 万元，比上年增长 16.5 %。各类赔款支出 3344 万元。

【科技】 全县拥有各类专业技术人员 21 200 人。获自治区科技重大专项和市科技进步一等奖各 1 项。

【教育】 有各类学校 72 所。其中：高中 3 所，在校学生 9572 人；初中 11 所，在校学生 14 486 人；小学 53 所，在校学生 35 981 人。职业中学 4 所，在校学生 3515 人；特殊教育学校 1 所，在校学生 134 人。2016 年，高考达到本科分数线人数 2931 人，其中达到本科一批录取线 870 人。各类学校有教职工 5633 人。

【文化】 拥有艺术表演团体 1 个、在建艺术表演场所 1 处、公共图书馆 1 个、文化馆 1 个。法轮寺查玛舞、大明庙会进入市级非物质文化遗产名录；宁城评剧进入自治区级非物质文化遗产名录。群众文化艺术专业团体每年举办展览 10 次，组织较大规模的群众性文艺活动 60 次，演出 220 场。公共图书馆藏书 6.3 万册。博物馆馆藏文件 2535 件，参观者达 12 万人次。广播电视人口覆盖率 98.8%，城乡有线电视用户 8.5 万户。

【卫生】 全县拥有卫生机构 559 所。其中，医院、卫生院 35 所，疾病控制中心 1 所，妇幼保健机构 1 所。各类卫生机构拥有床位 2858 张，卫生技术人员 2900 人，其中执业医师 846 人。新型农村合作医疗参合人数 45.3 万人，农民参合率 95.13%。

【体育】 全年举办体育活动 70 次，参加活动人数 3.1 万人。中小学体育锻炼标准达标率 90.%。承办自治区青少年橄榄球锦标赛，宁城体校代表赤峰市获得 5 个组别冠军。在承办的赤峰市 U11 青少年足球锦标赛上，宁城代表队获得男子队团体第三名和女子队团体第四名的成绩。

【人民生活】 城镇居民人均可支配收入 26 459 元，比上年增长 8.7%；消费支出 17 693 元，增长 29.8%。人均住房建筑面积 36.0 平方米。在岗职工平均工资 58 217 元，增长 10.2%。农村居民人均可支配收入 9216 元，比上年增长 8.3%；消费支出 8570 元，下降 0.8%。人均住房建筑面积 30.3 平方米。城乡居民恩格尔系数分别为 30.58%和 34.36%。

【社会保障】 年末，全社会就业人数 30.2 万人，城镇失业率 4.1%。参加基本养老保险的人数 32 932 人，比上年增长 38.2%。全县最低生活保障救助人数为 39 450 人，比上年下降 1.2%。其中：农村 34 317 人，下降 0.3%；城镇 5133 人，下降6.7%。社会福利性收养单位(含敬老院)27个。其中:敬老院15家,有院民607人,床位722张;公办民营养老院1家,院民104人,床位175张;民办民营养老院10家,院民689人,床位1426张;社会福利性收养单位1个(宁城县社会福利院),收养25人。社会福利企业6个,安置残疾人员167人。

(撰稿人:魏利达 杨艳)

林 西 县

【概况】 清光绪三十四年(1908年),清政府实行移民实边政策,放垦巴林部西鄙,将原拟名“巴西县”改名为林西县,此名沿用至今。

全县总面积3933平方公里。辖11个乡镇(7镇、2乡、2街道办事处),103个行政村,10个社区。年末全县总户数109 667户,户籍总人口235 232人。其中:城镇人口81 896人,乡村人口153 336人。全县城住人口205 671人。其中:出生人口1567人,人口出生率7.62‰;死亡人口965人,死亡率4.69%;性别比为107∶100。人口自然增长率2.93‰。流动总人口为48 118人。其中:流入总人口39 690人,流出总人口8428人。有少数民族14个,人口16 908人。

2016年,年平均气温5.6℃。最冷月1月,平均气温-17.7℃,最热月7月,平均气温23.1℃,年降水量301.5毫米,年蒸发量1162毫米,年日照时数3038.7小时。

2016年,全县实现地区生产总值832 112万元。按可比价格计算,比上年增长8.6%。其中:第一产业增加值130 401万元,比上年增长3.6%;第二产业增加值388 931万元,比上年增长11.2%;第三产业增加值312 780万元,比上年增长7.6%。三次产业比重为15.7∶46.7∶37.6。500万元以上固定资产投资863 429万元,比上年增长21.4%。其中公共财政预算收入38 307万元,比上年增长6.6%。公共财政预算支出210 169万元,比上年增长-3.3%。

【农牧业】 2016年,农林牧渔业总产值218 853万元,比上年增长6.6%。农业增加值13.04亿元,比上年增长3.6%。全年农作物播种面积74 000公顷,比上年增加4768公顷。其中粮食作物播种面积47 915公顷,比上年增加500公顷;油料种植面积6769公顷,减少1430公顷;甜菜种植面积6468公顷,增加1214公顷。在粮食种植中:小麦种植面积4535公顷,增加1002公顷;玉米种植面积21 190公顷,减少7991公顷;豆类种植面积3007公顷,增加1517公顷。

粮食产量242 700吨。其中:玉米157 955吨,减少45 509吨;小麦20 094吨,增加3532吨;豆类4510吨,增加2911吨;薯类25 456吨,增加14 000吨;油料19 324吨,减少1835吨;甜菜310 696吨,增加44 443吨;蔬菜及食用菌175 969吨,增加85 025吨。

肉类总产量19 352吨,同比增长-9.4%。其中:猪肉产量6 652吨,增长1.9%;牛肉产量4897吨,增长3.6%;羊肉产量5361吨,增长-37.5%;其他肉类产量2442吨,增长59.6%。年末生猪存栏9.41万口,同比增长2.3%;生猪出栏8.33万口,同比增长1.2%。禽蛋产量3 400吨,同比增长3.1%。牛奶产量22 340吨,同比增长-27.9%。6月末,牲畜存栏127.9万头(只);12月末,牲畜存栏59.9万头(只)。10月8日,林西县与江西省正邦集团签订总投资36亿元200万头生猪全产业链项目合作协议。

全年造林6473公顷,全年木材产量1万立方米森林覆盖率42.03%。全县农机总动力35.8万千瓦。机械耕地面积67.8万亩;机械播种面积92万亩,机械收获面积34万亩。全县农牧机械化经营总收入9452万元。

【工业】 2016年,全县工业增加值388 931万元,比上年增加11.2%。其中,规模以上工业增加值比上年增加11.4%。年末规模以上工业企业33家,主营业务收入1 283 047.4万元,比上年增长 4.7%。实现利税 71 377.9 万元，比上年增长 46.1%；实现利润 55 301.5万元，比上年增长 67.2%。

【城乡建设 环境保护】 2016 年，全年全社会建筑业增加值 69 560 万元，比上年增长 10.5%。具有建筑业资质等级的总承包和专业承包建筑业企业实现产值 7096 万元。全年房地产开发投资 2561 万元，同比下降 62%。其中：住宅投资 2041 万元，下降 61.95%；商业营业用房投资 520 万元，增长 3.8%。全年获环境质量检测和污染监测数据 12 223 个。全年县中心城区空气质量达到二级及以上标天数 289 天。

【交通 邮电】 2016 年，公路通车里程 1459.329 公里。全年旅客运输总量 196 万人次、客运周转量 14 415 万人公里，分别比上年增长 4.5%和 4.3%。全年全社会货运总量 227 万吨、货物周转量 19 987 万吨公里，分别比上年增长 3.2%和 3.5%。全年邮电业务总量 13 535 万元，比上年增长 3.5%。年末固定电话用户 1.7 万户，移动电话用户 23.5 万户，互联网用户 3.6 万户。

【贸易 旅游业】 2016 年，全县实现社会消费品零售总额 325 379.6 万元，比上年增长 9.8%。按销售地统计：城镇社会消费品零售总额 227 684.8 万元，增长 13.9%；乡村社会消费品零售总额 97 694.8 万元，增长 1.2%。按消费形态统计；商品零售额 284 135.3 万元，增长 11.1%；餐饮收入 41 244.3 万元，增长 1.8%。12 月 19 日，林西县举行招商引资和项目建设“冬季攻坚行动”项目集中签约仪式。共有 17 各项目签约落户林西县，总投资 22 亿元，其中亿元以上项目 7 个。

全年接待旅游人数 38.6 万人次。实现旅游营业收入 4 亿元。

【金融 保险】 2016 年年末，金融机构各项存款余额 717 774 万元，比年初增加 165 116 万元，增长 29.88%。其中城乡居民储蓄存款余额 459 761 万元，比年初增加 56 398 万元，增长 13.98%。金融机构各项贷款余额 436 823 万元，比年初增加 56 209 万元，增长 14.77%。全县各保险业保费收入 9278.8 万元。各保险业各类赔款支出 3259.2 万元。

【教育】 2016 年，全县有普通高中 1 所，招生 1216 人，在校学生 3525 人，毕业生 1188 人；初中 3 所，招生 1942 人，在校学生 5719 人，毕业生 1916 人；小学 16 所，招生 1790 人，在校学生 10 661 人，毕业生 1944 人；幼儿园 22 所，入园人数 1334 人，在园人数 3921 人，离园人数 1769 人。各类学校有专职教师 1669 人。

【文化 卫生】 拥有各种艺术表演团体 15 家。其中：业余文艺团体 2 家，婚庆礼仪公司 11 家。公共图书馆 1 个。博物馆 1 个。图书馆 1 个。歌舞厅 12 家，网吧 20 家。全县调频广播覆盖率和电视综合覆盖率均达到 100%。全县数字电视用户达 4.56 万户。全年共放映数字电影 1561 场次。

拥有医疗卫生机构 35 个（不含诊所和村卫生室），其中，医院 3 个、卫生院 18 个，社区卫生服务中心 1 个，妇幼保健所 1 个、疾病预防控制中心 1 个。各医疗卫生机构实有床位 1 185 张。其中：医院 888 张，卫生院 267 张，妇幼保健院 30 张。全县卫生技术人员 1112 人。其中：医院 724 人，卫生院 232 人，其他卫生机构卫生技术人员 156 人。4 月 8 日，自治区医改办主任、卫生计生委副主任胡文义率自治区督察组到林西县督查公立医院综合改革工作。

【人民生活】 2016 年，城镇常住居民人均可支配收入 23 953 元，比上年增长 8.6%；城镇常住居民人均消费性支出 15 774 元，比上年增长 8.76%；农村常住居民人均可支配收入 7969 元，比上年增长 8.0%；农村常住居民人均生活消费 6605 元，比上年增长 8.04%；城乡居民恩格尔系数分别为 35.59%和 44.60%。全年全县城镇新增就业 1770 人。城镇登记失业率 3.84%。

【社会保障】 年末参加城镇职工基本养老保险

人数24 174人,同比增长14.2%。基金征收3.59亿元,同比增长12.1%。参加城乡居民基本养老保险80 208人,比上年增长8.6%。参加工伤保险人数15 651人,同比增长3.2%。各项社保待遇累计支付4.38亿元。其中:离退休人员13 041人,发放养老金3.6亿元;享受遗属补助人员418人,支付待遇482万元;城乡养老保险享受待遇人员30 466人,发放养老金5090万元;享受新型农村养老保险待遇2728人,发放养老金2072万元;工伤保险享受待遇人员238人次,支付各项待遇767万元。

年末参加基本医疗保险人数68 477人,比上年增长14%。其中:参加职工基本医疗保险人数24 192人,参加城镇居民医疗保险人数44 285人,分别增长2%和10%。各项医疗保险基金收入12 259万元,支出6953万元。其中:城镇职工医疗保险收入基金9000万元,支出7860万元;城镇居民医疗保险收入基金2760万元,支出2500万元;职工生育保险收入基金499万元,支出120万元。年末全县城乡低保对象23 857人。其中:城镇低保对象5086人,农村低保对象18 771人。全年累计发放低保对象补助金6466.59万元。其中:城镇低保对象补助金2534.63万元;农村低保对象补助金3931.96万元。全年共投入12 913万元用于民政民生工作。

(撰稿人:张海昕)

锡 林 郭 勒 盟

【概况】 锡林郭勒盟(以下简称锡盟)位于内蒙古自治区中部,北纬 42°32′~46°41′,东经 111°59′~120°00′。北与蒙古国接壤,边境线长 1098 公里;西与乌兰察布市交界;南与河北省毗邻;东与赤峰市、通辽市、兴安盟相连。距北京直线距离 460 公里。辖 2 个市、9 个旗、1 个县、1 个管理区、1 个开发区,共 32 个苏木、4 个乡、35 个镇、8 个街道办事处,150 个社区居委会、572 个嘎查委员会、277 个村民委员会。14 个旗县市(区)分别是:锡林浩特市、二连浩特市、苏尼特左旗、苏尼特右旗、阿巴嘎旗、东乌珠穆沁旗、西乌珠穆沁旗、镶黄旗、正镶白旗、太仆寺旗、正蓝旗、多伦县、乌拉盖管理区、锡林郭勒经济技术开发区。锡林浩特市是中共锡盟委、锡盟行政公署所在地,是锡盟政治、经济、文化中心。二连浩特市是中国通往蒙古国、俄罗斯和东欧各国的大陆桥,是内蒙古自治区计划单列市。珠恩嘎达布其口岸是中国面向蒙古国常年开放的重要陆路口岸。

2016 年年末,全盟常住人口为 104.69 万人,比上年末增加 0.43 万人。其中:城镇常住人口为 67.57 万人,占总人口比重(常住人口城镇化率)为 64.54%,比上年末提高 0.67,%;农村牧区常住人口为 37.12 万人,占比为 35.46%,比上年末减少 0.67 个百分点。全年出生人口 0.95 万人,出生率为 9.16‰;死亡人口 0.57 万人,死亡率为 5.43‰;自然增长人口 0.38 万人,自然增长率 3.73‰。

户籍人口总数 1 036 282 人。其中:户籍人口汉族 665 650 人,蒙古族 324 542 人,回族 12 038 人,满族 32 264 人,朝鲜族 141 人,达斡尔族 943 人,鄂温克族 53 人,鄂伦春族 16 人,壮族 65 人,藏族 46 人,锡伯族 9 人,苗族 54 人,土家族 83 人,彝族 53 人,维吾尔族 1 人,其他少数民族 324 人。汉族普遍分布在全盟各旗县市(区),比较集中的地方是太仆寺旗、锡林浩特市、多伦县。蒙古族人口比较集中的地区有西乌珠穆沁旗、东乌珠穆沁旗、锡林浩特市、正蓝旗及正镶白旗、苏尼特左旗、苏尼特右旗、镶黄旗。其他少数民族主要集中在锡林浩特市、太仆寺旗、正蓝旗和多伦县。

气候特征 锡盟属中温带干旱半干旱大陆性季风气候,寒冷、风沙大、少雨。春季多风易干旱,夏季温凉雨不均,秋季凉爽霜雪早,冬季漫长冰雪茫。大部地区年平均气温在 0℃ ~ 3℃间,北部中蒙边境地区和灰腾梁一带年平均气温 0℃以下,10 月平均气温 −17℃以下,北部多在 −20℃以下,部分地区日最低气温 −40℃以下,局部地区 −45℃以下。全年除 7 月份外,日最低气温均可出现 0℃以下。

年平均风速大部 4 米 / 秒 ~ 5 米 / 秒,西南部 5 米 / 秒以上。最大风速普遍在 24 米 / 秒 ~ 28 米 / 秒,局部瞬间 34 米 / 秒。大风日数(≥8 级),全年大部 60 天 ~ 80 天。全年盛行偏西风。年降雨量大部分地区 200 毫米 ~ 350 毫米,大兴安岭余脉西坡及阴山余脉北坡局部 400 毫米以上,西部地区局部不足 150 毫米,全年雨量大部集中于 6—8 月间。全年蒸发量 1700 毫米 ~ 2600 毫米之间。

全年日照时数西部平均在 3200 小时以上,南部大部在 2700 小时 ~ 3100 小时之间,中部和东部不足 3000 小时,其他地区在 2900 小时 ~ 3000 小时之间。无霜期 100 天 ~ 120 天。

气候多变,干旱、雪灾、黑灾(冬季无雪)、暴风雪、寒潮、大风、霜冻、冰雹、洪水等自然灾害频繁，几乎年年有灾，俗有“十年九旱”之说，雪灾平均2～3年出现一次，平均每10年左右出现一次特大雪灾。

2016年，锡盟地区主要气候特征是年平均气温偏高，年降水量偏多。冬季，东乌珠穆沁旗出现白灾，交通运输、牧事活动受到严重影响。春季，大风、沙尘天气频发，墒情严重下滑，蒙古境内及锡林郭勒盟东北部边境地区出现9次草原火情。夏季，北部地区降水偏少，连续出现高温天气，北部地区发生不同程度干旱，东北地区尤为严重，致使牧业遭受严重损失；暴雨、洪涝、冰雹灾害较往年偏轻；草原虫害同比上年偏重。气候对牧业生产影响弊大于利，牧业年景为灾歉年，农业年景为平偏丰年。

气温：全盟年平均气温3.6℃，较常年同期偏高0.6℃，位居1961年以来历史同期第14位高值。其中锡林浩特市、西乌珠穆沁旗、苏尼特左旗、太仆寺旗与常年同期值持平，其余地区偏高1℃。

降水：年平均降水量287.5毫米，较常年同期偏多6%，其中：东北部地区及正镶白旗年平均降水量较常年同期值偏少4%～11%，其余地区偏多4%（苏尼特左旗）～44%（二连浩特）。

月极端气候：1月，全盟月平均气温偏低3.5℃，其中锡林浩特市平均气温位居近56年来历史同期次低值，锡林浩特市、阿巴嘎旗、苏尼特左旗、太仆寺旗月极端最低气温创1961年以来历史同期最低值；西乌珠穆沁旗、正镶白旗、多伦为1961年以来历史同期次低值；乌拉盖月降水量为1961年以来历史同期次少值。2月，总降雪量偏多，排在近56年以来历史同期多值第5位。其中：锡林浩特市、多伦创1961年以来历史同期最多值，东乌珠穆沁旗是1961年以来历史同期最少值。3月，锡盟地区降雪总量较常年同期值偏少88%，排在近56年历史同期值第4位。其中：东乌珠穆沁旗、二连浩特、苏尼特右旗、镶黄旗、正镶白旗偏少100%，是1961年以来历史同期最少值，太仆寺旗、西乌珠穆沁旗、正蓝旗偏少89%～98%，位居1961年以来历史同期次少值。4月，总降水量偏少。其中，苏尼特左旗、二连浩特无降水，是1961年以来历史同期最少值。7月上旬，锡盟北部地区连续出现高温天气，全盟旬平均气温创1961年以来同期最高值。8月上旬，全盟旬平均气温创1961年以来同期最高值。其中，东北部地区及锡林浩特市最高气温突破历史极值。12月，全盟月平均气温偏高2.8度，其中苏尼特左旗、镶黄旗创1961年以来历史同期最高值，阿巴嘎旗、苏尼特右旗排在近56年历史同期次高值；月降雪量偏多35%，锡林浩特市创1961年以来历史同期最多值。

自然灾害　3月全盟扬沙日数50天，偏多36天。由于月内的3次大风、沙尘天气影响，造成民航航班4架次取消、6架次延误，给出行或返程旅客带来不便。本月由于降水少、气温偏高，火险等级较高。19日，东乌珠穆沁旗北部边境发生草原火情；29日，东乌珠穆沁旗境内再次发生草原火情。4月由于降水少、气温偏高，而且出现4次大范围沙尘天气，火险等级较高。7—9日，东乌珠穆沁旗北部边境发生草原火情；19—22日，东乌珠穆沁旗北部边境再次发生草原火情；4月30日至5月1日东乌珠穆沁、阿巴嘎旗北部边境发生草原火情。6月，锡盟部分地区降水偏多，短时强降水频发，强度大，历时短，致使山洪暴发。锡盟镶黄旗、多伦县、苏尼特右旗5个镇因降雨导致洪涝灾害。全盟受灾人口186人，倒塌房屋6间，死亡牲畜53头，直接经济损失约156万元。其中：农作物受灾1180公顷，成灾51公顷，绝收18公顷，农林牧业直接经济损失约36万元；水利设施方面，损坏电机井9眼，直接经济损失约108万元。无人员伤亡。

夏季草原虫害较上年同期偏重，全盟草原虫害危害面积72.19公顷、严重危害面积37.97万公顷、主要害虫有沙葱萤叶甲、草原蝗虫、蚜虫、金龟子还有其他虫。

沙葱萤叶甲危害面积31.42万公顷、严重危害面积17.23公顷、平均虫口密度114头/平方米、局部地区最高密度600头/平方米、涉及9个旗县市区25个苏木乡镇；草原蝗虫危害面积40.31万公顷、严重面积20.42万公顷、平均虫口密度26头/平方米、局部地区平均密度112头/平方米、涉及8个旗县市区22个苏木乡镇；蚜虫危害面积0.027万公顷、严重面积0.027万公顷、平均虫口密度300头/平方米、最高800头/平方米；金龟子危害面积0.1万公顷、严重面积0.33万公顷、平均虫口密度17头/平方米、最高为35头/平方米；其他虫危害面积0.2万公顷、严重面积0.33万公顷，平均虫口密度为45头/平方米、局部地区平均密度2000头/平方米。

夏季锡盟大部地区降水偏少、温度偏高，致使气象干旱持续并发展。干旱主要出现在锡盟的北部地区。其中：东乌珠穆沁旗、乌拉盖、西乌珠穆沁旗草场旱情严重，为重旱区，其余地区草场受旱程度较轻。根据锡盟民政局统计，全盟草场受旱面积约为1205.6万公顷，受旱人口15.11万人，因旱约有5.65万人、451.7万头牲畜发生饮水困难，因灾死亡大畜468头、小畜1.4万头。全盟农作物受旱情况：农作物受灾面积4.7万公顷、成灾面积3.8万公顷、绝收面积0.17万公顷。

自然资源　锡盟东西长约700公里，南北宽500公里，土地总面积19.99万平方公里。其中，草原面积17.96万平方公里，占总面积89.85%；森林面积5859.5平方公里，占总面积7.13%。浑善达克沙地位于锡林郭勒盟中部，属半固定沙漠，面积23 564平方公里。地形以高平原为主体，兼有多种地貌单元，地势南高北低，自西南向东北倾斜。西部和北部地形平坦，东南部多低山丘陵，盆地错落其间，形成广阔的高原草场。平均海拔1000米以上，最高峰是位于西乌珠穆沁旗境内的古如格苏乌拉峰，海拔1957米。

主要河流有20条，分为三大水系，分别是南部正蓝旗、多伦县境内的滦河水系，中部的呼尔查干淖尔水系，东北部的乌拉盖水系。乌拉盖河是锡盟最大河流，全长548公里，发源于东乌珠穆沁旗宝格达山，由东向西注入乌拉盖湖。锡林河发源于赤峰克什克腾旗，流注入锡林浩特市境内查干淖尔。全盟有大小湖泊470余个，总面积500平方公里。

锡林郭勒草原是内蒙古草原的主要天然草场之一，是华北地区重要的生态屏障，是距首都北京最近的草原牧区，境内有全国唯一被联合国教科文组织纳入国际生物圈监测体系的锡林郭勒国家级草原自然保护区。

天然草原分为五大类，即草甸草原、典型草原、荒漠草原、沙地植被和其他草场类。草甸草原主要集中分布在锡盟东北部和东部地区，以低山丘陵、高平原与宽谷平原地形为主，是森林向草原的过渡地段，草原面积17.96万平方公里，优良牧草占草群50%，是水草丰美的牧场；典型草原主要分布于锡盟中部，是锡林郭勒草原的主体，地形以平原和低山丘陵为主，可利用面积13 400万亩，占全盟可利用草场50.6%，地表水比较丰富，牧草质量好，优良牧草占50%～60%；荒漠草原位于锡盟西部，可利用面积4243万亩，占全盟可利用草场面积15.9%，植被属旱生类型，植物群落主要由旱生丛生小禾草组成，并混生小半灌木与葱属植物，适宜饲养羊和骆驼；沙地植被主要分布在锡盟的西部和中南部地区，植被是发育在纯沙性母质土壤上的植物群落的组合，沙生系列植物为沙地植被的主体，伴有大量榆、柳、桦等灌木、半灌木林，沙地植被可利用面积3591万亩，占全盟可利用草场面积13.6%。全盟草食家畜拥有量位居全国地市级首位，是国家重要的畜产品基地。主要畜种中地方优良品种有乌珠穆沁羊、苏尼特羊、乌珠穆沁白山羊和苏尼特双峰驼、乌珠穆沁马；培育新品种有内蒙古细毛羊、内蒙古绒山羊、草原红牛、锡林郭勒马;引进品种有黑白花奶牛、西门塔尔肉牛等。

探明煤炭资源储量 1448 亿吨,预测煤炭储量 2600 亿吨,被确定为国家重点建设的煤电基地。预测含煤区 60 余处,其中 5 亿吨 ~50 亿吨以上煤田 33 处,胜利、白音华、额和宝力格、高力罕、五间房等 6 处超百亿吨。总储量中,褐煤占 99.5%(褐煤储量位居全国首位),长焰煤 3.5 亿吨占 0.3%。部分褐煤中含稀有金属锗。

金属矿 30 余种,已探明储量的有铁、钨、锌、铜、铅、锗、铋、铭、锡、铬、钼、镍、金、银等 17 种,铬矿储量居全国第二位。东乌珠穆沁旗的朝不楞多金属矿,国际上认定是一种铁同多种金属共生矿,被正式命名为"锡林郭勒矿"。钨、铋、铬矿储量居内蒙古自治区首位。

非金属矿主要有碱、盐、云母、萤石、石灰石、花岗岩、玛瑙、石膏等。查干淖尔碱矿储量 4500 万吨,居全国之首。东乌珠穆沁旗额吉淖尔所产大青盐,是锡盟特有资源之一,已有近千年开采历史,现年产盐 10 万余吨。

石油埋藏分布较广,二连盆地油田穿越锡盟 10 个旗市,总面积 10 万平方公里,探明储量 10 亿吨。

野生种子植物 1200 多种,分属 91 个科 427 个属。其中饲用植物 671 种,占全盟种子植物的 51%,可栽培植物 60 多种,药用植物 422 种,油料植物 50 余种,树木 18 种。可供药用的野生植物中,产量较高的有黄芪、赤芍、麻黄、桔梗、黄芩、甘草、防风、知母、杏仁等。蒙古黄芪是国际上享有盛誉的著名药材。盛产蘑菇、黄花、发菜、蕨菜等。野生鸟类 160 余种,主要有百灵鸟、野鸡、沙鸡、苍鹰、白天鹅、大鸨、大雁、黄鸭、喜鹊、斗鸡等。兽类 100 多种,主要有黄羊、狐狸、狼、旱獭、獾子、罕大犴、马鹿、狍子、猞猁、雪兔、艾虎、野猪等。

经济综述　2016 年,全盟地区生产总值 1045.51 亿元,比上年增长 7.2%。其中:第一产业增加值 115.30 亿元,同比增长 3.9%;第二产业增加值 613.71 亿元,同比增长 6.7%;第三产业增加值 316.50 亿元,增长同比 9.3%。第一产业增加值占国内生产总值的比重为 11.03%,第二产业增加值比重为 58.70%,第三产业增加值比重为 30.27%。第一产业对全盟经济增长的贡献率为 5.87%,第二产业的贡献率为 55.87%,第三产业的贡献率为 38.26%。按常住人口计算,全年人均生产总值 100 073 元,比上年增长 6.9%,按年末汇率折算人均生产总值约 14 426 美元。全盟全体居民人均可支配收入 25 554 元,比上年增长 8.4%。

2016 年,全盟公共财政预算收入 105.05 亿元,比上年增长 12.0%。其中,税收收入 65.91 亿元,同比下降 0.9%;非税收入 39.14 亿元,增同比长 43.4%。公共财政预算支出 243.86 亿元,同比增长 8.8%。其中,社会保障和就业支出 29.41 亿元,同比增长 28.6%;医疗卫生与计划生育支出 16.66 亿元,同比增长 14.5%;一般公共服务支出 24.07 亿元,同比增长 7.4%;住房保障支出 10.77 亿元,同比增长 4.9%;教育支出 30.84 亿元,同比下降 0.7%;城乡社区事务支出 16.88 亿元,同比下降 24.0%。全年全社会固定资产投资 718.41 亿元,比上年增长 17.0%。按投资主体分,国有经济单位投资 489.05 亿元,增长 20.2%;非国有经济单位投资 229.35 亿元,增长 4.8%。按项目隶属关系分,地方项目完成投资 526.22 亿元,下降 5.7%;中央项目完成投资 192.19 亿元,增长 2.3 倍。

在固定资产投资中,第一产业投资 47.16 亿元,比上年增长 4.1%;第二产业投资 423.15 亿元,增长 39.6%;第三产业投资 248.10 亿元,下降 10.5%。基础设施投资 389.89 亿元,增长 21.0%,占固定资产投资的比重为 54.3%,比重较上年同期提升 0.2 个百分点。民间固定资产投资 204.27 亿元,增长 9.1%,占固定资产投资的比重为28.4%，比重较上年同期提升0.4个百分点。全年房地产开发投资12.92亿元，比上年下降30.3%。其中，住宅投资10.10亿元，下降27.3%；办公楼投资2188万元，增长1.5倍；商业营业用房投资1.88亿元，下降45.3%。商品房施工面积282万平方米，下降22.0%；商品房竣工面积128万平方米，增长29.5%。商品房销售面积67万平方米，增长30.9%；商品房销售额21.16亿元，增长39.3%。

【农牧业】 全年粮食作物种植面积15.62万公顷，比上年增加28公顷。其中，小麦种植面积3.53万公顷，减少1.24万公顷，占粮食作物种植面积的22.60%，比重较上年下降7.92%；玉米种植面积2.04万公顷，减少0.33万公顷，占粮食作物种植面积的13.08%，比重较上年下降2.12%；马铃薯种植面积6.39万公顷，增加0.27万公顷，占粮食作物种植面积40.88%，比重较上年提升1.72%。

全年粮食总产量36.85万吨，比上年增产0.27%。其中：小麦产量5.49万吨，减产35.35%，占粮食总产量的14.91%，比重较上年下降8.22个百分点；玉米产量3.60万吨，增产45.68%，占粮食总产量9.77%，比重较上年提升3.05个百分点；马铃薯产量24.80万吨，增产4.55%，占粮食总产量67.30%，比重较上年提升2.75个百分点。全年粮食作物单产157.26公斤/亩，增产0.26%。全年油料产量2.44万吨，比上年增产4%；甜菜产量1.41万吨，增产9.6%；蔬菜产量113.4万吨，增产0.1%。

全年肉类总产量31.3万吨，比上年增长17.7%。其中：猪肉产量8748吨，增长7.5%；牛肉产量12.3万吨，增长6.2%；羊肉产量16.2万吨，增长21.4%；禽肉产量1197吨，增长0.7%。牛奶产量61.6万吨，增长1.7%；羊毛产量1.55万吨，增长16%；山羊绒产量258吨，增长9.8%；禽蛋产量5188吨，增长3.8%。

牧业年度牲畜总头数1630.17万头（只），比上年增长4.8%。其中：大畜177.84万头（只），比上年增长9.7%；羊1445.76万头（只），比上年增长4.3%；生猪6.57万头（只），比上年减少7.5%；牲畜总增764.74万头（只），牲畜总增率45.7%。牧业年度良种及改良种牲畜总头数1599.81万头（只），良、改畜比重为98.2%。

【林业】 全年完成造林面积85.1万亩。分类型看，重点生态工程完成67.8万亩。其中，沙源治理工程41.5万亩，新一轮退耕还林2.16万亩，巩固退耕还林成果、造林补贴等其他任务24.1万亩。重点区域绿化完成7.3万亩。其中，“十个全覆盖”村屯绿化1.32万亩，城镇周边绿化1.02万亩，公路绿化0.73万亩，厂矿园区绿化0.53万亩，河流两岸绿化3.7万亩。森林抚育完成10万亩。

【水利】 全年水资源总量33.24亿立方米。全年平均降水量286.7毫米。全年总用水量4.72亿立方米，比上年增长2.4%。其中：生活用水0.35亿立方米，同比增长12.9%；工业用水0.76亿立方米，同比下降3.8%；农业用水2.76亿立方米，同比下降0.7%；生态补水0.69亿立方米，同比增长16.9%；城镇公共用水0.17亿立方米，同比增长21.4%。

【工业】 全年全部工业增加值540.77亿元，比上年增长6.9%。其中，规模以上工业增加值增长7.1%，规模以下工业增加值增长5.7%。在规模以上工业企业中，国有及控股企业增长1.2%。规模以上工业三大门类中，采矿业增长8.4%，制造业增长6.8%，电力、热力、燃气及水的生产和供应业下降4.2%。全年全盟规模以上工业中，能源工业增加值比上年增长4.4%。其中：煤炭开采业下降0.1%，石油开采业增长12.0%，电力、热力生产和供应业增长4.3%。冶金工业增长18.6%。其中：黑色金属矿采选业增长20.1%，有色金属矿采选业增长15.2%，黑色金属冶炼业增长20.1%，有色金属冶炼业增长23.4%。农畜产品加工业增长14.6%。其中：农副食品加工业增长

16.0%，食品制造业下降17.3%，饮料制造业下降0.1%，纺织业增长24.5%，纺织服装业下降5.9%，皮革制品业增长4.2%。建材工业增长8.0%。其中：木材加工业增长8.3%，非金属矿物制品业增长7.9%。化学工业下降36.4%。其中：石油化工业下降50.0%，化学原料及制品业下降33.4%。装备制造业增加值下降29.3%，占规模以上工业增加值的比重为1.9%。年末全盟发电装机容量1011.2万千瓦，比上年末增长1.04%。其中：火电装机容量627.2万千瓦，增长0.38%；并网风电装机容量335万千瓦，增长1.5%；并网太阳能发电装机容量49万千瓦，增长16.7%。全年规模以上工业企业实现利润12.1亿元，比上年下降40.9%。其中：国有控股企业亏损23.5亿元，比上年增亏59.1%；私人控股企业实现利润34.4亿元，增长2.9%。分门类看，采矿业实现利润4.13亿元，比上年下降11.5%；制造业亏损12.4亿元，增亏21.0%；电力、热力、燃气及水生产和供应业实现利润20.4亿元，下降21.8%。

【建筑业】 全社会建筑业增加值72.94亿元，比上年增长5.1%。全盟具有建筑业资质等级的建筑施工企业34个，同比持平，实现利润6826万元，比上年增长1.1倍，实现税金9394万元，增长18.6倍。施工企业房屋建筑施工面积95.94万平方米，同比下降28.1%；竣工房屋面积72.06万平方米，同比下降12.6%；房屋建筑竣工率75.1%。全年全盟建设用地供应总量1212.13公顷，比上年下降14.7%。按供应用途分，交通运输用地476.47公顷，下降19.2%，占建设用地供应总量39.3%；公共管理与公共服务用地299.96公顷，增长1.5倍，占建设用地供应总量24.8%；工矿仓储用地285.74公顷，下降40.5%，占建设用地供应总量23.6%。按供应方式分，划拨供地850.52公顷，比上年增长18.5%，占建设用地供应总量70.2%；出让供地361.60公顷，下降48.5%，占建设用地供应总量29.8%。其中：协议出让建设用地79.65公顷，下降22.7%；招拍挂出让281.95公顷，下降53.0%。

【环境保护】 全盟有自然保护区14个。其中，国家级保护区2个，自治区级保护区7个。国家级自然保护区面积67.89万公顷，自治区级自然保护区面积99.91万公顷，盟级自然保护区面积3.25万公顷，旗县级自然保护区面积11.58万公顷。全年全盟万元GDP能耗比上年下降9.6%，万元工业增加值能耗(等价值)下降19.4%。全年规模以上工业综合能源消费量下降7.6%。其中六大高耗能行业综合能源消费量下降7.7%。主要耗能工业企业铁矿采矿工序单位能耗下降68.8%，锰硅合金工序单位能耗下降4.5%，吨原煤生产综合能耗与上年持平，原油加工单位综合能耗上升43.3%，单位电石生产综合能耗上升9.1%，，天然碱法单位纯碱生产综合能耗上升4.8%，吨水泥综合能耗上升8.8%，硅铁工序单位能耗上升3.6%，单位精锌(电锌)综合能耗下上升1.2%，电厂火力发电标准煤耗上升0.2%。

【服务业】 全年社会消费品零售总额244.70亿元，比上年增长9.6%。按经营单位所在地分，城镇社会消费品零售额200.38亿元，同比增长9.5%；农村牧区消费品零售额44.31亿元，同比增长9.7%。按消费形态分，商品零售额214.25亿元，同比增长9.5%；餐饮收入额30.45亿元，同比增长10.2%。在限额以上单位商品零售额中，服装、鞋帽、针纺织品类实现零售额3.7亿元，比上年下降15.8%；粮油、食品类实现零售额4.6亿元，同比增长10.9 %；汽车类实现零售额3.2亿元，同比增长10.9%；烟酒类实现零售额1.2亿元，同比增长9.6%；日用品类实现零售额1.0亿元，同比增长11.5%；金银珠宝类实现零售额0.8亿元，同比增长5.6%；饮料类实现零售额0.8亿元，同比增长15.2%；化妆品类实现零售额0.6亿元，同比增长12.7%；石油及制品类实现零售额25.5亿元，同比下降3.7%。

【对外经济】 全年货物进出口总额8.80亿美元，比上年下降23.5%。其中：出口2.74亿美元，下降49.4%；进口6.06亿美元，同比持平。口岸进出口货运量1562.7万吨，同比增长5.8%。出入境人员222.4万人次，增长10.7%。全年引进国内（盟外）资金467亿元，比上年下降11.2%。其中，区外资金112亿元，增长56.1%。

年末，全盟实际运营的外商投资企业13户，比上年末减少2户；资产47.27亿元，下降60.0%；从业人员2171人，下降5.3%。全年实现销售收入11.24亿元，比上年下降43.5%；亏损248万元，上年为盈利0.47亿元。

【交通】 全年铁路建成里程2461公里，同上年持平。其中：铁路运营里程2294公里，同比增长21.3%。铁路货物发送量7149.48万吨，同比下降12.7%。铁路旅客发送量93.35万人次，同比增长16.0%。全盟民航货邮吞吐量2512.8吨，下降7.7%。民航客运量70.4万人次，同比增长16.7%。公路货运量3.07亿吨，同比增长10.7%。公路货运周转量669.60亿吨公里，同比增长13.5%。营业性公路客运量1500万人，同比增长6.8%。营业性公路客运周转量36.74亿人公里，同比增长8.2%。

年末，全盟个人机动车保有量25.82万辆，比上年末增长8.7%。按用途分，营运车辆3.46万辆，增长2.4%；非营运车辆22.36万辆，增长9.7%。按类型分，汽车23.89万辆，增长12.1%；摩托车1.69万辆，下降24.9%；挂车2337辆，增长11.7%。

【邮电】 全年邮电业务总量25.05亿元，比上年增长42.4%。其中：电信业务总量24.46亿元，增长43.5%；邮政业务总量5920万元，增长8.4%。年末电话用户146.79万户，比上年末下降3.1%。其中：移动电话用户139.13万户，下降2.4%；固定电话用户7.59万户，下降17.6%。固定互联网宽带接入用户20.28万户，增加4.44万户；互联网普及率57%。年末光缆线路总长度3.99万公里。其中长途光缆1.25万公里，本地光缆2.74万公里。全年新建基站621个，实际已投入运营的7265个。互联网出口带宽260千兆，嘎查村宽带网络覆盖率70%。

【旅游业】 全年实现旅游总收入316.48亿元，比上年增长12.2%。其中：国内旅游收入313.53亿元，增长18.8%；旅游外汇收入2.85亿美元，增长3.6%。全年旅游接待总人数1450.5万人次，同比增长8.2%。其中：国内旅游人数1381.7万人次，增长8.5%；入境旅游者68.78万人次，增长3.1%。

【金融】 年末，全盟金融机构人民币存款余额700.30亿元，比上年末增长17.5%。其中：非金融企业存款余额123.69亿元，增长11.9%；住户存款余额416.31亿元，增长13.0%。金融机构人民币贷款余额627.08亿元，比上年末增长1.6%。其中：短期贷款余额224.09亿元，下降1.6%；中长期贷款余额391.69亿元，增长3.2%。

【保险】 公司保费收入17.40亿元，比上年增长22.0%。其中：财产保险收入6.38亿元，增长9.4%；人寿保险收入8.76亿元，增长30.6%；意外伤害险收入4094.73万元，下降4.6%；健康险收入1.85亿元，增长43.1%。支付各类赔款及给付4.22亿元，比上年增长19.0%。其中：寿险业务赔款及给付1.19亿元，增长43.5%；财产险业务赔款3.03亿元，同比增长11.6%。

【教育】 年末，全盟有普通高等教育学校1所，全年招生3223人，比上年减少120人；在校生8353人，比上年增加79人；毕业生2523人，比上年增加106人。专任教师632人，比上年增加44人。有高等阶段职业教育学校12所，全年招生3838人，比上年增加306人；在校生9538人，比上年增加864人；毕业生2478人，比上年减少313人；专任教师763人，比上年增加11人。有普通高中16所，全年招生7280人，比上年增加203人；在校生21 276人，比上年减少340人；毕业生7429人，比上年增加311人；专任教师1527人，比上年增加107人。有普通初中22所，全年招生8767人，比上年增加202

人;在校生 27 741 人,比上年减少 1698 人;毕业生 10 749 人,比上年增加 1019 人;专任教师 2932 人,比上年增加 48 人。有小学 69 所,全年招生 9891 人,比上年增加 142 人;在校生 58746 人,比上年增加 661 人;毕业生 9090 人,比上年增加 273 人;专任教师 4555 人,比上年增加 61 人。

【科技】 全盟科学技术研究机构 2 个,研究人员 640 人。全年受理境内外专利申请 211 件,授予专利权 99 件。截至年底,有效专利 43 件,其中境内有效发明专利 43 件,每万人口发明专利拥有量 0.4 件。全年共签订技术合同 23 项,技术合同成交金额 559.8 万元,比上年增长 1.8 倍。

【文化 体育】 全盟有文化艺术机构 120 个。其中,文化站 78 个,艺术事业单位 14 个,图书馆 14 个,群众文化事业单位 14 个。文化艺术机构从业人员 1119 人。其中:文化站 264 人,艺术事业单位 541 人,图书馆 128 人,群众文化事业单位 186 人。全年艺术团体演出 1470 场次。年末全盟有线电视用户 22 万户,其中有线数字电视用户 22 万户。年末,广播节目综合人口覆盖率 99.28%,电视节目综合人口覆盖率 99.27%。

锡盟运动员在国内重大赛事中获奖牌 17 枚。其中:金牌 8 枚,银牌 6 枚,铜牌 3 枚。

【卫生】 全盟共有医疗卫生机构 1336 个,其中医院 46 个,乡镇卫生院 120 个,社区卫生服务中心(站)48 个,诊所(卫生所、医务室)367 个,村卫生室 710 个,疾病预防控制中心 14 个,卫生监督所(中心)14 个。执业医师和执业助理医师 3224 人,注册护士 2562 人。

年末,全盟共有医疗卫生机构 1336 个,其中医院 46 个,乡镇卫生院 120 个,社区卫生服务中心(站)48 个,诊所(卫生所、医务室)367 个,村卫生室 710 个,疾病预防控制中心 14 个,卫生监督所(中心)14 个。执业医师和执业助理医师 3224 人,注册护士 2562 人。

【社会保障】 年末,全盟就业人员 61.7 万人,比上年末增长 2.8%。全年征集就业岗位 106 516 个,比上年下降 9.5%。其中:征集盟内就业岗位 85 186 个,下降 8.6%;征集盟外就业岗位 21 330 个,下降 12.8%。全年安置城乡就业或转移就业 101 265 人,比上年下降 16.7%。其中:安置城镇各类人员 22 787 人,下降 2.9%;农牧民转移就业 78 478 人,下降 20%。全年城镇新增就业 16 714 人,同比降低 2.81%。年末,城镇登记失业率为 2.98%,较上年末提升 0.12 个百分点。全年开展城乡技能培训班 521 期,培训城乡各类人员 22 535 人,比上年增长 5.71%,就业或转移就业 20 565 人,就业率为 91.26%。全年开展创业培训班 146 期,培训城乡各类人员 3174 人,其中创业成功 3019 人,成功率为 95.12%,通过创业直接或间接带动 10 363 人就业,创业带动就业比 1∶3.43。

全盟参加城镇职工基本养老保险人数 12.09 万人,比上年末增加 0.60 万人。参加城乡居民基本养老保险人数 32.95 万人,增加 0.28 万人。参加城镇基本医疗保险人数 45.63 万人,增加 2.64 万人。其中:参加职工基本医疗保险人数 19.55 万人,增加 1.14 万人;参加城镇居民基本医疗保险人数 26.09 万人,增加 1.51 万人。参加失业保险人数 10.34 万人,增加 0.57 人。参加工伤保险人数 11.17 万人,增加 0.99 万人。参加生育保险人数 12.16 万人,增加 0.86 万人。建有盟级社会福利院 1 处,床位 383 张,入住民政供养对象 73 人,自费收养社会老年人 126 人,入住率 52%;光荣院 1 处,床位 70 张,入住老年人 20 人,入住率 29%;建有城镇社区老年人日间照料中心 44 处,床位 752 张;综合老年养护院 5 处,床位 885 张、入住老年人 60 人,入住率 7%。年末旗县市(区)综合福利中心(中心敬老院)12 处,床位 922 张,入住老年人 285 人,入住率 31%。苏木乡镇敬老院 14 所,床位 785 张、入住老年人 693 人,入住率 88%。农村牧区互助养老幸福院 18 处,床位 1378 张。

【人民生活】 全年全体居民人均可支配收入25 554元，比上年增长8.4%。按常住地分，城镇常住居民人均可支配收入32 903元，比上年增长8.2%；农牧区常住居民人均可支配收入13 188元，比上年增长7.9%。

全盟居民人均消费支出21 845元，比上年增长5.3%。按常住地分，城镇常住居民人均消费支出26 797元，增长5.1%。农牧区常住居民人均消费支出13 090元，增长6.1%。

全年居民消费价格指数比上年上涨0.8%。其中，食品价格上涨0.3%。固定资产投资价格指数上涨0.4%。农业生产资料价格指数下降2.5%。城镇常住居民家庭恩格尔系数为34.6%，比上年下降0.3个百分点；农村牧区常住居民家庭恩格尔系数为36.4%，下降0.4%。

2016年城乡居民主要耐用品拥有量表

	单位	绝对数	增速(%)
城镇居民每百户耐用品拥有量			
彩色电视机	台	120	1.7
电冰箱(柜)	台	115	3.6
移动电话	部	264	1.5
家用电脑	台	84	7.7
家用汽车	辆	47	20.5
农牧民每百户耐用品拥有量			
彩色电视机	台	110	0.1
电冰箱(柜)	台	100	7.5
洗衣机	台	88	7.3
摩托车	辆	113	-1.7
汽车(生活用)	辆	47	9.3

（撰稿人：刘致海　郭峰　刘宇翔）

锡林浩特市

【概况】 锡林浩特市位于北纬43°02′~44°52′，东经115°18′~117°06′。东邻西乌珠穆沁旗，西连阿巴嘎旗，南接赤峰市克什克腾旗、正蓝旗，北靠东乌珠穆沁旗。市境南北长208公里，东西长143公里。总面积14 780.18平方公里，其中城市规划建设用地面积49平方公里，建成区面积37.5平方公里。市辖3个苏木（宝力根苏木、朝克乌拉苏木、巴彦宝拉格苏木）、1个镇（阿尔善宝力格镇）、7个街道办事处（宝力根街道办事处、杭盖街道办事处、楚古兰街道办事处、希日塔拉街道办事处、额尔敦街道办事处、南效街道办事处、巴彦查干街道办事处）、6个国有农牧场（白音锡勒牧场、白银库伦牧场、毛登牧场、贝力克牧场、沃源奶牛场、蔬菜农场）。牧区有22个嘎查，8个居委会；国有农牧场有15个分场，1个居委会，街道办事处有52个社区居委会。人口保持稳定增长。年末，全市常住人口26.52万人，同比增长0.84%。其中：城镇常住人口24.02万人，同比增长1.01%；牧区常住人口2.5万人，同比下降0.79%。全市户籍总人口18.69万人，同比增长1.69%。其中：汉族人口12.57万人，增长1.53%；蒙古族人口5.2万人，同比增长2.16%。全年出生人口1962人，出生率10.58‰；死亡421人，死亡率2.25‰；自然增长1541人，自然增长率8.33‰。

锡林浩特市地势南高北低，南部为低山丘陵，北部为平缓的波状平原，平均海拔高度988.5米。地处中纬度西风气流带内，属中温带半干旱大陆性气候，降水量294.9毫米，无霜期110天。全市有可利用草场面积2054万亩，动植物资源多样，草原类型齐全，地跨草甸草原、典型草原和沙丘沙地草原。煤炭探明储量298.5亿吨，其中胜利煤田224亿吨，是迄今全国煤层最厚、储量最大的褐煤煤田；巴彦宝力格煤田74.5

亿吨。石油探明储量2亿吨。锗探明金属量3300吨，占全国储量68%，占世界储量38%。铬探明金属量137万吨。钼探明金属量17万吨。太阳能资源为二类地区，年发电有效时数3000小时左右，适宜建设大型光伏产业基地。风能资源丰富，总蕴藏量2.5亿千瓦，可开发利用量超过0.25亿千瓦，灰腾梁地区年有效风能利用小时数3000小时以上，局部达到3300小时，规划装机容量300万千瓦，是自治区规划装机百万千瓦风电基地之一。

全社会固定资产投资181.4亿元，同比增长21.6%。按构成投资分：建筑工程114.0亿元，同比增长1.32%；安装工程29.3亿元，同比增长163.5%；设备工器具购置19.0亿元，同比增长16.2%；其他费用19.1亿元，同比增长107.2%。按经济类型投资分：国有投资102.5亿元，同比下降3.2%；非国有投资78.9亿元，同比增长82%。按产业投资分：第一产业13.5亿元，同比下降34.8%；第二产业128.8亿元，同比增长129.3%；第三产业39.1亿元，同比下降46.0%。按行业投资分：农、林、牧、渔业投资累计投资13.5亿元，同比下降34.8%。采矿业累计投资25.8亿元，同比增长64.3%；制造业累计投资5.5亿元，同比增长24.3%；电力、热力、燃气及水的生产业累计投资97.5亿元，同比增长170.7%。批发和零售业累计投资1.1亿元。交通运输、仓储和邮政业累计投资7.4亿元，同比下降66.4%；信息传输、软件和信息技术服务业累计投资0.02亿元，同比下降99.2%；房地产业累计投资8.8亿元，同比下降45.7%；水利、环境和公共设施管理业累计投资19.4亿元，同比下降25.7%；教育累计投资0.7亿元，同比下降58.6%；卫生和社会工作累计投资1.1亿元，同比下降52.1%；公共社会管理、社会保障和社会组织业累计投资0.6亿元，同比下降51.5%。房地产开发投资8.8亿元，同比下降45.7%。其中：住宅投资7.1亿元，同比下降41.6%；办公楼投资0.16亿元，同比增长80.5%；商业营业用房投资1.17亿元，同比下降60.3%；其他投资0.39亿元，同比下降62.6%。商品房施工面积402.2万平方米，同比下降16.0%。商品房销售面积为46.8万平方米，同比增长38.9%。

2016年，全市地区生产总值228.1亿元(按可比价格计算，下同)，同比增长7.5%。其中：第一产业增加值18亿元，同比增长4.1%；第二产业增加值110.1亿元，同比增长6.4%；第三产业增加值100亿元，同比增长9.4%。三次产业结构由上年的7.6∶50.3∶42.1转变为7.9∶48.3∶43.8。人均生产总值86 384元，同比增长6.5%。全市一般公共预算收入29.4亿元，同比增长11.2%；一般公共预算支出33.5亿元，同比增长5.4%。2016年年末，全社会从业人员119 236人，同比增长6.1%；全部非私营单位从业人员65 179人，同比增长2.5%。2016年，全部非私营单位在岗职工工资总额42.7亿元，同比增长19.3%。从业人员年平均工资69 315元，同比增长15.1%。在岗职工年平均工资70438元，同比增长16.1%。

【农牧业】 全年粮油产量3.6万吨，同比增长5.6%。其中：粮食产量3.57万吨，同比增长5.9%；蔬菜产量9.2万吨，同比增长1.2%。牧业年度牲畜总头数169.1万头(只)，比上年同期增加0.1万头(只)，其中大牲畜和羊总头数168.7万头(只)，比上年同期增加0.3万头(只)；大牲畜和羊的总增率41.44%。大牲畜和羊的良种及改良种牲畜166.8万头(只)，良改比重98.8%。年末牲畜存栏83.8万头(只)，较上年同期增加17.3万头(只)。其中，大牲畜和羊存栏83.2万头(只)。年内大牲畜和羊出栏98.4万头(只)，比上年增加10.7万头(只)。牲畜出栏率148%；商品率为135.9%。肉类总产量24 933吨，同比增长1.7%；奶类产量119 524吨，同比下降14.2%；羊绒毛产量1587吨，同比增长11.0%；皮张产量99.5万张，同比增长13.9%。全年在畜牧业结构调整、基础设施建设、产业发展等方面整合投入资金10亿元,舍饲养殖总量保持70万头只。巩固完善地方良种肉羊标准化畜群950群、良种种公羊2.1万只,良改比重、繁成率分别为99.4%和110.8%。“减羊增牛”发展战略实现良好开局,新建优质肉牛繁育基地3处,引进优质安格斯肉牛、和牛840头。完善牧企利益联结机制,规范牧民专业合作社20家,带动牧民转变生产经营方式。持续加强农牧业基础设施建设,新建暖棚6.18万平方米、储草棚0.9万平方米,打储草1.4亿公斤、集中储备饲草0.8亿公斤,确保牲畜安全过冬。羊肉产业链可追溯体系累计完成信息录入36.8万只,锡林浩特市农畜产品安全检测中心成为全区首家承担自治区例行监测任务、全盟唯一一家“双认证”的农畜产品县级检测机构。

【林业】 全年造林面积4.35万亩。其中:当年新增封山育林项目面积2万亩,人工造林面积0.5万亩。零星植树20万株。

【水利】 投资4309万元,完成外环农牧区防洪、小孤山水库除险加固、锡林河水库维修养护等工程,提升供水保障和防洪减灾能力。

【工业】 工业生产保持平稳发展。全年全部工业增加值93.6亿元,同比增长6.9%。其中:规模以上工业企业增加值83.6亿元,同比增长6.8%。全年规模以上工业企业产品销售率90.02%,同比增长2.96%。69户规模以上工业企业全部开复工,实现产值167.1亿元。能源工业实现产值98.4亿元,占规模以上工业总产值58.89%、拉动增长6.7%;畜产品加工及相关产业实现产值40.2亿元,占规模以上工业总产值24.06%、拉动增长0.05%;装备制造业、高新技术产业、建材业、非煤矿产开采业及其他行业占规模以上工业总产值比重为17.05%。全年实施重点项目67项,完成投资173.9亿元,其中盟级重点项目20项,完成投资164.3亿元。神华、大唐、北方电力和蒙能电源点项目进展顺利。锡林郭勒盟(以下简称锡盟)至江苏泰州±800千伏特高压直流输电工程、胜利1000千伏变电站项目和锡盟2×300兆乏调相机工程稳步推进。明阳电气新能源设备制造项目快速推进。上海电气电站集团能源装备制造产业基地建设项目进入试运行阶段。华电、锋威光伏发电项目并网发电。大庄园集团精深加工项目投产运营。与京津冀、珠三角、长三角地区加强合作,招商引资取得较好成效,全年引进畜产品精深加工、风电机械设备制造、特高压输变电及电源点建设配套项目10个。

【建筑业】 建筑业生产平稳,企业运行质量有所提高。全市建筑业增加值完成16.5亿元,同比增长3.5%。全市三级及三级以上建筑业企业20个,竣工产值6.0亿元,同比下降17.3%。全年各类房屋施工面积39.9万平方米,同比下降49.3%。房屋竣工面积32.3万平方米,同比下降33.5%。2016年具有建筑业资质等级的建筑企业实现利润2633.9万元,同比增长0.07%;实现税金7334.2万元,同比下降34.6%。

【城市建设】 《锡林浩特市城市总体发展“十三五”规划》《城市综合管廊规划》《锡林河生态景观带总体规划》《七个苏木镇场总体规划》《36个嘎查(分场)和144个自然村建设规划(2014—2020年)》编制完成,人民公园、南山生态公园、花卉市场、儿童娱乐城、道路、管网、供热、供水、电力等基础设施建设规划设计完成。重点加强事关群众出行、居住、生活等方面的公共基础设施建设,投资17.6亿元。完成那达慕、北京、希日塔拉、团结等14条街路拓宽打通工程和7条小街巷改造工程,铺装人行道62万平方米,道路罩面32万平方米,实施绿化71公顷,征收房屋345户,改造老旧小区20万平方米,完成棚户区改造2064户,续建返迁楼5000套,建设管网24.8公里。锡林河生态景观带六大节点景区工程稳步推进,额尔敦敖包公园、城市滨河公园、马都广场、湿地公园、南山森林公园、锡林湖公园完成投资3.5亿元。连续开展3个“百日”行动，整顿城市“六乱”，做好便民市场管理。创建国家卫生城市工作取得成果，进入迎接国家技术评估冲刺阶段。优化“城市指挥中心”功能，完善物业管理“四级联动”管理体系，推动智慧社区建设，完善网格化管理工作，提升城市服务功能。10千伏农网改造升级、10千伏线路新架等电力工程加快实施，完成投资5402万元。锡林大街、上海路等4条10千伏架空分支线入地大修项目顺利完成。

【牧区建设】 年内投资4.1亿元，三年累计投资15.2亿元，全面完成牧区基础设施建设任务，受益农牧户5492户、16 186人。三年新修建房屋3910户；打机井733眼、水窖764座、配备送水服务车10辆；建设牧区道路589公里，硬化街巷188公里；接通网电625户，安装风光互补设备2600户；建设便民连锁超市29个、区域性配送中心1处、文化活动室18个、健身广场16处、停车场3个；安装广播电视户户通6278套、广播村村响36套，建设数字基站4个，牧区基础设施和公共服务水平大幅提高。建设牧区幼儿园8所，解决牧区适龄幼儿就近入学难问题；建设嘎查标准化卫生室12个，实现牧民“大病进市里、小病就近医”的目标；率先在全区实行高龄津贴普惠制，三年发放高龄津贴和养老保险金3570万元。三年拆除危旧房4995处，修建美化院墙32.4万延长米，铺装人行道52.4万平方米，绿化5.5万平方米，安装路灯1290盏，改建公厕74处，建设垃圾收集转运点79处。

【环境保护】 锡林浩特地区全年空气质量优良天数353天，三级以上天气13天，平均空气质量优良率96.4%，符合国家空气质量二级标准；全面完成集中式饮用水水源地保护区划分工作，定期开展饮用水源保护区水质监测，出水达标率100%。2016年，全市累计完成5台火电机组除尘、脱硝改造工程，完成4台供热燃煤锅炉除尘、脱硫改造工程，完成污水处理厂提标改造工程。开展城区噪声及沙尘暴监测工作，全市共有120个环境噪声监测点位。城区环境噪声昼间监测值51.3dB；交通干线噪声昼间监测值67.5dB，监测数据结果全部符合声环境噪声功能区二类标准值。沙尘暴监测方面，按照国家总站、自治区中心站的工作要求，上报沙尘天气24次，主要发生在3月、4月、5月，为沙尘暴天气的防治提供有效数据。

集中整治锡林郭勒草原国家级自然保护区违规生产经营行为，治理重点工矿企业67家，核心区、缓冲区旅游企业全部关停整改，中央环保督察组交办环境信访事项全部按期办结。引进垃圾焚烧发电项目，提升垃圾无害化处理水平。严格节能评估审查备案，抓好企业超低排放改造，完成节能减排目标任务。投资5.4亿元，实施重点区域绿化、京津风沙源治理、生态水系治理、小流域治理、矿山和地质环境治理等生态建设工程7.2万亩。全面落实新一轮草原生态保护补助奖励政策，补奖面积2087万亩，发放奖补资金5700万元。核定天然草原载畜量，落实禁牧和草畜平衡制度，打击违规放牧、超载过牧等破坏草原生态行为。建立健全草原确权承包管理模式和运行机制，加快草原确权登记换证工作，规范草牧场流转行为。启动农业部草原防火项目，增强防火预警体系和扑火能力。实行最严格水资源管理制度，全市取水总量、工业增加值用水量、万元GDP用水量分别下降2%、17.6%、6.5%，节水型社会建设成效初显。

【交通 邮电】 锡林浩特—二连浩特铁路投入运行，锡林浩特—张家口快速铁路被列入国家铁路“十三五”规划，锡林浩特—呼和浩特至包头铁路既有线提速改造工程推进。丹东—锡林浩特高速建成，国道303别力古台—锡林浩特段公路完成投资11.7亿元，农村300公里公路建设项目完成投资1.5亿元。机场改扩建工作有序推进，全年旅客吞吐量58.2万人次，创历史新高。交通客货需求平稳增长。2016年公路货运量13 180.2万吨，同比增长7.6%；公路货运周转量

2 728 359.4 万吨公里,同比增长 7.9%;公路客运量 450.8 万人,同比增长 1.3%;公路客运周转量 27 733.8 万人公里,同比增长 1.6%。

通信业保持平稳。年末,本地固定电话用户 3.4 万户,同比下降 46.8%。全年函件 68.6 万件,同比下降 22.2%;订阅报纸 767.3 万份,同比增长 2%;订阅杂志 23.6 万份,同比增长 7.1%。投资 1.9 亿元,新改建电力线路 515 公里,建成 4G 网络基站 242 个,敷设通信管道 81 公里。投资 255 万元,在全盟率先实现城区公共场所免费 WIFI 覆盖。

交通运输、仓储和邮政业增加值 15.0 亿元,同比增长 4.4%。

【贸易】 消费品市场活跃,消费产品不断提升。批发和零售业增加值 19.4 亿元,同比增长 7.8%;住宿和餐饮业增加值 7.5 亿元,同比增长 6.2%。社会消费品零售总额 62.5 亿元,同比增长 10%。按销售单位所在地分:城镇消费品零售总额 55.2 亿元,同比增长 9.9%;农村牧区消费品零售总额 7.3 亿元,同比增长 10%。按行业分:批发零售业 54.2 亿元,同比增长 10%;住宿餐饮业 8.3 亿元,同比增长 9%。组织企业参加"2016 中国二连浩特中蒙俄经贸合作洽谈会"等展洽会 5 次,成功承办中蒙俄国际产能合作论坛和中蒙俄企业推荐会,对外贸易净出口总额完成 187 万美元,增长 87%。新丝路电子商务产业园创业创客孵化基地投入使用,亿度电子商务有限责任公司创建为内蒙古自治区电子商务示范企业。现代物流园区与民禾物流园区整合完成。对外贸易净出口额 187 万美元,增长 87%。

【招商引资】 引进国内(盟外)资金 110.9 亿元,同比下降 30.4%。外贸出口总额 187 万美元,同比增长 87%。电商发展取得重大突破,亿度电子商务公司创建为自治区级电商示范企业,全市电商市场主体 357 户,交易额 5.6 亿元。"互联网+畜产品"战略成效明显,线上线下销售持续火爆。现代物流与民禾物流两大园区优化整合,物流业发展水平不断提升。

【旅游业】 举办中国马术大赛、中国马都大赛等系列马文化主题活动,马都核心区入选"内蒙古自治区级服务业聚集区",锡林河生态景观带、"锡林风景线"旅游项目稳步推进,完成《千古马颂》剧目打磨提升。举办四国女篮对抗赛、国际游牧文化节、国际奥委会主席杯全国百城市自行车赛、中蒙俄国际拳击赛等国内国际赛事。全年接待游客 417.14 万人次,同比增长 4.0%;实现旅游收入 72.9 亿元,同比增长 15%。

【金融 保险】 2016 年,草都牧业公司、额尔敦食品有限公司挂牌新三板。金融保险业增加值 14.3 亿元,同比增长 7.7%。年末人民币存款余额 286 亿元,同比增长 15%,其中住户存款余额 160 亿元,同比增长 13.2%。年末,人民币贷款余额 288 亿元,同比下降 0.9%。其中:中长期贷款 227 亿元,同比增长 4.3%;短期贷款 60 亿元,同比下降 11%。

22 家保险公司保险费收入 10.1 亿元,同比增长 35%。其中:财产保险保险费收入 3.1 亿元,同比增长 3.7%;人寿保险保险费收入 7.03 亿元,同比增长 55.2%。

【教育】 全年招生 3223 人,比上年减少 120 人;在校生 8353 人,比上年增加 79 人;毕业生 2523 人,比上年增加 106 人。专任教师 632 人,比上年增加 44 人。中等职业教育(学校)2 所,在校生数 1405 人,当年新招生数 472 人,毕(结)业生数 477 人。特殊教育学校 1 所,在校生数 177 人,当年新招生数 33 人,毕业生数 7 人。高中 4 所,在校生数 10 638 人,当年新招生数 3616 人,毕业生数 3953 人。初中 5 所,在校生数 9180 人,当年新招生数 2975 人,毕业生数 4058 人。小学 12 所,在校生数 17 380 人,当年新招生数 2875 人,毕业生数 2862 人。幼儿园 22 所,在校生数 4481 人,当年新招生数 1771 人,毕业生数 1725 人。全市适龄儿童入学率 100%。新续建各类教育工程 13 项,完成投资 7000 万元,通过全国义务教育发展基本均衡市验收。13 项教育工程加快推进，汉授高考本科上线率 83.2%，增长 8.5%。7 所公办幼儿园投入使用。

【文化】 全市有公共图书馆(室)77 个，其中图书馆 3 个(锡林郭勒职业学院图书馆、锡盟图书馆、锡林浩特市图书馆)，公共图书馆(室)共藏书 143 万余册(件)。《锡林郭勒日报》汉文版日发行量 17 914 份，同比增长 0.2%，蒙文版日发行量 11 860 份，增长 21.0%；《锡林郭勒晚报》日发行量 8850 份，下降 6.6%。承担无线发射广播电视节目的台站 1 座；有线电视台 1 座。围绕“放歌草原·书写百姓”主题创作活动，新创作文艺作品 20 余部，连续第 19 年举办锡林河之夏群众性文化活动。举办群众性文体活动 60 余场次，乌兰牧骑基层惠民演出 100 场次以上，人民群众精神文化生活丰富活跃。

【卫生】 年末，有医院、卫生院、保健所、服务站等卫生机构 30 所，床位数 1456 床，从业人员数 3051 人，卫生技术人员 2565 人，执业医师 824 人，注册护士 1076 人。持续推进盟市医疗联合体建设，城乡居民规范化电子健康档案建档率 86.7%，承办全区爱国卫生工作现场经验交流会和全区卫生计生宣传暨健康教育工作经验交流培训，完善医疗卫生服务体系。推进医联体建设，开展重点人群家庭责任医生签约服务，电子健康档案建档率 86.7%，农牧民免费体检 6060 人，“二孩”政策全面落实，锡林郭勒市卫生和计划生育局被国家卫计委授予“全国计划生育优质服务先进单位”。

【社会保障】 扩大社会保险覆盖范围，养老、医疗、工伤、生育和失业保险五险参保 17.21 万人，完成上级下达参保任务 91.6%。牧区合作医疗参合牧民 1.67 万人，参合率 98.2%。加大特困群体救助力度，扩大高龄补贴覆盖面，累计发放各类救助金 5200 余万元，特困群众生活得到保障。养老事业加快发展，锡林颐和苑国际养老中心投资 0.97 亿元，爱祺乐牧民养老园区提档升级，锡林牧村老幼院工程稳步推进。全年征集就业岗位 1.9 万个，城镇新增就业人数 4037 人，失业人员实现再就业人数 440 人，实现农牧民转移就业 2254 人，高校毕业生就业 920 人，安置失业和就业困难人员 585 人，城镇登记失业率控制在 3.35%。加大创业援助力度，锡林浩特地区发放创业担保贷款 1 亿元。完善创业园区建设，打造农牧民工返乡创业园和“锡林尚品”特色产品专营店，银座大学生文化创意创业园 9 楼、10 楼及新丝路电子商务创业园二期投入运营。

【脱贫攻坚】 继续实施规划、项目、干部“三到村三到户”，扎实开展领导干部“一对一”定点扶贫活动，完善教育扶贫、金融扶贫、产业化扶贫措施，发挥嘎查分场扶贫互助资金和嘎查集体经济发展扶持资金作用，整合各类扶贫资金 2948.5 万元，脱贫 311 户，895 人，在锡盟率先实现基本消除绝对贫困现象的目标。

【深化改革】 贯彻落实上级党委、政府各项改革部署，出台《市委改革领导小组 2016 年工作要点》《2016 年锡林浩特市改革任务台账》《锡林浩特市 2016 年改革试点台账》《锡林浩特市全面深化改革工作督查考核办法(试行)》，明确推进改革的主要方向和重点内容，推动六大领域出台改革成果 97 项，13 项试点任务有效落地。推进行政审批制度改革，梳理公布权责清单 2823 项，审批时限压缩 54.6%。全面落实注册资本登记改革，全市市场主体和注册资本分别增长 20.5%、28.03%。司法体制、文化体制、社会管理服务、纪律检查体制等改革有序推进、成效明显。50%以上龙头企业与牧民建立利益联结机制，生态文明制度建设全面加强，对蒙合作深入实施。供给侧结构性改革稳步推进，化解过剩产能，消化房地产库存 6142 套，减免企业税费 2.8 亿元，化解地方性债务 42.7 亿元，实施一批打基础、利长远、惠民生、补短板的工程。行政审批改革不断深化，“放管服”有序结合，审批环节和办结时限分别缩减 34%和 54%。“先照后证”“五证合一”“一照一码”等商事制度改革有效落实，市场主体、注册资本分别增长20.5%和28%。“双随机、一公开”全面推行，监管效能不断提高。财税、金融改革有序推进。组建不动产登记中心，发放不动产登记证571本。党政机关公车改革顺利完成，财政节支率7%。完成全盟牧草灾害保险试点改革，有效降低牧草灾害损失。机关事业单位养老保险改革全面启动，城乡居民医疗保险整合工作有序进行。文化、卫生、养老等社会改革成效显著，服务质量进一步提升。

【人民生活】 城乡居民收入持续平稳增长，消费水平提高。2016年，全体居民人均可支配收入37 470元，比上年增加2772元，同比增长8.0%。城镇常住居民人均可支配收入39 390元，比上年增加2918元，同比增长8.0%。从收入构成看，人均工资性收入为19 952元，同比增长7.3%；人均财产净收入2380元，同比增长10.2%；人均转移净收入9013元，同比增长7.2 %；人均经营净收入8045元，同比增长10.0%。城镇常住居民人均消费性支出29 420元，同比增长3.5%。城镇常住居民家庭恩格尔系数为39.2%，比上年增长1%。牧区常住居民人均可支配收入22 245元，比上年增加1610元，同比增长7.8%；从收入构成看，人均工资性收入为2109元，同比增长4.5%；人均财产净收入1352元，同比增长1.8%；人均转移净收入5340元，同比增长6.6%；人均经营净收入13 444元，同比增长9.5%。牧区常住居民人均消费性支出17 686元，同比增长5.4%。牧区常住居民家庭恩格尔系数为39.5%，比上年增长0.2%。

【社会保障】 投入民生领域资金23.7亿元，占公共预算支出70.8%。投入扶贫资金2950万元，311户895名贫困人口精准脱贫，在锡盟率先实现基本消除贫困现象的目标。推进大众创新、万众创新，新建创业孵化基地1处，打造自治区级创业孵化示范基地1处，发放创业担保贷款2500万元，新增就业4035人。全面落实各项民生政策，提高特困供养、城乡低保等群体保障标准，扩大保障范围，发放各类社会保障资金4.7亿元。走访慰问困难家庭6827户，临时救助407户，发放慰问救助金560万元。帮助劳动者追回被拖欠工资5700万元。

（撰稿人：张勇）

二连浩特市

【概况】 二连浩特市地处北纬42°55′~43°53′，东经111°17′~112°25′，位于内蒙古自治区正北部，锡林郭勒盟西部，东邻苏尼特左旗，西、南与苏尼特右旗相邻，北与蒙古国扎门乌德隔界相望，距蒙古国首都乌兰巴托720公里、北京680公里、呼和浩特380公里。行政区域面积4015.1平方公里，边境线长72.3公里，城区面积27平方公里，设8个社区、1个苏木（辖5个嘎查和1个生态移民区）。全市总人口75 431人，常住人口58 647人，其中户籍人口32 189人。有蒙古、汉、回、满等9个民族。

野生植物有灌木、半灌木植物和草本植物40余种，主要有戈壁针茅、小针茅、无芒隐子草、女蒿、冷蒿、沙生冰草、沙蒿、芨芨草、苔草、白刺、针茅、沙葱等，其中常见药用植物有麻黄、补血草、知丹、苁蓉、锁阳等。野生动物种类比较少，主要有獾、兔、鼠类、鹰、沙鸡、百灵、雀类。有油气田1处，为华北石油二连油田采油区，年产量4万吨。有白音敖包和哈达呼苏萤石矿2处，累计查明储量514.8万吨。风光能资源丰富，年大风日数57天，年日照时数3061.3小时。

2016年，全市地区生产总值109.66亿元，按可比价格计算，同比增长9.9%。一、二、三产业实现增加值分别为0.71、38.18和70.77亿元，分别增长3.1%、11.1%和9.3%。

全年完成地方财政总收入78 569万元，同比增长5.76%。其中：公共财政预算收入58 101万元，同比增长11.68%；上划中央税收17 015

万元，同比下降8.56%；上划自治区税收3453万元，同比下降5.63%。一般公共预算支出194 987万元，同比增长18.31%。财政八项支出140 752万元，同比增长24.77%。其中：一般公共服务支出20 885万元，同比下降0.52%；公共安全支出11 56万元，同比增长11.89%；教育支出1425万元，同比下降5.68%；科学技术支出780万元，同比增长100%；社会保障和就业支出21 210万元，同比增长120.41%；医疗卫生与计划生育支出8211万元，同比下降0.98%；节能环保支出2909万元，同比下降57.82%；城乡社区支出55 576万元，同比增长56.51%。

【农牧林业】 集体草场总面积577万亩，其中牧民承包草场面积484万亩。森林总面积24.5万亩，森林覆盖率4.1%。全年安排资金7943万元实施农村牧区“十个全覆盖”工程。完成危旧房屋拆除291户，新打机电井26眼，完成农网电升级改造60户142公里，完成蔬菜大棚维修改造54栋，简易大棚改造20栋。认真实施京津风沙源治理和兴边富民工程，新建暖棚3800平方米、储草棚11 200平方米。全面落实草原生态补奖机制，发放各类补奖资金1356.9万元。2016年牧业年度，大小牲畜存栏93 775头(只)，同比增长10.17%；牲畜总头数54 121头(只)，同比下降24%。出售58 279头（只），同比增长14.7%。大小畜繁殖成活率为94.7%。全年肉类总产量1749.9吨，下降3.72%。全年完成农牧业总产值11 167万元，同比增长8.93%。耕地面积80.87公顷，其中蔬菜播种面积为66公顷，蔬菜产量11 700吨。当年完成沙源治理任务15.01万亩。

【工业】 全年全部工业增加值完成33.58亿元，同比增长12.3%。其中规模以上工业企业(全年主营业务收入即产品销售收入2000万元以上法人工业企业)35户，实现工业增加值28.92亿元，同比增长13.7%。在规模以上工业企业中，国有及国有控股企业增加值1.62亿元，同比增长6.1%，其他经济类型企业增加值27.3亿元，同比增长14.2%。全市规模以上工业企业主营业务收入39.89亿元，同比下降3.83%。实现利润3.59亿元，同比增长12.51%。其中：国有及国有控股企业实现利润1.79亿元，同比增长4.68%；规模以上工业企业亏损额445.5万元，同比下降41.58%。全年规模以上国有企业产品销售率90.8%，产成品库存1.3亿元，同比下降23.08%。全年全社会建筑业实现增加值4.6亿元，同比增长2.6%。

【城市建设】 全年完成城市基础设施建设投资1.3亿元。完成新建、改造道路38.8万平方米，硬化街巷、人行道20.6万平方米；对全市主要街路划设交通导向箭头和斑马线，面积1.12万平方米，主要街路两侧划设停车位9716个，面积1.8万平方米，安装信号灯12组；完成城区临街平房外立面改造工程，总面积4.85万平方米。完成第三水厂主体建设，新打水源井10眼，新建、改造供水管线28.4公里。全市新增集中供热实供面积30万平方米，集中供热覆盖率86.8%。全市新增绿化面积48.8万平方米，绿化覆盖率36.5%，绿地面积901.45万平方米、绿地率33.39%。全市房地产新开工项目8个，建筑面积15.7万平方米，同比下降15.1%；续建项目开工13个，面积24.6万平方米，同比下降13.9%。商品住宅销售1180套，同比增长33.1%；二手房交易395套，成交面积4.3万平方米，同比增长22%，均价1556元/平方米。全市保障性住房建设任务150套，全部完成建设任务。争取国开行棚改贷款1.12亿元，完成525套棚改房源采购。

【交通】 全年完成公路货运量1285.87万吨，同比增长6%，完成旅客运输总量93.84万人，同比增长25%；完成铁路货物发送量1127.7万吨，同比增长25.97%。完成旅客发送量27.95万人，同比下降3.02%；航空货邮吞吐量492.3吨，同比增长105.7%，航空旅客吞吐量12.01万人次，同比增长102.4%，连续第4年开通二连—

乌兰巴托临时国际航线，累计运送中蒙俄游客1.3万人次。

【电信】 全年邮电业务总量10 979.09万元，同比下降2.14%。其中，电信业务总量10 345万元，邮政业务总量634.09万元。年末，本地网固定电话用户6598户，同比增长39.94%；移动电话用户106 254户，同比增长19.93%；每百户居民拥有固定电话机53部，同比下降24.2%；每百户居民拥有移动电话机254部，同比增长10.4%。计算机互联网用户79 025户，同比增长8.63%。

【口岸贸易】 全年口岸进出口货物总量1435.7万吨，同比增长2.4%。其中，进口货运量1104.8万吨，同比增长16.9%；出口货运量330.9万吨，同比下降27.7%。口岸进出境人数210.8万人次，同比增长15.6%。其中，进境105.4万人次，同比增长15.3%，出境105.4万人次，同比增长16%。据海关统计数据显示，全年外贸进出口总额156.13亿元，同比下降11.26%。其中：进口110.18亿元，同比增长6.9%；出口45.95亿元，同比下降36.94%。进口大宗货物主要为铁矿石、木材、铜矿粉、石油、纸浆、集装箱。出口商品以化工、沥青、金属、石油、矿建、集装箱为主。

【旅游业】 全面推进全域旅游示范区创建工作，加快推进中蒙跨境旅游合作区建设，中蒙国际马术演艺基地、国门景区游客中心、南市门旅游驿站建成投用，综合博物馆布展一期完工，旅游综合服务中心、中蒙俄国际汽车露营公园、地质公园游客服务中心等项目开工建设。促成中蒙两国旅游部门签署旅游合作协议。成功举办第三届“茶叶之路”国际文化旅游节、第二届二连浩特·扎门乌德全民健身综合运动会等系列国际文体活动。出台《旅游企业奖励暂行办法》，加大对旅游企业奖补力度，推动餐饮住宿场所提档升级，旅游观光团组增长83.2%。全年接待国内外旅游人数198.74万人次，同比增长8.4%。实现旅游业总收入44亿元，同比增长8.6%。其中，接待海外游客89.54万人次，同比增长8.5%；旅游外汇收入3.5亿美元，同比增长3%。接待国内旅客109.2万人次，同比增长8.4%；国内旅游收入21.92亿元，同比增长15.2%。

【金融】 全市各类金融机构共有21家，比上年增加2家。其中：银行机构有10家，比上年增加1家；保险机构11家，比上年增加1家。全年存款余额77.12亿元，同比增长2.24%，其中人民币存款余额76.25亿元，同比增长3.53%。全年金融机构人民币各项贷款余额74.81亿元，同比增长8.3%。

【保险】 全年保险业保费业务收入13 780万元，同比增长28.31%。其中，财险保费收入3768.55万元，同比增长4.55%。保险业赔付额2413.51万元，同比增长73.66%。其中，财产险赔付额1815.72万元，同比增长72.03%。

【外事】 举办2016·中国二连浩特中蒙俄经贸合作洽谈会、第三届“茶叶之路”文化旅游节、第二届二连浩特·扎门乌德全民健身综合运动会、第三届“伊林杯”中蒙俄青少年足球邀请赛等对外文化交流活动。全年公务出国(境)团组35批109人次。其中：出访蒙古国27批83人，出访俄罗斯(含途经蒙古国2批10人)6批24人，出访日本1批1人次，出访韩国1批1人次。全年蒙俄共来访38批1000人。其中，蒙方来访33批935人，俄方来访5批65人。

【教育】 截至年末，全市共有普通中学4所，小学5所，幼儿园9所，普通中学与幼儿园均增加，小学数量与上年持平。普通中学在校生4357人，同比增长9.28%。其中，少数民族在校生数1042人，同比增长3.99%。小学在校生5477人，同比增长0.2%。其中，少数民族在校生数1556人，同比增长4.64%。幼儿数3489人，同比下降0.85%。普通中学专任教师375人，小学专任教师321人，幼儿教师176人。中小学班级数219个。全市初中阶段毛入学率116.25%，小学适龄儿童入学率 100%。继续扩大教育对外交流，蒙古国学生就读人数 778 人，为蒙俄学生发放奖学金 604 万元。

【文化】 大力实施“草原文艺天天演—惠民演出工程”，分别打造出“惠民演出全覆盖”“一带一路—乌兰牧骑行”惠民演出品牌，丰富和完善公共文化服务能力。举办锡林郭勒盟第三届体育大会—全盟首届广场舞健身操大赛、内蒙古驯马师协会成立大会暨首届“呼拉图之快骥”耐力马联赛、“动吧少年百城万赛”暨足球嘉年华等活动。形成以文化惠民服务与基础设施建设为主线，构建现代公共文化服务先进体系。全市共 16 家体育彩票销售网点，全年彩票销售额 1261.31 万元，同比增长 12.18%。

【卫生】 有医疗卫生机构 10 所。医疗卫生机构床位 207 张，拥有卫生技术人员 321 人。其中，医生 110 人，护士人员 122 人，技师 46 人，药剂人员 23 人，其他卫生技术人员 20 人。全市卫生防疫人员 39 人。个体诊所 44 家。内蒙古医学院附属医院托管市医院后经济效益逐步提升，全年接诊患者 7.5 万人次，其中接诊蒙古国患者 1240 人次。

【人民生活】 全体居民人均可支配收入 41 210 元，同比增长 7.6%。从收入结构看，工资性收入 24 170 元，增长 7.9%；经营净收入 9223 元，增长 7.4%；财产净收入 1352 元，增长 8.9%；转移净收入 6465 元，增长 6.6%。全体居民家庭恩格尔系数 36.25%。全体居民人均消费性支出 34 573 元，同比增长 6.5%。

【社会保障】 全市参加基本养老保险人数 4760 人，同比增长 0.68%。参加医疗保险人数 24 206 人，同比增长 2.13%。完善促进就业扶持创业政策措施，加大职业技能和创业培训力度，新增就业人数 892 人，创业带动就业 523 人，城镇登记失业率 2.36%。全市城乡低保、“三无”人员、五保对象、孤儿供养月标准居全区盟市第一。发展养老服务事业，聚祥福养老园区项目加快建设，“两国三地”异地养老项目共 5 批次 108 人赴海南省、蒙古国中央省度假养老。创新城乡低收入人群帮扶机制，国家贫困线下农牧民全部脱贫，53 户低收入家庭稳定脱困。

【重要活动】

5 月 13 日，举行“2015—2016 学年外国籍学生奖学金发放”仪式。

5 月 23 日，自治区党委副书记、代主席布小林到二连浩特市调研。

8 月 1 日，国务院发展研究中心对外研究部赵晋平部长一行赴二连浩特市调研。

9 月 5 日，俄罗斯安加尔斯克市副市长萨希娜·马丽娜·斯婕潘诺娃访问二连浩特市。

9 月 14 日，自治区党委书记李纪恒赴二连浩特市调研，锡盟委委员、二连浩特市委书记罗青，市委副书记、代市长田永，副市长朝格、萨仁其木格陪同。

10 月 24 日，蒙古国副总理、办公厅主任巴·恩赫阿木古楞一行在二连浩特市调研。

11 月 28 日，举行“蒙连欧”班列首发仪式。

（撰稿人：王博文）

阿 巴 嘎 旗

【概况】 阿巴嘎旗（以下简称阿旗）位于锡林郭勒盟（以下简称锡盟）中北部，东邻东乌珠穆沁旗、锡林浩特市，西邻苏尼特左旗，南与正蓝旗相连，北与蒙古国接壤，边境线长 175 公里。全旗辖 4 个苏木、3 个镇、71 个嘎查，总面积 27 495 平方公里，其中草场面积 27 005 平方公里，占总面积 98.29%。2016 年年末，全旗人口 4.44 万人，全年出生人口 390 人，出生率 8.7‰；死亡人口 238 人，死亡率 5.4‰，自然增长 152 人，自然增长率 3.4‰。

2016 年，地区生产总值 64.3 亿元，按可比价格计算同比增长 2.5%。其中：第一产业增加值 8.3 亿元，同比增长 4.3%；第二产业增加值 44.4

亿元，同比增长 0.9%；第三产业增加值 11.6 亿元，同比增长 8.9%。全年全社会固定资产投资 34.8 亿元，同比下降 15.3%。第一产业投资完成 0.7 亿元，同比下降 7.7%；第二产业投资完成 14.6 亿元，增长 27.4 亿元；第三产业投资完成 19.5 亿元，同比下降 32.4%。地方财政总收入 2.20 亿元，同比增长 11.1%。城镇常住居民人均可支配收入 32 372 元，同比增长 8.2%；牧区常住居民人均可支配收入 21 681 元，同比增长 8.0%。牧民人均生活消费支出 20 149 元，同比增长 7.1%。全年社会销售品零售总额 11.0 亿元，同比增长 8.9%。城镇社会消费品零售额 8.8 亿元，同比增长 9.1%；牧区消费品零售额 2.2 亿元，同比，增长 8.1%。

【畜牧业】 牧业年度牲畜头数 249.5 万头只，同比增长 36.7%。其中：大畜 24.7 万头，同比下降 0.3%；小畜 224.8 万只，同比增长 42.6%。牲畜出栏头数 143.34 万，同比增长 19.3%；2016 年日历年度牲畜总头数 1 229 405 头只，同比下降 20.1%。出栏率 93.2%，同比下降 45.2%。全年肉类总产量 4.0 万吨，比上年增长 11.4%；销售奶制品 146 吨、马奶 306 吨，出栏牲畜 151.4 万头只；绿色大地畜产品精深加工项目投产，额尔敦、蒙强、威远 3 家企业分别日加工 4000 羊单位、200 头牛及熟制品加工项目落户，启动实施智慧牧业试点工程。新建暖棚 4.3 万平方米、草棚 1.4 万平方米，购置牧业机械 223 台（套），打储草 2.47 亿公斤；培育生态家庭牧场 35 处，新增专业养殖户 200 个。出台《优质良种肉牛产业发展规划》，新建肉牛繁育基地和乌冉克羊原种场各 1 处，冷配黄牛 2 万头，引进优质肉牛 300 头。

【工业】 实施重点项目 52 个，投资 26.4 亿元。峰峰查干淖尔煤矿完成 500 万吨产能减量置换，环评报告通过环保部专家组评审；查干淖尔 2×66 万千瓦电厂项目开展“五通一平”工作；港城 4.95 万千瓦风电项目开展并网工作；高尔奇日处理 2000 吨银铅锌多金属矿采选项目正在办理探转采手续；天和风电技改项目并网发电。积极推进园区建设，查干淖尔循环经济产业园区正编制规划环评报告，中小企业园区入驻企业 6 家。工业增加值 39.10 亿元，同比增长 0.9%。其中，规模以上工业增加值 33.64 亿元，同比增长 0.2%。在规模以上工业企业中，轻工业增加值 7.98 亿元，重工业增加值 25.66 亿元。全旗原煤产量 360.9 万吨，同比下降 23.9%；发电量 146 978 万千瓦时，同比下降 16.1%；自来水产量 108 万吨，同比下降 10.0%；鲜冻畜肉 17 087 吨，同比增长 31.8%；砖产量 9400 万块，同比下降 6.9%；水泥产量 59.44 万吨，同比增长 105%。全年建筑业增加值 5.3 亿元，比上年增长 0.4%。

【城镇建设】 别力古台镇建设，投入资金 6.95 亿元，建设水循环利用景观工程，实施镇容镇貌整治工程，棚户区改造 1300 户，消化存量商品房 460 套，新建续建道路 9 条 3.6 万平方米，道路罩面 5.8 万平方米，硬化 25 万平方米，铺设给排水供热管网 29 公里，安装城市雕塑 44 座、路灯 159 盏，绿化 740 亩，档案馆、政务服务中心等工程开工，自来水厂和污水处理厂完成提标改造并投入使用。加快新牧区建设，累计投资 2.75 亿元，完成剩余 13 个行政嘎查、4 个自然村、910 个牧区散居点的改造任务，新建房屋 1043 处、彩钢仓库 851 处，节能改造房屋 1331 处，拆除危旧房 1310 处；新建改造嘎查活动室 46 处、卫生室 6 个、便民连锁超市 8 个，开通 7 个苏木镇便民流动服务超市；安装户户通设备 300 套，硬化街巷 80 公里，为 80 个牧户拉通网电、通过风光互补解决 600 个牧户用电问题；建设水源井 113 眼、安装改水设备 1000 套，完成苏木镇所在地及撤并苏木镇所在地的绿化美化亮化硬化工程，牧区生产生活发生变化。完善交通、水利、电力、通信等基础设施建设，国道 303 线阿巴嘎旗段完成路基铺设，国道 331 线完成招投标，修筑牧区公路 17 条 189.4 公里；别力古台镇供水工程可研报告通过自治区水利厅技术审核，巴彦查干河治理工程竣工并通过盟级验收；布力彦至玛尼图110千伏等6项工程竣工投入使用；新建改造4G基站15个，铺设光缆240公里，完成2个苏木镇卫星接收站光改任务。

【教育】 2016年，全旗小学学校数3个，小学在校生数1579人，同比下降4.9%。普通中学学校数2个，普通中学在校生数1098人，同比增长4.5%。卫生机构数64，同比增长255.65%。床位数267个，同比增长8.5%。年末在岗职工人数4276人，同比降下6.4%。职工年平均工资74037元，同比增长6.0%。

教育事业健康发展。继续实施基础教育质量提升三年行动计划，开展课堂教学改革，公开考录中小学教师8名，奥登幼儿园通过区级示范幼儿园验收，在旗就读考生本科上线率57.1%。

【卫生】 "健康阿巴嘎"建设扎实推进。旗蒙医医院和巴彦图嘎苏木卫生院改扩建工程投入使用，旗公共卫生计生服务综合楼开工建设，为各级医疗机构配备总价值800余万元的医疗设备，合作医疗为牧民报销医药费1406万元，为3681名牧民免费体检，查干淖尔镇和伊和高勒苏木中心卫生院获"全国群众满意卫生院"称号。实施全面两孩政策，年内出生人口342人，符合政策生育率99%。

【文化 体育】 民族文化大旗建设不断深化。潮尔道传习所和搏克训练馆开工，博物馆改造和全民健身中心工程完工，推出大型蒙古语剧《别力古台》，全年举办各类群众性文体活动200余场，阿巴嘎旗传统服饰列入第五批自治区非遗保护名录。

【服务业】 突出发展文化旅游业，举办哈日阿都文化节、别力古台祭祀、阿巴嘎草原音乐节、查干淖尔冬捕和"阿巴嘎杯"越野汽车拉力赛等品牌活动，实施旅游景区提档升级工程，推出"8"字旅游环线精品线路，全年接待游客25万人次，收入1.37亿元。加快物流、批发、零售、餐饮、住宿业发展，客货周转量分别为1.2亿人公里和2.8亿吨公里，社会消费品零售总额实现10.9亿元，同比增长8.9%。全旗金融机构各项人民币存款余额19.0亿元，同比增长24.6%。其中，城乡居民储蓄存款余额12.3亿元，同比增长14.8%。各项人民币贷款余额11.9亿元，同比下降5.3%。其中：短期贷款余额5.49亿元，同比增长38.3%；中长期贷款余额6.41亿元，同比增长57.9%。人寿保险业务累计实现保费收入849万元，同比增长23.6%；财产保险业务累计实现保费收入1344.4万元，同比增长25.9%。非公经济平稳健康发展，占地区生产总值比重55.3%。

【环境保护】 实施京津风沙源治理二期工程等重点生态工程，飞播造林2万亩，封山育林2万亩，人工造林5000亩，工程固沙3000亩，治理小流域6000亩，重点区域绿化2300亩，治理无主矿山地质环境2120亩，获得全国国土资源节约集约模范旗称号。落实草畜平衡和"三牧"制度，推进草牧场确权工作，制定《草原生态保护补助奖励政策实施方案》，签订草畜平衡责任书5447户，发放补奖资金1.05亿元、公益林补贴1745万元，完成34个嘎查、2297户草牧场确权，妥善解决189起草场纠纷、113户草场缺失问题，为95户牧民调整草场，全旗草原植被覆盖率52%。

【深化改革】 经济、生态和社会领域改革工作有序推进，完成改革任务46项、成果99项。别力古台镇环卫管理体制和党政机关公务用车改革基本完成，启动国有林场、城乡医疗保险、城乡低保统筹改革，医药卫生体制改革继续深化，阿巴嘎旗被自治区确定为"全区旗县级公立医院综合改革示范旗县"。承接下放行政审批事项226项，办理时限压缩150天。落实"五证合一、一照一码"登记制度，全年新增市场主体474户、注册资本3.7亿元。成立不动产登记管理局，颁发不动产登记证315个。举办中蒙民族商品交易会，新增外贸进出口经营权企业3家，那仁宝拉格边民通道完成地勘等前期工作。加强与京津冀等地的经贸合作。举办北京锡盟商会联谊会，实施招商项目32个，引进盟外资金29亿元。

【社会保障】 全年财政用于民生社会事业领域支出8.1亿元，占一般公共财政预算总支出77.9%。建立领导干部与贫困户“一对一”结对帮扶工作机制，组织实施“三到村三到户”、金融扶贫富民和易地搬迁等扶贫工程，共落实资金3429.7万元，发放贷款1.3亿元，为贫困户建房169处、购房40套，打机井9眼，安装上下水设备38套、暖气设备137套，新建棚圈29处，配发牲畜3317头只，为全部建档立卡贫困户提供免费体检，投保政府救助保险，1.7万头只牲畜投保气象指数保险，全旗15个贫困嘎查和234户、623人达到脱贫标准，贫困发生率降至0.67%，同比下降2.02%。实施积极就业政策，全年征集就业岗位4860个，安置各类人员2269人，发放小额担保贷款1000万元，“零就业”家庭动态为零，城镇登记失业率控制在2.0%以内。实施全民参保计划，城镇职工基本养老、医疗等各类保险完成覆盖任务，企业退休人员养老保险待遇人均月增138元，全面落实苏木镇工作补贴和公务用车补贴。开展慰问走访排查工作，按时足额发放低保、养老等各类保障金1.48亿元、涉及10 419人，大病患者、贫困学生、受灾群众等救助金571.2万元、涉及7201人，困难群众慰问金45万元、涉及520户。圆满承办全盟精神文明现场会，在全盟4个创建自治区文明旗测评中成绩显著。排查社会矛盾纠纷77件，化解74件；一批信访积案和疑难问题得到解决，未发生进京赴区非访。开展“平安温馨阿巴嘎”创建活动，深入开展安全生产大检查，强化食品药品安全监管，全年未发生生产安全和食品药品安全事故。

（撰稿人：新巴雅尔 海延峰）

东乌珠穆沁旗

【概况】 东乌珠穆沁旗位于锡盟东北部，北纬44°1′~46°40′，东经115°10′~120°07′之间。全旗东西长350公里，南北宽150公里，总面积47 328平方公里，旗界东同兴安盟的科尔沁右翼前旗、科尔沁右翼中旗和通辽市的扎鲁特旗及霍林郭勒市交界，南接西乌珠穆沁旗、锡林浩特市，西与阿巴嘎旗为邻，北与蒙古人民共和国接壤，国境线长527.6公里。珠恩嘎达布其口岸位于乌里雅斯太镇以北68公里嘎达布其镇境内。全旗总人口62 336人。其中：蒙古族人口45 929人，占总人口的73.68%，汉族人口15 856人，占总人口的25.44%，其他少数民族人口551人，占总人口的0.88%。男性人口30 765人，占总人口49.35%；女性人口31 571人，占总人口50.65%，人口性别比为97.45：100。全旗出生人口636人，人口出生率10.20‰；死亡人口280人，人口死亡率4.49‰；人口自然增长率5.71‰。

东乌珠穆沁旗是一个以蒙古族为主的牧业旗，天然草原总面积6917万亩，草饲家畜饲养规模位居自治区乃至全国牧业旗县首位；矿产资源丰富，已探明的有煤、石油、天然气、芒硝、有色金属等30多个矿种。东乌珠穆沁旗地处内蒙古高原东部，大兴安岭南段西北山麓，俗称“大兴安岭西嘴，二连盆地东岸”。地形东高西低南斜，海拔在830米~1500米之间。气候属北温带大陆性气候。寒冷、风大、干燥，全年平均气温0.7℃，1月份最低气温-40.7℃，7月最高气温39.7℃，年平均降雨量254.3毫米，日照2975小时。东乌珠穆沁旗具有得天独厚的天然草场资源，境内以草原和典型草原为主题，以木本科、豆科、菊科和百合科为主的可供发展草原畜牧业的300多种饲草类遍布全旗。境内海域丰富的自然资源，宝格达山林场，地处大兴安岭西坡，以天然次生林为主，森林面积为27.5万亩，年平均木材产量 5000 立方米。

2016 年，完成 GDP1 111 560 万元，同比增长 9.1%，总量和增速均居全盟第 3 位。增速分别超过全国、全区和全盟平均增速 2.4%、1.9%和 1.9%。三次产业结构来，全年第一产业增加值完成 167 241 万元，同比增长 4.4%，总量居全盟第 2 位，增速居全盟第 1 位。第二产业增加值完成 769 350 万元，同比增长 10.1%，总量和增速均居全盟第 3 位 。其中：工业增加值完成 679 350 万元，同比增长 10.7%，总量和增速居均全盟第 3 位。第三产业完成增加值 174 970 万元，同比增长 8.9%，总量居全盟第 6 位，增速居第 11 位。三次产业结构比为 15∶69.2∶15.8，第三产业比重超过第一产业比重，经济结构逐步趋于合理的态势。按常住人口计算，全年人均地区生产总值 164 432 元，同比增长 4.2%。

年末城镇登记失业率为 3.41%，较上年末下降 0.02%。

城镇居民家庭恩格尔系数为 38.8%，牧民家庭恩格尔系数为 31.7%。

全旗固定资产投资总额 842 248 万元，同比增长 15.9%；按产业分：第一产业投资 14 905 万元，同比下降 42.8 %；第二产业投资 566 927 万元，同比增长 11.9%；第三产业投资 260 416 万元，同比下降 0.7%。按构成分：建筑工程投资 373 492 万元，同比下降 38%；安装工程投资 64 744 万元，同比增长 73.9%；设备工器具购置投资 254 071 万元，同比增长 221.35 %；其他费用投资 149 941 万元，同比增长 19.6%。

全旗财政收入 96 170 万元，同比下降 21.6%。按征收部门分，国税部门组织收入 31 474 万元，同比下降 7.3%；地税部门组织收入 53 542 万元，同比下降 27.7%；财政部门组织收入 11 154 万元，同比增长 57.4%。按收入级次分，一般公共预算收入完成 66 042 万元，同比下降 22.9%；上划中央税收完成 21 154 万元，同比下降 20.3%；上划自治区税收完成 8974 万元，同比下降 13.4%。全旗一般公共预算支出完成 138 506 万元，同比下降 12.9%。其中，民生事务支出完成 100 297 万元，同比下降 10.8%，占一般公共预算支出的 72.4%。其中：一般公共服务支出 13 358 万元，同比增长 3.9%；公共安全支出 6209 万元，同比增长 7.8%；教育支出 14 054 万元，同比增长 12.3%；科学技术支出 412 万元，同比下降 52.3%；文化体育与传媒支出 4629 万元，同比增长 1.21 倍；社会保障和就业支出 21 204 万元，同比增长 31%；医疗卫生支出 6705 万元，同比增长 7.4%；节能环保支出 2044 万元，同比下降 49.3%；城乡社区事务支出 9575 万元，同比下降 73.0%；农林水事务支出 27 526 万元，同比增长 11.8%；交通运输支出 5540 万元，同比增长 8.4%；资源勘探电力信息等事务支出 6914 万元，同比增长 97.0%；住房保障支出 2782 万元，同比下降 22.7%。

【畜牧业】 牲畜头数稳步增长，畜群结构得到明显改善。牧业年度，全旗牲畜总头数 2 986 281 头（只），比上年同期增加 60 861 头（只），增长 2.07%。牲畜良种及改良比重 97.83%。其中：良改牛比重 99.35%，与上年同期水平基本相同；良种乌珠穆沁羊比重和良种乌珠穆沁山羊比重均 99.99%，保持上年水平。繁殖成活仔畜 1 619 173 头（只），繁成率 91.75%，与上年水平相当。其中：大畜成活仔畜 47707 头（只），小畜成活仔畜 1 571 466 只，繁成率分别为 49.32%和 94.21%。

日历年度，牲畜存栏总数 1 773 089 头（只），比上年同期减少 442 354 头（只），同比下降 19.97%。其中：牛存栏 54 438 头、马 27 957 匹、绵羊 1 625 937 只、山羊 64 256 只。全旗出栏大牲畜和羊 2 206 693 头（只），出栏率 99.61%。其中，出卖大牲畜和羊 2 163 910 头（只）、自宰自食 42 783 头（只），商品率和自食率分别为 97.67%和 1.93%。在年末牲畜存栏中，良种及改良牲畜 1 744 631 头（只），占牲畜存栏总数 98.40%，牲畜良改比重同比增长 0.82%。其中：良种牲畜 1 736 309 头（只），良种比重 97.93%；在良种牲畜中，良种牛存栏 46 116 头，比重 84.71%。

【工业和建筑业】 全旗工业总产值 1 451 148 万元，同比下降 1.3%。完成工业增加值 679 350 万元，按现行价格计算，同比增长 10.7%。其中：规模以上总产值 1 287 660 万元，同比下降 2.1%，完成工业增加值 623 764 万元，按现行价格计算同比增长 11.2%；规模以下工业总产值 163 488 万元，同比增长 4.2%，完成工业增加值 55 586 万元，同比下降 0.78%。全年规模以上工业企业实现主营业务收入 1 276 483 万元，同比下降 0.7%。实现利润总额 62 049.7 万元，同比下降 12.9%。

建筑业增加值 90 000 万元，同比增长 5.1%，总量居全盟第 3 位，增速居全盟第 5 位。

【国内贸易】 实现社会消费品零售总额 221 127 万元，同比增长 9.2%，总量居全盟第 3 位，增速位居全盟第 9 位。分地域看，城镇消费品零售总额 162 566 万元，同比增长 9.8%；牧区消费品零售总额 58 561 万元，同比增长 7.7%。分行业看，批发业零售额 14 221 万元，同比增长 7.7%；零售业零售额 166 036 万元，同比增长 9.5%；住宿业零售额 13 544 万元，同比增长 7.4%；餐饮业零售额 27 326 万元，同比增长 8.9%。

【口岸贸易】 全年口岸进出口货物累计 127 万吨，同比增长 1.6%，其中，进口货物 81.59 万吨，同比下降 14.58%，出口货物 45.41 万吨，同比增长 57.45。完成进出口货值 8.82亿美元，同比增长 24.57%。其中：进口货值 5.7 亿美元，同比下降 3.38%；出口货值 3.12 亿美元，同比增长 98.3%。进出境人员 11.63 万人次，同比增长 17.59%。其中:进境人员 5.87 万人次，同比增长 17.87%；出境人员 5.76 万人次，同比增长 17.55%。进出境车辆 7.97 万辆次，同比增长 10.69%。其中：进境车辆 3.98 万辆次，同比增长 10.86%；出境车辆 3.99 万辆次，同比增长 10.83%。

【交通　邮电和旅游业】 全年公路客运量 7.98 万人，同比增长 5.1%；公路客运周转量 1117 万人公里，同比增长 5.2%；公路货运量 947 万吨，同比下降 1.9%;公路货运周转量 319 833 万吨公里，同比增长 4.5%。

邮电通信业平稳发展。全年邮电业务总量 6270.87 万元，同比下降 3.1%。其中:邮政业务总量 514.89 万元，增长 6.4 %；中国移动业务总量 3785 万元，下降 5.6%；中国联通业务总量 1136.4 万元，增长 2.3%；中国电信业务总量 607.59 万元，下降 6.3%。截至 2016 年年末，移动电话用户 88 700 户，固定电话用户 2300 户。互联网用户 12 116 户。

全年实现旅游总收入 10.4 亿元，全年共接待游客 56 万人次。

【金融】 全旗金融机构各项存款余额 367 940 万元，同比增长 23.7%；金融机构各项贷款余额 228 800 万元，同比下降 12.9%；非金融企业存款 81 514 万元。

【保险】 人寿保险费收入 3507.16 万元，其中本年新增收入 719.32 万元；累计赔款 421.34 万元（人险各项指标均包含乌拉盖）；财产保险费收入 1381.74 万元，同比下降 2.61%。财产险赔款 656.86 万元，同比增长 0.53 %。

【教育　科技】 教育事业稳定发展，素质教育不断提高。2016 年，全旗共有各类中、小学和幼儿园 19 所。其中：中学 3 所（包括职业中学）、小学 5 所、幼儿园 11 所；在校学生 9586 人。其中，中学 2985 人、小学 3894 人、幼儿园 2188 人；全年新招学生 2545 人。其中，中学 937 人、小学 724 人；毕业生 2624 人。其中，中学 1029 人、小学 658 人。

科技事业稳步发展，科技队伍不断壮大，全旗各类专业技术人员 1613 人。

【文化　体育　卫生】 全旗有各类文化事业机

构9个，9个苏木镇均建有文化站，57个嘎查设有文化室。有艺术团体单位1个，图书馆1个。2016年底，全旗共投放大中小型广播电视发射机7部。其中，1000瓦调频广播发射机2部，1000瓦电视发射机2部，300瓦电视发射机3部。拥有电视台1座，1000瓦以上电视发射台和转播台4座。广播、电视综合覆盖率分别为98.0%和98.0%，分别比上年提高0.4%和0.4%。

年末拥有全民健身中心1个。年内体育健儿在国内重大赛事中获奖牌4枚，其中，金牌2枚，银牌1枚，铜牌1枚。

全旗卫生机构21个，其中：旗级医院2所、苏木卫生院16所、卫生防疫机构1所、妇幼保健机构1所、卫生监督所1所；医疗卫生机构拥有床位317张，全旗拥有各类卫生技术人员435人。

【人民生活】 居民生活水平继续提高。全年城镇常住居民人均可支配收入33 399元，同比增长8.4%，总量居全盟第5位，增速居全盟第4位。牧区常住居民人均可支配收入25 655元，同比增长7.6%，总量居全盟第1位，增速居全盟第13位。

【社会保障】 全旗参保职工6291人。其中：企业职工1852人，其他职工3715人。全旗离退休人员3443人。其中：企业598人，其他2845人。全年实发养老金8648万元。其中：企业1731万元，其他人员6917万元。全年新型农村合作医疗参保30 820人。

全旗59 742人次得到最低生活保障救济，累计发放低保金2534万元。年末，全旗拥有社会福利院1个，床位40张。

（撰稿人：苏和巴特尔　达古拉）

西乌珠穆沁旗

【概况】 西乌珠穆沁旗位于锡林郭勒盟（以下简称锡盟）东部，距北京直线距离480公里，距盟府锡林浩特市134公里，东临草原煤都霍林郭勒，南接赤峰市，公路里程为360公里，西连锡林浩特市，北与东乌珠穆沁旗相邻。现辖2个苏木、5个镇，93个嘎查、6个社区。2个苏木5个镇分别是巴彦胡舒苏木、乌兰哈拉嘎苏木、巴拉嘎尔高勒镇、巴彦花镇、吉仁高勒镇、高日罕镇、浩勒图高勒镇。旗政府所在地巴拉嘎尔高勒镇是“全国小城镇建设示范镇”“全区小城镇建设示范镇”“自治区丙组八星级文明镇”。

西乌珠穆沁旗地处中纬度内陆地区，属中温带干旱半干旱大陆性气候，大气运动在西风带环流中，基本气候特征是春季风多易干旱，夏季温热雨不匀，秋季凉爽霜雪早，冬长寒冷冰雪茫。年平均降水量为350毫米，呈现由东南向西北递减的趋势，最多年降水量为564.5毫米，最少年降水量为189毫米；年平均气温为1.2℃，极端最高气温为37.4℃，极端最低气温为38.6℃；年平均无霜期105天，最多年136天，最少年84天；年平均大风（七级以上）日数62天，最多年148天，最少年28天；年平均日照时数2900小时。2016年，西乌旗年平均气温2.7℃，较常年值高0.7℃。年极端最高气温34.5℃，出现在8月13日。年极端最低气温负36.0℃，出现在12月27日；年总降水量315.4毫米，其中3月、6月、7月、8月、9月降水偏少，1月、2月、4月、5月、10月、11月、12月降水偏多；年日照总时数2642.7小时；年大风日数32天，瞬间极大风速每秒23.5米，瞬间极大风向为西南西，年最多风向为西风；年积雪日数136天，年最大积雪深度24厘米，11月16日形成座冬雪；最大冻土深度为197厘米。本年度气候特点为气温偏高、大风多、降水多、光照充足。

土地总面积22 434.5平方公里。草原总面积22132平方公里，其中：可利用草场面积20290平方公里，占总面积88.2%。草场类型有山地草甸草原、山地落叶阔叶林林缘草甸草原、低山丘陵草甸草原、波状高平原草甸草原、山地干草原、低山丘陵干草原、波状高平原干草原、沙丘沙地植被草场、河泛地湖盆低地草甸草原等9种类型。境内河流有14条，其中主干流7条，河流总长度1789公里，流域总面积22 432平方公里。大小湖泊326处，山泉60处，耕地面积58 350亩，沙地面积969平方公里；全旗森林面积218万亩，森林覆盖率为6.48%。境内有芦苇35 000亩，年产量2万吨。树种有白桦树、山杨树、榆树，还有部分云杉、落叶松、柞树、五角枫和山杏树。野生动物主要分布在东部、南部2个林场，主要有狍子、黄鼬、艾虎、鹌鹑、野雉、松鸡和少量野猪等；北部有黄羊、旱獭、獾子、狼、狐狸、沙狐等；还有分布在泡淖河流一带的大雁、天鹅、大鸨、鹰和分布在草原上的各种鸟类。境内矿产资源非常丰富，主要有煤、铅、铁、钛、锌、金、镍、铜、铂族矿、多金属矿、水晶、孔雀石、萤石、大理石、石灰石、石膏、石墨等，尤以煤矿储量最为丰富。

2016年年末，全旗户籍总人口80 220人，比上年增加427人。其中：少数民族人口56 363人，在少数民族人口中有蒙古族人口55 220人。城镇户籍人口34 724人，占全旗户籍总人口43.3%；乡村户籍人口45 496人，占全旗户籍总人口56.7%。全年出生人口896人，人口出生率11.17‰；死亡人口431人，人口死亡率5.37‰；人口自然增长率5.80‰，比上年提高1.64个千分点。男性人口41 109人，女性人口39 111人。年末全旗常住人口9.27万人，其中：城镇常住人口为5.36万人。

全年全社会固定资产投资总额1 022 510万元，同比增长23.2%。总量在全盟各旗县市中排名第2位，增速排名第1位。其中：第一产业投资5500万元，同比下降46.3%；第二产业投资850 485万元，同比增长67.0%；第三产业投资166 525万元，同比下降46.4%。

全年实现地区生产总值118.54亿元，按可比价格计算，比上年增长8.9%。其中：第一产业增加值16.53亿元，同比增长4.3%；第二产业增加值83.60亿元，同比增长9.7%；第三产业增加值18.40亿元，同比增长9.1%。全旗生产总值中一、二、三次产业比例为147∶1∶15。按常住人口计算，全年人均地区生产总值127 875元。年末全旗安置城镇各类人员1700人，年末城镇登记失业率为3.48%。

全年地方财政总收入312 581万元，同比下降2.54%。其中，公共财政预算收入207 158万元，同比增长9.19%，旗级税收收入173 866万元，同比增长0.33%，占地方财政总收入比重为56%，非税收收入33 292万元，占地方财政总收入比重为11%。全年公共财政预算支出245 935万元，同比增长32.71%。其中：农林水事务支出52 532万元，同比增长41.48%。一般公共服务支出25500万元，同比增长4.05%。教育支出31288万元，同比增长27.27%。社会保障和就业支出17 507万元，同比增长7.83%。交通运输支出36 198万元，同比增长242.07%。

【畜牧业】 牧业年度，全旗牲畜存栏头数2 278 813头（只），比上年同期增加45 780头（只）。其中：大牲畜和羊2 278 813头（只），同比增加45 780头（只）。大牲畜和羊总增率37.31%，同比减少3.97%，繁成率98.30%，同比增长1.76%，保畜率99.99%。大牲畜和羊的良种及改良种牲畜2 247 354头（只），良改比重为98.62%。

日历年度，牲畜存栏954 989头（只）。其中：大牲畜存栏136 431头（只）。大牲畜和羊出栏203.11万头（只），出栏率216.77%。全年肉类总产量48 167吨，同比增长47.9%；牛奶产量24 492吨，同比增长15.8%。

【林业】 全旗土地总面积3365.1万亩，林业用地469.4万亩，其中有林地108.4万亩，疏林地8.54万亩，灌木林地109.8万亩，未成林造林地8.9万亩，宜林地188.4万亩。公益林面积467.8万亩，已启动实施国家级公益林补偿面积

205.65 万亩。全年完成造林面积 3.05 万亩，封沙育林 2.5 万亩。全旗森林面积 218 万亩，森林覆盖率 6.48%。自然保护区 1 个，面积 98 931 公顷。

【水利】 新建水源井 57 眼，机泵管理房 57 间，总投资 513.00 万元，全部投入使用。灌溉饲草料地 1.3 万亩，新打灌溉水源井 79 眼，总投资 1609.04 万元，完成总建设任务的 95%。治理河段长 16.44 公里，新建堤防总长 8.53 公里，护岸总长 0.99 公里，总投资 1977.14 万元。新打抗旱应急水源井 18 眼，总投资 769.07 万元，水源井已全部完工。新打地下水动态监测井 21 眼，总投资 275.03 万元，完成监测井 7 眼。新建水源井 30 眼，小流域治理面积 10 平方公里，总投资 700 万元，已竣工。建设旱作物饲草地和天然草牧场（示范）节水灌溉控制面积 1.25 万亩，总投资 1507.4 万元，完成建设任务的 95%。

【工业 建筑业】 全年工业增加值 71.73 亿元，比上年增长 10.4%。其中：规模以上工业企业增加值 67.15 亿元，同比增长 10.9%。规模以上工业完成工业总产值 121.15 亿元，同比增长 18.3%。从工业产品产量看，全旗全年原煤产量 3310 万吨，同比下降 5.1%；发电量 676 711 万千瓦时，同比下降 0.8%；水泥 436 182 吨，同比增长 44.46%；铅粉 15 261 吨，同比下降 0.64%；锌粉 20 007 吨，同比增长 3.93%；铜粉 2985 吨，同比增长 4.21%；锌锭 125 950 吨，同比增长 4.83%。

全年全旗规模以上工业企业实现利润总额 6.34 亿元，同比增长 70.3%；主营业务收入 103.84 亿元，同比增长 11.5%。

全年建筑业增加值 11.87 亿元，同比增长 5.0%。全旗具有建筑业资质等级的建筑施工企业 2 个，房屋建筑施工面积 215 866 平方米。

【城镇建设】 2016 年，累计投入市政基础设施建设资金 11 570 万元，完善巴拉嘎尔高勒镇基础设施功能。制定《2016 年西乌旗建筑市场工程管理工作要点》，着重从严格审核企业资质和进驻备案手续、加强项目班子管理、加强合同管理以及严格履行法定建设程序等 4 个方面规范工程建设各方行为。实行室内环境检测，完成民用建筑工程室内环境监测 16 项，检测面积 13 万平方米。根据《内蒙古自治区物业服务企业资质管理办法》，注销物业管理职责履行不到位的 4 家物业公司资质。2016 年办理房屋产权登记 3281 件、建筑面积 49 万平方米。根据 2016 年年初统计，全旗商品房库存共计 4852 套。全年全旗房地产去库存 1957 套、建筑面积 23.29 万平方米，其中：居民自主购买商品房 1683 套、建筑面积 20.45 万平方米；棚户区改造置换楼房 274 套、建筑面积 2.84 万平方米。2016 年计划实施巴拉嘎尔高勒镇危旧房征收补偿项目 500 户，签订征收补偿协议 697 户，总评估价 18 016.6 万元。

【交通】 全年公路完成货运量 5135.1 万吨，同比下降 12.2%。完成货物周转量 975 047 万吨公里，同比下降 15.0%。公路完成客运量 92.4 万人，同比增长 7.9%。完成旅客周转量 18 489.1 万人公里，同比增长 11.0%。

【邮电】 全年邮电业务总量 6370 万元，同比下降 15.5%。年末，本地网固定电话用户 3735 户。年末移动电话用户 103 165 户。全旗互联网络用户 15 317 户。

【服务业】 全年社会消费品零售总额 205 416 万元，同比增长 9.8%。分行业看，商品零售额 174 604 万元，同比增长 11.9%；餐饮业收入 30 812 万元，同比增长 17.2%。分城乡看，城镇零售额 139 683 万元，牧区零售额 65 733 万元。

接待国内外旅游人数 62 万人次，同比增长 22%，实现旅游收入 3.1 亿元，同比增长 25%。旅游方面估计资产投资总计为 1.19 亿元。新开办的“牧人之家”总数为 107 户，全年牧人之家旅游点接待游客 20 万人次，收入 1 亿元。

【金融】 年末，全旗金融机构各项存款余额

428 765 万元。同比增加 72 154 万元，同比增长 20.2%。其中：储蓄存款余额 266 087 万元，同比增加 33 039 万元。金融机构各项贷款余额 564 149 万元，同比减少 23 496 万元。其中：短期贷款余额 281 630 万元，同比减少 4611 万元；中长期贷款余额 282 519 万元，同比减少 17 901 万元。

【教育 科技】 年末普通高中 1 所，招收学生 363 人，同比下降 21.4%；在校学生 1200 人，同比下降 1.9%。其中：少数民族学生 884 人，同比下降 10.2%；毕业学生 378 人。初级中学 2 所，招收学生 972 人，同比下降 7.1%；在校学生 1839 人，同比下降 2.4%。其中：少数民族学生 1429 人，同比下降 3.1%；毕业学生 637 人，同比下降 5.8%。有小学 5 所，招收学生 808 人，同比下降 8.7%；在校学生 5253 人，同比下降 0.2%。其中：少数民族学生 3989 人，同比增长 3.5%；毕业学生 717 人，同比增长 10.0%。幼儿园在园幼儿 2416 人，同比增长 4.5%。全年小学适龄儿童入学率 100%。

【文化 卫生 体育】 年末，全旗有乌兰牧骑 1 个，文化艺术馆 8 个；文物、博物馆 2 个。全旗拥有调频发射台 2 座，广播人口覆盖率 94%；电视转播发射台 2 座，电视人口覆盖率 97%。

年末，全旗医疗卫生机构 103 个，其中综合医院 1 个，民族医院 1 个，嘎查卫生室 70 个，社区卫生服务站 1 个，疾病预防控制中心 1 个，妇幼保健机构 1 个，卫生监督所 1 个，卫生院 14 个，门诊部 14 个，矿区卫生院 1 个。医疗机构拥有病床 368 张。其中，卫生院拥有病床 68 张。年末，全旗拥有卫生技术人员 531 人。其中：综合医院 116 人，乡镇卫生院 123 人；年末，全旗拥有执业医师 170 人。

2016 年，全旗体育健儿在国内外重大竞赛中获得奖牌 20 枚。其中：金牌 2 枚、银牌 2 枚、铜牌 16 枚。

【人民生活】 2016 年全体居民人均可支配收入 27 305 元，比上年增加 2079 元，同比增长 8.2%。全体居民人均消费性支出 18 801 元，比上年增加 980 元，同比增长 5.5%。

全年城镇常住居民人均可支配收入 33 537 元，比上年增加 2627 元，增长 8.5%。其中：人均工资性收入 19 337 元，同比增长 9.5%；人均家庭营业性收入 6745 元，同比增长 8.9%；人均转移性收入 6112 元，同比增长 5.6%；财产性收入 1372 元，同比增长 4.2%。城镇常住居民人均消费性支出 23 679 元，同比增长 5.5%。城镇居民家庭恩格尔系数为 35.2%。全年牧区常住居民人均可支配收入 21 889 元，同比增加 1603 元，同比增长 7.9%。其中：人均工资性收入 2247 元，同比增长 4.3%；人均家庭经营性收入 14 270 元，同比增长 10.3%；人均转移性收入 4322 元，同比增长 2.7%；财产性收入 1049 元，同比增长 6.2%。牧区常住居民人均消费性支出 14 562 元，同比增长 5.5%。牧区居民家庭恩格尔系数为 32.8%。

【社会保障】 年末，全旗参加城镇基本养老保险的人数 11 539 人，全旗参加城镇基本医疗保险的人数 31 985 人，全旗参加城乡居民基本养老保险人数 28 517 人。全旗参加失业保险的职工 7683 人，全旗参加工伤保险的人数 9820 人，全年共有 7815 人得到国家最低生活保障救济。年末，社会各类福利机构 3 个，共有床位 750 张。

（撰稿人：尹常喜）

苏尼特左旗

【概况】 苏尼特左旗位于锡林郭勒盟（以下简称锡盟）西北部，北与蒙古国接壤，国境线长 316 公里。西北与二连浩特市交界；西与苏尼特右旗比邻；南接正镶黄旗、正镶白旗、正蓝旗；东与阿巴嘎旗交界。总面积 34 251.7 平方公里。辖 3 个镇、4 个苏木、49 个嘎查、4 个居委会。全旗总人口 34 620 人。其中,蒙古族 22 232 人,占总人口 64.2%;汉族 12 175 人,占总人口 35.2%;其他少数民族 213 人,占总人口 0.6%。

2016 年, 全年地区生产总值 49.7 亿元,同比增长 5%。其中:第一产业增加值 6.42 亿元,同比增长 4.2%;第二产业增加值 32.04 亿元,同比增长 3.5%;第三产业增加值 11.33 亿元,同比增长 9%; 固定资产投资 37.2 亿元, 同比增长 20%。全社会消费品零售总额 7.12 亿元,同比增长 9%。地方财政总收入 3.23 亿元, 同比增长 3.1%,其中一般公共预算收入 2.6 亿元,同比增长 17.8%。地方财政总支出 11 亿元。牧民人均纯收入 12 736 元,同比增长 8.3 %;城镇居民人均可支配收入 32 711 元,同比增长 8.3 %。

【畜牧业】 畜牧业生产结构逐步优化,实施“减羊增牛”,加强苏尼特羊提纯复壮和种公羊集中管理,标准化畜群 1800 群。建成优质良种肉牛繁育生产基地 1 处,优质肉牛 10 万头。重大疫病防控免疫密度 100%。苏尼特羊质量追溯体系建设继续巩固, 可追溯羊肉收购价格每公斤高于市场价 2 元,实现牧民增收 1100 余万元。注册“东苏旗羊肉”品牌商标,苏尼特羊肉产品在天猫、京东等网络平台销量递增,绿色有机品牌市场认可度不断提升。截至 2016 年年末,全旗牲畜总头数 65.8 万头(只)。其中:大畜 8.1 万头,小畜 57.7 万只。牲畜出栏 103 万头(只)。其中: 大畜 6.2 万头、小畜 97.1 万只。基础母畜 57.1 万头只,母畜比重 86.8%;良种畜 53.4 万头只,改良畜 9.3 万头只,良改比重 95.4%。 全年,打储草 13 653 万公斤。其中: 外调饲草 10 990 万公斤,自打天然草 530 万公斤,青贮 1870 万公斤、陈草 263 万公斤。储备应急饲草 1150 万公斤。冷配母牛 1120 头,本地交配改良 2.63 万头。发放基础母牛饲养补贴,补贴资金 55 万元。补贴的基础母牛 1.79 万头,覆盖牧户 410 户。选留后备种公羊 3167 只。全旗 40 个嘎查的 43 个集中管理站全部实现种公羊集中管理, 种公羊专用草场面积 49 万亩,集中种公羊 1.6 万只。苏尼特羊信息录入和耳标佩戴 28.5 万只。免疫牲畜 47.25 万头只。其中:牛 6 万头、奶牛 87 头、羊 41.24 万只,免疫密度 100%。大力开展肉食品市场、屠宰检疫、病死畜禽无害化处理监管、兽药市场专项整治活动, 出动执法检测人员 490 人次,检测检查肉食品企业 80 家、兽药经营企业 51 家。改扩建棚圈 5 处 220 平方米、储草棚 5 处 100 平方米、防疫室 5 处 28 平方米、羊圈 5 处 600 平方米。一期全旗草原生态保护补助奖励面积 5111 万亩,涉及 7 个苏木镇 49 个嘎查,五年兑现补贴资金 5.9 亿元,5600 多牧户 1.9 万余牧民受益,年人均享受补贴资金 6200 元左右。全旗有高产饲草料基地种植户 76 个、总面积 2.2 万亩,其中维蒙特指针式灌溉基地 26 处、面积 1.03 万亩。新建生态家庭牧场 56 个。新增牧民合作社 2 个, 牧民专业合作经济组织总数 126 个。完成草原确权 31 个嘎查、2300 户, 总面积 3797 万多亩,占全旗需确权总面积 74%。依法查处各类涉及生态保护违法案件 32 起、依法累计行政罚款 17.3 万元。

【林业】 完成沙源治理工程 5.5 万亩。其中:投资 600 万元,飞播造林 5 万亩;投资 500 万元,工程固沙 0.5 万亩,均完成任务的 100%。按京津风沙源治理工程技术规程要求, 选择浑善达克沙地严重受损区,宜播面积 71.5%。投资 885 万元,完成重点区域绿化 1500 亩。启动公益林管护面积 176.26 万亩。其中:国家级公益林 173.13 万亩;地方公益林 3.13 万亩。2016 年,发放国家级公益林森林生态效益补偿资金 2553.67 万元。其中: 农林个人 2301.48 万元, 集体 165.62 万元,公共管护支出 86.57 万元。地方公益林补偿资金共发放 9.39 万元。破获非法猎捕国家重点濒危野生动物刑事案件 2 起, 林业行政案件 10 起,行政处罚 10 人、排查重点人员 19 人、累计出动警力 1000 人次,出动警车 300 台次,巡护清查野生动物分布区等地 916 次、清理整治各类市场64个、饭店87家。举办防火灭火专业培训4期和模拟演练，增强扑火队伍应急处置和紧急避险能力。

【水利】 2016年，投资417万元，新建水源井45眼，发放家用水处理设备50套，用于解决国贫人口人畜饮水，惠及594人，解决牲畜的饮水7560头(只)。投资500万元，打小机电井100眼，配套发电机组及潜水电泵各100套，工程项目区选择在5个苏木(镇)的26个嘎查。打抗旱井22眼，并全部配套。共为7个苏木(镇)解决310人、4300头(只)牲畜的饮水。更新改造原有圆形喷灌饲草料基地9050亩，总投资958.58万元。工程项目区位于4个苏木中的9个嘎查。完成本旗哈沙图河满都拉图镇防洪工程及恩格河水库除险加固工程的环评验收工程。完成恩格河罐区渠道维修工程方案编制及施工任务，工程投资40万元。完成恩格河水库维修养护工程方案编制及施工任务，工程投资35.20万元。完成巴彦乌拉苏木赛罕塔拉嘎查饲草料基地配套水利设施工程方案编制及施工任务，工程投资40万元。征收水土保持补偿费262.99万元。水土保持方案申报率100%，水土保持方案审批率100%。自来水管网覆盖范围内有自备水源井21眼，井深约20米，取水主要用于绿化。

【工业】 规模以上企业14户，产值超亿元企业11户，实现工业总产值39.76亿元，同比增长-10.9%。全部工业增加值26.2亿元，同比增长2.0%。规模以上工业企业工业增加值20.6亿元，同比增长1.1%。规模以上工业企业14户开工13户，开工率为93%。全年原煤产量269万吨，同比减少466.6万吨；原油产量2.23万吨，同比减少1249吨；铁矿石产量78.8万吨，同比增加1.84万吨；金属镍产量3600吨，金属铜产量700吨，同比分别减少925吨、295吨；黄金产量1490公斤，同比减少65公斤；萤石产量5吨、萤石粉1.4万吨。7户肉食品加工企业，加工牲畜129万羊单位，同比增加0.4万羊单位，实现工业产值16.75亿元，同比下降3.2%。2016年，工业重点项目开复工8项，开复工率88.9%，完成工业固定资产投资18.1亿元，同比增长8.7%，完成全年任务100%。

编制《苏尼特左旗电网建设“十三五”规划》《2017年小城镇和中心村农网改造升级工程》，成立农电配网业主项目部，加强电网建设与工程改造。售电量完成8489.56千瓦时，较上年增加28.06%。新增用户1095户，全旗用电户共有15 735户。实现安全生产366天，累计实现安全生产1338天。

【城镇建设】 编制苏木镇规划5个，确定洪格尔苏木为全盟清洁能源供热试点。基础设施建设投资1.35亿元。其中，满镇德力格尔罕街道路建设1.63公里，投资885万元。镇内道路画线2.66万平方米，投资186万元。人行道铺装花岗岩及面包砖铺装面积24万平方米，投资5187万元。路灯安装及更换旧电缆和新建道路两侧电缆铺设，投资260万元。供热管网改造，二网管线改造1.8万米，新建中水站2座，投资1318万元。新建供水管道5230米，排水管道2690米，投资2986万。满达和达日罕小区给水管道改造1800米，投资370万元。中水输送管道安装4500米，投资1243万元。投资1080万元，安装水源地10眼水源井视频联动报警系统、建设农村牧区饮水安全水质检测中心、苏尼特广场绿化及生态园绿化改造升级工程、城镇外环及镇内街道两侧绿化种植树木8.5万株。加强和规范镇容镇貌管理，增设主要城市出入口限高架6处，限吨位警示牌10处，发放市容市貌和环境卫生管理宣传册500余份，全年出动3200余人次，出动车辆680余次，集中清运各类违规堆放、违章搭建杂物80余车。开展门前三包，强制清理废品收购商铺2户，拆除不规范牌匾58处，清理乱设流动商贩共186个，抓捕流浪狗207条。实现城镇环卫和小区物业市场化运营，引进北京慧丰清轩环境投资有限公司，承揽本旗镇容镇貌管理及城镇环境卫生。拆除危旧房屋 3361 间，棚户区改造 100 套、牧区危房改造 100 套。发放廉租住房租赁补贴 9.9 万元，受益 92 户。

【环境保护】 2016 年，查出“久拖不验”项目 40 处，6 月底全部整改。分别采取约谈企业负责人，下达整改通知书，重新办理环评、关停、检测等治理措施。对旗城区内 15 台 10 吨及以下燃煤锅炉，按照大气污染防治目标制定时间表，全部拆除或改用清洁能源锅炉。治理矿山企业环境 180 公顷，废弃无主采坑 145 公顷。加大监察力度，对违法生产、违法排污、涉危涉重等违法行为予以依法查处。全年出动督察人员 430 人次，车辆 150 车次，对 17 家其他营业单位下达《责令改正违法行为决定书》，对 11 家违法企业下达《行政处罚决定书》，处罚金 50.8 万元。受理来信、来访、来电反映环境污染案件 23 起，信访案件结办率 100%。

【交通】 锡林浩特至二连浩特铁路建成通车。建成牧区嘎查公路 123 公里。启动通用机场前期工作。货运量 522.3 万吨，同比增长 -14.2%；货运周转量 8.87 亿吨公里，同比增长 -10.6%；客运量 10.9 万人次，与上年持平；客运周转量 1389.1 万人公里，与上年持平。街巷硬化，完成锡林浩特、自然村街巷硬化工程 62.5 公里，投资 2965 万元。牧区公路 10 条全长 121.5 公里，规模为四级公路建设标准，工程主体全部完工，投资 8838 万元。国道 331 线满都拉图镇至别力古台公路建设项目，一级公路标准，总投资 15.63 亿元，其中本旗境内投资 11.43 亿元。建设路线全长 118.2 公里。国道 331 线满都拉图至别力古台段公路一期工程完成施工、监理招投标和征地拆迁。国道 331 线二连浩特至满都拉图段公路建设项目，本旗境内完成投资 3.65 亿元，完成路基工程 88.3%，桥涵工程 84.79%，路面工程 59.08%，房建工程 70.18%。日常养护 4 条线路 251.7 公里，油路灌缝 23.2 万延长米，投入养护资金 81.2 万元。养护大中修工程总规模 69.97 公里，总投资 270 万元。牧区公路 76.3 公里，投资 55 万元，完成各类标志标牌 254 块，标柱 160 根，土方 8088 立方米，工程主体完工。

【邮电】 电信、联通、移动分公司推进营销体制改革，收入 790 万元，同比增幅为 -8%。邮政业务完成 329.01 万元，完成年度计划 94.27%，比上年同期增长 11.67%。移动用户 2943 户，宽带用户 673 户。全旗光缆改造扩容分线盒 46 个、完成核工业基地新装 GPON 和电话，装备企业食品监控 7 家。新开环保局、浩坤网咖等百兆电路 6 条、6 个 U900 基站以及传输配套工程建设。苏尼特左旗—正镶白旗 6800 波分设备的开通 25 个逻辑基站成环。

【旅游业】 发展特色“牧人之家”，打造“全国休闲农业与乡村旅游示范县和示范点”。编制《苏尼特左旗旅游产业发展规划（初稿）》，旅游产业格局为“一线、一个中心、三大片区、六个景区景点的“1136”产业思路”（一线：打造贯穿全旗境内的一条南北的旅游精品线路，形成以线链点，以点为景，相对集中，差异鲜明、特色纷呈、引人入胜的旅游。一个中心：把满都拉图镇打造成为草原特色旅游小镇、全旗文化产业孵化与发展集聚区和全旗旅游业发展的重点区域和游客集散中心。三大片区：北部以边境戈壁草原拓展与探险、岩画、石林景观观光为主，中部以民俗文化展示与体验为主，南部区以沙漠绿洲休闲度假为主。六个景区景点：宝德尔石林地质公园、阿尔善宝力格巨石阵地质公园、百赢宝日度假营、恩格尔湿地公园、“吉鲁根”蒙古汗城、乌兰善都牧场）。年内投资 1300 多万元，建设那达慕会场、足球场和雕塑建设项目。全旗有接待能力的旅游饭店和家庭旅馆 180 余家、肉食品加工企业 6 家、民族服装加工店 8 家、民族文化手工艺品生产销售企业 8 家、奶制品加工厂 5 家。2016 年，接待游客 9.3 万人次。

【金融 保险】 引导金融机构开展扶贫小额信

贷、创业担保贷款、扶贫产业和扶贫项目贷款。累计发放扶贫再贷款1.7亿元，余额9500万元，全力支持地方精准扶贫。对“三农”、扶贫、民生等重点领域和薄弱环节的支持力度。推进畜牧业向商品化、专业化、现代化转变，带动当地畜牧业发展，把发展农牧业做到实处。经调整本辖区助农金融服务点45个。辖区有POS机652台，特约商户647户，人民银行大小额支付系统接入网点11个，覆盖率100%，农信银系统接入系统9个。2016年，全旗金融机构各项存款余额198 161万元，较上年增长14.4%，其中国家银行存款余额为79 572万元，较上年增长19.7%；储蓄存款109 169万元，较上年增长24.02%，其中国家银行储蓄存款41 879万元，较上年增长14%；金融机构各项贷款余额为103 812万元，较上年增长9.2%，其中国家银行贷款余额19 803万元，较上年下降3%。

内蒙古保险收入1795万元，较上年下降22.43%；保险理赔支出281万元，下降50%。

【科技】 推进科技研发，争取上级资金支持。旗电子商务有限责任公司的电子商务项目，获自治区应用技术与研究资金70万元；兴牧科技发展有限公司获自治区创新引导资助金23万元；丝梦源孵化器商务有限公司、兴牧科技发展有限公司、旗教育科技局获盟级应用技术与研究资金40万元。先后组织企业参加赤峰农业博览会与北京高新技术博览会，旗博洋公司、兴牧公司等6家企业，博洋公司3个科技项目和放心溯源公司1个科技项目，参加新丝绸之路展示交易会。旗兴牧公司自主研发的电暖气设备，在锡盟创业大赛中获得二等奖，并获自治区科技创新引导资金扶持。博洋公司研发的新式蒙古包、风力发电设备投放市场。苏都生物科技有限公司入驻园区，该公司通过生物技术研发，将牛羊粪加工为生物饲料。发挥旗级科技特派员引领科技传播、科技创新的作用，组织科技特派员参加太仆寺旗科技创新知识培训。加大商标与专利的申报和地震科普宣传力度，完成“国家地震烈度速报与预警台网工程”项目站点的选址任务。

【教育】 全旗有中小学、幼儿园8所，在校生3582名（小学1619名、初中709名、普通高中184名、职业高中239名、幼儿园831名），现有教职工577人。盟级名师2人，学科带头62人，教学能手23人，骨干教师41人，自治区名师2人。旗综合高中参加高考学生33人，上本科线10人。参加中考学生331人，上统招线40人，分招36人，特长生14人。推进基础教育质量提升三年行动，义务教育均衡发展通过自治区评估验收和国家认定。旗第三幼儿园通过自治区示范幼儿园验收，蒙古族第二小学被评为国家级足球特色学校。投资2900万元，新建满都拉小学、第二民族幼儿园教学楼主体建设完工，旗蒙古族第二小学体育馆投入使用，旗第二中学足球馆主体工程完成投资500万元。旗蒙古族第二小学体育馆、蒙古族第二小学和逸夫小学水冲式厕所投入使用。投入资金560万元，为各学校集中采购补充义务教育学校短缺的部分图书和教育教学设备。发放幼儿园学前教育补助金额162.3万元，惠及学生1546人次；补助义务教育公用经费243万元，惠及学生2464人；落实义务教育“一免一补”补助金额18.9万元；普通高中免费教育资91.9万元；职业高中免费教育资金76.5万元。落实“大学生生源地助学贷款”政策，发放贷款190.04万元，惠及学生335名。为全旗获得先进集体、优秀个人、中考、高考成绩突出的教职工给予86.4万元的表彰奖励。配齐青少年活动中心专兼职教师12名。利用双休日和寒暑假，开设绘画、扬琴、电子琴、钢琴、乒乓球，舞蹈、马头琴等8个专业技能培训班，参加各类活动的学生168人次。实现学校宽带网络光纤100M全覆盖和校园无线网络全覆盖。教师备课电脑基本1∶1，实现教师用信息化设备和资源开展教学。与内蒙古民族大学合作，开展

“国培”计划送教下乡培训活动，聘请内蒙古民族大学专家教授15名，对中小学幼儿园骨干教师89名培训8天，网上教育培训577人，“国培”远程骨干教师培训388人。全年各类不同形式培训53次，参加人数2658人次。与蒙古国地方中小学、幼儿园开展教育教学交流学习活动5次，参加人数545人次。2016年秋季开始享受自治区示范幼儿园每生每年320元管理费和保育费标准的待遇。旗综合高级中学被自治区教育厅命名为“区级青少年体育俱乐部”“自治区级现代学徒制试点学校”。2016年，公开招录中小学、幼儿教师30名。

【文化】 举办第10届那达慕大会、首届锡林郭勒盟“苏尼特乌兰伊德”美食烹饪大赛等活动，蒙古剧《驼乡新传》获蒙古国“促进蒙中两国文化艺术交流与发展突出贡献奖”。广播电视综合覆盖率100%，蒙语新闻采用量排名全区各旗县榜首。苏尼特服饰、蒙古族“毡绣”技艺被列入国家级、区级非遗项目。完成第二轮旗志修编。推进民族团结进步事业，巴彦乌拉苏木“全国双语和谐试点乡镇”通过国家民委验收。举办建旗70年苏尼特左旗第十届那达慕。承办全盟第四届“金沙嘎”奖沙嘎比赛、第7届八省区“吉鲁根”蒙古语诗歌金牌大赛。举办第7届《戈壁之舟》骆驼文化节、第6届“浩瀚宝马”马文化节、苏尼特左旗“祭火”仪式、2016年春节晚会等主题文化活动。承办全区1024名蒙古搏克比赛。举办“双健将乌力吉杯” 蒙古式摔跤国际激情赛暨2016年“苏尼特杯”搏克团体赛，举办全旗足球、排球、乒乓球、羽毛球、沙嘎、骨牌、蒙古象棋、自行车等各种体育活动95场次。参加全盟第11届搏克排位赛获得团体赛冠军、广场舞获得全盟广场舞第1名、自治区广场舞一等奖和特等奖、获得内蒙古青少年搏克比赛团体冠军。完成第一次可移动文物普查全部数据的审核上报。总投资1400万元，建设完成那达慕会场、足球场和田径场工程。投入7万元为14个嘎查文化室配备发放多功能音响14套、电子琴14台和蒙古象棋70套。乌兰牧骑各项演出100多场，观众8.7万人次，蒙古剧《驼乡新传》在蒙古国乌兰巴托展演。加强文化市场管理，抽查、检查95次，出动执法人员470人次，车辆102台次。自办电视台播发蒙语稿件608条，汉语稿件616条，蒙语广播播发稿件596条。在内蒙古广播电视台蒙古语卫视频道早午晚间新闻播出135条新闻。投入294万元，在3个基层转播台站安装8台1000瓦广播电视发射机，中心广播电视转播台新增1套3千瓦调频广播发射机，实现中央蒙语调频广播节目发射播放。投资106万元，建设旗广播电视中心高山无线发射台。为20个嘎查发放1000套“户户通”双模接收设备，实现广播电视覆盖率100%。实施地面数字电视覆盖，租用移动公司铁塔建设2个苏木镇300瓦地面数字电视基站。实施广播村村响工程，在旗广播电视中心台装备广播村村响工程应急平台1套，覆盖全旗牧区广播。利用和发挥“流动电影车”，到苏木、嘎查、学校，开展科教影片、爱国主义影片放映，全年放映故事影片、科教影片588场次。实施百部实用精品蒙古文图书进牧户，为边境5个苏木7个嘎查牧户，发放实用科技、政策法规、文化生活等多方面蒙文图书28 000册。全旗49个嘎查实现草原书屋全覆盖，每个嘎查藏书量1000册以上。博物馆接待参观人数4万人次。图书馆征订报刊157种，新购置图书1209册，馆藏图书28 558册，搜藏电子文献1477盘，流通人数6450人次，书刊文献外借3600册次，电子阅览流通350人次。

【卫生】 全旗有医疗机构81个。其中：苏木镇卫生院11个；拥有病床121张。在册卫生技术人员228人，其中执业(助理)医师112人。取消公立医院药品加价，基层医疗卫生机构、综合医院和蒙医医院全部实现自治区药械平台网上集中采购，基本药物使用率保持在90%以上，全部实行药品零差率销售。建成标准化苏木镇卫生院2所、标准化嘎查卫生室3所，全旗有标准化嘎查卫生室35所，嘎查医生50人。2016年，招录医护人员21名，缓解了基层卫生医务人员短缺状况。新农合补助标准提高到人均420元，个人缴费标准不低于120元，人均筹资水平540元。稳定住院费用报销不低于75%。参合人数17 397人，参合率99.9%。开展集中整治“两非”专项行动，对旗内26个医疗机构及个体门诊、药品经营企业进行监督检查。计划生育“三项制度”确认奖励对象110人，发放奖扶金20.4万元。长效节育措施奖励受益人数14人，“一杯奶”生育关怀行动受益人数163人。全旗免费婚前医学检查218对，婚前医学检查率79%。为牧民免费体检3441人，完成任务89%。为牧区常住户发放“健康保障小药箱”2000个，基本覆盖牧区常住户。建立居民健康档案28 534人，建档率86.5%。发放各类健康教育宣传单、卡、册（画）8062份，出动宣传车13辆次，人员20人次，电视播放宣传日知识35天。

【社会保障】 按照“六个精准、五个一批”要求，制定“十三五”脱贫攻坚规划和2016年精准扶贫工作方案，全旗49个帮扶单位295名干部党员助力扶贫攻坚。整合各类扶贫资金2276万元，实施三到村三到户、产业化脱贫、易地扶贫、金融扶贫等工程，全旗786名（国家标准528名，盟内标准258名）贫困群众实现脱贫。2014—2016年累计投入资金7.6亿元，危房改造3190户，街巷硬化153.5公里，解决安全饮水2902人，为261户牧户接通网电，2500户牧户升级风光互补设备，安装户户通机顶盒3000套，建设地面数字基站17座，新建嘎查标准化卫生室15处，改扩建文化活动室12处，为49个嘎查文化活动室配备设施设备，新建和改造便民连锁超市17个。组织开展环境卫生整治行动，拆除危旧土房3363处、修建院墙1.6万延长米、彩绘文化墙2.42万平方米、清理垃圾36万立方米、修缮房屋3729处、新建垃圾池40处、新建公厕19座、安装路灯283盏。举办创业培训班7期，培训162人全部创业，新增就业岗位518个，为312名创业者发放担保贷款共计2020万元，33家企业入驻旗创业孵化园区。多渠道实现高校毕业生就业263人，共申报专业技术职称102个。通过自治区公开考录公务员12人，全盟统一招考，聘用事业单位人员28人。举办职业技能培训班20期，培训城乡劳动者1116人。其中，培训转移牧民616人。为大中专毕业生、下岗失业、就业困难人员等城乡各类人员创造就业机会。年内征集就业岗位4542个，介绍就业2218人。城镇登记失业率控制在2%之内。全旗养老保险参保人数3304人，基金收缴1666.23万元。发放企业退休人员养老金4059.07万元，机关事业单位离退休人员工资5525.01万元。全旗城乡居民养老保险参保人数11 518人（其中：牧区居民10 368人，城镇居民1150人），基金收缴868.78万元，2152人办理退休手续并领取养老金，发放养老金429.71万元。城镇职工基本医疗保险参保人数6400人，基金收缴1667.72万元，支出1883.68万元。大病互济医疗保险参保人数6400人，基金收缴13.23万元，支出22.79万元。全旗城镇居民医疗保险参保人数8880人，基金收缴404.94万元，支出361.23万元。为702名弱势群体人员缴纳居民医疗保险费5.3万元。全旗工伤保险参保人数3484人，基金收缴203.79万元，支出195.09万元。全旗生育保险参保人数4560人，共收缴生育保险基金152.62万元，支出164.03万元。农信联社在全旗49个嘎查安装POS机，设社会保障卡综合服务点52个，城乡低保标准分别比去年提高4%和17%，牧区合作医疗实现全覆盖，养老、失业、医疗、工伤、生育5项保险报支率均保持100%。开展劳动执法监察，检查用人单位149户，涉及劳动者2920人，受理并协调解决投诉案件27起，依法追讨农民工294人，工资317万余元。

【人民生活】 城镇居民可支配收入 32 711 元，同比增长 8.3%；牧民居民可支配收入 12 736 元，同比增长 8.3%。城镇和牧区低保标准分别提高 23 元 / 月和 750 元 / 年，提高后城镇和牧区低保标准分别为月人均 608 元和年人均 5293 元，分别同比提高 4%和 17%。全旗现有城乡低保对象 1071 户 1537 人。其中：城镇低保对象 530 户 673 名，牧区低保对象 541 户 864 名。筹集城乡低保资金 621.68 万元，全年发放城乡低保资金 650.55 万元。资助城乡困难群众医疗参合参保，资助 1585 名城乡困难群众参合参保。2016 年，新建 1 处牧区养老服务中心。总建筑面积 2.09 万平方米。其中：内设 300 套住房，建筑面积为 1.8 万平方米；建设餐饮服务中心 1 处，建筑面积为 0.29 万平方米。将高龄津贴覆盖面扩大到 77 周岁，全旗有 77 周岁以上老年人 643 人，发放高龄津贴 88.44 万元。

（撰稿人：贺斌）

苏尼特右旗

【概况】 苏尼特右旗地处北纬 41°55′~ 43°39″，东经 111°08′~ 114°16′，东与苏尼特左旗、镶黄旗毗邻，南、西分别与乌兰察布市商都县和四子王旗接镶，北与二连浩特市为邻，与蒙古国交界，国境线长 18.15 公里。全旗总面积 22 340 平方公里，南北长度为 220 公里，东西宽度为 160 公里。全旗大部分地区海拔在 900 米 ~ 1400 米之间，最高山峰红花敖包 1670 米。苏尼特右旗属中温带半干旱大陆性气候，冬季漫长寒冷，春季多风，夏季炎热。无霜期 210 天；年日照 3099.4 小时；平均气温 5.9℃，最低气温零下 35℃，最高气温在 35℃；年降水量 203.5 毫米；年均风速 4.5 米 / 秒；8 级（≥17 米 / 秒）大风 45 天；年内发生沙尘暴 6 次。境内矿产资源丰富，已发现各类矿产九大类，34 种，132 处矿产地，矿点 57 处。其中，已查明一定储量并上储量平衡表的矿产有煤炭、石油、铁、铜、铅、锌、金、银、天然碱、芒硝、蛇纹岩、石灰岩等 20 种。全旗已开发利用的矿产有石油、铁、铬、铜、金、石灰岩、石英岩、天然碱、萤石、饰面花岗岩、建筑石材、砖瓦黏土、蛇纹岩、建筑用砂等 14 种。

全旗辖 4 个苏木、3 个镇、58 个嘎查，5 个村民委员会，14 个社区居委会。总人口 68 102 人，其中蒙古族 24 055 人，汉族 43 250 人。日历年度牲畜存栏 750 035 头（只）(其中大畜 46 823 头、小畜 703 212 只)。

2016 年，地区生产总值 65 亿元，同比增长 11%，总量和增速分别居全盟第 7 位和第 1 位，其中：第一产业增加值完成 5.7 亿元，同比增长 4.2%；第二产业增加值完成 42.9 亿元，同比增长 12.5%；第三产业增加值完成 16.4 亿元，同比增长 9.2%；人均地区生产总值 93 195 元，同比增长 11.8%。2016 年，全旗公共财政预算收入 33 418 万元，同比增收 3810 万元，增长 12.9%。公共财政预算支出 143 198 万元，同比增支 4961 万元，增长 3.6%，总支出中，教育、医疗、社会保障与就业、住房等民生领域支出 63 803 万元，同比增长 16.7%。

【畜牧业】 牧业年度全旗存栏大小牲畜 177.74 万头只(其中：大畜 6.84 万头、小畜 170.9 万只)，比上年下降 5.2%。全旗出栏牲畜 92.21 万头（只）(其中：大畜 3.77 万头、小畜 88.44 万只)，出栏率 75.9%。肉羊追溯体系建设覆盖全旗 7 个苏木镇 58 个嘎查 7119 户，提前出栏冬羔，电子耳标信息录入上传，录入上传信息 10 万条。

【林业】 京津风沙源治理工程总投资 880 万元，飞播造林 4 万亩，工程固沙 0.4 万亩。发放公益林生态补偿资金 2179.05 万元。全旗森林保险参保面积 209.85 万亩，保险费 263.6 万元。重点区域绿化 1500 亩，其中城镇周边绿化 500 亩，公路绿化 100 亩，工业园区绿化 100 亩，村屯绿化 800 亩。

【水利】 饮水安全投资 1148 万元，建设水源井

95眼，集中供水2处，配套改水设备100套。投资426万元，配套建设朱日和镇22个新村、幸福院、赛汉镇三洼农场自来水工程。节水增效项目总投资1200万元，建设总面积1万亩，其中喷灌面积0.42万亩、滴灌面积0.54万亩、管灌面积0.04万亩。京津风沙源治理二期工程总投资750万元，建设规模水源井48处，节水灌溉30处，小流域综合治理9平方公里。乌兰敖包水库工程投入资金2470万元，完成工程量70%。建设抗旱应急水源工程5眼。2016年，供给征收水资源费128.68万元，水土保持补偿费176.47万元。

【工业】 全旗规模以上工业企业51户，规模以上工业企业实现工业总产值93.03亿元，同比增长16.7%。19户规模以上无毛绒加工企业工业总产值372 534.6万元，同比增长31.8%。10户规模以上屠宰及肉类加工企业工业总产值138 333.6万元，同比增长21.2%。5户常用有色金属冶炼业产值156 211.8万元，同比增长5.2%。6户规模以上风力发电企业工业总产值55 856.3万元，比上年同期下降2.1%。电力供应业工业总产值27 822.5万元，同比增长12.4%。2户常用有色金属采选业（朱日和铜业和峰雷矿业）完成产值46 061万元，同比增长9.3%。贵金属冶炼业（苏尼特右旗金曦黄金矿业有限责任公司）工业总产值50 231.8万元，比上年同期增长6.7%。基础化学原料制造业（锡林郭勒苏尼特碱业有限公司）工业总产值38 587.4万元，比上年同期增长2.9%。农牧业专用机械制造企业工业总产值11 671.8万元，同比增长2.1%。乳制品制造业（利峰）产值5418.6万元，同比下降10%。皮革制品制造业（腾革利）产值18 862.7万元，同比增长25.7%。热力供应业产值6641万元，同比增长5.2%；非金属矿采选业产值2115万元，同比下降77.1%。规模以上工业增加值全年实现33.8亿元，同比增长14.5%。全部工业全年实现增加值38.99亿元，同比增长13.2%。工业固定资产全年完成20.98亿元，同比增长14.7%。全旗规模以上工业综合能源消费量32.03万吨标准煤，同比增长5.6%，产值单耗0.34吨标准煤/万元，同比下降9.0%。

【服务业　贸易】 全旗社会消费品零售总额17.2亿元，同比增长9.1%。服务业固定资产投资16.4亿元，服务业增加值16.4亿元，同比增长9.2%。全旗21户具有出口资质企业，出口产品6.49万吨，创汇1625.54万美元。其中：小苏打6.48万吨，创汇1190.84万美元；无毛绒42.79吨，创汇434.7万美元。

【城镇建设】 重点市政基础设施建设项目12项，投资16 486万元。其中：续建项目赛汉塔拉镇中水回用工程，已试运行；赛汉塔拉镇生态公园三期项目基本完工；赛汉塔拉镇沙坑改造项目（一期），已完工。新建项目绿化改造苏木镇，种植乔木5.1万株、花灌木48.5万株；赛汉塔拉镇硬化改造赛汉大街、脑穆根街、宝力嘎街、都仁路排水管道维修3310米，道路两侧硬化大理石改造20万平方米，已完成70%；赛汉塔拉镇道路就地热再生改造工程，面积15万平方米，完成罩面9万平方米；投资660万元，赛汉塔拉镇延伸街道1.06公里，完成工程量10%；投资1646万元，赛汉塔拉镇沙坑改造（二期）占地面积9万平方米，完成土方施工，硬质驳岸完成30%；热力公司煤仓储和管网改造，已完工；投资810万元，赛汉镇主街道两侧楼体美化赛汉大街，脑穆根街、宝力嘎街、都仁路街道两侧，涂装总面积16.2万平方米，已完成工程量10%；投资1200万元，改造乌兰牧骑广场，已完工；镇内路灯节能改造，已完成主要干道LED灯改造；赛汉塔拉镇工业园区供水工程，完成水源、输配水以及配水厂扩建工程，完成投资1944万元。总投资540.3798万元，节能改造8个小区，改造面积61 863.82平方米，已完成54 000平方米。累计投资2.2亿元，完成2015年城市棚户区改造项目续建工程。棚户区改造货币化安置600户。廉租住房和公共租赁住房分配394套，其中公租房77套。农村牧区危旧房改造576户，投资3456万元。赛汉塔拉镇城镇道路装灯率100%，道路照明亮化率95%以上，主干道亮灯率98%以上,次干道亮灯率96%以上。赛汉塔拉镇镇区绿地覆盖面积1 600 911万平方米,建成区绿化覆盖率11.6%,人均公园绿地面积11.5平方米。机械化清扫率80%,保洁清扫率90%以上。城市供水普及率100%,饮用水水质基本达到国家标准，污水处理率87.55%。年垃圾无害化处理率90%。2016年,全旗城镇化率66%。

【环境保护】 “6·5”世界环境日,围绕“改善环境质量 推动绿色发展”主题,开展《绿色走入你我他》宣传活动。结合“6·1”儿童节,举办“童绘蓝天”中小学生绘画比赛活动。全年各类宣传活动，发放宣传手册1500册，发放环保布袋600个,悬挂横幅3条。监管所有新、改、扩建项目全过程,正常审批55个项目,验收28个项目。41个未批先建项目里已补办环评手续企业20家,关停的企业10家,取缔项目5家,纳入常态化管理企业6家。解决17个久拖不验项目。其中:验收项目11个，旗政府发出停产文件项目3个，登报取消项目1个，供热项目1个，改建预计2017年完成。供热项目1个,未达标。完成6家企业污染物总量申请工作，其中,3家企业总量申请已由盟环保局批复,3家等待批复。完成苏尼特右旗金曦矿业有限责任公司污染物排放临时排污许可证。完成富华热力除尘脱硫设施技术改造；完成锡林郭勒苏尼特碱业有限公司脱硝建设项目；完成苏尼特右旗新蒙新材料有限责任公司除尘设施技术改造项目;完成16家油气回收治理工作，并通过盟环保局油气回收治理工程环保验收；完成全旗挥发性有机物普查工作,此次普查包括15家加油站,9家规模以上餐饮单位。截至2016年年底,建成区内计划淘汰的10蒸吨以下燃煤锅炉共6台,已淘汰4台炉,另淘汰计划外燃煤小锅炉5台。苏尼特右旗人民医院医疗废水处理设施安装完成，并通过环保验收投入使用。环境监察大队出动984人次,检查工业企业共计54家,其中停产企业37家。31家未批先建企业实施行政处罚,罚款金额155万元。依法征收排污费133.01万元。全年办理12 369环保投诉热线收到投诉5起，舆情3起,信访案件1件,提案1件,结案率100%。

【交通 邮电】 农牧区“十个全覆盖”工程,总投资1413万元街巷硬化111公里,其中第一批31.3公里(锡盟交通局批复),贯通2个镇、16个自然村及浩特,覆盖人口1267人。第二批79.7公里(锡盟农工部批复),贯通39个嘎查,惠及牧民4741人，资金由盟、旗两级财政各承担1793.25万元。通村沥青水泥路工程,锡盟交通局正式下达计划两批,其中第一批3条路通过4个嘎查76.7公里，第二批1条路通过1个嘎查15.2公里,全部竣工通车。朱日和等苏木镇内沥青水泥路面稀浆封层，完成工程量5.1万平方米,投资76.5万元。6、7月强降雨造成的农村牧区公路水毁路段处置路基7.5公里，过水路面5.9公里,涵洞2处30米,投资780.4万元。年末,全旗通苏木镇及嘎查(村)油路总里程1505公里。全年公路货运量287.5万吨,比上年增长40.6%;公路货运周转量86 772万吨公里,同比增长9.1%;营业性公路客运量22.3万人,同比下降24.9%；营业性公路客运周转量4411万人公里,同比下降21.5%。铁路客运量6.2万人,同比增长1.7%，铁路货运量140万吨，同比下降9.7%。年末全旗个人机动车保有量10 482辆。其中:小型汽车8589辆,大型汽车221辆,摩托车774辆,农用运输车898辆。

全年邮电业务总量8075万元，同比下降7.2%。其中,电信业务总量7400万元,邮政业务总量675万元。年末全旗固定及移动电话用户总数9.6万户。其中,移动电话用户9.2万户。全旗电话普及率(包括固定和移动电话)137.5部/百人。全旗互联网络用户1.2万户。

【金融　保险】 年末，全旗金融机构各项存款余额 376 074 万元，同比增长 30.5%；各项贷款余额 209 639 万元，同比下降 1.2%。

全年保险业保费收入 9675 万元，同比增长 19.9%。

【教育】 年末，全旗有普通高中 2 所，全年招收学生 327 人，比上年下降 2.7%；在校学生 1057 人，比上年末下降 6.8%；全年毕业学生 397 人，比上年增长 4.2%。年末有初中学校 3 所，全年招收学生 434 人，比上年下降 19.9%；在校学生 1603 人，比上年末下降 9.8%；全年毕业学生 663 人，与上年持平。有小学 7 所，全年招收学生 504 人，比上年增长 10.5%；在校学生 3257 人，比上年末增长 0.22%；毕业学生 440 人，比上年下降 27.03%。全年小学适龄儿童入学率 100%。全旗幼儿园 8 所，在园人数 1707 人，比上年增长 10.57%。续建蒙古族中学，占地面积 10 万平方米，建筑面积 39 300 平方米，主体已完工。新建第二蒙古族幼儿园，建筑面积 3600 平方米，已完成招标。教育信息化项目 4880 万元的设备全部到位，为 900 名教师，配备笔记本电脑 900 台。中央预算内职业教育项目资金 1200 万元，新建职业教育综合实训楼，主体完工。4 月，召开全旗教育科技系统“书香文化”建设工作启动仪式，投入资金 50 万元购置图书和国学视听机，为全旗教职工及三年级以上中小学生发放统一读书笔记本。建设“平安锡盟”数字化工程视讯管理平台，为全旗 20 所学校，安装监控探头 1300 多个实现无死角全覆盖。投入培训经费 80 万元，组织培训教师 500 多人次。新招录中学教师 9 名，为 6 名特岗教师办理聘任手续。

【科技】 申报自治区级科技项目 4 个，申报项目资金 230 万元，申报盟级科技项目 5 个，申报项目资金 280 万元。开展第 16 个世界知识产权日活动，对涉及知识产权的超市、药店、音像书店进行大检查，检查各类商品 1000 余件。组织有关企业参加草原畜牧业创新品牌展示工作交易会，指导旗嘉利节水灌溉有限责任公司、羊羊牧业有限公司申报自治区级科技研发项目。

【文化】 举办第 10 届苏尼特骆驼文化节、中国草原“快骥之乡”命名仪式暨苏尼特右旗“塔木沁骏骑”合作社马文化那达慕、第六届珍珠节、巴彦敖包祭祀、王府那达慕暨恢复厚德苏鲁德民俗文化活动、“魅力苏尼特”春节联欢晚会、元宵节灯谜会、青年歌手专场演唱会、“铜鼎杯”青少年诗歌朗诵比赛、苏尼特“春韵”文艺晚会、“蒙古荣耀”演讲比赛、“两学一做”知识竞赛、庆祝建党 95 周年暨红军长征胜利 80 周年大合唱比赛。承办八省区第 3 届蒙古族传统家风家教大赛。推进“数字文化走进蒙古包工程”，增设 34 个接收点。建立 7 处“流动图书室”。旗文化馆在第四次全国文化馆评估定级工作中被评为三级馆。全年指导开展各类文艺活动 89 场次。图书馆接待读者 1.2 万人次，借阅图书 12 566 册。乌兰牧骑共演出 103 场，其中下乡演出 86 场，城镇演出 17 场，观众 8 万多人次。完成“乌兰牧骑建立 60 周年文献纪实片”的实景拍摄。

举办 2016 年度乒乓球积分赛、“体彩杯”羽毛球赛、“一品弘杯” 青年职工健身操比赛、“职工杯”七人制足球赛、“苏右供电劳服杯”11 人制足球赛、“都市牧歌杯” 越野车拉力赛等群众体育赛事 20 多场。举办全盟拳击、武术散打邀请赛、少儿搏克比赛。承办锡盟第 3 届体育大会—“体彩杯”全盟第三届乒乓球比赛。逐步建立健全旗、苏木镇、嘎查村（社区）三级老年人服务体系。

为 16 个社区、3 个苏木镇、16 个嘎查、5 个自然村配发 40 套室外健身设备，赛汉塔拉镇 10 个健身站点配备音响。申请上级“乡镇农牧民体育健身工程”项目资金 50 万元，改造赛汉塔拉镇铁路广场。旗老年体协牵头成立旗门球、台球协会，加强辅导员、教练员、裁判员队伍建设，安排外出参加各级各类培训 22 人次。旗第三小学建立柔道、跆拳道训练基地；旗蒙古族中学开设搏克训练班;旗蒙古族小学开设射箭兴趣班。

申报第5批自治区级非物质文化遗产项目代表性传承人阿荣苏雅拉、斯日古愣、胡其图等3人和第5批盟级非物质文化遗产项目苏尼特银匠技艺、传统擀毡技艺、苏尼特传统伊德盘、苏尼特传统图案花纹。旗第三小学,举办以“加强文化遗产保护、振兴传统工艺”为主题的骨雕作品展示和祝赞词知识讲座。完成“全国第一次可移动文物普查”工作数据传输和验收,通过自治区普查办的审核。登记文物163件(套)。对全旗境内长城经过的嘎查村设立保护标志碑9块,与8名长城保护队员签订《长城保护责任状》。文物执法人员先后3次巡查金界壕全路段,发现青铜时期岩画20处。

采播蒙汉语新闻1100余条,在中央电视台上稿5条,内蒙古电视台上稿69条,锡盟电视台新闻上稿165条。发放“户户通”500套、开通安装“村村响”终端设备63个村,流动放映电影673场。

【旅游】 投入专项旅游资金500万元,改造蒙古包风情温泉区,续建蒙古包主体餐厅2000平方米。在王府博物馆、赛汉塔拉温泉建设AAA级标准旅游公厕各2座,AA级标准旅游公厕2座,停车场6000平方米。建设额仁淖尔苏木青少年户外体验基地(安达驿站),北京及美国学生暑期到基地旅游体验生活,年内到访团组4个,160多人次。花园、陶都芒来等10家旅游特色户提档升级,打造“周末苏尼特”牧营体验点。挂靠二连浩特旅行社设立苏尼特右旗分社,开展“一日游”“亲子游”和“周末游”等活动。全年接待游客20.8万人次,同比增长5.1%。实现旅游收入5300万元,同比增长5.4%。

【卫生】 接收中国西部开发促进会,第一批价值1320万元的设备(64排CT、DR数字化X光机、指挥车),第二批设备采购已网上公示。旗人民医院安装污水设施处理系统;提升HIS系统替换更新,增加医生工作站、护士工作站、处方发药、药库药房等模块,更新挂号、收费、住院登记、住院收费等旧模块;信息化二期工程,增设电子病历、临床路径、社保直接结算、农村合作医疗接口、感染控制、合理用药等相关模块。新建温泉蒙医疗术中心,10月24日开始营业。蒙医医院大楼工程一标段基础基本完工,二三标段完成一层框架。朱日和镇卫生院改扩建完工。乌日根塔拉中心卫生院和朱日和镇中心卫生院周转房项目投入使用。建设嘎查村标准化卫生室7处。2016年,发放健康小药箱2900个。为25个嘎查村卫生室配备健康一体机。旗级公立医院对医疗服务价格进行调整。旗人民医院通过二级乙等复审,旗蒙医医院通过二级乙等评审。旗蒙医医院肝胆病专科及五疗科已被评为盟级专病专科。结合蒙医药特色正在申报心病科为重点专科。锡盟确定苏尼特右旗为“家庭生育情况管理系统”和“关爱女孩”的试点地区,实现生育登记和生育审批网上办理。培训医务人员2300余人次。聘用基层卫生监督协管员22名。全旗农牧民免费体检3456人,达到115.3%。投入3.4万元为223名环卫工人进行免费体检。共有34户54人计划生育特殊家庭,全部建立计划生育特殊家庭基本信息档案并发放特殊家庭一次性扶助金1 447 088元。各疫苗接种率均为95%以上。共报告传染病病例269例,其他疾病1例,死亡1例(乙肝,75岁),布病监测共调查890人,感染17人,阳性率1.91%。2016年,全旗农牧民参合人数26 581人,参合率97%。住院补偿1576人次,补偿金额905.38万元,其中有分娩补助171人,报销补偿33.6万元。门诊慢性病报销211人次,补偿金额36.7万元。

【社会保障】

扶贫开发 国家建档立卡贫困人口1382户3415人,盟内建档立卡贫困人口359户877人。完成减贫555户1330人,分别通过发展产业脱贫332户813人,实施易地搬迁脱贫92户200人,生态补偿脱贫82户202人,发展教育脱贫21户53人，社会保障兜底23户62人，分别占脱贫人口的61.1%、15%、15.2%、4%、4.7%。全年安排专项扶贫资金共4659.3万元、其中“三到村三到户”专项资金950万元、易地搬迁移民资金1300万元、金融扶贫富民风险补偿金1000万元、盟级配套资金480万元、“雨露计划”3.3万元、劳动力转移培训资金10万元、旗级配套资金500万元、小额信贷资金300万元、贴息资金86万元、远程医疗设备捐助资金30万元。“三到村三到户”扶持贫困户425户，易地扶贫搬迁扶持贫困人口143户300人，金融扶贫扶持1011户2667人，发放贷款1.67亿元，“三到村三到户”以外的44个嘎查村，扶持贫困户1315户，投入资金1626万元。实施危房改造233处、各类棚圈108处、水源工程15处、风光互补设备52台；购买发放牲畜1.96万头只（羊18 096只、牛1497头），发放饲草料24.45万公斤；为492人缴纳养老、医疗保费。旗直、驻赛单位93个定点帮扶63个嘎查村，全旗副科级以上领导干部及优秀干部每人帮扶3户～5户贫困户，旗直各帮扶单位共投入帮扶资金325.8万元，惠及442户1211人。

劳动就业　征集就业岗位7523个，完成年度任务107%；城镇新增就业1375人，完成年度任务125%；安置城镇各类人员1563人，完成年度任务104%；失业人员实现再就业502人，完成年度任务251%；就业困难人员实现就业324人，完成年度任务108%；农牧民当年转移就业1213人，完成年度任务101%；城镇登记失业率为2.73%。安排“三支一扶”高校毕业生12人、“社区民生工作志愿服务”22人；在高校毕业生中选拔中小企业储备人才15人、就业见习25人，完成盟局目标任务100%。共新聘专业技术人员241人。其中：副高级90人，中级114人，初级37人，续聘专业技术人员1641人。其中：副高级162人，中级738人，初级741人。举办城镇各类人员技能培训班17期，培训802人，完成年度任务100.2%，培训后就业687人，培训后就业率86%；举办农牧民转移技能培训班14期，培训701人，完成年度任务100.1%，培训后就业596人，培训后就业率85%；举办创业培训12期，培训259人，完成年度任务129%，培训后创业成功259人，完成年度任务162%。创业带动就业842人，完成年度任务162%。全年为219名创业者发放创业贷款1565万元。举办3期高校毕业生创业培训班，为40名有创业愿望的高校毕业生每人提供5万元～10万元小额担保贷款。

津贴补助　享受苏木乡镇工作补贴人员735人，平均补贴金额约530元（人/月）。完成艰苦边远地区津贴标准调整工作，机关事业单位退休人员人均月增127元，在职工作人员人均月增150元。完成全旗153名人民警察警衔津贴标准的调整工作，平均补贴金额约812元（人/月）。为全旗机关事业单位工作人员增加基本工资，并相应的冲减规范后的津补贴额度。

养老保险　全旗企业职工基本养老保险参保8723人，完成全年任务100%，征缴养老保险费7654万元，完成全年目标任务100%，为7189名企业离退休人员（含遗属236人）发放养老金18 079万元，养老金按时足额发放和社会化发放率为100%，结余基金全部上解盟局。启动机关事业单位养老保险制度改革工作。调整退休人员养老金待遇，调整后，机关事业单位退休人员人均月增加222元，企业退休人员人均月增加144元。调整农村牧区养老保险基础养老金，每年再增加基础养老金5元，基础养老金达到每人每月90元。全旗城乡居民社会养老保险参保16 276人（其中农牧区15 062人，城镇居民1214人），完成全年任务的96%。征缴保费990万元，享受养老保险待遇有4429人(其中农牧区3438人，城镇居民991人)，累计发放养老金1553万元，基金累计结余4419万元。失业保险参保人数5696人，完成年度任务的100.1%，征缴失业保险费319万元，为182名失业人员发放失业保险金224.16万元。

医疗保险　全旗共参加城镇职工基本医疗保险15 720人,完成全年任务数100%。征缴医疗保险费5587万元,完成全年目标任务105%。支出5229万元,基金累计结余4712万元。全旗共参加城镇居民医疗保险22 500人，完成全年任务数100%。征缴医疗保险费855万元,支出960万元,基金累计结余609万元。全旗参加工伤保险有6005人,完成全年任务100%,收缴工伤保险费279万元,完成全年目标任务73%。发放各项工伤待遇874万元,结余基金全部上解。全旗参加生育保险有6680人，完成全年任务95%。征缴保费214万元，完成全年目标任务158%。为144人报销生育保险费用78万元。结余基金全部上解盟局。

综合服务　开展第二轮公务员职务与职级并行工作,并对64名干部兑现待遇。由旗政府投资近100万元，依托苏木镇便民服务大厅和赛汉镇社区,重点打造15个“人力资源和社会保障综合服务中心”,配置计算机、打印机、社保卡读卡器、指静脉仪、高拍仪、双目识别仪、身份证阅读器、人脸采集仪、信息发布屏、内蒙古“12333自助服务一体机”等10余种设备。全旗64个助农服务点悬挂“社会保障卡综合服务点”牌匾,服务点提供小额取现、转账、社保业务查询等基础金融服务,实现“三个不出嘎查村”。

【人民生活】　2016年，城镇常住居民人均可支配收入31 943元,同比增长8.6%;农牧民人均可支配收入9069元,同比增长7.9%。

(撰稿人:斯琴)

正　蓝　旗

【概况】　正蓝旗位于内蒙古自治区中部，锡林郭勒盟(以下简称锡盟)东南边缘。地理坐标:北纬41°56′~43°11′,东经115°00′~116°42′。东邻赤峰市克什克腾旗,西接正镶白旗、太仆寺旗,南连多伦县、河北省沽源县,北靠锡林浩特市、阿巴嘎旗和苏尼特左旗。南北直线长约138公里,东西直线宽约122公里,全旗总面积10 182平方公里。距首都北京直线距离260公里,是距离北京最近的草原牧区。正蓝旗地处阴山山脉北麓东端，由低山丘陵和浑善达克沙地两大地貌构成，北部为浑善达克沙地，占全旗总面积66%，系沙地草原，呈现出沙地草原的自然风光;南部为低山丘陵,是燕山北缘的低山丘陵与大兴安岭南缘的低山丘陵交会地带，系草甸草原,占全旗总面积34%,展现出草甸草原的美丽景象。地势东高西低,海拔高度1200米~1600米。最高峰为乌和尔沁敖包海拔1673.9米。属中温带大陆性季风气候。全旗平均日照数为2947小时~3127小时之间，全年平均降水量365毫米,蒸发量为1925.5毫米。最高温度为35.9℃,最低温度零下36.6℃。冬季寒冷漫长,春季多风少雨,夏季温热短促,秋季凉爽湿润,气候变化剧烈,温差大,日照时间长,光能充沛,降雨季节分布不均，年平均风速4.5米/秒，无霜期100天,冬季平均积雪期180天左右,最大积雪厚度20厘米。

全旗总人口83 951人。其中：蒙古族人口32 422人，占总人口38.62%；汉族人口45 645人,占总人口54.37%;其他少数民族5884人,占总人口7.01%。辖3个镇、4个苏木、1个种畜场、1个示范区。上都镇是旗委、政府所在地,是全旗政治、经济、文化中心。

2016年,地区生产总值67.52亿元,同比增长3.5%。其中:第一产业增加值7.6亿元,增长4%;第二产业增加值42.47亿元,增长1.6%。其中,工业增加值35.8亿元,增长9.4%;第三产业增加值17.45亿元，增长8.9%；三产之比为11.3：62.9：25.8。全社会固定资产投资44.1亿元。公共财政预算收入完成5.6亿元,同比增长11.6%。城镇居民人均可支配收入32 358元,同比增长 8.1%。农牧民人均可支配收入 14 730 元,同比增长 8.0%。

【农牧业】 牧业年度牲畜总数 79.8 万头只,同比增长 12.6%。年内出栏牲畜 51.97 万头只。畜牧业质量效益不断提升,牲畜良改比重 95.3%;西门塔尔牛核心群 33 处,奶牛养殖区发展到 21 个,全旗奶牛存栏头数 2 万头。察哈尔羊核心群 37 处,核心群基础母羊大 4782 只;农牧民合作经济组织 702 家。

全旗农作物播种面积 31.4 万亩,粮食总产量 2.9 万吨。

【林业 水利】 京津风沙源治理二期工程治理面积 14.45 万亩;小流域综合治理面积 7500 亩。

实施农村牧区饮水安全工程和节水灌溉项目工程,节水灌溉面积 1050 亩,新增节水灌溉高产饲草基地面积 1.43 万亩。实施农村牧区饮水安全工程项目,新建供水基本井 391 眼,解决 4861 人、3.1 万头只牲畜的饮水安全问题。

【工业】 全旗规模以上工业企业 18 家,实现工业增价值 35.8 亿元,同比增长 9.4%。上都电厂发电量 170.5 亿千瓦时,同比下降 1.57%;实现产值 54.10 亿元,同比下降 10.9%;电力能源产值占规模以上工业总产值比重 86%以上。绿色建材产业较快发展,能源综合利用效率提升。宏江粉煤灰厂实现产值 3155 万元;仁创公司砂产业实现产值 3249.8 万元。

【城镇建设】 推进百姓安居工程,续建公租房 280 套,完成棚户区改造 300 套。重点区域绿化 4167 亩,旗域绿化地总面积 618 万平方米,城镇绿化率 38.5%。城镇公共服务功能得到完善,天然气管道铺设总长 9768 米,用气户 2580 户。2016 年,天然气销售额 66 万元。供水和供热普及率分别为 96.4%和 65%。

【环境保护】 实施草原生态保护补奖草场面积 1356.68 万亩。其中:禁牧区面积 487.94 万亩;草蓄平衡面积 868.74 万亩。实现局部禁牧,全境休牧,草原生态恶化趋势得到有效遏制,逐步形成浑善达克沙地南缘的绿色生态屏障。

【交通 邮电】 境内重点铁路、公路总里程 392.82 公里。其中:高速公路 113.94 公里;铁路 278.88 公里。锡张高速,进京通道、105 省道、510 国道、502 县道纵横交错。集通铁路由西向东贯穿正蓝旗中部,旗境内线路长 112 公里。

【服务业】 全年实现社会消费品零售总额 13.8 亿元,同比增长 9.6%。参加丝绸之路国际博览会暨第 20 届中国东西部合作与投资贸易洽谈会、第 16 届中国西部国际博览会·锡林郭勒项目推介会。年内全力推进华义风电、特高压、西北餐饮、富洋石膏、宏基兆业碱业开发暨螺旋藻生产、上都电厂供热改造、蒙元文化旅游景区建设等 27 项重点项目,完成投资 31.4 亿元。实施招商引资项目 46 项,引进盟外资金 33.5 亿元。

【金融】 金融行业稳定运行,金融机构存贷款余额分别为 32 亿元和 59.6 亿元,同比增长 13.5%和下降 3.2%。

【教育】 全旗各类学校幼儿园有 13 所,其中:综合高中 1 所,中学 2 所,小学 6 所,幼儿园 4 所。全力推进中小学精细化管理,教育质量和管理水平逐步提高。小学适龄儿童入学率 100%,初中入学率 99.7%。深化普通高中课程改革和教学改革,加快发展民族教育和职业教育。2016 年,高考一本和二本上线人数和上线率提高。通过国家义务教育发展基本均衡县评估认定。

【科技】 正蓝旗科协与教育科技局联合举办农牧民实用技术培训班、正蓝旗青少年科技技术培训班等,培训 4500 人次。在“全国科普日”宣传活动暨全盟第 20 届科普活动宣传周” 期间,以“创新引领新常态、创新成就我梦想、创新助我智慧生活”为主题开展科普宣传月活动。展示展牌 30 余块,观展人数 3000 余人次;发放科普宣画册、科技报 2500 余册;科普宣传单 4000 余份。2016 年,获国家级科普示范惠农兴村先进单位 2 个,区级科普示范区 1 个,盟级科普示范嘎查村 6 个,科普带头人 500 人。

【文化 旅游】 实现苏木镇文化站、嘎查村文化活动室基本覆盖。为80个嘎查文化室配备文化活动设备和健身器材；发放户户通机顶盒2400户，广播、电视覆盖率分别为96%和97%。

依托“蒙元文化”品牌，做大做强蒙元文化及生态草原文化旅游产业。以元上都遗址为核心，打造忽必烈影视城、上都湖原生态旅游牧场及元上天地蒙元文化旅游景区等精品旅游景区，传承和弘扬蒙元文化，提升蒙元文化影响力。有AAAA级旅游景区1家，AA级旅游景区1家。承办全盟旅游推介会，举办第14届“浑善达克”冬季那达慕和第9届“察哈尔”察干伊德文化节。上都镇列入自治区级历史文化名镇。全年接待区内外游客65万人次，实现旅游相关收入4.54亿元，同比增长32%。旅游市场繁荣，全旗牧人之家116家。

【医疗卫生】 促进传统蒙医药改革，旗蒙医院蒙药制剂室和二级甲等医院通过自治区验收，成为拥有蒙药制剂资质的旗县级蒙医院；旗医院通过二级乙等综合医院复审。巩固新型农村牧区合作医疗覆盖面，农牧区合作医疗参合率97.5%。关注全民健康，全面加强疾病预防控制力度，为65岁以上城镇居民和3219名农牧民进行免费健康体检。落实好人口目标管理责任制，人口出生率控制在6.48‰。

【社会保障】 建立健全社会保障制度，持续扩大社保、医保、新农合覆盖面，提升社会保障水平。2016年，累计发放低保、救助等各类补贴资金4145万元，惠及1.1万人。各项社会保障费按时足额发放率和社会化率均为100%。新建廉租房120套，公租房160套，解决低收入家庭住房280户。

年内征集就业岗位7500个，实现城乡各类人员就业3900人，免费技能培训1600人次，城镇登记失业率控制在2.79%以内，保持较低水平。

通过“一卡通”发放惠农惠牧补贴资金2.64亿元，惠及农牧民19.9万户次。加大扶贫力度，整合扶贫项目资金，实施“三到村三到户”精准扶贫和金融扶贫，实现1325人稳定脱贫。

【人民生活】 2016年，城镇和农村牧区常住居民人均可支配收入为32 358元和147 309元，分别同比增长8.1%和8.0%。推进电子商务进农村牧区综合示范县项目，建成2600平方米电子商务服务中心，新建旗域级电商平台两套，基层电子商务服务站发展到54家，电商企业、微电网点211家，网上交易总额2900万元。依托“中国察干伊文化之乡”品牌优势，发展奶食品加工销售企业，全旗奶食品加工点100余家，生产产品品种有40余种。

（撰稿人：乌日娜）

正镶白旗

【概况】 正镶白旗位于内蒙古高原的东南边缘、锡林郭勒草原西南部，浑善达克沙地与阴山山脉的交会处，属浑善达克沙地南缘的典型草原区、阴山山脉的东延部分，总的地形南高北低，呈倒置梯形。地理坐标在北纬42°05′~43°02′间，东经114°18′~115°37′。东与正蓝旗毗邻，南与太仆寺旗和河北省康保县为界，西与镶黄旗和乌兰察布市化德县相交，北靠苏尼特左旗。全旗南北长112公里，东西宽88公里，总土地面积6229平方公里。正镶白旗属牧业旗，辖3个苏木、2个镇，77个嘎查村，7个居委会。其中明安图镇是旗政府所在地。全旗总面积6229平方公里，总人口为7.3万人。其中：城镇人口2.6万人，农村牧区人口5.7万人。人口密度为11.3人/平方公里，是一个以蒙古族为主体，汉族占大多数的少数民族地区，有回、满、达斡尔、鄂伦春、鄂温克、藏等十几个民族。全旗有沙地疏林草原3245平方公里，典型草原2984平方公里，耕地面积25万亩。土壤以风沙土、栗钙土为主，面积分别为401万亩和358.5万亩，占全旗土地总面积43.5%和38.6%。天然草场分沙丘沙地、低山丘陵干旱草原、高平原、草甸草原、河滩地及湖盆地草甸5个草场类型，其中沙丘沙地、高平原草场类是全旗的主体草场，占全旗可利用草场面积85%。共有林地面积45万亩，占全旗总面积4.81%。其中：人工林10万亩，占22.2%；天然林35万亩，占77.8%。

2016年，全旗地区生产总值34.1亿元，同比增长8.9%，增速位列全盟第4位。其中：一产增加值5.3亿元，增长4.1%；二产增加值16.8亿元，增长10.0%；三产增加值12.0亿元，增长9.4%。一般公共财政预算收入1.36亿元，同比增长11.3%，增速位列全盟第6位；一般公共财政预算支出11.2亿元，同比增长5.6%。城乡常住居民人均可支配收入分别为29 772元和8912元，分别同比增长8.8%和8.1%，增速分别位列全盟第1和第4位。社会消费品零售总额8.3亿元，同比增长9.4%。主要经济指标增速均高于全盟平均水平。

【农业】 农作物播种面积25.8万亩，其中播种粮食作物14.6万亩、油料5.1万亩、蔬菜瓜类2.2万亩，青饲料3.9万亩。农牧民实用技术培训2100人次。蔬菜产量8.61万吨。

【畜牧业】 牧业年度存栏牲畜55.68万头只，出栏牲畜39.1万头只。实施“减羊增牛”战略，畜牧业基础设施建设项目和新一轮草原生态保护补奖政策的实施，建立政策引导机制，新建牲畜暖棚22.8万平方米、储草棚3000平方米，新建规模化牛羊育肥基地5处，改造节水灌溉饲草料地1.4万亩。建立察哈尔羊核心群7处、西门塔尔牛核心群3处，完成黄牛改良6万头、绵羊改良17.7万只，引进优质良种肉牛3350头，全旗牲畜良改比重99.8%。推进农牧业产业化，涉农涉牧企业发展到30家，农牧民专业合作社累计481个，完成6.6万只察哈尔羊可追溯数据建档，加大产品商标注册力度，申报商标3个。做好重大动物疫病防控，强制免疫密度100%。发放农作物良种补贴120万元。应对旱情，全力落实抗灾救灾投入，打储草1.37亿公斤。

【林业】 完成京津风沙源治理工程林业任务5.7万亩。其中：飞播造林4万亩，封山育林0.5万亩，人工造林0.7万亩，工程固沙0.5万亩。完成投资1295万元，其中国家投资849万元，地方配套及群众自筹446万元。重点区域绿化工作，共完成城镇周边、村屯、通道绿化2000亩，投资2500万元。完成育苗面积450亩。

【水利】 全年新增水源工程873处。其中：牧区高产饲草料基地水源开发384处，安全饮水水源井及抗旱水源井和沙源治理水源井489处。

【工业】 出台中小企业发展给予贴息支持和提限企业给予奖励等措施，全旗独立核算工业企业66家，新增规模以上工业企业3家，累计23家。全年完成工业增加值14.1亿元，同比增长10.8%，增速位居全盟第3位。规模以上工业实现产值23.25亿元，同比增长18.5%，增速位居全盟第1位。增加值完成9.02亿元，同比增长13.7%，增速位居全盟第2位。不断加大工业园区建设力度，整合资金实施水、电、路、讯及绿化、亮化等工程，园区承载能力提升。全年实施重点项目57项，开复工率100%，完成投资28.23亿元，增长20.5%，完成全年目标任务100.1%。其中5个盟级重点项目开复工率100%、手续办结率100%、投资完成率129%，均居全盟第1位。金风科技风机制造项目顺利落地，特变电工装备制造、健安诚风机基础及塔筒、乾金达多金属矿勘探等项目稳步推进，二连浩特市微电网正镶白旗集群项目获批。

【城镇建设】 编制完成《正镶白旗明安图镇城市总体规划（2016—2030）》。投资6.08亿元，实施城镇区域绿化、集中供热改造、污水管网改造、育才路道路桥梁建设、既有居住建筑节能改造和老旧小区改造等工程，完成棚户区改造1350户，开工建设回迁房260套，完成人行道硬化铺装9.4万平方米、绿化11.5万平方米，改造供热管网11.22公里、污水管网3.6公里。

【环境保护】 实施京津风沙源治理工程5.7万亩，重点区域绿化1800亩。完成“三区两线”地质环境恢复治理45.25公顷、土地整治498.12公顷，获国家“国土资源节约集约模范县”称号。高标准推进新一轮草原生态保护补奖政策落实，制定《正镶白旗禁牧管理暂行办法》，加大宣传教育和巡查监管力度，巩固生态建设成果。落实环境隐患排查整改和监管，单位生产总值能耗、主要污染物排放量等约束性指标均有所下降。

【交通】 集通铁路扩能改造工程，境内线路全线贯通。明安图至星耀公路，大修工程竣工运行。建成通村公路和砂石路381公里，农牧民出行条件改善。国道510升级改造工程全线开工，省道222线、313线、105线改建工程前期工作稳步推进。

【服务业】 社会消费品零售总额8.3亿元，同比增长9.4%。主要经济指标增速均高于全盟平均水平。重点在京津冀等地开展招商对接，参加“二洽会”等经贸洽谈活动。组织专项招商33次，引进项目24项，到位资金19.3亿元，完成全年招商任务117%，同比增长28.7%，增速位列全盟第2位。电子商务实现新突破，“乐村淘”、察哈尔微商易购电商服务平台建成投运。物流业发展迅速，快递企业发展到7家。新增限额以上服务业企业4家，累计6家。

【旅游业】 全年接待旅游人数20万人次，比去年同期增长10%；实现旅游收入4.5亿元，同比增长10%。完成《浑善达克沙地草原旅游规划》，重点打造“一横两纵”旅游精品线路和项目，申请创建金沙湖、鸿雁湿地国家AAA级旅游景区。

【金融 保险】 2016年年末，金融机构各类存款余额22.4亿元，同比增长23.1%。贷款余额12.4亿元，同比增长6.2%。保险业收入2877万元，同比增长5.7%。

【科技】 开展“4·26”知识产权宣传，“5·12”“防灾减灾日”宣传周活动和防震减灾科普知识专题讲座。组团参加“2016年中国新丝绸之路·锡林郭勒草原畜牧业创新品牌”展示交易会。

【教育】 通过“全国义务教育发展基本均衡旗”评估认定。强化师资队伍建设，投入120万元，用于外聘专业教师，对优秀教职工培训、奖励。组织教师外出学习培训1100余人次，招录中小学教师17名，高考本科上线率提高5.9%。建成蒙古族幼儿园体艺活动室、蒙古族中学体育场馆、第一小学风雨活动室和实验楼和3所中小学的水冲式厕所，开工建设旗第二小学风雨活动室。

【文化】 组织惠民演出111场次，旗乌兰牧骑小品《人生之路》获得第13届“中国·内蒙古草原文化节”优秀剧目奖、表演奖及导演奖。推进非遗项目申报，申报蒙古族“皮条制作技艺”，自治区级非物质文化遗产代表性传承人1人。开工建设综合档案馆、搏克训练馆、乌兰牧骑排练馆和修缮布日都庙。完成可移动文物普查数据采集、认定工作和第二次全国地名普查外业各项工作，电子入库1610条。

【卫生】 全面推行公立医院综合改革，旗医院通过国家二级综合医院复审，蒙医院通过国家二级蒙医医院评审。招录专业技术人员28人，培训人员810余人次。开工建设蒙医院病房楼，建成3所苏木镇卫生院、2处职工周转房。免费为2679名适龄农牧区常住人口体检，发放健康小药箱4660个。

【体育】 组织参加“全盟首届五人制足球锦标赛”获第三名；参加全区百县健身气功交流比赛，在“导引养生功十二法、大舞”团体比赛中分别获二等奖；参加百县万人乒乓球联赛，获团体第二名；参加全盟首届广场健身操比赛获三等奖。举办“正镶白旗第三届职工运动会暨全民健身活动”“全旗乒乓球选拔赛暨排位赛”、全旗第二届“新春杯”五人制足球赛、“全旗健身步大联动”活动、搏克冬季集训。

【社会保障】 全年民生支出9.7亿元，占全旗公共财政支出86.6%，同比增长6.1%。新增城镇就业1230人，开展各类就业培训1843人，公益性岗位安置就业158人，发放创业担保贷款2238万元，城镇登记失业率控制在3.6%以内。落实各类补助资金自然增长机制，城乡低保标准分别提高4%和17%，农村牧区五保集中和分散供养标准分别提高7%和9%。开展城乡低保专项清理整顿、困难群众走访慰问，累计发放城乡低保、五保及各类补贴救助等资金8033万元、惠及1.9万人次。城乡居民社会养老保险参保率81%，新农合参合率98.54%，累计为1.2万名新农合参合患病群众核销医药费2590万元，为2454名城镇医保患病群众报支基本医疗费2312万元。落实高龄补助政策，将60岁以上城乡居民人均养老金水平提高到每月110元。建成农村互助养老幸福院11处、牧区养老公寓120套，开工建设区域性综合牧区养老公寓1处，启动生态公墓区和殡仪馆建设项目。

【人民生活】 编制《正镶白旗“十三五”脱贫攻坚规划》和《正镶白旗脱贫攻坚实施方案》，全旗359名副科级以上领导干部与1841户贫困户结成帮扶对子，各帮扶单位及“第一书记”、驻村干部等468人下基层扶贫攻坚。发放金融扶贫富民贷款2.2亿元，投入1963万元实施“三到村三到户”精准扶贫项目，易地扶贫搬迁200人，实用技能培训819人，争取各类帮扶资金1.42亿元，3506人实现稳定脱贫。

城乡常住居民人均可支配收入分别为29 772元和8912元，分别增长8.8%和8.1%，增速分别位列全盟第1位和第4位。

（撰稿人：韩树根）

镶　黄　旗

【概况】 镶黄旗位于锡林郭勒盟（以下简称锡盟）西部，北纬41°56′~42°45′，东经113°30′~114°45′。南与乌兰察布市化德县交界，东、东北部与正镶白旗和苏尼特左旗毗邻，北部、西部与苏尼特右旗和乌兰察布市商都县接壤。平均海拔1300米左右，地形南高北低，属中温带干旱大陆性气候，年平均降水量267.9毫米，年平均气温2℃~3℃，无霜期121天。总面积5172平方公里，草牧场占总面积97.68%。旗政府所在地新宝拉格镇。辖2个苏木，2个镇，60个嘎查，6个社区，总人口31 516人。其中男15 515人，女16 001人。蒙古族19 460人，汉族11 912人，其他少数民族144人。

2016年，镶黄旗地区生产总值完成54.1亿元，同比增长5.8%。其中：第一产业增加值3. 6亿元，增长3.9%；第二产业增加值39.4亿元，增长5.1%；第三产业增加值11.0亿元，增长9.11%。地方财政总收入2.57亿元，同比增长10.7%。地方财政总支出17亿元，同比增长8.7%。固定资产投资16亿元，同比增长21.6%。全社会消费品零售总额6.2亿元，同比增长8.9%。城镇常住居民人均可支配收入33 127元，同比增长8.1%；牧区常住居民人均可支配收入12 166元，同比增长8.4%。

全旗可利用草场面积4612平方公里。已探明20多矿种61处矿点。主要有花岗岩、煤、石油、金、银、铜、铁、钼、铌、钽、钨、铍、水晶、萤石、石灰岩、芒硝、铀等，其中花岗岩121亿立方米，有红、白、黑、黄等多种颜色。石灰石2亿吨；硅石3亿吨；石油等资源丰富。植被资源十分丰富，拥有国家保护树种乔木杜松等野生林木17科42种，有羊草、冰草、多根葱、蒙古葱、克氏针茅等优质高产牧草十几种，盛产麻黄、甘草、车前子、柴胡、益母草、冰蒿、艾叶等几十种草本药材，其中麻黄草年产量2000万公斤。全旗地下水年均补给量7011.9万立方米，年可开采量3226万立方米。在旗东北部文贡乌拉丘陵地带有丰富的优质矿泉水，水质好、储量大。

年产绿色牛、羊肉5200吨,鲜奶2000吨,绵羊毛660吨,山羊绒55吨,牛羊皮30万张,天然绿色牛、羊肉质优质味美远销国内外,是锡盟重要的绿色畜产品生产基地,野生动物有狡猾、草兔、百灵、獾子、旱獭等20多种。

镶黄旗是内蒙古风能资源相对集中的区域之一,位于全国风能区划TB区内。全年盛行西风和西北风,10米高年均风速6.5米/秒,40米高年均风速7.6米/秒,年日照时间长光能充足,年均日照3039.4小时。

鸿格尔敖包山是全旗最高峰。哈音海尔瓦庙在旗正北10公里处,始建于康熙年间,是哲学、逻辑、文法、诗歌、美术、天文,历法,医学等各类学术研究于一体的喇嘛教庙宇,有较高的宗教旅游价值。

【畜牧业】 2016年,牧业年度牲畜总头数63.67万头(只),其中大畜4.08头、小畜59.59万只。接产仔畜36.02万头(只),其中大畜1.7万头,小畜34.32万只,繁殖成活率99.6%。草原生态植被2万亩。其中,高产饲料种植面积1.5万亩、优质一年生牧草0.5万亩。出栏牲畜38.16万头只(其中,大畜1.61万头、小畜36.55万只),完成任务89.7%。开工畜产品加工企业2家,加工牲畜6.02万只。"放牧+补饲"出栏羔羊7949只,涉及32个嘎查、108牧户,政府补贴资金41.734万元。草场实施禁牧380万亩(其中,常规禁牧153.69万亩草场、天然打草场226.31万亩);禁牧区域以外的393万亩草场实施草畜平衡。黄牛改良11 548头。其中:冷配母牛10 421头(肉牛8983头、奶牛1438头),本交改良配种1127头,完成任务102%。绵羊改良完成18.9万只。其中:细毛羊人工授精配种8.8万只,肉羊经济杂交配种10.1万只,分别完成任务的103%和101%。全旗有能繁殖母牛13 121头,其中肉牛11 481头、奶牛1640头。年内,设立冷配站点31处,培训牧民技术员68人次。普查鉴定察哈尔种公羊1771只,其中合格的1525只,合格率86%,淘汰种公羊137只。打贮草6000万公斤,集中储备饲草1000万公斤。

【林业】 京津风沙源计划治理面积1.6万亩,完成1.6亩,完成任务100%。其中:封山(沙)育林1万亩、工程固沙0.3万亩、人工造林0.3万亩。重点区域绿化任务1000亩。其中:城镇周边绿化800亩,村屯绿化200亩。其中城镇周边绿化围绕新宝力格镇周边、宝力格园和哈音哈尔庙3个重点区完成绿化800亩,"十个全覆盖工程"完成7个嘎查浩特村屯绿化面积200亩。财政"一卡通"发放2015年度公益林补偿资金1568.33万元,补偿面积107.33万亩、1650牧户受益。发放2015年度退耕还林补助资金90万元,退耕面积1万亩、434牧户受益。新育苗110亩。其中:苗圃新育苗30亩、企业新育苗80亩。出圃苗木150万株,主要品种有柠条、榆树、樟子松、花灌木等。

【水利】 上级项目资金2666.94万元。其中:节水增效项目资金960.44万元,盟级水资源费257.5万元,饮水安全工程计划投资521万元,京津风沙源治理工程825万元,特大防汛补助费8万元,农田水利设施维修养护资金60万元,宝格达音高勒苏木额很乌苏嘎查节水灌溉工程资金25万元。山洪灾害防治经费10万元。完成节水灌溉饲草料地面积0.8万亩;新增水保治理面积5万亩;万元解决饮水安全528人;工业增加值用水量为14立方米/万元。封闭自备水源井1眼,征收水资源费10.6万元。公开招投标采购700套水处理设备,总投资311.5万元。其中:旗财政241.5万元,牧民自筹70万元,为牧民配套安装水处理设备530套。完成京津风沙源小流域综合治理工程总投资825万元。其中:中央投资575万元,地方配套250万元。新建水源工程70处:节水灌溉工程15处;小流域综合治理面积10平方公里。

【工业】 工业企业完成总产值90.6亿元,同比增加3.9亿元,增长4.47%。其中:规模以上企业完成79亿元，增加3.4亿元，增长4.43%。全旗工业增加值39.8亿元，同比增加1.7亿元，增长4.48%。其中：规模以上企业预计34.5亿元，同比增加1.47亿元，增长4.49%；工业固定资产投资73 835万元，同比减少6266万元，下降7.8%。花岗岩，石材产业固定资产投资1.2亿元。东林煤矿技术改造项目，投资4800万元，生产原煤54万吨。石油天然气项目，新打井5口，投资900万元。畜产品加工项目，内蒙古广龙牧业发展有限公司、镶黄旗阜亨食品有限公司累计加工牲畜5万只。

【城镇建设】 牧区危房改造任务计划1000户，实际完成1382户，投资6615万元，其中项目资金2805.7万元。3个苏木镇3106户，牧民房屋重新修缮。新建牧区公厕80座，投资3620万元。苏木镇基础设施项目，巴音塔拉镇和文贡乌拉苏木人行道铺装、垃圾填埋场、广场、文化墙、外环路及限高架等基础设施，投资810万元。新宝拉格镇园林绿化栽植各类乔灌木种5.6万余株（丛），花卉种植55万丛（芽）。绿地清理、换填土方、生态广场凉亭改造，投资350万元。巷道硬化、给排水、老旧线路改造、道路维修、中水处理管网和设备安装工程，投资1500万元。城镇集中供热改造七期工程，铺设管网12.5公里，投资1520万元。人行道提升改造，维修市政排污主管网1.2公里。城镇出入口安装弯臂高杆路灯10盏，节能改造路灯170盏，安装果皮箱180个，宝拉格园生态广场安装庭院灯，提升城镇亮化、美化水平。

【环境保护】 根据自治区人民政府《关于全面清理整顿环保违规建设项目的通知》要求，对自治区、盟级挂牌督办的15家“未批先建”、7家“久拖不验”项目清理整顿，下达22份环境违法行为限期改正通知书，处罚金额12.5万元。通过限期整改、登报公示等形式督促企业限期补办手续，对不符合环保要求的10个项目依法关停取缔，完成率100%。15家“未批先建”项目常态化管理3家，通过环评审批5家，关停取缔7家。7家“久拖不验”项目验收4家、关闭1家、关停2家。按照属地管理原则，全部建立清单电子台账，实行一企一档三级动态管理，对整改完毕的项目给予及时销号。严格按照申报、审核、核算等收费程序和征收标准进行排污收缴，排污申报核查企业47家，征收运行排污企业27家，收缴入库排污费7.1万元。

【交通　邮电】 全年发送旅客40.3万人次，同比增长14.3%；完成客运周转量7777.5万人公里，同比增长10.5%。全年完成货运量698万吨，同比上升10.6%；完成货运周转量9亿吨公里，同比增长16.5%。全年收缴通行费884万元，同比增长19%。交通运输业固定资产投资1.02亿元。通嘎查（村）水泥路新建、续建项目128.3公里，投资5472万元。“十个全覆盖”工程街巷硬化项目125公里，投资5625万元。境内干线公路养护216公里，投资160万元。辖区主要道路县、乡、村道路养护126公里，汛期水毁抢险106处。县道X509三级沥青公路镶黄旗境内中型养护90公里，养护面积95 000平方米，支付养护资金57万余元。

2016年，邮政电信业务总量3300万元。

【金融】 2016年，金融机构各项存款余额为172 279万元，同比增加55 464万元，增长47.48%。其中：农业银行各项存款为34 299万元，同比增加8147万元，占各项存款总额19.91%；农村信用社各项存款108 681万元，同比增加37 810万元，占各项存款总额的63.08%；邮政储蓄存款6466万元，同比增加1224万元，占各项存款总额3.75%。全旗金融机构各项贷款余额为90 323万元，同比增加7168万元，增长8.62%。其中，农业银行为20 561万元，同比增加1991万元，占各项贷款总额22.76%。农村信用社各项贷款68 133万元，同比增加5148万元，占贷款总额75.43%。

【保险】 保险业总收入1802万元。其中：财产险费收入 820 万元，人寿险费收入 982 万元。保险业总支出 656 万元。其中；财产保险费支出 506 万元；人寿险赔款支出 150 万元。

【文化 体育 旅游】 “十个全覆盖”规划的嘎查文化活动室全部建成，旗财政拨付资金 7 万元，为 14 个嘎查文化室的购置配套设备。举办火不思、古筝、舞蹈、马头琴、美术等培训班，到社区指导群众性文化活动。邀请内蒙古艺术学院的专家对乌兰牧骑演员进行声乐、舞蹈基本功训练，旗乌兰牧骑到基层文艺演出 100 余场次。文化部门经常到苏木镇、嘎查送文艺、送图书、送电影，从不同角度服务群众。举办镶黄旗首届中国“阿斯尔”音乐节、镶黄旗“体彩杯”第 2 届八省区喜塔尔大赛。召开“阿斯尔”艺术研讨会，传承“阿斯尔”音乐艺术精髓。

举办社区秧歌舞、健身操、太极拳、交际舞、安代舞比赛及全旗干部职工羽毛球、乒乓球、篮球、台球比赛等群众参与的体育活动；举办以“畅想中国梦，健康伴我行”为主题的全旗职工健身操表演赛、“全民健身、你我同行”全民健身日活动、消夏广场百日文体活动；举办全盟第 2 届老年人气排球比赛；举办全盟教育系统羽毛球比赛；举办“全盟首届越野滑雪比赛”和全盟第 3 届体育大会暨首届广场舞健身大赛。推进足球改革发展三年行动计划，各中小学成立校园足球队，举办第 2 届“旗长杯”校园足球启动仪式和首届“新风杯”足球比赛、第 4 届青年“五人制”足球赛，旗蒙古中学被命名为国家级足球特色学校。

制定印发《镶黄旗加快文化旅游产业发展实施方案》，推动文化旅游产业的发展。统一规划管理哈音海尔瓦庙旅游景区周边 “牧人之家”，搭建“牧人之家”蒙古包底座 30 余座。投资 1100 万元，敖本高勒嘎查至鸿格尔乌拉旅游景区公路 16.7 公里，改善景区的基础设施条件。投资 45 万元，提升旗蒙古马文化博物馆展厅灯光、背景效果以及安防技防系统。制定印发《镶黄旗关于促进“牧人之家”旅游业快速发展扶持管理办法》，重点扶持 “牧人之家”30 户，引导和鼓励牧民注册经营“牧人之家”。在国道 G6 沿线北京康庄收费站至怀来以东 25 公里延长线集中进行户外广告宣传，提升知名度和影响力。

【卫生】 新农合缴费登记注册牧民 16 635 人，参合率 99.5%。患病牧民 5681 人，报销医疗费 703.88 万元。苏木镇卫生院和嘎查卫生室，坚持国家基本药物制度使用基本药物，实行集中网上采购和零差率销售。按照《内蒙古自治区建档立卡农村贫困人口“因病致贫、因病返贫”调查方案》要求，对全旗 44 个嘎查 277 名“因病致贫、因病返贫”人员档案信息进行核对，已全部录入国家数据库。新农合特殊补偿政策，建档立卡贫困人口 1095 人，全部进新农合盟级统筹信息系统。为辖区内 1588 个 0～6 岁儿童建立预防接种卡，预防接种建证率 100%。卡介苗接种率 98%，乙肝疫苗、脊灰减毒活疫苗、百白破疫苗、麻疹疫苗接种率 100%。全旗 1442 名儿童与 272 名孕产妇实施 2 个系统管理，管理率分别为 93%、100%。老年人保健、慢性病管理、重症精神疾病管理工作得到加强，65 岁以上老年人健康管理 2867 人，慢性病系统管理高血压患者 2101 人，糖尿病患者管理 252 人，重症精神疾病患者 85 名。全旗居民纸质健康档案累计建档 29 816 人份，纸质建档率 94%，电子健康档案累计建档 26 918 份，电子建档率 85%。发挥流动医疗卫生服务车作用，发放便民服务卡，为牧民免费发放健康“小药箱”1000 个，累计发放 4240 个。为牧区孕产妇住院分娩补助 125 人，补助款 5 万元。对 30～40 岁女性、35～45 岁男性的农牧民免费发放将抗“小药箱”1000 个，累计发放 4240 个。为牧区孕产妇住院分娩补助 125 人，补助发放 5 万元。对 30～40 岁女性、35～45 岁男性农牧民免费健康体检，共体检 4296 人，体检率 85%。旗直医疗单位到苏木镇开展卫生“三下乡”活动，免费健康体检 220 余人，发放 3000 余元常用药品、宣传材料2000余份。开展家庭医生签约服务，签约居民8121人，签约率26%，签约重点人群2284人，签约率37%。

【扶贫开发】 全旗贫困人口410户、1095人。其中：国家标准建档立卡贫困人口172户、484人；盟内确认贫困人口238户、611人。由嘎查第一书记牵头负总责，完善牧区贫困户档案管理，采集扶贫对象动态和信息，脱贫贫困户按标准和验收程序完成脱贫验收评价。全区脱贫攻坚战，确定村级"453"挂图作战，3个苏木镇、60个嘎查的"453"脱贫攻坚全部挂图上墙。制定"一对一"帮扶计划，盟直部门和负责人重点帮扶贫困嘎查4个。旗直副科级以上领导干部、苏木镇干部职工和嘎查"两委"负责人每人帮扶贫困户1户，层层签订责任状，结对帮扶三年。2016年，盟旗两级帮扶单位和个人累计投入帮扶资金484.19万元。金融扶贫开发贴息贷款项目连续实施，解决建档立卡贫困牧民和处于贫困边缘线的牧民生产和生活资金困难问题，年内发放扶贫贷款5000万元。为2014年贷款符合贴息条件的2213牧户，发放贴息资金554.76万元。投入资金1582.875万元（其中国家扶贫资金495万元、盟旗投入490.575万元、部门投入503.8万元、牧民自筹93.5万元），引进察哈尔羊4849只、西门塔尔牛182头、建温室大棚1.6亩、改造危房199户。

【教育】 全旗有高中2所，升本率为46.60%（其中综合高中升本率67.80%），与上年基本持平。蒙古族中学500分以上考生27名，1名学生619分的成绩排名全盟第二，6名学生被内蒙古师范大学附中录取，连续7年保持着全盟中考第一好成绩，每年有一半的考生升入内蒙古师范大学附中、锡盟蒙中等重点学校。争取自治区成立70周年教育专项扶持资金和上级项目，旗第二小学整体搬迁，第一中学体育馆工程11月1日竣工，蒙古族中学（综合高中）体艺馆工程开工建设。争取国家专项资金400万元，在旗第二小学原址改建第一中学实验楼。完善助学体系，抓好教育扶贫，各类教育专项助学资金及时足额发放给贫困学生3153名。为城乡低保家庭子女升入普通高校新生入学新生177名（113名本科生、64名专科生），资助资金644万元。落实国家开发银行生源地信用助学贷款，为244名大学生办理助学贷款130.67万元。中央专项彩票公益金教育助学项目，为6名滋蕙计划受奖学生、3名励耕计划受助教师、1名润雨计划受助幼儿教师发放5.2万元资助金。旗助学管理中心被自治区教育厅、国家开发银行内蒙古自治区分行评为"国家开发银行生源地信用助学贷款旗县级学生资助管理机构考核评价先进单位"。

【社会保障】 征集就业岗位3528个，城镇新增就业人数504人，失业人员再就业105人，就业困难人员就业202人，转移就业牧民920人。举办各类技能培训班11期，参加人员1155人。其中：城镇就业技能培训508人，牧民转移技能培训467人，培训后就业980人，就业率为85.3%。举办创业培训班6期，培训123人，完成任务123%。城镇登记失业率控制在3.05%以内，低于控制指标0.15%。为创业大学生、进城创业牧民及灵活就业人员163户，发放创业担保贷款1237万元，贷款额度提高到10万元。建成创业孵化园一处，建筑面积4000平方米。全旗城镇职工基参加本养老保险人数4144人。其中：机关事业单位职工1756人，企业职工2388人。城乡居民参加基本养老保险人数10 019人。其中：牧区9010人、城镇1009人。城镇参加基本医疗保险人数13 696人。其中：城镇职工6254人、城镇居民7442人，失业保险参保人数2660人，工伤保险参保人数3375人，生育保险参保人数4082人。征缴企业基本养老保险基金2000.77万元，其中：当期征缴养老保险费1635.69万元，补交往年欠费365.08万元。为2064名离退休人员，其中包括54名遗属发放养老金5170.27万元。为2723名发放城乡居民养老保险金661万元，人均每月领取养老金255元。征缴城镇职工基本医疗保险基金2320万元，报销医疗保险费2264万元。其中：个人账户支出967万元；统筹基金支出1297万元。城镇居民缴纳医疗保险基金83万元，报销医疗费309万元。全旗158个机关事业单位和工矿企业参加工伤保险，征缴工伤保险费160.6万元，报销支出54.83万元。征缴生育保险基金166万元，报销支出66.29万元。征缴失业保险金173万元，支出6.2万元。

城镇低保保障标准月人均608元，较上年提高4%。牧区低保保障标准年人均5091元，较上年提高17%。农村牧区五保集中和分散供养标准分别为年人均9500元和7000元，增幅7%和9%。发放城乡最低生活保障资金1442.16万元，其中城镇最低生活保障资金797.97万元，城镇低保对象1406人、1141户。牧区最低生活保障资金644.19万元，牧区低保对象2105人、1914户。发放城镇低保户电价补贴，每户115.8元，合计发放补贴13.32万元。牧区低保户电价补贴，每户94.6元，合计发放补贴18.12万元。教育救助低保家庭大学生177名，发放救助资金644万元。发放五保供养资金59人，发放供养资金47.11万元。基本医疗救助102人，发放救助资金52.71万元。城乡大病救助爱心工程救助56人，发放救助资金32.3万元。救助重特大疾病人员14人，发放救助资金11.17万元。"一站式"即时结算服务平台救助78人次，发放救助资金3.2万元。代缴特困群众新型农村牧区合作医疗保险费2159名，资金32.39万元。资助特困群众3379名，缴纳中华联补充医疗保险费27.32万元。为473名特困群众发放面值300元的门诊医疗卡，共计发放金额14.19万元。重点优抚对象91人，抚恤补助资金55.21万元。发放自主就业退役士兵7名，现役军人家属27名，退役士兵地方经济补助金和现役军人家属优待金91.48万元。医疗救助重点优抚对象4人，发放救助资金1.78万元。重点优抚对象91名，发放门诊医疗补助共计5.8万元。

（撰稿人：乌力吉巴图）

太仆寺旗

【概况】 太仆寺旗地处阴山北麓、浑善达克沙地南缘，海拔1300米～1800米，年平均气温2.4℃，年平均降水量近400毫米，无霜期100天左右。位于自治区中部，锡盟最南端，与河北省交界，距张家口150公里，距北京350公里。总面积3415平方公里，占全盟国土面积1.7%。辖7个苏木乡镇、176个行政村和8个社区，总人口23.4万，占全盟人口20.7%，其中蒙古族人口6593人，旗政府所在地宝昌镇。1991年列为自治区贫困旗，1994年被列为国家级重点扶贫开发旗，2011年再次被列为国家级重点扶贫开发旗。2012年，太仆寺旗被内蒙古自治区文化厅命名为"御马文化之乡"。

太仆寺旗有耕地946.7平方公里。常用耕地1 417 000亩，人均占14.8 %。水浇地228.9平方公里。林地145 734.3平方公里。其中，人工造林6000亩，森林覆盖率为23.8%。草场248.67平方公里。水资源总量1.35亿吨，其中地下水1.03亿吨，年可开采6451万吨，地上没有可开发利用的河流。现已探明的矿种主要有钼、钨、铅锌、萤石等，储量和开采规模比较小，矿产资源总体匮乏。

【农业】 全旗农作物播种面积141.7万亩，与去年持平。其中：粮食作物102.3万亩（其中马铃薯56.2万亩），同比增长20.6%，全年粮食总产量194 857吨，同比增长12.8%。在粮食作物中，小麦播种面积19.4万亩，同比增长18.3%，产量13 257吨，同比下降10.8%。马铃薯播种面积54.8万亩，同比增长15.6%，产量（折粮）165 460吨，同比下降12.0%。油料播种面积18.1万亩，同比增长4.6%，产量11 768吨，同比增长36.4%。蔬菜播种面积8.6万亩，产量

608 100 吨。

马铃薯种薯生产企业 8 家，生产种薯 20 余万吨，新建马铃薯贮藏能力 4 万吨，贮藏能力 31 万吨。

【畜牧业】 牧业年度家畜存栏 22.6 万头（只），同比下降 35.1%。其中，大牲畜存栏 7.2 万头，同比下降 12.2%。在大牲畜中，奶牛存栏头数 0.4 万头，同比减少 0.6 万头。小畜存栏 14.0 万只，同比减少 11.2 万只。生猪存栏 1.4 万头。全年肉类总产量 1.8 万吨。其中，猪、牛、羊肉产量分别为 0.43 万吨、0.95 万吨和 0.32 万吨。牛奶产量 3.3 万吨，绵羊毛产量 410 吨，比上年下降 41.4%；禽蛋产量 0.16 万吨，与上年持平。新建西门塔尔牛核心群 14 群；完成牛冷配 46 281 头（其中，奶牛冷配 14 074 头，西门塔尔牛冷配 32 207 头），公牛犊出栏率 95%以上，绵羊改良 5.3 万只，大小畜良改比重达 97.8%。全旗打贮草总量 20 310 万公斤。其中：天然草 5810 万公斤；人工草 3100 万公斤；青贮玉米秸秆 11 400 万公斤。

【林业】 完成人工草地 31.8 万亩（其中一年生牧草 31 万亩、多年生牧草 0.8 万亩）。人工造林 0.6 万亩。其中乔木造林 0.5 万亩，灌木造林 0.1 万亩，巩固退耕还林成果补植补造 4 万亩；退耕还林低效林分改造樟子松造林 2.5 万亩。完成森林抚育 1 万亩，四旁植树 20 万株。义务植树 20 万株。中幼林抚育面积 20 万亩。

全年完成建设任务 1 万亩，其中城镇周边绿化工程 0.14 万亩，完成 46 个村屯绿化建设、绿化面积 0.35 万亩，通道绿化工程 0.5 万亩，厂矿园区绿化 0.01 万亩。完成新育苗 920 亩，其中国营苗圃和林场新育 190 亩。

【水利】 农牧区饮水安全巩固提升工程 25 处，总投资 1334 万元。工程于 8 月 28 日开工，10 月 20 日全部完工。新打水源井 34 眼，建管理房 26 处，672 平方米，机械开挖回填管道沟 50.76 万立方米，人工开挖管道沟 1.37 万米，安装输水管道 136.52 公里，入户 1909 户，安装潜水电泵、消毒设备和变频各 26 套。建设基本口粮田滴灌面积 5000 亩，工程投资 559.52 万元，其中国家补助专项资金 250 万元。完成水源井 51 眼，安装潜水电泵 51 套。小流域综合治理 5 平方公里，建设水源工程 26 处、节水灌溉工程 44 处。工程总投资 550 万元，其中国家投资 370 万元。完成新打机井 21 眼，建机井房 27 间，建成节水灌溉面积 2410 亩，配套潜水电泵 25 套，铺设各种输水管道 24.7 公里，铺设地埋电缆 5.09 公里，埋填管道及电缆沟 24.6 公里，铺设地面输水管道 12 公里，铺设滴灌带 193 公里。

【工业　建筑业】 全旗全部工业实现增加值 17.8 亿元，同比增长 9.6%。其中，规模以上工业企业实现增加值 12.8 亿元，同比增长 10.9%；全旗 22 家规模以上工业企业实现总产值 34.1 亿元，同比增长 11.7%。其中，轻工业完成值 20.6 亿元，同比增长 6.5%；重工业完成值 13.5 亿元，同比增长 17.4%。工业产品产量，饲料产量为 34 000 吨，同比下降 41.5%，白酒产量为 31 454 千升，同比增长 2.6%，铁合金产量为 13 720 吨，同比增长 31.5%，精制食用植物油产量为 15 111 吨，同比增长 9.5%，水泥产量为 350 186 吨，同比增长 16.2%。鲜、冷藏肉产量为 17 497 吨，同比增长 22.6%。

全社会建筑业增加值 3.2 亿元，同比增长 4.7%。全旗具有资质等级的建筑企业 3 家，与上年持平，施工企业房屋建筑施工面积 12 700 平方米，竣工房屋面积 10 500 平方米.

【城镇建设】 在 178 个嘎查村 367 个自然村实施“十个全覆盖”和人居环境整治工程，受益农牧户 4.28 万户、10.2 万人。危房改造 1.3 万户，拆除危旧土房 1.9 万处，修缮房屋 1.66 万处，修建院墙 192 万米，硬化街巷 641 公里，解决饮水安全 1.1 万人，安装户户通 16 180 套，新建或改造校舍 21 处，建设标准化卫生室 85 所，彩绘文化墙 14 万平方米，修建小广场 67 个，为 168 个嘎查村文化活动室配备设施设备，建设便民超市25个，新建垃圾池1857处、公厕468处，栽植苗木38万株。投资2.1亿元，新建园区和市政道路10公里，柏油路热再生罩面12.5万平方米，人行道铺装6.1万平方米，小街巷硬化1.1万平方米。新建供水管网4.8公里、污水管网12公里、供热管网3公里，改造换热站4座，完成热源厂维修改造工程。新建垃圾转运站2处，购置垃圾转运车辆、垃圾压缩设备6套。建设公交车站点29个，安装路灯735盏。宝昌镇宝龙小区、兴达小区、享阳花园小区等5个住宅小区升级改造，完成小区住宅楼节能改造6.2万平方米、道路升级改造3.7万平方米、休闲广场及道路两侧铺装硬化1.8万平方米，安装小区路灯及健身器材。太仆寺旗入选自治区城市“双修”试点旗县，完成宝昌镇西山民族公园、北山森林公园和旧城区中心广场、湿地公园初步规划设计。加大城镇重点路段管理整治，启动利民南路石材加工商户搬迁，脏乱差状况有所改善。

【环境保护】 年末全旗环境保护系统有职工32人，环境监测人员10人。全旗综合能源消费量87 932吨标准煤，同比增长24.7%，万元产值能消耗0.26吨标煤/万元，同比增长11.7%。年内完成环境污染治理项目5个，投资545万元。完成建设项目环评审批68个（按环评类型分：报告表审批意见11个；登记表审批意见57个），建设项目竣工环保“三同时”验收39个（按环评类型分：报告表32个；登记卡7个）。对全旗61家企业（包括11家个体工商户）下达责令改正违法行为决定书，查封企业1家，责令停产企业1家。排查“久拖不验”项目64个，全部完成验收（关停取缔3个、政府停产停运2个），验收达标率100%。“未批先建”项目28个，全部完成清理整改，其中补办环评手续8个，政府关停取缔12个，纳入常态化管理8个。

【交通】 全年公路客货运周转量13.6亿吨公里，同比下降11.7%。其中:公路货运量0.03亿吨，公路货运周转量12.8亿吨公里，下降11.1%，公路客运量0.02亿人，公路客运周转量8.1亿人公里，下降16.5%。

【邮电】 全年邮电业务总量8454万元，同比增长2.6%。其中：邮政业务总量652万元，增长37.6%；电信业务总量7802万元，增长0.5%。邮政业全年完成邮政函件业务321件，业务收入5.1万元，包裹业务8876件，业务收入7.3万元，快递业务量6710件，业务收入14.2万元。本地网固定电话用户5000户，年末移动电话111003户，年末全旗固定及移动电话用户总数116 003户。全旗互联网用户12 238户。

【旅游业】 全年累计接待游客47万人次，增加4万人次，同比增长9.3%，实现旅游收入2亿元，同比增长12.5%。旅游从业人员5500人，带动农牧民就业15 000余人。全旗有旅游景区7家。其中：国家AAAA级景区太仆寺御马苑旅游区1处。全旗“牧人之家”（农家乐）增至84户，新增牧人之家15户、农家乐10户。其中，自治区四星级乡村旅游接待户2家、三星级2家、二星级2家；国家少数民族特色村寨、国家乡村旅游扶贫观测点1处；家庭旅馆32家；旅游宾馆酒店200余家。其中：三星级酒店1家；旅行社3家。全年累计接待游客47万人次，同比增长11.1%，旅游收入2亿元，同比增长12.5%。旅游从业人员5500人，带动农牧民就业15 000余人。新建旅游公路7条，总里程61.2公里；新建旅游厕所32个。

【服务业】 全年社会消费品零售总额20.1亿元，同比增长9.5%。从经营单位所在地看，城镇实现社会消费品零售额138 905万元，占社会消费品零售总额的69.3%，同比增长9.7%，乡村消费品零售额61 615万元，同比增长9.1%。限额以上批发零售贸易业情况看，粮油食品饮料烟酒类零食额为12 279万元，同比增长1.2%。限额以上住宿业零售额为2436万元，同比增长8.3%。限额以上餐饮业零售额5839万元，同比增长8.1%。

【金融】 全年金融机构各项存款余额55.9亿元,同比增长19.4%。其中,住户存款40.6亿元,非金融企业存款5.8亿元,广义政府存款9.5亿元,其中政策性存款3.2亿元。金融机构贷款余额30.7亿元,同比增长25.3%。短期贷款14.5亿元,中长期贷款4.9亿元。

【教育】 年末,全旗共有普通中学5所。其中:九年一贯制学校1所、初级中学3所、普通高中1所。小学5所,幼儿园20所。普通中学招收学生1604人,同比增长4.1%,毕业学生1901人,同比下降3.0%,在校学生5025人,同比下降5.2%。小学招收学生826人,同比增长2.2%,毕业学生817人,同比增长3.9%,小学在校学生4759人,同比增长1.0%。

【文化】 全旗共拥有艺术表演团体4个,文化馆、公共图书馆各1个,广播电视信息网络有限公司1个。年末整合文化大厦各场馆功能,文化馆的面积由600平方米增加到3500平方米;图书馆累计投入115万元,完成数字化升级改造工程,自助办证机、自助借还机、少儿学习一体机、数字阅读机等设备一应俱全。2016年,共接待读者阅览48 865人次,借出图书4410册次,接待查找资料人员93人。配备流动图书车1辆,为乌兰牧骑配备50万元演出大巴车1台。太仆寺旗首家数字影院建成,内设放映厅4个、410个座位,于9月28日正式营业。投资200万元建设11人制笼式足球场一片;投资300万元完成乒乓球馆内空间高度提升、羽毛球馆木地板改造建设;文化大厦演播大厅安装LED背景屏幕等工程。组织、举办各类文艺演出及展览、交流活动30余次,举办拉丁舞、广场舞等培训班8次,累计授课天数100余天,培训学员240人次。

发现不可移动文物2处,分别是莫日其克日军军马场场部遗址和辽代时期的生活遗址。

【卫生】 年末,全旗共有各类卫生机构18个。其中:医院2个,农牧区卫生院11个、疾病预防控制机构1个、妇幼保健机构1个、卫生监督机构1个,计划生育服务站1个,新华社区卫生服务中心1个。医疗机构拥有病床432张。其中医院拥有床位200张;中蒙医院拥有床位150张;农牧区卫生院拥有病床82张。有专业卫生技术人员266人;其中:执业医师112人;助理执业医师34人。

全旗新型农村牧区合作医疗参合人口153 166人,参合率97.8%。新农合人均筹资标准540元,各级财政补助资金增加到人均420元,个人筹资120元。全旗为参合农牧民报销医药费7618.55万元,受益农牧民45 073人次。全年累计完成基本药物采购总金额224.91万元。

建立纸质居民健康档案133 775份,录入电子健康档案131 500份,实现常住人口全覆盖。

农村计划生育家庭奖励扶助受益人数为2818人,特别扶助受益人数191人,少生快富受益家庭3户,长效节育措施奖励受益10户。

【社会保障】 全旗城镇职工参加企业基本养老保险7843人,比上年减少72人。其中,参保离退休人员(含遗属)8703人,比上年增加611人,养老金支出20 454万元。城乡居民养老保险参保90 100人。城乡居民养老保险费个人缴纳1204万元,各级财政补贴4662万元,60岁以上享受待遇人员31 759人,发放待遇4420万元,累计结余7042万元。城镇职工医疗保险参保17 420人,收缴医疗保险费5821万元。住院报销3382人,支出2983万元;慢性病报销1068人,支出165万元,个人账户支出2698万元,共计支出5846万元,基金累计结余为5345万元。全旗城镇居民基本医疗保险参保18 245人,个人缴纳187万元,各级财政补贴713万元,住院报销1325人,慢性病报销105人,城镇居民医疗保险费待遇支出783万元。工伤保险参保5800人,征缴工伤保险费302万元,享受工伤保险待遇人员18人,支出48万元。生育保险参保7160人,征缴生育保险费261万元,享受生育保险待遇人员104人,支出55万元。2016年,在原有的养老金基础上每人每月增加5元,人均110元,享受待遇人员31 759人,累计发放待遇4420万元,已按时足额发放到位。

【人民生活】 全旗各项民生总支出16亿元,占一般公共预算支出86.6%。城镇居民人均可支配收入30 418元,比上年增加2305元,同比增长8.2%。从收入构成看,工资性收入为20 204元,同比增长8.7%,经营净收入3218元,增长同比10.0%,财产性收入908元,同比增长10.1%,转移性收入6088元,同比增长5.4%。城镇居民人均消费性支出20 694元,同比增长6.1%。农村牧区常住居民人均可支配收入9771元,比上年增加699元,同比增长7.7%。其中:人均工资性收入为4412元,同比增长8.9%,人均经营净收入3602元,同比增长5.7%,人均转移性收入1589元,同比增长9.1%,人均财产性收入168元,同比增长8.4%,农村人均生活消费支出7611元,同比增长7.5%。

(撰稿人:杨敏)

多伦县

【概况】 多伦县位于内蒙古自治区中部,锡盟东南端,地处内蒙古高原南缘,阴山山地东端北麓,浑善达克沙地南沿,冀北山区西北端的三山末端交会处。县境地理坐标:北纬41°46′~42°36′,东经115°51′~116°54′。全县总面积3863平方公里,辖2镇、3乡、64个行政村。总人口11万人,有汉族、蒙古族、回族、满族、朝鲜族、达斡尔族、藏族等民族。多伦县是内蒙古距离首都北京最近的旗县(航线距离180公里),距承德、张家口、锡林浩特、赤峰四市公路距离均在280公里左右。南邻环京津经济圈、环渤海经济圈,地理位置优越。

【自然资源】 境内水资源丰富,是海河流域滦河水系的源头,滦河上游自北至东南贯穿境内,供水量占引滦入津总供水量的1/6,是滦河上游最主要的水源涵养地。境内有常年性河流47条,大小湖泊62个,水域总面积16.2万亩,地表水多年平均径流量1.35亿立方米,地下水储量3.73亿立方米,水能蕴藏量1.4万千瓦。库容2600万立方米的大河口水库和库容1亿立方米的西山湾水库为多伦工农业生产和发展提供水源保障。

境内矿产资源较为丰富,1996年被列为国家13个重点找矿区之一。已探明储量的非金属矿藏主要有褐煤、石灰岩、珍珠岩、沸石、玛瑙石、水云母、萤石、火山岩等18种。已探明储量的金属矿藏主要有铁、铅、锡、锰、银、金等。

境内野生动植物繁多,共有野生植物58科282属571种,有各种鸟兽31科49种(主要有黄羊、狍子、狼、狐、獾、貉、野兔等;栖息的鸟类主要有天鹅、大鸨、大雁、喜鹊、沙鸡、乌鸦、苍鹰、百灵等)。

2016年,地区生产总值83亿元,同比增长1.6%。固定资产投资50亿元,同比增长7%。一般公共预算收入3.6亿元,同比增长11%。城乡常住居民人均可支配收入分别为33 315元和12 090元,分别同比增长9%和10%。社会消费品零售总额15.8亿元,同比增长9.3%。

【农业】 全县农作物播种面积85万亩,粮经饲种植比例3.4∶1∶5.6,饲草料播种面积占农作物总播面积56%,完成了国家“粮改饲”的工作部署。全年粮油总产1.35亿公斤、蔬菜1.9亿公斤,分别增长3.8%和8.6%。累计投入各类支农惠农资金7300余万元,建成蔬菜日光温室300座、塑料大棚300座、青贮窖400座、暖棚10万平方米、储草棚1.5万平方米。新增水源井60眼,节水滴灌625亩。

【畜牧业】 牧业年度牲畜存栏总数31.5万头(只),同比减少2%。其中:牛存栏14.6万头,羊存栏16.6万只,组建了西门塔尔牛群37个1500头,从国外引进海福特纯种肉牛290头。

【林业】 全年完成京津风沙源治理工程11.5万亩，退耕还林后续产业补植补造7.5万亩、经济林栽植0.75万亩、中草药种植0.6万亩、山杏嫁接扁杏0.2万亩、森林植被恢复造林0.4万亩、森林抚育3万亩、完成重点区域绿化任务2.8万亩。

【水利】 完成黑风河、二号等4座水库除险加固工程。新建农村安全饮水工程11处，解决2541人安全饮水问题。小流域治理3平方公里。

【工业】 2016年，全县规模以上工业企业共完成工业总产值97.1亿元，比上年下降2.3%。其中：轻工业产值8.8亿元，增长93.2%；重工业产值88.2亿元，下降6.9%。规模以上工业增加值44.6亿元，同比下降1.4%。全县全部工业增加值50.9亿元，同比下降0.5%（可比价）。

【城镇建设】 投入市政建设资金5.4亿元，完成58条市政道路新建或罩面工程，占建成区街道面积90%以上，配套完成污水、雨水、给水、供热管网39公里。完成市政道路两侧硬化铺装36万平方米，占全县总铺装面积90%以上。

【环境保护】 对符合审批条件的建设项目环境影响报告书、表共受理19个，已审批17个。编写审批登记表79份，备案6份（其中：房地产开发、办公楼及小区管网建设31份；餐饮、旅馆、娱乐业48份；其他项目6份）。淘汰4家企业的燃煤小锅炉，其中2家企业的燃煤小锅炉改为清洁能源。督促3家供热企业完成储煤场、储灰场的封闭。出动执法检查人员252人次，共检查企业32家，要求停产整改企业1家，落实整改企业7家，检查结果向社会公开。对8家企业违法行为进行行政处罚，总计罚款金额21.1877万元。处理群众投诉68件，县长热线46件，电话22件，结案率100%。出动宣传车11辆次进行环保宣传，发放环境保护宣传手册420本，发放环境保护宣传单7600余份，在社区、学校、广场悬挂环保条幅36幅，向企业发放《中华人民共和国环境保护法》手册120本。

【交通　电信】 多伦至克什克腾旗二级公路通过自治区发改委立项批复；多伦至丰宁铁路向南延伸开通至丰宁北站，火车站连接线公路建成，公路和铁路交通无缝连接；通用机场项目拟列入自治区综合交通规划。完成通村水泥路75公里，全县64个行政村全部畅通。

安装“户户通”2000套，盟县电视节目覆盖率90%以上。农村广播“村村响”工程已全部安装定时设备，正常投入使用。

年末，本地固定电话用户4806户，移动电话用户74 086户。全县已通电话的乡镇5个，行政村64个。全县有邮政局1处，邮政支局3处。

【贸易】 社会消费品零售总额15.7亿元，比上年增长9.3%。按销售地区分，城镇市场实现零售额11.9亿元，增长10.0%；乡村市场实现零售额3.8亿元，增长7.2%。城镇增幅高于乡村2.8%。按行业分，批发零售贸易业实现零售额13.6亿元，增长9.5%；住宿业实现零售额0.2亿元，增长7.0%；餐饮业实现零售额1.9亿元，增长8.2%。

【旅游业】 “国家全域旅游示范区”创建工作被国家旅游局列入第二批创建工作名录，“中医药健康旅游示范基地”申报材料已通过盟、自治区旅游局审核，并上报国家旅游局和国家中医药管理局。开展旅游培训30次。对涉旅企业开展联合执法15次，下达整改通知书30份。启动5个盟级旅游重点项目和6个县级旅游重点项目建设。全县累计接待游客107.7万人次，同比增长12.2%；旅游收入17.8亿元，同比增长15.6%。

【服务业】 全县客运周转量9337万人公里，同比增长85.1%，货运周转量12.8亿吨公里，同比增长14.3%。万汇源、卉原、华联、新世纪如海超市、大酒店等商贸物流及住宿餐饮企业运营良好，全社会消费品零售总额预计15.8亿元，同比增长9.3%。

【金融　保险】 金融机构各项存款余额49.2亿元，比上年增长31.2%，各项贷款余额29.1亿元，增长 1.4%。全县金融银行机构 9 家，营业网点增加至 21 个。

【科技】 申报自治区科技计划储备项目 6 项，落实盟级 2 项，争取项目资金 25 万元。与北京化工大学、中国热带农业科学院湛江实验站共同合作实施“蒲公英橡胶草种质改良及综合应用技术的研究与开发”项目。普及 5 个乡镇的科技成果转化、新技术、新品种示范推广应用工作。开展科技培训工作，5900 余乡镇农民受益。

【教育】 实施教育质量提升工程，投入资金 4000 余万元，对全县农村小学（幼儿园）全部进行升级改造，促进城乡教育均衡发展。投入资金 1200 余万元，按照全盟各地最高标准的 2 倍大幅提高一线教师待遇。全面推行寄宿制小学免费“一杯奶”政策。

【文化　体育】 开展春节文化庙会、六月十五届会暨多伦玛瑙奇石文化节、“唱响十个全覆盖”系列群众文艺展演、草原美食节和第 7 届晋剧艺术节等品牌文化活动。组织乌兰牧骑和各群众文艺团体开展下基层慰问演出 120 余场次。举办内蒙古第 10 届环多伦湖·元上都公路自行车邀请赛和内蒙古首届硬式飞镖邀请赛。开展全县门球赛、乒乓球赛、羽毛球赛、广场舞表演赛和赛马比赛等近 30 项全民健身赛事活动。承办全盟象棋比赛、“蒙冀”门球邀请、蒙京冀乒乓球邀请赛等体育活动。总投资 6000 万元的多伦天创文博广场项目开工。完成中国多伦 COC 场地锦标赛建设工程，500 公里赛道路线勘测工程。争取文化产业专项资金 150 万元。

【卫生】 投入 42 万元对 49 所标准化卫生室的设施设备进行全面更新。增村医 6 名，实现标准化卫生室房屋、人员、设备、服务四到位。为农民免费发放健康“小药箱”17 626 个、便民服务卡 2 万余份，现居住地农民家庭户全覆盖。举办各类业务培训班 7 期，累计培训医务人员 572 人次。全年出生人数 1088 人，同比增加 190 人，出生率 10.17‰；死亡 463 人，死亡率 4.33‰；自然增长率 5.84‰。符合政策生育率 93.38%。

【社会保障】 财政用于民生支出 21 亿元，占公共预算支出 89%，远高于全盟全区平均水平。大幅度提高 95 周岁以上老人高龄补贴标准。推行全县低保、残疾、大病等困难群体和高龄老人、环卫工人免费中医药治疗，1600 余人受益。投入资金 1600 余万元，新建残疾人康复中心。

【人民生活】 居民人均可支配收入 23 021 元，比上年增加 1975 元，增长 8.0%。其中：城镇居民人均可支配收入 33 011 元，比上年增加 2446 元，增长 8.0%；农村常驻居民人均可支配收入 11 891 元，比上年增加 901 元，增长 8.2%。2016 年多伦县全体居民人均消费性支出为 15 446 元，比上年增长 5.9%。其中：城镇居民人均消费性支出为 22 859 元，增长 5.9%；农村居民人均消费性支出为 7187 元，增长 5.7%。人均消费性支出占人均可支配收入的比（即居民家庭消费倾向），多伦县全体居民、城镇居民、农村居民分别为 67.1%、69.2%、60.4%，城乡居民消费水平均低于全盟平均水平。

（撰稿人：丁海）

乌拉盖管理区

【概况】乌拉盖管理区位于锡林郭勒盟（以下简称锡盟）东北部，北纬 45°29′~46°38′，东经 118°29′~119°50′，是锡盟通往东北的重要出口。东部与兴安盟科尔沁左翼前旗相连，东南部与通辽霍林郭勒市交界，西部同东乌珠穆沁旗乌拉盖苏木毗邻，北部与东乌珠穆沁旗满都宝力格镇接壤。总面积 5013.7 平方公里，东西直线距离 90 公里，南北直线距离 93.7 公里。其中：耕地面积 41.3 万亩，林地面积 12.95 万亩，草地面积 666.98 万亩。总人口 2.75 万人。有蒙古族、汉族、回族、满族、达斡尔族、朝鲜族、维吾尔族、东乡族等民族。其中：汉族人口 1.9 万人，占总人口的 70.4%；蒙古族人口 0.8 万人，占总人口 27.1%；

其他少数民族人口 0.05 万人，占总人口 2.5%。城镇人口 1.96 万人，人口密度 5.4 人/平方公里。

2016 年，实现地区生产总值 26.4 亿元。其中：第一产业预计实现增加值 5.3 亿元；第二产业实现增加值 10.2 亿元，其中：工业增加值 9 亿元；第三产业预计实现增加值 10.6 亿元。公共财政预算收入 1.6 亿元、支出 9.3 亿元。城乡常住居民人均可支配收入分别为 35 380 元和 23 050 元，分别同比增长 9.2%和 10.5%。

【农牧业】 全年出栏牲畜 64.6 万头（只），打储草总量 1.2 亿公斤，年末牲畜存栏 29.2 万头（只）。全年实施黄牛冷配 1.39 万头，培育千头以上纯种肉牛育种场 2 家，累计从国外引进纯种肉牛 5648 头，占全盟国外引进牛总数 71%，存栏肉牛 19 951 头，肉牛占牲畜总数比重从 4%提高到 10%（其中，二代以上良种母牛 18 032 头、比重 90.4%；三代以上良种母牛 13 092 头、比重 67%；纯种牛规模 6044 头、比重 30%）。实施“粮改饲”面积 6 万亩，完成 25 万亩天然草场有机认证，深化“企业 + 合作社 + 农牧户”模式，引导龙头企业发挥市场、资金、技术等自身优势，通过发展订单农牧业，建立技术开发、生产标准和质量追溯体系等形式，培植肉牛托管代养和“三统一”（统一采购饲料、统一防疫、统一培训）利益联结试验示范户 6 户，划定区域实施肉羊经济杂交试验示范 5053 只，带动肉牛（羊）核心群项目户完成 1797 头西门塔尔牛和 3998 只乌珠穆沁羊的追溯体系耳标佩戴和建档工作。整合京津风沙源治理、巩固退耕还林成果、农业综合开发、现代肉羊生产发展等 6 大类 13 项涉农涉牧资金 7990 万元，集中投入到农村牧区基础设施建设和产业发展中，依托各类项目建设累计培育生态家庭牧场 70 户、各类专业养殖户 130 户、规范性专业合作社 12 个。

【生态保护】 组织开展草原资源资产分布状况普查工作，研究制定草畜平衡、天然打草场监管、生态环境和资源保护工作考核及责任追究等生态环境保护制度。研究制定二期草原生态保护补助奖励机制实施方案，加大常态化执法巡查力度，草畜平衡牧户比例达到 81%，兑现 2016 年度草原生态保护补奖资金 3018 万元。完成林业项目建设任务 1700 亩、重点区域绿化 1100 亩。发挥蒙草公司草原生态系统研究院乌拉盖分院作用，开展退化草地生态修复技术集成与示范等 8 项课题研究及成果推广，完成沙化、退化、盐碱化草地治理 5900 亩。严格执行建设项目生态前置预审制度，全年共受理征占用生态资源项目 9 个，核准 8 个，涉及草原面积 194 万亩；审批临时占用草原申请 43 件，涉及草原面积 1496 亩。建立环境执法联络员和联席会议制度，开展清理整顿环保违规建设项目 26 个，对列入自治区清理整顿的贺斯格淖尔生态旅游项目进行关停。投资 454 万元完成地质环境治理 481.5 亩。

【工业】 继续推行党政领导联系重点项目制度，对管理区级 26 项重点项目推进任务进行分解，明确责任领导、责任部门和具体工作。4 个盟级重点项目全部开复工，实现投资 5 亿元，完成盟下达计划任务 132%。推进国电贺斯格乌拉南露天矿、鲁新农乃庙煤矿及其转化项目支持性文件办理。2 个煤矿核准所需 8 个支持文件均已取得 6 个，贺矿水资源论证通过海委会现场评估，项目环评上报环保部；农乃庙矿土地预审、划定矿区范围已上报盟行署待转报。开展煤矿产能置换，协调江苏能源与国电集团开展合作洽谈并达成合作意向，贺矿落实置换指标 618 万吨。国电乌拉盖 2×100 万千瓦电厂项目列入特高压直流外送通道电源点规划建设方案，并上报国家能源局待批；协调山东能源新汶集团与内蒙古霍煤集团签订合作协议，推进鲁新公司重组、农乃庙煤炭异地转化。

【城乡建设】 全年投资 2.6 亿元，完成 20 个嘎查村（分场）、60 个自然村“十个全覆盖”任务。2016 年，完成危房改造 562 户，水源井 41 眼，街巷硬化50.3公里，建设供电线路72.5公里、通网电30户、风光互补升级108户，实施户户通600套、无线地面数字电视基站2处，建设文化活动室1处，卫生室2处，便民连锁超市4处、流动超市服务车2台。围绕城乡发展需要，完成机场路基层和路面铺摊32公里，垃圾填埋场建成运行，污水处理厂工程完工。巴音胡硕镇成功获批第二批自治区级特色景观旅游名镇、第三批自治区级美丽宜居小镇，通过自治区级文明城镇复审。

【服务业】 推进原生态全域旅游，被列入自治区级全域旅游示范区，完成全域旅游项目投资1.6亿元，全年接待游客82万人次，旅游收入2.5亿元，分别同比增长5.1%、11.8%。推进商贸服务业发展，年内提限服务企业2户，规模以上服务企业9户，新增市场主体308户，同比增长7.1%，社会消费品零售总额6.4亿元，同比增长10.3%。组建成立电子商务协会，初步建立农村牧区物流配送服务体系。稳步推进金融业发展，14户中小微企业纳入盟"助保贷"企业群，协调锡盟金盛投资担保有限公司开办支农贷款业务，金融机构各项存款余额10.3亿元，同比增长11.7%。

【社会保障】 财政资金优先向民生领域倾斜的支出导向，民生投入同比增长38.4%。推进脱贫攻坚工程，139户253人纳入低保兜底范围，其余13户39名盟内建档立卡贫困户全部实现脱贫。统筹推进创业就业扶持工作，安置城镇各类人员和农牧民转移就业人员1337人，城镇登记失业率控制在2.9%以内。促进教育均衡发展，蒙校实验楼、体育活动室和风雨操场主体工程完工，哈场幼儿园投入使用，蒙校被教育部命名为全国校园足球特色学校。实施大众健康提升工程，全面实施"1322"工程，与内蒙古人民医院建立医疗联合体，专家义诊1000余人次，为1763名农牧民实施免费体检，健康保障小药箱实现农牧户全覆盖，医疗卫生服务质量持续提升。丰富群众文化生活，全年组织开展文体活动64项。组织参加各项竞技体育赛事，累计获得金牌27枚，被自治区体育局命名为首批"内蒙古射箭体育训练基地"。保障受灾群众生产生活，完成打储草1.15亿公斤，拨付抗灾救灾资金478.5万元。

【安全稳定】 强化"平安乌拉盖"建设，开展信访维稳及平安创建各项工作，排查各类矛盾纠纷236起，化解229起，信访批次和人次同比分别下降54.8%和68.4%。成功侦破"11·26"特大杀人案，及时消除重大社会治安隐患。深入开展安全生产大检查，严格落实党政同责，行业部门监管责任和企业主体责任，紧盯煤矿、消防、交通、危爆、食药、特种设备等重点领域，设立台账销号制度，排除各类安全隐患。

（撰稿人：潘峰）

乌兰察布市

【概况】 乌兰察布市位于内蒙古自治区中部，地理坐标北纬40°10′~43°28′，东经110°26′~114°49′。乌兰察布系蒙古语，意为红色山的两翼高地。面积54 492平方公里，北与蒙古国接壤，边境线长约110公里，东北部与锡林郭勒盟苏尼特右旗、镶黄旗、正镶白旗毗连；东临河北省康保、尚义、怀安县；南与山西省大同、阳高、天镇、左云、右玉等市县为邻；西与呼和浩特市和林格尔县、清水河县、武川县和包头市达尔罕茂明安联合旗相接。

2016年，地区生产总值完成938.87亿元，按不变价计算，比上年增长6.8%。其中：第一产业完成增加值127.92亿元，同比增长3.3%；第二产业完成增加值460.28亿元，同比增长5.9%；其中：工业增加值完成405.62亿元，同比增长6.4%，建筑业完成增加值54.66亿元，同比增长2.2%。第三产业完成增加值350.67亿元，同比增长9.2%。从产业结构看，三次产业结构由上年的14.5∶48.6∶36.9调整为本年的13.6∶49.0∶37.4。从拉动GDP增长看，第一产业拉动GDP增长-1.2个百分点，第二产业拉动GDP增长4.4个百分点，第三产业拉动GDP增长3.6个百分点。常住人口人均地区生产总值44 560元，现价增长3.0%。

乌兰察布市经济总量小，人均水平低，综合实力不强，结构性矛盾比较突出。大企业拉动作用较弱，中小企业发展缓慢；非公有制经济相对滞后，发展方式比较粗放。交通区位优势潜力挖掘不足，农村牧区投入不足，农牧业增效、农牧民增收任务较重。生态环境依然脆弱、改善生态环境和转变农牧业生产方式任务艰巨；绿色发展、创新发展亟待加强。

【财政收支】 2016年，全市公共财政收入完成56.68亿元，同比增长2.8%。其中：税收收入完成41.64亿元，同比增长1.1%；非税收入完成15.04亿元，同比增长7.6%。从地区看，财政收入总量位居前三位的集宁、丰镇、凉城分别完成17.95亿元、5.54亿元、4.27亿元；察右前旗超4亿元；兴和、卓资县超3亿元；察右后旗、四子王旗、商都超2亿元；化德县、察右中旗超1亿元。

全市财政支出完成303.1亿元，同比下降4.9%。其中：一般公共服务支出25.04亿元，同比增长14.2%；公共安全支出14.98亿元，同比增长17.4%；文化体育与传媒支出4.1亿元，同比增长7.7%；医疗卫生与计划生育支出25.46亿元，同比增长8.5%；住房保障支出20.61亿元，同比增长9.1%；社会保障和就业支出72.5亿元，同比增长1.0%；全市财政坚持调结构、促改革、惠民生，促进经济社会事业持续健康发展。确保了社会保障和就业、住房保障、医疗卫生与计划生育、教育等民生基本支出需求。

【农牧业】 全市农作物种植面积65.97万公顷，同比增长1.6%。其中：粮食作物播种面积48.24万公顷，下降1.3%；经济作物播种面积17.73万公顷，增长1.72%。主要农作物产量有升有降；全年粮食总产量105.2万吨，增长4.6%；小麦产量8.89万吨，增长4.3%；玉米产量27.71万吨，增长2.4%；薯类产量58.8万吨，增长1.3%；大豆产量1.46万吨，增长35.2%；蔬菜产量188.19万吨，增长17.1%。

牧业年度（6月末）牲畜存栏头数766.4万头只，同比下降5.8%。牲畜总增747.5万头只，下降3.5%。牲畜总增率91.8%，下降9.5%。牧业年度良种及改良种畜总头数560.5万头只，下降

8.6%，良种及改良种畜比重73.1%，下降2.26个百分点。

全年肉类总产量23.18万吨，同比增长2.7%。其中：猪肉产量4.59万吨，增长2.5%；牛肉产量2.94万吨，与上年持平；羊肉产量13.97万吨，增长4.9%；牛奶产量60.88万吨，下降5.6%；绵羊毛产量8213吨，下降9.3%；山羊绒产量85.1吨，与上年持平；禽蛋产量1.53万吨，增长3.4%。

全年农牧业机械总动力230.0万千瓦，同比增长4.9%。化肥施用(折纯量)9.84万吨，增长0.9%；农村牧区用电量达到3.5亿千瓦时，增长7.7%。

【林业】 全年完成天然林资源保护工程9.3万亩，封山育林19.5万亩，京津风沙源治理工程17.2万亩，当年新育苗7000亩。容器育苗4010万袋，通道绿化5.3万亩，军民义务植树7万亩。城镇周边绿化14.1万亩，村屯绿化6.0万亩，工业园区绿化0.5万亩。

【工业】 全市规模以上工业企业340家，规模以上工业增加值增长6.5%。分轻重工业看，轻工业增长5.2%；重工业增长6.7%；分所有制经济类型看，国有及国有控股经济增长1.0%；股份制经济增长6.5%；外商及港澳台经济增长7.5%；其他经济增长11.8%。从分行业看，六大主导产业工业增加值增长6.7%。其中：电力工业增长7.0%；冶金工业增长8.7%；化工工业增长2.2%；建材工业下降0.3%；农畜产品加工增长14.8%；装备制造业增长2.4%。

全年发电量完成4 830 825万千瓦小时，比上年增长11.1%；其中：火力发电完成3 775 248万千瓦小时，增长10.5%；风力发电完成969 081万千瓦小时，增长14.6%；太阳能发电完成86 495万千瓦时，增长19.7%。铁合金完成388.9万吨，增长13.7%。白酒生产量完成35 679千升，增长2.6%。水泥生产量1006.5万吨，增长22.2%。水泥熟料生产量190.4万吨，下降53.1%。石墨及碳素制品生产量23.9万吨，增长10.8%；花岗岩板材完成153.7万平方米，增长13.0%；碳化钙完成234.4万吨，增长23.7%。

全年规模以上工业企业完成产品销售收入887.7亿元，增长10.5%，工业企业产品销售率94.5%，下降0.3个百分点，工业企业产品出口交货值1.59亿元，下降49.1%。

【建筑业】 全年资质等级以上建筑企业单位数40个，同比增长11.1%建筑业从业人数1.48万人，同比增长7.0%；建筑业总产值44.4亿元，增长23.5%；施工企业房屋建筑施工面积566.8万平方米，增长0.2%；施工企业竣工房屋面积199.1万平方米，增长1.3%。房屋建筑竣工率35.1%，下降0.6%。

【固定资产投资】 全市城乡500万元以上固定资产投资完成661.4亿元，同比增长5.4%。按所有制经济划分，国有经济投资完成395.5亿元，增长40.8%；集体经济投资完成0.9亿元，增长125.0%；其他经济投资完成260.0亿元，下降31.2%。按三次产业划分，第一产业完成投资44.9亿元，下降5.7%；第二产业完成投资256.5亿元，下降28.8%；第三产业完成投资360.0亿元，增长43.6%。从分行业看，农林牧渔业完成投资44.6亿元，下降5.7%；采矿业完成投资5.0亿元，增长7.2%。制造业完成投资128.0亿元，下降20.0%。电力、燃气及水的生产和供应业完成投资112.7亿元，下降28.8%；交通运输仓储及邮政业完成投资113.6亿元，增长18.4%；教育事业完成投资2.1亿元，下降43.5%；文化体育娱乐类完成投资14.4亿元，增长139.8%；公共设施管理业社会保障完成投资90.3亿元，增长103.8%。城镇住宅施工面积504.6万平方米，增长30.6%；城镇住宅竣工面积47.2万平方米，同比增长62.7%。

本年新开工生产能力有：新建公路建设148.48公里。其中：一级工路72.8公里；二级公路75.68公里。新建铁路里程6.7公里；风力发电3.2万千瓦；太阳能发电18万千瓦；输电线路长度（110公里）194.5公里；塑料树脂及共聚物1100吨/年。钾肥180 000吨/年；城市自来水供水能力2.5万吨/日。

【国内贸易】 全年社会消费品零售额完成317.11亿元，比上年增长9.2%。其中，城镇消费品零售额完成242.42亿元，增长9.8%；城区消费品零售额完成112.59亿元，增长8.0%；乡村消费品零售额完成74.68亿元，增长7.2%。分商品类别看，消费品零售额有增有减。其中，餐饮收入额完成45.72亿元，增长17.5%；商品零售额完成271.3亿元，增长6.5%。随着城乡人民生活水平提高，消费质量不断上升，消费品市场活跃，零售额不断上升。饮料类，化妆品类，日用品类、服装，鞋帽，针纺织品类，中西药品类零售额分别增长2.5%、111.3%、10.8%、19.6%、26.7%。

【对外贸易】 全年海关进出口总额7700万美元，同比增长3.6%。其中，出口总额3200万美元，下降9.1%；进口总额4500万美元，增长15.3%。全年新批准外商投资企业6个，投资总额123 284万美元，注册资本81 217万美元，全年合同使用外商投资79 092万美元，直接利用外资到位资金79 171万美元。年末工商部门注册的外商投资企业48个。

【交通　邮电】 全年公路交通运输业完成公路客运量343.1万人次，同比下降14.0%；公路旅客周转量52 553.8万人公里，同比下降2.1%；公路货运量完成6383.9万吨，同比增长9.3%；公路货运周转量1 348 475万吨公里。同比增长8.2%。

全市邮政、电信业务总量完成30.4亿元，同比增长8.3%。其中：电信业务总量完成29.1亿元，增长11.0%；邮政业务总量完成1.3亿元，增长30.1%。联通本地电话用户26.9万户，增长1.9%。已通电话行政村比重达到99.7%。移动电话用户238.6万户，同比增长2.8%。计算机互联网用户24.3万户，同比增长6.1%。公用电话用户0.49万户，同比下降5.8%。

【旅游业】 全年共接待境内外游客1400万人次，同比增长18.3%。其中：国外游客6.8万人次，增长66.7%。旅游业总收入120亿元，增长22.0%。

【金融　保险】 2016年年末，全市金融机构各项存款余额为1059.95亿元，同比增长21.6%。其中：非金融企业存款余额194.08亿元，下降81.5%；住户存款余额686.43亿元，增长15.2%。年末，金融机构各项贷款为613.69亿元，增长18.9%。其中，住户贷款为254.43亿元，增长2.8%；非金融企业贷款为359.27亿元，增长33.8%。

全市人寿、财险两类保险机构年保费收入为22.19亿元，比上年增长8.4%。其中，人寿保险机构保费收入为13.02亿元，增长4.3%；财产保险保费收入为9.17亿元，增长14.9%。人寿、财产保险两大保险机构业务支出为6.69亿元，下降3.3%。其中：寿险业务支出为2.51亿元，下降12.2%；财产险业务支出为4.18亿元，增长4.2%。

【教育　科技】 全市拥有普通高中22所，在校学生3.38万人。其中，少数民族在校学生0.21万人，少数民族在校学生中蒙古族学生0.2万人。拥有普通初中46所，初中在校学生4.12万人。其中，少数民族学生0.27万人，蒙古族学生0.25万人。拥有小学148所，小学在校学生8.42万人。其中，小学少数民族学生0.62万人，蒙古族0.56万人。小学入学率、初中入学率100%，初中毕业生升高中升学率96.8%。

全市中小学新增校舍面积6万平方米，中小学计算机拥有量达到24 561台，图书419.2万册。

全市拥有科学研究开发机构7个，各类技术人员251人。高级工程师77人，工程师122人，初级技术人员52人。全年用于科技经费支出611.6万元。

【文化　卫生　体育】 全市拥有艺术表演团体12个,群艺馆、文化馆12个,博物馆11个。广播电视台、电台25座。其中,市级广播电视台、电台各1座,县级广播台、电视台各11座。广播人口覆盖率99.14%,电视人口覆盖率99.24%。

2016年年末,全市拥有医疗卫生机构2109个。其中,医院50个,卫生院176个。医疗卫生技术人员9005人。其中:医院5010人,卫生院963人。拥有床位数8100张。其中:医院5831张,卫生院1479张。

全市体育健儿参加国际比赛获得1枚铜牌。在全国运动会上获得1枚金牌,1枚银牌,1枚铜牌。在全区比赛中获得79枚金牌,57枚银牌,108枚铜牌。

【能源　环保】 全市规模以上工业企业生产能源消费量1421.88万吨标准煤,同比增长8.23%。全社会用电量完成3 080 757万千瓦小时,同比增长12.9%。

全市拥有自然保护区19个,国家级自然保护区1个,卓资山上高台林场列入大青山国家级自然保护区。自治区级自然保护区5个,县级保护区6个。全市环境保护系统职工729人,各级环境监测站12个,建成烟尘控制区8个,控制面积74.7平方公里。建成环境噪声达标区2个,达标面积25.8平方公里。

全年审批各类环保项目178个。二氧化硫排放量6.8万吨,同比下降6.1%。氮氧化物排放9.3万吨,同比下降7.0%。

【人民生活】 根据抽样调查,2016年末,全市常住人口210.67万人。其中:城镇人口100.81万人,乡村人口109.86万人。城镇化率为47.85%。人口出生率为6.05‰,死亡率为7.56‰,自然增长率为-1.51‰。

全市户籍人口273.51万人。其中:蒙古族人口8.82万人,汉族人口261.95万人,其他少数民族人口2.75万人。全年出生人口1.28万人,死亡人口1.59万人。

全年全体居民人均可支配收入17 373元,比上年增加1331元,增长8.3%;从收入构成看,工资性收入8070元,增长7.9%,经营性收入5159元,增长6.4%,财产性收入为569元,增长6.8%,转移性收入3575元,增长12.4%;全体居民人均消费支出为11 503元,同比增长7.0%。从分城乡看。其中:全年城镇居民人均可支配收入26 565元,比上年增加1968元,增长8.0%;从收入构成看,工资性收入为15 996元,增长9.1%,财产性收入962元,增长11.0%,转移性收入4767元,增长11.6%。经营性收入为4840元,增长1.0%;城镇居民人均消费支出16 306元,同比增长5.9%。城镇居民家庭恩格尔系数(居民家庭食品支出占家庭消费支出的比重)为30.5%,下降5.6个百分点。全年农牧民人均可支配收入9085元,比上年增加658元,增长7.8%。从收入构成看,工资性收入1785元,增长6.1%;家庭经营性收入4831元,增长8.3%;转移性收入为2353元,增长7.1%:财产性收入为116元,增长31.3%。农牧民人均生活消费支出为7764元,增长10.5%。农牧民家庭恩格尔系数为38.1%,比上年下降4.7个百分点。全年非私营城镇单位在岗职工(含劳务派遣人员)平均工资为65 280元,比上年增加8742元,增长15.5%。城镇居民每百户主要耐用品拥有量家用汽车,电冰箱,洗衣机。农牧民每百户耐用品拥有量电视,电冰箱,洗衣机有不同程度的增长,其他耐用品拥有量有增有减。

【社会保障】 2016年年末,参加城镇基本养老保险职工42万人,同比增长15.3%。离退休人数21万人,同比增长16.8%。养老金社会化发放率100%。参加城镇基本医疗保险职工人数27.62万人,同比增长1.5%;参加工伤保险人数18.8万人,同比增长2.8%。

全市拥有各类福利院,幸福院,敬老院,光荣院床位9.2万张,各类机构收养人数7.31万人。城市居民最低生活保障人数8.67万人,农村居民最低生活保障人数 26.3 万人。年末城镇拥有各类社区文化站 224 个，社区卫生服务中心 99 个。

【物价消费】 全年居民消费价格指数（中心城区）为 101.2%，同比上涨 1.2%。其中：食品类价格指数为 103.5%，上涨 3.5%；烟酒及用品类为 99.0%下降 1.0%；衣着类价格指数为 100.2%，上涨 0.2%；家庭设备用品及服务价格指数为 101.8%，上涨 1.8%；医疗保健及个人用品为 98.9%，下降 1.1%；交通及通信价格指数为 100.5%，上涨 0.5%；娱乐教育文化用品及服务价格指数为 102.1%，上涨 2.1%；居住类价格指数为 104.1%，上涨 4.1%。物价总水平有升有降，全年物价水平平稳发展。

【劳动就业】 2016 年末，城镇单位从业人员 15.76 万人，同比下降 1.5%。全年城镇新增就业人数 17 238 人，同比增长 2.2%。其中：下岗失业人员再就业人员 5024 人，增长 4.7%。年末城镇登记失业率为 3.86%。

（撰稿人：苏红）

集 宁 区

【概况】 集宁区位于内蒙古自治区中部，阴山山脉灰腾梁南麓，地理坐标为北纬 41°01′，东经 113°10′，辖察哈尔经济技术开发区、1 乡 1 镇和 10 个街道办事处，辖区总面积 526.5 平方公里，建成区面积 60 平方公里。总人口 40 多万，是一个以蒙古族为主体、汉族居多数的地区，居住着蒙古、汉、回、藏等 17 个民族，是乌兰察布市政治、经济、文化和信息中心。集宁自古以来就是中国北方重要的军事要塞和商品集散地，是丝绸之路和草原茶马古道的重要组成部分，先后经历了集宁路、集宁县、集宁市、集宁区四种建制变更。1956 年建市，1992 年被国务院批准为对外开放城市，2003 年撤市设区，2012 年 9 月国家批准恢复设立集宁海关。

2016 年，集宁地区生产总值完成 187.85 亿元，不变价同比（下同）增长 7.0%，较上年同期放缓 1.6 个百分点，比全国平均水平高 0.3 个百分点，比自治区平均水平低 0.2 个百分点，增速在全市排第一位。其中，一、二、三产分别增长 1.7%、4.7%和 9.0%，三次产业结构为 2.2：43.3：54.5。分产业看，第一产业完成增加值 4.04 亿元，增长 1.7%，增速较上年同期放缓 3.1 个百分点，对经济增长的贡献率为 0.6%，拉动经济增长 0.1 个百分点；第二产业完成增加值 81.37 亿元，增长 4.7%，增速较上年同期放缓 2.1 个百分点，对经济增长的贡献率为 29.7%，拉动经济增长 2.1 个百分点。其中：全部工业完成增加值 66.36 亿元，增长 5.4%，对经济增长的贡献率为 27.6%，拉动经济增长 1.9 个百分点；建筑业完成增加值 15.01 亿元，增长 1.8%，对经济增长的贡献率为 2.1%，拉动经济增长 0.1 个百分点；第三产业完成增加值 102.44 亿元，增长 9.0%，增速较去年同期放缓 1.5 个百分点，对经济增长的贡献率为 69.7%，拉动经济增长 4.8 个百分点。

第三产业各行业中，交通运输、仓储和邮政业完成增加值 17.50 亿元，增长 5.0%，占第三产业比重（下同）17.1%；批发和零售业完成增加值 18.97 亿元，增长 5.3%，占比 18.5%；住宿和餐饮业完成增加值 7.24 亿元，增长 9.6%，占比 7.1%；金融业完成增加值 21.01 亿元，增长 23.7%，占比 20.5%；房地产业完成增加值 4.61 亿元，增长 4.0%，占比 4.5%；其他营利性服务业完成增加值 12.48 亿元，增长 20.8%，占比 12.2%；其他非营利性服务业完成增加值 20.12 亿元，下降 0.3%，占比 19.6%。

【农业】 2016 年，农民全年人均可支配收入 13 668 元，同比增长 7.7%。推进“美丽乡村”建设，累计投入 5 亿多元，1 乡 1 镇 25 个行政村、116 个自然村全部高标准完成基础设施和公共服务建设工程，村容村貌焕然一新。

【工业】 2016年，规模以上工业总产值134.15亿元，增长2.8%；全年实施亿元以上重点项目100个，实际完成投资94亿元。东来顺肉类加工、秋实胶原蛋白、蒙维供水等一批重大项目相继落地或建成使用；以13平方公里信息产业园、集宁—北京直通光缆为基础，华为云数据中心为龙头，华唐、中信国安、软通动力等知名企业为配套，中关村“一司一金一中心”合作联盟为保障的云计算、大数据产业初具规模。

【城镇建设】 以“五城联创”为牵引，继续加强城市建设管理，道路、广场、公交、供热、供水、绿化、垃圾和污水处理等基础设施建设不断完善。南沙河综合治理、机场快速路绿化等重大工程全面启动，集宁机场正式通航，通航城市14个。坚持“六个结合”，推进房地产去库存，消化存量房148万平方米，库存面积下降43%。

【五城联创】 继续开展机关单位包联小区、文明交通志愿服务、平房区环境卫生整治等专项活动，城市品位档次和文明程度明显提升。顺利通过全国文明城市第二年度测评，一次性通过国家卫生城市暗访考评，国家食品安全城市创建被列为全国试点，国家环保模范城市创建取得阶段性成果，国家园林城市成果继续巩固。

【旅游业】 集宁区加快城市景点建设，重点发展以“三山两河”为主的生态游，以集宁战役为主的红色游，以皮件加工销售为主的产业游。充分利用周边地区夏季凉爽宜人气候，结合自身区位交通和中心城区优势，不断提升旅游承载和服务能力，着力打造京津晋冀都市圈假日休闲旅游目的地和中转基地。2016年，丝路文化博览园、集宁战役红色纪念园落成使用。

【商贸服务业】 2016年，内蒙古邮政电商快递产业园建成运营，传统商贸业提档升级步伐加快，现代物流、旅游、金融等现代服务业蓬勃发展。主动融入国家发展战略，全方位推进区域合作和对外开放，集宁机场被确定为通往欧盟等地的货运机场，由七苏木始发的中欧班列正式开行，自治区首家中国(天津)自贸区东疆进口商品集宁直营中心建成开业。拿出真心实意、使出真劲实功引进中国新雅宝路商城，掀开对外贸易的崭新篇章。

【文化】 2016年，成功举办俄蒙韩商品博览会、全国创业创新博览会、全国露营大会、全国图书交易博览会、全市首届冰雪艺术节等系列大型会展活动，开放窗口和招商平台更加丰富、更有成效，集宁的吸引力、竞争力不断提升。

【教育】 2016年，集宁区从呼和浩特市聘请第三方评估专家组，对区属公办中小学校长、幼儿园园长职级进行新一轮评定，并根据各项考核和民主测评结果为校长发放了职级工资。通过全市统一招考教师、集宁区择优录用61名本科、研究生全部充实到新区教学一线任教，并从旧区学校向新区交流59名优秀教师。课堂教学改革深度推进，研修中心配置专职教研员18人，聘用兼职教研员105人，落实课改示范校、星级学校和试点校建设评估工作，创建课改示范校5所，评选24所学校为课改星级学校。在“十三五”规划课题“中华传统文化与现代语文教学研究”中，集宁区有14所学校申请立项，在乌兰察布市“百千万课题”中，集宁区有31个课题立项。

实现集宁区强弱校共同发展，稳步发展，着力推进集团化联盟办学，集宁区民建路小学、新体路小学和亿利东方学校的集团化联盟办学模式取得初步成功，3所学校分校都已挂牌，在总校的声誉最响下，2016年联盟学校的分校招生效果理想。新区实验小学、工农路小学、曙光中学、研修中心等学校充分利用京蒙对口帮扶机会，分别与北京一师附小、北京市东城区天坛东里小学、北京市文汇中学、北京东城区教育局教育研修学院等学校签订对口帮扶合作协议书，两地学校多元化教育教学、互动交流等模式已全面铺开。

完成嘉欣小学、物流园区小学续建项目，亿

利东方学校小学部整体迁至嘉欣小学办学。维修五中、新体路小学、区幼旧教学楼，新建了五中东大门，完成五幼塑胶操场建设任务；在百旺家园、江东郡、家和欣苑等大型小区配建6所幼儿园，现已全部交付集宁区教育局管理。

做好家庭经济困难学生的资助工作，全面落实教育惠民政策，发放普通高中两免补助金1170万元，发放助学金293万元，发放寄宿生生活补助金217.7万元，发放生源地助学贷款1170.6万元，为463名低保家庭贫困大学生发放资助金1609万元，为品学兼优的普通家庭经济困难学生资助22.6万元，为家庭经济困难教师资助41万元，确定精准扶贫学生46人，发放资助金25.3万元。

【食品卫生】 围绕创建国家食品安全城市，全面实施食品加工入园、餐饮入街，建成食安指挥中心，开展以“明厨亮灶”和食品追溯体系建设为重点的示范创建活动，食品安全形势根本好转。

【人民生活】 坚持把脱贫攻坚摆在突出位置，深入推进“六个精准”和“五个一批”精准脱贫方略，215户、455人建档立卡贫困人口稳定脱贫。深度拓展“大众创业、万众创新”空间，投资1.8亿元的众创大厦即将投入使用，城镇新增就业6180人，登记失业率控制在4.0%以内，成功创建自治区级创业型旗县。新农合和城镇居民医疗保险完成合并，医疗救助、临时救助、用煤补贴等资金足额发放，各类社会保障水平继续提升。城镇居民人均可支配收入28 488元，同比增长7.9%。加强住房保障和危旧房改造，全年分配公租房2195套，发放租赁补贴1117万元，改造农村危房994户，完成既有建筑节能改造60万平方米。坚持问题导向，下大决心、下大力气解决回迁难，探索建立回迁安置、百姓安居新机制、新举措，一大批拆迁多年未安置居民喜圆乔迁梦。文化卫生、体育健康、养老助残等社会事业全面发展，平安法治集宁建设扎实推进，人民群众的安全感、获得感和幸福感显著增强。

【综合改革及党建工作】 简政放权、商事制度、教育教学、财税金融、社区管理等重点改革任务落地生根，“放管服”成效明显，不动产登记“发新停旧”，公车改革顺利完成。社会事业、民主法制、党的建设等领域改革同步推进，发展活力不断加强。

深入学习习近平总书记系列讲话和考察内蒙古重要讲话精神，扎实开展“两学一做”学习教育，圆满完成区乡两级党委换届。深入落实中央八项规定精神，持之以恒反“四风”，继续开展“三级示范抓引领”、机关干部包联小区、驻村帮户推进扶贫攻坚等联系服务群众活动，各级干部夙兴夜寐、激情工作的氛围日渐浓厚。创新基层组织建设，认真落实党风廉政建设主体责任，始终把纪律和规矩挺在前面，推进全面从严治党向基层延伸，严肃查处各类违纪行为，给予党政纪处分47人，对落实党风廉政建设任务不力的21名主要负责人进行约谈，各级党员干部廉洁自律意识明显增强。切实加强中共集宁区委常委会自身建设，加强人大、政府、政协、统战、群团工作和国防后备力量建设，充分调动和发挥方方面面积极性，风雨同舟、和衷共济发展局面进一步巩固。

（撰稿人：孟涛　孔利平）

丰　镇　市

【概况】 丰镇市地处晋、冀、蒙三省区交界处，区内与兴和县、凉城县、卓资山县和察哈尔右翼前旗毗邻，区外与山西省的阳高县、左云县、大同市接壤，是自治区对外开放、发展外向型经济的窗口和前沿，也是内地经济向边远少数民族地区转移的过渡地带。全市辖地总面积2722平方公里，东西长86公里，南北宽56公里，地貌特征以山地、丘陵及冲积、洪积平原为主，地形由西、北、东向中南部呈阶梯状递降。有耕地79

万亩,其中有效灌溉面积18.5万亩。全市平均海拔1400米,年平均气温5.4℃,年有效积温2100℃~2900℃,无霜期124天左右,年降雨量400毫米,年日照时数为2800小时~3100小时,年平均风速3米/秒。全市辖3乡、5镇、5个街道办事处、19个社区、91个村委会、348个村民小组。总人口34.4万,其中农业人口18.8万、城区人口15.6万,有汉、蒙古、回、满等14个民族。2016年,全市一般公共财政收入55 352万元,社会消费品零售总额完成34亿元,增长10.7%。

【农业】 全市农作物播种面积完成79万亩,粮食总产量1.355亿公斤。农业增加值实现14.2亿元,增长4.1%。重点打造了巨宝庄—红砂坝、黑土台两条精品种植带,发展设施蔬菜1万亩,冷凉蔬菜8万亩,旱作覆膜30万亩,蔬菜产量达1.75亿公斤。

【畜牧业】 改扩建规模化养殖场7处,牧业年度牲畜总头数达48.3万头(只),北京二商集团30万口生猪项目投入运营,青青草元10万亩紫花苜蓿和肉牛养殖一期项目全部建成。农产品质量安全得到进一步保障。绿康源公司纳入自治区农畜产品质量安全监管追溯信息平台,其产品全部实现网上查询。成功申办乌兰察布市农畜产品质量安全监管会。全市有机农产品生产基地3500亩,绿色农产品生产基地1500亩,无公害、绿色、有机农畜产品认证数量19个。

【林业】 完成京津风沙源治理二期工程林业项目人工造林0.3万亩,占人工造林计划任务100%;封山育林完成人工补植造林0.3万亩;完成新一轮退耕还林0.35万亩,占计划任务100%;完成市级重点区域绿化17 850亩。其中:完成城镇及周边地区绿化5000亩;完成通道绿化10 600亩;完成厂矿园区绿化100亩;完成村屯绿化2150亩;完成市级义务植树基地建设0.35万亩,占义务植树基地计划任务的100%;累计育苗39 841亩,当年新育苗800亩,占计划任务的100%;容器育苗750万袋,占计划任务100%;年采种量7万斤,占计划任务100%。

【水利】 完成革命老区水土保持治理工程,2016年新增治理面积2平方公里,占全年任务100%。新建饮水安全巩固提升工程8处,其中自来水工程7处,解决了2701人、3200头(只)畜的饮水困难问题,占全年任务100%。建设水质检测中心,该中心已具备42项常规指标水质检测能力,即将投入运行,迎接上级业务部门验收。

【工业】 2016年,丰镇市坚持把项目作为稳增长扩投资的总抓手,全年实施亿元以上项目28个,总投资206亿元,已完成投资172亿元,特别是成功吸引了总投资80亿元的吉铁集团300万吨铁合金系列项目,不仅能有效整合全市的铁合金产业,投产后将成为全国最大的铁合金生产基地。工业主导地位进一步巩固,全市43户规模以上工业企业全年实现工业产值198亿元,规模以上工业增加值增速7.5%。全市参与电力多边交易企业扩大到28户,为企业降低生产成本3.8亿元。优化整合现有电力资源,积极促成丰镇发电厂实现了热电联产,中节能4.95万千瓦风力发电项目基本建成。氟化工业品种类进一步丰富,产能22万吨。以硅锰、高碳铬铁等为代表的铁合金产业日益壮大,吉铁300万吨铁合金系列产品项目正式落地,上泰100万吨特钢一期已投产,天烁公司36万吨特种铁合金项目厂房主体已建成。

【城镇建设】 城乡面貌焕然一新,城市功能进一步完善。投资11.7亿元,重点实施了市政道路、给排水、燃气、供热、绿化等项目。新建、改造道路共6条9.3公里,硬化小街巷20条12公里;新建供水管网2.5公里;大西街基本全线贯通,极大地缓解了交通压力;科技文化服务中心综合楼已封顶,体育馆交付使用;新建察—丰输气管道141公里;集中供热第二热源丰镇发电厂改造项目完成,以技校路为界,与新丰热电厂实现了分片供热,全市供暖保障得到彻底解决;

完成棚户区改造工程 2700 多户、18.54 万平方米，有效带动了城市建设发展。城市管理力度不断加大，投资 600 多万元，对全市换位设施进行整体更新换代，新建大型农贸市场两座，规范了农贸市场经营秩序，切实方便了群众生活。农村基础设施建设全面加强，新建通村油路 87 公里，改造 G512 国道至氟化工业园区道路 19 公里。

【环境保护】 生态环境持续向好，完成国家重点生态建设工程 7.2 万亩，重点区域绿化 1.8 万亩。投资 1300 万元，完成三义泉镇、红砂坝镇、隆盛庄镇、官屯堡乡等地部分无主矿山的生态环境治理恢复。投资 16 亿元、治理面积 58.09 平方公里的生态综合治理首期试点示范项目正式启动。

【交通电信】 农村公路网络和乡镇客运站点的建成，使丰镇市客货运输经营户增加到 3700 户，客运线路增加到 30 多条，客运班车直达呼和浩特、包头、东胜、北京、太原、石家庄等地，今年又新增 5 路、6 路两条公交客运线路，新增公交客运班车 29 辆。

【商业】 2016 年，丰镇市社会消费品零售总额完成 34 亿元，比上年增长 10.7%。商贸物流开复工项目 11 个，开复工率 100%。共计总投资 15.75 亿元，累计到位资金 10.64 亿元。全年出口创汇共计 1031 万美元，较去年同比增长 9.4%；进口共计 59 万美元。建设成立电子商务服务中心，已正式运营，签订入驻协议的企业有 23 家，是丰镇市电子商务领域乃至整个经济生活领域的一件大事，并在巨宝庄镇建成乡镇电子商务服务站 1 处。

【旅游业】 2016 年完成《隆盛庄镇历史文化名镇保护利用设施建设规划》，隆盛庄镇成为“万里茶道”节点城镇。

【服务业】 峰宇国际广场正在内装修，农产品冷链物流市场及肉类食品加工正在调试设备，大西街回迁安置小区市场综合楼已封顶，汇金广场、国泰商务中心和逸欣国际酒店正在外装修，金地假日酒店和粮库集贸市场、南园农贸市场改造工程投入运营，御晟广场拆迁改造完成 60%，全市服务业的档次和水平明显提高。加快投融资体制改革，积极推广政府和社会资本合作模式，旧城区城壕巷棚户区改造项目和丰镇市医院 2 个项目进入自治区“PPP”项目库。深入推进商事制度改革，全面推行“五证合一、一照一码”登记制度。全面推进农村综合改革，建立市、乡、村三级土地流转管理服务体系，探索农村土地入股、宅基地有偿退出、工商资本参与农村产业发展机制，土地流转面积 25 万亩。

【金融保险】 组织驻丰镇的 10 多家企业，去乌兰察布市参加融资对接会。为部分企业融资，解决企业“融资难”的问题，并向乌兰察布市金融办上报丰镇市所有重大项目。运用多种形式宣传打击非法集资，营造了较好的防范和打击非法集资舆论氛围，为市民创造一个良好的金融环境。

【科技教育】 科技工作取得新进展，通过国家“三区科技人才”项目的实施和引领，促进了企业的自主科技创新步伐，研发新成果 10 多项，示范推广 40 多项新技术、新品种。教育教学工作全面加强，公开招聘 53 名教师，教师队伍进一步充实。投资 7180 万元，对京蒙小学等 6 所学校、幼儿园的办学条件进行改善。

【文化体育】 编辑发行《丰镇市志(2003—2013 年)》，出版一批反映丰镇发展历程的文艺作品。编制完成《全民健身实施计划(2016—2020 年)》，以足球、羽毛球、乒乓球为代表的体育事业蓬勃发展，在乌兰察布市举办的各类比赛中取得突出成绩。广大群众的体育意识普遍增强，参加体育锻炼的人员逐年增加。

【卫生】 丰镇市医院被自治区卫计委评为“二级甲等综合医院”，市医院新院门诊、住院综合楼主体工程已完工，中蒙医院业务用房改造工程进展顺利。分级诊疗平台全面投入应用，极大地提升了全市医疗资源的利用效率。

【社会保障】 集中力量组织全市干部群众,采取市级领导包乡、市直单位包村、干部包户制度,积极落实"六个精准""五个一批""四个清"脱贫措施,通过深入实施"三到村三到户"扶贫工程、农村基础设施建设工程、产业扶贫工程、生态扶贫工程、小村整合与易地扶贫搬迁工程、社会保障兜底扶贫工程、金融扶贫搬迁工程、教育扶贫工程、健康扶贫工程等十大工程。全市3180户、6544人贫困人口实现稳定脱贫。同时,因病返贫、因学致贫问题从机制上得到彻底解决。农村居民可支配收入10 800元,增长9%,高于自治区平均水平。全市贫困发生率降低到2%,经过自治区第三方机构评估和盟市旗县交叉验收。

【人民生活】 民生投入持续加大,财政用于民生的支出占财政总支出85%;城镇居民人均可支配收入25 300元,同比增长8%。深入推动大众创业、万众创新,充分发挥创业担保贷款1066万元。城镇新增就业2227人,城镇就业技能培训2891人,城镇登记失业率控制在3.9%以内。农村劳动力转移就业39 920人,农民转移技能培训2355人。机关事业单位养老保险制度改革稳步推进,兑现了机关事业单位人员调资标准,企业退休人口养老保险待遇提高6.5%。城镇职工医保、城镇居民医保、新农合市内住院实际报销比例分别达到75%、65%、56%,实现呼包集异地参保与就医及时结算。

【政务服务】 大力推进政务公开和行政审批制度改革,基本形成了以市政务服务大厅为主,各社区、行政村便民服务代办点为辅的便民服务网络体系。清理公布全市各部门的债权清单共3106项,承接行政审批事项111项次,全市政务服务环境不断优化。同时人防、档案、气象、工青妇等各项工作均取得不同程度进步。

【社会稳定】 以平安丰镇建设为目标,集中组织开展"震慑""察哈尔"等多次专项整治行动,有效打击了各类刑事犯罪。强化安全生产监督和隐患排查整治,全年未发生较大及以上生产安全事故。深入开展矛盾纠纷排查化解,人民群众安全感显著增强。

(撰稿人:姚娜)

察哈尔右翼前旗

【概况】 察哈尔右翼前旗(简称察右前旗)隶属乌兰察布市。地理坐标北纬40°41′~41°13′,东经112°48′~113°40′。东邻兴和县,南接丰镇市,西依卓资县,北靠察右后旗。全旗东西长71.5公里,南北宽59.9公里,平均海拔1600米。四周环山、山川相连、延绵不断,中间形成黄旗海山间盆地,开阔平坦、土质肥沃。察右前旗具有独特的交通优势。旗政府所在地土贵乌拉镇。全旗土地总面积2440平方公里,现有耕地92.5万亩,林草地272万亩。察右前旗辖5镇4乡,有村民委员会(居委会)130个、自然村603个、村民小组715个。总人口25.4万人,其中常住人口16.4万人,蒙古族7239人,男女性别比1.05∶1,是一个以蒙古族为主体,汉族占多数,多民族聚居的少数民族地区。

2016年,全旗地区生产总值完成92.2亿元,同比增长6.9%。固定资产投资72.6亿元,同比增长17%。一般公共财政预算收入4.1亿元,同比增长8.2%。社会消费品零售总额16.5亿元,同比增长9.3%。城乡居民人均可支配收入分别为25 244元和9440元,分别增长8.2%和8.0%。三次产业结构比例14.1∶57.4∶28.5。

【农业】 全旗农作物播种面积72.8万亩。其中,粮食作物53.9万亩,粮食总产量1.035亿公斤,同比增长7.3%。马铃薯播种面积23万亩,其中种薯4万亩,鲜薯产量31万吨。依托民丰薯业等公司在巴音塔拉镇水泉、杨四村种植种薯1500亩,在玫瑰营镇哈拉沟、望爱村、弓沟建设2万亩高科技智能化农场。以宏展等合作社牵头，在三岔口乡马莲滩、乌拉哈乡王明村等地建设马铃薯种植科技示范园区1万亩。甜菜播种面积5万亩，其中纸筒甜菜3万亩，总产量保持15万吨。通过土地流转重点发展60户集中连片种植面积2.1万亩，在巴音塔拉镇大哈拉、土贵乌拉镇呼和乌素、三岔口乡十一洲、玫瑰营镇袈裟庙村等地种植千亩以上示范田4片。全年新增冷凉蔬菜种植面积2万亩，新增设施蔬菜种植面积1.5万亩，其中光伏大棚6000亩。全旗蔬菜种植面积8.6万亩，总产量40万吨。露地蔬菜以“两个基地一条蔬菜产业带”为重点，带动全旗冷凉露地蔬菜种植。在巴音塔拉镇碱滩一带种植露地订单蔬菜5000亩。在208国道呼和乌素线两侧建设冷凉露地蔬菜示范基地3000亩。在达尔登大道以东50平方公里产业园发展蔬菜产业带10 000亩。中泰公司冬延式葡萄基地建设项目主体完工。农民专业合作社进一步发展，农产品质量安全体系建设得到加强。开展农村土地承包确权登记领证工作，全旗5镇4乡113个村委会完成外业测绘工作。组建农业开发公司，流转土地近3万亩。

【畜牧业】 新改扩建奶牛标准化规模养殖园区4处。依托伊利、蒙牛两大乳品企业，以田牧、瑞天为建设重点，改扩建奶牛牧场10处，规模养殖奶牛1.5万头。全旗奶牛养殖存栏2.5万头，年鲜奶产量5万吨。新改扩建年出栏500头以上肉牛标准化规模养殖场4处。规模百头以上肉牛养殖场12处，年出栏肉牛2.5万头。内蒙古天牧集团牵头建设存栏5万头肉牛养殖繁育基地目前完工。新改扩建年出栏1000只以上肉羊标准化规模养殖场2处。全旗肉羊基础母羊存栏30万只，年出栏肉羊70万只。新改扩建年出栏1000口生猪标准化规模养殖场2处。以朋诚原种猪繁育场和察哈尔大地生猪养殖场为带动，形成年提供5万口优良种猪和出栏30万口商品猪养殖基地。引进北京原食商贸有限公司，在玫瑰营镇大新村新建年出栏10万口生态黑猪养殖基地，已完成圈舍建设，年底引进种猪。全旗基础母猪存栏1.5万口，年出栏生猪30万口。新改扩建年出栏万只鸡标准化规模养殖场1处。以平地泉镇丰业和巴音塔拉镇同发养殖企业为带动，采取“公司+农户”形式推广养殖，带动全旗年出栏禽类200万羽。全年肉类总产量达5.5万吨，同比增长17%。扎实开展动物防检疫工作和畜产品质量安全体系建设，规范定点屠宰厂（场）建设。瑞田现代农业及饲草种植建成运营。

【林业】 完成京津风沙源治理等国家重点生态工程2万亩。完成京藏高速（G6）、二广高速（G55）、208国道、110国道两侧视野范围和京新高速（G7）出入口及转盘、厂矿园区、土贵乌拉镇周边出入口等重点区域绿化5000余亩。完成义务植树基地3100亩。启动霸王河景观绿化工程。实施通村道路和116个村庄周边及重要节点绿化。按照各乡镇至少落实果树2000株~3000株的目标，全旗乡村庭院经济栽植果树万株以上。禁牧、森林草原防火及护林护草工作扎实推进，森林资源管理进一步巩固，积极开展林木有害生物普查，加强病虫害监测站建设，全力保障生态建设成果。

【水利】 新建人畜饮水工程24处、改造30处，受益人口1.18万人。全旗累计解决人畜饮水安全总人口18.66万人，占应解决总人口93.58%。完成泉玉林河堤防等重点水利工程项目9处，新增灌溉面积0.22万亩。完成霸王河治理工程4.4公里，其中蓄水景观工程1.5公里，下游河道疏浚2.9公里，完成工程总量的85%。2016年水土保持面上工程全部完成，新增水保治理面积9万亩，生态修复面积2.5万亩。完成京津风沙源治理工程治理小流域面积1.28万亩，建设水源井91眼，建设节水灌溉工程7处，完成节水灌溉面积0.22万亩。完成抗旱应急水源工程建设项目3处，近0.3万亩旱地受益。依法查处各类水事违法案件42起，有效地实现了地下水资源消耗总量和强度的双控。配合乌兰察布市水利局完成水功能区数量的监测，对全旗境内3处入河排污口实现全年监测。

【工业】 2016年，全旗规模以上工业总产值完成129.7亿元，同比增长19.4%。围绕甜菜、奶牛等资源优势，培育25家农畜产品加工企业。伊利、天辅等乳制品加工企业年处理鲜奶32万吨。通过扩能技改，博天糖业公司年加工甜菜60万吨。为做大做强重化工产业，提升产业层次，实现集聚效应，采取压小上大、淘汰落后产能、提升产业层次等措施，规划建设天皮山冶金化工园区。园区建成面积12平方公里，落户企业25家，其中投产企业21家。全年完成工业总产值98.1亿元，同比增长20.2%。围绕玄武岩、硅藻土、铅银锌锰铁等矿产资源，培育了博海、厚旺等3家金属矿山企业。风电、光伏发电产业实现零突破，装机总容量48万千瓦。2016年通过外出招商、以商招商、京蒙对口帮扶等形式，实施工业项目12个，其中新建项目9个、续建项目3个，总投资105.8亿元。森诺一期建成投产，凯达马铃薯深加工项目一期竣工，旭峰余热发电机组并网发电，洁源燃气、西部天然气综合利用及管网建设项目落地开工。土地清理整顿成效显著，矿山资源开发规范治理，基础设施建设进一步完善。开展全旗各领域的安全生产大检查，安全生产态势平稳向好。

【城镇建设】 《察右前旗新区分区总体规划》等编制完成。高铁站区征拆工作结束，站房及两侧商业配楼主体完工。“两横三纵”约13公里道路基本建成，站前广场正在建设。完成11公里地下管网建设。污水处理厂建成具备试运行，污泥处理工程土建完工，垃圾处理场开工建设。实施诺敏路等10条道路和16处街道节点绿化工程，新增绿化面积38万平方米。土贵乌拉镇新建光明北路、黄旗海街西段2条道路，完成向阳街等5条道路补强工程，对解放路等3条主街道两侧便道重新铺设。更换老旧路灯68基。升级改造集中供热锅炉和管网，供热质量明显提升。新建水源井6眼、供水管网8公里、2000吨蓄水池1处。污水处理场中水回用工程全部完工。自治区园林城镇创建活动扎实开展，实施了松龄大道等9条街道和土贵乌拉镇西南、西北出入口绿化工程，新增绿化面积8万平方米。开展了住宅小区、单位绿化达标和环境整治活动，栽植各类灌木16万余丛、乔木2.7万余株、草花5万余盆、地被植物4万余平方米，硬化院落道路2万余平方米，粉刷楼体20万平方米。时代佳欣等5家物业公司入驻并接管小区物业。新购置垃圾清扫清运车16辆、垃圾箱(桶)740个，机械化清扫保洁水平进一步提高。保障性安居工程有序开展。通过实施“3个95%”棚改模式，完成土贵乌拉镇化肥厂家属院、云母矿北院和黄旗海镇老羊圈等棚户区改造2819户，消化库存住宅商品房近30万平方米。新建乌拉哈乡郝家村互助幸福院1处。开工建设易地扶贫搬迁安置点86个，撤并小村123个，完成农村危房改造2800户。全力推进美丽乡村建设，完成120个行政村、477个自然村的基础设施和公共服务设施建设。出台农村环境卫生管理办法，实现环卫保洁城乡全覆盖。玫瑰营、平地泉两镇入选全国重点镇，王贵沟村被命名为“中华诗词村”。

【环境保护】 以整治冶金化工、矿山开采、石材加工、燃煤锅炉、砖厂和养殖场、水源地等环境隐患为重点，深入开展环境保护专项整治行动。天皮山冶金化工园区实施企业除尘设施升级改造、建设原料堆棚、密闭输料系统、完善二次收尘设施，对10家违规洗渣厂全部拆除并实施生态恢复。依法拆除涉矿企业63家、整改8家。淘汰取缔10蒸吨以下燃煤锅炉44台。博天糖业、凯能热力、宇天能源脱硫除尘设施通过环保验收。涌泉养殖专业合作社建成废弃物收集池和储粪棚，废弃物全部实现农田利用。严格监管危废处置企业，确保危险废物安全处置。加大水污染防治和污水排放企业环境整治力度，保障水环境安全和改善水环境质量。加强饮用水源地保护，清理拆除一级保护区与供水和保护水源无关的设施和建筑物。黄旗海水源地保护区在土贵乌拉镇呼和乌素大村开辟新的水源地。对黑沟水源地内6户居民进行搬迁，确保饮用水源的质量和环境安全。开展地质环境专项整治活动，完成三岔口铁矿、黄茂营玄武岩和固尔班碎石场等重点区域生态恢复治理。

【交通 电信】 实施通村公路、街巷硬化、达尔登大道补强等建设任务。新建通村公路12条86.4公里，打通17个不通油路的行政村。全旗120个行政村全部贯通等级公路，实现“村村通”目标任务。完成276个村489.4公里的街巷硬化工程和17公里达尔登大道补强工程。对平隆线等3条公路中4座危桥进行安全改造，及时抢修黄新线郝家村处水毁过水路面，抢建花赛线等2条公路中2座水毁涵洞。完成平隆线约2公里路段大修养护，铺筑沥青路面1.1万平方米。完成集大线等2条公路6.8公里路基防护和边沟加固。对土麦线等4条旗境内重点公路及新区友谊大道等多条道路进行灌缝、补坑槽等常规性养护。新建土贵乌拉二级客运站投入运营、黄茂营四级客运站全面竣工。加快万益物流综合服务区建设进程，逐步建成A、B服务区及5个仓储库，商业综合楼开工建设。

2016年，中国电信察右前旗分公司在城区新增覆盖用户3000余户。发展宽带用户251户，网上用户1200户，移动业务2009户。建设自营业厅2个，新建社区店1个，开放渠道门店4个。发展专线及电路业务3条，发展公安局、食药局、电业局等天翼对讲200户左右，与旗内中学达成协议入网500户。

【商业】 以打造区域性商贸物流中心为重点，实施各类商贸物流项目9个，其中新建项目4个全部开工，续建项目5个，完成固定资产投资2.54亿元。万和中央广场、聚源农畜产品综合批发市场等存量商贸体建成专业市场或综合物流园。伊利片区专业市场改造提升，启动二手车市场建设。依托136国家储备处和银盾国际物流项目，在推进物流园区规划建设的同时，引进北方国际石材城、内蒙古国际毛衫城等项目，其中内蒙古国际毛衫城正式营业。完成农村牧区便民连锁超市48家，其中新建13家、改扩建35家。引入云牧场、京东等电商公司，旗级电子商务公共服务中心和平地泉等5个乡村电商服务站建成。制定出台《察右前旗电子商务进农村综合示范工作实施方案》《察右前旗电商人员培训方案》等一系列扶持电子商务产业发展的地方配套政策及优惠措施。以成功举办察右前旗首届特色农畜产品展洽暨农村电子商务对接会为契机，加快品牌培育，推出“特色中国—乌兰察布馆”，实现全旗特色农畜产品线上线下有效融合。2016年察右前旗正式成为“全国电子商务进农村示范县”。

【旅游业】 围绕黄旗海旅游区总体规划和融入北京—张家口—乌兰察布—大同黄金旅游线路，完善全旗旅游发展规划。依托旗内丰富的人文自然资源，提出以草原湖泊、历史遗迹、民俗文化为主的生态、风情、休闲、特色旅游的发展思路，着力拓展旅游发展空间。全力抓好额尔登塔拉旅游度假区、平地泉水世界、高山海温泉旅游生态度假村、欢乐草原农耕文化园等一批旅游项目建设。玫瑰营风情小镇规划编制完成，黄旗海水生态综合规划通过评审，平地泉镇花村等7个村庄被确定为全国乡村旅游扶贫重点村。在巴音塔拉镇碱滩等重点旅游特色村及旅游接待线路点扶持建设农家乐18户。上报乌兰察布市旅游局自治区休闲农牧业旅游点1处、自治区乡村（牧区）旅游村5个，旅游业实现破题发展。

【服务业】 森诺木材交易市场开工建设，内蒙古国际毛衫城正式营业。集宁现代物流园区京藏高速（G6）以南11平方公里区域划归察右前旗管辖建设。引入云牧场、京东等电商公司，旗级电子商务服务中心和平地泉等5个乡村电商服务站建成。推出“特色中国·乌兰察布馆”,实现特色农畜产品线上线下有效融合。平地泉水世界水上娱乐主题馆投入运营，额尔登塔拉旅游度假区成功承办首届那达慕活动，玫瑰营风情小镇、玫瑰庄园等一批重点项目快速推进。

【金融　保险】 2016年，察右前旗金融机构各项存款余额为580 269万元，各项贷款余额为331 545万元。全旗累计在农村牧区设立助农取款服务点105个，基本实现金融服务空白乡镇全覆盖和主要行政村基本覆盖。2016年“金融扶贫富民工程”对有产业支持和项目的精准贫困户投放各类农户贷款180余笔500余万元。截至11月底，旗农行农户贷款余额4915万元，“富农贷”累计投放20 584万元，余额7409万元,覆盖全旗5镇4乡、120个行政村。为20户扶贫龙头企业发放贷款2613万元，扶持带动533户农牧民。截至11月底,旗蒙银村镇银行和农商银行共计发放贫困户贷款4021万元,新型农业经营主体贷款1423.5万元，扶贫重点项目贷款366.5万元。

中国人寿保险察右前旗支公司完成总保费2567.83万元，个险渠道首年期交保费完成489.61万元,首年标准保费完成251.27万元,10年期交保费完成351.11万元。整体短期险保费累计完成186万元。其中:个险渠道短期险保费完成13.66万元，团险渠道短期险保费完成172.33万元。中介渠道首年趸交保费完成138.5万元,首年期交保费完成30.86万元,首年标准保费完成3.06万元,10年期交保费完成1.11万元。团险渠道新增旅游保险,保费完成1.5万余元。2016年,中国财产保险察右前旗支公司整体保费完成756.46万元,车险保费完成529万元,财产险保费完成5.8万元,责任意外险保费完成39.33万元,货运险保费完成65.86万元。此外开展低保人群意外险、贫困人口意外险、大病补充医疗和乡村医疗机构险、养老机构责任险等4个民生类保险业务,保费完成66万元。

【科技】 加大科普法律知识宣传和科技知识培训力度，充分利用广播电视媒体和科技信息技术服务平台,抓好新型科技知识的普及宣传,增强全民的科技意识。以科技特派员为师资,举办科技知识培训班、科技活动周、知识产权活动月、送科技下乡、“百乡千村万户”科技实用技术等,传播科技知识。选派科技特派员86人,先后开展各类科技、科普活动10余次,发放科技资料6000余份,有力地推动全旗科技兴旗战略的实施。

【教育】 全旗教育三项改革成效显著,校长、教师队伍建设不断加强,课堂教学改革步入正轨。第三方教育评估模式正式启动,“管办评”分离改革逐步开展。学前教育加快普及。建设完工东胜利移民区幼儿园,开工建设启稚幼儿园、实验小学新校区。加大民办幼儿园扶持和监管力度,验收审批当年申报的民办幼儿园4所，关停取缔不符合办园办班条件的民办幼儿园5所。实施强校带弱校计划。深入推进旗第一中学新课程实验，强化与高等教育、职业教育的有机衔接。积极推进职业中学和市技工学校联合办学。加大蒙语授课教师配备力度,深入推进“三语”教学。以京蒙对口帮扶为契机,拓展旗第一中学与中央民族大学附中的合作，加入中央民族大学附中组建的“共美教育集团”。全旗5所对口帮扶学校的230名管理人员、5600名学生获得直接帮助，辐射带动旗内28所学校、13 500多名师生受益。强化校园食品安全管理,不断改善师生就餐条件。投入300多万元对全旗15所学校的19个食堂进行“明厨亮灶”改造,首次实现食堂内部联网在线监控。投入10万元为全旗11所幼儿园安装消防烟感和温感装置。投入60万元在民族学校新建“青少年综合教育基地”。投入100万元为15所学校的3187名学生实施“蛋奶工程”，投入378万元资助贫困家庭大学生217人。为贫困家长减免幼儿保育费100万元，为706名贫困家庭大学生办理生源地助学贷款435万元，发放教育精准扶贫资助金627.5万元。平地泉中学被列为自治区级语言文字规范化示范学校。学生身体素质进一步提高，全旗义务教育得到均衡发展。

【文化】 全旗新建行政村文化室37个，全部投入使用。完成“户户通”广播电视7000户，完成120个村委会的“村村响”基础建设工程，为120个村文化室配备电脑、图书、乐器、音响等设备。全旗建成乡镇综合文化站10个、社区活动中心11个、标准化文化室120个、“草原书屋”120家，基本形成旗、乡（镇）、村（社区）三级公共文化服务设施、广播电视全覆盖。旗图书馆图书实现数字化管理，并引进电子图书资源在线平台。分馆制试点工作逐步推开，“两馆一站”建设进一步完善。乌兰牧骑新创作剧目《阿斯尔》、舞蹈《察哈尔民族服饰展示》在“第八届察哈尔八旗中老年文化艺术节”获银奖，小品《幸福时光》获全市第二届“艺苑秋韵”小戏、小品大赛二等奖。旗老年业余文艺队赴北京参加“第十二届七彩夕阳全国中老年才艺大赛”获舞蹈类银奖。旗文艺队在全市安代舞暨广场舞大赛中获优秀组织奖。全年开展基层文化惠民演出65场，放映爱国主义影片16场，发放移动图书读者卡1000余张，安装阅读机2台。文物保护工作扎实开展，对全旗321处文物遗址进行保护与传承。完成1046件申报馆藏文物数据采集、录入和上传。组建旗境内长城遗址保护档案和保护队伍。投资300万元的国家重点文物保护单位“庙子沟新石器遗址”保护项目工程完工。配合自治区考古研究所对巴音塔拉镇元代“集宁路”古城遗址进行考古发掘。对重点文物遗址加强消防安全和执法检查。挑绣、刻纸、跑圈秧歌、平地泉豆腐被列入市级非物质文化遗产保护名录。苏少灵、王桂珍等分别被命名为自治区、市级非物质文化遗产项目传承人。加大文化市场执法检查和“扫黄打非”等专项整治力度，全旗15家网吧安装网络远程监控系统。全年开展文化市场大型综合执法检查7次，专项执法检查16次。销毁盗版光碟460余张，盗版软件、游戏70余张，非法图书1246本。办结行政处罚案件3起，一般程序案件23起。

【卫生】 察右前旗加快推进公立医院综合改革步伐，完善公立医院改革政策体系。实行药品零差率销售，取消药品（中药饮片除外）加成，调整医疗服务价格。成立公立医院管理委员会，制定公立医院改革实施方案。蒙中医院项目开工建设。全旗乡镇卫生院、社区卫生服务机构和村卫生室医疗服务覆盖城乡居民。完成旗妇幼保健所与计划生育技术服务站合并、新农合与居民基本医疗保险整合。北京市大兴区卫计委对口帮扶旗卫计系统，捐赠旗医院1台价值700万元磁共振设备。北京航天医院对口帮扶旗医院，派出医疗专家在旗医院开展坐诊业务。全旗新农合共筹资金8039万元，乡镇卫生院和村卫生室推行新农合门诊统筹，参合农民在村卫生室就医可直接报销70%医药费用，建档立卡贫困户报销80%医药费用。重大疾病治疗补偿封顶线提高到25万元，恶性肿瘤按住院总费用70%给予报销。全旗基本公共卫生服务工作得到加强，完成居民纸质健康档案11.3万人、电子健康档案10.9万人。对老年人、儿童、孕产妇健康进行系统管理，对慢性病患者给予规范管理，对适龄儿童进行查漏补种和强化免疫。继续保持艾滋病低发状态和无鼠疫疫情，无甲类传染病报告，无突发公共卫生事件发生。结核病和布病患者给予免费治疗。对集中供水监测点进行出厂水和末梢水监测检验。加强学校卫生、公共场所卫生、生活饮用水卫生及医疗卫生等监督管理，严厉打击公共卫生领域违法行为。全面治理私人诊所，开展打击非法医疗专项行动。二孩政策全面落实，人口结构进一步改善。加强食品药品监管力度，全旗聘用食品药品协管员133名，建立健全旗、乡（镇）、村（社区）三级联动监管网络,成立食品药品和环境犯罪侦查大队。建设平地泉镇、乌拉哈乡、黄茂营乡标准化食药所。加大食品抽检力度,开展以小作坊、小摊点和集贸市场等为重点的食品安全综合治理。66家学校食堂、食品生产企业等实现在线监控,400余家餐饮服务单位完成“明厨亮灶”改造,顺利通过自治区食品安全城镇验收。

【体育】 全旗80%乡镇建有全民健身活动站。50%以上村(社区)建有全民健身活动点、文体广场,配有体育健身设施。公共体育设施人均体育场地面积1.6平方米。组织开展《舞动青春 放飞梦想》健身操(舞)、第五届环土贵山万人徒步行、中小学生广播体操会演、中小学生运动会、“局长杯”“校长杯”足球赛、国民体质监测等活动。完成2016年乌兰察布国际马拉松赛和第三届国际自行车赛承办任务。

【社会保障】 全旗三级就业和社会保障服务网络基本形成。城镇就业再就业技能培训2049人,实现就业1742人。农牧民转移技能培训1824人,就业30 165人。举办创业培训班3期273人,成功创业225人,创业带动就业712人。城镇新增就业1020人,城镇失业人员再就业208人,就业困难人员再就业191人。公益岗位安置贫困家庭812人,零就业家庭实现动态消零。城镇登记失业率控制在3.8%以内。全年发放创业担保贷款722万元。全旗机关事业单位工作人员养老保险制度改革、城乡居民医保整合和“五险合一”全面启动。企业退休人员基本养老金人均月增138元。企业职工和城乡居民养老保险参保分别为8282人和78 702人,征缴保费分别为1.4亿元和1080万元。城镇职工基本医疗保险参保18 345人,征缴保费2461.8万元。城镇居民基本医疗保险参保37 217人,征缴个人基金246万元。工伤保险、生育保险、失业保险参保分别为12 504人、12 886人和10 063人,征缴保费分别为85.9万元、20.3万元和180.89万元。医疗保险待遇进一步提高,城镇职工和居民住院报销比例分别为81%和76%,新农合旗乡两级住院报销比例分别为85%和100%。贫困人口全部实施免费体检,重大疾病医疗救助基金启动,贫困户大病医疗保险实现全覆盖。出台健康扶贫住院报销、门诊慢性病报销和建档立卡贫困人口预付款申请流程,为贫困患者开通就诊报销绿色通道。2016年为全旗城乡低保户、五保户、孤儿、困境家庭和无人抚养儿童28 816人发放救助资金7057万元,为5158名高龄老人发放高龄补贴560.6万元,为贫困户大病医疗保险每人补贴100元,为305名精准扶贫户发放医疗救助金84万元,为25 416名农村困难群众发放用煤补贴1525万元。发放大病医疗救助资金581万元,为802人实施了二次报销。累计为4865名精准扶贫兜底户办理低保,贫困户基本实现应保尽保。为不符合安置条件的28名退役士兵发放一次性地方经济补贴106万元,为963名优抚对象发放各类优抚金720万元、发放优抚医疗救助金26万元。全年受理民工投诉案件11起,清欠民工工资795万余元,涉及民工640人,民工投诉、举报结案率98%以上。网上用工备案421家,两网化审查单位285家。受理劳动人事争议调解仲裁案件34起。接待群众来访86次,受理信访案件31件,办结31件。

【人民生活】 2016年,全旗财政用于民生领域支出占总支出85%。城镇居民年人均可支配收入25 244元,增长8.2%,人均生活费支出16 447元,增长3.1%。农牧民年人均可支配收入9440元,同比增长8.0%;人均生活费支出6174元,同比增长4.3%。城镇居民人均居住面积28.73平方米,农牧民人均居住面积28.02平方米,均比上年略有增长。城镇新增就业1020人,农村劳动力转移就业3万余人,城镇登记失业率控制在3.8%以内。全旗“五险”参保人数16.97万人,征缴保费18 074.89万元。企业退休人员基本养老金人均月增138元。城镇职工和居民住院报销比例分别为81%和76%，新农合旗乡两级住院报销比例分别为85%和100%。贫困人口全部实施免费体检，为贫困户大病医疗保险每人补贴100元。全旗2.7万余名城乡居民纳入最低生活保障，城镇低保月人均387元，农村低保年人均3000元，贫困户基本实现应保尽保。为全旗城乡低保户、五保户、孤儿、困境家庭和无人抚养儿童28 816人发放救助资金7057万元，为5158名高龄老人发放高龄补贴560.6万元，为305名精准扶贫户发放医疗救助金84万元，为25 416名农村困难群众发放用煤补贴1525万元，为963名优抚对象发放各类优抚金720万元、发放优抚医疗救助金26万元。

（撰稿人：魏杰）

察哈尔右翼中旗

【概况】　察哈尔右翼中旗（简称察右中旗），位于内蒙古乌兰察布市中部，阴山支脉——辉腾锡勒北麓，处于北纬41°6′~41°29′24″，东经111°55′45″~112°49′51″之间，总面积4190.2平方公里，丘陵、平原各占42.3%，山地占15.4%。丘陵、平原各占42.3%，山地占15.4%，现有耕地130万亩，其中水浇地37万亩。旗政府所在地科布尔镇距首都北京450公里，距首府呼和浩特110公里，距集宁区65公里。察右中旗成立于1954年3月，由原镶蓝镶红联合旗与原陶林县组成，是一个以蒙古族为主体，汉族占多数，蒙古、汉、回、满等10个民族聚居的半农半牧旗。全旗辖2个苏木、5个镇、4个乡、1个园区管委会，有6.2万户、22.5万人。

察右中旗风能资源丰富，面积大，分布范围广，且具有稳定度高、连续性好、年有效风速的持续时间长、无破坏性风速等特点，绿色能源（风电）开发前景十分广阔。全旗矿产资源十分丰富，种类繁多，分布范围广泛，主要矿产品有金、铝、铜、铅、锌、铁、石棉、水晶、萤石、蛭石、海泡石、石灰石、钾长石、石英矿砂、硅石等。特别是钾长石、石灰石、蛭石等资源十分丰富。钾长石探明储量为76万吨，远景储量为290万吨，属中型矿床。优质石灰石远景储量1亿吨，含钙量55.86%，石英石远储量5000万吨，属大型矿床。

2016年，察右中旗全面深化改革，注重招商引资和项目建设，积极保障和改善民生，推进扶贫开发、农村牧区基础设施建设、工业经济发展和民生保障等重点工作，全力化解发展中出现的困难和问题，经济社会发展保持稳中有进态势。全旗地区生产总值完成60.4亿元，同比增长7%；一般公共预算收入完成1.66亿元，同比增长15.8%；固定资产投资完成53.2亿元，同比增长15.9%；社会消费品零售总额达到13.3亿元，同比增长11.8%；城镇居民人均可支配收入、农牧民人均纯收入分别为25 326元和7737元，同比增长9%和11%。

【农牧业】　2016年，围绕农牧业特色产业，在高产创建、科技推广、绿色品牌上持续发力。农作物总播面积130万亩，粮播面积105万亩，粮食总产1亿公斤。以红萝卜为主的蔬菜种植面积9万亩；依托阴山优麦公司发展订单燕麦10万亩。建设马铃薯核心示范田3500亩、马铃薯绿色高效创建田6万亩、红萝卜蔬菜标准园2000亩。牧业年度家畜总头数82.24万头（只）。新建雏鹰百万头生猪养殖基地，改扩建养殖专业合作社6个、养殖场8处，逐步拓宽农牧民增产增收的渠道。

【水利】　新增改造高效节水灌溉农田4.2万亩，完成小流域治理7平方公里、安全饮水工程106处，配备水质检测中心。

【工业】　围绕建设新型清洁能源基地，抓好项目建设、基础配套、项目储备、安全生产等重点工作，全旗工业经济总量、结构、速度发生根本性变化。工业固定资产投资完成24.96亿元，规模以上工业企业完成产值35.5亿元，实施3000万元以上重点项目9项。中电投3万千瓦光伏发电已并网1万千瓦；清佑新能源4万千瓦光伏电站已并网1万千瓦，光伏新村已入住；华怡3万千瓦光伏电站已并网2万千瓦，光伏新村已完工；蒙湘5万千瓦风电供热项目基础已完工；太重10万千瓦风电项目即将完工；华电5万千瓦风电供热项目已并网发电；柯源环保材料项目已试生产；忠德矿业钾长石提纯、石英石板材、陶瓷生产线项目已试生产；阴山优麦燕麦米项目已建成投产，燕麦片加工项目车间已完工，正在安装设备。全力推进园区改造升级，工业园区升级为市级园区并纳入了国家开发区目录。

【城镇建设】 察右中旗以“十个全覆盖”工程和“五城一区”联创为契机，累计投资15亿元对农村牧区基础设施进行全面改造，完成小村整合172个，易地移民搬迁4527户1万多人，农村牧区面貌发生历史性巨变。投资1.4亿元，实施市政道路、地下管线、垃圾处理等工程建设，完成棚户区改造1030户。结合争创自治区卫生城镇和园林城镇，开展城镇绿化和卫生整治，通过自治区卫生城市验收，“宜旅宜居宜业”建设取得了重大突破。以水、电、路、生态等为重点的基础设施明显改善，集宁至科布尔一级公路顺利推进，完成通村公路和村镇街巷硬化515.3公里。水资源开发利用效益和保护显著加强，城乡电网改造升级和信息基础设施建设步伐加快。

【生态建设】 2016年，察右中旗牢守生态底线，推进重点生态工程、重点区域绿化和禁牧舍饲，生态文明建设全面提速。对科镇东、西、北3个出口进行了绿化、亮化；巩固完善通道绿化5.3公里，完成城镇周边绿化3500亩、义务植树4000亩、厂矿园区绿化400亩、村庄绿化2875亩；完成各类国家重点绿化工程12.5万亩。

【交通】 2016年，G335集宁至科布尔一级公路开工建设，完成通村公路和村镇街巷硬化515.3公里，完成科镇西出口至普然新村拓宽改造工程，科镇至二道沟北出口6.1公里拓宽改造工程完成3公里。

【商贸　旅游业】 加强旅游基础设施建设，不断丰富旅游内涵，全年接待国内外游客112.5万人次。辉腾锡勒景区举办国家级马拉松、攀岩等系列赛事活动，“草原避暑核心区”的品牌全面打响。组建全区首家旅游综合执法局，旅游管理模式实现了向智慧型、精细化转变。在旅游业的拉动下，餐饮住宿、商贸流通、体育竞技、文化娱乐等现代服务业快速发展。扶持发展电子商务，建成面积1800平方米的以电子商务中心、就业孵化中心、创客中心为一体的综合服务中心，组建了中国内蒙古网，建成亿鑫隆蔬菜保鲜库1座，浩翔大酒店和万锦汇大酒店投入运营，开工建设了吉泰商业广场，续建了新星国际大酒店、亿鑫隆大润发超市等项目。改扩建便民连锁超市50家，新建乌兰苏木配送中心。

【教育】 校长、教师、课堂“三项改革”深入推进，义务教育均衡发展顺利通过国家验收。完成一中、二中、旗幼儿园、苏木乡镇中心校等改造任务。建立教师补充长效机制，招录中小学、幼儿园教师64名。

【文化】 广播电视“户户通”和“村村响”工程实现全覆盖，电视台节目制作演播厅主体工程已完工。完成50个嘎查村文化室的设备配置工作，建立完善乡镇科技综合服务站12个、村级服务点78个、服务平台28个。老干部活动中心主体完工。

【卫生】 蒙中医院主体已完工，新建乡镇卫生院3所、维修1所；建设了3个乡镇中心计生服务站，对152个村卫生室进行了标准化配备。

【深化改革】 贯彻落实全面深化改革工作，根据人事变动和工作需要，调整全面深化改革领导小组和专项小组，配齐配强改革办工作人员，完善专项小组联络机制，形成上下联动、齐抓共管工作格局。2016年，共召开4次改革领导小组会议，谋划部署重点改革工作，讨论审议重大改革方案，加强政策统筹、力量统筹和进度统筹，增强了改革的系统性和协同性。以经济体制改革为牵引，年度重点改革任务全部完成，形成了一批有特色、可复制、可推广的范例。完成卫生和计生机构合并和公立医院改革，组建旗卫计局和妇幼保健计划生育服务中心。土地确权工作基本完成，基本草原划定已通过自治区验收。土地流转面积50多万亩，居全市前列。“放管服”改革成效明显，非行政许可审批事项全部取消，责任清单全部向社会公开，形成完整的权责清单。“五证合一”和“一证一码”商事制度改革全面实施，个体工商户“两证整合”正式启动。成立不动产登记局，7月份已开始颁发不动产登记证。财税金融改革推进，“营改增”试点全面推开。公车制度改革扎实推进，合理配置公务用车资源，降低公务出行成本。融入京津冀、乌大张协同发展步伐加快，签署和在谈项目50多个。积极与京煤集团总医院、北京核工业401医院、包头市中心医院、内蒙古中医院合作，实现先进地区优质医疗资源与察右中旗合作共享。

【社会保障】 城镇低保、农村牧区低保、五保、城镇“三无”人员保障标准均有较大提高。全旗新农合参合137 752人，补偿17 853人次，补偿5689.96万元，贫困人口和重度残疾人新农合报销比例分别提高5%和10%。医疗救助困难群众2540人、临时救助750人。为受灾群众发放基本生活保障资金574万元。新增低保贫困人口939人、现金直补贫困人口1898人，为17 496名贫困人口免费进行体检，大病救助51人，为贫困人口缴纳合作医疗费与大额商业医疗保险。建立医疗救助基金，解决“三无人员”看病没钱缴纳押金的问题。全面落实第三次创业战略，全旗城镇新增就业827人，下岗失业人员再就业248人，经过培训实现创业243人，城镇登记失业率控制在3.8%之内。

（撰稿人：郭海英）

察哈尔右翼后旗

【概况】 察哈尔右翼后旗（简称察右后旗），位于内蒙古自治区中部，阴山山脉辉腾梁北麓，地理坐标为北纬41°03′~41°59′，东经112°43′~113°30′之间。全旗总面积3910平方公里，东西宽约50公里，南北长约80公里，低山丘陵占总面积的21%，盆地平原占29%，玄武岩台地占28%，熔岩台地占10.9%，丘间洼地占11%，河谷洼地占0.1%。地白音察干镇，为全旗政治、经济、文化中心，是内地通往锡林郭勒草原的纽带。

2016年，全旗地区生产总值77.6亿元，同比增长9%；固定资产投资60.8亿元，同比增长15.8%；公共财政预算收入2.63亿元，同比增长8.3%；社会消费品零售总额26.4亿元，增长11%；城乡居民收入分别为26 589元和9703元，同比增长13.4%和10.1%。

【农牧业】 2016年，察右后旗不断创新农牧业经营机制。土地草牧场流转面积新增9.8万亩，创建市级以上专业合作社12家。首家农产品电商投入运营。“三品一标”产品达到19个，认证面积30.4万亩。实施雏鹰百万头生猪、天怡美蔬菜加工等7项重点项目。“后旗红”牌马铃薯获第十四届中国国际农交会金奖和蓝5A级国际品牌认证，“乌兰土宝”获中国第十七届绿色博览会金奖，“中国薯都”核心区的地位进一步巩固。七顷地村入选全国“一村一品”示范特色村。经创建被评为自治区级农畜产品质量安全示范旗。

【工业】 工业转型升级成效明显，坚持延伸与发展同步、升级与集聚并重，蒙维、中联、白雁湖、港源、华顺等骨干企业稳定运行。蒙维二期建成投产，港源三期开工，电石化循环经济产业链趋于完善。新能源新材料产业发展取得突破，欣源锂电池一期项目建成投产，电动汽车项目落地开工。金属锂、硝酸异辛酯等一批填补产业空白的招商项目签约,协议投资81亿元。建材化工园区纳入国家开发区目录。20项重点项目全部开复工,项目总量居全市第一。

【服务业】 察右后旗规划建设电商产业孵化园，引进阿里巴巴农村淘宝项目落户启动,物流、快递、网购、连锁经营等新兴产业迅速兴起,旗、乡、村三级电商网络初步形成,开启了“互联网+”电子商务发展的新时代。《察右后旗旅游业发展规划》编制完成,火山草原景区道路开工建设,贲红—石门口—白镇旅游路改造竣工使用。新增国家级“美丽乡村”旅游扶贫重点村5个。全年旅游业总收入2.25亿元,同比增长20%。金融服务保障能力不断增强，金融机构贷款余额24.6亿元,贷存比为46.4%。全年第三产业增加值完成21.3亿元,增长9.2%。

【城乡建设】 察右后旗推进“五城一先进”创建。实施城镇地下管网、道路交通、绿化亮化等市政工程31项。2000户居民实现天然气入户。淘汰10蒸吨以下燃煤锅炉2台、黄标车86辆,新增城镇绿地面积20万平方米。集中开展交通秩序专项整治。桑德环卫一体化运营模式成效显著,城镇管理水平不断提升。棚户区改造和房地产去库存取得阶段性成果，制定出台棚改实施方案,消化库存房1020套,严格执行建设工程保证金制度,规范了房地产开发市场。

【环境保护】 完成全旗绿地系统,“绿线、紫线、蓝线”及湿地保护利用和生物多样性保护等规划编制。完成生态造林3.7万亩,落实草原生态补奖资金2400万元,大气、水、土壤污染防治和矿山地质环境治理取得新成效，完成永久性基本农田划定工作。

【民生保障】 2016年，察右后旗财政支出60%以上用于民生保障。新增城镇就业808人,农牧民转移就业3.7万人。城乡居民养老保险、医疗住院报销比例、企业退休人员养老保险待遇提高，机关事业单位养老保险并轨全面启动。2.4万户低收入农牧民享受到取暖用煤补贴,1022名困难家庭大学生得到资助。将脱贫攻坚作为最大的政治任务和头号民生工程，层层压实责任,集中力量攻坚,落实各级干部包扶责任制,创新扶贫模式,出台企业带动脱贫引导政策,全旗25个贫困村,1733名贫困人口稳定脱贫。新农村新牧区建设成效明显,投入21.6亿元,完成288个村的基础设施和公共服务工程。改造危旧房1.83万户,完成通村水泥路、砂石路及街巷硬化668.2公里、电网改造2万户、广播电视“户户通”2.6万户,解决5.48万人的安全饮水问题。

【社会事业】 察右后旗教育“三项改革”扎实推进,丰华中学办学模式成效明显,顺利通过国家义务教育均衡旗评估验收。自治区可持续发展实验区工作取得新进展。公立医院改革取得新突破,完成院长公开聘用,增设血液透析科,建成2所苏木乡镇卫生院周转宿舍。“两孩”政策全面实施。《察哈尔史》《忠勇察哈尔》《察哈尔右翼后旗组织史资料》等作品获国家、自治区多项大奖,乌兰牧骑受文化部委派赴巴基斯坦演出。《人民美术家》杂志社·内蒙古发展中心落户察右后旗,察哈尔文化博物馆被自治区宣传部、社科联命名为“自治区第五批社会科学普及基地”。配置电子书阅读机,蒙古文图书馆成为全市藏书最多、功能最完善的图书阅览场所之一。群众文化活动丰富多彩。双拥模范创建和民族工作取得新进步。社会治理不断创新。依法治旗工作推进,信访维稳形势总体稳定,成为全市进京“零”非访的唯一旗县。社会治安防控体系不断完善,平安城市建设深入推进。食品药品安全监管力度持续加大，争取并实施区域性食品药品检验检测中心项目，基层食药所标准化建设居全市前列。深入开展安全生产大检查活动,安全生产形势总体稳定。

【简政放权】 察右后旗推进195项重点改革任务。取消和调整行政审批项目63项,承接上级下放权力事项122项,形成制度性改革成果179项。政府购买公共服务改革取得新成果,建设工程和政府采购项目全部实现网上招投标。土地草原确权登记颁证工作稳步推进，实行不动产统一登记工作制度。主动融入区域合作，参加深圳招商、北京产业转移对接等区域交流活动，多次赴京津冀、长三角、珠三角等地进行招商，地区影响力明显提升。

【廉政建设】 不断深化“两学一做”学习教育，党的思想建设、组织建设、作风建设、制度建设明显加强。切实强化领导班子和干部队伍建设，完成旗、苏木乡镇两级党委换届工作。深入开展“三级示范抓引领”，注重在基层和工作一线培养历练干部，2471 名党员干部在新农村新牧区建设、脱贫攻坚的火热实践中走在前列、干在实处。坚持“抓两头、带中间”，把培树典型与整顿后进紧密结合，率先在全市建立嘎查村干部差别化绩效考核机制，基层党组织推动发展、服务群众的能力不断提高。切实履行从严治党主责主业，认真贯彻落实《准则》《条例》，抓党风政风、带民风社风，营造风清气正、干事创业的良好政治生态。认真落实旗委的决策部署，依法接受人大法律监督、政协民主监督和社会各界监督。175 件议案、提案和建议全部办结，群众反映、社会关注的问题得到有效解决。“三公经费”缩减 6%，政府系统会议压缩 20%。完善旗政府法律顾问制度，成立政府依法行政、政策研究和金融服务 3 个中心。完成党政机关公车制度改革。实施公务员职务与职级并行。实现重点领域、重大项目资金行政监察和审计监督全覆盖，营造清正、清廉、高效的政务环境。

（撰稿人：范存宝）

四子王旗

【概况】 四子王旗位于内蒙古自治区中北部，地理坐标为北纬 41°20′~43°22′，东经 110°20′~113°，边界线长 104 公里。全旗总面积 25 513 平方公里，总人口 21.3 万人。全旗共有蒙古、汉、回、满、达斡尔、锡伯、土、苗、壮、彝、朝鲜、鄂温克、鄂伦春、维吾尔族 14 个民族。其中，蒙古族 20 052 人，占总人口比例 9.4%，人口密度为每平方公里 8.35 人。全旗行政区划为 5 个苏木（查干补力格苏木、红格尔苏木、脑木更苏木、巴音敖包苏木，江岸苏木），5 个镇（乌兰花镇、白音朝克图镇、供济堂镇、吉生太镇、库伦图镇），3 个乡（忽鸡图乡、东八号乡、大黑河乡），1 个牧场（乌兰牧场）122 个行政村（嘎查）801 个自然村，13 个社区。

2016 年，全旗地区生产总值完成 60.8 亿元，同比增长 8.1%，三次产业结构为 26.6：32.6：40.8；固定资产投资完成 47.6 亿元，增长 14.5%；规模以上工业增加值完成 15.95 亿元，增长 7.4%；一般公共预算收入完成 2.2 亿元，增长 17.5%；全社会消费品零售总额 23.6 亿元，增长 12%；城镇居民和农牧民人均可支配收入分别为 24 986 元和 9425 元，分别增长 9%和 11%。

【农牧业】 2016 年，全旗农作物总播面积 175 万亩。其中：马铃薯 75.1 万亩，葵花 52.8 万亩，小麦 16 万亩，玉米 5.5 万亩，油菜籽 20 万亩，蔬菜 2.9 万亩。粮食产量 1.945 亿公斤，油料产量 0.895 亿公斤。

年末，全旗家畜存栏总数 90.56 万头（只）。其中：大牲畜存栏 2.77 万头（只），羊存栏 84.53 万头（只），生猪存栏 3.26 万口；肉禽存栏 3.95 万羽。全旗家畜出栏 127.36 万头（只）。其中：大小畜出栏 114.30 万头（只），生猪出栏 6.53 口；肉禽出栏 11.46 万羽。全旗肉产量为 3.03 万吨，绒毛产量为 2353 吨，鲜奶产量 6351 吨。

完成马铃薯膜下滴灌绿色高产高效 6 万亩，完成中低产田改造（膜下滴灌建设）1.6 万亩。通过“公司＋基地＋农户”的方式，完成高质量脱毒苗生产 2000 万株，原原种生产 3500 万粒，原种 1500 吨，生产优质合格种薯 18 万吨。通过土地流转建立马铃薯原种繁育基地 1 万亩，一级种繁育基地 2 万亩。通过农产品初加工项目资金,新建60吨马铃薯储窖200座,全旗马铃薯累计储存能力达到8.2亿公斤。

在良种繁育体系建设上，完成牛改良配种3000头,完成绵羊改良配种30多万只,山羊改良配种3万只,猪改良种5200头(其中人工授精1000头),马驴驼改良配种320头。在良种推广体系建设上，完善牛标准化冷配站40处;标准化羊人工授精站124处。舍饲养殖示范项目建设方面,建设280户生态型家庭牧场,建设标准化棚圈3.36万平方米,储草棚2.8万平方米。

【林业】 全旗完成重点区域绿化面积3381.3亩。其中:村屯绿化完成6个乡镇72个自然村,绿化面积3020.2亩，栽植各类苗木18.6万株(丛),围封网围栏12.8万米;通道绿化,对麻黄洼至格根塔拉段22公里公路中央隔离带进行绿化，完成绿化面积361.1亩，栽植各类苗木3.38万株(丛)。完成乌兰花镇东山义务植树基地建设3100亩,栽植各类苗木32万多株。依托乌兰花苗圃、锡拉木伦苗圃两大国营苗圃和个体育苗户,完成新育苗610亩、容器育苗200万袋,完成采种2万公斤。加强胡杨林保护管理,完成围封面积1500多亩，围封重型钢制围栏6800余米。

【水利】 完成了塔布河防洪治理工程和银贵河水库除险加固工程。2014—2015年度四子王旗农村牧区饮水安全工程通过市级验收，神舟飞船着陆场饮水安全工程通过自治区级验收。完成农村牧区饮水安全巩固提升工程27项,解决农村牧区6850户18 242人、6万多头(只)牲畜饮水安全问题。为全旗易地搬迁扶贫项目以及牧区饮水困难的苏木乡镇，新建村庄饮水安全工程26处,维修改造12处;完成日常维修养护320多项(次),在查干补力格苏木试点建设水窖6座,维修水窖11处,新建蒙古包式井房2间,为17户牧民安装净水设备,实现自来水供水。

【工业】 2016年，全旗确立的重点项目共10项,其中续建项目4项,新建项目6项,亿元以上6项,工业固定资产投资完成38.66亿元。开复工率60%。

续建项目方面。四子王旗景欣农业开发部总投资3000万元、年加工2000吨葵花籽生产线项目,完成投资1800万元,加工车间已全部完工并正式已开始生产；总投资27.3亿元的三峡新能源四子王旗幸福风电场一期（400兆瓦）项目,目前已全部建成并网发电;总投资15.64亿元的内蒙古永和氟化工项目，完成投资4.85亿元；总投资1.09亿元的内蒙古隆源柠条饲料加工项目,完成投资858万元。

新建项目方面。四子王旗神光能源发电项目总投资9.68亿元,已完成备案,环评、土地审批和规划选址等手续亦已完成；四子王旗惠农节水灌溉设备有限公司滴灌带生产线建设项目总投资4100万元,11月底厂房主体完工；内蒙古蒙绒绒业有限公司洗净毛加工项目总投资3100万元,完成立项、规划、土地等手续,完成投资200万元；四子王旗急时雨塑料制品厂滴灌带项目总投资6300万元，完成投资436万元；内蒙古创新农牧业科技发展有限公司农畜产品加工项目总投资3800万元，项目前期核准、环评工作完成,土地已上平台,手续办理完成,近期开工；四子王旗润隆商贸有限公司牛羊屠宰加工项目总投资3200万元，完成投资500万元,建成冷库450吨、屠宰生产线一条,正在进行设备安装。

4月，黑沙图化工园区升级为市级园区,现正在准备升级为自治区级园区的相关材料。永和氟化工公司的供水工程完成，排污及中水回用完成管道对接。

【商贸 物流业】 物流项目建设方面，四子王旗世京商厦二期项目累计完成投资5500万元,建筑主体全面封顶正在做二次结构。运输方面,全年实现客运量24.13万人、公路货运量176.74万吨。

【金融】 全旗金融机构人民币存款余额49.35

亿元,同比增长15.9%;贷款余额38.67亿元,同比增长4.5%。

【旅游】 共接待国内外游客35万人次,旅游业综合收入2.2亿元。

【城乡建设】 2016年,全旗共完成投资0.66亿元。其中:硬化镇内巷道9条,完成投资640万元;维修乌兰花镇内市政道路12万平方米,完成投资650万元;新建新区水管网3公里,完成投资300万元;完成乌兰花镇内雨水管网改造工程2公里,完成投资230万元;新建乌兰花镇内17公里热力管网工程,完成投资3400万元;新建换热站7座,完成投资1400万元。农牧区危房改造完成6978户,完成投资3.1亿元。乌兰花镇房地产项目建设20项,建成住宅21.05万平方米,完成投资2.53亿元。保障性安居工程,开工建设了2014年度保障性住房续建工程,即400套1.64万平方米廉租住房,公共租赁住房60套0.36万平方米的配套基础设施建设工程。完成2015年260套1.38万平方米的公共租赁住房主体续建工程。2016年乌兰花镇城市棚户区改造工程房屋征收改造任务220户,征收用地面积2.53万平方米,拆迁面积1.65万平方米,年底完成200户的签约工作;移民工程民生住宅小区,招投标工作完成,此工程于2016年10月15日开工建设,工程稳步推进中。

【公路建设】 2016年,乌兰花工业园区至国道209线(小东营)12.225公里二级公路工程全面完工;完成2015年续建工程128公里。新建农村公路建设自治区下达计划242.1公里,实际实施276.777公里。街巷硬化工程自治区下达计划17个村51公里,实际完成294个村525.422公里。农网改造升级工程投资2.09亿元,项目包括110千伏赛忽洞输变电工程、太平庄35千伏变电站增容改造工程、巨巾号35千伏增容改造工程Ⅱ回输电线路18.8公里、东卜子35千伏输变电工程、城关35千伏变电站迁建工程、10千伏及以下等9项工程,上述项目的实施,进一步夯实了发展基础。

【招商引资】 2016年,上报争取京蒙对口帮扶项目2个,争取北京市和自治区财政京蒙帮扶资金368.5万元。截至2016年年底,全旗招商引资引进国内区外项目13项(续建项目12项、新建项目1项),总投资84.47亿元,本年度完成投资19.03亿元。

【教育】 2016年,投资2000万元用于10所学校塑胶操场的修建;投资3380万元用于全旗公办学校改善校容、校貌和校园文化建设;投资150万元新建实验小学、蒙中、蒙小、红格尔蒙校4所学校同步互动录播室;投资300万元维修、改建蒙古族中学供热管道;投资1300万元新建生盖营、六犋牛2所幼儿园;投资1.3亿元的实验中学和投资1500万元体育馆新建项目已开工建设。

【卫生】 旗蒙中医院、残疾人康复中心、妇幼保健所三位一体综合大楼项目开工建设,预计2017年年底前竣工。新建17所标准化村卫生室,全旗参合人数为15万人,以常住人口计算,参合率100.8%。城乡常住居民累计建立健康档案13万人,建档率82.5%。65岁老年人1.6万人,规范管理1.1万人,规范管理率70.1%。高血压患者规范管理率74%,Ⅱ型糖尿病患者规范管理率84%,重性精神病人规范管理率84.5%。

【文化】 对电视台、调频广播电台、文化旅游执法大队的设施设备进行更新升级。投资142万元,完成四子王旗高山发射台改扩建项目;投资38万元,完成江岸苏木、供济堂镇两处数字地面覆盖的30米自立铁塔建设。申报"十三五"社会事业8个重大项目。

【科技】 全旗共举办科技培训221期,培训农牧民19 340余人次,发放技术书籍22 000册,解答咨询756余人次;

【残联】 残疾人康复中心和蒙中医院合建项目已开工建设,预计2017年年底前竣工。

【就业】 2016年,全年城镇新增就业940人,失业人员再就业367人,就业困难人员就业367人,城镇登记失业率控制在3.87%,比任务下降0.33个百分点;农牧民转移技能培训1580人,完成任务105.3%,城镇就业技能培训2024人,完成任务101.2%;创业培训268人,完成任务116.5%;发放创业担保贷款1649万元,完成任务164.9%,组织家庭服务企业人员培训83人,完成任务75.5%。农牧民转移就业28 268人,完成任务101%,其中稳定转移就业6个月以上26 152人,完成任务113.7%。失业保险参保4936人,完成60.2%,征缴失业保险金251万元,完成任务71.7%。

【社会保障】 年末,全旗企业职工(含续保职工、私营企业职工、个体参保者)参保人数为8770人,完成上级下达参保任务103%;共征缴企业职工养老保险金6169万元,完成上级下达征缴任务81.89%。截至10月底,共为全旗9678名企业退休人员(含387名遗属人员)发放养老金1.83亿元。全旗参保城乡居民91 457人,其中60周岁以上享受待遇29 968人,完成任务99.95%。全旗城镇职工医疗保险参保人数18 200人,征缴基本医疗保险费4324万元,累计接纳参保职工就医(住院)3083人次,支出医疗费2892万元;城镇居民医疗保险参保人数33 500人,征缴城镇居民医疗保险基金930万元,累计接纳参保居民就医(住院)1889人次,支出医疗费1209万元;生育保险参保人数12 200人,征缴生育保险基金87万元,累计接纳参保职工就医(住院)121人次,支出医疗费38万元;工伤保险参保人数8610人,征缴工伤保险基金182万元。

【扶贫】 全旗精准识别出国家贫困线下贫困人口5454户12 634人。年底,脱贫968户,2029人。深入推进金融扶贫富民工程,2016年累计发放2.14亿元,惠及农牧民14 576户,涉及贫困户3143户。通过小村整合共撤并销号129个自然村、集中新建新村39个,解决1533户贫困户危房问题;贫困人口集中流转土地实现亩均增收61元、人均增收750元,通过"菜单"模式、"公司+合作社+贫困牧户"模式、民政低保、现金直补、发展产业等模式,扶持发展生猪、肉鸡、肉羊养殖产业,惠及农牧民3206户6965人,覆盖建档立卡贫困人口1552户3707人。

(撰稿人:陈海云)

卓资县

【概况】 卓资县位于内蒙古自治区乌兰察布市中部,地理坐标为北纬40°38′~41°16′,东经110°51′~112°56′。全县东西长92.6公里,南北宽67.7公里,总面积3119平方公里。其中山地占35%,平原占11.6%,丘陵占53.4%。

卓资县辖5个镇3个乡,并设有旗下营工业区。109个村民委员会,994个村民小组,10个居民委员会。总人口204 286人,男性109 098人,女性95 188人。蒙古族3036人,汉族199 308人,回族613人,满族1297人,其他少数民族32人。

2016年,卓资县地区生产总值完成65.8亿元,同比增长6.8%,一般公共预算收入完成3.1亿元,按可比口径计算增长10.1%。社会消费品零售总额完成18.1亿元,同比增长9%,城乡居民人均收入分别为25 998元和9191元。

【农业】 种植业全县完成农作物总播面积63万亩,粮食作物播种面积46万亩,经济作物15万亩,其他作物2万亩。粮食总产量1.71亿公斤,马铃薯、鲜薯产量2.17亿公斤,种植业总产值62 680万元。

特色产业 形成以冷凉蔬菜、马铃薯种薯、燕麦、蛋(肉)鸡、生猪为主的农牧业特色产业,种养规模分别为5万亩、2万亩、10万亩、100万只、8万口。先后共认证有机、绿色、无公害、地理标志产品14个,形成一批龙头企业。

惠农政策　落实国家玉米、小麦、马铃薯补贴面积分别为10万亩、6万亩和1万亩，农作物参保面积45万亩，补贴各类农机具98台(套)，培训农机人员200余人，耕播收综合机械化水平为75%。全县土地流转面积15.5万亩，新设立农业专业合作社20多家，已运行专业合作社412家。

农业服务　全县共有县级农业技术推广机构8个，有62人。乡镇农牧业综合服务站8个，均为股级建制全额拨款事业单位，县乡共管。

【工业】

运行情况　重点支持电力、化工、清洁能源和有色金属四大支柱产业，电力能源、氯碱化工和液化天然气生产能力分别为发电45亿千瓦时、化工综合产能240吨和日处理液化天然气200万立方米。全部工业增加值完成27.6亿元，同比增长6%；规模以上工业累计完成总产值75.7亿元，同比增长3.5%；21户规模以上工业企业增加值完成26.7亿元，同比增长5.9%。

固定资产投资　全年累计完成固定资产投资347 160亿元，其中续建项目完成6843亿元，新建项目完成投资340 317亿元。全年重点实施1000万元以上项目37项，其中产业类项目12项，市政建设及重大基础设施建设项目12项，民生事业类项目13项，总投资38.9亿元。亿元以上项目8项总投资29.5亿元。

园区建设　旗下营工业园区新增天然气企业3家，精细化工企业2家，电厂1家，入园企业14家，正在申报自治区沿黄沿线重点工业园区。卓资山工业园规划以铁合金、化工、环保健康材料为主，全力打造低污染、低耗能、低排放的新型绿色产业园区。

招商引资　引进能源类重大工业项目7项，协议引资159.5亿元。东投能源光电项目开工建设，国华能源、浙江盾安新能源2个风电项目和深圳科陆、中电新能源2个光电项目均已批复。

节能降耗　全社会能源消费总量196.91万吨标准煤，增长2.13%，增量4.1万吨。单位GDP能耗2.8831吨标准煤/万元。单位GDP电耗降低率+2.02%，规模以上工业增加值增速5.9%，电力部门用电量增速全社会+1.96%，全部工业+1%。

【畜牧业】　牧业年度牲畜存栏64.5万头(只)。奶牛存栏为0.09万头。肉羊基础母羊存栏为31.3万口。能繁母猪存栏为0.45万口。鲜奶产量为0.29万吨，肉类总产量为1.76万吨。其中：猪肉产量为0.58万吨，牛肉产量为0.41万吨，羊肉产量为0.43万吨。禽蛋产量为0.69万吨，毛绒产量为0.016万吨。

规模化养殖　全县创建生猪养殖场18处，蛋(肉)鸡养殖场21处。完成改扩建1000只以上肉羊、生猪和万只以上蛋鸡养殖场7处，其中2处达到“五化”养殖要求。

疫病防控　确定疫点17个，开展动物疫病防控工作，有效控制疫病传染。布鲁氏杆菌病阳性率0.5%，同比下降0.2个百分点。

【林业】

植树造林　投资5.5亿元，完成国家园林重点工程8.2万亩，义务植树造林3.5万亩，公园、道旁、机关、小区和厂矿园区绿化1.6万亩，通道绿化230公里，实施村庄绿化64个2000多亩。

种苗生产　全年累计育苗1500亩，容器育苗700万袋。

禁牧与防火　严格执行《封山禁牧条例》，对舍饲养殖户进行政策扶持。按照“预防为主，积极消灭”的方针开展防火工作，严格执行防火责任追究制度。在重点时间节点，严密布控，积极预防，全年无火情发生。

森林保险与病虫害防治　培育林业保险市场，建立林业风险保障机制，全县参保面积110万亩。开展森林病虫害防治工作，发现山楂粉蝶幼虫，柠条豆象成虫等病虫害，及时采集标本，进行防治。

【水利】

水利建设　持续推进大黑河河道治理和灌区续建配套工程与节水改造小流域治理、饮水安全等工程，新增和改善节水灌溉面积2.65万亩，水土流失治理面积44平方公里，解决了364人、9772头(只)牲畜安全饮水问题。投资6.8亿元的隆胜水库主体工程完工，具备使用功能。

防汛抗旱　落实防汛抗旱责任领导、责任单位和责任人员，建立健全防汛抗旱岗位责任体系。充分发挥水利设施的功能、作用，适时开展多种防汛抗旱工作，为农牧业发展和人民生活提供保障。

水资源统一管理　贯彻落实各级政府水法律法规，加强对涉水企业水土保持方案的审核审定，严格用水相关手续，加强水行政执法监察力度。

风沙源治理　京津风沙源水利水保工程总投资750万元，主要建设内容为新增水土流失治理面积1100公顷，节水灌溉工程42处，发展节灌面积207.23公顷。此项目通过市水利部门验收。

【城镇建设】

基础设施改造　投资2亿多元，实施城建和园林工程80多项，全面推进城区公园、广场、道路、管网等市政综合改造和住宅小区综合改造，高标准打造城区出入口、重要节点区域景观。新建城区道路1.4公里，铺设路面12.6万平方米。城区面貌发生根本性变化。通过自治区卫生县城、园林县城、文明县城和食品药品安全县城考评验收。

棚户区改造　推进卓资山镇东街、北街长胜巷二期、大庆东街等片区棚户区改造工作，政府购买社会存量房1900余套，开工建设回迁安置房1654套。

城市管理　投资790多万元，增添环卫设备，新建垃圾转运站3座，增加70多名环卫人员，整顿沿街商户牌匾广告、橱窗门脸。

集中供热　新增供热面积24万平方米，全县集中供热面积195万平方米。

【环境保护】

环境监管　强化环境日常监管。加强高载能企业、矿山企业的环境污染整治。加大环保现场执法检查力度，防范污染事故，保障环境安全。

生态环境管理　加强自然保护区建设项目的监督管理，限期整改环境隐患和群众反映强烈的问题18件，淘汰落后产能企业1家，关停高耗能、环保不达标企业33家。

大气和水污染防治　对高载能企业除尘设备和服务业燃煤锅炉进行改造升级。工业企业主要污染物排放稳定达标率为95%，城市污水集中处理率82%。

【交通　电信】

公路建设　投资1.4亿元，建设农村公路47.6公里，实施农村街巷硬化工程159公里，完成惠丰大桥至电厂、三道营至高顺卜、110国道至天然气园区道路33.8公里。G7卓资段开通运营。

公路运输　全县有二级客运汽车站一处，公路客运班车线43条，拥有客运班车58辆，日发班车64班次，日均客流量2685人。

公共交通　成立县政府主导运营的公交公司，投资2000万元购进公交车21辆，先行开通了3条公交线路。

电信　县内拥有中国电信、移动通信、中国联通三家通信分公司。三家分公司增加核心机房和基站，建设光缆、扩充用户，业务明显上升。

【商业】

商业服务　全年新登记个体工商户715户，累计发展3340户。全县服务业增加值增长8.5%，占地区生产总值的比重为39%，比上年提高了5个百分点。

市场建设　龙胜农贸市场建成使用，鼎盛惠民园综合市场开工建设。

名牌产品　“卓资熏鸡”成功注册国家地理标志证明商标。

便民连锁超市　新建便民连锁超市2家，巩固、完善原有连锁超市功能，方便群众生活。

农资供应　县供销社发挥指导、协调、服务的职能，及时购进化肥、地膜、农药、种子等并把好质量关。

【旅游业】

旅游接待　全年接待人数、总收入和旅游综合收入分别为65万人次、9700万元、4亿元，同比分别增长10%、8%、11%。从业人数增加到1.7万人。

景区建设　九龙湾、林胡古塞、红石崖等旅游景区部分单体项目竣工，3家景区被评为国家AAAA级景区。红召旅游扶贫项目正在有序推进。

农家乐　发展特色农家乐50多家，培育特色旅游村25个。卓资山镇和旗下营镇入选全国重点镇名录，梨花镇被评为自治区宜居小镇，土城子村被列入中国传统村落名录。芦草沟、油坊营等9个村被确定为国家旅游扶贫重点村。顺发农家苑被评为4星级农家乐。

旅游格局　山水林草、春夏秋冬全域旅游新格局正在形成，县域正由过往中转站变为旅游目的地。

【文化】

基础建设　投资2.2亿元建成文化公园并投入使用。建成村级文化室18个，实施广播电视户户通工程1000户，完成农村广播应急平台建设109处。县乡村三级公共文化服务体系初步形成。

群众文化　举办“九曲文化”“潮涌黑河”等群众消夏、书画、摄影等各类文体活动。

文艺创作　创作出版了一系列优秀文艺作品，其中大型原创民族歌剧《寻梦》入选第十三届“中国·草原文化节”优秀巡演节目，并获乌兰察布市“五个一”工程戏剧类奖，长篇小说《猫眼》荣获“五个一工程”图书类奖。

文物保护　重视文物保护工作，加强对“九曲黄河灯”等非物质文化遗产的保护传承。

【科技】

农业科技　组建14个科技服务集团，实施项目13个，引进推广实用新技术24项、新品种55个，与企业、农户结成经济利益共同体12个。

科技创新　积极推进自治区级高新区、农业园区的培养建设，新增国家级工程技术研究1家，组织申报自治区工程技术研究2家。在乡镇建成科技中介综合服务中心5家。

科技特派员　完善科技特派员工作机制，选聘128名优秀科技特派员，分成专家学者型、科技创业型、技术型、乡土人才型、复合型5大类开展农村创业行动。

科技培训　开展科技培训8期，完成培训任务1700人次，组织有关人员200名参加全国冷凉蔬菜现场会，2人参加科技部组织的第四届中国（上海）国际技术进步培训，1人参加全国科技创新创业培训师培训。组织设施农业专题培训班4期，培训1200人，组织20余人参加陕西杨凌农业高新技术博览会。

科普宣传　利用“科技活动周”“流动科普宣传进基层”等平台，开展科技进村、进社区、进学校、进乡镇的“科技四进”活动。编印宣传手册2种、科普材料14种，发放10 000余份。

【教育】

学校　全县有各类学校24所，其中普通高中1所，职业中学1所，完全中学1所，初中1所，九年制学校2所，小学17所。在校学生7000多人。

教学改革　落实《卓资县课堂教学改革实施方案》《高效课堂教学改革绩效考核及评估办法》，多次召开课改研讨会、推进会，推进“送教下乡”、“同课异构”，教师课改达标率在85%以上。

教育基础设施　投资600多万元，完成了

十八台、六苏木中心校舍改造和复兴中心校、旗下营小学等教师周转宿舍建设，建成大庆街小学教学楼。完成薄弱学校设备采购项目1327万元。

教育扶贫　拨付教育资助金654万元，圆了192名城乡低保家庭学子大学梦，办理生源地助学贷款578万元，解除了913户困难家庭后顾之忧。为192名低保家庭大学生安排资助金654万元。

重要会议　自治区教育扶贫暨乡村教师队伍建设现场会、乌兰察布市学校管理流动现场会分别在卓资召开。

【卫生】

公共卫生服务　建立基本药物制度，加强常见病防治，开展卫生执法监督。常住人口全部建立统一规范的健康档案，为全县65岁以上老人免费体检，为0～3岁儿童家长提供中医饮食调养、起居生活指导。

卫生服务体系建设　全县有医院2所，乡卫生院及中心医院17所，社区卫生服务站3所，新建标准化卫生室17所。梨花镇和复兴乡被自治区命名为卫生乡镇。

医疗精准扶贫　实施医疗健康精准扶贫。建立医疗保障基金，提高贫困人口的医疗保障水平，采用直采直送的方法，减轻患者负担。受到国家卫计委和自治区有关部门的肯定。

【体育】

群众体育　举办卓资县第三届“潮涌黑河”全民健身暨第八届运动会。全县各乡镇、县直机关、企事业单位和学校的59个代表队1000余名运动员参加。

竞技体育　逸夫学校小学女子足球队和中学男子足球队在乌兰察布市西部赛区对抗赛中均获得冠军。举办乌兰察布市“市长杯”校园足球联赛小学组比赛，全市12支男队，11支女队参赛。

【人民生活】　社会消费品零售总额完成18.1亿元，城乡居民人均收入分别为25 998元和9191元。城镇住户现金消费支出每人16 475元，农村家庭现金生活消费支出5836元。全年用于民生支出13.4亿元。重点建设棚户区改造项目5项，拆迁1104户，已安置964户。实施农村危房改造5582户。完成2086人稳定脱贫任务，17个重点贫困村实现脱贫。

【服务业】　全县宾馆、酒店数量227家，从业人员755人，营业额435万元。餐饮业数量582家，从业人员3850人，营业额9198万元。

【金融　保险】

金融机构　乌兰察布银监分局在卓资设监管办事处，县政府设金融办公室。全县有中国人民银行、中国工商银行、中国农业银行卓资支行3家银行，邮政储蓄银行、农村信用联社、蒙银村镇银行3家银行金融机构。。

金融支持　全年争取各项贷款17.3亿元，加大了支持实体经济的力度，推进了各类项目的实施。

金融扶贫　累计发放金融扶贫贷款1.6亿元，帮助2696户6000名贫困人口发展种、养殖业进行产业脱贫。

保险业　县内设有中保财产保险有限公司卓资县支公司和中国人寿保险公司卓资县支公司两家保险机构。保费收入2856万多元。泰康人寿保险公司、新华联合保险公司、康华农业保险公司、平安保险公司也在卓资县开展业务工作。

【社会保障】

养老保险　城乡居民养老保险实现全覆盖。城乡居民养老保险参保人数11.05万人，企业、灵活就业人员参保人数2.06万人。

医疗保险　城镇医疗保险参保人数4.44万人，新型农村合作医疗参合人数13.2万人，大病封顶线提高到25万元。城镇职工医保市内住院实际报销比例为75%，城乡居民报销比例均为65%；贫困人口大病全部纳入医疗救助范围，分段报销比例每段提高5个百分点，以县合管报销基数为准，县民政局给予10%的补偿，县扶贫办给予10%的补偿。

最低社会保障　城乡低保逐步提高，城镇低保提高到每月360元，农村低保提高到3416元，农村贫困户现金直补标准2600元，五保集中供养和分散供养补助标准分别提高到8000元和4000元。困难残疾人生活补贴和重度残疾人护理补贴制度全面建立，留守儿童关爱保护工作加强。

就业与再就业　新增城镇就业1000余人，高校毕业生创业68人，城镇失业人员实现再就业1100人，城镇登记失业率为3.6%。

（撰稿人：刘建华）

商　都　县

【概况】　商都县位于内蒙古自治区中部、乌兰察布市东北部，地理坐标为北纬41°18′~42°09′，东经113°08′~114°15′。东与化德县和河北省康保县、张北县、尚义县连接，南与兴和县接壤，西与察右后旗交错，北与锡林郭勒盟的苏尼特右旗、镶黄旗毗邻。县境东西宽约50公里，南北长约90公里，总面积为4283.49平方公里。商都县政府所在地七台镇是“张库大道”（张家口—蒙古乌兰巴托）的第7个驿站，距张家口市180公里，距北京市380公里，距呼和浩特市220公里，距二连浩特市280公里，是北接蒙古国、东连京津冀地区的重要交通枢纽，也是塞外高原通往东北三省的一个节点重镇。商都县辖6个镇4个乡、213个村委会、20个社区、695个自然村，2016年全县总人口为332 999人。其中：城镇73 164人，乡村259 835人；男170 598人，女162 401人。县境内有汉、蒙古、回、满、藏等10多个民族。

商都县地势自西北向东南逐渐倾斜，呈不规则图形；地貌以低山丘陵为主，间布山间盆地、丘间宽谷、波状高原和冲积平原，海拔在1300米~1600米之间。较高山脉有麻黄山、青石脑包山、马鬃山、公鸡山、黄龙洞山、元宝山、铜顶山等，较大季节性河流有不冻河、五台河、十八顷河、六台河、铜钴辘河等，相对规整的平原有十八顷平原、小海子平原、八十五号平原、大黑沙土平原、玻璃忽镜平原等，较大湖淖有察汗诺尔、田士沟海、二吉淖，较小湖淖39处，有八股地中型水库1座，三面井和不冻河小型水库2座，较小型水库10余座。商都县属中温带半干旱大陆性季风气候，年平均气温约4.50C，年平均降水量约300毫米，年平均蒸发量约2020毫米，年平均无霜期约130天，年平均日照约3000小时，年平均风速约2.4米/秒。

2016年，商都县地区生产总值完成61.3亿元，同比增长6.8%；第一产业增加值完成13.2亿元，同比增长2.1%。第二产业增加值完成25.4亿元，同比增长6.9%。第三产业增加值完成22.7亿元，同比增长9.7%。三次产业比例为22∶41∶37。规模以上工业增加值增长6.3%；一般公共预算收入2.02亿元，增长9.9%；全社会固定资产投资完成37亿元，增长14.9%；社会消费品零售总额完成32.7亿元，增长9%；城乡居民人均可支配收入分别为23 733元和8633元，增长8%和9%。

【体制改革】　推进经济体制和生态文明体制改革，194项改革任务除需顶层设计外，已形成142项改革成果。

“放管服”改革扎实有效　非行政许可审批事项全部取消，行政权力责任清单向社会公开。县乡村三级政务服务网络实现互联互通。全市首张“五证合一、一照一码”营业执照在商都县颁发，商事制度改革走在全市乃至全区前列，县工商质监局被评为“全国商事制度改革先进窗口单位”。全年新登记各类市场主体1666户，同比增长13.5%。推行“双随机一公开”监管，行政执法更加透明高效。不动产登记全面实施，实现

"发新停旧"。

供给侧结构性改革"三去一降一补"取得阶段性成果 改造淘汰"去产能",退出东昊特钢60万吨粗钢产能;棚改安置"去库存",消化商品房库存1851套;金融推动"去杠杆",为8家企业协调贷款1.56亿元，为5家企业发放助保贷1630万元,为重点扶持企业申请专项补贴445.1万元;落实政策"降成本",行政事业性收费项目由35项减少到30项,精简率14%;"营改增"全面推行,为企业减轻税负2000多万元;精准发力"补短板",全年实施3大类46项重点工程,城镇农村公共服务及基础设施等薄弱领域得到加强。

【农牧业】 商都县成功获批自治区农畜产品质量安全县。全县"一薯两菜"种植面积72万亩,占总播面积的48%,同比增长9个百分点,主导地位更加凸显。认证无公害、绿色和有机基地面积39.76万亩，占优势特色产业种植面积的55%。认证有机和绿色农产品18个、地理标志产品1个;新增著名商标和知名商标4个。鑫磊专业合作社的农产品追溯体系建设项目在全区"中国创翼"暨"喜桂图杯"大赛上获得第二名;乐耕公司成为全区第一家出口日本菠菜质量免检企业。2016年，全县农作物总播面积155万亩,其中粮食作物105万亩,在粮食作物中,马铃薯播种面积45万亩,全县脱毒马铃薯覆盖率100%。全县冷凉蔬菜种植13万亩,其中设施蔬菜面积2.1万亩。甜菜种植面积14万亩。全县家畜存栏70.14万头只。其中奶牛存栏9125头,肉牛存栏9270头，生猪存栏6.6万口，肉羊存栏61.7万只。

【林业】 完成国家重点生态工程10.5万亩、重点区域绿化工程1.16万亩,小流域治理面积15平方公里,全县森林覆盖率达到25%。军民共建绿化基地补植树木15 000株，义务植树1200亩,全面禁止林木采伐,加强森林草原防火、病虫害防治及野生动植物保护，落实禁牧舍饲措施,严格查办涉林案件。完成国有林场改革,创建自治区级园林县城。

【水利】 按照"十个全覆盖"要求,在全县10个乡镇新建农村饮水安全工程20处，续扩建20处,投资545万元;乡镇续、扩建农村饮水安全工程108处，水利部门提供材料，投资150万元,投资总计695万元。2016年,京津风沙源治理二期工程位于卯都乡三面井村，小流域综合治理面积8平方公里,其中水保林治理面积4.8平方公里,封禁治理面积3.2平方公里,水源工程32处,节水灌溉工程20处,新增节水灌溉面积1260亩。总投资580万元。投资934万元,在大库伦乡八股地水库下游新建面积90亩的蓄水池,可灌溉农田2000亩。投资802万元,实施不冻河水库补水工程,建设内容包括疏通河道4公里(白脑包—壕欠段),修建护堤3公里;投资641万元,在三大顷乡李家村、三虎地实施抗旱应急水源工程，主要解决长盛工业园区和周边村民生产生活用水问题。

【工业】 鑫旺通、申安农业、鑫盛太阳能等9个投资3000万元以上重点项目相继建成投产。全县农畜产品加工企业发展到78家,年营业收入500万元以上27家,规模以上企业7家,农畜产品加工转化率58%,基本形成集群化、规模化发展态势。康家食品集团蓝威斯顿公司成功通过麦当劳和肯德基的认证；青岛昌盛东方实业集团华盛绿能农业科技有限公司总部迁入商都,为实现IPO奠定基础，与商都县的战略合作又开辟新的空间；佰惠生糖业公司扩能提效实现多赢,甜菜收购量达到75万吨,产值可达8亿元，年可实现利税1亿元，拉动农民增收4亿元,带动2800多名贫困人口稳定增收,成为自治区农企利益联结实效突出龙头企业；国家"863"项目东盛硅藻土装饰板加工生产线建成投产;长盛工业园正式升级为市级工业园区。

【招商引资】 2016年，组建北京内蒙古企业商会商都分会,为全方位对接京津冀产业转移,开展招商引资搭建新平台。依托小分队招商、以商招商和集中招商推介、定点招商等方式，全年新签约项目 22 个，协议总投资 53 亿元。新开工建设项目 10 个，完成投资 2.9 亿元。

【城乡建设】 五城联创”打响新一轮城镇提档升级攻坚战，成功创建为“自治区园林县城”和“市级卫生旗县”。全年完成投资 2.5 亿元，实施市政基础设施工程 11 项。城区内所有主干道和部分小街巷进行沥青踏铺，新建道路全部实现雨污分流排放，所有路灯统一更换为 LED 节能灯，建成区绿化覆盖率 35.23%，水冲式厕所建成 25 座，中水回用厂投入使用。城镇精细化管理水平进一步提升，在城镇重点主干道设立严管街，对非法营运三轮车等开展专项治理整顿工作，将零散摊点集中到福泰惠民园和 3 处临时市场集中管理。完成大拉子—城北 35 千伏变电站输电线路工程，全县 10 千伏以下工程全部完工，涉及线路改造 245 公里。新修农村公路 264.6 公里，街巷道路硬化 560 公里，基本实现行政村沥青水泥路全覆盖，美丽乡村建设任务基本完成，农村面貌发生重大改变。

【环境保护】 执行最严格的水资源保护制度，及时关闭存在环保隐患的旧水源，规划集中式饮用水水源地保护区 5 个，水源地保护面积 8.78 平方公里。淘汰 10 蒸吨以下燃煤锅炉 10 台，8 家热力公司全部安装并启用脱硫除尘设备，建成储煤大棚抑制煤尘。严守耕地红线，全县基本农田保护面积 195 万亩；完成 165 万亩全域永久基本农田划定工作。

【交通　电信】 完成农村公路建设项目 24 条，建设里程 264.6 公里，涉及 10 个乡镇 40 个行政村，项目按四级公路标准设计，设计行车速度 20 公里 / 小时，路基宽度 6.5 米，路面宽度 4.5 米，土路肩宽 2 × 1.0 米，桥涵与路基同宽，桥涵设计荷载为公路—II 级。计划建设总投资 25 326 万元。嘎查村（场）街巷硬化工程涉及 10 个乡镇，290 个自然村，建设总里程为 560 公里，覆盖人口约 20 万人。建设标准为主街道宽 4.5 米，巷道宽 3 米，垫层厚 20 厘米，水泥砼面层厚 18 厘米，项目总投资 28 000 万元。2016 年，电信公司实际完成收入 747 万元，较 2015 年增长 14.6%，超额完成市公司下达的全年度任务指标，完成率 110.2%，移动用户份额增长 1.93pp，宽带用户总量突破 7000 户大关，天翼高清突破 2000 户，均跃居全市第一。

【商业】 巨弘温州建材城、福泰惠民园等一批重点项目相继建成，西都惠民园农贸市场和巨弘商业步行街、3D 影城、宾馆、儿童乐园等项目推进。10 月，商都县被商务部、财政部、国家扶贫办确定为国家级电子商务进农村综合示范县。截至年底，已建成 1300 平方米的电子商务发展中心 1 处，1100 平方米的物流配送及电商培训中心 1 处，村级电子商务服务站点 47 个。其中，阿里巴巴农村淘宝服务站 29 个，乐村淘服务站 10 个，携农电子服务站 8 个。新建快递公司 5 家，给广大群众直接提供最方便快捷的网购等服务，解决“网货”进农村和农产品外销的“最后一公里”难题。绿娃、鑫磊、携农等 12 家电商和县级电子商务服务中心持续健康运行，全县农村电子商务订单 4.6 万单，全年网上农产品销售额 1100 多万元。供销商业年内商品销售总额完成 10 240 万元，农资商品供应额完成 2075 万元，农副产品销售额完成 2648 万元，日用品购销额完成 5296 万元，超额完成上级考核指标。完成大小化肥供应 14 000 吨，其中复合肥 7000 吨，二铵 3000 吨，碳铵尿素等 4000 吨，地膜 600 吨。领办、创办农牧民专业合作社 6 个。完善基层供销社 3 个，新建基层供销社 1 个，新建综合服务社 6 个。完善电子商务中心运营工作，创建携农同城配送平台 1 个。

【旅游业】 现代服务业资源整合升级加快，组建商都县旅游文化投资公司；不冻河西苑生态旅游景区被评为国家 AAA 级景区，实现 AAA 级景区的零突破。大石架石林被评为自治区级地质公园。

【金融 保险】 商都县继续贯彻落实稳健的货币政策，增强货币实施效果。截至年底，全县人民币存款 641 713 万元，各项贷款 237 980 万元。重点加大对“三农”、中小微企业、创业就业、扶贫扶困等产业信贷支持。农业银行发放“金融扶贫富民贷款”11 411 万元。其中“富民贷”6611 万元，“强农贷”4800 万元；农村信用联社涉农贷款 152 577 万元。其中：农户小额贷款 7167 户 121 841 万元，农牧业企业 80 户 30 736 万元，马铃薯种植贷款 4780 万元；农牧业消费贷款10 934 万元，其他农业生产性贷款 188 319 万元，畜牧业贷款 6561 元。人寿保险累计承保人数 51 098 人。其中，新增承保人数 13 248 人。保险总额 7115.58 万元。各种保险费收入 3557.79 万元。其中，意外险保费收入 227.13 万元，寿险保费收入 3330.66 万元(其中：个人营销保费收入 30 77.91 万元)。理赔赔付金额 592.29 万元，退保金额 245.91 万元。

【脱贫攻坚】 以脱贫攻坚统揽经济社会发展全局，把脱贫攻坚作为全面建成小康社会的重中之重，聚焦贫困人口，紧盯减贫成效，严格落实“六个精准”要求，将“五个一批”工程进行细化量化，统筹实施产业扶贫、教育扶贫、健康扶贫、金融保险、“三到村三到户”、美丽乡村、易地搬迁、生态补偿、土地流转、劳务输出、社会保障和社会扶贫 12 项精准扶贫工程，成功打出一套精准扶贫组合拳，脱贫攻坚战役取得阶段性成果。全年实施“菜单式”产业帮扶 1.2 万人；落实“三到村三到户”项目资金 3500 万元，覆盖贫困人口 6567 人；易地搬迁贫困人口 1600 人，结合小村整合政府流转土地 5.1 万亩，全县流转土地面积累计 46.2 万亩，占耕地总面积的 30%，其中涉及建档立卡贫困户 6939 户，户均增收 1500 元；贫困人口免费健康体检、大病商业保险政策落实到位；发放金融扶贫贷款 26 702 万元，发放低保家庭和贫困家庭大学生就学补助、低收入农户暖心煤补贴、困难残疾人生活补贴和重度残疾人护理补贴共 2450 多万元，发放贫困户公益林、贫困人口护林员和保洁员补贴 2158 万元；新增贫困人口低保、五保和现金直补三类社会保障 6604 人；新增城镇就业 1270 人，农村劳动力转移就业 4 万人，贫困人口劳务输出就业 1699 人；发动社会力量参与扶贫，筹集各类帮扶资金 910 多万元。2016 年，脱贫攻坚首战告捷，3549 人实现稳定脱贫，28 个重点贫困村退出贫困序列，贫困发生率由 8.48%下降到 7.11%。

【社会事业】 商都县朱家村幼儿园、京蒙幼儿园和通用小学相继投入使用。薄弱学校办学条件全面改善，通过国家义务教育均衡发展验收。推进公立医院改革，县医院评为二级甲等医院，公共卫生服务中心大楼基本建成，残疾人康复中心投入使用，行政村卫生室实现全覆盖，三级医疗卫生条件改善。落实“全面二孩”政策，人口出生率为 4.4‰，自然增长率为 0.6‰。建成村民健身广场和居民体育活动场地 31 处，新建和配套村民文化活动室 43 个，农村广播电视实现全覆盖，广大群众的文化生活不断丰富。

【社会保障】 商都县财政用于民生支出 15 亿元，同比增长 7.1%。新增城镇就业 1352 人，发放小额担保贷款 1117 万元；农村劳动力转移就业 4 万人。为 390 名低保家庭大学生一次性发放就学补助 1340 万元，为 30 925 户低收入农牧户每户发放暖心煤补贴 600 元，为 5380 名符合低保条件的建档立卡贫困人口办理低保，为 2083 户城镇低保无房户发放住房补贴 355.7 万元，为困难残疾人和重度残疾人发放补贴 225.2 万元。完成农村危房改造 17 860 户；涉及 200 户的棚户区改造三期工程接近尾声，棚改工程实施三年来，累计 3300 户、2 万多名旧城居民从中受益。

【人民生活】 2016 年，商都县城镇居民人均可支配收入 23 769 元，同比增长 8.16%。其中：工资性收入 16 907.60 元，同比增长 5.18%；经营净收入 2031.30 元，同比增长 0.01%；财产净收入

488.40 元，同比减少 0.50%；转移净收入 4341.70 元，同比增长 28.52%。农民人均可支配收入 8549 元，同比增长 7.94%。其中：工资性收入 601.54 元，同比减少 16.35%；经营净收入 5297.25 元，同比增长 46.04%；财产净收入 149.95 元，同比增长 42.66%；转移净收入 25.026 元，同比减少 27.92%。

（撰稿人：魏兆）

凉　城　县

【概况】 凉城县位于北纬 40°10′~40°50′，东经 112°02′~113°02′之间。地处内蒙古自治区中南部，隶属乌兰察布市，东邻丰镇市，西与呼和浩特市、和林格尔县毗连，北倚卓资县，南隔长城与山西省大同市、左云县、右玉县相望，县城岱海镇。

凉城县辖岱海镇、麦胡图镇、六苏木镇、永兴镇、蛮汉镇 5 个镇，天成乡，厂汉营乡，曹碾满族乡 3 个乡和岱海旅游区办事处；辖区有 10 个居委会，132 个村委会；下设 56 个居民小组，898 个村民小组。辖区户籍总人口 23.66 万人。其中：男性 12.45 万人，女性 11.21 万人。全县土地总面积 3451 平方公里，耕地 94.35 万亩；森林覆盖率 35.56%。

2016 年，凉城县地区生产总值完成 80 亿元，同比增长 7%；公共财政预算收入完成 4.26 亿元；按可比口径增长 4.5%；固定资产投资完成 31 亿元，同比增长 14.4%；城镇居民人均可支配收入完成 26 145 元，同比增长 10%；农民人均可支配收入完成 10 509 元，同比增长 11%；社会消费品零售总额完成 20.96亿元，同比增长 11%。

【农业】 全县农作物总播种面积 94.35 万亩，其中玉米 30.5 万亩，马铃薯 29.5 万亩、杂粮杂豆种植面积 22 万亩、其他特色经济作物12.35 万亩，粮食总产量实现 2.51 亿公斤。新增设施蔬菜 0.2 万亩，冷凉蔬菜种植 3 万亩，新增滴灌面积 0.65 万亩，签订订单农业面积 11.4 万亩。全县农机总动力 26.258 万千瓦，综合机械化水平 68.6%。

【畜牧业】 全县家畜总头数 69 万头（只）。其中：大畜 9.93 万头，小畜 62.31 万只，生猪 10.8 万口；奶牛存栏 4.98 万头，其中繁殖母牛 3.1 万头，日产鲜奶 480 吨。全县基础母羊存栏 50.45 万只。大小畜良种、改良种比重 98%；肉类总产量完成 1.74 万吨，鲜奶产量 10.21 万吨，禽蛋产量 4000 吨。羊出栏 42.34 万只，猪出栏 8.66 万口、肉牛出栏 0.89 万头、肉鸡出栏 12.57 万羽。种植青贮玉米 18 万亩，新建青微贮池窖 0.7 万个，完成青贮 3.3 亿公斤。提升养殖业规模化、标准化水平，新建、改扩建百头以上奶牛养殖园区 3 处，百头以上肉牛养殖园区 3 处，年出栏千只以上肉羊养殖园区 3 处，年出栏千口生猪养殖场 1 处，年出栏万只以上肉鸡养殖场 1 处。

【林业】 推进国家重点生态工程建设，巩固退耕还林工程、京津风沙源治理工程、天然林保护工程全年完成人工造林 11.46 万亩，森林覆盖率 35.56%，凉城县被评为“全国绿化模范县”。

【水利】 实施双古城水库、弓坝河水库的维修养护项目，石门子水库除险加固工程完成招标工作。全年新增有效灌溉面积 7 万亩，新增节水灌溉面积 7 万亩，完成小流域治理 13.4 万亩。加快实施农村饮水安全工程，解决了 1675 人、6400 头（只）牲畜的饮水困难。

【工业】 全县共有规模以上工业企业 8 家，全年全县规模以上工业企业增加值完成 17.5 亿元。京能风电一期项目并网发电。加快推进园区配套建设，发挥园区聚集效应。西厢轻工业园区入园企业 11 家，人工种植万亩黄芪初加工建设项目建成投产，鸿茅二期技改项目正在进行主体工程建设；岱海循环工业发展区入驻企业 3 家。

【城镇建设】 2016 年，凉城县城镇建设累计完成投资6.2亿元。实施了东茉莉和景观工程、宣德大桥、东出口拓宽工程和温泉小镇两纵一横道路框架工程；岱海镇污水处理厂中水回用工程土建部分完工；新建改造天然气、供热、污水管网31公里。加强保障性住房建设，全年完成城市棚户区改造948户，对符合分配条件的低收入困难家庭分配入住公共租赁住房，既有建筑节能改造4万平方米。

【环境保护】 全县削减二氧化硫1500吨、氮氧化物4000吨、化学需氧量33.3吨、氨氮4.7吨，年底全部完成减排任务。完成4家企业污染物减排工作；依法对无环保审批手续、严重影响周边群众生产生活、环境污染严重的12家企业全部予以关停整改；全县3个饮用水源地保护区已纳入日常环境监察范围。争取到国家环保项目2项，资金2687万元。

【交通 电信】 省道S102线崞县窑至凉城段一级公路征拆工作完成；国道G512线丰镇至凉城段一级公路正在进行路基桥涵工程建设；省道S209线卓资至凉城段三级改一级一幅公路项目开工建设；岱海环湖路正在进行桥涵工程建设；完成通村油路126.3公里；“十个全覆盖”工程完成街巷硬化573公里。

承办自治区电子商务现场会，加快推进全国电子商务进农村综合示范项目，建成电子商务公共服务中心，基本形成县乡村三级电子商务网络。

【商业】 继续强化流通领域商品质量监管，对化肥、地膜、成品油进行抽检，不合格率63%。强化规范商标广告经营行为，对旅游点、公路两侧的违法、违规广告进行集中清理，共出动执法人员120人次，检查车辆32辆次，检查经营户87家，责令改正8家。提升培育商标品牌，全年新申请商标注册7件。

【旅游业】 2016年，凉城县累计接待游客115万人次，实现旅游收入33.45亿元。旅游直接从业人员5500人。旅游项目建设有序推进，汇祥寺宗教文化体验区投入使用；绥蒙革命纪念园主馆、县博物馆建成并对外开放；总投资6亿元的岱海滑雪场开工建设；总投资5亿元的温泉一期项目完成立项。

【服务业】 打造了餐饮示范一条街，建有大型餐饮、住宿酒店20多家，依托温泉策划开发别墅、木屋、蒙古包等项目，培育发展特色服务业。

【金融 保险】 2016年，凉城县金融机构各项存款余额60.0654亿元，同比增长22.35%；贷款余额28.9184亿元，同比增长29.13%。共实现融资7.88亿元，发放贷款1580万元。实施全民参保登记计划，全县城乡居民养老保险参保82 588人，居民医疗保险参保3.4万人。

【科技】 以科技成果转化为重点，抓好科技培训工作，培训技术人员2000人次，农民5万人次。引进新品种、新技术85个，开展科技试验11项示范推广新品种、新技术30多个（项）；选聘43名有特长的技术人员为全县农牧业生产的28个项目服务；防震减灾工作不断加强，全县范围内11个地震烈度速报台站平稳运行。

【教育】 投资4000多万元进行校园“五化”建设及教学设备购置，县三中与北京牛栏山一中签署教育帮扶协议，一中、旧堂幼儿园获得全市学校管理最优校园。承办全市教育系统2016年信息化工作培训会议。

【文化】 新建村级文化活动室26家，凉城县博物馆、绥蒙革命纪念馆、蛮汉山地质公园陈列馆完成布展并对外开放，拓跋珪公园增设多处文化景点。组织开展大型群众文化活动，举办第二届“岱海·王新民”全区微电影大赛，送戏下乡100场（次）以上。

【卫生】 2016年，新建标准化村卫生室12所，县中蒙医院住院大楼、六苏木卫生院和厂汉营卫生院建设项目全部投入使用；实施乡镇中心卫生院建设项目，提升乡镇医疗卫生服务能力；深化合作办医，推进分级诊疗工作；加强妇幼保健和计划生育服务，全面落实二孩政策，保持合理生育水平；全年共有16.31万名农民参加农村合作医疗，共有2.55万人次参合农民享受合作医疗补偿报销。

【体育】 依托岱海国际滑雪场发展冰雪娱雪产业，策划登山运动项目；依托岱海环湖路策划环湖自行车、马拉松运动项目，培育发展体育产业。举办2016年全县中小学运动会和县长杯足球联赛。

【社会保障】 2016年，凉城县财政用于民生投入14亿元，占财政总支出70%。推进创业就业工作，加大就业培训和援助工作力度，鼓励旅游企业开发更多就业岗位，旅游直接从业人员5500多人，开展技能培训4400多人，城镇新增就业1024人，大学生创业孵化园实现就业600多人，择优录用旅游景区讲解员35人。农村剩余劳动力转移就业3.7万人。社会保障实现扩面提标，社保体系更趋完善，新农合保障水平进一步提高。建设移民楼500多套，乡村移民房180多套，通过向中心村、幸福院和县城撤并搬迁，完成小村整合84个、搬迁305户。全县城乡居民养老保险参保82 588人，居民医疗保险参保3.4万人。

【人民生活】 城镇居民人均可支配收入完成26 145元，同比增长10%；农民人均可支配收入完成10 509元，同比增长11%。

（撰稿人：卢利清）

化 德 县

【概况】 化德县位于内蒙古自治区中部，乌兰察布市东北部，东、东南与河北省康保为界，东北与锡林郭勒盟正镶白旗、镶黄旗为邻，南、西与商都县接壤，北与锡林郭勒盟镶黄旗相连。县政府驻长顺镇，城镇建成区面积13.1平方公里，控制面积34.3平方公里，人口6.7万人。1934年3月建县，隶属于察哈尔省察北地区。1950年8月，划归内蒙古自治区察哈尔盟。1958年7月，并于锡林郭勒盟。1969年11月，划归乌兰察布市（盟）。面积2534平方公里，下辖3镇3乡、9个社区、93个村委会、357个自然村。全县52 143户，164 542人，常住人口12.4余万人；少数民族19个，共3760人。

2016年，全县落实"三去一降一补"五大任务，实现"十三五"开门红。全县完成地区生产总值53.1471亿元，同比增长7.1%；一般公共预算收入1.861亿元，按可比口径增长6.3%；全社会固定资产投资30.5亿元，同比增长7%。

【农业】 全县农作物耕地41 135公顷，粮食总产52732吨，油料总产2023吨，糖菜总产87485吨，蔬菜总产172 855吨，水产品产量134吨，水果产量10吨。加快推进服务京津、面向全国绿色农畜产品生产加工输出基地建设，马铃薯产量增长12.4%，达到3.75亿公斤。燕麦杂粮杂豆面积扩大到2万公顷，冷凉蔬菜6666.67公顷；新建日光能温室60座，网室200座，建成马铃薯良种繁育田100.67公顷，组培室1000平方米，年培育马铃薯扦插苗500万株。通过杂交改良，优良品种的普及率得到提升。加快"三品一标"认证和品牌创建工作，恒利绿色蔬菜种植园区成为市级示范园区，绿色农产品认证品种10个，认证面积256公顷；农产品质量安全检验检测站通过国家"双认证"。培育引进各类农牧业新型主体356家，建成国家级示范社1家，自治区级示范社2家。公司与农户普遍建立"合同订单型、技术服务型、股份合作型"利益联结机制，一大批农户从中受益。完成土地复垦验收537公顷。

【牧业】 2016年年末，全县生猪、牛、肉羊存栏22 239头、6098头、205 368只，生猪、肉羊年出栏为10万口和67万只。引进大好河山8万口种猪繁育、100万口生猪养殖项目，实现投产运营。新（改）建各类规模养殖场15处，建成运营高标准肉羊人工授精站20处，2个乡镇创建市级农畜产品质量安全监管示范乡镇；将博大农业等6家龙头企业、庆河种养农民专业合作社等4家合作社纳入农畜产品质量安全监管追溯信息平台。

【林业】 2016年,完成国家重点生态工程8380公顷,县乡义务植树基地1086.67公顷,秋季绿化完成整地173.33公顷,绿化公园道路3公里,完成村屯绿化520公顷,县城四大出口绿化157.33公顷,全县森林覆盖率24.52%。承办全市绿化工作现场会,成为全区绿化工作典范。实施城镇及重点区域绿化820公顷、“五进”绿化428万平方米,城区绿化覆盖率由22.8%提高到37.4%,建成自治区级园林县城。

【水利】 全县有效灌溉面积4739公顷,电机井939眼;建成水源地自动化监控平台,实施水源地在线监控,完成巩固退耕还林基本口粮田节水灌溉666.67公顷,实施西山生态清洁小流域治理工程。新打、改造机电井104眼,解决8793人安全饮水问题。

【工业】 全县规模以上工业企业27户,合金及服装园区入选国家级开发区名录,全年规模以上工业增加值完成769 000.3万元,同比增长7.1%。加快推进中国驼绒防寒防潮生产加工输出基地建设,以“双创园”为载体,加快与服装院校交流合作,“化德县星火众创空间”成功入选国家级众创空间。大力发展“互联网+服装”,启动建立化德县电子商务产业园,中国化德驼绒电子商务平台,网上销售占市场份额20%。培育自治区著名商标1件,名牌产品2件,全年产量稳定在2600万件以上,产值20亿元左右,服装从业人员3万多人。服装“双创园”被评为国家级小型微型创业创新示范基地。

全县加快推进百万吨合金生产加工输出基地建设,推进五矿湖铁(内蒙古)公司租赁扩规,整合3万千伏安矿热炉4台。促成天成公司盘活园区存量资产,加快推进天成公司20万吨硅锰系合金综合利用项目建设。北京雄伟光大60万吨高新微碳合金项目成功签约,打造全市硅锰合金系列产品重要生产加工基地。全县运行投产矿热炉24台,合金产能达到60万吨,产值53亿元,全年合金产业用电负荷46万千瓦,为全市第三。

2016年,化德县加快推进百万千瓦级清洁能源输出基地建设,年发电量14.88亿千瓦时,产值6.29亿元,汇德、华电等5家实现税金1.02亿元。汇德公司5万千瓦风电供热项目9月份开工建设,东生光伏农业项目开工建设。华晨公司年加工各类板材10万平方米,实现产值3500万元。积极协助华晨公司争取基金类项目,助推投资3.9亿元尾渣综合利用新型建材微晶石生产项目和废渣处理项目开工建设。

推进德荣、邦古两家马铃薯淀粉加工企业配建污水处理设施,生产能力进一步提高。引进嘉德脱水蔬菜加工项目,当年实现投产运营。

【城乡建设】 实施城建项目43项,完成投资7.92亿元,城镇化率61%。编制城区主要乡镇村街道街景规划,完成朝阳镇、白音特拉乡特色小镇规划和5个新农村新牧区规划工程,完成219个村庄两图规划设计。完成长青大街延伸及工业南路贯通工程,实施长安、长盛大街等15条道路环保砖硬化改造及大理石道牙更换工程,实施29条、7公里小街小巷改造工程;完成自来水管网、供热管网、天然气管道、排水管道改造41.5公里;实施城镇道路标志牌、交通信号灯改造工程,城镇综合承载能力进一步加强。扎实推进“五城联创”,新建德盛公园,棚改和去库存成效明显。申请棚改贷款项目资金1.8亿元,棚改步伐明显加快,回购棚户区改造安置房823套,全部实行货币化安置。同时,注重房地产去库存与易地扶贫搬迁、棚户区改造回购安置、公益性项目建设有机结合,全县销售商品房面积21.2万平方米,增长13.5%,房地产去库存7.2万平方米,房地产库存率下降57.6%,镇容镇貌明显改观。

【环境保护】 贯彻执行中央环境保护督察组反

馈意见，投资4385万元，对全县56家企业进行环境综合整治，建成城镇空气质量监测站，工业园区矿热炉全部实现在线监控，4家供热公司全部建成脱硫设施，圆满完成环境保护整改任务和全年任务指标。

【交通　邮政　电信】　年末全县通车里程1287公里，民用汽车拥有量1620辆，公交车路6路，运营车92辆，出租车160辆。完成建设国道510至县道583连接工程5.4公里，完成通村公路55.7公里，街巷硬化470公里，行政村通畅率为100%。

邮政年完成收入570余万元；快递物流发展迅速，14家快递公司入驻化德县。

电信三大营销商年末固定电话用户9155户，移动电话用户109 230户，互联网宽带接入用户8181户。

【商业】　全县社会消费零售总额15.7亿元；第三产业增加值15.6亿元，同比增长9%。

【服务业】　全县新万人商厦，华泰、龙腾商务酒店等项目相继投入运营，建成村级电商服务站30个，商贸、餐饮服务业的档次和水平进一步提升。

【金融】　截至2016年11月底，全县银行业金融机构存款44.97亿元，比年初增加6.18亿元；各项贷款15.65亿元，比年初增加3.45亿元，有力支持和保障了全县各项事业建设。

【旅游】　加快推进特色旅游休闲度假基地建设，结合美丽乡村建设，发展乡村旅游，打造农家乐、牧家游景点8处；白音特拉、特布勿拉等4个贫困村被列入全国乡村旅游扶贫重点村。巩固提升白音特拉农耕文化、原守备一师展览馆、爱国主义基地暨烈士陵园升级工程。

【科技】　聚点环保餐具生产力促进中心科技创新驱动示范作用明显，年生产环保餐具5000万套，产值2500万元。加大科技特派员服务园区、基地及种养大户力度。创建科技馆，推动科普事业不断向前发展。

【教育】　全县有普通中学3个，职业学校1个，小学8个；在校学生7242人，在职教师833人。新招聘教师54名，组织参加各类师资培训800人次，教育教学质量明显提高。完善利教惠师各项政策，全部兑现2015年以前教师专业技术职称工资。累计投入4.54亿元。近两年在财政资金困难的情况下，每年单列预算1000万元，保障义务教育均衡发展，顺利通过国家验收，市政府在化德召开现场会，予以充分肯定。全年为全县贫困家庭新入学大学生发放资助金2148万元。

【文化】　美术馆、文化馆、军旅文化博物馆进行改造升级，裕民遗址入围中国社科院考古6大新发现，爱国主义教育基地暨烈士陵园入选国家级烈士纪念设施，建成村文化活动室93个，强化文化阵地建设。县档案局完成《化德年鉴》2015年卷出版发行，县文化促进会出版发行《化德文化》2期。

【卫生】　全县有县级医院2所、乡镇中心医院1所、乡镇医院10所，卫生技术人员707人，床位505床。完成县级公立医院院长、医护人员招聘工作，实现医院的自主管理和机制的创新，建立健全三级医疗服务网络，93个村卫生室全部建成投入使用，配备108名乡村医生。卫生计生综合服务中心投入使用，成立妇幼保健计划生育服务中心，加强疾病预防控制和妇幼保健工作二孩政策全面实施，计划生育服务管理得到加强。进一步提升莲德医院医养一体养老服务中心运营质量和水平。

建成食品生产加工示范园区，新（改）建标准化基层食药监管所4处，实现监管全覆盖，保障人民群众舌尖上的安全。

【体育】　建成县老年活动中心，深入开展校园足球，举办“县长杯”足球赛。全民健身活动，日近万人次。

【社会保障】　全县贯彻落实“六个精准、五个一批”要求，推行“菜单式”脱贫模式，建立贫困户“幸福账单”，按照“453”挂图要求，实施“十项扶贫重点工程”,实行脱贫工作责任制和贫困退出机制,85个驻村工作队、1280名干部、73家企业包扶贫困户,实现853户、2109人稳定脱贫,占贫困人口17.6%,完成年度脱贫任务104%。累计发放金融扶贫贷款1.96亿元。统筹推进小村整合、易地扶贫搬迁、土地流转,新建安置点29处,安置转移人口2065户;转移进城贫困户775户,流转土地8000公顷,户均增收近2000元。完成农危改5860户,其中贫困户2463户,63.8%的贫困户住上了安全房。生态补偿,安置护林员1405人,提供村级保洁员岗位279个,年人均增收6000元。兜底保障,发放各类社会兜底政策补贴2179万元,贫困人口人均增加转移性收入2703元;为2367名贫困人口办理农村低保,为3125名贫困人口进行免费体检,投入125万元,为11 977名贫困人口投保大病商业补充保险。社会保障水平不断提高。农村劳动力转移就业2.6万人,规划建设500人的创客空间,发放小额贴息贷款1900万元,新增城镇就业718人,城镇登记失业率控制在4.2%以内。城镇职工、居民医保、新农合3项医疗保险达到全覆盖。建立完善重大疾病保障救助机制,对政策内自付费部分实行二次报销。医保支付实现县医院、中蒙医院直报;新农合报销实现自治区内定点医院即时结报。为24 093户贫困农民发放“暖心煤”补贴1442万元。加强城乡低保动态管理,城镇低保4031人,农村低保29 176人,保障标准分别为492元/月和3313元/年;现金直补人均补贴2000元。完成社会保险扩面征缴工作,城乡居民养老保险参保人数56 203人,企业参保人数6495人,新农合参保人数10.2万人,年内报销人数30 157人。为3331名80周岁以上高龄老年人发放高龄补贴。五保对象集中和分散供养标准达到8000元和4000元。开工建设220千伏变电站1处。深入开展精神文明创建活动。开展安全生产大检查“百日行动”,实现全年无重大安全生产事故。推进平安法治化德建设,投资1497万元,实施“天网工程”,对重点街区、重要路段、重要场所实现社会治安动态实时监控。深入开展“七五”普法工作,深入开展“大接访”行动,有效化解信访积案和社会矛盾,社会稳定和谐。城乡居民人均可支配收入分别为26 547元和7768元,同比增长8%。

(撰稿人:张忠)

兴　和　县

【概况】 兴和县位于内蒙古自治区中南部,地处晋、冀、蒙三省区交界处,素有“鸡鸣闻三省”之称,地处阴山北麓,位于北纬41°26′40″~41°26′27″,东经113°21′09″~114°07′47″之间。南北长约109公里,东西宽约67公里,总面积3518平方公里,东部以大青山为界与河北省尚义县毗邻,南部以长城、大南山为纽带与河北省张家口市、山西省大同市相连,西部以岱青山为分水岭与丰镇市、察哈尔右翼前旗接壤,北部与察哈尔右翼后旗、商都县交界,东距首都北京240公里,西距首府呼和浩特220公里,鄂尔多斯400公里,西距大同130公里,北距锡林浩特460公里。兴和县距呼和浩特市机场197公里,距乌兰察布市机场60公里。是内蒙古距北京最近的旗县,是自治区对外开放的南大门,系国务院批准的对外开放县。具有“两圈两带”(环渤海经济圈、北京2小时经济圈,中部向西过渡带,中原向草原过渡带)的复合优势,110国道、京藏高速、京新高速、准兴重载高速、呼和浩特市榆林至乌兰察布市综合物流园区运煤专线,集张铁路,正在建设的京呼高铁穿境而过。与此同时省道和县道有兴尚公路、兴都公路、兴苏公路、丰兴公路、集兴公路。全县辖5镇4乡,161个村民委员会,10个居委会,966个村民小组,总人口33.2万人,其中乡村人口25万人。有汉、蒙古、回、满、苗、高山族等10多个民族,是一个以蒙古族为主体,以汉族为多数的民族居住区。

兴和县已探明矿藏有石墨、膨润土、墨玉石、玄武岩、铁矿石、高岭土、褐煤等30多种。其中石墨矿藏为全国三大石墨基地之一，以天然鳞片大著称，探明储量约6700万吨(保有储量4461万吨),矿石平均品位为3.59%。膨润土矿是华北地区首次发现的大型矿，也是国家一级膨土矿,总储量1.8亿吨,优质纳基土1.3亿吨。兴和县水资源丰富。地表水总资源1亿立方米，径流量0.9亿立方米。全县风能资源十分丰富，具有稳定度高,连续性好的特点。已测明风速大于5.6米/秒的优质风场面积500平方公里以上,风电规划装机容量300万千瓦以上。现有25万千瓦风电并网发电,年发电量5亿千瓦时。

2016年，兴和县完成地区生产总值69.1亿元,同比增长7%;固定资产完成37.3亿元，一般公共预算收入完成3.54亿元，按可比口径增长10.7%；社会商品零售总额完成30.4亿元,同比增长9.1%;城乡居民人均可支配收入分别为23 584元和8253元，同比分别增长8.3%和8.5%。

【农业】 兴和县种植总播种面积为113万亩，其中粮食作物播种面积为83万亩,粮食作物播种面积中马铃薯42万亩,玉米16万亩,小麦10万亩,大豆3万亩,谷类12万亩;油料作物播种面积17万亩,其中葵花7万亩,胡麻10万亩;蔬菜播种面积10万亩，露地蔬菜面积9万亩;设施蔬菜面积1万亩,其中温室3000亩,大棚7000亩;糖料作物播种面积3万亩。全县粮食总产0.9296亿公斤,油料总产0.12亿公斤。其中:葵花0.07亿公斤,甜菜总产0.6亿公斤。全县喷灌圈总数462套,设施农业面积23.1万亩,新增70套(500亩/套),面积3.5万亩。农业项目实施马铃薯“薯王”田项目1万亩,专用薯推广项目15万亩，马铃薯水肥一体化高效示范项目5万亩,全县马铃薯总产0.6385亿公斤。农业保险实现全县9个乡镇161个村委会全覆盖，投保面积93万亩,农村土地经营权确权登记领证工作稳步推进，完成承包地外业测绘面积84万亩,9个村委会完成承包地公示,4个村委会完成承包合同确权登记领证工作。

【畜牧业】 2016年，全县牲畜存栏52.97万头(只),同比增长2.82%,环比下降13.39%。其中:大牲畜存栏3.99万头(只),羊存栏46.13万只,生猪存栏2.842万头；全县大小畜出栏111.12万头(只),其中:肉牛出栏1.81万头,羊出栏96.41万只,生猪出栏12.9万头,全县肉类总产量29 986吨，同比下降42.95%，环比增长13.23%。其中:牛肉产量2510吨,羊肉产量15 401吨,猪肉产量10 299吨,禽肉产量1776吨。禽蛋产量2048吨,鲜奶产量59 832吨。全县建成并运行的规模养殖场(户)190家,其中生猪规模养殖场29家,肉牛规模养殖场33家,蛋鸡、肉鸡规模养殖场8家,肉羊规模养殖场105家。全县动物防疫工作共免疫牛口蹄疫4.08万头次,防疫密度100%,羊O型、亚洲I型二价口蹄疫95.39万只次，防疫密度100%，小反刍兽医34万只次;猪O型口蹄疫、猪瘟、猪蓝耳病7.84万头次，防疫密度100%，鸡新城疫、禽流感67.22万羽次,防疫密度100%;牛布病免疫1.91万头,羊布病免疫47.03万只。

【林业】 2016年,完成2015年京津风沙源治理工程2万亩,其中乔木林1.5万亩,灌木林5000亩,完成新一轮退耕还林1.8万亩;完成巩固退耕还林成果任务78 675亩。其中,补植补造64 900亩,经济林13 775亩。完成厂矿园区绿化1006亩,城镇绿化5608亩;完成义务植树3000亩,新建义务植树基地1处,面积10万亩;投资300万元,实施本田造林工程,造林1400亩,全年完成育苗1478亩。其中,当年育苗828亩,容器育苗550万袋,完成中幼林抚育1万亩。

【水利】 投资335万元，其中国家投资233万元,地方匹配102万元,完成2014年京津风沙源项目工程,投资358.98万元,完成韩家村水库除险加固工程,投资462.77万元,完成五股泉水库除险加固工程;投资28万元,完成黄石崖水库维修养护项目;投资384万元,完成皂火口水库抗旱应急水源建设工程;投资150万元,完成2015年中央财政农田水利设施维修养护项目;投资1100万元,实施节水增量行动项目,年内,完成工程总量的80%;投资900万元,新建兴和县城关镇后备水源地供水工程,设计辐射井7眼,年供水量1000万吨,年内,完成6眼机电井建设;投资182万元,兴建兴和县水质检查中心。

【农业机械化】 2016年,兴和县农机总值2.498亿元,同比增长8.75%;农机总动力21.399万千瓦,拖拉机保有量5521台,较上年分别增长6.54%和2.56%;配套农机具9646台,同比增长3.56%,动力配套比为1:1.75;收获机械1106台,同比增长2.41%。全年完成机耕93.5万亩,机播84万亩,机收53万亩,机耕、机播、机收水平分别为85%,76.4%和48.2%,综合机械化水平71.38%,比上年提高1.89个百分点,全年完成机械深施化肥25万亩,机械精少量播种30万亩,机械深松1万亩,保护性耕作3万亩,推广新型农机具838台(套)。年内共培训各类农机化人才2430人次,培训农机管理人员210人次,技术人员430人次,拖拉机驾驶员1790人次。

【工业】 2016年,兴和县25家规模以上工业完成总产值62.1亿元,同比增长34%,完成工业增加值21.5亿元,同比增长13%,销售收入完成56亿元,利润实现6240万元,上缴税金7600万元,3000万元以上工业重点项目固定资产投资完成11.3亿元。工业重点项目8项,其中续建5项,新建3项。续建项目有内蒙古瑞盛新能源有限公司石墨深加工高新产业二期项目,固定资产投资完成5亿元,生产产品是各向同性石墨和石墨烯,年内石墨烯开始小批量生产,各向同性石墨厂房主体框架建成;盛华石墨项目完成固定资产投资3000万元;内蒙古博源新型能源有限公司煤炭洗选加工、数字配煤项目,完成投资2亿元,完成工程80%;宏大兴和热电项目,完成投资2亿元,2号机组已投运;内蒙古中泰风电设备有限公司单机50兆瓦风电项目,完成固定资产投资2亿元。新建项目有内蒙古瑞德新能源有限公司50兆瓦磁悬浮风力发电项目、内蒙古东建新能源集团100兆瓦风力发电项目、东孚粉煤灰综合利用项目。

【城镇建设】 2016年,兴和县城镇建设投资完成8.07亿元。其中:市政工程投资完成3.19亿元,房屋建筑工程投资完成4.36亿元。新建国税北路、兴永城北段等道路5420米,8.13万平方米。改造兴和大道、会展北路、新区小学西路等11 080米,13.94万平方米。硬化新城区人行道20.7万平方米。完成改造硬化旧城街巷路6500米,2.76万平方米。城镇道路覆盖率34%。供热工程建设投资完成1375万元,新建供热管网2500米,换热站3座,投资1.3亿元,新建热电联产项目主管网10公里,新增供热面积30万平方米,供热普及率70%。给水工程建设投资完成9600万元,在新旧城之间新建水源地一座,打水源井5眼,城关镇供水普及率93.5%。新建改造污水管网12.7公里,新建雨水管网4.35公里,新建中水回用工程,全镇污水处理率93.5%。房建工程建设投资完成4.36亿元,建设规模31.4万平方米,其中续建项目12项,投资3.24亿元,建设规模23.47万平方米;新建项目5项,投资1.12亿元,建设规模7.94万平方米。

【环境保护】 2016年,兴和县环保工作扎实推进,加强对辖区内高载能、石墨、碳素、石材、矿山企业、污水处理厂、供暖企业等重点行业企业的监管,加大对主要污染物排放控制力度,推进重点行业企业淘汰落后产能,规范旧城区分散型采暖锅炉的管理和餐饮业使用清洁能源的管理,加强对非煤矿山企业整治力度,严厉打击违法排污企业,出动人员1260人次,检查70家企业,整治28家违法排污企业,全县化学需氧量和氨氮排放量分别控制在2330吨和156吨以内，二氧化硫和氮氧化物分别控制在4170吨和6984吨以内。

【交通】 2016年，兴和县完成公路建设任务369公里。其中：完成30个行政村通沥青（水泥）路99公里，完成投资8055万元，主要包括黄土夭至十夭沟通村水泥路2.599公里，黄土夭至石咀子通村水泥路10.18公里，544（集兴线）至张家村通村水泥路11.028公里。小城子至八号通村水泥路9.03公里，投资11 893万元。完成街巷硬化270公里，达224个村庄。其中：城关镇11个村庄街巷硬化13.3公里，大库联乡27个村庄街巷硬化20.6公里，鄂尔栋镇36个村庄街巷硬化54.8公里，大同夭乡6个村庄街巷硬化5.8公里，民族团结乡64个村庄街巷硬化74.8公里，赛乌素镇46个村庄街薛硬化64.1公里，五股泉乡22个村庄街巷硬化7.7公里，张皋镇12个村庄街巷硬化18.9公里。公路养护完成油路灌缝380公里，处理油路坑槽修补16 200平方米，完成水毁修复石砌防护3200立方米，完成危桥改造1座，完成老官路到合兴路路面翻修工程45 000平方米。

【旅游业】 全县景区和农家乐共接待旅客49万人次，旅游收入突破2940万元，同比增长19.51%和33.63%。其中：苏木山森林公园接待旅客人数25万人次，旅游收入突破1500万元。察尔湖度假区游客人数18万人次，旅游收入突破1080万元，乡村旅游和农家乐接待旅客人数为6万人次，旅游收入为360万元。2016年，苏木山森林公园完成投资3020万元。其中：投资1500万元，新建景区服务中心；投资600万元，新建2.9万平方米景区停车场；投资400万元，完成冬季冰灯节建设项目；投资260万元，完成景观凉亭和旅游道路建设。察尔湖度假区旅游项目建设投资1150万元。其中：投资500万元，实施景区绿化；投资300万元，围栏10公里；投资80万元完成苹果、葡萄采摘园128亩；投资80万元完成草莓日光温室采摘园5亩。

【文化】 实施广播电视户户通工程500套，全县完成162个村广播“村村响”工程建设，55个行政村文化室配备价值27.5万元的文化活动设备。成立电影放映队10支，全年送电影下乡1944场。开展健身舞培训工作，9个乡镇成立5支健身舞蹈队，参与人员4000多人。2016年，新创作品4部，分别为东路二人台小戏《春到后夭村》《小区风波》和音乐快板《兴和大地春潮动》《“两学一做”暖万家》。文物普查工作完成569件套馆藏文物的数据网录、数据审核、数据上报工作。

【金融】 2016年，兴和县金融业运行较好，贷款投放量逐月增大，年初贷款余额51.2亿元，至9月底达到53.4亿元，比年初增加2.2亿元，增幅4.2%。兴和县各银行存款稳定增加，年初存款余额64.4亿元。截至9月底，达到75.9亿元，比年初增加11.48亿元是，增幅17.8%。个人存款余款52.35亿元，较年初增加5.68亿元。中小企业贷款占比提高，截至9月底，中小企业贷款15.62亿元，占全部贷款的29.28%。对“三农“的支持力度进一步加大。截至9月底，涉农贷款余额23.7亿元，比年初增加0.67亿元，占全部贷款的44.4%。

【科技】 2016年，兴和县新聘农牧业科技特派员35名，引进农业新品种30个，新技术、新材料推广13项，培训农民19 000余人次，实施京津风沙源治理项目工程，兴和县许家夭小流域治理项目，七家营水库项目工程、节水增粮项目，兴建3个现代畜牧业科技养殖示范基地，推广各类新型农机具560台（套）。

【教育】 2016年，兴和县政府按照“优先发展教育”的理念，加大投入力度，投资1478万元，为全县中小学购置学生课桌椅计算机和加强图书室、音体美设施、实验室仪器、多媒体教学设备等，新建心理咨询室、卫生保健室。投资609万元，对8所承担全市学校管理流动现场会观摩任务的中小学、幼儿园进行教学楼文化建设和校舍改造。投资410.4万元,对全县2所公办幼儿园和4所小学实施危房改造工程和院内硬化。投资297万元,对全县7所乡镇中心学校校舍、操场、篮球场实施新建和改扩建工程。投资942万元,新建东梁小学、育才小学运动场。投资1555万元,新建北官幼儿园。建筑面积为4432平方米,投资1500万元,新建足球馆,占地面积为4000平方米。教育精准扶贫方面,年内为2022名中小学生、大学生发放救助款项1065.9万元。为1221名大学新生办理助学贷款787万元。资助508名家庭贫困大学新生1782万元,其中本科258人,每人4万元,专科250人,每人3万元。师资队伍建设加强,公开择优招聘大学生60名,进而解决一线教师短缺,学科结构不合理问题,各类教育稳步发展。县育才幼儿园通过自治区级示范园评估验收。成立特殊教育指导中心,投资26万元,为残疾学生购置康复设备,新建特殊资源教室。为6所民办幼儿园拨付民办教育专项资金63万元,用于购置设备。

【卫生】 巩固2015年县级公立医院改革成果,巩固药品零差率销售改革成果,完成医疗服务价格调整,完成蒙中医院院长招聘工作,重新核定县级公立医院事业编制。健全乡村医生签约服务制度,乡村医生签约人数107 045人,签约率80.1%,重点人群签约率为95.7%;家庭医生签约人数14 104人,签约率16.6%,重点人群签约率86%。国家基本公共卫生补助经费提高到人均45元,全部用于乡村医生签约服务。有序推进村卫生室和非政府办基层医疗卫生机构落实基本药物制度。基本药物采购金额61.7万元,基层医疗卫生机构基本药物使用率37.7%。开展农牧民满意卫生室创建达标活动,建设完成33所标准化村卫生室基础上,又有15所卫生室通过县级卫生部门验收,向市级卫生部门申报全县居民健康档案实现动态管理,累计建档193 678份,建档率88.52%,共筛查出高血压患者11 631人,规范管理率40.8%,糖尿病患者2529人,规范管理率30.7%。深入开展医疗健康扶贫工程,全县建档立卡贫困人口16 323名。其中,因病致贫,因病返贫贫困人口5626名。建立兴和县医疗健康精准扶贫平台,完成首次筛查因病致贫4150人的数据录入工作。全县17家基层医疗卫生机构与北京市西城区10所社区卫生服务中心开展医疗卫生结对帮扶工作,签订“一对一”帮扶协议。开展全面两孩政策学习宣传,贯彻落实《中共中央国务院关于实施全面两孩政策改革完善计划生育服务管理的决定》。确保符合政策生育率在90%以上。妇幼健康服务水平提高,孕产妇、0~6岁儿童系统管理率分别为89.62%,88.72%,孕产妇住院分娩1215人,住院分娩率为100%。为917对夫妻开展婚前医学检查,为654个新生儿进行疾病筛查。农村牧区孕产妇住院分娩补助人数825人,补助资金33万元。计划生育政策措施全面落实,免费孕前优生健康检查1988人,为4863名已婚育龄妇女提供生殖健康体检服务,为1670名教职工免费健康体检。计划生育奖励扶助目标人群1244人,发放资金122.53万元。贯彻落实国务院《关于进一步加强新时期爱国卫生工作意见》和自治区《内蒙古自治区卫生条例》,爱国卫生工作纳入经济社会发展规划。于2016年9月26日通过自治区卫生县城验收组验收,成功创建自治区卫生县城。

【体育】 开展全民健身活动,举办全县广场舞大赛,冬季公路越野赛。苏木山森林公园徒步穿越赛等多项活动,校园足球运动,全县小学、初中、高中各1所小学属国家级足球特色学校,6所小学、1所初中属自治区级足球特色学校。县新区小学男子队代表乌兰察布市赴锡盟参加自治区“主席杯”校园足球联赛,获得第六名的成绩。

【社会保障】 2016年,兴和县城镇新增就业1101人。其中:失业人员再就业200人,城镇失业率控制在4.1%,农民转移就业38 000人,农民转移技能培训2300人，全县失业保险参保人数8500人；全县养老保险参保人数为165 000人，其中新农保163 330人，城居保1670人，缴纳养老保险费11 076 900元，发放待遇人数为46 652人，其中新农保45 563人，城居保1089人。新型农村合作医疗水平提高，全县参合人数为193 389人，实现常住人口全覆盖，门诊补偿比例提高到70%，慢性病报销病种有29种增加到35种。全县总补偿金额为6005.4万元。全县城镇职工参加医疗保险人数累计15 812人，基金收入5201.66万元，基金支出3689.09万元，城镇居民参加医疗保险人数累计28 074人，基金征缴收入1836.51万元，为1830人次支出医疗费1605.17万元。保障和改善民生。城市低保保障水平月提高15元，为480元/人·月；农村牧区低保保障水平提高249元，为年人均3574元；分散五保对象供养标准提高150元，为每人每年4000元；孤儿分散供养标准每人每月提高90元，为1100元，全年累计新增城乡低保1566名，医疗救助人数620人次，救助资金248万元。救助506名低保家庭贫困大学生资金1780万元。全县9个乡镇建幸福院34处，住房5414户，入住院民1万人。

【兴旺角工业园区】 园区投产运行企业完成工业总产值55亿元，工业增加值18.8亿元，销售收入52.8亿元，实现利润8100万元，实现税金6800万元，与上年同期相比总体上有所增长，分别增长3.7%、2.7%、3.5%、37.2%、6.3%，园区固定资产投资完成6.08亿元，累计完成121.08亿元。园区瑞盛石墨应用产业园一期项目9大类产品实现批量生产。其中：高纯石墨5000吨，可膨胀石墨5000吨，导电剂5000吨，柔性石墨纸3500吨，高导热石墨箔1000吨，球形石墨6000吨，锂离子电池负极材料5000吨，高导热石墨块2000吨，胶体石墨2000吨，二期项目各项同性石墨和石墨烯项目建设顺利，试车生产。风机制造业运行较好，订单量较上年有所增加，其中航天万源复合材料有限公司订单量为59片（叶片），航天万源风电设备订单生产2兆瓦机组75台，能源产业经营有序，运行良好，兴和宏大发电厂2×35兆瓦两台机组全部并网发电，启动投产年产40万吨液化天然气储配项目。园区基础设施建设完善，园区配套功能提升。园区基础设施建设达到“七通一平”标准，投资1800万元，在A区铺设2公里供热管道，具备由宏大电厂直接供热条件；投资1060万元，在A区110千伏安变电站增加变台1座。园区基础设施建设累计完成8.966亿元。

（撰稿人：李世成）

鄂 尔 多 斯 市

【概况】 鄂尔多斯市位于内蒙古自治区西南部，西北东三面为黄河环绕，南临古长城，毗邻晋陕宁三省区。东部、北部和西部分别与呼和浩特市、山西省忻州市，包头市、巴彦淖尔市、乌海市，宁夏回族自治区，阿拉善盟隔河相望；南部与陕西省榆林市接壤。地理坐标为北纬37°35′24″~40°51′40″，东经106°42′40″~111°27′20″。东西长约400公里，南北宽约340公里。总面积86 752平方公里。辖2区7旗。是改革开放30年来的18个典型地区之一，也是内蒙古自治区的经济新兴城市，呼包鄂城市群的中心城市，被自治区政府定位为省域副中心城市之一。是国家森林城市、全国文明城市、中国优秀旅游城市、全国最具创新力城市、全国生态园林城市、排名中国城市综合实力50强、全国首批资源综合利用“双百工程”示范基地。截至年底，全市常住人口205.53万人，其中城镇人口151.15万人，乡村人口54.38万人，城镇化率为73.54%。全年出生人口为2.15万人，出生率为10.49‰；死亡人口为1.05万人，死亡率为5.13‰；自然增长率为5.36‰。年末户籍人口159.4万人，比2015年年末增加2.1万人。初步核算，2016年全市地区生产总值4417.9亿元，扣除价格因素，比2015年增长7.3%。分产业看，第一产业完成增加值107.6亿元，增长3.2%，对经济增长的贡献率为1.0%，拉动GDP增长0.1个百分点；第二产业完成增加值2461.4亿元，增长7.5%，对经济增长的贡献率为57.7%，拉动GDP增长4.2个百分点；第三产业完成增加值1848.9亿元，增长7.5%，对经济增长的贡献率为41.3%，拉动GDP增长3.0个百分点。三次产业增加值比例调整为2.4∶55.7∶41.9。全市公共财政预算收入451.0亿元，同比增长1.1%，剔除营改增等政策性减收因素的影响，同口径增长3.8%。其中，税收收入298.9亿元，占公共财政预算收入66.3%，同比增长0.3%；非税收入152.1亿元，占公共财政预算收入的33.7%，同比增长2.8%。全市公共财政预算支出563.4亿元，同比下降1.7%。全市新增就业30 224人，失业人员再就业3097人，就业困难人员再就业4236人。年末全市城镇实有登记失业人员22 690人，比2015年减少141人。城镇登记失业率为2.89%，比2015年下降0.2个百分点。

【农林牧业】 全年现价农林牧渔及服务业总产值182.9亿元，按可比价格计算，比2015年增长3.1%。其中：农业产值102.4亿元；林业产值7.3亿元；牧业产值67.0亿元；渔业产值2.5亿元；农林牧渔服务业产值3.6亿元。全市农作物总播种面积43.72万公顷。其中：粮食作物播种面积25.19万公顷，油料播种面积4.82万公顷，蔬菜播种面积1.08万公顷。全年粮食总产量148.0万吨，同比增长0.7%。油料产量12.2万吨，同比增长2.4%；甜菜产量8.2万吨，同比下降5.5%；蔬菜产量47.8万吨，同比增长4.0%。全市拥有农业机械总动力332万千瓦，同比增长6.0%。全市拥有大中型拖拉机4.3万台，同比增长5.0%；农用排灌机械11.1万台（套），同比增长1.8%。其中，节水灌溉类机械5776套，同比增长2.4%；联合收获机1621台，同比增长5.3%；农用运输车5.9万台，同比下降1.7%。机械耕地面积占农作物总播种面积的比重为98.5%，机械播种面积占比为87.7%，机械收割面积占比为55.9%，农业耕种收综合机械化水平为82.5%。

【工业】 全市工业增加值完成2180.0亿元，增长7.9%。规模以上工业企业383家，较2015年增加8家。总产值4930.3亿元，同比增长9.3%；销售产值4808.6亿元，同比增长9.3%；工业产品产销率97.50%。全年规模以上工业增加值按可比价比2015年增长8.9%。按轻重工业分，轻工业下降27.1%，重工业增长10.1%；按经济类型分，国有企业增长5.4%，集体企业增长30.2%，股份制企业增长8.6%，外商及港澳台投资企业增长1.9%，其他经济类型工业企业增长26.2%。规模以上工业企业实现主营业务收入4653.9亿元，同比增长11.3%；利税总额938.8亿元，同比增长14.0%。亏损企业115户，比2015年减少18户。企业亏损面30.0%，比上年末缩小3.6个百分点；亏损企业亏损额64.9亿元，同比下降26.5%

【环境保护】 城市环境空气质量全年好于国家二级标准优良天数321天，污染45天，其中重度污染3天。全市二氧化硫均值为15微克/立方米，二氧化氮均值为微克/立方米，分别同比下降25.0%和4.2%。可吸入颗粒物年平均浓度63微克/立方米，全市城镇集中式饮用水源地的水质达标率100%。城镇区域环境噪声等效声级均值为48.2分贝，道路交通噪声等效声级均值为59.9分贝。全年共完成造林面积9.67万公顷，森林总面积232万公顷，森林覆盖率为26.7%。完成新一轮退耕还林面积0.53万公顷。全市有各级自然保护区10个，其中国家级自然保护区2个，自治区级保护区有7个，总面积89.79万公顷。

【交通 邮电】 鄂尔多斯机场全年共营运航线39条，通航城市39个。铁路通车里程2001公里；全市公路总里程22 840公里，其中高速公路里程1136公里，公路网密度为26.3公里/百平方公里。全年各种运输方式完成货运量47 215.6万吨，比2015年增长3.5%。其中：铁路完成货运量29 788.5万吨，增长11.6%；公路货运量17 425.8万吨，增长9.3%；民航货运量1.3万吨，增长21.6%。全年各种运输方式完成客运量936.6万人，比2015年下降1.1%。其中：铁路完成客运量119.2万人，增长23.2%；公路客运量646.7万人，下降7.3%；民航客运量170.7万人，增长12.1%。全市机动车拥有量54.3万辆，同比减少1.0%，其中新注册3.8万户。

全年实现邮电业务收入20.8亿元，同比增长3.1%。其中：邮政业务收入2.5亿元，增长32.9%；电信业务收入18.2亿元，增长0.2%。年末固定电话用户10.8万户，手机电话用户208.8万户。其中：3G移动电话用户34.2万户，下降2.6%；4G移动电话用户111.9万户，增长52.2%；宽带用户25.7万户，增长5.7%。

【国内贸易】 全市全年实现社会消费品零售总额726.8亿元，同比增长10.1%。其中：城镇消费品零售额607.7亿元，同比增长10.1%；乡村消费品零售额119.2亿元，同比增长10%。限额以上企业社会消费品零售总额387.1亿元，同比增长8.0%。按商品类值分，粮油食品类完成零售额16.5亿元，同比增长32.6%；服装类完成零售额13.7亿元，同比下降18.9%；日用洗涤品类完成零售额4.6亿元，同比下降12.1%；汽车类完成零售额97.3亿元，同比增长22%；石油及制品类完成零售额110.4亿元，同比下降7.9%。

【对外经济】 全年新批准外商投资企业7家，利用外资新签项目数7个。实际使用外商直接投资19.5亿美元，同比增长12.6%。全市完成进出口总额（不含煤炭）84.1亿元，同比增长90.9%。其中进口总额55.1亿元，同比增长5.9倍；出口总额29.0亿元，同比下降19.5%。

【旅游业】 全市A级旅游景区和全国工农业旅游示范点50个。其中：国家AAAAA级旅游景区2个，AAAA级旅游景区27个，AAA级旅游景区11个。全市旅行社106家，其中具有出境经营权的旅行社14家。全市共接待旅游者1040.6万人次，同比增长19.9%。实现旅游收入313.9亿元，同比增长22.7%。

【建筑业 房地产开发】 年末全市具有资质等级的建筑施工企业219个，全年总承包和专业承包建筑业总产值170.9亿元，同比增长10.9%,竣工产值92.8亿元,下降17.5%。建筑业企业房屋建筑施工面积253.0万平方米，增长13.4%;竣工面积131.4万平方米,增长8.7%。全年房地产开发施工面积1585.3万平方米，同比增长1.2%;房屋竣工面积81.5万平方米,同比下降14.1%。

【固定资产投资】 全市500万元以上固定资产投资完成3050.1亿元,同比增长12.0%。全年新增固定资产1791.9亿元，固定资产交付使用率58.8%,共有3056个项目建成投产,项目建成投产率65.2%。全市亿元以上开工项目265个,比上年下降19.9%,完成投资1293.1亿元,比上年下降34.4%。从投资主体看，国有经济投资1609.3亿元,增长39.6%;非国有投资1440.8亿元,下降8.0%;其中:民间投资1205.8亿元,下降13.9%，民间投资占固定资产投资的比重为47.2%,比上年下降5个百分点。

投资方向侧重工业。第一产业完成投资145.7亿元,同比增长35.2%;第二产业完成投资1958.2亿元,同比增长5.1%。其中,工业投资完成1879.6亿元,同比增长1.6%;第三产业完成投资946.1亿元,同比增长26.6%。主要工业行业投资中，制造业完成投资851.7亿元，下降20.0%；采矿业完成投资495.7亿元，增长14.7%;电力、燃气及水的生产和供应业完成投资532.2亿元,增长50.8%。第三产业投资中,交通运输仓储和邮政业投资239.4亿元，增长8.3%;房地产业投资135.0亿元,增长12.9%;水利、环境和公共设施管理业投资391.5亿元,增长71.6%;教育投资26.7亿元,增长78.1%。

【金融 保险业】 全市共有银行法人机构26家,银行营业网点671个,共有从业人员10 409人。年末，金融机构各项存款余额（人民币）3118.2亿元,同比增长15.5%。其中:非金融企业存款余额770.7亿元,同比增长7.6%;住户存款余额1574.8亿元,同比增长11.2%。年末,金融机构各项贷款余额2909.8亿元，同比增长7.7%。其中:非金融企业及机关团体贷款2504.2亿元,同比增长11.0%;住户贷款405.6亿元,同比下降8.9%。

全市保险公司中心支公司33家,中支以下各级保险机构243家。保险业实现保费收入49.1亿元,同比增长15.7%。其中:财产险收入16.2亿元,同比增长1.5%;寿险收入27.5亿元,同比增长21.4%;健康险收入4.6亿元,同比增长44.1%;意外伤害险收入0.8亿元,同比增长27.0%。各项赔付支出12.8亿元，同比增长16.0%。其中:财产险赔付支出8.0亿元,同比增长8.6%;寿险赔付支出3.2亿元,同比增长33.0%;健康险赔付支出1.4亿元,同比增长27.3%;意外伤害险赔付支出0.2亿元,同比增长21.0%。

【科技】 全市全年共取得各类科技成果40项，提交专利申请1529件,同比增长85.0%。其中,授权专利913件,同比增长66.0%。技术合同认定登记22项,成交金额4626万元,同比分别增长46.7%和136.7%。年内新认定国家级高新技术企业13家，自治区级企业研究开发中心4家,自治区级工程技术研究中心1家,自治区院士专家工作站2家。

【教育】 全市有普通高校4所，在校生7982人;普通中等专业学校3所,在校学生7731人;普通高中22所,在校学生32 718人;普通初中46所,在校学生47 266人;职业高中7所,在校学生9009人;普通小学131所,在校学生135 326人;幼儿园308所,在校学生87 427人;特殊教育学校3所,在校学生277人。各级各类学校(含幼儿园)共有在校生32.8万人。

【文化】 全市拥有文化馆、群众艺术馆10个，组织文艺活动2156场次,乡镇文化站50个,公共图书馆9个，博物馆6个，艺术表演团体9

个，组织开展演出活动 1165 场次。广播、电视综合覆盖率分别为 99.1%和 99.0%。有线电视用户数 34 万户。全市直播卫星户户通用户 8.7 万户，地面数字电视用户 18.2 万户。全市免费放电影 12 274 场次，观众人数 110 万人次。

【卫生】 全市有公立医院 25 家，社区卫生服务中心 36 个，社区卫生服务站 61 个，乡镇卫生院 93 个，村卫生室 655 个，疾病预防控制中心 9 个，妇幼保健机构 9 个，卫生监督所 9 个。公立医院床位数 6642 张，乡镇卫生院床位数 1468 张。卫生技术人员 16 171 人，其中注册医师 5101 人，注册护士 4965 人。

【体育】 年内成功举办 26 项国内重要体育赛事。9 个旗区共有 202 个社区全民健身点，全民健身体系日趋完善。全市国家一级社会体育指导员 269 人，国家二级社会体育指导员 560 人。

【社会保障】 全市参加城镇职工基本养老保险 35.7 万人，参加城乡居民养老保险 52.2 万人；参加新型农村牧区合作医疗保险 91.8 万人，参加生育保险 24.5 万人，参加工伤保险 26.2 万人，参加失业保险 20.4 万人。年内企业离退休人员月人均养老金水平为 2998 元，城镇居民和农牧民每月人均领取待遇分别为 580 元和 340 元。全市享受城市最低生活保障 8954 人，享受农村最低生活保障 30 187 人。城镇最低生活保障标准提高到每人每月 534 元，农村最低生活保障标准提高到每人每月 414 元。全市公办社会福利机构 26 家，床位 2823 张；民办社会福利机构 128 家，床位 12 404 张。社会福利企业 1 家，职工 86 人。

【人民生活】 抽样调查资料显示，全体居民人均可支配收入 32 860 元，同比增长 7.7%；城镇常住居民人均可支配收入 40 221 元，同比增长 7.4%；农村牧区常住居民人均可支配收入 15 480 元，同比增长 7.3%。全体居民人均消费性支出 23 304 元，同比增长 1.7%；城镇居民人均消费性支出 26 486 元，同比增长 1.6%；农牧民人均生活消费支出 14 571 元，同比增长 2.4%。城镇居民家庭食品消费支出占家庭消费总支出的比重为 23.9%，农村为 22.5%。城镇居民人均住房建筑面积 38.3 平方米，农牧民人均住房面积 46.4 平方米。每百户城镇居民拥有家用汽车 74 辆，较上年增长 9.6%；每百户农牧民拥有家用汽车 52 辆，与上年持平。

（撰稿人：苏伦高娃）

东 胜 区

【概况】 东胜区地处内蒙古自治区西南部，雄踞于九曲黄河“几”字弯之中，是鄂尔多斯中心城区的主城区，现代服务业区域中心，也是全市建成区面积最大、功能配套相对完善、经济活跃度相对较高的城市核心区之一。东胜 1983 年撤县设市，1987 年被国务院批准为对外开放城市，2001 年随鄂尔多斯市成立撤市改区，辖 3 个镇、12 个街道办事处、3 个开发区，总面积 2160 平方公里，建成区面积 78 平方公里，城市化率 95%。总人口 56 万人，有蒙古、满、回等 24 个少数民族。地区综合实力位居全国市辖区百强第 16 位，先后获得中国西部最具投资潜力百强县、中国现代服务业投资环境十佳区（县）、中国人居环境建设示范区等荣誉称号。

东胜区境内煤炭储量约 192.94 亿吨，煤层厚，埋藏浅，宜于斜井或平洞开采。高岭土储量 795.7 千吨，砖瓦用黏土储量 106.456 万立方米，硫铁矿储量 15 38.95 万吨，石英砂储量 20.008 万吨。东胜区森林总面积 78 406 公顷，其中乔木林地 18 026 公顷，灌木林地 60 380 公顷，活立木总蓄积量 31.78 万立方米，森林覆盖率 36.06%。

【农牧业】 2016 年，东胜区共有 88 家农牧业产业化经营重点龙头企业。其中：国家级 1 家、自治区级 15 家、市级 39 家、区级 33 家，规模以上农畜产品加工企业 86 家，累计实现销售收入

432亿元。组织内蒙古鄂尔多斯市羊绒制品股份有限公司等14家龙头企业参加了第四届·内蒙古绿色农畜产品博览会，博览会上内蒙古鄂尔多斯市羊绒制品股份有限公司获中国驰名商标、已注册地理标志商标名录，内蒙古大力神食品有限责任公司的风干牛肉(原味200克)被认定为2016(第四届)内蒙古“名优特”农畜产品；鼓励各龙头企业进行自主品牌建设，东胜区农畜产品获得国家级驰名商标5件，自治区著名商标11件，市级知名商标13件，内蒙古名牌产品1件(溢胜)，为东胜区提升特色农畜产品知名度、推动产业发展和贸易流通起到积极作用。组织实施京津风沙源治理二期工程草原项目，总投资72万元，建设暖棚0.21万平方米、贮草棚0.1万平方米、青贮窖0.15万立方米；组织实施内蒙古自治区优质高产苜蓿示范建设项目，完成种植1500亩高产苜蓿，完成总投资90万亩。

【林业】 2016年，东胜区累计投入生态建设资金4838万元。组织实施退耕还林后续产业、京津风沙源治理二期、新一轮退耕还林、植被恢复、全民义务植树等林业建设项目，完成新造林面积4.6万亩。在落实和完善林地常规管护措施的基础上，探索森林、林木和林地管护的新举措和新路子，兑现天保管护资金、森林生态效益补偿基金、退耕还林补助资金共计2550.65万元，受益农民19 409户。完成2016—2017年度森林保险投保面积118.77万亩，总保费为167.36万元，投保率100%。推进“智慧林业”建设步伐，开展林地变更调查工作，加大森林草原防火和森林病虫害防治检疫基础设施建设投入，加强林业管护和执法队伍培训力度，全面维护生态体系安全稳定，牢固筑立亮丽风景线东胜防线。2016年2月，东胜区被全国绿化委员会授予全国绿化模范单位(县、市、区、旗)称号。

【工业】 东胜区规模以上工业企业完成总产值564.99亿元，同比增长6.7%，共实现税金总额37.31亿元；实行重大项目领导包联、定期调度工作机制，100个重点项目顺利实施，完成投资323亿元；投资结构优化，服务业完成投资237.37亿元，占投资总额的46.9%；第二产业完成投资261.2亿元，占投资总额51.7%，其中非煤产业完成投资161.33亿元，占工业投资总额66.7%；第一产业完成投资7.13亿元，占投资总额1.4%。其中，装备制造基地成立服务企业办公室，开展“服务企业年”活动，全面推行“535”工作法，提升服务企业水平，优化投资发展环境，推动以奇瑞汽车、源盛光电(京东方)、新兴重工、久和能源、久科康瑞等项目为龙头的汽车整车及零部件制造、能源装备制造、电子信息、节能环保、新材料5大主导产业平稳有序发展，园区工业经济保持了稳中有进的良好发展态势，全年完成固定资产投资141.7亿元，实现工业总产值148.3亿元，实现营业收入154.2亿元，实现财政收入2.63亿元。依托内蒙古煤炭交易中心承办全国煤炭交易会，煤炭电子交易量9700万吨、交易额突破170亿元，煤炭交易区域性集聚效应逐步显现。

【城镇建设】 紧扣供给侧改革加快房地产去库存，围绕棚户区改造和吸引农民转移进城两大路径，采取“房票、地票、产权共有、租售并举”等创新举措，联动推进房地产在建项目建设、房屋产权手续办理、民间借贷和金融风险化解工作。2016年，投资50亿元，完成棚改房屋征收11983户、169万平方米。通过“拆”“移”“换”“改”“建”等政策组合拳，消化住宅10 297套、169万平方米，消化非住宅73万平方米。推动完成20个在建房地产项目，总建筑面积245.72万平方米，建成朗园街、佳苑路、公园路等7条市政道路，完成煜春园、富盛苑C区2个老旧小区水患整治，完成家和天下、金运新城等4处存在较大安全隐患的深基坑整治。集中供热面积4088万平方米，集中供热率97%，取缔5台10蒸吨以下燃煤锅炉，4台10蒸吨以上燃煤锅炉，并实现集中供热。污水集中处理率96%，生活垃圾无害化处理率95.3%以上，城市日供水能力9万吨，免费wifi实现全城覆盖。城市基础设施、公共环境明显改观，建成区绿化覆盖率42.3%，人均公园绿地面积18平方米，路网、绿网“双网一体”生态格局改善。

【交通】 2016年，东胜区实施的交通项目共7项，其中公路项目有G210线添漫梁北至越家壕（查干）段改线工程、G65包茂高速包头至东胜段改扩建工程、S27呼和浩特至鄂尔多斯高速公路、潮脑梁至冯家渠公路、S211线牛场壕至泊江海子段拓宽改造工程共5项，开工总里程约181公里，完成投资21亿元；铁路项目有呼准鄂铁路、呼准鄂铁路东胜东站站前广场及连接线工程共2项，开工里程约22公里，完成投资4.3亿元。开展美丽乡村建设，完成农村街巷硬化390.9公里，完成投资2.06亿元。

【服务业】 现代服务业、文化旅游、休闲度假、健康养生等新兴业态加快发展，建成核心商圈近60万平方米，商圈硬件设施完善，市场潜力巨大。培育集同城配送、便民直销、电子商务为一体的商贸物流产业，从事电商突破3000户，电商销售实现10亿元（不包括大宗交易），创新创业热潮充分激发。启动面积为6.8万平方米的鄂尔多斯市绒纺城，包括内蒙古羊绒交易中心和绒纺制品交易中心（含电商），为本地及周边地区的原绒及绒纺制品交易提供平台。绒纺城以鄂尔多斯富集的羊绒原料和众多羊绒加工企业为依托，把散居在东胜区及周边地区的羊绒交易集中到市场内，进行羊绒分梳及绒毛、皮张等农副产品交易，无毛绒、绒纺制品销售等，实现羊绒产品交易规模化和规范化，为周边农牧民从事养殖业带来收益。有150多家中小微企业集群入驻绒纺城。2016年共接待游客249.6万人次，同比增长27.6%；实现旅游收入83.48亿元，同比增长15.7%。综合东胜区游客满意度调查数据，游客总体满意度均值为8.6，满意度占比为91.7%。野生动物园转制成功（企业化管理、市场化运作），9月26日引入“国宝”大熊猫，全年接待游客量124.9万人次。12月，东胜区被国家旅游局评为全国旅游标准化示范区，成为内蒙古首个获此称号的旗区。旅游标准化创建工作的开展，夯实了现代服务业标准化全面实施及转型升级的根基，推动了体验式旅游先行区和鄂尔多斯旅游服务中心城区的建设，以旅游标准化推动服务业标准化，品质旅游助力品质东胜建设。

【金融 保险】 东胜区共有各类金融机构142家，其中银行23家，存款余额1450.12亿元，同比增加9.22%；保险公司33家，其中财险保险费收入7.49亿元，寿险保险费收入18.77亿元；小额贷款公司49家，贷款余额88.79亿元；融资性担保公司8家，担保余额12.53亿元；证券公司5家，开户总数7373个，累计交易金额611.74亿元；期货公司2家，累计开户数210户，累计交易金额1113.8亿元；股权投资管理公司19家，股权投资基金3家。

【科技】 东胜区科技局被自治区党委宣传部、科技厅、科协授予2016年内蒙古科技活动周暨全区第21届科普活动宣传周集体称号；东胜区地震局获2016年鄂尔多斯市防震减灾工作年度考核一等奖。争取自治区科技重大专项项目1项、自治区科技计划项目6项，争取上级专项资金885万元，储备各类科技项目41项。培育国家级众创空间试点1个，自治区级众创空间试点3个，市级众创空间试点2个。3家企业获批国家级高新技术企业。新获批自治区院士工作站1个、企业技术中心2个。2家农牧业企业获批鄂尔多斯市农牧业特色产业化基地。东胜区科技局牵头促成东胜区人民政府、安徽理工大学、鄂尔多斯市益山煤炭应用化学研究所于7月初签订三方战略合作协议，推动成立西北工业技术研究院工作。共引进高层次人才88人，其中副研究员1人，博士研究生5人，硕士研究生82人；2名院士被鄂尔多斯市人民政府授予

“天骄英才”称号,2人被授予“草原英才”称号,4人被授予“鄂尔多斯英才”称号。东胜区实验中学被评为自治区级防震减灾科普示范学校,东胜区第六中学被评为市级防震科普示范学校。曙光社区、兴农社区被评为自治区级地震安全示范社区。建成国家知识产权优势企业3家、国家知识产权示范企业1家、自治区知识产权优势企业4家,知识产权贯标认证成功的企业1家,6家企业获得鄂尔多斯市专利成果转化奖。

【教育】 有各级各类公办学校73所,合格民办学校、幼儿园共52所,教职工7903人,在校(园)学生和幼儿78 788人。全面推进学区制改革,“组团发展、联盟推进,421布局、幼小初衔接”的完整学区制管理体制和运行机制已具雏形,推动义务教育从基本均衡向优质均衡迈进。实行“有房无户籍幼儿”入园同城待遇,向优质民办幼儿园购买学位3198个,扶持民办幼儿园发展,学前三年入园率提高至92.10%,有效解决“入园难”“入园贵”问题。创新办学模式,与社会力量合作创办鄂尔多斯衡水实验中学,实施管、办、评分离机制改革,“政府管教育、学校办教育、社会评教育”的格局基本形成。教育成绩不断提升,中、高考多项指标取得新突破。

【文化】 图书馆、文化馆均建成国家县级一级馆,分别被评为自治区“十佳图书馆”和“十佳文化馆”,青铜文化广场被评为“自治区十佳文化广场”。图书馆全面启动运营后,共设置28个功能区域,读者座席944个,拥有藏书110万册,年接待读者58余万人次,在镇、街道、学校、军营、企事业单位建成二级分馆18个,村、社区建成三级分馆18个,并与市图书馆、伊金霍洛旗图书馆实现三地图书通借通还。文化馆元宵节期间,举办璀璨2016·东胜迎春灯会等32项特色文化活动,公益惠民演出160场次;市民文化节期间,举办“大美鄂尔多斯”风光摄影展等68项特色文化活动,公益惠民演出200场次。各镇、街道办事处共有健身舞队等各类社区业余文艺队90多支,近2000人,常年活跃在各个活动阵地。全年累计放映公益电影1463场次。东胜区微电影创作基地拍摄的《图书馆文化快闪》微视频微信阅读量突破7万次,腾讯视频点击量突破9万次。歌剧院组织开展“2016公益文化惠民演出季”系列活动,累计举办各类公益演出85场次、商业演出258场次,新创音乐、舞蹈、曲艺类作品30件,与陕西文投集团合排中国首部红色文化主题秀《红秀·延安》,成功在延安东方红大剧院商演210场次,创收120余万元;大型原创民族舞剧《不落的太阳》先后赴上海、嘉兴、张家港、徐州、西安及自治区各盟市开展巡回演出50余场次。全年获得市级以上奖项49项,受到社会各界的一致好评。

【体育】 贯彻落实全民健身计划,围绕“四季那达慕、时尚那达慕”系列活动,组织承办国际、国内大型体育赛事,支持机关企事业单位开展职工体育运动和社区体育比赛。组织承办第三届鄂尔多斯国际那达慕大会“天骄圣地·鄂尔多斯”全国自行车比赛,呼包榆及周边城市万家惠欢乐水世界竞技闯关邀请赛;组织开展全区职工足球、社区足球、校园足球三级联赛、第五届市民运动会及健身操舞大赛、光猪跑,彩色跑,荧光跑,徒步、骑行、毽球、乒乓球、羽毛球、象棋、门球、少儿轮滑、职工篮球、三人篮球赛,钓鱼大赛等系列活动。共有单项协会17个,晨、晚练站(点)82个,注册社会体育指导员1469人。加大对公共体育设施的投入力度,努力推进全民健身公共服务体系的建设,形成区、镇和街道、社区和行政村三级全民健身服务网络体系。共有体育设施场地854个,其中304个室内场地,550个室外场地,体育场地面积96.7万平方米,人均体育场地面积2.24平方米。

【卫生】 2016年,全区新农合参合65 306人,参合率98%,人均筹资标准766元,共为16 101人次报销补偿4772.1万元;推进商业保险制度,为249人次补偿大病商业保险金197.18万元,为153人次补偿无责意外伤害保险金146.18万元。按照机构整合要求，完成卫生局与人口计生局机构整合，组建卫计局；完成妇幼保健所与人口婚育生殖健康服务中心机构整合，组建妇幼保健计划生育服务中心，推进镇、街道卫生计生服务机构联合开展计划生育服务工作。新建和改扩建村卫生室10个，农村基层医疗服务机构基本实现一体化管理；新增卫生服务站点20个、“健康小屋”4个。其中试点打造的富兴一体化标准社区卫生服务中心全面投用，与区人民医院建立一体化医技服务平台和居民健康平台，通过“互联网＋医疗”模式试点开展家庭医生网络签约服务和“健康小屋”居民自助体检服务，实现信息互通、资源互补、签约服务和上下转诊等服务功能。扎实推进卫生信息化建设，区域信息化平台开始试运行，4个镇卫生院和3个村卫生室实现医学远程诊疗，10个村卫生室实现内外网覆盖和新农合即时结报。推进公立医院改革，区人民医院顺利通过二级甲等医院评审验收；严格落实公立医院院长人事管理、绩效考核等管理自主权，制定公立医院院长考核方案，实现医院由被动服务向主动服务转变；开展按病种、按人头付费，实行“先看病、后付费”制度，住院就诊患者覆盖率40%以上；出台分级诊疗实施方案，明确各级医疗机构疾病分类标准、就诊范围和诊疗目录；实施区内同级医疗机构医学检验和影像结果纸件互认，开展5家市区公立医院微信预约挂号服务；全面推进家庭医生签约服务，签约服务2.5万人，重点人群签约服务覆盖率、规范化诊疗和管理率均为30%以上，基本形成“基层首诊、分级诊疗、双向转诊”的就医格局。

截至9月底，全区总人口中已婚育龄妇女125 206人，其中流入人口中已婚育龄妇女68 380人；本期出生6370人，人口出生率为11.26‰，出生人口性别比为105.09，符合政策生育率95.71%。深入落实“全面两孩”政策，取消二孩生育审批，实行网上登记，制定实施妇女儿童、医疗卫生等发展规划，做好妇幼保健、公共卫生等公共服务资源的优质均衡配置。

【社会保障】 社会保障标准和覆盖面稳居自治区前列。城镇居民、生态移民基本养老保险和农村牧区养老保险待遇按不同缴费档次，以2016年达到60周岁、正常缴费15年的农牧民计算，养老金可领取的待遇为最低每人每月294元，最高每人每月613元；被征地农民养老保险待遇每人每月819.2元；城镇企业职工基本养老保险待遇平均水平每人每月2650元。城镇职工基本医疗保险报销封顶线38万元，平均报销比例90%以上；城镇居民基本医疗保险报销封顶线20万元，平均报销比例为80%。实施商业医疗保险补充制度，与中国人保财险合作，开展城镇职工和城镇居民补充医疗保险，有效减少因病致贫、因病返贫现象。将新生儿因病住院发生的医疗费用纳入城镇居民基本医疗保险报销范围，在全区住院治疗的城镇医疗保险参保人员实行“先诊疗后付费”制度，切实方便了群众看病就医。城乡低保标准分别提高到每人每月604元和420元，将低保对象普通疾病的救助比例由过去的65%提高至70%。全年共救助1209人次，发放救助金327.6万元。将百岁老人高龄津贴标准提高至每人每月600元，2016年共发放老年人生活补贴1860.72万元。推动社会组织发展，开展社会组织相关培训、交流等活动共34期。社会就业持续稳定，全年累计提供就业岗位24 774个，新增城镇就业7591人，就业困难人员再就业2259人；组织开展创业培训26期，受益1139人；组织开展各类就业技能培训，受益4031人。

【人民生活】 东胜区城镇常住居民人均可支配收入41 911元，较上年增长8%。启动实施住宅小区“三年攻坚行动”整治项目。配合街道办事处改造小区150个，其中供热管网改造的小区134个。46个小区新组建业主委员会，26个小区进驻物业管理公司。

（撰稿人：田纯畅）

达拉特旗

【概况】 达拉特旗(以下简称达旗)位于内蒙古自治区西南部,黄河中游南岸,鄂尔多斯高原北端。北与包头市隔河相望,东南西分别与准格尔旗、东胜区、杭锦旗接壤。东西长133公里,南北宽66公里,总面积8188平方公里。全旗分布有7个镇、1个苏木,130个村;6个街道办事处。全旗总人口36.9万人。其中:汉族35.1万人,占总人口的95.1%;蒙古族1.69万人,占总人口的4.6%;回族577人,占总人口的0.16%;满族787人,占总人口的0.2%。朝鲜族12人,达斡尔族21人,鄂温克族7人,壮族17人,藏族9人,维吾尔族7人,苗族21人,土家族12人,彝族39人,锡伯族3人,其他49人。

常住人口33.27万人,其中城镇人口18.75万人,城镇化率56.36%。年末全旗户籍总人口为369 306人,同比增加5049人。全年出生人口0.33万人;死亡人口0.15万人;自然增长率为5.72‰。

矿资源有煤、芒硝、石英砂、耐火黏土、泥炭等。其中煤炭已开发30座煤矿,年产量1600万吨。2016年,全年实现地区生产总值490.8亿元,同比增长7.1%。第一、二、三产业对经济增长的贡献率分别为2.6%、26.5%、70.9%。地区生产总值中第一、二、三产业比例为6.78∶55.33∶37.89。

【农业】 农作物总播面积135 854公顷,同比下降0.9%。粮食作物播种面积82 063公顷,同比下降1.4%。全年粮食产量583 180吨,同比增长0.4%。

获得"有机食品"认证的有7家企业10个产品;获得"绿色食品"认证的有1家企业1个产品;获得"无公害农产品"认证的有2家企业6个产品。在王爱召镇实施2个小麦高产创建示范片,亩产432.9公斤;在中和西镇等4个苏木镇实施玉米高产创建示范片4片,平均亩产724.8公斤。推广落实87.75万亩,其中推广玉米地膜覆盖技术70.2万亩、小麦综合高产栽培技术3.75万亩、向日葵综合高效栽培技术10万亩、马铃薯"两增五推"技术3.8万亩。

完成国家玉米展示示范点1个,示范品种2个、展示品种22个,面积124亩;旗级玉米展示点4个,展示品种32个,面积76亩。完成青尖椒新品种试验示范点2个,面积20亩。采集土壤样品300个,完成所有化验项目;推广测土配方施肥技术面积120万亩,农民施用配方肥面积50万亩。

【畜牧业】 牧业年度牲畜存栏301.8万头(只),同比下降1.6%。其中:大小畜合计286万头(只),同比下降1.7%;年末牲畜头数存栏197.9万头(只),同比下降4.3%。其中,大小畜合计192.2万头(只),同比下降4.4%。

全年肉类总产量40 914吨,同比增产4.9%。其中:猪肉13 050吨,同比增产8.8%;牛肉1499吨,同比下降3.8%;羊肉26 035吨,同比增产3.7%;禽肉产量330吨,同比下降2.4%。牛奶产量68 550吨,同比减产3.3%。禽蛋产量2785吨,同比减产0.5%。

【林业】 完成人工造林12.65万亩,工程固沙0.2万亩,其中京津风沙源治理工程完成人工造林0.7万亩,工程固沙0.2万亩,2014年退耕还林后续产业完成4.14万亩,国家重点工程造林试点补贴项目完成1.35万亩,日元贷款风沙治理项目完成0.49万亩,森林植被恢复项目完成1.65万亩,松下公益林项目完成0.1169万亩,重点区域绿化奖励资金造林完成0.4万亩,全民义务植树完成1.46万亩,2013年退耕还林后续产业项目完成1.55万亩,其他(企业、个人)造林完成0.7931万亩。

在重点火险区域开辟累计长达1071.6公里的防火隔离带。共发生森林草原火灾4起,其中较大火灾1起,一般性火灾3起,受灾面积198.5亩。

查处办结林业行政案件44起，治安案件1起，刑事案件3起。申领证件的18家野生动物经营单位进行登记管理。救助国家二级保护野生动物白天鹅5只，猫头鹰1只，黄爪隼1只。

【水利】 投入水利建设资金23 650万元。共计投入劳动工日13.47万工日，完成土石方320万立方米，新打机电井215眼，维修机泵40台。新增有效灌溉面积1.31万亩，改善有效灌溉面积3.8万亩，新增节水灌溉面积42.5万亩，解决0.99万人、1.18万头牲畜安全饮用水问题。发放河道采砂许可证19本，整治非法涉河建设项目12项。与黄河水利委员会黄河水利科学研究院合作国家“973”项目，坡面人工降雨试验和人工自然冲刷两项科研课题。

【工业】 全年53户规模以上工业企业总产值7 002 289万元，同比增长10.1%。规模以上工业增加值增速为8.1%。分轻重工业看：轻工业完成产值1 361 162万元，同比下降21.2%；重工业完成产值5 641 127万元，同比增长21.8%。按经济类型分：股份制企业、外商及港澳台商投资企业、其他经济类型企业产值分别为5 240 082万元、186 745万元、1 575 462万元，同比分别增长6.8%、-12%、27.1%。总计中，大中型企业产值4 106 948万元，同比增长11.6%。总计中，国有控股企业产值1 060 961万元，同比增长10.3%。非公有工业产值5 786 897万元，同比增长8.3%。规模以上工业销售产值6 840 201万元，同比增长8.8%。产品销售率97.7%。

【城镇建设】 资质以上建筑企业13户，全年完成产值221 124.4万元，同比增长76.6%。安装20套路灯、交通信号灯智能化控制器。完成9673平方米草坪补种，粉刷垃圾桶15个，维修更换喷水系统42个，新安装体育健身器材24套。

对居住在廉租房内的368户（约1.8万平方米）城镇低保家庭实施免费供暖。对符合廉租住房租赁补贴条件的121户（178人）住房困难家庭发放租赁补贴69 423元。办理房产预售许可证5个，总面积为4.32万平方米：其中住宅1.46万平方米，共87套；商业为2.77万平方米，其他面积0.09万平方米。

【国内贸易】 限额以上批零住餐企业共36户，其中批发零售企业24户，住宿餐饮企业12户。大个体19户，其中住宿餐饮大个体10户、批发零售大个体9户。社会消费品零售总额646 941万元，同比增长11.3%。按销售单位所在地分：城镇437 093万元、乡村209 848万元，同比分别增长11.5%、10.9%；按消费形态分：餐饮收入96 134万元、商品零售550 807万元，同比分别增长12.9%、11.1%。

【交通 电信】 2016年末，全旗境内公路总里程3267公里，新增681公里（含141公里等外公路升级为等级公路），全部为等级公路，其中高速公路250公里、一级公路131公里、二级公路579公里。境内铁路通车里程180公里，新建成尚未通车的里程有192公里。

全年公路货运量1195万吨，同比下降57.7%；货运周转量161 997万吨公里，同比下降53.6%；公路客运量2250万人，同比下降8.9%；客运周转量324 874万人公里，同比下降8.1%。营运货车1762辆，客车94辆，出租车896台。小车68 410辆，挂车734辆，摩托车1122辆。拖拉机15 513辆，拖拉机配套农具24 891套，收获机械1687辆，农用运输车17 259辆，农田基本建设机械47台。

全年邮政业务收入1426.7万元，其中函件收入28.9万元、快递包裹收入66.4万元、报刊收入78.4万元、电子商务收入251万元、集邮收入63.7万元、分销收入1.4万元、储蓄收入633.2万元、保险收入264.8万元、办理汇兑收入21.4万元、其他收入17.3万元。共有邮电所18个，邮路单程长度930公里。固定电话用户1.3万户，移动电话用户39.3万户，互联网注册用户630户，集团注册用户6251户，家庭小区宽带用户 3.7 万户。

【旅游】 全年共接待国内外过夜游客 192.7 万人次，同比增长 27.3%，其中响沙湾接待 63.4 万人次，下降 11.2%。过夜游客产生旅游收入 64.5 亿元，同比增长 24%，其中响沙湾收入 1.5 亿元，下降 8.1%。

【金融】 年末，金融机构存款余额 1 571 210 万元，同比增长 17.4%。其中：非金融企业存款 126 597 万元，同比增长 19.1%；住户存款余额 1 280 653 万元，同比增长 14.3%。非金融企业存款中：活期存款余额 93 667 万元，同比增长 11.6%；定期存款余额 32 931 万元，同比增长 47%。金融机构贷款余额 1 310 410 万元，同比下降 12.4%，其中：非金融企业和机关团体贷款余额 899 187 万元，同比下降 11.1%；住户贷款余额 411 223 万元，同比下降 15.2%。非金融企业和机关团体贷款中：短期贷款余额 487 920 万元，同比增长 12.6%；中长期贷款余额 351 259 万元，同比下降 29.7%。

【科技】 全年申请实用新型专利 36 项，授权 36 项；申请发明专利 5 项，实审中；申请外观设计专利 3 项，授权 3 项。

【教育】 有各类学校 127 所，其中高中 2 所、初中 6 所、九年一贯制学校 1 所、职业高中 1 所、小学 28 所、特殊学校 1 所、幼儿园 88 所。高中班数 105 个，在校学生 5088 人，专任教师 413 人。初中班数 183 个，在校学生 8327 人，专任教师 743 人。职业高中班数 55 个，在校学生 2344 人，专任教师 94 人。小学班数 471 个，在校学生 22 443 人，专任教师 1336 人。特殊学校班数 8 个（其中初中 2 个，小学 6 个），在校学生 62 人（其中初中 16 人，小学 46 人），专任教师 12 人（其中初中 1 人，小学 11 人）。幼儿园班数 542 个，在园幼儿 15 718 人，专任教师 1604 人（其中民办幼儿园教师 899 人）。学龄儿童入学率 100%。

【文化】 有局属二级单位 6 个，分别为文化馆、乌兰牧骑、图书馆、文物管理所、文化市场综合执法大队和电影管理站。另外还有各苏木镇文化站 14 个、书店 71 家、广播电视台和报社。2016 年，乌兰牧骑演出 103 场次，电影管理站放映电影 1962 场。图书馆总藏量 22.55 万册（件），其中图书 16.05 万册、报刊 1.38 万件、视听文献 3707 件（套）、电子图书 6.42 万件，其他 4.75 万册，总藏量中儿童文献 4.29 万册。文物藏品 431 件（套），其中二级品 1 件（套）、三级品 26 件（套）。全旗非物质文化遗产名录共 14 个，其中市级项目 7 个，市级项目中有自治区级项目 4 个。苏木镇综合文化站累计组织文艺活动 251 次，举办展览 66 次，共有藏书 7.8 万册。全旗城网有线电视用户 3.2 万户，农网有线电视用户 7.4 万户，广播电视覆盖率 96%。

【卫生】 有卫生机构 367 个。其中：公立医院 2 个，民营医院 6 个，疾控中心、妇幼保健所、卫生监督所各 1 个，卫生院 22 个，社区卫生服务中心 7 个，社区卫生服务站 5 个，村卫生室 190 个，个体门诊 132 个。床位总数 1785 张，其中：医院 1068 张、卫生院 330 张、其他医疗卫生机构 387 张。卫生技术人员 1784 人，其中执业医师 864 人；执业助理医师 254 人；注册护士 666 人。

【社会保障】 年末，城镇职工基本养老保险参保人数 25 233 人，保险基金收入 27 900 万元，保险基金支出 24 446 万元。城乡无业居民基本养老保险参保人数 1 500 444 人，保险基金收入 6205 万元，保险基金支出 21 329 万元。职工医疗保险参保人数 42 975 人，统筹基金收入 6428 万元，个人账户收入 6464 万元，统筹基金支出 6491 万元，个人账户支出 7030 万元。城镇无业居民医疗保险参保人数 42 175 人，个人缴费 632 万元，保险基金支出 1865 万元。农村合作医疗参保人数 245 743 人，合作医疗费支出 18 299 万元。

【人民生活】 全年全体居民可支配收入 26 449

元，名义增长 7.7%，全体居民消费性支出 17 550 元，名义增长 0.9%；城镇常住居民可支配收入 36 403 元，名义增长 7.5%，城镇常住居民消费性支出 22 374 元，名义增长0.6%；农村牧区常住居民可支配收入 15 359 元，名义增长7.1%，农村牧区常住居民消费性支出 11 346 元，名义增长 1.9%。单位从业人员年末人数 32 578 人，同比增加 735 人。其中：国有单位从业人员 13 741 人，同比减少 895 人，占年末从业人员总数的 42.2%；城镇集体单位从业人员 546 人，同比减少 18 人，占年末从业人员总数的 1.7%；其他单位从业人员 18 291 人，同比增加 1648 人，占年末从业人员总数的 56.1%。单位在岗职工 31 489 人，同比增加 301 人，其中国有、集体和其他单位在岗职工分别为：13 513 人、546 人和 17 430 人。

（撰稿人：王昆）

杭　锦　旗

【概况】 杭锦旗位于鄂尔多斯市西北部、黄河“几”字湾南岸，地跨鄂尔多斯高原与河套平原，黄河流经全旗 242 公里，库布其沙漠横亘东西，将全旗自然划分为北部沿河区和南部梁外区。全旗总面积 1.89 万平方公里，下辖 1 个自治区级开发区、5 镇 1 苏木 1 个管委会，总人口 14.6 万，其中蒙古族人口 2.7 万。是一个以蒙古族为主体，汉族占多数的少数民族地区。年末全旗户籍人口 143 540 人，总户数 65 948 户。其中：城镇人口 27 967 人；乡村人口 115 573 人。按性别分，男性 73 097 人，占总人口 50.9%；女性 70 443 人，占总人口 49.1%。按民族分，蒙古族人口 27 366 人，占总人口 19.1%；汉族人口 115 813 人，占总人口 80.7%；其他少数民族人口为 361 人，占总人口 0.25%。家庭户平均户规模为 2.18 人。年末全旗常住人口 11.34 万人。

全社会固定资产投资项目 212 个（新建项目 173 个，续建 39 个），共完成投资 1 750 023 万元，同比增长 12.8%。其中：民间投资完成 1 056 385 万元。房地产开发投资项目 13 个，共完成投资 218 万元。按产业分：第一产业完成 145 387 万元；第二产业完成 1 167 622 万元；第三产业完成 437 014 万元。

全旗地方财政总收入累计完成 159 450 万元，同比增收 3120 万元，增长 2%。分税制看，公共财政预算收入 123 000 万元，同比增长 0.02%；上划中央税收收入 21 593 万元，同比增长 4%；上划自治区税收收入 5396 万元，同比增长 14%；上划市级税收收入 9461 万元，同比增长 20%。分征收部门看，国税部门完成 23 112 万元，同比增长 39%；地税部门完成 128 993 万元，同比增长 16%；财政部门完成 7345 万元，同比减少 74%。全旗公共财政支出累计完成 261 910 万元，同比减支 35 054 万元，同比减少 12%。

2016 年完成地区生产总值 100.23 亿元，同比增长 11.8%，按不变价计算同比增长 9.1%。其中：第一产业增加值 19.21 亿元，同比增长 9.1%，按不变价计算同比增长 3.1%；第二产业增加值 40.78 亿元，同比增长 18.1%，按不变价计算同比增长 13.7%。其中：全部工业增加值 32.1 亿元，同比增长 22.6%，按不变价计算同比增长 17.7%。建筑业完成增加值 10.3 亿元，同比增长 3.7%，按不变价计算同比增长 3.4%；第三产业增加值 40.24 亿元，同比增长 7.4%，按不变价计算同比增长 7.7%。三次产业结构比例为 19.2：40.7：40.1。人均地区生产总值 8.85 万元，同比增长 11.9%。

【农牧业】

种植业　农作物总播面积 117.9 万亩，同比减少 0.85%。粮食作物播种面积 66.8 万亩，同比增长 3.6%；粮食产量 386 036 吨，同比增长 2%。其中，小麦产量 1821 吨，玉米产量 371 837 吨。

畜牧业　牧业年度（6 月 30 日）牲畜头数 2 016 335 头（只），同比增长 2.15%；日历年度

(12月30日)牲畜头数1 393 050头(只),同比减少2.1%。

【工业】 2016年规模以上工业企业19家,完成产值55.4亿元;分行业看,化学原料和化学制品制造业37.87亿元,非金属矿物制品业0.46亿元,医药制造业1.35亿元,金属制造业0.9亿元,电力、热力生产和供应业8.92亿元,燃气生产和供应业5.89亿元。规模以上工业生产产销衔接良好,工业产品产销率97.5%。

2016年,万元GDP能耗0.7532吨标准煤,同比下降3.41%;单位工业增加值能耗同比下降8.5%;全社会用电量52 546万千瓦时。

【交通 邮电】 截至年末,全旗境内公路总里程5346.92公里。其中:高等级公路里程367.57公里;高等级公路中,高速公路253.74公里、一级公路113.83公里。铁路里程108公里。全年公路货运量2263.07万吨,货运周转量24.2亿吨公里。公路客运量269.97万人次,客运周转量2.41亿人公里。

全年邮电业务收入实现669.59万元,同比增长22.4%。

【商业】 全年完成社会消费品零售总额391 772.6万元,同比增长9.4%。按销售地区分,城镇零售总额完成266 363.1万元,同比增长9.6%;乡村零售总额完成125 409.5万元,同比增长9%。

【文化】 2016年年末,杭锦旗旗直文化部门1个,各苏木镇文化站7个。文化系统从业人员共89人。其中,专业技术人员73人。图书馆总藏量16.48万册(件),其中图书8.26万册、报刊1.08万件、电子图书6.9万册。

地面数字电视发射台15座,中央广播电视无线数字地面发射台1座,调频广播发射台7座。数字电视用户41 459户,其中直播卫星用户3600户,有线电视用户4500户。电视综合覆盖率95%,广播综合覆盖率80%。

【旅游】 全旗有旅游企业19家。其中,旅行社2家,AAAA级景区3家,AA景区1家,星级酒店2家。全年累计接待游客79.8万人次,全年实现旅游收入23.8亿元。

【教育】 年末,全旗共有各级各类学校26所(其中民办3所)。其中:幼儿园17所(其中:公办幼儿园14所,包括民族幼儿园6所;民办幼儿园3所),小学4所(其中民族小学1所),中学5所。其中,初级中学1所,九年一贯制学校2所,完全中学2所(其中民族中学1所)。全旗在校学生人数14 904人。其中:在校幼儿4383人,在校小学生6498人,在校中学生4023人(其中初中生2610人,高中生1413人)。全旗共有专任教师1381人。其中:幼儿园专任教师350人,小学专任教师499人,中学专任教师532人其中初中专任教师378人,高中专任教师154人。

【卫生】 年末,全旗共有旗直医疗、预防、保健、合作医疗、爱国卫生、卫生监督机构7个,苏木镇中心卫生院7所,卫生院5所,社区卫生服务中心1个,社区卫生服务站4个,嘎查村卫生室78个,个体医疗诊所52个。卫生技术人员557人。其中,主任医师10名,副主任医师70名,主治(管)医师129名,初级医师、护士及其他人员348名。全旗共有病床498张。其中,旗直280张,基层171张,妇幼保健47张。实有床位432张。其中:旗直242张,基层143张,妇幼保健47张。平均每千人口床位数3.94张。平均每千人口拥有医务人员3.5名。

【金融】 全旗金融机构存款余额632 191万元,同比增长7.75%。金融机构贷款余额395 323万元,同比减少8.29%。

【人民生活】 全年城镇常住居民人均可支配收入36 144元,同比增长7.2%。其中:工资性收入25 098元,同比增长8.5%;经营净收入6036元,同比增长37.3%;财产净收入1128元,同比减少9.1%;转移净收入3882元,同比减少21.6%。全年城镇常住居民人均消费支出19 988元,同比增长1.0%。

全年农村牧区常住居民人均可支配收入

15 354 元，同比增长 7.7%。其中，人均工资性收入 749 元，同比减少 24.2%；经营净收入 11 874 元，同比增长 18.1%；财产净收入 -126 元，同比减少 116.1%。转移净收入 2855 元，同比增长 17.4%；全年农村牧区常住居民人均生活消费支出 14 418 元，同比增长 2.9%。

【社会保障】 全年新增就业人员 1256 人。提供就业岗位 533 个。全年完成农村牧区劳动力转移输出 8641 人。城镇登记失业率为 3.03%。2016 年末，各项社会保险参保人数 127 062 人。其中，城镇职工基本养老保险参保 15 980 人，工伤保险参保 7150 人，生育保险参保 10 105 人，城镇基本医疗保险参保 37 499 人（其中城镇职工参保 16 050 人，城镇居民参保 21 449 人）。城乡居民社会养老保险参保 52 000 人，参保率 108.3%。失业保险人数 7598 人，征收基金 533 万元，发放人数 36 人，发放失业保险金 33.8 万元。全旗新型农村牧区合作医疗参合率 96.08%。全年统筹基金收入 7586.79 万元，统筹基金支出 6974.89 万元。

享受城镇低保对象 216 户 346 人，享受农村低保对象 1297 户 2541 人。全年共发放城镇低保资金 208.57 万元，发放农村牧区低保资金 938.95 万元。

（撰稿人：薛福茹）

准格尔旗

【概况】 准格尔旗因地理位置得名。“准格尔”是蒙古语，意为“左翼”。清顺治六年（1649 年），清廷将蒙古鄂尔多斯部分左右两翼 6 旗，鄂尔多斯东部划为左翼前旗，俗称“准格尔旗”。准格尔旗地处内蒙古自治区西南部，鄂尔多斯市东端，黄河沿北、东、南流经 197 公里，与呼和浩特市、山西、陕西隔河相望，有“鸡鸣三省”之称，是国家级非物质文化遗产“漫瀚调”的故乡。旗政府驻地薛家湾镇，距鄂尔多斯市政府驻地康巴什新区 148 公里。

准格尔旗总面积 7550.7876 平方公里，其中陆地 7358.1522 平方公里，水域 192.6354 平方公里。地势西北高、东南低，由西向东逐渐倾斜。属中温带大陆性半干旱季风气候，光照充足，四季分明。冬季漫长寒冷，夏季炎热短促，春秋气温变化剧烈。年平均气温 8.5℃，年平均降水量 392.8 毫米，日照时数年平均 2936.8 小时。准格尔旗探明有煤、高岭土等 12 种地下矿藏。煤炭储量 544 亿吨，有低灰、低磷、低硫、高发热的“绿色煤炭”美誉；高岭土储量 60 亿吨。

全旗有准格尔经济开发区、鄂尔多斯大路煤化工基地 2 个开发区；辖布尔陶亥 1 个苏木，十二连城、暖水 2 个乡，薛家湾、沙圪堵、大路、纳日松、准格尔召、龙口、魏家峁 7 个镇，蓝天、友谊、兴隆、迎泽 4 个街道，共 14 个乡级政区；有 156 个村、3 个嘎查、29 个社区。

全旗户籍总人口 326 516 人。总人口中，汉族 291 856 人，蒙古族 32 634 人，其他少数民族中，满族 1278 人，回族 338 人，有彝族、朝鲜族、壮族、藏族等少数民族 410 人。

地区生产总值 1143.2 亿元，比上年增长 7.1%。其中，第一产业实现增加值 10.07 亿元，增长 3.5%；第二产业实现增加值 675.32 亿元，增长 7.3%。其中，工业增加值完成 616.4 亿元，增长 7.6%，建筑业增加值完成 58.92 亿元，增长 3.8%；第三产业实现增加值 457.82 亿元，增长 6.8%。经济结构比例为 0.9∶59.1∶40。人均 GDP 由上年的 298 996 元增加到 307 643 元，增长 2.9%。

财政总收入 160.61 亿元，同比增长 2.0%。其中：上划中央收入 41 亿元，下降 12.2%；上划自治区收入 23.52 亿元，增长 21.2%；上划市级收入 14.25 亿元，增长 16.3%；一般公共预算收入 81.83 亿元，增长 3.6%。全年一般公共预算支出 96.79 亿元，增长 4.4%。全旗全体居民人均可支配收入 32 469 元，增长 7.6%。其中：城镇常住居民人均可支配收入 41 523 元，较上年增长 7.3%；农村常住居民人均可支配收入 15 500 元，较上年增长 7.2%。

【农业】 全旗农作物播种面积 67 108 公顷。其中：粮食作物播种面积 39 847 公顷，油料作物播种面积 3215 公顷，蔬菜及食用菌种植面积 695 公顷，瓜果类种植面积 2397 公顷，青饲料播种面积 4623 公顷。全旗粮食总产量 9.61 万吨，较上年增加 1.47 万吨。

【畜牧业】 全旗牲畜总数 62.3 万头（只），较上年减少 0.95 万头（只）。其中：羊的总数为 55.61 万只，较上年减少 0.84 万只；牛 0.32 万头，较上年增加 0.04 万头；猪 6 万头，较上年减少 0.13 万头。

【工业】 全年实现工业增加值 616.4 亿元，同比增长 7.6%。规模以上工业平稳运行，全年累计完成工业总产值 1083.55 亿元，同比增长 7.0%；规模以上工业增加值增长 8.0%；累计实现营业收入 1084.94 亿元，增长 14.9%；实现利润总额 161.65 亿元，增长 16.9%。收入利润率 14.9%。全旗工业企业累计上缴税金 85.82 亿元，同比增长 1.6%，占全旗财政收入的 53.4%。重点行业对全旗工业经济继续发挥支撑作用。煤炭行业全年累计实现工业产值 901.34 亿元，同比增长 7.8%，占规模以上工业总产值的 83.2%。全年煤化工实现产值 73.69 亿元，增长 3.9%，占规模以上工业总产值 6.8%。大中型企业仍然是全旗工业经济的主力军，全旗 27 户大中型企业累计完成工业产值 816.85 亿元，占规模以上工业总产值 75.4%。主要产品产量：原煤 24 049 万吨，增长 8.9%，增速较上年提升 17.6 个百分点。其中：准能 5662 万吨，下降 4.1%；地方 18 387 万吨，增长 13.7%。全年发电 159.02 亿千瓦时，同比下降 14.2%。其中：火电 150.18 亿千瓦时，下降 11.9%；水电 8.84 亿千瓦时，下降 40.8%。生产电石 118.56 万吨，增长 18.1%；生产甲醇（含苯）249.14 万吨，增长 0.4%；生产各类油品 19.45 万吨，下降 3.8%；生产化肥 9.17 万吨，下降 17.9%；生产多晶硅 0.53 万吨，增长 18.6%。

【城乡建设】 年内，建成以薛家湾—大路新区一体化发展为中心，沙圪堵、龙口为重点，其他苏木乡镇为外围组团的城镇体系，常住人口城镇化率 68.2%。薛家湾—大路中心城区是内蒙古呼包鄂城市群“井”字形节点城市，建成区 26.77 平方公里。2016—2017 年度共实现采暖期集中供热面积 1135 万平方米；实现蒙泰热电厂对大路新区 112.66 万平方米的集中供热。完成薛家湾镇薛周路、经四路、经八路共计3.18 公里市政天然气管道铺设，完成天然气管网入户约 2700 户。

2016 年，准格尔旗被列为农村生活污水治理试点旗县，年内实施了 12 处农村污水治理试点项目。布尔陶亥尔圪壕嘎查、十二连城乡黑圪崂湾村等 8 个村庄被列入第二批自治区级特色景观旅游名镇名村村镇旅游资源信息库；12 月 28 日，大路镇小滩子村入围住建部公布国家第四批美丽宜居村庄示范名单。农村危房改造 13 109 户，改造农网 673 公里，2.5 万人饮水问题得到解决。

【环境保护】 2016 年，开展矿区企业生产环境综合治理，制定《矿区环境综合治理实施方案》，从防污治污设施建设、运行，工业广场硬化、绿化、洒水降尘，厂区美化、亮化及厂区周边环境治理等方面进行综合整治。全旗植被覆盖度和森林覆盖率分别为 74%、34.8%。全年薛家湾城区空气二级以上优良天数 293 天，优良率为 82.1%。

【交通 电信】 实施通村公路项目 41 个，共计 372.29 公里。年末全旗铁路通车里程 490 公里。全旗铁路货运周转量 537.12 亿吨公里，较上年增长 6.4%；公路货运周转量和客运周转量分别为 487.32 亿吨公里、15.3 亿人公里，分别增长 3.1%、3.4%。全旗邮政通信业务总量为 18.28 亿元，同比增长 6.8%。年末移动电话用户 31.7 万户；家庭宽带业务用户3.5万户。

【商品贸易】 全年全旗实现社会消费品零售总额109.5亿元，同比增长10.5%。在总量中：城镇消费品零售额73.1亿元，增长10.7%；农村消费品零售额36.4亿元，增长10.1%。按消费形态分：住宿餐饮收入32.3亿元，同比增长11.1%；商品零售额77.2亿元，同比增长10.3%。全旗全体居民人均消费性支出23 230元，增长1.2%。城、乡常住居民人均消费支出分别为27 547元和13 782元，增幅分别为0.9%、3.0%。消费结构不断升级，汽车、住房、旅游成为消费新热点。

【旅游业】 全旗接待游客78.4万人次，同比增长22.3%；实现旅游总收入22.5亿元，增长13.3%。举办乡村文化旅游节暨首届那达慕大会。景区建设稳步推进，集中精力打造黄河大峡谷旅游景区，包子塔景区开始试运行。乡村旅游快速发展，初步打造尔圪壕、兴胜店、小滩子、杜家峁、黑圪崂湾等市级旅游示范村，发展纳林、大口、百里长川等乡村旅游项目。建成自治区星级乡村旅游接待户5个、市级典型示范户7个、旗级农家乐旅游典型示范户32户。旅游基础服务设施不断完善，包子塔旅游专线及准格尔召至康巴什旅游专线已开通，推出自驾4日游路线。

【金融 保险】 至年末，全旗金融机构总数20家，各类营业网点105个；各项存款余额445.01亿元，同比增长11.3%，其中：城乡居民储蓄存款余额283.59亿元，增长5.8%；各项贷款余额261.45亿元，下降8.3%。全旗现有保险企业及网点28家，全年保费收入87 306万元，增长3.9%，其中：财产险64 875万元，同比增长4.1%，人寿险22 431万元，同比增长3.5%；全年保险赔付总额15 114万元，同比增长3.6%。其中：财产险赔付11 372万元，人寿险赔付3742万元。

【科技】 2016年，境内企业获批自治区科技计划项目4项、市级科技计划项目5项。伊泰煤制油有限责任公司完成的“煤间接液化费托合成铁基催化剂性能测试与油品产量提升研究开发”及内蒙古天之娇高岭土有限责任公司与武汉科技大学合作开展的“内蒙古煤系高岭土制备纳米级沸石分子筛产业化应用”2个技术研发项目通过成果鉴定。其中，“煤间接液化费托合成铁基催化剂性能测试与油品产量提升研究开发”项目的技术应用属重大技术创新，填补了国内行业空白。年内，伊泰煤制油有限责任公司和美森工业技术有限公司通过国家高新技术企业认定，全旗国家高新技术企业总数达到5家。全年全旗境内的企业和个人共取得专利授权110项，其中发明专利25项，实用新型专利79项，外观设计专利6项。

【教育】 投资1150万元完成25所学校、幼儿园的校园文化、校舍维修、屋面防水等零星项目。新开工建设大路第三幼儿园、薛四小综合楼，扩建薛二小餐厅和风雨操场工程；薛十五幼项目完工并交付使用。年内，共考聘中小学、幼儿园教师181名。年末，全旗共有各类学校和幼儿园80所；有教职工5216名（其中：专任教师4390名），在校学生43 903人，在园幼儿15 057人。全旗适龄儿童小学入学率及初中入学率为100%。全旗普通高考本科上线人数共计1711人，普通高中本科上线率75.2%，职业高中本科上线率48%。普通文理科重点上线人数为308人，较2015年增加22人，提高7.7个百分点。在普通高考中，600分以上人数共9人，较2015年增加7人。

【文化】 开展大型导向活动7次、各类文艺演出128场次、文化辅导150多天次。图书馆两馆实现了通借通还，有效提高了图书的流通率。电影管理站实施电影进万家“家门口”惠民电影展映活动，发行数字电影拷贝2400场，组织放映2324场次，实现了每村每月一场电影的放映目标。新创小戏、小品、歌曲、三句半、舞蹈等文艺作品38件，编排“华章亮彩歌盛世 吉猴送安闹元宵”元宵综艺晚会等多台晚会。11月,中华诗词学会将准格尔旗评为“中华诗词之乡”。

【卫生】 2016年,共建成标准化村卫生室40个,实现全旗村卫生室全覆盖。全旗现有旗直医疗卫生单位6个,基层卫生院13所,民营医疗机构4个,村卫生室127个,个体诊所105个,社区卫生服务中心6个,社区卫生服务站6个。全旗卫生机构和诊所床位数1870张,卫生技术人员2108名。继续实施35周岁以上成年人免费体检和“两癌”筛查项目。年内,有213 478人参加新型农村合作医疗,参合率提高到98%,筹资水平每人每年852元。截至12月底,共为163 603人次参合农民报销,基金总支出为14 034.24万元。

【体育】 举办毽球、羽毛球、象棋、围棋、台球、千人越野、钓鱼比赛等各类体育赛事。在准格尔旗乡村文化旅游节暨首届那达慕大会中,举办各类少数民族传统体育项目比赛;举办“纪念建党95周年、红军长征胜利80周年全民健身健步走”活动;举办准格尔旗秋冬时尚那达慕自行车骑游活动、乡村徒步游活动等群众体育活动。全年安装并投入使用体育器材68套共952件。

【社会保障】 全年新增城镇就业5129人,其中准格尔旗籍大学生1317人,城镇登记失业率控制在2.97%以内。建成公共租赁住房329套,解决低收入群体住有所居的问题。769户1907名国家贫困线下人口全部脱贫,市低保标准下人口增收20%以上。企业职工基础养老金人均提高167元,城镇居民医保和新农合筹资标准每人每月分别提高64.4元和66元。困难群体累计发放各类保障资金4385万元。

(撰稿人:牛玉萍)

伊金霍洛旗

【概况】 伊金霍洛,汉意为“圣主的院落”,因一代天骄成吉思汗陵园坐落于此而闻名于世,享有“天骄圣地、煤海绿洲”的美誉。地处鄂尔多斯市中南部,东与准格尔旗相邻,西与乌审旗接壤,南与陕西省榆林市神木县交界,北与鄂尔多斯市府所在地康巴什新区隔河相望。全旗总面积5600平方公里,辖7个镇、138个行政村、6个社区,常住人口24.1万,其中少数民族1.4万人。

伊金霍洛旗(以下简称伊旗)境内自然资源种类多、储量大、品位高,天然气、天然碱、石灰岩等矿产资源储量可观,特别是煤炭资源量多、质好、易采,具有“三低一高”(低硫、低灰、低磷和高发热值)的优质特点,查明煤炭资源储量约560亿吨,保有储量325亿吨,是全国著名的煤炭之乡和国家重要的能源战略基地之一。地处呼包鄂榆城市群腹地,包茂高速、荣乌高速将伊金霍洛旗与东南沿海地区、广袤的华北和西北地区连接贯通,穿境而过的包神铁路、包西铁路等铁路主干线可以延伸到天津、秦皇岛、黄骅港等港口,是内蒙古重要的能源外送通道。鄂尔多斯火车站开通动车,鄂尔多斯伊金霍洛国际机场航空口岸正式对外开放,与国内外36个城市实现通航,是集公路、铁路、航空于一体,辐射鄂尔多斯及周边地区的重要区域性立体交通枢纽。境内有全国重点文物保护单位、国家AAAAA级旅游区成吉思汗陵旅游区和蒙古源流文化产业园、苏泊罕大草原旅游区、乌兰活佛府3个国家AAAA级旅游景区,有全区保存最完整的郡王府,有距今4000年的“朱开沟文化”遗址和2000多年的战国秦长城遗址,有全国最大的沙漠淡水湖红碱淖和北方地区罕有的红海子湿地等一大批历史、文化、宗教和自然景观,成吉思汗祭祀、鄂尔多斯婚礼被列入国家非物质文化遗产名录。全旗植被覆盖度和森林覆盖率分别为88%和36.4%,成功申创成吉思汗国家森林公园,先后获“中国十佳绿色城市”“中国绿色名旗”“国家园林县城”等称号,生态面貌实现了从严重恶化到整体好转的巨大变迁。

伊旗"十二五"以来，累计完成地区生产总值3018亿元，年均增速保持在9%以上，人均GDP超过4万美元；完成固定资产投资1784亿元、社会消费品零售总额202亿元、公共财政预算收入348亿元，分别增长15%、12%和12%；农牧民收入增速连续5年超过城镇居民收入增速，民生保障水平始终走在全区乃至全国前列，全国县域经济基本竞争力排名由2010年的第37位跃升至第23位，荣膺"全国文明旗县"称号。

2016年，完成地区生产总值681.4亿元，同比增长7.5%；全社会固定资产投资437.7亿元，同比增长11.3%；公共财政预算收入78.8亿元，同比增长2%；社会消费品零售总额53.2亿元，同比增长10.5%；城乡常住居民人均可支配收入分别为41 514元和15 488元，同比分别增长7.3%和7.2%。

【工业】 经济运行企稳向好，55户规模以上工业企业主营业务收入、利润和利税逐月上升，同比分别增长5.3%、13.6%和7.5%；规模以上工业企业实现增加值345亿元，同比增长8.5%。全社会用电量、工业用电量、铁路货运量分别增长9%、15%和6.8%。煤炭市场持续回暖，地方优质煤坑口均价每吨从年初130元上升至390元；全年销售原煤1.66亿吨，占全市销量的32%，比重较上年提升1个百分点。重点项目带动作用明显，全年实施500万元以上重点项目102项、亿元以上重大项目51项，其中列入市级亿元以上重大项目25项、完成投资127亿元，山东能源煤机维修制造等6个亿元以上项目竣工达效，神华煤制油第二、三条生产线、汇能煤制气二期等其他项目进展顺利，有力地拉动了整体经济稳定增长。

工业经济提质增效，完成工业固定资产投资280亿元，其中非煤产业完成投资230亿元，同比增长11.8%。神华煤制油、汇能煤制气一期和国电煤电一体化等煤转化项目运行稳定，全年生产油品85万吨、液化天然气4.4亿立方米，发电92亿千瓦时，分别增长20.4%、25.7%和4.7%。鹏南年产120万吨型煤项目开始试生产，东煌年产30万吨型煤项目正式投产。

【服务业】 在全区率先编制完成《全域旅游顶层设计及三年行动计划》，蒙古源流文化产业园累计完成投资21亿元，腾格里广场、游客中心投入使用，元上都开工建设，全国首家公安专项影视基地、北京电影学院教学创作实习基地和青年电影制片厂影视拍摄基地落户园区。乡村旅游方兴未艾，打造了哈沙部落、幸福田园等8个乡村旅游示范点，成功举办首届鄂尔多斯乡村旅游节暨伊金霍洛乡村旅游季，伊金霍洛镇、苏布尔嘎镇分别获评"全国美丽宜居示范小镇""全区特色景观旅游名镇"。推进体育、旅游与商贸休闲等产业融合发展，利用市场化手段引进鄂尔多斯国际驭马文化节、全国女子围棋甲级联赛、全国大学生羽毛球锦标赛等19项赛事活动，带动餐饮、住宿业消费分别增长12%和15%。成功举办首届"互联网+"暨电子商务大会、中蒙俄韩国际商品博览会。第三产业实现增加值273亿元，同比增长7%。

基础设施日臻完善，完成农网改造升级1045公里。大成陵旅游环线破土动工，康巴什至西召旅游专线实现通车，全旗公路里程突破3200公里。神东圣圆海勒斯壕集装站、巴图塔圣圆集装站快速装车系统基本完工，红庆河煤矿铁路专用线稳步推进。组建成立了煤炭物流园区，进场道路全面改造、整体环境大幅改善，地方煤矿煤炭运输成本有效降低。

【农牧业】 农牧业产业化水平提升，设立2000万元农牧业产业发展基金，推行农牧业产业发展项目申报制，申报项目197项、完成投资4300万元。敏盖白绒山羊"两高一优"良种繁育体系更加完善，申报鄂尔多斯知名商标。启动运营国有云东农牧业公司，与神东公司建立地产绿色农畜产品订单式供销合作机制，拓展农牧民绿色农畜产品销售渠道。市级以上农牧业龙头企业28家，第一产业实现增加值7亿元，同比增长3.5%。

【城乡建设】 城市功能更加完善，全市第一条地下综合管廊基本建成，文明街东延立交等5条市政道路实现通车，老年活动中心投入使用，天峰农贸市场、鸿瑞大厦基本建成。鄂尔多斯火车站、通格朗路等城市重要节点绿化景观全面提升，治理裸地61万平方米，建成区绿地率和绿化覆盖率分别为46.1%和47.2%，被评为全区首个“国家园林县城”。投资2.2亿元启动实施“建设品质小区”三年行动计划，完成53个小区的房屋主体、配套设施、景观绿化改造提升工程，群众反映强烈的工程遗留问题得到有效解决。棚户区改造扎实推进，按照“以人为本、让利于民”的原则，坚决做到“一把尺子量到底、一个政策不走样”。20名县级领导身先士卒、划片包联，868名抽调干部夜以继日、驻地动员，全面打响了棚户区改造攻坚战。累计征收安置天佐、福顺源等13个旧城拆迁遗留片区和阿镇、乌兰木伦镇城中村等重点区域危旧房屋6688户，完成年度任务132%。结合棚改货币化安置，推进消化住宅库存9195套117.8万平方米、商业库存33.9万平方米，推动中心城区19处“半拉子”建设项目开复工15处，安置历史遗留的住宅回迁1078户14.45万平方米、商业回迁1108户15.77万平方米。农村牧区面貌焕然一新，全力推进美丽乡村建设，6549户危房群众喜迁新居，实施通村公路和街巷硬化1095公里，饮水安全、农网改造等“十个全覆盖”工程全部完成，实实在在为农牧民办了实事好事。各镇镇区和6个办事处市政道路、基础管网、房屋设施全面改造提升，重点村、道路沿线和重要节点全部绿化美化，环卫保洁、绿化管护和公路养护等后续管理工作得到加强，农村牧区整体面貌发生变化。

【环境保护】 生态环境保护成效显著，全年完成绿化造林11.2万亩，同步消化农牧民树苗25万株；治理水土流失8万亩、恢复草原植被1300亩。完成矿区移民835户2192人、生态移民616户1939人。黄河流域窟野河治理工程稳步推进，启动乌兰木伦河、牛孛牛川流域断面水质提升工程，17个市级挂牌督办的环保案件整改销号。集聚政府、企业和社会各方力量，累计投入4.3亿元推进实施了“建设美丽家园”矿区环境综合整治专项行动，打造巴苏线、包府线、边贾线3条运煤绿色长廊，重点交通干线及矿区周边环境明显改善。PM2.5浓度同比下降22.2%，全年空气质量优良天数326天，优良率91.6%。

【教育】 全面启动“半拉子”学校建设，矿区小学投入使用，第五中学、第五小学和第六小学全部复工。利用社会化管理模式启动第九幼儿园和金湖幼儿园。完成新一轮校园长聘任，130名新招聘教师分配至基层一线教学。高考本科上线487人，本科上线率提升幅度连续四年居全市第一。蒙授中考成绩全市第一。

【卫生】 旗医院维修改造工程全部完工，蒙中综合医院住院楼开工建设；积极探索“医养结合”，引进蒙京和康阳医院开展养老养生服务。新增城镇就业3112人，其中教育系统、各镇和法院等单位吸纳旗籍大学毕业生211名；安置复转军人45名、就业困难人员220人。

【改革创新】 坚持以改革破瓶颈、以创新增活力，完成经济、文化、社会、生态等领域承接和自选改革任务84项，改革红利逐步释放。集中梳理并向社会公布权责清单8426项。深化商事制度改革，推行企业注册登记“五证合一”和个体工商户注册登记“两证合一”，新增各类市场主体4777户，同比增长27.9%。率先组建成立招商局。建立旅游委+旅游警察、旅游巡回法庭、旅游工商分局“1+3”工作机治，旅游市场迈入法治化轨道。公车改革基本完成。强化煤炭行业综合治税，构建外销煤炭坑口计量和外运关口双重监管机制，税收“跑冒滴漏”有效防止。出台个人出租、自用经营房屋房产税和土地经营税先征后返政策，基层协税护税积极性进一步提高。率先在全区创新性发行7.6亿元“房票”，撬动社会资本15亿元，带动棚户区改造2878户21.9万平方米、消化库存1315套15万平方米，结算限价房和回迁户小二楼、住宅小区“两共”基金等欠款3.8亿元，打通房源置换通道、盘活房地产市场、化解一批“三角债”“多角债”，实现房地产领域关联矛盾逐一解扣、发展困境逐步摆脱。

【人民生活】 脱贫攻坚成效显著，建立“常委包镇、县级领导包片、部门包村、干部包户”四级包联机制，全旗123个行政事业单位、16个市直部门、115个驻地企业和6159名干部职工与120个嘎查村、2527户贫困户深入开展结对帮扶。坚持问题导向和精准施策，投入各类扶贫资金2.1亿元，全旗400户973名国家标准线下贫困人口全部稳定脱贫，市低保线下2127户4863名低收入人口年人均纯收入增长20%以上。

【社会保障】 社会保障水平不断提高，城镇居民和农牧民医疗保险实现整合，城镇居民医疗保险补贴标准、60周岁以上城乡居民基础养老金每人每月分别提高40元和60元，企业退休、退职人员基本养老金每人每月提高154元，实现“十二连涨”。投资200万元启动实施社区“暖心事”项目。将180名村级动物防疫员纳入养老保障体系。向低保五保、残疾人、特困人员等各类兜底保障对象发放资金6886万元，为87名旗籍低保家庭大学生发放就学补助185.4万元，为54 242户常住农牧户每户发放“暖心煤”补贴600元。投入2023万元用于少数民族产业发展、就业创业及宗教事务等工作，被评为“全区民族团结进步创建活动示范旗”。

（撰稿人：郭锐）

乌 审 旗

【概况】 乌审旗位于内蒙古自治区最南端，鄂尔多斯市西南部，地处毛乌素沙漠腹地。全旗总面积11674.1平方公里，下辖6个苏木镇59个嘎查村。

2016年，全旗户籍人口为113 377人，比上年同期增加1867人，其中少数民族33 150人，占全旗总人口的比重为29.24%。城镇人口24 987人，乡村人口88 391人，全旗总户数为45 049户。年末常住人口13.34万人，出生人口0.15万人，死亡人口0.07万人，出生率11.27‰，比上年提高1.56个千分点，死亡率4.48‰，自然增长率6.79‰。

全旗共完成全社会固定资产投资430.1亿元，同比增长13.0%。从三次产业来看，第一产业投资25151万元，同比下降32.5%；第二产业投资3 758 538万元，同比增长10.6%；第三产业投资516 831万元，同比增长40.4%。从主要行业投资看，农林牧渔业投资25 151万元，同比增长15.4%；采矿业投资906 872万元，同比下降10.5%；电力、燃气及水的生产和供应业投资352 729万元，同比增长711.6%；交通运输、仓储及邮政业投资285 630万元，同比增长33.2%；水利、环境和公共设施管理业投资97 272万元，同比增长1.9%。

全旗地区生产总值完成412.46亿元，增长7.3%。第一产业增加值13.72亿元，增长3.2%；第二产业增加值307.83亿元，增长7.7%；第三产业增加值90.91亿元，增长6.4%。三次产业增加值比例为3.33：74.63：22.04。

全旗地方财政总收入累计完成509 428万元，同比下降8.4%。其中，公共财政预算收入336 900万元，同比增长19.8%；上划中央税收收入72 612万元，同比下降51.9%；上划自治区税收收入65 352万元，同比下降17.1%；上划市级税收收入34 564万元，同比下降23.6%。

全年地方财政支出410 255万元，同比增长1.1%。其中：社会保障和就业支出37 087万元，同比增长27.9%；医疗卫生支出19 365万元，同比增长46.5%；教育支出36 759万元，同比增长3.9%。

【农牧业】 乌审旗农作物播种面积68万亩，其中粮食播种面积34万亩。6月末，牲畜存栏209万头只。其中，猪存栏60.5万口；牛存栏8.8万头；羊存栏139万只。

全旗农牧业机械总动力55.4万千瓦；拥有联合收割机256台；拖拉机5196台；农用排灌机械17 159台（套），其中，节水灌溉类机械1222套。

【林业】 全年完成林业生态建设任务15.8万亩。其中：人工造林9.7万亩，封山育林1.8万亩，退化林分改造4万亩，工程固沙0.3万亩，重点区域绿化7.9万亩。

全旗森林面积575.9万亩，森林覆盖率为32.89%。全年共争取国家、自治区京津风沙源治理二期工程、退耕还林工程、天保工程、巩固退耕还林成果后续产业等林业重点项目10.75万亩。

【工业】 全旗实现工业增加值275.48亿元，同比增长8.1%。全旗规模以上工业企业23家，总产值800.78亿元，同比增长13.3%。销售产值804.58亿元，同比增长11.7%。工业产品产销率100.5%。规模以上工业实现主营业务收入778.30亿元，同比增长9.7%；实现利税156.30亿元，同比下降0.8%；实现利润81.81亿元，同比下降2.7%。

【建筑业】 全旗具有资质等级的建筑施工企业5家，全年实现建筑业增加值32.35亿元，比上年增长3.8%。建筑业企业房屋建筑施工面积16.80万平方米，竣工面积13.21万平方米。共实现利润7285.9万元，上缴税金1492.5万元。

【市政建设】 全旗新增道路面积3.2万平方米，集中供热面积28.78万平方米。全旗污水处理率96.0%，燃气普及率96.06%，生活垃圾无害化处理率97.91%。城区绿化覆盖率46.9%，绿地率44.1%，人均公园绿地面积26.42平方米。铺设市政管网108公里，硬化街巷16.8万平方米，安装巷道路灯240盏。新增绿地7.8万平方米，新建水冲式公厕45座，智慧市政系统启用。

【贸易】 全旗实现社会消费品零售总额419 794.7万元，同比增长10.5%。按销售区域分，城镇实现消费品零售额337 099.0万元，同比增长10.8%；乡村实现消费品零售额82 695.7万元，同比增长9.1%。

【交通】 全旗各种运输方式完成货运量1628.1万吨，同比增长10.2%，完成公路货物周转量190 570万吨公里，同比增长10.5%；公路客运量39.2万人，同比下降20.8%；公路旅客周转量7448万人公里，同比下降19.1%。全旗公路总里程3788.2公里，公路网密度为32.5公里/百平方公里。年末，全旗拥有出租车200辆、客运班车112辆、公交车15辆。陶鄂铁路（乌审段）完成验收，门克庆铁路专用线通车；纳林河至图克至乌审召输水管线全线贯通。

【邮电】 全年实现邮电通信业务收入14 240.1万元，比上年增长1.6%。其中，电信业务收入13584.1万元，同比下降1.2%；邮政业务收入656万元，同比增长150.4%。年末，本地网固定电话用户13 420户。全年订销报纸24.28万份，杂志7.33万份，收寄包裹3.6万件。

【旅游业】 全旗A级旅游景区5个。其中：AAAA级旅游景区2个，AAA级旅游景区2个，AA级旅游景区1个。全旗有旅行社2家。全年共接待游客79.3万人次，同比增长14.3%。实现旅游收入26.7亿元，同比增长24.2%。全年推出5条精品旅游线路，举办文化旅游活动80余次。

【环境保护】 推行环境污染第三方治理，天然气钻采“泥浆不落地”、中煤大化肥矿井水深度处理等一批环保基础工程投用。6类39项环境问题和中央环境保护督察组转办的20批35件信访问题核处完成。污染物在线监控中心、5个苏木镇空气质量自动监测站联网运行。

【金融】 全旗共有银行法人机构2家，银行营业网点36个，从业人员471人。年末，全旗金融机构各项人民币存款余额 803 876 万元，比上年末增加 194 779 万元，同比增长 32.0%。其中，单位存款余额 289 696 万元，比上年末增加 116 613 万元，同比增长 67.4%；个人储蓄存款余额 511 194 万元，比上年末增加 78 162 万元，同比增长 18.0%。年末全旗金融机构各项人民币贷款余额 1 241 986 万元，比上年末增加 46 872 万元，同比增长 3.9%。其中：短期贷款余额 279 009 万元，比上年末减少 1080 万元，下降 0.4%；中长期贷款余额 948 940 万元，比上年末增加 38 080 万元，同比增长 4.2%；个人消费贷款余额 70 635 万元，比上年末减少 29 622 万元，同比下降 29.5%。

【保险】 全旗共有保险机构 10 家，从业人员 152 人。全年保险收入 18 085 万元，同比增长 51.4%。其中，财产保险收入 10 691 万元，人寿保险收入 1730 万元。全年赔付总额为 5302 万元，同比增长 13.2%。其中，财产保险赔付 3764 万元，人寿保险赔付 340 万元。

【教育】 全旗有各类学校、幼儿园 42 所，其中，完全中学 1 所，高级中学 1 所，职业中学 1 所，九年一贯制学校 2 所，初级中学 1 所，小学 8 所，幼儿园 27 所，民办特殊教育学校 1 所。在校中小学生 13 499 人，在园幼儿 6856 人。小学适龄儿童入学率 100%。教职工 2083 人，其中专任教师 1433 人。民办特殊学校 1 所，在校学生 18 人；注册民办幼儿园 16 所，共有幼儿 3677 人。

乌审旗第三实验小学等 8 所学校（幼儿园）和呼吉尔特小学综合楼投用。

【科技】 全年共引进蔬菜、瓜果等新品种 14 个。与银川西夏王农垦集团合作成立葡萄种植技术服务中心，引进葡萄新品种 6 个、苗木 2000 株，聘请专家举办葡萄种植技术培训班 2 期，培训技术人员和农牧民 100 多人。共申请专利 5 个，全旗专利 28 个。

【文化】 2016 年，全旗注册登记艺术表演团体 72 个，其中专业文艺团队 2 个（乌兰牧旗、马头琴乐团），文化馆（包括群众艺术馆）1 个，公共图书馆 1 个。2016 年年底，全旗拥有地面数字主站 2 个、基站 5 个，有线数字电视用户 44 201 户，广播电视覆盖率 98%。

【卫生】 全旗共有公立医疗卫生单位 14 个，5 个旗级医疗卫生单位（旗人民医院、旗蒙医医院、旗妇幼保健计划生育服务中心、旗疾病预防控制中心、旗卫生计生综合监督执法大队），8 个苏木镇卫生院（6 个中心卫生院、2 个普通卫生院），1 个社区卫生服务中心；有 59 个嘎查村卫生室；5 个社区卫生服务站。有民营医院 3 家（广济、博仁、永康中西医院）、诊所 39 个（西医 19 个、中医 8 个、蒙医 11 个、藏医 1 个）。公立医疗机构现有公职人员 585 人。其中：卫生专业技术人员 526 人，占 89.9%；持有执业资格人员（执业医师、执业助理医师、注册护士）467 人，占技术人员 88.8%；嘎查村卫生室共有从业人员 83 人；全旗公立医疗机构病床总数为 438 张。

蒙医医院迁址新建工程主体完工，河南中心卫生院、8 所嘎查村标准化卫生室投用，2111 个“小药箱”发放到位。

【人民生活】 全体居民人均可支配收入 27 872 元，同比增长 7.9%；城镇常住居民人均可支配收入 38 431 元，同比增长 7.6%；农村牧区常住居民人均可支配收入 15 471 元，同比增长 7.3%。全体居民人均消费性支出 17 785 元，同比增长 2.2%；城镇常住居民人均消费性支出 19 866 元，同比增长 2.1%；农村牧区常住居民人均消费性支出 14 767 元，同比增长 2.6%。城镇居民家庭食品消费支出占家庭消费总支出的比重为 24.9%，农村为 32.3%。城镇居人均住房建筑面积 35.1 平方米，农牧民民人均住房面积 36.5 平方米。每百户城镇居民拥有家用汽车 67 辆，较上年增加 1 辆；每百户农牧民拥有家用汽车 58 辆，较上年增加 1 辆。

【社会保障】 全旗参加城镇职工基本养老保险 15 619 人；参加城乡居民养老保险 38 513 人，其中参加城镇养老保险 1537 人,参加农牧民养老保险 36 976 人。参加新型农村牧区合作医疗保险 71 838 人。参加生育保险 11 709 人。参加工伤保险 10 521 人,参加失业保险 9486 人。2016 年,全旗城镇居民得到政府民政部门最低生活保障人数为 778 人,城镇最低生活保障标准为每人每月 584 元,全年累计发放金额 569.9 万元;农牧民得到政府民政部门最低生活保障人数为 2881 人,农村牧区最低生活保障标准为每人每月 414 元,全年累计发放金额 1058.8 万元。全旗各类收养性福利事业单位 3 家,床位 300 张,收养各类人员 109 人。

2016 年,全旗新增就业 2321 人,比上年增加 186 人。失业人员再就业 198 人,就业困难人员实现再就业 193 人。年末全旗城镇实有登记失业人员 1521 人,比上年增加 123 人。城镇登记失业率为 3.08%,比上年减少 0.03 个百分点。

(供稿人:布日古德)

鄂托克旗

【概况】 鄂托克旗地处北纬 38°18′~40°11′,东经 106°41′~108°54′之间,东邻杭锦旗,西连宁夏平罗县陶乐镇并与石嘴山市和阿拉善盟隔河相望,南接乌审旗,西北界乌海市。全旗南北长 209 公里,东西宽 188 公里,总面积 2.1 万平方公里。下辖 6 个苏木镇、75 个嘎查村、363 个自然村;2 个自治区重点工业园区、2 个国家级自然保护区。是一个以蒙古族为主体、汉族占多数的少数民族聚居区;以畜牧业为基础、工业占主导的多元产业集中区。

2016 年末,全旗常住人口 16.12 万人,其中:城镇人口 12.05 万人,乡村人口 4.07 万人,城镇化率为 74.75%。全年出生人口为 0.17 万人,出生率为 9.33‰;死亡人口为 0.09 万人,死亡率为 4.99‰。年末户籍人口 9.8 万人,与上年持平。

全旗地区生产总值 453.5 亿元,扣除价格因素,比上年增长 8.2%。分产业看,第一产业完成增加值 8.2 亿元,增长 3.4%,对全旗经济增长贡献率为 2.7%。第二产业完成增加值 342.1 亿元,增长 8.5%,对全旗经济增长贡献率为 53.8%。其中:工业完成增加值 310.2 亿元,增长 9.0%;建筑业完成增加值 31.9 亿元,增长 3.9%。第三产业完成增加值 103.2 亿元,增长 7.3%,对全旗经济增长贡献率为 43.5%。三次产业增加值比例调整为 1.8∶75.4∶22.8。

全旗地方财政总收入完成 67.1 亿元,同比下降 2.5%。公共财政预算收入完成 38 亿元,同比增长 7.2%。其中:税收收入 34.7 亿元,占公共财政预算收入的 91.3%,同比增长 8.0%;非税收入 3.3 亿元,占公共财政预算收入的 8.7%,同比增长 1.1%;全年公共财政预算支出 53.1 亿元,同比增长 8.7%。其中:城乡社区事务支出 22.3 亿元,同比增长 1.7%;教育支出 3.5 亿元,同比下降 25.5%;农牧林水事务支出 5.9 亿元,同比增长 14.7%;社会保障和就业支出 3.4 亿元,同比增长 14.2%;医疗卫生支出 1.4 亿元,同比下降 14.7%;节能环保支出 4.6 元,同比增长 227.1%;交通运输支出 0.8 亿元,同比增长 38.5%。

【农业】 全旗农作物总播种面积 38.5 万亩。其中:粮食作物播种面积 27.8 万亩,油料播种面积4.4 万亩,蔬菜播种面积 1275 亩。全年粮食总产量 99 515 吨,同比下降 3.4%。油料产量 7582 吨,同比增长 4.3%;蔬菜产量 4750 吨,同比增长 6.3%。

全旗拥有农业机械总动力 18.1 万千瓦,与上年持平。全旗拥有大中型拖拉机 2285 台,下降 8.3%;农用排灌机械 2288 台(套),与上年持平。其中:节水灌溉类机械 486 套;联合收割机 36 台;农用运输车 3461 台。机械耕地面积 22.4 万亩,机械播种面积 15.1 万亩,机械收割面积 17 万亩,农业耕种收综合机械化水平 70%。

【畜牧业】 2016年，全旗牲畜存栏数182.5万头（只），同比增长4.3%；牲畜总增数7.5万头（只）。

【林业】 共完成造林面积31万亩，森林覆盖率为23.3%。全旗共有自然保护区4个。其中：国家级自然保护区2个，自治区级自然保护区2个。

【水利】 鄂托克旗地表水源供水量蓄水4.50亿立方米；地下水源供水量浅层水43.09亿立方米；其他水源供水量中污水处理回用1.00亿立方米，总供水量48.59亿立方米。

【工业】 全旗工业增加值完成310.2亿元，同比增长9.0%。规模以上工业企业50家，总产值605.9亿元，同比增长7.1%；销售产值543.6亿元，增长8.6%；工业产品产销率89.7%。

全年规模以上工业增加值按可比价比上年增长9.8%。按轻重工业分，轻工业增长6%，重工业增长16.7%；按经济类型分，国有企业下降79.6%，集体企业增长4.7%，股份制企业增长27.6%，外商及港澳台投资企业下降7%，其他经济类型工业企业增长32%。

全旗规模以上工业企业实现主营业务收入573.1亿元，比上年增长13.5%；利税总额40.0亿元，增长48.2%；利润总额14.5亿元，增长221.6%。亏损企业27户，亏损企业亏损额15.8亿元，同比下降4.4%。

【城镇建设】 完善旗域总体规划和城镇规划、乡村规划以及道路交通、文化景观、公共服务等专项规划，执行建筑退让、绿地红线、容积率等控制指标，体现城镇地域特征、民族特色和时代风貌。城乡社区事务支出22.3亿元，同比增长1.7%；交通运输支出0.8亿元，同比增长38.5%。

年末，全旗具有资质等级的建筑施工企业5个，全年资质以上建筑业总产值1.98亿元，同比增长3.7%；竣工产值1.88亿元，同比下降1.6%。建筑业企业房屋建筑施工面积26.5万平方米，同比增长208.6%；竣工面积26.5万平方米，同比增长208.6%。全年房地产开发施工面积1.3万平方米，同比下降88.9%。完善服务功能，实施市政道路8公里、巷道硬化15万平方米、综合管网43公里，新增绿化45万平方米，加快完善图书档案馆、兴泰兴业大厦、110指挥中心等公服务设施，新闻中心、体育馆建成投用，开工实施安睦隆、康宁、都斯图社区服务中心，提高城镇综合承载能力。

10月，鄂尔多斯市派思能源有限公司年产72万吨液化天然气（LNG）一期处理110万立方米天然气项目开工仪式在鄂托克旗木凯淖尔镇举行。项目总投资13.67亿元，一期投资5.06亿元，建设规模为日处理110万立方米天然气，采用美国GE公司工艺包，将于2017年10月建成投产。

【环境保护】 实施节能减排重点工程，鼓励发展循环经济，严格控制高耗能项目，加快淘汰落后产能，初步核算全旗全社会能源消费总量779.46万吨标准煤，比上年增长4.22%。节能降耗和生态建设成效显著，能源消费强度明显下降，全旗单位GDP能耗为1.6543吨标准煤/万元，下降3.66%。

【交通　电信】 2016年，全旗公路总里程3700公里，按技术等级分：高速公路155.7公里、一二级公路396公里、三四级公路2977公里、等外公路171公里。全旗75个嘎查村通沥青(水泥)路的有75个，通畅率100%。全年输送旅客14.06万人次，客运周转量3411.3万人公里。

全年实现邮电业务收入14 360万元，同比下降14.1%。其中：邮政业务收入463.3万元，下降50%；邮政业全年完成包裹业务1.4万件，快递业务量2.8万件。电信业务收入13 897万元，下降12%。年末固定电话用户1.3万户，移动电话用户13.2万户；宽带用户2.2万户。

【商业】 实施亿元以上重大项目31个，鄂尔多斯电石炉技改、双欣醋酸乙烯、广鑫竹基复合材料等14个项目建成投产，建元—中华煤气、双欣—京能、君正—上海氯碱等一批合作延链项目启动实施，棋盘井、蒙西园区分别实现销售收入 575 亿元和 260 亿元，增长 2.7%和 10.9%。

【旅游业】 2016 年，全旗共有 A 级旅游景区 4 家。其中：AAAA 级 2 家、AAA 级 1 家、AA 级 1 家。全旗旅行社 4 家。其中，具有出境经营权的旅行社 1 家，全旗旅游直接从业者 541 人。全旗共接待游客 78 万人次，同比增长 14.7%。其中，接待入境旅游者 600 人次。实现旅游收入 24.3 亿元，同比增长 17.4%。

【金融 保险】 全旗共有银行法人机构 6 家，银行营业网点 36 个，共有从业人员 350 人。年末金融机构各项存款余额 1 162 625 万元（人民币），同比增长 16.4%。年末金融机构各项贷款余额 1 244 396 万元，同比下降 3%。

全旗人寿保险和财产保险公司全年实现保费收入 5133 万元，同比下降 62.8%；实现赔款支出 582 万元，同比下降 88.2%。

【科技】 全旗共取得市级各类科技成果 7 项，获得专利 30 项，有高新技术企业 10 家，国家新材料成果转化及产业化示范基地 1 处，自治区级企业研究开发中心 13 家。

【教育】 全旗共有各类学校 34 所（含幼儿园）。其中：普通高中 1 所，完全中学 1 所，职业中学 1 所，九年一贯制学校 1 所，初中 2 所，小学 8 所，幼儿园 20 所。全旗共有专任教师 1990 人。其中：高中 263 人，初中 411 人，小学 724 人，幼儿园 592 人。全旗在校学生 20 883 人（含幼儿园）。其中：高中 1581 人，初中 3212 人，小学 10 087 人，幼儿园 6003 人。

【文化】 全旗拥有专业艺术表演团体乌兰牧骑 1 个，文化馆 1 个，艺术中心 1 个，公共图书馆 1 个，博物馆 4 个，老年大学 1 所。基层文化站 6 个，标准嘎查村文化室 75 个，社区文化活动中心 12 个，重点文化户 178 户。全年组织开展演出活动 350 场次。广播、电视综合覆盖率均为 98%。有线电视用户数 2.36 万户。全旗地面数字电视转换用户 1.6 万户，户户通 4150 户。完成广播电视信号全覆盖。农牧区免费放电影 1200 场次，观众人数 10 万人次。

【卫生】 全旗共有公立医院 3 家，社区卫生服务中心 2 个，社区卫生服务站 7 个，乡镇卫生院 10 个，农村牧区卫生室 61 个，疾病预防控制中心 1 个，妇幼保健机构 1 个，卫生监督所 1 个。公立医院床位数 354 张，乡镇卫生院床位数 127 张。卫生技术人员 899 人。其中：注册医师 360 人，注册护士 307 人。

【体育】 全旗社会体育指导员队伍达到国家级 1 名，一级 19 名，二级 32 名，三级 198 名。2016 年，新成立信鸽协会 1 个、羽毛球协会 2 个，单项体育协会发展到 17 家，会员人数 950 人。

【社会保障】 全旗享受城市最低生活保障 343 人，享受农村最低生活保障 529 人。城镇最低生活保障标准提高到每人每年 6408 元，农村最低生活保障标准提高到每人每年 4968 元。

【人民生活】 2016 年，城镇常住居民可支配收入 39 668 元，同比增长 7.7%。农村牧区常住居民可支配收入为 15 485 元，同比增长 7.4%。城镇常住居民消费性支出 20 741 元，同比增长 2.1%。农村牧区常住居民生活消费支出 14 544 元，同比增长 1.1%。

全旗参加城镇职工基本养老保险 35 660 人，参加城乡居民养老保险 32 822 人，参加城镇基本医疗保险 56 126 人，参加新型农村牧区合作医疗保险 46 499 人，参加生育保险 40 621 人，参加工伤保险 39 015 人，参加失业保险 16 364 人。

（撰稿人：那顺其其格）

鄂托克前旗

【概况】 鄂托克前旗（简称鄂前旗）于 1980 年从鄂托克旗分设建旗，位于鄂尔多斯市西南部，地处蒙陕宁三省区交界，境内主要由毛乌素沙地和鄂尔多斯梁地两大地貌构成，总面积 1.218

万平方公里，属中温带干旱、半干旱大陆性气候，年平均降雨量265.5毫米，无霜期180天左右。全旗辖4个镇、1个自治区重点工业园区、68个嘎查村、16个社区，户籍总人口7.8万人，其中蒙古族人口约占总人口的30%。2016年，全旗地区生产总值完成136.4亿元，增长8.1%；固定资产投资完成267.3亿元，增长15.1%；公共财政预算收入完成18.1亿元，同比增长13.1%；社会消费品零售总额完成22.8亿元，同比增长11.7%；城乡常住居民人均可支配收入分别为38 318元和15 603元，分别增长7.8%和7.6%。固定资产投资、社会消费品零售总额、全体居民人均可支配收入增幅位居全市第一，农牧民人均可支配收入连续12年保持全市第一，公共财政预算收入增幅居全市第二，“五位一体”考核位居全市第一。

【农牧业】坚持把调整产业结构优化供给侧、促进农牧民稳定增收作为中心任务，实施“稳羊增牛、北牧南粮”战略，推进北部生态畜牧业和南部高效农牧业两条产业示范带建设，建成规模化现代农牧业基地24万亩，发展高效节水农业48万亩，新增优质饲草料6万亩、特色经济作物4万亩，“粮经饲”比例由2015年的54∶32∶14优化为42∶37∶21；引进4家养殖业龙头企业拉动种养结构调整，两个加工型龙头企业肉羊、肉牛加工能力达到40万只和1万头，全旗牧业年度牲畜出栏量稳定在141万头只，肉牛养殖规模增长19%。“天骄情”“可汗苏力迪”等19个农畜产品品牌畅销区内外。培育产业结构调整示范村11个、重点村16个，建成养殖园区13个、养殖大户165户、生态家庭农牧场73户，扶持合作社17家。实施新型职业农牧民培训工程，58项农牧业技术发明获得国家专利，科技对农牧业贡献率70%，成功创建全国首批科普示范旗。

【工业】 坚持把工业作为富民强旗的龙头产业，全力推动项目审批和建设，电力外送通道线下工程全面完工，配套电源点项目有序推进，两组2×100万千瓦燃煤电厂先期获批并启动建设，华星40亿立方米煤制气项目煤炭资源预配置已报批、60万吨煤制烯烃项目被列入《国家煤化工创新发展布局方案》；长城2号、新上海1号煤矿联合试运转，与山东省减量置换煤炭产能766万吨，为煤矿审批核准腾出有效空间；率先编制完成《新能源产业发展规划》，开展前期工作的新能源装机超过1000万千瓦；总规模120万吨LNG项目开工建设，新增产能20万吨。多极支撑、多元发展的产业格局正在形成，工业总产值完成290亿元，同比增长13%，工业增加值完成65.78亿元，同比增长9.7%，规模以上工业总产值216亿元，同比增长8%，上海庙能源化工基地完成销售收入150亿元。这一批重大项目的顺利实施，积聚了发展后劲、增强了发展动力。

【服务业】 坚持突出特色、打造亮点、补齐短板，全力推进服务业转型发展。“1+6”红色培训教育基地确定为自治区成立70周年献礼项目，主体工程全部完工，展陈大纲编撰和文物征集工作同步推进，正在申报全国爱国主义教育基地；东线和西线旅游资源组团开发，农家乐、牧户游、养生游等旅游业态快速推进，新增农牧家乐75家。举办“冬季那达慕”“圣火文化节”“马兰花节”等节庆活动，地区影响力全面提升，吸引国内外游客80万人次，同比增长16.2%，实现旅游综合收入24.7亿元，同比增长28.6%。电子商务、现代物流产业发展规划编制完成，上海庙综合物流园启动建设，电子商务基地入驻企业7家，成功申报为自治区电商示范基地，电子商务平台销售收入突破1亿元，文化产业园被评为自治区级文化创意产业园区。这一项供给侧结构性改革成果，促进了产业升级、提升了发展活力。12月29日，全区首个旗县级大数据中心在鄂前旗启动运行。

【城乡建设】 把补短板作为促进城乡统筹发展

的关键，累计投入14.6亿元，推进美丽乡村建设，率先在全市实现农村牧区基本保障和公共服务“十个全覆盖”。宜居宜业的城镇功能日趋完善，乒羽馆、游泳馆、室外体育场建成投用，新增城镇绿地面积52万平方米，“国家园林县城”已上报住建部评审，全国县级文明城市创建顺利通过国家年度验收。重大基础设施建设加快推进，敖东高速路基工程全面完成，陶上铁路陶利至敖镇段具备通车条件，上棋公路面层工程完工，敖镇通用机场被列入国家通用航空第一批示范工程。生态文明建设扎实推进，实施“三北”退化林改造、水土保持治理等生态项目28.3万亩，完成草原建设61.9万亩，开展国土绿化行动和义务植树9.1万亩，生态环境明显优化。这一项项补短板的硬件建设成果，改善了发展环境、强化了发展基础。

【文化 体育】 5月7日“中国·鄂托克前旗首届马兰花节”在鄂前旗上海庙镇上海庙欢乐大草原旅游区国际赛马场盛大开幕。9月2日“德善草原、大美前旗”鄂托克前旗首届乡村文化旅游节开幕。9月18日“舒华杯”内蒙古第八届百县万人乒乓球联赛鄂尔多斯分站赛暨“兴盛杯”第二届鄂尔多斯蒙陕宁晋乒乓球邀请赛在鄂前旗开幕。

【社会事业】 坚持把改善民生作为政府工作的出发点和落脚点，公共财政预算支出75%以上用于民生事业，承诺的6件惠民实事全部兑现，新增乡村公路和户道2100多公里，新建和改造10千伏以下配网线路1317公里，新建35千伏以上输变电工程10项，农村牧区路网全面优化，动力用电实现全覆盖。新建小拱棚1479处，新增气调保鲜库容1.5万立方米，助力特色种植业增产增效。发放大病救助资金174.6万元，救助大病困难群众108人。敖镇、上海庙镇公共区域实现免费WIFI全覆盖，天然气入户范围扩大至玛拉迪、漫水塘、大沟湾等12个集中居民点。关注贫困群众生产生活，投入资金1.08亿元，率先在全市完成脱贫攻坚任务，贫困发生率由2015年的6.7%下降至0.25%；建成保障性住房2450套，实施农村牧区危房改造5300户、城镇棚户区改造513户；发放城乡低保资金1603.5万元，率先在全市实施城乡统一医疗保险制度；全年新增城镇就业973人，城镇登记失业率低于市定目标0.81个百分点。大沟湾等3所幼儿园建成投用，旗中学高考本科上线率58%，取得建校以来最高成绩；城川镇中心卫生院建成投用，农村牧区健康“小药箱”实现全覆盖，阿吉泰健康养生园和旗蒙医医院成为鄂尔多斯市“医养结合”试点，医疗卫生环境为建旗最高水平；启动“全民阅读年”活动，建成村级文化室34个、农牧民家庭图书阁200个，实施“数字文化走进蒙古包”项目30个，城乡群众读书看报蔚然成风。“德善草原、大美前旗”社会治理工程扎实推进，“德治、自治、共治、法治”四位一体社会治理模式在全市推广应用，获评全市安全生产先进旗区，网上信访基层应用工作经验在全国推广，群众来信来访人次批次分别下降35.3%和14.5%。“平安鄂前旗”建设卓有成效，投入5500万元建设“天网”三期工程，自治区统计局民调中心测评社会治安满意度和安全感均为100%。这一批好事实事的办成见效，让发展成果惠及了民生、服务了群众。

【改革成果】 坚持创新引领、改革驱动，集中突破重点领域和关键环节改革，西北地区首套旗县级自然资源资产负债表体系和价格核算体系研发应用，自然资源资产责任审计成为国家审计署的联系点；大数据中心建成投用，搭建起标准规范、安全可靠、资源共享、流程优化、技术先进的信息支撑体系；肉羊全产业链追溯体系、地下水“总量控制、定额管理”等改革走在全市前列，农村牧区草牧场“三权分置”达到国内同类工作的领先水平。行政审批制度改革成效明显，实体大厅和网上大厅并联办理业务全面启用，率先在全市推行“一站式办理、一条龙服务”和

“互联网 + 政务服务”模式，在 25 个嘎查村设立网上办事大厅，群众办事更加便捷高效。大众创业、万众创新深入推进，28 项创新成果亮相鄂尔多斯创新创业成果展；举办建旗以来奖励规模和规格最高的科技创新大会，对 5 个单位、47 个先进个人进行表彰奖励，营造了鼓励创新发展的浓厚氛围。强化开放联动，不断深化与银川市在教育、医疗、旅游、互联网 + 等方面的合作，旗内 2 家医院与银川市大型三甲医院组成“医疗协作体”，实现优质医疗资源的跨区合作共享。这一项项改革创新成果，优化了发展内生力、提升了发展竞争力。

（撰稿人：赵帅）

巴彦淖尔市

【概况】 巴彦淖尔系蒙古语，意为富饶的湖泊。巴彦淖尔市位于内蒙古自治区西部、黄河几字形顶端。北部为乌拉特草原，中部为阴山山地，南部为河套平原。乌拉特草原约占全市面积47%，畜牧业悠久兴盛；阴山山地占全市面积29%，富藏硫铁、铜、锌等。河套平原占全市总面积24%。北与蒙古国接壤，有国界线369.057公里。西、南、东分别与内蒙古自治区阿拉善盟、鄂尔多斯市、包头市为邻。总面积64 413平方公里。市人民政府驻地临河区，地理坐标北纬40°46′，东经107°24′。距内蒙古呼和浩特市383公里，距北京1050公里(铁路里程)。辖临河区、乌拉特前旗、乌拉特中旗、乌拉特后旗、杭锦后旗、五原县、磴口县。2016年年末，全市总人口168.32万人，其中：城镇人口89.9万人，占总人口53.4%；乡村人口78.4万人，占总人口46.6%。性别比100(女性)：107.62。民族构成有汉族、蒙古族、回族、满族、达斡尔族、朝鲜族、鄂温克族、藏族、壮族、锡伯族、苗族、土家族、维吾尔族、彝族等。

2016年，实现地区生产总值915.4亿元，同比增长7.0%。其中：第一产业增加值158.1亿元，第二产业增加值463.4亿元，第三产业增加值293.8亿元。三次产业结构比为17.3：50.6：32.1，全年人均地区生产总值5.4万元人民币。

全市公共财政预算总收入70.0亿元。其中：税收收入48.6亿元，非税收入21.4亿元。公共财政预算支出235.9亿元。其中，教育、文化体育传媒、社会保障、医疗卫生等民生支出178.5亿元。城镇居民人均可支配收入26 259元，同比增长8.0%；农村牧区居民人均可支配收入14 476元，同比增长7.4%；全年全市居民消费价格总水平累计同比上涨1.0%。分类别看，调查的八大类商品价格“四涨四降”。其中：食品烟酒类上涨3.3%；教育文化和娱乐类上涨0.1%；医疗保健类上涨1.8%；其他用品和服务类上涨0.7%；衣着类下降0.6%；居住类下降0.4%；生活用品及服务类下降0.2%；交通和通信类下降0.3%。农业生产资料价格和固定资产投资价格分别下降2.8%和0.4%。

【农业】 2016年，农作物总播种面积1084.6万亩，粮食播种面积483.97万亩。其中：小麦面积129.63万亩；玉米面积349.49万亩。经济作物播种面积581.02万亩，其中：花葵面积415.49万亩，油葵面积15.95万亩，番茄面积14.01万亩，耕地内种草19.63万亩。

粮食总产量31.35亿公斤。其中：小麦产量4.5亿公斤，玉米产量26.7亿公斤，杂粮产量0.15亿公斤。油料总产量8.05亿公斤。其中：花葵产量7.75亿公斤，油葵产量0.25亿公斤，番茄产量7.8亿公斤。

【畜牧业】 全市猪牛羊存栏头数767.5万头(只)，猪牛羊出栏头数1020.6万头(只)，猪牛羊肉总产量21.5吨，牛奶产量62.7万吨，山羊绒产量732吨，禽蛋产量0.9万吨。

【林业】 林业生态建设面积90万亩，其中：人工造林25.2万亩(乔木造林16.7万亩、灌木造林8.5万亩)，飞播造林20.0万亩，封沙育林28.8万亩，工程固沙1.0万亩。

【水利】 在涉水基础建设领域共争取到水利投资23.45亿元，投资20.3亿元。实施生态补水3.47亿立方米，其中向乌梁素海补水2.65亿立方米，促进地区生态环境持续改善。加强防洪抗旱工程建设，加快实施黄河二期防洪工程，完成年度投资 3.78 亿元，顺堤治理 40.29 公里，堤防护坡 20.29 公里，险工河道整治 11.93 公里。

【工业】 全市全部工业增加值 388.73 亿元，同比增长 7.2%。其中，规模以上工业增加值同比增长 7.1%。从所有制类型看：国有企业增加值下降 13.2%，集体企业增加值下降 6.6%，股份制企业增加值增长 8.2%，外商及港澳台投资企业增加值增长 0.7%。从优势特色产业看：农畜产品加工业增加值同比增长 12.2%；矿产品采选及冶炼业增加值同比增长 4.3%；化学工业增加值同比下降 10.1%；电力工业增加值同比增长 14.8%。

全市规模以上工业实现主营业务收入 768.4 亿元，同比增长 4.5%；实现利税 24.4 亿元，同比增长 93.4%。

【城乡建设】 2016 年，建筑业增加值 74.7 亿元。全市具有资质的独立核算建筑业企业共 57 家，从业人员 1.9 万人。房屋建筑施工面积 316.1 万平方米，房屋建筑竣工面积 119.9 万平方米。

【固定资产投资】 全市固定资产投资 734.7 亿元，同比增长 10.6%。从投资主体看：国有控股投资 376.2 亿元；有限责任公司投资 185.8 亿元；其他有限责任公司投资 27.6 亿元；股份有限公司投资 11.6 亿元；私营企业投资 111.2 亿元；港、澳、台商投资 13.4 亿元；外商投资 4.1 亿元；其他投资 4.0 亿元。从项目隶属关系看：地方项目投资比重较大，占全部投资 98.7%，完成投资 725.5 亿元，同比增长 12.3%；中央项目投资 9.2 亿元，同比下降 50.4%。分产业看：第一产业投资 52.1 亿元，同比增长 17.5%；第二产业投资 339.9 亿元，同比下降 9.6%。其中：工业投资 338.9 亿元，同比下降 8.6%；第三产业投资 342.7 亿元，同比增长 40.5 %。从主要行业投资看：采矿业投资 71.1 亿元，同比下降 12.8%；制造业投资 170.6 亿元，同比增长 42.3%；电力投资 74.3 亿元，同比下降 47.0%；水利环境和公共设施管理业投资 168.9 亿元，同比增长 57.8%；交通运输、仓储及邮政业投资 72.0 亿元，同比增长 84.5%；公共管理与社会组织投资 19.9 亿元，同比增长 7.1%。

全年新开工项目 1330 个，同比增长 77.1%。全部建成投产项目 1305 个，项目建成投产率 98.1%。新增固定资产 549.2 亿元，固定资产交付使用率 74.8%。

全年房地产开发投资 29.6 亿元，同比增长 14.8%。其中：住宅投资 21.3 亿元，同比增长 10.9%；商业营业用房投资 4.9 亿元，同比增长 25.2%。全年商品房销售额 51.9 亿元，同比增长 34.1%。其中，住宅销售额 45.5 亿元，同比增长 38.3%。

【环境保护】 编制发布《巴彦淖尔市 2016 年度大气污染防治实施计划》，并按照计划淘汰 10 蒸吨 / 小时及以下燃煤小锅炉 44 台。在用燃煤锅炉提标改造 14 台，燃煤电厂超低排放改造工程 1 项，123 座加油站、2 座储油库油气回收改造工程。淘汰黄标车 3510 辆，老旧车 2035 辆。开展全市生态环境治理“百日攻坚行动”。空气环境质量持续改善，全年空气质量优良率为 84%。

全市单位 GDP 能耗同比下降 4.86%，万元工业增加值能耗同比下降 7.46 %。全市规模以上工业综合能源消费量 534.1 万吨标准煤，同比下降 2.1%。其中：七大高耗能行业综合能源消费量 453.0 万吨标准煤，占全市规模以上工业消费总量的 84.8%。节能降耗工作成效显著。

【交通】 截至 2016 年底，全市公路总里程 22 617 公里。其中：高速 255 公里，一级 216 公里，二级 660 公里，三级 3524 公里，四级 13 518 公里，等外 4244 公里，公路密度 35.1 公里 / 百平方公里。全年客运量 1368 万人，客运周转量 14.4 亿人公里。货运量 8885 万吨，货运周转量 200 亿吨公里。分别同比增长 9.2%和 8.1%。年末全市民用汽车保有量 25.4 万辆，同比增长 11.1%。其中：本年新注册汽车 2.7 万辆。年末私人轿车保有量 22.2 万辆，同比增长 20.7%。其中:本年新注册轿车2.4万辆。

【电信】 电信业完成营业收入13.8亿元。年末本地网固定电话用户20.1万户;移动电话用户208.3万户;互联网络注册用户26.3万户。全年邮政业务总量1.7亿元。其中:完成专递395.3万件,函件13.3万件,包件1.3万件。

【国内外贸易】 全市社会消费品零售总额257.7亿元,同比增长9.9%。从销售单位所在地看:城镇社会消费品零售额224.5亿元,占总额的87.1%,同比增长9.9%;乡村社会消费品零售额33.2亿元,占总额的12.9%,同比增长9.6%。从规模看:限额以上企业实现零售额51.9亿元,同比增长8.0%,拉动社会消费品零售总额增长1.7个百分点;限额以下企业及个体户零售额205.8亿元,同比增长10.4%,拉动社会消费品零售总额增长8.2个百分点。从行业看:全市批发和零售业实现零售额221.4亿元,同比增长9.8%。其中:零售业零售额201.2亿元,同比增长9.6%,占批发零售业零售总额90.7%;批发业实现零售额20.4亿元,同比增长11.4%;住宿餐饮业实现零售额36.3亿元,同比增长10.4%。从商品类别看:粮油、食品、饮料、烟酒类零售额增长10.0%。其中:粮油类增长13.6%;肉禽蛋类增长16.4%;蔬菜类增长13.2%;干鲜果类增长18.9%;饮料类增长12.9%。服装、鞋帽、针纺织品类零售额增长17.3%。其中:服装类增长17.6%;针纺织品类增长17.8%。家用电器类和音像器材类增长13.5%;汽车类同比增长7.1%。全年进出口总额19.9亿美元,同比下降22.4%。其中:出口3.8亿美元,同比下降10.1%;进口16.1亿美元,同比下降24.8%。

【旅游业】 全市依托独特的资源优势,培育特色乡村旅游精品,创建品牌旅游景区,旅游业发展不断加快。全年接待游客425.3万人次,同比增长20.7%,旅游收入43.18亿元,同比增长22.8%。全市开工建设旅游项目46个,总投资10.4亿元。被自治区评为星级乡村旅游接待户、特色景观旅游名镇名村58家;临河区富强村和五原县联星村入选"2016年中国最美村镇"。

【金融】 年末,全市金融机构各项存款余额937.1亿元,同比增长15.0%。其中:城乡居民储蓄存款余额610.7亿元,同比增长15.0%。全市金融机构各项贷款余额759.4亿元,同比增长10.5%。其中:短期贷款477.6亿元,同比增长3.0%,中长期贷款269.5亿元,同比增长28.2%。

【保险】 全市保险业保费收入41.5亿元,同比增长45.2%。其中:财产险收入9.9亿元,同比增长6.5%;人身险收入31.6亿元,同比增长63.8%。各类保险业赔付支出7.6亿元,同比增长19.8%。其中:财产险支出5.3亿元,同比增长19.6%;人身险支出2.3亿元,同比增长20.3%。农业保险稳步推进,全年全市农业保险实现保费收入2.2亿元,累计赔付支出2.3亿元。

【科技】 新增授权专利203件。其中:发明专利81件,实用新型专利84件,外观设计专利38件。全市专利授权总量1819件。共培育1家国家级知识产权优势企业,认定11家市级知识产权优势企业。

【教育】 年末,全市共有各类学校283所。其中:普通高等教育学校2所,全年招收学生3477人,在校学生10 606人;中等职业学校11所,全年招收学生5681人,在校学生18 031人;普通中学48所,其中:完全中学6所,高级中学6所,12年一贯制中学3所,初级中学20所,9年一贯制中学13所。初中招收学生11 427人,在校学生36 080人;高中招收学生7893人,在校学生25 882人;小学89所,比上年减少1所,全年招收学生12 109人,在校学生74 341人。全市"两基"人口覆盖率100%,小学适龄儿童入学率100%。

【文化】 围绕文化惠民和推进优秀民族文化传承发展,举办中国·河套文化艺术节、全市社区文化节、春节、元宵节、端午节系列活动等文化惠民活动200多项次,内容和形式不断创新,实现天天有活动、周周有展览、月月有演出。健全完善四级非遗名录体系，52 人被公布为第五批市级非遗项目代表性传承人，8 人被公布为自治区级非物质文化遗产代表性传承人。

年末，拥有广播电视台 7 座，调频转播发射台 11 座，广播综合人口覆盖率 99.26%。电视转播发射台 14 座，电视综合人口覆盖率 99.25%；县级广播电视台 6 座。《巴彦淖尔日报》全年发行 843.9 万份。《黄河晚报》全年发行 292 万份。

【卫生】 全市共有医疗卫生机构 1659 所。其中：医院 52 所（综合医院 36 所，中蒙医医院 8 所，民族医院 3 所，专科医院 5 所；公立医院 18 所，民营医院 34 所）；基层医疗卫生机构 1545 所（社区卫生服务机构 40 所，苏木镇卫生院 111 所，村卫生室 705 所，门诊部 16 所，诊所、卫生所、医务室 673 所）；专业公共卫生机构 60 所（疾病预防控制机构 8 所，卫生监督局 8 所，妇幼保健机构 8 所，急救指挥中心、结防所、中心血站各 1 所，计划生育技术服务机构 35 所）。全市共有卫生技术人员 13 590 人。其中：执业（助理）医师 4439 人、注册护士（师）3957 人，床位数 9711 张。平均每千人口拥有卫技人员 8.13 人、执业（助理）医师 2.7 人、注册护士（师）2.4 人、床位数 5.8 张。

【体育】 2016 年，巴彦淖尔市运动员参加区内外比赛共获得 49 枚金牌、52 枚银牌和 61 枚铜牌。举办 2016 端午节黄河河套文化旅游区龙舟赛、全市首届少数民族传统体育运动会等赛事。全市体育彩票销量 1.5 亿元，同比增长 40%以上，筹集公益金近 1000 万元。

【社会保障】 截至年底，全市参加企业职工养老保险 20.43 万人、城乡居民养老保险 56.05 万人、城镇基本医疗保险 64.01 万人、工伤保险 15.43 万人、生育保险 14.91 万人，各险种参保人数均在保持上年水平的基础上有不同程度增加。新农合医疗保险参保率达到 98%以上。

城市低保保障标准月人均提高 38 元，达到 508 元；农牧区低保保障标准年人均提高 333 元，达到 3865 元。五保集中和分散供养标准年人均提高 605 元和 343 元，达到 7323 元和 4158 元。孤儿集中和分散供养标准月人均达到 1690 元和 1310 元。城镇“三无”人员集中和分散供养标准月人均达到 1130 元和 770 元。全市共为 34 275 名城市低保对象发放低保金 1.9 亿元，共为 72 396 名农牧区低保对象发放低保金 1.9 亿元；为 5309 名五保对象发放供养资金 2659 万元；共为 860 名城镇“三无人员”发放供养资金 934.9 万元，共为 398 名孤儿发放供养资金 644 万元。共为 1576 名部分丧失生活自理能力和 1025 名完全丧失生活自理能力特困人员发放照料护理补贴 1926 万元。下拨低保家庭困难残疾人生活补助 610 万元。共为 97 424 户困难家庭发放电价补贴 911 万元。为 21 976 户低保对象发放取暖补助 1053 万元。

全市共支出城乡医疗救助金 6182.3 万元，累计救助 110 504 人次。全年共资助新入学低保家庭大学生、孤儿大学生 1101 人，资助金额 3824 万元。

【就业培训】 年末全市城镇新增就业 1.3 万人。城镇登记失业率为 3.8%，低于控制目标 0.2 个百分点。全市农牧区劳动力转移就业 15 万人，其中转移就业 6 个月以上的 11.4 万人。全市城镇职业技能培训 1.1 万人，农牧民劳动力职业技能培训 1.2 万人。全市城乡创业培训 5218 人，创业带动就业 1.6 万人。

推进网络创业，全市累计建成并投入使用的创业园 24 家，入驻实体 3853 家，安置就业 2.8 万人，带动就业 5 万多人。

【人民生活】 2016 年，全市居民人均可支配收入 21 010 元，同比增长 8.1%。其中：城镇常住居民人均可支配收入 26 259 元，同比增长 8.0%；城镇居民人均消费支出 17 093 元，同比增长 2.1%，恩格尔系数（居民家庭食品消费支出占消费总支出的比重）为 28.4%。农村牧区常住居民人均可支配收入 14 476 元，同比增长 7.4%；农牧民人均生活消费支出 13 647 元，同比增长 8.7%，恩格尔系数为 29.7%。

（撰稿人：秦志荣）

临　河　区

【概况】 临河区位于黄河“几”字湾顶部，河套平原腹地，是巴彦淖尔市府所在地。总面积 2354 平方公里，城市建成区 55 平方公里，耕地面积 217 万亩。辖 11 个办事处、9 个乡镇，151 个行政村、2 个农场 22 个分场，893 个自然村。2016 年年末，全区常住人口 55.37 万人，其中：城镇人口 37.7 万人，乡村人口 17.67 万人。有蒙古族、回族等 14 个民族，少数民族人口 2.81 万人，占全区总人口 5.07%。

临河区光能资源丰富，年总辐射 6269.36 兆焦 / 平方米，日照时数 3086.9 小时，高于同纬度的北京。生理有效辐射为 3071.61 兆焦 / 平方米，占年总辐射的 48.99%。作物生长季 4—9 月，太阳总辐射 4028.72 兆焦 / 平方米，日照时数 1741.3 小时，非常有利于作物、牧草、林木生长。年平均气温 8.7℃。最冷 1 月，最热 7 月，年较差 34.0℃，年平均日较差 12.2℃。临河属大陆性气候，昼夜温差大，日较差最大的 4 月为 14.0℃，最小的 11 月为 9.8℃。4—9 月，光热水同期，有利于作物生长和光合产物的积累。

黄河是临河地表水和地下水的主要来源。黄河年平均总径流量为 367.2 亿立方米，流量为 847.3 立方米 / 秒。月季变化大，最大流量在 8 月，最小流量在 11—12 月。已形成以永济、黄济两大干渠为主体的引黄灌溉网。年引水量为 9.7904 亿立方米，总灌溉面积 217.08 万亩，沟渠占地 20.51 万亩。地表水除黄河灌溉网以外，还有总面积 3.1 万亩的大小湖泊，水深 1 米 ~ 7 米，pH 值 8 ~ 9。

临河区地下水储量丰富。据 2014 年监测数据，4 月份地下水埋深平均在 1.5 米 ~ 3.85 米，11 月份均在 0.7 米 ~ 4.25 米。地下水走向与地形一致由南向北。地下水浅部为淡水，矿化度 <3 克 / 毫升的总面积的 77.78%，矿化度 > 3 克 / 毫升的占 22.22%。深部以淡水为主，有咸水、半咸水，主要分布在古城、份子地、白脑包一带。地下水补给主要靠引黄灌溉，年渗漏 5 亿多立方米。

临河区主要农产品有苹果梨、蔬菜、籽瓜子、番茄、小麦、油葵、西瓜、蜜瓜等。

药用植物：

天然林以红柳、河柳为主，主要分布在黄河沿岸河滩地上，其次为胡杨、白茨。人工林主要有杨、柳、榆、沙枣、灌木、果树等。

天然生长的有苍耳、扁蓿、菟丝子、车前、蒲黄、芦根、苦豆根、蒲公英、枸杞、茵陈、戟草、问荆、艾和甘草等可作为药用植物。人工栽培的有党参、百部、大黄、板兰、黑丑、白丑等植物。

牧草资源丰富，有藜科、菊科、禾本科、豆科、蒺藜科、蔷薇科、蓼科、萝蹬科、紫草科、玄参科、十字花科、毛茛科、报春花科、车前科、红柳科、莎草科共 16 个科，48 属，60 种。

动物资源以家养畜禽为主，有牛、马、骡、驴、骆驼等大牲畜，有绵羊、山羊等小牲畜，还有猪、鸡、鹅、鸭、兔等。

临河区地区生产总值 297.27 亿元，同比增长 7.5%；固定资产投资 176 亿元，同比增长 11%；社会消费品零售总额 121.3 亿元，同比增长 10%；公共财政预算收入 22.3 亿元，同比增长 8.6%；城乡常住居民人均可支配收入分别为 27 040 元和 15 340 元，同比增长 8.4% 和 7.2%；从产业结构看：第一产业完成投资 10.5 亿元，同比增长 1.1%；第二产业完成投资 75.0 亿元，同比增长 31.5%；第三产业完成投资 90.5 亿元，同比下降 1.0%，其中：城市建设投资完成 74.8 亿元，同比下降 3.1%，房地产完成投资 23.8 亿元，同比增长 12.4%；商贸交通投资完成 15.8 亿元，同比增长 7.2%。三次产业之比为

14∶46.2∶39.8。

【农业】 2016年，农作物总播面积203.5万亩。其中：粮食作物播种面积91.7万亩，经济作物播种面积109.9万亩；优质牧草播种面积0.8万亩，全区粮、经、饲比例为49.8∶49.4∶0.7。建设科技示范园区12个，新增设施农业5000亩，累计4.3万亩。共完成流转面积2.1万亩，累计流转面积58.9万亩。实施高标准农田建设整治7.5万亩、节水改造1万亩，临河区小麦、玉米、花油葵、番茄、脱水菜产业化生产基地180万亩，订单面积113万亩，产业化基地和农作物订单面积分别占全区总播面积的90%和55%，农民来自产业化的收入为种植业收入80%以上，实现农业总产值实现45.5亿元。

年末，临河区农业机械总动力为81.7万千瓦，临河区农业机械化水平83.8%，走在全国前列。各类拖拉机保有量37 781台，其中大中型拖拉机21 455台，小型拖拉机16 323台，联合收割机295台（其中玉米联合收获机190台），各类配套农机具63 359台，主要农作物的综合机械化水平为83.8%。机耕面积180万亩。机械播种面积170万亩。机械收获面积138万亩。化肥施用量5.7万吨。7月，临河区被列入国家农村土地承包经营权抵押贷款试点旗、县（区）及自治区县域金融工程试点旗、县（区）。

【畜牧业】 新建规模化养殖场66个，累计4120个；牲畜饲养量576.25万头（只），其中羊饲养量530万只、出栏350万只；共有种禽场8个，存栏巴美、杜泊、南非美利奴等肉用种羊3690只；新引进白头萨福克等种羊460只，调剂优质种羊300只；种植优质牧草1.6万亩；农民来自种养殖业收入占农民收入的90%以上。为降低肉羊养殖成本，重点推广了“发酵饲草生产技术及应用试验示范”工作，选择5个养殖场（包括1个肉牛养殖场和4个肉羊养殖场）开展发酵饲草生产技术。产地检疫申报受理率100%、出证率100%；全年屠宰检疫动物350万头（只），检疫监管率100%、出证率100%。

年末，临河区家畜总头数184.2万头（只），比上年减少9.7万头（只），减幅5.0%。牛存栏2.3万头，同上年持平。其中：奶牛存栏1.5万头，比上年增加0.1万头，增长4.6%；羊存栏170.1万只，比上年减少9.9万只，减幅5.5%。羊饲养量494.7万只，比上年减少3.3万只，减幅0.7%。羊出栏324.6万只，比上年增加6.7万只，增长2.1%。生猪存栏10.1万头，比上年增加0.5万头，增长5.1%。出栏肉猪10.4万头，比上年增加0.1万头，增长1.3%。

【林业】 全年投资12.3亿元，完成人工造林4.83万亩，累计完成人工造林32万亩。其中：完成村庄绿化355个，2.4万亩，通道绿化181公里、5159亩，城镇及周边3048亩，厂矿园区4015亩，农防林9291亩，盐荒地造林2700亩。实施城区6个公园广场、19个重要节点、92个小区、60条主次干道的绿化提档升级工程。全区森林覆被率16.34%，活立木总蓄积量为342万立方米。城区绿地率31.67%，人均公园绿地面积10.66平方米。

【水利】 总投资4569万元，实施节水灌溉工程4.83万亩。其中：完成2015年全国新增千亿斤粮食生产能力规划田间工程1.3万亩，完成2015年自治区小型农田水利建设重点县工程2.03万亩，完成2016年高效节水增效项目工程1.5万亩。配合上级部门实施大型灌区续建配套与节水改造工程，完成渠道衬砌膜带整治59.63公里，修建各级各类建筑物105座。完成2016年“十个全覆盖”排水沟道综合整治9.1公里。解决农村3030户10 591人饮水安全问题。京津风沙源治理二期水利水保项目完成小流域治理3平方公里。配合上级部门完成内蒙古黄河二期防洪工程主体建设任务，治理临河黄河险工险段3处，长度5.35公里；实施堤防护坡1.1公里；顺堤河及防渗工程19.5公里。内蒙古临河黄河国家湿地公园项目完成项目招投标、监理单位委托，观测监测设施设备购置等工作，湿地公园区域边界围栏、界桩、警示牌及巡护道路工程建设稳步推进。完成2016年、2017年湿地保护与恢复林业补贴项目上报工作，湿地公园各项工作有序进行。

【工业】 2016年，76户规模以上工业企业完成产值322.6亿元，实现增加值88亿元，可比价增速8.1%，开工千万元以上工业项目94项，完成工业固定资产投资75亿元。富康荣盛管业、娃哈哈瓶装水等37个项目建成投产。帮助新海化工、团羊水泥、昌盛金属等企业进入自治区电力多边交易市场。为37户中小企业争取贷款11.6亿元。热电厂一号机组超低排放、西部铜材阳极精炼系统等60个项目实施技改升级。山东力诺二期中草药种植基地项目、中民光扶滩羊养殖项目、江苏苏美达40兆瓦林光互补项目成功签约。大有肥业有机肥、飞鹤乳业奶山羊养殖及羊乳开发、广东沉香现代皮革加工、四川傲视无人机生产等一批项目正在洽谈对接。支持草原宏宝在新三板挂牌上市，20户中小企业在自治区股权交易中心挂牌。60户食品加工单位入驻恒远食品加工园。中小企业创业园成功创建为国家级示范基地。

【城镇建设】 全年城建固定资产投资完成73.01亿元，投资9600万元，打通6条断头路、改造5条搓板路。投资300万元，完成5个交叉路口改造和金元桥、玛拉沁桥桥面扩宽改造。投资2501万元，完成恒远食品加工园及周边建筑改造和蒙元文化风情街改造；新建跨铁路、跨庆丰街2座人行天桥。完成北边分干沟排污改造。投资956万元，完成北边渠西段永济渠道衬砌及亮化美化工程。

铺设排水管网18.1公里，铺设更新供热管网177.1公里。新开工房地产116万平方米，完工38万平方米；改造老旧小区居民楼120栋、41万平方米。投资1.85亿元，硬化居民巷道739条、62万平方米，城区巷道硬化基本全覆盖。投资1800万元，新建便民公厕48座。投资2600万元，购置电动空调公交车30辆、公共自行车1500辆。投资8890万元，购置市政环卫车辆机具170台，投放垃圾桶2.8万个，新建垃圾转运站38个，主次干道机扫率和洒水率分别为85%和40%。施划停车位3342处，新建便民市场3处。组建政府参股物业公司，改造接管107个无物业小区和弃管小区。投资600万元，建成智慧城管指挥平台，城市管理再上新台阶。三年累计投资47.8亿元，全面实施农村“十个全覆盖”和集镇、村庄综合整治工程，完成893个自然村综合整治，改造农村危房12 023户，硬化街巷1649公里，农网改造1307公里，农村环境面貌彻底改观，18万农民群众普遍受益。

【环境保护】 2016年，联邦制药公司实施高浓度废水深度处理和异味治理项目；结晶母液、高浓度废酸水MVR项目建成并投入使用。德源肥业引进新技术实施1、3、4号线的异味治理。临河热电厂超低排放工程建成并投入运行。联邦制药、富源热力公司等12家企业完成脱硫提标除尘改造。实施联邦制药、阳光能源、临河热电厂、巴市污水处理厂、东城区污水处理等8项减排工程，完成上级下达的4项主要污染物总量减排任务。投资2.19亿元，实施“蓝天行动计划”，为3560户居民免费更换节能环保炉具，将3510户、31万平方米平房区居民集中接入供热管网，关停城区10蒸吨及以下燃煤锅炉31台。对223家各类企业进行环保大检查，对21家企业进行行政处罚。

全年入河湖废弃污水排放量2908.2万吨；生活垃圾清运量13.7万吨。城市绿地率和森林覆盖率分别为31.67%和16.3%，人均公园绿地面积10.66平方米。对水源地进行全面细致巡查，保障城乡居民饮用水安全，临河城乡居民饮用水水质达标率100%。

【交通】 全年完成公路养护投资1263万元，公路优良率为70.2%。临河境内公路通车总里程

3727.6公里。其中:国省道251.3公里(含高速51.2公里),县道263.6公里,乡道594.6公里,村道2615.5公里。农村公路黑色路面1834公里,境内乡镇100%通油路。

2016年,配合修建甘其毛都口岸到临河一级公路,完成临河境内征地拆迁工作。铁路货运中心项目通过审批。京新高速临河段全线贯通,包银高铁临河段线路及站点完成选址。投资6.9亿元,完成通村公路220公里,完成街巷硬化920公里。投资4734万元,开始实施临白路改扩建建工程。投资1.92亿元,完成10千伏433.2公里、0.4千伏738.9公里村村通电及农村电网改造工工程。

【邮政 电信】 全年完成邮电业务总量6.2亿元;年末拥有固定电话用户8.7万户;移动电话用户87.1万户;互联网用户到9.7万户。

全区新建基站686座,家庭网络宽带达到100M。电子政务外网出口由原来300M提升到1000M,电子政务办理更加便捷。

【贸易】 电子商务产业园顺利投运,209户电商、创客及快递企业入园经营,交易额20.8亿元。“中国特产—河套馆”正式上线运营,已有14家企业共上线八大品类150多款产品,总交易额近30万元。巴彦淖尔陆港实现全年通关,组织发送农畜产品1.4万吨,出口货值1.6亿元。羊畜产品交易中心与1118家采购和供应企业签订入市交易合同,累计交易额2.59亿元。现代农畜产品保税物流中心(B型)申建工作有序推进。草原宏宝公司在京东自营生鲜中销售额突破230万元,获得京东生鲜羊肉产品搜索排名第一位。家具、建材、机电、农机、汽车、小商品、农产品等多门类、大格局的市场体系逐步完善。餐饮、批零贸易、交通运输等传统服务业稳步发展。

全年社会消费品零售总额121.3亿元,同比增长10.0%。分城乡看,城市实现零售额114.7亿元,同比增长10.1%;乡村实现零售额6.6亿元,同比增长8.8%。分行业看:批发和零售贸易业零售额105.9亿元,同比增长9.5%;住宿和餐饮业零售额15.4亿元,同比增长14.1%。

巴彦淖尔市的绿色蔬菜、瓜果出口蒙古国的业务正式启动,巴彦淖尔地区首批蔬菜、瓜果通过临河保税物流园区陆港顺利出口蒙古国,为下一步与蒙俄更深层次、更宽领域的商贸合作奠定了基础。

【旅游业】 全年接待游客131.2万人次,旅游收入13.8亿元。年末,临河区拥有旅行社20家,星级饭店6家,国家AAAA级景区1家,国家AAA级景区3家,国家AA级景区6家,自治区休闲农牧业示范点1家,五星级乡村旅游接待户2家,指定旅游产品销售企业3家。临河区创建国家AAAAA级黄河河套文化旅游区成效明显,干召浩彤被评为国家AAA级旅游景区,富强村获评2016年度“中国十大最美乡村”殊荣。

2016年,编制完成《临河区旅游总体规划及临河区旅游十三五规划》《临河区乡村旅游发展规划》《临河区全域旅游发展方案》;全力创建国家AAAAA级黄河河套文化旅游区,干召浩彤被评为国家AAA级旅游景点,富强村进入中国最美村镇评选华北区10强;首届冬捕节1万多名游客齐聚镜湖,万人同吃一锅鱼,醒网、头鱼拍卖吸引游客眼球,开创了冬季旅游新形式。首届冬季旅游文化节,设置冰雪竞技、趣味游艺、冰雪观光、文艺演出、体育比赛等7项活动,探索了文化+旅游+体育融合发展新模式。新建干召民主四组、酒庄老镇等一批特色乡村,完善环城、沿水系旅游线路。

【金融 证券 保险业】 年末,临河地区金融机构本外币各项存款余额477.9亿元,同比增长10.1%。其中:住户储蓄存款余额276.2亿元,增长13.3%;非金融企业存款余额78.1亿元,增长30.2%。本外币各项贷款余额443.1亿元,同比增长10.7%。其中:住户贷款余额163.4亿元,增长8.0%;非金融企业及机关团体贷款余额279.7

亿元,比年初增长 12.3%。各金融机构为临河地区企业累计发放贷款 92.97 亿元,累放额达到 50 万元及以上的企业共 221 家,贷款金额 92.97 亿元,占企业累放总额 100%,金融支持地方经济发展的作用凸现。临河地区各家金融机构本外币存款余额 477.89 亿元,较上年同期增加 177.01 亿元,贷款余额 443.10 亿元,较上年同期增加 204.18 亿元;全年证券公司股民开户数为 7374 户,证券交易额为 212 亿元。

全年实现保费收入 5.0 亿元,比上年增长 16.3%。其中,财产险保费收入 1.8 亿元,同比增长 14.5%。支付各项赔款 1.7 亿元,同比增长 13.3%。其中,财产险给付赔款 0.9 亿元,同比增长 12.5%。

【科技】 2016 年,与瑞安公司合作在设施农业生产中引进物联网技术,实现农产品生产源头可追溯,精准控制温室生产管理和温室种植手机 APP 远程控制管理,有 300 栋温室安装该系统;自治区与内蒙古蒙巴禾农业科技发展有限公司合作组织实施"矿物质叶面有机碳肥—禾百润"试验示范,当年在小麦、葫芦、番茄、青椒、蜜瓜等农作物品种示范应用,示范面积 1000 亩。2016 年,临河区有内蒙古游牧一族生物科技有限公司、飞虹饲料科技有限公司和际华森普利服装公司等 7 家企业的研究开发中心被认定为自治区级企业研发中心;认定国家级"星创天地"1 家(富川公司的"现代肉羊产业链科技特派员星创天地"),认定国家级众创空间 2 家(临河区中小企业创园众创空间和巴团网爱创众创空间);认定国家高新技术企业 1 家(蒙元宽食品有限公司);新建自治区级院士专家工作站 1 家(巴彦淖尔市科河种业有限公司麦后复种饲料油菜新品种选站)。2016 年,临河区授权专利 113 件。其中:发明专利 55 件,实用新型专利 43 件,外观设计专利 15 件,登记并通过自治区鉴定科技成果 2 项。成果专利登记与授权数走在全市前列。临河区拥有产品质量检验机构 12 家;法定计量技术机构 2 家。走在全市前列。

【教育】 2016 年,投资 6500 万元,完成九小教学综合楼改造项目;投资 4000 万元实施城关镇治安小学迁建工程;投资 750 万元新建乌兰图克镇幼儿园,现已完工;投资 660 万元新建市二中体育馆,已投入使用。投资 6500 万元新建朔方实验学校,现工程基本完工,正在进行室内外装修。促进义务教育均衡发展,继续推行学校联盟、县域内校长教师交流轮岗制度,选派 42 名优秀骨干教师、名教师到农村学校支教,选派 43 名农村教师到城区学校交流任教。实施学校标准化建设,投入 1878 万元为 20 所中小学购置标准化仪器设备,极大改善了城乡办学条件。重视发展校园足球运动,将足球课纳入学校体育课和阳光体育大课间活动中。开展第三届"区长杯"校园足球联赛,有 9 所学校被评为国家级校园足球特色学校,有 17 所学校被评为自治区级校园足球特色学校。加大学校体育场馆对外开放力度,将城区所有学校的体育场馆或运动场地在周六日和节假日免费向市民开放,满足了群众就近参加体育健身活动的需求,受到广大市民的广泛好评。临河区拥有各级各类学校 97 所(包括幼儿园),在校学生 91 107 人。拥有普通高等学校 2 所,在校学生 10 606 人,专任教师 652 人;中等职业学校 5 所,在校生 11 044 人,专任教师 605 人;普通中学 17 所,在校生 24 058 人,专任教师 1847 人(其中:初级中学 11 所,在校生 13 696 人,专任教师 1065 人。高级中学 6 所,在校生 10 362 人,专任教师 782 人);小学 30 所,在校学生 29 135 人,专任教师 1853 人。拥有幼儿园 41 所,在园幼儿 16 070 人,教师 513 人。拥有特殊教育学校 2 所,在校学生 194 人,专任教师 61 人。

临河区新型职业农牧民培育工程全面启动,工程培育新型职业农牧民 251 人。

【文化 体育】 拥有影剧院 4 个,文化艺术馆 2 座,档案馆 2 座,图书馆 2 座,报社 1 家,博物馆

4座。拥有广播电台1座，广播人口覆盖率100%；拥有电视台1座，电视人口覆盖率100%。有线电视用户8万户。全年出版报纸375万份。

2016年争取项目资金6539万元，改扩建村组文化室145个、村组文化健身广场209个，配送文化体育器材328套，新建笼式足球场1个。首届巴彦淖尔国际马拉松大赛，来自15个国家1万多名选手参加了全程、半程和迷你马拉松3项比赛，开创了临河区举办马拉松国际赛事的先河。首届巴彦淖尔迎春灯会，引进四川自贡花灯技艺，分3个主题制作花灯55组，近80万人参与观灯，央视新闻联播2次报道灯会盛况，开辟了临河元宵节文化活动的崭新一页。完成国家、自治区、市级8个重点文物保护保单位的筑立标志碑、划定保护范围、成立组织机构等"四有"工作。全市龙舟赛等大赛、全市五人制足球赛、首届少数民族运动会均取得优异成绩。非遗技艺展河套"二人台"坐腔大赛，得到社会良好评价。12月4日，首届河套猪宴节在临河区干召庙镇民主村四组举行。开展了猪宴节祭祀、广场舞、秧歌、二人台、舞狮、赛马、足球赛等活动。

【卫生】 2016年，建成汇丰办、车站办社区卫生服务中心、丹达卫生院门诊楼，建成134所标准化村卫生室。实施镇村卫生服务一体化管理，将40%的基本公共卫生服务职能下沉到村卫生室，将村医补助标准提高到18 000元～20 000元/年，医疗网底得到巩固加强。2016年，临河区新农合参保23.3万人，参合率99%。临河区政府办医疗机构全部实行基本药物网上集中采购、零差率销售，并及时向社会公示药物品种和价格，接受监督。将国家基本药物、中蒙医药技术服务及药品纳入三项基本医疗保险报销范围，报销比例提高10%～15%。将国家和自治区规定的常用低价药品列入基层药品使用范围，实施网上集中采购和零差率销售。落实全面两孩政策。从2016年1月1日起，全面实行一孩、二孩生育登记制度。推进家庭医生签约服务，全区28所一级医疗机构累计签约5.76万户、15.14万人，覆盖全区27.5%的人口；重点人群签约7.17万人，签约率51.4%。

至年底，临河区拥有卫生机构639个，其中医院30所，卫生院18所，社区卫生服务中心（站）12所，妇幼保健院（所、站）2所，疾病预防控制中心2所，村卫生室177所，诊所368所，其他卫生机构2所，拥有床位4626个，拥有卫生技术人员5675人，其中执业医师2023人，药剂师327人，检验师195人，其他卫生技术人员472人。共有卫生事业人员6717人。

【人民生活】 全年全体居民人均可支配收入23 581元，同比增长8.4%。其中，城镇常住居民人均可支配收入27 040元，同比增长8.4%。从收入构成看，人均工资性收入为18 602元；人均家庭经营净收入2569元；人均财产性收入1678元；人均转移性收入4191元。城镇常住居民人均消费支出18 637元。城镇居民家庭恩格尔系数为29.0%。非私营城镇单位从业人员平均工资为55 254元，同比增长6.5%，在岗职工平均工资为56 701元，同比增长6.6%。

农村常住居民人均可支配收入15 340元，增长7.2%。从收入构成看，人均工资性收入为920元；人均家庭经营净收入13 346元；人均财产性收入460元；人均转移性收入614元。农民人均生活消费支出16 286元。农村居民家庭恩格尔系数36.7%。

【社会保障】 年末，临河区参加职工基本养老保险54 807人。城乡居民养老保险139 023人。城镇职工参加基本医疗保险3.9万人。城镇居民基本医疗保险参保17.4万人。其中，未成年人参加医疗保险9.0万人。参加工伤保险32 460人。参加生育保险3 1615人。失业保险参保人数2.0万人。全年农村合作医疗参合人数达到23.3万人，参合率99.9%。

城镇低保月保障标准由2015年的483元

提高到521元;农村低保年保障标准由2015年的3372元提高到3690元。年末,共计发放城镇低保金5413.1万元;发放农村低保金3636.8万元,发放五保供养资金613.3万元,发放孤儿供养资金共122.2万元,发放“三无”人员供养资金172万元,发放老年人长寿保健金746.5万元,救助城乡患病困难群众支出资金1299.7万元,城镇低保对象和城镇“三无”人员资助参保资金54.6万元,资助农村低保户、五保户、孤儿参加农村合作医疗投入资金90.4万元,为城乡困难群众发放临时救助资金247.3万元。全年下拨救灾款305万元。全年发放各类优抚对象定期抚恤补助资金822.7万元。

【承诺民生10件事完成】 临河区兑现承诺的10件民生实事全部完成:投资2.38亿元,实施临河九小等4所学校校舍建设;投资4000万元改造小街小巷112条,开工70余条、完成22条,铺设排污管网9.4公里;投资6700万元,实施53个老旧小区41万平方米综合改造工程;投资1500万元,成立国有参股物业公司,逐步接管214个无物业小区和弃管小区;投资3000多万元,完成92个居民小区绿化升级改造;投资1838万元,在城区主要干道两侧建起50座便民公厕;投资2800万元,新建3处封闭式便民市场;投资1000多万元,新建智能化公共自行车站点50个,采购公共自行车1500辆;加快公交体制改革,新开通3条公交线路,投入30辆电动公交车;筹资800万元开展“救急难”工作,提升对特殊困难群众的救助水平。

【自然灾害】 6月13日15时44分,临河区境内出现强对流天气,引发冰雹、暴风雨灾害,冰雹最大直径约2厘米左右,由于降雹密度大,个别人员被冰雹打伤,直径为50厘米左右的大树连根拔起,树木严重损毁,部分彩钢建筑房顶被揭起,牲畜被打伤,小麦大面积倒伏,玉米叶片被打成条状,葵花、番茄、葫芦、蜜瓜叶片打成蜂窝状,茎部被打断,造成减产。临河区八一、乌兰图克、双河、新华、狼山5个乡镇、16个行政村、73个村民小组的农作物不同程度受灾。

【临河区人民法院被确定为审判方式改革试点】 9月28日,临河区人民法院首次在中国新浪网法院频道进行庭审网络视频直播。10月,临河区人民法院先后被内蒙古自治区高级人民法院、最高人民法院确定为内蒙古自治区和全国家事审判方式改革试点。

【荣誉】 2016年,临河区获得国家级、自治区级(省部级)重要奖励的集体奖项有16项,个人奖项13项。中宣部、司法部授予临河区司法局“全国法治宣传教育先进单位”称号;司法部授予乌兰图克人民调解委员会“全国模范人民调解委员会”称号;教育部授予临河区教育和科学技术局“教育宣传先进单位”称号;国家发改委授予临河区发改局“全国价格监测工作先进单位”和“全国价格认定机构先进单位”称号;公安部授予临河区看守所“全国看守所五化建设成绩突出单位”称号;最高人民法院授予临河区人民法院新华人民法庭“全国法院先进集体”荣誉称号。公安部授予临河区拘留所“全国拘留所社会矛盾化解工作成绩突出单位”称号。娜仁其其格,女,蒙古族,临河区司法局干部,获得司法部授予“全国模范调解员”称号;贺跃华,男,汉族,干召镇司法所干部,获得“国家彩票公益金法律援助项目优秀案件承办人”称号;范光明,男,汉族,临河区农牧业局干部,获得农业部授予“全国农牧渔业丰收奖”荣誉。

(撰稿人:张学军)

乌拉特前旗

【概况】 乌拉特前旗位于内蒙古自治区西部,河套平原东南端,东与重工业城市包头市毗邻,南与鄂尔多斯市杭锦旗隔黄河相望,西与五原县相连,北与乌拉特中旗接壤,总面积7476平方公里。地处“呼包银兰”经济区域带和产业富集区，区位优势突出，交通通信便利。包兰包白铁路横贯旗境、京藏高速公路、110国道横贯旗境。乌拉特前旗地域辽阔，既有肥沃的引黄灌溉区，又有广袤的山旱牧区，是重要的粮油糖生产基地和工业原料基地，也是一个以工业为主、农牧业结合的经济类型较全的旗县。隶属巴彦淖尔市管辖。现辖11个苏木镇，5个国营农牧场，其中农区镇8个，牧区苏木镇3个，有嘎查村93个。总人口33.6万人，是一个以蒙古族为主体，汉族居多数，回、满、壮、朝鲜等29个民族聚居的旗县。旗人民政府所在地乌拉山镇，总人口约9.36万人，是全旗的政治经济文化中心。

2016年，乌拉特前旗实现地区生产总值146.2亿元，同比增长7.1%；公共财政预算收入9.45亿元，同比增长0.7%；固定资产投资完成112.1亿元，同比增长9.9%；城乡居民收入分别达到25 705元和14 385元，同比增长8.2%和7.1%；社会消费品零售总额达到34.6亿元，同比增长10%。

乌拉特前旗资源丰富。地形地貌可概括为“三山两川一面海，千里平原两道滩”。属阴山山脉的三山即乌拉山、查石太山和白音查干山横亘在旗境东部；三大山脉之间形成明安川、小佘太川；乌拉山山前有蓿亥滩和中滩；西部为广阔富饶的河套平原；中部有全国八大淡水湖之一的塞外明珠乌梁素海。按地理地貌，全旗可划分为前山、后山、套内、牧区4个自然经济类型区，整个地形地貌和经济类型是内蒙古自治区一个完整的缩影。全旗现有耕地244万亩、草牧场636万亩。农区盛产番茄、小麦、玉米、油葵、莜麦、瓜菜、枸杞、土豆以及黄芪、亚麻等农作物和药材。牧区以饲养肉羊、绒山羊和奶牛为主，其中二狼山的白绒山羊羊绒以光泽度好、纤维长而负有“纤维钻石”之美誉；乌拉山羊肉以其味道鲜美、肥而不腻而成为人们餐桌上的佳品。旗内有大面积的乌拉山原始森林，林木有松、柏、杨、柳、桦、椴等，森林覆盖率为6%，有野生动物资源280属，503种。旗域内蕴藏着丰富的水资源，有大小湖泊65个，总面积58万亩。其中，养殖水面56万亩。黄河过境160公里，年引黄河水6.2亿立方米，而且地下水资源十分丰富。境内已探明的各类矿床、矿点、矿化点138处，已有21余种得到不同程度的开发利用。

【农业】 推进基础设施建设和现代农牧业发展。实施高标准农田建设47.5万亩、滴灌配套11万亩、盐碱地改良3.5万亩，乌梁素海西岸生态沟建设黄河二期堤防工程接近尾声。新增设施农业1785亩，农作物总播面积159 519公顷，粮食总产量67.54万吨。完成机耕面积197万亩，机播完成210万亩，机械化收获完成120万亩，农牧业综合机械化率85%，居全市第一。建成农机专业合作社6个、农机大户610个、农机科技示范户80个，其中4个农机合作社升级为市级示范社。建成两个市级万亩综合科技示范园区，总面积为2.35万亩；全年完成种植技术推广18项，累计推广面积442.6万亩次，主要栽培技术基本实现全覆盖。推广盐碱土改良培肥综合技术3.5万亩，累计达到7万亩。此外，为后山小佘太镇争取了5000亩旱作农业技术推广项目。全年新增农牧业企业107家，总数达到318家，其中市级以上龙头企业达到33家。新增农牧业合作社170家，现有1176家；“三品一标”认证32项。黑柳子白梨脆获得国家地理标志认证，先锋枸杞成为全市首家国家地理标志保护产品。乌拉特前旗“黑柳子白梨脆甜瓜”通过国家农产品地理标志评审。

【畜牧业】 新建改建规模养殖场74处，其中新建规模化养殖场32个，改扩建34个，改扩建家庭生态牧场8个。全年牲畜饲养量380万头（只）；全面实施畜牧业“种子工程”。全旗完成大小畜改良配种74.5万头（只）、生猪改良配种10.8万口。共调购巴美种公羊505只，调购阿尔巴斯种公羊78只。奶牛、肉牛全部实现良种化。是年，乌拉特前旗被内蒙古自治区列为全区农畜产品质量安全监管创建示范旗县。

【林业】 全年完成造林12.70万亩,森林覆盖率16.02%,获评全国绿化模范旗县。

【工业】 实施千万元以上重点项目17项,完成固定资产67亿元。东立7500兆瓦太阳能电池组件、振森8万方高密度纤维板、北方龙源5万千瓦风电等15个项目建成,位元云谷云计算、金鼎2万千瓦光伏电等8个招商引资项目在秋季集中开工,北方龙源风电、协兴光伏实现并网发电。累计为企业协调贷款1.9亿元、降低用电成本2.6亿元,天昱园公司成功在“新三板”挂牌。成立汇通能源公司和矿业企业协会。开展安全生产和环境保护“百日攻坚行动”,排查企业664家,整改安全隐患537项,接受中央环保专项督察,实施减排项目16项。

【城镇建设】 修编完成园林绿地、停车场等14个专项规划,编制了721个村庄整治规划。城镇建设完成投资15亿元,新改建道路14.7公里,铺设各类管网30公里,经受住了50年一遇的强降雨过程。实现了热电联产集中供热,垃圾处理场和10座垃圾压缩站站全部启用,充分利用8.8亿元棚改政策性贷款和基金,盘活回迁房1500套。推动保障房建设,建成回迁房862套,583户群众实现回迁,完成老旧小区节能改造8.2万平方米。全力推进“十个全覆盖”工程,完成危房改造6145户、街巷硬化1045公里、农村公路167公里、农网改造391公里等建设任务,基本完成721个村组,打造了一批美丽乡村示范点。新增园林绿地5万平方米,完成林海街、山咀路街景改造,实施乌拉特大街等城区主干道街景亮化,打造了位于乌拉山镇高速出入口处的长城和蒙古族标志苏力德等精品景观工程。8月,乌拉特前旗被列为自治区县(市)域乡村建设规划和村庄规划试点。

【环境保护】 乌拉特前旗削减化学需氧量(COD)289.16吨,氨氮50.24吨,二氧化硫11 146.6吨,氮氧化物2923.6吨。依法足额征收排污费736.6905万元。畅通“12369”举报热线,办理结案环境信访案件59件。内蒙古自治区与天津市联合放归野生动物活动在乌拉特前旗乌梁素海湿地水禽自然保护区举行,41只珍稀候鸟在多地工作人员的帮助下,顺利回归到大自然的怀抱。其中蓑羽鹤、灰鹤、天鹅属国家二级重点保护鸟类。是年,乌拉特前旗2016年度京津风沙源治理二期工程实施方案通过巴彦淖尔市专家组评审。

乌拉特前旗国家坡耕地水土流失综合治理工程2016年小佘太镇西梁项目区实施方案通过巴彦淖尔市专家组评审。

【交通建设】 交通基础设施投资8.49亿元,完成农村公路工程项目34个167公里;行政村街巷硬化项目575个1045公里。投入养护资金1280万元,对破损路面进行补修,整修路面25 000平方米,灌缝5.2万米,热沥青罩面10公里,修整路肩64公里,路肩上砂54公里,路肩割草54公里,画标线54公里,改造危桥2座。

【旅游业】 接待游客85.03万人次,同比增长18.4%,实现旅游总收入6.82亿元,同比增长14.2%。旅游直接收入1.16亿元,同比增长13.7%,旅游企业达到46家,从业人员达1237人。精心打造乌梁素海旅游小镇,成功举办首届乌梁素海螃蟹节并在央视播出,公田农耕文化节等节庆活动。阿日齐、乌日图、增隆昌成功申报为国家乡村旅游扶贫村。

【社会保障】 截至2016年11月底,民生支出达19.8亿元,占公共财政预算支出的79.4%。实施精准脱贫工程,投入各类扶贫资金1.7亿元,5630人实现稳定脱贫,承办了巴彦淖尔市扶贫工作现场会。新建创业基地2处,发放创业贷款1305万元,新增城镇就业2207人,农牧民转移就业3.2万人次。民生5项、社会保险提标政策全部落实,发放各类社会保险待遇和救助资金7.5亿元,报销就医费用2.3亿元。发放“暖心煤”补贴950万元、低收入家庭大学生补助220万元,“零就业家庭”实现动态清零。新建1所老年养护院、9所互助幸福院和1所社区日间照料中心。1月1日,乌拉特前旗全面启用社会保障卡刷卡就医,医保卡被停止使用。11月底,乌前旗农牧民转移就业32 505人，完成市级任务31 500人的103%，其中转移就业6个月以上24 212人,完成市级任务23 500人的103%。

【医疗卫生】 共有卫生机构260个。蒙中医医院综合大楼主体完工。完成70所卫生室标准化建设,居民健康档案建档率99%。

【文化】 乌拉特前旗有艺术表演团体1个,文化馆1个,乡镇文化站1个,公共图书馆1座,藏书6万余册。文化馆、图书馆、博物馆即将迁入新址。新改建嘎查村文化活动室115所、小广场157处。广播电台1座，广播人口覆盖率100%;有电视台1座,电视人口覆盖率100%。中国河套文化艺术暨第十二届乌拉特前旗文化艺术节召开。内蒙古葫芦丝巴乌(巴彦淖尔市、乌拉特前旗）艺术协会乌拉特前旗分会正式成立。“走进爬山调艺术之乡”第二届西部民歌会在乌拉特前旗举办,来自陕西、青海、山西、宁夏、甘肃、河北及内蒙古西部呼市、包头、乌兰察布、鄂尔多斯、阿拉善、乌海、锡林郭勒、巴彦淖尔共14个西部省、自治区和地区的回、蒙古、撒拉、裕固族等民族50多名歌手参加了一场西部民歌盛会。

【体育】 成功举办内蒙古大众跆拳道分站赛、全区中学生田径锦标赛和第二届西部民歌会。马拉多纳国际足球俱乐部有限公司与乌拉特前旗6所中小学校正式签约设立“马拉多纳国际足球训练示范基地”(6所学校:蒙古族中、小学校,前旗第一、四小学,第四中学和竹林学校)。2016年体育进社区暨内蒙古自治区广场舞大赛在赤峰举办，乌拉特前旗参赛队获一等奖和优秀组织奖。乌拉特前旗乌拉特部落举办首届“极寒”冬捕冰雪节。

【教育】 有中等专业学校1所、普通中学11所、小学15所、幼儿园26所。新改建小学3所,为6所学校配建综合实验楼，实施5所学校校舍改造工程,选聘特岗教师17名,六中中考满分人数位列全市第一,高考成绩取得新突破。第八届国际行知赏识教育文化活动在乌拉特前旗第四小学分会场举行,来自马来西亚、中国台湾地区、广东、云南等省的教育专家、教育工作者们齐聚一堂,共同围绕赏识教育,展开国际间的学术交流和讨论。乌拉特前旗蒙古族中学隆重集会庆祝建校50周年。乌拉特前旗成立首家电子商务产业园暨大学生创业园(孵化基地)。创业园位于乌拉山镇星河广场电商大厦，由企业投资建设,实行企业运营管理。

【科技】 2016年巴彦淖尔市科技活动周暨第21届科普活动宣传周启动仪式在乌拉特前旗举行,标志着乌拉特前旗首届科技节拉开序幕。

【信访维稳】 依法治旗扎实推进,“4+X”网格化管理全面推广,坚持打防控多管齐下,社会治理水平明显提高。依法依规做好信访维稳工作,及时就地排查化解了一批社会矛盾。

【深化改革】 全年实施改革任务138项（国家级试点2项、自治区级试点3项、市级试点4项,自行改革9项),形成成果286个。认真落实3项重点改革任务,签订肉羊订单30万只、农业订单10.5万亩；获评全国国土资源集约节约示范县。推进供给侧结构性改革,淘汰化解24万吨水泥、4900吨铁合金落后过剩产能，消化2042套、20万平方米库存房。农田水利、广播影视2个国家级试点扎实推进,干部“能上能下、能进能出”改革、集体林业综合改革等7个区市试点全面完成。“E调解”平台等自行改革事项得到区市推广，多元化矛盾纠纷解决机制成为全区先进典型。

【首次公务员职级晋升】 乌拉特前旗严把资格审核、民主测评和考核、公示“三道关口”,顺利完成首次公务员职级晋升审批工作。全旗362名公务员职级得到晋升,其中1人晋升正处级,

36人晋升副处级,33人晋升正科级,292人晋升副科级。

【安全事故】 7月3日凌晨2时许,乌拉特前旗大佘太镇南梁沟因农民张满才非法盗采石灰石引发一起爆炸事故。爆炸导致现场1人受伤、7人失踪。

【法治改革】 乌拉特前旗不断完善矛盾纠纷多元化解工作机制,充分利用"互联网+"思维,充分整合行政、司法、社会"三方资源",创新完善"便捷性、时限性、自主性、公正性、公益性、多样性"的线上线下矛盾纠纷调解"六服务"机制,打造了线上线下有机结合的矛盾纠纷"E调解"平台,将诉前调解工作从法院"搬至"互联网,开启了"互联网+诉前调解"新模式,调解的权威性和公信力显著增强,调解成功率和群众满意度实现"双提升",分别达到98.3%和98.1%。乌拉特前旗人民法院被确定为自治区13个"多元化纠纷解决机制改革示范法院"之一。

【乌梁素海鱼类增殖放流行动】 9月23日,巴彦淖尔市"2016乌梁素海水生生物资源增殖放流行动"在乌拉特前旗乌梁素海举办。这次行动共投放黄河鲤鱼、草鱼、花白鲢鱼等鱼苗200万尾。

【乌拉特前旗区域影像中心和区域检验中心成立】 12月15日,乌拉特前旗政府与东软医疗系统有限公司和宁波美康生物科技股份有限公司正式签约,成立"乌拉特前旗区域影像中心和区域检验中心"。这是内蒙古自治区成立的第一个"区域影像中心和区域检验中心",标志着乌前旗医联体建设迈上了一个新台阶。

(撰稿人:王雁 史卫 刘芳)

乌拉特中旗

【概况】 乌拉特中旗位于内蒙古自治区西部,地处北纬41°07′~41°28′,东经107°16′~109°42′。北与蒙古国交界,东与包头市达尔罕茂明安联合旗、固阳县为邻,南与乌拉特前旗、五原县、临河区、杭锦后旗相依,西连乌拉特后旗。旗人民政府驻地海流图镇,距巴彦淖尔市政府驻地临河区161公里,距包头市219公里,距内蒙古自治区首府呼和浩特市391公里,距中国甘其毛都口岸130公里。全旗东西长203.8公里,南北宽148.9公里,呈不规则四边形,总面积22 868.11平方公里。全旗辖10个苏木镇,1个种畜场,1个牧羊海牧场,93个行政嘎查村(分场)。总人口142 580人。其中:城镇人口30 407人,乡村人口(苏木、镇、场)112 173人;少数民族28 913人,其中蒙古族27 704人,占总人口19.4%,是一个以蒙古族为主体,汉族居多数,回族、满族、藏族、达斡尔族、朝鲜族、土家族等多民族聚居的少数民族边境旗。境内有中蒙边境线184.4公里,拥有巴彦淖尔市唯一的双边常年开放甘其毛都口岸及承接蒙古国矿产资源加工利用的口岸加工园区。

2016年,地区生产总值101.76亿元,同比增长6.5%。其中:第一产业增加值15.32亿元,增长2.8%;第二产业增加值73.83亿元,增长7.0%;第三产业增加值12.61亿元,增长8.2%,全年人均地区生产总值72 686元人民币。三次产业比例由上年的16.3∶72.2∶11.5演进为15.1∶72.6∶12.3;全旗固定资产投资总额150.19亿元,比上年增长10.09%。从三次产业投资看,第一产业4.28亿元,比上年下降32.59%;第二产业61.57亿元,下降13.6%;第三产业84.34亿元,增长43.6%。从主要行业投资看,农林牧渔业4.28亿元,下降32.59%;采矿业31.78亿元,增长79.09%;制造业12.32亿元,增长79.67%;电力及生产供应业16.49亿元,下降61.13%;建筑业0.98亿元,下降77.19%;交通运输及仓储业28.25亿元,增长189.47%;批发和零售业2.47亿元,增长46.9%;金融保险业0.98亿元,下降67.13%;房地产业5.43亿元,增长717.25%;科学研究和技术服务业1.10亿元,增长256.94%；水利、环境和公共设施30.67亿元，增长40.29%；教育1.32亿元，下降73.52%；卫生和社会服务业5.93亿元，增长150.24%；文化体育和娱乐业1.21亿元，下降75.79%；公共管理和社会组织5.89亿元，下降43.24%。全年实现公共财政预算收入8.81亿元，比上年增长0.3%。公共财政预算支出27.3亿元，比上年增长2.46%。其中：一般公共服务支出、公共安全支出、教育支出、科学技术支出、社会保障和就业支出、医疗卫生与计划生育支出、节能环保支出及城乡社区支出八项支出共计13.4亿元，占公共财政预算支出的49.1%。

全年实现社会消费品零售总额16.01亿元，比上年增长9.6%。分地区看，城镇市场实现零售额10.34亿元，同比增长9.4%，占全社会消费品零售总额64.6%；农牧区市场实现零售额5.67亿元，同比增长10.1%，占全部零售总额的35.4%。分消费形态看，商品零售贸易额13.41亿元，同比增长9.4%；餐饮业零售额2.6亿元，同比增长10.6%。

2016年，全旗居民人均可支配收入19 238元，比上年增长8.2%。按常住地分，城镇常住居民人均可支配收入26 938元，比上年增长8.0%；农村牧区常住居民人均可支配收入14 059元，比上年增长7.8%。全旗居民人均消费支出13 948元，比上年增长2.9%。按常住地分，城镇常住居民人均消费支出16 943元，比上年增长2.0%；农村牧区常住居民人均消费支出11 448元，比上年增长8.8%。

【农业】 2016年，完成农业总产值13.38万元，比上年下降9.5%，全年农作物播种面积142.78万亩，比上年增长7.09%。粮食播种面积77.28万亩，比上年增加2.87%。其中：小麦面积32.79万亩，比上年增加5.86万亩，增长21.76%；玉米面积43.5万亩，比上年减少3.78万亩，下降7.99%。经济作物播种面积65.5万亩，比上年增长12.5%。其中，葵花面积53.9万亩，比上年增加6.28万亩，增长13.2%。粮食总产量3.91亿公斤，比上年增长4.07%。其中：小麦产量0.755亿公斤，比上年增长22.14%；玉米产量3.15亿公斤，比上年增长0.72%；油料总产量0.89亿公斤，比上年增长11.23%。其中，葵花产量0.87亿公斤，比上年增长10.73%。

围绕"提质增效转方式，稳粮增收可持续的主线"积极培育龙头企业，现有市级以上龙头企业11家，其中新增自治区级龙头企业2家。打造两个市级农业科技示范园区，总建设面积25 757亩。其中，德岭山镇苏独龙嘎查园区建设面积14 889亩，核心区3211亩，乌加河镇宏丰村园区建设面积10 858亩，核心区3142亩。主要进行小麦套种晚播向日葵、玉米一穴双株、玉米宽覆膜高密度栽培技术示范种植和小麦、玉米、葫芦、向日葵品比试验。开展盐碱地改良，年内，采取施用脱硫石膏或磷石膏，拉沙压碱为主要技术措施，配合采取深松旋耕、灌水洗盐、平整土地等改良技术，实施盐碱地改良面积3500亩。落实国家惠农政策，全旗农作物参保面积130.23万亩，上交保费267.7万元，保险理赔1535万元。发放农业支持保护补贴资金4441.7万元，补贴面积52.16万亩。发放玉米补贴资金6204万元，补贴总面积36.82万亩。

【畜牧业】 全旗畜牧业生产按照"稳定发展肉羊产业、积极发展奶牛和肉牛、支持发展绒山羊和猪禽、适度发展特色养殖"的多元化发展思路，稳步推进。2016年，完成牧业产值9.0亿元。年度牲畜总头数为136.78万头(只)。其中：大小畜合计135.52万头(只)，其中大牲畜2.41万头(只)，小牲畜133.11万头(只)，生猪1.26万头(只)。猪牛羊出栏头数100.07万头(只)，比上年增长6.9%。猪牛羊肉总产量18 404吨，比上年增长8.6%；牛奶产量42 020吨，比上年增长1.0%；山羊绒产量288吨，比上年增长0.4%；禽蛋产量1523吨，比上年增长1.0%。落实草原生态保护补奖政策，总面积3215.4万亩，其中禁牧

860.6万亩,草畜平衡2354.8万亩。实施京津风沙源治理二期工程，建设草种基地2000亩,配套饲料机械200台(套),贮草棚5000平方米,暖棚7000平方米。开展草原鼠虫害防治,全旗发生鼠虫害面积63万亩,其中严重危害面积28万亩,防治面积15.5万亩;加强草原行政执法工作,立案调查非法开垦草原案件26起,移交司法机关处理案件14起。受理草原信访案件35起,结案32起。推进规模养殖业场建设,依托自治区财政支持肉羊产业发展资金项目扶持,投资2489万元,新建肉羊养殖园区(场)10个,新增饲养繁殖母羊1.4万只、育肥出栏3.96万只。改扩建规模肉羊养殖场10个。全旗累计建成肉羊养殖园区(场)62个,形成饲养繁殖母羊13.5万只,年育肥出栏肉羊38.5万只规模。加强动物疫病防控,共免疫各类畜禽606.6万头(只),免疫率100%,免疫抗体合格率达到国家标准。开展养殖环节非法添加违禁物品专项检查，确保活畜养殖流通环节生产安全。落实国家惠牧政策,投入补贴资金500万元,实施二狼山白绒山羊保种项目,3个苏木镇8个嘎查575户养殖户受益。调剂优质种羊2116只,发放种羊补贴330万元。完成6388户牧民、2731.09万亩草场的承包确权工作,完善牧区集体产权交易办法、规范牧区土地草场流转市场运行等制度，发展多种形式的农牧业规模经营。

【工业】 2016年,工业经济平稳运行,工业企业有48个,其中,规模以上工业企业35个。全年实施重点工业项目64项,完成工业固定资产投资60.6亿元，全部工业实现增加值61.33亿元,比上年增长7.3%。规模以上工业增加值46亿元,增长7.0%。在规模以上工业中分门类看,采矿业增加值增长6.9%；制造业增加值下降6.9%;电力、热力、燃气及水生产和供应业增加值增长39.2%。全旗规模以上工业企业主营业务收入115.89亿元,比上年增长3.5%;实现利润9.62亿元,比上年增长178.2%。全年规模以上工业企业产品销售率87.4%，下降2.6个百分点。新增华能、中广核、协合3户规模以上企业,包揽全市规模以上企业新增总量。海明矿业110万吨铁精粉采选完成设备调试，建力兆盛4万千瓦、蒙发2万千瓦、华能2万千瓦、蒙能2万千瓦、天楷1万千瓦光伏实现并网,国华40万千瓦、神华国能20万千瓦风电和巨能风电塔筒制造项目加快建设,全旗风电装机容量达到200万千瓦,累计发电200亿千瓦时,光伏装机容量达到26万千瓦,累计发电9亿千瓦时。探明大乌淀、高勒图2处超大型晶质石墨矿床,矿物量3356万吨。完成对列入"万家企业"的7家重点工业用能单位"十二五"节能目标和节能措施的考核，对巴彦淖尔鑫瑞矿业技术开发有限公司和乌拉特中旗蒙航矿业有限责任公司固定资产投资项目节能进行初审评估和备案，旗人民政府与重点用能企业签订"十三五期间"节能目标责任书。

【林业】 2016年，完成重点区域绿化1.27万亩，其中：通道150公里0.52万亩,10个集镇0.12万亩,110个村屯0.6万亩，工业园区及厂矿企业3个0.03万亩，共栽植各类苗木200万株,新增经济林1000亩。投资2050.5万元,实施国家林业重点工程12.1万亩，京津风沙源治理二期工程10.9万亩、天保工程0.2万亩，实施294万亩的森林生态效益补偿基金项目,完成全旗11个苏木镇场、62个嘎查村的资金兑现,补偿资金4339万元。实施地方公益林管护项目,制定《乌拉特中旗天保工程二期地方公益林管护实施方案》，管护面积527万亩，管护资金1650万元。实施森林保险项目,全年森林保险投保面积372.5万亩,受灾面积1.34万亩,理赔资金209万元。实施新一轮退耕还林工程和公益林生态效益补偿等生态脱贫措施，开展林业生态精准扶贫工作,涉及贫困人口218人,人均受益1758元。加大森林资源保护力度,年内申报征占用林地项目3项,已批复1项,办理林木采伐许可证73份，处理林权林事纠纷45起，办理林权抵押贷款4份，评估面积1693.2亩，抵押贷款229.9万元。推进集体林权制度改革配套工作，编制完成《乌拉特中旗国有林场改革实施方案》，实施3个国有林场改革工作。开展专项严打与日常巡查相结合的工作措施，打击各类涉林违法犯罪活动，全年共出动警力4190人次、车辆1632台次，查处和受理各类涉林案件256起，结案率100%，救助野生动物12只。完成林业有害生物普查和成果上报，成为全市唯一无光肩星天牛危害的旗县。开展自然保护区管理，对2个自然保护区的采矿、探矿企业进行清理整顿，完成整改企业14家，对自然保护区内的14家采探矿企业予以关停取缔。

【水利】 2016年共完成水利建设项目16项，完成投资2.83亿元，全年新增节水灌溉面积6.55万亩，新增灌溉饲草料地面积0.6万亩，解决1951人的饮水安全问题，新增水保治理面积20平方公里、生态修复面积10万亩。实施6项重点水利工程，其中防洪治理工程投资4875万元；水库工程投资2394.96万元，完成联丰平原水库主体工程；投资4630万元，完成饮水安全工程，解决了1951人的饮水安全问题；农田水利建设工程投资9384.65万元，实施狼山水库中型库灌区节水配套改造、乌拉特中旗高效节水、2015年全国新增千亿斤粮食生产能力规划田间项目、2016年排水设施改造等工程，完成节水灌溉面积5.67万亩，防洪坝903米，建筑物35座，清淤沟道6条；水保重点建设工程投资2780万元，实施2014、2015年京津风沙源治理工程和神华产业园区水土保持返还治理示范工程，完成治理面积39.361平方公里；水库移民后期扶持工程投资1835.12万元，实施4项水库移民后期扶持工程。完成小型水利工程管理体制改革，对全旗中小河流及堤防、小型农田水利工程、农村饮水安全工程等小型水利工程的数量和分布情况以及管理现状进行调查登记，明晰了产权，共颁发小型水利工程产权证书426套，落实后期管护责任。

【城镇建设】 积极推进城市建设综合整治工作，加大旧城区改造力度，投资4631万元，实施28个老旧街坊给排水改造57.6公里、巷道硬化10公里，完成南北出入改造和3.4万平方米建筑节能改造，新增园林绿化83万平方米。累计投资29.58亿元，完成全旗578个嘎查村组和分散居住牧户的美丽乡村建设任务，完成危房改造11 279户，解决8457人的安全饮水问题，实施街巷硬化783公里，安装风光互补设备4089套，实施农网改造工程818公里，安装变台219台，新建学校4所，标准化卫生室7所，完成93个文化室器材配备，新建便民连锁超市186处，配送中心1处；建成巴彦高勒、希日朝鲁、双盛美等23个示范嘎查村，城乡面貌明显改善。城镇综合实力提升，被列入第三批国家新型城镇化综合试点地区。成功创建为国家卫生县城和自治区园林县城、双拥模范城、自治区文明旗县城。房地产开发平稳推进。全旗在建工程12项，其中公建8项，建筑面积7.4万平方米，房地产项目4项，建筑面积13.2万平方米，完成投资1.44亿元。加强行业监督，对全旗建筑业企业实行信用评价，对建筑工程质量安全、燃气行业安全监管全覆盖，各类隐患整改率100%。其中，3项工程荣获市级"优质样板工程"、3项工程荣获市级安全标准化工地，创建自治区安全标准化工地1项，市级安全标准化工地3项。

【环境保护】 开展大气污染防治和治污解排工作，持续改善生态环境质量，制定《2016年度大气污染防治工作实施计划》，实施辖区内10蒸吨以上燃煤锅炉提标改造，强制拆除2台10蒸吨以下燃煤小锅炉，使建筑工地、城市道路、工业堆场、矿山扬尘和机动车污染得到有效控制。完成《乌中旗水污染防治行动计划方案》，实施洁源污水处理厂提标改造工程，对12个苏木镇饮用水水源地水质进行监测，全部符合国家标准。开展重金属污染防治,加强对甲胜盘铅锌硫铁矿和图古日格金矿尾矿库环境安全监管,启动永兴铬盐厂厂区土壤及地下水污染状况调查评估工作,开展含铬废水处理工程,共处理含铬废水26成立方米。全年共安排减排项目8项。

全年审批各类建设项目环境影响评价文件57个。申报进入自治区环保投资基金项目库项目10个、进入农村牧区环境综合整治项目库项目12个、国家专项建设基金支持项目库项目3个。全年妥善处置信访案件18起,健全完善了43家企业动态监管档案,征收排污费695万元。

【交通运输】 2016年,完成交通基础设施投资24亿元,实施45个建制村通村公路1095公里,并对174个嘎查村街巷硬化427.7公里;实施海甘线至中旗通用机场公路建设;加快对国道G242中旗段的建设进度,对省道S212至机场公路、省道S212互通式立交桥及连接线建成通车;S507(呼勒斯太—四份滩)、固查线(X717)、省道S212到小煤窑补修工程全部完工。

规范市场运输秩序,全旗有二级客运站1个,四级客运站8个,客运经营车辆共113辆/4627座,拥有客运线路45条,乡镇通班车率100%。村嘎查通班车率85%。海流图镇开通3条公交线路,运营车辆22辆,设置站点137个,全年客运量109万人次,运行里程139万公里。全年完成公路货运量277.2万吨,货物周转量63 195.44万吨/公里;公路客运量27.64万人,公路旅客周转量4098.82万人/公里;完成铁路货运量950万吨,境内公路里程4820公里。

【国内贸易】 全年社会消费品零售总额16.01亿元,比上年增长9.6%。按销售地区看,城镇市场实现零售额10.34亿元,同比增长9.4%,占全社会消费品零售总额的64.6%,农牧区市场实现零售额5.67亿元,同比增长10.1%,占全部零售总额35.4%。按消费形态看,商品零售13.41亿元,增长9.4%;餐饮业2.6亿元,增长10.6%。全年完成成品油总销量44 507.64吨,同比增长5.36%,销售额28 194.15万元。文化产业实现营业性收入4597万元,同比增加16.78%。电子商务及触网个体工商户399家,电商实现交易额2098万元,比上年增长36%。

【对外贸易】 对外开放不断扩大,甘其毛都口岸钟楼、苏力德标志性建筑、入境重载公路等工程全部完工,通关服务中心建成启用,使口岸过货能力不断提升,进出口贸易总额和海关税收连续3年居呼和浩特关区之首。2016年,甘其毛都口岸进出口货运量累计1388.69万吨,比上年增长91.51%。其中:进口货运量1377.6万吨,增长93.15%,出口货运量11.09万吨,下降6.97%;进出口贸易总值189 184.3万美元,比上年下降14.07%。其中:进口贸易总值171 978.9万美元,下降14.45%,出口贸易总值17 205.4万美元,下降10.05%。出入境人员563 153人次,比上年增长72.63%,其中:入境282 086人次,增长72.79%。出境281 067人次,增长72.47%;出入境车辆463 230辆次,比上年增长98.41%,其中:入境车辆231 181辆次,增长97.72%,出境车辆232 049辆次,增长99.11%。

【旅游业】 依托中旗边境口岸、天然草原、民俗文化、历史遗存等资源优势,加快旅游产业发展。2016年,开通中国西部首家通用机场低空观光飞行旅游,温更镇创建为自治区特色景观旅游示范名镇,温根塔拉旅游区晋级国家AAA级景区,实现了乌拉特前旗景区创建历史性突破。持续支持农家乐、牧家乐、渔家乐等乡村旅游业发展,努力提高农牧民收入。全年共接待游客57.5万人次,同比增长7.5%;实现旅游综合收入6.43亿元,比上年增长16.1%。

【金融业】 2016年,全旗金融机构各项存款余额61.97亿元,比上年增长24.8%。其中:住户储蓄存款38.14亿元,比上年增长25.3%。年末全旗金融机构各项贷款余额34.89亿元,比上年增长7.3%。其中:住户贷款24.73亿元,比上年增长8.0%;非金融企业及机关团体贷款10.16亿元，比上年增长5.7%。

【教育】 全旗共有普通中学、职业初中校数5所，在校学生3529人，教职工755人，其中：专任教师504人。共有小学3所，在校学生4197人，教职工340人。其中，专任教师238人。学龄儿童入学率继续保持100%。全民兴教工程稳步推进，宏丰幼儿园、牧羊海学校、二中实验综合楼、甘其毛都学校塑胶操场和德岭山学校三合土操场建成投用，一中、二中、甘其毛都学校风雨操场和足球馆建设加快推进。义务教育均衡发展高质量通过国家评估认定，在全区34个迎检旗县中名列第一（95分）。2016年，全旗中考满分人数较上年增加71.4%，创历史新高。汉授高考本科上线186人，上线率44.5%，最高分594分，实现了“低进高出”目标。蒙授高考本科上线率73.68%，文化类考生全部上线。加大教师培训力度，提升整体素质。全年共培训教师2100人次，开展名师送教下乡2次，教研员人均听课100节。组织全旗骨干教师微课技术、教研员名师工作室培训，与北京、临河、包头等优质学校开展“同课异构”“同课同构”活动。继续开展农牧区中小学生安全免费乘坐经营性客车工作。

【科技 文化】 争取市级科技计划项目3项40万元，争取肉羊三元杂交技术、巴美肉羊高繁品系研究、肉羊高效繁殖技术等饲料200吨计50万元，储备2017年市级科技项目8项、自治区级科技储备项目4项。推进科技信息服务和平台载体建设，全年新增两个基层站点，新增“12396”科技信息员15名，新发展用户2026人。全年引进物联网温室智能监控制备示范推广，建立两个科技示范棚，引进肉羊三元杂交技术、肉羊高效繁殖技术等农牧业新技术10项；引进玲珑指、红国王、红巴拉欧、甜查理等果蔬新品种12个。开展科技培训宣传，举办农牧民实用技术培训102场次，培训农牧民5500多人次，发放各类宣传资料26 500多份册。开展科技进校园、进社区、进基层，发放宣传资料、图书18 000余份册，现场接受群众咨询360余人次，为300余名群众提供义诊服务。推动企业科技创新，蒙羊牧业被批复认定为自治区级企业研发中心，海流图镇设施农业园区被评为市级科技示范园区，引导蒙羊牧业与内蒙古农牧科学院和河套学院建立产学研合作，为太平矿业申报高新技术企业。开展重点行业、重点企业的专利申请和保护，全年共申报专利3项，科技成果登记3项。

强化文化基础设施建设，全年共争取8个项目，为硕彩珠宝有限公司申报2016年自治区文化产业发展专项扶持资金220万元，新忽热古城抢险加固工程1100万元、安保工程443万元，秦长城保护项目资金90万元，美术馆和乌拉特文化缩影浮雕墙项目15万元，争取上级部门资金120万元为全旗新建的86个文化广场、32个文化活动室匹配健身路径98套、音响设备55套、棋牌桌60套，争取资金500万元，对30 000平方米的旧公共体育场进行改造，争取资金60万元新建五人制笼式足球场一处，对博物馆、图书馆、部分体育场馆进行局部修缮改造并实现免费开放，共接待各类人群近28万人次。全年举办中国·内蒙古·乌拉特中旗草原生态旅游节暨第五届“鸿雁”文化艺术节，全旗第四届“乡土乡音情二人台”优秀节目会演，首届“草原情民族风”文艺会演等活动，利用节庆节点，全面开展“送文化下乡”活动，全年共演出及辅导157场次，下乡演出72场，公益演出13场，专场文艺演出23场，辅演10场，舞美服务19场，专业辅导20余次，近5万名基层群众从中受益。体育工作蓬勃发展，承办巴彦淖尔市中老年人健身操·太极功夫扇联谊赛，举办全旗第一届中老年牧民运动会和全旗首届中老年农民运动会。参加全市“五人制足球邀请赛”并获得冠军，参加首届巴彦淖尔市中蒙国际青少年足球友谊赛等。开展“书香草原、文化惠民”蒙文书籍走基层活动，配发图书12 400余册，馆藏图书总计达到

47 002册。全年累计接待读者30 240人次,外借图书90 720册次。地方文献869种共计1120册。建成基层文化共享工程文化站服务点10个、文化室服务点22个、基层公共电子阅览室3个、社区2个,数字书屋45家。组织申报文物和非物质文化遗产。完成全国第一次可移动文物普查数据录入、竖立文物保护标志牌32处,公布第三批旗级文物保护单位7处。年内成功申报自治区级非遗传承人2人,市级非遗传承人7人。参加非遗走进现代生活——全区非物质文化遗产年货展暨传统文化月宣传活动,举行《鸿雁》手稿捐赠仪式,祁·达林太的遗孀古日玛女士为乌拉特前旗捐赠祁·达林太先生的《鸿雁》手稿和整理创作部分诗歌和其他91首歌曲。

【卫生计生】 全旗拥有医疗卫生机构106个。其中:医院3所、卫生院14所、社区卫生服务中心、站6所、卫生室49所、诊所34所。拥有床位数498张,每千人拥有病床3.49张。卫生技术人员625人,其中:执业(助理)医师243人,药师41人、注册执业护士221人、技师29人、其他91人。公立医院改革示范旗扎实推进。成立旗级公立医院管理委员会,完善配套制度,严格控制医院次均费用、v 药占比、住院率、出院患者平均住院天数和满意度指标。与改革前同期相比,门诊次均费用降低15.5元,住院次均费用降低350元,住院天数缩短0.6天。

建立旗级医院对口支援苏木镇卫生院工作机制,全面推行家庭医生签约服务,城市家庭医生签约服务覆盖率65.2%,乡村医生签约服务覆盖率83.4%,重点人群签约服务覆盖率达到87.5%。旗域内就诊率由2015年的88.31%提高到2016年的90.23%,被评为全市公立医院综合改革先进旗。扎实做好公共卫生服务。人均基本公共卫生服务项目经费提高到45元,电子档案建档率94%,高血压规范管理率93%,糖尿病规范管理率97%,65岁以上老年人规范管理率93%,重性精神病管理率97.7%,新生儿破伤风发病率为0,儿童“六苗”接种率98%以上,住院分娩率100%,免费婚前医学检查率91%,农牧区生育妇女免费补服叶酸率97.83%,为4013名妇女免费开展了“两癌”筛查。认真落实全面二孩政策,2016年度出生人口988人,出生率7.62‰,人口自然增长率5.72‰,符合政策出生961人,出生男女比例103.7∶100。共办理二孩生育登记278例,审批发放三孩生育服务证22例。实施计划生育奖励扶助“三项制度”,帮助17户特殊家庭享受低保、“三无人员”、廉租房、养老保险补贴保障,为256人落实奖励扶助和少生快富政策,为2279户兑现意外伤害保险、“救助贫困母亲”“关爱女孩”等奖扶政策,成功创建“全国计划生育优质服务先进单位”。

强化疾病预防控制,重点加强鼠疫、人间布病、结核病、艾滋病等重大传染病防控,传染病报告率、及时率、准确率均100%,开展鼠疫疫情监测4次,对2名艾滋病病人和8名艾滋病病毒感染者按要求进行随访。旗布病筛查5473人,入户干预6193户,阳性患者建档率、规范治疗率均100%,治愈率90.7%。加强卫计综合监督执法。开展专项监督检查16次,对全旗125家医疗机构医疗废物处置、传染病疫情报告进行监督,对195家公共场所进行室内微小气候现场快速检测,开展打击“两非”执法检查2次,依法对27例违法生育家庭征收社会抚养费。

【社会保障】 2016年,用于民生领域的投入达到20.6亿元,占公共财政预算支出的76.3%。全年新增就业人员1010人,城镇登记失业率控制在4%以内。启动牧民养老保险向职工养老保险划转工作,城乡居民养老保险待遇实现“三连调”,人均年增资60元,企业退休人员养老保险待遇实现“十二连调”,人均月增资136元;全年各项社会保险参保人数15.63万人次,较上年增加1.34万人次,其中职工养老保险16 047人,城乡居民养老保险59 869人,机关事业单位养老保险5863人,牧民养老保险9285人,职工医疗保险 17 391 人，居民医疗保险 26 555 人，工伤和生育保险分别为 11 130 人和 10 200 人。全年征缴金额 31 657.61 万元，较上年增加 4553.31 万元，其中征缴职工养老保险 14 485.96 万元，城乡居民养老保险 2633.3 万元，机关事业单位养老保险 3399.7 万元，牧民养老保险 1959.2 万元，职工医疗保险 7158.04 万元，居民医疗保险 1480.04 万元，工伤和生育保险 399.97 万元和 141.4 万元。全年各项社会保险累计支付 37 003.1 万元，较上年增长 2582.94 万元，惠及参保群众 69 413 人次，较上年增长 13 182 人次，其中支出职工养老保险 26 010.23 万元，城乡居民养老保险 1782.26 万元，牧民养老保险 2165.05 万元，职工医疗保险 5880.7 万元，居民医疗保险 783.97 万元，工伤保险 267.11 万元，生育保险 113.78 万元。年末，全旗城镇低保人口 2263 人，农村牧区低保人口 6203 人，城镇、农村牧区低保对象保障标准分别提高到每月 505 元、289 元、357 元，全年发放低保金、医疗救助金、救灾款共 4438 万元。全年稽核各类企业 28 家，涉及参保人数 4040 人，涉及金额 2116.56 万元。

（撰稿人：王俊红）

乌拉特后旗

【概况】 乌拉特后旗位于内蒙古自治区西北部，北纬 41°06′46″，东经 107°05′06″。属巴彦淖尔市管辖，是内蒙古自治区 18 个少数民族边境旗县之一。东与乌拉特中旗交界，西与阿拉善左旗毗邻，南与杭锦后旗、磴口县相连，北与蒙古国接壤，面积 2.5 万平方公里，边境线长 195.25 公里，是巴彦淖尔市面积最大的旗。乌拉特后旗现辖 3 个镇、3 个苏木，旗府所在地是巴音宝力格镇（蒙古语意为富饶泉水）坐落在阴山南部。2016 年，全旗户籍人口 58 717 人。其中：非农人口 30 468 人，农业人口 2 8249 人。全旗常住人口 6.63 万人，其中：城镇人口 4.00 万人，乡村人口 2.63 万人，蒙古族 1.7 万人，是一个以蒙古族为主体，汉族居多的少数民族边境旗。

乌拉特后旗境内阴山山脉横亘东西，把全旗分为三块地貌、气候迥然不同的地区。阴山以南为狭长的河套平原，面积约 470 平方公里，占全旗总面积 2%；中间为南北宽约 35 公里的阴山山脉，面积约 3000 平方公里，占全旗总面积 12%，蕴藏大量的矿产资源，主要有铅、锌、铜、铁、硫、镍等，已探明铅金属量 300 万吨，锌金属量 1200 多万吨，铜金属量 500 万吨，铁矿石量近 1.4 亿吨，硫储量 3.6 亿吨；镍初步查明储量 8.3 万吨；阴山以北为荒漠、半荒漠化草原，面积约 2.1 万平方公里，占全旗总面积 86%。山后牧区地下资源和风能资源非常丰富，地下资源主要有硅、铀、油页岩、钼、石油等。钼矿探明金属量 50 万吨，属于大型钼矿；铀初步勘探储量 5000 吨；石油远景储量 1.4 亿吨，油页岩远景储量 300 亿吨，已探明储量 14 亿吨。风能、太阳能资源富集，年可利用风时在 7300 小时以上，年日照时数 3400 小时，有条件建成全国大型风能和太阳能发电基地。旗内获各琦苏木境内有名的玛瑙湖及附近盛产奇石，主要有戈壁石、风砾石、碧玉、硅化木、玛瑙石、黄蜡石和各种宝石级的矿物晶体等。境内有野生植物 63 科，289 属，430 种，其中比较重要的药用植物有苁蓉、锁阳、沙冬青、黄芪、黄芩、艾叶、柴胡等。此外，还有十几种野生兽类及近 20 种野生鸟类等野生动物资源。

乌拉特后旗，全年完成地区生产总值 65.2 亿元，同比增长 5%；固定资产投资完成 100.4 亿元，同比增长 10.1%；社会消费品零售总额完成 8.5 亿元，同比增长 10%；公共财政预算收入 8.1 亿元，同比增长 8%；城镇常住居民人均可支配收入 26 960 元，同比增长 9.1%；农村牧区常住居民人均可支配收入 12 993 元，同比增长 10.2%。全旗投资项目共 293 项，累计完成投资

100.44亿元,同比增长10.07%。其中:第一产业完成投资5.26亿元,增长387.9%;第二产业完成投资(工业投资)65.09亿元,下降5.9%;第三产业完成投资30.09亿元,增长43.24%。从全旗固定资产投资结构看,主要集中在第二、三产业,三次产业投资结构比例为:5.24∶64.8∶29.96。

【农牧业】 农业综合生产能力稳步提升,投入3046万元,完成高标准农田改造5000亩、膜下滴灌2.4万亩;落实设施农业600亩,利用率=95%;推广高产高效节本技术,完成玉米高产创建2000亩,建成一处市级万亩农业科技园区。畜牧业集约化程度不断增强,新改扩建规模化养殖场12个,牧业年度牲畜饲养量128万头(只),出栏61万头(只)。投入1200万元,实施生态牧户、骆驼棚圈建设等兴边富民项目,牧民生产生活条件得到改善。农企利益联结机制持续推进,全旗农牧民经济合作组织173个,辐射带动3600户农牧民户均增收740元。完成土地流转3000亩,土地确权工作全面推进,将沿边境线10公里内草原进行确权,并纳入补奖范围,草原确权工作率先完成,通过自治区验收。投入1005万元,解决农牧区3015人的安全饮水问题。农牧民转移性收入提高,发放各类惠农惠牧资金9563万元。在全旗所有自然村实施美丽乡村建设,"十个全覆盖"任务全面完成。成立苏木镇综合执法大队,强化嘎查村执法管理,推动城乡管理一体化。

【林业】 落实森林生态效益补偿资金1.79亿元,惠及牧民6664人。投入7772万元,实施京津风沙源二期、天保二期林业生态建设12.6万亩,完成封禁保护区建设15万亩、通道绿化19公里、村庄绿化49个、城镇绿化1050亩,全旗森林面积大幅提升,城乡生态环境明显改善。

【水利】 水生态修复工程,青山工业园区供水工程总投资1.23亿元,京津风沙源二期治理工程投资620万元,污水处理厂扩建项目投资4245.8万元;西乌盖水库总投资1.43亿元,年度建设任务全部完成;建成管道工程355.89公里、节水面积2.4万亩;投资250万元进行特大抗旱补助资金项目;实施完成农村牧区水源保护利用供水工程,解决246户、860人饮水不安全问题;共计发报防汛预警信息1300余条;设置5个水功能区及入河排污口监测点,水污染物实现达标排放。

【工业】 积极应对经济下行压力,以保运行、抓项目、降成本为抓手,推动工业转型升级。完成亚森矿业年产10万吨重介质粉资源综合利用、紫金有色系列技改项目;源海10兆瓦、盾安50兆瓦光伏发电项目建成待并网,全旗光伏装机总容量达280兆瓦,居全市第一。长化海钰2×30万吨尾矿制酸、金浩特铁路物流等重大项目顺利推进。总投资4.8亿元的硫化工园区基础设施建设进展顺利,完成园区固废场一期工程。全旗17户企业进入电力多边交易市场,全年共降低用电成本约1.8亿元。企业效益大幅提升,预计规模以上工业企业盈亏相抵实现利润8.5亿元,增长近3倍。

【城镇建设】 完成《乌拉特后旗城市总体规划》及绿地系统等专项规划,为城市科学发展奠定基础。城区基础设施进一步完善,公安业务技术用房、电力调度大楼附属楼、前达门苏木周转宿舍等一批公建项目建成投用;投资1667万元,完成获各琦街续建、呼和温都尔路向北延伸、巴音前达门街向西延伸等工程;投资2920万元,实施城区"十街六路"亮化工程;投入866万元,硬化巷道12条、改厕39座;实施乌力吉街、宝源小区立面改造及4个老旧小区节能改造工程;维修改造供热管网2720米,对10个换热站进行技术改造,推动解决宝源、润丰小区供热难题。城区绿化成效显著,投入6775万元,实施"十大绿化提升"工程,新建植物园、玫瑰园、花海等特色公园,绿化覆盖率37.6%。

【环境保护】 2016年,累计上报削减二氧化硫

3266.82 吨，完成全年任务的 176.9%；削减氮氧化物 637.76 吨、完成全年任务 408%；减少排放化学需氧量 245.38 吨、氨氮 67.46 吨，二氧化硫、氮氧化物超额削减；落实整改中央环保督察组反馈的各项问题，通过成立领导小组、制定方案、签订责任状、执行“日报告”制度，完成 23 项乌拉特后旗重点突出环境问题整改任务。本年度，乌拉特后旗生态环境质量考核结果在全区参与考核的 35 个旗县中位列第三，首次进入轻微变好序列。

【交通】 全年公路货运量 1049.2 万吨，实现货运周转量 237 378.67 万吨 / 公里。客运量 32.1 万人，实现客运周转量 4443.41 万人 / 公里。

【电信】 全年电信业务总量 5351 万元，增长 10.4%，邮政业务总量 626.8 万元，增长 10.4%。年末，本地固定电话用户 3956 户，移动电话用户 64 654 户，互联网用户 9480 户。

【批零贸易】 全旗社会消费品零售总额完成 8.6 亿元，同比增长 9.53%。从城乡市场来看，农村消费品市场发展步伐加快，城乡差距缩小。在积极启动农村消费品市场政策的带动下，全旗农村的消费需求扩大，农村市场消费品零售额出现增长态势。全年全旗城镇实现消费额 6.47 亿元，占社会消费品零售总额 75%；乡村社会消费品零售总额累计 2.14 亿元，占社会消费品零售总额 25%。

【口岸 贸易】 继续抓好因公出国（境）任务的审核工作，坚持外事无小事原则，注重对审核材料的审查、审核。待蒙方 4 批 78 人次，并办理中蒙边境通行证 43 批 43 人次，共办理车卡 4 张。2016 年，共引进项目 89 项，到位资金 46.15 亿元，完成任务目标 45 亿元的 102.6%，全市位列第一。其中：引进国内（区外）项目 59 项，到位资金 30.94 亿元，完成任务目标 30 亿元的 103.1%；引进区内（市外）项目 30 项，到位资金 15.21 亿元，完成任务目标 15 亿元的 101.41%。2016 年，旗贸促会被评为“全市招商引资实绩优秀单位”。

【旅游业】 推进“旅游文化年”建设，加快全域旅游发展，成功进入自治区全域旅游示范旗创建名录；完善旅游基础设施，投资 4700 万元，加强宝日汗图度假村、匈奴城、善岱庙、本巴图汽车大本营等景区建设，新增国家 AAA 级景区 1 家，打通旅游公路 3 条；承办环塔选拔赛、中国越野拉力赛、西部盟市千人博克赛等大型赛事，成功举办中蒙自驾游、山地旅游节、千骏驰骋赛等第二届旅游文化节系列活动。全年全旗共接待游客 34.2 万人次，同比增长 21%。

【服务业】 组建旅游投资公司、工业园区投资公司，全旗投融资能力得到提升，共完成融资 4.23 亿元，同比增长 38.8%。推动电商发展，启动农畜产品电子商务服务平台建设。商贸、物流等其他产业全面发展。

【金融】 全旗金融机构存款余额 26.56 亿元，增长 28.7%。其中：住户存款 16.71 亿元，比上年同期增加 1.8 亿元，增长 12.2%。各项贷款余额 12.36 亿元，比上年同期减少 0.8 亿元，下降 6.4%。其中：短期贷款 7.51 亿元，比上年下降 11.9%；中长期贷款 2.35 亿元，比上年增加 0.78 亿元，增长 50.1%。

【教育】 推进教育去行政化改革，公开竞聘 7 名校（园）长。办学条件改善，建成二完小新校区及旗幼儿园；推动教育质量提升，挂牌成立清华大学教育扶贫乌拉特后旗教学站，实行党政领导联系学校和教师制度，出台《促进教育发展奖励办法》，发放 72 万元，对做出突出贡献的教师和取得优异成绩的学生进行奖励，调动了师生工作学习积极性。

【科技】 全旗规模以上工业企业科技研发项目共有 13 项，比上年同期增加 3 项，投入科技研发项目经费 3599 万元，同比增长 24.5%。其中，政府投入资金 300 万元。参加项目研发人员 175 人，同比增长 80%。

【文化】 举办首届农牧民春节联欢晚会，“乌拉特泥塑”被列入国家非遗名录，并参加中国艺术品产业博览会，乌拉特民俗文化得到弘扬。加大文物保护力度，公布第一批旗级重点文物保护单位31处，成立长城保护工作站，聘请16名长城保护员。新建乒乓球馆、羽毛球馆、足球馆，承办首届中蒙国际青少年足球友谊赛；在全市首届民运会上，乌拉特后旗健儿取得全市第一的好成绩。投入42万元配备无线地面数字电视发射机，解决后山部分牧民收看不到自办节目的问题。

【卫生】 深化公立医院改革，旗医院正式被市医院托管，蒙医院与内蒙古国际蒙医院、包头市蒙中医院成为医联体单位，医护人员免费进修培养、知名专家到旗坐诊、远程会诊实现常态化。完成旗医院、蒙医院住院楼建设，医疗环境和住院条件得到极大改善。新改扩建苏木镇卫生院3所，提标扩面嘎查村卫生室4所。积极探索医养结合，呼和镇卫生院成为第一批市级医养结合试点。提高水质科学检测能力，投入209万元购置检测设备，实现水质动态检测。疾病预防控制、妇幼保健等工作稳步推进。

【体育】 全年主办、承办、协办各级各类体育竞赛18次；成立13个体育社团；组队参加各级各类比赛11次。参加蒙古国千峰驼邀请赛；参加“欢乐草原”内蒙古自治区第八届全民健身大会（押加比赛），获得团体冠军，3项个人冠军；获得巴彦淖尔市首届民运会一等奖、首届“巴彦淖尔市中蒙国际青少年足球友谊赛”优秀组织奖。

【公共安全】 2016年，共开展边境清理3次，爱民固边直通车累计运行60余次，服务群众2000人次，行程2万余公里，为牧民群众代购价值10万余元的生产、生活及医用品，为群众节约4.3万余元;打击三赎基督教徒2批6人;共立刑事案件195起，同比下降3.5%。破案127起，同比上升20.9%；共发现受理违反治安管理案件183起，同比下降19.7%。共查处违法人员96人，同比下降32.8%；接访242人次，接待群众64批560人次；农牧区网格112个，覆盖率100%。

【人民生活】 全旗城镇常住居民人均可支配收入完成26 762元，同比增长8.3%。农村牧区常住居民人均可支配收入完成12 662元，同比增长7.4%。

【社会保障】 按照“六个精准”“五个一批”要求，创新采取“扶贫+”新举措，746名国贫人口稳定脱贫。全年培训1.3万人，培育科技带头人312人，开展新型农牧民培育工作。城镇新增就业1000人，安置下岗失业人员200人，城镇登记失业率控制在3.43%。农牧民转移就业3040人次，“零就业”家庭保持动态消除。发放创业担保贷款1000万元、安居创业工程项目资金1706万元。发放低保资金6030万元，1.1万困难群众基本生活得到保障；为6600户农牧区低收入家庭发放“一吨煤”补助396万元。发放重度残疾人护理补贴23.75万元、各类学生资助金1069万元。兑现376名特殊慢性病患者补贴100万元、558名长寿老人补贴58.35万元。拨付各类救灾救济款354万元，完成政策性农业保险理赔3700户262.7万元。分配保障性住房323套，解决785人的住房问题。完成农牧区危房改造485户，改善贫困农牧民住房条件。公交车开通试运营，残疾人和65岁以上老年人享受免费乘车。为130名环卫工提供免费体检。妇女“两癌”（宫颈癌、乳腺癌）免费筛查惠及2580人次。

（撰稿人：娜庆）

杭锦后旗

【概况】 杭锦后旗地处内蒙古河套平原西北角，巴彦淖尔市西部。东与临河区接壤，西傍乌兰布和沙漠与磴口县毗邻，南临黄河与鄂尔多斯市杭锦旗相望，北靠阴山与乌拉特后旗交界。地理坐标为北纬40°26′~41°13′，东经106°34′~107°34′。南北长约87公里，东西宽约52公里，总面积1791.53平方公里。其中，可耕地92

161.77 公顷，园地 2787.7 公顷，林地 9534.13 公顷，草地 1572.16 公顷，交通运输用地（包括铁路、公路、农村道路用地）3771.62 公顷，水域或水利设施用地 14 584.51 公顷，城镇村及工矿用地约 15 276.22 公顷，其他占地 35 464.9 公顷。

杭锦后旗地貌主要由冲积平原、洪积平原和河漫滩三种地形构成，地势西南高，东北低，海拔 1032 米～1050 米。属温带大陆性气候、干燥、日照时间长，昼夜温差大，全年降雨总量 137.0 毫米。全年平均气温 8.4℃。无霜期 152 天左右，年均日照 3209.4 小时。

杭锦后旗辖 9 个镇、1 个国营农场（下设 8 个分场），107 个行政村、1057 个村民小组、15 个社区（居委会）。城乡居民总户数 115 147 户，户籍总人口 295 918 人，其中：城镇 73 562 人，农村 222 356 人，有蒙古、回、满族等 18 个少数民族，总人口 6964 人，占全旗人口 2.35%。

年末，全旗常住人口为 25.82 万人，比上年末增加 0.06 万人，其中城镇人口为 11.78 万人，占总人口的比重为 45.6%；乡村人口 14.04 万人，占总人口的比重为 54.4%。出生率为 8.52‰，死亡率为 4.79‰，自然增长率为 3.73‰。

全旗实现地区生产总值 139.01 亿元，按不变价格计算，同比增长 7.5%。其中：第一产业增加值 31.91 亿元，同比增长 4.2%；第二产业增加值 65.22 亿元，同比增长 7.8%；第三产业增加值 41.88 亿元，同比增长 9.7%。三次产业结构由上年的 24.5 ：46.9 ：28.6 演进为 23.0：46.9：30.1。

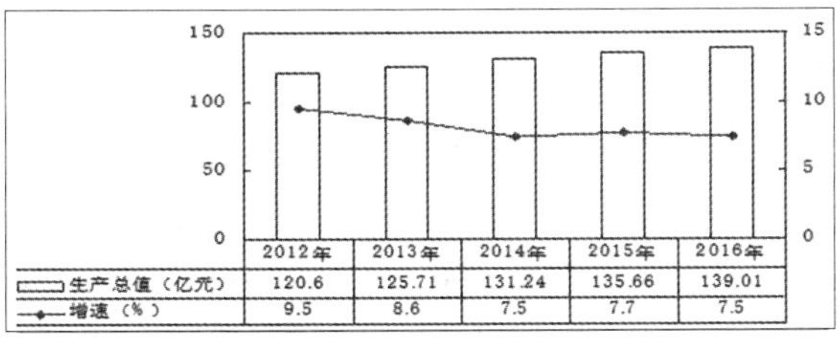

图 1　2012—2016 年杭后地区生产总值及增长速度

年末，全社会就业人员 14.72 万人。中：第一产业就业人员 8.51 万人；第二产业就业人员 1.16 万人；第三产业就业人员 5.05 万人。全旗城镇新增就业人数 1721 人；全旗共转移农村劳动力 2.74 万人；共培训城乡劳动者 2830 人；举办创业培训 32 期 759 人，成功创业 610 人，创业带动就业 2470 人；城镇登记失业率控制在 3.81%以内。

全年财政收入 9.59 亿元，同比增长 1.8%。其中：公共财政收入 6.34 亿元，同比增长 0.9%；国税部门收入 2.90 亿元，同比增长 38.6%；地税部门收入 4.65 亿元，同比下降 14.1%；财政部门非税收入 2.04 亿元，同比增长 6.8%。全年公共财政预算支出 26.24 亿元，同比增长 6.7%。其中，教育、文化、体育传媒、社会保障、医疗卫生等民生支出完成 17.38 亿元，占公共财政预算支出的 66.2%。

【农牧业】　农作物总播种面积 132.21 万亩，与上年持平。粮食播种面积 82.71 万亩，比上年减少 5.11 万亩，同比下降 5.82%。其中：小麦面积 31.6 万亩，比上年增加 1.03 万亩，同比增长 3.37%；玉米面积 50.99 万亩，比上年减少 6.07，同比下降 10.64%。经济作物面积 48.04 万亩，比上年增加 5.14 万亩，同比增长 11.98%。其中：花葵面积 30.28 万亩，比上年增加 1.96 万亩，同比增长 6.9%；油葵面积 0.64 万亩，比上年减少 0.19 万亩，同比下降 22.9%；番茄面积 4.67 万亩，比上年增长 0.50 万亩，同比增长 12.0%。耕地内牧草 1.46 万亩，比上年减少 0.03 万亩，同比下降 2.0%。

全旗粮食总产量 51.42 万吨，比上年减少 3.5 万吨，同比下降 3.5%，其中：小麦产量 12.85 万吨，同比增加 0.53 万吨，同比增长 4.3%；玉米产量 38.47 万吨，同比减少 4.01 万吨，同比下降 9.4%。油料总产量 6.88 万吨，比上年减少 0.55 万吨，同比下降 7.4%。其中：花葵产量 6.73 万吨，同比减少 0.49 万吨，同比下降 6.8%；油葵产量 0.15 万吨，同比减少 0.06 万吨，同比下降 28.6%。蔬菜产量 44.25 万吨，比上年增加 6.64 万吨,同比增长 17.6%。其中:番茄产量 28.06 万吨,同比增加 1.76 万吨,同比增长 6.7%。

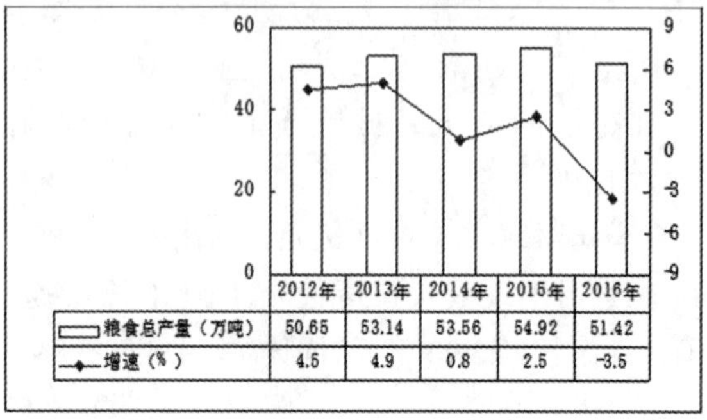

图 2　2012—2016 年杭后粮食总产量及增长速度

日历年度全旗牲畜存栏头数达 110.06 万头(只),其中:大牲畜存栏 5.77 万头;羊存栏 97.52 万只;生猪存栏 6.77 万头。全年肉类总产量 5.14 万吨,比上年增长 10.8%。其中:猪肉产量 0.75 万吨,比上年增长 2.4%;牛肉产量 0.26 万吨,比上年增长 0.5%;羊肉产量 3.58 万吨,比上年增长 11.3%。牛奶产量 16.18 万吨，比上年增长 0.3%。绵羊毛产量 0.23 万吨,比上年增长 0.1%。禽蛋产量 0.19 万吨,比上年下降 0.7%。水产品产量 0.57 万吨,比上年增长 7.5%。

全年共完成林业生态建设任务 5.985 万亩,其中人工造林 2.985 万亩，飞播造林 3 万亩,完成投资 2.9 亿元。完成重点区域绿化典型精品示范点建设任务 19 个(处)。完成造林地整地 3.1 万亩,清换土方 498.82 万立方米。栽植乔木 298 万株(其中垂柳 106 万株,新疆杨 59 万株,小美旱 110 万株，其他 23 万株)，花灌木苗 422 万株,香花槐 8894 株。

年末,全旗农牧业机械总动力为 94.65 万千瓦,农业综合机械化水平达到 82.4%。机耕地面积 134 万亩,机播地面积 116 万亩,机收地面积 66 万亩。共争取到国家农机购置补贴资金 2700 万元。

【工业】　全旗规模以上工业增加值比上年增长 8.1%,规模以上工业总产值增长 7.4%。分所有制类型看,股份制企业总产值增长 7.1%,其他经济类型企业总产值增长 71.7%。分轻重工业看,轻工业总产值增长 7.0%；重工业总产值增长 8.0%。

全旗规模以上工业实现主营业务收入 73.80 亿元，同比增长 4.2%，实现利税 1.62 亿元,同比下降 10.1%,盈亏相抵后实现利润 0.47 亿元,同比下降 2.6%。产品销售率为 93.5%,比上年增长 0.2 个百分点。

【建筑业】　全年建筑业增加值 10.73 亿元,同比增长 5.9%。全旗具有资质的独立核算建筑业企业共 3 家,从业人员 257 人,总产值 1.86 亿元,同比增长 25.3%,实现利润 0.61 亿元,同比增长 26.4%。房屋建筑施工面积 24.4 万平方米,同比增长 26.6%，房屋建筑竣工面积 7.8 万平方米,同比增长 69.6%。

【水资源】　全年水资源总量 95 255 万立方米。全年总用水量 102 714 万立方米。其中:生活用水量 899 万立方米;生产用水量 100 857 万立方米;生态环境用水量 958 万立方米。水质达标率为 100%。

【环境保护】　杭锦后旗单位 GDP 能耗比上年下降 3.80%,单位 GDP 电耗下降 7.87%,万元工业增加值能耗同比下降 10.25%。

全年化学需氧量削减 240.80 吨，氨氮削减 12.44 吨,二氧化硫削减 2587.65 吨,氮氧化物削减 76.73 吨。

【安全生产】　全旗共发生各类生产经营性事故 1 起,死亡 1 人,较上年减少 53 起。其中,非煤矿山、危险化学品、烟花爆竹、特种设备、农业机械、冶金、建筑等工矿商贸企业生产安全零事故;发生生产经营性道路交通事故 1 起,死亡 1 人,较上年减少 1 起;未发生生产经营性火灾事故,发生一般性火灾事故 51 起,无人员死亡。

【固定资产投资】 固定资产投资 76.68 亿元，比上年增长 10.8%。其中：建安工程 59.50 亿元，同比增长 5.5%；设备工器具购置及其他 17.18 亿元，同比增长 34.1%。从投资主体看，全年国有经济投资 42.98 亿元，同比增长 42.11%；非国有经济投资 33.7 亿元，同比下降 13.52%。分产业看，第一产业投资 7.49 亿元，比上年下降 11.4%；第二产业投资 33.70 亿元，同比下降 18.2%，全部为工业投资；第三产业投资 35.49 亿元，同比增长 81.5%。新增固定资产 66.10 亿元，同比下降 2.1%。

全年施工项目 120 个，比上年增加 37 个，增长 44.6%。新开工项目 101 个，比上年增加 29 个；项目建成投产个数 114 个，比上年增加 38 个，项目建成投产率 95.0%。房屋建筑施工面积 27.30 万平方米。其中：住宅面积 20.43 万平方米；竣工面积 9.27 万平方米。其中，住宅面积 5.19 万平方米。

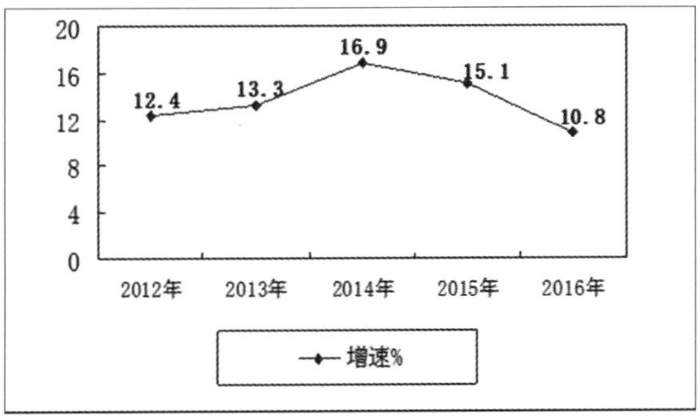

图 3　2012—2016 年杭后固定资产投资增长速度

全年房地产开发投资 0.63 亿元，比上年下降 35.7%。其中：住宅投资 0.55 亿元；商业营业用房投资 0.05 亿元；其他投资 0.03 亿元。全年商品房销售面积 5.0 万平方米，销售额 1.09 亿元，同比下降 14.8%。其中，住宅销售额 1.02 亿元，同比下降 15%。

2016 年分行业固定资产投资及其增长速度表

行　业	投资额(亿元)	增速(%)
总　计	76.68	10.8
农、林、牧、渔业	7.49	-11.4
制造业	16.48	-3.7
电力、热力、燃气及水的生产和供应业	17.21	-25.7
批发和零售业	0.46	119.1
总　计	76.68	10.8
批发和零售业	0.46	119.1
交通运输、仓储和邮政业	10.45	15.0
金融业	0.50	-
房地产业	0.63	-69.6
水利、环境和公共设施管理业	19.31	-14.8
教育	0.32	-
卫生和社会工作	1.38	359.7
公共管理、社会保障和社会组织	2.45	302.8

【内外贸易】 全旗社会消费品零售总额 32.14 亿元，同比增长 9.9%。从销售单位所在地看，城镇实现社会消费品零售额 28.76 亿元，同比增长 10.0%；乡村实现社会消费品零售额 3.38 亿元，同比增长 9.0%。从消费形态看，餐饮收入实现零售额 4.14 亿元，同比增长 7.9%；商品实现零售额 28.0 亿元，同比增长 10.2%。从行业看，批发零售业实现零售额 27.99 亿元，同比增长 10.2%；住宿和餐饮业实现零售额 4.15 亿元，同比增长 7.9%。全年进出口总额 9000 万美元，同比增长 12.5%。

【交通】 截至年底，全旗境内铁路 52 公里（包括包兰铁路 10 公里，临策铁路 42 公里），临策铁路火车站 1 座。公路总里程 2133.6 公里，其中国道 68 公里（包括京藏高速公路 9 公里）、省道

110 公里、县道 371 公里、乡道 191 公里、村道 1371 公里，专用公路 22.6 公里。油路里程 1272 公里，占总里程 59.6%。全旗 100%行政村通油路，67%村民小组通四级小油路，街巷硬化 1300 公里。全旗共有 24 辆公交车，有公交线路 8 条，单程线路总长 112.5 公里，设有公交站点 284 个，公交招呼站（公交站牌）120 个，实现陕坝城区公交线路全覆盖。

【邮电】 全年邮电业务总量 800.96 万元，同比增长 9.6%。全年邮政特快、包裹、快递 2.45 万件，报纸 1.37 万份，函件 0.50 万件，杂志 0.41 万件。

【旅游业】 杭锦后旗现有国家 AAAA 级景区 1 家（河套酒业工业旅游区），AA 级景区 1 处（塞上春光农业观光园），按照 AAAAA 级标准打造旅游景区 1 家（乌兰布和沙漠旅游区）；星级接待户 2 家，3 星级酒店 1 家，旅行社总社 1 家，旅行社分社 1 家，旅行社“门市部”5 家，旅游商品生产企业 9 家，全旗旅游业呈现快速发展良好态势。2016 年旅游接待人数为 45.6 万人次，旅游总收入 4.1 亿元。与 2015 年相比，旅游人数增加 23.9%；旅游收入增加 28.8%。

【金融】 金融运行总体平稳。年末，全旗金融机构各项存款余额 103.41 亿元，同比增长 21.6%。其中：住户存款 80.96 亿元，同比增长 18.5%；非金融企业存款 19.31 亿元，同比增长 52.9%；广义政府存款 3.14 亿元，同比增长 0.7%。全旗金融机构各项贷款余额 72.30 亿元，同比增长 5.3%。其中：住户贷款 59.42 亿元，同比增长 18.4%；非金融企业及相关团体贷款 12.88 亿元，同比下降 30.2%。

2016 年末金融机构存贷款余额及其增长速度一览表

名称	年末数(亿元)	比年初增长%
金融机构各项存款余额	103.41	21.6
其中：住户存款	80.96	18.5

续表

名称	年末数(亿元)	比年初增长%
非金融企业存款	19.31	52.9
广义政府存款	3.14	0.7
金融机构各项贷款余额	72.30	5.3
其中：短期贷款	59.42	18.4
中长期贷款	12.88	-30.2

【保险】 全年保险业保费收入 2.84 亿元，同比增长 39.0%。其中：财产险收入 0.64 亿元，同比增长 8.9%；人寿险收入 2.20 亿元，同比增长 51.1%。赔款支出 0.52 亿元，同比增长 46.8%。其中：财产险支出 0.36 亿元，同比增长 41.3%；人寿险支出 0.16 亿元，同比增长 61.3%。

【教育】 年末，全旗共有学校 21 所，普通中学 5 所、职业中学 1 所、小学 15 所。普通高中招生 1091 人，在校生 3725 人，毕业生 1381 人；职业中学招生 810 人，在校学生 2504 人，毕业生 688 人；初中学校招生 1737 人，在校生 5337 人，毕业生 2046 人；小学招生 1628 人，在校生 10 221 人，毕业生 1623 人。幼儿园招生 1913 人，在园人数 5061 人，离园 1922 人。初中毕业生升学率 96.67%；小学毕业生升学率 100%；小学适龄人口入学率 100%。

2016 年各类教育招生和在校生情况表

单位：人

名称	招生数		在校生数		毕业生数	
	绝对数	比上年±%	绝对数	比上年±%	绝对数	比上年±%
普通中学	2828	-4.8	9062	-6.6	3427	-12.6
其中：初中	1737	-1.6	5337	-6.6	2046	-12.1
高中	1091	-9.5	3725	-6.5	1381	-13.4

续表

名称	招生数		在校生数		毕业生数	
	绝对数	比上年±%	绝对数	比上年±%	绝对数	比上年±%
小学	1628	3.8	10221	1.3	1623	−1.9
幼儿园	1913	6.6	5061	0.7	1922	17.9

【科技】 全年，共发放各类技术资料5.8万份（册），印制发放各类科技科普图书5.2万册，科技培训覆盖率达86%以上。认定为自治区级工程技术研究中心1家，市级研究开发中心2家。全年新增授权专利12件，申报市级科技项目12项，立项6项；申报自治区级科技项目9项，重点申报重大科技项目3项。

【文化】 年末，全旗有公共图书馆1座，藏书8.3万余册，其中纸质藏书7.6万余册，电子藏书0.7万余册。共有107个草原书屋，每个书屋配送3万元书籍，大约1500多册。有文化馆1个，镇文化站9个。有广播电台1座，广播人口覆盖率100%；有电视台1座，电视人口覆盖率100%。《陕坝周报》全年发行52期15.6万份。建成流动图书服务站4家（党校、社保局、团结社区、同济医院），放置图书8000册，并定期更换。共建成高标准村文化室76个，小型文化活动广场334个，2016年新建小型文化活动广场251个，为各镇村文化活动室发放秧歌锣鼓镲38套、服装50套、二人台乐器56套、音响3套、健身路径9套、乒乓球桌6台、篮球架10副等设备。杭锦后旗新创作品有表演唱《圆梦河套人》、呱嘴《王婆卖萌》、快板《春潮滚滚带雨来》、小品《爱心焙子店》、《存钱》，歌曲《杭锦后旗美》《十个全覆盖，赛白努》《美丽乡村》等。成立社会体育指导员协会和网球协会，新增体育健身活动站点20个，旗级单项体育协会总数19个，先后组队参加巴彦淖尔市第一届少数民族运动会、全国乡村长健身大赛、全市黄河湿地龙舟赛、中国巴彦淖尔市沿黄公路自行车邀请赛、全市中老年人健身操、太极功夫扇比赛、全市足球业余联赛、全市老年人运动会、全市五人制足球比赛。其中：县区第一名；全市中老年人健身操、太极功夫扇比赛，健身操获第三名，太极功夫扇获第二名；在全国乡村长健身大赛上，杭锦后旗选派的2名队员参加6个项目的比赛，获得1金1银4铜的成绩。

【卫生】 中医医院2个、基层医疗卫生机构218个（其中，卫生院19个，社区卫生服务中心4个，村卫生室109个，诊所、卫生所、医务室86个）、专业公共卫生机构11个（其中，妇幼保健院1个，疾病预防控制中心1个，计划生育技术服务机构8个，卫生监督所1个）。卫生技术人员1384人，其中执业医师和执业助理医师525人，注册护士521人。拥有床位1517张，其中，医院拥有订位965张，卫生院拥有床位361张。

【人民生活】 城乡居民收入继续增加。全旗全体居民人均可支配收入22 642元，比上年增加1677元，同比增长8.0%；全体居民人均消费支出14 977元，比上年增加436元，同比增长3.0%。其中，城镇常住居民人均可支配收入26 328元，比上年增加1950元，同比增长8.0%；城镇常住居民人均消费支出16 925元，比上年增加299元，同比增长1.8%。农村常住居民人均可支配收入15 285元，比上年增加1093元，同比增长7.7%；农村常住居民人均消费支出13 095元，比上年增加1070元，同比增长8.9%。

【社会保障】 全旗共有低保对象12 745人。其中：城镇低保对象4938人；农村低保对象7807人。发放低保金4327.61万元。其中：城镇低保金2060.63万元；农村低保金2266.98万元。为五保、“三无”、孤儿供养人员发放供养金500.66万元。全年支出城乡医疗救助金455.62万元，救助患病困难群众1579人次。社会保障建设取得新进展。年末全旗参加城镇职工养老保险3.42万人,城乡居民养老保险 9.80 万人,城镇职工医疗保险 2.88 万人,城镇居民医疗保险 4.58 万人,工伤保险 1.30 万人,生育保险 1.67 万人,失业保险 1.01 万人。新型农村合作医疗参合人数 17.42 万人,参合率为 99.86%,全年共补偿 261 620 人次,补偿 7609.95 万元。

(撰稿人: 周欣)

五 原 县

【概况】 五原县位于内蒙古自治区西部,居河套平原腹地,属巴彦淖尔市所辖县,辖 8 镇 1 乡,面积 2492.2 平方公里。地处黄河冲积平原,地势平坦,海拔 1042 米,南隔黄河,北依阴山,西与内蒙古临河接壤,东连内蒙古乌拉特前旗,水资源丰富,境内大小湖泊 93 个。日照充足,年平均气温 6.2 ℃,有耕地 15.33 万公顷。总人口 27.1 万人。

全县实现地区生产总值 113.95 亿元,按可比价格计算,同比增长 7.2%。其中:第一产业完成增加值 26.90 亿元,同比增长 2.8%;第二产业完成增加值 44.04 亿元,同比增长 7.8%;第三产业完成增加值 43.01 亿元,同比增长 9.6%。三次产业结构由 2015 年的 25.8 : 38.4 : 35.8 调整为 2016 年的 23.6 : 38.7 : 37.7,第一产业下降 2.2 个百分点,第二产业上升 0.3 个百分点,第三产业上升 1.9 个百分点,第三产业在全县经济建设中作用越来越大,所占份额逐年上升。

【农业】 全县设施农业突破 0.493 万公顷,建成温室 1052 栋,利用率 96%。创建市级农业园区 3 个,建成特色养殖示范组 17 个,获批国家出口农产品质量安全示范区,农业部粮改饲示范县、粮食绿色高产高效创建示范县。全年完成农业总产值 47.16 亿元,同比下降 3.96%,实现增加值 26.9 亿元,同比增长 2.8%。全年农作物总播面积 15.358 万公顷,比上年增加 0.05 万公顷,增长 0.33%。其中:小麦 1.813 万公顷,比上年增加 0.7 万亩;玉米 2.83 万公顷,比上年减少 1.25 万公顷;葵花 8.308 万公顷,比上年增加 0.743 万公顷;瓜类 0.62 万公顷,比上年增加 0.253 万公顷;黑白瓜子 1.607 万公顷,比上年增加 0.399 万公顷。全县农作物的产量有增有减。其中:小麦单产 357.5 公斤;玉米单产 750.5 公斤;油料单产 201 公斤;蔬菜单产 4339 公斤;瓜类单产 2951.5 公斤;黑白瓜子单产 126.975 公斤。

【畜牧业】 畜牧业生产由规模型养殖向效益型生产转变,"羊博园" 规模提升,规模养殖场 63 个,年出栏百万只肉羊生产联合体初步形成,大型养殖场得到前所未有的利用;整村推进示范组 260 个,发展精细化养殖户 2 万户。2016 年底,全县日历年度家畜总头数 138.22 万头(只),比上年增加 2.62 万头(只);大畜 21 614 头,小畜 121.30 万头(只)。生猪 14.76 万头。良种和改良种牲畜年末总头数 137.52 万头(只),占全部牲畜的 99.49%,牲畜出栏率为 122.08%,商品率为 116.05%。牧业总产值 17.30 亿元。渔业生产平稳增长,全年水产品产量 3755 吨,比上年增加 41 吨,实现渔业总产值 8300 万元。全县农牧业机械总动力 110.62 万千瓦时,比上年增长 8.45%,农村化肥施用量(折纯)63 148 吨,同比增加 1.08%,地膜覆盖面积 11.23 万公顷,同比减少 4.36%。

【林业】 全年完成造林绿化 0.34 万公顷,其中重点区域绿化完成 0.287 万公顷,其他造林完成 0.053 万公顷,共栽植各类苗木 1269 万株,其中栽植新疆杨、垂柳、小美旱、金叶榆、槐树等乔木苗 348 万株,山桃、山杏、杜梨等经济林苗 35 万株,丁香、紫穗槐等灌木苗 886 万株,人工造林创下年度乔木造林的历史之最,使林业工作走在全市、全区乃至全国的前列,获全国绿化先进集体奖。全年实现林业总产值 0.86 亿元。

【水利】 农田水利工程投资 6695.59 万元,实施千亿斤粮食生产能力、重点县、节水增效等 3 个农田建设项目,建成高效节水农田 0.443 万公顷。河套灌区大型节水工程完成衬砌支渠3条长8.4公里，各类水工建筑物121座，完成投资2350万元。投资300余万元新建义和渠城区段内景观节制闸一座，年末完成工程量60%以上。直饮水工程投资1.1亿元，完成城区管网入户50个小区22 000户，供水覆盖率95%。农村安全饮水水源地保护工程已审批立项。投资8280万元，完成黄河二期防洪工程总工程进度60%。投资570万元完成京津风沙源治理二期水利水保项目，新建水源工程30处、节水工程60处、小流域综合治理300公顷。夏灌面积9.407万公顷、秋浇面积8.333万公顷。全年全县水利建设投资规模共达3.78亿元。

【工业】 以农畜产品加工为龙头的工业体系巩固提升，实施重点工业项目33项，联星30兆瓦光伏发电、比特大陆云计算、沃丰生物有机肥等20个项目基本完工，青青草原饲料、巴美沼气扩建等13个项目顺利推进，工业园区“四横六纵”路网格局形成，承载能力不断提升，入驻企业145户，自治区级工业园区申报进展顺利。大众创业、万众创新纵深推进，小微企业和大学生创业就业园入驻企业82户、投产56户，解决就业1500人，成为自治区“双创”试点基地。

截至2016年底，全县43户规模以上工业经济整体运行呈平稳增长，实现工业总产值57.9亿元，同比增长4.6 %；完成销售产值57.1亿元，同比增长5.6 %，产销率98.6 %，高于上年0.9个百分点。完成增加值18.7亿元，同比增长8.0 %。工业产品产量有增有减。全县规模以上工业企业主营业务收入48.74亿元，比上年增长1.33%；实现利税总额1379万元。规模以上工业亏损企业有22个，比上年增加1个，亏损额为1393万元，比上年减少761万元。

【城镇建设】 五原县共有资质以上建筑企业5户，实现建筑业总产值37 364万元，同比下降2.1%；建筑企业实现营业收入36 614万元，同比下降4.3%；税金总额为756万元，同比下降48.3%；利润总额963万元，同比下降10.4%。

【环境保护】 五原县以改善环境质量为目标，以主要污染物减排为主线，严把建设项目环境审批关，深化重点行业污染治理，节能降耗工作取得显著进展，率先在全区旗县开展居民平房燃煤炉节能环保改造。2016年，单位GDP能耗0.7961吨标准煤/万元，较上年下降2.99%。全年共削减化学需氧量317吨，氨氮25.2吨；二氧化硫877.93吨，氮氧化物266.8吨，超额完成年度目标任务。

【固定资产投资】 全年全社会固定资产投资累计完成75.7亿元，同比增长11.02%。其中：5000万元以下项目完成投资66.82亿元；5000万元以上全国联网直报项目完成投资4.02亿元；房地产全国联网直报企业完成投资4.86亿元。全县累计在建项目210个，同比增长20%。其中：第一产业完成投资21.59亿元，同比增长67.18%，占总投资的比重28.5%；第二产业完成投资19.2亿元，同比下降33.8%，占总投资的比重25.4%；第三产业完成投资34.91亿元，同比增长32.9%，占总投资额的比重46.1%。三次产业投资结构得到调整优化。

【交通　电信】 交通运输和邮电通信业保持较快速度发展。交通运输基础设施的不断改善和邮政、电信通信条件的提高，有力促进全县经济的发展。据测算，全年交通运输邮电业实现增加值8.89亿元，同比增长5.7%。全年实现客运量697.37万人，旅客周转量15 560.42万人公里，货运量601.62万吨，货物周转量10 493.24万吨公里，分别比上年同期增长1.18%、1.30%、25.97%和26.28%；通信业务中的新业务、新技术不断增加，全年完成邮电业务收入1965.4万元，同比增长22.07%。

全年完成通村公路121公里，街巷硬化工程980公里；完成通乡公路30公里；完成路肩上砂石料1300公里，上砂石料130000余立方米。

【商业】 全县消费品市场价格平稳，购销两旺。

全县居民消费价格指数为99.9%,比上年同期下降0.1个百分点,商品零售价和农业生产资料格指数分别为99.7%和97.2%。批发贸易零售业全年实现增加值8.14亿元,同比增长7.1%。全年社会消费品零售总额29.49亿元,同比增长9.7%。从分行业看:批发零售贸易业总额25.68亿元,增长10.8%;餐饮业总额3.81亿元,同比增长2.9%。从分地区看:城镇销售额21.95亿元,同比增长9.7%;农村销售额7.54亿元,同比增长10%。

河套电子商务产业园功能提升,入驻企业、个体商户226户,培育地域品牌36个,“河套购”产业平台、“易供销”服务平台上线运行,“河套五原农耕”县域公共品牌成功创建。八里桥电商物流园挂牌成立,村级电商服务站点210家。宽带网络覆盖行政村,网商销量突破亿元大关。

【旅游业】 2016年,五原县被评为全国休闲农牧业和乡村旅游示范县、五原县联星光伏新镇荣获中国最美村镇特色奖。农耕文化博物馆、民俗文化村、移民文化村、黄河微缩风情园景点相继启动,宇鑫水上世界建成运营,宇鑫海洋馆加快建设,五原抗日纪念园启动实施,巴美湖被列为国家级湿地公园,塔尔湖镇获评区级特色景观旅游名镇,6个村被列入全国乡村旅游扶贫重点村名录,“乡村环形旅游圈”打造成型,接待游客61万人次,实现旅游收入4.6亿元。文体活动精彩纷呈,承办国家、区市级书画摄影、村道自行车、越野摩托车等活动赛事,举办第二届河套农耕文化暨乡村旅游节、古郡文化艺术节等系列活动。

【金融 保险】 全县金融市场繁荣向好,存、贷款总额同步快速增长。2016年年末,金融机构各项存款98.3亿元,同比增长22.1%。其中:城乡居民储蓄存款额72.96亿元,同比增长16.3%;各项贷款72.07亿元,同比增长11.3%。2016年,全县保险业务收入为16 330万元,同比增长12.2%。

【财政 税务】 全年财政总收入61 414万元,同比增长9.1%。其中,公共财政预算收入41 299万元,同比增长8.0%。全年财政总支出270 773万元,同比下降0.5%。在财政支出中用于农、牧、林、水事业费、医疗卫生事业费、教育事业费、社会保障和就业支出等民生投入增幅较大,达到20.51亿元,占财政支出75.74%。

2016年,地税收入完成3.14亿元,同比增收867万元,增长2.84%。国税收入完成6238万元,同比增收2753万元,增长79%。

【科技】 全县选派4个科技培训小组对全县128个行政村、农场分场,20个重点温室园区进行室内培训,共开展科技培训430场次,组织设施农业大棚种植户赴山东寿光市三元朱村进行两批次培训学习。召开各级现场观摩培训会23场次,共培训农牧民及各类人员10.45万人次,发放各种培训资料6万余份(册),发放相关技术光盘360余套。

【教育】 全县有中学6所,中学在校学生12 564人;小学16所,在校小学生11 486人;公办幼儿园1所,分园4所,校办幼儿园10所,民办幼儿园14所,在园幼儿人数5644人,学龄儿童入学率100%。蒙古族学校新校区投入使用,第二小学、县幼儿园迁建和沅梦幼儿园新建工程主体完工,馨悦幼儿园加快建设,义务教育学校实现标准化。

【文化】 全县有文化艺术团体1个,文化馆、体育馆、公共图书馆、档案馆、博物馆各1个,广播电台、电视台、有线台、微波站各1座,各乡镇都建立了文化站,村社还有文化室。《古郡时讯》每周两期,全年发行。广播电视覆盖率100%。全县城镇有线数字电视、农村“户户通”工程覆盖率100%。

【卫生】 全县共有各类医疗、卫生机构215个。其中:县级医院6所,民营医院3个,乡镇卫生院19个,社区服务机构8个,村级卫生室109个,个体诊所、门诊66个。乡以上医疗机构拥有床位 865 张，卫生技术人员 1392 人。新蒙中医院投入运行，疾控中心搬迁使用，妇幼保健院基本完工，1 所卫生院、53 所村卫生室建成使用，县医院升级搬迁工程主体完工，妇幼保健院启动装修，李氏骨科医院主体完工，基本药物零差率销售覆盖城乡，基本公共卫生服务水平和覆盖面实现“双提升”。全面落实两孩生育政策，登记备案 1147 例。

【社会保障】 劳动就业相对稳定。全部非私营单位从业人员达到 12 622 人，比上年减少 18 人。农村从业人员 113 217 人，比上年增加 609 人。城镇新增就业 1448 人，失业人员再就业 308 人，就业困难人员就业 349 人，城镇登记失业率控制在 3.71%。社会救助体系进一步完善，城乡低保、五保供养等标准稳步提高，率先在全区实行“基本医疗保险家庭病床”制度，52 名特殊群众实现在家治疗、医保报销。大病二次救助困难群众 210 人，发放救助资金 410 万元。截至年末，全县企业职工养老保险参保人员共 16 172 人，收缴养老保险费 1.347 亿元。全县共有企业离退休人员 12 529 人，共发放养老金 3.07 亿元，发放率 100%。全县参加城乡居民社会养老保险 114 543 人（其中农村居民 110 386 人，城镇居民 4157 人），收缴养老保险费 2800 万元，全年共为符合待遇领取条件的城乡居民发放养老金 4348 万元。

【人民生活】 人口增长继续保持较低水平。年末，全县拥有 88 471 户居民，总人口 27.1 万人，全年出生 1929 人，出生率为 8.32‰，人口自然增长率为 3.57‰。

城乡居民生活持续改善，随着机关事业单位人员薪资制度的规范和实施、企业退休人员养老金的连续上调和私营企业个体经济的进一步壮大以及城镇、农村最低生活保障金的不断提高，城乡居民收入明显增加，全县城镇居民人均可支配收入为 26 089 元，增加 1888 元，同比增长 7.8%，农村居民人均可支配收入为 15 345 元，增加 1097 元，同比增长 7.7%。民生支出 17 亿元，占财政总支出的 72%。

【困难问题】 一是农业基础设施薄弱，新型农业经营主体支撑能力不足，农民持续增收压力加大。二是工业经济总量小，产业层次低，缺少支柱性龙头企业。三是服务业发展不足，做精乡村旅游、做大现代物流、做强电子商务任重而道远。四是城乡基础功能仍不完善，棚户区改造任务艰巨，持久改善农村面貌的任务依然繁重。五是财政收支矛盾突出，教育医疗、食品安全、物业服务等方面突出问题仍未彻底解决。

（撰稿人：闫罡）

磴　口　县

【概况】 磴口县位于内蒙古自治区西部，隶属于巴彦淖尔市；地处河套平原与乌兰布和沙漠衔接带，在北纬 40°9′~40°57′，东经 106°9′~107°10′；东南隔黄河与鄂尔多斯市杭锦旗、鄂托克旗相望，北及东北与巴彦淖尔市乌拉特后旗、杭锦后旗搭界，西南与阿拉善盟阿拉善左旗为邻。东西长约 92 公里，南北宽约 65 公里，总面积 4166.67 平方公里，约占内蒙古自治区总面积的 0.31%，占巴彦淖尔市总面积的 5.57%。磴口县辖 1 个苏木、4 个镇，5 个国有农场。

年末，全县总人口 11.59 万人（户籍人口），比上年末减少 474 人。总人口中：少数民族 11 184 人（蒙古族 5092 人，回族 5364 人）；非农业人口 5.05 万人，农业人口 6.54 万人，城乡人口比例为 43.6∶56.4。全年出生人口 685 人，出生率 6.78‰；死亡人口 429 人，死亡率 4.24‰；自然增长率 2.54‰。

全县生产总值 52.78 亿元，比上年增长 7.6%。其中：第一产业增加值 9.02 亿元，增长 4.7%；第二产业增加值 30.79 亿元，增长 7.9%；第三产业增加值 12.97 亿元，增长 9.2%。一、二、三产结构由上年的 18.4∶58.6∶23.0 调整为

17.1∶58.3∶24.6。人均生产总值45 422元,按年平均汇率折算6838美元。

全县就业人员67 238人，同比增长1.6%。全年城镇新增就业人员850人；就业困难人员实现再就业200人；安置下岗失业人员再就业160人;农牧区劳动力转移就业人员7880人;城镇登记失业率3.9%,与上年持平。

全年公共财政预算收入累计完成26 994万元,同比增收2600万元,增长10.7%。从征收部门看，国税部门完成5381万元，同比下降44.5%；地税部门完成16 092万元，同比下降6.6%；财政部门完成5521万元，同比增长60.6%。全年公共财政预算支出146 045万元,同比下降1%。其中:一般公共服务支出13 341万元,同比增长4.2%;教育支出14 163万元,同比增长4%;医疗卫生支出11 791万元,同比增长21.8%；社会保障与就业支出28 637万元,同比增长0.5%;农林水事务支出31 545万元,同比下降16%;节能环保支出3862万元,同比下降50.7%;城乡社区事务支出7526万元,同比增长59.2%。

【农业】 全年农业总产值完成140 389.8万元,同比下降2.13%,农、林、牧、渔业及其服务业结构比例为57.16∶6.43∶33.97∶1.29∶1.16。

农作物总播面积115.49万亩，比上年增长36.5%。粮食作物面积40.54万亩，同比增长1.7%。其中:小麦面积2.63万亩,增长1.1%;玉米面积37.81万亩，增长1.4%。经济作物面积56.65万亩，同比增长70.8%。其中：油料面积42.96万亩,增长79.7%;番茄面积1.15万亩,下降0.9%。饲草作物面积18.29万亩，增长57.8%。粮经草比例由上年的50.3∶39.4∶10.3调整为47.1∶39.2∶13.7。主要大宗农作物良种率100%。设施农业成效显著,全县设施农业面积累计2.1万亩,其中:日光温室0.47万亩,塑料大棚1.63万亩,初步形成反季节甜瓜、蔬菜生产及育苗的规模化种植。

化肥施用量54 150吨,同比增长31.1%;农村非生产用电量1044.26万千瓦时，同比增长1.2%；年末农牧业机械总动力47.36万千瓦,同比增长2.3%。

【畜牧业】 全年畜牧业产值47 686.92万元,同比增长9.1%,占农业总产值的比重33.97%。牧业年度(6月末)牲畜存栏总数63.26万头(只),同比下降4.5%;牲畜总增70.38万头(只),总增率106.22%;良种及改良种比率97.5%;能繁母畜38.28万头(只),占牲畜总头数的60.5%。畜牧业养殖规模化、标准化水平稳步提升,全县规模化养殖总户数380户。

日历年度牲畜存栏总数39.89万头(只),同比下降4.02%。其中:大牲畜6.07万头,比上年下降27%(其中奶牛4.9万头，当年购进0.4万头);羊31.01万只,同比下降15.06%;猪2.82万口,同比增长21.03%。牲畜出栏总数为56.10万头(只),比上年下降11.71%;出栏率127.71%,比上年下降8.96个百分点。

全年肉类总产量14 341.2吨，同比增长13.3%。其中:猪肉产量1981吨,增长1.6%;牛肉产量2557吨,增长34.7%;羊肉产量9427吨,增长35.1%。牛奶产量339 235吨,增长128%;禽蛋产量473吨,增长1.3%;水产品产量1096吨,增长3.3%;山羊绒产量43吨,增长4.9%。

【林业】 全年共完成人工造林面积3.6万亩,飞播造林3万亩，年末实有封山育林面积121.78万亩。

【工业】 全年全部工业总产值676 998.4万元,比上年增长6.1%，其中规模以上工业总产值615 582.7万元，增长6.5%；全部工业增加值269 300万元,同比增长8%。其中,规模以上工业增加值204 170.4万元,增长8.2%;产品销售率89.7%,同比下降0.4个百分点。

在规模以上工业增加值中：食品制造业139 270.5万元,同比增长29.2%;化学原料及化学制品制造业15 512.1万元,同比下降-12.5%;

电力、热力生产供应业 44 666.4 万元，同比下降 6.1%；燃气生产和供应业 1777 万元，同比下降 72.5%；非金属矿物制品业 2944.4 万元，同比下降 33.4%。轻重工业增加值比例由上年的 57：43 调整为 68.2：31.8。轻工业增加值 140 713.3 万元，同比增长 29.2%；重工业增加值 63 457.1 万元，同比下降 18.3%。

全年规模以上工业主营业务收入 578 352.9 万元，同比增长 15.9%；实际上缴税金 11 761 万元，同比下降 17.2%；亏损企业亏损额 5558.1 万元，同比增长 641.57%。

【城市建设】 全年全社会建筑业增加值 4.32 亿元，比上年增长 6.4%。

【环境保护】 全年全县国有建设用地供应总量 26.6065 公顷，比上年下降 77.5%。其中：商业用地 5.1098 公顷，增长 4.59 倍；工业用地 11.1994 公顷，下降 84.3%；住宅用地 5.1291 公顷，下降 63.9%；公共管理与公共设施用地 4.4721 公顷，下降 85.9%。

全年降水总量 223.9 毫米。全年总用水量 5.07 亿立方米，比上年下降 18%。其中：居民生活用水 0.043 亿立方米，增长 26.5%；工业用水 0.019 亿立方米，下降 7.8%；农业用水 4.2081 万立方米，下降 24.6%。万元工业增加值用水量 15.1 立方米，下降 25.6%。人均生活用水量 37 立方米，增长 27.6%。

全县年平均气温 10 摄氏度，与上年平均气温持平。年末，拥有国家级自然保护区（哈腾套海自然保护区）1 个，面积 186 平方公里。

初步核算，全年全县单位 GDP 能耗同比下降 5.48%。单位 GDP 电耗同比下降 2.35%。能耗总量 62.32 万吨标准煤，比上年增长 1.7%。

年末，城市污水处理厂平均日处理能力 11000 立方米，比上年末增长 10%，城市污水处理率 43%，提高 4 个百分点。城市集中供热面积 210 万平方米，同比增长 1.9%。城市建成区绿地率 33.5%；绿化覆盖率 35%。

【交通 电信】 全年交通运输和邮电通信业增加值 1.98 亿元，比上年增长 5.7%。年末，全县公路总里程 2066 公里，其中等级公路 1661 公里，等级公路率 80.4%，在等级公路中有铺装路面 894.9 公里。全年公路货运量 398.04 万吨，同比下降 21.7%。货物周转量 39 609.88 万吨 / 公里，同比下降 9.3%；客运量 31.41 万人，同比增长 19.7%。旅客周转量 2481.33 万人 / 公里，同比增长 3.9%。

全年邮电业务总量 7919 万元，同比下降 8.8%。其中：邮政业务 1000 万元，同比增长 4.7%；电信业务 6917 万元，同比下降 10.5%。本地网固定电话用户 14 604 户；移动电话用户 11.53 万户，每百户拥有电话普及率（包括固定和移动电话）249 部。互联网注册用户 1.4 万户。

【旅游业】 2016 年末，有AAAA 级景区 2 家，AAA 级景区 2 家，AA 级景区 4 家，四星级接待户 4 家，三星级接待户 4 家，自治区休闲农牧业与乡村牧区旅游示范点 1 家。2015 年，全县接待游客 105 万人次，实现旅游收入 4.5 亿元，分别比上年增长 18%和 12.5%。

全县旅游接待游客 103.55 万人次，实现旅游综合收入 4.35 亿元，与上年同期相比分别增长 17%和 9%。

【商业】 全年社会消费品零售总额 155 620.9 万元，同比增长 9.6%。按经营地统计，城镇零售额 137 239.7 万元，同比增长 9.7%；农村零售额 18 381.2 万元，同比增长 9%。按行业统计，批发零售贸易业 127 068.3 万元，同比增长 9.6%；住宿餐饮业 28 552.6 万元，同比增长 9.8%。

对外开放水平进一步提升，进出口总额 1293 万美元，比上年增长 6%。出口的主要产品有番茄酱。全年引进国内到位资金 28 亿元，下降 9.6%。

【固定资产投资】 全年全社会固定资产投资 443 839 万元，比上年增长 13.95%。其中：500 万元以上固定资产投资 435 111 万元，同比增长

12%；农村限下固定资产投资8728万元，同比增长775.42%。按投资控股类型划分：国有控股241 045万元；私人控股194 066万元。

在500万元以上固定资产投资中，第一产业投资32 171万元，同比增长337.28%；第二产业投资18 1640万元，同比下降35.27%；第三产业投资221 300万元，同比增长120.15%。按主要行业划分：制造业50 236万元，同比下降15.82%；电力、热力生产和供应业131 404万元，同比下降40.52%；水利管理业130 359万元，同比增长377%；农林牧渔业32 171万元，同比增长337.28%；交通运输、仓储和邮政业77 684万元，同比增长223.33%。全部建成投产项目74个，投产率87.1%；新增固定资产249 105万元，交付使用率57.25%。房屋建筑施工面积2.9万平方米，增长30%，其中住宅施工面积0.99万平方米，同比下降31.31%。竣工房屋面积2.8万平方米，同比增长45.87%，其中住宅竣工面积0.93万平方米，同比下降35.47%。

【金融】 年末，金融机构各项存款余额497 754万元，同比增长16.7%。其中：住户存款余额363 706万元，增长30%；非金融企业存款余额56 836万元；政府存款余额77 069万元。

年末，金融机构各项贷款余额352 715万元，同比增长15.3%，其中：住户贷款余额251 939万元；非金融企业贷款余额100 777万元。

全年保险业保费收入11 912万元，比上年增长9.3%，其中：财产险收入5105万元，增长7.2%；人寿险收入6807万元，增长11%。保险赔款及给付支出3648万元，增长12.6%，其中：财产险3123万元，增长11.8%；人寿保险525万元，增长17.9%。

【科技】 年末，拥有科学研究开发机构1个，科技经费支出262万元，同比下降52.3%；拥有自治区高新技术企业1家；拥有自治区名牌产品6个，自治区著名商标5个。

【教育】 全县共有幼儿园20所（公办园2所，农牧区校办园8所，镇区民办园6所，校办园4所），入园人数545人；在园人数2046人，同比增长11.3%；离园人数613人。普通中学2所，其中完全中学1所，初级中学1所。高中招收学生474人，同比下降2.9%；在校生1516人，同比下降5.3%；毕业生559人，同比下降24%。初中招收学生545人，同比下降6%；在校生1729人，同比下降14.2%，其中少数民族218人；毕业生633人，同比下降10.1%；初中适龄人口入学率100%，初中毕业生升学率97.57%。小学校11所（镇区3所、乡村8所），招收学生590人，同比下降9.4%；在校生3847人，同比下降1.8%，其中少数民族542人，同比增长19.4%；毕业生693人，同比增长8.5%。小学适龄人口入学率103%。中小学校参加国家学生体质健康标准测试7202人，其中：优秀106人，良好1049人。

【文化】 全县拥有艺术表演团体1个、从业人员20人，文化馆1个，图书馆1个，文物站1个，档案馆1个，农村牧区文化站5个，博物馆1个；拥有差转台1座，电视发射台1座，电视发射机12部，调频广播发射台1座，广播发射机5部，有线电视居民用户11 000户（全部为数字电视）同比增长4.8%，《磴口时事》全年发行45期9万份。

【卫生】 年末，共有卫生机构12个，其中医院3个，苏木镇卫生院7个，卫生监督所1个，疾病防控中心1个。社区卫生服务中心1个，社区服务站3个，诊所45个，村卫生室50个；医疗卫生单位拥有病床1226张，其中医院637张；拥有卫生技术人员1285人（医院522人），其中执业医师188人，助理医师36人，注册护士210人。

【社会保障】 年末，全县城镇职工参加基本养老保险人数16 985人；离退休11 602人，其中企业人员（含农场）11 107人。城乡居民基本养老保险参保人数28 756人，退休人员11 128

人。参加城镇医疗保险人数 43 131 人。其中：参加城镇职工医疗保险人数 15 980 人；参加城镇居民医疗保险人数 27 151 人。参加工伤保险人数 8445 人，参加生育保险人数 8343 人，参加失业保险人数 6286 人。参加新型合作医疗的农牧民 55 331 人，参合率 98%，基金共计 3007 万元。

城市居民低保对象 3433 户 4663 人，月人均补助水平 404 元；农村低保对象 5407 户 6522 人，月人均补助水平 221 元。

为老年人与残疾人提供服务的机构 3 个，拥有床位数 580 个。其他提供住宿的社会服务机构 1 个，床位数 10 个。不提供住宿的社会服务机构 17 个，社会散居孤儿 49 名。为老年人与残疾人提供服务的人数 179 人。

城市"三无"救济人员 64 人，全县五保供养 426 人，其中集中供养 102 人。民政部门救助缴纳医保、新农合人数 9808 人，国家抚恤、补助各类优抚对象 261 人，社区服务机构 14 个，社区日间照料床位数 40 张。

【人民生活】 全体居民人均可支配收入 18 833 元，同比增长 7.9%。其中：城镇常住居民人均可支配收入 25 625 元，比上年增加 1876 元，增长 7.9%。城镇常住居民人均消费支出 15 539 元，同比增长 2.3%。恩格尔系数（居民家庭食品消费支出占消费总支出的比重）29.8%。农村牧区常住居民人均可支配收入 14 837 元，比上年增加 1086 元，同比增长 7.9 %。其中：农民人均可支配收入 14 734 元，增长 7.7%；牧民人均可支配收入 15 064 元，增长 8.1 %。农牧民来自畜牧业的可支配收入 2046 元，占可支配收入的 13.8%。农村牧区常住居民人均消费支出 9084 元，同比增长 9.0%。恩格尔系数 36.15%。

（撰稿人：庞美仙）

乌　海　市

【概况】 乌海市是自治区西部新兴工业城市，地处黄河上游，东、北临鄂尔多斯高原，西南与宁夏石嘴山市隔河相望，西接阿拉善草原。是华北与西北的结合部，同时也是“宁蒙陕甘”经济区的结合部和沿黄经济带的中心区域。总面积1754平方公里。2016年年末全市常住总人口55.83万人，比上年增加0.25万人，其中城镇人口52.83万人，城镇人口比重94.63%，农区人口3万人，农区人口比重5.37%；全年出生人口0.53万人，出生率9.56‰，死亡人口0.26万人，死亡率4.65‰，自然增长率4.91‰。

2016年，乌海市实现地区生产总值572.23亿元，按可比价格计算，比上年增长6.8%。其中：第一产业增加值4.88亿元，增长3.7%；第二产业增加值323.76亿元，增长4.5%；第三产业增加值243.58亿元，增长9.9%。按常住人口计算，乌海市人均GDP102 725元，比上年增长6.4%。三次产业结构由上年的0.8∶60.3∶38.9调整为0.9∶56.6∶42.5。

全市居民消费价格指数为101.4%。其中：食品烟酒类价格上涨1.8%；衣着类价格上涨2.4%；生活用品及服务类价格上涨1.2%；教育文化和娱乐类价格上涨2.0%；医疗保健类价格上涨1.9%；其他用品和服务价格上涨3.0%；居住类价格下降0.4%；交通和通信类价格下降0.6%。

【农业】 第一产业增加值完成4.9亿元，同比增长3.7%。吸引社会资本，中广核光伏农业、华盛绿能光伏大棚等19个项目开工建设，总投资25亿元。乌达区绿色生态产业园建成运营。举办中国乌海2016“丝绸之路”世界沙漠葡萄酒文化节暨第二十二届全国葡萄学术研讨会，建立中国乌海汉墨葡萄酒交易中心和国家质检总局葡萄酒区域检验检测中心，乌海市成为世界沙漠葡萄酒大赛永久举办地。

经济作物总播面积2578.76公顷，比上年增长6.7%。粮食作物播种面积4570公顷，比上年下降1.6%。粮食总产量4.16万吨，比上年增长1.5%。

【畜牧业】 全市牲畜存栏头数11.75万头(只)，比上年下降3.8%。初步统计，全年猪牛羊肉类总产量13 348吨，比上年增长2.5%。其中：猪肉产量9723吨，比上年增长0.3%；牛肉产量550吨，比上年增长5.8%；羊肉产量3075吨，比上年增长9.5%。生牛奶产量2095吨，比上年增长1.1%；禽蛋产量3214吨，比上年下降1.4%。

【林业】 全市共完成造林面积4000亩。全民义务植树130万株。全市有国家级自然保护区1个，面积为1.69万公顷。建成区绿化覆盖率42.4%，比上年提高0.2个百分点。

【水利】 全年降水量120.2毫米，比上年减少43.6毫米。全年总用水量25 700万立方米。其中：工业用水7900万立方米，农田灌溉用水6260万立方米，林牧渔畜用水1640万立方米，生态环境用水6000万立方米，城镇公共用水800万立方米，居民生活3100万立方米。全面落实最严格水资源管理制度，全国水生态文明城市建设试点任务基本完成。

【工业】 2016年，全市完成工业增加值280.86亿元，按可比价计算，比上年增长5.0%。149户规模以上工业企业增加值增长4.5%。其中，国有企业增长14.3%，股份制企业增长4.8%。产品销售率为99.8%，比上年提高4.7个百分点。主要工业产品产量十一类中五类上涨，六类下降。全市规模以上工业企业主营业务收入381.38亿元，比上年增长9.3%；实现利润16.6亿元。

源通焦炉煤气制LNG项目投入试生产，华信焦炉煤气制LNG项目、家景镁业30万吨甲醇项目基本建成，“焦炭气化”从战略构想转变为现实生产力。北京神雾科技40万吨聚乙烯多联产示范项目开工建设，引进航天十二院氢等离子体煤制乙炔技术，煤炭资源分级分质综合利用水平进一步提高。源宏医药中间体一期、亚东H酸和硫酸项目投入生产，煤焦化工新材料研究院特种炭黑项目开工建设，卡博特气相二氧化硅项目签约落地。天宇二期高岭土填料项目建成，鑫盛日电光伏项目实现并网发电，中钰镁合金轮毂及镁合金板型材项目开工建设，新能源、新材料、装备制造等战略性新兴产业占规模以上工业增加值的24%。乌海高新技术开发区被认定为自治区级高新技术产业开发区。全市资质以上建筑施工企业52家，比上年增加2家，实现建筑业增加值42.9亿元，比上年增长1.5%。

【城镇建设】 全年城市基础设施投资完成88.57亿元，占全社会固定资产投资的53.6%。城市综合承载能力持续增强。交通网络不断优化，乌海湖大桥实现通车，石嘴山黄河大桥东引线、国道244线乌海段建成，市客运枢纽站主体基本完工，打通新海街、长青街等6条瓶颈路、断头路，完成19条街路、12.7万平方米路面改造，敷设道路排水管网32.5公里。旧城改造力度不断加大，完成房屋征收7910户，完成既有居住建筑节能改造50万平方米。改造热力管网31.5公里，新增供热面积124.7万平方米。城中水系建设步伐加快，整治河道5.1公里，新建人工湖12个。云计算中心投入使用，城乡4G网络覆盖率达到95%以上，乌海市被评为2016年度“宽带中国”示范城市。农区“十个全覆盖”工程全面完成，惠及农区群众6.3万人。

举办“我的中国梦”等系列主题活动，文明新风日益形成。362个机关企事业单位开展包联共建，562个小区和平房区实现净化、亮化等“五化”全覆盖。开展市容环境整治行动，新增垃圾箱1300个、停车场26处，城市面貌明显改观。市民服务中心主体建成，市民热线和数字城管成为国家级社会管理和公共服务综合标准化试点项目。

【环境保护】 全年投入社会治理资金56.14亿元，完成大气环境综合整治项目767个，占“十三五”任务总数76.9%。扎实开展矿区环境综合整治，治理矸石自燃和煤层自燃840.4万平方米，修复整治排土场73个，硬化采区道路87公里。封闭物料堆场84.6万平方米，淘汰燃煤小锅炉190台，全面完成自治区下达任务。削减二氧化硫7600吨、氮氧化物1万吨，乌海市获自治区二氧化硫减排突出贡献奖。焦化企业污染防治走在全国前列。不断完善工业园区污水处理体系，工业污水基本实现达标排放。全力配合做好中央环保督察工作，建立市长包区、区长包园区、市区两级部门负责人包重点企业的三级包联责任制，乌海市成为中央环保督察期间群众举报环境污染案件最少的盟市之一。全年中心城区环境空气优良天数275天，达标率为75.1%，同比增加47天，空气质量显著改善。开展以“增绿、提质、增效”为重点的生态建设，组织实施甘德尔山生态综合治理二期、矿区植被恢复试点、龙游湾湿地公园等50项生态建设工程，新建改造葡萄公园、书法广场等公共绿地19处，完成绿化面积531.7万平方米，建成区新增绿地面积20.6万平方米，绿地率40.2%。乌海市首部地方性法规《乌海市海勃湾区生态涵养区保护条例》通过自治区人大常委会批准。

城市生活污水处理率96.5%。建成区绿化覆盖率42.4%，比上年提高0.2个百分点。人均公园绿地19.8平方米。

全市能源消费总量为1614.27万吨标准煤，单位GDP能耗下降3.26%。

【交通 电信】 全年各种运输方式完成货物运输总量7248.8万吨,比上年下降10.1%,其中:铁路货物运输1368.7万吨,下降17.4%;公路货运量5880万吨,下降8.3%;民航货邮吞吐量完成0.1万吨,下降28.7%。

旅客运输总量295.93万人次,比上年下降17.5%。其中:铁路客运150.65万人次,增长2.4%;公路客运111.3万人次,下降36.0%;民航旅客吞吐量33.98万人次,下降9.4%。铁路、公路、民航3种运输方式客运量比重分别为50.9%、37.6%、11.5%。

年末全市公交汽车线路47条,全市共有公交汽车营运车辆398辆。全年城市公共交通共运送乘客4750万人次(不含出租车)。营运出租客运汽车1111辆。

年末全市机动车保有量15.93万辆,比上年增加1.05万辆,增长7.1%。汽车保有量15.5万辆,比上年增加1.4万辆,增长9.9%。其中,载客汽车12.69万辆,比上年增加1.26万辆,增长11.0%。私人载客汽车保有量14.05万辆,比上年增加1.33万辆,增长10.5%。其中,私人小型载客汽车保有量11.76万辆,比上年增加1.28万辆,增长12.2%。

全市固网用户20.7万户,比上年下降13.5%;移动电话在网用户80.8万户,比上年增长5.9%,其中4G移动电话用户42.1万户,比上年增长64.7%;宽带用户13.75万户,比上年增长4.7%。

全市邮政企业和快递服务企业业务收入(不包含邮政储蓄银行直接营业收入)累计完成10 428.86万元,同比增长20.3%,占全区邮政行业业务收入2.8%;业务总量累计完成7293.68万元,同比增长19.1%,占全区邮政行业业务总量2.7%。

邮政函件业务累计完成10.69万件,同比增长8.9%;包裹业务累计完成0.17万件,同比下降77.3%;报纸业务累计完成842.17万份,同比下降2.2%;杂志业务累计完成36.85万份,同比下降5.8%;汇兑业务累计完成2.49万笔,同比下降53.6%。

全市快递服务企业业务量累计完成158.29万件,同比增长53.8%;快递业务收入累计完成3676.75万元,同比增长32.0%。其中:同城业务收入累计完成329.54万元,同比增长514.7%;异地业务收入累计完成2144.91万元,同比增长13.5%;国际及港澳台业务收入累计完成100.67万元,同比增长583.9%;其他业务收入累计完成1101.63万元,同比增长33.4%。

【商业】 2016年,全市实现社会消费品零售总额151.93亿元,比上年增长9.3%。全市商品销售总额202.8亿元,比上年增长10.1%。其中:批发业完成销售总额102.01亿元,比上年增长7.3%;零售业完成销售总额100.79亿元,比上年增长13.2%。住宿业营业额7.8亿元,同比增长8.2%;餐饮业营业额17.26亿元,同比增长9.4%。

全市进出口总额0.89亿美元,比上年增长95.8%。其中:出口额0.89亿美元,比上年增长97.1%;进口额0.01亿美元,比上年下降6.1%。全市参加年检的外商投资企业共有6家。引进国内(市外)资金121.7亿元;实际利用外资额400万美元。

【旅游业】 全年旅游总收入40.56亿元,比上年同期增长23.1%。旅游接待人数209.64万人次,同比增长13.4%。

【服务业】 第三产业增加值完成243.6亿元,同比增长9.9%。万达广场、月星家居投入运营,乌海北货场项目进展顺利,自治区西部首家跨境电商体验店开业,商贸、物流业占第三产业增加值比重为40%。游客服务中心投入使用,兰亭广场码头建成,新改建旅游厕所60个,22个乌海湖娱乐项目开业运营。乌海湖被评为国家水利风景区,当代中国书法艺术馆、蒙根花休闲农业园、阳光田宇国际酒庄被评为国家AAAA级旅游景区。桌子山召烧沟岩画被自治区认定为全区 10 个考古遗址公园之一。全年接待游客 209.6 万人次，增长 13.4%；实现旅游收入 40.6 亿元，增长 23%。设立全区首家“金融驿站”和“金融超市”，各类金融机构 60 家，金融环境持续向好，成立金融仲裁院，金融机构贷款不良率 1.8%，低于自治区平均水平。乌海银行发行绿色金融债券 5 亿元，乌海市成为中国西部首家发行绿色金融债券的地级市。金融业增加值占第三产业比重达到 14.5%，金融业对税收的贡献度达到 9.18%。

【金融　保险】 2016 年，全市金融业实现增加值 35.4 亿元，比上年增长 14.9%。年末全市金融机构人民币存款余额 702.79 亿元，比年初增加 28.76 亿元。其中：住户存款余额 349.31 亿元，比年初增加 22.97 亿元；金融机构人民币各项贷款余额 533.89 亿元，比年初减少 19.92 亿元。其中，住户贷款余额 97.72 亿元，比年初减少 0.2 亿元；非金融企业及机关团体贷款余额 436.17 亿元，比年初减少 20.12 亿元。证券市场各类证券成交额 269.71 亿元，比上年下降 52.0%。融资融券累计 9995.84 万元，比上年下降 24.9%。

年末，全市共有各类保险行业机构 65 家，较上年减少 2 家。全年财寿险保费收入 16.72 亿元，比上年增长 21.2%。其中：财产险保费收入 3.97 亿元，比上年下降 16.7%；寿险保费收入 12.75 亿元，增长 41.2%；全年各类保险赔款给付支出 3.67 亿元，赔付率为 22.0%。其中，财产险赔付 1.87 亿元，赔付率为 47.1%；寿险赔付 1.8 亿元，赔付率为 14.2%。

【科技】 2016 年，全市取得自治区科技成果 19 项。获得专利授权 116 件，科技研发投入占 GDP 比重位居自治区前列。

【教育】 义务教育均衡发展，投入 1.4 亿元推进学校标准化建设，海勃湾区和海南区顺利通过国家义务教育发展基本均衡县评估验收。新改扩建幼儿园 4 所，学前三年毛入园率 95%，居自治区前列。普通高考本科上线率 76.7%，同比提高 8.1 个百分点。职业技术学院本科专业达到 4 个，乌海职业技能公共实训中心一期交付使用。

年末，全市共有普通高等院校 1 所。全年毕业生 838 人，比上年减少 15 人；在校生 4806 人，比上年增加 1270 人；专任教师 220 人，比上年减少 8 人。有普通中学 15 所，在校生 14 608 人，毕业生 5365 人，专任教师 1388 人。小学 24 所，在校生 29 633 人，毕业生 3874 人，专任教师 2137 人。特殊教育学校 1 所，在校生 95 人，毕业生 14 人，专任教师 31 人。幼儿园 52 所，在园幼儿 13 242 人，专任教师 1013 人。全市有中等职业技术培训学校 1 所，在校生 2959 人；毕业 1204 人；专任教师 178 人。普通高级中学 5 所，在校生 9732 人，毕业生 3469 人，专任教师 797 人。

【文化】 公共文化设施不断完善，桌子山召烧沟岩画遗址保护大厅展陈工程完工，群众艺术馆、文化馆全部进入国家等级行列，“书法五进”公共文化示范项目通过国家验收。承办第二十六届全国图书交易博览会，开展建市 40 周年大型美术主题创作等文化活动，城市影响力提升。

年末，全市共有公共图书馆 4 个，总藏书 73.5 万册，电子图书 27.2 万册，市属专业艺术表演团体 1 个，举办演出 120 场。拥有书画院 2 个，共有书、画作品 350 幅。全市拥有文物站、博物馆 4 个，文物藏品 3478 套 18 391 件。拥有文化部门艺术表演场所 1 个，全年开展“百团千场”大中小型演出活动 420 场。拥有广播电视台 1 座，调频、电视转播发射台 8 座，开播无线电视频道 18 个，广播、电视综合覆盖率分别为 99.13 %和 99.31 %。《乌海日报》年发行量 2.6 万份。

【卫生】 医疗服务水平不断提升，市人民医院被评为全国第五家电子病历六级医院，介入技术达到国内先进水平；市妇幼保健院建成自治区西部首家生殖辅助中心，乌海市首例试管婴儿出生；市职业病防治院、精神卫生中心新院建成,蒙中医院二期主体完工。乌海市被确定为第二批国家医养结合试点。全面两孩政策稳妥有序实施。

年末,全市共有各类卫生机构313个(不含村卫生室)。其中:医院25所,社区卫生服务中心(站)20个,卫生院3个,诊所、卫生所、医务室227个,采供血机构1个,妇幼保健院(所、站)3个,专科疾病防治院(所、站)2个,疾病预防控制中心4个,卫生监督所(中心)4个,健康教育所1个。

2016年医疗卫生机构实有床位3706张。其中:医院3115张,社区卫生服务中心224张,卫生院88张,妇幼保健院279张。全市卫生技术人员4626人。其中:执业医师1504人,助理执业医师142人,注册护士1896人。

【体育】 全市体育场地共768个、1071片,其中室内场地189个、室外场地579个。新增健身用地面积2.07万平方米(包括人民公园2块笼式足球场、人民公园篮球场、东山生态公园健身步道、蒙根花沙地足球场、环湖自行车道、赛汗乌素村骑行5800米赛道、阳光田宇1000米健身步道、西卓子山学校综合馆风雨操场、三完小综合馆风雨操场、乌达区室内足球馆、北师大乌海附校室内足球训练场、乌达区中小学5个笼式足球场地、乌海市第十六中学400米塑胶运动场等)。截至年末,乌海市体育用地面积126.36万平方米,按常住人口55.83万计算,人均体育用地面积2.26平方米。

全市3个行政辖区共建有可以开展篮球、羽毛球、乒乓球等运动项目的综合性全民健身活动中心7个。其中:海勃湾区4个、海南区1个、乌达区2个,完成率100%;三区全民健身活动中心全部实施"112"标准,完成率100%。举办"2016年乌海国际半程马拉松赛"等国内外品牌赛事活动13项,乌海市获"全国围棋之乡"称号。

【社会保障】 乌海市2家众创空间被认定为第三批国家级众创空间。扶持2339人成功创业,带动就业9177人。城镇登记失业率控制在自治区下达目标范围内。社会保障能力不断提升,城镇职工基本养老、基本医疗、失业、工伤、生育保险覆盖面进一步扩大。企业退休人员养老金提高至月人均2143元,增长7.7%。社会救助体系更加健全,最低生活保障标准居自治区前列。养老服务体系进一步完善,新建社区老年人日间照料中心和农区养老服务中心10个,建成老年公寓2个,市老年养护服务中心"公建民营"试点启动实施。推进保障性安居工程建设,全年新开工项目13个、9665套,开工率103.1%,居全区第二位;基本建成1.4万套,建成率174.2%。加强物业服务管理,全市住宅小区物业服务覆盖率86%,新交付小区物业覆盖率100%;加快"智慧小区"建设,签约小区106个。食品药品监管体系不断完善,完成食品药品检验检测资源整合和实验室升级改造。建成食品工业园2个,101家食品加工小作坊入驻运营。君正化工等3家单位获首届市长质量奖。实施脱贫攻坚工程,制定精准帮扶措施,实行贫困户结对帮扶全覆盖,推进金融扶贫富民工程,全年减贫1424人。

年末,全市企业职工基本养老保险参保18.03万人,比上年增长2.0%;居民基本医疗保险参保25.0万人,比上年增长0.1%;城镇职工基本医疗保险参保22.16万人,比上年增长1.7%;失业保险参保9.0万人,比上年下降2.6%;工伤保险参保12.36万人,比上年增长2.7%;生育保险参保14.12万人,比上年增长0.7%。城镇登记失业率为3.46%。全市社会保障最低生活标准由上年的585元提高到635元,享受城市最低生活保障7487户,惠及居民12 998人。

乌海市共有养老机构11家,床位2362张。其中:公办养老机构3家,床位530张;民办养老机构8家,床位1147张;平均年入住率80%。全市城镇社区老年人日间照料中心37个,床位685张；新建农区互助养老幸福院1个，床位16张。

安排福彩公益金1877.6万元，其中用于养老服务业发展的资金1465.6万元，占比78%。

【人民生活】 全市城乡常住居民人均可支配收入35 566元，比上年增长7.7%，扣除价格因素，实际增长6.2%。城镇常住居民人均可支配收入36 515元，比上年增长7.5%，扣除价格因素，实际增长6.0%；农村牧区常住居民人均可支配收入15 475元，比上年增长7.5%，扣除价格因素，实际增长6.0%；城镇常住居民人均消费支出27 578元，增长2.8%，扣除价格因素，实际增长1.4%；农村牧区常住居民人均消费支出14 537元，增长5.8%，扣除价格因素，实际增长4.3%。城镇常住居民恩格尔系数为16.9%，农村牧区常住居民恩格尔系数为21.5%。

（撰稿人：张海霞）

海勃湾区

【概况】 海勃湾区总面积529平方公里，辖1镇6个街道办事处，即千里山镇、新华街道办事处、新华西街道办事处、凤凰岭街道办事处、海北街道办事处、滨河街道办事处、林荫街道办事处。截至2016年年底，海勃湾区总人口317 670人，其中流动人口80 675人，居住有蒙古、汉、回、满等30个民族。

2016年，海勃湾地区生产总值完成241.74亿元，同比增长7.4%；公共财政预算收入完成29.19亿元，同比增长4.5%；全社会固定资产投资完成85.29亿元，同比增长6.2%；社会消费品零售总额完成129.21亿元，同比增长9.3%；城镇居民人均可支配收入和农区居民人均可支配收入分别为37 456元和16 921元，同比增长7.6%和7.4%。

【农业】 2016年，农业增加值完成1.81亿元，同比增长3.6%。海勃湾区将85平方公里农区作为城市转型和发展旅游的战略支撑，全力打造沿黄生态文明旅游产业带和海北现代生态农业观光旅游基地，城乡一体化协调发展。农区产业多元化发展。流转土地9200亩，引进农业产业化项目19个，开工16个，蒙根花光伏休闲农业、紫光园光伏大棚、天合谷粮食加工、塞星植物油等项目开工建设，鸟巢温室项目基本建成，西梅、菌草等一批种植项目落地，特色农业规模进一步扩大。精准扶贫深入推进。对全区贫困人口建档立卡，因户施策帮扶脱贫，通过争取创业贷款、引进小商品加工、建立医疗救助基金、推行“减贫惠农”保险、政府兜底保障等措施，年初确定的358户、684名脱贫任务全面完成。

【工业】 全面限制传统初级产业，推动煤化工主体产业延伸补链，发展壮大装备制造、生物制药、大数据、物资再生利用、综合加工等新兴产业，工业增加值完成91.4亿元，同比增长3.7%。总投资18亿元的华源焦炭气化项目签约落地，源通LNG一期建成试产，华信LNG基本建成，全区LNG产能达到37.9万吨，贝特瑞碳微球、安泰蒽油加氢等项目开工建设，新增碳纤维、改质沥青等5类煤化工新产品，煤化工产业附加值全面提升。拥有自主核心专利的中钰镁轮毂项目一期开工建设，东方日升太阳能电池组件项目一期建成投产，陕汽乌海公司成功研发钢卷运输车等7种新车型上市，产销量逆势上扬达到2512辆，装备制造与科技成果融合发展。雅泰医药产业园主体建成，吉元甘草甜味剂、维德康中药饮片具备开工条件，新型生物制药产业加速发展。海勃湾区首次有昊华高科节能公司等3家企业被认定为国家级高新技术企业，海勃湾工业园、内蒙古网讯创客俱乐部跃升为国家级众创空间，陕汽“畜牧卧床垫料车”等4个项目列入自治区科技研发项目。总投资260亿元的乌海大数据产业园项目签约落地，创新研发、大数据加工等高新科技引领产业转型加快。亨东再生资源产业园基本建成，全部达产后可年交易消化废旧物资20万吨,物资再生利用产业体系基本成型。综合加工区累计入驻企业160余户,产品400余种,五湖泵业产品远销俄罗斯、中东等国际市场,源联食品、沙漠传奇、三德暖通等轻工制造企业运营稳定,综合加工产业更趋多元。组建海勃湾工业投融资有限责任公司,新建综合加工区道路20.7公里,主园区路网与运煤通道等3条主干线全面贯通;园区1万吨煤化工专用污水处理厂即将建成,综合加工区配套污水处理厂开工建设,园区服务要素更加齐备。服务业支撑能力日渐加强。

【服务业】 2016年,海勃湾区第三产业增加值完成132.36亿元,同比增长10.9%,占GDP比重达到54.8%。总投资50亿元的万达广场开业运营,首次入驻乌海市知名品牌80余家,日均客流4万人,新的城市中心商圈逐步形成。月星家居投入运营,天盛广场主体封顶,海北广厦加紧建设,乌海手工制品产业基地项目顺利落地,商贸服务业不断壮大。自治区西部首家广圆跨境电商体验店正式开业,苏宁易购乌海特色馆成功落户,海勃湾区注册电子商务企业213家,增长67%,服务业借力"互联网+"撬动消费增长,社会消费品零售总额占全市比重达85%。整合各类资源推出南线"驰骋金沙碧水之旅"和北线"山水翰墨书香休闲之旅"2条精品旅游线路,旅游从"过境"向"全域"转变。蒙根花休闲农业园被评为国家AAAA旅游景区,太格码头、西北大营房车度假基地、草原风情园等项目建设顺利,旅游资源进一步丰富。乌海市首家锦江之星酒店开业运营,全国排名前十位的连锁酒店半数入驻海勃湾区。新建旅游厕所17个,乡村旅游接待点增至40余家,旅游服务配套体系更加完善,全年接待游客约190万人次,同比增长47%;实现旅游总收入约38亿元,同比增长52%。被自治区确定为全域旅游创建示范区。中信银行等7家全国排名前十银行入驻,海勃湾区各类金融机构53家,上海股权托管交易中心和内蒙古股权交易中心运营良好,20余家企业进入培育孵化阶段;金融业税收完成5.56亿元,金融业税收贡献率21.9%。自治区重点项目乌海北货场开工建设,弘达物流仓储等项目顺利推进,物流仓储业持续发展;京东、顺丰等快递物流公司入驻18家,快递投递量完成543.6万件,同比增长44%,快递物流成为物流业新的增长点。浙商国际商贸城基本建成,红星美凯龙、凯阳建材城、金裕市场等建材、农副产品市场运行平稳,划行归市成效显著。

【贸易】 2016年,海勃湾区实现社会消费品零售总额129.21亿元,比上年增长9.3%。商品销售总额162.95亿元,比上年增长11.4%。其中:批发业完成销售总额70.6亿元,比上年增长8.8%,零售业完成销售总额92.35亿元,比上年增长13.6%。住宿业营业额6.49亿元,增长8.7%;餐饮业营业额10.45亿元,增长11.3%。

【城乡建设】 城市基础设施"七大工程"深入推进。路网畅通工程新建沿黄等17条28公里道路,打通5条城区断头路,配套新增路灯114套,完善交通附属设施1366套,修建标准化电力管廊1.3公里。道路改造工程完成狮城街、公园路等10条街路铺油翻新,完成33万平方米人行道铺装,增加公共停车位1.93万个。临街建筑外立面改造工程完成11条主要街路设计,海达街开始施工改造。集贸市场建设工程新建集贸市场4个、改造8个。老旧小区改造工程完成既有建筑节能改造75万平方米,全面启动行政企事业单位包联小区共建,332个小区净化、亮化、绿化、硬化、美化快速推进。污水管网工程完成35公里。新建3座公厕,改建4座。市容市貌专项整治成效显著。建立多部门共同参与的城市管理联合执法队伍,执法纵向延伸到村镇、社区,横向扩展到食品安全、道路交通。新增垃圾转运站5座、清运保洁车27辆,环卫PPP项目作业水平明显提高。深入开展经营性场所、公园和广场、校园及周边环境等"十大"专项整治行动，清除各类小广告22.7万余处，清理各类垃圾4.2万吨，对重点路段"定人、定岗、定点、定责"，长期管控，确保时间不留空挡、管理不留死角，占道经营、流动摊点、违章停车等现象显著减少。园林养护、流浪狗治理市场化运作效果明显。

完成农区"十个全覆盖"工程，新建改造危房2956户，新建道路99公里、硬化街巷44万平方米；标准化卫生室、文化活动室、便民连锁超市、安全饮水、广电通讯等工程实现村村覆盖；启动实施农区市政网建设工程，改造上下水管网118公里、农电网15公里、热网15公里、燃气网30公里；公交线路已覆盖全部行政村，安装30公里风光互补路灯，覆盖农区所有主干道；园林、环卫、综合执法等队伍进驻农区，实行城乡一体化管理；2个标准化幼儿园投入使用，学前教育同城化全覆盖；打造果林、花海、江南等特色鲜明的新村庄，吸引游客络绎不绝。

【招商引资】 2016年，海勃湾区共实施招商引资项目56个，累计引进到位资金115.31亿元，完成乌海市政府下达全年目标任务114亿元的101.10%。

【环境保护】 坚守生态底线，落实自治区"乌海及周边地区大气污染联防联控"工作部署，抓好生态建设和环境保护任务，投入46.5亿元实施生态建设和环境保护工程。城中水系项目基本完工，新增3个公园和5.1公里人行步道。完成110国道和沿黄公路彩叶林带建设，新增特色绿化面积2238亩，通往北部生态旅游区绿色走廊基本成型。实施2600亩的城外绿化工程，新增110国道彩林带人工湖等湖面268亩。新增、改造绿化供水管道67公里、泵站7个，城区每年节约地下水688万吨。引进社会资本参与矿区生态治理，完成228个大气环境综合整治任务。投入5.5亿元实施32.7平方公里41个矿山治理工程，消灭矿区自燃着火点50个，企业封闭物料场9个，矿区污染源大幅减少。开工建设总面积240亩的2个矿区集中服务中心，拆除300多户矿区零散服务点和临时住宅，消除了矿区脏乱差污染源。投入144万元，新建2个矿区环境监测站，修筑矿区道路7.2公里，矿区光伏产业发展基础进一步夯实。建立健全环保三级网格化管理制度，完成焦化企业水污染整治等9个水污染防治项目，关停47家非法小企业，通过补贴49万元淘汰燃煤锅炉25个，完成挥发性有机物治理项目3个，全年空气优良天数270天，达标率为75.4%，同比增加44天，空气质量明显改善。

【科技】 2016年，海勃湾区共获得自治区科技成果3项、市级科技成果6项，申请专利43件、授权专利61件。共推荐上报自治区科技计划项目12项，共有4项审批立项，争取科技项目资金105万元。其中：乌海市龙华工贸有限责任公司的"机器人运动控制技术研究"项目，争取资金20万元；乌海市网讯信息科技有限公司的"众创空间试点培育"项目，争取资金15万元；陕汽乌海专用汽车有限公司"一种机电液一体式畜牧卧床垫料车研发"项目，争取资金50万元；乌海市银泉环保科技有限公司"城市污水厂污泥制陶粒轻质砌块环保产业"项目，争取资金20万元。汉森葡萄酒产业研究院项目，争取市政府配套资金1300.9万元。科技局推荐的人网公司"智慧小区"项目被评为第八届中国技术市场金桥奖优秀项目。汉森酒业集团、昊华高科节能、蒙西建设集团3家企业顺利通过答辩评审，实现了海勃湾区高新技术企业零的突破。认定汉森、云飞、奥峰、蒙根花以及郭金奎合作社5家企业为农业科技推广基地，推进农业科技成果转化及新技术、新品种引进推广；1名科技特派员被评为第八届中国技术市场金桥奖先进个人。

【教育】 着力解决规划、土地、资金等方面制约因素，投资2.4亿元新建六幼、四幼、滨河二幼等10所幼儿园，2所开工，8所正在进行前期工作。

总投资2000万元的一小风雨操场、二小等4所学校冬季足球训练馆开工建设。投入3000万元实施校园美化工程、更新补充教学设备。启动中小学制式校服更新和第二轮“名校创建”,全面推行中小学和幼儿园“阳光分班”“摇号入园”,顺利通过自治区和国家义教均衡发展达标验收。

【文化 体育】 积极打造“书香城市”,共建成人民公园等4个城市书吧，赏石博物馆开始布展。户外运动基地入驻协会19家,协办乌海国际半程马拉松、乌海湖国际沙漠不间断骑行等13项大型体育赛事。推进学校、社会足球发展,海勃湾区进入“自治区主席杯”足球联赛前三甲,群众体育活动进一步繁荣。举办社区、农区文化艺术节，新春传统文化节等各类群众文化活动近600场,参与群众50万人次,人民群众业余文化生活更加丰富多彩。社区建设进一步加强。顺利完成卡布其街道办事处的撤销和林荫街道办事处的设立工作。通过新建、租用等多种方式,为9个社区新增7000平方米活动场所。

【医疗卫生】 2016年，投资近2亿元新建的中医院正式运行接诊，以新医院为中心整合海勃湾区医疗资源,形成区级医疗与社区、农区、矿区共享的一体化机制,在社区医疗、矿区应急、康复医疗、服务水平四个方面与市级医院错位发展,逐步形成优势。招聘医护人员90名,组织培训230人次。继续实施药品零差率销售,为群众节约药品费用435万元。食品药品放心工程快速推进。坚决推行食品加工行业进园区集中规范管理,20多家较大的食品加工企业入驻综合加工区；通过政府补贴实行商户3年免租政策，吸引110多家食品小作坊入驻金裕市场食品加工区。绿之源、比比看等一批品牌逐步被消费市场认可,食品安全溯源体系初步形成。药品销售门店和使用单位全部实现统一配送，药品安全溯源体系进一步完善。

【就业】 2016年，海勃湾区打造金裕市场众创空间、就业创业产业园,努力为残疾人和就业困难人员提供就业岗位。建设义乌小商品加工、源联巧手等创业孵化基地14个,区级创业园挂牌6家。开发公益性岗位352个,发放创业担保贷款2025万元,新增就业及再就业2566人,累计发放社保补贴1775万元。组织就业和创业培训113期、3325人次。

【民生保障】 2016年，海勃湾区克服经济下行压力,确保了改善民生力度不减。全年用于保障和改善民生的资金28.2亿元，占财政支出总额85.4%。社会保障体系进一步完善。城镇职工基本养老、失业、工伤、生育保险参保率持续提高。最低生活保障实现动态全覆盖，为低保对象发放最低生活保障金3368.6万元，为困难群众发放教育救助、医疗救助、救灾等各类帮困救助金1452.6万元。敬老惠老举措更加务实。实行60岁以上人群景区免门票,65岁以上人群免费乘坐公交车、注射流感疫苗、免费体检,全年发放老年优待金、高龄津贴651万元,百岁老人高龄津贴由每月300元提高至600元。就业创业工作成效明显。

“平安海勃湾”创建逐步深化。全面排查全区各行业安全隐患2494个,全部纳入“大安全台账”管理,落实主体责任实行整改销号,目前整改完成2463个,安全生产形势总体稳定。积极化解社会矛盾,加强排查化解工作,解决一批重点信访问题，上级交办信访案件办复率达100%。

【棚户区改造】 全面开展总投资110亿元的城市棚户区改造工作。2016年投入18亿元,征收房屋6800户、收储净地5715亩,收回国有农用地4150亩。房屋征收数量创历年之最,在解决群众安居问题的同时,确保了乌海北货场、城中水系等一批重点项目的顺利开工。海勃湾区共500余名干部齐参与棚户区改造,以征拆为主的多部门协同配合,合力推进房屋征收。建立健全签约公示、资金管理、协议审核等工作制度，确保房屋征收公平、公正、公开。创新融资模式、拓宽融资渠道，累计争取棚改贷款45.7亿元。采取PPP模式与5家央企合作建设的集中回迁安置区有序推进。扎实有效去库存。依托棚改居民购房信息服务系统，创新棚改货币化安置方式，缩短回迁周期，共消化存量房2588套，极大地缓解了房地产业压力，全年各类商品房累计销售6692套、67.2万平方米，分别增长80%和68%，商品房价格总体保持平稳。认真落实《自治区关于进一步加快房地产市场平稳健康发展的若干意见》，出台政策为涉及2300多户超期未回迁的房地产企业减免土地出让滞纳金和利息7400万元，筹资1.75亿元帮助旧城改造项目办理土地使用证，通过质押楼盘、土地等方式帮助困难房地产企业使用国家开发银行贷款资金1.12亿元，盘活承担回迁任务的呆死楼盘8个，有效降低了房地产业违约风险。

【金融】 2016年，海勃湾区金融业实现增加值19.64亿元。年末金融机构人民币存款余额456.91亿元，同比增长11.5%。其中：个人存款余额241.34亿元，比年初增长5.8%；金融机构人民币各项贷款余额437.56亿元，比年初增加20.33亿元。

【旅游】 2016年，海勃湾区接待旅游者约为190万人次，同比增长47%；实现旅游总收入约38亿元，同比增长52%。蒙根花生态休闲区被评为国家AAAA级旅游景区，支持指导汉森酒庄创建AAAA级景区，金沙湾景区创建AAAAA级景区。组织外省市旅行社开展踩线活动，推出浙江—乌海、北京—乌海双飞5日游产品。由环通假日旅行社主办的旅游咨询服务中心正式启用，“乌海一日游”开通两条市内一日游旅游专线。与深圳铁汉生态环境股份有限公司签订全域旅游战略合作协议，在旅游景区和服务基础设施规划建设运营方面开展深入合作。推动蒙根花休闲农业园、西北大营房车度假基地、新地古城文化旅游项目建设。加快旅游厕所建设，按照相关标准，新建、翻建17座旅游厕所。实施旅游标识系统规划设计，研究制定《海勃湾区全域旅游标识标牌规划》。举办2016欢乐冰雪温泉旅游节、新春传统文化节、梦幻灯光节、第三届葡萄文化旅游节和乌海首届旅游坐标城市定向赛，承办2016中国（国际）自驾与露营大会乌海站暨内蒙古乌海自驾车旅游那达慕大会，这些活动宣传了海勃湾区特色旅游资源，引进了自驾车旅游等新业态，增强了旅游吸引力。接待宁夏及巴彦淖尔、鄂尔多斯、阿拉善等地组团游客8万余人。组织浙江、北京等地60余家旅行社开展踩线，推出乌海双飞5日、6日游产品，累计发团15个，接待游客500余人，总体反响良好，实现海勃湾区远程组团游客常态化地接的突破。与浙江、长龙航空洽谈推动开通杭州—海的旅游航班。持续推动文明旅游工作，发放相关资料3.6万余份，强化游客旅游文明意识，提升文明道德素质。受理申请设立分社、门市部备案的旅行社共25家，已通过审批18家。

（撰稿人：吕春晓）

乌 达 区

【概况】 乌达区位于内蒙古乌海市西南部，东临黄河，与海勃湾区、海南区隔河相望。西靠贺兰山脉北段，西、北与阿拉善盟接壤，南与宁夏石嘴山市毗邻。区辖地南北长约21.5公里，东西宽约16.4公里，乌达区总面积219.716平方公里（1999年划界后）。乌达区辖1镇7个办事处22个社区。2016年，乌达区总人口为132344人，其中流动人口22741人（流入22142人、流出599人），居住着蒙古、汉、回、满等24个民族。

乌达区资源富集，矿产资源量大质优，煤炭探明储量6.6亿吨，主要煤种有肥焦煤、肥煤、焦煤、肥气煤，全部为冶金焦、化工焦用煤；石灰岩保有储量200亿吨以上，硬质高岭粘土储量1.1

亿吨，硬质软质耐火陶瓷黏土储量在10亿吨以上。水资源丰富，黄河穿区而过，为乌达地区提供了充足的生态、饮用水。乌达区属温带大陆性气候，适宜种植瓜果、蔬菜。乌达区的瓜果以其果实丰满、含糖量高而驰名，享有“晶莹剔透”和“清香滴翠”的美誉。

乌达区地处中纬度内陆，水资源充沛，光热条件好，日照时间长，昼夜温差大，有效积温高，利于植物生长。黄河流经境内约50公里，年均水流量269亿立方米，年最大流量556亿立方米，地下水储量20亿立方米。地下水位埋深20米~50米，日采水量可30万吨，水质良好，并和黄河水形成互补系统。

2016年，乌达区全年地区生产总值实现170.71亿元，同比增长6.6%；地方公共财政预算收入完成11.08亿元，同比增长8.4%；全社会固定资产投资完成35.74亿元，同比增长4.8%；引进到位资金30.8亿元；社会消费品零售总额完成14.04亿元，同比增长9%；城镇常住居民人均可支配收入35 168元，同比增长7.3%。

【工业】 2016年，乌达区围绕煤炭资源转化增值发展战略，做实煤电化一体化转型基础，做大差异化转型优势，做优循环化转型链条，做强科技化转型引擎，由依托资源向依托资源转变的发展路径在实践中丰富完善。乌达工业园区被评为国家新型工业化产业示范基地。

2016年，全年实现工业增加值103亿元，同比增长6%。产业结构趋优向好，非煤产业在工业总量中比重为79.1%，精细化工产业占比为23.4%，同比分别提高7.1和3.4个百分点。

【农业】 2016年，实现农业增加值1.05亿元，同比增长3.5%。完成绿色生态农业产业园一期工程，建成育苗示范温室和综合服务中心，330亩温室全部种植，150名农区居民转移就业。提升农业科技化、标准化水平，农副产品电商平台开放运营，果蔬类农产品获得自治区绿色无公害免检认证。绿农永胜设施农业、吉奥尼休闲农业进入自治区“星创天地”培育行列。

【服务业】 2016年，乌达区全年实现第三产业增加值59.35亿元，同比增长8.4%；社会消费品零售总额完成14.04亿元，同比增长9.3%。生产性服务业迈出新步伐，欣正众象智慧物流港启动实施，工业物流网平台正式上线。生活性服务业取得新进展，新建2个便民市场，完成万丰、广源市场提质改造，3户农家乐被评为自治区星级旅游接待户。

【招商引资】 2016年，乌达区引进到位资金30.8亿元，实施招商引资到位资金统计项目27个（续建项目14个、新建项目13个）。全年实现对外贸易总额3777.6万美元，同比增长20.48%，占全市进出口总额42.1%。

【环境保护】 2016年，治理环境污染投入资金15.6亿元，实施各类环保项目128个。加强水污染治理，建成污水处理中水回用和君正、华电工业废水处理工程，水务一体化监控平台上线运行，9户重点涉水企业全部纳入平台管理。落实污染物减排，全年共计安排气减排项目24个，水减排项目1个，可削减二氧化硫7933.37吨，氮氧化物6733.03吨，化学需氧量371.15吨，氨氢23.29吨。全年对城区空气环境质量检测364天，测得二级以上优良天数248天。

开展固废污染防治，标准化固废填埋场一期工程建成启用。完成美方烟尘脱硫硝改造、恒业成废液焚烧等项目建设，淘汰燃煤锅炉104台。

【城市建设】 2016年，计划实施城建项目49项（新建项目35个、续建项目14个），其中政府主导建设项目44项，房地产开发项目5项，预计完成投资10亿元。新增供热管网12.6公里，新增排水管线3.4公里，新增供热面积25万平方米，建成市政道路3.2公里，农业园区道路3.5公里，改扩建道路1.1公里。新增绿化面积170.4万平方米，建成区绿化覆盖率36.7%。提升物业服务水平，推行物业分类管理，谱祥、北岸等13

个“智慧小区”试点运行。创新公共服务供给方式，引进第三方开展环卫一体化试运营，道路机械化清扫率为85%。

【教育】 2016年，乌达区共有义务教育阶段中小学校9所，在校学生共计9561人。其中：初级中学5所（含九年一贯制学校4所），在籍学生3160人；小学4所，在籍学生6401人，北师大乌海附校高中部在校学生600人。公办幼儿园5所、民办幼儿园16所。有高中1所，即乌海市第十中学，归乌海市教育局直管。完成4所学校撤并整合，实施9所学校标准化建设。

安装完成中小学理化生实验室、小学科学实验室、中小学第二课堂、第十二中学录播室设备。严格执行“四免一补”和“零收费”政策，为349人次办理助学贷款242.9万元，为48人办理了城乡低保家庭子女升入普通高校新生入学资助金共计174万元。

【科技】 2016年，乌达区全年共争取企业节能、改造、转型升级各类资金3069万元。协助内蒙古源宏精细化工有限公司申报自治区级研发中心及协助东源科技申报自治区重点实验室（分别为内蒙古PBS重点实验室和内蒙古煤制乙炔重点实验室）；协助东源科技申报国家级高新技术企业等新型研发机构建设工作，东源化工新材料众创基地被列为自治区第二批众创空间试点培育范围。金奎温室蔬菜水果星创天地、永胜设施农业星创天地、吉奥尼休闲农业星创天地被列入自治区“星创天地”培育范围。完善地震应急预案的修订工作，编制《乌达区地震应急操作指南》，确定16个应急避难场所，采购6部卫星应急电话。

【文化 体育】 2016年，乌达区举办送文化进企业慰问演出、文化进万家“三下乡”慰问演出、乌达区首届少儿艺术大赛、传统社火活动和迎新春社区群众文艺巡演、第十四届广场文化艺术节、“全民阅读、诵读经典”为主题的集体朗诵比赛及“5·19中国旅游日”暨乌兰淖尔镇全城旅游示范镇品牌创建活动和首届乌兰淖尔镇“吉奥尼杯”全国冬季沙漠越野挑战赛等大型群众文化活动。

【卫生】 2016年，制定出台《乌达区公立医院综合改革试点实施方案》，深入推行医疗体制改革。7月15日，委托乌海市蒙中医院管理运营巴音赛社区卫生服务中心，自治区非物质文化遗产——蒙医沙疗项目及蒙医五疗法项目，投入资金500万元。

2016年，基本公共卫生服务经费到位533.3万元。其中，乌达区级配套资金40.8万元。城乡居民电子健康档案录入12.3万余份，高血压管理9894人，糖尿病管理3430人，65岁以上老年人健康管理13 175人，免费体检8142人。管理孕产妇656人，新生儿访视621人。

【社会保障】 2016年，乌达区累计发布用工信息995条，举办用工洽谈会17场，累计参加企业97家，提供岗位4665个，累计当场达成意向2330人。实施实用性就业技能培训2800人，异地转移就业723人，开发公益性岗位421个，实现城镇新增就业2561人，带动就业岗位3088人。开工建设残疾人创业园项目，发放创业贷款3077万元，成功创业772人。

城乡居民养老保险全面启动，医疗、生育、失业、工伤保险实现了政策范围内人员全覆盖，失业保险参保人数8385人，征缴失业保险费468万元，申报社会保险补贴人数2000人左右。全年发放各类救助金2270余万元，其中最低生活保障资金2081万元，特困人员供养金43.4万元，临时救助资金30万元，流浪乞讨救助资金12万元。规范使用救灾资金，农区灾后重建完成95户253万元，修缮棚户区保留区内房屋资金完成31.95万元。调整优抚对象抚恤和补助标准，发放医疗补助金5.2万元。发放老年优待金和高龄津贴共412万元。对“低保”“三无”“五保”重点优抚对象、“失独”“空巢独居”等“六类”老年人实施政府补贴为其购买意外伤害保险，

1039名困难老年人免费享受此待遇。

(撰稿人:塔娜)

海 南 区

【概况】 海南区是乌海市3个市辖区之一,位于市区南部。地理坐标为北纬39°15′~39°32′,东经106°40′~107°09′,东连鄂尔多斯市鄂托克旗,西隔黄河与乌达区相望,南与宁夏回族自治区石嘴山市、陶乐县毗邻,北与海勃湾区相接。区域南北长约50公里,东西宽约20公里,行政区域面积1005平方公里,占乌海市总面积的57.29%。海南区辖巴音陶亥、拉僧庙、公乌素3镇和拉僧仲、西卓子山2个街道办事处。2016年,全区常住人口87 975人,其中男性45 111人,女性42 864人。少数民族人口5649人,蒙古族人口3295人,有蒙古、回、满、达斡尔、锡伯等18个民族。

全年生产总值完成160.85亿元。一般公共预算收入完成14.91亿元,同比增长13.5%。城镇居民人均可支配收入和农牧区居民人均可支配收入分别为35 287元和14 642元,分别比上年增长7.3%和7.6%。

【农牧业】 2016年,海南区农牧业生产总值完成2亿元。农作物播种面积3883公顷,同比减少2.1%。其中:粮食作物播种面积2739公顷,同比减少10.8%;粮食作物产量24 975吨,同比减少8.4%。蔬菜播种面积154.9公顷,同比增长6.7%。油料作物播种面积421公顷,同比增长117%,油料作物产量1137吨,同比增长96.7%;水果种植面积750.6公顷,同比增长0.9%;家畜存栏总头数6.29万头只,同比减少10.5%,其中:大牲畜存栏0.33万头只,同比减少8.3%;羊存栏5.32万只,同比减少6.5%;生猪存栏0.64万头,同比减少34.7%。

【工业】 2016年,海南区工业生产总值完成95.5亿元。新建续建乌海市重点工业项目19个,其中:续建项目5个,总投资36.2亿元,新建项目14个,总投资128.3亿元。规模以上企业61户,完成工业总产值117.41亿元,同比减少6.7%。淘汰不符合国家产业政策、浪费资源、污染环境的电石生产企业2户,共淘汰过剩产能5万吨。拆除乌海市四菱冶炼有限责任公司12 500千伏安电石炉1台,法院查封冻结乌海市大田化工有限公司12 500千伏安电石炉1台。

海南区规模以上主要工业产品产量完成情况:烧碱产量21.6万吨,同比减少0.5%;盐酸产量2.89万吨,同比减少4.8%;聚氯乙烯产量30.3万吨,同比减少1.4%;电石产量55.93万吨,同比增加39.5%;铁合金产量12.77万吨,同比增加3.2%;水泥产量133.07万吨,同比增加58.9%。

【城镇建设】 2016年,海南区续建保障性住房和城区市政道路等建筑工程11项,建筑面积17.93万平方米。新建南工业园区118亿PE项目土建部分等建筑工程14项,建筑面积21.24万平方米,道路排水3.7公里。

城市基础设施建设 海南区投资400余万元完成城区4条街巷硬化工程。投资95.8万元完成城区海电路及外环路路灯安装工程。总投资256万元对巴音陶亥街(广场路—海拉路)进行道路改造工程,2016年年底完成投资100万元,拓宽新桥路－海拉路段道路。投资68万元完成海南区生活垃圾无害化处理工程修建进场道路工程。

住宅小区节能改造 投资360万元完成宝石佳苑、社保住宅楼外墙保温节能改造工程。投资800万元完成海电小区、金海小区、天立小区、天雅小区供热管网改造工程。

农区基础设施建设 投资3440万元完成农区街巷硬化81.6公里。其中:水泥混凝土路74.5公里,碎石路7.1公里。投资732万元完成农村水泥混凝土公路13.63公里,公路等级为四级，设计行车速度为20公里/小时，路基宽6.0米，路面宽4.5米。投资160万元完成农区海惠公路生命安全防护工程。投资3090万元完成34个自然村、357户农区危房改造工程。

道路交通建设　7月25日，公乌素北侧道路翻修工程开工建设投资293.8万元，翻修里程1.62公里，路宽9米，11月底完工。海南区S217公路至重载公路连接线翻修工程于2015年4月1日开工建设，总投资371万元，5月23日通车。矿区道路工程于9月2日完成招标手续，分3个标段进行施工作业。3个标段总里程为9.3公里，总投资概算2819万元。当年已完成路基工程7.2公里。

【环境保护】　2016年，海南城区空气质量有效监测358天，其中：空气质量一级优33天、二级良221天，二级以上天气达标率为70.94%。城区二氧化硫平均浓度为62微克/立方米，超过国家标准0.03倍，同比下降36.9%；二氧化氮平均浓度为36微克/立方米，达到国家标准，同比上升1.7%；可吸入颗粒物平均浓度为129微克/立方米，超过国家标准0.84倍，同比上升7.4%；下半年新增监测的三项污染物，一氧化碳平均浓度为1.5毫克/立方米，达到国家标准；臭氧平均浓度为52微克/立方米，达到国家标准；细颗粒物平均浓度为57微克/立方米，超过国家标准0.62倍。

海南区2016年完成大气环境综合整治项目210个。实施各类物料堆场扬尘治理项目74项，其中投资2.73亿元实施物料堆场封闭治理项目34个，总面积约27.52万平方米。完成筛焦工段封闭治理项目5个、储灰场治理项目3个。投资120万元完成堆场清理项目32个，清理29万吨，治理面积2.7万平方米；推进工业企业除尘设施升级改造，实施脱硫、脱硝、除尘提标改造项目2户。其中，火电行业(内蒙古蒙电华能热电股份有限公司乌海发电厂5号机组)投资4563万元，完成2×330兆瓦机组超低排放改造项目。焦化行业(泰和煤焦化脱硫除尘减排工程)投资2876万元，完成脱硫、脱硝、除尘减排项目治理；海南地区在建成区、工业园区停止审批10蒸吨/小时及以下燃煤锅炉，禁止新建20蒸吨/小时及以下燃煤锅炉。共投入资金约118万元，采取锅炉拆除、电锅炉替代、使用清洁燃料等方式，淘汰10蒸吨/小时及以下的燃煤锅炉59台。对20蒸吨/小时及以上燃煤锅炉安装在线监测设备，限期完成脱硫、除尘、降氮改造，实现达标排放；投资约4061万元对46家洗煤企业矸石堆场规范化整治和矸石堆场自燃点灭火治理工作。整治矸石堆场33处、91.55万平方米，共计2575万吨矸石。治理34家229处矸石自燃点，着火面积348.136万平方米，着火矸石35.916万吨。关停8家跳汰式洗煤生产企业。

【教育】　2016年，海南区共有义务教育阶段中小学9所。其中：中学1所【乌海市第十八中学(海南区中学)】；九年一贯制学校3所【乌海市第二十二中学(公乌素六中)、乌海市第二十三中学(巴音陶亥中学)、西卓子山学校】；小学5所(海南区一完小、海南区三完小、海南区四完小、海南区拉僧庙小学、海南区公乌素小学)。全区教职工869人。其中：城区教职工514人，巴音陶亥镇教职工89人，公乌素镇167人，拉僧庙镇36人，西卓子山办事处63人。专任教师705人。取得高级职称教师325人，占专任教师46.1%；取得中级职称教师323人，占专任教师45.82%；取得初级职称教师57人，占专任教师的8.08%。全区中小学在校学生8896名，其中外来务工人员子女4204名，占学生总数47.23%。幼儿园16所，其中：公办园6所、民办园10所，在园幼儿3280名，有教职工602人，具备教师资格的教师308人。

2016年，海南区政府投资640万元、建筑面积1700平方米的海南区东风乡中心小学附属幼儿园(改扩建)、海南区西卓子山街道办事处河畔学校幼儿园(新建)和投资900多万元、在公乌素镇兴建的公建民办性质幼儿园——公乌素幼儿园竣工并投入使用。

【社会保障】 2016年,低保保障标准为585元。截至年底,海南区低保人数为2091户3740人,累计发放低保金2002.56万元;城镇职工基本养老保险、城乡居民养老保险参保36 137人,全年保费收入15 502.25万元。其中:城镇职工基本养老保险收入15 122.25万元,城乡居民养老保险收入380万元。全年社保支出35 393.27万元。其中:城镇职工基本养老保险支出35 320.48万元、15 587人,城乡居民养老保险支出72.79万元、503人;城镇职工基本医疗保险参统单位207户,参保人数20 822人,累计核定医疗保险费2999万元;个体参保人数2158人,累计核定医疗保险费826万元;居民参加医疗保险人员39 566人,累计核定医疗保险费422万元。全年为2337名参加基本医疗保险的人员累计报销医药费2046.2万元。工伤保险参统单位207户,参保人数7315人,累计核定工伤保险费228万元,为36名参加工伤保险人员支出工伤保险费275万元。生育保险参统单位207户,参保人数7315人,累计核定生育保险费147万元。为71名参加生育保险人员累计报销生育保险费27.9万元。失业保险参保人数5590人,累计征缴失业保险费612万元,全年为178人发放失业保险金、医疗补助金、取暖补贴和临时价格补贴157万元。

【医疗 卫生】 2016年,海南地区有乌海市第三人民医院和华通公乌素医院2所二级乙等医院。有各类医疗机构64所。其中:海南区属医疗机构9所,民营医疗机构3所,个体诊所36所,乡村卫生室16所。海南区共有床位数504张,各类卫生技术人员516人,其中高级职称人数33人,中级职称人数87人。每千人口拥有卫生技术人数4.1人,病床4.5张。2016年,海南区累计安置失业人员再就业714人,安置零就业家庭、特困户211人就业。举办民营企业用工洽谈会5期,有74家企业提供岗位1598个,共有3200名农牧民工、失业人员及就业困难人员参加招聘洽谈会,789余人达成就业意向。举办各类技能培训班14期,培训各类失业人员1201人;举办创业培训班25期,创业培训732人。带动就业2625人。全年为创业人员发放小额担保贷款1667万元、63户,带动就业441人。

(撰稿人:李建平)

阿　拉　善　盟

【概况】　“阿拉善”是贺兰山的音转，蒙古语意为“五彩斑斓之地”。地理坐标为北纬37°24′~42°47′、东经97°10′~106°53′之间，境域东西长831公里，南北宽598公里，总面积约27万平方公里，占全区总面积22.8%。总人口24.57万人，有蒙古、汉、回、藏等28个民族，是内蒙古自治区面积最大、人口最少的盟市。辖阿拉善左旗、阿拉善右旗、额济纳旗3个旗和阿拉善经济开发区、腾格里经济技术开发区、乌兰布和生态沙产业示范区、策克口岸经济开发区4个自治区级开发区，共有30个苏木镇、198个嘎查村，4个街道办事处和52个社区。盟府所在地巴彦浩特镇，为全盟政治、经济、文化中心。2016年，全盟常住人口24.57万人，比上年增加0.22万人。其中：城镇人口18.96万人，乡村人口5.61万人。全年出生人口0.23万人，出生率9.38‰；死亡人口为0.11万人，死亡率4.42‰；自然增长率4.96‰。城镇化率77.17%，比上年提高0.33个百分点。

历史文化悠久　早在旧石器时代就有人类活动，曼德拉山岩画、贺兰山岩画生动记录了中国远古北方少数民族文化，居延遗址出土的居延汉简与殷墟、甲骨文、敦煌遗书并称为20世纪东方文明四大发现。黑城是“丝绸北道”上现存最完整的一座古城遗址。

生态环境脆弱　沙漠、戈壁、荒漠草原各占总面积的1/3，适宜人类生产生活面积仅占总面积的6%。年均降水量由东向西200毫米~40毫米，蒸发量3500毫米以上。境内有2条河流，季节性内陆河流——额济纳河（黑河下游）境内流程270公里，从盟境东缘流过的黄河入境流程85公里。

资源相对富集　风光资源丰富，年均日照时数3205.5小时，太阳总辐射量105千卡/平方厘米~158千卡/平方厘米，平均风速3.34米/秒，平均风功率密度35.5瓦/平方米~180瓦/平方米。生物资源多样，白绒山羊和双峰驼两个地方优良畜种享誉中外，素有“中国骆驼之乡”之称。苁蓉、锁阳、沙葱、苦豆子、醉马草、黑果枸杞等特色沙生植物资源遍及全盟，“阿拉善肉苁蓉”和“阿拉善锁阳”被批准为全国最新农产品地标商标，还有盐藻、卤虫等珍贵生物资源。旅游资源独特，有沙漠、胡杨林、寺庙、葡萄玛瑙石、戈壁奇石等，有全球唯一以沙漠为主题的世界地质公园——阿拉善沙漠世界地质公园。矿产资源富集，已发现矿产86种，探明一定储量的45种，煤、盐、铁、金等30种矿产得到开发利用并形成一定规模。全盟尚有83%面积未做过地质详查。

区位优势明显　地处呼包银榆经济区、陇海兰新经济带交会处，与内蒙古、宁夏、甘肃的12个地市毗邻。东距内蒙古自治区首府呼和浩特市723公里，东南至宁夏回族自治区首府银川市114公里，西南到甘肃省首府兰州市520公里，至陕西省首府西安市817公里，北与蒙古国交界，边境线长734.572公里。拥有国家一类、内蒙古第三大常年开放陆路口岸——策克口岸。临河——策克口岸铁路线全长272公里，建设标准为国铁Ⅱ级，已全线贯通。嘉峪关——策克口岸铁路线全长344公里，建设标准为工企Ⅰ级。赛汉陶来——哈拉敖包铁路线全长61公里。

国防地位重要　坐落在盟境内的东风航天城，是世界三大航天中心之一，也是中国建设最早、规模最大的导航卫星发射试验中心和第一个宇宙飞船发射基地，中国第一颗原子弹、第一枚洲际导弹、第一颗人造卫星在这里发射成功，神舟系列飞船、“天宫一号”从这里升起，是中国重要的国防和科学教育基地。

固定资产投资　全年城乡500万元以上固定资产投资425.08亿元，同比增长22.07%，增速位列全区第一。从建设性质看，新建投资369.53亿元，增长21.18%；扩建投资8.28亿元，下降22.37%；改建和技术改造投资46.22亿元，增长54.99%。按构成分：建筑工程投资323.36亿元，增长15.71%；安装工程投资81.98亿元，增长41.44%；施工项目个数375个，增长5.93%；本年投产项目个数253个，增长3.27%。城乡500万元以上固定资产投资中，第一产业投资20.41亿元，同比增长37.25%；第二产业投资211.25亿元，同比增长10.76%，其中：工业投资210.73亿元，同比增长11.68%；第三产业投资193.42亿元，同比增长35.63%。新开工项目255个，同比增长30.1%，全年房地产开发投资额1.06亿元，同比下降44.3%。商品房销售面积7.44万平方米，同比增长30.05%；商品房销售额1.69亿元，同比增长15.39%。

经济综述　全盟地区生产总值342.32亿元，同比增长7.8%。其中：第一产业增加值12.67亿元，同比增长3.8%；第二产业增加值227.16亿元，同比增长8.1%；第三产业增加值102.49亿元，同比增长7.7%。第一产业对经济增长的贡献率为1.8%；第二产业对经济增长的贡献率为70.5%；第三产业对经济增长的贡献率为22.7%。三次产业结构的比例由上年的4∶68∶28调整为4∶66∶30。按常住人口计算，人均地区生产总值139 951元，比上年增长6.8%。

全年完成地方财政总收入50.20亿元，比上年增长13.3%。其中：一般公共预算收入35.02亿元，同比增长7.0%；上划中央税收收入11.50亿元，同比增长32.45%；上划自治区税收收入3.68亿元，同比增长28.01%。全年全盟一般公共预算支出完成91.54亿元，同比增长8.3%。2016年，公共与民生领域仍是支出的重点。其中，一般公共服务支出8.74亿元，同比增长7.17%；教育支出7.89亿元，同比增长8.21%；社会保障和就业支出6.69亿元，同比增长9.58%。

全年居民消费价格总水平比上年上涨0.6%。从构成居民消费价格的八大类指数来看呈现六涨两降的态势。六涨的分别是：食品烟酒上涨1.6%；衣着类上涨1.0%；居住上涨0.4%；教育文化和娱乐上涨0.1%；医疗保健上涨1.4%；其他用品和服务上涨1.0%。两降分别是：生活用品及服务下降0.3%；交通和通信下降2.5%。

【农业】　全年农作物总播种面积61 336公顷。其中：粮食作物播种面积15 720公顷，比上年下降18.65%。粮食总产量15.65万吨，同比下降12.81%；油料产量1.92万吨，同比下降11.02%；棉花产量219.2吨，同比增长40.6%。

年末，农牧业机械总动力31.88万千瓦，同比增长1.66%。本年有效灌溉面积87.22千公顷，比上年下降0.17%。节水灌溉面积32.01千公顷，与上年持平。新增水土流失综合治理面积13.39千公顷。预计农牧区用电量19 254万千瓦时，下降1.11%。预计农用化肥施用量（折纯）18 911吨，下降1.23%。

【畜牧业】　牧业年度全盟牲畜存栏175.89万头（只），比上年下降0.12%。其中，大牲畜15.27万头（只），比上年下降1.0%；羊158.94万只，比上年增长6.23%；猪1.67万头，比上年下降3.4%。山羊绒产量288.1吨，同比增长10.38 %。

【林业】　全年造林面积84 761公顷。其中：人工造林面积2.4万公顷，无林地和疏林地新封面积20 266公顷。全年完成天然林资源保护工程造林面积22 667公顷，完成“三北”防护林工程造林面积22 534公顷。实有封山育林面积303 495公顷。年末全盟森林面积211.86万公顷，有林地面积 7.11 万公顷，灌木林地 204.75 万公顷。森林覆盖率 7.85%。

【工业】 全年全部工业增加值 203.84 亿元，比上年增长 8%。其中，规模以上工业增加值增长 8.9%。在规模以上工业企业中，国有企业增加值增长 5.8%；股份制企业增加值增长 9.8%；外商及港澳台投资企业增加值下降 7.9%；其他经济类型企业增加值下降 13.8%。在规模以上工业企业中，轻工业增加值增长 28.2%；重工业增加值增长 7.7%。

从规模以上工业主要产品产量看，全盟原盐产量 147.75 万吨，比上年下降 6.2%；铁矿石产量 177.85 万吨，比上年上涨 70.4%；聚氯乙烯产量 43.04 万吨，比上年增长 3.4%；水泥产量 141.30 万吨，比上年上涨 41.2%。其他主要工业产品产量有增有降。

全盟规模以上工业企业主营业务收入 487.78 亿元，比上年上涨 20.8%。利润总额 31.39 亿元，亏损企业亏损额 7.53 亿元，同比减亏 2.9%。

【环境保护】 全年巴彦浩特环境空气质量有效监测天数为 366 天，优良天数为 321 天。全社会能源消费总量为 649.36 万吨标准煤，增速 0.56%，规模以上工业企业综合能源消费量 516.98 万吨标准煤，占全社会能源消费量的 79.16%。其中：六大高耗能行业能耗占全盟全部规上工业能耗比重由上年的 91.6% 下降到 90.2%，同比下降 1.4 个百分点。

【交通 邮电】 全年货物运输总量 5731.66 万吨，比上年增长 2.35 %。货物运输周转量 935 686.2 万吨公里，增长 8.24 %。

全年旅客运输总量 83.96 万人，比上年下降 21.78%。旅客运输周转量 21 914.1 万人公里，下降 3.70 %。

年末，全盟机动车保有量 7.89 万辆，比上年增长 1.5%；其中本年新注册汽车 6105 辆。年末个人汽车保有量 6.49 万辆，下降 1.2%；驾驶员拥有量 117 840 人。

全年邮电业务总量（2010 年不变价）70 354 万元，比上年增长 22.19%。GSM（全球移动通信系统，俗称“全球通”）基站数 1475 个，本地网固定电话用户 24 404 户；移动电话用户 25 723 户。固定及移动电话用户总数 305 990 户。互联网用户 59 036 户。

【贸易 口岸】 全年社会消费品零售总额 74.44 亿元，比上年增长 9.40%。按所在地统计，城镇消费品零售额 67.15 亿元，同比增长 9.2%；乡村消费品零售额 7.29 亿元，同比增长 11.2%。批发业商品销售额 58.69 亿元，零售业商品销售额 91.93 亿元，分别增长 16.19%和 14.77%；住宿业营业额 5.54 亿元，餐饮业营业额 22.65 亿元，分别增长 18.19%和 17.92%。

全年海关进出口总额 4.23 亿美元，比上年增长 58.8%。其中：进口额 3.38 亿美元，比上年增长 67.3%；出口额 0.84 亿美元，比上年增长 31.8%。策克口岸过货量 1257.67 万吨，比上年增长 65%，其中：进口原煤 1257.24 万吨，增长 65%。引进国内资金 206.2 亿元，增长 31.5%。

【旅游业】 全年实现旅游总收入 66.00 亿元，比上年增长 40.43%。接待国内外游客 620 万人次（含 1 日游游客），增长 40.33%。其中：入境游游客 7.12 万人次，入境游收入 2.82 亿元；国内过夜游游客 274.60 万人次，国内过夜游收入 52.6 亿元；1 日游游客 338.30 万人次，1 日游收入 10.6 亿元。

2016 年，自治区旅游局共批准 8 家国家 AAAA 级旅游区、24 户五星级乡村旅游接待户，并于 1 月 27 日至 2 月 2 日在官网进行公示。其中，阿拉善左旗天鹅湖旅游区获评国家 AAAA 级旅游区，绿茸牧家游、蒙古利亚庄园获评自治区 5 星级乡村旅游接待户。阿拉善左旗国家 AAAA 级旅游区数量增至 4 个。阿拉善盟额济纳胡杨林旅游区入选《2016 全国优选旅游项目名录》。

9月，阿拉善左旗低空旅游启动仪式在巴彦浩特通勤机场举行，标志着阿拉善左旗在全盟率先开启陆空皆可游览的“全景模式”。阿拉善左旗低空旅游飞行体验所使用的机型是有“空中宝马”之称的西锐SR20和SR22，起降安全、便捷。已开通全景低空俯瞰腾格里大沙漠、饱览贺兰山美景、立体观赏月亮湖等4条航线。

【金融 保险】 全盟金融机构人民币存款余额354.53亿元，同比增长13.03%。全盟金融机构人民币贷款余额368.95亿元，同比增长16.51%。全盟保险机构共有16家，全年保险业实现保费收入7.79亿元，比上年增长17.50%。保险业赔付支出20 490万元，比上年增长1.55%。

【科技】 全年专利申请68件，授权44件；其中发明专利申请20件，发明专利授权11件。推广农牧业先进适用技术22项。共争取国家、自治区科技计划项目16项，获得资金投入5175万元。实施盟级项目29项，政府投入资金1000万元，拉动全社会科研开发经费11 089万元。5月，阿拉善盟首家博士工作站“中科院青海盐湖研究所吉兰泰盐湖博士工作站”在兰太公司揭牌成立。6月，内蒙古兰太实业股份有限公司获成立兰太实业科学技术协会批复，成为阿拉善盟首家企业科协。

【教育】 年末全盟有各级各类学校67所，设班级1104个，教职工3988人，其中专任教师3314人。招生9645人，在校学生34 417人，毕业生9774人。全盟学前教育学校30所，招生2754人，在校7050人，毕业2151人。义务教育学校28所，招生3720人，在校17 475人，毕业4250人。高中教育学校7所，招生2015人，在校5945人，毕业2272人。高等教育学校1所，招生1148人，在校3882人，毕业1098人。特殊教育学校1所，招生8人，在校65人，毕业3人。

2016年，全盟义务教育阶段小学入学率100%，初中毛入学率108%，九年义务教育巩固率99.8%。全盟报考普通高考1923人，录取1855人，录取率96.46%，比上年增长1.02%。其中，本科录取率67.71%，比上年增长0.63%。

全盟重点项目之一的阿拉善职业技术学院新校区建设工程开工奠基。新校区位于巴彦浩特镇西城区，占地面积167亩。该项目计划投资2.1亿元，将于2017年秋季投入使用。

【文化】 年末，全盟有艺术表演团体（事业）4个。其中：歌舞团1个，乌兰牧骑3个；拥有文化馆4座（包括盟群众艺术馆1个，旗文化馆3个），公共图书馆4座，已注册博物馆6座。广播综合人口覆盖率97.45%。电视综合人口覆盖率99.06%。有线电视用户6.52万户。拥有综合档案馆4座，专业档案馆1座（城建档案馆），馆藏档案408 478卷/件/盒/张。

【卫生】 年末，全盟共有卫生和计划生育技术服务机构337个，其中：医院15个，基层卫生医疗机构309个；专业公共卫生机构12个；其他卫生机构1个。全盟卫生机构实有床位数1129个。在岗职工2689人，其中：卫生技术人员2089人。

【社会保障】 年末，全盟参加城镇职工基本养老保险76 062人，同比增长21.76%；城乡居民参保51 549人，同比下降0.41%；参加城镇职工医疗保险75 090人，同比增长2.78%；参加城镇居民医疗保险43 066人，同比下降4.01%；参加新农合医疗保险67 735人，同比增长0.27%。

年内，全盟城镇低保1326户2249人，发放低保资金1222.79万元。农牧区低保户594户1088人，发放低保资金441.2万元。各类优抚对象338人。社区服务中心（站）42个，与上年持平。各类收养性社会福利机构5个，实际床位548张，收养143人，福利企业4家，安排有劳动能力的残疾人87人。全年筹集社会福利彩票公益金1732.2万元，比上年减少4.6 %；销售社会福利彩票7684元，增长11.7%。

【人民生活】 全年全体居民人均可支配收入30 569元，比上年增长7.9%；全体居民人均消费性支出 24 421 元，比上年增长 2.8%。

全年城镇常住居民人均可支配收入 34 737 元，比上年增长 7.7%。从收入构成看，工资性收入 21 305.91 元，增长 15.55%；经营净收入 7396.06 元，下降 6.46%；财产性净收入 1807.87 元，增长 2.08%；转移净收入 4226.82 元，增长 2.18%。城镇常住居民人均消费支出 26 870.43 元，比上年增长 2.70%。城镇常住居民家庭恩格尔系数为 27.28%，比上年增长 0.71 个百分点。

全年农村牧区常住居民人均可支配收入 16 746 元，同比增长 7.60%。从收入构成看，工资性收入 1951.58 元，增长 7.17%；经营净收入 8041.03 元，增长 20.92%；财产净收入 996.57 元，增长 1.62%；转移净收入 5756.87 元，下降 5.81%。农村牧区常住居民人均生活消费支出 15 863.25 元，比上年增长 4.76%。农村牧区常住居民家庭恩格尔系数为 25.75%，比上年增长 0.21 个百分点。

【劳动就业】 年末，全盟从业人员 186 162 人，增长 2.76%。其中：城镇就业人员 139 659 人，增长 4.15%；农村牧区就业人员 46 503 人，下降 1.20%。第一产业就业人员 42 502 人；第二产业就业人员 49 444 人；第三产业就业人员 94 216 人。城镇登记失业率 2.80%，比上年末下降 0.36 个百分点。

【自治区党委书记李纪恒两次深入阿拉善调研】 2016 年刚到任不久的自治区党委书记李纪恒先后两次深入阿拉善盟调研并作讲话。9 月 26—29 日调研期间，李纪恒实地察看产业园区、重点企业和生态建设、环境保护、旅游开发等项目，深入农村牧区，走访慰问各族干部群众。他强调，要把筑牢祖国北方重要生态安全屏障作为政治责任和历史使命，坚决守住生态这条底线，扎实抓好生态文明建设，改造提升传统产业，加快培育战略性新兴产业，着力转变经济发展方式，切实提高发展的质量和效益。

12 月 1—3 日调研期间，自治区党委书记李纪恒实地查看黑城旅游开发、策克口岸对外开放、居延海生态补水、军地融合发展双拥共建、巴丹吉林沙漠地质公园等情况，与基层党员干部和各族群众面对面交流，看望慰问边防哨所官兵和基层牧户，向他们宣讲中共十八届六中全会精神和自治区第十次党代会精神。李纪恒指出，要在大力发展特色产业、在全方位深化开放合作上、在生态建设和环境保护上、在加强现代基础设施网络建设上、在保障和改善民生上、在全面从严治党上狠下功夫，为打造祖国北疆亮丽风景线作出新的更大贡献。

【国务院正式批复乌力吉公路口岸对外开放】 2016 年 2 月，国务院正式批复阿拉善左旗乌力吉公路口岸对外开放。乌力吉口岸性质为双边性常年开放公路客货运输口岸，口岸设立正团级边防检查机构和正处级海关、出入境检验检疫机构。乌力吉公路口岸对内辐射西北、华北、华中等地区，并与欧亚大陆桥连通；对外辐射蒙古国巴音洪格尔、南戈壁、前杭盖、后杭盖和戈壁阿尔泰等 5 个省。乌力吉口岸的建设与开放，对于阿拉善盟实施开放带动战略，融入“一带一路”，加快经济结构调整，把阿拉善打造成为服务丝绸之路经济带和中俄蒙经济走廊的重要通道具有重大意义。

【盟委一号文件拉开千亿元工业园区建设大幕】 2016 年年初，阿拉善盟就全盟工业经济发展出台《关于优化工业布局培育支柱产业促进工业经济持续健康发展的意见》和《关于促进阿拉善经济开发区又好又快发展的若干意见》（阿党发〔2016〕1 号），体现了盟委对打造千亿元工业园区建设的高度重视，表明盟委按照园区集中、产业升级、环保达标总体要求，进一步优化工业布局，推进产业转型升级，实行最严格环境保护制度，推动工业经济持续健康发展的信心和决心。两个《意见》于春节后密集发出。

两个《意见》，一个从全盟工业经济整体布局出发，提出目标任务、发展路径、产业取向等，进行宏观布局；一个从打造千亿元级开发区着眼，从体制机制、重点任务、利益导向、支持保障等方面重点突破，从不同层面规划未来3～5年全盟工业经济的发展远景。两个《意见》对阿拉善经济开发区进行了新的定位，即把阿拉善经济开发区建设成为产业集聚、功能现代、多业并兴、生态宜居的产值超千亿元工业园区。在《意见》指导下，2017年，阿拉善经济开发区从抓好规划编制、抓好项目建设、增强服务理念、抓好城镇建设、抓好融资和招商工作、抓好区域合作和加快一体化发展、抓好创新驱动、抓好全面深化改革等方面，拉开千亿元工业园区的建设大幕。

【阿拉善盟7条铁路重点项目列入国家规划】 2016年7月，代表着国家铁路建设中长期发展目标的纲领性文件《国家中长期铁路网规划（2016—2030）》正式发布。阿拉善盟规划的“三横四纵”铁路网主体铁路建设重点项目全部被列入自治区铁路“十三五”规划，并纳入国家级规划，标志着阿拉善盟规划建设的重点铁路项目在国家层面的项目审批上取得了重大突破。7条铁路重点项目包括：巴彦浩特—银川快速铁路，本井—巴彦浩特、乌海—吉兰泰电气化改造项目，查干德日斯—吉兰泰、乌力吉口岸—苏宏图、阿拉善右旗—红沙岗、额济纳—酒泉等新建铁路建设项目。这一批铁路建设项目顺利完成后，将进一步完善阿拉善盟铁路网布局，补足全盟立体交通运输体系建设中最为重要的一块短板，打通全盟三旗的出口通道，加强阿拉善盟与周边毗邻地区的社会经济交流、互补与合作，并在加快地区经济发展步伐、促进国土资源开发、提升对外开放广度和深度、提高人民生活水平、保障实现全盟战略规划等方面发挥重大作用并产生深远影响。

【打造世界级沙漠汽车航空文化主题乐园】 2016年9月11日，备受关注的自治区级重点文化旅游项目——越野e族阿拉善梦想沙漠汽车、航空文化主题乐园在腾格里沙漠东缘开工建设，开启了阿拉善盟全面推进文化旅游产业发展、打造国际旅游目的地的历史新时代。该项目计划总投资40.2亿元，总体规划用地约10 845亩，按照国家AAAAA级旅游景区标准建设，将分三期完成。

汽车、航空文化主题乐园项目分两部分。梦想汽车文化主题乐园项目落成后，可举办各类汽车体育赛事、汽车文化展、大型音乐节、汽车文化旅游和大型展会等各项特色活动，预计年均接待游客150万人次。梦想航空文化主题乐园则将以飞机制造、航空航天博物馆、飞行学院、FBO基地、低空旅游、房屋营地、民俗风情街等七大板块建设为主。2016年10月14日，一架从美国飞来的道格拉斯DC-3型飞机越过大洋，途经俄罗斯和中国哈尔滨等9站地，历经12 553公里的艰辛旅程，降落在阿拉善沙漠梦想汽车航空主题公园，成为该园永久展品。二战经典机型永久停放阿拉善成典藏展品，对阿拉善盟打造集航空体育、航空旅游、航空文化为一体的中国最具特色国际旅游目的地具有重要意义。

越野e族阿拉善梦想沙漠汽车、航空文化主题乐园项目的建成实施，对于推动全盟旅游从季节性旅游向常态化旅游转变、从单一型旅游业态向综合型高层次旅游业态转变，以及建设独具特色的阿拉善沙漠旅游意义重大，将成阿拉善旅游业发展的“新名片”。

2016年国庆假日期间，越野e族阿拉善英雄会的影响力和品牌号召力得以充分体现。在其带动下，“十一”黄金周全盟共接待国内外游客近180万人次，吸纳资金13.6亿元。其中，越野e族阿拉善英雄会吸引93.36万人次，旅游收入3.42亿元，同比分别涨197%和153%，是2015年的2.97倍和2.53倍。英雄会已成阿拉善盟打造世界级沙漠汽车文化旅游胜地的最亮品牌。

【阿拉善盟5800余贫困人口全部达到脱贫退出标准】 截至2016年年底，阿拉善盟已完成贫困旗脱贫摘帽初审工作，通过生态补偿、产业扶持、社会保障等措施，全盟贫困户年人均可支配收入已稳定超过4000元，达到或超过2020年国家贫困人口脱贫标准；全盟5866名贫困人口已实现“两不愁，三保障”目标，经评价打分，全部达到脱贫退出标准。

初审工作中，特别成立工作组，通过随机抽查、查阅资料、实地察看、入户访谈的方式，先后走访全盟30个苏木镇39个贫困嘎查村的867户贫困家庭，对照“户脱贫、村退出、旗摘帽”的验收表指标，按百分制逐项验收打分。根据初审情况，通过危房改造、易地扶贫搬迁等项目，全盟贫困户住房均达B级以上，住房安全有保障；通过教育扶贫、教育资助等政策，全盟学前至大学各学段贫困学生都能得到资助，义务教育阶段无适龄人口辍学现象，教育有保障；通过新农合、医疗补偿保险、大病人口特惠政策等的落实，全盟贫困人口基本医疗有保障。

【阿拉善三旗入选国家重点生态功能区】 2016年9月，国务院原则同意国家发展改革委会同有关部门提出的新增纳入国家重点生态功能区县（市、区、旗）名单，内蒙古自治区8县区上榜，其中阿拉善盟三旗全部入选。

2016年，盟（扩大）会议确立阿拉善“十三五”时期的发展定位，提出，在功能定位上，把阿拉善建设成为国家重要的生态功能示范区；在开放定位上，把阿拉善打造成为服务丝绸之路经济带和中俄蒙经济走廊的重要通道；在产业定位上，把阿拉善打造成为国家重要的沙产业示范基地。为阿拉善盟生态文明建设指明方向、划定路径。

近年来，阿拉善盟牢固树立绿色发展理念，高度重视生态保护建设，大力实施天然林保护、“三北”重点防护林、退耕还林、野生动植物保护及自然保护区建设，以及造林补贴试点、沙化土地封禁保护补助试点等重大生态工程项目，先后落实自治区级以上资金21.65亿元。2016年年底，全盟已逐步形成围栏封育、飞播造林、人工造林“三位一体”的防沙治沙体系，生态保护屏障建设成效显著，生态恶化趋势明显遏制，局地生态环境大幅改善，为推动阿拉善绿色发展和民生改善奠定了重要的环境基础。

【沙舟红公司成为阿拉善盟首家上市沙产业企业】 2016年年底，阿拉善盟沙舟红农业科技发展有限责任公司在上海股权托管交易中心Q版正式挂牌上市，成为阿拉善盟首家上市的沙产业企业。

沙舟红农业科技发展有限责任公司是一家集番茄产品种植、研发、生产、加工、销售为一体的高科技农产品加工企业，实施“公司+农户”的农业产业化经营模式帮助农户增收，实现企业和农户效益双赢目标，被评为阿拉善盟农业产业化龙头企业和科技先进单位。

该公司创新商业运营模式，引入“互联网”“众筹”“直销”“股权金融”四种模式，以番茄红素系列健康产品为龙头，以做大做强大健康产业为目标，产品迅速走向全国市场。沙舟红公司的成功上市，为阿拉善盟其他沙产业中小企业提供了可资借鉴的重要经验。

【阿拉善左旗至呼和浩特航线实现每日两班往返通航】 从2016年12月5日起，阿拉善左旗——呼和浩特航线实现每日两班往返通航。

2016年5月，阿拉善左旗通勤机场进行飞行区改造升级，将原有的2400米×30米的跑道升级为2400米×45米，并于7月正式恢复开放使用。阿拉善左旗到呼和浩特航线实现每日两班往返通航，是阿拉善盟着力构建“七网”的具体实践和重要成果之一。

【阿拉善盟首起跨省系列银行卡盗刷案告破】 2016年3月11日，历时28个月，备受广大群众关注的阿拉善盟首起跨省系列银行卡盗刷案告破。当天，阿拉善左旗法院启动退赃程序，为首批13

名被害人发还退赃款合计人民币14.44万元。

【中蒙策克—西伯库伦口岸铁路过境点坐标确定】 5月11日凌晨1点20分，最终确定中蒙策克—西伯库伦口岸铁路过境点坐标位于中蒙边境573号界碑附近，中方和蒙古方分别签署《关于确定中蒙策克—西伯库伦口岸铁路过境点的共同纪要》《关于确定中蒙策克—西伯库伦口岸铁路过境点及高度的共同纪录》。

【“智慧乌斯太之无线城市”建设】 阿拉善经济开发区“智慧乌斯太之无线城市”建设试点项目全线投用，户外开设57个Wi-Fi点位，基本覆盖人口流动区域和密集区域。项目总投资288.85万元，是阿拉善经济开发区党工委、管委会2016年“十件为民办实事”项目之一。

（撰稿人：王延吉 胡雪峰）

阿拉善左旗

【概况】 阿拉善左旗（以下简称阿左旗）位于内蒙古自治区西部、阿拉善盟东部。地理坐标介于北纬37°24′~41°52′，东经103°21′~106°51′之间。东北与巴彦淖尔市乌拉特后旗、磴口县相连；东与鄂尔多斯市鄂托克旗、乌海市，宁夏回族自治区的石嘴山市、平罗县、贺兰县、银川市、永宁县、青铜峡市交界；南与宁夏回族自治区中卫市、中宁县，甘肃省景泰县、古浪县毗邻；西与甘肃省武威市、民勤县，内蒙古自治区阿拉善右旗为邻；北与蒙古国接壤，国境线长188.678公里。土地总面积80 412平方公里。2016年，辖11个苏木镇、117个嘎查（村）、33个社区居民委员会。旗人民政府驻巴彦浩特镇，有蒙古、汉、回、满、朝鲜、达斡尔、鄂温克、壮、藏等28个民族。是一个以蒙古族为主体、汉族占多数的少数民族聚居地区。2016年年末，总人口143 676人。其中：男性71 951人，占总人口的50.1%；女性71 725人，占总人口的49.9%；60岁以上23 237人，占总人口的16.2%。全年出生人口2113人，出生率10.58‰；死亡人口662人，死亡率3.32‰；自然增长人口1451人，自然增长率7.27‰。

全旗实现生产总值2 695 200万元，同比增长8.0%。其中：第一产业增加值86 391万元，增长3.9%；第二产业增加值1 947 096万元，增长8.3%；第三产业增加值661 713万元，增长7.8%。第一产业对经济增长的贡献率为1.57%；第二产业对经济增长的贡献率为75.06%；第三产业对经济增长的贡献率为23.37%。人均生产总值135 002元，增长6.6%。全旗生产总值中一、二、三次产业比例为3.2∶72.2∶24.6。

居民消费价格总水平比上年上涨0.6%。分类别看，居民消费八大类商品和服务项目价格呈现“六涨二降”结构型特征。其中：食品烟酒类价格同比上涨1.6%；医疗保健类价格同比上涨1.4%；衣着类价格同比上涨1.0%；其他用品和服务类价格同比上涨1.0%；居住类价格同比上涨0.4%；教育文化和娱乐类价格同比上涨0.1%；交通和通信类价格同比下降2.5%；生活用品及服务类价格下降0.3%。

全旗新增就业人员3461人。其中，新增再就业人员1070人。年末，城镇登记失业人数为2684人，城镇登记失业率为3.0%。

地方财政总收入351 312万元，同比增长13.49%。其中，地方公共预算收入167 607万元，同比增长2.04%。全年公共财政预算支出430 901万元，同比下降1.79%。公共与民生领域仍然是财政支出的重点。其中：一般公共服务支出34 862万元，同比增长7.17%；公共安全支出14 829万元，同比增长12.71%；教育支出44 965万元，同比增长3.07%；科学技术支出6517万元，同比增长181.03%；社会保障和就业支出18 848万元，同比下降6.95%；医疗卫生与计划生育支出21 692万元，同比增长4.27%；节能环保支出25 164万元，同比下降2.94%；城乡社区支出73 842元，同比下降

18.50%。2016年，施工项目273个。其中，新开工项目170个。全社会500万以上固定资产投资3115 396万元，同比增长17.61%。从三次产业投资看，第一产业投资168 446万元，同比增长44.63%；第二产业投资1 904 787万元，同比增长23.81%；第三产业投资1 042 163万元，同比增长4.85%。从投资企业登记注册类型看，国有企业投资1 070 240万元，同比增长48.69%；有限责任公司投资1 632 393万元，同比增长23.35%；股份责任公司投资69 566万元，同比下降75.14 %；私营企业投资320 385万元，同比增长143.24%。按项目隶属关系分，自治区级项目完成投资476 125万元，同比增长814.62%；盟市旗县级项目完成投资2 513 389万元，同比下降2.21%。

【农业】 2016年，农作物总播种面积24 413公顷，同比下降2.05 %。其中：粮食作物播种面积14 512公顷，同比下降17.6%；经济作物播种面积9901公顷，同比增长35.41%。全年粮食总产量144 454吨，同比下降11.12%。其中：玉米产量135 115吨，同比下降13.02 %；油料产量14 956吨，同比下降20.36%；瓜果类产量22 538吨，同比增长100.84%。

【畜牧业】 2016年，牧业年度牲畜存栏137.12万头（只），同比下降0.62%。其中，骆驼存栏4.35万峰，同比下降9.86%。全旗牲畜出栏59.03万头（只），牲畜出栏率43.05%。

【林业】 2016年，完成梭梭造林23.93万亩，接种肉苁蓉10.16万亩，接种锁阳5.08万亩。截至年底，全旗共累计完成人工种植梭梭林126.27万亩，接种肉苁蓉33.7万亩，接种锁阳14.05万亩。完成荒山荒（沙）地造林面积45 217公顷。其中，人工造林16 950公顷；飞播造林2万公顷；无林地和疏林地新封育林6267公顷；退化林修复2000公顷。完成天然林资源保护工程造林面积22 667公顷；完成“三北”防护林体系工程建设造林面积8334公顷。

【农牧业】 全旗农牧业机械总动力23.66万千瓦，同比增长1.98%；机耕面积36万亩；机播面积34.5万亩；机收面积32.4万亩；机电灌溉面积22万亩。机电井眼数3284眼。灌溉面积3.523万公顷，同比下降0.42%；节水灌溉面积2.315万公顷，与上年持平。农村牧区用电量18 058万千瓦时，同比增长0.71%；农用化肥施用量（按折纯）13 193.4吨，同比下降2.65%。

【工业】 全部工业增加值1 760 626万元，同比增长8.3%。工业对全旗经济增长的贡献率为68.01%。全旗规模以上工业企业主营业务收入4 216 821.7万元，实现利润218 318万元，亏损企业亏损额71 032.1万元。

【城乡建设】 2016年，建筑业增加值186 470万元，增长8.3 %。房屋建筑施工面积19.46万平方米。全旗具有建筑业资质等级的建筑施工企业13个。房地产开发投资额10 359万元，同比下降39.57%。商品房销售面积71 517平方米，同比增长28.0%；商品房销售额16 021万元，同比增长13.27%。

【乌力吉口岸建设】 2月2日，国家口岸办主任黄胜强在北京会见蒙古国海关与税务总署副署长贝克巴图，并召开会议研究讨论确立乌力吉—查干德勒乌拉口岸最终选址坐标、实现“两国一检”通关模式及成立口岸建设工作组等事宜。5月11日，中蒙乌力吉—查干德勒乌拉公路口岸过境点签字仪式在乌力吉苏木举行。自治区外办副主任、中方组长于学军，外交部边海司副处长江瀚，阿拉善盟副盟长王维东，阿左旗委副书记、旗长戈明，蒙古国外交部条法局局长特木尔，外交部条法局口岸处处长钢宝勒德参加签字仪式。10月12日，旗委副书记、旗长戈明参加乌力吉口岸开工奠基仪式。口岸规划建设用地18.1平方公里，以打造“大通道”，构建“大通道”，实现“大合作”为战略导向，重点发展物流业、商贸业、文化旅游业。

【环境保护】 全旗确定的自然保护区4个，自然保护区面积155.78万公顷。其中:国家级自然保护区1个,自然保护区面积6.77万公顷;自治区级自然保护区3个,自然保护区面积149.01万公顷。

【贸易】 2016年,社会消费品零售总额536 490.5万元,同比增长9.37%。按所在地统计,城镇社会消费品零售额505 353.4万元,同比增长9.17%,占社会消费品零售总额的94.2%;乡村社会消费品零售总额31 137.1万元,同比增长12.78%,占社会消费品零售总额的5.8%。按消费形态分,餐饮收入116 515.4万元,同比增长11.01%;商品零售额419 975.1万元,同比增长8.93%。

全旗对外贸易进出口额8552万美元,同比增长34.63%;全年引进外资737万美元,同比增长42.55%。

【交通】 完成公路货运量2296.75万吨;公路货物周转量467 843.1万吨公里;公路客运量34.4万人;公路旅客周转量10 957.1万人公里。

【旅游业】 成功举办越野e族阿拉善英雄会、阿拉善玉·观赏石春秋季博览会、草原那达慕、第七届阿拉善文化旅游节、敖包祭祀等27个系列活动。天鹅湖、福因寺被评为国家AAAA级旅游景区;大漠奇石产业园、万泉湖被评为AAA级旅游景区;和彤池盐湖被评为AA级旅游景区;绿茸牧家游、蒙古利亚庄园被评为自治区5星级旅游接待户;福因梵境酒店被中国文化酒店发展联盟评为"中国文化酒店·最佳艺术酒店"。2016年,全旗接待游客389.57万人次,旅游收入35.3亿元,分别同比增长42.8%和36.87%。

【教育】 全旗有各级各类学校48所,班级数881个,在校生28 944人,毕业生8412人,专任教师2691人。其中:普通中学13所,班级数252个,在校生8524人,毕业生3225人,专任教师1002人;幼儿园22所,在园人数5656人,离园人数1764人,专任教师522人;特殊教育学校1所,班级数10个,在校生65人,专任教师38人;职业技术学院1所,班级数95个,在校生5191人,毕业生1793人,专任教师277人。

【科技】 全年科技项目共有51个,申报盟级沙产业项目17个,申报自治区科技储备项目7个,争取到科技专项3个,到位资金97.8万元;争取到自治区重大专项3个,到位资金1100万元。整合全旗20家沙产业企业和12所高校以及多名专家学者资源,申报国家重点研发计划,"内蒙古干旱荒漠区沙化土地治理与沙产业技术研发示范""阿左旗沙产业人才发展项目"等项目取得1400万元的项目经费支持。

【文化】 举办各类文艺演出180余场次,举办文艺培训班535次,展览9期,电影放映1448场次,惠及群众累计达20余万人次;开展各类图书推广活动38项,流通图书6.3万册次;创作改编小品、器乐、舞蹈、歌曲类作品33部。其中:3部作品荣获9项国家级奖项;4部作品荣获8项盟级奖项;2部作品荣获2项旗级奖项。

2016年年末,拥有广播电台1座、电视台1座、图书馆2个、博物馆1个、文化馆1个、文化站15个、电影录像管理站1个、歌舞团1个、群众艺术馆1个、乌兰牧骑1个。

【卫生】 全旗共有卫生机构243个。其中,医院11个、乡镇卫生院23个、社区卫生服务中心(站)13个、疾病预防控制中心2个、卫生监督所2个,妇幼保健院(所、站)1个。拥有病床832张。其中,医院拥有病床629张、乡镇卫生院拥有病床120张、妇幼保健院拥有病床51张,社区卫生服务中心拥有病床24张。拥有卫生技术人员1669人。其中,医院拥有卫生技术人员1008人、乡镇卫生院拥有卫生技术人员176人、妇幼保健院拥有卫生技术人员97人,社区卫生服务中心拥有卫生技术人员68人。拥有执业(助理)医师694人。其中,医院拥有执业(助理)医师350人、乡镇卫生院拥有执业(助理)医师96人、妇幼保健院拥有执业(助理)医师45人,社区卫生服务中心拥有执业(助理)医师37人。

拥有注册护士583人。其中,医院拥有注册护士425人、乡镇卫生院拥有注册护士39人、妇幼保健院拥有注册护士34人,社区卫生服务中心拥有注册护士23人。

【体育】 举办“全民健身日”“全民健身迎新春”、第二届“旗长杯”校园足球联赛、“阿拉善沙漠国际马拉松”,全旗职工趣味运动会及第二届“工运杯”职工足球联赛等系列体育竞赛活动;协助伊克奈尔那达慕赛马、搏克比赛;完成2016年中国越野拉力赛协调工作;完成“阿拉善越野e族梦想公园”杯沙力搏尔金腰带争霸赛。

【人民生活】 全体居民人均可支配收入30 225元,同比增长7.9%;全体居民人均生活消费支出24 277元,同比增长3.1%。城镇常住居民人均可支配收入34 504元,同比增长7.7%;城镇常住居民人均生活消费支出26 674元,同比增长3.1%。农村牧区常住居民人均可支配收入15 953元,同比增长7.7%。农村牧区常住居民人均生活消费支出15 651元,同比增长4.8%。

【社会保障】 截至2016年年底,累计参加城镇职工养老保险60 482人;累计参加城乡居民养老保险38 347人;累计参加城镇职工医疗保险58 682人;累计参加城镇居民医疗保险32 879人;累计参加基本失业保险37 708人,发放失业金980.72万元,享受人数1175人;累计51 593名农牧民参加新型农牧区合作医疗,参合率97.65%。年内,城镇居民1086户1821人享受最低生活保障金,发放低保金934.92万元;农牧民508户959人享受最低生活保障金,发放低保金410.95万元。

【阿拉善玉·观赏石会议】 4月28日,阿拉善玉·观赏石博览会在阿拉善大漠奇石博物馆前开幕。此次博览会开启了阿左旗全年文化旅游活动的序幕。期间,举办“阿拉善珠宝玉石产业十三五发展规划”初评会、第一届宝玉石鉴定鉴赏培训班、中国阿拉善玉雕作品展暨2016中国阿拉善玉雕“神驼奖”等多项活动。9月25日,“一带一路”阿拉善玉·观赏石文化节暨交易博览会开幕式在巴彦浩特大漠文化奇石产业园举行。活动期间举办阿拉善观赏石精品展、中国阿拉善玉雕作品展暨2016中国阿拉善玉雕“神驼奖”入围作品评选颁奖、慈善义拍和友好协作等多项活动。宝玉石、观赏石产业已经成为阿左旗重要的第三产业。

【荣誉】 集体荣誉。中国珠宝玉石首饰行业协会、国土资源部珠宝玉石首饰管理中心授予阿左旗“中国珠宝玉石首饰特色产业基地”荣誉称号。阿左旗被国家卫计委评为“国家级妇幼健康服务优质服务示范县”,被国家卫计委命名为“2014—2016年全国计划生育优质服务先进单位”;阿左旗人民政府荣获中国法治政府奖组委会、中国政法大学政府研究院第4届“中国法治政府奖提名奖”;阿左旗林业局被国家林业局授予“全国生态建设突出贡献先进集体”荣誉称;新华街道办南梁街社区被国务院防范和处理邪教问题办公室评为“全国无邪教创建示范社区”;巴润别立镇文化体育服务中心被中国文化馆年会组委会评为“2016年全国优秀文化站”;巴润别立司法所被中华人民共和国司法部评为“全国优秀法律援助工作站”;吉兰泰卫生院被国家卫计委评为“2015—2016年度群众满意的乡镇卫生院”;温都尔勒图中心卫生院被国家卫计委评为“2015—2016年度群众满意的乡镇卫生院”。

阿左旗“沙产业人才发展计划”被中共内蒙古自治区委员会(以下简称自治区党委)组织部列为“草原英才工程人才项目引领支持计划2016年度项目”。阿左旗党委被自治区党委宣传部评为“全区学习型党组织示范基地”;阿左旗党委讲师团被自治区党委宣传部评为“全区基层大讲堂建设典型”。王府街道办西花园社区被自治区党委评为“内蒙古自治区先进党组织”。阿左旗法院党支部被自治区党委评为“全区先进基层党组织”。刘宏义劳模创新工作室被内蒙古自治区总工会评为“内蒙古自治区职工创新工作室”。

“四先两优”评选中获“教育科研先进实验工作者”荣誉称号；马琴被内蒙古自治区党委、政府评为“全区 2011—2015 年普法依法治理工作先进个人”；金瑞平、王凤兰家庭被内蒙古自治区宣传部、精神文明办、妇联授予自治区“草原儿女赞·最美家庭”荣誉称号。

（撰稿人：高学　李贺娟）

阿拉善右旗

【概况】 阿拉善右旗位于内蒙古自治区西部，阿拉善盟西南部，龙首山与合黎山北麓。地理位置：北纬 38°38′~42°02′，东经 99°44′~104°38′。东接内蒙古自治区阿拉善左旗、甘肃省民勤县，南邻甘肃省金昌、山丹、张掖、高台、临泽、金塔诸市县，西连内蒙古自治区额济纳旗，北与蒙古国接壤，国境线长 45.25 公里。全旗东西长 415 公里，南北宽 375 公里，总面积 73 443 平方公里。辖 3 个镇（巴丹吉林镇、雅布赖镇、阿拉腾敖包镇）、4 个苏木（曼德拉苏木、阿拉腾朝格苏木、塔木素格布拉格苏木、巴彦高勒苏木），全旗总人口 25 248 人。其中：女性 12 786 人，非农业人口 15 057 人，少数民族 8177 人，分别占总人口的 50.6%、59.6%和 32.4%。人口自然增长率 4.87‰。

全旗土地面积 715.15 万公顷。地势南高北低。在山地与沙漠之间有戈壁、丘陵、滩地纵横交错，其中沙漠占 46.6%、山地占 6.5%、丘陵占 33.4%、戈壁滩地占 13.5%。世界上海拔最高的沙峰——必鲁图沙峰，海拔 1611.009 米。属暖温带荒漠干旱区。年平均气温 9.5℃。年平均降水量 113.6 毫米，年平均蒸发量 3100 毫米。境内无长年性河流，地表水奇缺。全旗水资源总量 3.9 亿立方米。已发现的矿产资源有 45 个矿种 145 处矿产地。野生植物分属 63 科、226 属、436 种。盛产肉苁蓉、锁阳、甘草、麻黄等名贵药材。有国家一类野生保护动物 3 种，二类保护动物 4 种。热能、光能、风能等资源丰富。森林覆盖率 7.6%。

2016 年，全旗地区生产总值 29.21 亿元，同比增长 8.1%（可比价，下同）。其中第一产业增加值 2.25 亿元，第二产业增加值 17.4 亿元，第三产业增加值 9.56 亿元，同比分别增长 3.7%、8.7%、8.2%。一、二、三次产业结构由 2015 年的 7.8 : 60.5 : 31.7 演进为 7.7 : 59.6 : 32.7。人均地区生产总值 10.99 万元，同比增长 6.3%。财政收入 3.13 亿元，同比增长 17.7%。其中一般公共财政预算收入 1.95 亿元（含上划盟级部分），同比增长 7.5%。全年财政总支出 12.11 亿元，同比增长 13.8%。

【农业】 全旗农作物总播种面积 44 379 亩。其中，粮食作物播种面积 16 069 亩，总产量 11 310 吨；药材类种植面积 5547 亩，总产量 1669 吨；蔬菜种植面积 439 亩，总产量 361 吨；瓜类种植面积 1995 亩，总产量 2402 吨；油料种植面积 17 878 亩，总产量 3650 吨；其他类作物种植面积 2451 亩。

【畜牧业】 畜牧业发展方式向特色化转变。双峰驼产业以驼奶深加工为突破口，建立以畜种改良、集约化养殖、科研示范、产品开发、生产销售为一体的驼产业发展示范基地。在雅布赖、巴彦高勒、阿拉腾朝格等适宜地区划定阿拉善白绒山羊保护区，实施“1396”超级绒山羊工程。筹建白绒山羊示范养殖区 1 个、种养基地 1 个、绒山羊核心群 40 个、绒山羊生态牧场 100 个。完成白绒山羊生产性能测定 2.65 万份。全旗有认证绿色食品 3 个、有机食品 9 个、有机转换食品 12 个。年末，全旗牲畜总头数 21.18 万头（只）。其中骆驼 4.73 万峰、山羊 9.93 万只、绵羊 6.22 万只。能繁殖母畜 15.07 万头（只）。

【水务】 3 月，巴丹吉林镇新水源地供水工程动工。新建水源地位于巴丹吉林镇东北 61 公里处的巴丹吉林沙漠边缘。铺设输水管道 133.78 公里，新建水源井 4 眼、水厂 1 座，加压泵站 3 座，采用三级加压输水方式，总投资 1.53 亿元。7 月，巴丹吉林镇新水源饮水工程一期正式建成通水。

【沙产业】 完成围封复壮天然梭梭林 8 万亩，天然白刺林 8 万亩，人工种植梭梭 23.7 万亩，人工接种肉苁蓉 7 万亩，人工接种锁阳 2 万亩。新增黑果枸杞 1000 亩、骏枣 600 亩、红枸杞 80 亩、人工种植沙葱 100 亩，引种试种蒙古扁桃、黄芪、板蓝根、苦豆子、水飞蓟等中药材 60 亩。

【生态建设】 全年人工造林 19.13 万亩，新打绿化井 5 眼，拉建网围栏 114.4 公里，完成重点区域绿化面积 3.58 万亩。完成塔木素布拉格苏木、雅布赖镇镇区周边绿化面积 2.75 万亩。完成草原休牧 80 万亩，拉建网围栏 760 公里，人工种植梭梭 4.65 万亩。纳入中央财政补偿的重点公益林面积 849.21 万亩，项目补偿资金 1.23 亿元，涉及享受政策人员 5194 人。草原奖补项目资金 1.08 亿元，涉及享受政策人员 12 310 人。

【工业】 全部工业总产值 40.32 亿元，同比增长 5.7%。其中，规模以上工业总产值 35.5 亿元，同比增长 5.4%。全部工业增加值 15.82 亿元，同比增长 7.7%。其中：规模以上工业增加值 14.06 亿元，同比增长 7.8%。生产铁矿石原矿 45.02 万吨、原煤 206.39 万吨、原盐 40.32 万吨、铁精粉 29.15 万吨、发电量 2.03 亿千瓦时。

【城镇建设】 编制《2016—2017 年巴丹吉林镇棚户区改造规划方案汇报材料》。实施棚户区改造工程，拆除巴丹吉林镇区危旧平房 829 套，总投资 2.25 亿元。完成巴丹吉林镇道路改造 5.8 公里，新建城市停车场 5400 平方米。

【环境保护】 完成巴丹吉林沙漠湖泊、巴丹吉林自然保护区确界工作。全旗确定环保投资项目 34 个，总投资 15.01 亿元。其中大气污染防治项目 8 个，投资 2.34 亿元；水污染防治项目 11 个，投资 4.01 亿元；土壤污染防治项目 15 个，投资 8.66 亿元。全年减排项目 5 个，削减二氧化硫排放量 450.09 吨，氮氧化物排放量 52.92 吨，化学需氧量排放量 150.39 吨，氨氮排放量 13.62 吨。

【固定资产投资】 全旗固定资产投资 41.23 亿元，同比增长 28.03%。按三次产业分，第一产业投资 2.56 亿元，同比增长 5.37%；第二产业投资 12.04 亿元，同比下降 38.88%；第三产业投资 26.63 亿元，同比增长 164.4%。

【交通 电信】 全旗公路总里程 2022 公里，所有苏木镇驻地、人口聚集点、旅游景区景点通水泥路或小油路。全年客运量 30 万人次，客运周转量 5500 万人公里，同比分别增长 5.5%和 6.3%。年货运量 177 万吨，货运周转量 1.1 亿吨公里，同比分别增长 7%和 10%。

截至年末，全旗有电话数 3.18 万部，互联网用户 2.64 万部（户），手机用户 2.15 万户。电话普及率（含固定和移动电话）119 部 / 百人，互联网普及率 99 部（户）/ 百人。

【贸易】 全社会消费品零售总额 6.29 亿元，同比增长 9.5%。零售业商品销售额 8.79 亿元，批发业销售总额 2792 万元，同比分别增长 15.8% 和 16.2%。住宿业营业额 1319 万元，餐饮业营业额 2.47 亿元，同比分别增长 17.5%和 19%。

【旅游业】 2016 年，与甘肃省武威、金昌、张掖、酒泉、嘉峪关 5 市 18 个区县签署《巴丹吉林旅游宣言》。年末，全旗境内有 AAAA 级旅游景区 1 家，AA 级旅游景区 2 家，国内旅行社 4 家，有各类食宿单位 53 家，客房数 971 间，床位数 1906 张。全年接待游客 70.4 万人次，旅游综合收入 8.36 亿元，同比分别增长 20.5%和 29.2%。

【金融】 截至年末，全旗金融机构人民币各项存款余额 20.44 亿元，同比增长 18.3%。其中，住户存款 11.19 亿元，同比增长 20.3%。金融机构人民币各项贷款余额 5.0 亿元，同比增长 5.7%。其中住户短期贷款 1.45 亿元，同比增长 7.4%。

【科技】 组织申报自治区级科技项目 3 项、盟级应用技术研究与开发项目 9 项，申报阿拉善沙产业研究院项目3项，申报盟级企业研发中心1家。完成棉花、玉米“高产创建田”测产和骆驼良种繁育基地建档工作。

【教育】 全旗有教育事业单位12个，其中完全小学4所(蒙语授课1所)，普通完全中学、蒙语授课初级中学、蒙汉合授公办幼儿园、职业技术教育中心、青少年校外活动中心、教研室、招生办、学生资助管理中心各1所。有在校学生和幼儿2448人(蒙语授课401人)。其中高中528人(职中60人)，初中534人(蒙语授课96人)，小学925人(蒙语授课187)，幼儿461人(蒙语授课118人)。有在职教职工444人，其中专任教师344人。阿拉善右旗通过“全国义务教育发展基本均衡”国家级评估认定。

【文化】 新建嘎查综合文化活动室7个，改扩建嘎查综合文化活动室13个。为苏木镇文化站，嘎查、社区文化室发放图书150套、数字电影放映设备4套、阅览椅680把、投影仪24台、蒙古跤衣42套。旗文化图书馆面积1500平方米，达国家二级馆标准。实施“文化惠民工程”，各苏木镇文化站、嘎查(社区)文化室建筑面积均达国家建设标准。配合中央电视台4套《长城内外—远方的家》栏目组对全国重点文物保护单位巴丹吉林庙和曼德拉山岩画以及部分长城遗址的拍摄工作。申报自治区级项目名录传承人7个，盟级项目名录传承人20个。获批自治区级6人，盟级11人。

【卫生】 截至年末，全旗新农合参合10 374人，参合率99.96%。人均筹资标准为每人每年584元，同比增长78元。全年为6927位参合农牧民报销医疗费266.66万元（不含参合患者在其他旗区补偿数据）。完成城乡居民电子健康档案建档23 432人，建档率90.39%。基础免疫六苗平均接种率，卡介苗、乙肝疫苗及时率均达自治区标准。

【体育】 编制完成《阿拉善右旗全面健身实施计划(2016—2020年)》。举办2016·国际巴丹吉林沙漠文化旅游节排球赛、篮球赛、“千人荧光跑”等赛事活动。组队参加内蒙古自治区第二十届西部邻近盟市旗县搏克协作赛暨乌拉特后旗第二届潮格温都尔敖包文化节、2016中国·国际“阿拉善越野e族梦想公园”杯沙力搏尔搏克金腰带争霸等比赛。协助完成2016年“丝绸之路”国际汽车拉力赛阿拉善右旗赛段、2016中国越野拉力赛阿拉善右旗赛段的比赛。

【社会保障】 截至年末，全旗参加城镇职工基本养老保险8680人，征收基金7767万元；为全旗2483名企业退休(职)人员调整养老金，人均每月增资139元。参加城乡居民养老保险7602人，享受待遇1988人，征缴城乡居民养老保险费1181万元，支付养老金830万元，基金累计结余1629万元。参加城镇基本医疗保险14 905人(其中居民参保5682人)，基金收入3175万元。认定城镇职工慢性病人员1715人，新增慢性病人员157人，认定城镇居民慢性病人员153人，共报销218万元。失业保险参保3703人，征收基金286.8万元。工伤保险参保5400人，征收基金290万元。参加生育保险5900人，征收基金76万元。退牧还草和公益林项目区参保的农牧民5617人，其中享受待遇2238人，征缴养老保险费6943万元，支付养老金4414万元，项目区养老保险基金累计结余9045万元。全年为542名高龄老年人发放津贴66.65万元。

【人民生活】 常住居民人均可支配收入31 007元，同比增长8.0%。城镇常住居民人均可支配收入35 476元，农村牧区常住居民人均可支配收入18 430元，同比分别增长7.6%和7.8%。全年居民消费价格总指数100.5。

【“十个全覆盖”工程】 2014—2016年，全旗累计投资7.3亿元推进“十个全覆盖”工程。拆除农牧区危旧房屋3511套，改造农牧区危房2073套，新建移民住宅832套。硬化街巷136公里。实施安全饮水工程5项，其中集中供水工程3项，分散式供水工程2项。铺设供水管道171公里，新打供水井 15 眼，建筒井 315 眼，安装家用净水设备 352 套。完成全旗 40 个嘎查新能源风光互补升级 770 户，网电覆盖到全旗 7 个苏木镇政府驻地。全旗 8 所学校均达到校舍、场地、教育教学器材和生活设施“四个标准化”要求，实现全覆盖。全旗新建标准化固定嘎查卫生室 6 所，覆盖 7 个嘎查；旗级医疗单位和苏木镇卫生院覆盖 20 个嘎查，其余 13 个嘎查通过医疗流动服务车、小药箱等载体进行流动服务，实现全覆盖。嘎查文化活动室、“草原书屋”实现全覆盖。改造建成便民连锁超市 17 家，在全旗 7 个苏木镇设立送货点 13 处。共安装“户户通”广播电视卫星接收设备 4539 套，新建地面数字发射站 4 座，安装“村村响”广播 40 套。年末，农牧民养老保险参保 7234 人，享受待遇 1770 人，人均月养老金 351 元。项目区农牧民养老保险参保 5594 人，其中享受待遇 2230 人，人均月养老金 1610 元。新农合参合 10 374 人，参保率 100%。纳入农牧区低保对象 90 户 134 人，低保标准每年 6000 元。

【荣誉】 5 月，阿拉善右旗被中共中央宣传部、司法部授予“2011—2015 全国法制宣传教育先进县（市、区）”。8 月，阿拉善右旗被内蒙古自治区党委、区政府和内蒙古军区命名为“双拥模范旗”，这是阿拉善右旗第六次获此荣誉。12 月，阿拉善右旗被国家民委命名为“全国民族团结进步创建活动示范单位”。

（撰稿人：图娅　李首蓉）

额济纳旗

【概况】 额济纳旗地处祖国北部边疆，位于内蒙古自治区阿拉善盟最西端。地理坐标为北纬 39°52′20″~42°47′20″，东经 97°10′23″~103°7′15″。东与内蒙古自治区阿拉善右旗接壤，南、西与甘肃省酒泉市相连，北与蒙古国交界，辖区内国境线全长 507.14 公里。旗境东西最长 488.59 公里，南北最宽 324.22 公里，总面积 114 606 平方公里。额济纳旗人民政府所在地——达来呼布镇坐落于旗境中北部纳林河与鄂木讷河之间，是全旗政治、经济、文化中心，也是对外开放窗口。达来呼布镇东距阿拉善盟行政公署所在地巴彦浩特镇 637 公里。西南至东风航天城、甘肃省酒泉市分别为 150 公里和 397 公里。北距策克口岸 77 公里。额济纳旗是以蒙古族为主体，汉族居多数的多民族聚居边境牧业旗。截至 2016 年，全旗辖 3 个镇、5 个苏木、19 个嘎查（村）以及 7 个城镇社区。

全旗地区生产总值 43.91 亿元，同比增长 7.8%。其中，第一产业增加值 1.78 亿元，第二产业增加值 18.03 亿元，第三产业增加值 24.10 亿元，同比分别增长 3.6%、7.5%、8.4%。三次产业结构比由 4.1：42.4：53.5 调整到 4：41：55。一般公共财政预算收入 6.32 亿元，同比增长 7%。500 万元以上固定资产投资 72.31 亿元，同比增长 41.42%。社会消费品零售总额 13.50 亿元，同比增长 9.3%。城镇常住居民人均可支配收入 35 515 元，同比增长 7.8%；农村牧区常住居民人均可支配收入 19 379 元，同比增长 7.3%。

【农牧业】 收缩发展农业，适度发展牧业，全旗农作物播种面积收缩至 6.7 万亩，牲畜存栏头数稳定在 10 万头（只）。调整优化种植结构，推广无公害蜜瓜 3 万亩，新增节水灌溉面积 1.3 万亩。围封天然梭梭林 12 万亩、野生黑果枸杞 3 万亩，接种肉苁蓉、锁阳 2 万亩。人工种植黑果枸杞 3000 亩、红果枸杞 1500 亩，建设红枣基地 500 亩。加快农牧业产业化经营，建设双峰驼生态牧场 10 个，白绒山羊示范养殖区 1 个、生态牧场 100 个。

【林业】 2016 年，额济纳旗林业用地面积 2030.11 万亩，森林（有林地、灌木林地）面积 738.34 万亩，活立木总蓄积量 2 660 287.3 立方米，森林覆盖率 4.3%。全旗生态公益林（地）总面积 2029.16 万亩。截至年底，公益林补偿面积

607.42万亩。其中，纳入补偿的国家级公益林574.52万亩、地方公益林32.9万亩，年到位补偿资金4996.85万元。全面落实草原生态奖补、森林生态效益补偿等惠农惠牧政策，发放各类补贴1.2亿元。大力实施“三北防护林”、退牧还草等重大生态建设项目，人工造林5.2万亩。开展自然保护区能力建设，胡杨林保护区内森林面积29.32万亩，森林覆盖率74.45%。

【湿地保护】 居延海湿地水域面积42.3平方公里，从各地飞赴居延海湿地栖息繁殖的鸟类68种，数量3万余只。其中，一级保护3种、二级保护10种，列入《世界自然保护联盟》50种，省级保护5种。

【水利】 2016年，投资1300万元完成内蒙古内陆河流域黑河下游河道治理工程建设任务；投资180万建成水质检测中心；投资1154万元实施2016年中西部地区节水增效项目，完成1万亩高效节水灌溉任务；投资190万元实施农村牧区饮水安全工程，为哈日布日格德音乌拉镇、马鬃山苏木、温图高勒苏木35户分散牧户打筒井，并配套净化水设备解决饮水问题；投资176.50万元为7个苏木镇12个嘎查353户偏远、分散农牧户安装风光互补电力扩容及提水设备。实施一道河清淤工程、一道河护栏维修工程、一道桥更换坝袋维修工程、分水纪念碑亮化改造工程、向阳队至良种场小油路交通桥改造工程、为缺水苏木镇实施供水机电井及配套工程，工程均按要求如期完工。

【工业】 落实“五个一批”政策，确定转型升级企业18家，兼并重组企业8家，金融扶持企业3家，淘汰落后企业2家。圆通矿业综合开采及回收利用项目、冰雪果业6万吨精深加工项目和凯锋矿业石材加工项目有序推进。多金属整装勘察和银—额盆地务桃亥油气勘察项目取得重大成果，资源接续发展能力显著增强。

【双拥共建】 额济纳旗连续第五次获得全国“双拥模范县”荣誉称号，连续第八次获得全区“双拥模范旗”荣誉称号。

【深化改革】 推进供给侧结构性改革，累计启动改革任务348项，形成改革成果形式164项。深化“放管服”改革，旗本级行政审批事项精简率57%。推进商事制度改革，全面实行“五证合一、一照一码”“两证整合”登记制度，市场活力释放。党政机关公务用车改革和城镇医保、新农合并轨全面完成。司法体制、教育文化、医疗卫生、就业创业、生态建设等关键领域改革取得重大进展。

【“十个全覆盖”工程】 投资5.2亿元，完成“十个全覆盖”工程和美丽乡村建设，农牧区住房、饮水、交通、电力等基础设施得到改善，2192户5792人直接受益。

【生态环境】 坚持把生态建设作为最大的基础设施，落实森林生态效益补偿制度，启动新一轮草原生态补奖政策，累计发放各类惠农惠牧补贴5310万元。实施“三北”防护林、退牧还草、百万亩林沙产业基地建设等重点工程。完成林业建设36万亩，草原建设408万亩，全旗草原植被盖度、森林覆盖率分别提高到10%和4.3%。黑河调水实现历史性突破，年度调水9.83亿立方米，同比增长50.5%。苏泊淖尔水域面积42平方公里，干涸已久的嘎顺淖尔过水面积130平方公里，绿洲生态环境持续好转，额济纳旗被列入国家重要的生态功能区。落实环境保护措施，制定出台水污染防治方案和白色污染治理暂行办法，污水处理升级改造工程投入试运行，中水回用工程正在实施。依法关停达来呼布镇镇区燃煤锅炉11台，主要污染物排放总量和能耗指标控制在上级下达的约束性指标以内。

【城镇建设】 编制完成9项城镇功能专项规划，城镇规划体系健全。投资11.7亿元启动旧城棚户区改造工程，消化存量房554套，912户居民的生活条件得到有效改善。投资6亿元，实施镇区5条街道路面改造、19条市政道路路缘石更换、额济纳公园和老旧小区改造等73项城镇基础设施建设工程，人居环境和对外形象持续改善，达来呼布镇被评为自治区级美丽宜居小镇。

【对外开放】 完善口岸基础设施，重点实施公铁立交二期、蒙元文化综合体广场、中蒙青年创业园、联检大楼改造等工程，口岸通关更加便捷。加快推动口岸多元化发展，策克口岸获批进口蒙古国肉类指定口岸，中蒙互通首条标轨铁路——策克口岸跨境铁路开工建设，策克口岸升格为国际性口岸原则获批，并被列入自治区级重点开发开放实验区。对外贸易和跨境旅游合作力度加大，双边教育、文化、医疗互动交流日益频繁，中蒙特色商品展销会和边民互市贸易实现常态化。策克口岸过货再创新高，进口货物 1257 万吨，同比增长 65%；进出口贸易额达 22.6 亿元，同比增长 71%，增速位居全国陆路口岸首位。

【服务业】 加快推进国际休闲旅游目的地和国家全域旅游示范区建设，胡杨林生态旅游区列入国家建设规划，大漠胡杨旅游区被评为国家 AAAA 级景区，居延—黑城遗址列入自治区首批考古遗址公园。投资 3.4 亿元对重点旅游景区实施 AAAAA 级升级改造，新建大漠胡杨景区和弱水·金沙湾景区游客服务中心，新增旅游公厕 21 座、环保垃圾桶 230 个，完善景区导览系统标志牌 150 幅，旅游配套服务功能完善。军民融合空天旅游基地建设取得新进展，东风航天旅游体验中心项目规划设计通过初审，二号发射场修缮完工。达来呼布镇游客集散中心，东风镇、策克口岸服务基地，雅干等旅游驿站建成投运。探索“旅游＋文化＋体育”发展模式，创新举办“环胡杨林”国际自行车邀请赛、马拉松赛、汽车拉力赛和“空中看胡杨”等系列活动，品牌赛事活动对外影响力持续扩大。全年接待国内外游客 160.1 万人次，同比增长 45%，综合收入 22.4 亿元，同比增长 53%。旅游业的迅速发展带动餐饮、住宿、商贸、物流等传统服务业的蓬勃发展，成为拉动内需增长和促进就业的主导产业，城乡居民的收入渠道不断拓宽，收入结构得到优化。全年公路货运量 582.6 万吨，同比增长 9%；铁路货运量 732.3 万吨，同比增长 77.6%；公路客运量 47.6 万人次，航空客运量 1.7 万人次。

【教育】 额济纳旗足球馆建设和校园维修改造工程推进，策克口岸国际幼儿园投入使用。加强教师队伍建设，累计兑现职称待遇 27 人，教师外出培训率 40%以上。

【文化】 开展全民健康素质提升工程和文化惠民活动，定期举办赛马赛驼等民俗体育赛事，全年举办各类文化体育活动 210 场。加强老年人服务工作，全旗首个老年活动中心建成投用。

【卫生】 深入推进公立医院改革，完成院长公开竞聘，药品零差率销售全面推开，累计让利患者 385 万元。旗蒙医医院和策克口岸蒙医医院建设顺利推进，1855 名户籍人口完成免费健康体检。

【社会保障】 在经济下行压力下，全力保障民生投入。全旗民生支出 3.4 亿元，占公共财政预算支出 48%。坚持创业带动就业，城镇实现新增就业 301 人，失业率控制在 2.1%以内。实施全民参保计划，养老保险参保率 90%以上，基本医疗保险实现全覆盖。公益性岗位人员社保和岗位补贴每月 1800 元以上。城镇住房困难家庭保障性住房应保尽保，并逐步向农牧民延伸。

【社会管理】 加快推进“平安额济纳”建设，严格落实安全生产、环境保护、食品安全责任制，集中开展重点行业重点领域隐患排查活动和安全生产大检查工作，一批隐患问题得到全面整改，安全生产、环境保护和食品安全形势总体平稳。全力推进“食品药品安全额济纳”建设，投资 400 万元，改造金丰源、成吉思等农贸市场，成立食品安全检验检测中心，切实保障人民群众饮食安全。加强人民调解工作，化解信访积案，群众合理诉求得到及时妥善解决。“六五”普法完成验收，全民法制意识提升。完成蒙甘划界前期基础工作，未划定区域违规开发行为得到有效遏制。依法防范和严厉打击各类违法犯罪活动，社会稳定、边疆安宁的局面巩固。民族宗教、应急救援、人民防空、非公经济、妇女儿童、残疾人事业取得新的成绩。

【依法行政】 深入推进“依法治旗”，法律顾问、重大决策制度有效落实，政府依法行政水平不断提高。主动接受人大法律监督和政协民主监督，听取人大代表和政协委员建言献策，办理建议、提案116件，办结率100%，满意率97%。严格落实党风廉政建设主体责任，认真执行中央“八项规定”，全面推行限额公务接待、公务卡结算等制度。加大重点领域、重点资金、重点项目审计监督，累计节约财政资金7700万元。开展“两学一做”学习教育，工作作风转变，事关群众切身利益的突出问题有效解决，承诺办理的惠民实事9件已经落实。勤政为民的政风，廉洁高效的行风，求真务实的作风加强。

【基础设施】 交通建设取得重大突破，完成投资53亿元，新增公路里程724公里，改造旧路75公里，街巷硬化21公里。京新高速公路临白段主线黑色路面全线贯通，达来呼布镇—古日乃、算井子公路等13条农村公路建成投用，通乡油路和嘎查村街巷硬化实现全覆盖。算井子边防派出所接通网电，全旗苏木镇所在地基本实现网电全覆盖。金额线达来呼布段线路通道迁移等3项电网改造工程完工，镇区供电布局更趋合理。加强通信网络建设，新建基站44座，马鬃山等边远地区农牧民群众通信条件有效改善。

（撰稿人：杜明）

企 业 概 览

中国石油天然气股份有限公司呼和浩特石化分公司

【概况】 中国石油天然气股份有限公司呼和浩特石化分公司(以下简称呼和浩特石化)位于内蒙古自治区首府呼和浩特市，始建于1992年，占地200万平方米，是内蒙古自治区境内唯一的一家炼油企业。在册员工2010人，大专以上学历1188人。设11个机关处室、4个直属单位、12个二级单位、9个基层单位。

炼油加工规模500万吨/年，固定资产原值80.44亿元，14套炼油装置、1套化工装置及配套系统。配套建设有长庆—呼和浩特原油管道和呼和浩特—包头—鄂尔多斯成品油管道。主要生产车用汽油、车用柴油、航空煤油、燃料油、液化石油气、聚丙烯树脂、石油苯、工业硫黄等六大类13种产品，主要满足内蒙古、山西及周边地区市场需求，并出口蒙古国。

【主要生产经营指标】 2016年，呼和浩特石化面对国内经济下行、原油资源紧张、市场需求不旺等严峻的生产经营形势，在各销售公司的支持下，贯彻落实集团公司安排部署，按照炼化板块工作要求，坚持稳健发展方针，强化经营策略分析研究，密切产运销衔接，注重质量效益，加强精细管理，实现安全环保生产，取得良好的生产经营业绩。加工原油409万吨，实现轻质油收率79.64%，综合商品率91.96%，炼油综合能耗69.03千克标准油/吨原油，新鲜水单耗0.51吨/吨，综合损失率0.59%。实现销售收入186.52亿元，上缴税费86.37亿元，盈利20.84亿元。

【生产运行】 严肃工艺纪律和生产指令，加大对重要操作参数、重点指标的监控和管理力度，及时排查设备故障，对重要设备、重要机组采取重点监控措施。坚持每月对各装置平稳率进行统计，通过分析影响平稳率的因素，完善MES平稳率考核，提高装置平稳运行水平。开展装置自控优化工作，2016年呼和浩特石化仪表完好率99.91%、使用率99.85%、控制率90.85%。常压、聚丙烯等装置开始模拟黑屏操作，生产平稳运行水平逐步提高。

【安全环保】

安全环保责任落实 贯彻全国安全生产电视电话会议和集团公司2016年HSE审核工作总结视频会议精神，动员广大干部员工认清形势，统一思想、履职尽责，确保安全生产。呼和浩特石化坚持领导每天早上碰头会制度，坚持安全生产联系点、各级领导干部每天夜间值班值守等制度，强化有感领导，落实直线、属地管理责任。坚持重大安全隐患公司领导挂牌督办、员工发现隐患避免事故按月奖励兑现，组织开展冬季安全生产劳动竞赛，完善安全监督方法，加强定性分析和动态跟踪，保障安全平稳生产。

作业受控和应急管理 严格施工和作业界面的交接管理，加强作业前安全分析，认真执行作业许可制度，加强对用电、用火、动土、进入有限空间等特殊作业现场检查确认，实行节假日动火升级管理，强化作业风险控制。加强承包商管理，严格资质审查，投用指纹识别系统，加强施工人员入厂检查和安全培训，强化现场作业监护，保证施工作业安全，全年进行入厂人员安全培训1588人次。强化应急管理体系建设,全年组织公司级应急演练2次,基层演练54次,提高员工应急处置能力。

HSE体系建设　HSE是健康(Health)、安全(Safety)和环境(Environment)管理体系的简称。通过安全经验分享、事故案例学习等方式方法,牢固树立“环保优先、安全第一、质量至上、以人为本”HSE管理理念,增强员工安全环保意识。按照炼化板块的要求,呼和浩特石化分专业多层次组织开展HSE体系审核评估,规范HSE管理体系运行,组织对炼化板块HSE体系审核问题整改,从思想认识、工作作风、管理责任等方面分析原因,举一反三,强化问题整改。2016年板块体系审核105个问题,完成整改89个,其余16个正在落实整改。

环保项目实施　积极推进泄漏检测与修复(LDAR)、油品罐区及装卸油气回收、废水收集及处理系统VOCs污染源治理、检维修吹扫废气处理设施建设等VOCs治理项目以及动力锅炉、加热炉低氮燃烧改造,硫黄回收装置排放指标升级改造等项目。泄漏检测与修复(LDAR)项目实施完成并通过专家验收,完成与呼和浩特市人民政府签订大气污染治理的责任状。

环保达标　重视污染减排工作,加强环保设施运行管理。落实污染物减排控制措施,利用在线监测设备,强化重点污染源监控,完成呼和浩特石化LDAR检测并通过专家评审验收。完成炼化板块2016年污染物排放分解指标,其中COD排放量33.35吨,氨氮排放量1.93吨,二氧化硫排放量63.18吨,氮氧化物排放量572吨,实现“三废”达标排放。

推进500万吨/年炼油扩能改造项目环评验收工作　对安全防护距离拆迁情况加强沟通和督办,与自治区环保厅、呼和浩特市环保局沟通做好验收前的各项准备工作,并按照集团公司安排做好个人和社会可接受风险评估和卫生防护距离测算工作。

【挖潜增效】　及时调整产品结构,通过加入新催化剂并调整操作,实现目标产品最大化,大幅降低催化装置烧焦和油浆收率,提高烯烃产率、丙烯收率、MTBE收率及催化汽油辛烷值,全年生产聚丙烯13.78万吨,生产97#汽油28.26万吨;MTBE装置及轻汽油醚化装置甲醇转化率大幅提高,同比增加1.9万吨,增效3800万元。开好变频电机,提高加热炉热效率,做好蒸汽发电机组维护工作,全年发电1.31亿千瓦时。通过努力享受电力多边交易优惠政策,6—12月份电费支出中,节约电费600万元。

【企业管理】

对标管理　每月召开经济活动分析会,与加工长庆原油的兄弟企业进行对标,坚持全面分析与专题分析相结合、纵向分析与横向分析相结合。在抓好公司级对标的基础上,组织车间开展装置对标分析,抓住各阶段影响效益的关键因素开展专题性对标,查找问题症结,探寻解决方案,努力提升各项指标,全年高效产品收率54.62%。

产销衔接　完成国Ⅴ汽柴油质量升级置换工作,满足市场需求。协调销售公司打开甘肃、宁夏、青海等地市场,拓宽公路配送范围,启动汽车散装向山西晋北地区加油站跨区配送业务。推动呼包鄂成品油管道常态化运行,有效缓解成品油出厂的紧张局面。争取价格政策,确保小产品买断价格到位率。加大新产品市场占用率,提供及时有效的产品售后服务,实现聚丙烯HT07FC常态化生产,并试生产HT16G、HT03L等四种新产品,为2017年常规化生产奠定基础。

预算管理　加强成本费用事前预算、事中控制和事后分析,及时预警考核,使各项成本费用支出处于受控状态。实行各生产经营部门协同联动机制,充分利用APS系统,坚持市场导向,及时进行信息沟通与分享,做好效益分析测算工作,为生产经营决策提供有效指导。

基础管理 严格内控指标，产品出厂合格率100%。推进出厂计量自动化，严密计量数据监控，计量精细水准逐步提升。定期组织开展专业流程梳理，全年梳理流程309个，增强流程管理的有效性和可控性。建立健全规章制度，加强梳理、评价、建设和执行工作，规章制度涵盖各个业务层面，做到各项工作有据可依，合规管理意识加强。

队伍建设 畅通晋升渠道，为管理人员成长成才创造条件，12名年轻干部走上车间领导岗位。有效利用激励机制，鼓励技术人员学知识、学技术，实行通岗培训，106人取得跨装置操作证。组织开展技师和操作技能骨干考核聘任工作。聘任4名高级技师、56名技师、357名操作技能骨干。开展员工培训工作，培训员工47 675人次，促进员工技术素质提升。

【企业民生】

矿区服务 矿区服务系统认真履行“三保障、三服务”工作职责，增强服务意识，端正服务态度，完成水、电、汽、暖供应任务。做好降本增效工作，催缴矿区运行分担费用，及时收缴房屋租赁收入，做到应收尽收。从民生的热点和难点问题入手，加强多方沟通协商，有效解决矿区历史遗留问题。

民生工程 呼和浩特石化克服困难筹措资金，积极开展扶贫帮困送温暖和金秋助学活动，妥善处理特殊困难群体的应急救助，全年帮扶困难人员393人次，发放帮扶资金153.5万元，为困难员工送去组织的温暖。关心退休职工生活，落实政治和生活“两项待遇”。认真落实员工定期体检、带薪休假制度，组织特殊岗位员工健康疗养。

综治维稳 加强信访流程和制度建设，变坐等上访为主动下访，引导各类群体理性有序表达诉求，从源头上维护稳定。加强与公安部门的联动，突出人防、物防、技防、信息防，着力做好安保防恐工作。对重点区域、重点部位加大监控力度，及时发现问题，采取防范措施，营造良好的治安环境。

企地共建 按照自治区党委、区政府定点帮扶要求，对兴安盟突泉县平新村实施定点帮扶，为帮扶点打电灌井，改善当地农牧民生产生活条件。开展抗震救灾捐款、无偿献血等活动，较好地履行经济、政治、社会三大责任，树立良好的企业形象。

【荣誉】

获全国“互联网+时代”创新文化建设三十标杆企业称号。获2016年内蒙古自治区30强企业称号，位列内蒙古自治区30强企业第六名，列自治区国有资产管理监督委员会管理的驻内蒙古自治区央企第一名。获全国“安康杯”竞赛安全文化宣传先进单位称号。获全国“安康杯”竞赛优胜集体称号。

（撰稿人：何淑华）

内蒙古北方重工业集团有限公司

【概况】 1954年，内蒙古北方重工业集团有限公司（以下简称内蒙古北重集团公司）是国家“一五”期间156个重点建设项目之一。国家重要的火炮研发生产基地、国家高强韧炮钢研发生产基地、中国矿用汽车研发生产基地，是专业研制和生产坦克炮、高射炮、自行火炮、舰炮及装甲车辆炮塔武器系统的特大型综合性企业。

内蒙古北重集团公司始终把生产优质武器装备作为崇高追求，多项产品填补了中国武器装备的空白，获得国家科学技术进步奖、国防科学技术进步奖等32项，创造了诸多“第一”：第一门防空高炮、第一门坦克炮、第一台导弹发射架、第一门舰炮、第一门自行反坦克炮等均在447厂诞生。内蒙古北重集团公司自主研发的3.6万吨黑色金属垂直挤压机，打破国外产品长期垄断局面，使中国第一次进入世界耐高温高压厚壁成型材料的“极端制造”领域，习近平、李克强、刘云山、王岐山等中央领导先后来内蒙古北重集团公司视察，均对该项目给予了关注和关心。

经过多年发展，形成防务产品、特种钢、矿用车三大核心业务。防务产品：研发、制造的大量武器装备列装陆、海、空部队，在多次国庆阅兵仪式上接受党和国家领导人及全国人民的检阅。特种钢产品：大口径厚壁无缝钢管，达到世界先进水平，已应用于国内近百台亚临界、超临界和超超临界火电机组的四大管道，是“中国制造 2025”强基工程的中标产品，国家能源局确定的国产化示范产品。矿用车：已销往全球 63 个国家和地区，遍布国内外 500 多个大型矿山和重点水利水电等工程，销量居全球前三甲。

【组织机构调整】 2016 年，为深入贯彻落实中央关于深化国有企业改革的总体要求，按照内蒙古北重集团公司“一企一策”全面深化改革的总体部署，在聘请的咨询公司和兵器人才学院的精心策划下，内蒙古北重集团公司开始管控模式及组织机构优化调整工作。主要通过以下几方面进行调整：一是聘请咨询公司对公司组织机构进行重新设计；二是注重倾听不同方面、不同层面人员的声音；三是严格履行规定程序；四是确保制度先行。

此次公司组织机构优化调整的总体思路是：根据现代企业集团组织机构设计的一般规律、军工企业的特点、兵器工业集团的战略要求和公司实际，遵循“小本部、大板块”的基本建设方向，按照“战略引领、问题导向、对标先进、集约管理”的总体思路，合理划分业务板块，适度合并同类职能，清晰本部管控界面，逐步建立以市场为中心的组织架构和管控模式，为打造阳光、开放、高效的现代化北重集团提供坚强的组织保证。具体如下：一优化调整本部职能定位。内蒙古北重集团公司本部将原来的 26 个职能部门优化调整为 9 部 1 室 1 中心。二成立防务事业部。由液压机械厂、特种机械厂、自控设备厂、特种工艺厂、工艺所、物资公司、试验基地、设备维修中心等 8 家单位的人员、资产整建制划归防务事业部，并撤销相应的分厂、公司建制。三成立服务保障事业部。北方装备公司业务整建制划归服务保障事业部，保留其内设机构，并作为服务保障事业部内设机构。动力能源分公司、武装保卫部作为服务保障事业部直属单位管理。由原办公室车队、北方兵器城和安全生产部的爱卫办整建制划归组建服务中心，隶属于服务保障事业部。四成立特钢事业部。由原特殊钢分公司、特种铸造分公司、特种钢管分公司、综合利用处、360 保障部、特种材料研究院等 6 家单位合并成立特钢事业部；五对部分单位业务职能进行调整。

2015 年 11 月，公司本部共有职能部门 26 个，分公司 3 个，军品分厂 5 个，科研单位 7 个，全资子公司 5 个，保障单位 5 个，共计 51 个。中层领导人员 244 人，一般管理人员 1383 人。截至 2016 年年底，公司设置 9 部 1 室 1 中心，事业部 3 个，子公司 5 个共计 19 个单位，直属单位减少 32 个。中层领导人员 162 人，减少 82 人，减少 34%，一般管理人员 845 人，减少 538 人，减少了 39%。

【深化改革新成效】

顺利推进组织结构调整　构建“小本部、大板块、集团化”的管控模式。根据大类合并、能力提升、精干高效原则，将原 26 个职能部门调整优化为 9 部 1 室 1 中心，运营效率得到提升。按照合理划分业务单元思路，整合相关资源分别成立特钢、防务和服务保障 3 个事业部，经营单位的市场主体地位确立。

积极转变民品单位管控模式　充分赋予经营自主权，提高民品决胜市场能力，北方股份扭亏为盈，特钢事业部大幅减亏，工程机械公司、专汽公司、机电工具公司等单位经营质量得到提高。

产品产业结构进一步优化　以“处僵治困”

和“压减”等工作为契机，推进阿特拉斯和北重安东公司清算注销、巴里巴公司与专汽公司重组整合。以风险防控、转型升级为目标，推进特钢事业部等5家单位14项问题产品的清理退出。

人员结构调整稳步推进 启动实施“承启计划”，公司人才支撑能力得到提升。通过管控模式调整压减管理层级和管理人员，中层领导人员和一般管理人员精简幅度达34%和39%。推进依法用工管理，完善劳动合同和员工岗位管理，依法依规清理各类不规范用工问题。

【适应市场能力提高】 积极应对宏观经济形势，加强国内国际市场开拓，取得新成效。

特钢产品 中标华能大坝电厂“四大管道”等9个项目，P91和P92钢管合同3.7亿元；成功与华电、国电集团合作，再次被国家能源局确定为华电句容二期项目“六大管道”唯一供应商，开发重庆优特等6家模具钢用户。

矿车产品 国内市场占有率继续保持在80%以上，电动轮矿车实现连续47个月国内市场100%中标。入选全国首批制造业单项冠军示范企业，中国工程机械行业唯一矿用车协会成功落户北方股份，有力提升市场地位。

特种安全护栏产品 通过巩固大客户关系，中标北京长安街1.63亿元景观提升工程，为今后的发展奠定基础。

专汽产品 正在积极争取包头市环卫产业升级改造项目1.6亿元订单，提升发展能力。

【技术创新】 全年技术创新投入1.35亿元，进一步加快创新步伐，有力支撑市场开拓。14个民品科研项目按计划进行，特钢产品，超超临界电站高温合金管、高强韧四代炮钢、特种弹钢等高端材料研发取得新突破，进入试制阶段。矿车产品，适应市场新需求，开展TR60、TR100等多项定制化设计，为市场适应能力进一步提升。NTE120无人驾驶电动轮矿车已进入试制阶段；混合动力技术研究取得新进展，高等级澳洲标准NTE360电动轮矿车完成设计工作。2016年，内蒙古北重集团公司继续加大工艺创新力度，129项工艺科研项目稳步推进，节创价值242万元。全年共申请受理专利74件，授权50件。

【信息化建设】 坚持以信息化建设提升竞争力，加强信息化顶层设计，制定完成《公司“十三五”信息化建设规划》和《信息化总体方案》；基本完成对特钢事业部ERP系统的优化工作。不断完善防务事业部ERP系统，在出入库、工序衔接等环节实现条码扫描，效率大幅提升。通过自主研发“基础数据查询平台”等外挂软件，有效降低ERP系统的烦琐程度，增强技术和管理人员使用ERP系统的主动性；健全完善PDM、MPMS系统，基本形成数字化设计、数字工艺一体化应用模式。

【精益管理水平提升】 扎实推进TPM全员设备维护、精益课题改善等工作，关重设备平均故障修复缩短4.8小时，设备利用率达到71.5%，故障率降低0.2百分点，全年175项精益改善课题节创价值4571万元；全面强化生产预算管理，过程管控与价值创造能力明显提升，计划达成率95%以上。特钢事业部围绕成本管控、工艺优化等9项重点改善课题，提高材料利用率1.93%、成本费用降低13%、节约能源费796万元；全面预算管理、目标成本管控、降低负债规模等工作进一步强化。29项重点成本控制措施成效显著，全年节约成本4500万元，带息负债降低10亿元以上，有效降低财务负担。内蒙古北重集团公司本部全年发生业务招待费341万元，控制在预算范围内；立足价值创造与节点保障，充分赋予各单位物流与采购自主权，运输配送更加快捷、生产供应更加及时、降本增效作用明显；严格落实《质量整治方案》，58项重点问题结案率达到91.4%。圆满完成“国际军事比赛—2016”保障任务，赢得军方领导赞誉。坚持眼睛向内，以某产品质量问题整改为契机，通过举一反三，全面细致排查质量隐患，有效促进质量管理水平提升。

【企业文化】 扎实推进“两学一做”学习教育，学习教育得到有效贯彻；全年“党组织引领行动”立项183项，“党员创新登高计划”立项3597项，党组织“把方向、管大局、保落实”的作用进一步强化。持续推进党风廉政建设，强化落实“一岗双责”，有效提升党员领导人员廉洁从业意识；胜利召开第四次党代会，为实现“3311”奋斗目标统一思想、凝聚了力量；以央视《大国工匠》为载体，展示以戎鹏强为代表的北重员工风采，弘扬人民兵工精神，提升企业形象。

【荣誉】

国家级荣誉 1月，内蒙古北重集团公司推动实施并总结编写的《大型离散型企业基于信息化与精益化深度融合的全价值链精细管理》成果，荣获2015年度“国家级企业管理现代化创新成果”二等奖及“2015年度国防科技工业企业管理创新成果”一等奖两项大奖；北方股份被国家知识产权局授予知识产权优势企业称号，是包头市唯一获此殊荣的企业；经中国交通企业管理协会和交通行业优秀企业管理成果评审委员会评审，内蒙古北方风驰物流港有限公司荣获“2016年度全国交通运输优质风月无涯示范物流企业”荣誉称号，公司物流园区荣获“2016—2018年全国交通运输行业重点联系物流园区”荣誉称号，是内蒙古自治区物流企业唯一一家获上述两项殊荣的物流企业；内蒙古北重集团公司荣获“全国职工职业道德建设先进单位”荣誉称号；内蒙古北重集团公司《3.6万吨黑色金属垂直挤压机成套装备与工艺技术研发及产业化》项目荣获2015年度国家科学技术进步奖二等奖。4月，内蒙古北方风驰物流港有限公司公路运输部支会被中华全国总工会授予2015年度全国“模范职工小家”荣誉称。6月，内蒙古北重集团公司荣获中华总工会、国家安全生产监督管理总局授予的全国“安康杯”竞赛优胜单位称号。11月，内蒙古北重集团公司工会荣获全国“安康杯”竞赛组委会授予的全国职工安全卫生消防应急知识普及竞赛活动优秀组织单位称号；在中外企业文化2016年峰会上内蒙古北重集团公司被评为“互联网+时代”企业文化创新优秀单位。

自治区级荣誉 1月13日，自治区质量技术监督局授予北重集团计量检测技术研究院(内蒙古自治区第十二产品质量监督检验站)“内蒙古名牌实验室”荣誉称号。1月，公司产品NTE260电动轮矿用车被内蒙古自治区质量奖审定委员会授予内蒙古名牌产品称号。2月，北重集团特钢事业部生产制造的“北方重工”牌“模具钢”产品荣获2015年内蒙古名牌产品称号。4月，北方股份荣获“军工系统安全生产标准化一级单位”荣誉称号。7月，北重集团荣获兵器工业集团授予的档案工作先进集体荣誉称号。

个人荣誉 雷丙旺，男，中共党员，内蒙古北重集团公司副总经理。8月，被人力资源和社会保障部授予“有突出贡献中青年专家”荣誉称号；雷丙旺，男，中共党员，内蒙古北重集团公司副总经理。9月，被中国科学技术协会授予的“全国优秀科技工作者”荣誉称号；宋彦明，男，中共党员，内蒙古北重集团技术中心产品研究院总设计师。9月，被中国科学技术协会授予的“全国优秀科技工作者”荣誉称号；郑贵有，男，中共党员，内蒙古北重集团防务事业部中国兵器首席技师。12月，被人力资源与社会保障部授予“中华技能大奖”荣誉称号；戎鹏强，男，中共党员，内蒙古北重集团防务事业部工作 高级技师。12月，被人力资源与社会保障部授予“全国技术能手”荣誉称号；王士良，男，内蒙古北重集团防务事业部工作。5月，荣获中国青年最高荣誉“中国青年五四奖章”；王士良，男，内蒙古北重集团防务事业部工作。12月，被人力资源与社会保障部授予“全国技术能手”荣誉称号。

(撰稿人：赵哲)

内蒙古第一机械集团有限公司

【概况】 中国兵器内蒙古第一机械集团有限公司(以下简称内蒙古一机公司)是国家"一五"期间156个重点建设项目之一，隶属于中国兵器工业集团，是内蒙古自治区最大的装备制造企业。公司占地面积110平方公里，资产总额190亿元，职工13 000人。内蒙古一机公司拥有国家级企业技术中心、重点实验室和院士工作站，形成军民品整机和核心零部件的设计开发、工艺研究和计量检测、试验能力和以车辆传动、悬挂、动辅、大型精密结构件加工和整机装配等为核心的一整套综合机械制造能力。经过60多年发展，公司成为覆盖包头、北京、天津、秦皇岛、太原、深圳、侯马等全国重点区域的跨地区、股权多元、以军为本、以车为主、军民协调发展的现代化军民结合型车辆制造集团。内蒙古一机公司已构建起涵盖核心、支撑、辅业、新兴四大板块的产品产业格局，其中核心板块包括军品、铁路车辆、车辆零部件、石油机械、工程机械、专用汽车等经营业务。2016年，内蒙古一机公司实现经营总量140亿元，其中主营业务收入130亿元、同比增长5%。内蒙古一机公司被国资委授予"中央企业先进基层党组织标杆"，被兵器工业集团授予年度经济效益突出贡献二等奖，在中国机械500强排名从第44位上升到第42位。

【科研开发】 全年获评兵器工业科技进步特等奖1项、二等奖3项、三等奖4项。全年受理专利165项，授权专利60项，被国家知识产权局确定为"全国知识产权示范企业"。北方创业获得NX70A型共用平车、C80E型通用敞车资质，70T级电加热型沥青罐车独立在铁总立项。工程机械完成320马力军选民推土机研制，完成满足国Ⅲ排放标准的相关推土机研制。专用汽车开展了7个项目研制。同时，一批新兴产品陆续完成开发、投入市场。自行可升降防暴岗亭、履带式装甲道路抢通突击车等得到用户肯定。高效永磁节能电机进一步扩展型号品种。

【资本运营】 内蒙古一机公司成为继中国船舶、中航飞机后，中国第三个真正意义上的军工资产整体上市企业，对后续发展具有重大意义。通过整体上市，打造军民融合发展新平台，成为国家混合所有制改革试点企业，通过优质资产证券化、融资便捷化、管控一体化、管理规范化，实现整体利益最大化。宏远电器公司继2015年成功挂牌"新三板"后，又作为兵器工业系统唯一一家进入创新层。筹建内蒙古金融租赁公司。参股中兵财富管理公司。

【核心能力建设】 民品铸钢造型、浇注、砂处理生产线技术改造项目建设完成，改变高能耗、高污染的落后生产工艺与环境，达到国内行业先进水平。高效永磁节能电机生产线完成搬迁，4×4轻型战术车辆总装生产线投入使用。

【企业管理】 完成总体发展规划及18项专项规划编制，首次对24家分子公司试行投资项目授权，不断规范投资管理。以全面预算为主线，着力精益成本和风险防控，统筹抓好成本价格、科研经费管理、产融结合，强化财务筹划与管控，为经营发展提供有效财务支撑。突出质量效益和重点工作，着力过程控制，体现导向、激励作用。实现内部法律事务体系化建设全覆盖，加强重大决策、规章制度、经济合同法律审核，高分通过兵器法律风险管理评级考核。以强化管理促进责任落实、以红线标准严打"三违"行为，以特色宣教推进安全文化建设，构建风险管控与隐患整治双重防范机制，全年未发生重伤以上事故，保持安全生产标准化一级企业，入选全国安全文化38家"标杆企业"。建成国内一流和兵器工业集团唯一的设备综合管理信息化平台，可实现维修维护监控、使用效能监控、故障在线监测检测和诊断维修等功能。

【人力资源】 着力高层次人才队伍建设，新入选兵器工业集团"青年英才"2人,新增兵器科技带头人1人、首席技师1人、技能带头人1人。参加兵器工业系统职业技能大赛,取得3个第一、3个第二成绩。参加全国及自治区职业技能大赛,获得1个全国第九,2个全区第一、3个全区第二的成绩。

(撰稿人:张姐)

包头钢铁(集团)有限责任公司

【概况】 包头钢铁(集团)有限责任公司(以下简称包钢)是国家"一五"期间建设的156个重点项目之一,从60多年前在戈壁荒漠上平地起高炉,到今天成为中国北疆战略要塞重要的钢铁工业基地、世界最大的稀土工业基地;成立以来累计产铁2.01亿吨、钢2亿吨、钢材1.7亿吨,实现销售收入6332亿元、利税661亿元;资产总额由国家最初投资的24亿元滚动发展到今天的1667亿元以上,产业规模从几十万吨跃升至1650万吨。企业职工53 522人。

2016年,包钢经历了历史上最为艰难的一年。一年来,包钢全体干部职工以自治区党委书记李纪恒"包钢不能倒,包钢要搞好"的重要讲话精神为指导,主动适应经济发展新常态,推进供给侧结构性改革,全年产铁1213万吨、钢1225万吨、商品坯材1147万吨,生产稀土分离产品折氧化物4.2万吨、金属镨钕6000吨、稀土功能材料2.2万吨。实现工业总产值321.59亿元、完成销售收入381.73亿元、利润-39.09亿元、上缴税金30亿元左右。

【经营管理】

稳定生产　根据减亏治亏目标任务,调整年度生产经营计划和绩效考核方案,制定提质增效工作方案,并加大督促落实和激励考核力度。在全公司范围内开展降本增效专项督查,深入车间班组和生产一线,推进政令畅通和既定目标的实现。落实"低成本"战略,努力稳定生产和供应,开展降低山西煤配比、烧结矿铁料配加低价矿等攻关,打通高硫蒙古矿再磨浮选脱硫工艺,降低铁水成本。抓住市场反弹的有利时机,以效益最大化为生产经营原则,做好产品结构调整,严格按效益组织合同,按合同组织生产,进一步提高重轨、镀锌板等高效产品产量。全年生产新产品146万吨以上,保持较好的产品研发势头。

开拓市场　牢牢占领周边及西部市场,紧盯周边金属制品、石油、汽车制造、风电等行业需求,扩大销售量。成立自治区重点工程项目对接工作领导小组,加大沟通协调力度,与中国铁建、神华物资集团、包头市地铁集团签订战略合作协议。成立电子商务推进工作领导小组,建立电子销售平台,扩大钢材超市。22毫米X80管线钢获得中石油管线钢采购资质,并签订供货合同,包钢管线钢产品历史上首次进入中石油市场。

降本增效　全面开展机关增效工作,引领全公司降本增效工作深入推进。通过开展电力多边交易,实施钢材按实重收费,争取铁路运费"一口价"优惠,采取优化工艺、减少倒运、原料到达直付等措施降低内部公路运费和汽车外发运费等措施,全年完成降本增效30亿元,减亏43亿元。

【产业发展】

钢铁产业　完成新体系冷轧连退、镀锌生产线建设,标志着新体系建设全面收尾。落实国家政策,拆除目前国内"去产能"的最大一座高炉——包钢2号高炉。实施一级计划管理,提高计划准确率和及时性,合同兑现率98.3%。U75V淬火轨通过CRCC认证,54个牌号的热轧建筑用钢产品通过欧盟CE认证,已有12个产品获得日本、美国等7个国家船级社认证。全年出口钢材145万吨,收入5.7亿美元。

稀土产业　加大稀土大集团的协调运转力度,与中铝签订战略合作协议,维护稀土市场健康发展。稀交所全年交易额首次突破千亿大关。推进稀土“三废”综合治理技术改造工程，已顺利完工投运21项。启动稀选厂复产项目，一期工程顺利投产。推进“年产5万立方米稀土基选择性催化还原法(SCR)烟气脱硝催化剂”项目建设，将实现五大功能材料全覆盖。积极规划建设稀土医疗产业基地，打造北方地区最具规模的综合性医疗产业基地。

矿业产业　整体运营逐渐好转，各项指标均好于上年同期。全年生产铁精矿112万吨、锡钨精矿4522吨，完成蒙古煤贸易量185万吨，铁精矿贸易量65万吨。获取罕达盖铁、铜采矿证。加强对所属公司的管控，推进内部重组工作，逐步注销8家子公司。

非钢产业　包钢西创生产经营企稳向好，全年减亏0.9亿元。全面推进包钢西创“二次改革”，研究制定改革总体方案，推动开展股权确权、机构改革等工作。与相关政府部门深入对接，争取在政策、项目、资金上的帮助；寻求与地铁、交投、农投集团的战略合作，主动融入地方经济社会发展大局。开展企业管理提升年活动，强化基础管理和科技创新。抓好钢渣脱硫及脱硫副产物治理盐碱地、绿色建材及钢结构建筑产业化、碳素产品制作及石墨烯应用等项目，大力推进转型发展和新兴产业培育。

多元产业　按照“十三五”打造一体化物流产业的发展思路和目标，成立铁捷物流公司，与达尔罕茂明安联合旗政府重组满都拉口岸物流园区。整合传媒、文化、体育场资源，组建铁花文化公司。财务公司把保障资金链安全作为首要任务，增收节支降低财务费用和融资成本，开展首笔外债登记业务，畅通跨境业务渠道。

【企业管理】

机构改革　坚持眼睛向内、解放思想，对公司机构进行科学合理调整，成立信息化管理部、法律事务部，恢复总工室职能。设立钢管公司，探索实行研产销一体化管理模式。加快由供应商向服务商转变，推进以销售公司为主体的营销集中统一管理模式，使营销快速响应市场、服务用户、多创效益。成立采购中心，整合原燃辅料、设备、备品备件采购职能，实现集中统一采购；成立仓储中心，对原燃辅料、备品备件、大型工具等实施集中管理。取消稀土钢板材公司管理层级，将动供系统六厂整合为动供总厂。

基础管理　加强库存管理，共处理坯库、中间库非计划库存近12万吨，处理成品库非计划库存近13万吨。对集团范围内低效无效资产进行梳理，处理187项非生产性资产，评估值总计为2.58亿元。制定清理处置停歇业企业办法，共清理出停歇业企业53家，正在加快处置。规范招投标管理，完善招投标制度和流程，成立内蒙古产权交易中心包钢工作站，全年完成招标总额62亿元，节资率4.2%，节资额2.6亿元。

管理创新　管理创新选题立项工作实现全覆盖，全年管理创新成果实际产生直接经济效益5000万元以上。开展员工自主改善管理，全年收录2.3万项，实施1.2万项，初步实现制度化、标准化和常态化。推进卓越绩效、精益管理、六西格玛管理等现代管理项目，荣获“全国实施卓越绩效模式先进企业特别奖”“第四届中国工业大奖提名奖”“2016年冶金企业管理现代化创新成果一等奖”。

【科研开发】

科研攻关　充分发挥科技在公司改革发展、降本增效中的重要作用，依托包钢产品含稀土、铌等元素的特色，认真研究作用机理，“包钢新一代高品质稀土钢生产关键共性技术及产业化”被列为自治区重大科技专项项目。稀土院自主研发的含镧、铈稀土PVC用热稳定剂达到国际先进水平，已建成5000吨中试生产线。完成2016年度集团公司科技成果奖评选，46个项目获奖。“稀土永磁磁共振创新技术研发及产业化”等6个项目荣获“中国好技术”称号；“铁矿粉复合造块法的开发与应用”项目获中国产学

研合作创新成果二等奖；合作开发的"兰炭、提质煤在炼铁领域应用技术研究与开发"项目获中国冶金科技进步一等奖、"特大型露天矿复杂群矿体裂隙岩体爆破优化成套技术"获自治区科学技术奖一等奖。"大口径厚规格高钢级管线钢热轧卷板的研制与开发""NM360～NM600级高强度耐磨板的研究与试制"获包头市科技进步一等奖。

科研管理　2016年，包钢6年来首次召开技术创新大会，对科技创新工作进行全面部署，确立创新型企业建设目标。比照公司副三总师、厂处职干部及正科职干部待遇，分别设立首席技术专家、技术专家、主责工程师，畅通技术人才成长通道。与法孚公司开展技术合作，在汽车钢合作方面进入具体实施阶段，对印度金达莱公司进行了钢轨生产技术输出。

【安全环保】

安全工作　坚持"以人为本，安全第一、预防为主、综合治理"工作方针，大力落实"党政同责，一岗双责"责任制。落实上级指示精神，在全公司范围内开展安全生产大检查。修订完善《包钢（集团）公司安全生产责任制》《包钢（集团）公司对伤亡事故有关责任人责任追究办法》，对工亡事故进行严肃追责，不断夯实安全工作基础。制定实施《包钢（集团）公司相关方安全管理制度》，强化检修建设项目安全管理。

环保工作　全年投入资金6亿元，实施焦化厂酚氰废水处理系统减量改造、动供总厂热电锅炉DDS脱硫脱硝等15项环境治理工程。创新环保管理模式，修订公司环境保护监督考核办法，有效提升环保管理水平。完成迎接中央环保督察任务，中央环保督察组向自治区反馈督察情况中没有提出包钢存在问题，政府部门对包钢环保工作给予肯定。合理处置利用固废、危废，完成钢渣脱硫新工艺工业试验，炼铁厂一烧车间干法除尘灰已外销使用，拓宽固体废物综合利用途径。全年争取各类环保专项资金502万元。开展厂区绿化美化，全年厂区新增绿化面积48.4万平方米，绿化覆盖率46.35%。

【民生工程】　全年民生工程投资2676万元，完成友谊19号街坊锅炉房换热站与二次管网连接工程、钢35号街坊治理工程等民生项目。健全完善困难职工帮扶管理系统，全年慰问帮扶劳模、困难职工及子女、困难企业重点人员8940人次，发放慰问帮扶款、物合计583万元，争取到上级各类帮扶慰问资金372万元。开展"春送慰问、夏送清凉、金秋助学、冬送温暖"系列活动，举办职工短期休养，新增住房公积金大病提取业务等，着力构建和谐企业。

（撰稿人：郝虹）

包头铝业（集团）有限责任公司

【概况】　中铝包头企业的前身是包头铝厂，始建于1958年，是国家"一五"期间建设的国内第二家电解铝企业，也是第一家投产出铝的电解铝企业。1998年，改制为包头铝业（集团）有限责任公司（以下简称包铝集团）。2001年，包铝集团集优良资产发起设立包头铝业股份有限公司（以下简称包头铝业）。2003年，内蒙古自治区人民政府与中铝公司签订资产划转协议，包铝集团成为中铝公司的控股子公司（中铝公司控股80%，包头市控股20%）。2005年，包头铝业股票上市发行。2007年12月，中国铝业股份有限公司以换股吸收合并的方式回购包头铝业股票，包头铝业正式纳入中国铝业，成为其全资子公司。

截至2016年年末，包头铝业形成资产总额120.1亿元，在岗正式员工3710人，占地面积7350亩，年用电量78亿千瓦时，电解铝产能55万吨、碳素制品产能12万吨。拥有2×33万千瓦装机容量发电机组、200千安、240千安、400千安3条电解铝生产线、1条碳素制品生产线、3个供电整流系统、多条铝合金铸造生产线。主要产品有铝液、普铝、A356合金、102、104合金、系列铝合金、高纯铝以及铝电解用碳素制品。

包铝集团先后获“五一劳动奖状”“全国先进集体”“全国质量效益型先进企业”称号，并被评为“中国最具竞争力的大企业集团”。

【经济指标】 强化电解工艺控制、发电机组运行管理和外部条件保障，满负荷、安全平稳组织生产。全年生产铝产品57.31万吨，比2015年增产0.57万吨。严格执行“五低四稳两保持”工艺路线，加强电解质水平、铝水平、槽温等工艺参数的日常管理，全公司电流效率同比提高0.57个百分点，全年原铝液交流电耗同比降低9千瓦时/吨。热电厂以满发、超发为目标，机组利用小时数、发电量、煤耗等关键指标达到全国先进水平。持续开展炭素“提质降本、优化升级”工作，细化管控模式，加强生产的过程控制，炭素厂现场管理和炭块质量、成本显著改善。引入早调会机制，盯问题、抓落实，加强生产的日常管控，生产运营系统反应速度加快，生产稳定程度进一步改善。

两公司累计生产铝产品57.31万吨；阳极组装块产量27.26万吨；高纯铝1.95万吨；实现营业收入66.09亿元；上缴税费4.06亿元。包铝集团盈利345万元，包头铝业盈利10.57亿元，创包铝集团建厂以来最高水平。

【项目建设】 包铝集团围绕外部条件落实、工程建设施工、生产准备三条主线，严格把握工期节点，举全公司之力，统筹谋划，精心组织，明确职责，全力推进华云项目建设。通过积极协调、指定专人、明确时限，华云项目相继取得环评、污染物排放总量、水土保持、节能评估、安全预评价报告、社会稳定性评价等支持性文件；电厂至电解铝的供电线路工程已开工建设，包头市政府为项目配套的道路、铁路涵洞、中水管网等外围工程已开工建设。

截至年底，华云一期项目完成投资26亿元，占总投资的40.3%。其中合金铝项目主厂房主体结构已完成，电解槽壳焊接、上部结构制作、立柱母线安装已基本完成，多功能天车已安装8台，辅助系统如氧化铝库、净化系统、空压站、烟囱均按节点计划完成；电厂项目三台机组主厂房封闭完成，烟囱、大小间冷塔均到顶，封闭煤场、冷却三脚架组装完成，化学水具备制水条件。华云二期一步项目完成投资9亿元，占总投资的34.2%，主厂房钢构完成，所有外墙砌筑全部完成，吊车梁安装全部完成，抚铝搬迁电解槽已安装就位34台，多功能天车已安装4台，立柱母线加工132台，槽底母线加工182台，氧化铝仓库及输送系统主体结构全部完工，输送管线支架制作完成。为确保工程质量，成立生产准备组织机构，编制生产准备大纲，制定人员集结方案，相关生产技术人员已提前介入工程施工质量和安全旁站监理。

【市场化改革】 在总结两公司前两年优化员工配置及人员分流安置工作经验的基础上，按照总部要求，事先精确策划，创新工作方式，通过协解、有期限放假、协议休假等多种形式分流人员892人；规范劳动用工管理，清退劳务派遣工169人，完成2016年总控定员目标。对全公司各二级单位和部室重新进行定编、定员，结合华云项目对人员的需求，制定分流人员安置计划，使分流下来的员工得到妥善安置。完善《包铝两公司2016年度绩效考核方案》，对二级单位关键业绩考核指标体系进行重大调整和重新设计，业绩考核挂钩划分为三类三档，差异化兑现，鼓励各单位按照市场化的原则，实施多种分配机制；探索实施销售与采购效益提成奖励机制；建立高纯铝厂、熔铸中心与营销中心、生产指挥保障中心联动的利润考核模式；推进、完善全员业绩考核和分配激励，完善超额完成经营目标提成激励机制，使工资总额向降本贡献大的单位倾斜，工资增量向骨干员工倾斜。

【安全生产】 落实“党政同责、一岗双责、失职追责”，创新安全管理和考核机制，推行全员安全持证上岗、全员安全防护、全员安全确认，形成人人有责、横向到边、纵向到底的格局。开展“习惯性违章行为专项治理”、“扭掉安全生产坏习惯”和“消除安全隐患”等专项大检查行动，引入正向激励机制，利用微信平台、QQ群等方式，建立24小时员工自查自报、立拍立改的管理机制，强化隐患排查整改。加强安全监管力度，开展班组长以上管理人员“走动式”安全巡查，成立安全督察组，专项巡查并向公司主管领导负责。加强安全培训，先后5次聘请外部专家对各级管理人员共计1000余人次进行培训。强化领导干部重视安全的意识，举办两次中层干部安全考试和安全生产述职。开展班组自主安全管理，推广职工安全自保五步法，提升员工危险源辨识、自我保护能力。深刻汲取“5·13”“6·12”事故教训，强化机动车辆的安全管理，加大对施工现场安全监管。加大环保设施改造投入，先后实施电解烟气在线监控设备改造、热电厂煤场全封闭、工频炉除尘系统改造、组装车间房顶采光通风、废槽衬无害化处理等环境治理项目，改善工作环境。认真梳理企业存在的各类不稳定因素，完善信访工作管理制度；与自治区信访局网络平台联网，规范对网络信访投诉的处理；高度关注有可能影响企业稳定的热点、重点和难点问题，形成一级抓一级，层层抓落实，党政齐抓共管信访工作的合力，切实维护好企业及地方稳定。12月8日，由自治区国资委主任张金亮、自治区纪委常委奇飞云等组成的自治区安全生产第九督察组，对包铝安全生产工作进行实地检查。

【人事任免】 5月18日，中铝公司党组对中铝包头企业领导班子调整，任命柴永成为包铝集团党委书记、董事长、包头铝业执行董事，田明生为包铝集团党委副书记、总经理、董事，包头铝业总经理。

【“走进中国铝业”调研活动】 7月21日，中铝股份组织的“走进中国铝业”调研活动，邀请华泰证券、美林证券、摩根士丹利、花旗银行、汇丰银行、中信建投国际、中信里昂证券、德银、瑞银、中金、申万宏源11家证券投资机构的投资者分析师，走进这次活动的第一站——包头铝业进行踏勘和调研。

【“中国铝业杯”第十届全国有色行业职业技能竞赛决赛举办】 10月18—21日，“中国铝业杯”第十届全国有色行业职业技能竞赛决赛在包铝集团举行。来自全国有色金属行业50家单位的249名选手参加铝电解工（阳极炭素焙烧方向）、机修钳工、仪器仪表维修工3个职业（工种）的竞赛决赛，并对3个工种的前15名优胜者进行表彰。

（撰稿人：李鹏）

内蒙古集通铁路（集团）有限责任公司

【概况】 内蒙古集通铁路（集团）有限责任公司（以下简称集通公司）前身为内蒙古地方铁路总公司，1985年由原铁道部与内蒙古自治区人民政府共同组建，2008年6月经原铁道部批准组建。现有股东5家，其中铁路总公司委托呼铁局持股60%、北方联合电力有限责任公司持股30%，内蒙古交通投资有限责任公司持股9.14%，中铁六局集团呼和浩特铁路建设有限公司、中铁建大桥工程局集团电气化工程有限公司分别持股0.43%。集通公司是全路唯一具有区域性路网，承担客货运输、铁路建设、多元经营，以资源输出为主、控股管理多家合资铁路公司的独立运营铁路运输企业。

集通公司先后获得全国五一劳动奖状、中国AAA级企业资质认证、中国服务业500强企业，先后被评为国家优秀诚信企业、全国模范劳动关系和谐企业、全国企业文化建设示范基地、全国践行社会主义核心价值观模范单位、自治区诚信纳税先进单位、自治区地税纳税百强企业、自治区30强企业和自治区最具社会责任感企业，多年连续获评“自治区用户满意单位”。

集通公司下设职能机构25个、生产单位15个、控股合资铁路公司5个、非运输企业6个、铁路建设项目管理部2个。现运营集（宁）通（辽）、锡（林浩特）多（伦）、锡（林浩特）乌（兰浩特）、锡（林浩特）二（连浩特）、巴（彦乌拉）珠（恩嘎达布其）、多（伦）丰（宁）、蓝（正蓝旗）黑（城子）及白（音库伦）浩（来呼热）铁路，总里程2494公里。

【安全生产】 完善规章制度动态清理规范机制，结合实际修建补废规章制度措施164项。全面落实“四个一”必知必会培训，强化理论与实作培训同步、培训过程与结果双促、培训结果与待遇挂钩，职工技能鉴定合格率同比提高29.2%。完善专业处室一体化工作机制，建立系统现场和施工安全质量检查手册，健全纵向贯通和横向衔接的结合部管控体系，修订补充各层级岗位安全责任制113项、现场作业指导书105项，严格干部履职任务明示、留痕考评和职工作业对标提示、过程写实。连续第9年整修补强线桥设备，更换无缝线路42公里；固化修程修制改革方案，优化检养修标准，实行新设备介入克缺和跟踪补强；新购25T型、25G型客车各60辆；推进工电系统调度指挥中心建设，安装断轨监测装置，启动列车防护预警功能，补强视频监控系统，加快电力远动系统建设，设备装备保安能力得到提升。紧盯现场安全重点，强化施工源头把关、过程监督和物防隔离，开展线路质量、施工安全和现场作业“两纪一化”等安全大检查，常态实施自轮运转设备、道口等安全专项整治，顺利实现第13个安全年。

【运输经营】 面对供给侧改革深入推进、煤炭市场需求不足、货源供给偏紧等多重压力，坚持内外、黑白、客货多向并抓，推进现代物流发展，完善15个货运营业站物流设施装备，推进福巨等6个物流园区建设；立足新线联通区域，完善市场营销网络，建立与铁路局运输组织联动管理长效机制，灵活运用一口价等运价政策调整杠杆，强化区域运输资源统筹配置，稳固大宗货物运输体量。全年煤炭外运量同比增长68.7%，零散快运货物发送量同比增长148%。坚持量质并举提升客运增收效能，增开包头至厦门、呼和浩特至锡林浩特、锡林浩特至二连旅客列车，一车一策开展客运营销，全年客运收入同比增长42.2%。坚持提效率降成本增效益，实施35项运输提效措施，既有线按期提速达速，施工兑现率同比提高23.6%，货车周转时间、旅速、技速等主要指标达到近年最高水平，运输经营逐步趋稳、渐趋回升。

【铁路建设】 立足于铁路建设围绕运输经营、保障运输经营，全年完成建设投资20.28亿元，建成铁路361公里，其中新增复线222公里、多伦至塔黄旗139公里，全年建设投资及开通里程均超额完成铁路总公司下达指标。运用路地联合协调征拆机制，解决长期制约建设的“老大难”问题；举全公司之力实施昼夜轮班施工组织、克缺验收立体推进模式开展多丰线建设会战；推广既有线站改施工分步实施和硬隔离防护措施，改造较大客货运站6个。2016年，是集团公司当年建成投产复线里程最多、施工效率最快、安全质量最优的一年。

【经营管理】 坚持从提效益激活力释潜能、多措并举增收节支创效出发，全面实施加强经营管理和资产开发工作的决定及21项配套管理制度，建立体现系统要素、对等经营责任、挂钩贡献大小的收入分配和绩效薪酬考核体系。放开基层单位自主开发、支配收益等权限，全年资产经营开发同比增长38.2%。坚持有进有退、有所为有所不为，优化整合非运输企业经营布局、关联业务和管理模式，撤并微小公司5家，通过联合开发和引资重组、清收债权等举措，推动减负增能和经营转型。坚持成本管控源头紧收、动态调控、总额包干和缺口自补，实施覆盖重点经营领域91项节支降耗措施。

【惠民工程】 始终把提升职工幸福感和获得感摆在突出位置,完善和落实职代会、厂务公开等民主管理制度,依托职工建言献策和监督投诉举报信息平台回应解决职工诉求33项。在严峻经营形势下,深入开展增运增收和节支降耗,按照铁路总公司工效挂钩激励机制兑现奖励工资。集团公司六届一次职代会向职工承诺的14件好事实事得到兑现和落实,改善沿线艰苦站区生产生活设施,巩固"三点四化双向四个一"示范化站区建设,新建8个站区11座蔬菜暖棚,完成2318户职工住宅"三供一业"分离移交,呼和浩特地区752户职工住宅封顶,大板、通辽地区240户职工住宅交付。落实"三不让"帮扶救助,开展偏远艰苦地区职工"送医、送诊、送健康"巡回医疗,兑现职工带薪年休假制度,组织全员健康体检和3166名劳模先进、生产骨干健康休养,确保企业发展成果最大限度惠及职工。

(撰稿人:程珊珊)

北方联合电力有限责任公司

【概况】 北方联合电力有限责任公司(以下简称北方电力公司)是由中国华能集团公司控股的股权多元化企业(股东持股比例:中国华能集团公司70%,广东省粤电集团有限公司20%,中国神华能源股份有限公司10%)。2016年年底,公司运行装机容量1631.01万千瓦(其中风电装机89.34万千瓦,光伏2.074万千瓦),煤炭产能1400万吨,资产总额747.14亿元,员工总数1.8万人,所属单位29个。拥有6个装机超百万千瓦的火力发电厂;上都电厂直送京津唐电网;承担着内蒙古自治区8个盟市1.2亿平方米居民供热和部分重点工业企业的用汽任务;是一个煤、电协同发展,同时实施供热、新能源等产业发展的能源企业。

【主要指标】 2016年,发电量完成651.29亿千瓦时,同比下降7.01%;煤炭产量完成1090万吨,同比增长17.96%;供热量完成5830万吉焦,同比增长21.1%;收入166.93亿元,同比减少13.05%;机组平均利用小时3986小时,同比减少312小时;供电煤耗完成320.1克/千瓦时,同比下降5.8克/千瓦时;发电厂用电率完成6.74%,同比持平。

【安全生产】 全面开展安全大检查工作,组织全员"安全生产责任大讨论"活动,安全生产管理工作全面加强。落实安全生产责任制,持续抓安全制度建设,深入开展反违章、隐患排查、专项整治行动,安全责任得到进一步落实。深入推进煤矿安全质量标准化管理,强化电力基建现场管理和超净改造安全管理,发电供热、煤矿生产、工程建设领域安全稳定,完成节日和全国"两会"保电保安全任务,保证了1.2亿平方米稳定达标供热。设备可靠性提高,北方电力公司机组缺陷发生率同比下降34.3%,非停次数同比减少23.7%。节能降耗持续改善,综合供电煤耗同比下降7.84克/千瓦时。环保治理水平不断提升,实现所有现役燃煤机组均能稳定达标排放,污染物排放绩效、达标率水平同步提升。完成17台机组的超低排放改造。实现燃料"标杆电厂"全覆盖,厂内燃料管理水平提升。

【经营管理】 北方电力公司从年初开始就抓牢抓实扭亏工作,加大对基层企业的管控力度,逐家制定减亏扭亏方案,做到真抓严管,务求实效。全力增供扩销。成立3家园区售电公司,其中达拉特园区售电公司成为国家增量配电业务首批试点。主动对接吉林铁合金公司等大用户,为解决电力消纳开辟新路径。积极参与市场交易,加强与客户维系,实现电量比高于容量比、利用小时高于区域平均水平、交易让利低于地区平均水平的"三领先"目标。全面开拓直供热市场,全年新增直供热面积1330万平方米,总供热面积突破1.2亿平方米,实现公司2014年提出的"221"供热发展规划目标。公司15家生产电厂全部实现对外供热。着力降成本,建立完善燃料采购管理制度,深化区域对标管理,加大经济煤种的掺烧比例,燃料成本得到有效控制。严控机组检修维护和大宗材料等费用,4项费用同比下降1.25亿元。继续保持AAA主体信用等级,提高议价能力,加强资金集中管控,优化贷款结构,财务费用同比减少4.27亿元。积极争取政策补贴,取得政府财政奖励资金1.5亿元。通过严格管控成本费用,使得成本费用比预算降低4.6亿元,有力支撑了减亏目标的实现。

【企业发展】 北方电力公司首个煤电一体化项目、自治区首个特高压电源点魏家峁电厂一期2×66万千瓦项目具备并网发电条件。乌拉特5万千瓦光热发电示范项目获国家发改委批复,包二10万千瓦光伏项目入围"领跑者"项目计划,取得50万千瓦外送新能源配置资源。国家能源局批复同意长城电厂2×100万千瓦机组列入上海庙至山东特高压输电通道配套电源建设规划。10月28日23:21,魏家峁电厂1号机组锅炉点火一次成功,进入整体试运阶段。11月22日5:00,临河热电厂1号机组并网,标志着该机组节能降耗集成技术应用改造工程顺利完工。5月17日,经中诚信国际信用评级机构最后审定,北方电力公司主体信用等级继续保持AAA等级。

【企业管理】 深化巡视整改工作,强化对招投标这个高风险领域的管理,全面规范招标和非招标采购管理,真正实现依法合规、制度管事。进一步加强物资库存管理,推进"清仓盘库"工作,实现库存规模持续下降,物资管理水平不断提升。优化发展结构,产业升级步伐加快。规范管理机制,深化改革有效推进。全面推进依法治企,制定实施方案,推进实施总法律顾问制度。全面实施定岗定编,着力推进临时用工清理,积极开展法人户数"压减",积极推进公务用车改革等。强化制度废改立,认真落实"三重一大"决策制度,依法规范管理水平进一步提升。全面落实信访工作机制,一批信访难题妥善解决。大力推进信息化建设和"互联网+"的应用,实现北方电力公司本部及所属28家单位新OA系统同步上线运行,信息化管理水平进一步提升。12月23日,北方电力公司第一次代表大会在呼和浩特市召开。

【上都电厂2号机组通过验收】 3月3日,上都电厂2号机组通过自治区环保厅组织的超低排放环保验收,成为自治区首台通过超低排放验收的60万千瓦等级机组。

【蒙西发电公司1、2号机组通过验收】 9月6日,蒙西发电公司1、2号机组通过内蒙古自治区环保厅组织的超低排放环保整体验收,成为区内首家2×300兆瓦循环流化床机组通过超低排放环保验收的企业。

【荣誉】 1月,北方电力公司获得自治区第二届"最具社会责任感企业"荣誉。2月26日,蒙华电股份公司被自治区政府授予"自治区推进资本市场发展贡献奖"荣誉称号。3月9日,在2016年全区电力工业技术监督工作会议上,海勃湾发电厂、达拉特发电厂获得2015年度"全区电力工业技术监督先进集体"荣誉称号。4月28日,在自治区庆祝"五一"国际劳动节暨创建和谐劳动关系表彰大会上,上都发电公司运行一值值长孙晶炜、海勃湾发电厂锅炉运行主任高贵娥被授予内蒙古自治区"五一劳动奖章",魏家峁煤电公司电力工程部被授予内蒙古自治区工人先锋号。5月9日,在中电联组织的全国火电60万千瓦等级机组能效水平对标竞赛中,上都电厂3号机组在亚临界空冷机组竞赛中荣获二等奖,6号机组在超临界空冷机组竞赛中荣获三等奖。6月22日,在国际焊接技能大赛组委会(ArcCup)、中国机械工业联合会教育培训部等单位联合举办的"嘉克杯"国际焊接技能大赛上,包头二电厂职工史伟、海勃湾发电厂职工姚文君分别获得机器人焊(成人组)个人单项第二名和氧－乙炔气焊(311/OFW)成人组个人单项第三名的成绩。7月份,在自治区质量协会评选会议上,北方电力公司多家单位有9项、15项、2项QC成果分获一等奖、二等奖和三等奖。9月6日,在"中国梦·劳动美"2016年全区电力行业集控运行技术比武中,呼和浩特热电厂、海勃湾发电厂获得300兆瓦级别机组竞赛团体二等奖,临河热电厂、包头三电厂和蒙西发电厂获得团体三等奖;在600兆瓦级别机组竞赛中,呼和浩特热电厂获得团体二等奖,上都发电公司、和林发电厂获得团体三等奖。12月8日,在全国第十三届高技能人才表彰大会上,达拉特发电厂继电保护专业高级技师郑桂杰获得中华技能大奖。12月30日,包头一、二、三电厂被中共包头市委员会、包头市人民政府授予包头市第一批"百年老店"称号。

(撰稿人:仲刚)

内蒙古电力(集团)有限责任公司

【概况】 2016年,内蒙古电力(集团)有限责任公司(简称内蒙古电力公司)完成售电量1464.64亿千瓦时,同比增长6.88%。其中:自治区内售电量1198.64亿千瓦时,同比增长8.13%;东送华北电量266.01亿千瓦时,同比增长1.6%。线损率完成4.7%,低于年度计划0.4个百分点。营业收入实现556.55亿元,利税总额10.9亿元。固定资产投资完成146.71亿元,同比增加28.81亿元。截至年底,内蒙古电力公司电网统调装机6364.36万千瓦,公司资产总额922.47亿元,较上年增加130.12亿元,资产负债率61.41%。在中国企业500强榜单中名列第217位,居自治区30强企业首位。全年未发生一般及以上电网、设备、信息安全事故,未发生交通、消防安全事故,完成各类重要活动和节假日保电任务。截至12月31日,内蒙古电网实现安全运行7068天的长周期记录。

内蒙古电力公司拥有盟(市)级供电企业12个,供电面积近70万平方公里。内蒙古西部电网统调装机容量6364.36万千瓦(直调装机容量6159.76万千瓦);其中新能源装机容量2141.54万千瓦,占全网33.65%;上网电量3627.74亿千瓦时,占全网23.90%。2016年,最大发电负荷2811.1万千瓦(12月4日);最大供电负荷2133.3万千瓦(11月20日)。2016年,共投产新火电机组437.19万千瓦,风电107.42万千瓦,光伏发电128.20万千瓦。截至12月底,内蒙古电网风电容量为1603.64万千瓦,有风电场150座,风电发电量296.02亿千瓦时,同比增长16.46%,约占全国风电发电量的12.28%。光伏发电并网装机537.9万千瓦,发电量71.42亿千瓦时,同比增长43.26%。火电、风电设备平均利用小时数分别为4541小时和1938小时。年底,内蒙古电力公司共有500千伏线路76条,长度6259.16公里,变电站24座;220线路453条,长度14 970.67公里,千伏变电站141座;110千伏及以下线路1441条,长度31 837.25公里,变电站906座。

内蒙古电力公司所属二级单位35个,长期合同职工28 340人,全员劳动生产率完成57.34万元/人,人才当量密度0.9208,人才密度92.69%,高技能人才比例52.15%。

2016年,内蒙古电力公司逐级向自治区质协、中国水电质协等单位上报并获得QC成果共39项。获"中国社会责任金钻奖";被评为"自治区直属机关、企事业单位2011—2015年定点帮扶兴安盟工作示范单位","全国电力行业标准化工作先进集体";获得自治区国资委第四任期业绩优秀、管理进步、科技创新3项企业奖,自治区"六五"普法工作先进单位。

内蒙古电力公司现有:

二级单位(35个)包头供电局、呼和浩特供电局、鄂尔多斯电业局、乌兰察布电业局、巴彦淖尔电业局、乌海电业局、锡林郭勒电业局、阿拉善电业局、薛家湾供电局、内蒙古超高压供电局、乌海超高压供电局、锡林郭勒超高压供电局、内蒙古电力科学研究院、内蒙古电力经济技术研究院、内蒙古电力信息通信中心、内蒙古电力调度控制中心、内蒙古电力营销服务与运营管理中心（“95598”服务中心、营销管控中心、电能计量中心）、内蒙古电力培训中心、内蒙古供用电稽查（局）分公司、内蒙古电力物资供应公司、内蒙古电力公司北京办事处（京蒙大厦）、内蒙古电力财务有限责任公司、内蒙古电力综合能源有限责任公司、内蒙古国合电力有限责任公司、内蒙古电力多经改革工作筹备组（蒙电控股有限公司）、内蒙古电力交易中心有限责任公司、内蒙古电力经济技术研究有限责任公司、内蒙古康远工程建设监理有限责任公司、内蒙古满都拉电力房地产公司、内蒙古蒙能物业管理有限责任公司、内蒙古满都拉资产管理有限责任公司、内蒙古电力对外经济技术开发公司、内蒙古蒙能招标有限公司、内蒙古足球产业投资基金公司、内蒙古电力公司机关事务中心。

机关部室（22 个）综合管理部（董事会办公室、党委办公室、行政办公室、法律事务中心）、企业管理部（改革办）、计划发展部、人力资源部、财务资产部、物资管理部、离退休管理部、生产管理部、科技信通部、市场营销部、电力交易中心、工程建设部、配电网建设办公室、特高压电网工作部、农电部、安全质量监察部、审计部、纪委监察部、党委组织部、党委宣传部、工会、机关党委公司团委。

挂靠单位（8 个）新闻中心、住房资金管理中心、质量监督检测中心、管理科学研究中心（企业管理协会）、政研会（文协）、电机工程学会、东郊工程建设办公室、老干部（职工）活动中心。

【企业管理】 内蒙古电力公司逐条对照自治区国资委监管清单和“三重一大”决策要求，修订《公司章程》和《董事会议事规则》。按照国家和自治区政府相关要求，围绕公司“一张网”的改革基本原则，先后向自治区呈报了《深化内蒙古电力交易中心改革方案》和《深化内蒙古电力体制改革总体建议方案》，其中《深化内蒙古电力交易中心改革方案》，获得自治区批复。开展子公司经营管理现状和产权关系的调研摸底，按照公司子公司管理总体思路，起草《公司子公司管理办法》，提出对子公司“放管结合、一企一策”的管理理念，开展内蒙古电力交易中心有限责任公司、内蒙古电力经济技术研究有限责任公司、内蒙古蒙电控股有限公司的组建工作。

着力建设战略规划编制发布、分解下达、实施监控、考核评价和动态完善的全过程管理体系。结合战略研究，组织实施公司企业文化体系优化提升工作，开展企业文化现状诊断、调研分析等基础性工作。发布《内蒙古电力（集团）有限责任公司 2015 社会责任报告》。推进档案信息化、数字化建设，内蒙古电力公司被自治区档案局评选为“自治区档案信息化建设典型单位”。

加快公司中长期发展战略研究，完成标准化第一阶段业务、流程、岗位及职责梳理等工作，组织编写技术标准 118 项、管理标准 341 项、工作标准 458 项。公司三大标准体系发布，标准化第一阶段任务完成。全面加强班组质量管理，15 项 QC 成果获得国家和行业表彰，16 个班组被授予质量信得过班组称号。内蒙古电力公司获得 2015 年度及第四任期业绩优秀企业奖、管理进步企业奖、科技创新企业奖奖牌，成为自治区国资委出资企业中唯一同时获得 3 项殊荣的企业。

【人力资源管理】 2016 年，内蒙古电力公司有享受国务院特殊津贴 3 人，“全国技术能手”1 人，“全国电力行业技术能手”19 人。有高级专业资格 2117 人（含正高 43 人），中级专业资格 3043 人，初级专业资格 7890 人；高级技师 717 人，技师 1254 人，高级工 5475 人，中级工 4239 人，初级工 2604 人。内蒙古电力公司有博士 31

人，硕士研究生 1585 人。

2016 年，内蒙古电力公司面向社会公开招聘 1513 名高校毕业生。公司以提升员工整体素质、提高岗位胜任能力为目标，分层级、分类别、分专业深化全员教育培训，实现培训全覆盖。全年内蒙古电力公司系统共举办培训班 511 期，培训量共计 466 786 人·天。其中，公司所属各单位举办培训班 4986 期，培训量 342 343 人·天；内蒙古电力公司各专业部室在公司培训中心举办 103 期专业技术培训，培训量 52 705 人·天，新员工入职培训 3 期，培训量 66 528 人·天；外送生产、管理骨干和财务人员等到高校培训 18 期共 1042 人，培训量 5210 人·天。全年共完成 5343 人次的技能鉴定工作。

内蒙古电力公司将技能大赛与全员普考有机结合。1389 名专业技能人员参加公司输电线路高压带电检修、配电带电作业、业扩报装、调度运行、通信传输等 10 个专业技能人员普考竞赛活动。举办内蒙古自治区电力系统职业技能比赛暨公司第 14 届员工、第 2 届青工专业技能大赛，系统共有 336 名选手参加大赛。积极组织并派出代表队参加中国技能大赛暨第 10 届全国电力行业职业技能竞赛（装表接电工），取得团体第九名的历史最好成绩。

拓宽公司系统专业技术（技能）人员职业生涯通道，完善技术（技能）人才队伍建设管理工作，规范现有各类专家、首席师、一二级工程师、技师和高级技师的评聘管理，建立高技术、技能人才培养的双轨制晋升通道。

【安全生产】 内蒙古电力公司城市供电可靠率（RS-1）完成 99.879 4%，同比上升 0.029 个百分点。全年用户平均停电时间 10.59 小时 / 户，同比减少 2.51 小时 / 户。主网电压合格率累计完成 99.24%（年度目标值≥99%），同比降低 0.05 个百分点。综合电压合格率累计完成 96.84%（年度目标值≥96.5%），同比提高了 0.65 个百分点。全网（含旗县）共发现各类设备缺陷 96 178 项。主网缺陷 26 408 项。其中：危急缺陷为 3200 项，消除率 100%；严重缺陷 5722 项，消除率 97.17%；一般缺陷 87 256 项，消除率为 94.56%。全网总缺陷消除率 94.89%，同比提高了 0.17 个百分点。截至 12 月 31 日，内蒙古电网实现安全运行 7068 天。

列入内蒙古电力公司固定资产投资计划内的技改工程投资计划 36.38 亿元，投资完成率 100%。下达大修计划共 1601 项，取消 8 项，费用 3.62 亿元，竣工 1593 项，竣工率 100%，完成资金 3.6 亿元，资金完成率 100%。

内蒙古电力公司继续加大接纳新能源上网力度，截至 2016 年年底，全网共接入风电 1603.64 万千瓦，太阳能光伏装机 537.9 万千瓦。全年风力发电 296.02 亿千瓦时，光伏发电 71.42 亿千瓦时。完成自治区经信委 350.9 亿千瓦时的新能源发电目标。

组织梳理现行有效生产管理制度、办法、规程、规定和反措，编制管理标准 27 项，转化国网技术标准 12 项，审核公司总部技术标准 30 项、试点单位技术标准 1711 项。组织梳理确认公司总部技术标准 2383 项，完成技术标准体系发布前的准备工作。全面梳理安全法规 130 项。编制《2016 年蒙西电网风险分析报告》。国家能源局挂牌督办的两个一级风险点一个消除、一个降级。制定修编公司《反恐预案》。督促各单位按照《电力设施治安风险等级和安全防范要求》建设安防设施，内蒙古超高压供电局 500 千伏丰泉变电站作为试点已立项建设。2016 年，开展 9 类专项隐患排查工作，共发现一般隐患 8814 项，整改落实 5155 项，整改率 58.49%。2016年，按照公司生产验收管理办法，有关部门提着介入，加强对新投产设备的缺陷消除，全年共投产 110 千伏及以上新（扩）建输变电工程 106 项，发现输变电缺陷 9138 项，消除 9061 项，消除率 99.16%。

加大各单位配网应急抢修装备配置力度。

实现所有旗县及以上政府所在地应急电源车配置率100%,所有地市以上政府所在地配置移动箱变车至少1台,并在呼和浩特市、包头市、鄂尔多斯店里核心区增配配置移动电缆车、电缆测试车等,提高应急抢修装备水平。组织内蒙古超高压局完成察哈尔右翼中旗、武川500千伏变电站共6台北京ABB公司500千伏断路器抚瓷套管更换工作。组织完成沙德格220千伏变电站15面北开35千伏手车式开关柜改造。推进公司电网设备智能化运维技术应用。专项安排内蒙古超高压供电局、包头供电局、乌海超高压供电局和锡林郭勒超高压供电局配置变电站智能巡检机器人,推进无人机替代人工巡线,提升输电智能巡检设备应用比例。开展直升机巡检技术应用。组织开展阿拉善电业局、锡林郭勒电业局部分220千伏输电线路和超高压局500千伏输电线路直升机巡检。创新开展输电线路移动智能巡检,全网累计巡检输电线路214 131公里,发现设备缺陷475项。推进配网带电作业工作,全年共开展配网带电作业1733次,同比增加23.44%,实现全网10千伏架空配电线路常规带电作业项目类别"全覆盖"。强化站内施工作业安全管控。将内蒙古超高压局对扩建、技改、大修现场施工安全管控的成功经验"一图、一表、一卡"制度,应用在永圣域站220千伏母线完善化改造、武川站更换500千伏ABB断路器套管等工程中,共发现设备、图纸、施工问题15项,隐患32条,纠正违规违章行为40多起,确保各类作业安全有序进行和在运设备的安全稳定运行。在14个生产单位分别成立10个安全督查大队、74个安全督查组,开展安全督查13 477次。全年开展综合安全大检查4次。安全生产月活动内容丰富多彩,共组织主题报告会96场,知识竞赛、演讲比赛11次,发放安全书籍1018本,警示教育2600余次,应急演练110余次,被评为自治区"安全生产月"先进单位。

【电网建设】 内蒙古电力公司全力推动蒙西电网转型升级。通过努力争取,国家能源局正式将"研究实施蒙西电网与华北主网异步联网"列入《全国电力发展"十三五"规划》。《蒙西电网特高压规划论证和清洁能源汇集送出方案》,报自治区能源局。内蒙古电力公司所属各供电单位开展各盟市电网"十三五"规划选址选线工作,提前在城乡发展规划和土地利用规划中将"十三五"规划的电网项目站址和线路进行预留。受自治区能源局委托编制《自治区电力"十三五"输电网规划》。修订《前期工作管理办法》《前期费用管理办法》《小型基建项目管理办法》。编制《蒙西电网规划设计(技术)标准》《配电网规划设计(技术)标准》《配电网规划设计内容深度管理规定》《新能源转网电原则》。印发执行《内蒙古电力公司电网建设投资原则》。内蒙古电力公司系统首次完成10千伏及以下配电网工程典型设计推行工作,首次推行10千伏及以下配电网工程施工标准工艺规范。2016年,规范工程结算流程,组织完成勘察设计招标127项,中标金额3.92亿元,监理招标128项,中标金额1.18亿元,施工招标126项,中标金额17.68亿元;完成初步设计批复126项;完成结算审核140项,移交审计107项。完成了2014—2015年度110千伏及以上电网工程造价水平分析报告。

截至年底,电网工程已实现开工227项,同比增长103%;投产158项,同比增长155%。已投产35千伏及以上线路3763.64公里、35千伏及以上主变151台、总容量1318.88兆伏安,已完成投资95.31亿元,完成结算140项,结算金额40.93亿元;小型基建工程实现开工18项,投产9项,完成投资2.98亿元,完成结算17项。

公司建立与各级政府定期对接的协调机制,公司领导与地方政府定期对接交流,解决地方经济发展与电网建设的重大问题。在建工程采取分区划片管理,专人负责协调、督办、跟踪工程建设进度情况。全面推广应用"三通一标"

建设标准,以“劳动竞赛、设计创优”活动为依托全面开展通用设计的编制工作。完成500千伏、220千伏及110千伏以下输变电工程通用设计实施细则的编制,2017年通用设计将在公司基建工程中全面推广应用,且每年根据实际运营情况进行定期滚动更新、维护,实行动态管理。

继续以强化现场安全文明六化标准建设。每个季度由公司领导带队,组织区内外专家对所有现场进行一次全面的安全检查,同时开展不定期飞行检查15次,累计下发检查整改通知单91份,整改内容共2638条。继续全面推广应用国网标准化工艺。拉僧庙化工园区220千伏输变电工程获得“中国电力优质工程奖”之后再次获“中国安装工程优质奖”。马场地输变电工程《围墙压顶新型施工方法》QC成果获自治区质量管理小组一等奖、《提高防火墙框架清水混凝土工艺》QC成果获自治区电力行业QC小组活动三等奖。

【经营管理】 作为全国首家输配电价改革试点单位,内蒙古电力公司坚持贯彻落实输配电价政策,推进各项改革任务。积极参与国家发改委《省级电网输配电价定价管理办法》的政策制定工作,为国家电监会《电网公司输配电成本核算办法》提出合理化建议。开展峰谷分时电价方案设计。加强电费资金回收。多种模式开展资金运作,实现资金净收益3.3亿元。全年共完成审计项目142项,发现问题493个,提出审计建议588条。全年共开展各类工程审计9426项,审减金额3.87亿元。完成农网遗留工程资产和账务认定鉴证工作,鉴证资产93亿元。从严控制“三公”经费,全年非生产性可控费用同比降低10%。

内蒙古电力公司维持了东送华北、北送蒙古、南送榆林负荷稳定,与蒙古国国家电网公司续签2017—2021年购售电协议备忘录。不断扩大多边交易电量和交易品种,全年完成交易电量785 .5亿千瓦时,同比增长39.6%,占总售电量53.6%,占自治区内售电量67%,通过交易平台为用电企业降低电费成本58.4亿元。落实自治区人民政府《关于进一步深化电力体制改革促进产业结构调整有关事宜的通知》,创新交易品种,开展挂牌交易,精准扶持自治区新兴战略产业,实现到户电价0.26元/千瓦时预定目标,巩固自治区“电价洼地”优势,为大数据、云计算等自治区新兴战略产业招商引资提供强有力支撑。2016年,加大风电交易力度,新增长期交易企业等手段,遏制公用负荷转自备势头。通过长期协议引导亿利公司自备负荷转公用负荷运行。探索工业园区长期协议交易新模式,协调中盐与蒙能集团开展长期协议交易,阻止了形成园区局域网的风险。探索风电替代自备电厂的绿电交易。完成《多边交易市场技术支持系统可研报告》的编制。编写《电力多边市场服务手册》。全年完成289家市场主体准入工作。其中:176户用电企业,113家发电企业。截至11月底,市场成员已达734户。其中:发电企业165家;用电企业569家。协调推进《购售电合同》签订工作,规范发电企业市场行为。全年应签订合同357份,已完成正式合同签订180份,对其余177户因未取得发电业务许可证但又必须上网发电的企业,征得自治区经信委复函同意,暂时签订《临时购售电合同》。

内蒙古电力公司最大供电负荷2133.3万千瓦,达到历史新高。2016年,电费回收率99.97%,同比提高0.02个百分点,当年电费回收率99.99%,同比提高0.04个百分点,超额完成年度目标任务。集中开展打击窃电百日专项行动,追补电量2847万千瓦时,追收资金3630万元。营销服务与运管中心已启动实体化运作,持续提升业扩报装工作效率和质量。2016年,实现70.63%的报修业务半小时内到达现场,平均修复时间保持在3.5小时内;投诉处理时长较之前缩短24.17小时。百万客户投诉量完成118次/年,低于国资委下达的150次/年考核指标。拓展微信、网上银行、自助缴费等10多种缴费渠道,满足客户随时随地进行缴费。完成营销信息系统功能提升切改工作。分步实施、试点启动农电接入营销信息系统建设项目。制定《电能计量工作管理标准》,将电能计量资产管理、业务管理全部纳入信息系统,实现对工作质量、完成时限的全面管控。2016年,内蒙古电力公司营销技改项目总投资14.6亿元,完成投资计划13.36亿元,完成营业场所建设项目、营销信息化设备及软件购置等项目共182项;营销成本项目总投资1.09亿元,完成投资计划1.08亿元,完成设备采购约17.3万台(套)。

【科技创新与信息化建设】 召开公司科技创新大会,表彰"十二五"以来科技创新工作突出贡献单位和个人。组织完成公司《"十二五"科技成果汇编》和《"十三五"科技发展规划》编写工作。推动企业技术中心、博士后科研工作站规范运作。"工业在线式专用离子色谱分析测量装置的研制及应用"荣获自治区科技进步一等奖。加入国家能源互联网产业技术创新联盟,与国网信通产业集团、中国电力规划总院、华北电力大学签订战略合作框架协议。新能源电力系统国家重点实验室内蒙古试验研究基地正式揭牌启动。

开展大青山地区500千伏架空输电线路覆冰形成机理与在线监测等一系列解决生产实际问题项目的实施工作。内蒙古电力科学研究院与清华大学合作,完成"局域网和微网对蒙西电网发展影响课题"研究工作。开展"资产全寿命周期管理在公司应用的可行性"课题研究工作。作为协同单位积极参与"国家技术标准创新基地(智能电网)"筹建工作,发挥内蒙古电网大规模新能源接入的技术优势,参与国家标准制定。

完成ERP系统推广实施项目整体验收。生产输变电GIS推广部署及配电GIS试点开发项目、物资管理系统供应商服务升级改造项目、组织干部管理系统深化应用等项目业完成验收工作。生产管理信息系统深化应用、财务管控系统深化应用项目、电网统计及智能化分析系统开发建设项目进入实施阶段。完成内蒙古电力公司改革发展重大课题第一批项目"蒙西电网适应高比例可再生能源接入的各类机组容量规模和平衡机理研究"工作。开展"新能源调度运行评价指标体系研究""光伏发电调度技术支持系统研究""基于图形的自动化参数识别及拓扑研究""基于电量计量系统的不良数据辨识研究"等科技项目研究。

【国际业务】 内蒙古电力公司所属内蒙古国合电力有限责任公司对蒙古国供电完成售电量10.960 7亿千瓦时,较上年同期增幅0.55%,全年最大供电负荷15.83万千瓦,最大日供电量360.66万千瓦时。2016年度利润目标为18 712万元,实际完成21 212万元,增幅13.3%。全年申报出口退税额5470万元,收回出口退税额6088万元。利税总额21 490万元。截至2016年12月31日,内蒙古国合电力有限责任公司未发生各类安全责任事故及安全事件,安全形势平稳,实现安全运行1646天(自2012年6月30日起)。积极拓展蒙古国南部电力市场,为内蒙古电力公司长远发展培育新的负荷增长点。多次组织赴蒙古国与蒙古国能源部、蒙古国国家电网公司、TT电厂项目组(塔本陶勒盖矿区)、OT公司(奥尤陶勒盖有限公司)会谈及实地考察。根据蒙古国能源部要求,完成塔本陶勒盖3×150兆瓦与3×200兆瓦电厂工程初步可行性研究报告编制方案优化对比工作。该项目得到国家能源局及自治区发改委高度认可,符合国家"一带一路"发展战略及自治区向北开放政策。

【节能减排】 内蒙古电力公司按照年初自治区经信委全年发电量调控目标的要求,适当增加低能耗大容量机组的上网电量,针对各发电企业单机容量差异、水火电及风电差异、燃煤与煤矸石发电差异发电差异、脱硫与不脱硫差异等,优先安排低能耗、低排放、高效率的机组发电。

贯彻落实国家新能源战略，依据国家相关法规、政策，理顺网内风、火调度关系，切实保证风电优先发电地位，多措并举，促进风、火协调优化运行。开展无功电压专项治理，优化500千伏变电站主变分接头位置；整改各发电厂AVC存在问题；调整AVC主站控制方法；加强新能源场站动态无功补偿装置管理等措施，实现500千伏电压全部合格，220千伏电压合格率大幅上升，主网一次网损率由年初的1.67%降至11月的1.09%，经济效益显著。按照自治区经信委下达的2016年需求侧管理任务，落实电力、电量2个千分之三的节能指标，内蒙古电力公司全年累计完成节约电力3.13万千瓦，完成目标任务120.38%，其中电网企业自身完成节约电力2.09万千瓦，完成推动社会节约电力1.04万千瓦。

截至年底，内蒙古电网风电装机容量达到16 036兆瓦，同比增加25.2%。光伏装机容量5379兆瓦，占比8.4%，水电装机1859兆瓦，占比2.9%。全年风电和光伏合计上网电量362.4亿千瓦时，按等电量替代火电计算，相当于大约标煤1228.45万吨，减少二氧化碳排放2709.82万吨、二氧化硫3.07万吨、氮氧化物5.96万吨。

【党的建设和精神文明建设】 内蒙古电力公司下发《内蒙古电力（集团）有限责任公司党委进一步加强和改进企业思想政治工作实施意见》《内蒙古电力公司开展“学党章党规、学系列讲话，做合格党员”学习教育学习安排方案》及学习计划。下发《进一步加强理论宣讲工作推进基层讲堂建设实施方案》，建设“公司级、所属单位级、所队级”三级讲堂体系，逐步建立起各类基层讲堂近300所，组建宣讲员人才库共552人。开辟“蒙电理论日日读”理论学习微信公众（订阅）号，关注人数达15 000余人。内蒙古电力公司团委“蒙电青春”微信订阅号的关注度已经突破3万人，基本实现对公司青工的全覆盖。严格落实“两个责任”，加大监督执纪问责力度，全年受理问题线索155件，给予党政纪处分35人次、组织处理49人次，下达监察建议书7份。举办第二届青工技能大赛、“奋斗的青春最美丽”青工公文竞赛，承办自治区“振兴杯”青年职业技能大赛相关专业比赛。在武川500千伏变电站建立内蒙古电力公司首个“蒙电青年生态示范林”。2016年，内蒙古电力公司获“中国社会责任金钻奖”。内蒙古超高压供电局党委被评为“全国优秀基层党组织”，乌海电业局输电管理处获自治区“北疆楷模”荣誉称号。17名职工荣登“内蒙古好人榜”，2名职工获“自治区道德模范”，4名职工荣获“自治区道德模范提名奖”。包头供电局党委获得自治区先进基层党组织，呼和浩特供电局党委等17个先进基层党组织、34名优秀共产党员和14名优秀党务工作者获得国资委表彰“两优一先”先进集体和个人。2016年，乌海电业局变电管理处团支部等7个基层团组织获得全国和自治区五四红旗团组织。8人分别荣获全国青年商位能手、全国优秀青年志愿者、自治区青年五四奖章和自治区五四荣誉称号。11项青工创新成果获得首届全国质量创新大赛奖项。

（撰稿人：娜日斯）

国网内蒙古东部电力有限公司

【概况】 国网内蒙古东部电力有限公司(简称国网蒙东电力)是国家电网公司的子公司，负责内蒙古东部赤峰、通辽、兴安、呼伦贝尔4盟市电网的规划建设、运营管理、调度交易工作，承担着内蒙古境内特高压工程的前期协调、建设管理任务。国网蒙东电力本部设置22个部门，有7家业务支撑和实施单位、4家盟（市）供电公司，供电面积47万平方公里，供电服务人口1160万。2016年，完成固定资产投资93.1亿元。其中：完成电网投资89亿元；投产66千伏及以上线路2615公里，变电容量741万千伏安；全社会用电量536.35亿千瓦时；完成售电量280.4

亿千瓦时,同比下降2.82%;外送电量487.5亿千瓦时,同比下降1.14%;电费回收率100%,连续8年实现100%;市场占有率65.84%,同比下降6.84个百分点;综合线损率8.18%,同比下降0.10个百分点。国网蒙东电力先后获得国家电网公司文明单位、内蒙古自治区"五一劳动奖状"、自治区"百佳诚信企业"等荣誉。

【电网建设与发展】 国网蒙东电力以实现"五型电网、先进公司"为发展目标,全力推动特高压工程建设。纳入大气污染防治计划的锡盟—山东、蒙西—天津南工程建成投运,锡盟—胜利工程顺利竣工,锡盟—泰州工程率先实现省内全线贯通。以建设特高压配套、电铁供电和农网改造升级工程为投资重点,加快推进各项电网工程建设。扎鲁特—青州、上海庙—山东工程如期开工,有序推进华润京能五间房电厂等特高压配套项目;通辽电铁供电13项工程全部竣工,呼伦贝尔滨洲电铁15项工程全面开工。与自治区人民政府签署合作协议,按照"两年攻坚战"实施目标,全面开展井井通电、小城镇(中心村)、村村通动力电等工程建设,全年完成839个小城镇(中心村)电网改造、11 055眼机井通电任务,治理"低电压"台区9030个。推进自治区"十个全覆盖"工程建设,新建风光互补设备3812套,解决无电户3848户,涉及人口10 674人。截至2016年末,蒙东地区新能源装机1033万千瓦、占地区总装机35%,发电量166亿千瓦时、占地区网供电量54.37%。新开工500千伏扎哈淖尔等62项工程,开工交流线路2597公里、变电容量511万千伏安;新投产500千伏开鲁等138项工程,投产交流线路2615公里、变电容量741万千伏安,网架结构进一步优化。特高压及配套工程快速推进,"一交三直"(锡盟—胜利、锡盟—泰州、上海庙—山东、扎鲁特—青州)特高压线路工程按计划开工并加快建设;国家《大气污染防治行动计划》中的"两交"(锡盟—山东、蒙西—天津南)特高压工程建成投产,正式发挥工程建设经济、社会、环境效益,也标志着内蒙古正式迈入特高压时代。扎鲁特特高压配套工程开工建设,魏家峁电厂500千伏送出工程建成投运。上海庙—山东特高压直流输电线路(内蒙古段)、岭东500千伏变电站2项工程获得国家电网公司安全质量管理流动红旗。

【经营管理】 截至年底,资产总额412.99亿元,同比增加31.04亿元,增长8.13%;负债总额332.99亿元,同比增加40.86亿元,增长13.99%;所有者权益79.99亿元,同比减少9.82亿元,降低10.93%;净资产收益率-15.61%,同比下降8.35个百分点;资产负债率80.63%,同比增长4.14个百分点;国有资本保值增值率85.24%,同比下降7.48个百分点。采取预调预控和增收节支措施,预算执行考核;精准投资、有保有压,加强项目可研经济性和财务合规性审核。开展存量借款结构和利息水平分析,合理控制融资规模。开展输配电价测算和亏损电网企业输配电价机制研究,超前谋划输配电价改革试点工作。定期对工程竣工、结算、预转资、决算、报告编制、正式转资情况梳理,查摆竣工决算中存在的问题,推动竣工决算及时完成;深化应用电网基建工程标准成本,强化预算管控,项目竣工决算金额较概算下降16%;开展资产数据清查,梳理整改存在问题;开展工程历史遗留问题治理,在建工程项目由年初1871个下降为337个,下降率82%。建立"五棵树"试点协同工作机制,全面参与"五棵树"试点建设;全面部署应用资金全方位监控平台,高分通过营财一体化验收;开展会计基础管理达标工作,9家单位全部通过国家电网公司评审;开展"两金"压控工作。

完成各类审计项目共1141项,提出审计建议529条,审计效益同比提升68.30%。完成任期经济责任审计、营销专项审计迎审任务,分别完成国家审计署行政政法司、审计署太原特派办、沈阳特派办、哈尔滨特派办以及自治区审计厅等对国网蒙东电力开展的专项审计或延伸审计工作。开展工程“三全”审计(全内容、全覆盖、全链条)创新实践,一键式生成审计申请、审计通知、结(决)算审计报告、管理建议书、问题整改清单、考核评价表,对涉及工程的14个管理链条。有1项成果正在参加第23届全国企业管理现代化创新成果评审,并通过专家组的第二轮审定;另1项成果正在参加国家电网公司管理创新成果评审。具有自主知识产权的工程“三全”审计平台,已成功申请国家专利。1篇论文正在中国内审协会参加评审、2篇论文在中文核心期刊发表、5篇论文获自治区内审协会理论研讨奖项。

完成实现物资计划闭环管控与刚性管理,构建业扩工程物资供应快速响应机制,拓展零星工程与服务框架采购,提高采购效率和规范性,全年共组织开展52个批次的招标及非招标采购工作,物资采购计划完成率99.69%,物资集中采购率100%,物资类采购电子商务平台应用率100%,省公司公开采购率99.12%,远程异地招标采购率55.94%,节资率9.35%,物资合同履约完成率99.99%。特高压工程物资得到及时可靠供应,质量监督覆盖率100%。

探索“1+4”协同工作模式(领导小组宏观统领、四个主体专业职能到位的),建立“日沟通、周会商、月总结”机制,借鉴江西、重庆经验成果,认真研究、主动参与电力体制改革工作。推进4家旗(县)公司“子改分”试点工作(县级供电公司由子公司模式改为分公司模式,简称“子改分”)。印发实施操作指引、工商登记作业指导书和专项工作方案,建立周报评价和垂直督导工作机制,完成全面启动和分公司注册阶段工作任务。坚持“三到位、三规范、三必须”工作原则,提前1个月完成57户集体企业改革任务,总体进度在国网系统位列第5位。

形成从项目储备、计划下达、设计评审、开工建设到竣工验收较为完整的项目管理模式,各环节管理更加规范和专业。建立国网蒙东电力非生房产数据库,修编“十三五”小型基建规划。完成扎兰屯片区检修用房购置等小型基建项目,解决一线生产单位面临无房过冬等问题。呼伦贝尔供电公司承担了央视春晚分会场保电任务,后勤系统为一线保电员工提供优质保障,确保完成保电工作。

开展地市运监业务评价。先后印发《关于下发2016年盟市供电公司常态开展监测分析业务清单的通知》《国网蒙东电力盟(市)运监中心常态工作要求及考评细则》。完成电力设施保护费、客户申校计费电能表流程、交费渠道应用情况3项新监测业务设计;验证84项主题、4项专题业务测试。

完成电力交易机构组建。内蒙古东部电力交易中心有限公司成为国网系统成立的第7家省级电力交易机构,并率先实现机构、人员、工作“三到位”。国网蒙东电力合理观点和意见在《内蒙古自治区电力体制改革综合试点方案》等方案中得以采纳。通过电力交易平台组织开展9批次直接交易,成交电量78.11亿千瓦时,占售电量比例28%,降低企业用电成本约9.7亿元。加快推进交易规范运行,落实《国家电网公司直接交易用户业务办理规则(试行)》。围绕“保三争一”目标,制定印发对标提升方案。认真开展指标数据收集、汇总、审核及报送工作。组织召开指标分析会4次。修订盟(市)对标指标体系。举办专题培训、工作调研、座谈会。申报国家级成果1项、国网公司10项、自治区级18项。7篇管理论文获全国电力企业优秀管理论文大赛一等奖1项、二等奖2项、三等奖4项。转发宣贯国网新颁技术标准123项,通用制度45项,宣贯率100%。开展岗位匹配、流程梳理、“五位一体”实践案例征集工作。举办国网蒙东电力首届QC成果发布竞赛。27项成果、5个集体、8个班组、12名个人分别在国网、水电行业、自治区、全国奖励。组织参加“信用电力”等活动。

【安全生产】 锡林郭勒盟、鄂尔多斯两座特高压变电站均一次带电投运成功，国网蒙东电力进入特高压时代。“一站两换”“一交三直”工程生产准备、技术监督、人员培训正有序进行。着力打造适合国网蒙东电力大地理跨度的特高压运检“3326”管理体系(确保“运行稳定、设备可靠、检修快速”3个目标,突破“跨度大、分布散、辖区外”3个障碍,采用“以技术换空间,以管理换时间”2条路径,重点强化6项原则,即“业务衔接零缝隙，抢修资源零公里，缺陷处理零延时,远程管控零死角,年度检修零隐患,人员培养零起点”)。在电铁供电项目集中验收投运情况下,调整检修计划,完成检修预试,完成500千伏9基紧凑型铁塔常规化防舞改造,“三跨六防”排查治理隐患4478项，安装间隔棒1753支、限位防舞拉线16处,加装防鸟针18万支;排查治理变电站防误闭锁隐患471项、直流系统隐患1648项、鸟害隐患57处,加大配农网建设和升级改造力度。完成2016年第一批农网改造升级工程和赤峰、通辽配网自动化建设任务。PMS2.0顺利通过国网公司验收并在配抢APP应用和部分精益管理模块应用上得到高度好评。牵头组织完成国网公司级生产技改大修工程量清单计价规范(送审稿)。技术监督以2个专项(竣工验收阶段专项、金属专项)为抓手,发布预(告)警单24份,整改问题39项,处理隔离开关触头存在镀银层厚度不达标或以镀锡、镀锌代替镀银情况。认真落实各级人员安全职责,未发生人身安全事件,实现安全年。推进本质安全建设,实施“一标双控”安全风险管控模式,本质安全建设管理创新项目获国家电网公司重大管理创新成果二等奖,国网蒙东电力一等奖。科学安排电网运行方式,建立电网、建设安全风险预警预控机制,发布电网运行风险预警151项,发布施工安全四级风险预警9项。组织开展春秋检安全大检查,国网蒙东电力领导带队,分片包干,对各类作业现场进行检查,发现、整改问题161项。吸取江西丰成电厂、七台河景有煤矿、赤峰宝马矿业等重特大人身事故教训,对各类在建工程、重要用户开展全面隐患排查治理，落实人身事故防范措施，全面排查整改各类隐患6415项。深入推进资产全寿命周期管理体系常态运行和深化应用，顺利通过国网公司监督评价。修编完成省公司、地市公司大面积停电应急预案，配合国网辽宁电力开展三省一区协调联动应急演练，为特高压交直流开工现场提供应急卫星通信保障。圆满完成春晚呼伦贝尔分会场、春节、两会及迎峰度夏期间保供电工作。

【科技与信息化】 完成研究开发项目28个,信息项目87个,通信项目120个,项目计划完工率100%。共荣获省部级及以上科技奖励12项。申请专利87项,其中发明专利47项。“电气设备性能及电网稳定控制实验室”获批内蒙古自治区企业重点实验室。实现科技信通专业同业对标进位2名。获评国家电网公司信息通信运行优秀单位、安全督查工作优秀单位,两次获得信息通信建设管理流动红旗。获评国网公司信息化建设优质项目1项、国网公司新技术创新发展行动计划优秀成果三等奖1项。获国网信息通信运维调考团体第16名,获东北区域信息安全攻防竞赛第一名。

全面启动SG-ERP3.0建设，完成全业务数据中心大数据平台部署实施，开展云资源管理系统和网络虚拟化试点项目建设。完成“5棵树”试点项目方案验证并开展数据清理。完成数据通信网优化整合改造一、二阶段建设,首家实现与国网数据通信骨干网跨域对接。完成IMS行政交换网核心系统建设。

【优质服务】 电网蒙东公司、盟市及旗县分别成立以党政主要负责人为组长的优质服务领导小组,统筹处理重大服务事项。深入开展“无投诉供电企业”创建活动,服务压力层层传递到最基层,投诉处理质量大幅提升,客户诉求一次解决率99.39%,属实性认定错误问题基本消除。

(撰稿人:张涛　陈慧昱)

内蒙古自治区盐业公司(盐务局)

【概况】 内蒙古自治区盐业公司(盐务局)以下简称自治区盐业公司(盐务局)是“一套机构、两块牌子”的自治区直属国有独资企业和经费自理的自治区事业法人单位。负责全区2500万人口的食盐市场管理和盐政执法工作，承担着食盐加碘、消除碘缺乏危害的社会责任和国有资产保值增值的责任。自治区盐业公司(盐务局)下设14个全资子公司，在10个盟市设盐业公司(盐务局),在82个旗、县、市区设有82个配送中心(盐务局),在锡林郭勒盟额吉淖尔有20万吨/年真空精制盐场、呼和浩特远通公司有3.5万吨/年畜牧用盐生产线一条。

自治区盐业公司(盐务局)在国内宏观经济形势下行、盐改新政出台,行业经营面临严峻形势的情况下，以持续不断地改革和强化管理为抓手,调结构,拓市场,促提升,保持了企业经济运行基本稳定。全年销售盐品26.25万吨;实现营业收入6.12亿元。其中,非盐收入实现5895.5万元;实现利润4415.45万元;上缴税金8336.74万元。年末资产总额8.44亿元。

【盐品经营】 自治区盐业公司(盐业局)将产品升级、品牌建设有机结合。“母亲湖”牌大青盐获批中国地理标志证明商标，成为中国盐业生产企业中唯一一家获得此标志的企业，开创了盐业获批地理标志产品的先河。“黑河”牌舔块产品通过中国标准有机农业生产资料评估证明和欧盟标准有机农业生产资料评估证明，荣获绿色食品生产资料证明商标。品牌塑造为内蒙古盐业产销一体、可持续发展提供新的增长动力和竞争优势。食盐种类达到6个品类90多个品种,形成梯次结构。涵盖海盐、井矿盐、湖盐,既有碘盐、各种腌制盐等普通食盐,也有精纯盐、竹盐等中高档食盐,还有低钠盐、无碘盐等功能食盐。食盐品种多样,供应充足,价格基本稳定。目前,全区食盐市场供应充足,品种丰富,秩序稳定。碘盐覆盖率、合格碘盐食用率99%以上,均高于全国平均水平。

【渠道建设】 顺应市场形势发展，持续打造直达配送为基础,自营店、电商平台相融合的三位一体营销网络,掌控市场终端,实现渠道增值。同中国石油内蒙古公司签署战略合作协议,共享渠道资源、配送服务,扩充商品供应链,互利共赢。不断提升供应链集成服务能力和水平。不断扩大自营店、加盟店、合作店、店中店等构造的渠道网络。积极开展线上线下链接连锁经营,大力推动电商平台建设。利用成熟的应用技术,量身定做出符合公司实际的电商平台—盐宝,向“传统国企+互联网”创新模式转型。

【市场监管】 自治区盐业公司(盐务局)持续加强盐业市场管理。调增盐政编制,配备新的盐政执法车辆,核增执法经费,会同工商、公安、食药监、质监等相关部门联合执法,对盐业市场进行专项治理和整顿，确保盐业市场健康稳定和食盐安全。全区出动盐政执法人员6.1万人次,检查销售网点17.2万个，用盐单位3.67万个,发放宣传资料47.47万份。查获涉盐违法案件1209起;查获违法盐产品1702吨。

【项目建设】 年产20万吨真空精制盐项目顺利投产,奠定了产销一体、可持续发展的基础,自治区盐业公司(盐业局)出产的天然、绿色、健康的“母亲湖”牌大青盐,质量达国标优级标准,投放市场后反响良好，促进了自治区制盐工艺水平提升。远通公司3.5万吨畜牧用盐生产线技改扩能顺利完成,产能国内最大,产品质量大幅提高。积极推进房地产资源开发利用,对赤峰、呼伦贝尔、兴安盟等地盐业配送中心仓库、沿街房产进行定向性结构改造、功能性再造，增加2867.97平方米经营性资产,用于出租,形成持续稳定的新的经济增长点。

【结构调整】 立足提质增效,推进营销转型。拓展生存空间,多元经营。自治区盐业公司(盐业局)发挥现有销售网络、渠道作用,与陕西西凤集团、北京山接水连国际贸易公司、中盐国本、贵州盐业总公司、阿尔山矿泉水厂等企业进行战略合作,采取“集中采购、各地分销”和“因企制宜,自主选择”等方式,大力发展商贸流通业务。经销系列特色产品、日常用品、洗化用品、粮油食品等四大类近100个品种,增加盈利空间,改变经营单一的局面,解决领域单一的问题。

【改革发展】 继续深化三项制度改革,优化人力资源配置,压缩机关编制,充实一线,精简辅助用工和临时用工168人。自治区盐业公司召开党政联席会议,研究《自治区盐业公司(盐务局)2016年度督察督办工作任务分解表》,讨论通过《内蒙古自治区盐业公司职能部门绩效考核办法》,落实2016年重点推进工作任务,进一步完善公司绩效考核办法。全面实施零基预算管理,严控费用支出,生产企业全面推进定额管理,降低生产成本。持续优化薪酬分配机制,降低基薪,提高提成比例,细化奖励提成方案,分板块、区域、品种进行考核分配,任务细化到人,多劳多得,不劳不得,充分发挥薪酬分配的激励和导向作用,激发企业活力。加强信息化对管控的支撑。发挥以财务业务为核心的ERP系统在集团管控上的动态监测预警作用。每月对各项关键指标进行分析和监控,下发通报,管控经济运行。完成人力资源管理模块(包括薪酬模块)搭建,实现全系统范围内的人事数据共享、数据标准化和人事管理工作规范化。按照国务院《盐业体制改革方案》要求,配合自治区发展改革委员会、经济和信息化委员会等部门围绕盐改重点工作任务,开展专题调研,形成《内蒙古自治区盐业体制改革实施方案》。

【党建和精神文明建设】 坚持“围绕经济抓党建、抓好党建促经济”总体思路,探索创新企业党组织活动内容、方式,从严从实抓党务建设,为改革发展助劲添力。发挥党委政治核心作用。将“两学一做”学习教育和形势任务教育相结合,宣传引领聚合力。结合盐业体制改革和国企改革形势,紧扣企业年度目标任务,科学开展形势任务教育及宣传引领工作。引导广大员工以积极的心态正确应对即将变化的形势,变压力为动力,上下同欲,攻坚克难。压实“两个责任”,全面从严治党。始终把纪律和规矩挺在前面,推动全面从严治党向基层延伸,正本清源。发挥纪检监察部门、审计部门和职能部门“三重监督”作用,围绕重点项目、重点工程和重点领域进行监督。通过党委带动、纪委推动、行政行动,公司大宗物资采购和实物资产处置均通过内蒙古产权交易中心实行阳光采购和进场交易。物资采购节资率平均14%以上。着力压缩行政支出、非生产性费用,差旅费、办公费同比下降22%、39.5%。营造厉行节约,反对浪费,清白做人,干净做事,风清气正的良好环境,凝聚了公司改革发展的正能量。

【‘盐宝’电商平台项目正式立项】 自治区盐业公司召开党政联席会议,专题研究公司借助互联网之力,打造电商、传统渠道和实体门店融合的全渠道电子商务平台项目构建情况。公司领导班子成员及总部机关副处级以上干部参加了会议。“盐宝”电商平台项目正式立项,并确定以元泰公司为基础平台和实施主体,呼和浩特、包头、赤峰3家盐业公司为试点单位。

【与重庆盐业集团签署战略合作框架协议】 自治区盐业公司党委书记、董事长张良在公司本部会见重庆盐业集团党委书记、董事长刘克林一行5人。自治区盐业公司、重庆盐业集团深化合作、携手发展,本着诚信、互利、共赢的原则签署战略合作框架协议。签约前双方就企业经营管理、改革发展的相关举措进行全面互动交流。自治区盐业公司副总经理林长安、工会主席马青山及有关部门负责人参加座谈。

【出台《自治区盐业体制改革实施方案的通知》】

内蒙古自治区人民政府印发《自治区盐业体制改革实施方案的通知》以下简称《方案》,《方案》指出从2017年1月1日开始,放开所有盐产品价格,取消食盐准运证,允许现有食盐定点生产企业在履行告知程序后,以自有品牌进入流通销售领域。《方案》要求,进一步加强食盐监管专业化建设,实施盐务局、盐业公司政企分开。撤销自治区各级盐业公司加挂的盐务管理局牌子,将盐业行业管理职能划入地方各级人民政府授权的盐业主管机构,食盐质量安全管理、监督职能划入同级食品药品监管部门。盐务局现有人员,人随事走,增加相应编制,相关经费纳入同级财政预算。

【荣誉】 自治区盐业公司被评为“内蒙古自治区诚信企业”“最具社会责任感企业”称号;被自治区国有资产监督管理委员会(以下简称国资委)评为年度业绩考核A级企业并获“业绩优秀企业奖”。自治区党委宣传部、总工会、工商联、国资委授予内蒙古自治区盐业公司为全区“最具社会责任感企业”称号。

(撰稿人:郑祯)

华宸信托

【概况】 华宸信托有限责任公司(以下简称华宸信托公司)内设办公室、人力资源部、党群工作部、计划财务部、合规管理部、风险管理部、审计稽核部、信托业务创新部、信托业务一至五部、信托营销部、资产管理部、投资管理部、北京综合管理部,共16部1室,其中信托业务三部设在青岛;信托业务四部、投资管理部、北京综合管理部设在北京;其余部室均设在呼和浩特本部。截至年末,共有在职员工96人,平均年龄为40.92岁。学历分布情况:博士3人,占在岗员工总数的3.12%;硕士研究生39人,占在岗员工总数的40.63%;大学本科37人,占在岗员工总数的38.54%;大学专科12人,占在岗员工总数的12.50%;中专及以下5人,占在岗职工人数的5.21%。

2016年,华宸信托公司全年实现营业收入9390万元,实现利润总额2192万元,实现净利润3687万元;截至年末,管理信托资产总额95亿元,年内新增信托项目12个,募集资金861 670万元,兑付信托项目59个,兑付信托资金856 860万元,分配受益人收益67 572万元。

【增资扩股】 为提升华宸信托公司资本实力和抗风险能力,缩小行业差距,华宸信托公司于年初重新启动增资扩股工作,并加强与自治区国有资产管理委员会、中国银监会内蒙古监管局等主管、监管部门的请示,积极联系各股东单位以及拟入股新战略投资者,完成专项审计、评估工作,并按照向自治区国资委上报增资方案。

【业务拓展】 华宸信托公司根据外部经营环境和行业监管环境,将业务重心从集合类信托业务向单一类信托业务转变,由重收入向收入规模一起抓转变。同时,组织各信托业务部门开展研讨,深入了解国家产业政策走向和较为前沿的新型信托业务,并结合自治区实际,不断完善项目交易模式、结构,在风险可控的前提下,贴近客户需求,推动产品创新,探索信托业务转型。同时多方联系,接触潜在客户,储备优质项目,变被动为主动,为下一步业务开展做好准备。

此外,华宸信托公司响应自治区关于支持包钢(集团)公司发展的号召,发挥作为信托公司的融资平台功能,公司主要领导亲自带队赴包钢(集团)公司就双方开展业务合作事宜进行洽谈,为包钢(集团)公司提供融资服务。截至年末,累计落实资金18亿元,有效缓解包钢(集团)公司的资金压力,助推包钢(集团)公司发展。

【行政管理】 年内,华宸信托公司针对自治区党委巡视组、各监管部门指出公司存在各项问题,多次召开专题会议,明确责任领导和责任部门,推进整改工作,并以此为突破口,对公司开展全面梳理,建立起完善、细致、有效的公司运行机制。结合各项整改工作的落实,公司内部基础工作水平得到提升。与此同时,公司根据不断变化的监管环境及实际工作需要,继续推进内控制度体系建设工作,年内共制定新制度20余项,修订原有制度50余项,并启动新一版内部制度汇编的编制工作,内容涵盖公司现行的公司治理、内部控制、风险、业务、财务、案防、反洗钱管理等多个方面共计140余项制度。截至年底,进行最后校对、印刷工作。同时,通过对绩效考核体系的完善,强化考核力度,充分发挥绩效考核的激励监督作用,有效促进各项制度的贯彻落实,确保公司各项工作在制度约束的轨道内规范开展。同时,公司继续探索建立和完善体现行业特点、与人才队伍相适应的市场化激励机制,优化调整分配结构,充分激发市场化业务人员的积极性,在公司关键时期吸引和留住优秀人才,保证业务稳健开展。截至年底,华宸信托公司业务部门市场化运行机制显现出一定效应,在主要业务被暂停的不利因素下,部分市场化信托业务部门仍然较好地完成年度预算任务,为公司经营业绩作出贡献。

【风险管理】 华宸信托公司继续着力提升风险管理水平,按季对自营资产进行五级分类,持续跟踪自营资产质量情况,确保公司整体风险可控。对于新增项目,公司加大事前审查力度,建立"初审—预审—决策"的审查流程,层层把关有效地从源头上控制风险。对于存续项目,严抓后续管理,加大监控力度,组织人员开展全面风险排查工作、项目风险评级工作和年度贷后检查工作,尽早发现风险隐患,及时采取有效措施,最大程度控制风险。

【《中华人民共和国反洗钱法》颁布实施10周年宣传活动】 9月3日,华宸信托公司积极响应人民银行呼和浩特中心支行号召,由总经理甄学军带队在内蒙古自治区博物院广场开展以"《中华人民共和国反洗钱法》颁布实施10周年——预防洗钱活动、打击洗钱犯罪、维护金融秩序"为主题的反洗钱现场宣传活动。

【荣誉】 3月15日,华宸信托公司被评为"内蒙古自治区直属机关、企事业单位2011—2015年定点帮扶兴安盟工作先进单位",公司党群工作部副主任杜东方被评为"驻村优秀帮扶干部。5月,华宸信托公司合规管理部经理助理朱宏登被授予内蒙古自治区"五一劳动奖章"。6月,华宸信托公司在内蒙古卓越金融奖评选活动中被评为"2016最具潜力财富管理机构"。9月,华宸信托公司在第五届内蒙古最佳企业公民活动中被评为"2016·内蒙古最佳企业公民"。

(撰稿人:刘建宇)

内蒙古森工集团

【概况】 2016年,内蒙古森工集团(林管局)贯彻落实国家和自治区的政策要求,以国有林区改革统领全局,加强生态保护建设,推进基础管理工作,全力保障和改善民生,扎实开展党建创新活动,各项事业取得了新进展。2016年,剔除各项政策性支出实现净利润19 184万元,较2015年增加13 713万元,同比增长251%;净资产收益率3.31%,较2015年增长2.28%;替代产业收入50 586万元,较2015年增长0.44%,超额完成内蒙古自治区国资委下达的经营业绩考核指标和各项经营任务。获得自治区国资委监管企业2015年度A级企业和2013—2015年度任期业绩优秀企业奖。林业生态功能区范围内,活立木总蓄积88 115.8万立方米,较2015年增长2033.6万立方米,涨幅2.36%。全面完成国家天保工程二期实施方案2016年度工作目标。

【森林资源管理】 巩固天然林全面停伐成果,封存调整采伐生产设备4331台(套),分流安置富余职工1.65万名;全部停止天然林采伐调查和采伐证业务办理,严格木材运输加工管理,160家木材经营加工单位"木材经营加工许可证"持证率100%。开展森林资源执法专项打击行动,查处林业行政案件 4445 起,涉案及行政处罚 3411 人次。健全森林管护三级责任体系,对 966.49 万公顷林地全部落实管护责任,管护责任落实率 100%,做到"人员、标志、地块、责任、奖惩"五落实。

【森林经营】 完成年度各项森林经营任务,其中完成人工造林 2006.67 公顷,为全年计划的 100.3%;完成补植补造 18 020 公顷,为全年计划的 100.1%;完成森林抚育 36.75 万公顷,为全年计划的 100%;完成育苗生产 136.63 公顷;完成义务植树 28.74 万株。开展林区小城镇人居环境综合整治工程,完成景观绿化 1240 公顷,义务植树 28.74 万株,种花种草 12.75 万平方米。乌尔旗汉林业局被国家林业局确定为人工林可持续经营试点单位。2016 年,完成经营面积 1404.27 公顷,消耗蓄积 40 167.6 立方米。

【森林保护】 共发生森林火灾 11 起,过火总面积 789.4 公顷,受害森林面积 770.9 公顷,森林受害率 0.09‰,当日灭火率 100%,秋季防火实现"零火灾"。完成有害生物防治面积 16.52 万公顷,林区有害生物成灾率 2.99‰,无公害防治率 95.25%,测报准确率 90.6%,种苗产地检疫率 100%,全部达到国家林业局有害生物防治"四率"指标。根河源湿地公园建设通过国家验收,正式成立;绰尔林业局雅多罗国家湿地公园通过专家考察,获得国家林业局试点建设批复。截至 2016 年年底,林区国家级省部级自然保护区、湿地公园、森林公园(含试点)28 家,总面积 177.3 万公顷,占生态功能区总面积 16.6%。经联合国教科文组织"人与生物圈计划"国际协调理事会第 27 届会议决定,内蒙古大兴安岭汗马国家级自然保护区被正式确定为世界生物圈保护区,成为中国第 33 个世界生物圈保护区网络成员。11 月 20 日,第 18 届中国生物圈保护网络大会,为汗马保护区颁发了证书。国务院印发《关于同意新增部分县(市、区、旗)纳入国家重点生态功能区的批复》,将内蒙古大兴安岭 19 家林业局全部纳入国家重点生态功能区范围。

【国有林区改革】 全面推进国有林区政企分开。与呼伦贝尔市人民政府签署计生、社保、住房公积金、供电 4 项职能移交协议,完成计生、住房公积金职能和业务交接,供电职能管理得到明确。完成供暖、供水、物业和市政环卫职能移交属地工作,共移交账面资产 6.76 亿元,人员 4411 人。内蒙古森工集团(林管局)与兴安盟行政公署在阿尔山林业局签署计生、社会保障、住房公积金移交协议。对内蒙古森工集团及下属森工公司所属的石油、浆纸、矿业、外贸、旅游等经营性企业进行改革,其中 6 家企业与当地政府签署移交协议,涉及账面国有资产 12.67 亿元,职工 2194 人;1 家企业实施国有资产进场挂牌转让,挂牌价 646.13 万元,成交价 1213.43 万元,增值率 87.8%。乌尔旗汉林业局人工林可持续经营试点挂牌。

【民生改善】

提高职工收入　按照 10%幅度为职工增加工资,在岗职工人均年工资由 2015 年的 40 327 元提高到 45 539 元,工资兑现率 100%。按照呼伦贝尔市事业单位标准调整职工住房公积金,职工住房公积金比例由工资总额的 6%提高到 12%。

完善社会保障体系　完成混岗集体职工身份认定工作。2016 年,审核认定混岗集体职工 53 500 人,办理社保关系移交属地 52 250 人,缴费参保 2.95 万人,其中 1.3 万人办理了退休手续。开展审批和发放天保工程一次性安置人员社保补贴工作,累计审批通过 74 395 人,发放补贴资金 8.6 亿元。争取呼伦贝尔市失业保险扶持政策,18 家林业局共争取稳定就业岗位社会保险补助资金 1415 万元。加大困难职工帮扶力度,2016 年各级党委、工会组织、领导干部个人通过送温暖、结对帮扶、金秋助学、大病救助等方式,共计发放帮扶救助资金 1630.32 万元,帮扶困难职工 19 047 户、19 368 人次。

开展民生工程建设　扎实推进棚户区改造工程，2016年计划建设23 006户，开工23 006户，开工率100%；包括2015年结转，共建成26 667户。经统计，自2009年林区开展棚改改造工程以来，内蒙古森工集团（林管局）累计完成棚户区改造17.1万户，其中新建8.7万户，维修改造6.7万户，货币补偿1.7万户，林区职工住房条件整体改善。全力推进自治区“十个全覆盖”与城镇人居环境综合整治工程，对68个林场进行调整建设，其中32个林场将居民撤并到中心城镇，36个林场按标准化林场进行规划建设。加大危旧房改造力度，2016年共计拆除“板夹泥”等危旧房3.37万户，新建房屋514户，维修3792户；完成街巷硬化322公里，老旧线路改造36 709米；清运生活和建筑垃圾33.7万吨，绿化植树36.2万棵，改善了林区职工生产生活条件和城镇面貌。

【企业管理】

项目管理　编制完成《内蒙古大兴安岭重点国有林区林业发展“十三五”规划》。2016年，共申报生态保护、基础设施、棚户区改造等各类项目84个，获批60个，批复总投资8.78亿元。林区防火应急道路建设方案获得国家批复，首批下达2016年中央预算内投资计划3600万元；莫尔道嘎、毕拉河航空护林机场建设纳入全国森林防火规划和自治区通用航空建设“十三五”规划草案，为林区通用航空建设打下基础。

财务管理　推行全面预算管理，严格预算的刚性约束，按照保工资、保生产、保重点建设项目的原则，严格监控资金使用，压缩管理费用和“三公”经费，保证生态建设和事业发展的正常资金需求。

【人事任免】　1月5日，内蒙古大兴安岭林区干部大会在牙克石召开，会议宣布自治区党委、政府关于森工集团（林管局）领导班子调整的决定：张晓兵任内蒙古森林工业集团有限责任公司、大兴安岭林管局党委书记，提名任内蒙古森林工业集团有限责任公司总经理、大兴安岭林管局局长。10月24日，内蒙古森工集团（林管局）党委召开会议，宣布自治区党委关于森工集团（林管局）领导班子工作安排的决定：张晓兵到巴彦淖尔市工作，不再担任森工集团党委书记、总经理和林管局局长职务；暂由森工集团（林管局）党委副书记陈佰山主持森工集团（林管局）党委和行政工作。

【三河马新类群认定】　9月19日，三河马新类群——大兴安岭马认定会在呼伦贝尔市召开，经与会专家组研究考证，认定大兴安岭森林马为三河马新类群。

（撰稿人：袁红民　张亮）

工 业 园 区

呼和浩特经济技术开发区

呼和浩特经济技术开发区（以下简称开发区），始建于1992年，2000年7月被国务院批准晋升为国家级开发区。开发区规划总面积按240平方公里，已建成区面积40平方公里，常住人口22万人，由6个经济功能区、1个托管镇组成，分别是：沙尔沁工业区、如意工业园区、金川工业园区、国家级呼和浩特出口加工区、白塔空港物流园区、国家级留学人员创业园，行政托管土默特左旗沙尔沁旗。2016年，工业总产值381.54亿元，税金31.89亿元。

呼和浩特经济技术开发区承载着区域经济建设和发展新兴产业的主战场、改革的试验田、对外开放的窗口、科技自主创新的孵化器、发展绿色低碳环保节能产业的生态文明区、统筹城乡发展和社会管理创新惠民示范区的重要职能。开发区已形成绿色食品业、保健食品产业、电力产业、生物医药产业等四大支柱产业。截至年底，园区入驻企业2590家，从业人员2.1万人。

呼和浩特出口加工区

呼和浩特出口加工区是自治区唯一的国务院批准设立的海关特殊监管区域，2002年6月21日经国务院批准设立，规划面积2.21平方公里，2007年7月通过国务院九部委联合验收并于2008年1月封关运行，已开发建设1.038平方公里。呼和浩特出口加工区具有保税加工、保税贸易、保税物流功能。可开展加工贸易、国际贸易、转口贸易、国际采购、国际分拨、保税仓储、商品展示、检测维修、研发等业务，能够为区内外企业提供报关、货运代理、物流、港口操作、通关等服务。2016年工业总产值1.24亿元，税金0.03亿元。

园区逐步形成以光伏材料、通信传输材料为主导保税物流为辅的产业新格局。截至年底，园区入驻企业31家，从业人员700人。

内蒙古呼和浩特金桥经济开发区

内蒙古呼和浩特金桥经济开发区创建于1999年9月，2001年12月11日，内蒙古自治区人民政府（以下简称自治区政府）批准呼和浩特金桥经济开发区为自治区级开发区。2004年，内蒙古自治区建设厅批准金桥开发区总体规划。2005年3月7日，内蒙古自治区工业办公室批准呼和浩特金桥经济开发区为自治区重点工业园区。2007年，国家发展和改革委员会第六号文公告，批准呼和浩特金桥经济开发区为省级开发区，“呼和浩特金桥经济技术开发区”更名为“呼和浩特金桥经济开发区”。2016年，工业总产值358.4亿元，税金129.6亿元。

经过十几年的发展，金桥开发区已形成以石油化工产业、光伏材料产业为主的两大主导产业，以卷烟、电力、印刷、新型建材为主的四大支柱产业。截至年底，园区入驻企业57家，就业人数1.3万人。

内蒙古呼和浩特金山高新技术产业开发区

内蒙古呼和浩特金山高新技术产业开发区于2002年3月开始启动建设,2003年升格为内蒙古自治区级开发区,2011年成为自治区高新技术产业开发区。2013年,国务院批准为国家级高新技术产业开发区。开发区北区建成面积18平方公里。几年来,通过高起点规划和大规模投入,开发区基础设施日趋完善,北区已实现“八通一平”。2016年,园区工业总产值65.48亿元,税金11.8亿元。

经过十几年的发展,开发区着力引进科技型、环保型、生态型项目,基本形成以乳业、化工、装备制造、电力、物流、新材料六大产业为主导,兼有建材、包装、光伏信息、生物医药、农牧业产业化等产业,并建有金融、商住、学校及科技城的现代化综合园区。截至年底,园区入区企业88家,就业人数0.68万人。

内蒙古呼和浩特鸿盛工业园区

内蒙古呼和浩特鸿盛工业园区于2001年1月经呼和浩特市人民政府批准成立,位于呼和浩特市东客站东北部,总体规划面积11平方公里。2003年,获自治区级(省级)乡镇企业科技示范园区。2006年4月被国家发改委批准为自治区级(省级)开发区。2009年3月,由工信部确定为“呼包鄂”地区信息化和工业化融合创新实验基地。2016年,园区工业总产值9.68亿元,上缴税金5.64亿元。

园区逐渐形成五大特色领域。新材料领域:塑料光纤研发与应用项目、F-12高强度有机纤维研发与应用项目、碳纳米—富勒烯研发与应用项目、抑爆材料研发与应用项目等。电子信息领域:中国联通云计算项目、TCL光电模组整机一体化项目、畜产品网上交易平台项目、消费信息数据中心项目、海芯设施农业物联网研发与应用项目等。生物科技领域:干细胞研发与应用项目、熙源生物科技研发与应用项目、α-亚麻酸研发与应用项目等。新技术领域:介电电泳技术研发与应用项目、煤炭在线检测平台项目、计量测试研究院项目等。文化创意领域:国家民族文化创意产业基地项目、草原豆思动漫基地乐园项目、国家画院项目等。截至年底,园区入区企业310家,就业人数0.6万人。

内蒙古呼和浩特金海工业园区

内蒙古呼和浩特金海工业园区位于自治区首府呼和浩特市城区西部,是回民区政府在原呼和浩特钢铁厂旧址基础上整体规划、改造、建设的工业园区。2002年,由呼和浩特市人民政府批准设立,是回民区政府“十一五”期间发展工业经济的重要平台。2006年8月,自治区政府正式批准金海工业园区为自治区级开发区,9月国家发展改革委员会予以公示批准,是自治区49个保留开发区(园区)中唯一在市区内原有工业用地上建立的园区。园区规划面积1.57平方公里,现已开发建成面积0.92平方公里。园区“两横六纵”道路、绿化及管网等基础设施正在建设中,绿色羊绒云商产业中心已经启动园区旧厂房改造建设工作正在有序进行。2016年,工业总产值5.9亿元,上缴税金0.08亿元。

园区着力发展电子商务等现代服务产业,全力打造国家、自治区电子商务示范基地和自治区云应用产业中心。截至年底,园区入区企业38家,就业人数0.32万人。

内蒙古呼和浩特裕隆工业园区

内蒙古呼和浩特裕隆工业园位于呼和浩特市西南呼托公路2.5公里处,2000年启动实施,

2006年被正式批准为自治区级开发区。2016年工业总产值39.64亿元,税金2.12亿元。

园区周边36平方公里规划成为呼和浩特市沿黄沿线工业发展集中区,实现了给水、排水、供电、供暖、天然气、通信、邮政、有线电视、道路、公交车“十通一平”。

园区可划分为六大产业集群，分别是以机械制造及配套产品加工为主的装备制造产业；以玉米深加工及配套产品生产为主的生物发酵产业；以非金属矿物资源开发利用为主的新型建材产业；以绒毛资源开发利用为主的纺织服装产业；以农畜产品加工利用为主的食品加工产业;以药材资源开发利用为主的生物制药业。在这基础上根据沿黄沿线总体规划，未来定位为:以高新技术、都市工业、装备制造及现代服务业为主导的科技创新新区。截至年底,园区入区企业65家,就业人数0.62万人。

内蒙古托克托工业园区

内蒙古托克托工业园区始建于2003年,是自治区级高新技术产业园区、循环经济示范园区和自治区劳动关系和谐工业园区，园区被农业部评为“全国农产品加工创业基地”,被科技部评为“国家火炬计划呼和浩特生物发酵特色产业基地”,被自治区党委、政府授予“内蒙古工业十强开发区”。园区已发展形成煤电、冶金、生物制药等循环产业链条。2016年，工业总产值470.73亿元,税金14.99亿元。截至年底,园区入区企业49家,就业人数0.95万人。

内蒙古和林格尔经济开发区

内蒙古和林格尔经济开发区原名盛乐经济园区,始建于1999年5月,先后晋升为自治区级开发区，全国乡镇企业科技开发区和自治区级高新技术工业开发区。2006年9月,国家发改委批准更名为内蒙古和林格尔经济开发区。开发区的区位、交通优势得天独厚,是呼和浩特市市区向南拓展的重要区域。开发区基础设施日趋完善,达到“七通一平”的建成面积24.8平方公里。2016年，工业总产值187.3亿元，税金11.9亿元。

园区形成以乳制品加工业、包装产业、肉制品加工业、饮品加工业、羊绒加工业、高技术沙棘产业、畜牧高技术产业等为主的七大产业支柱。截至年底,园区入区企业55家,就业人数1.6万人。

内蒙古武川经济开发区

内蒙古武川经济开发区(以下简称园区)属正处级建制的自治区级工业园区，位于呼和浩特市武川县境内（104省道呼—武公路段28公里处)。园区2002年10月开始筹建,2004年全区开发区整合、撤销工作中核准保留,2006年5月被自治区政府批准为自治区级开发区。2016年,工业总产值6.28亿元,税金0.18亿元。

园区总体规划面积5.41平方公里，已建成面积3.5平方公里,实现了“八通一平”。园区“三大产业支撑”,即:水泥建材、金属冶炼、有机肥业。截至年底,园区入区企业25家,就业人数0.16万人。

包头稀土高新技术产业开发区

包头稀土高新技术产业开发区成立于1990年,1992年被国务院批准为国家级高新区,是内蒙古自治区国家级高新技术产业开发区，是全国唯一以“稀土”冠名的高新技术产业开发区。由建成区、滨河新区、希望园区三部分组成,规划面积150平方公里，建成面积80平方公里，基础设施建设累计投资32.2亿元,实现了“八通一平”。

开发区以稀土产业、新能源装备、有色金属加工和高新技术产业为主导产业。截至年底，园区入区企业6358家，就业人数4万人。2016年，工业总产值1155.87亿元，上缴税金23.61亿元。

内蒙古包头铝业产业园区

内蒙古包头铝业产业园区位于包头市东河区境内。2003年4月，经国家环保总局批准创建。2006年，自治区政府审定保留以铝的深加工产业为特色，多元产业集聚发展的新型生态工业园区。铝业园区是全国获正式批准建设的国家级生态工业园区；是环保部确定的全国循环经济示范园区；是自治区确定的10个沿黄沿线西部经济带重点工业园区和自治区双百亿工程重点园区之一；也是包头市大力发展“钢铁、铝业、装备制造、电力、煤化工、稀土”六大支柱产业的铝产业基地。2016年工业总产值566亿元，上缴税金12.4亿元。

园区“三大工业支撑”，即铝产业、高端装备制造业、物流业。重点打造“三大产业链群”，即铝及铝深加工产业集群，以铁路轨道装备为特色的高端装备制造产业集群，大型现代物流业集群。截至年底，园区入区企业136家，就业人数3.4万人。

内蒙古包头九原工业园区

内蒙古包头九原工业园区位于包头市九原区哈林格尔镇境内，2006年由自治区政府批准设立为自治区级工业园区。2010年，园区被自治区政府列为沿黄河沿交通干线经济带重点园区。2011年，九原工业园区完成营业收入115亿元跻身自治区百亿园区行列，被自治区评为“沿黄沿线经济带优秀园区”和“第六批工业循环经济试点示范园区”。2016年，工业总产值371.5亿元，上缴税金13.5亿元。

园区规划总面积77.86平方公里，其中工业用地53平方公里。截至期末，完成园区总体规划，园区的承载能力显著提升。园区努力构建四大产业集群，煤化工产业集群、钢铁精深加工产业集群、新材料产业集群以及铝镁产业集群。截至年底，园区入区企业128家，就业人数1万人。

内蒙古包头石拐工业园区

内蒙古包头石拐工业园区位于包头市石拐区境内。2001年5月，经市政府批复同意建立。2006年，自治区政府批准设立为高载能工业园区。2009年，经自治区政府批准成为自治区循环经济试点示范园区。2016年，工业总产值156亿元，税金1亿元。

工业园区总体规划面积60平方公里，已建成面积3平方公里。园区以“硅镁合金产业链、特钢产业链、煤炭综合利用”三条产业链为主导，即“硅铁—镁合金—镁合金应用产品”“钢铁—特种钢—板材、棒材”“煤炭—煤炭深加工—煤焦油综合利用”产业链条。截至年底，园区入区企业89家，就业人数0.68万人。

内蒙古包头装备制造产业园区

内蒙古包头装备制造产业园区是于2006年开始建设的新型特色产业园区，也是自治区政府和兵器工业总公司协议建设的全区重要装备制造基地。2010年，自治区政府批准升级为自治区级产业园区，。2016年，工业总产值839.24亿元，税金9.4亿元。

园区近期规划面积为45平方公里，远期规划为70平方公里，园区包括建成区、新建区和新规划区三部分，实现“八通一平一厂两站”。

园区围绕基地产业发展定位，经过近几年

的建设和培育,园区初步形成重车装备、新能源装备、铁路装备、综采装备、机电装备、工程装备等6大主导产业集群。截至年底,园区入区企业550家,就业人数5.8万人。

内蒙古包头金山工业园区

内蒙古包头金山工业园区位于包头市固阳县金山镇境内,2009年5月,固阳县委、县政府开始着手规划建设包头金山工业园区。同年12月30日，获包头市人民政府批准正式成立。2012年，自治区政府批准升级为自治区级工业园区，园区共分为金属镁生产及镁合金深加工区、钢铁初级产品生产加工区、中小企业生产区和物流园区等功能区。园区基础设施项目一期按照20.5平方公里规划建设,重点实施了道路、给排水管网、绿化、通信、电力、燃气、中水、热力等基础设施工程,具备了“九通一平”条件。2016年,工业总产值99.2亿元,税金2.5亿元。

园区主导产业包括镁和镁的深加工，钢铁初级产品生产加工及水泥建材等配套产品。截至年底,园区入区企业31家,就业人数0.7万人。

内蒙古包头金属深加工园区

内蒙古包头金属深加工园区位于包头市昆都仑区境内。2007年,由昆区区委、区政府规划建设包头特钢产业园区,2011年,经自治区政府批复，将园区名称更名升级为包头金属深加工产业园区。2016年,工业总产值595亿元,上缴税金21.1亿元。

园区已建成区20平方公里，初步形成钢铁、不锈钢、稀土冶炼、物流四大优势产业集群,并已具备年产生铁200万吨、钢160万吨、不锈钢40万吨、不锈钢钢坯35万吨、不锈钢热轧钢带30万吨、不锈钢装饰管12万吨、碳酸稀土8万吨、稀土氧化物2万吨，年钢材吞吐300万吨、化工产品100万吨的能力。截至年底,园区入区企业292家,就业人数5.8万人。

内蒙古包头达茂巴润工业园区

内蒙古包头达茂巴润工业园区始建于2004年。2007年12月经包头市编办审批。2008年2月，达茂巴润工业园区党工委和管委会正式挂牌成立。2012年,自治区政府批准升级为自治区级工业园区。2016年,工业总产值110亿元,上缴税金1.6亿元。截至年底，园区入区企业13家,就业人数0.26万人。

巴润钢铁原料加工贸易园，依托巴润西矿8.9亿吨高品位铁矿石储量,已形成1500万吨/年的采矿能力和450万吨/年铁精粉的选矿能力,承接包钢铁精粉、稀土前端产品加工等转移搬迁项目,建设包钢最大的钢铁原料生产基地。

巴音敖包新型化工建材循环经济园，依托已探明储量22亿吨石灰石、600万吨萤石、4.2亿吨磷矿以及珍珠岩等矿产资源，重点发展水泥、醋酸乙烯、电石、冶金石灰、轻质碳酸钙、氟化工、磷铵、珍珠岩无机保温耐火材料等产业,建设包头市山北地区最大的新型化工建材基地。

白彦花煤电化循环经济园，依托白彦花煤田56亿吨煤炭资源优势,实现就地转化与异地转化(土右旗煤转化项目)相结合,延伸产业链,以煤炭开采、洗选、火力发电、煤炭深加工和物流仓储为基础，建设包头市大型煤电化一体化发展能源综合开发基地。

内蒙古察哈尔工业园区

内蒙古察哈尔工业园区成立于2006年,位于乌兰察布市中心城区，是经自治区人民政府批准的自治区级工业园区，也是自治区沿黄沿线经济带重点工业园区之一。察哈尔工业园区位于蒙晋冀三省交界处,地处京津冀、环渤海、呼包鄂经济圈结合部，是连接东北、华北、西北三大经济区的重要节点，为整个华北地区货运、仓储、物流产业的发展提供了有力支撑。园区总规划面积70平方公里。2016年，开发区工业总产值150.9亿元，税金4.8亿元。

察哈尔工业园区按照“产业集聚、产城融合”的发展模式，初步形成“一区五园”的发展格局，即以华为云计算、中信国安等信息产业为主的乌兰察布中关村科技产业园；以储能新材料为主的白海子工业园；以传统装备产业升级新项目为主的装备制造产业园；以佳辉为核心企业的新能源和新材料产业园；以食品精深加工创新性企业为主的食品工业园。截至年底，园区入区企业49家，就业人数1.1万人。

内蒙古准格尔经济开发区

内蒙古准格尔经济开发区是1999年10月由自治区人民政府批准成立的省级经济开发区，位于鄂尔多斯市准格尔旗中南部，地处晋陕蒙三省交界核心地带，具有近水、近电、近路的区位优势。准格尔经济开发区是自治区重点工业开发区、自治区工业十强开发区、自治区营业收入超百亿园区。开发区规划控制面积65.9平方公里，已建成面积12.1平方公里，基本实现“九通一平”。2016年，工业总产值341.8亿元，税金25.4亿元。

按照2006年国家发改委第三批省级开发区审核公告，准格尔经济开发区主导产业为电石、煤炭深加工、高岭土加工。根据产业转型发展实际，开发区重点发展陶瓷、高岭土、乙炔化工、机械制造、农副产品加工等非煤产业、民生产业，着力发展劣质煤分级综合循环利用等特色产业、新兴产业。截至年底，园区入区企业111家，就业人数1.2万人。

内蒙古达拉特经济开发区

内蒙古达拉特经济开发区位于达拉特旗府所在地正南6.5公里处，是自治区政府2001年批准成立，后经国家发改委核准的自治区级开发区。2008年，鄂尔多斯市人民政府对全市工业园区进行规范调整，规范调整后的达拉特开发区管辖区域为亿利PVC工业区、农畜产品精深加工区和王爱召—三垧梁工业区，核定面积73平方公里。2008年被自治区党委、人民政府确定为“内蒙古工业十强开发区”；2011年被确定为自治区“双百亿工程”重点开发区。截至2016年年底，工业总产值360.4亿元，上缴税金9.8亿元。

开发区重点培育壮大具有竞争力的五大产业集群：一是化工产业集群，煤化工方面已形成60万吨的甲醇产能、在建甲醇产能90万吨，氯碱化工方面已形成40万吨PVC的生产能力，在建PVC产能40万吨。二是建材产业集群，建成陶瓷生产线9条，在建32条；在建低辐射镀膜玻璃830万重箱、浮法微晶玻璃30万平方米，建成PVC深加工产能13万吨，在建规模20万吨。三是冶金产业集群，建成氧化锆产能3.6万吨；在建氧化铝80万吨，规划建设400万吨；规划建设电解铝180万吨；规划建设铝板带箔50万吨；规划建设铝型材50万吨；规划建设铝铸锻材20万吨；建成新长江高纯铝4.2万吨，在建电子铝箔6万吨、腐蚀化成箔1.26万吨；规划建设镍当量深加工6万吨。四是光伏产业集群，规划建设5 GW的光伏产业基地，一期工程1GW太阳能多晶硅铸锭项目已开工建设。五是煤电产业集群，建成电力装机容量414万千瓦，年内计划开工建设达电五期2×100万千瓦，“十二五”电力总装机容量规划达到1000万千瓦。截至年底，园区入区企业101家，就业人数1.5万人。

内蒙古鄂托克经济开发区

鄂托克经济开发区位于鄂尔多斯市棋盘井镇，鄂托克经济开发区于2001年4月经自治区政府批准后开始建设，2003年正式运行。鄂托克经济开发区是内蒙古西部重要的能源重化工基地，是自治区呼包鄂“大金三角”经济区的重要组成部分。2003年被列为自治区20个重点工业园区之一，2013年被国家发改委和财政部确定为国家循环化改造示范试点园区，2014年11月，成为国家首批低碳产业园区试点园区。园区核准面积8平方公里，总人口8.2万人。2016年，工业总产值826.8亿元，税金14亿元。

园区已形成煤炭、电力、冶金、化工、建材五大主导产业基础上，实现以煤化工（煤—电—焦—油气—化工）、氯碱化工（石灰—电石—PVC/PVA—建材）、硅化工（硅石—铁合金—多晶硅—单晶硅）和天然气化工（天然气—合成氨—尿素）四大产业链条为主导，基本实现工业的清洁、环保、循环和规模化、集约化生产。截至年底，园区入驻企业499家，从业人员9.1万人。

内蒙古鄂尔多斯高新技术开发区

内蒙古鄂尔多斯高新技术开发区即原东胜经济开发区，是自治区政府于2003年1月8日批准设立的自治区级开发区。开发区总体规划面积100平方公里，分“三期、三园、两个片区”进行开发建设。即一期10平方公里、二期10平方公里、三期30平方公里、三园（植物园、动物园、游乐园）共20平方公里、吉劳庆片区25平方公里、游乐园北片区5平方公里。园区建成面积60平方公里。2016年，工业总产值0.26亿元，实现税金0.31亿元。

园区围绕“以产促城、以城带产、产城一体、产城联动”的发展思路，发展特色餐饮、商贸流通、金融服务、电子商务、休闲娱乐、科技教育等服务产业，扶持羊绒、酿酒等传统产业新型化，健康养生养老产业规模化，实现片区互融互动、产业多元发展，逐步形成布局合理、多元发展、多极支撑、辐射带动性强的产业发展格局。截至年底，园区入区企业286家，就业人数0.26万人。

内蒙古鄂尔多斯苏里格经济开发区

内蒙古鄂尔多斯苏里格经济开发区位于鄂尔多斯市乌审旗境内。1999年开始筹建，2001年被内蒙古自治区政府批准为自治区级开发区。2011年，乌审旗人民政府将境内的4个园区进行扩区整合，纳入开发区实行一体化管理。开发区下辖“一个基地、三个工业园区”，分别为毛乌素沙漠治理产业化示范基地（原苏里格经济开发区）、乌审召工业园区、图克工业园区和纳林河工业园区。2016年，工业总产值247.4亿元，税金8.5亿元。

园区着力打造自治区新型煤化工产业示范基地、鄂尔多斯天然气清洁生产加工转化基地及鄂尔多斯风积沙产业综合开发示范基地。着力构建现代煤化工产业、精细化工产业、清洁能源三大主导产业，培育壮大新材料产业、装备制造产业、新能源产业三大连续产业，积极发展现代服务业、互联网产业两大配套产业的新型产业体系。截至年底，园区入区企业47家，就业人数0.97万人。

内蒙古鄂尔多斯上海庙经济开发区

内蒙古鄂尔多斯上海庙能源化工基地是2001年经自治区政府批准设立的自治区级开发区，规划面积66.5平方公里。基地位于蒙、陕、宁三省区交界处的上海庙镇境内，交通便利。上海庙煤田储量大、煤质好、地质构造简单，煤炭资源分布面积4000多平方公里,探明储量142亿吨,预计远景储量500亿吨以上。水资源支撑条件好,基地距离黄河直线距离15公里。2016年,工业总产值160.77亿元,实现税金3.8亿元。

园区"三大主导产业",构建煤炭、煤电、煤化工三大产业链,形成"煤为基础、电为支撑、化为主导"的循环产业集群。截至年底,园区入区企业19家,就业人数0.88万人。

内蒙古巴彦淖尔经济技术开发区

内蒙古巴彦淖尔经济开发区位于巴彦淖尔市临河区境内。1992年,经自治区政府批准设立临河经济技术开发区。2004年,经自治区政府批准更名为巴彦淖尔经济技术开发区。2006年,国家清理整顿后,更名为巴彦淖尔经济开发区。2010年,被自治区确定为沿黄沿线重点工业集中区(园区)之一。2012年,被国务院批准设立为国家级经济技术开发区。2016年,工业总产值308.3亿元,税金2.49亿元。

开发区已初步形成农畜产品加工、生物制药、化工、冶金和装备制造、电力、建材等六大产业集群。截至年底,园区入区企业164家,就业人数1.97万人。

内蒙古杭后工业园区

内蒙古杭后工业园区位于巴彦淖尔市杭锦后旗境内。2002年开始筹建,2006年由自治区政府批准为自治区级工业园区。2008年,杭锦后旗人民政府将境内的2个工业园区进行扩区整合,纳入杭后工业园区,实行一体化管理。其运行模式为"一区两园"即包括陕坝工业园和蒙海物流加工园。2016年工业总产值152.1亿元,税金2.44亿元。

园区"四大支柱产业",即酒类酿造产业、农畜产品加工产业,化工冶炼,煤炭洗选产业。"三大产品链群",即以河套酒业集团为龙头,延伸产业链条及发展相关产业形成的酒类酿造产业链群,以屯河河套公司为龙头,以番茄为原料的一系列产品综合加工形成的番茄加工产业链群;以河套木业公司和天赐木业公司为龙头,以木材为原料,形成各类木板、模板及成品家具为链条的木材加工链群。截至年底,园区入区企业86家,就业人数1.71万人。

内蒙古磴口工业园区

内蒙古磴口工业园区位于巴彦淖尔市磴口县境内。2003年开始筹建,2004年全区开发区整合、撤销工作中核准保留,2006年被自治区人民政府批准为自治区级开发区。2011年被自治区政府列为全区第六批循环经济示范园区。2016年工业总产值53.8亿元,税金2.1亿元。

园区"五大产业支撑"。即:以发展农畜产品深加工,莎草产业为重点农畜产品加工产业;以热电联产、水电、太阳能光伏发电、风电的电力产业;以铬盐、烧碱、芒硝等为主进行技术创新,提高产品品质,延长产业链和煤制气的化工产业;以洗煤、粉煤灰制砖的建材产业;以液化天然气、加液站建设,重点引进LNG重型卡车装配厂及与之配套的关联企业的装备制造产业;以建设物流中心、危化物流的物流综合服务产业。截至年底,园区入区企业61家,就业人数0.56万人。

内蒙古巴彦淖尔市
甘其毛都口岸加工园区

内蒙古甘其毛都口岸加工园区是巴彦淖尔市2003年规划的口岸工业基地一体化发展战略的重化工基地,位于距离甘其毛都口岸160公里的巴彦淖尔市乌拉特中旗德岭山镇。2010年,被自治区政府列为沿黄沿线经济带重点工业园区。2011年12月,自治区政府批准为自治区级工业园区。2016年,工业总产值91.23亿元,税金1.06亿元。截至年底,园区入区企业32家,就业人数0.24万人。

内蒙古乌拉特后旗工业园区

内蒙古乌拉特后旗工业园区位于巴彦淖尔市乌拉特后旗境内。2008年正式组建,2012年被自治区政府批准为自治区级工业园区。2016年,工业总产值97.12亿元,税金7.5亿元。

开发区"三大主导产业",即有色金属冶炼加工产业、化工产业、新能源产业。"三大配套产业"即装备制造产业、新型建材产业、现代物流产业。"四大产业集群",即有色金属冶炼加工产业集群,新能源产业集群、建材物流产业集群、化工产业集群。截至年底,园区入区企业46家,就业人数0.6万人。

内蒙古乌拉特前旗工业园区

内蒙古乌拉特前旗工业园区位于巴彦淖尔市乌拉特前旗先锋镇境内。乌拉特前旗工业园区于2006年开始建设,2010年园区被自治区政府确定为沿黄沿线重点工业园区之一。2016年,工业总产值61.2亿元,税金2.1亿元。

乌拉特前旗工业园区充分发挥区位和水资源优势,依托现有新湖集团、包钢集团两大龙头企业项目建设基础,重点发展冶金及下游产业、氯碱化工循环经济产业、新型煤化工产业。截至年底,园区入区企业70家,就业人数0.4万人。

内蒙古乌海经济开发区

内蒙古乌海经济开发区位于乌海市境内。开发区是在1998年8月自治区政府批准的乌海高耗能工业区基础上建立的。之后,乌海市陆续又成立海南西来峰工业园区、海勃湾千里山工业园区、低碳产业园区3个工业园区,初步形成"一区四园"发展格局,其中海勃湾、乌达及海南工业园区均是自治区级循环经济示范园区。2016年,工业总产值387.21亿元,税金25.42亿元。

乌海经济开发区以能源、化工、建材、钢铁及特色冶金为主导产业。截至年底,园区入区企业382家,就业人数5.2万人。

内蒙古阿拉善经济开发区

内蒙古阿拉善经济开发区地处中国西部"呼—包—银—兰"经济带和鄂尔多斯—乌海—阿拉善"小金三角"交会点,位于阿拉善盟阿左旗乌斯太镇境内。开发区于1997年8月起步建设。2002年被内蒙古自治区人民政府批准为自治区级工业园区。2016年,工业总产值385亿元,税金8.63亿元。

开发区已构建起以盐化工、煤化工、精细化工、光伏产业和绿色生态产业为主导的循环经济格局,实现由传统的资源加工利用向科技创新型、集约型、现代化新型工业的转变,产业多元的格局正在形成。截至年底,园区入区企业357家,就业人数1.74万人。

内蒙古策克口岸经济开发区

内蒙古策克口岸经济开发区于1992年经内蒙古自治区人民政府批准为季节性开放口岸,2009年1月12日,策克口岸实现中蒙双边性常年通关。2010年4月,自治区政府审核通过《策克口岸总体规划》,总规划面积48平方公里,其中工业用地4.6平方公里。2012年5月,自治区政府批准成立自治区级口岸经济开发区。将原策克口岸—赛汉陶来加工工业园规划分为策克口岸经济开发区和赛汉陶来加工工业区。2016 年，工业总产值 4.45 亿元，税金 3.44 亿元。

策克口岸经济开发区规划的工业项目以口岸过境资源的落地加工业为主，主要是依托过境丰富的煤炭资源，发展煤化工产业，逐步形成煤炭深加工与循环经济产业发展园区，将策克口岸建设成为国家战略资源加工基地。截至年底，园区入区企业 20 家，就业人数 0.05 万人。

内蒙古腾格里工业园区

内蒙古腾格里工业园区位于阿拉善盟阿左旗腾格里额里斯镇所在地。2009 年 2 月，在原旗级腾格里精细化工园区的基础上成立盟级腾格里工业园区。2012 年被内蒙古自治区政府批准为自治区级工业园区。2016 年，工业总产值 34 亿元，税金 1.4 亿元。

园区企业以硝系、萘系、苯系、煤化工、冶金原料为主要原料进行深加工。腾格里境内水资源及芒硝、盐、铁、煤、石膏、陶土、石墨等矿产资源储量丰富，大宗开采利用的矿产主要有盐、硝、铁、陶土、石膏等。地下水资源年可供开采量 2600 万立方米。截至年底，园区入区企业 33 家，就业人数 0.16 万人。

呼伦贝尔经济技术开发区

呼伦贝尔经济技术开发区位于呼伦贝尔市境内。2012 年由原呼伦贝尔工业园区、呼伦贝尔经济开发区、陈旗工业园区、海拉尔产业基地整合成立。2012 年国务院批准设立为国家级经济技术开发区，开发区沿海拉尔河横跨海拉尔区和陈巴尔虎旗，下辖海东项目区、谢尔塔拉项目区、陈旗项目区，2016 年工业总产值 619.66 亿元，上缴税金 70.56 亿元。

开发区建设八大产业即：煤电化产业、冶金加工产业、生物制药产业、装备制造产业、农畜产品深加工产业、高新技术产业、新型建材产业、现代生产性服务产业；构筑三大基地即：循环经济产业示范基地、中小企业创业基地、对俄蒙经贸加工基地。截至年底，开发区入驻企业 232 家，从业人员近 3.05 万人。

内蒙古阿荣旗工业园区

内蒙古阿荣旗工业园区位于呼伦贝尔市东南部。园区始建于 1999 年，2002 年 9 月被呼伦贝尔市人民政府批准为市级工业园区，2006 年 4 月被自治区政府批准为自治区级工业园区。园区规划面积 26 平方公里，已建成面积 4.82 平方公里。2016 年，工业总产值 115.27 亿元，税金 1.76 亿元。

园区培育和引进了内蒙古蒙西集团、天津中敖集团、北京洛娃集团、奈伦集团等一批域外知名企业，初步构建乳、肉、豆、薯、水泥等主导产业，基本形成农畜产品精深加工、支农支牧和矿产资源开发三大工业体系。截至年底，开发区入驻企业 32 家，从业人员近 0.38 万人。

内蒙古呼伦贝尔岭东工业园区

内蒙古呼伦贝尔岭东工业园区位于扎兰屯市区东南端，筹建于 2002 年 5 月，2003 年 7 月经自治区政府批准为自治区级开发区。2003 年和 2009 年先后被认定为内蒙古自治区高新技术特色工业产业化基地和第二批全国农产品加工创业基地。2011 年，岭东工业开发区进入自治区“双百亿工程”重点培育建设的 28 个重点开发区（园区）行列，并于 9 月份被列为第一批国家农业产业化示范基地。2016 年，工业总产值 225.58 亿元，税金 2.83 亿元。

园区规划面积 6.7 平方公里。2010 年，新增工业用地面积 40 平方公里，现完成开发建设约 3 平方公里。园区形成以淳江油脂、百业成酒精、嵩天薯业、金丝猴食品、冰海肉食、长征饮料、蓝林食品等为主导和主体的食品工业体系，以玖龙兴安浆纸集团为代表的浆纸和纸制品工业体系，以松鹿制药、宏裕科技为代表的医药化工工业体系，以北疆水泥、全兴不锈钢、成茂木业、同德木业为代表的建材和木材工业体系，以阜丰集团为代表的生物化工工业体系。截至年底，开发区入驻企业60家，从业人员近1.01万人。

内蒙古莫力达瓦工业园区

内蒙古莫力达瓦工业园区成立于2002年，位于呼伦贝尔市莫力达瓦达斡尔族自治旗尼尔基镇南郊。2006年被国家发改委和自治区政府审核批准为自治区级工业园区。2016年，工业总产值33.7亿元，税金1.9亿元。

园区以高新技术产业为支撑，以绿色农畜产品精深加工为主导产业，以酒、肉、豆、米、乳、药等农畜产品加工为主导的工业基地，形成产业集群。以轻工食品、能源、化工建材、机械、电子、服装、和环保产业为突破，现代物流服务业协调发展的集科研、生产、商贸为一体的科技型生态园区。截至年底，园区入驻企业18家，从业人员0.38万人。

内蒙古乌兰浩特经济开发区

内蒙古乌兰浩特经济开发区园区始建于2002年，2003年3月被自治区政府批准为自治区级开发区，2010年被自治区政府确定为全区循环经济试点园区。开发区位于乌兰浩特市城区东南部，规划面积21.24平方公里，建成区面积为5平方公里。开发区建成以来，累计投入资金40亿元用于企业建设和基础设施配套，现建成区土地全部收储完毕并实现“七通一平”。2016年，工业总产值90.7亿元，税金20.7亿元。

开发区建成以来，始终以打造“绿色、环保、节能、循环”新型工业化园区为目标，突出“一区三园”建设，坚持大小企业并重，以绿色农畜产品加工为主导产业，截至年底，园区入驻企业81家，从业人员0.75万人。

内蒙古兴安盟经济技术开发区

内蒙古兴安盟经济技术开发区位于兴安盟乌兰浩特市东南20公里，2011年被自治区政府批准为自治区级开发区。

开发区总体规划面积670.8平方公里，规划建设面积53平方公里，已建成面积12平方公里。园区重点发展化工（煤化工、玉米化工、精细化工）、电力能源、有色金属冶炼、机械加工制造、建筑材料五大产业，并打造循环经济产业园。截至年底，园区入驻企业3家，从业人员500人。

内蒙古科右前旗工业园区

内蒙古科右前旗工业园区始建于2007年5月，园区位于兴安盟科尔沁右翼前旗居力很镇境内，东临乌兰浩特市，南至居力很镇幸福路村，西达兴隆林场，北依前旗新址。2011年9月，经自治区政府批准设立为自治区级工业园区。2016年，工业总产值26亿元，税金0.84亿元。

园区规划用地面积45平方公里，已建成面积为15平方公里。园区重点发展农畜林产品、皮革服饰加工、中蒙药、机械制造、新型建材和电子信息服务等六大产业。截至年底，园区入驻企业71家，从业人员0.54人。

内蒙古科右中旗百吉纳工业循环经济园区

内蒙古科右中旗百吉纳工业循环经济园区是自治区级工业园区。2007年4月开始筹建，

2011年9月9日被自治区政府批准为自治区级开发区，按“一区二园”的空间布局规划建设。“一区”即百吉纳工业循环经济园区，二园即园区下设的两个工业分区—百吉纳化工及加工园区和哈日诺尔化工园区。园区总体规划面积44平方公里，已建成面积6.2平方公里。2016年，工业总产值22亿元，上缴税金1.1亿元。

园区“五大工业支撑”产业，即煤化工产业，煤炭洗、选、配产业，有色金属冶炼、非金属冶炼产业，新型能源及绿色食品深加工产业，区域性物流产业。“三大产品链群”，即以煤为原料发电及延伸加工的精细化工及其下游产品链群，以农副产品为原料的绿色食品综合加工产品链群；以有色金属冶炼、非金属冶炼为原料进行深加工的产品链群。截至年底，园区入驻企业23家，从业人员0.2万人。

内蒙古突泉循环经济工业园区

内蒙古突泉循环经济工业园区位于兴安盟突泉县东南部，距县城3公里，西邻省际通道，交通便利。2004年突泉县人民政府批准设立为县级工业园区，2011年经兴安盟行署批准升级为盟市级工业园区。2012年，自治区政府批准设立为自治区级工业园区。2016年，工业总产值38.1亿元，税金0.43亿元。

园区规划面积40平方公里，建成区面积11平方公里。园区初步形成生物质能、新型化工、农畜产品加工、建材、机械制造五大产业方向。截至年底，园区入驻企业58家，从业人员0.2万人。

内蒙古通辽经济技术开发区

内蒙古通辽经济技术开发区是2001年9月经自治区政府批准设立的自治区级开发区，享有县(市)一级经济社会管理权限，受托代管1个镇、4个街道办事处，共10万人口，辖区面积420平方公里。所处区位是东北和华北地区的交汇处，属东北经济区和环渤海经济区。2016年，工业总产值288亿元，税金8.4亿元。

开发区坚持新型工业与现代物流并重发展，同时兼顾社会项目的开发建设，着力打造“通辽市改革开放的前沿、新型工业化基地和经济发展的重要增长极、现代化新城区的产业支撑、城乡一体化的示范区”。初步形成煤化工、新能源装备制造、绿色农畜产品加工、电子信息、建材、能源原料等六个特色产业。截至年底，园区入驻企业218家，从业人员2.65万人。

内蒙古霍林郭勒工业园区

内蒙古霍林郭勒工业园区位于通辽市霍林郭勒市境内，于2002年12月经通辽市人民政府批准设立，2003年3月正式启动建设。2006年，经国家发改委核准并经自治区政府批准，晋升为自治区级工业园区。园区规划总面积65.87平方公里，已开发建成面积15平方公里。2016年，工业总产值532亿元，税金15.9亿元。

园区初步形成以能源产业为核心的煤炭、电力、冶金、化工四大产业集群和比较完整的煤电铝、煤电硅、煤化工循环产业链条，聚集了一批产业集中度高、技术装备水平先进、产业层次较高的企业和项目，形成特色鲜明、品种齐全、附加值高的特色产业。截至年底，园区入驻企业68家，从业人员1.65万人。

内蒙古科尔沁工业园区

内蒙古科尔沁工业园区于2005年经通辽市人民政府批准建设，包括东郊工业园和木里图工业园两部分，现已累计投入基础设施建设资金12亿元，东郊工业园达到“七通一平”的建设标准，木里图工业园达到“六通一平”的建设标准。2011年，自治区政府批准设立为自治区级工业园区，2007年，被评为自治区第一批循环经济示范园区；2010年，被工信部评定为国家级新型工业化农产品深加工产业示范基地。2016年，工业总产值422亿元，税金8.08亿元。

园区逐步形成“六大产业集群”，玉米生物科技产业、原铝及铝后深加工产业、绿色农畜产品加工产业、机械装备制造业、硅砂及新能源产业和医药产业。开发区总体规划面积47.8平方公里，已建成面积27.8平方公里。截至年底，园区入驻企业150家，从业人员4.26万人。

内蒙古开鲁工业园区

内蒙古开鲁工业园区位于内蒙古通辽市开鲁县城东南，2008年启动建设，园区规划面积22平方公里，建成区面积13平方公里。2011年，自治区政府批准升级为自治区级工业园区。也是自治区承接产业转移示范园区、工业循环经济示范园区和“双百亿工程”重点建设园区。2016年工业总产值353.68亿元，税金9.61亿元。

园区初步形成“六大产业”：入驻装备制造企业8户，形成集主机、叶片、塔筒、机舱罩、变频器、电控系统、构件、铸件等整装配套的风电装备制造产业。截至年底，园区入驻企业90家，从业人员2万人。

内蒙古赤峰高新产业技术开发区

内蒙古赤峰高新技术产业开发区始建于2002年，前身是赤峰红山经济开发区。2006年9月，经国家发改委核准，成为第八批通过国家核准的自治区级经济开发区。2017年2月由自治区政府批复更名为内蒙古赤峰高新技术产业开发区。2016年，工业总产值746.66亿元，税金8.81亿元。

开发区总体规划面积154.3平方公里，已建成面积46平方公里。开发区现已基本形成以冶金、化工、医药、机械装备制造为主导产业，以现代服务业、现代物流业和非金属加工业为辅助产业的产业发展格局。截至年底，园区入驻企业193家，从业人员2.9万人。

内蒙古赤峰松山经济开发区

内蒙古赤峰松山经济开发区位于赤峰市松山区境内。1992年开始筹建，1992年被自治区政府批准为自治区级开发区。2011年，松山区人民政府将境内的4个园区进行扩区整合，纳入开发区实行一体化管理。形成“一区四园”模式，四园包括：内蒙古赤峰信息科技产业园、夏家店中小企业创业园、原松山经济开发区，开发区重点发展内蒙古赤峰信息科技产业园区。2016年，工业总产值45.8亿元，税金3.2亿元。

开发区总体规划面积21.03平方公里，已建成面积3.23平方公里。重点发展产业是高端装备制造（新能源装备制造、汽车家电零部件制造、智能电网）、电子信息产业（集成电路、电子芯片）、食品加工业（肉食品加工）等。截至年底，园区入驻企业32家，从业人员0.38万人。

内蒙古林西工业园区

内蒙古赤峰林西工业园区位于赤峰市林西县境内。2001年开始筹建，2006年被自治区政府确定为自治区级工业园区。园区按“一园三区”发展模式进行扩区规划和建设，由冶金化工区、轻工制造区和食品加工区组成。2016年，工业总产值120.5亿元，税金1.4亿元。

园区总体规划面积31.87平方公里，已建成面积7平方公里。园区依托林西县资源优势、区位优势、产业发展基础较好优势，以打造赤峰北部地区重要的有色金属冶炼加工基地、农畜产品深加工基地和内蒙古东部地区最大的氟化工产业基地为目标，重点发展冶金化工、食品加工和轻工制造三大主导产业。截至年底，园区入驻企业 115 家，从业人员 0.94 万人。

内蒙古宁城经济开发区

内蒙古赤峰宁城经济开发区位于赤峰市宁城县境内。2003 年正式建设，2006 年被自治区政府确定为自治区级开发区。已形成“一区七园”的产业发展格局，即下设 7 个产业园区：汐子工业园、塞飞亚食品工业园、再生资源产业园、机械制造产业园、生物科技产业园、中京工业园、八里罕酒业园。2016 年，工业总产值 139.68 亿元，税金 0.84 亿元。

开发区总体规划面积 54.3 平方公里，已建成面积 7.9 平方公里。开发区主要以化工、建材、食品加工、固体废物回收利用、机械制造、生物化工、轻工纺织、白酒生产等产业为主。截至年底，园区入驻企业 89 家，从业人员 0.8 万人。

内蒙古喀喇沁经济开发区

内蒙古喀喇沁经济开发区位于赤峰市喀喇沁旗境内。2002 年开始筹建，2011 年 11 月被自治区政府批准为自治区级工业园区。喀喇沁经济开发区由和美工贸园、锦山工业园、乃林中小企业创业园、十家新型建材园、小牛群农畜产品加工园“五园”组成。2016 年，工业总产值 68.73 亿元，税金 1.33 亿元。

开发区总体规划面积 76 平方公里，已建成面积 12 平方公里。形成“三大工业支撑”和商贸物流，即铜冶金、氟化工、建材产业和商贸物流。截至年底，现已初步形成“热电联产—粗铜冶炼—铜电解—铜材深加工—氟化工—副产品开发利用”的铜循环经济产业体系，及以和美为主的商贸物流体系。年底，园区入驻企业 22 家，从业人员 0.74 万人。

内蒙古赤峰玉龙工业园区

内蒙古赤峰玉龙工业园区（以下简称园区）位于赤峰市翁牛特旗旗境内。2006 年开始筹建，2012 年被内蒙古自治区政府批准为自治区级工业园区，也是自治区最早确认的承接产业转移示范园区。玉龙工业园区南、北两区，在发展方向上各有侧重。2016 年，工业总产值 133.75 亿元，税金 2.2 亿元。

园区总体规划面积 36.68 平方公里，已建成面积 8 平方公里。园区产业以机械加工业，食品加工业及纺织服装业为主。截至年底，园区入驻企业 46 家，从业人员 1 万人。

赤峰市资源型城市经济转型开发试验区

赤峰市资源型城市经济转型开发试验区位于赤峰市元宝山区境内。2006 年 7 月成立，2010 年 12 月，被自治区政府批准为自治区级高新技术产业开发区。2016 年，工业总产值 61.85 亿元，税金 0.64 亿元。

开发区总体规划面积 80 平方公里，建成区面积 25 平方公里。园区确立了开发区煤化工、生物化工、装备制造三大主导产业，辅助现代物流，进而促成相关产业链条。截至年底，园区入驻企业 40 家，从业人员 0.35 万人。

内蒙古锡林郭勒经济技术开发区

内蒙古锡林郭勒经济技术开发区位于锡林郭勒盟锡林浩特市境内。开发区成立于 2001 年 5 月，同年 12 月由自治区政府批准为自治区级开发区。开发区成立时规划占地面积 18 平方公里。2002 年，开发区省道 101 线以北地块被纳入胜利煤田规划控制区，面积减少到13.6平方公里。2004年3月，自治区政府清理整顿开发区，面积核定为5平方公里。基础设施建设实现“七通一平一厂一站”。2016年，工业总产值110.62亿元，税金6.64亿元。

园区遵循循环经济发展理念，立足资源优势，围绕锗硅高新技术、农畜产品加工、装备制造、煤炭开发等领域，形成煤炭产业、畜产品深加工产业、锗深加工高科技产业、机械装备制造产业4个主导产业。截至年底，园区入驻企业86家，从业人员0.9万人。

内蒙古白音华工业园区

内蒙古白音华工业园区位于锡林郭勒盟西乌珠穆沁旗境内。2009年1月，白音华园区被先后认定为自治区第三批循环经济示范园区、自治区有色金属深加工产业集群区和自治区“双百亿工程”重点培育建设的工业园区。2012年4月，自治区政府同意设立自治区级锡林郭勒盟白音华工业园区。白音华工业园区规划总面积104.5平方公里，由工业区和综合服务区两部分组成。工业区规划面积76.57平方公里，已完成13.2平方公里开发建设，生活区规划面积27.63平方公里，已完成5平方公里开发建设。2016年，工业总产值112.58亿元，税金11.16亿元。

园区主导产业为以煤、电、冶炼为重点的有色金属及下游产品循环产业；以硅、氟、光伏为重点的新能源循环产业；以褐煤提质、改性及下游产品为重点的循环产业。截至年底，园区入驻企业42家，从业人员0.78万人。

内蒙古多伦新型工业化化工区

内蒙古多伦新型工业化化工区于2008年经锡林郭勒盟行政公署批复成立。2009年，被自治区政府列为自治区第三批工业循环经济试点示范园区；2011年4月被列为自治区“双百亿工程”重点培育建设园区之一；2012年被自治区政府批准为自治区级工业园区，规划占地面积40.5平方公里。基础设施日益完善，基本实现“七通一平”，为园区企业发展，产业集聚、项目入驻，提供了良好载体。2016年，工业总产值74.61亿元，上缴税金4.42亿元。

园区主要发展现代煤化工、化工新材料及制品、农畜产品深加工、建材、战略性新兴产业等五大主导产业。截至年底，园区入驻企业51家，从业人员0.53万人。

满洲里边境经济合作区

满洲里边境经济合作区是1992年3月经国务院批准设立的国家级开发区，区域总面积70.1平方公里，总人口8.09万人。合作区下辖一个工业园区，为满洲里进口资源加工园区，2006年国家发改委将其更名为满洲里工业园区。2016年，工业总产值103.84亿元，税金1.79亿元。

合作区以木材加工为主导产业。截至年底，园区入驻企业573家，从业人员1.85万人。

满洲里中俄互市贸易区

满洲里市中俄互市贸易区是1992年国务院批准设立的首家跨国界的国家级开发区，批准辖区总面积10万平方米（现商贸旅游区）。互市贸易区于1992年5月动工建设，在10万平方米的封闭区内已累计基础设施投入资金2.48亿元人民币，建成12万平方米商业设施和其他基础设施，具备了开通的条件。互市贸易区的辟建，为中俄双方毗邻边境地区的交往与合作带来良好的经济效益和社会效益，促进双边地区的共同繁荣和发展。2016年，工业总产值11亿元，税金0.06亿元。

园区积极推进出口加工产业集群、国际仓

储物流产业集群、商贸旅游产业集群等三大产业发展。并将逐步发展成为集旅游商贸、仓储物流、出口加工于一体的新的城市功能区。截至年底,园区入驻企业16家,从业人员0.15万人。

内蒙古满洲里国际物流产业园区

内蒙古满洲里国际物流产业园区位于呼伦贝尔满洲里市境内。原名内蒙古满洲里产业园区,是2003年自治区政府批准设立的自治区级园区。2014年,更名为内蒙古满洲里国际物流产业园区,规划面积30.38平方公里。其中,新国际货场14.98平方公里,进出口加工区9.79平方公里,查干湖景区5.63平方公里。

园区内基本上形成新国际货场、进出口加工区和查干湖文化景区功能专业的3个产业布局区。主导产业为物流产业。截至年底,园区入驻企业63家,从业人员621人。

内蒙古扎赉诺尔工业园区

内蒙古扎赉诺尔工业园区2004年成立,位于中国最大的陆路口岸满洲里市。2006年基地被内蒙古自治区确定为呼伦贝尔能源重化工基地的核心区之一。2012年,自治区政府批准为自治区级工业园区。2016年,工业总产值20.6亿元,税金3.41亿元。

基地总体规划面积29平方公里,已建成面积4平方公里。扎赉诺尔重化工业基地依托本地区煤、水组合优势及周边旗市丰富的矿产资源优势和毗邻俄、蒙口岸的进口资源加工优势,确定发展重点是煤炭、电力、化工、冶金、建材及其相配套的上下游产业,并形成各产业间相互促进带动的工业体系和与资源供给、环境容量、交通运输、市场需求相适应的产业结构。截至年末,园区入驻企业33家,从业人员1.37万人。

二连浩特边境经济合作区

二连浩特边境经济合作区是1993年6月经国务院特区办批准设立的国家级边境经济合作区,位于内蒙古自治区二连浩特市境内。批准启动面积为1平方公里,同年开始筹建。2004年,二连浩特市委、市政府为解决合作区发展空间和进口木材落地加工等问题,决定调整合作区规划面积,并将合作区扩大为两个功能区:出口加工区和口岸加工区,出口加工区以出口加工、商贸服务、仓储物流和旅游服务为主。口岸加工区位于市铁路以东,以木材加工、矿产品加工、建筑建材、煤炭资源和铁路物流为主。2016年工业总产值67.04亿元,税金0.35亿元。

园区以木材加工、矿产资源加工、建筑材料加工、畜产品加工为主导产业。木材加工主要产品为板材、集成材、刨光材、木地板家具等;矿产资源加工主要以加工铁精粉为主;建工建材主要生产水泥、环保砖、混凝土搅拌等。畜产品加工主要以无毛绒、毛毡、绒毛制品等。截至年末,园区入驻企业79家,从业人员0.14万人。

(撰稿人:李萌)

荣　　誉

内蒙古自治区五一劳动奖状名单

（共40个）

内蒙古正隆谷物食品有限公司
呼和浩特市土默特学校
内蒙古和盛生态育林有限公司
呼和浩特民族演艺集团有限公司
内蒙古第一机械集团有限公司精密设备维修安装公司
中核北方核燃料元件有限公司冶金研究所
包头市政务服务中心(公管办)
包头市泉山金矿有限责任公司
内蒙古汇豪镁业有限公司
内蒙古筑业工程勘察设计有限公司
呼伦贝尔驰宏矿业有限公司
内蒙古自治区兴安盟林业局
内蒙古玉王生物科技有限公司
通辽市百货大楼有限责任公司
通辽市科尔沁区第一人民医院
赤峰东黎绒毛制品有限公司
内蒙古金陶股份有限公司
内蒙古伊品生物科技有限公司
赤峰众联广场商务管理有限公司
二连瑞元实业股份有限公司
锡林浩特市石盾防盗门窗厂
燕京啤酒(丰镇)有限公司
乌兰察布市第二医院
内蒙古东达蒙古王集团有限公司
内蒙古星光煤炭集团有限责任公司
亿利资源集团有限公司

内蒙古陕坝农村商业银行股份有限公司
乌拉特中旗大公热力有限责任公司
陕汽乌海专用汽车有限公司
阿拉善经济开发区基础设施投资运营有限公司
内蒙古机电职业技术学院
中粮贸易内蒙古有限公司
内蒙古高等级公路建设开发有限责任公司巴彦淖尔分公司
中国邮政集团公司巴彦淖尔市分公司
大唐国际发电股份有限公司内蒙古分公司
国网内蒙古东部电力有限公司检修分公司
呼和浩特铁路局包头西车辆段
中国大地财产保险股份有限公司内蒙古分公司
内蒙古民航机场集团有限责任公司包头分公司
内蒙古自治区摔跤拳击跆拳道举重运动管理中心

内蒙古自治区五一劳动奖章名单

（共119名）

呼和浩特市（10名）

许红岩（女） 内蒙古伊利实业集团股份有限公司原奶事业部化验班组长

李文普 呼和浩特市公安局交通管理支队新城大队一中队指导员

包 良（蒙古族） 呼和浩特市城市管理行政执法局监察一支队副支队长

李一之（女） 呼和浩特市回民区通道街办事处三顺店居委 会党支部书记

冯当朝 内蒙古晶环电子材料有限公司车间主管

王志华（女） 内蒙古托克托县第一中学教师

包额尔敦朝克图（蒙古族） 呼和浩特市蒙医中医医院蒙医肝胆病科主任

阿布日固（蒙古族） 呼和浩特市蒙古族学校校长

姚 静（女） 呼和浩特市疾病预防控制中心科长

王旭东 内蒙古昆明卷烟有限责任公司总经理、党委书记

包头市（13名）

张云燕（女） 包头云龙骨科医院党支部副书记、护理部主任

王 琦 中核北方核燃料元件有限公司冶金研究所核燃料元件结构件加工实验室铣工

杨永臻 包头市英思特稀磁新材料股份有限公司技术部经理兼组件车间主任

张 宁（蒙古族） 内蒙古包钢钢联股份有限公司运输部区域技术主管

李 琦 内蒙古北方重工业集团有限公司工会副主席

七 月（女，蒙古族） 中国二冶集团有限公司工业工程技术公司经营部科长

赵力夫（满族） 包头市强制隔离戒毒所主任科员

梁建业（女） 包头师范学院教育科学学院

教师

李淑岚(女) 包头日报社总编辑

孙雅博(女,蒙古族) 内蒙古科技大学包头医学院第一附属医院护理部主任

王　勇 包头市地铁投资(集团)有限公司董事长、总经理

王丽云(女) 包头市园林绿化管理局锦林公园技术员

黄灵枝(女) 内蒙古华亿能源股份有限公司党办秘书

呼伦贝尔市(8名)

赵玉虎 哈尔滨铁路局海拉尔车务段免渡河站站长

孙元国 内蒙古自治区国营甘河农场一队农业机械工人

包永胜(蒙古族) 华能伊敏煤电有限责任公司伊敏电厂专业工程师

郑宪峰 扎赉诺尔煤业有限责任公司铁北煤矿运输队队长

王娟娟(女) 呼伦贝尔市海拉尔区绿康蔬菜种植农民专业合作社技术员

杨成艳(女) 扎兰屯市人民医院副院长

德格吉日呼(蒙古族) 呼伦贝尔市蒙医医院院长

刘亚宾 内蒙古大鲜卑酒店(集团)有限公司董事长

兴安盟(5名)

刘　刚 兴安盟城市发展投资经营有限责任公司总经理

额尔敦格日乐(女,蒙古族) 内蒙古奥斯律师事务所律师

朱　军 内蒙古蓝海矿泉水有限责任公司综合管理部长

郭可权 乌兰浩特红城水泥有限责任公司党委副书记

王建华 乌兰浩特市第十二中学校长

通辽市(8名)

伏　莹(女,蒙古族) 内蒙古科尔沁药业有限公司质量技术部部长

王志刚 沈阳铁路局通辽货运中心东来营业室主任

通拉嘎(女,蒙古族) 通辽市中级人民法院立案二庭庭长

陈　国(蒙古族) 通辽梅花生物科技有限公司值班长

张俊忠(蒙古族) 通辽市实验小学数学教师

胡三河 通辽市高级技工学校教研室主任

李文忠 通辽市劳动安全卫生检测站站长

于树林(蒙古族) 内蒙古美林实业集团有限公司董事长

赤峰市(10名)

王慧娟(女,蒙古族) 内蒙古健元鹿业有限责任公司会计

道日娜(女,蒙古族) 克什克腾旗乌兰牧骑队长

张丽娟(女,蒙古族) 赤峰拓海文化传媒有限公司平面设计

田　华 内蒙古平庄能源股份有限公司风水沟煤矿掘进一队队长

刘　丽(女) 赤峰市医院神经内科主任

丁素荣(女,回族) 赤峰市农牧科学研究院大豆研究所所长

焦凌丽(女,蒙古族) 赤峰新新杰果菜保鲜有限公司脱水蔬菜选别工段长

彭国栋(满族) 阿鲁科尔沁旗医院院长

李宏茹(女) 赤峰市总工会财务部部长

刘果勇 赤峰市自来水总公司党委书记、总经理

锡林郭勒盟(6名)

冯秀荣(女,蒙古族) 西乌珠穆沁旗医院儿科主任

李　洪 锡林郭勒盟乾图交通设计有限责任公司桥涵组长

乌兰其其格(女,蒙古族) 锡林郭勒盟民族歌舞团舞蹈演员

赵海娟(女,蒙古族) 多伦桑德环境工程有限公司保洁员

明月章(满族) 内蒙古太仆寺旗草原酿酒有限责任公司董事长兼总经理

额尔登孟克(蒙古族) 锡林郭勒盟蒙古中学教师

乌兰察布市(7名)

高永波 丰镇市农村信用联社股份有限公司计划财务部经理

王乐春(女) 内蒙古朋诚农牧业发展有限公司种猪育种技术场长

武晨曦(女,蒙古族) 内蒙古四子王旗第一中学教师

崔继平 乌兰察布市集宁雪原乳业有限公司董事长

王利芳(女) 北京格雷维尔有限公司集宁电器厂生产线班长

王晔辉 内蒙古中能天然气有限公司总工程师

付秀梅(女) 察右后旗白镇三义村农业合作社工人

鄂尔多斯市(7名)

塔　娜(女,蒙古族) 鄂尔多斯市东胜区中小学教育研究中心副主 任兼幼教室主任教研员

阿腾图亚(女,蒙古族) 内蒙古棋盘井矿业有限责任公司化验室采样工

韩俊琴(女) 伊金霍洛旗第二小学校长

吴生彬 内蒙古博大实地化学有限公司安环部部长

王蕾蕾(女) 鄂尔多斯市康巴什区第一小学东校区校长

韩照日格图(蒙古族) 内蒙古鄂尔多斯电力冶金集团股份有限公司化工事业部设备维修工

王　彪 鄂尔多斯市交通投资有限公司总经理

巴彦淖尔市(6名)

黄　敏 巴彦淖尔市临河区公安局开发区派出所所长

秦继晓 内蒙古金桥建筑有限责任公司董事长

尚春江 内蒙古包钢还原铁有限责任公司总工程师

巴　音(蒙古族) 乌拉特后旗欧布拉格铜矿有限责任公司球磨班组长

段建军 巴彦淖尔市科技信息研究所副所长

张晓军(女) 河套学院数学教师

乌海市(5名)

刘信刚 内蒙古佳瑞米精细化工有限公司EHS部部长

孙换美(女) 内蒙古蒙西建设集团有限公司商砼事业部实验室主任

刘延俊 乌海市公路工程有限公司项目经理

郭建忠 内蒙古五湖泵业有限公司数控机床班班长

苏存丽(女,满族) 乌海市海南区人民医院儿科主任

阿拉善盟(4名)

娜　仁(女,蒙古族) 阿拉善盟食品药品

检验研究中心副主任

祁世森　内蒙古阿拉善左旗国家税务局党组书记、局长

王军龙　内蒙古瑞达泰丰化工有限责任公司工段长

杨孟乾　中国中铁股份有限公司京新高速临白段(阿盟境内)LBAMSG-2 项目总承包管理部总工程师

教科文卫体(4 名)

金　良(女,蒙古族)　内蒙古财经大学资源与环境经济学院院长

郑志丽(女)　内蒙古电子信息职业技术学院财经管理系主任

黄平平　内蒙古工业大学信息工程学院教师

苏永生　内蒙古日报社汉文报科教文新闻部组长

财贸轻纺农牧林水(4 名)

苏林生(达斡尔族)　内蒙古森工集团毕拉河林业局防火防汛处调度、电台台长

闫国恩　内蒙古森工集团阿尔山林业局天池林场营林技术员

张佳琦(女)　中国石化销售有限公司内蒙古呼和浩特石油分公司零售部东片区经理

陈广文　中国银联股份有限公司内蒙古分公司总经理助理

建筑建材交通机冶(1 名)

庞登东　内蒙古高等级公路建设开发有限责任公司乌兰察布分公司平地泉养护所所长

国防邮电(4 名)

张素英(女)　中国邮政储蓄银行股份有限公司内蒙古自治区分行授信业务部总经理

张　琰(女)　中国移动通信集团内蒙古有限公司市场经营部经营分析员

王　德　中国航天科工集团第六研究院四十六所首席专家

王　颖(女)　中国联合网络通信有限公司扎兰屯市分公司总经理

能源化学地质(4 名)

吕希华(蒙古族)　内蒙古地质矿业(集团)有限责任公司生产技术部副部长

杨晓春　内蒙古能源发电投资集团新能源有限公司陶日木风电场场长

张悦芳　北方魏家峁煤电有限责任公司机电部副部长

吴晓光　内蒙古自治区有色地质勘查局六〇九队党委委员、总工程师

铁路(4 名)

郝利友　呼和浩特铁路局包头车辆段乘务指导

石海峰　呼和浩特铁路局二连车站调车长

郭春良(满族)　呼和浩特铁路局包头供电段接触网作业车司机

杨玉霞(女)　内蒙古集通铁路(集团)有限责任公司呼和浩特客运段车队长

金融(2 名)

刘　玲(女)　中国华融资产管理股份有限公司内蒙古自治区分公司高级经理

何启瑛(女,锡伯族)　中国银行业监督管理委员会兴安监管分局科员

民航(1 名)

沙铁军(回族)　内蒙古自治区民航机场集团有限责任公司呼和浩特分公司信息网络技术工程师

直属机关(6 名)

李元清(女) 内蒙古自治区农牧业科学院小麦研究室主任

李晓秋(蒙古族) 内蒙古自治区图书馆馆长

郝 林 内蒙古自治区水利水电勘测设计院主任工程师

王 举 内蒙古自治区人民医院胃肠外科主任

王齐田 内蒙古自治区食品化妆品监督所副所长

王全录 内蒙古交通设计研究院有限责任公司副总工程师、副总经理

内蒙古自治区工人先锋号名单

(共 160 个)

呼和浩特市(13 个)

金河生物科技股份有限公司品质技术部

内蒙古赛科星繁育生物技术(集团)股份有限公司孙伟创新工作室

呼和浩特市第三十五中学初一年级组

呼和浩特蒙禾源菌业有限公司大豆铺生产基地

内蒙古 TCL 光电科技有限公司 TV 车间 1 线

内蒙古中环光伏材料有限公司晶体研发小组

呼和浩特市世洁燃气有限责任公司金川加气母站

呼和浩特公共交通总公司第六公共汽车公司 303 公交线路

内蒙古腾龙建设工程有限公司第一项目部

内蒙古大唐国际再生资源开发有限公司电解分厂

呼和浩特市苏鲁锭皮业有限责任公司职工创新工作室

呼和浩特市第一医院手术麻醉科

呼和浩特市政务服务中心公安窗口

包头市(15 个)

内蒙古昆峰律师事务所公益法律服务中心

包头市家福好又多百货有限公司营运部

内蒙古古顺园食品有限责任公司分选分割车间

包头市石宝铁矿集团有限责任公司 1# 钻机班

包头市中利腾晖光伏发电有限公司运行维护班

中国科学院包头稀土研发中心稀土硫化物着色剂创新团队

包头铝业有限公司电解四厂维检区工艺车工段

神华包头能源有限责任公司李家壕煤矿掘锚一队

包头市公安局指挥中心

内蒙古鹿王羊绒有限公司机织联合工场

包头市环卫产业有限责任公司包头市生活垃圾处理中心

内蒙古自治区盐业公司包头市分公司包头市盐业配送中心

包头广播电视台《直播包头》栏目组

包头市总工会包头市第一工人文化宫

包头市人力资源和社会保障局劳动关系科

呼伦贝尔市(12 个)

呼伦贝尔市海拉尔区海清源供水有限责任公司供水管网抢修中心抢修队

满洲里西郊机场有限责任公司机场运营部

安检室

中谷成吉思汗国家粮食储备库潘文忠职工创新工作室

根河市金河兴安人造板有限责任公司热力检修组

内蒙古自治区额尔古纳市国家税务局税政管理股

鄂伦春自治旗林泰物业服务有限责任公司吉文分公司锅炉一段

内蒙古君怡同泰医药连锁有限责任公司第一药店

呼伦贝尔市天元运业(集团)阿荣旗有限责任公司客运站站务班组

鄂温克旗阿力腾天然食品商贸有限公司生产车间

陈巴尔虎旗天顺矿业有限责任公司综采队

扎赉诺尔区疾病预防控制中心检验科

陈巴尔虎旗国家税务局税源管理股

兴安盟(8个)

华润雪花啤酒(兴安)有限公司包装部

扎赉特旗交通运输管理所稽查大队

科尔沁右翼前旗科尔沁镇社区卫生服务中心计划免疫室

突泉县突泉镇鑫好邻居精品超市粮油组

兴安盟公路收费总站高力板收费站

兴安盟公安局交通管理巡逻支队车辆和驾驶人管理所

内蒙古大兴安阿尔山旅游开发有限责任公司森林公园管理处

乌兰浩特第一中学学生发展指导中心

通辽市(10个)

奈曼旗人民医院血液净化中心

通辽市合赢房地产开发有限责任公司招商销售部

霍林郭勒市自来水有限责任公司供水二公司供水队

通辽热电有限责任公司检修分场电气检修班

内蒙古民族大学附属医院孟帮柱创新工作室

康臣药业(内蒙古)有限责任公司自动包装班组

通辽金锣文瑞食品有限公司清真车间

通辽市第二人民医院呼吸内科

通辽市都市村庄餐饮有限公司后厨班组

科尔沁左翼中旗奥德燃气有限公司营销服务部

赤峰市(13个)

赤峰天润电力建设有限公司水泥制品加工车间

赤峰山金红岭有色矿业有限责任公司采掘车间

巴林右旗社会保险事业管理局社会保险服务大厅

内蒙古佰惠生新农业科技股份有限公司动力车间维修工段

内蒙古大唐国际克什克腾煤制天然气有限责任公司动力分厂

翁牛特旗利源矿产有限公司浮选一班

喀喇沁旗政务服务中心人社局窗口

内蒙古塞飞亚农业科技发展股份有限公司冷冻加工厂分割车间

内蒙古金陶股份有限公司一选厂张继文创新工作室

内蒙古天奇中蒙制药股份有限公司现代蒙药制剂车间自动包装线

赤峰金地恒通物业服务有限公司科海明珠项目部

赤峰宝山医院神经外科

赤峰富龙热电厂有限责任公司运行二值

锡林郭勒盟（10 个）

阿巴嘎旗鑫源建筑有限责任公司第一项目部

苏尼特右旗今朝食业有限责任公司生产车间

多伦县伊利乳业有限责任公司生产丙班

锡林浩特市天安公共交通有限责任公司 2 路线班组

内蒙古兴安铜锌冶炼有限公司电解车间二系列生产甲班

正蓝旗元盛实业有限责任公司生产维护项目部水电班

正镶白旗民生医药连锁有限公司第一药店

镶黄旗交通运输局地方道路管理段

苏尼特左旗满都拉图肉食品有限公司分割车间

中华人民共和国东乌海关监管科

乌兰察布市（10 个）

乌兰察布市中心医院营养膳食科

内蒙古奥淳酒业有限责任公司奥淳酒业化验室

丰镇市中蒙医院内科

乌兰察布市鹏洁燃气有限公司生产运营班组

内蒙古中能天然气有限公司运行管理部

内蒙古鸿茅药业有限责任公司酿制车间

北京格雷维尔电子有限公司集宁电器厂装配班

内蒙古港原化工有限公司原料烘干车间

乌兰察布市园林局建设科

乌兰察布市大盛石墨新材料股份有限公司负极材料车间

鄂尔多斯市（11 个）

内蒙古久科康瑞环保科技有限公司工程运维中心

内蒙古荣信化工有限公司空分车间

准格尔旗凯通出租汽车有限责任公司准格尔雷锋车队

内蒙古伊金霍洛农村商业银行股份有限公司营业部

内蒙古能源发电杭锦发电有限公司设备部热继班组

鄂尔多斯市金诚泰化工有限责任公司气化车间

内蒙古中谷矿业有限责任公司电石事业部

内蒙古上海庙矿业有限责任公司综掘一工区

内蒙古伊泰京粤酸刺沟矿业有限责任公司采煤一队检修班

内蒙古蒙西水泥股份有限公司熟料煅烧车间

神华准格尔能源有限责任公司黑岱沟露天煤矿运输队

巴彦淖尔市（10 个）

内蒙古际华森普利服装皮业有限公司二车间

五原县富源热力有限责任公司锅炉运行车间

内蒙古利川化工有限责任公司成品车间

内蒙古德田工贸有限责任公司机械制造车间

内蒙古乔家大院蒙乔食品有限责任公司炒货车间

内蒙古大中矿业股份有限公司 4 号井铲运机维修班组

内蒙古温明矿业集团有限责任公司开拓队

内蒙古双利矿业有限公司选矿厂三班

内蒙古蒙元宽食品有限公司肉制品车间

内蒙古河套灌区排水事业管理局红圪卜排水站

乌海市(8个)

内蒙古恒业成有机硅有限公司107胶车间

内蒙古美方煤焦化有限公司炼焦车间

乌海市公安局海勃湾区公安分局凤凰岭街派出所

乌海市人民医院心血管内科

内蒙古乌海湖旅游发展有限责任公司游船、快艇一线工作组

内蒙古华立建设工程有限公司钢筋班

乌海职业技术学院机电工程系

乌海凯洁燃气有限责任公司海勃湾加气母站

阿拉善盟(7个)

阿拉善右旗额肯呼都格林业工作站园林绿化队

阿拉善左旗市容环境卫生管理局清洁队

中华人民共和国额济纳海关监管通关现场

内蒙古兰太实业股份有限公司制钠分公司氯酸钠厂中控辅助运行班组

内蒙古利元科技有限公司三车间二工段

内蒙古晨宏力化工集团有限责任公司氯醋树脂装置

中国交通建设股份有限公司京新高速临白段(阿盟境内)LBAMSG-3项目总承包管理部第四项目部

教科文卫体(6个)

内蒙古鄂尔多斯市新华书店有限责任公司鄂尔多斯书城

内蒙古新华发行集团图书大厦有限责任公司书城

内蒙古民族语电影译制中心翻译部

内蒙古化工职业学院化学工程系

内蒙古医科大学护理学院

内蒙古医科大学附属人民医院微创介入科

财贸轻纺农牧林水(6个)

内蒙古财信投资集团有限公司内蒙古财信资产管理有限公司业务部

内蒙古森工集团绰尔林业局古林河林场管护中队

内蒙古大兴安岭北部原始林区森林管护局哈达管护站

内蒙古森工集团乌尔旗汗林业局西日特其林场森林管护大队

安华农业保险股份有限公司内蒙古分公司通辽市扎鲁特旗支公司

内蒙古呼和浩特金谷农村商业银行股份有限公司乌兰察布支行营业厅

建筑建材交通机冶(2个)

中国国际航空内蒙古有限公司飞行部飞行中队

中建二局第三建筑工程有限公司呼和浩特回民区万达广场项目部

国防邮电(5个)

中国航天科工集团第六研究院三五九厂一分厂焊工组

中国联合网络通信集团有限公司阿拉善盟分公司额济纳旗分公司

中国邮政集团公司内蒙古自治区库伦旗邮政分公司安代营业所

中国邮政速递物流股份有限公司呼和浩特市分公司如意揽投部

中国移动通信集团内蒙古有限公司呼和浩特分公司土默特左旗分公司

能源化学地质(5个)

内蒙古自治区基础地理信息中心地理信息科

内蒙古电力勘测设计院有限责任公司电网事业部

鲁能新能源(集团)有限公司内蒙古分公司伊和乌素风电场

中国石油天然气股份有限公司呼和浩特石化分公司第一联合车间运行二班

内蒙古自治区电力科学研究院姚树华职工创新工作室

铁 路(3个)

呼和浩特铁路局包头西机务段赵辉劳模创新工作室

呼和浩特铁路局包头客运段包京车队

呼和浩特铁路局集宁货运中心朱日和军事运输小分队

金融(3个)

国家开发银行股份有限公司内蒙古自治区分行客户四处

中国人寿财产保险股份有限公司鄂伦春自治旗支公司业务部门

内蒙古银行股份有限公司兴安盟分行营业部

民航(1名)

内蒙古自治区民航机场集团有限责任公司呼和浩特分公司皇甫班组

直属机关(2个)

内蒙古自治区财政厅国库处

内蒙古自治区地质调查院水工环所

第五届全区道德模范名单

(共50名)

助人为乐类:(15人)

魏　明　内蒙古自治区监狱管理局退休干部

刘嗣东　包头市青山区北重四中教师

傅　钰　包头市社会工作发展中心理事长

郭凤海(蒙古族)　兴安盟科右中旗巴彦呼舒镇胡格吉勒社区居民

臧其珍(女)　通辽市科尔沁区科尔沁街道阳光社区居民

刘宏阁　通辽市志愿服务联合会理事

姚振波　赤峰市敖汉旗农电局城郊供电所职工

张爱叶(女)　乌兰察布市蒙古族小学职工

刘凤秀(女)　鄂尔多斯市东胜区曙光社区居民

吕海英(女)　鄂尔多斯市准格尔义工协会会长

陈银锁(女,蒙古族)　巴彦淖尔市乌拉特后旗农村信用合作联社巴音镇分社职工

来靖中　乌海市海勃湾区海北办事处大庆社区居民

其木格(女,达斡尔族)　二连浩特市火车站退休职工

曹洪亮　内蒙古军区阿拉善军分区保密员

张景樵　生前系自治区直属离退休人员工作办公室离休干部

见义勇为类:(6人)

张八十一　呼和浩特市清水河县北堡乡后大井村长

李娜(女)　生前系锡林郭勒盟太仆寺旗宝昌第二小学学生

王禹新(满族)　内蒙古边防总队兴安盟支队阿尔山边防派出所副所长

王望东　鄂尔多斯市鄂托克经济开发区国税局政策法规股股长

程相福　满洲里市扎赉诺尔区灵泉矿退休职工

杜　磊(蒙古族)　二连浩特市公安局巡特警大队队员

诚实守信类:(3人)

马和玉(回族)　兴安盟乌兰浩特市爱国街个体工商户

蔺发儒　阿拉善盟额济纳旗农丰公司经理

白　金(蒙古族)　满洲里市百吉乐畜牧养殖专业合作社理事长

敬业奉献类:(19人)

陶迎春(女,蒙古族)　自治区血液中心献血办主任

张学海　内蒙古一机集团特种技术装备公司职工

班密兰(女)　包头市供水总公司东河营业分公司职工

李振海　呼伦贝尔市莫旗塔温敖宝镇塔温敖宝村农民

王树江(鄂伦春族)　呼伦贝尔扎兰屯市环境卫生管理处主任

邵　兵(满族)　生前系通辽市奈曼旗政府副旗长、公安局长

卢润峰　赤峰市赤通高速公路新安养护管理工区主任

卢玉宝　生前系乌兰察布市兴和县组织部副部长

林　琪(女)　乌兰察布市园林局总工程师

宝音德力格尔(蒙古族)　巴彦淖尔市乌拉特后旗潮格镇派出所指导员

郑　璐　乌海市电业局输电管理处处长

杜　宏　生前系内蒙古军区66355部队边防连连长

刘力新　内蒙古边防总队训练基地勤务中队中队长

费三江　内蒙古消防总队高级装备技师

刘金龙　呼和浩特市新城区国税局信息中心主任

额尔敦白音(蒙古族)　内蒙古大学教授

李峻屹　呼和浩特市铁路局火车站客运值班员

王智勇　内蒙古自治区人民医院心脏中心副主任

哈达巴特尔(蒙古族)　内蒙古自治区运动管理中心女子拳击队主教练

孝老爱亲类:(7人)

王果花(女)　乌海市海勃湾区滨河社区居民

董明云(女)　满洲里市新开河办胜利社区居民

郭建刚　包头市供电局固阳供电分局南山供电所所长

李秀玲(女)　阿拉善盟达来呼布镇苏泊淖尔社区居民

孟秀英(女)　乌兰察布市卓资县梨花镇土城子村村民

梁玉文　二连浩特市旅游局副局长

折永立　神华集团上湾煤矿职工

第五届全区道德模范提名奖名单

（共50人）

一、助人为乐类：（8人）

穆永俊　内蒙古万里行公益协会负责人

刘海梅　呼伦贝尔市鄂伦春旗阿里河镇居民。

白雪莲（女，蒙古族）　锡林郭勒电业局团委书记

龙　棠（女，蒙古族）　阿拉善盟畜牧研究所翻译

姚振兴　满洲里市暖城之家义工联合会会长

刘　畅（女）　呼伦贝尔学院新闻系主任

刘江涛　呼伦贝尔市国家税务局干部

朱国玉　赤峰监狱教育科副科长

二、见义勇为类：（8人）

孟宪春　赤峰市敖汉旗新州办事处北街居委会居民

贺明举　乌兰察布市凉城县天成乡村民

慈连萍（女）　乌海市公交公司乌达二分公司职工

孟克那生（蒙古族）　阿拉善盟阿左旗腾格里额里斯镇特莫乌拉嘎查牧民

贾　鹏　乌海电业局输电管理处职工

李世永　内蒙古武警总队乌海市支队战士

刘玉柱　呼伦贝尔根河市敖鲁古雅鄂温克族乡卫生院医生

王子富　中国信达公司内蒙古分公司保安

三、诚实守信类：（9人）

张三根继　包头根继建筑工程有限公司经理

史法瑞　呼伦贝尔农垦集团宜里农场离休干部

陈士庆（回族）　内蒙古独伊佳食品有限公司经理

梁有志　锡林郭勒盟正蓝旗金沙湾工贸有限责任公司总经理

薛成林　乌兰察布市商都县都德利有限责任公司经理

王有志　鄂尔多斯市鄂托克旗伊吉汗羊绒制品有限公司董事长

徐武艳　乌海市源联食品公司董事长

高　义　二连浩特市军霞健身器材经销部经理

王　茜（女）　呼和浩特供电局修试管理处油务班职工

四、敬业奉献类：（17人）

包青山（蒙古族）　呼和浩特市交管支队新城大队三中队中队长

董建珍　生前系呼和浩特市国税稽查局副局长

刘同礼　呼伦贝尔扎兰屯市蘑菇气镇中心校教师

双　宝（蒙古族）　通辽市科左后旗巴嘎塔拉苏木边布拉嘎查牧民

阿拉腾格日勒（蒙古族）　锡林郭勒盟苏尼特右旗供电局乌日根塔拉供电所职工

朱广宇（蒙古族）　鄂尔多斯市乌审旗嘎鲁图镇神水台村党支部书记

赵文厚　巴彦淖尔市杭锦后旗第五中学教师

胡云龙　巴彦淖尔市边防支队勤务中队副中队长

郑晓忠（满族）　内蒙古兰太实业股份有限公司制盐分公司职工

戎子斌　满洲里检验检疫局局长

李　媛　呼伦贝尔学院教师

周呈芳　内蒙古大学教授

徐进才　内蒙古土地调查规划院院长

张　骞　自治区公安厅刑侦总队大要案

支队支队长

赵忠强　莫尔道嘎森林公安局中心派出所所长

张素英（女）　邮储银行内蒙古分行授信管理部总经理

杨云峰　西乌珠穆沁旗消防中队战斗班班长

五、孝老爱亲类：(8人)

孙安峰　包头市固阳县聚鑫盛养老院院长

潘秀兰（女）　兴安盟科右前旗居力很镇幸福路村村民

贾振华（女）　呼伦贝尔市阿荣旗三岔河镇靠林村村民

范桂兰（女）　通辽市开鲁县他拉干水库居民

戚明杰　赤峰市红山区东城街道办事处富龙社区居民

曹桂荣（女）　锡林郭勒盟乌拉盖贺斯格乌拉牧场额尔敦陶勒盖分场牧民

常　虹（女）　内蒙古女子强制隔离戒毒所三大队大队长

李淑清（女）　乌兰察布市凉城县国家税务局办公室副主任

2016年志愿服务“四个100”先进典型公示名单中内蒙古上榜名单

1. 最美志愿者

罗　琦　内蒙古自治区呼和浩特市天使公益协会会长

魏　刚　内蒙古自治区红十字会捐献干细胞志愿者服务队大队长

2. 最佳志愿服务组织

内蒙古自治区包头市义工联合会

内蒙古自治区包头市文艺志愿者协会

3. 最佳志愿服务项目

内蒙古自治区通辽市科左中旗青年志愿服务队“1+X”关爱农民工子女项目

内蒙古自治区乌兰察布市公益促进会“鸿雁助学”项目

4. 最美志愿服务社区

内蒙古自治区鄂尔多斯市东胜区纺织街道曙光社区

内蒙古自治区赤峰市红山区老爷庙社区

2016年内蒙古好人榜

2016年1月

助人为乐

朱桂清　女　包头市东河区劝业城职工　8年来先后组织公益捐款400多万元

邢锁贵　男　鄂尔多斯市准格尔旗薛家湾镇准能房屋物业管理公司职工　多年来义务为环卫工人修鞋

宋和平　男　内蒙古晨报编辑　20多年先后组织捐款捐物累计800多万元

樊小平　女　内蒙古恒茂(集团)有限责任公司董事长　20多年先后为公益慈善事业捐款捐物累计500多万元

张建君　女　呼市公安局交管支队新城大队九中队中队长　多年来关爱1名自闭症女孩

陈布克　男　呼和浩特铁路局乌海工务段吉兰泰工区线路工　10年来义务照顾1名孤寡老人

杨国尧　男　通辽市科尔沁区清真街道翠堤东郡社区居民　14年义务关爱两名残疾人

张　博　男　建设银行通辽市分行信用卡

中心员工　捐献造血干细胞挽救白血病患者生命

乔高磊　男　乌海市爱心协会负责人　3年来组织600多人开展公益救助活动

刘振雷　男　锡盟正蓝旗上都猎人汽车摩托车运动协会会长　自筹资金组建义务救援队,3年来在暴风雪中救援900多人

见义勇为

王志强　男　包钢炼铁厂原料车间工人　奋不顾身冲进着火屋内救出3个孩子

程相福　男　满洲里市灵泉煤矿退休工人　危急时刻勇救同事身受重伤

贾宝宝　男　神华乌海能源公司矿山救护队职工　不顾个人安危跳进黄河救人

诚实守信

孔祥凯　男　满洲里市金祥公司出租车司机　拾金不昧,归还失主13万元存折和1.5万元项链等贵重物品

徐武艳　女　乌海市飞翔物业服务有限公司总经理　多年来立足平凡岗位信守合同,视物业服务质量为企业生命

敬业奉献

郝耀中　男　巴彦淖尔市磴口县隆盛合地税所所长　30年扎根基层的"最美税干"

刘秦荣　女　鄂尔多斯市伊金霍洛旗环卫局工人　28年甘当城市美容师

李鸿书　男　呼伦贝尔扎兰屯市信访局干部　尽责实干好村官

施洪鹤　男　呼伦贝尔扎兰屯市纸浆街小学音乐教师　身患尿毒症仍坚守三尺讲台

高鹏翔　男　包头市供电局输电处带电班副班长　17年任劳任怨奉献供电事业

付京生　男　乌海市乌达区环卫局工人　20多年任劳任怨的最美环卫工人

孝老爱亲

曹凤华　女　阿盟阿右旗雅布赖镇努日盖嘎查农民　6年来悉心照顾瘫痪在床的婆婆

辛文奎　男　鄂尔多斯市东胜区兴胜街道办事处新园社区居民　13年悉心照顾瘫痪在床的父亲

于化明　男　神华乌海能源公司苏海图矿退休工人　30年悉心照顾瘫痪在床的妻子

李敬华　女　赤峰市克什克腾旗万合永镇中心村村民　22年悉心照顾瘫痪在床的弟弟

马瑞涛　女　呼铁局包头电务段包西车载车间临河车载工区工长　25年悉心照顾瘫痪在床的母亲

李志刚　男　巴彦淖尔市乌拉特前旗西小召镇土城子村农民　30年悉心照顾患有精神疾病的妻子

2016年3月

助人为乐

乌兰图雅　女　内蒙古青年歌手　放歌草原,心系群众,热心公益志愿服务

王志飞　男　内蒙古化工职业学院学生　组织开展各类公益活动300余次

张铁莲　女　呼和浩特市玉泉区晓霞聋儿语训中心老师　20多年帮助80多名孩子走进有声世界

董珠辉　男　呼和浩特市津辉线缆有限公司经理　4年来热心公益活动,先后捐款4万多元扶贫济困

罗　琦　男　呼和浩特市"天使公益"协会会长　多年来热心公益事业,"天使公益"项目上万人受益

赵福珍　男　包头市石拐区大德恒街道办事处后营子村村民　多年来为群众义务放映电影200多场

齐慧云　女　兴安盟乌兰浩特市爱国街道办事处洮儿河社区居民　心系社区居民,多年组织开展志愿服务

那顺乌日塔　男　通辽市科左后旗吉尔嘎朗镇少敦艾勒嘎查牧民　多年不要报酬义务清扫街道

张大勇　男　锡盟正镶白旗公安局星耀镇派出所所长　3年来不顾个人安危，在暴风雪中组织救援受困群众上百次

刘秀峰　男　乌兰察布市四子王旗出租车公司雷锋车队队长　10多年组织开展公益活动,弘扬志愿服务精神

张爱叶　女　乌兰察布市蒙古族小学保洁工　10年帮扶照顾20多名贫困家庭孩子

史咏杰　女　鄂尔多斯市东胜区交通街道办事处城庆社区居民　6年资助10名贫困大学生20多万元

杨裕萍　女　鄂尔多斯市准格尔旗义工协会沙圪堵镇分会会长　多年来扶贫助困个人捐款7万多元

郭翠梅　女　巴彦淖尔市磴口县巴彦高勒镇北粮台村村民　16年义务为孤寡老人做鞋3000多双,花费3万多元

荆小恩　男　乌海市海勃湾区新华西街道办事处滨水社区居民　5年来义务打扫社区环境卫生

胡月英　女　二连浩特市北疆社区阳光小区居民　手制公交爱心坐垫,一针一线暖人心

见义勇为

张文浩　男　呼伦贝尔市大兴安岭林管局绰尔林业中学副校长　校园内勇斗两窃贼英勇牺牲

国建军　男　兴安盟科右中旗巴彦呼舒镇呼格吉勒社区居民　勇救1名落水女孩

杨庆强　男　通辽市奈曼旗大沁他拉镇德隆地村村民　奋不顾身抓纵火犯，身负重伤扬正气

孟宪春　男　赤峰市敖汉旗新州街道办事处退休职工　7旬伤残老人勇救1名落水女孩

李　佳　男　乌兰察布市察右后旗公安消防大队干警　路遇两窃贼及时制止并将其制服

汪喜民　男　乌海市海勃湾区新华街道办事处新南社区居民　奋不顾身跳入河中救出两名儿童

慈连萍　女　乌海市公交公司乌达区分公司司机　临危不惧勇斗歹徒的最美公交司机

郝桂欣　男　阿盟额济纳旗地税局个体二所副所长　20多年先后营救5名落水者

刘华荣　男　满洲里市扎来诺尔煤业公司灵泉煤矿职工　奋不顾身从有毒暖气管道内救出3名工人

诚实守信

张三根继　男　包头市东河区南星现代农业有限公司总经理　多年来带领村民诚信创业

王俊成　男　乌兰察布市凉城县岱海镇马坊滩村村民　心系乡亲,带领村民共同致富

乌　云　女　乌海市白嘎力放心早餐公司经理　诚信经营,让百姓吃上放心早餐

王延年　男　满洲里市发达房地产开发有限公司董事长　诚实守信创业,300多万元扶贫助学

敬业奉献

包青山　男　呼和浩特市公安局交通管理支队新城大队三中队中队长　履职尽责扎根基层的好交警

孟　巍　女　呼和浩特市乌兰夫纪念馆外联部副主任　传承守护20年,红色基地献真情

张　宏　男　呼和浩特铁路局集宁站客运车间值班员　心系旅客爱岗敬业的优秀客运值班员

赵永刚　男　内蒙古环成汽车技术有限公司职工　20年刻苦钻研技术的优秀维修工

王利柱　男　内蒙古蒙牛乳业股份有限公司生产制造系统设备工程师　16年荣获3项国家专利的技改能手

武利刚　男　包头市东河区交警四中队中队长　30年坚守岗勤一线的好交警

于雪梅　女　呼伦贝尔日报驻阿荣旗记者

站副站长　　20年扎根基层的好记者

佟胜利　女　呼伦贝尔扎兰屯市蘑菇气镇中心校教师　25年献身乡村教育的好教师

韩庆明　男　兴安盟科右中旗住建局干部　尽责实干好城管，兢兢业业30年

丁贵森　男　通辽市库伦旗扣河子镇先进村教师　乡村献真情，育人40年

刘智慧　女　赤峰市元宝山区元宝山实验中学教师　　三尺讲台育人，27年奉献

刘　军　男　乌兰察布市商都县中医医院主治医师 20多年诚心待患者，一心为病人

林　琪　女　乌兰察布市园林局总工程师　兢兢业业30年，园林工作传帮带

娜仁图雅　　女　鄂尔多斯市鄂托克旗蒙古族实验小学教师　　33年教书育人的好教师

刘　江　男　巴彦淖尔市乌拉山发电厂生产部热工队微机班技术员　8年来坚持技术攻关增收节支80多万元

杨引兰　女　巴彦淖尔市乌拉特后旗巴音镇纳林社区居委会副主任　15年来扎根社区甘当居民的贴心人

张永平　男　巴彦淖尔市乌拉特后旗潮格镇水厂厂长　心系百姓，为民供水25年无怨无悔

郭秀莲　女　乌海日报社编辑　尽责实干好编辑，兢兢业业30年

乔和平　男　乌海市海南区瑞利保洁服务有限公司环卫工人　　10年甘当城市美容师

苏依勒图　　男　阿盟电业局黑鹰山供电所技术员　　25年扎根大漠，一心保电为民

王晓艳　女　阿盟社会福利院护理部部长　25年悉心照顾福利院的老人和孩子

赵海君　男　二连浩特市供电局配电急修班职工　履职尽责五年，应急抢修6000次

孝老爱亲

张利萍　女　呼和浩特市托克托县双河镇居民　　22年悉心照顾瘫痪在床的丈夫

张瑞繁　男　呼伦贝尔市阿荣旗得力其尔乡东北沟村村民　30多年悉心照顾脑瘫儿子和重病妻子

田瑞英　女　乌兰察布市四子王旗电力公司输变电管理所职工　13年悉心照顾瘫痪在床的母亲

孟秀英　女　乌兰察布市卓资县梨花镇土城子村村民　20多年悉心照顾婆婆，收养3个孤儿

额尔德木图　男　鄂尔多斯市乌审旗乌兰陶勒盖镇巴音敖包嘎查牧民　　多年照顾多病的父亲、岳父母及侄子侄女

王素琴　女　乌海市矿区环卫所清运工人　12年悉心照顾瘫痪在床的父亲和多病的母亲

王爱叶　女　巴彦淖尔市乌拉特前旗乌拉山镇新民社区居民　　20多年悉心照顾瘫痪在床的丈夫

张　丽　女　巴彦淖尔市乌拉特后旗巴音宝力格镇团结村村民　27年悉心照顾瘫痪在床的丈夫

杜艳丽　女　满洲里市东山街道办事处新世纪社区副主任　8年悉心照料去世弟妹的孩子和多病的父母

2016年4月

助人为乐

温光明　男　呼和浩特市华苑出租车公司司机　10多年爱心送考，热心助人好“的哥”

傅　钰　男　包头市社会工作发展中心理事长　10多年来组织志愿服务，心理救援献爱心

杨文忠　男　呼伦贝尔额尔古纳市上库力农场退休职工　　文化广场显身手，服务10献真情

阿拉腾其劳　男　鄂尔多斯市鄂托克前旗教育局干部　20多年先后资助贫困学生200多人

罗瑞宽　女　鄂尔多斯市东胜区交通街道办事处吉劳庆社区居民　8旬老人缝600多双鞋垫赠送武警战士

王玉山　男　巴彦淖尔市五原县交警大队公路三中队中队长 10多年爱心接力，真情帮扶3名残疾人

姚鹏利　男　阿拉善盟电业局乌素图供电分局职工 3年来悉心照顾1名孤寡聋哑老人

周淑琴　女　满洲里市兴华街道办事处湖东小区居民　为保小区平安，6旬老人8年献身志愿服务

见义勇为

曹红刚　男　呼和浩特市玉泉区小黑河镇达赖庄村村民　　路遇氯气泄漏，危难之际救人

孔繁钢　男　包头市环保局干部　　路遇歹徒持斧袭警，奋不顾身协助制服

袁晓利　男　兴安盟突泉县太平乡太平村村民　　奋不顾身跳入河水救人

贾　鹏　男　乌海电业局输电管理处带电作业班班长　奋不顾身帮助警察制服嫌犯

王新宇　男　满洲里市边检站三期士官　路遇车祸出手相救，两人成功脱险

刘玉柱　男　呼伦贝尔根河市敖鲁古雅鄂温克族乡卫生院医生　河水中勇救两名儿童

诚实守信

祁　莹　女　包头市青山区同利家电总经理　诚信经营30年，百姓信赖家电人

才富学　男　满洲里市庆宇开发有限责任公司董事长　工程质量不打折扣，服务住户信守承诺

敬业奉献

李少莉　女　呼和浩特市卫生局审批办副主任　　10年真情服务，群众满意度百分百

刘展新　男　呼和浩特市第一中学体育教师　连续4年荣获全国优秀教练员的好教师

田力国　男　呼和浩特铁路局呼和浩特工务机械段检测检修车间工人　电气维修30年，履职尽责好标兵

王福才　男　呼和浩特铁路局乌海工务段治沙车间杭锦旗治沙工区工长 35年治沙，添绿500多亩防护林

史玉东　男　内蒙古蒙牛乳业股份有限公司研发创新系统基础研究部高级主管　立足岗位求实创新，先后荣获3项国家发明专利

郑　璐　男　内蒙古电力公司乌海电业局输电处处长　勤学苦练基岗位练兵，全国电力行业技术能手

张学海　男　内蒙古一机集团特种技术装备公司高级技师　多次攻克技术难关，兵器行业技能带头人

李　强　男　呼伦贝尔扎兰屯市大河湾镇副镇长　实施“十个全覆盖”工程尽责实干好干部

周绍堂　男　赤峰市宁城县汐子镇敬老院院长　坚守敬老院30年，爱老敬老献真情

刘　荣　男　鄂尔多斯市达拉特旗交管大队210国道辅线中队中队长　扎根基层10年，履职尽责好交警

王　龙　男　鄂尔多斯市乌审旗公共事业管理局环卫工人　献身环卫20年，平凡岗位献真情

郝素文　女　巴彦淖尔市临河区中山学校教师　35年奉献，三尺讲台育人

巴特尔　男　巴彦淖尔市乌拉特后旗巴音前达门苏木卫生院院长　扎根基层25年，牧民心中好医生

刘宝华　女　乌海市人民医院儿科主任　20余年服务患儿，履职尽责好医生

刘平英　男　乌海市第十中学教师　履职尽责好教师，35年献真情

韩　洋　男　内蒙古公安消防总队包头支队东河区大队二中队战斗班班长　灭火救援

200次,奋不顾身救群众

孝老爱亲

赵文胜　男　呼和浩特市强制隔离戒毒所民警　20年悉心照顾患有精神疾患的叔叔

马　贵　男　包头市九原区市场监督管理局干部　30余年悉心照顾岳父岳母和智障儿子

肖宗礼　男　包头市稀土高新区富林路社区阳光小区居民　5年来7旬老人照顾瘫痪在床邻居

高建秀　男　呼伦贝尔市鄂温克旗伊敏河镇退休职工　30多年悉心照顾癫痫儿子和瘫痪妻子

贾振华　女　呼伦贝尔市阿荣旗三岔河镇靠林村村民　30多年悉心照顾4位多病老人和两位残疾哥哥

张云杰　女　呼伦贝尔扎兰屯市成吉思汗镇红旗小学教师　16年悉心照顾脑瘫儿子

刘　婧　女　兴安盟扎赉特旗音德尔第七小学学生　精心照顾爷爷奶奶和弟妹的好少年

于占全　男　赤峰市阿鲁科尔沁旗天山街道办事处向阳社区居民　25年悉心照顾脑瘫养女

李秀霞　女　赤峰市克什克腾旗土城子镇石门沟村村民　20年悉心照顾瘫痪在床的丈夫

扎琴巴特尔　男　锡林郭勒盟镶黄旗文贡乌拉苏木本红高勒嘎查牧民　18年悉心照顾瘫痪在床的妻子

白秀珍　女　鄂尔多斯市东胜区幸福街道办事处普惠社区居民　40年无怨无悔,继女撑起幸福家

乔来生　女　鄂尔多斯市杭锦旗锡尼镇布哈岱村村民　23年悉心照顾脑瘫侄子

李志刚　男　巴彦淖尔市乌拉特前旗西小召镇土城子村村民　30年悉心照顾患有精神疾患的妻子

苗二兰巧　女　巴彦淖尔市乌拉特前旗小佘太镇大十份村　43年悉心照顾瘫痪在床的丈夫

王建成　男　乌海市海勃湾发电厂机化检修主机调速班长　30年精心照顾患重病的父母和哥哥

青英娥　女　乌海市海南区拉僧仲街道办事处振兴小区居民　13年悉心照顾瘫痪在床的丈夫

2016年5月

助人为乐

王补平　男　呼和浩特市实验中学教师　创办网上学习平台,让10万学生和家长受益

张秀荣　女　呼伦贝尔扎兰屯市河西街道回民村村民　先富不忘乡亲,无偿传授致富技术

张海军　男　通辽市经济技术开发区沈铁河畔花园美发店店长　4年来坚持免费为65岁以上老人理发

贾秀清　女　通辽市奈曼旗大沁他拉镇鄂布根包冷村村民　捐献眼角膜和遗体，把爱留在人间

刘玉梅　女　赤峰市林西县民办幼儿园园长　收养遗弃姐妹,10年悉心照顾

图门格日勒　男　锡林郭勒盟图拉嘎爱心社团负责人　多年热心公益事业，弘扬志愿服务精神

邬　彬　女　巴彦淖尔市杭锦后旗西城小学教师　组建爱心团队,先后为贫困地区捐献衣服五万多件

贾玉波　男　乌兰察布市察右中旗住建局干部　10年先后资助贫困大学生10余万元

白　雨　女　鄂尔多斯市鄂托克前旗麦优面包连锁店负责人　两年来坚持为30多名环卫工人免费提供早餐

訾　牛　男　鄂尔多斯市东胜区安泰苑小

区业委会主任　6年来热心社区公益事业，全身心服务居民

贺伟辉　男　乌海市海南区公乌素镇建设社区居民　创办养老院15年，赡养多位孤寡老人和弃婴

姚振兴　男　满洲里市暖城之家义工联合会会长　组织公益活动200多次，帮扶1000多人

见义勇为

张八十一　男　呼和浩特市清水河县北堡乡后大井村村民　奋不顾身救火，脸部严重烧伤

王　三　黄河水上救援队　包头市稀土高新区万水镇画匠营子村 村民自发行善举，三年救起五十多名落水人

姜凯越　女　赤峰市阿鲁科尔沁旗天山街道办事处水务家园小区居民　及时施救昏迷老人，挽救别人生命

李景文　男　鄂尔多斯市神华准能物业公司退休职工　奋不顾身勇救1名落水者

王孟峤　男　乌海市海勃湾区凤凰岭办事处长青社区居民　不畏严寒，冰河救人

诚实守信

董金金　女　内蒙古高路公司呼和浩特分公司呼和浩特东收费所收费员　捡到65万巨款归还失主

敬业奉献

那炜筠　女　呼和浩特市新城区苏虎街实验小学教师　25年奉献，三尺讲台育人

李春雷　男　呼和浩特市工商局玉泉区分局裕隆工商所所长　多方筹资1000多万元，履职尽责好干部

崔　峰　女　呼和浩特市工商局如意开发区分局副局长　心系"十个全覆盖"，甘做老乡带头人

王　忠　男　内蒙古医院神经外科主任医师　20余年真情服务病人的好医生

王连科　男　内蒙古消防总队赤峰市支队特勤中队特种车驾驶员　参加灭火3000余次，抢救群众500多人

程人杰　男　武警内蒙古森林总队呼伦贝尔市支队海拉尔大队大队长　从戎20年，守护森林好卫士

班密兰　女　包头市供水总公司东河营业分公司抄表员　30年抄表无假日，履职尽责好员工

双　宝　男　通辽市科左后旗巴嘎塔拉苏木边布拉嘎查村民　20年义务植树，美丽乡村引领人

方宝臣　男　锡盟锡林浩特市广播发射中心台台长　30年履职尽责，平凡岗位献真情

冯虎成　男　巴彦淖尔市杭锦后旗第六中学　31年育人，履职尽责好教师

郭晓丽　女　鄂尔多斯市鄂托克旗规划局干部　履职尽责包村好干部

张桂英　女　内蒙古医科大学附属医院二连浩特分院副院长　退休医生作奉献，扎根边陲为病人

斯　琴　女　乌海市第十六中学教师　25年奉献，兢兢业业育人

冯　秀　男　乌兰察布市人民检察院检察官　20年严格执法的好检察官

孝老爱亲

孙丽娟　女　呼和浩特市第二十七中学初三年级学生　多年悉心照顾患病的八旬爷爷

邹玉珍　女　包头市昆区少先路办事处友谊小　区居民　多年悉心照顾瘫痪在床的母亲和丈夫

唐立新　女　呼伦贝尔扎兰屯市市政管理处干部　10年精心照顾瘫痪在床的婆婆

吴葡萄　女　兴安盟科右中旗额木挺高勒苏木吐列图嘎查牧民　25年悉心照顾患有精神疾患的养子

李世范　男　赤峰市红山区红庙子镇后道

小学教师 13年悉心照顾瘫痪在床的妻子

宋京华 女 鄂尔多斯市伊金霍洛旗阿勒腾席热镇干部 20多年精心照顾残疾儿子

白树平 男 鄂尔多斯市电业局修试管理处职工 7年精心照顾瘫痪在床的妻子

玉 格 女 通辽市科左后旗铁东社区居民 捐肾救妹，亲情无价

王晓玲 女 锡盟多伦县大北沟镇兴华社区居民 30多年悉心照顾公公的好儿媳

2016年6月

助人为乐

时燕凌 女 赤峰市阿鲁科尔沁旗天山街道办事处罕乌拉社区主任 社区好管家，居民贴心人

王海燕 女 呼和浩特铁路局临策铁路运输管理部临河客运车间售票值班员 平凡岗位献真情，心系旅客暖人心

云 鹏 男 呼和浩特市道路运输管理局城乡客运管理分局职工 多年组织开展公益活动，捐款捐物10多万元

尚凤英 女 包头市青山区青山路六号街坊居民 古稀老人助人为乐，爱心不改奉献他人

雷 蒙 男 内蒙古广播电视台《雷蒙时间》制片人、主持人 多年来积极组织开展社会公益活动，累计捐款捐物上百万元，200多困难群众受益

韩 璐 女 呼和浩特广播电视台《直通首府》栏目主播 多年来热心公益，乐于助人，甘当捐献造血干细胞志愿者

韩 飞 男 乌兰察布恩和医院院长 热心助人的好医生，免费为2600多名环卫工人体检

江玉华 女 巴彦淖尔市磴口县巴彦高勒镇贺兰社区居民 助人为乐40年，社区志愿服务引领人

刘景亭 男 通辽市开鲁县开鲁街道和平社区关工委副主任 退休党员办书屋，接纳群众5万多人次

塔 娜 女 锡林郭勒盟委机要保密局副局长 15年来义务资助遗弃女婴，奉献爱心彰显人间大爱

王瑞国 男 鄂尔多斯市康巴什新区神华康城小区居民 七旬老人义务打扫小区卫生，居民身边的“活雷锋”

见义勇为

柳春雨 男 呼和浩特市妇幼保健院职工 危急关头跳入水库勇救落水父子

张永雄 男 包头市达茂旗乌克忽洞镇腮忽洞村党支部书记 6旬老人洪水中救起一对夫妇

杨小伟 男 呼和浩特市清水河县入伍的公安消防支队化工中队消防员 为挽救群众生命财产安全，在救火中英勇牺牲

智 玉 男 呼伦贝尔市鄂温克旗伊敏中心校副校长 危急时刻勇救两名落水儿童

张永清 男 鄂尔多斯市准格尔旗环卫局干部 面对燃烧的煤气罐，率先冲入火海灭火

孙长毅 男 满洲里市扎来诺尔华能煤业有限责任公司职工 路见不平挺身而出，勇斗持刀歹徒的好司机

诚实守信

李秀云 女 赤峰市阿鲁科尔沁旗牧原绒毛制品有限责任公司经理 下岗女工16年坚持信誉至上的创业信条，用诚信书写企业未来

刘宏阁 男 内蒙古通辽市威林酒业有限责任公司董事长 诚信经营重承诺，先后捐赠530万元扶贫济困

刘长山 男 满洲里市平安创伤医院院长 诚信服务20年，对待患者如亲人

敬业奉献

张笑妹 女 包头市农业局职工 田间地头洒汗水，实用技术惠群众

石文军 男 呼和浩特市光荣院院长 驻

村书记履职尽责，不辞辛苦攻坚克难

许雪峰　男　内蒙古高等级公路建设开发有限责任公司呼和浩特分公司养护所职工　10年扎根养护一线，甘做公路守护员

孙焕玲　女　呼伦贝尔扎兰屯市人民医院医生　热心公益好医生，10年助人献真情

布音达来　男　鄂尔多斯市鄂托克前旗蒙古族中学体育教师　30年真情奉献残疾人体育事业

王　杰　女　兴安盟乌兰浩特市铁西街关工委副主任，钢花社区红色党支部书记　40余年老党员，退休后服务社区居民

程人杰　男　武警内蒙古森林总队呼伦贝尔市支队海拉尔大队大队长　20年甘当绿色卫士，先后参加灭火140多次

邵　兵　男　通辽市奈曼旗原副旗长，公安局党委书记、局长　26年如一日，敬业奉献好局长

卢大鹏　男　呼和浩特铁路局包头西站设备车间平列工区高级技师　设备检修20年，处理故障1.8万台次

铁龙　男　锡林郭勒锡盟信访局接访科科长　任劳任怨16年，立足信访解民忧

李昱涵　女　内蒙古自治区特种设备检验院电梯检验师　履职尽责16年，平凡岗位写青春

张素英　女　中国邮政储蓄银行内蒙古分行授信管理部总经理　履职尽责好党员，敬业奉献20年

李　杏　女　乌海市第十二中学教师　履职尽责好教师，13年教书育人献真情

王永强　男　乌海市电业局生产技术处处长　20年勤学苦练，一丝不苟千里输电线

查干其其格　女　赤峰市巴林右旗西拉沐沦苏木胡日哈嘎查小学代课教师　代课教师20年不图名利，用汗水成就农村孩子成才路

哈斯图雅　女　鄂尔多斯市公路管理局乌审旗公路管理工区养护工　25年与荒沙为伴，努力保障公路畅通

刘　喜　男　内蒙古医院心脏中心副主任　好医生18年坚守一线，完成心脏手术6000余例

孝老爱亲

邢天平　男　呼和浩特市土左旗察素齐镇友好村村民　好丈夫12年精心照顾，用爱延续妻子生命

张俊仙　女　乌海市东源科技动力事业部水质化验员　20多年精心照顾患病的父母和年迈的姥姥

崔瑞芹　女　通辽市奈曼旗土城子乡杏树园子村村民　20多年精心照顾婆家4位亲人

吴秀玲　女　通辽市库伦旗库伦镇下扣河子嘎查牧民　收养1名被遗弃的女婴并抚养两个失去双亲的孩子

李淑忱　女　呼伦贝尔市海拉尔区哈克镇扎罗木得村退休教师　孝敬公婆30多年的好儿媳

冯　凯　男　内蒙古自治区产品质量检验研究院退休职工　9年精心照顾瘫痪在床的妻子

刘景芝　女　赤峰市翁牛特旗毛山东乡黑水村村民　善良嫂子46年如一日照顾智障小叔子，书写人间真情与大爱

何水英　女　包头市固阳县金山镇繁荣居委会康晖鑫苑小区居民　20多年精心照顾瘫痪在床的丈夫和患精神分裂的女儿

敖特更花日　女　鄂尔多斯市杭锦旗独贵塔拉镇敖楞乌素嘎查牧民　26年如一日孝敬公婆并精心照料智障大伯

2016年7月

助人为乐

席晓东　男　内蒙古中医医院药剂科职工　多年投身公益事业，先后组织上百次公益活动

曹洪亮　男　内蒙古阿拉善军分区保密员

15年扶贫济困,无私奉献彰显军人风采

范　英　女　内蒙古创新教育培训学校校长　多年义务传授创业经验，帮助他人就业创业

赵福珍　男　包头市石拐区大德恒街道办事处后营子村村民　五保村民省吃俭用义务放映电影,丰富乡亲文化生活

黄淑萍　女　兴安盟产品质量计量检测所职工　爱心捐献衣物800余件,捐款12 000余元,助力灾区重建

张建朋　男　通辽市开鲁县保安农场北公司分场副场长　义务照顾同村无血缘老人10年,书写感人父子情

李向东　男　赤峰市元宝山区人民法院干警　成立“爱在旅途”公益团队积极开展公益活动

寇晓东　女　乌兰察布市集宁区路路发物流有限公司工人　照顾一名生活困难儿童10年,积极参与多项公益活动

郝建民　男　鄂尔多斯市东胜区育英社区民联A区退休干部　退休老党员不忘宗旨，不辞　辛苦帮助社区居民通天然气、建活动场所

李有锁　男　乌海市乌达区关工委副主任　7旬老人心系下一代,不为名利办实事

张绥德　男　巴彦淖尔市德田工贸有限责任公司总经理　热心助人的爱心企业家,先后捐助近80万元回报社会

李凤珍　女　满洲里市第十一中学副校长　爱心支教不言苦,情系乡村谱新篇

见义勇为

姜彦良　男　呼和浩特市第一医院警务队长　危急关头救下1名跳楼轻生女子

韩贵庭　男　巴彦淖尔市五原县隆兴昌镇北大桥北外环3巷9号　打工老人勇救一名落水儿童

包　亮　男　呼伦贝尔牙克石市公安局新工派出所副所长　勇斗行凶歹徒,身受重伤

张春生　男　兴安盟扎赉特旗音德尔镇籍在校大学生　危急时刻勇救3名落水学生

韩　高　男　锡林郭勒盟电业局抄表中心抄表二班班长　及时发现火情奋力救火,挽回经济损失10余万元

尚金刚　男　满洲里市扎煤公司汽运公司司机　危急时刻挺身而出,赤手空拳制服歹徒

布日格德　男　二连浩特市海关公路行邮科科长　临危不惧,制止持刀歹徒行凶

诚实守信

王桂桃　女　呼和浩特市夏禾知识产权代理有限责任公司总经理　用守信维护自创商标

史法瑞　男　内蒙古大兴安岭林管局宜里农场离休干部　8旬老人守承诺，守护农场25年

樊　根　男　巴彦淖尔市谷丰农业科技有限公司董事长　诚信经营售良种，致富乡亲献爱心

敬业奉献

沈明辉　男　呼和浩特铁路局客运车间检服乙班值班员　热情服务20年,服务旅客上万人

李文普　男　呼和浩特市公安局交通管理支队新城区大队一中队指导员　尽责实干好交警,一线执勤12年

杜　宏　男　66355部队某边防连原连长　赤胆忠心守边防,一腔热血铸军魂

张　骞　男　内蒙古公安厅刑侦总队大要案支队支队长　刑警生涯19年,勇斗邪恶为人民

王爱刚　男　包头市环卫局环卫管理员　一心创建卫生城,25年环卫情

刘　军　男　呼和浩特铁路局包头站保卫科科长　尽责实干好卫士,平安铁路献真情

韩世文　男　内蒙古一机集团计量检测中

心仪器电器维修高级工程师　钻研技术30年,维修仪器好标兵

敖宝龙　男　呼伦贝尔市鄂伦春旗大杨树养护道班养路工　养护公路20年,平凡岗位献真情

董立峰　男　通辽市实验中学教师　体育教师显身手,培养人才创佳绩

梁洪志　男　赤峰市元宝山区特殊教育学校创始人　特教事业甘奉献,辛勤育人20年

孟庆友　男　赤峰市敖汉旗水利局山湾子水库灌区管理处敖吉水管所护水员　乡亲用水记心间,护水一线30年

陈发全　男　锡林郭勒盟苏尼特右旗供电局朱日和供电所所长　奉献岗位20年,保电送电为乡亲

秦山河　男　锡林郭勒盟西乌珠穆沁旗广播电视台技术部主任　扎根基层30年,广电事业献真情

王　韶　男　乌兰察布市商都县中医医院医生　履职尽责好医生,救死扶伤25年

常克军　男　神华乌海能源公司黄白茨矿业公司综采队副队长　"综采土专家"尽责实干30年

赛音吉雅图　男　二连浩特市边防大队齐哈日格图边防派出所教导员　履职尽责好民警,服务百姓20年

孝老爱亲

李晓君　男　包头市供水总公司水表检测站供水员　10年如一日照顾重病父亲及瘫痪大姨

何格马　女　通辽市奈曼旗固日班花苏木珠日干白兴嘎查牧民　孝敬老人挑重担,捐肾救弟献爱心

于文梅　女　赤峰市宁城县大明镇平房店村村民　16年精心照顾瘫痪在床的丈夫

梁清荣　女　锡林郭勒盟苏尼特左旗满都拉图镇恩格尔社区居民　好儿媳9年如一日照顾瘫痪公婆

胡兰娣　女　乌兰察布市察右中旗库伦苏木干部　20年如一日,精心照顾4位8旬老人

张荣珍　女　乌海市海勃湾区新华西街道办事处滨水社区居民　7旬老人11年不辞辛劳照料残疾丈夫

邓世英　男　二连浩特市检验检疫局职工　抚养失去父亲、家庭困难的侄子17年

2016年8月

助人为乐

魏　明　男　内蒙古监狱管理局退休干部　退休老党员,青城"活雷锋"

乌日财胡　女　包头市达茂旗满都拉镇人民政府文化站站长　无私救助因车祸而伤的蒙古国牧民,爱心跨越国界

李汝清　男　呼伦贝尔市海拉尔区健康街道关工委副主任　社区红色收藏家,传承精神育后人

白秀枝　女　通辽市奈曼旗白音杭盖食品有限公司董事长　艰苦创业20年,捐助百万回馈社会

张艳萍　女　鄂尔多斯市准格尔旗义工协会副会长　10年坚持做公益,爱心传递献真情

聂士国　男　呼和浩特铁路局包头西车辆段临河运用车间检车员　20年无偿献血,3万毫升见证爱心

见义勇为

汪润洁　女　包头市公安局交管支队机动大队队员　路遇恶犬伤婴儿,徒手相救身负伤

蔡福贵　男　兴安盟突泉县太平乡晨光村党支部书记　面对突发洪水,不顾个人安危,奋力保护村民生命财产安全

牛　虎　男　鄂尔多斯市康巴什文化旅游发展有限公司安全管理部部长　危急时刻勇救两名落水人员

赵大聚　男　巴彦淖尔市乌拉特中旗巴音路社区居民　为救遇险小女孩,不惧歹徒报复

范金伟　男　乌海市公安局海南区分局刑警大队民警　危急时刻勇救1名落水儿童

曹树范　男　国网内蒙古东部敖汉旗供电公司职工　身患癌症,勇救1名落水儿童

诚实守信

刘江恩　男　呼和浩特市刘氏口腔医院医生　诚信服务20年,患者口中树品牌

王文刚　男　兴安盟扎赉特旗新神峰民族制衣厂董事长　诚实守信经营，致富不忘帮扶困难群众和残疾人

汤小云　女　乌兰察布丰镇市隆盛庄镇永善庄村村民　利用自学养殖技术，带领村民共同致富

敬业奉献

王志刚　男　原呼和浩特市玉泉区城市管理行政执法局督察大队大队长　履职尽责好城管,执法为民作奉献

巴斯琴　女　包头市土右旗人民法院刑事审判庭庭长　秉公执法20年,办案标兵守正义

祖振川　男　呼伦贝尔扎兰屯市大河湾镇金星村党支部书记　传授肉羊养殖技术,带领乡亲发家致富

李建秋　女　呼伦贝尔扎兰屯市新风社区党总支书记　居民贴心人,社区红管家

郭长毛　男　兴安盟科右中旗巴彦呼舒镇海龙囤嘎查牧民　尽责实干好书记，乡亲致富引领人

贺凤荣　女　兴安盟扎赉特旗好力保镇农业服务中心农艺师　田间地头传技艺，乡亲致富引领人

卢翠琴　女　赤峰市阿鲁科尔沁旗双胜镇中心总校教师　乡村好教师,育人3年

任志霞　女　鄂尔多斯市鄂托克前旗实验小学教师　教书育人20年,平凡岗位作奉献

辛利军　男　鄂尔多斯市准格尔旗大路镇小滩子村党支部书记　履职尽责好村官，乡亲致富引领人

魏　炜　女　呼和浩特铁路局包头客运段动车车队八组列车长　敬业奉献好“动姐”,服务旅客献真情

赵云树　男　内蒙古公安消防总队通辽支队特勤中队中队长助理　赴汤蹈火显英雄本色,25年担消防重任

孝老爱亲

李俊利　男　包头供电局九原供电分局新南供电所职工　10年如一日精心照顾患尿毒症的妻子

孙建国　男　包头市达茂旗百灵庙镇水塔街社区居民　好丈夫不离不弃，精心照顾重病妻子

潘秀兰　女　兴安盟科右前旗居力很镇幸福路村村民　花甲之年精心照顾两位大伯

刘迎慧　女　通辽市科左后旗甘旗卡镇叠翠园小区居民　20年精心照顾全身瘫痪的婆婆

张桂花　女　锡盟锡林浩特市沃原小区居民　古稀之年好儿媳,孝敬百岁婆婆传佳话

乌日尼勒图　男　锡盟镶黄旗文贡乌拉苏木达布森高勒嘎查牧民　20年精心照顾生活不能自理的残疾哥哥

梁金花　女　乌兰察布市地方病防治中心职工　悉心照料公公30余年的好儿媳

胡连英　女　神华乌海能源公乌素煤炭加工有限责任公司职工　精心照顾患病公婆16年的好儿媳

静　平　女　满洲里市东山办事处东兴社区副书记　一心关爱困难群众的社区好书记

梁桂芬　女　二连浩特市城建小区居民　12年精心照顾瘫痪在床的丈夫

刘兴梅　女　内蒙古新闻出版广电局微波传输总站职工　好儿媳十年如一日照顾80多岁的患病公公

2016年9月

助人为乐

马晓琳 女 包头市东河区环城路小学教师 乡村育人26年,履职尽责作奉献

任增光 男 包头市青山区阳光义工联合会负责人 个体工商户无私奉献10余年 为文明城市创建添砖加瓦

郭凤海 男 兴安盟科右中旗巴彦呼舒镇胡格吉勒社区居民 30年如一日,热心照顾同事3个患有精神疾病的遗孤

臧其珍 女 通辽市科尔沁区科尔沁街道阳光社区居民 为外地患者义务寄药40年,帮助他人快乐自己

刘凤秀 女 鄂尔多斯市东胜区纺织街道曙光社区居民 10多年义务照顾孤寡老人和残疾邻居,爱心谱写人间大爱

其木格 女 二连浩特火车站退休职工 古稀老人热心公益,扶贫帮困默默奉献

见义勇为

王子富 男 呼和浩特市回民区西龙王庙三联化工小区居民 赤手空拳擒歹徒,挺身而出显正气

杨兴铨 男 包头钢铁(集团)有限责任公司稀土钢板材厂热轧作业部职工 境外旅游遇劫匪,保护他人身负伤

王禹新 男 内蒙古边防总队兴安盟支队阿尔山边防派出所副所长 危急时刻勇救1名落水儿童

王望东 男 鄂尔多斯市鄂托克经济开发区国家税务局干部 危急时刻跳入污水井勇救1名落水儿童

诚实守信

王 茜 女 呼和浩特供电局修试管理处职工 9年坚持无偿献血,爱心救助他人生命

马和玉 男 兴安盟乌兰浩特市爱国街个体工商户 诚信守信经营,热心社会公益

刘志全 男 包头市达茂旗乌克忽洞镇仡佬掖村农民 赤手空拳闯天下 诚实守信创基业

梁有志 男 锡盟正蓝旗金沙湾工贸有限责任公司总经理 诚信经营18年,先后为社会公益事业捐款捐物30多万元

敬业奉献

陶迎春 女 内蒙古自治区血液中心献血办主任 立足平凡岗位献身无偿献血事业35年

哈达巴特尔 男 内蒙古自治区摔跤拳击跆拳道举重运动管理中心女子拳击队主教练 教练岗位做奉献,竞技体育获殊荣

王智勇 男 内蒙古自治区人民医院心脏中心副主任 德艺双馨好医生,救死扶伤30年

额尔敦白音 男 内蒙古大学教授 30余年潜心研究民族文化,哲学社会科学领军人才

于庆峰 男 内蒙古一机集团四分公司职工 技术岗位勤钻研,技能大赛获大奖

王树江 男 呼伦贝尔扎兰屯市环境卫生管理处主任 履职尽责好城管,环卫事业献真情

李振海 男 呼伦贝尔莫力达瓦达斡尔族自治旗塔温敖宝镇塔温敖宝村村民 矢志造林30年,1500亩荒地披绿装

宝音德力格尔 男 巴彦淖尔市乌拉特后旗潮格镇派出所指导员 牧民心中好警察,兢兢业业为人民

多 涛 男 乌海市社保局综合业务办公室主任 为民服务10余年,平凡岗位献真情

费三江 男 内蒙古公安消防总队高级装备技师 参加灭火近万次,消防战线排头兵

刘力新 男 内蒙古公安边防总队训练基地勤务中队中队长 公安边防部队“带兵模范”,境外维和英雄

刘 东 男 内蒙古公安边防总队包头支队政治处宣传纪检保卫科科长 赴外维和争光

彩，维和英雄献真情

孝老爱亲

孙安峰　　包头市固阳县聚鑫盛养老院院长　退休老人开办养老院，真情创建爱老助残示范基地

格日乐其木格　女　通辽市奈曼旗固日班花苏木赛罕塔拉嘎查牧民　精心照顾失明妹妹50多年

李淑清　乌兰察布市凉城县国家税务局办公室副主任　10多年如一日精心照顾患重病的父母

2016年10月

助人为乐

张景樵　男　内蒙古纺织科学研究所离休干部　10多年累计为贫困学生和困难家庭捐款10多万元

朱国玉　男　赤峰监狱教育科警察　17年坚持为10多名服刑人员未成年子女进行心理健康疏导

刘　畅　女　呼伦贝尔学院新闻系教师　多年热心公益事业，积极资助贫困学生和困难群体

刘海梅　男　呼伦贝尔市鄂伦春旗阿里河镇居民　身残志坚，组织成立残疾人志愿服务队热心帮助困难群体

白　蓉　女　呼和浩特铁路局乌海车务段乌海客运车间丙班客运值班员　客运服务12年，对待旅客似亲人

见义勇为

窦　固　男　呼和浩特市托克托县黄河湿地管委会中滩村村民　危急时刻冲入火场勇救一名轻生男子

郭　杰　男　赤峰市敖汉旗经济和信息化局干部　危急时刻勇救两名落水男子

徐福彪　男　通辽市扎鲁特旗鲁北街道办事处城管办干部　跳入粪池勇救一名幼童

孟克那生　男　阿拉善盟阿左旗腾格里额里斯镇特莫乌拉嘎查牧民　协助派出所民警制服持刀行凶精神病人

李世永　男　武警内蒙古总队乌海市支队战士　危急时刻勇救两名不慎跌落站台的老人

诚实守信

崔玉芬　女　通辽霍林郭勒市珠斯花街道哲南社区居民　10年诚信经营小超市，拾金不昧，乐善好施

王俊臣　男　赤峰市敖汉旗敖润苏莫苏木巴彦宝力高嘎查乡村医生　坚守牧区20年，群众健康记心中

白　金　男　满洲里市百吉乐畜牧养殖专业合作社理事长　带领牧民诚实守信经营，打造绿色放心肉食品牌

高　义　男　二连浩特市军霞健身器材经销部经理　诚信经营20年，公益捐款数万元

敬业奉献

周呈芳　男　内蒙古大学教授　社科领域知名专家，高校理论教育敬业模范

赵忠强　男　内蒙古森工集团莫尔道嘎森林公安局中心派出所所长　履职尽责20年，林区公安好标兵

李　媛　女　呼伦贝尔学院音乐与舞蹈学院教师　身患尿毒症仍坚持坐轮椅教学的最美教师

高治理　男　赤峰市喀喇沁旗西桥初级中学物理教师　拾捡废旧物品7年，自制物理课教具2000余件

朱广宇　男　鄂尔多斯市乌审旗嘎鲁图镇神水台村党支部书记　尽责实干好支书，带领乡亲共致富

赵文厚　男　巴彦淖尔市杭锦后旗第五中学教师　三尺讲台作奉献，29年园丁情

郑晓忠　男　内蒙古兰太实业股份有限公司制盐分公司职工　30年奋战在采盐一线，履职尽责，勤奋工作

戎子斌 男 满洲里市检验检疫局局长 守护国门30年，履职尽责作奉献

胡云龙 男 内蒙古公安边防总队巴彦淖尔市支队勤务中队副中队长 不惧埃博拉疫情威胁，圆满完成境外维和使命

杨云峰 男 锡林郭勒盟消防支队西乌珠穆沁旗中队班长 岗位练兵模范，火场灭火英雄

孝老爱亲

常 虹 女 内蒙古女子强制隔离戒毒所三大队大队长 20年如一日精心照顾患病公婆

戚明杰 男 赤峰市红山区东城街道办事处富龙社区居民 17年如一日悉心照顾失明母亲

陈晓梅 女 赤峰市克什克腾旗红山子乡大浩来图村村民 6年精心照顾患病公婆和患精神病的大伯

阿都庆 男 巴彦淖尔市电业局乌拉特后旗供电分局职工 10多年悉心照顾身患重病的母亲和患精神病的盲人哥哥

梁玉文 男 二连浩特市旅游局副局长 多年精心照顾患有智障的儿子和身患重病的妻子

2016年11月

助人为乐

王舒韵 女 呼和浩特市天使公益协会副会长 01多年坚持无偿献血，长年关爱帮助贫困和失足少年

董成源 男 呼伦贝尔市阿荣旗国税局职工 捐献造血干细胞，挽救了1名9岁男孩生命

徐远忠 男 兴安盟扎赉特旗音德尔镇医疗园区居民 下岗职工6年资助1名蒙古族孤儿上学

浩斯尔德尼 男 巴彦淖尔市乌拉特前旗额尔登布拉格苏木阿日齐嘎查嘎查长 牧民心中好村官，履职尽责同致富

白 路 男 乌海市海南区残疾人联合会科员 身残志坚奉献社会，公益捐款热心助人

王秀珍 女 二连浩特市舒心源托老院负责人 爱心开办托老院，敬老助老送温暖

见义勇为

吴卫德 男 呼伦贝尔市海拉尔区正阳辖区木兰街居民 残疾老人危急时刻勇救1名落水妇女

吴海涛 男 兴安盟乌兰浩特市就业局干部 危急关头跳入河中勇救1名妇女

额尔登巴乙拉 男 通辽市经济技术开发区消防大队特勤中队士官 临危不惧，从5楼凌空救下1名轻生女孩

武文飞 男 内蒙古兰太实业股份有限公司泰达制钠厂职工 跳入黄河勇救1名落水小孩

诚实守信

张美峰 男 锡盟正蓝旗蒙龙商业贸易有限责任公司经理 诚信经营10余年，先后扶贫助困10多万元

赵辉军 男 乌兰察布市凉城县科创畜禽养殖专业合作社理事长 多年诚实守信经营，为百姓提供安全放心肉类产品

白 云 男 鄂尔多斯市康巴什新区云鼎商贸有限责任公司经理 诚信经营，依法纳税，筹建商会践行诚信理念

董胜才 男 乌海市海南区明达华联购物广场经理 诚信经营，打造顾客放心品牌

敬业奉献

高 原 男 内蒙古中医医院肛肠一科副主任医师 行医18年，每年诊治患者5000余人次

王永明 男 内蒙古包钢钢联股份有限公司轨梁轧钢厂高级技术主管 履职尽责好专家，轧钢技术引领人

王艳艳 女 呼伦贝尔扎兰屯市城市管理

行政执法局副局长　文明城市守护者，城管岗位献真情

何永顺 男　原通辽市科左后旗甘旗卡镇派出所所长　爱岗敬业，心系群众，因公殉职，壮志未酬

李少杰　男　锡盟太仆寺旗运输管理所所长　多次在暴风雪中上路救援，立足岗位敬业奉献

郝白玲　女　鄂尔多斯市东胜区供电分局铜川供电所营业员　履职尽责17年，真情服务为群众

曹春博　男　巴彦淖尔电业局修试管理处高级技师　送变电检修12年，创新成果10余项

王凤香　女　满洲里市扎赉诺尔区旺泉小学教师　边城敬业好教师，岗位奉献20年

千　里　男　内蒙古消防总队巴彦淖尔市支队磴口县中队指导员　训练场上尖兵，灭火中的英雄

孝老爱亲

祁宏志　男　呼和浩特铁路局包头西机务段包头运用车间指导司机　感动呼铁好司机，履职尽责做贡献

张　永　男　呼和浩特市和林县城关第一完小教师　20年悉心照料患病妻子

刘晓华　女　呼伦贝尔扎兰屯市文化小学教师　10多年如一日精心照顾患小脑萎缩的母亲

包国军　男　呼伦贝尔额尔古纳市拉布大林街道办事处职工　28年精心照顾瘫痪妻子

柳英海　男　赤峰市阿鲁科尔沁旗天山口镇大虎头嘎村村民　20年真情守护瘫痪妻儿

赵枝花　女　锡盟苏尼特右旗赛汉塔拉镇居民　养育脑瘫弃婴24年，生活窘迫不离不弃

李泽慧　女　鄂尔多斯市鄂托克旗棋盘井镇草籽场社区居民　7年如一日精心照顾两位孤寡老人

2016年12月

助人为乐

梁瑞芬　女　包头市供电局达茂供电分局职工　多年关心帮助孤残儿童的“爱心妈妈”

苑璐颖　女　通辽市扎鲁特旗鲁北街道东城榆社区民生志愿者　捐献造血干细胞，挽救他人生命

张宝忠　男　锡林郭勒盟党校退休教师　10多年关心未成年人成长，发挥余热为青少年服务

胡亚利　女　神华集团准格尔能源有限责任公司选煤厂职工　捐献造血干细胞，挽救了1名白血病患者的生命

石伟东　男　鄂尔多斯市铭善志愿者协会常务副会长　参加志愿服务活动130余场，累计捐款8万元

潘玉琴　女　乌海市乌达区乌兰淖尔镇泽园新村村民　传授温室栽培技术，带领乡亲共同致富

武晔莹　女　二连浩特市红十字会职工　平凡岗位18年，履职尽责为百姓

见义勇为

张国辉　男　赤峰市巴林左旗林东镇衙门庙村党支部副书记　危急时刻勇救一名被洪水围困的老人

马学义　男　巴彦淖尔市临河区交管大队民警　危急时刻勇救1名落水儿童

武文飞　男　内蒙古兰太实业股份有限公司泰达制钠厂职工　跳入黄河勇救1名落水儿童

诚实守信

吴先锋　男　兴安盟科右中旗金田草业服务中心经理　多年诚信经营，累计资助生活困难大学生10余万元

刘一灼　男　通辽市科左后旗甘旗卡镇第三初级中学学生　好少年拾金不昧，捡到2万多元交还失主

郑小龙　男　满洲里市互贸区富华社区居民　10多年义务植树，为绿化边城默默奉献

敬业奉献

赵亚军　男　呼和浩特市新城区环保局环境监察机动大队原大队长　爱岗敬业好干部，英年早逝壮志未酬

刘国寇　男　包头市九原区新城镇甲尔坝村党支部书记　履职尽责好支书，带领乡亲共致富

田会君　男　兴安盟扎赉特旗音德尔第三中学教师　三尺讲台做奉献，教书育人18年

郭丽娟　女　赤峰市阿鲁科尔沁旗农电局水泥杆厂质检员　尽责实干好职工，严把质量作奉献

房　芳　女　乌兰察布市中心医院神经内科护士　敬业奉献好护士，服务患者似亲人

赵玉莲　女　鄂尔多斯市达拉特旗白塔街道办事处化工社区居委会主任　扎根基层20年，爱岗敬业做奉献

高建林　男　鄂尔多斯市鄂托克前旗高建林中医门诊部医生　乐善好施好医生，服务患者24年

范荣南　男　阿拉善盟阿右旗文物局局长　文博岗位作奉献，文化遗产守护人

胡燕翔　男　乌海市消防支队乌达大队一中队装备技师　消防工作骨干，灭火场上英雄

王　镇　男　呼和浩特铁路局临策铁路有限责任公司安全质量部部长　铁路建设奉献者，工程质量守护人

孝老爱亲

宝音陶格陶　女　锡盟苏尼特左旗洪格尔苏木舒日昌图嘎查居民　好孙媳精心照顾9旬姥姥15年

孟莲荣　女　乌兰察布市集宁区虎山街道办事处工农路社区居民　6年精心照顾生活不能自理的丈夫

侯丽霞　女　鄂尔多斯市东胜区林荫街道办事处蒙欣社区居民　19年如一日，精心照顾患病奶奶

韩凤英　女　阿拉善盟阿左旗额鲁特街道柳树沟社区居民　多年精心照顾瘫痪在床的丈夫和9旬婆婆

张海梅　女　乌海市海勃湾区新华街道办事处康乐社区居民　35年精心照顾瘫痪在床的婆婆

（撰稿人：路义）

附 录

2016年全区主要经济指标一览表

（内蒙古自治区统计局提供）

2017年12月

指标	总量	2016年比2015年增长(%)
土地总面积(万平方公里)	118.3	
年末总人口(万人)	2520.1	0.4
市镇人口	1542.1	1.8
乡村人口	978.1	-1.9
男性人口	1302.5	0.3
女性人口	1217.6	0.4
生产总值(亿元)	18 632.57	7.2
第一产业	1628.65	3.0
第二产业	9078.87	6.9
第三产业	7925.05	8.3
三次产业构成(%)	8.8：48.7：41.6	
全社会固定资产投资总额(亿元)	15 469.50	11.9
居民消费价格总指数(%)	101.2	1.2
能源生产总量(万吨标准煤)	52 690.4	-6.3
能源消费总量(万吨标准煤)	19 457.1	2.8
耕地面积(万公顷)	925.90	1.1
粮食产量(万吨)	2780.30	-1.7
油料产量(万吨)	220.02	13.6
甜菜产量(万吨)	266.19	15.7
造林面积(万公顷)	61.84	-7.4
肉类产量(万吨)	258.89	5.4
牛奶产量(万吨)	734.12	-8.6

续表 1

指标	总量	2016 年比 2015 年增长(%)
羊毛产量(万吨)	14.31	4.1
羊绒产量(吨)	8498.23	1.4
六月末牲畜总数(万头只)	13 597.92	0.1
大牲畜(万头)	1389.01	2.3
羊(万只)	10 730.53	-0.1
生猪(万口)	1478.39	-0.8
工业增加值(亿元)	7758.24	7.0
原煤产量(万吨)	84 559	-7.0
原油产量(万吨)	174.42	-2.5
发电量(亿千瓦小时)	3949.81	0.5
水泥产量(万吨)	6313.56	8.3
钢产量(万吨)	1813.24	4.5
生铁产量(万吨)	1469.37	0.5
成品钢材产量(万吨)	2016.81	6.3
建筑业从业人数(万人)	27.06	-5.5
建筑企业总产值(亿元)	1220.81	8.7
施工房屋面积(万平方米)	6296.04	-9.7
竣工房屋面积(万平方米)	2541.01	-18.0
货运量(万吨)	200 475	7.7
铁路	69 855	4.8
公路	130 613	9.3
空运	7.16	0.3
客运量(万人)	16 697	-1.7
铁路	5394	5.4
公路	10 347	-6.1
空运	956	12.2
电话普及率(固定和移动)(部 / 百人)	110.00	-0.5
社会消费品零售总额(亿元)	6700.76	9.7
进出口总额(亿美元)	117.01	-8.5

续表 2

指标	总量	2016 年比 2015 年增长(%)
进口额	72.30	1.7
出口额	44.71	-21.2
实际利用外资额(万美元)	396 672	17.8
入境旅游人数(万人)	177.91	10.7
旅游外汇收入(万美元)	113903	18.3
金融机构各项存款(亿元)	21 165.62	17.1
金融机构各项贷款(亿元)	19 361.01	13.0
保险公司保险金额(亿元)	138 953	46.0
保险公司保费收入(亿元)	486.87	23.1
保险公司赔付支出(亿元)	137.78	10.6
普通高等学校专任教师数(人)	25 935	1.6
中等学校专任教师数(人)	105 665	-1.4
小学专任教师数(人)	99 358	-2.3
通高等学校在校学生数(人)	436 699	3.8
中等学校在校学生数(人)	1 264 042	-4.0
小学在校学生数(人)	1 338 134	1.9
教育经费支出(亿元)	756.27	7.6
研究与发展经费支出(万元)	1 475 124	8.4
图书出版数量(万册·张)	6171.66	-4.8
报纸出版数量(万份)	30 227.34	-7.9
广播人口覆盖率(%)	99.21	0.2*
电视人口覆盖率(%)	99.18	0.1*
城市居民人均居住面积(平方米)	32.24	2.7
农村居民人均居住面积(平方米)	27.42	5.2
城镇居民人均可支配收入(元)	32 975	7.8
农村牧区居民人均可支配收入(元)	11 609	7.7
职工平均工资(元)	61 994	7.1
医院、卫生院(个)	2041	0.8
医生(人)	66 435	3.4

续表 3

指标	总量	2016 年比 2015 年增长(%)
医院、卫生院床位数(张)	129 678	4.0
自来水供应量(亿吨)	7.76	3.7
下水道长度(公里)	12 971	3.4
城市煤气和天然气供气量(万立方米)	158 998	16.7
公共汽车总数(辆)	7542	10.6
铺装道路长度(公里)	9709	4.6
绿地面积(公顷)	65 552	3.9
污染治理项目本年完成投资额(亿元)	886.48	12.2
备注:* 为广播人口覆盖率和电视人口覆盖率 2016 年比 2015 年增长的百分点。		

2016 内蒙古自治区水资源公报

综　述

2016 年，内蒙古自治区平均降水量 283.0 毫米，折合降水总量 3274.05 亿立方米，较多年平均值增加 0.3%，属平水年份。全区地表水资源量 268.51 亿立方米，折合年径流深 23.2 毫米，较多年平均值减少 34.0%。全区地下水资源量 248.17 亿立方米，较多年平均值增加 5.1%。全区水资源总量 426.50 亿立方米，较多年平均值偏少 21.9%。

2016 年，黄河干流入境水量 180.50 亿立方米，出境水量 109.97 亿立方米。黄河内蒙古段干流耗用水量 43.01 亿立方米。

2016 年末，全区 104 座大中型水库蓄水总量 14.19 亿立方米，较年初减少 2.09 亿立方米。2016 年末，平原区浅层地下水储存量较年初增加 2.44 亿立方米。

2016 年，全区各水源工程总供水量 190.29 亿立方米。其中：地表水源供水量 98.27 亿立方米，占总供水量 51.6%；地下水源供水量 88.84 亿立方米（其中矿井疏干水利用量 1.86 亿立方米），占总供水量 46.7%；其他水源供水量 3.19 亿立方米（其中污水处理回用量 3.15 亿立方米），占总供水量 1.7%。全区总用水量 190.29 亿立方米，较上年增加 4.51 亿立方米。其中：农田灌溉用水量 120.40 亿立方米，占总用水量 63.3%；林牧渔畜用水量 18.80 亿立方米，占总用水量 9.9%；工业用水量 17.38 亿立方米，占总用水量 9.1%；城镇公共用水量 2.73 亿立方米，占总用水量 1.4%；居民生活用水量 7.90 亿立方米，占总用水量 4.2%，生态用水量 23.07 亿立方米，占总用水量 12.1%。

全区人均综合用水量 755 立方米，万元地区生产总值（当年价）用水量 96.6 立方米，万元工业增加值（当年价）用水量 22.4 立方米，农田灌溉亩均毛用水量 305 立方米，农田灌溉水有效利用系数 0.532，国家重要江河湖水功能区水质达标率 64.2%。

2016 年，全区共监测水功能区 532 个，不参评 91 个，达标 284 个，占参加评价总数 64.4%；达标河长 15485.8 公里，占参加评价河长总数 70.6%。

2016 年,国家重要水功能区 182 个,不参评水功能区 20 个，达标 97 个，占参加评价总数 59.9%;达标河长 6393.0 公里,占参加评价河长总数 70.3%。

2016 年,全区共监测入河排污口 307 个,实际采样的入河排污口 203 个，达标入河排污口个数为 80 个,达标率为 39.4%。

一、水资源量

(一)降水量

2016 年,全区平均降水量 283.0 毫米,折合降水总量 3274.05 亿立方米,较上年偏多 4.5%,较多年平均值偏多 0.3%,属平水年份。

从行政分区看,呼和浩特市、乌海市、通辽市、乌兰察布市、鄂尔多斯市降水量较多年平均值有所增加,增幅在 15.5%～51.2%之间,其中乌海市增幅最大;呼伦贝尔市、兴安盟、巴彦淖尔市降水量较多年平均值偏少 6.9%～12.5%,其中呼伦贝尔市减幅最大；其余盟市与多年平均值接近。

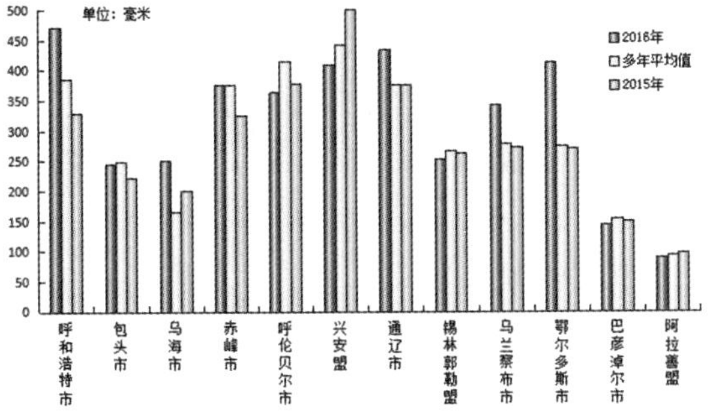

图 1　2016 年内蒙古行政分区降水量与多年平均值及上年比较

从水资源分区看,辽河、海河和黄河区降水量较多年平均值有所增加，增幅分别为 7.3%、24.0%和 34.8%;松花江区降水量较多年平均值偏少 11.8%;西北诸河区降水量与多年平均值接近。

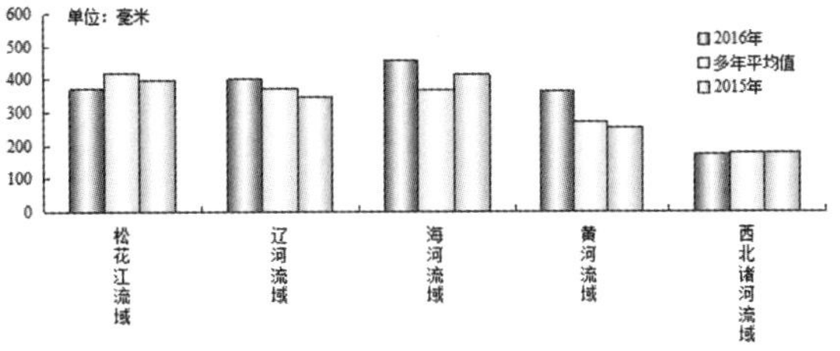

图 2　2016 年内蒙古水资源分区降水量与多年平均值及上年比较

全区降水量时空分布极不均匀，年内降水量主要集中在汛期 6—9 月份。年降水量空间分布趋势是由东向西逐渐递减，最高值出现在辽河流域的赤峰市任家营子站，为 795.5 毫米;最低值出现在西北诸河流域的阿拉善盟额济纳旗站,为 52.1 毫米。

(二)地表水资源量

2016 年,全区地表水资源量 268.51 亿立方米,折合年径流深 23.2 毫米,较上年偏少 33.2%,较多年平均值偏少 34.0%。

从行政分区看，呼和浩特市和包头市地表水资源量较多年平均值偏多 40.9%和 6.5%;乌海市和阿拉善盟地表水资源量与多年平均值接近；其余盟市地表水资源量较多年平均值偏少 5.8%～47.8%,其中兴安盟减幅最大。

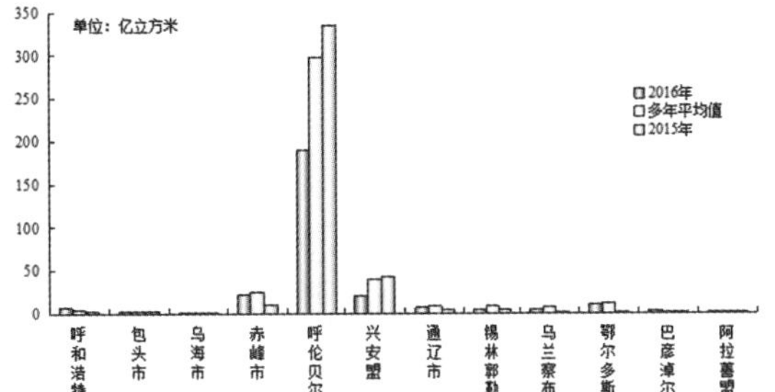

图 3　2016 年内蒙古行政分区地表水资源量与多年平均值及上年比较

从水资源分区看,松花江、辽河、海河和西北诸河区地表水资源量较多年平均值偏少,减幅分别为 37.8%、15.4%、31.2%和 34.3%;黄河区地表水资源量与多年平均值接近。

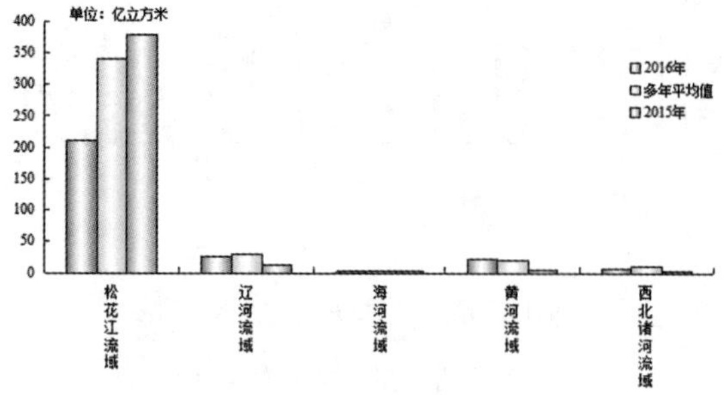

图 4　2016 年内蒙古水资源分区地表水资源量与多年平均值及上年比

（三）地下水资源量

2016 年，全区矿化度小于等于 2 克 / 升的地下水资源量 248.17 亿立方米，较上年偏多 10.5%，较多年平均值偏多 5.1%。其中，平原区地下水资源量 163.46 亿立方米，山丘区地下水资源量 109.35 亿立方米，平原区与山丘区间地下水资源重复计算量 24.64 亿立方米。

从行政分区看，呼和浩特市、通辽市、锡林郭勒盟和鄂尔多斯市地下水资源量较多年平均值偏多6.3% ~ 36.9%，其中鄂尔多斯市增幅最大；呼伦贝尔市、乌兰察布市和巴彦淖尔市地下水资源量较多年平均值偏少 5.8% ~ 9.4%，其中巴彦淖尔市减幅最大；其余盟市地下水资源量与多年平均值接近。

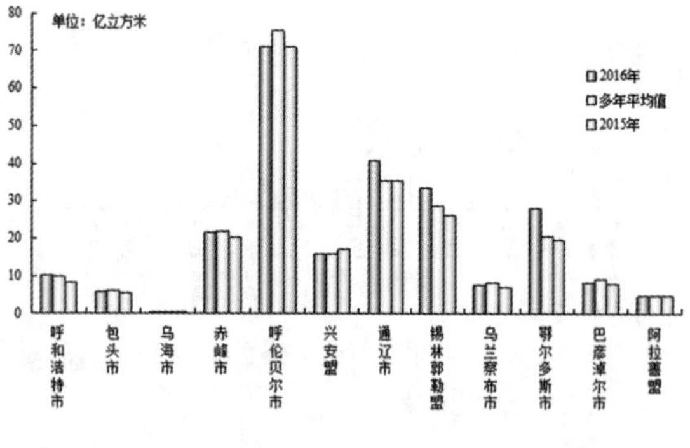

图 5　2016 年内蒙古行政分区地下水资源量与多年平均值及上年比较

从水资源分区看，松花江和海河区地下水资源量较多年平均值偏少 5.2%和 21.8%；辽河、黄河和西北诸河区地下水资源量较多年平均值偏多，增幅分别为 9.6%、14.8%和 12.3%。

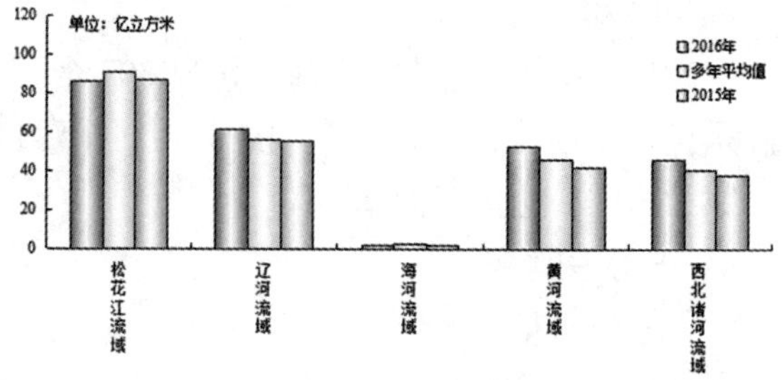

图 6　2016 年内蒙古水资源分区地下水资源量与多年平均值及上年

（四）水资源总量

2016 年，全区水资源总量 426.50 亿立方米，其中地下水与地表水资源量间重复计算量 90.18 亿立方米。全区水资源总量较上年偏少 20.6%，较多年平均值偏少 21.9%。全区平均产水系数 0.13，平均产水模数 3.69 万立方米 / 平方公里。

从行政分区看，呼和浩特市、乌海市、通辽市、锡林郭勒盟及鄂尔多斯市水资源总量较多年平均值偏多 11.7% ~ 29.4%，其中鄂尔多斯市增幅最大；赤峰市、呼伦贝尔市、兴安盟及乌兰察布市水资源总量较多年平均值偏少 11.7% ~ 38.9%，其中兴安盟减幅最大；其余盟市水资源总量与多年平均值接近。

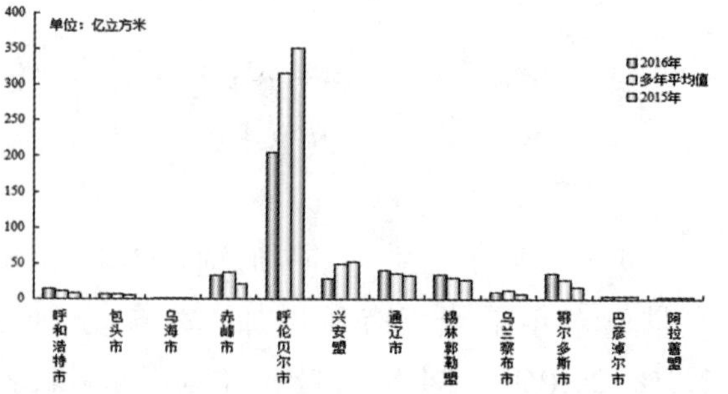

图 7　2016 年内蒙古行政分区水资源总量与多年平均值及上年比较

从水资源分区看，黄河和西北诸河区水资源总量较多年平均值偏多 17.3%和 6.5%，松花江和海河区水资源总量较多年平均值偏少 35.8%和 26.1%，辽河区水资源总量与多年平均值接近。

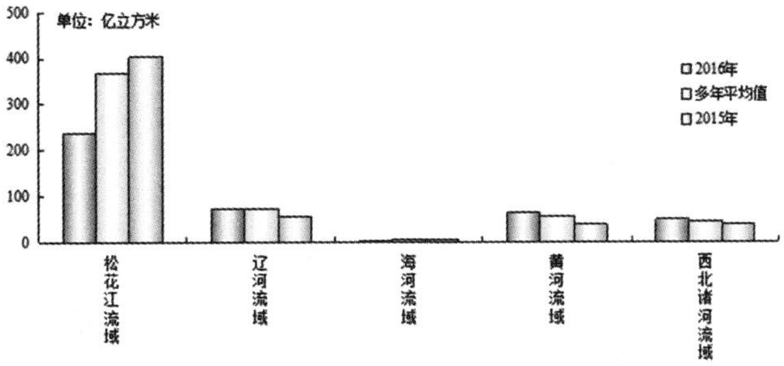

图 8　2016 年内蒙古流域分区水资源总量与多年平均值及上年比较

2016 年内蒙古行政分区水资源量表

表 1　　单位：亿立方米

行政分区	降水量	地表水资源量	地下水资源量	地表水与地下水资源重复量	水资源总量	产水系数
呼和浩特市	80.86	6.75	10.35	1.74	15.36	0.19
包头市	68.03	2.27	5.94	0.92	7.29	0.11
乌海市	4.39	0.12	0.55	0.36	0.32	0.07
赤峰市	324.65	21.24	21.59	8.42	34.41	0.11
呼伦贝尔市	958.67	189.83	71.02	55.43	205.41	0.21
兴安盟	225.12	20.72	15.74	6.22	30.23	0.13
通辽市	259.17	6.61	40.67	5.44	41.85	0.16
锡林郭勒盟	505.16	4.90	33.53	2.91	35.52	0.07
乌兰察布市	187.84	4.04	7.63	1.45	10.23	0.05
鄂尔多斯市	357.49	10.56	28.13	1.48	37.20	0.10
巴彦淖尔市	91.56	1.11	8.29	4.08	5.33	0.06
阿拉善盟	211.10	0.37	4.73	1.74	3.36	0.02
全区	3274.05	268.51	248.17	90.18	426.50	0.13

2016年内蒙古水资源分区水资源量表

表2　　　　单位:亿立方米

一级区	二级区	降水量	地表水资源量	地下水资源量	地表水与地下水资源重复量	水资源总量	产水系数
松花江	额尔古纳河	462.51	76.34	38.80	24.82	90.31	0.20
	嫩江	732.98	135.07	47.23	37.03	145.27	0.20
辽河	东辽河	0.29	0.01	0.05	0.01	0.06	0.19
	西辽河	487.37	21.59	54.88	12.54	63.93	0.13
	辽河干流	42.97	3.13	5.60	0.37	8.37	0.19
	东北沿黄渤海诸河	14.12	0.92	0.56	0.34	1.15	0.08
海河	滦河及冀东沿海	30.71	1.78	1.11	0.92	1.97	0.06
	海河北系	26.95	0.97	0.95	0.32	1.61	0.06
黄河	兰州至河口镇	283.87	11.07	32.57	8.12	35.52	0.13
	河口镇至龙门	129.24	8.37	10.44	1.02	17.79	0.14
	内流区	137.63	1.91	10.00	0.00	11.91	0.09
西北诸河	内蒙古内陆河	721.55	7.02	41.88	2.97	45.94	0.06
	河西走廊内陆河	203.85	0.32	4.10	1.74	2.68	0.01
全区		3274.05	268.51	248.17	90.18	426.50	0.13

二、蓄水动态

(一)大中型水库蓄水动态

2016年末，全区15座大型水库及89座中型水库蓄水总量14.19亿立方米，较年初蓄水总量减少2.09亿立方米。其中，大型水库年末蓄水总量7.25亿立方米，较年初减少2.94亿立方米；中型水库年末蓄水总量6.94亿立方米，较年初增加0.85亿立方米。

按行政分区统计，呼和浩特市、包头市、赤峰市、鄂尔多斯市和巴彦淖尔市年末蓄水总量较年初分别增加0.61亿立方米、0.05亿立方米、0.54亿立方米、0.09亿立方米和0.03亿立方米，呼伦贝尔市、兴安盟、通辽市、锡林郭勒盟、乌兰察布市和阿拉善盟年末蓄水总量较年初分别减少0.01亿立方米、3.06亿立方米、0.02亿立方米、0.30亿立方米、0.002亿立方米和0.01亿立方米。

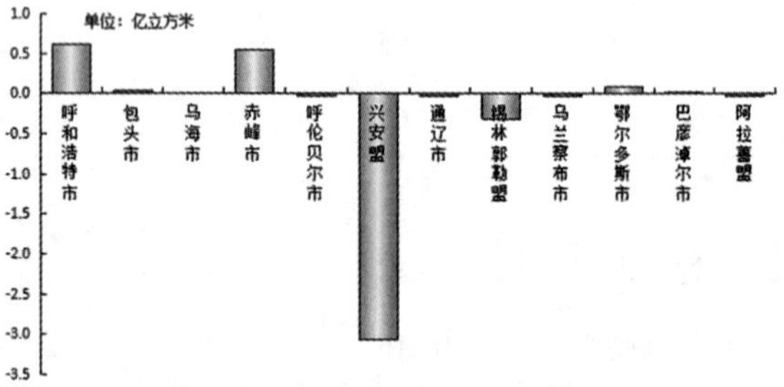

图9　2016年内蒙古行政分区大中型水库蓄水变量

按水资源分区统计，辽河和黄河区年末蓄水总量较年初分别增加0.52亿立方米和0.77亿立方米，松花江、海河及西北诸河区年末蓄水总量较年初分别减少3.07亿立方米、0.01亿立方米和0.31亿立方米。

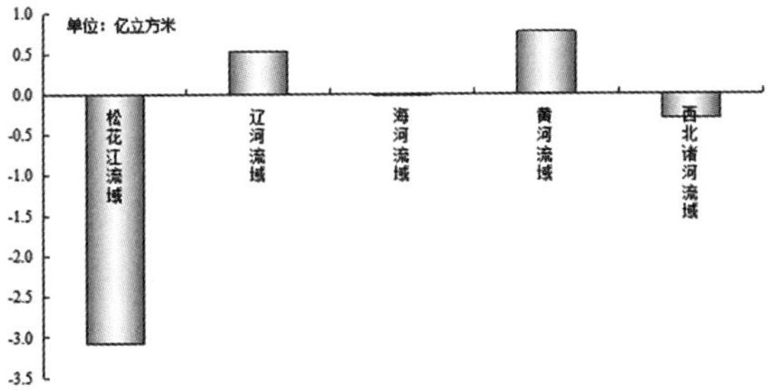

图 10 2016 年内蒙古水资源分区大中型水库蓄水变量

（二）平原区浅层地下水动态

2016 年末，西辽河平原、土默川平原、河套平原和鄂尔多斯黄河南岸平原地下水位埋深分别为 5.85 米、6.55 米、1.88 米和 7.03 米，与年初比较，地下水位分别上升 0.10 米、0.04 米、0.08 米和 0.15 米。

2016 年末，全区浅层地下水储存量较年初增加 2.44 亿立方米。

三、水资源开发利用

（一）供水量

2016 年，全区总供水量 190.29 亿立方米，较上年增加 4.51 亿立方米。其中，地表水源供水量98.27 亿立方米，较上年增加 3.08 亿立方米；地下水源供水量 88.84 亿立方米，较上年增加 0.55 亿立方米；其他水源供水量 3.19 亿立方米，较上年增加 0.88 亿立方米。

在地表水源供水量中，蓄水工程供水 4.90 亿立方米，较上年减少 1.15 亿立方米；引水工程供水 76.82 亿立方米，较上年增加 4.06 亿立方米；提水工程供水 16.55 亿立方米，较上年增加 0.17 亿立方米。在地下水源供水量中，浅层地下水供水 88.81 亿立方米，较上年增加 0.56 亿立方米（其中矿井疏干水供水 1.86 亿立方米，较上年增加 0.24 亿立方米），微咸水供水 0.03 亿立方米，较上年减少 0.015 亿立方米。在其他水源供水量中，污水处理回用量 3.15 亿立方米，较上年增加 0.87 亿立方米；雨水集蓄利用量 0.04 亿立方米，较上年增加 0.002 亿立方米。

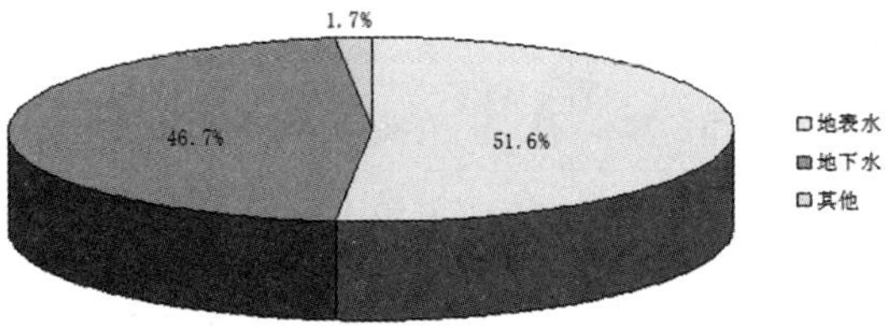

图 11 2016 年全区地表、地下、其他水源供水量占总供水量比例

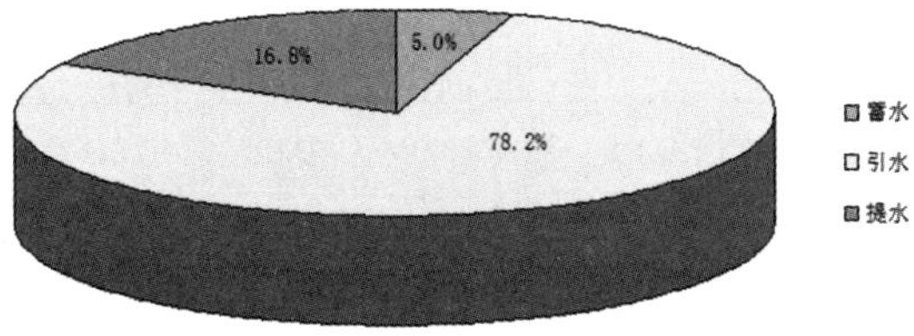

图 12 2016 年全区蓄、引、提水工程供水量占地表水源供水量比例

按行政分区统计，地表水源供水量最大的盟市为巴彦淖尔市，供水量 41.90 亿立方米，占全区地表水源供水量 42.6%；地下水源供水量最大的盟市为通辽市，供水量 26.68 亿立方米，占全区地下水源供水量 30.0%。

按水资源分区统计，黄河区供水量最大，为 89.51 亿立方米，占全区供水量 47.0%。地表水源供水量最大的水资源一级区为黄河区，供水量 60.15 亿立方米，占全区地表水源供水量 61.2%；地下水源供水量最大的水资源一级区为辽河区，供水量 37.79 亿立方米，占全区地下水源供水量 42.5%。

2016年内蒙古行政分区供用耗水量表

表3

单位：亿立方米

行政分区	供水量					用水量									耗水量
	地表水	地下水	其他水源		合计	农田	林果地	草场	牲畜鱼塘	工业	城镇公共	居民生活	生态	合计	
			小计	其中污水处理回用量											
呼和浩特市	3.94	5.76	0.59	0.59	10.29	6.19	0.07	0.00	0.28	1.34	0.47	1.02	0.91	10.29	7.28
包头市	6.49	3.71	0.52	0.48	10.72	5.76	0.55	0.15	0.20	2.56	0.22	0.80	0.48	10.72	7.45
乌海市	1.21	1.14	0.22	0.22	2.57	0.63	0.16	0.00	0.00	0.79	0.08	0.31	0.60	2.57	1.68
赤峰市	7.06	11.30	0.34	0.34	18.69	12.37	0.28	0.68	1.07	1.60	0.60	1.18	0.92	18.69	14.22
呼伦贝尔市	11.55	5.86	0.09	0.09	17.50	4.75	0.24	0.48	1.34	2.62	0.28	0.94	6.85	17.50	13.16
兴安盟	8.00	6.13	0.01	0.01	14.13	11.65	0.09	0.15	0.38	0.90	0.14	0.38	0.43	14.13	8.98
通辽市	0.52	26.68	0.22	0.22	27.42	20.53	1.22	0.32	1.32	2.17	0.43	0.94	0.49	27.42	19.79
锡林郭勒盟	0.81	3.84	0.08	0.08	4.72	0.91	0.11	1.11	0.64	0.76	0.17	0.35	0.69	4.72	3.72
乌兰察布市	0.45	5.07	0.09	0.09	5.61	4.08	0.06	0.00	0.18	0.47	0.08	0.63	0.11	5.61	3.73
鄂尔多斯市	5.91	9.01	0.74	0.74	15.66	9.31	0.18	1.50	0.42	2.60	0.11	0.68	0.86	15.66	11.42
巴彦淖尔市	41.90	7.58	0.22	0.22	49.70	44.19	1.18	1.02	1.08	0.96	0.10	0.52	0.65	49.70	25.49
阿拉善盟	10.45	2.76	0.07	0.07	13.28	0.04	0.11	2.17	0.07	0.62	0.06	0.14	10.08	13.28	11.44
全区	98.27	88.83	3.19	3.15	190.29	120.40	4.25	7.57	6.98	17.38	2.73	7.90	23.07	190.29	128.37

注：地表水源供水量中包括黑河调水量9.83亿立方米。

2016年内蒙古水资源分区供用耗水量表

表4

单位：亿立方米

流域分区	供水量					用水量									耗水量
	地表水	地下水	其他水源		合计	农田	林果地	草场	牲畜鱼塘	工业	城镇公共	居民生活	生态	合计	
			小计	其中污水处理回用量											
额尔古纳河	7.50	4.01	0.09	0.09	11.59	0.68	0.07	0.46	0.55	2.28	0.17	0.54	6.84	11.59	9.51
嫩江	12.13	8.04	0.10	0.10	20.27	15.58	0.27	0.15	1.18	1.50	0.29	0.83	0.48	20.27	12.78
东辽河	0.02	0.24	0.00	0.00	0.25	0.19	0.03	0.00	0.01	0.01	0.00	0.01	0.00	0.25	0.02
西辽河	6.74	36.10	0.43	0.43	43.26	31.86	1.32	0.91	2.13	3.30	0.94	1.97	0.84	43.26	31.92
辽河干流	0.09	1.11	0.04	0.04	1.23	0.69	0.06	0.02	0.10	0.15	0.03	0.07	0.12	1.23	0.96
东北沿黄渤海诸河	0.08	0.35	0.00	0.00	0.43	0.21	0.09	0.00	0.06	0.02	0.02	0.03	0.01	0.43	0.34

续表

流域分区	供水量					用水量									耗水量
	地表水	地下水	其他水源		合计	农田	林果地	草场	牲畜鱼塘	工业	城镇公共	居民生活	生态	合计	
			小计	其中污水处理回用量											
滦河及冀东沿海	0.55	0.26	0.00	0.00	0.81	0.40	0.02	0.01	0.06	0.16	0.02	0.04	0.10	0.81	0.63
海河北系	0.06	0.68	0.00	0.00	0.74	0.44	0.01	0.00	0.05	0.11	0.01	0.12	0.00	0.74	0.49
兰州至河口镇	57.76	21.33	2.01	1.97	81.10	62.44	2.05	1.63	1.69	6.47	0.90	2.81	3.11	81.10	47.43
河口镇至龙门	2.18	2.88	0.32	0.32	5.38	1.91	0.03	0.51	0.18	1.76	0.09	0.43	0.48	5.38	3.88
内流区	0.21	2.82	0.00	0.00	3.03	1.55	0.07	0.84	0.10	0.29	0.01	0.07	0.10	3.03	2.30
内蒙古内陆区	1.06	8.60	0.17	0.17	9.82	4.42	0.12	1.32	0.82	1.01	0.21	0.86	1.08	9.82	7.26
河西走廊内陆区	9.89	2.45	0.03	0.03	12.36	0.04	0.11	1.72	0.07	0.34	0.05	0.12	9.91	12.36	10.86
全区	98.27	88.83	3.19	3.15	190.29	120.40	4.25	7.57	6.98	17.38	2.73	7.90	23.07	190.29	128.37

注:生态用水量中包括黑河调水量 9.83 亿立方米。

(二)用水量

2016 年，全区总用水量 190.29 亿立方米。其中:农田灌溉用水 120.40 亿立方米,占总用水量63.3%;林牧渔畜用水 18.80 亿立方米,占总用水量 9.9%;工业用水 17.38 亿立方米,占总用水量 9.1%;城镇公共用水 2.73 亿立方米,占总用水量 1.4%;居民生活用水 7.90 亿立方米,占总用水量4.2%; 生态环境用水 23.07 亿立方米,占总用水量 12.1%。

2016 年,全区总用水量较上年增加 4.51 亿立方米。其中: 农田灌溉用水减少 0.14 亿立方米,林牧渔畜用水减少 0.84 亿立方米,工业用水减少 1.37 亿立方米, 城镇公共用水减少 0.002 亿立方米,居民生活用水增加 0.23 亿立方米,生态环境用水增加 6.63 亿立方米。

按行政分区统计,巴彦淖尔市用水量最大,为 49.70 亿立方米, 占全区总用水量 26.1%;乌海市用水量最小,为 2.57 亿立方米,占全区总用水量 1.4%。

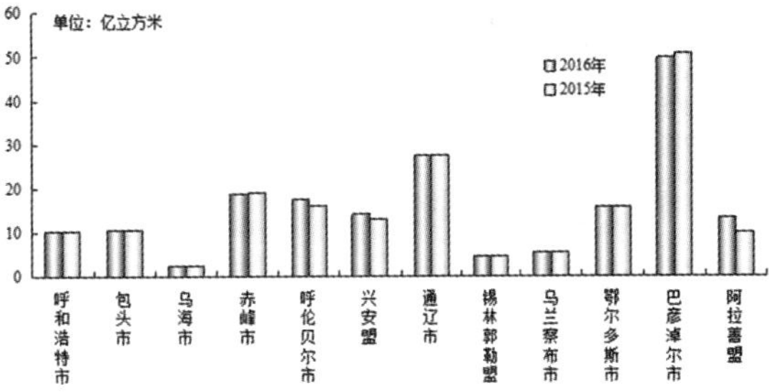

图 13 2016 年内蒙古行政分区用水量与上年比较

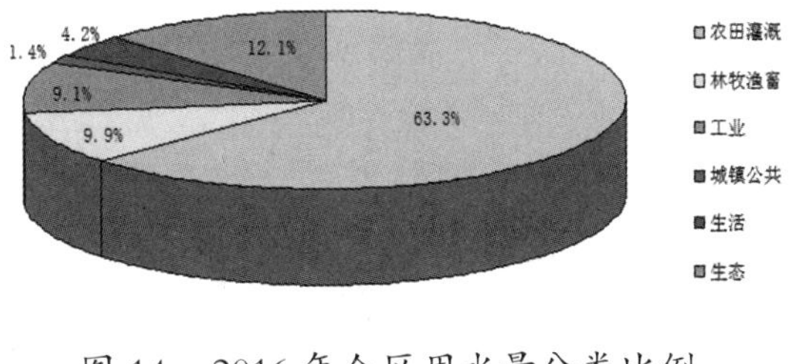

图 14 2016 年全区用水量分类比例

（三）耗水量

2016 年，全区总耗水量 128.37 亿立方米，较上年增加 4.69 亿立方米，综合耗水率 67.5%。其中农田、林牧渔畜、工业、城镇公共、居民生活及生态耗水量分别为 74.85 亿立方米、13.84 亿立方米、10.92 亿立方米、1.68 亿立方米、5.38 亿立方米和 21.70 亿立方米。

（四）用水指标

2016 年，全区人均水资源量 1692 立方米，较上年减少 446 立方米，减幅 20.8%；人均综合用水量 755 立方米，较上年增加 15 立方米，增幅 2.0%；万元地区生产总值（当年价）用水量 96.9 立方米，较上年减少 6.1 立方米，减幅 5.9%；万元工业增加值（当年价）用水量 22.4 立方米，较上年减少 1.2 立方米，减幅 5.1%；农田灌溉亩均毛用水量 305 立方米，较上年减少 22 立方米，减幅 6.8%；全区居民人均生活用水量 86 升 / 天（其中城镇居民 91 升 / 人·天，农村居民 78 升 / 人·天），较上年增加 2 升 / 人·天，增幅 2.3%。

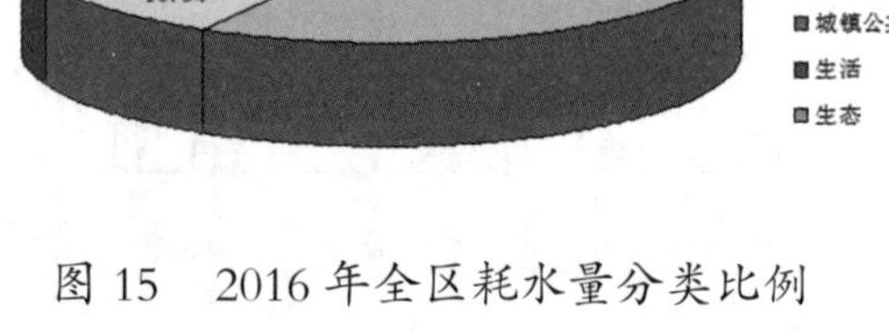

图 15　2016 年全区耗水量分类比例

四、水环境

（一）河流水质

（1）水功能区水质评价

2016 年，全区共监测水功能区 532 个，实际参加评价的水功能区 441 个，有 91 个水功能区由于河干、断流、本底值没有参加评价。参加评价的河长 21938.5 公里。按双因子（指标为化学需氧量、高锰酸盐指数、氨氮，下同）评价，水质为Ⅰ类～Ⅲ类的水功能区 360 个，河长 19036.2 公里，河长所占比例为 86.8%，Ⅳ类～劣Ⅴ类的水功能区 81 个，河长 2902.3 公里，河长所占比例为 13.2%。

考核的国家重要水功能区数量为 182 个，实际参加评价的水功能区为 162 个，有 10 个水功能区由于河干、断流没有参加评价，另有 10 个水功能区由于本底值（根据松辽水资保〔2016〕38 号文件）不参与 2016 年度评价与考核，参加评价的河长 9095.4 公里。按全因子（根据《地表水环境质量标准（GB3838-2002）》，全因子为除水温、总氮、粪大肠菌群以外 21 项，饮用水源区增加 5 项，下同）评价，水质为Ⅰ类～Ⅲ类的水功能区 110 个，河长 6388.2 公里，河长所占比例为 70.2%，Ⅳ类～劣Ⅴ类的水功能区 52 个，河长 2707.2 公里，河长所占比例为 29.8%；按双因子评价，水质为Ⅰ类～Ⅲ类的水功能区 134 个，河长 7673.6 公里，河长所占比例为 84.4%，Ⅳ类～劣Ⅴ类的水功能区 28 个，河长 1421.8 公里，河长所占比例为 15.6%。

非考核的国家重要水功能区 43 个，实际参加评价的水功能区 38 个，有 5 个水功能区由于河干、断流没有参加评价。参加评价的河长 2394.9 公里。按全因子评价，水质为Ⅰ类～Ⅲ类的水功能区 21 个，河长 1713.8 公里，所占比例为 71.6%，Ⅳ类～劣Ⅴ类的水功能区 17 个，河长 681.1 公里，所占比例为 28.4%；按双因子评价，水质为Ⅰ类～Ⅲ类的水功能区 28 个，河长 2066.7 公里，所占比例为86.3%，Ⅳ类～劣Ⅴ类的水功能区 10 个，河长 328.2 公里，所占比例为 13.7%。

自治区级水功能区共 307 个，实际参加评价的水功能区为 241 个，有 66 个水功能区由于河干、断流没有参加评价，参加评价的河长 10448.2 公里。按双因子评价，水质为Ⅰ类～Ⅲ类的水功能区 198 个，河长 9295.9 公里，所占比例为 89.0%，Ⅳ类～劣Ⅴ类的水功能区 43 个，河长 1152.3 公里，所占比例为 11.0%。

表 5

2016 年全区各盟市水功能区水质评价表

范围	盟市	评价河长	全因子分类河长(公里)						主要超标项目	评价河长	双因子分类河长(公里)						主要超标项目
			Ⅰ类	Ⅱ类	Ⅲ类	Ⅳ类	Ⅴ类	劣Ⅴ类			Ⅰ类	Ⅱ类	Ⅲ类	Ⅳ类	Ⅴ类	劣Ⅴ类	
考核的国家重要水功能区	呼伦贝尔市	3730.3		866.9	2381.6	303.4		178.4	五日生化需氧量,化学需氧量,氟化物	3730.3		2667.8	660.5	223.6		178.4	化学需氧量,氨氮
	兴安盟	893.0		95.3	13.0	518.1	266.6		总磷,五日生化需氧量,六价铬	893.0		765.7	127.3				
	通辽市	630.1		197.7	264.4	98.0		70.0	化学需氧量,氨氮,五日生化需氧量	630.1		213.7	263.4	83.0		70.0	化学需氧量,氨氮
	赤峰市	1462.0		415.0	549.0	362.0	126.0	10.0	总磷,氨氮,化学需氧量	1462.0		830.5	355.5	251.0	15.0	10.0	氨氮,化学需氧量
	锡林郭勒盟	642.2		201.9	29.0	261.3	150.0		化学需氧量,氨氮,氟化物	642.2		201.9	29.0	261.3	150.0		化学需氧量,氨氮
	乌兰察布市	212.5		36.5	144.3	28.7		3.0	总磷,氨氮,氟化物	212.5		62.7	146.8			3.0	氨氮,化学需氧量
	呼和浩特市	317.2		114.0	163.8			39.4	化学需氧量,氨氮,五日生化需氧量	317.2		114.0	163.8	21.3		18.1	化学需氧量,氨氮
	包头市	198.1		170.6	27.5					198.1		198.1					
	鄂尔多斯市	361.7		25.8	43.6	34.4	138.9	119.0	化学需氧量,氨氮,氟化物	361.7		88.4	136.2	34.4	28.0	74.7	化学需氧量,氨氮
	巴彦淖尔市	369.9		343.2	26.7					369.9		369.9					
	乌海市	28.8		28.8						28.8		28.8					
	阿拉善盟	249.6			249.6					249.6			249.6				
	全区	9095.4		2495.7	3892.5	1605.9	681.5	419.8	化学需氧量,氨氮,氟化物	9095.4		5541.5	2132.1	874.6	193.0	354.2	化学需氧量,氨氮

续表 1

范围	盟市	评价河长	全因子分类河长（公里）						主要超标项目	评价河长	双因子分类河长（公里）						主要超标项目
			Ⅰ类	Ⅱ类	Ⅲ类	Ⅳ类	Ⅴ类	劣Ⅴ类			Ⅰ类	Ⅱ类	Ⅲ类	Ⅳ类	Ⅴ类	劣Ⅴ类	
非考核的国家重要水功能区	呼伦贝尔市	1288.7		294.7	930.1	63.9			五日生化需氧量，总磷，氟化物	1288.7		834.2	454.5				
	兴安盟	305.7				155.7	150.0		总磷，六价铬，氟化物	305.7		279.0		26.7			氨氮
	通辽市	129.0			129.0					129.0			129.0				
	赤峰市	273.0		54.0	219.0					273.0		248.0	25.0				
	锡林郭勒盟																
	乌兰察布市	48.3						48.3	氨氮，化学需氧量，总磷	48.3						48.3	氨氮，化学需氧量
	呼和浩特市	49.0						49.0	氨氮，总磷	49.0				14.4		34.6	氨氮
	包头市																
	鄂尔多斯市	301.2			87.0		31.8	182.4	化学需氧量，氨氮，总磷	301.2		10.0	87.0		51.8	152.4	化学需氧量，氨氮
	巴彦淖尔市																
	乌海市																
	阿拉善盟																
	全区	2394.9		348.7	1365.1	219.6	181.8	279.7	总磷，氨氮，化学需氧量	2394.9		1371.2	695.5	41.1	51.8	235.3	氨氮，化学需氧量

续表2

范围	盟市	评价河长	全因子分类河长（公里）						主要超标项目	评价河长	双因子分类河长（公里）						主要超标项目
			Ⅰ类	Ⅱ类	Ⅲ类	Ⅳ类	Ⅴ类	劣Ⅴ类			Ⅰ类	Ⅱ类	Ⅲ类	Ⅳ类	Ⅴ类	劣Ⅴ类	
自治区级水功能区	呼伦贝尔市	1460.8		4.0	1086.4	370.4			五日生化需氧量，高锰酸盐指数	3875.7		1978.9	1559.3	203.4	134.1		化学需氧量
	兴安盟	141.2			40.0		101.2		总磷，氟化物，六价铬	515.5		432.1	83.4				
	通辽市	100.5		73.5	27.0					884.0		739.0	145.0				
	赤峰市									1167.2		1014.9	118.3	24.0		10.0	氨氮，化学需氧量
	锡林郭勒盟									1249.8		881.8	319.8		48.2		化学需氧量
	乌兰察布市	287.9			6.3	264.9		16.7	石油类，化学需氧量	447.1		146.0	144.5	49.0	16.2	91.4	化学需氧量，氨氮
	呼和浩特市	145.6				113.7		31.9	汞，石油类	394.5	131.4	79.7	120.6			62.8	氨氮，化学需氧量
	包头市	253.4			60.0		35.1	158.3	氨氮，总磷，化学需氧量	336.5			111.2		48.0	177.3	化学需氧量，氨氮
	鄂尔多斯市	147.0			69.6	41.7	25.7	10.0	化学需氧量，氨氮，总磷	762.3		128.6	475.4	41.7	81.4	35.2	化学需氧量，氨氮
	巴彦淖尔市	179.6				70.0	109.6		总磷，化学需氧量	647.4	67.7	227.4	222.7	109.6	20.0		化学需氧量
	乌海市									65.2		65.2					
	阿拉善盟	95.5		95.5						103.0	95.5	7.5					
	全区	2811.5		173.0	1289.3	860.7	271.6	216.9	化学需氧量，总磷，氨氮	10448.2	294.6	5701.1	3300.2	427.7	347.9	376.7	化学需氧量，氨氮
全区合计		14301.8	0.0	3017.4	6546.9	2686.2	1134.9	916.4	化学需氧量，氨氮，总磷	21938.5	294.6	12613.8	6127.8	1343.4	592.7	966.2	化学需氧量，氨氮

注：表5中自治区级水功能区根据监测方案，有些水功能区只监测双因子，不监测全因子，故河长和超标项目不一致。

表 6

2016 年全区水功能区严重超标河段名录

序号	一级水功能区名称	二级水功能区名称	水资源一级区	水资源二级区	河流湖库名称	水质目标	全因子	
							水质类别	主要超标项目
国 6	呼伦湖保护区		松花江区	额尔古纳河	呼伦湖	Ⅲ	劣Ⅴ	化学需氧量,总磷,氟化物
国 7	新开河满洲里市开发利用区	新开河满洲里市饮用水源区	松花江区	额尔古纳河	新开河	Ⅲ	劣Ⅴ	氟化物,化学需氧量,五日生化需氧量
国 8	新开河满洲里市缓冲区		松花江区	额尔古纳河	新开河	Ⅲ	劣Ⅴ	氟化物,化学需氧量,五日生化需氧量
国 22	辉河自然保护区		松花江区	额尔古纳河	辉河	Ⅱ	劣Ⅴ	化学需氧量,氟化物,五日生化需氧量
国 307	英金河赤峰市开发利用区	英金河赤峰市过渡区	辽河区	西辽河	英金河	Ⅳ	劣Ⅴ	五日生化需氧量,总磷,氨氮
国 331	新开河科尔沁左翼中旗开发利用区	新开河科尔沁左翼中旗过渡区	辽河区	西辽河	新开河	Ⅳ	劣Ⅴ	化学需氧量,pH 值,氨氮
国 332	新开河蒙吉缓冲区		辽河区	西辽河	新开河	Ⅲ	劣Ⅴ	化学需氧量,氟化物,总磷
国 514	二道河内蒙兴和县开发利用区	二道河内蒙兴和过渡区	海河区	海河北系	二道河	Ⅳ	劣Ⅴ	氨氮,总磷,pH 值
国 656	大黑河托克托县开发利用区	大黑河托克托县过渡区	黄河区	兰州至河口镇	大黑河	Ⅳ	劣Ⅴ	化学需氧量,氨氮,五日生化需氧量
国 661	浑河清水河县开发利用区	浑河清水河县开农业用水区	黄河区	河口镇至龙门	浑河	Ⅳ	劣Ⅴ	pH 值,氨氮,挥发酚
国 663	龙王沟准格尔旗缓冲区		黄河区	河口镇至龙门	龙王沟	Ⅳ	劣Ⅴ	化学需氧量,氨氮,五日生化需氧量
国 664	黑岱沟准格尔旗缓冲区		黄河区	河口镇至龙门	黑岱沟	Ⅳ	劣Ⅴ	氨氮,化学需氧量,高锰酸盐指数
国 668	黄甫川蒙陕缓冲区		黄河区	河口镇至龙门	黄甫川	Ⅲ	劣Ⅴ	氨氮,化学需氧量,高锰酸盐指数

续表 1

序号	一级水功能区名称	二级水功能区名称	水资源一级区	水资源二级区	河流湖库名称	水质目标	全因子	
							水质类别	主要超标项目
国 678	窟野河伊金霍洛旗开发利用区	窟野河伊金霍洛旗饮用水源区	黄河区	河口镇至龙门	窟野河	Ⅲ	劣Ⅴ	化学需氧量,氟化物,氨氮
国 679	窟野河蒙陕缓冲区		黄河区	河口镇至龙门	窟野河	Ⅲ	劣Ⅴ	氟化物,化学需氧量,高锰酸盐指数
国 691	无定河巴图湾开发利用区	无定河乌审旗工业用水区	黄河区	河口镇至龙门	无定河	Ⅲ	劣Ⅴ	高锰酸盐指数,化学需氧量,挥发酚
国 522	饮马河内蒙丰镇市开发利用区	饮马河内蒙丰镇过渡区	海河区	海河北系	饮马河	Ⅳ	劣Ⅴ	总磷,化学需氧量,氨氮
国 514	二道河内蒙兴和县开发利用区	二道河内蒙兴和农业用水区	海河区	海河北系	二道河	Ⅳ	劣Ⅴ	氨氮,总磷,化学需氧量
国 647	都思兔河鄂托克旗开发利用区	都思兔河鄂托克旗农业用水区	黄河区	兰州至河口镇	都思兔河	Ⅳ	劣Ⅴ	化学需氧量,挥发酚,pH 值
国 656	大黑河托克托县开发利用区	大黑河托克托县农业用水区	黄河区	兰州至河口镇	大黑河	Ⅳ	劣Ⅴ	氨氮,总磷,化学需氧量
国 662	浑河当阳缓冲区		黄河区	河口镇至龙门	浑河	Ⅲ	劣Ⅴ	氨氮,总磷,pH 值
国 667	黄甫川准格尔旗开发利用区	黄甫川准格尔旗农业用水区	黄河区	河口镇至龙门	黄甫川	Ⅳ	劣Ⅴ	化学需氧量,氨氮,总磷
国 678	窟野河伊金霍洛旗开发利用区	窟野河伊金霍洛旗工业用水区	黄河区	河口镇至龙门	窟野河	Ⅳ	劣Ⅴ	化学需氧量,总磷,pH 值
国 693	无定河乌审旗开发利用区	无定河乌审旗农业用水区	黄河区	河口镇至龙门	无定河	Ⅲ	劣Ⅴ	高锰酸盐指数,化学需氧量,五日生化需氧量
国 2886	达里诺尔克什克腾旗保护区		西北诸河区	内蒙古高原内陆区	达里诺尔湖	Ⅲ	劣Ⅴ	化学需氧量,总磷,pH 值
内海河 9	前河兴和县开发利用区	前河兴和县农业用水区	海河区	海河北系	前河	Ⅲ	劣Ⅴ	总磷,化学需氧量,氨氮

续表2

序号	一级水功能区名称	二级水功能区名称	水资源一级区	水资源二级区	河流湖库名称	水质目标	全因子	
							水质类别	主要超标项目
内黄河20	水磨沟武川县源头保护区		黄河区	兰州至河口镇	水磨沟	Ⅲ	劣V	氨氮，汞，石油类
内黄河39	纳林河乌审旗源头保护区		黄河区	河口镇至龙门	纳林河	Ⅲ	劣V	化学需氧量，pH值，氨氮
内陆18	艾不盖河达尔罕茂明安联合旗开发利用区	艾不盖河达尔罕茂明安联合旗饮用水源区	西北诸河区	内蒙古高原内陆区	艾不盖河	Ⅲ	劣V	氨氮，总磷，挥发酚
内陆28	居延海生态保护区		西北诸河区	河西内陆区	居延海	Ⅲ	劣V	pH值，镉，化学需氧量

（2）水功能区达标评价

2016 年，全区水功能区按双因子评价，达标 284 个，占参加评价总数 64.4%；达标河长 15 485.8 公里，占参加评价河长总数 70.6%。主要超标项目是化学需氧量、氨氮。2016 年比 2015 年水质达标率和达标河长比例都有所提高。

考核的国家重要水功能区按全因子评价，达标 66 个，占参加评价总数 40.7%；达标河长 3811.3 公里，占参加评价河长总数 41.9%。主要超标项目是化学需氧量、氨氮、氟化物。黄河干流参加评价水功能区 11 个，达标 10 个，占参加评价数 90.9%；省界缓冲区参加评价水功能区 27 个，达标 15 个，占参加评价数 55.6%。按双因子评价，达标 97 个，占参加评价总数 59.9%；达标河长 6393.0 公里，占参加评价河长总数 70.3%。主要超标项目是化学需氧量、氨氮。黄河干流参加评价水功能区 11 个，达标 11 个，占参加评价数 100%；省界缓冲区参加评价水功能区 27 个，达标 18 个，占参加评价数 66.7%。

表 7　**2016 年全区省界不达标水功能区一览表**

序号	一级水功能区名称	水资源一级区名称	水质目标	双因子评价		
				水质类别	达标评价结论	年内主要超标项目
国 342	西辽河蒙辽缓冲区	辽河区	Ⅲ	Ⅳ	不达标	氨氮，高锰酸盐指数，化学需氧量
国 332	新开河蒙吉缓冲区	辽河区	Ⅲ	劣Ⅴ	不达标	化学需氧量，氨氮
国 364	秀水河蒙辽缓冲区	辽河区	Ⅲ	Ⅲ	不达标	化学需氧量，氨氮
国 361	新开河蒙辽缓冲区	辽河区	Ⅱ	Ⅲ	不达标	氨氮，高锰酸盐指数
国 440	滦河蒙冀缓冲区	海河区	Ⅲ	Ⅴ	不达标	化学需氧量，氨氮
国 523	饮马河（御河）蒙晋缓冲区	海河区	Ⅲ	Ⅲ	不达标	氨氮
国 648	都思兔河蒙宁缓冲区	黄河区	Ⅲ	Ⅴ	不达标	高锰酸盐指数，氨氮
国 668	黄甫川蒙陕缓冲区	黄河区	Ⅲ	劣Ⅴ	不达标	氨氮，化学需氧量，高锰酸盐指数
国 682	牸牛川蒙陕缓冲区	黄河区	Ⅲ	Ⅲ	不达标	氨氮，化学需氧量，高锰酸盐指数
国 662	浑河当阳缓冲区	黄河区	Ⅲ	Ⅳ	不达标	氨氮，高锰酸盐指数
内海河省 6	南湾村河蒙晋缓冲区	海河区	Ⅲ	Ⅲ	不达标	高锰酸盐指数，氨氮
内黄省 21	十里长川蒙陕缓冲区	黄河区	Ⅳ	Ⅴ	不达标	化学需氧量，高锰酸盐指数，氨氮
内黄省 23	清水川蒙陕缓冲区	黄河区	Ⅲ	Ⅲ	不达标	化学需氧量，氨氮

注：表 7 中水质类别为全年均值，达标的评判标准为年内 80%及以上月份达标才为达标。

非考核的国家重要水功能区按全因子评价，达标9个，占参加评价总数23.7%；达标河长929.6公里，占参加评价河长总数38.8%。主要超标项目是总磷、氨氮、化学需氧量。按双因子评价，达标25个，占参加评价总数65.8%；达标河长1969.7公里，占参加评价河长总数82.2%。主要超标项目是氨氮、化学需氧量。

自治区级水功能区按双因子评价，达标162个，占参加评价总数67.2%；达标河长7123.1公里，占参加评价河长总数68.2%。主要超标项目是化学需氧量、氨氮。省界缓冲区参加评价水功能区7个，达标4个，占参加评价数的57.1%。

（3）各盟市水功能区双因子水质达标评价

2016年，考核的182个国家重要水功能区达标率情况为：包头市、乌海、阿拉善盟为100%，兴安盟为88.2%，呼和浩特市为85.7%，巴彦淖尔市为80.0%，赤峰市为76.9%，锡林郭勒盟为75.0%，呼伦贝尔市为64.8%，通辽市为64.7%，鄂尔多斯市为58.3%，乌兰察布市为50.0%。

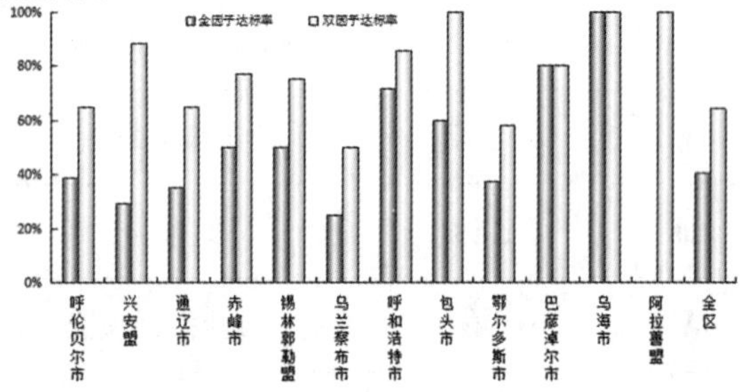

图16　2016年全区各盟市考核的国家重要水功能区达标评价比例图

其他国家重要水功能区达标率情况为：呼伦贝尔市、通辽市为100%，兴安盟为83.3%，赤峰市为80.0%。

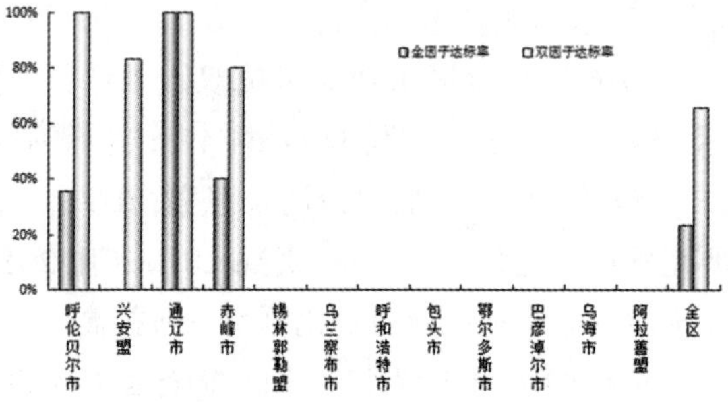

图17　2016年全区各盟市非考核的国家重要水功能区达标评价比例图

自治区级水功能区达标率情况为：乌海市为100.0%，赤峰市为92.9%，通辽市为92.6%，兴安盟、阿拉善盟为87.5%，巴彦淖尔市为72.7%，锡林郭勒盟为68.4%，呼和浩特市为66.7%，呼伦贝尔市为56.3%，鄂尔多斯市为38.1%，包头市为33.3%，乌兰察布市为29.4%。

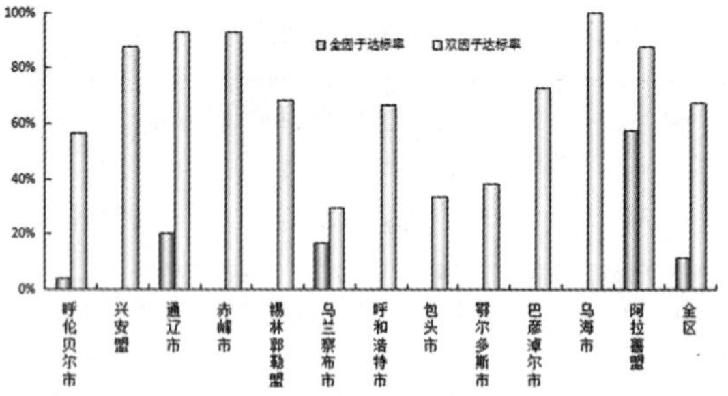

图18　2016年全区各盟市自治区级水功能区达标评价比例图

表 8 2016 年全区各盟市水功能区达标评价表

范围	盟市	水功能区总数	全因子				双因子			
			未参评个数	参评个数	达标个数	达标率	未参评个数	参评个数	达标个数	达标率
考核的国家重要水功能区	呼伦贝尔市	61	7	54	21	38.9%	7	54	35	64.8%
	兴安盟	17	0	17	5	29.4%	0	17	15	88.2%
	通辽市	24(23)	7(6)	17	6	35.3%	7(6)	17	11	64.7%
	赤峰市	31	5	26	13	50.0%	5	26	20	76.9%
	锡林郭勒盟	8	0	8	4	50.0%	0	8	6	75.0%
	乌兰察布市	8	0	8	2	25.0%	0	8	4	50.0%
	呼和浩特市	7(6)	0	7(6)	5(4)	71.4%	0	7(6)	6(5)	85.7%
	包头市	7	2	5	3	60.0%	2	5	5	100.0%
	鄂尔多斯市	24(14)	0	24(14)	9(3)	37.5%	0	24(14)	14(4)	58.3%
	巴彦淖尔市	5	0	5	4	80.0%	0	5	4	80.0%
	乌海市	1	0	1	1	100.0%	0	1	1	100.0%
	阿拉善盟	2(1)	0	2(1)	0	0	0	2(1)	2(0)	100.0%
	全区	193(182)	21(20)	172(162)	72(66)	40.7%	21(20)	172(162)	114(104)	64.2%
非考核的国家重要水功能区	呼伦贝尔市	14	0	14	5	35.7%	0	14	14	100.0%
	兴安盟	6	0	6	0	0	0	6	5	83.3%
	通辽市	5	3	2	2	100.0%	3	2	2	100.0%
	赤峰市	7	2	5	2	40.0%	2	5	4	80.0%
	锡林郭勒盟									
	乌兰察布市	2	0	2	0	0	0	2	0	0
	呼和浩特市	2	0	2	0	0	0	2	0	0
	包头市									
	鄂尔多斯市	7	0	7	0	0	0	7	0	0
	巴彦淖尔市									
	乌海市									
	阿拉善盟									
	全区	43	5	38	9	23.7%	5	38	25	65.8%

续表

范围	盟市	水功能区总数	全因子				双因子			
			未参评个数	参评个数	达标个数	达标率	未参评个数	参评个数	达标个数	达标率
自治区级水功能区	呼伦贝尔市	78	53	25	1	4.0%	7	71	40	56.3%
	兴安盟	10	7	3	0	0	2	8	7	87.5%
	通辽市	38	33	5	1	20.0%	11	27	25	92.6%
	赤峰市	67	67	0			25	42	39	92.9%
	锡林郭勒盟	20	20	0			1	19	13	68.4%
	乌兰察布市	23	17	6	1	16.7%	6	17	5	29.4%
	呼和浩特市	19	15	4	0	0	10	9	6	66.7%
	包头市	7	4	3	0	0	1	6	2	33.3%
	鄂尔多斯市	21	15	6	0	0	0	21	8	38.1%
	巴彦淖尔市	13	11	2	0	0	2	11	8	72.7%
	乌海市	2	2	0			0	2	2	100.0%
	阿拉善盟	9	2	7	4	57.1%	1	8	7	87.5%
	全区	307	246	61	7	11.5%	66	241	162	67.2%
全区合计		532	271	261	82	31.4%	91	441	291	66.0%

注：括号内为不重复统计个数。

（二）湖泊水质达标评价

2016年，湖泊全因子评价结果：全因子参与评价3个，其中乌梁素海水质为劣Ⅴ类，主要超标项目为总氮、总磷、化学需氧量；达里诺尔湖水质为劣Ⅴ类，主要超标项目为化学需氧量、总磷、pH值；居延海水质为劣Ⅴ类，主要超标项目为pH值、镉、化学需氧量。双因子评价结果：双因子参与评价4个，其中乌梁素海水质为Ⅴ类，主要超标项目为化学需氧量、高锰酸盐指数、氨氮；达里诺尔湖水质为劣Ⅴ类，主要超标项目为化学需氧量、氨氮；岱海水质为劣Ⅴ类，主要超标项目为化学需氧量；居延海水质为Ⅴ类，主要超标项目为化学需氧量、高锰酸盐指数。乌梁素海自然保护区和居延海生态保护区2016年双因子水质略有好转。

表 9　　2016 年全区湖泊水质与达标评价表

序号	一级水功能区名称	二级水功能区名称	水资源一级区名称	水质目标	全因子评价			双因子评价		
					水质类别	达标评价结论	年内主要超标项目	水质类别	达标评价结论	年内主要超标项目
国 649	乌梁素海自然保护区		黄河区	Ⅲ	劣Ⅴ	不达标	总氮,总磷,化学需氧量	Ⅴ	不达标	化学需氧量,高锰酸盐指数,氨氮
国 2886	达里诺尔克什克腾旗保护区		西北诸河区	Ⅲ	劣Ⅴ	不达标	化学需氧量,总磷,pH 值	劣Ⅴ	不达标	化学需氧量,氨氮
内陆 26	黄旗海察哈尔右翼前旗开发利用区	黄旗海察哈尔右翼前旗工业用水区	西北诸河区	Ⅳ		不参评			不参评	
内陆 27	岱海凉城县开发利用区	岱海凉城县工业用水区	西北诸河区	Ⅳ		不参评		劣Ⅴ	不达标	化学需氧量
内陆 28	居延海生态保护区		西北诸河区	Ⅲ	劣Ⅴ	不达标	pH 值,镉,化学需氧量	Ⅴ	不达标	化学需氧量,高锰酸盐指数

(三)入河排污口达标评价

依据《污水综合排放标准》(GB8978-1996)评价，第一类污染物采用不高于最高允许排放浓度,第二类污染物采用一级排放标准,评价结果为:2016 年，全区共监测入河排污口 307 个，实际采样的入河排污口 203 个，按第一类污染物评价达标率为 99.0%;按第二类污染物评价达标率为 40.4%,其中总汞、总镉、总砷、总铅、石油类、总氰化物、铜达标率较高,达到 100%,氨氮达标率为 70.9%、COD 达标率为 80.3%。2016 年，参加评价入河排污口达标个数为 80 个,达标率为 39.4%,不达标个数为 123 个。2016 年,入河排污口与 2015 年相比,根据污染物的种类划分，第一类与第二类污染物达标率都有所上升;根据盟市划分,呼伦贝尔市、通辽市、赤峰市、锡林郭勒盟、乌兰察布市、呼和浩特市、鄂尔多斯市、巴彦淖尔市达标率都是上升,乌海市达标率不变,兴安盟、包头市达标率下降。

表 10　　2016 年全区入河排污口达标评价表

类别	项目	参评个数	达标个数	达标率
第一类污染物	总汞	203	203	100.0%
	总镉	203	203	100.0%
	六价铬	203	201	99.0%
	总砷	203	203	100.0%
	总铅	203	203	100.0%
	5 项总评	203	201	99.0%

续表

类别	项目	参评个数	达标个数	达标率
第二类污染物	pH 值	203	202	99.5%
	COD	203	163	80.3%
	BOD5	203	171	84.2%
	石油类	203	203	100.0%
	挥发酚	203	202	99.5%
	总氰化物	203	203	100.0%
	氨氮	203	144	70.9%
	总磷	203	103	50.7%
	铜	203	203	100.0%
	总氮	203	139	68.5%
	10 项总评	203	82	40.4%

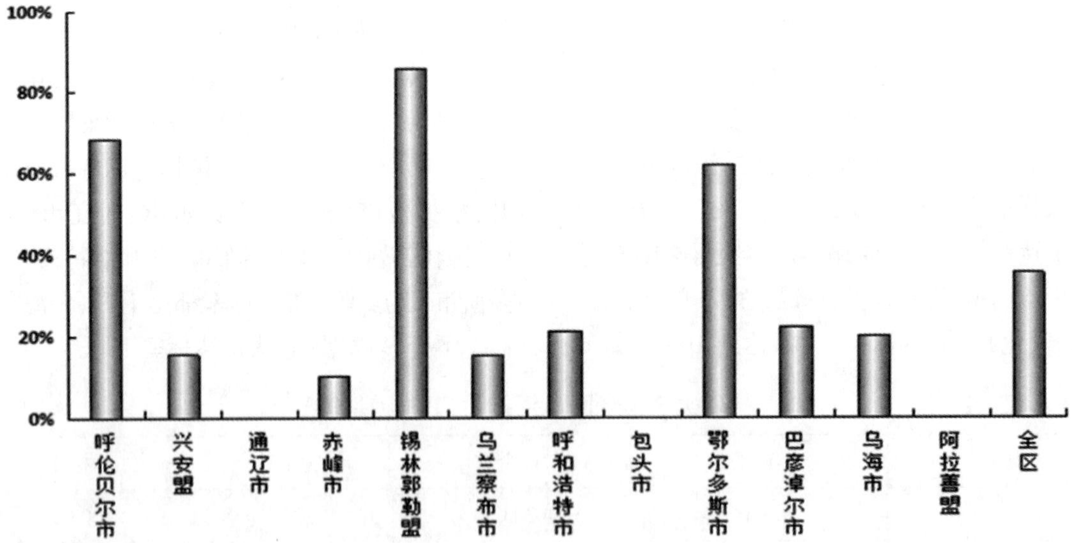

图 19　2016 年全区各盟市入河
排污口达标评价图

表 11　　2016 年全区各盟市入河排污口达标评价表

盟市	入河排污口监测个数	停排或关停个数	入河排污口实际采样个数	达标排放个数	达标率
呼伦贝尔市	38	3	35	26	74.3%
兴安盟	16	3	13	2	15.4%
通辽市	8	1	7	1	14.3%
赤峰市	63	23	40	7	17.5%
锡林郭勒盟	20	13	7	6	85.7%
乌兰察布市	23	3	20	4	20.0%
呼和浩特市	25	6	19	5	26.3%
包头市	23	17	6	0	0
鄂尔多斯市	49	7	42	26	61.9%
巴彦淖尔市	37	28	9	2	22.2%
乌海市	5	0	5	1	20.0%
阿拉善盟	0	0	0	0	–
全区	307	104	203	80	39.4%

(四)河流泥沙

2016 年，全区平均悬移质输沙模数 80.95 吨 / 平方公里，较多年平均值偏少 69.5%，较上年偏多 145.8%。全区各河流悬移质输沙量 9364 万吨，属少沙年份。西部区输沙模数最高值出现在黄河流域鄂尔多斯市境内的沙圪堵站，为 6530 吨 / 平方公里；东部区输沙模数最高值出现在辽河流域赤峰市境内的乌丹站，为 308 吨 / 平方公里。

五、重要水事

(一)水旱灾害

除乌海市，全区共有 11 个盟市、70 个旗县(市、区)、337 个乡镇苏木遭受洪涝灾害。受灾人口 72.6 万人，因灾死亡人口 11 人，倒塌房屋 1795 间。农作物受灾面积 249 千公顷，成灾面积 164 千公顷，绝收面积 45 千公顷，因灾减产粮食 55 万吨，死亡大牲畜 2907 头。铁路中断 4 条次，公路中断 110 条次，供电中断 62 条次，通讯中断 1 条次。损坏水库 33 座、淤地坝 21 座，损坏堤防 1073 处 166 千米，损坏护岸 736 处，损坏水闸 60 座，损坏灌溉设施 126 处。受淹城镇 1 个。全区因洪涝灾害造成的直接经济损失共计 17.17 亿元，其中，农林牧渔业 11.34 亿元、工业交通运输业 0.36 亿元、水利设施 3.47 亿元、城区 0.13 亿元。

受超强厄尔尼诺现象影响，局地旱情造成的农牧业受灾程度前所未有。全区农作物受旱面积 3838 万亩，其中严重干旱面积 982 万亩，干枯面积 573 万亩。可利用草场受旱面积 4.2 亿亩，牧草减产 685 万吨。因旱造成 35 万人、232 万头牲畜临时饮水困难。全区农牧业旱灾直接经济损失约 118 亿元。

（二）水事活动

2月26日　自治区水利厅召开全区水利工作暨水利系统党风廉政工作会议，全面总结“十二五”和2015年水利工作，研究分析水利改革发展形势，科学谋划“十三五”水利工作，部署2016年重点任务。

2月　《内蒙古自治区水土保持补偿费征收使用实施办法》经自治区财政厅、发展和改革委、水利厅、中国人民银行呼和浩特中心支行联合批准，并于2016年3月1日起施行。

4月25—30日　自治区实行最严格水资源管理制度考核工作检查组赴12个盟市开展检查工作，对各盟市自查报告和相关技术资料进行现场复核。结合实际情况，从每个盟市选取2个旗县（市区）、4个重点用水户、2个水功能区进行实地抽查。

5月6—10日　水利部副部长周学文率工作组赴呼伦贝尔市调研水资源开发利用与保护等工作。周学文强调，要加快重大水利工程建设，注意保护河流生态，维护整体利益。

5月17—20日　黄河水利委员会主任岳中明率国家实行最严格水资源管理制度考核工作组对自治区“十二五”期末实行最严格水资源管理制度进行重点抽查与现场检查，对自治区，赤峰市和通辽市及其下辖4个县区、4个重点用水户、3个国家重要江河湖泊水功能区进行检查，并对自治区进一步加快落实最严格水资源管理制度等方面工作提出了建议。自治区“十二五”期末国家实行最严格水资源管理制度阶段性考核结果为良好等次。

6月20—24日　全国人大常委会副委员长张宝文率执法检查组对自治区贯彻实施《中华人民共和国水法》情况进行检查。

7月5日　自治区党委第十二巡视组专项巡视自治区商务厅、水利厅、统计局、旅游局党组动员会召开。自治区水利厅党组书记、厅长戈锋作表态发言，要求水利厅各级党组织和党员干部要自觉接受巡视监督，全力配合巡视工作，统筹做好各项工作。

7月15日　自治区水利厅召开2016年度全区水政水资源管理工作视频会议，贯彻落实全国水政和水资源工作会议精神，总结“十二五”时期、安排部署“十三五”和2016年度自治区水政和水资源管理重点工作。

8月18日　自治区水利厅召开全区水利科技创新大会，全面总结“十二五”以来自治区水利科技工作，科学分析了水利科技创新面临的形势和任务，研究部署“十三五”和今后一个时期水利科技创新工作。

10月24日　内蒙古自治区水权收储转让中心有限公司与中国水权交易所股份有限公司在京签订战略合作协议。双方约定，将在交易规则制定、交易系统建设、交易业绩共享、水权市场培育、水权探索创新等方面建立长期战略合作伙伴关系。

11月22—26日　由自治区水利厅主办的全区水资源管理培训班在呼和浩特市举办，对全区各盟市旗县水资源管理人员进行了2016年度自治区最严格水资源管理制度考核、饮用水水源地安全保障达标建设、取水许可、水功能区限制纳污、水资源公报、水资源管理年报等方面的专业知识、技术要求和相关规程规定的培训。

11月30日　内蒙古黄河干流盟市间水权转让一期试点2000万立方米水权指标交易在中国水权交易所举行水权试点公开交易签约仪式。

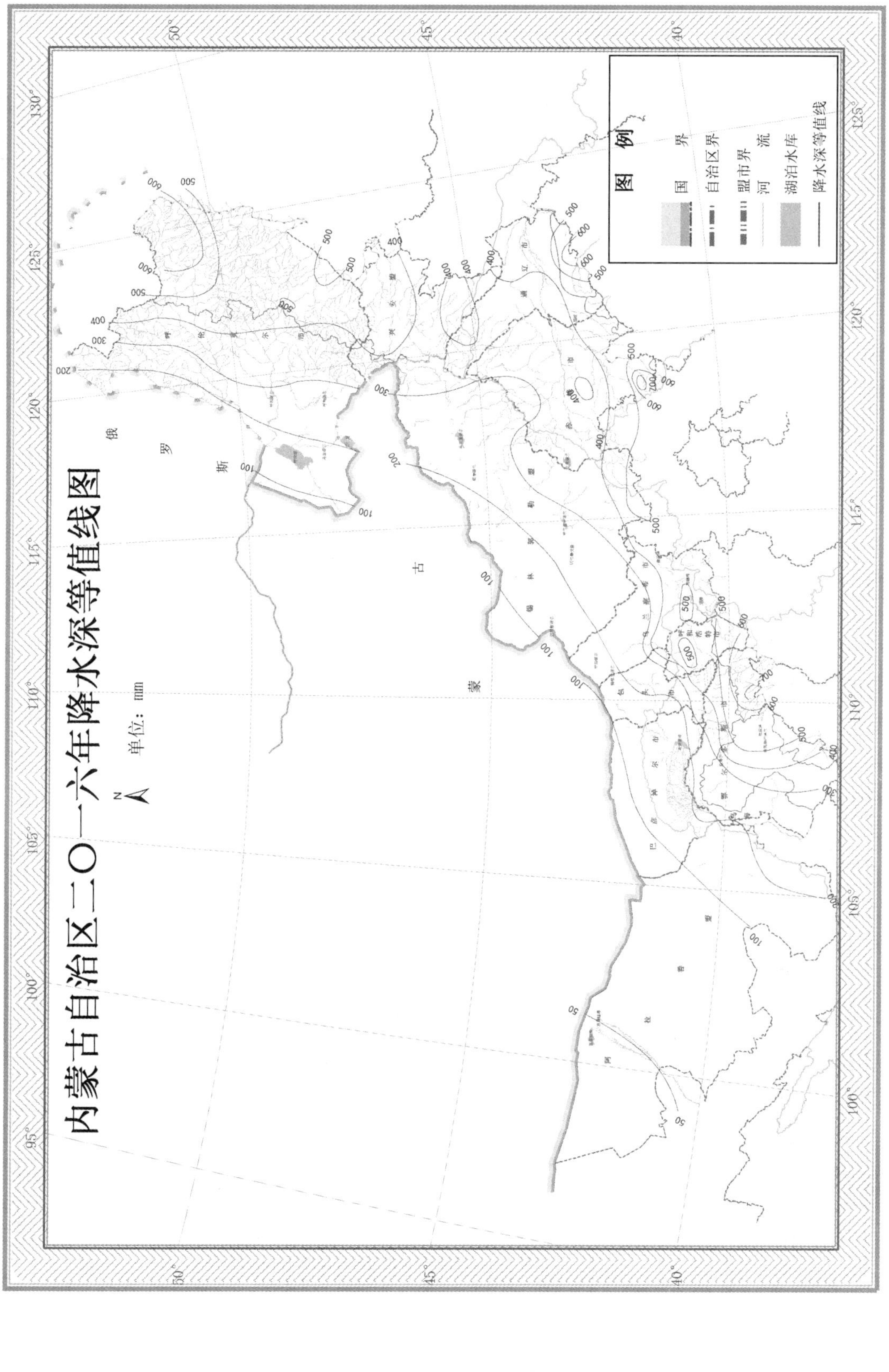
内蒙古自治区二〇一六年降水深等值线图
单位：mm
图例
国界
自治区界
盟市界
河流
湖泊水库
降水深等值线
俄罗斯
蒙古

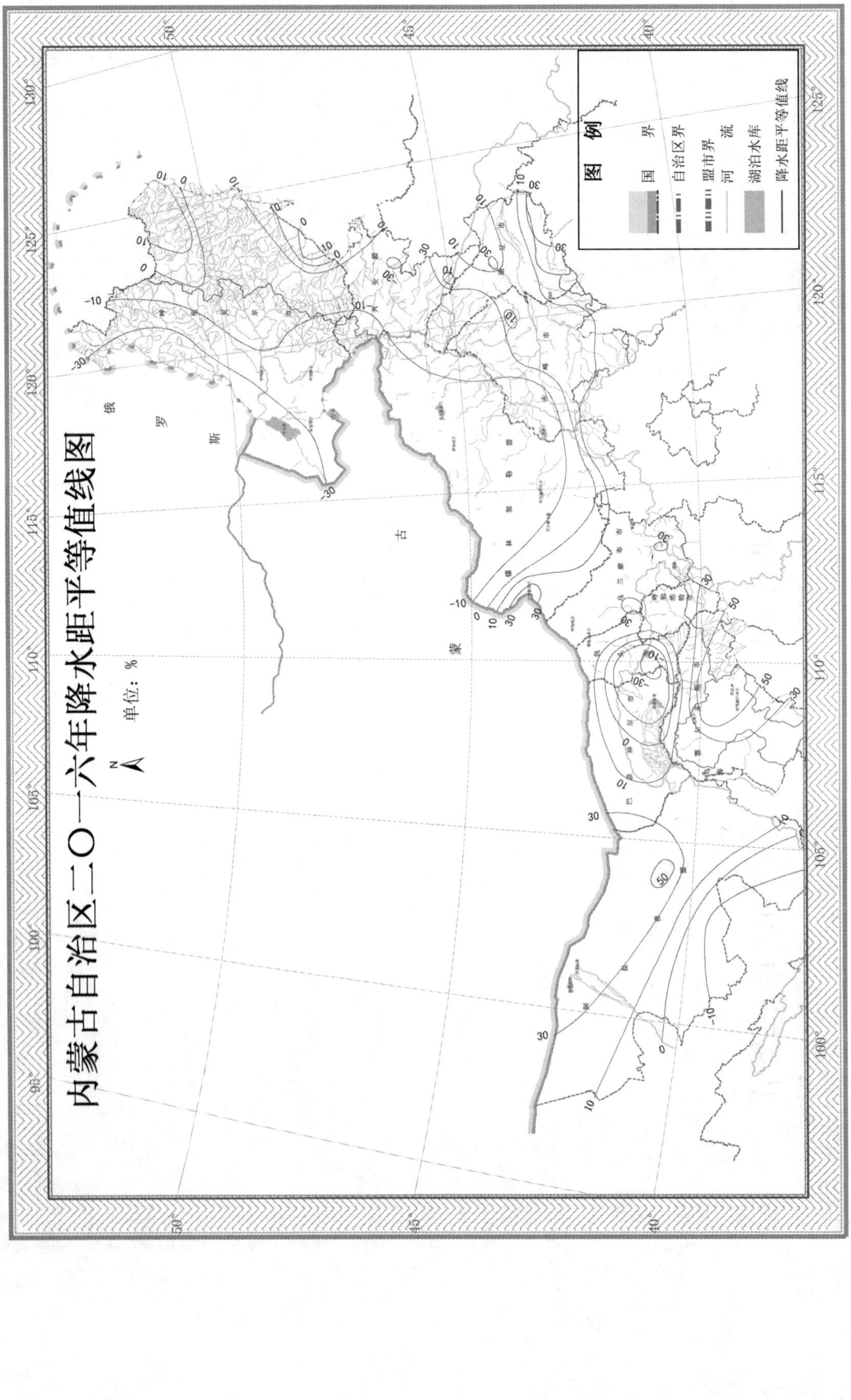
内蒙古自治区二〇一六年降水距平等值线图
单位：%
图例
国界
自治区界
盟市界
河流
湖泊水库
降水距平等值线

呼伦贝尔市
抗旱救灾情况的调查

近日，我们赴呼伦贝尔市就抗旱救灾情况开展了调查研究，现将有关情况报告如下。

一、旱灾及其损失情况

入夏以来，呼伦贝尔市平均气温达22℃，比历史同期偏高2.4℃，是有气象记录以来同期气温最高年份。而到8月底全市降水量在66.2毫米～108.2毫米之间，与历年同期比较偏少49%～71%，是有气象记录以来同期降水量最少年份，干旱重现期达到百年一遇。9月上旬，全市大部分地区虽有降雨，但对作物和牧草生长作用不大。

严重旱灾给呼伦贝尔市的农牧业生产特别是畜牧业生产造成很大影响。截至8月底，全市草场受旱面积达1.02亿亩，占牧区草原面积的98.2%。受灾牲畜418万头只(大畜52万头，小畜366万只)，占牲畜总数的68%。蝗虫危害面积339.5万亩。据当地草原部门监测，每亩产草量干重只有40公斤，比去年85.6公斤减产53%，牧业四个旗预计牲畜越冬饲草缺口67万吨，直接影响畜牧业持续发展和牧民稳定增收。农区的农作物受旱面积2233.9万亩，成灾面积1506.89万亩，占粮食播种面积56.2%，绝产217.45万亩。据呼伦贝尔市农牧业局估算，与正常年景相比，全市粮食减产23.7亿斤，按照去年玉米每斤1元，损失23.7亿元；计划牲畜出栏298万羊单位，因膘情下降，每出栏一个羊单位减少收入100元，损失2.9亿元；牧草减产231万吨，按每吨1000元，损失23.1亿元。旱灾造成直接经济损失达49.7亿元。

二、抗旱救灾主要措施

灾情发生后，自治区党委、政府高度重视。自治区主席布小林、副主席王玉明先后赴呼伦贝尔进行实地调研，对抗旱工作提出了具体指导意见。呼伦贝尔市党委、政府把抗旱减灾作为当前工作重中之重，实施一系列组合措施，力求将灾害损失降低到最低程度。

(一)多种渠道筹措抗灾资金。市政府安排市长预备金500万元，已经先期拨付受灾旗市用于受灾群众生活补助。市本级又紧急筹措4500万元资金，与自治区下达的抗旱资金1.3亿元一起拨付灾区。其中拨付农区1200万元，主要用于青储玉米收购入窖和调拨工作。其余2.41亿元全部下拨牧区，用于收储饲草。同时，市政府积极协调落实抗灾应急贷款，国开行提供2亿元面向牧户的基准利率贷款已经到位。农业银行的2亿元面向屠宰企业三年期基准利率贷款也已落实，农发行面向屠宰企业三年期基准利率贷款1亿元已经自治区分行审批完毕，正在划拨中。

(二)全力保障越冬饲草供应。旱灾影响最大的是草原畜牧业生产，保障基础母畜过冬越春的饲草料供应成为抗旱救灾取得成效的关键。一是充分利用岭南农区秸秆资源。通过减少秸秆还田量，种养地区结对、牧区繁育区育肥等办法，实现秸秆的资源化利用。牧区已有4000多头牛和近2万多只羊送到阿荣旗异地越冬。同时，牧区和农区开展互助合作，将农田因灾未能成熟的玉米作为青储拉运到牧区。目前，已调运近4000吨。二是充分发挥人工草地和应急储备库的作用，加大应急饲草的储备量。全市苜蓿种植面积28万亩，收获后将全部作为应急饲草予以储备。三是协调森工集团和边境军事管制区开放林间草场，当地政府正在组织人员有序进入打运牧草。四是强化市场监管，严厉打击借旱灾哄抬饲草价格和恶意囤积饲草行为。已派出4个工作组分赴各旗市区进行技术指导并监测饲草价格。努力控制本地饲草外运量，以满足本地饲草需求，平抑饲草价格。截至目前，全市已落实饲草及秸秆货源46.2万吨。牧区四旗已经调入饲草16.76万吨，占饲草缺口的25.01%，冬季下雪前越冬饲草储存可达到目标要求。

(三)着力加大牲畜出栏力度。今年的特大旱灾让干部群众进一步认识到草原畜牧业转变发展方式的必要性和紧迫性。他们借助灾后重建之机,引导加大牲畜出栏数量,将往年越冬牲畜数量由320万羊单位减少到309万羊单位,以减轻饲草供应压力,促进草蓄平衡。一是针对牧区严重灾情,鼓励引导牧民采取"以畜换草、以劳换草"等方式,淘汰老弱病畜,优化畜群结构,减轻越冬饲草料储备压力。二是政府出面协调银行向全市9家肉食品加工企业发行基准利率贷款,企业以高于市场每公斤2元的价收购肉羊,激励牧民加大肉羊出栏数量。政府组织肉类加工企业分组赴哈尔滨、天津、湖北等与客商协商签订肉羊销售合同,协调畅通肉羊外销渠道,加速肉羊出栏。目前屠宰企业开足马力加快屠宰,截至9月10日,加工销售牲畜125万只,占全市应出栏的43%。

(四)各部门协力支持抗旱救灾。针对农区大面积农作物受灾情况,农牧业部门按照已经启动的抗旱预案。积极协调做好农业保险勘察定损工作,按照规定及时赔付。市红十字会等6个部门联合发出倡议,开展购买"爱心羊"活动,各行政及部分事业单位在职人员10多万人每人以15元/斤的价格购买一只"爱心羊"。市交通运输局协调各收费站,对境内拉草车辆以及运送青贮饲料车辆免征车辆通行费,自2016年9月1日起,将整车合法装载运输牧草的车辆纳入绿色通道。海关、外事、检验检疫部门积极配合从蒙古国进口部分饲草。呼伦贝尔市部分电商自愿组成"呼联网"电商志愿队",发动呼伦贝尔电子商务从业者和相关企业,依托互联网帮助遭受旱灾牧民牲畜出栏。蒙草公司等社会企业积极参与抗旱调草、屠宰外运等工作,各级广播、电视、网络及报纸等媒体广泛报导抗灾保畜好做法,引导牧民转变观念和生产方式。

三、存在的困难和下一步工作安排

随着抗旱救灾工作的有序开展,呼伦贝尔市灾区农牧民生活基本正常,救灾工作取得阶段性成效。但由于灾情较为严重,牧区仍然面临不少困难和问题。

一是牧民增收更加困难。目前呼伦贝尔市屠宰企业肉羊胴体25斤以上的收购价格为14元/斤,羊胴体20–25斤的价格为12元,低于去年同期18元/斤的价格。另外,因旱灾导致牲畜膘情差,当年出栏羔羊20斤以下胴体约占出栏总量的50%,往年仅为10%,平均每只羔羊只能卖300元左右,加之牧草价格较去年同期提高近50%,牧民收入不容乐观。

二是生产资金缺口增大。据当地农牧业部门初步统计,目前牧业四旗牧民累计贷款余额38亿元,户均16万元,几乎所有牧户都有贷款。牧民既要偿还贷款,又要补充购置越冬饲草料,而活羊收购价格偏低,牧民将面临前所未有的生产生活压力还贷成为一大难题。当地群众预测,如果没有政府的强力引导和支持,维持基本生产的牲畜数量会减少,多畜户变少畜户,少畜户变无畜户,未来3年内畜牧业扩大再生产的能力会明显降低。

三是饲草产量少价格高。今年牧区产草量较正常年景减少一半以上,旱灾最为严重的新右旗产草量较正常年景减少70%。饲草价格涨幅较大。目前饲草价格达到1300元/吨,比去年同期上涨168%(2015年8月饲草品均价格为484元/吨),牧民很难承受。预计今冬明春当地饲草价格仍将维持上涨态势,牧民购置饲草的支出将比去年大幅度提高。

针对目前存在的问题和困难,呼伦贝尔市重点采取以下四方面措施加以应对。

(一)重点做好饲草调运储备工作。市委、政府要求牧业四旗严格核定越冬牲畜数量,按照牲畜实际需草量,在牧民自行储备饲草的基础上,政府将利用补贴资金集中调用越冬抗旱饲草30万吨。同时,相关部门和单位统筹协调、通力合作，确保在冬季下雪前结束外调饲草工作。

（二）统筹资金监管和使用。一是按照抗灾专项资金使用方案要求，确保受灾牧户享受抗灾资金，全力保障灾区农牧民正常生活。二是预留一部分资金，用于牧民购买饲草贷款贴息，减轻牧民贷款负担。三是各牧业旗政府购买一定数量的应急救灾饲草，以应对可能出现的雪灾。四是管控和使用好基准利率救灾贷款。引导和要求企业承担一定的社会责任，在市场正常收购价格的基础上，适度提高肉羊的收购价格，增加牧民收入，激励牧民加快牲畜出栏。五是尽快启动和建立抗灾应急基金，强化抗灾饲草储备，充分发挥牧区已经建成的176处、存储容量26万吨饲草储备库的应急救灾作用。

（三）多措并举加速牲畜出栏。一是加快肉类加工企业的摸底调查，积极协调解决贷款，全力解决屠宰企业开工不足和肉羊收购难的问题，引导企业快速启动生产，保障牧民的牲畜顺利出栏。同时鼓励协调域外企业调运活畜或羊肉加快出栏。二是按照草原监理部门核定载畜量将越冬牲畜数量控制309万头只，留够强壮的基础母畜、后备母畜和种公畜，加大出栏力度，淘汰体质弱的母畜和羯羊，确保牲畜安全越冬，促进草畜平衡发展。三是加强市场监管，防止外省活羊流入呼伦贝尔市，影响收购肉羊补贴政策的实施效应。

（四）超前做好牧区预防白灾工作。根据呼伦贝尔市气象部门推测，由于今年夏季降水少，今年冬季很有可能出现较大降雪形成白灾。对此，呼伦贝尔市督促相关地区提前做好白灾防范工作，完善防灾减灾应急预案，提前做好暖棚维修和棚圈加固等工作。

自治区政府派呼伦贝尔抗旱救灾调研组

（雷继鹏 李健 陈晓庆 张然）

内蒙古工业结构调整的现实选择研究

近年来，在经济步入新常态和供给侧结构性改革的大背景下，我区以能源重化工为主的工业经济“L”型发展态势明显，进入前所未有的困难时期，对全区经济增长的拉动作用开始减弱。“十三五”时期我区工业结构调整和转型升级任务无疑将更为艰巨。

一、全区工业结构调整变化情况

“十二五”以来，全区工业增加值年均增长11.9%，快于全国同期平均增速4.1个百分点。工业增加值占GDP比重逐年下降，工业化水平逐步提高，“挖煤卖煤、挖土卖土”发展局面开始扭转。

（一）从工业六大优势产业占比变化情况看，梯度布局逐渐形成，结构优化趋势明显。2016年上半年，全区能源工业仍占据规上工业“第一梯度”位置，但其增加值占比已下降至43.1%，较2012年回落了5.5个百分点。冶金工业占比下降至21.8%，农畜产品加工业占比上升至16.3%，两大产业构成全区规上工业“第二梯度”。化学工业和装备制造业占比分别提升至8.8%和6.1%，构成全区规上工业“第三梯度”。高新技术产业占比达到2.5%，位列全区规上工业“第四梯度”（图-1）。尽管能源、化工和冶金建材三大资源型产业增速有所放缓，但其占规上工业比重仍接近3/4；尽管装备制造业和高新技术产业实现了较快增长，但其总体占比仍不足10%，与预期目标存在较大差距。

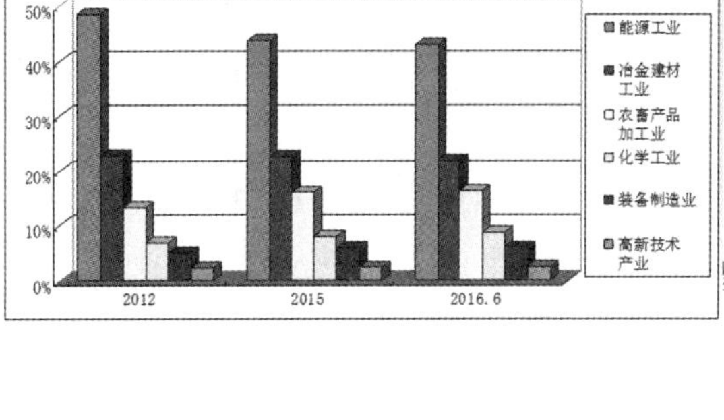

产业投资比重下降，非资源型产业投资效率偏低，整体增速下滑严重，发展后劲不足。2016年上半年，全区能源、化工和冶金建材三大资源型产业投资占规上工业投资比重已下降至64.5%，较2012年回落了4.55个百分点，但其同期增加值占比仍达73.7%，仅回落了4.7个百分点。农畜产品加工、装备制造和高新技术产业等非资源型产业投资占规上工业投资比重已接近30%，较2012年上升5.38个百分点，但其同期增加值占比仅提高4.2个百分点，总体比重仍不足1/4，投资效率仍低于资源型产业(图–2)。

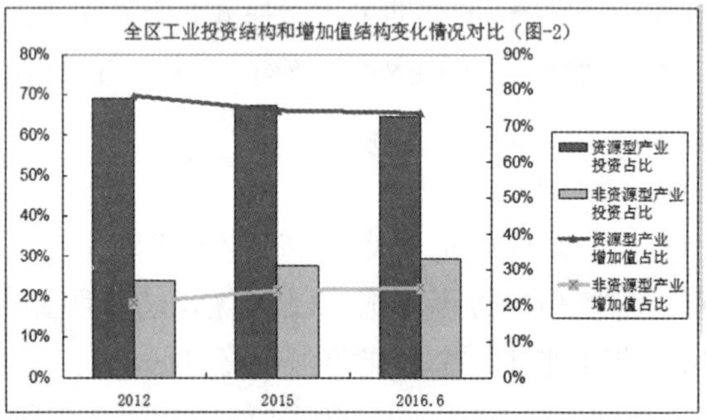

全区工业投资结构和增加值结构变化情况对比（图-2）

(三)从工业轻重比例变化情况看，工业轻型化速度加快，重工业仍为核心支撑，二八比例结构尚未改变。截至上半年，全区规上轻工业企业1227户，增加值占规上工业总量18.8%，较"十二五"初期上升了3个百分点；增速9.8%，拉动规上工业增长1.8个百分点。重工业企业3055户，增加值占规上工业总量81.2%，较"十二五"初期下降3个百分点；增速7.8%，拉动规上工业增长6.3个百分点。轻工业增速总体快于重工业，工业结构呈现轻型化和产品终端化趋势。

(四)从企业组织结构变化情况看，大中型企业支撑工业持续稳定增长能力进一步增强，小微企业发展艰难。截至上半年，全区4282户规上工业企业中，小微企业占比82.25%，较"十二五"初期下降3.36个百分点；工业增加值占比41%，下降2.5个百分点，拉动规上工业增长4.8个百分点，总体规模和运行质量均呈下行态势。大中型企业占比17.75%，较"十二五"初期上升3.36个百分点；工业增加值占比59%，上升2.5个百分点，拉动规上工业增长3.3个百分点。占比不足20%的大中型企业总体实力和运行质量均有所提升，支撑了全区近60%的工业总量，拉动工业增长能力明显增强。

二、工业结构调整面临的突出问题

尽管当前煤炭市场形势有所回暖，全区规上工业企业经营效益转为增长态势。但综合分析政策导向和市场预期，我区主要工业品产能过剩形势依然严峻，工业持续增长仍旧缺乏基础支撑。"十三五"时期已经成为我区工业调整转型的关键节点。

(一)地区间结构调整协调缺位。受资源分布、产业基础和市场环境等因素影响，"十二五"期间各地争相向能源、重化工等产业链前端领域集中、粗放转型。由于方向定位高度雷同，全区工业结构调整并未取得实质进展，产业集聚和区域协同发展格局构建困难加大。尽管盟市、旗县制定出台一系列转型发展规划，但相当一部分是对国家、自治区总体规划的简单复制和照抄照搬。由于各类规划缺乏横向协调和纵向衔接，各地转型方向"撞车"，区域、园区间各自为战、"血拼"招商政策的情况再次上演。

(二)金融生态环境对结构调整的支撑不足。全区工业企业中占比较大的能源、化工、冶金等产能严重过剩行业企业，以及中小微企业，受市场环境影响，生产经营举步维艰，融资渠道日渐狭窄，融资难、融资贵问题仍旧突出。目前，全区资本市场证券化率仅为30%，较全国平均水平低40个百分点，其中直接融资占社会融资规模比重仅28%。2016年1—9月，全区企业债券净融资持续负增长，而股票融资只有定向增发，无新IPO企业。

(三)企业科技创新驱动结构调整的能力明显滞后。2015年，全区规上工业企业研发投入

118.6亿元,占主营业务收入比重不足1%。相当一部分企业科技活动停留在解决现有生产工艺和管理改造上,新产品、新技术的研发能力和意愿不足。龙头骨干企业对解决产业重大核心技术、共性关键技术和实用高新技术的支撑引领作用发挥不够。大部分企业缺乏大范围、高层次配置引进创新资源及承担科技创新风险的能力,开展技术创新意愿不足。

(四)项目招商难、落地难导致存量调整与增量优化缓慢并存。伴随供给侧结构性改革深入推进,我区传统的产业招商、项目招商、要素招商、电价招商等模式已难以有效撬动社会资本扩大投资。此外,受市场因素和审批环节影响,重大项目落地困难。与此同时,全区高新技术产业、新兴产业发展慢、比重低的现象并未得到根本扭转。2015年,全区高新技术产业和战略性新兴产业增加值占规上工业比重仅为2.4%和11%。

三、自治区工业结构调整的现实路径

结合对主导产业和工业企业的调查情况看，我们认为新常态下促进工业结构调整和转型升级,必须立足我区资源结构和工业基础,强化要素、体制供给端的改革创新,强化全区层面协调布局,强化差别化政策争取,多管齐下,激活工业结构调整和可持续发展的竞争合力、内生动力、创新驱动力和空间潜力。

(一)构建“两张清单”,形成结构调整竞争合力

从近年来相关省市和地区的经验看，制定符合政策导向和市场变化趋势的全局性、系统性和前瞻性的发展规划，强化区域层面统筹协调是工业结构调整目标得以较好实现的前置条件。

1. 动力清单。建议借鉴江西省部分地区经验做法,由发改、经信等相关职能部门牵头,引入国内外权威智库和研究机构,结合“十三五”时期国家政策导向和国际国内市场环境变化,立足内蒙古实际开展比较性、针对性和操作性强的深度研究。结合国家能源战略调整方向和《中国制造2025》，明确提出自治区传统产业转型升级的具体方向、领域,科学研判自治区在云计算、大数据、新材料、高端装备制造等领域的比较优势，形成更加符合自治区发展实际的工业结构调整产业目录,即“十三五”时期自治区工业发展“动力清单”,为全区工业结构调整明确科学方向。

2. 区域清单。建议自治区针对各地工业结构调整转型方向雷同问题，及时开展针对性调查研究，避免因粗放规划和盲目发展而形成新一轮资源浪费和区域间恶性竞争。同时,适当借鉴重庆市“五大功能区”经验做法,立足各地产业基础、资源禀赋和主体功能区划，充分衔接《呼包银榆经济区发展规划(2012—2020)年》和《推进东北地区等老工业基地振兴三年滚动实施方案(2016—2018)年》,明确区分蒙东、蒙西区域差异化的产业基础和资源禀赋，以构建产业集聚发展和区域分工协作格局为方向，进一步提升全区工业布局规划的科学性和引领性。

(二)推动“三项改革”,激活结构调整内生动力

伴随宏观经济步入新常态，自治区工业发展面临的资源环境约束日渐加大，企业综合要素成本不断攀升，总体偏重的工业结构调整困难重重。在此背景下,加快推进相关领域改革步伐、激活企业内生动力势在必行。

1. 电力体制改革。一方面,应强化对《关于进一步深化电力体制改革促进产业结构调整有关事宜的通知》贯彻落实情况的督促检查力度，确保系列扶持政策及时落地，最大程度挖掘电力资源促进传统产业转型升级和加速战略性新兴产业布局的潜力。另一方面,积极争取国家顶层设计支持，为探索出符合自治区实际的电力市场化改革路径积累经验。

2. 政府基金运行体制改革。建议自治区层

面责成相关部门结合当前政策和市场形势变化，及时健全完善新兴产业、创业投资及环保产业等9项产业投资基金运行管理的体制机制，真正做到以企业和市场需求为导向，切实提高政府基金的使用效率，最大程度放大财政资金促进工业结构调整的乘数效应。同时，探索以自治区科技协同创新基金为载体，适度引入“容错机制”，加大对新兴产业中风险较大、投资回报周期较长的前沿性、基础性研究的财政投入力度，为实现科技创新领域赶超创造条件。

3. 科技资源配置的市场化改革。按照“政府做减法，社会做加法，市场做乘法”的方向，推进公共科技资源配置的“竞争制、因素法、基金化、购买式”改革。在科技项目形成机制上借鉴兄弟省市业已成熟的“企业出题、政府立题、协同解题”技术创新模式；在科技计划项目资金的使用上，探索开展研发服务外包，推进以创新载体、领军人才、产业链联盟“三位一体”的协作方式开展具体领域的科技创新活动。在扩大“内蒙古协同创新股权投资基金”等已有平台规模的基础上，建立以贷款风险补偿、再保险等市场化手段带动社会力量增加投入。

（三）搭建“四个平台”，提升结构调整创新驱动力

中改院研究报告预测，“十三五”时期云计算、大数据、智能装备制造、物联网、新材料和生物医药等领域技术研发可能出现重大突破，并对工业转型和结构调整产生更为深刻的影响。在此背景下，科技创新势必成为“十三五”时期全区工业结构调整最为核心的驱动力量。

1. 高端人才集聚平台。立足自治区传统产业转型升级和新兴产业发展需求，研究出台促进人才服务业创新发展的政策措施。在做好“草原英才”等官方主导人才培育引进渠道的基础上，由自治区相关部门牵头与埃摩森、海德思哲、猎聘等国内外高端人才服务平台主动对接，逐步构建起企业主导、政府助力的市场化人才培养和引进机制，为技术研发、市场开拓等领域高端人才、领军团队落户我区创造条件，以智力资源带动产业集聚。

2. 结构调整融资平台。一是逐步探索构建以内蒙古发展投资管理公司为核心，驻区各大金融机构积极参与的工业结构调整融资平台。对纳入项目库的企业直接融资予以支持，进一步降低企业融资成本，为其主动参与结构调整创造条件。二是开展和启动科技风险补偿资金池试点和科技保险风险补偿工作。由自治区、盟市、高新区联动共建科技金融风险补偿资金池，引导合作银行向研发机构、企业发放科技贷款。设立自治区级科技保险风险补偿资金，以新产品质量险和责任险、贷款履约保证保险为重点，扩大科技保险覆盖范围。

3. 应用技术开发和转化平台。一是择优改造现有产业技术创新联盟。引导区内现有各类产业技术创新联盟尽快从共享工艺技术、联合攻关等行业联合会式的旧方式，向共建研发机构、协同开展创新的新阶段过度。二是组建自治区产业技术研究室。借鉴江苏省的成功经验，采取“总院＋专业研究所”的组织架构，针对清洁能源、煤化工、有色金属、现代装备制造业、农畜产品加工、新材料等领域改造或组建专业化、企业化的产业研发创新网络。三是建立全区科技资源“云平台”。学习浙江、重庆等省市经验，运用互联网思维模式，利用自治区较为雄厚的云计算基础设施和大数据等技术，整合开放全区技术成果、科学数据、仪器设备、科技文献、专利信息等科技资源，实现科技数据、科技服务和科技管理的互联互通与开放共享。

4. 构建自治区级智业平台。利用呼和浩特如意开发区、包头稀土高新技术产业开发区等现有规划空间和楼宇资源，集中整合自治区、盟市两级众创、服务业、互联网＋等方面的专项资金，打造一批众创空间、科技小企业孵化器和科研院所、新型研发机构总部基地，加速培育“硅

谷”式的本土创新、创业、创智集聚区，形成区域创新的主引擎、新高地。

（四）抢抓战略机遇，拓展结构调整空间潜力

“一带一路”、中国制造2025以及促进民族地区发展等战略的深入实施，为自治区进一步发挥资源禀赋和地理区位优势，加快培育工业经济新增长点，拓展发展空间潜力创造了有利条件。

1. 以智慧园区、智能工厂为载体，推动工业转型升级。依托我区在大数据、云计算等领域已经具备的产业基础，借助“互联网+”行动计划，引导工业企业实现生产方式和商业模式变革。推动电力、钢铁、煤炭、化工及农畜产品等传统产业的生产控制、技术研发、供应链管理和市场营销等核心环节向智能化、智慧化转型。鼓励引导生物科技、装备制造和新能源、新材料等产业与互联网科技深度融合，建设一批具有较强带动能力的智慧园区和智能工厂，进一步降低企业运行成本，形成带动工业经济增长的新动力。

2. 借助“一带一路”战略机遇，构建外向型工业格局。抢抓“一带一路”战略机遇，依托自治区毗邻京津、外接蒙俄的独特地理区位，深度挖掘与蒙俄乃至欧洲在产业结构、市场需求等方面的互补性，在现有贸易交流的基础上，重点推进口岸配套加工产业发展。进一步放大自治区的电价、资源和交通区位优势，吸纳优质资本和先进技术向口岸集聚，将单纯的过境运输通道打造成为跨境进出口贸易加工制造业基地，从而构建起全方位、立体化的外向型工业格局，培育工业经济持续稳定增长的新极点。

3. 积极争取国家政策倾斜，拓宽持续稳定增长空间。抢抓中央“十三五”期间补齐民族间、地区间发展不平衡两个“短板”的战略机遇，立足民族区域自治区地方和国家能源资源输出基地战略定位，建议中央综合考虑自治区保障国家能源安全所带来的污染治理，以及产业发展起步较晚、基础薄弱的实际，给予自治区工业发展更大的空间和余地，并在税收分成、转移支付和污染物排放指标等多个方面对自治区工业转型给予差别化扶持。积极争取国家层面出台打通电解铝产能等量置换阻碍的相关配套推进措施，支持自治区建立以稀土和石墨烯为主的基础材料国家创新中心，将粉煤灰提取氧化铝产业提升为国家发展战略，加快形成一批具有核心竞争能力的新增长点。

课题主持：文　风、段连敖

课题撰写：洪冬梅、阚昆鹏

呼伦贝尔市
羊肉产业发展情况调查

按照自治区党委和政府的统一部署，5月15—19日，由自治政府研究室副主任雷继鹏带队的第三调研组赴呼伦贝尔市对羊肉市场以及羊肉价格变化对农牧民收入影响情况开展了调研分析。调研组通过与当地政府部门领导和基层干部群众召开座谈会，深入鄂温克旗、扎兰屯市实地考察加工企业，养殖户等形式，对如何更好地发展肉羊产业，保护养殖户利益开展了广泛的交流和探讨。现将调研情况报告如下：

一、羊肉价格波动对农牧民收入的影响

2015年，呼伦贝尔市羊存栏1715.1万头只，比上年增长10.4%。其中牧区羊存栏519.4万头只，较上年同期增长11%，农区羊存栏1195.7万头只，较上年增长10.1%。全市羊肉生产量达到10.97万吨，同比增长1.56%。近10年来，羊肉价格稳中趋升，但从2014年起发生了明显下滑。从养殖环节看，肉羊活体平均收购价从最高价位2013年的27元/公斤下降到2015年的13元/公斤，下降幅度为51.8%。从加工环节看，肉羊加工企业的收购价（胴体结算价）由2013年的40元/公斤下降到2015年的27元/公斤，下降幅度为32.5%。加工企业的销售批发价由

2013年的48元/公斤下降到2015年的39元/公斤，下降幅度为18.75%。从销售企业看，羊肉零售价格从2013年的68元/公斤下降到2015年的56元/公斤，下降幅度仅为17.6%，不足活羊收购价格下降幅度的一半。从上游到下游，肉羊产业各环节的销售价格下降幅度趋于变小。

肉羊市场价格变化影响最大的是养殖户的收益。按照全成本核算，扣除牧民劳动投入、草场及生产机器折旧等成本，农牧民收入大幅度减少。据呼伦贝尔市发改委价格成本监审局的数据分析，2013年农牧民每出售一只活羊的收益为328.65元，而到2015年下降到31.45元，下降幅度90.43%。据此估算，仅肉羊养殖一项，2015年与2013年相比，呼伦贝尔市农牧民收入减少18.21亿元，人均减收近2400元。肉羊收购经纪人的收益基本上保持每只10元不变；而处于肉羊产业中下游的加工企业的收益从2013年每只50元下降到2015年的35元，下降了30%；销售企业的收益从2013年的每只80元下降到2015年的75元，仅仅下降了6.2%。

二、肉羊收购价下降幅度大于终端销售价原因分析

肉羊价格波动是市场机制作用下的复杂变化过程，也是有规律的理性回归结果，最根本的原因是市场供需所决定的，具体分析有生产方式、市场供需、成本变化等方面的因素所引起。

（一）肉羊副产品价格下跌影响。近年来由于国内皮张加工企业受环保约束以及日本进口肠衣数量锐减，肉羊副产品价格大幅下降，导致加工企业利润明显减少，企业的这部分收益损失最终传导到活羊收购价格下降。调查了解到，呼伦贝尔市皮张价格从2013年的180元下降到2015年的15元、每只羊的肠衣价格从47元下降到4元，副产品价格下降幅度高达92%。

（二）肉羊出栏数量和方式的影响。呼伦贝尔肉羊存栏从2013年的1489.46万只到2015年的1715.12万只，3年间增长近225.66万只，年均增长7.31%，活羊集中出栏数量持续增加，形成供大于求的局面。同时了解到，不论牧区还是农区，肉羊出栏集中在8—10月份，传统的集中出栏方式短期内进一步加剧了市场供需矛盾，直接拉动肉羊收购价格下降。

（三）生产之外各环节经营成本提高的拉动影响。近三年，肉羊加工、销售环节的人力成本、监管成本分别上涨了10%和20%。加工和销售企业为了维持必要的利润所得，将增加的成本向组织化程度低、市场竞争力弱的养殖户传导，直接拉低了肉羊收购价格。

（四）畜牧业经营方式落后的影响。当前的畜牧业经营方式仍然落后，突出表现在组织化程度低，分散养殖户的市场话语权严重缺失。而畜牧业作为一项产业，承担着农牧民增收的任务，在政府引导机制仍然需要完善的现阶段中，面临着不可预测的市场风险。一旦市场供需失衡，最大的受损方便是农牧民，这从肉羊产业各个环节的经营情况调查中看得非常明显。如何提高畜牧业的组织化程度，减少经营单元，强化养殖户市场主导权成为关键和当务之急。

（五）外地羊肉冲击的影响。由于呼伦贝尔羊在本地及全国市场都具有较高的知名度，因肉质鲜美收到消费者广泛欢迎，但因养殖成本及地理商标等原因，价格始终处于较高的位置。基于此，一些商贩将农区、外省的育肥活羊运入呼伦贝尔市，以价格优势抢占市场，导致本地羊肉价格被迫下降。走私羊肉对市场的冲击也不可小觑，据介绍，一些中小餐馆、烧烤摊由于低价原因使用的是走私羊肉。

调查表明，这次羊肉市场供求关系的变化，总体上说企业利润没有减少或略有下降，损失严重的是农牧民。通过调阅呼伦贝尔农区和牧区的数据，我们对农民和牧民减少的收入去向作了测算。

牧区2015年活羊平均收购价格为300元~400元，2013年为650元~750元，牧民每只活羊减收350元。这部分收入的流向:从肉食加工企业看,2013年与2015年相比,加工企业羊肉出厂价格由每斤30元左右降到每斤25元左右,每只羊在肉上减收110元(按每只羊产肉22斤计算),再加上每只羊下水减收的60元(下水价格由120元降到60元),加工企业减收共计170元左右;而同期每只白条羊收购价由每斤21元左右降至13元左右,每只羊降低成本176元左右,加工企业保持了稳定的收入。从羊肉终端企业看,餐饮业销售价格基本没有变化,羊肉进价由每斤30元左右下降到25.5元左右,餐饮企业每只羊新增收入99元左右,但因用工成本增加、高端羊肉销售数量减少等因素,实际利润并没有大量增加。由此看出,在牧民每只活羊减收的350元中,每张羊皮销售价格下降减收达70元左右(2015年每张羊皮价格基本为0元),占减收总额20%左右;承担加工企业转嫁过来的减收为170元左右,占减收总额48.6%左右;其余为羊肉终端企业为维持稳定甚至更高的利润水平而转嫁过来的,大约在110元左右,占减收总额的31.4%左右。

农区2015年活羊平均收购价格为5元/斤~6元/斤,2013年为13元/斤~14.5元/斤,每只羊安照60斤计算,农民每只羊减收480元。这部分收入的流向:从肉食加工企业看,2013年与2015年相比,加工企业羊肉出厂价格由每斤23.5元左右降到每斤15元左右,每只羊在肉上减收212.5元(按每只羊产肉25斤计算),再加上每只羊下水减收的50元(下水价格由100元降到50元),加工企业减收共计262.5元左右;而同期每只白条羊收购价由每斤25元左右降至14元左右,每只羊降低成本275元左右,加工企业保持了稳定的收入。从羊肉终端企业看,餐饮业销售价格基本没有变化,羊肉进价由每斤28.5元左右下降到23.5元左右,餐饮企业每只羊新增收入125元左右,但因用工成本增加、高端羊肉销售数量减少等因素,实际利润并没有大量增加。由此看出,在农民每只活羊减收480元中,每张羊皮销售价格下降减收80元左右(2015年每张羊皮价格基本为8元),占减收总额16.7%左右;承担加工企业转嫁过来的减收为262.5元左右,占减收总额54.7%左右;其余为羊肉终端企业为维持稳定甚至更高的利润水平而转嫁过来的,大约在137.5元左右,占减收总额的36.6%左右。

三、发展肉羊产业健康发展的调控重点

发展主体方面:作为市场的竞争主体,新形势下的农牧民要适应农村牧区现代化大生产和社会主义市场经济发展的需要,要具备市场参与意识、市场竞争与合作意识、市场经济法律意识、市场风险意识以及经营意识、诚信意识、质量意识和信息意识等素质。羊肉价格大幅下降不仅仅是市场波动的因素引起,更重要的是反映出农牧民对市场变化的适应性较差。因此,要从资金投入、政策扶持和管理协调等方面来加强农畜产品市场信息平台建设,实时公布研判市场走势,指导农牧民及时收集和分析肉羊市场行情,掌握商品供求,价格涨落的动态和走势,促进农牧民准确把握未来市场趋向,及时调整发展生产思路,转变畜牧业发展方式,掌握市场的主动权,努力将农牧民培育成为市场的竞争主体。

发展思路方面:明确农区和牧区差别化的发展路径。农区与牧区发展肉羊养殖产业的生产基础、自然环境不同决定了养殖方式也不同。因此,要明确农牧区肉羊产业发展的不同路径。对于牧区来说,一方面要强调生态优先发展的原则,严格落实以草定畜标准,提高草原奖补水平,确保牧民减不减收;另一方面要总结自治区羊肉追溯体系建设经验,将牧区的草原羊全部纳入追溯体系之中,通过品牌化运作,主打中高端市场,实现优质优价。而对于农区来说,要提高养殖水平和管理水平,运用现代家畜改良技术,实现基础母羊一年两胎或两年三胎的水平,降低养殖成本；鼓励规模化养殖企业以“托羊所”模式与农民开展合作,降低养殖户单户养殖的风险,提高规模效益。

发展方式方面：下大力气推动合作社的培育与组织化提升。将一些支持肉羊发展的项目资金、金融贷款等政策向职能完善、普惠社员的农牧民肉羊专业合作社倾斜，培育和支持合作社加快发展，带动农牧区生产经营和组织化水平的提升,提高农牧民在市场中的话语权,促进经营方式的转变，既增强抵御自然风险和市场风险的能力，又有利于草原生态的保护和农牧民收入水平的提高。

四、提高肉羊养殖效益、增加牧民收入的建议

针对目前肉羊生产发展中的突出问题,应从降成本、调结构、建立市场风险保障制度等方面综合施策,促进肉羊产业健康发展。

（一）引导农牧民调整畜牧业结构。当前养殖肉牛效益相对稳定,要按照“稳羊增牛”发展思路，通过引进母牛补贴政策和发挥牧区适宜养殖母牛的优势,推进母牛扩群增量工程,形成“北繁南育”的生产格局。同时要激励规模化养殖发展，对饲养100只以上基础母羊的牧民重点扶持,在标准化棚圈和储草棚等基础建设、饲草料购买等方面加大补贴力度,降低生产成本,突出养殖规模效益。

（二）建立牧区活羊目标价格保险制度。在试行羊肉目标价格机制的同时，在牧区建立活羊目标价格保险制度。按牧区年出栏肉羊3000万只计算,建立活羊目标价格保险制度,每只羊缴纳保费20元,共需保费6亿元,但保险公司最高赔付率只能达到保费的200％,12亿元的赔付与实际保障需求差距甚大，需要积极争取国家支持。中央明确提出:“探索开展重要农产品目标价格保险,以及收入保险、天气指数保险试点”。自治区相关部门应积极与国家有关部委对接，推动国家率先在自治区实施牧区活羊目标价格保障制度。

（三）缓解养殖户贷款压力。调研了解到,由于近两年畜产品价格下降明显,养殖效益不高,各类商业银行纷纷收紧贷款授信额度，自治区农村信用联社还发放一些小额贷款，贷款利虽然息高达1.6分,但养殖户还是很难从银行贷到款,许多养殖户被迫转向借高利贷,“贷款难、贷款贵”的问题依然突出。应借鉴兴安盟、通辽等地农村牧区物权收益保证贷款改革的成功经验,将农牧民的土地、草牧场承包经营权、林权、水面承包经营权、生产设备、生产原料、产品的成品半成品等物权转换成为可以抵押的资产,缓解农牧民贷款难、贷款贵的问题,为养殖户转变发展方式、调整生产结构提供必要的资金保障。对因牧业收入减少,购买饲草料支出较大,到期无力偿还贷款的牧民，协调商业银行对牧民贷款予以展期,并发放新的贷款。

（四）拓宽畜产品销售渠道。调查了解到,活体肉羊收购价下降幅度明显大于终端市场销售价，肉羊产业加工销售环节太多也是影响农牧民收入的重要原因。应支持牧区有一定经营能力的养殖合作社开展联合直销，同时采取互联网＋肉羊生产,线上线下多渠道开展销售。一是自治区相关部门可联合加工营销企业创建特色品牌,组织盟市与周边地区建立沟通联系机制,协调周边地区社区开放便民市场，为优质草原羊肉直销创造条件。二是盟市旗县根据财力状况，给予进入北上广深等大城市直销的养殖企业、合作社一定资金扶持,对其租用的冷藏运输车、以及周转冷库给予租金补贴。三是自治区出资购买电商销售服务平台,供做网店的养殖企业、合作社免费上线使用。同时要大力普及推广适合地区养殖的优良畜种,提高肉羊品质，补贴推广草原肉羊电子可追溯体系建设,实现养殖、加工、销售全程可追溯,为实现优质优价创造条件。

课题主持:雷继鹏　自治区政府研究室

课题主持：雷继鹏　自治区政府研究室
课题人员：李　健　自治区政府研究室（执笔）
王建龙　自治区农牧业厅
康凤祥　自治区家畜改良站
贺　文　自治区价格监测中心
陈晓庆　自治区政府研究室（执笔）

牧区灾后反思及建立防灾减灾长效机制的建议

今年入夏以来，呼伦贝尔市遭受百年一遇特大旱灾，给农牧业生产特别是畜牧业生产造成严重影响。全市草场受旱面积达1.02亿亩，占牧区草原面积98.2%。受灾牲畜418万头只，占牲畜总数68%。每亩平均产草量干重只有40公斤，比去年的85.6公斤减产53%，牧业4个旗牲畜越冬饲草缺口约67万吨，约为正常越冬饲草需求量的70%。因干旱缺草，出栏羊的酮体重比常年减少2.5公斤，按照今年出栏290万只估算，损失2.9亿元；牧草减产231万吨，按照每吨1000元估算，损失23.1亿元，旱灾给全市畜牧业造成的直接经济损失达26亿元，严重的影响草原畜牧业可持续发和牧民的稳定增收。

大旱大灾，小旱小灾仍然是草原畜牧业的常态。尽管多年来的草原基础设施建设为防灾减灾发挥了重要作用，但草原畜牧业发展中的短板还很突出。一是生产经营依然粗放。牧区推行的"双权一制"使生产力得到飞跃发展，但分户经营实质上仍是粗放数量扩张型的小农经营，牧民增收还是靠牲畜数量扩张，在近年来市场价格低迷和今年特大旱灾的叠加影响下，畜牧业的可持续发展和牧民稳定增收严重受阻，牧区调结构、转方式、补短板要走的路还很长。二是避灾饲草储备机制建设迟缓。鉴于灾后必然导致草畜矛盾突出的教训，建立饲草储备体系已经形成共识，现已在锡林郭勒部分地区推行并产生很好的效果。但从牧区整体情况看，这项工作推行速度较慢。呼伦贝尔市牧业四旗筹资建设176个储存能力263万吨的饲草储备库覆盖全市90%的嘎查，但由于缺乏资金支撑并没有正常使用，大灾之年无法发挥备草和平抑市场草价作用。因干旱导致牧区饲草供需矛盾突出，饲草价格1000元/吨，比上年同期上涨106%。三是牧区抗灾基础设施疏于管理。为提高牧区抗旱救灾能力，各级财政在牧区投入巨资进行水源开发建设，但由于缺乏必要的后期管护，多数水井无法正常使用，水利建设中的重建轻管问题在大旱之年突出地表现出来。新巴尔虎右旗全旗有机电井2600多眼，大旱之年，能够出水的仅有280多眼，占10.8%；通过维修可以使用的抗旱机井42眼，仅占1.6%，大多数水井因年久失修而无法应急使用。

旱灾给草原畜牧业造成了严重影响，但也促使我们重新审视草原畜牧业可持续发展之路。未来草原畜牧业的发展方向是全面推进绿色发展。一要大力提高组织化。提高组织化的重要抓手是大力培育牧民专业合作社或家庭牧场等，提高畜牧业抗风险能力。二要鼓励发展规模化。对组织化程度较高的经营者，应采取畜牧业项目倾斜、贷款融资优先、基础设施建设补贴等多种措施予以激励支持，调动新型经营主体规模化经营的积极性。三要支持培育品牌化。采取"母子品牌模式"，相关部门协助新型经营主体申请地理标识作为公用品牌，授权有实力的企业使用，企业在母品牌下可以创建自己的特色品牌。同时有关部门要主动帮助牧民申请有机羊肉标识，建立可追溯体系，使绿色有机的草原羊全部打造成为高端品牌，夯实牧民稳定增收基础。

重点抓好以下三项工作。

（一）加快建设饲草储备体系。根据已经建立并运作成熟的方法，研究建立专项发展基金和储备体系运营管理办法，在牧区复制推广。一是要完善应急饲草储备体系资金投入机制，拓宽资金投入渠道。自治区积极争取中央财政支持的同时，区内各级财政应把救灾物资储备的资金投入纳入预算，并积极引导社会捐助和企业赞助。二是要探索多种形式的储备形式。除饲草料库的实物储备之外，还可以采用合同储备或生产能力储备，相关部门与饲草料生产企业签订合同，给予企业一定的政策性补贴，企业则保证一定数量的饲草库存或保证灾害发生时能迅速生产规定数量的饲料。三是要支持社会资本成立饲草料“银行”。解决牧草丰年无处可存，灾年牲畜无食可吃之难。

（二）推行畜产品保险业务。开展活羊成本价格保险业务的同时，积极争取国家在自治区开展牧业气象指数保险业务。去年锡林郭勒盟乌拉盖管理区试点开展了草原牧区天气指数保险，填补了中国牧区天气指数保险产品的空白，收费标准为每只10元，其中雪灾的保费为7.6元，旱灾的保费为2.4元，投保期为1年，保障标准则为每只125元。建议扩大试点范围。

（三）做实牧区水利设施管理工作。一是进行摸底调查，查找问题。建立抗旱水井台账，重点摸清多发、易发旱灾地区抗旱水利设施的建设、维护情况以及存在的问题，为应对旱灾做好预防措施，避免延误抗灾时机。二是整合抗旱资金，降低成本。整合各部门抗旱资金后打捆使用，将打井、电机、水泵、节水灌溉管带等抗旱水利设施配套一并建设完成，提高抗旱水利设施的使用效率。三是加强监督检查，落实责任。明确将抗旱水利设施管护主体的监督检查工作交由水利部门牵头，其他部门配合，确保监督检查工作到位，抗旱水利工程有效发挥作用。

（自治区政府研究室农牧处　李健　陈晓庆）

关于羊肉价格下跌情况的调查

自治区是国家最大的羊养殖基地，羊肉产量占全国的1/4，为保障国家羊肉供给作出重要贡献。然而受市场供需因素影响，羊肉价格从2014年起快速下滑，直接影响该产业的健康发展和农牧民增收。近期，我们联合自治区相关部门就羊肉价格下跌对农牧民收入影响情况赴锡林郭勒盟、巴彦淖尔和通辽市开展实地调研，与部门同志和基层干部群众一道共同研究分析羊肉价格变化对养殖户收入的影响，有针对性地提出稳定肉羊产业健康发展的若干建议。

一、羊肉价格变动对农牧民收入的影响

2011年以来，自治区活羊收购价一路走高，肉羊活体平均售价从2010年的14.57元/公斤提高到2012年的24.74元/公斤。在价格因素刺激下，全区肉羊饲养量快速增长，2014年羊存栏突破1亿头只，羊肉生产量92.6万吨。然而由于市场供应增加，同时经济下行环境下消费需求下降，2014年活羊收购价明显回落，肉羊活体平均售价下降为17.5元/公斤，最低时跌到15元/公斤，除了规模化养殖户，其他养殖散户普遍出现亏损。2015年价格依然走低，肉羊活体收购价17.2元/公斤，较2014年略有回升。据农牧业部门估算，目前如果不考虑天然草场牧草和放牧人工成本，牧区出栏一只羔羊收入100元左右；农区出栏一只育肥羊收入20元～30元。根据自治区发改委的价格监测数据分析，按照一只羊活体平均毛重25公斤全成本核算，农牧民每出售一只羊，2014年亏损308元、2015年亏损277元，这与我们入户调查的结果基本吻合。据此估算，仅肉羊养殖一项，2015年与2013年相比，全区农牧民收入减少177亿元，人均减收1701元。虽然2015年底以来肉羊收购价格略有反弹，活体肉羊为17.8元/公斤，饲料价格有所下降，但冲抵不了饲草价格上涨成本，养殖散户仍然处于亏损状态。考虑到今年价格走势低迷，部分小规模养殖户养殖信心不足，甚至出现屠宰或出售基础母羊现象，直接危及肉羊产业健康发展，影响农牧民稳定增收。

2010—2015 年羊肉成本收益情况分析表

单位：万吨、元 / 公斤

类别 \ 年份	2010	2011	2012	2013	2014	2015
生产量	89.2	87.2	88.6	88.8	93.3	92.6
活体平均售价	14.57	22.98	24.74	24.10	17.50	17.20
生产成本	5.78	8.72	21.57	25.66	29.83	28.28
净利润	8.79	14.26	3.17	1.56	-12.33	-11.08

二、保障肉羊产业健康发展的对策建议

肉羊养殖收入占农牧民可支配收入 1/5，牧民 70%的收入是靠养殖业。自治区人民政府应针对目前肉羊生产经营中存在的突出问题，从降成本、调结构、建立市场风险保障制度、加强政策扶持等方面综合施策，提高抵御市场风险能力，保障肉羊产业健康发展。

（一）引导农牧民调整畜牧业结构。肉羊养殖效益大幅下滑，农牧民继续发展肉羊养殖缺乏动力，当前养殖肉牛效益相对稳定，出现了“养肉牛热”的趋势。建议按照自治区提出的“稳羊增牛”发展思路，通过实施引进母牛补贴政策和发挥牧区适宜养殖母牛的优势，推进母牛扩群增量工程，形成“北繁南育”的生产格局，从容应对市场变化。同时要激励规模化养殖发展，对饲养 100 只以上基础母羊的牧民重点扶持，在标准化棚圈和储草棚等基础建设、饲草料购买等方面加大补贴力度，以利于扩大养殖规模，降低生产成本，突出养殖规模效益。

（二）建立牧区活羊目标价格保障制度。目前牧区年出栏肉羊 3000 万只左右，如建立牧区活羊目标价格形成机制，实现保收益市场价格目标，每年需财政补贴 130 亿元。如建立牧区活羊目标价格保险制度，每只羊缴纳保费 20 元，共需保费 6 亿元，但保险公司最高赔付率只能达到保费的 200%，12 亿元的赔付与实际保障需求差距甚大。所以，无论自治区建立牧区活羊目标价格形成机制或是建立牧区活羊目标价格保险制度，都需要取得国家的支持。中央明确提出：“探索开展重要农产品目标价格保险，以及收入保险、天气指数保险试点”。2014 年，国家已经出台大豆、棉花目标价格改革试点政策。建议我区发改、财政、农牧等部门积极与国家相关部委对接，推动国家率先在自治区建立实施牧区活羊目标价格保障制度。

（三）缓解养殖户贷款压力。据了解，锡林郭勒盟 80%以上牧户都有银行贷款，户均贷款 10 万元。基层反映，由于近两年畜产品价格下降明显，去年草原干旱，养殖户购买饲草来稳定养殖规模需要大量贷款，但由于养殖效益不高，各类商业银行纷纷收紧贷款授信额度，许多养殖户被迫转向借高利贷，“贷款难、贷款贵”的问题依然突出。为稳定肉羊养殖规模，建议借鉴兴安盟、通辽等地农村牧区物权收益保证贷款改革的成功经验，将农牧民的土地草牧场承包经营权、林权、水面承包经营权、生产设备、生产原料、产品的成品半成品等物权转换成为可以抵押的资产，彻底解决农牧民贷款难、贷款贵的问题，为农牧民扩大生产规模提供资金保障。对因牧业收入减少，购买饲草料支出较大，到期无力偿还贷款的牧民，协调商业银行对牧民贷款予以展期，并发放新的贷款，自治区财政可否考虑安排资金给予一定的贴息补助，确保养殖户生产不受影响。

（四）拓宽畜产品销售渠道。调查了解到，活体肉羊收购价下降幅度明显大于终端市场销售价，肉羊加工企业每只羊的加工利润仍然保持在 50 元，比 2013 年还高 20 元，说明肉羊产业加工销售环节太多也是肉羊收购价下跌的一个重要原因。因此，应支持牧区有一定经营能力的养殖合作社联合直销。同时采取互联网 + 销售模式，线上线下多渠道销售，减少中间环节，打破屠宰加工、销售环节的垄断地位。一是盟市级

政府积极与京津地区同级政府建立沟通联系机制,协调京津地区社区居开放便民市场,为草原羊肉直销创造条件。二是盟市旗县政府出台扶持政策，给予进入京津等大城市直销的养殖企业、合作社一定资金扶持,对其租用的冷藏运输车、以及周转冷库给予租金补贴。三是自治区出资购买电商销售服务平台，供做网店的养殖企业、合作社免费上线使用。同时安排专项资金，补贴草原肉羊养殖环节佩戴电子可追溯耳标，实现养殖、加工、销售全程可追溯,为保护草原羊肉优质品牌,实现优质优价创造条件。

（五）避免进口羊肉对市场冲击。2015年11月，中国已解除蒙古国西部5省牛羊肉口蹄疫禁令，并于今年初与该国签署了向中国出口牛羊肉的议定书,进口量近20万吨,受到冲击的首先是自治区牛羊养殖业。我们建议应积极与蒙古国沟通,在进口其肉类产品的同时,协商进口低价优质牧草，以降低自治区养殖成本和保护草原生态。同时海关、商务等部门应加强市场监测,动态分析养殖成本效益,及时研判养殖户的承受能力,合理运用国际贸易规则,适时采取非关税贸易救济措施,控制进口节奏,避免短期集中大量进口给自治区肉羊养殖业形成冲击。

课题主持：雷继鹏　自治区政府研究室
课题人员：李　健　自治区政府研究室
王建龙　自治区农牧业厅
温占茂　自治区政府研究室
陈晓庆　自治区政府研究室
赵趣超　自治区发改委
王海威　自治区发改委
报告执笔：陈晓庆

牧区推进美丽乡村建设情况的调查

近期，政府研究室会同相关部门对自治区牧区推进美丽乡村建设情况进行了调查研究。现将情况报告如下。

一、牧区工程推进情况和主要做法

自治区牧区共有嘎查3607个,占全区行政嘎查村总数30.9%,居住方式基本上分为集中居住和分散居住两种。其中分散居住的嘎查有1543个,占全区牧区嘎查总数42.8%,主要分布在呼伦贝尔、锡林郭勒、巴彦淖尔、阿拉善盟4个盟市。各地在推进牧区美丽乡村建设建设中,对集中居住的嘎查,与农区的做法基本相同,而对散居的嘎查,则从实际出发,创造性地实施工程建设。一是以牧户为单位实施工程规划。基于牧户散居的特点,各地深入每一牧户调查摸底,充分听取牧民意愿确定实施项目、进行项目规划,并发放“工程推进明白卡”,让每个牧户明白自家的建设项目、建设标准、施工要求以及资金筹集方式,以凝聚共识,发挥牧民参与工程建设的主动性。二是以现实需求为导向推进工程。根据散居牧民现实的迫切需求，在项目实施中坚持既必要又可行的原则,不搞一刀切。街巷硬化项目只在个别牧户较为集中的嘎查实施，大多数嘎查将项目经费重点用于改造与牧民打草放牧等密切相关的生产道路；医疗卫生室建设项目通过每户发放小药箱和苏木卫生院配备流动医疗服务车等形式实施，较好地解决了牧民看病不方便的问题；嘎查通电项目通过风光互补扩能升级的方式来解决家庭用电问题，将风光互补发动机的功率由300瓦提高到2000瓦以上;人畜饮水工程项目通过集中打水源井、周边牧户修建玻璃钢大容量储水窖、送水服务队有偿配送等方式解决。比如,储水窖一次储水可满足单户1个月的人畜用水需求，有效解决了人畜饮水困难问题。三是以生产生活条件同步改善来布局工程。结合开展精准扶贫工程,突出补齐制约牧民生产生活发展短板，重点推进了危房改造、安全饮水、村村通电、通广播电视通讯、社会保障5项工程。对不适宜在牧区散居点实施的标准化卫生室、文化活动室、校舍建设及安全改造和便民超市等工程，将资金投入到牧户生产急需的贮草棚、标准化棚圈、饲料青贮窖等生产基础设施建设上，为巩固牧区美丽乡村建设成果提供了产业支撑。

截至2015年底，有2924个嘎查实现了工程全覆盖，占牧区嘎查总数81.1%，取得了显著成效。在调研中，广大基层干部群众深有感触地说，美丽乡村建设是自治区成立以来在农村牧区投入规模最大、受益面最广、效果最好的民生工程。工程推进两年来，牧区的公共服务水平明显提升，牧民生产生活条件有了很大改善，新牧区建设取得突破性进展。

二、工程推进中存在的问题及对策建议

针对牧区特点，推动美丽乡村建设要以创新、协调、开放、绿色、共享发展理念为统领，与农牧业供给侧改革和精准扶贫工作紧密结合，按照“缺什么补什么，怎么适合怎么办”的原则，高度重视并切实解决好以下几个问题，确保不漏一个嘎查，不落一个牧户。

一是关于牧区投入成本高的问题。美丽乡村建设的资金分配是按照工程量来核定，尽管对牧区提高了一定的投入比例，但相对于牧区偏高的建设成本，倾斜幅度仍然不够。比如，出厂价0.3元左右的砖运到牧区后零售价高达0.8元，成本成倍增加。牧区技术工人每天工资800元，壮工每天300元，高出农区1倍。下一步在实施美丽乡村建设中，对于牧区的资金投入还要大幅度倾斜，按照实际情况核定牧区人力和建设成本，将牧区建设成本高于农区的部分予以补齐。

二是关于下达项目指标不足的问题。牧区地域广、战线长、居住分散，无疑会增加工程难度和建设投资。但项目下达指标与基层需求相差甚远。比如，锡盟街巷硬化投资概算每公里55万元，但指标只按每公里45万元的一半补贴。通辽市今年牧区需完成危房改造5.1万户，而上级投入只有2.1万户的建设指标，是实际工程量的41%。有的旗需要街巷硬化480公里，实际指标只有13.5公里。建议按照牧区实际核算道路建设投资补贴标准，并适当提高补贴比例。

三是关于完善考核指标体系问题。美丽乡村建设中的街巷硬化、文化卫生室、连锁超市等项目在散居牧区就不宜与农区一样建设。因此，对于牧区美丽乡村建设考核就应该差别化对待，从解决牧民最现实的生产生活需求出发来衡量建设成效，科学设置考核指标。对于目前牧区以建设贮水窖解决人畜饮水问题，风光互补发电增容解决照明、电视广播、生产用电等问题，小药箱加流动医疗服务车解决牧民“看病难”问题等创新做法，应给予充分肯定并积极推行。

四是关于工程未覆盖群体问题。目前，在牧区有两类人员无法完全享受美丽乡村建设优惠政策。一是生活在牧区但户籍是城镇户口的居民，主要是苏木精简安置人员、原供销社或粮站等部门工作人员。二是国有小农牧林渔场职工，因户口身份等问题无法完全享受危房改造、通信工程等相关政策。建议自治区应充分考虑这部分群众利益诉求，将其纳入工程覆盖范畴，从城镇建设发展资金中拿出一部分资金，专门解决这部分群众没有享受政策补贴的问题。

课题主持：雷继鹏　自治区政府研究室
课题人员：李　健　自治区政府研究室（执笔）
王建龙　自治区农牧业厅
温占茂　自治区政府研究室
陈晓庆　自治区政府研究室（执笔）
赵趣超　自治区发改委
王海威　自治区发改委